NomosKommentar

Prof. Peter-Christian Kunkel
Prof. Dr. Jan Kepert
Prof. Dr. Andreas Kurt Pattar [Hrsg.]

Sozialgesetzbuch VIII

Kinder- und Jugendhilfe

Lehr- und Praxiskommentar

8. Auflage

Prof. Dr. Carola Berneiser, Frankfurt University of Applied Sciences, Mediatorin, Frankfurt a.M. | **Patrik Böcherer**, Amt für Kinder, Jugend und Familie (AKi) der Stadt Freiburg | **Prof. Dr. Peter Bringewat**, Universität Lüneburg, Rechtsanwalt, Vors. Richter am LG Lüneburg i.R. | **Dr. Andreas Dexheimer**, Vorstand Diakonie Rosenheim | **Gretel Diehl**, Vors. Richterin am OLG a.D. Frankfurt a.M. | **Dr. Sandra Dlugosch**, Sozialdienst katholischer Frauen München e.V. | **Edda Elmauer**, Abteilungsleiterin/Justitiarin bei der Katholischen Jugendfürsorge der Diözese Regensburg e.V. | **Peter Frings**, Caritas-Verband für die Diözese Münster e.V. | **Prof. Heinz-Dieter Gottlieb**, ehem. Hochschule für angewandte Wissenschaft und Kunst (HAWK) – Hildesheim/Holzminden/Göttingen | **Roland Kaiser**, Bürgermeister für Soziales, Jugend und Bildung, Baden-Baden | **Dr. Johanna Kemper**, Ministerium für Soziales, Gesundheit und Integration Baden-Württemberg | **Prof. Dr. Jan Kepert**, Hochschule für öff. Verwaltung Kehl | **Prof. em. Peter-Christian Kunkel**, Hochschule für öff. Verwaltung Kehl | **Astrid Leonhardt**, Rechtspflegerin, vorm. Kreisjugendamt Neckar-Odenwald-Kreis | **Diethelm Mauthe**, ehem. Kreisjugendamt Esslingen | **Prof. Dr. Torsten Noak**, Hochschule der Polizei Baden-Württemberg Villingen-Schwenningen | **Sybille Nonninger**, ehem. Referentin beim Landesamt für Soziales, Jugend und Versorgung Rheinland-Pfalz, Landesjugendamt, Mainz | **Prof. Dr. Andreas Pattar**, Hochschule für öff. Verwaltung Kehl | **Prof. em. Dr. Klaus Riekenbrauk**, Rechtsanwalt, Hochschule Düsseldorf | **Helmut Schindler**, Rechtsanwalt, ehem. Abteilungsleiter/Justiziar bei der Katholischen Jugendfürsorge der Diözese Regensburg e.V. | **Rolf Sievertsen**, Leiter Fachdienst Unterhalt Kreis Nordfriesland | **Dr. Henrike Vetter**, Stadtrechtsdirektorin im Rechtsamt Freiburg | **Prof. Dr. Dr. Reinhard Joachim Wabnitz**, Ministerialdirektor a.D., Hochschule RheinMain, Wiesbaden | **Prof. Dr. Holger Wendelin**, Evang. Hochschule Rheinland-Westfalen-Lippe, Bochum | **Frank Zapp**, Diplomverwaltungswirt, Stadt Neustadt an der Weinstraße

Nomos

Zitiervorschlag: LPK-SGB VIII/*Bearbeiter* § ... Rn. ...

Die Deutsche Nationalbibliothek verzeichnet diese Publikation in der Deutschen Nationalbibliografie; detaillierte bibliografische Daten sind im Internet über http://dnb.d-nb.de abrufbar.

ISBN 978-3-8487-6358-0

8. Auflage 2022

Vorwort zur 8. Auflage

Mit der 8. Auflage wird der Kommentar nach den grundlegenden Veränderungen durch das KJSG auf den Stand vom August 2021 gebracht. Außerdem wurden aktuelle Gesetzesänderungen berücksichtigt in §§ 42a ff. für UMA, dem BTHG für die Eingliederungshilfe, der DS-GVO für den Datenschutz, die Reform des Vormundschaftsrechts, dem SGB XIV für Änderungen des SGB VIII sowie das Ganztagsförderungsgesetz. Rechtsprechung und Literatur sind auf dem Stand vom August 2021. Auch Auswirkungen der Coronapandemie auf die Jugendhilfe werden dargestellt.

Entsprechend dem Titel des Werkes haben Hochschullehrer (an Hochschulen für öffentliche Verwaltung oder Sozialwesen) und Praktiker (in Ämtern, bei kommunalen Landesverbänden, der Justiz und bei freien Trägern) den Kommentar verfasst. Die Bearbeitung erfolgte im „Tandem", dh jeder Paragraf wurde gemeinsam von Professor und Praktiker kommentiert bzw. gegengelesen. Die Datenschutzkommentierung wurde in der 1. Auflage des LPK vom Datenschutzbeauftragten des Landes Berlin gegengelesen, die Familiengerichtshilfe wurde von einer Familienrichterin am OLG mitkommentiert, die Vorschrift über Beurkundung und Beglaubigung wurde von einem Notar kommentiert.

Mit dieser besonderen Arbeitsweise soll dieser Kommentar sich von anderen abheben; er ist weder jugendpolitisches Manifest noch Ersatz für ein Lehrbuch der Sozialpädagogik. Durch handwerklich saubere Auslegungsarbeit getreu den Regeln juristischer Methodik will der Kommentar ein zuverlässiges Hilfsmittel sein für Praktiker bei öffentlichen und freien Trägern, Richter und Anwälte, Studierende und Lehrende, junge Menschen und Eltern. Diesem Zweck dient auch die Gliederung bei Zuständigkeit, Kostenbeteiligung und Datenschutz, die zugleich Prüfschema ist.

Die das Kinder- und Jugendhilfegesetz ergänzenden Vorschriften finden sich in der Sammlung „Gesetze für soziale Berufe". Einzelne Bestimmungen aus ergänzenden Gesetzen (insbesondere des JGG, des BGB, des FamFG, des AufenthG und des SGB IX) sind aber in die Kommentierung integriert, auch die UN-Kinderrechtskonvention, das Haager Kinderschutzübereinkommen sowie die Europäische Menschenrechtskonvention. Das EU-Recht und zwischenstaatliche Abkommen sind ebenso wie die landesrechtlichen Regelungen in der Kommentierung berücksichtigt und synoptisch im Anhang zusammengestellt. Das Datenschutzrecht ist mit allen Änderungen des SGB I und X kommentiert, ebenso die DS-GVO.

Dem verwaltungsrechtlichen Verfahren des Jugendamtes (einschl. Rechtsschutz) ist ein eigenes Kapitel im Anhang gewidmet. Auch das familienrechtliche Verfahren ist berücksichtigt, wobei insbesondere der „Anwalt des Kindes" behandelt wird.

Kritik und Anregungen an die Adresse kunkel@hs-kehl.de sind hoch willkommen!

Kehl/Offenburg im September 2021

Peter-Christian Kunkel
Jan Kepert
Andreas Pattar

Bearbeiterverzeichnis

Kunkel, Peter-Christian (Hrsg.), Jurist, Hochschullehrer, Hochschule für öff. Verwaltung Kehl (§§ 1, 2, 7–8, 9, 11–12, 13a, 14, 16–21, 27, 29–33, 36–36a, 39–41, Exkurs Beistandschaft, §§ 52a–58a, 61 mit Anh. zu § 4 KKG, 62–70, 71 Abs. 1-3, 74, 79, 86–88, 89–89h, 91–93, 95–105; Anhänge 1–5)

Kepert, Dr. Jan (Hrsg.), Jurist, Hochschullehrer, Hochschule für öff. Verwaltung Kehl (§§ 1, 2, 6–8, 8b, 9a–13, 14–15, 19–21, 27–36, 36b, 38, 41–49, 62–64, 68–72a, 74, 74a, 78a–79a, 85–87b, 87d–88a, 90–93, 106–107; Anhang 5)

Pattar, Dr. Andreas (Hrsg.), Jurist, Hochschullehrer, Hochschule für öff. Verwaltung Kehl (§§ 9, 16–18, 36a, 39–40, 89–89h, 95–105; Anhänge 3–4)

Berneiser, Dr. Carola, Juristin, Mediatorin, Hochschullehrerin an der Frankfurt University of Applied Sciences, Frankfurt am Main (§§ 37–37c, 50–51, Anhang 6 „Anwalt des Kindes“)

Böcherer, Patrik, Diplom-Verwaltungswirt, Amt für Kinder, Jugend und Familie der Stadt Freiburg (§ 94)

Bringewat, Dr. Peter, Jurist, Hochschullehrer, Universität Lüneburg, Rechtsanwalt, Vors. Richter am LG Lüneburg i.R. (§ 8a mit strafrechtlicher Garantenhaftung)

Dexheimer, Dr. Andreas, Master of Social Work, Diplom-Sozialpädagoge (FH), Vorstand Diakonie Rosenheim (§§ 13, 34–35a, 41–41a, 42a–45, 46–49, 78a–78g)

Diehl, Gretel, Vorsitzende Richterin am Oberlandesgericht a. D. Frankfurt am Main (§§ 37a, 50–51, 58a; Anhang 6 „Verfahren in Familiensachen“)

Dlugosch, Dr. Sandra, Diplom Sozialpädagogin (FH), Bereichsleitung Kinder- und Jugendhilfe, Sozialdienst katholischer Frauen München e.V. (§ 19)

Elmauer, Edda, Juristin/Justiziarin, Leitung Allgemeine Jugendhilfe bei der Katholischen Jugendfürsorge der Diözese Regensburg eV (§§ 3–5, 73, 75–78)

Frings, Peter, Jurist, Abteilungsleiter/Justiziar beim Caritas-Verband für die Diözese Münster eV (§ 31 [bis zur 7. Aufl.])

Gottlieb, Heinz-Dieter, Jurist, Hochschullehrer, ehemals Hochschule für angewandte Wissenschaft und Kunst (HAWK) – Hildesheim/Holzminden/Göttingen (§§ 78a–78g [bis zur 7. Aufl.])

Kaiser, Roland, Diplom-Sozialarbeiter, Bürgermeister für Soziales, Jugend und Bildung, Baden-Baden, vormals Landesjugendamtsleiter, Stuttgart (§§ 22–26)

Kemper, Dr. Johanna, Juristin, Ministerialrätin im Ministerium für Soziales, Gesundheit und Integration Baden-Württemberg (§§ 1–5 KKG)

Leonhardt, Astrid, Rechtspflegerin, vormals Kreisjugendamt Neckar-Odenwald-Kreis (Exkurs Beistandschaft, §§ 52a–58a)

Mauthe, Diethelm, ehemals Kreisjugendamt Esslingen (§§ 59–60)

Noak, Dr. Torsten, Hochschullehrer, Hochschule der Polizei Baden-Württemberg Villingen-Schwenningen (§§ 98–105)

Nonninger, Sybille, Diplom-Pädagogin, ehemals Referentin beim Landesamt für Soziales, Jugend und Versorgung Rheinland-Pfalz, Landesjugendamt, Mainz (§§ 28, 43–44, 48a, 71 Abs. 4–5, 72–72a, 74a, 85 [bis zur 7. Aufl.])

Riekenbrauk, Dr. Klaus, Jurist, Rechtsanwalt, em. Hochschullehrer, Hochschule Düsseldorf (§ 52)

Schindler, Helmut, Jurist, Rechtsanwalt, ehemals Abteilungsleiter/Justiziar bei der Katholischen Jugendfürsorge der Diözese Regensburg eV (§§ 3–5, 73, 75–78)

Sievertsen, Rolf, Leiter Fachdienst Unterhalt Kreis Nordfriesland (Exkurs Beistandschaft, § 52a)

Vetter, Dr. Henrike, Juristin, Stadtrechtsdirektorin im Rechtsamt der Stadt Freiburg (§ 61 [dort §§ 72–75 SGB X], § 65)

Wabnitz, Dr. Dr. Reinhard Joachim, Jurist, Sozial- und Verwaltungswissenschaftler, Ministerialdirektor a.D., Hochschullehrer, Hochschule RheinMain, Wiesbaden (§§ 80–84)

Wendelin, Dr. Holger, Erziehungswissenschaftler, Hochschullehrer, Evangelische Hochschule Rheinland-Westfalen-Lippe, Bochum (§ 38)

Zapp, Frank, Diplomverwaltungswirt FH, Sachbearbeitung Vormundschaft und Beistandschaft, Stadt Neustadt an der Weinstraße (§§ 53–58a)

Inhaltsverzeichnis

Sozialgesetzbuch (SGB)
Achtes Buch (VIII)
Kinder- und Jugendhilfe

In der Fassung der Bekanntmachung
vom 11. September 2012 (BGBl. I S. 2022)
FNA 860-8
zuletzt geändert durch Art. 32 G zum Ausbau des elektronischen Rechtsverkehrs mit den Gerichten und zur Änd. weiterer Vorschriften vom 5.10.2021 (BGBl. I S. 4607)

Zweites Kapitel
Leistungen der Jugendhilfe

Erster Abschnitt
Jugendarbeit, Jugendsozialarbeit, erzieherischer Kinder- und Jugendschutz

Zweiter Abschnitt
Förderung der Erziehung in der Familie

Dritter Abschnitt
Förderung von Kindern in Tageseinrichtungen und in Kindertagespflege

Vierter Abschnitt
Hilfe zur Erziehung, Eingliederungshilfe für seelisch behinderte Kinder und Jugendliche, Hilfe für junge Volljährige

Erster Unterabschnitt
Hilfe zur Erziehung

Zweiter Abschnitt
Schutz von Kindern und Jugendlichen in Familienpflege und in Einrichtungen

Dritter Abschnitt
Vereinbarungen über Leistungsangebote, Entgelte und Qualitätsentwicklung

Vierter Abschnitt
Gesamtverantwortung, Jugendhilfeplanung

Sechstes Kapitel
Zentrale Aufgaben

Siebtes Kapitel
Zuständigkeit, Kostenerstattung

Erster Abschnitt
Sachliche Zuständigkeit

Zweiter Abschnitt
Örtliche Zuständigkeit

Erster Unterabschnitt
Örtliche Zuständigkeit für Leistungen

Abkürzungsverzeichnis

Abkürzungsverzeichnis (allgemein)

aA	anderer Ansicht
AB	Amtsbeistand, Amtsbeistandschaft
abl.	ablehnend
ABl.	Amtsblatt der Europäischen Gemeinschaften
Abs.	Absatz
abw.	abweichend
AdVermStelle	Adoptionsvermittlungsstelle
aE	am Ende
aF	alte Fassung
AFET	Bundesverband für Erziehungshilfe eV (früher: Allgemeiner Fürsorgeerziehungstag)
AG	Arbeitgeber/Arbeitsgemeinschaft
AgfA	Agentur für Arbeit
AGJ	Arbeitsgemeinschaft für Jugendhilfe
Alg II	Arbeitslosengeld nach SGB II
Alt.	Alternative
amtl.	amtlich, amtliche
AN	Arbeitnehmer
Anh.	Anhang
Anl.	Anlage
Anm.	Anmerkung
AP	Amtspflegschaft, Amtspfleger
AOK	Allgemeine Ortskrankenkasse
arg.	argumentum aus
ARGE	Arbeitsgemeinschaft nach § 44 b SGB II
Art.	Artikel
ASD	Allgemeiner Sozialer Dienst
ausdr.	ausdrücklich
AV	Amtsvormundschaft, Amtsvormund
AWO	Arbeiterwohlfahrt
BA	Bundesanstalt (Bundesagentur) für Arbeit
B.A.	Bachelor of Arts
BAB	Berufsausbildungsbeihilfen
BAG	Bundesarbeitsgemeinschaft
BAGLJÄ	Bundesarbeitsgemeinschaft der Landesjugendämter
BAnz	Bundesanzeiger
Bay	Bayern
Begr.	Begründung
beispw.	beispielsweise
Bek.	Bekanntmachung
Bln-Bbg	Berlin-Brandenburg(isches)
Beschl.	Beschluss
Bespr.	Besprechung
best.	bestätigend
Bf.	Beschwerdeführer
BGBl. I/II	Bundesgesetzblatt Teil I/Teil II
BKE	Bundeskonferenz für Erziehungsberatung
BMF	Bundesministerium der Finanzen
BMFJ	Bundesministerium für Frauen und Jugend (1991 bis 1994)
BMFSFJ	Bundesministerium für Familie, Senioren, Frauen u. Jugend (seit 1994)
BMJFFG	Bundesministerium für Jugend, Familie, Frauen u. Gesundheit (1986 bis 1990)
BMJFG	Bundesministerium für Jugend, Familie u. Gesundheit (1973 bis 1986)
BMJ	Bundesministerium der Justiz

BMJV	Bundesministerium der Justiz und für Verbraucherschutz
BPS	Bundesprüfstelle
BPjM	Bundesprüfstelle für jugendgefährdende Medien
Bbg	Brandenburg(isches)
BR-Drs.	Bundesrats-Drucksache
BReg.	Bundesregierung
Brem.	Bremisches
Bst.	Buchstabe
BT	Bundestag oder Besonderer Teil
BT-Drs.	Bundestags-Drucksache
BVA	Bundesverwaltungsamt
BW	Baden-Württemberg
bzgl.	bezüglich
bzw.	beziehungsweise
DCV	Deutscher Caritasverband
dgl.	dergleichen
DIJuF	Deutsches Institut für Jugendhilfe und Familienrecht (seit 2000)
DIV	Deutsches Institut für Vormundschaftswesen (bis Ende 1999)
dh	das heißt
dort.	dortige(en)
DP	Der Paritätische (Wohlfahrtsverband)
DRK	Deutsches Rotes Kreuz
Drs.	Drucksache
DST	Deutscher Städtetag
Düsseld.Tab.	Düsseldorfer Tabelle
DV	Deutscher Verein für öffentliche und private Fürsorge
DVJJ	Deutsche Vereinigung für Jugendgerichte und Jugendgerichtshilfen eV
DVO	Durchführungsverordnung
DW	Diakonisches Werk der Evangelischen Kirche in Deutschland
E	Entwurf
ebd.	ebenda
EG	Europäische Gemeinschaften
Einf.	Einführung
Einl.	Einleitung
EKD	Evangelische Kirche in Deutschland
Erl.	Erlass bzw. Erläuterung
ErzBer.	Erziehungsberechtigte(r)
ESF	Europäischer Sozialfonds
EU	Europäische Union
Ew.	Einwohner
EWR	Europäischer Wirtschaftsraum
f.	folgende/r (Seite/Paragraf)
ff.	folgende (Seiten/Paragrafen)
FA	Finanzamt
FE	Fürsorgeerziehung
FEH	Freiwillige Erziehungshilfe
FLS	Fachleistungsstunde(n)
Fn.	Fußnote
FS	Festschrift
g.A.	gewöhnlicher Aufenthalt
GABl.	Gemeinsames Amtsblatt
GBl.	Gesetzblatt
gem.	gemäß
Gerichtsbesch.	Gerichtsbescheid
ges.	gesetzliche(r)
ggf.	gegebenenfalls
gGmbH	gemeinnützige Gesellschaft mit beschränkter Haftung
GK	Gebietskörperschaft
GM	Gender Mainstreaming
GPA	Gemeindeprüfungsanstalt

grds.	grundsätzlich
GVBl.	Gesetz- und Verordnungsblatt
GVNRW	Gesetz- und Verordnungsblatt Nordrhein-Westfalen
Hmb	Hamburg(isches)
HbL	Hilfe in besonderen Lebenslagen (nach BSHG)
HE	Hilfeempfänger
Hess.	Hessen, hessisches
HiuL	Hilfe in unterschiedlichen Lebenslagen (nach SGB XII)
hL	herrschende Lehre
hM	herrschende Meinung
Hrsg.	Herausgeber
Hs.	Halbsatz
HS	Hilfesuchender
HzE	Hilfe zur Erziehung
HzL	Hilfe zum Lebensunterhalt
ICD	International classification of diseases
ICF	International classification of functioning, disability and health (2001)
idF	in der Fassung
idR	in der Regel
iE	im Einzelnen
iErg	im Ergebnis
ieS	im engeren Sinne
insbes.	insbesondere
iRd	im Rahmen des/der
iS	im Sinne
iSd	im Sinne des
iSv	im Sinne von
iÜ	im Übrigen
iVm	in Verbindung mit
iwS	im weiteren Sinne
J.	Jahr(e)
jew.	jeweils
JA	Jugendamt, -ämter
JGH	Jugendgerichtshilfe
JHA	Jugendhilfeausschuss
JHR	Jugendhilferecht
JHTr.	Jugendhilfeträger
Ju	Jugendlicher
JURIS	Juristisches Informationssystem
JVA	Justizvollzugsanstalt
Kap.	Kapitel
KE	Kostenerstattung
Kfz	Kraftfahrzeug
KGSt	Kommunale Gemeinschaftsstelle für Verwaltungsvereinfachung/Fachverband für kommunales Management
Ki	Kind
Ki/JuBericht	Kinder- und Jugendbericht
KMK	Kultusministerkonferenz
KOF	Kriegsopferfürsorgestelle
KSD	Kommunaler Sozialer Dienst
Lj.	Lebensjahr
LJA/LJÄ	Landesjugendamt, -ämter
LJHA	Landesjugendhilfeausschuss
LRS	Lese- und Rechtschreibschwäche
LSA	Land Sachsen-Anhalt
LStR	Lohnsteuerrichtlinien
LWV	Landeswohlfahrtsverband
mAnm.	mit Anmerkung
mE	meines Erachtens
Meck.-V./MV	Mecklenburg-Vorpommern

MinBl.	Ministerialblatt
mwN	mit weiteren Nachweisen
mWv	mit Wirkung vom
Nds.	Niedersächsisch
ne.	nichtehelich
nF	neue Fassung
Nr.	Nummer
nrw	nordrhein-westfälisch
NRW	Nordrhein-Westfalen
nv	nicht veröffentlicht
oä	oder ähnliche
öff.	öffentliche(r)
örtl.	örtliche(r)
o.Verf.	ohne Verfasser
PlenProt	Plenarprotokoll
PKV	Prozesskostenvorschuss
PS	Personensorge
PSB	Personensorgeberechtigte(r)
PW	Paritätischer Wohlfahrtsverband
RA	Rechtsanwalt
RBB	Rechtsbehelfsbelehrung
Ref-E	Referentenentwurf
RegBegr.	Begründung zum Gesetzesentwurf der Bundesregierung
RegE	Regierungsentwurf
RGBl. I, II	Reichsgesetzblatt Teil I, Teil II
RhPf	Rheinland-Pfalz
RL	Richtlinien
RM/rm	Rechtmäßigkeit/rechtmäßig
Rn.	Randnummer
RP	Regierungspräsidium
RPA	Rechnungsprüfungsamt
Rspr.	Rechtsprechung
S.	Seite/Satz
s.	siehe
SA	Sozialarbeiter/-in bzw. Sozialamt bzw. Sachsen-Anhalt
Saarl.	Saarländisches
Sachs.-A.	Sachsen-Anhalt
Sächs.	Sächsisches
Schl.-H./SchlH	Schleswig-Holstein(isches)
SFK	Ständige Fachkonferenz (beim DIJuF)
SHR	Sozialhilferichtlinien
SHTr.	Sozialhilfeträger
SKF	Sozialdienst katholischer Frauen
SKM	Sozialdienst katholischer Männer
SMK	Staatsministerium für Kultur
sog	sogenannt
SP	Sozialpädagoge/-in
Sp.	Spalte
SPFH	Sozialpädagogische Familienhilfe
Spr.St.	Spruchstelle (für Fürsorgestreitigkeiten)
StBA	Statistisches Bundesamt
str.	streitig
st.Rspr.	ständige Rechtsprechung
s. u.	siehe unten
t.A.	tatsächlicher Aufenthalt
tats.	tatsächlich
TB BDS	Tätigkeitsbericht des Bundesbeauftragten für den Datenschutz
TB LDS	Tätigkeitsbericht des Landesbeauftragten für den Datenschutz
Thür.	Thüringisches
u.	und
ua	unter anderem / und andere

uä	und ähnliche
uäm	und ähnliche mehr
Übl.	Überblick
ü.ö.	überörtliche(r)
U-Haft	Untersuchungshaft
UMA	Unbegleitete minderjährige Ausländer
UMF	Unbegleitete minderjährige Flüchtlinge
Urt.	Urteil
UVK	Unterhaltsvorschusskasse
usw	und so weiter
uU	unter Umständen
v.	vom
VA	Verwaltungsakt(e)
vAw	von Amts wegen
Vfg.	Verfügung
vgl.	vergleiche
VK	Vertretungskörperschaft
V.n.b.	Veröffentlichung nicht bekannt
vorl.	vorläufig
VwV	Verwaltungsvorschrift(en)
VzA	Vollzeitangestellter
WfB	Werkstatt für Behinderte
wg.	wegen
zB	zum Beispiel
Ziff.	Ziffer
zT	zum Teil
zust.	zustimmend(er)
ZWST	Zentralwohlfahrtsstelle der Juden in Deutschland

Abkürzungsverzeichnis für Gerichte und amtliche Entscheidungssammlungen

AG	Amtsgericht
BayVGH	Bayerischer Verwaltungsgerichtshof
BayObLG	Bayerisches Oberstes Landesgericht
BetreuungsG	Betreuungsgericht
BGH	Bundesgerichtshof
BGHSt	Entscheidungen des Bundesgerichtshofes in Strafsachen (zitiert nach Band und Seite)
BGHZ	Entscheidungen des Bundesgerichtshofes in Zivilsachen (zitiert nach Band und Seite)
BSG	Bundessozialgericht
BVerfG	Bundesverfassungsgericht
BVerfGE	Entscheidungen des Bundesverfassungsgerichts (zitiert nach Band und Seite)
BVerwG	Bundesverwaltungsgericht
BVerwGE	Entscheidungen des Bundesverwaltungsgerichts (zitiert nach Band und Seite)
E	Entscheidungssammlung
EGMR	Europäischer Gerichtshof für Menschenrechte (des Europarates in Straßburg)
ESVGH	Entscheidungssammlung VGH
EuG	Entscheidungen und Gutachten der Spruchstellen für Fürsorgestreitigkeiten
EuGH	Europäischer Gerichtshof (der EU in Luxemburg)
FamG	Familiengericht
GmS-OGB	Gemeinsamer Senat der Obersten Gerichtshöfe des Bundes
KG	Kammergericht (Berlin)
KGR	Sammlung der Rechtsprechung des Kammergerichts

LG	Landgericht
LS	Sammlung der Leitsätze
LVerfGE	Entscheidungssammlung des Landesverfassungsgerichts
OLG	Oberlandesgericht
OVG	Oberverwaltungsgericht
SG	Sozialgericht
StGH	Staatsgerichtshof
VerfG	Verfassungsgericht
VG	Verwaltungsgericht
VGH	Verwaltungsgerichtshof
VormG	Vormundschaftsgericht
ZSpr.	Zentrale Spruchstelle für Fürsorgestreitigkeiten

Abkürzungsverzeichnis für Gesetze und Abkommen

AdÜbAG	Adoptionsübereinkommens-Ausführungsgesetz
AdVermiG	Adoptionsvermittlungsgesetz
AEUV	Vertrag über die Arbeitsweise der Europäischen Union (früher – ex: EGV; abgeändert durch Lissabonvertrag)
ÄndG	Änderungsgesetz
AFG	Arbeitsförderungsgesetz
AG	Ausführungsgesetz
AO	Abgabenordnung
ARB	Beschluss des Assoziationsrat
AsylbLG	Asylbewerberleistungsgesetz
AsylG	Asylgesetz
AsylVfG	Asylverfahrensgesetz
AÜG	Gesetz zur Regelung der Arbeitnehmerüberlassung
AufenthG	Aufenthaltsgesetz
AufenthV	Aufenthaltsverordnung
AuslG	Ausländergesetz
AZR-Gesetz	Gesetz über das Ausländerzentralregister
BAföG	Bundesausbildungsförderungsgesetz
BAT	Bundes-Angestelltentarifvertrag (Bund, Länder, Gemeinden)
BauGB	Baugesetzbuch
BauNVO	Baunutzungsverordnung
BeamtStG	Beamtenstatusgesetz
BBiG	Berufsbildungsgesetz
BDSG	Bundesdatenschutzgesetz
BEEG	Gesetz zum Elterngeld und zur Elternzeit (Bundeselterngeld- und Elternzeitgesetz)
BEG	Bundesentschädigungsgesetz
BerHG	Gesetz über Rechtsberatung und Vertretung für Bürger mit geringem Einkommen (Beratungshilfegesetz)
BErzGG	Bundeserziehungsgeldgesetz
BeurkG	Beurkundungsgesetz
BGB	Bürgerliches Gesetzbuch
BHO	Bundeshaushaltsordnung
BImSchG	Bundesimmissionsschutzgesetz
BKGG	Bundeskindergeldgesetz
BKiSchG	Bundekinderschutzgesetz
BMG	Bundesmeldegesetz
BNotO	Bundesnotarordnung
BRAO	Bundesrechtsanwaltsordnung
BRRG	Beamtenrechtsrahmengesetz
BSHG	Bundessozialhilfegesetz
BtBG	Betreuungsbehördengesetz
BtG	Betreuungsgesetz
BtÄndG	Änderungsgesetz zum Betreuungsgesetz

BtmG	Betäubungsmittelgesetz
BVerfGG	Bundesverfassungsgerichtsgesetz
BVG	Bundesversorgungsgesetz
BVormG	Gesetz über die Vergütung von Berufsvormündern
BZRG	Bundeszentralregistergesetz
Datenaustauschverbesserungsgesetz	Gesetz zur Verbesserung der Registrierung und des Datenaustausches zu aufenthalts- und asylrechtlichen Zwecken
DS-GVO	Datenschutzgrundverordnung
DVAuslG	Verordnung zur Durchführung des Ausländergesetzes
E	Entwurf
EFA	Europäisches Fürsorgeabkommen
EG	Einführungsgesetz oder Erwägungsgründe für die DS-GVO
EGBGB	Einführungsgesetz zum BGB
EGV	Vertrag zur Gründung der Europäischen Gemeinschaft (siehe AEUV)
EheG	Ehegesetz
EheschlRG	Eheschließungsrechtsgesetz
EinglhVO	EingliederungshilfeVO nach § 60 SGB XII
EMRK	Europäische Menschenrechtskonvention
ErbGleichG	Erbrechtsgleichstellungsgesetz
EstG	Einkommenssteuergesetz
EUV	Vertrag über die Europäische Union
FamFG	Gesetz über das Verfahren in Familiensachen und in den Angelegenheiten der freiwilligen Gerichtsbarkeit
FGG	Gesetz über die Angelegenheiten der freiwilligen Gerichtsbarkeit
FGG-RG	FGG-Reformgesetz
FKPG	Gesetz zur Umsetzung des Föderalen Konsolidierungsprogramms
FlüAG	Flüchtlingsaufnahmegesetz
FreizügG/EU	Freizügigkeitsgesetz/EU
GaFöG	Ganztagsförderungsgesetz
GG	Grundgesetz
GjS	Gesetz über die Verbreitung jugendgefährdender Schriften
GKG	Gerichtskostengesetz
GO/GemO	Gemeindeordnung
GTK	Gesetz über Tageseinrichtungen für Kinder
GVG	Gerichtsverfassungsgesetz
GWB	Gesetz gegen Wettbewerbsbeschränkungen
IFG	Informationsfreiheitsgesetz
IfSG	Infektionsschutzgesetz
IntFamRVG	Internationales Familienrechtsverfahrensgesetz
JArbSchG	Jugendarbeitsschutzgesetz
JGG	Jugendgerichtsgesetz
JÖSchG	Gesetz zum Schutz der Jugend in der Öffentlichkeit
JuFöG	Jugendförderungsgesetz
JuSchG	Jugendschutzgesetz
JStG	Jahressteuergesetz
JWG	Gesetz für Jugendwohlfahrt
KICK	Gesetz zur Weiterentwicklung der Kinder- und Jugendhilfe
KiföG	Kinderförderungsgesetz
KindK	Kinderkonvention der UN
KindRG	Kindschaftsrechtsreformgesetz
KindRVerbG	Gesetz zur weiteren Verbesserung von Kinderrechten
KindSchutzG	Kinderschutzgesetz
KindUG	Kindesunterhaltsgesetz
KiQuTG	KiTa-Qualitäts- und -Teilhabeverbesserungsgesetz
KitaG	Gesetz über Kindertagesstätten
KJHG	Gesetz zur Neuordnung des Kinder- und Jugendhilferechts – Kinder- und Jugendhilfegesetz
KJSG	Kinder- und Jugendstärkungsgesetz
KGaG	Kindergartengesetz (Land)
KKG	Gesetz zur Kooperation und Information im Kinderschutz
KostenbeitragsV	Kostenbeitragsverordnung

KSchG	Kündigungsschutzgesetz
KSÜ	Kinderschutzübereinkommen
KJVVG	Kinder- und Jugendhilfeverwaltungsvereinfachungsgesetz
LBG	Landesbeamtengesetz
LDSG	Landesdatenschutzgesetz
LHO	Landeshaushaltsordnung
LJHG	Landesjugendhilfegesetz
LJWG	Landesjugendwohlfahrtsgesetz
LKrO	Landkreisordnung
LPartG	Gesetz über die Eingetragene Lebenspartnerschaft
LVO	Landesverordnung
LVwVfG	Landesverwaltungsverfahrensgesetz
LVwVG	Landesverwaltungsvollstreckungsgesetz
LVwZG	Landesverwaltungszustellungsgesetz
MG	Meldegesetz
MiStra	Anordnung über Mitteilungen in Strafsachen
MiZi	Verordnung über Mitteilungen in Zivilsachen
MSA	Haager Minderjährigenschutzabkommen
MuSchG	Gesetz zum Schutz der erwerbstätigen Mutter/Mutterschutzgesetz
MV	Mitteilungs-VO
NehelG	Gesetz über die rechtliche Stellung des nichtehelichen Kindes
OEG	Gesetz über die Entschädigung der Opfer von Gewalttaten
OWiG	Gesetz über Ordnungswidrigkeiten
PAG	Polizeiaufgabengesetz
PflegeVG	Pflegeversicherungsgesetz
PolG	Polizeigesetz
PrävG	Gesetz zur Stärkung der Gesundheitsförderung und der Prävention (Präventionsgesetz)
PStG	Personenstandsgesetz
PStV	Personenstandsverordnung
PsychothG	Psychotherapeutengesetz
RBerG	Rechtsberatungsgesetz
RDG	Rechtsdienstleistungsgesetz
RegBedarfVO	Regelbedarfsverordnung
RegelbetrV	Regelbetragsverordnung
RegUnterhVO	Regelunterhaltsverordnung
RehaAnglG	Gesetz über die Angleichung der Leistungen zur Rehabilitation
RJGG	Reichsjugendgerichtsgesetz
RJWG	Reichsjugendwohlfahrtsgesetz
RKEG	Gesetz über die religiöse Kindererziehung
RPflG	Rechtspflegergesetz
RSVO	Regelsatzverordnung
RVO	Reichsversicherungsordnung
SäKitaG	Sächsisches Kindertagesstättengesetz
SchKG	Schwangerenkonfliktgesetz
SchwbG	Schwerbehindertengesetz
SchwHilfeG	Gesetz zur Hilfe für Frauen bei Schwangerschaftsabbrüchen in besonderen Fällen
SGB	Sozialgesetzbuch
SGB I	Sozialgesetzbuch – Allgemeiner Teil
SGB II	Sozialgesetzbuch – Zweites Buch – (Grundsicherung für Arbeitsuchende)
SGB III	Sozialgesetzbuch – Drittes Buch – (Arbeitsförderung)
SGB IV	Sozialgesetzbuch – Viertes Buch – (Gemeinsame Vorschriften für die Sozialversicherung)
SGB V	Sozialgesetzbuch – Fünftes Buch – (Gesetzliche Krankenversicherung)
SGB VI	Sozialgesetzbuch – Sechstes Buch – (Gesetzliche Rentenversicherung)
SGB VII	Sozialgesetzbuch – Siebtes Buch – (Gesetzliche Unfallversicherung)
SGB VIII	Sozialgesetzbuch – Achtes Buch – (Kinder- und Jugendhilfe)

SGB IX	Sozialgesetzbuch – Neuntes Buch – (Rehabilitation und Teilhabe behinderter Menschen)
SGB X	Sozialgesetzbuch – Zehntes Buch – (Sozialverwaltungsverfahren und Sozialdatenschutz)
SGB XI	Sozialgesetzbuch – Elftes Buch – (Soziale Pflegeversicherung)
SGB XII	Sozialgesetzbuch – Zwölftes Buch – (Sozialhilfe)
SGG	Sozialgerichtsgesetz
StGB	Strafgesetzbuch
StPO	Strafprozessordnung
StVollzG	Strafvollzugsgesetz
SVG	Soldatenversorgungsgesetz
TAG	Tagesbetreuungsausbaugesetz
TVöD	Tarifvertrag für den öffentlichen Dienst
UhVorschG	Gesetz zur Sicherung des Unterhalts von Kindern alleinstehender Mütter und Väter durch Unterhaltsvorschüsse und -ausfallleistungen (Unterhaltsvorschussgesetz)
UN-BK	Behindertenrechtskonvention der UN
UN-KindK	Konvention der UN über die Rechte des Kindes
USG	Unterhaltssicherungsgesetz
UVG	Unterhaltsvorschussgesetz
VBVG	Gesetz über die Vergütung von Vormündern und Betreuern
VgVO	Vergabeverordnung
VO	Verordnung
VOL/A	Verdingungsordnung für Leistungen – Teil A
VTVO	Europäische Vollstreckungstitelverordnung
VVG	Versicherungsvertragsgesetz
VwGO	Verwaltungsgerichtsordnung
VwVfG	Verwaltungsverfahrensgesetz
WoBauG	Wohnungsbaugesetz
WoGG	Wohngeldgesetz
WRV	Weimarer Reichsverfassung
ZDG	Zivildienstgesetz
ZPO	Zivilprozessordnung
ZuVO	Zuständigkeitsverordnung

Abkürzungen für Zeitschriften siehe Literaturverzeichnis

Literaturverzeichnis

A. Bücher

I. Zum Kinder- und Jugendhilferecht

1. Kommentare (mit Zitierweise)

Hauck/Noftz (Hrsg.): Sozialgesetzbuch SGB VIII. Kinder- und Jugendhilfe. Berlin, Stand: Januar 2020 (zit.: Bearb. in Hauck/Noftz Rn. ...).

Jans/Happe/Saurbier/Maas (Hrsg.): Kinder- und Jugendhilferecht. 3. Aufl. Stuttgart. 63. Lieferung, Stand: März 2021 (zit.: Bearb. in JHSM Rn. ...).

Jung (Hrsg.): SGB VIII – Kinder- und Jugendhilfe. 2. Aufl. Freiburg 2008 (zit.: Bearb. in Jung Rn. ...).

Krug/Riehle (Hrsg.): Kinder- und Jugendhilfe, Sozialgesetzbuch (SGB) – Achtes Buch (VIII). Köln, 205. Lieferung Stand: August 2021 (zit.: Bearb. in Krug/Riehle SGB VIII Rn. ...).

Luthe/Nellissen (Hrsg.): juris PraxisKommentar SGB VIII. Kinder- und Jugendhilfe. Saarbrücken 2. Aufl. 2018 (zit.: Bearb. in jurisPK-SGB VIII Rn. ...).

Möller, W. (Hrsg.): SGB VIII. Praxiskommentar. 2. Aufl. Köln 2017 (zit.: Möller Rn. ...).

Mrozynski: Kinder- und Jugendhilfegesetz (SGB VIII). Textausgabe mit Erläuterungen. 5. Aufl. München 2009 (zit.: Mrozynski SGB VIII Rn. ...).

Münder/Meysen/Trenczek (Hrsg.): Frankfurter Kommentar SGB VIII: Kinder- und Jugendhilfe. 8. Aufl. Baden-Baden 2019 (zit.: Bearb. in FK-SGB VIII Rn. ...).

Rolfs/Giesen/Kreikebohm/Udsching (Hrsg.): Beck´scher Online-Kommentar Sozialrecht (zit.: Bearb. in BeckOK SozR SGB VIII Rn. ...).

Schellhorn/Fischer/Mann/Kern: SGB VIII/KJHG. 5. Aufl. Neuwied 2016 (zit.: Bearb. in SFMK Rn. ...).

Von Staudinger, J.: Kommentar zum Bürgerlichen Gesetzbuch mit Einführungsgesetz und Nebengesetzen. Buch 4. Familienrecht §§ 1683-1683 (Vermögenssorge, Kindesschutz, Sorgerechtswechsel). Neubearbeitung 2020 (zit.: Bearb. in Staudinger (2020) § ... Rn. ...).

Von Staudinger, J.: Kommentar zum Bürgerlichen Gesetzbuch mit Einführungsgesetz und Nebengesetzen. Buch 4. Familienrecht §§ 1684-1717. Neubearbeitung 2019 (zit.: Bearb. in Staudinger (2019) § ... Rn. ...).

Tillmanns in Münchener Kommentar, BGB. Band 9: Familienrecht II. SGB VIII. 7. Aufl. München 2017 (zit.: Tillmanns in MüKoBGB Rn. ...).

Wabnitz (Hrsg.): Kinder- und Jugendhilferecht. Gemeinschaftskommentar zum SGB VIII. Neuwied 84. Aktualisierungslieferung, Stand: Juli 2021 (zit.: Bearb. in GK-SGB VIII Rn. ...).

Wiesner (Hrsg.): SGB VIII. Kinder- und Jugendhilfe. 5. Aufl. München 2015 (zit.: Bearb. in Wiesner Rn. ...) mit online Nachtrag zur 4. Aufl. (zit.: Bearb. in Wiesner online Rn. N ...).

2. Monographien, Lehrbücher, Sonstiges (mit Zitierweise)

Balloff, R./Koritz, N.: Praxishandbuch für Verfahrensbeistände. Rechtliche und psychologische Schwerpunkte für den Anwalt des Kindes. 2. Aufl. Stuttgart 2016.

Behrentin, R. (Hrsg.): Handbuch Adoptionsrecht. München 2017 (zit.: Bearb. in Behrentin).

Berneiser, C.: Die verfahrensrechtliche Neuregelung der Erörterung der Kindeswohlgefährdung in § 157 FamFG. Möglichkeiten und Grenzen der Umsetzung in der familiengerichtlichen Praxis. Frankfurt am Main ua 2015 (zit.: Berneiser 2015, S.).

Bernzen, C.: Einführung in das Kinder- und Jugendhilferecht. Stuttgart 2005.

Bernzen, C.: Die rechtliche Stellung der freien Jugendhilfe. Köln 1993.

Berthold, T.: Die Kinderrechte und die Aufnahme von unbegleiteten minderjährigen Flüchtlingen in Deutschland. 2015 (zit.: Berthold).

Birtsch/Münstermann/Trede (Hrsg.): Handbuch Erziehungshilfen. Münster 2001 (zit.: Birtsch, Handbuch).

Böhnisch/Gängler/Rauschenbach (Hrsg.): Handbuch Jugendverbände. Weinheim 1991.

Boeßenecker: Spitzenverbände der Freien Wohlfahrtspflege. 2005.

von Boetticher/Münder: Kinder- und Jugendhilfe und europäischer Binnenmarkt. Baden-Baden 2009.

Böwer, M./Kotthaus, J.: Praxisbuch Kinderschutz. Professionelle Herausforderungen bewältigen. 1. Aufl. Weinheim Basel 2018.

Bowlby, J.: Frühe Bindung und kindliche Entwicklung. 7. Aufl. München 2016.

Bringewat, P.: Sozialpädagogische Familienhilfe und strafrechtliche Risiken. Stuttgart 2000 (zit.: Bringewat, Strafrechtliche Risiken).

Bringewat, P.: Tod eines Kindes – Soziale Arbeit und strafrechtliche Risiken. 2. Aufl. Baden-Baden 2002.

Brisch, K.H.: Bindungen und frühe Störungen der Entwicklung. Stuttgart 2010.

Brisch, K.H.; SAFE® – Sichere Ausbildung für Eltern. Sichere Bindung zwischen Eltern und Kind. Stuttgart 2010.

Lipp/Schumann/Veit (Hrsg.): Reform des familiengerichtlichen Verfahrens. 1. Familienrechtliches Forum Göttingen 2009 (zit.: Bearb. in Lipp/Schumann/Veit, FamFG-Reform, S.).

Coester-Waltjen/Lipp/Schumann/Veit (Hrsg.): Das Pflegekindverhältnis – zeitlich befristete oder dauerhafte Lebensperspektive für Kinder? 12. Göttinger Workshop 2013 (zit.: Bearb. in Coester-Waltjen/Lipp/Schumann/Veit, 12. Göttinger Workshop S.).

Czerner, F.: Vorläufige Freiheitsentziehung bei delinquenten Jugendlichen. Baden-Baden 2009.

Deinet/Sturzenhecker (Hrsg.): Handbuch Offene Jugendarbeit. 4. Aufl. Wiesbaden 2013.

Diouani-Streek, M.: Kontinuität im Kinderschutz – Perspektivplanung für Pflegekinder. Berlin 2015 (zit.: Diouani-Streek 2015, S.).

Dölitzsch, S.: Vom Kindesschutz zu Kindesrechten. Bielefeld 2005.

Dornes, M.: Die frühe Kindheit. Frankfurt 2003.

Emanuel, M.: Die Qualitätsentwicklung in der Kinder- und Jugendhilfe. Eine institutionsökonomische Analyse. Baden-Baden 2015.

Ensslen, C.: Datenschutz im familien- und vormundschaftsgerichtlichen Verfahren. Frankfurt/M. 1997 (zit.: Datenschutz).

Erzberger, C./Szylowicki, A.: Qualifizierung in der Pflegekinderhilfe. Erstellt für das Dialogforum Pflegekinderhilfe. Frankfurt am Main 2020.

Falterbaum, J.: Caritas und Diakonie. Neuwied 2000.

Falterbaum, J.: Rechtliche Grundlagen für die soziale Arbeit. 4. Aufl. Neuwied 2013.

Fegert/Späth/Salgo (Hrsg.): Freiheitsentziehende Maßnahmen. Münster 2001 (zit.: Fegert/Späth/Salgo 2001).

Fieseler/Herborth: Recht der Familie und Jugendhilfe. Arbeitsplatz Jugendamt/Sozialer Dienst. 7. Aufl. Neuwied 2010.

Frings/Kunkel/Nonninger: AFET Expertise „Handlungspflichten zur Abwehr von Gefahren in Einrichtungen der Erziehungshilfe – Empfehlungen für die Praxis nach dem Untersuchungsbericht Rheinland-Pfalz". 2005 (zit.: Frings/Kunkel/Nonninger 2005).

Gerth/Menne: Der Beitrag der Erziehungsberatung zur Förderung der Gesundheit von Kindern und Jugendlichen. Expertise zum 13. Kinder- und Jugendbericht der Bundesregierung. Juni 2009.

Gottlieb/Kaufhold/Thomsen: Rahmenverträge nach § 78 f SGB VIII. Berlin 2003.

Greßmann/Beinkinstadt: Das Recht der Beistandschaft. §§ 18, 52 a SGB VIII. Stuttgart 1998.

Gummersbach, H.: Die Subjektstellung des Kindes. Die verfahrensrechtliche Neuerung des Anwalts des Kindes in § 50 FGG. Bielefeld 2005.

Hager/Sehrig: Vertrauensschutz in der sozialen Arbeit. 1992 (zit.: Hager/Sehrig).

Hansbauer, P. (Hrsg.): Neue Wege in der Vormundschaft. Münster 2002.

Hansbauer/Mutke/Oelerich: Vormundschaft in Deutschland, Trends und Perspektiven. Wiesbaden 2004.

Harnach-Beck, V.: Psychosoziale Diagnostik in der Jugendhilfe Grundlagen und Methoden für Hilfeplan, Bericht und Stellungnahme. 3. Aufl. Weinheim 2000.

Heilmann, S.: Kindliches Zeitempfinden und Verfahrensrecht. Eine Untersuchung unter besonderer Berücksichtigung des Gesetzes über die Angelegenheiten der freiwilligen Gerichtsbarkeit. Neuwied, Kriftel 1998 (zit.: Heilmann 1998, S.).

Heilmann, S./Lack, K. (Hrsg.): Die Rechte des Kindes. Festschrift für Ludwig Salgo zum 70. Geburtstag. Köln 2016.

Hinrichs, K.: Selbstbeschaffung im Jugendhilferecht. Frankfurt 2003.

Horschitz/Meysen/Schaumberg/Schönecker/Seltmann: Rechtsgutachten zu rechtlichen Fragestellungen im Zusammenhang mit dem Einsatz von Familienhebammen und Familien-Gesundheits- und Kinderkrankenpflegerinnen und -pflegern. NZFH 2015.

Husmann/Rusack/Schröer: Rechte Stärken. Beteiligen. Schützen – Schutzkonzepte mit jungen Menschen in Pflegekinderhilfe entwickeln. FamilienBande 01/2019, 43–47 (zit.: Husmann et al. 2019).

Hundt: Datenschutz als Vertrauensschutz. 2. Aufl. 2020.

Igl, G.: Rechtsfragen ehrenamtlicher Arbeit. Stuttgart 1994.

Igl/Jachmann/Eichenhofer: Ehrenamt und bürgerschaftliches Engagement im Recht – ein Ratgeber. Opladen 2003.

Jordan/Sengling: Jugendhilfe. Einführung in Geschichte und Handlungsfelder, Organisationsformen und gesellschaftliche Problemlagen. 4. Aufl. Weinheim 1999.

Kepert: Sozialdatenschutz in der Kinder- und Jugendhilfe, Wiesbaden. 2020 (zit. Kepert, Sozialdatenschutz)

Kepert/Dexheimer/Feist-Ortmanns/Macsenaere/Kepert: Praxishandbuch Kinderschutz, Köln 2021.

Kepert/Kunkel: Kinder- und Jugendhilferecht – Fälle und Lösungen. 6. Aufl. Baden-Baden 2018.

Kievel/Knösel/Marx: Recht für soziale Berufe. 7. Aufl. Neuwied 2013.

Kindler/Lillig/Blüml/Meysen/Werner (Hrsg.): Handbuch Kindeswohlgefährdung nach § 1666 BGB und Allgemeiner Sozialer Dienst. 2. Aufl. München 2010 (zit.: Kindler ua, Kindeswohlgefährdung).

Kindler: Verfahren zur Einschätzung der Gefahr zukünftiger Misshandlung bzw. Vernachlässigung: Ein Forschungsüberblick, in Deegener/Körner, Kindesmisshandlung und -vernachlässigung. Göttingen 2005 (zit.: Deegener/Körner).

Kindler/Gerber/Lillig: Wissenschaftliche Analyse zum Kinderschutzhandeln des ASD im LK Breisgau-Hochschwarzwald, 2016 (zit.: Kindler/Gerber/Lillig, Analyse Breisgau-Hochschwarzwald)

Kindler/Lillig: Der Schutzauftrag der Jugendhilfe unter besonderer Berücksichtigung von Gegenstand und Verfahren zur Risikoeinschätzung, in Jordan (Hrsg.), Kindeswohlgefährdung. Rechtliche Neuregelungen und Konsequenzen für den Schutzauftrag der Kinder- und Jugendhilfe, Weinheim 2006 (zit.: Kindler/Lillig, Schutzauftrag).

Klein/Macsenaere (Hrsg.): InHAus 2.0 Individualpädagogische Hilfen im Ausland und ihre Nachhaltigkeit, Freiburg 2015.

Knittel: Beurkundungen im Kindschaftsrecht. 8. Aufl. Köln 2017.

Kreft/Lukas ua: Perspektivenwandel der Jugendhilfe (2 Bände). 2. Aufl. Frankfurt 1993.

Kreft/Mielenz: Wörterbuch Soziale Arbeit. 7. Aufl. Weinheim 2013.

Kröger, R. (Hrsg.): Leistung, Entgelt und Qualitätsentwicklung in der Jugendhilfe. Neuwied 1999. S. 189.

Krüger, E. ua (Hrsg.): Erziehungshilfe in Tagesgruppen. 3. Aufl. Frankfurt/M. 2001.

Kunkel, P.-C.: Jugendhilferecht. Systematische Darstellung für Studium und Praxis. 10. Aufl. Baden-Baden 2021 (zit.: Kunkel, Jugendhilferecht, Rn. ...).

Kunkel, P.-C.: Amtsbeistandschaft, Amtspflegschaft, Amtsvormundschaft, in Oberloskamp (Hrsg.), Vormundschaft, Pflegschaft und Beistandschaft für Minderjährige. 4. Aufl. München 2017 (zit.: Kunkel, Vormundschaft § ... Rn. ...).

Kunkel, P.-C.: Gesetzliche Verankerung von Schulsozialarbeit. Expertise für die Gewerkschaft Erziehung und Wissenschaft. 2016. http://www.kv-schulsozialarbeit.de/ (zit.: Kunkel 2016).

Langenfeld/Wiesner: Verfassungsrechtlicher Rahmen für die öffentliche Kinder- und Jugendhilfe bei Kindeswohlgefährdungen und seine einfachgesetzliche Ausfüllung, in DIJuF (Hrsg.), Verantwortlich handeln – Schutz und Hilfe bei Kindeswohlgefährdung, Saarbrücker Memorandum, Köln 2004 (zit.: Saarbrücker Memorandum).

Lempp, R.: Die seelische Behinderung bei Kindern und Jugendlichen als Aufgabe der Jugendhilfe. § 35 a SGB VIII. Stuttgart 1994.

Lohrentz, U.: Jugendhilfe bei Trennung und Scheidung. Neuwied 1999 (zit.: Lohrentz, Trennung und Scheidung).

Ludemann, G./Negwer, W.: Rechtsformen kirchlich-caritativer Einrichtungen. Freiburg 2000.

Mayer, K.-G.: „Kita-Plätze hat man zu haben!" – Vom Primäranspruch auf Förderung zum Sekundäranspruch. Sonderdruck Verwaltungsarchiv 2013 (zit.: Mayer, Sekundäranspruch).

Menne, K. (Hrsg.): Fachliche Grundlagen der Beratung. BKE Materialen zur Beratung Band 20. Fürth 2015 (zit.: Menne).

Merchel, J.: Hilfeplanung bei den Hilfen zur Erziehung. Stuttgart 1998.

Merchel, J.: Trägerstrukturen in der sozialen Arbeit. Eine Einführung. Weinheim 2003.

Meysen/Beckmann: Rechtsanspruch U 3: Förderung in Kita und Kindertagespflege. Baden-Baden 2013.

Meysen/Beckmann/Reiß/Schindler: Recht der Finanzierung von Leistungen der Kinder- und Jugendhilfe. Baden-Baden 2014 (zit.: MBRS Finanzierung).

Meysen/Eschelbach: Das neue Bundeskinderschutzgesetz. Baden-Baden 2012 (zit.: Meysen/Eschelbach).

Münder, J. (Hrsg.): Kindeswohl zwischen Jugendhilfe und Justiz. Zur Entwicklung von Entscheidungsgrundlagen und Verfahren zur Sicherung des Kindeswohls zwischen Jugendämtern und Familiengerichten. Weinheim Basel 2017.

Münder/Jordan (Hrsg.): Mut zur Veränderung. Festschrift für Dieter Kreft. Weinheim 1996 (zit.: Münder/Jordan).

Münder/Ottenberg: Der Jugendhilfeausschuss. Münster 1999 (zit.: Münder/Ottenberg).

Münder/Tammen: Die Vereinbarungen nach §§ 78 a ff. SGB VIII. Berlin 2003 (zit.: Münder/Tammen).

Münder/Trenczek/von Boetticher/Tammen: Kinder- und Jugendhilferecht. 9. Aufl. Baden-Baden 2020 (zit.: Münder/Trenczek/von Boetticher/Tammen).

Münder/Wiesner/Meysen (Hrsg.): Kinder- und Jugendhilferecht. Handbuch. 2. Aufl. Baden-Baden 2011 (zit.: Münder/Wiesner/Meysen).

Neumann, V.: Freiheitsgefährdung im kooperativen Sozialstaat. Heidelberg 1992.

Nienstedt, M./Westermann, A.: Pflegekinder und ihre Entwicklungschancen nach frühen traumatischen Erfahrungen. 2. Aufl. Stuttgart 2013 (zit.: Nienstedt/Westermann 2013, S.).

Oberloskamp, H. (Hrsg.): Vormundschaft, Pflegschaft und Beistandschaft für Minderjährige. 4. Aufl. München 2017 (zit.: Oberloskamp, Vormundschaft § ... Rn. ...).

Oberloskamp/Borg-Laufs/Röchling/Seidenstücker: Gutachterliche Stellungnahme in der Sozialen Arbeit. Weinheim 2017.

Ottnad/Wahl/Miegel: Zwischen Markt und Mildtätigkeit. München 2000.

Paulitz, H. (Hrsg.): Adoption. Ein Praxishandbuch. 2. Aufl. München 2006.

Pinkvoss, F.: Kindeswohlgefährdung. Lüneburger Schriften. Berlin 2009 (zit.: Pinkvoss, Kindeswohlgefährdung).

Preis, U.: Rechtliche Grundlagen der Förderung von Jugendhilfe nach dem Kinder- und Jugendhilfegesetz (SGB VIII). Rechtsgutachten unter Mitarbeit von Ralf Steffan. Köln 1993 (zit.: Preis, Förderung).

Proksch, R.: Sozialdatenschutz in der Jugendhilfe. Münster 1996.

Röchling, W.: Vormundschaftsgerichtliches Eingriffsrecht und KJHG unter besonderer Berücksichtigung der „öffentlichen Hilfen“ nach § 1666 a Abs. 1 BGB. Neuwied 1997 (zit.: Eingriffsrecht).

Röchling, W.: Jugend-, Familien- und Betreuungsrecht für die Soziale Arbeit. 2012.

Rösler, K.: Die Verfahrensbeistandschaft. Berlin 2014.

Rothe, M.: Sozialpädagogische Familien- und Erziehungshilfe. 4. Aufl. Stuttgart 1999.

Salgo, L.: Pflegekindschaft und Staatsintervention. Darmstadt 1987.

Salgo, L./Lack, K. (Hrsg.): Verfahrensbeistandschaft. Ein Handbuch für die Praxis. 4. überarbeitete und erweiterte Aufl. Köln 2020 (zit.: Bearb. in HB-VB Rn. …).

Schick, S.: Rechts- und Unternehmensformen. Baden-Baden 2003.

Schmid, H.: Die Hilfeplanung nach § 36 SGB VIII. Frankfurt am Main 2004.

Schulte-Bunert, K.: Das neue FamFG. 2. Aufl. Köln 2010.

Schwengers, C.: Eingliederungshilfen für seelisch behinderte Kinder und Jugendliche nach § 35 a SGB VIII im Verhältnis zu konkurrierenden Leistungen nach dem (Sozial-)Leistungsrecht. Stuttgart 2007 (zit.: Schwengers, Eingliederungshilfen).

Sommer, A.: Das Verhältnis von Familiengericht und Jugendamt. Kooperation zum Wohle des Kindes? Frankfurt am Main ua 2012 (zit.: Sommer 2012, S.)

Späth, K.: Restauration oder Neuformierung? Risiken und Chancen der Fremdunterbringung. in Soziale Gerechtigkeit. Verhandlungen des ersten Bundeskongresses Soziale Arbeit. Bielefeld 1994 (zit.: Späth, Restauration).

Textor, M.: Praxis der Kinder- und Jugendhilfe. Handbuch für die sozialpädagogische Anwendung des KJHG. Weinheim 1992 (zit.: Textor, Praxis).

Trenczek/Düring/Neumann-Witt: Inobhutnahme, Krisenintervention und Schutzgewährung durch die Jugendhilfe § 8a, §§ 42a ff. SGB VIII. 3. Aufl. Stuttgart 2017.

Trenczek/Goldberg: Jugendkriminalität, Jugendhilfe und Strafjustiz. Stuttgart 2016.

Uschding/Rolfs (Hrsg.): Jahrbuch des Sozialrechts (zit.: JbSozR, Bd. … S. …).

Viernickel/Schwarz: Expertise. Schlüssel zu guter Bildung, Erziehung und Betreuung. Berlin 2009.

Wabnitz, R. J.: Recht der Finanzierung der Jugendarbeit und Jugendsozialarbeit. Ein Handbuch. Baden-Baden 2003 (zit.: Wabnitz Finanzierung).

Wabnitz, R. J. (Hrsg.): Handwörterbuch Kinder- und Jugendhilferecht, SGB VIII – KJHG. Baden-Baden 2004 (zit.: Wabnitz Handwörterbuch).

Wabnitz, R. J.: Rechtsansprüche gegenüber Trägern der öffentlichen Kinder- und Jugendhilfe nach dem Achten Buch Sozialgesetzbuch (SGB VIII). Diss. jur. Frankfurt/Berlin 2005.

Wabnitz, R. J.: Hessisches Kinder- und Jugendhilfegesetzbuch (HKJGB). Kommentar. Frankfurt/M., 4. Aufl. 2021.

Wabnitz, R. J.: 25 Jahre SGB VIII. Die Geschichte des Achten Buches Sozialgesetzbuch von 1990 bis 2015, Eigenverlag der Arbeitsgemeinschaft für Kinder- und Jugendhilfe (AGJ), Berlin 2015 (zit.: Wabnitz, 25 Jahre SGB VIII).

Wabnitz, R. J.: Grundkurs Bildungsrecht für Pädagogik und Soziale Arbeit, München/Basel 2015 (zit.: Wabnitz, Bildungsrecht).

Wabnitz, R. J.: Grundkurs Kinder- und Jugendhilferecht für die Soziale Arbeit, 7. Aufl. München/Basel 2021 (zit.: Wabnitz, Kinder- und Jugendhilferecht).

Wabnitz, R. J.: Grundkurs Recht für die Soziale Arbeit, München und Basel, 6. Aufl. 2021 (zit.: Wabnitz, Soziale Arbeit).

Wabnitz, R. J.: Rechtliche Grundlagen der Kindheitspädagogik und Familienbildung, Frankfurt/M. 2021.

Wendelin, H.: Intensivpädagogische Auslandshilfen, in Düring/Krause/Peters/Rätz/Rosenbauer/Vollhase (Hrsg.): Kritisches Glossar Hilfen zur Erziehung, Regensburg 2014.

Wiesner, R.: Rechtsgutachten zum Konsultationsverfahren bei grenzüberschreitender Unterbringung nach der Verordnung (EU) 2019/1111 des Rates vom 25.6.2019, in „Grenzen Los Erziehen – Erfolgreiche Jugendhilfe in Europa“, Augsburg 2021.

Wiesner/Zarbock (Hrsg.): Das neue KJHG und seine Umsetzung in die Praxis. Köln 1991 (zit.: Das neue KJHG).

3. Fachliche Empfehlungen/Gutachten

AFET (Hrsg.):

- 15 Jahre Schiedsstellen nach dem SGB VIII (1999-2014), 2015 und 10 Jahre Schiedsstellen nach dem SGB VIII, 2009.

Antidiskriminierungsstelle des Bundes:

- Expertise „Mehrdimensionale Diskriminierung – Begriffe, Theorien und juristische Analyse. 2011.

Arbeitsgemeinschaft der Jugendämter der Länder Bremen, Niedersachsen, Schleswig-Holstein und der Landesjugendämter Hamburg, Mecklenburg-Vorpommern, Rheinland, Rheinland-Pfalz, Saarland, Thüringen, Westfalen-Lippe und der Senatsverwaltung für Bildung, Wissenschaft und Forschung Berlin:

- Gemeinsame Empfehlungen für die Heranziehung zu den Kosten nach §§ 91 ff. SGB VIII mit Stand vom 17.11.2014 (zit.: Gemeinsame Empfehlungen). Für BW siehe KVJS; für Bayern siehe BayLJA.

Arbeitsgemeinschaft für Jugendhilfe (AGJ):

- Handlungsempfehlungen zum Bundeskinderschutzgesetz – Orientierungsrahmen und erste Hinweise zur Umsetzung. Berlin 2012 (zit.: AGJ/BAGLJÄ, Handlungsempfehlungen zum Bundeskinderschutzgesetz, 2012).
- Fachkräftegebot und Fachkräftegewinnung (Sept. 2014).
- Weiterentwicklung und Steuerung der Hilfen zur Erziehung. Berlin 2015.
- Vielfalt gestalten, Rechte für Kinder und Jugendliche stärken. Berlin 2016

Arbeitsstelle Kinder- und Jugendhilfestatistik (AKJStat):

- Monitor Hilfe zur Erziehung 2017.

Autorengruppe Bildungsberichterstattung:

- Bildung in Deutschland 2016. Ein indikatorengestützter Bericht mit einer Analyse zu Bildung und Migration. Bielefeld 2016 (zit.: Bildungsbericht 2016).

Bayerisches Staatsministerium für Arbeit, Familie und Sozialordnung:

- Vorläufige Empfehlungen für die Unterstützung von Familien in Trennung und Scheidung bei der Sorgerechtsregelung vom 19.2.1993, ZfJ 1995 S. 146 ff.

BAG der Freien Wohlfahrtspflege e.V. (Hrsg.):

- Die Freie Wohlfahrtspflege. Profil und Leistungen. Freiburg 2002.

Bundesarbeitsgemeinschaft der Landesjugendämter (BAGLJÄ):

- Kinder- und Jugendschutz in der Jugendhilfe, Beschl. in der 71. Arbeitstagung 1991, Nr. 51.
- Empfehlungen zur Abgrenzung der Hilfen nach § 72 BSHG zu den Hilfen für junge Volljährige nach § 41 KJHG, Beschl. in der 72. Arbeitstagung 1992, Nr. 52.
- Sonstige betreute Wohnform gemäß § 34 KJHG und sonstige Wohnform gem. § 45 KJHG, Beschl. in der 72. Arbeitstagung 1992, Nr. 53.
- Grundsätze und Empfehlungen zur Jugendsozialarbeit, Beschl. in der 73. Arbeitstagung 1992, Nr. 56.
- Empfehlungen zur Arbeit in Tagesgruppen (§ 32 KJHG), Beschl. in der 73. Arbeitstagung 1992, Nr. 57.
- Fachkräftegebot des Kinder- und Jugendhilfegesetzes, Beschl. vom 10./12.11.2004.
- Arbeits- und Orientierungshilfe zur Amtsvormundschaft und Amtspflegschaft, beschlossen am 12.11.2004 in Erfurt, veröffentlicht im Mai 2005 (zit.: BAG LJÄ 12.11.2004)
- Fachliche Empfehlungen zur Qualität der Bildung, Erziehung und Betreuung der Unter-Dreijährigen in Kindertageseinrichtungen und Kindertagespflege, 2009, Nr. 107.
- Arbeitshilfe „Beteiligungs- und Beschwerdeverfahren im Rahmen der Betriebserlaubniserteilung für Einrichtungen der Erziehungshilfe“, 2. Aktualisierte Fassung, Beschl. in der 115. Arbeitstagung 2013.
- Handlungsleitlinien zur Umsetzung des Bundeskinderschutzgesetzes im Arbeitsfeld der betriebserlaubnispflichtigen Einrichtungen nach § 45 SGB VIII (ausgenommen Kindertageseinrichtungen), Beschl. in der 115. Arbeitstagung 2013.
- Empfehlungen zur Adoptionsvermittlung. 7. Fassung 2014 (zit.: BAGLJÄ Adoptionsvermittlung).
- Empfehlungen zum Umgang mit minderjährigen unbegleiteten Flüchtlingen. Inobhutnahme. 17.11.2014 (zit.: BAGLJÄ UMF).

– Soziale Arbeit an der Schule. 2014.
– Handlungsempfehlungen zum Umgang mit unbegleiteten Minderjährigen. 2. aktualisierte Fassung 2017.

Bundesministerium für Bildung und Forschung (Hrsg.):
– Berufsbildungsbericht 2016 (zit.: Berufsbildungsbericht 2016).

Bundesministerium für Familie, Senioren, Frauen und Jugend (BMFSFJ):
– Diskussionspapier zu Gender Mainstreaming v. 18.2.2002 (zit.: BMFSFJ zu GM).
– Handbuch Sozialpädagogische Familienhilfe. 5. Aufl. Baden-Baden 2005.
– Ergebnisbericht der wissenschaftlichen Begleitung, Mitreden-Mitgestalten. Die Zukunft der Kinder- und Jugendhilfe, 2020 (zit.: Ergebnisbericht wissenschaftliche Begleitung)

Bundesministerium für Justiz und Verbraucherschutz (BMJV):
– Eckpunkte für die weitere Reform des Vormundschaftsrechts vom 11.10.2014 (zit.: BMJV Eckpunkte).

Bundesregierung:
– Jugendberichte (vgl Aufzählung bei → § 84 Rn. 4).

Deutscher Caritasverband e.V.:
– Modulares QM-Rahmenhandbuch Version 1.2, Modul Gemeinsame Wohnformen für Mütter/Väter und Kindern gemäß § 19 SGB VIII, 2019.

Der Paritätische:
– Schulsozialarbeit im Kontext des Bildungs- und Teilhabepaketes. Erfahrungen und Empfehlungen für die kommunale Praxis Schulsozialarbeit, Berlin 2013.

Deutscher Verein für öffentliche und private Fürsorge (DV):
– Empfehlungen zur Beratung in Fragen der Trennung und Scheidung und zur Mitwirkung der Jugendhilfe im familiengerichtlichen Verfahren, NDV 1992 S. 148 ff.
– Empfehlungen zur Ausgestaltung der Tagespflege, NDV 1992 S. 178 ff.
– Empfehlungen zur Vollzeitpflege/Verwandtenpflege, NDV 1992 S. 181 ff.
– Empfehlungen zur Familienbildung, NDV 1995, 221.
– Empfehlungen des Deutschen Vereins zur Weiterentwicklung kommunalen Managements am Übergang Schule – Beruf vom 27.9.2011 (zit.: DV 2011).
– Empfehlungen zur Sicherung der Rechte von Kindern und Jugendlichen in Einrichtungen vom 8.5.2012.
– Empfehlungen zu Führungszeugnissen bei Neben-und Ehrenamtlichen in der Kinder-und Jugendhilfe (§ 72a Abs. 3 und 4 SGB VIII) vom 25.9.2012.
– Empfehlungen zur Umsetzung der Neuregelungen im Vormundschaftsrecht vom 24.10.2012 (zit.: DV Vormundschaftsrecht).
– Empfehlungen zur preislichen Fortschreibung des monatlichen Pauschalbetrages bei Vollzeitpflege vom 30.9.2014.
– Diskussionspapier zur Entwicklung und Verortung der Schulsozialarbeit. 2014
– Unterstützung am Übergang Schule – Beruf. Empfehlungen für eine gelingende Zusammenarbeit an den Schnittstellen der Rechtskreise SGB II, SGB III und SGB VIII vom 23.9.2015 (zit.: DV 2015).
– Fachlexikon der sozialen Arbeit. 8. Aufl. Baden-Baden 2017.
– Empfehlung zur Hilfe für junge Erwachsene in besonderen Problemlagen vom 22.3.2017.

Deutsches Institut für Jugendhilfe und Familienrecht (DIJuF) e.V.:
– Aufgaben und Rolle des gesetzlichen Amtsvormunds für Kinder minderjähriger Mütter, JAmt 2003, 11 = Kind-Prax 2003, 18.
– Ersatz von Aufwendungen für selbstbeschaffte Leistungen nach dem SGB VIII, JAmt 2002, 498 = ZfJ 2003, 61.
– Fortentwicklung des Hilfeplanverfahrens (Modellprogramm 2003).
– Praktische Auswirkungen der Änderung der unterhaltsrechtlichen Kindergeldanrechnung (§ 1612b Abs. 5 BGB), JAmt 2003, 14 = Kind-Prax 2003, 58.
– Verantwortlich handeln – Schutz und Hilfe bei Kindeswohlgefährdung. 2004.
– Themengutachten und Rechtsgutachten. (zit.: DIJuF-Rechtsgutachten).

Gewerkschaft Erziehung und Wissenschaft (GEW):
– Gesetzliche Verankerung von Schulsozialarbeit. Expertise von Prof. em. Peter-Christian Kunkel. 2016 (zit.: GEW Schulsozialarbeit).

Institut für soziale Arbeit e.V. (Hrsg.):
- Der Schutzauftrag bei Kindeswohlgefährdung. Münster 2006

Jugend- und Familienministerkonferenz (JFMK):
- Aufgabenprofile und Qualifikationsanforderungen in den Arbeitsfeldern der Kinder- und Jugendhilfe", Beschl. vom 12/13.5.2005.
- SGB II – Grundsicherung für Arbeitsuchende: Einbeziehung der Jugendhilfe, Beschl. vom 12/13.5.2005 (zit.: JFMK 2005).
- Berufliche und soziale Eingliederung sozial benachteiligter junger Menschen in den Ausbildungs- und Arbeitsmarkt. Beschl. vom 21./22.5.2015 (zit.: JFMK 2015).

Kommission Kinderschutz:
- Abschlussbericht, 2020, Band I, Bericht und Empfehlungen (zit.: Abschlussbericht Kommission Kinderschutz).

Landesjugendämter:
- Baden-Württemberg (KVJS):
  - Empfehlungen zur Kostenbeteiligung vom 1.1.2014
- Bayern (BayLJA):
  - Empfehlungen zur Kostenbeteiligung nach § 90 bzw. nach §§ 91-95 SGB VIII mit Stand vom 2.12.2014.
- Hessen:
  - Fachliche Empfehlung zur Durchführung der Beratung in Fragen der Trennung und Scheidung und der Mitwirkung im familiengerichtlichen Verfahren für die Jugendämter in Hessen vom 23.7.1992 (zit.: LJA Hessen Trennung und Scheidung).
- Rheinland und Westfalen:
  - Empfehlungen zur Eingliederungshilfe nach § 35a SGB VIII. 2014 (zit.: LVR Eingliederungshilfe).
  - Förderung von Kindern und Jugendlichen in Einrichtungen und der Schutz ihrer Freiheits- und Persönlichkeitsrechte. 2016 (zit..: LVR Einrichtungen)

Sozialdienst katholischer Frauen Gesamtverein e.V. (Hrsg):
- Gemeinsame Wohnformen für Mütter/Väter und Kinder in katholischer Trägerschaft. Fachliche Standards der Arbeit. Dortmund 2012 (zit.: SkF Gesamtverein, Fachliche Standards).
- Begleitung von Trennungsprozessen von Müttern (Vätern) und Kindern. Fachliche Standards der Arbeit in Mutter/Vater-Kind-Einrichtungen in katholischer Trägerschaft. Dortmund 2013 (zit.: SkF Gesamtverein, Begleitung von Trennungsprozessen).
- Leitlinien zur Arbeit mit Vätern/Partnern der Bewohnerinnen. Dortmund 2016 (zit.: SkF Gesamtverein, Leitlinien zur Arbeit mit Vätern).

Sozialpädagogisches Institut des SOS Kinderdorf (Hrsg.):
- Herkunftsfamilien in der Kinder- und Jugendhilfe. Perspektiven für eine partnerschaftliche Zusammenarbeit. 2004. Online Ausgabe 2010.

Stiftung zum Wohl des Pflegekindes (Hrsg.):
- 2. Jahrbuch des Pflegekinderwesens. Idstein 2001.
- Wie Pflegekindschaft gelingt. 6. Jahrbuch des Pflegekinderwesens. Idstein 2014.

Verein für Kommunalwissenschaften e.V. (Hrsg.):
- „… und schuld ist im Ernstfall das Jugendamt." Berlin 1999.

II. Zum Familien- und Kindschaftsrecht

Albrecht ua: Kinderrechte. 2020.

Fegert/Ziegenhain/Goldbeck (Hrsg.): Traumatisierte Kinder in Deutschland. München 2010.

Gernhuber/Coester-Waltjen: Lehrbuch des Familienrechts. 6. Aufl. München 2010.

Greßmann, M.: Neues Kindschaftsrecht. Bielefeld 1998.

Heilmann (Hrsg.): Kindschaftsrecht. Praxiskommentar. 2. Aufl. Köln 2020.

Kaiser/Schnitzler/Schilling/Sanders: Bürgerliches Gesetzbuch: Familienrecht. 4. Aufl. Baden-Baden 2021 (zit.: Bearb. in NK-BGB § … Rn. …).

Lüderitz: Familienrecht. 27. Aufl. 1999.

Luxburg, von: Das neue Kindschaftsrecht. Köln 1998.

Mühlens/Kirchmeier/Greßmann: Das neue Kindschaftsrecht. Köln 1998.

Münder/Ernst/Behlert: Familienrecht. 7. Aufl. Neuwied 2013.

Prenzlow, R. (Hrsg.): Handbuch Elterliche Sorge und Umgang. Pädagogische, psychologische und rechtliche Aspekte, 2. Aufl. Köln 2016 (zit.: Bearb. in Prenzlow, Handbuch Elterliche Sorge und Umgang S. ...).

Salgo, L./Lack, K. (Hrsg.): Verfahrensbeistandschaft. Ein Handbuch für die Praxis. 4. überarbeitete und erweiterte Aufl. Köln 2020 (zit.: Bearb. in HB-VB Rn. ...).

Schleicher, H.: Jugend- und Familienrecht. 14. Aufl. München 2014.

Schwab, D.: Familienrecht. 22. Aufl. München 2014.

Wabnitz, R. J.: Grundkurs Familienrecht für die Soziale Arbeit. 5. Aufl. München/Basel 2019 (zit.: Wabnitz, Familienrecht).

Ziegenhain/Fegert: Kindeswohlgefährdung und Vernachlässigung. 2. Aufl. München 2008.

Zitelmann, M.: Kindeswohl und Kindeswille im Spannungsfeld von Pädagogik und Recht. Münster 2001.

Zitelmann/Schweppe/Zenz: Vormundschaft und Kindeswohl. Köln 2004.

III. Zum Jugendschutzrecht

Liesching/Schuster: Jugendschutzrecht. 5. Aufl. München 2011.

Nikles/Roll/Spürck/Erdemir/Gutknecht: Jugendschutzrecht. 3. Aufl. Neuwied 2011.

IV. Zum Sozialgesetzbuch I und X

1. Kommentare

Bergner/Erdmenger/Fehn/Kaltenbach/Kolb: Sozialgesetzbuch X. Kommentar. 1991.

Borchert/Hase/Walz: GK-SGB X 2. Gemeinschaftskommentar zum Sozialgesetzbuch – Schutz der Sozialdaten. Neuwied 1989.

Diering/Timme/Stähler (Hrsg.): Sozialgesetzbuch X – Sozialverwaltungsverfahren und Sozialdatenschutz. Lehr- und Praxiskommentar. 5. Aufl. Baden-Baden 2019 (zit.: Bearb. in LPK-SGB X § ... Rn. ...).

Giese/Krahmer (Hrsg.): Sozialgesetzbuch – Allgemeiner Teil und Verfahrensrecht (SGB I und X). 2. Aufl. 13. Lieferung. Köln 1995.

Dalichau/Podlech/Prochnow: Verwaltungsverfahren (SGB X). Kommentar. Bände I-III. Percha 1994.

Hauck/Noftz: SGB I. Kommentar. Berlin. Stand 2010.

Hauck/Noftz: SGB X. Kommentar. Berlin 2010.

Krahmer, U. (Hrsg.): Sozialdatenschutzrecht. Persönlichkeitsschutz nach SGB I und X, DS-GVO. Handkommentar. 4. Aufl. Baden-Baden 2020
(zit.: Bearb. in HK-SozDatenschutzR § ... Rn. ...).

Krahmer/Trenk-Hinterberger: Sozialgesetzbuch I – Allgemeiner Teil. Lehr- und Praxiskommentar. 4. Aufl. Baden-Baden 2020 (zit.: Bearb in LP-SGB I § ... Rn. ...).

Kretschmer/v. Maydell/Schellhorn: Gemeinschaftskommentar zum Sozialgesetzbuch – Allgemeiner Teil (GK-SGB I). 3. Aufl. 1996.

Mrozynski, P.: Sozialgesetzbuch – Allgemeiner Teil – SGB I. 5. Aufl. München 2014.

Peters/Hommel: Sozialgesetzbuch – Allgemeiner Teil (SGB I). Kommentar. Stand: Juni 1995.

Schlegel/Voelzke: juris PraxisKommentar SGB X. Saarbrücken 2013
(zit.: Bearb. in juris PK-SGB X).

Scholz, R.: Sozialgesetzbuch Zehntes Buch (SGB X). Stuttgart 1995.

Schroeder-Printzen/Engelmann/Wiesner/von Wulffen: Kommentar zum Sozialgesetzbuch. Verwaltungsverfahren – SGB X. 3. Aufl. München. 1996.

Schütze: SGB X. 9. Aufl. München 2020 (zit.: Bearb. in Schütze).

Voelzke (Hrsg.): jurisPraxisKommentar – SGB I (zit.: Bearb. in jurisPK Rn...)

Zeitler, H./Schindler, H.: Sozialgesetzbuch X für die Praxis der Sozialhilfe und der Kinder- und Jugendhilfe. 5. Aufl. Stuttgart 1996 (zit.: Zeitler/Schindler, § ... Rn. ...).

2. Lehrbücher

Busch, M.: Der Schutz von Sozialdaten in der Jugendhilfe. Stuttgart 1997 (zit.: Busch, Sozialdatenschutz).

Frommann/Mörsberger/Schellhorn: Sozialdatenschutz. Frankfurt/M. 1985.

Hager/Sehrig: Vertrauensschutz in der sozialen Arbeit. Heidelberg 1992.

Mörsberger, T.: Verschwiegenheitspflicht und Datenschutz – Ein Leitfaden für die Praxis der sozialen Arbeit. 1985.

Patjens/Patjens: Sozialverwaltungsrecht für die Soziale Arbeit. 2. Aufl. Baden-Baden 2018.

Pickel, H.: Lehrbuch des sozialrechtlichen Verwaltungsverfahrens. 2. Aufl. 1985.

Proksch, R.: Sozialdatenschutz in der Jugendhilfe. Münster 1966 (zit.: Proksch, Sozialdatenschutz).

Rasmussen, H.: Sozialdatenschutz in der Praxis (der Sozialversicherung). Baden-Baden 1997.

Schulin/Igl: Sozialrecht. 7. Aufl. Düsseldorf 2002.

V. Zum Sozialgesetzbuch IX (Rehabilitation und Teilhabe)

Dau/Düwell/Joussen/Luik (Hrsg.): LPK-SGB IX, 6. Aufl. Baden-Baden 2021 (zit.: Bearb. in LPK-SGB XI).

Hauck/Noftz: SGB IX. München 2010.

Neumann/Pahlen/Majerski-Pahlen: SGB IX. 12. Aufl. München 2010.

Welti/Fuchs/Fuchsloch/Nägele/Udsching (Hrsg.): Gesundheit, Alter, Pflege, Rehabilitation – Recht und Praxis im interdisziplinären Dialog. Festschrift für Gerhard Igl, Baden-Baden 2017 (zit.: FS Igl).

VI. Zum Sozialgesetzbuch XII (Sozialhilfe)

Bieritz-Harder/Conradis/Thie: LPK-SGB XII. 12. Aufl. Baden-Baden 2020 (zit.: Bearb. in LPK-SGB XII).

Fichtner/Wenzel: SGB XII. 4. Aufl. München 2009.

Grube/Wahrendorf: SGB XII. 5. Aufl. München 2014.

Klinger/Kunkel/Pattar/Peters: Existenzsicherungsrecht nach SGB II, SGB XII und AsylbLG. 3. Aufl. Baden-Baden 2012 (zit.: Klinger/Kunkel/Pattar/Peters, Existenzsicherungsrecht, Rn. ...).

Kruse/Reinhard/Winkler/Höfer/Schwengers: SGB XII. 3. Aufl. München 2012.

Schellhorn/Schellhorn/Hohm: SGB XII. 18. Aufl. Neuwied 2010.

VII. Zum Sozialgesetzbuch II (Grundsicherung für Arbeitsuchende)

Münder/Geiger (Hrsg.): LPK-SGB II. 7. Aufl. Baden-Baden 2021 (zit.: Bearb. in LPK-SGB II).

Radüge (Hrsg.): jurisPraxiskommentar – SGB II. 4. Aufl. Saarbrücken 2015 (zit.: Bearb. in jurisPK-SGB II).

VIII. Kommentare und Lehrbücher zu angrenzenden Rechtsgebieten

1. Grundgesetz

Epping/Hillgruber: Beck'scher Online-Kommentar zum Grundgesetz, BeckOK GG, 34. Edition München 2017

Jarass/Pieroth: Grundgesetz für die Bundesrepublik Deutschland. 12. Aufl. München 2012.

Maunz/Dürig: Grundgesetz. 78. Aufl. München 2016.

Zacher: Elternrecht, in Isensee/Kirchhof (Hrsg.): Handbuch des Staatsrechts der Bundesrepublik Deutschland, Band VI: Freiheitsrechte. Heidelberg 1989.

2. Bürgerliches Gesetzbuch

Handkommentar zum BGB. 10. Aufl. Baden-Baden 2019.

Münchener Kommentar zum BGB (MüKoBGB). Bd. 8: Familienrecht I. 6. Aufl. München 2013. Bd. 9: Familienrecht II, SGB VIII. 7. Aufl. 2017.

Palandt: BGB. 79. Aufl. München 2020 (zit.: Bearb. in Palandt).

Staudinger: Kommentar zum BGB. Neubearb. 2009 (zit.: Bearb. in Staudinger).

3. Zivilprozessordnung

Baumbach/Lauterbach/Albers/Hartmann: ZPO. 76. Aufl. München 2018 (zit.: BLAH)

4. Datenschutz nach BDSG, LDSG und EU-Recht

Auernhammer, H.: Bundesdatenschutzgesetz. Kommentar 3. Aufl. Köln 1993.

Bergmann/Herb/Möhrle: Datenschutzrecht. Handkommentar. Stand: 1995.

Dammann/Simitis: Kommentar zur EG-Datenschutzrichtlinie, Baden-Baden 1997.

Dörr/Schmidt: Handkommentar zum BDSG. Köln 1991.

Gola/Schomerus: Bundesdatenschutzgesetz. Kommentar. 11. Aufl. München 2012.

Proksch, R. (Hrsg.): Sozialdatenschutz in der Jugendhilfe – Soziale Praxis Heft 13 – Institut für soziale Arbeit e.V., 1996 (zit. Proksch, Sozialdatenschutz, S. 146).

Schaffland/Wiltfang: Bundesdatenschutzgesetz. Kommentar nebst Rechtsvorschriften. Loseblattausgabe. Berlin. Stand 1993.

Simitis/Dammann/Geiger/Mallmann/Walz: Kommentar zum Bundesdatenschutzgesetz. Baden-Baden 1992.

Sydow, G.: Europäische Datenschutzgrundverordnung. Handkommentar. 2. Aufl. Baden-Baden 2018 (zit.: Bearb. in HK-DS-GVO).

Tinnefeld/Ehmann: Einführung in das Datenschutzrecht. München 1992.

5. Strafgesetzbuch

Bringewat: Grundbegriffe des Strafrechts. 3. Aufl. Baden-Baden 2018.

Brühl/Deichsel/Nothacker: Strafrecht und Soziale Praxis. Stuttgart 2005.

Fischer: Strafgesetzbuch und Nebengesetze. Kommentar. 66. Aufl. 2019 und 68. Aufl. München 2021.

Jescheck/Weigend: Lehrbuch des Strafrechts. Allg. Teil. 5. Aufl. Berlin 1996.

Kindhäuser/Hilgendorf: Strafgesetzbuch. 8. Aufl. Baden-Baden 2020 (zit.: Bearb. in LPK-StGB).

Kindhäuser/Neumann/Paeffgen (Hrsg.): NomosKommentar Strafrecht. 5. Aufl. Baden-Baden 2017 (zit.: Bearb. in NK-StGB).

Lackner/Kühl: Strafgesetzbuch. 29. Aufl. München 2018.

Münchener Kommentar zum StGB, Band 1, 4. Aufl. München 2020 (zit.: Bearb. in MüKoStGB).

Riekenbrauk, K.: Strafrecht und Soziale Arbeit. 5. Aufl. Neuwied 2018.

Satzger/Schluckebier/Widmaier (Hrsg.): StGB – Strafgesetzbuch. Kommentar. 5. Aufl. Köln 2020 (zit.: Bearb. in SSW-StGB).

Schönke/Schröder: Strafgesetzbuch. 30. Aufl. München 2019 (zit.: Bearb. in Schönke/Schröder).

Wessels/Beulke/Satzger: Strafrecht. Allgemeiner Teil. Die Straftat und ihr Aufbau. 50. Aufl. Heidelberg 2020 (zit.: Wessels/Beulke/Satzger).

6. Strafprozessordnung

Meyer-Goßner/Schmitt: Strafprozessordnung. 64. Aufl. München 2021.

Peters, K.: Strafprozeß. 4. Aufl. 1985.

7. **Jugendgerichtsgesetz**

Albrecht, P.-A.: Jugendstrafrecht. 3. Aufl. München 2000.

BMJ (Hrsg.): JGH – Quo vadis? Bonn 1991.

Böhm/Feuerhelm: Einführung in das Jugendstrafrecht. 4. Aufl. München 2004.

Brunner/Dölling: Jugendgerichtsgesetz. Kommentar. 13. Aufl. Berlin 2017.

Cornel ua (Hrsg.): Resozialisierung – Handbuch. 4. Aufl. Baden-Baden 2018.

Cornel, H.: Haftentscheidungshilfe und Untersuchungshaftvermeidung, in Cornel ua (Hrsg.), Resozialisierung, S. 297 ff.

Coskun, A. N.: Kommunikation und Kooperation durch fachliche Konfrontation zwischen Jugend(gerichts)hilfe und Justiz in Verfahren nach dem Jugendgerichtsgesetz. Hamburg 2013.

Dallinger/Lackner: Jugendgerichtsgesetz. Kommentar. 2. Aufl. München 1965.

Deutscher Juristentag: Die Beschlüsse des 64. Deutschen Juristentages Berlin 2002. http://www.dvjj.de/sites/default/files/medien/imce/documente/downloads/64DJT-Empfehlungen.pdf.

Diemer/Schatz/Sonnen: Jugendgerichtsgesetz. Kommentar. 8. Aufl. Heidelberg 2020.

DJI: Jugendgerichtshilfeb@rometer. München 2011.

Dollinger/Oelkers (Hrsg.): Sozialpädagogische Perspektiven auf Devianz. Weinheim 2015.

Dollinger/Schmidt-Semisch (Hrsg.): Handbuch der Jugendkriminalität. 3. Aufl. Wiesbaden 2018.

DVJJ (Hrsg.): Achtung (für) Jugend. Dokumentation des 28. Deutschen Jugendgerichtstages. Mönchengladbach 2012.

Eberitzsch, S.: Die Abwendung von Untersuchungshaft für Jugendliche als sozialpädagogisches Handlungsfeld. in Dollinger/Oelkers 2015, S. 204 ff.

Eisenberg/Kölbel: Jugendgerichtsgesetz. Kommentar. 22. Aufl. München 2021.

Feuerhelm/Kügler: Das „Haus des Jugendrechts“ in Stuttgart Bad Cannstatt, Ergebnisse einer Evaluation. Mainz 2003.

v. Hasseln-Grindel, S.: Das Miteinander von Sozialarbeit und Polizei im Jugendrechtshaus aus Sicht der Rechtswissenschaft und der Rechtspädagogik. in Möller, K. (Hrsg.): Dasselbe in grün? Weinheim 2010. S. 260 ff.

Heinz/Hügel (Hrsg.): Erzieherische Maßnahmen im deutschen Jugendstrafrecht, Bonn 1987.

Heinz/Storz: Diversion im Jugendstrafverfahren der Bundesrepublik Deutschland, Bonn 1992.

Höynck/Leuschner: Das Jugendgerichtsbarometer. Ergebnisse einer bundesweiten Befragung von Jugendrichtern und Jugendstaatsanwälten. Kassel 2014.

Hoops/Holthusen: Das Jugendgerichtshilfeb@rometer. in DVJJ (Hrsg.): Achtung (für) Jugend! Mönchengladbach 2012.

Hosser/Lauterbach/Höynck: Und was kommt danach? Entlassungsvorbereitung und Nachentlassungssituation junger Strafentlassener. in Goedeler/Walkenhorst, Jugendstrafvollzug in Deutschland. Godesberg 2007, S. 396 ff.

Hotter, I.: Untersuchungshaftvermeidung für Jugendliche und Heranwachsende in Baden-Württemberg. Freiburg 2004.

Janssen/Riehle: Lehrbuch Jugendstrafrecht, Weinheim/Basel 2013.

Kempf, C.: Der Soziale Trainingskurs und seine rechtliche Einordnung, Baden-Baden 2014.

Kerner/Karnowski/Eikens: Begünstigung junger Straftäter durch die Anwendung materiellen Jugendstrafrechts. in Rotsch/Brüning/Schad. S. 465 ff.

Klier/Brehmer/Zinke: Jugendhilfe im Strafverfahren. 2. Aufl. Berlin 2002.

Klug/Schaitl: Soziale Dienste der Justiz. Mönchengladbach 2012.

Laubenthal: JGH im Strafverfahren. Köln 1993.

Lüth, J.: Die Polizei im Wandel – Jugendrechtshäuser als Kooperationspartner. in Möller, K. (Hrsg.): Dasselbe in grün?. 239 ff.

Meier/Rössner/Schöch: Jugendstrafrecht. 3. Aufl. München 2013.

Meier/Rössner/Trüg/Wulf (Hrsg.): Jugendgerichtsgesetz – Handkommentar. 2. Aufl. Baden-Baden 2014 (zit.: HK-JGG).

Möller, K. (Hrsg.): Dasselbe in grün? Aktuelle Perspektiven auf das Verhältnis von Polizei und Sozialer Arbeit. Weinheim 2010.

Müller, S.: Erziehen-Helfen-Strafen, in Peters, H. (Hrsg.): Muss Strafe sein? Opladen 1992, S. 140 ff.

Nix, C. (Hrsg.): Jugendgerichtsgesetz. Kurzkommentar. Weinheim 1994.

Nothacker, G.: Jugendstrafrecht. 3. Aufl. Baden-Baden 2001.

Ostendorf, H.: Jugendgerichtsgesetz. Kommentar. 11. Aufl. Baden-Baden 2021 (zit.: Bearb. in NK-JGG).

Peters (Hrsg.): Muss Strafe sein?, Opladen 1992.

Pfeiffer, C., in BMJ (Hrsg.): Grundfragen des Jugendkriminalrechts und seiner Neuregelung, Bonn 1990, S. 60 ff.

Pieplow, L., in Walter (Hrsg.): Beiträge zur Erziehung im Jugendkriminalrecht. Köln 1989. S. 5 ff.

Pruin, I.: Gestaltung von Übergängen. in Cornel ua (Hrsg.): Resozialisierung. Baden-Baden 2017, S. 572 ff.

Rotsch/Brüning/Schad (Hrsg.): Strafrecht – Jugendstrafrecht – Kriminalprävention in Wissenschaft und Praxis. Festschrift für Heribert Ostendorf. Baden-Baden 2015.

Schaffstein/Beulke/Swoboda: Jugendstrafrecht. 15. Aufl. Stuttgart 2015.

Trenczek, T.: Strafe, Erziehung oder Hilfe?. Bonn 1996.

Trenczek, T.: Die Mitwirkung der Jugendhilfe im Strafverfahren. Weinheim 2003.

Trenczek, T.: Mitwirkung der Jugendhilfe im Strafverfahren – Jugendgerichtshilfe. in Dollinger/Schmidt-Semisch 2010, 381 ff.

Trenczek/Goldberg: Jugendkriminalität, Jugendhilfe und Strafjustiz. München 2016.

Villmow/Savinsky/Woldmann: Praxis des Vollzugs der Jugenduntersuchungshaft: Eine erste Bestandsaufnahme. in DVJJ (Hrsg.): Achtung (für) Jugend! Mönchengladbach 2012.

Walter (Hrsg.): Beiträge zur Erziehung im Jugendkriminalrecht. Köln 1989.

Wiesner, R., Jugendhilfe und Justiz – Möglichkeiten und Grenzen der Kooperation aus der Sicht der Jugendhilfe. in BMJ (Hrsg.), Das Jugendkriminalrecht vor neuen Herausforderungen?. Mönchengladbach 2009, S. 323 ff (zit.: Wiesner in BMJ).

8. Verwaltungsgerichtsordnung/Allg. Verwaltungsrecht/Polizeirecht

Eyermann, E.: Verwaltungsgerichtsordnung. Kommentar. 14. Aufl. München 2014.

Fehling/Kastner/Störmer (Hrsg.): Verwaltungsrecht. 5. Aufl. Baden-Baden 2021 (zit.: HK-VerwR).

Kopp/Schenke: VwGO. 26. Aufl. München 2020.

Maurer, H.: Allgemeines Verwaltungsrecht. 18. Aufl. München 2011.

Redecker/v. Oertzen: Verwaltungsgerichtsordnung. Kommentar. 16. Aufl. 2014.

Ruder/Schmitt: Polizeirecht Baden-Württemberg, 6. Aufl.2005 (zit.: Ruder/Schmitt).

Schenke: Polizei- und Ordnungsrecht, 7. Aufl. 2011 (zit.: Schenke).

Wolff/Bachof/Stober/Kluth: Verwaltungsrecht, Bd. 1, 13. Aufl. München 2014. Bd. 2, 7. Aufl. 2010 (zit.: WBSK VerwR).

Wolf/Stephan/Deger: Polizeigesetz für BW, 6. Aufl. 2009 (zit.: Wolf/Stephan/Deger).

Würtenberger/Heckmann/Riggert: Polizeirecht in Baden-Württemberg, 5. Aufl. 2002 (zit.: Würtenberger/Heckmann/Riggert).

9. Verfahren in Familiensachen

Arnold/Meyer-Stolte/Rellermeyer/Hintzen/Georg: RPflG. Kommentar zum Rechtspflegergesetz. 8. Aufl. Bielefeld 2015.

Bassenge/Roth: FamFG/RPflG. 12. Aufl. Heidelberg 2009.

Bork/Jacoby/Schwab: FamFG. Kommentar. 2. Aufl. Bielefeld 2013.

Bumiller/Harders/Schwamb: FamFG. Freiwillige Gerichtsbarkeit. 11. Aufl. München 2014.

Friederici/Kemper: Familienrechtsverfahren. Baden-Baden 2009.

Garbe/Ullrich: Verfahren in Familiensachen. 3. Aufl. Baden-Baden 2012.

Hoppenz (Hrsg.): Familiensachen. 9. Aufl. Heidelberg 2009.

Johannsen/Henrich (Hrsg.): Familienrecht. Scheidung, Unterhalt, Verfahren. 6. Aufl. München 2014.

Keidel, T. (Begr.)/Engelhardt/Sternal (Hrsg.): FamFG. Gesetz über das Verfahren in Familiensachen und in den Angelegenheiten der freiwilligen Gerichtsbarkeit. Kommentar. 18. Aufl. München 2014 (zit.: Bearb. in Keidel Rn. ...).

Kroiß/Seiler: Das neue FamFG. Baden-Baden 2009.

Meysen (Hrsg.): Das Familienverfahrensrecht – FamFG. Köln 2009.

10. Beratungsrecht

Krenzler: Rechtsdienstleistungsgesetz. 2. Aufl. Baden-Baden 2017.

Rennen/Caliebe/Sabel: Rechtsdienstleistungsgesetz. 4. Aufl. München 2010.

Unseld/Degen: Rechtsdienstleistungsgesetz. München 2009.

11. Ausländerrecht/Über- und zwischenstaatliches Recht

Barwig/Huber/Lörcher/Schumacher/Sieveking: Das neue Ausländerrecht. Baden-Baden 1991.

Bergmann/Dienelt: Ausländerrecht. 11. Aufl. München 2016.

Bröhmer ua (Hrsg.): Internationale Gemeinschaft und Menschenrechte. Festschrift Georg Ress. Köln 2005.

Bundesfachverband minderjährige unbegleitete Flüchtlinge e.V. (Hrsg.): Handlungsleitlinien zur Inobhutnahme gemäß § 42 SGB VIII. 4. Aufl. 2009.

Deutsches Rotes Kreuz, Generalsekretariat/Bundesfachverband Unbegleitete Minderjährige Flüchtlinge e.V. (Hrsg.): Kindeswohl für minderjährige Flüchtlinge und Migranten. Berlin/München 2010.

Hailbronner, K.: Ausländerrecht. Kommentar. Heidelberg. 90. Erg.Lief. Juli 2015 (zit.: Hailbronner).

Hofmann: Ausländerrecht. Kommentar. 2. Aufl. Baden-Baden 2016 (zit.: Bearb. in NK-AuslR).

Hypertextkommentar zum Ausländerrecht. Onlinekommentar. St. Georgen (zit.: Bearb. in HTK-AuslR)

Kloesel/Christ/Häußer: Deutsches Ausländerrecht. Kommentar. 5. Aufl. Stuttgart. 21. Erg.Lief. Dezember 2014.

Koeppel (Hrsg.): Kindschaftsrecht und Völkerrecht im europäischen Kontext. Köln 1996.

Lorz, R.A.: Der Vorrang des Kindeswohls nach Art. 3 der UN-Kinderrechtskonvention in der Deutschen Rechtsordnung. Band VII der von der National Coalition herausgegebenen Reihe. 2003.

Ruland ua (Hrsg.): Verfassung, Theorie und Praxis des Sozialstaats. Festschrift Zacher. 1998.

Schmahl, S.: Kinderrechtskonvention mit Zusatzprotokollen. Handkommentar. 2. Aufl. Baden-Baden 2017.

von der Groeben/Schwarze/Hatje: Europäisches Unionsrecht, 7. Aufl. Baden-Baden 2015

Zeitler (Hrsg.): Hypertextkommentar zum Ausländerrecht. September 2015 (zit.: HTK-AuslR).

12. Ordnungswidrigkeitenrecht

Gassner/Seith (Hrsg.): Ordnungswidrigkeitengesetz. Handkommentar (HK-OWiG). 2. Aufl. Baden-Baden 2020.

B. Zeitschriften (mit Zitierweise)

I. Allgemeine

Baden-Württembergische Verwaltungspraxis (BWVP)
Bayerische Verwaltungsblätter (BayVBl)
BBJ Consult INFO
Bewährungshilfe (BewHi)
Bürgerrechte und Polizei (CILIP)
Der Betrieb
Der Deutsche Rechtspfleger (zit.: Rpfleger)
Deutsches Verwaltungsblatt (DVBl)
Deutsche Verwaltungspraxis (DVP)
Die Fundstelle für die Kommunalverwaltung in Baden-Württemberg (Fundstelle BW; zitiert nach Randnummern)
Die Gemeinde in Baden-Württemberg (BWGZ)
Die Mitarbeitervertretung (ZMV)
Die öffentliche Verwaltung (DÖV)
Gesundheitsrecht (GesR)
Juristische Schulung (JuS)
Juristenzeitung (JZ)
Kommunaljurist (KommJur)
Kritische Vierteljahresschrift für Gesetzgebung und Rechtswissenschaft (KritV)
Landes- und Kommunalverwaltung (LKV)
Monatsschrift für Deutsches Recht (MDR)
Neue Juristische Wochenschrift (NJW)
Neue Zeitschrift für Arbeitsrecht (NZA)
Neue Zeitschrift für Strafrecht (NStZ)
Neue Zeitschrift für Verwaltungsrecht (NVwZ)
Neue Zeitschrift für Verwaltungsrecht – RechtsprechungsReport (NVwZ-RR)
Nordrhein-Westfälische Verwaltungsblätter (NWVBl)
Onlinezeitschrift für Höchstrichterliche Rechtsprechung zum Strafrecht (HRRS)
Rechtspfleger Studienhefte (RpfStud)
Strafverteidiger (StV)
Thüringische Verwaltungsblätter (ThürVBl)
Verwaltungsblätter Baden-Württemberg (VBlBW)
Verwaltungsführung, Organisation, Personal (VOP)
Verwaltungsrundschau (VR)
Zeitschrift für Beamtenrecht (ZBR)
Zeitschrift für Jugendkriminalrecht und Jugendhilfe (ZJJ)
Zeitschrift für Rechtspolitik (ZRP)
Zeitschrift für Tarifrecht (ZTR)

II. Spezielle

1. Für Sozial- und Jugendhilfe

Der Sozialversicherungsfachangestellte – Zeitschrift für berufliche Bildung in der Krankenversicherung (SVFAng)
Archiv für Wissenschaft und Praxis der sozialen Arbeit (ArchsozArb)
Beiträge zum Recht der sozialen Dienste und Einrichtungen (RsDE)
Blätter der Wohlfahrtspflege (hrsg. vom Wohlfahrtswerk Baden-Württemberg) (BldW)
Entscheidungen und Gutachten der Spruchstellen (EuG)

Fürsorgerechtliche Entscheidungen der Verwaltungs- und Sozialgerichte (FEVS)
Informationen zum Arbeitslosenrecht und Sozialhilferecht (info also)
Nachrichtendienst des Deutschen Vereins für öffentliche und private Fürsorge (hrsg. vom Deutschen Verein Frankfurt) (NDV) und Beilage Rechtsprechungsdienst (NDV-RD)
neue caritas (hrsg. vom Deutschen Caritasverband Freiburg seit Okt. 1999)
neue praxis (np)
Neue Zeitschrift für Arbeits- und Sozialrecht (NZA)
Neue Zeitschrift für Sozialrecht (NZS)
Recht der Lebenshilfe (RdLH)
Sozial extra
Sozialgerichtsbarkeit (SGb)
Sozialmagazin
Sozialrecht aktuell (hrsg. vom Caritasverband für die Diözese Münster) (SRa)
Theorie und Praxis der sozialen Arbeit (TuP)
Zeitschrift für das Fürsorgewesen (hrsg. vom Sozialamt Hannover) (ZfF)
Zeitschrift für Sozialrecht in Deutschland und Europa (seit 1998: ZFSH/SGB; vorher: ZfSH/SGB; bis 1982: ZfSH)
Zentralblatt für Sozialversicherung, Sozialhilfe und Versorgung (ZfS)

2. Speziell für die Jugendhilfe

Arbeitsgemeinschaft für Jugendhilfe (AGJ) – Mitteilungen und FORUM – Jugendhilfe
Außerschulische Jugendbildung
Bundeskonferenz für Erziehungsberatung (BKE), Informationen für Erziehungsberatungsstellen
Bundesverband für Erziehungshilfe (AFET) e.V. – Mitglieder-Rundbrief; seit 2005: Dialog Erziehungshilfe
Das Jugendamt (JAmt) (seit Jan. 2001; vorher: Der Amtsvormund)
Der Amtsvormund (DAVorm) (zitiert nach Spalten)
deutsche Jugend (dj)
Deutsche Vereinigung für Jugendgerichte und Jugendgerichtshilfen – Journal (DVJJ-Journal bis 2003; jetzt ZJJ)
Evangelische Jugendhilfe (EJ)
Informationen für Erziehungsberatungsstellen
JAW, Zeitschrift für Jugendsozialarbeit (hrsg. vom Jugendaufbauwerk)
Jugend, Beruf, Gesellschaft (Beiträge, Berichte und Informationen aus der BAG Jugendsozialarbeit Bonn – JBG –)
Jugendhilfe
Jugendpolitik (hrsg. vom Deutschen Bundesjugendring)
Jugendwohl (JuWo) (hrsg. vom Deutschen Caritasverband Freiburg bis Okt. 1999; danach: neue caritas)
Recht der Jugend und des Bildungswesens (RdJB)
Unsere Jugend (UJ)
Zeitschrift für Jugendkriminalrecht und Jugendhilfe (ZJJ); vor 2004: DVJJ-Journal
Zeitschrift für Kindschaftsrecht und Jugendhilfe (ZKJ)
Zentralblatt für Jugendrecht (ZfJ); bis 1983: Zentralblatt für Jugendrecht und Jugendwohlfahrt (ZBlJugR); seit 2006: Zeitschrift für Kindschaftsrecht und Jugendhilfe (ZKJ).

3. Für das Familien- und Kindschaftsrecht

Der Deutsche Rechtspfleger (Rpfleger)
Familie, Partnerschaft, Recht (FPR)
Familie und Recht (FuR)

Familienrecht und Familienverfahrensrecht (FamFR)
Kindschaftsrechtliche Praxis (Kind-Prax)
Zeitschrift für das gesamte Familienrecht (FamRZ)

4. Für den Datenschutz

Computer und Recht (CR)
Datenschutz und Datensicherung (DuD)
Datenverarbeitung im Recht (DVR)
Recht der Datenverarbeitung (RDV)
Zeitschrift für Datenschutz (ZD)

5. Für das Ausländerrecht

Informationsbrief Ausländerrecht (InfAuslR)
Zeitschrift für Ausländerrecht und Ausländerpolitik (ZAR)

Sozialgesetzbuch (SGB) Achtes Buch (VIII)
– Kinder- und Jugendhilfe –

In der Fassung der Bekanntmachung vom 11. September 2012 (BGBl. I S. 2022)
(FNA 860-8)

zuletzt geändert durch Art. 32 G zum Ausbau des elektronischen Rechtsverkehrs mit den Gerichten und zur Änd. weiterer Vorschriften vom 5.10.2021 (BGBl. I S. 4607)

Erstes Kapitel Allgemeine Vorschriften

§ 1 Recht auf Erziehung, Elternverantwortung, Jugendhilfe

(1) Jeder junge Mensch hat ein Recht auf Förderung seiner Entwicklung und auf Erziehung zu einer selbstbestimmten, eigenverantwortlichen und gemeinschaftsfähigen Persönlichkeit.

(2) [1]Pflege und Erziehung der Kinder sind das natürliche Recht der Eltern und die zuvörderst ihnen obliegende Pflicht. [2]Über ihre Betätigung wacht die staatliche Gemeinschaft.

(3) Jugendhilfe soll zur Verwirklichung des Rechts nach Absatz 1 insbesondere

1. junge Menschen in ihrer individuellen und sozialen Entwicklung fördern und dazu beitragen, Benachteiligungen zu vermeiden oder abzubauen,

2. jungen Menschen ermöglichen oder erleichtern, entsprechend ihrem Alter und ihrer individuellen Fähigkeiten in allen sie betreffenden Lebensbereichen selbstbestimmt zu interagieren und damit gleichberechtigt am Leben in der Gesellschaft teilhaben zu können,

3. Eltern und andere Erziehungsberechtigte bei der Erziehung beraten und unterstützen,

4. Kinder und Jugendliche vor Gefahren für ihr Wohl schützen,

5. dazu beitragen, positive Lebensbedingungen für junge Menschen und ihre Familien sowie eine kinder- und familienfreundliche Umwelt zu erhalten oder zu schaffen.

Artikel 3 UN-KindK [Vorrang des Kindeswohles]

(1) Bei allen Maßnahmen, die Kinder betreffen, gleichviel ob sie von öffentlichen oder privaten Einrichtungen der sozialen Fürsorge, Gerichten, Verwaltungsbehörden oder Gesetzgebungsorganen getroffen werden, ist das Wohl des Kindes ein Gesichtspunkt, der vorrangig zu berücksichtigen ist.

(2) Die Vertragsstaaten verpflichten sich, dem Kind unter Berücksichtigung der Rechte und Pflichten seiner Eltern, seines Vormunds oder anderer für das Kind gesetzlich verantwortlicher Personen den Schutz und die Fürsorge zu gewährleisten, die zu seinem Wohlergehen notwendig sind; zu diesem Zweck treffen sie alle geeigneten Gesetzgebungs- und Verwaltungsmaßnahmen.

(3) Die Vertragsstaaten stellen sicher, dass die für die Fürsorge für das Kind oder dessen Schutz verantwortlichen Institutionen, Dienste und Einrichtungen den von den zuständigen Behörden festgelegten Normen entsprechen, insbesondere im Bereich der Sicherheit und der Gesundheit sowie hinsichtlich der Zahl und der fachlichen Eignung des Personals und des Bestehens einer ausreichenden Aufsicht.

1 Bedeutung und Inhalt der Vorschrift

1 § 1 hat nach der Gesetzesbegründung die Funktion einer Generalklausel und **Leitnorm**, die über den Bereich der öffentlichen Jugendhilfe hinaus für alle Erziehungsträger von Bedeutung ist.[1] Abs. 1 und 2 beschreiben das Verhältnis zwischen Kind, Eltern und Staat. Während Abs. 1 das Recht des jungen Menschen auf Erziehung garantiert, stellt Abs. 2 S. 1 zunächst die verfassungsmäßig garantierte Erziehungsverantwortung der Eltern heraus, indem er Art. 6 Abs. 2 S. 1 GG wortgleich übernimmt. Das sog. staatliche Wächteramt spricht Abs. 2 S. 2 – ebenfalls in wortgleicher Übereinstimmung mit Art. 6 Abs. 2 S. 2 GG – an.

2 § 1 entspricht in der Grundstruktur § 1 des vormals geltenden JWG. Weggefallen ist die Beschränkung auf deutsche Kinder. Daneben wurde die Wortwahl der „Erziehung zur leiblichen, seelischen und gesellschaftlichen Tüchtigkeit“ durch das Erziehungsziel zu einer eigenverantwortlichen und gemeinschaftsfähigen Persönlichkeit abgelöst. Neu aufgenommen wurden die Zielrichtungen der Jugendhilfe in Abs. 3. Durch § 1 wird die Intention der Kinder- und Jugendhilferechtsreform deutlich, nämlich das (angeblich) eingriffs- und ordnungsrechtlich ausgerichtete JWG durch ein präventiv orientiertes und als Paradigmen- bzw. Perspektivenwechsel verkündetes Leistungsgesetz abzulösen, dessen Ziel es sei, die Eltern bei ihren Erziehungsaufgaben zu unterstützen („**Elternhilfegesetz**“) und jungen Menschen das Hineinwachsen in die Gesellschaft zu erleichtern.[2]

Mit Art. 1 des **KJSG** wurde § 1 Abs. 1 um den Aspekt der Selbstbestimmung erweitert. Ferner ist die Implementierung einer neuen Nr. 2 in Abs. 3 erfolgt. Der Auftrag der Kinder- und Jugendhilfe ist hiermit um den Aspekt der Ermöglichung und Erleichterung der Teilhabe am Leben in der Gesellschaft ergänzt worden.

2 Recht auf Erziehung (Abs. 1)

3 Abs. 1 enthält den Programmsatz, wonach jeder junge Mensch ein Recht auf Förderung seiner Entwicklung und auf Erziehung zu einer **selbstbestimmten** eigenverantwortlichen und gemeinschaftsfähigen Persönlichkeit hat. Die Eingangsnorm stellt eindeutig den jungen Menschen als Berechtigten dar. Wie schon zu § 1 Abs. 1 JWG entspricht es jedoch der herrschenden Meinung, dass aus dieser Norm **kein subjektiv-öffentlicher Rechtsanspruch** gegen den öffentlichen Träger hergeleitet werden kann.[3] In der Begründung des Gesetzentwurfs wird diese Auffassung bestätigt mit dem Hinweis auf die fehlende hinreichende Konkretisierung und die fehlende Bezeichnung des Leistungsberechtigten.[4] Die praktische Bedeutung dieses Streits ist aber geringer als die bedeutungsvolle Attitude der Streithähne.[5]

4 Bei der Frage, ob junge Menschen einen eigenen Anspruch auf Förderung und Erziehung aus Abs. 1 ableiten können, ist stets das Erziehungsrecht der **Eltern** zu beachten. Nach Art. 6 Abs. 2 S. 1 GG und dem wortgleichen § 1 Abs. 2 S. 1 steht **ihnen** das Recht zur Erziehung ihrer Kinder zu. Dadurch wird deutlich, dass die Erziehung nicht primär Aufgabe der Jugendhilfe, sondern Aufgabe der Eltern ist. Dass der Jugendhilfe

1 BT-Drs. 11/5948, 44.
2 BT-Drs. 11/5948.
3 Ebenso Tillmanns in MüKoBGB SGB VIII § 1 Rn. 4; Kern in SFMK Rn. 4; Wiesner in Wiesner Rn. 12; s. zum Streitstand auch Luthe in jurisPK-SGB VIII Rn. 77 f.
4 BT-Drs. 11/5948, 44.
5 Relativierend auch Meysen/Münder in FK-SGB VIII Rn. 6.

bei der Erziehung lediglich beratende und unterstützende Bedeutung zukommt, folgt ferner aus § 1 Abs. 3 Nr. 2 und den §§ 27 ff. Diese beratende und unterstützende Tätigkeit kommt jedoch nach der Konzeption des SGB VIII ausschließlich den Eltern und nicht den jungen Menschen zugute (zur Kritik → § 2 Rn. 9). Aus dem primären Erziehungsrecht der Eltern folgt, dass die öffentliche Jugendhilfe die Interessen des Kindes grundsätzlich nicht gegen den Willen der Eltern wahrnehmen kann. Anderes gilt nur dann, wenn die Eltern ihrem Erziehungsauftrag nicht nachkommen und dadurch das Wohl des Kindes in Gefahr gerät (vgl. § 1666 BGB; Abdruck bei § 8 a). In diesem Fall, der das sog. staatliche Wächteramt auslöst (→ Rn. 10), steht Kindern und Jugendlichen ein **eigenes Recht** auf Erziehung gegen den öffentlichen Träger zu.[6] Dieses Recht folgt jedoch nicht aus Abs. 1, sondern aus der Schutzgebotsfunktion des Art. 6 Abs. 2 S. 2 GG und wird durch die spezialgesetzlichen Regelungen, insbesondere der §§ 42, 8a Abs. 1 und 2 (→ Rn. 13 und → § 2 Rn. 19) konkretisiert. Abs. 1 reicht in seiner allgemeinen, programmatischen Fassung nicht als Ermächtigungsgrundlage für Eingriffe in das elterliche Erziehungsrecht aus und kann deshalb den Kindern und Jugendlichen keinen eigenen Anspruch auf Maßnahmen einräumen, die dem Elternwillen widersprechen.[7] Abs. 1 ist elterngerichtet und gibt Kindern einen Rechtsanspruch gegen ihre Eltern auf Erziehung; er entspricht damit § 1626 BGB (Abdruck bei § 7).

Abs. 1 könnte deshalb eigenständige Bedeutung nur für die Förderung **junger Volljähriger** (§ 7 Abs. 1 Nr. 3) haben, die nicht mehr der Erziehungsverantwortung der Eltern unterliegen. Abs. 1 enthält jedoch keine weiteren Voraussetzungen, wann dieser Anspruch entstehen soll. Dies wäre jedoch erforderlich, weil das Kinder- und Jugendhilferecht grundsätzlich nicht der Hilfe erwachsener Menschen dient. Nur im Zusammenhang mit Kindern können auch Erwachsene Hilfen nach dem SGB VIII (zB §§ 17–20) in Anspruch nehmen. Eine Ausnahme ist § 41 als Anspruchsgrundlage junger Volljähriger. 5

Zu einer **selbstbestimmten eigenverantwortlichen und gemeinschaftsfähigen Persönlichkeit** soll sich der junge Mensch entwickeln. Dies ist das maßgebliche Ziel der Kinder- und Jugendhilfe und zugleich Leitlinie aller jugendhilferechtlicher Aktivitäten (→ § 8 Rn. 10). 6

Infolge Rechtsänderung durch Art. 1 des **KJSG** wurde mittels Einfügung des Wortes „selbstbestimmten" das „programmatische Leitbild um den Aspekt der Selbstbestimmung erweitert".[8]

Das mit § 1 Abs. 1 vorgegebene Entwicklungsziel orientiert sich an der Rechtsprechung des BVerfG, wonach sich das Kind zu einer eigenverantwortlichen Persönlichkeit innerhalb der sozialen Gemeinschaft entwickeln soll.[9] Für die einzelnen in § 2 aufgeführten Leistungen und anderen Aufgaben ist dieses Ziel insofern von Bedeutung, als es bei der Anwendung und Auslegung der Einzelnormen zu beachten ist.[10] Das gilt sowohl für die öffentlichen als auch für die freien Träger. Für die öffentlichen Träger ist es im Rahmen ihrer Gesamtverantwortung nach § 79 Abs. 1 (→ § 79 Rn. 3) von Bedeutung. Bei der Erfüllung der Aufgaben des SGB VIII haben die öffentlichen Träger stets darauf zu achten, dass das in § 1 Abs. 1 genannte Ziel möglichst weitgehend verwirklicht wird. Die **freien Träger** sind zwar nach § 3 Abs. 1 in ihren Wertorientierungen sowie Inhalten, Methoden und Arbeitsformen frei, jedoch müssen auch ihre Aktivitäten sich an dem Ziel der Jugendhilfe orientieren.[11] Auch für die Förderung freier Träger ist § 1 Abs. 1 von Bedeutung. So kann eine Maßnahme der Jugend-

6 S. hierzu auch Luthe in jurisPK-SGB VIII Rn. 76.
7 Im Ergebnis ebenso Wiesner in Wiesner Rn. 12.
8 BT-Drs. 19/26107, 71.
9 BVerfG 29.7.1968 – 1 BvL 20/63 ua.
10 Neumann in Hauck/Noftz Rn. 12; Kern in SFMK Rn. 9.
11 Ebenso Luthe in jurisPK-SGB VIII Rn. 83.

arbeit, die nicht zu den in § 11 Abs. 3 genannten Schwerpunkten gehört, förderungswürdig sein, wenn dabei die Zielsetzung der Jugendhilfe hinreichend beachtet wird (→ Rn. 14).

3 Elternverantwortung und staatliches Wächteramt (Abs. 2)

3.1 Erziehungsvorrang der Eltern (S. 1)

7 In Abs. 2 ist der Wortlaut von Art. 6 Abs. 2 GG übernommen worden, um den **verfassungsrechtlich garantierten** Erziehungsvorrang der Eltern an dieser Stelle zu wiederholen und damit die abgeleitete Erziehungsaufgabe der Jugendhilfe deutlich zu machen.[12] Dass sich Abs. 2 auf alle Minderjährigen bezieht, folgt aus der Begriffsbestimmung des § 7 Abs. 2, wonach Kind iSd § 1 Abs. 2 ist, wer noch nicht 18 Jahre alt ist.

8 Nach Abs. 2 **S. 1** sind die Pflege und die Erziehung der Kinder das natürliche **Recht der Eltern**. Die wortgleiche Übernahme des Art. 6 Abs. 2 S. 1 GG macht deutlich, dass es sich hierbei um ein Grundrecht der Eltern handelt, dem in erster Linie eine Abwehrfunktion gegen Eingriffe, in zweiter Linie eine Anspruchsfunktion auf Leistungen des Staates zukommt. Daraus folgt, dass die Eltern das Recht haben, die Pflege und Erziehung ihrer Kinder nach ihren eigenen Vorstellungen frei zu gestalten. Unter Pflege ist die Sorge für das körperliche Wohl zu verstehen, während Erziehung die Sorge für die seelische und geistige Entwicklung, die Bildung und Ausbildung umfasst.[13] Bei der Pflege und Erziehung ihrer Kinder genießen die Eltern – abgesehen vom Schulbereich nach Art. 7 GG – Vorrang vor anderen Erziehungsträgern.[14] Dieser Vorrang gilt unabhängig davon, ob das Kind oder der Jugendliche innerhalb oder außerhalb der Familie erzogen wird.[15] Auch die öffentliche Jugendhilfe ist damit dem Erziehungsrecht der Eltern nachrangig. Grundsätzlich ist der Staat darauf beschränkt, die Familie zu unterstützen, indem er den Eltern bei der Erziehung ihrer Kinder Hilfe anbietet. Darüber hinaus hat die öffentliche Jugendhilfe den aus § 4 Abs. 2 folgenden **Grundsatz der Subsidiarität** zu beachten, wonach sie von eigenen Maßnahmen absehen soll, soweit die Träger der freien Jugendhilfe solche anbieten. Daraus ergibt sich ein **zweifacher Nachrang** der öffentlichen Jugendhilfe, sowohl gegenüber der elterlichen Erziehungskompetenz wie auch gegenüber nichtstaatlicher, gesellschaftlicher Hilfe für die Familie.[16]

9 Abs. 2 S. 1 stellt jedoch – ebenfalls in wörtlicher Übereinstimmung mit Art. 6 Abs. 2 S. 1 GG – auch klar, dass die Pflege und Erziehung der Kinder nicht nur ein (Grund-)Recht, sondern auch eine **Pflicht der Eltern** ist. § 1626 Abs. 1 S. 1 BGB (Abdruck bei § 7) kehrt diese Reihenfolge sogar um. Diese Pflichtbindung unterscheidet das Elternrecht von allen anderen Grundrechten. Recht und Pflicht sind von vornherein unlöslich miteinander verbunden. Die Pflicht ist nicht eine das Recht begrenzende Schranke, sondern ein wesensbestimmender Bestandteil des Elternrechts, das insoweit treffender als **Elternverantwortung** bezeichnet werden kann.[17] In dieser Bezeichnung kommt zum Ausdruck, dass das Elternrecht maßgeblich dem Wohl des Kindes dient und wesentlich **ein („fremdnütziges") Recht im Interesse des Kindes** ist.[18] Inhalt des so verstandenen Elternrechts ist „die umfassende Verantwortung für die Lebens- und Entwicklungsbedingungen des Kindes".[19] Diese Verantwortung ist zwangsläufig von

---

12 BT-Drs. 11/5948, 44.
13 Jarass/Pieroth GG Art. 6 Rn. 26.
14 BVerfG 29.7.1968 – 1 BvL 20/63 ua; Coester FamRZ 1991, 254.
15 Jarass/Pieroth GG Art. 6 Rn. 26.
16 Coester FamRZ 1991, 254.
17 BVerfG 29.7.1968 – 1 BvL 20/63 ua; BVerfG 17.10.1984 – 1 BvR 284/84.
18 BVerfG 18.6.1986 – 1 BvR 857/85; Herdegen FamRZ 1993, 374; Heilmann ZfJ 2000, 41; Münder ZfJ 2000, 81.
19 Zacher, Staatsrecht, S. 296.

den Lebens- und Wertvorstellungen der Eltern geprägt und muss nicht in allen Punkten mit pädagogischen Erkenntnissen übereinstimmen. So mag es für die Erziehung zu einer gemeinschaftsfähigen Persönlichkeit förderlich sein, wenn das Kind einen Kindergarten besucht, weil die heute übliche Kleinfamilie dem Kind den Kontakt zu Gleichaltrigen nur in begrenztem Umfang ermöglicht. Eine Verpflichtung zum Besuch eines Kindergartens verbietet sich jedoch, weil Art. 6 Abs. 2 S. 1 GG nur durch andere Rechtsgüter von Verfassungsrang eingeschränkt werden kann. Einen allgemeinen staatlichen Erziehungsauftrag enthält das Grundgesetz jedoch nicht, vielmehr sind die Erziehungsmöglichkeiten des Staates auf den Bereich der Schule beschränkt. Art. 6 Abs. 2 S. 1 GG und § 1 Abs. 2 S. 1 SGB VIII schützen demnach die freie Entscheidung der Eltern darüber, wie sie ihrer Elternverantwortung gerecht werden wollen; sie schützen jedoch nicht diejenigen Eltern, die sich dieser Verantwortung entziehen oder sie vernachlässigen.

3.2 Staatliches Wächteramt (S. 2)

10 Werden die Eltern ihrer Verantwortung nicht gerecht, greift das sog. **staatliche Wächteramt** ein. Dies folgt aus Art. 6 Abs. 2 S. 2 GG, wonach die staatliche Gemeinschaft über die Betätigung der Eltern bei der Pflege und Erziehung ihrer Kinder wacht. Abs. 2 S. 2 hat diese grundgesetzliche Regelung wortgleich übernommen. Inhalt des staatlichen Wächteramtes ist nicht nur das Recht, sondern auch die Pflicht des Staates, die Pflege und Erziehung des Kindes sicherzustellen, soweit die Eltern dazu nicht in der Lage sind. Dazu gehört es aber nicht, gegen den Willen der Eltern für eine den Fähigkeiten des Kindes bestmögliche Förderung zu sorgen.[20] Vielmehr gilt auch hier der für alle staatlichen Eingriffe maßgebliche Grundsatz der Verhältnismäßigkeit aus Art. 20, 28 GG, wonach der Eingriff geeignet, erforderlich und angemessen sein muss. Art und Ausmaß des Eingriffs bestimmen sich nach dem Ausmaß des Versagens der Eltern und danach, was im Interesse des Kindes geboten ist (→ § 27 Rn. 5). Bevor der Staat also selbst die Erziehung des Kindes bestimmt bzw. diese übernimmt, muss er nach Möglichkeit versuchen, durch helfende, unterstützende, auf Herstellung oder Wiederherstellung eines verantwortungsgerechten Verhaltens der natürlichen Eltern gerichtete Maßnahmen sein Ziel zu erreichen.[21] Diesem Ziel dient die HzE nach den §§ 27–35. Das staatliche Wächteramt beginnt also nicht erst bei der eigenständigen Erziehungsmaßnahme des Staates, sondern setzt schon früher ein (→ § 27 Rn. 6).[22] Erst wenn solche präventiven Maßnahmen („präventives Wächteramt") nicht fruchten oder von den Eltern trotz bestehender Gefahren für das Wohl oder die Erziehung des Kindes abgelehnt werden, greift die eigenständige öffentliche Erziehungsbefugnis und -pflicht ein („repressives Wächteramt").

11 Wann die Grenze erreicht ist, ab der das Elternrecht durch eine öffentliche Erziehung zurückgedrängt werden kann und muss, ergibt sich aus der **„Gefahrenschwelle" des § 1666 BGB** (Abdruck bei § 8a).[23] Dabei ist davon auszugehen, dass die §§ 8 a, 42 sowie § 1666 BGB die gleiche Gefahrenschwelle voraussetzen (→ § 42 Rn. 25). Unterhalb dieser – auch als Eingriffsschwelle bezeichneten – Grenze ist eine eigenständige Interessenwahrnehmung des Kindes durch das JA ausgeschlossen (→ § 8 Rn. 1). Erforderlich für den staatlichen Eingriff ist nach § 1666 Abs. 1 S. 1 BGB, dass das körperliche, geistige oder seelische Wohl des Kindes durch missbräuchliche Ausübung der el-

20 BVerfG 17.2.1982 – 1 BvR 188/80.
21 So bereits BVerfG 29.7.1968 – 1 BvL 20/63 ua; BVerfG 22.9.2014 – 1 BvR 2108/14, juris Rn. 19; BVerfG 27.8.2014 – 1 BvR 1822/14, juris Rn. 26; BVerfG 22.5.2014 – 1 BvR 3190/13, juris Rn. 33; BVerfG 24.3.2014 – 1 BvR 160/14, juris Rn. 41 mAnm Kunkel FamRZ 2015, 901.
22 Kunkel ZFSH/SGB 2001, 131; s. hierzu auch Luthe in jurisPK-SGB VIII Rn. 16.
23 Wiesner in Wiesner Rn. 22; Ollmann FamRZ 1992, 389; Coester FamRZ 1991, 254.

terlichen Sorge, durch Vernachlässigung des Kindes, durch unverschuldetes Versagen der Eltern oder durch das Verhalten eines Dritten gefährdet ist und die Eltern nicht gewillt oder in der Lage sind, diese Gefahr abzuwehren. Die Abwehr von Gefahren für das Kindeswohl setzt generell kein Verschulden der Eltern voraus. Allerdings sind strenge Voraussetzungen für das Vorliegen einer Gefahr in diesem Sinne zu fordern: Es muss bereits ein Schaden beim Kind eingetreten sein oder eine gegenwärtige, in einem solchen Maße vorhandene Gefahr vorliegen, dass sich bei weiterer Entwicklung der Dinge – sofern das JA oder das Familiengericht nicht eingreifen würde – eine erhebliche Schädigung des Kindes mit ziemlicher Sicherheit voraussehen lässt (→ § 42 Rn. 25).[24] Unterhalb dieser Schwelle sind lediglich Hilfen möglich.

12 Staatliche Eingriffe aufgrund des Wächteramtes bedürfen der **gesetzlichen Grundlage**. Dies folgt aus dem Rechtsstaatsprinzip aus Art. 20, 28 GG, das den Gesetzgeber verpflichtet, Eingriffe (Vorbehalt des Gesetzes) und wesentliche Entscheidungen (sog. Wesentlichkeitslehre), die den Bürger betreffen und die insbesondere seine Grundrechte einschränken, selbst zu treffen.[25] Gesetzliche Konkretisierungen des staatlichen Wächteramtes enthalten vor allem die Befugnisse des FamG nach §§ 1666, 1666 a BGB und die besonderen Befugnisse der öffentlichen Jugendhilfe nach §§ 8 a, 42. Diese Rechtsgrundlagen für Eingriffe in das Elternrecht setzen eine Gefährdung des Kindeswohls voraus (→ Rn. 11). Eine Trennung des Kindes von der Familie ist nach § 1666 a Abs. 1 S. 1 BGB (Abdruck bei § 8 a) nur dann zulässig, wenn die Gefahr nicht auf andere Weise, auch nicht durch öffentliche Hilfen, abgewehrt werden kann. Solche öffentliche Hilfe kann insbesondere die HzE nach §§ 27 ff. sein.[26] Freilich kann die Inanspruchnahme von Erziehungshilfen nicht erzwungen werden. Das JA ist allerdings in der Lage, die Entscheidungsfreiheit der Eltern mit dem Hinweis darauf, gegebenenfalls das FamG nach § 8 a Abs. 2 S. 1 anzurufen, zu beeinflussen. Aus fachlichen Gründen sollte jedoch mit solchen Hinweisen behutsam umgegangen werden.[27] Massive Drohungen dahin gehend werden sicherlich wenig nützen, doch kann es im Einzelfall durchaus geboten sein, die Eltern darauf hinzuweisen, dass das JA das FamG anrufen muss (→ § 8 a Rn. 75), wenn die Eltern öffentliche Hilfen nicht annehmen und die Gefahr für das Kindeswohl deshalb nicht abgewendet werden kann. Schutzvereinbarungen sind allerdings nach hiesiger Auffassung unzulässig, wenn die festgelegten Handlungsschritte nicht auf Freiwilligkeit basieren.[28] Die Eingriffsmaßnahmen des § 42 achten das Elternrecht auch in der Weise, dass das JA diese grundsätzlich nur mit Zustimmung der Sorgeberechtigten aufrechterhalten darf. Widerspricht der Sorgeberechtigte, muss das JA unverzüglich eine Entscheidung des FamG herbeiführen. Längerfristige Eingriffe in das Elternrecht kann daher lediglich das FamG legitimieren.

13 Ist die Eingriffsschwelle des § 1666 BGB erreicht, hat der Minderjährige einen **Rechtsanspruch auf die Ausübung des staatlichen Wächteramtes.**[29] Dieser Anspruch folgt jedoch nicht aus § 1 Abs. 1 (→ Rn. 4), sondern aus Art. 6 Abs. 2 S. 2 GG, § 1 Abs. 2 S. 2 (→ § 8a Rn. 1). Grundrechte enthalten zwar in erster Linie Abwehrrechte des Bürgers gegenüber dem Staat. Darin erschöpft sich die Funktion der Grundrechte aber nach heutigem Verständnis nicht. Sie erfüllen vielmehr darüber hinaus eine Schutzgebots-

---

24 S. hierzu auch BVerfG 7.4.2014 – 1 BvR 3121/13, juris Rn. 18; BVerfG 24.3.2014 – 1 BvR 160/14, juris Rn. 28; BVerfG 28.2.2012 – 1 BvR 3116/11, juris Rn. 15 und 21; OLG Koblenz 11.6.2012 – 11 UF 266/12, juris Rn. 21; OLG Brandenburg 25.4.2012 – 9 UF 183/11, juris Rn. 18; Götz in Palandt BGB § 1666 Rn. 7 f.; Kunkel, Jugendhilferecht, Rn. 45.

25 BVerfG 27.11.1990 – 1 BvR 402/87.

26 Dazu ausführlich Röchling, Eingriffsrecht, S. 117 ff.

27 Restriktiver Wiesner in Wiesner Rn. 26.

28 S. hierzu auch Kepert ZFSH/SGB 2015, 313. Ausführlich zur Unzulässigkeit von nicht freiwilligen Schutzvereinbarungen Kepert in Praxishandbuch Kinderschutz, S. 147 ff.

29 S. hierzu auch Luthe in jurisPK-SGB VIII Rn. 15.

funktion, die für den Staat eine **Schutzpflicht** (konkretisiert im Schutzauftrag nach § 8a) begründen.[30] Der Staat ist verpflichtet, Gefahren entgegenzutreten, die dem Wohl des Kindes drohen.[31] Kann eine Kindeswohlgefährdung durch staatliche Jugendhilfeleistungen abgewendet werden, so ist es mit dem Recht des Kindes auf staatlichen Schutz unvereinbar, eine staatliche Leistungspflicht ohne korrespondierendes Kindesrecht zu bejahen.[32] Zur Ausübung des staatlichen Wächteramtes zählen insbesondere diejenigen Jugendhilfemaßnahmen, die „an den Eltern vorbei" erbracht werden können, etwa §§ 8 Abs. 3, 8a Abs. 2, 42. Jedenfalls in diesen Fällen steht dem Handlungsrecht und der Handlungspflicht des JA ein Recht des Kindes gegenüber (→ § 8a Rn. 1 ff.).[33] Aus dem staatlichen Wächteramt folgt ein Anspruch des Kindes auf Jugendhilfe durch Leistung **und** Eingriff.

4 Zielrichtung der Jugendhilfe (Abs. 3)

Abs. 3 führt die **Grundziele der Jugendhilfe** auf, deren Beachtung dazu beitragen soll, das in Abs. 1 genannte Recht des jungen Menschen zu verwirklichen. Es handelt sich nicht um eine abschließende Regelung, wie sich aus der Formulierung „insbesondere" ergibt. Weitere Grundziele der Jugendhilfe folgen etwa aus § 9. Abs. 3 enthält keine konkreten Aufgabenzuweisungen; die dort genannten Grundziele sind jedoch bei der Interpretation der in § 2 genannten Einzelregelungen zu beachten. Auch jede konkrete jugendhilferechtliche Maßnahme hat sich an den Grundzielen des Abs. 3 zu orientieren.[34] Dies gilt für Maßnahmen der öffentlichen und der freien Jugendhilfe gleichermaßen. Die öffentlichen Träger der Jugendhilfe haben im Rahmen ihrer Gesamtverantwortung nach § 79 Abs. 1 darauf zu achten, dass die Grundziele bei der Erfüllung der Aufgaben nach dem SGB VIII beachtet werden. Für die **freien Träger** sind die Grundziele in zweifacher Weise von Bedeutung. Zum einen für die Anerkennung nach § 75, denn dafür ist nach § 75 Abs. 1 Nr. 1 erforderlich, dass sie auf dem Gebiet der Jugendhilfe nach § 1 tätig sind. Dies impliziert die Beachtung der Grundziele nach Abs. 3. Zum anderen hängt die Förderung freier Träger nach § 74 Abs. 1 in erster Linie davon ab, dass diese auf dem Gebiet der Jugendhilfe tätig sind. Diese Tätigkeit beinhaltet die Beachtung jugendhilferechtlicher Aufgaben und Ziele, wie sie insbesondere in den §§ 1, 2 und 9 zum Ausdruck kommen (→ Rn. 6 und → Rn. 18). 14

Nach **Nr. 1** soll die Jugendhilfe **junge Menschen** in ihrer individuellen und sozialen Entwicklung **fördern** und dazu beitragen, Benachteiligungen zu vermeiden oder abzubauen. Maßgeblich geleistet werden kann dies durch die Förderung von Kindern in Tageseinrichtungen sowie in Kindertagespflege (§ 22) und durch die Jugendarbeit (§ 11). In beiden Bestimmungen wird deshalb die Förderung der Entwicklung von Kindern und jungen Menschen besonders hervorgehoben. Neben Abs. 3 Nr. 1 ist § 9 Nr. 3 zu beachten, der als Grundrichtung der Erziehung auch die Berücksichtigung der unterschiedlichen Lebenslagen von Mädchen und Jungen verlangt und zur Förderung der Gleichberechtigung verpflichtet. Zum Ausgleich sozialer Benachteiligungen kommen insbesondere Maßnahmen der Jugendsozialarbeit (§ 13) in Betracht. Dem Abbau individueller Benachteiligungen dient die Eingliederungshilfe für seelisch behinderte Kinder und Jugendliche nach § 35a. 15

---

30 Ähnlich OLG Stuttgart 28.5.1998 – 1 Ws 78/98 mit Bespr. durch Bringewat ZfJ 2000, 401 u. Meysen ZfJ 2001, 408.

31 Vgl. zur Schutzpflicht des Staates gegenüber dem ungeborenen menschlichen Leben BVerfG 28.5.1993 – 2 BvF 2/90 ua.

32 Ebenso Tillmanns in MüKoBGB SGB VIII § 1 Rn. 5; Coester FamRZ 1991, 256.

33 Kunkel FamRZ 1997, 198.

34 Wiesner in Wiesner Rn. 34. S. hierzu auch NdsOVG 25.3.2020 – 10 LA 292/18, juris Rn. 12.

16 Infolge Rechtsänderung durch das **KJSG** wurde in Abs. 3 eine neue **Nr. 2** implementiert. Jugendhilfe soll danach jungen Menschen ermöglichen oder erleichtern, entsprechend ihres Alters und ihrer individuellen Fähigkeiten in allen sie betreffenden Lebensbereichen selbstbestimmt zu interagieren und damit gleichberechtigt am Leben in der Gesellschaft teilhaben zu können. Nach der Gesetzesbegründung wird mit der Neuregelung der Auftrag der Kinder- und Jugendhilfe um den Aspekt der Ermöglichung und Erleichterung der Teilhabe am Leben in der Gesellschaft ergänzt. Eine **Leistungsausweitung** soll mit der „programmatischen Vorgabe" aber nicht verbunden sein. Im Sinne einer „klarstellenden" Neuregelung soll betont werden, dass die Kinder- und Jugendhilfe „allen jungen Menschen – unabhängig davon ob mit oder ohne Behinderungen und unabhängig von Kultur, Geschlecht, Nationalität, Herkunft und sozialem Hintergrund – gleichberechtigte Teilhabe am Leben in der Gesellschaft" ermöglichen oder erleichtern soll. Teilhabe in diesem Sinne soll „als Möglichkeit zur dem Alter und den individuellen Fähigkeiten entsprechenden selbstbestimmten Interaktion in allen junge Menschen betreffenden Lebensbereichen verstanden" werden. Von besonderer Relevanz beim „dynamischen Prozess" des Aufwachsens sind für junge Menschen nach der Gesetzesbegründung insbesondere die Lebensbereiche Familie sowie Lernen und Wissensanwendung. Ferner soll es auch um die Ausübung von Freizeitaktivitäten sowie politisches, soziales und kulturelles Engagement gehen.[35]
Im Leistungsrecht des SGB VIII geht es insbesondere bei der Eingliederungshilfe nach § 35a um die Überwindung einer Teilhabebeeinträchtigung. Die Teilhabebeeinträchtigung im Sinne des § 35a Abs. 1 S. 1 Nr. 2 muss nach überwiegender Auffassung in Rspr. und Lit. nach Breite, Tiefe und Dauer so intensiv sein, dass sie die Fähigkeit zur Eingliederung in die Gesellschaft beeinträchtigt (→ § 35a Rn. 19). Mit der Gesetzesbegründung zu § 1 Abs. 3 Nr. 2 wird auf eine solche Erheblichkeitsschwelle nicht Bezug genommen. Denkbar wäre es daher, dass mit der Neuregelung in § 1 Abs. 3 Nr. 2 die Schwelle für das Vorliegen einer Teilhabebeeinträchtigung gesenkt werden könnte. Nach der Gesetzesbegründung zu § 1 Abs. 3 soll allerdings mit der „programmatischen Vorgabe keine Leistungsausweitung" verbunden sein. Vielmehr solle mit der Einführung der Teilhabe als Zielsetzung der Kinder- und Jugendhilfe lediglich im Sinne einer „klarstellenden Regelung betont werden, dass die Kinder- und Jugendhilfe „allen jungen Menschen gleichberechtigte Teilhabe am Leben in der Gesellschaft" ermöglichen soll.[36] Damit suggeriert die lediglich deklaratorische Regelung in § 1 Abs. 3 für den Bereich der Eingliederungshilfe mehr als sie im Einzelfall einlösen kann. Gerade der mit dem KJSG neu implementierte Aspekt der Selbstbestimmung dürfte aber auch bei der Auslegung der Tatbestandsvoraussetzungen des § 41 und der Zielbestimmung einer selbstbestimmten und selbständigen Lebensführung von Bedeutung sein.

17 **Nr. 3** stellt klar, dass Jugendhilfe auch die **Eltern** und andere Erziehungsberechtigte (→ § 7 Rn. 9) beraten und unterstützen soll. Dies dient in erster Linie dem Ziel, staatliche Eingriffsmaßnahmen zu vermeiden. Da die Pflege und Erziehung der Kinder „zuvörderst" den Eltern obliegt (Abs. 2 S. 1), muss es ein Grundanliegen der Jugendhilfe sein, ihre Erziehungskraft und -fähigkeit zu stärken und ihre erzieherische Kompetenz zu fördern. In Betracht kommen vornehmlich Leistungen zur Förderung der Erziehung in der Familie nach §§ 16–21 und Hilfe zur Erziehung nach §§ 27–35.

18 Nach **Nr. 4** hat die Jugendhilfe Kinder und Jugendliche **vor Gefahren** für ihr Wohl **zu schützen**. Diese Funktion steht in engem Zusammenhang mit dem staatlichen Wächteramt nach Art. 6 Abs. 2 S. 2 GG, § 1 Abs. 2 S. 2 SGB VIII, das sowohl durch präventive als auch durch repressive Maßnahmen ausgeübt werden kann und muss (→ Rn. 10–13) und als dessen Konsequenz sich eine Garantenstellung der fallzustän-

35 BT-Drs. 19/26107, 71.
36 BT-Drs. 19/26107, 71.

digen Fachkraft ergibt (→ § 8a Rn. 123 ff.). Als rein präventive Maßnahme bietet sich der erzieherische Kinder- und Jugendschutz nach § 14 an. Die Hilfe zur Erziehung (§§ 27 ff.) gehört ebenfalls hierher. Sie fällt zwar in erster Linie unter Nr. 2, weil sie den Erziehungsberechtigten angeboten werden muss, dient aber auch dazu, Kinder und Jugendliche vor Gefahren für ihr Wohl (etwa bei Trennung der Eltern) zu schützen (→ § 27 Rn. 2). Als noch präventiv ist auch die Beratung nach § 8 Abs. 3 einzustufen (→ § 8 Rn. 19). Eindeutig repressiv sind dagegen Maßnahmen nach § 42. Auch die Vorschriften über den Schutz Minderjähriger in Tages- u. Familienpflege (§§ 43, 44) und Einrichtungen (§§ 45–48a) fallen unter Nr. 3.[37] Eine genaue Festlegung, welche Maßnahmen der Jugendhilfe letztlich dem Schutz vor Gefahren dienen, ist ohnehin nicht möglich. Potenzielle Gefahren durch Drogen, Gewalt, Rechtsradikalismus, sexuellen Missbrauch etc können insbesondere durch Jugendarbeit (§ 11), Jugendsozialarbeit (§ 13) und Jugendschutz (§ 14) gemindert werden. Die Schutzfunktion des Abs. 3 Nr. 3 kommt ausländischen Minderjährigen ebenso zugute wie deutschen Kindern und Jugendlichen (→ § 6 Rn. 5).

Nach **Nr. 5** bezieht sich Jugendhilfe schließlich auch auf die **gesamtgesellschaftlichen** 19 **Bedingungen**, die die Entwicklung von Jugendlichen prägen. Angesprochen wird damit eine Aufgabe, die über die Jugendhilfe im eigentlichen Sinn hinausgeht. Gefordert wird eine „Einmischung“ der Jugendhilfe in andere Politik- und Zuständigkeitsbereiche im Interesse von Kindern, Jugendlichen und ihren Familien.[38] Jugendhilfe soll ua darauf hinwirken, die Stadt-, Kommunal- und Verkehrspolitik davon zu überzeugen, dass auch die Lebensmöglichkeiten von Kindern in einer zukunftsweisenden Politik zu berücksichtigen sind und dass kinderfreundlichere Konzepte Teil einer Politik zur Schaffung lebenswerter Städte und Wohngebiete sind.[39] Die EU-Agenda für die Rechte des Kindes v. 16.2.2011 (Synopse Anhang 4) verpflichtet zu einer **„Kinderrechtsperspektive“** bei allen Maßnahmen der EU.

Spezielle Bestimmungen, die dieser Zielrichtung dienen, sind §§ 80, 81. § 80 wiede- 20 rum ist eine Brücke zur **Bauleitplanung** nach dem Baugesetzbuch. § 1 Abs. 4 BauGB verpflichtet die Gemeinde dazu, die Belange von Kindern zu berücksichtigen (**„Kinderverträglichkeitsprüfung“**). Die Gemeinde muss beim JA und zwar beim JHA (→ § 71 Rn. 17) eine diesbezügliche Stellungnahme einholen. Unterbleibt diese Stellungnahme, liegt eine Verletzung von Mitwirkungspflichten vor, die die Bauleitplanung rechtswidrig macht. Die Verletzung der Verfahrensvorschrift des § 4 Abs. 2 BauGB führt zu einem beachtlichen Fehler (§ 214 Abs. 1 S. 1 Nr. 2 BauGB). **Kindertageseinrichtungen** sind in allgemeinen Wohngebieten zulässig (§ 4 Abs. 2 Nr. 3 BauNVO), aber auch in reinen Wohngebieten, wenn nicht gewichtige Gründe entgegenstehen (§ 3 Abs. 3 Nr. 2 BauNVO). Eine Novellierung 2013 hat dies in § 3 BauNVO ausdrücklich klargestellt.

Lärm spielender Kinder ist idR sozialadäquat und keine erhebliche Belästigung im 21 Sinn des § 3 Abs. 1 **BImSchG**. Geräuscheinwirkungen, die von Kindertageseinrichtungen ausgehen, sind gem. § 22 Abs. 1a S. 1 BImSchG im Regelfall keine schädlichen Umwelteinwirkungen.[40]

Verstärkt wird diese **Rechtspflicht zur Kinderfreundlichkeit** durch **Art. 3 UNKindK**. 22 Art. 3 gilt unmittelbar für den Rechtsanwender (Art. 3 Abs. 1); die Vorbehaltserklärung der BReg. vom 10.7.1992, BGBl. II 990 ist eine insoweit unbeachtliche Interpre-

---

37 S. hierzu auch Luthe in jurisPK-SGB VIII Rn. 59 und OVG NRW 17.11.2014 – 12 A 283/13, juris Rn. 108 f.

38 So bereits der 8. Jugendbericht, BT-Drs. 11/6576, 199.

39 Vgl. den 11. Ki/JuBericht, S. 192.

40 S. hierzu auch Kleine Anfrage „Stärkung der Kinderrechte“ BT-Drs. 17/3938 v. 25.11.2010; s. hierzu auch Luthe in jurisPK-SGB VIII Rn. 92; zu BauNVO und BImSchG s. OVG MV 3.2.2010 – 3 M 224/09; OVG Saarl 11.9.2008 – 2 C 186/08; VG München 7.12.2009 – M 8 K 09.4469.

tationserklärung[41] und durch Beschluss der BReg. am 3.5.2010 aufgehoben worden; mit Hinterlegung der Aufhebung am 15.7.2010 bei den UN ist sie wirksam geworden.[42] Damit ist jede Behörde und jedes Gericht verpflichtet, den Kindeswohlvorrang zu beachten, insbesondere bei Auslegung unbestimmter Rechtsbegriffe und bei Ermessensausübung. Für den Träger der öffentlichen Jugendhilfe ergibt sich aus Art. 3, dass er den Kindeswohlvorrang in der Bauleitplanung zur Geltung bringen muss. Für die Gemeinde ergibt sich aus Art. 3, dass sie den Träger der öffentlichen Jugendhilfe durch den JHA beteiligen muss.

23 Abs. 3 richtet sich nicht nur an die öffentlichen, sondern auch an die **freien Träger** der Jugendhilfe. Ihnen steht als Forum zunächst der JHA zur Verfügung, denn nach § 71 Abs. 2 Nr. 1 befasst er sich insbesondere mit der Erörterung aktueller Probleme junger Menschen und ihrer Familien sowie mit Anregungen und Vorschlägen für die Weiterentwicklung der Jugendhilfe. Diese Aufgabe entspricht der Zielsetzung von Abs. 3 Nr. 4. Auf die Mitwirkung im JHA ist die Tätigkeit der freien Träger jedoch nicht beschränkt. Sie können darüber hinaus in vielfältiger Weise auf die Lebensbedingungen junger Menschen und ihrer Familien hinweisen und auf Verbesserungen drängen, sei es durch Informations- und Diskussionsveranstaltungen, Besuche in Kommunal- und Landesparlamenten, Diskussionen mit Politikern, insbesondere den Mitgliedern der Ausschüsse für Jugend und Familie.

Anhang 1 zu § 1 – Gesetz zur Stärkung eines aktiven Schutzes von Kindern und Jugendlichen (Bundeskinderschutzgesetz – BKiSchG)

Vom 22. Dezember 2011 (BGBl. I S. 2975)

1 Das Gesetz zur Kooperation und Information im Kinderschutz (**KKG**) trat als Art. 1 des Bundeskinderschutzgesetzes[1] zum 1.1.2012 in Kraft.[2] Als weitere Artikel enthielt das BKiSchG eine Reihe von Änderungen des SGB VIII (Art. 2), Änderungen in anderen Gesetzen (Art. 3) und eine Pflicht zur Evaluation zum 31.12.2015 (Art. 4; der Bericht findet sich in BT-Drs. 18/7100). Durch das **KJSG**[3] wurde § 4 KKG neu gefasst und § 5 KKG angefügt. Das KKG wird hier als Anhang zu den Paragrafen des SGB VIII abgedruckt und kommentiert, zu denen inhaltlich ein enger Zusammenhang besteht. § 1 KKG ist daher als Anhang zu § 1 SGB VIII, § 2 KKG als Anhang zu § 16 SGB VIII, § 3 KKG als Anhang zu § 81 SGB VIII, §§ 4 und 5 KKG als Anhang zu § 61 SGB VIII kommentiert.

2 Die Zusammenfassung sehr unterschiedlicher Regelungsgegenstände in diesem „Satellitengesetz" wurde damit begründet, dass den Regelungen systemübergreifende Funktion zukäme.[4] Diese Konzeption erscheint aus zwei Blickwinkeln wenig geglückt: Zum einen ist – insbesondere angesichts der fehlenden umfassenden Einbeziehung des

41 So Lorz, Vorrang des Kindeswohls nach Art. 3 UN-KindK, S. 37.
42 S. auch Kleine Anfrage „Stärkung der Kinderrechte" BT-Drs. 17/3938 v. 25.11.2010; zur Umsetzung im SGB VIII näher Skutta NDV 2010, 453; Löhr ZAR 2010, 378; Wabnitz ZKJ 2010, 428.
1 BGBl. I 2011, 2975.
2 Ausführlich zur Gesetzgebungsgeschichte Meysen/Eschelbach, Das neue Bundeskinderschutzgesetz, 2012, S. 27 ff.
3 BGBl. 2021 I, 1444.
4 Wiesner in Wiesner KKG § 1 Rn. 1.

Gesundheitssektors[5] – zweifelhaft, inwieweit tatsächlich eine systemübergreifende Funktion vorliegt, die so erheblich über die jedem Gesetz immanenten systematischen Zusammenhänge hinausgeht, dass die Vorteile dieser Ausgestaltung gegenüber den Nachteilen überwiegen. Es drängt sich bisweilen der Eindruck auf, dass durch die Regelung in einem eigenständigen Gesetz systematische Zusammenhänge nicht hinreichend berücksichtigt und das KKG nicht mit bestehenden Gesetzen abgestimmt wurden. ZB regelt § 4 Abs. 2 KKG dasselbe wie § 8b Abs. 1 SGB VIII und in § 1 Abs. 1–3 KKG wird nur wiederholt, was aus anderen Normen bereits bekannt ist, jedoch ohne dass das gesamte Spektrum des Kinderschutzes abgebildet würde.[6] Zum anderen erscheint das KKG durch die nicht vollständig durchdachte Zusammenfassung von sehr unterschiedlichen Regelungsanliegen auch in sich nicht stimmig. Insbesondere die Vermengung von Aspekten der Förderung des Kindeswohls und Unterstützung der Eltern (positiv, Leistung) mit dem Schutz des Kindes vor der Gefährdung seines Wohls (negativ, Eingriff), ist wenig glücklich, da sich Leistung und Eingriff nicht zuletzt hinsichtlich ihres rechtlichen Rahmens wesentlich unterscheiden. Die in § 1 vorangestellten Programmsätze passen letztlich nicht durchgehend zum nachfolgenden Programm.

Auch die Arbeitsgruppe „SGB VIII – Mitreden-Mitgestalten" sprach sich in der Vorbereitung der **Reform** des SGB VIII durch das **KJSG** dafür aus, den Gesundheitssektor stärker mit in die Verantwortung zu nehmen.[7] Die **Einbeziehung der Ärztinnen und Ärzte** sowie weiterer **Berufsgeheimnisträger** in den weiteren Verlauf des Kinderschutzverfahrens bildet in der Folge einen wesentlichen Baustein des KJSG, mit dem der Kinderschutz verbessert werden soll.[8] Nach dem neu eingefügten § 73c SGB V sollen die Kassenärztlichen Vereinigungen mit den kommunalen Spitzenverbänden auf Landesebene Vereinbarungen über die Zusammenarbeit von Vertragsärztinnen und -ärzten mit den Jugendämtern in Fällen, in denen Anhaltspunkte für eine Gefährdung des Kindeswohls festgestellt werden, abschließen.

Da das KKG ein eigenständiges Gesetz ist, gelten die Regelungen des SGB VIII bei der Anwendung des KKG – zB für das Verhältnis von öffentlichem zu freiem Träger – nicht, sind aber im Einzelfall entsprechend anwendbar (zB § 80 SGB VIII für die Jugendhilfeplanung). Wenn das Jugendamt das KKG für den öffentlichen Träger der Jugendhilfe durchführt, wird es nicht nach dem SGB VIII tätig. Die Ausführung des KKG geschieht nicht notwendigerweise durch das Jugendamt; der Träger der öffentlichen Jugendhilfe kann irgendein Amt der Gebietskörperschaft damit beauftragen. 3

Das KKG ist auch nicht in das **Sozialgesetzbuch** einbezogen worden, weder in den §§ 18 bis 29 SGB I noch mit § 68 SGB I; daher gelten weder die Regelungen des SGB I (zB zum Sozialdatenschutz nach § 35 SGB I), noch die des SGB X (zB zum Verwaltungsverfahren). 4

Insgesamt lässt sich feststellen, dass im KKG – wie auch in anderen Gesetzen jüngeren Datums – versucht wird, den „Teufel der Unsicherheit" mit dem „Beelzebub der **Bürokratie**"[9] auszutreiben (so zB bei der Offenbarungsbefugnis für Berufsgeheimnisträger in § 4 KKG).[10] Es lässt sich ein Trend zu immer detaillierteren gesetzlichen Vorgaben beobachten, so zB zur Gesprächsführung bei Fallübergabe in § 8a Abs. 5 und § 86c Abs. 2 SGB VIII. Einiges spricht dafür, derartige Konkretisierungen von Verfahren der Praxis zu überlassen. Es ist jedenfalls kritisch zu sehen, wenn der Praxis und den einzelnen Fachkräften durch das Gesetz derart engmaschige Vorgaben gemacht 5

5 Vgl. nur Stellungnahme des Bundesrats vom 16.5.2011, BR-Drs. 202/1/11; Wiesner in Wiesner KKG § 1 Rn. 3.
6 S. dazu auch Wiesner in Wiesner KKG § 1 Rn. 6.
7 Abschlussbericht S. 27.
8 BT-Drs. 19/26107, 42 f.
9 So treffend Kunkel in einer früheren Auflage.
10 Vgl. hierzu „Ärzte Zeitung" v. 19.1.2012.

werden, dass nahezu keine Ermessens- und Handlungsspielräume bleiben, da dies sowohl sachgerechten Lösungen im Einzelfall als auch einer Weiterentwicklung der Praxis im Weg stehen kann.[11]

Anhang 2 zu § 1 – § 1 KKG (= Art. 1 § 1 BKiSchG)

Gesetz zur Kooperation und Information im Kinderschutz (KKG)

Vom 22. Dezember 2011 (BGBl. I S. 2975)
(FNA 8601-6)
zuletzt geändert durch Art. 2 Kinder- und JugendstärkungsG vom 3. Juni 2021
(BGBl. I S. 1444)

§ 1 KKG Kinderschutz und staatliche Mitverantwortung

(1) Ziel des Gesetzes ist es, das Wohl von Kindern und Jugendlichen zu schützen und ihre körperliche, geistige und seelische Entwicklung zu fördern.

(2) [1]Pflege und Erziehung der Kinder und Jugendlichen sind das natürliche Recht der Eltern und die zuvörderst ihnen obliegende Pflicht. [2]Über ihre Betätigung wacht die staatliche Gemeinschaft.

(3) Aufgabe der staatlichen Gemeinschaft ist es, soweit erforderlich, Eltern bei der Wahrnehmung ihres Erziehungsrechts und ihrer Erziehungsverantwortung zu unterstützen, damit

1. sie im Einzelfall dieser Verantwortung besser gerecht werden können,
2. im Einzelfall Risiken für die Entwicklung von Kindern und Jugendlichen frühzeitig erkannt werden und
3. im Einzelfall eine Gefährdung des Wohls eines Kindes oder eines Jugendlichen vermieden oder, falls dies im Einzelfall nicht mehr möglich ist, eine weitere Gefährdung oder Schädigung abgewendet werden kann.

(4) [1]Zu diesem Zweck umfasst die Unterstützung der Eltern bei der Wahrnehmung ihres Erziehungsrechts und ihrer Erziehungsverantwortung durch die staatliche Gemeinschaft insbesondere auch Information, Beratung und Hilfe. [2]Kern ist die Vorhaltung eines möglichst frühzeitigen, koordinierten und multiprofessionellen Angebots im Hinblick auf die Entwicklung von Kindern vor allem in den ersten Lebensjahren für Mütter und Väter sowie schwangere Frauen und werdende Väter (Frühe Hilfen).

1 Bedeutung und Inhalt der Vorschrift

1 § 1 KKG legt – weitgehend redundant – in **Abs. 1–3** Zielsetzung und Grundsätze des KKG fest. Es handelt sich um Programmsätze, die keinen eigenständigen Regelungsge-

11 Noch weitergehend Kunkel in der 5. Aufl., der auch die Frage aufwirft, ob eine derartige Regelungsdichte noch mit der Selbstverwaltungsgarantie der Gemeinden gem. Art. 28 Abs. 2 GG und Art. 84 Abs. 1 S. 1 und S. 7 GG vereinbar ist.

halt aufweisen.[1] In **Abs. 4** werden sodann die Frühen Hilfen als Kernstück des präventiven Kinderschutzes nach dem KKG legaldefiniert.

Der präventive Kinderschutz wird nach dem Gesetzeswortlaut nicht vom Recht des Kindes her betrachtet, sondern – durch die Wiederholung des Wortlauts von Art. 6 Abs. 2 GG in Abs. 2 und die Betonung der Unterstützung der Eltern in Abs. 3 – vor allem das Primat der elterlichen Erziehung hervorgehoben. Da Art. 2 Abs. 2 S. 1 GG und Art. 2 Abs. 1 iVm Art. 1 Abs. 1 GG auch unmittelbar ein Recht des Kindes auf Schutz begründen (s. auch Art. 24 EU-Grundrechtecharta, Art. 3 UN-KRK), wäre es möglich gewesen, das Kind und seine Rechte stärker in den Mittelpunkt zu rücken. Insgesamt wird das Elternrecht in § 1 überbetont und das Spannungsverhältnis von elterlichen Rechten, elterlicher und staatlicher Verantwortung sowie von den Rechten des Kindes an den Eltern sowie auf Unversehrtheit und Schutz nur unzureichend abgebildet.[2]

2 Ziel des Gesetzes (Abs. 1)

Ausweislich der Gesetzesbegründung sollten in Abs. 1 die Rechte des Kindes zum Ausdruck kommen;[3] dies ist mit der Formulierung, dass *Ziel* des Gesetzes Schutz und Förderung von Kindern seien, jedoch nicht recht geglückt, da ein Ziel nicht das gleiche ist wie ein Recht. „Kinderschutz" nach dem KKG umfasst nach Abs. 1 auch Jugendliche. Diese sind zu schützen und ihre körperliche, geistige und seelische Entwicklung ist zu fördern. Kinderschutz iSd KKG ist damit denkbar weit gefasst und umfasst allgemein eine Förderung des Wohls Minderjähriger.[4] Kritikwürdig ist, dass – trotz entsprechender Forderungen im Gesetzgebungsverfahren – die Förderung der gesundheitlichen Entwicklung nicht mit aufgenommen wurde.[5] Sie ist aber letztlich nur Symptom des grundlegenden Problems, dass der Gesundheitssektor sich nicht hinreichend beteiligt (→ KKG Vor § 1 Rn. 2 im Anh. 1 zu § 1 SGB VIII). 2

3 Elternverantwortung und staatliches Wächteramt (Abs. 2)

Abs. 2 wiederholt – genau wie § 1 Abs. 2 SGB VIII – den Wortlaut von Art. 6 Abs. 2 GG. Einen eigenständigen Regelungsgehalt hat die Vorschrift damit nicht.[6] 3

4 Unterstützung der Eltern bei der Erziehung (Abs. 3)

Abs. 3 benennt die Unterstützung der Eltern bei der Erziehung ihrer Kinder – durch Information, Beratung und Hilfe – als Aufgabe der staatlichen Gemeinschaft. Diese soll auf drei Stufen erfolgen: als allgemeine Stärkung der Erziehungskompetenz (Nr. 1), bei Risiken für die Entwicklung von Kindern und Jugendlichen (Nr. 2) sowie zur Vermeidung von Gefährdungen des Kindeswohls oder der Abwendung weiterer Gefährdungen und Schädigungen (Nr. 3). Der Gesetzgeber will hiermit die primäre Prävention, die sich an alle Eltern wendet, die sekundäre Prävention, die sich an Familien in Problemlagen wendet, sowie die tertiäre Prävention bei Gefährdungen des Kindeswohls abbilden. 4

1 S. auch Meysen in FK-SGB VIII Anh. zu § 8b Rn. 5 und 6.
2 Zu diesem verfassungsrechtlichen Spannungsverhältnis insbesondere Britz JAmt 2015, 286 und FamRZ 2015, 793; instruktiv auch BVerfG 29.7.1968 – 1 BvL 20/63, 1 BvL 31/66, BVerfGE 24, 119, juris Rn. 40, 57.
3 S. BT-Drs. 17/6256, 17, s. auch S. 15.
4 S. hierzu auch Meysen in FK-SGB VIII Anh. zu § 8b Rn. 6.
5 So auch Meysen in FK-SGB VIII Anh. zu § 8b Rn. 6; Kößler in jurisPK-SGB VIII KKG § 1 Rn. 14, 22.
6 S. hierzu auch Schimke in JHSM Rn. 3.

Die Unterstützung soll nach dem Gesetzeswortlaut nur erfolgen, soweit sie erforderlich ist. Unklar bleibt, was hiermit bezweckt wird und wann eine solche Erforderlichkeit gegeben sein soll. Entsprechendes gilt für die wiederholte Begrenzung auf den „Einzelfall“.[7] Nach der Gesetzesbegründung zu Abs. 4 der Norm sollen von den im KKG verankerten Frühen Hilfen ausdrücklich auch die primäre Prävention, dh fördernde Angebote an alle Eltern, umfasst sein (→ Rn. 5); es ist ein Grundanliegen der „frühen“ Hilfe anzusetzen, bevor staatliches Handeln aufgrund einer Gefährdung des Kindeswohls erforderlich wird. Offenbar zielte der Gesetzgeber darauf ab, auch hier (nochmals) das elterliche Primat zum Ausdruck zu bringen, wie auch die etwas schwammige Gesetzesbegründung, die von der „Bindung an die Grundsätze von Subsidiarität und Verhältnismäßigkeit“ spricht,[8] nahelegt. Eine Verletzung des Grundsatzes der Subsidiarität ist durch die Stärkung von Eltern in ihrer Erziehungskompetenz nicht zu befürchten, zumal die Inanspruchnahme der Unterstützungsangebote freiwillig erfolgt. Der Begriff der Verhältnismäßigkeit spielt insbesondere bei Eingriffen eine Rolle, um die es jedoch bei Unterstützungsangeboten für Eltern nicht geht. Es ist nicht ersichtlich, dass dem Merkmal der Erforderlichkeit und dem Abstellen auf den Einzelfall tatsächlich ein – die nachfolgenden Regelungen einschränkender – Regelungsgehalt zukommen sollte.

In Nr. 3 kommt nochmals zum Ausdruck, dass unterstützende Maßnahmen auch bei Kindeswohlgefährdung Vorrang vor eingreifenden Maßnahmen haben. Auch insoweit bringt die Norm nichts Neues.[9]

5 Frühe Hilfen (Abs. 4)

5 In Abs. 4 S. 2 sind die Frühen Hilfen als „Kern“ des präventiven Kinderschutzes durch Unterstützung der Eltern legaldefiniert. Maßgebliches Charakteristikum der Frühen Hilfen ist die **koordinierte und multiprofessionelle Unterstützung**. Nach der Gesetzesbegründung sollen die Frühen Hilfen an der Lebenssituation von Kindern und Eltern ansetzen und durch die lokale koordinierte Zusammenarbeit von Akteuren aus verschiedenen Bereichen sollen die Grenzen der einzelnen Leistungssysteme überwunden werden.[10] „Früh“ sind diese Hilfen sowohl im Hinblick auf das Alter der Kinder der Zielgruppe als auch auf die Situation, in der sie einsetzen.[11]

Zielgruppe der Frühen Hilfen sind werdende Eltern und die Eltern von Kindern in den ersten Lebensjahren. Nach der Gesetzesbegründung sind hiermit Kinder „bis zum Alter von ca. drei Jahren“ gemeint.[12] Hierbei handelt es sich möglicherweise um ein Formulierungsversehen, da Zielgruppe in der Praxis die Eltern von 0–3-Jährigen (und damit Kinder bis zum Alter von vier, nicht von drei Jahren) sind und auch das Nationale Zentrum für Frühe Hilfen häufig die 0–3-Jährigen als Zielgruppe benennt. Dies kann aber letztlich offen bleiben, da – wie schon der Zusatz „ca.“ und die vage Formulierung im Gesetz deutlich machen – keine scharfe Altersgrenze gezogen wird.[13] Unschädlich für die Einordnung als Frühe Hilfen ist es daher, wenn Angebote auch ältere Kinder mit erreichen, zB weil sie bei Bedarf auch über den dritten bzw. vierten Geburtstag des Kindes hinaus weiterlaufen. Ein Abbruch einer erforderlichen Unterstützung aufgrund des Erreichens einer Altersgrenze widerspräche auch der

7 Kritisch auch Wiesner in Wiesner KKG § 1 Rn. 7.
8 BT-Drs. 17/6256, 17.
9 Vgl. § 8a Abs. 1 S. 3 SGB VIII sowie § 1666a BGB; kritisch zu Abs. 3 auch Meysen in FK-SGB VIII Anh. zu § 8b Rn. 9.
10 BT-Drs. 17/6256, 15.
11 Treffend Wiesner in Wiesner KKG § 1 Rn. 12.
12 BT-Drs. 17/6256, 17.
13 So auch Wiesner in Wiesner KKG § 1 Rn. 12.

Zielsetzung des KKG, dass Kinderschutz an der Lebenslage ansetzen und nicht an Systemgrenzen scheitern soll.

Frühe Hilfen umfassen Angebote, die sich an alle (werdenden) Eltern der Zielgruppe wenden (universelle/**primäre Prävention**). Als klarer Schwerpunkt hat sich jedoch der Bereich der **sekundären** (auch: selektiven) Prävention herausgebildet, der sich an Familien in Problemlagen richtet.[14] Der tertiäre Bereich, der erreicht ist, wenn Hilfen nicht ausreichen, um eine Kindeswohlgefährdung abzuwenden und weitergehende Maßnahmen ergriffen werden müssen, wird in der Gesetzesbegründung zwar ebenfalls erwähnt[15] und findet sich auch in Abs. 3 Nr. 3 wieder. Richtigerweise fällt die tertiäre Prävention jedoch in den Bereich der §§ 8a, 42 SGB VIII und § 1666 BGB (mit den entsprechenden Anforderungen an Verfahren und Fachlichkeit) und ist von den Frühen Hilfen gerade abzugrenzen.[16]

§ 2 Aufgaben der Jugendhilfe

(1) Die Jugendhilfe umfasst Leistungen und andere Aufgaben zugunsten junger Menschen und Familien.

(2) Leistungen der Jugendhilfe sind:

1. **Angebote der Jugendarbeit, der Jugendsozialarbeit, der Schulsozialarbeit und des erzieherischen Kinder- und Jugendschutzes (§§ 11 bis 14),**
2. **Angebote zur Förderung der Erziehung in der Familie (§§ 16 bis 21),**
3. **Angebote zur Förderung von Kindern in Tageseinrichtungen und in Kindertagespflege (§§ 22 bis 25),**
4. **Hilfe zur Erziehung und ergänzende Leistungen (§§ 27 bis 35, 36, 37, 39, 40),**
5. **Hilfe für seelisch behinderte Kinder und Jugendliche und ergänzende Leistungen (§§ 35a bis 37, 39, 40),**
6. **Hilfe für junge Volljährige und Nachbetreuung (den §§ 41 und 41a).**

(3) Andere Aufgaben der Jugendhilfe sind

1. **die Inobhutnahme von Kindern und Jugendlichen (§ 42),**
2. **die vorläufige Inobhutnahme von ausländischen Kindern und Jugendlichen nach unbegleiteter Einreise (§ 42a),**
3. **die Erteilung, der Widerruf und die Zurücknahme der Pflegeerlaubnis (§§ 43, 44),**
4. **die Erteilung, der Widerruf und die Zurücknahme der Erlaubnis für den Betrieb einer Einrichtung sowie die Erteilung nachträglicher Auflagen und die damit verbundenen Aufgaben (§§ 45 bis 47, 48a),**
5. **die Tätigkeitsuntersagung (§§ 48, 48a),**
6. **die Mitwirkung in Verfahren vor den Familiengerichten (§ 50),**
7. **die Beratung und Belehrung in Verfahren zur Annahme als Kind (§ 51),**
8. **die Mitwirkung in Verfahren nach dem Jugendgerichtsgesetz (§ 52),**
9. **die Beratung und Unterstützung von Müttern bei Vaterschaftsfeststellung und Geltendmachung von Unterhaltsansprüchen sowie von Pflegern und Vormündern (§§ 52a, 53),**

---

14 BT-Drs. 17/6256, 17.
15 BT-Drs. 17/6256, 17.
16 S. hierzu DIJuF-Rechtsgutachten DRG 1134; Wiesner in Wiesner KKG § 1 Rn. 11; aA Meysen in FK-SGB VIII Anh. zu § 8b Rn. 12; vgl. auch DIJuF-Rechtsgutachten JAmt 2017, 26 zur Gefährdungseinschätzung im Rahmen Früher Hilfen.

10. die Erteilung, der Widerruf und die Zurücknahme der Erlaubnis zur Übernahme von Vereinsvormundschaften (§ 54),
11. Beistandschaft, Amtspflegschaft, Amtsvormundschaft und Gegenvormundschaft des Jugendamts (§§ 55 bis 58),

[Abs. 3 Nr. 9 bis 11 in der Fassung ab 1.1.2023:

9. die Beratung und Unterstützung von Müttern bei Vaterschaftsfeststellung und Geltendmachung von Unterhaltsansprüchen sowie von Pflegern und Vormündern (§§ 52a, 53a),
10. die Erteilung, der Widerruf und die Zurücknahme der Anerkennung als Vormundschaftsverein (§ 54),
11. Beistandschaft, Pflegschaft und Vormundschaft des Jugendamts (§§ 55 bis 57),]
12. Beurkundung (§ 59),
13. die Aufnahme von vollstreckbaren Urkunden (§ 60).

1 Bedeutung der Vorschrift (Abs. 1)

1 § 2 konkretisiert die Zielbestimmung der Jugendhilfe, wonach jeder junge Mensch ein Recht auf Förderung seiner Entwicklung und auf Erziehung zu einer eigenverantwortlichen und gemeinschaftsfähigen Persönlichkeit hat (§ 1 Abs. 1). Zur Verwirklichung dieses Rechts sind der Jugendhilfe bestimmte Aufgaben zugewiesen. Diese Aufgaben unterscheiden sich nach Abs. 1 in **Leistungen** und sog. **andere Aufgaben** zugunsten junger Menschen und Familien. Abs. 2 führt katalogmäßig die Leistungen der Jugendhilfe auf. Mit dem KJSG sollte im Jahr 2017 in § 2 Abs. 2 eine geringfügige redaktionelle Änderung vorgenommen werden. In § 2 Abs. 2 Nr. 3 sollte das Wort „Tagespflege" durch das Wort „Kindertagespflege" ersetzt werden. Da das vom Bundestag beschlossene Gesetz sowohl am 7.7.2017 als auch am 22.9.2017 in letzter Sekunde von der Tagungsordnung des Bundesrates genommen wurde, trat die Gesetzesänderung zunächst nicht in Kraft. Mittels Rechtsänderung durch Art. 1 des **KJSG** ist nun diese Änderungen im Wortlaut erfolgt. Zudem wurde die Aufzählung in Nr. 6 um die Neuregelung in § 41a ergänzt.[1]

Abs. 3 nennt die anderen Aufgaben ebenfalls in Katalogform. Das SGB VIII ist kein reines Leistungsgesetz. Obgleich die Erbringung von Sozialleistungen im Vordergrund steht, geht es auch um die Abwehr von Gefahren für Kinder und Jugendliche. Das SGB VIII enthält damit Elemente des Leistungs- und Ordnungsrechts.[2] Diese Unterscheidung zwischen Leistungs- und Gefahrenabwehrrecht vollzieht das Gesetz in Abs. 2 und 3 nach. Die Trennung erscheint allerdings teilweise willkürlich (→ § 63 Rn. 6), zB ist die Beistandschaft geradezu das Muster einer Leistung, wird aber als andere Aufgabe bezeichnet. Ein stringentes Ordnungssystem ist in diesem „Gemischtwarenladen" nicht immer zu erkennen, auch wenn in der Kommentarliteratur durchgängig die Aufgaben nach Abs. 3 – im Unterschied zu denen nach Abs. 2 – als „hoheit-

1 S. hierzu BT-Drs. 19/26107, 14.
2 S. hierzu auch Heußner in jurisPK-SGB VIII Rn. 8 und 33.

lich" bezeichnet werden. Alle Aufgaben der Jugendhilfe sind aber hoheitlich – entweder echt (Eingriffe) oder schlicht (Leistungen) hoheitlich. Zudem ist zu berücksichtigen, dass viele der in Abs. 2 genannten Leistungen durch Verwaltungsakt bewilligt werden. Dies setzt gem. § 31 SGB X zwingend ein hoheitliches Handeln voraus. Zu berücksichtigen ist auch, dass selbst klassische Aufgaben des Gefahrenabwehrrechts, wie zB die Inobhutnahme nach § 42 Abs. 1 S. 1 Nr. 2, leistungsrechtliche Elemente enthalten (hierzu auch → Rn. 16; → § 42 Rn. 125). Hinzu kommt, dass nicht alle Aufgaben in das **„Prokrustesbett"** des § 2 passen. Der durch das KICK eingeführte § 8 a ist in § 2 nicht aufgeführt, obwohl sein Abs. 2 dem früheren § 50 Abs. 3 entspricht, der andere Aufgabe war. § 8a ist – ebenso wie § 36 – lediglich eine Verfahrensvorschrift, die keine neuen Aufgaben schafft, sondern das Vorgehen bei deren Erfüllung standardisiert. Weitere Aufgaben muss man als **Annexaufgaben** mit den in § 2 genannten in Zusammenhang bringen.[3] An die unterschiedliche Bezeichnung knüpfen sich aber unterschiedliche **Konsequenzen** im Datenschutz; bei der Kostenbeteiligung; bei der Übertragung auf freie Träger; bei der Zuständigkeit; beim Wunsch- und Wahlrecht; bei Hilfen für Ausländer. Auch mit der (pädagogisch sinnvollen) Flexibilisierung von Hilfen (→ § 27 Rn. 28) ist diese starre Form der „Versäulung" (rechtlich) nicht zu überwinden.

Diese Aufgaben nach dem SGB VIII sind keineswegs alle Aufgaben, die ein JA zu erfüllen hat. Vielmehr weisen **andere Gesetze** dem JA eine Fülle **weiterer** Aufgaben zu, zB nach dem JuSchG, dem UhVorschG, dem AdVermiG, dem JGG, dem StVollzG, dem SGB IX und dem SGB II (näher zu diesen Gesetzen → § 61 Rn. 18).

Die Aufgabenzuweisung richtet sich an die Träger der öffentlichen Jugendhilfe (§ 69), 2
die im Rahmen ihrer Gesamtverantwortung dafür zu sorgen haben, dass die Aufgaben der Jugendhilfe erfüllt werden (→ § 79 Rn. 3). Dass die Leistungen der Jugendhilfe zu großen Teilen von den freien Trägern erbracht werden, ändert an der Gesamtverantwortung der öffentlichen Träger nichts. Zudem müssen die öffentlichen Träger vielfach die Leistungen vor der tatsächlichen Leistungserbringung zuvor durch Verwaltungsakt bewilligen. Die anderen Aufgaben werden grundsätzlich von den öffentlichen Trägern wahrgenommen. Nur soweit dies ausdrücklich bestimmt ist, können die freien Träger diese Aufgaben wahrnehmen oder mit ihrer Ausführung betraut werden (§ 3 Abs. 3 iVm § 76). Welcher Verbindlichkeitsgrad (→ Rn. 7) der jeweiligen Aufgabe zukommt, lässt sich der Aufzählung in Abs. 2 und 3 nicht entnehmen. Dazu bedarf es einer Untersuchung der entsprechenden leistungs- oder aufgabenbegründenden Norm selbst.[4]

Bei den in Abs. 2 aufgeführten Leistungen handelt es sich um **Sozialleistungen** iSd 3
§§ 11 ff. SGB I (aber → § 3 Rn. 7), aber nicht umgekehrt.[5] Unter Sozialleistungen versteht man alle Vorteile, die nach den Vorschriften des Sozialgesetzbuchs zur Verwirklichung sozialer Rechte dem Einzelnen zugutekommen sollen.[6] Sozialleistungen können als Dienst-, Sach- und Geldleistungen erbracht werden. Die persönliche und erzieherische Hilfe gehört zu den Dienstleistungen (§ 11 S. 2 SGB I). **Keine Sozialleistungen** sind hingegen – von Ausnahmen abgesehen (→ Rn. 15) – die sog. anderen Aufgaben nach Abs. 3. Ebenfalls keine Sozialleistung ist die Förderung der freien Träger nach §§ 12, 74, weil nach § 8 SGB I nur junge Menschen und PSB Sozialleistungen in Anspruch nehmen können. Dennoch sind die Sozialleistungen für die freien Träger mittelbar von Bedeutung. Sie stellen den Großteil der (Sozial-)Leistungen nach § 2 Abs. 2

3 ZB die Kostenbeteiligung nach §§ 90–94; die Überleitung nach § 95; die Jugendhilfeplanung nach § 80; die Förderung nach § 74; den Abschluss von Vereinbarungen nach §§ 77, 78a ff.; die Statistikmeldung nach §§ 98–103.
4 Vgl. die Übersicht bei Kunkel, Jugendhilferecht, Rn. 215.
5 Vgl. HmbOVG 23.12.2010 – 4 Bs243/10, DVBl 2011, 315.
6 Begr. BT-Drs. 7/868, 24.

in der Praxis zur Verfügung. Die öffentlichen Träger haben nach § 2 Abs. 2 iVm § 27 Abs. 2 SGB I sicherzustellen, dass die sozialen Rechte (Sozialleistungen) möglichst weitgehend verwirklicht werden. Dieser Verpflichtung können sie nur genügen, wenn sie die freien Träger bei der Erbringung der Sozialleistungen fördern (→ § 74 Rn. 4).

2 Leistungen der Jugendhilfe (Abs. 2)

2.1 Der Leistungskatalog

4 Abs. 2 zählt in sechs Nummern **abschließend** („numerus clausus") die Leistungen der Jugendhilfe auf, die im Zweiten Kapitel des SGB VIII in den §§ 11 bis 41 detailliert geregelt sind. Die abschließende Aufzählung in Abs. 2 schließt jedoch nicht aus, dass innerhalb der einzelnen Leistungsbereiche weitergehende Maßnahmen („Leistungen" im allgemeinen Sprachgebrauch) möglich sind.

2.2 Anspruchsqualität

5 **2.2.1 Objektive Verpflichtung und subjektives Recht.** Charakteristisch für die Leistungsvorschriften des Zweiten Kapitels ist die oftmals unbestimmte Fassung der einzelnen Rechtnormen. In den Kernbereichen der Leistungen (Jugendarbeit, Förderung der Erziehung in der Familie und in Tageseinrichtungen) findet sich eine Vielzahl von Förderungsangeboten und Soll-Vorschriften mit Landesrechtsvorbehalten (§§ 15, 16 Abs. 3, 26), wonach das Nähere über „Inhalt und Umfang" der geregelten Aufgaben und Leistungen dem Landesrecht überantwortet wird. Diese zum Teil mangelhafte Formulierung des Gesetzes erschwert seine Handhabbarkeit und hat zu vielfältigen juristischen Auseinandersetzungen über den Verbindlichkeitsgrad des Gesetzes geführt.[7]

6 Ein klar formulierter **Rechtsanspruch** besteht nach § 24 Abs. 2 und 3 auf Förderung in einer Tageseinrichtung bzw. in Kindertagespflege. Freilich wurde dieser Rechtsanspruch erst auf dem „Umweg" über das Schwangeren- und Familienhilfegesetz (1992) und Kinderförderungsgesetz (2008/2013) erreicht. Im Übrigen wird zwischen Förderungsangeboten (§§ 11, 16, 22, 23), individuellen Angeboten (§§ 13, 17), allgemeinen Angeboten (§ 14), Beratungs- und Unterstützungsleistungen (§§ 18–21, 25) und Hilfen (§§ 27–41) differenziert. Insbesondere die Förderungsangebote sind häufig als objektives Recht ausgestaltet und verpflichten den Träger der öffentlichen Jugendhilfe. Dieser hat im Rahmen seiner Gesamtverantwortung nach § 79, die mit der allgemeinen Gewährleistungsverpflichtung nach § 17 Abs. 1 Nr. 2 SGB I korrespondiert, dafür zu sorgen, dass die Angebote tatsächlich bestehen (→ § 79 Rn. 6). Der Einzelne hat aus den Förderungsangeboten kein klagbares Recht auf Zurverfügungstellung entsprechender Angebote, sondern lediglich ein **Teilhaberecht,**[8] das allenfalls über Art. 3 GG einklagbar ist (→ § 16 Rn. 2). Ein Anspruchsrecht (subjektives öffentliches Recht) ergibt sich aus einer Norm dann, wenn sie den Zweck hat, nicht nur die Allgemeinheit, sondern den Einzelnen zu schützen (Schutzzwecktheorie). Das ist insbes. der Fall, wenn sie individualisierbare Tatbestandsmerkmale enthält oder ausdrücklich als Anspruch formuliert ist, also §§ 17, 18, 19, 20, 21, 24, 27, 35a, 41; nicht aber §§ 11, 13, 14.[9]

7 **2.2.2 Verpflichtungsgrad.** Von der Anspruchsqualität einer Norm zu unterscheiden ist ihr Verpflichtungsgrad; das Gesetz unterscheidet zwischen Muss-, Soll- und Kann-

---

7 Hierzu bereits Preis ZRP 1990, 90 ff.; Kunkel ZfJ 1991, 145; Münder ZfJ 1991, 285 ff.; Kern in SFMK Rn. 15 ff.; ausführlich Mrozynski ZfJ 1999, 405 ff.; Wabnitz Rechtsansprüche (2005), S. 10 ff.

8 Kern in SFMK Rn. 15; Oberloskamp ZfJ 1990, 263; s. hierzu auch Heußner in jurisPK-SGB VIII Rn. 27 f. und 31.

9 AA für § 13 Münder/Schruth ZfJ 2002, 125.

Leistungen, deren Rechtsnatur verwaltungsrechtlich geklärt ist. Dagegen gibt es[10] **keine „freiwilligen" Aufgaben** und auch keine „bedingten Pflichtaufgaben".[11] Vielmehr müssen alle Aufgaben gem. § 79 in gleicher Weise erfüllt werden.

Bei sog. **Muss-Vorschriften** ist die (Jugendhilfe-)Behörde zum Handeln verpflichtet. Ein Ermessensspielraum verbleibt nicht. Eine unbedingte Verpflichtung besteht auch dann, wenn die Formulierung „ist" oder „sind" lautet (vgl. etwa § 11 Abs. 1 oder § 12 Abs. 1). Auch die Verwendung des Indikativs ist rechtlich ein Imperativ.

Eine **Soll**-Vorschrift verpflichtet die Behörde, grundsätzlich so zu verfahren, wie es im Gesetz bestimmt ist; wenn keine Umstände vorliegen, die den Fall als atypisch erscheinen lassen, bedeutet das „Soll" ein „Muss", es handelt sich also dann um eine gebundene Entscheidung.[12] Zur Gewährung von Soll-Leistungen sind die Träger der öffentlichen Jugendhilfe demnach für den Regelfall genauso verpflichtet wie bei Muss-Leistungen. Lediglich in atypischen Ausnahmefällen ist bei einer Soll-Vorschrift Ermessen auszuüben und damit ein Abweichen im Einzelfall zulässig.[13] Der Träger der öffentlichen Jugendhilfe hat den Ausnahmefall zu begründen (§ 35 Abs. 1 SGB X) und zu beweisen, wenn er von Soll-Vorschriften abweichen, also eine Soll-Leistung versagen will.[14] Zudem hat er dann eine entsprechende Ermessensentscheidung zu treffen und zu begründen.[15] Kein Kriterium für die Versagung von Soll-Leistungen ist die finanzielle Situation des öffentlichen Trägers,[16] da eine schlechte Finanzlage nicht atypisch, sondern eher typisch ist. Daher hat es regelmäßig bei der Prüfung des jeweiligen Einzelfalls keinen Einfluss auf das Ergebnis (Bewilligung der Leistung), dass im Gesetzgebungsverfahren zahlreiche Muss-Vorschriften in Soll-Vorschriften umformuliert worden sind („dilatorischer Formelkompromiss").

Lediglich die **Kann-Vorschriften** geben dem öffentlichen Träger einen Ermessensspielraum, in den auch die Berücksichtigung der Finanzsituation des Leistungsträgers einfließen kann.[17] Zu beachten ist jedoch, dass der öffentliche Träger niemals völlig frei in der Ermessensentscheidung ist. Er hat den Zweck der Ermächtigung und insbesondere die gesetzlichen Grenzen des Ermessens zu beachten. Neben dem Zweck der jeweiligen Rechtsgrundlage sind daher auch die Zielbestimmungen des § 1 zu beachten. Ein Anspruch auf die pflichtgemäße Ausübung des Ermessens nach § 39 SGB I besteht nur dann, wenn die Ermessensnorm die Qualität eines subjektiven öffentlichen Rechts (→ Rn. 6) hat. Ferner ist die ermessensleitende Norm des § 2 Abs. 2 SGB I bei der Inanspruchnahme sozialer Rechte zu beachten. 8

2.3 Anspruchsberechtigung der Erziehungs- und Personensorgeberechtigten

2.3.1 Konzeption des SGB VIII. Prinzipiell richten sich individuelle Leistungsangebote nur an die Erziehungs- und Personensorgeberechtigten (zur Unterscheidung → § 7 Rn. 3 und 9), nicht aber an das Kind, dem geholfen werden soll (→ § 8 Rn. 10). Hilfe zur Erziehung (§ 27) steht Kindern und Jugendlichen nicht mehr – anders im JWG – 9

10 Übrigens schon seit 1953 nicht mehr, was sich aber bis heute noch nicht bei allen Kämmerern herumgesprochen hat.
11 Zu diesen Happe/Saurbier in JHSM Rn. 4.
12 BVerwG 17.8.1978 – 5 C 33/77, BVerwGE 56, 220 (223).
13 BVerwG 14.1.1982 – 5 C 70/80, BVerwGE 64, 318 (323).
14 BVerwGE 56, 220 (232).
15 S. hierzu auch OVG NRW 27.6.2014 – 12 B 579/14, juris Rn. 8 f.
16 BVerwG 12.4.1984 – 5 C 95/80, BVerwGE 69, 146; Kern in SFMK Rn. 23; Heußner in jurisPK-SGB VIII Rn. 23.
17 BVerwG 28.6.1972 – VC 69/71, BVerwGE 40, 187; Kern in SFMK Rn. 26.

als eigener Anspruch zu.[18] Diese neue Sichtweise der Jugendhilfe hat berechtigte Kritik erfahren (→ § 1 Rn. 2). Eine Anspruchsberechtigung der Kinder und Jugendlichen stünde auch nicht zwingend im Widerspruch zu dem verfassungsrechtlich garantierten Erziehungsrecht der Eltern (→ § 1 Rn. 8), solange gewährleistet ist, dass die Erziehungshilfen nicht ohne Kenntnis der Eltern und nicht gegen deren Willen erfolgen.

10 **2.3.2 Förderung der Erziehung in der Familie.** Die in §§ 16–21 aufgeführten Förderungsangebote bilden ein Kernstück des Kinder- und Jugendhilferechts. Präventiv orientierte Beratungs- und Unterstützungsangebote sollten insbesondere den Wandel von einer eingreifenden hin zu einer partnerschaftlich orientierten Zielsetzung verdeutlichen. Nach der Begründung des Gesetzesentwurfs ist es das oberste Ziel öffentlicher Jugendhilfe, Eltern bei ihren Erziehungsaufgaben zu unterstützen und damit indirekt die Erziehungssituation von Kindern und Jugendlichen zu verbessern. Diesem Ziel diene ein an den unterschiedlichen Lebenslagen von Familien orientiertes System von beratenden und unterstützenden Leistungen.[19]

11 Im sensiblen Bereich **allein erziehender** Mütter (und Väter) ist mit § 18 ein Rechtsanspruch auf Beratung und Unterstützung für mannigfaltige Probleme, die mit der Alleinerziehung entstehen, geschaffen worden. Jedoch umfasst die zu gewährende Unterstützung keine finanziellen Leistungen – anders als bei §§ 19 f.

12 **2.3.3 Erzieherische Einzelhilfen.** In den §§ 27–41 findet sich gleichsam der klassische Anwendungsbereich der individuellen Jugendhilfe. In den dort aufgeführten Einzelhilfen zeigt sich denn auch die eigentliche Errungenschaft der Reform des Jugendhilferechts. Die Vorschriften gehen weit über das Leistungsangebot des vormals geltenden JWG hinaus und sind zudem nicht mit dem sonst fast üblichen Landesrechtsvorbehalt versehen. Adressat der Hilfeleistung ist hier – wenig praxisnah – grundsätzlich (Ausnahme: § 35a) nur der PSB. In Form einer Generalklausel postuliert § 27 Abs. 1 einen Rechtsanspruch auf Erziehungshilfe. Die einzelnen Arten der Erziehungshilfen ergeben sich aus den §§ 28–35. Ferner kommt die Leistungserbringung in einer unbenannten Hilfeart in Betracht, § 27 Abs. 2. Auch ist eine **Kombination** von Hilfen möglich.

2.4 Anspruchsberechtigung der Kinder und Jugendlichen

13 Nach der Konzeption des SGB VIII soll Kindern und Jugendlichen kein subjektives Recht auf Erziehung gegen den Träger der Jugendhilfe zustehen.[20] Die Begründung des RegE weist darauf hin, dass es im Bereich der Jugendarbeit lebensfremd wäre, bei der Inanspruchnahme allgemeiner Freizeitangebote die Zustimmung der Sorgeberechtigten nachzuprüfen.[21] Wenn die §§ 11–14 ausdrücklich die „jungen Menschen" als Adressaten dieser Leistungen nennen, dann kann auch ein Minderjähriger einen Anspruch geltend machen, sofern die PSB nicht etwas anderes erklären.[22] Damit werden die Rechte der Eltern hinreichend gewahrt, weil dem Jugendlichen gegen deren erklärten Willen kein Anspruch zusteht. Regelmäßig stehen den Jugendlichen nach den §§ 11–14 ohnehin nur Teilhaberechte zu. Die Normen sind deskriptiv gefasst. Sie umschreiben mögliche Aufgabenfelder der Jugendarbeit, Jugendsozialarbeit und des erzieherischen Kinder- und Jugendschutzes. In ihrer passivischen Formulierung richten sie sich als Pflichtaufgabe an das JA. Sie räumen jungen Menschen jedenfalls keine subjektiven Rechtsansprüche auf Schaffung bestimmter Jugendeinrichtungen ein.

---

18 BT-Drs. 11/6002, 5: „Hilfe zur Erziehung kann jedoch bereits vom Wortsinn her nur demjenigen gewährt werden, der erzieht, nicht dem, der erzogen werden soll."
19 Vgl. Vorblatt I der BT-Drs. 11/5948.
20 Vgl. BT-Drs. 11/5948, 47.
21 BT-Drs. 11/5948, 47 f. zu § 7.
22 Mrozynski SGB VIII § 1 Rn. 7.

Von der Konzeption, ausschließlich den PSB zum Adressaten der Ansprüche zu machen, weicht das Gesetz an manchen Stellen ab. Besonders deutlich wurde dies in der Änderung des § 24 zur Begründung eines **Rechtsanspruchs auf einen Kindergartenplatz.** Dieser Rechtsanspruch wird dem Kind gewährt. Auch in anderen familien- und einzelfallbezogenen Leistungen kommt der junge Mensch selbst als Leistungsberechtigter in Betracht (§§ 19, 35a, 41). 14

3 Andere Aufgaben der Jugendhilfe (Abs. 3)

Abs. 3 enthält eine abschließende Aufzählung der sog. **anderen Aufgaben** der Jugendhilfe. Aufgeführt sind nur die anderen Aufgaben **zugunsten junger Menschen und Familien** (vgl. Abs. 1). Weitere Aufgaben der Jugendhilfe nach dem SGB VIII oder nach anderen Gesetzen bleiben durch Abs. 3 unberührt.[23] Die anderen Aufgaben nach Abs. 3, die regelmäßig keine Sozialleistungen iSd § 11 SGB I darstellen (→ Rn. 3), dienen insbesondere der Gefahrenabwehr und sind im Wesentlichen aufgrund des staatlichen Wächteramtes zu erfüllen. Sie stehen grds. nicht zur Disposition des Einzelnen.[24] Dies gilt jedoch nicht ausschließlich. Vielmehr enthalten auch einige der anderen Aufgaben in Teilbereichen Leistungen und sind dem Einfluss der Berechtigten (Kinder, Jugendliche, Eltern) zugänglich. 15

Eine derartige Sonderstellung nimmt die in Abs. 3 Nr. 1 genannte **Inobhutnahme** (§ 42) ein. Insbesondere ist sie eine Verpflichtung der öffentlichen Jugendhilfe im Rahmen der Gefahrenabwehr aufgrund des staatlichen Wächteramtes; sie enthält jedoch sowohl eingriffs- als auch leistungsrechtliche Elemente (ausführlich → § 42 Rn. 125). Außerdem ist sie der Disposition der Berechtigten nicht völlig entzogen. So kann einerseits die Inobhutnahme nach § 42 Abs. 1 S. 1 Nr. 1 von dem Kind oder Jugendlichen erbeten und gefordert werden, andererseits ist sie auch gegen den Willen des Kindes und der PSB möglich. Stimmt der PSB einer Inobhutnahme allerdings nicht zu, muss das JA unverzüglich eine Entscheidung des FamG herbeiführen. Mit dem Gesetz zur Verbesserung der Unterbringung, Versorgung und Betreuung ausländischer Kinder und Jugendlicher ist in Abs. 3 Nr. 2 auch die vorläufige Inobhutnahme nach § 42a als andere Aufgabe in den Katalog des Absatz 3 aufgenommen worden. 16

Ähnliches gilt für die unter Nr. 9 aufgeführte **Beratung und Unterstützung von Müttern (§ 52 a) sowie von Pflegern und Vormündern** (§ 53). Hier wird einerseits das staatliche Wächteramt in § 53 Abs. 3 deutlich, wonach das JA darauf zu achten hat, dass die Vormünder und Pfleger für die Person des Mündels gehörig Sorge tragen. Andererseits haben die Pfleger und Vormünder nach § 53 Abs. 2 Anspruch auf Beratung und Unterstützung. Hierbei handelt es sich um eine Sozialleistung in Form der Dienstleistung. 17

Die anderen Aufgaben nach den Nrn. 3–8 und 10–13 tragen hingegen keine Züge von Sozialleistungen und stehen auch nicht zur Disposition der Berechtigten. Nr. 3 und 4 regeln die Erteilung, den Widerruf und die Rücknahme von **Erlaubnissen** (§§ 43, 44, 45 bis 47, 48a). Zwar hängt die Erteilung von einem Antrag ab, stellt aber keine Dienst-, Sach- oder Geldleistung und deshalb keine Sozialleistung iSd § 11 SGB I dar. Vielmehr hat auch die Erteilung der Erlaubnis, obgleich sie in Form eines begünstigenden Verwaltungsakts ergeht, einen ordnungsrechtlichen Hintergrund. Grundsätzlich ist es verboten zB eine Einrichtung iSd § 45 zu betreiben. Nur wenn das Wohl der Minderjährigen in der Einrichtung gewährleistet ist, ist der Betrieb der Einrichtung im Einzelfall zu gestatten. Der Widerruf sowie die Rücknahme der Erlaubnis dienen als belastende Verwaltungsakte ebenfalls der Gefahrenabwehr und sind der Disposition 18

23 Dazu Wiesner in Wiesner Rn. 22 bis 26; s. hierzu auch Heußner in jurisPK-SGB VIII Rn. 13 f.

24 Vgl. BT-Drs. 11/5948, 44.

der Berechtigten entzogen. Dasselbe gilt für die unter Nr. 5 aufgeführte **Tätigkeitsuntersagung** (§§ 48, 48a). Die Nrn. 6, 7 und 8 betreffen die **Mitwirkung in gerichtlichen Verfahren** (§§ 50, 52) sowie die Beratung und Belehrung in **Verfahren zur Annahme als Kind** (§ 51). Die Beratung nach § 51 Abs. 2 ähnelt zwar einer Sozialleistung, erfüllt jedoch iVm § 51 Abs. 1 eine Funktion des staatlichen Wächteramtes. Nr. 10 regelt die Erteilung, den Widerruf und die Rücknahme der Erlaubnis zur Übernahme von **Vereinsvormundschaften** (§ 54). Die Bestimmung dient wie die Nrn. 3 und 4 der Gefahrenabwehr. Die in Nr. 11 genannten Angelegenheiten der **Amtspflegschaft und Amtsvormundschaft, Beistandschaft** und Gegenvormundschaft des JA (§§ 55–58) sind ebenfalls Aufgaben des staatlichen Wächteramtes. Nr. 12 und 13 nennen als andere Aufgaben die Beurkundung (§ 59) sowie die Aufnahme vollstreckbarer Urkunden (§ 60). Es handelt sich hierbei um Maßnahmen der freiwilligen Gerichtsbarkeit und des Zivilverfahrensrechts.

19 Unabhängig davon, ob die anderen Aufgaben den Sozialleistungen ähneln oder nicht, gelten für die Frage der **Anspruchsberechtigung** prinzipiell dieselben Erwägungen (→ Rn. 7) wie bei den Leistungen nach Abs. 2. Auch auf die Erfüllung der anderen Aufgaben kann ein Rechtsanspruch bestehen. Ausdrücklich genannt ist der Rechtsanspruch auf Beratung und Unterstützung der Mütter sowie der Pfleger und Vormünder. Ähnliches gilt für die Beratung in Verfahren zur Annahme als Kind nach § 51 Abs. 2. Außerdem kann sich ein Rechtsanspruch aus der **„Fernwirkung“** des Art. 6 Abs. 2 S. 2 GG[25] bzw. dessen Schutzgebotsfunktion (→ § 1 Rn. 13) ergeben. Danach hat das Kind bei aktueller Gefährdung seines Wohls einen Rechtsanspruch auf Wahrnehmung des staatlichen Wächteramtes, zu dessen Ausübung es jedoch stets einer gesetzlichen Grundlage bedarf. Diese Grundlage bieten die §§ 42–60. Ein Rechtsanspruch auf Tätigwerden des JA kann sich für das Kind insbesondere aus den Regelungen der §§ 42, 8a Abs. 2 ergeben. Einen Rechtsanspruch der Pflegeperson auf Pflegeerlaubnis kann § 44 begründen (→ § 44 Rn. 31).

§ 3 Freie und öffentliche Jugendhilfe

(1) Die Jugendhilfe ist gekennzeichnet durch die Vielfalt von Trägern unterschiedlicher Wertorientierungen und die Vielfalt von Inhalten, Methoden und Arbeitsformen.

(2) [1]Leistungen der Jugendhilfe werden von Trägern der freien Jugendhilfe und von Trägern der öffentlichen Jugendhilfe erbracht. [2]Leistungsverpflichtungen, die durch dieses Buch begründet werden, richten sich an die Träger der öffentlichen Jugendhilfe.

(3) [1]Andere Aufgaben der Jugendhilfe werden von Trägern der öffentlichen Jugendhilfe wahrgenommen. [2]Soweit dies ausdrücklich bestimmt ist, können Träger der freien Jugendhilfe diese Aufgaben wahrnehmen oder mit ihrer Ausführung betraut werden.

25 Kunkel FamRZ 1997, 193 (198).

1 Bedeutung der Vorschrift

1 Die Pluralität der Träger und die Pluralität der Inhalte und Arbeitsformen sind allgemeine Strukturprinzipien der Jugendhilfe, die bei der Anwendung aller Vorschriften des SGB VIII über Leistungen, andere Aufgaben und Träger zu beachten sind zB im Rahmen der §§ 4, 5, 9, 73 ff., 79 und 80. Sie sollen verwirklicht werden durch die Leistungen (§ 2 Abs. 2) der öffentlichen und der freien Träger (Abs. 2) und dadurch, dass freie Träger auch bei der **Erfüllung (bestimmter) anderer Aufgaben auf Veranlassung öffentlicher Träger mitwirken** (→ § 76 Rn. 1) **können** (Abs. 3; § 76 Abs. 1). Sie können an der Ausführung obrigkeitlicher Befugnisse beteiligt werden[1] oder andere Aufgaben nach Übertragung zur eigenständigen Ausführung wahrnehmen.[2]

Der gesetzliche Auftrag zu bedarfsgerechten differenzierten pluralen Leistungen und Maßnahmen kann in der Praxis der Jugendhilfe oft nur unzureichend erfüllt werden. Gerade kleine Jugendämter haben hier häufig wenig personelle und finanzielle Ressourcen. Mitte der 2000er Jahre wurde auch wiederholt kritisiert, dass gesetzliche Pflichtaufgaben teilweise nicht bzw. „auf unterstem Niveau"[3] mit einem durchweg unterbezahlten Personal in häufig „prekären Arbeitsverhältnissen" erfüllt würden.[4] Aktuellere Untersuchungen dazu liegen nicht vor. Jedoch weist der 14. KiJuBericht auf die Zunahme ua von Paten- und Mentorenprojekten (gerade auch für schwer erreichbare AdressatInnen) hin, die im Rahmen reinen Ehrenamts bzw. gegen geringfügige Honorare und Aufwandsentschädigungen tätig werden.[5] In den letzten Jahren zeichnen sich aber deutlich gestiegene Anforderungen an die Kinder- und Jugendhilfe ab, gerade auch im Bereich Bildung und Kinderschutz. Hier hat der Gesetzgeber immer wieder nachgebessert (zB Ausbau Kindertagesbetreuung, §§ 8a, 72a SGB VIII).[6] Nach wie vor ist der Anteil der freien Träger (insbes. der konfessionellen) sehr hoch, nimmt man die privat-gewerblichen Träger hinzu sogar im Steigen begriffen.[7]

1 ZB der Betreuung eines Selbstmelders bei der Inobhutnahme, § 42 Abs. 1 Nr. 1.
2 ZB Jugendgerichtshilfe als eigenständiges Organ der Rechtspflege, § 52 Abs. 3; aA Maas/Törnig in JHSM § 76 Rn. 7, die eine rein quantitative Unterscheidung treffen.
3 Bassarak/Mollik NDV 2005, 234; 11. Ki/JuBericht, 121 f.
4 11. Ki/JuBericht, 89 f.; Dahme/Kühnlein/Wohlfahrt Neue Praxis 2004, 409.
5 14. Ki/JuBericht S. 256.
6 14. Ki/JuBericht S. 251, 264.
7 14. Ki/JuBericht S. 284.

2 Vielfalt als Kennzeichen der Jugendhilfe (Abs. 1)

2 Das **Strukturprinzip** der **Vielfalt der Träger** unterschiedlicher Wertorientierungen und der Vielfalt der Inhalte, Methoden und Arbeitsformen ist eine Ableitung aus anderen Prinzipien der Jugendhilfe. Dies ist insbesondere die Orientierung der Jugendhilfe an den Wünschen und an der individuellen Situation der Leistungsberechtigten bzw. Betroffenen (§§ 5, 9). Dazu gehören: Prävention, Dezentralisierung und Regionalisierung, Alltagsorientierung, Ganzheitlichkeit, Integration und Normalisierung, Partizipation und Lebensweltorientierung.[8]

Das Strukturprinzip der Vielfalt der Träger, Inhalte und Arbeitsformen hat verfassungsrechtliche Grundlagen. Die Grundrechte auf freie Entfaltung der Persönlichkeit (Art. 2 Abs. 1 GG), auf Religions- und Weltanschauungsfreiheit (Art. 4 GG) und das Grundrecht der Eltern auf Erziehung ihrer Kinder (Art. 6 GG) schließen aus, dass der Staat durch die öffentliche Jugendhilfe Wertorientierungen, Inhalte, Methoden und Arbeitsformen vorgibt. Das Ziel einer effizienteren Jugendhilfe kann verfassungsrechtlich fragwürdige Maßnahmen nicht rechtfertigen (→ Rn. 7).

2.1 Bedeutung der Vielfalt

3 Vielfalt der Jugendhilfe ist kein Wert an sich. Vielfalt ist erforderlich, damit angesichts der unterschiedlichen Lebenswelten und Problemlagen der jungen Menschen und der PSB Jugendhilfe **wirksam** werden kann.[9] (Der Lebenswelt-Begriff im 8. JuBericht wird heute als Sozialraumorientierung als zentralem Leitbegriff der Organisation der Kinder- und Jugendhilfe diskutiert.[10]) Dies setzt voraus, dass Jugendhilfe so erbracht wird, wie es die unterschiedliche individuelle Situation erfordert; denn Angebote und Maßnahmen, die an den Wünschen, Bedürfnissen und Interessen der jungen Menschen und der PSB vorbeigehen, entsprechen nicht den gesetzlichen Vorschriften (§§ 5 und 9) und werden unwirksam bleiben. Aus diesem Grunde sind sie auch bedarfsgerecht zu planen und zu leisten und mit einer starren Budgetierung nicht vereinbar (→ § 79 Rn. 16, § 80 Abs. 1 u. 2).

Die **Vielfalt der Träger** soll den Leistungsberechtigten die Ausübung des Wahlrechts zwischen Einrichtungen und Diensten verschiedener Träger (§ 5) mit einer der von den PSB bestimmten Grundrichtung der Erziehung (§ 9 Nr. 1) entsprechenden Ausgestaltung der Leistungen bzw. der Erfüllung der anderen Aufgaben ermöglichen.

4 Die **Vielfalt von Inhalten, Methoden und Arbeitsformen** ist aus fachlichen Gründen geboten, weil das menschliche Verhalten keine eindeutigen Ursache-Wirkungsabläufe aufweist, aus denen für alle Kinder und Jugendlichen gleichermaßen erfolgssichere, allgemein verbindliche Handlungskonzepte für die Jugendhilfe entwickelt werden könnten. Deshalb sind die Sozialwissenschaften – anders als es zB die Schulmedizin versucht – nicht in der Lage, über berufsethische Standards hinaus allgemein verbindlich wirksame Methoden und Arbeitsformen zu entwickeln. Sie können aber durchaus Rahmenbedingungen benennen, praktizierte Methoden auf ihre Wirksamkeit hin evaluieren und überprüfen sowie neue Methoden entwickeln, die den sich fortwährend ändernden besonderen sozialen und kulturellen Bedürfnissen junger Menschen und ihrer Familien und den unterschiedlichen Lebenslagen von Jungen und Mädchen besser gerecht werden.[11]

8 8. Jugendbericht, BT-Drs. 11/6576, 86 ff.; 11. Ki/JuBericht, S. 63.
9 8. Jugendbericht, BT-Drs. 11/6567, 175 und 11. Ki/JuBericht, S. 105.
10 14. Ki/JuBericht S. 257.
11 Siehe 11. Ki/JuBericht, S. 255 f. zur Bedeutung der Evaluationsforschung; vgl. insbesondere die Studien des IKJ Institut für Kinder- und Jugendhilfe gemGmbH http://cms.ikj-webportal.de/cms/front_content.php.

2.2 Folgerungen für die Praxis

Für die Praxis der Jugendhilfe folgt daraus, dass weder die Konzentration der Aufgabenerfüllung auf das JA bzw. auf einen oder wenige freie Träger noch die Aufgabenerfüllung nach Einheitskonzepten den gesetzlichen Zielvorstellungen entspricht. Die Träger der öffentlichen Jugendhilfe sind grundsätzlich dazu verpflichtet, in Zusammenarbeit mit möglichst vielen unterschiedlichen freien Trägern die Jugendhilfeaufgaben zu erfüllen. Die **Gewährleistungspflicht**, die in aller Regel nur durch die finanzielle Förderung der freien Jugendhilfe gemäß § 4 Abs. 3 erfüllt werden kann, ist aber nicht unbegrenzt. Durch die Verwendung der unbestimmten Rechtsbegriffe „geeignet", „erforderlich" und „ausreichend" (§ 4 Abs. 2, § 79 Abs. 2, § 80 Abs. 1 Nr. 3) will der Gesetzgeber sicherstellen, dass Einrichtungen und Maßnahmen der Jugendhilfe unter **wirtschaftlich sinnvollem Einsatz** öffentlicher und privater Mittel bereitgestellt werden. Dadurch wird einerseits die Verpflichtung des Trägers der öffentlichen Jugendhilfe ausgeschlossen, Leistungen eines freien Trägers zu fördern, wenn diese einen **unverhältnismäßig höheren Einsatz öffentlicher Mittel** erfordern als eigene Maßnahmen. Andererseits besteht die Pflicht zur Gewährleistung eines pluralen Angebots uneingeschränkt, wenn gleichartige Leistungen freier Träger zwar teurer sind, die Mehrkosten aber angesichts der Bedeutung eines pluralen Angebots für die Akzeptanz und Wirkung der Jugendhilfe nicht unverhältnismäßig sind (→ § 5 Rn. 8 ff.).[12] 5

2.2.1 Leistungsfähige Jugendämter. Wegen der Vielzahl der gesetzlichen Aufgaben, die von einem JA wahrgenommen werden müssen und die von den Leistungsberechtigten eingefordert werden können, sind landesrechtliche Regelungen äußerst bedenklich, die für recht kleine kreisangehörige Gemeinden die Möglichkeit eröffnen, zum örtlichen Träger der öffentlichen Jugendhilfe bestimmt zu werden.[13] Diese Gemeinden können selbst in Zusammenarbeit mit den örtlichen freien Trägern nicht selten nur einige Leistungen aus dem großen Spektrum der Jugendhilfe anbieten und sind somit weit von dem gesetzlichen Gebot eines träger- und methodenpluralen Angebots entfernt (→ § 69 Rn. 13 ff. mwN). Diese kleinen Gemeinden sind verpflichtet, zB im Wege der kommunalen Zusammenarbeit mit JA der Nachbargemeinden, dem Kreisjugendamt bzw. durch besondere Anregung und Förderung freier Träger die gesetzliche Verpflichtung zu erfüllen. 6

2.2.2 Verwaltungsreformen. Durch verschiedene Verwaltungsreformen (Neues Steuerungsmodell – NSM; Neues Kommunales Finanzmanagement – NKF) wurde in der Vergangenheit versucht, ua auch einen realistischeren Blick auf die Kosten der Kinder- und Jugendhilfe zu erreichen. Mittlerweile hat sich das System der doppelten Buchführung (**Doppik**) durchgesetzt, das in Abkehr von der Kameralistik, bei Ländern und Kommunen, die damit bereits arbeiten, einen neuen, realistischeren Blick auf die Kosten der Jugendhilfe ermöglicht.[14] 7

Keinesfalls dürfen neue Steuerungsformen der Verwaltung dazu führen, dass sich die Träger der öffentlichen Jugendhilfe ihrer gesetzlich auferlegten Gesamtverantwortung einschließlich der Planungsverantwortung für die Jugendhilfe (→ § 79 Rn. 6, 8) entledigen. Unzulässig ist es auch, zB nur noch mit einem einzigen oder mehreren ausgewählten freien Trägern Kostenvereinbarungen oder ein **Sozialraumbudget** (→ § 5 Rn. 5; → § 77 Rn. 20) nach § 77 abzuschließen. Die Kostensicherheit für nur einen oder wenige Träger macht es anderen freien Trägern faktisch unmöglich, Leistungen anzubieten. Die Vielfalt der Träger und die Wahlmöglichkeit der Leistungsberechtigten werden eingeschränkt. Dies ist mit den Pflichten des Trägers der öffentlichen Ju-

12 BVerfGE 22, 220 ff.
13 ZB in NRW für Gemeinden mit mehr als 25.000 Einwohnern – § 4 GO NRW.
14 Näher zur Doppik und damit verbundener Kostensteigerungen aus buchhalterischen Gründen 14. Ki/JuBericht S. 266.

gendhilfe aus §§ 3, 5, 8, 9, 79, 80 nicht vereinbar und stellt außerdem einen Eingriff in das Grundrecht des freien Trägers auf Freiheit der Berufsausübung gemäß § 12 GG ein (→ § 74 Rn. 39; auch → § 77 Rn. 20).[15] Ebenso ist vor diesem Hintergrund die Vergabe von Leistungen nach dem SGB VIII sehr kritisch zu sehen. Meysen hält eine Privilegierung durch exkludierende Auswahl einzelner Träger der Jugendhilfe und die Nichtberücksichtigung anderer freier Träger im sozialrechtlichen Dreiecksverhältnis (→ § 77 Rn. 20) für unzulässig.[16]

3 Erbringung von Leistungen (Abs. 2)

8 Die Leistungen der Jugendhilfe sind in § 2 Abs. 2 abschließend aufgezählt. Diese Leistungen können von Trägern der öffentlichen und von Trägern der freien Jugendhilfe erbracht werden. Jedoch bestehen selbst bei inhaltlich identischen Leistungen zwischen der Leistungserbringung durch einen Träger der öffentlichen Jugendhilfe und der Leistungserbringung durch einen Träger der freien Jugendhilfe erhebliche rechtliche **Unterschiede**. Die Leistungen des Trägers der öffentlichen Jugendhilfe sind **öffentlich-rechtliche Sozialleistungen**, die den Vorschriften der SGB I und X unterliegen (→ § 2 Rn. 3).[17] Dagegen werden die Leistungen der freien Träger auf privatrechtlicher Grundlage (→ Rn. 17) autonom und selbstgewählt (→ § 4 Rn. 21 f.) als **Jugendhilfeleistungen** (→ § 4 Rn. 29 f.) erbracht zB aufgrund eines Vertrags über die Betreuung eines Kindes im Kindergarten oder über sozialpädagogische Familienhilfe. Da Abs. 2 sich sowohl auf die Leistungen der öffentlichen Träger als auch die der freien Träger bezieht, heißt es richtig „Leistungen" und nicht „Sozialleistungen". Die Leistungserbringung kann – anders als die Erfüllung der anderen Aufgaben – nur mit Zustimmung der Leistungsberechtigten[18] erfolgen.

3.1 Leistungserbringung durch Träger der öffentlichen Jugendhilfe (§ 3 Abs. 2 S. 1)

9 Träger der öffentlichen Jugendhilfe sind die örtlichen und die überörtlichen Träger (§ 69 Abs. 1 S. 1). Erbringt der Träger der öffentlichen Jugendhilfe die Leistungen der Jugendhilfe selbst, handelt es sich um **Sozialleistungen** (→ § 4 Rn. 29 f.; → § 2 Rn. 3).

Nur auf die Leistungen der Jugendhilfe, die der Träger der **öffentlichen** Jugendhilfe erbringt, sind die allgemeinen Vorschriften des Ersten und Zehnten Buches anzuwenden, soweit sich aus dem SGB VIII nicht Abweichendes ergibt (§ 37 S. 1 SGB I). Da die allgemeinen Vorschriften des SGB X nur das Verwaltungsverfahren vor Erlass eines VA oder Abschluss eines öffentlich-rechtlichen Vertrages erfassen und somit weite Bereiche des pädagogischen und sozialarbeiterischen Handelns im Bereich der Jugendhilfe gesetzlich nicht geregelt sind, kann es erforderlich sein, auf die besonderen Strukturprinzipien des Jugendhilferechts zurückzugreifen.[19]

10 **3.1.1 Notwendigkeit der Abgrenzung der Leistungen der Jugendhilfe (§ 2 Abs. 2, § 3 Abs. 2) von den anderen Aufgaben (§ 2 Abs. 3, § 3 Abs. 3).** Nur eine klare Zuordnung der Aktivitäten freier Träger in der Jugendhilfe zu Leistungen (§ 2 Abs. 2) **oder** anderen Aufgaben (§ 2 Abs. 3) schützt die Rechtsstellung freier Träger. Ihre Selbstständigkeit bei der Erbringung von Leistungen ist auch verfassungsrechtlich geschützt. Die

15 HmbOVG SRa 2005, 77; VG Münster SRa 2005, 72; Neumann/Nielandt/Philipp, Gutachten, teilweise abgedruckt in „neue caritas" 8/2004, 35.
16 Meysen ua SRa 2015, 56 mit Fallgruppen uwN.
17 Maas, Soziale Arbeit, 160 ff.
18 Bei der HzE nach § 27 sind dies die Personensorgeberechtigten selbst.
19 Zur Bewältigung pädagogischer Prozesse mittels verwaltungsrechtlicher Handlungsformen s. Wiesner in Wiesner vor § 11 Rn. 35 ff.; zur Differenzierung zwischen den individuellen Leistungen und den Angeboten der allgemeinen Förderung siehe Maas, Soziale Arbeit, S. 161 ff.

Selbstständigkeit der freien Träger kann nur als Ausfluss der verfassungsrechtlichen Garantien ua des eingerichteten und ausgeübten Gewerbebetriebs nach Art. 14 GG verstanden werden. Art. 14 GG ist als „Basis einer auf private Unternehmen gegründeten Wirtschaftsverfassung zu achten".[20] Dem steht auch BVerfG v. 18.7.1967[21] nicht entgegen. Diese Entscheidung befasste sich ausschließlich mit der Frage, ob die Stärkung der Position freier Träger durch § 5 Abs. 1 JWG in die Selbstverwaltungsautonomie der öffentlichen Seite eingreife, und nicht mit der Frage der Reichweite verfassungsrechtlicher Autonomie freier Träger.[22] Deren **autonome Leistungserbringung** (→ § 4 Rn. 21 f.) kann sich nur außerhalb der „Mitwirkung (→ § 76 Rn. 1) an der Wahrnehmung anderer Aufgaben" (§ 76) frei entfalten.

Gleichermaßen ist auch bei den jugendhilferechtlichen Aktivitäten der öffentlichen Träger der Jugendhilfe vorrangig die Abgrenzung von anderen Aufgaben zu den Leistungen der Jugendhilfe vorzunehmen. Sind doch die Träger der öffentlichen Jugendhilfe zur zielgerichteten Umsetzung der programmatischen Zielsetzungen (wie in §§ 1, 11–14, 16, 74) verpflichtet (grundlegend → § 8a Rn. 4), während sich freie gemeinnützige Träger bei der autonomen Erbringung ihrer Leistungen[23] gerade im Sinne einer Selbstverpflichtung über ihre eigenen satzungsgemäßen Vorgaben und ihr Proprium hinaus, sich diese Grundsätze zu eigen machen. Sie sind nicht durch eine unmittelbare gesetzliche Verpflichtung zum Tätigwerden verpflichtet (→ § 8a Rn. 96 mwN),[24] im Gegensatz zu den Trägern der öffentlichen Jugendhilfe als Normadressaten.

Zu welchen negativen Konsequenzen für den Sozialdatenschutz freier Träger die Vermischung von anderen Aufgaben in § 8a Abs. 2 aF,[25] dem Schutzauftrag des Staates nach § 1 Abs. 2 S. 2, § 8a Abs. 1 aF[26] mit der Leistungserbringung freier Träger führte, wurde grundlegend von Elmauer/H. Schindler SRa 2007, 81 ff. und in der 4. Aufl.[27] ausgeführt. Durch die Neufassung von § 8a, insbes. Abs. 4, durch das Bundeskinderschutzgesetz[28] wurde dieser Konflikt aufgelöst. Die durch das neue BKiSchuG in § 8a Abs. 4 (neu) geschaffenen klaren Verfahrens- und Qualitätsregelungen als Inhalte für Kooperationsvereinbarungen respektieren die Pflichten freier Träger zum Schutz der persönlichen Daten ihrer Klienten als Nebenpflicht des Hilfevertrages. Damit wurde für Berufsgeheimnisträger bei der Befugnis zur Datenweitergabe an das JA eine Rechtsgüterabwägung nach § 34 StGB zur Aufgabe gemacht.

3.1.2 Abgrenzung der Vereinbarungen nach § 61 Abs. 3 von der Inanspruchnahme von Leistungen der freien Jugendhilfe durch Bürger. Nach **§ 61 Abs. 3** ist durch Trä- 11
ger der öffentlichen Jugendhilfe bei der **Inanspruchnahme** (zum Begriff → § 77 Rn. 1 f., wonach grds. nur Bürger die Einrichtungen freier Träger in Anspruch nehmen) von Einrichtungen und Diensten der Träger der freien Jugendhilfe der gleiche Schutz für personenbezogene Daten sicherzustellen, den öffentliche Träger nach den ausschließlich sie betreffenden Datenschutzvorschriften der §§ 61 ff. gewährleisten müssen. Auch bei dieser Vorschrift ist die Unterscheidung zwischen der Leistungserbringung und der Ausführung anderer Aufgaben geboten. Ausdrücklich richtet sich die Vorschrift in Abs. 1 an die Träger der öffentlichen Jugendhilfe. Dabei wird vorran-

20 Hofmann in Schmidt-Bleibtreu/Hofmann/Hopfauf GG Art. 14 Rn. 10.
21 BVerfG 18.7.1967 – 2 BvF 3/62, 2 BvF 4/62, 2 BvF 5/62, 2 BvF 6/62, BvF 7/62, BVerfGE 22, 206.
22 AA Luthe in jurisPK-SGB VIII Rn. 24.
23 Meysen spricht vom Hilfekontext, Meysen in FK-SGB VIII § 8a Rn. 56.
24 BVerfGE 22, 180 (203); Wiesner in Wiesner § 8 a Rn. 31; Meysen in FK-SGB VIII § 8 a Rn. 57.
25 Alt, jetzt Abs. 4.
26 Alt, jetzt Abs. 4.
27 LPK-SGB VIII, 4. Aufl., § 3 Rn. 10.
28 BGBl. I, 2975.

gig auf die §§ 67–85a SGB X verwiesen. Die §§ 97 ff. SGB X gelten nur für die Sozialleistungsträger nach §§ 12, 27 Abs. 2 SGB I, die andere **Sozialleistungsträger als Dritte** mit der Durchführung von Sozialleistungen **beauftragen.**[29] Dies ist der Jugendhilfe fremd (→ § 4 Rn. 30).[30]

Der Gesetzgeber selbst hat bei der Weitergabe von Sozialdaten an Dritte (§ 78 Abs. 2 SGB X) auf eine Verpflichtung der bei nicht-öffentlichen Stellen beschäftigten Personen ausdrücklich verzichtet. Er hat es bei einer bloßen Hinweispflicht durch die öffentlichen Träger bewenden lassen.[31]

Freie Träger bei der autonomen Erbringung von Leistungen, wie zB von erzieherische Hilfen nach den §§ 27 ff. SGB VIII, sind **„bei Durchführung von Hilfen, von Jugendhilfeleistungen** (nicht von Sozialleistungen, → Rn. 8) tätig", vgl. § 36 Abs. 2 Satz 3 SGB VIII. Von öffentlichen Trägern werden sie dabei **nicht in Anspruch genommen** (→ § 77 Rn. 1 f.). Die Forderungen von Jugendämtern zum Abschluss gesonderter **Vereinbarungen zum Schutz von Sozialdaten** nach § 61 Abs. 3 sind demnach nach hier vertretener Auffassung bei der **Leistungserbringung** durch freie Träger nicht zulässig (→ § 61 Rn. 294).[32] Die freien Träger sind hier bereits über die einschlägigen Datenschutzbestimmungen der DS-GVO bzw. diese gem. Art. 91 DS-GVO ersetzende kirchliche Datenschutzbestimmungen (zB Gesetz über den kirchlichen Datenschutz [KDG] der Katholischen Kirche) entsprechend gebunden, die innerhalb des Vertrages zum Leistungsberechtigten unmittelbar Geltung erlangen.

12 Den Datenschutz der §§ 61 ff. kann und muss der öffentliche Träger einfordern, wenn dagegen nach **§ 76** anerkannte Träger der freien Jugendhilfe an der **Wahrnehmung anderer Aufgaben** mitwirken (zum Begriff → § 76 Rn. 1). Datenschutzvorschriften des Staates sollen die Grundrechte der Bürger schützen, insbesondere das Grundrecht auf informationelle Selbstbestimmung.[33]

13 **3.1.3 Abgrenzung des Schutzauftrages der öffentlichen Träger von der Leistungserbringung durch freie Träger bei Vereinbarungen nach § 72a Abs. 2, 4.** § 72a wurde zusammen mit § 8a zur Konkretisierung des Schutzauftrages des Jugendamtes (zum eigenständigen Schutzauftrag freier Träger aus deren Garantenstellung → § 4 Rn. 52) eingefügt. Mit der Aufforderung an die Jugendämter (§ 72a Abs. 2, 4), mittels **Vereinbarungen** ein **Beschäftigungsverbot** bei freien Trägern für Personengruppen, die wegen bestimmter Straftaten verurteilt wurden, durchzusetzen, hat sich der Gesetzgeber über die Systematik im Kinder- und Jugendhilferecht hinweggesetzt. Dies geschieht ohne Unterscheidung von Leistungen und anderen Aufgaben. Leistungen der Jugendhilfe erbringt der freie Träger autonom, er kann sich auf den Schutz durch Grundrechte berufen (→ § 4 Rn. 20, 21). In der Literatur wird einhellig festgestellt, dass der Gesetzgeber keine Möglichkeit hat, auf **individuelle privatrechtliche Arbeitsverhältnisse** bei freien Trägern Einfluss zu nehmen.[34] Er versucht es deshalb über Vereinbarungen. Auch wenn sich die Pflicht zum Abschluss von Vereinbarungen nur an die öffentlichen Träger richtet, sind die freien Träger vielerorts faktisch gezwungen[35] aufgrund der Marktmacht der öffentlichen Träger bei den Mitarbeitern Führungszeugnisse in regelmäßigen Abständen abzufragen. Auch wenn der Gesetzgeber genau genommen nur in § 72a Abs. 4 S. 2 und in § 45 Abs. 3 Nr. 2 ausdrücklich (erweiterte) Führungszeugnisse

29 §§ 97 Abs. 2, 89 SGB X, mit dem Erlass von VAs.
30 Maas/Törnig in JHSM § 76 Rn. 20.
31 Von Wulfen § 78 Rn. 11; Amtl. Begründung, BT-Drs. 12/6334, 11 und eingehend Busch, §§ 61 bis 68, 1997.
32 AA Mörsberger in Wiesner Vor § 61 Rn. 8.
33 BVerfGE 65, 1.
34 Eindeutig Wiesner in Wiesner § 72a Rn. 16.
35 Wiesner in Wiesner § 72a Rn. 18 spricht von „faktischer Verpflichtung".

erwähnt, wird dies heute schon auch in völlig anderen Rechtsbereichen für selbstverständlich genommen (→ § 72a Rn. 15).

Diese Vereinbarungen stellen nach hier vertretener Auffassung einen unzulässigen, unserer Rechtsordnung grds. fremden **Vertrag zulasten Dritter** dar. Für die Arbeitnehmer soll eine Rechtspflicht durch Vertrag zwischen zwei anderen Vertragsparteien begründet werden.[36] Trotz alledem wird mittlerweile in der Literatur vermehrt von einem berechtigten, billigenswerten und schutzwürdigen Interesse des Arbeitgebers an der Vorlage des (erweiterten) Führungszeugnisses durch den Arbeitnehmer gesprochen.[37]

Dass das alle Straftaten umfassende erweiterte Führungszeugnis das Fragerecht des Arbeitgebers zweifelsohne überdehnt (und dies wohl auch bei Einstellungen), steht immer noch im Raum.[38] Sind bei wiederholter Vorlage des erweiterten Führungszeugnisses Straftatbestände enthalten, die zwar nicht dem Katalog des § 72a entsprechen, aber dennoch die Eignung des Mitarbeiters in Frage stellen könnten (zB körperliche Gewaltdelikte) kann der Arbeitgeber arbeitsrechtlich darauf nicht reagieren, obwohl er Kenntnis hat. Nur ein **negatives Führungszeugnis**, „keine Eintragungen gem. § 72a SGB VIII enthalten" würde einen Ausweg bieten.[39] Letztlich dürfte diese Streitfrage nur verfassungsgerichtlich zu lösen sein, da wohl nur so der Gesetzgeber zu veranlassen sein dürfte, dem Grundsatz der Verhältnismäßigkeit als dem entscheidenden Prinzip des Rechtsstaatsgedankens,[40] der Verfassungsrang hat, auch bei der Abwehr von Gefahren für das Kindeswohl entsprechende Geltung zu verschaffen. Offen ist bis heute auch, warum hier nicht eine Lösung über die MiStra (Mitteilungen in Strafsachen für die Staatsanwaltschaften) erfolgen kann.[41] Die in der MiStra schon bestehenden Regelungen beziehen sich auch auf Ermittlungsverfahren in Strafsachen zum Schutz von Kindern und Jugendlichen, also weit über das BZRG hinaus, in das nur rechtskräftige Entscheidungen der Strafgerichte aufgenommen werden.

3.1.4 Abgrenzung der Vereinsvormundschaften von den jugendhilferechtlichen Vereinbarungen nach §§ 8a Abs. 4 und 72a Abs. 4. Bestrebungen, Vereinbarungen nach **§§ 8a Abs. 4 und 72a** Abs. 4 auch von den Vereinen abzuverlangen, die Vereinsvormundschaften, Pflegschaften und Beistandschaften aufgrund einer Erlaubnis des Landesjugendamtes nach § 54 führen, so wie dies zB der Bayerische LJHA beschlossen hat, entbehren auch nach der Neufassung vom 11.9.2012 in Art. 2 BKiSchG einer rechtlichen Grundlage. Vereine, die Vereinsvormundschaften führen, nehmen ein bürgerlich-rechtliches Rechtsinstitut wahr, ebenso wie die Amtsvormundschaft (aA → § 72a Rn. 16),[42] so dass § 72a Abs. 2 keine Anwendung findet, der von Verträgen mit Trägern der freien Jugendhilfe spricht. Gleichermaßen gilt dies für § 72 Abs. 4, der zwar Vereine nach § 54 ausdrücklich erwähnt, dies aber einschränkend auf Aufgaben der Kinder- und Jugendhilfe bezieht. Für Regelungen hierzu ist das SGB VIII nicht der geeignete Ort. Sind doch die Amtsvormundschaften selbst, die die Jugendämter als Ausfallbürgen beim Fehlen geeigneter privater bzw. beruflicher Vormünder übernehmen, als primär bürgerliches Ehrenamt wie die rechtliche Betreuung bei einer Neure- 14

36 BGH NJW 2004, 3327.

37 Vgl. Weber/Wocken JAmt 2012, 62 (63); G. Schindler in FK-SGB VIII § 72a Rn. 18; aA Elmauer/H. Schindler SRa 2007, 81 (88), mit Hinweis auf die Bundesarbeitsgemeinschaft der Landesjugendämter, die selbst die freie Entscheidung der Arbeitnehmer bekräftigte.

38 DIJuF JAmt 2005, 348.

39 Eingehend dazu H. Schindler in Oberloskamp, 3. Aufl., § 13 Rn. 25; für Wiesner in Wiesner § 72a Rn. 11, fehlt auch ein „eingeschränktes" Führungszeugnis.

40 BVerfGE 10, 117.

41 SRa 2007, 81 (88).

42 Vgl. Götz in Palandt Einl. vor § 1773 Rn. 3.

gelung des Vormundschaftsrechts gänzlich im BGB zu regeln.[43] Auch andere Rechtsgrundlagen scheiden aus.[44]

3.2 Leistungserbringung durch Träger der freien Jugendhilfe

15 Die Träger der freien Jugendhilfe leisten Jugendhilfe – anders als das JA – nicht aufgrund gesetzlicher Verpflichtung durch das SGB VIII.[45] Sie erbringen Leistungen **nach eigenem Willen, autonom** (→ § 4 Rn. 21 f.) **aufgrund eines privatrechtlichen Rechtsverhältnisses** mit dem Hilfeempfänger. Sie führen keine Sozialleistungen aus (→ Rn. 8). Die Vorschriften des SGB VIII begründen die Ansprüche von Hilfebedürftigen aus einem öffentlich-rechtlichen Schuldverhältnis gegen die Träger der öffentlichen Jugendhilfe. Sie entfalten deshalb keine Wirkung für die Leistungserbringung durch freie Träger.[46]

16 **3.2.1 Begriff des freien Trägers.** Das Gesetz enthält keine Begriffsbestimmung des Trägers der freien Jugendhilfe, nennt aber in einigen Vorschriften Trägergruppen und bestimmte Eigenschaften von Trägern (§§ 4 Abs. 3, 11 Abs. 2, 12, 74 und 75). Aus diesen Vorschriften lässt sich ableiten, dass grds. als Träger der freien Jugendhilfe jede Personengruppe, Initiative und Personenvereinigung sowie jede juristische Person in Betracht kommt, die auf dem Gebiet der Jugendhilfe ohne gesetzliche Verpflichtung aufgrund eigener freier Entscheidung tätig wird.
Zu den Trägern der freien Jugendhilfe gehören:

- Jugendverbände, Jugendgruppen und Initiativen der Jugend (§ 12 Abs. 2),
- Selbsthilfe- und Initiativgruppen (§ 4 Abs. 3),
- Wohlfahrtsverbände, wenn und soweit sie Jugendhilfe leisten, insbesondere die Bundes-, Landes- und Ortsverbände der Arbeiterwohlfahrt, der Caritas, des Diakonischen Werks, des Deutschen Paritätischen Wohlfahrtsverbandes, des Deutschen Roten Kreuzes, der Zentralwohlfahrtstelle der Juden (§ 75 Abs. 3),
- Kirchen und Religionsgemeinschaften des öffentlichen Rechts (§ 75 Abs. 3).

Strittig ist, ob auch **Privatpersonen** und **privat-gewerbliche Träger** zu den freien Trägern iSd § 3 gehören sollen oder nur gemeinnützige freie Träger. Die hM bejaht dies. So sei die Gleichbehandlung privat-gewerblicher und gemeinnütziger freier Träger dem deutschen Sozialrecht immanent, auch aus § 17 Abs. 3 SGB I lasse sich das wegen der Formulierung „ gemeinnützige und freie Einrichtungen“ ableiten.[47] Soweit das SGB VIII zum Teil die Gemeinnützigkeit verlange (zB §§ 74, 75) gelte das nur für diese Bestimmung, wobei europarechtliche Bedenken auch hier bestünden.[48] Tatsächlich ist nicht zu verkennen, dass auch im SGB VIII zunehmend marktähnliche Strukturen Einzug halten.[49] Nach hier vertretener Auffassung ist diese Entwicklung aber nicht unkritisch zu sehen. Das Gemeinnützigkeitsrecht ist mit Garant, dass freie Träger sich nicht an einer Überschusserzielung orientieren, sondern gerade aufgrund sozialen Engagements tätig werden. Sie führen ohne Gewinnstreben ihrem Wesen entsprechend autonom eigene soziale Aufgaben aus.[50] Damit bieten sie auch Gewähr für nachhaltiges Engagement und wirtschaftliche Tragfähigkeit. Eine inhaltliche Auseinandersetzung, wieviel „Marktmechanismen“ und ggf. auch bei welchen Leistungen tatsächlich pri-

---

43 Kauermann-Walter/Schindler in Hansbauer, S. 147.
44 Dazu Elmauer in Oberloskamp § 14 Rn. 23.
45 BVerfGE 22, 220; BT-Drs. 11/5948, 48.
46 Frings RsDE 19, 43 ff.
47 So aber Wiesner in Wiesner Rn. 10a; Münder in FK-SGB VIII Rn. 7; VG Düsseldorf ZfJ 2001, 202; Happe/Saurbier in JHSM Rn. 6; Kern in SFMK Rn. 9.
48 Münder in FK-SGB VIII Rn. 8.
49 Ausführlich Münder in FK-SGB VIII § 4 Rn. 8 ff.
50 Sehr überzeugend Neumann in Hauck/Noftz § 3 Rn. 6 ff.; NdsOVG 10.3.2006 RsDE 64, 85 (87).

vat-gewerbliche Anbieter auch fachlich ein Gewinn sind, wird noch wenig und vor allem kaum öffentlich geführt.[51]

Rechtsstellung freier Träger: freie Träger sind allgemein nach § 17 Abs. 3 S. 2 SGB I **privilegiert:** Ihre Selbstständigkeit in Zielsetzung und Durchführung ihrer Aufgaben ist von den öffentlichen Trägern zu achten (→ § 4 Rn. 21 f.). Fördert ein öffentlicher Träger nach § 74 oder vereinbart er nach den §§ 77, 78a ff. die Übernahme der Kosten, wenn ein Leistungsberechtigter eine Einrichtung eines freien bzw. freigemeinnützigen Trägers in Anspruch nimmt, so hat er insbesondere bei den Qualitäts- und Prüfungsvereinbarungen diese besondere Rechtstellung zu achten. Der freie Träger führt keine Sozialleistungen des SGB VIII (→ Rn. 8) aus, er erbringt autonom Leistungen der Jugendhilfe, was durch § 17 Abs. 3 S. 4 iVm § 27 SGB I betont wird. Keinesfalls besteht ein Auftragsverhältnis bei vom Jugendhilfeträger bewilligten Leistungen im Dreiecksverhältnis (→ § 5 Rn. 18, → § 4 Rn. 30).[52] Ausgeschlossen sind demnach Mitteilungs-, Auskunfts- und Rechenschaftslegungspflichten des freigemeinnützigen Trägers sowie Prüf- und Weisungsrechte des Trägers der öffentlichen Jugendhilfe vorbehaltlich der Regelungen der §§ 78a ff. § 17 Abs. 3 S. 4 SGB I schließt die Anwendung des § 97 Abs. 2 SGB X aus (→ § 4 Rn. 30). Bei Inanspruchnahme öffentlicher Mittel sind freigemeinnützige Träger deshalb grundsätzlich lediglich zum Verwendungsnachweis nach den haushaltsrechtlichen Vorschriften verpflichtet (§ 17 Abs. 3 S. 3 SGB I). 17

Anerkannte freigemeinnützige Träger (§ 75) genießen weitere Privilegien. Sie können auf Dauer gefördert und an der Erfüllung der anderen Aufgaben nach § 76 durch den Träger der öffentlichen Jugendhilfe mitwirken (→ § 76 Rn. 1). Sie sind an der Jugendhilfeplanung zu beteiligen und können Frauen und Männer für die Mitgliedschaft im JHA vorschlagen (§ 71, § 74 Abs. 1 S. 2; § 76, § 80 Abs. 3).

Rechtsstellung privat-gewerblicher Träger: Privat-gewerbliche Träger können Jugendhilfeleistungen grundsätzlich unbeschränkt anbieten, auch wenn sie dies mit der Absicht tun, Gewinne zu erzielen. Ausnahmen für privat-gewerbliche Träger bestehen nur für solche Leistungen und Einrichtungen, für die eine vorherige Erlaubnis erforderlich ist (§§ 44, 45). Auch **Einzelpersonen** konnten nach bisheriger Auffassung grundsätzlich nicht privilegierte freie, wie gemeinnützige Träger sein.[53] Obwohl sich vermehrt Angehörige sozialer Berufe in wachsender Zahl für die Selbstständigkeit, als Alternative zur Arbeitslosigkeit und zu sozial ungesicherter Arbeit bei freien und öffentlichen Trägern, entscheiden,[54] dürfte sich im Hinblick auf die nicht gewährten Privilegien wohl kaum ein Verstoß gegen das Grundrecht der Berufsfreiheit nach Art. 12 GG ergeben. 18

Privat-gewerbliche Träger wie Einzelpersonen können als Träger der freien Jugendhilfe nicht anerkannt werden (§ 75 Abs. 1 Nr. 2), so dass eine **dauerhafte Förderung** in der Regel ebenso ausgeschlossen ist wie eine Mitarbeit im JHA. In örtlichen Arbeitsgemeinschaften ist dies aber denkbar (→ § 78 Rn. 7). Zulässig ist aber die Finanzierung durch Leistungsentgelte gemäß §§ 77, 78a. Die zunehmende Tätigkeit privat-gewerblicher Anbieter in diesem Bereich versetzt die freigemeinnützigen Träger in eine Markt- und Konkurrenzsituation, die ihre Identität berührt (→ § 4 Rn. 42).

---

51 Luthe in jurisPK-SGB VIII Rn. 15 behauptet eine Idealisierung gemeinnütziger Träger und begrüßt sogar die Tätigkeiten von gewerblichen Unternehmen im Bereich der Jugendhilfe zur „Imagepflege".
52 Münder in FK-SGB VIII vor §§ 69–81 mwN.
53 Neumann in Hauck/Noftz § 3 Rn. 6.
54 Knorr NDV 2000, 217; Maas, Soziale Arbeit, S. 218.

19 **3.2.2 Bedeutung der Leistungen der freien Jugendhilfe.** Die nichtstaatlichen Gruppen und Verbände sowie die Kirchen nehmen nach wie vor den größten Teil der Aufgaben der Jugendhilfe wahr.[55]

20 Der statistisch festgestellte Anteil der freien Träger erhöht sich beträchtlich durch die schätzungsweise 400.000 **ehrenamtlichen Mitarbeiter/innen**; denn für öffentliche Träger arbeiten nur sehr wenige Ehrenamtliche (→ § 73 Rn. 1). Der hohe Anteil der freien Jugendhilfe in den verschiedensten Arbeitsfeldern führt dazu, dass dort ihre Fachlichkeit auf ein entsprechend hohes Erfahrungswissen gestützt werden kann.

21 Je nach den örtlichen Verhältnissen, der Wahrnehmung der Aufgaben und der Qualifikation der Fachkräfte ist es möglich, dass freie Träger in manchen Bereichen über ein größeres fachliches Potenzial verfügen als die örtlichen Träger der öffentlichen Jugendhilfe. Die Einführung der doppelten Buchführung (→ Rn. 7) mit ihrem realistischen Kostenansatz anstatt des kameralistischen Systems kann die Tendenz bei den Trägern der öffentlichen Jugendhilfe verstärken, Jugendhilfeleistungen nicht selbst zu erbringen und auch andere Aufgaben so weit wie möglich von freien Trägern wahrnehmen zu lassen (→ § 4 Rn. 15). Die verstärkten Herausforderungen bei der Erfüllung des Schutzauftrages dürften aber verhindern, dass das JA seinen Charakter als Jugendhilfefachbehörde verliert und sich zum bloßen Koordinations-, Finanzierungs- und Kontrollorgan der Jugendhilfe entwickelt. Der gegenwärtigen gesetzlichen Regelung, die auf der Voraussetzung einer umfassenden Fachkompetenz des JA beruht und diesem die Gesamtverantwortung einschließlich der Planungsverantwortung einräumt, darf jedenfalls nicht die Grundlage entzogen werden.

22 **3.2.3 Organisationsformen.** Träger der freien Jugendhilfe unterliegen wie andere private Rechtsträger der staatlichen Rechtsordnung. Sie sind überwiegend als Zusammenschlüsse von natürlichen Personen in den Rechtsformen des Privatrechts organisiert: **Jugendgruppen,** Initiativen und Selbsthilfegruppen können Gesellschaften des Bürgerlichen Rechts sein (§§ 705 ff. BGB). **Jugendverbände und Wohlfahrtsverbände** sind meist als eingetragene Ideal-Vereine organisiert (§§ 21 ff. BGB). Das Vereinsrecht des BGB ist zwar nicht auf Träger zugeschnitten, deren Leitung und Verwaltung ein professionelles Management erfordert. Jedoch kann die Organisation und Verwaltung des Vereins durch Satzungsbestimmungen den jeweiligen Erfordernissen angepasst werden.[56] Allerdings haben die neuen gesetzlichen Vorschriften über Leistungsentgelte im Sozialhilfe-, Pflegeversicherungs- und Jugendhilferecht (§§ 78a ff.) in den Wohlfahrtsverbänden eine Diskussion über die Frage ausgelöst, ob Einrichtungen, die durch Leistungsentgelte finanziert werden und mit anderen Anbietern konkurrieren, auf die Gemeinnützigkeit verzichten sollten, um sich von den damit verbundenen Beschränkungen in der Wirtschaftsführung zu befreien.

Bei Gewinnorientierung würden allerdings Steuerbefreiungen entfallen und die Umwandlung in einen wirtschaftlichen Verein, eine GmbH, Aktiengesellschaft usw erforderlich werden.[57]

23 Als Trägerform für größere Einrichtungen bzw. eine größere Zahl von Einrichtungen wird zunehmend an Stelle der früher üblichen Stiftung bürgerlichen Rechts die **Gesellschaft mit beschränkter Haftung** gewählt, für die das GmbH-Gesetz gilt. Auch für Einrichtungen, die aus einem Verband rechtlich ausgegliedert werden, wird meist die Rechtsform der GmbH bevorzugt.

---

55 Statistisches Bundesamt, Statistik der Kinder- und Jugendhilfe.

56 Ludemann neue caritas 7/2004, 22.

57 Zur Umstrukturierung wegen wirtschaftlicher Betätigung s. Lettl Der Betrieb 2000, 1449; s. auch Ludemann/Negwer, Rechtsformen kirchlich-caritativer Einrichtungen, Freiburg 2000; Schick, Rechts- und Unternehmensformen, Baden-Baden 2003; Gedanken zum Selbstverständnis der Träger der freien Wohlfahrtspflege, G. Schindler SRa 2015, 107.

Kirchen und andere Religionsgemeinschaften kann auf Antrag der Status von Körperschaften des öffentlichen Rechts (→ § 75 Rn. 21) verliehen werden. Sie sind dann ua dadurch privilegiert, dass sie kraft Gesetzes anerkannte Träger der freien Jugendhilfe sind (§ 75 Abs. 3). Ihr öffentlich-rechtlicher Status verleiht ihnen aber keine öffentlich-rechtlichen Befugnisse auf dem Gebiet der Jugendhilfe.[58] 24

3.2.4 Handlungsformen. Träger der freien Jugendhilfe handeln in den **Formen des Privatrechts;** denn sie werden durch das SGB VIII nicht verpflichtet (Abs. 2 S. 2). Für sie gilt das privatrechtliche Prinzip der Vertragsfreiheit, das eine Konkretisierung der verfassungsrechtlich gewährleisteten allgemeinen Handlungsfreiheit darstellt (Art. 2 Abs. 1 GG). Sie können deshalb grundsätzlich frei entscheiden, ob, mit wem und mit welchem Inhalt sie einen Vertrag über die Erbringung der Leistung abschließen. Die Träger der freien Jugendhilfe nehmen, wenn sie Jugendhilfeleistungen erbringen, keine öffentlich-rechtliche Aufgabe wahr. Ihre Tätigkeit gehört deshalb dem Privatrecht an.[59] Rechtsgrundlage der Rechtsbeziehungen zwischen den Trägern der freien Jugendhilfe und den Kindern und Jugendlichen, vertreten durch die PSB, ist ein privatrechtlicher **Vertrag** (zB ein Kindergartenvertrag, ein Vertrag über Sozialpädagogische Familienhilfe, ein Beratungsvertrag). Auf diese Rechtsbeziehung sind – da Verträge über Jugendhilfeleistungen im BGB nicht als besonderer Vertragstyp geregelt sind – die allgemeinen Grundsätze des Vertrags- und Schuldrechts anzuwenden. Zum sozialrechtlichen Dreiecksverhältnis → § 5 Rn. 18. 25

4 Wahrnehmung anderer Aufgaben (Abs. 3)

Die Wahrnehmung anderer (Aufgaben) als Leistungsaufgaben ist grundsätzlich den Trägern der öffentlichen Jugendhilfe (§ 3 Abs. 3 S. 1) vorbehalten. Es handelt sich um solche (andere) Aufgaben, die unabhängig vom Wunsch und Einverständnis der PSB im Interesse und zum Schutz junger Menschen wahrgenommen werden müssen. Sie sind in § 2 Abs. 3 (→ § 3 Rn. 14 ff.) abschließend aufgezählt. 26

4.1 Beteiligung freier Träger

Klargestellt wird in § 3 Abs. 3 S. 2, dass eine **Mitwirkung** (→ § 76 Rn. 1) **(anerkannter) freier Träger** an der Erfüllung anderer Aufgaben nur zulässig ist, soweit dies **ausdrücklich gesetzlich bestimmt** ist. Eine derartige Regelung findet sich in § 76 (→ § 76 Rn. 3). Die dort gewählte Begrifflichkeit, eine Beteiligung an den anderen Aufgaben der öffentlichen Jugendhilfe (verbunden mit hoheitlichen Befugnissen des öffentlichen Trägers) oder eine Übertragung der anderen Aufgaben zur Ausführung an den freien Träger, ist sachgerecht. Nach dem **Grad der Intensität des Eingriffs** gegenüber den Bürgern kann der erforderliche Grad der Zusammenarbeit mit dem öffentlichen Träger unter Wahrung der Organisationshoheit freier Träger bestimmt werden (→ § 76 Rn. 1). 27

Eine Mitwirkung (→ § 76 Rn. 1) des Trägers der freien Jugendhilfe ist **nur mit dessen Einverständnis** zulässig. Anders als bei der Erbringung von Leistungen nach Abs. 2 nimmt der Träger der freien Jugendhilfe bei der Mitwirkung nach Abs. 3 nicht autonom eine eigene, sondern die öffentlich-rechtliche Aufgabe im Auftrag des Trägers der öffentlichen Jugendhilfe wahr.[60] Wegen der unterschiedlichen Rechtsnatur der Mitwirkung an anderen Aufgaben im Vergleich zur autonomen Leistungserbringung des freien Trägers ist deshalb bei jeder Tätigkeit freier Träger nach dem SGB VIII unbedingt eine Unterscheidung und klare Abgrenzung von Leistungen und anderen Aufgaben zu treffen (→ Rn. 10, 11).

58 BVerwG NJW 1984, 989 und 1990, 2082.
59 BVerfGE 22, 180 ff.; von Boetticher/Münder in FK-SGB VIII vor Kap. 5 Rn. 18.
60 Wiesner in Wiesner § 3 Rn. 18.

4.2 Plurale Träger- und Arbeitsformenstruktur

28 Die Verpflichtung zur Gewährleistung einer pluralen Träger- und Arbeitsformenstruktur gilt grundsätzlich auch für den Bereich der anderen Aufgaben. Sie ist besonders bedeutsam bei den Aufgaben, an deren Erfüllung „durch Ausführung" freie Träger mitwirken können. Denn diese erfordern überwiegend beratende, erzieherische oder begutachtende Tätigkeiten, die nicht notwendig öffentlich-rechtlichen Charakter haben (→ § 76 Rn. 17). Dagegen muss bei den Aufgaben mit zwingend hoheitlichem Charakter wie zB bei der Tätigkeitsuntersagung und der Aufnahme von vollstreckbaren Urkunden eine Vielfalt im Sinne des Abs. 1 ausgeschlossen sein, da die getroffenen Maßnahmen nur vom Staat durchgeführt werden können.

29 **4.2.1 Rechtsgrundlagen.** Die Verpflichtung zur Gewährleistung der Pluralität bei der Erfüllung der anderen Aufgaben ergibt sich zum einen aus § 3, der in Abs. 1 die Pluralität der Jugendhilfe als Strukturprinzip festschreibt, in Abs. 2 die Leistungen und in Abs. 3 die anderen Aufgaben der Jugendhilfe den Trägern der freien bzw. der öffentlichen Jugendhilfe zuordnet. Zum anderen ist der Träger der öffentlichen Jugendhilfe gemäß § 9 verpflichtet, nicht nur bei der Ausgestaltung der Leistungen, sondern auch bei der Erfüllung der anderen Aufgaben die Grundrichtung der Erziehung, die Rechte bei der Bestimmung der religiösen Erziehung, soziale und kulturelle Eigenarten und die unterschiedlichen Lebenslagen von Mädchen und Jungen zu beachten. Schließlich verpflichtet auch § 33 SGB I die öffentlichen Träger zu einer Individualisierung bei der Ausgestaltung aller Rechte und Pflichten, deren Inhalt durch das Gesetz nicht im Einzelnen bestimmt ist.

30 **4.2.2 Vielfalt im Falle der Mitwirkung freier Träger nach § 76.** Bei **anderen Aufgaben**, an deren Erfüllung freie Träger nach § 76 Abs. 1 mitwirken (→ § 76 Rn. 1) können, hat das JA im Rahmen seiner Gesamtverantwortung nach § 79 zu gewährleisten, dass die Aufgaben effektiv und effizient erfüllt werden (→ § 79 Rn. 7). Dies erfordert bei den Aufgaben mit pädagogischer, beratender oder begutachtender Zielsetzung, dass die individuelle Situation der Betroffenen und kultur-, geschlechts- und lebenslagenspezifische Besonderheiten berücksichtigt und dass entsprechend differenzierte Methoden und Arbeitsformen angewandt werden. Weil eine derartige Differenzierung nicht jedem JA möglich ist, hat der Gesetzgeber in § 76 den Trägern der öffentlichen Jugendhilfe gestattet, freie Träger an der Erfüllung der anderen Aufgaben, dann mit deren sozialpädagogischem Inhalt zu beteiligen. Es würde deshalb der Zielsetzung der Vorschrift widersprechen, wenn Träger der öffentlichen Jugendhilfe im Falle der Mitwirkung den freien Trägern vorschreiben wollten, wie diese die andere Aufgabe im Einzelnen durchzuführen bzw. auszuführen (→ § 76 Rn. 15 ff.) haben und anstatt einer vielfältigen, individualisierbaren und bedarfsgerechten Aufgabenerfüllung die Durchführung nach einem amtlich verordneten Einheitskonzept durchsetzen.

31 Zwar ist der Träger der freien Jugendhilfe bei der Mitwirkung an der Erfüllung einer anderen Aufgabe (→ § 76 Rn. 1) – anders als bei der Leistungserbringung – an die gesetzliche Aufgaben- und Zielvorstellung gebunden. Jedoch kann innerhalb des gesetzlichen Rahmens in Achtung der Selbstständigkeit des freien Trägers in Zielsetzung, Durchführung und Organisation gemäß § 4 Abs. 1 partnerschaftlich ausgehandelt werden, wie der freie Träger die andere Aufgabe durchzuführen hat. **Partnerschaftliche Zusammenarbeit** wird vom öffentlichen Träger demnach auch bei der Mitwirkung freier Träger gemäß § 76 erwartet (→ § 76 Rn. 16). Die gegenteilige Meinung, die den freien Träger als weisungsgebundenen, der Kontrolle unterworfenen Beauftragten betrachtet,[61] übersieht die gesetzliche Verpflichtung des öffentlichen Trägers zu einer gemäß § 9 **differenzierten bedarfsgerechten Aufgabenerfüllung** und klammert die fachliche Kompetenz des freien Trägers eher aus (→ § 4 Rn. 9). Auch die sehr unterschiedli-

61 Wiesner in Wiesner § 76 Rn. 15; abgeschwächt in Rn. 21.

chen anderen Aufgaben, von den obrigkeitlichen Aufgaben der §§ 42, 43 bis hin zu Beratungs- und Unterstützungsaufgaben der §§ 51, 52a, 53 Abs. 2–4 lassen eine differenziertere Betrachtungsweise angeraten erscheinen.

4.2.3 Bedingter Vorrang freier Träger. Die bestehende Verpflichtung zu einer adressaten-, kultur- und lebenslagenspezifischen Jugendhilfe werden JA ohne Einbeziehung freier Träger und deren unterschiedlicher Konzepte nicht immer erfüllen können. In der Praxis wirken freie Träger demgemäß in großem Umfang an der Erfüllung anderer Aufgaben mit (→ § 76 Rn. 1). Der bedingte Vorrang der anerkannten Träger der freien Jugendhilfe gemäß § 4 Abs. 2 ist gerade nicht auf die Erbringung von Leistungen beschränkt. Diesen hat der öffentliche Träger deshalb auch zu beachten, wenn mitwirkungsfähige andere Aufgaben (→ § 76 Rn. 1) zu erfüllen sind (→ § 4 Rn. 2). 32

§ 4 Zusammenarbeit der öffentlichen Jugendhilfe mit der freien Jugendhilfe

(1) [1]Die öffentliche Jugendhilfe soll mit der freien Jugendhilfe zum Wohl junger Menschen und ihrer Familien partnerschaftlich zusammenarbeiten. [2]Sie hat dabei die Selbständigkeit der freien Jugendhilfe in Zielsetzung und Durchführung ihrer Aufgaben sowie in der Gestaltung ihrer Organisationsstruktur zu achten.

(2) Soweit geeignete Einrichtungen, Dienste und Veranstaltungen von anerkannten Trägern der freien Jugendhilfe betrieben werden oder rechtzeitig geschaffen werden können, soll die öffentliche Jugendhilfe von eigenen Maßnahmen absehen.

(3) Die öffentliche Jugendhilfe soll die freie Jugendhilfe nach Maßgabe dieses Buches fördern und dabei die Beteiligung von Kindern, Jugendlichen und Eltern stärken.

1 Bedeutung der Vorschrift

1 Die Vorschrift ist in ihrem Kerngehalt die verfassungsrechtlich begründete Grundnorm für das Verhältnis zwischen öffentlicher und freier Jugendhilfe, für das die §§ 73–78g weitere Einzelregelungen enthalten. Sie weist einen in der Rechtsordnung einzigartigen Inhalt auf; denn sie verpflichtet in Abs. 1 die öffentliche Jugendhilfeverwaltung, sich im Verhältnis zur freien Jugendhilfe partnerschaftlich und nicht wie ein Hoheitsträger zu verhalten. Der Träger der öffentlichen Jugendhilfe hat auf gleicher Ebene mit freien Trägern zusammenzuarbeiten, weil **partnerschaftliche Zusammenarbeit** nach der Auffassung des Gesetzgebers die beste Voraussetzung für eine wirksame Jugendhilfe zum Wohle junger Menschen und ihrer Familien ist.[1] Damit wird der öffentliche Träger der Jugendhilfe allerdings mit einer Verpflichtung belastet, die sehr konfliktbeladen ist. Er soll **zugleich Partner** der freien Jugendhilfe **und deren Förderer** (§ 74) sein, wird aber auch immer wieder Anträge auf Förderung ablehnen müssen. Er hat den Hilfeberechtigten die angemessenen Kosten für die von den freien Trägern erbrachten Jugendhilfeleistungen zu erstatten, muss dabei aber stets Garant von Sparsamkeit und Wirtschaftlichkeit sein. Er trägt die Gesamtverantwortung einschließlich der Planungs- und Steuerungsverantwortung (§ 79 Abs. 1) für die Jugendhilfe und entscheidet, ob und in welchem Umfang er eine Jugendhilfemaßnahme fördert bzw. deren Kosten übernimmt. Dabei steht er aber oftmals mit den von ihm selbst geleisteten Ju-

1 BT-Drs. 11/5948, 48.

gendhilfemaßnahmen in Konkurrenz zu den Maßnahmen der Träger der freien Jugendhilfe. Schließlich ist die fast immer gegebene finanzielle Abhängigkeit der Träger der freien Jugendhilfe vom öffentlichen Träger ein großes Hindernis für ein partnerschaftliches Verhältnis.[2] Die finanzielle Abhängigkeit erzeugt bei freien Trägern recht häufig ein den Erwartungen des öffentlichen Trägers angepasstes Verhalten.[3] Viele Träger der öffentlichen Jugendhilfe gestalten trotz der widersprüchlichen Rollen, die sie auszufüllen haben, die Zusammenarbeit mit freien Trägern partnerschaftlich und nutzen die Chancen, die eine konstruktive Zusammenarbeit bietet. Die Diskussionen, ob und wo auch im SGB VIII Vergaberecht Anwendung finden kann und damit durch Ausschreibungsinhalte einseitig vom Auftraggeber Bedingungen diktiert werden, kann gerade auch die partnerschaftliche Zusammenarbeit gefährden.

Die Abs. 2 und 3 haben die **Sicherung der Pluralität in der Jugendhilfe** (§ 3 Abs. 1) 2
zum Ziel; nur ein plurales Jugendhilfeangebot sichert die Ausübung des individuellen Wunsch- und Wahlrechts nach § 5 und die nach § 9 gebotene Differenzierung. Deshalb werden in Abs. 2 den Trägern der öffentlichen Jugendhilfe bedingt Schranken, eine **bedingte Funktionssperre**[4] für die eigene Tätigkeit gesetzt. Abs. 3 enthält die notwendige Ergänzung mit der Verpflichtung zur Förderung der freien Jugendhilfe. So wird ein staatliches Jugendhilfemonopol ausgeschlossen, da ein staatliches Sozialmonopol mit unserer pluralen Gesellschaftsordnung unvereinbar ist (→ § 5 Rn. 1). Gewährleistet wird die autonome Tätigkeit der freien Jugendhilfe (→ Rn. 8). Dies ist kein Selbstzweck, sondern unabdingbare Voraussetzung für ein möglichst wirksames, weil vielfältiges und aufeinander abgestimmtes Angebot von Jugendhilfe (→ Rn. 8; § 80 Abs. 2 Nr. 2).

2 Partnerschaftliche Zusammenarbeit (Abs. 1 Satz 1)

Abs. 1 fasst die **Pflicht zur partnerschaftlichen Zusammenarbeit** und das Gebot, die 3
Selbstständigkeit der freien Jugendhilfe zu achten, zusammen. Beide bedingen einander: Partnerschaftliche Zusammenarbeit ist ohne gegenseitige Achtung der Selbstständigkeit ausgeschlossen.[5] Zwar besitzen die kommunalen Träger der öffentlichen Jugendhilfe als Träger der öffentlichen Verwaltung ua die Organisationshoheit, die Finanzhoheit und die Planungshoheit. Dennoch sind sie gehalten, sich mit den freien Trägern, die privatrechtliche Vereinigungen oder Personen sind, auf Augenhöhe zu begegnen. Dies gilt auch – weil die Vorschrift nicht zwischen Leistungen und anderen Aufgaben unterscheidet – für die Mitwirkung bei der Erfüllung des freien Trägers an anderen Aufgaben (→ § 76 Rn. 1 u. 16 f.).

Ziel der gesetzlichen Regelung ist es, eine sinnvolle, auch unter wirtschaftlichen Ge- 4
sichtspunkten zweckmäßige Zusammenarbeit zu erreichen, die ein plurales Angebot und damit die Verwirklichung des Wunsch- und Wahlrechts der jungen Menschen und ihrer Familien gewährleistet (§§ 3, 5; § 17 Abs. 3 S. 1 SGB I).[6] Die Pflicht zur Zusammenarbeit ist nicht auf anerkannte oder geförderte Träger beschränkt. Sie erstreckt sich auch auf nicht anerkannte, (noch) nicht geförderte und solche Träger der freien Jugendhilfe (→ § 3 Rn. 10), die finanzielle Leistungen des Trägers der öffentlichen Jugendhilfe nicht in Anspruch nehmen, insbesondere auch auf die in der ursprünglichen Formulierung (geändert mit KJSG) in Abs. 3 besonders hervorgehobenen verschiedenen Formen der Selbsthilfe. Fasst man auch privat-gewerbliche Träger als freie Träger der Jugendhilfe auf (→ § 3 Rn. 18), so erstreckt sich das Gebot der partnerschaftlichen Zusammenarbeit auch auf diese.

2 Kern in SFMK § 3 Rn. 12.
3 Elmauer/H. Schindler SRa 2007, 81 (88).
4 So Wiesner in Wiesner Rn. 3.
5 Happe/Saurbier in JHSM Rn. 3.
6 BVerfGE 22, 180.

5 Das besondere Verhältnis des öffentlichen Trägers zum freien Träger im Falle der **Übertragung von anderen Aufgaben** (Mitwirkung an der Erfüllung anderer Aufgaben, → § 76 Rn. 1) im Vergleich zur freiwilligen autonomen Leistungserbringung des freien Trägers (→ § 3 Rn. 14) wird in den Erläuterungen zu § 2 Abs. 3 und zu § 76 dargestellt (zur unabdingbar notwendigen Abgrenzung von Leistungen und anderen Aufgaben → § 3 Rn. 10).

2.1 Begriff

6 Das Gesetz bestimmt nicht, was **partnerschaftliche Zusammenarbeit** ausmacht. Deshalb ist zur Klärung des Begriffsinhalts auf den allgemeinen Sprachgebrauch zurückzugreifen. Allgemein wird unter Partnerschaft eine dauerhafte, auf **gegenseitigem Vertrauen** beruhende Dauerbeziehung zwischen zwei gleichrangigen selbstständigen Personen zur Erreichung eines gemeinsamen Ziels verstanden.[7] In einer Partnerschaft selbstverständlich sind ua die rechtzeitige und umfassende wechselseitige Information und gemeinsame Erarbeitung und Bearbeitung der Arbeitsbereiche, die für den Partner bedeutsam sind. Unerlässlich für eine Partnerschaft sind ferner wechselseitige Offenheit, gegenseitige Wertschätzung und Einbindung, die Akzeptanz der Rolle des Partners und Achtung vor dessen Kompetenz und Unabhängigkeit[8] sowie wechselseitiges Vertrauen, das darauf gründet, dass jeder Partner bei allen Maßnahmen die berechtigten Interessen des anderen im weitgehendsten Umfang berücksichtigt, um die **Basis der Zusammenarbeit** nicht zu zerstören.

2.2 Normadressat

7 Das **Gebot der partnerschaftlichen Zusammenarbeit** richtet sich an den **Träger der öffentlichen Jugendhilfe**, dh die Kreise und kreisfreien Städte sowie die landesrechtlich dazu bestimmten Gemeinden (§ 69 Abs. 1 und 2). **Normadressat** und Verpflichtete sind demnach nur die Träger der öffentlichen Jugendhilfe. Sie haben zu gewährleisten, dass alle Stellen und Personen innerhalb der Organisation, deren Tätigkeit sich auf die freie Jugendhilfe auswirken kann, das Gebot der Zusammenarbeit mit der freien Jugendhilfe kennen und die fachliche Kompetenz der freien Jugendhilfe so weit wie möglich in die Entscheidungsprozesse innerhalb der Kommunalverwaltung einbeziehen.

8 **2.2.1 Keine allgemeine gesetzliche Verpflichtung freier Träger zur Zusammenarbeit.** Das Jugendhilferecht legt den freien Trägern keinerlei rechtliche Verpflichtung auf, es wird deshalb ausdrücklich von „freiwillige(r) Mitarbeit der privaten Jugendhilfe" gesprochen.[9] § 4 Abs. 1 S. 1 stellt aus diesem Grunde – entgegen einer in der jugendamtlichen Praxis verbreiteten Meinung – **keine allgemeine Rechtsgrundlage für Ansprüche des Trägers der öffentlichen Jugendhilfe gegen Träger der freien Jugendhilfe** dar.[10] Aus einer **Aufgabe der öffentlichen Hand** – der Träger der öffentlichen Jugendhilfe – können sich **keine Eingriffsbefugnisse** gegenüber freien Trägern ergeben. Das „Grundrecht der freien karitativen Betätigung" ist Ausfluss der allgemeinen Handlungsfreiheit nach Art. 2 Abs. 1, Art. 4 Abs. 2 GG.[11] Diese Garantie wird durch Art. 19 Abs. 3 GG zur „Freiheit der verbandlichen Wohlfahrtspflege" erweitert.[12] Kei-

---

7 ZB das Zusammenwirken in einer Gesellschaft, einer Partnerschaft, vormals Sozietät, die Beziehung unter Geschäftspartnern.

8 Zur Bedeutung der Emotionen bei Verhandlungen vgl. Fisher/Shapiro, Beyond Reason, 2005, von den Autoren des Harvard Prinzips.

9 So schon BVerfGE 22, 180 Rn. 94, unter Verweis auf das RJWG.

10 Bernzen, 1993, 104.

11 BVerfGE 22, 203 ff.

12 Grundlegend aus verfassungsrechtlicher und jugendhilferechtlicher Sicht Volker Neumann JuWo 1993, 140 (143).

nesfalls lässt sich aus der Verpflichtung des öffentlichen Trägers zur partnerschaftlichen Zusammenarbeit ableiten, dass der freie Träger seine Arbeit nach den Weisungen des Trägers der öffentlichen Jugendhilfe zu gestalten habe. Der freie Träger ist nicht befugt, alle Informationen über junge Menschen und deren Familien zu übermitteln, die der Träger der öffentlichen Jugendhilfe anfordern möchte. Der **privatrechtliche (Hilfe-)Vertrag** (vgl. → § 5 Rn. 17 f.) mit den Klienten als Grundlage der Hilfe des freien Trägers beinhaltet als Nebenpflicht den Schutz der Privatgeheimnisse der Klienten.[13] Die pädagogischen und therapeutischen Fachkräfte freier Träger sind als Berufsgeheimnisträger nach § 203 StGB zur Wahrung der Privatgeheimnisse verpflichtet. Zur Weitergabe von Privatgeheimnissen bedarf es eines **Rechtfertigungsgrundes**. Bei einer Kindeswohlgefährdung kann dies das Vorliegen eines rechtfertigenden Notstands nach § 34 StGB sein. Berufsgeheimnisträger dürfen nur aufgrund eigener Rechtsgüterabwägung im Einzelfall den Schutz des Kindeswohls höher stellen als den Schutz der Privatgeheimnisse ihrer Vertragspartner, ihrer Klienten.[14] Die durch das neue BKiSchuG in § 8a Abs. 4 (neu) geschaffenen klaren Verfahrens- und Qualitätsregelungen als Inhalte für Kooperationsvereinbarungen bilden zweifelsohne einen solchen Rechtfertigungsgrund (→ § 5 Rn. 23).

2.2.2 Selbstverpflichtung und vertragliche Pflicht freier Träger zur Zusammenarbeit. Aus der fehlenden rechtlichen Verpflichtung zur partnerschaftlichen Zusammenarbeit hat die freie Jugendhilfe – jedenfalls soweit sie den großen Trägergruppen angehört – nicht den Schluss gezogen, dass sie für sich keine Kooperationsverpflichtung sieht; denn partnerschaftliche Zusammenarbeit ist ohne konstruktive Beteiligung der freien Träger nicht denkbar. Eine **Selbstverpflichtung der freien Träger** zur partnerschaftlichen Zusammenarbeit mit der öffentlichen Jugendhilfe ergibt sich – zumindest für die großen Trägergruppen – aus deren Selbstverständnis, das ausdrücklich die partnerschaftliche Zusammenarbeit zum Wohle des Hilfesuchenden einschließt.[15] Eine gegenständlich beschränkte Rechtspflicht des Trägers der freien Jugendhilfe zur Zusammenarbeit besteht im Übrigen immer dann, wenn dieser mit dem Träger der öffentlichen Jugendhilfe **vertragliche Vereinbarungen** über Zuwendungen oder Leistungsentgelte abgeschlossen hat. Vertragspartner sind verpflichtet, stets auch die berechtigten Interessen des anderen zu berücksichtigen (§ 241 Abs. 2 BGB). Dies ergibt sich aus der entsprechenden Anwendung der Vorschriften des BGB auf den öffentlichrechtlichen Vertrag (§ 61 S. 2 SGB X). Vertragswidrig wäre zB die zweckwidrige Verwendung einer Zuwendung, die Nichterbringung oder die unnötige Weitererbringung einer vereinbarten Leistung, die Kündigung zur Unzeit sowie die Ablehnung eines Erfahrungsaustausches, wenn dieser ohne Verletzung von Datenschutzvorschriften aufgrund der Verträge mit den Klienten und der Verpflichtung zum Schutz der Privatgeheimnisse durch Berufsgeheimnisträger nach §§ 203, 34 StGB möglich ist (→ § 61 Rn. 12 ff. u. 294 f.).[16] Besondere Berücksichtigung muss dabei allerdings die notwendige **Unterscheidung** der autonomen Leistungserbringung von der Mitwirkung an der Erfüllung anderer Aufgaben (→ 76 Rn. 1) erfahren, da sonst über die partnerschaftliche Zusammenarbeit hinaus ein dem Leistungserbringungsrecht fremder Kontrahierungszwang bezogen auf bestimmte Inhalte Eingang findet (→ § 3 Rn. 10 f.). 9

2.3 Formen der Zusammenarbeit

In der Zusammenarbeit der öffentlichen mit der freien Jugendhilfe lassen sich Formen der Zusammenarbeit unterscheiden, die **gesetzlich ausdrücklich** geregelt sind. Dies sind zB die Zusammenarbeit im JHA, in Arbeitsgemeinschaften, durch Abschluss von 10

13 Grundlegend hierzu, gerade auch zu § 8a Elmauer/H. Schindler SRa 2007, 81.
14 Fischer StGB § 34 Rn. 8 f.
15 BAG der Freien Wohlfahrtspflege, 2002.
16 Grundlegend Elmauer/H. Schindler SRa 2007, 81.

Vereinbarungen über die Kostenerstattung, durch die Mitwirkung an der Erfüllung von anderen Aufgaben (→ § 76 Rn. 1) und an der Jugendhilfeplanung (→ § 76 Rn. 1). **Nicht gesetzlich** konkretisierte Formen der Zusammenarbeit können sich je nach der konkreten Situation für den Träger der öffentlichen Jugendhilfe als Verpflichtung ergeben.[17] Hierzu gehören die Pflichten zur Information über fachliche Entwicklungen, über Haushaltsansätze, über anstehende Veränderungen in der Verwaltungsorganisation, die sich auf die freien Träger auswirken können und über sonstige Zukunftsperspektiven. Auch die Aufnahme der Leistungsangebote freier Träger in Informationsbroschüren über das Leistungsangebot der Jugendhilfe in einer Stadt, einem Landkreis dürfte mittlerweile Standard sein. Zusammenarbeit erschöpft sich nicht in der Entgegennahme von Information. Der Träger der öffentlichen Jugendhilfe muss daher grundsätzlich bei allen Maßnahmen, die sich auf das Verhältnis zur freien Jugendhilfe auswirken können, diese beteiligen und gemeinsam Lösungen erarbeiten.

2.4 Fallgruppen der Verletzung des Gebots der partnerschaftlichen Zusammenarbeit

11 Das Gebot der partnerschaftlichen Zusammenarbeit kann der Träger der öffentlichen Jugendhilfe in sehr unterschiedlicher Weise missachten und verletzen. Die freien Träger können sich wegen ihrer finanziellen Abhängigkeit, der häufig sehr unsicheren Rechtslage im Konfliktfall, der langen Dauer von Gerichtsverfahren und aus Sorge, dass sie bestenfalls einen Pyrrhussieg erringen können, nur sehr schwer gegen ein partnerschaftswidriges Verhalten wehren. Deshalb kommt es recht selten zu gerichtlichen Auseinandersetzungen, die zu einer Klärung offener Fragen beitragen könnten. Sieht sich der freie Träger aber in seiner Existenz bedroht, entfallen diese Bedenken und er ist bereit, die Gerichte anzurufen und sich gegen Maßnahmen des öffentlichen Trägers zu wehren. Aus diesem Grunde haben freie Träger in den letzten Jahren relativ häufig gerichtliche Entscheidungen ua gegen Vergabeverfahren und sozialraumorientierte Leistungskontingente erwirkt (→ Rn. 13).

12 **2.4.1 Nichterfüllung von gesetzlich geregelten Pflichten.** Die Pflicht zur partnerschaftlichen Zusammenarbeit wird verletzt, wenn der Träger der öffentlichen Jugendhilfe seine gesetzlichen Pflichten aus dem Zweiten und dem Dritten Abschnitt im Fünften Kapitel des Gesetzes nicht erfüllt, indem er zB

- Änderungen der Verwaltungsorganisation mit erheblichen Auswirkungen auf die freie Jugendhilfe durchführt, ohne diese angemessen zu beteiligen (zur fehlenden Zusammenarbeit bei Einführung der Neuen Steuerung → Rn. 15 f.),[18]
- einzelne freie Träger ohne sachlichen Grund bevorzugt oder benachteiligt, weil er dadurch den verfassungsrechtlichen Gleichheitssatz verletzen würde (Art. 3 GG).[19] Neuere Entscheidungen sehen in der Benachteiligung konkurrierender freier Träger einen Eingriff in das Grundrecht auf Freiheit der Berufsausübung nach Art. 12 GG,[20]
- die Arbeit der freien Träger nicht fördert bzw. den Abschluss von Kostenvereinbarungen ablehnt, während er selbst konkurrierende Angebote macht,[21]

17 Happe/Saurbier in JHSM Rn. 7 f.
18 Merchel NDV 1996, 248 (251); Friedrichs, Jugendhilfe, 1997, 182.
19 S. VG Kassel RsDE 27, 86 zur sachfremden Berücksichtigung weltanschaulicher Gesichtspunkte; BayVGH NVwZ-RR 1993, 373 zur Förderung von Selbsthilfe- und Alternativgruppen; OVG Münster NVwZ 1982, 381 zur Beschränkung der Förderung auf die vom Parlament bereitgestellten Mittel; OVG Münster NJW 1990, 1684 zum Ausschluss kleiner Organisationen mit geringem Leistungsvermögen.
20 HmbOVG SRa 2005, 77; OVG NRW SRa 2005, 105.
21 OVG NRW SRa 2005, 107.

- Vereinbarungen nach § 36a Abs. 2, § 77 oder § 78a nicht abschließt, obwohl keine Ablehnungsgründe vorliegen,[22]
- die Bildung von arbeitsfähigen Arbeitsgemeinschaften im Sinne von § 78 nicht anstrebt,
- jahrelang keine Jugendhilfeplanung nach § 80 betreibt[23] bzw. an seinen Planungen die anerkannten Träger nicht beteiligt, sondern diese mit einem fertigen Plan überrascht,
- Fördermittel bewilligt, kürzt oder streicht, obwohl keine entsprechende Jugendhilfeplanung vorliegt. Sehr problematisch sind deshalb Entscheidungen des BVerwG und des OVG Münster,[24] die es dem öffentlichen Träger der Jugendhilfe gestatten, Förderungsentscheidungen ohne die gesetzlich vorgeschriebene Planung zu treffen (→ § 74 Rn. 18 f.; → § 80 Rn. 19).[25]

2.4.2 Verweigerung partnerschaftlicher Zusammenarbeit. Zerrüttet wird die Basis einer partnerschaftlichen Zusammenarbeit, wenn von Seiten des öffentlichen Trägers Auffassungen vertreten werden, die statt der vom Gesetz gewollten partnerschaftlichen Zusammenarbeit eine Beziehung im Über-/Unterordnungsverhältnis mit Aufsicht, Weisung und Kontrolle als autoritären Führungsmitteln begründen. Verbreitet sind beispielsweise die Ansichten, freie Träger würden Leistungen „im **Auftrag**" des JA erbringen.[26] 13

Diesen Ansichten ist gemeinsam, dass sie – obwohl es gegen diese Eingriffe in die Autonomie des freien Trägers grundrechtliche Schranken gibt (→ Rn. 8) – bürokratische bzw. betriebswirtschaftliche Kontrollverfahren ohne Rücksicht auf fachliche Standards unmodifiziert auf die pädagogische Sozialarbeit der freien Jugendhilfe anwenden und damit deren Wirksamkeit gefährden. Sie machen eine partnerschaftliche Zusammenarbeit unmöglich; denn diese setzt fachliche Qualifikation und die Einhaltung fachlicher Standards auf beiden Seiten voraus, also nicht nur beim freien Träger,[27] sondern auch beim öffentlichen Träger der Jugendhilfe.

2.4.3 Leistungserbringung durch freie Träger ohne Hilfeplanverfahren. Die bisherige gesetzliche Regelung des **Hilfeplanverfahrens** begründete nach der herrschenden Auffassung ein Bewilligungsmonopol des Jugendamts und schloss angeblich niedrigschwellige Hilfen zur Erziehung aus. Der Gesetzgeber hat durch die neue Soll-Vorschrift in § 36a Abs. 2 den Trägern der öffentlichen Jugendhilfe aufgegeben, die unmittelbare Inanspruchnahme freier Träger durch Leistungsberechtigte durch Abschluss von Vereinbarungen über die Kostentragung bei allen ambulanten Hilfen zur Erziehung zu ermöglichen. Damit entfällt das bisher angenommene generelle Erfordernis – auch bei niedrigschwelligen Leistungen – eines vorherigen Hilfeplanverfahrens beim Jugendamt (→ § 36a Rn. 6 ff.). Die Kostenübernahme für teilstationäre und stationäre Hilfen zur Erziehung setzt nach wie vor grds. ein Hilfeplanverfahren nach § 36[28] voraus. 14

2.4.4 Beispiel: Neues Steuerungsmodell ohne Berücksichtigung freier Träger. Die KGSt hatte seit 1993 in verschiedenen Berichten den Kommunen **eine neue Steuerung** 15

22 BVerwG NDV 1994, 197.
23 Zum katastrophalen Stand der Jugendhilfeplanung s. 11. KiJuBericht, 255.
24 NDV-RD 1997, 33.
25 Kritisch zur Nichtbeachtung fachlicher Standards durch die Verwaltungsgerichte: Baltz NDV 1996, 360 (364, 365).
26 Gegen die unmittelbare Finanzierung von Jugendhilfeleistungen im rechtsanspruchsgesicherten Bereich die hM: BVerwG 14.11.2002 – 5 C 57.01, ZfJ 2003, 338 ff.; VG HH ZfJ 2005, 110 ff.; HmbOVG JAmt 2004, 592 ff.; Münder in FK-SGB VIII vor Kap. 5 Rn. 6.
27 So zu Recht Happe/Saurbier in JHSM Rn. 6.
28 Welches eine lex specialis zu den allgemeinen Vereinbarungen nach § 8 a Abs. 4 darstellt.

der Verwaltung empfohlen (→ § 3 Rn. 7) und sich dabei auf die öffentliche Jugendhilfe konzentriert, ohne deren besondere Fachlichkeit und die Beziehungen zur freien Jugendhilfe zu berücksichtigen. Erst im Jahre 1998 hatte sie versucht, diese Defizite auszugleichen und hatte ua ein **sozialraumorientiertes Budget** für ambulante Hilfen vorgeschlagen, das auf einer systematischen, bedarfsorientierten Jugendhilfe- und Sozialplanung unter Einbeziehung der freien Jugendhilfe basiert.[29] Zur mittlerweile überwiegend angewandten Doppik → § 3 Rn. 7.

16 **2.4.5 Folgen der Streichung oder Kürzung öffentlicher Mittel, Durchführung von Sparmaßnahmen zum Nachteil freier Träger und deren Mitarbeiter.** Die freien Träger sind bei Streichung bzw. Kürzung der öffentlichen Mittel oft gezwungen, Einrichtungen nur noch mit Mindeststandards zu führen bzw. zu schließen, Miet- und Werkverträge zu kündigen und Mitarbeiter zu entlassen. Erfolgen die Streichungen oder Kürzungen zu einem Zeitpunkt, in dem es dem freien Träger nicht mehr möglich ist, die Arbeitsverhältnisse, Mietverhältnisse und sonstige Verbindlichkeiten fristgemäß abzuwickeln, muss er erhebliche Eigenmittel – soweit überhaupt vorhanden – einsetzen oder Kredite aufnehmen. Die Übernahme jugendhilferechtlicher Aufgaben wird dann zu einer Falle für die freien Träger und deren Mitarbeiter:[30]

Eine Verpflichtung aus der partnerschaftlichen Zusammenarbeit ist es, Streichungen bzw. Kürzungen so rechtzeitig mitzuteilen, dass der freie Träger in der Lage ist, die Abwicklung rechtzeitig durchzuführen. Bei schuldhafter Verletzung dieser Pflicht des Trägers der öffentlichen Jugendhilfe können dem Träger der freien Jugendhilfe Schadensersatzansprüche gemäß § 839 BGB zustehen. Die Rechtsprechung hat aus dem Subventionsverhältnis den Schutz vor einer abrupten Einstellung der Subvention abgeleitet, wenn der Empfänger der Leistungen sich auf die weitere Gewährung verlassen durfte.[31]

Die von Kündigungen **betroffenen Arbeitnehmer** der freien Träger tragen weitgehend allein das Arbeitsplatzrisiko und sind im Entlassungsfall in aller Regel nicht sozial abgesichert. Sie sind im Vergleich zu den Mitarbeitern der öffentlichen Träger, die kaum ein Arbeitsplatzrisiko haben, faktisch Arbeitnehmer zweiter Klasse. Sie haben keine Chance, sich erfolgreich gegen die Entlassung zu wehren; der Wegfall von Drittmitteln ist ein betriebsbedingter Kündigungsgrund nach § 1 Abs. 2 KSchG. Auch mit den üblichen Abfindungen können die entlassenen Arbeitnehmer nicht rechnen, weil es freien Trägern meist nicht möglich ist, entsprechende Rücklagen zu bilden oder auf andere Weise eine Risikominderung zu erreichen.[32]

2.5 Soll-Vorschrift

17 § 4 Abs. 1 S. 1 ist als **Soll-Vorschrift** formuliert (→ § 2 Rn. 7). Das Soll bezieht sich auf die **Pflicht zur Zusammenarbeit.**[33] Für den Regelfall steht das „Soll" einem „Muss" gleich. Ein Ermessensspielraum besteht nur, wenn ein atypischer Fall vorliegt.[34] Ein derartiger atypischer Fall kann vorliegen, wenn der öffentliche Träger trotz aller zumutbaren Bemühungen eine konstruktive Zusammenarbeit mit den freien Trägern nicht erreichen kann, weil diese zB unvermeidbare Kürzungen der Fördermittel nicht akzeptieren. Er liegt nicht vor, wenn der freie Träger es zB ablehnt, sich auf Vorgaben einzulassen, die seine Eigenständigkeit unzulässig einschränken bzw. in Rechte der

29 www.kgst.de; KGSt Bericht 12/1998; Schilling RdJB 2000, 143 (151 f.); 11. Ki/JuBericht 85 f.
30 Ausführlich begründet von Münder, BBJ Consult INFO, III/IV, 1994.
31 OVG Lüneburg NJW 1977, 773; VerfGH NRW DVBl 1983, 223; VG München RsDE 21 (1993), 95; Wabnitz, 2005, 287 mwN.
32 Münder, BBJ Consult INFO, III/IV, 1994.
33 Münder in FK-SGB VIII Rn. 11.
34 BVerwGE 90, 275.

Leistungsberechtigten/-empfänger eingreifen. Hinsichtlich der **Art und Weise der Zusammenarbeit** steht dem Träger der öffentlichen Jugendhilfe ein **Ermessensspielraum** zu, weil das Gesetz insoweit keinerlei Vorgaben macht. Er kann nach Zweckmäßigkeitsgesichtspunkten bestimmen, ob er zB mündlich oder schriftlich informiert oder ob er einen oder mehrere freie Träger gemeinsam beispielsweise im Rahmen einer Arbeitsgemeinschaft anhört, berät oder sonst wie beteiligt.

2.5.1 Einklagbare Handlungs- und Unterlassungspflichten. Ob die Regelung – wie § 1 Abs. 3 (→ § 1 Rn. 14) – zu den Grundsatznormen des Jugendhilferechts gehört, die keine einklagbaren Handlungs- und Unterlassungspflichten begründen, sondern lediglich programmatischen Charakter haben,[35] erscheint zweifelhaft. Sowohl die Ansicht, die gegen den Wortlaut davon ausgeht, dass es sich um eine Rechtsnorm handele, die freie Träger nicht begünstige,[36] als auch die Meinung, es handele sich um eine inhaltlich unbestimmte Vorschrift, die erst in den §§ 73–78 konkretisiert werde,[37] machen den freien Träger, dem durch die „Grundsatznorm" eine einzigartige Stellung im Verhältnis zur Jugendhilfeverwaltung verliehen wird, zu einem in dieser Beziehung rechtlosen Subjekt. Auch dass bei Verstößen gegen „dieses objektive Rechtsgebot", die Rechtsaufsichtsbehörde angerufen werden kann,[38] wird dem freien Träger im Zweifel nicht weiterhelfen. Aus der Unbestimmtheit der Vorschrift allein kann jedenfalls nicht abgeleitet werden, dass sie nicht justiziabel sei; denn auch sehr unbestimmte Rechtsbegriffe, die der Gesetzgeber nur verwendet, weil eine gesetzliche Konkretisierung nicht möglich ist – wie zB „Treu und Glauben" in § 242 BGB sind nicht etwa unverbindlich –, sondern können und müssen durch Auslegung konkretisiert werden.[39] Bei der Auslegung des § 4 Abs. 1 ist zu beachten, dass eine partnerschaftliche Zusammenarbeit kaum möglich ist, wenn deren Ausgestaltung einseitig vom Träger der öffentlichen Jugendhilfe bestimmt wird, ohne dass dem anderen Partner eine klare Rechtsposition eingeräumt wird. In diesem Falle würde ein Über-/Unterordnungsverhältnis bestehen, dass der Zielsetzung der gesetzlichen Regelung widerspräche. In der Rechtsprechung und in der Literatur wird demgemäß angenommen, dass § 4 Abs. 1 auch den Schutz des freien Trägers bezweckt und dass diesem deshalb ein **Anspruch auf Zusammenarbeit,** der sich zB in Informations-, Beteiligungs-, Beratungs-, oder Unterlassungsansprüchen konkretisieren kann, gegen den Träger der öffentlichen Jugendhilfe zusteht[40] und der Verwaltungsrechtsweg eröffnet sein muss.[41] Im Übrigen können sich derartige Ansprüche auch ergeben, wenn der Träger der öffentlichen Jugendhilfe im Umgang mit freien Trägern deren Grundrechte auf Gleichbehandlung verletzt. Dies kann zB durch unzulässige Kontingentierungen bei bestimmten freien Trägern im Gegenzug für niedrigere Tagessätze bei Entgeltvereinbarungen geschehen.[42] 18

2.5.2 Rechtsschutz im Verwaltungsrechtsverhältnis. Steht der freie Träger in einer **besonderen Rechtsbeziehung** zum Träger der öffentlichen Jugendhilfe, die als Jugendhilferechts-/Sozialrechts-/Verwaltungsrechtsverhältnis zu qualifizieren ist zB aufgrund eines Antrags auf Förderung oder auf Abschluss einer Vereinbarung nach § 36a Abs. 2, § 77 bzw. § 78b, kann dies Ansprüche des Trägers der freien Jugendhilfe auf Information und Beratung, auf Auslauffinanzierung bzw. auf Schadensersatz begründen.[43] Als Rechtsgrundlagen kommen neben dem Gleichbehandlungsgrundsatz (Art. 3 GG) das Grundrecht auf Freiheit der Berufsausübung (Art. 12 GG) in Verbindung mit § 4 in 19

35 So Münder in FK-SGB VIII Rn. 15; Wiesner in Wiesner Rn. 7.
36 Wiesner in Wiesner Rn. 7.
37 Wabnitz, 2005, 132.
38 Münder in FK-SGB VIII Rn. 11.
39 BVerfGE 21, 73; 83, 145.
40 OVG NRW ZfJ 2002, 305; Bernzen, 1993, 103, 110.
41 Happe/Saurbier in JHSM Rn. 13b.
42 Vgl. Gutachten v. 8.11.2011, NDV 2011, 89.
43 BGH NVwZ 1982, 145; VG Düsseldorf RsDE 25 (1994), 92; Wabnitz, 2005, 284 ff.

Betracht. Das Grundrecht auf Freiheit der Berufsausübung wird durch hoheitliches Handeln verletzt (→ Rn. 23), das den freien Träger in der Ausübung seiner beruflichen Tätigkeit behindert und konkurrierende Bewerber deutlich benachteiligt.[44]

3 Achtung der Selbstständigkeit der freien Jugendhilfe (Abs. 1 Satz 2)

20 Zum Schutz der freien Träger vor Eingriffen in ihre Autonomie erlegt Satz 2 dem Träger der öffentlichen Jugendhilfe die Pflicht auf, die **Selbstständigkeit** der freien Träger zu achten.

3.1 Verfassungsrechtliche Grundlagen

21 Verfassungsrechtliche Grundlage der Selbstständigkeit der freien und gemeinnützigen Träger (→ § 3 Rn. 10) sind die **Grundrechte auf allgemeine Handlungsfreiheit** (Art. 2 Abs. 1 GG), auf Glaubens- und Weltanschauungsfreiheit (Art. 4 GG), auf Meinungsfreiheit (Art. 5 Abs. 1 GG), auf Vereinigungsfreiheit (Art. 9 GG), auf Freiheit der Berufsausübung (Art. 12 GG) und das Sozialstaatsprinzip (Art. 20 GG). Das **„Grundrecht der freien karitativen Betätigung"** ist Ausfluss der allgemeinen Handlungsfreiheit nach Art. 2 Abs. 1, Art. 4 Abs. 2 GG.[45] Diese Garantie wird durch Art. 19 Abs. 3 GG zur **„Freiheit der verbandlichen Wohlfahrtspflege"** erweitert.[46] Dem steht auch das BVerfG v. 18.7.1967[47] nicht entgegen. Diese Entscheidung befasste sich ausschließlich mit der Frage, ob die Stärkung der Position freier Träger durch § 5 Abs. 1 JWG in die Selbstverwaltungsautonomie der öffentlichen Seite eingreife, und nicht mit der Frage der Reichweite verfassungsrechtlicher Autonomie freier Träger.[48] Soweit es sich um kirchliche Träger handelt, gilt zusätzlich das kirchliche Selbstbestimmungsrecht gemäß Art. 140 GG iVm Art. 137 WV.[49] Unverhältnismäßige Eingriffe des Trägers der öffentlichen Jugendhilfe in die Selbstständigkeit der freien Träger sind deshalb nicht nur Verletzungen einfachen Rechts, sondern Verfassungsverletzungen.

Die **Freiheit der freien Träger** wird nicht nur um ihrer selbst Willen geschützt, sondern ist **verfassungsrechtlich geboten**, damit die jungen Menschen und ihre Familien eine Jugendhilfe erhalten können, die ihrer Persönlichkeit, ihrer Weltanschauung, Religion oder sonstigen Überzeugung entspricht. Im Jugendhilferecht wird dieser Verfassungsauftrag durch das Pluralitätsprinzip (§ 3 Abs. 1), das Wunsch- und Wahlrecht der Leistungsberechtigten (§ 5), die Beteiligungsrechte der Kinder und Jugendlichen (§ 8) und die Individualisierungspflichten (§ 9) realisiert.

3.2 Eingriffe in die Selbstständigkeit der freien Jugendhilfe

22 Das Gesetz schützt die Selbstständigkeit der freien Jugendhilfe in der Zielsetzung, der Durchführung der selbstgewählten Aufgaben und in der Gestaltung der Organisationsstruktur (→ Rn. 23, 36). Der öffentliche Träger hat die **Selbstständigkeit des freien Trägers** nicht nur bei der autonomen **Erbringung von Leistungen**, sondern auch im Falle der **Beteiligung** des freien Trägers an der Durchführung (Mitwirkung an der Erfüllung, → § 76 Rn. 1) anderer Aufgaben zu achten (→ § 3 Rn. 30 f.; → § 76

44 BVerfG NJW 1990, 2306; BVerwG NJW 2005, 3134.
45 BVerfGE 22, 203 ff.
46 Grundlegend aus verfassungsrechtlicher und jugendhilferechtlicher Sicht Neumann Jugendwohl 1993, 140 (143).
47 BVerfGE 22, 180 ff.
48 AA Luthe in jurisPK-SGB VIII § 3 Rn. 24.
49 BVerfGE 22, 180 ff.; BVerwG NJW 2004, 3136; Wiesner in Wiesner Rn. 12; für kirchliche Träger s. BVerfG NJW 1978, 581 und 1986, 367; Papenheim/Baltes/Tiemann, 49 ff. mwN.

Rn. 16 f.).[50] Der Schutz gilt auch im Falle der finanziellen Förderung durch den Träger der öffentlichen Jugendhilfe (§ 74 Abs. 2 S. 2).

3.2.1 Eingriffe in die Selbstständigkeit der Zielsetzung. Der Träger der öffentlichen Jugendhilfe verletzt seine Pflicht, die **Selbstständigkeit** der freien Träger in **der Zielsetzung der Arbeit** zu achten, wenn er – und nicht die freien Träger – den weiten Spielraum, den die meisten gesetzlichen Vorschriften für die Zielsetzung vorgeben, in hoheitlich-bevormundender Weise ausfüllt, indem er selbst verbindliche **Konzeptionen für bestimmte Hilfearten erstellt** oder die zu erbringende Leistung so detailliert festlegt, dass dem freien Träger faktisch kein Handlungsspielraum bleibt.[51] Ein derartiges Monopol des öffentlichen Trägers für die Konzeptionserstellung und die Bestimmung der Arbeitsweisen ist auch mit seiner Pflicht, eine Vielfalt unterschiedlicher Träger und eine Vielfalt von Inhalten zu gewährleisten, unvereinbar und schränkt die Ausübung des Wunsch- und Wahlrechts gesetzwidrig ein (§ 3 Abs. 1 und § 5). 23

Das Recht und die Pflicht des Trägers der öffentlichen Jugendhilfe, die Förderung oder Kostenübernahme im Einzelfall davon abhängig zu machen, dass die **Konzeption** des freien Trägers die **gesetzlichen Voraussetzungen für die Förderung** bzw. für die Kostenerstattung erfüllt, werden hierdurch nicht eingeschränkt (→ § 3 Rn. 17). Der öffentliche Träger muss vielmehr sogar Mindestanforderungen, aber nicht mehr zur Einhaltung der gesetzlichen Voraussetzungen verlangen. Durchaus zulässig ist es, diese Mindestanforderungen und die Verfahrensabläufe in einer „Richtlinie für die Förderung" bzw. „Kostenerstattung" zusammenfassend darzustellen. 24

Gänzlich **frei in ihrer Tätigkeit** sind nur die freien Träger, die ihre Tätigkeit ausschließlich mit eigenen Mitteln durchführen, **ohne dass öffentliche Mittel durch die Klienten** (Anspruch gegen das JA) **in Anspruch genommen werden** (→ § 77 Rn. 1 ff.). Eine Ausnahme gilt für die nach §§ 43 ff. erlaubnispflichtigen Tätigkeiten. Äußerste Grenzen werden ferner durch das Vereinsgesetz gezogen. Dieses Gesetz lässt das Verbot einer Vereinigung von natürlichen oder juristischen Personen zu, deren Zweck oder Tätigkeit sich gegen die verfassungsmäßige Ordnung oder die Völkerverständigung richtet (§ 3 VereinsG). 25

3.2.2 Eingriffe in die Selbstständigkeit bei Durchführung der selbstgewählten Aufgaben. Die Achtung der Selbstständigkeit des freien Trägers bei der Durchführung der immer von ihm selbstgewählten Aufgaben der Jugendhilfe (→ § 3 Rn. 17) verbietet dem Träger der öffentlichen Jugendhilfe grds. alle Eingriffe in die fachliche und organisatorische Abwicklung. 26

3.2.2.1 Gesamtverantwortung – Einzelfallverantwortung. Die **Verantwortung für die Durchführung** der selbstgewählten Aufgabe **im Einzelfall** hat demnach aufgrund der grds. autonomen Erbringung von Leistungen der **Träger der freien Jugendhilfe** (→ § 3 Rn. 17). Er ist grundsätzlich weder Beauftragter, beliehener Unternehmer noch Erfüllungsgehilfe des Trägers der öffentlichen Jugendhilfe (→ Rn. 8, → § 5 Rn. 18 mwN zum Streitstand). Dies gilt gemäß ausdrücklicher gesetzlicher Regelung und nach allgemeiner Auffassung gerade auch dann, wenn der öffentliche Träger die **Kosten der Jugendhilfeleistung** teilweise oder vollständig trägt, sei es **direkt** durch Förderung nach § 74, Vereinbarungen nach § 36a Abs. 2 oder nur **mittelbar** durch Kostentragung gegenüber den Hilfebedürftigen bei Vereinbarungen nach den §§ 77, 78a ff. (→ § 36 Rn. 4 und → § 79 Rn. 13 betont die Gesamtverantwortung).[52] 27

50 Maas, Soziale Arbeit, S. 304.

51 Münder in FK-SGB VIII Rn. 12.

52 Gegen die unmittelbare Finanzierung von Jugendhilfeleistungen im durch Rechtsanspruch gesicherten Bereich die hM: VG HH ZfJ 2005, 110 ff.; HmbOVG JAmt 2004, 592 ff., § 74 Abs. 2 S. 2; BGH NJW 2006, 1121; Wiesner in Wiesner § 77 Rn. 1; Münder in FK-SGB VIII Vor Kap. 5 Rn. 6 mwN.

28 Dagegen liegt die **Gesamtverantwortung** für die Erfüllung der Jugendhilfeaufgaben einschließlich der Planungsverantwortung gemäß § 79 bei den Trägern der öffentlichen Jugendhilfe. Entgegen einer weit verbreiteten Meinung bedeutet Gesamtverantwortung aber nicht, dass die Träger der öffentlichen Jugendhilfe für die Arbeit der freien Träger in jedem Einzelfall die Letztverantwortung tragen und deshalb sämtliche freien Träger ständig kontrollieren können oder sogar müssen; denn Gesamtverantwortung hat mit der Durchführung der Aufgabe im Einzelfall nichts zu tun. Aus einer Aufgabe lassen sich im Rechtsstaat keine Eingriffsbefugnisse herleiten. Deshalb lassen sich aus der Gesamtverantwortung auch keine Kontroll- und Aufsichtsbefugnisse gegenüber freien Trägern ableiten (auch → Rn. 29 f. und → § 79 Rn. 15, wo Kunkel/Kepert zu Recht auf den Hilfeplan als adäquates Steuerungsinstrument hinweisen).[53] Gesamtverantwortung bedeutet nach dem klaren Wortlaut des § 79 Abs. 2, dass die Träger der öffentlichen Jugendhilfe verpflichtet sind, durch Förderung der Angebote der freien Träger und ggf. durch eigene Leistungsangebote und Maßnahmen zu gewährleisten, dass die erforderlichen und geeigneten Einrichtungen, Dienste und Veranstaltungen ausreichend und rechtzeitig zur Verfügung stehen (→ § 79 Rn. 11).

29 **3.2.2.2 Eingriffe bei Leistungserbringung durch freie Träger.** Eingriffe des öffentlichen Jugendhilfeträgers in die Leistungserbringung des freien Trägers sind nur nach Maßgabe des § 17 Abs. 3 SGB I iVm mit den speziellen Regelungen des SGB VIII insbes. bei den Finanzierungsregelungen möglich. Dem öffentlichen Jugendhilfeträger stehen damit in Bezug auf die konkrete Leistungserbringung keine Weisungsrechte zu.[54] Er ist auf die Nachprüfung zweckentsprechender Verwendung der öffentlichen Mittel beschränkt.

30 Deshalb ist es irreführend, von einem „Auftrag“ oder einem **„auftragsähnlichem Rechtsverhältnis“** zu sprechen.[55] Wegen Fehlens einer gesetzlichen Grundlage handelt es sich demnach um **unzulässige Auflagen** (unwirksam und somit nicht durchsetzbar), wenn in Förderbescheiden, in Vereinbarungen mit dem Träger der öffentlichen Jugendhilfe oder durch entsprechende „Weisungen“ freigemeinnützige Träger wie ein Beauftragter gebunden bzw. einer Rechtsaufsicht bzw. Fachaufsicht, in Entsprechung zur Kommunalaufsicht einschließlich deren Eingriffsbefugnissen, unterstellt werden sollen (→ § 36 Rn. 4, → § 79 Rn. 13).[56] Unzulässig sind beispielsweise Vertragsklauseln, die den Träger der freien Jugendhilfe verpflichten sollen, „in ständiger Kooperation mit der Bezirkssozialarbeiterin zu arbeiten“ (→ Rn. 8), „vierteljährlich Berichte über die Familiensituation dem Jugendamt vorzulegen“ (→ Rn. 8, → § 3 Rn. 10 f.), „die Arbeit mit dem Jugendamt abzusprechen“, „die Familiensituation im Beratungsteam zu erörtern, dem Vertreter des Jugendamtes, der Erziehungsberatungsstelle, Mitarbeiter der Sozialpädagogischen Familienhilfe und evtl. andere beteiligte Dienste angehören“ (→ Rn. 8). Alle diese Vertragsklauseln stellen eine fachliche Gängelei und Bevormundung des freien Trägers und seiner Mitarbeiter dar, die auch fachlichen Standards widerspricht. Es gefährdet die Wirksamkeit der Hilfe, wenn für die Leistungsberechtigten nicht mehr durchschaubar ist, ob sie sich den Mitarbeitern des freien Trägers anvertrauen können oder ob ihre persönlichen und intimen Angelegenheiten von diesen[57] dem JA mitgeteilt werden, das von vielen Leistungsberechtigten wegen seiner Eingriffsbefugnisse[58] gefürchtet wird. Die strikte Trennung von Hilfe auf der Grundlage einer Vertrauensbeziehung und angeblichen Mitteilungs-/Berichts-

53 HmbOVG SRA 2005, 77.
54 Luthe jurisPK-SGB VIII Rn. 24.
55 So auch Hauck/Noftz SGB X § 97 Rn. 7 f.
56 So auch Wiesner in Wiesner § 72a Rn. 16.
57 Sei es aus Unkenntnis der Rechtswidrigkeit oder aus Angst um ihren Arbeitsplatz.
58 S. Aufzählung bei Kunkel FamRZ 1997, 193.

pflichten gegenüber dem Amt sind unverzichtbare Voraussetzung für die Wirksamkeit erzieherischer und persönlicher Hilfe (→ Rn. 8; → § 3 Rn. 10 f.).[59]

31 **Datenschutzrechtlich** sind Vereinbarungen bzw. Weisungen über Berichts- und Mitteilungspflichten unzulässig und unwirksam. Der Träger der freien Jugendhilfe bzw. dessen Mitarbeiter würden damit das Persönlichkeitsrecht der Betroffenen verletzen, wenn ohne deren Einwilligung aufgrund des privatrechtlichen Vertrages über die Hilfe personenbezogene Daten dem JA mitgeteilt werden. Vereinbarungen nach § 8a Abs. 2 (alt) stellten einen sehr fragwürdigen **Vertrag zulasten Dritter** dar (→ § 3 Rn. 10 f.).[60] Die mit dem neuen BKiSchuG in § 8a Abs. 4 (neu) vorgeschlagenen Vereinbarungen, mit ihren klaren Verfahrens- und Qualitätsregelungen, schaffen eine sachgerechte und verhältnismäßige Informationspflicht für den freien Träger, wenn eine Kindeswohlgefährdung aus fundierter fachlicher Sicht nicht anders abwendbar erscheint (→ § 5 Rn. 23). Dem Träger der öffentlichen Jugendhilfe ist die Erhebung notwendiger Informationen grundsätzlich zunächst nur beim Betroffenen erlaubt (§ 62 Abs. 2). Diese **Ersterhebungspflicht** kann und darf er nicht dadurch umgehen, dass er die Kostenzusage für eine Leistung von der gesetzlich nicht vorgesehenen Voraussetzung abhängig macht, dass die Betroffenen vorher in die generelle Berichterstattung durch den freien Träger einwilligen. Im Übrigen wäre eine derartige Vorweg-Einwilligung wegen fehlender Bestimmtheit unwirksam, weil im Zeitpunkt der Einwilligung völlig ungewiss ist, auf welche Daten sie sich bezieht. Zulässig ist allenfalls, dass der freie Träger eindeutig bestimmte Daten, in deren Weitergabe an den öffentlichen Träger die Betroffenen schriftlich eingewilligt haben, dem öffentlichen Träger mitteilt, zB im Rahmen der Mitwirkung der Klienten nach §§ 60 ff. SGB I bei der Überprüfung der Weitergewährung von Leistungen der Jugendhilfe,[61] insbesondere nach § 36 Abs. 2 S. 2, 3. Verletzen der freie Träger bzw. dessen Mitarbeiter Persönlichkeitsrechte der Betroffenen, indem unzulässigerweise personenbezogene Daten an den öffentlichen Träger weitergegeben werden, kann eine vermögensrechtliche **Haftung** aus Vertrag (→ § 5 Rn. 18) begründet sein. Die Verletzung der strafrechtlichen Schweigepflicht durch die in § 203 Abs. 1 StGB genannten Mitarbeiter ist mit Geldstrafe oder Freiheitsstrafe bis zu einem Jahr bedroht (→ § 61 Rn. 13). Ein Rechtfertigungsgrund für Berufsgeheimnisträger kann bei entsprechender Abwägung der unterschiedlichen Rechtsgüter von Datenschutz und Kindeswohl aufgrund einer Vereinbarung nach § 8a Abs. 4 (neu) gegeben sein (→ § 5 Rn. 23). Dies intendiert auch § 4 Abs. 3 KKG.[62] Mitarbeiter des öffentlichen Trägers, die zu Verletzungen der strafrechtlichen Schweigepflicht auffordern, machen sich wegen Anstiftung nach § 26 StGB strafbar.

32 **3.2.3 Eingriffe in die Gestaltung der Organisationsstruktur.** Der Träger der öffentlichen Jugendhilfe nimmt unzulässige Eingriffe in die **Gestaltung der Organisationsstruktur** des Trägers der freien Jugendhilfe vor, wenn er beispielsweise **Arbeitgeberbefugnisse** bei Fachkräften ausüben will, die Arbeitnehmer des freien Trägers sind, wenn er Personalentscheidungen zu beeinflussen sucht oder sich sonstige Mitsprache-, Aufsichts- und Genehmigungsbefugnisse vorbehalten will.[63] Er darf auch nur auf der Prüfung von Belegen bestehen, keinesfalls steht ihm ein Einblick in Wirtschaftlichkeitsberechnungen, die Gewinn- oder Verlustrechnung oder Bilanzunterlagen zu. Nur ausnahmsweise, wenn und soweit eine gesetzliche Vorschrift dies erlaubt, darf er Einrichtungen freier Träger überprüfen, mit Bewohnern sprechen und die Beschäftigten (soweit sie Antworten wollen) befragen (§ 46 Abs. 2). Unzulässig, unwirksam und nicht durchsetzbar sind deshalb alle Absprachen und Vereinbarungen, die dem JA bzw. des-

59 8. Jugendbericht, BT-Drs. 11/6576, 140.
60 Grds. Elmauer/H. Schindler SRa 2007, 81.
61 Zum Umfang der notwendigen Datenweitergabe Elmauer/H. Schindler SRa 2007, 81.
62 Vgl. Czerner ZKJ 2012, 301 (304).
63 Trenk-Hinterberger in Giese/Krahmer SGB I/X.

sen Mitarbeitern eine Mitwirkung bei der Personalauswahl des freien Trägers oder Weisungs-, Auskunfts- und/oder Kontrollrechte gegenüber Mitarbeiter/innen des freien Trägers einräumen sollen. Folglich sind die bei → Rn. 30 genannten Beispiele für Verstöße gegen das Gebot der unbeeinflussten Durchführung der Aufgabe auch Beispiele für unzulässige Eingriffe in die Organisationsstruktur des freien Trägers, soweit die Mitarbeiter des freien Trägers verpflichtet werden, ihre fachliche Arbeit mit dem JA abzusprechen oder in Beratungsgremien des JA zu erörtern.[64]

4 Beschränkter Konkurrenzschutz geeigneter anerkannter freier Träger (Abs. 2)

33 Die Betätigungsmöglichkeiten der öffentlichen Jugendhilfe werden in Abs. 2 dadurch eingeschränkt, dass anerkannten Trägern der freien Jugendhilfe ein in verschiedener Hinsicht **eingeschränkter Vorrang**, eine **bedingte Funktionssperre,**[65] **gegenüber der öffentlichen Jugendhilfe** eingeräumt worden ist. Dies setzt aber zwingend voraus, dass einem **anerkannten Träger** der freien Jugendhilfe grds. die Durchführung dieser Leistungen (§ 2 Abs. 2) überlassen wird.[66]

34 Das **Rangverhältnis** zwischen der öffentlichen Jugendhilfe und der freien Jugendhilfe war in der Vergangenheit äußerst strittig. In der Auseinandersetzung, die ideologische, konfessionelle und parteipolitische Hintergründe hatte, spielte das **Subsidiaritätsprinzip** der kath. Soziallehre eine große Rolle, das dem einzelnen Menschen und den gesellschaftlichen Gruppierungen die größtmögliche Freiheit gegenüber den jeweils größeren Gruppierungen und insbesondere gegenüber dem Staat sichern soll. Die Anwendung dieses Prinzips auf den Bereich der Jugendhilfe hätte die Konsequenz, dass staatliche Jugendhilfeträger alle Aufgaben nicht wahrnehmen sollten, die von einzelnen Menschen oder Gruppierungen genauso gut oder besser wahrgenommen werden könnten. Auf dieses freiheitssichernde Prinzip hat aber das BVerfG seine Entscheidung vom 18.7.1967[67] nicht gestützt. Stattdessen hat das Gericht aus dem Grundgesetz, insbesondere den Grundrechtsbestimmungen und dem Sozialstaatsprinzip **Grundsätze für die „gemeinsame Bemühung von Staat und freien Jugend- und Wohlfahrtsorganisationen“** abgeleitet, die wohl letztlich **fiskalisch orientiert** sind. Sie stellen vor allem auf Effektivität und Effizienz ab, dh die möglichst wirtschaftliche Verwendung der zur Verfügung stehenden öffentlichen und privaten Mittel bei weitgehendem Schutz von Struktur und Bestand der öffentlichen Jugendhilfe. Nach Auffassung des BVerfG können demnach Maßnahmen und Einrichtungen, die bisher von öffentlichen Trägern durchgeführt bzw. unterhalten wurden, zeitlich unbegrenzt in staatlicher Hand bleiben, auch wenn freie Träger oder Selbsthilfegruppen die Jugendhilfeaufgabe gleichwertig und kostenneutral übernehmen könnten.

35 **Landesrechtliche Regelungen** wie in Bayern[68] können den ausdrücklichen **Vorrang der freien Jugendhilfe** festschreiben (Art. 13 AGSBG). Die Träger der öffentlichen Jugendhilfe sollten demnach erst dann für erforderliche Einrichtungen, Dienste und Veranstaltungen selbst Sorge zu tragen, wenn Träger der freien Jugendhilfe auch mit öffentlicher Förderung nach § 74 SGB VIII dazu nicht bereit oder nicht in der Lage sind.

64 Wiesner in Dokumentation des Vereins für Kommunalwissenschaften, Hrsg., 1998, S. 16.
65 So Wiesener in Wiesner Rn. 3.
66 So ausdrücklich BVerwG 22.10.2009 – JA 2009, 40 (42); Wiesner in Wiesner Rn. 15.
67 BVerfGE 22, 200 ff.
68 Die auch konfliktbereit im Jugendhilfeausschuss eingefordert werden müssen.

4.1 Öffentliche Jugendhilfe, Adressat der Norm

Die Soll-Vorschrift richtet sich an die öffentliche Jugendhilfe. Daraus ergibt sich, dass der Träger der öffentlichen Jugendhilfe nicht nur von eigenen Maßnahmen absehen soll, die er selbst verantwortet, wenn ein geeigneter **anerkannter Träger** die Aufgabe wahrnehmen will. Der **eingeschränkte Konkurrenzschutz** soll – für **alle Arten öffentlicher Träger** gelten – auch dann beachtet werden, wenn ein Eigenbetrieb oder eine vom öffentlichen Träger kontrollierte GmbH, Stiftung usw oder ein anderer öffentlicher Träger die Aufgabe übernehmen soll.[69] 36

4.2 Anerkannte Träger

Der eingeschränkte **Schutz gegen öffentliche Konkurrenz** steht nach der gesetzlichen Formulierung nur **gemeinnützigen anerkannten Trägern** zu. Da die Anerkennung in den ersten drei Jahren grundsätzlich im Ermessen des Trägers der öffentlichen Jugendhilfe steht, können sich für Selbsthilfegruppen und freie Träger mit innovativen Konzepten grds. Schwierigkeiten ergeben (→ § 75 Rn. 2). Privat-gewerbliche Träger werden nicht gegen öffentliche Konkurrenz geschützt (→ Rn. 21).[70] Bezweifelt wird, ob die Privilegierung der anerkannten Träger verfassungsrechtlich und europarechtlich gerechtfertigt ist bzw. zukünftig beibehalten werden kann, auch wenn es aus Gründen der Daseinsvorsorge (Dauerhaftigkeit, Verlässlichkeit, Gemeinnützigkeit) mehr als berechtigt ist (→ § 3 Rn. 16).[71] 37

4.3 Einrichtungen, Dienste, Veranstaltungen

Der eingeschränkte Konkurrenzschutz gilt für alle Maßnahmen, die der Erfüllung der Aufgaben der Jugendhilfe dienen. Die Vorschrift unterscheidet zwischen Einrichtungen, Diensten und Veranstaltungen: **„Einrichtungen"** steht für die Erfüllung von Aufgaben unter Einsatz besonderer Sachmittel (zB Kindergartengebäude, Spielmaterial, Sandkasten) und personeller Mittel (Leiterin, Erzieherinnen, Zweitkräfte). Der Begriff **„Dienste"** erfasst Aufgaben, deren Erfüllung außer personellem Einsatz keine aufgabenspezifischen Sachmittel erfordert (zB Sozialpädagogische Familienhilfe nach § 31, Streetwork, Erziehungsbeistandschaft, Beratung in Fragen der Partnerschaft und Scheidung). **„Veranstaltungen"** sind kurzfristige zeitlich begrenzte Angebote oder Leistungen (zB zweistündige Information einer Schulklasse über die Gefahren des Drogenkonsums). Im Einzelfall kann die Abgrenzung schwierig sein. Jedoch ist eine scharfe begriffliche Abgrenzung nicht erforderlich, weil der Vorrang nach § 4 Abs. 2 für alle Maßnahmen gilt. 38

4.4 Eignung

Vorrang haben Einrichtungen, Dienste und Veranstaltungen des freien Trägers nur, soweit sie geeignet sind, bereits betrieben werden oder rechtzeitig geschaffen werden können.[72] 39

4.4.1 Eignungskriterien. Eignungskriterien nennt das Gesetz an dieser Stelle nicht ausdrücklich. Es gilt deshalb die allgemeine Regelung in § 97 Abs. 1 SGB X analog (zu Jugendhilfeleistungen im Rechtsanspruch gesicherten Bereich → Rn. 25). Hiernach muss der Träger der öffentlichen Jugendhilfe sicherstellen, dass der freie Träger über **fachliche Konzeptionen** für Leistungsangebote verfügt, die an den Wünschen, Bedürfnissen und Interessen von Leistungsadressaten, Benutzern, Bewohnern usw orientiert 40

69 OVG NRW SRa 2005, 107.
70 So das BVerwG NJW 2005, 3134.
71 Münder in FK-SGB VIII Rn. 15; Wiesner in Wiesner Rn. 29; Kern in SFMK Rn. 16, Luthe in jurisPK-SGB VIII Rn. 37.
72 S. aber landesrechtliche Regelungen, zB Bayern, Art. 13 AGSGB.

sind, und dass er in der Lage ist, diese Konzeptionen zu verwirklichen. Münder will jugend- und kommunalpolitische Elemente einfließen lassen,[73] die sehr spezifisch sind, bis in konzeptionelle und strukturelle Eigenheiten der freien Träger reichen und kaum mit den §§ 78a–g vereinbar sein dürften. Wiesner[74] kommt zurückhaltender[75] zu einem offenerem Ergebnis: Er leitet aus den §§ 5, 9, 74, 75, 80 Abs. 2 ab, dass zumindest die Einhaltung der üblichen fachlichen Standards gesichert sein muss. Eine **optimale** Ausstattung mit Personal und Sachmitteln kann vom freien Träger **nicht** verlangt werden (→ Rn. 16).[76] Jedoch muss der freie Träger auch bei Ausfall von Personal im üblichen Rahmen durch Urlaub, Krankheit, Mutterschutzfristen, Elternzeit usw in der Lage sein, seine Leistungen weiter zu erbringen, damit der Jugendhilfebedarf, auf den sich sein Angebot bezieht, nicht ungedeckt bleibt. Diese Voraussetzung kann von freien Trägern mit sehr wenigen Mitarbeitern uU nur schwer oder kaum dauerhaft erfüllt werden (zur Anerkennung als freier Träger → § 75 Rn. 10 ff.). Im Verfahren der Eignungsprüfung ist noch nicht zu prüfen, ob der betroffene freie Träger die von ihm wahrgenommene Aufgabe wirtschaftlich durchführt. Diese Prüfung ist erst dann erforderlich, wenn der freie Träger Förderung nach § 74 beantragt.[77]

41 **4.4.2 Partielle Eignung.** Der Vorrang der freien Jugendhilfe besteht nicht nur, wenn deren Angebot völlig deckungsgleich mit der geplanten Maßnahme des Trägers der öffentlichen Jugendhilfe ist. Er besteht auch dann, wenn das Angebot räumlich, fachlich oder in Hinblick auf die Adressaten nur einen **Teilbereich**, im Sinne einer **partiellen Eignung**, abdeckt („soweit"). In diesem Falle hat der Träger der öffentlichen Jugendhilfe zu beachten, dass er aufgrund seiner Gesamtverantwortung einschließlich der Planungsverantwortung ein möglichst wirksames, an den Wünschen, Bedürfnissen und Interessen junger Menschen und deren Familien orientiertes vielfältiges und aufeinander abgestimmtes Angebot zu gewährleisten hat (→ § 79 Rn. 9). Er darf sich deshalb nicht über den Vorrang hinwegsetzen, wenn durch das Angebot des freien Trägers insgesamt höhere Kosten entstehen, zB weil es nur auf einen sehr kleinen oder besonderen Kreis von Adressaten ausgerichtet ist.

4.5 Betreiben und rechtzeitiges Schaffen

42 Der Schutz der freien Jugendhilfe vor der Konkurrenz mit öffentlichen Trägern setzt voraus, dass ein anerkannter Träger der freien Jugendhilfe **bereits entsprechend tätig ist** bzw. in der Lage ist, geeignete Einrichtungen, Dienste oder Veranstaltungen rechtzeitig zu schaffen. Der Träger der öffentlichen Jugendhilfe darf deshalb eine bereits von einem freien Träger wahrgenommene Aufgabe nicht mit der Begründung an sich ziehen, er bzw. ein von ihm errichteter Eigenbetrieb habe Personal frei.[78] In diesem Falle hat er durch geeignete organisatorische Maßnahmen seine Personalsituation zu bereinigen.[79] Der öffentliche Träger ist aber nicht gehindert, einem freien Träger im Rahmen einer vereinbarten Frist zu kündigen und dann die Leistung selbst anzubieten. Ein Kündigungsverbot ergibt sich aus dem Verhältnis öffentliche/freie Jugendhilfe nicht.[80] Dies mag zunächst widersprüchlich klingen, aber schließt der freie Träger eine Vereinbarung mit regulären Kündigungsfristen und beschränkt die Kündigung nicht

73 Vgl. Münder in FK-SGB VIII Rn. 17.
74 In Wiesner Rn. 22.
75 In Anlehnung an Zacher, Freiheit, S. 36, in einem partiellen, relativen Funktionsvergleich.
76 BVerwGE 72, 38.
77 OVG Lüneburg RsDE 24, 66; Happe/Saurbier in JHSM Rn. 33.
78 OVG NRW SRA 2005, 107.
79 NdsOVG RsDE 24 (1993), 65 f.
80 VG Halle 31.1.2020 – 3 A 542/17.

nur auf außerordentliche Gründe, so verzichtet er selbst durch Vertrag auf einen weitergehenden Konkurrenzschutz nach § 4.

Der Konkurrenzschutz besteht darüber hinaus nur, wenn bei dem freien Träger geeignete und ausreichende Einrichtungen und Dienste bereits vorhanden sind bzw. innerhalb der für Planung, Bau, Konzepterstellung usw üblicherweise erforderlichen Vorbereitungszeit ihre Arbeit aufnehmen können.[81]

Hat der Träger der öffentlichen Jugendhilfe entgegen seiner Verpflichtung aus § 80 Abs. 3 die anerkannten Träger der freien Jugendhilfe nicht frühzeitig über seine Absichten informiert, so dass die freien Träger ihre Vorbereitungen erst später als der Träger der öffentlichen Jugendhilfe aufnehmen und abschließen könnten, darf diese Pflichtverletzung nicht dazu führen, dass die freien Träger ausgeschlossen sind.

4.6 Verfahren und Rechtsschutz

Die **Entscheidung über die Eignung**, mit der auch über den Vorrang entschieden wird, hat der Träger der öffentlichen Jugendhilfe im Rahmen seiner Gesamtverantwortung einschließlich der Planungsverantwortung zu treffen (→ § 79 Rn. 3). Sie setzt demnach voraus, dass er seiner Verpflichtung, den Bestand an Einrichtungen und Diensten festzustellen sowie den Bedarf unter Berücksichtigung der Adressatenwünsche zu ermitteln, nachgekommen ist. Soweit und solange allerdings der vielerorts rudimentäre Entwicklungsstand der Jugendhilfeplanung[82] andauert, werden die Entscheidungen über die Eignung nicht ausreichend sachlich und fachlich abgesichert werden können. 43

Zuständig für die Entscheidung über die Eignung ist wegen der Bedeutung der Angelegenheit der **JHA** (→ § 70 Rn. 7). Die Eignung ist durch VA festzustellen, wenn die Eignungskriterien erfüllt sind. Gegen eine ablehnende Entscheidung kann der in seinem Grundrecht auf Freiheit der Berufsausübung gemäß Art. 12 GG in Verbindung mit § 4 Abs. 2 betroffene freie Träger **Widerspruch** und – falls dieser erfolglos bleibt – Verpflichtungs**klage** erheben (→ Anh. 5 Rn. 76). Das BVerwG und das BVerfG haben übereinstimmend festgestellt, dass die Kriterien „Bedarfsgerechtigkeit, medizinische Leistungsfähigkeit und Wirtschaftlichkeit" der **vollen gerichtlichen Überprüfung** unterliegen, weil sie sämtlich objektivierbar seien.[83] Da sie den jugendhilferechtlichen Eignungskriterien sehr ähnlich sind, ist anzunehmen, dass auch diese in vollem Umfang der verwaltungsgerichtlichen Kontrolle unterliegen.[84] Nach der genannten Rechtsprechung ist ein **Beurteilungsspielraum** nur gegeben, wenn eine Auswahl zwischen **mehreren geeigneten** freien Trägern zu treffen ist. In Eilfällen kann ein betroffener freier Träger eine **einstweilige Anordnung** gemäß § 123 VwGO (→ Anh. 5 Rn. 90; → § 74 Rn. 52) erwirken, durch die dem Träger der öffentlichen Hilfe bis zur endgültigen Entscheidung untersagt wird, selbst die Maßnahme vorzunehmen bzw. dem konkurrierenden freien Träger den Vorrang einzuräumen (zum unzulässigen Sozialraumbudget → § 5 Rn. 5).[85]

5 Förderung der freien Jugendhilfe (Abs. 3)

Die allgemeine Regelung in Abs. 3 über die Pflicht der öffentlichen zur Förderung der freien Jugendhilfe hat als Programmsatz keine selbstständige rechtliche Bedeutung. Sie soll deutlich machen, dass die Beziehungen zwischen der öffentlichen und der freien Jugendhilfe nicht nur durch partnerschaftliche Zusammenarbeit (Abs. 1) und Abgrenzung der Tätigkeitsbereiche (Abs. 2), sondern in besonderem Maße durch die finanzi- 44

81 Kern in SFMK Rn. 18.
82 11. Ki/JuBericht, 255.
83 BVerfG NJW 2004, 1648.
84 So auch Wiesner in Wiesner Rn. 23.
85 HmbOVG SRA 2005, 77; OVG NRW SRA 2005, 107.

elle Förderung der freien Jugendhilfe bestimmt werden. **Rechtsgrundlage für die Förderung** ist § 74 (s. Erl. dort).

5.1 Beteiligung von Kindern, Jugendlichen und Eltern

45 Das KJSG hat mit der Formulierung „Beteiligung von Kindern, Jugendlichen und Eltern" den bisherigen Begriff „Stärkung der Selbsthilfe" ersetzt. Ausweislich der Gesetzesbegründung soll diese Betonung der erforderlichen Beteiligung die Stellung der Adressatinnen und Adressaten der Kinder- und Jugendhilfe stärken, während die Selbsthilfe in § 4a Abs. 3 aufgegriffen wird. Die ursprüngliche Formulierung berücksichtigte insoweit, dass sich vermehrt junge Menschen und Eltern zu **Selbsthilfe- und Bürgerinitiativen** zusammenschließen, die ohne Anbindung an die Träger der öffentlichen Jugendhilfe bzw. an konfessionell oder weltanschaulich ausgerichtete freie Träger bedeutsame Jugendhilfeleistungen erbringen.[86] Dies greift nun § 4a auf, der in Abs. 1 explizit die Leistungsempfänger und Leistungsberechtigten anspricht. Wobei man dort auch „Kinder, Jugendliche und Eltern" hätte benennen können. Der Mehrwert der neuen Formulierung bleibt damit unklar und sie kann eher zu Abgrenzungsfragen hinsichtlich des Verhältnisses von § 4 Abs. 3 und § 4a führen.

5.2 Maßnahmen der traditionellen freien Träger

46 Die Vorschrift begünstigt nicht nur selbstständige Selbsthilfegruppen, sondern auch Gruppen und Maßnahmen **der traditionellen freien Träger**, wenn diese zunehmend durch Öffnung ihrer Organisationsstrukturen das Prinzip der Selbsthilfe der Betroffenen bei der Entwicklung neuer Konzepte berücksichtigen.

6 Haftungsfragen

6.1 Haftung des öffentlichen Trägers:

47 **6.1.1 Vermögensrechtliche Haftung gegenüber dem freien Träger.** Der öffentliche Träger kann dem freien Träger zum Schadensersatz wegen Amtspflichtverletzung gemäß § 839 BGB/Art. 34 GG verpflichtet sein, wenn ein Organträger oder Mitarbeiter bei den Vertragsverhandlungen oder nach Abschluss eines Vertrages über Zuwendungen bzw. Entgelte seine Pflichten schuldhaft verletzt und dadurch der freie Träger einen Schaden erleidet. Aufklärungspflichten entstehen schon mit dem Eintritt in Vertragsverhandlungen. Ein Verschulden liegt nach der Rechtsprechung stets vor, wenn dem freien Träger unrichtige oder unvollständige Informationen gegeben werden, weil der für den öffentlichen Träger handelnde Amtsinhaber nicht über die für sein Amt erforderlichen Kenntnisse verfügt.[87] Auch den in Vergabeverfahren oder durch die Vergabe von Leistungskontingenten benachteiligten anerkannten Trägern können Schadensersatzansprüche wegen Verletzung ihres in § 4 Abs. 2 gesetzlich konkretisierten Grundrechts auf Freiheit der Berufsausübung zustehen (→ Rn. 21).

48 **6.1.2 Vermögensrechtliche Haftung gegenüber Personensorgeberechtigten, Kindern und Jugendlichen bei Fehlern des freien Trägers.** Der Träger der öffentlichen Jugendhilfe haftet grundsätzlich nicht für Fehler des freien Trägers und dessen Mitarbeiter nach § 839 BGB, Art. 34 GG. Der freie Träger ist weder beliehener Unternehmer noch Verwaltungshelfer noch weisungsgebunden bei der Durchführung von Leistungsaufgaben (§ 3 Abs. 2). Der öffentliche Träger haftet auch nicht für den freien Träger als Erfüllungsgehilfe oder als Beauftragter aus einem verwaltungsrechtlichen Schuldverhältnis zwischen Jugendamt und Kind/Jugendlichen/PSB.[88] Deshalb ist es irreführend, den

86 11. Ki/JuBericht, 68.
87 Objektivierter Verschuldensmaßstab: BGH NVwZ 2001, 709.
88 BGH NJW 2006, 1121.

freien Träger als Erfüllungsgehilfen oder als Beauftragten zu bezeichnen und daraus rechtliche Folgerungen abzuleiten (→ § 36 Rn. 4; Kunkel/Kepert sprechen an dieser Stelle nur von „vom öffentl. Träger abgeleiteter Hilfe", die wohl keine Mithaftung auslösen soll). Eine **Haftung des Trägers der öffentlichen Jugendhilfe** kann sich demnach nur aus **eigenem Verschulden** ergeben, wenn er beispielsweise Jugendhilfeaufgaben von ungeeigneten freien Trägern wahrnehmen lässt oder wenn er freien Trägern Zuwendungen oder Entgelte in so niedriger Höhe gewährt, dass eine qualifizierte, das Kindeswohl sichernde Arbeit nicht möglich ist.

6.1.3 Strafrechtliche Garantenstellung der Mitarbeiter des öffentlichen Trägers. Eine **strafrechtliche Garantenstellung** kann für einen bestimmten Mitarbeiter des Jugendamtes durch die Beauftragung mit der (auch teilweisen) Fallbearbeitung in ihren unterschiedlichsten Formen geschehen. Entscheidend ist aber, ob eine **Garantenpflicht** für den Mitarbeiter entstanden ist, die sein **mögliches Unterlassen einem aktiven Tun gleichstellt.** 49

Zuerst ist zu prüfen, ob eine Garantenstellung vorliegt. Dann, ob sich aus dieser Garantenstellung eine Garantenpflicht ableiten lässt. Dabei ist den Kriterien, wann sich aus einer Garantenstellung eine Garantenpflicht im eigentlichen Sinne entwickelt, besondere Aufmerksamkeit zu widmen. Ein Unterlassen setzt voraus, dass der Hilfebedürftige seinem Garanten **Vertrauen** schenken durfte und dieser Garant auf das Tatgeschehen bestimmenden Einfluss nehmen konnte, also eine **Herrschaft über das Tatgeschehen** im tatsächlichen Sinne hatte.[89] Ob die Herrschaft tatsächlich von der in institutionelle Zwänge verstrickten Fachkraft im öffentlichen Dienst ausgeübt wird, ist zweifelhaft. Wie schwer dieser Nachweis gegenüber Fachkräften der öffentlichen Jugendhilfe durch die Gerichte zu führen ist, zeigt die lesenswerte Betrachtung von Mörsberger,[90] trotz der Forderung der Öffentlichkeit nach Schuldigen und der dadurch hervorgerufenen Absicherungsanstrengungen der Leitungskräfte in den Institutionen.

Der **Inhalt** der **strafrechtlichen Garantenpflicht** bestimmt sich für Mitarbeiter in der öffentlichen Jugendhilfe nach den gesetzlichen Vorschriften des SGB VIII. Um eine Verletzung des Kindes oder Jugendlichen verschuldet zu haben, muss der für den Fall zuständigen Fachkraft nach § 72[91] der Verstoß gegen Sorgfaltspflichten nachgewiesen werden. Bei Anhaltspunkten für eine Gefährdung des Wohls eines Kindes oder Jugendlichen hat das Jugendamt das in § 8a vorgeschriebene Verfahren einzuhalten. Dem JA, dh dessen Fachkräften steht bei der Entscheidung über HzE ein Beurteilungsspielraum zu. Ob eine auf einer Prognose über das künftige Verhalten von Menschen beruhende Entscheidung fachlich und damit rechtlich zu verantworten ist, kann weder ein Jurist des Rechtsamts[92] noch ein Strafrichter beurteilen. Juristen verfügen in aller Regel nicht über die dafür erforderliche fachliche Kompetenz in Fragen der Pädagogik und der sozialen Arbeit. Wenn Strafrichter gleichwohl derartige Beurteilungen vornehmen und damit zugleich den pädagogischen und sozialen Fachkräften unter Strafandrohung Handlungsanweisungen für die Arbeit im JA geben wollen, greifen sie massiv in die Verwaltung („vollziehende Gewalt") ein und überschreiten die Grenze, die der Rechtsprechung durch den Grundsatz der Gewaltentrennung in der Verfassung gesetzt ist.[93] Mörsberger[94] spricht zu Recht davon, wenn Postulate aus dem Katalog von § 8a bei Nichtbeachtung als strafrechtlich relevante Verletzung von Sorgfaltspflichten ge

89 So sehr klar Mörsberger ZKJ 2013, 61 (67), unter Bezugnahme auf Hefendehl RdJB 2005, 474 (480).
90 ZKJ 2013, 21 (22).
91 Zur institutionellen Problematik Mörsberger ZKJ 2013, 61 (66).
92 So aber Bringewat, Tod eines Kindes, S. 114.
93 Art. 20 Abs. 2 GG; vgl. hierzu aber Kunkel StV 2002, 333.
94 ZKJ 2013, 61 (64).

deutet werden, würden fachlich-methodische Gesichtspunkte außer Acht gelassen. Dies ist wohl der Verkürzung der Ziele der Kinder- und Jugendhilfe auf die bloße Gefahrenabwehr, und gerade nicht bezogenen auf eine gedeihliche Entwicklung zum Wohl des Kindes mit allen ihren Chancen und Risiken, geschuldet.[95]

Davon zu unterscheiden ist die Frage der **Verantwortlichkeit der Fachkraft im Jugendamt**, wenn die Leistung der **Hilfe durch einen freien Träger** erfolgt. Ob aus der Aufgabe zur Gewährleistung des Kindeswohls durch Hilfe zur Erziehung Eingriffsbefugnisse gegenüber dem freien Träger bestehen, kann sich wegen der autonomen Tätigkeit freier Träger (→ Rn. 21 f.; → § 3 Rn. 17 u. 19) nur aus gesetzlichen Vorschriften ergeben, die gerade solche Kontrollen und Eingriffsbefugnisse regeln sollen.

Aus dem in das SGB VIII eingefügten § 8a Abs. 4 als Verfahrensvorschrift bei Kindeswohlgefährdungen ergibt sich, dass Kontrollbefugnisse des Jugendamtes über freie Träger nicht bestehen. So wie sich die Schutzpflichten des freien Trägers aus dem Vertrag über die Hilfe mit dem Kind oder dem Jugendlichen, vertreten durch die PSB, ergeben,[96] begründet sich die eigenständige Garantenstellung der Fachkräfte freier Träger aus eben diesen Schutzpflichten, unabhängig vom öffentlichen Träger.[97] Aus dem Schutzauftrag des öffentlichen Trägers (§ 1 Abs. 2 S. 2, Abs. 3 Nr. 3) als einer anderen Aufgabe lässt sich keine Eingriffsbefugnis gegenüber freien Trägern herleiten. Ein derartiger Eingriff in das Selbstbestimmungsrecht eines freien Trägers wäre nur zulässig, wenn es eine entsprechende gesetzliche Eingriffsermächtigung geben würde. Diese existiert aber nicht. Das in diesem Zusammenhang gern zitierte, aber selten auf die Stichhaltigkeit der Begründung überprüfte Urteil des OLG Oldenburg[98] steht dieser Auffassung nicht entgegen, weil es keine Begründung dafür enthält, sondern zunächst die unrichtige Feststellung trifft, die Sozialpädagogische Familienhilfe sei dem freien Träger vom JA gemäß § 3 „übertragen" worden. Aus § 76 Abs. 1 (→ § 76 Rn. 3) ergibt sich aber eindeutig, dass sie gerade nicht zu den übertragbaren anderen Aufgaben gehört. Auch die weitere Feststellung, aus der „Übertragung" ergebe sich, dass der öffentliche Träger zu einer Durchführungskontrolle verpflichtet sei, steht in Widerspruch zu dem für das Jugendamt geltenden ausdrücklichen gesetzlichen Verbot, in die Durchführung der Aufgaben durch den freien Träger nicht einzugreifen (§ 4 Abs. 1 S. 2, → Rn. 25). Es liegt nur eine Inanspruchnahme durch den Bürger vor (→ § 77 Rn. 1 zum Begriff; § 36a Abs. 1 S. 1).

Es trifft ferner nicht zu, dass die **strafrechtliche Garantenpflicht** der Mitarbeiter des öffentlichen Trägers stets erhalten bleibt, wenn ein **freier Träger die Leistung auf Wunsch des Berechtigten erbringt.** Der Bundesgerichtshof hat in ständiger Rechtsprechung anerkannt, dass der Garant zu eigenen Kontrollen nicht mehr verpflichtet ist, wenn er darauf vertrauen kann, dass der Dritte zuverlässig ist.[99] Für die Garantenstellung der ASD-Mitarbeiterin ist aus dieser Rechtsprechung abzuleiten, dass sie zu einer Kontrolle des freigemeinnützigen Trägers nicht verpflichtet ist, wenn dessen Eignung gemäß § 75 SGB VIII und § 97 Abs. 1 SGB X feststeht und eine Vereinbarung gemäß § 77 (zu den Vereinbarungen nach § 8a Abs. 4 → § 3 Rn. 10 f.) abgeschlossen ist; denn in diesem Falle ist der öffentliche Träger sogar gesetzlich verpflichtet, vertrauensvoll

95 Grundlegend hierzu Mörsberger ZJK 2013, 21 ff. und 61 ff.
96 Elmauer/H. Schindler SRa 2007, 81 (85); Gesetzesbegründung BKiSchG BT-Drs. 17/6256, 20 f.
97 Kern in SFMK § 8a Rn. 14.
98 ZfJ 1997, 56.
99 Zuletzt in NStZ 2002, 421 mwN.

mit dem freien Träger zusammen zu arbeiten und diesen selbstverantwortlich arbeiten zu lassen.[100]

6.2 Haftung des Trägers der freien Jugendhilfe

6.2.1 Vermögensrechtliche Haftung gegenüber den Personensorgeberechtigten, den Kindern und den Jugendlichen. Der Träger der freien Jugendhilfe, der auf Wunsch der PSB eine Jugendhilfeleistung erbringt, steht in einem privatrechtlichen Vertragsverhältnis mit dem Kind, vertreten durch die PSB. Er hat die volle Letztverantwortung für den Einzelfall, wenn er auf Wunsch eines Leistungsberechtigten eine Leistung im Dreiecksverhältnis (→ § 5 Rn. 17 f.) erbringt. Für seine vertragliche Haftung und für seine Haftung sowie die Haftung der Mitarbeiter wegen unerlaubter Handlung gelten die Vorschriften des Bürgerlichen Gesetzbuches. 50

6.2.2 Vermögensrechtliche Haftung gegenüber dem Träger der öffentlichen Jugendhilfe. Eine vermögensrechtliche Haftung des Trägers der freien Jugendhilfe, der auf Wunsch der Leistungsberechtigten eine Leistung erbringt, könnte gegenüber dem Träger der öffentlichen Jugendhilfe nur begründet werden, wenn Mitarbeiter des freien Trägers die Leistung nicht oder nur teilweise oder sonst wie nicht vereinbarungsgemäß erbringen und dadurch dem Träger der öffentlichen Jugendhilfe ein Schaden entstünde. Dies wäre dann der Fall, wenn durch die Kostenzusage des Trägers der öffentlichen Jugendhilfe und deren Annahme durch den Träger der freien Jugendhilfe nicht nur ein Schuldbeitritt (so aber die hM, → § 5 Rn. 19 f.), sondern eine Schuldübernahme und damit ein jugendhilferechtliches Schuldverhältnis (so → § 78a Rn. 10) begründet werden würde. Damit wäre der Träger der freien Jugendhilfe dann auch gegenüber dem öffentlichen Träger verpflichtet, die Leistung wie mit den Klienten (vertreten durch die PSB, diese auch Anspruchsberechtigte der erz. Hilfe, vgl. §§ 27 ff.) zivilvertraglich abgeschlossen, vereinbarungsgemäß zu erbringen und den Träger der öffentlichen Jugendhilfe vor Schäden zu bewahren.[101] 51

6.2.3 Strafrechtliche Garantenstellung der Mitarbeiter des freien Trägers. Die strafrechtliche Verantwortlichkeit der Mitarbeiter des freien Trägers wird bezogen auf die Garantenstellung anders als bei Mitarbeitern des Trägers der öffentlichen Jugendhilfe begründet. Eine **strafrechtliche Garantenstellung** kann für einen Mitarbeiter des freien Trägers durch den Vertrag über die Hilfe begründet werden, wenn ein freier Träger sich auf Wunsch der Leistungsberechtigten verpflichtet, durch seine Angestellten als Erfüllungsgehilfen HzE zu leisten und damit einen Mitarbeiter betraut. Dies gilt unabhängig vom staatlichen Schutzauftrag, da sich die Schutzpflichten des freien Trägers aus dem Vertrag über die Hilfe mit dem Kind oder dem Jugendlichen, vertreten durch die PSB, ergeben.[102] Damit leitet sich die eigenständige Garantenstellung der Fachkräfte freier Träger aus eben diesen Schutzpflichten, unabhängig vom öffentlichen Träger, her.[103] 52

Bevor die Verletzung von Sorgfaltspflichten, und damit das Maß des Verschuldens ermittelt wird, ist wie bei Mitarbeitern des öffentlichen Trägers zu prüfen, ob eine Garantenpflicht aufgrund der Garantenstellung aus Vertrag, wegen des Vertrauens in den Garanten und aufgrund seiner tatsächlichen Herrschaft bezogen auf das Tatgeschehen, entstanden ist (mehr dazu → Rn. 50).

100 § 4 Abs. 1 SGB VIII; s. Institut für soziale Arbeit (Hrsg.), Der Schutzauftrag bei Kindeswohlgefährdung, Münster 2006; Wiesner in Verein für Kommunalwissenschaften eV (Hrsg.), 1999, S. 7, 16 ff.

101 Zur teilweise vergleichbaren Rechtslage bei Anerkennung einer Beschäftigungsstelle des Zivildienstes s. BGH NJW 1998, 298.

102 Elmauer/H. Schindler SRa 2007, 81–85; Gesetzesbegründung BKiSchG BT-Drs. 17/6256, 20 f.

103 Kern in SFMK § 8a Rn. 14.

Durch eine **Unterlassung** kann eine Mitarbeiterin ihre Garantenpflicht im Übrigen nur verletzt haben, wenn sie **durch ein bestimmtes Handeln den Eintritt eines Schadens hätte verhindern** können. Dies ist zB der Fall, wenn unzweifelhaft feststeht, dass der freie Träger bzw. das JA auf eine entsprechende Information der Mitarbeiterin hin eine Fremdunterbringung des Kindes mit an Sicherheit grenzender Wahrscheinlichkeit veranlasst hätte bzw. hätte können. Steht dies aber nicht zweifelsfrei fest, weil zB das JA – wie häufig vor Kevin praktiziert – aus Kostengründen auch misshandelte und vernachlässigte Kinder in Familien belässt oder weil das zuständige FamG Sorgerechtsentziehungen und dauerhafte Herausnahmen aus der Familie von sehr hohen und nachweisbaren Voraussetzungen abhängig macht, wäre ein Unterlassen der Information nicht kausal für die eingetretene Schädigung. In einem derartigen Fall könnte auch die Weigerung einer Mitarbeiterin, wegen einer akuten Gefährdung eines Kindes in oder mit einer Familie weiter zu arbeiten, nicht den Schutz des Kindes bewirken. Im Gegenteil: zum Nachteil des Kindes würde die letzte Chance verloren gehen, weitere Informationen über die weitere Entwicklung in der Familie zu erhalten und bei einer Zuspitzung eingreifen zu können. Deshalb ist eine strafrechtliche Verurteilung nur gerechtfertigt, wenn das Handeln der Mitarbeiterin mit an Sicherheit grenzender Wahrscheinlichkeit eine Schädigung verhindert hätte.[104]

Zu den fachlichen Standards gehören ua der Vorrang der Hilfe vor dem Eingriff und der Schutz des Vertrauens als Voraussetzung einer wirksamen Hilfe.[105] Deshalb haben die Mitarbeiter des freien Trägers zunächst alle Möglichkeiten auszuschöpfen, die Gefährdung ohne Vertrauensbruch abzuwenden. Nur wenn keine dieser Möglichkeiten in Betracht kommt, kann ein Mitarbeiter befugt sein, zur Abwendung einer akuten, nicht anders abwendbaren erheblichen Gefahr für die Gesundheit, das Leben oder die sexuelle Selbstbestimmung eines Kindes das JA, nach Rechtsgüterabwägung und Bejahung eines rechtfertigenden Notstandes nach § 34 StGB, zu informieren. So sehen dies auch die durch das neue BKiSchuG in § 8a Abs. 4 (neu) geschaffenen klaren Verfahrens- und Qualitätsregelungen als Inhalte für Kooperationsvereinbarungen vor. Diese neuen Regelungen respektieren die Pflichten freier Träger zum Schutz der persönlichen Daten ihrer Klienten (als Nebenpflicht des Hilfevertrages). Damit wurde für Berufsgeheimnisträger bei der Befugnis zur Datenweitergabe an das JA eine Rechtsgüterabwägung vergleichbar der nach § 34 StGB zur Aufgabe gemacht.[106] Der Mitarbeiter muss dabei berücksichtigen, dass die durch den Vertrauensbruch ermöglichte Intervention eines Dritten zwar die akute Gefährdung beseitigen, langfristig aber unabsehbare Schäden nicht nur bei den Betroffenen, sondern auch hinsichtlich der Vertrauenswürdigkeit staatlicher und freier Jugendhilfe bewirken kann. Ihm kommt dabei ein vom Gericht nicht voll überprüfbarer Beurteilungsspielraum (→ § 27 Rn. 13)[107] zu. Daraus folgt, dass er nur dann pflichtwidrig handelt und seine Garantenpflicht verletzt, wenn er pflichtwidrig offensichtliche Handlungspflichten unterlassen hat. Nur dann hat er im Zeitpunkt der „Tat" gewusst, was er am besten und schnellsten hätte zur Abwendung der Gefährdung tun müssen.[108] Nicht ausreichend scheinen bloße „Verfehlungen",[109] wie das Unterlassen, sich um weitere Informationen zu bemühen, bekannte Tatsachen fachlich nicht richtig eingeschätzt zu haben oder sich aus fachliche Gründen hätte anders verhalten bzw. eine andere Maßnahmen anwenden müssen, was im Nachhinein spekulative Handlungsoptionen unzulässig zu falschen Sicherhei-

104 Bringewat, 1997, S. 88.
105 BVerfGE 44, 353.
106 Dies intendiert auch § 4 KKG.
107 EGMR NJW 2001, 2315; Münder in FK-SGB VIII § 50 Rn. 22.
108 LG Osnabrück FamRZ 1996, 1376 (1378); Wiesner in Wiesner § 8a Rn. 2 mwN, der gesetzliche Regelungen einfordert.
109 AA Meysen/Schindler G. JAmt 2004, 449.

ten macht.[110] Die Garantenpflicht ist demnach nicht verletzt, wenn das Verhalten des Mitarbeiters sich nicht außerhalb jeder Fachlichkeit bewegte.

§ 4a Selbstorganisierte Zusammenschlüsse zur Selbstvertretung

(1) [1]Selbstorganisierte Zusammenschlüsse nach diesem Buch sind solche, in denen sich nicht in berufsständische Organisationen der Kinder- und Jugendhilfe eingebundene Personen, insbesondere Leistungsberechtigte und Leistungsempfänger nach diesem Buch sowie ehrenamtlich in der Kinder- und Jugendhilfe tätige Personen, nicht nur vorübergehend mit dem Ziel zusammenschließen, Adressatinnen und Adressaten der Kinder- und Jugendhilfe zu unterstützen, zu begleiten und zu fördern, sowie Selbsthilfekontaktstellen. [2]Sie umfassen Selbstvertretungen sowohl innerhalb von Einrichtungen und Institutionen als auch im Rahmen gesellschaftlichen Engagements zur Wahrnehmung eigener Interessen sowie die verschiedenen Formen der Selbsthilfe.

(2) Die öffentliche Jugendhilfe arbeitet mit den selbstorganisierten Zusammenschlüssen zusammen, insbesondere zur Lösung von Problemen im Gemeinwesen oder innerhalb von Einrichtungen zur Beteiligung in diese betreffenden Angelegenheiten, und wirkt auf eine partnerschaftliche Zusammenarbeit mit diesen innerhalb der freien Jugendhilfe hin.

(3) Die öffentliche Jugendhilfe soll die selbstorganisierten Zusammenschlüsse nach Maßgabe dieses Buches anregen und fördern.

1 Bedeutung der Vorschrift

1 Die nun mit dem **Kinder- und Jugendstärkungsgesetz** erstmalig ausdrückliche Berücksichtigung von selbstorganisierten Zusammenschlüssen im SGB VIII ist ganz besonders zu begrüßen. Nicht zuletzt im SGB V hat die Förderung von Selbsthilfegruppen eine lange Tradition, § 20h SGB V hat zahlreiche Vorgänger. Im Bereich des SGB V liegen mittlerweile sogar Untersuchungen zum Nutzen von Selbsthilfeorganisationen vor.[1] Auch das SGB IX kennt immer schon die Stärkung von **selbstorganisierten Zusammenschlüssen** (jetzt § 45 SGB IX). Hier blieb das SGB VIII zurück, obwohl über § 35a auch seelisch behinderte oder von einer solchen Behinderung bedrohte Kinder und Jugendliche erfasst waren.

2 Beteiligung/Partizipation sind nach heutigem Verständnis unmittelbarer Ausfluss der freien Entfaltung der Persönlichkeit nach Art. 2 Abs. 1 GG. **Beteiligung/Partizipation** bedeuten, Entscheidungen, die das eigene Leben und das Leben der Gemeinschaft betreffen, zu teilen und gemeinsam Lösungen für Probleme zu finden. Auch wenn die Begründung des Gesetzentwurfs vorrangig auf den nunmehr tragenden Inklusionsge-

110 Vgl. LG Osnabrück FamRZ 1996, 1376 (1378).
1 Kofahl et. al., Selbsthilfe und Selbsthilfeunterstützung in Deutschland, S. 225.

danken verweist,[2] wird ein Mehr an Beteiligung/Partizipation gerade auch im Bereich der Hilfen zur Erziehung zu mehr Akzeptanz dieser Hilfen beitragen können.

2 Selbstorganisierte Zusammenschlüsse (Abs. 1)

2.1 Begriff

3 Selbstorganisierte Zusammenschlüsse iSd Vorschrift sind solche, die gerade nicht in den berufsständischen Organisationen der Kinder- und Jugendhilfe eingebunden sind, also **unabhängig von Leistungsträgern und Leistungserbringern** sind. Sie müssen sich mit dem Ziel zusammenschließen, Adressatinnen und Adressaten der Kinder- und Jugendhilfe zu unterstützen, zu begleiten und zu fördern. Der Gesetzgeber benennt beispielhaft (Wortlaut „insbesondere") Leistungsempfänger und Leistungsberechtigte sowie Ehrenamtliche. Selbstorganisierte Zusammenschlüsse sind damit (Wortlaut „insbesondere") aber auch im Bereich der Angebote der Jugendhilfe gem. §§ 11 ff. (Jugendarbeit, Jugendsozialarbeit und erzieherischer Kinder- und Jugendschutz) möglich.

2.2 Weitere Voraussetzungen

4 **2.2.1 nicht nur vorübergehend.** Selbstorganisierte Zusammenschlüsse dürfen **„nicht nur vorübergehend"** gebildet worden sein. Das heißt nicht, dass sie auf unbestimmte Dauer bestehen müssen. Es ist auch möglich, dass sie zur Erreichung eines bestimmten Zwecks oder Ziels geschaffen wurden und mit deren Erreichung (und wohl auch e contrario später absehbar nicht möglicher Erreichung) wieder aufgelöst werden.[3] Ausgeschlossen sind aber spontane Zusammenkünfte oder Initiativen/Interessengruppen, die ohne festgelegte und nach außen erkennbare Organisation und vereinbarte bzw. abgestimmte Mitverantwortung zu bestimmten Themen im Gemeinwesen agieren.[4]

5 **2.2.2 Organisation.** Der Begriff der **Selbstorganisation** ist nicht definiert. Allerdings geht der Gesetzgeber ausweislich der Begründung von einem Mindestmaß an Organisation aus. Diese soll nach außen erkennbar sein. Darunter wird man mindestens einen „Organisationsnamen" verstehen müssen, wenn auch keine spezielle Rechtsform (zB einen eingetragenen Verein). Und es muss eine vereinbarte bzw. abgestimmte Mitverantwortung zu bestimmten Themen geben.[5]

6 **2.2.3 innerhalb von Einrichtungen und Organisationen.** Zusammenschlüsse von in berufsständische Organisationen der Kinder- und Jugendhilfe eingebundenen Personen fallen zwar nicht unter § 4a. Aber der Gesetzgeber schließt ausdrücklich Selbstvertretungen **innerhalb von Einrichtungen und Institutionen** in den Geltungsbereich der Vorschrift mit ein (Abs. 1 S. 2). Damit sind zB **Heimbeiräte** selbstorganisierte Zusammenschlüsse iSd Gesetzes.

3 Zusammenarbeit der öffentlichen Jugendhilfe mit den selbstorganisierten Zusammenschlüssen

7 Ausweislich der Gesetzesbegründung soll durch § 4a vor allem „die Stimme der Betroffenen" gestärkt werden.[6] **Zusammenarbeit** wird also auch hier (→ § 4 Rn. 10) ein aktives Handeln der öffentlichen Jugendhilfe bezogen auf die selbstorganisierten Zusammenschlüsse bedeuten und nicht nur ein Tätigwerden auf Veranlassung durch letztere. Dazu kann zB gehören, auf Veranstaltungen der selbstorganisierten Zusammenschlüsse hinzuweisen, deren Expertise bei gemeinwohlbezogenen Entscheidungen ein-

2 BT-Drs. 19/26107, 72.
3 BT-Drs. 19/26107, 72.
4 BT-Drs. 19/26107, 72.
5 BT-Drs. 19/26107, 72.
6 BT-Drs. 19/26107, 72.

zubeziehen uvm. Wesentliche Stärkung erfahren die selbstorganisierten Zusammenschlüsse aber auch dadurch, dass sie nun nach § 78 S. 3 an den Arbeitsgemeinschaften zu beteiligen sind.

Soweit die öffentliche Jugendhilfe gehalten ist, auch innerhalb von Einrichtungen zur dortigen Beteiligung der selbstorganisierten Zusammenschlüsse mit diesen zusammenzuarbeiten und auf eine partnerschaftliche Zusammenarbeit der freien Jugendhilfe mit den selbstorganisierten Zusammenschlüssen hinzuwirken, hat sie die Grenzen der Zulässigkeit eines Eingriffs in die **Organisationshoheit** eines freien Trägers ebenso zu beachten, wie das Gebot der **partnerschaftlichen Zusammenarbeit** mit der freien Jugendhilfe unter Achtung der Selbständigkeit der freien Jugendhilfe in ihrer Zielsetzung und Durchführung der Aufgaben gem. § 4 Abs. 1 (→ § 4 Rn. 23 ff.). Bei der Zusammenarbeit mit selbstorganisierten Zusammenschlüssen innerhalb von Einrichtungen muss sie daher die „Stärkung der Stimme" von Betroffenen mit den berechtigten Interessen der Einrichtung abwägen. 8

4 Anregung und Förderung der selbstorganisierten Zusammenschlüsse (Abs. 3)

4.1 Anregung und Förderung

§ 4a Abs. 3 greift hier die Formulierungen aus § 74 Abs. 1 auf, so dass zumindest dessen Grundsätze zu Projekt- und institutioneller Förderung (→ § 74 Rn. 5) hier Anwendung finden. Allerdings dürfte der praktisch uneingeschränkte Verweis in der Begründung des Gesetzesentwurfs[7] auf § 74 wohl darauf zu beschränken sein, dass die Förderung selbstorganisierter Zusammenschlüsse vor allem auf eine Entscheidung der öffentlichen Jugendhilfe innerhalb ihres pflichtgemäßen Ermessens im Rahmen der verfügbaren Haushaltsmittel abstellt (§ 74 Abs. 3). Respektive werden die einzelnen Tatbestandsmerkmale des § 74 für selbstorganisierte Zusammenschlüsse an den Voraussetzungen des § 4a zu messen sein. Nur so kann sichergestellt werden, dass über § 74 keine ggf. überhöhten Anforderungen an Interessenvertretungen gestellt werden, die dann dem Ansatz des Gesetzgebers, die Rolle der Betroffenen zu stärken, zuwiderlaufen. 9

4.2 Soll-Vorschrift

Als Soll-Vorschrift erlegt Abs. 3 der öffentlichen Jugendhilfe vor allem hinsichtlich der Anregung eine Verpflichtung zu aktivem Handeln auf. Die örtlichen Jugendämter könnten zB Personensorgeberechtigte einladen, sich als Leistungsberechtigte iSd Abs. 1 zusammenzuschließen, um übergreifende gemeinsame Interessen in der Kinder- und Jugendhilfe einzubringen. Auch hinsichtlich der Förderung gilt aufgrund der Formulierung als Soll-Vorschrift, dass eine solche im Einzelfall nur ausscheidet, wenn entweder die Voraussetzungen für einen selbstorganisierten Zusammenschluss iSd § 4a Abs. 1 nicht vorliegen oder aber Voraussetzungen der Förderung nach § 74 (zur wohl nicht uneingeschränkten Anwendbarkeit des § 74 → Rn. 9) nicht erfüllt werden, insbes. die öffentliche Jugendhilfe hier innerhalb ihres Ermessens nach § 74 Abs. 3 handelt. Soweit die öffentliche Jugendhilfe innerhalb ihres Ermessens handelt, besteht jedenfalls die Pflicht zur ermessensfehlerfreien Entscheidung (§ 39 Abs. 1 SGB I). Erst dieser Anspruch auf Förderung unter den entsprechenden Voraussetzungen trägt wirklich zur Stärkung von Interessensvertretungen insbes. Betroffener bei und zeigt damit aber auch hier, dass sich das KJSG wohl nicht kostenneutral wird umsetzen lassen. 10

7 BT-Drs. 19/26107, 72.

5 Landesrecht (Abs. 4)

11 Der Bundesrat hat im Gesetzgebungsverfahren vorgeschlagen, einen **Landesrechtsvorbehalt** aufzunehmen, da die Vorschrift aus unbestimmten Rechtsbegriffen bestünde, die einer näheren Festlegung im Landesrecht bedürften, um Rechtssicherheit zu schaffen und Qualitätsstandard zu etablieren, die sich im jeweiligen Land umsetzen lassen.[8] Dem kann nicht gefolgt werden. Zum einen gibt es in anderen Sozialgesetzbüchern bereits Erfahrungen, auf die bei der Interpretation zurückgegriffen werden kann (→ Rn. 1). Zum anderen trägt das verwendete Beispiel „nicht nur vorübergehend" nicht, da hier die Begründung des Gesetzesentwurfs bereits zwischen auf Dauer angelegten Zusammenschlüssen und solchen, die sich für einen bestimmten Zweck, ein bestimmtes Ziel gebildet haben, differenziert und beide Varianten zulässt.[9]

§ 5 Wunsch- und Wahlrecht

(1) [1]Die Leistungsberechtigten haben das Recht, zwischen Einrichtungen und Diensten verschiedener Träger zu wählen und Wünsche hinsichtlich der Gestaltung der Hilfe zu äußern. [2]Sie sind auf dieses Recht hinzuweisen.

(2) [1]Der Wahl und den Wünschen soll entsprochen werden, sofern dies nicht mit unverhältnismäßigen Mehrkosten verbunden ist. [2]Wünscht der Leistungsberechtigte die Erbringung einer in § 78a genannten Leistung in einer Einrichtung, mit deren Träger keine Vereinbarungen nach § 78b bestehen, so soll der Wahl nur entsprochen werden, wenn die Erbringung der Leistung in dieser Einrichtung im Einzelfall oder nach Maßgabe des Hilfeplanes (§ 36) geboten ist.

1 Bedeutung der Vorschrift

1 Die Vorschrift hat zentrale Bedeutung für die **Stellung der Leistungsberechtigten**; denn sie konkretisiert die in einem modernen Sozialstaat und Sozialrecht verfassungsrechtlich gebotene Subjektstellung der Leistungsberechtigten für den Bereich der Jugendhilfe.[1] Sie wird durch die **Regelung** in § 37c Abs. 3 S. 2 (§ 36 Abs. 1 S. 4 nach alter Rechtslage) konkretisiert, wenn es im **Hilfeplanverfahren** um langfristige **Hilfen zur**

8 BT-Drs. 19/27481, 2.
9 BT-Drs. 19/26107, 72.
1 Art. 1, 20 GG; UN-KrK nach Rücknahme der dt. Vorbehaltserklärung Wabnitz ZKJ 428/2010; Happe/Saurbier in JHSM § 5 Rn. 2.

Erziehung außerhalb der eigenen Familie geht. In diesen Fällen ist der **Wahl und den Wünschen** der Leistungsberechtigten sowie des Kindes oder des Jugendlichen stets zu entsprechen, sofern dies nicht mit unverhältnismäßigen Mehrkosten verbunden ist.

Die Regelungen zum **Wunsch- und Wahlrecht** werden ergänzt ua durch die Regelung in § 8, die den Träger der öffentlichen Jugendhilfe zur entwicklungsgemäßen Beteiligung von Kindern und Jugendlichen an allen sie betreffenden Entscheidungen verpflichtet. Außerdem ist § 33 SGB I zu beachten, der die Sozialleistungsträger allgemein verpflichtet, den Inhalt von Rechten und Pflichten, soweit dieser gesetzlich nicht im Einzelnen bestimmt ist, stets den individuellen Verhältnissen anzupassen. **Jugendhilfeleistungen** sind keine obrigkeitlich verordneten Maßnahmen, sondern sollen möglichst den individuellen Wünschen und Interessen der Leistungsberechtigten und Leistungsempfänger entsprechen (zu diesen Begriffen → § 8 Rn. 10). Das **Individualisierungsprinzip**, das verfassungsrechtlich seine Begründung in dem Gebot der Achtung der Menschenwürde, der Anerkennung der individuellen Persönlichkeit eines jeden Menschen (Art. 1 und 2 GG) sowie der Glaubens- und Weltanschauungsfreiheit (Art. 4 GG) und dem Grundrecht der Eltern auf Erziehung ihres Kindes (Art. 6 GG) findet, hat deshalb insoweit Vorrang vor dem Gleichheitsgebot (Art. 3 GG). Dies hat direkte Auswirkungen auf den Träger der öffentlichen Jugendhilfe, der aufgrund des § 3 Abs. 1 zur Gewährleistung eines pluralen Leistungsangebots verpflichtet ist. Nur dieses macht die Ausübung eines individuellen Wunsch- und Wahlrechts möglich. Und ohne **freie Jugendhilfe** ist ein **plurales Angebot** nicht denkbar.[2] Eine ausschließlich öffentlich geprägte Jugendhilfe würde ein örtliches bzw. regionales Sozialmonopol des Staates darstellen, das mit dem pluralen Gesellschaftsmodell unserer Verfassung nicht zu vereinbaren ist.[3]

Verfassungsrechtlich bedenklich ist deshalb die Praxis mancher Träger der öffentlichen Jugendhilfe, Leistungen zu definieren und auszuschreiben, um Billigangebote einzelner freier Träger zu erhalten. Dadurch können freie Träger, die ihre Kosten auf der Grundlage fachlicher Standards nach den Grundsätzen der Sparsamkeit und Wirtschaftlichkeit berechnen, von den Leistungsberechtigten nicht mehr gewählt werden.

2 Wunsch- und Wahlrecht (Abs. 1 Satz 1)

Das **Wahlrecht** ermöglicht dem Leistungsberechtigten die Wahl zwischen den Angebo- 2
ten verschiedener Träger, die sich auf die **gleiche Leistung** beziehen (→ Rn. 5).[4] Das **Wunschrecht** bezieht sich auf die **Gestaltung** der Hilfe (→ Rn. 6).[5] Zugrunde liegen muss eine Leistung iSd SGB VIII. Wünsche auf einem Wechsel in der Person eines Sachbearbeiters unterliegen nicht § 5.[6]

2.1 Geltungsbereich

Uneingeschränkte Bedeutung hat das Wunsch- und Wahlrecht im Rahmen der **Förde- 3
rung von Kindern in Tageseinrichtungen und Tagespflege, bei der HzE und der Hilfe für junge Volljährige.**

Bei **ambulanten HzE** können sich die Leistungsberechtigten gem. § 36a Abs. 2 unmittelbar an den freien Träger ihrer Wahl wenden, wenn der Träger der öffentlichen Jugendhilfe mit dem freien Träger eine Vereinbarung über die Voraussetzungen, die Ausgestaltung der Leistungserbringung und über die Kosten getroffen hat. Eine Kostenerstattung ohne vorheriges Hilfeplanverfahren ist dann nicht möglich, wenn die Leis-

2 Happe/Saurbier in JHSM § 5 Rn. 4–6.
3 Neumann JuWo 1993, 140 (143).
4 VG Frankfurt/Oder 25.1.2012 – VG 6 K 83/09.
5 Grundlegend hierzu VG Stuttgart 6.2.2015 – 7 K 2071/13, JAmt 2015, 273.
6 VG Köln 12.12.2018 – 26 K 3313/17.

tungsberechtigten das Hilfsangebot eines Trägers, mit dem keine Vereinbarung abgeschlossen wurde, wählen.

Bei **teilstationären oder stationären Leistungen** wird das Wunsch- und Wahlrecht im Hilfeplanverfahren nach § 36 ausgeübt.

Weder ein Wunsch- noch ein Wahlrecht besteht, wenn es sich um **andere Aufgaben** im Sinne des § 2 Abs. 3 handelt; denn § 5 gilt **nur für Leistungen.**

Bei der Gewährung von **Eingliederungshilfe** nach § 35a gelten die Regelungen des SGB IX ergänzend; insbesondere die Regeln über die Zuständigkeitsklärung in § 14 SGB IX (Näheres hierzu unter § 35a; → § 35a Rn. 36, 39). Gerade auch die neue Leistungsform des **Persönlichen Budgets** stellt eine besondere Möglichkeit der Selbstbestimmung dar (→ § 35a Rn. 61).

2.2 Wunsch- und Wahlberechtigte

4 Das Wunsch- und Wahlrecht steht den **Leistungsberechtigten** zu (→ § 8 Rn. 10). Sind mehrere Personen leistungsberechtigt – wie zB die nach § 1626 BGB gemeinsam **sorgeberechtigten Eltern** – und können sich diese nicht einigen oder ist das Kind oder der Jugendliche anderer Auffassung als die Leistungsberechtigten, hat der Träger der öffentlichen Jugendhilfe zu versuchen, eine Einigung herbeizuführen (→ § 36 Rn. 15). Denn der Träger der öffentlichen Jugendhilfe hat bei den HzE auch die in § 8 genannten Beteiligungsrechte der Kinder und Jugendlichen an allen sie betreffenden Entscheidungen zu gewähren. Gelingt eine Einigung nicht, wird er zu prüfen haben, ob es zum Schutz des Kindes erforderlich ist, das FamG anzurufen (§ 8a Abs. 2). Diese Prüfung wird stets erforderlich sein, wenn die Leistungsberechtigten einen Träger oder eine Einrichtung wählen, der bzw. die von dem Kind entschieden abgelehnt wird; denn bei einer Kollision zwischen dem Grundrecht der Eltern auf Erziehung des Kindes und dem Grundrecht des Kindes auf Achtung und Schutz seiner Menschenwürde und auf Entfaltung seiner Persönlichkeit muss für den Träger der öffentlichen Jugendhilfe letztlich das Wohl des Kindes bestimmend sein (→ § 8 Rn. 1).[7] Ist wegen des Widerstands des Kindes die Wirksamkeit der Leistung in Frage gestellt, kann der Träger es schon aus diesem Grunde ablehnen, der getroffenen Wahl zu entsprechen.

2.3 Wahlrecht

5 Die Ausübung des Wahlrechts setzt voraus, dass die **Art der Leistung** entweder durch Gesetz (Kindergartenplatz), durch Bewilligungsbescheid des Trägers der öffentlichen Jugendhilfe oder durch kooperatives Verwaltungshandeln bestimmt ist (zB im Hilfeplanungsprozess nach § 36 Abs. 2) und dass eine dieser Entscheidung entsprechende geeignete Leistung **von verschiedenen Trägern bzw. von verschiedenen Einrichtungen oder Diensten eines Trägers** angeboten wird. Es besteht also in der Regel nicht die Möglichkeit der Wahl zwischen verschiedenen Leistungsarten[8] oder der Wahl eines Trägers, der zwar die Leistungsart, diese aber nicht in der geeigneten Form anbietet.[9] Eine Wahl unter verschiedenen Leistungsarten ist nur zulässig, wenn im konkreten Fall der Jugendhilfebedarf durch mehrere gleichwertige, dh gleichermaßen geeignete Hilfearten gedeckt werden kann. Dabei muss der Leistungsberechtigte die ausreichende Geeignetheit der gewünschten Leistung nachweisen, nicht aber der Jugendhilfeträger die Ungeeignetheit.[10] Im strengen Sinne ist die Angemessenheit der Leistung im

---

7 EuGMR NJW 1991, 2199; BVerfG ZfJ 1987, 409 und 1993, 264; siehe auch Fieseler in GK-SGB VIII Rn. 17.

8 Ebenso VG Frankfurt/Oder 25.1.2012 – VG 6 K 83/09, VG Saarland 12.1.2018 – 3 K 146/15.

9 Ebenso OVG Bbg JAmt 2001, 599.

10 Vgl. OVG NRW 29.4.2011 – 12 B 298/11.

Gegensatz zu § 9 Abs. 2 SGB XII kein Kriterium, es sei denn die Leistung wäre keinesfalls mehr geeignet.[11]

Außerdem wird vorausgesetzt, dass die Einrichtung bzw. das **Angebot bereits vorhanden** ist. Das Wahlrecht schafft somit keinen Anspruch auf Schaffung neuer Einrichtungen und Dienste.[12] Auch hinsichtlich der Auswahl eines Betreuungsplatzes in einer Kita besteht das Wahlrecht nur innerhalb des tatsächlich vorhandenen Angebots. Das Wunsch- und Wahlrecht schafft auch keinen Anspruch auf Ausweitung der Kapazitäten in einer Einrichtung.[13]

Das Wahlrecht erstreckt sich auf die Einrichtungen, Dienste und Leistungen, die zur Deckung des Jugendhilfebedarfs geeignet und erforderlich sind. Es ist nicht beschränkt auf Anbieter, die vom Träger der öffentlichen Jugendhilfe gefördert werden bzw. Vereinbarungen gemäß § 77 abgeschlossen haben,[14] noch ist es auf das räumliche Zuständigkeitsgebiet des zuständigen JA beschränkt.[15] Das gilt auch, wenn der Träger der öffentlichen Jugendhilfe in einer Vereinbarung gemäß § 77 einem freien Träger ausdrücklich ein Leistungskontingent übertragen bzw. Gebietsschutz unter gesetzwidrigem Ausschluss anderer freier Träger einräumen will, zB durch ein **Sozialraumbudget** (→ § 76 Rn. 3; → § 77 Rn. 6; → § 3 Rn. 15 f.).[16]

2.4 Wunschrecht

6 Das Wunschrecht bezieht sich auf die nähere **Ausgestaltung der gewählten Leistungsart**, zB auf Personen, Inhalte, Methoden, Arbeitsformen und äußere Rahmenbedingungen der Leistung wie Dauer, zeitlicher Umfang und Ort der Leistungserbringung, soweit dies vom Träger der Einrichtung oder des Dienstes im Rahmen des Hilfevertrages realisiert werden kann. So können die Eltern, die einen kommunalen Kindergarten für ihr Kind gewählt haben, wünschen, dass ihr Kind in eine bestimmte Gruppe kommt, dass es ganztags betreut wird usw. Ein vergleichbares Wunschrecht gegenüber dem freien Träger besteht nur innerhalb des zivilrechtlichen Vertrages im Rahmen des sozialrechtlichen Dreiecksverhältnisses. Sofern Luthe[17] hier Einflussmöglichkeiten des öffentlichen Trägers insbes. aus Kontrollmaßnahmen iR des Wächteramts sieht, verkennt er, dass das Wächteramt Eingriffsmöglichkeiten erst iR der Gefahrenabwehr bei Kindeswohlgefährdung gibt (→ § 1 Rn. 10).

Sofern Personensorgeberechtigte, bestimmte Wünsche bzw. Vorbehalte hinsichtlich der weltanschaulichen/konfessionellen Ausrichtung einer Einrichtung haben, verlangt das VG München einen zumindest einigermaßen substantiierten Vortrag, wenn wie im gegenständlichen Sachverhalt eine Kindertagesstätte in katholischer Trägerschaft abgelehnt werden soll und dass diese Einschränkung bereits bei der Antragstellung durch die Personensorgeberechtigten an das JA herangetragen wird.[18]

3 Hinweispflicht des Trägers der öffentlichen Jugendhilfe (Abs. 1 Satz 2)

7 Die Träger der öffentlichen Jugendhilfe werden ausdrücklich verpflichtet, die Leistungsberechtigten auf ihr Wunsch- und Wahlrecht hinzuweisen. Die allgemeinen Aufklärungs-, Beratungs- und Auskunftspflichten des Trägers der öffentlichen Jugendhilfe

---

11 Münder RsDe 1998, 63 f.
12 Neumann RsdE 1, 4; Kern in SFMK § 5 Rn. 8.
13 OVG Lüneburg 3.9.2020 – 10 ME 174/20; SächsOVG 22.6.2018 – 4 A 1132/17.
14 Münder NDV 1995, 275; Wiesner in Wiesner § 5 Rn. 15; aA HmbOVG NDV 1995, 300.
15 Kunkel ZKJ 2008, 505 (506); NdsOVG 22.12.2008 – NDV-RD 2008, 79.
16 OVG NRW SRA 2005, 105; VG Osnabrück SRA 2009, 26 (30); Neumann/Nielandt/Philipp neue caritas 8/2004, 35.
17 Luthe in jurisPK-SGB VIII Rn. 23.
18 VG München 8.12.2020 – M 18 E 20.4847.

gemäß §§ 13 bis 15 SGB I bestehen uneingeschränkt neben der Hinweispflicht im konkreten Einzelfall. Zur Erfüllung der Hinweispflicht genügt der bloße Hinweis auf das Wunsch- und Wahlrecht nicht; denn dieser Hinweis wäre für die große Zahl der Leistungsberechtigten nutzlos, die das plurale Leistungsangebot nicht kennen bzw. nicht in der Lage sind, das im Einzelfall für sie geeignete Angebot auszuwählen. Deshalb gehört zum Hinweis die **objektive, vollständige** und für die Leistungsberechtigten und -adressaten **verständliche Information** über die Leistungsangebote aller Träger und deren Unterschiede hinsichtlich Inhalten, Methoden und Arbeitsformen, soweit sie im konkreten Fall gewählt bzw. gewünscht werden können. Unzulässig wäre es beispielsweise, nur die billigsten Leistungsangebote zu nennen. Um Unrichtigkeiten und missverständliche Informationen zu vermeiden, sollte der Träger der öffentlichen Jugendhilfe mit den freien Trägern, die Leistungen anbieten, den Inhalt der Information partnerschaftlich abstimmen oder um schriftliche Eigendarstellungen der freien Träger zur Aushändigung an Interessierte bitten (→ § 76 Rn. 3; → § 77 Rn. 6; → § 3 Rn. 15 f.). Allerdings steht der Anspruch auf Information über vergleichbare Angebote als subjektives Recht nur den Leistungsberechtigten zu, andere freie Träger können sich nur auf die Verletzung von Art. 3 Abs. 1 GG berufen, wenn sie berechtigt eine sachwidrig (bewusste) Ungleichbehandlung gegenüber anderen freien Trägern in der Beratungspraxis des öffentlichen Trägers vortragen können.[19]

4 Pflicht des Trägers der öffentlichen Jugendhilfe (Abs. 2 Satz 2)

8 Der Träger der öffentlichen Jugendhilfe **soll** der Wahl und den Wünschen der Berechtigten entsprechen, sofern dies **nicht unverhältnismäßige Mehrkosten** mit sich bringen würde. Das Wunsch- und Wahlrecht der Leistungsberechtigten wird demnach nach dem Grundsatz des wirtschaftlichen Einsatzes der öffentlichen Mittel begrenzt.

4.1 Unverhältnismäßige Mehrkosten

9 Zur Feststellung, ob Mehrkosten anfallen, ist zunächst ein Kostenvergleich durchzuführen. Sodann ist zu prüfen, ob die Mehrkosten unverhältnismäßig sind.

10 **4.1.1 Kostenvergleich.** Zu vergleichen sind

- die Kosten der Leistungserbringung gemäß der Wahl und dem Wunsch der Leistungsberechtigten mit den
- Kosten, die bei Nichtberücksichtigung des Wunsch- und Wahlrechts entstehen würden.[20]

11 Dieser Kostenvergleich darf sich aber nur auf **geeignete Leistungen** erstrecken. Geeignet ist eine Leistung dann, wenn sie den festgestellten Jugendhilfebedarf decken kann. Eine teilweise Deckung reicht nicht aus. Für die Eignung kommt es nicht nur auf das Leistungsangebot an, sondern auch darauf, ob der Leistungsempfänger es ohne erhebliche Beeinträchtigungen annehmen kann. Ist zB zu befürchten, dass die Entwicklung eines Kindes oder eines Jugendlichen durch die Herausnahme aus seinem sozialen Umfeld und die Unterbringung in einer kostengünstigen Einrichtung gefährdet ist, so ist diese Einrichtung objektiv nicht geeignet.[21] Der Mehrkostenvorbehalt darf nur eingewandt werden, wenn der Leistungsträger dem Leistungsberechtigten eine zumutbare, konkrete Alternative zur Bedarfsdeckung nachweist und anbietet. Bestehen bereits keine entsprechenden Alternativen, so kann der Mehrkostenvorbehalt nicht geltend gemacht werden.[22]

19 NdsOVG 2.9.2010 – 4 LA 176/09.
20 BVerwG NDV 1988, 91.
21 BVerwG NDV 1994, 106.
22 VG Hannover 14.1.2020 – 3 B 5668/19 mwN.

Ist der Kostenvergleich zwischen einem Leistungsangebot **eines freien Trägers und einem Angebot eines öffentlichen Trägers** durchzuführen, so muss dieser auf beiden Seiten alle entsprechenden Kostenbestandteile umfassen. Daraus folgt, dass der öffentliche Träger zB den Personalkosten für die Fachkräfte die Vorhalte- und Regiekosten hinzurechnen muss, wenn das Vergleichsangebot des freien Trägers außer den Personalkosten für die Fachkräfte eine Pauschale für die Verwaltungsgemeinkosten einschließt.[23] 12

Nicht abschließend geklärt ist die Frage, welche Kosten in den Vergleich einzubeziehen sind, wenn ein Anbieter **öffentlich finanziert** bzw. gefördert (§ 74) wird.[24] Nach der bisherigen Rechtsprechung des BVerwG sollen – unabhängig von der Förderungsart – in den Vergleich alle Kosten einbezogen werden, die dem Träger der öffentlichen Jugendhilfe entstehen. Unberücksichtigt bleiben sollen dagegen Kosten, die anderen öffentlichen Trägern entstehen.[25] Schwenke[26] unterscheidet danach, ob eine Einrichtung als Jugendhilfeeinrichtung oder aus anderen Gründen gefördert wird und will in diesem letzteren Fall die Förderung in den Vergleich nicht einbeziehen. Unvereinbar mit der vom Gesetz gewollten Subjektstellung der Leistungsberechtigten ist eine Auffassung, die das Wunsch- und Wahlrecht von vornherein auf die nach § 74 geförderten und in die **Jugendhilfeplanung** einbezogenen Träger der freien Jugendhilfe beschränkt;[27] denn diese Auffassung stellt die gesetzliche Regelung des Verhältnisses zwischen den Leistungsberechtigten und dem Träger der öffentlichen Jugendhilfe auf den Kopf, weil sie die Planung gemäß den Wünschen und Bedürfnissen durch eine Steuerung der Wünsche und Bedürfnisse gemäß der Planung ersetzt.[28] Eine derartige Steuerung des Angebots ist im SGB VIII rechtlich nicht zulässig. 13

4.1.2 Unverhältnismäßigkeit. Sind die Kosten der gewählten Leistung in der gewünschten Form höher als die **Kosten anderer geeigneter Angebote,** so ist dem Wunsch- und Wahlrecht gleichwohl zu entsprechen, wenn die Mehrkosten nicht unverhältnismäßig sind. In der Praxis werden in der Regel Mehrkosten bis **zu 20 %** als nicht unverhältnismäßig anerkannt.[29] Eine feste Grenze gibt es aber nicht; denn es kommt entscheidend darauf an, ob die Leistung, die höhere Kosten verursachen würde, erheblich bessere Erziehungs- und Förderungschancen, also eine höhere Effektivität, erwarten lässt. Falls dies zutrifft, sind in aller Regel („soll") auch erheblich höhere Mehrkosten zu übernehmen.[30] Allerdings hat das BVerwG entschieden, dass Mehrkosten von 75 % „ohne Weiteres" als unverhältnismäßig zu betrachten sind.[31] 14

4.2 Soll-Vorschrift

Entstehen keine unverhältnismäßigen Mehrkosten, muss der Träger der öffentlichen Jugendhilfe nach der Soll-Vorschrift in Satz 2 die gewählte Hilfe im Regelfall gewähren. Ein Ermessensspielraum besteht bei einer Soll-Vorschrift nur, wenn ein atypischer Fall vorliegt (→ § 2 Rn. 7).[32] Atypisch ist der Fall zB, wenn die von den Leistungsberechtigten im konkreten Einzelfall gewählte Leistung vom Kind abgelehnt wird und dadurch die Wirksamkeit der Leistung gefährdet ist. 15

23 VG Hamburg SRA 2005, 148; Münder/Beckmann in FK-SGB VIII Rn. 21; Wiesner in Wiesner Rn. 14.
24 Münder/Beckmann in FK-SGB VIII Rn. 16, 18.
25 BVerwG NDV 1988, 91; kritisch dazu Neumann, 1992, S. 222 ff.
26 ZfF 2000, 128.
27 So aber HmbOVG NDV 1995, 300.
28 Ausführlich dazu Münder NDV 1995, 275; Wiesner in Wiesner Rn. 15; Kern in SFMK Rn. 26 mwN.
29 Münder/Beckmann in FK-SGB VIII Rn. 25; Kern in SFMK Rn. 27 mwN.
30 BVerwG FEVS 45, 413.
31 FEVS 31, 221.
32 BVerwGE 90, 275.

5 Sonderregelung für Leistungen nach § 78a (Abs. 2 Satz 2)

16 Wollen die Leistungsberechtigten eine öffentlich-rechtliche Kostenerstattung, wird das Wahlrecht hinsichtlich der in § 78a genannten Leistungen auf die Einrichtungen, mit denen Vereinbarungen nach § 78b bestehen, beschränkt. Der öffentliche Träger ist nur diesen Einrichtungen gegenüber zur Übernahme des Leistungsentgelts verpflichtet (→ § 78b Rn. 1). Der Leistungsberechtigte kann eine andere Einrichtung nur wählen, wenn die Erbringung der Leistung gerade in dieser Einrichtung im Einzelfall oder nach Maßgabe des Hilfeplans geboten ist.[33]

6 Leistungserbringung im Dreiecksverhältnis

17 Hat ein **Leistungsberechtigter** gegenüber dem Träger der öffentlichen Jugendhilfe (**Leistungsträger**) sein Wahlrecht nach § 5 rechtmäßig ausgeübt und ersucht er nun einen Träger der freien Jugendhilfe (**Leistungserbringer**), die Leistung zu erbringen, so kann dieser sich in einer privatrechtlichen Vereinbarung zur Erbringung der Leistung verpflichten.

6.1 Dreiecksverhältnis

18 Wird die Jugendhilfeleistung auf Wunsch des Leistungsberechtigten durch einen Träger der freien Jugendhilfe erbracht, entsteht das sog. Dreiecksverhältnis: Die erste Seite des Dreiecks bildet der **öffentlich-rechtliche Anspruch des Leistungsberechtigten gegen den Träger der öffentlichen Jugendhilfe.** Der Anspruch ist zunächst auf eine **Dienstleistung** gerichtet, verwandelt sich aber durch die Ausübung des Wahlrechts in einen Anspruch auf eine **Geldleistung,** nämlich auf Übernahme der Kosten der Leistung.[34] Der Anspruch auf eine Dienstleistung direkt aus dem Jugendhilferechtsverhältnis gegen den öffentlichen Träger besteht dann nicht mehr und kann folglich auch nicht mehr erfüllt werden. Die **zweite** Seite wird durch die Rechtsbeziehung zwischen dem **Leistungsberechtigten und dem Träger der freien Jugendhilfe** gebildet. Diese entsteht dadurch, dass der Leistungsberechtigte den Träger der freien Jugendhilfe ersucht, die Leistung zu erbringen zB Heimerziehung, Sozialpädagogische Familienhilfe usw und der freie Träger sich dazu bereit erklärt. Dadurch kommt zwischen dem Leistungsberechtigten und dem Träger der freien Jugendhilfe ein privatrechtliches vertragliches Schuldverhältnis zustande. Vertragspartner dieses zivilrechtlichen **Hilfevertrages** sind der Träger und die Kinder und Jugendlichen, vertreten durch die Eltern als PSB.[35] Die Kinder und Jugendlichen, als Empfangsberechtigte bezogen auf den Anspruch der Eltern auf Hilfen gegenüber dem JA, erwerben einen **privatrechtlichen Anspruch** gegen den freien Träger. Die Angestellten des Trägers erbringen als Erfüllungsgehilfen die im Vertrag geschuldete Leistung. Die Eltern treten dem (Hilfe-)Vertrag ihrer Kinder und Jugendlichen im Rahmen eines Schuldeintritts bei. Erbringt der freie Träger die vereinbarte Leistung, erfüllt er seine eigene Verpflichtung aus dem privatrechtlichen Schuldverhältnis und keinesfalls als Erfüllungsgehilfe die öffentlich-rechtliche Leistungsverpflichtung des Trägers der öffentlichen Jugendhilfe. Der **freie Träger** erbringt die Leistung nicht im Auftrag und gemäß den Weisungen des öffentlichen Trägers, sondern gemäß § 4 Abs. S. 2 **selbstständig in Zielsetzung, Ausführung und Organisation** (→ § 4 Rn. 26, differenzierend → § 36 Rn. 4).[36] Die **dritte** Seite betrifft die Beziehungen zwischen dem **Träger der freien Jugendhilfe, der die Leistung erbringt, und dem**

33 Dazu Münder/Beckmann in FK-SGB VIII § 5 Rn. 29.
34 Wiesner in Wiesner Vor § 11 Rn. 70.
35 Es handelt sich um keinen Vertrag zugunsten Dritter für die Kinder, den die Eltern bzw. PSB als Vertragsparteien schließen.
36 BVerfGE 22, 220; Wiesner in Wiesner § 3 Rn. 13; s. hierzu auch Kern in SFMK § 4 Rn. 14, 15.

Träger der öffentlichen Jugendhilfe, der dem Leistungsberechtigten gegenüber verpflichtet ist, die Kosten der Leistung zu tragen. Inwieweit der freie Träger innerhalb des jugendhilferechtlichen Dreiecksverhältnisses einen unmittelbaren Anspruch gegen den Träger der öffentlichen Jugendhilfe auf Zahlung durch Schuldbeitritt oder sogar Vergütungsvereinbarung hat, ist strittig (→ § 77 Rn. 5).[37]

6.2 Kostenzusage

In der Praxis ist üblich, dass der Träger der öffentlichen Jugendhilfe dem Träger der freien Jugendhilfe eine einzelfallbezogene Kostenzusage erteilt, mit der er der Schuld des Leistungsberechtigten **beitritt**,[38] und durch unmittelbare Zahlung an den freien Träger seine Verpflichtung erfüllt (→ § 77 Rn. 2 und → § 78a Rn. 10). 19

6.2.1 Begriff, rechtliche Bedeutung und Voraussetzungen. Die **Kostenzusage** wird häufig als Angebot des öffentlichen Trägers an den freien Träger gewertet, in den Vertrag, den die Leistungsberechtigten mit dem freien Träger abgeschlossen haben bzw. abschließen werden, als Schuldner zu den Leistungsberechtigten hinzuzutreten.[39] Sie bedarf als öffentlich-rechtliche Erklärung der Schriftform (§ 56 SGB X). Nimmt der freie Träger das Angebot an, erlangt er dadurch einen **eigenen**, gesonderten vertraglichen Anspruch auf Kostenerstattung gegen den öffentlichen Träger.[40] Dadurch wird vermieden, dass der freie Träger sich mit den Leistungsberechtigten (als Zwischenempfänger der Geldleistung mit ungewissem Ausgang) über die Bezahlung der von ihm erbrachten Leistungen – evtl. sogar vor Gericht – auseinandersetzen muss. Die Kostenzusage darf der öffentliche Träger nur erteilen, wenn sichergestellt ist, dass der freie Träger „die Gewähr für eine sachgerechte, die Rechte und Interessen des Betroffenen wahrende Erfüllung der Aufgaben bietet". Die Entgeltvereinbarungen im Verbund mit Leistungs- und Qualitätsvereinbarungen gemäß §§ 77, 78b erfüllen gerade diese Funktion (→ § 78a Rn. 8 u. 10, der darin eine zusätzliche Anspruchsvoraussetzung sieht). Anderenfalls hat eine Einzelfallprüfung vorab zu erfolgen, ob der freie Träger über die personellen, wirtschaftlichen und organisatorischen Ressourcen verfügt, die für die Erfüllung der konkreten Aufgabe erforderlich sind. Zur Problematik der Kostentragung ohne vorherige Einzelfallprüfung → § 28 Rn. 8 ff. 20

6.2.2 Inhalt. Die Kostenzusage hat sich auf die **notwendigen Kosten der Leistungserbringung** zu erstrecken. Sie ist nur solange und insoweit einforderbar, als die gesetzlichen Voraussetzungen für die Leistung vorliegen. Daraus folgt, dass der öffentliche Träger grundsätzlich zur Zahlung verpflichtet ist, wenn und soweit der freie Träger die von der Kostenzusage umfasste Leistung in mittlerer Art und Güte erbringt. Zur Vermeidung von Streitigkeiten empfiehlt es sich, den Zeitraum festzulegen, für den die Kostenzusage gelten soll, und Vereinbarungen für den Fall zu treffen, dass es zu einer vorzeitigen Beendigung der Tätigkeit des freien Trägers kommt, zB weil die Leistungsberechtigten oder der Leistungsempfänger die Leistung des freien Trägers nicht mehr akzeptieren. Die Kostenzusage muss die notwendigen Kosten der Abwicklung einschließen, wenn die vorzeitige Beendigung auf Umständen beruht, die der freie Träger nicht zu vertreten hat. Sie umfasst zB die Kosten, die dem freien Träger dadurch entstehen, dass er Mitarbeiter zeitweise nicht beschäftigen kann bzw. Arbeitsentgelt 21

37 Wiesner in Wiesner vor § 11 Rn. 71; diff. Kepert/Fleckenstein JAmt 2014, 245: Unmittelbarer Zahlungsanspruch aus der Entgeltvereinbarung bei einem entsprechenden Bindungswillen des Trägers der öffentlichen Jugendhilfe. S. zum Zahlungsanspruch des Leistungserbringers durch Schuldbeitritt des Trägers der öffentlichen Jugendhilfe Kepert ZKJ 2019, 136 unter Bezugnahme auf die aktuelle Rspr. des BayVGH.

38 Neumann RsDE 2, 55; Wiesner in Wiesner vor § 11 Rn. 72.

39 Sog. Schuldbeitritt; BSG NJOZ 2009, 23214 Rn. 25; BGH 31.3.2016 – III ZR 267/15, NJW 2016, 2734; BGH 11.4.2019 – III ZR 4/18.

40 Ausführlich zum Sachstand Kepert in Jugendhilfe, 2019, 1 ff.

für die Dauer der Kündigungsfrist zahlen muss. Der öffentliche Träger kann sich von der Kostenzusage mit sofortiger Wirkung lösen, wenn ein wichtiger Grund vorliegt. Diese Voraussetzung wird idR nur dann erfüllt sein, wenn dem freien Träger ein grob schuldhaftes Verhalten vorgeworfen werden kann und weniger einschneidende Möglichkeiten nicht in Betracht kommen. Insbesondere ist zu berücksichtigen, welche Auswirkungen auf die Betroffenen zu erwarten sind, wenn der freie Träger von der weiteren Kostenerstattung und damit Hilfeleistung ausgeschlossen würde.

22 **6.2.3 Rechtsbeziehungen zwischen dem öffentlichen und dem freien Träger.** Für das Rechtsverhältnis, das durch die Annahme der Kostenzusage des öffentlichen Trägers durch den freien Träger entsteht, gelten keine besonderen Vorschriften. Deshalb sind insoweit die allgemeinen Vorschriften heranzuziehen.

23 **6.2.4 Informationsaustausch, Datenschutz.** Das Kinder- und Jugendhilferecht verpflichtet die öffentlichen Träger der Jugendhilfe durch die Regelung in §§ 61 ff. zu einem stärkeren Schutz des verfassungsrechtlich begründeten Rechts der Erziehungsberechtigten sowie der Kinder und Jugendlichen auf Selbstbestimmung über ihre Sozialdaten als dies die allgemeinen Vorschriften über den Schutz der Sozialdaten vorsehen. Da der freie Träger bei der Erbringung von Jugendhilfeleistungen, die insoweit keine Sozialleistungen des Trägers der öffentlichen Jugendhilfe darstellen (→ § 3 Rn. 8), autonom und nicht als Erfüllungsgehilfe (→ Rn. 18; → § 3 Rn. 19; → § 4 Rn. 30) handelt, ist die Grundlage für den Sozialdatenschutz in der freien Jugendhilfe[41] der mit dem Leistungsempfänger (→ § 8 Rn. 10) durch die PSB als Leistungsberechtigte geschlossene **privatrechtliche (Hilfe-)Vertrag**, der Schutz der Privatgeheimnisse durch § 203 StGB für die Berufsgeheimnisträger und entsprechende tarifvertragliche bzw. allgemeine gesetzliche (BDSG) bzw. kirchliche Datenschutzvorschriften. Eine Rechtfertigung zur Datenweitergabe stellt demnach grds. nur die **Einwilligung des Leistungsberechtigten** oder der rechtfertigende Notstand nach § 34 StGB dar. Damit korrespondiert, dass der öffentliche Jugendhilfeträger bei der Inanspruchnahme freier Träger gem. § 61 Abs. 3 sicherstellen muss, dass beim freien Träger der Sozialdatenschutz in gleicher Weise wie beim öffentlichen Träger sichergestellt ist.

Eine sachgerechte und verhältnismäßige Mitwirkungs- bzw. Auskunftspflicht des freien Trägers gegenüber dem Träger der öffentlichen Jugendhilfe hat der Gesetzgeber mit dem BKiSchuG in § 8a Abs. 4 (neu) geschaffen. Diese Vereinbarungen mit ihren klaren Verfahrens- und Qualitätsregelungen schaffen eine Informationspflicht für den freien Träger, wenn eine Kindeswohlgefährdung aus fundierter fachlicher Sicht nicht anders abwendbar erscheint. Damit ist dem Gebot für den öffentlichen Träger zur Einhaltung des **Grundsatzes der Verhältnismäßigkeit**, der als entscheidendes Prinzip des Rechtsstaatsgedankens Verfassungsrang[42] hat, Rechnung getragen. Die Übermittlung personenbezogener Daten ist dann unbedingt erforderlich, sie stellt als ultima ratio den geringstmöglichen Eingriff dar, weil die Abwendung der Gefahr nicht anders erreichbar ist. Auch die Zweck-Mittel-Relation ist erfüllt, da das nur so zu schützende Kindeswohl ein höherwertiges Rechtsgut im Vergleich zum Schutz der Privatgeheimnisse nach § 203 StGB darstellt. Insoweit ist auch für Berufsgeheimnisträger bei freien Trägern zweifellos ein Rechtfertigungsgrund gegeben. Dies intendiert auch § 4 Abs. 3 KKG.[43]

Zu den wichtigen Grundsätzen des **Datenschutzrechts** gehört der **Ersterhebungsgrundsatz**. Er verpflichtet öffentliche Träger, alle für die Leistungserbringung erforderlichen Daten in der Regel bei den Betroffenen unmittelbar – und nicht bei Dritten – zu erheben (§ 62 Abs. 2). Eine gesetzwidrige Umgehung des Ersterhebungsgrundsatzes liegt

41 Grundlegend Elmauer/H. Schindler SRa 2007, 81.
42 BVerfGE 10, 117.
43 Vgl. Czerner ZKJ 2012, 301 (304).

vor, wenn der Träger der öffentlichen Jugendhilfe die Kostenzusage gegenüber dem freien Träger verweigert, solange die Leistungsberechtigten nicht darin einwilligen, dass der freie Träger regelmäßig über seine Arbeit mit den Leistungsadressaten berichtet. Weder §§ 36, 79 noch § 61 Abs. 3 als Normen zum Schutz des Grundrechts auf informationelle Selbstbestimmung der Bürger können Befugnisnormen bzw. Rechtfertigungsgründe für freie Träger sein, die gerade durch diese Vorschriften zu schützenden Sozialdaten der Betroffenen ohne deren Einwilligung dem Träger der öffentlichen Jugendhilfe zu übermitteln (→ Rn. 24; → § 4 Rn. 8; aA → § 36 Rn. 46). Der freie Träger, der zur Berichterstattung verpflichtet werden soll, würde verfassungswidrig in die Rolle des staatlich beauftragten Informanten der von Betroffenen oft gefürchteten und abgelehnten „staatlichen Jugendhilfebürokratie" gezwängt und dadurch seine eigene Vertrauenswürdigkeit verlieren, die unerlässliche Voraussetzung für die Wirksamkeit der Hilfe ist.[44]

Eine **pauschale Vorabeinwilligung** freier Träger wäre im Übrigen auch deshalb unwirksam, weil sie sich auf zukünftiges Verhalten, also auf im Zeitpunkt der Erteilung absolut unbestimmte und unbestimmbare Daten bezieht und deshalb inhaltlich nicht ausreichend bestimmt ist (§ 67b Abs. 2 SGB X; → § 61 Rn. 69). Daraus lässt sich auch kaum ein Rechtfertigungsgrund für Berufsgeheimnisträger herleiten.[45] Aus diesem Grunde lassen sich seit der Anerkennung des informationellen Selbstbestimmungsrechts durch das BVerfG angebliche Berichtspflichten des freien Trägers, die sich auf personenbezogene Daten der Betroffenen beziehen, ohne eine dezidierte, rechtsstaatlichen Anforderungen entsprechende Befugnisnorm rechtlich nicht mehr begründen.[46] 24

Aus jugendhilferechtlicher Sicht ist auch jeder andere mündliche oder schriftliche Informationsaustausch über die Leistungsberechtigten und -empfänger zwischen den Fachkräften der beiden Träger (außerhalb des Hilfeplangespräches im Beisein der Leistungsberechtigten) bedenklich. Deshalb wird vom Gesetzgeber in § 64 Abs. 2 a für den öffentlichen Träger allgemein vorgeschrieben, dass personenbezogene Daten an Mitarbeiter eines anderen Trägers möglichst in anonymisierter oder pseudonymisierter Form übermittelt werden. Die in der Praxis oft vorgebrachte Begründung, die Fachkräfte des JA und des freien Trägers wüssten doch am besten, „was für das Kind gut ist", ist Ausdruck überholter bevormundender Vorstellungen; denn hier werden die Leistungsadressaten zu Objekten der Behandlung durch Experten gemacht. Zwar ist die Kommunikation mit manchen Leistungsberechtigten äußerst schwierig. Jedoch berechtigt dies den Träger der öffentlichen Jugendhilfe nicht zum generellen Rückgriff auf den freien Träger als Ersatzinformanten. Vielmehr hat er (zB über den Hilfeplan) geeignete Kommunikationsformen zu entwickeln, die sich nicht in einer formalrechtlichen Einverständniserklärung erschöpfen dürfen, sondern eine reale Beteiligung der Leistungsberechtigten und -empfänger ermöglichen, weil diese eine wichtige Voraussetzung für den Erfolg der Hilfe darstellt.[47]

6.3 Übertragung des Leistungsanspruchs

Ob der Träger der freien Jugendhilfe einen eigenen Anspruch gegen den Träger der öffentlichen Jugendhilfe auch dadurch erwerben kann, dass die Leistungsberechtigten ihren Anspruch auf Kostenübernahme auf ihn übertragen, ist streitig:[48] Das 25

44 BT-Drs. 11/5948, 1; BVerfGE 44, 353; OLG Hamm JMBl. NW. 1991, 282; Schrapper NDV 1992, 287.
45 Fischer § 34 Rn. 8 f.
46 Maas, 1996, S. 292 ff.; Proksch, 1996, S. 249.
47 Empfehlungen des Deutschen Vereins NDV 1994, 317 (322).
48 Zustimmend Kepert/Fleckenstein JAmt 2014, 245 und Wiesner in Wiesner vor § 11 Rn. 72.

BVerwG[49] wendet auf diesen Fall § 53 Abs. 2 SGB I an (aber → § 36a Rn. 24). Die Praxis im Sozialrecht wählt vielfach in den Fällen, in denen keine Kostenzusage (→ Rn. 20 ff.) seitens des Sozialleistungsträgers vorliegt, den Weg über einen Schuldbeitritt der Personensorgeberechtigten.

§ 6 Geltungsbereich

(1) [1]Leistungen nach diesem Buch werden jungen Menschen, Müttern, Vätern und Personensorgeberechtigten von Kindern und Jugendlichen gewährt, die ihren tatsächlichen Aufenthalt im Inland haben. [2]Für die Erfüllung anderer Aufgaben gilt Satz 1 entsprechend. [3]Umgangsberechtigte haben unabhängig von ihrem tatsächlichen Aufenthalt Anspruch auf Beratung und Unterstützung bei der Ausübung des Umgangsrechts, wenn das Kind oder der Jugendliche seinen gewöhnlichen Aufenthalt im Inland hat.

(2) [1]Ausländer können Leistungen nach diesem Buch nur beanspruchen, wenn sie rechtmäßig oder auf Grund einer ausländerrechtlichen Duldung ihren gewöhnlichen Aufenthalt im Inland haben. [2]Absatz 1 Satz 2 bleibt unberührt.

(3) Deutschen können Leistungen nach diesem Buch auch gewährt werden, wenn sie ihren Aufenthalt im Ausland haben und soweit sie nicht Hilfe vom Aufenthaltsland erhalten.

(4) Regelungen des über- und zwischenstaatlichen Rechts bleiben unberührt.

UN-Behindertenrechtskonvention (UN-BK)

Artikel 7 Kinder mit Behinderungen

(1) Die Vertragsstaaten treffen alle erforderlichen Maßnahmen, um zu gewährleisten, dass Kinder mit Behinderungen gleichberechtigt mit anderen Kindern alle Menschenrechte und Grundfreiheiten genießen können.

(2) Bei allen Maßnahmen, die Kinder mit Behinderungen betreffen, ist das Wohl des Kindes ein Gesichtspunkt, der vorrangig zu berücksichtigen ist.

(3) Die Vertragsstaaten gewährleisten, dass Kinder mit Behinderungen das Recht haben, ihre Meinung in allen sie berührenden Angelegenheiten gleichberechtigt mit anderen Kindern frei zu äußern, wobei ihre Meinung angemessen und entsprechend ihrem Alter und ihrer Reife berücksichtigt wird, und behinderungsgerechte sowie altersgemäße Hilfe zu erhalten, damit sie dieses Recht verwirklichen können.

Verordnung (EG) Nr. 2201/2003 des Rates über die Zuständigkeit und die Anerkennung und Vollstreckung von Entscheidungen in Ehesachen und in Verfahren betreffend die elterliche Verantwortung (Brüssel II a)

Artikel 8 Allgemeine Zuständigkeit

(1) Für Entscheidungen, die die elterliche Verantwortung betreffen, sind die Gerichte des Mitgliedstaats zuständig, in dem das Kind zum Zeitpunkt der Antragstellung seinen gewöhnlichen Aufenthalt hat.

Artikel 13 Zuständigkeit aufgrund der Anwesenheit des Kindes

(1) Kann der gewöhnliche Aufenthalt des Kindes nicht festgestellt werden und kann die Zuständigkeit nicht gemäß Artikel 12 bestimmt werden, so sind die Gerichte des Mitgliedstaats zuständig, in dem sich das Kind befindet.

(2) Absatz 1 gilt auch für Kinder, die Flüchtlinge oder, aufgrund von Unruhen in ihrem Land, ihres Landes Vertriebene sind.

49 FEVS 44, 309 (314).

Übereinkommen v. 19.10.1996 über die Zuständigkeit, das anzuwendende Recht, die Anerkennung, Vollstreckung und Zusammenarbeit auf dem Gebiet der elterlichen Verantwortung und der Maßnahmen zum Schutz von Kindern (KSÜ)

Artikel 5

(1) Die Behörden, seien es Gerichte oder Verwaltungsbehörden, des Vertragsstaats, in dem das Kind seinen gewöhnlichen Aufenthalt hat, sind zuständig, Maßnahmen zum Schutz der Person oder des Vermögens des Kindes zu treffen.

(2) Vorbehaltlich des Artikels 7 sind bei einem Wechsel des gewöhnlichen Aufenthalts des Kindes in einen anderen Vertragsstaat die Behörden des Staates des neuen gewöhnlichen Aufenthalts zuständig.

Artikel 6

(1) Über Flüchtlingskinder und Kinder, die infolge von Unruhen in ihrem Land in ein anderes Land gelangt sind, üben die Behörden des Vertragsstaats, in dessen Hoheitsgebiet sich die Kinder demzufolge befinden, die in Artikel 5 Absatz 1 vorgesehene Zuständigkeit aus.

(2) Absatz 1 ist auch auf Kinder anzuwenden, deren gewöhnlicher Aufenthalt nicht festgestellt werden kann.

Artikel 11

(1) In allen dringenden Fällen sind die Behörden jedes Vertragsstaats, in dessen Hoheitsgebiet sich das Kind oder ihm gehörendes Vermögen befindet, zuständig, die erforderlichen Schutzmaßnahmen zu treffen.

(2) Maßnahmen nach Absatz 1, die in Bezug auf ein Kind mit gewöhnlichem Aufenthalt in einem Vertragsstaat getroffen wurden, treten außer Kraft, sobald die nach den Artikeln 5 bis 10 zuständigen Behörden die durch die Umstände gebotenen Maßnahmen getroffen haben.

(3) Maßnahmen nach Absatz 1, die in Bezug auf ein Kind mit gewöhnlichem Aufenthalt in einem Nichtvertragsstaat getroffen wurden, treten in jedem Vertragsstaat außer Kraft, sobald dort die durch die Umstände gebotenen und von den Behörden eines anderen Staates getroffenen Maßnahmen anerkannt werden.

1 Ziel und Struktur der Vorschrift

§ 6 eröffnet den Geltungsbereich des SGB VIII. Aus einem Umkehrschluss zu Abs. 2 („Ausländer können") folgt, dass die Regelung des Abs. 1 für deutsche Staatsangehörige den Anwendungsbereich des Gesetzes eröffnet. Danach ist für junge deutsche Menschen, Mütter, Väter und PSB von Kindern und Jugendlichen, die sich **tatsächlich** im Inland aufhalten, der Anwendungsbereich des SGB VIII eröffnet. Abzugrenzen ist die Vorschrift des Abs. 1 von der Regelung in Abs. 3. Zwischen diesen Regelungen be- 1 steht nach der Rspr. des BVerwG ein „Entweder-oder-Verhältnis".[1] Die Abs. 1 und 3 knüpfen für die Gewährung von Leistungen gegenüber deutschen Staatsangehörigen dabei an den Aufenthalt des materiellrechtlich Anspruchsberechtigten sowie des Leistungsempfängers. Besteht keine Personenidentität (zB bei der Hilfe zur Erziehung nach §§ 27 f.) zwischen dem Anspruchsberechtigten (zB der Personensorgeberechtigte) und dem Leistungsempfänger (zB das Kind oder der Jugendliche), müssen sich beide Personen im Ausland aufhalten, um die Regelung des Abs. 3 zur Anwendung zu bringen.[2] Maßgeblich für diese Abgrenzung ist nach Auffassung des BVerwG der Zeitpunkt der Antragstellung.[3]

Abs. 2 eröffnet den Geltungsbereich des SGB VIII für Ausländer. Mit dem Gesetz zur Verbesserung der Unterbringung, Versorgung und Betreuung ausländischer Kinder und Jugendlicher sollte der bisherige § 6 Abs. 2 S. 1 durch die Sätze 1 und 2 ersetzt werden. Es sollte danach unterschieden werden, ob die Leistung für ein unbegleitetes ausländisches Kind/einen unbegleiteten ausländischen Jugendlichen oder für einen sonstigen Ausländer erbracht werden soll. Im Gesetzgebungsverfahren wurde zunächst für sonstige Ausländer die Tatbestandsvoraussetzung „gewöhnlicher Aufenthalt" durch die Formulierung „tatsächlicher Mittelpunkt der Lebensführung im Inland" ersetzt. Nach der Gesetzesbegründung sollte mit dieser Gesetzesänderung, die Rechtslage, die sich bereits bisher über Abs. 4 und die Anwendung über- und zwischenstaatlichen Rechts ergibt, klarstellend in Abs. 2 S. 1 verankert werden.[4] Auf Intervention des Bundesrates wurde die Änderung in Abs. 2 S. 1 wieder gestrichen.[5] Völlig überraschend und nicht nachvollziehbar ist allerdings nicht nur die Änderung in § 6 Abs. 2 S. 1, sondern auch die Besserstellung für unbegleitete ausländische Kinder und Jugendliche in § 6 Abs. 2 S. 2 (Anknüpfung an den tatsächlichen Aufenthalt) gestrichen worden. Der Grund für diese Streichung ist anhand der Materialien nicht zu klären. Den Materialien ist überhaupt nichts zur Streichung von § 6 Abs. 2 S. 2 zu entnehmen. Eventuell ist die angestrebte Besserstellung der unbegleiteten ausländischen Kinder und Jugendlichen einer Finanzierungsdebatte zwischen Bund, Ländern und Kommunen zum Opfer gefallen. § 6 ist damit insgesamt unverändert geblieben.[6] Für Ausländer gilt die Anknüpfung an den tatsächlichen Aufenthalt damit nur, soweit es um **andere Aufgaben** (§ 2 Abs. 3) der Jugendhilfe geht. Für **Leistungen** (§ 2 Abs. 2) ist nach **Abs. 2 der Geltungsbereich des SGB VIII** bei Ausländern gegeben, wenn sie ihren rechtmäßigen oder geduldeten **gewöhnlichen** Aufenthalt in Deutschland haben. Während der ursprüngliche Gesetzesentwurf die Leistungsgewährung für Ausländer grundsätzlich ausschließlich an den rechtmäßigen Aufenthalt knüpfte,[7] wurde im Laufe des Gesetzgebungsverfahren die Vorschrift so abgeändert, dass auch Ausländer, die lediglich in Deutschland geduldet sind, Leistungen beanspruchen können.[8]

Nach **Abs. 3** können **Deutsche** unter bestimmten Voraussetzungen Jugendhilfeleistungen auch dann erhalten, wenn sie ihren Aufenthalt im **Ausland** haben.

Abs. 4 stellt klar, dass Regelungen des über- und zwischenstaatlichen Rechts unberührt bleiben, also trotz der Regelungen in den Abs. 1 bis 3 Anwendung finden können. Dies betrifft insbesondere die Regelung des Abs. 2 S. 1, die durch über- und zwischenstaatliches Recht modifiziert werden kann.

---

1 BVerwG 12.5.2011 – 5 C 4/10, juris Rn. 20.
2 BVerwG 12.5.2011 – 5 C 4/10, juris Rn. 21 f.; s. hierzu auch Lange in jurisPK-SGB VIII Rn. 18.
3 BVerwG 31.5.2018 – 5 C 1/17, juris Rn. 18. S. hierzu auch Lange in jurisPK-SGB VIII Rn. 14.
4 BR-Drs. 349/15, 19.
5 S. BT-Drs. 18/6289, 1 und 2.
6 S. hierzu Kepert ZKJ 2016, 12.
7 S. hierzu BT-Drs. 11/5948, 9.
8 S. hierzu BT-Drs. 11/6748, 7.

2 Eröffnung des Geltungsbereichs des SGB VIII gegenüber deutschen Staatsangehörigen (Abs. 1)

Abs. 1 knüpft für die Gewährung von Leistungen an deutsche Staatsangehörige an den tatsächlichen Aufenthalt des materiellrechtlich Anspruchsberechtigten sowie des Leistungsempfängers (→ Rn. 1). Für die Erbringung anderer Aufgaben ist grundsätzlich auf den Regelungsadressaten der Maßnahme abzustellen. Der **tatsächliche Aufenthalt** setzt nur die körperliche Anwesenheit voraus.[9] Unerheblich ist, aus welchem Anlass oder Beweggrund der Aufenthalt erfolgt und ob er freiwillig ist. Nicht maßgeblich ist ferner, wie der Aufenthaltsort beschaffen ist (eigene Wohnung, stationäre Einrichtung, Obdachlosenunterkunft oder Straße) und wie sich die melderechtliche Situation darstellt.[10] Auch die Zeitdauer ist grundsätzlich unerheblich (→ § 86 Rn. 15). Zum Wechsel des tatsächlichen oder gewöhnlichen Aufenthalts → § 86 Rn. 38 ff. Strittig ist, ob der tatsächliche Aufenthalt im Inland mit der Folge der Anwendbarkeit von Abs. 1 auch dann gegeben ist, wenn das Kind eines Grenzgängers, das im Ausland seinen gewöhnlichen Aufenthalt hat, in Deutschland einen Kindergarten oder eine Schule besucht.[11] Diesbezüglich ist zunächst zu berücksichtigen, dass es nach der Rspr. des BVerwG nicht nur auf den Aufenthalt des Kindes, sondern auch auf den der Personensorgeberechtigten ankommen kann.[12] Zudem könnte es in dieser Situation bei einem ausschließlichen Abstellen auf den Aufenthalt im Bundesgebiet zu zufälligen Ergebnissen kommen. Halten sich Personensorgeberechtigte und Kind zum Zeitpunkt der Entscheidung des Jugendamtes über den Leistungsantrag in Deutschland auf, könnte der tatsächliche Aufenthalt im Bundesgebiet bejaht werden. Halten sie sich hingegen im Ausland auf, müsste der tatsächliche Aufenthalt im Bundesgebiet verneint werden. Eine Eröffnung des Geltungsbereichs nach § 6 Abs. 1 hinge damit letztendlich von Zufälligkeiten ab. Daher sprechen in diesen Fällen gute Gründe gegen die Annahme eines tatsächlichen Aufenthalts im Bundesgebiet, der den Anwendungsbereich des SGB VIII nach Abs. 1 eröffnet.[13] Letztendlich muss allerdings festgestellt werden, dass sich diese Fallkonstellationen mit der bestehenden Rechtslage nicht überzeugend entscheiden lassen. Der tatsächliche Aufenthalt wechselt in diesen Fallkonstellationen nämlich innerhalb weniger Stunden nahezu täglich vom Ausland ins Inland und vom Inland wieder ins Ausland.[14] 2

Leistungsberechtigt bzw. möglicher **Adressat** (zu diesen Begriffen → § 8 Rn. 10) von Jugendhilfemaßnahmen sind nach Abs. 1 junge Menschen, dh nach § 7 Abs. 1 Nr. 4 alle Kinder und Jugendlichen sowie die jungen Volljährigen, die noch nicht 27 Jahre alt sind; Mütter und Väter, hierzu gehören auch Adoptiveltern (vgl. § 1754 BGB), sowie PSB von Kindern und Jugendlichen gemäß § 7 Abs. 1 Nr. 5. Die Aufzählung in Abs. 1 ist nicht abschließend;[15] in Einzelvorschriften des SGB VIII wird der Kreis der Adressaten im Hinblick auf einzelne Leistungen erweitert, insbesondere auf andere Erziehungsberechtigte (§ 7 Abs. 1 Nr. 6, §§ 14, 16, 28) und Schwangere (§ 19). 3

Ob den Leistungsberechtigten ein **Rechtsanspruch** (§ 38 SGB I) oder ein Anspruch auf fehlerfreie Ermessensausübung (§ 39 SGB I) zusteht, ist den einzelnen Leistungsvor- 4

9 S. hierzu auch VG München 14.6.2005 – M 18 E 05.1578, juris Rn. 24; VG München 27.11.2002 – M 18 K 00.306, juris Rn. 35; Lange in jurisPK-SGB VIII Rn. 13.
10 S. hierzu BVerwG 11.8.2005 – 5 C 18/04, juris Rn. 29.
11 Den tatsächlichen Aufenthalt im Inland bejahend Kern in SFMK Rn. 7, DIJuF JAmt 2002, 454.
12 S. hierzu BVerwG 12.5.2011 – 5 C 4/10, juris Rn. 21 f.
13 So auch VG München 27.11.2002 – M 18 K 00.306, juris Rn. 37; s. hierzu auch VG München 14.6.2005 – M 18 E 05.1578, juris Rn. 24.
14 S. zur Problematik auch Lange in jurisPK-SGB VIII Rn. 23 f.; Lange fordert mit guten Argumenten daher eine gesetzliche Neuregelung.
15 So auch Lange in jurisPK-SGB VIII Rn. 17; aA wohl VGH BW 8.4.2014 – 12 S 1927/12, juris Rn. 35.

schriften zu entnehmen, da § 6 nur die Eröffnung des Geltungsbereiches des SGB VIII bestimmt. Dies gilt entgegen der überwiegenden Auffassung in Rspr. und Lit. auch für die Regelung in Abs. 3 (→ Rn. 17).

3 Eröffnung des Geltungsbereichs des SGB VIII gegenüber ausländischen Staatsangehörigen (Abs. 2)

5 Im Unterschied zu Abs. 1 ist nach Abs. 2 Voraussetzung für den Anspruch von Ausländern auf Leistungen der **rechtmäßige oder geduldete Aufenthalt** im Inland. Für andere Aufgaben iSd § 2 Abs. 3 gilt über den Verweis in Abs. 2 S. 2 die Regelung des Abs. 1 S. 2 und S. 1, dh es reicht der tatsächliche Aufenthalt. Für den Bereich der anderen Aufgaben ist der ausländerrechtliche Status und damit auch die Staatsangehörigkeit somit ohne Bedeutung.

6 Die Formulierung in Abs. 2 S. 1 „können Leistungen nach diesem Buch **nur** beanspruchen" ist missverständlich. Im ursprünglichen Gesetzesentwurf wurde für die Leistungsgewährung ein rechtmäßiger Aufenthalt des Ausländers vorausgesetzt. Das Adverb „nur" hatte also Berechtigung, da grundsätzlich[16] ausschließlich Ausländer mit einem rechtmäßigen Aufenthalt in den Genuss von Leistungen kommen sollten. Allerdings wurde der Anspruch aufgrund von Änderungen im Gesetzgebungsverfahren auch auf Ausländer, die lediglich geduldet sind, ausgeweitet,[17] ohne das Adverb „nur" zu streichen. Es kann daher davon ausgegangen werden, dass die fehlende Streichung des Adverbs „nur" auf einem redaktionellen Versehen beruht.[18] Jeder in Deutschland befindliche Ausländer, der nicht in der Illegalität lebt[19] und nicht sofort abgeschoben werden kann, muss zumindest im Besitz einer ausländerrechtlichen Duldung gemäß § 60a AufenthG sein. Daher kann jeder Ausländer, der gemeldet ist und in Kontakt mit einer Ausländerbehörde steht und seinen gewöhnlichen Aufenthalt in Deutschland hat, bei Vorliegen der jeweiligen Tatbestandsvoraussetzungen Leistungen nach dem SGB VIII beanspruchen.[20] Einzig Ausländer, die in der Illegalität leben, oder solche, die zwar eine Duldung haben, aber ihren gewöhnlichen Aufenthalt nicht in Deutschland begründen, haben keinen Leistungsanspruch. Nur diese Ausländer sind daher von den Leistungen ausgeschlossen; alle anderen Ausländer haben einen Leistungsanspruch, soweit das SGB VIII einen solchen vorsieht. Im Gegensatz zu den Leistungssystemen des SGB II und SGB XII können daher auch Ausländer ohne rechtmäßigen Aufenthalt Leistungen nach dem SGB VIII erhalten. Damit einhergehend schließt auch eine Leistungsberechtigung nach dem **AsylbLG** – im Gegensatz zur Rechtslage im SGB II und SGB XII[21] – Leistungen der Jugendhilfe an geduldete Ausländer nicht aus.[22] Mögliche Leistungen sind zB Leistungen nach § 35a.[23] Zur Leistungskonkurrenz s. Kepert/Kunkel in HTK-AsybLG § 9 Abs. 2.

Selbst wenn diese Voraussetzungen (insbesondere, wenn der gewöhnliche Aufenthalt in Deutschland nicht gegeben ist) nicht vorliegen, obliegt es nach überwiegender Auffassung in der Lit. den Trägern der öffentlichen Jugendhilfe, ihr Ermessen pflichtge-

16 Zu den Ausnahmen siehe den Gesetzeswortlaut in der Ursprungsfassung, BT-Drs. 11/5948, 9.
17 S. hierzu auch BVerwG 24.6.1999 – 5 C 24/98, juris Rn. 27.
18 Ausführlich hierzu Kepert ZKJ 2015, 94.
19 Also von dessen Aufenthalt deutsche Behörden keine Kenntnis haben.
20 Gebundener Anspruch bzw. Anspruch auf ermessensfehlerfreie Entscheidung; s. hierzu BVerwG 24.6.1999 – 5 C 24/98, juris Rn. 35; VG Münster 26.6.1997 – 9 K 3351/96, juris, Orientierungssatz 4.
21 S. hierzu § 7 Abs. 1 S. 2 Nr. 3 SGB II und § 23 Abs. 2 SGB XII.
22 S. hierzu auch BVerwG 24.6.1999 – 5 C 24/98, juris Rn. 25; VG München 16.12.2009 – M 18 K 06.4927, juris Rn. 23.
23 SG Hildesheim 30.8.2012 – S 42 AY 140/12 ER, juris Rn. 31; OVG Saarl 24.4.2006 – 3 W 3/06, juris Rn. 17.

mäß auszuüben und ggf. Leistungen zu gewähren.[24] Der in Art. 3 UN-KindK (Abdruck bei § 1) normierte Kindeswohlvorrang müsse dabei in die Ermessenserwägung mit einfließen. Insbesondere eine Kindeswohlgefährdung könne zu einer Ermessensreduzierung auf null im Einzelfall und damit zur Gewährung von HzE führen.[25] Diesbezüglich ist zu berücksichtigen, dass – rein dogmatisch betrachtet – die Eröffnung des Ermessens grds. das Vorliegen der Tatbestandsvoraussetzungen, also auch die Eröffnung des Geltungsbereichs des Gesetzes nach Abs. 2 S. 1, voraussetzt. Es bestehen daher Zweifel, ob in diesen Fallkonstellationen ein durchsetzbarer Anspruch auf ermessensfehlerfreie Entscheidung über den Anspruch tatsächlich besteht.[26] Etwas anderes kann allerdings über die Anwendung des Absatz 4 gelten (→ Rn. 18 f.).

3.1 Begriff des Ausländers

Ausländer ist nach § 2 Abs. 1 AufenthG jede Person, die nicht Deutscher iSd Art. 116 GG ist. Ausländer sind demnach alle Personen mit fremder Staatsangehörigkeit sowie Staatenlose. Unklar ist, ob es auf die Ausländereigenschaft des Kindes oder seiner Eltern ankommt. Nach dem Wortlaut des Gesetzes kommt es nur auf die Ausländereigenschaft des Leistungsberechtigten an („Ausländer können Leistungen nach diesem Buch nur beanspruchen"). Dies würde allerdings zu einer Benachteiligung deutscher Kinder ausländischer Eltern (teile) führen. Ebenso wenig überzeugend wäre es, umgekehrt einem ausländischen Kind deutscher Eltern (teile) Leistungen nicht zu gewähren. Dem Sinn des Gesetzes entspricht es deshalb, die Sonderregelung des Abs. 2 nur dann anzuwenden, wenn sowohl Eltern als auch Kinder Ausländer sind.[27] Damit wird auch ein Widerspruch zur Auslegung der Abs. 1 und 3 durch das BVerwG hinsichtlich der Gewährung von Leistungen an Deutsche vermieden. Nach Auffassung des BVerwG kommt es hier auch auf den Anspruchsberechtigten und den Leistungsempfänger an (→ Rn. 1). 7

3.2 Rechtmäßiger Aufenthalt

Die Einreise nach und der Aufenthalt in Deutschland stehen unter Erlaubnisvorbehalt soweit nicht durch europäisches Recht iVm dem FreizügG/EU oder durch das Assoziationsabkommen EWG/Türkei (ARB 1/80) sowie die AufenthV etwas anderes bestimmt ist (§ 4 Abs. 1 AufenthG). Der Aufenthalt einer ausländischen Person ist daher nur dann **rechtmäßig**, wenn sie: 8

- als Bürger der Europäischen Union (EU) **freizügigkeitsberechtigt** ist. Gemeinschaftsrechtlich freizügigkeitsberechtigt sind: Arbeitnehmer, niedergelassene selbstständige Erwerbstätige, Erbringer oder Empfänger von Dienstleistungen und Verbleibeberechtigte sowie Familienangehörige der vorgenannten Personen, im zuletzt genannten Fall auch dann, wenn sie einem Nicht-EU-Staat angehören, § 3 FreizügG/EU. Freizügigkeit steht auch allen anderen Bürgern der EU zu. Voraussetzung ist allerdings ein ausreichender Krankenversicherungsschutz und ausreichende Existenzmittel (§ 4 FreizügG/EU). Für EWR-Staatsangehörige gilt das EU-Freizügigkeitsrecht ebenfalls (§ 12 FreizügG/EU). Auch **türkische** Staatsangehörige sind aufenthaltsberechtigt, soweit ihnen ein Aufenthaltsrecht nach dem ARB 1/80 zusteht (§ 4 Abs. 1 S. 1 AufenthG).
- einen Aufenthaltstitel nach dem AufenthG besitzt, § 4 AufenthG. Der Titel wird nach § 4 Abs. 1 S. 2 AufenthG als Visum, § 6 AufenthG; Aufenthaltserlaubnis, § 7

24 BT-Drs. 12/6075/1993, 4; Elmauer in Wiesner Rn. 15.
25 Schwarz JAmt 2006, 498 f.
26 S. hierzu mit überzeugender Argumentation Lange in jurisPK-SGB VIII Rn. 40.
27 Ebenso Elmauer in Wiesner Rn. 16; Kunkel in JHSM Rn. 27; Lange in jurisPK-SGB VIII Rn. 21.

AufenthG; Blaue Karte EU, § 19 a AufenthG; ICT-Karte, § 19b AufenthG; Mobiler-ICT-Karte, § 19d AufenthG; Niederlassungserlaubnis, § 9 AufenthG oder Daueraufenthaltserlaubnis, § 9 a AufenthG, erteilt.

- nach § 4 Abs. 1 AufenthG iVm der AufenthV vom Erfordernis eines Aufenthaltstitels für Kurzaufenthalte **befreit** ist. Zu den Befreiungstatbeständen s. §§ 15 ff. AufenthV.
- als Asylsuchende eine **Aufenthaltsgestattung** besitzt. Nach Stellung eines Asylgesuchs wird eine Aufenthaltsgestattung nach § 55 Abs. 1 AsylG erteilt. Diesbezüglich ist allerdings zu berücksichtigen, dass die Aufenthaltsgestattung kein Aufenthaltstitel ist, s. § 4 Abs. 1 S. 2 AufenthG. Der Aufenthalt ist lediglich gestattet und nicht rechtmäßig im ausländerrechtlichen Sinne. Würde man Personen mit einer Aufenthaltsgestattung allerdings vom Anwendungsbereich des § 6 Abs. 2 S. 1 mangels rechtmäßigen Aufenthalts ausnehmen, wären diese Personen schlechter gestellt als Duldungsinhaber. Nach Sinn und Zweck der Regelung ist daher auch für Inhaber von Aufenthaltsgestattungen der Geltungsbereich des Gesetzes eröffnet, sofern der gewöhnliche Aufenthalt im Bundesgebiet gegeben ist.[28]
- unter die **Fiktion** des § 81 Abs. 3 S. 1 und Abs. 4 S. 1 und 3 AufenthG fällt. Danach gilt ein Aufenthalt vom Zeitpunkt der Antragstellung auf Erteilung eines Aufenthaltstitels bis zur Entscheidung der Ausländerbehörde als erlaubt.

3.3 Geduldeter Aufenthalt

9 Nach § 60a AufenthG ist ein Aufenthalt geduldet, wenn zwar eine Ausreisepflicht besteht, diese aber nicht zwangsweise (durch Abschiebung) vollstreckt wird. § 60a regelt mehrere Fallgruppen der Aussetzung der Abschiebung. Insbesondere wird eine Duldung nach § 60a Abs. 2 S. 1 AufenthG erteilt, solange die Abschiebung aus tatsächlichen oder rechtlichen Gründen unmöglich ist und kein Aufenthaltstitel erteilt wird. In erster Linie auf Grundlage dieser Regelung verfügt nahezu jeder Ausländer, der sich in Deutschland aufhält und keinen Aufenthaltstitel besitzt, über eine Duldung. Jeder vollziehbar ausreisepflichtige Ausländer, der nicht freiwillig ausreist oder abgeschoben wird, ist zu dulden. Die Systematik des Ausländerrechts lässt keinen Raum für einen ungeregelten Aufenthalt. Die tatsächliche Hinnahme des Aufenthalts außerhalb förmlicher Duldung, ohne dass die Vollstreckung der Ausreisepflicht betrieben wird, sieht das Gesetz nicht vor.[29] Nach der Systematik des AufenthG müssen vollziehbar ausreisepflichtige Personen daher eine Duldung nach § 60a AufenthG erhalten. Selbst wenn es die Ausländerbehörde pflichtwidrig unterlässt, eine Duldung förmlich zu erteilen, hält sich der Betroffene bei Vorliegen der materiellen Voraussetzungen geduldet im Bundesgebiet auf.[30] Lediglich Ausländer, die in der Illegalität leben, von deren Aufenthalt die Ausländerbehörde also keine Kenntnis hat, verfügen daher über keine Duldung. Nach **neuer Rechtslage** wird die Duldung nach § 60a SGB VIII bei Vorliegen der Voraussetzungen des § 60b Abs. 1 AufenthG als Duldung für Personen mit ungeklärter Identität erteilt. Für die jugendhilferechtliche Entscheidung nach § 6 Abs. 2 S. 1 ist dies unerheblich. Auch Duldungen mit dem Zusatz § 60b AufenthG werden von § 6 Abs. 2 S. 1 erfasst, da die Duldung nach § 60b AufenthG „im Sinne des § 60a AufenthG" erteilt wird.

---

28 Im Ergebnis ebenso Lange in jurisPK-SGB VIII Rn. 32.
29 BVerwG 25.9.1997 – 1 C 3/97, juris Rn. 19; BVerwG 25.3.2014 – 5 C 13/13, juris Rn. 20 mwN.
30 S. hierzu BVerwG 25.3.2014 – 5 C 13/13, juris Rn. 15.

3.4 Gewöhnlicher Aufenthalt

Neben dem ausländerrechtlichen Status stellt § 6 Abs. 2 S. 1 auf das Innehaben eines gewöhnlichen Aufenthalts in Deutschland ab.[31] Bezüglich dieser Voraussetzung macht das Adverb „nur" Sinn. Nach der gesetzlichen Legaldefinition in § 30 Abs. 3 S. 2 SGB I hat jemand dort seinen gewöhnlichen Aufenthalt, wo er sich unter solchen Umständen aufhält, die erkennen lassen, dass er an diesem Ort oder in diesem Gebiet nicht nur vorübergehend verweilt. Im Gegensatz zu den Regelungen in §§ 86 ff. kommt es bei § 6 Abs. 2 S. 1 aber nicht nur auf den gewöhnlichen Aufenthalt in einer bestimmten politischen Gemeinde an. Entscheidungserheblich ist, ob ein gewöhnlicher Aufenthalt im Inland, also in Deutschland begründet wird. Ein solcher gewöhnlicher Aufenthalt in Deutschland kann sich auch schon am Tag der Einreise ins Bundesgebiet ergeben.[32] 10

Grundsätzlich kann für die Inhaber fast aller Aufenthaltstitel angenommen werden, dass mit der rechtmäßigen Einreise ins Bundesgebiet bereits ein gewöhnlicher Aufenthalt iSd § 6 Abs. 2 S. 1 begründet wird. Etwas anderes gilt nur für wenige Aufenthaltstitel, bei welchen bereits bei erstmaliger Erteilung feststeht, dass der Ausländer das Bundesgebiet in Kürze zu verlassen hat. Dies kann beispielsweise für eine Aufenthaltserlaubnis, die gemäß § 25 Abs. 4 b AufenthG erteilt wird, angenommen werden. Die Aufenthaltserlaubnis nach § 25 Abs. 4 b AufenthG wird nämlich nur erteilt, um eine Aussage in einem Strafverfahren zu ermöglichen. Sobald die Aussage erfolgt ist oder das Strafverfahren abgeschlossen ist, muss der Betroffene ausreisen.

Nicht einfach zu beantworten ist allerdings die Frage, wann ein Asylbewerber oder geduldeter Ausländer über einen gewöhnlichen Aufenthalt in Deutschland verfügt. Teilweise wird in der – insbesondere zum Rentenversicherungsrecht und zur Rechtslage im SGB II ergangenen – Rechtsprechung angenommen, dass der Tatbestand des gewöhnlichen Aufenthalts im Sinne einer „Einfärbungslehre" in Abweichung vom Wortlaut des § 30 Abs. 3 S. 2 SGB I bei Ausländern von ausländerrechtlichen Umständen geprägt werde könne. So könne ein gewöhnlicher Aufenthalt nur dann angenommen werden, wenn der Ausländer sich „berechtigterweise" in Deutschland aufhalte. Der Aufenthalt müsse „rechtlich beständig" sein. Erforderlich sei eine (befristete) Aufenthaltserlaubnis mit der Option auf eine Verlängerung.[33] Dieser Auffassung widersprechend wird in der Rechtsprechung allerdings auch betont, dass es für die Annahme eines gewöhnlichen Aufenthalts nicht auf das Innehaben eines bestimmten Aufenthaltstitels ankomme.[34] Grundsätzlich könne auch ein Asylbewerber einen gewöhnlichen Aufenthalt im Bundesgebiet begründen.[35] Insbesondere zur Rechtslage im SGB VIII wird von der Rechtsprechung die Auffassung vertreten, dass auch ein Asylbewerber, ein abgelehnter Asylbewerber oder ein anderweitig geduldeter Ausländer einen gewöhnlichen Aufenthalt im Bundesgebiet begründen könne. Die Vorschrift des § 6 Abs. 2 S. 1 SGB VIII setze nach ihrem Wortlaut gerade voraus, dass auch geduldete Ausländer einen gewöhnlichen Aufenthalt im Bundesgebiet begründen könnten. Dieses Auslegungsergebnis sei auch der Regelung des § 86 Abs. 7 S. 3 SGB VIII zu entneh- 11

31 Ausführlich hierzu Kepert ZKJ 2015, 94.
32 S. hierzu auch Lange in jurisPK-SGB VIII § 86 Rn. 31.
33 BSG 9.5.1995 – 8 RKn 2/94, juris Rn. 16 f.; BSG 16.5.2007 – B 11 b AS 37/06 R, juris Rn. 22; s. hierzu auch BSG 3.12.2009 – B 10 EG 6/08 R, juris Rn. 26; offen gelassen, ob „an den Begriff des gewöhnlichen Aufenthalts zusätzliche aufenthaltsrechtliche Anforderungen zu stellen sind" von BSG 30.1.2013 – B 4 AS 37/12 R, juris Rn. 14; BSG 25.1.2012 – B 14 AS 138/11 R, juris Rn. 17; BSG 19.10.2010 – B 14 AS 23/10 R, juris Rn. 13.
34 BSG 30.1.2013 – B 4 AS 54/12 R, juris Rn. 19.
35 BSG 4.11.1998 – B 13 RJ 9/98 R, juris Rn. 36 f.

men.[36] Für die Rechtslage im SGB VIII sprechen aufgrund des Wortlautes des § 6 Abs. 2 S. 1 SGB VIII jedenfalls überzeugende Argumente für die Annahme, dass auch Asylbewerber und geduldete Ausländer einen gewöhnlichen Aufenthalt im Bundesgebiet begründen können. Unter Bezugnahme auf die gesetzliche Legaldefinition des gewöhnlichen Aufenthalts in § 30 Abs. 3 S. 2 SGB I ist für die Begründung eines gewöhnlichen Aufenthalts damit ausreichend, dass sich der betroffene Ausländer „bis auf weiteres" im Sinne eines zukunftsoffenen Verbleibs in Deutschland aufhält und dort den Mittelpunkt seiner Lebensbeziehungen hat. Ein längerer oder dauerhafter Aufenthalt wird nicht vorausgesetzt.[37]

12 Entscheidungserheblich für die Annahme des gewöhnlichen Aufenthalts ist damit im Sinne einer Prognoseentscheidung die Beantwortung der Frage, ob sich der betroffene Ausländer zukunftsoffen auf nicht absehbare Zeit in Deutschland aufhalten wird. Bei Duldungsinhabern ist daher, idR durch Nachfrage bei der Ausländerbehörde, in Erfahrung zu bringen, ob das tatsächliche oder rechtliche Ausreisehindernis, welches zur Erteilung der Duldung führt, voraussichtlich auf längere Zeit bestehen bleiben wird.[38] Häufigstes tatsächliches Ausreisehindernis ist das Nichtvorliegen eines Heimreisedokuments. Sehr viele Ausländer, die nicht im Visumsverfahren nach Deutschland einreisen, geben an, ihre Dokumente verloren zu haben. Nach einem Bericht der Bund-Länder-Arbeitsgruppe Rückführung geben mehr als 80 % der einreisenden Asylbewerber an, über keine Pässe oder sonstigen Dokumente zu verfügen.[39] Um eine Rückführung in den Herkunftsstaat zu ermöglichen, sind die Ausländerbehörden daher gezwungen, ein Heimreisedokument zu beschaffen. Solange dies nicht gelingt, besteht ein tatsächliches Ausreisehindernis.[40] Ob ein gewöhnlicher Aufenthalt im Sinne eines zukunftsoffenen Aufenthalts in diesen Fällen begründet werden kann, hängt damit ganz maßgeblich davon ab, ob es dem deutschen Staat gelingt, für den Betroffenen ein Heimreisedokument zu erhalten. Diesbezüglich ist zu berücksichtigen, dass es Herkunftsländer gibt, die gar nicht oder nur sehr unzureichend mit den deutschen Behörden bei der Identifizierung und Rücknahme ihrer Staatsangehörigen zusammenarbeiten.[41] Bei diesen Herkunftsländern ist daher von Anfang an zu erwarten, dass der Aufenthalt des betroffenen Ausländers in Deutschland in den nächsten Jahren oder Jahrzehnten nicht beendet werden kann. Hier ist bereits unmittelbar nach der Einreise mit Erteilung der ersten Duldung von einem gewöhnlichen Aufenthalt in Deutschland auszugehen.[42] In diesen Fällen ist, ebenso wie bei Inhabern von Aufenthaltstiteln, bereits unmittelbar nach der Einreise ins Bundesgebiet davon auszugehen, dass ein gewöhnlicher Aufenthalt iSd § 6 Abs. 2 S. 1 begründet wird. Nach hier vertretener Auffassung ist es evident rechtswidrig, wenn in diesen Fällen die Annahme eines gewöhnlichen Aufent-

36 BVerwG 2.4.2009 – 5 C 2/08, juris Rn. 22 f.; s. hierzu auch BVerwG 26.9.2002 – 5 C 46/01, 5 B 37/01, Rn. 18.
37 BVerwG 26.9.2002 – 5 C 46/01 ua, juris Rn. 18; BVerwG 18.3.1999 – 5 C 11/98, juris Rn. 15.
38 S. hierzu BVerwG 2.4.2009 – 5 C 2/08, juris Rn. 24; in diese Richtung auch Schlegel in jurisPK, 2. Aufl. 2011, SGB I § 30 Rn. 49.
39 Vollzugsdefizite – Ein Bericht über die Probleme bei der praktischen Umsetzung von ausländerbehördlichen Ausreiseaufforderungen, S. 6, http://www.einwanderer.net/fileadmin/downloads/Berichte/2011-04_Bericht_AG_Rueck-1.pdf.
40 S. hierzu Armbruster, HTK-AuslR, § 60 a AufenthG, zu Abs. 2 Satz 1 – tatsächliche Unmöglichkeit, 07/2014.
41 S. hierzu den Bericht Vollzugsdefizite – Ein Bericht über die Probleme bei der praktischen Umsetzung von ausländerbehördlichen Ausreiseaufforderungen. S. 7. Nach diesem sind 30 Staaten als sogenannte Problemstaaten gelistet, weil diese bei der Beschaffung von Heimreisedokumenten nicht oder nicht ausreichend mit deutschen Behörden kooperieren, http://www.einwanderer.net/fileadmin/downloads/Berichte/2011-04_Bericht_AG_Rueck-1.pdf.
42 S. hierzu auch Lange in jurisPK-SGB VIII Rn. 37.

halts von ausländerrechtlichen Verteilungsentscheidungen oder dem Stadium der Aufnahme nach dem Unterbringungsrecht abhängig gemacht wird.

Bei anderen Herkunftsländern kann hingegen davon ausgegangen werden, dass der Aufenthalt des Ausländers in den nächsten Wochen oder Monaten beendet werden kann, da diese Länder Rückübernahmeabkommen mit Deutschland oder der Europäischen Union abgeschlossen haben und den darin niedergelegten Verpflichtungen auch tatsächlich nachkommen. In diesen Fällen ist mit einer zügigen Rückführung des Betroffenen in seinen Herkunftsstaat zu rechnen.[43] Ein gewöhnlicher Aufenthalt kann daher nicht bereits mit Beginn des Aufenthalts in Deutschland angenommen werden.

In ähnlicher Weise ist bei rechtlichen Ausreisehindernissen (zB aufgrund einer Ehe nach Art. 6 GG bzw. Art. 8 EMRK oder einer Erkrankung nach Art. 2 Abs. 2 S. 1 GG) zu differenzieren.

Bei Asylbewerbern ist zu berücksichtigen, dass die **Aufenthaltsgestattung** nach § 55 13
AsylG den Aufenthalt nur für die Dauer des Asylverfahrens gestattet. Sie lässt wegen der Ungewissheit über den Ausgang des Asylverfahrens daher keine Aussage über den zukünftigen Verbleib zu. Anders wird man die Situation wiederum beurteilen müssen, wenn bereits absehbar ist, dass auch nach erfolglosem Ausgang des Asylverfahrens aufgrund tatsächlicher oder rechtlicher Ausreisehindernisse eine Aufenthaltsbeendigung nicht möglich sein wird.

Zu berücksichtigen ist, dass die Regelung des Abs. 2 S. 1 durch über- und zwischen- 14
staatliches Recht teilweise modifiziert wird, Abs. 4 (→ Rn. 18).

4 Leistungen an Deutsche bei einem Aufenthalt im Ausland (Abs. 3)

Nach § 6 Abs. 3 können Deutsche, die sich im Ausland aufhalten – in Abweichung 15
von der Regelung des Abs. 1 – auch Leistungen nach dem SGB VIII erhalten, soweit sie nicht Hilfe vom Aufenthaltsland erhalten. Erforderlich ist, dass sich sowohl der materiell Anspruchsberechtigte als auch der Leistungsempfänger im Ausland aufhalten (→ Rn. 1).[44] Dabei muss sich zunächst der materiell Anspruchsberechtigte im Ausland aufhalten. Zudem muss sich auch der Leistungsempfänger im Ausland befinden.[45]

Lange Zeit nicht abschließend geklärt war die Frage, auf welchen Zeitpunkt dabei abzustellen ist. Denkbar ist es auf den Zeitpunkt der Antragstellung, der Leistungsbewilligung oder der Leistungserbringung abzustellen. Zu fragen ist auch, ob für Anspruchsberechtigten und Leistungsempfänger die gleiche Rechtshandlung maßgeblich sein soll oder aber ob verschiedene Handlungen des Jugendamtes eine Rolle spielen. Das NdsOVG hat die Auffassung vertreten, dass sich der Anspruchsberechtigte zum Zeitpunkt der Leistungsbewilligung im Ausland aufhalten muss. Nach dieser Auffassung müsse sich der Leistungsempfänger zum Zeitpunkt der tatsächlichen Leistungserbringung im Ausland aufhalten.[46] Gegen diese Entscheidung hat das BVerwG mit Entscheidung vom 5.1.2017 die Revision zugelassen, um die Frage zu klären, auf welchen Zeitpunkt oder Zeitraum es für die Bestimmung, ob eine Leistung der Jugendhilfe im

---

43 S. hierzu Armbruster in HTK-AuslR AufenthG § 60 a, zu Abs. 2 Satz 1 – tatsächliche Unmöglichkeit, 07/2014 und Liste der Abkommen zur Erleichterung der Rückkehr ausreisepflichtiger Ausländer, http://www.bmi.bund.de/cae/servlet/contentblob/151414/publicationFile/17366/RueckkehrFluechtlinge.pdf.

44 S. hierzu auch BVerwG 12.5.2011 – 5 C 4/10, juris Rn. 21 f. sowie Lange in jurisPK-SGB VIII Rn. 18 und 43.

45 NdsOVG 20.1.2016 – 4 LB 14/13, juris Rn. 49 f.; aA Lange in jurisPK-SGB VIII Rn. 20: Maßgeblich sei der Zeitpunkt, in welchem über die Bewilligung der Leistung „endgültig" entschieden worden sei.

46 NdsOVG 20.1.2016 – 4 LB 14/13, juris Rn. 48.

Inland (§ 6 Abs. 1) oder im Ausland (§ 6 Abs. 3) vorliegt, maßgeblich ankommt.[47] Mit Entscheidung vom 31.5.2018 hat das BVerwG diese Fragen abschließend geklärt. Danach setzt die Anwendung des § 6 Abs. 3 bei einem Auseinanderfallen von Leistungsberechtigtem und Leistungsempfänger voraus, dass beide ihren Aufenthalt im Ausland haben. **Maßgeblicher Zeitpunkt** ist nach Auffassung des BVerwG der Zeitpunkt der Antragstellung. Also der Zeitpunkt, in welchem der jugendhilferechtliche Bedarf mittels eines ausdrücklich oder konkludent gestellten Antrags an einen Träger der Jugendhilfe herangetragen wird. Auch soweit die Hilfeleistung später im Inland erbracht wird, führt dies nicht notwendig zu einer Inlandshilfe nach § 6 Abs. 1. Vielmehr kommt es darauf, ob der insoweit maßgebliche Auslandsbezug durch den fortwährenden Aufenthalt des Leistungsberechtigten im Ausland erhalten bleibt.[48]
Zudem ist klärungsbedürftig, ob bei der Anwendung des Abs. 3 auf den gewöhnlichen oder den tatsächlichen Auslandsaufenthalt Bezug zu nehmen ist. Nach dem Gesetzeswortlaut des Abs. 3 ist lediglich auf den Aufenthalt – und nicht auf den tatsächlichen Aufenthalt wie Abs. 1 – abzustellen. Zu klären ist daher zunächst, ob Abs. 3 einen gewöhnlichen Auslandsaufenthalt iSe Mittelpunkts der Lebensführung erfordert oder ob bereits ein tatsächlicher Aufenthalt im Ausland der Regelung des Abs. 3 unterfällt.[49] Es ist zu berücksichtigen, dass der Aufenthalt grundsätzlich nur im Bundesgebiet oder im Ausland liegen kann. Da für eine Leistungsgewährung nach Abs. 1 bereits der tatsächliche Aufenthalt im Bundesgebiet ausreichend ist, muss in allen anderen Fällen eines Auslandsaufenthaltes, also gewöhnlicher oder tatsächlicher, grundsätzlich Abs. 3 Anwendung finden.[50] Das BVerwG hat mit Entscheidung vom 31.5.2018 die Auffassung vertreten, dass es für das Fortbestehen einer Auslandshilfe nach § 6 Abs. 3 SGB VIII auf den gewöhnlichen Aufenthalt des Leistungsberechtigten ankomme. Ein zeitweiser (zB durch Besuche) tatsächlicher Aufenthalt im Inland führe nicht zum Entfallen der Auslandshilfe, sofern der gewöhnliche Aufenthalt im Ausland fortbestehe.[51]
Allerdings ist anzumerken, dass sich mit dieser Regelungssystematik nicht alle Fallkonstellationen eindeutig lösen lassen. Dies gilt insbesondere in Fällen, in welchen im Ausland der gewöhnliche Aufenthalt des Betroffenen begründet wird und – zumindest zeitweise – im Bundesgebiet ein tatsächlicher Aufenthalt besteht (hierzu die Ausführungen unter → Rn. 2 aE).

16 Weitere Voraussetzung für die Eröffnung des Geltungsbereichs nach Abs. 3 ist, dass die Leistung nicht vom Aufenthaltsland geleistet wird, die Jugendhilfe an Deutsche im Ausland ist also nachrangig. Dabei greift der Leistungsausschluss nur, soweit die Leistung erbracht wird. Ist die Hilfegewährung durch das Aufenthaltsland in Umfang oder Intensität geringer als es das SGB VIII für den entsprechenden Fall vorsieht, so sind ergänzende Leistungen möglich.[52]

17 In Rspr. und Lit. wird davon ausgegangen, dass Abs. 3 die Leistungserbringung unabhängig von der jeweiligen Anspruchsgrundlage in das Ermessen des Jugendamtes stel-

---

47 BVerwG 5.1.2017 – 5 B 21/16 ua, juris Rn. 2.
48 BVerwG 31.5.2020 – 5 C 1/17, juris Rn. 18, 22, 31 und 32.
49 Offen gelassen von BVerwG 12.5.2011 – 5 C 4/10, juris Rn. 18 f.; NdsOVG 12.5.2011 – 4 LC 28/09, juris Rn. 30; VG Hannover 22.7.2011 – 3 A 3879/08, Rn. 25 und 26.
50 So auch NdsOVG 20.1.2016 – 4 LB 14/13, juris Rn. 50; VG Saarl 22.8.2008 – 11 K 90/07, juris Rn. 34; Lange in jurisPK-SGB VIII Rn. 43; Elmauer in Wiesner Rn. 73; Münder/Eschelbach in FK-SGB VIII Rn. 35, s. hierzu auch BVerwG 11.8.2005 – 5 C 18/04, juris Rn. 29.
51 BVerwG 31.5.2020 – 5 C 1/17, juris Rn. 33.
52 S. hierzu auch BVerwG 11.8.2005 – 5 C 18/04, juris Rn. 40.

le.[53] Diesbezüglich ist zu beachten, dass die Rechtsfolge grundsätzlich der jeweiligen materiellen Anspruchsgrundlage zu entnehmen ist. Bei § 6 handelt es sich jedoch um keine Anspruchsgrundlage, sondern lediglich um eine Bestimmung zur Eröffnung des Geltungsbereichs des Gesetzes. So wird in Rspr. und Lit. auch nicht vertreten, dass die Formulierung in § 6 Abs. 1 S. 1 („Leistungen werden gewährt") einen gebundenen Anspruch auf alle Leistungen des SGB VIII unabhängig von der Ausgestaltung der jeweiligen Rechtsfolgenseite in der Anspruchsgrundlage (zB Soll-Vorschrift nach § 19) vermittelt. Ebenso wenig wird in Rspr. und Lit. die Auffassung vertreten, dass die Formulierung in Abs. 2 S. 1 („können Leistungen beanspruchen") eine Beschränkung von gebundenen Leistungsansprüchen hin zu einem Anspruch auf eine ermessensfehlerfreie Entscheidung zur Folge habe.[54] Schließlich lässt sich auch der Gesetzesbegründung nicht entnehmen, dass mit der Formulierung in Abs. 3 („Deutschen können Leistungen […] gewährt werden") die Rechtsfolge der jeweiligen Anspruchsgrundlage modifiziert werden und generell in diesen Fallkonstellationen nur ein Anspruch auf eine ermessensfehlerfreie Entscheidung gegeben sein soll. Eine Einschränkung der Leistungserbringung ergibt sich bereits daraus, dass tatbestandlich eine Leistungserbringung nur möglich ist, wenn Hilfe nicht vom Aufenthaltsland geleistet wird. Hierdurch wird der „subsidiäre Charakter" der Leistung an Deutsche im Ausland gesichert.[55] Nach hier vertretener Auffassung wird daher nach § 6 Abs. 3 – ebenso wie nach den Abs. 1 und 2 – lediglich der Geltungsbereich des Gesetzes eröffnet, ohne eine Aussage über die Rechtsfolgenseite zu treffen. Die Rechtsfolgenseite, also gebundene Entscheidung, Soll-Vorschrift oder Ermessensentscheidung, ist ausschließlich der jeweiligen materiellen Anspruchsgrundlage zu entnehmen. Danach besteht auch in den Fällen des Abs. 3 vielfach (zB bei § 27 oder bei § 35 a) ein gebundener Anspruch auf die Leistung. Die Beantwortung der Frage, wie lange die Leistung im Ausland gewährt werden kann/muss, ist daher regelmäßig nicht von der Ausübung des Ermessens,[56] sondern vom Vorliegen der Tatbestandsvoraussetzungen abhängig.

Selbst wenn man jedoch die Vorschrift des § 6 Abs. 3 als eine Regelung begreifen möchte, welche die Rechtsfolgenseite der jeweiligen Anspruchsgrundlage von einer gebundenen Entscheidung in eine Ermessensnorm „verwandeln" kann, ist zu beachten, dass das Ermessens pflichtgemäß auszuüben ist.[57]

Das BVerwG ist mit Entscheidung vom 31.5.2018 erneut davon ausgegangen, dass mittels § 6 Abs. 3 die jeweilige Anspruchsgrundlage, auch wenn sie nach dem Wortlaut eine gebundene Entscheidung vorsieht, in eine **Ermessensentscheidung** verwandelt werden könne.[58]

53 BVerwG 11.8.2005 – 5 C 18/04, juris Rn. 40; NdsOVG 20.1.2016 – 4 LB 14/13, juris Rn. 57; VG Saarl. 22.8.2008 – 11 K 90/07, juris Rn. 33. Die Entscheidung des VG Saarl. ist allerdings aufgehoben worden durch das OVG Saarl 6.5.2011 – 3 A 513/09. Der Rechtsstreit ist durch Vergleich beendet worden. VG Augsburg 5.10.2004 – Au 3 K 04.164, juris Rn. 25; Elmauer in Wiesner Rn. 72; Lange in jurisPK-SGB VIII Rn. 46; Münder in FK-SGB VIII Rn. 35.

54 S. hierzu Lange in jurisPK-SGB VIII Rn. 39.

55 S. hierzu BT-Drs. 11/5948, 50.

56 S. hierzu aber Lange in jurisPK-SGB VIII Rn. 46 f.

57 S. hierzu OVG Saarl. – 3 A 358/08, unveröffentlicht. Das OVG hat mit diesem Beschluss die Berufung gegen das Urteil des VG Saarl. v. 22.8.2008 – 11 K 90/07, wegen ernstlicher Bedenken an der Richtigkeit der Ermessensausübung nach § 6 Abs. 3 zugelassen. S. zur Ermessensausübung auch Lange in jurisPK-SGB VIII Rn. 62 f.

58 BVerwG 31.5.2018 – 5 C 1/17, juris Rn. 16. S. hierzu aber auch Lange in jurisPK-SGB VIII Rn. 58 f.

5 Regelungen des über- und zwischenstaatlichen Rechts (Abs. 4)

18 Abs. 4 stellt klar, dass über- und zwischenstaatliches Recht durch die Regelung der Abs. 1 bis 3 nicht ausgeschlossen wird („bleibt unberührt"). In der Lit. wird teilweise daraus die nach hier vertretener Auffassung zu weitgehende Schlussfolgerung gezogen, dass Abs. 4 den Regelungen des Abs. 2 vorgehe; die Regelungen des Abs. 2 also „überlagert" würden.[59] Tatsächlich wird durch Abs. 4 lediglich klargestellt, dass vorrangiges über- und zwischenstaatliches Recht die Abs. 1 bis 3 unter einen Anwendungsvorbehalt stellt.[60] Im Ergebnis kann insbesondere die Regelung des § 6 Abs. 2 S. 1 durch die Anwendung abweichender über- und zwischenstaatlicher Regelungen modifiziert werden.

5.1 Grundsätzliches zum Verhältnis von Europarecht und Völkerrecht zum deutschen Recht

19 Als überstaatliches oder supranationales Recht wird das Recht der Europäischen Union bezeichnet. Zwischenstaatliches Recht sind völkerrechtliche Verträge. Für die Jugendhilfe bedeutsam sind insbesondere die UN-Kinderrechtskonvention und die UN-Konvention über die Rechte von Menschen mit Behinderungen.

Primäres und sekundäres Europarecht genießt einen Anwendungsvorrang vor nationalem Recht.[61] Entsprechende Regelungen gehen also den Abs. 1 bis 3 des § 6 vor. Von besonderer Bedeutung ist die Verordnung Nr. 1612/68. Art. 7 Abs. 2 der Verordnung Nr. 1612/68 gewährt den Unionsbürgern die gleichen sozialen Vergünstigungen wie Inländern. Zu diesen sozialen Vergünstigungen zählt auch die Jugendhilfe.[62] Völkerrechtliche Verträge müssen regelmäßig durch ein Gesetz nach Art. 59 Abs. 2 GG in Vollzug gesetzt werden. Der völkerrechtliche Vertrag hat nach überwiegender Auffassung lediglich Gesetzesrang und geht diesem daher nicht – jedenfalls nicht direkt und automatisch – vor.[63] Allerdings ist nationales Recht, und damit auch die Abs. 1 bis 3 des § 6, völkerrechtskonform auszulegen.[64]

5.2 Völkerrechtliche Verträge, die zu einer Gleichbehandlung verpflichten

20 **Europäisches Fürsorgeabkommen (EFA):** Die Vertragsstaaten des EFA verpflichten sich in Art. 1 EFA, den Angehörigen der anderen Vertragsparteien, die sich in ihrem Staatsgebiet erlaubt aufhalten, in gleicher Weise und unter den gleichen Bedingungen wie den eigenen Staatsangehörigen Leistungen der sozialen Fürsorge zu gewähren. Der Begriff der Fürsorge umfasst auch Hilfen nach den §§ 27, 32 bis 35 und 41 jeweils iVm § 39.

Erlaubter Aufenthalt ist gleichbedeutend mit rechtmäßigem Aufenthalt.

Deutsch-österreichisches Fürsorgeabkommen: Das Deutsch-Österreichische Fürsorgeabkommen (vgl. Anh. 4 Synopse) verpflichtet die Vertragsstaaten, den sich in ihrem Gebiet **tatsächlich** aufhaltenden Angehörigen der anderen Vertragspartei „in gleicher Weise, in gleichem Umfang und unter den gleichen Bedingungen wie den Staatsangehörigen des Aufenthaltsstaates" Jugendhilfe zu gewähren (Art. 2 DÖFA).

Deutsch-schweizerische Fürsorgevereinbarung: In Art. 1 der Deutsch-Schweizerischen Fürsorgevereinbarung (vgl. Anh. 4 Synopse) verpflichten sich die Vertragsparteien zu einer Gleichbehandlung der sich in ihrem Gebiet aufhaltenden Staatsangehörigen der jeweils anderen Vertragspartei im Bereich der Fürsorge.

---

59 So Münder/Eschelbach in FK-SGB VIII Rn. 8.
60 Zutreffend Lange in jurisPK-SGB VIII Rn. 50.
61 S. hierzu Obwexer in von der Groeben/Schwarze/Hatje EUV Art. 4 Rn. 112.
62 S. Kunkel, Jugendhilferecht, Rn. 105.
63 S. hierzu Nettesheim in Maunz/Dürig GG Art. 59 Rn. 96 und 97.
64 S. hierzu Pieper in BeckOK GG Art. 59 Rn. 44.

5.3 Das Haager Kinderschutzübereinkommen (KSÜ)

Das Übereinkommen über die Zuständigkeit, das anzuwendende Recht, die Anerkennung, Vollstreckung und Zusammenarbeit auf dem Gebiet der elterlichen Verantwortung und der Maßnahmen zum Schutz von Kindern vom 19.10.1996 (KSÜ) ist in Deutschland am 1.1.2011 in Kraft getreten.[65] Es hat damit das Haager Übereinkommen über die Zuständigkeit der Behörden und das anzuwendende Recht auf dem Gebiet des Schutzes von Minderjährigen[66] abgelöst. 21

Zunächst ist das KSÜ bei der Bestimmung des gewöhnlichen Aufenthaltes iSd § 6 Abs. 2 S. 1 zu beachten. Nach der Rechtsprechung des BVerwG zum Haager Übereinkommen über die Zuständigkeit der Behörden und das anzuwendende Recht auf dem Gebiet des Schutzes von Minderjährigen ist der gewöhnliche Aufenthalt im Sinne des Abkommens autonom nach dem „Daseinsmittelpunkt und Schwerpunkt der Bindungen der betreffenden Person" zu bestimmen und dieser entstehe „jedenfalls nach sechs Monaten".[67] Diese Rspr. ist auf das KSÜ, welches das Haager Abkommen abgelöst hat, zu übertragen.[68] Minderjährige Asylbewerber oder Geduldete begründen damit spätestens (vielfach aber auch schon früher, → Rn. 10 f.) nach einem sechsmonatigen Aufenthalt einen gewöhnlichen Aufenthalt im Bundesgebiet. 22

Art. 5 KSÜ bestimmt die Zuständigkeit des Vertragsstaates für das Kind.[69] Dabei wird ausschließlich auf den gewöhnlichen Aufenthalt abgestellt. Voraussetzung für eine Zuständigkeit ist damit – im Gegensatz zur Regelung des § 6 Abs. 2 S. 1 – kein bestimmter ausländerrechtlicher Status des Kindes. Allerdings genügt nach § 6 Abs. 2 S. 1 das Innehaben einer ausländerrechtlichen Duldung nach § 60a AufenthG. Über eine solche Duldung verfügt jedes in Deutschland aufhältige Kind, das keinen Aufenthaltstitel besitzt und in Kontakt zur Ausländerbehörde steht (hierzu die Ausführungen unter → Rn. 9). Über eine Anwendung des Art. 5 KSÜ ergibt sich damit idR kein anderes Ergebnis als über die Anwendung des § 6 Abs. 2 S. 1. 23

Im Gegensatz zur Regelung in Art. 5 KSÜ stellt Art. 6 KSÜ nicht auf den gewöhnlichen Aufenthalt des Kindes ab, sondern lässt es ausreichen, dass sich das Kind im Hoheitsgebiet des Vertragsstaates „befindet". Damit dürfte es allein auf die körperliche Anwesenheit ankommen, also ein tatsächlicher Aufenthalt genügt.[70] Diese Regelung gilt nach Art. 6 KSÜ für „Flüchtlingskinder und Kinder, die infolge von Unruhen in ihrem Land in ein anderes Land gelangt sind". Gleiches gilt für alle Kinder nach Art. 11 KSÜ „in dringenden Fällen". Für Flüchtlingskinder, für Kinder, die infolge von Unruhen in ihrem Land in ein anderes gelangt sind und in dringenden Fällen ist damit für die Leistungsgewährung ausschließlich auf den tatsächlichen Aufenthalt – und nicht nach § 6 Abs. 2 S. 1 auf den gewöhnlichen Aufenthalt – abzustellen. Problematisch in diesem Zusammenhang ist die Bestimmung des Begriffs „Flüchtlingskind". Das KSÜ selbst enthält hierfür keine Legaldefinition. 24

65 BGBl. II S. 1527.
66 Abrufbar unter: http://www.hcch.net/upload/conventions/txt10de.pdf.
67 BVerwG 24.6.1999 – 5 C 24/98, juris Rn. 35.
68 S. hierzu Lange in jurisPK-SGB VIII Rn. 36.
69 S. hierzu Art. 2 KSÜ: Kind ist eine Person von der Geburt bis zur Vollendung des 18. Lebensjahres.
70 So auch Münder/Eschelbach in FK-SGB VIII Rn. 14.

§ 7 Begriffsbestimmungen

(1) Im Sinne dieses Buches ist

1. **Kind, wer noch nicht 14 Jahre alt ist, soweit nicht die Absätze 2 bis 4 etwas anderes bestimmen,**
2. **Jugendlicher, wer 14, aber noch nicht 18 Jahre alt ist,**
3. **junger Volljähriger, wer 18, aber noch nicht 27 Jahre alt ist,**
4. **junger Mensch, wer noch nicht 27 Jahre alt ist,**
5. **Personensorgeberechtigter, wem allein oder gemeinsam mit einer anderen Person nach den Vorschriften des Bürgerlichen Gesetzbuchs die Personensorge zusteht,**
6. **Erziehungsberechtigter, der Personensorgeberechtigte und jede sonstige Person über 18 Jahre, soweit sie auf Grund einer Vereinbarung mit dem Personensorgeberechtigten nicht nur vorübergehend und nicht nur für einzelne Verrichtungen Aufgaben der Personensorge wahrnimmt.**

(2) [1]Kinder, Jugendliche, junge Volljährige und junge Menschen mit Behinderungen im Sinne dieses Buches sind Menschen, die körperliche, seelische, geistige oder Sinnesbeeinträchtigungen haben, die sie in Wechselwirkung mit einstellungs- und umweltbedingten Barrieren an der gleichberechtigten Teilhabe an der Gesellschaft mit hoher Wahrscheinlichkeit länger als sechs Monate hindern können. [2]Eine Beeinträchtigung nach Satz 1 liegt vor, wenn der Körper- und Gesundheitszustand von dem für das Lebensalter typischen Zustand abweicht. [3]Kinder, Jugendliche, junge Volljährige und junge Menschen sind von Behinderung bedroht, wenn eine Beeinträchtigung nach Satz 1 zu erwarten ist.

(3) Kind im Sinne des § 1 Absatz 2 ist, wer noch nicht 18 Jahre alt ist.

(4) Werktage im Sinne [ab 1.8.2026: *des § 24 Absatz 4 und*] der §§ 42a bis 42c sind die Wochentage Montag bis Freitag; ausgenommen sind gesetzliche Feiertage.

(5) Die Bestimmungen dieses Buches, die sich auf die Annahme als Kind beziehen, gelten nur für Personen, die das 18. Lebensjahr noch nicht vollendet haben.

1 Überblick

1 Die Vorschrift enthält mit den Nrn. 1 bis 6 des Abs. 1 wichtige Legaldefinitionen. Im Wesentlichen werden die Anspruchsberechtigten und Regelungsadressaten des SGB VIII definiert. Weitere Legaldefinitionen enthält das SGB VIII an anderer Stelle, zB werden in § 22 Abs. 1 S. 1 und 2 Tageseinrichtung und Kindertagespflege legal definiert. Ferner enthält das Gesetz an einigen Stellen gesetzliche Regelbeispiele zB in § 43 Abs. 2 und § 45 Abs. 2.

Mit Art. 1 des **KJSG** ist in Abs. 2 eine Legaldefinition für den Behinderungsbegriff eingefügt worden. Diese Definition gilt allerdings nicht für § 35a. Anders wird man dies für die ebenfalls mit dem KJSG vorgenommen Neuregelungen in § 11 Abs. 1 S. 3 sowie § 22a Abs. 4 sehen müssen. Hier ist der neue Behinderungsbegriff des § 7 Abs. 2 anzuwenden.

2 Abs. 1 Nr. 1 bis 4

In den Nrn. 1 bis 4 werden vier Altersgruppen definiert. Jede Altersgruppe wird am Tag des Geburtstages erreicht, der als Eingang in die Altersstufe genannt wird. Sie endet am Tag vor dem Geburtstag, der als Ende der Altersgruppe bestimmt wird (§§ 187 Abs. 2, 188 Abs. 2 BGB). Diese Legaldefinitionen sind für den Anwendungsbereich des SGB VIII verbindlich. 2

3 Abs. 1 Nr. 5 (Personensorgeberechtigter)

§ 1626 BGB Elterliche Sorge, Grundsätze

(1) [1]Die Eltern haben die Pflicht und das Recht, für das minderjährige Kind zu sorgen (elterliche Sorge). [2]Die elterliche Sorge umfasst die Sorge für die Person des Kindes (Personensorge) und das Vermögen des Kindes (Vermögenssorge).

(2) [1]Bei der Pflege und Erziehung berücksichtigen die Eltern die wachsende Fähigkeit und das wachsende Bedürfnis des Kindes zu selbständigem verantwortungsbewusstem Handeln. [2]Sie besprechen mit dem Kind, soweit es nach dessen Entwicklungsstand angezeigt ist, Fragen der elterlichen Sorge und streben Einvernehmen an.

(3) [1]Zum Wohl des Kindes gehört in der Regel der Umgang mit beiden Elternteilen. [2]Gleiches gilt für den Umgang mit anderen Personen, zu denen das Kind Bindungen besitzt, wenn ihre Aufrechterhaltung für seine Entwicklung förderlich ist.

§ 1626a BGB Elterliche Sorge nicht miteinander verheirateter Eltern; Sorgeerklärungen

(1) Sind die Eltern bei der Geburt des Kindes nicht miteinander verheiratet, so steht ihnen die elterliche Sorge gemeinsam zu,

1. wenn sie erklären, dass sie die Sorge gemeinsam übernehmen wollen (Sorgeerklärungen),
2. wenn sie einander heiraten oder
3. soweit ihnen das Familiengericht die elterliche Sorge gemeinsam überträgt.

(2) [1]Das Familiengericht überträgt gemäß Absatz 1 Nummer 3 auf Antrag eines Elternteils die elterliche Sorge oder einen Teil der elterlichen Sorge beiden Eltern gemeinsam, wenn die Übertragung dem Kindeswohl nicht widerspricht. [2]Trägt der andere Elternteil keine Gründe vor, die der Übertragung der gemeinsamen elterlichen Sorge entgegenstehen können, und sind solche Gründe auch sonst nicht ersichtlich, wird vermutet, dass die gemeinsame elterliche Sorge dem Kindeswohl nicht widerspricht.

(3) Im Übrigen hat die Mutter die elterliche Sorge.

§ 1626b BGB Besondere Wirksamkeitsvoraussetzungen der Sorgeerklärung

(1) Eine Sorgeerklärung unter einer Bedingung oder einer Zeitbestimmung ist unwirksam.

(2) Die Sorgeerklärung kann schon vor der Geburt des Kindes abgegeben werden.

(3) Eine Sorgeerklärung ist unwirksam, soweit eine gerichtliche Entscheidung über die elterliche Sorge nach den § 1626 a Absatz 1 Nummer 3 oder § 1671 getroffen oder eine solche Entscheidung nach § 1696 Absatz 1 Satz 1 geändert wurde.

§ 1626c BGB Persönliche Abgabe; beschränkt geschäftsfähiger Elternteil

(1) Die Eltern können die Sorgeerklärungen nur selbst abgeben.

(2) [1]Die Sorgeerklärung eines beschränkt geschäftsfähigen Elternteils bedarf der Zustimmung seines gesetzlichen Vertreters. [2]Die Zustimmung kann nur von diesem selbst abgegeben werden; § 1626 b Abs. 1 und 2 gilt entsprechend. [3]Das Familiengericht hat die Zustimmung auf Antrag des beschränkt geschäftsfähigen Elternteils zu ersetzen, wenn die Sorgeerklärung dem Wohl dieses Elternteils nicht widerspricht.

§ 1626d BGB Form; Mitteilungspflicht

(1) Sorgeerklärungen und Zustimmungen müssen öffentlich beurkundet werden.

(2) Die beurkundende Stelle teilt die Abgabe von Sorgeerklärungen und Zustimmungen unter Angabe des Geburtsdatums und des Geburtsorts des Kindes sowie des Namens, den das Kind zur Zeit der Beurkundung seiner Geburt geführt hat, dem nach § 87 c Abs. 6 Satz 2 des Achten Buches Sozialgesetzbuch zuständigen Jugendamt zu den in § 58 a [ab 1.1.2023: *§ 58*] des Achten Buches Sozialgesetzbuch genannten Zwecken unverzüglich mit.

§ 1626e BGB Unwirksamkeit

Sorgeerklärungen und Zustimmungen sind nur unwirksam, wenn sie den Erfordernissen der vorstehenden Vorschriften nicht genügen.

§ 1627 BGB Ausübung der elterlichen Sorge

[1]Die Eltern haben die elterliche Sorge in eigener Verantwortung und in gegenseitigem Einvernehmen zum Wohl des Kindes auszuüben. [2]Bei Meinungsverschiedenheiten müssen sie versuchen, sich zu einigen.

§ 1628 BGB Gerichtliche Entscheidung bei Meinungsverschiedenheiten der Eltern

[1]Können sich die Eltern in einer einzelnen Angelegenheit oder in einer bestimmten Art von Angelegenheiten der elterlichen Sorge, deren Regelung für das Kind von erheblicher Bedeutung ist, nicht einigen, so kann das Familiengericht auf Antrag eines Elternteils die Entscheidung einem Elternteil übertragen. [2]Die Übertragung kann mit Beschränkungen oder mit Auflagen verbunden werden.

§ 1629 BGB Vertretung des Kindes

(1) [1]Die elterliche Sorge umfasst die Vertretung des Kindes. [2]Die Eltern vertreten das Kind gemeinschaftlich; ist eine Willenserklärung gegenüber dem Kind abzugeben, so genügt die Abgabe gegenüber einem Elternteil. [3]Ein Elternteil vertritt das Kind allein, soweit er die elterliche Sorge allein ausübt oder ihm die Entscheidung nach § 1628 übertragen ist. [4]Bei Gefahr im Verzug ist jeder Elternteil dazu berechtigt, alle Rechtshandlungen vorzunehmen, die zum Wohl des Kindes notwendig sind; der andere Elternteil ist unverzüglich zu unterrichten.

(2) [1]Der Vater und die Mutter können das Kind insoweit nicht vertreten, als nach § 1795 ein Vormund von der Vertretung des Kindes ausgeschlossen ist [ab 1.1.2023: *als nach § 1824 ein Betreuer von der Vertretung des Betreuten ausgeschlossen ist*]. [2]Steht die elterliche Sorge für ein Kind den Eltern gemeinsam zu, so kann der Elternteil, in dessen Obhut sich das Kind befindet, Unterhaltsansprüche des Kindes gegen den anderen Elternteil geltend machen. [3]Das Familiengericht kann dem Vater und der Mutter nach § 1796 [ab 1.1.2023: *§ 1789 Absatz 2 Satz 3 und 4*] die Vertretung entziehen; dies gilt nicht für die Feststellung der Vaterschaft.

(2a) Der Vater und die Mutter können das Kind in einem gerichtlichen Verfahren nach § 1598 a Abs. 2 nicht vertreten.

(3) [1]Sind die Eltern des Kindes miteinander verheiratet oder besteht zwischen ihnen eine Lebenspartnerschaft, so kann ein Elternteil Unterhaltsansprüche des Kindes gegen den anderen Elternteil nur im eigenen Namen geltend machen, solange

1. die Eltern getrennt leben oder
2. eine Ehesache oder eine Lebenspartnerschaftssache im Sinne von § 269 Absatz 1 Nummer 1 oder 2 des Gesetzes über das Verfahren in Familiensachen und in den Angelegenheiten der freiwilligen Gerichtsbarkeit zwischen ihnen anhängig ist.

[2]Eine von einem Elternteil erwirkte gerichtliche Entscheidung und ein zwischen den Eltern geschlossener gerichtlicher Vergleich wirken auch für und gegen das Kind.

§ 1629a BGB Beschränkung der Minderjährigenhaftung

(1) [1]Die Haftung für Verbindlichkeiten, die die Eltern im Rahmen ihrer gesetzlichen Vertretungsmacht oder sonstige vertretungsberechtigte Personen im Rahmen ihrer Vertretungsmacht durch Rechtsgeschäft oder eine sonstige Handlung mit Wirkung für das Kind begründet haben, oder die auf Grund eines während der Minderjährigkeit erfolgten Erwerbs von Todes wegen entstanden sind, beschränkt sich auf den Bestand des bei Eintritt der Volljährigkeit vorhandenen Vermögens des Kindes; dasselbe gilt für Verbindlichkeiten aus Rechtsgeschäften, die der Minderjährige gemäß §§ 107, 108 oder § 111 mit Zustimmung seiner Eltern vorgenommen hat oder für Verbindlichkeiten aus Rechtsgeschäften, zu denen die Eltern die Genehmigung des Familiengerichts erhalten haben. [2]Beruft sich der volljährig Gewordene auf die Beschränkung der Haftung, so finden die für die Haftung des Erben geltenden Vorschriften der §§ 1990, 1991 entsprechende Anwendung.

(2) Absatz 1 gilt nicht für Verbindlichkeiten aus dem selbständigen Betrieb eines Erwerbsgeschäfts, soweit der Minderjährige hierzu nach § 112 ermächtigt war, und für Verbindlichkeiten aus Rechtsgeschäften, die allein der Befriedigung seiner persönlichen Bedürfnisse dienten.

(3) Die Rechte der Gläubiger gegen Mitschuldner und Mithaftende, sowie deren Rechte aus einer für die Forderung bestellten Sicherheit oder aus einer deren Bestellung sichernden Vormerkung werden von Absatz 1 nicht berührt.

(4) [1]Hat das volljährig gewordene Mitglied einer Erbengemeinschaft oder Gesellschaft nicht binnen drei Monaten nach Eintritt der Volljährigkeit die Auseinandersetzung des Nachlasses verlangt oder die Kündigung der Gesellschaft erklärt, ist im Zweifel anzunehmen, dass die aus einem solchen Verhältnis herrührende Verbindlichkeit nach dem Eintritt der Volljährigkeit entstanden ist; Entsprechendes gilt für den volljährig gewordenen Inhaber eines Handelsgeschäfts, der dieses nicht binnen drei Monaten nach Eintritt der Volljährigkeit einstellt. [2]Unter den in Satz 1 bezeichneten Voraussetzungen wird ferner vermutet, dass das gegenwärtige Vermögen des volljährig Gewordenen bereits bei Eintritt der Volljährigkeit vorhanden war.

§ 1630 BGB Elterliche Sorge bei Pflegerbestellung oder Familienpflege

(1) Die elterliche Sorge erstreckt sich nicht auf Angelegenheiten des Kindes, für die ein Pfleger bestellt ist.

(2) Steht die Personensorge oder die Vermögenssorge einem Pfleger zu, so entscheidet das Familiengericht, falls sich die Eltern und der Pfleger in einer Angelegenheit nicht einigen können, die sowohl die Person als auch das Vermögen des Kindes betrifft.

(3) [1]Geben die Eltern das Kind für längere Zeit in Familienpflege, so kann das Familiengericht auf Antrag der Eltern oder der Pflegeperson Angelegenheiten der elterlichen Sorge auf die Pflegeperson übertragen. [2]Für die Übertragung auf Antrag der Pflegeperson ist die Zustimmung der Eltern erforderlich. [3]Im Umfang der Übertragung hat die Pflegeperson die Rechte und Pflichten eines Pflegers.

§ 1631 BGB Inhalt und Grenzen der Personensorge

(1) Die Personensorge umfasst insbesondere die Pflicht und das Recht, das Kind zu pflegen, zu erziehen, zu beaufsichtigen und seinen Aufenthalt zu bestimmen.

(2) [1]Kinder haben ein Recht auf gewaltfreie Erziehung. [2]Körperliche Bestrafungen, seelische Verletzungen und andere entwürdigende Maßnahmen sind unzulässig.

[ab 1.1.2023: *(2) Das Kind hat ein Recht auf Pflege und Erziehung unter Ausschluss von Gewalt, körperlichen Bestrafungen, seelischen Verletzungen und anderen entwürdigenden Maßnahmen.*]

(3) Das Familiengericht hat die Eltern auf Antrag bei der Ausübung der Personensorge in geeigneten Fällen zu unterstützen.

§ 1631a BGB Ausbildung und Beruf

[1]In Angelegenheiten der Ausbildung und des Berufs nehmen die Eltern insbesondere auf Eignung und Neigung des Kindes Rücksicht. [2]Bestehen Zweifel, so soll der Rat eines Lehrers oder einer anderen geeigneten Person eingeholt werden.

§ 1631b BGB Freiheitsentziehende Unterbringung und freiheitsentziehende Maßnahmen

(1) [1]Eine Unterbringung des Kindes, die mit Freiheitsentziehung verbunden ist, bedarf der Genehmigung des Familiengerichts. [2]Die Unterbringung ist zulässig, solange sie zum Wohl des Kindes, insbesondere zur Abwendung einer erheblichen Selbst- oder Fremdgefährdung, erforderlich ist und der Gefahr nicht auf andere Weise, auch nicht durch andere öffentliche Hilfen, begegnet werden kann . [3]Ohne die Genehmigung ist die Unterbringung nur zulässig, wenn mit dem Aufschub Gefahr verbunden ist; die Genehmigung ist unverzüglich nachzuholen.

(2) [1]Die Genehmigung des Familiengerichts ist auch erforderlich, wenn dem Kind, das sich in einem Krankenhaus, einem Heim oder einer sonstigen Einrichtung aufhält, durch mechanische Vorrichtungen, Medikamente oder auf andere Weise über einen längeren Zeitraum oder regelmäßig in nicht altersgerechter Weise die Freiheit entzogen werden soll. [2]Absatz 1 Satz 2 und 3 gilt entsprechend.

§ 1631c BGB Verbot der Sterilisation

[1]Die Eltern können nicht in eine Sterilisation des Kindes einwilligen. [2]Auch das Kind selbst kann nicht in die Sterilisation einwilligen. [3]§ 1909 [ab 1.1.2023: *§ 1809*] findet keine Anwendung.

§ 1631d BGB Beschneidung des männlichen Kindes

(1) [1]Die Personensorge umfasst auch das Recht, in eine medizinisch nicht erforderliche Beschneidung des nicht einsichts- und urteilsfähigen männlichen Kindes einzuwilligen, wenn diese nach den Regeln der ärztlichen Kunst durchgeführt werden soll. [2]Dies gilt nicht, wenn durch die Beschneidung auch unter Berücksichtigung ihres Zwecks das Kindeswohl gefährdet wird.

(2) In den ersten sechs Monaten nach der Geburt des Kindes dürfen auch von einer Religionsgesellschaft dazu vorgesehene Personen Beschneidungen gemäß Absatz 1 durchführen, wenn sie dafür besonders ausgebildet und, ohne Arzt zu sein, für die Durchführung der Beschneidung vergleichbar befähigt sind.

§ 1632 BGB Herausgabe des Kindes; Bestimmung des Umgangs; Verbleibensanordnung bei Familienpflege

(1) Die Personensorge umfasst das Recht, die Herausgabe des Kindes von jedem zu verlangen, der es den Eltern oder einem Elternteil widerrechtlich vorenthält.

(2) Die Personensorge umfasst ferner das Recht, den Umgang des Kindes auch mit Wirkung für und gegen Dritte zu bestimmen.

(3) Über Streitigkeiten, die eine Angelegenheit nach Absatz 1 oder 2 betreffen, entscheidet das Familiengericht auf Antrag eines Elternteils.

(4) [1]Lebt das Kind seit längerer Zeit in Familienpflege und wollen die Eltern das Kind von der Pflegeperson wegnehmen, so kann das Familiengericht von Amts wegen oder auf Antrag der Pflegeperson anordnen, dass das Kind bei der Pflegeperson verbleibt, wenn und solange das Kindeswohl durch die Wegnahme gefährdet würde. [2]Das Familiengericht kann in Verfahren nach Satz 1 von Amts wegen oder auf Antrag der Pflegeperson zusätzlich anordnen, dass der Verbleib bei der Pflegeperson auf Dauer ist, wenn

1. sich innerhalb eines im Hinblick auf die Entwicklung des Kindes vertretbaren Zeitraums trotz angebotener geeigneter Beratungs- und Unterstützungsmaßnahmen die Erziehungsverhältnisse bei den Eltern nicht nachhaltig verbessert haben und eine der-

artige Verbesserung mit hoher Wahrscheinlichkeit auch zukünftig nicht zu erwarten ist und
2. die Anordnung zum Wohl des Kindes erforderlich ist.

§ 9 LPartG Regelungen in Bezug auf Kinder eines Lebenspartners

(1) Führt der allein sorgeberechtigte Elternteil eine Lebenspartnerschaft, hat sein Lebenspartner im Einvernehmen mit dem sorgeberechtigten Elternteil die Befugnis zur Mitentscheidung in Angelegenheiten des täglichen Lebens des Kindes. § 1629 Abs. 2 Satz 1 des Bürgerlichen Gesetzbuchs gilt entsprechend.

(2) Bei Gefahr im Verzug ist der Lebenspartner dazu berechtigt, alle Rechtshandlungen vorzunehmen, die zum Wohl des Kindes notwendig sind; der sorgeberechtigte Elternteil ist unverzüglich zu unterrichten.

(3) Das Familiengericht kann die Befugnisse nach Absatz 1 einschränken oder ausschließen, wenn dies zum Wohl des Kindes erforderlich ist.

(4) Die Befugnisse nach Absatz 1 bestehen nicht, wenn die Lebenspartner nicht nur vorübergehend getrennt leben.

(5) Der Elternteil, dem die elterliche Sorge für ein unverheiratetes Kind allein oder gemeinsam mit dem anderen Elternteil zusteht, und sein Lebenspartner können dem Kind, das sie in ihren gemeinsamen Haushalt aufgenommen haben, durch Erklärung gegenüber dem Standesamt ihren Lebenspartnerschaftsnamen erteilen. § 1618 Satz 2 bis 6 des Bürgerlichen Gesetzbuchs gilt entsprechend.

(6) Nimmt ein Lebenspartner ein Kind allein an, ist hierfür die Einwilligung des anderen Lebenspartners erforderlich. § 1749 Absatz 1 Satz 2 und 3 sowie Absatz 2 des Bürgerlichen Gesetzbuchs gilt entsprechend.

(7) Ein Lebenspartner kann ein Kind seines Lebenspartners allein annehmen. Für diesen Fall gelten die §§ 1742, 1743 Satz 1, § 1751 Abs. 2 und 4 Satz 2, § 1754 Abs. 1 und 3, § 1755 Abs. 2, § 1756 Abs. 2, § 1757 Abs. 2 Satz 1 und § 1772 Abs. 1 Satz 1 Buchstabe c des Bürgerlichen Gesetzbuchs entsprechend.

3 **Personensorgeberechtigter** ist, wem die Personensorge gem. § 1626 Abs. 1 S. 2 BGB (als Teil der elterlichen Sorge) für das minderjährige Kind zusteht. Das sind idR beide (leibliche) **Eltern** (§ 1626 Abs. 1 S. 1 BGB), ebenso die Adoptiveltern (§ 1754 Abs. 3 BGB) und die Eltern nach Scheidung, wenn sie keinen Antrag auf Sorgeübertragung (§ 1671 BGB) gestellt haben (→ § 17 Rn. 15).[1] Sind die Eltern nicht miteinander verheiratet, steht ihnen die elterliche Sorge zu, wenn sie gemeinsame Sorgeerklärungen abgegeben haben oder das FamG die gemeinsame Sorge übertragen hat (§ 1626a Abs. 1 Nrn. 1 bis 3 BGB);[2] ansonsten hat die Mutter die elterliche Sorge (§ 1626a Abs. 2 BGB; → § 52a Rn. 15). Auch wenn ein Elternteil noch minderjährig ist, steht ihm die Personensorge (neben dem volljährigen Elternteil als dem gesetzlichen Vertreter des Kindes) zu (§ 1673 Abs. 2 BGB). Zu beachten ist die **Überleitungsvorschrift** zur Neuregelung der elterlichen Sorge in § 30 EGBGB, wonach ein vor dem 19.5.2013 gestellter Antrag auf Ersetzung als Antrag auf Übertragung der elterlichen Sorge gilt.

4 **Stiefeltern** haben ein „kleines Sorgerecht" gem. § 1687 b BGB (Abdruck bei § 17). Der Stiefelternteil hat in Angelegenheiten des täglichen Lebens des Kindes (vgl. hierzu § 1687 Abs. 1 S. 3 BGB; Abdruck bei § 17) ein Recht zur Mitentscheidung, wenn sein Ehegatte alleinsorgeberechtigt ist, mit ihm zusammenlebt und das FamG die Befugnisse nicht eingeschränkt hat. Bei Gefahr im Verzuge (bei Abwarten wäre Schaden höchstwahrscheinlich) ist er auch zu weitergehenden Handlungen zum Wohl des Kin-

1 S. zum Fall der Übertragung der elterlichen Sorge auf die Mutter nach der Scheidung VGH BW 19.1.2017 – 12 S 2682/15, juris Rn. 26 f.

2 Nach der **Neuregelung** durch das Gesetz zur Reform der elterlichen Sorge nicht miteinander verheirateter Eltern v. 16.4.2013, in Kraft seit 19.5.2013.

des befugt. Diese sorgerechtlichen Befugnisse wirken nicht nur gegenüber dem Kind und dem sorgeberechtigten Elternteil, sondern auch im Außenverhältnis gegenüber Dritten.[3]

5 Auch in einer eingetragenen **Lebenspartnerschaft** besteht dieses „kleine Sorgerecht" entsprechend dem des Stiefelternteils (§ 9 LPartG), auch wenn dieses Sorgerecht nicht „nach den Vorschriften des Bürgerlichen Gesetzbuches" zusteht. Da § 7 insoweit eine planwidrige Lücke enthält, ist diese durch analoge Anwendung des § 9 LPartG zu schließen.[4]

6 Neben die Eltern als Personensorgeberechtigter (singulare tantum) tritt ein vom FamG bestellter Einzel- oder Amts**pfleger**, wenn das FamG gem. § 1666 BGB den Eltern das Personensorgerecht teilweise entzogen hat. Im Umfang der Entziehung sind die Eltern nicht mehr personensorgeberechtigt (§ 1630 Abs. 1 BGB), sondern der Ergänzungspfleger gem. § 1909 Abs. 1 S. 1 BGB („relatives Personensorgerecht"; → § 27 Rn. 20). Ist den Eltern die gesamte elterliche Sorge entzogen worden oder sind sie verhindert (§§ 1673, 1674 BGB) oder verstorben, ist der **Vormund** sorgeberechtigt (§§ 1773, 1793 BGB; „absoutes Personensorgerecht"). Auch der **Beistand** ist im Rahmen seines Aufgabenkreises (neben dem Elternteil) personensorgeberechtigt (Exkurs → vor § 52a Rn. 13).

7 Nicht personensorgeberechtigt ist die **Pflegeperson**, bei der ein Kind in Vollzeitpflege gem. § 33 ist, es sei denn, dass gem. § 1630 Abs. 3 BGB die Personensorge übertragen worden ist (→ § 33 Rn. 17).

8 Die **Personensorge** umfasst das Recht, das Kind zu pflegen, zu erziehen, zu beaufsichtigen und seinen Aufenthalt zu bestimmen (§ 1631 Abs. 1 BGB); ferner das Recht, die Herausgabe des Kindes zu verlangen und den Umgang des Kindes zu bestimmen (§ 1632 BGB).

4 Abs. 1 Nr. 6 (Erziehungsberechtigter)

§ 1688 BGB Entscheidungsbefugnisse der Pflegeperson

(1) [1]Lebt ein Kind für längere Zeit in Familienpflege, so ist die Pflegeperson berechtigt, in Angelegenheiten des täglichen Lebens zu entscheiden sowie den Inhaber der elterlichen Sorge in solchen Angelegenheiten zu vertreten. [2]Sie ist befugt, den Arbeitsverdienst des Kindes zu verwalten sowie Unterhalts-, Versicherungs-, Versorgungs- und sonstige Sozialleistungen für das Kind geltend zu machen und zu verwalten. [3]§ 1629 Abs. 1 Satz 4 gilt entsprechend.

(2) Der Pflegeperson steht eine Person gleich, die im Rahmen der Hilfe nach den §§ 34, 35 und 35a Absatz 2 Nummer 3 und 4 des Achten Buches Sozialgesetzbuch die Erziehung und Betreuung eines Kindes übernommen hat.

(3) [1]Die Absätze 1 und 2 gelten nicht, wenn der Inhaber der elterlichen Sorge etwas anderes erklärt. [2]Das Familiengericht kann die Befugnisse nach den Absätzen 1 und 2 einschränken oder ausschließen, wenn dies zum Wohl des Kindes erforderlich ist.

(4) Für eine Person, bei der sich das Kind auf Grund einer gerichtlichen Entscheidung nach § 1632 Abs. 4 oder § 1682 aufhält, gelten die Absätze 1 und 3 mit der Maßgabe, dass die genannten Befugnisse nur das Familiengericht einschränken oder ausschließen kann.

9 **Erziehungsberechtigter** ist der PSB nach Nr. 5. Er kann zwar nicht das Personensorgerecht, aber dessen Ausübung auf andere Personen übertragen und sie damit zu Erziehungsberechtigten machen. Dies ist aber nur möglich, wenn diese Person volljährig ist und der PSB mit ihr eine Vereinbarung getroffen hat, in der er ihr einzelne Aufgaben

3 Ebenso Schomburg KindPrax 2001, 103.
4 Ebenso Tillmanns in MüKoBGB Rn. 4.

der Personensorge zur Ausübung übertragen hat (zB haushaltsangehörige Verwandte, Väter in eheähnlichen Gemeinschaften ohne Sorgeerklärung, Pflegeeltern, Erzieher in Einrichtungen). Zu Stiefeltern → Rn. 4, zu Lebenspartnern → Rn. 5. Für die im Rahmen der HzE nach § 27 oder der Hilfe nach § 35 a tätigen Erzieher in Einrichtungen oder Pflegepersonen enthält § 1688 BGB eine Vertretungsregelung, die aber vom Inhaber der elterlichen Sorge eingeschränkt werden kann (§ 1688 Abs. 3 BGB; → § 38 Rn. 11). Da für die Vereinbarung keine besondere Form vorgeschrieben ist, gilt die Tagespflegeperson nach § 23 als durch schlüssiges Handeln ermächtigt, als Erziehungsberechtigte tätig zu sein. Das Erziehungsrecht von Lehrern gründet sich dagegen nicht auf eine Vereinbarung, sondern auf das Schulrecht. (Volljährige) Babysitter, Hausaufgabenbetreuer, Sportbetreuer, Jugendgruppenleiter sind nicht erziehungsberechtigt, da sie nicht auf eine gewisse Dauer und nur für einzelne Tätigkeiten Aufgaben der Personensorge wahrnehmen.

Etwas weiter wird der Kreis der erziehungsbeauftragten Personen iSd **Jugendschutzgesetzes** gezogen. Danach (§ 1 Abs. 1 Nr. 4 JuSchG) ist auch erziehungsberechtigt, wer ein Kind im Rahmen der Ausbildung betreut. 10

5 Abs. 3 und 5

Die Abs. 3 und 5 enthalten Ausnahmen von der Legaldefinition des **Kindes** in § 7 Abs. 1 Nr. 1.[5] Das GG und das BGB gehen von einem anderen Kindesbegriff als das SGB VIII aus. Kind iSd GG ist eine Person im Alter von 0 bis 17 Jahren. § 7 Abs. 3 stellt dies für den Kindesbegriff des § 1 Abs. 2, der wortgleich Art. 6 Abs. 2 GG wiedergibt, klar. Der Kindesbegriff des BGB ist hingegen nicht an ein bestimmtes Alter gebunden. Daher kann sowohl ein Minderjähriger als auch ein Volljähriger als Kind angenommen werden. Die Bestimmungen des SGB VIII, die sich auf die Annahme als Kind beziehen, gelten allerdings nur für Personen im Alter zwischen 0 und 17 Jahren, § 7 Abs. 5.[6] 11

Wiederum anders definiert **§ 56 Abs. 2 SGB I** den Begriff des Kindes. Dies ist jedoch für das Jugendhilferecht ohne Bedeutung, da der dort gewählte Begriff sich nur auf die Sonderrechtsnachfolge bezieht und zudem gem. § 37 S. 1 SGB I nachrangig ist gegenüber der Regelung im SGB VIII. 12

6 Abs. 2

Mit Art. 1 des **KJSG** ist in Abs. 2 Satz 1 eine Legaldefinition für den **Behinderungsbegriff** eingefügt worden. Danach liegt eine Behinderung bei jungen Menschen vor, wenn körperliche, seelische, geistige oder Sinnesbeeinträchtigungen gegeben sind, die den jungen Menschen in Wechselwirkung mit einstellungs- und umweltbedingten Barrieren an der gleichberechtigten Teilhabe an der Gesellschaft mit hoher Wahrscheinlichkeit länger als sechs Monate hindern können. Satz 2 bestimmt, dass eine Beeinträchtigung iSd Satzes 1 vorliegt, wenn der Körper- und Gesundheitszustand von dem für das Lebensalter typischen Zustand abweicht. 13

In Abs. 2 S. 3 wurde eine Legaldefinition für die drohenden Behinderung normiert. Danach sind Kinder, Jugendliche, junge Volljährige und junge Menschen von Behinderung bedroht, wenn eine Beeinträchtigung nach Satz 1 zu erwarten ist.

Nach der Gesetzesbegründung soll mit der Neuregelung klargestellt werden, dass für Kinder, Jugendliche, junge Volljährige und junge Menschen mit Behinderungen im SGB VIII grundsätzlich die Begriffsbestimmung des § 2 Abs. 1 SGB IX und damit der

5 Zum Begriff des Kindes näher Niedermeyer SGb 2010, 471.
6 S. hierzu Wiesner in Wiesner Rn. 4 und 5.

Behinderungsbegriff der VN-BRK gilt.[7] Im Leistungsrecht des SGB VIII ist der Behinderungsbegriff insbesondere im Zusammenhang mit § 35a maßgeblich. Für den Begriff der seelischen Behinderung gilt die Neuregelung des § 7 Abs. 2 aber nicht. Mit der Gesetzesbegründung wird „in Anlehnung an § 7 Abs. 1 SGB IX (…) auf insofern vorrangige Modifizierungen hingewiesen".[8] Auch die in § 7 Abs. 2 S. 3 enthaltene Legaldefinition für die drohende Behinderung gilt nicht für § 35a. Hier ist die Definition des § 35a Abs. 1 S. 2 anzuwenden. Mit Neuregelung in § 35a Abs. 1 S. 2 wird folgerichtig auf die drohende Behinderung im Sinne „dieser Vorschrift" (und nicht mehr im Sinne dieses Buches) abgestellt.

Damit existieren aktuell mit § 2 SGB IX, § 99 SGB IX und § 35a SGB VIII unterschiedliche Behinderungsbegriffe. Bis zum 1.1.2027 bzw. 1.1.2028 wird zu klären sein, welcher Behinderungsbegriff mit Umsetzung der dritten Stufe der inklusiven Neuregelung im SGB VIII Anwendung finden soll.

Der neue Behinderungsbegriff ist allerdings bereits jetzt bei Anwendung des SGB VIII im Übrigen anzuwenden. So ist nach hiesiger Auffassung bei Anwendung der ebenfalls mit dem KJSG vorgenommenen Neuregelungen in § 11 Abs. 1 S. 3 sowie § 22a Abs. 4 der neue Behinderungsbegriff des § 7 Abs. 2 zu verwenden.

7 Abs. 4

14 Mit dem Gesetz zur Verbesserung der Unterbringung, Versorgung und Betreuung ausländischer Kinder und Jugendlicher ist in Abs. 3 eine Legaldefinition für den Werktag iSd §§ 42a, b eingefügt worden. Damit wird klargestellt, dass der Samstag kein Werktag iSd §§ 42a, b ist.

Mit Wirkung vom 1.8.2026 wird die in Abs. 3 enthaltene Definition der Werktage auch auf den neu in Kraft tretenden Anspruch in § 24 Abs. 4 erstreckt werden.[9]

§ 8 Beteiligung von Kindern und Jugendlichen

(1) [1]Kinder und Jugendliche sind entsprechend ihrem Entwicklungsstand an allen sie betreffenden Entscheidungen der öffentlichen Jugendhilfe zu beteiligen. [2]Sie sind in geeigneter Weise auf ihre Rechte im Verwaltungsverfahren sowie im Verfahren vor dem Familiengericht und dem Verwaltungsgericht hinzuweisen.

(2) Kinder und Jugendliche haben das Recht, sich in allen Angelegenheiten der Erziehung und Entwicklung an das Jugendamt zu wenden.

(3) [1]Kinder und Jugendliche haben Anspruch auf Beratung ohne Kenntnis des Personensorgeberechtigten, solange durch die Mitteilung an den Personensorgeberechtigten der Beratungszweck vereitelt würde. [2]§ 36 des Ersten Buches bleibt unberührt. [3]Die Beratung kann auch durch einen Träger der freien Jugendhilfe erbracht werden; § 36a Absatz 2 Satz 1 bis 3 gilt entsprechend.

(4) Beteiligung und Beratung von Kindern und Jugendlichen nach diesem Buch erfolgen in einer für sie verständlichen, nachvollziehbaren und wahrnehmbaren Form.

§ 60 FamFG Beschwerderecht Minderjähriger

[1]Ein Kind, für das die elterliche Sorge besteht, oder ein unter Vormundschaft stehender Mündel kann in allen seine Person betreffenden Angelegenheiten ohne Mitwirkung seines gesetzlichen Vertreters das Beschwerderecht ausüben. [2]Das Gleiche gilt in sonstigen

7 BT-Drs. 19/26107, 72.
8 BT-Drs. 19/26107, 72 und 73.
9 BT-Drs. 19/29764, 28. S. hierzu auch BT-Drs. 19/32280.

Angelegenheiten, in denen das Kind oder der Mündel vor einer Entscheidung des Gerichts gehört werden soll. [3]Dies gilt nicht für Personen, die geschäftsunfähig sind oder bei Erlass der Entscheidung das 14. Lebensjahr nicht vollendet haben.

§ 158 FamFG Bestellung des Verfahrensbeistands

(1) [1]Das Gericht hat dem minderjährigen Kind in Kindschaftssachen, die seine Person betreffen, einen fachlich und persönlich geeigneten Verfahrensbeistand zu bestellen, soweit dies zur Wahrnehmung der Interessen des Kindes erforderlich ist. [2]Der Verfahrensbeistand ist so früh wie möglich zu bestellen.

(2) Die Bestellung ist stets erforderlich, wenn eine der folgenden Entscheidungen in Betracht kommt:

1. die teilweise oder vollständige Entziehung der Personensorge nach den §§ 1666 und 1666a des Bürgerlichen Gesetzbuchs,
2. der Ausschluss des Umgangsrechts nach § 1684 des Bürgerlichen Gesetzbuchs oder
3. eine Verbleibensanordnung nach § 1632 Absatz 4 oder § 1682 des Bürgerlichen Gesetzbuchs.

(3) [1]Die Bestellung ist in der Regel erforderlich, wenn

1. das Interesse des Kindes zu dem seiner gesetzlichen Vertreter in erheblichem Gegensatz steht,
2. eine Trennung des Kindes von der Person erfolgen soll, in deren Obhut es sich befindet,
3. Verfahren die Herausgabe des Kindes zum Gegenstand haben oder
4. eine wesentliche Beschränkung des Umgangsrechts in Betracht kommt.

[2]Sieht das Gericht in den genannten Fällen von der Bestellung eines Verfahrensbeistands ab, ist dies in der Endentscheidung zu begründen.

(4) [1]Die Bestellung endet mit der Aufhebung der Bestellung, mit Rechtskraft der das Verfahren abschließenden Entscheidung oder mit dem sonstigen Abschluss des Verfahrens. [2]Das Gericht hebt die Bestellung auf, wenn

1. der Verfahrensbeistand dies beantragt und einer Entlassung keine erheblichen Gründe entgegenstehen oder
2. die Fortführung des Amtes die Interessen des Kindes gefährden würde.

(5) Die Bestellung eines Verfahrensbeistands oder deren Aufhebung sowie die Ablehnung einer derartigen Maßnahme sind nicht selbständig anfechtbar.

§ 158b FamFG Aufgaben und Rechtsstellung des Verfahrensbeistands

(1) [1]Der Verfahrensbeistand hat das Interesse des Kindes festzustellen und im gerichtlichen Verfahren zur Geltung zu bringen. [2]Er soll zu diesem Zweck auch eine schriftliche Stellungnahme erstatten. [3]Der Verfahrensbeistand hat das Kind über Gegenstand, Ablauf und möglichen Ausgang des Verfahrens in geeigneter Weise zu informieren. [4]Endet das Verfahren durch Endentscheidung, soll der Verfahrensbeistand den gerichtlichen Beschluss mit dem Kind erörtern.

(2) [1]Soweit erforderlich kann das Gericht dem Verfahrensbeistand die Aufgabe übertragen, Gespräche mit den Eltern und weiteren Bezugspersonen des Kindes zu führen sowie am Zustandekommen einer einvernehmlichen Regelung über den Verfahrensgegenstand mitzuwirken. [2]Das Gericht hat Art und Umfang der Beauftragung konkret festzulegen und die Beauftragung zu begründen.

(3) [1]Der Verfahrensbeistand wird durch seine Bestellung als Beteiligter zum Verfahren hinzugezogen. [2]Er kann im Interesse des Kindes Rechtsmittel einlegen. [3]Der Verfahrensbeistand ist nicht gesetzlicher Vertreter des Kindes.

§ 159 FamFG Persönliche Anhörung des Kindes

(1) Das Gericht hat das Kind persönlich anzuhören und sich einen persönlichen Eindruck von dem Kind zu verschaffen.

(2) [1]Von der persönlichen Anhörung und der Verschaffung eines persönlichen Eindrucks nach Absatz 1 kann das Gericht nur absehen, wenn

1. ein schwerwiegender Grund dafür vorliegt,
2. das Kind offensichtlich nicht in der Lage ist, seine Neigungen und seinen Willen kundzutun,
3. die Neigungen, Bindungen und der Wille des Kindes für die Entscheidung nicht von Bedeutung sind und eine persönliche Anhörung auch nicht aus anderen Gründen angezeigt ist oder
4. das Verfahren ausschließlich das Vermögen des Kindes betrifft und eine persönliche Anhörung nach der Art der Angelegenheit nicht angezeigt ist.

[2]Satz 1 Nummer 3 ist in Verfahren nach den §§ 1666 und 1666a des Bürgerlichen Gesetzbuchs, die die Person des Kindes betreffen, nicht anzuwenden. [3]Das Gericht hat sich in diesen Verfahren einen persönlichen Eindruck von dem Kind auch dann zu verschaffen, wenn das Kind offensichtlich nicht in der Lage ist, seine Neigungen und seinen Willen kundzutun.

(3) [1]Sieht das Gericht davon ab, das Kind persönlich anzuhören oder sich einen persönlichen Eindruck von dem Kind zu verschaffen, ist dies in der Endentscheidung zu begründen. [2]Unterbleibt eine Anhörung oder die Verschaffung eines persönlichen Eindrucks allein wegen Gefahr im Verzug, ist sie unverzüglich nachzuholen.

(4) [1]Das Kind soll über den Gegenstand, Ablauf und möglichen Ausgang des Verfahrens in einer geeigneten und seinem Alter entsprechenden Weise informiert werden, soweit nicht Nachteile für seine Entwicklung, Erziehung oder Gesundheit zu befürchten sind. [2]Ihm ist Gelegenheit zur Äußerung zu geben. [3]Hat das Gericht dem Kind nach § 158 einen Verfahrensbeistand bestellt, soll die persönliche Anhörung und die Verschaffung eines persönlichen Eindrucks in dessen Anwesenheit stattfinden. [4]Im Übrigen steht die Gestaltung der persönlichen Anhörung im Ermessen des Gerichts.

Artikel 12 UN-KindK [Anhörung des Kindes]

(1) Die Vertragsstaaten sichern dem Kind, das fähig ist, sich eine eigene Meinung zu bilden, das Recht zu, diese Meinung in allen das Kind berührenden Angelegenheiten frei zu äußern, und berücksichtigen die Meinung des Kindes angemessen und entsprechend seinem Alter und seiner Reife.

(2) Zu diesem Zweck wird dem Kind insbesondere Gelegenheit gegeben, in allen das Kind berührenden Gerichts- oder Verwaltungsverfahren entweder unmittelbar oder durch einen Vertreter oder eine geeignete Stelle im Einklang mit den innerstaatlichen Verfahrensvorschriften gehört zu werden.

Artikel 6 EMRK [Recht auf ein faires Verfahren]

(1) Jede Person hat ein Recht darauf, dass über Streitigkeiten in Bezug auf ihre zivilrechtlichen Ansprüche und Verpflichtungen oder über eine gegen sie erhobene strafrechtliche Anklage von einem unabhängigen und unparteiischen, auf Gesetz beruhenden Gericht in einem fairen Verfahren, öffentlich und innerhalb angemessener Frist verhandelt wird. Das Urteil muss öffentlich verkündet werden; Presse und Öffentlichkeit können jedoch während des ganzen oder eines Teiles des Verfahrens ausgeschlossen werden, wenn dies im Interesse der Moral, der öffentlichen Ordnung oder der nationalen Sicherheit in einer demokratischen Gesellschaft liegt, wenn die Interessen von Jugendlichen oder der Schutz des Privatlebens der Prozessparteien es verlangen oder – soweit das Gericht es für unbedingt erforderlich hält – wenn unter besonderen Umständen eine öffentliche Verhandlung die Interessen der Rechtspflege beeinträchtigen würde.

…

Artikel II-84 EU-Verfassung (Art. 24 EU-Grundrechte Charta) [1]**[Rechte des Kindes]**

(1) Kinder haben Anspruch auf den Schutz und die Fürsorge, die für ihr Wohlergehen notwendig sind. Sie können ihre Meinung frei äußern. Ihre Meinung wird in den Angelegenheiten, die sie betreffen, in einer ihrem Alter und ihrem Reifegrad entsprechenden Weise berücksichtigt.

(2) Bei allen Kinder betreffenden Maßnahmen öffentlicher Stellen oder privater Einrichtungen muss das Wohl des Kindes eine vorrangige Erwägung sein.

(3) Jedes Kind hat Anspruch auf regelmäßige persönliche Beziehungen und direkte Kontakte zu beiden Elternteilen, es sei denn, dies steht seinem Wohl entgegen.

1 Das Kind als Beteiligungsberechtigter (Abs. 1)

1.1 Beteiligungsrecht (Satz 1)

1.1.1 Bedeutung. Als Träger der Grundrechte haben Kinder eine Subjektstellung, wie § 1 Abs. 1 hervorhebt und Art. 12 der UN-KindK unterstreicht (→ § 3 Rn. 21). Das Elternrecht aus Art. 6 Abs. 2 S. 1 GG ist keine entgegengesetzte Rechtsposition, sondern in seiner Definition als Elternverantwortung fremdnützig, nämlich dazu bestimmt, das Kindeswohl zu verwirklichen (→ § 1 Rn. 7 ff.). Aus der Subjektstellung des Kindes als Grundrechtsträger folgt, dass der Staat verpflichtet ist, das Kindeswohl zu fördern, allerdings – wie sich aus dem Elternrecht ergibt – nur abgeleitet über die Eltern, die als Sorgeberechtigte (→ § 7 Rn. 3) grds. über die Inanspruchnahme von Jugendhilfe entscheiden. Erst bei **konkreter** Gefährdung des Kindeswohls ist die Schwelle überschritten, wo der Staat in Wahrnehmung seines **Wächteramtes** aus Art. 6 Abs. 2 S. 2 GG (→ § 1 Rn. 10) verpflichtet sein kann, im Durchgriff (also ohne Vermittlung über die Eltern) für das Kind tätig zu werden (→ § 42 Rn. 25). Darauf hat das **Kind einen Rechtsanspruch** (→ § 8a Rn. 13). Da das Kind seine Rechte noch nicht selbstständig wahrnehmen kann, ermöglicht § 8, diesen Mangel im Verhältnis zum Träger der öffentlichen Jugendhilfe durch Beteiligungsrechte zu kompensieren. Damit hat § 8 im Verhältnis des Kindes zum Träger der öffentlichen Jugendhilfe eine ähnliche Funktion wie § 1626 Abs. 2 BGB (Abdruck bei § 7) im Verhältnis des Kindes zu seinen Eltern. § 8 ist insoweit die normative Einlösung des Postulats aus § 9 Nr. 2, die wachsende Fähigkeit des Kindes zu selbstständigem Handeln zu berücksichtigen (→ § 9 Rn. 7). Da junge Volljährige einen eigenen Rechtsanspruch aus § 41 haben, sind sie in § 8 nicht erwähnt. 1

Mit Art. 1 des **KJSG** ist der Abs. 3 des § 8 neu gefasst worden.[2] Infolge der Neuregelung besteht nun ein elternunabhängiger Beratungsanspruch des Kindes auch, wenn eine Not- und Konfliktlage nicht gegeben ist. Ferner ist eine niedrigschwellige Inanspruchnahme der Beratung auch bei einem Träger der freien Jugendhilfe möglich.

1 S. Anhang 4 (Synopse).
2 BGBl. 2021 Teil I Nr. 29, 1444.

Schließlich ist ein neuer Abs. 4 eingefügt worden. Danach sollen Beteiligung und Beratung von Kindern und Jugendlichen in einer für sie wahrnehmbaren Form erfolgen.

2 **1.1.2 Inhalt.** § 8 Abs. 1 gibt keinen Anspruch auf eine Entscheidung, sondern auf Beteiligung an ihr. Die Entscheidung des Trägers der öffentlichen Jugendhilfe muss nicht im Einvernehmen mit dem Kind erfolgen, sondern kann auch gegen dessen Willen getroffen werden; das Kind kann die Entscheidung nicht blockieren, sondern lediglich regulieren. Inhalt der Beteiligung ist die Eröffnung einer Möglichkeit, die Entscheidung zu beeinflussen. Dies geschieht idR durch **Anhörung** des Kindes/Jugendlichen vor der Entscheidung, also der Möglichkeit (nicht der Pflicht) zur Äußerung. Eine derartige Beteiligung ist für das Verfahren in Familiensachen in § 159 FamFG ebenfalls geregelt und auch von Art. 12 UN-KindK verlangt (Synopse Anh. 4).[3] Soweit das Kind/der Jugendliche nach anderen Vorschriften zu beteiligen ist (zB nach § 36 im Hilfeplanungsverfahren; zur Auswahl des Amtsvormunds/-pflegers → § 55 Rn. 25), ist § 8 damit Genüge getan.

3 Die **Beteiligungsanhörung** gem. § 8 ist zu unterscheiden von der Anhörung im Verwaltungsverfahren gem. **§ 24 SGB X** (→ Anh. 5 Rn. 18), die andere Voraussetzungen (Verwaltungsverfahren, Eingriff in Rechte) und einen anderen Gegenstand (Tatsachenanhörung) hat. Weiterhin zu unterscheiden ist die Beteiligung gem. § 8 vom Wunsch- und Wahlrecht gem. § 5, das nur einem Leistungsberechtigten (dies ist der PSB, das Kind nur bei Hilfen nach §§ 24, 35a) zusteht, und dem im Regelfall entsprochen werden muss.

4 **1.1.3 Subjektives öffentliches Recht.** Auf die Beteiligung besteht ein Rechtsanspruch,[4] da § 8 Abs. 1 ein subjektives öffentliches Recht enthält, wie sich aus seiner Ableitung aus Art. 1 Abs. 1 GG ergibt, wonach die Menschenwürde erfordert, dass der Mensch nicht Objekt, sondern Subjekt staatlichen Handelns ist.[5] Wird das Beteiligungsrecht des Kindes verletzt, kann das Kind dieses Recht einklagen,[6] wobei es von den Eltern gesetzlich vertreten wird; bei einem Interessengegensatz aber vom Ergänzungspfleger als Verfahrenspfleger (§§ 1909, 1796 BGB). Außerdem ist eine unter Verletzung des Beteiligungsrechts ergangene Entscheidung formell rechtswidrig.[7] Der Fehler ist aber analog § 41 Abs. 1 Nr. 3 SGB X (der direkt nur für VA gilt) heilbar.[8]

5 Weil Rechte des Kindes (bis zur Gefährdungsschwelle) nur über die **„Schleuse" des Elternrechts** verwirklicht werden können (→ Rn. 1), kann die Beteiligung weder ohne noch gegen den Willen der Eltern geschehen.[9] Der PSB muss deshalb auf die Beteiligung des Kindes hingewiesen werden (ähnlich dem Hinweis nach § 36 Abs. 1 S. 1 SGB I), damit er einen entgegenstehenden Willen ausdrücken kann (ähnlich § 36 Abs. 2 SGB I). Aus Beweisgründen sollte die Beteiligung des Kindes und der Hinweis an den PSB in der Akte vermerkt werden.

6 **1.1.4 Voraussetzungen.** Zunächst muss es um eine das Kind (§ 7 Abs. 1 Nr. 1) oder den Jugendlichen (§ 7 Abs. 1 Nr. 2) betreffende **Entscheidung** gehen. Es kann eine regelnde Entscheidung in einem Verwaltungsverfahren iSd § 8 SGB X, also VA sein;

3 Ebenso Art. II-84 EU-Verfassung und EU-Agenda v. 16.2.2011.
4 Ebenso Heußner in jurisPK-SGB VIII Rn. 19; Happe/Saurbier in JHSM Rn. 4; Fieseler in GK-SGB VIII Rn. 6; Meysen in FK-SGB VIII Rn. 3 – allerdings unter irreführender Berufung auf OVG Bbg 27.11.2002 – 4 B 196/02; der Entscheidung lässt sich lediglich entnehmen, dass zumindest eine objektive Pflicht zur Beteiligung besteht; aA Kern in SFMK Rn. 11.
5 BVerfG 20.10.1992 – 1 BvR 698/89, juris Rn. 107 f.
6 Zweifelnd wegen § 44a VwGO Heußner in jurisPK-SGB VIII Rn. 19.
7 S. hierzu auch Mrozynski SGB VIII Rn. 1: möglicherweise materiell rechtswidrig.
8 Meysen in FK-SGB VIII Rn. 2: § 41 direkt.
9 AA Heußner in jurisPK-SGB VIII Rn. 20.

„Entscheidung" ist aber auch jede (nicht regelnde) Entschließung zu schlichtem Handeln wie Beratung und andere Hilfeleistungen oder die Anrufung des FamG.[10]

„Sie betreffende" Entscheidungen sind solche, die im Einzelfall Interessen des Kindes oder Jugendlichen berühren. Dies sind alle Entscheidungen über die Wahrnehmung von Aufgaben nach § 2 Abs. 2 und 3, soweit sie nicht institutioneller (§§ 45–48a, 54, 74–77), organisatorischer (§§ 59, 60, 98) oder kostenrechtlicher (§§ 90–95) Art sind. Die Entscheidung über die Heranziehung des Kindes selbst zu den Kosten (§ 92 Abs. 1 Nr. 1) geschieht durch einen belastenden VA, so dass die Beteiligung des Kindes durch Anhörung nach § 24 SGB X erfolgt. Die Entscheidung, HzE in einer der angezeigten Hilfearten zu gewähren, wird mit dem Hilfeplanungsverfahren gem. § 36 vorbereitet. Die dort vorgesehene Beteiligung des Kindes gem. § 36 Abs. 1 und 2 geht als die speziellere Regelung dem § 8 vor (→ § 36 Rn. 1 und → § 34 Rn. 25). 7

§ 8 gilt nur für Entscheidungen des Trägers der **öffentlichen** Jugendhilfe. Führt ein freier Träger eine Jugendhilfeaufgabe für den öffentlichen Träger durch, wird er in der Leistungsvereinbarung zur Beachtung des § 8 verpflichtet werden.[11] Die Entscheidungen des Trägers der Jugendhilfe müssen sich auf **Jugendhilfe**aufgaben beziehen. Dies ist nicht der Fall, wenn ein JA als Beistand/AP/AV durch seinen beauftragten Mitarbeiter Entscheidungen auf anderen Rechtsgebieten (BGB, AufenthG) trifft, da es hierbei nicht jugendhilfespezifisch handelt, sondern wie ein Einzelpfleger oder -vormund.[12] 8

Die Beteiligung von Kindern und Jugendlichen ist lediglich **„entsprechend ihrem Entwicklungsstand"** durchzuführen. Sie richtet sich also nicht nach generellen Kriterien (wie einer Altersgrenze, zB 14 Jahre nach § 159 Abs. 1 FamFG), sondern nach individuellen. Die Beteiligung ist somit abhängig einerseits von der Einsichtsfähigkeit des betreffenden Minderjährigen[13] und andererseits von der konkreten Entscheidung, deren Bedeutung er verstehen muss (zur Einsichtsfähigkeit → § 68 Rn. 17). 9

1.1.5 Begriff der Leistungsbeteiligten. Leistungsbeteiligte sind der Leistungsempfänger und der Leistungsadressat. Leistungs**empfänger** ist, in wessen Person die Tatbestandsvoraussetzungen der Hilfe vorliegen. Hat der Leistungsempfänger einen Rechtsanspruch auf die Hilfe, wird er zum Leistungs**berechtigten** (= Anspruchsberechtigten). Das Kind selbst ist Leistungsberechtigter nur für die Leistungen nach §§ 24, 35a. Für **alle** Hilfen nach dem SGB VIII ist dagegen das **Kind Leistungsadressat.** Es gibt im SGB VIII – mit Ausnahme von § 41 – keine Hilfenorm, die nicht auf das Kind ausgerichtet ist. Die für die Einrichtung des „Anwalt des Kindes" vorgebrachte Begründung (→ Anh. 6 Rn. 31 ff.), das JA habe verschiedene Interessen zu berücksichtigen, ist daher normativ unzutreffend. Bei der Wahrnehmung **aller** Aufgaben hat das JA immer **nur die Interessen des Kindes** zu berücksichtigen, also „Anwalt des Kindes" zu sein. (Relative) Ausnahmen sind die Tätigkeit nach §§ 59, 60 und § 31 (→ § 31 Rn. 3). 10

1.1.6 Abgrenzung zur Beteiligung im Verwaltungsverfahren. In einem Verwaltungsverfahren geht es gem. § 8 SGB X nur um regelnde Entscheidungen, nämlich VA oder Verträge. Als natürliche Person ist das Kind in einem Verwaltungsverfahren **beteiligungsfähig** gem. § 10 Nr. 1 SGB X. **Beteiligter** ist das Kind aber nur unter den Voraussetzungen des § 12 SGB X, nämlich als Antragsteller bei einem begünstigenden VA (Nr. 1) oder als Adressat eines belastenden VA (Nr. 2). Ferner kann das Kind oder der Jugendliche dadurch zum Beteiligten werden, dass das JA ihn zu dem Verfahren hinzuzieht, wenn seine Interessen berührt sind (§ 12 Abs. 2 SGB X). § 8 macht das Kind also nicht zu einem gleichsam gesetzlich zugezogenen Beteiligten iSd § 12 SGB X. Die 11

10 Ebenso Heußner in jurisPK-SGB VIII Rn. 13.
11 Ebenso Happe/Saurbier in JHSM Rn. 20.
12 AA LG Bremen InfAuslR 1992, 281 für eine ausländerrechtliche Entscheidung des AV.
13 AA Meysen in FK-SGB VIII Rn. 5; Heußner in jurisPK-SGB VIII Rn. 17.

Beteiligung nach § 8 liegt auf einer anderen Ebene als die Beteiligung nach § 12 SGB X. § 8 ist eine Entscheidungsbeteiligung, § 12 SGB X eine Verfahrensbeteiligung. Letztere löst sich aus der Beteiligung ergebende Verfahrensrechte aus (Akteneinsicht gem. § 25 SGB X, Begründungspflicht gem. § 35 Abs. 3 SGB X, RBB gem. § 36 SGB X, Bekanntgabe gem. § 37 Abs. 1 SGB X sowie die Tatsachenanhörung gem. § 24 SGB X; → Anh. 5 Rn. 18).

12 Als **Antragsteller** kann das Kind zum Beteiligten in einem Verwaltungsverfahren gem. § 12 Abs. 1 Nr. 1 SGB X werden. Über Zulässigkeit und Begründetheit des Antrags sagt diese Rechtsposition noch nichts aus. Zulässig ist der Antrag auch, wenn er sich auf ein Recht bezieht, das nicht dem Kind selbst, sondern dem PSB (zB der Anspruch auf HzE; → § 36 Rn. 14; → § 27 Rn. 15) zusteht. Hinzukommen muss aber noch die Handlungsfähigkeit iSd § 11 SGB X, um den Antrag in verfahrensrechtlich zulässiger Weise stellen zu können. Die **Handlungsfähigkeit** besteht nach § 11 Abs. 1 Nr. 2 2. Alt. SGB X iVm § 36 SGB I erst ab 15 Jahren, allerdings weder ohne (§ 36 Abs. 1 S. 2 SGB I) noch gegen (§ 36 Abs. 2 SGB I) den Willen der Eltern, begründet also keine die Eltern ausschließende Teilmündigkeit.[14] Erst das Einverständnis der Eltern begründet eine selbstständige Handlungsposition des Minderjährigen.

1.2 Hinweispflicht (Satz 2)

13 Der Träger der öffentlichen Jugendhilfe muss die beteiligten Kinder und Jugendlichen auf ihre Rechte im Verwaltungs- oder gerichtlichen Verfahren hinweisen. Die Hinweispflicht nach § 36 Abs. 1 S. 1 geht darüber hinaus und als spezielle Regelung für das Hilfeplanungsverfahren dem § 8 Abs. 1 S. 2 vor (→ § 36 Rn. 1, 10 ff.). Die Rechte im **Verwaltungsverfahren** sind Anhörung, Begründung, RBB, Akteneinsichtsrecht, Handlungsfähigkeit und Antragsrecht; auch das Sozialgeheimnis ist ein Recht im Verwaltungsverfahren gem. § 35 SGB I iVm § 61 SGB VIII. Dagegen ist kein Verfahrensrecht das Recht religiöser Selbstbestimmung nach §§ 5, 6 RKEG, das bei der Auswahl einer Einrichtung eine Rolle spielen kann.[15] Dennoch ist auch auf dieses Recht hinzuweisen.[16] Die Hinweispflicht auf das Wunsch- und Wahlrecht ergibt sich schon aus § 5 Abs. 1 S. 2, wenn das Kind/der Jugendliche Leistungsberechtigter ist.

14 Rechte im **verwaltungsgerichtlichen** Verfahren sind die Rechtsmittelbelehrung gem. § 58 VwGO, der Hinweis auf die aufschiebende Wirkung gem. § 80 VwGO und andere Rechte aus konkretem Anlass (zB die Wiedereinsetzung in den vorigen Stand gem. § 60 VwGO). Rechte im **familiengerichtlichen** Verfahren sind das Anhörungsrecht aus § 159 FamFG sowie das Beschwerderecht nach § 60 FamFG, wobei im Falle des § 159 Abs. 2 FamFG auch schon das Kind unter 14 Jahren anzuhören ist. Auf die Möglichkeit, einen Verfahrensbeistand („Anwalt des Kindes) zu bestellen, ist ebenfalls hinzuweisen. Bei einer Freiheitsentziehung (§ 1631b BGB oder § 42 Abs. 5) ist auf die Rechte nach §§ 317, 319 FamFG (→ § 42 Rn. 120) hinzuweisen.

15 Nicht genannt sind die Rechte im **strafrechtlichen** Verfahren nach dem Jugendgerichtsgesetz. Hier wird man wohl eine Hinweispflicht als nobile officium annehmen müssen.[17]

16 Mit der Hinweispflicht nach Satz 2 ist Art. 12 Abs. 2 der **UN-KindK** ausgefüllt.

2 Initiativrecht (Abs. 2)

17 Nach Abs. 2 haben Kinder und Jugendliche das Recht, sich in allen Angelegenheiten der Erziehung und Entwicklung an das Jugendamt zu wenden.

14 AA Coester FamRZ 1985, 983 und ihm folgend Wiesner in Wiesner Rn. 13.
15 So Kern in SFMK Rn. 9.
16 So RegBegr., BT-Drs. 503/89, 48.
17 Wiesner in Wiesner Rn. 37 nimmt eine gesetzliche Verpflichtung an.

§ 8 Abs. 2 hat insbes. die Funktion, das JA auf Initiative von Kindern und Jugendlichen zu einer Amtshandlung zu veranlassen. Das JA ist nur verpflichtet, die Anregung zum Anlass zu nehmen, die Tatbestandsvoraussetzungen einer Handlungsnorm zu prüfen und bei deren Vorliegen die Rechtsfolge (gebundene Entscheidung oder Ermessensentscheidung) zu beachten (→ Anh. 5 Rn. 15). Auch das Initiativrecht können Kinder und Jugendliche weder ohne ihre Eltern noch gegen diese ausüben (→ Rn. 5 u. 10).[18] Entsprechend § 36 Abs. 1 S. 2 SGB I muss das JA dem Elternrecht Rechnung tragen, indem es diese im Regelfall unterrichtet. Der PSB kann dann weitere Schritte des JA unterbinden, es sei denn, es handelte sich um die vorläufige Maßnahme nach § 42 oder um einen Fall des § 8 Abs. 2. In allen anderen Fällen kann das JA eine Blockade der Eltern nur durch Anrufung des FamG gem. § 8a Abs. 2 S. 1 durchbrechen.

Wie das Beteiligungsrecht (→ Rn. 4) ist auch das Initiativrecht ein **subjektives öffentliches Recht** mit den dort beschriebenen Rechtsfolgen, insbes. der Einklagbarkeit. 18

3 Beratung ohne Kenntnis der Personensorgeberechtigten (Abs. 3)

Nach bisheriger Rechtslage war eine Beratung von Kindern und Jugendlichen „hinter dem Rücken der Eltern" nur unter sehr hohen Voraussetzungen zulässig. Insbesondere musste eine „Not- und Konfliktlage" bestehen (durch eine Notsituation des Kindes ausgelöste und zu einem Konflikt mit den Eltern führende Lage, die eine dringende Gefahr für das Wohl des Kindes darstellt). 19

Mit Art. 1 des KJSG ist mit Wirkung vom 10.6.2021 eine weitgehende Rechtsänderung erfolgt. Die Wörter „wenn die Beratung aufgrund einer Not- und Konfliktlage erforderlich ist und" wurden ersatzlos gestrichen. Zudem wurde ein neuer Satz 3 eingefügt. Klarstellend wird betont, dass die Beratung auch durch einen Träger der freien Jugendhilfe erbracht werden kann. Mittels Verweises auf § 36a Abs. 2 S. 1 bis 3 wird eine niedrigschwellige Inanspruchnahme der Beratungsleistung ohne vorherige Bewilligung durch das Jugendamt ermöglicht.

Die bisherige Notberatung ist mit der Neuregelung damit nach Auffassung des Gesetzgebers in einen „elternunabhängigen Beratungsanspruch" umgewandelt worden. Nach der Gesetzesbegründung ist ein solcher Beratungszugang insbesondere deshalb erforderlich, weil sich die bisher vorausgesetzte „Not- und Konfliktlage" aufgrund eines noch nicht aufgebauten Vertrauensverhältnisses nicht immer bereits beim ersten Kontakt zeigt. Diese Nichterkennbarkeit einer Not- und Konfliktlage könne das Jugendamt aber daran hindern, überhaupt ein Gespräch mit dem Minderjährigen zu führen und eine „Not- und Konfliktlage" zu ermitteln.[19]

Mittels der Neuregelung soll ein „niedrigschwelliger Zugang" für Kinder bzw. Jugendliche zur Beratung durch das Jugendamt ohne Kenntnis des Personensorgeberechtigten geschaffen werden. Die Eltern sollen über die erfolgte Beratung informiert werden, wenn dies dem Kindeswohl nicht widerspricht. Dieses Erfordernis ergibt sich allerdings nicht aus dem Gesetzestext, sondern nur aus der Gesetzesbegründung. Diesbezüglich ist zu berücksichtigen, dass die Vorgaben der Gesetzesbegründung nicht immer von der Praxis rezipiert werden. Hier hätte sich daher eine gesetzliche Klarstellung im Gesetzestext angeboten.

Der Gesetzgeber ist der Auffassung, dass mit der Neuregelung die Elternrechte nicht beeinträchtigt werden, weil die rechtlichen Vorgaben, wonach sämtliche Maßnahmen, die nach der Beratung zu ergreifen sind (weitere Gespräche, Leistungen, Inobhutnahme), nur mit Kenntnis der Eltern bzw. deren Beteiligung erfolgen dürfen, unberührt bleiben. Diese Auffassung wird hier nicht geteilt. Bereits mit der Beratung des Kindes oder Jugendlichen ohne Kenntnis des Personensorgeberechtigten erfolgt grundsätzlich 20

18 AA Heußner in jurisPK-SGB VIII Rn. 38.
19 BT-Drs. 19/26107, 69.

ein Eingriff in die grundrechtlich geschützte Rechtsposition der Eltern aus Art. 6 Abs. 2 Satz 1 GG. Aus dem Elterngrundrecht und der Personensorgeberechtigung folgt das Recht der Eltern zu bestimmen, welche staatliche Institution mit dem Kind Gespräche führt. Bereits die Führung eines Gesprächs mit dem Kind ohne Wissen und Wollen der Eltern stellt nach hiesiger Auffassung daher einen Eingriff in das Elterngrundrecht nach Art. 6 Abs. 2 Satz 1 GG dar.

Die Neuregelung steht ferner in einem gewissen Widerspruch zu § 8a Abs. 1 S. 2. Selbst zur weiteren Sachverhaltsaufklärung bei Vorliegen von gewichtigen Anhaltspunkten für eine Kindeswohlgefährdung hat grundsätzlich eine gemeinsame Gesprächsführung mit Kind und Eltern zu erfolgen. Während nach § 8 Abs. 3 also künftig eine Gesprächsführung mit dem Kind ohne Wissen der Eltern möglich sein soll, besteht selbst bei Vorliegen von gewichtigen Anhaltspunkten für eine Kindeswohlgefährdung im Regelfall eine Pflicht zur Einbeziehung der Eltern in die Sachverhaltsaufklärung. Hier ist also ein Gespräch mit dem Kind ohne Wissen der Eltern nur im Ausnahmefall möglich. In einem Erst-Recht-Schluss zu § 8a Abs. 1 S. 2 Hs. 1 wäre daher eigentlich zu fordern, dass auch eine Gesprächsführung nach § 8 Abs. 3 ohne Vorliegen von jeglichen Anhaltspunkten für eine Kindeswohlgefährdung eine Beteiligung der Personensorgeberechtigten erforderlich macht.

21 Auch nach der Neuregelung ist es weiterhin Voraussetzung für die elternunabhängige Beratung, dass durch die Mitteilung an den Personensorgeberechtigten der Beratungszweck vereitelt würde. Es ist daher im jeweiligen Einzelfall vor Durchführung der Beratung zwingend eine Prüfung der Tatbestandsvoraussetzungen vorzunehmen, ob durch die vorherige Mitteilung an den Personensorgeberechtigten der Beratungszweck vereitelt werden würde.

Der Konflikt mit den Eltern muss allerdings noch nicht entstanden sein, es genügt ein potenzieller Konflikt, wenn vorhersehbar ist, dass eine Information der Eltern diesen Konflikt auslösen würde.[20]

22 Zudem sind Inhalt und Ausmaß der Beratung am Verhältnismäßigkeitsgrundsatz zu messen. Das Jugendamt hat zu gewährleisten, dass es im jeweiligen Einzelfall zu einer verhältnismäßigen Ausgestaltung des Eingriffs in das Elterngrundrecht aus Art. 6 Abs. 2 S. 1 GG kommt. Diesbezüglich ist schließlich zu berücksichtigen, dass der Gesetzgeber selbst noch bei Einführung des § 8 Abs. 3 der Rechtsauffassung gewesen ist, dass eine Verletzung des Elterngrundrechts aus Art. 6 Abs. 2 S. 1 GG nur im Einzelfall aufgrund der hohen Tatbestandsvoraussetzungen (Konfliktlage als Voraussetzung für den Beratungsanspruch ohne Kenntnis des Personensorgeberechtigten) zu vermeiden ist. So führte der Gesetzgeber aus, dass das Elternrecht aus Art. 6 Abs. 2 S. 1 GG nur „soweit und solange hinter dem Schutzauftrag des Staates zurücktreten (muss), als dies zu einem wirksamen Schutz des Kindes geboten ist."[21] In der Gesetzesbegründung zum KJSG bleibt jedenfalls der Gesetzgeber eine rechtliche Begründung für die Annahme schuldig, dass sich die vormalige Annahme als rechtlich unzutreffend erwiesen hat. Damit hat der Gesetzgeber seine verfassungsrechtliche Einschätzung geändert ohne dies zu begründen. Explizit nicht geteilt wird hier die Auffassung des Gesetzgebers, dass „die Neufassung Elternrechte (…) nicht beeinträchtigt".[22]

23 Nach der Gesetzesbegründung zum KJSG ist der Beratungsanspruch nach § 8 Abs. 3 grundsätzlich von demjenigen Jugendamt zu erfüllen, an den sich das Kind wendet.[23]

Mit der Neuregelung in § 8 Abs. 3 S. 3 soll aber gewährleistet werden, dass das Jugendamt bzw. der örtliche Träger der öffentlichen Jugendhilfe den Beratungsanspruch

20 S. hierzu auch Heußner in jurisPK-SGB VIII Rn. 51 f.
21 BT-Drs. 17/6256, 20.
22 S. hierzu BT-Drs. 19/26107, 73.
23 BT-Drs. 19/26107, 69.

auch mittels Leistungserbringung durch einen Träger der freien Jugendhilfe erfüllen kann. Mittels entsprechender Vereinbarungen, in welchen die Voraussetzungen und die Ausgestaltung der Leistungserbringung sowie die Übernahme der Kosten geregelt werden, sollen die Voraussetzungen hierfür geschaffen werden, § 8 Abs. 3 S. 3 iVm § 36a Abs. 2 S. 2.

Sofern im Rahmen einer solchen Beratung Anhaltspunkte für eine Kindeswohlgefährdung bekannt werden, hat der Träger der freien Jugendhilfe entsprechend der in § 8a Abs. 4 enthaltenen und vertraglich vereinbarten Vorgaben zu handeln.

Träger der **freien Jugendhilfe** sind nicht (unmittelbar) an die Grundrechte gebunden (Art. 1 Abs. 3 GG). Dies gilt allerdings nicht, wenn sich der jeweilige freie Träger gegenüber dem Träger der öffentlichen Jugendhilfe vertraglich zur Einhaltung der Voraussetzungen des § 8 Abs. 3 verpflichtet hat. 24

Handlungsfähigkeit iSd § 36 Abs. 1 SGB I (→ Rn. 12) ist für die Beanspruchung der Beratungsleistung nicht erforderlich, da die Beratung keinen Antrag, also keine Verfahrenshandlung voraussetzt; sie ist daher unabhängig von einer Altersgrenze möglich. 25

§ 8 Abs. 3 **S. 2** ist irreführend: wenn § 36 SGB I (→ Rn. 26) unberührt bleibt, bedeutet das, dass er mit seinen einschränkenden Voraussetzungen § 8 Abs. 3 berührt. Die Eltern müssten unterrichtet werden; sie könnten die Beratung unterbinden. Das will § 8 Abs. 3 gerade verhindern. Vielmehr ist wohl gemeint, dass § 8 Abs. 3 unberührt von § 36 SGB I gelten soll. 26

Mittels eines neuen **Abs. 4** wird infolge Rechtsänderung durch das KJSG bestimmt, dass die Beteiligung und Beratung von Kindern und Jugendlichen in einer für sie verständlichen, nachvollziehbaren und wahrnehmbaren Form zu erfolgen hat. 27

§ 8a Schutzauftrag bei Kindeswohlgefährdung

(1) [1]Werden dem Jugendamt gewichtige Anhaltspunkte für die Gefährdung des Wohls eines Kindes oder Jugendlichen bekannt, so hat es das Gefährdungsrisiko im Zusammenwirken mehrerer Fachkräfte einzuschätzen. [2]Soweit der wirksame Schutz dieses Kindes oder dieses Jugendlichen nicht in Frage gestellt wird, hat das Jugendamt die Erziehungsberechtigten sowie das Kind oder den Jugendlichen in die Gefährdungseinschätzung einzubeziehen und, sofern dies nach fachlicher Einschätzung erforderlich ist,

1. **sich dabei einen unmittelbaren Eindruck von dem Kind und von seiner persönlichen Umgebung zu verschaffen sowie**
2. **Personen, die gemäß § 4 Absatz 3 des Gesetzes zur Kooperation und Information im Kinderschutz dem Jugendamt Daten übermittelt haben, in geeigneter Weise an der Gefährdungseinschätzung zu beteiligen.**

[3]Hält das Jugendamt zur Abwendung der Gefährdung die Gewährung von Hilfen für geeignet und notwendig, so hat es diese den Erziehungsberechtigten anzubieten.

(2) [1]Hält das Jugendamt das Tätigwerden des Familiengerichts für erforderlich, so hat es das Gericht anzurufen; dies gilt auch, wenn die Erziehungsberechtigten nicht bereit oder in der Lage sind, bei der Abschätzung des Gefährdungsrisikos mitzuwirken. [2]Besteht eine dringende Gefahr und kann die Entscheidung des Gerichts nicht abgewartet werden, so ist das Jugendamt verpflichtet, das Kind oder den Jugendlichen in Obhut zu nehmen.

(3) [1]Soweit zur Abwendung der Gefährdung das Tätigwerden anderer Leistungsträger, der Einrichtungen der Gesundheitshilfe oder der Polizei notwendig ist, hat das Jugendamt auf die Inanspruchnahme durch die Erziehungsberechtigten hinzuwirken.

[2]Ist ein sofortiges Tätigwerden erforderlich und wirken die Personensorgeberechtigten oder die Erziehungsberechtigten nicht mit, so schaltet das Jugendamt die anderen zur Abwendung der Gefährdung zuständigen Stellen selbst ein.

(4) [1]In Vereinbarungen mit den Trägern von Einrichtungen und Diensten, die Leistungen nach diesem Buch erbringen, ist sicherzustellen, dass

1. deren Fachkräfte bei Bekanntwerden gewichtiger Anhaltspunkte für die Gefährdung eines von ihnen betreuten Kindes oder Jugendlichen eine Gefährdungseinschätzung vornehmen,
2. bei der Gefährdungseinschätzung eine insoweit erfahrene Fachkraft beratend hinzugezogen wird sowie
3. die Erziehungsberechtigten sowie das Kind oder der Jugendliche in die Gefährdungseinschätzung einbezogen werden, soweit hierdurch der wirksame Schutz des Kindes oder Jugendlichen nicht in Frage gestellt wird.

[2]In den Vereinbarungen sind die Kriterien für die Qualifikation der beratend hinzuzuziehenden insoweit erfahrenen Fachkraft zu regeln, die insbesondere auch den spezifischen Schutzbedürfnissen von Kindern und Jugendlichen mit Behinderungen Rechnung tragen. [3]Daneben ist in die Vereinbarungen insbesondere die Verpflichtung aufzunehmen, dass die Fachkräfte der Träger bei den Erziehungsberechtigten auf die Inanspruchnahme von Hilfen hinwirken, wenn sie diese für erforderlich halten, und das Jugendamt informieren, falls die Gefährdung nicht anders abgewendet werden kann.

(5) [1]In Vereinbarungen mit Kindertagespflegepersonen, die Leistungen nach diesem Buch erbringen, ist sicherzustellen, dass diese bei Bekanntwerden gewichtiger Anhaltspunkte für die Gefährdung eines von ihnen betreuten Kindes eine Gefährdungseinschätzung vornehmen und dabei eine insoweit erfahrene Fachkraft beratend hinzuziehen. [2]Die Erziehungsberechtigten sowie das Kind sind in die Gefährdungseinschätzung einzubeziehen, soweit hierdurch der wirksame Schutz des Kindes nicht in Frage gestellt wird. [3]Absatz 4 Satz 2 und 3 gilt entsprechend.

(6) [1]Werden einem örtlichen Träger gewichtige Anhaltspunkte für die Gefährdung des Wohls eines Kindes oder eines Jugendlichen bekannt, so sind dem für die Gewährung von Leistungen zuständigen örtlichen Träger die Daten mitzuteilen, deren Kenntnis zur Wahrnehmung des Schutzauftrags bei Kindeswohlgefährdung nach § 8a erforderlich ist. [2]Die Mitteilung soll im Rahmen eines Gespräches zwischen den Fachkräften der beiden örtlichen Träger erfolgen, an dem die Personensorgeberechtigten sowie das Kind oder der Jugendliche beteiligt werden sollen, soweit hierdurch der wirksame Schutz des Kindes oder des Jugendlichen nicht in Frage gestellt wird.

1 Bedeutung und Inhalt der Vorschrift

Als rechtsgestaltende „Spitzenvorschrift" entfaltet § 1 das „Programm" der (öffentlichen) Kinder- und Jugendhilfe: Unter Betonung der **Subjektqualität des** in § 1 Abs. 1 genannten **jungen Menschen** (→ § 1 Rn. 3 ff.) bestimmt § 1 Abs. 3 (→ § 1 Rn. 14 ff.) aus seiner Sicht und im Kontext der **vorrangigen elterlichen Erziehungsverantwortung** (→ § 1 Rn. 7 ff., 9) sowie des darauf bezogenen **staatlichen Wächteramtes** (→ § 1 Rn. 10 ff.) einen **komplexen Auftrag** der Kinder- und Jugendhilfe.[1] Dieser Auftrag versteht sich im kinder- und jugendhilferechtlichen Beziehungsgeflecht zwischen Kind/Jugendlichem, Eltern (Personensorgeberechtigtem) und Staat ua als **Schutzauftrag** zugunsten von Kindern und Jugendlichen, die in ihrem Wohl gefährdet sind. Er ist verfassungsrechtlich in Art. 6 Abs. 2 S. 2 GG verankert und einfachgesetzlich in § 1 Abs. 2 S. 2 (bei wortgleicher Übereinstimmung mit Art. 6 Abs. 2 S. 2 GG) festgeschrieben. Soweit § 1 Abs. 3 im wechselseitigen Konkretisierungszusammenhang mit § 1 Abs. 1 ausdrücklich als ein Grund- und Leitziel der Kinder- und Jugendhilfe den Schutz von Kindern und Jugendlichen vor Gefahren für ihr Wohl hervorhebt (vgl. § 1 Abs. 3 Nr. 4), handelt es sich der Sache nach um eine inhaltliche Klarstellung des aus Art. 6 Abs. 2 S. 2 GG/§ 1 Abs. 2 S. 2 resultierenden Schutzauftrages. Jedwede Kinder- und Jugendhilfe, die funktional zumindest auch auf das in § 1 Abs. 3 Nr. 4 vorgegebene Grund- und Leitziel bezogen ist, ist darauf angelegt, Kinder und Jugendliche vor Gefahren für ihr körperliches, geistiges und/oder seelisches Wohl zu schützen. Im Zusammenwirken mit der ganz allgemein im staatlichen Wächteramt kulminierenden staatlichen Schutzverpflichtung zugunsten gefährdeter Kinder und Jugendlicher ist diese Schutzfunktion jedenfalls nach der **Kinder- und Jugendhilfeidee des SGB VIII** der (öffentlichen) Kinder- und Jugendhilfe geradezu immanent.[2] 1

Aus Art. 6 Abs. 2 S. 2 GG/§ 1 Abs. 2 S. 2 iVm § 1 Abs. 3 Nr. 4 ergibt sich zwar das verfassungsrechtlich und einfachgesetzlich verankerte „Ob" des staatlichen Schutzauftrages bei Kindeswohlgefährdung. Über das „Wie" einer effektiven „Auftragserfüllung" durch die Jugendämter als den „Organen" der öffentlichen Kinder- und Jugendhilfe verhielt sich das SGB VIII bisher aber nur sporadisch (vgl. zB § 50 Abs. 3 aF). Das hatte vielerorts zu Unsicherheiten darüber geführt, welchen verfassungs- bzw. kinder- und jugendhilferechtlichen Anforderungen die tätige Umsetzung der staatlichen Schutzverpflichtung zugunsten der in ihrem Wohl gefährdeten Kinder und Jugendlichen unterliegt.[3] Verstärkt worden sind diese Unsicherheiten zusätzlich durch die seit Inkrafttreten des SGB VIII forcierte sog. Dienstleistungsdebatte, in deren Verlauf oftmals und zunehmend außer Acht gelassen wurde, dass der Schutzauftrag für in ihrem Wohl gefährdete Kinder und Jugendliche dem „reinen" Dienstleistungsverständnis der Kinder- und Jugendhilfe strukturelle – und das heißt: unübersteigbare – Grenzen setzt.[4] 2

Vor dem Hintergrund spektakulärer Fälle von Kindeswohlgefährdung mit zT gravierenden (Todes-)Folgen und einer Reihe von Strafverfahren gegen Sozialarbeiter/innen in der Kinder- und Jugendhilfe erschien es dem Gesetzgeber daher geboten, den (staatlichen) Schutzauftrag der Kinder- und Jugendhilfe bei Kindeswohlgefährdung zu kon- 3

1 In diesem Sinne Wiesner in Wiesner § 1 Rn. 1.
2 Im Ergebnis ebenso Wiesner in Wiesner § 1 Rn. 38.
3 Vgl. BT-Drs. 15/3676, 30; ferner Merchel ZfJ 2003, 249 (249 f.).
4 Vgl. BT-Drs. 15/3676, 25.

kretisieren und eindeutig zu formulieren.[5] Der durch das KICK vom 8.9.2005 eingeführte § 8a, nunmehr in der Fassung des BKiSchG v. 22.12.2011 und KJSG vom 7.5. 2021, soll diese Konkretisierung – im Verein mit einer Neuregelung der Inobhutnahme gem. § 42 SGB VIII nF, Klarstellungen beim Sozialdatenschutz (vgl. §§ 61 Abs. 1 S. 1 u. Abs. 2; 61 Abs. 3; 62 Abs. 2; 62 Abs. 3 Nr. 2 c) u. d) mit Nr. 3 u. 4; 64 Abs. 2 a; 65 Abs. 1 Nr. 2 mit Nr. 3 u. 4 SGB VIII nF) sowie gesetzlichen Anforderungen zur persönlichen Eignung von Fachkräften in der Kinder- und Jugendhilfe gem. § 72a SGB VIII nF – im Sinne einer durchweg verpflichtenden gesetzlichen Vorgabe leisten.

4 Unausgesprochen rekurriert die Vorschrift auf den ohnehin in Art. 6 Abs. 2 S. 2 GG/§ 1 Abs. 2 S. 2 iVm § 1 Abs. 3 Nr. 4 normierten Schutzauftrag der (öffentlichen) Kinder- und Jugendhilfe. Schon deshalb ist mit ihrer Einführung ein Zuwachs an inhaltlicher Abklärung dessen, was das „Ob" des Schutzauftrages betrifft, nicht verbunden. Indem aber § 8a mit seiner (amtlichen) Überschrift auf den der Vorschrift vorausliegenden Schutzauftrag der Kinder- und Jugendhilfe ausdrücklich Bezug nimmt, erweist sie sich als (weitere) gesetzliche Bestätigung einer der Kinder- und Jugendhilfe „natürlicherweise" innewohnenden Schutzfunktion und trägt zumindest insoweit zur Klarstellung bei; denn mit Einführung des § 8a – zumal in die allgemeinen Vorschriften des SGB VIII – ist nunmehr endgültig außer Frage gestellt, was auch zuvor schon kaum zweifelhaft sein konnte: die kindeswohlschützende Rolle, die der Kinder- und Jugendhilfe allenthalben zukommt.

5 Dem entspricht es, dass der eigentliche, wenn auch nicht alleinige Regelungszweck des § 8a auf das „Wie" und damit auf die fachpraktische Umsetzung des staatlichen Schutzauftrages gerichtet ist. Ausweislich der amtlichen Entwurfsbegründung wird mit den Vorschriften des § 8a erstmals seit Inkrafttreten des SGB VIII gesetzlich klargestellt, dass das JA bestimmten Hinweisen auf eine drohende oder bereits bestehende Gefahr für das Kindeswohl nachgehen, sich weitere Informationen zur Sachverhaltsklärung verschaffen und im (unmittelbaren) Anschluss daran eine Abklärung des Gefährdungsrisikos dahin gehend vornehmen muss, ob das Kind/der Jugendliche besser durch Hilfen oder mit Blick auf Maßnahmen nach den §§ 1666, 1666a BGB durch Einschaltung des Familiengerichts geschützt werden kann, oder ob schließlich andere Institutionen wie Polizei oder Psychiatrie informiert werden müssen, weil sie in Bezug auf die festgestellte Kindeswohlgefährdung die geeigneten Institutionen zur Abwehr der Gefahr sind.[6] Seinem Grundcharakter nach versteht sich § 8a somit in erster Linie als verfahrensbestimmende und -gestaltende Vorschrift.[7] Zum anderen kommt den gesetzlichen Vorgaben aus § 8a – insbesondere was die Einschätzung des Gefährdungsrisikos betrifft – aber auch quasi-materiellrechtliche, nämlich entscheidungsvorbereitende und sachbestimmende Bedeutung zu.[8]

6 Der gesetzgeberischen Intention zufolge[9] trägt § 8a vor allem dem oft und zu Recht bemängelten Umstand Rechnung, dass die zur effektiven Erfüllung des (staatlichen) Schutzauftrags der Kinder- und Jugendhilfe unverzichtbare Informationsbeschaffung und -verarbeitung bzw. -verwertung durch das JA in § 50 Abs. 3 aF und den bisher maßgebenden Vorschriften über den Sozialdatenschutz allenfalls fragmentarisch angesprochen, gewiss aber nicht in der verfassungsrechtlich gebotenen Weise geregelt

5 Vgl. BT-Drs. 15/3676, 30.
6 Vgl. BT-Drs. 15/3676, 30.
7 So auch Meysen in FK-SGB VIII Rn. 2; Mann in SFMK Rn. 2; Tillmanns in MüKoBGB Rn. 1; Wiesner in Wiesner Rn. 4; Willutzki FPR 2008, 488 (491).
8 Vgl. auch Meysen in FK-SGB VIII Rn. 2; Wiesner in Wiesner Rn. 4; vgl. ferner Möller ZKJ 2011, 4/7.
9 Vgl. dazu BT-Drs. 15/3676, 25/26 u. 30.

war.[10] Informationsbeschaffung und -verarbeitung bzw. -verwertung durch das JA, dessen Einschätzung von Gefährdungsrisiken, in diesem Sachzusammenhang das Mitwirken und die Pflicht zur Mitwirkung von Eltern und sonstigen Personensorgeberechtigten sowie die Einbeziehung und Beteiligung anderer Institutionen zur Gefährdungsabwehr bedürfen indessen wegen ihrer Grundrechtsrelevanz einer ausdrücklichen gesetzlichen Regelung.[11] Ohne sie wäre weder dem vom BVerfG betonten „Wesentlichkeitsvorbehalt"[12] noch der verfassungsrechtlichen Konkretisierungspflicht des (einfachen) Gesetzgebers genügt. Mit der Einführung des § 8a ist das bisherige Regelungsmanko jedenfalls weitgehend beseitigt.

Die Initiative des Gesetzgebers, eine (klarstellende) Vorschrift über den (staatlichen) Schutzauftrag der Kinder- und Jugendhilfe in das SGB VIII einzufügen, geht zurück auf die seit Mitte der 90er Jahre zT heftig und kontrovers geführte[13] Auseinandersetzung um die **strafrechtliche Garantenhaftung** in der Kinder- und Jugendhilfe (genauer dazu → Rn. 130 ff.). Neben seiner primären zielperspektivischen Ausrichtung auf den Schutz von Kindern und Jugendlichen vor Gefahren für ihr Wohl bezieht § 8a seinen (vollen) Sinngehalt eben deshalb zumindest auch aus dem Umstand, dass die Vorschrift der Absicherung vor und der Minimierung von strafrechtlichen Haftungsrisiken der beruflichen Aufgabenerfüllung in der Kinder- und Jugendhilfe dienen soll.[14] 7

Verschiedene Strafverfahren gegen Sozialarbeiter/innen der (öffentlichen) Kinder- und Jugendhilfe gaben der Fachpraxis den Anstoß, unter Berücksichtigung der mit jeder Kinder- und Jugendhilfearbeit verbundenen strafrechtlichen Haftungsrisiken[15] fachliche (Verfahrens-)Standards zur Umsetzung des Schutzauftrags bei Kindeswohlgefährdung zu entwickeln.[16] Die rechtlichen Grundlagen solcher (Qualitäts-)Standards der Kinder- und Jugendhilfearbeit bei „Verdacht" auf Kindeswohlgefährdung nicht wie bisher im gesetzesfreien Raum zu belassen, sondern sie im Sinne einer **Verdeutlichung des Schutzauftrags** der Kinder- und Jugendhilfe auch gesetzlich und damit „greifbar" zu regeln, ist weiteres ausdrücklich genanntes Motiv des Gesetzgebers zur Einführung des § 8a gewesen.[17] 8

Eine die Einführung und textliche Abfassung des § 8a (mit-)initiierende Rolle ist den **„Empfehlungen** zur Festlegung fachlicher Verfahrensstandards in den Jugendämtern bei akut schwerwiegender Gefährdung des Kindeswohls" des DST[18] zuzuschreiben.[19] Mit dem erklärten Ziel, das mit sozialer Arbeit in der Kinder- und Jugendhilfe einhergehende strafrechtliche Haftungsrisiko zu begrenzen und überschaubar zu machen, sind sie als Ergebnis intensiver Beratungen einer 2002 einberufenen Arbeitsgruppe vom Ausschuss für Soziales, Jugend und Familie des DST beschlossen worden.[20] Mit Blick auf die Praxiserfahrungen bei der Anwendung des § 8a sind diese Empfehlungen inzwischen in einer aus der Konferenz der Großstadtjugendämter des DST hervorgegangenen Arbeitsgruppe unter Berücksichtigung verschiedener Gesetzesänderungen (§§ 1666 BGB, 50 FGG etc) aktualisiert worden. Sie sind nunmehr überschrieben als 9

10 Vgl. Wiesner ZfJ 2004, 161 (171); Langenfeld/Wiesner, Saarbrücker Memorandum, S. 45 ff., 67.
11 Vgl. BT-Drs. 15/3676, 30.
12 Vgl. BVerfGE 61, 260 (275); Wiesner ZfJ 2004, 161 (171).
13 Vgl. zB bei Wiesner ZfJ 2004, 161 (167 ff.).
14 Vgl. dazu auch Wiesner ZfJ 2004, 161 (169 f.) bei und in Anm. 35.
15 Vgl. dazu Bringewat NJW 1998, 944 ff.; Bringewat, Tod eines Kindes – Soziale Arbeit und strafrechtliche Risiken, S. 15 ff., 19 ff., 62 ff.; Bringewat, Sozialpädagogische Familienhilfe und strafrechtliche Risiken, S. 22 ff., 40 ff., 95 ff.
16 Vgl. etwa Merchel ZfJ 2003, 249 (252 ff.); ferner Münder ZfJ 2001, 401 (406 ff.).
17 Vgl. BT-Drs. 15/3676, 26.
18 Vgl. ZfJ 2004, 187 ff.
19 Vgl. dazu auch Mann in SFMK Rn. 7.
20 Vgl. noch Fieseler in GK-SGB VIII Rn. 5, 12 ff.

„Empfehlungen zur Festlegung fachlicher Verfahrensstandards in den Jugendämtern bei Gefährdung des Kindeswohls“ und werden vom Deutschen Landkreistag und dem Deutschen Städte- und Gemeindebund als Bundesvereinigung der kommunalen Spitzenverbände mitgetragen und von der Arbeitsgemeinschaft für Kinder- und Jugendhilfe – AGJ und dem Deutschen Verein für öffentliche und private Fürsorge eV unterstützt.[21] Obwohl nicht in jeder Hinsicht gesetzeskonform eignen sich die „Empfehlungen“ durchweg als Orientierungshilfe bei der jugendamtsinternen Operationalisierung der gesetzlichen Vorgaben zur Durchführung des Schutzauftrags bei Kindeswohlgefährdung. Trotz breiter Zustimmung sind sie allerdings nicht mehr als hilfreiche Anregungen. Eine irgendwie geartete Verbindlichkeit kommt ihnen nicht zu.

10 Mit seiner Einordnung in das 1. Kap. und damit unter die „allgemeinen Vorschriften“ des SGB VIII ist § 8a ähnlich wie den §§ 1 ff. von Gesetzes wegen die Bedeutung einer das gesamte Kinder- und Jugendhilferecht prägenden und mitgestaltenden Rechtsnorm zugewiesen.[22] Ob die **Platzierung** der Vorschrift nach § 8 unter dem Blickwinkel seines gesetzgeberischen Regelungszwecks sachgerecht ist, erscheint allerdings zweifelhaft. Immerhin geht es in § 8a um eine Klarstellung und (verfassungsrechtlich (!) gebotene) Konkretisierung des staatlichen Schutzauftrages der Kinder- und Jugendhilfe. Es hätte deshalb nahegelegen, die Vorschriften des § 8a mit Rücksicht auf seine Affinität zu dem in Art. 6 Abs. 2 S. 2 GG/§ 1 Abs. 2 S. 2 iVm § 1 Abs. 3 Nr. 4 festgeschriebenen Schutzauftrag der Kinder- und Jugendhilfe unmittelbar an § 1 als § 1a anzuschließen. Ein solcher Standort hätte zugleich den Fundamentalcharakter des (jetzigen) § 8a als „vor die Klammer gezogene“ allgemeine, das gesamte Kinder- und Jugendhilferecht mitbestimmende Vorschrift angemessener entsprochen. Soweit demgegenüber im Gesetzgebungsverfahren angesichts der Regelungen in § 8a Abs. 2 u. 3 vielfach eine Einordnung der Vorschrift in das 3. Kap. „Andere Aufgaben der Jugendhilfe“ im Zusammenhang mit § 42 oder § 50 gefordert wurde,[23] ist diese Standortkritik nicht nachvollziehbar.[24] Sie wäre im Übrigen nur begründet, wenn die gem. § 8a Abs. 2 vorgeschriebene Anrufung des FamG samt Verweis auf eine ggf. erforderliche Inobhutnahme sowie die Einschaltung anderer zur Gefährdungsabwehr geeigneter Stellen gem. § 8a Abs. 3 „andere Aufgaben“ iSd § 2 Abs. 3 darstellten. Das aber ist nicht der Fall.[25]

11 § 2 unterteilt die Aufgaben der Jugendhilfe in (Sozial-)Leistungen und andere Aufgaben zugunsten junger Menschen und Familien ohne (Sozial-)Leistungscharakter. Ebenso wie § 2 Abs. 2 einen geschlossenen Katalog von „Leistungen der Jugendhilfe“ enthält, zählt auch § 2 Abs. 3 **„andere Aufgaben der Jugendhilfe“ abschließend** auf (→ § 2 Rn. 4 ff. u. 15 ff.). Die Änderungsgesetzgebung hat mit dem „Gesetz zur Weiterentwicklung der Kinder- und Jugendhilfe“ den Kreis der „anderen Aufgaben“ in § 2 Abs. 3 nicht um die Maßnahmen gem. § 8a Abs. 2 und 3 erweitert. Sie hat vielmehr allein in § 2 Abs. 3 wegen der Neuregelung der Vorschriften über die Inobhutnahme die bisherige Ziff. 2 aufgehoben und in der bisherigen Ziff. 3 die Angabe „(§ 44)“ durch die Angabe „(§§ 43, 44)“ ersetzt. Daraus ist ohne Weiteres ersichtlich, dass die Maßnahmen nach § 8a Abs. 2 u. 3 nicht zu den „anderen Aufgaben der Jugendhilfe“ gehören und auch nicht dazu gehören sollen. Zwar enthält die amtliche Entwurfsbegründung zu § 50 nF den lapidaren Hinweis auf die Neufassung des § 50 als „Folgeänderung“ zur Aufnahme der Regelung in § 8 a.[26] Diesem Hinweis lässt

21 Vgl. näher dazu „Empfehlungen …“ NDV 2009, 263 ff.
22 Vgl. auch Tillmanns in MüKoBGB Rn. 1.
23 Vgl. dazu Meysen/Schindler JAmt 2004, 449 (481) bei und in Anm. 15.
24 In diesem Sinne auch Fieseler in GK-SGB VIII Rn. 2; ferner Wiesner in Wiesner Rn. 4 a.
25 Insoweit aA Meysen/Schindler JAmt 2004, 449 (451) bei Anm. 15; vgl. ferner Wiesner in Wiesner Rn. 4; anders auch Tillmanns in MüKoBGB Rn. 1.
26 Vgl. BT-Drs. 15/3676, 38.

sich indessen nicht entnehmen, dass eine bisher als „andere Aufgabe der Jugendhilfe" deklarierte Jugendhilfemaßnahme ohne Veränderung ihres Aufgabencharakters einfach in die „allgemeinen Vorschriften" verschoben worden ist. Dem widerspricht bereits, dass lediglich § 50 Abs. 3 S. 1 aF (ohne „Mitnahme" von § 50 Abs. 3 S. 2 iVm Abs. 2 aF) mit verändertem (!) Text in § 8a Abs. 2 S. 1 Aufnahme gefunden hat und weiter, dass § 8a Abs. 2 S. 1 weitaus umfassender neben die Anrufung des FamG unter bestimmten Voraussetzungen die vom JA eigenverantwortlich zu ergreifende Maßnahme der Inobhutnahme stellt. Davon abgesehen muss § 8a Abs. 3 als eine gesetzliche Neuregelung angesehen werden, deren ausdrücklicher Erwähnung in § 2 Abs. 3 es bedurft hätte, wenn es sich nach gesetzgeberischer Einschätzung dabei um eine „andere Aufgabe der Jugendhilfe" hätte handeln sollen. Von ganz entscheidender Bedeutung aber ist, dass der Änderungsgesetzgeber zwar § 2 Abs. 2 Ziff. 2 und 3 „angepasst", in § 2 Abs. 3 Ziff. 7 aber keine weitere Angabe „(§ 8a Abs. 3)" etc eingefügt hat, obwohl ihm diese Korrektur ein Leichtes gewesen wäre. Daraus erhellt, dass die Maßnahmen nach § 8a Abs. 2 und 3 gerade nicht als „andere Aufgaben der Jugendhilfe" zu qualifizieren und erst recht der Schutzauftrag als solcher im Kontext von § 8a Abs. 2 und 3 nicht als „andere Aufgabe der Jugendhilfe"[27] zu deuten sind.[28]

Eine weitere Bestätigung für dieses Normverständnis findet sich ua auch darin, dass die in Abs. 1 S. 3 vorgesehene „Gewährung von Hilfen" – das sind Hilfen im umfassenden Sinne, also nicht nur Hilfen zur Erziehung gem. §§ 27 ff., sondern auch andere (Beratungs-)Hilfen nach dem SGBVIII – ähnlich wie „die Anrufung des FamG" in Abs. 2 S. 1 und die „Inobhutnahme" gem. Abs. 2 S. 2 ihrer Rechtsnatur nach keine Rechtsgrundverweisungen, sondern – wenn überhaupt – allenfalls Rechtsfolgeverweisungen sind.[29] Deshalb spricht vieles dafür, die Maßnahmen nach § 8a Abs. 2 und 3 als von Gesetzes wegen zur Verfügung gestellte jugendhilferechtliche Instrumente zur Verwirklichung des staatlichen Schutzauftrages bei Kindeswohlgefährdung[30] zu kennzeichnen. Man mag sie wie anderes auch als „weitere", von § 2 Abs. 3 nicht erfasste Aufgaben (→ § 2 Rn. 15 ff., 18) als „weitere gesetzliche Verpflichtungen[31] oder gar als „Aufgaben sui generis" umschreiben. Das ist solange unschädlich, wie ihr alleiniger funktionaler Bezugspunkt, nämlich die von der Kinder- und Jugendhilfe zu gewährleistende, tätige Schutzverwirklichung zugunsten der in ihrem Wohl gefährdeten Kinder und Jugendlichen nicht aus dem Blick gerät. Im Ergebnis entspricht dieses Normverständnis sowohl unter logisch-systematischem Aspekt der Stellung des § 8a im Gesamtgefüge der „allgemeinen Vorschriften" des 1. Kap. als auch dem objektiven (teleologischen) Regelungsgehalt der Vorschrift. Hinzu kommt, dass es dem Änderungsgesetzgeber des BKiSchG einmal mehr ein Leichtes gewesen wäre, die „anderen Aufgaben der Jugendhilfe" wenigstens mit Wirkung zum 1.1.2012 um die Maßnahmen gem. Abs. 2 und 3 zu ergänzen. Dass er diese Ergänzung nicht vorgenommen hat, spricht einmal mehr dafür, in ihnen keine „anderen Aufgaben der Jugendhilfe" zu erblicken. Auch der Reformgesetzgeber des KJSG hat lediglich in § 2 Abs. 2 Nr. 1, Nr. 3 und Nr. 6 geringfügige Ergänzungen bzw. Änderungen vorgenommen.[32] 12

Sinn und Zweck des § 8a erschließen sich in vollem Umfang allerdings erst im Rückbezug auf das staatliche Wächteramt (→ § 1 Rn. 10 ff.); denn im Normzusammenhang mit Art. 6 Abs. 2 S. 2 GG/§ 1 Abs. 2 S. 2 iVm § 1 Abs. 3 Ziff. 4 nimmt § 8a alles in 13

27 So aber Meysen/Schindler JAmt 2004, 449 (451).
28 Wohl anders Tillmanns in MüKoBGB Rn. 1 und in Anm. 2; differenzierend Wiesner in Wiesner Rn. 4.
29 Wohl anders Meysen in FK-SGB VIII Rn. 49; Wiesner in Wiesner Rn. 57; vgl. dazu aber auch Kunkel in Krug/Riehle Rn. 57.
30 Mit „entscheidungsvorbereitender Funktion" wie Wiesner in Wiesner Rn. 4 zutreffend hervorhebt; vgl. auch OVG NRW 22.6.2009 – 12 A 1078/09, JAmt 2009, 384 ff.
31 Wiesner in Wiesner § 2 Rn. 22 ff.
32 Vgl. BR-Drs. 319/21, 2.

sich auf, was bereits für das Grundverständnis des staatlichen Wächteramtes mit dem daraus abgeleiteten Schutzauftrag der Kinder- und Jugendhilfe (→ Rn. 2 u. 4) von zentraler Bedeutung ist. Dazu gehört, dass sich der **Schutzauftrag** der Kinder- und Jugendhilfe auf **zwei** zwar ineinander übergehende, gleichwohl aber strukturell zu trennende **Sach- und Normbereiche** erstreckt. Die Trennlinie dieser Sach- und Normbereiche wird markiert durch die „Gefahrenschwelle" des § 1666 Abs. 1 BGB (→ § 1 Rn. 10 ff., 11, 13). Nur und erst bei Bestehen einer Kindeswohlgefährdung iSd § 1666 Abs. 1 BGB ist die öffentliche Kinder- und Jugendhilfe (das JA) befugt, aber auch verpflichtet, unter Zurückdrängung des elterlichen Erziehungsvorrangs zum Wohle der gefährdeten Kinder und Jugendlichen, und zwar unabhängig vom elterlichen Willen und notfalls gegen ihn mit erziehungs- und entwicklungssichernden Maßnahmen **einzugreifen**. Sinnbildlich wird die Gefahrenschwelle des § 1666 Abs. 1 BGB deshalb auch als **„Eingriffsschwelle des Staates"** bezeichnet. Immer dann, wenn eine gegenwärtige, in einem solchen Maß vorhandene Gefahr festgestellt wird, dass bei der weiteren Entwicklung der Dinge eine erhebliche Schädigung des körperlichen, geistigen oder seelischen Wohls des Kindes mit hinreichender Wahrscheinlichkeit zu erwarten ist,[33] hat das gefährdete Kind/der gefährdete Jugendliche einen individuellen und klageweise durchsetzbaren **Rechtsanspruch auf staatliche Intervention** zum Schutze seines Wohls (→ § 1 Rn. 13). Es liegt daher nahe, diesen Sach- und Normbereich des Art. 6 Abs. 2 S. 2 GG/§ 1 Abs. 2 S. 2 begrifflich mit **„Interventionsbereich des staatlichen Wächteramtes"** zu umschreiben.

14 Die Wahrnehmung des staatlichen Wächteramtes durch die öffentliche Kinder- und Jugendhilfe erschöpft sich indessen nicht in Interventionen zugunsten von Kindern und Jugendlichen, wenn und soweit die „Gefahrenschwelle" des § 1666 Abs. 1 BGB erreicht ist. Vielmehr setzt die „Wacht" über die Tätigkeit der (natürlichen) Eltern bei der Pflege und Erziehung ihrer Kinder und dementsprechend das Aufgabenspektrum des staatlichen Wächteramtes schon sehr viel früher ein, nämlich bereits dann, wenn absehbar ist, dass Eltern (oder auch andere ErzBer. bzw. PSB) ihrer (elterlichen) Erziehungsverantwortung aus welchen Gründen auch immer nicht in der gebotenen Weise gerecht werden (können). In diesem Sachbereich des staatlichen Wächteramtes geht es darum, durch unterstützende Maßnahmen eine verantwortungsgerechte Erziehung durch die Eltern etc zu gewährleisten, um so Gefährdungen des Kindeswohls iSd § 1666 Abs. 1 BGB von vornherein **vorzubeugen**. Es empfiehlt sich daher, den Sach- und Normbereich des staatlichen Wächteramtes unterhalb der „Eingriffsschwelle des Staates" als **„Präventionsbereich des staatlichen Wächteramtes"** zu charakterisieren. Durch diese Begrifflichkeit wird klargestellt, worum es ausschließlich geht: um **Prävention** etwa im Wege von HzE gem. §§ 27 ff. (→ § 1 Rn. 10 ff.) oder auch anderen (Beratungs-)Hilfen nach dem SGB VIII.

15 Die Ausdifferenzierung des staatlichen Wächteramtes bzw. seines Sach- und Normbereichs in einen **Präventions- und einen Interventionsbereich** ist auch für die Verwirklichung des Schutzauftrags bei Kindeswohlgefährdung gem. § 8a von Bedeutung. Die Verwirklichung des im staatlichen Wächteramt angelegten und aus ihm resultierenden Schutzauftrags vollzieht sich im Präventionsbereich des staatlichen Wächteramtes allein durch präventive, erziehungs- und entwicklungssichernde Hilfe = Schutzverwirklichung durch Hilfe. Im Interventionsbereich des staatlichen Wächteramtes wird der Schutzauftrag dagegen durch eingreifende Maßnahmen umgesetzt = Schutzverwirklichung durch (staatliche) Intervention.[34] Inhaltlich nur eingeschränkt vergleichbar, strukturell aber durchaus ähnlich differenzieren die „Empfehlungen" des DST[35] zwi-

33 Vgl. BGH 23.11.2016 – XII ZB 149/16, FamRZ 2017, 212 Ls. 1, 213 mwN aus der ständigen Rspr. des BGH; vgl. auch Olzen in MüKoBGB § 1666 Rn. 49 mwN.
34 Anders wohl Meysen/Schindler JAmt 2004, 449 (451).
35 Unter Ziff. 2 der Empfehlungen: Zielsetzung etc.

schen „Hilfe durch Unterstützung" und „Hilfe durch Intervention" als zwei unterschiedlichen Formen der Schutzverwirklichung.[36]

Folgt man dieser sach- und normbereichsbezogenen Differenzierung des staatlichen Wächteramtes aus Art. 6 Abs. 2 S. 2 GG/§ 1 Abs. 2 S. 2, dann lässt sich die in Abs. 1 und 4 bzw. 5 in bestimmter Weise vorgegebene Umsetzung des Schutzauftrages bei Kindeswohlgefährdung dem „Präventionsbereich des staatlichen Wächteramtes" und die in Abs. 2 und 3 vorgeschriebene Art der Schutzverwirklichung dem „Interventionsbereich des staatlichen Wächteramtes" zuordnen. Im Blick auf die „Gefahrenschwelle" des § 1666 Abs. 1 BGB als eine **qualitative Grenzlinie** zwischen den verschiedenen wächteramtlichen Sach- und Normbereichen kommt einer solchen Zuordnung nicht nur „bloße" Ordnungs-, sondern ebenso eine inhaltliche Gestaltungsfunktion zu: Abs. 1 und 4, 5 bestimmen und begrenzen die Verwirklichung des Schutzauftrags im Sinne interventionsvorbeugender Prävention, Abs. 2 und 3 fordern eine strikte Umsetzung des Schutzauftrags im Sinne präventionsergänzender (ggf. -abbrechender oder -unterbrechender) Intervention. 16

2 Einschätzung des Gefährdungsrisikos und Hilfenangebot (Abs. 1)

2.1 Zur „Rolle" der Gefährdungseinschätzung

Dreh- und Angelpunkt im gesetzlichen Ablaufprogramm der Schutzverwirklichung bei Kindeswohlgefährdung ist die **Einschätzung des Gefährdungsrisikos**. Das gilt sowohl im Präventionsbereich (Abs. 1 S. 1), als auch im Interventionsbereich (Arg. e Abs. 2 S. 1, Hs. 2 iVm Abs. 1 S. 1) des staatlichen Wächteramtes. Von ihrem Ergebnis ist jedes weitere Vorgehen zur Umsetzung des Schutzauftrags abhängig, was sich ohne Weiteres aus Abs. 1 S. 3 und Abs. 2, 3 herleiten lässt. Die Einschätzung des Gefährdungsrisikos stellt die Weichen für die gebotene Kinder- und Jugendhilfearbeit und führt letztlich zu der (Verwaltungs-)Entscheidung, ob zur Schutzverwirklichung interventionsvorbeugende Prävention angezeigt und zur Gefahrenabwehr ausreichend ist, oder ob Maßnahmen im Interventionsbereich des staatlichen Wächteramtes zu ergreifen sind. In diesem Sinne versteht sich die Einschätzung des Gefährdungsrisikos als ein komplexer Erkenntnis- und Entscheidungsprozess, der dazu dient, im Wege einer fachlichen Beurteilung und Bewertung von zuvor ermittelten gefährdungsrelevanten Tatsachen handlungsleitende und -bestimmende Risikofaktoren zu erarbeiten, um sodann mittels einer darauf bezogenen Gesamtwürdigung aller Risikofaktoren die im Einzelfall bestehende Gefährdung des Kindeswohls festzustellen.[37] Die Einschätzung des Gefährdungsrisikos hat dementsprechend eine für die Durchführung des Schutzauftrags maßgebliche, verfahrensgestaltende und entscheidungssteuernde Funktion.[38] 17

Was unter der „Einschätzung des Gefährdungsrisikos" ganz genau zu verstehen ist und wie das Gefährdungsrisiko zu erkennen und einzuschätzen ist, sagt das Gesetz gleichwohl nicht, jedenfalls nicht ausdrücklich. Es verwundert daher nicht, dass die fachpraktische Umsetzung der Gefährdungs- bzw. Risikoeinschätzung in mehrfacher Hinsicht mit Anwendungsunsicherheit und Irritationen verbunden ist.[39] Ob die im Zusammenhang mit der alten Fassung des Abs. 1 („Abschätzung des Gefährdungsrisikos")[40] entstandene Verwirrung[41] durch die gegenwärtige Fassung des § 8a (Ersetzen des Begriffs „Abschätzung" durch den Begriff „Einschätzung") tatsächlich beseitigt 18

36 Vgl. ZfJ 2004, 187 ff. und für die aktualisierte Fassung NDV 2009, 263 (264).
37 Vgl. dazu auch Bringewat ZKJ 2007, 225 (230); Bringewat ZKJ 2008, 297 (300).
38 Vgl. etwa Meysen in FK-SGB VIII Rn. 21; ähnlich Wiesner in Wiesner Rn. 3, 4; ferner OVG NRW 22.6.2009 – 12 A 1978/09, JAmt 2009, 384; vgl. auch Kunkel in Krug/Riehle Rn. 6: Verfahrensvorschrift.
39 Vgl. etwa Kindler/Lillig, Schutzauftrag S. 85 ff., 90 f.
40 Vgl. 4. Aufl. Rn. 18.
41 Vgl. Oberloskamp FPR 2009, 553 ff.; Wiesner in Wiesner, 4. Aufl., Rn. 13.

ist, darf bezweifelt werden. Immerhin vermittelt aber die „Einschätzung" (des Gefährdungsrisikos) ein Signal dafür, dass es sich bei der „Einschätzung des Gefährdungsrisikos" um die Erfassung des im konkreten Einzelfall bestehenden Ausmaßes einer Kindeswohlgefährdung und damit um einen fachlichen Bewertungs- und Beurteilungsprozess gefährdungsrelevanter Risikofaktoren handelt. Es geht dabei nicht um eine punktuelle Feststellung der Kindeswohlgefährdung und nicht um die (endgültige) Feststellung eines abstrakten Gefährdungsrisikos, sondern um die Erfassung von Gefährdungsdynamik.[42] Dass in Abs. 2 dann doch wieder der „alte" Begriff „Abschätzung des Gefährdungsrisikos" auftaucht,[43] sollte als Redaktionsfehler abgehakt werden.[44]

19 Damit ist zugleich klargestellt, dass die entscheidungsvorbereitende und -leitende „Einschätzung des Gefährdungsrisikos" etwas anderes ist als die Erstellung einer (Kindeswohl-)**Prognose**. Dementsprechend ist die Gefährdungseinschätzung auch nicht auf die Vorhersage einer (etwaigen) Kindeswohlgefährdung, sondern auf die fachlich begründete Ausfüllung von Beurteilungsspielräumen bei der Einschätzung risikorelevanter Gefährdungstatsachen ausgerichtet. Allerdings können Prognosen unterschiedlichster Art als Indikatoren für Kindeswohlgefahren das Gesamtbild der durch Gefährdungseinschätzung erfassten konkreten Gefährdungslage entscheidend (mit-)bestimmen. Die erforderliche Anzahl und Vielfalt der zu erarbeitenden Prognosen ergibt sich aus der einzelfallabhängigen Komplexität der (möglichen) Kindeswohlgefährdung[45] und liegt nicht von vornherein fest. Insofern ist es von der Sache her nicht begründbar und auch terminologisch verfehlt, die „Einschätzung des Gefährdungsrisikos" mit „Kindeswohlprognose" oder „Kindeswohlgefährdungsprognose" oder auch nur „Gefährdungsprognose" gleichzusetzen.[46]

20 Die ggf. prognostische Arbeit im Prozess der „Einschätzung des Gefährdungsrisikos" besteht nicht in einer „eindimensionalen" Vorhersage von Kindeswohlgefährdung und genauso nicht in der Vorhersage gesicherten Kindeswohls und schon gar nicht in einer (klassischen) Kriminalprognose.[47] Je nach Einzelfallgestaltung kann es freilich sachgerecht sein, über die Erarbeitung zB einer Kriminalprognose (etwa: negative Rückfallprognose bei gewaltgeneigtem Vater etc) in Verbindung mit einer Prognose über Entwicklungsverläufe in der Familienstabilisierung oder einer schon vorhandenen Gefährdungsdynamik zu einer umfassenden Aufklärung von Gefährdungsindikatoren zu gelangen, die es erlaubt, im Wege aussagekräftiger Einschätzungen die risikorelevante Gefährdungssituation entscheidungsleitend zu bewerten.[48] Trotz solcher Prognoseanteile im Gesamtvorgang der „Einschätzung des Gefährdungsrisikos" verbleibt es aber dabei, dass es sich substantiell um ein gesetzlich vorgeschriebenes **Verfahren zur Beurteilung und Bewertung** von gefährdungsindizierenden Sachlagen handelt, das darauf abzielt, eine (mögliche) Kindeswohlgefährdung nach Art und Ausmaß so konkret festzustellen, dass die zu deren Abwehr geeigneten und notwendigen Mittel bestimmt und eingesetzt werden können.

21 Für eine in diesem Sinne entscheidungsvorbereitende und -leitende „Einschätzung des Gefährdungsrisikos" unentbehrlich ist die Entwicklung und fachpraktische Verfügbarkeit „valider" Gefährdungseinschätzungsverfahren.[49] Gegenwärtigem Forschungs- und Erkenntnisstand zufolge stehen aussagekräftige und universell einsetzbare Verfah-

---

42 Vgl. dazu Wiesner in Wiesner Rn. 13; Bringewat ZKJ 2011, 278 (278 f.) mwN.
43 Dazu – sarkastisch – Kunkel in Krug/Riehle Rn. 30.
44 Vgl. auch Wiesner in Wiesner Rn. 13.
45 Vgl. dazu auch Kindler/Lukasczyk/Reich ZKJ 2008, 500 ff.
46 Wohl anders Wulf/Reich ZKJ 2007, 266 ff., 343 ff.
47 Vgl. aber Wulf/Reich ZKJ 2007, 266 ff.
48 Vgl. zum Ganzen Bringewat ZKJ 2008, 297 (300 f.).
49 Vgl. dazu Kindler in Kindler/Lillig/Blüml/Meysen/Werner, Kindeswohlgefährdung Kap. 70; Kindler in Deegener/Körner S. 385 ff.; ferner Harnach in JHSM Rn. 24 ff., 29.

ren zur Gefährdungseinschätzung allerdings nicht zur Verfügung. Zwar fehlt es nicht an Versuchen, derlei Einschätzungsverfahren zu entwickeln.[50] Deren Anwendungsreife im Sinne einer Akzeptabilität für alle Jugendämter und Träger von Einrichtungen und Diensten iSd Abs. 4 bzw. Kindertagespflegepersonen iSd Abs. 5 steht jedoch noch aus,[51] ganz abgesehen davon, dass eine Implementierung standardisierter Einschätzungs- und Beurteilungsgrundlagen in die Kinder- und Jugendhilfearbeit nur über den Weg einer Selbstverpflichtung aller beteiligten JÄ bzw. Dienste und Einrichtungen gem. Abs. 4/Kindertagespflegepersonen gem. Abs. 5 möglich, im Wege (bundes-)rechtlicher Anweisung dagegen nicht durchsetzbar wäre.[52]

Das gilt ganz ähnlich auch für den Einsatz von Diagnoseinstrumenten zur Gefährdungseinschätzung bei Verdacht auf Kindeswohlgefährdung wie etwa des „Stuttgarter Kinderschutzbogens"[53] oder des „Glinder Manuals" und anderer vergleichbarer Beobachtungskataloge und Erhebungsbögen zur Erkennung und Einschätzung von Kindeswohlgefahren.[54] Hinzu kommt, dass skalierte Parameter für Kindeswohlgefahren nur begrenzten Erkenntniswert haben und nicht selten den Blick für die „besonderen Umstände des Einzelfalls" verstellen oder die Wirklichkeitswahrnehmung des Verwenders beeinflussen können.[55] Andererseits schlägt aber gravierender zu Buche, dass ohne (Qualitäts-)Standards zur Durchführung der „Einschätzung des Gefährdungsrisikos" die Realisierung des Schutzauftrags bei Kindeswohlgefährdung nicht nur in mehrfacher Hinsicht problembelastet und unsicher, sondern auch in die fachliche Individualkompetenz der mit der Wahrnehmung des Schutzauftrags befassten Mitarbeiter/innen der Kinder- und Jugendhilfe gestellt und damit beliebiges Stückwerk im Einzelfall bleibt. Diesen Befund können selbstreflexive Risiko- und Fehleranalysen der in die tätige Verwirklichung des Schutzauftrages eingebundenen Mitarbeiter/innen der Jugendämter zwar nicht aufheben, unter bestimmten Voraussetzungen[56] können sie aber einen Beitrag zur qualitativen Verbesserung jugendamtlicher Kinderschutzarbeit leisten.[57] Vorbehaltlich fortlaufender fachlicher Überprüfung und Weiterentwicklung empfiehlt sich deshalb schon jetzt die Verwendung **geprüfter** und **fachlich fundierter**[58] Diagnose-, Bewertungs-, Beurteilungs- und Prognoseinstrumente zur Gefährdungseinschätzung, um so die in der Praxisrealität der Kinder- und Jugendhilfe nach wie vor bestehenden Unsicherheiten bei der Umsetzung des Schutzauftrags nach § 8a zu reduzieren.[59] 22

Bei alledem darf nicht aus den Augen verloren werden, dass sich die „Einschätzung des Gefährdungsrisikos" iSd Abs. 1 und 4/5 als entscheidungssteuernder **normativer** Beurteilungs- und Bewertungsprozess versteht. Eine verlässliche Deutung gefährdungsrelevanter tatsächlicher Umstände muss deshalb den kinder- und jugendhil- 23

50 Vgl. etwa Rüdiger JAmt 2014, 363 ff.; ferner die von Köckeritz/Dern ZKJ 2014, 476 ff. mitgeteilte Untersuchung über Handlungsstandards baden-württembergischer Jugendämter beim Umgang mit Gefährdungsmeldungen.
51 Vgl. Bringewat ZKJ 2008, 297 (301 f.); vgl. auch Meysen in FK-SGB VIII Rn. 17, 25 mwN.
52 Vgl. auch Kindler in Deegener/Körner S. 385 ff., 400.
53 Dazu Kindler/Lukasczyk/Reich ZKJ 2008, 500 ff.
54 Weitere Beispiele bei Harnach in JHSM Rn. 29; ergänzend dazu Meysen in FK-SGB VIII Rn. 17, 25 mwN.
55 Vgl. dazu Wiesner in Wiesner Rn. 11, 11a mwN.
56 Vgl. dazu Menk/Schrapper JAmt 2014, 369 ff., insbes. 374 unter V.
57 Zu Umgang mit Risiken und Fehlern in der Kinder- und Jugendhilfearbeit vgl. noch Jud/Fegert JAmt 2014, 358 ff.
58 So auch Kindler/Lukasczyk/Reich ZKJ 2008, 500 (504); ferner Harnach in JHSM Rn. 29.
59 Vgl. noch Merchel RdJB 2005, 456 (464 f.) und Merchel ZfJ 2003, 249 ff. mit Hinweis darauf, dass auch Risikoeinschätzungsstandards einen Restbestand an Unsicherheit nicht aufheben können; vgl. auch Wiesner in Wiesner Rn. 11 a.

ferechtlichen Kontext, in den die „Einschätzung des Gefährdungsrisikos" von Gesetzes wegen eingestellt ist, beachten und bewahren. Die Qualifizierung bestimmter kind- bzw. familienbezogener etc Umstände als gefährdungsrelevante oder -irrelevante, als gefährdungsbegründende oder -ausschließende, als gefährdungsfördernde oder -hindernde oder auch gefährdungsindifferente etc Risikofaktoren, die Gewichtung protektiver und beeinträchtigender Faktoren[60] sowie die Analyse und Deutung ihres komplexen wechselbezüglichen Wirkungszusammenhangs kommt ohne Rückkopplung auf die Rechtsbegriffe des Kindeswohls und der Kindeswohlgefährdung nicht aus.[61]

2.2 „Kindeswohl" und „Kindeswohlgefährdung"

24 Welcher Sinngehalt dem „Kindeswohl" und der „Kindeswohlgefährdung" im Sachzusammenhang des von der Kinder- und Jugendhilfe umzusetzenden Schutzauftrags zuzuschreiben ist, kann unmittelbar weder § 8a selbst noch anderen kinder- und jugendhilferechtlichen Bestimmungen entnommen werden. Die sachlich-normative Nähe zwischen kinder- und jugendhilferechtlichen und den familienrechtlichen Vorschriften zum Schutz und zur Sicherung des Kindeswohls (wie etwa die §§ 1666, 1666a, 1697a BGB) und ebenso die – zunehmend reklamierte[62] – Verantwortungsgemeinschaft von JA und FamG für den Schutz des Kindeswohls,[63] gepaart mit der nach Abs. 2, S. 1 Hs. 1 gebotenen Anrufung des FamG sowie noch weitere (gesetzliche) Anzeichen[64] lassen jedoch hinreichend deutlich erkennen, dass der kinder- und jugendhilferechtliche Kindeswohlbegriff mit dem des Familienrechts übereinstimmt. Dies entspricht denn auch – jedenfalls gegenwärtig – allgemeiner Auffassung.

25 Aus dieser (inhaltlichen) Übereinstimmung ergibt sich zunächst ohne Weiteres, dass die in § 1666 Abs. 1 BGB enthaltene Ausdifferenzierung des Kindeswohls in eine körperliche, geistige und/oder seelische Komponente auch für den kinder- und jugendhilferechtlichen Kindeswohlbegriff maßgebend ist. Unabhängig davon, wie sich die verschiedenen Kindeswohlkomponenten zueinander verhalten, ob und wie sie sich wechselbezüglich ergänzen und/oder überlagern und inwieweit sie den Einzelfall prägen, betrifft danach das „Wohl des Kindes/Jugendlichen" im Normzusammenhang des Kinder- und Jugendhilferechts begrifflich ebenfalls das körperliche, geistige und/oder seelische Wohl. Aus der adaptiven Übernahme des familienrechtlichen Kindeswohlbegriffs in das Kinder- und Jugendhilferecht folgt indessen noch mehr: Auch im kinder- und jugendhilferechtlichen Normzusammenhang versteht sich das „Wohl eines Kindes/Jugendlichen" nicht als deskriptives, aus sich selbst heraus subsumtionsfähiges Tatbestandsmerkmal, sondern als „offener", wertausfüllungsbedürftiger Rechtsbegriff, der dem Rechtsanwender einen Auftrag zur schöpferischen Umsetzung des jeweiligen Normzecks für den Einzelfall erteilt.[65] Im Vorgang der dazu erforderlichen Konkretisierung kindeswohlschützender Normen des Kinder- und Jugendhilferechts fungiert der Kindeswohlbegriff wie auch in der kinderschutzrechtlichen Generalklausel des § 1666 Abs. 1 BGB als ein heuristisches Prinzip, das in Gestalt von rechtlichen

60 Vgl. Harnach in JHSM Rn. 29.
61 Dazu Harnach in JHSM Rn. 4 ff.; ferner Coester JAmt 2008, 1 (5); Wiesner in Wiesner Rn. 13a, 13 b; vgl. auch Bringewat ZKJ 2008, 297 (302).
62 Vgl. dazu HessVGH 7.11.2012 – 10 B 1973/12, ZKJ 2013, 82 u. Coester JAmt 2008, 1 (5).
63 Vgl. Langenfeld/Wiesner, Saarbrücker Memorandum, S. 45 ff., 77 f. mit 56 ff.; ebenso Meysen in FK-SGB VIII Rn. 45.
64 Beispielsweise das Grund- und Leitziel der Kinder- und Jugendhilfe nach § 1 Abs. 3 Nr. 3.
65 Vgl. dazu Coester in Staudinger § 1666 Rn. 64, 65.

und außerrechtlichen Kindeswohlkriterien[66] die zur Bildung der (entscheidungstragenden) Fallnorm notwendigen einzelfallbezogenen Bausteine liefert.[67]

26 Auch der Begriff der Kindeswohlgefährdung ist konzeptionell nicht auf unmittelbare Subsumtion, sondern als wertausfüllungsbedürftiger Begriff auf wertgeleitete und normzweckverwirklichende Konkretisierung in jedem Einzelfall angelegt.[68] Das gilt für den familienrechtlichen Begriff der Kindeswohlgefährdung in § 1666 Abs. 1 BGB wie für den kinder- und jugendhilferechtlichen Begriff der Kindeswohlgefährdung in § 8a gleichermaßen. Zumindest methodologisch knüpft der Schutzauftrag bei Kindeswohlgefährdung iSd § 8a daher an den familienrechtlichen Begriff der Kindeswohlgefährdung in § 1666 Abs. 1 BGB an.[69] Verantwortlich für die strikt einzelfallbezogene Konkretisierung der kindeswohlschützenden Norm ist hier wie dort der Rechtsanwender, im Sach- und Normbereich des § 8a also die Fachkräfte der JÄ (bzw. der Einrichtungen und Dienste, Abs. 4 oder der Kindertagespflegepersonen, Abs. 5), im Anwendungsbereich der §§ 1666, 1666a BGB die Familienrichter/innen der FamG.[70]

27 Keine (vollständige) Übereinstimmung besteht dagegen zwischen dem **jugendhilferechtlichen** und dem **familienrechtlichen** Begriff der Kindeswohlgefährdung, soweit es in ihm um den auf das Kindeswohl bezogenen Merkmalskomplex der Gefährdung geht: Entgegen verbreiteter Auffassung[71] ist der von § 8a vorausgesetzte Gefährdungsbegriff weder inhaltlich noch unter dem Aspekt seiner normativen Funktion derselbe wie in § 1666 Abs. 1 BGB.[72] Dieser Befund gründet sich in erster Linie darauf, dass sich Normprogramm und Normbereich des Schutzauftrags bei Kindeswohlgefährdung gem. § 8a und der gerichtlichen Maßnahmen bei Gefährdung des Kindeswohls gem. § 1666 Abs. 1, 3 und 4 BGB nur teilweise entsprechen. Aber auch ein Vergleich der familiengerichtlichen Maßnahmen gem. § 1666 Abs. 1, 3 und 4 BGB mit den ganz anderen, der Kinder- und Jugendhilfe zur Umsetzung des Schutzauftrags bei Kindeswohlgefährdung zur Verfügung stehenden Maßnahmen zeigt, dass dem Gefährdungsbegriff in § 8a ein von dem des § 1666 Abs. 1 BGB – jedenfalls teilweise – abweichender Bedeutungsgehalt zukommt.

28 Der familienrechtliche Gefährdungsbegriff des § 1666 Abs. 1 BGB bezeichnet nach der Rechtsprechung des BGH und der Obergerichte einen Gefahrenzustand in dem Sinne, dass eine gegenwärtige oder doch zumindest unmittelbar bevorstehende Gefahr bei ihrer Fortdauer eine erhebliche Schädigung des Kindeswohls mit ziemlicher Sicherheit voraussehen lässt.[73] Eine Gefährdung des Kindeswohls iSd § 1666 Abs. 1 BGB liegt demnach nicht schon bei jeder abstrakten Gefährdung vor,[74] sondern erst und nur bei einer gegenwärtigen oder zumindest nahe bevorstehenden Gefahr für die Entwicklung

66 Vgl. dazu Coester in Staudinger § 1666 Rn. 65 ff., 71 ff.; ferner Harnach in JHSM Rn. 4.
67 Vgl. Coester in Staudinger § 1666 Rn. 47; Coester JAmt 2008, 1 (3 f.); dem folgend Bringewat ZKJ 2007, 225 (229) bei und in Anm. 42/43.
68 Vgl. Coester JAmt 2008, 1 (5); ferner Harnach in JHSM Rn. 5; vgl. auch Wiesner in Wiesner Rn. 13 b.
69 Wiesner in Wiesner Rn. 13 a.
70 Coester JAmt 2008, 1 (4); ebenso Wiesner in Wiesner Rn. 13 b; Harnach in JHSM Rn. 5 mwN.
71 Vgl. statt aller Coester JAmt 2008, 1 (5) bei Anm. 36; Wiesner in Wiesner Rn. 13 a; Kunkel ZKJ 2012, 288; vgl. auch Meysen in FK-SGB VIII Rn. 14.
72 Vgl. dazu Bringewat ZKJ 2007, 225 (230); Bringewat ZKJ 2008, 297 (302); Bringewat ZKJ 2011, 278 (278, 279) mwN; vgl. aber auch Meysen in FK-SGB VIII Rn. 14.
73 Vgl. BGH FamRZ 1956, 350 (351) und zuletzt BGH 23.11.2016 – XII ZB 149/16, FamRZ 2017, 212 (213) mwN aus der Rspr. des BGH; Coester in Staudinger § 1666 Rn. 79; Trenczek in FK-SGB VIII, Anhang § 50 Rn. 38; Wiesner in Wiesner Rn. 13b mwN.
74 Vgl. BGH 23.11.2016 – XII ZB 149/16, FamRZ 2017, 212 (213) (Rn. 13, 16); OLG Celle 14.3.2003 – 19 UF 35/03, FamRZ 2003, 1490 (1491).

des Kindes, die so ernst zu nehmen ist, dass sich eine erhebliche Schädigung seines – körperlichen, geistigen oder seelischen – Wohls mit ziemlicher Sicherheit voraussehen lässt, wenngleich die zu erwartenden schädigenden Folgen nicht unmittelbar bevorstehen müssen.[75] Der familienrechtliche Gefährdungsbegriff des § 1666 Abs. 1 BGB setzt also eine nach Art und Ausmaß **kulminierte** Gefahrenlage für das Kindeswohl dergestalt voraus, dass bei weiterer **unbeeinflusster** Entwicklung der (defizitären) Lebensumstände des Kindes eine erhebliche Schädigung seines körperlichen, geistigen und/oder seelischen Wohls zu erwarten ist.[76] Kindeswohlgefährdung iSd § 1666 Abs. 1 BGB kennzeichnet danach eine auf tatsächlichen Anhaltspunkten beruhende Gefährdungssituation, die zur Sicherung und zum Schutz des Kindeswohls ein (staatliches) Eingreifen erfordert und gebietet. Folgerichtig fungiert der Begriff der Kindeswohlgefährdung in § 1666 Abs. 1 BGB als sog. **Eingriffsschwelle** oder auch Interventionsschwelle des Staates (→ Rn. 13).

2.3 Der kinder- und jugendhilferechtliche Gefährdungsbegriff

29 Diese Interventionsschwelle des Staates als qualitative Grenzlinie zwischen dem Präventions- und dem Interventionsbereich des staatlichen Wächteramts spielt auch für das Verständnis des kinder- und jugendhilferechtlichen Gefährdungsbegriffs in § 8a eine klarstellende und prägende Rolle: Sie ist erreicht, wenn das JA nach vorheriger Gefährdungseinschätzung/Risikoeinschätzung eine Kindeswohlgefährdung iSd § 1666 Abs. 1 BGB „diagnostiziert" **und deshalb** die Anrufung des FamG gem. Abs. 2, S. 1, Hs. 1 (und ggf. weitere Maßnahmen nach Abs. 2 und 3) für erforderlich hält. Mit der Anrufung des FamG, die auf eine Anordnung familiengerichtlicher Maßnahmen gem. § 1666 Abs. 3, 4 BGB abzielt, kommt das JA seiner aus § 8a resultierenden **eigenen** Verpflichtung zur Abwehr der mittels „Risikoeinschätzung" festgestellten Kindeswohlgefährdung iSd § 1666 Abs. 1 BGB nach. Die spezifische Situation der Kindeswohlgefährdung iSd § 1666 Abs. 1 BGB gehört somit als Abwehrverpflichtung des JA zum Schutzauftrag bei Kindeswohlgefährdung iSd § 8 a. Insoweit besteht daher zwischen dem familienrechtlichen Gefährdungsbegriff des § 1666 Abs. 1 BGB und dem in § 8a verwendeten Gefährdungsbegriff kein inhaltlicher und auch kein normativ-methodologischer Unterschied.

30 Der Schutzauftrag bei Kindeswohlgefährdung gem. § 8a betrifft aber nicht nur Gefährdungslagen iSd § 1666 Abs. 1 BGB. Die Wahrnehmung des Schutzauftrags setzt gem. Abs. 1 bereits ein mit dem Zugang „gewichtiger Anhaltspunkte" für eine Kindeswohlgefährdung. Zu diesem Zeitpunkt sind Art und Ausmaß einer (möglichen) Kindeswohlgefährdung noch nicht bekannt. Erst nach „Einschätzung des Gefährdungsrisikos", nach interfachlich abgestimmter Gefährdungseinschätzung (→ Rn. 57 ff.) also, wird die tatsächliche Beschaffenheit der Gefährdungslage sichtbar. Und erst dann kann sie unter dem Aspekt der zu ergreifenden Maßnahmen mit hinreichender (Handlungs-)Sicherheit beurteilt werden. Der Sache nach verbirgt sich hinter den in Abs. 1 genannten „gewichtigen Anhaltspunkten" für eine Kindeswohlgefährdung eine bestimmte „Gefährdungsschwelle als Eingangsvoraussetzung" für die Wahrnehmung des Schutzauftrags.[77] Diese Gefährdungsschwelle markiert zugleich den Anfang einer Skala differenziert ausgeprägter Gefährdungssituationen. Deren Ende wird bestimmt von der Eingriffsschwelle des Staates. Dazwischen sind Gefährdungslagen und Kindeswohlgefahren in nach Art und Ausmaß unterschiedlichem Erscheinungsbild angesiedelt. In diesem Sinne versteht sich der kinder- und jugendhilferechtliche Gefährdungs-

75 So OLG Hamm 10.9.2003 – 8 UF 32/03, FamRZ 2004, 1664 (1665); OLG Hamm 5.11.2004 – 11 UF 53/04, ZfJ 2005, 373 (374 f.) jew. mwN.
76 Ähnlich OLG Celle 14.3.2003 – 19 UF 35/03, FamRZ 2003, 1490 (1491) mwN.
77 Wiesner in Wiesner Rn. 14 a; anders – aber wohl gleichsinnig – noch Wiesner in Wiesner, 3. Aufl., § 8a Rn. 13: „Risikoschwelle".

begriff als eine Skala von sich steigernder **Gefährdungsintensität** bis hin zu Kindeswohlgefährdungen, die im quantitativ-qualitativen Übersprung die Eingriffs- bzw. Interventionsschwelle des Staates bilden.[78] Es handelt sich dabei um einen Gefährdungsbegriff, der den **normativen Aspekt der Gefährdungsintensität** inhaltlich in sich aufnimmt und so die Dynamik und prozesshafte Entstehung bzw. Entwicklung einer Kindeswohlgefährdung adäquat erfassen kann. Auch er ist kein „fertiger", objektiv subsumtionsfähiger Begriff. Er kennzeichnet vielmehr eine von den zur (kinder- und jugendhilferechtlichen) Gefahrenabwehr berufenen „Akteuren" zu beurteilende und zu bewertende **Bandbreite von Kindeswohlgefährdungen**, die stets der normkonkretisierenden „Zurüstung" auf den Einzelfall bedarf (→ Rn. 26).[79]

Kindeswohlgefährdungen iSd § 8a sind nach alledem nicht nur solche, die dem Gefährdungsbegriff des § 1666 Abs. 1 BGB genügen, sondern auch solche Gefährdungslagen, die mangels entsprechender Gefährdungsintensität der Kindeswohlgefährdung iSd § 1666 Abs. 1 BGB vorgelagert und damit unterhalb der Eingriffsschwelle des Staates einzuordnen sind. Eine begriffliche Ausdifferenzierung von Gefährdungslagen unterhalb der Eingriffsschwelle des Staates steht bislang noch aus, obwohl in der Praxisrealität der Kinder- und Jugendhilfe insbesondere im Zusammenhang mit Risikoanalysen aufgrund von Gefährdungsmeldungen schon seit längerer Zeit – hilfsweise – mit graduellen Gefährdungsabstufungen gearbeitet wird. Ein Beleg dafür findet sich zB in der vielfach anzutreffenden Verwendung der „Straßenverkehrsampel" zwecks graduell abgestufter Gefährdungseinschätzung.[80] Ganz ähnlich lassen sich auf einer Skala von 0 bis 100 nach dem Grad der Wahrscheinlichkeit eines Schadeneintritts abgestufte Gefährdungsbereiche lokalisieren, etwa als latente, abstrakt-generelle, konkret-individuelle und schließlich als akute, in eingriffsintendierendem Sinne zu verstehende Gefährdung des Kindeswohls.[81] Mit welcher Begrifflichkeit ein derart „stufiges Gefährdungsmodell" Eingang in die praktische Kinder- und Jugendhilfearbeit und vornehmlich in die Gefährdungseinschätzung finden kann, bedarf zwar weiterführender und tiefgründiger Erörterung. Von Bedeutung ist aber bei alledem die Erkenntnis, dass der dynamische kinder- und jugendhilferechtliche Gefährdungsbegriff anders als der familienrechtliche Gefährdungsbegriff mehrere nach ansteigender Gefährdungsintensität zu differenzierende Stadien von Kindeswohlgefährdungen auch unterhalb der Eingriffsschwelle des Staates enthält. Deshalb können in Mängel- und Bedürfnislagen gem. § 27 Abs. 1, soweit sie – wenn auch nur mit geringer Intensität – das körperliche, geistige und/oder seelische Wohl des Kindes negativ tangieren oder ggf. bereits beeinträchtigen (was nach dem Wortlaut des § 27 Abs. 1 eo ipso naheliegt und in der Praxisrealität der Kinder- und Jugendhilfe häufig vorkommt), die als konkret-individuelle Gefährdungslage zu kennzeichnenden Voraussetzungen einer Kindeswohlgefährdung iSd § 8a erfüllt sein.[82] 31

Dass es sich so verhält, ergibt sich zum einen bereits aus Abs. 1 S. 3: Hält nämlich das JA, dem Ergebnis der Gefährdungseinschätzung/Risikoeinschätzung folgend, zur Ab- 32

78 Vgl. dazu Bringewat ZKJ 2007, 225 (230); Bringewat ZKJ 2008, 297 (302); Bringewat ZKJ 2011, 278 (278, 279).

79 Vgl. ferner Coester JAmt 2008, 1 ff., 4/6; Wiesner in Wiesner Rn. 13 b.

80 Grun: keine handlungsfordernde Kindeswohlgefahr; gelb: mittelgradige Gefährdungslage und Hilfenangebot; rot: hochgradige Gefährdungslage mit sofortigem Eingriff.

81 Vgl. kritisch – „Graubereich" – dazu Wiesner in Wiesner Rn. 14; zur Begrifflichkeit der Kindeswohlgefahr bzw. -gefährdung im Kontext der Inobhutnahme von Kindern und Jugendlichen → § 42 Rn. 25 ff. mwN.

82 Anders – freilich unter Anwendung des familienrechtlichen Begriffs der Kindeswohlgefährdung – die allg. Auffassung, vgl. etwa Coester JAmt 2008, 1 (7 ff.); Harnach in JHSM Rn. 5 ff.; Meysen in FK-SGB VIII Rn. 14; Trenczek in FK-SGB VIII § 50 Anhang Rn. 38 ff.; Wiesner in Wiesner Rn. 13a mit Rn. 35; vgl. aber auch Harnach in JHSM Rn. 19; ferner Kunkel in Krug/Riehle Rn. 18 mit Rn. 24 und Rn. 31/32.

wehr der Gefährdung (!) die Gewährung von Hilfen für geeignet und notwendig, so hat es den ErzBer. derartige Hilfen anzubieten. Zu diesen Hilfen zählen neben anderen auch die HzE iSd §§ 27 ff. Soweit sie angeboten und tatsächlich gewährt werden, dienen sie expressis verbis dazu, eine Kindeswohlgefährdung iSd § 8a abzuwehren. Da die HzE tatbestandlich aber eine Mängellage iSd § 27 Abs. 1 voraussetzen, folgt daraus im Gegenschluss, dass einer solchen Mängellage je nach den Umständen des Einzelfalls sinngleich die „Qualität" einer Kindeswohlgefährdung zuzuweisen ist. Etwas anderes gälte nur, wenn das Hilfenangebot des JA (unter Verneinung einer Gefährdung des Kindeswohls) von Gesetzes wegen an die Feststellung einer „bloßen" Mängellage iSd § 27 Abs. 1 gebunden wäre. Das ist jedoch nach dem Wortlaut/-sinn des Abs. 1 S. 3 gerade nicht der Fall. Im Übrigen versteht sich das Hilfenangebot gem. Abs. 1 S. 3 – HzE eingeschlossen – mitsamt seiner tatsächlichen Hilfengewährung im normativen Kontext des Schutzauftrags bei Kindeswohlgefährdung nicht als staatlicher Eingriff, betrifft also nicht die Eingriffsschwelle des Staates. Es versteht sich vielmehr als Sozialleistung unterhalb der Interventionsschwelle des Staates. Hieran ändert nichts, dass mit der Hilfengewährung (an Stelle von staatlichen Eingriffen) zwecks Gefährdungsabwehr auch dem Verhältnismäßigkeitsgebot hinreichend Rechnung getragen ist.[83]

33 Eine Bestätigung für diesen Befund liefern zum anderen Abs. 4 S. 3 und Abs. 5 S. 3 iVm Abs. 4 S. 3, wonach die Fachkräfte der Träger von Einrichtungen und Diensten, die Leistungen nach dem SGB VIII erbringen, bzw. die Kindertagespflegepersonen bei den ErzBer. auf die Inanspruchnahme von Hilfen (sic: ua von HzE gem. §§ 27 ff.) hinzuwirken haben und das JA informieren müssen, falls die Gefährdung nicht anders abgewendet werden kann, damit ggf. die Abwehr der Kindeswohlgefährdung im Wege von Eingriffsmaßnahmen gewährleistet ist. Dies alles schließt nicht aus, dass sich eine vermeintliche Gefährdungslage nach Gefährdungseinschätzung/Risikoeinschätzung im Einzelfall gerade nicht als Kindeswohlgefährdung iSd § 8a, sondern „lediglich" als „Mängellage" iSd § 27Abs. 1 erweist,[84] auf die das JA (ebenfalls) mit einem Hilfenangebot, nämlich einem HzE-Angebot, reagieren kann.[85]

2.4 Gewichtige Anhaltspunkte für Kindeswohlgefährdung

34 Bereits unter dem Aspekt seiner wächteramtlichen Aufgabenerfüllung ist das JA nicht nur berechtigt, sondern auch verpflichtet,[86] im Sinne einer Informationsbeschaffung und unter Beachtung sozialdatenschutzrechtlicher Rahmenbedingungen alle Tatsachen zu ermitteln und festzustellen, aus denen eine Kindeswohlgefährdung resultieren kann. Im Kontext mit der in § 8a geforderten Einschätzung des Gefährdungsrisikos (Gefährdungseinschätzung mit Risikoeinschätzung) ist diese Aufklärung von gefährdungsrelevanten Tatsachen und die Feststellung des „Risikosachverhalts" notwendige Voraussetzung zur Umsetzung des jugendamtlichen Schutzauftrags. Zu diesem Zweck wird das JA von sich aus und entsprechend dem allgemeinen Untersuchungsgrundsatz (vgl. § 20 SGB X) von Amts wegen tätig.[87] Mit Abs. 1 S. 1 ist klargestellt, wann die jugendamtliche Aufklärungstätigkeit einzusetzen hat: mit Bekanntwerden **gewichtiger Anhaltspunkte** für die Gefährdung des Wohls eines Kindes oder Jugendlichen beim JA.

83 Vgl. dazu Meysen in FK-SGB VIII Rn. 35.
84 Begriff nach Kunkel, → § 27 Rn. 2–7.
85 Anders wohl Wiesner in Wiesner § 8a Rn. 14 a; vgl. aber auch Mrozynski SGB VIII § 27 Rn. 12–14 und Rn. 20/21.
86 Vgl. Langenfeld/Wiesner, Saarbrücker Memorandum, S. 63, 67 f.
87 Vgl. auch Wiesner in Wiesner Rn. 3: bereichs- und situationsspezifische Modifizierung und Konkretisierung des allgemeinen Untersuchungsgrundsatzes.

35 Dem JA bzw. seinen Mitarbeitern/innen müssen **Anhaltspunkte** für eine Kindeswohlgefährdung bekannt werden. Anhaltspunkte sind **tatsächliche Umstände**, die auf eine Kindeswohlgefährdung hindeuten.[88] Welcher Art von Umständen ein Indizwert für das Vorliegen einer Kindeswohlgefährdung zuzuweisen ist, entzieht sich bislang gesicherter Erkenntnis.[89] Die zur Zeit in der Kinder- und Jugendhilfepraxis verwendeten Indikatoren- bzw. Merkmalslisten differenzieren zumeist zwischen „Anhaltspunkten beim Kind oder Jugendlichen", „Anhaltspunkten in Familie oder Lebensumfeld" und „Anhaltspunkten zur Mitwirkungsbereitschaft und -fähigkeit" bzw. „Anhaltspunkten im Erscheinungsbild und in den Verhaltensweisen der Erziehungspersonen" etc.[90] Deren Aussagekraft steht allerdings unter dem Vorbehalt fehlender Validierung durch hinreichende Praxiserprobung[91] und mangelnder Transparenz der ihnen zugrunde liegenden Forschungsergebnisse. Gleichwohl können ihnen vielfach Plausibilität nicht bestritten werden. Insbesondere das gehäufte Auftreten „typischer" Indikatoren für Gefährdungssachverhalte kann deshalb „brauchbare" Anhaltspunkte für eine Kindeswohlgefährdung liefern.[92] Nicht erforderlich ist, dass jeder Anhaltspunkt für sich genommen bereits eine Kindeswohlgefährdung indiziert. Es genügt vielmehr, dass durch das Hinzutreten weiterer ggf. gefährdungsrelevanter Umstände ein Gesamtkomplex von Anhaltspunkten entsteht, der dann in summa auf eine Kindeswohlgefährdung verweist.[93] Regelmäßig bedarf es einer Gesamtwürdigung aller bekannt gewordenen Anhaltspunkte, um deren Indizwert für das Vorliegen einer Kindeswohlgefährdung erfassen zu können. Nicht ausgeschlossen ist andererseits aber, dass bereits ein einzelner Anhaltspunkt deutliche Hinweise auf eine Kindeswohlgefährdung enthält und so die tätige Umsetzung des Schutzauftrags initiiert.

36 Die **Nichtteilnahme an Früherkennungsuntersuchungen**[94] ist entgegen vielfach geäußerter Erwartung **kein** Anhaltspunkt für das Vorliegen einer Kindeswohlgefährdung;[95] denn es fehlt der „Nichtteilnahme" jeglicher Indizwert für eine Kindeswohlgefährdung.[96] Zum einen können Kinder, die an der für sie letzten regulären Früherkennungsuntersuchung teilgenommen haben, gleichwohl einer – unentdeckten – Kindeswohlgefährdung ausgesetzt sein. Zum anderen muss bei Kindern, die nicht regelmäßig an Früherkennungsuntersuchungen teilnehmen, nicht zwangsläufig eine Gefährdung für ihr Wohl eintreten bzw. bestehen.[97] Im Übrigen dienen Früherkennungsuntersuchungen dazu, die gesundheitliche Entwicklung eines Kindes zu beobachten, um ggf. eine sich als notwendig erweisende ärztliche oder sonst therapeutische Behandlung und Versorgung zu sichern. Sie sind dagegen kein zielgerichtetes Instrument zur Feststellung von Anhaltspunkten für eine Kindeswohlgefährdung.[98] Dem Jugendamt bzw.

88 Vgl. auch Kunkel in Krug/Riehle Rn. 25.
89 Vgl. dazu Kindler/Lillig IKK-Nachrichten 1–2/2006, 16 ff.
90 Vgl. dazu Kindler/Lillig IKK-Nachrichten 1–2/2006, 16 ff. m. zahlr. Nachw. in Anm. 3 ff.; ferner Bieritz-Harder/Bohnert in Hauck/Noftz/Stähr Rn. 3 m. Übersicht über weitere Indikatorenlisten; vgl. auch DV NDV 2006, 494 (495 ff.).
91 Kindler/Lillig IKK-Nachrichten 1–2/2006, 16 ff., 17; ebenso Meysen in FK-SGB VIII Rn. 17.
92 Vgl. in diesem Sinne Wiesner in Wiesner Rn. 14 b.
93 Vgl. auch Tillmanns in MüKoBGB Rn. 3.
94 U-Untersuchungen = U1 – U9; nach Vollendung des 10. Lebensjahres = J1-Untersuchung; vgl. Wabnitz ZKJ 2010, 49 (50).
95 So mit Recht Meysen in FK-SGB VIII Rn. 18; im Ergebnis ebenso Wiesner in Wiesner Rn. 15; vgl. aber auch VG Köln 28.2.2012 – 26 L 203/12, FamRZ 2012, 1177 mit Praxishinweis Wiesner ebd.
96 Vgl. auch OLG Frankfurt 9.9.2013 – 1 UF 105/13, NJW-RR 2014, 259 = ZKJ 2014, 31; dazu Mortsiefer NJW 2014, 3543 (3546) mwN aus der familiengerichtlichen Rspr.; vgl. ferner noch Sommer ZKJ 2013, 68 (69) mwN.
97 Vgl. Wabnitz ZKJ 2010, 49 (50).
98 In diesem Sinne auch Meysen in FK-SGB VIII Rn. 18 m.zahlr. wN.

seinen Mitarbeitern/innen bleibt es allerdings unbenommen, in eigener Verantwortung darüber zu entscheiden, ob die (in vielen Bundesländern meldepflichtige) Nichtteilnahme an Früherkennungsuntersuchungen ein neben anderen Indiztatsachen für eine mögliche Kindeswohlgefährdung weiteres Gefährdungsindiz darstellt, das zur Aufklärung des Sachverhalts ggf. durch einen Hausbesuch veranlasst.[99] Die bloße Nichtteilnahme an Früherkennungsuntersuchungen ohne zusätzliche Erkenntnisse oder Hinweise auf gefährdungsrelevante tatsächliche Umstände stellt dagegen keinen Anhaltspunkt für eine Kindeswohlgefährdung dar.[100] Dagegen sind tatsächliche Umstände, die darauf hindeuten, dass eine (bevorstehende) Beschneidung männlicher Kinder den Voraussetzungen des § 1631 d Abs. 1 S. 1 BGB (abgedruckt bei § 7) nicht genügt, Anhaltspunkte für eine Kindeswohlgefährdung. Das gilt ganz entsprechend auch für Umstände, die die Nichteinhaltung der Ausnahmefrist und des von § 1631 d Abs. 2 BGB geforderten Qualifikationsprofils der Behandler betreffen.[101] Insbesondere unter dem Aspekt des Zwecks der Beschneidung (vgl. § 1631 d Abs. 1 S. 2 BGB) sollen sich nach der Gesetzesbegründung Anhaltspunkte für eine Kindeswohlgefährdung ergeben können, etwa wenn die Beschneidung „nur" rein ästhetischen Zwecken dient oder das Ziel verfolgt, die Masturbation zu erschweren.[102] Gesundheitliche Risiken in der Person des Kindes[103] können gleichermaßen Anhaltspunkte für eine Kindeswohlgefährdung in Fällen der Beschneidung sowohl gem. § 1631 d Abs. 1 S. 1 als auch gem. § 1631 d Abs. 2 BGB sein.[104]

37 **Kein** Anhaltspunkt für eine Kindeswohlgefährdung ist die **Einleitung eines Privatinsolvenzverfahrens**. Hier gilt wie zuvor, dass eine Privatinsolvenz von Eltern für sich allein keinen Indizwert für das Vorliegen einer Kindeswohlgefährdung hat.[105] Die standardmäßige Mitteilung einer solchen Insolvenz durch das FamG verpflichtet das JA ohne weiteres Hinzutreten anderer gefährdungsindizierender Umstände nicht zum Tätigwerden, insbesondere nicht zu prophylaktischem Ausspähen familialer Verhältnisse.[106] Anhaltspunkte für eine Kindeswohlgefährdung können sich dagegen aus der Weigerung der Kindeseltern, ihre Kinder einer öffentlichen Schule oder einer anerkannten Ersatzschule zuzuführen, ergeben.[107]

38 **Anhaltspunkte für eine Kindeswohlgefährdung** können darüber hinaus Mitteilungen von Geheimnisträgern iSd § 203 StGB und anderen, in die Lebenswelt von Kindern einbezogenen Personen enthalten. Soweit dem Kinderschutz verpflichtete Landesgesetze[108] diesem Personenkreis entsprechende Befugnisse einräumen oder ihm (sogar) Mitteilungsverpflichtungen auferlegen, verstehen sich solche Mitteilungen allerdings nicht „per se" als „gewichtige Anhaltspunkte" (für eine Kindeswohlgefährdung). Vielmehr bedürfen die auf diese Weise dem JA bekannt werdenden, gefährdungsrelevanten Umstände wie auch sonst einer in die fachliche Kompetenz des JA gestellten Beurteilung,

99 Vgl. dazu VG Köln 28.2.2012 – 26 L 203/12; ferner VG Frankfurt 11.5.2012 – 7 L 1079/12.F, ZKJ 2012, 406 ff.; anders aber Meysen in FK-SGB VIII Rn. 18 mwN.
100 Zur Frage, ob und inwieweit landesgesetzlich die Nichtteilnahme an Vorsorgeuntersuchungen einen Gefahrerforschungsauftrag für das Jugendamt begründet vgl. OLG Frankfurt 9.9.2013 – 1 UF 105/13, NJW-RR 2014, 259 = ZKJ 2014, 31; ferner Mortsiefer NJW 2014, 3543 (3546); vgl. zum Streitstand noch Meysen in FK-SGB VIII Rn. 18 mwN in dort. Anm. 42.
101 Vgl. dazu Spickhoff FamRZ 2013, 337 (342 f.) mwN.
102 Vgl. BT-Drs. 17/11295, 18.
103 Hepatitis, Bluter etc, vgl. Spickhoff FamRZ 2013, 337 (341 f.).
104 Zu etwaigen Anhaltspunkten für eine im Ausland drohende Genitalverstümmelung vgl. Wüstenberg ZKJ 2008, 411 (413).
105 Im Ergebnis ebenso Meysen in FK-SGB VIII Rn. 18; Wiesner in Wiesner Rn. 14 d.
106 Ebenso Meysen in FK-SGB VIII Rn. 18 mit Rn. 19; vgl. auch → Rn. 45.
107 Vgl. OLG Frankfurt 15.8.2014 – 6 UF 30/14, FamRZ 2014, 1857 ff. mit Ausführungen zur Verhältnismäßigkeit des Entzugs elterlicher Teilrechte in diesen Fällen.
108 Vgl. dazu den Überblick bei Wabnitz ZKJ 2010, 48 (49 f.).

ob und inwieweit es sich dabei tatsächlich um Anhaltspunkte und zudem um „gewichtige“ Anhaltspunkte für das Vorliegen einer Kindeswohlgefährdung handelt (→ Rn. 40 ff.). Ähnlich verhält es sich mit Mitteilungen iSd § 4 Abs. 3 S. 1 bis 3 KKG. Allerdings ist insoweit zu beachten, dass die Befugnis zur Information des JA zwecks Abwendung einer Kindeswohlgefahr auf einer Gefährdungseinschätzung des in § 4 Abs. 1 KKG genannten Personenkreises – ggf. beraten durch eine in der Gefährdungseinschätzung erfahrene Fachkraft – mit dem Ergebnis einer nicht anders abwendbaren Kindeswohlgefährdung beruht. Die mitgeteilten Umstände und Daten sind deshalb von dem in § 4 Abs. 1 KKG benannten Personenkreis bereits als „gewichtige Anhaltspunkte“ für eine Kindeswohlgefährdung beurteilt worden. Gleichwohl obliegt es dem JA bzw. seinen Mitarbeiter/innen, die mitgeteilten tatsächlichen Umstände und Daten **eigenverantwortlich** als „gewichtige Anhaltspunkte“ zu bewerten, um so das Verfahren nach § 8a zu initiieren.[109]

Keine Anhaltspunkte sind spekulativ geäußerte **Vermutungen** und intuitive oder in anderer Weise emotional motivierte **Werturteile** zB über Kindesvernachlässigung, -verwahrlosung oder elterliche Erziehungsmodalitäten. Sind solche Vermutungen oder Werturteile hingegen – wie zumeist – mit konkludenter Schilderung von tatsächlichen Umständen unterlegt, liegen jedenfalls insoweit Anhaltspunkte vor. Die Art und Weise, wie diese Anhaltspunkte dem JA bekannt werden und ebenso die Form, in der sie bekannt werden, ist unerheblich.[110] Anhaltspunkte können sich deshalb aus mündlichen, schriftlichen, telefonischen, elektronischen und auch anonymen Hinweisen, Mitteilungen, eigenen oder fremden akustischen, optischen oder sonstigen sinnlichen Wahrnehmungen oder anderweitigen Informationen ergeben. Erforderlich ist allein, dass diese **Informationen** zumindest teilweise **tatsachengestützt** sind.[111] Unerheblich ist deshalb auch, von welchem Personenkreis die Informationen stammen; in Betracht kommen bekannte, unbekannte, anonym bleibende Personen,[112] Verwandte, Bekannte, Freunde, Nachbarn des Kindes oder Jugendlichen, dessen Eltern, Lehrer, Arbeitgeber, auch Geschwister der potenziell betroffenen Kinder und Jugendlichen, Amtspersonen etc[113] Was dem JA als Anhaltspunkte für eine Kindeswohlgefährdung bekannt wird, ist daher weder der Art noch dem Umfang nach durch soziale Nähe oder Distanz des Informationsträgers und/oder -übermittlers zum möglicherweise gefährdeten Kind/Jugendlichen definiert oder begrenzt.[114] 39

Das JA muss nicht jedem noch so vagen Anhaltspunkt für eine Kindeswohlgefährdung nachgehen. Das liefe in letzter Konsequenz auf eine Kontrolldichte und -hysterie hinaus, die mit der vorrangigen elterlichen Erziehungsverantwortung gem. Art. 6 Abs. 2 S. 1 GG/§ 1 Abs. 2 S. 1 nicht nur inhaltlich nicht vereinbar wäre, sondern auch gegen das grundrechtlich geschützte Elternrecht verstieße.[115] Zur Verwirklichung seines ihm durch Art. 6 Abs. 2 S. 2 GG/§ 1 Abs. 2 S. 2 iVm § 1 Abs. 3 Ziff. 4 zugewiesenen Schutzauftrags ist das JA nur verpflichtet, wenn und soweit ihm **gewichtige** Anhaltspunkte für eine Kindeswohlgefährdung bekannt werden. Was das Kennzeichen ge- 40

---

109 Ausführlich zu § 4 KKG s. Anh. zu § 61; zur Konkurrenz zwischen § 4 KKG und § 8a vgl. Meysen in FK-SGB VIII § 8b Anhang – KKG Rn. 83; zur Frage des Verhältnisses zwischen § 4 KKG und der Kinderschutzgesetzgebung der Länder vgl. ebd. Rn. 84.

110 Vgl. auch Kunkel in Krug/Riehle Rn. 26.

111 So auch Tillmanns in MüKoBGB Rn. 3.

112 Insoweit zur Zurückhaltung mahnend Kunkel in Krug/Riehle Rn. 26 mwN.

113 Im Ergebnis ebenso Meysen in FK-SGB VIII Rn. 19; Salgo ZKJ 2007, 12 (14); Wiesner in Wiesner Rn. 14 c.

114 Zur Frage, ob das JA Personendaten eines Informanten, der auf eine mögliche Kindeswohlgefährdung hingewiesen hat, der von der Meldung betroffenen Person weitergeben oder ihr **Akteneinsicht** gewährt werden darf Wiesner in Wiesner Rn. 14 c.

115 Vgl. zum Schutzbereich und Gegenstand des Elternrechts Langenfeld/Wiesner, Saarbrücker Memorandum, S. 48 ff.

wichtiger Anhaltspunkte ist, sagt § 8a nicht. Obwohl in der Praxisrealität der Kinder- und Jugendhilfe nach wie vor keine Klarheit über den Bedeutungsgehalt der „Gewichtigkeit" besteht, hat es der Reformgesetzgeber des KJSG trotz vielfacher Hinweise nicht für geboten erachtet, diese Unklarheit durch eine Legaldefinition oder durch beispielhaft benannte Gefährdungsmerkmale oder auf ähnliche Weise zu beseitigen. So bleibt es auch zukünftig den in der Kinder- und Jugendhilfe tätigen Personen/Fachkräften überlassen, Kriterien für die Gewichtigkeit von Anhaltspunkten für eine Kindeswohlgefährdung selbst zu entwickeln und zu erarbeiten mit der Folge, dass es auch künftig von JA zu JA zu erheblich divergierenden Ergebnissen in der Beurteilung von gefährdungsrelevanten „Anhaltspunkten" kommen wird. Ob der für die zulässige und gebotene Einleitung eines Strafverfahrens maßgebliche sog. konkrete Anfangsverdacht (= zureichende tatsächliche Anhaltspunkte für das Vorliegen einer Straftat) insoweit als Orientierungshilfe dienen kann,[116] erscheint wegen der im Vergleich zur Strafverfolgungsbehörde andersartigen Stellung des JA eher zweifelhaft. Gleichwohl geht es auch in der Frage, ob die bekannt gewordenen Anhaltspunkte für eine Kindeswohlgefährdung gewichtig sind, um eine vorläufige fachliche Beurteilung von Anknüpfungs-, Hilfs- und Befundtatsachen etc. Danach muss das JA im Rahmen des ihm **prärogativ eingeräumten Beurteilungsspielraums** zu der Erkenntnis gelangen, dass nach vorläufiger fachlicher Beurteilung des bekannt gewordenen Tatsachenmaterials die Gefährdung des Wohls eines Kindes oder Jugendlichen nicht ausgeschlossen erscheint. Anhaltspunkte sind deshalb auch dann gewichtig, wenn eine Kindeswohlgefährdung nach fachlicher Beurteilung zwar nicht nahe liegt, **im Sinne einer begründeten Wahrscheinlichkeit** aber – wenn auch entfernt – möglich erscheint.[117]

41 Die „gewichtigen Anhaltspunkte" sind der Auslöser für die Wahrnehmung des Schutzauftrags nach § 8 a.[118] Die fachliche Beurteilung des JA, ob gewichtige Anhaltspunkte vorliegen, bezieht sich sowohl auf die „Anhaltspunkte" als auch auf deren „Gewichtigkeit". Beide Beurteilungsvorgänge sind gerichtlich überprüfbar.[119] Bei der fachlichen Beurteilung, ob gewichtige Anhaltspunkte vorliegen, handelt es sich deshalb **nicht** um eine „erste Gefährdungseinschätzung" als Vorstufe zur „Einschätzung des Gefährdungsrisikos" und damit nicht um so etwas wie eine „Gefährdungseinschätzung light".[120] Nicht zu verkennen ist freilich, dass in der Praxisrealität der Kinder- und Jugendhilfe die „Gewichtigkeit" von Anhaltspunkten mit einer den Anhaltspunkten entnommenen mutmaßlichen Gefährdungs**intensität** gleichgesetzt wird.[121] Es geht aber bei der fachlichen Beurteilung der „Gewichtigkeit" von Anhaltspunkten für eine Kindeswohlgefährdung allein darum, das die Kindeswohlgefährdung ja bereits indizierende Tatsachenmaterial auf seine „materielle Substanz" und in diesem Sinne auf seine Konkretheit[122] für das Vorliegen einer Kindeswohlgefährdung zu überprüfen. „Gewichtig" und damit ausreichend konkret sind Anhaltspunkte nur dann, wenn sich an diese fachliche Beurteilung die gebotene Einschätzung des Gefährdungsrisikos **ohne weitere Zwischenschritte** anschließen lässt. Fehlt den zu überprüfenden Informationen

116 Vgl. in diesem Sinne Wiesner ZfJ 2004, 161 (164).
117 Anders Meysen in FK-SGB VIII Rn. 15; Meysen/Schindler JAmt 2004, 449 (451); wie hier wohl Wiesner in Wiesner Rn. 14; vgl. aber auch Mrozynski SGB VIII Rn. 9.
118 Wiesner in Wiesner Rn. 14.
119 Unbestimmte Rechtsbegriffe, ebenso Wiesner in Wiesner Rn. 14; vgl. aber VG Frankfurt 11.5.2012 – 7 L 1079/12.F, ZKJ 2012, 406 (407).
120 Vgl. dazu Kindler IKK-Nachrichten 1–2/2006, 16 ff.; ferner Büttner/Wiesner ZKJ 2008, 292 (296 f.).
121 Vgl. dazu Bringewat ZKJ 2012, 330 (333, 334).
122 Vgl. Kunkel in Krug/Riehle Rn. 25.

die gefährdungsbezogene Konkretheit, hat es mit der Feststellung, dass keine gewichtigen Anhaltspunkte (für eine Kindeswohlgefährdung) vorliegen, sein Bewenden.[123]

Ersichtlich nimmt daher das JA mit seiner fachlichen Beurteilung und Bewertung von Hinweisen auf eine Kindeswohlgefährdung eine (vor)entscheidende „Weichenstellung" vor: Entweder die zu beurteilenden Hinweise sind als „gewichtige" Anhaltspunkte zu werten und spiegeln als solche zugleich jene Gefährdungsschwelle wider, die den Prozess der pflichtgemäßen Wahrnehmung des Schutzauftrags nach § 8a in Gang setzt. Oder die beurteilten Hinweise bleiben hinter den Anforderungen der „Gewichtigkeit" zurück, so dass sie den Eingangsvoraussetzungen für die Wahrnehmung des Schutzauftrags nicht genügen[124] und das JA deshalb „die Sache auf sich beruhen lassen" kann.[125] Angesichts dieser „Schlüsselrolle", die der fachlichen Beurteilung und Bewertung von Hinweisen auf eine Kindeswohlgefährdung im Gesamtkomplex des Schutzauftrags bei Kindeswohlgefährdung und damit in der Kinder- und Jugendhilfearbeit zukommt, haben (zumindest) zwei mit ihr verbundene Problemkreise erhebliche praktische Bedeutung: 42

Zum einen muss **amtsintern** geklärt sein, wie mit Hinweisen auf eine Kindeswohlgefährdung zu verfahren ist. Unerlässlich sind deshalb **aussagekräftige und eindeutige Zuständigkeits- und weitere Verfahrensregeln**, die im Einzelnen festlegen, ob und auf welche Weise, in welcher Form und an wen die (zugegangenen, → Rn. 46) Hinweise auf eine Kindeswohlgefährdung zwecks fachlicher Bewertung und Beurteilung weiterzugeben oder sonst zu übermitteln sind, wo, wann und wie die fachliche Beurteilung und Bewertung der Hinweise – zB fachkollegial oder durch einzelne Fachkräfte – zu erfolgen hat, wie und in welcher Form der Beurteilungs- und Bewertungsvorgang zu dokumentieren und – schließlich – was ggf. zur Umsetzung des Schutzauftrags zu veranlassen ist. 43

Zum zweiten besteht das – auch haftungsrechtlich problematische – **Risiko** (vorwerfbar) **fehlerhafter Beurteilung und Bewertung** von Hinweisen,[126] wenn und weil einzelne Meldungen/Informationen über eine Kindeswohlgefährdung wegen – eben aber nur vermeintlich – fehlender Konkretheit (→ Rn. 41) als unbeachtlich ausgesondert werden.[127] Soweit solche Hinweise von vornherein schon nicht in die „Gewichtigkeits"-Beurteilung einbezogen würden, ist durch dienstliche Anweisung oder im Wege sonstiger Anordnung – wiederum – amtsintern sicherzustellen, dass zunächst alle Meldungen/Informationen über eine (potenzielle) Kindeswohlgefährdung bei der „Gewichtigkeits"-Beurteilung berücksichtigt werden. Das Risiko einer fehlerhaft-sachwidrigen Beurteilung und Bewertung von Hinweisen auf eine Kindeswohlgefährdung als „nicht gewichtig" lässt sich dagegen nicht völlig ausschließen und auch nur dadurch minimieren, dass man als hinreichend konkret alle Hinweise wertet, die **im Sinne einer begründeten Wahrscheinlichkeit** eine Kindeswohlgefährdung möglich erscheinen lassen (→ Rn. 40 f. mwN).[128] 44

123 Kritisch zu diesem Verständnis des Begriffs „gewichtig" Mrozynski SGB VIII Rn. 9; vgl. auch – abweichend – Harnach in JHSM Rn. 23 mit Rn. 6: gewichtig = „beträchtlicher Schweregrad ...".

124 Vgl. Wiesner in Wiesner Rn. 14 a.

125 Wobei es ihm unbenommen ist, im Anwendungsbereich des allgemeinen Untersuchungsgrundsatzes – § 20 SGB X – weitere Informationen einzuholen, etwa um Hilfen oder andere (Sozial-)Leistungen anzubieten.

126 Vgl. zur strafrechtlich relevanten fehlerhaften Handhabung der „gewichtigen Anhaltspunkte" bei Bringewat ZKJ 2012, 330 (333 f.).

127 Dazu auch Büttner/Wiesner ZKJ 2008, 292 (297).

128 Wohl aA Meysen in FK-SGB VIII Rn. 15.

2.5 Bekanntwerden der Anhaltspunkte

45 Weder das staatliche Wächteramt noch der aus ihm abgeleitete Schutzauftrag der (öffentlichen) Kinder- und Jugendhilfe verlangen, dass das JA von sich aus ermittelnd tätig wird, um sich so Anhaltspunkte für eine etwaige Kindeswohlgefährdung selbst zu verschaffen. Das JA hat unter keinem rechtlichen Gesichtspunkt die Pflicht, ja nicht einmal die Berechtigung, durch selbstinitiierte ausforschende Ermittlungstätigkeit nach Anhaltspunkten für eine Kindeswohlgefährdung zu suchen.[129] Gefährdungsvorbeugendes (und kontrollierendes) Aufsuchen mutmaßlich vorbelasteter Familien in sozialen Brennpunkten von Städten und Gemeinden durch Mitarbeiter (innen) des JA ist eben deshalb weder von § 8a noch von § 1 Abs. 2, S. 2 gedeckt.[130] Diese – auch im Kooperationszusammenhang staatlicher Stellen und Behörden maßgebliche – kinder- und jugendhilferechtliche Selbstverständlichkeit stellt Abs. 1 S. 1 dadurch klar, dass die tätige Schutzverwirklichung erst dann einzusetzen hat, wenn **dem JA** gewichtige Anhaltspunkte für eine Kindeswohlgefährdung **bekannt** werden. Unter diesem Vorbehalt sind auch die sog. Willkommensbesuche gestellt. Sie verstehen sich zwar als Erfüllung der gesetzlich iSd § 2 KKG vorgegebenen Verpflichtung zur Information von Eltern sowie werdenden Müttern und Vätern über Unterstützungs-/Leistungsangebote in Fragen der Schwangerschaft, Geburt und/oder der Entwicklung des Kindes in den ersten Lebensjahren (vgl. § 2 Abs. 1 KKG). Aber die Geburt eines Kindes, die – wie in der kommunalen Praxis der Kinder- und Jugendhilfe weit verbreitet – zumeist als Anknüpfungspunkt und Auslöser für ein Gesprächsangebot gem. § 2 Abs. 2 KKG (befugt) genutzt wird, bedarf keiner Willkommenskundgebung in Gestalt eines „Familien-Besuchs". Wird das regelmäßig schriftlich mitgeteilte Besuchsangebot angenommen, können Familienbesucher/innen den Intentionen des § 2 KKG freilich am effektivsten dienen. Allerdings verlieren derartige Willkommensbesuche eo ipso ihren Willkommenscharakter, wenn mit ihnen die forschende Suche nach Anhaltspunkten für eine Kindeswohlgefährdung verknüpft wird. Zutreffend hebt deshalb Meysen[131] hervor, dass die iSv schützender Kinder- und Jugendhilfe wirksame Prävention verheißende Grundidee der Willkommensbesuche gem. § 2 KKG durch eine Praxis mit (geheimen) Aufträgen, beim Besuch der Familie nach dem Rechten zu sehen, konterkariert wird. Willkommensbesuche als „Elternkontrollpatrouille" oder „proaktive Risikovorsorge" mit entsprechender Grundhaltung auszugestalten, ist nicht nur vom Normgehalt des § 2 KKG nicht gedeckt, sondern verhält sich zum Schutzauftrag bei Kindeswohlgefährdung auch dysfunktional, weil es Ängste vor übermäßiger Überwachung erzeugt und im Blick auf die zur Gefährdungsbeseitigung erforderliche Beteiligung von Eltern etc abschreckend wirkt.[132]

46 Ebenso wie für das Vorliegen von Anhaltspunkten selbst spielt auch für das **Bekanntwerden** der Anhaltspunkte weder die Art und Weise ihrer Übermittlung noch die Form, in der das geschieht, eine Rolle. Es ist auch unerheblich, ob dem JA die gewichtigen Anhaltspunkte in einem schon bestehenden Arbeits- und Betreuungszusammenhang mit einer Familie oder aus dem Umfeld ihm bislang unbekannter Familien, ob sie ihm auf legalem oder illegalem (zB datenschutzrechtlichen Bestimmungen widersprechendem) Wege zur Kenntnis gelangen.[133] Entscheidend ist deshalb allein, dass die mündlich, telefonisch, schriftlich, elektronisch, verdeckt oder offen etc mitgeteilten Anhaltspunkte dem JA **tatsächlich zugegangen** sind. Da mit dem tatsächlichen Zugang

129 Vgl. dazu auch Kunkel ZKJ 2008, 52 ff.; Meysen in FK-SGB VIII Rn. 19; Wiesner, FPR 2007, 6 (9).
130 Vgl. in diesem Sinne noch Tillmanns in MüKoBGB Rn. 3.
131 Vgl. Meysen RdJB 2014, 502 (504).
132 Vgl. zum Ganzen und zur Grundproblematik des Verhältnisses von Kontrolle und Hilfe generell Meysen RdJB 2014, 502 ff. m. zahlr. Nachw.
133 Vgl. Meysen in FK-SGB VIII Rn. 19; ferner Mrozynski SGB VIII Rn. 7.

der Anhaltspunkte der Beginn der tätigen Schutzverpflichtung verbunden ist, muss amtsintern in geeigneter Weise (etwa in Form von Arbeitsanweisungen etc) sichergestellt sein, dass dieser tatsächliche Zugang von Anhaltspunkten in einer dem Beweise zugänglichen Form **dokumentiert** (zB unterzeichneter Aktenvermerk) wird.

Gewichtige Anhaltspunkte für eine Kindeswohlgefährdung müssen **dem JA** bekannt werden. Für das Bekanntwerden der Anhaltspunkte ist daher nicht von Bedeutung, bei welcher Stelle, Abteilung, Spezialdienst etc des JA die Anhaltspunkte „auflaufen". Empfangszuständig für Hinweise und Mitteilungen mit Anhaltspunkten für Kindeswohlgefährdungen sind alle Mitarbeiter/innen sowie alle („verwaltungstechnischen") Funktionseinheiten, die nach der jeweiligen Verwaltungs- und Organisationsstruktur des betroffenen JA ihm dienstlich/fachlich zugewiesen sind. Dem JA bekannt werden dementsprechend gewichtige Anhaltspunkte für Kindeswohlgefährdungen nicht nur dann, wenn sie unmittelbar dem ASD bzw. seinen Fachkräften, sondern auch dann, wenn sie Mitarbeiter/innen kommunaler Kindertagesstätten oder anderen **in jugendamtlicher Funktion** (beruflich) tätigen Personen zugehen. 47

Auch insoweit ist etwa durch Arbeitsanweisungen etc jugendamtsintern abzuklären, ob und wie die zugegangenen Informationen ggf. weiterzugeben sind, um den Schutzauftrag der öffentlichen Kinder- und Jugendhilfe sachgerecht umzusetzen. Zwar enthält Abs. 1 S. 1 keine Verpflichtung zur Weitergabe von Informationen über etwaige Kindeswohlgefährdungen an den ASD.[134] Umgekehrt schließt Abs. 1 S. 1 eine amtsinterne Anweisung zur Weitergabe von Hinweisen auf eine Kindeswohlgefährdung an die Fachkräfte des ASD aber auch nicht aus. Auch wenn ein „jugendamtsinternes Meldewesen"[135] gesetzlich nicht vorgesehen ist, bleibt es den Trägern der öffentlichen Kinder- und Jugendhilfe bzw. dem JA daher unbenommen, durch entsprechende amtsinterne Regelungen die Informationsweitergabe an die (zuständigen) Fachkräfte des ASD verpflichtend vorzusehen.[136] Eine derartige Informationsweitergabe an die Fachkräfte des ASD ist in der Regel aller Fälle von Kindeswohlgefährdungen ohnehin angezeigt und erforderlich, wenn und soweit es sich um Kindeswohlgefährdungen im Grenzbereich zur Eingriffsverpflichtung des Staates handelt. Doch auch im (übrigen) Präventionsbereich (→ Rn. 14 f.) des staatlichen Wächteramtes empfiehlt sich die Weitergabe der bekannt gewordenen Anhaltspunkte an die (zuständigen) Fachkräfte des ASD, weil ohne deren professionelles „Know how" die erforderliche Verwirklichung des Schutzauftrags in Frage gestellt sein kann. Das gilt insbesondere, wenn sich Anhaltspunkte für Kindeswohlgefährdungen im Kooperationszusammenhang mit „Einrichtungen" und „Diensten" der freien Jugendhilfe oder mit Kindertagespflegepersonen ergeben, die jugendamtlichen Mitarbeiterinnen und Mitarbeitern außerhalb des ASD bekannt werden (vgl. Abs. 4/5). In jedem Falle muss mit Bekanntwerden der „gewichtigen Anhaltspunkte" (amtsintern) sichergestellt sein, dass unverzüglich die kinder- und jugendhilferechtliche Schutzverpflichtung eingelöst wird.[137] 48

Nicht bekannt werden dem JA Anhaltspunkte für Kindeswohlgefährdungen, soweit sie Mitarbeitern/innen des JA **außerdienstlich** zugehen. Jedenfalls grundsätzlich kann die „private" Kenntnisnahme von gewichtigen Anhaltspunkten für Kindeswohlgefährdungen nicht dem jugendamtlichen „Bekanntwerden" solcher Anhaltspunkte gleichgesetzt werden. Davon zu trennen ist die ganz andere Frage, ob sich für Mitarbeiter/innen der JÄ – wenn auch nicht aus kinder- und jugendhilferechtlichen, so doch aus 49

134 Vgl. zutr. Meysen/Schindler JAmt 2004, 449 (452).
135 Meysen in FK-SGB VIII Rn. 13 mit Rn. 75.
136 Vgl. die „Empfehlungen" des DST ZfJ 2004, 187 ff. unter 3.1.1.2 und 3.1.1.3 und für die aktualisierte Fassung – NDV 2009, 263 ff. unter 3.1.
137 ZT anders Meysen/Schindler JAmt 2004, 449 (452); vgl. ferner Mörsberger, Saarbrücker Memorandum, S. 83 ff., 103/4; vgl. aber auch – ähnlich wie hier – Wiesner in Wiesner Rn. 32–34.

anderen Gründen – rechtliche Pflichten zur (ggf. sofortigen) Weitergabe privat erlangter Informationen über etwaige Kindeswohlgefährdungen an das JA (zuständige Fachkraft) ergeben können. Soweit das – etwa bei dringender Kindeswohlgefahr (vgl. Abs. 2) – der Fall ist, sind dem JA spätestens mit Zugang der Informationen in den amtlichen Organisations- und Verwaltungsbereich die „gewichtigen Anhaltspunkte" bekannt geworden. Erst zu diesem Zeitpunkt setzt dann die jugendamtliche Pflicht zur tätigen Schutzverwirklichung gem. § 8a ein.

2.6 Pflicht zur Informationsbeschaffung

50 Schon bisher stand dem JA das Recht zu, unter Einhaltung sozialdatenschutzrechtlicher Grenzen die zur Abwehr von Kindeswohlgefahren notwendigen Informationen bei Betroffenen und ggf. auch Dritten einzuholen, weil auf andere Weise die öffentliche Kinder- und Jugendhilfe ihrer wächteramtlichen Schutzfunktion nicht hätte genügen können. An diesem Recht, bei begründeten (konkreten) Anhaltspunkten für eine Kindeswohlgefährdung weitere Informationen über Art und Ausmaß der Gefährdung zu beschaffen, um eine qualifizierte Entscheidung über unterstützende oder eingreifende Maßnahmen treffen zu können,[138] hat § 8a nichts geändert. Die in Abs. 1 S. 1 vorgeschriebene Einschätzung des Gefährdungsrisikos setzt ein solches Informationsbeschaffungsrecht vielmehr als selbstverständlich voraus. Diesem Recht des JA steht gleichsinnig eine **Pflicht des JA zur Informationsbeschaffung** korrespondierend gegenüber.[139] Aus seiner Rechtsposition heraus hat das JA **kein Handlungsermessen**, ob und in welchem Umfang weitere Informationen über etwaige Kindeswohlgefährdungen einzuholen sind, wenn und soweit ihm gewichtige Anhaltspunkte dafür bekannt werden.[140] Das ergibt sich auch ohne Weiteres aus der gesetzlichen Verpflichtung des JA zur Risikoeinschätzung: ohne sachverhaltsaufklärende Informationsbeschaffung keine qualifizierte Einschätzung des Gefährdungsrisikos. Das Korrespondenzverhältnis zwischen dem Recht und der Pflicht zur Informationsbeschaffung durch das JA versteht sich dementsprechend als Mittel-Zweck-Relation: das Recht als Mittel zur Erfüllung der Pflicht zur Informationsbeschaffung.[141]

51 Damit wird zugleich die **Reichweite** des Rechts zur Informationsbeschaffung **begrenzt** durch das, was an Informationsbeschaffung zur pflichtgemäßen Einschätzung des Gefährdungsrisikos (sozialdatenschutzrechtlich) zulässig und (von der Sache her) erforderlich ist. Die zur vollständigen Aufklärung der Risikolage notwendige Informationsbeschaffung kann bei den unmittelbar Betroffenen, also bei den Kindern, Jugendlichen, Eltern, sonstigen ErzBer. bzw. PSB, aber auch bei Dritten – Erzieherinnen in Kindertagesstätten, Kindertagespflegepersonen, Nachbarn, Lehrern, Arbeitgebern, Bekannten, Freunden etc – ansetzen, und zwar auch ohne oder sogar gegen den Willen der (unmittelbar) Betroffenen.[142] Die sozialdatenschutzrechtliche Zulässigkeit der Informationsgewinnung bei Personen außerhalb des Kreises der Betroffenen regelt § 62 Abs. 3, insbesondere in Nr. 2 d und Nr. 4. Allerdings ist mit der weiteren Informationsgewinnung – soweit es sich dabei um die Erhebung von Sozialdaten handelt – gem. § 62 Abs. 2 S. 1 zunächst beim Betroffenen, zunächst also bei den möglicherweise gefährdeten Kindern/Jugendlichen selbst und/oder deren Eltern/sonstigen PSB oder Erz-

138 Vgl. dazu Langenfeld/Wiesner, Saarbrücker Memorandum, S. 48 ff., 63/67.
139 Ebenso Meysen in FK-SGB VIII Rn. 19; Salgo ZKJ 2007, 12 (13 f.); Tillmanns in MüKoBGB Rn. 4; Wiesner in Wiesner Rn. 16; ferner Harnach in JHSM Rn. 29 mit Rn. 31; vgl. auch Kunkel in Krug/Riehle Rn. 7.
140 So auch Langenfeld/Wiesner, Saarbrücker Memorandum, S. 48 ff., 67; ferner Wiesner ZfJ 2004, 161 (164 f.); ebenso Tillmanns in MüKoBGB Rn. 4.
141 Vgl. dazu auch Wiesner in Wiesner Rn. 16 mwN.
142 So auch Tillmanns in MüKoBGB Rn. 4.

Ber. zu beginnen.[143] Ohne Mitwirkung der Betroffenen und ggf. auch ohne oder gegen deren Willen dürfen Sozialdaten gem. § 62 Abs. 3 Nr. 2 d, Nr. 4 erhoben werden, wenn die Kenntnis der Daten zur Erfüllung des Schutzauftrags nach § 8a erforderlich ist oder die Datenerhebung beim Betroffenen den Zugang zur Hilfe ernsthaft gefährden würde. Weigern sich die (betroffenen) Eltern/Sorgeberechtigten etc, zur Aufklärung des Risikosachverhalts beizutragen, obwohl ihnen dies möglich wäre, steht regelmäßig die Zulässigkeit der Datenerhebung bei Dritten außer Frage, weil anders der Schutzauftrag nach § 8a gar nicht erfüllt werden könnte; etwa wenn Befragungen ohne Erfolg bleiben oder Antworten beharrlich verweigert werden etc.[144] § 62 Abs. 2 Nr. 4 hat dagegen Bedeutung für die Informationsgewinnung nach Bekanntwerden von Anhaltspunkten für einen sexuellen Missbrauch.[145]

Auf welche Weise die Informationsbeschaffung erfolgen soll, darüber macht Abs. 1 S. 1 keine näheren Angaben. In Betracht kommt jede Maßnahme, die zur (vollständigen) Aufklärung der Gefährdungslage beitragen kann. Dazu gehören zB **Hausbesuche**, die es im Sinne einer Augenscheinseinnahme ermöglichen, von der häuslichen Situation der (Eltern-)Familie, von den Entwicklungsbedingungen und dem Erziehungsstand sowie dem Erscheinungsbild der Kinder/Jugendlichen, von deren geistig-seelischer und körperlicher Befindlichkeit, von etwaigen Verhaltensauffälligkeiten etc Kenntnis zu nehmen.[146] Ob ein Hausbesuch erforderlich ist, hängt von den Umständen des Einzelfalls und insbesondere davon ab, wie die indizierte Gefährdungslage nach Art und Ausmaß beschaffen ist, welche Informationen bereits vorhanden sind etc. Eine generelle Verpflichtung zum Hausbesuch lässt sich deshalb nicht aus dem Gebot zur vollständigen Aufklärung des „Einschätzungssachverhalts" herleiten. 52

Hieran hat sich auch nach der Neufassung des § 8a zunächst durch das BKiSchG und dann durch das KJSG nichts geändert. Zwar verpflichtet Abs. 1 S. 2 Nr. 1 das JA (seine Mitarbeiter/innen) dazu, im Zusammenhang mit der Einbeziehung der Erziehungsberechtigten, Kinder und Jugendlichen in die Gefährdungseinschätzung sich einen unmittelbaren Eindruck von dem Kind[147] und seiner persönlichen Umgebung zu verschaffen. Und die Erfüllung dieser Pflicht ist regelmäßig nur durch einen Hausbesuch zu bewerkstelligen. Aber daraus folgt nicht, dass das JA in allen Fällen grundsätzlich verpflichtet ist, sich den unmittelbaren Eindruck durch Hausbesuch zu verschaffen. Die Umsetzung der Verpflichtungen aus Abs. 1 S. 2 Nr. 1 steht vielmehr unter dem Vorbehalt, dass sie **nach fachlicher Einschätzung erforderlich** ist.[148] Damit ist klargestellt, dass die Verpflichtung, sich einen unmittelbaren Eindruck von dem Kind (Jugendlichen) und seiner persönlichen Umgebung zu verschaffen, keine abstrakte Regelverpflichtung (zum Hausbesuch etc) darstellt.[149] Vielmehr bedarf es vor und zu ihrer Erfüllung einer fachlichen Einschätzung, ob ein Hausbesuch etc nach Lage der Dinge – und das heißt: auf der Basis einer Gesamtwürdigung der bis dahin bekannt gewor- 53

143 Zur „Betroffenenerhebung" → § 62 Rn. 4 ff.
144 Vgl. zum Ganzen Harnach in JHSM Rn. 27 ff., 31; Meysen in FK-SGB VIII Rn. 31; Wiesner in Wiesner Rn. 16 ff., 24 jew. mwN.
145 Vgl. dazu die Amtl. Entwurfsbegründung BT-Drs. 15/3676, 38.
146 Zur Zulässigkeit von – auch unangemeldeten – Hausbesuchen im Aufklärungszusammenhang der (vormaligen) Risikoabschätzung VG Münster 2.4.2009 – 6 K 1929/07 JAmt 2009, 264; VG Köln 28.2.2012 – 26 L 203/12; VG Freiburg 2.10.2013 – 4 K 1168/13, ZKJ 2014, 80 f.; ferner Wiesner in Wiesner Rn. 23a–23e; kritisch zur „Methode" Hausbesuch Meysen in FK-SGB VIII Rn. 32 ff. mwN; vgl. auch VG Freiburg 2.10.2013 – 4 K 1168/13, ZKJ 2014, 80 f. mwN.
147 Entsprechendes gilt für den Jugendlichen, auch wenn er nicht ausdrücklich genannt ist; vgl. aber Meysen in FK-SGB VIII Rn. 33.
148 Vgl. dazu Wiesner in Wiesner Rn. 23 d.
149 So auch Meysen in FK-SGB VIII Rn. 32.

denen gewichtigen Anhaltspunkte – erforderlich ist.[150] So löst zB allein der Umstand, dass Eltern etc das Angebot eines „Willkommensbesuchs" (→ KKG § 2 Rn. 45 im Anh. zu § 16) nicht annehmen bzw. (ggf. auch heftig) ablehnen, nicht die Notwendigkeit eines (unangemeldeten) Hausbesuchs zwecks Erfüllung der Verpflichtung aus Abs. 1 S. 1, 2 Nr. 1 aus,[151] ganz abgesehen davon, dass die Nichtannahme eines Besuchsangebots iSd § 2 Abs. 2 KKG für sich genommen keinen (gewichtigen) Anhaltspunkt gem. Abs. 1 S. 1 „liefert". Sie macht überdies die Familie nicht „suspekt", wenn im Übrigen andere „gewichtige" Anhaltspunkte für eine Kindeswohlgefährdung nicht bekannt geworden bzw. nicht festgestellt worden sind oder gar gänzlich fehlen.[152] Die Durchführung von Hausbesuchen legitimiert sich ausschließlich aus dem Zweck, als Mittel zur Ermittlung eines etwaigen Gefährdungssachverhalts zu fungieren, wenn und soweit bereits andere (gewichtige) Anhaltspunkte für eine Kindeswohlgefährdung vorliegen.[153]

54 Welche „normative Rolle" diese fachliche Einschätzung im Kontext der Gefährdungseinschätzung spielt bzw. spielen soll, lässt sich Abs. 1 S. 2 Nr. 1 iVm Abs. 1 S. 1 allerdings nicht entnehmen: Der unmittelbare Eindruck von dem Kind und seiner persönlichen Umgebung, den sich das Jugendamt zu verschaffen hat, soll den körperlichen und geistigen Entwicklungsstand des Kindes, seine Wohnverhältnisse und sein Verhalten in der ihm vertrauten Umgebung zutage fördern.[154] Hierbei handelt es sich jedoch um tatsächliche Umstände, die, je nach Gefährdungssituation, zwecks Feststellung des Gefährdungssachverhalts, ohne den eine den Sorgfaltsanforderungen genügende „Einschätzung der Gefährdungsrisikos" nicht gelingen kann, sowieso (zwingend) einer Aufklärung bedürfen. Die Notwendigkeit und Durchführung eines (auch unangemeldeten) Hausbesuchs etc ist deshalb bereits Beurteilungs- und Bewertungsgegenstand im Erkenntnis- und Entscheidungsprozess der „Einschätzung des Gefährdungsrisikos", so dass die Frage bleibt, ob die „fachliche Einschätzung" bereits Teil des Verfahrens zur Einschätzung des Gefährdungsrisikos oder eine „fachliche Einschätzung eigener Art" ist.[155] Ganz ähnlich stellt sich dieselbe Frage im Blick auf die durch das KJSG eingefügte Vorschrift des Abs. 1 S. 2 Nr. 2, wonach Personen, die gem. § 4 Abs. 3 KKG dem JA Daten übermittelt haben, in geeigneter Weise an der Gefährdungseinschätzung zu beteiligen sind, **sofern dies nach fachlicher Einschätzung erforderlich ist.** Vieles spricht dafür, die fachliche Einschätzung der Erforderlichkeit einer Beteiligung von Personen iSd § 4 Abs. 1, 3 KKG als eine im Prozess der Gefährdungseinschätzung relativ selbstständige „fachliche Einschätzung eigener Art" zu qualifizieren, zumal es in der Sache nicht darum geht, diesen Personenkreis überhaupt an der Gefährdungseinschätzung zu beteiligen, sondern darum, ihn **in geeigneter Weise** zu beteiligen. Was darunter zu verstehen ist, bestimmt und erläutert Abs. 1 S. 2 Nr. 2 nicht. Der amtlichen Entwurfsbegründung zum KJSG zufolge soll die Beschränkung der Beteiligungspflicht auf die nach fachlicher Einschätzung erforderlichen Fälle dem Interesse der betroffenen Personen (Kinder, Jugendliche, PSB und ErzBer) am Schutz ihrer Persönlichkeitsrechte dienen und Aspekte des Vertrauensschutzes berücksichtigen.[156] Dieser Intention entsprechend könne die Erforderlichkeit der Beteiligung nur nach fachlicher Erkenntnis des JA anhand der Situation im jeweiligen Einzelfall beur-

150 Vgl. auch Kunkel in Krug/Riehle Rn. 38.
151 Vgl. dazu Meysen RdJB 2014, 502 (504) bei und in Anm. 21.
152 Vgl. auch Meysen RdJB 2014, 502 (504).
153 So zutreffend VG Freiburg 2.10.2013 – 4 K 1168/13, ZKJ 2014, 80 f.
154 Vgl. dazu Reg-E, Begründung B. Besonderer Teil zu Art. 2 (Änderung des SGB VIII) Nr. 4 zu Buchst. a.
155 Vgl. dazu Bringewat ZKJ 2011, 278 (279); Schimke JAmt 2011, 621 (623); dagegen: „ohne tieferen Sinn" Meysen in FK-SGB VIII Rn. 32; vgl. aber auch Wiesner in Wiesner Rn. 23 d.
156 Vgl. BT-Drs. 19/26107, 75 – zu Nr. 8 Buchst. a.

teilt werden.[157] Dies in Rechnung gestellt ergeben sich indessen auch aus der amtlichen Entwurfsbegründung keine die „Erforderlichkeit der Beteiligung" und die „Beteiligung in geeigneter Weise" verdeutlichende Kriterien, so dass letztlich das Ob und Wie der Beteiligung des in § 4 Abs. 1, 3 KKG genannten Personenkreises an dem Prozess der Gefährdungseinschätzung allein einer fachlichen Einschätzung des Jugendamtes überlassen bleibt.

Zur Aufklärung des „Einschätzungssachverhalts" können des Weiteren das **Aufsuchen von Aufenthaltsorten** der Kinder/Jugendlichen außerhalb des Elternhauses, die **Befragung** von Eltern, PSB, ErzBer., Bekannten, Verwandten, Freunden, Lehrern und anderen Personen im (engeren und weiteren) sozialen Umfeld der potenziell Gefährdeten, die **Einsichtnahme** in Urkunden/Akten und sonstige **Nachforschungen** beitragen, die – falls entsprechende Anhaltspunkte bekannt geworden sind – einer Verdeckung von Kindesvernachlässigung oder/und Kindesmisshandlung entgegenwirken. Es kann deshalb im Einzelfall (fachlich) angezeigt sein, mit der Informationsbeschaffung nicht beim „sozialdatenschutzrechtlich Betroffenen", sondern von vornherein bei „Drittpersonen" einzusetzen. Bei alledem verbleibt es allerdings dabei, dass die Informationsgewinnung zur Aufklärung des Einschätzungssachverhalts bei etwaiger Kindeswohlgefährdung ausschließlich der kinder- und jugendhilferechtlichen Zielvorgabe der Gefährdungsabwehr als Verwirklichung des Schutzauftrags nach § 8a dient und sich deshalb jede Assoziation mit Ermittlungstätigkeiten, beispielsweise von Strafverfolgungsbehörden verbietet.[158] 55

In der überwiegenden Vielzahl aller JA-Fälle geht es daher vor allem darum, im Präventionsbereich des staatlichen Wächteramtes die Informationsgewinnung primär auch darauf auszurichten, ob die sachlichen und persönlichen Voraussetzungen für Hilfen, die den ErzBer. nach jugendamtlicher Risikoeinschätzung zur Gefährdungsabwehr ggf. anzubieten sind, in der jeweiligen (Problem-)Familie gegeben sind. Insoweit ist von erheblicher Bedeutung, ob Eltern und/oder andere ErzBer. genügend Bereitschaft zeigen, sich mit einer bestehenden Gefährdungsproblematik auseinanderzusetzen, sie insbesondere genauso zu beurteilen, wie die Fachkräfte des JA, ob bei ihnen zur eigenverantwortlichen Gewährleistung/Wiederherstellung des Kindeswohls hinreichende Hilfeakzeptanz erkennbar ist etc. Alle diese Kern- und Hilfstatsachen als Grundlage zur Einschätzung des Gefährdungsrisikos sind aufzuklären. Ohne – zumindest begrenzte – Kooperationswilligkeit der Eltern/ErzBer. etc bleibt die Informationsgewinnung des JA unzureichend. Eine solche Kooperationsbereitschaft zu erzeugen und zu fördern ist dementsprechend unverzichtbarer Einstieg zur Informationsbeschaffung. Je nach Lage der Dinge kann dabei hilfreich sein, Eltern/PSB etc mit anderweit festgestellten Gefährdungstatsachen zu konfrontieren. Im Ergebnis jedenfalls muss die Informationsbeschaffung den Gefährdungssachverhalt qualitativ und quantitativ so geklärt haben, dass den Fachkräften (des JA) aufgrund der festgestellten Tatsachen eine sichere Einschätzung des Gefährdungsrisikos möglich ist. Der Sicherstellung einer fundierten Erkenntnisgrundlage für die Einschätzung der Gefährdung eines Kindes oder Jugendlichen dient denn auch die durch das KJSG in Abs. 1 S. 2 Nr. 2 ermöglichte Beteiligung des in § 4 Abs. 1 KKG aufgeführten Personenkreises an und im Prozess der Einschätzung des Gefährdungsrisikos.[159] 56

157 So BT-Drs. 19/26107, 75 – zu Nr. 8 Buchst. a.
158 Ebenso mit Recht Meysen/Schindler JAmt 2004, 448 (452); vgl. auch Meysen in FK-SGB VIII Rn. 34 mit Trenczek in FK-SGB VIII Anhang I Rn. 30.
159 Vgl. dazu BT-Drs. 19/26107, 74 – zu Nr. 8 Buchst. a.

2.7 Einschätzung des Gefährdungsrisikos

57 Erweisen sich die bekannt gewordenen gewichtigen Anhaltspunkte für eine Kindeswohlgefährdung im Zuge der weiteren Informationsbeschaffung als gegenstandslos oder unbegründet, ist damit die wächteramtlich geforderte Aufklärungstätigkeit des JA beendet; es darf keine „überschießende" (uU vorsorglich motivierte) Informationsgewinnung betreiben.[160] In allen anderen Fällen **ist** (!) das Gefährdungsrisiko **im Zusammenwirken mehrerer Fachkräfte** einzuschätzen.[161] Die Einschätzung des Gefährdungsrisikos ist gesetzlich vorgeschriebene **Pflichtaufgabe** des JA. Daraus resultiert unmissverständlich, dass die Einschätzung des Gefährdungsrisikos (ebenfalls) **nicht** in das (pflichtgemäße) **Ermessen** des JA gestellt ist, sondern nach Bekanntwerden der „gewichtigen Anhaltspunkte" zwingend, und zwar im unmittelbaren Anschluss an das Bekanntwerden der Anhaltspunkte **unverzüglich** vorzunehmen ist. Zur qualitativen Absicherung jugendamtlichen Handelns schreibt Abs. 1 S. 1 verbindlich vor, dass die Einschätzung des Gefährdungsrisikos **im Zusammenwirken mehrerer Fachkräfte** vorzunehmen ist. Damit ist klargestellt, dass die Risikoeinschätzung **nicht** Sache einer **einzelnen** Fachkraft, sondern Sache **mehrerer** Fachkräfte und ebenso nicht Sache von Mitarbeiterinnen und Mitarbeitern des JA, sondern Sache von **Fachkräften** iSd §§ 79 Abs. 3, 72 f. ist und diese Fachkräfte zur Risikoeinschätzung **zusammenwirken** müssen.

58 Gesetzlich ausdrücklich verlangt ist danach die **fachkollegiale Beurteilung der** zur Risikoeinschätzung aufgeklärten **Gefährdungstatsachen**. Da die „inneren" und „äußeren", die „subjektiven" und „objektiven" tatsächlichen gefährdungsrelevanten Umstände nach ihrem Sach- und Sinngehalt und ihrer Bedeutung für Art und Ausmaß des möglichen Gefährdungsrisikos in der Regel eine komplexe Gemengelage unterschiedlichster und nicht selten auch versteckter/verdeckter Risikofaktoren bilden, ist der Kreis der Fachkräfte nicht auf eine Fachrichtung begrenzt. Zwar stellt Abs. 1 S. 1 keinen Sachzusammenhang mit dem Hilfeplanverfahren gem. § 36 und dem in § 36 Abs. 2 S. 1 vorgesehenen „Zusammenwirken mehrerer Fachkräfte" her. Gleichwohl gilt für das Einschätzen des Gefährdungsrisikos prinzipiell Ähnliches:[162] Die Zusammensetzung des risikoeinschätzenden Fachkollegiums richtet sich nach den fachspezifischen Risikomodalitäten und danach, auf welche Weise der (potenziellen) Kindeswohlgefährdung begegnet werden soll. Daraus ergibt sich, dass sich der Kreis der Fachkräfte je nach Einzelfallgestaltung aus Fachkräften derselben Fachrichtung/-disziplin, aus Fachkräften verschiedener Fachrichtungen/-disziplinen, aus Fachkräften des ASD und solchen außerhalb des ASD, aus sozialarbeiterischen/sozialpädagogischen Fachkräften, aus Verwaltungsfachkräften etc zusammensetzen **kann und muss**. Gesetzlich nicht ausgeschlossen und deshalb zulässig und von der Sache her ggf. zwingend erforderlich ist die Mitwirkung von Fachkräften außerhalb des JA wie zB der Schule, verschiedener Beratungsstellen, der Suchtkranken- und Drogenhilfe, der Kinder- und Jugendpsychiatrie, der freien Jugendhilfe, der medizinischen Dienste etc. Stets kommt es darauf an, wie die fachspezifische Genese der Gefährdungsproblematik beschaffen ist; sie allein liefert die bestimmenden Auswahlkriterien für die Besetzungsart (und den Besetzungsumfang) des gefährdungseinschätzenden Fachkollegiums. Soweit Fachkräfte des JA über die im Einzelfall erforderlichen „Einschätzungs-

---

160 Ähnlich Wiesner ZfJ 2004, 161 (165).

161 Zur Einschätzung des Gefährdungsrisikos als handlungssteuernden und entscheidungsvorbereitenden Beurteilungs- und Bewertungsvorgang → Rn. 17 ff.; zu den Begriffen „Kindeswohl" und „Kindeswohlgefährdung" → Rn. 23 ff. jew. mwN; zur Verfahrensrationalität und damit verbundenen entscheidungstheoretischen Dilemmata/Problemen vgl. Geissler-Frank/Toens RdJB 2014, 513 (517 ff.).

162 Anders Meysen in FK-SGB VIII Rn. 23; wie hier wohl Wiesner in Wiesner Rn. 26: „in Anlehnung an § 36 Abs. 2".

kompetenzen" verfügen, bedarf es keiner Hinzuziehung externer Fachkräfte. Umgekehrt ist bei nicht ausreichender Kompetenz zur Risikoeinschätzung im JA die Hinzuziehung von entsprechend qualifizierten externen Fachkräften unverzichtbar.[163]

Die Einschätzung des Gefährdungsrisikos hat im Zusammenwirken **mehrerer** Fachkräfte zu erfolgen. **Amtsintern** ist demzufolge der **Ablauf des Einschätzungsverfahrens** vom Bekanntwerden der gewichtigen Anhaltspunkte bis zur Entscheidungsreife standardisiert festzulegen. Dazu gehören die Koordination der zusammenwirkenden Fachkräfte, die Organisation des Beratungs- und Beurteilungsprozesses sowie die Bestimmung der Organisationsformen, in denen die Fachkräfte tätig werden (zB Teams, Konferenzen, ad-hoc-Gruppen etc) und die Vorbereitung der risikobezogenen und -abhängigen Entscheidung über das weitere Vorgehen des JA. Nach dem Wortsinn des Abs. 1 S. 1 ist die Verpflichtung zur Risikoeinschätzung an das JA und somit an alle Fachkräfte des JA adressiert. Das schließt die Möglichkeit ein, das Zusammenwirken mehrerer Fachkräfte auf Fachkräfte außerhalb des ASD zu beschränken. Das kann im Einzelfall und nur ausnahmsweise angezeigt sein, birgt aber die Gefahr der (vorwerfbaren!) Fehleinschätzung des Gefährdungsrisikos. Amtsintern bedarf es deshalb einer Klärung, ob und unter welchen Voraussetzungen die Mitwirkung einer (später dann zumeist doch fallzuständig werdenden) Fachkraft des ASD zur Einschätzung des Gefährdungsrisikos entbehrlich ist. Soweit als Ergebnis der Risikoeinschätzung iSd Abs. 1 S. 1 „Hilfen" anzubieten sind oder nach Abs. 2/3 vorzugehen ist, dürfte auf die Mitwirkung zumindest der (schon oder noch nicht, aber alsbald) fallzuständigen Fachkraft des ASD allerdings kaum verzichtet werden können.[164] Soweit im Übrigen in der Praxisrealität der (öffentlichen und freien) Kinder- und Jugendhilfe die gesetzliche Kooperationsforderung bereits als erfüllt angesehen wird, wenn (zumindest) zwei Fachkräfte[165] „zusammenwirken",[166] ist klarzustellen, dass dieses enge „Wortlautverständnis" des Merkmals „mehrere" die ratio legis und damit Sinn und Zweck des Abs. 1 S. 1 verfehlt: Die Anzahl der im risikoeinschätzenden Fachkollegium zusammenwirkenden Fachkräfte – abgesehen von der **nicht unterschreitbaren Mindestzahl** – kann nicht von vornherein und schon gar nicht unveränderlich auf zwei, drei, vier oder mehr Fachkräfte und auch nicht auf Fachdisziplinen festgelegt bzw. beschränkt werden, es sei denn, auf diese Weise wäre die für jeden denkbaren Einzelfall erforderliche Einschätzungskompetenz gewährleistet.[167] 59

Die mehreren Fachkräfte müssen zur Einschätzung des Gefährdungsrisikos **zusammenwirken**. Das ist weit mehr als das fachkollegiale Zusammentreffen zwecks angelegentlicher Beratung und Beurteilung von Gefährdungstatsachen. Es geht dabei um einen fachlich-methodisch bestimmten Beurteilungs- und Bewertungsprozess mit klaren Regeln und Formen der interfachlichen Kommunikation, der allein darauf abzielt, das bestehende Risiko der Kindeswohlgefährdung nach Art und Ausmaß als Ergebnis einer gesamtfachlichen Beurteilung festzustellen. Das Zusammenwirken dient dabei der wechselseitigen Kontrolle und ggf. Korrektur fachspezifischer Annahmen, Erklärungen, Begründungen etc. Und erst dieses Zusammenwirken ermöglicht und gewährleistet auf der Basis der interfachlich festgestellten Gefährdungssituation eine fachlich abgestimmte und sichere Aussage über Entwicklungsverläufe, eskalierendes Gefähr- 60

163 Vgl. in diesem Sinne Harnach in JHSM Rn. 24; Meysen in FK-SGB VIII Rn. 24; Tillmanns in MüKoBGB Rn. 5; Wiesner in Wiesner Rn. 27; ferner Bringewat ZKJ 2008, 297 (300) mwN.
164 Vgl. aber Meysen/Schindler JAmt 2004, 449 (452).
165 Vgl. dazu Harnach in JHSM Rn. 24; Mann in SFMK Rn. 8; Wiesner in Wiesner Rn. 27; ferner Kunkel in Krug/Riehle Rn. 34; anders Trenczek, Inobhutnahme S. 15 Anm. 372: mindestens drei; anders auch Meysen in FK-SGB VIII Rn. 23: zumeist „drei oder mehr Personen".
166 Vgl. dazu Buchholz-Schuster ZKJ 2007, 467 (470) zu 2.6.5/Tab. 16.
167 Vgl. dazu noch Bringewat ZKJ 2008, 297 (300) mwN.

dungspotential und dessen Minimierung durch effektiven Einsatz kinder- und jugendhilferechtlicher Maßnahmen. Die interfachlich begründete und idS gesicherte Risikoeinschätzung bei bestehender Gefährdungslage ist denn auch die entscheidende Voraussetzung zur Verwirklichung des Schutzauftrags nach § 8a, weil ohne sie jugendamtliche Strategien zur – erfolgreichen – Abwehr von Kindeswohlgefahren nicht entwickelt werden können.[168] Das „Zusammenwirken" der mehreren Fachkräfte bei der Einschätzung des Gefährdungsrisikos versteht sich als gesetzlich angeordneter Qualitätsstandard der Risikoeinschätzung. An der **individuellen Fall- und Entscheidungsverantwortlichkeit** der nach jugendamtsinterner Geschäftsverteilung **fallzuständigen Fachkraft** ändert dieses vorgeschriebene fachkollegiale Zusammenwirken entgegen mancherorts anzutreffenden Fehlvorstellungen nichts,[169] sie bleibt für die von ihr ergriffenen bzw. veranlassten Maßnahmen (haftungsrechtlich) allein verantwortlich. Insbesondere unter dem Blickwinkel einer etwaigen strafrechtlichen Haftung der fallzuständigen oder fallführenden Fachkraft hat diese individuelle Fall- und Entscheidungsverantwortlichkeit erhebliche Bedeutung, wenn eine aus behördlichen Gründen eingerichtete „Clearing – Stelle" oder ein anderes behördlich für zuständig erklärtes „Fachkräftegremium" die Gefährdungseinschätzung ohne Mitwirkung der fallzuständigen Fachkraft vornimmt: Das ohne Mitwirkung der fallzuständigen Fachkraft erarbeitete Einschätzungsergebnis befreit nicht von der individuellen Fall- und Entscheidungsverantwortlichkeit der fallzuständigen Fachkraft mit der Folge, dass sie sich ohne eigene inhaltliche Kontrolle und Prüfung des Einschätzungsprozesses auf das „fremderarbeitete" Einschätzungsergebnis nicht ohne Weiteres verlassen darf, sondern verpflichtet ist, ggf. aufgrund einer eigenen Aufklärung des Gefährdungssachverhalts ein – erneutes und – „fallspezifisches" Verfahren zur Gefährdungseinschätzung einzuleiten.[170]

61 Das Zusammenwirken mehrerer Fachkräfte zur Einschätzung des Gefährdungsrisikos ist ohne **wechselseitige Kenntnisnahme der festgestellten Gefährdungstatsachen** nicht machbar. Soweit es sich dabei um zulässig erhobene **Sozialdaten** handelt (vgl. § 62 Abs. 2, 3 Nr. 2 d und Abs. 4), ist gem. § 64 Abs. 2a stets zu prüfen, ob im Falle der Übermittlung und Bekanntgabe dieser Daten an Fachkräfte, die nicht der „verantwortlichen Stelle" angehören, eine Anonymisierung und/oder Pseudonymisierung vorgenommen werden muss. Das ist der Fall, wenn die Verwirklichung des Schutzauftrags nach § 8a durch Pseudonymisierung oder Anonymisierung der Daten nicht in Frage gestellt ist. Auch die **Weitergabe von Sozialdaten** an amtsfremde bzw. „stellenfremde" Fachkräfte, die zur Einschätzung des Gefährdungsrisikos mitwirken, ist unter den Voraussetzungen des § 64 Abs. 2a ausdrücklich für zulässig erklärt (§ 65 Abs. 1 Nr. 4). Ähnliches gilt für die Weitergabe von Sozialdaten bei einem amtsinternen Wechsel der Fallzuständigkeit (mit selbstverständlicher Erstreckung auf Vertretungskräfte) oder bei einem Wechsel der örtlichen Zuständigkeit des JA (§ 65 Abs. 1 Nr. 3).[171]

62 Mit der Anordnung, dass das JA nach Bekanntwerden gewichtiger Anhaltspunkte für eine Kindeswohlgefährdung das Gefährdungsrisiko im Zusammenwirken mehrerer Fachkräfte einzuschätzen hat, schreibt Abs. 1 S. 1 eine objektiv-rechtliche Verpflichtung des JA fest (→ Rn. 57). Dritten Personen (zB PSB, ErzBer., Großeltern etc) gibt Abs. 1 S. 1 daher kein subjektiv-öffentliches Recht auf Vornahme einer Gefährdungs-

168 Vgl. noch Merchel ZfJ 2003, 249 (254).
169 So auch Meysen in FK-SGB VIII Rn. 22; Wiesner in Wiesner Rn. 26.
170 Vgl. dazu OLG Hamm ZKJ 2021, 62 ff. mit kritischem Besprechungsaufsatz Mörsberger ZKJ 2021, 52 (56).
171 Zu weiteren Einzelheiten des Sozialdatenschutzes im Kontext mit der Informationsgewinnung durch das JA und der Risikoeinschätzung im Zusammenwirken mehrerer Fachkräfte vgl. die Erläuterungen zu den §§ 62 bis 65; ferner bei Meysen in FK-SGB VIII Rn. 26 sowie Wiesner in Wiesner Rn. 27.

einschätzung. Ein solcher **Rechtsanspruch** besteht auch im Blick auf die gem. Abs. 1 S. 2 vorgesehene Einbeziehung der ErzBer. etc nicht.[172]

Die handlungsleitende und entscheidungsvorbereitende Funktion der „Einschätzung des Gefährdungsrisikos im Zusammenwirken mehrerer Fachkräfte" verbunden mit ihrer „Schlüsselrolle" im Schutzauftrag bei Kindeswohlgefährdung macht es erforderlich, den gesamten Beurteilungs- und Bewertungsprozess der Risikoeinschätzung lückenlos und bis ins Einzelne zu dokumentieren. Diese **Dokumentation** (Aktenführung) gehört zu den zentralen fachlichen Standards.[173] Sie ist in mehrfacher Hinsicht unerlässlich: Zum einen ist ohne sie eine Rekonstruktion der Beurteilungs-, Bewertungs- und Entscheidungsvorgänge nicht möglich mit der Folge, dass in haftungsrechtlichen Verfahren das JA bzw. die fallzuständige Fachkraft uU in Beweisnot gerät. Ähnliche Bedeutung kann sie für die Überprüfung der Fall- bzw. Sachbearbeitung durch die fallzuständige Fachkraft in gegen sie eingeleiteten Disziplinar- oder/und Strafverfahren erlangen.[174] Zum anderen aber ist qualifizierte Kinder- und Jugendhilfearbeit im Zuge eines Wechsels in der Fallzuständigkeit ohne Dokumentation des Einschätzungsverfahrens mit daran gekoppelter Maßnahmenentscheidung nahezu ausgeschlossen, ganz abgesehen davon, dass die Dokumentation im Rahmen reflexiver Selbstkontrolle der Aufdeckung etwaiger Entscheidungsfehler dient.[175] 63

2.8 Einbeziehung der Erziehungsberechtigten und des Kindes/Jugendlichen

Der vorrangigen Erziehungsverantwortung der Eltern (Art. 6 Abs. 2 S. 1 GG/§ 1 Abs. 2 S. 1) entspricht es, sie in den Prozess der Risikoeinschätzung einzubeziehen. Dem trägt Abs. 1 S. 2 Rechnung und erweitert den Beteiligtenkreis sachgerecht auf die ErzBer. und die betroffenen Kinder/Jugendlichen. Damit soll ganz iSv § 1 Abs. 1 und § 8 die Subjektstellung des Kindes/Jugendlichen betont und die Teilhabe von Kindern und Jugendlichen an allen sie betreffenden Entscheidungen der öffentlichen Jugendhilfe (§ 8 Abs. 1) bekräftigt und gesichert werden. Ausdrücklich sind neben dem Kind/Jugendlichen als Kreis der einzubeziehenden Personen die ErzBer. benannt. Nach der Legaldefinition (§ 7 Abs. 1 Nr. 6) handelt es sich bei den ErzBer. um PSB (= wem allein oder gemeinsam mit einer anderen Person nach den Vorschriften des Bürgerlichen Gesetzbuches die Personensorge zusteht, vgl. § 7 Abs. 1 Nr. 5) und alle sonstigen Personen über 18 Jahre, soweit sie aufgrund einer Vereinbarung mit dem PSB nicht nur vorübergehend und nicht nur für einzelne Verrichtungen Aufgaben der Personensorge wahrnehmen (→ § 7 Rn. 8 mit Rn. 2 ff.). Mit der gegenwärtigen Sprachregelung des § 8a sind die bisherigen Unklarheiten über den in die Gefährdungseinschätzung einzubeziehenden Personenkreis[176] weitgehend beseitigt. Allerdings schließt der umfassende Begriff des ErzBer. nicht den denkbaren Fall des Nebeneinanders von ErzBer. und PSB mit ein. In einem derartigen (Einzel)-Fall gehören nach Sinn und Zweck des Abs. 1 auch die PSB zum einzubeziehenden Personenkreis.[177] Warum die gegenwärtige Fassung des § 8a auf eine in allen Absätzen der Vorschrift einheitliche Sprachregelung („Personensorgeberechtigte oder Erziehungsberechtigte" wie etwa in Abs. 3 S. 2) verzichtet,[178] ist nicht nachvollziehbar.[179] Zur **Einbeziehung** der ErzBer. und des Kindes/ 64

172 Vgl. OVG NRW 22.6.2009 – 12A1078/09, JAmt 2009, 384; OVG NRW 15.1.2014 – 12 A 2078/13; Meysen in FK-SGB VIII Rn. 21; Wiesner in Wiesner Rn. 4.
173 Wiesner in Wiesner Rn. 28.
174 Vgl. zu strafrechtsrelevanten Fehlern bei der Gefährdungseinschätzung Bringewat ZKJ 2012, 330 (333–336).
175 Vgl. zum Ganzen Wiesner in Wiesner Rn. 28.
176 Vgl. 4. Aufl. Rn. 133.
177 Vgl. 4. Aufl. Rn. 133.
178 In Abs. 5 ist nur von den Personensorgeberechtigten die Rede, obwohl die Einbeziehung auch der ErzBer. fachlich geboten sein kann.
179 Zur Gesetzeskritik vgl. 4. Aufl. Rn. 133.

Jugendlichen in den Prozess der Risikoeinschätzung ist das JA **verpflichtet**, ein Ermessen ist ihm insoweit nicht eingeräumt. Das hat mehrere Gründe:

65 Zum einen gehört alles, was den elterlichen Erziehungszusammenhang zum Kind/Jugendlichen ausmacht, zu den „subjektiven", „persönlichen" oder „inneren" Tatsachen, ohne deren genaue Kenntnis die Einschätzung des Gefährdungsrisikos erschwert und fehleranfällig wäre. Dasselbe gilt für tatsächliche Umstände, die sich aus der Persönlichkeit der Eltern/PSB/ErzBer. und Kinder/Jugendlichen oder aus deren wechselseitiger emotionaler Lage etc ergeben. Feststellungen zur mangelnden oder vorhandenen Problemakzeptanz und/oder Hilfeakzeptanz auf Seiten der Eltern/PSB/ErzBer. bzw. der Kinder/Jugendlichen lassen sich verlässlich nur bei deren Einbeziehung in die Risikoabwägung treffen. Ebenso verhält es sich mit Feststellungen zur Eignung etwaiger „Hilfen" bzw. Leistungen. Erst die Einbeziehung der ErzBer. etc in den Prozess der Risikoeinschätzung ermöglicht die fachlich gebotene **Gesamtwürdigung** aller risikorelevanten Gefährdungsaspekte.[180] Die Verwirklichung des Schutzauftrags der (öffentlichen) Kinder- und Jugendhilfe setzt eben diese Gesamtwürdigung aller risikorelevanten Gefährdungskriterien als kognitive Basis für die jugendamtliche Einschätzung des Gefährdungsrisikos mit den daran geknüpften Entscheidungs- und Handlungsalternativen zur Abwehr der Kindeswohlgefährdung voraus.

66 Zum zweiten eröffnet die Einbeziehung der Eltern/PSB/ErzBer. und/oder Kinder/Jugendlichen in die Einschätzung des Gefährdungsrisikos die Gelegenheit, ganz im Sinne verfassungsrechtlicher Vorgaben (Art. 6 Abs. 2 S. 1 GG) die Wiederherstellung und zukünftige Gewährleistung des Kindeswohls in der Eigenverantwortlichkeit der Eltern/PSB/ErzBer. zu belassen. Ein sonst spürbarer und die langfristige Sicherung des Kindeswohls hinderlicher Verlust an elterlicher etc Erziehungsautonomie kann damit vermieden bzw. in Grenzen gehalten werden: Die Gefährdungsproblematik und deren Lösung/Beseitigung bleiben sozusagen „in der Familie".[181] Das rechtliche und fachliche Gebot, unter Vermeidung familiärer Blockierungen jugendamtliche Hilfezugänge zu den Eltern etc zu erhalten, reicht allerdings nur so weit, wie die Eltern, PSB, ErzBer. etc zur Einbeziehung in die Risikoeinschätzung bereit sind. Erforderlich ist also ein Mindestmaß an Kooperationsbereitschaft der Eltern, PSB, ErzBer., wenn „gemeinsame Problemkonstruktion"[182] und -lösung als „Hilfe zur Selbsthilfe" und mit ihr die selbstverantwortliche Abwehr einer Kindeswohlgefährdung gelingen soll. Im Falle weigerlichen Verhaltens von Eltern etc[183] hat in letzter Konsequenz der gleichwohl zu gewährleistende Schutz für die in ihrem Wohl gefährdeten Kinder stets Vorrang vor dem Aufbau einer Hilfebeziehung, zumal es den Eltern etc im Blick auf ihre Erziehungsverantwortung nicht freigestellt ist, ob sie sich in die Risikoeinschätzung als Voraussetzung für Entscheidungen über geeignete und notwendige Maßnahmen zur Gefährdungsabwehr einbeziehen lassen bzw. daran mitwirken.[184]

67 Die gesetzliche Verpflichtung zur Einbeziehung nicht nur der ErzBer. etc, sondern auch der Kinder/Jugendlichen in die Einschätzung des Gefährdungsrisikos betont deren Subjektqualität im Prozess der Gefährdungseinschätzung.[185] Auf Alter, Stand ihrer Persönlichkeitsentwicklung und des Loyalitäts- bzw. Abhängigkeitsverhältnisses zu den ErzBer., verschiedenen Elternteilen etc ist bei ihrer Einbeziehung Bedacht zu neh-

180 Vgl. dazu Bringewat ZKJ 2008, 297 (299) mwN.
181 Vgl. Meysen/Schindler JAmt 2004, 449 (452); Meysen in FK-SGB VIII Rn. 29; Wiesner in Wiesner Rn. 18.
182 Meysen in FK-SGB VIII Rn. 29; Wiesner in Wiesner Rn. 18.
183 Etwa: Verweigerung jeder Kommunikation mit dem JA, Nichtöffnen der Wohnungstür etc, vgl. Wiesner in Wiesner, Rn. 20.
184 Vgl. Wiesner in Wiesner Rn. 20; ferner Bringewat ZKJ 2008, 297 (299); zurückhaltender Meysen in FK-SGB VIII Rn. 30.
185 Vgl. auch Meysen in FK-SGB VIII Rn. 27; Wiesner in Wiesner Rn. 23; vgl. auch Kunkel in Krug/Riehle Rn. 35.

men.[186] Über die Art und Weise der Einbeziehung der ErzBer. nach Abs. 1 S. 2 ist nach fachlich-pädagogischen Gesichtspunkten zu entscheiden. Insoweit ist den Fachkräften (des JA etc) ein Beurteilungsspielraum eingeräumt, der gerichtlich nicht überprüfbar ist.[187] Dabei ist aber zu berücksichtigen, dass die Pflicht zur Einbeziehung der ErzBer., Kinder und/oder Jugendlichen in den Gesamtprozess der Gefährdungseinschätzung von der eigentlichen Gefährdungseinschätzung im Zusammenwirken der verschiedenen Fachkräfte als der Entscheidungsgrundlage für das weitere jugendamtliche Handeln zu unterscheiden ist.[188]

Eltern/PSB/ErzBer. und/oder Kinder/Jugendliche dürfen nicht in die Einschätzung des Gefährdungsrisikos einbezogen werden, wenn dadurch der wirksame Schutz des Kindes/Jugendlichen in Frage gestellt würde. Diese **strikte Begrenzung der Einbeziehungspflicht** ist zwar plausibel, aber nicht ohne Weiteres umsetzbar. Ihre Einhaltung setzt eine Prognose, und zwar eine Prognose über die Auswirkungen der Einbeziehung vor dem Hintergrund der bereits festgestellten Gefährdungstatsachen voraus. Vor allem in Fällen massiver elterlicher etc Kindesmisshandlung mit akut schwerwiegender Gefährdung des Kindeswohls oder in Fällen sexuellen Kindesmissbrauchs in Familien dürfte die Einbeziehung von Vätern, Müttern, sonstigen ErzBer. und/oder die/der betroffenen Kinder/Jugendlichen problematische Auswirkungen auf den Schutz der Kinder/Jugendlichen haben. Je nach den Umständen des Einzelfalls ist dann nach sorgfältiger Prüfung eine Einbeziehung der Kinder/Jugendlichen und/oder ihrer Eltern/PSB/ErzBer. auszuschließen. 68

Eine „natürliche" Grenze der jugendamtlichen Verpflichtung zur Einbeziehung von Eltern etc in die Einschätzung des Gefährdungsrisikos bildet der entgegenstehende Wille der Einzubeziehenden. Zu beachten ist insoweit, dass sich die „Einbeziehung" der ErzBer. etc **in** die Risikoeinschätzung inhaltlich von der „Mitwirkung" der ErzBer. etc **bei der oder zur** Risikoeinschätzung unterscheidet. Der Mitwirkung zur Risikoeinschätzung geht immer schon die Einbeziehung in die Risikoeinschätzung voraus. Fehlende Mitwirkung der ErzBer. etc bei der Einschätzung des Gefährdungsrisikos (Abs. 2 S. 1 Hs. 2) kann sich daher auch noch nach ihrer Einbeziehung in die Risikoeinschätzung ergeben. Die Einbeziehung der ErzBer. etc in die Risikoeinschätzung ist dementsprechend stets der erste (Beteiligungs-)Akt und das Mittel, mit dem die Möglichkeit der „Mitwirkung" eröffnet ist: ohne Einbeziehung keine Mitwirkung. Umgekehrt folgt daraus, dass die Weigerung der ErzBer. etc, an der Einschätzung des Gefährdungsrisikos mitzuwirken, deren vorheriges Einbezogensein in die Risikoeinschätzung nicht ausschließt. Das JA kann daher seiner Einbeziehungspflicht nachkommen und nachgekommen sein, ohne dass die Einbezogenen zur Risikoeinschätzung (effektiv) mitwirken (müssten). Die Verweigerung schon des „Sich-Einbeziehen-Lassens" stellt demgegenüber als Indiz mangelnder Bereitschaft zur Pflichterfüllung (Art. 6 Abs. 2 S. 1 GG = § 1 Abs. 2 S. 1) eine für die Gesamtbeurteilung der Gefährdungslage des betroffenen Kindes/Jugendlichen wesentliche Risikotatsache/Gefährdungstatsache dar.[189] Darüber hinaus löst diese Verweigerung mit einhergehendem Fehlen der Mitwirkung bei der Gefährdungseinschätzung die Verpflichtung des JA zur Anrufung des FamG gem. Abs. 2 S. 1 Hs. 2 aus, es sei denn, nach den Umständen des Einzelfalls läge eine Gefährdungskonstellation iSd Abs. 2 S. 1 Hs. 2 vor.[190] 69

186 Wiesner in Wiesner Rn. 23; ferner Tillmanns in MüKoBGB Rn. 6.
187 Vgl. VG München 29.6.2011 – M18K10.4487; ferner Kunkel in Krug/Riehle Rn. 36.
188 Vgl. Meysen in FK-SGB VIII Rn. 27.
189 Vgl. dazu Bringewat ZKJ 2008, 297 (299).
190 Vgl. auch Wiesner in Wiesner Rn. 20 mit Rn. 53.

2.9 Beteiligung von Berufsgeheimnisträgerinnen und Berufsgeheimnisträgern

70 Eine qualifizierte Einschätzung des Gefährdungsrisikos wie sie dem JA gem. Abs. 1 S. 1 aufgegeben ist, setzt eine nach Möglichkeit vollständige Aufklärung des Einschätzungssachverhalts voraus. Die dem JA zur Sachverhaltsaufklärung zur Verfügung stehenden Mittel resultieren aus seinem Recht zur Informationsbeschaffung und der mit ihm korrespondierenden Informationsbeschaffungspflicht. Je nach den Umständen des Einzelfalls umfasst diese Informationsbeschaffungspflicht die Einholung von Informationen über das etwaige Bestehen einer Kindeswohlgefährdung auch bei Dritten, also auch bei Berufsgeheimnisträgerinnen und Berufsgeheimnisträgern iSd § 4 Abs. 1 KKG, die dem JA – befugt, vgl. § 4 Abs. 3 – gewichtige Anhaltspunkte für eine Gefährdung des Wohls eines Kindes oder Jugendlichen mitgeteilt haben. Zur Verstärkung der Kooperation zwischen dem JA (dessen Mitarbeiterinnen und Mitarbeitern) und den in § 4 Abs. 1 KKG benannten Berufsgeheimnisträgerinnen und Berufsgeheimnisträgern und zur Optimierung der Erkenntnisgrundlage für die Einschätzung des Gefährdungsrisikos sieht die durch das KJSG in Abs. 1 eingefügte Vorschrift des Abs. 1 S. 2 Nr. 2 vor, dass die Personen, die dem JA gem. § 4 Abs. 3 KKG entsprechende Informationen/Daten übermittelt haben, an der Gefährdungseinschätzung zu beteiligen sind, soweit der wirksame Schutz des betroffenen Kindes oder Jugendlichen nicht in Frage gestellt und die Beteiligung nach fachlicher Einschätzung erforderlich ist. Was unter der „Beteiligung an der Gefährdungseinschätzung" zu verstehen ist, lässt sich Abs. 1 S. 2 Nr. 2 nicht entnehmen. In der Entwurfsbegründung zum KJSG ist zwar mehrfach davon die Rede, dass die Berufsgeheimnisträgerinnen und Berufsgeheimnisträger, die auf der Grundlage der in § 4 KKG geregelten Befugnis das JA wegen des Verdachts einer Kindeswohlgefährdung informiert haben, nach einer Meldung an das JA in das Verfahren zur Gefährdungseinschätzung **einzubeziehen** sind.[191] „Beteiligung an" der Gefährdungseinschätzung ist indessen nicht gleichbedeutend mit einer „Einbeziehung in" die Gefährdungseinschätzung, wie sie in Abs. 1 S. 2 vor Nr. 1/2 in Bezug auf die betroffenen ErzBer. sowie das Kind und den Jugendlichen ausdrücklich vorgeschrieben ist. Eine „Beteiligung an" der Gefährdungseinschätzung ist auf unterschiedliche Weise denkbar. Sie kann in einer Einholung weiterer, den Einschätzungssachverhalt zielgenauer aufklärender Informationen, in einer fachlich begründeten disziplinspezifischen Befragung oder Unterrichtung, in einer den Fortgang der Gefährdungseinschätzung begleitenden Rückmeldung und auch in der Mitwirkung bei der fachkollegialen Erarbeitung des Einschätzungsergebnisses bestehen. Art und Ausmaß der Beteiligung des in § 4 Abs. 1 benannten Personenkreises an der Gefährdungseinschätzung ist Gegenstand einer allein dem JA obliegenden „fachlichen Einschätzung"; denn diese „fachliche Einschätzung" erstreckt sich auch auf die „geeignete Weise" der (erforderlichen) Beteiligung. Gelangt das JA nach fachlicher Einschätzung im Einzelfall zu dem Ergebnis, dass die meldenden Berufsgeheimnisträgerinnen und Berufsgeheimnisträger iSd § 4 Abs. 1, 3 KKG in geeigneter Weise an der (konkreten) Gefährdungseinschätzung zu beteiligen sind, ist es verpflichtet, diese Beteiligung zu ermöglichen. Ein (pflichtgemäßes) Ermessen ist ihm insoweit nicht eingeräumt.

71 Den in § 4 Abs. 1 KKG benannten Berufsgeheimnisträgerinnen und Berufsgeheimnisträgern, die das JA über gewichtige Anhaltspunkte für eine Kindeswohlgefährdung informiert haben, steht nach deren Meldung **kein Recht** darauf zu, an dem Prozess der konkreten Gefährdungseinschätzung beteiligt zu werden bzw. an der ihrer Fachdisziplin entsprechenden fachkollegialen Erarbeitung des Einschätzungsergebnisses (aktiv) mitzuwirken. Ein solches Recht lässt sich auch nicht aus § 4 Abs. 4 KKG herleiten, wonach das JA einer der in § 4 Abs. 1 KKG genannten Person, die das JA informiert

191 Vgl. BT-Drs. 19/26107, 74 zu Nr. 8 Buchst. a und öfter.

hat, zeitnah eine Rückmeldung geben soll, ob es die gewichtigen Anhaltspunkte für die Gefährdung des Wohls des Kindes oder Jugendlichen bestätigt sieht und ob es zum Schutz des Kindes oder Jugendlichen tätig geworden und ggf. noch tätig ist. Umgekehrt unterliegen die Berufsgeheimnisträgerinnen und Berufsgeheimnisträger, die das JA gem. § 4 Abs. 3 KKG über gewichtige Anhaltspunkte für eine Kindeswohlgefährdung informiert haben, **keiner Rechtsverpflichtung**, sich an dem Prozess der Gefährdungseinschätzung zu beteiligen, und zwar auch dann nicht, wenn das JA nach seiner stets auf den konkreten Einzelfall bezogenen fachlichen Einschätzung deren Beteiligung für erforderlich hält. Es widerspräche allerdings dem Sinn der zur Abwendung einer konkreten Kindeswohlgefahr auf interdisziplinäre Kooperation setzenden Regelung in Abs. 1 S. 2 Nr. 2, wenn sich Berufsgeheimnisträgerinnen und Berufsgeheimnisträger nach einer Meldung iSd § 4 Abs. 3 KKG einer – wenn auch nicht selbstbestimmten, so jedoch jugendamtlich für fachlich erforderlich eingeschätzten – Beteiligung an der Gefährdungseinschätzung verweigerten. Mangels gesetzlicher Anordnungskompetenz kann das JA die sachdienliche Beteiligung des involvierten Personenkreises an der (konkreten, einzelfallbezogenen) Gefährdungseinschätzung gleichwohl nicht sicherstellen.

2.10 Hilfenangebot

Die Einschätzung des Gefährdungsrisikos führt nach Durchführung der Risikoeinschätzung zu zwei verschiedenen jugendamtlichen Handlungsalternativen:[192] entweder zu einem Hilfenangebot gem. Abs. 1 S. 3 oder zu den Maßnahmen gem. Abs. 2, 3 (tertium non datur). Ersichtlich orientiert sich diese Handlungsalternative an der Aufgabendifferenzierung nach § 2 Abs. 2 u. 3. Ob es sich bei den anzubietenden **Hilfen** aus dem Leistungskatalog des § 2 Abs. 2 und weiterer, ebenfalls als Hilfen zu verstehender, in „§ 2 Abs. 2 aber nicht genannter Leistungen" um (Sozial-)Leistungen im eigentlichen Sinne[193] handelt, kann im Rahmen der Verwirklichung des Schutzauftrags der (öffentlichen) Kinder- und Jugendhilfe dahinstehen. Allein von Bedeutung ist, dass „Hilfen" iSd Abs. 1 S. 3 (dem entspricht auch die gesetzessystematische Stellung des § 8a, → Rn. 9 ff.) nicht auf Leistungen gem. § 2 Abs. 2 beschränkt, der Kreis von Hilfen vielmehr weiter gezogen ist. Zwar werden „Hilfen" gem. Abs. 1 S. 3 oftmals und in erster Linie HzE nach den §§ 27 ff. sein (→ Rn. 11), doch gehört zu **„Hilfen"** mit Blick auf die Handlungsalternative zwischen Abs. 1 S. 3 und Abs. 2, 3 letztlich **alles, was nicht unter die Maßnahmen nach Abs. 2, 3 fällt.**[194] 72

Diese „Hilfen" **sind** den ErzBer. **anzubieten**. Auch insoweit ist dem JA **kein Ermessen** eingeräumt,[195] das Hilfenangebot ist zwingend vorgeschrieben.[196] Inhaltlich kann das Hilfenangebot reduziert sein auf eine spezielle Hilfeart innerhalb eines Leistungsbereichs (zB auf HzE gem. §§ 27, 31). Es kann verschiedene Hilfearten aus verschiedenen oder denselben Leistungsbereichen umfassen, sei es in Form „parallel" nebeneinander gestellter Hilfen, sei es in Form eines „Hilfencocktails" mit mehreren aufeinander bezogenen und abgestimmten Hilfearten etc. Die inhaltliche Substanz und Bandbreite des Hilfenangebots richten sich ausschließlich danach, was an Hilfen **notwendig und geeignet** ist, um die Gefährdung des Kindeswohls abzuwenden. Ob zur Abwehr einer Kindeswohlgefährdung die Gewährung von Hilfen geeignet und notwendig ist, entscheidet das JA. Damit ist klargestellt, dass zwar Personen und Institutionen außerhalb des JA an der Entscheidungsvorbereitung und -findung beteiligt sein 73

192 Anders Tillmanns in MüKoBGB Rn. 7: kein zwingendes Alternativverhältnis.
193 Vgl. Wiesner in Wiesner § 2 Rn. 10 ff. mit Vorbem. zu § 11 Rn. 1 ff., 4 ff., 12 ff.
194 Ähnlich Wiesner in Wiesner Rn. 29; Tillmanns in MüKoBGB Rn. 7; vgl. auch Harnach in JHSM Rn. 33.
195 Vgl. Harnach in JHSM Rn 3: verbindliches Hilfeangebot.
196 Vgl. Wiesner in Wiesner Rn. 29: verpflichtet.

können, die alleinige Entscheidungskompetenz und -verantwortung aber dem JA zugewiesen ist. Das hat Konsequenzen für das Innenverhältnis zwischen den verschiedenen Abteilungen, einzelnen Fachbereichen und Fachkräften sowie den (dann) fallzuständigen Fachkräften des JA mit der Folge, dass amtsintern geklärt sein muss, wer die Letztverantwortung für die getroffene Entscheidung (nach außen) trägt. Die jugendamtliche Entscheidung über die Eignung und Notwendigkeit von Hilfen zur Gefährdungsabwehr stellt der Sache nach eine auf die erarbeitete Risikoabwägung gestützte Einschätzung der Abwehrwirkung von Hilfen dar und enthält alle prognostischen Elemente einer sog. Wirkprognose. Gesetzlich zwingend ist der unmittelbare Zweckbezug der Hilfen auf die Abwendung der Kindeswohlgefährdung. Im Übrigen sind die „Geeignetheit" und die „Notwendigkeit" der Hilfen sinngemäß in derselben Weise zu verstehen wie die Geeignetheit und Notwendigkeit von HzE gem. § 27 Abs. 1.

74 Stets **zuerst** ist zu klären, ob die ausgewählte Hilfe **zur Gefährdungsabwehr geeignet** ist. Daran schließt sich die Notwendigkeitsprüfung an: Sind mehrere unterschiedliche Hilfen je für sich geeignet, die Kindeswohlgefährdung abzuwenden, ist die am wenigsten in den elterlichen Erziehungszusammenhang mit dem Kind/Jugendlichen eingreifende Hilfe zu wählen. Ungeeignete Hilfen sind demgegenüber stets auch nicht notwendig. Setzt beispielsweise die Abwehreignung einer Hilfe die Mitwirkung der ErzBer./PSB etc voraus und bestehen an dieser Mitwirkung – was grundsätzliche Bereitschaft und zweckmäßiges Ausmaß betrifft – Zweifel, ist die ins Auge gefasste Hilfe ungeeignet. Grundsätzlich gilt, dass bei Unsicherheiten über die Abwehrwirkung von Hilfen, die nicht aus der prognosetypischen Probalistik (Wahrscheinlichkeit), sondern aus anderen tatsächlichen oder rechtlichen Umständen herrühren, diese Hilfen iSd Abs. 1 S. 3 zur Abwendung der Kindeswohlgefahr nicht geeignet sind. Hilfen sind daher auch dann ungeeignet, wenn die ErzBer./PSB trotz Beratung etc die Gewährung von (zunächst für geeignet gehaltenen) Hilfen, aus welchen Gründen auch immer, ablehnen. In allen diesen Fällen bleiben nur Maßnahmen nach Abs. 2, 3.[197] Vom Gesetz nicht vorgesehen und **ohne Ausnahme unzulässig** ist ein „Probelauf" von Hilfen,[198] der Unsicherheiten über ihre Eignung zur Abwendung der Kindeswohlgefährdung beseitigen soll (und ggf. die Nichteignung der Hilfen erweisen kann).

3 Anrufung des Familiengerichts (Abs. 2 S. 1)

§ 1666 BGB Gerichtliche Maßnahmen bei Gefährdung des Kindeswohls

(1) Wird das körperliche, geistige oder seelische Wohl des Kindes oder sein Vermögen gefährdet und sind die Eltern nicht gewillt oder nicht in der Lage, die Gefahr abzuwenden, so hat das Familiengericht die Maßnahmen zu treffen, die zur Abwendung der Gefahr erforderlich sind.

(2) In der Regel ist anzunehmen, dass das Vermögen des Kindes gefährdet ist, wenn der Inhaber der Vermögenssorge seine Unterhaltspflicht gegenüber dem Kind oder seine mit der Vermögenssorge verbundenen Pflichten verletzt oder Anordnungen des Gerichts, die sich auf die Vermögenssorge beziehen, nicht befolgt.

(3) Zu den gerichtlichen Maßnahmen nach Absatz 1 gehören insbesondere

1. Gebote, öffentliche Hilfen wie zum Beispiel Leistungen der Kinder- und Jugendhilfe und der Gesundheitsfürsorge in Anspruch zu nehmen,
2. Gebote, für die Einhaltung der Schulpflicht zu sorgen,
3. Verbote, vorübergehend oder auf unbestimmte Zeit die Familienwohnung oder eine andere Wohnung zu nutzen, sich in einem bestimmten Umkreis der Wohnung auf-

197 Im Ergebnis wohl auch Tillmanns in MüKoBGB Rn. 7; ferner Wiesner in Wiesner Rn. 29; vgl. auch Kunkel in Krug/Riehle Rn. 41.

198 Ähnlich Harnach in JHSM Rn. 33.

zuhalten oder zu bestimmende andere Orte aufzusuchen, an denen sich das Kind regelmäßig aufhält,
4. Verbote, Verbindung zum Kind aufzunehmen oder ein Zusammentreffen mit dem Kind herbeizuführen,
5. die Ersetzung von Erklärungen des Inhabers der elterlichen Sorge,
6. die teilweise oder vollständige Entziehung der elterlichen Sorge.

(4) In Angelegenheiten der Personensorge kann das Gericht auch Maßnahmen mit Wirkung gegen einen Dritten treffen.

§ 1666a BGB Grundsatz der Verhältnismäßigkeit; Vorrang öffentlicher Hilfen

(1) [1]Maßnahmen, mit denen eine Trennung des Kindes von der elterlichen Familie verbunden ist, sind nur zulässig, wenn der Gefahr nicht auf andere Weise, auch nicht durch öffentliche Hilfen, begegnet werden kann. [2]Dies gilt auch, wenn einem Elternteil vorübergehend oder auf unbestimmte Zeit die Nutzung der Familienwohnung untersagt werden soll. [3]Wird einem Elternteil oder einem Dritten die Nutzung der vom Kind mitbewohnten oder einer anderen Wohnung untersagt, ist bei der Bemessung der Dauer der Maßnahme auch zu berücksichtigen, ob diesem das Eigentum, das Erbbaurecht oder der Nießbrauch an dem Grundstück zusteht, auf dem sich die Wohnung befindet; Entsprechendes gilt für das Wohnungseigentum, das Dauerwohnrecht, das dingliche Wohnrecht oder wenn der Elternteil oder Dritte Mieter der Wohnung ist.

(2) Die gesamte Personensorge darf nur entzogen werden, wenn andere Maßnahmen erfolglos geblieben sind oder wenn anzunehmen ist, dass sie zur Abwendung der Gefahr nicht ausreichen.

§ 1697a BGB Kindeswohlprinzip

(1) Soweit nichts anderes bestimmt ist, trifft das Gericht in Verfahren über die in diesem Titel geregelten Angelegenheiten diejenige Entscheidung, die unter Berücksichtigung der tatsächlichen Gegebenheiten und Möglichkeiten sowie der berechtigten Interessen der Beteiligten dem Wohl des Kindes am besten entspricht.

(2) [1]Lebt das Kind in Familienpflege, so hat das Gericht, soweit nichts anderes bestimmt ist, in Verfahren über die in diesem Titel geregelten Angelegenheiten auch zu berücksichtigen, ob und inwieweit sich innerhalb eines im Hinblick auf die Entwicklung des Kindes vertretbaren Zeitraums die Erziehungsverhältnisse bei den Eltern derart verbessert haben, dass diese das Kind selbst erziehen können. [2]Liegen die Voraussetzungen des § 1632 Absatz 4 Satz 2 Nummer 1 vor, so hat das Gericht bei seiner Entscheidung auch das Bedürfnis des Kindes nach kontinuierlichen und stabilen Lebensverhältnissen zu berücksichtigen. [3]Die Sätze 1 und 2 gelten entsprechend, wenn das Kind im Rahmen einer Hilfe nach § 34 oder 35a Absatz 2 Nummer 4 des Achten Buches Sozialgesetzbuch erzogen und betreut wird.

§ 151 FamFG Kindschaftssachen

Kindschaftssachen sind die dem Familiengericht zugewiesenen Verfahren, die

1. die elterliche Sorge,
2. das Umgangsrecht und das Recht auf Auskunft über die persönlichen Verhältnisse des Kindes,
3. die Kindesherausgabe,
4. die Vormundschaft,
5. die Pflegschaft oder die gerichtliche Bestellung eines sonstigen Vertreters für einen Minderjährigen oder für eine Leibesfrucht [ab 1.1.2023: *oder für ein bereits gezeugtes Kind*],
6. die Genehmigung von freiheitsentziehender Unterbringung und freiheitsentziehenden Maßnahmen nach § 1631b des Bürgerlichen Gesetzbuchs, auch in Verbindung mit den §§ 1800 und 1915 [ab 1.1.2023: *auch in Verbindung mit § 1795 Absatz 1 Satz 3 und § 1813 Absatz 1*] des Bürgerlichen Gesetzbuchs,

7. die Genehmigung oder Anordnung einer freiheitsentziehenden Unterbringung, freiheitsentziehenden Maßnahme oder ärztlichen Zwangsmaßnahme bei einem Minderjährigen nach den Landesgesetzen über die Unterbringung psychisch Kranker oder
8. die Aufgaben nach dem Jugendgerichtsgesetz

betreffen.

§ 157 FamFG Erörterung der Kindeswohlgefährdung; einstweilige Anordnung

(1) In Verfahren nach den §§ 1666 und 1666a des Bürgerlichen Gesetzbuchs soll das Gericht mit den Eltern und in geeigneten Fällen auch mit dem Kind erörtern, wie einer möglichen Gefährdung des Kindeswohls, insbesondere durch öffentliche Hilfen, begegnet werden und welche Folgen die Nichtannahme notwendiger Hilfen haben kann.

(2) [1]Das Gericht hat das persönliche Erscheinen der Eltern zu dem Termin nach Absatz 1 anzuordnen. [2]Das Gericht führt die Erörterung in Abwesenheit eines Elternteils durch, wenn dies zum Schutz eines Beteiligten oder aus anderen Gründen erforderlich ist.

(3) In Verfahren nach den §§ 1666 und 1666a des Bürgerlichen Gesetzbuchs hat das Gericht unverzüglich den Erlass einer einstweiligen Anordnung zu prüfen.

75 Ergibt die Einschätzung des Gefährdungsrisikos gem. Abs. 1 S. 1 oder gem. Abs. 4 S. 1, 3; Abs. 5 iVm einer Information (der fallzuständigen Fachkraft) des JA, dass Hilfen iSd Abs. 1 S. 3 bzw. Abs. 4 S. 3; Abs. 5 nicht geeignet oder ausreichend sind, die Kindeswohlgefährdung abzuwenden, steht zunächst nur fest, dass sich ein Vorgehen nach Abs. 1 oder Abs. 4/5 zur Verwirklichung des Schutzauftrags mangels Aussicht auf Erfolg verbietet. Das JA muss sich in diesem Falle schlüssig werden, welche der in Abs. 2 und 3 genannten Maßnahmen zu ergreifen sind. Die Einschätzung des Gefährdungsrisikos als Entscheidungsgrundlage für jugendamtliches Handeln führt stets zu einer Alternative: entweder zur Installierung und Durchführung von Hilfen gem. Abs. 1 und 4 oder zu Maßnahmen gem. Abs. 2 und 3 (→ Rn. 72).[199] Dies entspricht der strukturellen Differenzierung des Sach- und Normbereichs von Art. 6 Abs. 2 S. 2 GG/§ 1 Abs. 2 S. 2 in einen Präventions- und einen Interventionsbereich des staatlichen Wächteramtes (→ Rn. 13, 14). Daraus ergibt sich, dass Maßnahmen nach Abs. 2 und/oder 3 erst dann zu ergreifen sind, wenn der Gefährdungslage des Kindes/Jugendlichen mit interventionsvorbeugenden, präventiven Hilfen nicht beizukommen ist, wenn sich also m. a. W. das Gefährdungsrisiko für das Kind/den Jugendlichen so verdichtet hat, dass zumindest der Grenzbereich zur „Eingriffsschwelle des Staates" (→ Rn. 13 ff.) erreicht ist. Anknüpfungspunkt für Maßnahmen gem. Abs. 2 und/oder Abs. 3 ist dementsprechend die „Trennlinie" zwischen dem Präventions- und dem Interventionsbereich des staatlichen Wächteramtes, der Sache nach also die Gefahrenschwelle der §§ 1666, 1666a BGB. Konfrontiert mit dieser (grenzwertigen) Gefährdungssituation ist das JA gem. Abs. 2 S. 1 **verpflichtet**, das FamG anzurufen, wenn es das Tätigwerden des Familiengerichts für erforderlich hält. Ein Ermessensspielraum – mithin die Möglichkeit, nach sachlich begründeter Zweckmäßigkeit über die Anrufung des Gerichts zu entscheiden – ist dem JA nicht eingeräumt.[200]

76 Alleinige **Voraussetzung** für die Anrufung des FamG ist, dass das JA ein Tätigwerden dieses Gerichts für **erforderlich** hält. Die Erforderlichkeitsprüfung des JA dient in erster Linie der Abklärung, ob die Anrufung des FamG eine **geeignete** Maßnahme ist, die Kindeswohlgefährdung abzuwenden. Bei der **Eignungsprüfung** ist in Rechnung zu stellen, dass die eigenen Erkenntnis- und Ermittlungsmöglichkeiten des JA zur Feststellung von Risikotatsachen im Rahmen der Einschätzung des Gefährdungsrisikos begrenzt sind und die des FamG sehr viel weiter reichen (vgl. § 26 FamFG). Die Anru-

199 Anders Tillmanns in MüKoBGB Rn. 7: kein zwingendes Alternativverhältnis.
200 So auch Kunkel in Krug/Riehle Rn. 42; Meysen in FK-SGB VIII Rn. 37; Mann in SFMK Rn. 37; Wiesner in Wiesner Rn. 44.

fung des FamG ist daher nicht erst dann eine geeignete Maßnahme zur Abwendung der Kindeswohlgefahr, wenn nach eigenem Erkenntnisstand des JA die Gefährdungslage des Kindes/Jugendlichen den Grenzbereich der Eingriffsschwelle des Staates sicher erreicht hat. Vielmehr ist die Anrufung des FamG schon dann angezeigt, wenn nach Einschätzung des Gefährdungsrisikos ein Vorgehen nach Abs. 1/Abs. 4/5 die Kindeswohlgefährdung voraussichtlich nicht beseitigt. Die Anrufung des FamG setzt unter dem Aspekt der „Geeignetheit" dementsprechend nicht voraus, dass der Gefährdungssachverhalt bis in alle Einzelheiten im Wege der jugendamtlichen Informationsbeschaffung aufgeklärt ist. Das FamG bildet mit dem JA eine „Verantwortungsgemeinschaft" für das Kindeswohl (→ Rn. 24).[201] Zu seiner Aufgabenstellung im Rahmen des Schutzauftrags bei Kindeswohlgefährdung gem. § 8a gehört es deshalb, den jugendamtlich festgestellten Gefährdungssachverhalt ggf. mit den ihm zur Verfügung stehenden (Beweis-)Mitteln vollständig aufzuklären, um so eine sachgerechte Entscheidung über die zur Abwendung der Kindeswohlgefährdung erforderlichen Maßnahmen treffen zu können.

Für die Eignungsprüfung der Anrufung des FamG ist des Weiteren von Bedeutung, ob 77
und dass die Maßnahme- und Entscheidungsmöglichkeiten des FamG nach Einschätzung des JA zur Gefährdungsabwehr taugen. Überdies setzt die Erforderlichkeit der Anrufung des FamG voraus, dass sie auch **notwendig** ist. Dem JA darf zur Beseitigung der festgestellten Gefährdungslage also kein anderes Mittel zur Verfügung stehen. In der Praxisrealität jugendamtlichen Handelns wird diese Notwendigkeitsprüfung allerdings regelmäßig mit erledigt, wenn sich nach Einschätzung des Gefährdungsrisikos gem. Abs. 1 bzw. 4/5 der Einsatz präventiver Hilfen als unzureichend erweist.

Anders als im Kontext der als „gewichtig" zu beurteilenden und bewerteten Anhalts- 78
punkte für eine Kindeswohlgefährdung (→ Rn. 40) gesteht Abs. 2 S. 1 dem JA in der Frage der „Erforderlichkeit" keinen Beurteilungsspielraum,[202] sondern eine dem Beurteilungsspielraum ähnliche, allerdings nur begrenzt gerichtlich überprüfbare Einschätzungsprärogative[203] zu. Die Mitteilung des JA gem. Abs. 2 S. 1 versteht sich als sog. Gefährdungsmitteilung.[204] Bei ihr handelt es sich um eine reine Information des FamG, dass dessen Tätigwerden aus der Sicht des JA in einer konkreten (Einzelfall-)Situation für erforderlich gehalten wird. Der Sache nach ist die Verpflichtung des JA zur Anrufung des FamG nichts anderes als ein Baustein des durch § 8a intendierten (Auf- und Ab-)Klärungsprozesses.[205]

Das JA wird die Anrufung des FamG gem. Abs. 2 S. 1 Hs. 1 regelmäßig für erforder- 79
lich halten (müssen), wenn das Hilfenangebot iSd Abs. 1 S. 3 nach Art und Umfang

201 Langenfeld/Wiesner, Saarbrücker Memorandum, S. 45 ff., 77/8; ferner Meysen in FK-SGB VIII Rn. 45 ff.; Coester JAmt 2008, 1 (5); Kunkel in Krug/Riehle Rn. 44; HessVGH 7.11.2012 – 10 B 1973/12, ZKJ 2013, 82 (83).

202 Es geht nicht um eine „erforderliche" Anrufung des FamG, sondern darum, dass das JA die Anrufung des FamG für erforderlich „hält", also um eine Erforderlichkeitseinschätzung des JA, vgl. auch Coester JAmt 2008, 1 (4 f.).

203 Anders Meysen ZfJ 2001, 408 (412); Meysen in FK-SGB VIII Rn. 37; mit – widersprüchlichem (?) – Hinweis auf VG Frankfurt 18.9.2012 – 7 L 2673/12, ZKJ 2012, 406 f.; Wiesner in Wiesner Rn. 37: Beurteilungsspielraum mit voller Nachprüfbarkeit; Sommer ZKJ 2013, 68 ff., bei und in Anm. 6; anders auch Tillmanns in MüKoBGB Rn. 8; vgl. aber auch HessVGH 7.11.2012 – 10 B 1973/12, ZKJ 2013, 82 (83); dazu Mortsiefer NJW 2014, 3543 (3545); VG Frankfurt 5.11.2012 – 7 L 1079/12, NJW 2012, 3528; VG Frankfurt 18.9.2012 – 7 L 2673/12, ZKJ 2012, 406 f.; im praktischen Ergebnis wirkt sich der Gegensatz der Auffassungen in der Regel aller Fälle nicht aus.

204 Vgl. HessVGH 7.11.2012 – 10 B 1973/12, ZKJ 2013, 82 (83); Mortsiefer NJW 2014, 3543 (3544 f.).

205 Vgl. Bohnert in Hauck/Noftz/Stähr Rn. 11 ff.

zwar ausreichend ist, um die – festgestellte[206] – Kindeswohlgefährdung abzuwenden, die ErzBer. trotz angenommenen Hilfenangebots aber nicht bereit oder nicht in der Lage sind, die Gefährdung des Kindeswohls abzuwenden, oder von vornherein schon nicht bereit oder nicht in der Lage sind, an der Abwehr der Kindeswohlgefährdung (zumindest) mitzuwirken, wenn und soweit diese Mitwirkung für die erfolgreiche Abwehr der Kindeswohlgefährdung unverzichtbar ist. Die Anrufung des FamG ist des Weiteren für erforderlich zu halten, wenn der Träger der leistungserbringenden Dienste und Einrichtungen gem. Abs. 4 S. 3 das JA über die Verweigerung der Inanspruchnahme von Hilfen oder darüber informiert, dass angenommene Hilfen nach Art und Umfang nicht ausreichen, um die Kindeswohlgefährdung abzuwenden. Entsprechendes gilt, wenn Kindertagespflegepersonen iSd Abs. 5 das JA darüber informieren, dass (zunächst) angenommene Hilfen nicht ausreichen, um die Kindeswohlgefährdung abzuwenden. Dem Träger der leistungserbringenden Dienste und Einrichtungen (und ggf. auch den Kindertagespflegepersonen) bleibt es in diesen Fällen daneben unbenommen, im Blick auf den eigenständigen Ermittlungsauftrag des FamG (vgl. § 26 FamFG) selbst das FamG anzurufen,[207] um so die dem FamG vorgeschriebene „Sachaufklärung von Amts wegen“ auszulösen. Eigentlicher Adressat der Anrufung des FamG ist gem. Abs. 2 S. 1 indes das JA.[208] Dessen Fachkräfte sind gehalten, die Anrufung des FamG im Wege eines „Antrags“[209] bzw. einer Anregung sorgfältig und substantiell zu begründen und zu dokumentieren. Insbesondere sind Erläuterungen darüber anzubringen, mit welchen Erwägungen nach Einschätzung des Gefährdungsrisikos eine Kindeswohlgefährdung festgestellt, warum im Einzelfall vom JA keine Hilfen angeboten, warum angebotene Hilfen nicht angenommen worden sind, oder warum ein Hilfenangebot als zur Gefährdungsabwehr ungeeignet eingeschätzt worden ist.[210]

80 Ohne „Wenn und Aber“ **zur Anrufung des FamG verpflichtet** ist das JA gem. Abs. 2 S. 1 Hs. 2 auch, wenn die ErzBer. nicht bereit oder nicht in der Lage sind, an der **Einschätzung des Gefährdungsrisikos** mitzuwirken. Das Gesetz greift damit den in der Alltagsrealität der Kinder- und Jugendhilfe immer wieder anzutreffenden Fall auf, dass ohne problem- und hilfeakzeptierende Kooperationsbereitschaft von Eltern etc die jugendamtliche Aufklärung einer etwaigen Kindeswohlgefährdung zwangsläufig lückenhaft bleiben muss und gleichwohl (auch bereits) eingerichtete Hilfen ineffektiv wären. Lassen sich Eltern etc schon von vornherein in die Aufklärung und Feststellung des Gefährdungssachverhalts nicht einbeziehen (→ Rn. 64 ff., 69) oder wirken sie nach ihrer Einbeziehung zur Einschätzung des Gefährdungsrisikos nicht mit, **ist** das FamG anzurufen. Es kommt **nur** darauf an, **dass** die Eltern etc bei der Einschätzung des Gefährdungsrisikos **nicht mitwirken**, weil sie dazu nicht bereit oder nicht in der Lage sind.[211] Aus welchen sonstigen Gründen sie nicht mitwirken, ist unerheblich. Lehnen die Eltern etc bspw. eine Befragung durch die mit der Gefährdungsaufklärung befassten Fachkräfte ab oder verweigern sie die Beantwortung aller oder auch nur einzelner (sachverhaltswesentlicher) Fragen, kann bereits darin ein „Nichtmitwirken“ liegen mit der Folge, dass das FamG anzurufen ist, sofern dem JA gewichtige Anhaltspunkte für eine Kindeswohlgefährdung bekannt geworden sind. Ein Verstoß gegen das verfassungsrechtlich geschützte Elternrecht ist damit nicht verbunden; denn aus

206 Vgl. Wiesner in Wiesner Rn. 35 ff., 36.
207 So auch Wiesner in Wiesner Rn. 36, 38.
208 Vgl. Meysen in FK-SGB VIII Rn. 45.
209 Vgl. zur Rechtsnatur eines solchen „Antrags“ als bloßer Anregung etwa Meysen in FK-SGB VIII Rn. 36.
210 Vgl. dazu ähnlich Wiesner in Wiesner Rn. 36 ff., 38 f.; zur Kooperation zwischen JA und FamG vgl. Meysen in FK-SGB VIII Rn. 45 ff.; zu datenschutzrechtlichen Fragen bei Anrufung des FamG vgl. Wiesner in Wiesner, Rn. 41 ff. jew. mwN.
211 Vgl. zu Gründen für mangelnde Mitwirkungsbereitschaft bzw. mangelnde Mitwirkungsfähigkeit Harnach in JHSM Rn. 38.

der (vorrangigen) Erziehungsverantwortung der Eltern etc (Art. 6 Abs. 2 S. 1 GG/§ 1 Abs. 2 S. 1) für das Wohl des Kindes/Jugendlichen resultiert ua eine Mitwirkungspflicht zur Gewährleistung des Kindeswohls. Und diese Mitwirkungspflicht tritt den Eltern etc im Kontext mit der jugendamtlichen Aufklärung von Gefährdungssachverhalten in Gestalt von Auskunfts- bzw. Beantwortungspflichten entgegen. Davon abgesehen versteht sich **nicht** schon die **Anrufung** des FamG gem. Abs. 2 S. 1 als **Eingriff** in das Elternrecht (und zwar auch dann nicht, wenn sie ohne oder gegen den Willen der Eltern etc erfolgt), **sondern** erst die durch die Anrufung initiierte und vorbereitete **familiengerichtliche Maßnahmenentscheidung und -anordnung.**[212]

81 Mit der Anrufungsverpflichtung gem. Abs. 2 S. 1 Hs. 2 fingiert das Gesetz ein „Für-Erforderlich-Halten" des JA bei fehlender Mitwirkungsbereitschaft und/oder -fähigkeit der ErzBer. In der Sache behandelt das Gesetz das Fehlen der Bereitschaft und/oder Fähigkeit der ErzBer. zur Mitwirkung bei der Gefährdungseinschätzung wie eine festgestellte (kinder- und jugendhilferechtliche) Kindeswohlgefährdung, ohne dass (bereits) eine Kindeswohlgefährdung im (familienrechtlichen) Sinne des § 1666 Abs. 1 BGB[213] vorliegen müsste. Die Anrufungsverpflichtung des JA besteht daher allein schon dann, wenn es an der Mitwirkungsbereitschaft und/oder -fähigkeit der ErzBer. fehlt,[214] eines zusätzlichen „Für-Erforderlich-Haltens" des JA bedarf es nicht.[215]

82 Unter familienrechtlichem Blickwinkel entspricht die von Abs. 2 S. 1 Hs. 2 vorausgesetzte noch nicht festgestellte aber wie festgestellt behandelte (kinder- und jugendhilferechtliche, potenzielle) Kindeswohlgefährdung einer unterhalb der Eingriffsschwelle des § 1666 Abs. 1 BGB angesiedelten und dieser Kindeswohlgefährdung vorgelagerten „möglichen Kindeswohlgefährdung".[216] Nach geltendem Recht (vgl. § 157 FamFG) soll bereits diese „mögliche" Kindeswohlgefährdung (im familienrechtlichen Sinne) im familiengerichtlichen Verfahren nach den §§ 1666, 1666a BGB aufgegriffen und erörtert werden, wie ihr insbesondere durch öffentliche Hilfen begegnet werden und welche Folgen die Nichtannahme notwendiger Hilfen haben kann. Das FamG kann ggf. Anordnungen nach § 1666 Abs. 1 Nr. 1 und/oder Nr. 2 treffen. Die Abklärung und Erörterung der „möglichen" Kindeswohlgefährdung mit den Eltern/ErzBer. soll diese „in die Pflicht nehmen"[217] und eine Warnfunktion entfalten.[218] Damit eröffnet § 157 FamFG dem JA eine frühzeitige Anrufung des FamG, ohne mangels eigener konkreter Feststellungen zum Vorliegen einer Kindeswohlgefährdung fürchten zu müssen, vom FamG wegen „noch nicht" begründeter Zuständigkeit abgewiesen zu werden.[219]

83 Stellt das JA nach Einschätzung des Gefährdungsrisikos fest, dass eine Gefährdung des Kindeswohls iSd §§ 1666 ff. BGB vorliegt und ruft es gem. Abs. 2 S. 1 das FamG an, ist ausschließlich das FamG dafür zuständig, die zur Abwendung der Kindeswohlgefährdung erforderlichen Maßnahmen anzuordnen.[220] Das gilt sinngemäß auch in den Anrufungsfällen gem. Abs. 2 S. 1 Hs. 2. Das JA behält aber neben dem FamG seine bisherige (Fall-)Zuständigkeit zur Verwirklichung des Schutzauftrags. Entgegen

212 Vgl. HessVGH 7.11.2012 – 10 B 1973/12, ZKJ 2013, 82 (83); Mortsiefer NJW 2014, 3543 (3545).
213 Zu den verschiedenen Gefährdungsbegriffen → Rn. 24 ff., 26 ff.
214 Vgl. Kunkel in Krug/Riehle Rn. 51.
215 Wohl aA Wiesner in Wiesner Rn. 53.
216 Vgl. dazu Coester JAmt 2008, 1 (7 f.); Meysen in FK-SGB VIII Rn. 41 ff., mit Verweis auf Trenczek in FK-SGB VIII § 50 Anh. Rn. 32 ff.; Wiesner in Wiesner Rn. 53 f.
217 Vgl. Wiesner in Wiesner Rn. 54.
218 Vgl. Coester JAmt 2008, 1 (8); Wiesner in Wiesner Rn. 54; vgl. dazu auch Meysen in FK-SGB VIII Rn. 42 mwN; ferner Kunkel in Krug/Riehle Rn. 45.
219 Zu Chancen und Risiken einer frühzeitigen Anrufung des FamG vgl. Wiesner in Wiesner Rn. 56; ferner auch Meysen in FK-SGB VIII Rn. 44.
220 Vgl. zur unabdingbaren Letztentscheidungskompetenz der Familiengerichte bei Sommer ZKJ 2013, 68 (70) mwN in Anm. 27, 29, 31, 32.

mancherorts bestehender Fehlvorstellungen hat sich **mit der Anrufung des FamG die Schutzverpflichtung** der öffentlichen Kinder- und Jugendhilfe **nicht erledigt**. Die wächteramtliche Schutzfunktion der öffentlichen Kinder- und Jugendhilfe ist mit Tätigwerden des FamG weder unterbrochen noch gar beendet. Der Schutzauftrag der öffentlichen Kinder- und Jugendhilfe endet auch dann nicht, wenn das FamG eine Entscheidung getroffen hat. Das gilt selbst dann, wenn die familiengerichtliche Entscheidung „jugendamtswidrig" ausfällt und das FamG die jugendamtlich festgestellte Gefährdungslage anders oder gegenteilig beurteilt.[221] JA und FamG werden in der je eigenen Kompetenz nebeneinander und (verantwortungs-)gemeinschaftlich zur Schutzverwirklichung tätig. Es ist deshalb nicht ausgeschlossen, dass das JA auch während eines laufenden familiengerichtlichen Verfahrens – etwa bei sich verändernder Gefährdungsintensität – zur sachgerechten Umsetzung des Schutzauftrags „eigene" Maßnahmen – wie zB die Inobhutnahme – ergreift (ergreifen muss), wenn und soweit deren Voraussetzungen (bei Inobhutnahme insbesondere die des Abs. 2 S. 2 [→ Rn. 84 ff.] iVm § 42 Abs. 1) gegeben sind.

4 Inobhutnahme bei dringender Gefahr (Abs. 2 S. 2)

84 Besteht eine **dringende Gefahr** für das Kindeswohl und kann die Entscheidung des FamG nicht abgewartet werden, **ist das JA** nach Abs. 2 S. 2 **verpflichtet**, das Kind/den Jugendlichen in Obhut zu nehmen. Unmissverständlich ist damit klargestellt, dass dem **JA** bei der Umsetzung des Schutzauftrags der öffentlichen Kinder- und Jugendhilfe unter den Voraussetzungen des Abs. 2 S. 2 **kein Handlungsermessen** zusteht. Die **Inobhutnahme** von Kindern und Jugendlichen ist gem. Abs. 2 S. 2 daher **nicht nur zulässig,**[222] **sondern** (auch verfassungsrechtlich) **geboten**. Mit der **Verpflichtung des JA zur Inobhutnahme** korrespondiert eine entsprechende Befugnis, die sich primär aus der wächteramtlichen Schutzfunktion der öffentlichen Kinder- und Jugendhilfe ergibt und in § 42 Abs. 1 deklaratorisch bestätigt wird. Soweit die Inobhutnahme in das grundrechtlich geschützte Elternrecht nach Art. 6 Abs. 2 S. 1 GG eingreift, ist dieser Eingriff verfassungsrechtlich unbedenklich, weil dem Kind/Jugendlichen bei dringender Gefahr für sein Wohl ein individueller staatsgerichteter Rechtsanspruch auf Schutz (und Hilfe) zusteht und dieser Rechtsanspruch des Kindes/Jugendlichen das Elternrecht aus Art. 6 Abs. 2 S. 1 GG, das zudem ja ebenfalls auf die Gewährleistung des Kindeswohls bezogen ist, eingrenzt und beschränkt. Dass bei dringender Kindeswohlgefahr das Kind/der Jugendliche auch den Eltern oder sonstigen ErzBer. etc wegzunehmen ist, war zwar nach bisherigem Recht unklar. Nach gegenwärtiger Regelung der Inobhutnahme in § 42 SGB VIII steht das jedoch nicht mehr in Frage.[223]

85 Die Verpflichtung zur Inobhutnahme macht Abs. 2 S. 2 von **zwei Voraussetzungen** abhängig: Die Kindeswohlgefahr muss dringend[224] sein und die Entscheidung des (Fam)Gerichts darf nicht abgewartet werden können. Was die Voraussetzung der dringenden Kindeswohlgefahr betrifft, ergibt sich weder aus dem Gesetz selbst noch aus der amtlichen Entwurfsbegründung[225] noch aus anderen Materialien oder aus § 42 Abs. 1,[226] was unter dringender Kindeswohlgefahr zu verstehen ist.[227] Insbesondere lässt der Sprachgebrauch des Gesetzes offen, ob der Begriff der dringenden Kindes-

221 So auch Tillmanns in MüKoBGB Rn. 8 mit Hinweis auf § 166 Abs. 3 FamFG.
222 So aber wohl Meysen/Schindler JAmt 2004, 449 (455).
223 Vgl. dazu § 42 mit dort. Erläuterungen.
224 Vgl. zum Begriff der dringenden Gefahr etwa Kunkel in Krug/Riehle Rn. 54 ff. mit Rn. 24.
225 Vgl. BT-Drs. 15/3676, 30.
226 Vgl. BT-Drs. 15/3676, 37.
227 Zum Begriff der dringenden Gefahr und zur Bezugnahme auf Gesetzesbegründung und Materialien s. auch → § 42 Rn. 25 ff.

wohlgefahr auch qualitative und quantitative Elemente umfasst[228] oder lediglich eine Zeitbestimmung enthält (ausführlich → § 42 Rn. 25 ff.).

Hat das JA nach Bekanntwerden gewichtiger Anhaltspunkte für eine Kindeswohlgefährdung (→ Rn. 34 ff., 45 ff.) weitere Informationen zur Einschätzung des Gefährdungsrisikos eingeholt, so erweist sich auf der Grundlage des festgestellten Gefährdungssachverhalts eine **Kindeswohlgefahr** dann als **dringend**, wenn eine tatsächliche Beeinträchtigung des körperlichen, geistigen und/oder seelischen Wohls des Kindes/Jugendlichen **unmittelbar bevorsteht**. Dasselbe gilt bei bereits eingetretener Beeinträchtigung des Kindeswohls, wenn eine erneute Beeinträchtigung droht und unmittelbar bevorsteht, wenn sich also die Kindeswohlgefahr in einer konkreten Wiederholungsgefahr ausdrückt und manifestiert. In der Frage, ob eine Kindeswohlgefahr dringend ist, besteht für das JA ein (gerichtlich voll nachprüfbarer) **Beurteilungsspielraum**. Die Annahme einer dringenden Kindeswohlgefahr erfordert unter dem Aspekt ihres prognostischen Aussagegehalts eine nicht nur begründete, sondern eine **hohe Wahrscheinlichkeit** dafür, dass eine tatsächliche Beeinträchtigung des Kindeswohls unmittelbar bevorsteht: Danach muss die hohe Wahrscheinlichkeit bestehen, dass die festgestellte Kindeswohlgefahr ohne den Eingriff der Inobhutnahme ungehindert in eine tatsächliche Beeinträchtigung des körperlichen, geistigen und seelischen Kindeswohls übergeht und umschlägt. Insbesondere in Fällen ohnehin gefährdungsintensiver Kindesvernachlässigung und -verwahrlosung sowie in Fällen von Kindesmisshandlung und (sexuellem) Kindesmissbrauch ist typischerweise von einer dringenden Kindeswohlgefahr auszugehen.[229] 86

Über das unmittelbare Bevorstehen einer Gefahraktualisierung und -konkretisierung iS einer tatsächlichen Beeinträchtigung hinaus ist für das Vorliegen einer dringenden Kindeswohlgefahr aber auch erforderlich, dass die Gefahr ihrer Art und Intensität nach den Schwellenwert der §§ 1666, 1666a BGB erreicht. Dringend ist die Kindeswohlgefahr unter qualitativen und quantitativen Aspekten daher dann, wenn Art und Intensität der mit hoher Wahrscheinlichkeit unmittelbar bevorstehenden tatsächlichen Beeinträchtigung des Kindeswohls nicht lediglich Bagatellcharakter hat oder im nur geringen Maße das körperliche, geistige und/oder seelische Wohl des Kindes/Jugendlichen schmälert.[230] Auch insoweit steht dem JA ein Beurteilungsspielraum zu, wobei die Feststellung einer dringenden Kindeswohlgefahr im Einzelfall stets die komplexe Gemengelage **aller** (subjektiven und objektiven) **gefahrindizierenden Umstände** berücksichtigen muss. Entscheidungshilfe kann oftmals die Orientierung an einer (gedachten) Schwereskala möglicher Beeinträchtigungen des Kindeswohls leisten. Man wird insoweit von nach Art und Ausmaß dringender Kindeswohlgefahr bereits dann ausgehen müssen, wenn die unmittelbar bevorstehende tatsächliche Beeinträchtigung des Kindeswohls ihrer Eingriffsschwere nach den skalierten Mittelbereich überschreitet. Doch auch unterhalb dieses Mittelbereichs liegende Beeinträchtigungen des Kindeswohls können eine dringende Kindeswohlgefahr indizieren, wenn die „Durchführungsmodalitäten" der Beeinträchtigung je nach Persönlichkeit und Befindlichkeit des betroffenen Kindes besonders gravierend auf das Kindeswohl einwirken. Eine abstrakt-generelle Regel für die Feststellung einer im qualitativen und quantitativen Sinne „dringenden" Kindeswohlgefahr lässt sich weder aufstellen noch begründen. Erforderlich für die notwendige Gefahrbeurteilung ist eine auf die Mehrdimensionalität des familialen Systems, auf das soziale Umfeld des Kindes/Jugendlichen, auf die im sozialen Nahraum der Familie und des Kindes agierenden Personen und auf die Spezifika 87

228 Vgl. dazu die „Empfehlungen" des DST in ZfJ 2004, 187 ff.: „bei akut schwerwiegender Gefährdung des Kindeswohls"; abgeschwächt in der aktualisierten Fassung NDV 2009, 263 (264): „Fälle akuter Gefährdung".

229 Vgl. dazu → § 42 Rn. 27 u. 28; Bohnert in Hauck/Noftz/Stähr Rn. 20 ff.

230 Vgl. auch Mann in SFMK Rn. 20.

des kindlich/elterlichen Erziehungszusammenhangs etc abhebende **Gesamtwürdigung** aller gefahrbezogenen Einzelumstände. **Bleiben Zweifel**, ist allerdings zur (sicheren) Gewährleistung des Kindeswohls eine dringende Kindeswohlgefahr anzunehmen. Das ist insbesondere der Fall, wenn die prognostizierte tatsächliche Beeinträchtigung des Kindeswohls in der Verletzung von Rechtsgütern wie etwa der körperlichen Unversehrtheit, und zwar auch in Gestalt der „geistig-seelischen" Gesundheit, der Willens- und Entschließungs- oder Handlungsfreiheit, der sexuellen Selbstbestimmung und/oder des Lebens etc bestehen könnte.[231]

88 Nur wenn die Kindeswohlgefahr in diesem Sinne dringend (→ Rn. 86, 87) ist und die Entscheidung des FamG nicht abgewartet werden kann, ist der mit der Inobhutnahme einhergehende Eingriff in das Elternrecht im Übrigen auch unter Verhältnismäßigkeitsgesichtspunkten zulässig. **Nicht abgewartet** werden kann die Entscheidung des FamG, wenn wegen der **Eilbedürftigkeit der Schutzverwirklichung** ein sofortiges Tätigwerden des JA erforderlich ist. Das wird bei dringender Kindeswohlgefahr in Erstfällen häufig, bei Wiederholungsfällen regelmäßig der Fall sein. Unerheblich ist, ob das FamG bereits angerufen war und nur noch die familiengerichtliche Entscheidung aussteht,[232] oder ob das JA wegen der Eilbedürftigkeit auch ohne Anrufung des FamG tätig wird. Die Verpflichtung zur Inobhutnahme nach Abs. 2 S. 2 setzt anders als nach § 42 Abs. 1 Nr. 2b nicht voraus, dass eine familiengerichtliche Entscheidung nicht rechtzeitig eingeholt werden kann,[233] sondern hängt allein von der **Beschaffenheit der Gefahrenlage** und davon ab, dass wegen dieser Beschaffenheit der Gefahrenlage der Schutzauftrag des JA dessen sofortiges Handeln erfordert. Damit ist klargestellt, dass das JA vor seinem eigenen Tätigwerden nicht zunächst das FamG anrufen muss und es ist weiter klargestellt, dass das JA auch nach Anrufung des FamG in originärer Zuständigkeit zur Inobhutnahme verpflichtet ist, wenn nur die Voraussetzungen des Abs. 2 S. 2 nach verantwortlicher jugendamtlicher Beurteilung vorliegen. Auf Inhalt und Zeitpunkt der familiengerichtlichen Entscheidung kommt es dann nicht an ua mit der Konsequenz, dass die (zeitlich als zu spät ergehend eingeschätzte) Entscheidung des FamG von der Beurteilung des JA abweichen und andere Maßnahmen als die Inobhutnahme vorsehen kann. Zur Vermeidung derartiger Divergenzen ist jedenfalls im Kontext des § 8a ein **jugendamtliches Zuwarten** bis zur Entscheidung des FamG **unzulässig.**

89 Der Umstand, dass bei den FamG **gerichtliche Bereitschaftsdienste** bestehen und sie verpflichtet sind, im Verfahren nach den §§ 1666, 1666a BGB unverzüglich den Erlass einer einstweiligen Anordnung zu prüfen (vgl. § 157 Abs. 3 FamFG) sagt weder etwas über Art und Ausmaß der Kindeswohlgefahr aus noch darüber, ob und wie lange bis zur Entscheidung des FamG gewartet werden darf. Aus der Existenz eines gerichtlichen Eil-/Notdienstes und der Möglichkeit von familiengerichtlichen Eilentscheidungen in Gestalt einstweiliger Anordnungen leitet sich daher weder etwas für das Vorliegen einer „dringenden" Gefahr noch für die Zulässigkeit eines Abwartens ab. Die Schlussfolgerung, das JA sei zur Inobhutnahme nach Abs. 2 S. 2 nur in „besonders gelagerten akuten Gefährdungssituationen" verpflichtet und befugt[234] ist demzufolge weder vom Wortsinn noch von der Zweckbestimmung des Abs. 2 S. 2 gedeckt. Bei der nach Abs. 2 S. 2 zwingend vorgeschriebenen Inobhutnahme handelt es sich um einen

231 Vgl. aber auch Meysen in FK-SGB VIII Rn. 49 und Wiesner in Wiesner Rn. 58: Inobhutnahme nur „in besonders gelagerten Gefährdungssituationen".
232 So auch Tillmanns in MüKoBGB Rn. 10.
233 Wohl anders Meysen in FK-SGB VIII Rn. 49; Wiesner in Wiesner Rn. 57: „Satz 2 hat damit ausschließlich Verweisungscharakter"; ebenso Tillmanns in MüKoBGB Rn. 10; vgl. aber auch Kunkel in Krug/Riehle Rn. 57.
234 So bspw. Wiesner in Wiesner Rn. 58; Meysen in FK-SGB VIII Rn. 49.

Spezialfall der „allgemeinen" Inobhutnahme gem. § 42.[235] In diesem Sinne schafft Abs. 2 S. 2 eine selbstständige Rechtsgrundlage für die Inobhutnahme von Kindern und Jugendlichen.[236] Gleichwohl regelt Abs. 2 S. 2 nur das „Ob" der Maßnahme; die Vorschrift kann deshalb im Sinne einer Art Rechtsfolgeverweisung auf § 42 verstanden werden (→ Rn. 12). Das „Wie", dh die „Durchführung" der Inobhutnahme bestimmt sich dementsprechend nach § 42 (vgl. dort. Erl.).

5 Abwendung der Kindeswohlgefährdung mithilfe anderer Institutionen (Abs. 3)

Stellt sich nach Einschätzung des Gefährdungsrisikos gem. Abs. 1 auf der Beurtei- 90
lungsgrundlage des aufgeklärten Gefährdungssachverhalts heraus, dass zur Abwendung einer drohenden oder bereits eingetretenen Kindeswohlgefährdung neben der Installierung von „Hilfen" iSd Abs. 1, 4/5 das Tätigwerden weiterer Leistungsträger, der Einrichtungen der **Gesundheitshilfe** oder der Polizei notwendig ist, muss dieses Tätigwerden als Bestandteil des Schutzauftrages der Jugendhilfe vom JA bewirkt werden. Jugendamtliche „Hilfen" und „Hilfen" von Trägern der freien Jugendhilfe iSd Abs. 1 und/oder des Abs. 4 betreffen im Einzelfall nicht stets alle, sondern häufig nur einen Teil der Maßnahmen, die zur Abwendung einer Kindeswohlgefährdung erforderlich sind.[237] So können zB ärztliche Untersuchungen und/oder Behandlungen, die Gewährung von Hilfen für geistig oder seelisch behinderte Kinder und Jugendliche durch Sozialleistungsträger, die Anwendung unmittelbaren Zwangs bzw. die Strafverfolgung durch die Polizei oder Maßnahmen des sozialpsychiatrischen Dienstes etc[238] zur Abwendung der Kindeswohlgefährdung notwendig sein. Ergibt die jugendamtliche Beurteilung der Gefährdungslage die Erforderlichkeit solcher Maßnahmen, ist das JA verpflichtet zu gewährleisten, dass diese Maßnahmen ergriffen und durchgeführt werden. Im Blick auf diese Verpflichtung (kein Ermessen!) differenziert Abs. 3 zwischen zwei Fallgestaltungen:

Nach Abs. 3 S. 1 hat das JA darauf hinzuwirken, dass die erforderlichen Maßnahmen 91
seitens der Eltern bzw. der ErzBer. ergriffen und das „Tätigwerden anderer Leistungsträger, der Einrichtungen der Gesundheitshilfe oder der Polizei" in Anspruch genommen werden. Die Inanspruchnahme des „Tätigwerdens anderer Leistungsträger etc" durch die Eltern/PSB/ErzBer. entspricht dem, wozu Eltern/PSB/ErzBer. aufgrund ihrer (vorrangigen) Erziehungs**verantwortung** nicht nur berechtigt, sondern auch **verpflichtet** sind. Die in Art. 6 Abs. 2 S. 1 GG/§ 1 Abs. 2 S. 1 formulierte Grundrechtsposition von Eltern etc wird daher durch die „Hinwirkungspflicht" des JA von vornherein nicht beeinträchtigt, sondern in ihrem elternverpflichtenden Element geradezu bestätigt und aktualisiert. Die „Hinwirkungspflicht" des JA umfasst dementsprechend mehr als nur eine bloße Einforderung der elterlichen etc Verantwortlichkeit für die Erziehung und Entwicklung der gefährdeten Kinder/Jugendlichen. Sie umfasst ggf. unter Einsatz flankierender/begleitender Schutzmaßnahmen die Sorge, dass die Eltern/PSB/ErzBer. das Tätigwerden anderer Leistungsträger etc auch **tatsächlich in Anspruch nehmen**, dass die gefährdungsabwendenden Maßnahmen also im Ergebnis – unter Wahrung der elterlichen etc Rechtsposition – **tatsächlich ergriffen und durchgeführt** werden: „Hinwirken" ist mehr als nur „hinweisen und um Inanspruchnahme wer-

235 Vgl. Kunkel in Krug/Riehle Rn. 57.
236 Anders Wiesner in Wiesner Rn. 57; Tillmanns in MüKoBGB Rn. 10; vgl. auch Meysen in FK-SGB VIII Rn. 49 mwN.
237 Vgl. dazu Harnach in JHSM Rn. 53 f.; Meysen in FK-SGB VIII Rn. 50 ff.; Wiesner in Wiesner Rn. 59.
238 Vgl. Meysen/Schindler JAmt 2004, 449 (455).

ben"[239] oder das „Wecken der Bereitschaft" zur Inanspruchnahme durch eingehende Information und Beratung.[240]

92 Nicht die Eltern/PSB/ErzBer., sondern das JA selbst schaltet die „anderen zur Abwendung der Gefährdung zuständigen Stellen" ein, wenn ein sofortiges Tätigwerden zur Gefährdungsabwendung erforderlich ist und die ErzBer. nicht mitwirken. Voraussetzung für die Einschaltung der „anderen Stellen" **in eigener Zuständigkeit des JA** ist zunächst, dass ein **sofortiges Tätigwerden** (sic: der anderen Stellen) zur Gefährdungsabwendung erforderlich ist. Ein sofortiges Tätigwerden der anderen Leistungsträger etc ist erforderlich, wenn ohne dieses Tätigwerden die Gefährdungsintensität in einem Maße zunähme, dass aus der Kindeswohlgefährdung eine tatsächliche Beeinträchtigung des Kindeswohls resultierte. Für die jugendamtliche Einschaltung anderer das Kindeswohl schützender Institutionen ist daher auf der Basis einer fundierten Risikoeinschätzung die begründete Wahrscheinlichkeit einer Verschärfung der festgestellten Gefährdungslage und in diesem Sinne die Feststellung einer **Eilbedürftigkeit** maßgebend.

93 Weitere Voraussetzung ist die **fehlende Mitwirkung** der ErzBer. bei der Inanspruchnahme anderer Leistungsträger bzw. anderer für die Abwendung der Kindeswohlgefährdung zuständiger Stellen (Abs. 3 S. 1 iVm Abs. 3 S. 2). Insoweit ist allein maßgeblich, dass die Eltern/PSB/ErzBer. tatsächlich nicht mitwirken. Auf die Gründe für das faktische Nicht-Mitwirken kommt es nicht an. Die Einschaltung anderer Institutionen durch das JA ist somit auch zulässig und geboten, wenn die zur Mitwirkung verpflichteten Eltern/PSB/ErzBer. nicht rechtzeitig informiert und/oder beraten werden können.[241] Das Fehlen der Mitwirkung von Eltern/PSB/ErzBer. beschränkt sich im Übrigen nicht auf eine ausdrücklich erklärte Ablehnung oder Verweigerung der Mitwirkung. Es reicht vielmehr schon jede aus Nachlässigkeit oder Gleichgültigkeit und ähnlichen Motivationen herrührende Zögerlichkeit bei der (gem. Art. 6 Abs. 2 S. 1/§ 1 Abs. 2 S. 1) gebotenen Mitwirkung, die ein rechtzeitiges, nämlich die Kindeswohlgefährdung sofort und effektiv abwendendes Tätigwerden der „anderen Stellen" verhindert oder in Frage stellt.

94 Nur wenn beide Voraussetzungen – Eilbedürftigkeit der Gefährdungsabwendung und fehlende Mitwirkung der ErzBer. – **kumulativ** vorliegen, ist das JA zur selbstverantworteten Einschaltung der „anderen Stellen" verpflichtet; Abs. 3 S. 2 enthält insoweit eine unmissverständliche Anweisung. Aus dem normativen Zusammenhang zwischen Abs. 3 S. 1 und Abs. 3 S. 2 ergibt sich damit, dass zur Einschaltung bzw. Inanspruchnahme „anderer Stellen" oder „anderer Leistungsträger" allein die ErzBer. zuständig sind, wenn entweder bei bestehender Eilbedürftigkeit ihre sachnotwendige Mitwirkung gesichert ist (das JA leistet insoweit allenfalls „Hilfestellung" bei der Inanspruchnahme etc) oder es an der Eilbedürftigkeit fehlt (Fall des Abs. 3 S. 1). Von Abs. 3 **nicht** (ausdrücklich) **erfasst** ist der Fall, dass unter den Voraussetzungen des Abs. 3 S. 1 – Abwendung der Kindeswohlgefährdung ohne Eilbedürftigkeit – die ErzBer. trotz jugendamtlichen „Hinwirkens" ihre Mitwirkung verweigern bzw. ihrer Mitwirkungsverpflichtung nicht in der gebotenen Weise nachkommen. Vor dem Hintergrund der mit § 8a gesetzlich/gesetzgeberisch bezweckten **effektiven Verwirklichung des Schutzauftrags** bei Kindeswohlgefährdung wird man auch für diesen Fall von einer **Verpflichtung und Berechtigung des JA** auszugehen haben, die Einschaltung der „anderen Stellen" (Abs. 3 S. 2) **in eigener Zuständigkeit** vorzunehmen.[242] Die (ausdrückliche) Mitwirkungsverweigerung oder (konkludente) -ablehnung der Eltern/PSB/

239 So aber Wiesner in Wiesner Rn. 59; vgl. auch Meysen in FK-SGB VIII Rn. 50 mit Rn. 52.
240 Vgl. aber auch Kunkel in Krug/Riehle Rn. 68.
241 Tillmanns in MüKoBGB Rn. 11.
242 So auch Tillmanns in MüKoBGB Rn. 11.

ErzBer. kompensiert dann den mit dem jugendamtlichen Vorgehen verbundenen Eingriff in das Elternrecht so, dass die Einschaltung der „anderen Stellen" durch das JA mit Rücksicht auf den zu gewährleistenden Kinderschutz auch verhältnismäßig ist.

Das JA hat, soweit zur Abwendung der Gefährdung das Tätigwerden anderer Institutionen erforderlich ist, gem. Abs. 3 S. 1 auf die Inanspruchnahme **anderer Leistungsträger**, der **Einrichtungen der Gesundheitshilfe** oder der **Polizei** durch die ErzBer. hinzuwirken. Ob es sich hierbei um eine abschließende Aufzählung handelt, ist im Blick auf Abs. 3 S. 2 und den Verweis auf **„die *anderen* zur Abwendung der Gefährdung zuständigen Stellen"** nicht eindeutig zu klären. Die Gesetzesbegründung[243] gibt für diese Frage nichts her. Allerdings spricht vieles dafür, unter den „anderen zur Abwendung der Gefährdung zuständigen Stellen" **nur** die in Abs. 3 S. 1 benannten Institutionen/Stellen zu verstehen. Zuständige Stellen des Abs. 3 S. 2 sind daher die in Abs. 3 S. 1 im Sinne einer abschließenden Aufzählung genannten anderen Leistungsträger, die Einrichtungen der Gesundheitshilfe und die Polizei. Einem Vorschlag des BR,[244] im Gesetzgebungsgang zum KJSG den in Abs. 3 S. 1 erfassten Kreis der „zuständigen Stellen" zu öffnen und im Sinne einer Auffangklausel um „sonstige Dritte" zu erweitern sowie dem Abs. 3 S. 1 einen neuen S. 2 anzufügen, wonach in einem Falle, in dem Tatsachen die Schlussfolgerung nahelegen, dass über den konkreten Kindeswohlgefährdungsfall hinaus eine Kindeswohlgefährdung auch in einer unbestimmten Anzahl weiterer Fälle droht, das JA die Dritten, deren Tätigwerden zur Abwendung dieser Gefährdung erforderlich ist, einzuschalten hat, ist der BT nicht gefolgt. Dieser Vorschlag des BR rekurrierte auf eine von Salgo/Kepert erarbeitete gutachtliche Stellungnahme zur Frage, ob und inwieweit es § 8a dem JA unter Berücksichtigung datenschutzrechtlicher Belange ermöglicht, in Fällen von festgestellter (nur) abstrakt bestehender Kindeswohlgefahr zur Abwehr von möglicherweise sich erst zukünftig entwickelnden konkreten Kindeswohlgefahren in einer (noch unbestimmten) Vielzahl von Fällen präventiv einzugreifen.[245] Nach der Verabschiedung des KJSG mit betr. § 8a Abs. 3 unverändert gelassener Gesetzes- und Rechtslage sind allerdings auch gegenwärtig Fallkonstellationen nach Art des von Salgo/Kepert beschriebenen und ihrer gutachtlichen Stellungnahme zugrunde gelegten Sachverhalts[246] im Blick auf einen umfassenden Schutz von Kindern vor Gefahren für ihr Wohl ein mit den durch § 8a zur Verfügung stehenden Mitteln nach wie vor nicht und deshalb nur rechtspolitisch bzw. de lege ferenda lösbares Problem. 95

Soweit zur Umsetzung des Schutzauftrags bei Kindeswohlgefährdung nach Abs. 3 die Erhebung, Übermittlung/Weitergabe und Nutzung von Sozialdaten in Betracht kommt, ist deren Zulässigkeit in den §§ 61 ff. geregelt (→ § 61 Rn. 303 und → § 62 Rn. 13–16). 96

6 Schutzverwirklichung durch „freie Träger" (Abs. 4)

Das zur Verwirklichung des Rechts auf Erziehung gem. § 1 Abs. 1 gesetzlich festgelegte Grund- und Leitziel der Jugendhilfe, Kinder und Jugendliche vor Gefahren für ihr Wohl zu schützen (§ 1 Abs. 3 Nr. 4), ist nicht allein an die öffentliche Kinder- und Jugendhilfe, sondern an die **Jugendhilfe insgesamt** und damit auch an die freie Jugendhilfe adressiert (→ § 1 Rn. 14).[247] Soweit Träger, Einrichtungen und Dienste etc der freien Jugendhilfe auf dem Gebiet der Kinder- und Jugendhilfe tätig werden, sind die 97

243 Vgl. BT-Drs. 15/3676, 30.
244 Vgl. dazu BR-Drs. 5/21, 4 f. v. 12.2.2021.
245 Vgl. dazu Salgo/Kepert ZKJ 2020, 333 ff., 414 ff., 419 f.; ferner Mörsberger ZKJ 2021, 95 ff., 136 ff., 138 f.
246 Vgl. Salgo/Kepert ZKJ 2020, 333.
247 Wiesner in Wiesner § 1 Rn. 34/5.

programmatischen Zielvorgaben der Jugendhilfe daher auch für sie verbindlich.[248] Eine unmittelbare gesetzliche Verpflichtung zum zielgerechten Tätigwerden trifft die freie Jugendhilfe hingegen nicht.[249] Um sicherzustellen, dass die Fachkräfte auch der („freien") Träger von Einrichtungen und Diensten, die Leistungen nach dem SGB VIII erbringen, „ihren" Schutzauftrag bei Kindeswohlgefährdung sachgerecht wahrnehmen, schreibt Abs. 4 S. 1 darauf ausgerichtete **Vereinbarungen** mit den Trägern der leistungserbringenden Einrichtungen und Dienste vor. Ihrer Rechtsnatur nach handelt es sich bei diesen Vereinbarungen um **öffentlich-rechtliche Verträge.**[250] Vertragspartner sind auf Seiten der „freien" Jugendhilfe die Träger von Einrichtungen und Diensten, die Leistungen nach dem SGB VIII erbringen, und auf Seiten der „öffentlichen" Kinder- und Jugendhilfe nicht deren Träger,[251] sondern – wie Abs. 1 nahelegt – die JÄ.[252]

98 Leistungen nach dem SGB VIII werden von Einrichtungen und Diensten (der „freien" Kinder- und Jugendhilfe) regelmäßig auf der Basis privatrechtlicher Verträge zugunsten Dritter oder mit Schutzwirkung zugunsten Dritter erbracht. Die Fachkräfte der Träger dieser Einrichtungen und Dienste unterliegen in Verbindung mit der aus dem Grund- und Leitziel gem. § 1 Abs. 3 Nr. 4 resultierenden Schutzfunktion der Kinder- und Jugendhilfe deshalb einer originären Schutzverpflichtung zugunsten der von ihnen betreuten Kinder und Jugendlichen. Die nach Abs. 4 S. 1 zu treffende Vereinbarung hebt diese eigene (privatrechtlich begründete) Schutzverpflichtung nicht auf. Sie wird auch nicht durch einen anderen („öffentlichen") Schutzauftrag (etwa gem. Abs. 1) ersetzt. Mit der Vereinbarung nach Abs. 4 S. 1 ist deshalb weder eine Delegation des Schutzauftrags nach Abs. 1 verbunden, noch wird aus dem („freien") Träger der leistungserbringenden Einrichtungen und Dienste qua Vereinbarung ein (öffentlich-rechtlicher) Beliehener.[253] Vielmehr stellt Abs. 4 insbesondere in S. 1 klar, dass es sich bei dem von den leistungserbringenden Einrichtungen und Diensten wahrzunehmenden Schutzauftrag um einen vom Schutzauftrag des JA unabhängig bestehenden und daher in „eigener Regie" zu verwirklichenden Schutzauftrag handelt. Damit soll deutlich gemacht sein, dass die Wahrnehmung des Schutzauftrages bei Kindeswohlgefährdung durch die leistungserbringenden Einrichtungen und Dienste von der Art und Weise der Wahrnehmung des Schutzauftrages, wie sie in Abs. 1 vorgegeben ist, abgelöst und eigenständig geregelt ist. Bereits eingetretene Unsicherheiten im Hinblick auf die Wahrnehmung des Schutzauftrages gem. Abs. 2 aF („Wahrnehmung des Schutzauftrages in entsprechender Weise") sollen so beseitigt und ggf. neu entstehenden Irritationen bei den Fachkräften der leistungserbringenden Dienste und Einrichtungen vorgebeugt werden.[254]

99 Allerdings stellt sich für den Träger der öffentlichen Kinder- und Jugendhilfe/das JA und den auf dem Gebiet der Kinder- und Jugendhilfe tätigen Trägern der freien Jugendhilfe/den leistungserbringenden Einrichtungen und Dienste die Frage, welchen qualitativen Anforderungen eine dem Schutzauftrag bei Kindeswohlgefährdung ge-

248 Vgl. auch Meysen in FK-SGB VIII Rn. 56 u. 57; Wiesner in Wiesner Rn. 63.

249 Vgl. § 3 Abs. 2 S. 2 mit Abs. 3; BVerfGE 22, 180 (203); Wiesner in Wiesner Rn. 63; ferner Meysen in FK-SGB VIII Rn. 57; Harnach in JHSM Rn. 34; Mann in SFMK Rn. 12; Kunkel in Krug/Riehle Rn. 60; Kunkel ZKJ 2012, 288.

250 So auch Wiesner in Wiesner Rn. 63.

251 So aber Wiesner in Wiesner Rn. 63 ff., 71, 72 und öfter; ähnlich auch Kunkel in Krug/Riehle Rn. 62.

252 Ggf. als Repräsentanten des Trägers der öffentlichen Kinder- und Jugendhilfe; vgl. auch Meysen in FK-SGB VIII Rn. 57; ferner Harnach in JHSM Rn. 34.

253 Vgl. Meysen in FK-SGB VIII Rn. 57; Wiesner in Wiesner Rn. 63 mit Rn. 70; ferner Kunkel in Krug/Riehle Rn. 64.

254 Vgl. Reg-E, Begründung B, Besonderer Teil zu Art. 2 (Änderung des SGB VIII) Nr. 4 zu Buchst. b; vgl. auch Bringewat ZKJ 2011, 278 (279 f.) mwN.

recht werdende Einschätzung des Gefährdungsrisikos unterliegt, in genau derselben Weise. Soweit daher zur eigenständigen Wahrnehmung des (spezifischen) Schutzauftrages bei Kindeswohlgefährdung eine von den leistungserbringenden Einrichtungen und Diensten vorzunehmende Einschätzung des Gefährdungsrisikos gehört, besteht von der Sache her kein Unterschied zum Einschätzungsverfahren des JA gem. Abs. 1. Alles andere wäre eine sachwidrige Ungleichgewichtung von Qualitätsanforderungen an den Bewertungs- und Beurteilungsvorgang der Gefährdungseinschätzung mit fatalen Folgen für das von den leistungserbringenden Einrichtungen und Diensten betreute Kind. Das gilt insbesondere im Blick auf die oftmals ressourcenbedingt eingeschränkte Fachkompetenz in den leistungserbringenden Einrichtungen und Diensten.[255]

Die Gewährleistung einer im Vergleich zum Einschätzungsverfahren nach Abs. 1 qualitativ gleichwertigen Erfüllung des Schutzauftrags durch die leistungserbringenden Einrichtungen und Dienste bezweckt die in Abs. 4 S. 1 vorgeschriebene Sicherstellungsvereinbarung. Sie modifiziert und begrenzt die privatrechtlich begründete Schutzverpflichtung der Fachkräfte von leistungserbringenden Einrichtungen und Diensten insoweit, als die Schutzverwirklichung entsprechend den Vorgaben aus Abs. 4 zu erfolgen hat. Ein unzulässiger Eingriff in die Autonomie des („freien") Trägers der leistungserbringenden Einrichtungen und Dienste ist damit nicht verbunden.[256] Vielmehr geht es bei der vertraglich vereinbarten eigenständigen Wahrnehmung des Schutzauftrags nach Abs. 4 um eine verbindliche Übernahme fachlicher (Qualitäts-)Standards zur Abwehr einer Kindeswohlgefährdung. 100

Daraus resultiert zum einen, dass die „eigenen" Fachkräfte des Trägers der freien Jugendhilfe/der leistungserbringenden Einrichtungen und Dienste bei Bekanntwerden gewichtiger Anhaltspunkte für die Gefährdung eines von ihnen betreuten Kindes oder Jugendlichen die Gefährdung des Kindeswohls selbstständig einzuschätzen haben (Abs. 4 S. 1 Nr. 1), und zum zweiten, dass die Gefährdungseinschätzung (= Einschätzung des Gefährdungsrisikos) im Zusammenwirken mehrerer (ggf. auch trägerfremder) Fachkräfte zu erfolgen hat. Im Sinne dieser Verpflichtung muss der (freie) Träger etc Gewähr dafür bieten, dass seine Personalressource eigene „Fachkräfte" auch tatsächlich umfasst. Zudem muss zu der Gefährdungseinschätzung eine insoweit erfahrene Fachkraft beratend hinzugezogen werden (Abs. 4 S. 1 Nr. 2) und es müssen die ErzBer. sowie das Kind oder der Jugendliche in die Gefährdungseinschätzung einbezogen werden, soweit hierdurch der wirksame Schutz des Kindes oder Jugendlichen nicht in Frage gestellt wird (Abs. 4 S. 1 Nr. 3). Insoweit gilt dasselbe wie bei der Gefährdungseinschätzung nach Abs. 1 (→ Rn. 64 ff.). 101

Orientiert am Fachkräftegebot des § 72 (vgl. dort. Erl.) sind „Fachkräfte" auch der („freien") Träger von Einrichtungen und Diensten iSd Abs. 4 S. 1 solche Personen, die für die aufgabenerfüllende Tätigkeit in der Kinder- und Jugendhilfe eine entsprechende Ausbildung[257] erhalten haben.[258] Das Fachkräftegebot gem. § 72 SGB VIII bindet seinem Wortlaut nach zwar „nur" die Träger der öffentlichen Jugendhilfe. Es verpflichtet daher – zunächst – die Träger der freien Jugendhilfe nicht – jedenfalls nicht unmittelbar. Und auch eine sinnentsprechende Anwendung des § 72 SGB VIII auf die Kinder- und Jugendhilfearbeit der Träger der freien Jugendhilfe ist nicht ohne Weiteres begründbar. Gleichwohl sind die Träger der freien Kinder- und Jugendhilfe nicht davon freigestellt, in ihrem Tätigkeitsbereich das Fachkräftegebot ebenfalls zu beachten und einzuhalten. Es ist anerkannt, dass das Fachkräftegebot gem. § 72 in seinem 102

255 Vgl. dazu Bringewat ZKJ 2011, 278 (280).
256 So mit Recht Meysen in FK-SGB VIII Rn. 57; vgl. aber Kunkel ZKJ 2012, 288.
257 Ggf. mit je nach Ausbildungsgang und -abschnitt erforderlichem förmlichen Abschluss, vgl. auch Meysen in FK-SGB VIII § 72 Rn. 3.
258 Vgl. zu verschiedenen „Arten" von Fachkräften Kunkel ZKJ 2007, 150 f.

Kerngehalt, etwa im Rahmen der Förderung der freien Jugendhilfe gem. § 74 Abs. 1 und im Zusammenhang mit der Anerkennung als Träger der freien Jugendhilfe gem. § 75 Abs. 3 auf die Arbeit der Träger der freien Jugendhilfe übertragbar ist und dementsprechend über diesen Verfahrensweg „mittelbar" wirksam wird. Die ausdrückliche Nennung der Fachkräfte in Abs. 4 S. 1 Nr. 1 lässt sich deshalb als Modalität des Fachkräftebegriffs in § 72 verstehen. Unerheblich ist, ob die aufgabenerfüllende Tätigkeit in Festanstellung, auf Honorarbasis oder ehrenamtlich erfolgt.[259] **Keine Fachkräfte** iSd Abs. 4 S. 1 sind daher Laien, Personen ohne fachlich entsprechende Ausbildung (mit Ausbildungsabschluss), noch in fachlich entsprechender Ausbildung befindliche Personen (zB StudentInnen in Praktika) etc.[260] Ob Personen, die nach Abschluss ihres Studiums ein Berufspraktikum absolvieren, die Voraussetzungen einer „Fachkraft" iSd Abs. 2 S. 1 erfüllen, ist zweifelhaft, da sie erst mit „staatlicher Anerkennung" ihren berufsqualifizierenden Ausbildungsabschluss erwerben.[261]

103 Auch wenn die leistungserbringenden Einrichtungen und Dienste über (trägereigene) Fachkräfte im beschriebenen Sinne verfügen, ist nicht gewährleistet, dass sie hinreichend qualifiziert sind, nach Bekanntwerden gewichtiger Anhaltspunkte für eine Kindeswohlgefährdung die dann gebotene Einschätzung des Gefährdungsrisikos fachlich einwandfrei durchzuführen. In der Vereinbarung nach Abs. 4 S. 1 ist deshalb gem. S. 1 Nr. 2 verpflichtend vorzusehen, dass bei der Einschätzung des Gefährdungsrisikos eine insoweit erfahrene Fachkraft hinzugezogen wird. Diese insoweit erfahrene Fachkraft (ieF) ist eine Fachkraft, die in der Einschätzung von Gefährdungsrisiken (= Gefährdungseinschätzung) erfahren ist. Sie muss also über fachlich-methodologische Einschätzungskompetenzen – beruhend auf entsprechend anwendungsbezogener Erfahrung – verfügen.[262] Es handelt sich eben deshalb nicht um eine „im Kinderschutz erfahrene" Fachkraft.[263] Auch attraktive Zertifizierungen – etwa das Zertifikat „Kinderschutzfachkraft (§ 8a Abs. 2 SGB VIII)" oder auch „Kinderschutzfachkraft (§ 8a Abs. 4 S. 1 Nr. 2)" – sind nicht gleichzusetzen mit fachspezifischen Risikoeinschätzungskompetenzen. Eine so zertifizierte Kinderschutzfachkraft erfüllt die Anforderungen der ieF daher erst, wenn sie auch über fachlich begründete und auf entsprechender Erfahrung beruhende Gefährdungseinschätzungskompetenzen verfügt.[264] Die ieF wird „funktionell" als fachkundige Beraterin tätig,[265] die Fallzuständigkeit der jeweiligen Fachkraft der leistungserbringenden Einrichtungen und Dienste und damit die individuelle Fallverantwortung bleibt bei Hinzuziehen der ieF unberührt.[266]

104 Die in den Vereinbarungen nach Abs. 4 S. 1 aufzunehmende Verpflichtung zur Hinzuziehung einer ieF bei der Einschätzung des Gefährdungsrisikos entspricht inhaltlich dem, was bereits aus Abs. 4 S. 1 Nr. 1 folgt: Die gesetzliche Anweisung, in Vereinbarungen mit den Trägern der leistungserbringenden Einrichtungen und Dienste sicherzustellen, dass deren Fachkräfte den Schutzauftrag bei Kindeswohlgefährdung in „ei-

259 Meysen in FK-SGB VIII Rn. 64.
260 Vgl. dazu noch die Auflistung von möglichen Fachkräften in der Kinder- und Jugendhilfe bei Meysen in FK-SGB VIII § 72 Rn. 5 ff.
261 Vgl. aber Meysen in FK-SGB VIII Rn. 64.
262 In der Sache ebenso Wiesner in Wiesner Rn. 75 ff., 77 ff.
263 Vgl. aber – wohl anders – Mohe/Junker-Moch ZKJ 2009, 148 ff.: „Idealprofil" der ieF; ferner Harnach in JHSM Rn. 36 mit Überschrift zu III; Discher JAmt 2012, 240 (243).
264 Unter diesem Vorbehalt stehen alle Bemühungen um die Entwicklung eines der gesetzlichen Vorgabe verpflichteten Anforderungsprofils der ieF; vgl. dazu zB Slüter JAmt 2007, 515 (517 ff.) mwN; ferner bei Meysen in FK-SGB VIII Rn. 68.
265 Vgl. Meysen in FK-SGB VIII Rn. 67; Wiesner in Wiesner Rn. 75 ff., 77 f.
266 So auch Wiesner in Wiesner Rn. 75; ferner Kunkel in Krug/Riehle Rn. 66; vgl. zum Ganzen noch Institut für soziale Arbeit eV/Deutscher Kinderschutzbund Landesverband NRW/Bildungsakademie BiS in ZKJ 2013, 115 ff.; ZKJ 2011, 278 (279–281).

gener Regie" wahrnehmen, transportiert die „Einschätzung des Gefährdungsrisikos im Zusammenwirken mehrerer Fachkräfte" auf die Ebene der („freien") Träger der leistungserbringenden Dienste und Einrichtungen. Es sind somit deren Fachkräfte, die gemeinsam mit anderen, ggf. trägerfremden Fachkräften, das Gefährdungsrisiko nach Bekanntwerden „gewichtiger Anhaltspunkte" für eine Kindeswohlgefährdung einzuschätzen haben und es versteht sich von selbst, dass auch insoweit die Einschätzung des Gefährdungsrisikos fachkollegial und im Zusammenwirken mit einschätzungskompetenten Fachkräften zu erfolgen hat (→ Rn. 17 ff., 57 ff., 58, 59). Auch hier richtet sich die Zusammensetzung des risikoeinschätzenden Fachkollegiums nach den fachspezifischen Risikomodalitäten und danach, wie der (potenziellen) Kindeswohlgefährdung begegnet werden soll. Damit ist zugleich klargestellt, dass die gefährdungsrelevanten Umstände des Einzelfalls bestimmen, ob die Hinzuziehung (nur) einer ieF bei der Einschätzung des Gefährdungsrisikos ausreicht, oder ob es die Sache erfordert, mehrere, etwa auch disziplinverschiedene ieF hinzuzuziehen. Mit dem objektiven Sinngehalt des Abs. 4 nicht zu vereinbaren und daher unzulässig ist es, für einzelne Einrichtungen oder Dienste generell und für alle Fälle nur eine einzige Person als ieF zu bestimmen und im jeweiligen Bedarfsfall hinzuziehen.[267] Je nach Sachlage ist es vielmehr erforderlich, über die disziplinspezifische Art und Anzahl der ieF in jedem Einzelfall „neu" zu befinden. Soweit externe Fachkompetenz unverzichtbar ist, sind die dadurch entstehenden Kosten bei den Vereinbarungen nach §§ 78a ff. zu berücksichtigen.[268]

Dem entspricht es, dass Abs. 4 S. 2 Hs. 1 ausdrücklich vorschreibt, die Kriterien für die Qualifikation der beratend hinzuzuziehenden insoweit erfahrenen Fachkraft in die Vereinbarung nach Abs. 4 S. 1 aufzunehmen. Der Sache nach handelt es sich bei dieser inhaltlichen Vorgabe um eine Konsequenz aus dem Umstand, dass (nur) eine (einzige) Fachkraft – salopp ausgedrückt – nicht alles kann, was zur Gefährdungseinschätzung im Einzelfall an Kompetenz gefordert ist.[269] Es ist deshalb notwendig, einzelfalldifferenziert die Kriterien festzulegen, die eine beratend hinzuzuziehende Fachkraft zu einer insoweit erfahrenen Fachkraft qualifiziert.[270] Auch in diesem Kontext ist klarzustellen: Der bloße Hinweis auf die Fachkraft als „zertifizierte" Kinderschutzfachkraft genügt den gesetzlich vorgegebenen Anforderungen nicht. Nicht zu übersehen ist allerdings, dass der bloße Wortlaut des Abs. 4 S. 2 Hs. 1 den Vertragspartnern der Sicherstellungsvereinbarung die Möglichkeit eröffnet, die Qualifikationskriterien so auszuhandeln (!) und festzuschreiben, dass auf diesem (normzweckwidrigen) Umweg am Ende doch wieder nur eine einzige Fachkraft, nämlich die „alles könnende Kinderschutzfachkraft" zur insoweit erfahrenen Fachkraft für alle Fälle mutiert.[271] Die aus der Regelung des Abs. 4 S. 1 resultierende Klarstellung, dass es bei der ieF (Abs. 4 S. 1 Nr. 2) um eine Fachkraft geht, die zum einen in der Einschätzung von Gefährdungsrisiken des Einzelfalls über erfahrungsfundierte Fachkompetenzen verfügt und zum anderen eine solche ist, die in Sachen Gefährdungseinschätzung erfahren ist, gerät damit in Gefahr (ggf. aus Ressourcen- und Kostengründen), wieder verloren zu gehen. 105

In die Sicherstellungsvereinbarung nach Abs. 4 S. 1 sind nicht nur die Kriterien für die Qualifikation der ieF hinsichtlich ihrer Befähigung zur Mitwirkung bei der Gefährdungseinschätzung aufzunehmen. Diese Qualifikationskriterien müssen gem. Abs. 4 S. 2 Hs. 2 insbesondere auch den spezifischen Schutzbedürfnissen von Kindern und Ju- 106

267 So mit Recht auch Meysen in FK-SGB VIII Rn. 66; insofern bestehen gewisse Vorbehalte zB gegen die „Münchner Grundvereinbarung", vgl. dazu Krüger JAmt 2007, 397 ff.
268 Wiesner in Wiesner Rn. 75.
269 Vgl. auch Meysen in FK-SGB VIII Rn. 68 mit Rn. 66.
270 Vgl. dazu auch Kunkel in Krug/Riehle Rn. 67.
271 Vgl. dazu Bringewat ZKJ 2011, 278 (280, 281).

gendlichen mit Behinderungen Rechnung tragen. Es muss also sichergestellt sein, dass freie Träger nicht nur eine auf ihren Aufgabenbereich abgestimmte, sondern auch eine auf die besonderen Umstände der Lebenswirklichkeit von Kindern und Jugendlichen mit Behinderungen bezogene spezifische und qualifizierte Beratung durch eine bei der Gefährdungseinschätzung hinzuzuziehende ieF erhalten. Dieses Qualifikationsprofil der ieF folgt den Anforderungen aus Art. 16 der VN-Behindertenrechtskonvention. Danach besteht die Verpflichtung, alle geeigneten Gesetzgebungs-, Verwaltungs-, Sozial-, Bildungs- und sonstige Maßnahmen zu treffen, um Menschen mit Behinderungen vor jeder Form von Ausbeutung, Gewalt und Missbrauch, einschließlich geschlechtsspezifischer Aspekte, zu schützen.[272] Während für den Träger der öffentlichen Jugendhilfe die sich aus Art: 16 VN-Behindertenkonvention ergebende Verpflichtung unmittelbar geltendes Recht ist mit der Folge, dass der Träger der öffentlichen Jugendhilfe/das JA bei der Wahrnehmung des Schutzauftrags und dementsprechend bei der Einschätzung der Gefährdung eines Kindes oder Jugendlichen den spezifischen Schutzbedürfnissen von Kindern und Jugendlichen mit Behinderungen gerecht werden muss, bedarf es dafür, dass diese Verpflichtung auch bei einer Gefährdungseinschätzung durch Träger der leistungserbringenden Einrichtungen und Dienste umgesetzt wird, einer „Transformation" der Rechtsverpflichtung in die Vertragsebene zwischen den öffentlichen und freien Trägern der Kinder- und Jugendhilfe. Diese „Transformation" leistet die Sicherstellungsvereinbarung nach Abs. 4 S. 1 mit der gem. Abs. 4 S. 2 verbindlich vorgegebenen Festschreibung (regelmäßig) einzelfallbezogener Qualifikationskriterien für die bei der Gefährdungseinschätzung hinzuzuziehende „insoweit erfahrene Fachkraft".[273]

107 Als hinzuzuziehende ieF scheiden Fachkräfte des JA zwar nicht dem Wortlaut des Abs. 4 nach, wohl aber nach Sinn und Zweck der Vorschrift aus. Das gilt unabhängig davon, ob Fachkräfte des JA über Erfahrungen in der Einschätzung von Kindeswohlgefährdungen verfügen. Nach Abs. 4 realisieren die Träger von Einrichtungen und Diensten, die Leistungen nach dem SGB VIII erbringen, den Schutzauftrag bei Kindeswohlgefährdung im Kontext der Vereinbarungen mit den JÄ bzw. den Trägern der öffentlichen Kinder- und Jugendhilfe grundsätzlich in eigener Verantwortung (autonom). Die Hinzuziehung einer Fachkraft des JA als ieF iSd Abs. 4 S. 1 Nr. 2 würde im Ergebnis das autonome Betätigungsrecht der („freien") leistungserbringenden Einrichtungen und Dienste praktisch ins Leere laufen lassen; denn mit Hinzuziehung der JA/ASD-Fachkraft werden dem JA „gewichtige Anhaltspunkte für eine Kindeswohlgefährdung" bekannt mit der Folge, dass nunmehr der Schutzauftrag des JA nach Abs. 1 umzusetzen ist.[274] Hiervon zu trennen ist die ganz andere Frage, ob das JA im Einzelfall – weitergehend als in Abs. 4 S. 3 bestimmt – über bekannt gewordene gewichtige Anhaltspunkte für eine Kindeswohlgefährdung zu informieren oder aus anderen Gründen[275] zu beteiligen ist. Wird das JA durch leistungserbringende Einrichtungen oder Dienste über das Ergebnis einer von den Einrichtungen oder Diensten selbstständig durchgeführten konkreten Gefährdungseinschätzung informiert, darf sich die durch diese Information fallzuständig werdende Fachkraft des JA auf das Einschätzungsergebnis nicht ohne Weiteres verlassen und es sich zu eigen machen. Vielmehr bedarf es für den Fall, dass die Einrichtung oder der Dienst **keine** Kindeswohlgefährdung festgestellt hat, einer **Überprüfung** des dokumentierten Einschätzungsverfahrens sowie des mitgeteilten Einschätzungsergebnisses und ggf. – wie eben auch im Falle einer **festgestellten** Kindeswohlgefahr – der Vorbereitung und Durchführung einer ei-

272 Vgl. insoweit BT-Drs. 19/26107, 75 – zu Nr. 8, zu Buchst. b.
273 Vgl. zum Ganzen BT-Drs. 19/26107, 75 – zu Nr. 8 zu Buchst. b.
274 Vgl. auch Meysen in FK-SGB VIII Rn. 70; Wiesner in Wiesner Rn. 76.
275 Vgl. Wiesner in Wiesner Rn. 76.

genverantwortlichen Gefährdungseinschätzung, die im Falle einer von der Einrichtung oder dem Dienst festgestellten Kindeswohlgefahr unverzüglich zu erfolgen hat.

In die nach Abs. 4 abzuschließenden öffentlich-rechtlichen Verträge ist **insbesondere** die **Verpflichtung** aufzunehmen, dass die Fachkräfte der leistungserbringenden Einrichtungen und Dienste bei den ErzBer. etc auf die Inanspruchnahme von Hilfen hinwirken, wenn sie diese Hilfen für erforderlich halten (so Abs. 4 S. 3 Hs. 1). Inhaltlich stellt diese Verpflichtung das Pendant zum Hilfenangebot in Abs. 1 dar. Es ist danach Sache der Fachkräfte des Trägers der (leistungserbringenden) Einrichtungen und Dienste, nach Einschätzung des Gefährdungsrisikos dafür zu sorgen, dass die von ihnen zur Abwehr der Kindeswohlgefährdung als „erforderlich" beurteilten Hilfen durchgeführt, und dh in erster Linie, dass diese Hilfen von den ErzBer. etc in Anspruch bzw. angenommen werden. Erforderliche Hilfen sind die nach Einschätzung der Fachkräfte des Trägers (der Einrichtungen und Dienste) zur Abwendung der Kindeswohlgefährdung geeigneten und notwendigen (→ Rn. 73 f.) Hilfen. 108

Nach Abs. 4 S. 3 Hs. 2 ist in der Vereinbarung mit den Trägern der leistungserbringenden Einrichtungen und Dienste des weiteren (insbesondere) die **Verpflichtung zur Information des JA** für den Fall vorzusehen, dass anders, nämlich ohne Information des JA, ggf. durch eigene „Abwehrtätigkeit" in Form von „ausreichenden" Hilfen, die Kindeswohlgefährdung nicht abgewendet werden kann. Diese Informationsverpflichtung zielt darauf, das JA ohne schädlichen Zeitverlust in die Lage zu versetzen, allein ihm zugängliche Maßnahmen zur Abwehr der Kindeswohlgefährdung zu ergreifen, sei es in Form anderer Hilfen oder in Gestalt der Maßnahmen nach Abs. 2 oder 3. Durch Abs. 4 S. 3 Hs. 2 ist überdies en passant klargestellt, dass die Fachkräfte der leistungserbringenden Einrichtungen und Dienste keine Verpflichtung zur „prophylaktischen" Information des JA über etwaige Kindeswohlgefährdungen mit praktischer „Übergabe der Fallverantwortlichkeit" nach Bekanntwerden gewichtiger Anhaltspunkte trifft. Allerdings reicht die Verpflichtung zur Information des JA weiter, als es aus Abs. 4 S. 3 Hs. 2 hervorgeht. Das ergibt sich der Sache nach bereits aus Abs. 4 S. 1, und zwar aus dem Sicherstellungsgebot zur eigenverantwortlichen Wahrnehmung des Schutzauftrags bei Kindeswohlgefährdung: 109

Die Fachkräfte der Träger von Einrichtungen und Diensten, die Leistungen nach dem SGB VIII erbringen, sind danach in den Vereinbarungen gem. Abs. 4 S. 1 mit Abs. 4 S. 3 Hs. 2 zu verpflichten, das JA zu informieren, wenn sie die Einschätzung des Gefährdungsrisikos in eigener Verantwortung nicht sachgerecht durchführen können, wenn die ErzBer. etc die zur Abwendung der Kindeswohlgefährdung für geeignet und notwendig gehaltenen Hilfen nicht annehmen/in Anspruch nehmen, wenn sie bei der Durchführung angenommener Hilfen nicht in gebotener Weise mitwirken, wenn die erforderlichen Hilfen von ihnen selbst (den konkret mit der Sache befassten Fachkräften/Trägern) nicht oder nur unzureichend erbracht werden können, wenn es an jeglicher Mitwirkungsbereitschaft der ErzBer. etc fehlt und wenn von vornherein ersichtlich ist, dass „Hilfen" zur Abwehr der Kindeswohlgefährdung ungeeignet sind etc Informationspflichtig ist gem. Abs. 4 S. 3 Hs. 2 generell alles, was die Gewährleistung der eigenverantwortlichen Wahrnehmung des Schutzauftrags nach Abs. 4 wegen Mangels an trägereigener Ressource und Kompetenz oder fehlender Mitwirkung der ErzBer. etc in Frage stellt.[276] Auch in diesem Zusammenhang ist hervorzuheben, dass eine **Erprobung von Hilfen** mit dem Ziel, deren Geeignetheit und Notwendigkeit (Erforderlichkeit) erst noch zu ermitteln, **unzulässig** ist. Soweit mit der Information des JA oder den zur Risikoeinschätzung zusammenwirkenden, ggf. auch trägerfremden Fachkräften die Weitergabe von Daten verbunden ist, bestehen hiergegen unter den Vorausset- 110

276 Vgl. zum Ganzen auch Wiesner in Wiesner Rn. 82 ff.

zungen der §§ 61 ff.; § 64 Abs. 2 iVm § 69 Abs. 1 Nr. 1 2. Alt. SGB X (nicht anvertraute Daten); § 65 Abs. 1 S. 1 Nr. 5 (anvertraute Daten) keine Bedenken.[277]

111 Angesichts der vertragsgestaltenden gesetzlichen Verpflichtungsanordnung in Abs. 4 S. 3 Hs. 2 und der sich im Übrigen aus der „Sicherstellungsvereinbarung“ ergebenden Verpflichtungen (der Fachkräfte) des Trägers der leistungserbringenden Einrichtungen und Dienste erweist sich die Vereinbarung nach Abs. 4 S. 1 im normativen Kontext von Abs. 1 und Abs. 4 als praktikables Instrument zur „Verlängerung“ des jugendamtlichen Schutzauftrags nach Abs. 1 in das Arbeitsfeld (der Träger) der „freien“ Kinder- und Jugendhilfe. Ganz im Sinne der Gesamt- und Steuerungsverantwortung der Träger der öffentlichen Kinder- und Jugendhilfe bzw. der JÄ (§§ 79, 36 a) stattet die Vereinbarung nach Abs. 4 die JÄ (bzw. die Träger der öffentlichen Kinder- und Jugendhilfe) zur Umsetzung des Schutzauftrags bei Kindeswohlgefährdung mit einer Art „Verpflichtungsdurchgriff“ auf die Fachkräfte von Trägern der leistungserbringenden Einrichtungen und Dienste aus. Von diesem Verpflichtungsdurchgriff und weiteren gesetzlichen Inhaltsvorgaben abgesehen unterliegt die Vereinbarung nach Abs. 4 im Übrigen der (öffentlich-rechtlichen) Vertragsfreiheit. Den Trägern der leistungserbringenden Dienste und Einrichtungen ist deshalb insoweit die Möglichkeit zur Aushandlung und inhaltlichen Mitgestaltung der Vereinbarung zu eröffnen.[278]

112 Darüber hinaus besteht **kein Kontrahierungszwang.** Zwar ist der Träger der öffentlichen Kinder- und Jugendhilfe/das JA verpflichtet, in Vertragsverhandlungen mit den Trägern der leistungserbringenden Einrichtungen und Dienste zu treten und Vereinbarungen nach Abs. 4 zu treffen. Umgekehrt besteht eine derartige Rechtspflicht zum Abschluss einer Vereinbarung nach Abs. 4 für die Träger leistungserbringender Dienste etc nicht.[279] Als Vertragspartner bleibt es dem Träger der öffentlichen Kinder- und Jugendhilfe/dem JA unbenommen, in Erfüllung seiner Gesamtverantwortung auf die Einhaltung der vertraglich vereinbarten Pflichten zu achten und sich über deren ordnungsgemäße Wahrnehmung durch die (Fachkräfte der) Träger der leistungserbringenden Dienste und Einrichtungen zu vergewissern. Dies stellt keine unzulässige Kontrolle (des Trägers) der leistungserbringenden Einrichtungen und Dienste und auch keinen unzulässigen Eingriff in die Trägerautonomie dar, sondern versteht sich im Interesse der Schutzgewährung bei Kindeswohlgefährdung als (vertrags-)partnerschaftliches Controlling (was den Trägern der leistungserbringenden Dienste und Einrichtungen hinsichtlich ihrer Rechtsansprüche aus der Vereinbarung gleichermaßen zusteht).

113 Als Vertragspartner der Vereinbarungen nach Abs. 4 benennt das Gesetz die „Träger von Einrichtungen und Diensten“.[280] Was unter **„Einrichtungen und Dienste“** zu verstehen ist, erläutert Abs. 4 nur insoweit, als es sich dabei um „Leistungserbringer“ nach dem SGB VIII handelt. Das sind Leistungserbringer, die Leistungen iSd § 2 Abs. 2 erbringen. Der Katalog des § 2 Abs. 2 enthält eine abschließende Aufzählung, so dass „Leistungen“ anderer Art nicht in Betracht kommen können. Leistungserbringer nach anderen Büchern des SGB gehören daher nicht zu den Einrichtungen und Diensten iSd Abs. 4. „Träger von Einrichtungen und Diensten“ ist im Übrigen nicht in engem, sondern in umfassendem Sinne zu verstehen.[281] Allerdings sind „Einrichtungen und Dienste“ nur solche, die **Fachkräfte beschäftigen,** wobei es unerheblich ist, ob deren Träger

277 So auch Wiesner in Wiesner Rn. 82; teilweise anders Meysen in FK-SGB VIII Rn. 70 und Rn. 74 f.
278 Vgl. Wiesner in Wiesner Rn. 71.
279 Vgl. Wiesner in Wiesner Rn. 71; ferner Meysen in FK-SGB VIII Rn. 60 ff. mit Rn. 58 f.; Kunkel ZKJ 2012, 288; zu etwaigen Konsequenzen bei vereinbarungsfeindlicher oder sonst weigerlicher Haltung des „freien“ Trägers vgl. Wiesner in Wiesner Rn. 71.
280 Zum Begriff des „Trägers“ vgl. Meysen in FK-SGB VIII Rn. 58.
281 So auch Meysen in FK-SGB VIII Rn. 59; Wiesner in Wiesner Rn. 65 f.

iSd § 75 als Träger der freien Jugendhilfe anerkannt sind.[282] Keine „Einrichtungen und Dienste" iSd Abs. 4 sind dementsprechend[283] Jugendinitiativen ohne angestellte Fachkräfte, Kindertagespflegepersonen, Einrichtungen und Dienste der Gesundheitshilfe und der Schwangerschaftskonfliktberatung oder Schulen. Auch Fachkräfte, die als Einzelpersonen bestimmte Leistungen nach dem SGB VIII erbringen, zählen nicht zu den Diensten und Einrichtungen iSd Abs. 4.[284]

Sinnentsprechend anzuwenden ist Abs. 4 auf **Einrichtungen und Dienste in kommunaler Trägerschaft**, die Leistungen nach dem SGB VIII erbringen, jedoch aus dem JA ausgegliedert sind. Auch mit ihnen sind Vereinbarungen zu treffen, die sicherstellen, dass der Schutzauftrag nach Abs. 1 bzw. 4 umgesetzt wird. Soweit leistungserbringende Einrichtungen und Dienste organisatorisch dem JA zugewiesen sind, ist zwar nach dem Wortsinn des Abs. 4 iVm Abs. 1 eine „Vereinbarung" mit dem JA/dem Träger der öffentlichen Kinder- und Jugendhilfe ausgeschlossen.[285] Es empfiehlt sich aber, nach dem „Modell" des Abs. 4 im Wege von Dienstanweisungen verbindliche Regeln zur Umsetzung des Schutzauftrags durch amtsinterne Einrichtungen und Dienste festzuschreiben. Sofern kreisangehörige Gemeinden ohne eigenes JA als Träger von leistungserbringenden Einrichtungen und Diensten auf dem Gebiet der Kinder- und Jugendhilfe tätig sind, muss der Träger der öffentlichen Kinder- und Jugendhilfe/das JA mit ihnen ebenfalls Vereinbarungen iSd Abs. 4 treffen,[286] um die Wahrnehmung des Schutzauftrags nach Abs. 1 bzw. 4 durch sie sicherzustellen. Solche Einrichtungen und Dienste sind nicht anders zu behandeln als die der „freien" Träger.[287] 114

Ob mit Abs. 4 das rechtspolitische Ziel des § 8a, den Schutzauftrag der Kinder- und Jugendhilfe bei Kindeswohlgefährdung und die Modalitäten seiner Verwirklichung durch Fachkräfte der leistungserbringenden Einrichtungen und Dienste klarzustellen und eindeutiger zu formulieren, erreicht wird, hängt wesentlich davon ab, welchen Inhalt die auszuhandelnden (!) Vereinbarungen zwischen den JÄ/Trägern der öffentlichen Kinder- und Jugendhilfe und den „freien" Trägern der leistungserbringenden Einrichtungen und Dienste über die Pflichtinhalte[288] der Vereinbarung hinaus im Einzelnen haben: Der insoweit im Respekt vor der Partnerschaftlichkeit zwischen öffentlicher und freier Jugendhilfe gesetzlich gewährte vertragliche Gestaltungsspielraum wird nur gem. Abs. 4 S. 1 und 2 mit den ausdrücklich genannten Verpflichtungen gem. Abs. 4 S. 3 begrenzt. Weitere flankierende Sicherungen zur sachgerechten Durchführung des Schutzauftrags bei Kindeswohlgefährdung sieht Abs. 4 hingegen nicht vor. Um folgenreiche Verfehlungen des Gesetzeszwecks zu vermeiden, bedarf es daher nachhaltiger Verfahrenskonkretisierungen in den verpflichtend vorgeschriebenen Vereinbarungen. Dazu gehören ua verbindliche Absprachen darüber, ob und unter welchen Voraussetzungen in die Einschätzung des Gefährdungsrisikos neben „trägereigenen" auch „trägerfremde" Fachkräfte einzubeziehen sind. Daran anknüpfend ist zu regeln, ob und inwieweit den Trägern der öffentlichen Kinder- und Jugendhilfe bzw. den JÄ bei der Auswahl der mitwirkenden „trägerfremden" Fachkräfte ggf. ein **Mitspracherecht** zusteht. Weiter ist zu klären, ob und wie eine Art „Pool" von ieF mit unterschiedlicher disziplinärer Ausrichtung vorzuhalten ist und auf wessen **Kosten** „trägerfremde" Fachkräfte zur Einschätzung des Gefährdungsrisikos mitwirken. Mangels ausdrücklicher gesetzlicher Verteilungsvorgaben empfiehlt sich im Sachbereich der „Schutzverwirklichung durch Leistung (en)" eine Orientierung an der **Kostenregelung** 115

282 Vgl. Wiesner in Wiesner Rn. 65 f.
283 Vgl. zum Folgenden Meysen in FK-SGB VIII Rn. 59.
284 Vgl. noch Wiesner in Wiesner Rn. 68.
285 Anders Wiesner Rn. 67 und DIJuF JAmt 2007, 297 (298).
286 Wiesner in Wiesner Rn. 67.
287 Vgl. auch Meysen in FK-SGB VIII Rn. 58.
288 Vgl. dazu noch Meysen in FK-SGB VIII Rn. 62.

im sog. **jugendhilferechtlichen Dreiecksverhältnis** mit regeltypischer Kostentragung durch die öffentliche Kinder- und Jugendhilfe entweder in Form von Kostenzusagen oder in Form von Kostenübernahmeverpflichtungen. All diese zur Sicherstellung der Schutzverwirklichung durch „freie" Träger notwendigen Regelungen, Absprachen etc sind iSd Abs. 4 S. 1 (vertraglich) zu vereinbaren. Der Gestaltungsfreiheit der Vertragspartner überlässt Abs. 4 S. 1 auch die **„Art" der Vereinbarungen**: In Betracht kommen (generelle) Rahmenvereinbarungen, spezifische Vereinbarungen im Einzelfall oder auch (generelle) Rahmenvereinbarungen mit Verpflichtungserklärungen zum Abschluss von Individualvereinbarungen im Einzelfall etc – Abs. 4 S. 1 schreibt keinen bestimmten Vereinbarungstyp vor. Allerdings sind Vereinbarungen gem. §§ 77, 78a ff. für Schutzauftragsregelungen nach Abs. 1 u. 4 ungeeignet, weil deren Regelungsgegenstände nicht mit Fragen der zweckgerechten Umsetzung des Schutzauftrags bei Kindeswohlgefährdung verknüpft werden können. Nicht ausgeschlossen ist dagegen, Vereinbarungen gem. §§ 77, 78a ff. den Vereinbarungen gem. Abs. 4 „anzuhängen".[289] Die nach Abs. 4 S. 1 erforderliche Sicherstellungsvereinbarung kann allerdings nicht durch eine einseitige **Selbstverpflichtungserklärung** ersetzt werden, und zwar auch dann nicht, wenn ihr Inhalt kindeswohltauglich wäre.[290]

7 Schutzverwirklichung durch Kindertagespflegepersonen (Abs. 5)

116 Leistungen nach dem SGB VIII erbringen auch Kindertagespflegepersonen (vgl. § 2 Abs. 2 Nr. 3 iVm §§ 22 bis 25, 43). Ähnlich wie im Falle der Betreuung von Kindern und Jugendlichen durch Einrichtungen und Dienste iSd Abs. 4 besteht auch im Förder- und Leistungsspektrum der Kindertagespflege ein – in der Kindertagespflege vergleichsweise eher noch intensiverer – enger Betreuungszusammenhang zwischen der/den Kindertagespflegeperson/en und dem/den betreuten Kind/Kindern. Ganz im Sinne der Zielsetzung des KJSG, den Schutz von Kindern und Jugendlichen vor Gefahren für ihr Wohl noch weiter zu verbessern,[291] erstreckt der durch das KJSG in die Vorschriften über den „Schutzauftrag bei Kindeswohlgefährdung" eingefügte Abs. 5 dementsprechend die Verwirklichung des Schutzes auf die Mithilfe auch von Kindertagespflegepersonen. Wie im Kontext der Schutzverwirklichung durch Einrichtungen und Dienste der „freien Träger" der Kinder- und Jugendhilfe iSd Abs. 4 soll auch die Schutzverwirklichung durch Kindertagespflegepersonen im Wege von Vereinbarungen zwischen den Trägern der öffentlichen Jugendhilfe/den JÄ und den Kindertagespflegepersonen sichergestellt werden. Ihrer Rechtsnatur nach sind auch diese Sicherstellungsvereinbarungen zwischen den Trägern der öffentlichen Jugendhilfe/den JÄ und den Kindertagespflegepersonen als **öffentlich-rechtliche Verträge** sui generis zu qualifizieren. Vertragspartner sind auf der einen Seite die JÄ/die Träger der öffentlichen Kinder- und Jugendhilfe und auf der anderen Seite eine oder mehrere Kindertagespflegepersonen (vgl. § 22 Abs. 1 S. 3, 4). Mit der Sicherstellungsvereinbarung nach Abs. 5 S. 1 ist ähnlich wie mit der Sicherstellungsvereinbarung nach Abs. 4 S. 1 keine Delegation des Schutzauftrags gem. Abs. 1 verbunden. Aus der Kindertagespflegeperson wird auch nicht qua Vereinbarung ein (öffentlich-rechtlich) Beliehener. Aus Abs. 5 S. 1 ergibt sich vielmehr zwanglos, dass es sich bei dem von der Kindertagespflegeperson wahrzunehmenden Schutzauftrag um einen unabhängig vom JA bestehenden und in eigener Verantwortlichkeit zu verwirklichenden Schutzauftrag handelt.

117 Die Sicherstellungsvereinbarung nach Abs. 5 entspricht inhaltlich weitgehend der Sicherstellungsvereinbarung nach Abs. 4. Danach ist in der Sicherstellungsvereinbarung gem. Abs. 5 S. 1 die Kindertagespflegeperson zu verpflichten, bei Bekanntwerden ge-

289 Vgl. dazu auch die Untersuchung von Vereinbarungen nach § 8a Abs. 4 – vormals 2 – aus der Praxis bei Münder/Smessaert ZKJ 2007, 232 (233).
290 So auch Meysen in FK-SGB VIII Rn. 60; aA Kunkel ZKJ 2008, 52 (54).
291 Vgl. dazu BT-Drs. 19/26107, 40 ff.; BT-Drs. 19/27481, 7.

wichtiger Anhaltspunkte für die Gefährdung des Wohls **eines von ihr betreuten** Kindes eine eigene (konkrete) Gefährdungseinschätzung vorzunehmen. Damit ist zugleich klargestellt, dass sich die der Kindestagespflegeperson zugewiesene Wahrnehmung des Schutzauftrags bei Kindeswohlgefährdung von der Art und Weise der Verwirklichung des Schutzauftrags wie sie dem JA in Abs. 1 vorgegeben ist, deutlich unterscheidet. Für die Kindertagespflegeperson steht dementsprechend aber ebenso wie im Kontext des Abs. 4 S. 1 für die „freien" Träger der Dienste und Einrichtungen und erst recht in Frage, welchen qualitativen Anforderungen eine dem Schutzauftrag bei Kindeswohlgefährdung gerecht werdende Einschätzung des Gefährdungsrisikos durch die Kindertagespflegeperson genügen muss. Auch insoweit gilt, dass von der Sache her die qualitativen Anforderungen an die Gefährdungseinschätzung nicht hinter denen der Gefährdungseinschätzung durch die Fachkräfte iSd Abs. 1 und auch des Abs. 4 zurückbleiben dürfen. Zur qualitativen Absicherung einer sachgerechten Gefährdungseinschätzung durch die Kindertagespflegeperson sieht Abs. 5 S. 1 daher die Hinzuziehung einer ieF verpflichtend vor. Diese vertragliche Verpflichtung, bei der Gefährdungseinschätzung eine ieF beratend hinzuzuziehen, trägt ua dem Umstand Rechnung, dass in der Praxisrealität der Kindertagespflege nicht von vornherein genügende Fachkompetenz zur Einschätzung einer Kindeswohlgefährdung vorausgesetzt werden kann. Hinzu kommt, dass in der Kindertagespflege ein fachkollegiales Zusammenwirken mehrerer Fachkräfte zur Einschätzung von Gefährdungsrisiken anders als in der Aufgabenerledigung des JA oder auch der Träger von Diensten und Einrichtungen iSd Abs. 4 nicht abrufbar ist. Dem Qualitätsprofil der ieF im Zusammenhang mit einer Gefährdungseinschätzung nach Abs. 5 S. 1 kommt deshalb maßgebliche, im Vergleich zur beratend hinzuzuziehenden ieF gem. Abs. 4 S. 1 eher noch erhöhte Bedeutung zu.

Allein eine wie auch immer erworbene Qualifikation „Kinderschutzfachkraft" oder 118
Zertifizierung zur „Kinderschutzfachkraft" genügt den qualitativen Anforderungen an eine ieF im Kontext des Abs. 5 S. 1 nicht. Die von der Kindertagespflegeperson beratend hinzuzuziehende ieF muss vielmehr über fachlich versierte methodologische Einschätzungskompetenzen verfügen, die auf ausreichend anwendungsbezogener Erfahrung beruhen. Dazu gehören auch fachübergreifende Beurteilungsfähigkeiten, die es erlauben, ggf. einen im Einzelfall erforderlichen weitergehenden Bedarf an Einschätzungskompetenz zu erkennen. Dem entspricht es, dass Abs. 5 S. 1 iVm Abs. 4 S. 2 vorschreibt, in der Sicherstellungsvereinbarung mit der Kindertagespflegeperson die Kriterien für die Qualifikation der beratend hinzuzuziehenden ieF zu regeln, wobei diese Kriterien insbesondere auch den spezifischen Schutzbedürfnissen von Kindern und Jugendlichen mit Behinderungen hinreichend Rechnung tragen müssen. In die Sicherstellungsvereinbarung sind deshalb nicht lediglich generelle, sondern ggf. auch einzelfalldifferenzierte Qualifikationskriterien die ieF betreffend aufzunehmen. Überdies ist in der Sicherstellungsvereinbarung der Kindertagespflegeperson die Möglichkeit einzuräumen und ihr verpflichtend aufzuerlegen, nach eigener Erkenntnis im Bedarfsfalle ggf. nicht nur eine einzige ieF, sondern auch mehrere uU auch disziplinverschiedene ieF bei der Gefährdungseinschätzung hinzuzuziehen; denn der Bedarf an Einschätzungskompetenz durch ieF richtet sich nach den gefährdungsrelevanten Umständen des Einzelfalls und nicht nach generalisierten Qualifikationskriterien. Der Sache nach handelt es sich bei dieser inhaltlichen Vorgabe wie auch im Falle der Sicherstellungsvereinbarung gem. Abs. 4 S. 1 und 2 um eine Konsequenz aus dem Umstand, dass nur eine einzige – wenn auch als ieF ausgewiesene – Fachkraft regelmäßig nicht alles kann, was zur Gefährdungseinschätzung im Einzelfall an Fachkompetenz gefordert ist (→ Rn. 103 ff., 105).

In die Sicherstellungsvereinbarungen ist des Weiteren die Verpflichtung aufzunehmen, 119
dass die Kindertagespflegepersonen bei den ErzBer. auf die Inanspruchnahme von Hilfen hinwirken, wenn sie diese für erforderlich halten, und das JA informieren, falls die Gefahr nicht anders abgewendet werden kann. Das ergibt sich aus einer sinngemäßen

Anwendung der Vorgaben aus Abs. 4 S. 3. die Abs. 5 S. 3 für entsprechend anwendbar erklärt. Insoweit gelten die Erläuterungen zu Abs. 4 S. 3 sinngemäß auch für die (vertraglichen) Verpflichtungen der Kindertagespflegepersonen (→ Rn. 107 ff.). Anders als im Zusammenhang mit der Schutzverwirklichung durch „freie Träger" gem. Abs. 4 S. 1 Nr. 3 schreibt Abs. 5 S. 2 **unmittelbar verpflichtend** vor, dass die ErzBer. sowie das Kind in die Gefährdungseinschätzung einzubeziehen sind, soweit hierdurch der wirksame Schutz des Kindes nicht in Frage gestellt ist. Es fragt sich allerdings, wer Adressat dieser gesetzlichen Verpflichtung sein soll. Dass Abs. 5 S. 2 an den öffentlichen Träger der Kinder- und Jugendhilfe bzw. die JÄ gerichtet ist, erscheint wenig plausibel. Nach dem Sinn- und Sachzusammenhang der S. 1 bis 3 des Abs. 5 ist die gesetzliche Verpflichtung zur Einbeziehung der ErzBer. und des Kindes in die Gefährdungseinschätzung denn auch eher unmittelbar an die Kindertagespflegepersonen adressiert. Das aber dürfte mit dem Subsidiaritätsprinzip nicht vereinbar sein.[292] Ähnlich wie bei der Schutzverwirklichung durch „freie Träger" fungiert als Grundlage für die Wahrnehmung eines **originären (!)** Schutzauftrags der Kindertagespflegepersonen ein eigenständiger privatrechtlicher Pflege- oder Betreuungsvertrag mit der Folge, dass der Gesetzgeber im Respekt vor der Privatautonomie der Kindertagespflegepersonen daran gehindert ist, im Wege gesetzlicher Verpflichtungen auf die „autonome" Verwirklichung des Schutzauftrags durch die Kindertagespflegepersonen unmittelbar gestaltend einzuwirken. Selbst wenn Abs. 5 S. 2 so zu verstehen wäre, dass der öffentliche Träger der Kinder- und Jugendhilfe/das JA die Einbeziehung der ErzBer. und des Kindes in den Prozess der Gefährdungseinschätzung durch die Kindertagespflegeperson zu gewährleisten hat, bliebe es mangels Einwirkungsbefugnis des öffentlichen Trägers der Kinder- und Jugendhilfe/der JÄ bei einem Verstoß gegen das Subsidiaritätsprinzip, wenn unter Verletzung der Privatautonomie der Kindertagespflegeperson im Sinne des Abs. 5 S. 2 in das Vertragsverhältnis zwischen ErzBer. und Kindertagespflegeperson eingegriffen würde. Diesen „gesetzestechnischen" Ungereimtheiten ist in Anlehnung an Abs. 4 S. 1 Nr. 3 dadurch Rechnung zu tragen, dass die Verpflichtung zur Einbeziehung der ErzBer. sowie des Kindes in die Gefährdungseinschätzung (soweit der wirksame Schutz des Kindes nicht in Frage gestellt wird) ebenfalls in die Sicherstellungsvereinbarung mit dem Träger der öffentlichen Kinder- und Jugendhilfe/dem JA aufzunehmen ist. Was die Einbeziehung der ErzBer. und des Kindes in die Gefährdungseinschätzung im Übrigen betrifft, ist auf die Erläuterungen zu Abs. 4 S. 1 Nr. 3, die sinnentsprechend für die Gefährdungseinschätzung durch Kindertagespflegepersonen herangezogen werden können (→ Rn. 64 ff., 101), zu verweisen.

120 Bei aller Wertschätzung des rechtspolitischen Ziels, den Schutz von Kindern und Jugendlichen zu verstärken, ist kritisch anzumerken, dass die durch das KJSG in den „Schutzauftrag bei Kindeswohlgefährdung" nach § 8a eingefügte Vorschrift des Abs. 5 als „nicht zu Ende gedacht" und unausgegoren und im Ergebnis deshalb als reformbedürftige Fehlleistung des Reformgesetzgebers bemängelt werden muss. Orientiert an der Praxisrealität der Kindertagespflege stellt die in einer Sicherstellungsvereinbarung mit dem öffentlichen Träger der Kinder- und Jugendhilfe/dem JA festzuschreibende Verpflichtung der Kindertagespflegeperson, bei Bekanntwerden gewichtiger Anhaltspunkte für eine Gefährdung des Wohls eines von ihr betreuten Kindes eine **„originär-eigene"** Einschätzung der Gefährdungsrisiken und -lage vorzunehmen, die involvierte Kindertagespflegeperson vor für sie kaum lösbare Probleme: Dazu gehört etwa die wie selbstverständlich vorausgesetzte Qualifikation der Kindertagespflegeperson, gewichtige Anhaltspunkte für eine Gefährdung des Wohls des von ihr betreuten Kindes als solche wahrnehmen zu können; denn allein aus den Eignungskriterien der §§ 23 Abs. 3, 43 Abs. 2 S. Nr. 1 iVm Abs. 3 lässt sich diese Fähigkeit nicht herausle-

292 Vgl. dazu Lakies/Beckmann in FK-SGB VIII § 23 Rn. 53, 57 ff.; Meysen in FK-SGB VIII Rn. 57; Wiesner in Wiesner Rn. 63.

sen. Hinzu kommt, dass es dem Reformgesetzgeber trotz jahrelanger Reformdiskussion nicht in den Sinn gekommen ist, die seit langem auch bei den Fachkräften der Kinder- und Jugendhilfe bestehenden Unklarheiten über das, was unter „gewichtig" und unter „Anhaltspunkte" iSd Abs. 1 zu verstehen ist, zu beseitigen. Den Unwägbarkeiten der „Gewichtigkeit" kann die zur Gefährdungseinschätzung verpflichtete Kindertagespflegeperson in ihrer Person nur dadurch begegnen, dass sie sich in entsprechend qualifizierende Fortbildungen begibt. Die in der Sicherstellungsvereinbarung vorgegebene Hinzuziehung einer ieF hilft insoweit nicht weiter, weil vor Hinzuziehung der ieF und Durchführung der Gefährdungseinschätzung die Gewichtigkeit der Anhaltspunkte feststehen muss. Ähnlich wie im Blick auf die Hinzuziehung einer ieF zur Gefährdungseinschätzung im Kontext des Abs. 4 fehlt es auch im Sachzusammenhang der Gefährdungseinschätzung nach Abs. 5 an jeglichem gesetzlichen Hinweis auf die Art und Anzahl der hinzuzuziehenden ieF. Anders als im Normbereich des Abs. 4 kann die einzelne (!) Kindertagespflegeperson aber dieses (gesetzliche) Manko nicht durch Rückgriff auf fachkollgiale Beratung ausgleichen. Weitere Monita – nicht alle können an dieser Stelle aus naheliegenden (Raum-)Gründen benannt werden – betreffen die Frage, auf wessen Kosten die hinzuzuziehenden ieF bei der Gefährdungseinschätzung mitwirken, und in welcher Form zwischen der Kindertagespflegeperson und dem öffentlichen Träger der Kinder- und Jugendhilfe/dem JA bzw. zwischen ihr und den hinzuzuziehenden ieF verbindliche Vereinbarungen über Kostenzusagen oder Kostenübernahmen getroffen werden können. Insoweit gilt Ähnliches wie für die Problematik der Kostenverteilung und -regelung bei der Wahrnehmung des Schutzauftrags bei Kindeswohlgefährdung durch „freie Träger" (→ Rn. 114 mwN).

Überdies aber fragt es sich ganz grundsätzlich, ob die erst in den „letzten Zügen" des Gesetzgebungsverfahrens wie von Zauberhand in das KJSG eingefügte Vorschrift des Abs. 5 überhaupt dem „objektivierten Willen des Gesetzgebers" (wenn es diesen Willen des Gesetzgebers denn tatsächlich gibt) entspricht. Soweit ersichtlich hat der BR erstmals am 12.2.2021 in seiner Stellungnahme zum Regierungsentwurf des KJSG vorgeschlagen, in § 8a einen Abs. 4a mit fast gleichem Regelungsgehalt wie in dem Gesetz gewordenen Abs. 5 einzufügen. Diesem Vorschlag stimmte die BReg. ohne weitere Erörterung und Begründung zu.[293] Nach Änderungsanträgen und Beschlussempfehlung des Ausschusses für Familie, Senioren, Frauen und Jugend (13. Ausschuss) vom 21.4.2021[294] sowie dem Gesetzesbeschluss des BT vom 23.4.2021[295] wurde dann aus dem vom BR vorgeschlagenen Abs. 4a mit leichten redaktionellen Textänderungen, aber ohne zusätzliche oder erweiterte Begründung der Gesetz gewordene Abs. 5. Die maßgebliche Begründung für die Einfügung des Abs. 5 in den Schutzauftrag bei Kindeswohlgefährdung gem. § 8a ist der Stellungnahme des BR zum Gesetzentwurf der BReg. zu entnehmen. Sie lautet ua: „Nach dem Wortlaut (sic: des § 8a Abs. 4 SGB VIII) sind Kindertagespflegepersonen nicht einbezogen. Mit der vorgeschlagenen Änderung würde klargestellt, dass Kindertagespflegepersonen nicht nur nach dem Sinn und Zweck dieser Vorschrift zu den Adressaten dieser Regelung gehören, sondern der Schutzauftrag bei Kindeswohlgefährdung unmittelbar auch in der Kindertagespflege gilt **und Kindertagespflegepersonen bei Anzeichen von Kindeswohlgefährdung das Verfahren des Jugendamtes zur Abschätzung des Gefährdungsrisikos einleiten müssen**. Somit würde das Erfordernis von Vereinbarungen auch für dieses Angebot der Kinder- und Jugendhilfe geregelt."[296] Aus dieser Begründung für die Einbeziehung von Kindertagespflegepersonen in den Schutzauftrag bei Kindeswohlgefähr- 121

293 Das ergibt sich aus der „Unterrichtung durch die Bundesregierung" vom 12.3.2021, vgl. BT-Drs. 19/27481, 1 ff., 7 und 76.
294 Vgl. BT-Drs. 19/28870, 2.
295 Vgl. BR-Drs. 319/21, 3.
296 Vgl. BT-Drs. 19/27481, 7 (Hervorhebung vom Verf.).

dung ergibt sich überdeutlich, dass der Gesetz gewordene Regelungsgehalt des Abs. 5 nicht mit dem „gewollten" Regelungszweck übereinstimmt, sondern sogar gravierend davon abweicht. Gewollt war nicht, dass Kindertagespflegepersonen unter Hinzuziehung von ieF eine **originär-eigene Gefährdungseinschätzung** nach Art der in Abs. 4 vorgeschriebenen Gefährdungseinschätzung in „eigener Regie" der „freien Träger" vornehmen, sondern dass Kindertagespflegepersonen das Einschätzungsverfahren des JA initiieren sollen, wenn ihnen gewichtige Anhaltspunkte für eine Kindeswohlgefährdung des von ihnen betreuten Kindes bekannt werden. Das hätte auch durchaus Sinn, denn Kindertagespflegepersonen sind keine für das Bekanntwerden gewichtiger Anhaltspunkte empfangsgeeignete Mitarbeiterinnen bzw. Mitarbeiter des JA. Sie sind auch keine in sonstiger Funktion für das JA beruflich tätige Personen (→ Rn. 45 ff., 47). Initiieren können Kindertagespflegepersonen das Einschätzungsverfahren des JA deshalb nur in der Weise, dass sie das JA über die ihnen bekannt gewordenen gewichtigen Anhaltspunkte für eine Kindeswohlgefährdung des von ihnen betreuten Kindes informieren. Es hätte deshalb nahegelegen, gesetzlich vorzusehen, dass ihnen in einer Sicherstellungvereinbarung eine entsprechende Informationspflicht des JA aufzuerlegen ist. Ob und inwieweit die Hinzuziehung einer ieF ggf. für das Erkennen der Gewichtigkeit von Anhaltspunkten für eine Kindeswohlgefährdung angezeigt wäre, richtete sich dann nach der vereinbarungsgemäß einzufordernden Qualifikation der Kindertagespflegepersonen. Das alles kann indessen dahinstehen: Gesetz geworden ist mit Abs. 5 eine Vorschrift, deren Regelungsgehalt sich nicht mit dem deckt, was aus der Gesetzesbegründung als „gewollter" Regelungszweck zu resultieren scheint. Nicht auszuschließen ist darüber hinaus, dass die nichtkompatible Begründung für den in § 8a eingefügten Abs. 5 letztlich auf dem teilweise auch sonst in der Praxisrealität der Kinder- und Jugendhilfe anzutreffenden Fehlverständnis der „gewichtigen Anhaltspunkte" beruht, wonach bereits die Beurteilung und „Einschätzung" der bekannt werdenden Anhaltspunkte als „gewichtig" eine Art Gefährdungseinschätzung („light") darstellt,[297] und dieses sachwidrige Verständnis von „Gefährdungseinschätzung" und „gewichtigen Anhaltspunkten" der Regelung in Abs. 5 unterlegt worden ist.

8 Fallübergabe bei Zuständigkeitswechsel (Abs. 6)

122 Mit der Neufassung des § 8a durch das BKiSchG und KJSG hat der Änderungsgesetzgeber Abs. 6 (vormals Abs. 5) eingefügt. Die Vorschrift soll Gewähr dafür bieten, dass sich insbesondere ein Wohnorts- und/oder Zuständigkeitswechsel (des örtlichen Trägers) nicht zum Nachteil eines in seinem Wohl gefährdeten Kindes und/oder Jugendlichen auswirkt und rechtzeitiges Tätigwerden zu seinem Schutz ermöglicht wird.[298] Dementsprechend verpflichtet Abs. 6 S. 1 dazu, alle Daten, deren Kenntnis zur Wahrnehmung des Schutzauftrages bei Kindeswohlgefährdung nach § 8a erforderlich ist, dem für die Gewährung von Leistungen zuständigen örtlichen Träger mitzuteilen. Adressiert ist Abs. 6 S. 1 an den **örtlichen Träger**, dem gewichtige Anhaltspunkte für die Gefährdung des Wohls eines Kindes bekannt werden. Abs. 6 S. 2 bestimmt ua, dass die Datenübermittlung (Mitteilung) im Rahmen eines Gesprächs zwischen den Fachkräften der beiden **örtlichen Träger** erfolgen soll.

123 Dieser Sprachgebrauch, den das BKiSchG ohne plausiblen Grund in die gegenwärtige Fassung des § 8a hineingetragen hat,[299] verwirrt und wirft Fragen auf: Nimmt man den Begriffswechsel von „Jugendamt" in Abs. 1–4 zum „örtlichen Träger" in Abs. 6 beim Wort, dann reichte es für das Bekanntwerden gewichtiger Anhaltspunkte für

297 Vgl. dazu Büttner/Wiesner ZKJ 2008, 292 (296 f.) sowie Rn. 41 bei und in Fn. 119 mwN.
298 Vgl. Wiesner Rn. 85; ferner Meysen in FK-SGB VIII Rn. 78 f.
299 Auch die amtliche Begründung lässt nicht erkennen, welcher normative Sinn sich mit ihm verbindet, vgl. BT-Drs. 17/6256, 38.

eine Kindeswohlgefährdung anders als in Abs. 1 (→ Rn. 45 ff.) im Kontext von Abs. 6 aus, dass die gewichtigen Anhaltspunkte irgendeiner Stelle des örtlichen Trägers – mithin einer Gebietskörperschaft – zugehen. In Betracht kommen danach alle trägereigenen Stellen, zB ein Jobcenter, alle Verwaltungseinheiten wie etwa das Sozialamt, aber eben auch das Friedhofsamt oder das Straßenverkehrsamt und die Kfz-Zulassungsstelle etc.[300] Für den Datenfluss an den zuständigen örtlichen Träger gälte Entsprechendes. Nur am Rande sei vermerkt, dass mit diesem Verständnis des Abs. 6 eine bedenkliche Schutzlücke entstünde, weil nicht klar wäre, wie mit den gewichtigen Anhaltspunkten für eine Kindeswohlgefährdung verfahren werden müsste, damit die Wahrnehmung des Schutzauftrages nach § 8a durch den zuständigen örtlichen Träger gesichert wäre. Durch konkretisierende Gesetzesauslegung sind derartige Absonderlichkeiten nicht zu beseitigen; die Vorschriften der §§ 69 ff. helfen im Sinne systematischer Gesetzesauslegung nicht weiter, zumal der Wortlaut „örtlicher Träger" eindeutig ist. Man wird deshalb den Text des Abs. 6 dahin verstehen müssen, dass mit „örtlichem Träger" in Abs. 6 S. 1 und 2 jeweils „das Jugendamt" des betreffenden örtlichen Trägers gemeint ist.[301]

Demnach verpflichtet Abs. 6 S. 1 ein JA, dem gewichtige Anhaltspunkte für eine Kin- 124
deswohlgefährdung bekannt werden, zur Übermittlung dieser Anhaltspunkte/Daten an das JA des nach den §§ 86 ff. zuständigen örtlichen Trägers, damit dieses JA den Schutzauftrag bei Kindeswohlgefährdung wahrnehmen kann. Die Verpflichtung zur Weitergabe der Anhaltspunkte an das JA des für die Gewährung von Leistungen zuständigen örtlichen Trägers betrifft vornehmlich Fälle, in denen einem bisher nicht leistungszuständigen JA – auf welchem Wege auch immer – gewichtige Anhaltspunkte für eine Kindeswohlgefährdung bekannt werden. Da die (örtliche) Zuständigkeit für die Wahrnehmung des Schutzauftrages nach Abs. 1 nicht eigens geregelt ist, sondern für die Wahrnehmung des Schutzauftrages nach Abs. 1 eine an jedes JA gerichtete Allzuständigkeit besteht,[302] ist das JA, dem die gewichtigen Anhaltspunkte für eine Kindeswohlgefährdung („zufällig") zugehen („Zufallsjugendamt"),[303] grundsätzlich zum Handeln nach Abs. 1 und – folgerichtig – somit auch zu einer Gefährdungseinschätzung etc berufen. Damit divergierende Gefährdungseinschätzungen und Maßnahmeentscheidungen vermieden werden (und dazu kann es kommen, weil das leistungszuständige JA nach Übermittlung der Anhaltspunkte/Daten ebenfalls nach Abs. 1 zu verfahren hat), ist es angezeigt, dass auch die Ergebnisse der Gefährdungseinschätzung mitsamt den Informationen über etwa schon ergriffene Jugendhilfemaßnahmen weitergegeben werden. Weicht das Ergebnis der Gefährdungseinschätzung des leistungszuständigen JA von dem des datenübermittelnden JA ab, ist die Gefährdungseinschätzung des leistungszuständigen JA, solange wie die Leistungszuständigkeit andauert, maßgebend. Insoweit gilt der Grundsatz der Aufgabenakzessorietät des Schutzauftrages: Die Zuständigkeit zur Wahrnehmung des Schutzauftrages folgt der Zuständigkeit zur Aufgabenerfüllung.[304]

Anwendung findet Abs. 6 S. 1 auch in den Fällen des Wechsels der Leistungszustän- 125
digkeit gem. § 86 c. Solange die Leistungszuständigkeit des bisher leistungszuständigen örtlichen Trägers fortdauert, hat dessen JA den Schutzauftrag nach Abs. 1 wahrzunehmen. Erst wenn der neu zuständige örtliche Träger die Leistung fortsetzt (§ 86 c

300 So Kunkel ZKJ 2013, 394 f.
301 In diesem Sinne geht zB Meysen in FK-SGB VIII Rn. 77 ff. ganz selbstverständlich von dem Jugendamt an Stelle des jeweiligen örtlichen Trägers aus; ähnlich wohl auch Wiesner in Wiesner Rn. 85 f.
302 Vgl. Meysen in FK-SGB VIII Rn. 78; Wiesner in Wiesner Rn. 86.
303 Vgl. Wiesner in Wiesner Rn. 85.
304 Vgl. in diesem Sinne Meysen in FK-SGB VIII Rn. 78 mit Hinweis auf Harnach in JHSM Rn. 20 u. Kunkel ZKJ 2013, 394 (395).

Abs. 1 S. 1), hat dessen JA die Verpflichtung, den Schutzauftrag nach Abs. 1 wahrzunehmen. Es liegt auf der Hand, dass das neu leistungszuständige JA im Ergebnis zu einer anderen Einschätzung des Gefährdungsrisikos gelangen kann als das bisher leistungszuständige JA. Das ist zwar auch dann nicht ausgeschlossen, wenn das bisher leistungszuständige JA alle Daten und Erkenntnisse, die der sachgerechten Wahrnehmung des Schutzauftrages nach Abs. 1 dienlich sind, an das neu leistungszuständige JA weitergibt. Die Übermittlung solcher Daten, wozu auch die Ergebnisse der Gefährdungseinschätzung gehören, und deren Verarbeitung in einer originären Gefährdungseinschätzung des neu leistungszuständigen JA sorgen jedoch dafür, dass nichts an bisherigen Erkenntnissen über eine bereits eingetretene oder unmittelbar bevorstehende Kindeswohlgefährdung verloren geht und die tätige Schutzverwirklichung des leistungszuständigen JA im pflichtgemäßen Sinne „rechtzeitig" einsetzen kann. Der Grundsatz der Aufgabenakzessorietät des Schutzauftrages gilt wie zuvor (→ Rn. 124) und in gleicher Weise auch in den Fällen eines Zuständigkeitswechsels nach § 86 c und im Übrigen für alle weiteren Fallgestaltungen, in denen wegen der Allzuständigkeit zur Wahrnehmung des Schutzauftrages nach Abs. 1 die Zuständigkeit für die Erfüllung jugendhilferechtlicher Aufgaben (zB Mitwirkung in gerichtlichen Verfahren, Inobhutnahme etc) nicht mit der Zuständigkeit zur Wahrnehmung des Schutzauftrages/Gefährdungseinschätzung übereinstimmt.[305]

126 Die Verpflichtung zur Übermittlung von Daten erfasst nicht nur die gewichtigen Anhaltspunkte für eine Kindeswohlgefährdung, was Abs. 6 S. 1 Hs. 1 nahelegen könnte. Vielmehr sind die Daten mitzuteilen, „deren Kenntnis zur Wahrnehmung des Schutzauftrages nach § 8a erforderlich ist" (Abs. 6 S. 1 Hs. 2). Das sind unter Einschluss der gem. § 86 c Abs. 2 S. 2 für die Hilfegewährung sowie den Zuständigkeitswechsel maßgeblichen Sozialdaten alle Daten, Erkenntnisse, Informationen etc, die für die Gewährleistung von Schutz und Hilfe[306] relevant sind. Im umfassenden Sinne gehören dazu nicht allein die Umstände, die in der Beurteilung des „Zufallsjugendamts" (→ Rn. 124) oder des bisher leistungszuständigen JA als „gewichtige Anhaltspunkte" für eine Kindeswohlgefährdung gewertet worden sind, sondern auch die Erwägungen zur Gefährdungseinschätzung und deren Ergebnisse. Zu einer derart weitreichenden Weitergabe von (Sozial-)Daten ist das zur Übermittlung verpflichtete JA auch befugt. Das ergibt sich für besonders anvertraute Daten aus § 65 Abs. 1. S. 1 Nr. 3, für alle anderen Daten aus § 64 Abs. 2 iVm § 69 Abs. 1 Nr. 1, 2. Alt SGB X.[307]

127 Die Übermittlung der Daten **soll** nach Abs. 6 S. 2 Hs. 1 im Rahmen eines Gesprächs zwischen den Fachkräften der beteiligten JÄ (der örtlichen Träger) erfolgen. Mit Abs. 6 S. 2 Hs. 1 hat der Änderungsgesetzgeber des BKiSchG danach das „Gespräch", also die mündliche Datenübermittlung als verpflichtende Regelform der Datenübermittlung vorgegeben.[308] Dem entspricht weitgehend die gesprächsweise Übergabe der Fallverantwortung gem. § 86 c Abs. 2 S. 3 (Ist-Verpflichtung). Während an dem Übergabegespräch gem. § 86 c Abs. 2 S. 3 die in § 86 c Abs. 2 S. 4 Genannten „angemessen" zu beteiligen **sind**, sieht Abs. 6 S. 2 Hs. 2 vor, dass die PSB sowie das Kind oder der Jugendliche an dem Übermittlungsgespräch beteiligt werden **sollen**, soweit dadurch der wirksame Schutz des Kindes oder des Jugendlichen nicht in Frage gestellt ist (Soll-Verpflichtung). Zwischen dem „Übermittlungsgespräch" iSd Abs. 6 und dem Gespräch zur Übergabe der Fallverantwortung iSd § 86 c Abs. 2 S. 3 u. 4 bestehen somit Unterschiede im Verpflichtungsgrad der Beteiligung, in der Art der zu beteiligenden Personen sowie im Ausmaß der Gesprächsbeteiligung, die im Falle eines Zuständig-

305 Vgl. dazu noch Meysen in FK-SGB VIII Rn. 78.
306 Vgl. Meysen in FK-SGB VIII Rn. 79.
307 Vgl. Meysen in FK-SGB VIII Rn. 79.
308 Vgl. aber Kunkel in Krug/Riehle Rn. 74.

keitswechsels bei gleichzeitiger Erfüllung der Voraussetzungen gem. Abs. 6 bedeutungslos sind.[309]

Die Form des „Übermittlungsgesprächs" legt Abs. 6 S. 2 nicht fest. Allerdings ergibt sich aus der Soll-Verpflichtung, die PSB sowie das Kind oder den Jugendlichen an dem Gespräch zu beteiligen, dass die Fachkräfte der JÄ der betroffenen örtlichen Träger das Übermittlungsgespräch zweckmäßigerweise in unmittelbarer persönlicher Anwesenheit führen.[310] Die Beteiligung der PSB, Kinder und/oder Jugendlichen an diesem Gespräch zielt auf Konsensstiftung, was die jugendamtliche Gewährleistung von Schutz und Hilfe anbelangt. Dieses Ziel lässt sich am besten im persönlichen Gesprächskontakt aller beteiligten Personen erreichen. Abs. 6 S. 2 schließt indessen nicht aus, dass die Übermittlung der Daten telefonisch erfolgt. Dem Zweck des Abs. 6 S. 2 Rechnung tragend empfehlen sich im Falle der Beteiligung und Mitwirkung des in S. 2 genannten Personenkreises dann aber bildübertragende Arten des telefonischen Gesprächs. Auch Telefonkonferenzen können je nach den Umständen des Einzelfalls den Anforderungen des Abs. 6 S. 2 genügen.[311] 128

Nicht erklärlich ist, warum Abs. 6 S. 2 die Beteiligung „nur" der PSB und nicht auch der ErzBer. vorsieht. Die Einbeziehung der ErzBer. in die Gefährdungseinschätzung nach Abs. 1 legt es nahe, aus fachlichen Gründen[312] auch die ErzBer. zum Kreis der an dem „Übermittlungsgespräch" zu beteiligenden Personen zu zählen (→ Rn. 64 mit 4. Aufl. Rn. 133). Die Grenze der Beteiligung von ErzBer./PSB, Kindern und Jugendlichen an dem „Übermittlungsgespräch" ist erreicht, wenn durch die Gesprächsbeteiligung der wirksame Schutz des Kindes und/oder Jugendlichen in Frage gestellt ist. Insoweit gilt Ähnliches wie im Falle der Einbeziehung von ErzBer. etc in die Gefährdungseinschätzung nach Abs. 1 (→ Rn. 68 f.). 129

9 Schutzauftrag und strafrechtliche Garantenhaftung

§ 13 StGB Begehen durch Unterlassen

(1) Wer es unterläßt, einen Erfolg abzuwenden, der zum Tatbestand eines Strafgesetzes gehört, ist nach diesem Gesetz nur dann strafbar, wenn er rechtlich dafür einzustehen hat, daß der Erfolg nicht eintritt, und wenn das Unterlassen der Verwirklichung des gesetzlichen Tatbestandes durch ein Tun entspricht.
(2) Die Strafe kann nach § 49 Abs. 1 gemildert werden.

Ausweislich der amtlichen Entwurfsbegründung[313] dient § 8a in erster Linie der Klarstellung und Konkretisierung des staatlichen Schutzauftrags bei Kindeswohlgefährdung (→ Rn. 3). Inhaltlich geht es in § 8a dementsprechend **nicht** um die **rechtliche Konstituierung des Schutzauftrags** bei Kindeswohlgefährdung, sondern um gesetzliche Anweisungen für die Art und Weise der Auftragserfüllung. Es wäre aber zu kurz gegriffen, den Regelungsgehalt des § 8a allein auf seine verfahrensbestimmende und -gestaltende Rolle zu reduzieren. Mit Einfügung des § 8a in die allgemeinen Vorschriften des SGB VIII ist vielmehr im Sinne einer deklaratorischen Bestätigung ausdrücklich klargestellt, dass die Kinder- und Jugendhilfe – zumal die öffentliche Kinder- und Jugendhilfe – bei (Anhaltspunkten für eine) Kindeswohlgefährdung verpflichtet ist, effektiven Kindesschutz zu leisten. Diese Schutzverpflichtung beruht für die öffentliche Kinder- und Jugendhilfe auf der wächteramtlichen Schutzfunktion der öffentlichen Kinder- und Jugendhilfe und für die „freie" Kinder- und Jugendhilfe auf der Grund- 130

309 Zur systematischen Einordung beider „Gespräche" vgl. Meysen in FK-SGB VIII Rn. 77.
310 So auch Meysen in FK-SGB VIII Rn. 80.
311 In diesem Sinne auch Meysen in FK-SGB VIII Rn. 80.
312 Vgl. Meysen in FK-SGB VIII Rn. 81.
313 Vgl. BT-Drs. 15/3676, 25 f., 30.

und Leitzielbestimmung des § 1 Abs. 3 Nr. 4 sowie auf der Kinder- und Jugendhilfeidee des SGB VIII (→ Rn. 1).

131 In der teilweise heftig und auch gegenwärtig immer noch kontrovers geführten Diskussion um die strafrechtliche Garantenhaftung in der (öffentlichen) Kinder- und Jugendhilfe[314] hat insbesondere die wächteramtliche Schutzfunktion der (öffentlichen) Kinder- und Jugendhilfe maßgebliche Bedeutung. Danach bewirkt das in § 1 Abs. 2 S. 2 aus Art. 6 Abs. 2 S. 2 GG übernommene staatliche Wächteramt im rechtlichen Zusammenspiel mit den verschiedenen Vorschriften des § 1 und insbesondere des § 1 Abs. 3 Nr. 4 sowie des § 8a eine Verdichtung des jedem jungen Menschen eingeräumten Rechts auf Persönlichkeitsentwicklung und Erziehung zu einem Individualrecht auf staatliche Jugendhilfemaßnahmen. Qualitativ wandelt sich das Recht nach § 1 Abs. 1 um in ein subjektiv-öffentliches Recht auf Schutz des Kindeswohls, wenn und soweit die Eingriffsschwelle des Staates erreicht ist; denn dann ist der **Interventionsbereich des staatlichen Wächteramtes** (→ Rn. 13) tangiert und die öffentliche Kinder- und Jugendhilfe zur Gefahrenabwehr verpflichtet.

132 Das in seinem Wohl gefährdete Kind hat deshalb dort, wo das staatliche Wächteramt die öffentliche Kinder- und Jugendhilfe zur kindeswohlschützenden Intervention verpflichtet, stets einen kinder- und jugendhilferechtlichen **Individualanspruch auf Schutzgewähr**. Mit diesem Rechtsanspruch des Kindes/Jugendlichen korrespondiert eine für die strafrechtliche Haftung der **fallzuständigen Fachkraft des JA** maßgebliche **Garantenpflicht** iSd § 13 StGB zur Verhinderung körperlicher Misshandlungen (oder anderer Rechtsgutsverletzungen) der in einer Familie (mit-)betreuten Kinder und Jugendlichen.[315] Diese Garantenpflicht der fallzuständigen Fachkraft des JA resultiert aus einer **Garantenstellung**, die sie im Rahmen und im Vollzug der jugendamtlichen Aufgabenerfüllung gem. § 1 Abs. 2 S. 2/Art. 6 Abs. 2 S. 2 GG iVm §§ 1 Abs. 3 Nr. 4, 8a einnimmt.[316]

133 Einem in der gegenwärtigen Strafrechtslehre und Rechtsprechung überwiegend nicht mehr ausschließlich vertretenen, auf einer überkommenen sog. formellen Rechtspflicht- bzw. Rechtsquellenlehre beruhenden Erklärungs- und Begründungsansatz für das Entstehen von Garantenstellungen entsprechend handelt es sich dabei um eine **Garantenstellung aus „Gesetz"**. Andere Entstehungsgründe für Garantenstellungen können sein: Vertrag, vorangegangenes, rechtswidriges und gefährdendes Tun, Gemeinschaftsbeziehungen etc In Lehre und Rechtsprechung differieren die Entstehungsgründe für Garantenstellungen sowohl nach Art und Anzahl als auch nach ihrer Bezeichnung und systematischen Zuordnung. Dessen ungeachtet besteht in den praktischen Ergebnissen weitgehende Einigkeit.[317]

134 Besteht zwischen der fallzuständigen Fachkraft des JA und einer Familie mit ihren Kindern ein längerfristiger Arbeits- und Betreuungszusammenhang, setzt die „aus Gesetz" resultierende Verpflichtung zur Verhinderung von Rechtsgutsverletzungen zulasten der (mit-)betreuten Kinder und Jugendlichen **spätestens** dann ein, wenn die Kindeswohlgefährdung durch Fehlverhalten von Eltern oder anderen Personen eine Kri-

314 Vgl. dazu Bringewat ZKJ 2006, 233 (233, 234) mwN; Bringewat SRa 2021, 93 (94, 95 f.); Heghmanns SRa 2018,114 ff.; Mörsberger ZKJ 2013, 21 ff., 61 ff.; Mörsberger ZKJ 2021, 52 ff.; vgl. ferner Meier, Praxis der Rechtspsychologie 22 (2012), 370 ff., 382 ff.

315 Vgl. dazu OLG Oldenburg ZfJ 1995, 56 = StV 1997, 133 ff. mAnm Bringewat 135 ff.; anders LG Osnabrück ZfJ 1996, 524 = NStZ 1996, 437 ff. mAnm Bringewat 440 ff.; vgl. auch Bringewat NJW 1998, 944 ff. mwN; OLG Hamm ZKJ 2021, 62 ff. mit Besprechungsaufsatz Mörsberger ZKJ 2021, 52 ff.

316 Ebenso Beulke/Swoboda in FS-Gössel, S. 73 ff., 86 f. bei und in Anm. 41; kritisch Mörsberger ZKJ 2013, 21 ff., 61 ff., 63–66.

317 Vgl. nur Jescheck/Weigend § 59 IV; Bosch in Schönke/Schröder § 13 Rn. 7 ff.; Wessels/Beulke/Satzger Rn. 1175 ff.

senintervention iSd § 1 Abs. 2 S. 2 erfordert. Eine Garantenpflicht zum Schutze der durch elterliches oder durch das Fehlverhalten sonstiger Personen gefährdeten oder gar schon verletzten Kinder und Jugendlichen resultiert für die fallzuständige Fachkraft des JA aus § 1 Abs. 1 S. 2/Art. 6 Abs. 2 S. 2 GG aber auch ohne einen solchen bereits bestehenden Arbeits- und Betreuungszusammenhang mit der Familie, wenn sie aufgrund zureichender Anhaltspunkte **im Vollzug der Interventionsverpflichtung** des staatlichen Wächteramtes **erstmals** Kontakt mit der Familie aufnimmt.[318]

Stets geht es bei der Wahrnehmung dieser Garantenpflicht um den **Schutz** der Kinder und Jugendlichen vor Gefahren für ihr körperliches, geistiges und seelisches Wohl iSd §§ 1666, 1666a BGB. Das ergibt sich zwangslos aus § 1 Abs. 3 Nr. 4 iVm § 8 a. Die **fallzuständige Fachkraft des JA ist** deshalb nach strafrechtlichem Verständnis eine **Beschützergarantin** mit Obhutspflichten für bestimmte, in ihren Aufgaben- und Tätigkeitsbereich einbezogene Rechtsgüter wie zB das Leben, die körperliche Integrität, die sexuelle Selbstbestimmung oder die persönliche Freiheit etc der in einer Familie (mit-)betreuten Kinder und Jugendlichen.[319] 135

Diese Kennzeichnung ihrer Garantenposition beruht auf einer an den **sozialen Funktionen von Garantenpflichten** orientierten Einteilung von Garantenstellungen.[320] Danach differenzieren sich alle Garantenstellungen in zwei Grundsituationen bzw. Grundtypen aus, nämlich zum einen in den **Grundtyp des Beschützergaranten** zur Verteidigung und zum Schutz von bestimmten Rechtsgütern gegen Gefahren aus allen Richtungen, und zum anderen in den eines **Überwachungs- bzw. Sicherungsgaranten** zur Sicherung und Beherrschung von Gefahrenquellen, die im eigenen Verantwortungsbereich liegen.[321] Mit einer solchen funktionenorientierten Zurückführung aller Garantenpositionen auf zwei Grundsituationen ist nicht das eigentliche Entstehen von Garantenstellungen erklärt und begründet. Wohl aber ergibt sich daraus die Möglichkeit, bestehende Garantenpflichten nach Art und Umfang und damit in ihrer Zielrichtung und inhaltlichen Reichweite näher zu bestimmen und zu begrenzen. Die gegenwärtig vorherrschende Auffassung in Strafrechtslehre und Rechtsprechung geht deshalb im Wege einer substantiellen Verflechtung von materieller und formeller Betrachtungsweise zur Begründung und Erklärung für das Entstehen von Garantenpositionen von einer wechselbezüglichen inhaltlichen Durchdringung und Verknüpfung der sog. formellen Rechtspflicht- bzw. Rechtsquellen- mit der sog. Funktionenlehre aus.[322] Diesem „mehrdimensionalen" Erklärungsansatz ist zu folgen. Die fallzuständige Fachkraft des JA ist dementsprechend – jedenfalls im Interventionsbereich des staatlichen Wächteramtes – gem. § 1 Abs. 1 S. 2/Art. 6 Abs. 2 S. 2 GG iVm §§ 1 Abs. 3 Nr. 4, 8a **Beschützergarantin** aus Gesetz.[323] Die insoweit von Wiesner[324] und anderen geäußerten Bedenken, es fehle dem staatlichen Wächteramt die Benennung eines Normadressaten, die Herleitung einer die strafrechtliche Haftung von (natürlichen) Personen be- 136

---

318 Vgl. dazu Bringewat, Sozialpädagogische Familienhilfe, S. 50, 51; anders Wiesner in Wiesner Rn. 89.

319 Vgl. dazu Bringewat ZKJ 2006, 233 (235 f.).

320 Vgl. dazu Kudlich in SSW-StGB § 13 Rn. 13 ff., 16 ff., 18 ff. mit zahlreichen Nachweisen für den gegenwärtigen Stand der Auffassungen in Strafrechtslehre und Rechtsprechung.

321 Sog. Funktionenlehre, vgl. Jescheck/Weigend § 59 IV mwN; vgl. dazu auch Kudlich in SSW-StGB § 13 Rn. 16; Wessels/Beulke/Satzger Rn. 1175/1176; ferner Bosch in Schönke/Schröder § 13 Rn. 8; Bringewat Rn. 398 ff.

322 Vgl. dazu etwa Kudlich in SSW-StGB § 13 Rn. 16/17; ferner Wessels/Beulke/Satzger Rn. 1176 mit Rn. 1180 ff., 1186 ff.; Bosch in Schönke/Schröder § 13 Rn. 8 ff.,10 f., 17 ff.; ausführlich Bringewat Rn. 392 ff. alle mit zahlreichen Nachweisen aus Rechtsprechung und Strafrechtslehre.

323 Ebenso Beulke/Swoboda, S. 73 ff., 83 ff., 84; vgl. ferner Bringewat ZKJ 2006, 233 (237 f.); Bringewat SRa 2021, 93 (100 f.).

324 Vgl. Wiesner ZfJ 2004, 161 (168) mit Anm. 29.

treffenden Garantenpflicht aus Art. 6 Abs. 2 S. 2 GG/§ 1 Abs. 2 S. 2 sei daher problematisch, tragen nicht; denn es geht bei der Herleitung von Garantenpflichten aus Art. 6 Abs. 2 S. 2 GG/§ 1 Abs. 2 S. 2 nicht um den normativ/rechtlichen Gehalt des staatlichen Wächteramtes in seiner Gesamtkomplexität, sondern um einen auf einen **individuellen Rechtsanspruch und eine mit ihm korrespondierende Rechtspflicht verdichteten Sach- und Normbereich des staatlichen Wächteramtes**, eben um den *Interventionsbereich* des staatlichen Wächteramtes. Und in diesem Interventionsbereich, der im Wege einer Gesetzeskonkretisierung abzustecken ist, steht der Normadressat – dank der Klarstellung durch § 8a – außer Frage: Normadressaten zur Durchführung des Schutzauftrags bei Kindeswohlgefährdung sind expressis verbis die JÄ bzw. die (fallzuständigen) Fachkräfte der JÄ/ASD.[325]

137 Allerdings entsteht und besteht diese Garantenposition der fallzuständigen Fachkraft des JA aber auch **erst und nur dort, wo die Eingriffsschwelle des Staates erreicht** ist. Außerhalb der begrenzten Krisensituation des zur jugendamtlichen Krisenintervention verpflichtenden staatlichen Wächteramtes erzeugt § 1 Abs. 2 S. 2/Art. 6 Abs. 2 S. 2 GG für die fallzuständige Fachkraft des JA daher **keine Garantenstellung aus Gesetz**. Für sie resultiert folglich aus § 1 Abs. 2 S. 2/Art. 6 Abs. 2 S. 2 GG auch **keine Garantenpflicht** zum Schutze der in einer Familie (mit-)betreuten Kinder und Jugendlichen vor Gefährdungen bzw. Verletzungen „ihrer" Rechtsgüter.

138 Die **fallzuständige Fachkraft des JA** nimmt indessen nicht nur eine Garantenstellung aus Gesetz, sondern noch eine **weitere Garantenposition** zugunsten der in einer Familie (mit-)betreuten Kinder und Jugendlichen ein, und zwar aus sog. **tatsächlicher Schutzübernahme.**[326] Die „tatsächliche Schutzübernahme" ist als Garantenposition allgemein anerkannt,[327] auch wenn in Strafrechtslehre und Rechtsprechung über deren materielle Entstehungsvoraussetzungen im Einzelnen noch keine völlige Klarheit und Einigkeit besteht. Konstitutiv für das Entstehen einer solchen Garantenposition sind weder gesetzliche und sonstige Rechtsvorschriften noch vertragliche Vereinbarungen. Gesetzliche/rechtliche und/oder vertragliche Vorschriften und Bestimmungen können aber inhaltlich gestaltend auf die aus „tatsächlicher Schutzübernahme" resultierenden Garantenpflichten einwirken. Als pflichtenbestimmende und -begrenzende Kriterien behalten sie deshalb (wesentliche) Bedeutung: Eine Garantenverpflichtung aus „tatsächlicher Schutzübernahme" kann zB über die zeitliche Geltung eines Vertrages hinaus andauern, weiter als die inhaltlichen Grenzen des Vertrages reicht sie dagegen nicht.[328]

139 Erforderlich für das Entstehen und Bestehen einer solchen Garantenposition der fallzuständigen Fachkraft des JA ist zunächst das **faktische** Einrücken **in die Garantenposition** „tatsächliche Schutzübernahme". Sie muss also die ihr zufallende Schutzfunktion effektiv wahrnehmen, dh dem Träger des gefährdeten Rechtsguts (zB dem Kind) oder einem zu dessen Gunsten seinerseits schutzbereiten Dritten (zB den Eltern) gegenüber zu erkennen geben, für den Schutz des gefährdeten Rechtsguts sorgen zu wollen. In der Regel aller Fälle führt bereits der Erstkontakt im Rahmen eines zur jugendamtlichen Aufgabenerledigung begründeten Arbeits- und Betreuungszusammenhangs mit der betroffenen Familie zu einer derartigen „Schutzübernahme", insbesondere wenn tätige Hilfe oder sonstiger Schutz angeboten wird.[329] Was Abs. 1 als Verwirklichung des Schutzauftrags bei Kindeswohlgefährdung verpflichtend vorschreibt, nämlich die Informationsbeschaffung zwecks Einschätzung des Gefährdungsrisikos mit

325 Vgl. dazu Bringewat ZKJ 2006, 233 (235–238); Bringewat SRa 2021, 93 (100 f.).
326 So auch OLG Stuttgart ZfJ 1998, 382; anders Heghmanns SRa 2018, 114 ff.; vgl. dazu Bringewat SRa 2021, 93 (101).
327 Vgl. statt aller Bosch in Schönke/Schröder § 13 Rn. 26 ff. mit Rn. 31 u. 31a.
328 Vgl. Jescheck/Weigend, § 59 IV, 3 c) mwN aus der Rspr.
329 Anders wohl Wiesner in Wiesner Rn. 89.

anschließendem Hilfenangebot (→ Rn. 50 ff., 57 ff., 72 ff.), stellt unter strafrechtlichem Blickwinkel daher die „rein tatsächliche" Schutzübernahme und damit ein Einrücken der (fallzuständigen) Fachkraft in eine Garantenposition aus tatsächlicher Schutzübernahme dar. Unerheblich ist dabei, dass dieses Einrücken in die Garantenposition „tatsächliche Schutzübernahme" quasi „wie von selbst" mit Erledigung der gesetzlichen Aufgabenstellung geschieht.[330]

Auch die **weitere Entstehungsvoraussetzung,** nämlich ein (unreflektiertes) **Vertrauen** des schutzbedürftigen Rechtsgutsträgers (oder zu dessen Gunsten stehender Dritter) **in die tätige Schutzverwirklichung** durch die (fallzuständige) Fachkraft des JA, ist angesichts der Praxisrealität nahezu aller Jugendhilfefälle im Vollzug der jugendamtlichen Aufgabenerfüllung gem. § 8a regelmäßig verwirklicht. Für solches Schutzvertrauen ist nicht zwingende Voraussetzung, dass eine entsprechende Erwartungshaltung seitens des Schutzbedürftigen formuliert und tatsächlich geäußert wird. Ebenso wenig ist erforderlich, dass sich das betroffene Kind bewusst Schutz durch die Fachkraft des JA erhofft.[331] Es reicht vielmehr, dass das Schutzvertrauen als „unreflektierte" Erwartung in die tätige Schutzverwirklichung wahrnehmbar ist. Das kann bei Kleinkindern und Säuglingen bspw. deren optisch, akustisch oder sonst sinnlich wahrnehmbare Lebenslage innerhalb der Familie oder deren äußerlich erkennbare „innere" Befindlichkeit etc sein. Als **Indiz für** (unreflektiertes) **Schutzvertrauen** in diesem Sinne kommt zB ein durch elterliches Fehlverhalten erzeugtes **Schutzmanko** der zu betreuenden Kinder und Jugendlichen in Betracht.[332] 140

Im Ergebnis steht angesichts der berufstypischen Ausgangslage einer fallzuständig mit der Betreuung einer Familie und der darin lebenden Kinder und Jugendlichen befassten Fachkraft des JA deren **Garantenposition außer Frage.** Und auch insoweit handelt es sich um eine Garantenstellung mit Obhutspflichten zum Schutz bestimmter Rechtsgüter vor Gefahren aus allen Richtungen und damit um eine Position als **Beschützergarant;**[333] denn nach der **Jugendhilfeidee des SGB VIII** (→ Rn. 1 mN) ist der (öffentlichen) Kinder- und Jugendhilfe eine **Schutzfunktion** zugunsten der in ihrem Wohl gefährdeten Kinder und Jugendlichen immanent,[334] was sich in § 8a sinnfällig niederschlägt.[335] 141

Eine Garantenposition aus „tatsächlicher Schutzübernahme" nimmt die fallzuständige Fachkraft des JA nicht nur im „Interventionsbereich", sondern auch im **„Präventionsbereich"** des staatlichen Wächteramtes ein (→ Rn. 14). Ist die Eingriffsschwelle der §§ 1666, 1666a BGB erreicht, überlagern sich in der Person der fallzuständigen Fachkraft des JA ihre Garantenpositionen aus Gesetz und aus tatsächlicher Schutzübernahme mit entsprechend erhöhtem Pflichtenumfang. Aber auch unterhalb der Eingriffsschwelle des Staates unterliegt die (öffentliche) Kinder- und Jugendhilfe der „wächteramtlichen" Verpflichtung, in allen Fällen, in denen Eltern/PSB (oder ihnen gleichstehende ErzBer.) ihrer Erziehungsverantwortung nicht gerecht werden (können), die Pflege und Erziehung der davon betroffenen Kinder und Jugendlichen durch präventi- 142

330 So auch Beulke/Swoboda, S. 73 ff., 84 bei und in Anm. 35/36 mwN.
331 So zu Recht Beulke/Swoboda, S. 73 ff., S. 86; anders wohl Wiesner, ZfJ 2004, 161 (168) in Anm. 29.
332 Vgl. zur Garantenposition der tatsächlichen Schutzübernahme im Bereich der Kinder- und Jugendhilfe ausführlich Bringewat, Tod eines Kindes, S. 48 ff.; Bringewat, Sozialpädagogische Familienhilfe, S. 52 ff. jew. mwN; Bringewat ZKJ 2006, 233 (236 f.); Bringewat SRa 2021, 93 (101); ferner Wiesner ZfJ 2004, 161 (167 f.).
333 Vgl. auch Beulke/Swoboda, S. 73 ff., 83 ff.
334 Vgl. Wiesner in Wiesner § 1 Rn. 38 mit 40.
335 Vgl. zum Ganzen ausführlich Bringewat, Sozialpädagogische Familienhilfe, S. 45 ff., 52 ff.; Bringewat ZKJ 2006, 233 (235 ff.) mwN; ferner OLG Stuttgart ZfJ 1998, 382; Kunkel ZFSH/SGB 2001, 131 u. StV 2002, 333; kritisch hierzu Meysen ZfJ 2001, 408; vgl. auch Wiesner ZfJ 2004, 161 (167 ff.) in Anm. 29 mit Anm. 17.

ve Maßnahmen sicherzustellen.[336] In diesem **Präventionsbereich des staatlichen Wächteramtes** ist deshalb die (öffentliche) Kinder- und Jugendhilfe ebenfalls durch Schutzfunktionen zugunsten der in ihrem Wohl gefährdeten Kinder und Jugendlichen ausgewiesen (→ Rn. 14, 16). Strafrechtlich gewendet wächst der fallzuständigen Fachkraft des JA demnach auch insoweit eine **Beschützergarantenstellung** zum Schutze der in einer Familie (mit-)betreuten Kinder und Jugendlichen zu.[337]

143 Garantenstellungen können grundsätzlich zwar auch auf der Basis eines Vertrages (zB eines Betreuungsvertrages) mit sog. freiwilliger Übernahme[338] entstehen. Aus dem **TVöD** ergeben sich jedoch keine Garantenstellungen für MitarbeiterInnen der JÄ. Dass im TVöD die Diskussion um die strafrechtliche Garantenhaftung in der Kinder- und Jugendhilfe zu einer Höhergruppierung von Fachkräften in die Entgeltstufe „S14 = Sozialarbeiter/in in Garantenstellung" geführt hat, ist – strafrechtlich gesprochen und gedacht – blanker Unsinn: Zum einen befindet sich keine Fachkraft, kein Sozialarbeiter und keine Sozialarbeiterin (der Kinder- und Jugendhilfe) abstrakt und losgelöst von fachlichen Aufgabenerledigungen in einer Garantenstellung; zum anderen können sich aus denselben Gründen keine Garantenstellungen aus einer Arbeitsplatzbeschreibung (Dienstpostenbeschreibung) ergeben. Ganz offensichtlich fehlte es den Tarifvertragspartnern des TVöD an jeglicher Kenntnis darüber, was mit dem strafrechtlich besetzten Terminus „Garantenstellung" an (straf-)rechtlichen Gegebenheiten verbunden ist. Erst recht lässt sich – nachdem nun einmal die strafrechtlich unsinnige Entgeltstufe S14 in den TVöD Eingang gefunden hat – aus dem TVöD keine Garantenstellung für die Fachkräfte der Kinder- und Jugendhilfe herleiten: Das wäre denn am Ende eine groteske Mischung aus einer „petitio principii" mit einem (klassisch zu nennenden) „circulus vitiosus".[339]

144 Dieser Garanten**stellungen** kann sich die fallzuständige Fachkraft des JA **nicht entledigen,** und zwar auch nicht im Falle mitwirkender Kinder- und Jugendhilfearbeit durch Mitarbeiterinnen und Mitarbeiter **von Trägern der freien Jugendhilfe.**[340] So behält die fallzuständige Fachkraft des JA ihre Beschützergarantenstellung aus Gesetz oder/und aus tatsächlicher Schutzübernahme,[341] wenn zB als HzE eine Sozialpädagogische Familienhilfe gem. § 31 eingerichtet und diese Hilfe von einer Mitarbeiterin eines Trägers der freien Jugendhilfe durchgeführt wird. Entsprechendes gilt für alle anderen Fallgestaltungen, in denen Mitarbeiterinnen von Trägern der freien Jugendhilfe im Gesamtzusammenhang der jugendamtlichen Aufgabenerledigung mitwirken. Allerdings kann sie ihre ursprünglichen Garanten**pflichten** ganz oder zum Teil unter gleichzeitiger inhaltlicher Umwandlung der eigenen Garantenpflichten in Auswahl- und Kontrollpflichten[342] auf die Mitarbeiter der in Betracht kommenden Träger der freien Jugendhilfe **übertragen,** sog. **Delegation von Garantenpflichten.**[343]

---

336 Vgl. auch Heilmann ZfJ 2000, 41 ff.
337 Vgl. aber Wiesner in Wiesner, Rn. 89, der das Bestehen bzw. Nichtbestehen einer Garantenstellung aus tatsächlicher Schutzübernahme sachwidrig mit der Gefährdungsschwelle der §§ 1666, 1666a BGB verknüpft.
338 Vgl. dazu Bringewat Rn. 392 ff., 395 ff.; ferner Bosch in Schönke/Schröder § 13 Rn. 26; Wessels/Beulke/Satzger Rn. 1183.
339 Vgl. dazu auch Mörsberger ZKJ 2013, 21 (24), 61 ff., dem insoweit in allen Belangen zuzustimmen ist.
340 So auch OLG Oldenburg ZfJ 1997, 56.
341 Ebenso Beulke/Swoboda, S. 73 ff., S. 90 mwN.
342 Näher dazu Bringewat, Tod eines Kindes, S. 65 ff.; Bringewat, Sozialpädagogische Familienhilfe, S. 61 ff., 63 ff.
343 Vgl. dazu Bosch in Schönke/Schröder StGB § 13 Rn. 26 ff.; Kudlich in SSW-StGB § 13 Rn. 28 ff., 30; BGHSt 47, 224 (229 f.); BGHSt 19, 288 f.; Beulke/Swoboda, S. 73 ff., 90.

Soweit die Mitarbeiter/innen von **Trägern** der freien Jugendhilfe eigenständig zum Schutz von Kindern und Jugendlichen vor Gefahren für ihr Wohl in der (öffentlichen) Kinder- und Jugendhilfe mitwirken, fällt auch ihnen eine **originär-eigene Garantenposition** aus tatsächlicher Schutzübernahme zu.[344] So rückt zB im Falle einer sozialpädagogischen Familienhilfe gem. § 31 mit Durchführungsbeginn der Familienhilfe die Fachkraft des Trägers der freien Jugendhilfe im Wege tätiger Schutzverwirklichung (und bei darauf bezogenem „unreflektierten" Schutzvertrauen) zugunsten der (mit-)betreuten Kinder effektiv in ihre Garantenposition aus tatsächlicher Schutzübernahme ein. Neben dieser originär-eigenen Garantenstellung nimmt die Fachkraft des Trägers der freien Jugendhilfe in allen Fällen, in denen sie in die Aufgabenerledigung der öffentlichen Kinder- und Jugendhilfe einbezogen ist, noch eine **weitere** aus der **Delegation von Garantenpflichten** durch die fallzuständige Fachkraft des JA herrührende **Garantenposition** „aus Übernahme" zugunsten der in der Familie (mit-)betreuten Kinder und Jugendlichen ein. MitarbeiterInnen von Trägern der freien Jugendhilfe sind daher im Kooperationszusammenhang zwischen öffentlicher und freier Kinder- und Jugendhilfe stets **Beschützergaranten** in „doppelter Funktion": zum einen mit originär-eigener Garantenposition, zum anderen mit ebenfalls eigener, aber aufgrund der „Übernahme" aus der Garantenstellung der fallzuständigen Fachkraft des JA abgeleiteter Garantenposition.[345] 145

Dieser **strafrechtlichen Haftungsverteilung** im Kooperationszusammenhang zwischen öffentlicher und freier Kinder- und Jugendhilfe **entspricht** im Sach- und Normbereich der gesetzlich festgelegten Schutzverwirklichung bei Kindeswohlgefährdung die **Aufgabenverteilung** zwischen dem Träger der öffentlichen und den Trägern der freien Jugendhilfe, wie sie von Abs. 1 und Abs. 4 beschrieben und bestimmt ist. Dabei findet die spezifisch strafrechtliche „Delegation von Garantenpflichten" seitens der fallzuständigen Fachkraft des JA auf Fachkräfte (MitarbeiterInnen) von Trägern der freien Jugendhilfe mit bestehenbleibender Garantenstellung der jugendamtlichen Fachkraft ihr kinder- und jugendhilferechtliches Pendant in den Vereinbarungen gem. Abs. 4 S. 1. Nachdrücklich zu betonen ist allerdings, dass die **strafrechtliche Haftungsverteilung** zwischen einzelnen Fachkräften der öffentlichen und der freien Jugendhilfe im Wege der Delegation von Garantenpflichten nicht disponibel ist und daher **in keinem Falle inhaltlicher Gegenstand der „Vereinbarungen"** iSd Abs. 4 S. 1 sein kann. Ausgeschlossen bzw. eo ipso nichtig sind eben deshalb Freizeichnungsklauseln zur Beseitigung oder Begrenzung strafrechtlicher Haftungsrisiken in der einen oder anderen Richtung: Das strafrechtliche Haftungsrisiko in der Kinder- und Jugendhilfearbeit ist weder abstrakt regelbar noch aushandlungsfähig. Es ist allein von den strafrechtlich relevanten tatsächlichen Umständen des Einzelfalls abhängig und nur durch sie bestimmt und begrenzt.[346] 146

Nicht gleichzusetzen mit dem Umstand, dass Mitarbeiter der JÄ oder von Trägern der freien Jugendhilfe im Rahmen ihrer Aufgabenerfüllung eine **Garantenposition** zum Schutz der in einer Familie (mit-)betreuten Kinder und Jugendlichen einnehmen, ist deren etwaige **Strafbarkeit** für den Fall, dass sie ihren Garantenpflichten nicht oder nicht vollständig oder auf fehlerhafte Weise nachkommen. Werden in der Person der (mit-)betreuten Kinder und Jugendlichen Rechtsgüter verletzt oder gefährdet, für deren Obhut die Fachkräfte der Kinder- und Jugendhilfe einzustehen haben, stellt ihr garantenpflichtwidriges Verhalten (=Unterlassen) zwar dann, wenn ihnen die Abwendung der Rechtsgutsverletzungen bzw. -gefährdungen (physisch-real und individuell) 147

344 So auch Beulke/Swoboda, S. 73 ff., 90 f.

345 Ausführlich dazu Bringewat, Sozialpädagogische Familienhilfe, S. 63 ff., 87 ff.; Bringewat ZKJ 2006, 233 ff., 238 f.; in allen wesentlichen Belangen zust. Beulke/Swoboda, S. 73 ff., 90 f.

346 So auch Wiesner in Wiesner Rn. 92.

möglich und zumutbar war, ein **handlungsgleiches Unterlassen** iSd § 13 StGB dar.[347] Eine Strafbarkeit wegen vorsätzlicher (in der Praxis der Jugendhilfe nur in seltenen Ausnahmefällen vorstellbar) oder fahrlässiger Tötung, Körperverletzung, Freiheitsberaubung etc der betroffenen Kinder und Jugendlichen durch (unechtes) Unterlassen setzt darüber hinaus aber voraus, dass die jeweiligen Rechtsgutverletzungen bzw. -gefährdungen **kausal** auf das Unterlassen zurückzuführen sind und sie gerade auf **den konkret in Rede stehenden Pflichtverletzungen beruhen.**[348]

148 Bei **fahrlässiger** Deliktsverwirklichung durch Unterlassen ist überdies erforderlich, dass mit der Verletzung von Garantenpflichten zugleich eine (objektive) **Sorgfaltspflichtverletzung** einhergeht. Insoweit kommt es darauf an, ob bei objektiver, genereller Erkennbarkeit der Tatbestandsverwirklichung einschließlich der objektiven Voraussehbarkeit des tatbestandlichen Erfolgs (d. i. der Tod, die Körperverletzung etc) der (fallzuständigen) Fachkraft die Außerachtlassung der im Rechtsverkehr erforderlichen Sorgfalt zur Last fällt.[349] Und schließlich ist eine Strafbarkeit wegen garantenpflichtwidrigen Unterlassens ausgeschlossen, wenn es nach Feststellungen zur „inneren Tatseite" an einem **schuldhaften** Verhalten fehlt.[350]

149 In den bisher bekannt gewordenen Strafverfahren gegen Mitarbeiter/innen verschiedener JÄ waren diese Strafbarkeitsvoraussetzungen allerdings zumeist gegeben. Soweit diese Strafverfahren mit einer Verurteilung (oder mit einem urteilsgleichen Erlass eines Strafbefehls) endeten (das Spektrum anderer verfahrensabschließender Entscheidungen reichte je nach den Umständen des Einzelfalls, den konkreten Verfahrensgestaltungen und nicht zuletzt den mentalen Befindlichkeiten der angeklagten Jugendamtsmitarbeiter und -mitarbeiterinnen von Einstellungen des Verfahrens gem. § 153 StPO bis hin zu Einstellungen des Verfahrens gem. § 153a StPO gegen Zahlung einer Geldauflage), erkannten die Amts- und Landgerichte fast ausnahmslos auf Geldstrafen. Von daher erregte die Verurteilung einer Jugendamtsmitarbeiterin zu Freiheitsstrafe mit Vollstreckungsaussetzung zur Bewährung durch das AG Medebach[351] erhebliches Aufsehen. Auf die Berufung der angeklagten Jugendamtsmitarbeiterin hob das LG Arnsberg das amtsgerichtliche Urteil zwar (teilweise) auf, beließ es aber bei einer Verurteilung zu Geldstrafe wegen fahrlässiger Tötung eines Kleinkindes durch Unterlassen.[352] Die hiergegen gerichtete Revision der Jugendamtsmitarbeiterin verwarf das OLG Hamm mit Beschluss gem. § 349 Abs. 2 StPO als unbegründet.[353] Diese verfahrensabschließende Entscheidung des OLG Hamm war von den Fachkräften der Kinder- und Jugendhilfe und vor allem von den Mitarbeitern und Mitarbeiterinnen der JÄ mit großem Interesse erwartet worden, weil man auf eine die strafrechtlichen Haftungsrisiken in der Kinder- und Jugendhilfearbeit und ua die damit einhergehende Garantenproblematik abklärende (wenn schon nicht höchstrichterliche so doch zumin-

347 Anders Albrecht, Strafbarkeitsrisiken, S. 183 ff., 202–204; dazu aber → Rn. 143.
348 Zur objektiven Erfolgszurechnung und Kausalität beim unechten Unterlassungsdelikt vgl. statt aller Wessels/Beulke/Satzger Rn. 1113 ff., 1127 ff. mit Rn. 1172 ff., 1203 f.; zu den konkreten Handlungspflichten des Mitarbeiters vgl. Kunkel ZFSH/SGB 2001, 131; vgl. ferner Beulke/Swoboda, S. 73 ff., 95 ff.
349 Zu weiteren Grundelementen der strafrechtlichen Fahrlässigkeitshaftung vgl. Bringewat ZfJ 2000, 401 (404 ff.) mwN aus der Rspr. und dem Schrifttum; Bringewat ZKJ 2006, 233 (239–241); Bringewat ZKJ 2018, 346 ff. mit Replik Heghmanns ZKJ 2018, 407 ff.; vgl. auch Wiesner in Wiesner § 1 Rn. 41.
350 Zur sog. pflichtwidrigen Tätigkeitsübernahme bzw. dem sog. Übernahmeverschulden vgl. Bringewat, Sozialpädagogische Familienhilfe, S. 107 ff.; Bringewat, Grundbegriffe des Strafrechts, Rn. 616 ff., 623.
351 AG Medebach NZF 2017, 703 ff.
352 Vgl. LG Arnsberg ZKJ 2020, 194 ff.
353 Vgl. OLG Hamm ZKJ 2021, 62 ff. = OLG Hamm SRa 2021, 110 ff. Weitere Hinweise zur Prozessgeschichte bei Bringewat SRa 2021, 93 (94); Mörsberger ZKJ 2021, 52 (61).

dest) obergerichtliche Entscheidung hoffte. Derlei Erwartungen haben sich mit dem Verwerfungsbeschluss des OLG Hamm allerdings nicht erfüllt.[354] Eine sachhaltig begründete Klarstellung, ob und unter welchen Voraussetzungen eine fallzuständige oder fallführende Fachkraft des Jugendamtes eine Garantenstellung mit daraus resultierenden Garantenpflichten zum Schutze von in ihrem Wohl gefährdeten Kindern (und Jugendlichen) einnimmt, enthält der Verwerfungsbeschluss des OLG Hamm jedenfalls nicht. Stattdessen verweist das OLG Hamm auf eine (feststehende?) obergerichtliche Rechtsprechung und unterstellt wie selbstverständlich das Bestehen einer solchen Garantenstellung nebst Garantenpflicht, ohne den Entstehungsvoraussetzungen dieser Garantenpflicht genauer nachzugehen. Letztlich entscheidungsbegründend greift das OLG Hamm auf eine Art „pflichtwidriges Vorverhalten" der angeklagten und verurteilten Jugendamtsmitarbeiterin zurück und stützt seine Entscheidung auf eine (in der Sache zweifelhafte und in der Begründung nicht stichhaltige) Anwendung der Rechtsfigur der „omissio libera in causa".[355] „Danach entfällt eine Strafbarkeit wegen Unterlassens nicht, wenn der Handlungspflichtige zwar zum Zeitpunkt, in dem sein Handeln erforderlich wäre, tatsächlich nicht handeln kann, sein pflichtwidriges Verhalten jedoch praktisch vorverlagert ist."[356] Diese Pflichtwidrigkeit sah das OLG Hamm als gegeben an, weil die verurteilte Jugendamtsmitarbeiterin es trotz genügender Warnzeichen für eine massive Kindeswohlgefährdung unterließ, den Gefährdungssachverhalt § 8a-gerecht aufzuklären und sie nur deshalb die zum maßgeblichen Zeitpunkt noch mögliche erfolgsverhindernde Handlung nicht vornahm (bzw. nicht vornehmen konnte). Im Ergebnis seiner Erwägungen – Aufrechterhaltung der landgerichtlichen Verurteilung der Jugendamtsmitarbeiterin wegen fahrlässiger Tötung durch Unterlassen – mag man dem OLG Hamm durchaus zustimmen, der zu diesem Ergebnis führenden Begründung indessen nicht. Es ist zwar davon auszugehen, dass die Nichtaufklärung eines Gefährdungssachverhalts durch fehlerhafte Handhabung von „gewichtigen Anhaltspunkten" und einer damit verbundenen Nichteinleitung des Gefährdungseinschätzungsverfahrens eine fahrlässigkeitsbegründende Pflichtverletzung darstellt oder doch zumindest darstellen kann.[357] Im zur Entscheidung anstehenden Falle hätte das OLG Hamm aber klären müssen, aus welchen Gründen – etwa aufgrund einer zu einem bestimmten Zeitpunkt bereits entstandenen Garantenstellung aus tatsächlicher Schutzübernahme – der Jugendamtsmitarbeiterin eine derartige Verpflichtung oblag.[358]

Ein instruktives Beispiel für einen Fall ausgeschlossener strafrechtlicher Haftung gem. §§ 170 d StGB aF, 171 StGB nF StGB bei sexuellem Missbrauch eines kinder- und jugendhilferechtlich zu schützenden Kindes stellt ein Urteil des OLG Düsseldorf dar.[359] Der erkennende Senat hatte keinen Zweifel an der Garantenposition der angeklagten Sozialarbeiterin. Als Entstehungsgrund sah der Senat wie das OLG Oldenburg[360] „das Gesetz", und zwar § 1 Abs. 2 S. 2 an. Auch das Vorliegen einer „gröblichen Pflichtverletzung" iSd § 170 d StGB aF hielt er für gegeben. Ausweislich der Entscheidungsgründe genügte es insoweit bereits, dass die Angeklagte als fallzuständige Fachkraft des JA einen Telefonanruf der Vertrauenslehrerin des gefährdeten Kindes nicht zum Anlass nahm, „Maßnahmen aus dem jugendhilferechtlichen Aufgabenspektrum" zu ergreifen. Seinen Freispruch stützte der Senat letztlich nur darauf, dass das pflichtwid- 150

354 Vgl. dazu Bringewat SRa 2021, 93 ff.; Mörsberger ZKJ 2021, 52 ff.; vgl. auch Dittrich SRa 2021, 102 ff.; ferner Heghmanns JAmt 2021, 46 ff.
355 Vgl. dazu Bringewat SRa 2021, 93 (95 f.); Dittrich SRa 2021, 102 (103 f.); Heghmanns JAmt 2021, 46 (49); Mörsberger ZKJ 2021, 52 (59 f.).
356 So OLG Hamm SRa 2021,110 ff., Rn. 28 mwN aus der Rspr.
357 Vgl. dazu ausführlich Bringewat ZKJ 2012, 330 (333 f.).
358 Vgl. dazu Bringewat SRa 2021, 93 (101); ferner Dittrich SRa 2021, 102 ff.
359 ZfJ 2000, 309 ff.
360 NStZ 1997, 238.

rige Unterlassen der angeklagten Sozialarbeiterin für den eingetretenen tatbestandsmäßigen Erfolg (d. i. der sexuelle Missbrauch des Kindes) nicht kausal war und der Angeklagten der für eine Strafbarkeit ihres Unterlassens erforderliche Tatvorsatz fehlte.

151 Soweit darüber hinaus für die beruflich in der Kinder- und Jugendhilfe tätigen Fachkräfte ein Strafbarkeitsrisiko wegen (unechten) Unterlassens bereits deshalb in Frage gestellt oder sogar gänzlich geleugnet wird, weil dieser Personenkreis in seinem professionellen Handeln nicht den Anforderungen des strafrechtlichen Garantenbegriffs genüge,[361] ist dem nicht zu folgen. Selbst wenn man – was nicht der hM in Lehre und Rechtsprechung entspricht – im Kontext der Gleichstellungsproblematik von „aktivem Tun" und „unechtem Unterlassen" für die Handlungsäquivalenz des Unterlassens einen Garantenbegriff postuliert, der unter Rückgriff auf „Beherrschungskriterien" ua voraussetzt, dass der Unterlassende aufgrund einer Schutzposition das zur Rechtsgutsverletzung hindrängende Geschehen beherrscht, besteht an der Garantenposition der in der Kinder- und Jugendhilfe tätigen Fachkräfte – sei es aus Gesetz, sei es aus tatsächlicher Schutzübernahme (→ Rn. 138 ff.) – kein Zweifel. Die Beherrschung des zur Rechtsgutsverletzung hindrängenden Geschehens ist der (fallzuständigen) Fachkraft des JA ebenso wie der Fachkraft von Trägern der freien Jugendhilfe sowohl rechtlich als auch tatsächlich möglich.[362] Was vor Inkrafttreten des KICK (→ Rn. 3) vielleicht mangels ausdrücklicher Regelung bestritten werden konnte,[363] ist durch Abs. 2 S. 2 und Abs. 3 S. 2 klargestellt und konkretisiert: Die fallzuständigen Fachkräfte des JA haben zur Abwendung einer dringenden Kindeswohlgefahr nicht nur das Recht, sondern vielmehr die Pflicht, im Wege der Inobhutnahme die gefährdeten Kinder/Jugendlichen aus der Problemfamilie herauszunehmen bzw. Eingriffs- und Schutzhilfe durch Einschaltung von Polizei etc selbst und direkt abzufordern. Die Fachkräfte haben deshalb rechtlich und je nach Einzelfall auch tatsächlich die Möglichkeit, das rechtsgutsgefährdende bzw. -verletzende Geschehen zu beherrschen; ihre Position als Beschützergaranten kann deshalb im Blick auf ihren gesetzlichen Schutzauftrag bei Kindeswohlgefährdung gem. § 8a kaum mehr bestritten werden.[364] Auch die Auffassung von Heghmanns,[365] der die Entstehungsgründe für Garantenpflichten in der Kinder- und Jugendhilfearbeit abschließend auf drei in Abs. 2 aufgelistete Situationen begrenzen will, erscheint nicht sachgerecht und überzeugt nicht. Danach sollen für die MitarbeiterInnen in der Kinder- und Jugendhilfe nur dann Garantenstellungen begründet sein können, wenn Eltern in der Abwehr von Kindeswohlgefahren ausfallen (es besteht eine (einfache) Gefahr und die Eltern sind nicht gewillt oder nicht in der Lage, diese Gefahr abzuwenden gem. Abs. 2 S. 2, Hs. 1 iVm § 1666 BGB), wenn es unsicher erscheint, ob die Eltern in der Gefahrenabwehr ausfallen, weil sie an der Gefahrenaufklärung nicht mitwirken können oder wollen (Abs. 2 S. 2, Hs. 2) oder wenn eine dringende Kindeswohlgefahr besteht und man nicht abwarten kann, ob die Eltern die Kin-

361 So im Ergebnis Albrecht, S. 183 ff., 202–204; vgl. auch Hefendehl RdJB 2005, 472 ff.; ferner mit anderer Begründung Heghmanns SRa 2018, 114 ff.
362 Anders Bohnert ZStW 2005, 177, 290 ff., 315 ff., dessen Auffassung nicht überzeugt, weil sie sich auf einen unzutreffenden Befund der rechtstatsächlichen Handlungsmöglichkeiten der in der Kinder- und Jugendhilfe tätigen Fachkräfte gründet; vgl. dazu Bringewat ZKJ 2006, 233 (238) bei und in Anm. 58 mit Anm. 25; unzutreffend auch Bohnert in Hauck/Noftz/Stähr Rn. 25.
363 Vgl. BT-Drs. 15/3676, 26, 37; vgl. auch Wiesner ZfJ 2004, 161 (172).
364 Vgl. zum Ganzen Dießner, Unterlassungsstrafbarkeit, insbes. S. 156 ff. mit weitgehend denselben Ergebnissen wie hier; vgl. ferner noch Hefendehl RdJB 2005, 472 ff.; ferner auch Wiesner in Wiesner § 1 Rn. 40/1 mit Rn. 88 ff.; Mörsberger ZKJ 2013, 21 ff., 61 ff., 67; Meier, Praxis der Rechtsphilosophie 22 (2012), 370 ff., 382 ff., 385 f. m.teilw.abw. Auffassungen.
365 Vgl. Heghmanns SRa 2018, 114 (116).

deswohlgefahr meistern wollen oder meistern können (Abs. 2 S. 2).[366] Das argumentative Vehikel dieser strikten Reduktion möglicher Entstehungsgründe für Garantenpflichten auf drei in Abs. 2 umschriebene Fallkonstellationen ist eine von Heghmanns postulierte kinder- und jugendhilferechtliche Akzessorietät des Strafrechts, die das Strafrecht und seine Sanktionen überall dort suspendieren soll, wo der Gesetzgeber eine die strafrechtlichen Haftungsgrundlagen ersetzende Wertung vorgenommen hat. Und das sei mit Einführung des § 8a geschehen.[367] Das aber überzeugt nicht. Zum einen fragt es sich bereits, ob der Gesetzgeber mit Einführung des § 8a überhaupt eine dem strafrechtlichen Rechtsgüterschutz vergleichbare gleichsinnige Wertung vornehmen wollte und auch getroffen hat. Zum anderen ist nicht plausibel zu begründen, dass mit der Einführung des § 8a eine gesetzgeberische Wertentscheidung einhergeht, die darauf zielt, die ja auch schon vor Einführung des § 8a bestehende strafrechtliche Garantenproblematik in der Kinder- und Jugendhilfearbeit mit kinder- und jugendhilferechtsspezifischen Mitteln so zu regulieren und zu konturieren, dass für originär strafrechtliche Haftungsgrundlagen in Gestalt „weitergehender" Garantenpflichten kein Raum ist.[368] Und schließlich handelt es sich bei den Vorschriften des Abs. 2 (im Übrigen ebenso wie bei denen des Abs. 1,und des Abs. 3) genau genommen nicht um Entstehungsgründe für Garantenpflichten aus „Gesetz", sondern um gesetzliche Vorgaben, welches **Verfahren** in bestimmten kindeswohlgefährlichen Situationen einzuhalten ist. Letztlich sind die in Abs. 2 geschilderten „situativen Bedingungen"[369] nichts anderes als eine Konkretisierung von Garantenpflichten „aus Gesetz", und zwar von Garantenpflichten aus Art. 6 Abs. 2 S. 2 GG/§ 1 Abs. 2 S. 2.[370]

Kindertagespflegepersonen, die nicht als Fachkräfte der „freien Träger" iSd Abs. 4 tätig sind, sondern die Leistung der Kindertagespflege iSd Abs. 5 „selbstständig" erbringen[371], nehmen zugunsten der von ihnen betreuten Kinder eine Garantenstellung aus „Vertrag mit freiwilliger Übernahme" oder (bei fehlerhaftem und ggf. unwirksamem oder sogar nichtigem Pflege- und/oder Betreuungsvertrag zwischen ihnen und den PSB oder ErzBer.) aus sog. tatsächlicher Schutzübernahme ein.[372] Maßgebliche Grundlage für die Entstehung dieser Garantenstellung ist der privatrechtlich geschlossene „Pflege- und/oder Betreuungsvertrag" zwischen den PSB bzw. ErzBer. und der Kindertagespflegeperson. Mit **tatsächlicher** Erfüllung der vereinbarten Kindertagespflege entsteht zwischen der Kindertagespflegeperson und dem Kind ein Pflege-/Betreuungsverhältnis, aus dem sich Garantenpflichten zum Schutze des betreuten Kindes vor Gefahren für sein Wohl ergeben. Diese Garantenpflichten werden inhaltlich nach Art und Umfang durch die Sicherstellungsvereinbarung iSd Abs. 5 mitbestimmt, so dass die aus der Sicherstellungsvereinbarung resultierende Pflicht zur Durchführung einer eigenen Gefährdungseinschätzung zugleich auch als Rechtspflicht iSd § 13 StGB zu qualifizieren ist. Kindertagespflegepersonen iSd Abs. 5 unterliegen dementsprechend einer nicht abgeleiteten, eigenen strafrechtlichen Garantenhaftung. 152

Auch der **Richter des FamG** nimmt eine Garantenstellung zugunsten der in ihrem Wohl gefährdeten Kinder und Jugendlichen ein; denn auch er ist zur Verwirklichung des Schutzauftrags je nach den Umständen des Einzelfalls aus Art. 6 Abs. 2 S. 2 GG/§ 1 Abs. 2 S. 2 iVm § 8a Abs. 3 S. 1 verpflichtet. Das Unterlassen einer Anordnung durch den Familienrichter, das ggf. eine Schädigung des Kindes/Jugendlichen zur 153

366 Vgl. dazu Heghmanns SRa 2018, 114 (116).
367 In diesem Sinne Heghmanns SRa 2018, 114 (116 f.).
368 Vgl. eingehend dazu bei Bringewat SRa 2021, 93 (97 ff.).
369 So Heghmanns SRa 2018, 114 (116).
370 Vgl. dazu näher bei Bringewat SRa 2021, 93 (99 f.).
371 Zu den verschiedenen Rechtsformen der tätigen Kindertagespflege vgl. statt aller Lakies/Beckmann in FK-SGB VIII § 23 Rn. 57 ff. mwN.
372 Vgl. zu den Voraussetzungen dieser Garantenstellung bei Bringewat Rn. 384 ff., 392 ff.; ausführlich Bosch in Schönke/Schröder StGB § 13 Rn. 26 ff., 28.

Folge hat, ist aber wegen des sog. Richterprivilegs nur strafbar, wenn dem Richter zugleich eine Rechtsbeugung (§ 339 StGB) zur Last fällt.[373]

154 Zur Frage, ob sich aus der Garantenstellung der in der Kinder- und Jugendhilfe tätigen Fachkräfte auch **Anzeigepflichten** ergeben können vgl. Kunkel StV 2002, 333.

§ 8b Fachliche Beratung und Begleitung zum Schutz von Kindern und Jugendlichen

(1) Personen, die beruflich in Kontakt mit Kindern oder Jugendlichen stehen, haben bei der Einschätzung einer Kindeswohlgefährdung im Einzelfall gegenüber dem örtlichen Träger der Jugendhilfe Anspruch auf Beratung durch eine insoweit erfahrene Fachkraft.

(2) Träger von Einrichtungen, in denen sich Kinder oder Jugendliche ganztägig oder für einen Teil des Tages aufhalten oder in denen sie Unterkunft erhalten, und die zuständigen Leistungsträger, haben gegenüber dem überörtlichen Träger der Jugendhilfe Anspruch auf Beratung bei der Entwicklung und Anwendung fachlicher Handlungsleitlinien

1. zur Sicherung des Kindeswohls und zum Schutz vor Gewalt sowie
2. zu Verfahren der Beteiligung von Kindern und Jugendlichen an strukturellen Entscheidungen in der Einrichtung sowie zu Beschwerdeverfahren in persönlichen Angelegenheiten.

(3) Bei der fachlichen Beratung nach den Absätzen 1 und 2 wird den spezifischen Schutzbedürfnissen von Kindern und Jugendlichen mit Behinderungen Rechnung getragen.

1 Bedeutung und Inhalt der Vorschrift

1 § 8b ist vor dem Hintergrund der verfassungsrechtlichen Regelung zum staatlichen Wächteramt in Art. 6 Abs. 2 S. 2 GG und der Regelungen in den §§ 3 Abs. 2, 8a Abs. 4 zu sehen. Das staatliche Wächteramt ist von der öffentlichen Jugendhilfe, insbesondere von den Jugendämtern, wahrzunehmen. Nur diese werden von den Leistungsverpflichtungen des SGB VIII direkt erreicht. Da aber andererseits die freien Träger in beträchtlichem Umfang Hilfen erbringen (→ § 3 Rn. 21), muss sichergestellt werden, dass auch diese in den Schutzauftrag bei einer Kindeswohlgefährdung einbezogen und in die Lage versetzt werden, bei Anhaltspunkten für eine Gefährdung adäquat zu reagieren. Aus diesem Grund sieht § 8a Abs. 4 S. 1 Nr. 2 auch vor, dass die freien Träger eine auf ihren Aufgabenbereich abgestimmte qualifizierte Beratung durch eine Fachkraft erhalten.[1] § 8b setzt hier an und geht noch einen Schritt weiter (→ Rn. 2). Nicht nur die Mitarbeiter freier Träger sollen durch fachliche Beratung des örtlichen Trägers der Jugendhilfe unterstützt werden, sondern auch sonstige Personen, „die beruflich in Kontakt mit Kindern oder Jugendlichen stehen", sind gem. § 8 b Abs. 1 zu beraten. Ein solcher Beratungsanspruch besteht auch nach § 4 Abs. 2 KGG.[2]

---

373 Vgl. dazu ausführlich Bringewat ZKJ 2019, 248 ff. mit Bezug auf den „Staufener Mißbrauchsfall".
1 BT-Drs. 17/6256, 21.
2 Kritisch hierzu Krug/Riehle/Uhl Rn. 13.

Allerdings ist dieser Beratungsanspruch auf die in § 4 Abs. 1 KGG genannten Personen beschränkt. Nach § 4 Abs. 2 KGG steht der Beratungsanspruch daher nur bestimmten Berufsgruppen offen, während § 8b Abs. 1 einen Beratungsanspruch für alle Personen, die beruflich[3] in Kontakt mit Kindern oder Jugendlichen stehen, vermittelt. § 8 b Abs. 1 geht damit über die Beratungsansprüche nach § 8a Abs. 4 und 5 sowie § 4 Abs. 2 KGG hinaus (→ KKG § 4 Rn. 10 im Anh. zu § 61).

Zudem haben auch Träger von Einrichtungen, „in denen sich Kinder oder Jugendliche (...) aufhalten", nach § 8b Abs. 2 einen Anspruch auf Beratung durch den überörtlichen Träger der Jugendhilfe. Damit trägt die Norm zur weiteren Qualifizierung des Kinderschutzes bei.[4] Durch fachliche Beratung durch die öffentliche Jugendhilfe sollen möglichst alle Personen, die in engem Kontakt zu Kindern und Jugendlichen stehen, gestärkt und in die Lage versetzt werden, adäquat zur Sicherung des Kindeswohl tätig werden zu können.

2 Recht auf Beratung bei Gefährdungseinschätzung (Abs. 1)

Abs. 1 enthält in Anknüpfung an die Vorschrift des § 8a Abs. 4 S. 1 Nr. 2, nach welcher freie Träger, die Leistungen nach dem SGB VIII erbringen, fachlich zu beraten sind, eine Beratungspflicht des örtlichen Trägers der Jugendhilfe gegenüber Personen, die in beruflichem Kontakt zu Kindern oder Jugendlichen stehen.[5] Diese Personen haben gem. § 8 b Abs. 1 einen Rechtsanspruch gegenüber dem örtlichen Träger der Jugendhilfe auf Beratung.[6] Nach dem Gesetzeswortlaut soll die Beratung im konkreten Einzelfall bei der Einschätzung einer Kindeswohlgefährdung erfolgen. Danach setzt der Beratungsanspruch Anhaltspunkte für eine mögliche Gefährdungslage im Einzelfall voraus.[7] Die Überschrift der Norm spricht zudem von „Begleitung". Das erweckt den Eindruck, dass über § 8b neben der Einzelfallberatung durch den örtlichen Träger weitergehende Maßnahmen sichergestellt werden. Diese sind allerdings im Gesetzestext nicht normiert. Der Wortlaut der Überschrift kann somit missverstanden werden. 2

3 Beratung bei fachlichen Handlungsleitlinien (Abs. 2)

Mit Abs. 2 wird „den Trägern von Einrichtungen, in denen sich Kinder oder Jugendliche ganztägig oder für einen Teil des Tages aufhalten oder in denen sie Unterkunft erhalten", ein Anspruch auf Beratung bei der Entwicklung und Anwendung fachlicher Handlungsleitlinien zur Sicherung des Kindeswohls und zur Beteiligung von Kindern und Jugendlichen an wichtigen Entscheidungen in der jeweiligen Einrichtung sowie zu Beschwerdeverfahren eingeräumt.[8] Dieser Anspruch steht auch den Leistungsträgern zu.[9] Die Einrichtungen und Träger sollen durch diesen Beratungsanspruch unterstützt werden, um Kinder und Jugendliche bestmöglich vor Gefahren von außen aber auch von innen, etwa durch Mitarbeiter der Einrichtungen, zu schützen.[10] 3

4 Spezifische Bedürfnisse von Kindern mit Behinderung (Abs. 3)

Mit Art. 1 des KJSG ist ein neuer Abs. 3 normiert worden. Danach ist bei der fachlichen Beratung nach den Abs. 1 und 2 den spezifischen Schutzbedürfnissen von Kin- 4

3 Also nicht ehrenamtlich, s. hierzu auch Kößler in jurisPK-SGB VIII Rn. 12.
4 BT-Drs. 17/6256, 21.
5 S. auch Wapler in Wiesner Rn. 7 f.; Meysen in FK-SGB VIII Rn. 4 und 5; s. zur beruflichen Tätigkeit iSd § 8 b Schimke in JHSM Rn. 3 f.
6 S. auch Meysen in FK-SGB VIII Rn. 6; Krug/Riehle/Uhl Rn. 12.
7 S. hierzu auch Kößler in juris-PK-SGB VIII Rn. 13 und 15; Schimke in JHSM Rn. 13; Wapler in Wiesner Rn. 20 f.
8 S. auch Wapler in Wiesner Rn. 27 f.
9 S. auch Meysen in FK-SGB VIII Rn. 10.
10 S. hierzu BT-Drs. 17/6256, 22.

dern und Jugendlichen mit Behinderungen Rechnung zu tragen. Nach der Gesetzesbegründung dient die Neuregelung der Umsetzung von Art. 16 der VN-Behindertenrechtskonvention.[11]

§ 9 Grundrichtung der Erziehung, Gleichberechtigung von jungen Menschen

Bei der Ausgestaltung der Leistungen und der Erfüllung der Aufgaben sind

1. **die von den Personensorgeberechtigten bestimmte Grundrichtung der Erziehung sowie die Rechte der Personensorgeberechtigten und des Kindes oder des Jugendlichen bei der Bestimmung der religiösen Erziehung zu beachten,**
2. **die wachsende Fähigkeit und das wachsende Bedürfnis des Kindes oder des Jugendlichen zu selbständigem, verantwortungsbewusstem Handeln sowie die jeweiligen besonderen sozialen und kulturellen Bedürfnisse und Eigenarten junger Menschen und ihrer Familien zu berücksichtigen,**
3. **die unterschiedlichen Lebenslagen von Mädchen, Jungen sowie transidenten, nichtbinären und intergeschlechtlichen jungen Menschen zu berücksichtigen, Benachteiligungen abzubauen und die Gleichberechtigung der Geschlechter zu fördern,**
4. **die gleichberechtigte Teilhabe von jungen Menschen mit und ohne Behinderungen umzusetzen und vorhandene Barrieren abzubauen.**

1 Bedeutung der Norm

1 Die systematische Stellung der Vorschrift im ersten Kapitel des SGB VIII verdeutlicht ihren allgemeingültigen Charakter für das gesamte Kinder- und Jugendhilferecht. Sie ist in engem Zusammenhang zu den bereits im Grundgesetz enthaltenen Grundbekenntnissen zu sehen: Schutz der Familie (Art. 6 GG), Religionsfreiheit (Art. 4 GG), Gleichheitsgrundsatz, insbesondere Benachteiligungsverbot wegen einer Behinderung (Art. 3, insbes. Abs. 3 S. 2 GG), freie Entfaltung der Persönlichkeit (Art. 2 GG). Die programmatischen Aussagen sind quasi wie eine Folie den weiteren Regelungen unterlegt, sowohl für die Leistungen als auch für die anderen Aufgaben. Sie binden zwar – wie das SGB VIII insgesamt – nur die öffentlichen Träger direkt, entfalten aufgrund ihres Programmcharakters und über § 74 Abs. 2 aber auch für freie Träger zumindest indirekte Wirkung.[1] Im Rahmen seiner Letztverantwortung (zum Begriff → § 79 Rn. 12) muss der öffentliche Träger für die Beachtung des § 9 durch freie Träger ein-

11 BT-Drs. 19/26107, 75.

1 Vgl. § 3 und §§ 74, 77 (§§ 74, 75 aF); für direkte Wirkung Häbel in GK-SGB VIII Rn. 17; JHSM Rn. 3 und wohl auch Kern in SFMK Rn. 15.

stehen. Deshalb stellt § 9 aufgrund seiner verbindlichen Formulierung eine Art **„pädagogischen Imperativ“** nicht nur für die praktische Arbeit der Jugendämter, sondern vor allem für die mit der Pflege und Erziehung junger Menschen befassten Fachkräfte in- und außerhalb von Einrichtungen sowie für Pflegeeltern dar.

Die Vorschrift gilt sowohl bei der Erbringung von Leistungen iSv § 2 Abs. 2 als auch 2 bei der (echt) hoheitlichen Erfüllung anderer Aufgaben der Jugendhilfe iSv § 2 Abs. 3. Zwar liegt der Akzent im Jugendhilferecht auf der Leistungserbringung (→ § 1 Rn. 2), das pädagogische Grundanliegen gilt aber gerade auch dort, wo der Staat sein Wächteramt (§ 8a) ausübt. Damit werden die bereits in § 1 Abs. 1 und 2 getroffenen Grundaussagen – Recht auf entwicklungsorientierte Erziehung und Betonung der Elternrechte vor staatlichen Eingriffsbefugnissen – ergänzt und für die praktische Arbeit als Vorgaben formuliert. Die inzwischen vier Nummern stehen dabei nicht in einem Rangverhältnis, sondern grds. gleichrangig nebeneinander. Kollidieren die darin genannten Grundsätze (zB im Verhältnis von religiöser Kindererziehung und wachsender Selbstständigkeit des jungen Menschen oder der Gleichberechtigung der Geschlechter; → Rn. 4, 10), müssen sie zur Verwirklichung des Kindeswohls unter Berücksichtigung der Rangfolge der hinter ihnen stehenden Grundentscheidungen des Grundgesetzes so weit wie möglich zu einem Ausgleich gebracht werden.

2 Grundrichtung der Erziehung/Religiöse Erziehung (Nr. 1)

Gemäß § 9 Nr. 1 ist die von den PSB (→ § 7 Rn. 2) bestimmte **Grundrichtung der Erziehung** zu beachten. Der Gesetzgeber geht davon aus, dass zum einen seitens der PSB 3 bewusst Entscheidungen für oder gegen bestimmte Erziehungsformen getroffen werden (können) und dass diese andererseits dem Träger der Jugendhilfe auch ersichtlich sind. Dies stößt – abgesehen von der nie endenden Fachdebatte um Erziehungsmodelle – auf ganz praktische Probleme: In Konfliktfällen liegt die Wurzel der Konflikte, die mit den Mitteln der Jugendhilfe gemildert oder beseitigt werden sollen, häufig in der Sprachlosigkeit der Betroffenen untereinander. Wenn sich schon Eltern und Kinder nicht (mehr) über Wege und Grenzen der Erziehung verständigen können, wird es dem JA umso schwerer fallen, die „Grundrichtung der Erziehung“ zu ermitteln und zu beachten. Hier sind die vielfältigen Kommunikationsmöglichkeiten und -pflichten, die das Gesetz vorsieht, von großer praktischer Bedeutung. Im Bereich der Leistungen sind dies zB Förderungsleistungen gem. §§ 16 ff., die gemeinsame Gestaltung des Hilfeplans gem. § 36, bei anderen Aufgaben zB die Unterrichtungspflicht bei der Inobhutnahme gem. § 42 Abs. 2.

Anders liegt es bei den ebenfalls zu beachtenden Rechten bei der Bestimmung der **reli-** 4 **giösen Erziehung**: Hier ist zB schon durch erfolgte oder nicht erfolgte Taufe, Beschneidung (vgl. § 1631d BGB) oder ähnliche religiöse oder weltanschauliche Initiationsriten wie die Jugendweihe und die in der Familie geübten Bräuche nach außen ersichtlich, ob bzw. welche Entscheidung getroffen wurde. Allerdings geht nach Eintreten der Religionsmündigkeit mit Vollendung des 14. Lebensjahres (§ 5 S. 1 Gesetz über die religiöse Kindererziehung – RelKErzG) die Entscheidung des oder der Jugendlichen, sich von einer religiösen Gemeinschaft ab- oder einer (anderen) zuzuwenden, einer ggf. anders lautenden Aussage der Eltern vor. Ab dem 12. Lebensjahr kann das Kind nicht gegen seinen Willen in einem anderen Bekenntnis als bisher erzogen werden (§ 5 S. 2 RelKErzG), ab Vollendung des zehnten Lebensjahres ist es vor einem Wechsel anzuhören (§ 2 Abs. 3 S. 4, § 3 Abs. 2 S. 5 RelKErzG). Die Religionsmündigkeit bezieht sich nicht nur auf die als Körperschaften des öffentlichen Rechts anerkannten Religionsgesellschaften, sondern – schon wegen Art. 4 sowie Art. 140 GG iVm Art. 137 WRV sowie § 6 RelKErzG – auf alle religiösen und sonstigen Lehren, die Vorstellungen von

Zusammenhängen der Weltordnung und Daseinszwecke zu vermitteln suchen.[2] Religiös motivierte Entscheidungen der Eltern, die das Kindeswohl physisch oder psychisch gefährden, etwa die Verweigerung einer lebensrettenden Operation oder die – inzwischen in Fällen der groblichen Verletzung der Fürsorge- und Erziehungspflicht auch für Personensorgeberechtigte strafbare (§ 5 KonvBG) – Durchführung einer Konversionsbehandlung[3] (nicht nur die sog. Homo-„Heilung"), stellen eine problematische Kollision zwischen Eingriffspflicht des Staates zum Wohle des Kindes und Erziehungsrecht der Eltern dar. Die Grundrichtung der Erziehung ist nur soweit zu beachten, als sie den Grundwerten der Verfassung (zB Genitalverstümmelungsverbot als Ausdruck des Rechts auf körperliche Unversehrtheit aus Art. 2 Abs. 2 GG, Gleichberechtigung der Geschlechter und der sexuellen Orientierungen[4] aus Art. 3 GG) und der Gesetze (zB § 1631 Abs. 2 BGB: gewaltfreie Erziehung) entspricht. Die umstrittene Frage, ob das Erziehungsrecht der Eltern auch die Einwilligung in eine **Beschneidung von Jungen** umfasst,[5] hat der Gesetzgeber in § 1631d BGB inzwischen zwar grundsätzlich bejaht. Allerdings lässt die Norm zahlreiche Fragen offen (→ § 8a Rn. 36). So steht die Wirksamkeit der Einwilligung unter dem Vorbehalt, dass im Einzelfall das Kindeswohl nicht gefährdet wird, so dass die – letztlich von der Verfassung vorgegebenen – Grenzen im Wege der Auslegung zu ermitteln sind.[6] Zu Recht wird deshalb betont, dass eine Beschneidung bei Einsichts- oder Urteilsfähigkeit des Jungen auch vor Erreichen der Volljährigkeit nicht gegen seinen ausdrücklichen Willen stattfinden kann.[7] Zur Behandlung von Kindern mit sogenannten Varianten der Geschlechtsentwicklung (→ Rn. 12).

5 Die im Hinblick auf eine religiöse Grundorientierung **gem.** § 5 geäußerten Wünsche der Betroffenen sind bei der Entscheidung über eine stationäre Hilfe zu beachten. Insoweit ist § 5 lediglich ein Anwendungsfall des § 9,[8] geht aber über diesen hinaus, soweit er eine von der Ausübung des Wunsch- und Wahlrechts unabhängige Verpflichtung enthält.[9]

3 Wachsende Fähigkeiten und Bedürfnisse; besondere soziale und kulturelle Bedürfnisse junger Menschen (Nr. 2)

6 § 9 Nr. 2 schreibt vor, dass die wachsende Fähigkeit und das wachsende Bedürfnis von Kindern oder Jugendlichen zu selbstständigem, verantwortungsbewusstem Handeln zu berücksichtigen ist. Diese Vorgabe nimmt Bezug auf Erkenntnisse der Entwicklungspsychologie und die bereits im BGB bestehenden Regelungen (§§ 1626 Abs. 2, 1666 BGB, Abdruck bei § 7 bzw. § 50). Sie betont den dynamischen Aspekt und die Einzelfallorientierung der Jugendhilfe, auch und gerade dann, wenn die PSB Adressaten einer Maßnahme sind (→ § 3 Rn. 10). Die Befähigung des Kindes, des oder der Jugendlichen, aus der Familie heraus zu einer individuellen Persönlichkeit heranzuwachsen und die Pflicht der Jugendhilfe, ergänzende Impulse zu geben, also ggf. die angesprochene Fähigkeit zu fördern und das Bedürfnis zu unterstützen, werden akzentuiert. Damit steht dieser Teil der Vorschrift in unmittelbarem Zusammenhang zu den in

2 Huber in MüKoBGB Anh. zu § 1631 – § 6 RelKErzG mwN.
3 Zum Begriff § 1 Abs. 1 des Gesetzes zum Schutz vor Konversionsbehandlungen v. 12.6.2020, BGBl. I, 1285.
4 Vgl. Begründung der Ablehnung einer Ergänzung von Art. 3 GG um das Merkmal „Sexuelle Orientierung" durch den Rechtsausschuss damit, dass eine Diskriminierung wegen der sexuellen Identität bereits jetzt von Verfassungs wegen verboten ist, BT-Drs. 17/4775, 5.
5 Dagegen Aufsehen erregend LG Köln 7.5.2012 – 151 Ns 169/11, NJW 2012, 2128 f.
6 Statt vieler Spickhoff FamRZ 2013, 337–343.
7 Zu Recht dagegen B. Hamdan in jurisPK-BGB § 1631d Rn. 9–12.
8 Ähnlich Mrozynski SGB VIII Rn. 4.
9 So zu Recht Kern in SFMK Rn. 5.

§ 1 Abs. 1 enthaltenen Grundaussagen und zu § 8, der (wenigstens) die Beteiligung von Kindern und Jugendlichen in „ihrem" Verfahren festschreibt.

7 Die Berücksichtigung der jeweiligen besonderen sozialen und kulturellen Bedürfnisse und Eigenarten junger Menschen und ihrer Familien, welche ebenfalls nach § 9 Nr. 2 zu beachten sind, wird mit dem Begriff der **„Lebensweltorientierung"**, den der 8. Jugendbericht der Bundesregierung (→ § 84 Rn. 4) zum Schwerpunkt hatte, umrissen. Lebensweltorientierung im Sinne einer moderneren Sozialpädagogik bedeutet nicht, auf bereits eingetretene Konflikte zu reagieren und entsprechende, rasterartig vorgeprägte Hilfen anzubieten; vielmehr solle im Vorfeld das Kind, die oder der Jugendliche in seiner oder ihrer Lebenssituation „abgeholt" und – präventiv – agiert werden. Für die Praxis besteht infolgedessen eine ständige **Beobachtungs- und Kommunikationspflicht**, um im sozialen und kulturellen Bereich individuelle Prägungen und Neigungen wahrzunehmen und entsprechende Angebote machen zu können. Bereits bei der Jugendhilfeplanung gem. § 80 müssen entsprechend soziale und kulturelle Aspekte berücksichtigt und der Entwicklung angepasst werden. So muss – eine Selbstverständlichkeit – die Jugendhilfeplanung die hergebrachte regionale Sozialstruktur beachten; dies kann bspw. – immer noch – in West- und Ostdeutschland[10] zu einer unterschiedlichen Schwerpunktsetzung führen. Zudem können etwa je spezifische Angebote für Kinder und Jugendliche aus unterschiedlichen sozialen Schichten oder für junge Menschen mit oder ohne Migrationshintergrund gemacht werden, es müssen aber auch die unterschiedlichen Auswirkungen unspezifischer Angebote auf Gruppen mit unterschiedlichen sozialen und kulturellen Bedürfnissen in die Betrachtung einbezogen werden. Gerade dies stellt für die Jugendhilfe eine besondere Herausforderung dar. So konstatiert der 14. Kinder- und Jugendbericht,[11] dass Jugendhilfeleistungen in bestimmten Fällen soziale Ungleichheit perpetuieren oder gar verstärken können. Die öffentlichen und freien Träger der Jugendhilfe müssen dies verstärkt in den Blick nehmen, um ein weiteres Auseinanderdriften zu vermeiden. Gerade vor dem Hintergrund der hohen Zahl Zugewanderter, darunter vieler junger Menschen in den Jahren 2015 und 2016, hat die Berücksichtigung des kulturellen Hintergrundes nicht nur für an diese Menschen gerichtete Maßnahmen an Bedeutung zugenommen. Der 15. Kinder- und Jugendbericht der Bundesregierung weist hier deutlich auf eine sehr differenzierte Wahrnehmung von Transnationalität und Migration bei jungen Menschen hin,[12] die beim Handeln der Kinder- und Jugendhilfeträger zu berücksichtigen ist. Diese könnten versuchen die Diskursräume zu schaffen, deren Fehlen angesichts der Komplexität der Mehrebenensysteme zu Frustrationserfahrungen politisch interessierter Kinder und Jugendlicher führen können; hierzu müssen die Kinder und Jugendlichen aber in ihren Anliegen ernst genommen werden.[13]

8 Wegen der zunehmenden digitalen Vernetzung der Welt und – angesichts enger werdender realer öffentlicher Räume[14] – insbesondere der Kinder und Jugendlichen müssen öffentliche und freie Träger der Jugendhilfe auch in der digitalisierten Welt zu Hause sein.[15] Um Jugend zu ermöglichen, wie es der 15. Kinder- und Jugendbericht der Bundesregierung fordert,[16] gehört es zum Aufgabenspektrum der Träger, den Kin-

10 Zu den Unterschieden zwischen West- und Ostdeutschland, insbesondere im Hinblick auf Geschlechterrollen und die gesellschaftlichen Umbrüche durch den wirtschaftlichen Zusammenbruch der früheren DDR vgl. 9. Kinder- und Jugendbericht, BT-Drs. 13/70, X, 87–100 und 221–237.
11 BT-Drs. 17/12200, 365.
12 BT-Drs. 18/11050, 270.
13 So der 16. Kinder- und Jugendbericht, BT-Drs. 19/24200, 388.
14 So der 15. Kinder- und Jugendbericht, BT-Drs. 18/11050, 254.
15 Zu den Herausforderungen durch die Digitalisierung 15. Kinder- und Jugendbericht, BT-Drs. 18/11050, 59–61, 273–327 und 469–470.
16 BT-Drs. 18/11050.

dern und Jugendlichen sowie ihren PSB digitale Kompetenz zu vermitteln, und zwar nicht nur im Hinblick auf eine berufliche Qualifikation. Um ihrem Schutzauftrag gerecht zu werden, müssen sie zudem die Gefahren der digitalen Vernetzung, insbesondere die tatsächlichen Jugendschutzlücken und den erhöhten sozialen Druck durch die digitale Vernetzung kennen und darauf reagieren können. Diese Verantwortung für das Wohl junger Menschen auch im digitalen Raum ist den Trägen der Kinder- und Jugendhilfe bislang noch viel zu wenig bewusst.[17]

9 Der jüngste Kinder- und Jugendbericht stellt ein zunehmendes politisches Interesse von Kindern und Jugendlichen fest, das über das gesamte politische Spektrum reicht, bis hin zu rechtsextremen Positionen.[18] Angesichts der immer diverser werdenden (post-)migrantischen Gesellschaft, die zugleich entgegen ihrem Anspruch de facto nicht allen Menschen die gleiche demokratische Teilhabe zukommen lässt, zieht er daher einige Schlussfolgerungen für die Praxis politischer Bildung, die auch und gerade in der Jugendhilfe von Bedeutung sind,[19] etwa bei der Einbeziehung von Vereinen von jungen Menschen mit Migrationshintergrund oder Migrantinnen- und Migrantenjugendselbstorganisationen.[20]

4 Unterschiedliche Lebenslagen von jungen Menschen aller Geschlechter; Abbau von Benachteiligungen; Förderung der Gleichberechtigung (Nr. 3)

10 § 9 Nr. 3 schreibt vor, dass die unterschiedliche Situation von Mädchen, Jungen, transidenten, intergeschlechtlichen und nichtbinären jungen Menschen zu beachten ist, Benachteiligungen abzubauen und die Gleichberechtigung der Geschlechter zu fördern sind. Mit dieser Vorschrift, in der es hauptsächlich um die (eigene oder zugeschriebene) Geschlechtsidentität geht, trägt das Gesetz dem Gleichstellungsauftrag aus Art. 3 Abs. 2 S. 2 GG Rechnung und schreibt das **Gender Mainstreaming**, also die durchgängige Beachtung der unterschiedlichen Folgen einer Maßnahme für Angehörige unterschiedlichen Geschlechts als durchgängiges Leitprinzip,[21] auch[22] für die Jugendhilfe zwingend vor. Deshalb hat § 9 Nr. 3 schon bei der **Jugendhilfeplanung** nach § 80 große Bedeutung: Sie muss das Jugendhilfeangebot so ausgestalten, dass es vor dem Hintergrund der unterschiedlichen Ausgangssituationen von Kindern und Jugendlichen verschiedener Geschlechtsidentitäten und verschieden gelesener Geschlechterzuordnungen zur Beseitigung insbesondere der tatsächlich bestehenden Benachteiligungen von selbst oder fremd als Mädchen, Jungen, trans, inter, nonbinär oder queer definierten Kindern oder Jugendlichen und zur tatsächlichen Durchsetzung der Gleichberechtigung aller Kinder und Jugendlicher beiträgt. Die Neufassung von § 9 Nr. 3, die ausdrücklich die enumerative Aufzählung von Mädchen und Jungen aufgibt und stattdessen von „den Geschlechtern" spricht, stellt nun klar, dass auch spezifische Angebote für trans, inter oder nonbinäre junge Menschen[23] gemacht werden dürfen und die spezifischen Auswirkungen von Angeboten auf sie beachtet werden müssen. In der Praxis ist die Herausforderung, die unterschiedlichen Situationen von Mädchen, Jungen, trans, inter, nonbinärer oder queerer Kinder und Jugendlicher überhaupt wahrzuneh-

17 So auch der 15. Kinder- und Jugendbericht, BT-Drs. 18/11050, 60.
18 16. Kinder- und Jugendbericht, BT-Drs. 19/24200, 485 f.
19 16. Kinder- und Jugendbericht, BT-Drs. 19/24200, 549 f.
20 16. Kinder- und Jugendbericht, BT-Drs. 19/24200, 550–552.
21 Vgl. Strategisches Ziel H.2 der Aktionsplattform der Vierten Weltfrauenkonferenz, Peking 1995 (Anl. II zum Bericht der Vierten Weltfrauenkonferenz, Rn. 204 f., A/CONF.177/20, dt. Übers. unter http://www.un.org/depts/german/conf/beijing/beij_bericht.html).
22 Vgl. für die sonstige Verwaltung zB in Baden-Württemberg §§ 2 und 24 ChancenG BW.
23 Vgl. zur Situation lesbischer, schwuler, bisexueller, transgeschlechtlicher, transidenter und transsexueller junger Menschen 15. Kinder- und Jugendbericht, BT-Drs. 18/11050, 224 mwN.

men, umso größer, je homogener die Entscheidungsprozesse von Angehörigen eines Geschlechts dominiert werden und je verfestigter Geschlechterstereotype sind. So dürfen bei überwiegend weiblich besetzten Entscheidungsstrukturen die spezifischen Lebenswelten von Jungen, bei überwiegend männlich besetzten Entscheidungsstrukturen die von Mädchen jeweils nicht aus dem Blick geraten.

Für die betroffenen Kinder und Jugendlichen eine besondere, weil in ihren Folgen oft irreversible Bedeutung hat die Frage der Einwilligung in eine Behandlung, die, ohne dass ein weiterer Grund für die Behandlung hinzutritt, eine Anpassung des körperlichen Erscheinungsbildes eines Kindes an das männliche oder weibliche Geschlecht beabsichtigt. § 1631e BGB stellt hierzu seit 22.5.2021[24] klar, dass die elterliche Sorge eine Einwilligung in eine solche Behandlung eines nicht einwilligungsfähigen Kindes mit einer – im Gesetz sogenannten – „Variante der Geschlechtsentwicklung“ gerade nicht umfasst. Der Begriff „Variante der Geschlechtsentwicklung“ ist ungenau,[25] da damit enger als der Wortlaut nur solche Kinder gemeint sein sollen, die nicht aufgrund ihrer Geschlechtsmerkmale einer der Geschlechtsvarianten „männlich“ und „weiblich“ zuzuordnen sind. Gemeint sind, aufbauend auf der Stellungnahme „Versorgung von Kindern, Jugendlichen und Erwachsenen mit Varianten/Störungen der Geschlechtsentwicklung“ der Bundesärztekammer, angeborene Variationen der genetischen, hormonalen, gonadalen und genitalen Anlagen eines Menschen mit der Folge, dass das Geschlecht nicht mehr eindeutig den biologischen Kategorien „männlich“ oder „weiblich“ entsprechen.[26] In unaufschiebbare operative Eingriffe an den inneren oder äußeren Geschlechtsmerkmalen des nicht einwilligungsfähigen Kindes können die Personensorgeberechtigten zwar einwilligen, bedürfen hierzu aber in der Regel der familiengerichtlichen Genehmigung (§ 1631e Abs. 2, 3, 4 BGB), für die es ein in § 167b FamFG geregeltes besonderes Verfahren gibt. Hierdurch ist klargestellt, dass es auch zu den Aufgaben der Jugendhilfe gehört, nonbinäre oder inter Kinder oder Jugendliche als solche zu schützen. 11

Eine in der Praxis der offenen Jugendarbeit häufig sichtbare Umsetzung der Vorgaben sind jeweils gesonderte Angebote zur **Mädchen- oder Jungenarbeit**. Es ist aber auch zu berücksichtigen, dass dieselbe, äußerlich geschlechtsneutral ausgestaltete Hilfe für Jungen und Mädchen unterschiedlich wirksam werden kann. So haben Studien[27] gezeigt, dass Mädchen oft in höherem Alter als Jungen stationär aufgenommen werden. Gleichzeitig wird aber auch festgestellt, dass sie im Umgang mit Fachkräften als auffälliger wahrgenommen werden, auch wenn die Studienautoren und Studienautorinnen einen Einfluss von Geschlechterstereotypen nicht ausschließen können.[28] Auch sonst können Jugendhilfeangebote, bspw. zum E-Sport,[29] für Jungen und Mädchen unterschiedlich attraktiv sein. 12

Neben der Jugendhilfeplanung im Allgemeinen muss auch die einzelne Hilfe den Zielen des § 9 Nr. 3 entsprechen. Das bedeutet nicht, dass es im Rahmen einer Jugendhilfeplanung keine spezifischen Hilfen geben darf, die spezifisch auf Angehörige eines 13

24 Eingeführt durch das Gesetz zum Schutz von Kindern mit Varianten der Geschlechtsentwicklung vom 12.5.2021 (BGBl. 2021 I, 1082); zu einem Gesetzentwurf in einem früheren Stadium bei grundsätzlicher Zustimmung im Detail mit (großteils später übernommenen) Änderungswünschen Kinderrechtekommission des DFGT ZKJ 2020, 132–138.

25 Genauer hingegen BVerfG 10.10.2017 – 1 BvR 2019/16, Rn. 35, 42: „Personen, deren Geschlechtsentwicklung gegenüber einer weiblichen oder männlichen Geschlechtsentwicklung Varianten aufweist“.

26 Bundesärztekammer, Deutsches Ärzteblatt vom 30.1.2015, S. 1, 2.

27 Rau/Mayer/Keller JAmt 2020, 364 (368); Baur ua 1998.

28 Rau/Mayer/Keller JAmt 2020, 364 (368).

29 Auf den großen Unterschied der Teilnahme am E-Sport von Mädchen und Jungen weist der 15. Kinder- und Jugendbericht hin; BT-Drs. 18/11050, 284.

Geschlechts oder auf junge Menschen ausgerichtet sind, die sich nicht eindeutig einem Geschlecht zugehörig fühlen. Eine Hilfe aber, die von ihrer Konzeption her oder in ihrer konkreten Ausgestaltung die Existenz oder die Gleichberechtigung von inter, nonbinären oder trans Geschlechtsidentitäten oder nicht-heterosexueller sexueller Orientierungen ablehnt, die Benachteiligungen ausbaut, die junge Menschen aufgrund der von ihnen selbst gewählten oder von der Gesellschaft bei ihnen gelesenen Geschlechtsidentität, statt sie zu beseitigen oder der Gleichberechtigung von Mädchen und Jungen entgegenwirkt, ist keine rechtmäßige Hilfe (→ Rn. 17).

5 Gleichberechtigte Teilhabe junger Menschen mit und ohne Behinderungen; Abbau von Barrieren (Nr. 4)

14 Nach § 9 Nr. 4[30] sind bei der Ausgestaltung der Leistungen und der Erfüllung der Aufgaben die gleichberechtigte Teilhabe von jungen Menschen mit und ohne Behinderungen umzusetzen und vorhandene Barrieren abzubauen. Damit nimmt das SGB VIII den Inklusionsbefehl der UNBRK auch in den eigenen Gesetzestext auf und konkretisiert zugleich Art. 3 Abs. 3 S. 2 GG.

15 Die Träger der Jugendhilfe müssen also in allen ihren Handlungen auf eine gleichberechtigte Teilhabe und einen Barriereabbau hinwirken; Maßnahmen, die Barrieren aufbauen sind demnach nicht zulässig. Das bedeutet allerdings nicht, dass alle Leistungsangebote für alle Kinder und Jugendlichen mit allen Arten von Behinderungen zugänglich sein müssen.

6 Rechtsfolgen von Verstößen

16 **Zusammenfassend** ist festzustellen, dass die Vorgaben des § 9 – wenn sie ernst genommen werden – hohe Anforderungen an die Mitarbeitenden der Jugendhilfe, ihre Kenntnisse und Kreativität, ihren Willen, in einem dynamischen Prozess „mitzuschwimmen" und ihr Interesse an ständiger Fortbildung stellen. Das interdisziplinäre Gespräch zwischen JA-Verwaltung und Sozialem Dienst bei Entscheidungsträgern ist Bedingung für eine gelingende Umsetzung der Vorgaben.

17 Für PSB und junge Menschen hat die Vorschrift zwar tatsächlich eine große, rechtlich aber nur indirekte Bedeutung: Es besteht kein individuell einklagbarer Rechtsanspruch auf ihre Einhaltung.[31] Eine unter Verletzung des § 9 geleistete Hilfe wäre aber rechtswidrig,[32] so dass gegen den VA auf dem Rechtsweg vorgegangen (→ Anh. 5 Rn. 76) und Rechtsaufsichtsbeschwerde eingelegt werden kann.[33]

18 Große Bedeutung erlangt § 9 nicht nur bei der Erbringung von Leistungen, sondern eben auch bei der hoheitlichen Erfüllung anderer Aufgaben der Jugendhilfe, etwa der Erteilung von Erlaubnissen zur Kindertagespflege, zur Vollzeitpflege oder vor allem bei Erlaubnissen für den Betrieb einer Einrichtung. Denn die Kindertagespflegeperson, die Vollzeitpflegeperson und vor allem die Einrichtung, die sich an eine Vielzahl von Kindern oder Jugendlichen mit ganz unterschiedlichen Hintergründen richtet, darf keine Zwecke und Konzeptionen verfolgen, die im Widerspruch zu den Grundsätzen von § 9 stehen; in diesen Fällen würde sie nicht die fachlichen Voraussetzungen für den Betrieb erfüllen (§ 45 Abs. 2 S. 2 Nr. 1).[34] Eine Einrichtung etwa, welche in ihrer

---

30 Zu diesem nur lapidar BT-Drs. 19/26107, 75: „Die […] Grundsätze […] werden um den Aspekt der Teilhabe von jungen Menschen mit und ohne Behinderung ergänzt."
31 Ebenso Heußner in jurisPK-SGB VIII Rn. 9; Wiesner in Wiesner Rn. 2.
32 Anders wohl Meysen in FK-SGB VIII Rn. 1: „programmatisch orientierend" und Rn. 11.
33 Ebenso Häbel in GK-SGB VIII Rn. 4.
34 Zur Bedeutung der Konzeption für die Betriebserlaubnis Gerstein ZKJ 2020, 260 (261).

pädagogischen Konzeption Mädchen und Jungen dazu erziehen wollen würde, sich zwingend in festgefügte, angeblich vorgegebene gesellschaftliche Rollen womöglich auch noch unterschiedlicher Wertigkeit einzufügen, welche die Existenz(berechtigung) nonbinärer Kinder und Jugendlicher abstritte oder ihnen oder Kindern und Jugendlichen mit Behinderung, solchen mit einer bestimmten (etwa nicht der Mehrheit oder der Trägerschaft der Einrichtung entsprechenden) Religion, mit einer bestimmten ethnischen oder sozialen Herkunft oder aufgrund der Zuschreibung zu einer bestimmten „Rasse" eine bestimmte Rolle in der Gesellschaft zuweisen würde, könnte daher keine Einrichtungserlaubnis erhalten. Daher wirft beispielsweise die Denkschrift „Als Mann und Frau schuf er sie" der Kongregation für das Katholische Bildungswesen vom 2.2.2019 angesichts der darin religiös (und nur scheinbar medizinisch[35]) begründeten De-Normalisierung nonbinärer[36] und gleichgeschlechtlich orientierter[37] Personen sowie der Ideologie von der geschlechtsbedingt unterschiedlichen Affektivität[38] und damit *per se* besseren oder schlechteren Eignung zu bestimmten gesellschaftlichen Rollen die Frage der Erlaubnisfähigkeit von Einrichtungen in römisch-katholischer Trägerschaft auf, die sich hierauf beziehen.

§ 9a Ombudsstellen

[1]In den Ländern wird sichergestellt, dass sich junge Menschen und ihre Familien zur Beratung in sowie Vermittlung und Klärung von Konflikten im Zusammenhang mit Aufgaben der Kinder- und Jugendhilfe nach § 2 und deren Wahrnehmung durch die öffentliche und freie Jugendhilfe an eine Ombudsstelle wenden können. [2]Die hierzu dem Bedarf von jungen Menschen und ihren Familien entsprechend errichteten Ombudsstellen arbeiten unabhängig und sind fachlich nicht weisungsgebunden. [3]§ 17 Absatz 1 bis 2a des Ersten Buches gilt für die Beratung sowie die Vermittlung und Klärung von Konflikten durch die Ombudsstellen entsprechend. [4]Das Nähere regelt das Landesrecht.

Mit Art. 1 des **KJSG** ist mit § 9a eine Regelung zu **Ombudsstellen** im SGB VIII neu 1
verankert worden.[1] Ombudschaftliche Tätigkeit auf dem Gebiet des Kinder- und Jugendhilferechts ist ein Thema, welches seit einigen Jahren im Focus der Fachdiskussion steht und kontrovers diskutiert wird. In einigen Bundesländern bestehen bereits seit einiger Zeit Strukturen für eine ombudsschaftliche Tätigkeit auf dem Gebiet des Kinder- und Jugendhilferechts. Allerdings verfügen die bisher bestehenden Initiativen regelmäßig über keine gesicherte Finanzierung und werden insbesondere durch ehrenamtliche Tätigkeit getragen.[2] Ausgeführt wird die Ombudstätigkeit dabei insbesondere von Trägern der freien Jugendhilfe. Teilweise haben die Träger bereits eine Anerkennung als Träger der freien Jugendhilfe gem. § 75 erhalten.

Die Bezeichnung Ombudsmann stammt aus der schwedischen Sprache. In der Über- 2
setzung bedeutet sie so viel wie Sachwalter oder Treuhänder.[3] In der Praxis haben sich

35 Vgl. die Ausführungen zur Frage, ob es einen biologischen Geschlechtsdualismus gebe, bei BVerfG 10.10.2017 – 1 BvR 2019/16, Rn. 9.
36 Kongregation für das Katholische Bildungswesen, „Als Mann und Frau schuf er sie", Rn. 24 f.
37 Kongregation für das Katholische Bildungswesen, „Als Mann und Frau schuf er sie", Rn. 34 f.
38 Kongregation für das Katholische Bildungswesen, „Als Mann und Frau schuf er sie", Rn. 17 f.
1 BGBl. 2021 Teil I Nr. 29, 1444.
2 S. hierzu Urban-Stahl, Ombuds- und Beschwerdestellen in der Kinder- und Jugendhilfe in Deutschland, S. 18.
3 S. hierzu https://www.wortbedeutung.info/Ombudsmann/.

zahlreiche Erscheinungsformen ombudsschaftlicher Tätigkeit herausgebildet. Daher gibt es nicht den Ombudsmann schlechthin mit einem festgeschriebenen Aufgabenbereich. Vielmehr verbergen sich verschiedene unterschiedliche Ansätze hinter dem **Ombudsbegriff.**[4] Regelmäßig wird der Ombudsmann als unabhängige Persönlichkeit verstanden, welche die Gesetzmäßigkeit der Verwaltung überwachen soll. Er soll Missstände aufzeigen, Vorschläge unterbreiten, aber auch Behörden überwachen. Die Ombudstätigkeit fußt nach diesem Verständnis insbesondere auf einer Kontrolle der Verwaltung. Nach anderem Verständnis soll der Ombudsmann aber auch Bürgerfreundlichkeit und Transparenz der Verwaltung gewährleisten und damit letztendlich als Anwalt des Bürgers im jeweiligen Einzelfall auftreten. Schließlich wird der Ombudsbegriff ebenfalls im Kontext mit der Aufarbeitung von Verfehlungen einzelner Institutionen gebraucht. Hinter dem Ombudsbegriff können somit sehr unterschiedliche Aufgabenzuschreibungen stehen.[5]

3 Mit § 9a ist nun der Aufgabenbereich der Ombudsstellen näher bestimmt worden. Sie sollen nach § 9a S. 1 „zur Beratung in sowie Vermittlung und Klärung von Konflikten im Zusammenhang mit Aufgaben der Kinder- und Jugendhilfe nach § 2 und deren Wahrnehmung durch die öffentliche und freie Jugendhilfe" tätig werden. Nach dem ursprünglichen Referentenentwurf sollte Aufgabe der Ombudsstelle auch die allgemeine Beratung von jungen Menschen und ihrer Familien sein.[6] Diese Vorgabe wurde im Gesetzgebungsverfahren gestrichen. Die Aufgabe der allgemeinen Beratung ist nun insbesondere in § 10a verortet.

4 Mit der Gesetzesbegründung wird betont, dass „im Kontext der Leistungsgewährung, des fachlichen Handelns und der Kommunikationsprozesse Konflikte zwischen Leistungsträgern und Leistungsberechtigten bzw. -empfängern entstehen". Junge Menschen und ihre Familien können nach Auffassung des Gesetzgebers „ihre Rechte aufgrund der bestehenden strukturellen Machtasymmetrie häufig nicht oder nicht umfassend verwirklichen". Entweder seien ihnen die Rechte unbekannt oder es bestehe aus unterschiedlichen Gründen nicht die Möglichkeit, die Rechte aktiv einzufordern.[7]

5 Die Ombudsstelle soll sich daher insbesondere um die Vermittlung bei und Klärung von Konflikten im Zusammenhang mit Aufgaben der Kinder- und Jugendhilfe nach § 2 und deren Wahrnehmung durch die öffentliche und freie Jugendhilfe kümmern. Die Tätigkeit ist damit nicht auf den Bereich der Leistungserbringung iSd § 2 Abs. 2 beschränkt. Auch eine Beratung und eine Konfliktklärung bei Vollzug der anderen Aufgaben iSd § 2 Abs. 3 gehört zu den Aufgaben der Ombudsstelle. Die Tätigkeit bezieht sich somit auf „sämtliche Aufgaben der Kinder- und Jugendhilfe".[8]

6 § 9a S. 1 verpflichtet die Bundesländer nach der Gesetzesbegründung – vorbehaltlich der in Art. 84 Abs. 1 S. 2 GG enthaltenen Abweichungsmöglichkeit – „zur Sicherstellung einer bedarfsgerechten Infrastruktur durch Einrichtung von Ombudsstellen".[9] Die Länder müssen damit gewährleisten, dass eine dem Bedarf der jungen Menschen und ihrer Familien entsprechende ombudsschaftliche Beratung und Unterstützung zur Verfügung steht.

7 Durch den in § 9a S. 3 enthaltenen Verweis auf § 17 Abs. 1 bis Abs. 2a SGB I soll nach der Gesetzesbegründung klargestellt werden, dass dem Erfordernis der Barrierefreiheit

4 Haas, Der Ombudsmann als Institution des europäischen Verwaltungsrechts, S. 103.
5 S. hierzu Haas, Der Ombudsmann als Institution des europäischen Verwaltungsrechts, S. 2 ff. und Wiesner, Implementierung von ombudschaftlichen Ansätzen der Jugendhilfe im SGB VIII, Rechtsgutachten für die „Netzwerkstelle Ombudschaft in der Jugendhilfe" des Berliner Rechtshilfefonds eV, S. 11 f.
6 S. hierzu Referentenentwurf des BMFSFJ vom 5.10.2020, S. 14.
7 BT-Drs. 19/26107, 75 und 76.
8 BT-Drs. 19/26107, 76.
9 BT-Drs. 19/26107, 76.

Rechnung zu tragen ist. Die umfassende Zugänglichkeit und Nutzbarkeit ombudsschaftlicher Beratung und Unterstützung muss auch für junge Menschen und Personensorgeberechtigte mit Behinderungen sichergestellt werden.[10]

Mit § 9a S. 2 wird bestimmt, dass Ombudsstellen unabhängig arbeiten und fachlich nicht weisungsgebunden sind. Nach der Gesetzesbegründung ist eine solche Unabhängigkeit essentiell, um die „intendierte Stärkung unterstützender Strukturen zur Sicherung der Rechte von Kindern und Jugendlichen und ihren Familien" zu realisieren. Ferner könne nur so „ein niedrigschwelliger Zugang für die betroffenen Eltern, Kinder und Jugendlichen sichergestellt" werden und die „notwendige Vertrauensbasis und Akzeptanz entstehen".[11] 8

Trotz dieser Vorgabe wird gem. § 9a S. 4 die nähere Ausgestaltung Landesrecht überlassen. Nach hiesiger Auffassung hätte der Bundesgesetzgeber im Rahmen seiner nach Art. 84 GG gegebenen Möglichkeiten weitergehende Vorgaben machen sollen. Die „richtige" Verortung ombudsschaftlicher Beratung ist Grundvoraussetzung für eine bestmögliche Ombudstätigkeit.[12] 9

Kennzeichnend für das Kinder- und Jugendhilferecht ist in vielen Bereichen die Leistungsabwicklung im jugendhilferechtlichen Dreiecksverhältnis. Es entstehen rechtliche Beziehungen zwischen dem örtlichen Träger der öffentlichen Jugendhilfe als Leistungsträger bzw. Leistungsverpflichtetem, dem Träger der freien Jugendhilfe als Leistungserbringer und dem leistungsberechtigten Bürger. Sowohl die Leistungserbringung gegenüber dem leistungsberechtigten Bürger als auch die Finanzierungsabwicklung bemisst sich nach den rechtlichen Beziehungen in diesem Dreiecksverhältnis.[13] Aber auch dort, wo die Leistungsabwicklung nicht im jugendhilferechtlichen Dreiecksverhältnis erfolgt, zB bei der Förderung von Kindern in Tageseinrichtungen und in Kindertagespflege, besteht eine strukturelle Verflechtung zwischen den Trägern der öffentlichen Jugendhilfe und den Trägern der freien Jugendhilfe. Im Gegenzug für die Bereitstellung von Betreuungsplätzen und die tatsächliche Betreuung der Kinder erhalten die Träger der freien Jugendhilfe eine finanzielle Förderung. Faktisch entstehen damit insbesondere seitens der Träger der freien Jugendhilfe Abhängigkeiten gegenüber dem Träger der öffentlichen Jugendhilfe. Zudem soll sich die ombudsschaftliche Tätigkeit auch auf Konflikte im Zusammenhang mit der Leistungserbringung durch Träger der freien Jugendhilfe erstrecken. 10

Nach hiesiger Auffassung sollte daher die ombudsschaftliche Tätigkeit bei Trägern der freien Jugendhilfe verortet werden, die sich ausschließlich auf diese Tätigkeit konzentrieren und nicht in den weiteren Aufgabenvollzug des SGB VIII eingebunden sind. Hilfreich wären auch landesrechtliche Vorgaben zur Finanzierung der ombudsschaftlichen Tätigkeit nach § 74. In die Ermessensentscheidung nach § 74 Abs. 3 S. 1 dürfen keine sachfremden Erwägungen einfließen. Kritik an der Arbeit eines Jugendamtes darf daher die Finanzierungsentscheidung keinesfalls beeinflussen. 11

10 BT-Drs. 19/26107, 76.

11 BT-Drs. 19/26107, 76.

12 S. hierzu auch Urban-Stahl, Ombuds- und Beschwerdestellen in der Kinder- und Jugendhilfe in Deutschland, S. 17. S. hierzu auch Wiesner, Implementierung von ombudschaftlichen Ansätzen der Jugendhilfe im SGB VIII, Rechtsgutachten für die „Netzwerkstelle Ombudschaft in der Jugendhilfe" des Berliner Rechtshilfefonds eV, S. 26 und 27. Wiesner schlägt eine gesetzliche Regelung zur Ombudsstelle vor, nach welcher der Vorsitzende und sein Stellvertreter in den vergangenen fünf Jahren weder beim Träger der öffentlichen Jugendhilfe, noch bei einem Leistungserbringer oder dessen Dachverband beschäftigt gewesen sein dürfen.

13 Ausführlich hierzu Kepert in Kepert/Kunkel, Handbuch Kinder- und Jugendhilferecht, S. 50 ff.

12 Nicht enthalten sind in § 9a ferner Regelungen zu etwaigen Verfahrensrechten der Ombudsstelle. Auch hierzu sollten die Bundesländer nach § 9a S. 4 Regelungen treffen. Eine neutrale und umfassende Vermittlung und Klärung von Konflikten kann nur erreicht werden, wenn die Ombudsstelle über eine umfassende Sachverhaltskenntnis im jeweiligen Vermittlungsfall verfügt. Aus diesem Grunde wird in der Lit. auch vorgeschlagen, dass die Ombudsstelle über eigene Verfahrensrechte (zB ein Anhörungsrecht, ein Akteneinsichtsrecht und ein Auskunftsrecht) verfügen sollte.[14] Nach bisheriger Rechtslage weisen allerdings die Verwaltungsverfahrensgesetze der Länder sowie das SGB X das Anhörungsrecht und das Akteneinsichtsrecht ausschließlich dem Beteiligten des Verwaltungsverfahrens zu.[15] Zudem finden die Rechte auch gegenüber dem Beteiligten des Verwaltungsverfahrens nicht uneingeschränkt Anwendung. Eine Anhörungspflicht des Beteiligten besteht beispielsweise nach überwiegender Auffassung in Literatur und Rechtsprechung nur vor Erlass eines belastenden Verwaltungsaktes. Beabsichtigt die Behörde einen beantragten begünstigenden Verwaltungsakt abzulehnen, besteht keine Pflicht zur vorherigen Anhörung des Beteiligten.[16]

13 Um effektiv arbeiten zu können, ist es nach hier vertretener Auffassung aber auch nicht zwingend erforderlich, der Ombudsstelle eigenständige Verfahrensrechte einzuräumen. Gem. § 13 Abs. 1 S. 1 SGB X kann sich ein Beteiligter des Verfahrens durch einen Bevollmächtigten vertreten lassen. Im Verwaltungsverfahren können nach § 13 SGB X natürliche und juristische Personen sowie rechtsfähige Vereinigungen bevollmächtigt werden, die handlungsfähig sind. Der Beteiligte kann den Bevollmächtigten frei wählen.[17] Der Bürger könnte somit die Ombudsstelle oder einen Mitarbeiter der Ombudsstelle bevollmächtigen. Der Bevollmächtigte ist dabei nicht Beteiligter des Verwaltungsverfahrens nach § 12 SGB X. Er vertritt aber den Beteiligten bei den Verfahrenshandlungen. Erklärungen, die er abgibt oder entgegennimmt, wirken unmittelbar für und gegen den Beteiligten.[18] Damit kann der Bevollmächtigte die Verfahrenshandlungen vornehmen, die dem Beteiligten zustehen. Beispielsweise kann er Akteneinsicht nach § 25 SGB X nehmen. Nach § 13 Abs. 3 S. 1 SGB X muss sich die Behörde an den Bevollmächtigten wenden. Daher muss sie nach § 24 SGB X auch den Bevollmächtigten anhören, wenn sie beabsichtigt, einen belastenden Verwaltungsakt zu erlassen.[19]

14 Sinn und Zweck der Einführung der Ombudsstelle in § 9a besteht in der Stärkung des einzelnen Bürgers. Die Ombudsstelle soll sich für die Rechte des Einzelnen einsetzen. Daher erscheint es folgerichtig, die Ombudsstelle bzw. einen Mitarbeitenden als Bevollmächtigten des Bürgers dessen Verfahrensrechte ausüben zu lassen. Entsprechende klarstellende Regelungen sollten im Landesrecht verankert werden.

15 Nach hier vertretener Auffassung wäre es hingegen problematisch, die Ombudsstelle als – neben die Widerspruchsbehörde und das Verwaltungsgericht tretende – dritte Überprüfungsinstanz im Kinder- und Jugendhilferecht zu installieren. Weitergehende Rechte, beispielsweise das Recht zu einer verbindlichen Streitentscheidung sollten daher nicht geregelt werden.

14 S. hierzu Wiesner, Implementierung von ombudschaftlichen Ansätzen der Jugendhilfe im SGB VIII, Rechtsgutachten für die „Netzwerkstelle Ombudschaft in der Jugendhilfe" des Berliner Rechtshilfefonds eV, S. 19 und 27.
15 S. hierzu §§ 24, 25 SGB X.
16 S. hierzu Franz in jurisPK-SGB X § 24 Rn. 15 und 16.
17 S. hierzu Pitz in jurisPK-SGB X § 13 Rn. 5.
18 S. hierzu Pitz in jurisPK-SGB X § 13 Rn. 11.
19 S. hierzu Franz in jurisPK-SGB X § 24 Rn. 22.

§ 10 Verhältnis zu anderen Leistungen und Verpflichtungen

(1) [1]Verpflichtungen anderer, insbesondere der Träger anderer Sozialleistungen und der Schulen, werden durch dieses Buch nicht berührt. [2]Auf Rechtsvorschriften beruhende Leistungen anderer dürfen nicht deshalb versagt werden, weil nach diesem Buch entsprechende Leistungen vorgesehen sind.

(2) [1]Unterhaltspflichtige Personen werden nach Maßgabe der §§ 90 bis 97b an den Kosten für Leistungen und vorläufige Maßnahmen nach diesem Buch beteiligt. [2]Soweit die Zahlung des Kostenbeitrags die Leistungsfähigkeit des Unterhaltspflichtigen mindert oder der Bedarf des jungen Menschen durch Leistungen und vorläufige Maßnahmen nach diesem Buch gedeckt ist, ist dies bei der Berechnung des Unterhalts zu berücksichtigen.

(3) [1]Die Leistungen nach diesem Buch gehen Leistungen nach dem Zweiten Buch vor. [2]Abweichend von Satz 1 gehen Leistungen nach § 3 Absatz 2, den §§ 14 bis 16g, § 19 Absatz 2 in Verbindung mit § 28 Absatz 6 des Zweiten Buches sowie Leistungen nach § 6b Absatz 2 des Bundeskindergeldgesetzes in Verbindung mit § 28 Absatz 6 des Zweiten Buches den Leistungen nach diesem Buch vor.

(4) [1]Die Leistungen nach diesem Buch gehen Leistungen nach dem Neunten und Zwölften Buch vor. [2]Abweichend von Satz 1 gehen Leistungen nach § 27a Absatz 1 in Verbindung mit § 34 Absatz 6 des Zwölften Buches und Leistungen der Eingliederungshilfe nach dem Neunten Buch für junge Menschen, die körperlich oder geistig behindert oder von einer solchen Behinderung bedroht sind, den Leistungen nach diesem Buch vor. [3]Landesrecht kann regeln, dass Leistungen der Frühförderung für Kinder unabhängig von der Art der Behinderung vorrangig von anderen Leistungsträgern gewährt werden.

[ab 1.1.2024:

(5) Soweit Leistungen zum Lebensunterhalt nach § 39 erbracht werden, gehen sie den Leistungen zum Lebensunterhalt nach § 93 des Vierzehnten Buches vor.]

1 Systematischer Zusammenhang und Allgemeines

1 Die Vorschrift regelt das Rangverhältnis der Jugendhilfemaßnahmen zu Verpflichtungen und Leistungen anderer. Die Frage des **Nachrangs der Jugendhilfe** ist in zweierlei Hinsicht interessant: zum einen, ob Verpflichtungen und Leistungen anderer in dem Sinne vorrangig sind, dass der Jugendhilfeträger ein Tätigwerden ablehnen darf; zum anderen, ob und inwieweit Verpflichtungen und Leistungen anderer für die Beteiligung an den Kosten relevant sind (vgl. §§ 90 ff.). Zur ersten Fragestellung hat nach der Rechtsprechung des BVerwG[1] ein möglicher Nachrang der Jugendhilfe keine Auswirkung auf das Leistungsverhältnis zum Anspruchsberechtigten, sondern ist erst für die Frage der **Kostenerstattung** zwischen den konkurrierenden Trägern relevant; der Vorrang bewirkt also auf der Ebene der Verpflichtungen gegenüber dem Hilfebegehrenden keine Freistellung des nachrangig Verpflichteten.[2] Da Jugendhilfeleistungen nahezu durchgängig in Gestalt sog. erweiterter Hilfen gewährt werden (→ § 91 Rn. 11), können Verpflichtungen und Leistungen anderer dem Begehren des Anspruchsberechtigten grundsätzlich nicht bereits bei der Leistungsgewährung entgegengehalten werden, sondern werden erst bei der Frage der Kostenbeteiligung berücksichtigt.

Durch das KICK[3] ist der Vorrang der Schule vor der Jugendhilfe in § 10 ausdrücklich in Abs. 1 sowie das Verhältnis zu den Leistungen nach SGB II neu in Abs. 3 geregelt worden. Abs. 2 widmet sich den Besonderheiten des Verhältnisses zwischen Leistungen bzw. vorläufigen Maßnahmen der Jugendhilfe und den Unterhaltsverpflichtungen.

Das in § 10 normierte Rangverhältnis der Jugendhilfemaßnahmen zu Leistungen anderer erweist sich nach hiesiger Auffassung in der Praxis allerdings nicht immer als tauglich eine klare Abgrenzung der Zuständigkeiten und Verantwortlichkeiten zu regeln. So muss beispielsweise bisher die Aufgabe der schulischen Inklusion trotz der Regelung in § 10 Abs. 1 S. 1, wonach Verpflichtungen der Schulen durch dieses Buch nicht berührt werden, in erheblichem Umfang durch die Träger der Jugend- und Eingliederungshilfe nach § 99 SGB IX mittels der Eingliederungshilfe über die Bereitstellung eines Schulbegleiters geleistet werden. Schulische Inklusion wird durch die Jugend- und Eingliederungshilfe und nicht durch die Schule geleistet.

§ 10 Abs. 4 S. 1 und S. 2 ist durch Art. 9 des BTHG mit Wirkung vom 1.1.2020 geändert worden.[4] Die Neuregelung ist Folge des zum 1.1.2020 erfolgten Übergangs der Eingliederungshilfe von § 53 SGB XII zu § 99 SGB IX. Mit Abs. 4 Satz 1 ist nun geregelt, dass Leistungen des SGB VIII auch gegenüber Leistungen nach dem SGB IX vorrangig zu erbringen sind. Mit Abs. 4 Satz 2 wird nun auch vorgegeben, dass Leistungen der Eingliederungshilfe nach SGB IX für junge Menschen, die körperlich oder geistig behindert oder von einer solchen Behinderung bedroht sind, den Leistungen nach dem SGB VIII vorgehen.

1 BVerwG 23.9.1999 – 5 C 26/98, FEVS 51, 337.
2 BVerwG 22.5.2008 – 5 B 203/07, JAmt 2008, 438; NdsOVG 17.5.2010 – 4 LB 22/09, JAmt 2010, 385; BVerwG 23.9.1999 – 5 C 26/98, FEVS 51, 337; VG Dessau 23.8.2001 – 2 A 550/00, ZfJ 2002, 441; Münder ZfJ 2000, 121.
3 Gesetz v. 8.9.2005, BGBl. I, 2729.
4 Gesetz v. 23.12.2016, BGBl. I, 3234, geänd. durch Gesetz v. 17.7.2017, BGBl. I, 2541.

Mit Wirkung vom 1.1.2024 wird § 10 einen neuen Abs. 5 erhalten und das Verhältnis von § 39 zu § 93 SGB XIV regeln.[5]

Mit Art. 1 des **KJSG** werden zudem die Absätze 4 und 5 einen neuen Regelungsinhalt erhalten. Allerdings treten die Neuregelungen nach Art. 9 Abs. 3 des KJSG erst zum 1.1.2028 in Kraft, wenn bis zum 1.1.2027 ein entsprechendes Bundesgesetz verkündet wurde. Mit Wirkung zum 1.1.2028 soll im Sinne der „großen Lösung" die Zusammenführung der Eingliederungshilfe für körperlich, geistig und seelisch behinderte Kinder und Jugendliche unter dem Dach des SGB VIII erfolgen. An der dringenden Notwendigkeit dieser Zusammenführung der Eingliederungshilfeleistungen für alle Kinder und Jugendliche lässt sich nach hiesiger Auffassung nicht zweifeln. Eine reine „Bereinigung der Schnittstellenproblematik" bei Beibehaltung unterschiedlicher Zuständigkeiten verschiedener Rehabilitationsträger ist zur Herstellung einer gleichberechtigten Teilhabe nicht tauglich. Weder Regelungen zum Vorrang-/Nachrangverhältnis in § 10 SGB VIII noch verfahrensrechtliche und materielle Regelungen im SGB IX (§§ 14 ff. SGB IX; §§ 25 ff. SGB IX usw) können die de lege lata bestehenden „Verschiebebahnhöfe" und „schwarzen Löcher", die zulasten der jungen Menschen wirken, beseitigen. Diese Neuregelung setzt allerdings voraus, dass spätestens bis zum 1.1.2027 ein Bundesgesetz verkündet worden ist, das diesbezüglich (mindestens) konkrete Regelungen zum leistungsberechtigten Personenkreis, zu Art und Umfang der Leistung, zum Verfahren und zur Kostenbeteiligung enthält.

Im Zuge der inklusiven Neuregelungen im SGB VIII wird insbesondere der Behinderungsbegriff eine große Rolle für die Neugestaltung des Leistungsrechts spielen. So differiert insbesondere der durch das BTHG neu in § 2 Abs. 1 S. 1 SGB IX normierte Behinderungsbegriff von der bisherigen Begriffsbestimmung in § 35a Abs. 1. Bei der Neubestimmung des Begriffs der Behinderung in § 2 Abs. 1 S. 1 SGB IX handelt es sich nach hier vertretener Auffassung entgegen der Einschätzung des Gesetzgebers nicht lediglich um eine „deklaratorische Anpassung" an die UN-BRK.[6] Mit dem BTHG wird ferner zum 1.1.2023 in § 99 SGB IX eine Regelung für den leistungsberechtigten Personenkreis der Eingliederungshilfe in Abweichung von dem „übergeordneten" Behinderungsbegriff des § 2 SGB IX getroffen werden. Damit wird eine „Spezifizierung" des Behinderungsbegriffs als Zugangsvoraussetzung erfolgen.[7] Es stehen damit drei unterschiedliche Behinderungsbegriffe im Raum.

Die Ausgestaltung des zum 1.1.2027 zu verkündenden Bundesgesetzes soll sich nach der Gesetzesbegründung insbesondere nach den Ergebnissen der prospektiven Gesetzesevaluation richten. Hierzu führt das Bundesministerium für Familie, Senioren, Frauen und Jugend insbesondere die in § 107 Abs. 2 geregelte Untersuchung durch.[8]

Abs. 1 sieht den **grundsätzlichen Nachrang der Jugendhilfe** gegenüber anderen Verpflichtungen und Leistungen vor unter besonderer Hervorhebung der Verpflichtungen der Träger von Sozialleistungen und der Schulen (→ Rn. 6 ff.). 2

Abs. 2 macht in **Satz 1** deutlich, dass **unterhaltspflichtige Personen** zu einem Beitrag zu den Jugendhilfekosten nach Maßgabe der §§ 90 ff. herangezogen werden. Damit wollte der Gesetzgeber insbesondere Eltern nicht aus ihrer Verantwortung zur Pflege und Erziehung und damit zur Sicherstellung des materiellen Wohls ihrer Kinder entlassen.[9] Zugleich stellt der Gesetzgeber aber klar, dass Leistungen der Jugendhilfe (§ 2 Abs. 2) und vorläufige Maßnahmen (§ 42) zunächst unabhängig von einer Unterhaltsverpflichtung gewährt werden. Nach **Satz 2** wirkt sich die Bedarfsdeckung durch Leistun-

5 BGBl. I, 2652.
6 S. hierzu BT-Drs. 18/9522, 227.
7 Hierzu BT-Drs. 18/9522, 275.
8 BT-Drs. 19/26107, 77.
9 Regierungsbegründung, BT-Drs. 15/3676, 31.

gen bzw. vorläufige Maßnahmen der Jugendhilfe aber dahin gehend aus, dass dies bei der Berechnung des Unterhalts berücksichtigt werden muss (→ Rn. 39 ff.).

Abs. 3 Satz 1 enthält einen grundsätzlichen Vorrang der Jugendhilfe im Verhältnis zu Leistungen der **Grundsicherung für Arbeitsuchende,** was die Sicherung des Lebensunterhalts angeht. Davon abweichend regelt **Abs. 3 Satz 2** für den Bereich der Vermittlung und Eingliederung junger Menschen in Arbeit und für das Bildungspaket den Vorrang des SGB II (→ Rn. 43 ff.).

Abs. 4 befasst sich mit dem speziellen **Rangverhältnis Eingliederungshilfe sowie Sozialhilfe – Jugendhilfe:** Nach **Satz 1** sind Maßnahmen der Jugendhilfe grundsätzlich vorrangig. Eine Ausnahme regelt **Satz 2** zunächst für das gemeinsame Mittagessen im Rahmen des Bildungs- und Teilhabepakets.[10] Ferner regelt Satz 2 einen Vorrang von Leistungen der Eingliederungshilfe nach SGB IX für junge Menschen, die körperlich oder geistig behindert oder von einer solchen Behinderung bedroht sind. Damit wird für die **Zuordnung der Eingliederungshilfe** eine differenzierende Regelung getroffen: Die Eingliederung körperlich und geistig behinderter junger Menschen obliegt dem Träger der Eingliederungshilfe nach SGB IX. Im Umkehrschluss dazu und im Einklang mit dem Grundsatz in Satz 1 wird die Eingliederungshilfe für seelisch behinderte junge Menschen der Jugendhilfe zugewiesen (→ Rn. 58 ff.). **Satz 3** ermächtigt den Landesgesetzgeber, die Zuständigkeit für den **Bereich der Frühförderung** unabhängig von der Art der Behinderung vorrangig anderen Leistungsträgern zu übertragen (→ Rn. 79 f.).

3 **Konkretisierungen des allgemeinen Nachrangprinzips** finden sich im SGB VIII zB in § 13 Abs. 2, § 21 Satz 2 und § 39 Abs. 6. **Praktische Bedeutung** erlangt das Nachrangprinzip im Hinblick auf den Aufgabenkatalog in § 2 vor allem bei den Leistungen der Jugendhilfe (§ 2 Abs. 2). Wegen des speziellen Charakters der „anderen Aufgaben" (§ 2 Abs. 3) kommt es in diesem Bereich selten zu Konkurrenzen mit anderen Verpflichteten.[11] Die Vorrangfrage stellt sich bei den anderen Aufgaben im Wesentlichen bei den vorläufigen Maßnahmen nach § 42. Bei den Leistungen der Jugendhilfe ergibt sich eine Konkurrenz zu Verpflichtungen und Leistungen anderer vorwiegend bei der HzE (§§ 27 ff.), der Eingliederungshilfe (§ 35a), der Hilfe für junge Volljährige (§ 41) sowie bei der Betreuung und Versorgung des Kindes in Notsituationen (§ 20) und bei den ergänzenden wirtschaftlichen Leistungen der Unterhaltsgewährung und der Krankenhilfe (vgl. §§ 39, 40). Eine **Leistungskonkurrenz** liegt grundsätzlich nur dann vor, wenn beide Leistungen gleich, gleichartig, einander entsprechend, kongruent einander überschneidend oder deckungsgleich sind.[12] Allgemein greift der **Nachrang** nur dann in vollem Umfang durch, wenn vorrangige andere Verpflichtungen und Leistungen **demselben Zweck** wie die Jugendhilfe dienen[13] und den **Bedarf** auch **voll decken,** ohne dass es aber auf günstigere Einzelheiten in der Bedarfsdeckung durch die Jugendhilfe entscheidend ankäme.[14] Der Zweck der konkurrierenden Leistungen ist dabei nicht abstrakt, sondern konkret nach den jeweiligen Umständen des Einzelfalls zu bestimmen.[15] Wird der Bedarf vom vorrangigen Leistungsträger nicht voll gedeckt, muss der Jugendhilfeträger eventuell ergänzend Leistungen erbringen.

4 Ist zwischen mehreren Sozialleistungsträgern streitig, wer zur Leistung verpflichtet ist, kann nach **§ 43 Abs. 1 S. 1 SGB I** der unter ihnen zuerst angegangene Leistungsträger vorläufig Leistungen erbringen, deren Umfang er nach pflichtgemäßem Ermessen bestimmt. § 43 SGB I gilt auch im Verhältnis zwischen dem JA und anderen Sozialleis-

10 BGBl. I 2011, 453; §§ 27a Abs. 1, 34 Abs. 6 SGB XII.
11 Dazu Mrozynski SGB VIII Rn. 1.
12 BVerwG 23.9.1999 – 5 C 26/98, FEVS 51, 337 ff.
13 Einschränkend insoweit aber Kunkel ZFSH/SGB 2006, 76.
14 BVerwG 23.11.1995 – 5 C 13/94, BVerwGE 100, 50 (53).
15 Vgl. NdsOVG 10.10.1997 – 12 L 549/97, FEVS 48, 281.

tungsträgern mit der Folge der Anwendbarkeit des § 102 Abs. 1 SGB X.[16] § 43 SGB I findet jedoch dann keine Anwendung, wenn ein Zuständigkeitskonflikt im Zeitpunkt der vorläufigen Leistungserbringung nicht vorliegt, sondern erst nachträglich entsteht.[17]

Bei **Zuständigkeitsstreitigkeiten zwischen Rehabilitationsträgern,** zu denen auch der Jugendhilfeträger zählt (§ 6 Abs. 1 Nr. 6 SGB IX), greift § 43 Abs. 1 S. 1 SGB I als allgemeine Regelung für alle Sozialleistungsbereiche auch gegenüber der **Spezialregelung des § 14 SGB IX** jedenfalls dann durch, wenn die Zuständigkeitserklärung nach § 14 SGB IX nicht innerhalb der vorgeschriebenen Zwei-Wochen-Frist zum Erfolg führt und weitere Ermittlungen zur Zuständigkeit zu einer unzumutbaren Leistungsverzögerung führen würden[18] oder wenn die Regelung des § 14 SGB IX missachtet wird.[19] 5

2 Verpflichtungen und Leistungen anderer (Abs. 1)

2.1 Allgemeines

Nach Satz 1 gehen Verpflichtungen anderer den Jugendhilfemaßnahmen grundsätzlich vor. Durch die Differenzierung des Gesetzgebers in Satz 1 und 2 zwischen Leistungen und Verpflichtungen wird deutlich, dass nicht nur tatsächlich erfolgte Leistungen anderer, sondern auch bloße Ansprüche gegen andere grundsätzlich vorrangig sind. Andere iSd Vorschrift sind sowohl Private als auch die öffentliche Hand. An Verpflichtungen zählt der Gesetzgeber beispielhaft die Verpflichtungen anderer Sozialleistungsträger sowie die der Schulen auf; die Regelung ist also nicht abschließend. Unter **Verpflichtungen** sind **rechtliche** Verpflichtungen zu verstehen, und zwar sowohl vertragliche als auch gesetzliche, wie zB private oder gesetzliche Versicherungsansprüche, Schadenersatzansprüche usw. Nicht vorrangig sind hingegen solche **Verpflichtungen,** die zwar nach Auffassung der Gesellschaft **sittlich** begründet sein mögen, rechtlich jedoch nicht verankert sind (Beispiel: Erziehungsverpflichtung des Stiefelternteils bzw. von Tanten, Onkeln).[20] 6

Für die Nachrangigkeit der Jugendhilfe genügt es auch nicht, dass eine anderweitige Verpflichtung überhaupt besteht, vielmehr muss – ähnlich wie es die Rechtsprechung für das Sozialhilferecht fordert[21] – **die anderweitige Verpflichtung rechtzeitig realisierbar** sein.[22] Ist dies nicht der Fall, fungiert das JA als Ausfallbürge.[23] Eine Ausfallbürgschaft kommt aber dann nicht in Betracht, wenn auch eine nachrangige Leistungspflicht nicht besteht, beispielsweise weil die Tatbestandsvoraussetzungen einer Anspruchsgrundlage nicht gegeben sind. So zB im Kernbereich schulischer Verantwortung. 7

Problematisch ist, ob der Vorrang anderer Verpflichtungen auch dann greift, wenn sich die vorrangige konkret angebotene Maßnahme für den Anspruchsinhaber als **unzumutbar** erweist. Grundsätzlich ist die Zumutbarkeit unter dem objektiven Blickwin-

16 OVG NRW 26.4.2004 – 12 A 2598/02, JAmt 2005, 148.
17 VG Karlsruhe 17.1.2006 – 5 K 2749/04, EuG 2007, 157.
18 HessVGH 21.9.2004 – 10 TG 2293/04, FEVS 56, 328; ebenso NdsOVG 23.7.2003 – 12 ME 297/03, FEVS 55, 384; Mrozynski SGB VIII § 10 Rn. 8; § 35a Rn. 12; aA BayVGH 6.12.2006 – 12 CE 06.2732, NDV-RD 2007, 110.
19 HessLSG 25.1.2013 – L 7 AS 697/11, NZS 2013, 399.
20 Vgl. Bieritz-Harder in Hauck/Noftz Rn. 8 „moralische Verpflichtungen"; zur Frage, wann eine sittliche Verpflichtung anzunehmen ist; auch → Rn. 12.
21 BVerwG 2.5.1966 – V C 63.64, BVerwGE 21, 212; BVerwG 5.5.1983 – 5 C 112/81, BVerwGE 67, 166.
22 BVerwG 23.11.1995 – 5 C 13/94, BVerwGE 100, 50 ff.; VGH BW 29.5.1995 – 7 S 259/94, ESVGH 45, 292 ff.; VGH BW 6.12.1999 – 2 S 891/98, FEVS 51, 2000.
23 Schönecker/Meysen in FK-SGB VIII Rn. 2. S. hierzu auch VG Würzburg 12.12.2019 – W 3 K 17.624, juris Rn. 49.

kel des Maßnahmenerfolgs zu prüfen, wobei die konkrete Lebenssituation des Anspruchsberechtigten ebenfalls zu berücksichtigen ist; dies darf jedoch nicht zu einer als subjektiv zu bewertenden Entscheidungsbefugnis des Anspruchsberechtigten hinsichtlich des Maßnahmenträgers führen.[24] Ist die Hilfe durch den vorrangig zuständigen Träger tatsächlich nicht zu erlangen, hat der Jugendhilfeträger vorzuleisten und den Nachrang im Rahmen der §§ 90 ff. SGB VIII bzw. der §§ 102 ff. SGB X (→ § 35a Rn. 40) wieder herzustellen.

8 **Wem gegenüber** die vorrangigen Verpflichtungen anderer bestehen müssen, lässt § 10 offen. Aus der Systematik des 8. Kapitels „Kostenbeteiligung", insbesondere der §§ 92, 95 ergibt sich, dass sowohl Verpflichtungen Dritter gegenüber den PSB – die regelmäßig Anspruchsinhaber der Jugendhilfe sind (→ § 8 Rn. 10) – als auch gegenüber den jungen Menschen selbst der Jugendhilfe vorgehen. Eine Identität der Anspruchsberechtigten gegenüber dem JA und gegenüber den anderen Verpflichteten wird nicht verlangt, vielmehr reicht es aus, dass die Verpflichtungen anderer einen auch nach SGB VIII zu deckenden Bedarf erfassen.[25] Danach ist allein maßgeblich, dass die miteinander konkurrierenden inhaltsgleichen Leistungen gegenüber demselben jungen Menschen als Leistungsempfänger zu erbringen sind.[26] Allerdings ist Grundvoraussetzung für das Entstehen eines Rangverhältnisses zwischen Jugendhilfeleistungen und anderen Leistungen, dass beide Leistungen gleich, gleichartig, einander entsprechend, kongruent, einander überschneidend oder deckungsgleich sind.[27]

9 Aus **Satz 2** ergibt sich, dass auch solche Leistungen vorrangig sind, für die den öffentlichen Leistungsträgern ein **Ermessensspielraum** eingeräumt ist. Die Ablehnung solcher Leistungen darf also nicht mit der ermessensfehlerhaften Erwägung erfolgen, dass das SGB VIII möglicherweise Leistungen bereitstellt.[28] Entsprechende Verwaltungsvorschriften sind demzufolge rechtswidrig.[29] Damit sind **Ermessensleistungen** anderer öffentlicher Leistungsträger selbst dann **grundsätzlich vorrangig**, wenn das SGB VIII für denselben Bedarf eine Pflichtleistung vorsieht.

10 **Irrtümliche**, dh ohne Rechtsgrund erbrachte **Leistungen** sind nicht vorrangig, da sie nicht auf einer Verpflichtung iSd Abs. 1 beruhen. Fraglich ist die Einordnung tatsächlich erbrachter **freiwilliger Leistungen**, die nicht auf einer Rechtspflicht beruhen, wie zB Zuwendungen von Privaten. Nicht freiwillig sind aber zB **Leistungen des (früheren) Arbeitgebers**, wenn eine „rechtsbegründende betriebliche Übung iSd betrieblichen Gewohnheitsrechts" vorliegt.[30]

11 Freiwillige Leistungen Dritter werden vom Gesetzeswortlaut des § 10 – anders als im Sozialhilferecht (vgl. §§ 2 Abs. 1, 84 Abs. 2, § 36 SGB XII) – nicht erfasst.[31]

12 Eine allgemeine entsprechende Anwendung von § 84 Abs. 2 SGB XII – woraus die grundsätzliche Vorrangigkeit zumindest von aus sittlichen Gründen erbrachten Leistungen abzuleiten wäre – verbietet sich wegen des unterschiedlichen Umfangs des Nachrangprinzips von Sozialhilfe einerseits und Jugendhilfe andererseits. Während im Sozialhilferecht grundsätzlich jede Deckung des Bedarfs durch Dritte die Hilfeverpflichtung des Sozialhilfeträgers entfallen lässt (vgl. § 2 Abs. 1 SGB XII), beschränkt sich das Nachrangprinzip für die Jugendhilfe auf Fälle, in denen eine anderweitige rechtliche Verpflichtung besteht bzw. aufgrund einer rechtlichen Verpflichtung eine

24 So VGH BW 9.12.1999 – 2 S 2737/98, FEVS 52, 225.
25 BVerwG 19.11.2011 – 5 C 6/11, juris Rn. 17 zu § 10 Abs. 4 S. 2.
26 Fleuß jurisPR-BVerwG 1/2012 Anm. 3.
27 BVerwG 19.10.2016 – 5 C 6/11, juris Rn. 16.
28 So BVerwG 10.3.1965 – V C 96.64, FEVS 12, 161 zur gleich lautenden Regelung des § 2 Abs. 2 S. 2 BSHG, der Vorgängervorschrift des § 2 Abs. 2 SGB XII.
29 BSG 3.9.1982 – 3 RK 67/81, FEVS 31, 348.
30 AA Luthe in jurisPK-SGB VIII Rn. 58.
31 Vgl. Riehle in Krug/Riehle/Uhl Erl. I 1.

Leistung tatsächlich erfolgt. Daher schließen zB die lediglich aufgrund sittlicher Verpflichtung gewährten Erziehungs- und Unterhaltsleistungen des Stiefelternteils an das Stiefkind Leistungen der Jugendhilfe nicht aus.[32] Dasselbe muss in Fällen der Verwandtenvollzeitpflege zB durch nicht unterhaltsverpflichtete Großeltern oder Tanten gelten. § 27 Abs. 2a sieht dies sogar für unterhaltsverpflichtete Personen vor. Danach kann der Bedarf iSd § 39 nicht als gedeckt betrachtet werden, wenn ein Verwandter den Lebensunterhalt des Kindes lediglich aufgrund einer sittlichen Verpflichtung abdeckt. Selbst im Falle der Vollzeitpflege durch unterhaltsverpflichtete Personen kann das Pflegegeld nach § 39 Abs. 4 S. 4 allenfalls gekürzt werden (→ § 39 Rn. 23). Für die weiter gehende Frage, ob bei der **Kostenbeteiligung freiwillige Leistungen** zu berücksichtigen sind, wird im Rahmen des § 90 allerdings auf die entsprechende Anwendung von § 84 Abs. 2 SGB XII verwiesen (vgl. § 90 Abs. 4). In den übrigen Fällen der Kostenbeteiligung nach §§ 91 ff. fehlt im neuen Recht seit November 2005 in § 93 die Verweisung auf das Sozialhilferecht und damit auf § 84 Abs. 2 SGB XII. Laut Gesetzesbegründung findet sich in § 93 Abs. 1 nun eine eigenständige Definition des Begriffs des Einkommens, die sich an den Vorschriften des Sozialhilferechts lediglich orientieren soll.[33] Es ist daher fraglich, ob tatsächliche Leistungen, die freiwillig erbracht werden oder aber nur sittlich begründet sind, nach wie vor als Einkommen bzw. als zweckidentische Leistung nach § 93 Abs. 1 bei der Kostenbeteiligung des Kindes zu berücksichtigen sind.[34]

13 Problematisch ist die Einordnung der Leistungen von **Stiftungen des öffentlichen Rechts.** Würde man darin freiwillige Leistungen sehen, bezüglich derer nicht einmal ein Anspruch auf ermessensfehlerfreie Entscheidung besteht,[35] würde das allgemeine Nachrangprinzip nicht greifen. Dieser Ansatz erscheint fraglich. Bei öffentlich-rechtlichen Stiftungsleistungen handelt es sich immerhin um öffentliche Mittel, deren Vergabe idR durch Rechts- oder Verwaltungsvorschriften geregelt ist, so dass zumindest im Rahmen der Selbstbindung der Verwaltung unter Beachtung des Art. 3 Abs. 1 GG ein Anspruch auf ermessensfehlerfreie Entscheidung bestehen dürfte. Selbst eine haushaltsrechtliche Beschränkung der Leistungen auf einen Höchstbetrag für die Gesamtsumme der Förderung wirkt sich nicht auf den grundsätzlichen Vorrang auch solcher Leistungen aus.[36] Allenfalls könnte der Vorrang dieser Leistungen an ihrer rechtzeitigen Realisierung scheitern (→ Rn. 7). Im Ergebnis gehen daher auch Leistungen öffentlicher Stiftungen der Jugendhilfe vor.

2.2 Vorrang anderer Sozialleistungen

14 **Andere Sozialleistungen** sind die in den §§ 18–29 SGB I genannten, zB die der Ausbildungsförderung, der Arbeitsförderung, der gesetzlichen Kranken- und Unfallversicherung, des Wohngeldes usw. Das Rangverhältnis zu den Leistungsträgern des SGB II, des SGB IX und des SGB XII findet in den Absätzen 3 und 4 eine spezielle Regelung. Eine über § 12 SGB I hinausgehende Interpretation des Begriffs der Sozialleistungen[37] erübrigt sich, da Abs. 1 ohnehin keine abschließende Auflistung der vorrangig Verpflichteten enthält.

15 **2.2.1 Gesetzliche Krankenversicherung – SGB V. Leistungen der Krankenkassen** sind gegenüber der Annexleistung Krankenhilfe (§ 40) bei stationärer Jugendhilfe vorrangig, wenn sie auf einem eigenen Anspruch nach § 5 Abs. 1 Nr. 5 SGB V oder aber auf dem eines Familienangehörigen nach § 10 SGB V (Abdruck bei § 40) beruhen. So lässt

32 So Schellhorn in SFMK § 10 Rn. 10.
33 Vgl. BT-Drs. 15/3676, 42.
34 Für eine Anrechnung Luthe in jurisPK-SGB VIII Rn. 60.
35 So Schönecker/Meysen in FK-SGB VIII Rn. 31 zur Stiftung Mutter-Kind.
36 So auch Riehle in Krug/Riehle/Uhl Erl. II 1.
37 So aber Schellhorn in SFMK Rn. 12.

ein Anspruch nach § 40 die Krankenversicherungspflicht nach § 5 Abs. 1 Nr. 13 SGB V nicht entfallen.[38] Hingegen sind Eltern bei einer stationären Jugendhilfemaßnahme nicht verpflichtet, freiwillig eine private Krankenversicherung für den jungen Menschen abzuschließen oder aufrecht zu erhalten.[39]

16 Konkurrenzen zu den Leistungen der Krankenkassen können mit Leistungen der Jugendhilfe wie Krankenhilfe nach § 40 oder Eingliederungshilfe nach § 35a entstehen. Die gesetzliche Krankenversicherung bietet nämlich im Rahmen des Anspruchs auf Behandlung von Krankheiten (vgl. §§ 11 Abs. 1 und 2, 27 ff. SGB V) auch medizinische Rehabilitationsmaßnahmen und diese ergänzende Leistungen nach den §§ 27 Abs. 1 Nr. 6, 40, 43 SGB V sowie nichtärztliche sozialpädiatrische Leistungen nach § 43a SGB V und Leistungen in Frühförderstellen und sozialpädiatrischen Zentren nach § 119 SGB V an. Außerdem bestehen Ansprüche auf gesundheitsfördernde Maßnahmen (vgl. § 20 SGB V), auf Maßnahmen zur Früherkennung von Krankheiten bei Kindern (vgl. § 26 SGB V), sowie auf Maßnahmen zur Verhütung von Krankheiten, zur Empfängnisverhütung, bei Sterilisation und bei Schwangerschaftsabbruch (vgl. §§ 22 bis 24b SGB V).

17 Speziell kollidieren die **Rehabilitationsleistungen** des Jugendhilfeträgers (§ 6 Abs. 1 Nr. 6 SGB IX) mit solchen der Krankenkassen, wenn es um **medizinische Leistungen** für seelisch behinderte junge Menschen nach § 35a Abs. 3 iVm § 42 Abs. 2 SGB IX geht. Werden also Maßnahmen der medizinischen Rehabilitation in zB stationärer Form erbracht, sind Leistungen der Krankenversicherung nach §§ 27, 40, 43 SGB V gegenüber Eingliederungshilfe nach § 35a vorrangig.[40] Allerdings fallen psychosoziale und andere therapeutische Maßnahmen für seelisch behinderte junge Menschen, die nach § 43a SGB V ebenfalls zu den medizinischen Leistungen zählen, nur dann in die vorrangige Zuständigkeit der Krankenkasse, wenn sie unter ärztlicher Aufsicht und Verantwortung erfolgen, § 43 Abs. 2 SGB V.[41] Eine Leistungskonkurrenz entsteht hingegen mangels Zuständigkeit der Krankenkasse nicht, wenn nichtärztliches Personal in Eigenverantwortung Maßnahmen erbringt.

Allgemein ist zu beachten, dass die Krankenkassen nur für die medizinische, nicht aber für die **soziale bzw. berufliche Rehabilitation** zuständig sind. Die medizinische Rehabilitation ist daher insbesondere von der sozialen Rehabilitation abzugrenzen. Entscheidend ist hierbei, welches konkrete Ziel in erster Linie mit der Leistung verfolgt wird. Es ist zu fragen, welcher Leistungszweck im Vordergrund der jeweiligen Maßnahme steht. Zu prüfen ist, ob die Auswirkungen der Krankheit/Behinderung auf die Lebensgestaltung aufgefangen oder gemildert werden sollen oder die Leistung den Menschen möglichst unabhängig von Pflege machen soll. Ist dies der Fall, so wird eine Leistung der sozialen Rehabilitation erbracht. Wird hingegen mit der Maßnahme an der Krankheit selbst angeknüpft und dient die Behandlung dazu, die Behinderung abzuwenden, auszugleichen, eine Verschlimmerung zu verhüten oder Einschränkungen der Erwerbstätigkeit und Pflegebedürftigkeit zu vermeiden, liegt eine Maßnahme der medizinischen Rehabilitation vor. Nicht entscheidend ist bei dieser Abgrenzung, ob diese Ziele objektiv erreichbar sind. Die Beantwortung dieser Frage muss anhand einer Gesamtwürdigung der Bedürfnisse und Heilungschancen des Einzelfalls erfolgen.[42] Damit kommt es ganz entscheidend auf die Zielsetzung des Leistungserbringers und seine Angaben an. Ist die Krankenkasse für die Hauptkosten einer Maßnahme (zB Drogenentwöhnungstherapie) zuständig, so bestimmt sie auch Art und Maß dieser

38 DIJuF JAmt 2008, 199.
39 DIJuF JAmt 2007, 349.
40 VG Augsburg 19.8.2014 – Au 3 E 14.1140, juris Rn. 37; VGH BW 9.9.1999 – 2 S 2737/98, FEVS 52, 225.
41 BVerwG 13.3.2003 – 5 C 6/02, FEVS 54, 481.
42 BVerwG 18.10.12 – 5 C 15/11, juris Rn. 16 ff.

Hilfe. Verbleiben neben dieser Hauptleistung Bedarfe, die vom Krankenversicherungsträger nicht übernommen werden, hat das JA diese Leistungen ergänzend zu erbringen.[43]

Ein Vorrang der Jugendhilfe kann indes bestehen, wenn der **Leistungskatalog der Krankenkasse** eine notwendige Behandlung oder Maßnahme nicht vorsieht wie zB bei der Legasthenie-Therapie, da die Heilmittel-Richtlinien (§§ 92, 135 SGB V) diese nicht umfasst;[44] für heilpädagogische Maßnahmen der **Hippotherapie** (dasselbe gilt für die **Montessori-Therapie**);[45] für die konduktive **Therapie nach Petö**.[46] 18

Jugendhilfeleistungen zur Unterstützung bei der Betreuung und Versorgung des Kindes in Notsituationen nach § 20 sind gegenüber den versicherungsrechtlichen Leistungen der **Kinderbetreuung/Haushaltshilfe nach § 38 SGB V** nachrangig, welche hinsichtlich des Leistungsinhalts weitgehend Kongruenz zu § 20 aufweisen. Eine Leistung nach § 20 kommt danach nur in Betracht, wenn die versicherungsrechtlichen Voraussetzungen nach SGB V nicht vorliegen oder eine Leistungskongruenz im Einzelfall ausscheidet (so zB bei Überschreiten der in § 38 SGB V enthaltenen Altersgrenze des Kindes). Der Anspruch auf **häusliche Kranken- und Behandlungspflege nach § 37 SGB V** gegen die Krankenkasse kann ebenfalls mit § 20 kollidieren. 19

Soweit sich die Anspruchsinhalte decken, geht der Anspruch des Leistungsberechtigten gegen die Krankenkasse vor; dieser erstreckt sich sogar auf Leistungen außerhalb der Wohnung bei vorübergehenden Aufenthalten zB in der Schule oder Kindertagesstätte.[47]

2.2.2 Gesetzliche Unfallversicherung – SGB VII. Gegenüber den **Leistungen der gesetzlichen Unfallversicherung** nach dem SGB VII können sich Konkurrenzen im Hinblick auf Jugendhilfeleistungen nach § 40 und § 35a ergeben, da auch der Unfallversicherungsträger nach § 26 SGB VII für Heilbehandlungen und Rehabilitationsleistungen zuständig ist, wenn Versicherungsschutz besteht. Kinder und Jugendliche können insbesondere nach § 2 Abs. 1 Nr. 2, 4, 8 und 14 SGB VII pflichtversichert und damit grundsätzlich leistungsberechtigt gegenüber der Unfallversicherung sein. Vom Katalog der Rehabilitationsleistungen nach § 27 SGB VII, der Leistungen zur medizinischen Rehabilitation, Leistungen zur Teilhabe am Arbeitsleben und am Leben in der Gemeinschaft sowie ergänzende Leistungen umfasst, sind allerdings Leistungen zur **Früherkennung und Frühförderung** ausgenommen (§ 27 Abs. 1 Nr. 7 SGB VII iVm § 42 SGB IX). Anspruchskonkurrenzen mit Jugendhilfeleistungen können sich auch mit Leistungen nach § 20 ergeben, da die Unfallversicherung in § 32 SGB VII ebenfalls Leistungen der häuslichen Krankenpflege sowie in § 42 SGB VII iVm § 74 SGB IX auch Leistungen der Haushaltshilfe und Kinderbetreuung vorsieht. Renten nach dem SGB VII sind im Rahmen der Kostenbeteiligung als Einkommen in voller Höhe zu berücksichtigen.[48] 20

---

43 So für einmalige Beihilfen nach § 39 Abs. 3 NdsOVG 12.4.2000 – 4 L 2906/99, NDV-RD 2000, 72; für Kosten der Fahrt und Begleitung zu einer ambulanten von der Krankenkasse getragenen Behandlung BVerwG 22.2.2007 – 5 C 32/05, NJW 2007, 1991; zur grundlegenden Bedeutung der Entscheidung Berlit, jurisPR-BVerwG 10/2007, Anm. 6.

44 S. BSG 22.3.2012 – B 8 SO 30/10 R, NVwZ-RR 2012, 968.

45 BSG 19.3.2002 – B1 KR 36/00, RdLH 2002, 167.

46 BSG 29.9.2009 – B 8 SO 19/08 R, FEVS 61, 433; LSG NRW 10.2.2011 – L 9 SO 11/08; s. dazu auch → Rn. 35 und Wiesner in Wiesner Rn. 21 a; differenzierend Luthe in jurisPK-SGB VIII Rn. 33.

47 BSG 21.11.2002 – B 3 KR 13/02 R, FEVS 54, 444; Bieritz-Harder in Hauck/Noftz Rn. 11; s. Näheres zu den Konkurrenzen zwischen SGB VIII und SGB V: Gerlach/Hinrichs ZFSH/SGB 2007, 451.

48 BSG 3.12.2002 – B 2 U 12/02 R, FEVS 54, 436.

21 **2.2.3 Opferentschädigungsgesetz.** Leistungskonkurrenzen der Jugendhilfe mit dem **Opferentschädigungsgesetz (OEG)** entstehen, da in der Praxis immer häufiger Kinder, Jugendliche und junge Erwachsene, die unmittelbar oder mittelbar Opfer einer Gewalttat geworden sind, Leistungen der Jugendhilfe in Anspruch nehmen. Leistungen des OEG werden auf Antrag dann gewährt, wenn der Tatbestand einer gesundheitlichen Schädigung infolge eines vorsätzlichen, mit Strafe bedrohten rechtwidrigen tätlichen Angriffs (zB sexuelle Gewalt oder Misshandlung) vorliegt (§ 1 Abs. 1 OEG). Der Umfang der Leistungen richtet sich nach dem Bundesversorgungsgesetz (BVG). Die Leistungen nach dem OEG umfassen gemäß §§ 11, 12 BVG ua **Heil- und Krankenbehandlung** sowie **Leistungen zur medizinischen Rehabilitation** einschließlich nichtärztlicher sozialpädiatrischer Behandlung (§ 11 Abs. 1 Nr. 10 BVG). Eine Leistungskonkurrenz kann sich daher mit Leistungen der Krankenhilfe nach § 40 bzw. mit Eingliederungsleistungen nach § 35a ergeben. Ferner sind nach §§ 29–34 BVG **Beschädigtenrenten** vorgesehen. Zudem enthält das BVG ua eine Hinterbliebenenversorgung zB für Witwen/Witwer und Waisen (Halbwaisengrundrente) nach §§ 38, 40, 45. Allerdings ist zu beachten, dass OEG- Renten wie alle Grundrenten nach BVG im Rahmen des § 93 kein Einkommen sind und damit bei der Kostenbeteiligung nach §§ 91 ff. keine Anrechnung finden.[49] § 27 BVG schließlich sieht für Kinder und Jugendliche sowie für junge Volljährige von **geschädigten Eltern oder Elternteilen** bzw. wenn die jungen Menschen durch eine Gewalttat Waisen bzw. Halbwaisen geworden sind, auch **Erziehungsbeihilfen** vor.[50] Diese umfassen neben den angemessenen Kosten der Erziehung und Ausbildung auch den angemessenen Lebensunterhalt (§ 27 Abs. 2 S. 1 BVG). Diese Leistungen konkurrieren mit wirtschaftlicher Jugendhilfe nach § 39 und gehen dieser vor.[51]

22 Sind **Kinder oder Jugendliche** jedoch **selbst Beschädigte** und erhalten Leistungen nach §§ 27 ff. SGB VIII, besteht keine Anspruchskonkurrenz zwischen Erziehungsbeihilfe nach § 27 BVG und HzE, da ein Anspruch der Beschädigten auf Erziehungsbeihilfe nur für deren Kinder besteht (§ 27 Abs. 1b BVG).[52] Denkbar ist aber eine Anspruchskonkurrenz von Leistungen nach § 27d Abs. 1 Nr. 3 oder 5 bzw. nach § 27d Abs. 2 BVG (sog. **Hilfen in besonderen Lebenslagen**) mit Eingliederungshilfe nach § 35a[53] sowie mit HzE nach §§ 27, 34 in Form der Heimerziehung.[54]

23 Ist das Kind, der Jugendliche oder der junge Volljährige selbst Opfer einer Gewalttat geworden, kommen ua auch **berufsfördernde Maßnahmen** nach § 26 BVG in Betracht, die entsprechenden Leistungen der arbeitsweltbezogenen Jugendhilfe nach § 13 und der Eingliederungsleistungen zur Teilhabe am Arbeitsleben nach § 35a vorgehen. Ein weiteres Konkurrenzverhältnis kann sich zwischen § 20 und § 26d BVG ergeben, da beide Vorschriften Hilfe bei der Weiterführung des Haushalts vorsehen.

24 Eine **Anspruchskonkurrenz fehlt,** wenn das Versorgungsamt aufgrund des Überschreitens der Einkommens- bzw. Vermögensgrenzen beim Opfer nicht zur Leistung verpflichtet ist, § 25a Abs. 1 BVG,[55] die erforderliche wirtschaftliche bzw. medizinische Kausalität nach §§ 25, 25a BVG nicht vorliegt oder aber die Leistung der Jugendhilfe nicht auch im Leistungskatalog des BVG enthalten ist.

---

49 BayVGH 22.1.2013 – 12 BV 12.2351; → § 93 Rn. 6.
50 VG Saarlouis 21.10.2011 – 3 K 598/10.
51 S. hierzu BVerwG 17.7.2019 – 5 C 5/18, juris Rn. 17. Zur Frage des Vorrangs von Erziehungsbeihilfe VG Freiburg 24.7.2001 – 8 K 1273/00, JAmt 2001, 600.
52 BayVGH 29.3.2010 – 12 BV 08.942; DIJuF JAmt 2007, 245.
53 BayVGH 29.3.2010 – 12 BV 08.943.
54 BVerwG 27.5.2010 – 5 C 7/09, JAmt 2010, 572 zur Leistungskongruenz von Eingliederungshilfe nach §§ 1 Abs. 1 S. 1 OEG iVm § 27 d Abs. 1 Nr. 3 BVG und HzE nach §§ 27, 34; aA BayVGH 29.3.2010 – 12 BV 08.942, JAmt 2011, 96: Keine Kongruenz zwischen Leistungen nach § 27 d BVG und Leistungen nach §§ 42, 27, 34.
55 VG Saarlouis 28.2.2007 – 10 K 80/05, JAmt 2007, 594.

Die JA können nach § 97 die Feststellung betreiben, dass ein Tatbestand iSd OEG vorliegt sowie nach erfolgter Feststellung, ergänzende Leistungen, wie zB die Erziehungsbeihilfe nach § 27 BVG beantragen.[56]

2.2.4 Ausbildungsförderung, insbes. BafÖG. Leistungen der Ausbildungsförderung, insbesondere nach dem **BAföG**, die nach § 11 Abs. 1 BAföG für den Lebensunterhalt und die Ausbildung gewährt werden, gehen den Annexleistungen des Unterhalts nach § 39 vor, auch wenn lediglich ein zinsloses Darlehen gewährt wird (vgl. dazu § 17 Abs. 2 und 3 BAföG). Für die Kosten einer Unterbringung außerhalb der Familie sind Leistungen nach dem BAföG dann vorrangig,[57] wenn die Voraussetzungen des § 12 Abs. 2 BAföG vorliegen, der Leistungsberechtigte also ausbildungsbedingt nicht bei seinen Eltern lebt. Ist hingegen eine auswärtige Unterbringung zB im Rahmen der HzE lediglich erziehungsbedingt, gehen Leistungen des Jugendhilfeträgers grundsätzlich vor. Kann die Ursache der auswärtigen Unterbringung nicht eindeutig geklärt werden, kommen auch Teilleistungen nach BAföG bzw. nach SGB VIII in Betracht.[58] 25

2.2.5 Leistungen der Arbeitsförderung – SGB III. Leistungskonkurrenzen zu **aktiven Leistungen des Arbeitsförderungsrechts nach SGB III** können sich nach Inkrafttreten des SGB II nur noch in Teilbereichen ergeben.[59] Aus der Gesamtschau der kompliziert geratenen jeweiligen Verweisungen in § 16 Abs. 1 SGB II und § 22 Abs. 4 SGB III lässt sich für **Leistungsberechtigte nach SGB II**, also für mindestens 15-jährige erwerbsfähige hilfebedürftige junge Menschen (§§ 7–9 SGB II), ein Vorrang der Leistungen zur Eingliederung in Arbeit nach dem SGB II gegenüber dem SGB III ableiten. Im Verhältnis zur Jugendhilfe haben die Leistungen zur Eingliederung in Arbeit nach SGB II in § 10 Abs. 3 S. 2 eine Sonderregelung erfahren (→ Rn. 47 ff.). Für die Leistungskonkurrenz ist daher zu klären, inwieweit Leistungen des Arbeitsförderungsrechts nach dem SGB III neben denjenigen des SGB II noch in Betracht kommen und in welchem Verhältnis diese wiederum zu Jugendhilfeleistungen stehen. Zwar enthält § 16 Abs. 1 SGB II eine Rechtsgrundverweisung auf Leistungen des SGB III; die konkrete Rechtsgrundlage für Arbeitsförderungsleistungen ist jedoch insoweit für die Klärung des Nachrangs der Jugendhilfe relevant, als für Eingliederungsleistungen nach §§ 16 ff. SGB II unterschiedliche Träger zuständig sein können: die BA (§ 6 Nr. 1 SGB II) bzw. ein zugelassener kommunaler Träger (§ 6a SGB II) und auch andere kommunale Träger (§ 6 Nr. 2 SGB II). 26

Aus dem **Rangverhältnis der Leistungen nach SGB II und SGB III** zueinander ergibt sich auch für die grundsätzlich dem SGB II zugewiesene Zielgruppe der jungen erwerbsfähigen und hilfebedürftigen Menschen ab 15 Jahren aber eine ausschließliche Restzuständigkeit nach dem SGB III für die im 3. Abschnitt des Dritten Kapitels geregelte **Berufsvorbereitung und Berufsausbildungsbeihilfe** nach §§ 51 ff. SGB III. Diese Aufgaben sind vom Nachrang gegenüber dem SGB II nach § 22 Abs. 4 S. 1 SGB III ausgenommen; eine Verweisung in § 16 Abs. 1 SGB II auf diesen Aufgabenkomplex fehlt entsprechend. Damit können auch die Leistungsberechtigten des SGB II Leistungen nach §§ 51 ff. SGB III (berufsvorbereitende Bildungsmaßnahmen mit Ausnahme der Leistung nach § 54a SGB III) sowie nach §§ 56 ff. SGB III (Berufsausbildungsbeihilfe) in Anspruch nehmen. Dies gilt auch für behinderte junge Menschen (vgl. § 22 Abs. 4 Nr. 6 SGB III). 27

Aktive Leistungen des Arbeitsförderungsrechts (vgl. § 3 Abs. 1 SGB III), zu denen auch die Berufsvorbereitung und die Berufsausbildungsbeihilfe zählen, sind gemäß § 22 Abs. 1 SGB III allerdings gegenüber gleichartigen Pflichtleistungen anderer öf- 28

56 Vgl. Hoffmann JAmt 2005, 329.
57 AA Luthe in jurisPK-SGB VIII Rn. 46.
58 So Happe/Saurbier in JHSM Erl. 26.
59 Vgl. hierzu Kunkel ZFSH/SGB 2006, 76.

fentlich-rechtlicher Stellen nachrangig. Damit kollidiert die Regelung mit § 10 Abs. 1. In diesen Fallkonstellationen setzt sich die Regelung des § 10 Abs. 1 durch. Die Leistungen der Jugendhilfe sind als nachrangig anzusehen.[60]

29 Leistungskonkurrenzen zur Jugendhilfe entstehen in der Praxis hauptsächlich zwischen **Berufsausbildungsbeihilfen** (BAB) nach §§ 56 ff. SGB III und den jugendhilferechtlichen Leistungen für den Lebensunterhalt nach § 39, die bei auswärtiger Unterbringung des Leistungsberechtigten als Annex zur HzE (§§ 27 ff.), zu Eingliederungsleistungen nach § 35a Abs. 2 Nr. 2–4 sowie nach § 13 Abs. 3 zu gewähren sind. Gemäß § 56 SGB III haben Auszubildende Anspruch auf BAB während einer beruflichen Ausbildung, wenn diese förderungsfähig ist (§ 57 SGB III), die Leistungsberechtigten zum förderungsfähigen Personenkreis (§ 59 SGB III) gehören, die sonstigen persönlichen Voraussetzungen (§ 60 SGB III) für eine Förderung erfüllt sind und ihnen die erforderlichen Mittel zur Deckung des Bedarfs für den Lebensunterhalt, die Fahrkosten, die sonstigen Aufwendungen und die Lehrgangskosten (Gesamtbedarf) nicht anderweitig zur Verfügung stehen (§§ 56 Abs. 1 Nr. 3, 61 ff. SGB III).[61] Für die Abgrenzung der Zuständigkeiten ist aufgrund der fehlenden eindeutigen gesetzlichen Regelung wohl auf die **überwiegende Zielsetzung der konkreten Maßnahme** abzustellen.[62] Danach ist der Träger der Arbeitsförderung nur für die berufliche Bildung, nicht aber für die soziale Betreuung und Persönlichkeitsbildung des jungen Menschen zuständig.[63] Ist also **aus erzieherischen oder rehabilitativen Gründen** eine **auswärtige Unterbringung** ohnehin notwendig, ist der Jugendhilfeträger auch bei gleichzeitiger Durchführung einer berufsbezogenen Maßnahme für die Kosten der auswärtigen Unterbringung zuständig, nicht aber für die Kosten der Teilnahme an berufsvorbereitenden Maßnahmen bzw. der Ausbildung.[64] Soweit die **auswärtige Unterbringung zum Zweck der schulischen oder beruflichen Eingliederung** erfolgt, sind Leistungen der Berufsausbildungsbeihilfe nach §§ 56 ff. SGB III gegenüber dem Jugendwohnen nach § 13 Abs. 3 S. 1 vorrangig.[65] In jedem Fall ist aber ein durch eine jugendhilfebezogene auswärtige Unterbringung bedingter **erzieherischer Mehraufwand** vom Jugendhilfeträger zu übernehmen.[66] Für Ausbildungs- und Beschäftigungsmaßnahmen im Rahmen einer HzE bzw. der Hilfe für junge Volljährige nach § 41 Abs. 2 verweist § 27 Abs. 3 S. 2 auf die spezielle Nachrangregelung des § 13 Abs. 2. Bietet die BA im Einzelfall keinen den besonderen Erfordernissen des Betroffenen entsprechenden Ausbildungsplatz an, wird der Nachrang gemäß § 13 Abs. 1, 2 nicht wirksam.[67] Annexleistungen

60 LSG RhPf 9.6.2016 – L 1 AL 53/15, juris Rn. 35; LSG BW 24.4.2015 – L 8 AL 2430/12, juris Rn. 69; Luthe in jurisPK-SGB VIII Rn. 27: Jugendhilfe sei als nachrangig anzusehen.
61 Näher zu den Voraussetzungen vgl. Roßbruch PflR 2013, 244.
62 S. hierzu auch BayVGH 2.12.2020 – 12 BV 20.1951, juris Rn. 30. AA ohne weitere Differenzierung einen Nachrang der Jugendhilfe annehmend VG Augsburg 7.7.2020 – Au 3 K 18.1900, juris Rn. 32 und 33. Vgl. hierzu auch VG München 17.7.2019 – M 18 K 17.2523, juris Rn. 45.
63 Vgl. BSG 26.9.1990 – 9b/7 RAr 100/89, FEVS 41, 468.
64 Vgl. SG Konstanz 7.2.2007 – S 7 AL 669/06, ZfS 2007, 222 mit ablehnender Anmerkung Heinz ZfS 2007, 222; DA II 23.1.3 der BA, 15. Erg.-Lieferung 2004; wohl auch Schruth ZfJ 2005, 223; Stratmann in Niesel SGB III zu § 64 aF Rn. 9, Kunkel ZfSH/SGB 2006, 76; Kunkel ZfJ 2005, 436; aA Bieritz-Harder in Hauck/Noftz Rn. 18; BSG 28.9.1993 – 11 RAr 7/93, FEVS 45, 127; Nachrang der Jugendhilfe: Schönecker/Meysen in FK-SGB VIII Rn. 9; VG Würzburg 13.2.2014 – W 3 K 13.112, juris Rn. 47; VG Koblenz 12.7.2006 – 5 K 1992/05 KO, JAmt 2007, 489.
65 Kunkel AEFT-Rundbrief 2005, 34. S. hierzu auch BayVGH 2.12.2020 – 12 BV 20.1951, juris Rn. 33.
66 Stratmann in Niesel SGB III zu § 64 aF Rn. 9. S. hierzu auch BayVGH 2.12.2020 – 12 BV 20.1951, juris Rn. 31.
67 VG Berlin 10.5.2006 – 18 A 904.05, JAmt 2006, 459.

nach § 39 im Rahmen einer Hilfe nach §§ 41, 27, 34 und Ausbildungsgeld für behinderte junge Menschen nach § 122 SGB III werden als zweckgleich erachtet iSd § 93 Abs. 1 S. 3.[68]

Eine weitere Ausnahme vom Vorrang der Eingliederungsleistungen nach dem SGB II 30
vor denen des SGB III bilden die **Leistungen der Beratung nach §§ 29 ff. SGB III**, da diese nur in § 16 Abs. 1 SGB II, nicht aber in § 22 Abs. 4 SGB III genannt sind. Dies bedeutet, dass Leistungsberechtigte nach SGB II solche Leistungen sowohl nach SGB III direkt als auch über § 16 Abs. 1 SGB II iVm SGB III erhalten können.[69] Diese Leistungen konkurrieren vor allem mit den Beratungsleistungen der arbeitsweltbezogenen Jugendsozialarbeit nach § 13 und sind damit vom Nachrang der Jugendhilfe nach Abs. 3 Satz 2 erfasst. Jugendliche, die nicht leistungsberechtigt nach SGB II sind, können Leistungen der BA in unmittelbarer Anwendung der §§ 29 ff. SGB III nachfragen; diese gehen als speziellere Leistungen der arbeitsweltbezogenen Jugendsozialarbeit vor.

Eingliederungsleistungen der BA für **erwerbsfähige behinderte Hilfebedürftige nach** 31
§§ 112 ff. SGB III (Teilhabe am Arbeitsleben) können auch mit Maßnahmen für seelisch behinderte junge Menschen nach § 35a Abs. 3 konkurrieren; für erwerbsfähige Leistungsberechtigte nach § 7 SGB II basieren die Leistungen auf § 16 Abs. 1 S. 3 SGB II iVm den dort genannten Regelungen, was im Grundsatz zur Gewährung allgemeiner Leistungen (§§ 115 f. SGB III) wie auch besonderer Leistungen (§§ 117 ff. SGB III) führen kann (vgl. § 22 Abs. 2 S. 1 SGB III). Damit unterliegen sie als Leistungen des SGB II-Trägers gegenüber der Jugendhilfe der speziellen Nachrangregelung des § 10 Abs. 3 S. 2 (→ Rn. 47). Die aus dem Katalog der allgemeinen Leistungen (§ 115 SGB III) für den SGB II-Träger ausgenommenen Leistungen der berufsvorbereitenden Bildungsmaßnahmen und der Berufsausbildungsbeihilfen können in unmittelbarer Anwendung des SGB III in Anspruch genommen werden, so dass insoweit § 10 Abs. 1 die relevante Konkurrenzregelung ist.

Wenn ein junger Mensch die Leistungsvoraussetzungen des SGB II nicht erfüllt, liegt 32
die Zuständigkeit für aktive Leistungen der Eingliederung in Arbeit auch für behinderte junge Menschen (§§ 112 ff. SGB III) bei der BA, und zwar ohne die in § 16 Abs. 1 S. 2 und 3 SGB II genannten Ausschlüsse.

2.2.6 Gesetzliche Pflegeversicherung – SGB XI. Nach § 13 Abs. 3 S. 3 SGB XI sind 33
Leistungen zur Eingliederung behinderter junger Menschen nach dem SGB VIII gegenüber Pflegeleistungen nicht nachrangig. Damit kollidiert diese Regelung mit Abs. 1. Insoweit kann nicht davon ausgegangen werden, dass Jugendhilfeleistungen nach § 35a ausgeschlossen sind.[70] Fehlt es indes an der Gleichartigkeit der Leistungen, ergibt sich keine Nachrangproblematik.[71]

2.3 Vorrang der Schule und anderer Verpflichtungen

Der Gesetzgeber hat in Abs. 1 Satz 1 den Vorrang der Schule ausdrücklich in den Ge- 34
setzestext aufgenommen, um bestehende Unklarheiten in der Praxis zu beheben.[72] Dies ist auch sachgerecht, da infolge des Erziehungsauftrags von Schulen (vgl. Art. 7 GG, zB § 1 SchulG BW) häufig Zuständigkeitskonkurrenzen zwischen Jugendhilfe und Schulen entstehen. Ihrem Erziehungsauftrag kommt die Schule idR dadurch nach,

68 NdsOVG 28.7.2009 – 4 PA 250/08, NDV-RD 2010, 20.
69 Eicher in Eicher/Spellbrink SGB II § 16 Rn. 7.
70 Schönecker/Meysen in FK-SGB VIII Rn. 16; Schellhorn in SFMK Rn. 12.
71 BSG 5.8.1999 – B 3P 1/99 R, RdLH 2000, 25: Begleitung eines Kindes auf dem Schulweg gehört nicht zum Pflegebedarf nach SGB XI; OVG Bln-Bbg 6.5.2013 – OVG 6 B 31.12, zum Verhältnis Pflegegeld nach SGB XI und Sonderbedarf iRd Pflegegeldes nach § 39 Abs. 1, 4.
72 S. hierzu auch VG Schwerin 13.11.2015 – 6 B 3377/15 SN, Rn. 31.

dass sie zB Schulpsychologen, Ganztagsschulen, Kernzeitenbetreuung, sonderpädagogische Förderung usw bereitstellt. Trotz des grundsätzlichen Vorrangs von Leistungen der Schule an erzieherisch gefährdete junge Menschen macht das SGB VIII in mehreren Vorschriften deutlich, dass ein Zusammenwirken der beiden Leistungsträger erforderlich ist (vgl. §§ 81 Nr. 1, 11 Abs. 3 Nr. 3, 21).[73] Die Frage des Nachrangs der Jugendhilfe gegenüber schulischen Maßnahmen stellt sich hauptsächlich bei den sog. **Teilleistungsschwächen**, insbesondere der Lese-Rechtschreibschwäche (**Legasthenie**) und der Rechenschwäche (**Dyskalkulie**) bzw. beim sog. **Aufmerksamkeitsdefizitsyndrom** (ADS) oder bei Autismus, welche zu einer seelischen Behinderung iSd § 35a (→ § 35a Rn. 19) oder aber auch zu einem erzieherischen Defizit iSd § 27 führen können (→ § 27 Rn. 3). Schüler mit Teilleistungsschwächen angemessen zu fördern, ist primär Aufgabe der Schule.[74] Dies erstreckt sich sogar auf die mit der Leistungsschwäche verbundenen Sekundärfolgen wie Schulunlust, Gehemmtheit und Versagensängsten.[75]

35 Das in § 10 Abs. 1 S. 1 normierte Rangverhältnis der Jugendhilfemaßnahmen zu Leistungen der Schule erweist sich nach hiesiger Auffassung in der Praxis allerdings als untauglich eine klare Abgrenzung der Zuständigkeit und Verantwortlichkeit zur Schule zu regeln. Bisher wird die Aufgabe der schulischen Inklusion nicht überwiegend von der Schule, sondern von den Jugend- und Trägern der Eingliederungshilfe nach SGB IX durch Bereitstellung eines Schulbegleiters übernommen.

Strittig kann in diesem Zusammenhang sein, wer die Kosten eines Schulbegleiters, der dem Schüler einen erfolgreichen Schulbesuch ermöglichen soll, zu übernehmen hat. Dabei geht es um eine Abgrenzung der Zuständigkeiten des Trägers der Jugendhilfe, der nach § 35a bei seelisch behinderten Schülern leistungsverpflichtet sein kann, und der Schule. In der sozialgerichtlichen Rechtsprechung besteht – hinsichtlich einer parallel geregelten sozialhilferechtlichen Eingliederungshilfe gem. §§ 53, 54 Abs. 1 S. 1 Nr. 1 SGB XII bzw. nunmehr nach § 99 SGB IX für körperlich und geistig behinderte Schüler – weitestgehend Einigkeit darüber, dass der „Kernbereich der pädagogischen Arbeit der Schule“ grundsätzlich[76] im alleinigen Verantwortungsbereich der Schule und damit gänzlich außerhalb der Zuständigkeit des Sozialhilfeträgers liegt.[77] Die neuere verwaltungsgerichtliche Rechtsprechung nimmt auf diese sozialgerichtliche Rechtsprechung Bezug und stellt ebenfalls auf den „Kernbereich der pädagogischen Arbeit der Lehrer in der Schule“ ab. In diesem Kernbereich bestehe keine Verpflichtung des Jugendhilfeträgers nach § 35a SGB VIII zur Bereitstellung eines Schulbegleiters für einen seelisch behinderten Schüler.[78]

Nach § 112 Abs. 1 S. 1 Nr. 1 SGB XII haben behinderte Kinder und Jugendliche einen Anspruch auf **Hilfen zu einer Schulausbildung**. Leistungen der Eingliederungshilfe

73 Dazu im Einzelnen Kunkel, Jugendhilferecht, Rn. 39, 110; zum Verhältnis Jugendhilfe – Schule 12. Kinder- und Jugendbericht, S. 462 ff.; DV NDV 2000, 311; Rademacker JAmt 2004, 565; Heck/Weber ZfJ 2001, 185.

74 S. Gerlach/Hinrichs ZfSH/SGB 2007, 451 (460) zur Frage, ob Schulen dies leisten können.

75 OVG NRW 14.4.1999 – 24 A 118/96, FEVS 51, 120; zur Legasthenie VG Düsseldorf 5.3.2008 – 19 K 1659/07, JAmt 2008, 212; zum ADS OVG NRW 16.7.2004 – 12 B 1338/04, JAmt 2004, 437.

76 Zur Ausnahmekonstellation, in welcher der Besuch einer öffentlichen Schule aus objektiven Gründen (zB wegen ihrer räumlichen Entfernung vom Wohnort) oder aus schwerwiegenden subjektiven (persönlichen) Gründen nicht möglich oder nicht zumutbar ist, s. BSG 15.11.2012 – B 8 SO 10/11 R, juris Rn. 16 und LSG NRW 15.5.2013 – L 20 SO 67/08, juris Rn. 53.

77 Statt vieler BSG 9.12.2016 – B 8 SO 8/15 R, juris Rn. 22; BSG 22.3.2012 – B 8 SO 30/10 R, juris Rn. 21; BSG 15.11.2012 – B 8 SO 10/11 R, juris Rn. 15 f.

78 BVerwG 18.10.2012 – 5 C 21/11, juris Rn. 37.

sind daher nur „Hilfen" zu einer Schulbildung.[79] Geschuldet sind nur „die Schulbildung begleitende Maßnahmen".[80] Geht die Tätigkeit des Schulbegleiters über reine „Hilfen" zu einer angemessenen Schulbildung hinaus, liegen die Tatbestandsvoraussetzungen nach § 35a und §§ 90 f. SGB IX nicht vor. Dann ist die Schule nicht nur „vorrangig", sondern ausschließlich leistungsverpflichtet.[81] Im Kernbereich der pädagogischen Aufgaben der Schule bzw. der Lehrer ist der Jugendhilfeträger damit überhaupt nicht leistungsverpflichtet.[82] Dies beruht darauf, dass in diesen Fallkonstellationen die Tatbestandsvoraussetzungen des § 112 Abs. 1 S. 1 Nr. 1 SGB XII nicht gegeben sind. Der Nachranggrundsatz des § 10 kann nur zum Tragen kommen, wenn aufgrund des Vorliegens der Tatbestandsvoraussetzungen der jeweiligen Anspruchsgrundlage zwei zuständige Leistungsträger bereit stehen, es müssen zwei verschiedene, kongruente Leistungen in Frage kommen,[83] von denen eine vor- und die andere nachrangig ist. Es muss also zunächst ein Bedarf bestehen, welcher vom SGB VIII erfasst wird.[84] Nur in dieser Fallkonstellation kann der Jugendhilfeträger als Ausfallbürge in Anspruch genommen werden. Im Kernbereich schulischer Arbeit kann daher keine Leistungsverpflichtung des Jugendhilfeträgers bestehen.[85] Die Kernbereichsrechtsprechung des BSG dient damit zunächst dem Schutz der Sozialhilfeträger. Denn andernfalls müsste der Sozialhilfeträger aufgrund des Nachranggrundsatzes immer tätig werden, wenn die Schule tatsächlich nicht leistet.

Von der Leistungspflicht des Jugendhilfeträgers können hingegen Maßnahmen umfasst sein, die zwar zum Aufgabenbereich der Schule gehören, aber nicht dem Kernbereich der pädagogischen Arbeit der Schule zuzuordnen sind. In diesen Fällen besteht eine nachrangige Leistungspflicht. „Solange und soweit die Schule eine entsprechende Hilfe nicht gewährt", muss der Träger der Jugendhilfe die Leistung erbringen. Es müssen damit auch pädagogische Aufgaben, die zwar im vorrangigen Aufgaben-, aber nicht im Kernbereich der Schule liegen, von dem Träger der Jugendhilfe übernommen werden. Es spricht allerdings vieles dafür, dass die Jugendhilfeträger bei dieser Aufgabenwahrnehmung Rückgriff beim vorrangig leistungsverpflichtenden Träger, welcher für die Lehrerschaft in der Schule verantwortlich ist, nehmen können.[86]

Die konkrete Bestimmung des Bereichs gemeinsamer Verantwortung von Schule und Jugendhilfe im Einzelfall ist zwangsläufig von der Bestimmung des Kernbereichs pädagogischer Arbeit abhängig. Wird dieser eng gezogen, verbleiben mehr Aufgaben, die

---

79 S. zum Nachranggedanken des § 112 SGB IX und der eigentlich vorrangigen Verpflichtung der Schule VG München 9.6.2020 – M 18 E 20.1392, juris Rn. 82 ff. S. hierzu OVG NRW 4.6.2020 – 12 E 1120/18, juris Rn. 16.

80 BSG 15.11.2012 – B 8 SO 10/11 R, juris Rn. 15; BVerwG 18.10.2012 – 5 C 21/11, juris Rn. 37.

81 Ausführlich hierzu → § 10 Rn. 35 und Kepert ZfF 2015, 205, Entscheidungsbesprechung zu VG Stuttgart 16.2.2015 – 7 K 5740/14.

82 Ähnlich v. Koppenfels-Spies in jurisPK-SGB VIII Rn. 70.1.

83 S. hierzu Wiesner in Wiesner SGB VIII § 10 Rn. 8.

84 S. hierzu → Rn. 1 und Luthe in jurisPK-SGB VIII § 10 Rn. 9.

85 AA Luthe in jurisPK-SGB VIII Rn. 51. Allerdings setzt sich Luthe nicht mit dem Nichtvorliegen der Tatbestandsvoraussetzungen auseinander, sondern begründet die fortbestehende Leistungspflicht mit der „Basisverantwortung des Jugendhilfeträgers" nach Art. 6 Abs. 2 GG. Nach hier vertretener Auffassung kann bei Nichtvorliegen der Tatbestandsvoraussetzungen einer Anspruchsgrundlage aus Art. 6 Abs. 2 GG kein Anspruch begründet werden.

86 Ausführlich hierzu Kepert/Pattar, Schulbegleiterinnen und Schulbegleiter an baden-württembergischen Schulen, Rechtsgutachten, S. 9 und 10, Kehler Diskussionspapiere Nr. 2014–3, http://www.hs-kehl.de/forschung/forschungsergebnisse/publikationen/. S. hierzu auch VG Würzburg 30.5.2016 – W 3 E 16.459, Rn. 62; VG Freiburg 18.3.2016 – 4 K 2145/14, Rn. 52; VG Stuttgart 16.2.2015 – 7 K 5740/15, Rn. 15; OVG NRW 15.10.2014 – 12 A 1350/14, Rn. 7.

im gemeinsamen Zuständigkeitsbereich von Schule und Jugendhilfeträger anzusiedeln sind. Wird hingegen der Kernbereich weit ausgelegt, verbleiben weniger Aufgaben, die dem gemeinsamen Zuständigkeitsbereich zuzuordnen sind.[87]

Das BSG hat mit Entscheidung vom 9.12.2016 betont, dass der Kernbereich beim Besuch einer Regelschule eng zu ziehen ist. Andernfalls könnte es zu einer verfassungsrechtlich bedenklichen Bedarfsunterdeckung kommen, wenn die Schule nach dem jeweiligen Landesschulgesetz nicht leistet. In der Pressmitteilung vom 9.12.2016 hat das BSG darauf abgestellt, dass es Aufgabe der Schule im Kernbereich ist, die jeweiligen Lerninhalte individuell auf die Fähigkeiten und Fertigkeiten des jeweiligen behinderten Kindes abzustimmen. Der Kernbereich sei nicht betroffen, wenn ein wesentlich geistig behindertes Kind aufgrund der Behinderung ohne Unterstützung durch einen Schulbegleiter die für das Kind individuell und auf seine Fähigkeiten und Fertigkeiten abgestimmten Lerninhalte ohne zusätzliche Unterstützung nicht verarbeiten und umsetzen kann.[88] Diese Vorgabe findet sich allerdings mit hinreichender Deutlichkeit in den Urteilsgründen nicht mehr. Danach sei der Kernbereich pädagogischer Tätigkeit nicht betroffen, wenn die Schulbegleitung die eigentliche pädagogische Arbeit der Lehrkraft nur absichert („begleitet"). Dem Kernbereich hingegen sei „die Vorgabe und Vermittlung der Lerninhalte, somit der Unterricht selbst, seine Inhalte, das pädagogische Konzept der Wissensvermittlung wie auch die Bewertung der Schülerleistungen" zuzurechnen.[89]

Wird der Kernbereich pädagogischer Aufgaben der Lehrer an einer Regelschule so eng gezogen, hat dies zur Folge, dass ein Schulbegleiter niemals im Kernbereich einer Regelschule tätig sein wird. Ein Schulbegleiter wird niemals die Unterrichtseinheiten des jeweiligen Schultages vorgeben. Auch wird er nicht die Leistungen des Schülers bewerten.

Mit Entscheidung vom 18.7.2019 hat das BSG diese Rspr. uneingeschränkt auf Schulformen mit besonderer sonderpädagogischer Förderung (in BW früher Sonder-, dann Förderschulen, jetzt: Sonderpädagogische Bildungs- und Beratungszentren) übertragen.[90]

Das Jugendamt muss nach dieser Rspr. stets Schulbegleitung als Eingliederungshilfe als „Ausfallbürge" leisten. Schulbegleitung wird sich nie im Kernbereich bewegen, da ein Schulbegleiter keine Unterrichtsinhalte vorgeben oder Benotungen vornehmen wird. Die Kernbereichsrechtsprechung, die vom BSG zum Schutz der Sozialhilfeträger entwickelt worden ist,[91] erweist sich daher als völlig substanz- und wertlos. Nach der vom BSG gemachten Vorgabe wird ein Schulbegleiter niemals Aufgaben des Kernbereichs übernehmen. Folge der Rspr. des BSG ist es, dass die Schule Unterricht durchführen kann ohne Rücksicht darauf nehmen zu müssen, ob ein geistig oder seelisch behindertes Kind am Unterricht teilnimmt, welches ohne Hilfe dem Unterricht nicht folgen kann. Nach der Rspr. des BSG ist es (auch) Aufgabe des Schulbegleiters, die Unterrichtsinhalte in einer Weise aufzubereiten, dass sie dem behinderten Kind oder Jugendlichen zugänglich werden. Damit haben die Träger der Eingliederungshilfe nach SGB IX und Jugendhilfe ganz überwiegende Aufgaben der schulischen Inklusion mittels Bereitstellung von Schulbegleitungen zu übernehmen. Dies erscheint nicht

---

87 Hierzu → § 10 Rn. 35 und Kepert/Pattar, Schulbegleiter an baden-württembergischen Schulen, Rechtsgutachten, S. 9 und 10, Kehler Diskussionspapiere Nr. 2014–3, http://www.hs-kehl.de/forschung/forschungsergebnisse/publikationen/ sowie Kepert ZfSH/SGB 2014, 525 f.

88 Pressemitteilung des BSG vom 9.12.2016.

89 BSG 9.12.2016 – B 8 SO 8/15 R, juris Rn. 25.

90 BSG 18.7.2019 – B 8 SO 2/18 R.

91 So der 8. Senat des BSG in der mündlichen Verhandlung am 9.12.2016 im Verfahren B 8 SO 8/15 R.

sachgerecht. Schulische Inklusion ist nach hiesiger Auffassung eine Aufgabe, die zuvörderst die Schule wahrnehmen sollte.

Dennoch ist zu betonen, dass in diesen Fällen regelmäßig nur eine nachrangige Leistungspflicht des Jugendhilfeträgers besteht. „Solange und soweit die Schule eine entsprechende Hilfe nicht gewährt“, muss der Träger der Jugendhilfe die Leistung erbringen. Nach § 10 Abs. 1 S. 1 ist der Jugendhilfeträger daher nur dann zur Leistungserbringung verpflichtet, wenn die Schule die Leistung tatsächlich nicht erbringt. Es ist daher im jeweiligen Einzelfall zu prüfen, ob durch die Schule eine bedarfsdeckende Hilfe tatsächlich nicht in präsenter Weise zur Verfügung gestellt wird.[92] Es ist Aufgabe des öffentlichen Schulwesens diese Bedarfsdeckung sicherzustellen. Daher besteht grundsätzlich für den Jugendhilfeträger keine Verpflichtung zur Übernahme der für den Besuch einer Privatschule anfallenden Aufwendungen (Aufnahmebeitrag, Schulgeld etc).[93] Ausnahmen von diesem Grundsatz sind nur für den Fall denkbar, dass auch unter Einsatz unterstützender Maßnahmen keine Möglichkeit besteht, den Hilfebedarf des jungen Menschen im Rahmen des öffentlichen Schulsystems zu decken, weil diesem der Besuch einer öffentlichen Schule aus objektiven oder aus schwerwiegenden subjektiven (persönlichen) Gründen unmöglich bzw. unzumutbar ist.[94]

Es spricht allerdings vieles dafür, dass der jeweilige Jugendhilfeträger Rückgriff beim 36 vorrangig leistungsverpflichtenden Träger, welcher für die Lehrerschaft in der Schule verantwortlich ist, nehmen kann.[95] Nach der Rspr. kann der Jugendhilfeträger gegebenenfalls „mittels einer Überleitungsanzeige nach § 93 SGB XII beim zuständigen Schulträger“ beziehungsweise beim Land[96] als der für die Unterhaltung der Schule und die Finanzierung der Lehrer verantwortlichen Körperschaft Rückgriff nehmen.[97] Zu den Anspruchsgrundlagen für einen solchen Rückgriff und weiteren Rechtsfragen, die sich im Zusammenhang mit der Kostenerstattung stellen, s. Kepert/Pattar, Schulbegleiter an baden-württembergischen Schulen, Rechtsgutachten, S. 9 und 10, Kehler Diskussionspapiere Nr. 2014–3, http://www.hs-kehl.de/forschung/forschungsergebnisse/publikationen/.

Nach hiesiger Auffassung lässt sich nach der Kernbereichsrechtsprechung des BSG beim Primäranspruch des Schülers auf Leistungserbringung eine sachgerechte Verteilung der Aufgaben zwischen Schule und Jugendhilfeträger nicht erreichen. Lediglich auf dem Sekundärweg, nämlich über einen Rückgriffsanspruch gegenüber der für die Schule verantwortlichen Körperschaft, lässt sich eine sachgerechte Aufgaben bzw. Kostenverteilung herstellen.

Die Regelungen des Asylgesetzes (AsylG) und des Asylbewerberleistungsgesetzes 37 (AsylbLG) schließen die **Gewährung von Jugendhilfe** an minderjährige bzw. junge er-

---

92 VG Augsburg 16.9.2016 – Au 3 E 16.1289, juris Rn. 40. S. hierzu auch VG Aachen 13.10.2016 – 2 K 2398/14, juris Rn. 59 f. sowie BayVGH 18.10.2016 – 12 CE 16.2064, juris Rn. 9.

93 BayVGH 18.10.2016 – 12 CE 16.2064, juris Rn. 4.

94 BayVGH 18.10.2016 – 12 CE 16.2064, juris Rn. 5.

95 S. hierzu auch VG Würzburg 30.5.2016 – W 3 E 16.459, Rn. 62; VG Freiburg 18.3.2016 – 4 K 2145/14, Rn. 52; VG Stuttgart 16.2.2015 – 7 K 5740/15, Rn. 15; OVG NRW 15.10.2014 – 12 A 1350/14, Rn. 7.

96 In Rspr. und Lit. wird nicht klar zwischen einer Verpflichtung des Schulträgers und der Schule differenziert. Überwiegende Gründe sprechen für eine Verpflichtung des Landes. Dieses ist für die Planung und Leitung des Schulwesens verantwortlich. Es legt die Bildungsziele fest und finanziert die Lehrer. S. ausführlich zur Abgrenzung der Verpflichtung von Schulträger und Land Kepert/Pattar, Schulbegleiter an baden-württembergischen Schulen, Rechtsgutachten, S. 18 u. 19, Kehler Diskussionspapiere Nr. 2014–3, http://www.hs-kehl.de/forschung/forschungsergebnisse/publikationen/.

97 S. hierzu statt vieler BSG 22.3.2012 – B 8 SO 30/10 R, juris Rn. 21 und 25.

wachsene **Asylbegehrende** nicht aus.[98] In der Regel haben Personen, die nach § 1 AsylbLG leistungsberechtigt sind, auch einen Zugang zu Leistungen nach dem SGB VIII, § 6 Abs. 2 S. 1. Das scheinbare Konkurrenzverhältnis zwischen den Systemen des SGB VIII und des AsylbLG enthält zunächst widersprüchliche Regelungen. Gem. § 9 Abs. 2 AsylbLG werden Leistungen anderer, besonders Unterhaltspflichtiger, der Träger von Sozialleistungen oder der Länder im Rahmen ihrer Pflicht nach § 44 Abs. 1 des AsylG durch dieses Gesetz nicht berührt. Aus der Formulierung „nicht berührt" folgt zunächst lediglich, dass Leistungen anderer Träger durch die Leistungen nach dem AsylbLG nicht ausgeschlossen werden. Nach der Gesetzesbegründung soll aus der Formulierung in § 9 Abs. 2 AsylbLG hingegen folgen, dass Leistungen, die ein Leistungsberechtigter nach anderen Rechtsvorschriften erhält, den Leistungen nach dem AsylbLG vorgehen.[99] Inhaltsgleiches bestimmt aber auch § 10 Abs. 1 S. 1. Nach diesen Regelungen lässt sich das Konkurrenzverhältnis zwischen AsylbLG und SGB VIII daher scheinbar nicht widerspruchsfrei auflösen.

Tatsächlich kommt es aber nicht zu einem negativen Kompetenzkonflikt zwischen den Leistungen des AsylbLG und des SGB VIII. Bei den Leistungen nach dem SGB VIII und dem AsylbLG handelt es sich nämlich um verschiedenartige Leistungen, die nicht inhaltsgleich sind. Die Leistungen nach dem SGB VIII sind ausschließlich erzieherische Leistungen, also Dienstleistungen (§ 11 S. 2 SGB I). Dies gilt auch für die Leistungen zum Unterhalt und für die Krankenhilfe, die lediglich Annex-Leistungen zur Hilfe zur Erziehung, zur Eingliederungshilfe für seelisch behinderte junge Menschen oder zur Hilfe für junge Volljährige sind (§§ 39, 40, 41). Demgegenüber sind die Leistungen nach dem AsylbLG grundsätzlich Sachleistungen oder Geldleistungen zur Sicherung des Grundrechts auf ein menschenwürdiges Existenzminimum, aber nie erzieherische Leistungen. Dies gilt auch für die sonstigen Leistungen nach § 6 AsylbLG, die auch zur Deckung besonderer Bedürfnisse von Kindern erbracht werden können. Auch die Übernahme des Kindergartenbeitrags ist eine Leistung der Jugendhilfe (§ 90 Abs. 3), die lediglich kostenrechtliche Folge der erzieherischen Leistung nach §§ 22, 24 ist. Kongruente Leistungen liegen daher nicht vor, so dass sie auch nicht miteinander konkurrieren können. Bei Annahme einer (partiellen) Kongruenz bezüglich der sogenannten wirtschaftlichen Jugendhilfe läge insoweit (partielle) Konkurrenz vor, so dass die Jugendhilfe insoweit Vorrang nach § 9 Abs. 2 AsylbLG hätte.[100]

38 Als **weitere öffentlich-rechtliche Verpflichtungen** mit Vorrang vor der Jugendhilfe sind ferner die Beihilfe des öffentlichen Dienstherrn[101] oder die Eingliederungshilfen für junge Aussiedler zu nennen. Im Verhältnis zur Jugendhilfe ist § 80 StVollzG in den Fällen einer Mutter-Kind-Einrichtung im Strafvollzug (§ 142 StVollzG) nicht grundsätzlich vorrangig; vielmehr ist Jugendhilfe in Gestalt der HzE mit Unterhaltsgewährung nach § 39 zu leisten.[102]

98 S. hierzu Kepert in HTK-AsylbLG, § 1 AsylbLG/Überblick.
99 BT-Drs. 12/4451, 10.
100 Im Ergebnis (nur Jugendhilfeleistung) ebenso: BVerwG 24.6.1999 – 5 C 24.98, juris Rn. 29 f.; BayLSG 21.1.2015 – L 8 SO 316/14 B ER, Rn. 38 und 39; OVG Saarl 24.4.2006 – 3 W 3/06, juris Rn. 17; OVG NRW 30.4.2004 – 12 B 308/04, juris Rn. 18; VG München 26.6.2002 – M 18 K 01.4925, juris Rn. 22 f.; aA aber wohl SG Hildesheim 30.8.2012 – S 42 AY 140/12 ER, juris Rn. 30, das die Leistung für einen Schulbegleiter auf § 6 AsylbLG gründet und diesen Anspruch nur dann ausschließt, wenn die Selbsthilfe aus § 7 AsylbLG dies gebietet.
101 Vgl. dazu DIJuF JAmt 2002, 400.
102 BVerwG 12.12.2002 – 5 C 48/01, 5 PKH 42/01, ZfJ 2003, 399; Jutzi DÖV 2004, 26; differenzierend Wiesner NDV 1998, 225; → § 19 Rn. 27.

3 Verhältnis Jugendhilfe – Unterhaltsverpflichtungen (Abs. 2)

Abs. 2 Satz 1 macht zweierlei deutlich: zum einen, dass Jugendhilfe unabhängig von bestehenden gesetzlichen und vertraglichen Unterhaltsverpflichtungen gegenüber dem Leistungsempfänger gewährt wird, zum anderen, dass Unterhaltsverpflichtungen entsprechend dem Grundsatz der Selbsthilfe im Hinblick auf die Kostenbeteiligung gegenüber der Jugendhilfe vorrangig sind. **Gesetzliche Unterhaltsverpflichtungen** ergeben sich insbesondere aus §§ 1360, 1601 ff. BGB und § 5 LPartG. Der Unterhalt gegenüber Kindern und Jugendlichen dient dazu, den gesamten Lebensbedarf einschließlich der Kosten der Erziehung und der Kosten für eine angemessene Vorbildung zu einem Beruf zu decken (§ 1610 Abs. 2 BGB). Unterhaltsverpflichtungen können damit in Konkurrenz mit der Sicherstellung des Lebensunterhalts nach § 39 Abs. 1 treten, die als Annexleistung zur HzE (§§ 32–35), zur Eingliederungshilfe (§ 35a Abs. 2 Nr. 2–4), zu Leistungen nach §§ 13 Abs. 3, 19 und 21 ebenso hinzukommen wie bei einer Inobhutnahme (§ 42 Abs. 2 S. 3). Allerdings berechtigen vorrangige Unterhaltsverpflichtungen das JA nicht zur Ablehnung einer wirtschaftlichen Leistung nach § 39, vielmehr kann der vorrangige Unterhaltsanspruch nur im Rahmen der Kostenbeteiligung nach §§ 90 ff. geltend gemacht werden. Unterhaltsverpflichtungen gesetzlicher oder vertraglicher Natur können also nur insoweit vorrangig sein, als das SGB VIII Unterhaltsverpflichtete überhaupt zu einer Kostenbeteiligung nach §§ 90 ff. heranzieht. Dies ist der Fall bei Eltern und bei Ehegatten bzw. Lebenspartnern (vgl. §§ 5, 12 LPartG, §§ 90–95). § 39 Abs. 4 S. 4 schränkt den Nachrang der Jugendhilfe gegenüber unterhaltsverpflichteten Personen ein, die ein Kind nach § 27 Abs. 2a in Vollzeitpflege nehmen (→ § 27 Rn. 33, 34). Damit ist die frühere Streitfrage, ob bei einer **Vollzeitpflege eines Enkelkindes** durch seine ihm gegenüber unterhaltsverpflichteten Großeltern ein Pflegegeld gewährt werden kann, grundsätzlich positiv entschieden worden; allerdings rechtfertigt eine Unterhaltsverpflichtung der Großeltern (§§ 1601 ff., 1606 Abs. 2 BGB – Abdruck bei § 18) die Kürzung des Pflegegeldes nach § 39 Abs. 4 S. 4. Im Umkehrschluss kann daher davon ausgegangen werden, dass Großeltern, die im Einzelfall zB wegen fehlender Leistungsfähigkeit (§ 1603 BGB) oder Nachrangigkeit (§ 1606 Abs. 2 BGB) nicht unterhaltsverpflichtet sind und damit die Pflegeleistung freiwillig oder lediglich aus sittlichen Gründen erbringen (→ Rn. 12), das volle Pflegegeld erhalten müssen.[103] 39

Abs. 2 S. 2 befasst sich mit den **unterhaltsrechtlichen Auswirkungen der Kostenbeteiligung**. Ziel dieser Vorschrift ist es nach dem erklärten Willen des Gesetzgebers, das Problem der Einordnung von sozialstaatlichen Leistungen im Unterhaltsrecht zu klären.[104] Abs. 2 Satz 1 verdeutlicht, dass ein bürgerlich-rechtlicher Unterhaltsanspruch durch Leistungen oder vorläufige Maßnahmen der Jugendhilfe im Grundsatz nicht berührt wird, aber lediglich durch die Erhebung von Kostenbeiträgen nach §§ 90 ff. verwirklicht wird. Mit der Regelung des Abs. 2 S. 2 stellt der Gesetzgeber nun klar, dass der Unterhalt des unterhaltsbedürftigen jungen Menschen durch die Jugendhilfeleistung und die damit einhergehende Kostenbeteiligung des Unterhaltspflichtigen gedeckt ist. Damit entfällt die Unterhaltsberechtigung des Kindes.[105] Für zivilrechtlich möglicherweise weiter gehende Ansprüche sind diese Bedarfsdeckung (§ 1602 BGB) sowie eine durch die Kostenbeteiligung reduzierte Leistungsfähigkeit des Unterhaltspflichtigen (§ 1603 BGB) in Rechnung zu stellen. Ein bereits vorliegender Unterhalts- 40

103 S. auch SächsOVG 28.5.2009 – 1 A 54/08, FamRZ 2009, 1524.
104 Vgl. BT-Drs. 15/3676, 31.
105 BayVGH 25.10.2012 – 12 ZB 11.501, NJW 2013, 633; VG Würzburg 24.10.2019 – W 3 K 17.1353, juris Rn. 42 und 46; DIJuF JAmt 2006, 186; Schellhorn FuR 2006, 490; BGH 6.12.2006 – XII ZR 197/04, FamRZ 2007, 377; Luthin in MüKoBGB § 1602 Rn. 26.

titel kann infolgedessen herabgesetzt bzw. es kann Vollstreckungsschutz vereinbart werden.[106]

Ausstehende Unterhaltsforderungen, die vor der Gewährung von Jugendhilfe entstanden sind, werden von Abs. 2 S. 2 nicht erfasst und können daher eingefordert werden.[107] Ebenfalls unberührt bleiben die zivilrechtlichen Unterhaltsansprüche des Kindes gegenüber dem barunterhaltspflichtigen Elternteil in den Fällen der vollen oder teilweisen Befreiung des betreuenden Elternteils von der Teilnahme- bzw. Kostenbeitragspflicht nach § 90 Abs. 3, 4 oder aber bei Gewährung von teilstationären Leistungen, da Kostenbeitragspflichten hier lediglich für die betreuenden Elternteile entstehen (§ 90 und § 92 Abs. 1 Nr. 5 2. Hs.).[108]

Für die Erhebung eines Kostenbeitrags ist es nicht erforderlich, dass eine tatsächliche Verpflichtung zum Unterhalt nach §§ 1601 ff. BGB besteht; der Kostenbeitrag hat aber den unterhaltsrechtlichen Selbstbehalt zu berücksichtigen.[109]

Für Zeiträume der Abwesenheit von der Jugendhilfeeinrichtung, wie zB Ferienaufenthalte oder Wochenenden bei den Eltern, lebt der zivilrechtliche Unterhaltsanspruch gegen die Eltern wieder auf. Dies ist allerdings bei der Berechnung des Kostenbeitrags mindernd zu berücksichtigen, § 94 Abs. 4.[110] Soweit ein Kostenbeitrag verlangt werden kann, kann dies zu einer reduzierten Leistungsfähigkeit des Unterhaltsverpflichteten auch im **Verhältnis zu anderen Unterhaltsberechtigten** führen. Durch die Regelungen des § 92 Abs. 4 S. 1 wird aber erreicht, dass deren Unterhalt dadurch nicht geschmälert wird.[111]

Um zu verhindern, dass ein Unterhaltspflichtiger seiner Barunterhaltspflicht in unveränderter Höhe nachkommt, aber für den gleichen Zeitraum mit einem Kostenbeitrag belastet wird, hat der Träger der öffentlichen Jugendhilfe gemäß § 92 Abs. 3 S. 1 die Pflicht, den Unterhalts- und Kostenbeitragspflichtigen über die Gewährung der Leistung zu unterrichten und über die Folgen für die Unterhaltspflicht aufzuklären.[112] Diese Information ist eine materiellrechtliche Tatbestandsvoraussetzung für die Erhebung eines Kostenbeitrags (→ § 92 Rn. 17). Eine doppelte Inanspruchnahme des Unterhaltspflichtigen mittels Kostenbeitrags einerseits und Unterhaltsanspruchs andererseits soll damit ausgeschlossen werden. Auch unterhaltsrechtliche Pflichten der Eltern im Hinblick auf die **Gewährung privaten Krankenversicherungsschutzes** entfallen nach Abs. 2; vielmehr hat der Jugendhilfeträger bei einer stationären Unterbringung des Kindes Leistungen nach § 40 zu gewähren, soweit nicht eine vorrangige Leistungsverpflichtung eines Krankenversicherungsträgers besteht.[113]

41 Wird bei einer stationären jugendhilferechtlichen Unterbringung des Kindes zugleich eine **andere vorrangige Sozialleistung** wie zB BAföG gewährt, gilt nach Abs. 1 der Vorrang dieser Leistung; zugleich bleiben auch die im vorrangigen Recht vorhandenen Regressmöglichkeiten erhalten (zB § 37 Abs. 1 BAföG), wonach der Unterhaltsanspruch auf den vorrangigen Träger übergeht. In diesem Fall ist der jugendhilferechtliche Kostenbeitrag des Unterhaltspflichtigen entsprechend zu reduzieren.[114] Im Falle

106 DIJuF JAmt 2006, 33.
107 DIJuF JAmt 2008, 151.
108 DIJuF JAmt 2010, 70; Meysen in FK-SGB VIII Rn. 34.
109 VG Stuttgart 13.4.2012 – 7 K 3041/10, FamRZ 2012, 1679.
110 VG Würzburg 26.4.2012 – W 3 K 12.347.
111 Schellhorn in SFMK Rn. 25.
112 BT-Drs. 15/ 3676, 41; OVG Lüneburg 23.11.2011 – 4 LA 41/11, EuG 2012, 247.
113 DIJuF JAmt 2007, 349.
114 DIJuF JAmt 2006, 33.

des **UhVorschG** schließt § 1 Abs. 4 S. 2 UhVorschG solche Regresskollisionen aus.[115] Dies gilt auch für den Fall des § 19.[116]

Fraglich ist, ob mit der Regelung des Abs. 2 S. 2 die Frage geklärt werden sollte, ob sich Jugendhilfeleistungen auch bedarfsdeckend im Hinblick auf bürgerlich-rechtliche Unterhaltsansprüche gegen solche Unterhaltsverpflichtete auswirken, die nicht zu einer Kostenbeteiligung im Rahmen des § 92 herangezogen werden können.[117] 42

4 Verhältnis Jugendhilfe – Grundsicherung für Arbeitsuchende (Abs. 3)

4.1 Allgemeiner Vorrang der Jugendhilfe (Abs. 3 Satz 1)

Abs. 3 Satz 1 sieht den grundsätzlichen Vorrang der Jugendhilfe vor Leistungen der Grundsicherung für Arbeitsuchende vor und steht damit in Einklang mit § 5 Abs. 1 SGB II. Soweit das SGB II Leistungen zur **Vermittlung in Arbeit** (§ 3 Abs. 2 SGB II) sowie **Eingliederung in Arbeit** einschließlich Informations-, Beratungs- und Unterstützungsleistungen (§§ 14 bis 16g SGB II) für junge erwerbsfähige hilfebedürftige Menschen ab 15 Jahren (§§ 7 ff. SGB II) vorsieht, ist das Verhältnis dieser Leistungen der Grundsicherung zur Jugendhilfe in Abs. 3 S. 2 speziell geregelt (→ Rn. 47) und damit nicht vom Vorrang der Jugendhilfe nach Abs. 3 S. 1 erfasst. Im Verhältnis zu den in § 1 Abs. 2 Nr. 2 SGB II ebenfalls vorgesehenen **Leistungen zur Sicherung des Lebensunterhalts** (ALG II und Sozialgeld, §§ 19 ff. und § 28 SGB II) sind hingegen Jugendhilfeleistungen nach Abs. 3 S. 1 im Grundsatz vorrangig.[118] Hier kann es zu Konkurrenzen mit Leistungen zum Lebensunterhalt des Kindes oder Jugendlichen nach § 39 kommen, die als Annexleistung zu HzE (§§ 32 bis 35), zur Eingliederungshilfe (§ 35a Abs. 2 Nr. 2–4), zu Leistungen nach § 13 Abs. 3, §§ 19 und 21 ebenso hinzukommen wie bei einer Inobhutnahme (§ 42 Abs. 2 S. 3). Insoweit könnten ähnliche Leistungskonkurrenzen wie gegenüber den Sozialhilfeleistungen der Hzl bzw. der Grundsicherung im Alter und bei Erwerbsminderung entstehen (→ Rn. 58). Ein Vorrang der wirtschaftlichen Jugendhilfe kann sich neben den laufenden existenzsichernden Leistungen des Alg II bzw. des Sozialgeldes insbesondere auch gegenüber Ansprüchen aus § 24 Abs. 3 SGB II (einmalige Bedarfe), § 27 SGB II (Leistungen für Auszubildende), § 28 SGB II (Bedarfe bei Bildung) ergeben. Dies gilt für Kinder und Jugendliche zB für die Kosten von Klassenfahrten, persönlichem Schulbedarf, Schülerbeförderungskosten, Lernförderungskosten, aber auch für Erstausstattungen von Wohnungen junger sich verselbstständigender Menschen bzw. für die Erstausstattung von Pflegestellen, die vom JA im Rahmen einmaliger Leistungen nach § 39 Abs. 3 als Annexleistungen zu übernehmen sind. Kinder und Jugendliche unterliegen dann, soweit sie Anspruch auf wirtschaftliche Jugendhilfe haben, nicht dem – auch nach der Neuregelung des SGB II infolge des Urteils des BVerfG[119] – immer noch engeren Leistungsumfang des SGB II (zu den Bedarfen → § 39 Rn. 18). 43

Für die im Rahmen des Bildungs- und Teilhabepakets vorgesehene Leistung der gemeinsamen Mittagsverpflegung von Schülern und Kindern in Kindertagesbetreuung

115 DIJuF JAmt 2008, 27.
116 VG Ansbach 12.7.2007 – AN 14 K 06.03831.
117 Schellhorn in SFMK Rn. 24 für die Berücksichtigung tatsächlich zufließender Unterhaltsbeiträge; DIJuF JAmt 2004, 138, wonach der Unterhaltsbedarf der minderjährigen Mutter durch Leistungen nach § 19 gedeckt und damit kein Raum für Unterhaltsansprüche gegen ihre Eltern sei, die ihrerseits im Rahmen der §§ 91 ff. wegen der Regelung des § 92 Abs. 4 S. 2 nicht zu den Kosten der Hilfe nach § 19 herangezogen werden können; aA Luthe in jurisPK-SGB VIII Rn. 67.
118 Zur Ausnahme der Mittagsverpflegung im Rahmen des Bildungs- und Teilhabepakets s. Abs. 3 S. 1 und → Rn. 43.
119 BVerfG 9.2.2009 – 1 BvL 1/09, 1 BvL 3/09, 1 BvL 4/09, BVerfGE 125, 175.

(§§ 19 Abs. 2, 28 Abs. 6 SGB II) regelt Abs. 3 S. 2 nunmehr[120] ausdrücklich den Vorrang des SGB II.

44 Jugendliche, die im Rahmen von Jugendhilfemaßnahmen **stationär untergebracht** sind (→ Rn. 52) und denen damit grundsätzlich wirtschaftliche Jugendhilfe zu gewähren ist (s. §§ 39, 42), können vom Bezug von Leistungen zur Sicherung des Lebensunterhalts nach § 7 **Abs.** 4 S. 1 **SGB II** ausgeschlossen sein (→ Rn. 52), es sei denn, sie sind mindestens 15 Stunden wöchentlich erwerbstätig (§ 7 Abs. 4 S. 3 Nr. 2 SGB II). In diesem Ausnahmefall entsteht eine Leistungskonkurrenz mit Leistungen zur Sicherung des Lebensunterhalts nach SGB II, die jedoch gemäß Abs. 3 S. 1 gegenüber der wirtschaftlichen Jugendhilfe nachrangig sind. So sind die wirtschaftlichen Leistungen nach §§ 39, 40 gegenüber der Sicherung des Lebensunterhalts nach SGB II vorrangig, wenn im Rahmen der Jugendberufshilfe Unterkunft in einer sozialpädagogisch begleiteten Wohnform nach § 13 Abs. 3 gewährt wird.[121] Bei Verweigerung einer stationären Jugendhilfemaßnahme mit wirtschaftlicher Jugendhilfe besteht hingegen ein Anspruch auf die Sicherung des Lebensunterhalts nach SGB II.[122]

45 Strittig ist, ob für ein in **Vollzeitpflege** oder in einer **Jugendhilfeeinrichtung lebendes Kind** für den Zeitraum von Aufenthalten bei ALG II beziehenden Eltern Sozialgeld im Rahmen einer temporären Bedarfsgemeinschaft nach § 28 SGB II[123] oder aber Unterhalt nach § 39 zu gewähren ist.[124]

46 Ein Vorrang der Jugendhilfe besteht allgemein dann nicht, wenn dem Kind bzw. dem Jugendlichen lediglich die für seine Entwicklung erforderlichen materiellen Mittel nicht zur Verfügung stehen, ohne dass gleichzeitig Maßnahmen und Leistungen der Jugendhilfe in Anspruch genommen werden, für welche die wirtschaftliche Jugendhilfe Annexleistung ist. Die Deckung eines lediglich materiellen Bedarfs eines Kindes oder Jugendlichen obliegt demnach der Grundsicherung für Arbeitsuchende bzw. der Sozialhilfe (→ Rn. 59).

4.2 Vorrang der Grundsicherung für Arbeitssuchende für Leistungen der Vermittlung und Eingliederung in Arbeit sowie für die Mittagsverpflegung im Rahmen des Bildungs- und Teilhabepakets (Abs. 3 Satz 2)

47 Hinsichtlich der speziellen Aufgabe der Vermittlung und Eingliederung in Arbeit sowie für die gemeinschaftliche Mittagsverpflegung an Schüler und Kinder in Kindertagesbetreuung besteht nach Abs. 3 Satz 2 ein Vorrang der Grundsicherung für Arbeitsuchende (SGB II) gegenüber Leistungen der Jugendhilfe.

Die Aufgaben des Grundsicherungsträgers stehen grundsätzlich zum einen in Leistungskonkurrenz zur **arbeitsweltbezogenen Jugendsozialarbeit nach § 13**, zum anderen in Konkurrenz zu den Eingliederungsleistungen für **seelisch behinderte junge Menschen** nach § 35a, welche ebenfalls Leistungen zur Teilhabe am Arbeitsleben beinhalten (§ 35a Abs. 3, § 49 SGB IX). Dies gilt auch für Leistungen nach § 41 an **junge Volljährige** aus diesen Bereichen. Zudem kann ein Konkurrenzverhältnis zu § 19 Abs. 2 bestehen. Ferner können sich auch Konkurrenzen im Bereich der **Kinderbetreu-**

120 Mit Gesetz v. 24.3.2011.
121 Busch/Fieseler in GK-SGB VIII Rn. 89; Riehle in Krug/Riehle/Uhl Erl. III 2; zur Frage, wann Jugendberufshilfe als solche vor- oder nachrangig ist gegenüber den Eingliederungsleistungen nach SGB II, → Rn. 48.
122 Vgl. DIJuF JAmt 2010, 67.
123 So mit Recht LSG BW 20.5.2010 – L 7 AS 5263/08, FamRZ 2010, 1776; BSG 2.7.2009 – B 14 AS 75/08 R, FamRZ 2009, 1997; OVG RhPf 21.8.2008 – 7 A 10443/08, FamRZ 2009, 1442; SG Koblenz 2.11.2009 – S 16 AS 1190/09; Mrozynsky § 39 Rn. 2.
124 VG Dresden 19.11.2004 – 6 K 2607/03; Stähr in Hauck/Noftz § 39 Rn. 15.

ung nach § 20 ergeben, da auch § 16a Nr. 1 SGB II Kinderbetreuungsleistungen vorsieht (→ § 20 Rn. 10).[125] Ebenso geht die im Ermessen des Grundsicherungsträgers stehende Eingliederungsleistung der Kinderbetreuung zur Erwerbsintegration Ansprüchen auf Kinderbetreuung nach §§ 22 ff. vor, soweit diese kongruent sind. Aus § 16a Nr. 1 SGB II kann aber keine Verpflichtung des SGB II-Trägers zur Schaffung eigener Tagesbetreuungsstrukturen abgeleitet werden.[126] Soweit jedoch die Ansprüche aus §§ 22 ff. nach Umfang, Art und Maß[127] die Betreuungserfordernisse im Rahmen des § 16a Nr. 1 SGB II (zB bei Schichtarbeit, Nachtarbeit) nicht decken können, besteht eine konkurrenzlose Zuständigkeit des Grundsicherungsträgers.[128]

Auch hinsichtlich der Kosten für eine Kindertagesbetreuung nach §§ 22 ff. besteht im Rahmen der Eingliederungsleistung nach § 16a Nr. 1 eine vorrangige Kostenübernahmepflicht des Trägers der Grundsicherung für Arbeitssuchende gegenüber der Pflicht des Jugendhilfeträgers zum Erlass bzw. der Übernahme von Teilnahmebeiträgen nach § 90 Abs. 3 und 4.[129]

Seit dem 1.1.2011[130] ist der SGB II-Träger zudem vorrangig zuständig für die **Kosten der gemeinschaftlichen Mittagsverpflegung** von Schülern sowie von Kindern, wenn sie eine Tagesbetreuung in Anspruch nehmen und soweit diese SGB II-Leistungen beziehen, Wohngeld oder ein Kinderzuschlag geleistet wird.[131] Als Bestandteil des Kostenbeitrags nach § 90 Abs. 1 Nr. 3 waren diese bislang im Falle eines Erlasses bzw. einer Übernahme des Kostenbeitrags (§ 90 Abs. 3 und 4) vom Jugendhilfeträger zu übernehmen.

Eine Verdrängung der **arbeitsweltbezogenen Jugendsozialarbeit** nach § 13 mit dem 48
Aufgabenfeld des Übergangs von Schule in Ausbildung und Arbeit durch Leistungen nach §§ 3 Abs. 2 und 14 bis 16g SGB II (aber → Rn. 51) findet jedoch nur insoweit statt, wie Leistungen beider Leistungsgesetze überhaupt kongruent sind (→ Rn. 3).[132] Eine Leistungskongruenz wird aber teilweise schon aufgrund der unterschiedlichen Zielsetzung von SGB II und SGB VIII in Frage gestellt, da das SGB VIII der Persönlichkeitsentwicklung, dem Ausgleich von Benachteiligungen und der sozialen Eingliederung junger Menschen diene, wohingegen das SGB II vorwiegend arbeitsmarktpolitische Interessen verfolge.[133]

Die **Aufgabe der Betreuung und Unterstützung** nach § 16a SGB II konkurriert grund- 49
sätzlich mit den Aufgabenfeldern der arbeitsweltbezogenen Jugendsozialarbeit nach § 13; dies gilt insbesondere für die psychosoziale Betreuung und die Suchtberatung. Auch § 16d SGB II enthält für die Schaffung von Arbeitsgelegenheiten grundsätzlich kongruente Leistungsinhalte mit der Aufgabe der Jugendhilfe nach § 13 Abs. 2.

Allerdings besteht ein **Vorrang des SGB II** gegenüber **Leistungen nach § 13 Abs. 2** nur dann, wenn erwerbsfähige Hilfebedürftige iSd § 7 Abs. 1 S. 1 SGB II umfassend bei der Eingliederung in den allgemeinen Arbeitsmarkt beraten und unterstützt werden sollen.[134] In Fällen, in denen der Ausgleich sozialer Benachteiligungen im Vordergrund

125 SG Stuttgart 29.9.2005 – S 21 SO 5122/05 ER, ZfF 2006, 180 zu § 27 Abs. 3.
126 Schönecker/Meysen in FK-SGB VIII Rn. 41; Fahlbusch NDV 2011, 463.
127 Zum Streitstand insoweit Fischer in SFMK § 24 Rn. 11 ff. mwN.
128 Dazu Fahlbusch NDV 2011, 463; aA Meysen in FK-SGB VIII Rn. 40.
129 VG Leipzig 12.7.2012 – 5 K 652/11.
130 BGBl. I, 453.
131 § 19 Abs. 2 iVm § 28 Abs. 6 Nr. 2 SGB II; beim Bezug von Wohngeld oder eines Kinderzuschlags § 6 b Abs. 2 S. 4 BKGG iVm § 28 Abs. 6 Nr. 2 SGB II.
132 Vgl. Kunkel ZFSH/SGB 2006, 76.
133 Schruth ZKJ 2011, 52; ZKJ 2009, 189 und ZfJ 2005, 223; DV NDV 2005, 397.
134 Vgl. Struck in Wiesner § 13 Rn. 19.

steht und die soziale Integration bzw. die Festigung der Lebensverhältnisse das Ziel der Hilfe darstellen, sind Maßnahmen der Jugendhilfe nach § 13 Abs. 2 vorrangig.[135]

Für die in § 3 Abs. 2 S. 2 SGB II eigens genannte Zielgruppe **Leistungsberechtigte mit „fehlendem Berufsabschluss"** besteht ein eindeutiger Vorrang der Leistungen nach § 16 Abs. 1 SGB II iVm SGB III, welche förderungsbedürftige junge Menschen wie besonders benachteiligte Jugendliche, die keine Beschäftigung haben und nicht ausbildungssuchend oder arbeitsuchend gemeldet sind, durch zusätzliche soziale Betreuungsmaßnahmen iR sog. ausbildungsbegleitender Hilfen nach § 75 SGB III oder außerbetrieblicher Berufsausbildung nach § 76 SGB III (wie zB gezielte Lernberatung, Stützunterricht, Sprachförderung usw) an Ausbildung, Qualifizierung und Beschäftigung heranführen sollen.

50 Fraglich ist der Vorrang von Leistungen nach SGB II speziell im Verhältnis zur **HzE** (§ 27) – auch in Verbindung mit der **Hilfe für junge Volljährige** (vgl. § 41 Abs. 2) –, wenn nach § 27 Abs. 3 S. 2 Ausbildungs- und Beschäftigungsmaßnahmen iSd § 13 Abs. 2 gewährt werden. Der Vorrang der Grundsicherung für Arbeitsuchende wird dann zu verneinen sein, wenn die Hilfen nach § 13 Abs. 2 Kernbestandteil des Hilfeplans bei HzE sind, da aufgrund der unterschiedlichen Zielsetzungen des SGB II und der erzieherischen Hilfe kein Konkurrenzverhältnis besteht.[136] Dasselbe muss für **Eingliederungshilfe für seelisch behinderte Jugendliche nach § 35a** gelten, soweit arbeitsweltbezogene Maßnahmen elementare Erfordernisse der Eingliederungsleistungen aufgrund der Hilfeplanung sind.[137]

51 Keine Entsprechung im Jugendhilferecht haben die SGB II-Leistungen nach § 15 (**Eingliederungsvereinbarung**), § 16b (Einstiegsgeld), § 16c (Leistungen zur Eingliederung von Selbstständigen), § 16e (Förderung von Arbeitsverhältnissen) und nach § 16g SGB II (Weiterförderung des jungen Menschen auch nach Wegfall der Hilfebedürftigkeit).

52 **Keine Leistungskonkurrenz** gegenüber der Jugendhilfe besteht allerdings dann, wenn junge Menschen die Leistungsvoraussetzungen des SGB II nicht erfüllen. Dies ist dann gegeben, wenn keine (materielle) Hilfsbedürftigkeit iSd § 9 SGB II vorliegt, der junge Mensch also keinen Anspruch auf Alg II als Leistungsvoraussetzung für Eingliederungsleistungen hat. Danach bleibt die Jugendhilfe ohne Leistungskonkurrenz nach § 13 für Jugendliche ab 15 Jahren zuständig, wenn sie zwar keinen Bedarf an Alg II (vgl. §§ 19 ff. SGB II), jedoch einen Hilfsbedarf hinsichtlich der schulischen und beruflichen Ausbildung bzw. der Eingliederung in die Arbeitswelt aufweisen. Sind Leistungsberechtigte nach SGB VIII stationär untergebracht, wird ihr Lebensunterhalt über § 39 sichergestellt. Daher sind sie nicht hilfebedürftig nach § 9 Abs. 1 SGB II (Lebensunterhalt vom Jugendhilfeträger). Fraglich ist, ob hierdurch der Vorrang der Leistungen zur Eingliederung in Arbeit nach SGB II wieder aufgehoben wird. Nach hier vertretener Auffassung ist dieses Problem über § 10 Abs. 3 S. 2 zu lösen. Es bleibt beim Vorrang der Leistungen zur Eingliederung in Arbeit nach SGB II.[138]

Ferner gibt es dann keinen Vorrang des SGB II, wenn ausschließlich ein Bedarf an **sozialpädagogisch begleitetem Wohnen nach § 13 Abs. 3** besteht, ohne dass der Jugendliche Anspruch auf Alg II hätte. Dies muss wohl auch bei einem Wegfall von ALG II in Folge von Sanktionen nach § 31a Abs. 2 S. 2 SGB II bei jungen Menschen bis 25 gelten, wenn es eine weitere Desintegration von Jugendlichen zu verhindern gilt.[139] Ohne Konkurrenz zum SGB II ist der Jugendhilfeträger schließlich auch zuständig für nicht-

135 Vgl. BayVGH 23.6.2009 – 12 ZB 07.2852, FEVS 61, 87.
136 Vgl. dazu Schmid-Obkirchner in Wiesner § 27 Rn. 35 und Struck in Wiesner § 13 Rn. 31; BayVGH 23.6.2009 – 12 ZB 07.2852, FEVS 61, 87.
137 So wohl auch Schruth ZfJ 2005, 223.
138 S. hierzu Wiesner in Wiesner Rn. 30.
139 Siehe dazu näher Riehle ZFSH/SGB 2010, 562; aA Kunkel ZfSH/SGB 2006, 76.

deutsche Jugendliche, die mangels Arbeitserlaubnis nach § 8 Abs. 2 SGB II nicht erwerbsfähig bzw. aufgrund von § 7 Abs. 1 S. 2 SGB II nicht leistungsberechtigt sind.[140] Problematisch dürfte für die Konkurrenzfrage zum SGB II auch die Anwendung des **§ 7 Abs. 4 SGB II** sein, wonach der Leistungsbezug nach SGB II für Personen ausgeschlossen ist, die in einer **(voll)stationären Einrichtung** untergebracht sind, ohne mindestens 15 Stunden wöchentlich erwerbstätig zu sein (§ 7 Abs. 4 S. 2 Nr. 2 SGB II). Der damit einhergehende Ausschluss von Jugendlichen und jungen Erwachsenen vom Leistungsbezug nach SGB II, die sich im Rahmen der HzE oder der Eingliederungshilfe in stationären Einrichtungen der Jugendhilfe aufhalten, ist vom Gesetzgeber bei den bisherigen Änderungen des § 7 Abs. 4 SGB II nicht ausreichend berücksichtigt worden.[141] Ob eine Einrichtung eine stationäre Einrichtung iSd § 7 Abs. 4 SGB II ist, kann im Einzelfall schwierig zu beurteilen sein. Es ist jedenfalls zu berücksichtigen, dass eine stationäre Einrichtung iSd § 7 Abs. 4 SGB VII nur dann vorliegt, wenn die objektive Struktur der Einrichtung es nicht zulässt, dass ein Hilfebedürftiger 3 Stunden einer Erwerbstätigkeit nachgeht.[142] Nach hier vertretener Auffassung ist daher regelmäßig bei stationär nach dem SGB VIII untergebrachten Personen ein Leistungsbezug nach dem SGB II aufgrund von § 7 Abs. 4 SGB II nicht ausgeschlossen.[143] Für vollstationär in Jugendhilfeeinrichtungen untergebrachte junge Menschen, die einer Erwerbstätigkeit in diesem Umfang nicht nachgehen können, kommt für Leistungen zur Eingliederung in Arbeit die Zuständigkeit der BA in direkter Anwendung des SGB III in Betracht (vgl. § 22 Abs. 4 SGB III). Zur Konkurrenz des SGB III mit der Jugendhilfe → Rn. 26 ff.

Da **Leistungen nach SGB II antragsabhängig** sind (vgl. § 37 Abs. 1 SGB II), muss der Vorrang des SGB II auch für die Fälle in Zweifel gezogen werden, in denen hoch desintegrierte Jugendliche ihre vorhandenen Rechte gegen den Träger der Grundsicherung zB in Kenntnis der Sanktionsmöglichkeiten der §§ 31 ff. SGB II nicht wahrnehmen. Hier obliegt es nach wie vor dem Jugendhilfeträger niedrigschwellige Angebote der arbeitsweltbezogenen Jugendsozialarbeit, insbesondere Beratung, bereitzuhalten; eine Zurückweisung unter Hinweis auf die fehlende Zuständigkeit ist hier aufgrund der Zielsetzungen des Jugendhilferechts problematisch.[144] Teilweise wird unter Hinweis auf § 14 SGB I verlangt, dass das JA darauf hinzuwirken habe, dass Anträge nach SGB II gestellt werden.[145] 53

Leistungskonkurrenzen mit Leistungen der **Förderung der Berufsausbildung nach §§ 56 ff. SGB III**, insbesondere der Berufsausbildungsbeihilfen, fallen auch unter Abs. 3 Satz 2. 54

§ 6 Abs. 3 SGB IX sieht die Bundesagentur für Arbeit als Rehabilitationsträger für Leistungen der Teilhabe am Arbeitsleben auch für behinderte arbeitsfähige Hilfebedürftige im Sinne des SGB II vor, sofern nicht ein anderer Rehabilitationsträger zuständig ist. Allerdings bleibt damit die Zuständigkeit des konkreten Trägers der Grundsicherung für Arbeitssuchende unberührt (vgl. §§ 6 ff. SGB II). Leistungskonkurrenzen zur **Grundsicherung für Arbeitsuchende** können sich grundsätzlich auch für **seelisch behinderte Jugendliche** und die von einer solchen Behinderung Bedrohten (§ 35a) ergeben, wenn sie leistungsberechtigt nach § 7 SGB II sind, insbesondere als erwerbsfähig eingestuft werden können. Eingliederungshilfe nach § 35a Abs. 3 sieht in 55

140 Vgl. zur Konkurrenz § 13 und SGB II allgemein Schruth ZfJ 2005, 223; Kunkel ZFSH/SGB 2006, 76.
141 Zu entsprechenden Forderungen DV NDV 2005, 262; 2003, 496.
142 BSG 6.9.2007 – B 14/7 b AS 16/07 R, juris Rn. 15 f.
143 S. hierzu auch Wiesner in Wiesner Rn. 30 a.
144 Wie hier DIJuF JAmt 2009, 431; Schruth ZfJ 2005, 223; aA Kunkel ZFSH/SGB 2006, 76.
145 Busch/Fieseler in GK-SGB VIII Rn. 87.

ihrem Leistungskatalog Hilfe zur Ausbildung für eine angemessene Tätigkeit, sowie Leistungen zur Teilhabe am Arbeitsleben vor und ist damit im Grundsatz deckungsgleich mit dem Leistungskatalog des SGB II. Die Grundsicherung für Arbeitsuchende hält nämlich in § 16 Abs. 1 S. 2 SGB II iVm §§ 112 ff. SGB III für erwerbsfähige behinderte Hilfebedürftige ebenfalls Leistungen zur Teilhabe am Arbeitsleben bereit. An **allgemeinen Leistungen der Teilhabe** (§§ 113 Abs. 1 Nr. 1 iVm § 115 Nr. 1–3 SGB III) sollen behinderte Menschen nur die Leistungen erhalten, die auch ein nicht behinderter Leistungsberechtigter nach § 16 Abs. 1 S. 1 SGB II erhalten kann. Die **besonderen Leistungen** nach § 16 Abs. 1 S. 2 SGB II iVm §§ 113 Abs. 1 Nr. 2, 117 SGB III bestehen in der Übernahme der Teilnahmekosten für eine Maßnahme nach § 118 S. 1 Nr. 3 und S. 2 iVm §§ 127, 128 SGB III; dazu zählen auch Kosten einer auswärtigen Unterbringung sowie die Möglichkeit eines persönlichen Budgets. Soweit die BA Träger der Grundsicherung ist (§ 6 Abs. 1 Nr. 1 SGB II), steht dies in Einklang mit SGB IX, da sie Rehabilitationsträger ist; in den Fällen, in denen eine zugelassene kommunale Stelle für die Aufgaben des SGB II zuständig ist (§ 6a SGB II), übernimmt diese faktisch Rehabilitationsaufgaben, indem sie nach § 6b Abs. 1 S. 2 SGB II an die Stelle der BA tritt.

Nach Abs. 3 Satz 2 gehen die Teilhabeleistungen nach § 16 Abs. 1 S. 3 SGB II iVm §§ 112 ff. SGB III Eingliederungsmaßnahmen nach § 35a jedoch nur dann vor, soweit sie kongruent sind. Teilhabeleistungen nach **§§ 112 ff. SGB III** setzen eine **Behinderung iSd § 19 SGB III** voraus; dies ergibt sich aus § 16 Abs. 1 S. 3 SGB II. § 19 SGB III erfasst nur Menschen, deren Aussichten am Arbeitsleben teilzuhaben wegen Art oder Schwere ihrer Behinderung iSd § 2 Abs. 1 SGB IX nicht nur vorübergehend wesentlich gemindert sind. Das bedeutet, dass die Behinderung berufliche Auswirkungen haben muss, die von einigem Gewicht sind.[146] Im Gegensatz dazu verlangt § 35a keine **wesentliche Behinderung**, so dass eine Leistungskonkurrenz zum Jugendhilfeträger nur bei dieser, nicht aber bei weniger gravierenden Beeinträchtigungen entstehen kann.[147] Für nicht wesentlich behinderte junge Menschen ist nach § 35a ausschließlich das JA zuständig.

56 Für den Bereich der **Hilfe in einer Werkstatt für Behinderte** finden sich in **§§ 56 f. SGB IX Vorschriften** zur Leistungsabwicklung.

Ist ein **junger behinderter Mensch nicht leistungsberechtigt** nach SGB II kommt ein Leistungsanspruch in unmittelbarer Anwendung der §§ 112 ff. SGB III in Betracht, vgl. § 22 Abs. 4 SGB III (→ Rn. 32).

5 Verhältnis Jugendhilfe – SGB IX und SGB XII (Abs. 4)

57 § 10 Abs. 4 S. 1 und S. 2 ist durch Art. 9 des BTHG mit Wirkung vom 1.1.2020 geändert worden.[148] Die Neuregelung ist Folge des zum 1.1.2020 erfolgten Übergangs der Eingliederungshilfe von § 53 SGB XII zu § 99 SGB IX.

5.1 Allgemeiner Vorrang der Jugendhilfe (Abs. 4 Satz 1)

58 Die allgemeinen Nachrangregelungen, die sich sowohl im Sozialhilferecht (§ 2 SGB XII) als auch im Jugendhilferecht (§ 10) finden, machten eine Klärung des Verhältnisses zwischen beiden Leistungen erforderlich. Der Gesetzgeber hat sich in Abs. 4 S. 1 grundsätzlich für den **Vorrang der Jugendhilfe** bei sich überschneidenden oder deckungsgleichen Leistungen entschieden, da die Jugendhilfe auf die speziellen Bedürf-

146 BSG 29.2.1968 – 4 RJ 423/66, BSGE 28, 18.
147 Wie hier Stehle Behindertenrecht 2008, 162; zur Abgrenzung kritisch Bieritz-Harder in Hauck/Noftz Rn. 12.
148 Gesetz v. 23.12.2016, BGBl. I, 3234, geänd. durch Gesetz v. 17.7.2017, BGBl. I, 2541.

nisse junger Menschen zugeschnitten ist.[149] Mit Abs. 4 Satz 1 ist nun geregelt, dass Leistungen des SGB VIII auch gegenüber Leistungen nach dem SGB IX vorrangig zu erbringen sind.

Leistungskonkurrenzen zur Sozialhilfe sind vor allem denkbar bei den ergänzend zur Erziehungsleistung nach §§ 32 bis 35 gewährten **wirtschaftlichen Hilfen** der Jugendhilfe. So können Leistungen zum Unterhalt gemäß § 39 (→ § 39 Rn. 1) und zur Krankenhilfe gemäß § 40, die auch im Rahmen von Maßnahmen nach den §§ 13, 19, 21, 41, 42 und 35a Abs. 2 Nr. 2–4 vorgesehen sind, mit Sozialhilfeleistungen der **Hzl** und der **Grundsicherung im Alter und bei Erwerbsminderung** nach den §§ 27 ff. und 41 ff. SGB XII sowie den **Hilfen zur Gesundheit** nach §§ 47–52 SGB XII konkurrieren. Existenzsichernde Leistungen nach SGB XII kommen nach Inkrafttreten des SGB II für den Personenkreis der Kinder, Jugendlichen und junger Erwachsener allerdings nur noch selten in Betracht.[150]

Die grundsätzliche Leistungskonkurrenz zwischen den existenzsichernden Leistungen der Jugendhilfe und der Sozialhilfe erstreckt sich auch auf Sozialhilfeleistungen, die mit den **einmaligen Beihilfen und Zuschüssen** nach § 39 Abs. 3 kongruent sein können: **Leistungen, die vom Regelsatz abweichen** (§ 27a Abs. 4 SGB XII), **einmalige Leistungen** wie zB Erstausstattungen von Wohnungen (§ 31 SGB XII) sowie Leistungen der **Bedarfe für Bildung und Teilhabe** wie zB Kosten der Schülerbeförderung oder einer angemessenen Lernförderung oder Kosten für Schulausflüge und Klassenfahrten (§§ 34, 34a SGB XII). 59

Seit dem 1.1.2011[151] regelt § 10 Abs. 4 S. 2 SGB VIII ausdrücklich den Vorrang des SGB XII für das gemeinsame Mittagsessen im Rahmen des Bildungs- und Teilhabepakets (§§ 27a Abs. 1, 34 Abs. 6 SGB XII; → Rn. 47).

Bei den einmaligen Bedarfen unterliegen Kinder und Jugendliche, soweit sie einen vorrangigen Anspruch auf Leistungen zum Lebensunterhalt im Rahmen der wirtschaftlichen Jugendhilfe haben, nicht dem – auch nach der Änderung des SGB XII infolge des Urteils des BVerfG[152] – immer noch engeren Leistungsumfang des SGB XII (zu den Bedarfen → § 39 Rn. 18). Eine Leistungskonkurrenz hinsichtlich des Lebensunterhalts von Kindern und Jugendlichen liegt aber mangels Anspruch im SGB VIII dann nicht vor, wenn dem Kind bzw. dem Jugendlichen lediglich die für seine Entwicklung erforderlichen materiellen Mittel nicht zur Verfügung stehen, ohne gleichzeitig Maßnahmen und Leistungen der Jugendhilfe in Anspruch zu nehmen, für welche die wirtschaftliche Jugendhilfe Annexleistung ist. Die Deckung eines lediglich materiellen Bedarfs eines Kindes oder Jugendlichen obliegt demnach der Sozialhilfe bzw. der Grundsicherung für Arbeitssuchende (→ Rn. 43).[153] 60

Soweit Jugendliche Anspruch auf existenzsichernde Leistungen nach SGB XII haben, kann sich auch ein Vorrang der arbeitsweltbezogenen Jugendsozialarbeit nach § 13 vor den **Beratungs- und Unterstützungsleistungen** der §§ 11, 12 SGB XII ergeben. **Krankenhilfe** nach § 40 ist gegenüber den Hilfen zur Gesundheit nach §§ 47 ff. SGB XII für nicht versicherte Kinder, Jugendliche und junge Volljährige dann vorrangig, wenn sie als Annexleistung zu Hilfen nach §§ 33 bis 35, 35a Abs. 2 Nr. 3 und 4, 41, 42, 19, 13 Abs. 3 und 21 erbracht wird und vor allem kein Vorrang der Krankenversicherung besteht. 61

Leistungen zur Betreuung oder Versorgung des Kindes in Notsituationen nach § 28a sind teilweise deckungsgleich mit Leistungen der Hilfe zur Weiterführung des Haus- 62

149 Vgl. BT-Drs. 11/5948, 53.
150 Vgl. zu den Abgrenzungen § 5 Abs. 2 SGB II, § 21 SGB XII.
151 Mit Gesetz v. 24.3.2011.
152 BVerfG 9.2.2009 – 1 BvL 1/09, 1 BvL 3/09, 1 BvL 4/09, BVerfGE 125, 175.
153 S. hierzu auch VG München 7.4.2020 – M 18 E 20.1277, juris Rn. 36.

halts nach § 70 SGB XII, da beide Tatbestände die persönliche Betreuung von Haushaltsangehörigen, also auch von Kindern unter 14 Jahren, sowie die Haushaltsführung umfassen. Keine Konkurrenz besteht zwischen einem nicht nur vorübergehenden Bedarf an **Elternassistenz** in deren eigenem Haushalt im Rahmen der Eingliederungshilfe nach SGB XII und § 28a.[154] Auch **sozialpädagogische Familienhilfe** nach §§ 27, 31 ist vorrangig gegenüber Hilfe zur Weiterführung des Haushalts nach § 70 SGB XII. Strittig ist das Verhältnis der **Hilfe für junge Volljährige nach § 41** zur Hilfe zur Überwindung besonderer sozialer Schwierigkeiten nach §§ 67, 68 SGB XII. Einerseits wird eine Leistungskongruenz mit daraus folgendem Vorrang der Jugendhilfe angenommen, der sich auch aus § 67 S. 2 SGB XII ableiten lässt,[155] andererseits wird eine solche aufgrund der unterschiedlichen Anknüpfungspunkte des § 41 und des § 67 SGB XII verneint.[156]

5.2 Vorrang der Eingliederungshilfe nach SGB IX für körperlich oder geistig behinderte junge Menschen (Abs. 4 Satz 2)

63 **5.2.1 Allgemeines.** Abs. 4 Satz 2 enthält gegenüber Satz 1 eine **Ausnahmeregelung:** Bei Eingliederungshilfe für **körperlich** und/oder **geistig behinderte** junge Menschen hat das Recht der Eingliederungshilfe nach SGB IX den Vorrang. Mit Abs. 4 Satz 2 wird seit 1.1.2020 vorgegeben, dass Leistungen der Eingliederungshilfe nach SGB IX für junge Menschen, die körperlich oder geistig behindert oder von einer solchen Behinderung bedroht sind, den Leistungen nach dem SGB VIII vorgehen.

64 Aus der Regelung des Abs. 4 S. 2 ergibt sich im Gegenschluss, dass es für **seelisch behinderte Kinder und Jugendliche** beim **Vorrang der Jugendhilfe** bleibt.[157]

65 Der Rechtsanspruch seelisch behinderter junger Menschen oder der von einer solchen Behinderung Bedrohten gegenüber dem Jugendhilfeträger ergibt sich aus dem **Leistungstatbestand des § 35a.** Der Personenkreis der seelisch Behinderten ist nach § 35a Abs. 1 zu bestimmen (→ § 35a Rn. 7 ff.). Allerdings unterscheiden sich die Behinderungsbegriffe des § 35a und des § 99 SGB IX darin, dass bei § 99 SGB IX die Teilhabebeeinträchtigung für einen Rechtsanspruch **wesentlich** sein muss.[158] Strittig ist daher, ob der Vorrang des Trägers der Eingliederungshilfe nach SGB IX auch dann gegeben ist, wenn die **Wesentlichkeit der Behinderung** in Frage steht, also zB auf einer leichten Intelligenzminderung beruht.[159]

66 **Abgrenzungsprobleme** zwischen Jugendhilfe und Eingliederungshilfe nach SGB IX können trotz der Regelung des Abs. 4 S. 2 entstehen, beispielsweise bei einem **deckungsgleichen Anspruch** auf **Heimerziehung bzw. Vollzeitpflege** im Rahmen der **HzE** und einem Anspruch **auf stationäre Eingliederungshilfe** wegen geistiger Behinderung nach SGB IX, desgleichen, wenn eine Behinderung nicht eindeutig als geistige oder

---

154 LSG NRW 23.2.2012 – L 9 SO 26/11, RdLH 2012, 64 mAnm Leonhard RdLH 2012, 65.

155 Mrozynski SGB VIII Rn. 4; Mrozynski ZfJ 1996, 159; Meysen in FK-SGB VIII Rn. 43.

156 Vgl. zur Abgrenzung ausführlich LPK-SGB XII § 67 Rn. 32 ff.; Schmid-Obkirchner in Wiesner § 41 Rn. 50, 50; DIJuF JAmt 2003, 241; Tammen in FK-SGB VIII § 41 Rn. 14 ff. stellt darauf ab, ob die Persönlichkeitsentwicklung oder aber sonstige Mängellagen im Vordergrund stehen.

157 S. hierzu auch OVG MV 28.8.2018 – 1 L 133/14, juris Rn. 36.

158 Zur Problematik der Abgrenzung am Beispiel der geistigen Behinderung Dillmann/Dannat ZfF 2009, 25 (27).

159 Bejahend OVG NRW 9.3.2011 – 12 A 840/09, JAmt 2011, 544; DIJuF JAmt 2011, 262; BayVGH 5.6.2007 – 12 BV 05.218, JAmt 2007, 433; Meysen in FK-SGB VIII Rn. 48 mwN; Happe/Saurbier in JHSM Erl. 56; verneinend VG Aachen 24.11.2009 – S 20 SO 55/08.

aber seelische Behinderung einzuordnen ist wie zB bei autistischen Kindern,[160] oder aber, wenn sowohl eine seelische als auch eine geistige bzw. körperliche Behinderung vorliegt (sog. **Mehrfachbehinderung;** → § 35a Rn. 25). Das BVerwG löst das Abgrenzungsproblem abstrakt: Konkurrieren Jugendhilfeleistungen mit Maßnahmen der Eingliederungshilfe nach SGB XII bzw. ab 1.1.2020 nach SGB IX, ist Sozialhilfe bzw. ab 1.1.2020 Eingliederungshilfe nach SGB IX vorrangig; konkurrieren Jugendhilfeleistungen mit anderen Sozialhilfeleistungen, ist Jugendhilfe vorrangig. Eine Leistungskonkurrenz liegt nur vor, wenn beide Leistungen gleich, gleichartig, einander entsprechend, kongruent, einander überschneidend oder deckungsgleich sind.[161] Welche Leistung der Form und dem Maß nach verlangt werden kann, ist anhand des tatsächlich zu deckenden Bedarfs zu ermitteln.[162] Mit seiner Rechtsprechung hat das Bundesverwaltungsgericht der bis dahin in Rechtsprechung und Literatur vorherrschenden **Schwerpunkttheorie,** die darauf abgestellt hat, bei welcher der konkurrierenden Leistungen der Schwerpunkt des Bedarfs liegt,[163] eine Absage erteilt.[164] Der Vorrang der Eingliederungshilfe nach SGB IX setzt zudem nicht voraus, dass der Anspruch auf Eingliederungshilfe nach SGB IX gerade wegen der körperlichen oder geistigen Behinderung besteht. Für den Vorrang der Eingliederungshilfeleistungen nach dem SGB IX genügt bereits jede Überschneidung der Leistungsbereiche. Nicht erforderlich ist es, dass der Schwerpunkt des Hilfebedarfs bzw. -zwecks im Bereich einer dieser Behinderungen liegt oder eine von ihnen für die konkrete Maßnahme ursächlich ist.[165] Mit dieser abstrakten Lösung wird in Kauf genommen, dass auch der Träger, dessen Maßnahmen nicht den Schwerpunkt des Bedarfs abdecken, gleichwohl vorrangiger Träger ist, also beispielsweise ein geistig behindertes Kind mit vorwiegend erzieherischem Bedarf Leistungen nach SGB IX erhält. Nicht gelöst werden mit diesem Ansatz die Fälle, in denen eine eindeutige Einordnung der Art der Behinderung als geistige oder aber seelische tatsächlich nicht möglich ist.[166]

5.2.2 Mehrfachbehinderung und nicht zuzuordnende Fälle. Liegt die eindeutige **Diagnose einer sog. geistig-seelischen Mehrfachbehinderung** vor, sind an sich beide Leistungsträger zuständig mit grundsätzlichem Vorrang des Trägers der Eingliederungshilfe nach SGB IX. Nach der Rechtsprechung kommt es darauf an, ob die **konkret erforderliche Maßnahme im Einzelfall** sowohl der körperlich/geistigen als auch der seelischen Behinderung begegnen soll, also kongruente Leistungen erforderlich sind. Erfordern zB sowohl die seelische Behinderung als auch die körperliche Behinderung eine stationäre Unterbringung, liegt der Vorrang beim Träger der Eingliederungshilfe nach 67

160 BVerwG 22.10.1992 – 5 C 11/89, BVerwGE 91, 114; zur Abgrenzung näher DIJuF JAmt 2003, 355; Schwengers, S. 147; Dillmann/Dannat ZfF 2009, 25.
161 BVerwG 23.9.1999 – 5 C 26/98, FEVS 51, 337 ff. BVerwG 13.6.2013 – 5 C 30/12, juris Rn. 38. S. hierzu auch BSG 4.4.2019 – B 8 SO 11/17 R, juris Rn. 14.
162 BVerwG 22.10.2009 – 5 C 19.08, NVwZ-RR 2010, 231.
163 Vgl. NdsOVG 10.10.1997 – FEVS 48, 281; wohl auch Bieritz-Harder in Hauck/Noftz Rn. 33; Mrozynski SGB VIII § 35a Rn. 9; Stähr in Hauck/Noftz § 35a Rn. 63; → § 35a Rn. 25.
164 Ebenso OVG NRW 15.3.2012 – 12 A 1792/11; LSG NRW 10.10.2012 – L 12 SO 621/10.
165 BVerwG 9.2.2012 – 5 C 3/11; LSG NRW 10.10.2012 – L 12 SO 621/10 mwN; BSG 25.9.2014 – B 8 SO 7/13 R; BayVGH 24.2.2014 – 12 ZB 12.715, juris Rn. 36. S. hierzu auch VG Würzburg 12.12.2019 – W 3 K 17.624, juris Rn. 35.
166 Vgl. Bieritz-Harder in Hauck/Noftz Rn. 33; kritisch auch JHSM Erl. 54, 55; Dillmann/Dannat ZfF 2009, 25.

SGB IX.[167] Bestehen bei einer Mehrfachbehinderung jedoch getrennte Bedarfe, die ihre Ursache in unterschiedlichen Behinderungen finden, liegt keine Kongruenz der Leistungen und damit keine Konkurrenz vor, sondern es kommt zu einer Doppelzuständigkeit des Trägers der Eingliederungshilfe nach SGB IX und des Jugendhilfeträgers.[168]

68 In der Praxis wird die Abgrenzung der Zuständigkeit zwischen Träger der Eingliederungshilfe nach SGB IX- und Jugendhilfeträger häufig auch deshalb erschwert, weil die Feststellung der Behinderung im Rahmen des § 35a und des § 99 SGB IX unterschiedlichen gesetzlichen Vorgaben folgt und daher zu unterschiedlichen Würdigungen der Gesundheitsstörungen, der Einschränkung der Teilhabefähigkeit und des Bedarfs seitens des Jugendhilfeträgers und des Trägers führen kann.[169]

69 Für Fälle der Mehrfachbehinderungen ordnen teilweise die **Ausführungsgesetze der Bundesländer** die vorrangige Zuständigkeit des Trägers der Eingliederungshilfe nach SGB IX an.

70 Bei einigen Fällen wie zB bei **autistischen Behinderungen** ist die Zuordnung zu einer geistigen oder aber seelischen Behinderung schwierig.[170] Gelingt eine Zuordnung nicht, versagen die Abgrenzungskriterien des Bundesverwaltungsgerichts (→ Rn. 66), da dann keine Leistungskongruenz angenommen werden kann. Lösungsansätze werden hier in einem Rückgriff auf die Schwerpunkttheorie,[171] der Anwendung des Abs. 4 S. 1 als Grundsatznorm oder aber in einem Rückgriff auf die Gesamtzuständigkeit der Sozialhilfe – bzw. nach neuer Rechtslage des Trägers der Eingliederungshilfe – gesehen.[172] In einem solchen Falle kann auch eine kooperative Finanzierung und Hilfeplanung angezeigt sein.[173]

71 **5.2.3 Körperliche/geistige Behinderung und erzieherischer Bedarf.** Abgrenzungsfragen gibt es oft auch bei der Fallkonstellation, in der junge körperlich und/oder geistig behinderte junge Menschen **stationäre Hilfe** benötigen, was auch in einer **Pflegefamilie** (§ 113 Abs. 2 Nr. 4 SGB IX) möglich ist.[174] Eine Konkurrenzsituation entsteht dann, wenn neben dem Anspruch auf Eingliederungshilfe nach SGB IX ein Anspruch auf Hilfe zur Erziehung nach §§ 27, 33 bzw. 34 besteht. Abs. 4 S. 2 betrifft nämlich nicht nur die Konkurrenz zwischen der Eingliederungshilfe nach SGB VIII und der nach SGB IX, sondern regelt den Nachrang sämtlicher Jugendhilfeleistungen gegenüber der Eingliederungshilfe nach SGB IX.[175] Die Abgrenzung zwischen einem erzieherischen

---

167 LSG NRW 18.6.2012 – L 20 SO 12/09; OVG NRW 9.3.2011 – 12 A 840/09, JAmt 2011, 544; OVG Saarl 27.8.2009 – 3 A 352/08, RdLH 2009, 156; VG Ansbach 31.7.2008 – AN 14 K 05.04288, EUG 2009, 69; Schönecker/Meysen in FK-SGB VIII Rn. 48 gehen davon aus, dass bei einer stationären Unterbringung notwendigerweise auf alle behinderungsbedingten Nachteile eingegangen wird.

168 VG Gelsenkirchen 22.2.2007 – 19 K 4403/04, JAmt 2007, 491: stationäre Unterbringung aufgrund der seelischen Behinderung, Beschulung aufgrund der geistigen Behinderung; DIFuF JAmt 2006, 130.

169 Vgl. Dillmann/Dannat ZfJ 2009, 25.

170 Zur fachlichen Seite Remschmidt/Frese SGb 2006, 410; pro seelische Behinderung: VG Bayreuth 16.12.2009 – B 3 E 09.936; OVG NRW 20.2.2002 – 12 A 5322/00, JAmt 2002, 304.

171 Mrozynski SGB VIII Rn. 18; Remschmidt/Frese SGb 2006, 410; aA Schwenger, S. 148.

172 AA Schwengers, S. 148.

173 S. auch von Boetticher/Meysen in FK-SGB VIII § 35 a Rn. 32.

174 S. hierzu auch VG München 24.4.2020 – M 18 E 19.2711, juris Rn. 77.

175 HessLSG 18.2.2008 – L 9 SO 44/07, JAmt 2009, 615; Verneinung des HzE-Anspruchs und damit der wirtschaftlichen Jugendhilfe im Einzelfall OVG Saarl 26.11.2009 – 3 B 433/09, NVwZ-RR 2010, 239; LSG NRW 23.2.2012 – L 9 SO 26/11, RdLH 2012, 64 mAnm Leonhard RdLH 2012, 65 zur Konkurrenz einer Elternassistenz im eigenen Haushalt nach SGB XII zu § 20.

Bedarf aufgrund eines Erziehungsmangels oder aber aufgrund der Behinderung ist allerdings nahezu nicht leistbar;[176] insoweit ist entscheidend, ob in der stationären Hilfe jedenfalls der behinderungsbedingte Bedarf gedeckt wird und damit eine vorrangige Leistungspflicht der Eingliederungshilfe entsteht.[177] Für den Fall, dass körperlich oder geistig behinderte junge Menschen zusätzlich zur Eingliederungshilfe nach SGB IX erzieherischer Hilfen bedürfen, muss eine **Doppelzuständigkeit** des Jugendhilfeträgers einerseits und des Trägers der Eingliederungshilfe nach SGB IX andererseits angenommen werden.[178]

5.2.4 Behinderte Mütter oder Väter. Strittig ist, ob Abs. 4 S. 2 Anwendung findet auf 72
die Abgrenzung gemeinsamer Wohnformen für **geistig bzw. körperlich behinderte Mütter/Väter** und deren Kinder nach **§ 19** und solcher der Eingliederungshilfe nach SGB IX. Während teilweise eine Anspruchskonkurrenz aufgrund der unterschiedlichen Zielrichtungen verneint wird,[179] nimmt das BVerwG[180] zu Recht eine Anspruchskonkurrenz an, da ein Fall des § 19 auch dann vorliegt, wenn die Mutter gerade aufgrund einer geistigen bzw. körperlichen Behinderung mit der Pflege und Erziehung des Kindes überfordert ist und deshalb dieser Form der Unterstützung bedarf. Auch gegenüber dem Träger der Eingliederungshilfe nach SGB IX besteht ein Anspruch, da die Eltern-Kind-Beziehung existenziell und eine soziale Bindung von herausragender Bedeutung ist. Damit bildet die Verantwortungsübernahme von Eltern mit Behinderung für ihr Kind eine zentrale Frage der Teilhabe der Eltern am Leben in der Gemeinschaft.[181] Nach Abs. 4 S. 2 ergibt sich somit eine vorrangige grundsätzliche Leistungsverpflichtung des Trägers der Eingliederungshilfe nach SGB IX.[182] Die Leistung für das Kind hingegen obliegt dem Jugendhilfeträger,[183] so dass eine Komplexleistung zu erbringen ist (→ § 19 Rn. 22).

Für **seelisch behinderte Elternteile** sieht § 35a Abs. 1 S. 3 vor, dass die stationäre ge- 73
meinsame Unterbringung von Elternteil und Kind Bestandteil der Eingliederungshilfe ist, so dass sich die Hilfe auch auf dieses Kind erstreckt (→ § 35a Rn. 8). In einem solchen Falle ist ausschließlich der Jugendhilfeträger zuständig.

5.2.5 Seelisch behinderte junge Volljährige. Ferner existieren Zuständigkeitsprobleme 74
bei den Hilfen für junge seelisch behinderte Volljährige, die gleichermaßen Anspruch auf Eingliederungshilfe nach §§ 41, 35a als auch nach dem SGB IX ab dem Erwachsenenalter haben können. Diesbezüglich ist zu berücksichtigen, dass Hilfe für junge Volljährige nach § 41 iVm § 35a bis zur Vollendung des 27. Lebensjahres geleistet werden kann.

---

176 Näher Schönecker/Meysen in FK-SGB VIII Rn. 50.
177 Vgl. aber Happe/Saurbier in JHSM Erl. 59, der auf die inhaltliche Ausformung des Hilfebedarfs abstellt.
178 Vgl. dazu BayVGH 24.5.1993 – 12 CE 93.703, FEVS 44, 258; DIJuF JAmt 2002, 457.
179 So BSG 24.3.2009 – B 8 SO 29/07 R, NVwZ-RR 2010, 67; VG Hamburg 26.5.2005 – 13 K 195/05, ZfJ 2005, 486; OVG NRW 30.11.2000 – 22 B 762/00, JAmt 2001, 424; VG Düsseldorf 31.8.1998 – 19 K 4705/95, NDV-RD 1999, 86; → § 19 Rn. 21 ff.
180 BVerwG 22.10.2009 – 5 C 19/08; ebenso LSG NRW 26.7.2010 – L 20 SO 38/09, ZVW und 30.7.2007 – L 20 SO 15/06, JAmt 2007, 610; DIJuF JAmt 2012, 208.
181 Vgl. auch VG Minden 31.7.2009 – 6 L 382/09; Schönecker/Meysen in FK-SGB VIII Rn. 54; Lorenz NDV 2008, 208.
182 Ebenfalls bejahend mit weiteren Differenzierungen DIJuF JAmt 2007, 200.
183 BVerwG 22.10.2009 – 5 C 19.08, JAmt 2010, 154; nun ebenso BSG 22.3.2012 – B 8 SO 27/10 R, in Aufgabe seiner früheren Rechtsprechung 24.3.2009 – S 16 SO 51/05, mAnm Schumacher RdLH 2012, 63; OVG NRW 24.9.2014 – 12 A 957/14, juris 8; Schönecker/Meysen in FK-SGB VIII Rn. 54; DIJuF JAmt 2012, 208; VGH München 30.1.2012 – 12 BV 11.2216, KommunalPraxis BY 2012, 147; → § 35a Rn. 8.

75 **5.2.6 Handhabung des Vorrangs.** Die Frage des Vorrangs eines Leistungsträgers hat theoretisch für den Betroffenen nur geringe Bedeutung. Auch **nachrangige Ansprüche bleiben bestehen** und können geltend gemacht werden (→ Rn. 1). Die Nachrangregelung hat also nur Bedeutung für die Frage der Kostenerstattung (→ Rn. 1). Anders stellt sich jedoch häufig die Praxis der JA dar, die unter Hinweis auf vorrangige Leistungen anderer Träger bereits die Leistungsgewährung versagen.

76 Um Leistungsverzögerungen wegen ungeklärter oder streitiger Zuständigkeiten im gegliederten System der Rehabilitation und Teilhabe behinderter Menschen entgegenzuwirken, sieht **§ 14 SGB IX** ein **Verfahren zur schnellen Klärung von Zuständigkeit und Rehabilitationsbedarf** vor (zum Verhältnis zu § 43 SGB I → Rn. 5 und → § 35a Rn. 36 f.).

77 Danach hat jeder Rehabilitationsträger, also auch der Jugendhilfeträger (vgl. § 6 Abs. 1 Nr. 6 SGB IX), innerhalb von zwei Wochen nach Antragseingang bzw. nach Kenntnisnahme vom voraussichtlichen Rehabilitationsbedarf über seine Zuständigkeit zu entscheiden. Bejaht er diese, so ist der Rehabilitationsbedarf unverzüglich, dh ohne schuldhaftes Zögern, festzustellen und innerhalb von drei Wochen nach Antragseingang bzw. nach Kenntnisnahme ein Leistungsbescheid zu erlassen, es sei denn, für die Feststellung des Rehabilitationsbedarfs muss ein Gutachten eingeholt werden. Stellt der Rehabilitationsträger fest, dass er nicht zuständig ist, hat er den Antrag unverzüglich dem Rehabilitationsträger zuzuleiten, den er für zuständig hält. Dieser ist dann verpflichtet – unabhängig von seiner tatsächlichen Zuständigkeit – innerhalb von drei Wochen den Rehabilitationsbedarf festzustellen (näher zum Verfahren → § 35a Rn. 36 f.).

5.3 Sonderregelung für die Frühförderung (Abs. 4 Satz 3)

78 Für Maßnahmen der Frühförderung wird der **Landesgesetzgeber ermächtigt**, die Zuständigkeit unabhängig von der Art der Behinderung vorrangig anderen Leistungsträgern als dem Jugendhilfeträger zuzuweisen. Unter dem **Begriff „Frühförderung"** sind interdisziplinäre Maßnahmen für behinderte oder von Behinderung bedrohte Kinder (vgl. § 42 Abs. 2 Nr. 2 SGB IX) zu verstehen, die häufig von sog. Frühförderstellen geleistet werden.[184] Nicht mehr als Frühförderung eingestuft wurde die Betreuung eines Kindes in einem Schulkindergarten, welcher in das System der allgemeinen öffentlichen Schulen eingegliedert ist.[185] Mit der Regelung des Abs. 4 Satz 3 wird der aus der Frühförderarbeit resultierenden Erkenntnis Rechnung getragen, dass in den ersten Lebensjahren zumeist nicht eindeutig feststellbar ist, ob ein Entwicklungsrückstand durch eine geistige, seelische oder körperliche Behinderung bedingt ist oder ob ein Erziehungsdefizit vorliegt.[186] Die Bundesländer haben überwiegend von der Ermächtigung dahin gehend Gebrauch gemacht, dass die Zuständigkeit für die Frühförderung dem Sozialhilfeträger übertragen wird.[187]

79 Fehlt eine derartige landesrechtliche Regelung, muss die Zuständigkeitsfrage zwischen dem Träger der Eingliederungshilfe nach SGB IX und dem Jugendhilfeträger im Verfahren nach § 14 SGB IX und unter Beachtung des Abs. 4 S. 2 geklärt werden (→ Rn. 63 ff. und → § 35a Rn. 36 f.). Vorrangig ist allerdings die Zuständigkeit des Krankenversicherungsträgers zu prüfen.[188] Zuständigkeitsstreitigkeiten werden mögli-

---

184 S. OVG Saarl 4.4.2007 – 3 Q 73/06, JAmt 2008, 604 zu Umfang und Inhalt der Frühförderung.
185 OVG Saarl 28.10.2011 – 3 A 301/11, LKRZ 2012, 68; Schuhmacher RdLH 2012, 120 zur Forderung einer Legaldefinition des Begriffs Frühförderung.
186 Stellungnahme des Bundesrats BT-Drs. 12/2866, 30.
187 ZB: § 29 LKJHG BW, Art. 64 Abs. 2 AGSGB Bay.; § 23 Abs. 2 HKJGB; § 38 AGKJHG SL; § 17 Abs. 2 AGKJHG Nds.; § 26 ThürKJHAG; § 27 AGKJHG NRW.
188 Vgl. dazu näher Mrozynski SGB VIII Rn. 21.

cherweise dadurch reduziert, dass die an der Frühförderung beteiligten Rehabilitationsträger gemäß § 9 FrühV gemeinsame Entgeltvereinbarungen mit den Frühförderstellen (§ 3 FrühV) und sozialpädiatrischen Zentren (§ 4 FrühV) abschließen können. Nach § 9 Abs. 3 FrühV darf bei einer möglichen Pauschalierung der Entgelte der Anteil des Trägers, der für heilpädagogische Leistungen zuständig ist (also idR der Sozialhilfe- oder Jugendhilfeträger), 80 % in Frühförderstellen bzw. 20 % in sozialpädiatrischen Zentren nicht übersteigen.[189]

§ 10a Beratung

(1) Zur Wahrnehmung ihrer Rechte nach diesem Buch werden junge Menschen, Mütter, Väter, Personensorge- und Erziehungsberechtigte, die leistungsberechtigt sind oder Leistungen nach § 2 Absatz 2 erhalten sollen, in einer für sie verständlichen, nachvollziehbaren und wahrnehmbaren Form, auf ihren Wunsch auch im Beisein einer Person ihres Vertrauens, beraten.

(2) [1]Die Beratung umfasst insbesondere
1. **die Familiensituation oder die persönliche Situation des jungen Menschen, Bedarfe, vorhandene Ressourcen sowie mögliche Hilfen,**
2. **die Leistungen der Kinder- und Jugendhilfe einschließlich des Zugangs zum Leistungssystem,**
3. **die Leistungen anderer Leistungsträger,**
4. **mögliche Auswirkungen und Folgen einer Hilfe,**
5. **die Verwaltungsabläufe,**
6. **Hinweise auf Leistungsanbieter und andere Hilfemöglichkeiten im Sozialraum und auf Möglichkeiten zur Leistungserbringung,**
7. **Hinweise auf andere Beratungsangebote im Sozialraum.**

[2]Soweit erforderlich, gehört zur Beratung auch Hilfe bei der Antragstellung, bei der Klärung weiterer zuständiger Leistungsträger, bei der Inanspruchnahme von Leistungen sowie bei der Erfüllung von Mitwirkungspflichten.

(3)[1] Bei minderjährigen Leistungsberechtigten nach § 99 des Neunten Buches nimmt der Träger der öffentlichen Jugendhilfe mit Zustimmung des Personensorgeberechtigten am Gesamtplanverfahren nach § 117 Absatz 6 des Neunten Buches beratend teil.

Mit Art. 1 des **KJSG** ist mit § 10a eine neue Beratungsvorschrift normiert worden. 1
Nach § 10a besteht nunmehr eine Beratungspflicht des nach § 86 für eine Leistungserbringung zuständigen Jugendamtes. Nach der Gesetzesbegründung soll es sich dabei um eine der Beratung nach § 36 Abs. 1 in direktem Zusammenhang mit der Leistungserbringung **vorgeschaltete Beratung** handeln, um junge Menschen und ihre Eltern „in die Lage zu versetzen, eigenverantwortliche Entscheidungen zu treffen und aktiv am Leistungsgeschehen mitzuwirken".[2]

Nach § 10a Abs. 1 hat das für eine Leistungserbringung nach §§ 86 f. zuständige Ju- 2
gendamt junge Menschen, Mütter, Väter, Personensorge- und Erziehungsberechtigte, die leistungsberechtigt sind oder Leistungen nach § 2 Abs. 2 erhalten sollen, in einer für sie verständlichen, nachvollziehbaren und wahrnehmbaren Form, auf ihren Wunsch auch im Beisein einer Person ihres Vertrauens, zu beraten. Die Beratungspflicht besteht daher gegenüber allen Personen, bei welchen bereits eine Berechtigung zur Inanspruchnahme einer Leistung nach § 2 Abs. 2 festgestellt worden ist oder die

189 Vgl. zur Komplexleistung Frühförderung im Einzelnen o.V. RdLH 2009, 14; Schuhmacher RdLH 2008, 104.
1 § 10a Abs. 3 tritt mWv 1.1.2028 außer Kraft.
2 BT-Drs. 19/26107, 77.

Leistungen „erhalten sollen". Mit der Vorgabe des „Erhalten sollens" wird der Kreis der zu beratenden Personen zunächst sehr ungenau bestimmt. Nach der Gesetzesbegründung sollen zu dem Kreis der zu beratenden Personen alle gehören, „die nach dem SGB VIII leistungsberechtigt sein können oder die Leistungen der Kinder- und Jugendhilfe erhalten können, ohne selbst Leistungsberechtigte zu sein, wie zum Beispiel Kinder und Jugendliche im Rahmen von Hilfe zur Erziehung nach §§ 27 ff."[3] Damit haben alle Personen gegenüber dem Jugendamt einen Beratungsanspruch nach § 10a Abs. 1, welche aufgrund der persönlichen Voraussetzungen möglicherweise leistungsberechtigt sein könnten oder als Leistungsempfänger in Frage kommen könnten. Es besteht damit ein sehr breiter Zugang zu der Beratung. Um die Leistungsverpflichtung sachgerecht umsetzen zu können, müssen die Jugendämter bedarfsdeckendes Beratungspersonal zur Verfügung stellen.

Nach der Gesetzesbegründung soll die Beratung im Vorfeld von spezifischen Beratungs-, Unterstützungs- und Hilfeprozessen erfolgen, um Zugänge zu diesen aufzuzeigen, Orientierung über Zuständigkeiten zu geben und auch über Ausgestaltung, Wirkungen und Abläufe zu informieren.[4]

Die Beratung zielt daher insbesondere auf „das Leistungssystem der Kinder- und Jugendhilfe" in seiner Gesamtheit einschließlich der dazugehörigen Verwaltungsabläufe. Ferner soll sich die Beratung auf die „Schnittstellen zu anderen Leistungssystemen" erstrecken.[5] Primärer Zweck der Beratung nach dieser Vorschrift ist es damit, die Adressatinnen und Adressaten der Kinder- und Jugendhilfe in die Lage zu versetzen, ihre Rechte nach dem SGB VIII wahrnehmen zu können.

Vor dem Eintritt in konkrete Hilfeprozesse und eine darauf bezogene Aufklärung und Beratung etwa nach § 36 Abs. 1 soll die Beratung aber auch der Orientierung hinsichtlich der Schnittstellen zu anderen Leistungssystemen dienen.

3 Der exakte Beratungsauftrag wird mittels einer in § 10a Abs. 2 S. 1 SGB VIII enthaltenen nicht abschließenden Aufzählung konkretisiert. Der Beratungsauftrag ist danach sehr vielschichtig. Mit Nr. 1 wird eine Beratungspflicht hinsichtlich der Familiensituation bzw. persönlichen Situation, vorhandenen Ressourcen und möglichen Hilfen festgeschrieben.

Mit Nr. 2 und Nr. 3 wird eine Beratung hinsichtlich der Leistungen der Kinder- und Jugendhilfe sowie der Leistungen anderer Leistungsträger normiert.

Nr. 4 und Nr. 5 nehmen hierauf Bezug, indem eine Beratung hinsichtlich möglicher Auswirkungen und Folgen einer Hilfe sowie der Verwaltungsabläufe vorgegeben wird. Den exakten Inhalt dieser Beratung lässt der Gesetzestext offen. Nach der Gesetzesbegründung gehört ua zur Beratung über die Folgen einer Hilfe, dass über etwaige Kostenbeitrags- oder Mitwirkungspflichten aufgeklärt wird.[6] Damit ist zwar die Beratungsrichtung klar benannt. Unklar bleibt allerdings, wie tief die Beratung gehen muss. Ob etwa bereits zu diesem Zeitpunkt ein Hinweis auf mögliche Folgen für die Unterhaltspflicht nach § 92 Abs. 3 S. 1 zu erfolgen hat. Auch der Hinweis auf „Mitwirkungspflichten" ist nach hiesiger Auffassung zu ungenau, um das komplexe System der Mitwirkungsobliegenheiten nach §§ 60 ff. SGB I zutreffend zu beschreiben.

Mit Nr. 6 und 7 wird insbesondere eine Beratung hinsichtlich Hilfemöglichkeiten und Beratungsangeboten im Sozialraum statuiert.

Mit § 10a Abs. 2 S. 2 wird vorgegeben, dass die Beratung, soweit erforderlich, auch die Unterstützung bei der Antragstellung, bei der Klärung weiterer zuständiger Leistungsträger sowie der Erfüllung von Mitwirkungspflichten umfasst. Hinsichtlich der

3 BT-Drs. 19/26107, 78.
4 BT-Drs. 19/26107, 78.
5 BT-Drs. 19/26107, 78.
6 BT-Drs. 19/26107, 78.

Unterstützung bei der Antragstellung ist zu berücksichtigen, dass nach § 16 Abs. 3 SGB I die Pflicht besteht, ein „Herantragen" des Hilfebedarfs so auszulegen, dass das Begehren möglichst weitgehend zum Tragen kommt. Das Jugendamt hat „alle aufgrund des Sachverhalts dem Begehren des Antragstellers entsprechenden rechtlichen Möglichkeiten im Rahmen seiner Zuständigkeit zu erwägen und ggf. auf eine Klärung des Verfahrensgegenstandes durch den Antragsteller hinzuwirken". Es gilt insoweit der „Meistbegünstigungsgrundsatz".[7]

Nach § 10a Abs. 3 nimmt bei minderjährigen Leistungsberechtigten nach § 99 SGB IX der Träger der öffentlichen Jugendhilfe mit Zustimmung des Personensorgeberechtigten am Gesamtplanverfahren nach § 117 Abs. 6 SGB IX beratend teil. Die Beteiligung des Jugendamtes am Gesamtplanverfahren erfolgt dabei unabhängig von der Beteiligung des Trägers der öffentlichen Jugendhilfe als Rehabilitationsträger am Teilhabeplanverfahren nach § 19 SGB IX.[8] 4

Nach der Gesetzesbegründung soll mit dieser Vorgabe funktionell sichergestellt werden, dass bis zur schrittweisen Zusammenführung der Zuständigkeiten für junge Menschen mit Behinderungen im SGB VIII im Jahr 2028 bzw. der Einführung der Funktion eines sogenannten „Verfahrenslotsen" beim Jugendamt im Jahr 2024 die spezifischen Bedarfe von Kindern und Jugendlichen, die sich in vielfältiger Hinsicht grundsätzlich von den Bedarfen Erwachsener unterscheiden, im Hinblick auf die Leistungsgewährung der Eingliederungshilfe für Kinder und Jugendliche zum Tragen kommen.

Ferner kann die Beteiligung des örtlichen Trägers der öffentlichen Jugendhilfe im Gesamtplanverfahren nach der Gesetzesbegründung auch der Abstimmung und gemeinsamen Klärung bei einer im Einzelfall schwierigen Abgrenzung zwischen erzieherischen und behinderungsbedingten Bedarfen dienen. Dabei bezieht sich die Beteiligung nicht auf das Jugendamt in seiner Funktion als Rehabilitationsträger. Das Jugendamt hat vielmehr seine Expertise in Wahrnehmung seines Auftrags, zur Verwirklichung des Rechtes eines jeden jungen Menschen auf Förderung seiner Entwicklung und auf Erziehung zu einer selbstbestimmten, eigenverantwortlichen und gemeinschaftsfähigen Persönlichkeit beizutragen.[9]

§ 10b Verfahrenslotse [in Kraft vom 1.1.2024 bis 31.12.2027]

(1) [1]Junge Menschen, die Leistungen der Eingliederungshilfe wegen einer Behinderung oder wegen einer drohenden Behinderung geltend machen oder bei denen solche Leistungsansprüche in Betracht kommen, sowie ihre Mütter, Väter, Personensorge- und Erziehungsberechtigten haben bei der Antragstellung, Verfolgung und Wahrnehmung dieser Leistungen Anspruch auf Unterstützung und Begleitung durch einen Verfahrenslotsen. [2]Der Verfahrenslotse soll die Leistungsberechtigten bei der Verwirklichung von Ansprüchen auf Leistungen der Eingliederungshilfe unabhängig unterstützen sowie auf die Inanspruchnahme von Rechten hinwirken. [3]Diese Leistung wird durch den örtlichen Träger der öffentlichen Jugendhilfe erbracht.

(2) [1]Der Verfahrenslotse unterstützt den örtlichen Träger der öffentlichen Jugendhilfe bei der Zusammenführung der Leistungen der Eingliederungshilfe für junge Menschen in dessen Zuständigkeit. [2]Hierzu berichtet er gegenüber dem örtlichen Träger der öffentlichen Jugendhilfe halbjährlich insbesondere über Erfahrungen der

7 BayVGH 25.6.2019 –12 ZB 16.1920, juris Rn. 26; VG Köln 29.3.2019 – 26 K 1109/17, juris Rn. 63.
8 BT-Drs. 19/26107, 78.
9 BT-Drs. 19/26107, 78.

strukturellen Zusammenarbeit mit anderen Stellen und öffentlichen Einrichtungen, insbesondere mit anderen Rehabilitationsträgern.

1 Im Zusammenhang mit Leistungen der Eingliederungshilfe wird mittels Neuregelung durch Art. 1 des **KJSG** in § 10b ein „Verfahrenslotse" **befristet vom 1.1.2024 bis 31.12.2027** implementiert werden.

Nach § 107 Abs. 1 S. 2 werden bei der Untersuchung der inklusiven Umsetzung aber insbesondere auch die Erfahrungen der örtlichen Träger der öffentlichen Jugendhilfe einbezogen, die bereits vor dem 1.1.2024 Verfahrenslotsen entsprechend § 10b einsetzen. Damit stellt der Gesetzgeber klar, dass örtliche Träger der öffentlichen Jugendhilfe bereits vor dem 1.1.2024 auf freiwilliger Basis Verfahrenslotsen einsetzen können. Deren Erfahrungen sollen in die Untersuchung einbezogen werden und für alle öffentlichen Träger der Jugendhilfe im Hinblick auf die bundesweit verbindliche Einführung des Verfahrenslotsen ab dem 1.1.2024 nutzbar gemacht werden.[1]

2 Nach § 10b Abs. 1 S. 1 haben junge Menschen, die Leistungen der Eingliederungshilfe wegen einer Behinderung oder wegen einer drohenden Behinderung geltend machen oder bei denen solche Leistungsansprüche in Betracht kommen, sowie ihre Mütter, Väter, Personensorge- und Erziehungsberechtigten bei der Antragstellung, Verfolgung und Wahrnehmung dieser Leistungen Anspruch auf Unterstützung und Begleitung durch einen Verfahrenslotsen.

Durch den Verfahrenslotsen sollen Schwierigkeiten, die für die Betroffenen bei der Inanspruchnahme von Eingliederungshilfeleistungen insbesondere aufgrund des gegliederten Sozialleistungssystems entstehen können, abgemildert werden. Die Verfahrenslotsen sollen die Betroffen bei der Geltendmachung von Ansprüchen auf Leistungen der Eingliederungshilfe begleiten, unterstützen und auf die Leistungsinanspruchnahme hinwirken.

Gem. § 10b Abs. 1 S. 2 soll der Verfahrenslotse die Leistungsberechtigten bei der Verwirklichung von Ansprüchen auf Leistungen der Eingliederungshilfe nämlich unabhängig unterstützen sowie auf die Inanspruchnahme von Rechten hinwirken. Die Leistung geht damit weit über eine reine Beratung, wie sie beispielsweise in § 10a vorgesehen ist, hinaus. Der Verfahrenslotse soll die Betroffenen über das gesamte Verfahren hinweg, also von der Antragstellung bis zum Abschluss der Leistungsgewährung, begleiten und damit eine zeitnahe und auf den individuellen Bedarf abgestimmte Leistungsgewährung begünstigen.[2]

3 Nach § 10b Abs. 1 S. 3 wird diese Leistung durch den örtlichen Träger der öffentlichen Jugendhilfe erbracht. Der Verfahrenslotse zielt neben der Stärkung von Betroffenenrechten auch auf die Etablierung der Bedeutung und Verantwortlichkeit des örtlichen Trägers der Jugendhilfe für die Einleitung des Veränderungsprozesses hin zur sogenannten „Inklusiven Lösung" zum 1.1.2028. Bedarfsdeckende personelle Ressourcen müssen für diese Aufgabe bereitgestellt werden.[3]

Gem. § 10b Abs. 2 S. 1 unterstützt der Verfahrenslotse den örtlichen Träger der öffentlichen Jugendhilfe bei der Zusammenführung der Leistungen der Eingliederungshilfe für junge Menschen in dessen Zuständigkeit. Nach S. 2 berichtet er hierzu gegenüber dem örtlichen Träger der öffentlichen Jugendhilfe halbjährlich insbesondere über Erfahrungen der strukturellen Zusammenarbeit mit anderen Stellen und öffentlichen Einrichtungen, insbesondere mit anderen Rehabilitationsträgern.

4 Nach hiesiger Auffassung ist zu bedenken, dass die vorgesehene Verortung des Verfahrenslotsen innerhalb des Trägers der öffentlichen Jugendhilfe zu Konflikten – ver-

1 BT-Drs. 19/28870, 112.
2 BT-Drs. 19/26107, 79.
3 S. hierzu BT-Drs. 19/26107, 79.

gleichbar mit bestehenden Rollenkonflikten des Amtsvormundes – führen kann. Auch wenn es bei den zu treffenden Einzelfallentscheidungen über eine beantragte Leistung nur im Rahmen der Prüfung der unverhältnismäßigen Mehrkosten iSd § 5 Abs. 2 sowie § 37c Abs. 3 S. 2 rechtlich zulässig ist, nach Kostengesichtspunkten über eine Leistungsgewährung zu entscheiden, kann nicht in Abrede gestellt werden, dass sehr viele Entscheidungen des örtlichen Trägers der öffentlichen Jugendhilfe durch den Aspekt entstehender Kosten beeinflusst werden. Unter Verletzung des Grundsatzes des Untermaßverbots wird gelegentlich in rechtswidriger Weise statt der beantragten kostenintensiveren Leistung eine kostengünstigere und weniger wirksame Leistung bewilligt (zB Poollösung bei der Schulbegleitung). Soll aber der Verfahrenslotse auf die Erbringung von Leistungen hinwirken, die besser wirksam, aber kostenintensiver sind, kann es zu Rollenkonflikten innerhalb des örtlichen Trägers der öffentlichen Jugendhilfe kommen.

Zweites Kapitel Leistungen der Jugendhilfe

Erster Abschnitt Jugendarbeit, Jugendsozialarbeit, erzieherischer Kinder- und Jugendschutz

§ 11 Jugendarbeit

(1) [1]Jungen Menschen sind die zur Förderung ihrer Entwicklung erforderlichen Angebote der Jugendarbeit zur Verfügung zu stellen. [2]Sie sollen an den Interessen junger Menschen anknüpfen und von ihnen mitbestimmt und mitgestaltet werden, sie zur Selbstbestimmung befähigen und zu gesellschaftlicher Mitverantwortung und zu sozialem Engagement anregen und hinführen. [3]Dabei sollen die Zugänglichkeit und Nutzbarkeit der Angebote für junge Menschen mit Behinderungen sichergestellt werden.

(2) [1]Jugendarbeit wird angeboten von Verbänden, Gruppen und Initiativen der Jugend, von anderen Trägern der Jugendarbeit und den Trägern der öffentlichen Jugendhilfe. [2]Sie umfasst für Mitglieder bestimmte Angebote, die offene Jugendarbeit und gemeinwesenorientierte Angebote.

(3) Zu den Schwerpunkten der Jugendarbeit gehören:

1. **außerschulische Jugendbildung mit allgemeiner, politischer, sozialer, gesundheitlicher, kultureller, naturkundlicher und technischer Bildung,**
2. **Jugendarbeit in Sport, Spiel und Geselligkeit,**
3. **arbeitswelt-, schul- und familienbezogene Jugendarbeit,**
4. **internationale Jugendarbeit,**
5. **Kinder- und Jugenderholung,**
6. **Jugendberatung.**

(4) Angebote der Jugendarbeit können auch Personen, die das 27. Lebensjahr vollendet haben, in angemessenem Umfang einbeziehen.

1 Bedeutung und Stellung der Vorschrift

1 Die Jugendarbeit steht an der Spitze der Leistungsangebote der Jugendhilfe (§ 2 Abs. 2 Nr. 1). Damit wird deutlich, dass die Jugendarbeit eine besondere Stellung in der Jugendhilfe einnimmt. Im Gegensatz zu anderen Bereichen der Jugendhilfe sollen Kinder und Jugendliche in der Jugendarbeit selbst tätig werden können, Aktionen und Projekte selbst planen und umsetzen, Arbeitsinhalte und Arbeitsformen selbst mitgestalten und sich selbst organisieren können.[1] Jugendarbeit stellt damit eine eigenständige Sozialisationsinstanz dar, die – abweichend von fast allen anderen Jugendhilfeleistungen – nicht vorrangig auf die Unterstützung der Erziehung durch die PSB ausgerichtet ist. Ein besonderer Vorrang lässt sich aus der Stellung der Jugendarbeit im Gesetz nicht ableiten.[2] Sie ist **gleichwertiger Teil** der jugendhilferechtlichen Leistungen gemäß § 2 Abs. 2. Das gilt auch im Vergleich zu den anderen in § 2 Abs. 2 Nr. 1 aufgeführten Leistungen, nämlich der Jugendsozialarbeit und dem erzieherischen Kinder- und Jugendschutz. Die in §§ 11, 13, 13a und 14 bezeichneten Leistungen unterscheiden sich zwar in den Zielsetzungen, weisen aber in der praktischen Arbeit viele Gemeinsamkeiten auf. Insbesondere Angebote nach §§ 11 und 14 können sich inhaltlich decken. Ihnen ist ein stark **präventiver** Charakter gemeinsam, der dazu beitragen kann und soll, soziale Benachteiligungen und individuelle Beeinträchtigungen, die Hilfen nach § 13 erforderlich machen, gar nicht erst entstehen zu lassen. Das Vorliegen eines Defizits beim jungen Menschen ist daher keine Voraussetzung für die Inanspruchnahme der Leistung.[3] Im Rahmen des **Schutzauftrages** nach § 8a Abs. 1 S. 3 kann das JA allerdings auch Hilfe nach § 11 anbieten; das FamG kann im Rahmen des § 1666a BGB die Inanspruchnahme dieser Hilfe anordnen.[4]

Bestrebungen einzelner Länder, die außerschulische Jugendbildung aus der Jugendhilfe zu lösen und sie der **Kultusverwaltung** zuzuführen, ist entschieden entgegenzutreten, da dies die mühsam erkämpfte **„Einheit der Jugendhilfe"** zerbrechen würde. Fürsorge und Bildung lassen sich in der Jugendhilfe nicht trennen, wie sich auch aus § 22 Abs. 3 und § 16 Abs. 2 Nr. 1 ergibt. Davon unberührt bleibt die Möglichkeit, in einem Jugendbildungsgesetz des Landes oder in Landesjugendplänen die (zusätzliche) Förderung der Jugendbildung durch das Land vorzusehen.[5] Die außerschulische Jugendbildung aber aus dem SGB VIII zu lösen, würde sie zu einer freiwilligen Aufgabe schrumpfen lassen und sie damit dem „Schutzschirm" des § 79 entziehen (→ § 79 Rn. 26).[6]

Nach § 79 Abs. 2 S. 2 müssen die Träger der öffentlichen Jugendhilfe von den für die Jugendhilfe bereitgestellten Mitteln einen angemessenen Anteil für die Jugendarbeit verwenden. Diese Bestimmung ist im Rahmen der Förderung nach § 74 zu beachten. Infolge des massiven Ausbaus der Betreuung in Kindertagespflege und Tageseinrichtungen nach § 24 sowie des Anstiegs der Inanspruchnahme von Einzelhilfen, insbesondere nach § 27 und § 35a, und des hiermit verbundenen Anstiegs der Kosten darf tunlichst bezweifelt werden, dass diese Vorgabe noch eingehalten wird. Vielmehr ist zu konstatieren, dass die Träger der öffentlichen Jugendhilfe fortlaufend gegen § 79 Abs. 2 S. 2 verstoßen und damit rechtswidrig handeln.

Mit Art. 1 des **KJSG** wurde § 11 Abs. 1 um einen neuen Satz 3 ergänzt.[7] Danach sollen „die Zugänglichkeit und Nutzbarkeit der Angebote für junge Menschen mit Behinde-

1 So der 8. Jugendbericht, BT-Drs. 11/6576, 107.
2 S. hierzu auch Schruth in jurisPK-SGB VIII Rn. 20.
3 S. hierzu auch Schruth in jurisPK-SGB VIII Rn. 39.
4 So OLG Koblenz 11.6.2012 – 11 UF 266/12, juris Rn. 24 = NJW 2012, 3108.
5 ZB § 2 Jugendbildungsgesetz BW.
6 Wabnitz RdJB 2013, 72; Kunkel ZfJ 1997,180.
7 BGBl. 2021 Teil I Nr. 29, 1444.

rungen sichergestellt werden." Auch diese Leistungserweiterung muss Folgen für die Finanzierung haben.

2 Rechtsverbindlichkeit der Norm (Abs. 1 Satz 1)

Welche Rechtsverbindlichkeit § 11 zukommt, lässt sich dem Wortlaut von Abs. 1 Satz 1 der Bestimmung nicht ohne Weiteres entnehmen. Die Jugendarbeit ist dort als Förderungsangebot formuliert. Nach § 2 Abs. 2 Nr. 1 stellt sie eine Leistung der Jugendhilfe dar. Dass es sich bei der Jugendarbeit um eine echte Sozialleistung nach § 11 SGB I handelt, folgt aus § 27 Abs. 1 Nr. 1 SGB I. Zur Gewährung dieser Sozialleistung sind die öffentlichen Träger unbedingt verpflichtet, denn nach § 11 Abs. 1 „sind" die erforderlichen Angebote der Jugendarbeit zur Verfügung zu stellen (→ § 2 Rn. 7). Es handelt sich also keinesfalls um eine nur „bedingte Pflichtaufgabe" oder gar um eine **„freiwillige Aufgabe"**, wie manche Landräte immer noch ihren Jugendhilfeausschüssen glauben machen wollen. Wird die Pflicht nicht erfüllt, kann die Erfüllung der Pflicht im Wege der **Rechtsaufsicht** (Regierungspräsidium bzw. Landesdirektion, Innen- u. Sozialministerium) eingefordert werden. Unzureichende Angebote sind rechtswidrig.[8] § 11 ist auch nicht ein bloßer Programmsatz der Jugendhilfe, sondern eine echte Rechtsnorm, bei der allein fraglich ist, ob sie sich in der **bindenden Verpflichtung** des öffentlichen Trägers erschöpft oder ob aus ihr auch sog. subjektive öffentliche Rechte begründet werden können. 2

Unter **subjektiv öffentlichem Recht** versteht man die dem Einzelnen kraft öffentlichen Rechts verliehene Rechtsmacht, vom Staat zur Verfolgung eigener Interessen ein bestimmtes Verhalten verlangen zu können.[9] Es geht also um die Frage, ob dem einzelnen jungen Menschen (nicht etwa dem freien Träger) aus der bindenden Verpflichtung des § 11 ein Anspruch darauf erwächst, dass der öffentliche Träger erforderliche Angebote der Jugendarbeit auch tatsächlich zur Verfügung stellt. Ein solches Recht wird regelmäßig abgelehnt.[10] Daran ist so viel richtig, dass ein im Wege des Verpflichtungswiderspruchs- oder Klageverfahrens durchsetzbarer **Anspruch auf ein bestimmtes Angebot der Jugendarbeit nicht besteht.** Hierfür ist zum einen die Verpflichtung aus § 11 Abs. 1 zu unbestimmt; zum anderen stünde ein solcher Anspruch im Widerspruch zur Pluralität in der Jugendhilfe (§ 3 Abs. 1). Zu dieser Pluralität gehört auch die Entscheidungsfreiheit der (freien und öffentlichen) Träger, wie sie die Aufgaben der Jugendhilfe wahrnehmen. 3

Eine andere Frage ist jedoch, ob junge Menschen einen Anspruch darauf haben, dass **überhaupt** bzw. **in ausreichendem Maße** Angebote der Jugendarbeit zur Verfügung gestellt werden. Dies ist zu bejahen (→ § 2 Rn. 6). Insofern besteht nämlich ein subjektives Recht, das unter zwei Voraussetzungen vorliegt. Erstens bedarf es einer Rechtsnorm, die die Verwaltung zu einem bestimmten Verhalten verpflichtet. Zweitens muss die Rechtsnorm (zumindest auch) dem Schutz der Interessen einzelner Bürger dienen.[11] Die Verpflichtung für den öffentlichen Träger folgt aus § 11 iVm seiner Gesamtverantwortung aus § 79 (→ § 79 Rn. 2). Dass die Jugendarbeit im Interesse junger Menschen liegt, ergibt sich direkt aus § 11 Abs. 1. „Junge Menschen" sind nach der Begriffsbestimmung des § 7 Abs. 1 Nr. 4 unter 27 Jahre alt. Für die Annahme eines Anspruchs muss zudem der Kreis der potenziell Berechtigten hinreichend abgrenzbar sein. Potenziell berechtigt sind jedenfalls alle im Bezirk des jeweiligen JA wohnenden jungen Menschen. Diese haben einen Anspruch darauf, dass ihnen eine **„Grund-** 4

8 Ebenso SchlHOVG 23.1.2001 – 2 L 51/01.
9 Maurer, Allgemeines Verwaltungsrecht, § 8 Rn. 2.
10 SchlHOVG 23.1.2001 – 2 L 51/01; Fischer in SFMK Rn. 14; Schäfer/Weitzmann in FK-SGB VIII Rn. 13; Wabnitz in GK-SGB VIII Rn. 2 e; zurückhaltend Bernzen in JHSM Rn. 10.
11 Maurer, Allgemeines Verwaltungsrecht, § 8 Rn. 8.

versorgung" der Jugendarbeit in den Bereichen Bildung, Beratung und Begegnung gewährt wird. Fehlt diese Grundversorgung, muss es den Berechtigten möglich sein, diesen Anspruch auch gerichtlich geltend zu machen. Hierbei ist die Frage zu klären, ob der öffentliche Träger seiner Gesamtverantwortung nach § 79 nachgekommen ist und die erforderlichen und geeigneten Einrichtungen zur Verfügung gestellt hat. Die Begriffe „erforderlich" und „geeignet" sind sog. unbestimmte Rechtsbegriffe, die – von einzelnen Ausnahmen abgesehen (zB bei §§ 27, 35a und 41) – der vollen gerichtlichen Kontrolle unterliegen.[12]

5 Ein Anspruch auf eine „Grundversorgung" mit Einrichtungen der Jugendarbeit scheitert auch nicht zwingend daran, dass es einen allgemeinen Gesetzesvollzugsanspruch nicht gibt. Wenn der Staat bestimmte Leistungen gesetzlich festlegt, können sich im Blick auf das Sozialstaatsprinzip entsprechende Ansprüche ergeben.[13] Bei Fürsorgeleistungen bejahte das BVerwG[14] bereits frühzeitig einen Anspruch des Hilfebedürftigen, obwohl nur eine Leistungsverpflichtung bestand (→ § 2 Rn. 5 f.).

6 Werden Angebote der Jugendarbeit gemacht, besteht ein **Rechtsanspruch auf Teilhabe** aus dem Gleichbehandlungsgrundsatz nach Art. 3 GG (→ § 2 Rn. 6).[15]

3 Strukturmerkmale der Jugendarbeit (Abs. 1 Satz 2)

7 Eine gesetzliche Legaldefinition der Jugendarbeit enthält das SGB VIII nicht. Allerdings führt **Abs. 1 Satz 2** die wesentlichen Strukturmerkmale der Jugendarbeit auf. Dass die Angebote den **Interessen junger Menschen** entsprechen sollen, versteht sich von selbst. Bei den interessengerechten Angeboten ist zu berücksichtigen, dass die Begriffsbestimmung junger Menschen nach § 7 Abs. 1 Nr. 4 hier nicht weiterhilft. Abzustellen ist vielmehr auf die tatsächlichen Adressaten. Der 8. Jugendbericht nennt als Adressatenkreis alle Kinder und Jugendlichen zwischen etwa sechs und fünfundzwanzig Jahren.[16] Der Altersschwerpunkt dürfte zwischen zwölf und einundzwanzig Jahren liegen.[17]

8 Die Jugendarbeit soll von jungen Menschen mitbestimmt und mitgestaltet werden, sie zur Selbstbestimmung befähigen und zu gesellschaftlicher Mitverantwortung und zu sozialem Engagement anregen und hinführen. Hierbei handelt es sich um **allgemeine Zielsetzungen** der Jugendarbeit, die darin bestehen, junge Menschen bei ihrer Entwicklung zu einer eigenverantwortlichen und gemeinschaftsfähigen Persönlichkeit zu unterstützen (§ 1 Abs. 1). Detailliertere Beschreibungen sind den einzelnen Landesausführungsgesetzen nach § 15 vorbehalten.[18] Zum Teil sind solche Umsetzungen erfolgt. So stellt § 2 Abs. 4–6 des JuFöG Rh.-Pf. die Belange von Kindern, Mädchen und jungen Frauen sowie ausländischen jungen Menschen heraus. § 7 Abs. 2 JuFöG Schl.-H. stellt Leitideen der Jugendarbeit in Katalogform auf, der als besondere Anliegen neben der Mitverantwortung und Mitbestimmung die Gleichstellung zwischen Frauen und Männern, Solidarität mit Behinderten, Verständnis für andere Kulturen, Friedensfähigkeit und Schutz der Umwelt nennt.[19]

12 Allg. dazu Maurer, Allgemeines Verwaltungsrecht, § 7 Rn. 35.
13 Maurer AllgVerwR § 8 Rn. 14.
14 BVerwG 24.6.1954 – VC 78/54, E 1, 159.
15 Ebenso Wabnitz in GK-SGB VIII Rn. 2e.
16 BT-Drs. 11/6576, 107.
17 Struck in Wiesner Rn. 7.
18 S. Synopse in Anhang 3.
19 Ferner § 14 LKJHG BW; § 6 AGKJHG Berlin; § 7 Brem.KJFöG; § 28 AGKJHG Hamburg; § 35 Hess.KJGB; § 2 KJFG Meckl.-Vorp.; § 1 JFG Nieders.; § 10 AGKJHG NRW; § 1 AGKJHG Saarl.; § 16 KJHG Thür.

4 Inklusive Leistungserbringung (Abs. 1 Satz 3)

Mit Art. 1 des **KJSG** ist durch Einfügung eines neues Satzes 3 eine Verpflichtung zur inklusiven Ausgestaltung der Jugendarbeit geschaffen worden. Nach der Gesetzesbegründung soll mit der Neuregelung vorgegeben werden, „dass die Angebote der Jugendarbeit in der Regel für junge Menschen mit Behinderungen zugänglich und nutzbar sein müssen. Junge Menschen mit Behinderungen sollen grundsätzlich an den Angeboten der Jugendarbeit partizipieren unter Berücksichtigung ihrer spezifischen Bedarfe." Von einem solchen inklusiven Leistungszugang kann nur im Ausnahmefall abgewichen werden.[20] 9

Damit besteht nach neuer Rechtslage eine objektiv-rechtliche Verpflichtung, die Angebote nach § 11 im Regelfall so auszugestalten, dass junge Menschen mit Behinderung die Leistungen unter Berücksichtigung ihrer „spezifischen Bedarfe" in Empfang nehmen können. Dabei geht es ausweislich des Wortlautes nicht nur um eine reine „Zugänglichkeit". Die Leistungsangebote müssen insbesondere auch vollumfänglich inklusiv „nutzbar" sein. Im Vorgriff auf die mit dem KJSG beabsichtigte Zusammenführung der Eingliederungshilfe für körperlich, geistig und seelisch behinderte Kinder und Jugendliche unter dem Dach des SGB VIII mit Wirkung zum 1.1.2028 ermöglichen damit die Angebote nach § 11 bereits mit Inkrafttreten der Rechtsänderungen auf 1. Stufe zum 10.6.2021 eine vollumfängliche inklusive Leistungserbringung. Körperlich, geistig und seelisch behinderte junge Menschen iSd § 7 Abs. 2 haben damit uneingeschränkten Zugang auf die Leistung nach § 11 unter Berücksichtigung behinderungsbedingter Bedarfe. Damit dürfte eine Stärkung der Leistung nach § 11 einhergehen. Klar ist aber auch, dass hiermit die Anforderungen an die Eignung und Qualifikation der Leistungserbringer steigen werden. Entsprechend dürften die Kosten der Leistungserbringung steigen. Dies muss bei der Finanzierung nach § 74 seinen Niederschlag finden. Besonderes Augenmerk ist hier auch der in § 79 Abs. 2 S. 2 enthaltenen Vorgabe zu schenken.

5 Trägervielfalt und Angebote der Jugendarbeit (Abs. 2)

Abs. 2 Satz 1 hebt die Trägervielfalt in der Jugendarbeit hervor. Sie wird angeboten von Verbänden, Gruppen und Initiativen der Jugend, von anderen Trägern der Jugendarbeit und von Trägern der öffentlichen Jugendhilfe.[21] 10

Jugendverbände und -gruppen sind in § 12 näher beschrieben. In ihnen wird Jugendarbeit selbst organisiert, gemeinschaftlich gestaltet und mitverantwortet. Ihre Arbeit ist auf Dauer angelegt (→ § 12 Rn. 11). Unter dem Begriff der **Jugendinitiativen** werden Selbsthilfe- und Bürgerinitiativen erfasst, wie sie sich im Zug der sozialen Bewegungen als Initiativen Betroffener zur Selbsthilfe und als Initiativen zur Hilfe für andere entwickelt haben. Dazu gehören etwa Jugendhilfevereine, Jugendkulturvereine, Arbeits- und Wohnkollektive von und für Heranwachsende, Wohngruppen für schwierige Jugendliche, Initiativen zur Gestaltung von Spielplätzen, kindergerechter Wohngebiete etc.[22] Auch bei den Jugendinitiativen handelt es sich um Gruppierungen junger Menschen, die sich selbst organisieren und ihre Arbeit gemeinsam gestalten und verantworten. Im Gegensatz zu den Jugendverbänden und -gruppen ist ihre Arbeit jedoch regelmäßig nicht auf Dauer angelegt.[23] 11

Andere freie Träger sind alle sonstigen freien Träger der Jugendhilfe, die Jugendarbeit leisten und nicht den Jugendverbänden, -gruppen oder -initiativen zugerechnet werden können. Im Wesentlichen gehören hierzu die Kirchen und anderen Religionsgemein- 12

20 BT-Drs. 19/26107, 80.
21 Zur Trägervielfalt vgl. auch Henkel in Böhnisch ua, S. 248 ff.
22 Dazu ausführlich der 8. Jugendbericht, BT-Drs. 11/6576, 84.
23 So Bernzen in JHSM Rn. 22.

schaften des öffentlichen Rechts, die Wohlfahrtsverbände sowie andere Vereinigungen zur Förderung der Jugendhilfe.[24] Bei den anderen freien Trägern handelt es sich häufig – aber nicht ausschließlich – um solche, die den Zweck der Jugendhilfe neben anderen Zwecken verfolgen. Neben den freien Trägern sind auch die in § 69 SGB VIII iVm Landesrecht genannten **öffentlichen Träger** Anbieter der Jugendarbeit. Dies folgt freilich bereits aus § 3 Abs. 2.

13 Nach **Abs. 2 Satz 2** umfasst die Jugendarbeit Angebote für Mitglieder, die offene Jugendarbeit und gemeinwesenorientierte Angebote. Die Angebote an die eigenen Mitglieder bilden die traditionelle Form der Jugendarbeit. Sie sind das wesentliche Element der Jugendverbands- und Jugendgruppenarbeit (§ 12 Abs. 2 S. 2). Ähnliches gilt für die anderen freien Träger, soweit sie über Jugendliche als Mitglieder verfügen. Die **offene Jugendarbeit** wendet sich an alle Jugendlichen, unabhängig davon, ob sie einer Organisation angehören oder nicht. Die Teilnahme ist auch nicht an eine Anmeldung gebunden. Offene Jugendarbeit wird überwiegend in Jugendhäusern oder Häusern der offenen Tür angeboten. „Offen" heißt nicht, dass mit der Jugendarbeit keine bestimmte Zielrichtung verfolgt wird. Dies stünde im Widerspruch zur Selbstständigkeit der freien Träger. Auch die offene Jugendarbeit kann auf bestimmte Gruppen von Jugendlichen zielen und ihre Angebote entsprechend formulieren, wenn und soweit sie nicht von vornherein bestimmte Gruppen ausschließt. Nicht zuletzt hat die offene Jugendarbeit auch den Zweck, neue Mitglieder zu werben, die den Interessen des freien Trägers nahe stehen.[25]

14 **Gemeinwesenorientierte Arbeit** weist einen starken Bezug zum jeweiligen Sozial- und Wohnbereich auf. Sie reagiert vor allem auf soziale Brennpunkte der näheren Umwelt. Eine verbreitete Form der gemeinwesenorientierten Arbeit ist die **mobile** Jugendarbeit, die über den Kontakt zu gefährdeten Jugendlichen die Bewohner von sozialen Brennpunkten auf die Probleme aufmerksam machen und zur Mitarbeit bei der Problemlösung motivieren will.[26]

6 Schwerpunkte der Jugendarbeit (Abs. 3)

15 Abs. 3 führt beispielhaft die Schwerpunkte der Jugendarbeit auf. Zu ihnen gehören Angebote der Bildung und Beratung (Nr. 1 und 6) ebenso wie Angebote zur Sozialisation iwS (Begegnungsangebote, gesellschaftliche Erfahrungs- und Orientierungsmöglichkeiten, Nr. 2, 3, 4 und 5). Die Aufzählung ist **nicht abschließend**, sondern lässt Raum für weitere Felder der Jugendarbeit. Auch gibt Abs. 3 nur eine inhaltliche Leitlinie vor, keine methodische. Welche Schwerpunkte gesetzt werden und mit welchen Methoden Jugendarbeit geleistet wird, entscheiden die freien und öffentlichen Träger selbst. Eine abschließende Regelung oder eine methodische Vorgabe verbietet sich angesichts der in § 3 Abs. 1 garantierten Pluralität, wonach die Jugendhilfe durch eine Vielfalt von Inhalten, Methoden und Arbeitsformen gekennzeichnet ist. Um diese Vielfalt zu gewährleisten, sind die öffentlichen Träger nach § 79 Abs. 2 S. 2 verpflichtet, für die Jugendarbeit einen angemessenen Teil der für die Jugendhilfe bereitgestellten Mittel zu verwenden (→ Rn. 1 und → § 12 Rn. 2).

16 Für die Förderungsverpflichtung der öffentlichen Träger stellt die Aufzählung der Schwerpunkte lediglich eine **Ermessensleitlinie** dar. Wenn die freien Träger Maßnahmen anbieten, die der Schwerpunktsetzung nach Abs. 3 entsprechen, so sind diese jedenfalls zur Erfüllung der Aufgaben nach dem SGB VIII geeignet (§ 74 Abs. 1 iVm § 79 Abs. 2). Aus der Gesamtverantwortung der öffentlichen Träger nach § 79 folgt dann, dass sie die Maßnahmen zu fördern haben, sofern sie erforderlich sind, weil

24 Ausführlich Bernzen in JHSM Rn. 13–23.
25 Zur offenen Jugendarbeit s. auch Deinet/Sturzenhecker; Welz in Böhnisch ua, S. 588 ff.
26 Dazu ausführlich der 8. Jugendbericht, BT-Drs. 11/6576, 116 f.

nicht schon ein genügendes Angebot gleicher Maßnahmen besteht.[27] Aus Abs. 3 folgt jedoch keine Verpflichtung, Maßnahmen im Rahmen der dort genannten Schwerpunkte in einer bestimmten Höhe zu fördern.[28] Auch sagt Abs. 3 nichts darüber aus, ob und inwieweit Maßnahmen zu fördern sind, die außerhalb der Schwerpunktsetzung liegen. Soweit es die Verhältnisse erfordern, sind auch andere Maßnahmen der Jugendarbeit zu fördern, wenn sie der Zielsetzung nach § 1 dienen und die Leitlinien des § 9 beachten.

Nr. 1 nennt die außerschulische Jugendbildung mit allgemeiner, politischer, sozialer, gesundheitlicher, kultureller, naturkundlicher und technischer Bildung. Jugendarbeit soll sich also auf Bereiche beziehen, die bereits von der **Schule** abgedeckt werden. Schule und Jugendarbeit stehen in einem komplementären Verhältnis. Damit ist das SGB VIII vom Ansatz des JWG abgerückt (§ 2 Abs. 1 JWG), wonach die Zuständigkeit der Jugendhilfe nur insoweit gegeben war, als die Schule nicht zuständig war (→ § 10 Rn. 34). Dass Schule und Jugendhilfe kooperieren, ist nicht nur begrüßenswert, sondern vom Gesetz ausdrücklich gefordert (§ 81 Nr. 3 SGB VIII und § 3 Abs. 2 KKG). Während die Schule als klassischer Lernbetrieb in erster Linie auf die Vermittlung von theoretischem Wissen ausgerichtet ist, kommt der Jugendarbeit aufgrund ihrer methodischen und inhaltlichen Vielfalt praktische Bedeutung zu. Allerdings kann und sollte Jugendarbeit nicht systembedingte schulische Mängel und Defizite „kurieren" oder ausgleichen. Hier liegt die Zuständigkeit und auch die finanzielle Verantwortung bei der Kultusverwaltung, anders als bei der **Schulsozialarbeit** nach § 13a.[29] 17

Bei der unter **Nr. 2** aufgeführten Jugendarbeit durch Sport, Spiel und Geselligkeit kommt es in erster Linie auf die Erfahrung des Miteinanders zwischen jungen Menschen an. Im Vordergrund steht das Erlernen sozialer Umgangsformen. Reine Unterhaltungsangebote sind ebenso wenig Bestandteil der Jugendarbeit wie nur auf Leistungserbringung ausgerichtete Sportveranstaltungen. 18

Arbeitswelt-, schul- und familienbezogene Jugendarbeit (**Nr. 3**) ist darauf ausgerichtet, dass junge Menschen ihren Platz in der Gesellschaft finden. **Arbeitsweltbezogene** Jugendarbeit soll den Jugendlichen die Möglichkeit geben, die Berufswelt kennen zu lernen und damit die Berufswahl und die Berufsausbildung unterstützen. **Schulbezogene** Jugendarbeit soll dazu dienen, mit Konflikten in der Schule in sozial verträglicher Weise umzugehen. Dazu kann gehören, Spannungen zwischen Schülern untereinander oder zwischen Schülern und Lehrern abzubauen. Auch kann die Jugendarbeit dabei helfen, die Schule nicht als reine „Lernfabrik", sondern als Ort sozialer Begegnung zu verstehen. Schulbezogene Jugendarbeit ist etwas anderes als Schulsozialarbeit (→ Rn. 16), die die schulische Ausbildung eines bestimmten Adressatenkreises zu fördern hat. Hinzu kommt die praktische Unterstützung der Schüler, zB durch Hausaufgabenbetreuung. **Familienbezogene** Jugendarbeit dient zum einen der Konfliktbewältigung im Familienbereich. Zum anderen soll sie die Jugendlichen auf die Gründung einer eigenen Familie vorbereiten, indem sie insbesondere zur Entwicklung familienbezogener Wertvorstellungen beiträgt. 19

Die in **Nr. 4** genannte internationale Jugendarbeit dient der Begegnung junger Menschen unterschiedlicher Nationalität. Durch Erfahrungsaustausch soll sie dazu beitragen, Verständnis für andere Kulturen, Glaubensrichtungen und soziale Wertvorstellungen zu entwickeln. Damit leistet sie einen wichtigen Beitrag zum Abbau von Vorurteilen und Rassismus. **Internationale Jugendarbeit** erschöpft sich nicht im Kontakt mit den im Ausland lebenden Jugendlichen, sondern kann auch in der Begegnung mit hier lebenden ausländischen Jugendlichen bestehen. Wie wichtig solche Kontakte zum ge- 20

27 AA Struck in Wiesner Rn. 18.
28 Zutreffend Bernzen in JHSM Rn. 33.
29 Zu dieser näher Kunkel ZKJ 2013, 192.

genseitigen Verständnis sind, zeigt sich insbesondere angesichts der zunehmenden rassistischen Tendenzen.

21 Kinder- und Jugenderholung nach **Nr. 5** verfolgt zuvörderst den Zweck, dass sich die Kinder und Jugendlichen von den Belastungen durch Schule und Ausbildung erholen können. Inhaltlich ähneln die Maßnahmen denen der Jugendarbeit durch Sport, Spiel und Geselligkeit. Es geht nicht darum, Jugendlichen lediglich preiswerte Urlaubsreisen anzubieten. Im Vordergrund steht vielmehr das **soziale Lernen**.

22 Jugendberatung nach **Nr. 6** soll den Jugendlichen eine Anlaufstelle bieten für persönliche Probleme aller Art. Für die Beratung wichtig ist die Neutralität der Beratungsperson. Gerade weil sie mit den Problemen selbst nicht konfrontiert ist, muss der Jugendliche keine Voreingenommenheit befürchten. Dem Rat des Außenstehenden kann daher in den Augen des Jugendlichen stärkeres Gewicht zukommen als der Empfehlung eines Konfliktbeteiligten. Jugendberatung gewinnt gerade dadurch an Autorität, dass die Hilfe nicht durch eine Person erfolgt, der der Jugendliche sich im Alltag untergeordnet sieht, wie dies etwa bei Eltern oder Lehrern der Fall ist. Problematisch ist das Spannungsverhältnis zwischen Jugendberatung und Elternrecht (→ § 8 Rn. 19 f.).

23 Seit dem 1. KJHG-ÄndG[30] gehört die **innerdeutsche Jugendarbeit** nicht mehr zu den Schwerpunkten. Sie hatte die Auseinandersetzung mit den Folgen der deutschen Teilung zum Gegenstand. Allerdings hat sich mit der Wiedervereinigung der Bedarf an Begegnungen zwischen Jugendlichen der alten und der neuen Bundesländer nicht überholt. Geändert hat sich lediglich die Zielsetzung. Heute geht es darum, vor dem Hintergrund der unterschiedlichen Geschichte eine Annäherung zwischen ost- und westdeutschen Jugendlichen herbeizuführen und das Verständnis für die aus dieser Geschichte resultierende Andersartigkeit zu fördern. Maßnahmen, die diesem Zweck dienen, sind als kulturelle Bildungsarbeit iSd Nr. 1 förderungsfähig.

7 Altersgrenze (Abs. 4)

24 Jugendarbeit richtet sich nach Abs. 1 an junge Menschen, die nach der Begriffsbestimmung des § 7 Abs. 1 Nr. 4 noch nicht 27 Jahre alt sind. Nach Abs. 4 können Angebote der Jugendarbeit auch Personen, die das **27. Lebensjahr vollendet** haben, in angemessenem Umfang einbeziehen. Die Regelung trägt zum einen dem Umstand Rechnung, dass durch längere Schul- und Ausbildungszeiten auch die richtungweisenden Entscheidungen für die eigene Lebensplanung später getroffen werden. Dabei Unterstützung zu leisten und Orientierung zu bieten, ist Aufgabe der Jugendarbeit. Zum anderen gewährleistet die Einbeziehung „älterer junger Menschen" Stabilität und Kontinuität in der Jugendarbeit,[31] birgt aber auch die Gefahr, sich mit „Berufsjugendlichen" zu beschäftigen. Diese können allenfalls als Minderheit toleriert werden, weil die Angebote sonst nicht mehr als „Jugendarbeit" bezeichnet werden können.[32]
Für **Mitarbeiter** der Träger gilt keine Altersgrenze.

8 Kostenbeteiligung

25 Für die Angebote der Jugendarbeit kann der öffentliche Träger Kostenbeiträge festsetzen (§ 90 Abs. 1 S. 1 Nr. 1). Auf Antrag kann er den Kostenbeitrag – auch nur teilweise – erlassen (§ 90 Abs. 2). Festsetzung und Erlass stehen in seinem Ermessen. Teilnahmebeiträge des freien Trägers kann er übernehmen.

30 Vgl. Anh. 2 Synopse.
31 So Fischer in SFMK Rn. 29.
32 So Struck in Wiesner Rn. 7.

§ 12 Förderung der Jugendverbände

(1) Die eigenverantwortliche Tätigkeit der Jugendverbände und Jugendgruppen ist unter Wahrung ihres satzungsgemäßen Eigenlebens nach Maßgabe des § 74 zu fördern.

(2) [1]In Jugendverbänden und Jugendgruppen wird Jugendarbeit von jungen Menschen selbst organisiert, gemeinschaftlich gestaltet und mitverantwortet. [2]Ihre Arbeit ist auf Dauer angelegt und in der Regel auf die eigenen Mitglieder ausgerichtet, sie kann sich aber auch an junge Menschen wenden, die nicht Mitglieder sind. [3]Durch Jugendverbände und ihre Zusammenschlüsse werden Anliegen und Interessen junger Menschen zum Ausdruck gebracht und vertreten.

1 Förderungsverpflichtung (Abs. 1)

Abs. 1 beinhaltet eine ausdrückliche **Förderungsverpflichtung** zugunsten der Jugendverbände und Jugendgruppen. Während die übrigen freien Träger der Jugendhilfe nach dem Wortlaut der §§ 4 Abs. 3 und 74 Abs. 1 gefördert werden „sollen", spricht § 12 Abs. 1 durch die Formulierung „ist zu fördern" eine unbedingte Förderungsverpflichtung aus (zur Rechtsqualität von „Ist"- und „Soll"-Bestimmungen → § 2 Rn. 7 f.).[1] An dieser Verpflichtung ändert es nichts, dass die Jugendverbände und Jugendgruppen gem. dem Wortlaut des Abs. 1 „nach Maßgabe des § 74 zu fördern" sind. Vielmehr hat der Gesetzgeber mit § 12 eine Spezialnorm zur Förderung der Jugendverbände geschaffen, die die besondere Bedeutung der eigenverantwortlichen Tätigkeit der Jugendverbände unterstreichen soll.[2] In diesem Lichte ist die Verweisung auf § 74 zu interpretieren.[3] § 12 regelt die **Trägerförderung**, § 74 die Maßnahmenförderung.[4] 1

Aus der zwingenden Förderungsverpflichtung des § 12 folgt für die Jugendverbände ein **Rechtsanspruch** auf Förderung **dem Grunde nach**, wenn sie die Voraussetzungen des § 74 Abs. 1 erfüllen.[5] Für diese Interpretation spricht auch die enge Verzahnung mit § 11, an den § 12 anknüpft. Da § 11 in der Regel nicht geeignet ist, subjektive Rechte des Einzelnen auf Bereitstellung einer bestimmten Maßnahme zu erzeugen (→ § 11 Rn. 3), ist es erforderlich, die Vorhaltung von Angeboten durch eine zwingende Förderungspflicht der Hauptträger von Jugendarbeit sicherzustellen. Der Förderungsanspruch steht ferner in Einklang mit § 79 Abs. 2 S. 2, der die Träger der öffentlichen Jugendhilfe verpflichtet, einen angemessenen Teil ihrer Mittel für die Jugendarbeit und damit für die Förderung der Jugendverbände bereitzuhalten. Weil die Jugendarbeit im Wesentlichen von den Jugendverbänden geleistet wird, erfüllt der öffentliche Träger die Verpflichtung nach § 79 Abs. 2 S. 2 nur dann, wenn er von den Mitteln der Jugendarbeit einen angemessenen Teil für die Jugendverbandsarbeit bereitstellt. Finanzielle Erwägungen entlasten den öffentlichen Träger nicht. Werden infolge hohen Haushaltsdefizits keine oder nur unzureichende Mittel für die Jugend(verbands)arbeit zur Verfügung gestellt, verstößt der öffentliche Träger gegen seine Förderungsverpflichtung aus § 12 iVm § 79 Abs. 2 S. 2[6] (→ § 11 Rn. 1). Freilich ist höchst umstritten, welcher Anteil der Jugendhilfemittel für den Bereich der Jugendarbeit „angemessen" ist. Wegen der hohen Bedeutung der Jugendarbeit dürfte der Anteil bei mindestens 20 % liegen (§ 45 Abs. 2 AG KJHG Berlin: 10 %). Gegen die gesetzliche Fest- 2

1 AA Schruth in jurisPK-SGB VIII Rn. 9.
2 BT-Drs. 11/5948, 52 zu § 11; Fischer in SFMK Rn. 4.
3 Anders wohl Struck in Wiesner Rn. 3.
4 Ebenso SchlHOVG 23.1.2001 – 2 L 51/01; Bernzen in JHSM Rn. 9, 13.
5 Bernzen in JHSM Rn. 11; Wabnitz in GK-SGB VIII Rn. 7; Preis/Steffan FuR 1993, 191; Kunkel ZKJ 2013, 228 u. ZfJ 2000, 419; jetzt auch Schäfer/Weitzmann in FK-SGB VIII Rn. 5; Struck in Wiesner Rn. 9. S. hierzu auch VG Dresden 22.9.2021 – 1 C 600, 21.
6 Ebenso SchlHOVG 23.1.2001 – 2 L 51/01; Struck in Wiesner Rn. 10.

schreibung eines bestimmten Prozentsatzes wehren sich die Kommunen unter Hinweis auf ihre Finanzhoheit und die unterschiedlichen örtlichen Gegebenheiten in den jeweiligen Jugendamtsbereichen.[7]

3 Trotz des Rechtsanspruchs dem Grunde nach verbleibt die Entscheidung über die konkrete **Förderungsart und die Höhe** der Förderung im **pflichtgemäßen Ermessen** des Trägers der öffentlichen Jugendhilfe. Der Hauptunterschied zu anderen freien Trägern, der zugunsten der Jugendverbände durch § 12 begründet wird, ist demnach, dass eine Nichtförderung ausgeschlossen ist. Der Rechtsanspruch dem Grunde nach führt zu einer **Gesamtverpflichtung** des öffentlichen Trägers gegenüber allen Jugendverbänden und Jugendgruppen des jeweils örtlichen Bereichs, angemessene Förderbeträge in den Haushaltsplan einzustellen, was auch aus § 79 Abs. 2 S. 2 folgt. Dass aus § 12 kein in der Art und Höhe bestimmbarer Anspruch erwächst, hindert den einzelnen Jugendverband nicht daran, die Realisierung dieser Gesamtverpflichtung gegenüber dem öffentlichen Träger gerichtlich geltend zu machen.[8]

4 Stehen Haushaltsmittel zur Verfügung und wird die Förderung des Jugendverbandes dennoch abgelehnt, kann er nach Abschluss des Vorverfahrens (§ 68 VwGO) **Verpflichtungsklage** nach den §§ 42, 113 Abs. 5 VwGO erheben (→ Anh. 5 Rn. 76). Hierbei folgt die grundsätzliche Förderungsverpflichtung aus § 12, die Höhe der beantragten Mittel dagegen aus § 74. Zur Vermeidung unnötiger Kosten sollte nicht auf einen in der Höhe bestimmten Zuschuss geklagt werden, sondern eine sog. Bescheidungsklage nach § 113 Abs. 5 S. 2 VwGO angestrengt werden. Sind hingegen Haushaltsmittel nicht oder in nicht angemessener Höhe für die Jugendverbandsarbeit bereitgestellt, und wird die Förderung aus diesem Grund abgelehnt, steht dem betroffenen Jugendverband ebenfalls die Möglichkeit der Verpflichtungsklage offen; ggf. kommt auch eine **Feststellungsklage** (§ 43 VwGO) in Betracht, gerichtet auf die Feststellung, dass der Haushaltsplan des öffentlichen Trägers wegen der fehlenden Bereitstellung von Mitteln zur Förderung der Jugendarbeit nach § 79 Abs. 2 S. 2 iVm § 12 fehlerhaft ist.[9] Das nach § 43 VwGO erforderliche Rechtsverhältnis folgt für die Jugendverbände und -gruppen aus § 12.

5 Die Förderung selbst beinhaltet nicht nur die Gewährung **finanzieller** Mittel, sondern kann sich auch auf **personelle** (zB Beratung, Fortbildung) oder **sachliche Mittel**, wie etwa die Bereitstellung von Material oder Räumen, erstrecken. In Betracht kommt auch eine Kombination verschiedener Förderarten.[10] Werden, wie oft im Bereich der Jugendarbeit, von mehreren Jugendverbänden gleichartige Einrichtungen betrieben,[11] ist bei der Förderung insbesondere § 74 Abs. 5 entsprechend zu beachten, wonach bei gleichartigen Maßnahmen mehrerer (freier oder öffentlicher) Träger die gleichen Förderungsgrundsätze anzuwenden sind (→ § 74 Rn. 43 ff.). Dass der Rechtsanspruch auf Förderung dem Grunde nach nicht zu einem Überangebot bestimmter Maßnahmen und Einrichtungen der freien Träger führt, folgt aus § 74 Abs. 2. Danach kann die Förderung sinnvoller Weise davon abhängig gemacht werden, dass die freien Träger ihre Angebote mit den Vorgaben des Jugendhilfeplans abstimmen.

6 Die Förderung der Jugendverbände und Jugendgruppen hat unter Beachtung ihrer eigenverantwortlichen Tätigkeit und unter Wahrung ihres satzungsgemäßen Eigenlebens zu erfolgen. § 12 ergänzt damit § 4, der die öffentliche Jugendhilfe zur partnerschaftlichen Zusammenarbeit mit der freien Jugendhilfe unter Beachtung deren Selbstständigkeit auffordert. **Eigenverantwortlichkeit** bedeutet, dass die Jugendverbände und Jugendgruppen autonom entscheiden können, welchen Zweck der Jugendarbeit sie ver-

7 Kritisch dazu Preis/Steffan FuR 1993, 185 (186) und Kunkel ZKJ 2013, 228.
8 So auch Bernzen in JHSM Rn. 11 a; unklar Struck in Wiesner Rn. 10.
9 Bernzen in JHSM Rn. 11 a.
10 So Struck in Wiesner Rn. 5.
11 Etwa „Häuser der Jugend" oder „Häuser der offenen Türen".

folgen. Zwar kann die Förderung davon abhängig gemacht werden, dass der von der freien Jugendhilfe angegebene Zweck tatsächlich auch verfolgt wird, jedoch darf der Zweck dem freien Träger nicht vom JA vorgegeben werden.[12] Die autonom verfolgten Zwecke müssen nicht zu den in § 11 Abs. 3 genannten Schwerpunkten der Jugendarbeit gehören, sofern sie mit den allgemein anerkannten Zwecken der Jugendarbeit in Einklang stehen. Wird die Förderung mit dem Argument abgelehnt, bei anderen als den in § 11 Abs. 3 aufgeführten Zwecken handele es sich nicht um Zwecke der Jugendverbandsarbeit, ist die Ablehnung rechtswidrig.[13] Zur **Wahrung des satzungsgemäßen Eigenlebens** der Jugendverbände und -gruppen ist es dem öffentlichen Träger untersagt, durch Förderungsbedingungen in den Kernbereich der Verbandsautonomie einzugreifen.[14] Das heißt nicht, dass die Förderung unabhängig von sachlich gerechtfertigten Auflagen, Bedingungen oder Befristungen gewährt werden muss. Es darf jedoch kein politischer oder sozialpolitischer Einfluss auf die Grundrichtung der Verbände genommen werden.

2 Bedeutung und Ziele der Jugendverbandsarbeit (Abs. 2)

Abs. 2 hebt die überragende Bedeutung der Jugendverbände und -gruppen in der Jugendhilfe hervor. Sie stellen im Rahmen ihrer vielfältigen Tätigkeit insbesondere die Angebote der Jugendarbeit nach § 11 im Wesentlichen zur Verfügung (§ 11 Abs. 2). Die Jugendgruppen iSv § 12 unterscheiden sich von den Jugendverbänden dadurch, dass es sich um kleinere Zusammenschlüsse im örtlichen Bereich handelt, die nicht an übergeordnete Organisationen angeschlossen sind. Nicht unter § 12 fällt die Jugendgruppe als Teil des Jugendverbandes,[15] sie fällt bereits unter den Begriff der Jugendverbände. In ihren Zielsetzungen sind Jugendverbände und -gruppen regelmäßig deckungsgleich. Der Stellenwert der Jugendverbände kommt ferner in § 71 Abs. 1 Nr. 2 zum Ausdruck, der bestimmt, dass ihre Vorschläge bei der Besetzung des Jugendhilfeausschusses angemessen zu berücksichtigen sind. 7

Abs. 2 stellt ferner die Merkmale auf, die für einen Jugendverband oder eine Jugendgruppe maßgeblich sind. Die Bestimmung kommt einer gesetzlichen Definition nahe und ist für die **Förderung** nach Abs. 1 von Bedeutung. Nur wenn die Voraussetzungen des Abs. 2 erfüllt sind, kann die Förderungsverpflichtung nach Abs. 1 entstehen. Fehlt es daran, kommt eine Förderung nur unter den Voraussetzungen des § 74 in Betracht. 8

Wichtigstes Merkmal der Jugendverbände oder -gruppen ist, dass dort Jugendarbeit von jungen Menschen **selbst organisiert, gemeinschaftlich gestaltet und mitverantwortet** wird (**Abs. 2 Satz 1**). Gefordert wird eine Eigenständigkeit der Jugendverbände von ihren Erwachsenenorganisationen.[16] Die Eigenständigkeit der Jugendverbände schließt eine Zusammenarbeit mit ihren Erwachsenenorganisationen nicht aus, doch müssen die Mitglieder unterscheidbar sein, und die Jugendverbände müssen über eigene Organe der Willensbildung verfügen.[17] Weil diese Eigenständigkeit in der Praxis häufig Gegenstand innerverbandlicher Auseinandersetzungen ist,[18] kann die Voraussetzung des Abs. 2 Satz 1 mit der daran geknüpften Förderungsverpflichtung nach Abs. 1 für das Bemühen der Jugendlichen um Eigenständigkeit von Bedeutung sein.[19] Ob das Kriterium der Selbstorganisation erfordert, dass der wesentliche Teil der Mit- 9

12 Preis/Steffan FuR 1993, 192.
13 Struck in Wiesner Rn. 7.
14 Struck in Wiesner Rn. 6.
15 Dazu Böhnisch in Böhnisch ua, S. 478 ff.
16 Zum Verhältnis der Jugendverbände zu ihren Erwachsenenorganisationen vgl. Steinkamp in Böhnisch ua, S. 263 ff.
17 Struck in Wiesner Rn. 12.
18 Vgl. auch Steinkamp in Böhnisch ua, S. 263, 268.
19 Ebenso Bernzen in JHSM Rn. 18.

glieder Kinder und Jugendliche sein müssen, ist heutzutage fraglich. Es dürfte genügen, dass der Jugendverband von Jugendlichen getragen wird in dem Sinne, dass ihrer Stimme wesentliches Gewicht beikommt.[20]

10 Die Hervorhebung der **gemeinschaftlichen Gestaltung** soll verdeutlichen, dass die freiwillige Zusammenarbeit innerhalb der Jugendverbände und -gruppen ein wesentliches Merkmal ihrer Aktivitäten ausmacht. Eine gemeinschaftliche Gestaltung setzt ein hohes ehrenamtliches Engagement voraus. Unter **Mitverantwortung** ist der Entscheidungs- und Gestaltungseinfluss der einzelnen Mitglieder innerhalb des Jugendverbandes gemeint.[21] Die Mitverantwortung ist konstitutiv für die demokratische Struktur der Jugendverbände und -gruppen. Durch demokratisch zustande gekommene Entscheidungen können der Jugendverband oder die Jugendgruppe eigenverantwortlich innerhalb ihrer Organisation und nach außen auftreten. Dass die demokratische Struktur Förderungsvoraussetzung ist, folgt nicht nur aus § 12 Abs. 2, sondern auch aus § 74 Abs. 1 Nr. 5.

11 **Abs. 2 Satz 2** bestimmt, dass die Arbeit der Jugendverbände und -gruppen **auf Dauer angelegt** ist. Nicht auf Dauer angelegt ist häufig die Arbeit von Initiativen, die sich nach Erreichen eines selbst gestellten Zieles oft auflösen.[22] Dass nur eine dauerhafte Arbeit auf dem Gebiet der Jugendhilfe, die eine gewisse Kontinuität gewährleistet, eine Förderungsverpflichtung nach Abs. 1 auslösen kann, ist sachgerecht. Initiativen sind deshalb von der Förderung nicht ausgeschlossen, sondern ihre Förderung bestimmt sich allein nach § 74. Die Förderungsvoraussetzung der auf Dauer angelegten Arbeit gilt nur für den Jugendverband oder die Jugendgruppe als Institution. Dass sich deren Mitglieder innerhalb der Organisation dauerhaft engagieren, ist zwar zu wünschen, für die Förderung jedoch unerheblich.

12 Mit der Beschreibung, dass die Arbeit der Jugendverbände und -gruppen regelmäßig an die **eigenen Mitglieder** gerichtet ist, sich aber **auch an Nichtmitglieder** wendet, trägt die Bestimmung den heutigen Verhältnissen Rechnung. Jugendorganisationen können ihre Angebote selbstverständlich auch an Interessen und Problemen junger Menschen ausrichten, die ihre Mitglieder nicht zwingend betreffen. Dieses Engagement darf nicht dadurch behindert werden, dass die Förderung von den formalen Mitgliederzahlen abhängig gemacht wird.[23] Schließlich sollen offene Angebote auch dazu führen, neue Mitglieder zu gewinnen. Ein wesentlicher Teil der Arbeit muss sich jedoch an die eigenen Mitglieder wenden, weil ansonsten die Gefahr besteht, dass die Qualität als Jugendverband oder -gruppe verloren geht und es sich nur noch um einen „anderen Träger der Jugendhilfe" iSv § 11 Abs. 2 handelt.[24]

13 Nach **Abs. 2 Satz 3** werden durch die Jugendverbände und ihre Zusammenschlüsse Anliegen und Interessen junger Menschen zum Ausdruck gebracht und vertreten. Sie sind ein unentbehrliches Medium der organisierten Interessenvertretung und der politischen Beteiligung Jugendlicher.[25] Ob die Bestimmung den Verbänden ein „**interessenpolitisches Mandat**" verleiht, ist streitig.[26] Die Interessenvertretung ist jedenfalls mehr als nur eine Tätigkeitsbeschreibung, denn wie die übrigen Kriterien des Abs. 2 ist sie konstitutives Element der Verbandseigenschaft und deshalb iVm Abs. 1 eine Förderungsvoraussetzung. Vertreten werden die Interessen junger Menschen sowohl gegenüber der Gesellschaft als auch gegenüber der Politik. Dass den Jugendverbänden im Rahmen ihrer Interessenvertretung zumindest ein kommunalpolitisches Mandat

---

20 IdS auch Mrozynski SGB VIII Rn. 3; aA Bernzen in JHSM Rn. 24.
21 Schäfer/Weitzmann in FK-SGB VIII Rn. 12.
22 Struck in Wiesner Rn. 13.
23 Schäfer/Weitzmann in FK-SGB VIII Rn. 10.
24 Bernzen in JHSM Rn. 29.
25 BT-Drs. 11/5948, 52 zu § 11 des Entwurfs.
26 So Schäfer in FK-SGB VIII Rn. 15; Wabnitz in GK-SGB VIII Rn. 17.

zufällt, folgt aus § 71 Abs. 1 Nr. 2. Danach sind ihre Vorschläge bei der Besetzung des JHA, der als Teil des JA und Ausschuss eigener Art kommunalpolitisch von Bedeutung ist, angemessen zu berücksichtigen (→ § 71 Rn. 6).

§ 13 Jugendsozialarbeit

(1) Jungen Menschen, die zum Ausgleich sozialer Benachteiligungen oder zur Überwindung individueller Beeinträchtigungen in erhöhtem Maße auf Unterstützung angewiesen sind, sollen im Rahmen der Jugendhilfe sozialpädagogische Hilfen angeboten werden, die ihre schulische und berufliche Ausbildung, Eingliederung in die Arbeitswelt und ihre soziale Integration fördern.

(2) Soweit die Ausbildung dieser jungen Menschen nicht durch Maßnahmen und Programme anderer Träger und Organisationen sichergestellt wird, können geeignete sozialpädagogisch begleitete Ausbildungs- und Beschäftigungsmaßnahmen angeboten werden, die den Fähigkeiten und dem Entwicklungsstand dieser jungen Menschen Rechnung tragen.

(3) [1]Jungen Menschen kann während der Teilnahme an schulischen oder beruflichen Bildungsmaßnahmen oder bei der beruflichen Eingliederung Unterkunft in sozialpädagogisch begleiteten Wohnformen angeboten werden. [2]In diesen Fällen sollen auch der notwendige Unterhalt des jungen Menschen sichergestellt und Krankenhilfe nach Maßgabe des § 40 geleistet werden.

(4) Die Angebote sollen mit den Maßnahmen der Schulverwaltung, der Bundesagentur für Arbeit, der Jobcenter, der Träger betrieblicher und außerbetrieblicher Ausbildung sowie der Träger von Beschäftigungsangeboten abgestimmt werden.

1 Bedeutung der Norm

Die Vorschrift definiert mit der Jugendsozialarbeit ein Angebot der Jugendhilfe, das gemäß § 2 Abs. 2 Nr. 1 den **Leistungen** zuzurechnen ist. Die Leistungen steht jungen Menschen offen und können daher bis zur Vollendung des 27. Lebensjahres in Anspruch genommen werden. Ein enges und nicht trennscharfes Verhältnis besteht daher zwischen den Leistungen für junge Volljährige nach § 41 und § 13 Abs. 3.[1] Insbesondere kommt der Leistung nach § 13 Abs. 3 nach Vollendung des 21. Lebensjahres besondere Bedeutung zu, wenn das Vorliegen eines besonderen Einzelfalls iSd § 41 Abs. 1 S. 2 Hs. 2 zu verneinen ist. 1

Hinsichtlich der Rechtsqualität der Norm ist zwischen den einzelnen Absätzen des § 13 zu differenzieren. Während bei § 13 Abs. 3 nach ganz überwiegender Auffassung die objektiv-rechtliche Verpflichtung zur Bereitstellung entsprechender Angebote durch den Träger der öffentlichen Jugendhilfe mit einem subjektiven Recht des jungen

1 S. hierzu VG München 20.8.2018 – M 18 E 18.2529, juris Rn. 39.

Menschen auf Leistungserbringung korrespondiert, ist die Rechtsqualität des § 13 Abs. 1 umstritten. Nach hiesiger Auffassung wird mit § 13 Abs. 1 nur eine objektivrechtlichen Verpflichtung des Trägers der öffentlichen Jugendhilfe normiert. Diesen Träger trifft die Rechtspflicht, Leistungen nach § 13 Abs. 1 in geeignetem und erforderlichem Umfang anzubieten, § 13 Abs. 1 SGB VIII iVm § 79 SGB VIII. Mit der objektiv-rechtlichen Verpflichtung des Trägers der öffentlichen Jugendhilfe korrespondiert de lege lata allerdings kein subjektives Recht des jungen Menschen auf die Leistung. Der junge Mensch hat nach § 13 Abs. 1 folglich keinen Rechtsanspruch auf die Hilfe und kann diese nicht vor der Verwaltungsgerichtsbarkeit einklagen.[2] Damit bleibt ein Verstoß gegen die unbedingte Rechts- und Gewährleistungspflicht nach § 13 Abs. 1 folgenlos. Die Leistung nach § 13 Abs. 3 kann hingegen vor der Verwaltungsgerichtsbarkeit eingeklagt werden.

2 Die Regelung **verpflichtet den örtlichen** öffentlichen **Träger**[3] abgesehen von Sonderfällen zur Sicherstellung **sozialpädagogischer Hilfen** (Abs. 1) für die schulische sowie berufliche Ausbildung und Integration bzw. die soziale Eingliederung jener jungen Menschen, die zum Ausgleich sozialer Benachteiligungen oder zur Überwindung individueller Beeinträchtigung in erhöhtem Maße auf entsprechende Unterstützung angewiesen sind. Der gleichen Zielgruppe unter 27-jähriger junger Menschen können unter bestimmten Voraussetzungen **sozialpädagogisch begleitete Ausbildungs- und Beschäftigungsmaßnahmen** (Abs. 2) seitens der Jugendhilfe angeboten werden. Für eine gegenüber Abs. 1 und 2 erweiterte Zielgruppe junger Menschen, die an schulischen oder beruflichen Bildungsmaßnahmen teilnehmen oder sich im Prozess der beruflichen Eingliederung befinden, definiert Abs. 3 mit der **Unterkunft in sozialpädagogisch begleiteten Wohnformen** eine weitere Leistungsform. Abs. 4 schließlich verpflichtet zur **Abstimmung** der Angebote der Jugendsozialarbeit mit schulischen und beruflichen Ausbildungs- sowie Eingliederungsmaßnahmen, die andere Träger für die gleiche Zielgruppe anbieten.

2 Leistungsvoraussetzungen und Inhalt des § 13 Abs. 1

2.1 Objektiv-rechtliche Leistungsverpflichtung

3 Die Norm richtet sich als sogenannte objektiv-rechtliche Verpflichtung an den Staat, exakter an den örtlichen Träger der öffentlichen Jugendhilfe, der ein Jugendamt zu errichten hat. Diesen Träger trifft die Rechtspflicht, sozialpädagogische Hilfen iSd § 13 Abs. 1 in geeignetem und erforderlichem Umfang jungen Menschen zur Verfügung zu stellen. Ein subjektives Recht des jungen Menschen auf die Leistungserbringung vermittelt § 13 Abs. 1 nach hiesiger Auffassung aber nicht.[4]

Die Einordnung des § 13 Abs. 1 als objektiv-rechtliche Verpflichtung, die nicht eingeklagt werden kann, führt in der Praxis oftmals zur Fehlvorstellung, dass es sich um eine „freiwillige Leistung" handele.[5] Damit wird die Rechtsqualität einer objektivrechtlichen Pflicht verkannt. Die Leistung muss zwingend erbracht werden. Die Leistungserbringung kann nicht aufgrund fehlender finanzieller Mittel verweigert werden.

---

2 Strittig. Wie hier kein Rechtsanspruch: Grube in Hauk/Noftz SGB VIII § 13 Rn. 27; Winkler in BeckOK SozR SGB VIII § 13 Rn. 9; Kunkel in Kepert/Kunkel, Handbuch Kinder- und Jugendhilferecht, 1. Aufl. 2017, S. 140; s. hierzu auch OVG NRW 28.8.2007 – 12 A 1119/07, juris Rn. 21; VG Regensburg 14.10.2004 – RO 8 K 04.1009, juris Rn. 29. Für Rechtsanspruch hingegen: Struck in Wiesner SGB VIII Rn. 7; Schruth in jurisPK-SGB VIII Rn. 37; Schäfer/Weitzmann in FK-SGB VIII Rn. 9.

3 Vgl. Kunkel ZfJ 1997, 180.

4 S. hierzu auch OVG NRW 28.8.2007 – 12 A 1119/07, juris Rn. 21; VG Regensburg 14.10.2004 – RO 8 K 04.1009, juris Rn. 29.

5 S. hierzu statt Vieler: BT-Drs. 19/9053 „Schulsozialarbeit für alle Schülerinnen und Schüler sichern".

Wird die Leistung nicht in bedarfsdeckendem Umfang zur Verfügung gestellt, verstößt der Träger der öffentlichen Jugendhilfe gegen seine Gewährleistungspflicht nach § 13 Abs. 1 iVm § 79.

Allerdings ist nach hiesiger Auffassung kritisch zu hinterfragen, welchen Sinn (objektiv-rechtliche) Rechtspflichten haben, gegen die der Träger der öffentlichen Jugendhilfe folgenlos verstoßen kann. So ist über eine Auswertung von juris kein einziges Klageverfahren ersichtlich, mit welchem es gelungen ist, Leistungen nach § 13 Abs. 1 einzuklagen. Der junge Mensch ist wehr- und hilflos gestellt, wenn das jeweilige Jugendamt die Leistung nach § 13 Abs. 1 nicht in bedarfsdeckendem Umfang zur Verfügung stellt und damit gegen die Gewährleistungspflicht verstößt. Nach hiesiger Auffassung stellt sich die Frage nach dem Sinn und Zweck von Rechtspflichten gegen die folgenlos verstoßen werden kann.

2.2 Leistungsvoraussetzungen

Gem. § 13 Abs. 1 SGB VIII sollen jungen Menschen, die zum Ausgleich sozialer Benachteiligungen oder zur Überwindung individueller Beeinträchtigungen in erhöhtem Maße auf Unterstützung angewiesen sind, sozialpädagogische Hilfen angeboten werden, die ihre schulische und berufliche Ausbildung, Eingliederung in die Arbeitswelt und ihre soziale Integration fördern. § 13 Abs. 1 ist damit jungen Menschen bis zur Vollendung des 27. Lebensjahres (§ 7 Abs. 1 Nr. 4 SGB VIII) zugänglich. Junge Menschen im Alter von null bis 26 Jahren können diese Leistung daher in Anspruch nehmen. Soweit ein möglicher Hilfebedarf an das zuständige Jugendamt herangetragen wird, besteht eine Pflicht zur Prüfung.[6] 4

Nach dem Gesetzeswortlaut steht die Leistung allerdings nicht allen jungen Menschen offen. Die Hilfeerbringung ist an das Vorliegen sozialer Benachteiligungen oder individueller Beeinträchtigungen geknüpft. Die Voraussetzung der sozialen Benachteiligung knüpft an eine strukturelle Benachteiligung. Damit wird die Hilfeerbringung von der Zugehörigkeit zu einer Personengruppe abhängig gemacht, die generell erhöhten Unterstützungsbedarf hat, um Zugang zu Bildung zu haben.

Der Begriff der sozialen Benachteiligung bezeichnet somit eine durch gesellschaftliche Mechanismen mittelbar oder unmittelbar bewirkte relative Zurücksetzung von Menschen im Wettbewerb um den Zugang zu gesellschaftlichen Ressourcen (zB Bildung, Ausbildung, Einkommen) und Positionen (zB Beruf). Als sozial benachteiligt können junge Menschen gelten, die aufgrund der Zugehörigkeit zu einer bestimmten gesellschaftlichen Gruppe in ihren persönlichen **Entwicklungsmöglichkeiten**, in ihrem **Zugang zu Bildung, Ausbildung und Beruf** sowie allgemein in ihrer Teilhabe an der Gesellschaft **systematisch eingeschränkt** werden. Dies trifft zum Beispiel für junge Menschen zu, die aus einfachen, ggf. mit sozialen Problemen belasteten Lebensverhältnissen oder aus sozialen Randgruppen kommen. Der familiäre Hintergrund und die allgemeinen sozialen und materiellen Lebensbedingungen erschweren ihnen den Zugang zu schulischer und beruflicher Ausbildung bzw. die Bewältigung der entsprechenden Anforderungen und hindern sie ggf. daran, eine tragfähige Lebensperspektive für sich zu entwickeln. Sozial benachteiligt ist darüber hinaus, wer in strukturschwachen Regionen lebt oder aus einer Familie stammt, die einer gesellschaftlich weniger geachteten ethnischen Minderheit angehört (zB Arbeitsmigranten, Flüchtlinge, Aussiedler). Soziale Benachteiligung kann auch eine ganze Altersgruppe junger Menschen treffen, zB wenn die schulischen, ausbildungsmäßigen oder beruflichen Einmündungs- 5

6 S. hierzu VG München 9.7.2020 – M 18 E 20.2436, juris Rn. 49 sowie NdsOVG 25.11.2019 – 10 PA 204/19, juris Rn. 16 und 17. S. hierzu auch VGH BW 23.1.2018 – 12 S 1952/17, juris Rn. 12.

prozesse für sie zusammenfallen mit demographisch oder konjunkturell bedingten Mangellagen im Ausbildungssektor oder auf dem Arbeitsmarkt.[7]

6 Eine individuelle Beeinträchtigung liegt vor, wenn **persönliche Merkmale** es dem jungen Menschen erschweren, bestimmte, für ihre Entwicklung und die gleichberechtigte Teilhabe in der Gesellschaft wichtige physische, psychische, kognitive oder soziale Anforderungen zu erfüllen. Indikatoren dafür sind zB Schwierigkeiten in der sozialen Kompetenz, besondere Lern- und Leistungsschwächen, Verhaltensauffälligkeiten aber auch konkrete belastende Lebenslagen wie zB Ausbildungs- oder Arbeitslosigkeit oder Wohnungslosigkeit. Als individuell beeinträchtigt gelten auch junge Menschen, welche eine **Behinderung** aufweisen. Für diese kann die Hilfe nach § 13 neben die Eingliederungshilfe nach § 35 a bzw. § 99 SGB IX treten. Das Verständnis von individueller Beeinträchtigung ist durch die Gesellschaft geprägt und wandelt sich mit der gesellschaftlichen Entwicklung. Die Anforderungen, an denen die Beeinträchtigung festgemacht wird, sind wie jene in Schule, Ausbildung und Beruf wesentlich gesellschaftlich vermittelt.

In der Praxis kann es gelegentlich Probleme bei der Abgrenzung der sozialen Benachteiligung von der individuellen Beeinträchtigung geben. Aus sozialer Benachteiligung kann die individuelle Beeinträchtigung erwachsen, so wie die individuelle Beeinträchtigung über gesellschaftliche Mechanismen zu einer sozialen Benachteiligung führen kann. Aufgrund der alternativen Verknüpfung („oder") der Merkmale kommt es aber regelmäßig auf eine trennscharfe Abgrenzung nicht an.

7 Eine weitere Tatbestandsvoraussetzung, welche kumulativ zu einer sozialen Benachteiligung oder einer individuellen Beeinträchtigung vorliegen muss, ist das Angewiesensein auf Unterstützung in erhöhtem Maß. Es muss damit eine Erheblichkeitsschwelle im Sinne eines gewissen Unterstützungsbedarfs erreicht werden.[8] Die Anforderungen an diese Erheblichkeitsschwelle sind allerdings nicht zu hoch anzusetzen. Aus der Zielsetzung der sozialpädagogischen Hilfen lässt sich schließen, dass schulische, ausbildungsbezogene, berufliche und allgemeine soziale **Schwierigkeiten**, die eine durchschnittliche schulische Qualifikation, den Abschluss einer beruflichen Ausbildung oder die Arbeitsaufnahme bzw. die soziale Integration allgemein in Frage stellen, **als Indikatoren** für einen erhöhten Unterstützungsbedarf gewertet werden können. Eine weitergehende Differenzierung der Zielgruppe erfolgt nicht. Sie wäre im Hinblick darauf, dass das Gesetz offen genug sein sollte, um neuen Formen der Benachteiligung und Beeinträchtigung sowie daraus erwachsenden Unterstützungsbedürfnissen Rechnung zu tragen, auch nicht sinnvoll. Aktuell richtet die Jugendsozialarbeit ihre Angebote an Schülerinnen und Schüler aller Altersstufen, an Mädchen und junge Frauen, junge Menschen aus zugewanderten Familien und junge Menschen ohne ausreichende schulische oder berufliche Qualifikation, ohne Ausbildungsplatz oder ohne Arbeit sowie an junge Menschen, die beispielsweise als Drogenabhängige, Obdachlose oder Angehörige einer entsprechenden Subkultur bereits nahezu außerhalb der Gesellschaft stehen.

2.3 Leistungsinhalt

8 Nach § 13 Abs. 1 zielen die sozialpädagogischen Hilfen auf die Förderung der schulischen und beruflichen Ausbildung, Eingliederung in die Arbeitswelt und soziale Inte-

7 Hinweise auf die Dimensionierung des Begriffes der sozialen Benachteiligung kann die Forschung über gesellschaftliche Diskriminierung geben; vgl. dazu Antidiskriminierungsstelle des Bundes (2011), Expertise „Mehrdimensionale Diskriminierung – Begriffe, Theorien und juristische Analyse" unter http://www.antidiskriminierungsstelle.de/SharedDocs/Kurzmeldungen/DE/2010/nl_01_2011/nl_01_2011_publikationen_mehrdimensionale_diskriminierung_begriffe_theorien_juristische_analyse.html.

8 S. hierzu auch Struck in Wiesner Rn. 3 und 4.

gration des jungen Menschen. Eine weitere Eingrenzung der Leistungserbringung nach § 13 Abs. 1 wird durch den Gesetzestext nicht vorgenommen. Eine negative Abgrenzung ergibt sich aus den Formulierungen der Abs. 2 und 3. In Abgrenzung zu Hilfen nach § 13 Abs. 3 handelt es sich hierbei um ambulante Hilfen.

Demnach umfasst der Begriff der sozialpädagogischen Hilfen nach § 13 Abs. 1 nicht die Ausbildungs- und Beschäftigungsprojekte selbst und auch nicht die Unterkunft in sozialpädagogisch begleiteten Wohnformen. Die inhaltliche **Ausrichtung** der Hilfen **bestimmt sich nach den** angegebenen **Zielen.** Unter dem Aspekt der ganzheitlichen Unterstützung werden in der Praxis häufig verschiedene Hilfen kombiniert.

Sozialpädagogische Hilfen zur Förderung der schulischen und beruflichen Ausbildung und zur Eingliederung in die Arbeitswelt (**Jugendberufshilfe**) sind zunächst beispielsweise Maßnahmen im Übergangsbereich von Familie, Schule und Beruf. Sie dienen dem erfolgreichen Abschluss der Schulausbildung, der Berufsorientierung und -findung, der motivationalen Unterstützung und der Vermittlung von Schlüsselqualifikationen sowie der Verbesserung der bildungsmäßigen Voraussetzungen im Vorfeld einer beruflichen Ausbildung. Insofern schließen sie ggf. Bildungsmaßnahmen ein, die das Nachholen des (erweiterten) Hauptschulabschlusses oder eines anderen Schulabschlusses erlauben. Die ausbildungs- bzw. berufsorientierten sozialpädagogischen Hilfen begleiten darüber hinaus die Phase der Berufsausbildung bzw. der Berufseinmündung mit entsprechend unterstützender Zielrichtung. Dazu gehört ggf. die Hilfe bei der Suche nach einem Ausbildungsplatz oder einer Arbeitsstelle.

Die Hilfe erfolgt als Beratung und sozialpädagogische Einzelfallhilfe, durch Kurse, 9
Seminare und sozialpädagogische Gruppenarbeit, durch Projekte, Einzelveranstaltungen und offene Arbeit. Sie findet statt in Einrichtungen der Berufsausbildung, in Jugendwerkstätten, Bildungshäusern, offenen Treffs und Beratungsstellen sowie zT als mobile, aufsuchende Arbeit.

Das Gesetz benennt ferner die soziale Integration als Ziel. Entsprechende Hilfen zur 10
sozialen Integration und damit zur Teilhabe an der Gesellschaft sind unmittelbar in der Lebenswelt der jungen Menschen angesiedelt. Sie stellen die Förderung der Persönlichkeitsentwicklung in den Mittelpunkt und nutzen die **sozialpädagogische Beziehung** und die **Gruppe** als unterstützenden sozialen Erfahrungsraum. Sie setzen bei den Kompetenzen der jungen Menschen an, stärken ihr Selbstbewusstsein sowie die Eigenverantwortlichkeit und unterstützen sie bei der Entwicklung eines tragfähigen Lebensentwurfs. Der 15. Kinder- und Jugendbericht hält eine grundlegende Sensibilisierung der sozialen Dienste für die alltäglichen Herausforderungen von Jugendlichen und jungen Erwachsenen für erforderlich sowie eine Vergewisserung, wie die sozialen Dienste die Kernherausforderungen – Qualifizierungs-, Selbstpositionierungs- und Verselbständigungsprozesse – des Jugendalters mitgestalten.[9]

Charakteristisch sind **zielgruppenspezifische Ansätze**, wie etwa die Arbeit mit **Mäd-** 11
chen und jungen Frauen (Mädchensozialarbeit) oder mit **jungen Menschen aus zugewanderten Familien** (zB in Jugendgemeinschaftswerken). Der homogene Bezugsrahmen erleichtert die Auseinandersetzung mit der eigenen Situation und die Entwicklung von Perspektiven für deren gezielte Verbesserung. Da Fragen der Schule, der Ausbildung und des Berufs entscheidende Größen für die gesellschaftliche Integration darstellen, sollten sie so weit als möglich auch in jene Hilfen eingebunden werden, die schwerpunktmäßig auf die soziale Integration allgemein ausgerichtet sind.

Darüber hinaus kommen aber auch Angebote an andere Zielgruppen in Betracht. Dazu gehören zB wohnunglose junge Erwachsene, die die Tatbestandsvoraussetzungen nach § 41 bzw. § 13 Abs. 3 nicht (mehr) erfüllen und trotzdem sozialpädagogische Hilfen, die ihre schulische und berufliche Ausbildung, Eingliederung in die Arbeits-

9 15. Kinder- und Jugendbericht (2017), BT-Drs.18/11050, 484.

welt und ihre soziale Integration fördern, benötigen. So kann Jugendsozialarbeit zB ergänzend zu einer Unterbringung durch die Wohnungslosenhilfe die berufliche und soziale Integration fördern.

12 Eine typische Form sozialer Integrationshilfe ist die Arbeit in Treffs (Mädchencafés) oder Beratungszentren, in denen Beratung, Gruppenangebote, Projekte, sozialpädagogische Einzelfallhilfe einschließlich lebenspraktischer Hilfen offen zugänglich sind. Wichtig ist darüber hinaus die aufsuchende Jugendsozialarbeit (zB zielgruppenspezifische **Straßensozialarbeit, Streetwork**), meist im Vorfeld oder in Kombination mit den vorgenannten einrichtungsbezogenen Angeboten.[10]

2.4 Schulsozialarbeit

13 Mit der in § 13 Abs. 1 enthaltenen Zielbestimmung der Förderung der schulischen Ausbildung des jungen Menschen sind auch sozialpädagogische Hilfen in unmittelbarem Zusammenhang mit dem Schulbesuch angesprochen. Der Begriff „Schulsozialarbeit" fand sich nach bisheriger Rechtslage allerdings weder in § 13 noch an anderer Stelle im Gesetz. Auch in den Ausführungsgesetzen der Bundesländer zum SGB VIII tauchte der Begriff bisher überwiegend[11] nicht auf. Das Gesetz verwendet in § 13 vielmehr die Begrifflichkeit „Jugendsozialarbeit". Hierbei handelt es sich um einen Sammelbegriff für verschiedene Aufgabenfelder.[12] Schulsozialarbeit wurde daher auch als „Phantombegriff" der Kinder- und Jugendhilfe bezeichnet.[13] Bisher fehlten damit klare Regelungen zur Schulsozialarbeit.[14] Mit Art. 1 des KJSG ist dies nun mit Wirkung zum 10.6.2021 geändert worden.[15] Mit § 13a besteht nun eine eigenständige Regelung zur Schulsozialarbeit.

3 Leistungsvoraussetzungen und Inhalt des § 13 Abs. 2

14 In Anknüpfung an die Leistungsvoraussetzungen des Abs. 1 und soweit die Ausbildung der jungen Menschen nicht durch Maßnahmen und Programme anderer Träger und Organisationen sichergestellt wird, sieht § 13 Abs. 2 das Angebot von geeigneten sozialpädagogischen begleiteten Ausbildungs- und Beschäftigungsmaßnahmen vor, die den Fähigkeiten und dem Entwicklungsstand der in Abs. 1 genannten jungen Menschen Rechnung tragen.

Aus der einschränkenden Voraussetzung, dass Ausbildung und Beschäftigung[16] der entsprechenden Zielgruppe nicht durch Maßnahmen und Programme anderer Träger sichergestellt werden kann, folgt der **subsidiäre Charakter** der Jugendsozialarbeit mit dem Ziel der Ausbildung und Beschäftigung. Vorrangig sind die Verpflichtungen der für Ausbildung und Arbeitsmarkt verantwortlichen Institutionen sowie der Bundesagentur für Arbeit und der örtlichen Jobcenter. Jugendhilfe kann und soll kein Ausfallbürge für Wirtschafts- und Arbeitsmarktpolitik sein. Die in Abs. 4 ausgesprochene Abstimmungsverpflichtung kann insofern in Zusammenhang gesehen werden mit dem Bestreben, die primär verantwortlichen Institutionen in die Pflicht zu nehmen, ge-

---

10 Die Bedeutung wird bestätigt durch die Empfehlung des DV zur Hilfe für junge Erwachsene in besonderen Problemlagen vom 22.3.2017 unter: https://www.deutscher-verein.de/de/empfehlungenstellungnahmen-2017-empfehlungen-des-deutschen-vereins-zur-hilfe-fuer-junge-erwachsene-in-besonderen-problemlagen-2638,1091,1000.html.

11 Zur Ausnahme s. § 3 Abs. 2 Landesgesetz zur Förderung der Jugendarbeit und Jugendsozialarbeit (GVBl. S. 629) Rheinland-Pfalz.

12 Struck in Wiesner SGB VIII Rn. 1.

13 Kunkel in Kepert/Kunkel, Handbuch Kinder- und Jugendhilferecht, S. 129.

14 Kunkel, Expertise zum Thema Gesetzliche Verankerung von Schulsozialarbeit, 2016, Einleitung.

15 BGBl. 2021 Teil I Nr. 29, 1444.

16 BT-Drs. 11/5948, 56.

meinsam zu prüfen, ob es tatsächlich keine Alternativen zu eigenen Maßnahmen der Jugendsozialarbeit gibt.

Das Attribut **„sozialpädagogisch begleitet"** unterstreicht den besonderen pädagogischen Anspruch, der mit solchen Ausbildungs- und Beschäftigungsmaßnahmen einhergeht. Das gilt in gleicher Weise für die Ergänzung, dass die Maßnahmen den Fähigkeiten und dem Entwicklungsstand der sozial benachteiligten oder individuell beeinträchtigten jungen Menschen entsprechen sollen. Die sozialpädagogische Begleitung wird dabei mit Blick auf die Zielgruppe und ihre besondere Lage die ganze Palette der Integrationshilfen nach Abs. 1 enthalten, soweit sie sich sinnvoll mit einer entsprechenden Ausbildungs- und Beschäftigungsinitiative verbinden lassen. Als Spezifikum wird hier ergänzend die Beratung und Unterstützung von Ausbildern dazu treten. 15

Ebenso wie Abs. 1 wird mit Abs. 2 ebenfalls (nur) eine objektiv-rechtliche Verpflichtung zur Leistungserbringung vorgegeben. Ein Rechtsanspruch auf die Leistungserbringung besteht nach hiesiger Auffassung nicht. Vor Gericht einklagbar ist die Leistung nach § 13 Abs. 2 daher nur im Zusammenspiel mit der Hilfe zur Erziehung nach § 27 Abs. 3.[17]

4 Unterkunft in sozialpädagogisch begleiteten Wohnformen (Abs. 3)

4.1 Rechtsqualität

Nach § 13 Abs. 3 SGB VIII kann jungen Menschen während der Teilnahme an schulischen oder beruflichen Bildungsmaßnahmen oder bei der beruflichen Eingliederung Unterkunft in sozialpädagogisch begleiteten Wohnformen angeboten werden. 16

Im Gegensatz zu den Regelungen in Abs. 1 und 2 korrespondiert die in Abs. 3 enthaltene objektiv-rechtliche Verpflichtung mit einem subjektiven Recht des jungen Menschen. § 13 Abs. 3 stellt daher eine Anspruchsgrundlage auf eine Leistungserbringung dar. Allerdings vermittelt die Norm nur einen Anspruch auf ermessensfehlerfreie Entscheidung über die Leistungserbringung.[18] Dieses Recht kann vor der Verwaltungsgerichtsbarkeit im vorläufigen Rechtsschutzverfahren nach § 123 VwGO und mittels einer Verpflichtungsklage nach § 42 Abs. 1 Alt. 2, 113 Abs. 5 S. 2 VwGO eingeklagt werden.[19] Sofern das Jugendamt rechtsfehlerhaft eine ermessensfehlerfreie Entscheidung nicht vorgenommen hat, wird in der Rspr. die Auffassung vertreten, dass eine vorläufige Verpflichtung zur Leistungserbringung im vorläufigen Rechtsschutzverfahren nach § 123 VwGO trotz der erforderlichen behördlichen Ermessensentscheidung möglich ist.[20]

Ein enges und nicht trennscharfes Verhältnis besteht zwischen den Leistungen nach § 41 und § 13 Abs. 3.[21] Insbesondere kommt der Leistung nach § 13 Abs. 3 nach Vollendung des 21. Lebensjahres besondere Bedeutung zu, wenn das Vorliegen eines besonderen Einzelfalls iSd § 41 Abs. 1 S. 2 Hs. 2 zu verneinen ist. Soweit ein möglicher Hilfebedarf nach § 41 an das zuständige Jugendamt herangetragen wird und die Leistungsgewährung nach § 41 abgelehnt wird, besteht idR eine Pflicht zum Prüfung der Leistung nach § 13 Abs. 3.[22] Nach § 16 Abs. 3 SGB I besteht die Pflicht ein „Herantragen" des Hilfebedarfs so auszulegen, dass das Begehren möglichst weitgehend zum Tragen kommt. Das Jugendamt hat *„alle* aufgrund des Sachverhalts dem Begehren des Antragstellers entsprechenden rechtlichen Möglichkeiten im Rahmen seiner Zustän- 17

17 S. hierzu VG Freiburg 22.12.2016 – 4 K 4471/16, juris Rn. 19.
18 S. hierzu VG München 26.10.2016 – M 18 E 16.4415, juris Rn. 26.
19 S. hierzu VG München 26.10.2016 – M 18 E 16.4415, juris.
20 VG München 26.10.2016 – M 18 E 16.4415, juris Rn. 36.
21 S. hierzu VG München 20.8.2018 – M 18 E 18.2529, juris Rn. 39.
22 S. hierzu VG München 20.8.2018 – M 18 E 18.2529, juris Rn. 39.

digkeit zu erwägen und ggf. auf eine Klärung des Verfahrensgegenstandes durch den Antragsteller hinzuwirken". Es gilt insoweit der „Meistbegünstigungsgrundsatz".[23]

Im Vergleich zur Leistungsnorm des § 41 stellt die Leistung nach § 13 Abs. 3 eine niederschwellige Hilfeform der Unterbringung in einer sozialpädagogisch begleiteten Wohnform dar. Insbesondere unterscheiden sich auch die Tatbestandsvoraussetzungen. So ist es für die Tatbestandserfüllung nach § 13 Abs. 3 nicht erforderlich, dass die Hilfe für eine selbstbestimmte, eigenverantwortliche und selbständige Lebensführung des jungen Volljährigen iSd § 41 Abs. 1 notwendig ist.[24]

Daher ist auch eine Übertragung der für § 41 anzuwendenden Rechtsvorgaben für die Leistung nach § 13 Abs. 3 nicht möglich. Trotz einer nicht trennscharfen Abgrenzung der Leistungsnormen sind beide Anspruchsgrundlagen eigenständig in den Blick zu nehmen.[25]

4.2 Tatbestandsvoraussetzungen

18 Nach dem Gesetzeswortlaut sind nach § 13 Abs. 3 junge Menschen materiell anspruchsberechtigt. Nach § 7 Abs. 1 Nr. 4 kann die Leistung daher von Personen bis zur Vollendung des 27. Lebensjahres in Anspruch genommen werden. Soweit ein entsprechender Hilfebedarf von dem jungen Menschen an das zuständige Jugendamt herangetragen wird, besteht eine Pflicht zum Tätigwerden.[26]

Weitere Tatbestandsvoraussetzung ist es, dass während einer Teilnahme an einer schulischen oder beruflichen Bildungsmaßnahme oder bei der beruflichen Eingliederung eine Unterkunftsgewährung in sozialpädagogisch begleiteten Wohnformen erfolgen soll. Nach dem Gesetzeswortlaut ist es daher Tatbestandsvoraussetzung, dass sich der junge Mensch in einer schulischen oder beruflichen Bildungsmaßnahme oder einer beruflichen Eingliederung befindet. Dabei hat der Gesetzgeber offengelassen, welche Art der schulischen oder beruflichen Bildungsmaßnahme bzw. beruflichen Eingliederung angestrebt wird. Infrage kommen daher sämtliche Formen der schulischen und beruflichen Bildung sowie Berufstätigkeit. Dies gilt insbesondere auch dann, wenn zuerst ein niederer und dann ein höherer Schulabschluss (inkl. Abitur) und/oder zuerst eine einfache und dann eine anspruchsvollere Berufsausbildung (inkl. Studium) angestrebt wird.

Die Leistung des § 13 Abs. 3 darf sich aber nicht auf die Zurverfügungstellung einer Wohnung beschränken. Nach dem Gesetzeswortlaut hat die Leistung eine „sozialpädagogische Begleitung" zu umfassen.

Danach ist die Hilfe nach § 13 dadurch gekennzeichnet, dass sich das bei der zu betreuenden Person bestehende Defizit von dem Erziehungsdefizit iSd § 27 oder des § 41 unterscheidet. Die Mangellage ist bei einer Hilfeerbringung nach § 13 SGB VIII nach der gesetzgeberischen Konzeption deutlich weniger stark ausgeprägt als bei Erbringung dieser Leistungen. Dieser Befund lässt sich auch aus einer grammatikalischen Auslegung folgern. Durch die Verwendung des Begriffes „begleitet" in § 13 Abs. 3 im Gegensatz zu der Spezifizierung „betreute" Wohnformen nach § 34 liegt der Leistungserbringung ein weniger intensiver pädagogischer Einsatz aufgrund eines geringeren Defizits beim jungen Menschen zugrunde.

---

23 BayVGH 25.6.2019 – 12 ZB 16.1920, juris Rn. 26; VG Köln 29.3.2019 – 26 K 1109/17, juris Rn. 63.

24 VG München 14.10.2020 – M 18 K 19.4953, juris Rn. 73 unter Bezugnahme auf BayVGH 24.11.2016 – 12 C 16.1571, juris Rn. 4 sowie 12.9.2017 – 12 CE 17.1749.

25 BayVGH 24.11.2016 – 12 C 16.1571, juris Rn. 4.

26 S. hierzu VG München 9.7.2020 – M 18 E 20.2436, juris Rn. 49 sowie NdsOVG 25.11.2019 – 10 PA 204/19, juris Rn. 16 und 17. S. hierzu auch VGH BW 23.1.2018 – 12 S 1952/17, juris Rn. 12.

Zur Tatbestandserfüllung nach § 13 Abs. 3 muss also aufgrund der noch nicht vollendeten Verselbständigung des jungen Menschen ein Erfordernis für eine stationäre Leistungserbringung mit sozialpädagogischer Begleitung im Zusammenhang mit einer schulischen oder beruflichen Bildungsmaßnahme oder bei der beruflichen Eingliederung bestehen.

Die sozialpädagogische Begleitung kann darin bestehen, dass ein **Ansprechpartner** für Alltagsprobleme und lebenspraktische Fragen sowie ggf. für allgemeine Fragen der Schule, der Ausbildung und des Berufs zur Verfügung steht. Hierzu zählen auch Möglichkeiten zur Krisenintervention. Zudem sind ergänzende **Bildungs- oder Freizeitangebote möglich**, welche die kognitive und soziale Kompetenz fördern oder einfach nur Sozialkontakte ermöglichen.

Ferner muss die jeweilige Hilfe nach Art und Umfang geeignet und erforderlich sein (→ § 27 Rn. 8 f.). Um nicht gegen den Grundsatz des sogenannten Untermaßverbots[27] zu verstoßen, muss im Rahmen der Erforderlichkeitsprüfung die Hilfe gewählt werden, die zur Bedarfsdeckung notwendig ist, weil andere Formen der Hilfe nicht ausreichen, um den festgestellten Bedarf zu decken. Es muss eine der jeweiligen Bedarfslage angemessene Hilfe geleistet werden.[28] Dieser Maßstab ist nicht nur bei der Prüfung der Hilfeart, sondern auch bei der Entscheidung über den Leistungsumfang einer Hilfe nach § 13 Abs. 3 anzuwenden. Eine Entscheidung nach Kostengesichtspunkten in diesem Zusammenhang ist daher unzulässig.[29] Der Aspekt entstehender Kosten darf nur bei der Auswahl des Leistungserbringers nach § 5 bzw. § 37c Abs. 3 S. 2 im Rahmen des Prüfungspunktes der unverhältnismäßigen Mehrkosten Berücksichtigung finden.

4.3 Rechtsfolge

Auf Rechtsfolgenseite eröffnet § 13 Abs. 3 Ermessen. Geschuldet ist daher eine ermes- 19
sensfehlerfrei Entscheidung nach § 39 SGB I. Bei der Ermessensausübung sind der Zweck der Ermächtigung und die gesetzlichen Grenzen des Ermessens zu beachten. Das Jugendamt kann sich bei Ausübung des Ermessens ermessenslenkender Verwaltungsvorschriften bedienen. Diese Verwaltungsvorschriften sind jedoch für den anspruchsberechtigten jungen Menschen und die Verwaltungsgerichtsbarkeit nicht bindend. Die im Einzelfall geschuldete Ermessensentscheidung muss den Vorgaben des § 39 SGB I unter Berücksichtigung des Zwecks der stationären Jugendsozialarbeit genügen. Insbesondere dürfen keine sachfremden Erwägungen (insbesondere Kostengesichtspunkte) in die Einzelfallabwägung bei Beachtung der gesetzlichen Grenze des Grundsatzes der Verhältnismäßigkeit nach Art. 20 Abs. 3 GG einfließen.

So ist es beispielsweise sachwidrig, wenn mittels einer Verwaltungsvorschrift und der sich hieran anschließenden Einzelfallentscheidung eine Begrenzung der Leistungsgewährung nach § 13 Abs. 3 auf junge Menschen bis zur Vollendung des 21. Lebensjahres vorgenommen wird. Da die Leistungsgewährung nach § 13 Abs. 3 eine gegenüber der Hilfe für junge Volljährige nach § 41 eigenständige Maßnahme darstellt, findet die Altersbegrenzung des § 41 Abs. 1 S. 2 keine Anwendung.

Auch soweit mittels einer Verwaltungsvorschrift und der hierauf basierenden Ermessensentscheidung daran geknüpft wird, dass die Hilfegewährung nach § 13 Abs. 3 „eine besondere soziale Benachteiligung und/oder individuelle Beeinträchtigung, die zu Schwierigkeiten bei der schulischen und beruflichen Ausbildung und der damit verbundenen sozialen Integration führt, voraussetzt" und daraus der Schluss gezogen wird, „dass die Hilfe nach § 13 Abs. 3 nicht gewährt werden kann, wenn eine abge-

27 Hierzu BVerfG 28.5.1993 – 2 BvF 2/90 ua, juris Rn. 166 f.
28 S. hierzu BVerwG 9.12.2014 – 5 C 32/13, juris Rn. 22; BayVGH 30.6.2016 – 12 C 16.1162, juris Rn. 27; NdsOVG 25.3.2020 – 10 LA 292/18, juris Rn. 14.
29 S. hierzu auch Nellissen in jurisPK-SGB VIII Rn. 79.

schlossene Berufsausbildung bereits vorliegt oder eine weitere schulische Bildung über die Mittlere Reife hinaus angestrebt wird", wird der Zweck der Ermächtigung des § 13 Abs. 3 verfehlt und damit rechtswidrig gehandelt. Die Tatbestandsvoraussetzungen des § 13 Abs. 1, „nämlich das Angewiesensein des jungen Menschen auf Unterstützung zum Ausgleich sozialer Benachteiligungen oder zur Überwindung individueller Beeinträchtigungen", finden sich in § 13 Abs. 3 SGB VIII nicht. Daher ist es sachwidrig von dieser Vorgabe die Ermessensausübung abhängig zu machen.[30]

20 Soweit bei einer Hilfe nach Abs. 3 auch die Tatbestandsvoraussetzungen nach Abs. 1 bzw. 2 vorliegen, ist die Verbindung des Angebots nach Abs. 3 mit intensiveren sozialpädagogischen Hilfen nach Abs. 1 bzw. 2 möglich und geboten. Für desintegrierte junge Menschen (Obdachlose, Trebegänger, entlassene Strafgefangene etc) ist Hilfe nach Abs. 3 ggf. zentraler Ansatzpunkt für Maßnahmen der gesellschaftlichen Wiedereingliederung.

Wenn die Tatbestandsvoraussetzungen des § 27 vorliegen und darüber hinaus ein Bedarf für eine Leistung nach § 13 vorliegt, soll nach § 27 Abs. 3 S. 2 letztere **im Rahmen der HzE** geleistet werden (→ § 27 Rn. 10).

21 Die Unterkunft in sozialpädagogisch begleiteten Wohnformen endet regelhaft dann, wenn keine sozialpädagogische Begleitung mehr notwendig ist und/oder die schulische und berufliche Ausbildung sowie die berufliche Eingliederung abgeschlossen ist. Dies kann im Regelfall dann angenommen werden, wenn ein den individuellen Möglichkeiten entsprechender Schulabschluss erreicht, eine den individuellen Fähigkeiten und Fertigkeiten entsprechende Berufsausbildung abgeschlossen und ein Arbeitsplatz gefunden wurden. Das Bestehen der Probezeit kann hier ein geeignetes Kriterium sein. Eine Beendigung der Hilfe in die Obdach- oder Wohnungslosigkeit sollte nach hiesiger fachlicher Überzeugung tunlichst vermieden werden. Insofern ist das Vorhandensein einer adäquaten Wohnmöglichkeit wiederum Gradmesser für die Notwendigkeit einer sozialpädagogischen Begleitung. Zudem ist die sozialpädagogische Begleitung dann notwendig, wenn die Persönlichkeitsentwicklung noch nicht genug Eigenverantwortlichkeit und Gemeinschaftsfähigkeit ermöglicht.

22 Gem. § 13 Abs. 3 S. 2 soll auch der notwendige Unterhalt des jungen Menschen sichergestellt und Krankenhilfe nach Maßgabe des § 40 geleistet werden. Sofern eine Leistungserbringung nach § 13 Abs. 3 S. 1 erfolgt, muss daher im Regelfall („sollen") der Unterhalt und die Krankenhilfe als Annexleistungen gewährt werden. Nur in atypischen Ausnahmefällen ist über diese Leistungsgewährung nach Ermessen zu entscheiden. Im Hinblick auf das gestellte Ziel der Verselbstständigung sollen junge Menschen den eigenverantwortlichen Umgang mit ihren finanziellen Mitteln lernen. Insofern ist es sinnvoll, ihnen den zustehenden Gesamtbetrag oder zumindest eine größere Summe zur **Eigenbewirtschaftung** auszuzahlen.[31]

4.4 Kostenbeitrag

23 Zu den Kosten der Unterkunft nach § 13 Abs. 3 werden Jugendliche oder ihre Eltern nach § 91 Abs. 1 Nr. 1 iVm § 92 Abs. 1 Nr. 1 und junge Volljährige nach § 91 Abs. 1 Nr. 1 iVm § 92 Abs. 1 Nr. 2 herangezogen, wobei auch die Kosten für Unterhalt und Krankenhilfe einzubeziehen sind (§ 91 Abs. 3). Nach § 92 Abs. 1 Nr. 4 sind ggf. auch die Ehegatten und Lebenspartner der jungen Menschen zu den entsprechenden Kosten heranzuziehen.

30 S. hierzu BayVGH 10.10.2017 – 12 CE 17.1868, Rn. 4 f.
31 Vgl. BT-Drs. 12/2866, 16.

5 Abstimmungspflicht für Maßnahmen der Jugendsozialarbeit (Abs. 4)

Nach § 13 Abs. 4 sollen die Angebote mit den Maßnahmen der Schulverwaltung, der Bundesagentur für Arbeit, der Jobcenter, der Träger betrieblicher und außerbetrieblicher Ausbildung sowie der Träger von Beschäftigungsangeboten abgestimmt werden. 24

Mit Art. 1 des KJSG hat Abs. 4 eine Ergänzung erfahren.[32] Über den Bundesrat wurde eine Ergänzung des § 13 Abs. 4 mit der Aufnahme der Jobcenter vorgeschlagen.[33] Die Bundesregierung hat diesem Vorschlag mit der Gegenäußerung zugestimmt.[34]

Die Vorschrift richtet sich an die örtlichen Träger der Jugendhilfe und normiert eine objektiv-rechtliche Verpflichtung zu einer entsprechenden Abstimmung. Sie ergänzt die allgemeine Verpflichtung der Zusammenarbeit mit anderen Stellen und öffentlichen Einrichtungen nach § 81 in Bezug auf die spezifische Aufgabe der Jugendsozialarbeit und verdichtet sie zu einer **Abstimmungsverpflichtung**. Abzustimmen, dh zu koordinieren und zu vernetzen sind die Angebote der Jugendsozialarbeit mit denen der im Einzelnen aufgeführten, vorrangig verantwortlichen Anbieter von Bildung, Ausbildung und Beschäftigung. Mit der **Schulverwaltung** sind dabei auch allgemein die Schulen als Partner eingeschlossen. Die **Bundesagentur für Arbeit** wird örtlich durch die zuständige Arbeitsagentur vertreten. Dazu kommen die für Leistungen nach dem SGB II zuständigen Jobcenter. Für die Träger betrieblicher und außerbetrieblicher Ausbildung und Beschäftigung stehen darüber hinaus **neben den Betrieben** beispielsweise die **Arbeitgeberverbände** und die **Kammern**.

Die Vorschrift legt Koordinationskreise ähnlich den Arbeitsgemeinschaften nach § 78 nahe. Im Kontext der Schule heißt das Stichwort „Kommunale Bildungslandschaften". Hier geht es um ressortübergreifende Konzepte, um Steuerung sowie ua um eine tragfähige flächendeckende Finanzierung der Schulsozialarbeit in Abstimmung von Bund, Ländern und Kommunalebene.[35] Für die berufliche Integrationshilfe hatten sich in der Zeit vor den Hartz-Reformen zT umfassende **Verbundsysteme** entwickelt, in denen Maßnahmen unterschiedlicher Träger aufeinander abgestimmt wurden. Heute wirbt die Bundesagentur für vergleichbare lokale Arbeitsbündnisse Jugend und Beruf und für Jugendberufsagenturen, in denen die Abstimmung auf lokaler Ebene betrieben und die ganzheitliche Hilfe aus einer Hand, das One-Stop-Government, realisiert werden sollen. Auch die Empfehlungen des Deutschen Vereins (2011) zur Weiterentwicklung kommunalen Managements am Übergang Schule – Beruf bzw. die für eine gelingende Zusammenarbeit an den Schnittstellen der Rechtskreise SGB II, SGB III und SGB VIII (DV 2015) votieren für entsprechende Strukturen. Der Jugendsozialarbeit mit ihren umfassenden Sozialisationshilfen und dem Prinzip des Lebensweltbezugs schreiben sie dabei eine wichtige Funktion zu. Bekräftigt wird das durch die Formulierung von Erfolgsmerkmalen guter Jugendberufsagenturen bzw. Grundlagen für ein Leitbild im Januar 2016.[36] 25

Die Jugendministerkonferenz (2005) hatte den verantwortlichen Institutionen in einem Beschluss zum SGB II empfohlen, die Zusammenarbeit durch eine Vereinbarung im Sinne der früheren „Empfehlungen der BA und der AGJ für die Zusammenarbeit der Dienststellen der BA mit Trägern der Jugendhilfe" (1995) zu unterstützen. Nach wie vor aktuell ist die darin enthaltene Empfehlung zur **Institutionalisierung der örtlichen Kooperation** mit den Zielen des Informations- und Erfahrungsaustauschs, der gemeinsamen Einschätzung und Beurteilung der lokalen Arbeitsmarkt- und Berufsbil- 26

32 BGBl. 2021 Teil I Nr. 29, 1444.
33 BR-Drs. 5/21, 9 und 10.
34 BT-Drs. 19/27481, 76.
35 Vgl. Der Paritätische, Schulsozialarbeit im Kontext des Bildungs- und Teilhabepaketes, 2013.
36 https://www.deutscher-verein.de/de/uploads/empfehlungen-stellungnahmen/2016/dv-26-15-jugendagenturen-1-2016.pdf.

dungssituation und der Zusammenarbeit bei der beruflichen Integration benachteiligter junger Menschen. 2015, jetzt als Jugend- und Familienministerkonferenz (JFMK), hält sie wie die 91. Arbeits- und Sozialministerkonferenz die Verbesserung der Rahmenbedingungen für die berufliche und soziale Eingliederung von leistungsschwächeren jungen Menschen für erforderlich und plädiert für gesetzliche Regelungen, die die gemeinsame Planungsverantwortung von Schule, Arbeitsverwaltung sowie Kinder- und Jugendhilfe festschreiben und gemeinsame Finanzierungsinstrumente einführen.[37] Für den 15. Kinder- und Jugendbericht geht es um die Entwicklung von inklusiven sozialen Diensten, die nicht bei Zuständigkeitsklärungen enden, sondern diese als Ausgangspunkt nehmen, um eine diversitätssensible Sozial- und Bildungspolitik des Jugendalters zu entwerfen, die an den Lebenslagen und den alltäglichen sozialen Chancen und Barrieren der jungen Menschen anknüpft.[38]

§ 13a Schulsozialarbeit

[1]Schulsozialarbeit umfasst sozialpädagogische Angebote nach diesem Abschnitt, die jungen Menschen am Ort Schule zur Verfügung gestellt werden. [2]Die Träger der Schulsozialarbeit arbeiten bei der Erfüllung ihrer Aufgaben mit den Schulen zusammen. [3]Das Nähere über Inhalt und Umfang der Aufgaben der Schulsozialarbeit wird durch Landesrecht geregelt. [4]Dabei kann durch Landesrecht auch bestimmt werden, dass Aufgaben der Schulsozialarbeit durch andere Stellen nach anderen Rechtsvorschriften erbracht werden.

1 Neue Rechtsgrundlage

1 Die Entwicklung der Schulsozialarbeit in der Praxis hatte sich von der gesetzlichen Regelung in § 13 weit entfernt – im Widerspruch zum rechtsstaatlichen Grundsatz der **Gesetzmäßigkeit der Verwaltung** und dem Gebot der Rechtssicherheit. Damit Schulsozialarbeit nicht weiterhin (rechtswidrig) in einem rechtsfreien Raum stattfand, war eine neue Rechtsgrundlage zur Regelung der Schulsozialarbeit notwendig („normative Kraft des Faktischen"). Erst nach Beschluss des 13. Bundestagsausschusses für Familien[1] wurde § 13a – als „last minute Norm" in das KJSG eingefügt.[2] Dies war notwendig wegen des Grundsatzes des Vorbehalts des Gesetzes, da § 13 nur auf benachteiligte Schüler abstellt, also keine Rechtsgrundlage für umfassende Schulsozialarbeit ist. Handlungsfelder der Jugendsozialarbeit – neben der Jugendberufshilfe – bleiben: Mädchen-/Jungenarbeit, Jugendsozialarbeit in Europa, Jugendmigrationsdienste, Hilfen für junge Flüchtlinge, Streetwork und Mobile Jugendarbeit, Jugendwohnen. Unberührt bleibt auch die schulbezogene Jugendarbeit nach § 11 Abs. 3 Nr. 3.

---

37 JFMK 2015.
38 15. Kinder- und Jugendbericht (2017), BT-Drs. 18/11050, 484.
1 BT-Drs. 19/28870 v. 21.4.2021, 15.
2 Siehe zur Formulierung → § 13 Rn. 24. Ausführlich hierzu Kunkel, Expertise „Gesetzliche Verankerung von Schulsozialarbeit" für die GEW (2016); Wabnitz in GK-SGB VIII § 13 Rn. 46; Speck, Schulsozialarbeit, 3. Aufl. 2014; AGJ, Empfehlungen zur Schulsozialarbeit (2016); Deutscher Verein, Diskussionspapier zur Schulsozialarbeit (2014); BAG LJÄ, Positionspapier zur Schulsozialarbeit (2014).

2 Begriff

Danach ist Schulsozialarbeit die kontinuierliche Tätigkeit sozialpädagogischer Fachkräfte an der Schule in Zusammenarbeit mit Lehrkräften mit dem Ziel, Schüler in ihrer individuellen, sozialen und schulischen Entwicklung zu fördern, Bildungsbenachteiligungen zu vermeiden und abzubauen, Eltern und Lehrer bei der Erziehung zu beraten und bei Konflikten im Einzelfall zu helfen. 2

3 Aufgaben

Aufgaben der Schulsozialarbeit sind (1) Schülern, Eltern und Lehrern sollen im Rahmen der Jugendhilfe (§ 1 Abs. 3) geeignete und erforderliche Angebote der Schulsozialarbeit an der Schule zur Verfügung gestellt werden. (2) Schulsozialarbeit soll durch sozialpädagogische Fachkräfte (§ 72) kontinuierlich in verbindlich vereinbarter Zusammenarbeit mit der Schule (§ 81 Nr. 3) geleistet werden. (3) Zu den Schwerpunkten der Schulsozialarbeit gehören: (a) Beratung und Begleitung von einzelnen, insbesondere benachteiligten Schülern, (b) Prävention und Intervention bei sozialen Konflikten (zB Mobbing) und individuellen Problemen (zB Absentismus), (c) Offene Gesprächs-, Kontakt-, Bildungs- und Freizeitangebote, (d) Anregung und Gestaltung erweiterter Bildungsangebote und Lerngelegenheiten, (e) Orientierung beim Übergang von der Schule in den Beruf, (f) Zusammenarbeit mit und Beratung von Lehrern und Eltern, (g) Mitwirkung in schulischen Gremien, (h) Gestaltung einer schülerfreundlichen Umwelt, (i) Kooperation mit außerschulischen Partnern. Das Nähere hierzu ist durch Landesrecht zu regeln (**§ 13 Satz 3**). 3

4 Trägerschaft

Der gemeinsamen Verantwortung von Jugendhilfe und Schule für die Erziehung und Bildung kann durch eine **gemeinsame Trägerschaft der Schulsozialarbeit** entsprochen werden. Dies wäre die intensivste Form der sowohl in den Schulgesetzen als auch in § 13 Satz 2 geforderten Zusammenarbeit (Kooperation). Negative Kompetenzkonflikte wären ausgeschlossen. Rechtliche Grundlage hierfür ist eine Vereinbarung als öffentlich-rechtlicher Vertrag nach § 53 SGB X bzw. nach LVwVfG. In dieser Vereinbarung können nicht nur Ziel und Inhalt der Aufgabe der Schulsozialarbeit geregelt werden, sondern auch 4

- die Form der gemeinsamen Trägerschaft
- das Verhältnis zu freien Trägern
- die Finanzierung
- die Aufsicht
- der Schutzauftrag
- der Datenschutz.

Die Möglichkeit der kooperativen Trägerschaft muss in einem Gesetz eröffnet werden. Nach **§ 13 Satz 3** ist es den Ländern überlassen, in einem Landesausführungsgesetz zum SGB VIII diese Möglichkeit vorzusehen; auch nach § 78 oder § 81 können entsprechende Regelungen getroffen werden. Da Jugendhilfe Selbstverwaltungsangelegenheit, Schule aber staatliche Angelegenheit ist, muss das Landesgesetz eine Regelung zur Aufsicht und zur Zuständigkeit für den Erlass des Widerspruchsbescheids treffen. Der Rechtsschutz wird sich auf den Verpflichtungswiderspruch und die Verpflichtungsklage beschränken, da die Angebote der Schulsozialarbeit keine Eingriffe (wie sie sonst in der Schulverwaltung üblich sind) darstellen. Der Kernbereich **pädagogischer Arbeit** ist durch das jeweilige Schulgesetz zu bestimmen. In allen Schulgesetzen finden sich Bezüge nicht nur zu sonderpädagogischer, sondern auch zu sozialpädagogischer Tätigkeit.

5 Vorrang der Schule

5 Die schulischen Angebote haben nach § 10 Abs. 1 **den Vorrang** vor den Angeboten der Jugendhilfe. Werden sie von der Schule aber (als sogenannte bereite Mittel) tatsächlich nicht zur Verfügung gestellt, muss die Jugendhilfe als „Ausfallbürge" leisten, kann aber Ersatz ihrer Aufwendungen verlangen.

6 Gewährleistungspflicht

6 Der Träger der öffentlichen Jugendhilfe hat eine **Gewährleistungspflicht** nach § 79 auch für die Leistung der Schulsozialarbeit, unabhängig davon, ob ein Rechtsanspruch auf diese Leistung besteht (→ Rn. 8). Die Gewährleistungspflicht des öffentlichen Trägers kann auch dadurch erfüllt werden, dass freie Träger Schulsozialarbeit leisten, und zwar vorrangig nach § 4 Abs. 2. Kreisangehörige Gemeinden, die weder Träger der Jugendhilfe sind noch die Aufgabe der Schulsozialarbeit vom Landkreis übertragen bekommen haben, können Schulsozialarbeit als freiwillige Aufgabe (außerhalb des SGB VIII, aber unter Beachtung von dessen fachlichen Grundsätzen) leisten. Landesrecht kann dazu Regelungen treffen (**§ 13 Satz 4**).

7 Finanzierungsverantwortung

7 Aus der gemeinsamen Aufgabenverantwortung von Jugendhilfe und Schule für die Schulsozialarbeit folgt die **gemeinsame Finanzierungsverantwortung**. Die Finanzierung ist – vorwiegend in Richtlinien – bislang nur sehr zurückhaltend geregelt. Diese Rechtsgrundlage kann entweder im Schulrecht oder im Jugendhilferecht gelegt werden. Für Letzteres spricht vor allem, dass die Dienst- und Fachaufsicht von Fachkräften der Jugendhilfe ausgeübt wird. Die Schulsozialarbeit kann in der Struktur des SGB VIII wirkungsvoller geleistet werden, ohne dass dies zu einer höheren Kostenbelastung für den öffentlichen Träger führte (Effizienz).

8 Kein Rechtsanspruch

8 § 13a ist kein subjektives öffentliches Recht; es besteht **kein Rechtsanspruch** auf die Leistung von Schulsozialarbeit. Dies ergibt sich aus der systematischen Stellung des § 13 a zwischen § 12 und § 14; außerdem daraus, dass § 13a keine individuellen, sondern nur generelle Tatbestandsmerkmale aufweist.[3]

9 Datenschutz

9 Für Erhebung, Speicherung und Übermittlung von personenbezogenen Daten gilt die DS-GVO, speziell für die Sozialdaten iVm § 61 Abs. 1 SGB VIII, § 35 SGB I und § 69 Abs. 1 Nr. 1 SGB X. Danach ist die Übermittlung von Daten vom Jugendamt an die Schule zulässig; ebenso von der Schule an das Jugendamt nach den Schulgesetzen der Länder jeweils iVm Art. 6 DS-GVO. Für besonders anvertraute Daten gilt § 65 SGB VIII. Außerdem ist die strafrechtliche Schweigepflicht aus § 203 Abs. 1 StGB für die dort genannten Berufsgruppen zu beachten. Bei Kindeswohlgefährdung gilt außerdem § 4 KKG (s. im Anhang zu § 61 SGB VIII).

3 AA (zu § 13) Schäfer in FK-SGB VIII § 13 Rn. 6 „Regelrechtsanspruch"; Struck in Wiesner § 13 Rn. 7; Fischer in SFMK § 13 Rn. 19; Wabnitz in GK-SGB VIII § 13 Rn. 13; Schruth in jurisPK-SGB VIII § 13 Rn. 27; Bernzen in JHSM § 13 Rn. 23.

§ 14 Erzieherischer Kinder- und Jugendschutz

(1) Jungen Menschen und Erziehungsberechtigten sollen Angebote des erzieherischen Kinder- und Jugendschutzes gemacht werden.

(2) Die Maßnahmen sollen

1. junge Menschen befähigen, sich vor gefährdenden Einflüssen zu schützen und sie zu Kritikfähigkeit, Entscheidungsfähigkeit und Eigenverantwortlichkeit sowie zur Verantwortung gegenüber ihren Mitmenschen führen,

2. Eltern und andere Erziehungsberechtigte besser befähigen, Kinder und Jugendliche vor gefährdenden Einflüssen zu schützen.

§ 8 JuSchG Jugendgefährdende Orte

Hält sich ein Kind oder eine jugendliche Person an einem Ort auf, an dem ihm oder ihr eine unmittelbare Gefahr für das körperliche, geistige oder seelische Wohl droht, so hat die zuständige Behörde oder Stelle die zur Abwendung der Gefahr erforderlichen Maßnahmen zu treffen. Wenn nötig, hat sie das Kind oder die jugendliche Person

1. zum Verlassen des Ortes anzuhalten,
2. der erziehungsberechtigten Person im Sinne des § 7 Abs. 1 Nr. 6 des Achten Buches Sozialgesetzbuch zuzuführen oder, wenn keine erziehungsberechtigte Person erreichbar ist, in die Obhut des Jugendamtes zu bringen.

In schwierigen Fällen hat die zuständige Behörde oder Stelle das Jugendamt über den jugendgefährdenden Ort zu unterrichten.

§ 18 JuSchG Liste jugendgefährdender Medien

(1) Medien, die geeignet sind, die Entwicklung von Kindern oder Jugendlichen oder ihre Erziehung zu einer eigenverantwortlichen und gemeinschaftsfähigen Persönlichkeit zu gefährden, sind von der Bundeszentrale nach Entscheidung der Prüfstelle für jugendgefährdende Medien in eine Liste (Liste jugendgefährdender Medien) aufzunehmen. Dazu zählen vor allem unsittliche, verrohend wirkende, zu Gewalttätigkeit, Verbrechen oder Rassenhass anreizende Medien sowie Medien, in denen

1. Gewalthandlungen wie Mord- und Metzelszenen selbstzweckhaft und detailliert dargestellt werden oder
2. Selbstjustiz als einzig bewährtes Mittel zur Durchsetzung der vermeintlichen Gerechtigkeit nahe gelegt wird.

...

§ 21 JuSchG Verfahren der Prüfstelle für jugendgefährdende Medien

(1) Die Prüfstelle für jugendgefährdende Medien wird in der Regel auf Antrag tätig.

(2) Antragsberechtigt sind das Bundesministerium für Familie, Senioren, Frauen und Jugend, die obersten Landesjugendbehörden, die zentrale Aufsichtsstelle der Länder für den Jugendmedienschutz, die Landesjugendämter, die Jugendämter, die anerkannten Einrichtungen der freiwilligen Selbstkontrolle, die aus Mitteln des Bundes, der Länder oder der Landesmedienanstalten geförderten Internet-Beschwerdestellen sowie für den Antrag auf Streichung aus der Liste und für den Antrag auf Feststellung, dass ein Medium nicht mit einem bereits in die Liste aufgenommenen Medium ganz oder im Wesentlichen inhaltsgleich ist, auch die in Absatz 7 genannten Personen.

...

1 Leistungsempfänger und Medienkompetenz (Abs. 1)

1 Angebote des erziehenden Kinder- und Jugendschutzes sollen sich an junge Menschen (§ 7 Abs. 1 Nr. 4) sowie an Eltern und andere Erziehungsberechtigte (→ § 7 Rn. 8) wenden. Letztere können zB Erzieherinnen im Kindergarten, Lehrer, Leiter sowie Mitarbeiter in Jugendfreizeiteinrichtungen, aber auch Jugendgruppenleiter und Fachwarte in Vereinen oder gar Gewerbetreibende sein. Ihnen kommt vor allem als Multiplikatoren und als Vorbilder Bedeutung zu.

Mit Rechtsänderung durch das KJSG sollte Abs. 1 um einen Satz 2 erweitert werden. Danach sollten die Angebote des erzieherischen Kinder- und Jugendschutzes auch die Vermittlung von Medienkompetenz umfassen. Nach der Gesetzesbegründung sollte mit der Rechtsänderung klargestellt werden, dass die Vermittlung von Medienkompetenz zu den Aufgaben der Kinder- und Jugendhilfe im Rahmen des erzieherischen Kinder- und Jugendschutzes gehört.[1] Die Gesetzesänderung hätte daher nach hiesiger Auffassung insbesondere klarstellend gewirkt, da bereits nach bisheriger Rechtslage anerkannt ist, dass sich der Erzieherische Kinder- und Jugendschutz auch auf den (unbegrenzten) Umgang mit Medientechnologien bezieht (→ Rn. 12). Da das vom Bundestag beschlossene KJSG sowohl am 7.7.2017 als auch am 22.9.2017 in letzter Sekunde von der Tagungsordnung des Bundesrates genommen wurde, ist die Gesetzesänderung (bisher) nicht in Kraft getreten. Mit dem mit Wirkung vom 10.6.2021 in Kraft getretenen **KJSG**[2] wurde die mit dem KJSG im Jahr 2017 beabsichtigte Ergänzung in § 14 nicht mehr weiterverfolgt. Der Wortlaut ist unverändert geblieben.

2 Verpflichtungsgrad (Abs. 1)

2 Die Formulierung als Soll-Vorschrift bedeutet für den Träger der öffentlichen Jugendhilfe, dass er im Regelfall Angebote des erzieherischen Jugendschutzes unterbreiten muss. Nur atypische Umstände im Einzelfall lassen Ermessen zu (→ § 2 Rn. 7). Allein die Berufung auf knappe finanzielle Ressourcen reicht hierfür nicht aus. Ein einklagbarer **Rechtsanspruch** auf Angebote, bzw. auf ein bestimmtes Angebot besteht allerdings nicht. § 14 richtet sich als objektiv-rechtliche Verpflichtung ausschließlich an den Staat. Ein subjektives Recht des jungen Menschen auf die Leistung vermittelt § 14 nicht (zum Anspruch → § 16 Rn. 2).[3]

3 Ziele (Abs. 2)

3 Die Leistungsempfänger (→ § 8 Rn. 10) sollen zu bestimmten Eigenschaften und Verhaltensweisen befähigt werden. Angesprochen wird also die Möglichkeit des Menschen Fähigkeiten zu erwerben und weiter zu entwickeln. Für die Akteure im Bereich des erziehenden Jugendschutzes bedeutet dies die Abkehr von einem rein gefährdungspädagogischen und defizitorientierten Denken und Handeln. Im Sinne eines Empowerment-Ansatzes (→ § 52 Rn. 39) soll die Entwicklung von Fähigkeiten der Akteure begünstigt werden.

4 **Die jungen Menschen** sollen nach **Nr. 1** unterscheiden lernen, welche Angebote, Einflüsse, „Verlockungen" für ihre jeweils individuelle Persönlichkeit gefährlich sein können. Sie sollen ihr Umfeld – und auch sich selbst – kritisch betrachten lernen und fähig

1 BT-Drs. 18/12330, 47.
2 BGBl. 2021 Teil I Nr. 29, 1444.
3 Ebenso Schäfer/Weitzmann in FK-SGB VIII Rn. 11; Struck in Wiesner Rn. 6 a; s. hierzu auch Schruth in jurisPK-SGB VIII Rn. 13; näher zu § 14 Hoffmann ZKJ 2009, 23.

werden, Entscheidungen zu treffen, das beinhaltet die Stärke und den Mut sich abgrenzen zu können und im richtigen Augenblick „Nein" zu sagen. Darüber hinaus sollen sie lernen – dh Gelegenheit zum Üben bekommen – für ihr Handeln selbst die Verantwortung zu tragen und auch gegenüber Mitmenschen ein Gefühl der Verantwortung zu entwickeln.

Die durchgängige Verpflichtung der Jugendhilfe aus § 1 Abs. 3 Nr. 1 und 4 wird hier verbindlich konkretisiert. Somit kann sich praktische Präventionsarbeit keinesfalls auf „Abschreckungsaufklärung", bloße Sachinformation oder Öffentlichkeitsarbeit beschränken, vielmehr müssen durch geeignete pädagogische Angebote junge Menschen in ihrer Persönlichkeit gestärkt werden, soziale Kompetenzen wie Konfliktfähigkeit, Verzichtbereitschaft, Geduld, Ausdauer, Toleranz, Durchsetzungsfähigkeit usw eingeübt werden und Erfahrungen vermittelt werden, die ein gesundheitsförderndes Verhalten attraktiv (trendy) machen. Identitätssicherung wird somit zu einem zentralen Anliegen zeitgemäßen Jugendschutzes. 5

Die Erwachsenen (Eltern und andere Erziehungsberechtigte) sollen nach **Nr. 2** Kinder und Jugendliche besser vor gefährdenden Einflüssen schützen können. Unrealistisch und pädagogisch falsch wäre die Zielsetzung, Kinder in der Übergangsphase zum Jugendlichen zu lange vor evtl. gefährdenden gesellschaftlichen Einflüssen bewahren, sie beschützen oder abschirmen zu wollen. Vielmehr muss zu Bewusstsein gebracht werden, wie prägend das Vorbildverhalten der Erwachsenen für Kinder ist und welch große Rolle authentisches Verhalten spielt. Im Jugendalter besteht der Schutz darin, im Gespräch zu bleiben, die Beziehung nicht zu früh „abreißen" zu lassen und die Erinnerungsfähigkeit an die eigene Jugend zu erhalten oder wieder zu beleben. 6

Eine weitere Zieldimension ergibt sich für den erzieherischen Jugendschutz aus dem **Querschnittsauftrag** der Jugendhilfe, der in § 1 Abs. 3 Nr. 4 normiert ist (→ § 1 Rn. 18). Hier geht es um den Beitrag der Jugendhilfe – damit insbesondere auch des Jugendschutzes – durch Umsetzung einer entsprechenden Jugendhilfeplanung (§ 80) in Abstimmung mit anderen Planungen (zB Verkehrsplanung, Bebauungsplanung, Grünflächenplanung uäm) strukturelle Benachteiligungen in der Lebenswelt junger Menschen zu vermeiden oder abzubauen. Denn strukturelle Benachteiligungen verstärken individuelle Gefährdungen oder Schädigungen. Damit richten sich Bemühungen des erzieherischen Jugendschutzes auch an Fachkräfte anderer Kommunalverwaltungsbereiche sowie an Kommunal- und Jugendhilfepolitiker als weitere Adressaten. 7

4 Das Verhältnis zum sog. gesetzlichen und strukturellen Jugendschutz

4.1 Der sog. gesetzliche Jugendschutz

Hierunter sind Maßnahmen zu verstehen, die von den zuständigen Behörden oder Stellen auf der Grundlage des Jugendschutzgesetzes vom 23.7.2002, des Jugendarbeitsschutzgesetzes und des Strafgesetzbuches zu treffen sind.[4] 8

Die Aufgaben der JA beschränken sich hierbei im Wesentlichen auf folgende Bereiche:

- Die Inobhutnahme von Kindern und Jugendlichen, die an jugendgefährdenden Orten aufgegriffen wurden (§ 8 JuSchG);
- Die Antragstellung bei der BPS, entsprechende Medien in die Liste aufzunehmen (Indizierung) mit der Folge von Vertriebs- und Werbebeschränkungen (§§ 18, 21 JuSchG);
- Die Mitwirkung bei Entscheidungen der Gewerbeaufsichtsbehörden über Auftritte von Kindern bei Theater- und Musikveranstaltungen oder bei Entscheidungen von Ordnungsämtern über die Herabsetzung der Altersbeschränkung bei Tanzveranstaltungen (§ 5 Abs. 3 JuSchG; zB sog. Teenie-Discos ab 13 Jahre uä).

4 Vgl. Kunkel, Jugendhilferecht, Rn. 175 ff.

9 Die Teilnahme von Mitarbeitern der JA an **Jugendschutzkontrollen der Polizei** (→ § 81 Rn. 18 ff.) mag mit den Zielsetzungen und Methoden des vorbeugenden erzieherischen Jugendschutzes nicht in Einklang stehen, ist aber rechtlich zulässig.[5] Ausführungsgesetze der Länder[6] regeln die Zusammenarbeit des JA mit der Polizei. Regelmäßiger Erfahrungsaustausch mit den Jugendsachbearbeitern der Polizei (zum Datenschutz → § 61 Rn. 105 aE) oder die gemeinsame Teilnahme an einem „runden Tisch" bei konkreter Problemverdichtung in einem Stadtteil oder einer Gemeinde können wichtige Hinweise für erforderliche Veranstaltungen oder Angebote der Jugendhilfe geben (zB mobile Jugendarbeit; Streetwork; Soziale Gruppenarbeit; Jugendräume oä).

4.2 Struktureller Jugendschutz

10 Neben der Ausrichtung auf Kinder und Jugendliche als Individuen in ihren verschiedenen sozialen Lebenszusammenhängen (Familie, Schule, Clique, Verein, Wohngegend usw) müssen Veranstaltungen und Maßnahmen erzieherischen Jugendschutzes dazu beitragen, **soziostrukturelle Benachteiligungen** abzubauen. Armut, bedrückende Wohnverhältnisse, schlechte Bildungschancen, mangelnde Beteiligungsmöglichkeiten und eine unzureichende Gesundheitsvorsorge gefährden junge Menschen erheblich. Die Flucht in eine mediale Ersatzwelt, die enthemmende Wirkung von Alkohol oder die stimulierende Wirkung anderer Drogen werden dann leicht zu Selbstheilungsversuchen mit negativen „Nebenwirkungen".

11 Der Träger der öffentlichen Jugendhilfe muss hier initiierend, koordinierend und vernetzend tätig werden, da er selbst nur zu einem geringen Teil direkt einwirken kann. Die Mitwirkung bei einer prozessorientierten Jugendhilfeplanung (§ 80), in Arbeitsgemeinschaften nach § 78 sowie die aktiv betriebene Zusammenarbeit mit anderen Stellen und öffentlichen Einrichtungen (§ 81) sind notwendig.

5 Gefährdungsbereiche und Handlungskonzepte

12 Aktuelle **Gefährdungen** für Kinder und Jugendliche bestehen ua durch:

- unbegrenzten Umgang mit neuen Medientechnologien
- aggressive Konsumwerbung (zB frühzeitige Verschuldung)
- Gewalt gegen Kinder und Jugendliche und sexuellen Missbrauch von Kindern und Jugendlichen
- Missbrauch von legalen und illegalen Suchtmitteln wie Alkohol, Nikotin, Medikamente, Schnüffelstoffe, Glücksspielautomaten, Cannabisprodukte, Heroin, Kokain, chemische Drogen (Crack, Ecstasy)
- Druck- und Bildmedien (insbes. Kinderpornographie)
- okkultistische, spiritistische Heilslehren und Praktiken in Gruppen, Sekten uä
- extremistische, gewaltbereite oder gewalttätige Gruppierungen
- fehlende Ausbildungs- und Arbeitsplätze.

13 **Handlungskonzepte** eines zeitgemäßen Jugendschutzes[7] verfolgen bei **Kindern und Jugendlichen** die Zielsetzung, sie in ihrer Persönlichkeit „stark zu machen" für Gefährdungssituationen, konkrete handlungsleitende Hinweise zu geben und Erfahrungsmöglichkeiten zu eröffnen. Zu diesen Konzepten gehören vielfältige Projekte und Formen der offenen Jugendarbeit wie auch der Jugendarbeit (vgl. § 11) in Vereinen und Kirchen. Insbesondere erlebnispädagogische Aktivitäten, handwerklich-künstlerische Betätigung sowie Musik- oder Theaterworkshops, Entspannungstrainings, Selbstver-

5 Ebenso DIJuF JAmt 2009, 76; näher Bodenburg JAmt 2005, 399.
6 S. Synopse im Anh. 3; § 26 LKJHG BW; Art. 56 AGSG Bayern; § 18 AGKJHG Berlin; § 51 Abs. 1 S. 2 HKJGB; § 14 AGKJHG NRW; § 24 AGKJHG RhPf; § 9 AGKJHG Saarl.; § 36 LJHG Sachsen; § 20 Abs. 4 KJHG Thüringen.
7 Vgl. 16. Ki/JuBericht, S. 293 f. und 329 f.

teidigungskurse, Computercamps, Videoprojekte, Konfliktlösungstrainings, Rollenspiele und offensive Werbungskampagnen sind geeignete Methoden, um og Zielsetzungen zu erreichen (→ § 15 Rn. 15).

Hinsichtlich der Zielgruppe der **Erwachsenen** muss entsprechende Sachaufklärung, Selbstreflektion, Enttabuisierung und Ermutigung erfolgen bei pädagogischen Tagen in Schulen, in der Aus- und Fortbildung von Lehrkräften, Erzieherinnen und Erziehern, Jugendleiterinnen und Jugendleitern, bei Elternabenden und durch geeignete Formen der Aufklärung und Werbung in Radio, Fernsehen, Kinos, auf Plakatflächen, öffentlichen Verkehrsmitteln usw. Ebenso tragen vielfältige Angebote der Familienbildung und Familienberatung (§ 16) von der Geburtsvorbereitung über Still- und Krabbelgruppen bis zur Beratung in Trennungs- und Scheidungssituationen (§ 17) und von neu zusammengesetzten Familien zur Zielerreichung des erzieherischen Jugendschutzes bei. 14

Weitere Konkretisierungen finden sich in den Landesgesetzen (→ § 15 Rn. 15). 15

§ 15 Landesrechtsvorbehalt

Das Nähere über Inhalt und Umfang der in diesem Abschnitt geregelten Aufgaben und Leistungen regelt das Landesrecht.

Ausweislich der RegBegr.[1] soll die Vorschrift die Aufmerksamkeit darauf lenken, dass das Landesrecht für die §§ 11 bis 14 von besonderer Bedeutung ist. Der Bundesgesetzgeber hat von seiner Regelungskompetenz nach Art. 74 Abs. 1 Nr. 7 GG nur eingeschränkt Gebrauch gemacht und überlässt es im Wege der konkurrierenden Gesetzgebungskompetenz den Ländern, Näheres zu regeln. In der Diskussion um das SGB VIII wurde der Verzicht auf weitergehende Regelungen vor allem mit möglichen Kostenfolgen und der dadurch ggf. tangierten Finanzhoheit der Länder und Gemeinden begründet. 1

De facto stecken die Regelungen der §§ 11–14 nur einen Rahmen ab. Sie lassen Raum für eine **Konkretisierung der Ziele**, der **Zielgruppen**, der **Angebotsformen** sowie der **Förderung** und ggf. auch für **flankierende Regelungen.** 2

Auch an anderen Stellen wird im SGB VIII auf ergänzende Regelungen durch Landesrecht deklaratorisch hingewiesen (s. hierzu zB § 16 Abs. 4, § 24 Abs. 6, § 42b Abs. 8, § 43 Abs. 5 usw). 3

Insgesamt lässt sich feststellen, dass die Rahmenbedingungen für den Vollzug des SGB VIII in den Ländern unterschiedlich geregelt sind. Aber auch die bundesgesetzlichen Regelungen des SGB VIII werden von den kommunalen Gebietskörperschaften, die ein Jugendamt zu errichten haben, nicht einheitlich angewendet. Aus rein juristischer Perspektive erstaunt dies, weil mit Ausnahme von § 13 Abs. 3 alle wichtigen Anspruchsgrundlagen auf Rechtsfolgenseite gebundene Entscheidungen vorsehen und die Tatbestände hinreichend bestimmt gefasst sind. **Ermessensspielräume**, welche unter rechtlichen Gesichtspunkten ein disparates Verwaltungshandeln erklären könnten, bestehen nicht. Mit einer rechtswidrigen „Jugendhilfe nach Kassenlage" in den Kommunen wird man sich nach hiesiger Auffassung in Zukunft stärker beschäftigen müssen.[2] 4

---

1 BT-Drs. 11/5948, 58.

2 S. hierzu für die Hilfe zur Erziehung Meysen/Münder/Schönecker, Rahmensetzung der Länder bei Hilfen zur Erziehung, 2020.

Zweiter Abschnitt Förderung der Erziehung in der Familie

§ 16 Allgemeine Förderung der Erziehung in der Familie

(1) [1]Müttern, Vätern, anderen Erziehungsberechtigten und jungen Menschen sollen Leistungen der allgemeinen Förderung der Erziehung in der Familie angeboten werden. [2]Diese Leistungen sollen Erziehungsberechtigte bei der Wahrnehmung ihrer Erziehungsverantwortung unterstützen und dazu beitragen, dass Familien sich die für ihre jeweilige Erziehungs- und Familiensituation erforderlichen Kenntnisse und Fähigkeiten insbesondere in Fragen von Erziehung, Beziehung und Konfliktbewältigung, von Gesundheit, Bildung, Medienkompetenz, Hauswirtschaft sowie der Vereinbarkeit von Familie und Erwerbstätigkeit aneignen können und in ihren Fähigkeiten zur aktiven Teilhabe und Partizipation gestärkt werden. [3]Sie sollen auch Wege aufzeigen, wie Konfliktsituationen in der Familie gewaltfrei gelöst werden können.

(2) [1]Leistungen zur Förderung der Erziehung in der Familie sind insbesondere

1. **Angebote der Familienbildung, die auf Bedürfnisse und Interessen sowie auf Erfahrungen von Familien in unterschiedlichen Lebenslagen und Erziehungssituationen eingehen, die Familien in ihrer Gesundheitskompetenz stärken, die Familie zur Mitarbeit in Erziehungseinrichtungen und in Formen der Selbst- und Nachbarschaftshilfe besser befähigen, zu ihrer Teilhabe beitragen sowie junge Menschen auf Ehe, Partnerschaft und das Zusammenleben mit Kindern vorbereiten,**
2. **Angebote der Beratung in allgemeinen Fragen der Erziehung und Entwicklung junger Menschen,**
3. **Angebote der Familienfreizeit und der Familienerholung, insbesondere in belastenden Familiensituationen, die bei Bedarf die erzieherische Betreuung der Kinder einschließen.**

[2]Dabei soll die Entwicklung vernetzter, kooperativer, niedrigschwelliger, partizipativer und sozialraumorientierter Angebotsstrukturen unterstützt werden.

(3) Müttern und Vätern sowie schwangeren Frauen und werdenden Vätern sollen Beratung und Hilfe in Fragen der Partnerschaft und des Aufbaus elterlicher Erziehungs- und Beziehungskompetenzen angeboten werden.

(4) Das Nähere über Inhalt und Umfang der Aufgaben regelt das Landesrecht.

1 Pflicht zur Förderung (Abs. 1 Satz 1)

1 **Leistungsempfänger** der in § 16 Abs. 1 geregelten allgemeinen Förderung in der Familie sind (seiende und werdende) familiale Erziehungsberechtigte (vgl. § 7 Abs. 1 Nr. 6) – also auch Stiefeltern, Pflegepersonen, Vormünder – einerseits sowie junge Menschen (§ 7 Abs. 1 Nr. 4) andererseits. **Leistungsadressat** im Sinne der Zielsetzung der Leistung ist – wie sich aus Satz 2 und der Zielbestimmung des § 1 für die Jugendhilfe insgesamt (→ § 8 Rn. 10) ergibt – das (familienrechtlich zu verstehende) Kind.

2 Die Leistungsempfänger sind nicht kraft Gesetzes Anspruchsberechtigte, da auf die Förderung **kein Rechtsanspruch** besteht.[1] § 16 verleiht nämlich kein subjektives öf-

1 Ebenso Telscher in jurisPK-SGB VIII § 16 Rn. 26; Meysen/Rixen/Schönecker SGb 2019, 519 (524); NdsOVG 9.7.2019 – 10 ME 122/19, juris Rn. 8; aA Schleicher in GK-SGB VIII Rn. 3.

fentliches Recht. Dies ergibt sich aus dem Fehlen individueller Tatbestandsvoraussetzungen sowie dem Gegenschluss zu den Hilfen für Familien in besonderen Lebenslagen[2] in §§ 17 und 18, wo ausdrücklich ein Rechtsanspruch eingeräumt wird. Auch aus der „Fernwirkung" des Grundrechts auf Schutz der Familie und des Elternrechts in Art. 6 Abs. 1 und 2 GG ergibt sich kein subjektives öffentliches Recht für § 16. Zwar ist Art. 6 GG nicht nur ein Abwehrrecht, das Eingriffe in die Familie und das Elternrecht verbietet, sondern auch ein Leistungsrecht, das die Stärkung von Familie und elterlicher Erziehungskraft gebietet (→ § 1 Rn. 10). Die Ausgestaltung dieses Leistungsrechts unterliegt aber gesetzgeberischem Ermessen, das mit den Regelungen der §§ 16 ff. ausgefüllt worden ist. Aus Art. 3 GG ist lediglich ein Recht auf gleichen Zugang zu den (vorhandenen) Angeboten eines Trägers abzuleiten (**Teilhaberecht**; → § 2 Rn. 6), aber nicht auf bestimmte Angebote[3] oder auf generelle Übernahme von Kosten der Angebote.[4] Nur im Rahmen dieses Rechts auf gleiche Teilhabe besteht gegebenenfalls ein gebundener Anspruch oder ein Anspruch auf fehlerfreie Ermessensausübung.

Von der Frage des subjektiven öffentlichen Rechts zu trennen ist die Frage nach dem **Verpflichtungsgrad** einer Norm, was vielfach übersehen wird.[5] Der Verpflichtungsgrad „sollen" bedeutet (→ § 2 Rn. 7), dass die Leistung im Regelfall erbracht werden muss und nur ausnahmsweise im Ermessen des Trägers steht, nämlich dann, wenn im Bereich des Trägers atypische Umstände bei den Leistungsempfängern vorliegen. Schon weil sie kein atypischer Umstand bei den Leistungsempfängern ist, kann die Finanzlage des Trägers der öffentlichen Jugendhilfe keinen das Ermessen eröffnenden atypischen Fall begründen, unabhängig davon, ob Finanzknappheit der Träger der öffentlichen Jugendhilfe für diese typisch ist.[6] Der mit § 16 verpflichtete (§ 3 Abs. 2 S. 2) **Träger der öffentlichen Jugendhilfe** muss also Angebote des § 16 bereitstellen. Darauf besteht allerdings kein Rechtsanspruch, und zwar – abgesehen vom genannten Recht auf gleichen Zugang zu vorhandenen Leistungen (→ Rn. 2) – auch nicht auf Ausübung fehlerfreien Ermessens bei Vorliegen atypischer Umstände.[7] Die Erfüllung dieser Pflicht regelt § 79 Abs. 2, wonach der Träger der öffentlichen Jugendhilfe **gewährleisten** muss, dass die erforderlichen Angebote rechtzeitig, ausreichend und plural zur Verfügung stehen (→ § 79 Rn. 8). Daraus ergibt sich eine **Förderpflicht** nach § 74 für Angebote der Träger der freien Jugendhilfe (→ § 79 Rn. 14). Ausreichend iSd § 79 Abs. 2 sind nur solche Angebote, die die Verpflichtungsnorm ausfüllen. Die Angebote müssen also die Ziele des § 9 verfolgen (→ § 9 Rn. 2–13); für § 16 bedeutet dies speziell, dass überforderte Familien besonders zu fördern sind (→ Rn. 9). 3

2 Ziel der Förderung (Abs. 1 Sätze 2 und 3)

Die Förderung ist auf die **Stärkung der familialen Erziehungskraft** gerichtet (Satz 2). 4
Berichtet wird von empirischen Beobachtungen, dass nach Ausbau der Leistungen nach § 16 die Fallzahlen für HzE zurückgegangen sind.[8] Der nachträglich[9] aufgenom-

---

2 Fischer in SFMK Rn. 2; Happe/Saurbier in JHSM Rn. 1.
3 Ebenso Fischer in SFMK Rn. 12 f.; Proksch in FK-SGB VIII Rn. 4; Happe/Saurbier in JHSM Rn. 27; VG Gera 10.2.2005 – 6 K 605/04.GE.
4 So für Seminarkosten BayVGH 5.4.2001 – 12 B 96.2358, FEVS 52, 465; dem folgend NdsOVG 9.7.2019 – 10 ME 122/19, juris Rn. 8; Telscher in jurisPK-SGB VIII § 16 Rn. 26; zur Kostenbeteiligung → Rn. 12.
5 Vgl. hierzu die Auseinandersetzung zwischen Münder und Kunkel in ZfJ 1991, 145 und 285. – Wie hier Königsfeld NDV 2017, 177–179.
6 Ebenso Telscher in jurisPK-SGB VIII § 16 Rn. 25.
7 Im Ergebnis wohl ähnlich Struck in Wiesner Rn. 8 f.; aA Mrozynski § 13 Rn. 2.
8 Königsfeld NDV 2017, 177–179.
9 Durch Art. 3 des Gesetzes zur Ächtung der Gewalt in der Erziehung und zur Änderung des Kindesunterhaltsrechts v. 2.11.2000 (BGBl. I 2000, 1479) mWv 8.11.2000; vgl. hierzu Baltz ZfJ 2000, 210.

mene **Satz 3** benennt als Teilziel der Erziehungsqualifikation, Erziehung gewaltfrei zu leisten. Damit soll die Normvorstellung des § 1631 Abs. 2 BGB Normwirklichkeit werden, indem der Träger verpflichtet wird, in seine Angebote aus Abs. 2 **Auswegberatung** bei Konflikten aufzunehmen, damit gewaltfreie Erziehung nicht bloß postuliert, sondern auch praktiziert wird. Ziel ist dabei nicht die Kriminalisierung der Eltern, sondern eine Verdeutlichung des Anspruchs der Eltern auf Hilfe.[10]

3 Inhalt der Förderung (Abs. 2)

5 Absatz 2 zählt wesentliche Inhalte der allgemeinen Förderung der Erziehung in der Familie (sog. **Familienarbeit**) auf. Die Aufzählung ist lediglich beispielhaft: Erweiterungen, die ebenfalls die Ziele nach Abs. 1 verfolgen, sind also möglich und sogar geboten. Zu Recht wird die Vorschrift in der Praxis kreativ und dynamisch genutzt.[11]

6 **Nr. 1** nennt die **Familienbildung** (zB durch Elternbriefe oder Kurse), welche die Vorbereitung auf Ehe, Partnerschaft und das Zusammenleben mit Kindern sowie die Befähigung zur Mitarbeit in Erziehungseinrichtungen (zB in Kindergärten oder Schulen) und in Formen der Selbst- und Nachbarschaftshilfe einschließt.[12] Sie ist anlassunabhängig (präventiv) im Unterschied zur Erziehungsberatung nach § 28, die ein Erziehungsdefizit nach § 27 voraussetzt, wenn auch das Vorliegen eines Erziehungsdefizits Leistungen nach § 16 nicht ausschließt;[13] eine trennscharfe Kategorisierung ist nicht möglich.[14] Inhalt der Familienbildung ist es auch, den Erziehenden überhaupt ihre Eigenschaft als Erziehende klar zu machen,[15] insbesondere immer noch den Vätern. Sie muss – dem Auftrag aus § 9 Nr. 2 und 3 gemäß – auf die unterschiedlichen Lebenslagen eingehen, in denen Familien leben. Im Rahmen der Erwachsenenbildung (zB in Volkshochschulen) angebotene Familienbildung ist vorrangig (§ 10 Abs. 1). Der aus den Schulgesetzen der Länder folgende Erziehungsauftrag der Schule bleibt unberührt (→ § 10 Rn. 34).

Besonders erwähnt das Gesetz die Stärkung der Familien in ihrer Gesundheitskompetenz. Die Bedeutung von Maßnahmen in diesem Zusammenhang kann angesichts der in der Covid-19-Pandemie zutage getretenen breiten Unverständnis von medizinischen und gesundheitlichen Zusammenhängen nicht überbetont werden. Allerdings ist eine Gesundheitsbildung auch außerhalb pandemischer Situationen als Präventionsmaßnahme sehr sinnvoll.[16]

7 **Nr. 2** nennt die allgemeine **Familienberatung**. Im Unterschied zur Erziehungsberatung nach § 28 oder zur sozialpädagogischen Familienhilfe nach § 31 setzt auch sie als präventive Hilfe kein Erziehungsdefizit (→ § 27 Rn. 2) voraus. In der Praxis wird die (generelle) Familienberatung aber häufig in die (individuelle) Erziehungsberatung übergehen.[17] Im Unterschied zur Familienbildung nach Nr. 1 ist die Familienberatung nach Nr. 2 anlassabhängig und setzt einen Beratungsbedarf voraus. Im Unterschied zur Ju-

10 So Struck in Wiesner § 16 Rn. 6a f. – Zur gewaltfreien Erziehung ausführlich Schleicher in GK-SGB VIII Rn. 2a-2q; Telscher in jurisPK-SGB VIII § 16 Rn. 36–42.
11 Meysen/Rixen/Schönecker SGb 2019, 519 (524) sprechen von einem dynamischen Ausbau.
12 Vgl. ausführlich die Empfehlungen des DV NDV 1995, 221.
13 VG Hamburg 10.12.2015 – 13 K 1532/12, juris Rn. 61 (m. krit. Anm. Meysen JAmt 2016, 272 f.; Anm. Frings SRa 2016, 128).
14 Meysen JAmt 2016, 272 (273).
15 Vgl. zur Pflicht zur Erziehung § 1626 Abs. 1 BGB.
16 Zur Bedeutung der Stärkung von Gesundheitskompetenz und zu Möglichkeiten der Umsetzung ausführlich Krüger/Schröder JAmt 2020, 7–12 und Geene BGesBl 2018, 1289–1299.
17 Zur Gleichartigkeit beider Hilfen iSv § 74 Abs. 5 s. OVG NRW 5.12.1995 – 16 A 5462/94, RsDE Nr. 36, 99. Zur Unmöglichkeit der trennscharfen Abgrenzung Meysen JAmt 2016, 272 (273).

gendberatung nach § 11 Abs. 3 Nr. 6 – die freilich nicht auf das Zusammenleben in der Familie beschränkt ist – richtet sich die Familienberatung in erster Linie an die Erziehenden. Beratung nach § 11 SGB XII umfasst alle sozialen Angelegenheiten, also auch Erziehungsfragen, ist aber gem. § 10 Abs. 4 S. 1 nachrangig.

Die in **Nr. 3** aufgeführte **Familienerholung** schließt auch die Betreuung der Kinder während der Maßnahme ein, was auch ohne ausdrückliche Erwähnung für Maßnahmen nach Nr. 1 und 2 gilt.[18] Auch die Betreuung Jugendlicher ist eingeschlossen, da der Begriff „Kind" hier familienrechtlich und nicht jugendhilferechtlich iSv § 7 Abs. 1 Nr. 1 zu verstehen ist. 8

Familienerholung, -bildung und -beratung müssen auf die unterschiedlichen familiären Lebenslagen abgestellt sein. Also muss **besonderen Belastungen** durch besondere Angebote begegnet werden, soweit diese Umstände Auswirkungen auf die Erziehungssituation haben. Dies betrifft zB Alleinerziehende, kinderreiche Familien, Familien mit behinderten Kindern oder Elternteilen, Familien, die durch ihre ethnische Zugehörigkeit, ihren Wohnort in sozialen Brennpunkten, Armut, Arbeitslosigkeit, Sucht oder Verschuldung ausgegrenzt sind. Ausdrücklich erwähnt ist dies zwar nur in § 16 Abs. 2 Nr. 3, gilt aber wegen § 9 Nr. 2 und 3 auch sonst. Familienerholung ohne erzieherische Indikation ist unter den Voraussetzungen der §§ 23, 24 und 41 SGB V (§ 52 Abs. 1 SGB XII) als vorbeugende Gesundheitshilfe oder Rehabilitationsmaßnahme iSv §§ 47, 48 SGB XII zu leisten.[19] Einer zur belastenden Erziehungssituation hinzutretenden schlechten finanziellen Situation ist über die Kostenregelung des § 90 Abs. 2 zu begegnen, wonach der Kostenbeitrag erlassen werden kann.[20] 9

4 Beratung und Hilfe in Fragen der Partnerschaft (Abs. 3)

Intention von Abs. 3[21] ist es, „zum Ausdruck zu bringen, dass Hilfen während der Schwangerschaft und in den ersten Lebensjahren des Kindes zum unverzichtbaren Basisangebot jedes Jugendamts gehören".[22] Inhaltliche Neuerungen gegenüber dem früheren Rechtszustand hat Abs. 3 jedoch nicht gebracht: Schon zuvor mussten auch werdende Eltern als Eltern iSv Abs. 1 angesehen werden, wollte man nicht die in Abs. 2 Nr. 1 vorgesehene Vorbereitung auf das Zusammenleben mit Kindern nur ganz abstrakt verstehen.[23] Als hinsichtlich des Personenkreises speziellere Norm geht Abs. 3 dem Abs. 1 vor. 10

5 Landesrechtsvorbehalt (Abs. 4)

Abs. 4 lässt Raum für landesrechtliche Regelungen zur Konkretisierung der Angebote der allgemeinen Förderung in der Familie. Entsprechende Regelungen[24] haben die Länder Berlin (§§ 20–24a AG KJHG), Bremen (§§ 28–31 BremKJFFöG), Hessen (§ 20 HKJGB), Rheinland-Pfalz (§§ 16–19 AGKJHG), Sachsen-Anhalt (§§ 11–17 FamBeFöG LSA), Schleswig-Holstein (§§ 29–31, 58 JuFöG) und Thüringen (§ 24 ThürK- 11

18 Ebenso Happe/Saurbier in JHSM Rn. 52.
19 AA Schleicher in GK-SGB VIII Rn. 17.
20 Ebenso Struck in Wiesner Rn. 23.
21 Eingefügt durch das Gesetz zur Stärkung eines aktiven Schutzes von Kindern und Jugendlichen – Bundeskinderschutzgesetz (BKiSchG) v. 22.12.2011 (BGBl. 2011 I, 2975) zum 1.1.2012.
22 BT-Drs. 17/6256, 22.
23 Anders Proksch in FK-SGB VIII Rn. 13; Grube in Hauck/Noftz Rn. 27 f.; Struck in Wiesner Rn. 26; Meysen FamRZ 2012, 405 (410 f.); die Bundeskonferenz für Erziehungsberatung, ZKJ 2012, 392 (393) und wohl auch Riehle in Krug/Riehle Erl. IV, die alle eine – geringfügige – Ausweitung des Kreises der Leistungsempfänger um werdende Eltern sehen.
24 Vgl. zu den Fundstellen der Landesgesetze die Synopse im Anh. 3.

JHAG; ThürFamFöSiG) erlassen. Wegen der grundsätzlichen Bedeutung weist Hamburg die Zuständigkeit für die Angebote der Familienerholung dem Landesjugendhilfeausschuss zu (§ 12 Abs. 2 AG SGB VIII).

6 Kostenbeteiligung

12 § 90 Abs. 1 S. 1 Nr. 2 ermöglicht die Festsetzung von Kostenbeiträgen für alle Angebote mit Ausnahme der Familienberatung nach Abs. 2 Nr. 2 und der unter Abs. 3 fallenden Leistungen (→ Rn. 10). Damit ist seit 1.1.2012 für die Beratung von (werdenden) Eltern in Partnerschaftsfragen und des Aufbaus der Erziehungskompetenz – an sich eine Aufgabe der Familienbildung nach Abs. 2 Nr. 1, für die bislang Kostenbeiträge erhoben werden konnten – die Möglichkeit der Kostenbeitragserhebung entfallen. In jedem Fall sind Ermäßigung oder Erlass der Kostenbeiträge nach § 90 Abs. 2 möglich.

Anhang zu § 16 – § 2 KKG (= Art. 1 § 2 BKiSchG)

§ 2 KKG Information der Eltern über Unterstützungsangebote in Fragen der Kindesentwicklung

(1) Eltern sowie werdende Mütter und Väter sollen über Leistungsangebote im örtlichen Einzugsbereich zur Beratung und Hilfe in Fragen der Schwangerschaft, Geburt und der Entwicklung des Kindes in den ersten Lebensjahren informiert werden.

(2) [1]Zu diesem Zweck sind die nach Landesrecht für die Information der Eltern nach Absatz 1 zuständigen Stellen befugt, den Eltern ein persönliches Gespräch anzubieten. [2]Dieses kann auf Wunsch der Eltern in ihrer Wohnung stattfinden. [3]Sofern Landesrecht keine andere Regelung trifft, bezieht sich die in Satz 1 geregelte Befugnis auf die örtlichen Träger der Jugendhilfe.

1 Im Rahmen des BKiSchG ist zum 1.1.2012 auch § 2 KKG in Kraft getreten. Mit dieser im gesamten Gesetzgebungsverfahren unverändert gebliebenen und ersichtlich nicht diskutierten Vorschrift[1] will der Gesetzgeber Gefährdungen des Kindeswohls durch Information der Eltern vorbeugen (**Prävention durch Information**). Er betont die **Bringschuld** der staatlichen Gemeinschaft, seiende und werdende **Eltern** über die lokalen **Beratungs- und Hilfsangebote zu informieren** und für ihre Inanspruchnahme im Interesse und zum Wohl des Kindes zu werben[2] und entspricht insoweit der Verpflichtung der Sozialleistungsträger nach § 13 SGB I. Abs. 1 der Vorschrift konstituiert für den Regelfall eine **Informationspflicht** der hierfür zuständigen Stellen.

2 § 2 Abs. 2 S. 1 und 2 KKG stellen weiter die **Befugnis** der zuständigen Stellen klar, den Eltern zum Zweck der Information über die Beratungs- und Hilfsangebote ein persönliches Gespräch anzubieten, das (nur) **auf Wunsch der Eltern in ihrer Wohnung** stattfinden kann, dh auch, dass es bei einem entsprechenden Wunsch der Eltern im Ermessen der zuständigen Stelle steht, ob sie das Gespräch in der Wohnung oder an einem anderen Ort durchführt.[3] Die Aufnahme gerade letzterer Regelung basiert auf dem sog. **Dormagener Modell**, in dessen Rahmen Familien- oder Willkommensbesuche eingeführt worden waren, um neugeborene Kinder willkommen zu heißen und bei

1 Allerdings sind gegenüber einem Entwurf aus der 16. Wahlperiode Veränderungen vorgenommen worden, wohl auch infolge der Stellungnahme des Deutschen Vereins, NDV 2011, 97 (98).
2 BT-Drs. 17/6256, 17 f.
3 Wiesner in Wiesner Rn. 9.

dieser Gelegenheit über Hilfeangebote zu informieren.[4] Mit der ausdrücklichen Aufnahme der Möglichkeit der Information in der Familienwohnung sollten derartige Modelle rechtlich eingebettet werden. Abs. 2 ist lediglich deklaratorischer Natur.[5] Es besteht für die zuständige Stelle grundsätzlich keine Pflicht zur Durchführung von Familienbesuchen. Das „sollen" in Abs. 1 bezieht sich lediglich auf die Information, die auch in anderer Weise erfolgen kann.[6] Die Regelung in § 2 KKG darf außerdem über zweierlei nicht hinwegtäuschen: Die **Familien** haben **keine Pflicht**, das **Gesprächsangebot** für ein Informationsgespräch **anzunehmen**, erst recht nicht in der eigenen Wohnung; es handelt sich um ein reines Angebot, das auch sanktionslos ausgeschlagen werden kann. Zum zweiten ermächtigt § 2 KKG nicht dazu, den – stets einvernehmlichen – Hausbesuch zur Kontrolle des Kindeswohls einzusetzen: § 2 KKG verfolgt allein den Ansatz der Prävention durch Information.[7]

Datenschutzrechtlich problematisch an § 2 Abs. 2 KKG ist, **wie** die zuständigen Stellen die für die Aufgabenerfüllung erforderlichen **Daten erhalten** (→ § 62 Rn. 16).[8] Eine Übermittlungsbefugnis zum Zweck der Erfüllung der Aufgaben nach § 2 KKG wurde zwischenzeitlich in mehreren LandesmeldeG bzw. MeldeVO aufgenommen.[9] Die Bundesregierung hat im ersten Gesetzgebungsverfahren zum KJSG 2017 die Auffassung vertreten, dass sich die Übermittlungsbefugnis aus § 34 MeldeG ergebe.[10] Dies verkennt jedoch, dass sie nach § 36 MeldeG für regelmäßige und wiederkehrende Datenübermittlungen ohne Ersuchen einer besonderen bundes- oder landesrechtlichen Befugnis bedürfen.[11] Die Schaffung einer entsprechenden Rechtsgrundlage ist weiterhin wünschenswert.[12] 3

Die **Zuständigkeit** für die Informationsaufgaben des § 2 KKG ist gemäß § 2 Abs. 2 S. 3 KKG durch **Landesrecht** zu bestimmen. Soweit dieses keine abweichende Zuständigkeit bestimmt, ist nach der bundesrechtlichen Bestimmung der örtliche Träger der Jugendhilfe zuständig. Allerdings handelt es sich auch bei Zuständigkeit des örtlichen Trägers der Jugendhilfe bei der Informationsaufgabe des § 2 Abs. 1 KKG nicht um eine Aufgabe nach dem SGB. 4

Gerade bei Zuständigkeit des örtlichen Trägers der Jugendhilfe ist aber die Abgrenzung zu anderen, echt jugendhilferechtlichen Informations- und Beratungsaufgaben (zB nach §§ 16, 52a) schwierig, aber etwa für die Frage des Datenschutzes wichtig: Dann, aber auch erst dann, wenn (auch) eine Aufgabe nach dem SGB VIII wahrgenommen wird, gilt der strengere Sozialdatenschutz des SGB X (→ § 61 Rn. 3). Werden im Zuge des Informationsangebots Tatsachen bekannt, die zB einen Beratungsbedarf begründen, oder ergeben sich Anhaltspunkte für eine Kindeswohlgefährdung, die ein

4 Vgl. Götte JAmt 2012, 7 (8).
5 So auch Meysen in FK-SGB VIII-SGB VIII § 8b Anh. Rn. 20.
6 DIJuF-Rechtsgutachten, JAmt 2012, 589.
7 Zu beidem Götte JAmt 2012, 7 (9) und Kunkel ZKJ 2012, 288–295, s. auch Wiesner in Wiesner Rn. 2 f., 6 f.
8 Ausführlich Götte JAmt 2012, 7 (9–12).
9 Überblick zu den verschiedenen landesrechtlichen Rechtsgrundlagen https://www.fruehehilfen.de/service/antworten-auf-praxisfragen/datenschutz-bei-willkommensbesuchen-haeufige-fragen/; kritisch bzgl. der Gesetzgebungskompetenz der Länder Wiesner in Wiesner Rn. 5.
10 Vgl. Vorschlag des Bundesrats BT-Drs. 18/12730, 11 (Nr. 27) sowie Stellungnahme der Bundesregierung BT-Drs. 18/12730, 29.
11 Auch nach Auffassung des NZFH kann die regelmäßige Datenübermittlung nicht auf § 34 MeldeG gestützt werden, https://www.fruehehilfen.de/service/antworten-auf-praxisfragen/datenschutz-bei-willkommensbesuchen-haeufige-fragen/ (abgerufen am 7.8.2021).
12 So auch Meysen in FK-SGB VIII-SGB VIII § 8b Anh. Rn. 19.

Verfahren nach § 8a auslösen, so sind die werdenden Eltern auf die Änderung hinzuweisen; ein etwaig erforderliches Einverständnis ist einzuholen.[13]

§ 17 Beratung in Fragen der Partnerschaft, Trennung und Scheidung

(1) [1]Mütter und Väter haben im Rahmen der Jugendhilfe Anspruch auf Beratung in Fragen der Partnerschaft, wenn sie für ein Kind oder einen Jugendlichen zu sorgen haben oder tatsächlich sorgen. [2]Die Beratung soll helfen,

1. **ein partnerschaftliches Zusammenleben in der Familie aufzubauen,**
2. **Konflikte und Krisen in der Familie zu bewältigen,**
3. **im Fall der Trennung oder Scheidung die Bedingungen für eine dem Wohl des Kindes oder des Jugendlichen förderliche Wahrnehmung der Elternverantwortung zu schaffen.**

(2) Im Fall der Trennung und Scheidung sind Eltern unter angemessener Beteiligung des betroffenen Kindes oder Jugendlichen bei der Entwicklung eines einvernehmlichen Konzepts für die Wahrnehmung der elterlichen Sorge und der elterlichen Verantwortung zu unterstützen; dieses Konzept kann auch als Grundlage für einen Vergleich oder eine gerichtliche Entscheidung im familiengerichtlichen Verfahren dienen.

(3) Die Gerichte teilen die Rechtshängigkeit von Scheidungssachen, wenn gemeinschaftliche minderjährige Kinder vorhanden sind, sowie Namen und Anschriften der beteiligte Eheleute und Kinder dem Jugendamt mit, damit dieses die Eltern über das Leistungsangebot der Jugendhilfe nach Absatz 2 unterrichtet.

Artikel 18 UN-KindK [Förderung der gemeinsamen elterlichen Sorge]

(1) Die Vertragsstaaten bemühen sich nach besten Kräften, die Anerkennung des Grundsatzes sicherzustellen, dass beide Elternteile gemeinsam für die Erziehung und Entwicklung des Kindes verantwortlich sind. Für die Erziehung und Entwicklung des Kindes sind in erster Linie die Eltern oder gegebenenfalls der Vormund verantwortlich. Dabei ist das Wohl des Kindes ihr Grundanliegen.

...

Vgl. ferner Art. II-84 Abs. 3 EU-Verfassung[1]

§ 128 FamFG Persönliches Erscheinen der Ehegatten

(1) [1]Das Gericht soll das persönliche Erscheinen der Ehegatten anordnen und sie anhören. [2]Die Anhörung eines Ehegatten hat in Abwesenheit des anderen Ehegatten stattzufinden, falls dies zum Schutz des anzuhörenden Ehegatten oder aus anderen Gründen erforderlich ist. [3]Das Gericht kann von Amts wegen einen oder beide Ehegatten als Beteiligte vernehmen, auch wenn die Voraussetzungen des § 448 der Zivilprozessordnung nicht gegeben sind.

(2) Sind gemeinschaftliche minderjährige Kinder vorhanden, hat das Gericht die Ehegatten auch zur elterlichen Sorge und zum Umgangsrecht anzuhören und auf bestehende Möglichkeiten der Beratung hinzuweisen.

---

13 So auch Wiesner in Wiesner KKG § 2 Rn. 8; Kößler in jurisPK Rn. 11; Meysen in FK-SGB VIII § 8b Anh. Rn. 21, zum praktischen Vorgehen, wenn Anhaltspunkte für weiteren Hilfebedarf oder eine Kindeswohlgefährdung festgestellt werden s. https://www.fruehehilfen.de/service/antworten-auf-praxisfragen/datenschutz-bei-willkommensbesuchen-haeufige-fragen/ (abgerufen am 7.8.2021).

1 Abdruck bei § 8.

(3) Ist ein Ehegatte am Erscheinen verhindert oder hält er sich in so großer Entfernung vom Sitz des Gerichts auf, dass ihm das Erscheinen nicht zugemutet werden kann, kann die Anhörung oder Vernehmung durch einen ersuchten Richter erfolgen.

(4) Gegen einen nicht erschienenen Ehegatten ist wie gegen einen im Vernehmungstermin nicht erschienenen Zeugen zu verfahren; die Ordnungshaft ist ausgeschlossen.

§ 133 FamFG Inhalt der Antragsschrift

(1) Die Antragsschrift muss enthalten:

1. Namen und Geburtsdaten der gemeinschaftlichen minderjährigen Kinder sowie die Mitteilung ihres gewöhnlichen Aufenthalts,
2. die Erklärung, ob die Ehegatten eine Regelung über die elterliche Sorge, den Umgang und die Unterhaltspflicht gegenüber den gemeinschaftlichen minderjährigen Kindern sowie die durch die Ehe begründete gesetzliche Unterhaltspflicht, die Rechtsverhältnisse an der Ehewohnung und an den Haushaltsgegenständen getroffen haben, und
3. die Angabe, ob Familiensachen, an denen beide Ehegatten beteiligt sind, anderweitig anhängig sind.

(2) Der Antragsschrift sollen die Heiratsurkunde und die Geburtsurkunden der gemeinschaftlichen minderjährigen Kinder beigefügt werden.

§ 156 FamFG Hinwirken auf Einvernehmen

(1) [1]Das Gericht soll in Kindschaftssachen, die die elterliche Sorge bei Trennung und Scheidung, den Aufenthalt des Kindes, das Umgangsrecht oder die Herausgabe des Kindes betreffen, in jeder Lage des Verfahrens auf ein Einvernehmen der Beteiligten hinwirken, wenn dies dem Kindeswohl nicht widerspricht. [2]Es weist auf Möglichkeiten der Beratung durch die Beratungsstellen und -dienste der Träger der Kinder- und Jugendhilfe insbesondere zur Entwicklung eines einvernehmlichen Konzepts für die Wahrnehmung der elterlichen Sorge und der elterlichen Verantwortung hin. [3]Das Gericht kann anordnen, dass die Eltern einzeln oder gemeinsam an einem kostenfreien Informationsgespräch über Mediation oder über eine sonstige Möglichkeit der außergerichtlichen Konfliktbeilegung bei einer von dem Gericht benannten Person oder Stelle teilnehmen und eine Bestätigung hierüber vorlegen. [4]Es kann ferner anordnen, dass die Eltern an einer Beratung nach Satz 2 teilnehmen. [5]Die Anordnungen nach den Sätzen 3 und 4 sind nicht selbständig anfechtbar und nicht mit Zwangsmitteln durchsetzbar.

(2) [1]Erzielen die Beteiligten Einvernehmen über den Umgang oder die Herausgabe des Kindes, ist die einvernehmliche Regelung als Vergleich aufzunehmen, wenn das Gericht diese billigt (gerichtlich gebilligter Vergleich). [2]Das Gericht billigt die Umgangsregelung, wenn sie dem Kindeswohl nicht widerspricht.

(3) [1]Kann in Kindschaftssachen, die den Aufenthalt des Kindes, das Umgangsrecht oder die Herausgabe des Kindes betreffen, eine einvernehmliche Regelung im Termin nach § 155 Abs. 2 nicht erreicht werden, hat das Gericht mit den Beteiligten und dem Jugendamt den Erlass einer einstweiligen Anordnung zu erörtern. [2]Wird die Teilnahme an einer Beratung, an einem kostenfreien Informationsgespräch über Mediation oder einer sonstigen Möglichkeit der außergerichtlichen Konfliktbeilegung oder eine schriftliche Begutachtung angeordnet, soll das Gericht in Kindschaftssachen, die das Umgangsrecht betreffen, den Umgang durch einstweilige Anordnung regeln oder ausschließen. [3]Das Gericht soll das Kind vor dem Erlass einer einstweiligen Anordnung persönlich anhören.

§ 1671 BGB Übertragung der Alleinsorge bei Getrenntleben der Eltern

(1) [1]Leben Eltern nicht nur vorübergehend getrennt und steht ihnen die elterliche Sorge gemeinsam zu, so kann jeder Elternteil beantragen, dass ihm das Familiengericht die elterliche Sorge oder einen Teil der elterlichen Sorge allein überträgt. Dem Antrag ist stattzugeben, soweit

1. der andere Elternteil zustimmt, es sei denn, das Kind hat das 14. Lebensjahr vollendet und widerspricht der Übertragung, oder
2. zu erwarten ist, dass die Aufhebung der gemeinsamen Sorge und die Übertragung auf den Antragsteller dem Wohl des Kindes am besten entspricht.

(2) [1]Leben Eltern nicht nur vorübergehend getrennt und steht die elterliche Sorge nach § 1626 a Absatz 3 der Mutter zu, so kann der Vater beantragen, dass ihm das Familiengericht die elterliche Sorge oder einen Teil der elterlichen Sorge allein überträgt. [2]Dem Antrag ist stattzugeben, soweit

1. die Mutter zustimmt, es sei denn, die Übertragung widerspricht dem Wohl des Kindes oder das Kind hat das 14. Lebensjahr vollendet und widerspricht der Übertragung, oder
2. eine gemeinsame Sorge nicht in Betracht kommt und zu erwarten ist, dass die Übertragung auf den Vater dem Wohl des Kindes am besten entspricht.

(3) [1]Ruht die elterliche Sorge der Mutter nach § 1751 Absatz 1 Satz 1, so gilt der Antrag des Vaters auf Übertragung der gemeinsamen elterlichen Sorge nach § 1626 a Absatz 2 als Antrag nach Absatz 2. [2]Dem Antrag ist stattzugeben, soweit die Übertragung der elterlichen Sorge auf den Vater dem Wohl des Kindes nicht widerspricht.

(4) Den Anträgen nach den Absätzen 1 und 2 ist nicht stattzugeben, soweit die elterliche Sorge auf Grund anderer Vorschriften abweichend geregelt werden muss.

§ 1687 BGB Ausübung der gemeinsamen Sorge bei Getrenntleben

(1) [1]Leben Eltern, denen die elterliche Sorge gemeinsam zusteht, nicht nur vorübergehend getrennt, so ist bei Entscheidungen in Angelegenheiten, deren Regelung für das Kind von erheblicher Bedeutung ist, ihr gegenseitiges Einvernehmen erforderlich. [2]Der Elternteil, bei dem sich das Kind mit Einwilligung des anderen Elternteils oder auf Grund einer gerichtlichen Entscheidung gewöhnlich aufhält, hat die Befugnis zur alleinigen Entscheidung in Angelegenheiten des täglichen Lebens. [3]Entscheidungen in Angelegenheiten des täglichen Lebens sind in der Regel solche, die häufig vorkommen und die keine schwer abzuändernden Auswirkungen auf die Entwicklung des Kindes haben. [4]Solange sich das Kind mit Einwilligung dieses Elternteils oder auf Grund einer gerichtlichen Entscheidung bei dem anderen Elternteil aufhält, hat dieser die Befugnis zur alleinigen Entscheidung in Angelegenheiten der tatsächlichen Betreuung. [5]§ 1629 Abs. 1 Satz 4 und § 1684 Abs. 2 Satz 1 gelten entsprechend.

(2) Das Familiengericht kann die Befugnisse nach Absatz 1 Satz 2 und 4 einschränken oder ausschließen, wenn dies zum Wohl des Kindes erforderlich ist.

§ 1687a BGB Entscheidungsbefugnisse des nicht sorgeberechtigten Elternteils

Für jeden Elternteil, der nicht Inhaber der elterlichen Sorge ist und bei dem sich das Kind mit Einwilligung des anderen Elternteils oder eines sonstigen Inhabers der Sorge oder auf Grund einer gerichtlichen Entscheidung aufhält, gilt § 1687 Abs. 1 Satz 4 und 5 und Abs. 2 entsprechend.

§ 1687b BGB Sorgerechtliche Befugnisse des Ehegatten

(1) [1]Der Ehegatte eines allein sorgeberechtigten Elternteils, der nicht Elternteil des Kindes ist, hat im Einvernehmen mit dem sorgeberechtigten Elternteil die Befugnis zur Mitentscheidung in Angelegenheiten des täglichen Lebens des Kindes. [2]§ 1629 Abs. 2 Satz 1 gilt entsprechend.

(2) Bei Gefahr im Verzug ist der Ehegatte dazu berechtigt, alle Rechtshandlungen vorzunehmen, die zum Wohl des Kindes notwendig sind; der sorgeberechtigte Elternteil ist unverzüglich zu unterrichten.

(3) Das Familiengericht kann die Befugnisse nach Absatz 1 einschränken oder ausschließen, wenn dies zum Wohl des Kindes erforderlich ist.

(4) Die Befugnisse nach Absatz 1 bestehen nicht, wenn die Ehegatten nicht nur vorübergehend getrennt leben.

§ 8 RDG Öffentliche und öffentlich anerkannte Stellen

(1) Erlaubt sind Rechtsdienstleistungen, die

1. gerichtlich oder behördlich bestellte Personen,
2. Behörden und juristische Personen des öffentlichen Rechts einschließlich der von ihnen zur Erfüllung ihrer öffentlichen Aufgaben gebildeten Unternehmen und Zusammenschlüsse,
3. nach Landesrecht als geeignet anerkannte Personen oder Stellen im Sinn des § 305 Abs. 1 Nr. 1 der Insolvenzordnung,
4. Verbraucherzentralen und andere mit öffentlichen Mitteln geförderte Verbraucherverbände,
5. Verbände der freien Wohlfahrtspflege im Sinn des § 5 des Zwölften Buches Sozialgesetzbuch, anerkannte Träger der freien Jugendhilfe im Sinn des § 75 des Achten Buches Sozialgesetzbuch und anerkannte Verbände zur Förderung der Belange von Menschen mit Behinderungen im Sinne des § 15 Absatz 3 des Behindertengleichstellungsgesetzes

im Rahmen ihres Aufgaben- und Zuständigkeitsbereichs erbringen.

(2) Für die in Absatz 1 Nr. 4 und 5 genannten Stellen gilt § 7 Abs. 2 entsprechend.

1 Rechtsanspruch auf Partnerschaftsberatung (Abs. 1)

1.1 Anspruchsvoraussetzungen und Rechtsfolge (Abs. 1 Satz 1)

1.1.1 Leistungsempfänger und Leistungsadressat. Leistungsempfänger sind die Eltern, denn die **Elternschaft** ist Voraussetzung der Partnerschaftsberatung. Leistungsadressat ist das Kind (→ § 8 Rn. 10). Dass der Bezugspunkt für die Beratung das Kind ist, wird noch verstärkt durch den „Rahmen der Jugendhilfe“, der sich aus § 1 Abs. 1 ergibt. **Ausgangspunkt und Ziel jeglicher Tätigkeit des Trägers der Jugendhilfe ist das Wohl des Kindes;** in diesem Handlungskorridor gibt es keinen Rollenkonflikt (auch → Rn. 18). Die **Beteiligung** des **Kindes** an der Beratung ist fachliches, aber auch rechtliches Gebot:[2] § 8 Abs. 1 gebietet die Beteiligung des Kindes (→ § 8 Rn. 6).[3] 1

Die familiäre Lebensgemeinschaft ist in Satz 2 Nr. 1 und 2 vorausgesetzt. Dabei muss es sich aber nicht um eine eheliche Lebensgemeinschaft der Partner handeln. Sie müs- 2

2 Vgl. Menne/Weber ZfJ 1998, 85.
3 Ebenso Coester FamRZ 1992, 620; Lohrentz, Trennung und Scheidung, S. 64; aA Hansen FuR 1993, 92.

sen auch nicht das gemeinsame oder alleinige Sorgerecht (zum Sorgerecht → § 52a Rn. 14) für das Kind haben, vielmehr genügt die **tatsächliche** Sorge – vorausgesetzt, sie wird von einem Elternteil ausgeübt. Gleich- oder verschiedengeschlechtliche Stiefelternteile wären damit nicht Leistungsempfänger, auch wenn sie ein Sorgerecht (→ § 7 Rn. 3, 4) haben. Dies entspricht nicht dem og Ziel der Norm; dem Ziel entsprechend muss vielmehr auch der jeweilige Partner eines Elternteils als Leistungsempfänger angesehen werden.[4] Ebenfalls über den Wortlaut hinaus sollte auch der (nicht rechtliche) Vater Leistungsempfänger sein, der kein Sorgerecht hat, für das Kind auch nicht tatsächlich sorgt, aber einen Teil der tatsächlichen Sorge übernehmen möchte, mit diesem Wunsch aber für Konflikte zwischen den Elternteilen sorgt.

3 Vom Normzweck gedeckt ist auch der Fall, dass ein Kind noch nicht geboren ist, zwischen den Eltern aber bereits Konflikte bestehen.[5] Liegen die Konflikte der werdenden Eltern gerade darin, dass sie nicht miteinander verheiratet sind, darf die Beratung auch auf die Möglichkeit der Eheschließung hinweisen. Per se bietet aber eine Ehe kein stabileres oder kindeswohlförderndes Umfeld als eine nichteheliche Partnerschaft.[6]

4 So eng das Beratungsnetz geknüpft zu sein scheint, fehlt ein Beratungsangebot für den Elternteil, der bei gemeinsamer Sorge nach § 1626a Abs. 1 Nr. 1 BGB (Abdruck bei § 7) nie mit der Mutter des Kindes zusammengelebt hat. Will er ein „partnerschaftliches Zusammenleben in der Familie" aufbauen, steht § 17 Abs. 1 S. 2 Nr. 1 zur Verfügung, will er das aber nicht, kann diesem **„unentdeckten Ratsuchenden"** nur mit analoger Anwendung des § 17 Abs. 1 S. 2 Nr. 3 geholfen werden.[7]

5 **1.1.2 Rechtsanspruch und Amtspflichtverletzung.** Die frühere Soll-Regelung wurde zu einer Muss-Regelung mit einem **Rechtsanspruch** hochgestuft, der sowohl für die Beratung nach Abs. 1 als auch für die Unterstützung nach Abs. 2 gilt, da diese in engem Zusammenhang zur Beratung nach Abs. 1 Nr. 3 steht.[8] Allerdings hat das Jugendamt hinsichtlich der konkreten Ausgestaltung und Intensität der Unterstützung einen Beurteilungsspielraum.[9] Ein Rechtsanspruch auf **Mediation**[10] besteht allenfalls dann, wenn nur sie den Beratungserfolg gewährleisten kann.[11] Diesen Rechtsanspruch haben die Eltern als Leistungsempfänger; sie sind somit Leistungsberechtigte und können ihren Anspruch im Weg der allgemeinen Leistungsklage (§ 40 VwGO) durchsetzen.[12] Ein Vorverfahren ist hierfür nicht notwendig (→ Anh. 5 Rn. 76). Wegen des Charakters des § 17 als einem subjektiven öffentlichen Recht (hierzu → § 16 Rn. 2) hat eine Verletzung der Beratungspflicht durch fehlende oder fehlerhafte Beratung eines öffentlichen Trägers die Folge eines Schadenersatzanspruches nach § 839 BGB iVm Art. 34 GG (**Amtspflichtverletzung**).[13]

4 Ebenso für Stiefelternteile Struck in Wiesner Rn. 10; Schleicher in GK-SGB VIII Rn. 6 (der auch Pflegeeltern – ebenso Harnach in JHSM Rn. 25 – einbezieht, was aber vom Normzweck als nicht mehr gedeckt erscheint); umgekehrt zu eng Tillmanns in MüKoBGB Rn. 6, die sonstige Personensorge- und Erziehungsberechtigte ausnimmt.
5 Ebenso Tillmanns in MüKoBGB Rn. 6.
6 Anders noch die Vorauflage.
7 So Ollmann ZfJ 2000, 457, während Lohrentz, Trennung und Scheidung, S. 128 die Lücke durch erweiterte Auslegung des § 17 iVm § 16 zu schließen versucht; keine Lücke sieht Sünderhauf in jurisPK-SGB VIII Rn. 46.
8 Im Ergebnis ebenso Fischer in SFMK Rn. 20; Grube in Hauck/Noftz Rn. 19; Proksch in FK-SGB VIII Rn. 11.
9 OVG NRW 27.6.2014 – 12 B 579/14; VG Mainz 25.7.2019 – 1 K 551/18.MZ, juris Rn. 25; DIJuF JAmt 2017, 289 (290); Kasenbacher NJW-Spezial 2020, 196.
10 Zu dieser näher Harnach in JHSM Rn. 9–11 und Proksch in FK-SGB VIII Rn. 56–59.
11 Hinweise darauf, wann das der Fall ist, bei Schmidt ZKM 2020, 128 (129, 132); ähnlich wie hier Riehle ZfJ 2003, 421.
12 So zB BayVGH 26.1.1999 – 12 ZE 99.83.
13 Zu dieser BGH 6.5.1999 – III ZR 265/98, NJW 1999, 952 und → § 18 Rn. 3.

1.1.3 Verhältnis zu anderen Beratungspflichten. Auch **§ 16 Abs. 2 Nr. 2** regelt Familienberatung. Diese bezieht sich aber nur auf Fragen der Erziehung generell, die Beratung nach § 17 ist dagegen individuell. **§ 28** gibt iVm § 27 einen Rechtsanspruch auf Erziehungsberatung bei Trennung und Scheidung. Dieser Anspruch besteht aber nur, wenn die Tatbestandsvoraussetzungen des § 27 erfüllt sind, also ein Erziehungsdefizit vorliegt (→ § 27 Rn. 2 und → § 28 Rn. 14). Die präventive Beratung nach § 17 soll die Entstehung dieser Mangellage gerade verhindern. Auch wenn die Beratung nach beiden Paragrafen unterschiedliche Ziele verfolgt, kann sie doch in derselben Stelle wahrgenommen werden, also ebenfalls von einer Erziehungsberatungsstelle geleistet werden. Die Beratung nach § 17 kann aber auch vom Allgemeinen Sozialen Dienst, dem Amtsvormund oder der Familiengerichtshilfe wahrgenommen werden oder in einer auf Mediation[14] spezialisierten Beratungsstelle erfolgen. 6

§ 14 SGB I regelt Beratung als selbstständige Hauptpflicht, auf deren Erfüllung ein Rechtsanspruch besteht; sie ist unabhängig von einem Leistungsverhältnis. Die Beratung nach § 14 SGB I bezieht sich auf Rechtsberatung im gesamten SGB-Bereich. Demgegenüber schließt § 17 zwar eine Rechtsberatung mit ein, aber begrenzt auf Rechtsfragen der Partnerschaft, die Bezug zum Kind haben. Nur insoweit ist § 17 vorrangig, im Übrigen bleibt § 14 SGB I unberührt. 7

1.1.4 Verhältnis zum Rechtsdienstleistungsgesetz (RDG). Das RDG behält außergerichtliche Rechtsdienstleistungen grundsätzlich der **Anwaltschaft** vor (→ § 18 Rn. 5). Rechtsdienstleistung ist jede Tätigkeit in einem konkreten Fall, sobald sie sich auch auf rechtliche Gesichtspunkte bezieht (§ 2 RDG). Dies lässt sich bei der Trennungs- und Scheidungsberatung kaum vermeiden (zB bei Fragen des Unterhalts, der elterlichen Sorge, des Umgangsrechts, der Scheidungsfolgen, des Schutzes vor Gewalt, der Leistungsansprüche, des ausländerrechtlichen Status). Ausdrücklich (§ 2 Abs. 3 Nr. 4 RDG) ausgenommen ist die Mediation (zu dieser → Rn. 5). § 8 Abs. 1 Nr. 2 RDG enthält aber ein **Behördenprivileg** für die Beratung, die die Behörde im Rahmen ihrer gesetzlichen Aufgabe und Zuständigkeit durchführt. Die Aufgabe nach § 17 ist gekennzeichnet durch die Wahrung des Kindeswohls. Fragen der elterlichen Sorge stehen daher im Mittelpunkt der Beratung. Überschreitet die Behörde diesen Aufgabenrahmen, ist die Beratung nicht mehr erlaubt. Eine Beratung über Scheidungsfolgen ist nur dann von § 17 gedeckt, wenn ein unmittelbarer Sachzusammenhang mit der Sorgerechtsberatung besteht.[15] Dazu können auch rechtliche Hinweise zur Regelung des Kindesunterhalts gehören, nicht aber dessen Berechnung;[16] dafür eröffnet sich aber die Zuständigkeit aus § 18 Abs. 1. Nicht von § 17 gedeckt ist die Mitwirkung bei Erarbeitung einer umfassenden Scheidungsfolgenregelung. Eine über § 17 hinausgehende Beratung kann dagegen von § 11 SGB XII (Beratung in „sonstigen sozialen Angelegenheiten") geboten und gedeckt sein, zB in Unterhaltsfragen im Zusammenhang mit dem UhVorschG, wenn diese Beratung im Rahmen einer Hilfe nach dem SGB XII erfolgt. 8

Auch die Rechtsberatung durch gem. § 75 anerkannte Träger der freien Jugendhilfe ist nach § 8 Abs. 1 Nr. 5 RDG – scheinbar – privilegiert, wenn sie sich im Rahmen der Aufgabe nach § 17 bewegt. Dass sich diese Privilegierung aber als „Danaergeschenk" erweist, ergibt sich – sehr versteckt – aus § 8 Abs. 2 RDG, der auf § 7 und dieser weiter auf § 6 RDG verweist. Danach wird der freie Träger „geknebelt" mit der Notwendigkeit ausreichender personeller, sachlicher und finanzieller Ausstattung und an die lange Leine juristischer Expertise gelegt. Weiter gefordert sind Einweisung, Fortbildung und Mitwirkung eines Juristen im Einzelfall – Forderungen, die dem öffentlichen 9

14 Zu diesem Verfahren vgl. Proksch FuR 1996, 9; Lohrentz, Trennung und Scheidung, S. 81; Riehle ZfJ 2001, 13.

15 So – zum RBerG – LG Memmingen DAVorm 1995/117.

16 Ebenso Lohrentz, Trennung und Scheidung, S. 114; aA Proksch in FK-SGB VIII vor §§ 16–21 Rn. 12.

Träger nicht auferlegt werden, ebenso wenig wie die Sanktionen, nämlich Tätigkeitsuntersagung nach § 9 und Bußgeld nach § 20 RDG. Die **Kirchen** als anerkannte Träger der freien Jugendhilfe (§ 75 Abs. 3) sind aber in § 8 Abs. 1 Nr. 2 RDG als Körperschaften des öffentlichen Rechts den Behörden gleichgestellt. Dies ergibt sich aus dem Staatskirchenrecht, das in Art. 140 GG iVm Art. 137 Abs. 3 WRV den Kirchen Autonomie garantiert. Dieser Status erstreckt sich auch auf ihre Wohlfahrtsverbände wie Caritas und Diakonie (→ § 75 Rn. 22 u. → § 61 Rn. 295).[17]

10 **Nicht anerkannte** Träger der freien Jugendhilfe können Beratung nur dann erlaubt leisten, wenn die Beratung nur Nebenleistung zu einer Haupttätigkeit ist (§ 5 Abs. 1 RDG), sie gleichsam nebenbei abfällt. Dies wird man nicht generell annehmen können.[18] Erfolgt die Beratung unentgeltlich, ist sie zwar erlaubt, aber mit Sicherstellungsvorbehalten verbunden (§ 6 Abs. 2 RDG).

11 **1.1.5 Beratung nach dem Beratungshilfegesetz (BerHG).** Im Rahmen des Wunsch- und Wahlrechts gem. § 5 können Mütter und Väter sich auch Beratungsstellen der Träger der **freien** Jugendhilfe aussuchen. Der Träger der öffentlichen Jugendhilfe muss gem. § 79 Abs. 2 (→ § 79 Rn. 9) gewährleisten, dass solche **ausreichend** zur Verfügung stehen, was nur im Rahmen einer Jugendhilfeplanung möglich ist. Eine Verletzung dieser Pflicht ist aber keine Amtspflichtverletzung, die gem. § 839 BGB iVm Art. 34 GG zum Schadenersatz verpflichten würde, da diese Pflicht nicht einem Dritten gegenüber besteht.

12 Wählen Väter oder Mütter ein auf Mediation spezialisiertes Mitglied der **Anwaltschaft** aus, ist diese Wahl nicht durch § 5 gedeckt, wenn es sich nicht um einen für einen Träger der freien Jugendhilfe (Leistungserbringer) tätigen Menschen (als Durchführungsbeteiligtem)[19] handelt. Die Kosten einer solchen anwaltlichen Beratung trägt der Staat unter den Voraussetzungen des Beratungshilfegesetzes, also nur, wenn die dort genannten Einkommensgrenzen nicht überschritten werden. Die nach § 17 erfolgende Beratung im Rahmen der Jugendhilfe fällt sowohl unter § 2 Abs. 2 Nr. 2 BerHG (Verwaltungsrecht) als auch Nr. 4 (Sozialrecht). Die Beratungshilfe nach dem BerHG ist gem. § 1 Abs. 1 Nr. 2 BerHG ebenso subsidiär wie umgekehrt die Jugendhilfeleistung gem. § 10 Abs. 1 S. 1 SGB VIII. Damit der Ratsuchende dadurch nicht zwischen die **„Stühle der Subsidiarität"** fällt, schneidet § 10 Abs. 1 S. 2 die Rückverweisung auf das SGB VIII bei Ermessensleistungen ab. Die Beratungshilfe nach dem BerHG ist keine solche. Sie ist gegenüber der Beratung nach § 17 nachrangig, weil sich aus § 156 Abs. 1 FamFG, insbesondere aus dessen S. 4 ergibt, dass die Beratung nach § 17 auf jeden Fall durchzuführen ist (→ Rn. 15).[20] Für die Beratung nach § 18 im Umgangsstreit gilt § 165 FamFG (→ § 18 Rn. 14 ff.).

1.2 Leistungsziele (Satz 2)

13 Satz 1 nennt als Beratungsinhalt „Beratung in Fragen der Partnerschaft". Die dabei zu verfolgenden **Ziele** nennt Satz 2, nämlich zu helfen, die Partnerschaft aufzubauen (Nr. 1: Partnerschaftsaufbauberatung) und Krisen zu bewältigen (Nr. 2: Partnerschaftskonfliktberatung). Das weitere Ziel (Nr. 3: Partnerschaftsauflösungsberatung) dagegen kann nicht mehr als Partnerschaftsberatung verfolgt werden, da die Partnerschaft gescheitert ist. In dieser dritten Phase geht es vielmehr darum, dabei zu helfen, dass die Auflösung der Partnerschaft nicht zu einer Auflösung auch der Elternschaft wird. In allen drei Phasen geht es um die Familie **vor** Trennung der Eltern.[21]

17 Ebenso Lohrentz, Trennung und Scheidung, S. 109; Riehle ZfJ 2001, 15.
18 So aber Proksch in FK-SGB VIII vor §§ 16 bis 21 Rn. 13.
19 Vgl. zu diesen Begriffen Kunkel, Jugendhilferecht, Rn. 75 und 231.
20 Im Ergebnis ebenso AG Neunkirchen 15.9.1998 – 2 TUR II 299/98, FamRZ 1998, 253; BVerfG 12.6.2007 – 1 BvR1014/07; Proksch in FK-SGB VIII § 17 Rn. 52.
21 AA Ollmann ZfJ 2000, 456.

In der Folge der Kinderehendebatte wurde im Sommer 2017 das Gesetz zur Bekämpfung von Kinderehen[22] erlassen, welches das Eheschließungsalter auf 18 heraufsetzt und (im Ausland geschlossene) Ehen mit einem unter 16-jährigen Ehegatten für nichtig und Ehen mit einem 16- bis 18-jährigen Ehegatten für aufhebbar erklärt. Sind aus diesen Ehen Kinder entstanden, muss das JA auch in diesen Fällen und vor dem Hintergrund dieser besonderen Herausforderungen und dem Trennungszwang der Eltern beraten. Das DIJuF hatte im Gesetzgebungsverfahren dafür plädiert, statt einer generellen Aufhebung der Ehen eine Beratungspflicht einzuführen; es sah das Kindeswohl des minderjährig Eheschließenden auch so als gewahrt an.[23]

2 Entwicklung eines Sorgerechtskonzepts (Abs. 2)

2.1 Unterstützungspflicht

Die Unterstützungspflicht nach Abs. 2 geht über die Beratungspflicht nach Abs. 1 und 14
die Paragrafenüberschrift hinaus und erfordert aktive Mithilfe (**„Entwicklungshilfe"**) **für ein Sorgerechtskonzept.** Zunächst sind die Eltern darüber zu beraten, welche rechtlichen Möglichkeiten es gibt, die elterliche Sorge nach Trennung oder Scheidung auszuüben. Haben die Eltern bis zur Trennung die elterliche Sorge gemeinsam ausgeübt – gleichgültig, ob sie verheiratet waren oder nicht –, besteht die gemeinsame elterliche Sorge fort. Das FamG entscheidet nur noch über die Scheidung, nicht mehr über die elterliche Sorge. Das Gericht hört die Ehegatten lediglich gem. § 128 Abs. 1 FamFG an und weist die Eltern gem. § 128 Abs. 2 FamFG auf die Beratung nach § 17 Abs. 2 hin. Inhalt der Beratung des JA muss es daher sein, den Eltern bewusst zu machen, dass die gemeinsame elterliche Sorge fortbesteht, wenn sie nicht eine andere Regelung gem. § 1671 BGB durch richterliche Entscheidung wünschen (→ Rn. 15). In diesem Fall erlegt § 156 FamFG dem FamG die Verpflichtung auf, auf die Beratung nach § 17 Abs. 2 hinzuweisen. Entscheiden sich die Eltern bewusst für die Fortsetzung der gemeinsamen elterlichen Sorge, muss das JA sie dabei beraten, wie die gemeinsame Sorge bei getrennt lebenden Elternteilen praktisch verwirklicht werden kann. Hier muss das JA auf §§ 1687, 1687a BGB hinweisen und den Eltern dabei helfen, die beiden Entscheidungsbereiche des § 1687 BGB einvernehmlich abzugrenzen. Ferner sind Regelungen für den **Umgang** mit dem Kind abzusprechen und schriftlich festzuhalten (zu den Umgangsregelungen → § 18 Rn. 14 ff.).

Eine gesetzliche Priorität für ein Sorgerechtsmodell besteht nicht;[24] auch die Verfas- 15
sung gebietet nicht den Vorrang der gemeinsamen Sorge.[25] Dient die gemeinsame elterliche Sorge nach Meinung der Eltern, des Kindes, aber auch der Beratung nicht dem Wohl des Kindes, **muss** mit Eltern und Kind das alternative Konzept der **alleinigen** Sorge nach § 1671 BGB erörtert werden. Danach **kann** jeder Elternteil – also weder das Kind noch das JA – beantragen, dass das FamG dem Antragsteller die elterliche Sorge allein überträgt. Der Antrag kann auch sinnvoll auf einen Teil der elterlichen Sorge beschränkt werden, beispielsweise auf Aufenthaltsbestimmung, Ausbildung, Vermögen. Der Antrag hat dann Erfolg, wenn der andere Elternteil zustimmt und das 14 Jahre alte Kind nicht widerspricht. Widerspricht das Kind oder stimmt der andere Elternteil nicht zu, kann der Antrag trotzdem Erfolg haben, wenn die Übertragung auf den Antragsteller die beste Lösung für das Kind ist. Steht fest, dass die Aufhebung der gemeinsamen Sorge für das Kind das Beste ist, ist noch darüber zu entscheiden, bei wem das Kind besser aufgehoben ist. Falls nicht beim Antragsteller, son-

22 Gesetz zur Bekämpfung von Kinderehen v. 17.7.2017 (BGBl. 2017 I, 2429). Entwurf auf BT-Drs. 18/12086, Ausschussfassung auf BT-Drs. 18/12607.
23 DIJuF JAmt 2016, 598.
24 So OLG Zweibrücken 23.11.1999 – 5 UF 88/99, FamRZ 2000, 627.
25 So BVerfG 18.12.2003 – 1 BvR 1140/03, Kind-Prax 2004, 107.

dern beim Antragsgegner, muss das FamG den Antrag ablehnen. Dass die Übertragung der Alleinsorge auf den Antragsteller dem Wohl des Kindes „am besten" entspricht, ist wohl nie zu erwarten; realistisch wäre die Formulierung „am wenigsten schädlich ist". Weder JA noch Gericht sind bloße Vollzugsorgane des Elternwillens. Auch wenn beispielsweise die Mutter und das 14 Jahre alte Kind dem Antrag des Vaters auf Alleinsorge zustimmen, darf ihm nicht entsprochen werden, wenn mit dieser Regelung die Gefährdungsschwelle des § 1666 BGB überschritten wäre. Das FamG kann dann die elterliche Sorge entziehen und auch gleich selbst (§ 1697 BGB) auf einen Pfleger oder Vormund übertragen. Das JA kann (und muss) über § 8a Abs. 2 diese Lösung herbeiführen, wenn das von den Eltern vorgeschlagene Konzept das Kindeswohl gefährdet. § 1671 Abs. 3 BGB eröffnet ausdrücklich diese „Notausfahrt". Im Falle eines Antrags nach § 1671 BGB erlegt § 156 FamFG dem FamG die Verpflichtung auf, auf die Beratung nach § 17 Abs. 2 hinzuweisen und eine einstweilige Anordnung zu treffen. Das Gericht kann das Verfahren gem. § 21 FamFG aussetzen, um eine einvernehmliche Lösung zu erreichen. Es kann die Beratung (nicht aber Mediation) sogar anordnen (§ 156 Abs. 1 S. 4 FamFG; sog. Zwangsberatung).[26] Erst nach erfolgloser Beratung darf es eine Entscheidung treffen.[27] Die elterliche Entscheidung hat wegen der Elternautonomie Vorrang vor einer gerichtlichen Entscheidung. Um zu einer einvernehmlichen Lösung zu kommen, sollten drei Monate Beratungszeit ausreichend sein.[28] Fehlt die Bereitschaft zu einer einvernehmlichen Lösung von Anfang an offensichtlich, ist eine Ablehnung, darauf hinzuwirken, nicht ermessensfehlerhaft.[29] Das FamG muss die Bereitschaft zur Annahme der Beratungshilfe nach § 17 fördern.[30] JA und Gericht werden die Eltern darauf hinweisen, dass die mangelnde Bereitschaft zur Beratung ein Faktor bei der Kindeswohlprüfung durch das Gericht sein wird (→ Rn. 25). Auch ein Hinweis auf die Kostenfolge in § 81 Abs. 2 Nr. 5 FamFG könnte „räsonierende" Elternteile „zur Räson bringen". Bei grundloser Weigerung kann auch Verfahrenskostenhilfe nach §§ 76–78 FamFG verweigert werden.[31]

16 Entscheiden sich die Eltern für das Konzept der Alleinsorge, muss das JA den alleinsorgeberechtigten Elternteil auf die Möglichkeiten einer Beratung und Unterstützung gem. § 18 Abs. 1 sowie der **Beistandschaft** insbesondere für die Unterhaltssicherung hinweisen (Exkurs zur Beistandschaft → vor § 52a Rn. 20). Es darf – und sollte im Rahmen eines Gesamtkonzepts – aber auch den nicht (oder weniger) betreuenden, barunterhaltspflichtigen Elternteil im Hinblick auf den Unterhalt beraten.[32]

17 Bei dem Konzept der Alleinsorge ebenso wie bei dem der gemeinsamen Sorge fordert Abs. 2 die **Einbeziehung des Kindes** nunmehr ausdrücklich, obwohl diese Verpflichtung schon nach § 8 Abs. 1 S. 1 besteht (→ § 8 Rn. 6). Dennoch ist die neue Regelung sinnvoll, weil sie allen Beteiligten deutlich macht, dass das Kind einzubeziehen ist. Im (Kindschafts-)Verfahren auf Übertragung der alleinigen elterlichen Sorge (§ 1671 BGB), nicht aber im Scheidungsverfahren ist das Kind gem. § 156 FamFG anzuhören, ebenso das JA gem. § 162 Abs. 1 FamFG (Abdruck bei § 50). Ungeachtet dessen kann

26 Gegen diesen Begriff Trenczek in FK-SGB VIII § 50 Anh. Rn. 15.
27 So OLG Zweibrücken 23.11.1999 – 5 UF 88/99, FamRZ 2000, 627; ebenso Schmidt JAmt 2020, 286 (287).
28 So Haase/Salzgeber FuR 1994, 16; zum Faktor Zeit im kindschaftsrechtlichen Verfahren vgl. Heilmann ZfJ 1998, 317.
29 VG Mainz 25.7.2019 – 1 K 551/18.MZ, juris Rn. 25.
30 Vgl. hierzu Willutzki Kind-Prax 1998, 135; OLG Zweibrücken 23.11.1999 – 5 UF 88/99, FamRZ 2000, 627.
31 So OLG München 26.11.2007 – 26 WF 1792/07, FamRZ 2008, 1089; OLG Koblenz 16.2.2009 – 11 WF 135/09, FamRZ 2009, 1230; aber OLG Hamm 18.12.2003 – 2 WF 420/03, FamRZ 2004, 1116: nicht mutwillig, wenn JA nicht in Anspruch genommen wird.
32 DIJuF JAmt 2017, 289 f.

dem Kind ein Verfahrensbeistand gem. § 158 FamFG (Abdruck bei § 8) bestellt werden (→ Anh. 6 Rn. 26 ff.). Die **Angemessenheit** der Beteiligung ist in dreierlei Richtungen zu prüfen: erstens daraufhin, ob das Kind beteiligungsfähig ist (→ § 8 Rn. 9); zweitens müssen die Umstände der Beteiligung angemessen sein (Stichwort: Kindgerechte Umgebung); drittens ist die vom Kind geäußerte Meinung angemessen zu gewichten.[33] Verstärkt wird die Rechtsposition eines **Jugendlichen**, der das 14. Lebensjahr vollendet hat, durch § 1671 Abs. 2 Nr. 1 BGB. Wenn der Jugendliche einem gemeinsamen Vorschlag der Eltern nämlich widerspricht, trifft das Gericht eine Regelung.

2.2 Sorgerechtskonzept als Grundlage einer richterlichen Entscheidung

2.2.1 Spannungsverhältnis zwischen Beratung und Gerichtshilfe. Nur wenn die Eltern 18
nicht weiterhin die gemeinsame elterliche Sorge, sondern einen Richterspruch über die **Alleinsorge** wünschen, dient das Sorgerechtskonzept als Grundlage der richterlichen Entscheidung. § 17 Abs. 2 verknüpft somit die Beratungshilfe mit der Gerichtshilfe nach § 50 Abs. 1 und 2; nicht aber ist umgekehrt die Gerichtshilfe mit der Beratungshilfe in der Weise verknüpft, dass Beratung zwingend vorausgegangen sein müsste (→ Rn. 24). Die unterstützende Tätigkeit des JA nach § 17 Abs. 2 ist nur scheinbar „janusköpfig", nämlich einerseits dem zu Beratenden und andererseits dem Gericht, sondern – recht verstanden – in beiden Tätigkeiten nur dem Kind zugewandt (→ Rn. 1). Hat das JA die Eltern bei der Erarbeitung eines einvernehmlichen Konzepts zur Ausübung der Alleinsorge unterstützt, hat es damit „vorverlagerte Familiengerichtshilfe" geleistet, denn dann kann es sich auf die Weiterleitung dieses Konzepts an das Familiengericht beschränken. Zu einem **„Rollenkonflikt"** zwischen Beratungshilfe und Gerichtshilfe[34] kann es dann nicht kommen, wenn diese Rollen offengelegt und ihre gemeinsame Zielsetzung erklärt werden. Diese Klarheit behindert die Vertraulichkeit des Beratungsgesprächs nicht, sondern schafft erst die Voraussetzung für ein vertrauensvolles Gespräch.[35] Die Offenheit im Beratungsgespräch kann nicht durch Verschlossenheit gegenüber dem Gericht erkauft werden. Geht es dem Beratenen um das Wohl des Kindes, ist er gut beraten, wenn er die ebenfalls diesem Ziel dienende Entscheidung des Gerichts durch rückhaltlose Offenheit dem Gericht gegenüber unterstützt. Ziel der Beratung muss es auch sein, diese **Offenheit** zu erreichen. Gelingt dies nicht, können Informationen ohne Einverständnis des Betroffenen nicht (zu einer Ausnahme → Rn. 19) an das FamG weitergeleitet werden mit der weiteren Folge, dass dieses keine fachlich fundierte Entscheidung treffen kann. Im Beratungsgespräch muss daher klar werden, dass Beratung **und** Familiengerichtshilfe demselben Ziel dienen, das Wohl des Kindes zu fördern. Ohne diese Klarheit verfehlt die Beratung ihren Zweck.[36]

2.2.2 „Datenschutz als Flankenschutz" der Beratung. Die **Übermittlung** der Bera- 19
tungsdaten an das FamG ist gem. § 69 Abs. 1 Nr. 1 SGB X iVm § 50 Abs. 1 und 2 SGB VIII zulässig (→ § 61 Rn. 112; → § 50 Rn. 91). Die zusätzlich zu beachtende Grenze des § 64 Abs. 2 wird nicht überschritten, wenn die Übermittlung im Beratungsgespräch offengelegt wird (→ § 64 Rn. 8) oder ein Fall des § 8 a Abs. 2 vorliegt.[37] Auch § 65, der die im Beratungsgespräch besonders anvertrauten Daten schutzt, ist nicht verletzt, wenn der Beratene weiß, dass die Daten dem Gericht weiter-

33 So Tillmanns in MüKoBGB Rn. 10.
34 Vgl. hierzu Menne ZfJ 1992, 66; Balloff ZfJ 1992, 454; Kaufmann ZfJ 1991, 18 sowie die Empfehlungen des Deutschen Vereins NDV 1992, 148.
35 Ebenso Kuckertz-Schramm ZfJ 1992, 612; DAVorm 1992/1030; dagegen Anderson/Fischer ZfJ 1993, 319.
36 Ähnlich Mrozynski § 17 Rn. 12.
37 Ebenso Lohrentz, Trennung und Scheidung, S. 239.

gegeben werden und dem nicht widerspricht (stillschweigende Einwilligung gem. § 65 Abs. 1 S. 1 Nr. 1; → § 65 Rn. 15).[38] Widersprechen die Beteiligten ausdrücklich einer Informationsweitergabe an das Gericht, wird das JA eine Beratung nach § 17 nicht ablehnen können, weil es den Rechtsanspruch einlösen muss. Die Beteiligten sind nicht verpflichtet, ihre Einwilligung zu geben, weil § 60 SGB I eine derartige Pflicht nicht enthält.[39] Zwar ist auch die Beratung nach § 17 eine Sozialleistung iSd § 60 SGB I, wie aus § 27 Abs. 1 Nr. 2 SGB I folgt; verpflichtet ist der Leistungsberechtigte aber nur, einer Auskunftserteilung **durch** Dritte, nicht **an** Dritte zuzustimmen. Liegt weder eine ausdrückliche (Formular) noch eine stillschweigende Einwilligung nach Rollenklärung im Beratungsgespräch vor, kann eine Übermittlung an das Gericht dennoch gem. § 65 Abs. 1 S. 1 Nr. 2 iVm § 8a Abs. 2 erfolgen, also wenn zur Abwendung einer Kindeswohlgefährdung eine Entscheidung gem. § 1666 BGB herbeigeführt werden soll, weil Hilfeangebote des JA nicht angenommen worden sind. Bei Überschreiten der Gefahrenschwelle des § 1666 BGB kann aber auch ohne die Voraussetzungen des § 65 Abs. 1 S. 1 Nr. 2 eine Information an das FamG gem. § 65 Abs. 1 S. 1 Nr. 5 erfolgen (→ § 65 Rn. 16).[40] Teilt ein Elternteil im Beratungsgespräch mit, der andere Elternteil habe das Kind misshandelt, kommt es ohnehin nur auf die Einwilligung des anvertrauenden Elternteils an (→ § 65 Rn. 15). Hat die anvertraute Information aber die Schwelle des § 1666 BGB noch nicht erreicht, kann sie ohne Einwilligung nicht an das Gericht weitergegeben werden.[41] Sie wird die Stellungnahme gegenüber dem Familiengericht zwar „einfärben", der Mangel an Information führt aber zu einem Mangel an Überzeugungskraft, wie der Richter bemängeln wird – ein unbefriedigendes Ergebnis, das sich nur durch Streichung der einschränkenden Voraussetzung in § 65 Abs. 1 S. 1 Nr. 2 vermeiden lässt.[42]

20 Im Beratungsgespräch findet eine **Datenerhebung** statt; diese ist nach § 62 Abs. 1 erlaubt (→ § 50 Rn. 90). Über die Datenerhebung ist der Beratene gem. § 62 Abs. 2 aufzuklären. Die Daten dürfen nur bei der zu beratenden Person selbst erhoben werden, also nicht bei Dritten (auch nicht bei Kollegen in der Behörde) über einen Rat suchenden und auch nicht beim Partner über den anderen, wenn dieser nicht damit einverstanden ist. Ausnahmsweise gestattet aber § 62 Abs. 3 Nr. 2 a dies dann, wenn die Erhebung beim Betroffenen selbst durch seine Verweigerung nicht möglich ist, die Daten aber benötigt werden, um die Beratungsaufgabe erfüllen zu können. Zwar ist der Leistungsberechtigte gem. § 60 SGB I verpflichtet, der Auskunftserteilung **durch** Dritte zuzustimmen, tut er dies aber nicht, tritt lediglich die in § 66 SGB I bezeichnete Folge ein, also eine Blockade der Beratung. Diese kann das JA vermeiden durch ein Vorgehen nach § 62 Abs. 3 Nr. 2a.

21 Notizen während des Beratungsgesprächs sind eine Form der **Datenspeicherung** und zulässig nach § 63 Abs. 1.

22 Nur scheinbar eine Lösung der Datenschutzprobleme bringt die **Trennung** der Beratungsaufgabe von der Aufgabe der Gerichtshilfe.[43] Diese könnte geschehen durch Wahrnehmung der verschiedenen Aufgaben bei verschiedenen Trägern oder durch verschiedene Mitarbeiter eines Trägers. Wenn mit dieser Aufgabentrennung aber eine unzureichende Information des Gerichts verbunden ist, ist dem Wohl des Kindes nicht

38 AA Schleicher in GK-SGB VIII Rn. 27 mit – unverständlichem – Hinweis auf § 62 Abs. 2 S. 2; aA auch VG Würzburg 26.1.2017 – W 3 K 16.885, juris Rn. 35–40. Zweifelnd VG Köln 31.10.2016 – 26 K 5681/15, juris Rn. 78–83.

39 Im Ergebnis ebenso Müller-Alten ZfJ 1991, 454.

40 AA Lohrentz, Trennung und Scheidung, S. 236.

41 Ebenso Mrozynski Rn. 15.

42 Zum Datenschutz im Verfahren des FamG näher Kunkel FPR 2013, 487 ff.

43 Ebenso Mrozynski Rn. 12; Proksch in FK-SGB VIII Rn. 68; Tillmanns in MüKoBGB Rn. 20 und die Empfehlungen des Bayerischen Staatsministeriums ZfJ 1995, 141; abwägend Schleicher in GK-SGB VIII Rn. 35.

gedient. Hinzu kommt, dass bei Übertragung einer Aufgabe – sei es der Beratung oder der Gerichtshilfe allein, sei es beider Aufgaben zusammen – an einen Träger der freien Jugendhilfe sich datenschutzrechtlich nichts ändert. § 61 Abs. 3 bestimmt, dass der Datenschutz nicht durch Aufgabenübertragung „abgeschüttelt" werden kann.

3 Gerichtliche Mitteilungs- und jugendamtliche Unterrichtungspflicht (Abs. 3)

In einer Scheidungssache muss die Antragsschrift gem. § 133 Abs. 1 Nr. 1 FamFG Angaben darüber enthalten, ob gemeinschaftliche minderjährige Kinder vorhanden sind; außerdem gem. § 133 Abs. 1 Nr. 2 FamFG eine Erklärung zur elterlichen Sorge. Das **Gericht muss** dann dem JA die Rechtshängigkeit der Scheidungssache sowie Namen und Anschrift der Parteien, also nicht der Kinder, mitteilen. Die Regelung dieser Pflicht des Gerichts ist im SGB VIII deplatziert, sie gehört in § 133 FamFG. 23

Aus Abs. 3 ergibt sich auch eine **Pflicht des JA**: es muss die Eltern darüber informieren, dass ein Träger der freien oder öffentlichen Jugendhilfe sie dabei unterstützt, die elterliche Sorge für die Kinder zu regeln. Das Gericht muss schon von sich aus gem. § 128 Abs. 3 FamFG auf dieses Leistungsangebot der Jugendhilfe hinweisen. Den dritten Hinweis auf das Leistungsangebot der Jugendhilfe erhalten die Eltern vom FamG nach § 156 Abs. 1 FamFG. Diese **Dreifachregelung** lässt sich wohl nur so erklären, dass der Gesetzgeber die Befolgung einer einfachen Regelung schon gar nicht mehr erwartet. Von Bedeutung ist die Regelung des § 156 FamFG aber für solche Fälle, in denen die Eltern keinen Antrag auf Ehescheidung nach § 124 FamFG gestellt haben, also für isolierte Sorge- und Umgangsverfahren.[44] Ist ein Elternteil zur Zeit des Scheidungsantrags in den Bereich eines anderen JA verzogen, muss das JA die Mitteilung des FamG diesem „nachsenden".[45] 24

Die Information der Eltern sollte auch den Hinweis enthalten, dass die Beratung kostenlos ist, und muss (§ 5 Abs. 1 S. 2) auf das Wunsch- und Wahlrecht aufmerksam machen.

Erweisen sich die Eltern als beratungsresistent, kann das JA ihnen seine Unterstützung nicht aufzwingen, aber dezent auf die mögliche Folge des § 1666 hinweisen.[46] Die Eltern behalten dann die gemeinsame elterliche Sorge, ohne dass sie dessen recht gewahr werden. Stellt ein Elternteil aber den Antrag auf **Übertragung** der Alleinsorge beim FamG, hat das JA im Verfahren gem. § 50 Abs. 1 S. 2 SGB VIII iVm § 162 FamFG **mitzuwirken** (→ § 50 Rn. 81 ff.), ohne dass es seiner Stellung als Fachbehörde genügen kann, weil sich die Eltern der Beratung verweigert haben (→ Rn. 15). Hier sollte das Gericht einen Verfahrensbeistand für das Kind (**„Anwalt des Kindes"**) gem. § 158 FamFG bestellen (Abdruck von § 158 FamFG bei § 8; ausführlich zu diesem → Anh. 6 Rn. 31 ff.). 25

§ 18 Beratung und Unterstützung bei der Ausübung der Personensorge und des Umgangsrechts

(1) Mütter und Väter, die allein für ein Kind oder einen Jugendlichen zu sorgen haben oder tatsächlich sorgen, haben Anspruch auf Beratung und Unterstützung

44 So Lohrentz, Trennung und Scheidung, S. 212.

45 Ebenso Struck in Wiesner Rn. 46; etwas umständlich die Alternative bei Harnach in JHSM Rn. 60: Einholung der Information beim anderen JA und Weiterleitung an den Elternteil.

46 Zu dieser Folge auch OLG Zweibrücken 23.11.1999 – 5 UF 88/99, FamRZ 2000, 627; → Rn. 15 aE.

1. **bei der Ausübung der Personensorge einschließlich der Geltendmachung von Unterhalts- oder Unterhaltsersatzansprüchen des Kindes oder Jugendlichen,**
2. **bei der Geltendmachung ihrer Unterhaltsansprüche nach § 1615l des Bürgerlichen Gesetzbuchs.**

(2) Mütter und Väter, die mit dem anderen Elternteil nicht verheiratet sind, haben Anspruch auf Beratung über die Abgabe einer Sorgeerklärung und die Möglichkeit der gerichtlichen Übertragung der gemeinsamen elterlichen Sorge.

(3) [1]Kinder und Jugendliche haben Anspruch auf Beratung und Unterstützung bei der Ausübung des Umgangsrechts nach § 1684 Absatz 1 des Bürgerlichen Gesetzbuchs. [2]Sie sollen darin unterstützt werden, dass die Personen, die nach Maßgabe der §§ 1684, 1685 und 1686a des Bürgerlichen Gesetzbuchs zum Umgang mit ihnen berechtigt sind, von diesem Recht zu ihrem Wohl Gebrauch machen. [3]Eltern, andere Umgangsberechtigte sowie Personen, in deren Obhut sich das Kind befindet, haben Anspruch auf Beratung und Unterstützung bei der Ausübung des Umgangsrechts. [4]Bei der Befugnis, Auskunft über die persönlichen Verhältnisse des Kindes zu verlangen, bei der Herstellung von Umgangskontakten und bei der Ausführung gerichtlicher oder vereinbarter Umgangsregelungen soll vermittelt und in geeigneten Fällen Hilfestellung geleistet werden.

(4) Ein junger Volljähriger hat bis zur Vollendung des 21. Lebensjahres Anspruch auf Beratung und Unterstützung bei der Geltendmachung von Unterhalts- oder Unterhaltsersatzansprüchen.

1 Anspruch alleinsorgender Elternteile auf Beratung und Unterstützung bei Personensorge und Unterhalt (Abs. 1)

1.1 Leistungsempfänger

1 Empfänger der Leistung (→ § 8 Rn. 10) sind nur **Mütter oder Väter**, also nicht andere Personen (zB Großeltern, Stiefeltern, Pfleger, Vormünder), die tatsächlich oder rechtlich für das Kind sorgen. Voraussetzung ist lediglich, dass sie die rechtliche (zum Personensorgerecht → § 52a Rn. 14 f.) oder tatsächliche Sorge **allein** ausüben. Dies kann der Fall sein, wenn die Eltern nach Scheidung zwar die gemeinschaftliche elterliche Sorge haben, aber das Kind nur bei einem Elternteil lebt. Auch hier kann es sowohl in Unterhaltsfragen als auch in anderen Fragen der Personensorge Beratungsbedarf geben, letzteren insbesondere deshalb, weil die Beratung nach § 17 sich nur auf die Familie vor Trennung bezieht (→ § 17 Rn. 13). Leben Vater und Mutter eines Kindes un-

verheiratet zusammen, und haben sie keine Sorgeerklärungen gem. § 1626a Abs. 1 Nr. 1 BGB (Abdruck bei § 7) abgegeben, sorgt die Mutter zwar nicht tatsächlich allein für das Kind, aber sie hat die alleinige elterliche Sorge (§ 1626a Abs. 2 BGB.), so dass sie Leistungsempfängerin ist. Der Begriff der **Alleinsorge** in § 18 Abs. 1 ist daher ein anderer als der der **Alleinerziehung** iSv § 30 Abs. 3 SGB XII oder in § 20 Abs. 2 (→ § 20 Rn. 15). Auch der Begriff der Alleinerziehung in einzelnen Ländergesetzen über Kindertageseinrichtungen (zB § 13 Abs. 3 SäKitaG) ist iSv allein stehend zu verstehen, also iSd SGB XII. Dies folgt aus den verschiedenen Zwecken der einzelnen Gesetze. Zweck des § 18 ist es, einen besonderen Beratungsbedarf zu decken, der bei einem Elternteil dann besteht, wenn er die alleinige Personensorge hat, auch wenn er die tatsächliche Betreuung des Kindes zusammen mit dem anderen Elternteil ausübt, also nicht allein erziehend ist.[1] Der andere Elternteil kann alleine keine Beratung nach § 18 erhalten.[2] Inwieweit Eltern, die das Wechselmodell praktizieren oder praktizieren wollen, Beratung erhalten müssen oder können, ist umstritten. Das DIJuF vertritt hier einen pragmatischen Ansatz, indem es eine Beratung auch für jeden einzelnen Elternteil im Wechselmodell für möglich hält, aber den Anspruch offen lässt.[3]

Zur Personensorge in der **Lebenspartnerschaft** → § 7 Rn. 4, welche auch nach Öffnung der Ehe für gleichgeschlechtliche Paare[4] zum 1.10.2017 für Altfälle fortbesteht. 2

1.2 Rechtliche Verbindlichkeit der Leistung

Die Leistungsempfänger sind auch Leistungsberechtigte (→ § 8 Rn. 10), da § 18 ein subjektives öffentliches Recht enthält, sie also einen **Rechtsanspruch** auf Beratung und Unterstützung haben, den sie im Weg der allgemeinen Leistungsklage (§ 40 VwGO; → § 17 Rn. 5) geltend machen können. Damit unterscheidet sich diese Leistung von der nach § 16 (→ § 16 Rn. 2). Die Leistungsverpflichtung ist somit die einem Dritten gegenüber obliegende **Amtspflicht** iSv § 839 BGB.[5] Bei fehlender oder fehlerhafter Beratung und Unterstützung besteht daher Schadenersatzpflicht aus Amtshaftung, die gem. Art. 34 GG von der Gebietskörperschaft übernommen wird. 3

1.3 Formen der Leistung

Formen der Leistung sind **Beratung** und **Unterstützung**. Dabei handelt es sich um eine persönliche Hilfe als Dienstleistung iSv § 11 SGB I.[6] Finanzielle Leistungen sind vom Träger der Jugendhilfe nicht zu erbringen (möglicherweise aber vom Träger der Sozialhilfe; → Rn. 18).[7] Das Begriffspaar „Beratung und Unterstützung" wurde aus § 51 JWG übernommen, auch wenn die Beratung begrifflich lediglich eine Form der Unterstützung ist. Beratung ist eine verbale Hilfe bei der Bewältigung von Problemen, seien sie rechtlicher oder tatsächlicher Art (Rechts- und Lebensberatung). Soweit sich die Beratung auf Erziehungsfragen bezieht, unterscheidet sie sich von der Beratung nach § 16 Abs. 2 Nr. 2 dadurch, dass sie sich auf einen konkreten Fall bezieht und nicht auf ein abstraktes Erziehungsproblem. Von der Erziehungsberatung nach § 28 wiederum unterscheidet sie sich dadurch, dass sie unabhängig ist von einem Erziehungsdefizit (→ § 27 Rn. 2) Unterstützung ist eine über den verbalen Rat hinausreichende Hilfe 4

1 Ebenso DIJuF JAmt 2019, 572.
2 DIJuF JAmt 2017, 289.
3 DIJuF JAmt 2017, 286 (287).
4 Durch das Gesetz zur Einführung des Rechts auf Eheschließung für Personen gleichen Geschlechts vom 20.7.2017 (BGBl. 2017 I, 2787).
5 Ebenso OLG Celle 16.8.1996 – 16 W 40/95, ZfJ 1998, 220 u. DIJuF JAmt 2004, 194.
6 Zur Frage, ob im Rahmen der Beratung und Unterstützungsleistungen Dolmetscherkosten zu übernehmen sind, DIJuF JAmt 2017, 290–292.
7 Ebenso VG Aachen 15.8.2003 – 2 L 836/03.

(**„helfende Beziehung“**). Sie umfasst Information, Begleitung, Belehrung, Recherche, Berechnung, Mitwirkung bei der Korrespondenz.

1.4 Verhältnis zum Rechtsdienstleistungsgesetz und zum Beratungshilfegesetz

5 Auch die rechtliche Vertretung (gerichtlich und außergerichtlich) ist „Unterstützung“. Die außergerichtliche Vertretung ist – ebenso wie die Beratung – Rechtsdienstleistung iSd § 2 RDG, soweit sie sich auch auf rechtliche Gesichtspunkte bezieht. Die Ausführungen zum RDG bei → § 17 Rn. 8 gelten deshalb entsprechend. Beratung und Unterstützung sind daher öffentlichem und freiem Träger im Rahmen der Aufgabe nach § 18 erlaubt. Soweit die Unterstützung in rechtlicher Vertretung besteht, ist – im Verhältnis zum Dritten – zusätzlich Vertretungsbefugnis erforderlich (→ Rn. 8). Diese besteht gesetzlich für den AV/AP/AB im Rahmen seiner Aufgabe (für AB → Rn. 8) oder vertraglich mit Bevollmächtigung. Ohne diese Vertretungsbefugnis kann die Unterstützung daher nur bis zur Unterschriftsreife förmlicher Schreiben (einschließlich einer Klageschrift) gehen. Das JA kann mit Dritten korrespondieren, aber ohne Vertretungsbefugnis nicht Erklärungen im Namen des alleinsorgenden Elternteils abgeben.[8] Dies gilt auch für **freie Träger** (→ § 17 Rn. 9).

6 Zur Subsidiarität dieser Beratung gegenüber der nach dem **Beratungshilfegesetz** → § 17 Rn. 12. Während die Beratung und Unterstützung nach § 17 Abs. 2 schon deshalb vorrangig ist, weil das FamG Eltern zu dieser Hilfe nach § 156 FamFG verpflichten kann, besteht eine solche Pflicht nicht, wenn es Streit bei der Durchführung einer Umgangsregelung gibt. Dann weist das Gericht nach § 165 Abs. 3 S. 3 FamFG lediglich auf die Beratung nach § 18 Abs. 3 hin. Dennoch ist auch hier die Beratung nach § 18 vorrangig, weil § 1 Abs. 1 Nr. 2 BerHG diesen Vorrang eindeutig bestimmt, wenn dem Ratsuchenden der Gang zum Jugendamt zuzumuten ist.[9] Dies gilt auch gegenüber der Verfahrenskostenhilfe.[10]

1.5 Gegenstand der Leistung

7 **1.5.1 Ausübung der Personensorge (Nr. 1).** Gegenstand des Anspruchs ist Beratung und Unterstützung bei der **Ausübung der Personensorge** (zur Personensorge → § 52a Rn. 14 ff.). Da Leistungsempfänger auch Elternteile sind, die nur tatsächlich für das Kind sorgen (→ Rn. 1), muss Beratung und Unterstützung auch Fragen der tatsächlichen Personensorge umfassen. Personensorge ist die gesamte elterliche Sorge für das Kind mit Ausnahme der Vermögenssorge. Sie schließt das Umgangsrecht mit dem Kind ein, so dass sich die Beratung nach Abs. 3 Satz 3 hierauf nicht mehr erstrecken kann (→ Rn. 19). Auch die Feststellung der Vaterschaft gehört zur Ausübung der Personensorge. Nur klarstellende Bedeutung hat die Einbeziehung der Unterhaltssicherung, die fälschlicherweise von manchen der Vermögenssorge zugerechnet wird, aber Teil der Personensorge ist. Die Aufgabenkreise der Beratung und Unterstützung nach § 18 Abs. 1 Nr. 1 und die der Beistandschaft nach § 1712 BGB sind somit partiell deckungsgleich; man könnte die Aufgabe nach § 18 Abs. 1 Nr. 1 daher auch als **„kleine Beistandschaft“** bezeichnen (zu diesem Begriff → § 52a Rn. 2). Die Trennlinie zwi-

---

8 Ebenso – allerdings zur Rechtslage nach dem RBerG – Oberloskamp mit eingehender Begründung, DAVorm 1997/65; vgl. ferner zur alten Rechtslage Klinkhardt Rn. 16; DIJuF JAmt 2003, 78 sowie KG Berlin, FPR 2002, 164.

9 So die weit überwiegende Rspr., die im Beschl. des AG Oldenburg 13.5.2009 – 17 II 1042/08, nachgewiesen ist; zuletzt AG Halle (Saale) 7.9.2012 – 103 II 20/12 und AG Leverkusen 19.3.2012 – 16 II 80/12; AG Pforzheim 30.7.2018 – 211 BHG 18/18; aA nur AG Wolfsburg 14.1.1991 – 3 III 109/90. – Überblickshaft hierzu Lissner FamRB 2016, 32–37.

10 OLG Karlsruhe 21.1.2019 – 18 WF 5/19.

schen beiden Aufgaben wird dadurch markiert, dass die Beistandschaft eine gesetzliche Vertretung des Kindes einschließt, während die Unterstützung nach § 18 eine rechtliche Vertretung weder des Kindes noch des alleinsorgenden Elternteils erlaubt. Das JA ist im Rahmen seiner Beratungspflicht nach § 18 gehalten, den alleinsorgeberechtigten Elternteil auf die Möglichkeit der Beistandschaft hinzuweisen. Dagegen hat der nur tatsächlich alleinsorgende Elternteil keine Möglichkeit, sich oder das Kind vom JA rechtlich vertreten zu lassen. Kommt der alleinsorgeberechtigte Elternteil seiner Pflicht zur Personensorge (§ 1626 Abs. 1 S. 1 BGB) nicht nach und beantragt er auch keine Beistandschaft, muss das JA bei Überschreitung der Gefährdungsschwelle des § 1666 BGB das FamG anrufen (§ 8a Abs. 2). Dieses kann dann einen Ergänzungspfleger (§ 1909 BGB) oder einen Vormund (§ 1773 BGB) bestellen.

1.5.2 Unterhalt des Kindes (Nr. 1)

§ 1601 BGB Unterhaltsverpflichtete

Verwandte in gerader Linie sind verpflichtet, einander Unterhalt zu gewähren.

§ 1602 BGB Bedürftigkeit

(1) Unterhaltsberechtigt ist nur, wer außerstande ist, sich selbst zu unterhalten.

(2) Ein minderjähriges Kind kann von seinen Eltern, auch wenn es Vermögen hat, die Gewährung des Unterhalts insoweit verlangen, als die Einkünfte seines Vermögens und der Ertrag seiner Arbeit zum Unterhalt nicht ausreichen.

§ 1603 BGB Leistungsfähigkeit

(1) Unterhaltspflichtig ist nicht, wer bei Berücksichtigung seiner sonstigen Verpflichtungen außerstande ist, ohne Gefährdung seines angemessenen Unterhalts den Unterhalt zu gewähren.

(2) [1]Befinden sich Eltern in dieser Lage, so sind sie ihren minderjährigen Kindern gegenüber verpflichtet, alle verfügbaren Mittel zu ihrem und der Kinder Unterhalt gleichmäßig zu verwenden. [2]Den minderjährigen Kindern stehen volljährige unverheiratete Kinder bis zur Vollendung des 21. Lebensjahrs gleich, solange sie im Haushalt der Eltern oder eines Elternteils leben und sich in der allgemeinen Schulausbildung befinden. [3]Diese Verpflichtung tritt nicht ein, wenn ein anderer unterhaltspflichtiger Verwandter vorhanden ist; sie tritt auch nicht ein gegenüber einem Kind, dessen Unterhalt aus dem Stamme seines Vermögens bestritten werden kann.

§ 1605 BGB Auskunftspflicht

(1) [1]Verwandte in gerader Linie sind einander verpflichtet, auf Verlangen über ihre Einkünfte und ihr Vermögen Auskunft zu erteilen, soweit dies zur Feststellung eines Unterhaltsanspruchs oder einer Unterhaltsverpflichtung erforderlich ist. [2]Über die Höhe der Einkünfte sind auf Verlangen Belege, insbesondere Bescheinigungen des Arbeitgebers, vorzulegen. [3]Die §§ 260, 261 sind entsprechend anzuwenden.

(2) Vor Ablauf von zwei Jahren kann Auskunft erneut nur verlangt werden, wenn glaubhaft gemacht wird, dass der zur Auskunft Verpflichtete später wesentlich höhere Einkünfte oder weiteres Vermögen erworben hat.

§ 1606 BGB Rangverhältnisse mehrerer Pflichtiger

(1) Die Abkömmlinge sind vor den Verwandten der aufsteigenden Linie unterhaltspflichtig.

(2) Unter den Abkömmlingen und unter den Verwandten der aufsteigenden Linie haften die näheren vor den entfernteren.

(3) [1]Mehrere gleich nahe Verwandte haften anteilig nach ihren Erwerbs- und Vermögensverhältnissen. [2]Der Elternteil, der ein minderjähriges Kind betreut, erfüllt seine Verpflich-

tung, zum Unterhalt des Kindes beizutragen, in der Regel durch die Pflege und die Erziehung des Kindes.

§ 1607 BGB Ersatzhaftung und gesetzlicher Forderungsübergang

(1) Soweit ein Verwandter auf Grund des § 1603 nicht unterhaltspflichtig ist, hat der nach ihm haftende Verwandte den Unterhalt zu gewähren.

(2) [1]Das Gleiche gilt, wenn die Rechtsverfolgung gegen einen Verwandten im Inland ausgeschlossen oder erheblich erschwert ist. [2]Der Anspruch gegen einen solchen Verwandten geht, soweit ein anderer nach Absatz 1 verpflichteter Verwandter den Unterhalt gewährt, auf diesen über.

(3) [1]Der Unterhaltsanspruch eines Kindes gegen einen Elternteil geht, soweit unter den Voraussetzungen des Absatzes 2 Satz 1 anstelle des Elternteils ein anderer, nicht unterhaltspflichtiger Verwandter oder der Ehegatte des anderen Elternteils Unterhalt leistet, auf diesen über. [2]Satz 1 gilt entsprechend, wenn dem Kind ein Dritter als Vater Unterhalt gewährt.

(4) Der Übergang des Unterhaltsanspruchs kann nicht zum Nachteil des Unterhaltsberechtigten geltend gemacht werden.

§ 1608 BGB Haftung des Ehegatten oder Lebenspartners

(1) [1]Der Ehegatte des Bedürftigen haftet vor dessen Verwandten. [2]Soweit jedoch der Ehegatte bei Berücksichtigung seiner sonstigen Verpflichtungen außerstande ist, ohne Gefährdung seines angemessenen Unterhalts den Unterhalt zu gewähren, haften die Verwandten vor dem Ehegatten. [3]§ 1607 Abs. 2 und 4 gilt entsprechend. [4]Der Lebenspartner des Bedürftigen haftet in gleicher Weise wie ein Ehegatte.

(2) (weggefallen)

§ 1609 BGB Rangfolge mehrerer Unterhaltsberechtigter

Sind mehrere Unterhaltsberechtigte vorhanden und ist der Unterhaltspflichtige außerstande, allen Unterhalt zu gewähren, gilt folgende Rangfolge:

1. minderjährige Kinder und Kinder im Sinne des § 1603 Abs. 2 Satz 2,
2. Elternteile, die wegen der Betreuung eines Kindes unterhaltsberechtigt sind oder im Fall einer Scheidung wären, sowie Ehegatten und geschiedene Ehegatten bei einer Ehe von langer Dauer; bei der Feststellung einer Ehe von langer Dauer sind auch Nachteile im Sinne des § 1578 b Abs. 1 Satz 2 und 3 zu berücksichtigen,
3. Ehegatten und geschiedene Ehegatten, die nicht unter Nummer 2 fallen,
4. Kinder, die nicht unter Nummer 1 fallen,
5. Enkelkinder und weitere Abkömmlinge,
6. Eltern,
7. weitere Verwandte der aufsteigenden Linie; unter ihnen gehen die Näheren den Entfernteren vor.

§ 1610 BGB Maß des Unterhalts

(1) Das Maß des zu gewährenden Unterhalts bestimmt sich nach der Lebensstellung des Bedürftigen (angemessener Unterhalt).

(2) Der Unterhalt umfasst den gesamten Lebensbedarf einschließlich der Kosten einer angemessenen Vorbildung zu einem Beruf, bei einer der Erziehung bedürftigen Person auch die Kosten der Erziehung.

§ 1610a BGB Deckungsvermutung bei schadensbedingten Mehraufwendungen

Werden für Aufwendungen infolge eines Körper- oder Gesundheitsschadens Sozialleistungen in Anspruch genommen, wird bei der Feststellung eines Unterhaltsanspruchs vermutet, dass die Kosten der Aufwendungen nicht geringer sind als die Höhe dieser Sozialleistungen.

§ 1611 BGB Beschränkung oder Wegfall der Verpflichtung

(1) [1]Ist der Unterhaltsberechtigte durch sein sittliches Verschulden bedürftig geworden, hat er seine eigene Unterhaltspflicht gegenüber dem Unterhaltspflichtigen gröblich vernachlässigt oder sich vorsätzlich einer schweren Verfehlung gegen den Unterhaltspflichtigen oder einen nahen Angehörigen des Unterhaltspflichtigen schuldig gemacht, so braucht der Verpflichtete nur einen Beitrag zum Unterhalt in der Höhe zu leisten, die der Billigkeit entspricht. [2]Die Verpflichtung fällt ganz weg, wenn die Inanspruchnahme des Verpflichteten grob unbillig wäre.

(2) Die Vorschriften des Absatzes 1 sind auf die Unterhaltspflicht von Eltern gegenüber ihren minderjährigen Kindern nicht anzuwenden.

(3) Der Bedürftige kann wegen einer nach diesen Vorschriften eintretenden Beschränkung seines Anspruchs nicht andere Unterhaltspflichtige in Anspruch nehmen.

§ 1612 BGB Art der Unterhaltsgewährung

(1) [1]Der Unterhalt ist durch Entrichtung einer Geldrente zu gewähren. [2]Der Verpflichtete kann verlangen, dass ihm die Gewährung des Unterhalts in anderer Art gestattet wird, wenn besondere Gründe es rechtfertigen.

(2) [1]Haben Eltern einem unverheirateten Kind Unterhalt zu gewähren, können sie bestimmen, in welcher Art und für welche Zeit im Voraus der Unterhalt gewährt werden soll, sofern auf die Belange des Kindes die gebotene Rücksicht genommen wird. [2]Ist das Kind minderjährig, kann ein Elternteil, dem die Sorge für die Person des Kindes nicht zusteht, eine Bestimmung nur für die Zeit treffen, in der das Kind in seinen Haushalt aufgenommen ist.

(3) [1]Eine Geldrente ist monatlich im Voraus zu zahlen. [2]Der Verpflichtete schuldet den vollen Monatsbetrag auch dann, wenn der Berechtigte im Laufe des Monats stirbt.

§ 1612a BGB Mindestunterhalt minderjähriger Kinder, Verordnungsermächtigung

(1) [1]Ein minderjähriges Kind kann von einem Elternteil, mit dem es nicht in einem Haushalt lebt, den Unterhalt als Prozentsatz des jeweiligen Mindestunterhalts verlangen. [2]Der Mindestunterhalt richtet sich nach dem steuerfrei zu stellenden sächlichen Existenzminimum des minderjährigen Kindes. [3]Er beträgt monatlich entsprechend dem Alter des Kindes

1. für die Zeit bis zur Vollendung des sechsten Lebensjahrs (erste Altersstufe) 87 Prozent,
2. für die Zeit vom siebten bis zur Vollendung des zwölften Lebensjahrs (zweite Altersstufe) 100 Prozent und
3. für die Zeit vom 13. Lebensjahr an (dritte Altersstufe) 117 Prozent

des steuerfrei zu stellenden sächlichen Existenzminimums des minderjährigen Kindes.

(2) [1]Der Prozentsatz ist auf eine Dezimalstelle zu begrenzen; jede weitere sich ergebende Dezimalstelle wird nicht berücksichtigt. [2]Der sich bei der Berechnung des Unterhalts ergebende Betrag ist auf volle Euro aufzurunden.

(3) Der Unterhalt einer höheren Altersstufe ist ab dem Beginn des Monats maßgebend, in dem das Kind das betreffende Lebensjahr vollendet.

(4) Das Bundesministerium der Justiz und für Verbraucherschutz hat den Mindestunterhalt erstmals zum 1. Januar 2016 und dann alle zwei Jahre durch Rechtsverordnung, die nicht der Zustimmung des Bundesrates bedarf, festzulegen.

§ 1612b BGB Deckung des Barbedarfs durch Kindergeld

(1) [1]Das auf das Kind entfallende Kindergeld ist zur Deckung seines Barbedarfs zu verwenden:

1. zur Hälfte, wenn ein Elternteil seine Unterhaltspflicht durch Betreuung des Kindes erfüllt (§ 1606 Abs. 3 Satz 2);
2. in allen anderen Fällen in voller Höhe.

[2]In diesem Umfang mindert es den Barbedarf des Kindes.

(2) Ist das Kindergeld wegen der Berücksichtigung eines nicht gemeinschaftlichen Kindes erhöht, ist es im Umfang der Erhöhung nicht bedarfsmindernd zu berücksichtigen.

§ 1612c BGB Anrechnung anderer kindbezogener Leistungen

§ 1612 b gilt entsprechend für regelmäßig wiederkehrende kindbezogene Leistungen, soweit sie den Anspruch auf Kindergeld ausschließen.

§ 1613 BGB Unterhalt für die Vergangenheit

(1) [1]Für die Vergangenheit kann der Berechtigte Erfüllung oder Schadensersatz wegen Nichterfüllung nur von dem Zeitpunkt an fordern, zu welchem der Verpflichtete zum Zwecke der Geltendmachung des Unterhaltsanspruchs aufgefordert worden ist, über seine Einkünfte und sein Vermögen Auskunft zu erteilen, zu welchem der Verpflichtete in Verzug gekommen oder der Unterhaltsanspruch rechtshängig geworden ist. [2]Der Unterhalt wird ab dem Ersten des Monats, in den die bezeichneten Ereignisse fallen, geschuldet, wenn der Unterhaltsanspruch dem Grunde nach zu diesem Zeitpunkt bestanden hat.

(2) [1]Der Berechtigte kann für die Vergangenheit ohne die Einschränkung des Absatzes 1 Erfüllung verlangen

1. wegen eines unregelmäßigen außergewöhnlich hohen Bedarfs (Sonderbedarf); nach Ablauf eines Jahres seit seiner Entstehung kann dieser Anspruch nur geltend gemacht werden, wenn vorher der Verpflichtete in Verzug gekommen oder der Anspruch rechtshängig geworden ist;
2. für den Zeitraum, in dem er
   a) aus rechtlichen Gründen oder
   b) aus tatsächlichen Gründen, die in den Verantwortungsbereich des Unterhaltspflichtigen fallen,

   an der Geltendmachung des Unterhaltsanspruchs gehindert war.

(3) [1]In den Fällen des Absatzes 2 Nr. 2 kann Erfüllung nicht, nur in Teilbeträgen oder erst zu einem späteren Zeitpunkt verlangt werden, soweit die volle oder die sofortige Erfüllung für den Verpflichteten eine unbillige Härte bedeuten würde. [2]Dies gilt auch, soweit ein Dritter vom Verpflichteten Ersatz verlangt, weil er anstelle des Verpflichteten Unterhalt gewährt hat.

§ 1614 BGB Verzicht auf den Unterhaltsanspruch; Vorausleistung

(1) Für die Zukunft kann auf den Unterhalt nicht verzichtet werden.

(2) Durch eine Vorausleistung wird der Verpflichtete bei erneuter Bedürftigkeit des Berechtigten nur für den im § 760 Abs. 2 bestimmten Zeitabschnitt oder, wenn er selbst den Zeitabschnitt zu bestimmen hatte, für einen den Umständen nach angemessenen Zeitabschnitt befreit.

§ 1615 BGB Erlöschen des Unterhaltsanspruchs

(1) Der Unterhaltsanspruch erlischt mit dem Tode des Berechtigten oder des Verpflichteten, soweit er nicht auf Erfüllung oder Schadensersatz wegen Nichterfüllung für die Vergangenheit oder auf solche im Voraus zu bewirkende Leistungen gerichtet ist, die zur Zeit des Todes des Berechtigten oder des Verpflichteten fällig sind.

(2) Im Falle des Todes des Berechtigten hat der Verpflichtete die Kosten der Beerdigung zu tragen, soweit ihre Bezahlung nicht von dem Erben zu erlangen ist.

§ 1615a BGB Anwendbare Vorschriften

Besteht für ein Kind keine Vaterschaft nach § 1592 Nr. 1, § 1593 und haben die Eltern das Kind auch nicht während ihrer Ehe gezeugt oder nach seiner Geburt die Ehe miteinander geschlossen, gelten die allgemeinen Vorschriften, soweit sich nichts anderes aus den folgenden Vorschriften ergibt.

In **Unterhaltsfragen** muss das JA dem alleinsorgenden Elternteil dabei helfen, den Unterhaltsanspruch des Kindes (den des Elternteils nur nach Nr. 2) aus §§ 1601 ff. BGB geltend zu machen (vgl. Exkurs zur Beistandschaft → vor § 52a Rn. 20 und → § 52a Rn. 12).[11] Dazu gehört die Belehrung über die Höhe des Unterhaltsanspruchs und seine Voraussetzungen, ebenso die Aufforderung an den Unterhaltspflichtigen zur Auskunftserteilung nach § 1605 BGB. Eine **Mahnung** könnte das JA zwar aussprechen, mit Wirkung der Inverzugsetzung allerdings nur, wenn Vertretungsbefugnis vorliegt (→ Rn. 5).[12] Eine nachträgliche Genehmigung reicht dafür aus.[13] Beruft sich das JA auf § 18, ohne dass der Unterhaltsverpflichtete das Fehlen der Vertretungsmacht unverzüglich rügt, ist die Mahnung ebenfalls wirksam.[14] Das JA kann auch mit dem Unterhaltsschuldner verhandeln sowie Klagen und Anträge vorbereiten, aber ohne Prozessbevollmächtigung nicht gerichtlich geltend machen. Nimmt man mit dem DIJuF die Möglichkeit einer Beratung von Personen an, die das Wechselmodell praktizieren, muss auch über die hochkomplexen und umstrittenen Unterhaltsfragen in diesem Zusammenhang beraten werden.[15] Daten, die in der Beratung beim Jugendamt anfallen, dürfen an die Unterhaltspflichtigen allenfalls unter dem Gesichtspunkt der Information über bei der Behörde gespeicherte Daten übermittelt werden; in der Regel stehen dem aber die Rechte der Unterhaltsberechtigten[16] oder § 65 SGB VIII[17] entgegen.[18] 8

Gleichgestellt mit Unterhaltsansprüchen sind **Unterhaltsersatzansprüche**. Das sind Ansprüche, die an die Stelle eines gesetzlichen oder vertraglichen Unterhaltsanspruchs treten, also zB Waisenrente nach § 48 SGB VI oder nach §§ 38, 45, 47 BVG (bzw. Entschädigungszahlungen an Waisen, § 87 SGB XIV); dagegen nicht Unterhaltsvorschuss- oder -ausfallleistungen nach dem UhVorschG, BAföG und Leistungen nach dem SGB XII und SGB II.[19] Hierbei handelt es sich lediglich um nachrangige Ansprüche, über die aber ebenfalls zu beraten ist, weil sie im Rahmen der Personensorge geltend gemacht werden können. 9

11 Zur Geltendmachung deutscher Unterhaltsansprüche in der Schweiz Hofer/Jäger-Maillet JAmt 2020, 618–620.
12 Zu den Anforderungen an diese s. OLG Brandenburg 15.12.2005 – 10 WF 277/05, FamRZ 2006, 1784.
13 AA OLG Koblenz NJW-RR 1992, 1093; DIV v. 21.5.1996, Schwerpunkte, S. 498 hält eine Mahnung durch das JA nur für wirksam, wenn eine Bevollmächtigung vorliegt; ebenso wohl Christian, DAVorm 1993/356 in der Fußnote und Fischer in S/F/M/K Rn. 8.
14 So OLG Celle 12.5.2003 – 19 WF 111/03, FamRZ 2004, 63.
15 Hierzu Schumann, Gemeinsam getragene Elternverantwortung nach Trennung und Scheidung – Reformbedarf im Sorge-, Umgangs- und Unterhaltsrecht?, Gutachten zum 72. Deutschen Juristentag in Leipzig, 2018 sowie die Zusammenfassung bei Seiler FamRZ 2018, 1130–1134.
16 DIJuF JAmt 2019, 558–560.
17 OVG NRW 13.9.2018 – 12 A 1057/17.
18 Vgl. auch VG Köln 13.12.2017 – 26 K 134/17.
19 AA Klinkhardt Rn. 4; Struck in Wiesner Rn. 10; Fischer in SFMK Rn. 17; Schleicher in GK-SGB VIII Rn. 28.

10 Zur Beratung gehört auch ein Hinweis darauf, dass nach **§ 10 Abs. 1 Nr. 3 SGB II** eine Erwerbstätigkeit nicht zugemutet werden kann, wenn das Kind noch nicht drei Jahre alt ist.[20]

11 Im Rahmen der Beratung kann auch auf eine **Abzweigung** nach § 48 SGB I hingewirkt werden, wenn der Unterhaltspflichtige eine Sozialleistung erhält (→ § 93 Rn. 18).[21] Die Abzweigung steht im Ermessen des Sozialleistungsträgers.

1.5.3 Betreuungsunterhalt (Nr. 2)

§ 1615l BGB Unterhaltsanspruch von Mutter und Vater aus Anlass der Geburt

(1) [1]Der Vater hat der Mutter für die Dauer von sechs Wochen vor und acht Wochen nach der Geburt des Kindes Unterhalt zu gewähren. [2]Dies gilt auch hinsichtlich der Kosten, die infolge der Schwangerschaft oder der Entbindung außerhalb dieses Zeitraums entstehen.

(2) [1]Soweit die Mutter einer Erwerbstätigkeit nicht nachgeht, weil sie infolge der Schwangerschaft oder einer durch die Schwangerschaft oder die Entbindung verursachten Krankheit dazu außerstande ist, ist der Vater verpflichtet, ihr über die in Absatz 1 Satz 1 bezeichnete Zeit hinaus Unterhalt zu gewähren. [2]Das Gleiche gilt, soweit von der Mutter wegen der Pflege oder Erziehung des Kindes eine Erwerbstätigkeit nicht erwartet werden kann. [3]Die Unterhaltspflicht beginnt frühestens vier Monate vor der Geburt und besteht für mindestens drei Jahre nach der Geburt. [4]Sie verlängert sich, solange und soweit dies der Billigkeit entspricht. [5]Dabei sind insbesondere die Belange des Kindes und die bestehenden Möglichkeiten der Kinderbetreuung zu berücksichtigen.

(3) [1]Die Vorschriften über die Unterhaltspflicht zwischen Verwandten sind entsprechend anzuwenden. [2]Die Verpflichtung des Vaters geht der Verpflichtung der Verwandten der Mutter vor. [3]§ 1613 Abs. 2 gilt entsprechend. [4]Der Anspruch erlischt nicht mit dem Tode des Vaters.

(4) [1]Wenn der Vater das Kind betreut, steht ihm der Anspruch nach Absatz 2 Satz 2 gegen die Mutter zu. [2]In diesem Falle gilt Absatz 3 entsprechend.

12 Anspruchsberechtigt ist die Mutter, die nach § 1626a Abs. 2 BGB alleinsorgeberechtigt ist. Der Gleichheitssatz (Art. 3 Abs. 2 GG) verlangt, dass auch der **Vater** einen Rechtsanspruch hat, soweit er einen Unterhaltsanspruch nach § 1615l Abs. 4 BGB geltend machen kann. Inhalt des Rechtsanspruchs gegen den öffentlichen Träger der Jugendhilfe ist Hilfe bei der Geltendmachung des eigenen Anspruchs auf Betreuungsunterhalt gegen den anderen Elternteil. Bei der Durchsetzung dieses Anspruchs hat das JA zu helfen bis zur Grenze der erforderlichen Vertretungsbefugnis (→ Rn. 5). Gem. § 1615l BGB gibt es vier Unterhaltstatbestände: Erstens den **Mutterschutzunterhalt** (Abs. 1 S. 1). Für den dort genannten Zeitraum hat die Mutter einen Unterhaltsanspruch, der nur von ihrer Bedürftigkeit und der Leistungsfähigkeit des Vaters abhängt, also auch besteht, wenn die Mutter das Kind nicht betreut, sondern es zB sofort zur Adoption freigibt. Dieser Anspruch ist aber nur dann von Bedeutung, wenn kein Anspruch auf Mutterschaftsgeld besteht. Zweitens: **Ersatz von Schwangerschafts- und Entbindungskosten** (Abs. 1 S. 2). Dieser Anspruch auf Deckung des unterhaltsrechtlichen Sonderbedarfs der Mutter (also nicht Säuglingserstattung als Bedarf des Kindes) besteht ebenfalls nur, wenn nicht versicherungsrechtliche Ansprüche den Bedarf decken. Drittens: **Krankheitsunterhalt** (Abs. 2 S. 1). Über den Zeitraum des Mutterschutzunterhalts hinaus kann dieser Anspruch gem. S. 3 schon vier Monate vor der Geburt einsetzen. Er gilt nur für die durch Schwangerschaft oder Entbindung verursachte Krankheit, also nicht bei einer anderen Verursachung der Erwerbsunfähigkeit

20 Ähnlich für das BSHG OLG Köln, FamRZ 1993, 1115.
21 Vgl. Mrozynski SGB VIII Rn. 12.

und nicht für den Fall, dass die Mutter wegen der Schwangerschaft eine Berufsausbildung abgebrochen hat und deshalb nicht erwerbstätig werden kann. Für diesen Anspruch ist Bedürftigkeit der Mutter Voraussetzung, so dass er keine Bedeutung hat, wenn versicherungsrechtliche oder Beihilfeansprüche bestehen. Viertens: **Betreuungsunterhalt** (Abs. 2 S. 2). Dieser Anspruch besteht bei Betreuung eines Kindes bis 3 Jahre, wenn – wie bei § 1570 BGB – eine Erwerbstätigkeit nicht erwartet werden kann. Es kommt hierbei nur darauf an, dass Vater oder Mutter das Kind tatsächlich betreut, nicht aber darauf, ob er/sie ohne die Betreuung arbeiten könnte, so dass auch ein bisher studierender oder arbeitsloser Elternteil den Anspruch hat. Auch auf die Mithilfe anderer Personen (zB der Eltern) kommt es nicht an. Wenn der Elternteil neben der Betreuung des Kindes arbeitet, ist ihm das Arbeitseinkommen anzurechnen (§§ 1615l Abs. 3 S. 1, 1602 Abs. 2 BGB). Der Anspruch kann sich gem. Satz 4 über das dritte Lebensjahr hinaus verlängern, wenn Belange des Kindes dies erfordern. Solche Belange können sowohl aus Gründen resultieren, die in der Person des Kindes liegen (zB Behinderung) als auch in der Person des betreuenden Elternteils (zB dessen Behinderung oder Krankheit oder Betreuung mehrerer Kinder desselben Vaters), aber auch in der Person des anderen Elternteils (zB wenn dessen besonders gute finanzielle Situation eine Berufstätigkeit des betreuenden Elternteils für das Kind als unangemessene Belastung erscheinen lassen). Maßstab für die Bedarfsberechnung ist die Lebensstellung des betreuenden Elternteils aufgrund seines Einkommens vor der Geburt des Kindes. War er vor der Geburt nur geringfügig oder gar nicht erwerbstätig, kann er den Mindestbedarf nach der Düsseldorfer Tabelle fordern. Für die Vergangenheit können Ansprüche auch ohne die Voraussetzungen des § 1613 Abs. 1 geltend gemacht werden, solange rechtliche Hindernisse für die Geltendmachung des Anspruchs bestanden (§ 1613 Abs. 2 Nr. 2a BGB), also solange die Vaterschaft nicht rechtskräftig festgestellt und anerkannt ist. Die Ansprüche verjähren in drei Jahren (§ 195 BGB).

Zum Verfahren in Unterhaltssachen vgl. §§ 231–260 FamFG.[22]

2 Anspruch lediger Mütter und Väter auf Beratung über gemeinsame Sorge (Abs. 2)

Die ledige Mutter ist gleich nach Geburt des Kindes auf die Möglichkeit gemeinsamer 13
Sorge hinzuweisen (§ 52a Abs. 1 S. 2 Nr. 5, Abdruck des § 1626a BGB bei § 7). Außerdem hat sie einen diesbezüglichen Beratungsanspruch schon im Rahmen des § 18 Abs. 1 Nr. 1, ausdrücklich nun auch noch nach Abs. 2, wobei Abs. 1 weiter geht als Abs. 2, weil er einen Anspruch auch auf Unterstützung gibt. Mit dem KICK wird auch der ledige Vater des Beratungssegens teilhaftig.

3 Anspruch von Eltern und Kindern auf Hilfe bei Ausübung des Umgangsrechts (Abs. 3)

Vgl. Art. II-84 Abs. 3 EU-Verfassung (Abdruck bei § 8)

Artikel 9 UN-KindK [Trennung von den Eltern; persönlicher Umgang]

...

(3) Die Vertragsstaaten achten das Recht des Kindes, das von einem oder beiden Elternteilen getrennt ist, regelmäßig persönliche Beziehungen und unmittelbare Kontakte zu beiden Elternteilen zu pflegen, soweit dies nicht dem Wohl des Kindes widerspricht.

...

22 Zur Unterhaltsproblematik insgesamt vgl. Büttner FamRZ 2000, 781 sowie zum Betreuungsunterhalt Puls FamRZ 1998, 865.

§ 1684 BGB Umgang des Kindes mit den Eltern

(1) Das Kind hat das Recht auf Umgang mit jedem Elternteil; jeder Elternteil ist zum Umgang mit dem Kind verpflichtet und berechtigt.

(2) [1]Die Eltern haben alles zu unterlassen, was das Verhältnis des Kindes zum jeweils anderen Elternteil beeinträchtigt oder die Erziehung erschwert. [2]Entsprechendes gilt, wenn sich das Kind in der Obhut einer anderen Person befindet.

(3) [1]Das Familiengericht kann über den Umfang des Umgangsrechts entscheiden und seine Ausübung, auch gegenüber Dritten, näher regeln. [2]Es kann die Beteiligten durch Anordnungen zur Erfüllung der in Absatz 2 geregelten Pflicht anhalten. [3]Wird die Pflicht nach Absatz 2 dauerhaft oder wiederholt erheblich verletzt, kann das Familiengericht auch eine Pflegschaft für die Durchführung des Umgangs anordnen (Umgangspflegschaft). [4]Die Umgangspflegschaft umfasst das Recht, die Herausgabe des Kindes zur Durchführung des Umgangs zu verlangen und für die Dauer des Umgangs dessen Aufenthalt zu bestimmen. [5]Die Anordnung ist zu befristen. [6]Für den Ersatz von Aufwendungen und die Vergütung des Umgangspflegers gilt § 277 des Gesetzes über das Verfahren in Familiensachen und in den Angelegenheiten der freiwilligen Gerichtsbarkeit entsprechend.

(4) [1]Das Familiengericht kann das Umgangsrecht oder den Vollzug früherer Entscheidungen über das Umgangsrecht einschränken oder ausschließen, soweit dies zum Wohl des Kindes erforderlich ist. [2]Eine Entscheidung, die das Umgangsrecht oder seinen Vollzug für längere Zeit oder auf Dauer einschränkt oder ausschließt, kann nur ergehen, wenn andernfalls das Wohl des Kindes gefährdet wäre. [3]Das Familiengericht kann insbesondere anordnen, dass der Umgang nur stattfinden darf, wenn ein mitwirkungsbereiter Dritter anwesend ist. [4]Dritter kann auch ein Träger der Jugendhilfe oder ein Verein sein; dieser bestimmt dann jeweils, welche Einzelperson die Aufgabe wahrnimmt.

§ 1685 BGB Umgang des Kindes mit anderen Bezugspersonen

(1) Großeltern und Geschwister haben ein Recht auf Umgang mit dem Kind, wenn dieser dem Wohl des Kindes dient.

(2) [1]Gleiches gilt für enge Bezugspersonen des Kindes, wenn diese für das Kind tatsächliche Verantwortung tragen oder getragen haben (sozial-familiäre Beziehung). [2]Eine Übernahme tatsächlicher Verantwortung ist in der Regel anzunehmen, wenn die Person mit dem Kind längere Zeit in häuslicher Gemeinschaft zusammengelebt hat.

(3) [1]§ 1684 Abs. 2 bis 4 gilt entsprechend. [2]Eine Umgangspflegschaft nach § 1684 Abs. 3 Satz 3 bis 5 kann das Familiengericht nur anordnen, wenn die Voraussetzungen des § 1666 Abs. 1 erfüllt sind.

§ 1686 BGB Auskunft über die persönlichen Verhältnisse des Kindes

Jeder Elternteil kann vom anderen Elternteil bei berechtigtem Interesse Auskunft über die persönlichen Verhältnisse des Kindes verlangen, soweit dies dem Wohl des Kindes nicht widerspricht.

§ 1686a BGB Rechte des leiblichen, nicht rechtlichen Vaters

(1) Solange die Vaterschaft eines anderen Mannes besteht, hat der leibliche Vater, der ernsthaftes Interesse an dem Kind gezeigt hat,

1. ein Recht auf Umgang mit dem Kind, wenn der Umgang dem Kindeswohl dient, und
2. ein Recht auf Auskunft von jedem Elternteil über die persönlichen Verhältnisse des Kindes, soweit er ein berechtigtes Interesse hat und dies dem Wohl des Kindes nicht widerspricht.

(2) [1]Hinsichtlich des Rechts auf Umgang mit dem Kind nach Absatz 1 Nummer 1 gilt § 1684 Absatz 2 bis 4 entsprechend. [2]Eine Umgangspflegschaft nach § 1684 Absatz 3 Satz 3 bis 5 kann das Familiengericht nur anordnen, wenn die Voraussetzungen des § 1666 Absatz 1 erfüllt sind.

§ 165 FamFG Vermittlungsverfahren

(1) [1]Macht ein Elternteil geltend, dass der andere Elternteil die Durchführung einer gerichtlichen Entscheidung oder eines gerichtlich gebilligten Vergleichs über den Umgang mit dem gemeinschaftlichen Kind vereitelt oder erschwert, vermittelt das Gericht auf Antrag eines Elternteils zwischen den Eltern. [2]Das Gericht kann die Vermittlung ablehnen, wenn bereits ein Vermittlungsverfahren oder eine anschließende außergerichtliche Beratung erfolglos geblieben ist.

(2) [1]Das Gericht lädt die Eltern unverzüglich zu einem Vermittlungstermin. [2]Zu diesem Termin ordnet das Gericht das persönliche Erscheinen der Eltern an. [3]In der Ladung weist das Gericht darauf hin, welche Rechtsfolgen ein erfolgloses Vermittlungsverfahren nach Absatz 5 haben kann. [4]In geeigneten Fällen lädt das Gericht auch das Jugendamt zu dem Termin.

(3) [1]In dem Termin erörtert das Gericht mit den Eltern, welche Folgen das Unterbleiben des Umgangs für das Wohl des Kindes haben kann. [2]Es weist auf die Rechtsfolgen hin, die sich ergeben können, wenn der Umgang vereitelt oder erschwert wird, insbesondere darauf, dass Ordnungsmittel verhängt werden können oder die elterliche Sorge eingeschränkt oder entzogen werden kann. [3]Es weist die Eltern auf die bestehenden Möglichkeiten der Beratung durch die Beratungsstellen und -dienste der Träger der Kinder- und Jugendhilfe hin.

(4) [1]Das Gericht soll darauf hinwirken, dass die Eltern Einvernehmen über die Ausübung des Umgangs erzielen. [2]Kommt ein gerichtlich gebilligter Vergleich zustande, tritt dieser an die Stelle der bisherigen Regelung. [3]Wird ein Einvernehmen nicht erzielt, sind die Streitpunkte im Vermerk festzuhalten.

(5) [1]Wird weder eine einvernehmliche Regelung des Umgangs noch Einvernehmen über eine nachfolgende Inanspruchnahme außergerichtlicher Beratung erreicht oder erscheint mindestens ein Elternteil in dem Vermittlungstermin nicht, stellt das Gericht durch nicht anfechtbaren Beschluss fest, dass das Vermittlungsverfahren erfolglos geblieben ist. [2]In diesem Fall prüft das Gericht, ob Ordnungsmittel ergriffen, Änderungen der Umgangsregelung vorgenommen oder Maßnahmen in Bezug auf die Sorge ergriffen werden sollen. [3]Wird ein entsprechendes Verfahren von Amts wegen oder auf einen binnen eines Monats gestellten Antrag eines Elternteils eingeleitet, werden die Kosten des Vermittlungsverfahrens als Teil der Kosten des anschließenden Verfahrens behandelt.

3.1 Anspruch des Kindes (Satz 1)

Das **Umgangsrecht** wurde durch das Kindschaftsrechtsreformgesetz **neu** geregelt. 14
Gem. § 1626 Abs. 3 BGB (Abdruck bei § 7) und Art. 9 Abs. 3 UN-KindK sowie Art. II-84 Abs. 3 EU-Verfassung (insoweit nicht in Art. 24 EUGrCh übernommen) gehört zum Wohl des Kindes idR der Umgang mit beiden Elternteilen. Die Konsequenz hieraus zieht § 1684 Abs. 1 BGB, wonach das Kind ein Umgangsrecht mit jedem Elternteil hat. Vom Umgangsrecht zu unterscheiden ist das Umgangsbestimmungsrecht.[23]

Nach dem Gesetz zur Stärkung der Rechte des **leiblichen, nicht rechtlichen Vaters** v. 15
4.7.2013[24] hat seit 13.7.2013 auch der nicht rechtliche Vater, der kein Umgangsrecht nach § 1685 BGB hat, ein Umgangsrecht nach dem neu eingefügten § 1686a BGB, wenn er ein ernsthaftes Interesse am Kind gezeigt hat. Zudem wird ihm ein Auskunftsrecht zu den persönlichen Verhältnissen des Kindes eingeräumt. Während das Umgangsrecht nur besteht, wenn der Umgang dem Kindeswohl dient, genügt für das

23 So BGH 6.7.2016 – XII ZB 47/15, FamRZ 2016, 1752; OLG Frankfurt aM 16.1.2015 – 4 UF 255/14; aA OLG Karlsruhe 13.2.2014 – 18 UF 58/13, FamRZ 2014, 1378; OLG Stuttgart 14.8.2014 – 11 UF 118/14, FamRZ 2014, 1794.

24 BGBl. I, 2176.

Auskunftsrecht, dass es dem Kindeswohl nicht widerspricht. § 18 Abs. 3 S. 2 passt die Unterstützungsleistung des JA an die geänderte Rechtslage an, die sich nach den Entscheidungen des EGMR vom Dezember 2010 und September 2011 ergeben hat.

16 Instrument für die effektive Verwirklichung des Umgangsrechts ist § 18 Abs. 3 S. 1. Danach hat das Kind (im familienrechtlichen Sprachgebrauch des § 1684 BGB) einen **eigenen Rechtsanspruch** gegen den Träger der öffentlichen Jugendhilfe auf Beratung und Unterstützung zur Verwirklichung seines Umgangsrechts. Dieser selbstständige Rechtsanspruch des Kindes ist nur insoweit rechtlich unbedenklich, als er nicht ohne oder gar gegen den Willen des sorgeberechtigten Elternteils geltend gemacht wird; nur insoweit ist er mit Art. 6 Abs. 2 S. 1 GG im Einklang. Wird er dagegen ohne oder gegen den Willen des sorgeberechtigten Elternteils geltend gemacht, ist der Staat zunächst nur im Bereich des staatlichen Wächteramts nach Art. 6 Abs. 2 S. 2 GG handlungsbefugt. Dies wäre der Fall bei schwerwiegender Umgangsrechtsvereitelung oder kindeswohlgefährdenden Absprachen zur Umgangsgestaltung.[25] Ohne diese Legitimation aus dem staatlichen Wächteramt kommt ein selbstständiger Rechtsanspruch des Kindes gegen den Träger der öffentlichen Jugendhilfe nur noch dann in Betracht, wenn eine Not- und Konfliktsituation des Kindes einen Eingriff in das Elternrecht rechtfertigt (zu dieser – wächteramtsunabhängigen – Handlungsbefugnis → § 8 Rn. 20).

§ 18 Abs. 3 S. 1 ist insoweit eine spezielle Regelung der Notstandsberatung in Umgangskonfliktfällen.

17 Den **Anspruch auf Umgang** kann das Kind nicht selbst verfolgen, auch nicht mit 15 Jahren gem. § 36 SGB I, da das Umgangsrecht im Unterschied zum Anspruch nach § 18 keine Sozialleistung ist. Das Kind kann sich aber wegen dieses Anspruchs an das JA gem. § 8 Abs. 2 wenden. Das JA wird dann den umgangsverweigernden Elternteil auf seine Verantwortung gem. § 1626 Abs. 3 BGB hinweisen und erforderlichenfalls eine Entscheidung des FamG gem. § 1684 Abs. 3 BGB sowie die Bestellung eines Verfahrensbeistands gem. § 158 anregen.[26] **Inhalt** des Umgangsrechts ist der regelmäßige, zeitlich begrenzte Kontakt durch Besuche, Briefe und Telefonate, aber auch gemeinsame Wochenenden, Reisen und sonstige Unternehmungen. Der persönliche Umgang wird ergänzt durch den Anspruch auf Auskunft über die persönlichen Verhältnisse des Kindes (§ 1686 BGB). Art und Maß des Umgangs vereinbaren die Eltern; einigen sie sich nicht, entscheidet (auch ohne Antrag) das FamG nach Anhörung des JA (§ 1632 Abs. 2, §§ 1684, 1685 BGB, § 162 FamFG) Die familiengerichtliche Entscheidung (nicht aber die elterliche Einigung) kann zwangsweise durchgesetzt werden, wobei als Vollstreckungsmittel nach § 89 FamFG vorrangig das Ordnungsgeld (euphemistisch statt Zwangsgeld) in Betracht kommt;[27] Gewaltanwendung gegen einen Elternteil ist aber auch möglich (§ 90 Abs. 1 FamFG), nur solche gegen das Kind ist ausgeschlossen (§ 90 Abs. 2 FamFG). Strafrechtliche Mittel sind ausgeschlossen. Die Eltern haben alles zu unterlassen, was das Umgangsrecht erschwert (§ 1684 Abs. 2 BGB). Verletzen sie ihre Pflicht zur „Umgangsloyalität“,[28] kann dem personensorgeberechtigten Elternteil bei nachhaltiger Vereitelung des Umgangs („Umgangssabotage“, wissenschaftlich: **PAS**, → Rn. 22) das Personensorgerecht entzogen werden (§ 1666 BGB) und vollständig oder teilweise auf den bisher Umgangsberechtigten oder auf einen Vormund oder Pfleger übertragen werden.[29] Ausdrücklich regelt nun[30] § 1684 Abs. 3 S. 3 BGB diese **Um-**

25 So Lohrentz, Trennung und Scheidung, S. 137.
26 Ebenso Struck in Wiesner § 18 Rn. 22.
27 Vgl. BVerfG FamRZ 2002, 534; OLG Karlsruhe FamRZ 2002, 624 u. 1125.
28 So Götz in Palandt § 1634 Rn. 14.
29 So schon bisher die Rspr.: OLG Dresden 25.4.2002 – 10 UF 0260/01, FamRZ 2002, 1588 mwN.
30 Mit dem FGG-ReformG eingefügt.

gangspflegschaft.[31] Bei hartnäckiger Umgangsvereitelung kann auch die Kürzung des Unterhalts des betreuenden Elternteils in Betracht kommen (§ 1579 Nr. 6 BGB), ebenso Schadensersatz.[32] Bei pflichtwidrigem Verhalten des umgangsberechtigten Elternteils kann das FamG den Umgang **einschränken** oder **ausschließen**, wenn dies zum Wohl des Kindes erforderlich ist (§ 1684 Abs. 4 S. 1 BGB). Ein Ausschluss auf Dauer kommt aber nur in Betracht, wenn das Wohl des Kindes gefährdet wäre (§ 1684 Abs. 4 S. 2 BGB). Gegen beide Elternteile kann das FamG Anordnungen gem. § 1684 Abs. 3 S. 2 BGB erlassen. Das FamG kann auch **beschützten Umgang** anordnen, dh, dass ein mitwirkungsbereiter Dritter anwesend sein muss; dies kann auch ein Träger der öffentlichen oder freien Jugendhilfe sein (§ 1684 Abs. 4 S. 3 und 4 BGB). Vor allem in gemischtnationalen Ehen kann der beschützte Umgang Prävention bei Entführungsgefahr ins Ausland sein.[33] „Beschützter Umgang" ist ein zu eng gewählter Begriff; besser wäre **„begleiteter Umgang"**. Dieser Oberbegriff umfasst einmal den beschützten Umgang (bei Konflikten), zum anderen den beaufsichtigenden Umgang (bei Gefährdung des Kindes) und schließlich den unterstützenden Umgang (zur Verbesserung der Beziehungsqualität bei gestörtem Kontakt).

3.2 Unterstützung des Kindes durch Hilfen für die Umgangsberechtigten (Satz 2)

Umgangsberechtigt und -verpflichtet ist jeder **Elternteil** (§ 1684 Abs. 1 BGB), gleich- 18
gültig, ob er die Personensorge (→ § 52a Rn. 14) hat oder nicht; dies ergibt sich schon aus seinem Elternrecht.[34] Ebenfalls ohne Belang ist, ob Alleinsorge oder gemeinsame Sorge besteht, bei der das Umgangsrecht dann von Bedeutung ist, wenn sich das Kind überwiegend beim anderen Elternteil aufhält. Wurde die Personensorge einem Pfleger übertragen, steht das Umgangsrecht grundsätzlich beiden Elternteilen zu. Das Umgangsrecht des Elternteils richtet sich sowohl gegen den anderen Elternteil als auch gegen das Kind. Ist das Kind nicht umgangswillig, hat der Umgangsberechtigte gegen das JA einen Anspruch auf Unterstützung aus Satz 3 (→ Rn. 21). Lediglich umgangsberechtigt, aber nicht -verpflichtet sind die **weiteren Umgangsberechtigten** nach **§ 1685 BGB**. Ihnen gegenüber hat das Kind keinen Anspruch auf Umgang. Zu diesem Kreis der weiteren Umgangsberechtigten gehören Großeltern, Geschwister, Stiefeltern oder frühere Pflegeeltern. Voraussetzung ihres Umgangsrechts ist, dass es dem Wohl des Kindes dient; der Umgang muss also das Wohl des Kindes **fördern** und nicht bloß unschädlich sein.

Der Träger der Jugendhilfe soll das **Kind** dabei **unterstützen**, dass die Umgangsberech- 19
tigten von ihrem Umgangsrecht zum Wohl des Kindes auch Gebrauch machen. Auf diese Leistung hat das Kind im Regelfall einen Rechtsanspruch, nur bei atypischen Umständen im Einzelfall hat das JA Ermessen (→ § 2 Rn. 8). Dies folgt für den Umgang mit den Eltern schon aus Satz 1, für den Umgang mit den weiteren Umgangsberechtigten daraus, dass es Zweck des Satzes 2 ist, das Wohl des Kindes zu fördern, er also ein subjektives öffentliches Recht enthält. Die Hilfe geschieht durch vermittelnde Gespräche mit den Umgangsberechtigten. Dabei muss ihnen zunächst klargemacht werden, wieweit Umgangsrecht und -pflicht gehen, ferner, dass sie von ihrem Umgangsrecht Gebrauch machen sollen und schließlich, wie sie es zum Wohl des Kindes gebrauchen können. Ihr eigenes Wohl kann nur eine Nebenwirkung geglückten Umgangs sein. Die Überzeugungsarbeit des JA kann durch einen Hinweis auf eine mögliche Anordnung des FamG nach § 1684 Abs. 3 befördert werden. **Finanzielle Leistun-**

31 Näher zu dieser Oberloskamp, Vormundschaft, § 10 Rn. 46.
32 BGH FamRZ 2002, 1099 mAnm Weychardt FamRZ 2003, 927.
33 Einschränkend aber OLG Brandenburg FamRZ 2003, 947.
34 EGMR 21.12.2010 – 20578/07; BVerfG ZfJ 2004, 23.

gen muss das JA nicht erbringen. **Fahrtkosten** zur Ausübung des **Umgangsrechts**[35] können bei Sozialhilfeempfängern über § 28 Abs. 1 S. 2 SGB XII[36] berücksichtigt werden. Leistungsberechtigten nach dem SGB II ist ein Mehrbedarf nach § 21 Abs. 6 SGB II zuzuerkennen.[37] Zu den Fahrtkosten im Rahmen des § 39 → § 39 Rn. 12.

3.3 Anspruch der Umgangsberechtigten auf Beratung und Unterstützung (Satz 3)

20 Satz 3 enthält keinen homogenen **Adressatenkreis**, sondern vermischt – insofern unsystematisch – die „Parteien" des Umgangsverfahrens. Zunächst nennt er die Eltern als Umgangsberechtigte nach § 1684 Abs. 1 BGB, dann die anderen Umgangsberechtigten nach § 1685 Abs. 1 und 2 BGB, schließlich aber auch Personen, in deren Obhut sich das Kind befindet, also Personen, gegen die sich das Umgangsrecht richtet. Dies können beispielsweise Pflegeeltern sein, bei denen sich ein Kind aufhält; sie müssen den leiblichen Eltern – unabhängig von deren Personensorgerecht – den Umgang mit dem Kind ermöglichen. Hat ein Elternteil das Personensorgerecht, ergibt sich schon daraus das Umgangsrecht (→ Rn. 14). Hat er es nicht, ergibt sich das Umgangsrecht aus § 1684 Abs. 1 oder § 1686a BGB (→ Rn. 15). Auch ein Elternteil kann eine Person sein, in deren Obhut sich das Kind befindet, wie sich aus § 1629 Abs. 2 S. 2 BGB ergibt. Dann fällt er aber schon unter die Regelung des Abs. 1, da zur Ausübung der Personensorge auch die Gestattung des Umgangsrechts gehört.

21 Die **Umgangsberechtigten** haben aus Satz 3 ein **eigenes Recht** auf Beratung und Unterstützung durch das JA, während die Unterstützung des Kindes nach Satz 2 **seinem** Umgangsrecht dient. Soweit dazu die Unterstützung des Umgangsberechtigten notwendig ist, ist sie in Satz 2 lediglich Rechtsreflex für ihn. Ein weiterer Unterschied zwischen Satz 2 und Satz 3 besteht darin, dass das JA die Umgangsberechtigten nach Satz 2 zunächst einmal dazu bewegen muss, von ihrem Umgangsrecht Gebrauch zu machen, während Satz 3 dem JA die sich anschließende Unterstützung bei Ausübung des Umgangsrechts gebietet. Dazu gehört vor allem die Hilfe des JA dabei, dass der Umgang im Alltag **kindeswohlverträglich** stattfindet und dass eine emotionale und soziale Beziehung zum Umgangsberechtigten aufgebaut werden kann. Bei einer ablehnenden Haltung des Kindes hat das JA die Gründe hierfür (Parental Alienation Syndrome – **PAS**) zu erforschen und die Umgangsbereitschaft des Kindes zu fördern. Steht ein Elternteil dem Umgang ablehnend gegenüber, muss das JA versuchen, dessen Vorbehalte abzubauen. Notfalls muss es eine Entscheidung des FamG gem. § 1684 Abs. 3 BGB herbeiführen.[38] Allerdings lässt sich der Inhalt des Umgangsrechts nicht im verwaltungsgerichtlichen, sondern nur im familiengerichtlichen Verfahren klären.[39] Weitere Unterstützungsmaßnahmen für den Umgangsberechtigten nennt Satz 4. Die Unterstützungshandlungen des JA nach Satz 1, 2, 3 und 4 gehen ineinander über und sind nicht trennscharf voneinander abzugrenzen. Nicht ausreichend ist die bloße Benennung einer möglichen Übergabestelle.[40] Nicht erforderlich ist, dass das JA den Umgang beobachtet, Kontakte verbietet oder zwangsweise herstellt,[41] so dass die

35 Zur unterhaltsrechtlichen Behandlung von Umgangskosten Viefhues FuR 2019, 568–581.
36 Vgl. Klinger/Kunkel/Pattar/Peters, Existenzsicherungsrecht, 6. Kap. 22 f.; Bedenken aber bei Mrozynski SGB VIII § 18 Rn. 28–30.
37 So auch der Gesetzgeber: BT-Drs. 17/1465, 9. Zu den Maßstäben ausführlich Behrend in jurisPK-SGB II § 21 Rn. 98–118.
38 Anders hingegen DIJuF JAmt 2017, 230 (231): JA muss erst bei Einverständnis des anderen Elternteils mit dem Umgang tätig werden.
39 OVG NRW 26.4.2016 – 12 B 209/16.
40 So OVG NRW 31.1.2011 – 12 B 1792.
41 So OLG München 29.11.2011 – 1 U 2728/11, ZKJ 2012, 114.

zwangsweise Umsetzung der familiengerichtlichen Umgangsregelung nicht zu den Leistungen nach § 18 gehört.[42]

Wegen des Anspruchs auf kostenlose Beratung und Unterstützung durch das Jugendamt ist in der familiengerichtlichen Rechtsprechung umstritten, ob Verfahrenskostenhilfe für ein umgangsrechtliches Verfahren wegen Mutwilligkeit verweigert werden kann, wenn der Anspruch nicht geltend gemacht wird. Weil kein Erfahrungssatz besteht, dass Vermittlungsbemühungen des JA stets Aussicht auf Erfolg bieten, so dass auch bemittelte Parteien stets vor der Inanspruchnahme des FamG um Hilfe beim JA nachsuchen, liegt nicht grundsätzlich Mutwilligkeit vor, solange nicht im konkreten Fall mit hinreichender Wahrscheinlichkeit eine außergerichtliche Einigung zustande gekommen wäre.[43]

3.4 Pflicht des JA zur Vermittlung und Hilfestellung (Satz 4)

Satz 4 verpflichtet das JA zu **„behördlicher Mediation"**, eine Aufgabe, die das JA auch nach dem mit dem Kindschaftsreformgesetz aufgehobenen § 1711 BGB zu erfüllen hatte. Das JA soll vermitteln, wenn der umgangsberechtigte Elternteil Auskunft nach § 1686 BGB verlangt, aber nicht erhält. Regeln die Eltern den Umgang nicht von sich aus, soll das JA den Kontakt knüpfen und helfen, ihn zu stabilisieren. Haben die Eltern einvernehmlich den Umgang vereinbart oder hat das FamG gem. § 1684 Abs. 3 und 4 BGB eine Umgangsregelung getroffen, muss das JA idR **bei deren praktischer Umsetzung** helfen.[44] Die Hilfe des JA (oder freier Träger) kann auch darin bestehen, dass es sich als „Aufpasser" zur Verfügung stellt, wenn das FamG **beschützten Umgang** nach § 1684 Abs. 4 S. 3 angeordnet hat (→ Rn. 17). Das **FamG** kann das **JA nicht verpflichten**, diese Rolle zu übernehmen, da auch der Träger der Jugendhilfe mitwirkungsbereit gem. § 1684 Abs. 4 S. 3 BGB sein muss[45] und § 36a Abs. 1 SGB VIII dem FamG keine Verpflichtung des JA erlaubt.[46] Das FamG kann die Überwachungsentscheidung auch nicht der Absprache zwischen öffentlichem und freiem Träger überlassen.[47] Die Beschützerrolle des JA kann[48] und muss[49] vom Kind und vom Umgangsberechtigten aber vor dem **Verwaltungsgericht** im Weg der allgemeinen Leistungsklage, nötigenfalls im Wege des einstweiligen Rechtsschutzes,[50] eingeklagt 22

42 So OVG NRW 25.5.2018 – 12 B 1589/17.

43 So OLG Frankfurt aM 27.3.2017 – 2 WF 164/16; OLG Karlsruhe 7.1.2016 – 20 WF 209/15; das Regel-Ausnahme-Verhältnis gerade umgekehrt formulieren OLG Köln 17.12.2012 – II-4 WF 156/12, 4 WF 156/12; OLG Hamm 14.10.2014 – 6 WF 110/14, m. zust. Anm. Hamdan jurisPR-FamR 15/2015 Anm. 6; OLG Hamm 9.3.2016 – II-2 WF 38/16, 2 WF 38/16.

44 Besondere tatsächliche Schwierigkeiten beim begleiteten Umgang in der Covid-19-Pandemie beschreibt Ritter JAmt 2020, 369–372 und Ritter JAmt 2021, 78–80.

45 Ebenso BVerfG 29.7.2015 – 1 BvR 1468/15, ZKJ 2015, 463; OLG Frankfurt 23.6.2020 – 5 WF 107/20; OLG Koblenz 11.6.2019 – 13 UF 86/19; Fischer in S/F/M/K § 18 Rn. 26; Rauscher FamRZ 1998, 334; Braun NJW-Spezial 2020, 260 (261).

46 So OVG Brem 7.4.2017 – 1 B 291/16; ebenso Götsche jurisPR-FamR 13/2020 Anm. 1 D.V.

47 So OLG Frankfurt FamRZ 1999, 617.

48 Ebenso BVerfG 29.7.2015 – 1 BvR 1468/15, FamRZ 2015,1686, OVG Brem 7.4.2017 – 1 B 291/16.

49 KG 6.5.2016 – 13 UF 40/16 (hieraus die Forderung nach einer Gesetzesänderung ableitend Dürbeck FamRZ 2016, 1784 f.); OLG Nürnberg 19.7.2016 – 7 UF 746/16; OLG Frankfurt aM 10.8.2016 – 5 UF 167/16 (hierzu zust. Clausius AnwZert FamR 19/2016 Anm. 1); OLG Koblenz 30.9.2016 – 11 UF 418/16.

50 Ebenso BVerfG 29.7.2015 – 1 BvR 1468/15, ZKJ 2015, 463; OVG NRW 28.12.2016 – 12 B 1336/16; OVG NRW 20.12.2016 – 12 B 1262/16; OLG Nürnberg 19.7.2016 – 7 UF 746/16, ZKJ 2017, 33; VG Würzburg 21.11.2018 – W 3 E 18.1262; VG Aachen 7.9.2016 – 1 L 351/16. Kein Anordnungsgrund, wenn FamG Anordnung begleiteten Umgang nicht erwägt: VG Cottbus 22.4.2016 – 1 L 169/16.

werden, da ihnen mit Satz 1 bzw. Satz 3 ein subjektives öffentliches Recht eingeräumt ist (→ Anh. 5 Rn. 76).[51] Dagegen besteht kein Anspruch darauf, dass das JA eine konkrete Absprache zum Umgang durchsetzt,[52] lediglich auf Vermittlung im Streit. Es besteht kein Auskunftsanspruch gegen das JA zum Aufenthaltsort des Kindes, wenn der Antragsteller andere Auskunftsmöglichkeiten hat.[53]

23 Nur in **„geeigneten Fällen"** muss das JA idR (= soll) Hilfestellung leisten. Ob ein geeigneter Fall vorliegt, kann das JA nicht nach Ermessen entscheiden. Vielmehr handelt es sich um einen unbestimmten Rechtsbegriff, bei dessen Auslegung auch kein Beurteilungsspielraum für das JA besteht.[54] Über das Vorliegen des geeigneten Falles hat daher letztlich das Verwaltungsgericht zu entscheiden.[55] Ein ungeeigneter Fall dürfte erst dann vorliegen, wenn die Umsetzung einer Umgangsregelung oder der Umgang an sich das Kindeswohl gefährdet.[56] Nicht geeignet ist ein Fall jedenfalls dann, wenn ein Umgangsberechtigter jede Kooperationsbereitschaft vermissen lässt.[57] Das Jugendamt kann die Hilfestellung umgekehrt nicht mit der Begründung verweigern, eine familiengerichtliche Umgangsregelung liege noch nicht vor.[58]

24 Wirkt das JA beim beschützten Umgang mit, kann es den Umgangsberechtigten **Kosten** hierfür nicht auferlegen. Weder § 90 noch § 91 erlaubt eine Kostenbeteiligung. Das JA muss also die Kosten des beschützten Umgangs tragen, wenn die Voraussetzungen des § 18 Abs. 3 S. 4 vorliegen, aber nicht bei einer bloßen Anordnung des FamG nach § 1684 Abs. 4 S. 3 BGB (nur dann Justizkosten).[59] Kostentragung durch das JA setzt eine eigene Entscheidung des JA über die Geeignetheit des beschützten Umgangs voraus (§ 36a Abs. 1 analog). Diese Entscheidung kann auch stillschweigend durch eine positive Stellungnahme im familiengerichtlichen Verfahren erfolgt sein oder durch Übertragung auf Dritte.[60] Ist nach Einschätzung des Jugendamts eine professionelle Dolmetschkraft für den begleiteten/beschützten Umgang erforderlich, gehören auch die hierfür anfallenden Kosten zu den vom Jugendamt zu tragenden Kosten.[61] Wie bei allen Leistungen ist auch bei dieser eine Übertragung der Aufgabe auf einen freien Träger (zB Kinderschutzbund) möglich, der sich die Kosten durch Vereinbarung mit dem öffentlichen Träger im Rahmen des § 77 erstatten lassen wird. Das JA hat kein Ermessen zum Abschluss einer derartigen Vereinbarung.[62]

Hat der umgangsberechtigte Elternteil einen Anspruch auf Assistenz bei seinem Umgang mit dem Kind als Teilhabeleistung gemäß (§ 113 Abs. 2 Nr. 2 iVm) § 78 SGB IX, geht dieser Anspruch dem Anspruch nach § 18 SGB VIII vor.[63]

---

51 Vgl. Götz in Palandt § 1684 Rn. 29; DIV DAVorm 2000/392. – Zu den Konkretisierungsanforderungen OVG NRW 17.1.2019 – 12 A 396/18 und OVG NRW 10.5.2019 – 12 B 1747/18.
52 So VG Aachen 18.12.2007 – 2 L 502/07, JAmt 2008, 108.
53 So SchlHOVG 29.10.2017 – 3 O 40/17.
54 Ebenso OVG Bln-Bbg 19.4.2012 – 6 S 12.12, ZKJ 2012, 483; ebenso Schäder JAmt 2021, 2 (6 f.).
55 Braun NJW-Spezial 2020, 260 f.
56 VG Mainz 25.7.2019 – 1 K 551/18.MZ, juris Rn. 31; Struck in Wiesner Rn. 33a; ebenso Kasenbacher NJW-Spezial 2020, 196 (197); DIJuF JAmt 2020, 449 f.; Schäder JAmt 2021, 2 (6 f.).
57 Vgl. OVG NRW 22.2.2017 – 12 E 780/16; vgl. Bbg OLG 15.6.2020 – 13 UF 57/20, Rn. 14 und Anm. hierzu von Götsche jurisPR-FamR 7/2021 Anm. 9, D.
58 Schäder JAmt 2021, 2 (5).
59 Im Ergebnis ebenso DIJuF JAmt 2000, 67; OLG Naumburg 25.4.2008 – 3 WF 91/08, ZKJ 2009, 128; Fischer in SFMK § 18 Rn. 29.
60 Pflicht des JA zur Kostentragung auch in diesem Fall aber offengelassen vom OLG Brandenburg 7.2.2008 – 10 WF 238/07.
61 DIJuF JAmt 2020, 644 (645).
62 So VG Halle 21.9.2006 – 4 A 225/04, RsDE Nr. 64, 93.
63 DIJuF JAmt 2020, 208 (211).

Auch das FamG muss im Umgangsstreit vermitteln (§ 165 FamFG). **Diese „gerichtliche Mediation"** kann neben der behördlichen stattfinden, wenn ein Elternteil dies beantragt. Das Gericht kann eine Vermittlung nur ablehnen, wenn das behördliche Vermittlungsverfahren erfolglos geblieben ist (§ 165 Abs. 1 S. 2 FamFG). Das Gericht kann das JA zum Vermittlungstermin laden (§ 165 Abs. 2 S. 4 FamFG). Das JA kann die Ladung nicht als Einladung auffassen; vielmehr muss das JA der Ladung folgen. Dies ergibt sich auch aus § 50, ebenso folgt aus § 18 Abs. 3 S. 4, dass das JA auch im gerichtlichen Vermittlungsverfahren eine aktive Rolle spielen muss. 25

4 Anspruch des jungen Volljährigen auf Beratung und Unterstützung zur Unterhaltssicherung (Abs. 4)

Dieselbe Rechtsposition wie ein allein erziehender Elternteil – allerdings beschränkt auf die Geltendmachung von Unterhalts- oder Unterhaltsersatzansprüchen (→ Rn. 9) – hat auch ein junger volljähriger Mensch bis zu seinem 21. Geburtstag. Auch er kann seinen Unterhaltsanspruch vom JA beurkunden lassen (§ 59 Abs. 1 S. 1 Nr. 3). Dabei können junge Volljährige auch einen Elternteil oder eine andere Person zur Inanspruchnahme der Beratung bevollmächtigen.[64] 26

Die wesentlichen **Unterschiede** zwischen den Unterhaltsansprüchen **junger Volljähriger** und denen **minderjähriger** Kinder bestehen darin, dass (erstens) das Privileg für minderjährige Kinder aus § 1602 Abs. 2 BGB für Volljährige nicht gilt; der Volljährige muss auch den **Stamm** seines Vermögens zur Bestreitung seines Unterhaltsbedarfs einsetzen. Der junge Volljährige muss daher in der Weise beraten werden, dass zunächst seine Unterhaltsberechtigung zu prüfen ist. Diese besteht nicht, wenn er Einkommen oder Vermögen hat. Zweitens ist der Unterhaltsanspruch eines Volljährigen **nachrangig** gegenüber dem Unterhaltsanspruch eines minderjährigen Kindes, wenn der Unterhaltspflichtige nicht in der Lage ist, die Ansprüche beider voll zu befriedigen (§ 1609 Abs. 1 BGB) Auch der Anspruch des Ehegatten des Unterhaltsverpflichteten geht dem des jungen Volljährigen vor (§ 1609 Abs. 2 BGB). Nach der Neuregelung durch das KindUG sind aber minderjährige und volljährige Kinder gleichrangig, wenn sie Schüler unter 21 Jahren sind und dem Haushalt angehören. Drittens ist der Unterhaltspflichtige gegenüber dem jungen Volljährigen grundsätzlich **nicht gesteigert** unterhaltspflichtig. Während gegenüber dem minderjährigen Kind eine gesteigerte Unterhaltspflicht nach § 1603 Abs. 2 S. 1 BGB besteht, ist gegenüber dem jungen Volljährigen die Unterhaltspflicht dadurch eingeschränkt, dass der Unterhaltspflichtige zunächst seinen angemessenen eigenen Unterhalt bestreiten können muss (sog. Selbstbehalt), dessen Höhe sich nach den Leitlinien der Oberlandesgerichte richtet. Auch hier hat aber das KindUG die Unterhaltspflicht gegenüber volljährigen Schülern unter 21 Jahren erweitert, allerdings nur, wenn sie bei den Eltern leben und unverheiratet sind (§ 1603 Abs. 2 S. 2 BGB). Viertens entfällt nach Eintritt der Volljährigkeit des Kindes – auch des Schülers – die Möglichkeit für den betreuenden Elternteil, der Unterhaltsverpflichtung durch Betreuungsleistungen nachzukommen (§ 1606 Abs. 3 S. 3 BGB; **Betreuungsunterhalt**). Lebt der junge Volljährige noch bei einem Elternteil, ist auch dieser zum Barunterhalt heranzuziehen. Beide Elternteile haften nicht gemeinschaftlich als Gesamtschuldner, sondern anteilig nach ihren Verhältnissen (§ 1606 Abs. 3 S. 1 BGB.). Es ist also für jeden Elternteil der Anspruch zu errechnen und durchzusetzen, der sich nach den Einkommens- und Vermögensverhältnissen des jeweiligen Elternteils ergibt. Fünftens ergeben sich im Verfahren der **gerichtlichen Durchsetzung** Unterschiede,[65] da §§ 249–260 FamFG (vereinfachtes Verfahren) nicht für den Unterhaltsanspruch Volljähriger gelten. Ein vom Minderjährigen erwirkter Titel bleibt aber 27

64 DIJuF JAmt 2019, 80–82.
65 Vgl. Christian DAVorm 1993/358.

auch nach dessen Volljährigkeit erhalten,[66] so dass gegen den nach § 1612a BGB mit Schuldtitel festgestellten Unterhaltsanspruch nicht eingewendet werden kann, dass Minderjährigkeit nicht mehr besteht (§ 244 FamFG). Trotz der Geltung des § 244 FamFG für schon titulierte Unterhaltsansprüche muss das JA im Rahmen der Beratung prüfen, ob der titulierte Anspruch nicht materiell rechtlich „überholt" ist. Der Unterhaltspflichtige kann nämlich wegen wesentlicher Veränderung der Verhältnisse gem. §§ 238, 240 FamFG den Titel gerichtlich überprüfen lassen. Will der Volljährige aus dem überholten Titel vollstrecken, „läuft er ins Messer" einer Vollstreckungsgegenklage.

§ 19 Gemeinsame Wohnformen für Mütter/Väter und Kinder

(1) [1]Mütter oder Väter, die allein für ein Kind unter sechs Jahren zu sorgen haben oder tatsächlich sorgen, sollen gemeinsam mit dem Kind in einer geeigneten Wohnform betreut werden, wenn und solange sie auf Grund ihrer Persönlichkeitsentwicklung dieser Form der Unterstützung bei der Pflege und Erziehung des Kindes bedürfen. [2]Die Betreuung schließt auch ältere Geschwister ein, sofern die Mutter oder der Vater für sie allein zu sorgen hat. [3]Die Betreuung umfasst Leistungen, die die Bedürfnisse der Mutter oder des Vaters sowie des Kindes und seiner Geschwister gleichermaßen berücksichtigen. [4]Eine schwangere Frau kann auch vor der Geburt des Kindes in der Wohnform betreut werden.

(2) [1]Mit Zustimmung des betreuten Elternteils soll auch der andere Elternteil oder eine Person, die für das Kind tatsächlich sorgt, in die Leistung einbezogen werden, wenn und soweit dies dem Leistungszweck dient. [2]Abweichend von Absatz 1 Satz 1 kann diese Einbeziehung die gemeinsame Betreuung der in Satz 1 genannten Personen mit dem Kind in einer geeigneten Wohnform umfassen, wenn und solange dies zur Erreichung des Leistungszwecks erforderlich ist.

(3) Während dieser Zeit soll darauf hingewirkt werden, dass die Mutter oder der Vater eine schulische oder berufliche Ausbildung beginnt oder fortführt oder eine Berufstätigkeit aufnimmt.

(4) Die Leistung soll auch den notwendigen Unterhalt der betreuten Personen sowie die Krankenhilfe nach Maßgabe des § 40 umfassen.

66 BGH DAVorm 1985/307.

1 Wohn- und Betreuungshilfe für Alleinsorgeberechtigte und Kind (Abs. 1)

1.1 Tatbestand und Rechtsfolge (Satz 1)

1.1.1 Tatbestandsvoraussetzungen. Leistungsempfänger und Leistungsberechtigte (→ § 8 Rn. 10) nach § 19 Abs. 1 sind Mütter oder Väter,[1] die **allein personensorgeberechtigt** sind[2] (→ § 7 Rn. 2) oder – nach der Neufassung durch das KICK – tatsächlich sorgen. Leistungsempfänger sind also auch Mütter oder Väter, wenn gemeinsame Sorge besteht, aber ein Elternteil tatsächlich allein für das Kind sorgt. Ebenso, wenn einem Elternteil die tatsächliche Personensorge rechtlich zusteht; dies ist der Fall bei einer minderjährigen unverheirateten Mutter gem. § 1673 Abs. 2 S. 1 BGB (→ § 52a Rn. 16). 1

Der oder die Alleinsorgende ist daher Anspruchsinhaber. Diese Person muss schriftlich, mündlich oder durch konkludentes Handeln einen Antrag auf Leistungserbringung stellen. Soweit ein möglicher Hilfebedarf auf diese Weise an das zuständige Jugendamt herangetragen wird, besteht eine Pflicht zum Tätigwerden.[3] Auch besteht grds. nach § 16 Abs. 3 SGB I die Pflicht ein „Herantragen" des Hilfebedarfs so auszulegen, dass das Begehren möglichst weitgehend zum Tragen kommt. Das Jugendamt hat „*alle* aufgrund des Sachverhalts dem Begehren des Antragstellers entsprechenden rechtlichen Möglichkeiten im Rahmen seiner Zuständigkeit zu erwägen und ggf. auf eine Klärung des Verfahrensgegenstandes durch den Antragsteller hinzuwirken". Es gilt insoweit der „Meistbegünstigungsgrundsatz".[4]

Nicht hinreichend klar gefasst ist die Anspruchsinhaberschaft nach § 19 Abs. 2, insbesondere nach Abs. 2 Satz 2. Nach hiesiger Auffassung ist nach Abs. 2 auch eine Leistungserbringung für beide Elternteile bei gemeinsamer Sorge möglich (→ Rn. 13).

Leistungsadressat ist – wie bei allen Jugendhilfeleistungen (→ § 8 Rn. 10) – aber auch hier das **Kind**. Für die Hilfe nach § 19 ist es in den Tatbestand der Hilfenorm einbezogen und muss eine bestimmte Voraussetzung erfüllen: es darf noch nicht 6 Jahre alt sein. Maßgeblicher Zeitpunkt für die Beurteilung dieser Tatbestandsvoraussetzung ist der Zeitpunkt der Antragstellung und nicht der Zeitpunkt der behördlichen Entscheidung.[5] Überschreitet das Kind nach Beginn der Leistung diese Altersgrenze, endet die Hilfe aber nicht. Das Alter des Kindes ist keine „anspruchsauflösende Bedingung". Auch wenn das Kind mit Beginn der Schulpflicht der Betreuung nicht mehr in demselben Maße bedarf, ist dies kein Argument für die Beendigung der Hilfe, weil Zweck der Hilfe nicht primär die Betreuung des Kindes ist, sondern die Förderung der Erziehungskompetenz des Elternteils (→ Rn. 3).[6] Vielmehr stellt der Schuleintritt weitere Anforderungen an die Erziehungskompetenz der Alleinerziehenden (zB im Bereich der Tagesstruktur, des geduldigen Förderns sowie im Umgang mit der zunehmenden Selbständigkeit des Kindes) und die Förderung des Kindes (klare Lernzeiten, regelmäßige Förderung), weshalb die Fortführung der Hilfe während diesem für das Kind so wichtigen Entwicklungsschritt von besonderer Bedeutung sein kann. Allerdings ist zu prü- 2

---

1 Jeweils ohne Altersbegrenzung, also auch jenseits der „Höchstgrenze" des § 7 Abs. 1 Nr. 4 von 26 Jahren.

2 S. zur „partiellen" Personensorge VG Minden 17.4.2020 – 6 L 118/20, juris, Rn. 27 sowie Telscher in jurisPK-SGB VIII Rn. 34.1.

3 S. hierzu VG München 9.7.2020 – M 18 E 20.2436, juris Rn. 49 sowie NdsOVG 25.11.2019 – 10 PA 204/19, juris Rn. 16 und 17. S. hierzu auch VGH BW 23.1.2018 – 12 S 1952/17, juris Rn. 12.

4 BayVGH 25.6.2019 – 12 ZB 16.1920, juris Rn. 26; VG Köln 29.3.2019 – 26 K 1109/17, juris Rn. 63.

5 BayVGH 29.4.2013 – 12 CE 12.2738, juris Rn. 18 u. 19; J. Struck in Wiesner Rn. 7.

6 Ebenso BayVGH 29.4.2013 – 12 CE 12.2738, juris, Rn. 18 u. 19; Schleicher in GK-SGB VIII Rn. 5; N. Struck in FK-SGB VIII Rn. 9; J. Struck in Wiesner Rn. 9; Wiesner NDV 1998, 227.

fen, ob der Zweck der Hilfe jetzt noch erreichbar, die Hilfe also noch geeignet ist. Alternativ kann dann auch eine Hilfe nach §§ 27 ff. aufgrund der zunehmenden Eigenständigkeit des Kindes und des spezifischen Hilfebedarfs im Einzelfall geeignet und notwendig sein. Innerhalb des Angebotsspektrums der Hilfen nach § 19 ist zu prüfen, ob die jeweilige Konzeption der Einrichtung, die für das Alter des Kindes passenden Hilfsangebote für das Elternteil und sein Kind bereithält und somit geeignet ist, die mit Schuleintritt notwendigen erzieherischen Kompetenzen des Alleinerziehenden und damit dem spezifischen altersgerechten Förderbedarfs des Kindes gerecht zu werden. Hilfe ist auch möglich, wenn **mehrere Kinder unter 6 Jahren** zu versorgen sind. Satz 2 schließt dies nicht aus, sondern ermöglicht lediglich die Einbeziehung älterer Geschwister.

3 Weitere Tatbestandsvoraussetzung ist, dass die Hilfe **„persönlichkeitsindiziert“**[7] im Sinne eines „doppelten Defizits“ ist. Ein Defizit bei dem Alleinsorgeberechtigten oder Alleinsorgenden muss kausal zu einem Defizit beim Kind führen. Zunächst muss der Alleinsorgeberechtigte aus in seiner Person liegenden Gründen nicht in der Lage sein, das Kind zu erziehen. Dies kann der Fall sein bei fehlender Reife zur Erziehung, aber auch bei seelischer, geistiger oder körperlicher Überforderung durch die Aufgabe der Kindererziehung. Auch fehlende finanzielle Selbstständigkeit oder fehlender Rückhalt bei den Eltern kann die Hilfe auslösen, wie umgekehrt eine abgeschlossene Berufsausbildung sie nicht ausschließt. Die Situation der Alleinsorgenden ist häufig von einer Vielzahl von Belastungsfaktoren wie zB der Überforderung in der Versorgung und Erziehung des Kindes, fehlenden alltagspraktischen Kompetenzen, psychischer Belastung und fehlender elterlicher Fürsorge in der eigenen Kindheit, einem geringen Selbstwertgefühl, problematischen Paarbeziehungen oder einer fehlenden (beruflichen) Perspektive geprägt.[8] Diese führen sowohl für den Elternteil als auch in der Folge für das Kind zu Defiziten wie zB mangelnder Tagesstruktur, fehlender Fähigkeit die eigenen Bedürfnisse hinter denen des Säuglings anzustellen oder auch Schwierigkeiten im Beziehungs- und Bindungsaufbau. Dagegen reichen außerhalb der Persönlichkeit liegende belastende Umstände nicht aus (zB Obdachlosigkeit oder fehlender Wohnraum).[9] Voraussetzung der Hilfe ist damit das Vorliegen eines entwicklungsfähigen Potentials beim Alleinsorgenden.[10] Zu diesem „Persönlichkeitsdefizit“ des Erziehers muss hinzukommen, dass es mangelnde Erziehungskompetenz indiziert. Es muss sich also um ein spezifisches Persönlichkeitsdefizit handeln, nämlich um ein **Defizit gerade als Erzieherpersönlichkeit**. Allgemeine Faktoren, wie sie beispielsweise in den Empfehlungen des DV[11] aufgezählt werden, reichen deshalb für sich genommen noch nicht aus. Zu dem Persönlichkeitsdefizit des Erziehers hinzutreten muss ein – auch nur potenzielles – **Erziehungsdefizit des Kindes** im Sinn einer abstrakten Gefahr für seine Entwicklung.[12] Dieses Erziehungsdefizit hat eine andere Qualität als das des § 27 (→ § 27 Rn. 2).[13] Dies ergibt sich schon daraus, dass die Hilfe des § 19 außerhalb der Hilfearten der §§ 28 bis 35 geregelt ist. Im Unterschied zum Erziehungsdefizit des § 27 darf bei § 19 noch keine Auffälligkeit oder Störung beim Kind vorliegen. Wäre dies der Fall, müsste Hilfe nach § 27 iVm § 34 oder § 31 geleistet werden (→ Rn. 19). Des Weiteren ist erforderlich, dass das Persönlichkeitsdefizit des Erziehers **kausal** ist für das Erziehungs-

7 Ebenso VG München 7.11.2012 – M 18 K 11.326, juris Rn. 53.
8 Deutscher Caritasverband e. V.: Modulares QM-Rahmenhandbuch Version 1.2, Modul Gemeinsame Wohnformen für Mütter/Väter und Kindern gemäß § 19 SGB VIII, 2019.
9 AA Schleicher in GK-SGB VIII Rn. 6.
10 S. hierzu auch Telscher in jurisPK-SGB VIII Rn. 35 f.
11 NDV 1999, 285.
12 S. hierzu auch VG Bayreuth 12.8.2015 – B 3 E 15.503, juris Rn. 25.
13 S. hierzu auch OVG NRW 2.2.2017 – 12 B 119/17, juris Rn. 8.

defizit des Kindes. Nur wenn diese Kausalität vorliegt und nur so lange sie besteht, ist die Hilfe nach § 19 zu leisten.

Hilfen nach § 19 beinhalten demnach immer einen doppelten Auftrag im Sinne einer doppelten Parteilichkeit – eine parteiliche Hilfe und Unterstützung für die Persönlichkeitsentwicklung des Elternteils ebenso wie eine parteiliche Unterstützung für das Kind, seine Entwicklung und die Sicherung des Kindeswohls. Dieser doppelte Auftrag findet sich infolge Rechtsänderung durch Art. 1 des KJSG nun auch explizit in Satz 3. Ausdrücklich werden auch die Perspektiven und Bedürfnisse von Geschwisterkindern mit aufgenommen. Beide Prozesse sind aufgrund der Eltern-Kind-Interaktion eng miteinander verwoben, weshalb immer die Entwicklung von Elternteil und Kind sowie die damit verbundene Eltern-Kind-Beziehungs-Dyade im Fokus der Hilfe steht.[14] Insbesondere während der Schwangerschaft und in der frühen Kindheit zeigt die Bindungsforschung, dass Defizite im Erziehungs- und Versorgungsverhaltens der Eltern direkte Auswirkungen auf die (Bindungs-) Entwicklung des Kindes haben.[15] So ist davon auszugehen, dass eine Problembündelung aus den Faktoren, wie sie in den Empfehlungen des DV[16] aufgezählt werden, in den meisten Fällen direkte Auswirkungen auf die Entwicklung des Kindes haben und ein potenzielles Erziehungsdefizit des Kindes mit sich bringen. So kann zB mangelnde Belastbarkeit zu einer Vernachlässigung des Kindes führen, Störungen der Mutter-/Vater-Kind Beziehung die Entwicklung einer Bindungsstörung begünstigen oder ein geringer Selbstwert und mangelndes Durchsetzungsvermögen das Setzen angemessener und für die Entwicklung des Kindes wichtiger Grenzen verhindern.

Ausreichen kann im Einzelfall auch ein erst drohendes künftiges Erziehungsdefizit.[17]

Die Leistung nach § 19 wird dem Elternteil eines Kindes bewilligt. Die Bewilligung erfolgt aber auch mit dem Zweck diesem Elternteil beim Umgang mit dem Kind zu unterstützen und die Erziehungsfähigkeit zu fördern. Die Hilfe wird dem Elternteil ferner nur bewilligt, „wenn und solange" (...) „diese Form der Unterstützung bei der Pflege und Erziehung des Kindes" notwendig ist. Letztendlich ist daher die Pflege und Erziehung des Kindes das eigentliche Ziel der Leistung nach § 19.[18]

Aus diesem Grunde ist in der Konzeption gem. § 45 Abs. 3 Nr. 1 im Betriebserlaubnisverfahren für eine Einrichtung, in der Leistungen nach § 19 erbracht werden sollen, idR auch eine Beschreibung des Bedarfs des alleinerziehenden Elternteils (zB Erarbeiten einer festen Tagesstruktur, Entwicklung von Feinfühligkeit und angemessener Eltern-Kind-Interaktion) und des Kindes (zB regelmäßige Mahlzeiten und Rituale, Entwicklung einer sicheren Bindung) erforderlich. Auch in der Entgeltvereinbarung nach § 78b Abs. 1 Nr. 2 ist es leistungsgerecht zwischen dem Entgelt für die Leistungserbringung gegenüber dem alleinsorgeberechtigten Elternteil und der Leistungserbringung gegenüber dem Kind zu differenzieren. Dies wird infolge Rechtsänderung durch Art. 1 des KJSG nun in § 19 Abs. 1 S. 3 klarstellend geregelt. Danach umfasst die Betreuung Leistungen, welche die Bedürfnisse der Mutter oder des Vaters sowie des Kindes und seiner Geschwister gleichermaßen berücksichtigen. Mit der Gesetzesbegründung wird betont, dass es für die „Wirksamkeit dieser Leistung" von besonderer Wichtigkeit ist, dass gleichermaßen den Bedürfnissen des Kindes, ggf. der Geschwister sowie der Mutter oder des Vater mit der Leistungserbringung genügt wird.[19]

14 SkF, Gesamtverein e.V.: Fachliche Standards, S. 4.
15 Siehe ua Brisch: Bindungen und frühe Störungen der Entwicklung; Dornes: Die frühe Kindheit; Bowlby: Frühe Bindung und kindliche Entwicklung.
16 NDV 1999, 285.
17 BayVGH 30.1.2012 – 12 BV 11.2216, juris Rn. 20.
18 OVG RhPf 12.12.2017 – 7 A 11296/17, juris Rn. 28.
19 S. hierzu BT-Drs. 19(13)137, 94.

Der Leistungsumfang differiert in Abhängigkeit von dem Bedarf von Elternteil und Kind. Denkbar ist eine sozialpädagogische Begleitung im Umfang von einigen Stunden pro Woche (zB betreutes Wohnen) über teilbetreute Konzepte mit und ohne Rufbereitschaft bis hin zu einer sehr intensiven Betreuung im Umfang von 24 Stunden an sieben Tagen in der Woche (vollbetreut). Um die Mitarbeit der Leistungsberechtigten und deren Partizipation an der Ausgestaltung der Hilfe zu stärken, kann es sinnvoll sein, die Ziele der Hilfe im Rahmen eines Hilfeplans festzuhalten, obgleich § 36 auf Leistungen nach § 19 nicht direkt anwendbar ist. Insbesondere bei intensiven Hilfeformen sowie in Fällen von Kindeswohlgefährdung sind klar formulierte Ziele und die Überprüfung der Erreichung bzw. Nicht-Erreichung unverzichtbar, um die Situation des Kindes für den Elternteil verständlicher und Entwicklungen sichtbar zu machen sowie ggf. Entscheidungen über eine Inpflegegabe oder Inobhutnahme transparent und für den betroffenen Elternteil nachvollziehbar zu gestalten.

4 Liegt ein (passives) Erziehungsdefizit der Mutter vor, dessentwegen ihr PSB HzE nach § 27 erhält, ist nach der Neuregelung durch das KICK in § 27 Abs. 4 zusätzliche Hilfe nach § 19 wegen eines zusätzlichen (aktiven) Erzieherdefizits ausgeschlossen und stattdessen nur noch HzE zu leisten (→ Rn. 19; → § 27 Rn. 38).

5 Weitere Tatbestandsvoraussetzung ist, dass gerade die Betreuung in der **gemeinsamen Wohnform geeignet** und **erforderlich** ist, das doppelte Defizit zu beseitigen.[20] Geeignet ist die Hilfe grundsätzlich bereits dann, wenn sie objektiv tauglich ist, die Zielerreichung, also die Behebung des Defizits, zu fördern.[21] Es muss also (nur) die Möglichkeit bestehen, dass mittels der Leistungserbringung Teilziele erreicht werden könnten. Eine Geeignetheit ist daher nur dann zu verneinen, wenn feststeht, dass eine teilweise Zielerreichung aufgrund individueller Einzelfallumstände nicht möglich sein wird.

Erforderlich ist die Hilfe nach § 19, wenn es keine gleich geeignete mildere Hilfe gibt. Das bedeutet, dass unter mehreren gleich geeigneten Hilfen diejenige gewählt werden muss, welche weniger tief auf die Familie einwirkt. So ist die Erforderlichkeit der Hilfe nach § 19 zu verneinen, wenn eine ambulante Hilfe nach § 18 ebenso geeignet ist. Um nicht gegen den Grundsatz des sogenannten Untermaßverbots[22] zu verstoßen, muss im Rahmen der Erforderlichkeitsprüfung aber auch die Hilfe gewählt werden, die zur Bedarfsdeckung notwendig ist, weil andere Formen der Hilfe nicht ausreichen, um den festgestellten Bedarf zu decken. Es muss eine der jeweiligen Bedarfslage angemessene Hilfe geleistet werden.[23] Dieser Maßstab ist nicht nur bei der Prüfung der Hilfeart, sondern auch bei der Entscheidung über den Leistungsumfang einer Hilfe nach § 19 anzuwenden. Eine Entscheidung nach Kostengesichtspunkten in diesem Zusammenhang ist daher unzulässig. Der Aspekt entstehender Kosten darf nur bei der Auswahl des Leistungserbringers nach § 5 oder § 37c Abs. 3 S. 2 im Rahmen des Prüfungspunktes der unverhältnismäßigen Mehrkosten Berücksichtigung finden.

An der Tatbestandsvoraussetzung der Hilfegewährung nach § 19 fehlt es, wenn das Defizit beim Kind bereits die Schwelle des § 27 erreicht hat. In diesen Fällen ist eine Hilfe nach § 19 ausgeschlossen, da beide Hilfeformen nicht nebeneinander in Betracht kommen. Sie schließen sich vielmehr tatbestandlich aus. Eine Hilfe nach § 19 kann daher nicht als geeignet eingestuft werden, wenn eine stationäre HzE nach §§ 27, 33 oder 34 oder eine teilstationäre HzE nach §§ 27, 32 oder eine ambulante HzE nach §§ 27, 31 oder eine Hilfe für junge Volljährige nach § 41 geeignet und erforderlich

---

20 S. hierzu auch VG München 7.11.2012 – M 18 K 11.326, juris Rn. 59.
21 S. hierzu auch VG München 7.11.2012 – M 18 K 11.326, juris Rn. 54 sowie OVG NRW 2.2.2017 – 12 B 119/17, juris Rn. 8 und 10 und NdsOVG 18.7.2016 – 4 ME 163/16, juris Rn. 4.
22 Hierzu BVerfG 28.5.1993 – 2 BvF 2/90 ua, juris Rn. 166 f.
23 S. hierzu BVerwG 9.12.2014 – 5 C 32/13, juris Rn. 22; BayVGH 30.6.2016 – 12 C 16.1162, juris Rn. 27; NdsOVG 25.3.2020 – 10 LA 292/18, juris Rn. 14.

ist.[24] In der Praxis kommt es allerdings auch zur Gewährung von Hilfen nach §§ 27 ff. zusätzlich zur Hilfe nach § 19. Dies kann insbesondere in Bezug auf ältere Geschwister sinnvoll und notwendig sein, sofern ein entsprechendes Erziehungsdefizit gegeben ist. Dann reicht die Leistungserbringung nach § 19 Abs. 1 S. 2 nicht aus.

Nach § 19 Abs. 1 S. 2 schließt die Betreuung auch ältere Geschwister ein. Tatbestands- 6 voraussetzung ist entgegen dem Gesetzeswortlaut („allein zu sorgen hat") lediglich, dass eine Alleinsorge auch für ältere Geschwister besteht. Nach Sinn und Zweck der Vorschrift genügt hier – ebenso wie bei § 19 Abs. 1 S. 1 – die tatsächliche Alleinsorge.

1.1.2 Rechtsfolge. Die Hilfe ist als „Soll-Leistung" zu gewähren. Dies bedeutet, dass 7 sie im Regelfall eine **Muss-Leistung** (→ § 2 Rn. 7) ist, es sei denn, es lägen im Einzelfall atypische, von der Behörde zu beweisende Umstände (zB mangelnde Mitwirkungsbereitschaft des Leistungsberechtigten oder ein abgeschlossener Beruf oder schon gesetzteres Alter) vor, die von einer Herabstufung der Muss-Leistung zu einer Kann-Leistung (Ermessen) führen. Im Regelfall besteht daher ein Rechtsanspruch auf eine unbefristete (→ § 27 Rn. 18) Leistungsbewilligung.

Der Träger der öffentlichen Jugendhilfe muss deshalb gem. § 79 Abs. 2 gewährleisten, dass die erforderlichen und geeigneten Einrichtungen für die Hilfe rechtzeitig, ausreichend und plural zur Verfügung stehen (→ § 79 Rn. 9).

Als Hilfe ist Betreuung und Gewährung von Unterkunft in einer **geeigneten Wohn-** 8 **form** zu leisten. Geeignete Wohnform ist entweder eine Einrichtung oder eine sonstige betreute Wohnform iSv § 34 (zum Begriff → § 89e Rn. 6). Die Hilfe kann dabei in vielfältigen Wohnformen erbracht werden. Die Wohnform muss allerdings der Betreuung dienen. In der Einrichtung kann die Hilfe vollstationär (über Tag und Nacht, zB in einem Mutter-Kind-Heim, einer Wohngruppe oder einem Appartement-Haus) oder teilstationär (für einen bestimmten Teil des Tages oder der Nacht, zB in einer Tageswohngruppe) geleistet werden. Eine sonstige betreute Wohnform ist eine Wohngemeinschaft oder auch betreutes Einzelwohnen (zusammen mit dem Kind) in einer selbst angemieteten Wohnung. Allerdings genügen nicht „beliebige Privatwohnungen".[25] Gemeinsames Merkmal der Wohnformen iSd § 19 ist, dass Unterkunft und Betreuung (wenigstens für einen Teil des Tages) in der Verantwortung eines Trägers nach dessen Hilfekonzept erfolgen (**institutionelle Betreuung**), also nicht in eigenverantwortlicher Lebensführung über Tag und Nacht mit lediglich ergänzender Hilfe (ambulante Betreuung, zB bei HzE nach §§ 27, 31). Die Beurteilung, ob eine solche Wohnform im Einzelfall vorliegt, kann mit Schwierigkeiten verbunden sein.[26]

Leistungen nach § 19 sind auch denkbar im Bereich einer Kindeswohlgefährdung, um eine Trennung von Mutter oder Vater und Kind zu vermeiden. Mittels einer sehr intensiven Betreuung von Mutter/Vater und Kind (insbesondere 24 Stunden am Tag während 7 Tagen in der Woche) kann im Einzelfall einer Kindeswohlgefährdung mittels Leistungserbringung nach § 19 begegnet und damit eine Trennung der Familie vermieden werden. Daher kann eine Hilfe nach § 19 auch eine Leistung sein, welche durch familiengerichtliche Entscheidung nach § 1666 Abs. 3 Nr. 1 BGB angeordnet wird.

Die Hilfe ist so lange zu leisten, wie ihre Tatbestandsvoraussetzungen nach Satz 1 vor- 9 liegen. Ist eine eigenständige und selbstverantwortliche Lebensführung mit der Folge

24 AA Telscher in jurisPK-SGB VIII Rn. 8 f., die allerdings fälschlich darauf abstellt, dass auch Kinder, die mit ihrer Mutter oder ihrem Vater in einer Einrichtung nach § 19 SGB VIII leben, „eigene Ansprüche nach den §§ 27 ff. haben". Damit wird verkannt, dass der Anspruch aus § 27 SGB VIII ausschließlich dem PSB zusteht.

25 OVG NRW 1.3.2006 – 12 A 5036/05, juris Rn. 3. S. hierzu auch VG Minden 10.6.2016 – 6 K 2394/15, juris Rn. 65 und 66.

26 S. hierzu auch Struck in Wiesner Rn. 12, und Telscher in jurisPK-SGB VIII Rn. 44 f.

ausreichender Erziehungskompetenz sichergestellt, entfallen die Tatbestandsvoraussetzungen der Hilfegewährung. Da es sich bei dem Verwaltungsakt, mit dem die Hilfe nach § 19 bewilligt wird, um einen Verwaltungsakt mit Dauerwirkung handelt, kann die Hilfe nicht einfach eingestellt werden. Erforderlich ist eine Aufhebung des Bewilligungsbescheides nach § 48 SGB X (→ § 27 Rn. 17). Eine **nachgehende Betreuung** nach Verlassen der Einrichtung (entsprechend § 41a) kennt das Gesetz nicht, ist also im Gegenschluss aus § 41a wegen § 31 SGB I als Hilfe nach § 19 ausgeschlossen,[27] auch wenn eine solche Hilfe – nicht nur im Zuge der Verselbständigung, sondern insbesondere auch nach einer Inobhutnahme des Kindes – sinnvoll wäre. Solange der Gesetzgeber keine andere Regelung trifft, kann aber bei Vorliegen der Voraussetzungen des § 27 Sozialpädagogische Familienhilfe gem. § 31 geleistet werden. Unter Beachtung der Altersgrenzen ist auch Hilfe nach § 41 möglich. Liegen dessen Voraussetzungen nicht vor, kommt auch Hilfe nach § 67 SGB XII in Betracht, da diese Hilfe auch persönliche Betreuung umfasst.[28]

1.2 Leistungseinbezug der Mutter bzw. des Vaters, des Kindes und seiner Geschwister (Satz 2 und 3)

10 Die Einbeziehung älterer Geschwister gem. § 19 Abs. 1 S. 2 in die Hilfe ist ohne Altersgrenze möglich, um eine Trennung der Geschwister zu vermeiden.

Infolge Rechtsänderung in § 19 Abs. 1 S. 3 durch Art. 1 des KJSG wird zudem klarstellend geregelt, dass die Betreuung Leistungen umfasst, welche die Bedürfnisse der Mutter oder des Vaters sowie des Kindes und seiner Geschwister gleichermaßen berücksichtigen.[29] Die Hilfe in Mutter-/Vater-Kind-Einrichtungen richtet sich daher immer an zwei Generationen, Eltern und Kinder. Die Bedürfnisse der beiden Generationen sind sehr unterschiedlich und nicht immer leicht miteinander vereinbar. Im Falle von Geschwisterkindern können auch deren Bedürfnisse vielfältig und voneinander zu unterscheiden sein. Für die erfolgreiche Arbeit mit beiden Generationen müssen daher immer alle Familienmitglieder mit ihren jeweils individuellen Bedürfnissen gleichermaßen in den Blick genommen und bei der Erarbeitung von Zukunftsperspektiven berücksichtigt werden. In der fachlichen Arbeit hat dies hohe Relevanz für erfolgreiche Hilfeverläufe und zeigt sich häufig in der doppelten Parteilichkeit – einer parteilichen Unterstützung der Mutter oder des Elternteils sowie der parteilichen Unterstützung des Kindes/der Kinder. Gehen die Bedürfnisse beider Seiten stark auseinander zB weil die junge Mutter ihr eigenes Bedürfnis nach Freiheit nur schwer dem Bedürfnis des Kindes nach klarer Tagesstruktur und geregelten Abläufen anpassen kann, kommt es nicht selten im Team der betreuenden Fachkräfte zu stellvertretenden Auseinandersetzungen. Nur wenn es gelingt, die Perspektiven immer wieder zu wechseln, ihre Unterschiede und Gemeinsamkeiten herauszuarbeiten und Hintergründe von Parteilichkeiten für Eltern und/oder Kinder transparent zu reflektieren, können tragfähige Lösungen für alle Mitglieder des Familiensystems erarbeitet werden. Diese fachliche Anforderung ist nun im Gesetz explizit formuliert.

1.3 Betreuung auch der Schwangeren (Satz 4)

11 Die Hilfe ist auch schon für die Schwangere möglich, wenn die übrigen Voraussetzungen des Satzes 1 erfüllt sind, also die Schwangere wegen eines Persönlichkeitsdefizits gerade dieser Hilfe bedarf, um das Kind kompetent erziehen zu können. Aus fachlicher Sicht ist es absolut wünschenswert, die Betreuung bereits während der Schwangerschaft zu beginnen, um die Vorbereitungen auf das Kind, die notwendigen Kompe-

27 AA Telscher in jurisPK-SGB VIII Rn. 63.
28 Ähnlich Wiesner NDV 1998, 227.
29 S. hierzu BT-Drs. 19(13)137, 94.

tenzen für die erste Zeit mit dem Kind und die damit verbundenen Einschränkungen der eigenen Freiheit thematisieren zu können und die Mutter auf ihre neue Aufgabe und deren Herausforderungen vorzubereiten. Auch der Aufbau der Eltern-Kind-Bindung beginnt bereits vor der Geburt und kann in der Schwangerschaft bereits gefördert werden.[30] Die vorgeburtliche Betreuung kann damit wesentliche Grundsteine für eine gute Versorgung und Entwicklung des Kindes – und damit dem Erfolg der Hilfe – legen. Die weitere Voraussetzung der (hypothetischen) Alleinsorge der Mutter nach Geburt des Kindes (ähnlich der Beistandschaft) liegt auch bei einer minderjährigen werdenden Mutter vor (→ Rn. 1). Trotz der Formulierung „kann" handelt es sich um eine Soll-Leistung, auf die auch ein **Rechtsanspruch** besteht (→ Rn. 7). Dies folgt daraus, dass mit dieser Formulierung lediglich der Tatbestand des Satzes 1 erweitert und nicht die Rechtsfolge des § 19 Abs. 1 S. 1 geändert wird. Auch wenn man die Formulierung auf der Rechtsfolgeseite ansiedeln würde, bliebe es regelmäßig bei diesem Ergebnis, da dann das Ermessen in der Regel auf null reduziert sein dürfte, weil eine Nichtgewährung der Hilfe trotz Vorliegens der Tatbestandsvoraussetzungen die Ermessensgrenze aus Art. 2 Abs. 2 S. 1 GG regelmäßig im Einzelfall verletzen dürfte.[31]

Stirbt das Kind vor oder nach Geburt, endet die Hilfe, da sie auf das Kind als Leis- 12
tungsadressaten bezogen ist (→ Rn. 1).[32] Das Gleiche gilt, wenn das Kind nach der Geburt **adoptiert** wird. Wird das Kind nach Geburt in eine Pflegefamilie oder in eine Einrichtung nach § 34 vermittelt, erhält die Mutter wegen des Erziehungsdefizits des Kindes HzE gem. §§ 27, 33 oder 34, wegen ihrer eigenen Entwicklungsverzögerung aber Hilfe nach § 41 SGB VIII oder nach § 67 SGB XII, die weiterhin in der Einrichtung möglich ist.

Eine – vorrübergehende – weitere Betreuung in derselben Einrichtung nach einer Inobhutnahme oder Inpflegegabe ist nicht nur für die Entwicklungsverzögerungen und Schwierigkeiten der Mutter und die Entwicklung einer passenden Perspektive für sich selbst sinnvoll, sondern kann auch die Akzeptanz der Fremdunterbringung des Kindes fördern und zu einer guten Ausgestaltung von Umgangskontakten und der nun veränderten Mutter-Rolle führen, die sich wiederum positiv auf den weiteren Hilfeverlauf und die Entwicklung des Kindes in der Fremdunterbringung auswirken wird.[33]

1.4 Einbezug des anderen Elternteils oder einer anderen Person

Nach § 19 Abs. 2 S. 1 soll mit Zustimmung des betreuten Elternteils auch der andere 13
Elternteil oder eine Person, die für das Kind tatsächlich sorgt, in die Leistung einbezogen werden, wenn und soweit dies dem Leistungszweck dient.

Gem. § 19 Abs. 2 S. 2 kann diese Einbeziehung „abweichend von Absatz 1 Satz 1" die gemeinsame Betreuung der in Satz 1 genannten Personen mit dem Kind in einer geeigneten Wohnform umfassen, wenn und solange dies zur Erreichung des Leistungszwecks erforderlich ist.

Mit der Neuregelung in Abs. 2 soll nach der Gesetzesbegründung ein Einbezug des anderen Elternteils oder einer Person, die für das Kind tatsächlich sorgt, möglich werden. Dieser Einbezug kann auch abweichend von Abs. 1 S. 1 die gemeinsame Betreu-

30 S. hierzu zB Brisch: SAFE® – Sichere Ausbildung für Eltern. Sichere Bindung zwischen Eltern und Kind. Stuttgart 2010.
31 Für Ermessen Telscher in jurisPK-SGB VIII Rn. 72.
32 S. hierzu auch OVG NRW 15.1.2014 – 12 A 2078/13, juris Rn. 12.
33 Die Mutter-Kind-Einrichtungen in katholischer Trägerschaft setzen sich deshalb dafür ein, „dass abgebende Mütter nach der Trennung vom Kind bei Bedarf noch bis zu 3 Monate zur Krisenbewältigung und Klärung ihrer persönlichen Perspektive in der Einrichtung verbleiben können" (Sozialdienst katholischer Frauen, Gesamtverein e.V., 7).

ung mit dem Kind in einer geeigneten Wohnform umfassen, wenn und solange dies zur Erreichung des Leistungszwecks erforderlich ist. Mit Abs. 2 S. 2 soll ein solcher Einbezug ausdrücklich zugelassen werden, wenn und solange diese Leistungserbringung geeignet und notwendig ist, um die Familie zu stabilisieren und die Persönlichkeitsentwicklung der Mutter oder des Vaters im Hinblick auf ihre bzw. seine Erziehungskompetenz so zu stärken, dass die Voraussetzungen für eine selbständige Erziehung des Kindes geschaffen werden. Damit sollen für das Kindeswohl gegebenenfalls schädliche langfristige Trennungen vermieden werden.[34]

Die Arbeit mit dem anderen Elternteil ist eine wichtige Ergänzung, da es den Kontakt und die Beziehung des Kindes/der Kinder zu beiden Eltern fördert und somit als Ressourcen sowohl für die Entwicklung des zunächst betreuten Elternteils als auch der Kinder nutzbar macht. So können förderliche Paarbeziehungen sowie die Unterstützung in der Erziehung und Versorgung der Kinder durch eine/n Partner/in wesentlich zur Entwicklung und Stabilisierung des betreuten Elternteils, seiner Persönlichkeit wie seines Erziehungsverhaltens beitragen. Die Arbeit mit dem anderen Elternteil soll aber auch immer „dazu beitragen, dass die Väter verantwortungsvolle und verlässliche Beziehungen zu ihren Kindern entwickeln“.[35] Auf diese Weise werden Väter und/oder neue Partner der Mütter auch für die Kinder wichtige – im besten Falle stabilisierende – Bezugspersonen und können zu einer guten Entwicklung der Kinder beitragen.

Auch in zB durch das Familiengericht zur Abwendung einer Kindeswohlgefährdung angeordneten Unterbringung nach § 19 können dem Kind oder ggf. den Kindern nun beide Elternteile erhalten bleiben. Für das Kind bedeutet dies auch, dass die Ressourcen und Fähigkeiten beider Elternteile zur Verfügung stehen und für die Erarbeitung einer langfristig tragfähigen gemeinsamen Perspektive genutzt werden können.

Ist ein Elternteil allein mit dem Kind/den Kindern in der Einrichtung untergebracht, ist dessen Zustimmung zum Einbezug des anderen Elternteils/des Partners immer einzuholen. Eine Zusammenarbeit mit dem anderen Elternteil oder Partner gegen den Willen des betreuten Elternteils würde die weitere Hilfe insofern gefährden, dass die Vertrauensbasis, die in der pädagogischen Arbeit notwendig ist, in Frage stünde. In Fällen strittiger Elternteile macht es daher Sinn, eine Klärung von Umgangskontakten oder die Unterstützung des anderen Elternteils an eine andere Hilfe wie beispielsweise eine Erziehungsberatungsstelle zu koppeln, mit der eng kooperiert wird. So kann sichergestellt werden, dass jedem der strittigen Partner ein eigener Ansprechpartner zur Verfügung steht.

In der Praxis spielen neben den Vätern häufig auch neue Lebenspartner/innen eine wichtige Rolle und sind hier als weitere betreuende Personen mit benannt. In manchen Fällen können dies aber auch Großeltern oder enge Freunde sein. Auch sie können im besten Falle eine stützende Ressource sein und sollten daher in die Arbeit im Sinne des betreuten Elternteils und Kindes einbezogen werden. Lediglich in Fällen destruktiver Paarbeziehungen oder häuslicher Gewalt ist eine klare Abgrenzung sinnvoll, da sie durch die (räumliche) Trennung der Eltern starke Belastungsfaktoren ausschaltet und eine Fokussierung auf die Bedürfnisse und die Versorgung des Kindes ermöglicht.

Fraglich ist, welchen Regelungsgehalt die in Abs. 2 S. 2 verwendete Vorgabe „abweichend von Absatz 1 Satz 1“ hat. Diese Vorgabe könnte bei Beibehaltung der aus Abs. 1 S. 1 resultierenden Tatbestandsvoraussetzung der Alleinsorge nur auf eine in der Rechtsfolge abweichende gemeinsame Betreuung von Mutter, Vater bzw. neuem Lebenspartner und Kind zielen. Nach hiesiger Auffassung kann die Vorgabe der „Abweichung von Absatz 1 Satz 1“ aber nur so verstanden werden, dass damit auch ein

34 S. hierzu BT-Drs. 19(13)137, 94.
35 SkF Gesamtverein, Leitlinien zur Arbeit mit Vätern, S. 1.

Abweichen von der Tatbestandsvoraussetzung der Alleinsorge nach Abs. 1 S. 1 vorgegeben wird. Spätestens bei Leistungserbringung nach § 19 Abs. 2 S. 2 ist es für den Erfolg der Leistung unerlässlich, dass Mutter und Vater bzw. neuer Lebenspartner sich um das Kind tatsächlich gemeinsam sorgen. Nur so lässt sich die Persönlichkeit entwickeln und eine gemeinsame Lebensperspektive ohne stationäre Leistungserbringung für die Zukunft entwickeln. Hierfür spricht auch die in Abs. 2 S. 1 enthaltene Vorgabe, welche auf eine gemeinsame Sorge zielt („oder eine Person, die für das Kind tatsächlich sorgt").

Eine entsprechende klarstellende Rechtsänderung in § 86b hat der Gesetzgeber wohl versehentlich nicht in Angriff genommen. „Der nach § 19 Leistungsberechtigte" iSd § 86b ist auch bei Einbeziehung des anderen Elternteils oder eines neuen Lebenspartners der vorrangig „betreute Elternteil" iSd § 19 Abs. 2 S. 1.

2 Schulische und berufliche Förderung (Abs. 3)

Da eine abgeschlossene Ausbildung und eine Berufstätigkeit wichtige Voraussetzungen 13a dafür sind, dass die erziehende Person sich zu einer Erzieherpersönlichkeit entwickelt, soll die Betreuung in der Einrichtung sich auch darauf erstrecken, den/die Alleinsorgeberechtigte (n) entsprechend zu motivieren. Wegen dieser Zielsetzung steht § 1570 BGB der Motivierung nicht entgegen. Hier ist die Zusammenarbeit von Jugendhilfe und Schule notwendig (→ § 10 Rn. 34). Um die Mitarbeit des Leistungsberechtigten verbindlicher zu gestalten, sind die Aufnahme des Zieles und die Schritte zu dessen Erreichen möglichst in einem **Hilfeplan** zu formulieren; vorgeschrieben ist dieser – im Gegensatz zur HzE – aber nicht. Scheitert die Zielerreichung, ist der Leistungsbescheid nicht reflexartig gem. § 48 Abs. 1 S. 1 SGB X aufzuheben; die weitere Hilfe kann gerade dann besonders notwendig sein. Der 10. Kinder- und Jugendbericht[36] weist ausdrücklich darauf hin, dass Mütter mit diesem Ziel häufig überfordert seien und ihnen mit der gleichen Selbstverständlichkeit ein Erziehungsurlaub zuzubilligen sei wie Arbeitnehmerinnen oder Studentinnen. Aus Sicht der Eltern-Kind-Beziehung ist im Einzelfall aufgrund der Defizite im Erziehungsverhalten sogar über eine längere Elternzeit bzw. einen späteren Einstieg in Beruf und Ausbildung zu diskutieren, um der Entwicklung im Bereich der Erziehungskompetenzen ausreichend Zeit einzuräumen. Ebenso wenig ist im umgekehrten Fall, nämlich wenn das schulische oder berufliche Ziel erreicht ist, eine Automatik am Platze. Auch dann ist die Hilfe so lange weiterzuführen, wie eine eigenständige und selbstverantwortliche Lebensführung noch nicht sichergestellt ist (→ Rn. 9).[37] Sie ist nur dann ausgeschlossen, wenn eine Ausbildung oder Berufstätigkeit unter keinen Umständen erreichbar erscheint (zB bei geistiger Behinderung; → Rn. 22).

3 Unterhalt und Krankenhilfe (Abs. 4)

Als Annex-Leistung zur Hilfe nach Abs. 1 soll (= muss im Regelfall) auch wirtschaftliche Hilfe geleistet werden. Diese Konstruktion entspricht der Regelung der §§ 39, 40 für die HzE (dort als Muss-Leistung). Auch auf die Annex-Leistungen besteht ein Rechtsanspruch (→ Rn. 7). Ermessen besteht nur, wenn atypische Umstände im Einzelfall vorliegen, zB Selbstversorgung möglich ist. Der notwendige Lebensunterhalt ist entsprechend § 39 zu bemessen, also durch Bezahlung des Leistungsentgelts und durch Gewährung eines Taschengeldes sowohl an den Elternteil als auch an das betreute Kind/die betreuten Kinder.[38] Einmalige Leistungen können gem. § 39 Abs. 3 14

36 BT-Drs. 13/11368, 239.
37 Ebenso DV NDV 1999, 286.
38 Ebenso OVG NRW 19.8.2014 – 12 A 1212/14, juris Rn. 9; DIJuF JAmt 2003, 297 u. 2004, 138.

hinzukommen. Die **Krankenhilfe** umfasst gem. § 40 die Hilfen nach §§ 47 bis 52 SGB XII, also auch Leistungen nach § 50 SGB XII für werdende Mütter.

Im Falle einer Leistungserbringung nach § 19 Abs. 2 S. 2 muss sich die wirtschaftliche Hilfe iSd Abs. 4 auch auf die mit in die Leistungserbringung einbezogene weitere Person erstrecken.

4 Kostenbeteiligung/Leistungsvereinbarung/Zuständigkeit

15 Eine **Kostenbeteiligung** ist gem. § 91 Abs. 1 Nr. 2 nur bei vollstationärer Hilfe durch Erhebung eines Kostenbeitrags vorgesehen. Herangezogen werden gem. § 92 Abs. 1 der/die Alleinsorgende, Ehegatte/Lebenspartner und das betreute Kind bzw. die betreuten Kinder.[39] Von der Heranziehung der Eltern ist wegen § 92 Abs. 4 S. 2 abzusehen.

16 Die Hilfe nach § 19 fällt in den Anwendungsbereich des § 78a Abs. 1 Nr. 2, unabhängig davon, ob sie in einer Einrichtung oder einer sonstigen gemeinsamen Wohnform erfolgt. Auch im letzteren Fall bleibt sie eine stationäre oder teilstationäre Hilfe, je nach Betreuungsumfang (→ Rn. 8). Im Gegensatz hierzu beschränkt § 78b den Abschluss von Leistungs-, Entgelt- und Qualitätsentwicklungs**vereinbarungen** auf die in einer **Einrichtung** erfolgende Hilfe. Unabhängig von dieser terminologischen Unklarheit (→ § 89e Rn. 6) gilt aber § 78b auch für die Hilfe in der gemeinsamen Wohnform, weil § 78a Abs. 1 Nr. 2 anderenfalls insoweit leer liefe.

17 Für die örtliche **Zuständigkeit** gilt die Sonderregelung des § 86b. Streitig kann die sachliche Zuständigkeit sein, wenn eine Hilfe auch nach § 53 SGB XII in Betracht kommt (→ Rn. 22), für die der überörtliche Träger der Sozialhilfe nach § 97 Abs. 3 Nr. 1 SGB XII zuständig ist. Dann muss der zuerst angegangene Träger leisten (§ 43 SGB I; → § 86d Rn. 7 f.).

5 Abgrenzung zu anderen Hilfen

5.1 Grundsatz

18 Die Frage nach Vorrang oder Nachrang anderer Leistungsträger wird in der Jugendhilfe erst mit § 10 beantwortet, also nicht schon innerhalb einer Leistungsnorm. Sie stellt sich erst, wenn (1.) die Tatbestandsvoraussetzungen beider Leistungsnormen vorliegen, (2.) der Leistungsberechtigte in beiden Normen derselbe ist, (3.) der Inhalt beider Normen auf der Rechtsfolgeseite (ganz oder teilweise) deckungsgleich ist („**Konkurrenz nach Kongruenz**").[40] Auf den Zweck der Norm ist dagegen nicht abzustellen, weil er idR verschieden von dem der Jugendhilfe (§ 1 Abs. 3) ist; ebenso wenig auf den Schwerpunkt der Leistung. Liegen alle drei Voraussetzungen vor, sind beide Leistungsträger zur Leistung verpflichtet, § 10 bestimmt keinen Leistungsausschluss, sondern lediglich die Reihenfolge der Leistung mit der Folge der Kostenerstattung nach § 104 SGB X, wenn der nachrangig verpflichtete Träger zuerst geleistet hat. Die Zuständigkeit im Verhältnis zum Leistungsberechtigten lässt § 10 unberührt.

5.2 Hilfen nach dem SGB VIII („Binnenkonkurrenz")

19 **Hilfe zur Erziehung** gem. §§ 27, 34 ist für den Leistungsberechtigten nach § 19 nicht gleichzeitig neben der Hilfe nach § 19 möglich (→ Rn. 5),[41] da sich die Anspruchsvoraussetzungen gegenseitig ausschließen.[42] Hat das Kind ein Erziehungsdefizit iSd § 27, also Auffälligkeit oder Störung, kommt nur HzE in Betracht; bei einem graduell gerin-

39 S. hierzu auch OVG NRW 24.10.2013 – 12 A 1279/13, Rn. 12 f.
40 So Kunkel JAmt 2007, 17; auch → § 10 Rn. 3.
41 AA DV NDV 1999, 287; ausführlich DIJuF JAmt 2004, 476.
42 AA VG Düsseldorf NDV-RD 1999, 86: § 27 sei lex specialis.

geren Erziehungsdefizit (→ Rn. 3) nur Hilfe nach § 19. Ist das Kind bei Beantragung der Hilfe schon 6 Jahre oder älter, scheidet die Hilfe nach § 19 ohnehin aus. Ein Konkurrenzproblem taucht deshalb nicht auf. Anders ist die Rechtslage zu beurteilen, wenn **Hilfe „in der dritten Generation"** notwendig wird. Dies ist der Fall, wenn entweder das Mädchen während einer laufenden HzE im Heim schwanger wird oder wenn während einer Hilfe nach § 19 den Eltern des Leistungsberechtigten nach § 19 eine HzE geleistet werden soll, weil das Persönlichkeitsdefizit des Leistungsberechtigten als Vater oder Mutter zugleich ein Erziehungsdefizit als Kind im Verhältnis zu seinen Eltern ist. Eine Anspruchskonkurrenz kann hier nicht auftreten, da die Anspruchsberechtigten jeweils verschiedene Personen sind. Allerdings wirken diese Hilfen wechselseitig bedarfsdeckend für Unterkunft, Unterhalt und Krankenhilfe. Fraglich kann ferner die Abgrenzung sein, wenn der Leistungsberechtigte nach § 19 zusammen mit seinem Kind in seiner selbst angemieteten Wohnung betreut wird. Die Hilfe ist nach § 19 zu gewähren, wenn die Betreuung nach einem vom Hilfeträger verantworteten Konzept erfolgt (→ Rn. 8) und kein Erziehungsdefizit des Kindes iSv § 27 vorliegt. HzE iVm § 31 ist dagegen zu gewähren, wenn beim Kind ein Erziehungsdefizit iSd § 27 festgestellt wird und der PSB selbstständig und eigenverantwortlich in der Wohnung lebt. Diesen gordischen Knoten der Zuordnungsprobleme hat das KICK mit **§ 27 Abs. 4** nur insoweit zerschlagen, als die für die Mutter dem PSB geleistete HzE **erweitert** wird um die Hilfe, die eigentlich nach § 19 der Mutter zu leisten wäre (→ Rn. 4; → § 27 Rn. 38). Da § 19 schon für die **werdende** Mutter gilt, ist auch sie in die erweiterte Hilfe nach § 27 Abs. 4 einzubeziehen.

Für Leistungsberechtigte unter 21 Jahren mit einem Kind unter 6 Jahren ist die Hilfe 20
nach § 19 von der **Hilfe für junge Volljährige** nach § 41 iVm § 34 abzugrenzen. Hier kommt es darauf an, ob das Persönlichkeitsdefizit des jungen Volljährigen ein spezifisches ist, nämlich seine Erziehungskompetenz beeinträchtigt (→ Rn. 3); die Hilfe erfolgt dann nach § 19. Handelt es sich dagegen um ein Persönlichkeitsdefizit, bei dem das Kind „weggedacht" werden kann, ohne dass sich dieses Persönlichkeitsdefizit in der Qualität verändert, ist Hilfe nach § 41 zu leisten. Dies dürfte jedoch eher selten der Fall sein, da Persönlichkeitsdefizite, die einen Hilfebedarf nach § 41 begründen, sich durch die Geburt eines Kindes in der Regel verändern bzw. verschärfen und immer auch Auswirkungen auf das Kind haben. Schwierigkeiten im Bereich der Wohnfähigkeit können schnell zu einer Kindeswohlgefährdung führen, und nicht aufgearbeitete Konflikte aus Kindheit und Jugend können sich schnell in die eigene Eltern-Kind-Beziehung übertragen. Defizite in der sozialen Kompetenz sind immer auch relevant für die Eltern-Kind-Interaktion; so kann zB mangelnde Frustrationstoleranz in vielen Fällen zu einem für das Kind schwierigen Erziehungsverhalten, Probleme im Durchhaltevermögen zu Defiziten in der Förderung des Kindes oder die mangelnde Fähigkeit, eigene Bedürfnisse zurückzustellen zur Vernachlässigung des Kindes führen. Unterkunft und Unterhalt für das Kind sind dann mit HzL gem. § 19 Abs. 1 SGB XII bzw. Sozialgeld nach § 28 SGB II, Krankenhilfe gem. § 48 SGB XII zu leisten.[43] Auch hier gilt aber infolge der Verweisung in § 41 Abs. 2 die Neuregelung des § 27 Abs. 4, wonach sich die schon begonnene Hilfe nach § 41 um die Hilfe nach § 19 erweitert (→ Rn. 19).

Ist der Leistungsberechtigte nach § 19 **seelisch** behindert und lebt mit einem Kind un- 21
ter 6 Jahren in einer betreuten Wohnform, ist **Eingliederungshilfe** gem. § 35a (→ § 35a Rn. 8) zu leisten, wenn es Zweck der Hilfe ist, die Teilnahme am Leben in der Gemeinschaft zu ermöglichen (§ 35a Abs. 3 SGB VIII), ohne dass es dazu erforderlich wäre, auch die Erziehungskraft zu stärken. Hat die seelische Behinderung aber Auswirkungen auf die Erziehungskompetenz, ist Hilfe nach § 35a und nach § 19 möglich. Hier (anders als bei körperlicher oder geistiger Behinderung; → Rn. 22) kann

43 Dagegen eher für eine Hilfe nach § 19 Wiesner NDV 1998, 228.

dann auf den Schwerpunkt der Hilfe abgestellt, also Hilfe nach § 19 geleistet werden.[44] Dies gilt auch, wenn es sich um einen seelisch behinderten jungen Volljährigen handelt, da die Hilfe nach § 41 auch Eingliederungshilfe gem. § 35a umfasst (§ 41 Abs. 2). Eine Anspruchskonkurrenz, die eine Auflösung nach den Regeln des § 10 (→ Rn. 18) erforderlich macht, liegt in diesen Fällen nicht vor.

5.3 Hilfen außerhalb des SGB VIII („Außenkonkurrenz")

22 Lebt ein **körperlich** oder **geistig** behinderter Elternteil mit einem Kind unter 6 Jahren in einer Einrichtung oder sonstigen gemeinsamen Wohnform, ist ihm **Eingliederungshilfe gem. § 99 SGB IX** zu gewähren, wenn es Zweck der Hilfe ist, dem Behinderten die Teilnahme am Leben in der Gemeinschaft oder die Ausübung eines Berufs zu ermöglichen. Die zu diesem Zweck geeigneten und erforderlichen Leistungen sind in § 76 Abs. 2 SGB IX und § 49 Abs. 3 SGB IX nur beispielhaft, also nicht abschließend aufgeführt. Teilhabe an der familiären Gemeinschaft, aber auch darüber hinaus ist für einen behinderten Elternteil nur befriedigend möglich, wenn er in seinem Erziehungsauftrag gestärkt wird.[45] Auch wenn die Stärkung der Erziehungskraft vornehmlich eine Aufgabe der Jugendhilfe ist, ist dies für behinderte Eltern auch eine[46] Aufgabe der Eingliederungshilfe. Dieses Ergebnis entspricht auch dem Prinzip der **Inklusion** nach der UN-Behindertenrechtskonvention v. 13.12.2006.[47] Da also (zumindest) teilkongruente Leistungen vorliegen, ist deren Rang nach § 10 zu bestimmen; Abs. 4 S. 2 bestimmt den **Eingliederungshilfeträger** zum vorrangig Verpflichteten.[48] Daraus ergibt sich, dass in einer Mutter-Kind-Einrichtung für die Unterbringung der Mutter eine „Schnittmenge" zwischen der Leistung nach § 19 SGB VIII und der nach § 99 SGB IX vorliegt, ihre Unterbringung deshalb vom Eingliederungshilfeträger zu bezahlen ist, die des Kindes aber allein Leistung nach § 19 und deshalb vom Jugendhilfeträger zu bezahlen ist.[49] Ist auch das Kind körperlich oder geistig behindert, erhält es – aus eigenem Anspruch – ebenfalls Eingliederungshilfe nach § 99 SGB IX.

Wird die Hilfe hingegen nicht wegen einer behinderungsbedingten körperlichen Einschränkung, sondern aufgrund eines persönlichkeitsindizierten Erziehungsdefizits erforderlich, muss die Hilfe auf Basis des § 19 erbracht werden.[50]

23 Ist der behinderte Elternteil **über 27 J. alt**, erhält er zwar auch die Leistung nach (§ 19, → Rn. 1), die Rangregelung des § 10 Abs. 4 S. 2 ist dann aber nach seinem Wortlaut („für junge Menschen") nicht anwendbar, weil sie sich auf Leistungen an junge Men-

44 Vgl. Kunkel FPR 2005, 239; im Ergebnis ebenso VG München 15.2.2006 – M 18 K04.6150; OVG NRW 30.11.2000 – 22 B 762/00, JAmt 2001, 424; VG Düsseldorf 31.8.1998 – 19 K 4705/95, NDV-RD 1999, 86.

45 „Elternassistenz" Meysen in FK-SGB VIII § 10 Rn. 54 f.; BVerwG 22.10.2009 – 5 C 19/08, FamRZ 2010, 464.

46 BVerwG 22.10.2009 – 5 C 19/08, FamRZ 2010, 464: „zentrale".

47 In Kraft seit März 2009.

48 So BVerwG 22.10.2009 – 5 C 19/08, FamRZ 2010, 464 u. Lorenz NDV 2008, 208; LSG NRW 26.7.2010 – L 20 SO 38/09; anders noch BSG 24.3.2009 – B 8 SO 29/07 R, das wegen eines „Ganzheitlichkeitsanspruchs" des § 19 den Vorrang des Jugendhilfeträgers angenommen hatte. Diese Auffassung hat das BSG zwischenzeitlich unter Bezugnahme auf die Entscheidung des BVerwG 22.10.2009 – 5 C 19/08, FamRZ 2010, 464, aufgegeben, BSG 22.3.2012 – B 8 SO 27/10 R; s. hierzu auch VG Würzburg 12.12.2013 – W 3 K 13.217, juris Rn. 28 f.: Das VG geht in dieser Entscheidung davon aus, dass ein konkurrierender Anspruch nach § 19 nicht bestehe. Daher bedürfe es keines Rückgriffs auf § 10 Abs. 4; s. zu der Anspruchskonkurrenz auch Telscher in juris-PK-SGB VIII Rn. 13 f.; Meysen in FK-SGB VIII § 10 Rn. 53 u. N. Struck in FK-SGB VIII § 19 Rn. 19; J. Struck in Wiesner Rn. 20; DIJuF JAmt 2008, 200; Dillmann/Dannat ZfF 2009, 25.

49 So BVerwG 22.10.2009 – 5 C 19/08, FamRZ 2010, 464.

50 S. hierzu auch VG Minden 13.5.2016 – 6 K 2239/15, juris Rn. 34 und 36.

schen iSd § 7 Abs. 1 Nr. 4 beschränkt. Es wäre allerdings widersinnig, dann nach S. 1 den Jugendhilfeträger für zuständig zu halten. Die Auslegung des S. 2 mittels teleologischer Reduktion ergibt, dass er den Vorrang der Eingliederungshilfe vor allen Leistungen der Jugendhilfe regeln will – ungeachtet des Alters der Leistungsberechtigten.[51] Es wurde wohl lediglich übersehen, dass Jugendhilfe nicht nur für junge Menschen geleistet wird.

Der Vorrang der Eingliederungshilfe nach SGB IX gilt auch, wenn beim Elternteil eine **nicht wesentliche** körperliche oder geistige Behinderung vorliegt (§ 10 Abs. 1 S. 2). 24

Nicht einschlägig für eine Zuständigkeitsklärung ist **§ 14 SGB IX**, da der Jugendhilfeträger bei der Leistung nach § 19 nicht als Reha-Träger handelt; der zuerst angegangene Träger hat – auf Antrag – nach § 43 SGB I in Vorleistung zu treten.[52] 25

Der Anwendungsbereich der Hilfe nach § 19 kann sich überschneiden mit der **Hilfe zur Überwindung besonderer sozialer Schwierigkeiten gem. § 67 SGB XII**. Eine Überschneidung ist nicht etwa deshalb ausgeschlossen, weil die Hilfe nach § 19 an Persönlichkeitsdefiziten ansetze, die Hilfe nach § 67 SGB XII dagegen an besonderen Lebensverhältnissen.[53] Auch die Hilfe nach § 67 SGB XII setzt nämlich an Persönlichkeitsdefiziten an, wie sich aus § 1 Abs. 2 VO zu § 67 SGB XII ergibt. Die besonderen Lebensverhältnisse nach § 67 SGB XII schließen also auch individuelle Besonderheiten ein. Allerdings müssen diese besonderen Lebensverhältnisse mit sozialen Schwierigkeiten verbunden sein, zu deren Überwindung die Hilfe dient. Solche sozialen Schwierigkeiten können gem. § 1 Abs. 3 VO zu § 67 SGB XII aber auch in der Familie, also auch in der fehlenden Erziehungskompetenz bestehen. Für Alleinerziehende (jeden Alters), die mit einem Kind unter 6 Jahren in einer gemeinsamen Wohnform leben, besteht also eine Anspruchskonkurrenz bei den Hilfen. Diese Konkurrenz löst aber § 67 Abs. 1 S. 2 SGB XII selbst auf, wo die Hilfe nach SGB VIII als vorrangig geregelt ist. Der Vorrangregelung nach § 10 Abs. 4 S. 1 bedarf es deshalb für diesen Fall nicht mehr.[54] 26

Hält sich eine alleinsorgende Mutter mit ihrem Kind unter 6 Jahren in einem **Frauenhaus** auf, geschieht dies, um Schutz vor dem misshandelnden Partner zu finden, so dass für diese Hilfe nur Leistungen nach § 67 SGB XII iVm § 1 Abs. 2 VO in Betracht kommen.[55] Wegen dieser Zweckverschiedenheit scheidet eine Anspruchskonkurrenz aus.[56] Es ist aber denkbar, dass neben diesem Schutzzweck auch der Zweck nach § 19 verfolgt wird, durch Persönlichkeitsbildung die Erziehungskompetenz zu stärken. Dann wäre neben einer Hilfe nach dem SGB XII auch eine Hilfe nach § 19 zu leisten, vorausgesetzt, der Aufenthalt im Frauenhaus könnte als solcher in einer gemeinsamen Wohnform iSd § 19 bezeichnet werden. Dies ist nur dann der Fall, wenn die Frau nicht nur pädagogisch unterstützt wird, sondern im Frauenhaus nach einem Betreuungskonzept des Trägers der Hilfe lebt (→ Rn. 8). Wegen der Kurzzeitigkeit des Aufenthalts im Frauenhaus wird ein solches Hilfekonzept aber im Allgemeinen für die Dauer des Aufenthalts im Frauenhaus nicht Erfolg versprechend sein. Anders, wenn es im Anschluss an diesen Aufenthalt in einer gemeinsamen Wohnform mit dem Kind fortgeführt würde. Auch hier läge dann – wie bei → Rn. 22 zur Eingliederungshilfe nach SGB IX ausgeführt – eine partielle Leistungsidentität vor mit der Konsequenz des Vorrangs der Jugendhilfe gem. § 10 Abs. 4 S. 1 hinsichtlich dieser Leistungen (Unterkunft, Unterhalt und Krankenhilfe). 27

51 AA VG München 7.11.2012 – M 18 K 11.326, juris Rn. 65 f.
52 S. Kunkel ZFSH/SGB 2001, 707 und bei → § 86 Rn. 91; aA VG München 7.11.2012 – M 18 K 11.326, juris Rn. 49.
53 So aber Wiesner, NDV 1998, 228.
54 Im Ergebnis ebenso DV NDV 1999, 288; Happe/Saurbier in JHSM Rn. 42; Fischer in SFMK Rn. 23.
55 Vgl. Mrozynski RsDE 27, 1.
56 Ebenso Struck in Wiesner Rn. 17.

28 Wird eine Mutter mit ihrem Kind im **Strafvollzug** in einer Mutter-Kind-Einrichtung gem. §§ 80, 142 StVollZG untergebracht, muss der Entscheidung der Strafvollzugsbehörde eine Anhörung des JA vorangegangen sein. Nur wenn das JA dabei die Steuerungsverantwortung nach § 36a Abs. 1 für die Unterbringung übernimmt, leistet es HzE in einer unbenannten Hilfeart nach § 27 Abs. 2 (§ 34 liegt nicht vor, weil Mutter und Kind gemeinsam untergebracht sind; § 19 ist neben § 27 ausgeschlossen, → Rn. 19). Es trägt dann auch die Kosten des Unterhalts nach § 39.[57] Aus § 10 Abs. 1 könnte man aber auch den Nachrang der Jugendhilfe annehmen.

29 Sind Mutter/Vater und Kind gemeinsam in **Therapie- oder Kureinrichtungen** untergebracht, ist dies keine Hilfe nach § 19, da mit der Unterbringung ein anderer, nämlich medizinischer Zweck verfolgt wird. Die Unterbringung wird finanziert entweder durch den Rentenversicherungsträger (§ 29 SGB VI), den Krankenversicherungsträger (§ 38 SGB V; Abdruck bei § 20) oder den Sozialhilfeträger (§§ 47, 48 SGB XII). Wird mit der Unterbringung aber auch der pädagogische Zweck des § 19 verfolgt, ist auch dieser anwendbar, dann aber mit der Folge des Nachrangs der Jugendhilfe (im Überschneidungsbereich) nach § 10 Abs. 1 bzw.(gegenüber dem Sozialhilfeträger) Abs. 4 S. 1. Ist ein Erziehungsdefizit des Kindes anzunehmen, ist HzE in einer unbenannten Hilfeart nach § 27 Abs. 2 zu leisten (wie bei → Rn. 28). § 19 ist neben § 27 ausgeschlossen (→ Rn. 19).[58]

§ 20 Betreuung und Versorgung des Kindes in Notsituationen

(1) Eltern haben einen Anspruch auf Unterstützung bei der Betreuung und Versorgung des im Haushalt lebenden Kindes, wenn

1. ein Elternteil, der für die Betreuung des Kindes überwiegend verantwortlich ist, aus gesundheitlichen oder anderen zwingenden Gründen ausfällt,

2. das Wohl des Kindes nicht anderweitig, insbesondere durch Übernahme der Betreuung durch den anderen Elternteil, gewährleistet werden kann,

3. der familiäre Lebensraum für das Kind erhalten bleiben soll und

4. Angebote der Förderung des Kindes in Tageseinrichtungen oder in Kindertagespflege nicht ausreichen.

(2) [1]Unter der Voraussetzung, dass eine Vereinbarung nach Absatz 3 Satz 2 abgeschlossen wurde, können bei der Betreuung und Versorgung des Kindes auch ehrenamtlich tätige Patinnen und Paten zum Einsatz kommen. [2]Die Art und Weise der Unterstützung und der zeitliche Umfang der Betreuung und Versorgung des Kindes sollen sich nach dem Bedarf im Einzelfall richten.

(3) [1]§ 36a Absatz 2 gilt mit der Maßgabe entsprechend, dass die niedrigschwellige unmittelbare Inanspruchnahme insbesondere zugelassen werden soll, wenn die Hilfe von einer Erziehungsberatungsstelle oder anderen Beratungsdiensten und -einrichtungen nach § 28 zusätzlich angeboten oder vermittelt wird. [2]In den Vereinbarungen entsprechend § 36a Absatz 2 Satz 2 sollen insbesondere auch die kontinuierliche und flexible Verfügbarkeit der Hilfe sowie die professionelle Anleitung und Begleitung beim Einsatz von ehrenamtlichen Patinnen und Paten sichergestellt werden.

57 Im Ergebnis – allerdings noch ohne § 36a – ebenso BVerwG 12.12.2002 – 5 C 48/01, JAmt 2003, 424 unter Aufhebung von OVG RhPf 23.8.2002 – 12 A 10749/01, Jugendhilfe 2002, 44 ferner Jutzi DÖV 2004, 26.

58 HessVGH 17.12.2000 – ZFSH/SGB 2001, 481: in Drogentherapieeinrichtung unbenannte Hilfeart der HzE nach § 27 Abs. 2; ebenso VG Hamburg 18.12.2001 – 13 VG 0569/2001; aA VG Düsseldorf 26.2.2003 – 21 K 8460/99: § 19.

§ 38 SGB V Haushaltshilfe

(1) [1]Versicherte erhalten Haushaltshilfe, wenn ihnen wegen Krankenhausbehandlung oder wegen einer Leistung nach § 23 Abs. 2 oder 4, §§ 24, 37, 40 oder § 41 die Weiterführung des Haushalts nicht möglich ist. [2]Voraussetzung ist ferner, daß im Haushalt ein Kind lebt, das bei Beginn der Haushaltshilfe das zwölfte Lebensjahr noch nicht vollendet hat oder das behindert und auf Hilfe angewiesen ist. [3]Darüber hinaus erhalten Versicherte, soweit keine Pflegebedürftigkeit mit Pflegegrad 2, 3, 4 oder 5 im Sinne des Elften Buches vorliegt, auch dann Haushaltshilfe, wenn ihnen die Weiterführung des Haushalts wegen schwerer Krankheit oder wegen akuter Verschlimmerung einer Krankheit, insbesondere nach einem Krankenhausaufenthalt, nach einer ambulanten Operation oder nach einer ambulanten Krankenhausbehandlung, nicht möglich ist, längstens jedoch für die Dauer von vier Wochen. [4]Wenn im Haushalt ein Kind lebt, das bei Beginn der Haushaltshilfe das zwölfte Lebensjahr noch nicht vollendet hat oder das behindert und auf Hilfe angewiesen ist, verlängert sich der Anspruch nach Satz 3 auf längstens 26 Wochen. [5]Die Pflegebedürftigkeit von Versicherten schließt Haushaltshilfe nach den Sätzen 3 und 4 zur Versorgung des Kindes nicht aus.

(2) [1]Die Satzung kann bestimmen, daß die Krankenkasse in anderen als den in Absatz 1 genannten Fällen Haushaltshilfe erbringt, wenn Versicherten wegen Krankheit die Weiterführung des Haushalts nicht möglich ist. [2]Sie kann dabei von Absatz 1 Satz 2 bis 4 abweichen sowie Umfang und Dauer der Leistung bestimmen.

(3) Der Anspruch auf Haushaltshilfe besteht nur, soweit eine im Haushalt lebende Person den Haushalt nicht weiterführen kann.

(4) [1]Kann die Krankenkasse keine Haushaltshilfe stellen oder besteht Grund, davon abzusehen, sind den Versicherten die Kosten für eine selbstbeschaffte Haushaltshilfe in angemessener Höhe zu erstatten. [2]Für Verwandte und Verschwägerte bis zum zweiten Grad werden keine Kosten erstattet; die Krankenkasse kann jedoch die erforderlichen Fahrkosten und den Verdienstausfall erstatten, wenn die Erstattung in einem angemessenen Verhältnis zu den sonst für eine Ersatzkraft entstehenden Kosten steht.

(5) Versicherte, die das 18. Lebensjahr vollendet haben, leisten als Zuzahlung je Kalendertag der Leistungsinanspruchnahme den sich nach § 61 Satz 1 ergebenden Betrag an die Krankenkasse.

1 Unterstützung des zurückbleibenden Elternteils bei Ausfall des betreuenden Elternteils (Abs. 1)

1 Mit Art. 1 des KJSG sollte die Leistung nach § 20 als Hilfe zur Erziehung in § 28a neu normiert werden.[1] Mit der Neuregelung sollte insbesondere auch vor dem Hintergrund des von der Arbeitsgruppe „Kinder psychisch- und suchterkrankter Eltern" festgestellten Handlungsbedarfs im Hinblick auf die Unterstützung von Familien mit einem psychisch- oder suchterkrankten Elternteil bei der Alltagsbewältigung in Situationen, in denen die Betreuung und Versorgung des Kindes vorübergehend nicht sichergestellt werden kann, eine Hilfe zur Erziehung geleistet werden können.[2] Damit hätte die Leistung des § 20 eine deutliche Aufwertung erfahren.

Im Gesetzgebungsverfahren wurde diese intendierte Neuregelung als Hilfe zur Erziehung allerdings wieder aufgegeben. Auch nach neuer Rechtslage bleibt daher die Betreuung und Versorgung des Kindes in Notsituationen in § 20 verortet.[3]

Leistungsempfänger sind nach neuer Rechtslage nach Abs. 1 bei Ausfall des betreuenden Elternteils beide Elternteile. **Leistungsadressat** ist auch hier (→ § 8 Rn. 10) das

1 BT-Drs. 19/26107, 19.
2 BT-Drs. 19/26107, 82.
3 BGBl. 2021 Teil I Nr. 29, 1444. S. hierzu auch BT-Drs. 19/28870, 27 und 28.

Kind. Auf **Pflegeeltern** ist § 20 entsprechend anwendbar,[4] weil die Interessenlage des Kindes dieselbe ist wie bei Ausfall der leiblichen Eltern; ebenso auf Stiefeltern und **Lebenspartner**. Für Adoptiveltern gilt § 20 direkt, ebenso für nicht verheiratet, aber im selben Haushalt zusammenlebende Eltern – unabhängig von einem Personensorgerecht. Nicht anwendbar ist § 20 auf sonstige Betreuungspersonen wie Großeltern oder Tagesmütter.[5]

2 Mit der Neuregelung in § 20 Abs. 1 Nr. 1 bis 4 werden die Tatbestandsvoraussetzungen der Leistungsgewährung vorgegeben. Anspruchsinhaber sind die Eltern.

Die Leistungsberechtigten erhalten Unterstützung, wenn sieben weitere Tatbestandsvoraussetzungen erfüllt sind.[6] Es muss ein **Kind** iSd § 7 Abs. 1 Nr. 1 betroffen sein.[7] Dass der Begriff des Kindes im gesetzestechnischen Sinn des § 7 Abs. 1 Nr. 1 (und nicht im grundgesetzlichen oder familienrechtlichen) zu verstehen ist, folgt aus dem Zweck der Vorschrift, nur in Notsituationen zu helfen; eine solche kann aber bei einem Jugendlichen nicht angenommen werden, da er sich schon weitgehend selbst versorgen kann – zumindest aber dies von ihm erwartet werden kann. Nur bei Beginn der Hilfe kommt es auf diese Altersgrenze an, wie der Vergleich mit § 38 Abs. 1 SGB V zeigt.[8]

3 Voraussetzung der Hilfe ist (**zweitens**), dass ein Elternteil, der für die Betreuung des Kindes überwiegend verantwortlich ist, aus gesundheitlichen oder anderen zwingenden Gründen ausfällt. Auch nach neuer Rechtslage ist diese Voraussetzung unabhängig vom Personensorgerecht (→ § 7 Rn. 2) zu beurteilen.

Für eine „überwiegende" Betreuung kommt es auf die tatsächliche Betreuungssituation an.Die überwiegende Betreuung bezieht sich auf den Vergleich mit dem anderen Elternteil. Wird das Kind auch in einer Tageseinrichtung betreut, ändert das – unabhängig von der Stundenzahl – nichts an der überwiegenden Betreuung des Elternteils, aber möglicherweise an der Notwendigkeit der Hilfe wegen Abs. 1 Nr. 4.

4 Weitere Voraussetzung ist (**drittens**), dass der die Betreuung des Kindes überwiegend leistende Elternteil aus **gesundheitlichen** oder anderen **zwingenden Gründen** diese Aufgabe nicht wahrnehmen kann.

Nicht notwendig ist, dass der Ausfall bei der Betreuung des Kindes mit der Abwesenheit vom Haushalt verbunden ist; auch innerhalb des Haushalts ist ein Ausfall möglich, zB bei Pflege eines Angehörigen oder Bettlägerigkeit oder Überforderung beispielsweise mit der Kindererziehung; dagegen nicht bei Vernachlässigung des Kindes.[9]

Andere zwingende Gründe für einen Ausfall liegen vor, wenn sie mit gesundheitlichen Gründen vergleichbar sind.[10] Zwingend sind die Gründe nur dann, wenn sie vom Betroffenen nicht abgewendet werden können, auch wenn sie von ihm „schuldhaft" herbeigeführt worden sind (zB psychische Erkrankung, Drogenabhängigkeit, Alkoholismus, Krankenhaus- oder Kuraufenthalt, Inhaftierung, zwingende berufliche Verpflichtungen).

4 Ebenso Mrozynski SGB VIII Rn. 8; Struck in Wiesner Rn. 11; Happe/Saurbier in JHSM Rn. 11; N. Struck in FK-SGB VIII Rn. 2; Fischer in SFMK Rn. 9; Schleicher in GK-SGB VIII Rn. 7.
5 So Fischer in SFMK Rn. 9; aA Sünderhauf in jurisPK-SGB VIII Rn. 39.
6 S. hierzu das ausführliche Prüfschema in Kunkel, Jugendhilferecht, Anl. 23.
7 S. hierzu auch Sünderhauf in jurisPK-SGB VIII Rn. 31.
8 Zur entsprechenden Anwendbarkeit dieser Vorschrift auf alle Sozialleistungsbereiche vgl. BSG 3.7.1992 – 9 b RAr 10/90, FuR 1992, 175.
9 Ebenso Happe/Saurbier in JHSM Rn. 17.
10 BT-Drs. 19/28870, 103.

Der zwingende Grund muss (**viertens**) **kausal** sein für den Ausfall der Betreuungsleistung, dh dass bei Nichtvorliegen des zwingenden Grundes die Betreuung des Kindes durch den (nun) ausfallenden Elternteil (und nicht etwa durch Dritte) erfolgen würde. 5

Weder nach alter, noch nach neuer Rechtslage bietet der Wortlaut des § 20 einen Anhaltspunkt dafür, dass die Hilfe beim Ausfall des Elternteils nur kurzfristig oder vorübergehend gewährt werden kann. Strittig war aber nach alter Rechtslage, ob sich aus Sinn und Zweck der Vorschrift ergibt, dass der Ausfall des Elternteils vorübergehend sein muss. Nach teilweise vertretener Auffassung musste eine Rückkehrperspektive des ausfallenden Elternteils bestehen. Nach der ursprünglichen Gesetzesbegründung soll die Leistung aber auch ausdrücklich Fälle umfassen, in welchen die Betreuungsperson durch Tod nicht mehr zur Verfügung steht.[11] Hiervon abweichend wird mit der Gesetzesbegründung des KJSG zu § 20 nun aber betont, dass es sich um eine Bedarfslage handeln muss, in der die Versorgung bzw. Betreuung des Kindes und damit sein Wohl **vorübergehend** nicht sichergestellt sind.[12] 6

Nach Abs. 1 Nr. 2 darf das Wohl des Kindes nicht anderweitig, insbesondere durch Übernahme der Betreuung durch den anderen Elternteil, gewährleistet werden können. Nach neuer Rechtslage ist es aber nicht mehr Tatbestandsvoraussetzung, dass der andere Elternteil gerade wegen berufsbedingter Abwesenheit nicht in der Lage ist, die Betreuungsaufgabe wahrzunehmen. 7

Ferner ist es Tatbestandvoraussetzung, dass der familiäre Lebensraum für das Kind erhalten bleiben soll. 8

In **Nr. 4** nennt das Gesetz ausdrücklich eine alternative Hilfe, die die Hilfe nach § 20 nicht erforderlich macht, nämlich die Betreuung in einer Tageseinrichtung (§ 22 a) oder in Kindertagespflege (§ 23), wenn das akzeptable Angebote (zB ohne Transportprobleme) sind. Soweit sie akzeptabel, aber nicht ausreichend sind, das Wohl des Kindes zu gewährleisten (zB infolge zu kurzer Öffnungszeiten),[13] kann die Hilfe nach § 20 **ergänzend** erforderlich sein.[14] 9

Bei Vorliegen dieser sieben Tatbestandsvoraussetzungen ergibt sich als **Rechtsfolge** im Sinne einer gebundenen Entscheidung ein Rechtsanspruch auf die Leistungsgewährung. Die Pflicht beschränkt sich auf eine **Unterstützung**, setzt also einen Rest eigener Betreuungstätigkeit beim unterstützten Elternteil voraus. Die Unterstützung muss sich auf das Kind beziehen, also auf dessen Betreuung und Versorgung, nicht auf die Versorgung des zurückbleibenden Elternteils. Sie kann daher auch nicht in einer bloßen Haushaltsführung bestehen (Putzen, Waschen, Kochen) ohne Betreuungsleistung für das Kind (zB Hausaufgabenbetreuung, Spielen).[15] Eine derartige **Haushaltshilfe** ist **nach § 70 SGB XII** vom Sozialhilfeträger zu gewähren. Nach § 70 Abs. 2 SGB XII umfasst diese Hilfe auch die persönliche Betreuung des Kindes. Die beiden Hilfen sind daher (teil-)kongruent, so dass die Konkurrenz nach § 10 Abs. 4 S. 1 mit dem Vorrang der Jugendhilfe zu lösen ist.[16] Auch gegen das Jobcenter kann ein Anspruch nach **§ 16 a Nr. 1 SGB II** oder[17] nach § 27 Abs. 3 SGB XII analog bestehen. Die **Haushaltshilfe** nach **§ 38 SGB V** erstreckt sich sowohl auf die Versorgung des Haushalts als auch auf die Betreuung des Kindes (unter 12 Jahren). Besteht ein Anspruch auf diese Haushaltshilfe und wird sie auch tatsächlich erbracht, ist Hilfe nach § 20 schon tatbestandsmäßig nicht erforderlich, Anspruchskonkurrenz iSv § 10 Abs. 1 S. 1 kann des- 10

11 BT-Drs. 11/5948, 59.
12 BT-Drs. 19/28870, 103 sowie BT-Drs. 19/26107, 82.
13 Ebenso Mrozynski SGB VIII Rn. 4.
14 So VG Düsseldorf 8.11.2004 – 19 K 7900/03; JHSM Rn. 24.
15 Ebenso VG Stade 15.2.2002 – 4 A 343/01.
16 Fischer in SFMK Rn. 23 Mrozynski SGB VIII Rn. 7; aA Schleicher in GK-SGB VIII Rn. 28 – noch zu § 70 BSHG –, weil keine Kinderbetreuung zu leisten sei.
17 So SG Stuttgart 29.9.2005 – S 21 SO 5122/05 ER, ZfF 2006, 180.

halb hier nicht auftreten (ähnlich wie bei → § 40 Rn. 8).[18] Der Anspruch nach § 38 SGB V besteht aber nur, wenn kein im Haushalt lebender Angehöriger Versorgung und Betreuung des Kindes leisten kann.

11 Die Haushaltshilfe wird auch von **weiteren Sozialleistungsträgern** erbracht, nämlich in der Unfallversicherung (§ 42 SGB VII; näher → § 10 Rn. 20), der Rentenversicherung (§ 29 SGB VI), der Arbeitsförderung und als Leistung zur Eingliederung von den Reha-Trägern nach § 74 Abs. 1 Nr. 3 SGB IX. Im Überschneidungsbereich sind diese Hilfen vorrangig, wenn sie erbracht werden (§ 10 Abs. 1).

12 Die Unterstützung besteht in der Bezahlung einer **Betreuungskraft**. Dies können (unter denselben Voraussetzungen wie bei der Verwandtenpflege nach § 33, → § 27 Rn. 33 f.) auch Angehörige sein.[19] Der Träger der Jugendhilfe kann die Hilfe auch als Sachleistung durch eigene Kräfte erbringen.[20]

Mit Art. 1 des **KJSG** ist in § 20 ein neuer Abs. 2 S. 1 normiert worden. Dieser bestimmt, dass bei Vorliegen einer Vereinbarung nach Abs. 3 S. 2 bei der Betreuung und Versorgung des Kindes auch ehrenamtlich tätige Patinnen und Paten zum Einsatz kommen können. Nach der Gesetzesbegründung wird über den Verweis auf Abs. 3 S. 2 die Einbettung in einen professionellen Kontext gewährleistet. Daher werden nach der Gesetzesbegründung auch bei der Einbeziehung ehrenamtlich tätiger Personen in die Leistungserbringung wesentliche fachliche Standards und Qualitätsmerkmale gewahrt. Ehrenamtlich tätige Patinnen und Paten können aber auch nur dann zum Einsatz kommen, wenn damit dem individuellen Bedarf entsprochen werden kann, etwa wenn es vorwiegend um alltagspraktische Hilfen geht.[21] Diese Klarstellung in der Gesetzesbegründung ist bei der Leistungsbemessung zu berücksichtigen. Um nicht gegen den Grundsatz des sogenannten Untermaßverbots[22] zu verstoßen, muss die Hilfe gewählt werden, die zur Bedarfsdeckung notwendig ist, weil andere Formen der Hilfe nicht ausreichen, um den festgestellten Bedarf zu decken. Es muss eine der jeweiligen Bedarfslage angemessene Hilfe geleistet werden.[23]

Mit der Neuregelung in Abs. 2 S. 2 wird bestimmt, dass sich die Art und Weise der Unterstützung und der zeitliche Umfang der Betreuung und Versorgung des Kindes nach dem Bedarf im Einzelfall richten sollen. Nach der Gesetzesbegründung ist daher für die Dauer der Hilfe die Dauer der Notsituation maßgeblich ist. Zum anderen richtet sich der zeitliche Umfang der täglichen Betreuung und Versorgung des Kindes nach dem individuellen Bedarf und kann daher von einer stundenweisen Betreuung bis zu einer Betreuung über Tag und Nacht reichen.[24]

13 Als Pflichtleistung muss die Hilfe nach § 20 rechtzeitig und ausreichend zur Verfügung stehen, dh, dass auch die Hilfeleistung personell gewährleistet sein muss (→ § 79 Rn. 9).

14 Eine **Kostenbeteiligung** erfolgt gem. § 91 Abs. 1 Nr. 3 und Abs. 2 Nr. 1 nur für voll- und teilstationäre Hilfe und zwar in Form eines Kostenbeitrags durch Leistungsbescheid (§ 92 Abs. 2).

18 AA J. Struck in Wiesner Rn. 20; Schleicher in GK-SGB VIII Rn. 27; im Ergebnis wie hier Fischer in SFMK Rn. 21; Fries in Jung Rn. 15; zu allen Konkurrenzen s. DIJuF JAmt 2006, 291; 2007, 25; 2009, 497.
19 Einschränkend Struck in Wiesner Rn. 17: nur Fahrtkosten oder Verdienstausfall.
20 Ebenso Fischer in SFMK Rn. 5.
21 BT-Drs. 19/28870, 103.
22 Hierzu BVerfG 28.5.1993 – 2 BvF 2/90 ua, juris Rn. 166 f.
23 S. hierzu BVerwG 9.12.2014 – 5 C 32/13, juris Rn. 22; BayVGH 30.6.2016 – 12 C 16.1162, juris Rn. 27; OVG Nds 25.3.2020 – 10 LA 292/18, juris Rn. 14.
24 BT-Drs. 19/28870, 103.

2 Niedrigschwellige Inanspruchnahme (Abs. 3)

15 Nach § 20 Abs. 3 S. 1 gilt § 36a Abs. 2 gilt mit der Maßgabe entsprechend, dass die niedrigschwellige unmittelbare Inanspruchnahme insbesondere zugelassen werden soll, wenn die Hilfe von einer Erziehungsberatungsstelle oder anderen Beratungsdiensten und -einrichtungen nach § 28 zusätzlich angeboten oder vermittelt wird. Damit wird eine unmittelbare Leistungsinanspruchnahme ohne vorherige Bewilligung der Leistung durch das Jugendamt ermöglicht. Nach der Gesetzesbegründung ist der hierdurch ermöglichte niedrigschwellige Zugang insbesondere für eine Verbesserung der Situation von Kindern mit einem psychisch- oder suchterkrankten Elternteil oder aus anderen psychosozial belasteten Familien von zentraler Bedeutung

Allerdings ist die unmittelbare Inanspruchnahmemöglichkeit daran gekoppelt, dass die Leistung nach § 20 insbesondere von einer Erziehungsberatungsstelle oder anderen Beratungsdiensten und -einrichtungen nach § 28 zusätzlich angeboten oder vermittelt wird. Nach der Gesetzesbegründung ist die Anknüpfung der Hilfen in Notsituationen an Erziehungsberatungsstellen oder andere Beratungsdienste und -stellen für die Wirksamkeit dieser Hilfen von zentraler Bedeutung sowohl im Hinblick auf eine qualifizierte Bedarfsfeststellung als auch hinsichtlich einer etablierten Infrastruktur. Diese Neuregelung wird zur Folge haben, dass Leistungserbringer nach § 28 deutlich gestärkt werden. Zwangsläufig wird es Verknüpfungen zwischen Leistungserbringern nach § 20 und § 28 geben müssen, da eigenständige Leistungserbringer nach § 20 auf eine wohlwollende Vermittlung durch 28er-Leistungserbringer angewiesen sein werden. Die betroffenen Familien wiederum müssen eine „Bedarfsfeststellung" durch Leistungserbringer nach § 28 in Anspruch nehmen bevor eine Leistung nach § 20 in Anspruch genommen werden kann. Eine wirklich unmittelbare Inanspruchnahme der Leistung wird also trotz der Neuregelung nicht möglich sein. Durch die Einfügung des Wortes „insbesondere" hat der Gesetzgeber deutlich gemacht, dass eine Leistungserbringung oder Vermittlung auch durch „andere Angebotsstrukturen" denkbar ist.[25] Die mangelnde nähere Bestimmung dieser „anderen Angebotsstrukturen" könnte zu rechtlicher Unsicherheit bei der Leistungsinanspruchnahme und anschließenden Kostenabwicklung führen. Eine Klärung wird auf dem Vereinbarungswege nach § 36a Abs. 2 S. 2 zu erfolgen haben.

Nach § 20 Abs. 3 S. 2 sollen in den Vereinbarungen entsprechend § 36a Abs. 2 S. 2 insbesondere auch die kontinuierliche und flexible Verfügbarkeit der Hilfe sowie die professionelle Anleitung und Begleitung beim Einsatz von ehrenamtlichen Patinnen und Paten sichergestellt werden. Nach der Gesetzesbegründung ist es insbesondere wichtig, eine kontinuierliche und – im Hinblick auf schwankende Bedarfslagen der Familien – flexible Leistungserbringung zu ermöglichen.[26]

§ 21 Unterstützung bei notwendiger Unterbringung zur Erfüllung der Schulpflicht

[1]Können Personensorgeberechtigte wegen des mit ihrer beruflichen Tätigkeit verbundenen ständigen Ortswechsels die Erfüllung der Schulpflicht ihres Kindes oder Jugendlichen nicht sicherstellen und ist deshalb eine anderweitige Unterbringung des Kindes oder des Jugendlichen notwendig, so haben sie Anspruch auf Beratung und Unterstützung. [2]In geeigneten Fällen können die Kosten der Unterbringung in einer für das Kind oder den Jugendlichen geeigneten Wohnform einschließlich des notwendigen Unterhalts sowie die Krankenhilfe übernommen werden. [3]Die Leistung kann über das

25 BT-Drs. 19/28870, 104.
26 BT-Drs. 19/28870, 104.

schulpflichtige Alter hinaus gewährt werden, sofern eine begonnene Schulausbildung noch nicht abgeschlossen ist, längstens aber bis zur Vollendung des 21. Lebensjahres.

1 Anspruch auf Beratung und Unterstützung (Satz 1)

1.1 Tatbestandsvoraussetzungen

1 **Beruflich bedingter ständiger Ortswechsel** liegt beispielsweise vor bei Schaustellern („Schaustellerparagraph"), Binnenschiffern, und Artisten – wahrlich eine überschaubare Zielgruppe.

Diese mit der Gesetzesbegründung im Jahr 1989 in Bezug genommene Berufsgruppe[1] hat im Jahr 2021 an Bedeutung verloren. Die Leistung aufgrund eines berufsbedingten ständigen Ortswechsels der Eltern dürfte nur noch in wenigen Fällen relevant werden. Nach hiesiger Auffassung sollte daher über eine Reform der Bestimmung durch Neufassung der Zugangsvoraussetzungen nachgedacht werden. Ein aktuelles grundlegendes Problem besteht insbesondere bei **Obdachlosigkeit** von jungen Menschen. Im SGB VIII gibt es de lege lata aber keine Anspruchsgrundlage für die Versorgung von jungen Menschen mit Wohnraum, wenn nicht zugleich ein sozialpädagogischer Hilfebedarf besteht.

2 **Wegen** (Kausalität) des ständigen Ortswechsels muss die **Erfüllung der Schulpflicht** gefährdet sein. Ein mit dem ständigen Ortswechsel verbundener ständiger Schulwechsel ist eine Gefahr für die Entwicklung des jungen Menschen, da mit dem ständigen Schulwechsel besondere Belastungen für das Kind verbunden sind. Diese Belastungen sind aber nur eine abstrakte Gefahr für das Wohl des Kindes. Erst wenn sie sich zu einer nicht unerheblichen Mangellage beim Kind verdichten, liegt der Tatbestand einer HzE vor (→ § 27 Rn. 5).

3 Wegen der mit dem ständigen Ortswechsel verbundenen Gefahr für die Erfüllung der Schulpflicht muss sich die **Notwendigkeit** ergeben, den jungen Menschen **an einem Ort** zur Erfüllung der Schulpflicht **unterzubringen**, an dem die Erziehung den Eltern aufgrund ihrer Berufstätigkeit nicht zumutbar ist. Beide Elternteile müssen aufgrund ihrer beruflichen Tätigkeit außer Stande sein, den jungen Menschen am Ort der Beschulung zu erziehen.

1.2 Rechtsfolge

4 Der PSB (→ § 7 Rn. 2) oder der junge Volljährige (→ Rn. 10) hat einen **Rechtsanspruch** auf Beratung und Unterstützung. § 21 S. 1 normiert eine gebundene Entscheidung. Beratung erfolgt zB durch Benennung geeigneter Unterbringungsmöglichkeiten. Unterstützung bedeutet eine darüber hinausreichende organisatorische Hilfe bei der Unterbringung des jungen Menschen in einer geeigneten Wohnform. Die Unterbringung kann bei einer anderen Familie, in einer Wohngruppe, einem Internat oder einem speziellen Heim für Schausteller- oder Schifferkinder erfolgen. Hier werden zum Teil sog. 5-Tages-Gruppen angeboten, die es ermöglichen, das Wochenende mit den Eltern zu verbringen.

1 S. hierzu BT-Drs. 11/5948, 60.

2 Übernahme der Kosten bei Unterbringung (Satz 2)

2.1 Tatbestandsvoraussetzungen

5 Der unbestimmte Rechtsbegriff **„in geeigneten Fällen"** ist im Einzelfall auszulegen; dabei besteht kein Ermessen, da die Prüfung auf Tatbestandsebene erfolgt.[2] Bei der Prüfung der Tatbestandsvoraussetzung des „geeigneten Falls" besteht zudem kein Beurteilungsspielraum. Die Auslegung hat sich an Satz 1 zu orientieren. Danach liegt ein geeigneter Fall dann vor, wenn eine kontinuierliche Unterbringung an einem Ort erforderlich ist, weil nur dadurch die Erfüllung der Schulpflicht gewährleistet ist. Weiteres Kriterium für die Geeignetheit ist, dass für beide PSB die mit ständigem Ortswechsel verbundene Berufstätigkeit zur Sicherung des Familienunterhalts erforderlich ist. Es ist also zu prüfen, in welchem Umfang beide Elternteile berufstätig sind und weiterhin sein müssen.[3] Nur wenn bei dieser Prüfung die Möglichkeit ausscheidet, die Erziehung und Betreuung des Kindes an dem im Interesse einer kontinuierlichen Schulausbildung gewählten Aufenthaltsort durch wenigstens einen Elternteil sicherzustellen, liegt ein geeigneter Fall vor. Im einzelnen Fall ist zu prüfen, ob die Berufstätigkeit beider Elternteile für das Gewerbe existenznotwendig ist, oder – zB bei Artisten – die Art des Berufes nur eine gemeinsame Ausübung zulässt. Auch ist zu ermitteln, ob das Kind unentgeltlich von Dritten, die sich beispielsweise bisher um die Versorgung des Kindes gekümmert haben, zur Erfüllung der Schulpflicht betreut werden kann.[4] Die Notwendigkeit der Unterbringung nach Satz 1 indiziert somit den geeigneten Fall. Ob ein geeigneter Fall vorliegt, kann erst geprüft werden, wenn die Notwendigkeit der Unterbringung bejaht worden ist.

6 Bei der Prüfung der **Geeignetheit der Wohnform** können nicht die Standards nach den §§ 33, 34 verlangt werden, da nicht der besondere erzieherische Bedarf nach § 27 Voraussetzung der Hilfe ist. Kriterium der Geeignetheit ist auch der im Wunsch- und Wahlrecht der Eltern (§ 5) zum Ausdruck kommende Wille. Dem Wunsch- und Wahlrecht hinsichtlich einer Einrichtung muss aber gem. § 5 Abs. 2 S. 2 grundsätzlich nur entsprochen werden, wenn zuvor **Vereinbarungen nach § 78b** mit dem Leistungserbringer abgeschlossen worden sind, weil die Leistung nach § 21 in den Anwendungsbereich dieser Regelung fällt (§ 78a Abs. 1 Nr. 3).

7 Voraussetzung einer Kostenübernahme ist nach **Änderung** des § 21 durch das **KiföG** seit 18.12.2008 nicht mehr, dass Kind oder Eltern die Kostentragung unzumutbar ist. Das stand im Widerspruch zu § 91 Abs. 5. Nach dieser Änderung gibt es im **Jugendhilferecht keine Leistungsnorm mehr, die materielle Bedürftigkeit voraussetzt.** Erfolgt die Unterbringung vollstationär, werden Kind (auch junge Volljährige; → Rn. 10) und Eltern zu einem Kostenbeitrag herangezogen (§§ 91 Abs. 1 Nr. 4, 92 Abs. 1 Nr. 1, 2, 5).

2.2 Rechtsfolge

8 Es besteht **Ermessen**, die Kosten der Unterbringung zu übernehmen.[5] Das Ermessen ist pflichtgemäß nach § 39 SGB I auszuüben; auf die Ausübung des fehlerfreien Ermessens besteht ein **Rechtsanspruch**, weil § 21 ein subjektives öffentliches Recht ist (zu diesem → § 2 Rn. 6). Das Ermessen kann nur dann ausgeübt werden, wenn die Tatbestandsvoraussetzung eines „geeigneten Falles" (→ Rn. 5) vorliegt und kann dann trotzdem zu einer ablehnenden Entscheidung führen, weil eine Ermessensreduzierung

2 AA Telscher in jurisPK-SGB VIII Rn. 43: Die Prüfung des „geeigneten Falls" sei auf Rechtsfolgenseite zu verorten. Die Behörde habe ein „eingeschränktes pflichtgemäßes Ermessen".
3 AA Telscher in jurisPK-SGB VIII Rn. 44.
4 Vgl. zur Geeignetheitsprüfung DIJuF JAmt 2004, 529.
5 AA J. Struck in Wiesner Rn. 10.

auf null nur dann angenommen werden kann, wenn jede andere Entscheidung rechtswidrig wäre.

9 **Bestandteile** (also nicht Annexe) dieser Leistung sind **Unterhalt** und **Krankenhilfe**. Für deren Übernahme wird daher nicht auf §§ 39, 40 verwiesen (→ § 39 Rn. 3). Das hat zur Folge, dass nicht nur (Entschließungs-)Ermessen besteht, die Kosten der Unterbringung insgesamt zu übernehmen, sondern auch (Auswahlermessen) hinsichtlich der Übernahme nur der Krankenhilfe oder nur des Unterhalts. Auch in welcher Höhe die Kosten übernommen werden, wird nach Ermessen entschieden, das aber auch ermessensfehlerfrei ausgeübt werden muss. Für den Umfang von Unterhalt und Krankenhilfe ist eine Orientierung an §§ 39, 40 sinnvoll (damit Hilfe aus einer Hand geleistet wird), aber nicht zwingend.

3 Dauer der Kostenübernahme (Satz 3)

10 Grundsätzlich wird die Leistung nur bis zum **Ende der Schulpflicht** gewährt. Ausnahmsweise kann sie aber darüber hinaus übernommen werden, wenn eine **begonnene** Schulausbildung noch nicht abgeschlossen ist, **längstens** aber bis zum **21. Lebensjahr** (anders als bei der Hilfe nach § 41 Abs. 1 S. 2). Damit sind nicht nur Kinder und Jugendliche (S. 1) in den Anwendungsbereich des § 21 einbezogen, sondern auch **junge Volljährige**. Sie sind dann – an Stelle des PSB (→ Rn. 4) – auch Leistungsberechtigte. Ein Wechsel in die Sozialhilfe soll für die letzte Phase der Schulausbildung vermieden werden.

11 Die Schulpflicht ist in den Landesgesetzen geregelt. Sie erfasst sowohl die Vollzeitschulpflicht in einer allgemeinbildenden Schule (meist 9 Jahre) als auch die Berufsschulpflicht in einer Berufsschule. Die Berufsschulpflicht endet für Jugendliche ohne Berufsausbildung idR mit dem 18. Lebensjahr und dauert für diejenigen, die in einem Ausbildungsverhältnis stehen, längstens bis zum 21. Lebensjahr.

12 Auch die verlängerte Kostenübernahme steht im **Ermessen**, das wiederum gem. § 39 SGB I auszuüben ist (→ Rn. 8).

4 Örtliche Zuständigkeit

13 Die Frage der örtlichen Zuständigkeit (→ § 86 Rn. 13) ist hier nicht einfach zu beantworten, da der gewöhnliche Aufenthalt schwer zu ermitteln ist. Reicht das zeitliche Element nicht aus, ist auf den objektiv nachweisbaren Mittel- und Schwerpunkt der Lebensverhältnisse der Eltern abzustellen (feste Wohnung, angemietetes Grundstück für Winterquartier, weitere Familienmitglieder, behördliche Angelegenheiten, schulische Fragen, Bankgeschäfte),[6] nicht allein auf die polizeiliche Anmeldung;[7] bei mehreren Orten ist auf den Ort der überwiegenden Lebensbeziehungen abzustellen.[8]

Dritter Abschnitt Förderung von Kindern in Tageseinrichtungen und in Kindertagespflege

§ 22 Grundsätze der Förderung

(1) [1]Tageseinrichtungen sind Einrichtungen, in denen sich Kinder für einen Teil des Tages oder ganztägig aufhalten und in Gruppen gefördert werden. [2]Kindertagespflege wird von einer geeigneten Kindertagespflegeperson in ihrem Haushalt, im Haushalt des Erziehungsberechtigten oder in anderen geeigneten Räumen geleistet. [3]Nutzen

6 Vgl. OVG RhPf FEVS 39, 330.
7 ZSpr., EuG 17, 77.
8 ZSpr., EuG 37, 253.

mehrere Kindertagespflegepersonen Räumlichkeiten gemeinsam, ist die vertragliche und pädagogische Zuordnung jedes einzelnen Kindes zu einer bestimmten Kindertagespflegeperson zu gewährleisten. [4]Eine gegenseitige kurzzeitige Vertretung der Kindertagespflegepersonen aus einem gewichtigen Grund steht dem nicht entgegen. [5]Das Nähere über die Abgrenzung von Tageseinrichtungen und Kindertagespflege regelt das Landesrecht.

(2) [1]Tageseinrichtungen für Kinder und Kindertagespflege sollen

1. **die Entwicklung des Kindes zu einer selbstbestimmten, eigenverantwortlichen und gemeinschaftsfähigen Persönlichkeit fördern,**
2. **die Erziehung und Bildung in der Familie unterstützen und ergänzen,**
3. **den Eltern dabei helfen, Erwerbstätigkeit, Kindererziehung und familiäre Pflege besser miteinander vereinbaren zu können.**

[2]Hierzu sollen sie die Erziehungsberechtigten einbeziehen und mit dem Träger der öffentlichen Jugendhilfe und anderen Personen, Diensten oder Einrichtungen, die bei der Leistungserbringung für das Kind tätig werden, zusammenarbeiten. [3]Sofern Kinder mit und ohne Behinderung gemeinsam gefördert werden, arbeiten die Tageseinrichtungen für Kinder und Kindertagespflege und der Träger der öffentlichen Jugendhilfe mit anderen beteiligten Rehabilitationsträgern zusammen.

(3) [1]Der Förderungsauftrag umfasst Erziehung, Bildung und Betreuung des Kindes und bezieht sich auf die soziale, emotionale, körperliche und geistige Entwicklung des Kindes. [2]Er schließt die Vermittlung orientierender Werte und Regeln ein. [3]Die Förderung soll sich am Alter und Entwicklungsstand, den sprachlichen und sonstigen Fähigkeiten, der Lebenssituation sowie den Interessen und Bedürfnissen des einzelnen Kindes orientieren und seine ethnische Herkunft berücksichtigen.

(4) [1]Für die Erfüllung des Förderungsauftrags nach Absatz 3 sollen geeignete Maßnahmen zur Gewährleistung der Qualität der Förderung von Kindern in Tageseinrichtungen und in der Kindertagespflege weiterentwickelt werden. [2]Das Nähere regelt das Landesrecht.

1 Bedeutung der Norm

Abs. 1 definiert Tageseinrichtungen und Kindertagespflege. Eine darüber hinaus ge- 1
hende landesrechtliche Abgrenzung beider wird ermöglicht, die Kann-Regelung einer bedingten landesrechtlichen Erweiterung der Kindertagespflege wurde mit dem KJSG gestrichen. Abs. 2 steckt einen allgemeinen Zielhorizont für die Förderung von Kindern (§ 7 Abs. 1 Nr. 1) in beiden Angebotsformen und für die Vereinbarkeit von Familie und Beruf der Eltern ab. Abs. 3 konkretisiert den Förderungsauftrag inhaltlich. Abs. 4 sieht für die Erfüllung des Förderungsauftrags eine Weiterentwicklung von Qualitätssicherungsmaßnahmen vor. Die Erweiterung um den Aspekt Kindertagespflege und wesentliche Präzisierungen in Abs. 2 und 3 erfolgten durch das TAG. Abs. 4 wurde mit dem KiQuTG eingefügt.

Insbesondere mit der Entscheidung, das Kindertagesstättenwesen im Rahmen der öf- 2
fentlichen Fürsorge auszubauen, statt es der Bildungsverantwortung der Länder zuzuschlagen, wird der Charakter der Elementarerziehung als **grundlegende Förderung der**

individuellen Persönlichkeitsentwicklung betont. Damit wird zumindest bis zum Schulalter dem Anspruch des einzelnen jungen Menschen auf Förderung seiner Entwicklung und auf Erziehung Vorrang eingeräumt vor den in der Schule institutionalisierten gesellschaftlichen Anforderungen. Dieser Anspruch der jungen Menschen ist eng verknüpft mit der elterlichen Erziehungsverantwortung und mit einigen charakteristischen Merkmalen der familialen Erziehung. Die Förderung von Kindern im Rahmen der Kinder- und Jugendhilfe ist entsprechend konzipiert als **Unterstützung und Ergänzung der elterlichen Erziehung**. Die Erbringung der Leistung Tagesbetreuung ist nicht an einen individuellen Bedarf im Einzelfall geknüpft, sondern ein Angebot, das allen Kindern der betreffenden Altersgruppe zur Verfügung steht. Somit sind die Regelungen zu Tageseinrichtungen für Kinder und Kindertagespflege, gemessen an der Zahl der erreichten Zielgruppe sowie der finanziellen Belastung der Träger der öffentlichen Jugendhilfe, der Schwerpunkt im Leistungsspektrum des SGB VIII. Mit der bundesrechtlichen Regelung soll die Gleichwertigkeit der Lebensverhältnisse sowie die Rechts- und Wirtschaftseinheit des Landes sichergestellt werden. Im Mittelpunkt steht das Ziel, zu **vergleichbaren Qualitätsstandards der Förderangebote** beizutragen und die Voraussetzungen für eine Vereinbarung von Familienaufgaben und Erwerbstätigkeit in Deutschland insgesamt zu verbessern. Allerdings gibt es große bundesländerspezifische Unterschiede sowohl bei der Strukturqualität der Kindertagesbetreuung als auch bei den Betreuungs- und Ganztagsquoten und somit eine Ungleichbehandlung von Kleinkindern, Eltern und Fachkräften (→ § 22 Rn. 16). Die zusammenfassende Formulierung von Grundsätzen der Förderung in Tageseinrichtungen und Kindertagespflege beruht auf der Vorstellung, dass beide Leistungsformen zu einem Netz zusammenwachsen und dass sich die Kindertagespflege darin zu einem gleichrangigen Angebot weiterentwickelt (→ § 23 Rn. 30).

2 Legaldefinition von Tageseinrichtungen und Kindertagespflege (Abs. 1 Satz 1 und 2)

3 **Tageseinrichtungen** sind grundlegend durch ihren Einrichtungscharakter definiert, darüber hinaus durch die Bestimmung von Zielgruppe, Zeitrahmen und Inhalt ihrer Leistungen.

4 Als Einrichtungen sind sie auf eine gewisse Dauer angelegte Verbindungen zwischen sächlichen und personellen Mitteln, an einem Ort und in einem Gebäude, zu einem bestimmten Zweck unter der Verantwortung eines Trägers (→ § 45 Rn. 7). Ihr Zweck ist die gruppenbezogene Förderung von jungen Menschen bis zur Vollendung des 14. Lebensjahres, typischer Weise nicht über Tag und Nacht, sondern für einen Teil des Tages oder ganztägig, dh hier tagsüber. Ungeachtet dessen können Tageseinrichtungen dem Bedarf des Einzelfalls entsprechend ggf. auch Förderung (Erziehung, Bildung und Betreuung) in den Abend- oder Nachtstunden anbieten. Dabei sind die spezifischen Bedürfnisse der Kinder im Rahmen der Betriebserlaubnis (§ 45) zu berücksichtigen. Allerdings darf das einzelne Kind nicht über Tag und Nacht in der Tageseinrichtung betreut und gefördert werden.[1] Tageseinrichtungen für Kinder sind beispielsweise Kinderkrippen, Kindergärten und Horte, Spiel- und Lernstuben oder Einrichtungen mit altersgemischten Gruppen und Kinderhäuser. Über die Obergrenze der Gruppengröße, die Untergrenze beim Fachkraft-Kind-Schlüssel und die Untergrenze der Öffnungszeiten in Tageseinrichtungen wird nichts ausgesagt.

5 **Kindertagespflege** ist im Gegensatz zur Förderung in Tageseinrichtungen gebunden an eine spezifische Person, nämlich an die geeignete **Kindertagespflegeperson** als verantwortlicher Akteurin. Räumlicher Bezugspunkt sind entweder deren Privathaushalt oder der Privathaushalt der Erziehungsberechtigten oder andere geeignete Räume. Mit

1 Ebenso Struck in Wiesner Rn. 7.

dem **KJSG** erfolgte eine Erweiterung der Angebotsform **in anderen geeigneten Räumen** als eine bundesrechtlich gleichgestellte Grundform, die bisher allgemein gehaltene problematische Ermächtigung für den Landesgesetzgeber, Kindertagespflege auch in anderen geeigneten Räumen zu ermöglichen, wurde gestrichen. Bereits aus der Begrifflichkeit Kindertagespflege ergibt sich, dass es typischer Weise um eine Förderung (Erziehung, Bildung und Betreuung) tagsüber geht. Unterstrichen wird dies durch die spezifisch getrennten Regelungen der §§ 43 und 44 zur Erlaubnis für Kindertagespflege bzw. für Vollzeitpflege über Tag und Nacht. Ungeachtet dessen kann Kindertagespflege dem Bedarf des Einzelfalls entsprechend ggf. auch in den Abend- oder Nachtstunden zum Einsatz kommen.[2] Aus § 43 ergibt sich, dass die Kindertagespflege einzeln oder in Kleingruppen von bis zu 5 gleichzeitig anwesenden fremden Kindern erfolgen kann.

3 Gemeinsame Nutzung von Räumlichkeiten durch mehrere Kindertagespflegepersonen (Abs. 1 Satz 3 und 4)

Der Charakter der Kindertagespflege zeichnet sich in Abgrenzung zur Kindertageseinrichtung dadurch aus, dass die **vertragliche und pädagogische Zuordnung** jedes einzelnen Kindes zu einer konkret bestimmten Kindertagespflegeperson individuell geregelt wird. Mit der durch das **KJSG** erfolgten Konkretisierung der personenbezogenen Zuordnung erfolgte eine Klarstellung der Abgrenzung zwischen Kindertagespflege und Einrichtung. Insbesondere bei den bisher nach Landesgesetz unterschiedlich geregelten Rahmenbedingungen von **Großtagespflegestellen** bestand die Gefahr, dass die fachlichen Standards durch eine mögliche Zusammenarbeit von mehreren Tagespflegepersonen ohne den grundsätzlichen Personenbezug in gemeinsam genutzten Räumen unterlaufen werden. Dies stand im Gegensatz zur Absicht des Bundesgesetzes nach den Bestimmungen der §§ 45 ff., wonach eine solche auf gewisse Zeit angelegte Verbindung von räumlicher, personeller und sachlicher Mittel zur Sicherstellung des Förderauftrages mehrerer Tagespflegepersonen als Einrichtung gewertet werden muss (→ § 45a Rn. 1). Eine **gegenseitige kurzzeitige Vertretung** aus gewichtigem Grund steht dem nicht entgegen und sichert die Verlässlichkeit des Kindertagespflegeangebotes. 6

4 Landesrechtliche Abgrenzungsmöglichkeiten (Abs. 1 Satz 5)

Das Nähere über die Abgrenzung beider Leistungsformen bleibt dem Landesrecht vorbehalten. Wesentlich war dabei vor der Änderung durch TAG und KICK die bundesgesetzlich nicht festgelegte Zahl der von einer Tagespflegeperson maximal zu betreuenden Kinder. § 43, der nach Inkrafttreten des TAG entwickelt, als Teil des KICK beschlossen und durch das KiföG teilweise geändert wurde, legt sie durch die Regelungen zum Erlaubnisvorbehalt für die Kindertagespflege auf bis zu fünf gleichzeitig anwesende, fremde Kinder fest. Die bundesrechtlichen Vorgaben sind entwicklungsoffen. So kann der Landesrechtsvorbehalt iVm § 43 Abs. 5 und § 49 ua dazu genutzt werden, die Grenze der Kindertagespflege bei einer geringeren Kinderzahl festzulegen. Ebenso kann gemäß der Neuregelung durch das KiföG in § 43 Abs. 3 S. 3 Landesrecht bestimmen, dass die Erlaubnis zur Betreuung von mehr als fünf gleichzeitig anwesenden, fremden Kindern erteilt werden kann, wenn die Person über eine pädagogische Ausbildung verfügt (→ § 43 Rn. 20). Bereits die Sachverständigenkommission zum 14. Ki/JuBericht spricht sich in diesem Zusammenhang dafür aus, dass hierzu länderspezifisch ein konzeptioneller Rahmen und entsprechende Mindeststandards für „Kindertagespflege in anderen geeigneten Räumen" auszuformulieren sind.[3] 7

2 Ebenso Struck in Wiesner Rn. 9.
3 BT-Drs. 17/12200, 313.

8 Satz 5 ist eine verpflichtende Ermächtigung zum Landesrecht. Hiermit haben die Bundesländer in diesem Leistungsbereich die Möglichkeiten der Ausgestaltung durch Landesgesetze gewahrt, welche bereits in der Vergangenheit mehr als in allen anderen Bereichen der öffentlichen Jugendhilfe zur Anwendung gekommen sind.

5 Zielhorizont der Förderung (Abs. 2)

9 Abs. 2 S. 1 Nr. 1 zitiert aus § 1 Abs. 1 und macht damit die Förderung der Entwicklung des Kindes zu einer **selbstbestimmten, eigenverantwortlichen und gemeinschaftsfähigen Persönlichkeit** zur zentralen programmatischen Grundlage für die Förderangebote von Kindertageseinrichtungen und Kindertagespflege. Der mit dem KJSG in § 1 Abs. 1 neu definierte Aspekt der Selbstbestimmung wird bereichsspezifisch aufgegriffen (→ § 1 Rn. 3). Da die Einlösung des Rechts junger Menschen auf **Förderung ihrer Entwicklung und** auf **Erziehung** primär an die elterliche Erziehungspflicht bzw. das elterliche Erziehungsrecht gebunden ist, wurde die Option der ganzheitlichen Entwicklungsförderung durch das TAG mit der jugendhilfespezifischen Anlehnung an das elterliche Erziehungsrecht in Nr. 2 verknüpft. Die **Erziehung und Bildung in der Familie** soll unterstützt und ergänzt werden. Das Recht der Jugendhilfe zur Bildung und Erziehung ist von den Eltern abgeleitet, aber im Begriff „ergänzen" liegt auch ein Hinweis darauf, dass die Eltern bei der Umsetzung ihres Auftrags in der heutigen Gesellschaft systematisch an Grenzen stoßen und deshalb regelhaft der Unterstützung durch den Staat bedürfen. Konkret muss die Auftragsdefinition der Unterstützung und Ergänzung in der kooperativen Zusammenarbeit mit den Eltern – der **Erziehungspartnerschaft** – ausgestaltet werden.

10 Die Unterstützungsfunktion des Staates beschränkt sich nicht auf kindbezogene Ziele, sondern bezieht die unmittelbare Entlastung der Eltern durch eine **bessere Vereinbarung von Erwerbstätigkeit und Familienaufgaben** ein. Die entsprechende, gesellschaftspolitisch bedeutsame Zielbestimmung in Nr. 3, die durch das TAG erfolgte, schließt an die seit Inkrafttreten des SGB VIII geltenden Vorgaben des § 80 Abs. 2 an. Durch das KJSG wurde mit der Erweiterung der Familienaufgaben um die familiäre Pflege eine Harmonisierung mit dem Familienpflegezeitgesetz vorgenommen. Mit den neu eingefügten Sätzen 2 und 3 werden Kindertageseinrichtungen und Kindertagespflege verpflichtet, die Erziehungsberechtigten einzubeziehen, sowie mit dem JA und anderen Personen, Diensten oder Einrichtungen, die bei der Leistungserbringung für das Kind tätig werden, zusammenzuarbeiten. Sofern eine gemeinsame Förderung von Kindern mit und ohne Behinderung stattfindet, wird die Pflicht zur Zusammenarbeit auf beteiligte Rehabilitationsträger erweitert. Diese Ausweitung greift oftmals gelebte Praxis auf. Allerdings bleibt die für diese **Kooperationsverpflichtung** erforderliche Personalressource unklar. Dringend erforderlich ist deshalb eine Konkretisierung nach der Auswertung der anstehenden Evaluationsberichte zur Umsetzung des KiQuTG (→ § 22 Rn. 17).

11 **Weitere Zielvorgaben** für die Förderung ergeben sich aus den Querschnittsregelungen zum Wunsch- und Wahlrecht (§ 5), zur Beteiligung von Kindern und Jugendlichen (§ 8), zur Beachtung der Grundrichtung der elterlichen Erziehung (§ 9), zur Berücksichtigung der wachsenden Fähigkeit und des wachsenden Bedürfnisses von Kindern und Jugendlichen zu selbstständigem und verantwortungsbewusstem Handeln (§ 9), zur Berücksichtigung der jeweiligen sozialen und kulturellen Bedürfnisse und Eigenarten junger Menschen und ihrer Familien, zur Förderung der Gleichberechtigung der Geschlechter (§ 9), sowie zur Umsetzung der gleichberechtigten Teilhabe von jungen Menschen mit und ohne Behinderungen (§ 9).

6 Die Konkretisierung des Förderungsauftrags (Abs. 3)

Inhaltlich konkretisiert wird der Förderungsauftrag durch die Trias von Erziehung, Bildung und Betreuung. **Erziehung** steht besonders für die Förderung von eigenverantwortlichem Handeln und sozialem Lernen sowie für Wertevermittlung. **Bildung** ist die umfassende Förderung der kindlichen Kompetenzentwicklung, einschließlich der Sprachentwicklung, die Aneignung von Wissen, Erkenntnis, Können und die Befähigung zur Auseinandersetzung mit der materialen, sozialen und kulturellen Umwelt. **Betreuung** umfasst vor allem die Beaufsichtigung und Versorgung, sowie die emotionale Unterstützung und die umfassende Sorge für das körperliche und seelische Wohl des Kindes. Der Bildungsaspekt hat in der Begründung zum TAG deutlich mehr Berücksichtigung gefunden. Dies entspricht auch dem gemeinsamen Beschluss der Jugend- bzw. Kultusministerkonferenz von 2004 „Gemeinsamer Rahmen der Länder für die frühe Bildung in Kindertageseinrichtungen". Gleichwohl sind die genannten Aspekte letztlich nur analytisch zu trennen, in der Praxis der Förderung von Kindern nach § 22 fließen sie zusammen. 12

Unterstrichen wird der **ganzheitliche Ansatz** dadurch, dass im zweiten Teil von Satz 1 die Entwicklungsdimensionen (soziale, emotionale, körperliche und geistige) angefügt werden, um deren Förderung es insgesamt geht. Die ausdrückliche Erwähnung des Auftrags der **Werte- und Regelvermittlung** zusätzlich zum allgemeinen Erziehungsauftrag verdeutlicht, dass der sozialintegrative Auftrag – bei aller Zurückhaltung gegenüber einer inhaltlichen Fixierung – von Tageseinrichtungen und Kindertagespflege nicht vernachlässigt werden soll. Eine Betreuung, die rein an schulischen und schulergänzenden Zwecken wie zB Hausaufgabenbetreuung oder Vertiefung des im Unterricht gelernten orientiert ist, entspricht dem umfassenden Förderbegriff des § 22 nicht.[4] Auch die stundenweise Betreuung von Kindern in Kaufhäusern oder bei Großveranstaltungen, die lediglich die Betreuung der Kinder sicherstellt, ist keine umfassende Förderung nach § 22. 13

Satz 3 impliziert eine Absage an die Festlegung abstrakter, außerhalb des Kindes liegender Maßstäbe für die Förderung. Die Formulierung konkretisiert das klassische pädagogische Prinzip **„vom Kinde aus"** und trägt der Tatsache Rechnung, dass der Anschluss an die je individuelle Situation des Kindes, an seine Fähigkeiten, Interessen und Bedürfnisse wesentlich ist für die Ausbildung von Leistungsmotivation, für die Erhaltung der kindlichen Neugier und der natürlichen Lernbereitschaft. Die ausdrückliche Erwähnung des ethnischen Hintergrundes als Bezugsgröße steht dafür, dass die muttersprachliche Kompetenz und der kulturelle Bezugsrahmen des Kindes Wertschätzung durch die Tageseinrichtung bzw. die Kindertagespflege erfahren müssen. Zur Herstellung von Chancengleichheit für Migrantenfamilien durch Förderung der Kinder und Unterstützung der Eltern hat die Tagesbetreuung eine besondere Bedeutung. Insgesamt kann die Formulierung des Förderungsauftrags dahin gehend interpretiert werden, dass es hier um die Anlage und Festigung jener grundlegenden Persönlichkeitsdispositionen geht, die Voraussetzung sind für die Entwicklung einer selbstbestimmten, eigenverantwortlichen und gemeinschaftsfähigen Persönlichkeit ebenso wie für die erfolgreiche Bewältigung der gesellschaftlichen Bildungsanforderungen. Dementsprechend müssen in der Ausgestaltung des Auftrags der Tageseinrichtungen und der Kindertagespflege das Personal entsprechend qualifiziert und die organisatorischen Rahmenbedingen geschaffen werden.[5] 14

4 Vgl. BayVGH 21.12.2015 – 12 C 15.2352, NJW 14/2016, 1032; VG Würzburg 29.4.2010 – W 3 K 08.1669; ebenso VG Ansbach 4.6.2009 – AN 14 K 07.02668 u. VG Ansbach 24.1.2007 – AN 14 K 05.03489.

5 Zu inhaltlichen Detailfragen der Förderung vgl. auch das Internetportal www.kindergartenpaedagogik.de bzw. www.bildungsserver.de.

15 Mit der Konkretisierung des **Schutzauftrags bei Kindeswohlgefährdung** haben die Kindertageseinrichtungen entsprechende Verpflichtungen in Vereinbarungen mit dem Jugendamt festgeschrieben (→ § 8a Rn. 97). Damit erhielt die (Mit-)Verantwortung für das Kindeswohl eine erhöhte Aufmerksamkeit, was sich auch in einer größeren Intensität der Zusammenarbeit mit den Eltern niederschlagen muss. Durch das KJSG wurde in § 8 a die Verpflichtung zur Vereinbarung auf die Kindertagespflege erweitert (→ § 8a Rn. 116). Diese Umsetzung einer langjährigen Forderung schließt eine Lücke beim Schutzauftrag.[6]

7 Weiterentwicklung von Qualitätssicherungsmaßnahmen (Abs. 4)

16 Nach einem mehrjährigen Dialogprozess mit Experten von Verbänden und der Wissenschaft aus dem Handlungsfeld Kindertagesbetreuung wurde im November 2016 der in der Arbeitsgruppe „Frühe Bildung" von Bund und Ländern unter Einbeziehung der Kommunalen Spitzenverbände erstellte Zwischenbericht „Frühe Bildung weiterentwickeln und finanziell sichern" vorgestellt. Auf dieser Grundlage hat die Jugend- und Familienministerkonferenz am 18./19.5.2017 das Eckpunktepapier „Frühe Bildung weiterentwickeln und finanziell sichern – Eckpunkte für ein Qualitätsentwicklungsgesetz" beschlossen. Das BMFSFJ hat daraus die Vorlage für ein „Gesetz zur Weiterentwicklung der Qualität und zur Verbesserung der Teilhabe in Tageseinrichtungen und in der Kindertagespflege (KiTa-Qualitäts- und -Teilhabeverbesserungsgesetz – KiQuTG) erarbeitet, welche am 19.9.2018 vom Bundeskabinett verabschiedet wurde. Der Gesetzentwurf ist am 14.12.2018 mit den Stimmen der Regierungsfraktionen sowie mit Zustimmung des Bundesrates beschlossen worden. Das KiQuTG wurde am 31.12.2018 verkündet[7] und trat am 1.1.2019 in Kraft. Mit dem KiQuTG erfolgte durch die Schaffung von Abs. 4 eine Konkretisierung der Verpflichtung der öffentlichen Träger der Kinder- und Jugendhilfe zur **Qualitätssicherung und -entwicklung** nach § 79 a in den Angeboten der Kindertageseinrichtungen und der Kindertagespflege gemäß § 2 Satz 2 Nr. 3. Zudem wurde mit Satz 2 eine verpflichtende Ermächtigung zum Landesrecht hergestellt.

17 Zur Umsetzung der **Qualitätsverbesserung** investiert der Bund rund 5,5 Mrd. Euro in den Jahren 2019 bis 2022. Die Länder konnten ihren Entwicklungsbedarf aus einem Instrumentenkasten mit zehn Handlungsfeldern sowie Maßnahmen zur Entlastung der Eltern bei den Gebühren auswählen. Dazu haben alle Länder in 2019 einen Vertrag mit einem konkreten Handlungs- und Finanzierungskonzept mit dem Bund abgeschlossen. Rund zwei Drittel der von den Ländern verplanten Mittel werden in die qualitativen Handlungsfelder und rund ein Drittel in die Maßnahmen zur Entlastung der Eltern bei den Gebühren fließen. Aufgrund von notwendigen landesinternen Abstimmungen und Gesetzgebungsvorhaben konnte 2019 nur mit einem Teil der Maßnahmen gestartet werden. In § 6 KiQuTG ist ein länderübergreifendes und länderspezifisches Monitoring vorgesehen. Voraussetzung für die erfolgreiche Umsetzung der notwendigen Qualitätsverbesserungen ist allerdings, dass der Bund sich grundlegend und dauerhaft an der Finanzierung des Systems der Kindertagesbetreuung beteiligt. Damit kann dann ab 2022 eine Grundlage für den Abschluss von bundesweit gleichwertigen qualitativen Mindeststandards geschaffen werden. Mit den aktuellen länderspezifischen Zielvereinbarungen besteht die Gefahr, dass die Unterschiede der Länder verfestigt oder gar noch vergrößert werden. Bei den rund 100 Maßnahmen der Bundesländer sind sicherlich zahlreiche sinnvolle Vorhaben enthalten. Allerdings ist das Ziel im KiQuTG nicht nur irgendwie etwas Sinnvolles zu machen, sondern die gleichwertige Weiterentwicklung des Qualitätsprozesses.

6 Vgl. Happe/Saurbier in JHSM Rn. 16.
7 BGBl. I, 2696.

§ 22a Förderung in Tageseinrichtungen

(1) [1]Die Träger der öffentlichen Jugendhilfe sollen die Qualität der Förderung in ihren Einrichtungen durch geeignete Maßnahmen sicherstellen und weiterentwickeln. [2]Dazu gehören die Entwicklung und der Einsatz einer pädagogischen Konzeption als Grundlage für die Erfüllung des Förderungsauftrags sowie der Einsatz von Instrumenten und Verfahren zur Evaluation der Arbeit in den Einrichtungen.

(2) [1]Die Träger der öffentlichen Jugendhilfe sollen sicherstellen, dass die Fachkräfte in ihren Einrichtungen zusammenarbeiten

1. **mit den Erziehungsberechtigten und Kindertagespflegepersonen zum Wohl der Kinder und zur Sicherung der Kontinuität des Erziehungsprozesses,**
2. **mit anderen kinder- und familienbezogenen Institutionen und Initiativen im Gemeinwesen, insbesondere solchen der Familienbildung und -beratung,**
3. **mit den Schulen, um den Kindern einen guten Übergang in die Schule zu sichern und um die Arbeit mit Schulkindern in Horten und altersgemischten Gruppen zu unterstützen.**

[2]Die Erziehungsberechtigten sind an den Entscheidungen in wesentlichen Angelegenheiten der Erziehung, Bildung und Betreuung zu beteiligen.

(3) [1]Das Angebot soll sich pädagogisch und organisatorisch an den Bedürfnissen der Kinder und ihrer Familien orientieren. [2]Werden Einrichtungen in den Ferienzeiten geschlossen, so hat der Träger der öffentlichen Jugendhilfe für die Kinder, die nicht von den Erziehungsberechtigten betreut werden können, eine anderweitige Betreuungsmöglichkeit sicherzustellen.

(4) [1]Kinder mit Behinderungen und Kinder ohne Behinderungen sollen gemeinsam gefördert werden. [2]Die besonderen Bedürfnisse von Kindern mit Behinderungen und von Kindern, die von Behinderung bedroht sind, sind zu berücksichtigen.

(5) Die Träger der öffentlichen Jugendhilfe sollen die Realisierung des Förderungsauftrags nach Maßgabe der Absätze 1 bis 4 in den Einrichtungen anderer Träger durch geeignete Maßnahmen sicherstellen.

1 Bedeutung der Norm

1 Die Regelungen, die wesentlich durch das TAG bzw. das KICK formuliert wurden, präzisieren qualitätsbezogene Aspekte der Förderung in Tageseinrichtungen und konkretisieren damit die Gesamtverantwortung des örtlichen Trägers der öffentlichen Jugendhilfe im Hinblick auf die Förderung von Kindern in Tageseinrichtungen. Normadressat ist der Träger der öffentlichen Jugendhilfe, und da dessen Aufgaben nach § 69 Abs. 3 vom JA wahrgenommen werden, das JA. Die Vorgaben beziehen sich auf den Einsatz von Qualitätsentwicklungsinstrumenten in den Tageseinrichtungen des örtlichen öffentlichen Trägers sowie auf ausgewählte Qualitätsfaktoren wie die Zusammenarbeit mit Erziehungsberechtigten, Tagespflegepersonen und förderungsrele-

vanten Institutionen, die methodische Grundorientierung, die Ausfallbürgschaft für die Ferienzeiten und die Integration von Kindern mit Behinderungen. Außerdem wird dem JA aufgegeben, dafür zu sorgen, dass die Regelungen auch in den Tageseinrichtungen anderer Träger entsprechend umgesetzt werden.

2 Qualitätssteuernde Vorgaben (Abs. 1)

2 Die Jugendämter sollen die **Qualität** – hier gebraucht im Sinne guter Qualität – durch **geeignete Maßnahmen sicherstellen** und weiterentwickeln. Die Qualität der Förderung des Kindes beruht auf vielen Faktoren (ua bzgl. Personalschlüssel, räumliche Ausstattung, Konzept, Methode, Fachkompetenz), die in einem Wechselverhältnis zueinanderstehen und zugleich mit den Ausgangsbedingungen und handelnden Personen variieren. Es geht insofern einerseits darum, die Qualität in einer gegebenen Situation zu gewährleisten bzw. sicherzustellen und andererseits darum, sie auch unter veränderten situativen Anforderungen aufrechtzuerhalten, dh das Förderungsangebot entsprechend weiterzuentwickeln. Geeignet sind Maßnahmen, die das leisten können, wobei die Verständigung darüber, was Qualität ausmacht, als Aufgabe einbezogen ist. Der Gesetzgeber verzichtet auf die Vorgabe konkreter Qualitätsnormen, stattdessen schreibt er mit der pädagogischen Konzeption und der Evaluation notwendige Bestandteile eines geeigneten Qualitätsentwicklungsinstrumentariums vor. Konkretisierungen und Mindestanforderungen sind landesrechtlich zu regeln (§§ 22, 26, 49). Auch in den „Orientierungs- und Bildungsplänen für Kindertageseinrichtungen" haben die Länder in diesem Zusammenhang Rahmenbedingungen entwickelt. Differenziert diskutiert werden Fragen des Qualitätsmanagements bereits im 12. Ki/JuBericht. Er mahnt eine größere Aufmerksamkeit für die Prozess- und Ergebnisqualität in Tageseinrichtungen an und empfiehlt neben einem einrichtungsinternen Qualitätsmanagement die Einbeziehung ausgewählter Qualitätsaspekte in die Berichterstattung des örtlichen öffentlichen Trägers der Jugendhilfe. Außerdem hält er verbindliche überregionale Mindeststandards etwa für den Personalschlüssel und die Qualifikation der Fachkräfte für sinnvoll. Die auf Bundesebene im Rahmen der Umsetzung des KiQuTG erarbeiteten Handlungsfelder zur Qualitätsverbesserung können erst dann bundesweit verbindlich ausgestaltet werden, wenn der Bund sich grundlegend und dauerhaft an der Finanzierung des Systems der Kindertagesbetreuung beteiligt und damit die Grundlage für den Abschluss von bundesweit gleichwertigen qualitativen Mindeststandards geschaffen wird (→ § 22 Rn. 17).

3 Die **pädagogische Konzeption** beschreibt Ziele, Zielgruppen, räumliche, personelle und sächliche Voraussetzungen, Organisationsstruktur, Aufgaben und Verantwortlichkeiten. Sie enthält allgemeine programmatische und methodische Leitlinien sowie Angaben dazu, wer, was, wie, für wen und mit wem und mit welchem Ziel in der Einrichtung tun soll, welche Qualitäten dazu erforderlich sind, wie die Zielerreichung einschließlich der Qualitätsziele festgestellt und wie notwendige Verbesserungen in Gang gesetzt werden. Sie ist zur Prüfung der Voraussetzungen der Erlaubnis für den Betrieb vorzulegen (§ 45 Abs. 3 Nr. 1, § 47 S. 2) und hat die Funktion, **Orientierung** zu geben für das Handeln in der Einrichtung und **Informationen** über das Angebot nach außen zu vermitteln.

Das pädagogische Konzept wird von den Fachkräften in Abstimmung mit Eltern und Träger entwickelt.

4 Die **Evaluation**, dh die Überprüfung und Bewertung der Arbeit bezieht sich auf die Qualität der Konzeption, auf die Qualität der sächlichen, personellen und strukturellen Rahmenbedingungen einschließlich der Personalausstattung, auf die Förderungsaktivitäten bzw. auf das Handeln in der Einrichtung insgesamt und auf das Ergebnis der Arbeit und ggf. auch auf Bedingungen außerhalb der Einrichtung, wie etwa Fachberatungsangebote. Die Evaluation beinhaltet ua die Vereinbarung von nachvollzieh-

baren Kriterien für gute Qualität, von Formen der Dokumentation und von Verfahren der **Verständigung über die Bewertung.** Der Dialogorientierung kommt hier eine besondere Bedeutung zu. Instrumente und Verfahren der Evaluation sind ua angemessen, wenn sie die relevanten Qualitätsaspekte treffend erfassen können, wenn sie den jeweiligen Beurteilern (Fachkräften, Eltern, Kindern, externen Personen) problemlos das Einbringen ihrer Bewertung erlauben und wenn sie möglichst wenig Aufwand verursachen. Bezogen auf die Entwicklung des einzelnen Kindes betonte die Gesetzesbegründung die Bedeutung der **Lern- und Bildungsbiographie** als ein Instrument zur Veranschaulichung der kindseitigen Ergebnisse. Sie stellt diese in den Zusammenhang mit dem Kindeswohl und den Bedürfnissen des Kindes, woraus gefolgert werden kann, dass die Dokumentation des Lernfortschrittes sich nicht an abstrakten Normen orientiert, sondern die **Entfaltung der individuellen Kompetenzen** in den Mittelpunkt stellt. Die Bildungsdokumentationen unterliegen den **Datenschutzregelungen** gem. §§ 61 ff. und dürfen nur mit dem Einverständnis der PSB für andere Zwecke als die Förderung des Kindes in der Einrichtung verwandt werden.

3 Verpflichtung zur Zusammenarbeit mit Eltern und Kindertagespflegepersonen (Abs. 2 Satz 1 Nr. 1)

Abs. 2 weist dem örtlichen öffentlichen Träger der Jugendhilfe und in der Konsequenz dem JA die Aufgabe zu, dafür Sorge zu tragen, dass die Fachkräfte in seinen Tageseinrichtungen mit den Erziehungsberechtigten und darüber hinaus auch mit den ergänzend für ein Kind tätig werdenden Kindertagespflegepersonen zusammenarbeiten. Bei der Sicherung der **Kontinuität des Erziehungsprozesses** geht es um die Vermeidung von Brüchen im pädagogischen Handeln und in den jeweils verfolgten Zielen. Angesprochen ist demnach die auf das einzelne **Kind bezogene Zusammenarbeit.** Dies impliziert, dass der Träger dafür ausreichend Zeit einräumt und den Fachkräften Unterstützung für diese anspruchsvolle Form der Elternarbeit zukommen lässt. 5

4 Verpflichtung zur Zusammenarbeit mit kinder- und familienbezogenen Institutionen (Abs. 2 Satz 1 Nr. 2)

Die Verpflichtung, den Kontakt zu den genannten Einrichtungen sicherzustellen, stellt gegenüber der Rechtslage vor dem TAG einen neuen Akzent dar. Der Hintergrund kann in der fachlichen Debatte um die Entwicklung eines sozialraumbezogenen integrierten Jugendhilfeangebotes und um die Schaffung einer kommunalen Infrastruktur für Familien und Kinder gesehen werden. Die Hervorhebung der Einrichtungen der Familienbildung und -beratung als **Kooperationspartner** entspricht dem Beschluss der Jugendministerkonferenz „Stellenwert der Eltern- und Familienbildung – Stärkung der Erziehungskompetenz der Eltern“ vom Mai 2003. Im Hinblick auf die Erweiterung der Handlungs- und Gestaltungsmöglichkeiten der Kinder ist die Zusammenarbeit mit Einrichtungen und Trägern der **Jugendarbeit** sowie mit der Jugendarbeitsfachkraft beim JA relevant, bezogen auf die Stärkung von Kindern bzw. Eltern in besonderen Problemlagen die Kooperation mit **Erziehungsberatungsstellen** und dem **ASD** der Jugendämter. 6

5 Verpflichtung zur Zusammenarbeit mit der Schule (Abs. 2 Satz 1 Nr. 3)

Die Verpflichtung, die Zusammenarbeit mit der Schule sicherzustellen, um den Kindern einen guten Übergang in die Schule zu sichern, entspricht den gemeinsamen Beschlüssen von Jugend- und Kultusministerkonferenz von 2004 „Gemeinsamer Rahmen der Länder für die frühe Bildung in Kindertageseinrichtungen“ und „Zusammenarbeit von Jugendhilfe und Schule zur Stärkung und Weiterentwicklung des Gesamtzusammenhangs von Bildung, Erziehung und Betreuung“, die differenziert auch den Übergang vom Kindergarten zur Schule aufgreifen. Sie geht auf die Änderungen durch 7 das TAG zurück. Zu den besonderen Anforderungen, die für die Kinder mit dem Übergang verbunden sind, zu den institutionellen Unterschieden und den Anforderungen an die Gestaltung des Übergangs sowie zu entsprechenden Modellversuchen vgl. die Ausführungen unter 5.4.3 des 12. Ki/JuBerichts. Besonderen Stellenwert hat die Sprachförderung, strukturell sollte durch eine gemeinsame Schulentwicklungs- und Jugendhilfeplanung eine auf Dauer angelegte Grundlage aufgebaut werden. Eine Verpflichtung der Schulen (insbes. der Grundschule) zur Zusammenarbeit hängt von den landesrechtlichen Regelungen des Schulrechts ab. Soweit bei der **Gestaltung des Übergangs** die individuellen Bildungsdokumentationen der Tageseinrichtungen verwandt werden sollen, sind die **Datenschutzregelungen** nach §§ 61 ff. zu beachten. Eine Weitergabe an Dritte bzw. eine Nutzung diesen gegenüber kann nur mit Erlaubnis der PSB erfolgen. Äußerste Zurückhaltung bei der Weitergabe der Inhalte ist auch angesichts der Qualität der darin enthaltenen Beurteilungen geboten. Sie sind letztlich subjektiver Natur, können Fehleinschätzungen enthalten oder fehlerhaftes Ergebnis eines Konsensdrucks unter Fachkräften sein.

8 Das Ziel, Brüche bei den Übergängen zu vermeiden, gilt nicht nur für lebensgeschichtlich aufeinander folgende Institutionen, sondern ebenso für die parallele Arbeit, wie sie im Falle der altersgemischten Gruppe bzw. des Hortes und der Schule stattfindet. Dass dieser Aspekt hier besonders erwähnt wird, deutet darauf hin, dass der Gesetzgeber für diese Angebote trotz der Entwicklung der Ganztagsschulprogramme grundsätzlich weiterhin einen Bedarf sieht. Zur Zusammenarbeit mit der Schule → § 81 Rn. 3.

6 Verpflichtung zur Beteiligung der Eltern (Abs. 2 Satz 2)

9 Die Beteiligungsverpflichtung gegenüber den Eltern war vor der Gesetzesänderung durch das TAG auf die Entscheidungen in wesentlichen Angelegenheiten der Tageseinrichtung bezogen. Da sich der Erziehungsanspruch der Tageseinrichtung vom Erziehungsrecht der Eltern ableitet, ist es präziser die Beteiligungsverpflichtung konkret auf Entscheidungen in wesentlichen Angelegenheiten der Förderung des Kindes zu beziehen. Umfasst sind sowohl kindbezogene Einzelentscheidungen wie einrichtungsbezogene Entscheidungen, etwa zur Konzeption, zu Inhalten und Zeitrahmen des Angebots, zur Ausstattung, usw und damit auch die Schaffung förmlicher Organe zur Umsetzung dieser Beteiligung, wie etwa **Elternausschüsse** oder die **Elternversammlung**. Die konkrete Form der Elternbeteiligung (zB Anhörung oder Zustimmung) bleibt landesrechtlichen Regelungen vorbehalten. Die Zusammenarbeit mit den Eltern hat auch für die Verpflichtungen aus § 8a besondere Bedeutung (→ § 8a Rn. 108).

7 Verpflichtende Ausrichtung an den Bedürfnissen der Kinder und Familien (Abs. 3)

10 Abs. 3 formuliert für den öffentlichen Träger der Jugendhilfe verpflichtende Grundanforderungen an die Ausgestaltung des Leistungsangebotes der Tageseinrichtung. Es soll sich pädagogisch, das heißt bezüglich der Ziele, Inhalte, Methoden und Angebotsformen, der Struktur und Gestaltung der Einrichtung und ihres Alltags, sowie organisatorisch, zB bezüglich der bedarfsgerechten Öffnungszeiten, Elternsprechzeiten usw, **an den Bedürfnissen der Kinder und der Familien orientieren**. Kindseitig stehen dabei die physischen und psychischen, emotionalen und sozialen Bedürfnisse, das Bedürfnis nach Selbsttätigkeit und sozialer Anerkennung, nach Anregung und Entfaltung der eigenen Kompetenzen sowie nach Auseinandersetzung mit der Umwelt im Vordergrund; ebenso konkrete Formen der Beteiligung, sowie institutionell verankerte Beschwerdemöglichkeiten (vgl. § 45 Abs. 2 S. 2 Nr. 4). Auf der Seite der Familie etwa die Berücksichtigung der elterlichen Werte und Erziehungsvorstellungen, der sprachlichen und kulturellen Hintergründe der Familie oder des beruflich bedingten Zeitbudgets der El-

tern. Letzteres wird betont durch die Verpflichtung, eine **anderweitige Betreuungsmöglichkeit** sicherzustellen, wenn die Erziehungsberechtigten ihr Kind **während der Ferienzeiten der Einrichtung** nicht selbst betreuen können. Der öffentliche Träger der Jugendhilfe muss entweder durch Vereinbarung mit den Trägern von Einrichtungen (Abstimmung von Schließzeiten und Vereinbarung zur wechselseitigen Kurzaufnahme) oder durch eigenes Angebot eine Lösung für die Betreuung in den nicht abgedeckten Ferienzeiten gewährleisten. Konkret geht es hierbei um Regelungen zu den Schließzeiten der Einrichtungen, da diese nicht immer an Ferien gekoppelt sind. Selbstredend muss die Alternative vereinbar sein mit dem Kindeswohl. Offen bleibt, welcher Aufwand den Eltern zB zur Beförderung des Kindes während den Ferien in eine andere Einrichtung abverlangt werden kann.[1]

8 Verpflichtung zur integrativen Förderung (Abs. 4)

Kinder mit körperlichen, geistigen oder seelischen Behinderungen sollen gemeinsam mit Kindern ohne Behinderung gefördert werden. Auf diesem gesellschaftspolitischen Ziel beruht die mit dem **KJSG** in Abs. 4 formulierte bundesweit regelhafte gemeinsame Erziehung, Bildung und Betreuung von Kindern mit und ohne Behinderung in Kindertageseinrichtungen. Allerdings ist die gemeinsame Förderung von behinderten und nicht behinderten Kindern in Tageseinrichtungen aufgrund der langjährigen strukturellen Barrieren zwischen Jugendhilfe und Sozialhilfe bisher nicht der Regelfall. Durch die systematische gesetzliche Neuordnung zum Ausbau einer inklusiven Angebotsstruktur mit einer stärkeren Binnendifferenzierung der Regelangebote soll das Nebeneinander von Regel- und Sondereinrichtungen überwunden werden. 11

Zur **Entwicklung einer integrativen Angebotsstruktur** bei der Planung, konzeptionellen Ausgestaltung und Finanzierung des Angebots arbeiten die Kindertageseinrichtungen, das JA und andere beteiligte Rehabilitationsträger zusammen (→ § 22 Rn. 10). 12

9 Sicherstellungsauftrag des örtlichen Trägers (Abs. 5)

Nachdem die bundesgesetzlichen Regelungen nur den Träger der öffentlichen Jugendhilfe entsprechend binden können, wird diesem auferlegt, im Zuge seiner Gesamtverantwortung durch geeignete Maßnahmen sicherzustellen, dass die Förderung in den Einrichtungen anderer Träger ebenfalls jene Kriterien erfüllt, für deren Einhaltung das JA nach Abs. 1–4 in seinen Einrichtungen sorgen muss. **Vereinbarungen** sind dabei geeigneter als einseitig festgesetzte Bedingungen in Zuwendungsbescheiden. Es kommt letztlich darauf an, die übrigen Träger einzubinden in den programmatischen Auftrag des öffentlichen Trägers. Dabei ist die Eigenständigkeit im Sinne des § 4 Abs. 1 Satz 2 zu achten (zB beim pädagogischen Konzept, → § 4 Rn. 23). 13

§ 23 Förderung in Kindertagespflege

(1) Die Förderung in Kindertagespflege nach Maßgabe von § 24 umfasst die Vermittlung des Kindes zu einer geeigneten Kindertagespflegeperson, soweit diese nicht von der erziehungsberechtigten Person nachgewiesen wird, deren fachliche Beratung, Begleitung und weitere Qualifizierung sowie die Gewährung einer laufenden Geldleistung an die Kindertagespflegeperson.

1 Vgl. auch VG Koblenz 27.7.2010 – 5 L 914/10.KO.

(2) Die laufende Geldleistung nach Absatz 1 umfasst

1. die Erstattung angemessener Kosten, die der Kindertagespflegeperson für den Sachaufwand entstehen,
2. einen Betrag zur Anerkennung ihrer Förderungsleistung nach Maßgabe von Absatz 2a,
3. die Erstattung nachgewiesener Aufwendungen für Beiträge zu einer angemessenen Unfallversicherung sowie die hälftige Erstattung nachgewiesener Aufwendungen zu einer angemessenen Alterssicherung der Kindertagespflegeperson und
4. die hälftige Erstattung nachgewiesener Aufwendungen zu einer angemessenen Kranken- und Pflegeversicherung.

(2a) [1]Die Höhe der laufenden Geldleistung wird von den Trägern der öffentlichen Jugendhilfe festgelegt, soweit Landesrecht nicht etwas anderes bestimmt. [2]Der Betrag zur Anerkennung der Förderungsleistung der Kindertagespflegeperson ist leistungsgerecht auszugestalten. [3]Dabei sind der zeitliche Umfang der Leistung und die Anzahl sowie der Förderbedarf der betreuten Kinder zu berücksichtigen.

(3) [1]Geeignet im Sinne von Absatz 1 sind Personen, die sich durch ihre Persönlichkeit, Sachkompetenz und Kooperationsbereitschaft mit Erziehungsberechtigten und anderen Kindertagespflegepersonen auszeichnen und über kindgerechte Räumlichkeiten verfügen. [2]Sie sollen über vertiefte Kenntnisse hinsichtlich der Anforderungen der Kindertagespflege verfügen, die sie in qualifizierten Lehrgängen erworben oder in anderer Weise nachgewiesen haben.

(4) [1]Erziehungsberechtigte und Kindertagespflegepersonen haben Anspruch auf Beratung in allen Fragen der Kindertagespflege. [2]Für Ausfallzeiten einer Kindertagespflegeperson ist rechtzeitig eine andere Betreuungsmöglichkeit für das Kind sicherzustellen. [3]Zusammenschlüsse von Kindertagespflegepersonen sollen beraten, unterstützt und gefördert werden.

1 Bedeutung der Norm

1 § 23 ist der Rechtsfolgenseite von § 24 zuzuordnen. Er definiert die **Förderung in Kindertagespflege als Jugendhilfeleistung** und geht in der vorliegenden Fassung wesentlich auf das TAG bzw. in Abs. 2 Nr. 3 auf das KICK zurück. Durch das KiföG wurde der weitere Ausbau der Tagesbetreuung für Kinder im Alter unter drei Jahren betont. In der Gesetzesbegründung wird davon ausgegangen, dass der Kindertagespflege beim Ausbau der Kindertagesbetreuung mit einem geplanten Anteil von (bundesdurchschnittlich) 30 % an den neu zu schaffenden Plätzen eine große Bedeutung zukommt.[1] § 23 spezifiziert den **Inhalt der Leistung** und bestimmt Näheres zur **finanziellen Ausgestaltung** und zu **Qualitätsmerkmalen** der Kindertagespflege. Er etabliert darüber hinaus einen leistungsbezogenen **Beratungsanspruch für Erziehungsberechtigte und Kin-**

1 BT-Drs. 16/9299, 14.

dertagespflegepersonen, eine auf den Einzelfall bezogene **Ausfallbürgschaft** des örtlichen öffentlichen Trägers der Jugendhilfe für die Kindertagespflege sowie eine umfassende **Unterstützungsverpflichtung gegenüber Zusammenschlüssen von Kindertagespflegepersonen.**[2]

Allerdings sind die Rahmenbedingungen für die Kindertagespflege regional weiterhin sehr unterschiedlich ausgestaltet und der geplante Anteil von 30 % beim Ausbau der neu zu schaffenden Plätze für die U 3-Kindertagesbetreuung wurde nicht erreicht.[3]

Zuständig für die Leistung ist der örtliche öffentliche Träger der Jugendhilfe, und da dessen Aufgaben nach § 69 Abs. 3 vom JA wahrgenommen werden, das JA. Die Kindertagespflegeperson ist selbstständig tätig und das zu betreuende Kind ihr persönlich zugeordnet. Zu den Besonderheiten der Organisation einer Großtagespflegestelle, bei der nach Landesrecht die Betreuung von mehr als fünf gleichzeitig anwesenden, fremden Kindern erlaubt werden kann, siehe § 43 Abs. 3 (→ § 43 Rn. 20).

Kindertagespflege ist soweit sie außerhalb des Haushalts der Erziehungsberechtigten 2
während eines Teils des Tages und wöchentlich insgesamt mehr als 15 Stunden, sowie länger als drei Monate stattfindet und gegen Entgelt geleistet wird, **grundsätzlich erlaubnispflichtig** (vgl. § 43). Das gilt für die privat organisierte und die Kindertagespflege als Leistung des Jugendamtes. Im Rahmen der Bestimmungen zur Pflegeerlaubnis werden ggf. weitere qualitative Anforderungen formuliert. Ergänzende Regelungen zur **persönlichen Eignung** der Kindertagespflegeperson (die das JA vermittelt) enthält § 72a. Auch eine nicht nach § 43 erlaubnispflichtige Kindertagespflege (zB wöchentlich weniger als 15 Stunden) ist Kindertagespflege im Sinne der §§ 22–24.[4] Eine Ausweitung der Kindertagespflege über Tag und Nacht („rund um die Uhr") als Ausnahme (bis zu acht Wochen), erfordert keine Erlaubnis nach § 44 Abs. 1 S. 1 (Vollzeitpflege). Im Rahmen des KiföG wurde auch die Unterscheidung zwischen unterhaltspflichtigen (zB Großeltern) und nicht unterhaltspflichtigen Kindertagespflegepersonen gestrichen. Unklar bleibt das Verhältnis (selbstständige oder unselbstständige Tätigkeit), wenn die Kindertagespflegeperson nur die Kinder einer Familie im Haushalt der PSB betreut.

Details zu Art und Umfang der **Leistungsverpflichtung** regelt § 24. 3

Soweit nach § 4 Abs. 2 Teile der Leistung von Trägern der freien Jugendhilfe erbracht 4
werden, hat das JA zB durch Vereinbarung die Einhaltung der Qualitätsvorgaben und der Regelungen nach §§ 22 bis 24 sicherzustellen.

Im Zusammenhang mit der Weiterentwicklung der Kindertagespflege durch das KICK 5
gehört auch eine Änderung des SGB VII, nach der in der **gesetzlichen Unfallversicherung** nun auch Kinder versichert sind, die durch geeignete Kindertagespflegepersonen im Sinne von § 23 SGB VIII betreut werden.

2 Inhalt der Leistung (Abs. 1)

Der Schwerpunkt der Kindertagespflege liegt nach der Intention des Gesetzgebers und 6
der Umsetzungspraxis (laut amtlicher Statistik) bei Kindern in den ersten Lebensjahren (siehe Zugangsregelungen § 24 Abs. 1 bis 3). Grundsätzlich ist Kindertagespflege allerdings für Kinder aller Altersstufen eine eigenständige oder ergänzende Förderleistung. Abs. 1 definiert den Leistungsinhalt durch das JA. Die **Vermittlung des Kindes** zu einer geeigneten Kindertagespflegeperson ist wesentlicher Bestandteil der Leistung. Sie richtet sich an die Erziehungsberechtigten, erfolgt durch das JA oder durch einen vom JA damit beauftragten Träger (nach § 4 Abs. 2) aus dem Kreis der geeigneten

---

2 Umfassende Hinweise siehe auch unter www.handbuch-kindertagespflege.de.
3 S. 14. Ki/JuBericht, BT-Drs. 17/12200, 312.
4 So auch Mrozynski SGB VIII Rn. 4.

Kindertagespflegepersonen (durch VA des JA, wenn die **Kindertagespflegeperson geeignet** ist, also den Anforderungen des § 23 Abs. 3 entspricht). Die Vermittlung ist nur notwendig, soweit eine geeignete Kindertagespflegeperson nicht durch die Erziehungsberechtigten selbst nachgewiesen wird. Nicht explizit angesprochen ist im Rahmen der Vermittlung die **Eignung für das spezifische Kind** oder die spezifische Familie. Dieses Kriterium für die Vermittlung ergibt sich aus dem Bezug auf § 22 Abs. 2 und 3 sowie § 24 Abs. 1 S. 3.

7 Die **fachliche Beratung, Begleitung und weitere Qualifizierung der Kindertagespflegepersonen** gehören ebenfalls zur Leistung.

8 Die Beratungsverpflichtung erstreckt sich auf alle Kindertagespflegepersonen, die auf der Basis von § 24 tätig werden. Das JA wird aber nicht nur auf Anfrage aktiv, vielmehr bietet es eine regelmäßige institutionalisierte Unterstützung, dh Begleitung etwa in Form von regelmäßigen betreuten Treffen oder von Fachveranstaltungen an. Da Kindertagespflege mit den Tageseinrichtungen zu einem Netz zusammenwachsen soll, ist eine Anbindung der fachlichen Begleitung wie auch der Fortbildung an die Kindertagesstätten in Erwägung zu ziehen.

9 Die weitere Qualifizierung, dh die **Fortbildung** fällt ebenfalls in die Zuständigkeit des Jugendamtes, kann aber wie die vorgenannten Leistungsbestandteile gem. § 4 Abs. 2 von Trägern der freien Jugendhilfe ggf. auch durch kreisangehörige Gemeinden und Gemeindeverbände, die nicht örtliche Träger sind, übernommen werden.

10 Die Gewährung der laufenden **Geldleistung** erfolgt gemäß Abs. 1 iVm Abs. 2 und Abs. 2 a als Bestandteil der Leistung Kindertagespflege nach Maßgabe von § 24; nach § 24 Abs. 1 für ein Kind vor Vollendung des ersten Lebensjahres auf der Basis der Feststellung des Jugendamtes, dass Kindertagespflege für seine Entwicklung zu einer eigenverantwortlichen und gemeinschaftsfähigen Persönlichkeit geboten ist bzw. ein berufs- oder ausbildungsbedingter Bedarf der Erziehungsberechtigten vorliegt. Die **Kindertagespflegepersonen** haben einen **Anspruch** auf die laufende Geldleistung nach Abs. 2. Dies kann aus § 23 Abs. 1 und 2, insbesondere aus der Nennung der Geldleistung in einer Reihe mit anderen an die Kindertagespflegeperson gerichteten Leistungen in § 23 Abs. 1 gefolgert werden.[5] Der örtliche Träger der Jugendhilfe ist zu ihrer Zahlung an die Kindertagespflegeperson verpflichtet und zwar unabhängig davon, ob die Kindertagespflegeperson vermittelt oder von den Eltern nachgewiesen wurde. Es besteht die Möglichkeit, die Eltern gem. § 90 Abs. 1 S. 1 Nr. 3 an den Kosten zu beteiligen (→ § 90 Rn. 5).[6] Eine direkte Zahlung der Eltern an die Kindertagespflegeperson ist nicht vorgesehen.[7] Eltern haben auch keinen Anspruch auf Erstattung ihrer Aufwendungen für eine Kindertagespflegeperson.[8] Unklar bleibt die Möglichkeit von einem zusätzlichen privaten Geldbetrag der Eltern an die Kindertagespflegeperson, da das SGB VIII hierzu keine Regelung vorsieht (Grundrecht auf Freiheit der Berufsausübung).[9]

11 Im **umfassenden Sinne** des § 23 Abs. 1 wird Kindertagespflege nur für unter 3-Jährige geleistet. Darüber hinaus bei besonderem Bedarf oder als Ergänzung einer Tageseinrichtung nach § 24 Abs. 3 und 4.

---

5 Vgl. OVG NRW 30.8.2016 – 12 A 599/15; OVG Bln-Bbg 26.4.2016 – 6 A 4/15; OVG NRW 22.8.2014 – 12 A 591/14, juris Rn. 46.
6 Vgl. OVG NRW 30.3.2012 – 12 A 1995/11.
7 OVG Lüneburg 5.3.2013 – 4 PA 35/13.
8 Vgl. VG Münster 17.4.2012 – 6 K 2869/10.
9 So VG Bremen 10.7.2014 – 3 K 1064/13, JAmt 2014, 466–469.

3 Bestandteil der laufenden Geldleistung (Abs. 2)

Nach Abs. 1 hat die Kindertagespflegeperson einen Rechtsanspruch auf eine laufende (idR monatliche) Geldleistung. Abs. 2 benennt die Zusammensetzung. Sofern die Beträge nicht durch Landesrecht bestimmt werden, muss das JA eine Festlegung der Höhe vornehmen. Davon zu trennen ist ggf. der Anspruch durch das JA auf Kostenbeteiligung der Eltern. 12

Nr. 1 beinhaltet die Erstattung der angemessenen Kosten für den **Sachaufwand** einer Kindertagespflegeperson, also zB der Kosten für Lebensmittel, Pflegeutensilien, Spiel- und Förderungsmaterialien, Ausstattung, Miete und Verbrauchskosten (Strom, Wasser, Müllgebühren) usw sowie Fahrtkosten und Wegezeitentschädigungen für Kindertagespflegepersonen, die im Haushalt der PSB tätig sind. Die Relativierung durch das Attribut „angemessen" erlaubt eine nach Zeitrahmen und Aufwendungsbestandteilen der Betreuung differenzierte **Pauschalierung**. Allerdings muss eine Kalkulation in nachvollziehbarer Form vorliegen. Eine jährliche Fortschreibung ist angebracht.

Bestandteil nach Nr. 2 ist ein **Anerkennungsbetrag** (kein Gehalt oder Entgelt) für die Förderungsleistung. Gemäß Abs. 2 a S. 2 ist dieser leistungsgerecht auszugestalten. Außer dem zeitlichen Umfang sind die Zahl der betreuten Kinder sowie deren Förderbedarf (und somit uU die Qualifikation der Kindertagespflegeperson) zu berücksichtigen. Die Mindesthöhe ist nicht benannt.

Neben der Erstattung nachgewiesener Aufwendungen für die **Unfallversicherung**[10] ist 13
nach Nr. 3 die hälftige Erstattung nachgewiesener Aufwendungen zu einer angemessenen **Alterssicherung** (über eine freiwillige Versicherung in der gesetzlichen Rentenversicherung oder eine private Versicherung) Bestandteil der laufenden Geldleistung.[11]

Neu eingefügt wurde durch das KiföG die hälftige Erstattung nachgewiesener Auf- 14
wendungen zu einer angemessenen **Kranken- und Pflegeversicherung**. Durch das KiföG wurde in § 10 Abs. 1 Satz 3 SGB V bestimmt, dass die Betreuung in Kindertagespflege von bis zu fünf gleichzeitig anwesenden, fremden Kindern nicht als hauptberufliche selbstständige Tätigkeit iSd § 10 Abs. 1 Satz 1 Nr. 4 SGB V angesehen wird. Diese Regelung, die ursprünglich bis 31.12.2013 befristet war, wurde bis 31.12.2018 verlängert und besteht seit dem 1.1.2019 nicht mehr. Da seit Beginn des Jahres 2019 die hohe Mindestbemessungsgrundlage für hauptberuflich selbständig Tätige entfallen ist, wirkt sich das Auslaufen der Sonderregelung auf der Beitragsseite jedoch nicht negativ aus. Als angemessene Aufwendung ist eine freiwillige Versicherung im Rahmen der gesetzlichen Kranken- und Pflegeversicherung anzusehen oder ein vergleichbarer angemessener privater Versicherungsschutz.[12] Voraussetzung ist, dass Kinder von der Kindertagespflegeperson betreut werden, für die das JA vorab den Zugang zur öffentlich finanzierten Kindertagespflege bewilligt hat.[13]
Die Erstattungen nach Abs. 2 Nr. 3 und 4 sind **steuerfrei**.

---

10 Als Maßstab der Angemessenheit kann hier die Höhe des jährlichen Beitrags zur gesetzlichen Unfallversicherung gelten; die „Angemessenheit" war vor der Klarstellung mit dem KJSG zwar nicht explizit als Kriterium erwähnt, konnte aber im Rahmen einer öffentlichen Fürsorgeleistung als legitim unterstellt werden, vgl. Struck in Wiesner Rn. 33.

11 S. a. LSG Nds-Brem 3.6.2015 – L 2 R 376/13 und VG Schleswig-Holstein 11.2.2010 – 15 A 162/09.

12 Vgl. NdsOVG 18.8.2018 – 10 KN 3/18; VG Stuttgart 30.7.2012 – 7 K 3281/10 und VG Stuttgart 30.7.2012 – 7 K 3/11.

13 Siehe VGH BW 8.4.2014 – 12 S 1927/12, juris Rn. 37 und VGH BW 8.4.2014 – 12 S 1925/12, juris Rn. 33; VG Aachen 13.3.2012 – 2 K 589/11.

4 Höhe der laufenden Geldleistung (Abs. 2a)

15 Soweit Landesrecht nichts anderes bestimmt, wird die Höhe der laufenden Geldleistung vom örtlichen Träger der öffentlichen Jugendhilfe festgelegt. Dessen Aufgaben werden vom JA wahrgenommen, und da es sich bei der Festsetzung der entsprechenden, leistungsgerechten Pauschalen anders als bei der Gewährung nicht um ein Geschäft der laufenden Verwaltung handelt, ist sie eine **Angelegenheit des Jugendhilfeausschusses.**

Die Festlegung der Höhe der laufenden Geldleistung setzt voraus, dass zwischen den einzelnen Bestandteilen der laufenden Geldleistung differenziert wird und die jeweiligen Bestandteile der zu gewährenden Geldleistung ihrer Höhe nach bestimmt werden.[14]

Der Betrag zur Anerkennung der Förderleistung ist leistungsgerecht auszugestalten. Es geht hierbei um die Bezahlung der von der Kindertagespflegeperson zu erbringenden Erziehungs-, Bildungs- und Betreuungsleistung. Als Berechnungshilfe kann die Kostenschätzung des Bundes für den Ausbau der Kindertagesbetreuung und zur Höhe des Betreuungssatzes in der Kindertagespflege aus der Begründung zum KiföG[15] herangezogen werden.[16] In angemessenem Umfang können auch Zuschläge für außergewöhnliche Betreuungszeiten (zB nach 18 Uhr und vor 7 Uhr) geleistet werden.

Die Kindertagespflegeperson hat gegenüber dem JA einen Anspruch auf die volle Geldleistung. Rechtswidrig ist eine Verrechnung mit der Kostenbeteiligung der Eltern und somit eine Verlagerung der Beitreibung der Kostenbeteiligung vom JA auf die Kindertagespflegeperson.[17]

5 Eignung der Kindertagespflegeperson (Abs. 3)

16 Die **Eignung der Kindertagespflegeperson** wird nach § 43 idR im Rahmen der Erteilung der Pflegeerlaubnis festgestellt und bestätigt. Dafür zuständig ist nach § 87a der örtliche öffentliche Träger der Jugendhilfe und damit das JA, in dessen Bereich die Kindertagespflegeperson ihren gA hat. Da für die Förderung des einzelnen Kindes keine Mindestbetreuungsdauer festgelegt ist, sollte hierzu im Erlaubnisvorbehalt Bezug genommen werden. Es erscheint zumindest zweifelhaft, ob der in § 22 Abs. 3 festgeschriebene Förderungsauftrag zur Erziehung, Bildung und Betreuung des Kindes bspw. in einem Umfang von 1 bis 4 Stunden pro Wochen tatsächlich realisiert werden kann, oder ob es bei dieser Form nicht vielmehr um reine Betreuung und Beaufsichtigung geht.

17 **Ausgenommen vom Erlaubnisvorbehalt** ist die Kindertagespflege im Haushalt der PSB. Darüber hinaus kann es Fälle geben, in denen Kindertagespflegepersonen länger als drei Monate regelmäßig in geringerem Umfang als 15 Wochenstunden tätig werden (zB wenn die Öffnungszeiten einer Einrichtung dem Bedarf im Einzelfall nicht entsprechen können). Für beide Fälle ist die Eignung ggf. unabhängig von einer Pflegeerlaubnis festzustellen. Dafür ist das JA, das die betreffende Person als Kindertagespflegeperson vermittelt (bzw. in dessen Auftrag die Kindertagespflegeperson vermittelt wird) oder die nachgewiesene Person als Kindertagespflegeperson anerkennt, zuständig.

18 Für **Kindertagespflegepersonen, die keiner Erlaubnis bedürfen,** gelten die gleichen Eignungskriterien wie für jene, die eine Pflegeerlaubnis brauchen. Die **Eignungskriterien**

14 Siehe NdsOVG 20.11.2012 – 4 KN 319/09.
15 BT-Drs. 16/9299, 21 f.
16 Siehe VGH BW 15.11.2013 – 12 S 352/12, DÖV 2014, 172; VG Stuttgart 16.12.2011 – 7 K 956/10.
17 Vgl. VG Oldenburg 21.2.2011 – 13 A 2020/10.

in Abs. 3 stimmen wörtlich mit jenen des § 43 Abs. 2 überein. Gemeinsam ist ihnen entsprechend die Schwierigkeit, sie für die Praxis handhabbar zu machen.

Geeignete Kindertagespflegepersonen zeichnen sich ua durch ihre Persönlichkeit aus. 19
Eine Grundvoraussetzung ist die **Unbescholtenheit** im Sinne des § 72a, das heißt vom JA vermittelte Kindertagespflegepersonen dürfen nicht vorbelastet sein durch Strafen wegen Vergehens gegen die sexuelle Selbstbestimmung, wegen Verletzung der Fürsorge- und Erziehungspflicht, der Misshandlung Schutzbefohlener oder ähnlicher Taten, die im Widerspruch stehen zu den Anforderungen an ihre Tätigkeit (um auszuschließen, dass entsprechend vorbelastete Personen vermittelt werden, gibt § 72a die Einforderung eines polizeilichen Führungszeugnisses vor; → § 43 Rn. 14). Darüber hinaus gehören zur persönlichen Eignung Dispositionen und Kompetenzen, die nötig sind, um die Grundsätze der Förderung nach § 22 Abs. 2 und Abs. 3 erfüllen zu können. Als persönlich ungeeignet für die Kindertagespflege können etwa Menschen gelten, die unzuverlässig oder verantwortungslos sind, die erhebliche Kontaktschwierigkeiten oder Kommunikationsprobleme haben, die psychisch labil sind, Menschen mit mangelnder Affektkontrolle, aggressive Menschen, Personen, die sehr empfindlich auf Kritik reagieren, die keine Aufmerksamkeit für Kinder haben, keine Verständigungsebene mit ihnen herstellen können, oder in ihrer emotionalen Ausdruckfähigkeit erheblich gestört sind (→ § 43 Rn. 12).

Im Hinblick darauf, dass die Erlaubnisbehörde die Feststellung der mangelnden Eignung mit konkret **nachweisbaren Tatsachen** begründen muss, kann die vorstehende Aufzählung nur einen Aufmerksamkeitshorizont abstecken, das Problem der rechtsfähigen Begründung einer Ablehnung ist mit Bezug darauf noch nicht gelöst (→ § 44 Rn. 15). 20

Die **Bereitschaft** – zu ergänzen ist die Fähigkeit – **zur Zusammenarbeit mit Erziehungsberechtigten und anderen Kindertagespflegepersonen** ist zwischen persönlicher Eignung und Sachkompetenz anzusiedeln, ein Kriterium dafür ist abgesehen von einer entsprechenden Erklärung der Kindertagespflegeperson im Vorhinein allenfalls ihre Fähigkeit, adressatenangemessen kommunizieren zu können. Unkonkret ist die Verpflichtung zur Zusammenarbeit mit dem JA.[18] Eine fehlende Bereitschaft stellt zumindest die Sachkompetenz der Kindertagespflegeperson in Frage. 21

Im Hinblick auf das Ziel, Kindertagespflege gleichrangig neben der Förderung von Kindern in Tageseinrichtungen zu etablieren, bleiben die Bezugspunkte für die Feststellung der fachlichen Eignung zu diffus. Für die inhaltliche Konkretisierung der erforderlichen **Sachkompetenz** muss der Bezug hergestellt werden zu den Förderungsgrundsätzen nach § 22 Abs. 2 und 3. Kindertagespflegepersonen sollen in ihrer Arbeit diesen Grundsätzen folgen und brauchen die dazu erforderlichen Kenntnisse und Kompetenzen. Da der Anspruch darin besteht, die Erziehung und Bildung in der Familie zu unterstützen und zu ergänzen, müssen Kindertagespflegepersonen mehr Kenntnisse und Kompetenzen mitbringen, als sie heute regelhaft bei den Eltern vorausgesetzt werden können. Der Begriff der **vertieften Kenntnisse** wird durch den Bezug auf den ebenso unbestimmten Begriff der qualifizierten Lehrgänge nicht konkreter. Erst mit dem Verweis der Gesetzesbegründung auf das vom DJI im Auftrag des BMFSFJ entwickelte, rund 160 Stunden umfassende und im Jahr 2015 auf 300 Stunden erweiterte Curriculum „Qualifizierung in der Kindertagespflege" ergibt sich ein Referenzrahmen für die Bestimmung der erforderlichen Sachkompetenz und der vertieften Kenntnisse. Die dort vermittelten Kompetenzen beziehen sich auf die Förderung der Kinder, auf die Zusammenarbeit mit den Eltern und auf die Gestaltung der Arbeitsbedingungen. 22

18 Siehe VG Göttingen 1.3.2011 – 2 B 22/11.

Der Nachweis über vertiefte Kenntnisse in anderer Weise kann vor allem durch eine einschlägige Ausbildung (zB Erzieherin) erbracht werden.

23 Auch das Kriterium **kindgerechter Räumlichkeiten** lässt sich angesichts der Tatsache, dass Kindertagespflege überwiegend im Privathaushalt der Kindertagespflegeperson stattfindet, kaum standardisieren. Gleichwohl verdient es auch neben allgemeiner Überlegungen zum Raumbedürfnis von Kindern besondere Aufmerksamkeit, da für die Begutachtung der Räume anders als bei Tageseinrichtungen nicht die Mitwirkung bauamtlicher, brandschutztechnischer und gesundheitsamtlicher Aufsicht erforderlich ist.

24 Bei der nicht erlaubnispflichtigen Kindertagespflege **im Haushalt der PSB** entfällt der Aspekt der geeigneten Räumlichkeiten.

6 Beratungsverpflichtung gegenüber Erziehungsberechtigten und Kindertagespflegepersonen (Abs. 4 Satz 1)

25 Abs. 4 dehnt die Beratungsverpflichtung des Jugendamtes auf Erziehungsberechtigte und auf Kindertagespflegepersonen einschließlich jener, die nicht vom JA vermittelt werden, aus. Sie alle haben einen **Rechtsanspruch auf Beratung** in allen Fragen der Kindertagespflege. Die entsprechende Leistung kann von Trägern der freien Jugendhilfe übernommen werden.

26 Zu den Beratungsgegenständen gehört auch die vertragliche Regelung zwischen Erziehungsberechtigten und Kindertagespflegepersonen. Der DV[19] empfiehlt folgende Vertragsgegenstände: Beginn und zeitlicher Umfang der Kindertagespflege, Betreuungsort, laufende Geldleistung (bei öffentlich finanzierter Kindertagespflege ist hier auf die Festsetzung des Jugendamtes zu verweisen), Urlaub, Regelungen der Verlässlichkeit und Flexibilität, unverschuldete Verhinderung der Kindertagespflegeperson, Verhalten bei Unfällen und Erkrankungen des Kindes, Bekleidung und Ernährung des Kindes, besondere gesundheitliche Aspekte, Schweigepflicht der Kindertagespflegeperson bzw. der PSB, Kündigung, Haftpflichtversicherung der Kindertagespflegeperson, Berücksichtigung der Wünsche des Kindes, wechselseitige Verpflichtung zur partnerschaftlichen Zusammenarbeit.[20]

7 Bürgschaft für Ausfallzeiten (Abs. 4 Satz 2)

27 Das JA hat die Verpflichtung, für **Ausfallzeiten einer Kindertagespflegeperson** wie bei § 22a Abs. 3 für Tageseinrichtungen rechtzeitig eine andere Betreuungsmöglichkeit für das Kind sicherzustellen. Gemeint sein können hier nach der Logik der Gesamtlösung nur jene Kindertagespflegepersonen, die im Rahmen einer umfassenden Förderung in Kindertagespflege nach § 24 Abs. 1 und 2 tätig sind. Die Verpflichtung kann das JA nicht auf die Kindertagespflegeperson übertragen.[21]

28 Da auch die Ersatzlösungen im Einklang stehen müssen mit dem Kindeswohl, liegt in der Bedarfsplanung eine erhebliche fachliche und organisatorische Herausforderung. Ihr kann mit der Einrichtung von **Bereitschaftspflegestellen** jedoch vermutlich in den meisten Fällen begegnet werden.

8 Unterstützung der Zusammenschlüsse von Kindertagespflegepersonen (Abs. 4 Satz 3)

29 Der Beratungsauftrag gegenüber den Kindertagespflegepersonen wird ausgedehnt auf ihre Zusammenschlüsse. Das sind nicht nur Verbände wie der Bundesverband für Kin-

19 NDV 2005, 483.
20 Vertragsvorlage s. unter www.bvktp.de.
21 OVG NRW 22.8.2014 – 12 A 591/14, juris Rn. 107.

dertagespflege und seine Untergliederungen, sondern auch entsprechende, nur auf lokaler oder regionaler Ebene tätige Gruppierungen. Zur Beratungspflicht tritt die Verpflichtung zur **Unterstützung und Förderung**, worin **ideelle, fachliche, räumliche und finanzielle** Aspekte eingeschlossen sind. Auch die Zusammenschlüsse können die fachliche Beratung, Begleitung und weitere Qualifizierung der Kindertagespflegepersonen übernehmen und dafür Fördermittel vom öffentlichen Träger erhalten (vgl. § 74 Abs. 1). Im Hinblick auf eine längerfristige Förderung bedarf es allerdings einer Anerkennung nach § 75 als Träger der freien Jugendhilfe.

9 Gleichrangigkeit als kaum einlösbarer Anspruch

Die **Gleichrangigkeit** der Kindertagespflege mit der Förderung in Tageseinrichtungen 30
wird durch die in Abs. 3 geforderten Voraussetzungen, Kenntnisse und Kompetenzen, die im Rahmen eines etwa 160 bzw. 300 Stunden umfassenden Kurses erworben werden können, allerdings **kaum zu gewährleisten** sein. Das Gesetz beschreitet bei der Vergütung und der Qualifizierung von Kindertagespflegepersonen (nur) eine Annäherung an die Rahmenbedingungen des Personals in Tageseinrichtungen. Daraus erwächst für das JA ein Problem für die Einlösung des fachlichen Gewährleistungsanspruchs, wie er mit § 23, insbesondere auch mit den Reglungen des Abs. 3 iVm §§ 22 und 24 gegeben ist.[22] Dies sollte bei der Beratung der PSB nach § 24 Abs. 5 transparent gemacht werden. Allerdings ist grundsätzlich bei der Kindertagespflege das familiennahe Setting und die Bindung an die Kindertagespflegeperson leichter herzustellen, als beim gruppenorientierten Angebot der Kindertageseinrichtung. Die Kindertagespflege ermöglicht eine individuelle Förderung im Rahmen einer zumeist flexiblen Betreuungszeit.

§ 24 Anspruch auf Förderung in Tageseinrichtungen und in Kindertagespflege

(1) [1]Ein Kind, das das erste Lebensjahr noch nicht vollendet hat, ist in einer Einrichtung oder in Kindertagespflege zu fördern, wenn

1. diese Leistung für seine Entwicklung zu einer selbstbestimmten, eigenverantwortlichen und gemeinschaftsfähigen Persönlichkeit geboten ist oder

2. die Erziehungsberechtigten

a) einer Erwerbstätigkeit nachgehen, eine Erwerbstätigkeit aufnehmen oder Arbeit suchend sind,

b) sich in einer beruflichen Bildungsmaßnahme, in der Schulausbildung oder Hochschulausbildung befinden oder

c) Leistungen zur Eingliederung in Arbeit im Sinne des Zweiten Buches erhalten.

[2]Lebt das Kind nur mit einem Erziehungsberechtigten zusammen, so tritt diese Person an die Stelle der Erziehungsberechtigten. [3]Der Umfang der täglichen Förderung richtet sich nach dem individuellen Bedarf.

(2) [1]Ein Kind, das das erste Lebensjahr vollendet hat, hat bis zur Vollendung des dritten Lebensjahres Anspruch auf frühkindliche Förderung in einer Tageseinrichtung oder in Kindertagespflege. [2]Absatz 1 Satz 3 gilt entsprechend.

(3) [1]Ein Kind, das das dritte Lebensjahr vollendet hat, hat bis zum Schuleintritt Anspruch auf Förderung in einer Tageseinrichtung. [2]Die Träger der öffentlichen Jugendhilfe haben darauf hinzuwirken, dass für diese Altersgruppe ein bedarfsgerechtes Angebot an Ganztagsplätzen zur Verfügung steht. [3]Das Kind kann bei besonderem Bedarf oder ergänzend auch in Kindertagespflege gefördert werden.

22 So auch Gerstein ZfJ 2005, 269.

[ab 1.8.2026: *(4) [1]Ein Kind, das im Schuljahr 2026/2027 oder in den folgenden Schuljahren die erste Klassenstufe besucht, hat ab dem Schuleintritt bis zum Beginn der fünften Klassenstufe einen Anspruch auf Förderung in einer Tageseinrichtung. [ab 1.8.2029: [1]Ein Kind hat ab Schuleintritt bis zum Beginn der fünften Klassenstufe einen Anspruch auf Förderung in einer Tageseinrichtung.] [2]Der Anspruch besteht an Werktagen im Umfang von acht Stunden täglich. [3]Der Anspruch des Kindes auf Förderung in Tageseinrichtungen gilt im zeitlichen Umfang des Unterrichts sowie der Angebote der Ganztagsgrundschulen, einschließlich der offenen Ganztagsgrundschulen, als erfüllt. [4]Landesrecht kann eine Schließzeit der Einrichtung im Umfang von bis zu vier Wochen im Jahr während der Schulferien regeln. [5]Über den vom Anspruch umfassten zeitlichen Umfang nach Satz 2 hinaus ist ein bedarfsgerechtes Angebot in Tageseinrichtungen vorzuhalten; dieser Umfang der Förderung richtet sich nach dem individuellen Bedarf. [6]Absatz 3 Satz 3 gilt entsprechend.*]

(4) [ab 1.8.2026: *(5)*] [1]Für Kinder im schulpflichtigen Alter ist ein bedarfsgerechtes Angebot in Tageseinrichtungen vorzuhalten [ab 1.8.2026: *, sofern ein Anspruch nach Absatz 4 nicht besteht*]. [ab 1.8.2029: *[1]Für Kinder ab Beginn der fünften Klassenstufe ist ein bedarfsgerechtes Angebot in Tageseinrichtungen vorzuhalten.*] [2]Absatz 1 Satz 3 und Absatz 3 Satz 3 gelten entsprechend.

(5) [ab 1.8.2026: *(6)*] [1]Die Träger der öffentlichen Jugendhilfe oder die von ihnen beauftragten Stellen sind verpflichtet, Eltern oder Elternteile, die Leistungen nach den Absätzen 1 bis 4 [ab 1.8.2026: *5*] in Anspruch nehmen wollen, über das Platzangebot im örtlichen Einzugsbereich und die pädagogische Konzeption der Einrichtungen zu informieren und sie bei der Auswahl zu beraten. [2]Landesrecht kann bestimmen, dass die erziehungsberechtigten Personen den zuständigen Träger der öffentlichen Jugendhilfe oder die beauftragte Stelle innerhalb einer bestimmten Frist vor der beabsichtigten Inanspruchnahme der Leistung in Kenntnis setzen.

(6) [ab 1.8.2026: *(7)*] Weitergehendes Landesrecht bleibt unberührt.

1 Bedeutung der Norm

1 § 24 regelt **Anspruchsvoraussetzungen und Leistungsverpflichtungen** bezüglich der **Förderung in Tageseinrichtungen und Kindertagespflege.** Seit Inkrafttreten des SGB VIII wurden die Regelungen des § 24 etappenweise geändert. Neben den rechtli-

chen Zugangsvoraussetzungen zu den einzelnen Formen der Tagesbetreuung spiegelt v.a. die Ausgestaltung der Rechtsanspruchsnorm die zunehmende gesellschaftspolitische Bedeutung der Kindertagesbetreuung wieder.

Durch das Schwangeren- und Familienhilfegesetz vom 27.7.1992[1] war § 24 geändert und erstmalig ein Rechtsanspruch auf einen Kindergartenplatz – zunächst nach Maßgabe des Landesrechts und ab 1.1.1996 auch bundesrechtlich – geschaffen worden. Durch das 1. SGB VIII-Änderungsgesetz wurde die Hinwirkungspflicht im Rahmen der Gesamtverantwortung auf die Träger der öffentlichen Jugendhilfe begrenzt. Auf Initiative des Bundesrates wurde § 24 durch das 2. SGB VIII-Änderungsgesetz vom 15.12.1995[2] wiederum neu gefasst. Die neue Regelung erfasste nur noch die Förderung in Tageseinrichtungen, die Förderung in Kindertagespflege ist abschließend in § 23 geregelt worden. Der Rechtsanspruch auf einen Kindergartenplatz wurde grundsätzlich beibehalten. Allerdings wurde in einer Übergangsregelung die Möglichkeit geschaffen, bis zum 31.12.1998 Einschränkungen durch Landesrecht vorzunehmen. Seit dem 1.1.1999 galt der Rechtsanspruch auf einen Kindergartenplatz für Kinder vom vollendeten dritten Lebensjahr bis zum Schuleintritt einschränkungslos. Für Kinder unter drei Jahren und für Schulkinder war kein Rechtsanspruch geregelt. Hier galt die Pflicht, ein bedarfsgerechtes Angebot zu schaffen. Durch das TAG vom 27.12.2003[3] hat § 24 erneut eine grundlegende Änderung erfahren. Die Vorschrift hatte nun wieder die Funktion erhalten, den Zugang zu beiden Formen der Kindertagesbetreuung (Tageseinrichtungen und Kindertagespflege) zu regeln. Für Kinder unter 3 Jahren wurde durch die Verpflichtung zur Vorhaltung eines bedarfsgerechten Angebots an Betreuungsplätzen ein gesetzlich definierter Mindestbedarf gesichert. Die Bundesregierung berief sich bei der Begründung einer gesetzlichen Verbesserung der Kinderbetreuung auf eine Entscheidung des Bundesverfassungsgerichts aus dem Jahr 1998.[4] Eine Übergangsregelung erlaubte einen abgestuften Ausbau auf das in § 24 vorgegebene Niveau bis spätestens 1.10.2010. Im Rahmen des KICK vom 8.9.2005[5] wurde die Beratungs- und Informationspflicht des Jugendamtes über das Platzangebot eingefügt. Durch das KiFöG vom 10.12.2008[6] wurde der mit dem TAG begonnene Ausbau der Tagesbetreuung für Kinder unter drei Jahren weiter ausgestaltet, mit höheren Ausbauzielen verbunden und ein Anspruch auf Förderung bei Vorliegen bestimmter Voraussetzungen festgeschrieben. Der Regelungszweck ist mit einer Neufassung der Norm mit Wirkung ab dem 1.8.2013 verbunden worden. Seither haben alle Kinder ab dem ersten Lebensjahr einen zwingenden **Rechtsanspruch auf Förderung in einer Tageseinrichtung oder in Kindertagespflege**. Folglich trat ab 1.8.2013 die Übergangsregelung des § 24a außer Kraft. § 24 unterscheidet nun in Abs. 1 bis Abs. 4 chronologisch nach Altersstufen.

Für die Planung des Angebots sind über § 24 hinaus die Bestimmungen des § 79, insbesondere Abs. 2 (plurales Angebot) und § 80, hier besonders Abs. 2 (vielfältiges und aufeinander abgestimmtes Angebot) heranzuziehen. Die **Gesamtverantwortung** einschließlich der Planungsverantwortung (§ 79 Abs. 1) und die Gewährleistungspflicht (§ 79 Abs. 2) für die Leistungen liegen beim **örtlichen öffentlichen Träger der Jugendhilfe** (§ 85 Abs. 1).

Auf der Ebene der Leistungserbringung gilt nach § 4 Abs. 2 der bedingte Vorrang der Träger der freien Jugendhilfe.

1 BGBl. I, 1398.
2 BGBl. I, 1229.
3 BGBl. I, 3852.
4 BT-Drs. 15/3676, 21.
5 BGBl. I, 2729.
6 BGBl. I, 2403.

2 Landesrecht kann bestimmen, dass kreisangehörige Gemeinden und Gemeindeverbände, die nicht öffentlicher Träger der Jugendhilfe sind, zur Durchführung von Aufgaben der Förderung von Kindern in Tageseinrichtungen und in Kindertagespflege herangezogen werden. Zudem kann Landesrecht – über die Rechtsansprüche nach § 24 Abs. 2 und 3 hinausgehend – weitere Rechtsansprüche implementieren. Dies betrifft insbesondere § 24 Abs. 1 und 4.[7]

2 Besondere Angebotsverpflichtung gegenüber bestimmten Gruppen von Kindern vor dem ersten Lebensjahr (Abs. 1)

3 Abs. 1 regelt in einer objektiv-rechtlichen Verpflichtung die spezifischen Ausgangsbedingungen zu einer **besonderen Verpflichtung gegenüber einer bestimmten Gruppe von Kindern vor dem ersten Lebensjahr.**

4 Nach S. 1 Nr. 1 geht es um Kinder, bei denen die Leistung für ihre Entwicklung zu einer **selbstbestimmten, eigenverantwortlichen und gemeinschaftsfähigen Persönlichkeit** geboten ist. Dh hier stehen die kindbezogenen Kriterien im Vordergrund. Der mit dem **KJSG** in § 1 Abs. 1 neu definierte Aspekt der Selbstbestimmung wird bereichsspezifisch aufgegriffen (→ § 1 Rn. 3). Eine entsprechende Förderung des Kindes in einer Kindertageseinrichtung oder Kindertagespflege kann zB dann erforderlich sein, wenn die Erziehungsberechtigten durch die Familiensituation überlastet bzw. überfordert sind, oder wenn es aufgrund mangelnder Kompetenzen, persönlicher Probleme oder der sozialen Lage keine oder nur eine unzureichende Förderung des Kindes gibt. Der Bedarf an Entwicklungsförderung ist bzgl. der Perspektive des Kindes zu beurteilen.[8] Der Förderbedarf ist unabhängig davon, ob eine Hilfe zur Erziehung notwendig ist.

5 Nach S. 1 Nr. 2 geht es um Kinder, deren **Erziehungsberechtigte** (zum Begriff → § 7 Rn. 9) durch Erwerbstätigkeit, Ausbildung oder die Teilnahme an einer Maßnahme zur Eingliederung in Arbeit gebunden sind. Das können Alleinerziehende sein, ebenso gemeinsam erziehende Personen.

6 Bezogen auf die Erwerbstätigkeit wird durch die Formulierung ausdrücklich auch die **Aufnahme einer Erwerbstätigkeit** als Kriterium erwähnt, der Intention entsprechend muss auch der **Antritt einer beruflichen Bildungsmaßnahme, Schul- oder Hochschulausbildung** einbezogen sein. Für die Leistung maßgeblich ist das Bestehen oder das Eingehen entsprechender Bindungen. Das JA hat dabei nicht das Recht, die Leistung von zusätzlichen Kriterien abhängig zu machen (wirtschaftliche Notwendigkeit, Erstausbildung oä).

Für die Jugendhilfeplanung geht es bei der Ermittlung des zukünftigen Bedarfs darum, ua die entsprechende Lebensplanung von Erziehungsberechtigten und die Prognosen der Agentur für Arbeit einzubeziehen.

7 Der aus der individuellen Situation nach Abs. 1 S. 1 Nr. 2, also aus den Arbeitszeiten, aus dem Stundenplan, den Zeitplänen des Studiums oder der Weiterbildungsmaßnahme, bzw. der nach S. 1 Nr. 1 aus der konkreten Situation des Kindes und seiner Förderung sich ergebende Bedarf ist maßgeblich für den **Umfang der täglichen Betreuungszeiten**. Der Bedarf nach Nr. 2 ergibt sich aus den entsprechenden Fakten, nach Nr. 1 aus der Beurteilung des Jugendamtes.[9]

8 Für die Zielgruppen, die sich aus Nr. 1 und 2 ergeben, ist der Bedarf an Kindertagespflege vorauszusetzen und ein entsprechendes Angebot vorzuhalten. Dabei geht es nicht nur um die Zahl der Plätze, sondern auch um deren bedarfsgerechte Ausgestaltung, etwa in zeitlicher Hinsicht. Insoweit hat der örtliche öffentliche Jugendhilfeträ-

7 S. hierzu zB § 1 KiTaG Brandenburg.
8 So auch Fischer in SFMK Rn. 39.
9 Zu den Bedarfskriterien s. a. VG Bremen 4.6.2009 – 5 K 3468/07.

ger **konkrete Bedarfserhebungen** anzugehen und dabei freie Träger, kreisangehörige Gemeinden, die Eltern sowie die Agentur für Arbeit umfassend einzubeziehen. Der Begriff des „Bedarfs" ist nicht im Sinne einer faktischen Nachfrage, sondern normativ im Sinn der Erfüllung der leistungsspezifischen wie der allgemeinen Bestimmungen zu verstehen (→ § 79 Rn. 11).

3 Rechtsanspruch für Kinder ab dem ersten Lebensjahr bis zur Vollendung des dritten Lebensjahres (Abs. 2)

Kinder ab dem ersten Lebensjahr bis zur Vollendung des dritten Lebensjahres haben einen **Rechtsanspruch** auf frühkindliche Förderung in einer Tageseinrichtung oder Kindertagespflege. Damit wird dem Kind, das durch die PSB gesetzlich vertreten wird, ein **subjektives öffentliches Recht** (→ § 2 Rn. 6) eingeräumt, das **vor den Verwaltungsgerichten durchsetzbar** (→ Rn. 20) ist. Die Regelung gewährt einen unbedingten Rechtsanspruch. Der Rechtsanspruch ist nach hiesiger Auffassung erfüllt, sobald der Anspruchsberechtigte über einen Betreuungsplatz verfügt.[10] 9

Ausländische Kinder haben einen Rechtsanspruch auf frühkindliche Förderung in einer Tageseinrichtung oder Kindertagespflege, wenn sie rechtmäßig oder aufgrund einer ausländerrechtlichen Duldung ihren gewöhnlichen Aufenthalt im Inland haben (s. § 6 Abs. 2 S. 1).

Der Rechtsanspruch beginnt mit der **Vollendung des 1. Lebensjahres,** dh mit dem 1. Geburtstag. Kinder sind demnach durchgängig während des ganzen Jahres in Tageseinrichtungen oder in Kindertagespflege aufzunehmen.[11] 10

Der Rechtsanspruch nach § 24 erstreckt sich auch auf **behinderte Kinder.** Kinder mit und ohne Behinderungen sollen nach § 22a Abs. 4 in Gruppen gemeinsam gefördert werden (→ § 22a Rn. 11), dazu arbeiten die Tageseinrichtungen für Kinder und Kindertagespflege und der Träger der öffentlichen Jugendhilfe mit anderen beteiligten Rehabilitationsträgern bei der Planung, Ausgestaltung und Finanzierung der Maßnahme zusammen.[12] 11

Aus dem Rechtsanspruch folgt, dass die erforderliche **Kapazität an qualitativ geeigneten Plätzen** vorhanden sein muss. Rechtlich ist der Einwand der Kapazitätserschöpfung unerheblich.[13] Der einklagbare Rechtsanspruch besteht auch unabhängig von der Finanzsituation der Kommunen. Leere kommunale Kassen schränken die Pflicht zur Erfüllung des Rechtsanspruches nicht ein.[14] 12

Der Rechtsanspruch **richtet sich gegen den sachlich** (§ 85 Abs. 1) **und örtlich** (§ 86) **zuständigen Träger der öffentlichen Jugendhilfe** (→ Rn. 23 u. 25); das sind die Stadt- und Landkreise und nach Maßgabe des Landesrechts auch die kreisangehörigen Gemeinden und Städte mit eigenem JA. Sie müssen im Rahmen ihrer Gesamtverantwortung nach § 79 gewährleisten (→ § 79 Rn. 1), dass für jedes Kind, das den Rechtsanspruch hat, **tatsächlich ein Platz zur Verfügung** steht. Ausreichend ist hierfür auch die Zurverfügungstellung eines Platzes in einer Einrichtung eines Trägers der freien Jugendhilfe. Die Höhe der Zahlungspflicht der Eltern ist nach hiesiger Auffassung für 13

10 S. ausführlich Kepert ZKJ 2015, 267.
11 Vgl. dazu Gernstein in GK-SGB VIII Rn. 5.
12 Bis zur Änderung durch das KJSG war für junge Menschen, die körperlich oder geistig behindert oder von einer solchen Behinderung bedroht sind, nach § 10 Abs. 4 (aF) der Vorrang der Eingliederungshilfe nach dem Zwölften Buch vor den Leistungen der Jugendhilfe zu beachten, wenn dem behinderungsspezifischen Bedarf des Kindes im Rahmen des Regelangebots nicht entsprochen werden konnte. Der Vorrang bestand nicht für seelisch behinderte Kinder; → § 35a Rn. 1 u. → § 10 Rn. 2.
13 S. hierzu BVerfG 21.7.2015 – 1 BvF 2/13, NJW 2015, 2399 (2401) u. Rixen NJW 2012, 2839 (2840) u. Lakies in FK-SGB VIII Rn. 26.
14 Meysen/Beckmann Rn. 462.

die Erfüllung des Rechtsanspruchs nicht von Relevanz. Härten können über § 90 Abs. 3 ausgeglichen werden.[15]

14 Mit dem Rechtsanspruch einher geht grundsätzlich das **Wunsch- und Wahlrecht** des Leistungsberechtigten nach § 5. Die Erziehungsberechtigten haben das Recht, im Rahmen des Wunsch- und Wahlrechts die Art der Tagesbetreuung zu wählen, also die Förderung in einer Tageseinrichtung oder die Förderung in Kindertagespflege; ebenso das Recht zwischen verschiedenen Kindergartenträgern, zB kirchlichen oder nichtkirchlichen Trägern, und zwischen verschiedenen Tagesmüttern zu wählen, wenn mit der Wahl und den Wünschen keine unverhältnismäßigen Mehrkosten verbunden sind.[16]

Grundvoraussetzung für dieses Wunsch- und Wahlrecht ist allerdings, dass in der gewünschten Einrichtung bzw. bei der ausgewählten Kindertagespflegeperson **tatsächlich Plätze zur Verfügung stehen**. Das Wunsch- und Wahlrecht gewährt keinen Anspruch auf die Schaffung neuer Angebote.[17] Es besteht zudem kein Recht auf Auswahl eines Platzes aus mehreren Angeboten. Vielmehr wird der Anspruch mit Zurverfügungstellung eines zumutbaren Platzes erfüllt.[18] Die Plätze in der **Kindertagespflege und** den **Tageseinrichtungen** sind dabei als **gleichwertige Angebote** zu sehen.[19] Förderung in einer Tageseinrichtung oder bei einer Kindertagespflegeperson, die nicht bereits vorhanden und verfügbar ist, kann über das Wunsch- und Wahlrecht somit nicht gefordert werden.[20]

Das Wunsch- und Wahlrecht zwischen der Förderung in Tageseinrichtungen und Kindertagespflege ist auch bei der Kostenbeteiligung nach § 90 Abs. 1 S. 1 Nr. 3 zu beachten. Unter Berücksichtigung von zeitlichem Umfang und tatsächlichen Kosten können für unterschiedliche Leistungen differenzierte Beiträge erhoben werden. Zu beachten ist die Gleichrangigkeit der Angebote, das Gebot der Belastungsgleichheit (Art. 3 Abs. 1 GG) und der Verhältnismäßigkeitsgrundsatz (→ Rn. 46).[21]

15 Str., hierzu auch → § 90 Rn. 3 und Kepert ZKJ 2015, 267; VG München 21.1.2015 – M 18K 14.2448, hat die Klage auf Erstattung eines Teils des Beitrags abgewiesen. Auf die Berufung des Klägers hat der BayVGH 22.7.2016 – 12 BV 15.719, das erstinstanzliche Urteil teilweise aufgehoben und dem Grunde nach Aufwendungsersatz zugesprochen. Das BVerwG 26.10.2017 – 5 C 19/16, hat das erstinstanzliche Urteil wiederhergestellt. Aus § 24 Abs. 2 S. 1 folgt nicht, dass bereits bei dem Nachweis eines Betreuungsplatzes die Höhe des dort zu entrichtenden Teilnahmebeitrags für die Inanspruchnahme einer Einrichtung eines freien Trägers zu berücksichtigen ist. Für die Erfüllung des Anspruchs auf Nachweis ist die Höhe des Teilnahmebeitrags ohne Bedeutung. Der Wortlaut des § 24 Abs. 2 S. 1 liefert keinen Anhaltspunkt dafür, dass nur solche Plätze nachgewiesen werden dürfen, für die ein in der Höhe begrenzter Teilnahmebeitrag zu leisten ist. Allerdings ist die Höhe des zu entrichtenden Teilnahmebeitrags von Bedeutung für den mit § 24 Abs. 2 S. 1 verfolgten Zweck, jedem anspruchsberechtigten Kind Zugang zu einer bedarfsgerechten Förderung zu gewährleisten. Ist der Teilnahmebeitrag den Eltern nicht zuzumuten, kann dieser nach § 90 Abs. 4 S. 1 ganz oder teilweise übernommen werden, → § 90 Rn. 19.

16 Vgl. dazu Lakies ZfJ 1996, 301 und VG Gelsenkirchen NVwZ-RR 1998, 437 zum Wahlrecht bei Einrichtungen desselben Trägers.

17 S. Wiesner ZKJ 2014, 458 (461).

18 SächsOVG 12.9.2014 – 1 B 168/14, juris Rn. 6; SächsOVG 1.9.2014 – 1 B 157/14, juris Rn. 7.

19 So auch BVerwG 26.10.2017 – 5 C 19.16, OVG NRW 20.4.2016 – 12 A 1262/14, SächsOVG 24.11.2014 – 1 B 251/14, NdsOVG 6.10.2014 – 4 ME 216/14, SchlHOVG 30.6.2014 – 3 MB 7/14, OVG NRW 17.3.2014 – 12 B 70/14, OVG NRW 5.2.2014 – 12 B 17/14, OVG NRW 14.8.2013 – 12 B 793/13 u. Meysen/Beckmann Rn. 250; aA BayVGH 22.7.2016 – 12 BV 15.719, BayVGH 17.11.2015 – 12 ZB 15.1191, VG Köln 18.7.2013 – 19 L 877/13 u. Rixen NJW 2012, 2839.

20 Vgl. Meysen/Beckmann Rn. 266 u. → § 5 Rn. 5.

21 Vgl. Meysen/Beckmann Rn. 272.

Einrichtungen mit besonderer pädagogischer Ausrichtung wie zB **Waldorfkindergärten** 15
mit überörtlichem Einzugsbereich decken auch den örtlichen Bedarf, wenn ein Nachfragebedarf nachgewiesen ist und sind deshalb im Rahmen einer Jugendhilfeplanung für eine ortsnahe Versorgung mit zu berücksichtigen.[22]

4 Umfang des Rechtsanspruchs U 3

Der Umfang des Rechtsanspruchs auf frühkindliche Förderung nach § 24 Abs. 2 iVm 16
§ 22 Abs. 3 S. 1, also das „Wie" und „Wie lange", lässt sich nicht abstrakt bestimmen, sondern ist stets für den Einzelfall unter Berücksichtigung der festgestellten individuellen kind- und elternbezogenen Bedarfe sowie unter Beachtung des Kindeswohls festzulegen. Bei **der Geltendmachung eines individuellen Bedarfs** müssen objektivierbare Gründe für die hinsichtlich Dauer und/oder Zeitfenster von der Halbtagsbetreuung abweichende Betreuungszeit dargestellt werden. Ein Rechtsanspruch besteht nicht bei jedem persönlichen Wunsch der Erziehungsberechtigten. Ausgeschlossen ist ein über das Regelangebot hinausgehender individueller Bedarf der Eltern, um Freizeitaktivitäten nachgehen zu können.[23] Es besteht eine Pflicht zur Anerkennung eines individuellen Bedarfs, der mit einer Ausbildung oder (Vorbereitung auf eine) Erwerbstätigkeit in Zusammenhang steht. Eine Vollzeitberufstätigkeit zuzüglich üblicher Anfahrtszeit entspricht dem individuellen Bedarf. Mit dem Betreuungsangebot muss auch die Beschäftigung mit flexiblen Arbeitszeiten ermöglicht werden.[24]

Allerdings sind dem **Umfang des Rechtsanspruchs** auch aus Gründen des Kindeswohls 17
Grenzen gesetzt. Hierzu sind allgemeine, vom Einzelfall losgelöste Grundsätze zu beachten:[25]

- Je jünger die Kinder, umso kürzer die Höchstdauer der für das Kind noch förderlichen außerfamiliären Erziehung, Bildung und Betreuung.
- Je länger und/oder flexibler die frühkindliche Förderung, umso größer die Anforderungen an die Qualität und die Bedeutung des Betreuungssettings, vor allem im Hinblick auf die Anwesenheit einer dem Kind gut vertrauten Betreuungsperson.
- Bei einem Mindestumfang Halbtagsbetreuung an mehreren aufeinanderfolgenden Wochentagen fällt Kindern die Integration in eine Gruppe leichter.

Meysen/Beckmann[26] definieren die Höchstdauer der Betreuung auf maximal neun Stunden täglich und 45 Stunden wöchentlich.[27] Erweiterungen sind ggf. bei Übernachtungen von zB 19 Uhr abends bis 7 Uhr morgens möglich.

Die Verpflichtung zu einem **wohnortnahen** bzw. wohnungsnahen **Angebot** lässt sich 18
aus der Gesamtverantwortung des Jugendhilfeträgers (§ 79 iVm § 22 Abs. 3) für ein bedürfnis- und bedarfsgerechtes Angebot begründen. Mit der wohnortnahen Tageseinrichtung oder Kindertagespflege wird dem alterstypischen Aktionsradius der Kinder entsprochen und ihre Auseinandersetzung mit der Umwelt gefördert. Nach § 80 Abs. 2 Nr. 1 sollen bei der Planung von Einrichtungen Kontakte in der Familie und im sozialen Umfeld erhalten und gepflegt werden können. Auch beim Besuch einer Tageseinrichtung muss der bisherige Kontakt des anspruchsberechtigten Kindes mit gleichaltrigen Spielkameraden aufrechterhalten werden können.

Anderseits ist aber auch zu berücksichtigen, dass § 24 zwar die Vereinbarkeit von Familie und Erwerbsleben verbessern soll, jedoch keinen Anspruch auf die zeitlich und örtlich optimale Kinderbetreuung schafft. Die Norm hat nicht zum Ziel, die Belastun-

22 Vgl. NdsOVG NVwZ-RR 1999, 383.
23 So auch Meysen/Beckmann Rn. 186.
24 S. Meysen/Beckmann Rn. 157.
25 Vgl. Meysen/Beckmann Rn. 204.
26 Meysen/Beckmann Rn. 211.
27 Ebenso OVG NRW 14.8.2013 – 12 B 793/13, ZKJ 2013, 423.

gen, die mit Berufstätigkeit unter gleichzeitiger Pflicht, für ein Kind zu sorgen und es zu betreuen, verbunden sind, auf das geringstmögliche Maß zu minimieren. Eltern bleiben für die Betreuung ihrer Kinder verantwortlich und müssen dafür auch bei ihrer Berufsausübung Rücksicht nehmen, insbesondere müssen sie auch längere Wege zur Kinderbetreuung in Kauf nehmen.[28] In der Rechtsprechung wird bisher ein einfacher Weg von 30 Minuten für angemessen erachtet.[29]

5 Rechtsfolgen bei Nichterfüllung des Rechtsanspruchs

19 Die Rechtsfolgen bei Nichterfüllung des Rechtsanspruchs beziehen sich auf den öffentlichen Jugendhilfeträger (→ Rn. 13) und nicht auf den Träger einer Tageseinrichtung, es sei denn beide wären identisch. Deshalb ist der Rechtsanspruch nach § 24 **ausschließlich gegenüber dem örtlichen Träger der Jugendhilfe** geltend zu machen.[30]

20 Der Rechtsanspruch richtet sich auf die Bereitstellung oder Verschaffung eines konkreten Tageseinrichtungs- oder Kindertagespflegeplatzes (→ Rn. 12). Für die Durchsetzung dieses Anspruchs ist der **Verwaltungsrechtsweg maßgeblich** (§ 40 VwGO). Als Klagemöglichkeiten kommt die allgemeine Leistungsklage (Bereitstellung eines Platzes) in Betracht. Hat das JA mit einem ablehnenden Verwaltungsakt einen individuellen Bedarf nicht anerkannt, ist die Entscheidung mit einer Verpflichtungsklage voll gerichtlich überprüfbar.

21 Ist der Jugendhilfeträger nicht in der Lage, im Rahmen seiner Gewährleistungsverpflichtung für die rechtzeitige, erforderliche und geeignete **Bereitstellung eines Platzes** zu sorgen, können auch die Gerichte keinen nicht vorhandenen Platz zusprechen.[31] Allerdings kann der Träger der öffentlichen Jugendhilfe verpflichtet werden, vorübergehend eine **rechtmäßige Erweiterung der Gruppengröße** (Überbelegung) durch das Einholen einer **Ausnahmegenehmigung bei der Aufsichtsbehörde** vorzusehen, oder bei freien Trägern darauf hinzuwirken.[32] Ebenso kann das JA mit der rechtmäßigen **Erweiterung einer Kindertagespflegeerlaubnis** für mehr Kinder weitere Plätze zur Verfügung stellen. Das VG hat auch die Möglichkeit, auf entsprechenden Antrag hin, das JA zur Zuweisung des nächst frei werdenden Platzes oder zur Schaffung eines weiteren Platzes innerhalb einer bestimmten Frist zu verpflichten. Zur Fallkonstellation, dass Eltern nachgewiesene Plätze nicht annehmen wollen s. Beschluss des VG Frankfurt/M. vom 30.8.2013[33] und → Rn. 14.

Da das normale verwaltungsgerichtliche Klageverfahren in der Regel eine erhebliche Zeit dauert, ist zur Gewährung von effektivem Rechtsschutz der Erlass einer einstweiligen Anordnung möglich (§ 123 VwGO). Darzulegen ist das zu sichernde Recht (Anordnungsanspruch) und die besondere Eilbedürftigkeit (Anordnungsgrund). Wenn der Betreuungsbedarf an fünf Tagen in der Woche in einer privaten Kindertagesstätte sichergestellt ist und sich ein Elternteil in Elternzeit befindet, fehlen die Voraussetzungen (Anordnungsanspruch und -grund) für den Erlass einer einstweiligen Anordnung.[34]

22 Auch wenn die gerichtliche Durchsetzung des Rechtsanspruchs auf frühkindliche Förderung, also auf die Verschaffung eines Platzes (sog. Primäranspruch) in vielen Fällen zunächst erfolglos bleiben wird, so ist zu bedenken, dass es sich bei der be-

---

28 S. hierzu VG München 18.9.2013 – M 18 K 13.2256, juris Rn. 69.
29 S. hierzu VGH BW 8.12.2016 – 12 S 1782/15, juris Rn. 42.
30 NdsOVG FEVS 47, 248.
31 Meysen/Beckmann Rn. 390.
32 Vgl. NdsOVG NJW 2003, 1826.
33 VG Frankfurt/M. 30.8.2013 – 7 L 2889/13.
34 S. VG Stuttgart 22.8.2013 – 7 K 2688/13.

gehrten Leistung um ein **Dauerschuldverhältnis** handelt, das auch zu einem späteren Zeitpunkt begonnen werden kann.

Das JA bleibt – über den beantragten Zeitpunkt hinaus bis zur Vollendung des dritten Lebensjahres des Kindes – verpflichtet, die Leistung zu gewähren, also den Platz zu verschaffen. Gleichzeitig hat das Kind – vertreten durch seine Eltern – die Möglichkeit, den Primäranspruch über den beantragten Zeitpunkt hinaus geltend zu machen bzw. ihn gerichtlich einzuklagen.

Steht kein vom Träger der öffentlichen Jugendhilfe geförderter Platz zur Verfügung, so 23
können die Eltern unter bestimmten Voraussetzungen den **Ersatz von Aufwendungen** verlangen, wenn sie selbst eine adäquate Betreuung beschafft haben oder sie können den Schaden ersetzt verlangen, der entstanden ist, weil eine Betreuung des Kindes nicht sichergestellt werden konnte (Sekundäranspruch). Die Amtspflicht, dem Kind bei rechtzeitiger Bedarfsanmeldung einen Betreuungsplatz zur Verfügung zu stellen, schützt auch die Eltern.[35]

In der bisher überwiegenden Rspr. wurde ein **Kostenerstattungsanspruch für eine selbst beschaffte Betreuung** (→ § 36a Rn. 15–27) bisher anerkannt.[36] Das BVerwG hat mit Urteil vom 26.10.2017 allerdings entschieden, dass ein Recht, zwischen dem Nachweis eines Platzes in einer Tageseinrichtung und in Kindertagespflege zu wählen, nicht besteht. Auch besteht kein Wahlrecht zwischen einem (kostengünstigen) Platz in einer Einrichtung eines öffentlich-rechtlichen Trägers und einer (teuren) Betreuung in einer privaten Einrichtung. Der Träger der öffentlichen Jugendhilfe ist bundesrechtlich nicht verpflichtet, dem Kind einen kostenfreien oder zumindest kostengünstigen Betreuungsplatz nachzuweisen.[37]

Ob Haftungsansprüche tatsächlich bestehen und in welcher Höhe, hängt von einer 24
Einzelfallprüfung ab. Bei einer **zulässigen Selbstbeschaffung einer Betreuung** ist der tatsächlich entstandene Aufwand zu ersetzen. Allerdings sind auch hier die allgemeinen Grundsätze der Wirtschaftlichkeit und Sparsamkeit zu beachten. Es besteht eine Pflicht zu wirtschaftlichem Handeln, also zur Kostenbegrenzung, wenn dies möglich und zumutbar ist.

Für den **Ersatz der Kosten** durch selbstorganisierte Betreuung kommen verschiedene 25
Anspruchsgrundlagen in Betracht:[38]

- Folgenbeseitigungsanspruch in Gestalt des Folgenbeseitigungsentschädigungsanspruchs;[39]
- Anspruch auf Kostenersatz gem. § 36a Abs. 3 SGB VIII analog (ausführlich → § 36a Rn. 22–27);
- Anspruch auf Ersatz der Aufwendungen nach den Regeln der öffentlich-rechtlichen Geschäftsführung ohne Auftrag (GoA nach §§ 670, 683, 677 BGB), welcher allerdings auf besondere Eil- und Notfälle beschränkt ist;[40]

35 BGH 20.10.2016 – III ZR 278, 302, 303/15.
36 S. hierzu BVerwG 12.9.2013 – 5 C 35.12; VGH BW 8.12.2016 – 12 S 1782/15 und BayVGH 22.7.2016 – 12 BV 15.719. Kritisch hierzu Kepert ZKJ 2016, 128 und Wiesner ZKJ 2014, 458.
37 BVerwG 26.10.2017 – 5 C 19.16; so auch Kepert bereits in 2015, ZKJ 2015, 267 und ZKJ 2016, 128.
38 Vgl. Rixen NJW 2012, 2839 (2841); Meysen/Beckmann Rn. 407 f.; Mayer, Sekundäranspruch.
39 VG Mainz 10.5.2012 – 1 K 981/11; aA OVG RhPf 25.10.2012 – 7 A 10671/12.
40 Vgl. Lakies in FK-SGB VIII Rn. 28.

- Anspruch auf Schadensersatz wegen Amtspflichtverletzung nach § 839 BGB iVm Art. 34 GG.[41]
- Allerdings hat die Höhe des Elternbeitrags keine rechtlichen Auswirkungen auf die Erfüllung des Rechtsanspruchs, es besteht (nur) ein Anspruch auf eine frühkindliche Förderung in einer Kindertageseinrichtung oder in -tagespflege.[42]

26 Bei der Geltendmachung von Schadensersatzansprüchen ist nicht nur zu prüfen, ob bzw. in welcher Höhe ein **materieller Schaden** eingetreten ist, sondern auch ob der Schaden auf die Nichterfüllung des Rechtsanspruchs zurückzuführen ist (haftungsausfüllende Kausalität). Selbstverständlich trifft die Eltern die Pflicht den möglichen Schaden gering zu halten. Dazu gehört, sich dauerhaft um eine Betreuungsmöglichkeit zu bemühen.

27 Wenn eine Arbeitsstelle nicht angetreten werden kann, weil der Rechtsanspruch auf eine Betreuung des Kindes nicht erfüllt wird, etwa nach der Elternzeit, so ist der **Verdienstausfall** zu ersetzen. Die Beweislast, also der Nachweis, dass eine Stelle tatsächlich hätte angetreten werden können, liegt bei den Erziehungsberechtigten.[43]

28 Durch den von den Kommunen seit langem und vielfach beschriebenen und kritisierten objektiven **Fachkräftemangel** kann unter engen Voraussetzungen ein Verschulden des örtlichen Trägers der öffentlichen Jugendhilfe für eine fehlende Betreuung entfallen. Allerdings nur dann, wenn der Träger der öffentlichen Jugendhilfe auch nachweisen kann, dass er zwar die räumlichen Voraussetzungen für mehr Plätze geschaffen hat, sich aber nachhaltig erfolglos um Fachkräfte bemüht und rückblickend auf längere Sicht alles getan hat, um Kindertagespflegepersonen zu gewinnen und zu schulen.[44] Einschränkungen und eine fehlende Betreuung im Rahmen der temporären Schließung von Kindertageseinrichtungen und Kindertagespflege bei Aufrechterhaltung eines Notbetriebs zur Eindämmung der SARS-CoV-2-Pandemie ab dem Frühjahr 2020 sind nicht auf ein Verschulden des örtlichen Trägers der öffentlichen Jugendhilfe zurückzuführen.

6 Rechtsanspruch auf den Besuch einer Tageseinrichtung für Kinder über 3 Jahren bis zum Schuleintritt (Abs. 3)

29 Auf den Besuch einer Tageseinrichtung besteht vom vollendeten 3. Lebensjahr bis zum Schuleintritt ein **Rechtsanspruch**. Damit wird dem Kind, das durch die PSB gesetzlich vertreten wird, ein **subjektives öffentliches Recht** (→ § 2 Rn. 6) eingeräumt, das **vor den Verwaltungsgerichten durchsetzbar** (→ Rn. 13) ist.

30 Der Rechtsanspruch beginnt mit der **Vollendung des 3. Lebensjahres**, dh mit dem 3. Geburtstag. Kinder sind demnach durchgängig während des ganzen Jahres in Tageseinrichtungen aufzunehmen.

31 Der Rechtsanspruch nach § 24 erstreckt sich auch auf **behinderte Kinder** (→ Rn. 11).

32 Der Rechtsanspruch **endet mit dem Schuleintritt**. Abzustellen ist auf den individuellen tatsächlichen Schuleintritt, der auch nach dem 6. Lebensjahr des Kindes liegen kann.[45]

---

41 Rixen NJW 2012, 2839 (2843); Fischer in SFMK Rn. 30; Georgii NJW 1996, 689 ff.; Lakies ZfJ 1996, 301; LG Leipzig 2.2.2015 – 7 O 1455/14; ablehnend OLG Dresden 26.8.2015 – 1 U 319/15.
42 Str., s. Wiesner ZKJ 2015, 61 (62); Kepert ZKJ 2015, 267 (269).
43 Vgl. Meysen/Beckmann Rn. 514.
44 So auch Meysen/Beckmann Rn. 469.
45 So auch Lakies ZfJ 1996, 299.

7 Umfang des Rechtsanspruchs Ü 3

Der Rechtsanspruch bezieht sich auf den Besuch einer Tageseinrichtung nach § 22 Abs. 1 S. 1. Damit sind neben dem klassischen Kindergarten auch Einrichtungen anderen Typs (zB Kinderhäuser) erfasst, die den gleichen Auftrag erfüllen. 33

Aus der nachfolgenden Ergänzung zum Angebot an Ganztagsplätzen geht hervor, dass Tageseinrichtungen nicht gleichzusetzen sind mit Ganztagseinrichtungen. Der Rechtsanspruch bezieht sich demnach auf Halbtagsbetreuung. Tageseinrichtungen sollen den Eltern nach § 22 Abs. 2 S. 1 Nr. 3 helfen, Erwerbstätigkeit und Kindererziehung besser miteinander vereinbaren zu können. Grundsätzlich sind deshalb **Öffnungszeiten von Tageseinrichtungen bedarfsgerecht zu gestalten**, dh zB auch so, dass die Erwerbstätigkeit eines allein erziehenden Elternteils ermöglicht werden kann.[46] Öffnungszeiten von 8 bis 12 Uhr, wie sie heute noch in vielen Kindertageseinrichtungen als sogenannte Regelangebot üblich sind, entsprechen nicht den Anforderungen, die der Arbeitsmarkt an seine Beschäftigten stellt. Notwendig sind zusammenhängende Öffnungszeiten von mindestens 6 Stunden.[47] 34

Bedarfsgerecht kann für allein erziehende Mütter bzw. berufstätige Eltern auch bedeuten, dass ein **Ganztagsplatz** erforderlich ist. Ein **einklagbarer Rechtsanspruch auf einen Ganztagsplatz besteht jedoch nicht.**[48]Allerdings ist vorzusehen, dass das Kind **bei besonderem Bedarf oder ergänzend** auch in **Kindertagespflege** gefördert werden kann. 35

Während § 24 Abs. 2 für Kinder im Alter unter drei Jahren einen Anspruch auf einen Ganztagsplatz verschaffen kann, besteht nach § 24 Abs. 3 für Kinder von der Vollendung des dritten Lebensjahres bis zum Schuleintritt nur ein Anspruch auf eine halbtägige Betreuung. Dies ist nicht sachgerecht[49] und bedarf einer entsprechenden Änderung. Allerdings ist auch im Gesetz zur ganztägigen Förderung von Kindern im Grundschulalter (**Ganztagsförderungsgesetz** – GaFöG) nicht vorgesehen, die Lücke zwischen frühkindlicher Förderung bis zum dritten Lebensjahr und ganztagsschulischer Förderung zu schließen.[50]

8 Verpflichtung zur Hinwirkung auf ein bedarfsgerechtes Ganztagsangebot für Kinder über 3 Jahren bis zum Schuleintritt (Abs. 3 Satz 2)

Für den örtlichen öffentlichen Träger besteht eine **objektiv-rechtliche Verpflichtung,** darauf hinzuwirken, dass für die in Satz 1 bestimmte Altersgruppe ein **bedarfsgerechtes Angebot an Ganztagsplätzen oder ergänzend Förderung in Kindertagespflege** zur Verfügung steht. Sie gilt in Zusammenhang mit dem Ziel in § 22 Abs. 2 Nr. 3, die Vereinbarkeit von Erwerbstätigkeit und Kindererziehung zu verbessern, sowie mit dem umfassenden Förderungsanspruch nach § 22 Abs. 3. Aus der Formulierung, „ergänzend Förderung in Kindertagespflege" geht hervor, dass dem **Einrichtungsangebot** für diese Altersgruppe ein **Vorrang** eingeräumt wird. 36

Der Bedarf ist nur auf der Basis einer **qualifizierten Jugendhilfeplanung** sachgerecht zu ermitteln. Zu dieser **ist der örtliche Träger der öffentlichen Jugendhilfe nach § 80 verpflichtet.**[51] Er hat dabei § 79, insbesondere Abs. 2 (plurales Angebot), und § 80, hier besonders Abs. 2 (möglichst wirksames vielfältiges und aufeinander abgestimmtes Angebot, besondere Förderung junger Menschen in gefährdeten Lebens- und Wohnberei- 37

46 Ebenso Struck in Wiesner Rn. 58.
47 So auch Struck in Wiesner Rn. 58; Lakies in FK-SGB VIII Rn. 17; Gerstein in GK-SGB VIII Rn. 12; Fischer in SFMK Rn. 12.
48 Vgl. Lakies ZfJ 1996, 299 (301).
49 S. hierzu VGH BW 21.7.2020 – 12 S 1545/20.
50 BT-Drs. 19/29764.
51 So auch Struck in Wiesner Rn. 62 und OVG Saarl NDV-RD 1998, 82.

chen, bessere Vereinbarung von Familienaufgaben und Erwerbstätigkeit für Mütter und Väter) zu berücksichtigen.

9 Vorhaltepflicht für schulpflichtige Kinder (Abs. 4 nF ab 1.8.2026)

38 Im Koalitionsvertrag zwischen CDU, CSU und SPD für die 19. Legislaturperiode wurde die Einführung eines Anspruchs auf **Ganztagsbetreuung für Kinder im Grundschulalter** vereinbart. Der Deutsche Bundestag hat am 11.6.2021 hierzu das Gesetz zur ganztägigen Förderung von Kindern im Grundschulalter (Ganztagsförderungsgesetz – GaFöG) beschlossen.[52] Bis 2029 sollen ca. 1 Mio. neue Betreuungsplätze geschaffen werden, davon ca. 900.000 Ganztagsschulplätze und ca. 100.000 Hortplätze. Entsprechende Mittel in Höhe von mehreren Mrd. Euro wurden mit dem GaFöG bereitgestellt und ein entsprechendes Sondervermögen eingerichtet. Zudem ist eine Veränderung der Umsatzsteuerverteilung zu Lasten des Bundes vorgesehen, um den Ländern ab dem Jahr 2026 Finanzmittel zum Ausgleich der laufenden Belastungen zur Verfügung zu stellen. Der Bundesrat hat in seiner Sitzung am 25.6.2021 beschlossen den Vermittlungsausschuss einzuberufen.[53] Grund der Länder für die Anrufung war die vorgesehene Finanzierung des einzuführenden Anspruches auf Ganztagsbetreuung für Grundschulkinder. Sie kritisierten ua, dass das Gesetz die Verwendung bestimmter Mittel an Investitionen knüpft, durch die zusätzliche Bildungs- und Betreuungsplätze oder räumliche Kapazitäten geschaffen werden. In Ländern, die aufgrund erheblicher eigener Anstrengungen in der Vergangenheit bereits über vergleichsweise hohe Betreuungsquoten verfügen, werde der Fokus aber vermehrt auf der qualitativen Verbesserung der Betreuungssituation liegen. Dies setze keineswegs immer eine räumliche Erweiterung der Einrichtung voraus. Weiter forderte der Bundesrat, dass Finanzierungsanteile Dritter auf den Finanzierungsanteil der Länder angerechnet werden. Außerdem müsse der Kofinanzierungsanteil der Länder bei den Investitionskosten, die die Länder auf 7,5 Mrd. bezifferten, zumindest auf 30 Prozent abgesenkt werden. Bei den Betriebskosten von jährlich 4,5 Mrd. Euro im Endausbau verlangte der Bundesrat eine dynamisierte hälftige Kostenbeteiligung des Bundes. Vertreterinnen und Vertreter von Bund und Ländern haben sich am 6.9.2021 auf Änderungen am GaFöG geeinigt. Der Kompromiss sieht ua vor, dass Finanzhilfen des Bundes auch für die Erhaltung bereits bestehender Betreuungsplätze und nicht nur für die Schaffung neuer Plätze gewährt werden. Außerdem beteiligt sich der Bund mit einer Quote von bis zu 70 Prozent am Finanzierungsanteil der Investitionskosten und nicht, wie ursprünglich vorgesehen, nur bis zu 50 Prozent. Neu vorgesehen sind außerdem Evaluationen der Investitionskosten und Betriebskosten in den Jahren 2027 und 2030, nach denen Mehr- und Minderbelastungen der Länder angemessen ausgeglichen werden. Der Bundestag hat den Einigungsvorschlag des Vermittlungsausschusses am 7.9.2021 bestätigt. Der Bundesrat hat dem Gesetz in seiner Sitzung am 10.9.2021 zugestimmt. Das Gesetz wurde am 11.10.2021 im Bundesgesetzblatt[54] verkündet.

Der neue Abs. 4 sieht mit Wirkung zum 1.8.2026 die Einführung eines bedarfsunabhängigen Anspruchs auf Förderung in einer Tageseinrichtung von mindestens 8 Stunden für jedes Kind ab der ersten Klassenstufe bis zum Beginn der fünften Klassenstufe vor. Anspruchsberechtigt sind Kinder, die ab dem Schuljahr 2026/2027 die erste Klassenstufe besuchen. Der Anspruch wird sodann stufenweise auf die folgenden Klassenstufen ausgeweitet, so dass ab dem Schuljahr 2029/2030 alle Schulkinder der ersten bis vierten Klassenstufe einen Anspruch auf Förderung in einer Tageseinrichtung von mindestens 8 Stunden haben. Der Anspruch gilt an Werktagen nach § 7 Abs. 3 und somit an den Wochentagen Montag bis Freitag; ausgenommen sind die gesetzlichen

52 BT-Drs. 19/29764.
53 BR-Drs. 503/21.
54 BGBl. I, 4602.

Feiertage. Der Anspruch besteht folglich auch während der Ferien und zwar einschließlich der Sommerferien nach der vierten Klasse. Mit der Formulierung „bis zum Beginn der fünften Klassenstufe" wird der Anspruch bundeseinheitlich festgelegt, unabhängig davon, wie das Schuljahr landesrechtlich definiert wird. Es können unterschiedliche pädagogische Konzepte umgesetzt werden, die Kinder durch eine Vielzahl von Maßnahmen besser fördern. So können beispielsweise unterrichtsbezogene Angebote wie die Betreuung von Hausaufgaben oder freizeitorientierte Angebote oder auch ein Mittagessen gewährleistet werden. Ob und in welchem Umfang dieses Angebot in Anspruch genommen wird, bleibt der Entscheidung der Grundschulkinder, vertreten durch ihre PSB, überlassen.

Der Anspruch gilt im zeitlichen Umfang des Unterrichts und der Angebote der Ganztagsgrundschulen als erfüllt. Damit wird zum einen der Vorrang des Kernangebots der Schule, der Unterrichtszeit, klargestellt. Das bedeutet, dass zum Beispiel bei einem vierstündigen Unterricht in der Grundschule der Anspruch des Kindes in diesem Umfang als erfüllt gilt, der Anspruch gegenüber dem zuständigen Träger der öffentlichen Jugendhilfe besteht dann im Umfang der verbleibenden vier Stunden.

Der Anspruch wird nicht an jeder Schule, sondern im Gebiet des Zuständigkeitsbereichs des Trägers der öffentlichen Jugendhilfe erfüllt. Für anspruchserfüllende Angebote gilt die Erlaubnispflicht nach § 45. Gemäß § 45 Abs. 1 S. 2 Nr. 3 besteht davon eine Ausnahme, wenn eine entsprechende gesetzliche Aufsicht besteht. Dazu gehört insbesondere die Schulaufsicht. Bei der Bereitstellung der Angebote sind Kooperationen der Kindertageseinrichtungen oder Schulen mit Dritten, wie zum Beispiel mit Sportvereinen, Musikschulen oder anderen in vergleichbarer Weise geeigneten Kooperationspartnern möglich, wenn im Rahmen des Kooperationsverhältnisses sichergestellt ist, dass die vorgenannten Anforderungen an die Erlaubnispflicht bzw. die gesetzliche Aufsicht erfüllt sind. Sicherzustellen ist dabei unter anderem, dass iSd § 72a einschlägig vorbestrafte Personen nicht beschäftigt werden.

Durch die Formulierung eines Förderungsanspruchs über werktäglich 8 Stunden wird klar geregelt, dass grundsätzlich auch in unterrichtsfreien Zeiten ein Anspruch in diesem zeitlichen Umfang besteht. Die Ausnahme hierzu ist die in S. 4 den Ländern eingeräumte Möglichkeit, über Landesgesetze Schließzeiten im Umfang von bis zu 4 Wochen im Jahr zu regeln. Diese müssen in der Zeit der Schulferien liegen. § 22a Abs. 3 S. 2 findet Anwendung. Die in Abs. 4 S. 4 getroffene Regelung zu möglichen Schließzeiten lässt keine Rückschlüsse auf andere in § 24 geregelte Ansprüche und Verpflichtungen zu; insbesondere nicht im Hinblick auf Einrichtungen in denen Kinder vor dem Schuleintritt betreut werden. Bei individuellen Bedarfen iSv Abs. 1 S. 3, die über 8 Stunden hinausgehen, bleibt die bisher geltende objektiv-rechtliche Verpflichtung bestehen. Der Verweis auf Abs. 3 S. 3 ermöglicht eine Förderung in der Kindertagespflege bei besonderem oder ergänzendem Bedarf. Die Regelung entspricht dem bisherigen Abs. 4, demzufolge für Kinder im schulpflichtigen Alter ein bedarfsgerechtes Angebot in Tageseinrichtungen vorzuhalten ist. Geändert wird allerdings der Anwendungsbereich insofern, als der neue Abs. 5 S. 1 nicht mehr für alle Kinder im schulpflichtigen Alter, sondern nur noch für die Gruppe der schulpflichtigen Kinder ab Beginn der fünften Klassenstufe gilt. In den Jahren des stufenweisen Ausbaus (Beginn des Schuljahres 2026/2027 bis Ende des Schuljahres 2028/2029) gilt der Anwendungsbereich der Norm außerdem für Kinder, die noch keinen Anspruch nach Abs. 4 haben.

Damit wird dem Kind, das durch die PSB gesetzlich vertreten wird, ein **subjektives öffentliches Recht** (→ § 2 Rn. 6) eingeräumt, das **vor den Verwaltungsgerichten durchsetzbar** (→ Rn. 20) ist. Die Regelung gewährt einen unbedingten Rechtsanspruch. Die Rechtsfolgen bei Nichterfüllung des Rechtsanspruchs beziehen sich auf den öffentlichen Jugendhilfeträger (→ Rn. 13) und nicht auf den Träger einer Tageseinrichtung, es sei denn beide wären identisch. Deshalb ist der Rechtsanspruch nach § 24 **ausschließlich gegenüber dem örtlichen Träger der Jugendhilfe** geltend zu machen. Diese stehen in den nächsten Jahren vor der großen Herausforderung der Bereitstellung der erforderlichen Plätze und der entsprechenden Fachkräftegewinnung zur Verwirklichung des Rechtsanspruchs.

Als Folgeänderungen entsprechen die neuen Abs. 6 und 7 inhaltlich § 24 Abs. 5 und 6 aF.

10 Vorhaltepflicht für ein bedarfsgerechtes Angebot für schulpflichtige Kinder (Abs. 4)

39 Die Vorhaltepflicht für Plätze in Tageseinrichtungen und in Kindertagespflege für **Kinder im schulpflichtigen Alter** ist in Abs. 4 geregelt. Es besteht für die Kinder dieser Altersgruppe **kein Rechtsanspruch** auf einen geeigneten Tageseinrichtungsplatz oder auf einen Platz in Kindertagespflege. Der Jugendhilfeträger hat aber **die objektiv-rechtliche Verpflichtung** (→ § 2 Rn. 5), entsprechende **Plätze zur Verfügung zu stellen**. Insoweit ist ergänzend wiederum die Gesamtverantwortung des Jugendhilfeträgers einschließlich seiner Gewährleistungsverantwortung maßgeblich (§ 79). Hieraus sowie aus § 80 resultiert iVm § 24 Abs. 2 seine Verpflichtung, den Bedarf für die genannte Altersgruppe differenziert zu ermitteln und rechtzeitig die erforderlichen und geeigneten Tageseinrichtungsplätze bzw. Kindertagespflegeplätze zur Verfügung zu stellen.

11 Pflicht zur Information über das Angebot und zur Beratung (Abs. 5 Satz 1)

40 Die Jugendämter müssen die potenziellen Nutzer **über das Angebot** an Förderungsmöglichkeiten nach § 22 für die Kinder der unterschiedlichen Altersgruppen sowie über die Konzeption der Einrichtungen **informieren** bzw. dafür sorgen, dass entsprechende Informationen durch Dritte erbracht werden. Entsprechende Daten einschließlich der zentralen Konzeptdaten müssen dem JA bzw. den beauftragten Institutionen jeweils aktualisiert zur Verfügung stehen, dies erfordert eine entsprechende datenverarbeitungstechnische Unterstützung. Die Pflicht, die Eltern bei der Auswahl der Leistungen zu beraten, verdeutlicht, dass die Informationen in Bezug zu setzen sind zu den individuellen Bedürfnissen des Kindes bzw. seiner Familie und dass den Eltern eine entsprechende Unterstützung für die Entscheidung zukommen soll.

12 Landesrechtliche Verpflichtung der Eltern zur Voranmeldung der Inanspruchnahme (Abs. 5 Satz 2)

41 Landesrecht kann bestimmen, dass Eltern das JA oder die beauftragte Stelle innerhalb einer bestimmten Frist vor der **beabsichtigten Inanspruchnahme der Leistung** davon in Kenntnis setzen. Dies ist als ergänzende Regelung zu dem bestehenden Wunsch- und Wahlrecht sinnvoll, da das Angebot bei grundsätzlicher Wahlfreiheit nur auf der Basis entsprechender vorheriger Kenntnis der Nutzungsabsichten bzw. der faktischen Nutzung sachgerecht bewirtschaftet werden kann. Vorgaben wie zB in BW, den Träger der öffentlichen Jugendhilfe in der Regel sechs Monate vor der tatsächlichen Inanspruchnahme des Rechtsanspruchs auf (früh-)kindliche Förderung über die Inanspruchnahme in Kenntnis zu setzen, erscheinen als grundsätzlicher Maßstab geeignet. Soweit keine landesrechtlichen Regelungen existieren, können Kommunen dies auf der Grundlage der Satzungsautonomie nach Art. 28 Abs. 2 GG per Satzung regeln. Wenn allerdings die Aufnahme einer Berufstätigkeit notwendig ist oder vergleichbarer kurzfristiger individueller Bedarf besteht, ergibt sich eine besondere Eilbedürftigkeit. Eltern, die zu ungewöhnlichen Zeiten eine Betreuung benötigen, müssen allerdings längere Vorlaufzeiten zur Prüfung und Schaffung eines Platzes akzeptieren.

13 Bestand weiter gehenden Landesrechts (Abs. 6)

Mit Absatz 6 will der Gesetzgeber verhindern, dass § 24 in jenen Ländern, in denen durch Landesrecht bereits eine weiter gehende Ausstattung an Plätzen für unter 3-jährige bzw. für schulpflichtige Kinder vorgegeben ist, als Aufhebung des weiter gehenden Landesgesetzes interpretiert wird. Er will damit insbesondere einen Beitrag zur entsprechenden **Bestandssicherung** in den östlichen Bundesländern leisten. 42

14 Kostenbeiträge

Der Rechtsanspruch auf Förderung in Tageseinrichtungen und in Kindertagespflege bzw. die Verpflichtung zur Bereitstellung von Plätzen nach Abs. 1–4 schließen die Erhebung von Kostenbeiträgen für die Nutzung von Tageseinrichtungen und Kindertagespflege durch den örtlichen Träger der öffentlichen Jugendhilfe nicht aus. Nach § 90 Abs. 3 ist eine **Staffelung** der Kostenbeiträge, die für die Inanspruchnahme der Tageseinrichtung und der Kindertagespflege zu entrichten sind, nach Einkommensgruppen und Kinderzahl oder der täglichen Betreuungszeit vorzunehmen (→ § 90 Rn. 11). 43

Die Staffelung muss mindestens zwei Gebührenstufen aufweisen (→ § 90 Rn. 12). 44

Eine entsprechende **einkommensabhängige Staffelung** steht nach Auffassung des BVerwG mit vorrangigem Recht, insbesondere Art. 3 Abs. 1 und Art. 6 Abs. 1 GG in Einklang.[55] 45

Bei der **Bemessung** von Kostenbeiträgen ist zu berücksichtigen, dass ihre Höhe die Inanspruchnahme des Angebotes durch die Eltern unter Umständen – je nach den allgemeinen wirtschaftlichen Rahmenbedingungen und den daraus resultierenden konkreten finanziellen Verhältnissen der einzelnen Familien – sehr stark beeinflussen kann. Härten können über § 90 Abs. 4 ausgeglichen werden (→ § 90 Rn. 19). 46

Die Bemessung der Kostenbeiträge muss nach **kostenrelevanten Gesichtspunkten**, zB Ganztages- oder Halbtagesplatz, Gruppengröße, Betreuungsintensität, ausgestaltet werden. Bei der Festsetzung ist auch die Bedeutung, welche dem jeweiligen Angebot zukommt, zu beachten.[56] 47

15 Verhältnis zu den Trägern der freien Jugendhilfe

Nach § 3 Abs. 2 S. 1 erbringen **freie Träger** Leistungen der Jugendhilfe, ua solche der Förderung von Kindern in Tageseinrichtungen und zumindest in Teilaspekten der Kindertagespflege. Unter Berücksichtigung und Anerkennung der Entscheidungsfreiheit der freien Träger können diese vom örtlichen öffentlichen Jugendhilfeträger durch vertragliche Vereinbarungen mit der Erfüllung bestimmter Verpflichtungen nach § 24 betraut werden. Die Gesamtverantwortung des öffentlichen Trägers der Jugendhilfe nach § 79 wird davon nicht berührt. 48

§ 24a [aufgehoben]

§ 24a Bericht zum Ausbaustand der ganztägigen Bildungs- und Betreuungsangebote für Grundschulkinder [in Kraft ab 1.1.2023]

Die Bundesregierung hat dem Deutschen Bundestag jährlich einen Bericht über den Ausbaustand der ganztägigen Bildungs- und Betreuungsangebote für Grundschulkinder vorzulegen.

55 Vgl. BVerwG DÖV 1995, 732; bestätigend: BVerfG ZfJ 1998, 266.
56 BVerwG FEVS 48, 16.

1 Am 1.8.2013 ist die in § 24a Abs. 5 aF geregelte Berichtspflicht der Bundesregierung zum Stand des Ausbaus der Tagesbetreuung für Kinder unter drei Jahren außer Kraft getreten. Die Berichtspflicht hat sich als ein sinnvolles Instrument erwiesen, um Transparenz zu schaffen und die Rechenschaftslegung im parlamentarischen und öffentlichen Raum über die Kindertagesbetreuung zu ermöglichen. Daher soll auch hinsichtlich des Ausbaustands der ganztägigen Bildungs- und Bereuungsangebote für Grundschulkinder die Pflicht der Bundesregierung eingeführt werden, dem Deutschen Bundestag jährlich einen Bericht vorzulegen. Die Erhebungen über die Zahl der Kinder in den Klassenstufen eins bis vier im Primarbereich sind im Zusammenhang mit der Einführung eines Anspruchs nach § 24 Abs. 4 nF erforderlich, um die anspruchsberechtigten Kinder zahlenmäßig erfassen zu können.

§ 25 Unterstützung selbst organisierter Förderung von Kindern

Mütter, Väter und andere Erziehungsberechtigte, die die Förderung von Kindern selbst organisieren wollen, sollen beraten und unterstützt werden.

1 Die vom Gesetzgeber verfolgte **Zielsetzung** der Regelung liegt in der Anerkennung, Stärkung, fachlichen Beratung und Unterstützung durch eine konkrete finanzielle Förderung von **Selbsthilfeinitiativen** von Eltern. Neben den klassischen Einrichtungen zur Tagesbetreuung von Kindern und der familialen Form der Kindertagespflege haben sich Eltern die unterschiedlichsten Formen selbst organisierter Betreuung von Kindern geschaffen.

2 Es besteht eine **allgemeine Verpflichtung der öffentlichen Jugendhilfeträger nach § 4a Abs. 3**, die verschiedenen Formen der Selbsthilfe zu stärken (→ § 4a Rn. 9). § 25 konkretisiert diese Zielvorgabe durch eine differenzierte Soll-Regelung, die wiederum nur den öffentlichen Jugendhilfeträger allgemein verpflichtet.

3 Ein **individueller Rechtsanspruch der einzelnen Selbsthilfeinitiative auf** insbesondere **finanzielle Förderung** in einem **konkreten Umfang** und zu einem bestimmten Zeitpunkt **besteht nicht**; er lässt sich aus § 25 nicht herleiten. Die Jugendhilfe ist eine Aufgabe der kommunalen Selbstverwaltung. Es ist deshalb in das Ermessen der jeweiligen Vertretungskörperschaft (Stadt- und Landkreise) bzw. der Jugendhilfeausschüsse nach Maßgabe des § 71 Abs. 3 Nr. 3 gestellt, wie und in welchem Umfang und zu welchem Zeitpunkt Selbsthilfegruppen gegebenenfalls finanziell gefördert werden. Der Grundsatz der Gleichbehandlung aller Selbsthilfeinitiativen ist zu beachten.

4 Beim Unterstützungsauftrag kommt der **Beratung** der Selbsthilfeinitiativen eine besondere Bedeutung zu, weil sich auch selbst organisierte Formen der Betreuung von Kindern grundsätzlich an den Anforderungen orientieren sollten, wie sie § 74 an die klassischen freien Träger formuliert. Dies gilt insbesondere, soweit Elterninitiativen eine konkrete Finanzierung und die dauerhafte Einbeziehung in die Jugendhilfeplanung fordern. Eine Elterninitiative kann sich auch zu einem Träger der freien Jugendhilfe entwickeln, so dass ggf. § 74 unmittelbar Anwendung findet.

5 Eine **Anerkennung nach § 75** ist **nicht** generell **für die Selbsthilfeinitiativen vorgesehen**. Wenn Selbsthilfeinitiativen eine Jugendhilfeeinrichtung betreiben wollen, gilt § 45 (→ § 45 Rn. 8) und sie bedürfen einer Betriebserlaubnis. Die Beratung des JA sollte sich auch auf diese Verpflichtung erstrecken und Hinweise zur Vereinsgründung, Haushaltsaspekte, Fördermöglichkeiten durch Dritte und Öffentlichkeitsarbeit einbeziehen. Es ist zulässig, für die Beratung und Unterstützung vorauszusetzen, dass die jeweilige Elterninitiative auf eine Entwicklungsförderung von Kindern iSd § 22 abzielt.[1]

1 So auch Fischer in SFMK § 25 Rn. 5.

§ 26 Landesrechtsvorbehalt

[1]Das Nähere über Inhalt und Umfang der in diesem Abschnitt geregelten Aufgaben und Leistungen regelt das Landesrecht. [2]Am 31. Dezember 1990 geltende landesrechtliche Regelungen, die das Kindergartenwesen dem Bildungsbereich zuweisen, bleiben unberührt.

Im Bereich der öffentlichen Fürsorge, dh der Gestaltung des Sozialstaates, liegt die konkurrierende Gesetzgebungskompetenz nach Art. 74 Abs. 1 Nr. 7 GG beim Bund. Dieser verfolgt die Zielsetzung, seine Gesetzgebungskompetenz so zu gestalten, dass durch **Bundesrecht lediglich Rahmenregelungen** geschaffen werden, die durch Landesrecht ergänzbar sind. Den föderalen Besonderheiten und unterschiedlichen Verhältnissen in den einzelnen Bundesländern kann so differenziert Rechnung getragen werden (→ § 69 Rn. 5). 1

S. 1 legt den Auftrag an die Bundesländer fest, das Nähere über Inhalt und Umfang der in den §§ 22 bis 25 geregelten Aufgaben und Leistungen zu regeln. Kein anderer Bereich der öffentlichen Jugendhilfe ist durch landesrechtliche Regelungen so stark ausgestaltet worden wie die Förderung von Kindern in Tageseinrichtungen und Kindertagespflege. Die **Ermächtigung bezieht sich auf:** 2

- die Gewährleistung des Rechtsanspruchs auf frühkindliche Förderung in einer Tageseinrichtung oder in Kindertagespflege vom vollendeten 1. Lebensjahr bis zur Vollendung des dritten Lebensjahrs nach § 24 Abs. 2 und dessen Ausgestaltung nach §§ 22 und 22a;
- das bedarfsgerechte Angebot von Ganztagsplätzen in Tageseinrichtungen und ergänzend Kindertagespflege nach § 24 Abs. 3 S. 2 und die entsprechende Ausgestaltung nach §§ 22, 22a und 23;
- den bedarfsgerechten Ausbau der Plätze in Tageseinrichtungen für Kinder im schulpflichtigen Alter nach § 24 Abs. 4 und deren Ausgestaltung nach §§ 22 und 22a;
- den bedarfsgerechten Ausbau der Infrastruktur für Kindertagespflege nach § 24 Abs. 2 und 3 und dessen Ausgestaltung nach §§ 22 und 23.

Die bedingte Legitimation der Zuweisung des Kindergartenwesens an den Bildungsbereich in Satz 2, die sich speziell auf Bayern bezog,[1] ist verfassungswidrig, da durch einfache Gesetzgebung nicht die grundgesetzliche Kompetenzregelung überspielt werden kann;[2] diese weist in Art. 74 Abs. 1 Nr. 7 GG die Fürsorge und damit auch das Kindergartenwesen[3] dem Bund zu. 3

Vierter Abschnitt Hilfe zur Erziehung, Eingliederungshilfe für seelisch behinderte Kinder und Jugendliche, Hilfe für junge Volljährige

Erster Unterabschnitt Hilfe zur Erziehung

§ 27 Hilfe zur Erziehung

(1) Ein Personensorgeberechtigter hat bei der Erziehung eines Kindes oder eines Jugendlichen Anspruch auf Hilfe (Hilfe zur Erziehung), wenn eine dem Wohl des Kindes

1 Mit Gesetz vom 23.12.1994, GVBl. S. 1047 wurde auch dort die Zuständigkeit wieder auf das Sozialministerium übertragen.
2 Ebenso Wabnitz RdJB 2000, 221; Struck in Wiesner Rn. 5.
3 So BVerfG ZfJ 1998, 266.

oder des Jugendlichen entsprechende Erziehung nicht gewährleistet ist und die Hilfe für seine Entwicklung geeignet und notwendig ist.

(2) [1]Hilfe zur Erziehung wird insbesondere nach Maßgabe der §§ 28 bis 35 gewährt. [2]Art und Umfang der Hilfe richten sich nach dem erzieherischen Bedarf im Einzelfall; dabei soll das engere soziale Umfeld des Kindes oder des Jugendlichen einbezogen werden. [3]Unterschiedliche Hilfearten können miteinander kombiniert werden, sofern dies dem erzieherischen Bedarf des Kindes oder Jugendlichen im Einzelfall entspricht.

(2a) Ist eine Erziehung des Kindes oder Jugendlichen außerhalb des Elternhauses erforderlich, so entfällt der Anspruch auf Hilfe zur Erziehung nicht dadurch, dass eine andere unterhaltspflichtige Person bereit ist, diese Aufgabe zu übernehmen; die Gewährung von Hilfe zur Erziehung setzt in diesem Fall voraus, dass diese Person bereit und geeignet ist, den Hilfebedarf in Zusammenarbeit mit dem Träger der öffentlichen Jugendhilfe nach Maßgabe der §§ 36 und 37 zu decken.

(3) [1]Hilfe zur Erziehung umfasst insbesondere die Gewährung pädagogischer und damit verbundener therapeutischer Leistungen. [2]Bei Bedarf soll sie Ausbildungs- und Beschäftigungsmaßnahmen im Sinne des § 13 Absatz 2 einschließen und kann mit anderen Leistungen nach diesem Buch kombiniert werden. [3]Die in der Schule oder Hochschule wegen des erzieherischen Bedarfs erforderliche Anleitung und Begleitung können als Gruppenangebote an Kinder oder Jugendliche gemeinsam erbracht werden, soweit dies dem Bedarf des Kindes oder Jugendlichen im Einzelfall entspricht.

(4) Wird ein Kind oder eine Jugendliche während ihres Aufenthaltes in einer Einrichtung oder einer Pflegefamilie selbst Mutter eines Kindes, so umfasst die Hilfe zur Erziehung auch die Unterstützung bei der Pflege und Erziehung dieses Kindes.

1 Die Anspruchsgrundlage (Abs. 1)

1.1 Tatbestandvoraussetzungen

1 Hilfe zur Erziehung[1] kann nur erfolgen, wenn deren **materielle** und **formelle** Voraussetzungen vorliegen. Zu den materiellen Voraussetzungen gehört das Vorliegen der Tatbestandsvoraussetzungen des § 27. Diese sind: (erstens) eine dem Wohl des Kindes entsprechende Erziehung ist nicht gewährleistet, (zweitens) HzE muss geeignet und (drittens) sie muss notwendig sein. Als weitere materielle Voraussetzung hinzukommen muss, dass (viertens) der PSB mit der Hilfeleistung **einverstanden** ist. Allerdings ist ein förmlicher **Antrag** unstrittig nicht erforderlich.[2] In jedem Fall muss aber ein Einverständnis mit der Leistungserbringung vorliegen.[3] In der Rspr. wird vertreten,

1 Hilfen zur Erziehung kennt das Gesetz nicht; im Plural ist dieser Begriff zwar üblich, aber falsch.

2 Ebenso BVerwG 28.4.2016 – 5 C 13/15, juris Rn. 36; VG Freiburg 22.12.2016 – 4 K 4471/16, juris Rn. 12; BayVGH 30.6.2016 – 12 C 16.1162, juris Rn. 32.

3 S. hierzu auch VG Würzburg 24.9.2020 – W 3 K 19.265, juris Rn. 83.

dass dieses Einverständnis in Form eines zumindest formlosen Antrags[4] zum Ausdruck gebracht werden muss. Einverständnis[5] und formloser Antrag werden aber regelmäßig zusammenfallen, so dass der Streit, ob ein (konkludentes) Einverständnis oder ein formloser Antrag erforderlich ist, eher akademischer Natur ist. Soweit ein möglicher Hilfebedarf auf diese Weise an das zuständige Jugendamt herangetragen wird, besteht eine Pflicht zum Tätigwerden.[6] Auch besteht grds. nach § 16 Abs. 3 SGB I die Pflicht, ein „Herantragen" des Hilfebedarfs so auszulegen, dass das Begehren möglichst weitgehend zum Tragen kommt. Das Jugendamt hat „*alle* aufgrund des Sachverhalts dem Begehren des Antragstellers entsprechenden rechtlichen Möglichkeiten im Rahmen seiner Zuständigkeit zu erwägen und ggf. auf eine Klärung des Verfahrensgegenstandes durch den Antragsteller hinzuwirken". Es gilt insoweit der „Meistbegünstigungsgrundsatz".[7]

„Eine dem Wohl des Kindes oder des Jugendlichen entsprechende Erziehung (ist) nicht gewährleistet", wenn ein erzieherischer Bedarf des Kindes im Einzelfall vorliegt und diese Mangellage durch die Erziehungsleistung der Eltern nicht behoben wird, also ein **„Erziehungsdefizit"** besteht.[8] Es kommt also auf einen (objektiven) Mangel an, nicht auf einen (subjektiven) Makel in der Person des Erzogenen oder des Erziehers; vielmehr genügt ein objektiver Ausfall von Erziehungsleistung,[9] ohne dass dieser Ausfall vorwerfbar sein müsste.[10] Dabei kommt es auf eine Bewertung der Situation in der Herkunftsfamilie – und nicht zB in der Pflegefamilie – an.[11] 2

Es muss sich um eine Mangellage im **elterlichen**, also nicht etwa im **schulischen** Erziehungsbereich handeln. Für schulische Bedarfslagen ist ausschließlich die Schule (im Zusammenwirken mit den Eltern) verantwortlich. Das JA ist weder Hilfs- noch Ersatzschule.[12] **Nachhilfe** ist Hilfe bei der Bewältigung schulischer Anforderungen, nicht Hilfe zur Erziehung.[13] Heilpädagogische Nachhilfe kommt als Eingliederungshilfe in Betracht (§ 35a Abs. 2 Nr. 1, Abs. 3 iVm § 112 Abs. 1 S. 1 Nr. 1 SGB IX). **Legasthenie** und Dyskalkulie (→ Rn. 8) sind (Teil-)Leistungsstörungen, die schulische Förderung 3

4 BVerwG 14.11.2013 – 5 C 34/12, juris Rn. 35; BVerwG 22.5.2008 – 5 B 130/07, juris Rn. 3; BVerwG 21.6.2001 – 5 C 6/00, juris Rn. 13 und 14, BVerwG 28.9.2000 – 5 C 29/99, juris Rn. 10 f.; NdsOVG 2.8.2013 – 4 LA 112/12, juris Rn. 3; OVG RhPf 29.10.2012 – 7 A 10868/12, juris Rn. 30; BayVGH 6.4.2009 – 12 C 08.2559, juris Rn. 3: Antrag ist materielle Voraussetzung; zum Antrag auch → Rn. 16 und → § 36 Rn. 14.

5 S. hierzu auch BVerwG 28.4.2016 – 5 C 13/15, juris Rn. 36: „Bereitschaft, Hilfe annehmen zu wollen".

6 S. hierzu VG München 9.7.2020 – M 18 E 20.2436, juris Rn. 49 sowie NdsOVG 25.11.2019 – 10 PA 204/19, juris Rn. 16 und 17. S. hierzu auch VGH BW 23.1.2018 – 12 S 1952/17, juris Rn. 12.

7 BayVGH 25.6.2019 – 12 ZB 16.1920, juris Rn. 26; VG Köln 29.3.2019 – 26 K 1109/17, juris Rn. 63.

8 Dies ist daher kein stigmatisierender, sondern ein normativer Begriff.

9 ZB auch durch Krankheit, Tod, Behinderung; zu letzterer näher Kunkel FPR 2005, 239.

10 S. hierzu BayVGH 30.6.2016 – 12 C 16.1162, juris Rn. 22; OVG NRW 22.9.2011 – 12 A 1596/10, juris Rn. 18. Unstrittig ist es, dass es um einen Ausfall an Erziehungsleistung gehen muss. Ein solcher Ausfall kann aber auch aus einer fehlenden Betreuungs- und Versorgungsmöglichkeit resultieren. Einschränkend hierzu NdsOVG 13.9.2019 – 10 LA 321/18, juris Rn. 15 f. S. hierzu auch Nellissen, jurisPR-SozR 21/2019 Anm. 6.

11 S. hierzu BayVGH 30.6.2016 – 12 C 16.1162, juris Rn. 29.

12 Ebenso OVG NRW 15.10.2008 – 12 B 1452/08, juris Rn. 2; offengelassen von VG Düsseldorf 27.8.2008 – 19 L 1297/08, juris Rn. 39; aA VGH BW 31.5.2005 – 7 S 2445/02, juris Rn. 25 f.

13 Offengelassen von VG München 4.3.2009 – M 18 E 09.61, juris Rn. 25.

verlangen.[14] Haben sie eine seelische Behinderung zur Folge, was Teilhabebeeinträchtigung (→ § 35a Rn. 19) voraussetzt, kann Eingliederungshilfe (→ § 35a Rn. 19) zu leisten sein – nachrangig zur Schule (§ 10 Abs. 1; → § 10 Rn. 34). HzE kommt nicht in Betracht (→ Rn. 8).[15] Der Besuch einer **Schule für Erziehungshilfe** ist keine HzE. Allerdings können die Gründe, die den sonderpädagogischen Förderbedarf in dieser Schule ausgelöst haben, außerdem zur Gewährung einer HzE führen. Der außerhalb der Schule zu befriedigende erzieherische Bedarf muss dann aber im Hilfeplanverfahren festgestellt sein.

4 Mangellagen im sozialen Umfeld oder **sozialen Benachteiligungen**[16] oder Mangel an Wohnraum oder gar „mangelnde(r) Freiheitsentfaltung im politischen Raum"[17] ist politisch zu begegnen, aber nicht mit HzE.

5 Das Vorliegen einer Mangellage ist zu messen am Ziel der Erziehung, also der **Gewährleistung des Kindeswohls**. Dieses besteht in der Entwicklung der leiblichen, seelischen und gesellschaftlichen Tüchtigkeit (in der Sprache des § 1 JWG) oder der eigenverantwortlichen und gemeinschaftsfähigen Persönlichkeit (in der Sprache des § 1 SGB VIII). Dieses Ziel ist dann erreicht, wenn die **Grundbedürfnisse** des Kindes befriedigt sind. Dies sind (aus der UN-KindK abgeleitet): Liebe, Zuwendung, Akzeptanz; stabile Bindung; Versorgung, Körperpflege, Gesundheitsfürsorge; Schutz vor Gefahren; geistige und soziale Bildung. Maßstab für die Gewährleistung des Kindeswohls sind weder Qualitätsstandards einer (abstrakten) Idealfamilie noch solche einer (durchschnittlichen) Normalfamilie, sondern die in der konkreten Familie erreichbaren. Die Standards sind also abhängig von Alter und Entwicklung des Kindes ebenso wie von dem Milieu, in dem es aufwächst. Werden die in der konkreten Familiensituation erreichbaren Standards für eine gelungene geistige, körperliche oder seelische Entwicklung des Kindes nicht erreicht und ist dadurch das Kindeswohl gefährdet, liegt ein Erziehungsdefizit vor. Das Defizit ist also nicht am Maßstab eines erzieherischen Optimums (bestmögliche Erfüllung des Kindeswohls), sondern an dem des **„erzieherischen Minimums"** (keine Gefährdung des Kindeswohls) zu messen.

6 Das Kriterium der **Kindeswohlgefährdung** unterscheidet die Mangellage des § 27 von den dem § 27 **vorgelagerten Hilfen**. Auch bei den Leistungen der §§ 11 bis 24 besteht nämlich ein erzieherischer Bedarf (und damit eine abstrakte Gefahr für das Kindeswohl), der durch elterliche Erziehung nicht vollständig gedeckt und deshalb durch familienstützende und -ergänzende Hilfen befriedigt wird. Die Kindeswohlgefährdung iSd § 27 ist dagegen eine konkrete Gefahr, die sich aber noch nicht zu einer Störung verdichtet oder die **Interventionsschwelle des § 42 Abs. 1 S. 1 Nr. 2 oder des § 1666 BGB** erreicht haben muss. Diese ist erst erreicht, wenn die drohende Rechtsgutbeeinträchtigung beim Kind schwerwiegend und nachhaltig ist. Die Gefahr muss zudem gegenwärtig sein oder der Schadenseintritt unmittelbar bevorstehen. Dies ist der Fall, wenn über die der Gefahr innewohnenden Aktualität der Gefährdung hinaus eine konkret drohende Gefahrenlage besteht, die sich nach dem objektiv anzunehmenden Verlauf der Dinge alsbald bzw. in allernächster Zeit auswirken wird. Schließlich muss hinsichtlich der Wahrscheinlichkeit des Schadenseintritts eine ziemliche Sicherheit bestehen (→ § 42 Rn. 25 f.). Das Erreichen der Gefährdungsschwelle des § 1666 BGB schließt die Gewährung einer HzE aber nicht aus, wie sich schon aus § 1666a BGB (Abdruck bei § 8a) und aus § 8a Abs. 1 S. 3 ergibt. § 1666 BGB verlangt staatliche In-

14 Ausführlich zur schulischen Förderung VG Düsseldorf 22.1.2001 – 19 K 11140/98, juris Rn. 78 ff. und VwV LRS-Förderung des Sächs. SMK, Min.Bl. v. 30.8.2001.
15 Ebenso BVerwG 12.7.2005 – 5 B 56/05, JAmt 2005, 524 nach VGH BW 6.4.2005 – 9 S 2633/03, ZFSH/SGB 2005, 432 im Gegensatz zu VGH BW 31.5.2005 – 7 S 2445/02; Fischer in SFMK Rn. 26, 31.
16 So Fischer in SFMK Rn. 29.
17 So Tammen/Trenczek in FK-SGB VIII Rn. 8.

tervention, aber nicht notwendig durch Eingriff, sondern – gemäß dem Grundsatz der Verhältnismäßigkeit – vorrangig durch Leistung (→ § 1 Rn. 10). Nur wenn die Eltern nicht bereit oder fähig sind, an der Beseitigung der Gefährdungssituation mitzuwirken oder im Einzelfall die Gefahr durch einen Eingriff effektiver abgewendet werden kann, muss das JA über § 8a Abs. 2 S. 1 einen Eingriff des FamG herbeiführen (→ Rn. 16).[18]

Das **Ausmaß der Gefährdungssituation** iSd § 27 lässt sich aus der Betrachtung der in Frage kommenden Hilfearten der §§ 28–35 näher bestimmen, weil diese die Gefahrenlage widerspiegeln, für deren Beseitigung sie gedacht sind. Das in der einzelnen Hilfeart bezeichnete Ziel („soll") ist zugleich Bezeichnung des Mangels, der mit dieser Hilfe beseitigt werden soll. Daraus ergibt sich, dass die **„HzE-Schwelle"** dann erreicht ist, wenn ein Erziehungsmangel vorliegt, der im konkreten Fall in absehbarer Zeit eine Gefährdung des Kindeswohls (seelisch, geistig oder körperlich) herbeiführen würde, wenn ihm nicht mit einer der Hilfearten der §§ 28–35 (oder einer unbenannten gleichwertigen) begegnet wird. 7

Weitere (mit der Rechtsfolge verklammerte) **Tatbestandsvoraussetzung**[19] ist, dass eine HzE **„geeignet"** ist. Dies ist dann der Fall, wenn HzE in einer der in §§ 28–35 genannten Hilfearten (oder einer unbenannten gleichwertigen) generell tauglich ist, die Behebung der Mangellage im individuellen Fall zu fördern. Es muss also (nur) die Möglichkeit bestehen, dass mittels der Leistungserbringung Teilziele erreicht werden könnten. Eine Geeignetheit ist daher nur dann zu verneinen, wenn feststeht, dass eine teilweise Zielerreichung aufgrund individueller Einzelfallumstände nicht möglich sein wird. 8

Die Hilfe ist insbesondere dann nicht geeignet, wenn durch individuelle Umstände der Zweck der Hilfe nicht erreicht werden kann, zB wenn die Eltern nicht mitwirkungsbereit sind oder die Pflegeperson nicht geeignet ist (→ § 33 Rn. 1) oder das soziale Umfeld nicht einbezogen wird. HzE ist ferner dann nicht geeignet, wenn nicht die in §§ 28–35 genannten Hilfearten, sondern andere Leistungen nach dem SGB VIII oder außerhalb des SGB VIII (zB durch die Schule; → § 10 Rn. 34) tauglich sind, dem Mangel abzuhelfen. Zum Beispiel kann **Legasthenie** oder Dyskakulie (→ § 35a Rn. 19) zwar eine Störung der geistigen Entwicklung des Kindes sein, aber sie ist idR weder durch elterliches Erziehungsverhalten verursacht noch durch HzE behebbar (→ Rn. 3). Ist zur Erfüllung der Schulpflicht eine auswärtige Unterbringung notwendig, weil die Eltern ständig beruflich unterwegs sind, ist nicht HzE, sondern eine Hilfe nach **§ 21** geeignet, den Mangel zu beseitigen. Fällt ein Elternteil aus gesundheitlichen oder anderen zwingenden Gründen bei der Betreuung des Kindes aus, ist Hilfe nach **§ 20** anzubieten. Wächst ein Kind als Einzelkind auf, kann sich daraus ein Defizit in der sozialen Entwicklung ergeben, dem aber durch Erziehung in Kindertagespflege oder Kindertageseinrichtung gemäß **§§ 22 ff.** zu begegnen ist. Dagegen kann HzE angebracht sein bei Mangellagen, die durch Erziehungsfehler der Eltern verursacht sind (zB Misshandlung des Kindes ebenso wie Überbehütung). Verhaltensauffälligkeiten (schon eingetretene oder drohende) des Kindes, Verhaltensstörungen oder delinquentes Verhalten können solche Mangellagen sein, auch wenn sie nicht notwendigerweise auf elterliches Fehlverhalten zurückzuführen sein müssen. Bei Berufstätigkeit des allein erziehenden Elternteils oder beider Elternteile eines Kleinkinds kommt Förderung in Kindertagespflege gem. § 23 oder in einer Tageseinrichtung nach § 22a in Betracht. Zu den Hilfen für Kinder, deren Mutter sich im Frauenhaus oder im Strafvollzug befindet, → § 19 Rn. 27, 28.

18 Kepert ZFSH/SGB 2015, 313.

19 Statt Vieler: BVerwG 9.12.2014 – 5 C 32/13, juris Rn. 14; BayVGH 9.4.2003 – 12 ZB 02.2728, juris Rn. 12; Tammen/Trenczek in FK-SGB VIII Rn. 4; Nellissen in jurisPK-SGB VIII Rn. 42; aA Schmid-Oberkirchner in Wiesner Rn. 25 a.

9 Bei **seelischen Behinderungen** kommt nicht HzE, sondern Eingliederungshilfe hinsichtlich der seelischen Behinderung in Betracht;[20] im Hinblick auf eine zusätzliche Verhaltensstörung kann daneben auch HzE geboten sein (→ § 35a Rn. 25). In diesen Fallkonstellationen kann dann die gleichzeitige Gewährung von Hilfe zur Erziehung und Eingliederungshilfe in Betracht kommen.[21] Hat eine Verhaltensstörung in Intensität und Dauer (sechs Monate) noch nicht das Ausmaß einer (auch nur drohenden) seelischen Behinderung iSv § 35a Abs. 1 erreicht, ist ebenfalls HzE zu gewähren. **Einzelne therapeutische Maßnahmen** (zB heilpädagogische Nachhilfe) kommen aber nur in Verbindung mit einer dem erzieherischen Bedarf entsprechenden **Hilfeart** in Betracht, wie aus § 27 Abs. 3 S. 1 (→ Rn. 35) folgt. Eingliederungshilfe ist (nur) dann zu leisten, wenn Zweck der Hilfe die Sicherung der **Teilhabe** ist (§ 1 SGB IX). Die Leistungen zur Teilhabe nach § 4 SGB IX umfassen nicht pädagogische Leistungen (nur heilpädagogische zur Frühförderung nach § 42 Abs. 2 Nr. 2 SGB IX). Solche können nur als HzE erbracht werden. Da die Leistungen nicht kongruent sind, konkurrieren sie nicht miteinander, sondern schließen sich aus; eine nach § 10 zu lösende Rangfrage stellt sich nicht.

10 Als weiteres (drittes) Tatbestandsmerkmal hinzutreten muss, dass HzE **„notwendig"** ist. Der Begriff der Notwendigkeit wird regelmäßig im Sinne einer Erforderlichkeit verstanden.[22] Erforderlich ist eine Maßnahme nur dann, wenn ein gleich wirksames, den betroffenen Bürger aber weniger beeinträchtigendes Mittel nicht zur Verfügung steht.[23] Diesbezüglich ist allerdings zu beachten, dass die HzE eine Leistung und kein Eingriff ist. Dennoch ist mit der HzE eine Einwirkung auf die Familie verbunden, die belastend wirken kann. Auch die gesetzliche Reihenfolge der Hilfearten nach §§ 28–35 stellt eine **Rangfolge unterschiedlich tiefer Einwirkung** auf die Familie dar (→ Rn. 12). Das bedeutet, dass unter mehreren gleich geeigneten Hilfen diejenige gewählt werden muss, welche weniger tief auf die Familie einwirkt. Es muss daher zunächst in einem ersten Schritt abgewogen werden, welche Hilfe im jeweiligen Einzelfall am besten geeignet ist, den Bedarf zu decken. Nur wenn mehrere Hilfen gleich geeignet sind, ist in einem zweiten Schritt diejenige zu wählen, welche weniger belastend auf die Familie einwirkt.

Notwendig kann daher immer nur eine geeignete Hilfe sein, was deshalb vorrangig zu prüfen ist (→ Rn. 8). Hilfen nach §§ 13, 16, 19–21 und 22a, 23 scheiden schon als nicht geeignet aus, weil sie nicht den Zweck haben, ein Erziehungsdefizit zu beseitigen. Nach der generellen Notwendigkeit einer HzE ist sodann die spezielle Notwendigkeit einer der Hilfearten nach den §§ 28–35 (oder einer gleichwertigen unbenannten) zu prüfen. Sowohl die Prüfung der Notwendigkeit einer HzE generell als auch die einer speziellen Hilfeart muss dem zum Verhältnismäßigkeitsgrundsatz entwickelten Übermaßverbot, aber auch dem vom BVerfG im Urteil zu § 218 StGB entwickelten **Untermaßverbot** entsprechen. Um nicht gegen den Grundsatz des sogenannten Untermaßverbots[24] zu verstoßen, muss im Rahmen der Erforderlichkeitsprüfung die Hilfe gewählt werden, die zur Bedarfsdeckung notwendig ist, weil andere Formen der Hilfe nicht ausreichen, um den festgestellten Bedarf zu decken. Es muss eine der jeweiligen Bedarfslage angemessene Hilfe geleistet werden.[25] Dieser Maßstab ist nicht nur bei

20 Ebenso BVerwG 12.7.2005 – 5 B 56/05, juris Rn. 6.
21 S. hierzu auch VG Freiburg 22.12.2016 – 4 K 4471/16, juris Rn. 15 und Nellissen in jurisPK-SGB VIII Rn. 92.1.
22 S. hierzu Reuter, Die Verhältnismäßigkeit im engeren Sinne, Jura 2009, 511 (513); s. hierzu auch BVerwG 9.12.2014 – 5 C 32/13, juris Rn. 22: „Notwendig ist eine Hilfe zur Erziehung, wenn sie zur Bedarfsdeckung erforderlich ist…".
23 Statt Vieler: BVerfG 14.7.1999 – 1 BvR 2226/94 ua, juris Rn. 219.
24 Hierzu BVerfG 28.5.1993 – 2 BvF 2/90 ua, juris Rn. 166 f.
25 S. hierzu BVerwG 9.12.2014 – 5 C 32/13, juris Rn. 22; BayVGH 30.6.2016 – 12 C 16.1162, juris Rn. 27; NdsOVG 25.3.2020 – 10 LA 292/18, juris Rn. 14.

der Prüfung der Hilfeart, sondern auch bei der Entscheidung über den Leistungsumfang einer Hilfe nach § 27 anzuwenden. Eine Entscheidung nach Kostengesichtspunkten in diesem Zusammenhang ist daher unzulässig.[26] Der Aspekt entstehender Kosten darf nur bei der Auswahl des Leistungserbringers nach § 5 oder § 37c Abs. 3 S. 2 im Rahmen des Prüfungspunktes der unverhältnismäßigen Mehrkosten Berücksichtigung finden. Notwendig ist daher die jeweilige Hilfe zur Erziehung, wenn sie zur Bedarfsdeckung erforderlich ist, weil andere Formen der Hilfe zur Erziehung sowie andere Hilfen nach dem SGB VIII nicht ausreichen, um den festgestellten erzieherischen Bedarf zu decken.[27]

Notwendig ist daher eine Hilfe auch dann, wenn sie zwar teurer als eine andere, aber zur Beseitigung des Mangels besser geeignet ist. Für die einzelne Hilfeart regelt § 27 Abs. 2 S. 2 ausdrücklich, dass der erzieherische Bedarf, also nicht finanzielle Erwägungen, entscheidend ist. Nur bei mehreren gleich geeigneten Hilfen können die Kosten den Ausschlag geben. Fehlende Haushaltsmittel können auf keinen Fall die Ablehnung einer Hilfe begründen.[28] Die Notwendigkeit einer Hilfe ist ausschließlich am Grad des Mangels an Erziehung (und nicht an Haushaltsmitteln) zu messen. Die Qualität der Hilfe muss den Kriterien der Gewährleistungspflicht nach § 79 Abs. 2 (→ § 79 Rn. 7) genügen.

Notwendig ist eine Hilfe auch, wenn der Mangel zwar durch Dritthilfe (zB Schule oder Verwandte) oder Selbsthilfe der Eltern beseitigt werden könnte (zB durch Aufgabe der Berufstätigkeit eines Elternteils), aber dies tatsächlich nicht geschieht. Die Rechtsprechung zum alten Recht des § 1 Abs. 3 JWG passt zur Neuregelung des § 27 nicht mehr. Es kommt nicht auf eine potenzielle, sondern auf die aktuelle Selbsthilfe an, dh es muss sich um ein **„bereites Mittel“**[29] handeln (→ § 10 Rn. 7). Vorwerfbares Verhalten der Eltern darf nicht dazu führen, dass das Kind in der erzieherischen Mangellage allein gelassen wird, sondern nur dazu, dass die Eltern intensiv beraten werden, wobei auch ein Hinweis auf ihre finanzielle Beteiligung und dabei auch auf § 92 Abs. 5 S. 1 hilfreich sein kann. Zur Frage, ob eine Hilfe notwendig ist, wenn Verwandte oder ein Vormund das Kind erziehen können, → Rn. 33 f. 11

Die gesetzliche Reihenfolge der HzE (§§ 28–35) stellt eine **Rangfolge unterschiedlich tiefer Einwirkung** auf die Familie dar: von den familienunterstützenden Hilfearten nach §§ 28, 29, 30, 31 über die familienergänzende Hilfeart des § 32 bis hin zu den familienersetzenden Hilfearten gem. §§ 33, 34, 35. In dieser Reihenfolge müssen die einzelnen Hilfearten aber nicht „ausprobiert“ werden; notwendig ist vielmehr eine familienersetzende Hilfeart dann, wenn eine familienunterstützende oder -ergänzende nicht gleich geeignet ist. Dies gilt insbesondere, wenn eine solche Hilfe von vornherein keinen Erfolg verspricht. 12

Die einzelnen Tatbestandsvoraussetzungen sind unbestimmte Rechtsbegriffe, die der Auslegung bedürfen. Es besteht **kein Ermessen**, da Ermessen immer nur als Rechtsfolge angeordnet sein kann. Für die Feststellung des **Erziehungsdefizits** besteht kein **Beurteilungsspielraum.**[30] Dieser besteht aber bei der Auslegung der Begriffe **„geeignet und notwendig“** nach herrschender Rechtsprechung mit dem Topos: „Die Entscheidung über Notwendigkeit und Geeignetheit der Hilfe ist das Ergebnis eines kooperativen pädagogischen Entscheidungsprozesses unter Mitwirkung des Kindes bzw. Jugendlichen und mehrerer Fachkräfte, welches nicht den Anspruch objektiver Richtigkeit erhebt. Die gerichtliche Nachprüfung hat sich darauf zu beschränken, ob 13

26 S. hierzu auch Nellissen in jurisPK-SGB VIII Rn. 79.
27 BVerwG 9.12.2014 – 5 C 32/13, juris Rn. 22; BayVGH 30.6.2016 – 12 C 16.1162, juris Rn. 27.
28 So in gebotener Klarheit VG Hamburg 8.12.1999 – 13 VG 4683/99, ZfJ 2000, 275.
29 Ebenso wie bei § 10 und bei § 2 SGB XII.
30 S. hierzu auch BayVGH 30.6.2016 – 12 C 16.1162, juris Rn. 23.

allgemein gültige fachliche Maßstäbe beachtet worden sind, ob die Rechtsbegriffe der Geeignetheit und Notwendigkeit nicht grundlegend falsch bestimmt worden sind, ob keine sachfremden Erwägungen eingeflossen sind und die Leistungsadressaten in umfassender Weise beteiligt worden sind".[31]

Ein gerichtlich einklagbarer Anspruch auf die Bewilligung einer bestimmten Hilfe zur Erziehung (Hilfeart) besteht aufgrund des dem Jugendamt zukommenden Beurteilungsspielraums nur dann, wenn sich der Beurteilungsspielraum bei der Festlegung der Hilfe auf eine oder mehrere gleichermaßen geeignete und notwendige Maßnahmen verengt hat.[32]

14 Ein **Wunsch- und Wahlrecht** (§ 37c Abs. 3 S. 2, § 5) bezüglich der geeigneten oder notwendigen Hilfe besteht nicht, da es sich nicht auf die einzelne Hilfe[33] und schon gar nicht auf deren Tatbestandsvoraussetzungen[34] bezieht, sondern nur auf die Wahl des Leistungserbringers und auf die Gestaltung der Hilfe in ihrer Ausführung.[35]

1.2 Rechtsfolge

15 Liegen die Tatbestandsvoraussetzungen (→ Rn. 1) vor, hat der Leistungsberechtigte (→ § 8 Rn. 10) einen klagbaren gebundenen **Anspruch** (subjektives öffentliches Recht) auf HzE in einer der (benannten) Hilfearten nach §§ 28–35 oder einer unbenannten. Das Gesetz unterscheidet nicht etwa einen Rechtsanspruch nur dem Grunde nach auf Gewährung der Hilfe an sich von einem weiteren Rechtsanspruch auf Ausübung lediglich fehlerfreien Ermessens bezüglich der einzelnen Hilfeart.[36] Aus der Soll-Formulierung der §§ 28–35 ergibt sich nichts anderes; es handelt sich dabei lediglich um Zweckbeschreibungen, aber nicht um eine Bestimmung des Verbindlichkeitsgrades der einzelnen Hilfeart, da §§ 28 bis 35 keine Rechtsnormstruktur mit Tatbestandsvoraussetzungen und Rechtsfolge enthalten. Der Anspruch richtet sich gegen den Träger der öffentlichen Jugendhilfe (§ 3 Abs. 2 S. 2). Er muss die **Einlösung dieses Anspruchs garantieren** durch Vorhalten einer Infrastruktur (Gesamtverantwortung gem. § 79 Abs. 1) und durch Gewährleistung einer bestimmten Qualität bei Inanspruchnahme dieser Infrastruktur (Gewährleistungspflicht gem. § 79 Abs. 2, → § 79 Rn. 3). Diese Pflicht besteht unabhängig von seiner finanziellen Ausstattung, woran auch eine Budgetierung der Mittel nichts zu ändern vermag (→ Rn. 10). Auch ein **Träger der freien Jugendhilfe** kann diese Hilfe in eigenem Namen und für eigene Rechnung (originär als Leistungsträger) leisten, also nicht nur für den Träger der öffentlichen Jugendhilfe (derivativ als Leistungserbringer) erbringen (→ § 36 Rn. 4).[37]

16 Hat das Erziehungsdefizit schon zu einer erheblichen Gefahr für das Kindeswohl geführt und liegt ein (auch unverschuldetes) Versagen der Eltern vor, ist die Gefährdungsschwelle des § 1666 BGB und damit der **Interventionspunkt des staatlichen Wächteramts** aus Art. 6 Abs. 2 S. 2 GG erreicht (→ Rn. 6). Die staatliche Intervention besteht dann aber nicht notwendig in einem Eingriff; vielmehr verlangt der Grundsatz der Verhältnismäßigkeit, dem § 8a Abs. 1 S. 3 Rechnung trägt, dass das Leistungspotenzial ausgeschöpft worden ist (→ § 1 Rn. 10). Das JA muss deshalb im Interventionsbereich von sich aus und **nicht erst auf Antrag** hin (→ Rn. 1) dem Personensorgeberechtigten HzE anbieten. Unterlässt es dieses Angebot, verletzt der fallzuständige Mitarbeiter seine Handlungspflicht aus der strafrechtlichen **Garantenstellung** (→ § 8a

31 So zuerst VGH BW 9.12.1996 – 7 S 310/95, juris Rn. 24; dann BVerwG 24.6.1999 – 5 C 24/98, juris Rn. 39. Aktuell SächsOVG 30.9.2019 – 3 A 581/19, juris Rn. 11.
32 Hierzu OVG NRW 9.7.2020 – 12 A 2816/17, juris Rn. 13.
33 So aber Tammen/Trenczek in FK-SGB VIII Rn. 31.
34 Hier im Einklang mit Tammen/Trenczek in FK-SGB VIII Rn. 31.
35 Ebenso OVG Bbg 1.11.2001 – 4 B 258/01, JAmt 2001, 597.
36 S. hierzu auch VG Magdeburg 27.2.2018 – 6 A 323/16, juris Rn. 31.
37 Ebenso Schmid-Oberkirchner in Wiesner Rn. 71.

Rn. 123) und kann sich einer fahrlässigen Körperverletzung oder Tötung, aber auch einer Verletzung der Fürsorgepflicht nach § 171 StGB schuldig machen.[38]

Die Entscheidung des Trägers der öffentlichen Jugendhilfe erfolgt durch **VA** gem. § 31 SGB X, da er durch das JA als Behörde eine Regelung (Entscheidung über den Anspruch) auf dem Gebiet des öffentlichen Rechts (SGB VIII) hoheitlich (nicht vertraglich) in einem Einzelfall (konkret-individuelle Regelung) mit Außenwirkung für den PSB trifft.[39] Daher ist zusätzlich zum Hilfeplanungsverfahren nach § 36 ein **Verwaltungsverfahren** gem. §§ 8 ff. SGB X durchzuführen (→ Anh. 5 Rn. 1). Die dieses abschließende Entscheidung kann zwar grundsätzlich formfrei (§ 33 Abs. 2 SGB X) erfolgen, ergeht aber zweckmäßigerweise schriftlich, da auch der Hilfeplan schriftlich zu dokumentieren ist. 17

Nicht abschließend in Lit. und Rspr. geklärt ist die Frage, ob HzE durch „normalen" Verwaltungsakt oder durch einen Verwaltungsakt mit Dauerwirkung bewilligt wird. Die Beantwortung dieser Frage kann entscheidungserheblich für die weitere Frage sein, ob eine einmal bewilligte Leistung ohne Weiteres eingestellt werden kann oder ob hierfür die Aufhebung des Bewilligungsbescheides erforderlich ist.[40] Zunächst ist zu berücksichtigen, dass in Lit. und Rspr. bereits keine Einigkeit zu der Frage herrscht, wie der VA mit Dauerwirkung exakt zu definieren ist. Der Gesetzesbegründung zu § 43 Abs. 3 SGB X ist zu entnehmen, dass nach der Auffassung des Gesetzgebers ein Verwaltungsakt mit Dauerwirkung ein Verwaltungsakt ist, der sich „nicht in einem einmaligen Ge- oder Verbot oder in einer einmaligen Gestaltung der Rechtslage erschöpft, sondern ein auf Dauer berechnetes oder in seinem Bestand vom Verwaltungsakt abhängiges Rechtsverhältnis begründet oder inhaltlich verändert".[41] Nach Auffassung des BSG liegt ein VA mit Dauerwirkung bereits dann vor, wenn er in rechtlicher Hinsicht über den Zeitpunkt seiner Bekanntgabe bzw. Bindungswirkung hinaus Wirkungen zeigt.[42] Das BVerwG stellt demgegenüber insbesondere auch darauf ab, dass mit dem VA ein Rechtsverhältnis begründet wird, welches auf Dauer oder auf eine gewisse, zeitlich befristete, Dauer entsteht.[43] Über dieses Begriffsverständnis weit hinausgehend wird in der Lit. teilweise auch einem VA, der zu einem einmaligen Tun auffordert, eine begrenzte Dauerwirkung zugesprochen. Ebenso könnten auch VA, die eine einmalige Geldzahlung gewähren, als VA mit Dauerwirkung angesehen werden. Die begrenzte Dauerwirkung entstehe nämlich zwischen Erlass des VA und Auszahlung.[44]

Für die Bestimmung des Rechtscharakters des VA, mit dem HzE bewilligt wird, ist zunächst die ältere Rspr. des BVerwG zur Hilfe zum Lebensunterhalt nach dem Bundessozialhilfegesetz zu berücksichtigen. Nach dieser Rspr. werde der Sozialhilfefall täglich erneut regelungsbedürftig. Der Sozialhilfeträger müsse daher täglich neu über den Sozialhilfefall entscheiden.[45] Nach Auffassung des BVerwG treffe dies auch auf Leistungen der Jugendhilfe zu. Hilfe zur Erziehung sei, nicht anders als bei der Hilfe zum Lebensunterhalt nach dem Bundessozialhilfegesetz, vom Jugendhilfeträger zeitabschnittsweise immer wieder neu zu prüfen.[46] An diese Rspr. anknüpfend wird auch in der Lit. die Auffassung vertreten, dass die Bewilligung der Hilfe zur Erziehung grds. kein Dauerverwaltungsakt sei, sondern von Tag zu Tag neu gewährt werde. Die Ein-

38 Zur letzteren OLG Düsseldorf 27.4.2000 – 2 Ss 130/98 – 31/98 III; zu den Handlungspflichten aus der strafrechtlichen Garantenstellung vgl. Kunkel ZFSH/SGB 2001, 131.
39 Ebenso jetzt Schmid-Oberkirchner in Wiesner Rn. 69.
40 S. hierzu VGH BW 6.12.1993 – 7 S 799/93, juris Rn. 22.
41 BT-Drs. 8/2034, 34.
42 BSG 16.2.1984 – 1 RA 15/83, juris Rn. 24.
43 BVerwG 17.9.1987 – 5 C 26/84, juris Rn. 21.
44 S. hierzu Stelkens in Stelkens/Bonk/Sachs VwVfG § 35 Rn. 225.
45 BVerwG 30.11.1966 – V C 29.66, juris Rn. 18.
46 BVerwG 26.11.1981 – 5 C 56/80, juris Rn. 15.

stellung der Leistung sei daher kein Leistungsentzug, sondern eine Leistungsablehnung für die Zukunft.[47]

Die Annahme, dass eine Hilfe zur Erziehung täglich neu geprüft und bei Vorliegen der Tatbestandsvoraussetzungen täglich neu bewilligt werde, stimmt mit der Verwaltungspraxis und mit den tatsächlichen Verhältnissen in den allermeisten Leistungsfällen nicht überein. Nach Erlass des Hilfebescheids wird in der Verwaltungspraxis nicht täglich neu geprüft, ob die Tatbestandsvoraussetzungen weiterhin vorliegen. Vielmehr wird auf der Grundlage des Hilfebescheids die Leistung ohne weitere tägliche Prüfung, oftmals über mehrere Monate oder Jahre hinweg, erbracht. Der Hilfebescheid begründet damit – zumindest in tatsächlicher Hinsicht – ein Rechtsverhältnis, welches auf längere Zeit, jedenfalls über einen Tag hinausgehend, angelegt ist. Unerheblich ist in diesem Zusammenhang, ob der Hilfebescheid eine Hilfe zeitlich befristet gewährt (hierzu die Ausführungen unter → Rn. 18) oder die Hilfe unbefristet bewilligt wird. Daher zwingt auch nicht die Rspr. des BVerwG, die nur eine zeitabschnittsweise Gewährung von Jugendhilfeleistungen für möglich hält,[48] zur Ablehnung der Einstufung des Hilfebescheids als Dauerverwaltungsakt. Auch aus der Tatsache, dass im Tenor der Bewilligungsentscheidung des JA vielfach kein Bewilligungszeitraum genannt wird, kann nicht geschlossen werden, dass die Leistung nur für den nächstliegenden Zeitraum bewilligt werde und ein Dauerverwaltungsakt nicht gegeben sei.[49] Wird beispielsweise durch das Jugendamt wie folgt tenoriert:

„Ihnen wird Hilfe zur Erziehung in Form der Sozialpädagogischen Familienhilfe bewilligt“,

ist die Annahme verfehlt, dass aufgrund der Tenorierung klar erkennbar sei, dass die Hilfe nur für einen Tag bewilligt worden sei. Genauso gut ist die Annahme begründbar, die Hilfe sei auf unbefristete Dauer gewährt worden. Ist der Regelungsinhalt des VA aber nicht klar ersichtlich, ist dieser durch Auslegung zu ermitteln. Dabei ist auf den erklärten Willen der Behörde abzustellen, wie ihn der Adressat von seinem Standpunkt aus bei verständiger objektiver Würdigung verstehen durfte. Es ist also auf den objektiven Erklärungswert abzustellen.[50] Auch der Antrag kann für die Auslegung des Inhalts von Bedeutung sein, soweit in der Entscheidung auf ihn Bezug genommen wird und mit der Entscheidung nicht etwas vom Antrag eindeutig Abweichendes gewährt wird.[51] Bestehen auch nach Auslegung Zweifel, welche von zwei oder mehreren denkbaren Regelungen die Behörde getroffen hat, gilt der Grundsatz, dass Unklarheiten zulasten der Verwaltung gehen. Daher hat die für den Betroffenen günstigste Regelung als gewollt zu gelten.[52] Zumindest infolge einer Auslegung des Hilfebescheids wird sich damit idR ein Leistungszeitraum ergeben, der über einen Tag hinausgeht.[53]

Unter Aufgabe der noch in der 5. Auflage vertretenen Auffassung,[54] wird daher nicht mehr daran festgehalten, dass die Hilfe zur Erziehung von Tag zu Tag neu gewährt

47 Wiesner in Wiesner vor § 11 Rn. 30.
48 S. zB BVerwG 26.11.1981 – 5 C 56/80.
49 So aber ausdrücklich zB VGH BW 6.12.1993 – 7 S 799/93, juris Rn. 22.
50 Stelkens in Stelkens/Bonk/Sachs VwVfG § 35 Rn. 71 und 76; Pattar in jurisPK-SGB X § 33 Rn. 28; für die Rspr. statt vieler: BVerwG 22.3.2012 – 1 C 3/11, juris Rn. 24; BSG 28.6.1990 – 4 RA 57/89, juris Rn. 31.
51 Stelkens in Stelkens/Bonk/Sachs VwVfG § 35 Rn. 76.
52 Stelkens in Stelkens/Bonk/Sachs VwVfG § 35 Rn. 80; Pattar in jurisPK-SGB X § 33 Rn. 30; BVerwG 23.5.2012 – 6 C 8/11, juris Rn. 18; BVerwG 22.3.2012 – 1 C 3/11, juris Rn. 24.
53 S. hierzu auch BVerwG 17.6.1996 – 5 B 222/95, juris Rn. 5 und OVG NRW 27.2.2007 – 12 B 72/07, juris Rn. 19.
54 S. hierzu Rn. 17 der 5. Auflage.

werde. Vielmehr wird die HzE grds. durch einen Hilfebescheid in Form eines Dauerverwaltungsaktes gewährt.[55]

Für die Vergangenheit (**rückwirkend**) kann HzE nicht gewährt werden. Eine Rückwirkung liegt dann vor, wenn die Entscheidung über die Hilfe sich auf einen Zeitraum bezieht, der vor der Erstellung des Hilfeplans liegt. Der **Beschaffungsweg** der Hilfe muss diesem Entscheidungsweg folgen; eine Selbstbeschaffung ist damit grundsätzlich ausgeschlossen (→ § 36a Rn. 1 f.). Den Zugang zur Erziehungsberatung (→ Rn. 27) ermöglicht § 36a Abs. 2 gleichsam durch die Hintertür, wenn das JA diese Tür in Vereinbarungen mit den Leistungserbringern geöffnet hat.

Ein HzE-Bewilligungsbescheid kann bei Vorliegen der Tatbestandsvoraussetzung zum Zeitpunkt der Antragstellung bzw. Prüfung des Erlasses des Bescheides nicht mit Nebenbestimmungen, insbesondere einer Befristung, versehen werden.[56] Für die Beifügung einer Nebenbestimmung ist eine Rechtsgrundlage erforderlich. §§ 27 f. enthalten keine Regelung, welche den Erlass einer Nebenbestimmung gestattet. Daher kann sich die Zulässigkeit einer Nebenbestimmung nur nach § 32 SGB X richten. Da es sich bei der Entscheidung über eine HzE um eine gebundene Entscheidung handelt, ist Abs. 1 des § 32 SGB X einschlägig. Die Beifügung einer Nebenbestimmung könnte nach § 32 Abs. 1 Alt. 2 SGB X zulässig sein. Hierzu müsste die Nebenbestimmung sicherstellen, dass die gesetzlichen Voraussetzungen des Verwaltungsaktes erfüllt werden. Dies ist unstrittig der Fall, wenn zum Zeitpunkt des Erlasses des Verwaltungsaktes eine oder mehrere Tatbestandsvoraussetzungen nicht vorliegen.[57] Nach Auffassung des BVerwG kann eine Nebenbestimmung gem. § 32 Abs. 1 Alt. 2 SGB X aber nicht erlassen werden, um sicherzustellen, dass die Tatbestandsvoraussetzungen, die zum Zeitpunkt des Erlasses vorliegen, auch in der Zukunft erfüllt bleiben.[58] § 32 Abs. 1 Alt. 2 SGB X dient nach Auffassung des BVerwG lediglich dazu, im Interesse des Bürgers den Erlass eines begünstigten Verwaltungsaktes zu ermöglichen, obgleich noch nicht sämtliche Tatbestandsvoraussetzungen erfüllt oder nachgewiesen sind.[59] Sofern § 32 Abs. 1 Alt. 2 SGB X auch dann die Beifügung einer Befristung, einer auflösenden Bedingung oder eines Widerrufsvorbehalts möglich machen würde, wenn die Tatbestandsvoraussetzungen der Anspruchsgrundlage bei Erlass gegeben sind, würde dies eine Umgehung der Aufhebungsvorschriften ermöglichen. Diesbezüglich betont das BVerwG, dass „bei einer Vielzahl begünstigender Verwaltungsakte die Möglichkeit besteht, dass seine ursprünglich gegebenen gesetzlichen Voraussetzungen aufgrund einer nachträglichen Änderung der Sach- oder Rechtslage entfallen". Dieser Möglichkeit habe der Gesetzgeber mit der Normierung der Aufhebungsvorschriften[60] Rechnung getragen. 18

---

55 Ebenso OVG NRW 27.2.2007 – 12 B 72/07, juris Rn. 19; VG Würzburg 21.2.2011 – W 3 K 10.187, juris Rn. 35; VG Aachen 22.12.2006 – 2 L 527/06, juris Leitsatz 5; VG Aachen 28.6.2005 – 2 K 1548/02, juris Rn. 27 f.

56 S. hierzu auch Nellissen in jurisPK Rn. 104. Anders eventuell VGH BW 1.10.2020 – 12 S 3014/18, juris Rn. 19: Eine Dauerbewilligung sei ausgeschlossen. Eine Bewilligung für „längere Zeitabschnitte" könne angezeigt sein. Der VGH geht allerdings nicht darauf ein, auf welcher rechtlichen Grundlage eine solche Entscheidung ergehen kann. Zutreffend betont das VG München, dass die in der Praxis verwendeten, die Leistungsbewilligung einschränkenden Zusätze („Hilfe endet mit Beendigung der Maßnahme") keine „rechtsverbindlichen Nebenbestimmungen" darstellen, VG München 29.8.2018 – M 18 E 18.1892, juris Rn. 34. Für diese Nebenbestimmungen existiert de lege lata aber auch gar keine Rechtsgrundlage. S. hierzu auch VG Freiburg 19.2.2019 – 4 K 5705/18, juris Rn. 12 f.

57 S. hierzu Stelkens in Stelkens/Bonk/Sachs VwVfG § 36 Rn. 120 f.

58 BVerwG 9.12.2015 – 6 C 37/14, juris Rn. 17. Ausführlich hierzu Kepert Sozialrecht aktuell 2019, 103.

59 BVerwG 9.12.2015 – 6 C 37/14, juris Rn. 18.

60 § 49 Abs. 2 S. 1 Nr. 3 und 4 VwVfG in dem vom BVerwG entschiedenen Fall.

Damit ist höchstrichterlich geklärt, dass § 32 Abs. 1 Alt. 2 SGB X lediglich die Sicherstellung von gesetzlichen Voraussetzungen ermöglicht, die bei Erlass des Verwaltungsaktes nicht vorliegen. Liegen daher bei der Entscheidung über eine beantragte Leistung nach §§ 11 bis 41 SGB VIII die Tatbestandsvoraussetzungen vor, ist eine Befristung des Bewilligungsbescheides rechtlich unzulässig.[61] Der Bürger hat einen gebundenen Rechtsanspruch[62] auf eine Bewilligung der Leistung ohne Beifügung von Nebenbestimmungen. Entfallen daher nach Erlass des Bescheides die Tatbestandsvoraussetzungen der jeweiligen Anspruchsgrundlage, muss das zuständige Jugendamt den Bewilligungsbescheid nach §§ 44 ff. SGB X aufheben. IdR wird § 48 Abs. 1 S. 1 SGB X einschlägig sein. Allerdings muss die Behörde mit der Aufhebungsentscheidung ein weiteres Verwaltungsverfahren in Gang setzen, um die Leistungserbringung beenden zu können. Sofern der Betroffene gegen die Aufhebungsentscheidung mit Anfechtungswiderspruch und Anfechtungsklage vorgeht, kommt diesen Rechtsbehelfen aufschiebende Wirkung nach § 80 Abs. 1 S. 1 VwGO zu. Eine sofortige Beendigung der Leistungserbringung wäre dann nur nach Anordnung der sofortigen Vollziehung der Aufhebungsentscheidung gemäß § 80 Abs. 2 Nr. 4 VwGO möglich. Diese Anordnung müsste nach § 80 Abs. 3 VwGO schriftlich begründet werden. Vor Erlass des Aufhebungsbescheides muss der Betroffene zudem nach § 24 Abs. 1 SGB X angehört werden. Nach derzeitiger Rechtslage kann somit eine Beendigung der Leistungserbringung, auch bei offensichtlichem Entfallens der Tatbestandsvoraussetzungen, erst nach Durchführung eines aufwändigen weiteren Verwaltungsverfahrens erfolgen. Dies erscheint nicht sachgerecht. Daher sollte nach hier vertretener Auffassung eine Regelung in §§ 11 bis 41 SGB VIII implementiert werden, welche die Beifügung von Nebenbestimmungen iSd § 32 Abs. 1 Alt. 1 SGB X für zulässig erklärt.

19 Der **Tenor** des Bescheids muss dem Grundsatz der Bestimmtheit (§ 33 Abs. 1 SGB X; → Anh. 5 Rn. 40) entsprechen, könnte also lauten:

„Es wird Ihnen für Ihr Kind A Hilfe zur Erziehung als Sozialpädagogische Familienhilfe im Rahmen des Hilfeplans (auf die Dauer von 14 Monaten, → Rn. 18) gewährt."

Ist der Tenor unklar (zB: „in Erziehungsstelle") und kann sein Inhalt auch nicht durch Auslegung (zB im Zusammenhang mit dem Hilfeplan) ermittelt werden, ist der VA rechtswidrig oder nichtig (→ Anh. 5 Rn. 41).[63]

20 Adressat der Entscheidung ist der **Anspruchsberechtigte**. Dies ist der **Personensorgeberechtigte** iSd § 7 Abs. 1 Nr. 5 (→ § 7 Rn. 2), also idR beide Elternteile. Dies setzt voraus, dass ihnen das Recht auf Inanspruchnahme der HzE nicht entzogen worden ist. Solange ihnen nur das Aufenthaltsbestimmungsrecht entzogen worden ist, bleiben sie anspruchsberechtigt für die HzE.[64] Durch Anordnung des FamG gem. § 1666 BGB können sie zur Inanspruchnahme der Hilfe verpflichtet oder in ihrem Personensorgerecht beschränkt werden, indem das FamG die für die Inanspruchnahme der HzE **notwendigen Teile der Personensorge**, also das Recht, HzE in Anspruch zu nehmen, die Mitwirkungsrechte im Hilfeplanungsverfahren und das Aufenthaltsbestimmungsrecht auf einen **Personensorgerechtspfleger** oder die elterliche Sorge **insgesamt** auf einen

61 S. hierzu auch BSG 28.1.2021 – B 8 SO 9/19 R, juris Rn. 34 ff.
62 Anders nur bei Leistungen gem. § 13 Abs. 3 SGB VIII und bei Hilfen für junge Volljährige, die das 21. Lebensjahr gem. § 41 SGB VIII vollendet haben.
63 Meysen JAmt 2002, 327.
64 Ebenso BVerwG 21.6.2001 – 5 C 6.00, juris Rn. 12 f.; OVG NRW 12.9.2002 – 12 A 4352/01, juris Rn. 7 f.; aA OVG RhPf 13.4.2000 – 12 A 11123/99, juris Rn. 15 f.

Vormund überträgt.[65] Damit wird der Pfleger oder Vormund zum Anspruchsinhaber, ohne dass in seiner Person die Tatbestandsvoraussetzungen des § 27 Abs. 1 vorliegen müssten. Der Wortlaut des § 27 Abs. 1 verlangt nicht, dass der PSB eine dem Wohl des Kindes entsprechende Erziehung nicht gewährleistet, so dass weder der Wortlaut[66] noch der Sinn der Vorschrift[67] entgegenstehen. Erzieht der Vormund oder Pfleger den Minderjährigen in seiner eigenen Familie (→ § 33 Rn. 5), kann es auch dort zu einem Erziehungsdefizit kommen, so dass er dann als PSB (ein weiteres Mal) HzE beanspruchen kann, einschließlich der wirtschaftlichen Hilfe nach § 39. Die Pflegschaft/ Vormundschaft wird aber zunächst einmal dadurch begründet, dass die Eltern ausfallen (auch durch Tod) und allein deshalb ein Erziehungsdefizit vorliegt (→ Rn. 2).[68] Erst die weitere Frage ist, ob HzE notwendig ist (→ Rn. 10), wo doch Pfleger oder Vormund in Ausübung des Personensorgerechts für das Kind zu sorgen haben (§ 1631 BGB iVm § 1800 BGB bzw. § 1915 BGB). Dies müssen sie aber nicht selbst und unentgeltlich tun,[69] sondern sie können Dritte (zB Pflegepersonen) damit beauftragen. Nehmen sie das Kind in die eigene Familie auf, ist der erzieherische Bedarf – jugendhilfeunabhängig – nur dann gedeckt, wenn sie die Betreuung des Kindes unentgeltlich leisten. Versichern sie glaubhaft, dass sie Pflege und Erziehung nicht als PSB, sondern als Pflegefamilie leisten, ist HzE mit der Folge des Leistungsannex nach § 39 (→ § 39 Rn. 4) zu gewähren.[70]

21 Ist die elterliche Sorge oder die Personensorge dem **JA als AP/AV** übertragen, beansprucht das JA als PSB Hilfe vom JA als Träger der Hilfe; dies ist kein unzulässiges In-Sich-Verfahren (hierzu → § 36 Rn. 16).

22 Eine **Pflegeperson** (im Unterschied zum Pfleger) kann HzE nicht beanspruchen, auch nicht im Rahmen des § 1688 BGB (Abdruck bei § 7; näher hierzu → § 38 Rn. 9 u. → § 39 Rn. 10). Etwas anderes gilt, wenn sie die Personensorge nach § 1630 Abs. 3 BGB (Abdruck bei § 7) übertragen bekommen hat. Nimmt der PSB sein Einverständnis mit der HzE nach einer Verbleibensanordnung gem. § 1632 Abs. 4 BGB (Abdruck bei § 7) zurück, ist die Rücknahme rechtsmissbräuchlich.[71]

23 Der **Minderjährige selbst** ist nur bei jugendrichterlicher Anordnung gem. § 12 JGG **anspruchsberechtigt** (→ § 36 Rn. 21). Bei Überschreitung der Gefährdungsschwelle nach § 1666 BGB hat das Kind zwar einen Anspruch aus Art. 6 Abs. 2 S. 2 GG auf staatliches Eingreifen (→ § 8 Rn. 1), dessen nähere Ausgestaltung ist aber dem Gesetzgeber überlassen und durch § 8a Abs. 1 und 2 geschehen. Ein eigener Rechtsanspruch des Kindes im Interventionsbereich des § 1666 BGB auf HzE wäre verfassungsrecht-

65 Ebenso BayVGH 1.4.2005 – 12 AE 05.671, juris Rn. 28 und 29; VGH BW 23.3.2004 – 9 S 575/03, juris Rn. 23; OLG Frankfurt aM JAmt 2001, 90 mAnm Meysen; VG Ansbach FamRZ 1997, 1373 mAnm Kemper FamRZ 1998, 328; zum notwendigen Umfang zuletzt SächsOVG 2.7.2008 – 1 A 90/08, JAmt 2008, 540 sowie grundlegend Fricke ZfJ 1993, 284 und Röchling, Eingriffsrecht, S. 241, der eine Übertragung von Teilrechten ablehnt, da nur die Übertragung des gesamten Personensorgerechts zur Anspruchsberechtigung führe; ebenso Wiesner in Wiesner vor § 27 Rn. 42 und Tillmanns in MüKoBGB Rn. 3.

66 Insoweit aA Schmid-Obkirchner in Wiesner Rn. 13.

67 Insoweit ebenso Wiesner in Wiesner vor § 27 Rn. 42; aA Paul ZfF 1994, 76, dagegen Kunkel ZfF 1995, 7.

68 Ebenso OVG Brem 16.11.2005 – 2 A 111/05, juris Rn. 33 f.

69 § 1836 Abs. 1 S. 1 BGB betrifft nur das Amt an sich, nicht die Erziehungsleistung; ebenso OVG Brem 16.11.2005 – 2 A 111/05, juris Rn. 35.

70 Ebenso für Vormund BVerwG 15.12.1995 – 5 C 2.94, juris Rn. 7 f.; OVG NRW 2.4.2008 – 12 A 439/08, juris Rn. 5; BayVGH 4.9.2007 – 12 ZB 07.476, juris Rn. 3 f.; OVG Brem 16.11.2005 – 2 A 111/05, juris Rn. 33 f. u. für Pfleger BayVGH 24.11.2005 – 12 B 04.2024, juris Rn. 24.

71 NdsOVG 26.3.1997 – 4 L 7121/96, juris Rn. 35.

lich zwar möglich, ist aber wegen der Regelung des § 8a nicht notwendig.[72] Zur Durchsetzung des Anspruchs auf ein Tätigwerden des JA gem. § 8a Abs. 2 (→ § 8a Rn. 74 ff.) im Weg der allgemeinen Leistungsklage (§ 40 VwGO) muss ein Verfahrenspfleger[73] bestellt werden, wenn das JA die Anregung des Kindes nach § 8 Abs. 2 nicht aufgreift und untätig bleibt. Ist die Gefahrenschwelle des § 1666 BGB dagegen noch nicht überschritten, kann das Kind gegen den Willen der Eltern auch nicht durch Einschalten eines Verfahrenspflegers HzE erzwingen, weil dies ein unzulässiger Eingriff in das Elternrecht wäre.[74]

24 Unberührt bleibt das **Antragsrecht** des **Minderjährigen** nach § 36 SGB I, auch wenn er nicht Anspruchsberechtigter ist (→ § 36 Rn. 15 und → § 8 Rn. 12).[75]

25 Weil die Entscheidung über die HzE eine gebundene ist, kann sie nicht durch öffentlich-rechtlichen Vertrag getroffen werden (§ 53 Abs. 2 SGB X). Verhandlungsspielraum besteht weder auf der Tatbestandsseite noch auf der Rechtsfolgeseite der Norm (→ Rn. 1). Daher kommt ein **„Aushandeln"** der Hilfe nicht in Betracht (→ § 36 Rn. 9). Da HzE nicht abstrakt, sondern nur in einer konkreten Hilfeart geleistet werden kann (gleichsam als Stückschuld, nicht als Gattungsschuld), besteht auch hinsichtlich der Hilfeart **kein Auswahlermessen.**

26 Nur die Entscheidung über die **Hilfeart** muss im Zusammenwirken **mehrerer Fachkräfte** getroffen werden (§ 36 Abs. 2 S. 1; → § 36 Rn. 33); für die Grundentscheidung (→ § 36 Rn. 7) ist ein Zusammenwirken dagegen nicht erforderlich. Auch die Grundentscheidung muss aber von einer Fachkraft getroffen werden. Aus § 72 Abs. 1 ergibt sich, dass „Fachkraft" ein relativer Begriff, nämlich auf die jeweils ausgeübte Tätigkeit bezogen, ist. Hier ist eine pädagogische Entscheidung, also eine pädagogische Fachkraft notwendig. Für die Umsetzung dieser Entscheidung durch VA ist die Verwaltungskraft die „Fachkraft".

2 Art und Umfang der Hilfe (Abs. 2)

2.1 Hilfearten (Satz 1)

27 Dass HzE nach Maßgabe der §§ 28–35 gewährt wird, bedeutet zum einen, dass die **Hilfearten nach §§ 28 bis 35** nicht losgelöst von § 27 Abs. 1 sind, sondern die Grundentscheidung über die Gewährung einer HzE voraussetzen, also das Vorliegen der Tatbestandsmerkmale des § 27 Abs. 1 (→ Rn. 8). Dies gilt auch für die Erziehungsberatung, die HzE bleibt, auch wenn das JA im Verfahren nach § 36a Abs. 2 die Grundentscheidung auf den Leistungserbringer delegiert hat (→ Rn. 15). Zum anderen ist HzE nicht an sich möglich, sondern nur iVm einer der in §§ 28–35 benannten Hilfearten; die Formulierung „insbesondere" ist eine **„Innovationsklausel"**, die den Katalog der Hilfearten für neue (unbenannte) Hilfearten offen hält, zB eine ambulante erzieherische Betreuung[76] oder die Unterbringung von Kind und Mutter in einer Nachsorge-

---

72 Für einen eigenen Rechtsanspruch des Kindes Coester FamRZ 1991, 256 und Tillmanns in MüKoBGB Rn. 4; für einen Anspruch auf das Angebot einer HzE Hansen Jugendhilfe 1991, 296.

73 Gem. § 1909 BGB als Ergänzungspfleger; im Verfahren vor dem Familiengericht ein Verfahrensbeistand („Anwalt des Kindes") gem. § 158 FamFG; vgl. hierzu → Anh. 6 Rn. 31 ff. und Kunkel Kind-Prax 2000, 139.

74 Ebenso Coester FamRZ 1991, 255; Wiesner in Wiesner Rn. 9; Tammen/Trenczek in FK-SGB VIII § 27 Rn. 42.

75 Wiesner in Wiesner § 8 Rn. 28.

76 Vgl. hierzu Oberloskamp/Adams, S. 32 und Trenczek, Sonderdruck der BAG für ambulante Maßnahmen nach dem Jugendrecht in der DVJJ (Hrsg.), 2001.

einrichtung nach Drogenentziehung[77] oder in einer Notschlafstelle.[78] Es ist im Einzelfall auch möglich, Vater und Mutter mit einem Kind gemeinsam in einer stationären Einrichtung zu betreuen, um eine Kindeswohlgefährdung abzuwenden und damit eine Trennung der Familie zu vermeiden.[79] Nach einer in der Rspr. vertretenen Auffassung kann von der Hilfe zur Erziehung nach § 27 Abs. 1 auch ein Gebärdensprachkurs für die hörfähigen Eltern eines schwer hörgeschädigten Kindes umfasst sein.[80]

Die Innovationsklausel steht nicht im Widerspruch zum Vorbehalt des Gesetzes nach § 31 SGB I,[81] da die Tatbestandsvoraussetzungen einer unbenannten Hilfeart und die Rechtsfolge in § 27 gesetzlich geregelt sind. Dagegen ist es nicht möglich, über diese Klausel andere Leistungen des § 2 Abs. 2 zu Hilfearten der HzE **„umzuwidmen"** (→ § 2 Rn. 4).[82] Dies folgt aus der Systematik des SGB VIII, die von einem Nebeneinander der verschiedenen Leistungen ausgeht, für sie deshalb unterschiedliche Voraussetzungen und unterschiedliche Verpflichtungsgrade bestimmt sowie in den §§ 90–95 eine jeweils unterschiedliche Kostenbeteiligung vorsieht. Dagegen ist es nicht ausgeschlossen, dass im Rahmen einer der Hilfearten nach §§ 28–35 eine pädagogische Leistung gem. § 27 Abs. 3 erbracht wird, die Bestandteile einer anderen Leistung iSv § 2 Abs. 2 enthält. § 27 Abs. 3 S. 2 regelt dies ausdrücklich für die Ausbildungs- und Beschäftigungsmaßnahmen als Teil der Leistung nach § 13 Abs. 2 und § 27 Abs. 4 für die Hilfe nach § 19.

Mit Art. 1 des **KJSG** wurde in § 27 Abs. 2 S. 3 SGB VIII neu geregelt, dass unterschiedliche Hilfearten miteinander kombiniert werden können, sofern dies dem erzieherischen Bedarf des Kindes oder Jugendlichen im Einzelfall entspricht.[83] Dies war auch nach bisheriger Rechtslage möglich, wie sich aus § 32 S. 2 ergibt, der für die Hilfeart des § 32 eine Kombination mit der Hilfeart des § 33 zulässt. Nicht ausgeschlossen ist auch die Gewährung der HzE durch **Kumulierung** verschiedener Hilfearten für ein Kind.[84] Auch ist die Gewährung von Hilfe nach § 33, etwas für eine Leistungserbringung an Wochenenden oder in Ferienzeiten, zusätzlich zu einer Hilfe nach § 34 rechtlich möglich.[85] Nach hiesiger Auffassung bedarf es in einer solchen Konstellation allerdings einer kritischen Prüfung der Geeignetheit und Erforderlichkeit der Leistungserbringung durch den jeweiligen Leistungserbringer. 28

Die sog. **Flexibilisierung** der Hilfen richtet sich gegen eine „Versäulung". Die Neuregelung in § 27 Abs. 2 S. 3 beschränkt sich daher auf „eine klarstellende Regelung".

Die Regelung zur Auslandshilfe in § 27 Abs. 2 S. 3 ist infolge Rechtsänderung durch Art. 1 des **KJSG** in § 38 Abs. 1 neu normiert worden.[86] Nach § 38 Abs. 1 S. 1 der Neuregelung ist eine Hilfe zur Erziehung in der Regel im Inland zu erbringen.

77 So HessVGH 12.12.2000 – 1 TG 3694/00, juris Rn. 3 f.; VG Hamburg 18.12.2001 – 13 VG 569/2001, ZfJ 2002, 241.
78 So DIJuF JAmt 2002, 246.
79 S. hierzu auch VG München 9.7.2020 – M 18 E 20.2436, juris Rn. 5 und 54.
80 VG Freiburg 7.11.2018 – 4 K 2173/18, juris Rn. 17 f. S. hierzu im Nachgang VGH BW 1.10.2020 – 12 S 3014/18, zur statthaften Klageart, mit welcher der Anspruch bei einer Ablehnung zu verfolgen sei. S. hierzu auch VG Dresden 18.7.2018 – 1 K 2853/16, juris Rn. 21 ff.
81 So aber Freitag ArchsozArb 2001, Heft 3, 99.
82 Ebenso NdsOVG jugendwohl 1994, 451 mAnm Happe; SchlHOVG 30.11.2000 – 1 L63/98; HmbOVG ZfJ 1992, 274; DIJuF JAmt 2004, 416; Schmid-Obkirchner in Wiesner Rn. 24; Tillmanns in MüKoBGB Rn. 6; Röchling, Eingriffsrecht, S. 263; Kunkel ZfJ 1991, 148; **aA** SchlHOVG 19.5.1994 – 5 O 29/94, ZfJ 1994, 395; VG Frankfurt ZfJ 1991, 604; Tammen/Trenczek in FK-SGB VIII Rn. 19.
83 BGBl. 2021 Teil I Nr. 29, 1444.
84 ZB in sog. Jugendhilfestationen; DV NDV 2000, 59; VG München 3.9.2014 – M 18 K 13.1756, juris Rn. 37; VG Schleswig 26.5.2020 – 15 A 289/18, juris Rn. 27 ff.
85 S. hierzu VG Schleswig 26.5.2020 – 15 A 289/18.
86 Referentenentwurf KJSG, 5.10.2020, S. 92.

29 Zur Unterbringung in einer **Justizvollzugsanstalt** als HzE → § 19 Rn. 28. In der Rspr. wird angenommen, dass ein Erziehungsdefizit regelmäßig unter den besonderen Bedingungen des Strafvollzugs (Untersuchungs- und Strafhaft) von Mutter und Kinder eintrete, da eine inhaftierte Mutter bei der Wahrnehmung ihrer elterlichen Sorge durch das Leben in der Vollzugsanstalt wesentlich eingeschränkt ist und die Vollzugsbedingungen in der Regel nicht ohne Einfluss auf die Erziehungsbedingungen bleiben können.[87]

30 Der **Täter-Opfer-Ausgleich** ist keiner der in §§ 28 bis 35 benannten Hilfearten zuzuordnen, kann aber eine durch die Innovationsklausel einzubeziehende Hilfeart sein, wenn die Tatbestandsvoraussetzungen des § 27 vorliegen.[88] Das JA könnte diese HzE im Rahmen der Diversion (§§ 45, 47 JGG) leisten, was § 52 Abs. 2 ermöglicht. Dagegen kann nicht das Jugendgericht den Täter-Opfer-Ausgleich als HzE anordnen, da dies in § 12 JGG nicht vorgesehen ist, sondern lediglich als Weisung gem. § 10 Abs. 1 S. 3 Nr. 7 JGG (vgl. zur jugendgerichtlichen Anordnungskompetenz → § 36 Rn. 19–21).

2.2 Individualisierung und Regionalisierung (Satz 2)

31 § 33 S. 1 SGB I, der wegen § 37 S. 2 SGB I der Regelung in § 27 Abs. 2 S. 2 SGB VIII vorgeht,[89] bestimmt, dass die Hilfe dem Kind oder Jugendlichen als „Maßanzug" und nicht als „Anzug von der Stange" angepasst sein muss. „Maßband" ist die Feststellung des erzieherischen Bedarfs im Hilfeplan gem. § 36 Abs. 2 S. 2. Die sich daraus ergebende Hilfe soll (dh idR muss) so gestaltet werden, dass sie das engere **soziale Umfeld** einbezieht. Dies sind neben der Familie die Schule, die Ausbildungsstelle, der Freundeskreis, das Milieu, in dem sich das Kind oder der Jugendliche aufhält. Es ist dabei sicherzustellen, dass diese Kontaktpersonen den Erfolg der Hilfe verstärken, zumindest aber nicht behindern. Dies kann sowohl durch die Auswahl der Hilfeart geschehen als auch durch flankierende Maßnahmen wie zB **sozialräumlich** angelegten Hilfen.[90] IdR wird die Einbeziehung des sozialen Umfeldes zur **Regionalisierung** der Hilfe führen müssen, also einer Hilfe, die möglichst wohnortnah geleistet wird und außerdem das Herkunftsmilieu in die Hilfegestaltung integriert.[91] In Ausnahmefällen kann aber gerade die Herausnahme aus einem ungünstigen Milieu notwendig sein.[92]

2.3 Auslandsvorbehalt

32 Die Hilfe muss grundsätzlich im **Inland** geleistet werden. Nur ausnahmsweise kann sie im Ausland erfolgen. Infolge Rechtsänderung durch Art. 1 des KJSG ist diese Vorgabe nun in § 38 Abs. 1 S. 1 enthalten. Nur ausnahmsweise ist eine Leistungserbringung im Ausland nach § 38 Abs. 1 S. 2 möglich.[93] Die fallzuständige Fachkraft muss im Hilfeplan begründen, warum die Hilfe im Ausland zur Erreichung des Erziehungsziels erforderlich ist.

---

87 VG München 7.4.2020 – M 18 E 20.1277, juris Rn. 40. S. hierzu auch VG Minden 31.1.2018 – 6 L 61/18, juris Rn. 11 f.
88 Ebenso NdsOVG ZfJ 1994, 84 und VG Hannover RsDE 24, 57; mit dieser Einschränkung auch Meysen in FK-SGB VIII § 36a Rn. 31; Bedenken aber bei Schmid-Obkirchner in Wiesner vor § 27 Rn. 54.
89 Während § 9 SGB IX gem. § 7 S. 1 SGB IX nachrangig ist.
90 Vgl. zum „Projekt INTEGRA" den Bericht in ZfJ 2000, 201.
91 Vgl. hierzu BayVGH 2.1.1996 – 12 CE 95.4004, juris Rn. 19.
92 Ebenso Schmid-Obkirchner in Wiesner Rn. 60.
93 BGBl. 2021 Teil I Nr. 29, 1444.

3 Verwandtenpflege (Abs. 2a)

Ob bei Kindern in **Verwandtenpflege** die Voraussetzungen einer HzE vorliegen, war lange strittig. Das BVerwG hatte mit Urt. v. 12.9.1996[94] entschieden, dass ein erzieherischer Bedarf nicht vorliege, wenn **Großeltern** ihr Enkelkind, ebenso aber auch **Onkel, Tante, Geschwister** das Kind unentgeltlich bei sich aufnähmen. Lehnten sie unentgeltliche Pflege ab, liege erzieherischer Bedarf vor. Bei Großeltern liege aber auch bei Ablehnung unentgeltlicher Pflege erzieherischer Bedarf des Kindes dann nicht vor, wenn sie unterhaltsfähig seien, weil sie dann ihre nachrangige Unterhaltspflicht durch naturale Betreuung erfüllten. Dem Ergebnis war zuzustimmen, der Begründung nicht. Das Urteil vermischte Tatbestandsvoraussetzungen des § 27 mit der Rechtsfolge des § 39. Auf der Tatbestandsseite kann ein erzieherischer Bedarf nicht verneint werden, da ein Ausfall elterlicher Erziehungsleistung vorliegt (→ Rn. 2).[95] Die weitere Voraussetzung, dass HzE geeignet sein muss, liegt vor, wenn das Wohl des Kindes in der Verwandtenpflegestelle gewährleistet ist; dies ist der Fall, wenn der Ausfall der elterlichen Erziehungsleistung dort weitgehend kompensiert werden kann. Als dritte Voraussetzung ist die Notwendigkeit von HzE gegeben, wenn eine gleich geeignete Hilfe, welche die Familie weniger beeinträchtigt als die Verwandtenpflege, nicht zur Verfügung steht. Als Rechtsfolge ergibt sich daher ein Anspruch des PSB auf erzieherische Hilfe und als weitere Folge auch auf wirtschaftliche Hilfe zur Deckung des notwendigen Unterhalts des Kindes (§ 39) auch in Verwandtenpflegestellen. 33

Mit dem KICK ist dieses Ergebnis nunmehr als Abs. 2a normativ geregelt. Die entgegenstehende Rechtsprechung des BVerwG ist insoweit obsolet. Dies hat das BVerwG zwischenzeitlich selbst klargestellt.[96] Der Anspruch der PSB auf HzE bei den Großeltern wird nicht dadurch ausgeschlossen, dass diese (gem. § 1606 Abs. 2 BGB – Abdruck bei § 18 – nachrangig) unterhaltspflichtig sind.[97] § 27 Abs. 2a **reduziert** damit den **Nachrang** aus § 10 Abs. 2 S. 1, wonach Jugendhilfe gegenüber unterhaltspflichtigen Großeltern nachrangig wäre (→ § 92 Rn. 1). Zu beachten ist aber, dass es **keine Automatik** der HzE bei Großeltern gibt. Vielmehr ist in jedem Einzelfall zu prüfen und im Hilfeplan zu dokumentieren, ob ein erzieherischer Bedarf im Einzelfall besteht, ob die Großeltern geeignet sind,[98] diesen erzieherischen Bedarf zu decken, und ob sie auch zur Zusammenarbeit mit dem JA bereit sind.[99] Das in § 27 Abs. 2a normierte Tatbestandsmerkmal „außerhalb des Elternhauses" ist dabei in Bezug auf die jeweilige Hilfeart zu bestimmen. Diesbezüglich ist das Bundesverwaltungsgericht der Auffassung, dass der Begriff „Elternhaus" in Abhängigkeit von den in den §§ 28 f. geregelten Hilfearten auszulegen ist. Danach kann der Begriff „Elternhaus" sowohl in einer „räumlich-konkreten Bedeutung" als auch einer „übertragen-funktionellen Bedeutung" verstanden werden. Im übertragenen Sinn soll der Begriff so auszulegen sein, dass die Betreuung des Kindes nicht zwingend eine räumliche Trennung vom Elternhaus voraussetzt.[100] 34

Der Anwendungsbereich des Abs. 2a ist allerdings nicht auf die Erbringung der Leistung durch unterhaltspflichtige Großeltern begrenzt. Beispielsweise kommt die Rege-

94 NDV-RD 1997, 80 mAnm Zeitler NDV 1997, 249.
95 Vgl. hierzu auch BVerwG 9.12.2014 – 5 C 32/13, ZKJ 2015, 167.
96 BVerwG 9.12.2014 – 5 C 32/13, juris Rn. 16.
97 S. hierzu auch BVerwG 9.12.2014 – 5 C 32/13, juris Rn. 14.
98 Hierzu BVerwG 9.12.2014 – 5 C 32/13, juris Rn. 19; VG Hamburg 30.8.2006 – 13 K 1769/06, juris Rn. 22.
99 Ebenso BayVGH 19.8.2009 – 12 C 09.953, juris Rn. 4 f.
100 BVerwG 1.3.2012 – 5 C 12/11, juris Rn. 12 f.; VG Meiningen 30.7.2015 – 8 K 166/14 Me.

lung auch bei einer unterhaltsverpflichteten Tante oder einem Onkel zur Anwendung.[101]

Liegt aber eine der Tatbestandsvoraussetzungen nicht vor, scheidet HzE (und damit auch wirtschaftliche Hilfe nach § 39; → § 39 Rn. 3) aus. Der notwendige Lebensunterhalt des Kindes ist dann bei Hilfebedürftigkeit nach § 27 SGB XII oder § 28 SGB II zu decken. Auch wenn die Voraussetzungen des § 27 Abs. 2a vorliegen, ist aber eine Kürzung des Pflegegeldes nach § 39 Abs. 4 S. 4 möglich (→ § 39 Rn. 23). Auch nach Geltung des Abs. 2a seit 1.10.2005 ist aber nicht ausgeschlossen, dass Großeltern – unterhaltspflichtig oder nicht – bereit sind, den erzieherischen Bedarf im Einvernehmen mit dem PSB freiwillig unentgeltlich zu decken. Öffentliche Erziehung kann dann nicht notwendig sein.[102] Die Notwendigkeit der Hilfe entfällt aber nicht bereits dann, wenn Großeltern bei der Vollzeitpflege ihrer Enkelkinder das Jugendamt nicht „ernsthaft vor die Alternative stellen, für ihre Entlohnung zu sorgen oder auf ihre Betreuungsdienste zu verzichten".[103] Stellen sie einen Antrag auf HzE, ist die Bereitschaft auf unentgeltliche Pflege nicht anzunehmen; insoweit gilt für sie das Gleiche wie für den Vormund, der ein Kind in der eigenen Familie betreut (→ Rn. 20).

4 Leistungsarten (Abs. 3)

35 **Satz 1** regelt die Leistungsarten der HzE (im Unterschied zu den Hilfearten; → Rn. 15). Notwendiger Inhalt jeder HzE ist die Gewährung **pädagogischer** Leistungen. Dies folgt aus der Tatbestandsvoraussetzung des erzieherischen Bedarfs in Abs. 1, der nur durch erzieherische Hilfen gedeckt werden kann.[104] Aus dem Wortlaut des Abs. 3 („insbesondere") folgt nichts anderes, da damit lediglich der Schwerpunkt der Hilfe bezeichnet wird. Um die erzieherische Hilfe als Leistungskern können sich weitere Leistungsarten gruppieren. Dies können auch **materielle** Leistungen sein, wie sich aus §§ 39, 40 ergibt, allerdings nur für die dort genannten Hilfearten („wirtschaftliche Jugendhilfe", → § 39 Rn. 3). Auch **therapeutische** Leistungen (zB eine Legasthenietherapie) können nicht isoliert erfolgen, sondern nur als „Tandem-Hilfe", nämlich verbunden mit einer erzieherischen Leistung, wie das Gesetz ausdrücklich vorschreibt (→ Rn. 3). Die Therapie dient nur der „Befruchtung" der pädagogischen Leistung. Die therapeutische Leistung setzt ferner die Anknüpfung an eine bestimmte Hilfeart der §§ 28–35 (oder einer unbenannten gleichwertigen) voraus. Die therapeutischen Leistungen müssen von Personen durchgeführt werden, die eine therapeutische Qualifikation, aber nicht notwendig eine Zulassung nach dem Psychotherapeutengesetz haben.[105] Pädagogisch-therapeutische Leistungen der Jugendhilfe fallen nicht unter dieses Gesetz.[106] Als therapeutische Verfahren kommen Psychotherapie ebenso wie Beschäftigungs-, Gestalt-, Gesprächs-, Musik- oder andere Therapien in Betracht.

Auch ist es möglich, dass Hilfe zur Erziehung und Eingliederungshilfe zusammen erbracht werden. Für die Eingliederungshilfe nach § 35a folgt dies bereits aus § 35a Abs. 4. Die Leistungserbringung soll dann im Sinne einer „ganzheitlichen Betreuung" erfolgen. Nichts anderes gilt für die gemeinsame Leistungserbringung von Eingliederungshilfe für körperlich oder geistig behinderte junge Menschen und Hilfe zu Erziehung. Das Leistungsrecht im SGB VIII setzt auf Tatbestandsseite eine Geeignetheits-

101 Hierzu VG Augsburg 4.8.2020 – Au 3 K 19.411, juris Rn. 19.
102 S. hierzu BVerwG 9.12.2014 – 5 C 32/13, juris Rn. 16; VG Freiburg 12.3.2015 – 4 K 1734/14, juris Rn. 33; SächsOVG 28.5.2009 – 1 A 54/08, juris Rn. 20; BayVGH 4.9.2007 – 12 ZB 07.476, juris Rn. 3.
103 BVerwG 9.12.2014 – 5 C 32/13, juris Rn. 23 f.
104 S. hierzu auch NdsOVG 25.3.2020 – 10 LA 292/18, juris Rn. 15.
105 Ebenso OVG RhPf 9.12.2008 – 6 A 10694/08, juris Rn. 31; VG Osnabrück 18.2.2008 – 6 A 164/07, juris Rn. 21 f.
106 BT-Drs. 13/8035, 17.

und Erforderlichkeitsprüfung voraus, mit welcher die passgenaue Leistung im Hinblick auf den individuellen Bedarf zu bestimmen ist. Dabei muss insbesondere dem Grundsatz des Untermaßverbots genügt werden. Es muss die Leistung bewilligt werden, die tatsächlich wirksam und bedarfsdeckend ist.

Therapeutische Leistungen medizinischer Art sind von den **Krankenkassen** gem. § 27 SGB V zu erbringen und gehen gem. § 10 Abs. 1 SGB VIII (→ § 10 Rn. 15 u. → § 35a Rn. 45) der Jugendhilfe vor.[107] 36

Gem. **Satz 2** können auch sozialpädagogisch begleitete Ausbildungs- und Beschäftigungsmaßnahmen nach **§ 13 Abs. 2** eine Form der HzE sein. Dies setzt ebenfalls voraus, dass ein Erziehungsdefizit vorliegt, das durch erzieherische Leistung in einer bestimmten Hilfeart behoben werden soll. Jugendsozialarbeit kann somit nicht als „verkappte HzE" geleistet werden (→ § 13 Rn. 11). Sowohl die unmittelbare Leistung nach § 13 Abs. 2 als auch die mittelbare über § 27 Abs. 3 sind nachrangig gegenüber den Leistungen zur Eingliederung junger Menschen nach §§ 16, 16a SGB II (→ § 10 Rn. 47 ff.).[108] Deren Vorrang liegt aber nur vor, wenn der Anwendungsbereich des SGB II mit § 7 SGB II überhaupt eröffnet ist[109] und das Jobcenter geeignete Maßnahmen („bereite Mittel") zur Verfügung stellt.[110] 37

Mit Art. 1 des KJSG ist ein neuer **Satz 3** eingefügt worden.[111] Die in der Schule oder Hochschule wegen des erzieherischen Bedarfs erforderliche Anleitung und Begleitung können als Gruppenangebote an Kinder oder Jugendliche gemeinsam erbracht werden, soweit dies dem Bedarf des Kindes oder Jugendlichen im Einzelfall entspricht.

Nach der Gesetzesbegründung soll mit der Neuregelung die gemeinsame Inanspruchnahme von Leistungen zur Anleitung und Begleitung im Bildungsbereich (Schule oder Hochschule) im Rahmen der Hilfe zur Erziehung – ähnlich wie § 35a Abs. 3 iVm § 12 Abs. 4 SGB IX bei Leistungen zur Teilhabe an Bildung im Rahmen der Leistungen der Eingliederungshilfe – ermöglicht werden, sofern eine gemeinsame Inanspruchnahme dem individuellen Bedarf des jungen Menschen entspricht.[112] Damit hat der Gesetzgeber nach hiesiger Auffassung zusätzlich zu § 29 eine neue Art der Gruppenarbeit als Leistung der Hilfe zur Erziehung geschaffen. Mit der Neuregelung geht daher eine Ausweitung der Jugendhilfe im Bereich schulischer Verantwortung einher. Die Regelung ist im Hinblick auf die vorrangige schulische Verantwortlichkeit nach § 10 Abs. 1 S. 1 nicht unproblematisch.

Insbesondere könnte damit eine Möglichkeit zur Inanspruchnahme von Schulbegleitung als Hilfe zur Erziehung geschaffen worden sein. Eine solche Leistung war nach bisheriger hM lediglich als Leistung der Eingliederungshilfe möglich. Mit der Neuregelung dürfte daher eine Leistungsausweitung einhergehen.

Die Regelung zur Begleitung in der Hochschule dürfte insbesondere im Rahmen des § 41 Bedeutung gewinnen. § 41 Abs. 2 verweist auf § 27 Abs. 3 und erklärt die Regelung damit grundsätzlich für anwendbar. Problematisch ist allerdings, dass in § 27 Abs. 3 S. 3 auf einen erzieherischen Bedarf abgestellt wird. Im Sinne einer „entsprechenden Anwendung" wird man im Rahmen des § 41 auf die Persönlichkeitsentwicklung abstellen müssen.

107 Kunkel JAmt 2003, 329; ebenso Mrozynski SGB VIII Rn. 18.
108 Näher Kunkel ZFSH/SGB 2006, 76.
109 Ebenso BayVGH 23.6.2009 – 12 ZB 07.2852, juris Rn. 5 f.
110 Ebenso VG Berlin 10.5.2006 – 18 A 904.05, juris Rn. 8.
111 BGBl. 2021 Teil I Nr. 29, 1444.
112 BT-Drs. 19/26107, 82.

5 Hilfen auch für das Kind der Mutter (Abs. 4)

38 Wird ein im Heim oder bei einer Pflegefamilie lebendes Kind, für das seine Eltern HzE nach § 27 iVm §§ 33 oder 34 (nur dann) erhalten, selbst Mutter, ist es schwierig, den Bedarf, der Leistungsbeteiligten (zu diesem Begriff → § 8 Rn. 10) aller drei Generationen der richtigen Hilfe zuzuordnen (→ § 19 Rn. 19). Mit der Einfügung des Abs. 4 durch das KICK wurde erreicht, dass der **„Drei-Generationen-Bedarf" aus einer Hand**, nämlich durch HzE nach § 27 iVm §§ 33 oder 34 gedeckt werden kann. Die Eltern der (auch schon werdenden) Mutter als Anspruchsberechtigte[113] erhalten HzE (erstens) für den erzieherischen und wirtschaftlichen (§ 27 iVm §§ 39, 40) Bedarf ihres Kindes, aber auch (zweitens) für dessen spezifischen Unterstützungsbedarf als Mutter und (drittens) für den ihres Enkelkindes. Diesen beschreibt Abs. 4 als „Unterstützung bei Pflege und Erziehung". Diese Begriffe werden in § 39 Abs. 1 S. 2 dem Sachaufwand gegenüber gestellt. Das würde bedeuten, dass das Kind diesen nicht erhält. Da aber diese Unterscheidung erst mit dem KiföG eingeführt wurde, erfasst sie nicht die Regelung in Abs. 4 durch das (frühere) KICK. Danach wird in § 39 Abs. 7 (→ § 39 Rn. 39) ausdrücklich bestimmt, dass die Hilfe für die Mutter auch den Unterhalt für ihr Kind umfasst. Damit ist er „Annex der Annexleistung" für die Mutter, ohne dass in der Person des Kindes die Voraussetzungen einer HzE vorliegen müssen. **Krankenhilfe** als weiterer Leistungsannex nach § 40 ist dagegen weder in § 27 Abs. 4 noch in § 40 erfasst, kann also wegen § 31 SGB I (Vorbehalt des Gesetzes) nicht geleistet werden, auch wenn dieser Unterschied zur Hilfe nach § 19 nicht gerechtfertigt erscheint.

39 Hilfe zum Lebensunterhalt nach § 27 SGB XII bzw. Grundsicherung nach §§ 19, 28 SGB II für Mutter und Kind sind gegenüber der Hilfe nach § 27 Abs. 4 nachrangig (§ 10 Abs. 3 S. 1 bzw. Abs. 4 S. 1). Voraussetzung dieser „Kombi-Hilfe" ist aber immer, dass bei der **Mutter des Kindes ein Erziehungsdefizit** iSd § 27 Abs. 1 vorliegt; nur so lange kann die Hilfe geleistet werden. Eine Hilfe nach § **19** ist dann daneben ausgeschlossen.[114] Sie kommt aber dann zum Zuge, wenn ein Erziehungsdefizit der Mutter nicht mehr anzunehmen ist. Ist bei dem Kind selbst im Laufe seiner Entwicklung (in oder nach Verlassen der Einrichtung) ein Erziehungsdefizit festzustellen, erhält die Mutter als PSB HzE für ihr Kind (zur Zuordnungsproblematik → § 19 Rn. 4 und 19). Hilfe nach § 27 Abs. 4 wird nur geleistet, solange sich Mutter und Kind in der Einrichtung oder Pflegefamilie befinden.

40 Da § 27 Abs. 4 auch für die Hilfe nach § **41** gilt (§ 41 Abs. 2), wird bei Volljährigen die „Dreigenerationen-" zu einer „Zweigenerationenhilfe".

6 Unzulässigkeit der „aufsuchenden Hilfe mit Kontrollauftrag"

41 Mit Entscheidung vom 6.2.2019 hat der **BGH** entschieden, dass eine aufgrund eines drohenden sexuellen Missbrauchs im Raum stehende Kindeswohlgefährdung mittels einer ambulanten Hilfe zur Erziehung abwendbar sei. So erscheine es denkbar, zur Unterstützung der Familie einen regelmäßigen in der Familie verkehrenden sozialpädagogischen Familienhelfer iSv § 27 iVm § 31 hinzuzuziehen. Dieser sei „am ehesten" in der Lage zu bemerken, ob sich die familiäre Situation verschlechtere und damit die Wahrscheinlichkeit eines Schadenseintritts durch sexuellen Missbrauch des Kindes steige. Auch wenn ein Kontrollauftrag nicht originäres Ziel einer sozialpädagogischen Familienhilfe sei, hindere dies einen Familienhelfer nicht, dem Familiengericht zeitnah von möglichen Veränderungen zu berichten, so dass hinreichend Gelegenheit bestände, den Sachverhalt aufzuklären und angemessen zu reagieren. Schließlich sei eine

113 AA Tammen/Trenczek in FK-SGB VIII Rn. 29: die Mutter.
114 S. hierzu auch VG Freiburg 24.4.2012 – 3 K 2715/10, juris Rn. 23.

Weisung, die Familienhilfe in Anspruch zu nehmen, in § 1666 Abs. 3 Nr. 1 BGB ausdrücklich geregelt.[115]

Nach hiesiger Auffassung ist es aber rechtlich unzulässig, mittels einer Hilfe zur Erziehung nach § 27 eine Familie im Rahmen des Schutzauftrags zu überwachen und auszuforschen. In der jugendhilferechtlichen Praxis wird insbesondere die ambulante Hilfe zur Erziehung in Form der Sozialpädagogischen Familienhilfe nach § 27 iVm § 31 im Rahmen des Schutzauftrags nach § 8a als sogenannte aufsuchende Hilfe mit Kontrollauftrag installiert. Bisher setzt man sich hierbei allerdings nicht mit der Frage auseinander, ob § 27 oder § 31 überhaupt eine taugliche Rechtsgrundlage für einen solchen Eingriff in das Elterngrundrecht nach § 6 Abs. 2 S. 1 GG sein kann. Auch der BGH geht dieser Frage mit Entscheidung vom 6.2.2019 nicht nach. Vielmehr begnügt er sich, ohne rechtliche Prüfung, mit der lapidaren Feststellung, dass es nicht „originäres Ziel einer sozialpädagogischen Familienhilfe" ist, einen Kontrollauftrag wahrzunehmen.[116] Auch hilft der Hinweis des BGH nicht weiter, dass eine Weisung, die Familienhilfe in Anspruch zu nehmen, in § 1666 Abs. 3 Nr. 1 BGB ausdrücklich geregelt ist.[117] Auch im Rahmen von § 1666 Abs. 3 Nr. 1 BGB ist immer der Leistungscharakter und die Freiwilligkeit der Inanspruchnahme zu beachten.[118] Es ist streng zwischen der reinen Sozialleistung der Familienhilfe iSd § 1666 Abs. 3 Nr. 1 BGB iVm §§ 27, 31 und der Kontrolle bzw. Ausforschung mittels dieser Hilfe zu unterscheiden. Für eine Kontrolle der Familie existiert im Gegensatz zur Hilfe **keine Rechtsgrundlage**, welche einen solchen Grundrechtseingriff legitimieren könnte. Diesbezüglich ist zunächst zu berücksichtigen, dass eine solche Kontrolle von Anhaltspunkten für eine Kindeswohlgefährdung der anderen Aufgabe des § 8a SGB VIII zuzuordnen ist. Eine Hilfe zur Erziehung ist jedoch rechtlich als Sozialleistung iSd § 11 SGB I der Kategorie der Leistung zuzuordnen, § 2 Nr. 4. Eine Kontrolle der Familie mittels der Hilfe zur Erziehung wird dem Wesen der Sozialleistung in keiner Weise gerecht und konterkariert den eindeutig auf Freiwilligkeit basierenden Leistungscharakter (→ § 30 Rn. 10). Die Hilfe zur Erziehung als Sozialleistung ist nach Sinn und Zweck der Regelung in keiner Weise mit staatlichen Eingriffen zu vereinbaren.[119] Dies gilt in besonderem Maße für die Sozialpädagogische Familienhilfe, welche als praktische Lebenshilfe iSe Hilfe zur Alltagsbewältigung in den Intimbereich der Familie eindringt.[120] Eine Kontrolle oder gar Ausforschung der Familie stellt aber einen staatlichen Eingriff dar. Hieran ändert auch die Tatsache nichts, dass der staatliche Eingriff durch Kontrolle in die Hilfe nach § 31 ist oder gar mit dieser Hilfe „getarnt" erfolgt. Bereits eine gerichtlich verbindlich getroffene Anordnung zur Kontrolle beeinträchtigt den Betroffenen in seiner Entscheidungsbildung. Dies gilt umso mehr, als der betroffene Elternteil im Falle des Nichtzulassens der Hilfe mit Kontrollauftrag mit negativen Konsequenzen im weiteren familiengerichtlichen Verfahren rechnen muss.[121]

Auch kann nach der Lehre vom Gesetzesvorbehalt ein Eingriff in Art. 6 Abs. 2 S. 1 GG weder auf § 27 noch auf § 31 gestützt werden. Ausweislich des eindeutigen Wortlautes sind die Vorschriften ausschließlich auf eine Hilfe und Unterstützung der Familie gerichtet. Die Normen enthalten keine Ermächtigung der Behörde zu einer Kontrolle und Ausforschung der Familie. Eine solche ausdrückliche gesetzliche Ermächtigung wäre nach der Lehre vom Gesetzesvorbehalt aber Grundvoraussetzung für einen Eingriff in den Intimbereich durch eine „aufsuchende Kontrolle". Lediglich mit § 30

115 BGH 6.2.2019 – XII ZB 408/18, juris Rn. 45.
116 BGH 6.2.2019 – XII ZB 408/18, juris Rn. 45.
117 BGH 6.2.2019 – XII ZB 408/18, juris Rn. 45.
118 S. hierzu Olzen in MüKo § 1666 Rn. 173.
119 S. hierzu auch Tammen/Trenczek in FK-SGB VIII Vor §§ 27–41 Rn. 8.
120 Struck in FK-SGB VIII, 8. Aufl. 2019, § 31 Rn. 4, 6 und 11.
121 BVerfG 1.12.2010 – 1 B vR 1572/10, juris Rn. 16.

ist neben der Hilfe zur Erziehung in Form der Erziehungsbeistandschaft eine Betreuung außerhalb der Sozialleistung, nämlich der Betreuung im Rahmen einer jugendrichterlichen Weisung, geregelt worden. Für diese Betreuung besteht damit eine ausdrücklich gesetzliche Grundlage.[122] Dies gilt insbesondere auch für eine Kontrolle der Einhaltung von Weisungen und Auflagen nach § 38 JGG. Dieser Kontrollauftrag ist aber klar begrenzt auf die Aufgabe der Jugendgerichtshilfe. Für eine „aufsuchende Hilfe mit Kontrollauftrag" im Rahmen eines familiengerichtlichen Verfahrens nach § 1666 BGB fehlt auch hier offensichtlich eine Rechtsgrundlage.

Nach hiesiger Auffassung bewegt sich die „aufsuchende Hilfe mit Kontrollauftrag" daher im rechtsfreien Raum. Sie ist eine Erfindung der fachlichen Verwaltungspraxis, die keine gesetzliche Verankerung hat.[123] Mangels Rechtsgrundlage ist eine solche Maßnahme daher unzulässig. Hier ist der Gesetzgeber gefragt. De lege ferenda sollte nach hiesiger Auffassung eine entsprechende Regelung in § 8a verankert werden.[124]

7 Keine Anordnungskompetenz des Familiengerichts

42 Mit § 36a Abs. 1 steht fest, dass das Jugendamt die Kosten einer Leistung nach dem SGB VIII nur zu tragen hat, wenn sie aufgrund seiner Entscheidung ergangen ist. Auch fehlt dem Familiengericht die Kompetenz, gegenüber dem Jugendamt die Erbringung einer Leitung nach dem SGB VIII anzuordnen. Hierfür existiert keine Rechtsgrundlage.[125]

In Rspr. und Lit. ist es allerdings nicht abschließend geklärt, ob das Jugendamt verpflichtet ist, eine Hilfe zu leisten, die vom Familienrichter den Personensorgeberechtigten nach § 1666 Abs. 3 Nr. 1 BGB auferlegt wird. Eine abschließende Klärung dieser Rechtsfrage ist in der Rspr. bisher nicht erfolgt.[126] Nach hier vertretener Auffassung hat eine solche richterliche Anordnung gegenüber den Personensorgeberechtigten **keine Bindungswirkung** gegenüber dem Jugendamt.[127] Zu berücksichtigen ist diesbezüglich zunächst, dass dem Jugendamt hinsichtlich der Beurteilung der Tatbestandsvoraussetzung der Geeignetheit einer Hilfe nach dem SGB VIII ein Beurteilungsspielraum zukommt,[128] welcher selbst von der Verwaltungsgerichtsbarkeit nur eingeschränkt gerichtlich überprüfbar ist (→ § 27 Rn. 13). Ein solcher „weiter" Beurteilungsspielraum besteht erst recht gegenüber der Familiengerichtsbarkeit.[129] Die Entscheidung über die geeignete und notwendige Hilfe obliegt dem Jugendamt. Aus diesem Grunde ist es nach hiesiger Auffassung erforderlich, dass der Familienrichter mit dem jeweiligen Mitarbeiter des Jugendamts Einvernehmen über die Hilfe erzielt. Der Mitarbeiter des Jugendamts muss die Entscheidung des Richters zu seiner eigenen machen.

---

122 S. hierzu Schmid-Obkirchner in Wiesner § 30 Rn. 1.

123 So bereits im Jahr 2008 sehr treffend Frings in JAmt 2008, 461 (464).

124 S. hierzu auch Schmid-Obkirchner in Wiesner § 30 Rn. 27 für eine Neuregelung jugendstrafrechtlicher Aufgaben.

125 S. hierzu auch OLG Koblenz 11.6.2019 – 13 UF 86/19, juris Leitsatz 1 und Rn. 28.

126 Offengelassen von BVerfG 24.3.2014 – 1 BvR 160/14, juris Rn. 52 mit Anm. von Kunkel, FamRZ 2015, 901–904, und OLG Nürnberg 17.11.2014 – 11 UF 1097/14, juris Rn. 36.

127 Ebenso OLG Oldenburg 27.11.2007 – 4 WF 240/07, juris Rn. 2; AG Rudolstadt 10.3.2016 – 312 Js 24369/15-1 Ls. jug, juris Rn. 32; aA OLG Koblenz 29.5.2012 – 11 UF 266/12, juris Rn. 43 und 44. Jedenfalls verneint für den Fall eines begleiteten Umgangs nach § 18 Abs. 3 SGB VIII OLG Frankfurt 24.3.2015 – 5 UF 270/14, juris Rn. 9.

128 Dies gilt für die Hilfe nach § 19 SGB VIII, die Hilfe zur Erziehung nach § 27 SGB VIII sowie die Eingliederungshilfe gem. § 35a SGB VIII.

129 So ausdrücklich Coester in Staudinger BGB § 1666a Rn. 21.

Das **OLG Nürnberg** hat dies mit Entscheidung vom 17.11.2014 wie folgt prägnant zusammengefasst:

„Die Familiengerichte sind insoweit aber auch gar nicht befugt, dem Jugendamt Weisungen zu erteilen. Die Entscheidung über die Erfüllung der Tatbestandsvoraussetzungen und die Leistungserbringung jugendhilferechtlicher Leistungen erfolgt durch den Träger der öffentlichen Jugendhilfe (§ 3 Abs. 2 S. 2 SGB VIII) als Verwaltungsakt (§ 31 SGB X) oder im Rahmen eines öffentlich-rechtlichen Vertrags (§ 53 SGB X). Die Fach- und Sachkompetenz ist grundsätzlich beim Jugendamt angesiedelt.“[130]

Da eine höchstrichterliche und damit abschließende Klärung dieser Rechtsfrage in der Rspr. allerdings bisher nicht erfolgt ist,[131] wird man zumindest feststellen müssen, dass sich die Familiengerichtsbarkeit nicht ohne Weiteres über die fachkundige Einschätzung der sozialpädagogischen Fachbehörde Jugendamt hinwegsetzen kann. In der Lit. wird hierzu Folgendes vertreten:

„Ist das Votum des Jugendamtes plausibel begründet, wird sich das FamG hierauf in der Regel verlassen können. Bezweifelt es dessen Richtigkeit oder will gar Hilfen anordnen, die das Jugendamt für ungeeignet hält, so bedarf es hierfür grundsätzlich eines ***sozialpädagogischen Sachverständigengutachtens*** *als Entscheidungsgrundlage und einer ausdrücklich* ***auch gegen das Jugendamt gerichteten Anordnung****.“*[132]

Jüngst hat das **OVG Lüneburg** mit Entscheidung vom 9.5.2019 hierzu folgende Feststellungen getroffen:

„In die dem Jugendamt (…) damit gesetzlich eingeräumte Kompetenz der fachlich-inhaltlichen Steuerung des Hilfeprozesses für die Kinder vermögen die Anweisungen des Familiengerichts daher nicht einzugreifen.

Die Jugendhilfeträger haben bei der Prüfung der Voraussetzungen der Gewährung öffentlicher Jugendhilfe die sorgerechtlichen Entscheidungen der Zivilgerichte (…) zu beachten, die gesetzlichen Voraussetzungen der Gewährung von Jugendhilfe aber eigenverantwortlich zu prüfen. ***Nur den Verwaltungsgerichten*** *obliegt nach dem Willen des Gesetzgebers die inhaltliche Kontrolle der Arbeit der Jugendämter“.*[133]

§ 28 Erziehungsberatung

[1]Erziehungsberatungsstellen und andere Beratungsdienste und -einrichtungen sollen Kinder, Jugendliche, Eltern und andere Erziehungsberechtigte bei der Klärung und Bewältigung individueller und familienbezogener Probleme und der zugrunde liegenden Faktoren, bei der Lösung von Erziehungsfragen sowie bei Trennung und Scheidung unterstützen. [2]Dabei sollen Fachkräfte verschiedener Fachrichtungen zusammenwirken, die mit unterschiedlichen methodischen Ansätzen vertraut sind.

130 OLG Nürnberg 17.11.2014 – 11 UF 1097/14, juris Rn. 36.

131 Zweifelnd BVerfG 17.3.2014 – 1 BvR 2695/13, juris Rn. 37; offengelassen von BVerfG 24.3.2014 – 1 BvR 160/14, juris Rn. 52 mit Anm. von Kunkel FamRZ 2015, 901–904.

132 Coester in Staudinger BGB § 1666a Rn. 19.

133 OVG Lüneburg 9.5.2019 – 10 ME 57/19, juris Rn. 7.

1 Bedeutung der Norm

1 § 28 stellt eine niedrigschwellige Hilfe zur Erziehung dar. Tatbestandsvoraussetzungen und Rechtsfolgenseite sind primär § 27 Abs. 1 zu entnehmen.

Die Leistung kann nach § 41 iVm § 28 auch als **Hilfe für junge Volljährige** erbracht werden. Sie kann mit verschiedenen Leistungen im Rahmen des § 27 Abs. 2 S. 3 sowie Abs. 3 kombiniert werden. Erziehungsberatung soll neben den Eltern auch anderen Erziehungsberechtigten sowie außerdem Kindern und Jugendlichen offen stehen. Sie kann Kinder und Jugendliche bei Vorliegen der Voraussetzungen des § 8 Abs. 3 auch ohne Wissen der Eltern beraten. Eine Evaluationsstudie des Instituts für Kinder- und Jugendhilfe (IKJ) in Mainz bestätigt, dass Erziehungsberatung zu Verbesserungen im familiären Zusammenleben beiträgt, sowie dazu, dass Eltern und junge Menschen besser mit belastenden Situationen umgehen können, außerdem fördert sie die Erziehungskompetenz.[1]

Mit Art. 1 des **KJSG** wurde eine Verknüpfung zwischen den Leistungen nach § 28 und § 20 hergestellt. Nach § 20 Abs. 3 ist eine niedrigschwellige Inanspruchnahme der Leistung des § 20 gem. § 36a Abs. 2 möglich, wenn die Hilfe von einer Erziehungsberatungsstelle oder anderen Beratungsdiensten und -einrichtungen nach § 28 zusätzlich angeboten oder vermittelt wird.[2] Diese Neuregelung wird zu einer Stärkung und Ausdehnung der Aufgaben der Leistungserbringer nach § 28 führen.

2 Im Einzelnen geht die Vorschrift ein auf **Formen der Erziehungsberatung**, auf ihre **Zielgruppen**, auf die **Ziele** und damit den Gegenstand der Erziehungsberatung sowie auf grundlegende Anforderungen an die **Fachlichkeit**.

3 PSB bzw. junge Volljährige haben einen **Rechtsanspruch** auf Erziehungsberatung. Er ist an die Voraussetzungen der §§ 27 bzw. 41 gebunden. Sie sind als gegeben anzunehmen, wenn PSB bzw. junge Menschen in einer Erziehungsberatungsstelle um Hilfe nachsuchen (→ Rn. 15). Diese Sichtweise wird gestützt durch § 36a Abs. 2 S. 1, nach dem die unmittelbare Inanspruchnahme insbesondere von Erziehungsberatung zuzulassen ist (→ Rn. 10).

4 Die **Gesamtverantwortung** einschließlich der Planungsverantwortung (§ 79 Abs. 1) und die **Gewährleistungspflicht** (§ 79 Abs. 2) für die Erziehungsberatung liegen beim örtlichen Träger der öffentlichen Jugendhilfe (§ 85 Abs. 1). Auf der Ebene der Leistungserbringung gilt nach § 4 Abs. 2 der bedingte Vorrang der Träger der freien Jugendhilfe (→ § 4 Rn. 41 ff.).

5 Inhaltlich hat die Vorschrift einen engen **Bezug zu anderen Beratungstypen**, die systematisch der Jugendarbeit bzw. der allgemeinen Förderung der Erziehung in der Familie zugeordnet sind. Eine klare Abgrenzung fällt schwer. Soweit es der Erziehungsberatung um Hilfe bei der Bewältigung von Problemen geht, hat sie auch Berührungspunkte und Gemeinsamkeiten mit anderen ambulanten Hilfeformen.

6 Die Erziehungsberatung nach § 28 befasst sich, anders als die Beratung nach § 16 Abs. 2 Nr. 2, nicht mit Fragen der Erziehung schlechthin. Sie ist vielmehr auf die Bearbeitung von besonderen Erziehungsproblemen im Einzelfall ausgerichtet (→ § 16 Rn. 7), wenngleich den Fachdiensten der Erziehungsberatung häufig auch Aufgaben der allgemeinen Information und Aufklärung über Erziehungsfragen angetragen werden.

7 Im Hinblick auf den großen Stellenwert der Vertraulichkeit im Prozess der Erziehungsberatung sind die Regelungen zum **Datenschutz** nach §§ 61 ff. (→ § 61

1 http://www.wireb.de/index.php/zielsetzungen.html.
2 BGBl. 2021 Teil I Nr. 29, 1444.

Rn. 204 ff.) und vor allem § 65 (→ § 65 Rn. 7) sowie § 4 KKG (Anh. 1 zu § 61) für die Erziehungsberatung besonders bedeutungsvoll.

2 Leistungsgewährung ohne vorherige Einschaltung des Jugendamtes

Für die Wirksamkeit der Erziehungsberatung ist es wichtig, dass sie ohne ein aufwän- 8
diges Verwaltungsverfahren in Anspruch genommen werden kann. Ratsuchenden soll es mit § 36a Abs. 2 S. 1 so leicht wie möglich gemacht werden, Erziehungsberatung zu erhalten. Dieses Kriterium wird zusammengefasst in dem Begriff des **„niedrigschwelligen" Zugangs**. Die RegBegr.[3] hebt als weiteres Charakteristikum der Erziehungsberatung den Schutz der persönlichen Angelegenheiten des Ratsuchenden vor der Mitteilung an Dritte hervor. Ein „Dritter" in diesem Sinne ist auch das JA.

Aus der Einbindung der Erziehungsberatung in den Katalog der Hilfearten der HzE 9
nach § 27 bzw. der Hilfe für junge Volljährige nach § 41 erwuchs in der Vergangenheit das Problem, rechtmäßiges Handeln mit dem Anspruch der Fachlichkeit zu vermitteln. Von Rechts wegen hätte vor Inanspruchnahme der Erziehungsberatung zunächst durch das JA geklärt werden müssen, ob die Voraussetzungen für die Leistung erfüllt sind, das JA hätte dazu bereits in den Prozess der Problemerforschung eintreten müssen. Damit wäre die Vertraulichkeit nicht mehr gegeben gewesen. Wenn der Bedarf zudem durch VA hätte bestätigt werden müssen, hätte auch von Niedrigschwelligkeit nicht mehr die Rede sein können. Es gab zwar überzeugende Versuche, den unmittelbaren Zugang zur Erziehungsberatung rechtskonform zu begründen, sie konnten sich allerdings nicht unmittelbar auf das SGB VIII stützen.

Seit der Einführung des § 36 a durch das KICK ist dieses Problem gelöst. Gem. § 36a 10
Abs. 2 S. 1 soll der Träger der öffentlichen Jugendhilfe die niedrigschwellige unmittelbare Inanspruchnahme von ambulanten Hilfen, insbesondere von Erziehungsberatung, zulassen. Grundlage dafür sind Leistungs- und Kostenvereinbarungen mit den Leistungserbringern.

Erziehungsberatung kann demnach unmittelbar bei einem Träger der freien Jugendhil- 11
fe in Anspruch genommen werden (→ § 36a Rn. 6). Das gilt auch für Online-Beratung. Davon unberührt bleibt die Möglichkeit, sie wie andere Leistungen auf Anraten und Vermittlung des JA zu nutzen.

Seiner Gesamtverantwortung für die Erbringung der Hilfe kann das JA ua durch Vereinbarungen zur Qualitätsentwicklung mit dem jeweiligen Träger der Erziehungsberatung Rechnung tragen. Entsprechende Vereinbarungen, die nachvollziehbare Formen der Qualitätsdokumentation einbeziehen sollten, ermöglichen eine sachgerechte Kombination von Kostenerstattung (§ 77) für die Erziehungsberatung sowie ggf. auch für zusätzlich erbrachte Fachleistungen des Beratungsdienstes, ohne dass der öffentliche Träger dabei die Kontrolle über die Wirtschaftlichkeit der Leistungen einbüßt (→ § 36a Rn. 14). Für die Online-Beratung bedurfte es aufgrund ihres bundesweiten Einzugsgebiets besonderer Vereinbarungen unter den Bundesländern.

Um sicherzustellen, dass der individuelle Rechtsanspruch bei dem vorgeschlagenen di- 12
rekten Verfahren nicht ausgehebelt wird, ist der Erziehungsberatung im Rahmen der **Jugendhilfeplanung** besondere Aufmerksamkeit zu schenken. Allgemeine quantitative Orientierungswerte[4] sind als Planungsgrundlage nicht ausreichend. Zusätzlich bedarf es der Berücksichtigung weiterer Bedarfsindikatoren, zB bzgl. besonderer regionaler

---

3 BT-Drs. 11/5948, 69.

4 Die WHO hat die Messzahl „eine Beratungsstelle pro 50 000 Einwohner" etabliert, vgl. auch 8. Jugendbericht, BT-Drs. 11/6576, 136; die BKE geht von 4 Fachkräften je 10 000 Kinder und Jugendliche aus, vgl. Menne, 489, ebenso Schmid-Obkirchner in Wiesner Rn. 22c.

Problemkonstellationen und der vom SGB VIII vorgegebenen besonderen Zielgruppenorientierung (→ § 9 Rn. 7 f. sowie → § 80 Rn. 11).

3 Inhaltliche Voraussetzungen der Leistungsgewährung

13 Der Verzicht auf eine vorgängige Prüfung der Leistungsvoraussetzungen nach § 27 Abs. 1 durch den öffentlichen Träger kann auch mit den inhaltlichen Voraussetzungen der Erziehungsberatung begründet werden.

14 Die Voraussetzungen für die Gewährung der Leistung „Erziehungsberatung" als HzE bestimmen sich nach § 27 Abs. 1. Grundlegende Voraussetzung ist, dass eine dem Wohl des Kindes oder Jugendlichen entsprechende Erziehung nicht gewährleistet ist. Außerdem muss die Erziehungsberatung für die Entwicklung des oder der Minderjährigen **geeignet und notwendig** sein (→ § 27 Rn. 8, 10). Als Hilfe für junge Volljährige soll eine entsprechende Beratung geleistet werden, wenn und solange die Hilfe aufgrund der individuellen Situation der jungen Menschen geeignet und notwendig ist.

15 Von einer mangelnden Gewährleistung der Erziehung in diesem Sinn kann nicht erst dann ausgegangen werden, wenn Entwicklungsstörungen manifest werden[5] und die Grenze zur Gefährdung erreicht ist. Die Leistung nach § 28 stellt die niedrigschwelligste Hilfe zur Erziehung dar. Aus diesem Grunde weist sie auch ein geringes Ausmaß hinsichtlich des Erziehungsdefizits auf. Eine dem Kindeswohl entsprechende Erziehung ist bereits dann nicht mehr voll gewährleistet, wenn Erziehungsverantwortliche selbst die Erziehung als so problematisch erleben, dass sie sich um Erziehungsberatung bemühen.[6] Die **subjektive Problemsicht** der Betroffenen beeinflusst ihr Verhalten und ist insofern ein entscheidender Faktor in der objektiven Entwicklung von Erziehungsproblemen. Wenn Betroffene für sich einen Beratungsbedarf sehen, geht es zunächst darum, sie bei der Entwicklung einer realistischen Problemsicht zu unterstützen und den realen Problemgehalt herauszuarbeiten. Erziehungsberatung hat als elementarste Form der Hilfe nach § 27 ua speziell diesen Klärungsauftrag. Sie ist insofern per definitionem geeignet und notwendig. Sie ist zugleich auch geeignet und notwendig für die Entwicklung der betroffenen Minderjährigen, da sie die Klärung ihrer Situation in den Mittelpunkt stellt.

16 Auch unter sachlogischen Gesichtspunkten erübrigt sich damit eine gesonderte Einzelfallüberprüfung zur Geeignetheit und Notwendigkeit von Erziehungsberatung als initialer Hilfe. Vergleichbares gilt, wenn junge Menschen sich zur Klärung von Lebensproblemen selbst an entsprechende Einrichtungen oder Dienste wenden, die Hilfe nach § 28 anbieten. Kinder und Jugendliche haben nach § 8 Abs. 3 einen Anspruch auf Beratung ohne Kenntnis des PSB solange durch die Mitteilung an den PSB der Beratungszweck vereitelt würde. Der Anspruch richtet sich gegen den örtlichen öffentlichen Träger. Dieser kann qua Vereinbarung zB die Erziehungsberatungsstelle oder den entsprechenden Beratungsdienst mit der Beratung betrauen. Infolge Rechtsänderung durch Art. 1 des KJSG wird nunmehr durch § 8 Abs. 3 S. 3 ausdrücklich klargestellt, dass auch diese Beratung durch einen Träger der freien Jugendhilfe erbracht werden kann.[7]

17 Eine neutrale Bedarfsfeststellung kann im Grunde erst dann akut werden, wenn es um die Frage geht, inwieweit ein längerfristiger Beratungsprozess erforderlich bzw. als Hilfe ausreichend ist.

---

5 Vgl. Wiesner, Jugendwohl 1993, 112.
6 Anders Fischer in SFMK Rn. 15, der darin die Unterscheidung zur Leistung nach § 16 Abs. 2 Nr. 2 gefährdet sieht, dabei aber offenbar den generalisierenden Charakter jener Beratung verkennt.
7 BGBl. 2021 Teil I Nr. 29, 1444.

4 Hilfeplanung nach § 36

Die Verpflichtung, ein Hilfeplanverfahren nach § 36 Abs. 2 S. 2 durchzuführen, wird angesichts der durchschnittlichen Dauer und Intensität der Hilfe **nur in wenigen Fällen** der Erziehungsberatung eine Rolle spielen.[8] Nach der BKE sollte es zB durchgeführt werden, wenn mehr als 20 Beratungskontakte nötig erscheinen.[9] Auch in diesen Fällen ist kein externes Verfahren erforderlich. Allerdings sollte der **öffentliche Träger** dabei **vertreten** sein.[10] Es sind durchaus Arrangements möglich, die den fachlichen Anforderungen der Erziehungsberatung entsprechen und gleichwohl die Möglichkeit einräumen, Hilfebedarf und mögliches Angebot aus einer dritten, nicht an den Beratungsdienst gebundenen Perspektive zu beleuchten. Dies ist nicht nur im Hinblick auf die Rechtmäßigkeit des Verfahrens bedeutsam, sondern dient im Sinne eines „Verbraucherschutzes" auch dem Interesse der Ratsuchenden.[11] Die Hilfeplanung unter diesen Voraussetzungen und in dieser Funktion steht nicht in Widerspruch zur Niedrigschwelligkeit, die nach § 36 a Abs. 2 vorgegeben ist. 18

5 Angebotsformen der Erziehungsberatung (Satz 1)

Mit der Formulierung „Erziehungsberatungsstellen und andere Beratungsdienste und -Einrichtungen" wird die Bandbreite möglicher **Angebotsformen** abgesteckt.[12] Andere Beratungseinrichtungen sind beispielsweise Ehe, Familien- und Lebensberatungsstellen. Insgesamt ist das Spektrum zwischen eher ortsgebundenen Einrichtungen unterschiedlicher organisatorischer Grundstruktur und den durch ihre Mobilität charakterisierten Diensten so weit definiert, dass praktisch **jede Angebotsform mit der Vorschrift vereinbar** ist. So ist etwa auch die Online-Beratung von Eltern bzw. jungen Menschen damit kompatibel, obwohl sie gebietsübergreifend angeboten wird. 19

6 Inhaltliches Profil der Erziehungsberatung (Satz 1)

Der Begriff **„Sollen"** im Gesetzestext beinhaltet, dass die nachfolgende Aussage als **Zielbestimmung** und nicht als Verbindlichkeitsgrad der Rechtsfolge zu verstehen ist. Sie präzisiert zunächst, wer **Adressat** der Leistung ist (→ § 8 Rn. 10). Über die anspruchsberechtigten PSB bzw. jungen Volljährigen hinaus sind das im konkreten Prozess der Erziehungsberatung je nach den Gegebenheiten Kinder, Jugendliche, nicht sorgeberechtigte Eltern(teile) und Erziehungsberechtigte (→ § 7 Rn. 9). Charakteristisch für die Erziehungsberatung ist, dass sie den Zugang zur Person sucht.[13] Sie beruht wesentlich auf der kommunikativen Beziehung zu den Adressaten. 20

Die **Probleme**, mit denen sich Erziehungsberatung befasst, sind zunächst allgemein als **„individuelle"** und „familienbezogene" charakterisiert. Ansatzpunkt einer Beratung kann ein Problem sein, das Erwachsene im Verhalten des Kindes sehen oder zu sehen glauben, oder auch eines, das Erziehungsverantwortliche in dieser Funktion für sich selbst haben. Für junge Volljährige wird es entsprechend um Probleme der Lebensbewältigung gehen. Erziehungsberatung macht konstant über vierzig Prozent der Hilfen zur Erziehung aus.[14] Nach der BKE wird heute bereits für jedes dritte Kind bis zur 21

---

8 Vgl. DST/AGJ, ZfJ 1995, 497.
9 In Menne, 271.
10 Im Gegensatz dazu die Empfehlungen von DST/AGJ, ZfJ 1995, 497 sowie des DV, NDV 1996, 74.
11 Vgl. Stellungnahme der BReg. zum 9. Jugendbericht, BT-Drs. 13/70, XXV.
12 Die Nennung von Erziehungsberatungsstellen hat im vorliegenden Zusammenhang demnach nicht die Funktion, deren Aufgaben zu definieren; vgl. Stellungnahme des DPWV, ZfJ1996, 55.
13 Vgl. Menne ZfJ 1995, 482.
14 Vgl. https://www.akjstat.tu-dortmund.de/fileadmin/user_upload/Kurzanalyse_HzE_2019_AKJStat.pdf.

Volljährigkeit einmal Erziehungsberatung in Anspruch genommen. Sie hat damit für Eltern beinahe den Status einer Regeleinrichtung.[15]

22 Der Erziehungsberatung wird ein komplexes Verständnis von den Ursachen der Probleme vorgegeben, mit denen sie sich auseinander zu setzen hat. Die Formulierung richtet die Aufmerksamkeit über die Stärken und Schwächen des einzelnen Menschen hinaus auf das familiale soziale System, in dem er lebt. **„Familienbezogene“** Probleme sind Probleme des häuslichen Lebenszusammenhangs. Wichtig ist, dass über die Beziehungsaspekte hinaus weitere, den Problemen zugrunde liegende Ursachen in den Prozess der Unterstützung einbezogen sind. Damit werden **verursachende Faktoren** wie Wohnungsnot, Überschuldung oder Arbeitslosigkeit ebenfalls zum Gegenstand für die Erziehungsberatung.[16]

Zur Komplettierung des Bildes gehört, dass die Fachkräfte der Erziehungsberatung zunehmend auch für andere Fachleistungen in der Jugendhilfe in Anspruch genommen werden. Beispielhaft ist die Gefährdungsabschätzung im Kontext des § 8 a oder die fachliche Beratung und Begleitung nach § 8 b Abs. 1 zum Schutz von Kindern und Jugendlichen für Personen, die beruflich im Kontakt mit Minderjährigen stehen (→ § 8b Rn. 2).

23 Neben den allgemeinen Problemdimensionen benennt die Vorschrift konkrete Inhalte, auf die sich die Unterstützungsfunktion der Erziehungsberatung beziehen soll. Das sind naturgemäß **Erziehungsfragen**. Erziehungsberatung hat im Besonderen dazu beizutragen, dass das Recht junger Menschen auf Förderung ihrer Entwicklung und auf Erziehung zu einer eigenverantwortlichen und gemeinschaftsfähigen Persönlichkeit verwirklicht wird.

24 **Trennung und Scheidung** sind als Konsequenz der Gesetzesberatungen im Bundesrat als Themen der Erziehungsberatung aufgenommen worden. Die damit verbundene Aufgabe überschneidet sich mit der Aufgabe der Trennungs- und Scheidungsberatung nach § 17 Abs. 1 Nr. 3 sowie Abs. 2. Nach Änderung von § 17 durch Art. 11 Nr. 3 KindRG ist auch die Einbeziehung von Kindern und Jugendlichen als Zielgruppe für die Unterstützung bei Trennung und Scheidung kein Unterscheidungsmerkmal mehr (→ § 17 Rn. 6). Besondere Aufgaben bzgl. der Beratung oder auch Begutachtung erwachsen aus der Zusammenarbeit mit dem Familiengericht, zum Beispiel dann, wenn die Regelung der Personensorge für die Kinder strittig ist.[17] Die BKE hat „Fachliche Standards zur Beratung von Hochkonflikt-Familien im Kontext des FamFG“ entwickelt.[18]

25 **Zentraler Auftrag** der Erziehungsberatung ist es, die Adressaten bei der **Klärung** und **Bewältigung** der angeführten Probleme zu unterstützen. Der Begriff **„Klärung“** von Problemen verdeutlicht, dass Erziehungsberatung den Prozess, in dem das Problem mit seinen Facetten und Ursachen herausgearbeitet wird, selbst zum Gegenstand der Hilfe macht. Erziehungsberatung klärt mit den Betroffenen „... die problembelastete Lebenssituation sowohl in ihren inneren wie in ihren äußeren Bedingungen; gibt die Möglichkeit, die eigenen Gefühle und Reaktionsweisen zu verstehen und sie in den Zusammenhang familialer und sozialer Beziehungen zu rücken.“[19] Mit „Diagnostik“ ist der Klärungsbegriff insoweit nicht zureichend bestimmt. Die eklektisch verfahrende Diagnostik[20] ist Teil der fachlichen Hilfe zum Erkennen und Verstehen des Problems.

15 BKE-Stellungnahme „Der Beitrag der Erziehungsberatung im System der Hilfen zur Erziehung“ in Menne, 258.
16 Vgl. BKE-Stellungnahme „Arme Familien gut beraten“ in Menne, 86.
17 Exemplarisch die Möglichkeit zur Anordnung von Beratung nach § 156 FamFG.
18 In Menne, 151.
19 Menne ZfJ 1995, 482.
20 Happe/Harnach in JHSM Rn. 26a.

Während die Klärung im Rahmen des § 36 ein Instrument zur Bestimmung der erforderlichen und geeigneten Hilfe darstellt, dieser zeitlich vorausgeht und deshalb entsprechend klar von der eigentlichen Leistungserbringung zu unterscheiden ist, stellt die Klärung im Rahmen der Erziehungsberatung bereits ein wesentliches Element der Hilfeleistung dar. 26

„Bewältigung" bedeutet aktive Veränderung und Einflussnahme auf die problemverursachenden Faktoren. Unterstützung bei der Bewältigung beinhaltet die Stärkung der Kompetenzen der Betroffenen, bedeutet Motivierung und Anregung zur Veränderung von Einstellungen bzw. zur Entwicklung neuer Handlungsmöglichkeiten. Sie umfasst ggf. konkrete Hilfe bei der Erschließung von unterstützenden Ressourcen im Gemeinwesen. Die beratende Unterstützung kann erforderlichenfalls in eine reguläre Therapie münden. 27

Problemklärung und Bewältigung hängen eng zusammen. Sie sind auch im Unterstützungsprozess der Erziehungsberatung miteinander verwoben. Durch den fachlich gelenkten kommunikativen Prozess zwischen der Beratungskraft und den Betroffenen werden diese dabei unterstützt, den Ursachen ihrer Probleme nachzugehen. Dadurch soll die Fähigkeit zur eigenverantwortlichen Problembewältigung geweckt und gestärkt, sollen neue Handlungsmöglichkeiten herausgearbeitet werden. 28

Erziehungsberatung ist entsprechend der vielfältigen Zuständigkeiten, die sich im Kontext der Probleme des Aufwachsens in der Gesellschaft herausgebildet haben, eingebunden in komplexe **Kooperationsstrukturen**, ua mit sonstigen Institutionen der Jugendhilfe (Kindertagesstätten, Heimen der Erziehungshilfe), aber auch mit Einrichtungen des Gesundheitswesens, mit der Justiz und mit der Schule. Ein Beispiel ist die Mitwirkung in den lokalen Kinderschutznetzwerken nach § 3 Abs. 2 KKG (Anh. zu § 81). Die Anbieter überschreiten in diesem Zusammenhang ggf. ihren Kernauftrag einerseits in Richtung präventiver Aufgaben, andererseits bezüglich spezifisch verwandter Fachdienstleistungen. 29

7 Grundanforderungen an die Fachlichkeit (Satz 2)

Satz 2 impliziert, dass Erziehungsberatung in einem interdisziplinären Team von Fachkräften zu leisten ist. Diese sollen zudem unterschiedliche methodische Orientierungen mitbringen. Beides gilt unabhängig von den organisatorischen Formen, in denen sie angeboten wird. 30

Fachkräfte sind nach § 72 Kräfte, die eine ihrer Aufgabe entsprechende Ausbildung erhalten haben. Da das Aufgabenverständnis der Erziehungsberatung im Schnittpunkt psychologischer Beratung und Therapie sowie sozialer Beratung liegt, stehen die psychologisch bzw. sozialpädagogisch ausgebildeten Fachkräfte im Mittelpunkt. Erziehungsberatung ist ein exemplarisches Beispiel für jene Aufgaben, die nach § 72 Abs. 1 von Fachkräften mit Zusatzausbildung wahrgenommen werden sollten. Die Diktion des Gesetzes legt die Interpretation der BKE[21] nahe, die davon ausgeht, dass Erziehungsberatung im Zusammenwirken von mindestens drei Fachkräften erfolgen sollte. 31

Die Fachkräfte müssen gem. § 72 a nachweisen, dass sie nicht einschlägig strafrechtlich vorbelastet und damit persönlich ungeeignet sind für ihre Aufgabe in der Erziehungsberatung. Dies wird anhand der Vorlage eines (erweiterten) polizeilichen Führungszeugnisses überprüft.

Mit Fachkräften verschiedener Fachrichtungen sind **Fachkräfte unterschiedlicher Disziplinen** gemeint. Dominant sind im Bereich der Erziehungsberatung Psychologie, Erziehungswissenschaften/Pädagogik, Kinder- und Jugendlichen-Psychotherapie und Sozialpädagogik/Sozialarbeit. Daneben können weitere grundständige therapeutische 32

21 BKE, Informationen 1996, 3.

oder heilpädagogische Berufe ebenso vertreten sein wie Mediziner oder im Kontext der Trennungs- und Scheidungsberatung nunmehr auch Juristen. Mit Bezug auf den 7. Jugendbericht[22] stellt die Begründung zum Regierungsentwurf fest: „Zu ihren Wesensmerkmalen gehört insbesondere die multidisziplinäre personelle Besetzung, da sie einen differenzierten Zugang zur Situation des Klienten ermöglicht, unterschiedliche Sichtweisen einbezieht und bei der Auswahl der Behandlungs- und Therapieangebote flexibel ist...".[23] Seit Einführung der Bachelor- und Masterstudiengänge und der damit einhergehenden relativen Gestaltungsfreiheit der Hochschulen in Bezug auf die Inhalte bisheriger Studiengänge und die Einführung neuer scheint der multidisziplinäre Charakter schon im Ausbildungssystem angelegt zu sein. Tatsächlich wird es schwieriger, unter den unzähligen neuen Abschlüssen jene zu identifizieren, die den fachlichen Anforderungen der Erziehungsberatung entsprechen. Orientierung geben nach wie vor die Curricula der klassischen Beratungsstellenberufe. Die Module neuer Studiengänge sind auf ihre Stimmigkeit mit den klassischen Inhalten hin zu überprüfen. Im Hinblick auf die besonderen Anforderungen der Erziehungsberatung sollte darüber hinaus sichergestellt werden, dass die dort tätigen Kräfte mehrheitlich auf dem Niveau des Masterabschlusses qualifiziert sind.

33 Ein breiteres Spektrum hinsichtlich der methodischen Orientierung ist zusätzlich erwähnt, da Fachkräfte unterschiedlicher Disziplinen durchaus einer identischen therapeutischen Orientierung verpflichtet sein können. Im Hinblick auf eine lebensweltorientierte Hilfe ist es jedoch besonders wichtig, durch unterschiedliche methodische Perspektiven die größtmögliche Offenheit für die reale Situation der Adressaten sicherzustellen. Dem dient auch die kontinuierliche Fort- und Weiterbildung des Personals. Eine **methodenplurale** Arbeitsweise hat darüber hinaus auch Bedeutung für die stärkere Öffnung der Erziehungsberatung hin zu besonders benachteiligten Bevölkerungskreisen und zu gemeinwesenorientierten Arbeitsweisen.

34 Als grundlegendes Qualitätsmerkmal der Erziehungsberatung gegenüber dem Betroffenen wird seitens der BKE[24] mit Hinweis auf § 65 SGB VIII sowie § 203 Abs. 1 StGB die Vertraulichkeit (→ Rn. 7) herausgestellt. Damit geht eine Haltung einher, die durch Respekt vor der Individualität der Ratsuchenden sowie durch das Ziel gekennzeichnet ist, diesen zur Souveränität über ihre Lebensgestaltung und zur konstruktiven Bewältigung ihres Erziehungsalltags zu verhelfen. Dem steht nicht entgegen, dass die Erziehungsberatung eine besondere Verantwortung bei der Abschätzung einer Kindeswohlgefährdung im Sinne des § 8a hat.

8 Beispiele für die landesrechtliche Ausgestaltung

35 § 19 AGKJHG **RhPf** ist der Beratung gewidmet. Darin wird die Gewährleistungsverpflichtung des örtlichen Trägers ua für die Angebote nach § 28 bekräftigt und vorgeschrieben, dass die zur Erfüllung des Beratungsbedarfs erforderlichen Beratungsdienste im Rahmen der **Jugendhilfeplanung gesondert** auszuweisen sind.[25] Außerdem muss der örtliche Träger den **unmittelbaren Zugang** zu den Beratungsdiensten gewährleisten.

36 § 24 KJHAG **Thüringen** gibt ua vor, dass im Bereich jedes örtlichen Trägers Beratungsstellen für die Erziehungsberatung und die Ehe-, Familien und Lebensberatung zu errichten sind. Anzahl, Ausstattung und Aufgabenbereich sind in die Jugendhilfeplanung aufzunehmen. § 22 Abs. 2 AG KJHG **Berlin** schreibt pro JA mindestens eine

22 BT-Drs. 10/6730, IX.
23 BT-Drs. 11/5948, 70.
24 BKE, Informationen 1996, 3.
25 § 23 AGKJHG RhPf etabliert mit den Kinderschutzdiensten zusätzlich eine besondere Form der Beratungsstelle, die in Teilen eine große Überschneidung mit den Aufgaben der klassischen Erziehungsberatung aufweist.

Erziehungs- und Familienberatungsstelle vor. Entsprechende Beratungsstellen sind für jedermann offen zugänglich, ihre Inanspruchnahme ist freiwillig.

Soweit die (übliche) **Landesförderung** für Beratungsstellen in den Ausführungsgesetzen explizit erwähnt wird, wird dies zT mit besonderen Schwerpunktsetzungen verbunden. In **Hessen** zB sind gemeinwesenorientierte Angebote und Angebote für benachteiligte Gruppen besonders zu berücksichtigen. Thüringen behält sich vor, seine Förderung für die Beratungsdienste an die Erfüllung von Voraussetzungen für die Gewährleistung einer fachlichen Beratungsarbeit zu binden. 37

§ 29 Soziale Gruppenarbeit

[1]Die Teilnahme an sozialer Gruppenarbeit soll älteren Kindern und Jugendlichen bei der Überwindung von Entwicklungsschwierigkeiten und Verhaltensproblemen helfen. [2]Soziale Gruppenarbeit soll auf der Grundlage eines gruppenpädagogischen Konzepts die Entwicklung älterer Kinder und Jugendlicher durch soziales Lernen in der Gruppe fördern.

1 Bedeutung der Norm

1 Die soziale Gruppenarbeit wurde in den Katalog der Arten der HzE aufgenommen, um verschiedene Angebote, die in der Jugendhilfepraxis in Form von Kursen und fortlaufender Gruppenarbeit bereits entwickelt worden waren, zusammenzufassen (zB soziale Trainingskurse, Erziehungskurse, Übungs- oder Stützkurse uä). Neben dieser Funktion als **Oberbegriff** weist die Bezeichnung auf eine **Methode der Sozialarbeit** hin, die gruppenspezifische Entwicklungen und Gesetzmäßigkeiten nutzbar macht für soziale Lernerfahrungen von älteren Kindern (ab ca.10–12 Jahren) und Jugendlichen. Obwohl auch bei dieser Hilfeart der HzE der **PSB leistungsberechtigt** ist, wendet sich das Angebot direkt an die jungen Menschen als Leistungsadressaten (→ § 8 Rn. 10) und wirkt weniger in ihr familiäres und engeres soziales Umfeld hinein. Voraussetzung ist, dass dieses noch so tragfähig ist, dass ein Verbleib in der eigenen Familie möglich ist. Die Hilfe ist auf Jugendliche ausgerichtet, die in Entwicklungsschwierigkeiten, in Krisen stecken und durch problematische Verhaltensweisen – häufig delinquentes, aggressives, aber auch regressives Verhalten – auffallen. Die Hilfe soll ein **soziales Fehlverhalten** therapieren; sie ist deshalb nicht geeignet bspw. zur Milderung von Kommunikationsproblemen Hörbehinderter.[1]

2 Die Hilfe ist auch als Hilfe für **junge Volljährige** (§ 41 Abs. 2) möglich. Leistungsberechtigt ist dann der junge Volljährige selbst. Auf die Hilfe nach § 29 besteht ein **Rechtsanspruch** aus § 27 bzw. § 41. „Soll" in § 29 S. 1 bezieht sich nicht auf die Rechtsfolge, sondern auf das Ziel der Hilfe (→ § 27 Rn. 15).[2]

3 Ihre sozialen Handlungsmöglichkeiten sollen erweitert, alternative Handlungsstrategien erfahren werden können. Dabei geht es meist darum, Konflikte konstruktiver bewältigen, Frustrationen besser ertragen zu lernen und mehr Vertrauen in die eigene Persönlichkeit zu entwickeln. All diese Lern- und Erfahrungsprozesse setzen einen freiwilligen Zugang voraus, der jedoch aufgrund eines äußeren Zwanges ebenso wie durch eine innere Krise gefunden werden kann. Die **jugendrichterliche Weisung**, an

1 So VG Minden 21.5.2010 – 6 K 259/10, juris Rn. 31 und 32.
2 S. auch Nellissen in jurisPK-SGB VIII Rn. 18.

einem sozialen Trainingskurs (→ Rn. 15) teilzunehmen, muss nicht von vornherein den pädagogischen Erfolg gefährden.

4 Als Methode findet „soziale Gruppenarbeit“ nicht nur im Rahmen der HzE (§ 27) Anwendung, sondern wird auch in der offenen, verbandlichen und kirchlichen Jugendarbeit (§ 11), bei Angeboten des erzieherischen Jugendschutzes (§ 14), der Suchtprophylaxe sowie in der Bildungs- und Beratungsarbeit mit Familien (allgemeine Förderung der Erziehung in der Familie nach § 16) eingesetzt. Als HzE kann sie auch mit anderen Hilfearten (zB nach § 31) kombiniert werden.[3]

5 Die Heranziehung zu einem **Kostenbeitrag** nach § 91 ist für diese Hilfeart nicht vorgesehen.

6 Als ambulante Hilfe kann die Hilfe nach § 29 auch **unmittelbar** beim freien Träger als Leistungserbringer in Anspruch genommen werden, wenn mit diesem eine Vereinbarung nach § 77 abgeschlossen worden ist, § 36a Abs. 2 S. 1.[4]

Zur arbeitsrechtlichen Stellung des beim freien Träger Beschäftigten → § 31 Rn. 21.

2 Form und Methoden sozialer Gruppenarbeit

7 Soziale Gruppenarbeit wird üblicherweise in Form von **Kursen** oder offenen **fortlaufenden Gruppenangeboten** durchgeführt. Als Art der HzE kommt eher der Kurs in Betracht, bei dem eine Gruppe von gleichbleibenden Mitgliedern für einen festgelegten Zeitraum mit vereinbarten Zielvorstellungen (iSd Hilfeplanung gemäß § 36) bestimmte Probleme oder Themen bearbeitet.

Mit Art. 1 des **KJSG** ist in § 27 Abs. 3 S. 3 eine weitere Art der Hilfe zur Erziehung in Form der Gruppenarbeit normiert worden.[5] Im Unterschied zu der in § 29 enthaltenen Regelung zielt § 27 Abs. 3 S. 3 spezifisch auf eine in der Schule oder Hochschule wegen eines erzieherischen Bedarfs erforderliche Anleitung und Begleitung. Folge dieser Neuregelung wird eine Ausweitung der Leistungen der Jugendhilfe im Zusammenhang mit schulischer Verantwortung sein. Im Hinblick auf § 10 Abs. 1 S. 1 ist dies nach hiesiger Auffassung nicht unproblematisch.

8 Ein **individueller Hilfeplan** für jeden Jugendlichen ist dann zu erstellen, wenn das Kursangebot für längere Zeit geleistet wird (→ § 36 Rn. 32). Der hierfür übliche zeitliche Rahmen von mindestens 6 Monaten wird nicht bei allen Kursformen erreicht. Auch organisationspraktische Gründe sprechen für die Kursform, weil die erforderliche Gruppengröße (ca. 6 bis 13 Jugendliche) eher erreicht werden kann. Vor allem in ländlichen Räumen kommt diese Hilfeform teilweise nicht zum Tragen, weil die erforderliche Teilnehmerzahl nicht erreicht wird. Zentral angebotene Kurse können an der mangelnden Mobilität von älteren Kindern und Jugendlichen in Landkreisen scheitern. Für wohnortnahe Angebote fehlt es häufig an einer Zahl von Jugendlichen, die zur gleichen Zeit gerade dieser Hilfeart bedürfen.

9 **Methodisch** haben sich in der Praxis zumeist Mischformen durchgesetzt von handlungs- und erlebnispädagogischen Ansätzen, verbunden mit freizeitpädagogischen und gesprächsorientierten Elementen. Pädagogisch-therapeutische Methoden wie Rollenspiel, psychodramatische oder gestalttherapeutische Elemente, bis hin zu Entspannungs- und Körperübungen oder handwerklich-künstlerischen Aktivitäten und Medieneinsatz werden praktiziert.

10 **Erlebnispädagogische Aktivitäten** bei denen durch „Grenzerfahrungen“ die Erlebnissituation als solche erzieherische Wirkung erzielt, werden als Erfolg versprechende Alternative zu gesprächsorientierten Angeboten gesehen. Problematisch erweisen sich

3 So Struck/Trenczek in FK-SGB VIII Rn. 4.
4 So Struck/Trenczek in FK-SGB VIII Rn. 6.
5 BGBl. 2021 Teil I Nr. 29, 1444.

jedoch exotische Ausnahmeerlebnisse mit „Kick"-Effekt, die kaum Bezug zum Alltagsleben der Jugendlichen haben und zum Teil kostspielig sind. Die Qualität der Erlebnisse muss in die Erfahrungswelt der Jugendlichen übertragen und integriert werden können. Geeignete Erlebnisqualitäten können vermittelt werden, zum Beispiel durch: Bike-/Mofawerkstatt mit Angebot mehrtägiger Touren (Tourenauswahl, Planung, Material, Einkauf etc in Eigenverantwortung der Jugendlichen); Selbstbau von Kanadiern, Kajaks und ebenfalls praktischer Einsatz bei Touren (auf heimischen Flüssen mit Zeltübernachtungen); Selbstbau einer Skateranlage und Durchführen von Meisterschaften; Rap- und Graffiti-Kurse mit öffentlichen Vorführmöglichkeiten (evtl. Wettbewerb, Gewerbeschau, Stadtfest); Kletterkurse in Klettergärten oder an künstlichen Kletterwänden und Touren im Hochgebirge mit Klettersteigen, Gletscher- bzw. Schneefeldüberquerung, Hüttenübernachtung oder Biwak; „Survival-Orientierungstour" in heimischen Wäldern oder im benachbarten Ausland (zur Vorbereitung Karten-/Wetterkunde; Pflanzenkunde, Biwakbau etc); Reitkurs, Voltigieren, Pferdepflege, Ausritte; Zirkusgruppe (Jonglage, Feuerspucken, Fakir, Devil-Stick, Diabolo, Menschenpyramide etc).

3 Anwendungsbereiche

Angebote sozialer Gruppenarbeit werden aufgrund der genannten Probleme vor allem in ländlichen Regionen nicht flächendeckend angeboten. Am stärksten ausgebaut worden sind die **sozialen Trainingskurse** als Weisung im Rahmen von Jugendstrafverfahren (→ Rn. 15). 11

Noch viel zu wenig erprobt werden die **präventiven Wirkungserfolge** sozialer Gruppenarbeit bei Kindern und Jugendlichen mit spezifischen Problemlagen, die überdurchschnittlich häufig in sehr kostenintensiven Arten der HzE anzutreffen sind. 12

So können zB die Probleme von Kindern/Jugendlichen, die in Adoptiv- oder in Pflegefamilien aufwachsen, sehr effektiv in Gruppen bearbeitet und dadurch Selbsthilfekräfte mobilisiert werden. Ähnliches gilt für Kinder/Jugendliche, deren Eltern sich scheiden lassen oder die sich in neu zusammengesetzten Familien zurechtfinden müssen. Auch Kinder/Jugendliche, die vom Suchtverhalten ihrer Eltern oder eines Elternteils betroffen sind, können durch entsprechende Gruppenangebote aus ihrer Isolation oder Co-Problematik herausgeführt werden. Für Förderschüler kommt diese Hilfe ebenfalls in Betracht.[6] Die öffentlichen und freien Träger sind hier aufgefordert, zunächst im Rahmen der Jugendhilfeplanung den Bedarf für solche Angebote zu eruieren und gegebenenfalls verstärkt Angebote sozialer Gruppenarbeit zu initiieren, um Selbsthilfepotentiale zu erschließen. Dazu ist der öffentliche Träger im Rahmen seiner Gewährleistungspflicht **verpflichtet** (→ § 79 Rn. 9 f.). 13

4 Das Verhältnis zu sozialen Trainingskursen

Als adäquates erzieherisches Angebot für delinquente und in dieser Hinsicht gefährdete Jugendliche waren bereits in den achtziger Jahren von der Jugendhilfepraxis vielerorts „soziale Trainingskurse", zum Teil auch unter anderen vorgenannten Bezeichnungen (→ Rn. 1) entwickelt worden. Aus dieser Einsicht über die Richtigkeit und Notwendigkeit dieses Angebots bestritt die Jugendhilfe notgedrungen auch die anfallenden Kosten. 14

Seit 1990 können Jugendrichter als Reaktion auf eine Straftat bei der Erteilung von **Weisungen** nach § 10 Abs. 1 S. 3 Nr. 6 JGG (Abdruck bei § 52) auch die Teilnahme an einem sozialen Trainingskurs auferlegen (→ § 36 Rn. 19) oder das Verfahren nach § 47 JGG einstellen, wenn die Voraussetzungen erfüllt sind. Der Staatsanwalt kann 15

6 So von Reischach ZfJ 2002, 346.

nach § 45 Abs. 2 JGG (Abdruck bei § 52) von der Verfolgung absehen, wenn ein Jugendlicher zum Beispiel an einem sozialen Trainingskurs teilnimmt oder teilgenommen hat.

16 Das JA hat nach § 52 Abs. 2 (→ § 52 Rn. 60 ff.) im Rahmen der **Jugendgerichtshilfe** frühzeitig zu prüfen, ob Leistungen der Jugendhilfe, zum Beispiel HzE in der Leistungsart der sozialen Gruppenarbeit, in Betracht kommen. Diese Prüfung erfolgt in eigener Zuständigkeit (als HzE) und unabhängig von der Entscheidung des Jugendrichters. Nach § 38 Abs. 2 JGG äußert sich die JGH zu den zu ergreifenden Maßnahmen. Vor der Erteilung von Weisungen (§ 10) sind die Vertreter der Jugendgerichtshilfe stets zu hören, § 38 Abs. 3 S. 2 JGG.

17 Im Rahmen dieser Verfahrenspraxis muss sinnvollerweise (ohne rechtliche Verpflichtung) ein **Einvernehmen** über die zu ergreifende Maßnahme zwischen Jugendrichter/Jugendstaatsanwalt und der JGH hergestellt werden. Ein entsprechender Beschluss des Jugendrichters zur Kursteilnahme, ohne dass die Jugendhilfe die Notwendigkeit der Maßnahme bejaht hätte, würde ins Leere gehen. Verpflichtet werden kann zwar der junge Mensch zur Teilnahme, nicht jedoch (vom Jugendrichter, nur vom Verwaltungsrichter) der Jugendhilfeträger zur Durchführung eines Kurses.[7] Vielmehr muss das JA die Entscheidung des Richters zu seiner eigenen machen, sie ins Jugendhilferecht „transformieren", also den sozialen Trainingskurs als soziale Gruppenarbeit im Rahmen einer HzE nach §§ 27, 36 leisten. Das stellt § 36a Abs. 1 – nach dem KICK – ausdrücklich klar.[8]

18 Als Konsequenz hieraus ergibt sich für die **Kostentragung**, dass der Jugendhilfeträger die Kosten nur dann zu übernehmen hat, wenn er den sozialen Trainingskurs qua HzE gewährt, nicht aber, wenn er als jugendrichterliche Weisung außerhalb des § 27 ohne Steuerung durch das JA erfolgt. Das ist nach dem KICK einhellige Meinung auch in der Literatur, während zuvor die Justizministerkonferenz in einem Beschluss v. 22./23.11.1994 die Jugendhilfe nicht als verpflichtet bezeichnete, wies die BReg. in ihrer Stellungnahme zum 11. Ki/JuBericht[9] darauf hin, dass die Kosten von der Jugendhilfe zu tragen seien. Vor Erteilung einer Weisung ist die Kostenfrage jedenfalls zu klären. Sollte der junge Mensch die Kosten selbst zu tragen haben, dürfen an ihn keine unzumutbaren Anforderungen gestellt werden (§ 10 Abs. 1 S. 2 JGG; Abdruck bei § 52); anderenfalls sind es Justizkosten.

19 **Zusammenfassend** ist festzustellen, dass sich der Druck, aufgrund einer jugendrichterlichen Weisung an einem sozialen Trainingskurs teilzunehmen, durchaus sozial- und gruppenpädagogisch konstruktiv nutzen lässt. Ob es aber sinnvoll ist, straffällige und nicht straffällige Jugendliche in einer Gruppe zu betreuen, muss bezweifelt werden (→ § 30 Rn. 18). Methodische Vielfalt von erfahrenen Gruppenpädagogen flexibel angewandt, ermöglicht Einsichten in Verhaltensursachen und gibt Anstöße für Verhaltensänderungen. Jedoch dürfen die Erwartungen hinsichtlich einer Rückfallprävention im Vergleich zu Dauerarrest und Jugendstrafe nicht unrealistisch hoch angesetzt werden. Auch muss das Verhältnis zwischen Schwere der Straftat sowie Umfang und Intensität der Weisung im Sinne einer zu vermeidenden Überbetreuung gewahrt bleiben. Schließlich ist darauf zu achten, dass das ursprüngliche Ziel, eine pädagogische Maßnahme als Reaktion auf eine Straftat in einen engen zeitlichen Zusammenhang mit der Tat zu stellen, von der Jugendhilfepraxis auch tatsächlich erreicht wird. Der Grundsatz „Erziehung/Hilfe statt Strafe" verlangt, dass Jugendhilfe und Justiz auf der örtlichen Ebene weiterhin aufeinander zugehen und trotz unterschiedlicher Ausgangspunkte um ein gemeinsames Verständnis ringen.

7 S. hierzu auch Nellissen in jurisPK-SGB VIII Rn. 41.
8 Näher zum Verhältnis Justiz zu Jugendhilfe nach dem KICK s. Kunkel ZJJ 2006, 311.
9 BT-Drs. 14/8181, 25.

§ 30 Erziehungsbeistand, Betreuungshelfer

Der Erziehungsbeistand und der Betreuungshelfer sollen das Kind oder den Jugendlichen bei der Bewältigung von Entwicklungsproblemen möglichst unter Einbeziehung des sozialen Umfelds unterstützen und unter Erhaltung des Lebensbezugs zur Familie seine Verselbständigung fördern.

1 Überblick und Bedeutung

1 Als einzige formale ambulante erzieherische Hilfe des früheren JWG (§§ 55 bis 61 JWG) wurde die Erziehungsbeistandschaft in das SGB VIII übernommen und in den Katalog der anderen ambulanten, der teilstationären und stationären Hilfen als **ambulante** Hilfe eingereiht. Damit verbunden ist die Möglichkeit des unmittelbaren Zugangs nach **§ 36 a Abs. 2**, wenn Vereinbarungen mit Leistungserbringern nach § 77 abgeschlossen worden sind. Diese dürfen aber nicht für alle ambulanten erzieherischen Hilfen bei einem oder mehreren Anbietern mono- bzw. oligopolisiert sein, sondern müssen alle Anbieter berücksichtigen.[1]

2 Die Hilfe wurde von überkommenen Verfahrensvorschriften wie der formellen Bestellung ebenso befreit wie von hoheitlichen Eingriffsbefugnissen, zB dem Zutrittsrecht zur Wohnung oder dem Anspruch auf Auskunft gegenüber Dritten. Jedoch wurde durch die Vermengung mit der Anordnungsmöglichkeit der **Erziehungsbeistandschaft** als **Erziehungsmaßregel** durch den Jugendrichter nach § 12 JGG und mit der Auferlegung der **Betreuungshilfe** als **Weisung** nach § 10 Abs. 1 S. 3 Nr. 5 JGG (Abdruck bei § 52) eine Hilfeart konstruiert, der leider immer noch bzw. aufs Neue der Ruch einer sanktionsorientierten Hilfe anhaftet, und die zudem als „Chamäleon" auftritt.

3 Durch eine klare Trennung zwischen der **Erziehungsbeistandschaft als HzE** im SGB VIII und der **Betreuungshilfe** als **jugendstrafrechtliche Weisung** im JGG sollte de lege ferenda Abhilfe geschaffen werden. Es gibt – von finanziellen Erwägungen aus Sicht der Justiz abgesehen – keinen fachlichen Grund, eine jugendrichterliche Sanktion als HzE zu ummanteln und damit die örtlichen Jugendhilfeträger für die Organisation, Vorhaltung, Durchführung und Finanzierung dieser „Hilfe" als zuständig zu erklären (→ § 36 Rn. 20).

4 Die Bedeutung der Erziehungsbeistandschaft/Betreuungshilfe in der Praxis örtlicher Jugendhilfeträger relativiert sich neben anderen geeigneten, zum Teil kostengünstig zu gestaltenden Hilfearten, wie der Sozialpädagogischen Familienhilfe, ambulanten Formen betreuten Wohnens, intensiver sozialpädagogischer Einzelbetreuung oder der Erziehung in Tagesgruppen, zusehends (zu diesen → Rn. 7).

5 Insbesondere die Organisationsform als spezialisierte Abteilung mit **hauptamtlichen Erziehungsbeiständen**[2] und Fallzahlen um 25 oder mehr Kinder/Jugendliche pro Fachkraft, angesiedelt beim öffentlichen Jugendhilfeträger selbst oder bei einem entsprechend geförderten freien Träger, war schon in der Vergangenheit stark großstädtisch geprägt. Im ländlichen Raum wurde und wird die Erziehungsbeistandschaft vermehrt durch andere ambulante Hilfen, wie oben angeführt, abgelöst. Diese Entwicklung

1 So VG Lüneburg 20.11.2005 – 4 B 50/05.
2 Skeptisch zu Honorarkräften DIJuF JAmt 2005, 15; zur arbeitsrechtlichen Stellung → § 31 Rn. 21.

hatte bereits zu JWG-Zeiten mit der sogenannten formlosen erzieherischen Betreuung ihre Anfänge genommen. Als HzE hat die **Betreuungshilfe** keine Bedeutung in der Praxis.

6 Zur **Anspruchsberechtigung** → § 29 Rn. 2. Junge Volljährige sind selbst anspruchsberechtigt.[3] Zur **Kostenbeteiligung** → § 29 Rn. 5. Zur Unterscheidung vom **Beistand** → vor § 52a Rn. 11 und zum Bevollmächtigten im Verfahren → Anh. 5 Rn. 14. Der Betreuungshelfer ist nicht zu verwechseln mit dem Betreuer nach § 1896 BGB.

2 Erziehungsbeistandschaft

2.1 als Hilfe zur Erziehung (§ 27)

7 Die Erziehungsbeistandschaft kommt im Einzelfall als geeignete und erforderliche Hilfe in Betracht, wenn ein Kind/Jugendlicher deutliche Entwicklungs- und/oder Verhaltensprobleme zeigt, die familiären Beziehungen es aber noch zulassen, dass sowohl mit ihm wie mit den PSB gearbeitet werden kann. Die Probleme reichen in der Regel vom Leistungs- und Sozialverhalten in der Schule über innerfamiliäre Beziehungsstörungen bis hin zu delinquentem Verhalten und sind damit weitgehend deckungsgleich mit Problemlagen, die auch zu Heimerziehung oder Erziehung in einer Vollzeitpflegefamilie führen können. Im **Unterschied** zur Sozialpädagogischen Familienhilfe nach **§ 31** ist die Unterstützung hauptsächlich auf das Kind ausgerichtet, die Eltern werden eher flankierend einbezogen mit dem Ziel, ihre Akzeptanz für den Loslösungsprozess zu fördern. Dabei muss der **Familienbezug** („Familienbande" wäre hier unpassend) aber aufrechterhalten werden, die Fremdunterbringung darf nicht das Ziel sein.[4] Allerdings besteht kein Ausschlussverhältnis zwischen Erziehungsbeistandschaft und Vollzeitpflege.[5] Eine Kombination mit der Hilfe nach **§ 29** kann sinnvoll sein. Hilfe nach **§ 35** ist erforderlich, wenn der Familienbezug keine realistische Perspektive mehr ist und intensive Betreuung notwendig ist.[6] Eine Konkurrenz zu Erziehungsbeihilfen nach dem **OEG** iVm § 27 BVG kann nicht auftreten (anders bei jungen Volljährigen), da die Anspruchsberechtigten nicht identisch sind.[7] Wegen der in § 27 vorausgesetzten erzieherischen Mangellage kann der Betreuungshelfer nicht im Rahmen des **§ 35 a** als **Schulbegleiter** fungieren.[8]

Eine Anordnungskompetenz des Familiengerichts im Verfahren nach § 1666 BGB zur Erbringung einer Hilfe nach § 30 gegen den Willen des Jugendamtes besteht nach hiesiger Auffassung nicht (→ § 27 Rn. 42).

8 **Ziel der Hilfe** ist es die Verselbstständigung zu fördern, den **Lebensbezug zur Familie** zu erhalten und das soziale Umfeld (Mitschüler, Verein, Clique, peer-group, Nachbarschaft) unterstützend einzubeziehen. Damit wendet sich die Hilfe an ältere Kinder und Jugendliche und kann unter Umständen auch in eine Form ambulanten betreuten Wohnens außerhalb der elterlichen Wohnung führen. Im Einzelfall kann aber auch eine Hilfegewährung bei jüngeren Kindern in Betracht kommen.[9]

---

3 Ebenso VG Ansbach 8.5.2003 – An 9 K 03.98, u. 4.2.2003 – An 9 E 03.97: Betreuungshelfer auch über 21 J. hinaus.

4 So VGH BW 23.3.2004 – 9 S 575/03, JAmt 2004, 546: bei Probewohnen keine Hilfe nach § 30; VG Ansbach 8.3.2007 – An 14 K 04.03247.

5 BayVGH 29.7.2013 – 12 C 13.1183, juris Rn. 19.

6 So VG Mainz 11.1.2007 – 1 K 1064/04.MZ.

7 Worauf es nach DIJuF JAmt 2007, 245 aber nicht ankomme; BayVGH 29.3.2010 – 12 BV 08.942: keine Gleichartigkeit der Leistungen.

8 So aber VG Frankfurt/Oder 7.12.2011 – 6 K 1432/08, JAmt 2012, 543. Zutreffend abgrenzend auch unter Berücksichtigung des dem Jugendamt grundsätzlich zukommenden Beurteilungsspielraums hingegen VG München 18.2.2020 – M 18 E 19.5506, juris Rn. 43 f.

9 VG Aachen 21.1.2015 – 2 L 414/14, juris Rn. 23 f.

Methodisch kommt die ressourcenorientierte Einzelarbeit (Case Management, Empowerment), die erlebnis- und freizeitpädagogische Gruppenarbeit sowie die systemische Familienberatung mit der jeweils erforderlichen unterschiedlichen Schwerpunktbildung in Betracht. Diese vielfältige Methodenkompetenz setzt in der Regel den Einsatz von Fachpersonal (SA/SP) mit Berufserfahrung voraus. Auch erfahrene Familienhelferinnen können bei entsprechender Praxisbegleitung und Supervisionsmöglichkeit für einen Einsatz in Frage kommen. Öffentliche Jugendhilfeträger gehen in der Praxis häufiger dazu über, sowohl für Hilfen nach § 30 wie nach § 31 Fachkräfte aus ein und demselben Dienst einzusetzen, unabhängig davon, ob dieser beim öffentlichen oder bei einem freien Träger angesiedelt ist. Die Hilfe erstreckt sich regelmäßig über einen längeren Zeitraum (von einem halben Jahr bis zu drei Jahren). 9

2.2 als Erziehungsmaßregel nach § 12 JGG

Die Möglichkeit der Verpflichtung eines straffällig gewordenen Jugendlichen durch den Jugendrichter, HzE nach Maßgabe des SGB VIII in der Leistungsart der Erziehungsbeistandschaft in Anspruch zu nehmen, konterkariert den eindeutig auf Freiwilligkeit basierenden Leistungscharakter des KJHG. Da allein der zuständige Träger der öffentlichen Jugendhilfe darüber befindet, ob eine Erziehungsbeistandschaft im Einzelfall die geeignete und notwendig Hilfe ist, muss der Jugendrichter im Rahmen der Anhörung des JA mit diesem de facto (aber nicht de iure; → § 36 Rn. 21) ein Einvernehmen über die Hilfegewährung erzielen, wenn seine Anordnung nicht ins Leere gehen soll. Das JA muss die Entscheidung des Richters zu seiner eigenen machen, indem es sie ins Jugendhilferecht (§§ 27, 36) „transformiert". Nur dann hat es auch die **Kosten** der Hilfe zu tragen. Mit § 36 a Abs. 1 ist dies – nach dem KICK – klargestellt, so dass es sich erübrigt, auf den zuvor tobenden Streit in der Literatur einzugehen.[10] 10

Allerdings hat das JA schon zuvor im Rahmen der Mitwirkung nach § 52 Abs. 2 (→ § 52 Rn. 60 ff.) frühzeitig zu prüfen, ob für den Jugendlichen oder den jungen Volljährigen Leistungen der Jugendhilfe in Betracht kommen. Damit wird die jugendrichterliche Anordnung idR ohnehin entbehrlich. 11

Der Eintrag in das **Erziehungsregister**, der hier wie bei allen Erziehungsmaßregeln vorgenommen wird (§ 60 Abs. 1 Nr. 2 BZRG), hat in der heutigen Praxis der JA so gut wie keine Bedeutung mehr. Spätestens bei Vollendung des 24. Lebensjahres des jungen Erwachsenen werden solche Einträge gestrichen (§ 63 Abs. 1 BZRG). 12

Die Verhängung von Jugendarrest nach § 11 JGG (Abdruck bei § 52) im Falle des schuldhaften Nichtbefolgens einer Weisung greift nicht für die Verpflichtung, HzE als Erziehungsbeistandschaft in Anspruch zu nehmen. Allein schon wegen dieses fehlenden Druckmittels konzentriert sich die jugendrichterliche Praxis auf die Erteilung von Betreuungsweisungen nach § 10 Abs. 1 S. 3 Nr. 5 JGG. 13

3 Betreuungshilfe als Hilfe zur Erziehung (§ 27) und als Weisung nach § 10 JGG

Die Betreuungsweisung nach § 10 Abs. 1 Nr. 5 JGG wird in der Regel durch jugendrichterliches **Urteil** erteilt und zeitlich befristet. Als HzE kann Betreuungshilfe nicht angeordnet werden. Die Laufzeit soll nicht mehr als ein Jahr betragen (§ 11 Abs. 1 S. 2 JGG). Damit kommt sie schon aufgrund des zeitlichen Umfanges und der Betreu- 14

10 Zum Verhältnis von Justiz und Jugendhilfe nach dem KICK s. Kunkel ZJJ 2006, 311; Schwenkel-Omar ZfJ 1990, 493; DIJuF JAmt 2006, 26; für eine unterschiedliche Behandlung der Anordnung von Erziehungsbeistandschaft und Betreuungsweisung mit – wie immer – guten Gründen Mrozynski SGB VIII Rn. 9 ff.: die Betreuungsweisung könne auch ohne Umsetzung durch das JA durchgeführt und nach § 38 Abs. 2 S. 7 JGG bezahlt werden.

ungsintensität nur für Verfehlungen von einem gewissen Schweregrad in Betracht, bei denen jedoch die Voraussetzungen für eine Verhängung von Jugendstrafe (schädliche Neigungen oder Schwere der Schuld) nicht erfüllt sind.

15 Der **Familienrichter** kann ebenso wenig wie der Jugendrichter die Hilfe mit Wirkung gegenüber dem JA anordnen (→ § 27 Rn. 42).

16 Für die Ausübung von Betreuung und Aufsicht kommen nach § 38 Abs. 3 JGG (Abdruck bei § 52) vorrangig **Personen in Betracht**, die von den Vertretern der JGH im Rahmen der Anhörungspflicht vorgeschlagen werden sollen. Als Betreuungshelfer kommen neben sozialpädagogischen Fachkräften auch erfahrene Personen aus dem Kreis der Sozialpädagogischen Familienhilfe in Frage. Wenn der Richter diese oder eine andere Person nicht damit betraut, üben die Vertreter der JGH die Betreuung und Aufsicht selbst aus (§ 38 Abs. 2 S. 6 JGG). In diese pädagogisch wenig sinnvolle Vollzugsfunktion, die über eine bloße Mitwirkung im Verfahren nach dem JGG hinausgeht, gerät die Jugendhilfe im Grunde nur dann, wenn sie nicht nach § 52 Abs. 2 JGG frühzeitig in Betracht kommende Jugendhilfeleistungen (also auch die Betreuungshilfe als **HzE**) prüft und gewährt oder sich pflichtwidrig entgegen § 38 Abs. 3 JGG nicht dazu äußert, wer als Betreuungshelfer bestellt werden soll. Die Auffassung, eine solche Aufgabenübertragung erscheine systemwidrig,[11] lässt außer Betracht, dass das JA sowohl nach § 52 wie nach § 38 JGG pflichtgemäß zu handeln hat. Wie bei allen Weisungen hat die Jugendhilfe auch hier die Überwachungs- und Kontrollfunktion wahrzunehmen.

17 **Inhaltlich** ist die Betreuung zumeist darauf ausgerichtet, den Jugendlichen zur Bewältigung seines lebenspraktischen Alltags zu befähigen, soziale Kompetenzschwächen zu beheben, ihn bei der Wohnungssuche und beruflichen Ausbildung oder Eingliederung zu unterstützen sowie die Ursachen für das straffällige Verhalten zu erkennen und für die Zukunft möglichst zu vermeiden. **Methodisch** ergänzen sich Einzelfallarbeit und soziale Gruppenarbeit mit erlebnispädagogischen Ansätzen.

18 Versuche in der Gruppenarbeit, straffällige und nicht straffällige Jugendliche zusammenzufassen, sind in der Praxis so wenig von Erfolg gekrönt wie der Versuch, eine **jugendrichterliche Sanktionsmaßnahme** und eine **Leistung der Erziehungshilfe** in ein und dasselbe Gefäß zu gießen. Die kriminologische HzE ist der „Wolf im Schafspelz" der pädagogischen HzE.

§ 31 Sozialpädagogische Familienhilfe

[1]Sozialpädagogische Familienhilfe soll durch intensive Betreuung und Begleitung Familien in ihren Erziehungsaufgaben, bei der Bewältigung von Alltagsproblemen, der Lösung von Konflikten und Krisen sowie im Kontakt mit Ämtern und Institutionen unterstützen und Hilfe zur Selbsthilfe geben. [2]Sie ist in der Regel auf längere Dauer angelegt und erfordert die Mitarbeit der Familie.

11 Vgl. Schmid-Obkirchner in Wiesner Rn. 22.

1 Ziel der Regelung

Die SPFH ist die intensivste Form der ambulanten Hilfe zur Erziehung, sie soll die **Eigenkräfte der Familie aktivieren** und **„Hilfe zur Selbsthilfe"** geben. Die Fachkräfte der SPFH sollen dazu beitragen, dass die Familien in die Lage versetzt werden, selber ihre Angelegenheiten zu regeln. Entweder muss also verschüttetes Leistungspotential wieder freigelegt oder aber neues Potential erschlossen werden. Nicht Bevormundung ist angezeigt, sondern Kooperation und Förderung der familiären Eigenkräfte. Kennzeichnend ist dabei auch – und das ist dann für die gesamte Beurteilung von Inhalten dieses Hilfeangebotes wichtig –, dass diese Hilfeform in der unmittelbaren Umgebung der jeweiligen Familie stattfindet.[1] 1

Die Stärkung der familiären Eigenkräfte soll ganz unterschiedliche Bereiche betreffen, die im Gesetzeswortlaut aufgezählt sind. Ein Haupteinsatzbereich ist es, vor allem dazu beizutragen, eine **Fremdunterbringung** der Kinder außerhalb der Familie zu **vermeiden**. In den Fällen, wo es bereits zu einer Fremdunterbringung gekommen ist, soll erreicht werden, diese so kurz wie möglich auszugestalten. Insoweit kommt der SPFH nicht nur rein vorbeugende Bedeutung zu, sondern sie ist auch nachgehende Hilfe, zB bei einem Einsatz in einer Familie, um die Rückkehr der Kinder etwa aus der Heimerziehung möglichst konfliktfrei zu gestalten. 2

Der SPFH kommt daher als Mittel der Abwehr einer Kindeswohlgefährdung im Verfahren nach § 1666 BGB große Bedeutung bei. Eine Anordnungskompetenz des Familiengerichts im Verfahren nach § 1666 BGB zur Erbringung einer Hilfe nach § 30 gegen den Willen des Jugendamtes besteht nach hiesiger Auffassung aber nicht (→ § 27 Rn. 42).

Im Gegensatz zu vielen anderen Hilfen im SGB VIII richtet sich die SPFH nicht nur an eine einzelne, leistungsberechtigte Person, sondern die gesamte **Familie ist „Empfänger"** (Leistungsadressat) dieser Hilfe.[2] Dabei ist Anspruchsberechtigter (Leistungsberechtigter) der Hilfe die personensorgeberechtigte Person (→ § 2 Rn. 10). Für die Fachkräfte in der SPFH bedeutet dies, dass sie sich dem gesamten System Familie widmen müssen und nicht nur Interessen einer einzelnen Person wahrnehmen dürfen. Es wird also dem gesetzlichen Auftrag nicht entsprochen, wenn Mitarbeiter einer SPFH sich ausschließlich als „Anwalt der Kinder" in der Einsatzfamilie verstehen. Da der Einsatz der SPFH-Mitarbeiterinnen unmittelbar in der Familie und damit in deren Privatsphäre erbrachte wird, kann die Hilfe nur wirksam sein, wenn ein absolutes Vertrauensverhältnis zwischen allen Beteiligten besteht.[3] Datenschutzrechtlich ist § 65 SGB VIII hierfür ein „Schutzschild" (näher hierzu → Rn. 24). 3

Nach hiesiger Auffassung ist es rechtlich unzulässig, mittels einer Hilfe zur Erziehung nach § 27 eine Familie im Rahmen des Schutzauftrags zu überwachen und auszuforschen (→ § 27 Rn. 41).[4] 4

Aber auch fachliche Erwägungen sprechen gegen die Erbringung einer SPFH mit Kontrollauftrag. Eine Verkehrung des Leitgedankens der SPFH ist festzustellen, wenn in vertraglichen Vereinbarungen zwischen Jugendämtern und freien Trägern von **„Kontrollaufträgen"** die Rede ist, die eine SPFH in einer Familie zu erbringen hätte.[5]

1 Struck in FK-SGB VIII Rn. 3.

2 S. hierzu auch OVG NRW 9.7.2020 – 12 A 2816/17, juris Rn. 18; SächsOVG 26.6.2018 – 4 A 87/16, juris Rn. 6 sowie DIJuF JAmt 2020, 452.

3 Ebenso Schmid-Obkirchner in Wiesner Rn. 5, Nellissen in jurisPK Rn. 31; Frings JAmt 2008, 461; Wolf Jugendhilfe 2008, 63 ff.; Wolf neue caritas 2008, 9 ff.

4 S. zu dieser Problematik OLG KA 13.5.2019 – 18 UF 91/18, juris Rn. 81 sowie BGH 6.2.2019 – XII ZB 408/18, juris Rn. 45 f. Kritisch hierzu Kepert JAmt 2019, 378 und Kepert Sozialrecht aktuell 2019, 104.

5 Zur Ambivalenz von Hilfe und Kontrolle auch Röttgen neue caritas 2008, 17 ff.; Schmid-Obkirchner in Wiesner Rn. 5.

Bedauerlicherweise wirken oft freie Träger aktiv daran mit, den gesetzlichen Unterstützungsauftrag durch derartige Kontrollaufträge zu unterlaufen.[6] Diese „Kontrollaufträge" führen letztlich dazu, dass im Ergebnis kein Vertrauensverhältnis zwischen den Helfern und den Familienmitgliedern entstehen kann. Auch ein zuvor angekündigter „Kontrolleinsatz" ist kein ausreichender Grund für solche Einsätze. Diese Art der Ausdehnung des gesetzlichen Auftrages schadet der SPFH als Hilfeinstrument und verkehrt den Sinn und Zweck der gesetzlichen Regelung, die nicht von Kontrollaufträgen spricht, ins Gegenteil.

2 Voraussetzungen der Leistung

5 Wenn die Voraussetzungen des § 27 gegeben sind, besteht ein **Rechtsanspruch** auf die Bewilligung dieser Leistung (→ § 27 Rn. 15). Die Bewilligung darf nicht davon abhängig gemacht werden, ob der zuständige Jugendhilfeträger ausreichend finanzielle Mittel im jeweiligen Haushalt für diese Hilfeart vorgesehen hat (→ § 79 Rn. 5, 17). Die Leistungsverweigerung wegen fehlender finanzieller Mittel im Haushalt oder wegen Ausschöpfung des für die SPFH vorgesehenen Budgets ist daher rechtswidrig. Auch die „Eingrenzung" der Hilfe im Rahmen sog. Sozialraumbudgets ist nicht zulässig.[7]

Leistungsempfänger sind „Familien". Dabei muss beachtet werden, dass der Gesetzgeber hier von einem **weiten Familienbegriff** ausgegangen ist.[8] Auch Alleinerziehende, unverheiratete Eltern, Adoptiveltern oder Stieffamilien können daher Einsatzorte für eine SPFH sein. Ebenfalls ist ein Einsatz in Lebenspartnerschaften, in denen Kinder leben, denkbar.

6 In erster Linie werden solche Familien betroffen sein, die in **sozial schwierigen Rahmenbedingungen** leben[9] und dort mit alltäglichen Problemen, Konflikten und Krisen – wie etwa Arbeitslosigkeit, Überschuldung, hohe Kinderzahl, Defiziten in der Haushaltsführung oder -planung, Leben in sozialen Brennpunkten – zu tun haben. Auch Partnerprobleme sind ein Einsatzgrund, ebenso wie materielle oder psychische Belastungen. Konflikte mit Ämtern und Institutionen benennt das Gesetz ausdrücklich. Allgemein ausgeschlossen wird der Einsatz einer SPFH in Fällen, wo schon seit längerer Zeit – dauerhaft – erhebliche Sucht- oder Gewaltprobleme existieren oder in Fällen starker psychischer Leiden. Allerdings darf diese Art von Leistungsausschluss nicht pauschal zur Anwendung kommen. Es kommt immer auf die konkreten Bedingungen in der Familie an. Auf jeden Fall ist von einem sehr weit gefassten Anwendungsbereich auszugehen.

7 Die SPFH soll die Familien **intensiv betreuen und begleiten.** Das „Soll" ist lediglich eine Zweckbeschreibung, nicht ein Grad der Rechtsverbindlichkeit (→ § 27 Rn. 15). Dieser Zweck muss aber erfüllt werden können, damit die Hilfe geeignet ist. Dies ist gerade dort von Interesse, wo beispielsweise der zuständige Jugendhilfeträger zwar SPFH bewilligen will, aber nur in einem Umfang, der keine intensive Begleitung und Betreuung ermöglicht. Intensive Begleitung und Betreuung wird daher regelmäßig wohl nur bei einem Einsatz von 10–15 Stunden wöchentlich gegeben sein (→ Rn. 11). Höhere Einsatzstundenzahlen sind denkbar, vor allem bei schwierigen Einsätzen.[10] Niedrigere Stundenkontingente müssten jedoch begründet werden; dazu bedarf es konkreter Ausführungen im Hilfeplan, der wegen der Dauer der Hilfe (→ Rn. 10) zwingend ist (→ § 36 Rn. 32).[11] Denkbar ist, dass zu Beginn der Hilfe eine höhere

6 Frings JAmt 2008, 461 ff.
7 Ebenso VG Lüneburg 20.12.2005 – 4 B 50/05.
8 So auch Struck in FK-SGB VIII Rn. 4.
9 Schmid-Obkirchner in Wiesner Rn. 7.
10 Schmid-Obkirchner in Wiesner Rn. 18.
11 Schmid-Obkirchner in Wiesner Rn. 16.

Einsatzstundenzahl – mehrfach pro Woche – vorgesehen wird, die im Laufe der Zeit je nach Entwicklung der familiären Situation reduziert werden kann.

In jedem Fall ist Voraussetzung für eine Leistungsbewilligung das **Vorliegen erheblicher Schwierigkeiten bei der Erziehung** durch die Eltern. Die SPFH unterstützt die Familie im gesamten Alltag: das fängt an bei der Zubereitung regelmäßiger Mahlzeiten, der Organisation erforderlicher Einkäufe, geht weiter über die Unterstützung in schulischen Angelegenheiten hinaus – so auch die **Hausaufgabenhilfe** – und umfasst etwa die Ausstattung der Wohnung mit Mobiliar sowie die Anschaffung und Reinigung von Kleidungsgegenständen. Bei der Begleitung der Familie wird zwangsläufig auch das vorhandene innerfamiliäre Konfliktpotential deutlich werden. Hier muss die SPFH vermittelnd eingreifen und Maßnahmen zur Konfliktbewältigung einleiten, um das familiäre Zusammenleben zu stärken. Bei all dem ist die SPFH jedoch nicht nur auf den Binnenraum der Familie festgelegt, sondern sie muss auch das **familiäre Umfeld** mit im Blick haben. Dort geht es vielleicht um Fragen von Konflikten am Arbeitsplatz, mit dem Arbeitgeber, der Arbeitssuche, der Suche eines Kindergarten- oder Hortplatzes, der Kontaktaufnahme mit Frühförderstellen und der Organisation von erforderlichen Therapien oder auch eines überfälligen Arztbesuchs. Weiterhin ist es Aufgabe der SPFH, die Familie in den Sozialraum, in dem sie lebt, so gut wie möglich zu integrieren. Immer soll die SPFH helfend und begleitend/beratend zur Verfügung stehen – stets jedoch die Familie motivieren, selber die einzelnen Dinge zu erledigen. Es muss also ein Prozess des Bewusstwerdens und Lernens in Gang gesetzt werden. 8

Schon diese Aufzählung an Einsatzfeldern macht deutlich, dass Einsätze von Familienhelfern in nur geringem Stundenumfang nicht fachgerecht sind.

Ausdrücklich erwähnt der Gesetzestext die Unterstützung der Familie durch die SPFH im **Umgang mit Ämtern und Institutionen**. Gerade bei sog. sozial-schwachen Familien, die vielleicht auch noch von Leistungen nach dem SGB II oder SGB XII leben, kommt es mehr oder weniger regelmäßig zu Konflikten mit den zuständigen Stellen. Auch Konflikte mit dem JA sind keine Seltenheit. Hier ist es Aufgabe der SPFH, die Beziehungen zu diesen Ämtern möglichst konfliktfrei gestalten zu helfen. Sowohl bei den Mitarbeitern auf den Ämtern als auch bei der Familie muss hier zB mehr Verständnis für die jeweils andere Seite geweckt werden. Dabei ist die Zuordnung der SPFH jedoch schon vom Gesetzgeber eindeutig auf die Familie hin vorgenommen worden. An dieser Vorgabe können die Jugendämter nichts ändern – auch nicht durch einen anderen „Praxisvollzug". Wenn also seitens der SPFH festgestellt wird, dass etwa ein Bescheid über Arbeitslosengeld II oder Sozialhilfe nach SGB XII bei der Einsatzfamilie unrichtig ist, ist es Aufgabe der SPFH, der Familie bei der Einlegung eines Widerspruchs behilflich zu sein oder auch bei der Kontaktaufnahme zu einem Anwalt, um ggfls. gerichtliche Schritte einzuleiten. Als **Beistände** gem. § 13 Abs. 4 SGB X können Familienhelferinnen in jedem Fall fungieren und dürfen von den Ämtern auch nicht zurückgewiesen werden. Seit Inkrafttreten des RDG (zu diesem → § 17 Rn. 8) ist eine solche Unterstützungsfunktion auch rechtlich zusätzlich abgesichert. In den Fällen, wo die SPFH von den Fachkräften des JA selbst geleistet wird, kann die Zuordnung der Mitarbeiterinnen zur Familie erhebliche Konflikte mit sich bringen. Aber der gesetzliche Auftrag der SPFH und der dort Tätigen ist vorrangig gegenüber ämterspezifischen Befindlichkeiten. 9

Unter den im Gesetzestext angesprochenen **Institutionen** dürften zB Tageseinrichtungen für Kinder, Schulen, Kirchen, Kranken- und Pflegekassen, Krankenhäuser, Versicherungen, aber auch Gläubiger der Familie (zB eine Bank oder ein Versandhandel, die Forderungen gegen die Familie etwa aus Ratenzahlungskrediten haben) zu verstehen sein.

10 Der Einsatz einer SPFH ist **in der Regel auf längere Dauer** angelegt. Darunter wird allgemein ein Einsatzzeitraum von 1–2 Jahren verstanden.[12] Wenn man sich die zum Teil sehr komplexen Situationen und Problemfelder in den Familien ansieht, dann braucht es eine gewisse Zeit, bis das nötige Vertrauen auf beiden Seiten für eine gedeihliche Zusammenarbeit gewachsen ist. Von vornherein zu kurz angelegte Einsatzzeiten – maximal 6 Monate – lassen erst gar nicht die notwendigen Rahmenbedingungen für einen erfolgreichen SPFH-Einsatz entstehen. Der Umfang der Hilfe muss im Bescheid des Jugendamtes (Dauerverwaltungsakt) an die Familie klar und eindeutig bestimmt sein (→ Anh. 5 Rn. 40).[13] Die Selbsthilfe der Familie soll angeregt und gestärkt werden. Wenn dies innerhalb einer Zeitspanne von etwa 2 Jahren nicht erfolgreich gelungen sein sollte, muss über andere Lösungen nachgedacht werden.[14] Der zeitlich unbefristete Leistungsbescheid ist dann nach § 48 Abs. 1 S. 1 SGB X aufzuheben (→ § 27 Rn. 18).

11 Wichtig ist bei der Bewilligung und Planung von SPFH-Einsätzen, dass man zunächst eine erste Zeit der Zusammenarbeit als **Probephase** (in der Regel etwa sechs Monate) behandelt, in der von beiden Seiten – Familie und SPFH – geklärt wird, ob diese Hilfeform die geeignete ist und man sich eine Zusammenarbeit vorstellen kann.

Damit überhaupt ein Vertrauensverhältnis entstehen kann, ist es notwendig, die wirklichen „Arbeitsaufträge" der SPFH den Familien gegenüber deutlich zu thematisieren. „Verdeckte" Arbeitsaufträge belasten ein für einen erfolgreichen Einsatz notwendiges Vertrauensverhältnis. Unabhängig hiervon sind „Kontrollaufträge" nach hiesiger Auffassung rechtlich unzulässig (→ § 27 Rn. 41). Auch eine Datenübermittlung ist regelmäßig unzulässig (→ Rn. 24 f.).[15]

Daran schließt sich im Regelfall eine mindestens einjährige **Hauptphase** an, in der die eigentlichen Probleme aufgearbeitet werden sollen. Schließlich gelangt man in eine **Beendigungs- oder Schlussphase**, in der das Ende des SPFH-Einsatzes und die Zeit danach vorbereitet werden. Hier sollte man ebenfalls etwa sechs Monate als Regelzeitraum ansetzen. Die durchschnittliche Dauer einer SPFH beträgt 14 Monate.[16] Mit der Zahl der Kinder in der Familie nimmt erfahrungsgemäß auch die Dauer der SPFH zu: von 13 Monaten bei einem Kind bis 18 Monate bei drei und mehr Kindern. Durchschnittlich werden pro Woche 6 FLS geleistet – von unter fünf bis mehr als 10.

12 Es wird von der Familie die aktive **Mitarbeit** gefordert.[17] Mitarbeit kann von einer Familie, in der eine SPFH zum Einsatz kommt, immer nur dann erwartet werden, wenn die Familie mit dem Einsatz und dem klar verabredeten Problemfeld, was bearbeitet werden soll, einverstanden ist. Schließlich ist die SPFH diejenige ambulante Hilfeart, die am weitesten in den privaten Binnenraum einer Familie Einblick erhält.[18] Es ist daher nur zu verständlich, dass bei vielen Familien gerade aus diesem Grund große Vorbehalte gegen einen derartigen Einsatz bestehen. Leider ist immer wieder zu beobachten, dass JÄ den betroffenen Familien die Zustimmung zum SPFH-Einsatz dadurch „abringen", dass im Falle einer Verweigerung des Einsatzes die Kinder der Familie anderweitig untergebracht werden sollen. Eine solche „Alternative" ist nicht geeignet, eine rechtswirksame Einwilligung der Familie zum SPFH-Einsatz zu erlangen; denn nur eine Erklärung, die frei von Zwang erfolgt, ist rechtswirksam.

---

12 S. Struck in FK-SGB VIII Rn. 4.
13 BayVGH 1.8.2008 – 12 C 08.731.
14 NdsOVG 28.4.2010 – 4 LA 332/08, JAmt 2010, 444: Zweckverfehlung bei über 5-jähriger Dauer.
15 Ausführlich hierzu Kepert Sozialrecht aktuell 2019, 104 und Kepert JAmt 2019, 378.
16 Jugendhilfestatistik des StBA 2009; bzw. 17 Mon. nach DJI Handbuch, S. 11.
17 Schmid-Obkirchner in Wiesner Rn. 14.
18 Struck in FK-SGB VIII Rn. 6.

Ähnlich widersinnig sind etwa Beschlüsse des FamG im Zusammenhang mit Sorgerechtsregelungen, die die Personensorgeberechtigten „verurteilen", eine SPFH in der Familie zu akzeptieren. Die Startbedingungen einer SPFH im Falle einer gerichtlichen Anordnung (zu dieser → § 36 Rn. 22) oder aufgrund einer Drucksituation, ausgelöst durch das JA, sind sicherlich äußerst schlecht. Wie soll man konstruktiv miteinander arbeiten, wenn ein Partner zur Zusammenarbeit gezwungen wird und vielleicht nach wie vor keinen Sinn in dem SPFH-Einsatz sieht. In solchen Fällen sollte man den Mitarbeiterinnen der SPFH von Beginn des Einsatzes an die Rahmenbedingungen klarmachen und ihnen evtl. auch eine längere Probephase zubilligen, um das Vertrauen der Familie doch noch erringen zu können. Eine **Mitwirkungspflicht** nach § 60 SGB I besteht für die Mitarbeit der Familie nicht, da dessen Voraussetzungen nicht vorliegen; die Hilfe kann daher auch nicht nach § 66 SGB I eingestellt werden.[19]

Eine Anordnung einer SPFH entgegen der Auffassung des Jugendamtes durch das Familiengericht im Verfahren nach § 1666 BGB ist nach hiesiger Auffassung unzulässig (→ § 27 Rn. 42).

Für einen erfolgreichen Einsatz einer SPFH ist es auch von Bedeutung, dass die betroffene Familie die Möglichkeit hat, das in § 5 verankerte **Wunsch- und Wahlrecht** aktiv ausüben zu können. Wenn es mehrere Anbieter von SPFH vor Ort gibt, muss einem entsprechenden Wunsch einer Familie auf Betreuung durch die SPFH eines bestimmten Trägers (zB eines konfessionellen Anbieters – Caritas oder Diakonie – oder gerade durch einen weltanschaulich neutralen Träger – AWO, DRK, DPWV) entsprochen werden, sofern durch die Wahl keine unverhältnismäßigen Mehrkosten entstehen. 13

Jugendämter, die versuchen, die Trägerlandschaft dadurch zu „bereinigen", dass nur ein einzelner Anbieter dieser SFPH-Leistung bestehen bleibt, unterlaufen dadurch bestehende gesetzliche Vorgaben (→ § 79 Rn. 17).

Selbstbeschaffung der SPFH ist unter den Voraussetzungen des § 36a Abs. 2 möglich (→ § 36a Rn. 11). 14

3 Zusammenarbeit zwischen öffentlichem und freiem Jugendhilfeträger

Es ist in der Praxis Standard, dass sowohl öffentliche Träger als auch freie Träger der Jugendhilfe den Fachdienst der SPFH vorhalten. Regional ist es sehr unterschiedlich, welcher Träger jeweils diesen Fachdienst vorhält und ob es nur einen Anbieter oder mehrere (konkurrierende) Anbieter gibt. Für die Hilfe suchende Familie ist es nicht von existenzieller Bedeutung, welcher Träger gerade den Fachdienst anbietet. Hauptsache dürfte immer sein, dass der Dienst fachlich qualifiziert arbeitet und vor allem die Persönlichkeitsrechte der Betroffenen ausreichend wahrt. Allerdings wird es der Verwirklichung der Rechte der Hilfesuchenden eher gerecht, wenn diese unter mehreren Trägern auswählen können, denn nur so kann dem in § 5 normierten Wunsch- und Wahlrecht überhaupt Bedeutung zukommen. § 4 verpflichtet die öffentliche Jugendhilfe, mit der freien Jugendhilfe zusammenzuarbeiten. Wenn von Seiten der öffentlichen Jugendhilfe bisweilen Erwartungen in die Richtung geäußert werden, dass sie ein Mitspracherecht bis in die Auswahl des beim freien Trägers anzustellenden Personals für sich reklamiert, so ist darin ein Verstoß gegen § 4 Abs. 1 und das Selbstbestimmungsrecht der freien Träger zu sehen. Insoweit ist auch die **Rechtsprechung des BAG**[20] abzulehnen, die dem öffentlichen Träger ein so weitgehendes Einflussrecht und **Weisungsrecht** zubilligen will. Aus der Gesamtverantwortung (→ § 79 Rn. 13) folgt, dass sich ein öffentlicher Träger von der Qualität des Angebotes eines freien Trägers 15

19 Ebenso Nellissen in jurisPK-SGB VIII Rn. 18.
20 BAG 6.5.1998 – 5 AZR 347/97, ZfJ 2000, 72 mAnm Kunkel S. 60 und – entgegen Schmid-Obkirchner in Wiesner Rn. 20 – ausdrücklich bestätigend BAG 25.5.2005 – 5 AZR 347/04.

überzeugen muss, der in seinem Bereich aktiv ist. Eine Kontrolle bis in die Organisationsstruktur des freien Trägers hinein wird dadurch jedoch nicht eröffnet. Andernfalls müsste man sich die Frage stellen, warum es überhaupt ein Angebot eines freien Trägers geben muss/soll, wenn der öffentliche Träger letztlich doch alles „regelt".

16 Wenn es vor Ort ein SPFH-Angebot eines öffentlichen und eines freien Trägers gibt, sollte zwischen den jeweiligen Trägern klar sein, wie die Zusammenarbeit ausgestaltet werden soll (zB durch klare vertragliche Vereinbarungen). Für alle Beteiligten – und dazu gehören auch die Familien – sollte deutlich sein, nach welchen Konzeptionen und unter welchen Rahmenbedingungen die jeweiligen Anbieter arbeiten.

17 Besondere Bedeutung kommt der Einbeziehung von Fachkräften aus der SPFH im Rahmen der **Hilfeplanung gem. § 36** zu.[21] Eine Einbeziehung der Fachkräfte, welche die SPFH erbringen, in das Hilfeplanverfahren ist regelmäßig auch dann erforderlich, wenn die Leistung durch einen freien Träger erbracht wird, § 36 Abs. 3 S. 1.

4 Personelle und sächliche Voraussetzungen

18 Der Gesetzgeber hat in § 72 vorgeschrieben, dass bei den öffentlichen Trägern der Jugendhilfe immer sog. **Fachkräfte** eingesetzt werden sollen.[22] Für Träger der freien Jugendhilfe gilt § 72 nicht unmittelbar. Für die Leistung nach § 31 ist allerdings zu berücksichtigen, dass die SPFH fachlich so anspruchsvoll ist, dass auch bei einer Leistungserbringung durch Träger der freien Jugendhilfe idR Fachkräfte einzusetzen sind.[23] Der Einsatz sog. **„Familienpaten"**-Modelle durch Ehrenamtliche ist daher nicht unproblematisch.

19 Bei der Beschreibung der Arbeitsfelder für Mitarbeiterinnen in der SPFH ist deutlich geworden, wie weit das Spektrum möglicher Probleme und Einsatzfelder reicht. Es ist daher nur folgerichtig, wenn fast einhellig für diesen Fachdienst die Beschäftigung **sozialpädagogisch ausgebildeter Fachkräfte** gefordert wird.[24] Als Berufsgruppen kommen insoweit in Betracht: Sozialarbeiter, Sozialpädagogen, Erzieherinnen, Haus- und Familienpflegerinnen – möglichst mit entsprechenden Zusatzqualifikationen. Der Einsatz von Berufsanfängern ist nicht generell auszuschließen. Es muss jedoch in jedem Einzelfall genau geprüft werden, welche Fachkraft mit welcher (Zusatz-)Qualifikation bei welcher Familie eingesetzt werden kann. Bei Berufsanfängern ist fachliche Einarbeitung zwingende Voraussetzung für einen Einsatz; insoweit kann ein JA auch die Vorlage beispielsweise von Einarbeitungskonzepten seitens der Träger, die SPFH anbieten, verlangen. Ehrenamtliche haben in diesem Zusammenhang nur sehr eingeschränkte Einsatzfelder (→ Rn. 18).

20 Als zwingende **berufsbegleitende Maßnahmen** muss den Fachkräften in der SPFH die Arbeit in einem Team, die fachliche Beratung, Fortbildung und Supervision zugebilligt werden.[25]

21 Von besonderer Relevanz ist die Frage der **arbeitsvertraglichen** Ausgestaltung der Anstellungsverträge bei SPFH-Beschäftigten. Der Abschluss von Verträgen mit einer Laufzeit (Befristung), die auf den Einsatz bei einer bestimmten Familie begrenzt ist, ist als unfachlich abzulehnen. Die so tätig werdende Fachkraft weiß genau, dass eine Beendigung des Einsatzes in der konkreten Familie – zB wegen fehlender Mitwirkungsbereitschaft der Sorgeberechtigten – automatisch das Ende der Beschäftigung für sie

21 Vgl. auch Schmid-Obkirchner in Wiesner Rn. 16.
22 Zur Qualifikation der Familienhelferinnen s. Schmid-Obkirchner in Wiesner Rn. 19; Struck in FK-SGB VIII Rn. 11.
23 S. hierzu auch DIJuF JAmt 2019, 314.
24 Struck in FK-SGB VIII Rn. 11; Schmid-Obkirchner in Wiesner Rn. 19.
25 Als zwingende Voraussetzung Schmid-Obkirchner in Wiesner Rn. 20; Struck in FK-SGB VIII Rn. 11.

selbst bedeutet (und vielleicht sogar den Gang in die Arbeitslosigkeit). Dass unter solchen Voraussetzungen möglicherweise Einsätze fortgesetzt werden oder Gründe für eine Weiterbewilligung der Hilfe „erfunden" werden, wo eigentlich andere Hilfen angezeigt wären, ist offensichtlich. Es ist daher die **Festanstellung der Fachkräfte** zumindest zu einem erheblichen Stundenumfang zu fordern.[26] Als Honorarkraft in einem freien Dienstverhältnis kann die Familienhelferin nur tätig sein, wenn sie selbstständig, also außerhalb des JA-Systems von Team, Beratung, Fortbildung und Supervision arbeitet.[27] Kann die Helferin mit dem JA nur über den freien Träger abrechnen, ist sie unselbstständig tätig.[28] Zur **Arbeitnehmereigenschaft** der Familienhelferin LAG BW 20.2.2002 – 11 Sa 2/02 u. BAG 25.5.2005 – 5 AZR 347/04: Aus der Pflicht, sich aus § 79 ergebenden Anordnungen zu folgen, ergäbe sich keine arbeitsvertragliche Gebundenheit. Unabhängig von der Frage einer Anordnungskompetenz aus § 79 (ablehnend → § 79 Rn. 15) ist von einer **selbstständigen** Tätigkeit dann auszugehen, wenn die Tätigkeit des Familienhelfers[29] in einem **Honorarvertrag** mit dem öffentlichen Träger als weisungsfreie Tätigkeit vereinbart worden ist; der Träger auf Ort und Zeit der Tätigkeit keinen Einfluss hat; die Vergütung nicht nach einem Stundensatz, sondern in einem Gesamthonorar vereinbart worden ist; im Krankheits- und Urlaubsfall Lohnfortzahlung nicht gewährt wird; ein Zuschuss zur Krankenversicherung nicht geleistet wird; keinerlei inhaltliche Vorgaben hinsichtlich der Ausgestaltung der Tätigkeit existieren; der Familienhelfer alle Aufgaben selbstständig erledigen kann; er in der Auswahl der von ihm angewandten Methoden frei ist.[30]

Letztendlich ist auch für die Einstufung einer Tätigkeit als SPFH die Rspr. des **BSG** zur Abgrenzung der abhängigen Beschäftigung von der selbstständigen Tätigkeit heranzuziehen. Danach liegt eine Beschäftigung vor, wenn die Tätigkeit in persönlicher Abhängigkeit erbracht wird. Dieses Merkmal ist bei einer Beschäftigung in einem fremden Betrieb gegeben, wenn der Beschäftigte in den Betrieb eingegliedert ist und mit seiner Tätigkeit einem Zeit, Dauer, Ort und Art der Ausführung erfassenden Weisungsrecht unterliegt. Dabei kann sich die Weisungsgebundenheit insbesondere bei Diensten höherer Art zu einer funktionsgerecht dienenden Teilhabe am Arbeitsprozess verfeinern. Dagegen ist eine selbstständige Tätigkeit durch ein eigenes Unternehmerrisiko, das Vorhandensein einer eigenen Betriebsstätte, die Verfügungsmöglichkeit über die eigene Arbeitskraft und die im Wesentlichen freie Gestaltung von Tätigkeit und Arbeitszeit gekennzeichnet. Ob eine abhängige Beschäftigung oder Selbständigkeit vorliegt, richtet sich danach, welche der genannten Merkmale bei Betrachtung des Gesamtbildes der Verhältnisse überwiegen. Bei der Abwägung müssen alle nach Lage des Einzelfalles relevanten Indizien berücksichtigt und innerhalb einer Gesamtschau gewichtet und gegeneinander abgewogen werden.[31]

Zur **Sozialversicherungspflicht** s. LSG Bln-Bbg 26.11.2014 – L 9 KR 179/12; 22.9.2010 – L 9 KR 68/08 u. BayLSG 21.5.2010 – L 4 KR 68/08 sowie Nellissen in jurisPK-SGB VIII Rn. 33 f. Zur **steuerrechtlichen** Einordnung s. FinanzG Bln-Bbg 27.5.2013 – 7 V 7322/12 u. Fieseler in GK-SGB VIII Rn. 26–37.

Was die **sächliche Ausstattung** der SPFH anbelangt, so sollte diese so ausgestaltet 22
sein, dass die in der SPFH Tätigen ausreichend Materialien haben, um mit den zu

26 Evtl. verbunden mit einem flexiblen Aufstockungsanteil an Stunden – so auch ausdrücklich Struck in FK-SGB VIII Rn. 11; Schmid-Obkirchner in Wiesner Rn. 20.
27 Ebenso BSG 25.4.2012 – B 12 KR 24/10 R, jurisPR-SozR 5/2013 mAnm Bieback; Fischer in SFMK Rn. 12.
28 So VG Stade 10.5.2012 – S 30 R 355/11.
29 Ebenso für den Erziehungsbeistand nach § 30: BayLSG 29.4.2015 – L 16 R 1062/13.
30 So SG Karlsruhe 10.6.2015 – S 10 R 1092/14.
31 LSG Bln-Bbg 27.9.2018 – L 1 KR 488/17 WA, juris Rn. 24 f. unter Bezugnahme auf BSG 25.4.2012 – B 12 KR 24/10 R, juris Rn. 16; BSG 31.3.2017 – B 12 R 7/15 R, juris Rn. 21.

betreuenden Familien sinnvoll arbeiten zu können. So müsste aktuelle Fachliteratur ebenso verfügbar sein wie ein gewisses Handgeld für den Einsatz in der Familie (zB für den Eintritt ins Kino zusammen mit den Kindern der Familie). Auch sollten die Fachkräfte einen PKW zur Verfügung haben, um diesen für Fahrten mit der Familie (etwa für Besorgungen oder Arzttermine) nutzen zu können. Ob dies der privateigene PKW der Fachkraft ist oder ein Dienstfahrzeug, obliegt der Entscheidung des jeweiligen Anstellungsträgers. Wird ein Privat-PKW als Einsatzfahrzeug genutzt, so sollte der Anstellungsträger eine Dienstreise-Kasko-Versicherung für seine Beschäftigten abschließen, damit diese ausreichenden Versicherungsschutz während der Dienstfahrten haben.

23 Die **Finanzierung** einer SPFH ist Gegenstand von Vereinbarungen nach § 77 zwischen öffentlichem und freiem Träger. Im Rahmen des Wunsch- und Wahlrechts nach § 5 kann aber auch ein „vertragsloser Leistungserbringer" gewählt werden. § 5 Abs. 2 S. 2 greift hier nicht.

5 Datenschutz

24 Die SPFH ist die Form der ambulanten Hilfeleistungen, die am weitesten und tiefsten den persönlichen Lebensraum der Familie betrifft. Aus diesem Grund kommt der **Einhaltung des Datenschutzes** in diesem Fachdienst ganz besondere Bedeutung zu.[32] Dabei spielt es keine Rolle, ob die SPFH bei einem öffentlichen oder freien Träger angesiedelt ist (zum Datenschutz bei freien Trägern → § 61 Rn. 294 ff.). Ein JA, welches eine eigene SPFH betreibt, kann sich durch diese Organisationsentscheidung nicht Informationen „auf dem kurzen Dienstweg" besorgen, die es bei der Anbindung einer SPFH bei einem freien Träger nicht bekommen würde. Jedes andere Verständnis der Bedeutung von SPFH und des Datenschutzes käme einer Benachteiligung der Hilfe suchenden Familien gleich.

Bei kirchlichen Trägern sind von diesen auch die jeweils bestehenden kirchlichen Datenschutzordnungen (→ § 61 Rn. 295) anzuwenden und einzuhalten, die vom Standard her nicht hinter den Datenschutzvorschriften des SGB X zurückbleiben. Jugendämter müssen auch diese kirchlichen Vorgaben akzeptieren.

Eine **Übermittlung** der Daten von dem Träger der freien Jugendhilfe an das **Familiengericht** ist rechtlich problematisch. Nach § 69 Abs. 1 Nr. 1 Alt. 2 SGB X kann eine solche Datenübermittlung zulässig sein, wenn sie zur Aufgabenerfüllung des Trägers der freien Jugendhilfe erforderlich ist. Eine solche Übermittlung kommt nach § 8a Abs. 4 SGB VIII iVm § 69 Abs. 1 Nr. 1 Alt. 2 oder Alt. 3 SGB X aber nicht direkt an das Familiengericht in Betracht. Möglich ist lediglich eine Datenübermittlung vom Träger der freien Jugendhilfe an das Jugendamt. Dieses wiederum müsste dann eine Datenübermittlung an das Familiengericht prüfen. Allerdings werden bei der SPFH vielfach anvertraute Daten entstehen,[33] weil diese Hilfe in den Intimbereich der Familie eindringt.[34] Anvertraute Daten sind aber an das Familiengericht – selbst bei einer unterstellten Erforderlichkeit der Aufgabenerfüllung – nur in den äußerst engen Grenzen des § 65 Abs. 1 Nr. 2 übermittlungsfähig.

25 Zusätzlich zu den datenschutzrechtlichen Anforderungen sind auch die aus **§ 203 StGB** resultierenden strafrechtlichen Implikationen zu beachten. SA/SP unterliegen einer strafrechtlich sanktionierten **Verschwiegenheitspflicht** (→ § 61 Rn. 13). Dies gilt auch für ihre berufsmäßigen Helfer, zB die Verwaltungskräfte, die Vermerke oder Schriftsätze erstellen.

---

32 S. hierzu ausführlich Frings/Papenheim/Ludemann, S. 54 ff.; Struck in FK-SGB VIII Rn. 12.
33 S. hierzu auch Schmid-Obkirchner in Wiesner SGB VIII Rn. 5.
34 S. hierzu auch Struck in FK-SGB VIII Rn. 11.

6 Schutzauftrag

Den **Schutzauftrag** nach § 8a haben freie Träger, die eine SPFH leisten, wenn sie sich durch Vereinbarung mit dem JA nach § 8a Abs. 4 oder durch Selbstverpflichtung dazu verpflichtet haben. Mittels § 8a Abs. 4 werden die gesetzlichen Verpflichtungen des § 8a, welche das Jugendamt treffen, auf vertraglichem Wege an die Leistungserbringer weitergegeben. Hierdurch entsteht für diese Leistungserbringer ein eigenständiger Schutzauftrag. Es besteht dann der gesetzliche Schutzauftrag des Jugendamtes nach § 8a Abs. 1 neben dem vertraglichen Schutzauftrag des Leistungserbringers nach § 8a Abs. 4. 26

Bei Bekanntwerden von gewichtigen Anhaltspunkten ist das in § 8a Abs. 4 skizzierte Verfahren einzuhalten. Hinsichtlich der zu ergreifenden Maßnahmen sieht die Systematik des § 8a Abs. 4 bei Vorliegen einer Kindeswohlgefährdung primär eine Klärung im Verhältnis des Leistungserbringers und der Eltern vor. Nach § 8a Abs. 4 S. 2 haben die Fachkräfte der Träger bei den Erziehungsberechtigten auf die Inanspruchnahme von Hilfen hinzuwirken, wenn sie diese für erforderlich halten. Primär sollen die Erziehungsberechtigten also eigeninitiativ durch die Inanspruchnahme von Hilfen beim Jugendamt eine Gefährdungslage abwenden. Den Eltern soll damit auch die Möglichkeit verschafft werden, sich freiwillig an das Jugendamt zu wenden.[35] Ferner soll der Leistungserbringer nach Möglichkeit Hemmschwellen der Eltern gegenüber dem Jugendamt abbauen. Er soll auf die Eltern einwirken, um Vertrauen zu schaffen und eine eigenständige Inanspruchnahme von Hilfen des Jugendamtes durch die Eltern ermöglichen.[36]

Nur wenn die Gefährdung nicht anders abgewendet werden kann, hat der Leistungserbringer das Jugendamt zu informieren. Eine solche Information des Jugendamtes wird zunächst dann notwendig werden, wenn die Eltern nicht bereit sind, sich eigeninitiativ an das Jugendamt zu wenden. Der Leistungserbringer wird in der Regel überprüfen müssen, ob sich die Erziehungsberechtigten auf seine Initiative hin an das Jugendamt zur Inanspruchnahme einer Hilfe wenden. Erfolgt dies durch die Erziehungsberechtigten nicht, so muss eine Information des Jugendamtes durch den Leistungserbringer erfolgen. Weigern sich die Erziehungsberechtigten, eine vom Leistungserbringer angeratene Hilfe eigeninitiativ in Anspruch zu nehmen, muss das Jugendamt daher informiert werden.[37]

Eine Verpflichtung zur Information des Jugendamtes besteht aber auch dann, wenn – trotz bestehender Mitwirkungsbereitschaft der Erziehungsberechtigten – die selbstständige Inanspruchnahme von Hilfen durch die Erziehungsberechtigten beim Jugendamt nicht für ausreichend erachtet wird, um eine Kindeswohlgefährdung wirksam abzuwehren. Dies wird man insbesondere dann annehmen müssen, wenn eine Trennung von Kind und Eltern erforderlich erscheint, um eine Kindeswohlgefährdung abwehren zu können und die Eltern nur zu freiwilligen Inanspruchnahme von ambulanten Hilfen bereit sind.

7 Garantenstellung

Eine strafrechtliche **Garantenstellung** (§ 13 StGB) hat auch die Mitarbeiterin der SPFH aufgrund rechtlicher oder tatsächlicher Schutzübernahme (→ § 8a Rn. 123 ff.). Als daraus folgende Handlungspflicht kann sich bei einer akut drohenden Gefahr für ein Kind aus § 65 Abs. 1 S. 1 Nr. 5 SGB VIII iVm § 34 StGB eine Information des JA, 27

35 S. hierzu auch Abschlussbericht der Kommission Kinderschutz Baden-Württemberg, 2020, Band I S. 65.
36 S. hierzu Meysen in FK-SGB VIII § 8a Rn. 72.
37 S. hierzu auch Wiesner in Wiesner § 8a Rn. 80 und 82.

eine Anregung beim FamG und – als ultima ratio – eine Anzeigepflicht ergeben (→ § 61 Rn. 193).[38]

28 Zum **Akteneinsichtsrecht** → § 61 Rn. 116–119 u. → Anh. 5 Rn. 21.

8 Kostenbeitrag

29 Für die Inanspruchnahme einer SPFH wird von den Hilfe suchenden Familien **kein finanzieller (Kosten-)Beitrag** verlangt, wie sich aus § 91 ergibt (→ § 91 Rn. 1).[39] Da sich die meisten betroffenen Familien ohnehin in finanziell schwierigen Situationen befinden, wäre jede andere Regelung kontraproduktiv. Nur wenn sich die Familien ohne finanziellen Druck auf ein derartiges Hilfeangebot einlassen können, kann die SPFH überhaupt mit (gewisser) Aussicht auf Erfolg initiiert werden.

9 Abgrenzung von anderen Leistungsangeboten

30 Es ist sinnvoll, den Fachdienst einer SPFH von anderen Hilfen, die das SGB VIII kennt, abzugrenzen.[40]

- § 20: Diese Hilfe richtet sich in erster Linie an dem Ausfall eines Erziehungsberechtigten aus und will die dadurch entstandene Notsituation beseitigen helfen, weil entweder kein anderer Erziehungsberechtigter da ist oder er an der Kindesbetreuung zB durch Berufstätigkeit zumindest zeitweilig gehindert ist. Während die Leistung SPFH an die ganze Familie gerichtet ist und auf längerfristige Einsätze ausgelegt werden muss, geht es bei der Leistung nach § 20 in erster Linie um einen zeitlich begrenzten Einsatz, der auch nicht die gesamte Familie umfasst.
- § 23: Diese Hilfe ist eine Alternative zur Tageseinrichtung für Kinder und hat zum Ziel, das einzelne Kind konkret zu fördern. Erziehungsdefizite in der Familie des Kindes sind nicht Voraussetzung für die Leistungsgewährung.
- § 30: Auch diese Regelung richtet sich nicht an die Familie als Ganzes, sondern Adressat der Leistung ist vorrangig ein Jugendlicher mit Entwicklungsproblemen. Es soll die Verselbstständigung des Jugendlichen unter Berücksichtigung des sozialen Umfeldes – wozu auch die Familie gehört – gefördert werden (→ § 30 Rn. 7).
- § 37: Wenn Kinder und Jugendliche außerhalb der eigenen Familie untergebracht sind (zeitweilig), zB in einer Einrichtung der Heimerziehung gem. § 34, soll immer auch die Rückführung in die Herkunftsfamilie mit in den Blick genommen werden.[41] In solchen Fällen kann in der Herkunftsfamilie – zur Vorbereitung einer Rückführung aber auch zur Begleitung nach einer erfolgten Rückführung – eine SPFH zum Einsatz kommen. Gerade die Anbindung einer SPFH an derartige stationäre Einrichtungen ist bei solchen Fallkonstellationen sinnvoll. Es handelt sich aber um einen Sonderfall eines SPFH-Einsatzes, der von den Fällen unterschieden werden muss, in denen durch die SPFH eine Herausnahme der Kinder gerade vermieden werden soll.

§ 32 Erziehung in einer Tagesgruppe

[1]Hilfe zur Erziehung in einer Tagesgruppe soll die Entwicklung des Kindes oder des Jugendlichen durch soziales Lernen in der Gruppe, Begleitung der schulischen Förderung und Elternarbeit unterstützen und dadurch den Verbleib des Kindes oder des

---

38 S. Kunkel StV 2002, 333.
39 S. Struck in FK-SGB VIII Rn. 17.
40 Vgl. zum Folgenden auch Schmid-Obkirchner in Wiesner Rn. 21 ff.
41 Vgl. hierzu auch Schmid-Obkirchner in Wiesner Rn. 25.

Jugendlichen in seiner Familie sichern. ²Die Hilfe kann auch in geeigneten Formen der Familienpflege geleistet werden.

1 Begriff und Ziel der Hilfe

Die Erziehung in einer Tagesgruppe ist eine **Art** (→ § 27 Rn. 27) der HzE, setzt also den Tatbestand des § 27 voraus. Es muss daher ein Erziehungsmangel vorliegen, zu dessen Beseitigung die Erziehung in einer Tagesgruppe geeignet und notwendig ist (→ § 27 Rn. 8). Der Erziehungsmangel muss als ein so gravierender beurteilt werden, dass der Verbleib des Kindes in seiner Familie zwar schon gefährdet ist, aber noch gesichert werden kann durch die drei familienunterstützenden und -ergänzenden Hilfen: soziales Lernen in der Gruppe; Begleitung der schulischen Förderung; Elternarbeit.[1] Diese drei Hilfeformen werden in einem **Verbund teilstationärer** und **ambulanter** Hilfe geleistet. Die teilstationäre Hilfe ist möglich in der Tagesgruppe einer Einrichtung („Tagesheimgruppe") oder in einem Hort oder an der Schule, aber auch (S. 2) in Tagespflege in einem fremden Haushalt mit mehreren Kindern. Von besonderer Bedeutung ist die Elternarbeit. Sie ist als ambulante Hilfe gleichsam ein Ableger der Sozialpädagogischen Familienhilfe nach § 31, während die Begleitung der schulischen Förderung Elemente der Schulsozialarbeit nach § 13 Abs. 1 aufweist. Die Hilfe nach § 32 ist eine **„Drei-Komponenten-Hilfe"**, dh soziales Lernen in der Gruppe **und** Begleitung der schulischen Förderung **und** Elternarbeit müssen zusammen geleistet werden, eine Hilfeform allein genügt nicht. Wird bspw. nur **Hausaufgabenhilfe** ohne „pädagogisches Rahmenprogramm" geboten, ist dies keine Jugendhilfeleistung; die Hausaufgabenhilfe ist eine notwendige, aber keine hinreichende Bedingung der Hilfe nach § 32. 1

Die Fachkräfte sollen mit den **Eltern zusammenarbeiten**, wie § 37 Abs. 2 ausdrücklich hervorhebt. Die Überschrift des § 37 ist insoweit missverständlich, als sie die Hilfe nach § 32 als eine „Hilfe außerhalb der eigenen Familie" bezeichnet, was sie aber nicht ist, da sie gerade den Verbleib des Kindes in der Familie sichern soll. Ist Zusammenarbeit mit den Eltern nicht möglich, ist diese Hilfeart ungeeignet. 2

Über den Wortlaut des § 32 hinaus ist die Hilfe auch möglich, um die **Rückkehr** des Kindes in seine Familie im Anschluss an eine stationäre Hilfe zu sichern.[2] 3

2 Abgrenzungen

Im Unterschied zur **Horterziehung** gem. § 22a setzt die Hilfe nach § 32 ein Erziehungsdefizit gem. § 27 voraus. Bei dessen Vorliegen besteht ein **Rechtsanspruch** des PSB auf die Hilfe nach § 32 iVm § 27, wenn sie geeignet und notwendig ist (→ § 27 Rn. 8 u. 10). Dies ist auch der Unterschied zwischen der nach § 32 S. 2 geleisteten Hilfe und der **Tagespflege** nach § 23. Ein weiterer Unterschied liegt darin, dass die Hilfe nach § 32 S. 2 voraussetzt, dass die Erziehung in einer Gruppe erfolgt. Schließlich unterscheiden sich beide Hilfen noch durch die Altersverschiedenheit der Kinder: während die Tagespflege insbes. für Kinder im Alter von 0 bis 3 Jahren in Betracht kommt, setzt die Hilfe nach § 32 voraus, dass die Kinder im Schulalter sind. Wegen dieser unterschiedlichen Voraussetzungen (aber auch wegen der unterschiedlichen Kostenfolgen gem. §§ 90 ff.) können die Hilfen nach §§ 22a, 23 nicht als HzE gem. § 27 gewährt werden (→ § 27 Rn. 27). Hilfe für junge Volljährige kann nicht in einer Tagesgruppe geleistet werden, § 41 Abs. 2 schließt dies aus. 4

1 S. hierzu auch VG Würzburg 19.9.2013 – W 3 K 12.444, juris Rn. 40.
2 Ebenso Schmid-Obkirchner in Wiesner Rn. 9.

5 Von der **Vollzeitpflege** nach § 33 unterscheidet sich die nach § 32 S. 2 geleistete Hilfe dadurch, dass sie keine vollstationäre Hilfe ist, sondern das Kind jeden Abend in seine Familie zurückkehrt. Die Hilfe nach § 32 kann aber zusätzlich zu der nach § 33 geleistet werden.[3]

6 Von der **sozialen Gruppenarbeit** nach § 29 ist die Hilfe nach § 32 dadurch abzugrenzen, dass sie nicht nur Gruppenarbeit ist, sondern außerdem Elternarbeit zum Inhalt hat. Außerdem ist soziale Gruppenarbeit insbesondere für ältere Kinder (also zwischen 12 und 14 Jahren) und für Jugendliche vorgesehen, während die Hilfe nach § 32 für schulpflichtige Kinder jeden Alters in Betracht kommt.

7 Die Hilfe kann auch in einer **heilpädagogischen** Tagesgruppe geleistet werden. Dann dient sie der Teilhabe am Leben in der Gesellschaft („Inklusion"), nicht der Überwindung eines Erziehungsdefizits und ist deshalb Eingliederungshilfe nach § 35a SGB VIII bzw. § 99 SGB IX. Mangels Kongruenz stellt sich die Konkurrenzfrage (→ § 19 Rn. 19) dann nicht. Werden dagegen heilpädagogische Methoden zur Überwindung des Erziehungsdefizits eingesetzt, handelt es sich um HzE, wie sich aus § 27 Abs. 3 S. 1 ergibt.

3 Materielle Hilfen als Leistungsannexe

8 Wird HzE gem. § 27 iVm § 32 geleistet, umfasst sie gem. § 39 Abs. 1 S. 1 auch die Sicherstellung des Unterhalts in der Zeit, in der das Kind sich außerhalb des Elternhauses aufhält, also für die Zeit zwischen Schulende und Rückkehr ins Elternhaus. Es sind insbesondere die Kosten einer Verpflegung zu übernehmen, aber auch die Kosten der Erziehung (§ 39 Abs. 1 S. 2), dagegen nicht ein Taschengeld (§ 39 Abs. 2 S. 2).

9 Dagegen ist keine Krankenhilfe gem. § 40 zu leisten, da die Hilfeart des § 32 nach Änderung des § 40 seit 1.4.1993 dort nicht mehr enthalten ist.

4 Kostentragung

10 Kinder und Eltern werden zu den Kosten der Hilfe gem. § 91 Abs. 2 Nr. 2 herangezogen. Zwar muss der Träger der öffentlichen Jugendhilfe die Kosten zunächst in voller Höhe übernehmen (erweiterte Hilfe gem. § 91 Abs. 5), in Höhe des zumutbaren Eigenanteils aber kann der Träger die Kosten anschließend durch Kostenbeitrag ersetzt verlangen (§ 92 Abs. 2).

§ 33 Vollzeitpflege

[1]Hilfe zur Erziehung in Vollzeitpflege soll entsprechend dem Alter und Entwicklungsstand des Kindes oder des Jugendlichen und seinen persönlichen Bindungen sowie den Möglichkeiten der Verbesserung der Erziehungsbedingungen in der Herkunftsfamilie Kindern und Jugendlichen in einer anderen Familie eine zeitlich befristete Erziehungshilfe oder eine auf Dauer angelegte Lebensform bieten. [2]Für besonders entwicklungsbeeinträchtigte Kinder und Jugendliche sind geeignete Formen der Familienpflege zu schaffen und auszubauen.

3 So DIJuF JAmt 2004, 187 u. DV NDV 2000, 59.

1 Grundform (Satz 1)

1.1 Begriff und Ziel der Hilfe

Vollzeitpflege ist eine **Art** der HzE, setzt also den Tatbestand des § 27 (→ § 27 Rn. 2 f.) voraus. Liegt dementsprechend ein **Erziehungsdefizit** vor und ist die Vollzeitpflege geeignet und notwendig, besteht ein **Rechtsanspruch** auf die Hilfe; „soll" in § 33 ist hier lediglich eine Zielbeschreibung, nicht rechtsfolgebestimmend. Vollzeitpflege ist dann die **geeignete** Hilfeart, wenn sie zur Beseitigung der Mangelsituation ein objektiv taugliches Mittel darstellt. Bei der Beurteilung der Mangelsituation ist die Situation in der Herkunftsfamilie – und nicht der Pflegeperson – in den Blick zu nehmen.[1] Zudem setzt die Gewährung der Hilfe in Form des § 33 voraus, dass die Pflegeperson geeignet ist. Die Pflegeperson muss eine Persönlichkeit aufweisen, die sie befähigt, das ihr anvertraute Kind so zu betreuen und zu erziehen, dass das Kindeswohl gewährleistet.[2] Bei der Beurteilung dieser Frage kann insbesondere Straftaten eine entscheidende Bedeutung zukommen. Allerdings entfällt nicht mit jeder Straftat automatisch die Eignung. Vielmehr ist regelmäßig eine Bewertung aller Umstände des Einzelfalls (Gewicht der Straftat, Verhalten im Anschluss an die Tat, Zeitpunkt der Tat usw) erforderlich.[3] Dabei ist auch auf den konkret zu betreuenden Minderjährigen und dessen Entwicklungsstand abzustellen. Seine Bedürfnisse und Wünsche sind angemessen zu berücksichtigen.[4] Auch eine Versagung der Pflegeerlaubnis nach § 44 führt nicht automatisch zur Verneinung der Geeignetheit iSd § 27 iVm § 33. Vielmehr ist die Geeignetheit der Pflegeperson im Rahmen der Prüfung der Tatbestandsvoraussetzungen gem. § 27 zu beurteilen.[5] 1

Die Beurteilung der Eignung der Pflegeperson für die Vollzeitpflege durch das Jugendamt ist gerichtlich voll überprüfbar.[6] Der in der Rspr. vertretenen gegenteiligen Auffassung, nach welcher bei der Prüfung der Geeignetheit der Pflegeperson ein Beurteilungsspielraum des Jugendamtes bestehe,[7] ist entgegenzuhalten, dass es bei der Prüfung der Geeignetheit der Pflegeperson nicht um das Ergebnis eines „kooperativen pädagogischen Entscheidungsprozesses unter Mitwirkung des Kindes bzw. Jugendlichen und mehrerer Fachkräfte" geht, welches nicht den Anspruch objektiver Richtigkeit erhebt.[8] Die Begründung, mit welcher nach zwischenzeitlich unstrittiger Auffassung festgestellt wird, dass bei der Entscheidung über die Hilfe ein Beurteilungsspielraum besteht, passt bei der Prüfung der Geeignetheit der Pflegeperson ganz offensichtlich nicht. Im Hinblick auf Art. 19 Abs. 4 GG sind aber die Fälle eines gerichtlich nicht voll überprüfbaren Beurteilungsspielraums der Verwaltung auf gut begründbare Ausnahmesituationen zu begrenzen.

Vollzeitpflege ist die **notwendige** Hilfeart, wenn die ambulanten Hilfearten nach §§ 28 bis 31 sowie die teilstationäre Hilfe nach § 32 nicht ausreichen, die Mangelsituation zu überwinden. Um nicht gegen den Grundsatz des sogenannten Untermaßverbots[9] zu verstoßen, muss im Rahmen der Notwendigkeits- bzw. Erforderlichkeitsprüfung die

1 BayVGH 30.6.2016 – 12 C 16.1162, juris Rn. 29.
2 BVerwG 9.12.2014 – 5 C 32/13, juris Rn. 19.
3 S. hierzu VG München 11.12.2013 – M 18 K 12.5685, juris Rn. 24; OVG NRW 19.9.2011 – 12 A 2493/10, juris Rn. 12 f.
4 VG München 20.3.2013 – M 18 E 12.4704, juris Rn. 46.
5 BayVGH 9.3.2020 – 12 B 19.795, juris Rn. 27.
6 VG München 20.3.2013 – M 18 E 12.4704, juris Rn. 45.
7 VG Augsburg 3.8.2016 – Au 3 K 15.1172, juris Rn. 44; VG Regensburg 10.11.2015 – RO 4 K 15.287, juris Rn. 24; VG Augsburg 23.10.2015 – Au 3 K 15.1172, juris Rn. 47; VG Gießen 14.9.2011 – 2 K 5592/10.GI, juris Rn. 23.
8 Statt Vieler: BVerwG 9.12.2014 – 5 C 32/13, juris Rn. 30; BayVGH 13.4.2015 – 12 ZB 13.388, juris Rn. 27.
9 Hierzu BVerfG 28.5.1993 – 2 BvF 2/90 ua, juris Rn. 166 f.

Hilfe gewählt werden, die zur Bedarfsdeckung notwendig ist, weil andere Formen der Hilfe nicht ausreichen, um den festgestellten Bedarf zu decken. Es muss eine der jeweiligen Bedarfslage angemessene Hilfe geleistet werden.[10]

Die Hilfe umfasst Unterkunft, Betreuung und Erziehung des Kindes außerhalb der Herkunftsfamilie über Tag und Nacht (im Unterschied zur Tagespflege nach § 23 und zur Hilfe nach § 32 S. 2). Vollzeitpflege ist auch in Form der Wochenpflege möglich, wenn das Kind am Wochenende regelmäßig zu Besuch in der Herkunftsfamilie ist.

Auch ist die Gewährung von Hilfe nach § 33, etwa für eine Leistungserbringung an Wochenenden oder in Ferienzeiten, zusätzlich zu einer Hilfe nach § 34 rechtlich möglich.[11] Nach hiesiger Auffassung bedarf es in einer solchen Konstellation allerdings einer kritischen Prüfung der Geeignetheit und Erforderlichkeit der Leistungserbringung durch den jeweiligen Leistungserbringer.

2 In welcher **(zeitlichen) Form** die Hilfe gewährt wird – ob zeitlich begrenzt (zB in einer Notsituation) oder auf Dauer angelegt (Dauerpflegeverhältnis) –, hängt maßgeblich von den in § 33 genannten Kriterien ab: den subjektiven (Alter, Entwicklungsstand und persönliche Bindungen des Kindes) und den objektiven (Möglichkeiten zur Verbesserung der Erziehungsbedingungen in der Herkunftsfamilie). Bei der dabei zu treffenden Prognoseentscheidung weist das Gesetz, insbesondere nach § 37 und § 37c, dem JA nicht die Rolle des neutralen Beobachters zu, sondern die des aktiven Gestalters bei der Verbesserung der Erziehungsbedingungen in einem vertretbaren Zeitraum. Das JA kann die Prognose daher nur unter Berücksichtigung seiner umfassenden fachlichen Unterstützung der Herkunftsfamilie treffen.[12]

1.2 „Andere Familie"

3 **Ziel** der Hilfe ist die Herstellung einer dauerhaften Lebensbeziehung für das Kind. Zur Erreichung dieses Zieles kann sowohl die zeitlich befristete als auch die auf Dauer angelegte Form der Hilfe gleich geeignet sein.[13] Im Interesse des Kindes ist aber die Entscheidung für eine der beiden Formen zu dem Zeitpunkt zu treffen, zu dem „Entscheidungsreife" vorliegt. Die Entscheidung darf nicht durch „Kettenpflegeverträge" verschleppt werden.[14] Bei gleicher Eignung ist die weniger einschneidende Form die notwendige, das ist die Hilfe mit Rückkehrperspektive.[15]

Bei dieser Perspektivklärung sind insbesondere die durch Art. 1 des **KJSG** neu normierten Regelungen in § 37 und § 37c zu beachten.[16] Durch die Neuregelung in § 37 Abs. 1 SGB wurde mit Wirkung vom 10.6.2021 insbesondere ein Rechtsanspruch der Eltern auf Beratung und Unterstützung sowie Förderung der Beziehung zu dem Kind bei Gewährung von Hilfen gem. §§ 32 bis 34 sowie § 35a Abs. 2 Nr. 3 geschaffen.

Die mit § 37 Abs. 2 vorgesehene Regelung gibt dem Jugendamt bei einer teil- oder vollstationären Erbringung einer Hilfe zur Erziehung oder einer Eingliederungshilfe wie bereits nach bisheriger Rechtslage die Verpflichtung auf, eine Zusammenarbeit zwischen Pflegepersonen und in der Einrichtung für die Erziehung verantwortlichen Personen sowie der Eltern zum Wohle des Kindes zu fördern. Neu im Gesetzestext aufgenommen wurde die Verpflichtung des Jugendamtes, diese Förderpflicht durch

10 S. hierzu BVerwG 9.12.2014 – 5 C 32/13, juris Rn. 22; BayVGH 30.6.2016 – 12 C 16.1162, juris Rn. 27; NdsOVG 25.3.2020 – 10 LA 292/18, juris Rn. 14.
11 S. hierzu VG Schleswig 26.5.2020 – 15 A 289/18.
12 Ebenso Schmid-Obkirchner in Wiesner Rn. 41; zu den Möglichkeiten, die Erziehungsbedingungen in der Herkunftsfamilie zu verbessern vgl. Salgo in GK-SGB VIII Rn. 35.
13 BVerwG 15.12.1995 – 5 C 2/94, FEVS 47, 13, mAnm Happe JuWo 1997, 514; Salgo in GK-SGB VIII Rn. 37.
14 Ebenso Salgo in GK-SGB VIII Rn. 37.
15 So auch EGMR 27.4.2000 – FamRZ 2000, 1353 mAnm Scherpe.
16 BGBl. 2021 Teil I Nr. 29, 1444.

„geeignete Maßnahmen" wahrzunehmen. Nach der Gesetzesbegründung soll mit dieser Formulierung verdeutlicht werden, dass die Verpflichtung zur Förderung der Zusammenarbeit „in unterschiedlicher Form abgestimmt auf den jeweiligen Einzelfall und die aktuelle Situation erfolgen muss". Obgleich eine Zusammenarbeit nicht im Wege der Verwaltungsvollstreckung erzwungen werden kann, obliegt dem Jugendamt die Pflicht, „stets zu prüfen, welche Information, Gesprächsführung oder Unterstützungsleistung die Kooperation befördern kann". Entsprechende Maßnahmen sind vom Jugendamt zu ergreifen.[17]

Nach § 37c Abs. 4 sind die Art und Weise der Zusammenarbeit nach § 37 Abs. 2 sowie die damit im Einzelfall verbundenen Ziele im Hilfeplan zu dokumentieren. Bei Hilfen nach §§ 33, 35a Abs. 2 Nr. 3 zählen dazu auch der vereinbarte Umfang der Beratung und Unterstützung der Eltern nach § 37 Abs. 1.

Andere Familie iSd § 33 ist auch eine **einzelne** Pflegeperson, wie aus § 37 Abs. 1 S. 1 und Abs. 2 folgt. Auch **Verwandte** (zB Großeltern, Onkel oder Tante) sind eine „andere Familie", so dass bei ihnen Vollzeitpflege in Form der Verwandtenpflege möglich ist, wenn sie geeignete Pflegepersonen sind (ausführlich → § 27 Rn. 33 f.). Dies folgt aus § 39 Abs. 1 („außerhalb des Elternhauses"; hierzu ausführlich → § 27 Rn. 34). Die Verwandten, welche die Pflege erbringen, müssen dabei nicht zwangsläufig räumlich getrennt in einem anderen Haushalt leben, um „andere Familie" iSd § 33 S. 1 sein zu können.[18] Entscheidend ist nicht die räumliche Trennung, sondern das unterschiedliche Erziehungsverhältnis. „Andere Familie" ist jede Familie, die nicht Herkunftsfamilie ist.[19] Auch Lebenspartner oder Stieffamilien sind „andere Familie".[20] 4

„Andere Familie" ist auch die Familie des **Vormunds** oder **Pflegers** (auch des Amtsvormunds oder -pflegers), in dessen Haushalt das Kind lebt, nachdem das FamG die elterliche Sorge gem. § 1666 BGB ganz oder teilweise auf einen Vormund oder Pfleger übertragen hat.[21] Die Familie des Pflegers oder Vormunds wird aber dann wie eine eigene Familie (Herkunftsfamilie) des Kindes behandelt, wenn dort Erziehungsmängel auftreten, zu deren Überwindung dem Vormund oder Pfleger als Personensorgeberechtigtem HzE gewährt wird. Eigene Familie ist die Familie des Vormunds auch, wenn die Vormundschaft gem. §§ 1773, 1774 BGB vom FamG angeordnet worden ist, weil die Eltern des Kindes gestorben sind (→ § 27 Rn. 20).[22] 5

1.3 Adoptionspflege

§ 37 Abs. 1 S. 3 sowie § 37c Abs. 2 S. 3 schlagen die Brücke zwischen der Jugendhilfe und der Adoption als einer (widersinniger Weise) außerhalb des SGB VIII geregelten Hilfe. Die Adoptionspflege ist zwar eine auf Dauer angelegte Lebensform für das Kind, aber dennoch keine Vollzeitpflege iSd § 33. Dies folgt daraus, dass die Adoptionspflege ein anderes Ziel hat als die Vollzeitpflege. Sie dient nicht dazu, den Eltern HzE zu leisten, sondern dazu, ein Eltern-Kind-Verhältnis reifen zu lassen. Die Adoptionspflege beginnt gem. § 8 AdVermiG erst, wenn die Eignung der Adoptionsbewerber für die Annahme des Kindes feststeht. Die Inpflegegabe geschieht erst, wenn eine rechtswirksame Einwilligungserklärung der Eltern (§§ 1747, 1748 BGB) vorliegt; damit wird das JA als AV Inhaber der elterlichen Sorge (§ 1751 Abs. 1 BGB). Auch wenn 6

17 BT-Drs. 19/26107, 89.
18 BVerwG 1.3.2012 – 5 C 12/11, juris Rn. 14 f.; hierzu auch → § 27 Rn. 37.
19 So VG Meiningen 30.7.2015 – 8 K 166/14 Me, juris Rn. 20.
20 Für weite Auslegung auch Struck in FK-SGB VIII Rn. 7.
21 S. hierzu BVerwG 1.3.2012 – 5 C 12/11, juris Rn. 19; BVerwG 15.12.1995 – 5 C 2/94, juris Rn. 9 f.; NdsOVG FEVS 43, 936; BayVGH 24.11.2005 – FEVS 57, 526; Nellissen in jurisPK-SGB VIII Rn. 28.
22 Ebenso BVerwG 15.12.1995 – 5 C 2/94, juris Rn. 11; Schmid-Obkirchner in Wiesner Rn. 44; Nellissen in jurisPK-SGB VIII Rn. 28.

das Kind von den Adoptionsbewerbern in Adoptionspflege aufgenommen wird, obwohl eine rechtswirksame Einwilligungserklärung der leiblichen Eltern noch nicht vorliegt, handelt es sich um Adoptionspflege und nicht um Vollzeitpflege iSd § 33, weil das JA nicht das Ziel verfolgt, HzE zu leisten. Da die Adoptionspflege keine Art der HzE ist, scheidet auch die Zahlung von **Pflegegeld** als Leistungsannex gem. § 39 aus (→ § 39 Rn. 3).[23] Dies gilt unabhängig davon, dass erst mit der rechtswirksamen Einwilligung der Eltern die vorrangige Unterhaltspflicht der Adoptionsbewerber gem. § 1751 Abs. 4 BGB begründet wird. War ein Kind zunächst in Vollzeitpflege und wird erst im Lauf der Zeit erwogen, das Kind zu adoptieren, ist bis zur „Umwidmung" der Vollzeitpflege in die Adoptionspflege das Pflegegeld zu zahlen, danach aber nicht mehr. Die „Umwidmung" geschieht spätestens mit der rechtswirksamen Einwilligungserklärung der Eltern in die Adoption, kann aber auch schon vorher erfolgen, wenn aus den Pflegeeltern Adoptionsbewerber geworden sind (subjektives Element) und feststeht, dass sie als Adoptionsbewerber auch geeignet sind (objektives Element) oder wenn noch ein Verfahren zur Ersetzung der Einwilligung nach § 186 Nr. 2 FamFG durchgeführt werden muss.[24] Für die Adoptionsbewerber kommt aber eine finanzielle Unterstützung nach § 9 Abs. 1 AdVermiG als Form der **Adoptionsbegleitung** in Betracht, für das Kind auch Sozialhilfe, so dass nicht die Gefahr besteht, dass den Bewerbern aus finanziellen Gründen die Verzögerung der Einwilligungserklärung der Eltern gelegen käme.

1.4 Bereitschaftspflege

7 Keine Vollzeitpflege iSd § 33 ist ferner die Bereitschaftspflege,[25] die daher besser als „Bereitschaftsbetreuung"[26] bezeichnet wird. Sie ist eine Form der Kurzzeitpflege, dient aber nicht der HzE gem. § 27, sondern ist eine vorläufige Maßnahme zum Schutz des Kindes gem. § 42. Die Bereitschaftspflegestelle ist die „Familienvariante" der Jugendschutzstelle. Die vorläufigen Maßnahmen werden ohne Mitwirkung des PSB getroffen, was aber nicht dazu führen darf, sie bequem (ohne Hilfeplanung) in die Länge zu ziehen. Eine Entscheidung des PSB ist unverzüglich herbeizuführen oder durch eine Entscheidung des FamG zu ersetzen. Liegen die materiellen Voraussetzungen nach § 27 und die formellen nach § 36 vor, kann sich aus der sog. Bereitschaftspflege Vollzeitpflege als HzE entwickeln.

8 Die **Übergangspflegestelle** (als weitere Form der Kurzzeitpflegestelle) ist hingegen Vollzeitpflege iSd § 33. In ihr werden Kinder zeitlich begrenzt betreut, wenn eine erzieherische Mangelsituation dadurch aufgetreten ist, dass die Eltern vorübergehend ausgefallen sind (zB Krankenhausaufenthalt, Kur, Strafvollzug). Die Übergangspflegestelle nach § 33 ist allerdings nur dann notwendig HzE, wenn nicht eine Betreuung nach § 20 ausreicht oder die Unterbringung in einer Tageseinrichtung oder in Kindertagespflege, die ihrerseits der Hilfe nach § 20 vorgehen.

2 Sonderpflegestellen (Satz 2)

9 Ist ein Kind in seiner Entwicklung besonders beeinträchtigt, muss der Träger der öffentlichen Jugendhilfe für es besondere Formen der Vollzeitpflege zur Verfügung stellen („heilpädagogische Pflegestellen", „sozialpädagogische Pflegestellen", „Erzie-

23 Ebenso Schmid-Obkirchner in Wiesner Rn. 40 u. Elmauer in Wiesner, Anh. 5, § 8 Rn. 5.

24 Im Ergebnis ebenso Saarl. VG 23.11.2005 – 10 K 71/05: konkludentes Verhalten genügt; DIV DAVorm 1999, 833; **aA** VG Aachen 23.12.2008 – 2 K 1644/05: erst mit Einwilligung; Salgo in GK-SGB VIII Rn. 32.

25 Ebenso VG Ansbach 20.9.2007 – 14 K 06.02544; **aA** Struck in FK-SGB VIII Rn. 8; differenzierend Stähr in Hauck/Noftz Rn. 19.

26 So Stähr in Hauck/Noftz Rn. 19.

hungsstellen"; → § 34 Rn. 12 f.).[27] Die **Erziehungsstelle** kann aber auch eine Form der Heimerziehung (§ 34) sein. Die Abgrenzung erfolgt danach, ob eine personale Bindung an die einzelne Pflegeperson beabsichtigt ist (was bei mehr als 5 Pflegekindern kaum möglich ist)[28] oder ob das Kind mehreren, wechselnden Bezugspersonen anvertraut ist, die in einem Weisungsverhältnis zu einem Träger stehen, der mit dem JA nach Leistungs- und Entgeltvereinbarungen nach §§ 78a ff. abrechnet.[29]

Diese Sonderform ist notwendig für Kinder mit erheblichen Bedarfslagen, die besonderer therapeutischer Betreuung bedürfen. Dies macht den Einsatz von Fachkräften notwendig mit der Folge einer höheren Honorierung der erzieherischen Leistung (§ 39 Abs. 4 S. 2). Ein erhöhter zeitlicher Betreuungsaufwand genügt nicht.[30] Allein die Qualifikation als Fachkraft löst die höhere Vergütung aber nicht aus, sondern erst der qualifizierte Bedarf des Kindes.[31] Anspruchsgrundlage für die höhere Vergütung ist nicht § 33 S. 2,[32] sondern § 39 (→ § 39 Rn. 22). 10

Ist ein **behindertes** Kind in einer Pflegestelle, erhält es nur dann HzE, wenn die Unterbringung in der Pflegestelle das Ziel hat, ein Erziehungsdefizit zu beseitigen. Dient die Unterbringung dagegen behindertenspezifischen Zielen (§ 4 SGB IX), insbes. der Teilhabe am Leben in der Gesellschaft („Inklusion"), ist bei seelisch behinderten Kindern Eingliederungshilfe nach § 35a Abs. 2 Nr. 3 zu gewähren, bei körperlich oder geistig behinderten Kindern Eingliederungshilfe gem. § 99 SGB IX. Mangels Kongruenz stellt sich die Konkurrenzfrage gar nicht, die über § 10 Abs. 4 zu lösen wäre (zu diesen Begriffen → § 19 Rn. 18).[33] Die Konkurrenzfrage stellt sich aber dann, wenn das behinderte Kind auch ein Erziehungsdefizit hat.[34] Beide Hilfeformen (HzE und Eingliederungshilfe) schließen sich grundsätzlich nicht gegenseitig aus. Eine gleichzeitige Leistungserbringung kann geboten sein. Dies folgt bereits aus § 35a Abs. 4. Zudem ist es nach Auffassung des BVerwG auch möglich, eine Vollzeitpflege in einer Pflegefamilie als Eingliederungshilfe einzustufen. Eine Einstufung der Vollzeitpflege in einer Pflegefamilie als Eingliederungshilfe liege insbesondere dann nahe, wenn schwere körperliche und geistige Behinderungen eines Kindes dessen Unterbringung in einer sonderpädagogischen Pflegestelle erforderlich machten. In diesen Fällen seien wegen der Schwere der körperlichen und/oder geistigen Behinderungen neben den ohnehin aufgrund der Unterbringung außerhalb der eigenen Familie erforderlichen erzieherischen und pädagogischen Leistungen gerade auch in erheblichem Umfang therapeutische Leistungen zu erbringen. In der Gesamtschau rechtfertige sich daher eine Qualifikation der Hilfe als Teilhabeleistung.[35] 11

Besteht bei einem Kind oder Jugendlichen sowohl ein erzieherischer Bedarf als auch ein Teilhabebedarf aufgrund einer Behinderung, hat nach § 10 Abs. 4 S. 1 bei einem

27 Zu diesen s. DV-Empfehlungen, NDV 1994, 205.
28 S. § 32 Abs. 1 AG KJHG Berlin u. Fischer in SFMK Rn. 3.
29 So Stähr in Hauck/Noftz Rn. 17 b; OVG NRW 7.6.2005 – JAmt 2006, 95; OVG RhPf 24.10.2008 – JAmt 2009, 92; DIJuF JAmt 2008, 202. S. hierzu auch VG Potsdam 25.8.2020 – 7 K 2354/18, juris Rn. 34. Vgl. hierzu auch VG Sigmaringen 23.1.2020 – 2 K 7618/18, juris Rn. 32 f.
30 Ebenso SächsOVG 6.4.2005 – 5 B 86/04.
31 VG Sigmaringen 26.4.1994 – 4 K 943/93 im Anschluss an NdsOVG 28.8.1991 – 4 L 717/89.
32 Ebenso BVerwG 18.8.2005 – JAmt 2006, 146.
33 Ebenso Nellissen in jurisPK-SGB VIII Rn. 20 sowie – für einen körperlich behinderten Jugendlichen – VG München 28.3.2007 – M 18 K 06.1856 u. – für einen geistig behinderten jungen Volljährigen – VG Augsburg 14.4.2005 – Au 3 K 04.1316; VG Hamburg 24.9.2004 – 13 K 1721/03: Ferienreise ist Eingliederungsbedarf; VG Ansbach 21.1.2004 – AN 15 K 02.00674: Putzhilfe ist erzieherischer Bedarf.
34 S. hierzu auch BSG 25.9.2014 – B 8 SO 7/13 R, juris Rn. 29.
35 BVerwG 13.6.2013 – 5 C 30/12, juris Rn. 36; s. hierzu auch VG München 17.12.2014 – M 18 K 12.6247, juris Rn. 57.

seelisch behinderten Kind die Jugendhilfe Vorrang; bei einem körperlich oder geistig behinderten gem. § 10 Abs. 4 S. 2 die Eingliederungshilfe nach § 99 SGB IX. Die Leistungsannexe nach §§ 39, 40 sind Bestandteil sowohl der Hilfe nach §§ 27, 33 als auch der nach § 35 a, also kongruente Leistungen. Obgleich diese Leistungsbestandteile für eine Eingliederungshilfe nach § 99 SGB IX für körperlich oder geistig behinderte Kinder nicht normiert sind, steht dies einer Anwendung des § 10 Abs. 4 S. 2 nicht entgegen. Die Gleichartigkeit der Leistungen ist über eine analoge Anwendung des § 39 anzunehmen.[36] Die in einer früheren Auflage noch vertretene Auffassung, dass mangels Kongruenz keine Konkurrenz vorliege, wird aufgrund der Entscheidung des BVerwG aufgegeben. Auch die Eingliederungshilfe für seelisch behinderte Kinder kann gem. § 35a Abs. 2 Nr. 3 bei einer Pflegeperson geleistet werden. Ist daneben auch HzE zu leisten, sollte gem. § 35a Abs. 4 dafür eine Person ausgewählt werden, die auch den erzieherischen Bedarf decken kann. Eine Pflegeperson kann deshalb gleichsam in Personalunion für ein Kind sowohl Eingliederungshilfe als auch HzE leisten.[37]

3 Herausgabe des Kindes

12 Wollen die leiblichen Eltern ihr Kind zurückhaben, bedeutet dies eine Revision des gemeinsam mit ihnen aufgestellten Hilfeplans gem. § 36 Abs. 2. Da die HzE – jedenfalls bis zur Gefährdungsschwelle nach § 1666 BGB – nur im Einklang mit dem Elternwillen geleistet wird, ist diesem Verlangen grundsätzlich Rechnung zu tragen. Das FamG kann aber von Amts wegen oder auf Antrag der Pflegeperson gem. § 1632 Abs. 4 BGB (Abdruck bei § 7) anordnen, dass das Kind bei der Pflegeperson bleibt, wenn die Herausnahme aus der Pflegestelle zu einer Gefährdung des Kindeswohls iSd § 1666 BGB führen würde.[38] Im Verfahren muss das FamG einen Verfahrensbeistand („Anwalt des Kindes") gem. § 158 FamFG (Abdruck bei § 8; zu diesem → Anh. 6 Rn. 31 f.) bestellen. Allein die Dauer des Pflegeverhältnisses kann eine Gefährdung des Kindeswohles durch die Herausnahme noch nicht begründen.[39] Dementsprechend ändert sich nach dieser Zeit auch die örtliche Zuständigkeit des JA gem. § 86 Abs. 6. Hat die Familienpflege aber mehr als zwei Jahre gedauert, kann dies eine Verbleibensanordnung nach § 1632 Abs. 4 BGB indizieren.[40] **Rechtsschutz** erhalten die Pflegeeltern[41] und die leiblichen Eltern vor dem FamG nach §§ 58, 59 FamFG (nicht vor dem VG), weil sie sich gegen dessen Entscheidung wenden und nicht gegen eine des JA, etwa gegen dessen Pflegeerlaubnis.[42]

4 Annexregelungen

13 Eltern und Kind haben ein **Mitwirkungsrecht** bei der Auswahl der Pflegestelle gem. § 36 Abs. 1 S. 3. Die Ausgestaltung der Hilfe erfolgt auf der Grundlage des mit ihnen zusammen aufgestellten **Hilfeplanes** gem. § 36 Abs. 2 S. 1. Haben sich Eltern eine Pflegestelle **selbst beschafft**, bedürfen die Pflegepersonen einer Pflegeerlaubnis (§ 44 Abs. 1 S. 1). Die Erlaubnispflicht entfällt aber gem. § 44 Abs. 1 S. 2 Nr. 1 dann, wenn

36 So BVerwG 13.6.2013 – 5 C 30/12, juris Rn. 42; aA ohne Bezugnahme auf die Entscheidung des BVerwG, BSG 25.9.2014 – B 8 SO 7/13 R, juris Rn. 31. S. hierzu auch SG Karlsruhe 30.1.2014 – S 1 SO 3007/12, juris Rn. 28 und 29.
37 Ebenso Schmid-Obkirchner in Wiesner Rn. 45.
38 S. hierzu BVerfG 3.2.2017 – 1 BvR 2569/16.
39 BVerfG NJW 1994, 183.
40 IdS OLG Hamm FamRZ 1990, 191; Nellissen in jurisPK-SGB VIII Rn. 49; zu flexiblen Lösungen vgl. BayObLG FamRZ 2000, 633.
41 Sie haben eine Rechtsposition aus § 1632 Abs. 4 BGB, so BGH 13.4.2005 – JAmt 2005, 588. S. hierzu auch VG Leipzig 1.9.2020 – 5 L 218/20, juris Rn. 14.
42 So NdsOVG 22.7.2014 – 4 LC 59/12, juris Rn. 26; BayVGH 20.1.2014 – 12 ZB 12.2766, juris Rn. 19; BayVGH 2.7.2003 – JAmt 2004, 384; VG Leipzig 1.9.2020 – 5 L 218/20, juris Rn. 15; Fischer in SFMK Rn. 25.

der Leistungsberechtigte sich unter den Voraussetzungen des Selbstbeschaffungsrechts (→ § 36a Rn. 10 f.) HzE selbst beschafft hat. Bei Prüfung der Voraussetzungen ist die Geeignetheit dabei zum jetzigen Zeitpunkt festzustellen, damit dem Kind eine unnötige Herausnahme erspart bleibt.[43]

§ 37 Abs. 2 schreibt die **Zusammenarbeit** zwischen Eltern, Pflegepersonen und JA vor. 14
Das JA muss sowohl die Herkunftsfamilie beraten und unterstützen (§ 37 Abs. 1) als auch die Pflegeperson (§ 37a). Daneben hat das JA auch eine Überwachungsfunktion der Pflegeperson (§ 37b; → Rn. 15). Daher bedarf die Pflegeperson keiner **Pflegeerlaubnis** gem. § 44 Abs. 1 S. 2 Nr. 1, wenn das JA die Pflegeperson im Rahmen der HzE vermittelt hat. Auch wenn die HzE von einem freien Träger erbracht wird und dieser die Pflegeperson vermittelt hat, muss das JA bei Gewährung der HzE die Geeignetheit der Hilfe prüfen. Dies schließt ein, dass vor allem die **Pflegeperson geeignet** ist. Einer gesonderten Pflegeerlaubnis in einem weiteren VA bedarf es dann nicht mehr.[44] Ist die Pflegeerlaubnis (zB bei Selbstbeschaffung oder bei privaten Pflegestellen) schon vor der Prüfung der Eignung der Hilfe erteilt worden, hat die Pflegeerlaubnis nur Indizwirkung für die Eignungsprüfung, ersetzt sie aber nicht.[45] Für die Prüfung der Geeignetheit der Hilfe hat das JA einen Beurteilungsspielraum (zu diesem → § 27 Rn. 13). Nach hier vertretener Auffassung erstreckt sich dieser Beurteilungsspielraum allerdings nicht auf die Geeignetheit der Pflegeperson.[46] Überzogene Anforderungen sind an die Pflegeeltern aber nicht zu stellen; sie sind nicht „Profi-Pädagogen".

Entfällt die Notwendigkeit einer Pflegeerlaubnis, weil das JA die Geeignetheit der 15
Pflegeperson bei Prüfung der Geeignetheit der HzE inzident geprüft hat, hat es die **Pflegeperson so zu überwachen** wie es § 44 nach Erteilung der Pflegeerlaubnis und § 37b auch ohne diese vorschreibt. Entfällt die Eignung der Pflegeperson, ist eine Aufhebung der (nicht erforderlichen) Pflegeerlaubnis (§ 44 Abs. 3 S. 2) nicht erforderlich. Allerdings ist dann der VA aufzuheben (→ § 27 Rn. 17), mit welchem die HzE bewilligt worden ist. Das erfordert auch der **Schutzauftrag nach** § **8a**, der über seinen Wortlaut hinaus nicht nur Leistungsangebote, sondern auch Eingriffe notwendig macht (→ § 8a Rn. 14 f.).

Ist die Pflegeperson im **Ausland**, wird es idR an der Zusammenarbeit und damit an 16
der Eignung fehlen. § 6 Abs. 3 führt zu keinem anderen Ergebnis, weil er voraussetzt, dass die Voraussetzungen für eine Leistung nach SGB VIII vorliegen.[47]

§ 1688 Abs. 1 BGB (Abdruck bei § 7) ermächtigt die Pflegeperson zur **Ausübung der** 17
Personensorge (nur) in den dort bestimmten Angelegenheiten. Das Personensorgerecht selbst verbleibt bei dem PSB; die Pflegeperson ist nicht schon als Pflegeperson personensorgeberechtigt (→ § 7 Rn. 2). Dies gilt auch, wenn ein Minderjähriger einen Pfleger oder Vormund hat. Die Pflegeperson kann den Anspruch des PSB auf das Pflegegeld nicht nach § 1688 Abs. 1 BGB geltend machen (→ § 39 Rn. 10). Bei Streitigkeiten um die Ausübung des Sorgerechts, aber auch bei sonstigen Meinungsverschiedenheiten muss das JA gem. § **37 Abs. 3** vermitteln.

§§ 39 und 40 regeln die Gewährung von **Pflegegeld** und **Krankenhilfe** als Leistungsan- 18
nexe der HzE („wirtschaftliche Jugendhilfe"). Daher steht der Anspruch auch ledig-

43 Ebenso Salgo in GK-SGB VIII Rn. 31; Schmid-Obkirchner in Wiesner Rn. 31.
44 AA Mörsberger in Wiesner § 44 Rn. 13.
45 Ebenso Nellissen in jurisPK-SGB VIII Rn. 55.
46 S. hierzu auch VG Köln 14.5.2019 – 26 K 1907/17, juris Rn. 75; VG München 20.3.2013 – M 18 E 12.4704, juris Rn. 45.
47 Ebenso Saarl. VG 22.8.2008 EuG 2009, 296.

lich den nach § 27 Anspruchsberechtigten, also dem Personensorgeberechtigten und nicht den Pflegeeltern, zu.[48] Siehe zum Pflegegeld auch → § 27 Rn. 34.

19 Ein privatrechtlicher **Pflegevertrag** zwischen PSB und Pflegeperson kann ergänzende Regelungen treffen,[49] zB zur Übertragung des Anspruchs auf das Pflegegeld auf die Pflegeperson, zum Abschluss einer Haftpflichtversicherung oder zu den Besuchszeiten. Mit demselben Inhalt kann auch ein öffentlich-rechtlicher Pflegevertrag gem. § 53 SGB X zwischen JA und Pflegeperson abgeschlossen werden, da die Beziehungen zwischen dem JA und der Pflegeperson auch durch VA geregelt werden könnten; auch die Pflegeerlaubnis könnte Bestandteil dieses Vertrags sein. Zudem geht es in diesem Rechtsverhältnis auch um die öffentlich-rechtliche Leistungserfüllung nach §§ 27, 33 SGB VIII.[50] Den Hilfeplan nach § 36 Abs. 2 kann der Vertrag nicht ersetzen, da er eine andere Funktion und einen (teilweise) anderen Inhalt hat. Art. 41 Abs. 1 AGSG Bayern verpflichtet das JA, auf den Abschluss eines Vertrages zwischen PSB und Pflegeeltern hinzuwirken. Bei **privaten Pflegestellen** ist ein formloser oder schriftlicher Vertrag (Dienstleistungsvertrag) anzunehmen.

20 Das JA kann seinen **Pflegekinderdienst** einem freien Träger übertragen – mit Ausnahme der Pflegeerlaubnis, weil § 76 Abs. 1 dies nicht zulässt. Die Übertragung lässt die Steuerungsverantwortung des JA nach § 36a unberührt.

21 Die Heranziehung von Eltern und Kind **zu den Kosten** erfolgt nach § 91 Abs. 1 Nr. 5a iVm § 92 Abs. 1 Nr. 1 bzw. Nr. 5, die des jungen Volljährigen nach Nr. 2.

§ 34 Heimerziehung, sonstige betreute Wohnform

[1]Hilfe zur Erziehung in einer Einrichtung über Tag und Nacht (Heimerziehung) oder in einer sonstigen betreuten Wohnform soll Kinder und Jugendliche durch eine Verbindung von Alltagserleben mit pädagogischen und therapeutischen Angeboten in ihrer Entwicklung fördern. [2]Sie soll entsprechend dem Alter und Entwicklungsstand des Kindes oder des Jugendlichen sowie den Möglichkeiten der Verbesserung der Erziehungsbedingungen in der Herkunftsfamilie

1. **eine Rückkehr in die Familie zu erreichen versuchen oder**
2. **die Erziehung in einer anderen Familie vorbereiten oder**
3. **eine auf längere Zeit angelegte Lebensform bieten und auf ein selbständiges Leben vorbereiten.**

[3]Jugendliche sollen in Fragen der Ausbildung und Beschäftigung sowie der allgemeinen Lebensführung beraten und unterstützt werden.

48 S. hierzu SächsOVG 22.10.2020 – 3 A 477/20, juris Rn. 8 f.; SchlHOVG 28.5.2015 – 3 LB 9/14, juris Rn. 24; BayVGH 23.4.2014 – 12 ZB 13.2586, juris Rn. 9 sowie Nellissen jurisPK-SGB VIII Rn. 74 mwN.

49 Vgl. hierzu Kunkel, Jugendhilferecht, Anh. 4 Anlage 5.

50 Im Ergebnis ebenso Riehle in Krug/Riehle/Uhl Rn. 43; Trenk-Hinterberger jurisPR SozR 11/2005 Anm. 6 zu BVerwG 9.12.2004 – 5 B 80/04; DIJuF JAmt 2001, 36; aA: privatrechtlicher Vertrag BayVGH 20.1.2014 – 12 ZB 12.2766, juris Rn. 18; VG Würzburg 17.10.2013 – W 3 K 11.683, juris Rn. 23; OLG Karlsruhe 28.10.2004 – 12 U 170/04, juris Rn. 29; Nellissen in jurisPK-SGB VIII Rn. 57.

1 Struktur

§ 34 stellt eine sehr wichtige stationäre Hilfe zur Erziehung dar. Tatbestandsvoraussetzungen und Rechtsfolgenseite sind primär § 27 Abs. 1 zu entnehmen (→ § 27 Rn. 15). Heimerziehung und betreute Wohnformen sind auch als Hilfe für junge Volljährige nach § 41 möglich. Ferner ist auch die Erbringung der Eingliederungshilfe nach § 35a in Heimerziehung und betreuten Wohnformen möglich, § 35a Abs. 2 Nr. 4. 1

Konzeptionelles Merkmal der Leistung ist, dass Minderjährigen **außerhalb ihrer Familien** ein **Lebenszusammenhang** in einer Einrichtung oder sonstigen betreuten Wohnform angeboten wird, in dem das **Alltagsleben** mit den erforderlichen **pädagogischen und therapeutischen** Hilfen verbunden und zu einer ganzheitlichen Förderung ausgestaltet wird. 2

Die **Perspektive**, mit der die Förderung erfolgt, wird abhängig gemacht von dem Alter und dem Entwicklungsstand des Kindes oder Jugendlichen sowie von der Prognose für die Verbesserung der Erziehungsmöglichkeiten in der Herkunftsfamilie. Bei entsprechenden Voraussetzungen soll die Heimerziehung oder die Hilfe in einer sonstigen betreuten Wohnform versuchen, die **Rückkehr in die Herkunftsfamilie** zu erreichen. Sind die Bedingungen dafür nicht gegeben, soll sie auf die **Erziehung in einer anderen als der Herkunftsfamilie** vorbereiten oder alternativ eine auf Dauer angelegte **selbstständige Lebensform** bieten und auf ein selbstständiges Leben vorbereiten. Gegenüber den jungen Menschen besteht dabei die Verpflichtung, sie in Fragen der Ausbildung und Beschäftigung sowie der allgemeinen Lebensführung zu beraten und zu unterstützen. Die Hilfe nach § 34 wird ergänzt durch die Sicherung des Unterhalts nach § 39 sowie ggf. durch Krankenhilfe nach § 40 (Annexleistungen). Sie soll bei Bedarf auch Maßnahmen nach § 13 einschließen. 3

Die **Gesamtverantwortung** einschließlich der Planungsverantwortung für die Leistung sowie die Gewährleistungsverpflichtung liegt nach § 79 iVm § 85 Abs. 1 beim örtlichen Träger der öffentlichen Jugendhilfe (→ § 79 Rn. 1). Die Wahrnehmung der entsprechenden Aufgabe fällt damit dem JA zu, wobei für die Erbringung der Leistung der Vorrang der Träger der freien Jugendhilfe nach § 4 Abs. 2 gilt. Nach § 91 Abs. 1 Nr. 5b wird ein Kostenbeitrag für die Leistung nach § 34 erhoben. 4

Einrichtungen, in denen Minderjährige nach § 34 untergebracht sind, unterliegen dem **Erlaubnisvorbehalt** nach § 45, ggf. iVm § 48a sowie den damit verbundenen Bestimmungen nach §§ 46 bis 48. 5

2 Tatbestandsvoraussetzungen und Rechtsfolge

Die Tatbestandsvoraussetzungen sind zunächst § 27 Abs. 1 entnehmen (→ § 27 Rn. 1 ff.). Die Personensorgeberechtigten sind Anspruchsinhaber. Sie müssen schriftlich, mündlich oder durch konkludentes Handeln einen Antrag auf Leistungserbringung stellen. Soweit ein möglicher Hilfebedarf auf diese Weise an das zuständige Jugendamt herangetragen wird, besteht eine Pflicht zum Tätigwerden.[1] Auch besteht grds. nach § 16 Abs. 3 SGB I die Pflicht, ein „Herantragen" des Hilfebedarfs so auszulegen, dass das Begehren möglichst weitgehend zum Tragen kommt. Das Jugendamt hat „*alle* aufgrund des Sachverhalts dem Begehren des Antragstellers entsprechenden rechtlichen Möglichkeiten im Rahmen seiner Zuständigkeit zu erwägen und ggf. auf eine Klärung des Verfahrensgegenstandes durch den Antragsteller hinzuwirken". Es gilt insoweit der „Meistbegünstigungsgrundsatz".[2] Zudem muss ein **Erziehungsdefizit** 6

1 S. hierzu VG München 9.7.2020 – M 18 E 20.2436, juris Rn. 49 sowie NdsOVG 25.11.2019 – 10 PA 204/19, juris Rn. 16 und 17. S. hierzu auch VGH BW 23.1.2018 – 12 S 1952/17, juris Rn. 12.

2 BayVGH 25.6.2019 – 12 ZB 16.1920, juris Rn. 26; VG Köln 29.3.2019 – 26 K 1109/17, juris Rn. 63.

iSe „doppelten Minus“ bestehen. Ein Ausfall an Erziehungsleistung bei den Personensorgeberechtigten muss zu einer Mangelsituation bei dem Kind oder Jugendlichen führen. Das Ausmaß dieser Mangelsituation ist am Maßstab des § 34 zu bestimmen. Erforderlich ist eine erhebliche Mangelsituation, welche dazu führt, dass eine Erziehung im Haushalt der Herkunftsfamilie aktuell nicht möglich ist.

7 Weitere Tatbestandsvoraussetzungen sind die Geeignetheit und Notwendigkeit bzw. Erforderlichkeit der Hilfe.

8 **Geeignet** ist die Leistung nach § 34, wenn sie objektiv tauglich ist, die Zielerreichung, also die Behebung der Mangellage, zu fördern. Es muss also (nur) die Möglichkeit bestehen, dass mittels der Leistungserbringung Teilziele erreicht werden könnten. Eine Geeignetheit ist daher nur dann zu verneinen, wenn feststeht, dass eine teilweise Zielerreichung aufgrund individueller Einzelfallumstände nicht möglich sein wird (→ § 27 Rn. 8).

Als weiteres Tatbestandsmerkmal muss die Hilfe **„notwendig“** sein. Der Begriff der Notwendigkeit wird regelmäßig im Sinne einer Erforderlichkeit verstanden. Erforderlich ist eine Maßnahme nur dann, wenn ein gleich wirksames, den betroffenen Bürger aber weniger beeinträchtigendes Mittel nicht zur Verfügung steht. Das bedeutet, dass unter mehreren gleich geeigneten Hilfen diejenige gewählt werden muss, welche weniger tief auf die Familie einwirkt. Es muss daher zunächst in einem ersten Schritt abgewogen werden, welche Hilfe im jeweiligen Einzelfall am besten geeignet ist, den Bedarf zu decken. Nur wenn mehrere Hilfen gleich geeignet sind, ist in einem zweiten Schritt diejenige zu wählen, welche weniger belastend auf die Familie einwirkt (→ § 27 Rn. 10). Es ist also im jeweiligen Einzelfall zu prüfen, ob der Mangellage in gleich geeigneter Weise mittels einer ambulanten oder teilstationären Hilfe entgegengewirkt werden kann.

In diesem Zusammenhang ist auch der Grundsatz des Untermaßverbots[3] zu berücksichtigen. Danach muss die Hilfe gewählt werden, die zur Bedarfsdeckung notwendig ist, weil andere Formen der Hilfe nicht ausreichen, um den festgestellten Bedarf zu decken. Es muss eine der jeweiligen Bedarfslage angemessene Hilfe geleistet werden.[4] Dieser Maßstab ist nicht nur bei der Bestimmung der Hilfeart nach § 34, sondern auch bei der Entscheidung über den Leistungsumfang einer Hilfe nach § 34 anzuwenden. Eine Entscheidung nach Kostengesichtspunkten in diesem Zusammenhang ist unzulässig.[5] Der Aspekt entstehender Kosten darf nur bei der Auswahl des Leistungserbringers nach § 37c Abs. 3 S. 2 im Rahmen des Prüfungspunktes der unverhältnismäßigen Mehrkosten Berücksichtigung finden.

9 Eine Entscheidung über die geeignete und notwendige Hilfeart und den entsprechenden Leistungsumfang ist bei einer Hilfe nach § 34 grundsätzlich im Hilfeplanverfahren nach § 36 Abs. 2 zu treffen, weil die Hilfe für „längere Zeit“ iSd § 36 Abs. 2 S. 1 zu erbringen ist. Der Hilfeplan ist allerdings nur als formelles Rechtsmäßigkeitserfordernis ausgestaltet (→ § 36 Rn. 1).

Auf **Rechtsfolgenseite** besteht nach § 27 Abs. 1 eine gebundene Entscheidung. Es besteht also ein Rechtsanspruch auf unbefristete (→ § 27 Rn. 18) Bewilligung der geeigneten und notwendigen Hilfe gem. § 27 iVm § 34.

3 Angebotsprofil der Leistungserbringung (Satz 1)

10 Bei der Leistung nach § 34 handelt es sich um eine stationäre Leistungsform. Sie ist gekennzeichnet durch die Leistungserbringung in einer Einrichtung.

3 Hierzu BVerfG 28.5.1993 – 2 BvF 2/90 ua, juris Rn. 166 f.
4 S. hierzu BVerwG 9.12.2014 – 5 C 32/13, juris Rn. 22; BayVGH 30.6.2016 – 12 C 16.1162, juris Rn. 27; NdsOVG 25.3.2020 – 10 LA 292/18, juris Rn. 14.
5 S. hierzu auch Nellissen in jurisPK-SGB VIII Rn. 79.

Mit der Inbezugnahme auf den **Einrichtungsbegriff** kann der Bandbreite der verschiedenen Leistungserbringer nach § 34 Rechnung getragen werden. Die Leistungserbringung nach 34 steht damit in einem Zusammenhang zum Betriebserlaubnisvorbehalt und dem durch Art. 1 des KJSG neu normierten Einrichtungsbegriff nach § 45a. 11

Im Einzelfall kann sich die Notwendigkeit einer Abgrenzung zur Leistungserbringung nach § 33 ergeben.[6] Soweit Pflegeverhältnisse sich den Anforderungen des einzelnen jungen Menschen entsprechend zur professionellen Erziehungsstelle weiterentwickeln, sind sie von familienähnlich organisierter Heimerziehung oder sonstigen betreuten Wohnformen nur graduell zu unterscheiden. Mittels § 45a S. 2 und 3 hat der Gesetzgeber mit Rechtsänderung durch Art. 1 des KJSG den Versuch unternommen, für familienähnliche Betreuungsformen eine Abgrenzung in Bezug auf den Einrichtungsbegriff vorzunehmen. 12

Erziehungshilfe nach § 34 über Tag und Nacht ermöglicht eine adressatengerecht **differenzierte Angebotspalette** von Hilfen außerhalb der Herkunftsfamilie. Sie löst die Familie als Bezugssystem, innerhalb dessen der Alltag der jungen Menschen zu einem großen Teil organisiert wird, ab und bietet Kindern bzw. Jugendlichen einen alternativen alltäglichen Lebensraum, einen neuen **Lebensmittelpunkt**. 13

Heimerziehung basiert überwiegend auf dem **Zusammenleben** von mehreren Kindern und Jugendlichen **in einer Gruppe**. Die jungen Menschen werden dabei durch Mitarbeitende des Leistungserbringers begleitet und unterstützt. Als erwachsene Bezugspersonen stützen diese die Organisation des **Alltags** und erbringen in Verbindung damit ergänzende **pädagogische und therapeutische Hilfen**. Gruppengröße, Angebotsform und Betreuungsintensität variieren je nach erzieherischem Bedarf der Kinder und Jugendlichen. Vor allem für jüngere Kinder wird durch eine familienähnliche Ausgestaltung (zB durch Auflösung des üblichen Schichtdienstes) versucht, die von einem Familienzusammenhang erhofften positiven Wirkungen auch im Rahmen der Einrichtung zu erzielen. Für ältere Kinder und für Jugendliche geht es darum, sie schrittweise auf ein selbstständiges Leben außerhalb der Einrichtung und ohne pädagogische Betreuung vorzubereiten. Ihre **Grenze** als professionell organisiertes Hilfeangebot erreicht die „Heimerziehung", wenn Kinder oder Jugendliche eine verlässliche und **dauerhafte emotionale Bindung** zu einer einzelnen erwachsenen Bezugsperson brauchen, um ihre Entwicklungsaufgaben zu bewältigen oder ihre Probleme zu überwinden.

HzE in **sonstigen betreuten Wohnformen** unterscheidet sich von der Heimerziehung insbesondere durch eine vorrangige Berücksichtigung des Ziels der **Verselbstständigung**. Sie ist überwiegend auf eine Verringerung der Betreuungsintensität angelegt und ermöglicht den jungen Menschen ein höheres Maß an Eigenverantwortung für die Alltagsgestaltung ab. Die vorherrschenden Formen sind betreute Wohngemeinschaften oder Einzelwohnungen. Die Hilfe in sonstigen betreuten Wohnformen kann auch im Übergang von Heimerziehung zu sozialpädagogisch begleiteten Wohnformen iSd § 13 Abs. 3 oder ambulanten Hilfeformen eingesetzt werden. 14

Das **Alltagserleben** spielt im Konzept der Hilfe nach § 34 eine wichtige Rolle. Kinder und Jugendliche sollen im Alltag der Einrichtung jene verlässliche Regelmäßigkeit und Orientierung erfahren, die ihnen in der Herkunftsfamilie häufig nicht geboten werden konnte. Die Einbindung in Alltagsroutinen soll den jungen Menschen Zugehörigkeit, Stabilitat, Sicherheit und Anerkennung vermitteln. Gleichzeitig soll aber auch altersgemäße Autonomie, Selbstständigkeit, Eigenverantwortlichkeit und das Erleben von Selbstwirksamkeit ermöglicht werden. Der alltägliche Lebenszusammenhang ist als Raum für grundlegendes soziales Lernen gestaltet und stellt damit einen Gegenentwurf zu den häufig negativen Vorerfahrungen der jungen Menschen dar. Das Alltags- 15

6 S. hierzu auch VG Potsdam 25.8.2020 – 7 K 2354/18, juris Rn. 34. Vgl. hierzu auch VG Sigmaringen 23.1.2020 – 2 K 7618/18, juris Rn. 32 f.

erleben als zentrales Merkmal unterscheidet die Heimerziehung und sonstige betreute Wohnformen von klinisch orientierten Behandlungsmodellen. Nicht die dichte Folge spezieller „Anwendungen“ sondern die möglichst **organische Integration der im Einzelfall erforderlichen pädagogischen und therapeutischen Unterstützung** in den Alltag ist kennzeichnend für die Hilfe nach § 34. Die Alltagsorientierung macht besondere pädagogische und therapeutische Bemühungen nicht überflüssig. Sie erfordert vielmehr intensive Anstrengungen zu deren Einbindung in das Alltagsleben der Einrichtung. Das gilt auch für schulergänzende non-formale Bildungsangebote.

Wenn es im Hinblick auf den besonderen individuellen Unterstützungsbedarf bzw. angesichts der Angebote auf dem Ausbildungs- oder Arbeitsmarkt zudem notwendig ist, schließt die Hilfe in der Einrichtung gemäß § 27 Abs. 3 S. 2 **Maßnahmen** gem. § 13 Abs. 2 ein und kann mit anderen Leistungen nach dem SGB VIII kombiniert werden (→ Rn. 6). Die Bandbreite dieser Angebote reicht von der Schule, die auf die besonderen Bedürfnisse der jungen Menschen in den Einrichtungen abgestimmt ist, über berufsvorbereitende Bildungsmaßnahmen bis hin zu Ausbildungsgängen, die nach Leistungsvermögen differenzierte Abschlüsse ermöglichen. Jungen Menschen, die keinen Zugang zum regulären Arbeitsmarkt haben, werden darüber hinaus ggf. besondere Beschäftigungsmöglichkeiten angeboten. Flankiert werden die Ausbildungsangebote von sozialpädagogischen Hilfen, die es den jungen Menschen erleichtern sollen, die Anforderungen von Ausbildungs- und Arbeitswelt zu meistern.

16 Die mit der Alltagsorientierung verbundenen **fachlichen Anforderungen** stehen denen eines klinisch orientierten Hilfekonzeptes nicht nach. Im Gegenteil, die alltagsorientierte Konzeption setzt seitens der Mitarbeitenden besonders breite und zugleich **differenzierte Fähigkeiten und Fertigkeiten sowie** ein hohes Maß **situationsangemessener Flexibilität und** fachlicher **Reflexivität** voraus.

17 Mit „Förderung der Entwicklung“ wird das Ziel der Hilfe nach § 34 allgemein definiert. Auf eine Spezifizierung wird im Hinblick auf den ganzheitlichen und umfassenden Charakter der Hilfe konsequent verzichtet.

4 Die Perspektiven der Hilfe und ihre Implikationen (Satz 2)

18 Das Ziel der Hilfe nach § 34 wird nur insofern konkretisiert als Perspektiven angegeben werden, mit denen die Entwicklungsförderung zu verknüpfen ist. Die **Perspektiven** werden **abhängig** gemacht von den Möglichkeiten der Kinder und Jugendlichen, das heißt von ihrem **Alter** und ihrem **Entwicklungsstand**, sowie von den **Möglichkeiten der Herkunftsfamilie**, konkret von deren Potenzial zur Verbesserung der Erziehungsbedingungen für die betroffenen Kinder. Welche der in § 34 vorgegebenen Perspektiven für einzelne Kinder oder Jugendliche maßgebend sein können, wird im Hilfeplanprozess festgelegt bzw. im Rahmen der regelmäßigen Fortschreibung des Hilfeplans überprüft und ggf. neu bestimmt. An der Hilfeplanerstellung ist die leistungserbringende Einrichtung ebenso beteiligt wie der PSB und die betroffenen jungen Menschen. Nicht unproblematisch ist es nach hiesiger Auffassung, dass die Elternarbeit nicht zentral in § 34 angelegt ist, sondern zunächst nur mittelbar über die in § 34 S. 2 Nr. 1 angelegte Zielbestimmung zum Ausdruck kommt. Ferner wird die Leistung „Elternarbeit“ in § 37 als zusätzliches Leistungselement auch der Hilfe nach § 34 benannt. Diese Verortung außerhalb der eigentlichen Leistungsnorm des § 34 darf nicht dazu führen, dass die Elternarbeit bei einer Leistungserbringung nach § 34 als regelmäßig wichtiges Element der Leistung aus dem Blick gerät.

19 Der Versuch, eine **Rückkehr in die Familie** zu erreichen, ist gemäß § 1 Abs. 2 sowie Abs. 3 Nr. 2 für die Jugendhilfe zentral. Im Zusammenhang mit einer Leistungserbringung nach § 34 ist diese Zielbestimmung des SGB VIII, die über Art. 6 Abs. 2 S. 1 GG verfassungsrechtlich verbürgt ist, zu berücksichtigen. Allerdings ist in diesem Zusammenhang auch der staatliche Schutzauftrag nach Art. 6 Abs. 2 S. 2 GG in den Blick zu

nehmen. Daher ist zu unterscheiden, ob eine Hilfe nach § 34 freiwillig von den Personensorgeberechtigten beantragt (und insbesondere mit dem Ziel einer Rückführung des jungen Menschen nach einer Verbesserung der Bedingungen in der Herkunftsfamilie zu ermöglichen in Anspruch genommen) wird, oder aber eine Hilfe nach § 34 in einem Verfahren nach § 1666 BGB wegen einer Kindeswohlgefährdung durch Entscheidungen nach § 1666 Abs. 3 Nr. 1 oder 6 BGB initiiert wird.

Eine von den Personensorgeberechtigten freiwillig in Anspruch genommene Hilfe nach § 34 kann jederzeit beendet und eine Rückführung des Kindes verlangt werden, sofern nicht die hohen Voraussetzungen nach § 1666 Abs. 1 und Abs. 3 Nr. 6 BGB gegeben sind. Bei Vorliegen einer Kindeswohlgefährdung und der weiteren Voraussetzungen, welche zu einer Entscheidung nach § 1666 BGB und der anschließenden Erbringung einer stationären Hilfe zwingen, ist eine Beendigung der Hilfe nach § 34 nicht ohne Weiteres möglich. So steht bei einer Entscheidung nach § 1666 Abs. 3 Nr. 6 BGB regelmäßig den Eltern nicht mehr das Recht, über die Inanspruchnahme einer Hilfe nach § 34 zu entscheiden, zu. Auch wird ihnen regelmäßig nicht mehr das Aufenthaltsbestimmungsrecht hinsichtlich des Kindes zustehen. Es ist aber zu berücksichtigen, dass familiengerichtliche Entscheidungen nach § 1666 BGB regelmäßig daraufhin zu überprüfen sind, ob eine Kindeswohlgefährdung noch fortbesteht und eine Trennung des Kindes von den Eltern noch erforderlich ist. Es ist somit fortlaufend zu prüfen, ob eine Trennung des Kindes von den Eltern noch geboten ist. Diese Aufgabe fällt primär dem Familiengericht nach § 166 FamFG und § 1696 BGB zu. Allerdings hat auch das Jugendamt aufgrund der Zielvorgaben des § 1 SGB VIII und des Schutzauftrags nach § 8a SGB VIII die Leistungserbringung in diesen Fallkonstellationen engmaschig zu begleiten und die Geeignetheit und Erforderlichkeit der Leistung regelmäßig zu überprüfen.

Das Ziel, die Rückkehr in die Familie vorzubereiten, beinhaltet den Auftrag zu einer 20
kontinuierlichen und intensiven Familien- und **Elternarbeit**. Sie kann weder nur durch die Einrichtung noch isoliert von dieser allein durch das JA geleistet werden. In der Einrichtung müssen entsprechende Kapazitäten für die Familien- und Elternarbeit sowie für die darauf bezogene Zusammenarbeit mit anderen Institutionen bereitstehen. Zudem ist im Einzelfall zu prüfen, ob die Herkunftsfamilie durch eine ambulante HzE zu unterstützen ist. Oftmals kann nur so sichergestellt werden, dass sich die Bedingungen in der Herkunftsfamilie tatsächlich so verändern, dass eine Rückführung möglich wird.

Eine Alternative, die insbesondere für jüngere Kinder empfohlen wird, ist die **Vorbe-** 21
reitung auf die Erziehung in einer anderen Familie, sei es in einer Pflegefamilie nach § 33 oder ggf. in einer Adoptivfamilie. § 37c Abs. 2 S. 3 verpflichtet den örtlichen Träger, ua während einer längerfristigen Hilfe außerhalb der Familie zu prüfen, ob für die Betroffenen die Annahme als Kind in Betracht kommt.

Mit dem 1. ÄndGKJHG wurde die Vorstellung aufgegeben, HzE nach § 34 könne 22
ausschließlich als vorübergehende Lebensform betrachtet werden. Angesichts einer steigenden Anzahl von verfestigten Problemlagen in den Herkunftsfamilien muss für immer mehr Kinder und Jugendliche eine **längerfristige bzw. dauerhafte Alternative außerhalb der Familie** gefunden werden. Es handelt sich dabei häufig um junge Menschen, die durch verschiedene Aspekte so sehr belastet sind, dass für sie eine Pflegefamilie als Alternative ausscheidet. Zudem handelt es sich dabei um ältere Jugendliche, die sich ohnehin bereits im Prozess der Ablösung von der Familie befinden. Ihnen bietet die Heimerziehung oder sonstigen betreute Wohnform eine längerfristige **bzw. dauerhafte** Lebensform.

Heimerziehung und sonstige betreute Wohnformen enden demnach mit der Rückführung in die Herkunftsfamilie, Unterbringung in einer Pflege- bzw. Adoptivfamilie, Unterbringung in einer sozialpädagogisch begleiteten Wohnform iSd § 13 Abs. 3 oder mit der Verselbstständigung in einer eigenen Wohnung oä. Eine Beendigung der Hilfe in die Obdach- oder Wohnungslosigkeit sollte nach hiesiger fachlicher Überzeugung tunlichst vermieden werden. In diesem Zusammenhang kommt § 41 sowie den durch Art. 1 des KJSG normierten Neuregelungen in § 41 Abs. 3 und § 36b besondere Bedeutung zu.

23 Ein wichtiges Prinzip der stationären Erziehungshilfe iSd § 34 ist die **Regionalisierung.** Die wohnortnahe Unterbringung soll dazu beitragen, dass beim Wechsel des Lebensmittelpunktes in eine Einrichtung die bestehenden örtlichen und sozialen Bezüge soweit als möglich aufrechterhalten werden können. Zudem sollen dadurch auch Brüche bei der Rückführung oder Verselbstständigung vermieden werden.

5 Besondere Verpflichtungen gegenüber den Betroffenen (Satz 3)

24 Nach Satz 3 sind die Mitarbeitenden in den Einrichtungen verpflichtet, Jugendliche in schulischen, ausbildungs- und beruflichen Fragen sowie hinsichtlich der allgemeinen Lebensführung **zu beraten und zu unterstützen.** Fragen der allgemeinen Lebensführung reichen von alltagspraktischen Fragen bis zur Entwicklung und **Gestaltung der individuellen Lebensperspektive.**

25 Über den Wortlaut des Satzes 3 hinausgehend bestehen weitere Pflichten für den Leistungserbringer und den Träger der öffentlichen Jugendhilfe. Zunächst bestehen nach § 8 Abs. 1 Beteiligungspflichten für den Träger der öffentlichen Jugendhilfe. IdR wird diese Verpflichtung mittels Leistungsvereinbarung nach § 78b Abs. 1 Nr. 1 SGB VIII auch dem Leistungserbringer auferlegt. Demnach sind junge Menschen entsprechend ihrem Entwicklungsstand an allen sie betreffenden Entscheidungen zu beteiligen. Die Beteiligungspflicht des Trägers der öffentlichen Jugendhilfe nach § 8 Abs. 1 setzt insbesondere eine regelmäßige Anhörung des Kindes oder Jugendlichen voraus. Diese Pflicht ist insbesondere im Rahmen des Hilfeplanverfahrens nach § 36 Abs. 2 wahrzunehmen.

Für den Leistungserbringer ergeben sich aus der Erforderlichkeit einer Betriebserlaubnis nach § 45 zusätzliche Pflichten. Nach dem mit Art. 1 des KJSG neu normierten § 45 Abs. 2 S. 2 Nr. 4 SGB VIII muss der Leistungserbringer die Entwicklung, Anwendung und Überprüfung eines Konzepts zum Schutz vor Gewalt, geeignete Verfahren der Selbstvertretung und Beteiligung sowie der Möglichkeit der Beschwerde in persönlichen Angelegenheiten innerhalb und außerhalb der Einrichtung gewährleisten. Diese Pflichten sind auch in Leistungsvereinbarungen nach § 78b Abs. 1 Nr. 1 SGB VIII zu berücksichtigen.

26 Bei Wahrnehmung dieser Beteiligungs- und Beschwerdemöglichkeiten sind die datenschutzrechtlichen Vorgaben zu beachten. Insbesondere die Schritte der Datenerhebung und der Datenübermittlung sind dabei betroffen. Da die Beteiligung und die Möglichkeit zur Beschwerde zu den gesetzlichen Aufgaben des örtlichen Trägers der öffentlichen Jugendhilfe und des Leistungserbringers zählen, ist eine Datenerhebung gem. § 62 SGB VIII und eine Datenübermittlung nach § 69 Abs. 1 Nr. 1 Alt. 2 SGB X im Rahmen der Erforderlichkeit für die Aufgabenerfüllung zulässig. Einem besonderen Schutz unterliegen allerdings die anvertrauten Daten nach § 65 SGB VIII.

6 Beteiligung an der Hilfeplanung

27 Die Ausgestaltung der Hilfe im Heim oder in der sonstigen betreuten Wohnform erfolgt auf der Grundlage des Hilfeplans. Er benennt die Perspektive der Hilfe, die zu erbringenden Leistungen einschließlich der ergänzenden Hilfen wie etwa der Elternarbeit und die eingegangenen Verpflichtungen aller Beteiligten. An seiner Erstellung und Fortschreibung sind die Einrichtung und die Personen, die die Hilfe leisten, maßgeblich zu beteiligen.

Die vorgeschriebene regelmäßige Fortschreibung des Hilfeplans sollte soweit als möglich in der Einrichtung oder Wohngemeinschaft/Wohnung des jungen Menschen erfolgen. Dies erlaubt der zuständigen Fachkraft des JA, sich vor Ort über die Unterbringung und den Lebensraum sowie über Fortschritte und Probleme unterrichten zu lassen und die weitere Perspektive mit allen Beteiligten abzuklären. 28

7 Anforderungen an die Leistungserbringung in personeller Hinsicht

Bei der Leistungserbringung nach § 34 sind bestimmte Anforderungen an die **Eignung** der Mitarbeitenden zu stellen. Diesbezüglich ist aber zunächst zu berücksichtigen, dass das aus § 72 folgende Fachkräftegebot in direkter Anwendung nur den Träger der öffentlichen Jugendhilfe verpflichtet. Nach der Gesetzbegründung zu § 72 sind Fachkräfte der Jugendhilfe vor allem Sozialarbeiter, Sozialpädagogen, Erzieher, Psychologen, Diplompädagogen, Heilpädagogen, Sonderschulpädagogen, Psychagogen, Jugendpsychiater, Psychotherapeuten und Pädiater.[7] Alternativ können auch Mitarbeitende in der Jugendhilfe eingesetzt werden, wenn sie aufgrund ihrer besonderen Erfahrungen in der sozialen Arbeit in der Lage sind, die Aufgabe zu erfüllen, § 72 Abs. 1 S. 1 Hs. 2 SGB VIII. Die erworbene Befähigung, die jeweilige Aufgabe erfüllen zu können, gilt damit als Äquivalent zu einer entsprechenden Ausbildung. 29

Eine **Übertragung** des Fachkräftegebots auf Träger der freien Jugendhilfe kann nur auf vertraglichem Wege, insbesondere im Rahmen der Leistungsvereinbarung nach § 78b Abs. 1 Nr. 1 SGB VIII, erfolgen.

Zudem ist festzustellen, dass aktuell nicht unerhebliche Unsicherheit und Streit bei Beantwortung der Frage besteht, wer überhaupt Fachkraft in der Jugendhilfe sein kann. So gilt beispielsweise für das Betriebserlaubnisverfahren nach § 45 SGB VIII, dass es kein generelles Fachkräftegebot gibt. Vielmehr kommt es darauf an, dass die in der Einrichtung einzusetzenden Mitarbeitenden den Anforderungen der jeweiligen Einrichtung gewachsen sein müssen.[8] In diesem Zusammenhang kann auch die Zusammenstellung von multiprofessionellen Teams vorteilhaft sein.

Nach hiesiger Sicht ist es entscheidend, dass die Mitarbeitenden persönlich und fachlich für die Arbeit mit den jeweiligen jungen Menschen in der konkreten Einrichtung geeignet sind.

§ 35 Intensive sozialpädagogische Einzelbetreuung

[1]Intensive sozialpädagogische Einzelbetreuung soll Jugendlichen gewährt werden, die einer intensiven Unterstützung zur sozialen Integration und zu einer eigenverantwortlichen Lebensführung bedürfen. [2]Die Hilfe ist in der Regel auf längere Zeit angelegt und soll den individuellen Bedürfnissen des Jugendlichen Rechnung tragen.

1 Struktur

§ 35 stellt eine besonders intensive Form der Hilfe zur Erziehung dar. Sie wird häufig stationär erbracht. Dies ist allerdings nicht zwingend, wie sich aus dem in § 91 Abs. 1 Nr. 5c enthalten Zusatz („sofern sie außerhalb des Elternhauses erfolgt") ergibt. Tatbestandsvoraussetzungen und Rechtsfolgenseite sind primär § 27 Abs. 1 zu entnehmen 1

7 BT-Drs. 11/5948, 97. S. hierzu auch Wiesner in Wiesner § 72 Rn. 7 f.
8 BayVGH 2.2.2017 – 12 CE 17.71, juris Rn. 33.

(→ § 27 Rn. 15). Als Annexleistungen kommen Unterhalt (§ 39) und Krankenhilfe (§ 40) in Betracht. Gem. § 91 Abs. 1 Nr. 5c wird für die stationäre Leistungserbringung ein Kostenbeitrag erhoben.

2 Intensive sozialpädagogische Einzelbetreuung ist auch als Hilfe für junge Volljährige nach § 41 möglich.

2 Tatbestandsvoraussetzungen und Rechtsfolge

3 Die Tatbestandsvoraussetzungen sind zunächst § 27 Abs. 1 entnehmen (→ § 27 Rn. 1 ff.). Die Personensorgeberechtigten sind Anspruchsinhaber. Sie müssen schriftlich, mündlich oder durch konkludentes Handeln einen Antrag auf Leistungserbringung stellen. Soweit ein möglicher Hilfebedarf auf diese Weise an das zuständige Jugendamt herangetragen wird, besteht eine Pflicht zum Tätigwerden.[1] Auch besteht grds. nach § 16 Abs. 3 SGB I die Pflicht ein „Herantragen" des Hilfebedarfs so auszulegen, dass das Begehren möglichst weitgehend zum Tragen kommt (→ § 34 Rn. 6).

Zudem muss ein Erziehungsdefizit iSe „doppelten Minus" bestehen. Ein Ausfall an Erziehungsleistung bei den Personensorgeberechtigten muss zu einer Mangelsituation bei dem Jugendlichen führen. Die Hilfe nach § 35 weist die Besonderheit auf, dass sie nach dem Gesetzeswortlaut im Gegensatz zu den Hilfearten nach §§ 28 bis 34 nur geleistet werden kann, wenn eine Mangellage bei einem Jugendlichen iSd § 7 Abs. 1 Nr. 2 vorliegt. Ausweislich des Gesetzeswortlautes kann die Hilfe nach § 35 bei Vorliegen einer Mangellage bei einem Kind nicht erbracht werden. In diesen Fallkonstellationen ist aber nach hiesiger Auffassung gem. § 27 Abs. 2 SGB VIII die Hilfeerbringung in Form einer den individuellen Verhältnissen des Kindes Rechnung tragenden unbenannten Einzelbetreuung möglich. Der Gesetzeswortlaut des § 35 steht einer solchen Auslegung nicht entgegen, da es sich dann um keine Hilfe nach § 35 handelt, sondern um eine Hilfe in einer gesetzlich unbenannten Hilfeart.[2]

Das Ausmaß dieser Mangelsituation ist am Maßstab des § 35 zu bestimmen. Strukturell handelt es sich um die Hilfe zur Erziehung, welche die stärkste Mangellage zur Tatbestandsvoraussetzung hat. Die Situation muss eine „intensive Unterstützung zur sozialen Integration und zu einer eigenverantwortlichen Lebensführung" erforderlich machen. Nach der Gesetzesbegründung stehen Jugendliche „in besonders gefährdenden Lebenssituationen" im Fokus der Hilfe nach § 35. Es geht um Jugendliche, die sich regelmäßig „allen anderen Hilfeangeboten entziehen". Die Hilfe nach § 35 kann dann letztes Mittel sein, um die betroffenen jungen Menschen „nicht völlig aufzugeben".[3]

Häufig gehören ua zur Zielgruppe von Intensiven sozialpädagogischen Einzelbetreuungen junge Menschen, die sich selbst verletzen, sich prostituieren, psychotrope Substanzen schädlich gebrauchen oder von diesen abhängig sind, stoffungebunden süchtig sind, wiederholt und schwerwiegend delinquent sind, den Schulbesuch oder eine Ausbildung verweigern, sich völlig isolieren oder obdachlos sind.

4 Weitere Tatbestandsvoraussetzung ist die Geeignetheit und Notwendigkeit bzw. Erforderlichkeit der Leistungserbringung.

Geeignet ist die Hilfe nach § 35, wenn sie objektiv tauglich ist die Zielerreichung, also die Behebung der Mangellage, zu fördern. Es muss also (nur) die Möglichkeit bestehen, dass mittels der Leistungserbringung Teilerziele erreicht werden könnten. Eine

1 S. hierzu VG München 9.7.2020 – M 18 E 20.2436, juris Rn. 49 sowie NdsOVG 25.11.2019 – 10 PA 204/19, juris Rn. 16 und 17. S. hierzu auch VGH BW 23.1.2018 – 12 S 1952/17, juris Rn. 12.

2 AA Nellissen in jurisPK-SGB VIII Rn. 11.

3 BT-Drs. 11/5948, 72.

Geeignetheit ist daher nur dann zu verneinen, wenn feststeht, dass eine Förderung der Zielerreichung aufgrund individueller Einzelfallumstände nicht möglich sein wird.

Ferner muss die Hilfe „**notwendig**" sein. Der Begriff der Notwendigkeit wird regelmäßig im Sinne einer Erforderlichkeit verstanden. Erforderlich ist eine Maßnahme nur dann, wenn ein gleich wirksames, den betroffenen Bürger aber weniger beeinträchtigendes Mittel nicht zur Verfügung steht. Das bedeutet, dass unter mehreren gleich geeigneten Hilfen diejenige gewählt werden muss, welche weniger tief auf die Familie einwirkt. Es muss daher zunächst in einem ersten Schritt abgewogen werden, welche Hilfe im jeweiligen Einzelfall am besten geeignet ist, den Bedarf zu decken. Nur wenn mehrere Hilfen gleich geeignet sind, ist in einem zweiten Schritt diejenige zu wählen, welche weniger belastend auf die Familie einwirkt (→ § 27 Rn. 10). Es ist also im jeweiligen Einzelfall zu prüfen, ob der Mangellage in gleich geeigneter Weise mittels einer ambulanten, teilstationären und insbesondere einer stationären Hilfe nach § 33 oder § 34 entgegengewirkt werden kann. Die Leistung nach § 35 hat regelmäßig dann zum Einsatz zu kommen, wenn eine Unterbringung in einer Pflegefamilie oder einer Einrichtung iSd § 34 wegen eigen- oder fremdgefährdenden Verhaltens des Kindes oder Jugendlichen an Grenzen stößt. Mittels einer intensiven Einzelbetreuung soll mit der Leistung nach § 35 den individuellen Bedürfnissen und Defiziten in der Entwicklung des Kindes oder Jugendlichen Rechnung getragen werden.

In diesem Zusammenhang ist auch der Grundsatz des **Untermaßverbots**[4] zu berücksichtigen. Danach muss die Hilfe gewählt werden, die zur Bedarfsdeckung notwendig ist, weil andere Formen der Hilfe nicht ausreichen, um den festgestellten Bedarf zu decken. Es muss eine der jeweiligen Bedarfslage angemessene Hilfe geleistet werden.[5] Dieser Maßstab ist nicht nur bei der Bestimmung der Hilfeart nach § 35, sondern auch bei der Entscheidung über den Leistungsumfang einer Hilfe nach § 35 anzuwenden. Nach der Gesetzesbegründung erfordert die Hilfe „mitunter eine Präsenz bzw. Ansprechbereitschaft des Pädagogen rund um die Uhr."[6]

Eine Entscheidung nach Kostengesichtspunkten in diesem Zusammenhang ist unzulässig.[7] Der Aspekt entstehender Kosten darf nur bei der Auswahl des Leistungserbringers nach § 5 bei ambulanter Leistungserbringung sowie nach 37c Abs. 3 S. 2 bei einer stationären Leistungserbringung im Rahmen des Prüfungspunktes der unverhältnismäßigen Mehrkosten Berücksichtigung finden.

Auf Rechtsfolgenseite besteht nach § 27 Abs. 1 eine gebundene Entscheidung. Es besteht also ein Rechtsanspruch auf unbefristete (→ § 27 Rn. 18) Bewilligung der geeigneten und notwendigen Hilfe.

3 Inhalte der Leistung (Satz 1 und 2)

Die Hilfe zur Erziehung nach § 35 zielt nach dem Gesetzeswortlaut auf die soziale Integration und eigenverantwortliche Lebensführung des Jugendlichen. Nach der Gesetzesbegründung umfasst die Leistung eine intensive Hilfestellung bei persönlichen Problemen und Notlagen, eine Hilfestellung bei der Beschaffung und dem Erhalt einer geeigneten Wohnmöglichkeit, bei der Vermittlung einer geeigneten schulischen oder beruflichen Ausbildung bzw. der Arbeits-aufnahme, bei der Verwaltung der Ausbildungs- und Arbeitsvergütung und anderer finanzieller Hilfen sowie bei der Gestaltung der Freizeit.[8] 5

4 Hierzu BVerfG 28.5.1993 – 2 BvF 2/90 ua, juris Rn. 166 f.
5 S. hierzu BVerwG 9.12.2014 – 5 C 32/13, juris Rn. 22; BayVGH 30.6.2016 – 12 C 16.1162, juris Rn. 27; NdsOVG 25.3.2020 – 10 LA 292/18, juris Rn. 14.
6 BT-Drs. 11/5948, 72.
7 S. hierzu auch Nellissen in jurisPK-SGB VIII Rn. 79.
8 BT-Drs. 11/5948, 72.

6 Die **soziale Integration** junger Menschen umfasst ua ihre Einbindung in ein gesellschaftlich akzeptiertes Netz von persönlichen Beziehungen, zu Familienmitgliedern, Freunden, Kameraden, Kollegen oder Nachbarn. Ferner kommt der Eingliederung in altersübliche institutionelle Zusammenhänge wie Schule, Ausbildung oder Beruf, einer adäquaten Wohnform und der Absicherung des Lebensunterhalts besondere Bedeutung zu.

7 Der Aspekt der **eigenverantwortlichen Lebensführung** zielt auf eine dem Alter entsprechende selbstständige Regelung des Alltags. Grundlegende körperliche, seelische, soziale und kognitive Bedürfnisse müssen demnach befriedigt werden können. Dies schließt die alltägliche Versorgung, den Umgang mit der eigenen Wohnung/des eigenen Zimmers, den Umgang mit Geldmitteln, den Umgang mit Bezugspersonen und die Gestaltung von freien Zeiten ein.

8 Nach § 35 S. 2 soll die Leistungserbringung den individuellen Bedürfnissen des Jugendlichen Rechnung tragen. Dies wird durch die Hilfe nach § 35 ermöglicht. Bei einer Intensiven sozialpädagogische Einzelbetreuung steht immer die Betreuung eines einzelnen jungen Menschen im Mittelpunkt. Dies schließ aber grundsätzlich die Unterbringung mit anderen jungen Menschen zB in einer Wohngemeinschaft nicht aus. Häufig wird der junge Mensch aber alleine untergebracht oder lebt iS einer Erziehungsstelle mit einem Bezugsbetreuer zusammen. Im Einzelfall lebt der junge Mensch auch in der Herkunftsfamilie und wird dort ambulant betreut. Nach der Gesetzesbegründung ist die Hilfe immer an der „individuellen Lebenssituation" des Jugendlichen auszurichten.[9] Unter den Voraussetzungen des § 38 können ISE-Maßnahmen auch ausnahmsweise im Ausland erbracht werden.

Die Betreuung des jungen Menschen ist bei einer Hilfe nach § 35 intensiv, idR intensiver als in einer Einrichtung nach § 34. Oftmals ist eine Rund-um-die-Uhr Betreuung, manchmal sind auch zusätzliche Leistungen wie eine Einzelbeschulung oder ein Sicherheitsdienst erforderlich. Auf jeden Fall können durch diese Form der HzE die allermeisten individuellen erzieherischen Bedarfe gedeckt werden.

Die Anforderungen an die Leistungserbringung in personeller Hinsicht sind identisch mit denen der Heimerziehung und sonstigen betreuten Wohnformen gem. § 34 (→ § 34 Rn. 29).

4 Hilfeerbringung für längere Zeit (Satz 2)

9 Nach dem Gesetzeswortlaut ist die Leistungserbringung in der Regel auf längere Zeit angelegt. Diese Zielvorgabe erschließt sich aus der Tatsache, dass die Hilfe nur bei Vorliegen einer gravierenden Mangellage zu erbringen ist. Für die Aufarbeitung einer solchen Mangellage bedarf es einer längere Zeit andauernden Hilfe. Andererseits ist aber auch zu berücksichtigen, dass die Hilfe nach § 35 nach der Gesetzesbegründung auch geleistet wird, um eine Unterbringung in geschlossenen Einrichtungen oder der Psychiatrie zu vermeiden. Da die Jugendlichen, welche die Hilfe nach § 35 erhalten sollen, gelegentlich stark selbst- oder fremdgefährdend sind, kann dieses gesetzgeberische Ziel nicht immer erreicht werden. Daher kann es sich bei der Leistung nach § 35 auch um eine kurzfristigere Übergangshilfe bis zur (vorübergehenden) Einweisung in eine Psychiatrie oder Einrichtung mit freiheitsentziehendem Charakter handeln.

Stationär umgesetzte Intensive sozialpädagogische Einzelbetreuungen enden mit der Rückführung in die Herkunftsfamilie, Unterbringung in einer Pflege- bzw. Adoptivfamilie, Unterbringung in der Heimerziehung oder einer sonstigen betreuten Wohnform, Unterbringung in einer sozialpädagogisch begleiteten Wohnform iSd § 13 Abs. 3 oder mit der Verselbstständigung in einer eigenen Wohnung o.ä. Eine Beendigung der Hilfe

9 BT-Drs. 11/5848, 72.

in die Obdach- oder Wohnungslosigkeit scheidet nach hiesiger fachlicher Überzeugung aus. Ambulante ISE-Maßnahmen enden meist mit einer weniger intensiven ambulanten Hilfe oder aber mit einer Unterbringung außerhalb der Herkunftsfamilie. Nur im Ausnahmefall ist es denkbar, dass keine weitere Hilfe notwendig ist.

Zweiter Unterabschnitt Eingliederungshilfe für seelisch behinderte Kinder und Jugendliche

§ 35a Eingliederungshilfe für Kinder und Jugendliche mit seelischer Behinderung oder drohender seelischer Behinderung

(1) [1]Kinder oder Jugendliche haben Anspruch auf Eingliederungshilfe, wenn

1. ihre seelische Gesundheit mit hoher Wahrscheinlichkeit länger als sechs Monate von dem für ihr Lebensalter typischen Zustand abweicht, und

2. daher ihre Teilhabe am Leben in der Gesellschaft beeinträchtigt ist oder eine solche Beeinträchtigung zu erwarten ist.

[2]Von einer seelischen Behinderung bedroht im Sinne dieser Vorschrift sind Kinder oder Jugendliche, bei denen eine Beeinträchtigung ihrer Teilhabe am Leben in der Gesellschaft nach fachlicher Erkenntnis mit hoher Wahrscheinlichkeit zu erwarten ist. [3]§ 27 Absatz 4 gilt entsprechend.

(1a) [1]Hinsichtlich der Abweichung der seelischen Gesundheit nach Absatz 1 Satz 1 Nummer 1 hat der Träger der öffentlichen Jugendhilfe die Stellungnahme

1. eines Arztes für Kinder- und Jugendpsychiatrie und -psychotherapie,

2. eines Kinder- und Jugendlichenpsychotherapeuten, eines Psychotherapeuten mit einer Weiterbildung für die Behandlung von Kindern und Jugendlichen oder

3. eines Arztes oder eines psychologischen Psychotherapeuten, der über besondere Erfahrungen auf dem Gebiet seelischer Störungen bei Kindern und Jugendlichen verfügt,

einzuholen. [2]Die Stellungnahme ist auf der Grundlage der Internationalen Klassifikation der Krankheiten in der vom Bundesinstitut für Arzneimittel und Medizinprodukte herausgegebenen deutschen Fassung zu erstellen. [3]Dabei ist auch darzulegen, ob die Abweichung Krankheitswert hat oder auf einer Krankheit beruht. [4]Enthält die Stellungnahme auch Ausführungen zu Absatz 1 Satz 1 Nummer 2, so sollen diese vom Träger der öffentlichen Jugendhilfe im Rahmen seiner Entscheidung angemessen berücksichtigt werden. [5]Die Hilfe soll nicht von der Person oder dem Dienst oder der Einrichtung, der die Person angehört, die die Stellungnahme abgibt, erbracht werden.

(2) Die Hilfe wird nach dem Bedarf im Einzelfall

1. in ambulanter Form,

2. in Tageseinrichtungen für Kinder oder in anderen teilstationären Einrichtungen,

3. durch geeignete Pflegepersonen und

4. in Einrichtungen über Tag und Nacht sowie sonstigen Wohnformen geleistet.

(3) Aufgabe und Ziele der Hilfe, die Bestimmung des Personenkreises sowie Art und Form der Leistungen richten sich nach Kapitel 6 des Teils 1 des Neunten Buches sowie § 90 und den Kapiteln 3 bis 6 des Teils 2 des Neunten Buches, soweit diese Bestimmungen auch auf seelisch behinderte oder von einer solchen Behinderung bedrohte Personen Anwendung finden und sich aus diesem Buch nichts anderes ergibt.

(4) [1]Ist gleichzeitig Hilfe zur Erziehung zu leisten, so sollen Einrichtungen, Dienste und Personen in Anspruch genommen werden, die geeignet sind, sowohl die Aufgaben der Eingliederungshilfe zu erfüllen als auch den erzieherischen Bedarf zu decken. [2]Sind heilpädagogische Maßnahmen für Kinder, die noch nicht im schulpflichtigen Alter

sind, in Tageseinrichtungen für Kinder zu gewähren und lässt der Hilfebedarf es zu, so sollen Einrichtungen in Anspruch genommen werden, in denen behinderte und nicht behinderte Kinder gemeinsam betreut werden.

1 Überblick

1.1 Gesetzesgeschichte und Bedeutung

1 § 35a konkretisiert den § 10 Abs. 4 S. 2 zu entnehmenden **Vorrang der Jugendhilfe für seelisch behinderte junge Menschen**. Die erstmals in den § 10 Abs. 2 S. 2 und § 27 Abs. 4 idF vom 26.6.1990 formulierten Regelungen über die vorrangige Zuständigkeit der Jugendhilfe für diesen Bereich wurde zunächst bis zum 31.12.1994 aufgeschoben (Art. 11 Abs. 1 KJHG). Allerdings bestand für die Bundesländer die Möglichkeit, die Übergangsfrist auszuschließen oder eine andere Frist vorzusehen (Art. 11 Abs. 2 KJHG). Im Rahmen des ersten Änderungsgesetzes zum SGB VIII vom 16.2.1993 koppelte der Bundestag auf Vorschlag der Sachverständigen die Eingliederungshilfe für

seelisch behinderte junge Menschen völlig von der HzE ab und schuf mit dem § 35a einen eigenständigen Leistungstatbestand.[1] Damit wurde die bis dahin bestehende Streitfrage, ob Eingliederungshilfe für seelisch Behinderte gleichzeitig einen Bedarf an HzE voraussetzt, eindeutig gesetzlich geklärt (§ 35a Abs. 4 S. 1). Für Maßnahmen der Frühförderung besteht durch § 10 Abs. 4 S. 3 die landesrechtliche Möglichkeit, an der vorrangigen Zuständigkeit anderer Leistungsträger unabhängig von der Art der Behinderung festzuhalten (→ § 10 Rn. 79). Durch Art. 3 des Gesetzes zur Reform des Sozialhilferechts vom 23.7.1996[2] wurde § 35a redaktionell an § 41 BSHG aF (Hilfe zur Beschäftigung in einer Werkstatt für Behinderte) angepasst.

Mit Erlass des SGB IX – Rehabilitation und Teilhabe behinderter Menschen – (Art. 1 des Gesetzes vom 19.6.2001, BGBl. I, 1046), in Kraft seit 1.7.2001, erfolgte durch Art. 8 eine Änderung des § 35a, die insoweit weit reichende Bedeutung hat, als nunmehr auch der **Jugendhilfeträger Rehabilitationsträger** ist (§ 6 Abs. 1 Nr. 6 SGB IX). 2

Nach alter bis zum 31.12.2019 gültigen Rechtslage wurden Aufgabe und Ziel der Hilfe, die Bestimmung des Personenkreises sowie die Leistungen über den in § 35a Abs. 3 SGB VIII enthaltenen Verweis auf § 53 Abs. 3 und 4 S. 1 SGB XII sowie auf §§ 54, 56 und 57 SGB XII geregelt. Mittels Art. 9 des BTHG[3] sollte dieser Verweis bereits zum 1.1.2018 durch einen Verweis auf Kap. 6 des Teil 1 des SGB IX sowie § 90 SGB IX und die Kap. 3–6 des Teil 2 des SGB IX geändert werden. Diesbezüglich hatte der Gesetzgeber allerdings übersehen, dass der Verweis auf Kap. 3–6 des Teil 2 SGB IX für den Zeitraum vom 1.1.2018 bis zum 31.12.2019 ins Leere geht. Die Gesetzesänderungen zu Teil 2 des SGB IX traten nämlich nach Art. 26 Abs. 4 des BTHG erst zum 1.1.2020 in Kraft. Dieses gesetzgeberische Versehen sollte durch das KJSG korrigiert werden. Allerdings wurde das KJSG kurzfristig von der Tagesordnung des Bundesrates am 7.7.2017 und am 22.9.2017 genommen, so dass die Verabschiedung des Gesetzes (zunächst) gescheitert ist. Das gesetzgeberische Versehen bei Verabschiedung des BTHG wurde in der Folge durch Art. 27 des Gesetzes zur Änderung des Bundesversorgungsgesetzes und anderer Vorschriften[4] korrigiert. Mittels dieser gesetzlichen „Korrekturarbeit" wurde in Art. 26 Abs. 4 BTHG eine neue Nr. 3 eingefügt, mit welcher bestimmt wird, dass die durch Art. 9 BTHG vorgenommenen Änderungen im SGB VIII (hier in § 35a Abs. 3 SGB VIII) zum 1.1.2020 in Kraft treten.

Die überwiegenden Rechtsänderungen im SGB IX, welche durch das BTHG vorgenommen wurden, sind bereits zum 1.1.2018 in Kraft getreten. So wird das Verhältnis der Regelungen im SGB IX zu den Regelungen im SGB VIII ab 1.1.2018 durch § 7 SGB IX geregelt. Nach § 7 Abs. 1 S. 1 SGB IX gelten die Vorschriften zur Teilhabe im Teil 1 des SGB IX, soweit sich aus den für den jeweiligen Rehabilitationsträger geltenden Leistungsgesetzen nichts Abweichendes ergibt. Gem. § 7 Abs. 1 S. 2 SGB IX richten sich Zuständigkeit und Voraussetzungen für die Leistungen zur Teilhabe nach den für den jeweiligen Rehabilitationsträger geltenden Leistungsgesetzen. Nach § 7 Abs. 2 S. 1 SGB IX gehen allerdings abweichend von § 7 Abs. 1 SGB IX die Vorschriften der Kap. 2–4 SGB IX den für die jeweiligen Rehabilitationsleistungen geltenden Leistungsgesetzen vor.

Damit sind auch weiterhin die Tatbestandsvoraussetzungen der Eingliederungshilfe für seelische behinderte Kinder und Jugendliche § 35a Abs. 1 zu entnehmen Auch der Behinderungsbegriff iSd § 35a ist trotz Neuregelung durch Art. 1 des **KJSG** in § 7 Abs. 2 mit Wirkung vom 10.6.2021 weiterhin § 35a Abs. 1 S. 1 Nr. 1 und 2 zu entneh-

1 BT-Drs. 12/3711, 39, 40.
2 BGBl. I, 1088, 1094.
3 BGBl. I 2016, 3234.
4 BGBl. I 2017, Nr. 49, 2541.

men.[5] Die sachliche Zuständigkeit ergibt sich aus § 85 und die örtliche Zuständigkeit aus §§ 86 ff.

Nach § 7 Abs. 2 S. 1 SGB IX gehen allerdings abweichend von Abs. 1 die Vorschriften der Kap. 2–4 des SGB IX den für die jeweiligen Rehabilitationsträger geltenden Leistungsgesetzen vor. § 7 Abs. 2 S. 2 SGB IX bestimmt zudem, dass von den Vorschriften in Kap. 4 des SGB IX durch Landesrecht nicht abgewichen werden kann. Von diesem Vorrang etlicher Vorschriften des SGB IX ist insbesondere das Hilfeplanverfahren nach §§ 36 f. betroffen. Im SGB IX wird das Teilhabeplanverfahren geregelt. Sofern die aus § 19 Abs. 1 SGB IX resultierende Verpflichtung zur schriftlichen Aufstellung eines Teilhabeplans greift, sind nach § 19 Abs. 2 S. 2 Nr. 1–11 SGB IX umfangreiche Dokumentationen erforderlich. Zudem ist die Vorschrift des § 20 SGB IX zur Teilhabekonferenz zu beachten. Nach § 22 SGB IX kann die Einbeziehung anderer öffentlicher Stellen erforderlich werden. Durch die Anwendung dieser Vorschriften dürfte sich der Verwaltungsaufwand für das Jugendamt deutlich erhöhen.

Zudem sind die Vorschriften zur Einleitung von Rehabilitationsmaßnahmen von Amts wegen nach §§ 9 f. SGB IX zu berücksichtigen. Dies betrifft die Pflicht zur Prüfung, § 9 SGB IX. Gleiches gilt für die Maßnahmen der Bedarfsermittlung (§§ 12, 13 SGB IX) und Koordinierung der Leistungen (§§ 14–24 SGB IX).

3 Mit dem **KICK**[6] ist in Abs. 1 Satz 2 eine **Definition der drohenden Behinderung** eingefügt worden. Es handelt sich um eine Tatbestandsalternative zur Behinderung iSd § 35a Abs. 1 S. 1. Trotz Neuregelung in § 7 Abs. 2 S. 3 durch Art. 1 des **KJSG** gilt im Anwendungsbereich des § 35a die Legaldefinition des § 35a Abs. 1 S. 2 für die Tatbestandsvoraussetzung der drohenden Behinderung.

Abs. 1 Satz 3 verweist auf die analoge Anwendung des § 27 Abs. 4, der klarstellt, dass die HzE für ein Kind oder eine Jugendliche, die während eines Aufenthalts in einer Einrichtung oder einer Pflegefamilie Mutter eines Kindes wird, auch die Unterstützung bei der Pflege und Erziehung dieses Kindes umfasst, also keine Leistung nach § 19 ist. In analoger Anwendung bedeutet dies für die Eingliederungshilfe für seelisch behinderte Kinder oder Jugendliche, dass sich Eingliederungshilfe nach § 35a in einer solchen Situation auch auf die Unterstützung bei der Pflege und Erziehung des Kindes der Leistungsberechtigten erstreckt.

4 Insgesamt bedeutet die Regelung des § 35a lediglich einen äußerst behutsamen Rechtsfortschritt auf das Ziel hin, die Trennung zwischen allen behinderten und nicht behinderten, aber erziehungshilfebedürftigen Kindern und Jugendlichen zu überwinden[7] und beide Gruppen gleichermaßen der Zuständigkeit der Jugendhilfe zuzuweisen, da diese den speziellen Hilfebedarf von Kindern und Jugendlichen am besten erfüllen kann (sog. **große Lösung**). Die Eingliederungshilfe für körperlich oder geistig behinderte junge Menschen beließ der Gesetzgeber allerdings im Aufgabenbereich der Sozialhilfe, da Maßnahmen für diesen Personenkreis für die Jugendhilfe häufig wesensfremd sind (→ § 10 Rn. 63). Die anlässlich des Erlasses des SGB IX neu aufgeflammte Diskussion,[8] ob die Jugendhilfe die umfassende Zuständigkeit für alle behinderten jungen Menschen, also auch für die körperlich oder geistig behinderten, erhalten oder aber ob die Zuständigkeit für seelisch behinderte junge Menschen an die Sozialämter zurück übertragen werden solle, hat der Gesetzgeber mit einem Festhalten am Status quo beantwortet. Unter dem Eindruck steigender Fallzahlen (→ Rn. 23) gab es auch

5 BGBl. 2021 Teil I Nr. 29, 1444.
6 Gesetz v. 8.9.2005, BGBl. I, 2729.
7 Vgl. BT-Drs. 12/2866, 30.
8 Vgl. dazu Wiesner ZfJ 2001, 281; Fegert ZfJ 2000, 441.

in jüngerer Zeit entgegen der einhelligen Plädoyers der Fachwelt[9] erneut Bestrebungen,[10] die Verantwortung für seelisch behinderte Kinder und Jugendliche in die Sozialhilfe zurückzuführen, gepaart mit der Forderung nach einer Begrenzung des Rechtsanspruchs auf wesentliche Behinderungen.[11] Auch in der 15. Legislaturperiode waren diese Forderungen jedoch nicht erfolgreich.[12] In der 16. Legislaturperiode gab es Bestrebungen der Politik, die Eingliederungshilfe für Kinder und Jugendliche mit Behinderungen unter dem Dach der Kinder- und Jugendhilfe zusammenzuführen.[13] Auch in der 17. Legislaturperiode ist die sog. große Lösung im Rahmen des Gesetzes zur Verwaltungsvereinfachung in der Kinder- und Jugendhilfe (**Kinder- und Jugendhilfeverwaltungsvereinfachungsgesetz** – KJVVG)[14] wiederum nicht umgesetzt worden. Auch das Bundesteilhabegesetz wird ab 1.1.2018 zu keiner Änderung der diesbezüglichen Rechtslage führen. Ebenso wurde die in Arbeitsentwürfen im Jahr 2016 vorgelegte inklusive Lösung nicht weiterverfolgt. Mit dem KJSG war in den Jahren 2016/2017 letztendlich keine Zusammenführung aller behinderten Kinder und Jugendlichen unter dem Dach der Kinder- und Jugendhilfe mehr verfolgt worden. Nachdem das KJSG sowohl am 7.7.2017 als auch am 22.9.2017 in letzter Sekunde von der Tagungsordnung des Bundesrates genommen wurde, sind auch mit dem KJSG intendierte zaghafte programmatische Änderungen des SGB VIII hin zu einer inklusiven Ausrichtung vorerst gescheitert. Mit Ausnahme der Änderungen, die § 35a Abs. 3 durch das BTHG erfährt, blieb die Vorschrift damit unverändert.

Mit Art. 1 des **KJSG** wurde nun im Jahr 2021 ein neuer Anlauf zur Verwirklichung der sog. großen Lösung unternommen. Regelungen zur Umsetzung der inklusiven Jugendhilfe sind insbesondere in Art. 1 des KJSG (§ 10 Abs. 4 S 3), in Art. 8 Abs. 1 Nr. 2 und Abs. 2 sowie in Art. 9 KJSG enthalten. Die inklusive Ausrichtung des SGB VIII wird dabei in drei Stufen verfolgt. Mit Inkrafttreten der überwiegenden Neuregelungen mit Wirkung vom 10.6.2021 wurde auf 1. Stufe sofort der Leitgedanke der Inklusion in mehreren Regelungen verankert. Ferner sind nun einzelne Leistungsnormen (insbes. § 11) inklusiv ausgestaltet. Mit der 2. Stufe wird mit Wirkung zum 1.1.2024 ein „Verfahrenslotse" in § 10b zeitlich befristet implementiert. Mit der 3. Stufe mit Wirkung zum 1.1.2028 soll dann die vorrangige Zuständigkeit der Jugendhilfe für die Leistungen der Eingliederungshilfe aller Kinder und Jugendlichen im Sinne der sog. großen Lösung festgeschrieben werden. Dies wird auch auf junge Volljährige nach § 41 SGB VIII Auswirkungen haben. Allerdings treten diese Rechtsänderungen auf 3. Stufe nicht automatisch ein. Der Erlass eines weiteren Bundesgesetzes bis zum 1.1.2027 ist hierfür erforderlich.

Über den Bundesrat wurde eine Änderung des § 35a Abs. 1 durch eine Neuregelung des Behinderungsbegriffs vorgeschlagen. Danach sollte der neu in § 7 Abs. 2 eingefügte Behinderungsbegriff des § 2 Abs. 1 SGB IX auch für § 35a maßgeblich sein.[15] Die

9 Vgl. Gerlach/Knut ZKJ 2012, 86; Leonhard RdLH 2012, 53; Kunkel ZfSH/SGB 2012, 648; Fegert JAmt 2010, 267 unter Hinweis auf die UN-Behindertenkonvention; Dillmann/Dannat ZfF 2009, 25; Schwengers S. 338; 10. und 11. Kinder- und Jugendbericht BT-Drs. 13/11368 und 14/8181; 13. Kinder- und Jugendhilfebericht BT-Drs. 16/12860, 12 ff.

10 Vgl. BT-Drs. 15/4532; Gesetzesinitiative Bayern in BT-Drs. 15/1406; BR-Drs. 279/03.

11 Ablehnend DV NDV 2004, 37; Späth EJ 2003, 198.

12 Vgl. die umfassende Analyse zur Streitfrage von Greß/Rixen/Wasem VSSR 2009, 43.

13 S. Koalitionsvertrag zwischen CDU, CSU und FDP, S. 71; Beschlussprotokoll der 86. Konferenz der Arbeits- und Sozialminister v. 25./26.11.2009, S. 12, http://www.stmas.bayern.de/wir/asmk2009/ergebnis-asmk2009.pdf; zu weiteren Vorschlägen für die Weiterentwicklung der Rehabilitation seelisch behinderter junger Menschen AGJ JAmt 2012, 13; Hoffmann JAmt 2010, 8 (13).

14 BT-Drs. 17/13023, Gesetzentwurf, s. Plenarprotokoll der 250. Sitzung des Bundestags v. 27.6.2013.

15 BR-Drs. 5/21, 16.

Bundesregierung hat diesem Vorschlag mit der Gegenäußerung allerdings nicht zugestimmt. Die Klärung und Fortschreibung des Behinderungsbegriffs soll im Rahmen eines breiten Beteiligungsprozesses in den nächsten Jahren erfolgen.[16]

5 Nach mehrjähriger Geltung des § 35a kam bereits der 10. Jugendhilfebericht[17] zu dem Ergebnis, dass es noch viele Schwierigkeiten und Widerstände in der **praktischen Umsetzung des § 35a** gibt.[18] Diese resultierten aus der vagen Definition des Begriffs der seelischen Behinderung, der Einordnung der Hilfe an der Grenzlinie zwischen Kinder- und Jugendhilfe einerseits und Jugendpsychiatrie andererseits bei gleichzeitiger Zuständigkeit der Kinder- und Jugendhilfe, aus dem Erfordernis einer gemeinsamen Hilfeplanung dieser beiden Fachdisziplinen sowie aus dem Umgang mit Behinderungskonzepten, die aus verschiedenen Segmenten der Sozialgesetzgebung stammten. In den Empfehlungen des 10. Kinder- und Jugendhilfeberichts wurde daher zusätzlich neben der Forderung nach einer ausschließlichen Zuständigkeit des Jugendhilfeträgers auch für Kinder und Jugendliche mit körperlichen und geistigen Behinderungen für eine Stärkung der fachlichen Kooperation zwischen Medizinern, Psychologen und Sozialpädagogen sowie für eine institutionalisierte Zusammenarbeit mit dem schulischen Bereich plädiert.[19] Den Forderungen nach einer verstärkten Kooperation und einer besseren Abgrenzung der Zuständigkeitsbereiche zwischen Medizinern, Psychologen und Sozialpädagogen hat der Gesetzgeber im KICK[20] mit der Neuregelung in § 36 Abs. 3 S. 1 1. Hs. sowie mit dem in § 35a Abs. 1a geregelten Verfahren zur Feststellung der alterstypischen Abweichung der seelischen Gesundheit Rechnung getragen.

1.2 Inhalt der Vorschrift

6 **Abs. 1 Satz 1** enthält für Kinder und Jugendliche, die seelisch behindert sind oder von einer solchen Behinderung bedroht sind, einen **Rechtsanspruch auf Eingliederungshilfe**, der – entgegen der sonstigen Systematik des Gesetzes – verfassungsrechtlich zulässig – nicht den PSB, sondern den behinderten jungen Menschen selbst zusteht, da bei diesem Hilfebedarf die elterliche Erziehungsverantwortung nach Art. 6 GG nicht im Vordergrund steht. Mangelnde Teilhabe basiert bei § 35a primär auf einer behinderungsbedingten Teilhabebeeinträchtigung und entsteht idR nicht aufgrund einer entsprechenden elterlichen Entscheidung hinsichtlich einer Teilhabe bzw. Nichtteilhabe am Leben.[21] **Abs. 1 Satz 2** definiert den Begriff einer drohenden seelischen Behinderung und will damit laut Gesetzesbegründung[22] die Anspruchsschwelle anheben. **Abs. 1 Satz 3** sieht in analoger Anwendung des § 27 Abs. 4 vor, dass Eingliederungshilfe auch den speziellen Bedarf der Unterstützung bei der Pflege und Erziehung eines Kindes umfasst, der entsteht, wenn ein sich in einer Einrichtung oder Pflegefamilie befindliches seelisch behindertes Mädchen bzw. eine junge Frau ein Kind zur Welt bringt. In **Abs. 1a** schreibt der Gesetzgeber detailliert das **Verfahren zur Feststellung der Abweichung der seelischen Gesundheit** nach Abs. 1 Satz 1 Nr. 1 auf der Grundlage der Internationalen Klassifikation der Krankheiten der Weltgesundheitsorganisation vor. Damit wird die Rolle der ärztlichen Fachkräfte bei der Feststellung der Leistungsvoraussetzungen näher spezifiziert, um den in der Praxis beklagten Abgrenzungsproblemen zu den Aufgaben der sozialpädagogischen Fachkräfte des JA entgegenzuwir-

---

16 BT-Drs. 19/27481, 79.
17 BT-Drs. 13/11368, 279.
18 Dazu auch Kreichelt ZfJ 2001, 143 und 179.
19 Vgl. zu letzterem §§ 30 Abs. 3 S. 2 und 3, 56 Abs. 2 SGB IX.
20 Gesetz v. 8.9.2005, BGBl. I, 2729.
21 Ausführlich hierzu Kepert, Jugendhilfe 2018, 304. Vgl. hierzu auch Meysen in FK-SGB VIII Rn. 14.
22 BT-Drs. 15/1406, 7.

ken (→ Rn. 5).[23] Eine minimale Änderung erfolgte mit Wirkung vom 26.5.2020 durch Gesetz vom 28.4.2020.[24] Die Wörter „Deutschen Institut für medizinische Dokumentation und Information" wurden durch die Formulierung „Bundesinstitut für Arzneimittel und Medizinprodukte" ersetzt. Eine etwas weitreichendere Änderung hat Abs. 1a Satz 1 Nr. 2 mit Wirkung vom 1.9.2020 durch Gesetz vom 15.11.2019[25] erfahren. Die Stellungnahme kann nach der Rechtsänderungen auch durch einen **Psychotherapeuten** mit einer Weiterbildung für die Behandlung von Kindern und Jugendlichen erfolgen. Mit Art. 1 des KJSG erfolgte mit Wirkung vom 10.6.2021 eine Ergänzung des Abs. 1a um einen neuen Satz 3, nach welchem auch Ausführungen nach Abs. 1a zum Vorliegen einer Teilhabebeeinträchtigung vom Träger der öffentlichen Jugendhilfe bei der Entscheidung über eine beantragte Leistung angemessen berücksichtigt werden sollen. Trotz Neuregelung in § 7 Abs. 2 durch Art. 1 des KJSG gelten im Anwendungsbereich des § 35a die Legaldefinitionen des § 35a Abs. 1 S. 1 bzw. S. 2 für die Tatbestandsvoraussetzung der Behinderung bzw. der drohenden Behinderung.

Abs. 2 zählt **Formen der Eingliederungshilfe** auf, die sich am Bedarf des Einzelfalles zu orientieren haben. Hinsichtlich der **Aufgabe und des Ziels der Hilfe**, der Bestimmung des Personenkreises und der Art der Leistungen enthielt **Abs. 3** in der bis zum 31.12.2019 gültigen Fassung den Verweis auf Rechtsvorschriften der Eingliederungshilfe des SGB XII, soweit diese auf seelisch behinderte oder von einer solchen Behinderung bedrohte Personen Anwendung fanden. Ab 1.1.2020 wird direkt auf die anzuwendenden Regelungen im SGB IX verwiesen. In **Abs. 4 S. 1** stellt der Gesetzgeber klar, dass neben der **Eingliederungshilfe für seelisch behinderte Kinder und Jugendliche** gleichzeitig **HzE** in Betracht kommen kann (→ § 27 Rn. 9). In diesem Fall sollen Einrichtungen, Dienste und Personen in Anspruch genommen werden, die beiden Anliegen Rechnung tragen können. Im Umkehrschluss ist dieser Regelung zu entnehmen, dass vom Gesetzgeber nicht notwendig eine Koppelung zwischen Eingliederungshilfe und HzE verlangt wird. Bei heilpädagogischen Maßnahmen für Kinder im noch nicht schulpflichtigen Alter, die in Tageseinrichtungen erbracht werden, wird in **Abs. 4 S. 2** die **Integration** behinderter und nicht behinderter Kinder in den Vordergrund gestellt (vgl. dazu auch § 22a Abs. 4).

2 Tatbestandsvoraussetzungen und Rechtsfolge (Abs. 1 und Abs. 1a)

2.1 Allgemeines und Abgrenzungsfragen

Kinder und Jugendliche iSd § 7 Abs. 1 Nr. 1 und Nr. 2 iVm Abs. 2 haben einen **Rechtsanspruch auf Eingliederungshilfe**, wenn sie seelisch behindert oder von einer solchen Behinderung bedroht sind. Über **§ 41 Abs. 2** gilt dies als Regelanspruch auch für **junge Volljährige** iSd § 7 Abs. 1 Nr. 3, dh für junge Menschen, die 18 aber noch nicht 27 Jahre alt sind.[26] Die Hilfegewährung nach § 41 setzt – zusätzlich zu den Anforderungen nach § 35a – voraus, dass der junge Erwachsene einen Bedarf an Förderung seiner Persönlichkeitsentwicklung aufweist (→ § 41 Rn. 3 ff.). Weiter wird verlangt, dass die Hilfeleistung ein Mindestmaß an Erfolg verspricht.[27] Über die Vollendung des 21. Lebensjahres hinaus besteht der Rechtsanspruch allerdings nur für einen begrenzten Zeitraum (maximal bis zur Vollendung des 27. Lebensjahres) und nur wenn die Hilfsmaßnahme bereits vor diesem Zeitpunkt begonnen hat. Zusätzlich wird ein besonderer Grund für eine solche Fortführungsmaßnahme verlangt, etwa ein verspäteter Schulabschluss und eine daraus folgende Verzögerung der gesamten Ausbildung.[28] 7

23 BR-Drs. 586/04, 66.
24 BGBl. I, 960, geänd. durch G v. 19.5.2020, BGBl. I, 1018.
25 BGBl. I, 1604.
26 Vgl. dazu NdsOVG 25.1.2000 – 4 L 2934/99, FEVS 52, 7.
27 Vgl. Krause ZfJ 1992, 169.
28 Vgl. BT-Drs. 11/5948, 78.

Nicht geteilt wird die Auffassung, dass § 41 keinen Anspruch auf eine Eingliederungshilfe, sondern „lediglich einen Anspruch auf Hilfe zur Persönlichkeitsentwicklung verschaffe, die ggf. in Form einer Eingliederungsmaßnahme" erbracht werden könne und dass die Voraussetzungen des § 35a nicht zu beachten seien.[29] Die vom OVG NRW vorgenommene Gesetzesauslegung widerspricht der gesetzgeberischen Konzeption des § 41, nach welcher Eingliederungshilfe als integrierter Bestandteil der Hilfe für junge Volljährige erbracht wird (→ § 41 Rn. 13). § 41 verlängert die Hilfen nach § 27 und § 35a in zeitlicher Hinsicht über die Vollendung des 18. Lebensjahres hinaus. Wird daher einem jungen Volljährigen Eingliederungshilfe über den in § 41 Abs. 2 enthaltenen Verweis erbracht, setzt dies eine seelische Behinderung und eine hierdurch verbundene Teilhabebeeinträchtigung oder eine drohende Behinderung voraus.[30]

8 § 19 ermöglicht die Gewährung von Eingliederungshilfe in Gestalt der Betreuten Wohnformen (→ § 19 Rn. 21) auch an seelisch behinderte Personen, die älter als 26 Jahre sind, wenn diese schwanger sind oder mindestens ein Kind unter sechs Jahren allein erziehen.[31] Nach der Regelung des **Abs. 1 Satz 3** umfasst die Eingliederungshilfe auch Maßnahmen, um seelisch behinderte oder von einer seelischen Behinderung bedrohte junge Mädchen und Frauen, die sich in einer Einrichtung bzw. in einer Pflegefamilie befinden, auch dazu zu befähigen, ihr während dieser stationären Unterbringung zur Welt gebrachtes Kind zu erziehen und zu pflegen. Vor Erlass dieser Vorschrift war strittig, ob in einer solchen Situation nicht § 19 als speziellere Vorschrift § 35a verdrängt (zum Verhältnis § 19 und Eingliederungshilfe nach SGB IX → § 10 Rn. 72).[32] Die seelische Behinderung des alleinerziehenden Elternteils ist als leistungsauslösende Persönlichkeitsentwicklung iSd § 19 anzusehen,[33] so dass § 19 auch für seelisch behinderte alleinerziehende Elternteile Anwendung findet. Allerdings sieht die Leistungsnorm des § 19 für diese Situation keine pädagogischen oder therapeutischen Maßnahmen für den behinderten Elternteil vor, da Zielrichtung des § 19 die Förderung des Kindes ist. Mit der Verweisung in Abs. 1 S. 3 auf § 27 Abs. 4 können Hilfen an den **behinderten Elternteil**, die auf die Befähigung zur Wahrnehmung der Elternverantwortung gerichtet sind, nun im Rahmen des § 35a gewährt werden.[34] Damit ist eine derartige Hilfe (sog. Elternassistenz) keine Leistung nach § 19 und auch nicht HzE zugunsten des neugeborenen Kindes, sondern **Bestandteil der Eingliederungshilfe.** Weitergehend lässt sich aus § 1 Abs. 1 S. 3 ableiten, dass es auch generelles Ziel der Eingliederungshilfe sein kann, den behinderten jungen Menschen dazu zu befähigen, eine Erziehungsaufgabe angemessen zu bewältigen (→ § 19 Rn. 20; zur Abgrenzung § 19 und Eingliederungshilfe nach SGB IX → § 10 Rn. 72).[35]

2.2 Antragserfordernis und die weiteren Tatbestandsvoraussetzungen im Überblick

9 Die Tatbestandsvoraussetzungen sind zunächst § 35a Abs. 1 entnehmen. Das Kind iSd § 7 Abs. 1 Nr. 1 oder der Jugendliche iSd § 7 Abs. 1 Nr. 2 ist Anspruchsinhaber. Dieser

29 OVG NRW 11.3.2014 – 12 A 2751/13, juris Rn. 4; s. hierzu auch OVG NRW 11.10.2013 – 12 A 1590/13, juris Rn. 6.
30 S. hierzu auch BayVGH 6.2.2017 – 12 C 16.2159, juris Rn. 11; BayVGH 17.8.2015 – 12 AE 15.1691, juris Rn. 29; VG Bayreuth 22.9.2014 – B 3 K 13.106, juris Rn. 54; VG Frankfurt 15.7.2014 – 7 K 1450/13.F, juris Rn. 27 f.; OVG NRW 12.6.2014 – 12 A 659/14, juris Rn. 3.
31 So Nothacker ZfF 1997, 73 mwN.
32 VG Minden 31.7.2009 – 6 L 382/09; Meysen in FK-SGB VIII § 10 Rn. 55; Lorenz NDV 2008, 208; OVG NRW JAmt 2001, 424; DIJuF JAmt 2003, 354; VG Düsseldorf, NDV-RD 1999, 86.
33 Mrozynski ZFJ 2003, 458.
34 Vgl. BT-Drs. 15/5616, 25 Begründung zu § 27 Abs. 4.
35 Ebenso Mrozynski ZfJ 2003, 458.

muss schriftlich, mündlich oder durch konkludentes Handeln einen Antrag auf Leistungserbringung stellen. Ein förmlicher **Antrag** auf Erbringung der Eingliederungshilfe ist unstrittig nicht zwingend erforderlich.[36] In jedem Fall muss aber ein Einverständnis mit der Leistungserbringung vorliegen. In der Rspr. wird vertreten, dass dieses Einverständnis in Form eines zumindest formlosen Antrags (zum Antrag auch → § 36 Rn. 14)[37] zum Ausdruck gebracht werden muss. Einverständnis[38] und formloser Antrag werden aber regelmäßig zusammenfallen, so dass der Streit, ob ein (konkludentes) Einverständnis oder ein formloser Antrag erforderlich ist, eher akademischer Natur ist.

Zudem muss ein seelische Behinderung iSd § 35a Abs. 1 S. 1 Nr. 1 und 2 oder eine drohende seelische Behinderung iSd § 35a Abs. 1 S. 2 bestehen. Schließlich muss die Hilfe nach § 35a Abs. 2 und 3 geeignet und erforderlich sein. Hinsichtlich der Entscheidung über die geeignete und erforderliche Hilfe kommt dem Jugendamt ein Beurteilungsspielraum zu (→ § 27 Rn. 13).

2.3 Die Tatbestandsvoraussetzung der seelischen Behinderung: Abweichen von der seelischen Gesundheit und hieraus resultierende Teilhabebeeinträchtigung (Zweigliedriger Behinderungsbegriff)

Der **unbestimmte Rechtsbegriff „seelische Behinderung"** in § 35a ist in Übereinstimmung mit der Definition des Behinderungsbegriffs gefasst, wie sie in § 2 Abs. 1 S. 1 SGB IX nach alter, bis zum 31.12.2017 gültigen, Rechtslage enthalten war. Wie in § 35a aF hat der Begriff seine **Zweigliedrigkeit** behalten und es werden neben bereits eingetretenen Behinderungen auch drohende Behinderungen erfasst. Für eine seelische Behinderung ist Voraussetzung, dass die seelische Gesundheit des betroffenen jungen Menschen von dem für sein Lebensalter typischen Zustand mit hoher Wahrscheinlichkeit länger als sechs Monate abweicht. Als Folge daraus muss die Teilhabe am Leben in der Gesellschaft entweder bereits beeinträchtigt sein oder aber eine solche Beeinträchtigung muss zu erwarten sein.[39] Die seelische Behinderung stellt sich damit als Folgezustand einer lang andauernden altersuntypischen Abweichung in der seelischen Gesundheit dar. Der **Behinderungsbegriff** orientiert sich demnach nicht mehr an wirklichen oder vermeintlichen Defiziten, sondern rückt das Ziel der Teilhabe an den verschiedenen Lebensbereichen (Partizipation) in den Vordergrund.[40] 10

Nicht unproblematisch für die Rechtsanwendung im SGB VIII sind nach hiesiger Auffassung die mit dem Bundesteilhabegesetz zum 1.1.2018 eintretenden Rechtsänderungen hinsichtlich des Behinderungsbegriffs. So differiert der neu in § 2 Abs. 1 S. 1 SGB IX normierte Behinderungsbegriff von der Begriffsbestimmung in § 35a Abs. 1 SGB VIII. Bei der Neubestimmung des Begriffs der Behinderung in § 2 Abs. 1 S. 1 SGB IX handelt es sich nach hier vertretener Auffassung entgegen der Einschätzung des Gesetzgebers nicht lediglich um eine „deklaratorische Anpassung" an die UN-BRK.[41] Vielmehr wird insbesondere der zweite Teil des zweigliedrigen Behindertenbegriffs neu bestimmt. Während bisher auf die Beeinträchtigung der Teilhabe am Leben

36 Ebenso BVerwG 28.4.2016 – 5 C 13/15, juris Rn. 36; VG Freiburg 22.12.2016 – 4 K 4471/16, juris Rn. 12; BayVGH 30.6.2016 – 12 C 16.1162, juris Rn. 32.

37 BVerwG 14.11.2013 – 5 C 34/12, juris Rn. 35; BVerwG 22.5.2008 – 5 B 130/07, juris Rn. 3; BVerwG 21.6.2001 – 5 C 6/00, juris Rn. 13 und 14, BVerwG 28.9.2000 – 5 C 29/99, juris Rn. 10 f.; NdsOVG 2.8.2013 – 4 LA 112/12, juris Rn. 3; OVG RhPf 29.10.2012 – 7 A 10868/12, juris Rn. 30; BayVGH 6.4.2009 – 12 C 08.2559, juris Rn. 3: Antrag ist materielle Voraussetzung.

38 S. hierzu auch BVerwG 28.4.2016 – 5 C 13/15, juris Rn. 36: „Bereitschaft, Hilfe annehmen zu wollen" sowie VG Schwerin 13.11.2015 – 6 B 3377/15 SN, juris Rn. 23.

39 S. hierzu auch OVG NRW 3.2.2015 – 12 B 1493/14, juris Rn. 11.

40 BT-Drs. 14/5074, 98.

41 BT-Drs. 18/9522, 227.

in der Gesellschaft abgestellt worden ist, wird nunmehr zur Definition der Behinderung an die Wechselwirkungen zwischen einstellungs- und umweltbedingter Barrieren und der Hinderung an gleichberechtigter Teilhabe an der Gesellschaft geknüpft. Dies ist nach hiesiger Auffassung weit mehr als eine „deklaratorische Anpassung".

Auch der Begriff der drohenden Behinderung ist nach neuer Rechtslage so geregelt, dass erhebliche Unterschiede zwischen der im SGB IX enthaltenen Definition und der Regelung in § 35a Abs. 1 bestehen. Während nach der Neuregelung in § 2 Abs. 1 S. 3 SGB IX Menschen von Behinderung bedroht sind, wenn eine Beeinträchtigung nach Satz 1 zu erwarten ist, muss nach § 35a Abs. 1 S. 2 SGB VIII die Beeinträchtigung mit hoher Wahrscheinlichkeit zu erwarten sein. Die Regelung im SGB VIII stellt damit deutlich gesteigerte Anforderungen hinsichtlich der Eintrittswahrscheinlichkeit einer Teilhabebeeinträchtigung.

Nicht unproblematisch ist auch die in § 99 SGB IX getroffene Regelung für den leistungsberechtigten Personenkreis der Eingliederungshilfe. In Abweichung von dem „übergeordneten" Behinderungsbegriff in § 2 SGB IX wird mit § 99 SGB IX für den leistungsberechtigten Personenkreis des Teils 2 SGB IX, also für die Eingliederungshilfe, eine Spezifizierung des Behinderungsbegriffs als Zugangsvoraussetzung geregelt.[42] Nach Art. 26 Abs. 5 des BTHG tritt die Neuregelung in § 99 SGB IX allerdings erst zum 1.1.2023 in Kraft, wenn bis dahin das Bundesgesetz nach § 99 Abs. 7 SGB IX verkündet wurde. Mittlerweile gibt es allerdings nicht unerhebliche Kritik an der mit dem BTHG zunächst intendierten Fassung des § 99 SGB IX. Es bleibt daher abzuwarten, welchen Inhalt § 99 SGB IX dann aufweisen wird.[43]

Hinsichtlich der unterschiedlichen Bestimmungen des Behinderungsbegriffs in § 2 SGB IX und § 35a ist die Bestimmung in § 7 SGB IX zu beachten. Gem. § 7 Abs. 1 S. 1 SGB IX gelten die Vorschriften im Teil 1 des SGB IX, also auch § 2 SGB IX, nur, soweit sich aus den für den jeweiligen Rehabilitationsträger geltenden Leistungsgesetzen nichts Abweichendes ergibt. Nach § 7 Abs. 1 S. 2 SGB IX richten sich die Zuständigkeit und die Voraussetzungen für die Leistungen zur Teilhabe nach den für den jeweiligen Rehabilitationsträger geltenden Leistungsgesetzen. Auch in der Gesetzesbegründung zu § 2 SGB IX wird ausgeführt, dass die Frage, ob bei Vorliegen einer Behinderung die für den Rehabilitationsträger jeweils geltenden Leistungsvoraussetzungen erfüllt sind, gemäß § 7 SGB IX nach den für den Leistungsträger geltenden Leistungsgesetzen zu beantworten ist.[44]

Daher ist nach hiesiger Auffassung auch nach neuer Rechtslage der Behinderungsbegriff des § 35a Abs. 1 für den Leistungszugang zur Eingliederungshilfe maßgeblich. In der Literatur wird allerdings die Auffassung vertreten, dass sich aus der Gesetzesbegründung zum Bundesteilhabegesetz ergebe, dass der Begriff der Behinderung den „Leistungsvoraussetzungen" vorgelagert sein soll. Daher gelte auch für die Eingliederungshilfe nach § 35a der Begriff des § 2 SGB IX.[45] Nach hier vertretener Auffassung ist allerdings zu berücksichtigen, dass nach § 7 Abs. 1 S. 1 SGB IX die Vorschriften im Teil 1 des SGB IX, also auch § 2 SGB IX, für die Teilhabeleistungen nur gelten, soweit sich aus den für den jeweiligen Rehabilitationsträger geltenden Leistungsgesetzen nichts Abweichendes ergibt. Der Begriff der Behinderung ist aber in § 35a Abs. 1 S. 1 abweichend von § 2 SGB IX und auch abweichend von der mit Art. 1 KJSG in § 7 Abs. 2 eingefügten Vorgabe definiert.

42 BT-Drs. 18/9522, 275.

43 S. hierzu zB https://umsetzungsbegleitung-bthg.de/service/aktuelles/ergebnisse-ag-leistungsberechtigter-personenkreis/; https://umsetzungsbegleitung-bthg.de/w/files/umsetzungsstand/informationen-zur-arbeit-der-ag-leistungsberechtigter-personenkreis.pdf.

44 BT-Drs. 18/9522, 226.

45 Kunkel ZFSH/SGB 2017, 194.

2.4 Glied 1 des Behinderungsbegriffs: Abweichung von der alterstypischen seelischen Gesundheit (Abs. 1 Satz 1 Nr. 1)

An die seelische Gesundheit des jungen Menschen wird in zweierlei Hinsicht ein Maßstab angelegt: Zunächst der des seelischen Gesundheitszustandes, der für sein Alter typisch ist. Angesichts der unterschiedlichen Entwicklungsgeschwindigkeit und -dynamik bei jungen Menschen kann es jedoch schwierig sein, insoweit zu einer klaren Diagnose zu gelangen.[46] Im Interesse des betroffenen jungen Menschen – und um einer Stigmatisierung vorzubeugen – muss als **Maßstab für die Abweichung** die gesamte Bandbreite der alterstypischen seelischen Gesundheit dienen.[47] Eine Abweichung iSd Abs. 1 S. 1 Nr. 1 ist aber jedenfalls dann anzunehmen, wenn eine **psychische oder Verhaltensstörung** vorliegt. Die nun in § 35a Abs. 1a S. 2 vorgeschriebene Grundlage für die gutachtliche Feststellung der Abweichung der seelischen Gesundheit ist die Internationale Klassifikation der Krankheiten,[48] Kapitel V Psychische und Verhaltensstörungen. In einem zweiten Schritt wird eine Prognose über die Dauer der Abweichung verlangt (→ Rn. 13). 11

Im fünften Kapitel der Internationalen Klassifikation der Krankheiten (ICD 10) sind folgende Formen von psychischen und Verhaltensstörungen beschrieben: 12

- Organische, einschließlich symptomatischer psychischer Störungen (F00–F09): Demenz, amnestisches Syndrom, Hirnfunktionsstörungen, Persönlichkeits- und Verhaltensstörungen ua
- Psychische und Verhaltensstörungen durch psychotrope Substanzen F10–F19: Schädlicher Gebrauch, Abhängigkeitssyndrom ua
- Schizophrenie, schizotype und wahnhafte Störungen (F20–F29)
- Affektive Störungen (F30–F39): Manische Episode, bipolare affektive Störung, depressive Episode oder Störung, dissoziative Störungen, somatoforme Störungen ua
- Neurotische, Belastungs- und somatoforme Störungen (F40–F48): Angststörungen, Zwangsstörung, Reaktionen auf schwere Belastungen und Anpassungsstörungen ua
- Verhaltensauffälligkeiten mit körperlichen Störungen und Faktoren (F50–F59): Essstörungen, nichtorganische Schlafstörungen, sexuelle Funktionsstörungen ua
- Persönlichkeits- und Verhaltensstörungen (F60–F69): Paranoide, schizoide, dissoziale, emotional instabile, histrionische, zwanghafte, ängstliche oder abhängige Persönlichkeitsstörung, abnorme Gewohnheiten und Störungen der Impulskontrolle, Störungen der Geschlechtsidentität, Störungen der Sexualpräferenz, Psychische und Verhaltensstörungen in Verbindung mit der sexuellen Entwicklung und Orientierung ua
- Entwicklungsstörungen (F80–F89): Umschriebene Entwicklungsstörungen des Sprechens und der Sprache (zB Artikulationsstörung), der schulischen Fertigkeiten (zB Lese-, Rechtschreib- oder Rechenstörung) oder der motorischen Funktionen, tiefgreifende Entwicklungsstörungen (zB Autismus, Asperger-Syndrom) ua
- Verhaltens- und emotionale Störungen mit Beginn in der Kindheit und Jugend (F90–F98): Hyperkinetische Störungen, Störungen des Sozialverhaltens, kombinierte Störung des Sozialverhaltens und der Emotionen, Emotionale Störungen des Kindesalters (zB Trennungsangst, Phobische Störung, Ängstlichkeit, Ge-

46 Vgl. Fegert ZfJ 2000, 441.
47 Zur Frage der Normabweichung näher Harnach in JHSM Rn. 10, 11; Stähr in Hauck/Noftz Rn. 15: nicht iSe statistischen Durchschnitts.
48 ICD – 10; www.dimdi.de/de/klassi/diagnosen/icd10/.

schwisterrivalität), Störungen sozialer Funktionen mit Beginn in der Kindheit und Jugend (zB Bindungsstörungen), Ticstörungen ua

- F99–F99: Nicht näher bezeichnete psychische Störungen

Mit der 10. Revision der ICD wurde ein sechsaxiales Klassifikationsschema für psychische Störungen des Kindes- und Jugendalters eingeführt. Auf der ersten Achse werden die Diagnosen aus dem Kapitel V des ICD-10 mit Ausnahme der Intelligenz- (F70–F79) und Entwicklungsstörungen (F80–F89) beschrieben. Entwicklungsrückstände werden auf der zweiten und das Intelligenzniveau auf der dritten Achse genannt. Die vierte Achse ist bestehenden körperlichen Symptomatiken und die fünfte mit der psychischen Störung assoziierten, aktuellen abnormen psychosozialen Umständen vorbehalten. Die Beurteilung des globalen psychosozialen Funktionsniveaus wird schließlich auf der sechsten Achse codiert.

Obwohl vom Katalog des ICD – 10 unter Kapitel V in F 70–79 mitumfasst, sind **Intelligenzminderungen** grds. nicht als seelische Störung einzuordnen, was dennoch bei Hinzutreten von Sekundärfolgen im psychischen Bereich zu einer seelischen Behinderung führen kann.[49] Eine geistige Behinderung wird angenommen bei einem IQ von unter 70.[50] Ab einem IQ von unter 49 ist eine wesentliche geistige Behinderung iSd § 99 SGB IX anzunehmen.[51]

13 Neben der Feststellung einer altersuntypischen Abweichung in der seelischen Gesundheit verlangt Abs. 1 S. 1 Nr. 1 zusätzlich, dass diese bereits länger als sechs Monate andauert oder aber sich prognostisch mit hoher Wahrscheinlichkeit über diesen Zeitraum hinweg erstrecken wird.[52] Besondere Schwierigkeiten bei der Subsumtion werden bei diesem gesetzten **Zeitrahmen** bei psychischen Erkrankungen entstehen, die sich schubweise, also in größeren Zeitabständen äußern. Für die Annahme einer **hohen Wahrscheinlichkeit** der Dauer der seelischen altersuntypischen Abweichung der Gesundheit reicht damit eine nur allgemeine oder theoretisch bestehende Möglichkeit nicht aus. Ebenso wenig darf aber eine mit an Sicherheit grenzende Wahrscheinlichkeit verlangt werden. Trotz der richterlichen Definition des Begriffs der hohen Wahrscheinlichkeit dürfte die Erstellung derartiger Prognosen schwierig und irrtumsanfällig sein. Hilfreich bei der Prognose können wissenschaftliche Erkenntnisse über typische Verlaufsformen seelischer Störungen unter Beachtung des Einzelfalles sein. Festzuhalten ist jedenfalls, dass vorübergehende Abweichungen in der seelischen Verfassung von § 35a Abs. 1 Nr. 1 nicht erfasst werden.

2.5 Verfahren zur Feststellung der Abweichung von der seelischen Gesundheit (Abs. 1a)

14 Die Abweichung von der alterstypischen seelischen Gesundheit ist in einem eigens in Abs. 1a geregelten Verfahren festzustellen, das abschließend sowohl den Kreis der Gutachter (Satz 1) als auch die Basis der Begutachtung (Satz 2) vorschreibt. Das Gutachten muss aktuell sein.[53] Gutachter können lediglich Mitglieder der in Satz 1 genannten **Berufsgruppen** sein.

Abs. 1a Satz 1 Nr. 2 hat mit Wirkung vom 1.9.2020 durch Gesetz vom 15.11.2019[54] eine Änderung erfahren. Die Stellungnahme kann nach der Rechtsänderungen auch

49 SächsOVG 9.6.2009 – 1 B 288/09, DÖV 2010, 411; VGH BW 24.4.1996 – 6 S 827/95, NVWZ-RR 1997, 360; Rn. 23.
50 Dillmann/Dannat ZfF 2009, 25; BayVGH 5.6.2007 – 12,05/218, JAmt 2007, 433.
51 Meysen in FK-SGB VIII Rn. 24; SG Marburg 23.2.2007 – S 9 SO 42/05; Kat. 6 [F 71].
52 Zu den Bedenken, dieselbe Zeitspanne auf Erwachsene und junge Menschen gleichermaßen anzuwenden: Fegert ZfJ 2000, 441.
53 SächsOVG 24.3.2015 – 4 B 171/14, juris Rn. 9.
54 BGBl. I, 1604.

durch einen Psychotherapeuten mit einer Weiterbildung für die Behandlung von Kindern und Jugendlichen erfolgen.

Ferner kann die Stellungnahme durch einen Facharzt für Kinder- und Jugendpsychiatrie und -psychotherapie oder durch einen approbierten Kinder- oder Jugendpsychotherapeut (§ 1 Abs. 1 und 2 PsychothG), der zwar keine ärztliche Ausbildung aufweisen muss, nach Erlass des Psychotherapeutengesetzes jedoch Ärzten in der Krankenbehandlung gleichgestellt ist (vgl. § 27 Abs. 1 Nr. 1 SGB V), erstellt werden. Ärzte oder approbierte psychologische Psychotherapeuten ohne Zusatzqualifikationen auf dem Gebiet der Kinder- und Jugendpsychiatrie und -psychotherapie sind nur dann als Gutachter zulässig, wenn sie über besondere Erfahrungen auf dem Gebiet der seelischen Störungen bei Kindern bzw. bei Jugendlichen verfügen.[55] Ob diese Voraussetzung vorliegt, ist vom öffentlichen Träger zu prüfen. Als Nachweise der besonderen Erfahrungen könnten etwa durch die Ärztekammer oder Kassenärztliche Vereinigung zertifizierte Fort- und Weiterbildungen in diesen Fachgebieten dienen. Letztlich hat das JA darüber zu befinden, ob der Gutachter dem ausgewählten Kreis der in Abs. 1a S. 1 genannten Berufe angehört. Die Leistungsberechtigten sind zur Mitwirkung bei der Einholung der Stellungnahme nach § 62 SGB I verpflichtet.[56] Fraglich ist jedoch, ob der Leistungsberechtigte, also das Kind oder der Jugendliche bzw. sein gesetzlicher Vertreter Einfluss auf die Wahl des Gutachters nehmen kann. Aus dem **Wunsch- und Wahlrecht** nach § 5, das sich lediglich auf die Art und Form der Hilfegewährung insbesondere iSe Auswahl des Leistungserbringers erstreckt, ist dies nicht abzuleiten. Gleichwohl wird dem Leistungsberechtigten aber in seinem Interesse ein Mitspracherecht bei der Auswahl des Gutachters einzuräumen sein.[57]

Grundlage der Begutachtung muss gemäß Abs. 1a Satz 2 die **internationale Klassifikation der Krankheiten** (ICD – 10) in der vom Bundesinstitut für Arzneimittel und Medizinprodukte im Auftrag des Bundesministeriums für Gesundheit herausgegebenen deutschen Fassung sein. In Anlehnung an die in § 301 Abs. 2 S. 1 SGB V genannten Kriterien bedeutet dies, dass die Diagnose nach dem vierstelligen Schlüssel der Internationalen Klassifikation der Krankheiten zu formulieren ist.[58] Vom gewählten Gutachter ist im Rahmen der Begutachtung auch eigens darzulegen, ob die **Abweichung von der alterstypischen Gesundheit Krankheitswert** hat oder aber auf einer Krankheit beruht (Satz 3). Dies hat für die Abgrenzung einer möglichen vorrangigen Leistungszuständigkeit der Krankenkasse Bedeutung (→ Rn. 29 f.). Für die Abgrenzung zur Zuständigkeit des Rehabilitationsträgers nach § 99 SGB IX ist es hilfreich, wenn das Gutachten außerdem Aussagen zum Ausschluss einer geistigen oder körperlichen Beeinträchtigung oder aber zum Vorliegen einer Mehrfachbeeinträchtigung trifft. 15

Zur **Vermeidung von Interessenkonflikten** verlangt der Gesetzgeber in Abs. 1a Satz 4, dass die auf das Gutachten folgende Eingliederungshilfemaßnahme im Regelfall nicht vom Gutachter selbst bzw. von einem Dienst oder einer Einrichtung erbracht werden soll, dem dieser angehört. Demnach besteht nur in atypischen Fällen die Möglichkeit, von dieser gesetzlichen Vorgabe abzuweichen. Problematisch ist, ob die bisherige Praxis, Diagnostik und Stellungnahme von eigenen Stellen in den Jugendämtern einzuholen, mit Abs. 1a Satz 4 noch vereinbar ist oder ob auch in diesen Fällen gleichwohl eine Interessenkollision zu bejahen ist.[59]

Das JA ist an das Gutachten hinsichtlich der Feststellung des ersten Tatbestandselements des Abs. 1 unter Wahrung des in § 20 SGB X enthaltenen Grundsatzes der frei- 16

55 Vgl. VG Frankfurt/Oder 25.1.2012 – VG 683/09 zu fehlender Qualifikation.
56 Meysen in FK-SGB VIII Rn. 50, 52.
57 Vgl. auch Meysen in FK-SGB VIII Rn. 52; DIJuF JAmt 2006, 181.
58 Zu einer Musterstellungnahme s. Fegert ua JAmt 2008, 177 (181).
59 Letzteres verneinend DIJuF JAmt 2006, 181.

en Beweiswürdigung[60] gebunden. Allerdings darf das Gutachten nicht die Entscheidung der Fachkräfte des JA über die Teilhabebeeinträchtigung nach § 35a Abs. 1 S. 1 Nr. 2[61] und die geeigneten und notwendigen Maßnahmen der Eingliederungshilfe vorwegnehmen. Mit dieser Vorgabe sind jedoch Hinweise und Empfehlungen im Gutachten für das Hilfeplanverfahren nach § 36 nicht ausgeschlossen.[62]

Die **Kosten für die Begutachtung** sind Auslagen des Verwaltungsverfahrens und können daher gemäß § 64 Abs. 1 SGB X (→ § 97c Rn. 1)[63] nicht vom Betroffenen erhoben werden.[64] Eine generelle Abwälzung der Gutachtenkosten als Diagnosekosten auf die Krankenversicherung[65] kommt im Rahmen der Feststellung der Tatbestandsvoraussetzungen des § 35a nicht in Betracht, es sei denn, die Krankenversicherung ist ohnehin zuständig für die medizinische Rehabilitation (→ § 36 Rn. 55). Allerdings spricht nichts dagegen, dass sich das Jugendamt auf eine bereits vom Krankenversicherungsträger eingeholte Stellungnahme stützt.[66]

17 Eine **Abweichung vom vorgegebenen Verfahren nach Abs. 1a,** sei es, dass die Stellungnahme nicht durch ein Mitglied der zugelassenen Berufsgruppen, sei es, dass sie nicht auf der Basis der internationalen Klassifikation der Krankheiten (ICD – 10) erfolgt ist, stellt einen **Verfahrensfehler** dar. Dieser führt zwar nicht zur Nichtigkeit eines Bewilligungsbescheids gemäß § 40 SGB X, wohl aber zu seiner Rechtswidrigkeit.[67] Eine Heilung des Fehlers könnte analog § 41 Abs. 1 Nr. 4 bzw. Nr. 5 SGB X in Frage kommen. Gelingt dies nicht, ist der Verfahrensfehler regelmäßig nicht unbeachtlich gemäß § 42 SGB X.

18 Fraglich ist, ob Abs. 1a gemäß Art. 84 Abs. 1 GG, Art. 125b Abs. 2 GG nach der **Föderalismusreform I** einer landesrechtlichen abweichenden Regelung zugänglich ist. Dies ist dann der Fall, wenn Abs. 1a lediglich eine Verfahrensnorm ist.[68] Eine **Abweichungsbefugnis der Länder** ist zu verneinen, wenn die Regelung zugleich als materielles Recht einzustufen ist.

2.6 Glied 2 des Behinderungsbegriffs: Beeinträchtigung der Teilhabe am Leben in der Gesellschaft (Abs. 1 Satz 1 Nr. 2)

19 Als Folge der festgestellten altersuntypischen Abweichung in der seelischen Gesundheit muss die **Teilhabe am Leben in der Gesellschaft beeinträchtigt** sein. Die Feststellung, ob eine Teilhabebeeinträchtigung gegeben ist, muss zum Zeitpunkt der Entscheidung über einen Leistungsantrag getroffen werden.[69]

Eine Teilhabebeeinträchtigung ist insbesondere gegeben, wenn dem behinderten jungen Menschen die Teilhabe am Leben in der Gesellschaft in sozialer, schulischer oder aber beruflicher Hinsicht erschwert ist, mithin die Integrationsfähigkeit des jungen Menschen beeinträchtigt ist. Hierfür genügt, wenn sich die Störung in einem der

60 Zur Frage eines Zweitgutachten Fegert JAmt 2008, 177.
61 S. hierzu SächsOVG 20.2.2015 – 4 A 128/14, juris Rn. 5; OVG NRW 15.10.2014 – 12 B 870/14, juris Rn. 19; OVG NRW 18.7.2013 – 12 A 1677/12, juris Rn. 6 und v. Koppenfels-Spies in jurisPK-SGB VIII Rn. 36.1.
62 Vgl. BR-Drs. 586/04.
63 S. aber die Möglichkeit einer landesrechtlich abweichenden Regelung.
64 Ebenso Mrozynski SGB VIII Rn. 33; Stähr in Hauck/Noftz Rn. 36 h; Fischer in SFMK Rn. 10.
65 Vgl. DIJuF JAmt 2006, 85; Fegert ua JAmt 2008, 177.
66 So auch Mrozynski SGB VIII Rn. 16.
67 Stähr in Hauck/Noftz Rn. 36 c, 36 g; Kunkel/Haas ZKJ 2006, 148.
68 S. dazu allgemein BVerfG 10.12.1980 – 2 BvF 3/77, BVerfGE 55, 274 (320).
69 S. zu Schwierigkeiten bei dieser Feststellung vor einer Einschulung DIJuF JAmt 2020, 309.

relevanten Lebensbereiche auswirkt.[70] Allerdings muss die seelische Störung nach Breite, Tiefe und Dauer so intensiv sein, dass sie die Fähigkeit zur Eingliederung in die Gesellschaft beeinträchtigt.[71] Es muss damit eine bestimmte Erheblichkeitsschwelle überschritten werden.[72]

Laut Lempp ist der Zustand der wechselseitigen Beziehung zwischen dem jungen Menschen und seinen Mitmenschen am ehesten als Maßstab für die soziale Integrationsfähigkeit geeignet.[73] Die Feststellung einer seelischen Störung allein genügt für den **Behinderungsbegriff** also nicht, da diese im Kindesalter nicht zwangsläufig zur seelischen Behinderung führen muss. Sie ist nämlich häufig einer kinderärztlichen, kinderpsychiatrischen oder auch kinderpsychotherapeutischen Behandlung zugänglich[74] und unterliegt damit der vorrangigen Zuständigkeit der Krankenversicherung (→ Rn. 29 f.). Die in der Praxis häufig als Auslöser für die Eingliederungshilfe diskutierten **Teilleistungsschwächen** der Lese- und Rechtschreibstörung (Legasthenie) und der Rechenstörung (Dyskalkulie) stellen zum Beispiel selbst noch keine seelische Behinderung dar. Allerdings können sich daraus seelische Störungen entwickeln, die ihrerseits wiederum die schulische und soziale Eingliederung des Kindes beeinträchtigen (→ § 27 Rn. 3).[75] Dasselbe gilt für das sog. **Aufmerksamkeitsdefizitsyndrom**[76] sowie für Teilhabestörungen infolge **Hochbegabung**.[77] Bloße Schulprobleme, die andere Kinder teilen, sind noch keine behinderungsrelevanten seelischen Störungen; dies gilt allerdings nicht mehr für eine auf Versagensängsten beruhende stark ausgeprägte Schulangst oder gar Schulphobie. Eine Schul- und Lernverweigerung, ein erheblicher Rückzug aus sozialen Kontakten und eine Vereinzelung in der Schule sind behinderungsrelevant.[78] In diesem Zusammenhang ist zu berücksichtigen, dass die Schulbildung eine Schlüsselrolle für das gesamte weitere Leben einnimmt. Ohne angemessene Schulbildung wird regelmäßig die gesamte weitere Lebensgestaltung stark beeinträchtigt sein.

70 Kunkel JAmt 2007, 17; NdsOVG 31.3.2020 – 10 ME 69/20, juris Rn. 11; NdsOVG 12.2.2020 – 10 ME 36/20, juris Rn. 7; VG München 27.8.2020 – M 18 E 20.3684, juris Rn. 53; VG Köln 29.3.2019 – 26 K 1109/17, juris Rn. 81 f. Bei Beurteilung der Teilhabebeeinträchtigung ist es daher unzulässig im Wege einer „Gesamtschau" verschiedener Lebensbereiche eine defizitäre Situation in einem Lebensbereich durch eine gute Teilhabe in einem anderen Lebensbereich aufzuwiegen. So aber eventuell VG Potsdam 24.6.2019 – 7 K 5144/17, juris Rn. 28.

71 BVerwG 26.11.1998 – 5 C 38/97, juris Rn. 15. S. hierzu auch ThürOVG 19.1.2017 – 3 KO 656/16, juris Rn. 40 und 41.

72 S. hierzu auch VGH BW Beschl. v. 16.12.2019 – 12 S 2898/18, juris Rn. 15 f.

73 Die seelische Behinderung, S. 21; für eine Einbeziehung auch der subjektiven Einschätzung des jungen Menschen selbst Stähr in Hauck/Noftz Rn. 30; Lempp, Die seelische Behinderung, S. 22; Verneinung der beeinträchtigten Teilhabe im Einzelfall VG Sigmaringen 25.1.2005 – 4 K 2105/03, JAmt 2005, 246; zu näheren Anhaltspunkten für die Abschätzung des Behinderungsrisikos Harnach in JHSM Rn. 47.

74 So Lempp, Die seelische Behinderung, S. 46 zB zu den Psychosen des affektiven Formenkreises.

75 Vgl. dazu BVerwG FEVS 33, 457; VG Augsburg 1.12.2012 – Au 3 K 10.1486: kein Automatismus zwischen Teilleistungsstörung und drohender Behinderung; Kunkel ZfJ 2004, 376; vgl. aber VG Sigmaringen 25.1.2005 – 4 K 2105/03, JAmt 2005, 246, das einen wenig erfolgreichen Schulabschluss und Nachteile bei der Arbeitsplatzsuche noch nicht als Teilhabebeeinträchtigung sieht; VG Bayreuth 17.12.2012 – B 3 K12.937.

76 Vgl. OVG NRW 19.9.2011 – 12 B 1040/11; HessVGH 20.8.2009 – 10 A 1799/08, NVwZ-RR 2010, 59; die Teilhabebeeinträchtigung bejahend OVG NRW 9.10.2009 – 12 B 1273/09; VG Frankfurt 1.7.2009 – 6 K 50/05; VGH BW 24.4.1996 – 6 S 827/95, NVwZ-RR 1997, 360.

77 BayVGH 24.1.2008 – 12 C 08.6; Rohrmann NDV 2005, 62.

78 Vgl. hierzu BVerwG 26.11.1998 – 5 C 38/97, FEVS 49, 487; OVG RhPf 26.3.2007 – 7 E 1021/07, JAmt 2007, 365; kritisch im Hinblick auf die restriktive Auslegung des Begriffs der seelischen Behinderung Mrozynski SGB VIII Rn. 8; VG Hannover 20.5.2008 – 3 A 3648/07.

Bereits unter dem Präventionsgesichtspunkt der Eingliederungshilfe muss daher eine Leistungserbringung erfolgen, sofern und soweit eine Erheblichkeitsschwelle bei der Teilhabebeeinträchtigung überschritten wird.[79]

20 Für die **fachliche Beurteilung der Teilhabemöglichkeiten** empfiehlt es sich, die 6. Achse des Multiaxialen Klassifikationsschemas für psychische Störungen des Kindes- und Jugendalters nach ICD – 10 heranzuziehen, die eine Globalbeurteilung der psychosozialen Anpassung ermöglicht.[80]

Eine andere Form der fachlichen Beurteilung der Teilhabemöglichkeiten ergibt sich aus dem zweiten Teilhabebericht der Bundesregierung über die Lebenslagen von Menschen mit Beeinträchtigungen aus dem Jahr 2016. Demnach „lässt sich der Stand der Teilhabe an der Gesellschaft daran bemessen, inwiefern Menschen mit Beeinträchtigungen Zugang zu den einzelnen Teilbereichen […] haben."[81] Wenn die unter → Rn. 43 näher beschriebenen Handlungsspielräume eingeschränkt sind, ist auch die Teilhabe am Leben in der Gesellschaft entsprechend beeinträchtigt.

Die in Abs. 1 Satz 2 geforderte fachliche Beurteilung des Vorliegens einer Teilhabebeeinträchtigung darf im Gegensatz zur Begutachtung der altersuntypischen Abweichung der seelischen Gesundheit nach Abs. 1 S. 1 Nr. 1 nicht durch die in Abs. 1a S. 1 Nr. 1–3 genannten Fachkräfte erfolgen. Vielmehr obliegt es ausschließlich – wenn auch auf der Basis der Stellungnahme nach Abs. 1a – den **pädagogischen Fachkräften des JAs,** wie Sozialpädagogen, Sozialarbeitern oder aber Heilpädagogen, die Teilhabebeeinträchtigung des Leistungsberechtigten in Kooperation mit dem Gutachter festzustellen.[82] Teilweise wird von den Gerichten die Beteiligung fachärztlicher oder psychotherapeutischer Fachkräfte für die Feststellung der sozialen Integrationsfähigkeit für nicht zwingend gehalten[83] bzw. ein Abweichen von der Empfehlung eines Arztes oder Psychotherapeuten akzeptiert.[84]

Mit Art. 1 des **KJSG** ist mittels Einfügung eines neuen Satz 3 in Abs. 1a eine entsprechende klarstellende Regelung erfolgt.[85] Auch Ausführungen nach Abs. 1a zum Vorliegen einer Teilhabebeeinträchtigung sollen vom Träger der öffentlichen Jugendhilfe bei der Entscheidung über eine beantragte Leistung angemessen berücksichtigt werden. Um eine sachgerechte Prüfung des Vorliegens einer Teilhabebeeinträchtigung iSd § 35a Abs. 1 S. 1 Nr. 2 durchführen zu können, muss zuvor der Sachverhalt durch das Jugendamt umfassend gem. § 20 SGB X ermittelt werden. Im Rahmen dieser Sachverhaltsermittlung und anschließenden Entscheidungsfindung sind Ausführungen zur Teilhabebeeinträchtigung in der ärztlichen bzw. psychotherapeutischen Stellungnahme vom Jugendamt angemessen zu berücksichtigen. Mit dieser Neuregelung wird nicht in Frage gestellt, dass das Jugendamt die Hilfe nach § 36a Abs. 1 steuern muss und in diesem Zusammenhang über das Vorliegen der Tatbestandsvoraussetzung des § 35a zu entscheiden hat.[86]

21 Die Feststellung der sozialen Integrationsfähigkeit erfordert aber jedenfalls ein fachliches Zusammenwirken von ärztlichen und sozialpädagogischen Fachkräften unter der

---

79 Vgl. hierzu BVerwG 26.11.1998 – 5 C 38/97, FEVS 49, 487; s. auch Fegert ua JAmt 2008, 177; zu Beispielen der altersangemessenen Formen der Teilhabe: VG Hamburg 24.11.2009 – 13 K 4032/07; VG Hannover 20.5.2008 – 3 A 3648/07, JAmt 2009, 385.
80 Näher dazu Harnach in JHSM Rn. 62; Meysen in FK-SGB VIII Rn. 34 ff.
81 Engels/Engel/Schmitz, Teilhabebericht der Bundesregierung über die Lebenslagen von Menschen mit Beeinträchtigungen, S. 22.
82 So BT-Drs. 14/5074, 121; Kölch/Wolff/Fegert JAmt 2007, 1, plädieren für die Hinzuziehung eines Entwicklungspsychologen.
83 NdsOVG 4.2.2009 – 4 LC 514/07; NdsOVG 11.6.2008 – 4 ME 184/08, FEVS 60, 28.
84 BayVGH 23.8.2006 – 12 C06.894.
85 BGBl. 2021 Teil I Nr. 29, 1444.
86 BT-Drs. 19/26107, 83 und 84.

Federführung des JA. Damit verbleibt die Bestimmung des Behindertenbegriffs letztlich im **Verantwortungsbereich des JA.**[87] Allerdings unterliegt der unbestimmte Rechtsbegriff der seelischen Behinderung der vollen **gerichtlichen Überprüfung.**[88] Aus Sicht der Gerichte haben ärztliche und sozialpädagogische Fachkräfte unter Federführung des Jugendamtes im Rahmen des Untersuchungsgrundsatzes nach § 20 SGB X nachvollziehbare und gerichtlich überprüfbare Aussagen insbesondere darüber zu treffen, welche Lebensbereiche und welches soziale Umfeld von der Teilhabebeeinträchtigung betroffen sind.[89]

2.7 Tatbestandsalternative: Die drohende seelische Behinderung (Abs. 1 Satz 2)

Alternativ zur Tatbestandserfüllung infolge des Vorliegens einer seelischen Behinderung iSd § 35a Abs. 1 S. 1 ist auch das Vorliegen einer drohenden seelischen Behinderung gem. § 35a Abs. 1 S. 2 für die Tatbestandserfüllung ausreichend. Den seelisch behinderten jungen Menschen werden im Sinne des Präventionsgedankens die **von einer seelischen Behinderung Bedrohten** gleichgestellt. Dies sind nach Abs. 1 Satz 2 Kinder und Jugendliche, bei denen eine Beeinträchtigung ihrer Teilhabe am Leben in der Gesellschaft nach fachlicher Erkenntnis mit hoher Wahrscheinlichkeit zu erwarten ist. In diesen Fällen muss also eine Teilhabebeeinträchtigung noch nicht vorliegen, sich aber abzeichnen. Der Gesetzgeber verlangt demnach eine fachliche Prognose des JA darüber, ob sich aus der im Gutachten nach Abs. 1a festgestellten Abweichung von der seelischen Gesundheit nach Abs. 1 S. 1 Nr. 1 eine Beeinträchtigung der Teilhabe am Leben in der Gesellschaft ergeben kann.[90] Mit dem zusätzlichen Kriterium der hohen Wahrscheinlichkeit geht der Gesetzgeber – nach hiesiger Auffassung zulässigerweise gemäß § 7 Abs. 1 S. 2 SGB IX – über die Anforderungen des § 2 Abs. 1 S. 3 SGB IX hinaus. Wie bei der Feststellung der lang andauernden Gesundheitsabweichung in Abs. 1 Nr. 1 ist der **Begriff der hohen Wahrscheinlichkeit** dahin gehend auszulegen, dass mehr als eine nur überwiegende Wahrscheinlichkeit für den Eintritt der Behinderung sprechen muss. Dabei ist allerdings auch zu berücksichtigen, dass die Ergreifung von Maßnahmen so früh möglich sein muss, dass die Eingliederungshilfe noch den Eintritt einer Behinderung verhindern kann.[91] Mit anderen Worten: Der Präventionsgedanke des § 35a Abs. 1 S. 2 wäre konterkariert, wenn man mit der Bewilligung der Eingliederungshilfe so lange warten wollte, bis eine sehr hohe Eintrittswahrscheinlichkeit hinsichtlich der Teilhabebeeinträchtigung verlässlich festgestellt werden kann, damit aber durch Untätigkeit ein Zustand herbeigeführt wäre, in welchem die Leistung den Eintritt der Behinderung nicht mehr verhindern kann. Aus teleologischen Gründen kann daher der teilweise in der Rspr. vertretenen Auffassung, welche für die Bejahung der hohen Wahrscheinlichkeit einen Grad von mehr als 50 % verlangt, nicht ge- 22

87 NdsOVG 11.6.2008 – 4 ME 184/08, NDV-RD 2009, 49; VG Hamburg 24.11.2009 – 13 K 4032/07; Kunkel ZFSH/SGB 2005, 328.

88 Vgl. VG München 28.3.2012 – M 18 K 11.1681; NdsOVG 25.3.2010 – 4 LA 43/09, DVBl 2010, 668; VG Hannover 20.5.2008 – 3 A 3648/07, JAmt 2009; 385; OVG RhPf 26.3.2008 – 7 E 10212/07, ZFSH/SGB 2007, 296.

89 Vgl. BayVGH 22.12.2009 – 12 CE 09.2371; 21.1.2009 – 12 CE 08.2731, JAmt 2009, 317; BayVGH 18.2.2008 – 12 B 06.1846, JAmt 2008, 596; zur Feststellung des Wegfalls einer Teilhabebeeinträchtigung nach Gewährung von Eingliederungshilfe NdsOVG 4.2.2009 – 4 LC 514/07, EuG 2009, 412; OVG RhPf 25.1.2013 – 7 B 11154/12, JAmt 2013, 213 zu Teilhabebeeinträchtigung durch Schulausschluss aufgrund des Fehlens eines Integrationshelfers.

90 Zur fachlichen Abschätzung des Behinderungsrisikos Harnach in JHSM Rn. 47.

91 BVerwG 26.11.1998 – 5 C 38/97, juris Rn. 16.

folgt werden.[92] Aufgrund eines Wechsels der Kommentierenden wird die in früheren Auflagen vertretene Auffassung, auf welche sich Teile der Rspr. gestützt haben, auch nicht mehr weiterverfolgt. Aufgrund des Präventionsgedankens der Eingliederungshilfe darf der Zeitpunkt für die Beurteilung einer mit hoher Wahrscheinlichkeit eintretenden Teilhabebeeinträchtigung nicht so weit nach hinten verlagert werden bzw. der Wahrscheinlichkeitsmaßstab für die eintretende Teilhabebeeinträchtigung nicht so hoch angesetzt werden, dass zum Zeitpunkt des Einsetzens einer Leistung einer dann eingetretenen Teilhabebeeinträchtigung nicht mehr wirksam entgegengetreten werden kann.[93]

Nach hiesiger Auffassung ist bei der durch Abwägung aller Einzelfallumstände zu treffenden Entscheidung über das Vorliegen der Tatbestandsvoraussetzung nach § 35a Abs. 1 S. 2 insbesondere auch zu berücksichtigen, welche Folgen bei einer Nichterbringung der Leistung bei dem betroffenen Kind oder Jugendlichen eintreten könnten. In Anlehnung an die Rechtsfigur der Relativität des Gefahrenbegriffs ist eine umso niedrigere Eintrittswahrscheinlichkeit zu fordern, je schlimmer die eintretenden Folgen bei dem Kind oder Jugendlichen im Falle der Nichterbringung der Leistung wären. Dabei ist auch zu prüfen, ob eine (vorübergehende) Untätigkeit irreversible oder nur schwer reversible Folgen bei dem betroffenen Kind oder Jugendlichen haben könnte. Es ist also zu prüfen, ob im Falle einer Ablehnung der Leistungserbringung bei dem Kind oder Jugendlichen eintretenden Defiziten mit einer Leistungserbringung zu einem späteren Zeitpunkt noch wirksam entgegengetreten werden könnte.[94] Je gravierender die Folgen bei einer (vorübergehenden) Nichterbringung der Leistung sein könnten, desto geringere Anforderungen sind an die Eintrittswahrscheinlichkeit der drohenden Teilhabebeeinträchtigung zu stellen.

2.8 Weitere Tatbestandsvoraussetzungen: Geeignetheit und Notwendigkeit der Hilfe

23 Obgleich nach dem Gesetzeswortlaut des § 35a – im Gegensatz zur Hilfe zur Erziehung nach § 27 – die Geeignetheit und Notwendigkeit der Hilfe keine geschriebenen Tatbestandsvoraussetzungen sind, ist auch im Rahmen des § 35a SGB VIII eine Entscheidung über die im jeweiligen Einzelfall geeignete und notwendige Hilfe auf Tatbestandsseite zu treffen.[95]

§ 35a Abs. 2 bestimmt, dass die Hilfe in ambulanter, teilstationärer und vollstationärer Form erbracht werden kann. Die Geeignetheitsprüfung muss sich dabei auf die konkret im Einzelfall ins Auge gefasste Hilfeart beziehen. Die Geeignetheit ist gegeben, wenn die gewählte Eingliederungshilfe objektiv tauglich ist, die Behebung der Mangellage im individuellen Fall zu fördern (→ § 27 Rn. 8). Es muss also nicht feststehen, dass infolge der Hilfegewährung eine Besserung der Situation eintreten wird. Ausreichend ist, dass die Möglichkeit einer Besserung besteht. Ungeeignet ist die Hilfe dann, wenn sie ein objektiv untaugliches Mittel darstellt.[96] Bei der Eingliederungshilfe ist bei dieser Betrachtung der Schwerpunkt auf die Teilhabebeeinträchtigung – und

---

92 So aber ThürOVG 10.6.2009 – 3 EO-136/09, das einen Wahrscheinlichkeitsgrad von mehr als 50 % verlangt; s. hierzu auch ThürOVG 19.1.2017 – 3 KO 656/16, juris Rn. 43 und BVerwG 26.11.1998 – 5 C 38/97, juris Rn. 16.

93 S. hierzu BVerwG 26.11.1998 – 5 C 38/97, juris Rn. 16.

94 In diese Richtung auch VG München 27.8.2020 – M 18 E 20.3684, juris Rn. 61.

95 S. hierzu BVerwG 28.9.2000 – 5 C 29/99, juris Rn. 12 und 13. S. hierzu auch SchlHOVG 15.8.2019 – 3 LB 7/18, juris Rn. 73; BayVGH 6.2.2017 – 12 C 16.2159, juris Rn. 11.

96 Restriktiver bzgl. der Bestimmung des Begriffs der Geeignetheit SächsOVG 27.2.2017 – 4 B 236/16, juris Rn. 15.

nicht auf das Abweichen der seelischen Gesundheit von dem für das Lebensalter typischen Zustand – zu legen.[97]

Ferner muss die Hilfe notwendig sein. Der Begriff der Notwendigkeit wird regelmäßig im Sinne einer Erforderlichkeit verstanden.[98] Es ist zu prüfen, ob die jeweilige Hilfe zur Bedarfsdeckung erforderlich ist. Die Erforderlichkeitsprüfung muss dem zum Verhältnismäßigkeitsgrundsatz entwickelten Übermaßverbot, aber auch dem vom BVerfG im Urteil zu § 218 StGB entwickelten Untermaßverbot entsprechen. Um nicht gegen den Grundsatz des sogenannten Untermaßverbots[99] zu verstoßen, muss im Rahmen der Erforderlichkeitsprüfung die Hilfe gewählt werden, die zur Bedarfsdeckung notwendig ist, weil andere Formen der Hilfe nicht ausreichen, um den festgestellten Bedarf zu decken. Es muss eine der jeweiligen Bedarfslage angemessene Hilfe geleistet werden.[100] Dieser Maßstab ist nicht nur bei der Prüfung der Hilfeart, sondern auch bei der Entscheidung über den Leistungsumfang einer Hilfe nach § 35a anzuwenden. Eine Entscheidung nach Kostengesichtspunkten in diesem Zusammenhang ist daher unzulässig.[101] Der Aspekt entstehender Kosten darf nur bei der Auswahl des Leistungserbringers nach § 5 oder § 37c Abs. 3 S. 2 im Rahmen des Prüfungspunktes der unverhältnismäßigen Mehrkosten Berücksichtigung finden. Notwendig ist daher die jeweilige Eingliederungshilfe, wenn sie zur Bedarfsdeckung erforderlich ist, weil andere Formen der Eingliederungshilfe sowie andere Hilfen nach dem SGB VIII nicht ausreichen, um den festgestellten Bedarf zu decken.[102]

Wirkt sich die Teilhabebeeinträchtigung auf verschiedene Lebensbereiche aus, kann es geboten sein, verschiedene – jeweils für sich gesehene geeignete und erforderliche – Hilfeleistungen zu kombinieren oder durch mehrere Einzelleistungen den Gesamtbedarf des Hilfebedürftigen abzudecken.[103] Wie aus § 35a Abs. 4 folgt kann es auch erforderlich sein, Eingliederungshilfe und Hilfe zur Erziehung zu leisten.

2.9 Rechtsfolge

Auf Rechtsfolgenseite sieht § 35a Abs. 1 eine gebundene Entscheidung vor. Bei Vorlie- 24
gen der Tatbestandsvoraussetzungen muss daher die geeignete und erforderliche Leistung unbefristet (→ § 27 Rn. 18) bewilligt werden. Hinsichtlich der Entscheidung über die geeignete und erforderliche Leistung kommt dem Jugendamt lediglich auf Tatbestandsseite ein Beurteilungsspielraum zu (→ § 27 Rn. 13). Auf Rechtsfolgenseite besteht kein Auswahlermessen.[104]

2.10 Abgrenzungsfragen und die Rolle des SGB IX

Die eindeutige Zuordnung von seelisch behinderten jungen Menschen zur Jugendhilfe 25
beseitigt zwar frühere Abgrenzungsprobleme zwischen der Zuständigkeit von JA einerseits und Sozialamt bzw. nunmehr dem Träger der Eingliederungshilfe nach § 99 SGB IX andererseits, da nun das JA sowohl für verhaltensauffällige und in ihrer seelischen Entwicklung gefährdete junge Menschen als auch für solche, die bereits seelisch

---

97 S. hierzu auch SächsOVG 20.1.2017 – 4 B 245/16, juris Rn. 16.
98 S. hierzu Reuter Jura 2009, 511 (513); s. hierzu auch BVerwG 9.12.2014 – 5 C 32/13, juris Rn. 22: „Notwendig ist eine Hilfe zur Erziehung, wenn sie zur Bedarfsdeckung erforderlich ist…".
99 Hierzu BVerfG 28.5.1993 – 2 BvF 2/90 ua, juris Rn. 166 f.
100 S. hierzu BVerwG 9.12.2014 – 5 C 32/13, juris Rn. 22; BayVGH 30.6.2016 – 12 C 16.1162, juris Rn. 27; NdsOVG 25.3.2020 – 10 LA 292/18, juris Rn. 14.
101 S. hierzu auch Nellissen in jurisPK-SGB VIII Rn. 79.
102 BVerwG 9.12.2014 – 5 C 32/13, juris Rn. 22; BayVGH 30.6.2016 – 12 C 16.1162, juris Rn. 27.
103 S. hierzu OVG NRW 22.12.2015 – 12 B 1289/15, juris Rn. 28.
104 Dies verkennt OVG Saarl 23.1.2020 – 2 B 307/19, juris Rn. 14.

behindert sind bzw. von seelischer Behinderung bedroht sind, zuständig ist. Allerdings gibt es nun innerhalb des Leistungsspektrums der Jugendhilfe selbst **Abgrenzungsfragen**, nämlich **zwischen der Hilfe zur Erziehung** (§ 27) und der **Eingliederungshilfe für seelisch behinderte junge Menschen**. Teilweise treten Überschneidungen zwischen beiden Hilfearten auf, wenn zB psychische Störungen auch auf Erziehungsdefiziten beruhen, oder wenn sich infolge psychischer Störungen Erziehungsprobleme ergeben (→ § 27 Rn. 9). Ein Teil der Literatur neigt dazu, bei gleichzeitigem Vorliegen der Leistungsvoraussetzungen sowohl der HzE als auch der Eingliederungshilfe, den Hilfebedarf vollständig nach § 27 abzudecken, um damit auch einer möglichen Stigmatisierung des jungen Menschen als behindert entgegenzuwirken (→ Rn. 69).[105] Lässt sich der Bedarf indes nicht allein mit erzieherischen Mitteln decken, müssen in Kombination damit auch Maßnahmen der Eingliederungshilfe treten, was sich bereits aus Abs. 4 ergibt.[106] Über die tatsächliche Handhabung der **Eingliederungshilfe in der Praxis** stehen seit der Erhebung der amtlichen Kinder- und Jugendhilfestatistik im Jahre 2007 aussagekräftige Daten zur Verfügung, die erhebliche regionale Disparitäten bei der Gewährung von Eingliederungshilfe ausweisen.[107]

26 Allgemein gilt für die Abgrenzung von Zuständigkeiten, dass der Jugendhilfeträger nur dann auf **andere vorrangig zuständige Träger** verweisen darf, wenn diese tatsächlich zur Verfügung stehen (→ § 10 Rn. 7).[108]

27 **Abgrenzungsprobleme** zwischen der Zuständigkeit der **Jugendhilfe** und der **Eingliederungshilfe nach § 99 SGB IX** können entstehen, wenn eine Mehrfachbehinderung, also eine sowohl seelische als auch geistige bzw. körperliche Behinderung vorliegt, oder wenn die Art der Behinderung nicht eindeutig einzuordnen ist, was nach Lempp[109] im Kindes- und Jugendalter häufig der Fall ist, und deckungsgleiche Leistungen sowohl nach SGB IX als auch nach SGB VIII infrage kommen.[110] Die Abgrenzung zwischen geistiger oder seelischer Behinderung könnte über die Zuständigkeitsfrage hinaus Bedeutung erlangen, indem damit uU auch darüber entschieden wird, ob überhaupt ein Anspruch besteht, da § 99 SGB IX im Gegensatz zu § 35a eine wesentliche Behinderung verlangt (→ § 10 Rn. 65). Ein Intelligenzquotient von 70 oder höher schließt die Annahme einer geistigen Behinderung aus.[111] Das normative Rangverhältnis zwischen Jugendhilferecht und Leistungen nach SGB IX und SGB XII lässt sich § 10 Abs. 4 entnehmen. Danach gehen gemäß § 10 Abs. 4 S. 1 Leistungen der Jugendhilfe den Leistungen nach SGB IX und SGB XII grundsätzlich vor (→ § 10 Rn. 58 ff.). Die Position, bei einer **Mehrfachbehinderung** an die bestehen gebliebene Gesamtzuständigkeit der Eingliederungshilfeträger für Behinderte anzuknüpfen,[112] geht wiederum einen Schritt zurück hinter das gesetzgeberische Bemühen, zumindest seelisch behinderte junge Menschen der Jugendhilfe zuzuordnen.[113] Eine Lösung der Problematik wurde insbesondere bei geistig-seelischen Mehrfachbehinderungen vor der maßgeblichen Entscheidung des Bundesverwaltungsgerichts im Rechtstatsächlichen gesehen, wonach an den Schwerpunkt der Behinderung und den danach erforderlichen konkreten Hilfebedarf

105 Empfehlung im 10. Jugendhilfebericht BT-Drs. 13/11368, 280.
106 S. hierzu auch VG Freiburg 22.12.2016 – 4 K 4471/16, juris Rn. 15.
107 Vgl. dazu Pothmann ZKJ 2009, 353.
108 HessVGH 20.8.2009 – 10 A 1874/08, DÖV 2010, 47.
109 Lempp, Die seelische Behinderung, S. 23.
110 Vgl. zu einem Fall von Autismus OVG NRW 20.2.2002 – 12 A 5322/00, ZfJ 2002, 394; zur Einzelintegration im Kinderhort VG Augsburg 3.4.2012 – Au 3 K 11.1669.
111 Vgl. VG Augsburg 17.11.2009 – Au 3 K 08.1014 und 17.1.2012 – Au 3 K 11.818.
112 So Art. 53 BayKJHG; Wiesner in Wiesner Rn. 38; Kunkel/Haas ZKJ 2006, 148; Fischer in SFMK § 10 Rn. 41.
113 Meysen in FK-SGB VIII Rn. 32 zur Möglichkeit der vorläufigen Leistungsgewährung und späteren Kostenerstattung bzw. zu einem koordinierten Verfahren beider Träger unter Verweis auf OVG NRW 20.2.2002 – 12 A 5322/00.

anzuknüpfen war.[114] Entgegen der sog. Schwerpunkttheorie hängt nach der **Rechtsprechung des Bundesverwaltungsgerichts**[115] die Abgrenzung der Zuständigkeit von Jugend- oder Leistungen nach SGB IX und SGB XII gemäß § 10 Abs. 4 S. 1 und 2 allein von der Art der mit einer Jugendhilfeleistung konkurrierenden Leistung ab: Konkurrieren Jugendhilfeleistungen mit Maßnahmen der Eingliederungshilfe nach SGB IX ist Eingliederungshilfe nach § 99 SGB IX vorrangig;[116] konkurrieren Jugendhilfeleistungen mit anderen Sozialhilfeleistungen, ist Jugendhilfe vorrangig.[117] Dieses Vorrang-Nachrangverhältnis kann aber von einem nachrangig verpflichtenden Leistungsträger im Außenverhältnis dem anspruchsberechtigten Bürger nicht entgegengehalten werden. So kann trotz § 10 Abs. 4 S. 2 das Jugendamt als Eingliederungshilfeträger zur Leistungserbringung im Außenverhältnis verpflichtet bleiben.[118]

Für den Fall, dass zB neben den Maßnahmen zur Beseitigung bzw. Milderung einer seelischen Behinderung gleichzeitig Hilfen zur Beseitigung einer körperlichen Behinderung erforderlich werden, kommt auch eine **Doppelzuständigkeit von Jugendhilfe- und Rehabilitationsträger nach § 99 SGB IX** in Betracht. In diesen Fällen sind die in §§ 14 f. SGB IX enthaltenen Vorgaben zur Koordinierung der Leistungen zu beachten. 28

Eingliederungshilfe des JA kommt wegen des allgemeinen Nachrangs der Jugendhilfe nach § 10 Abs. 1 allerdings nur in Frage, wenn der behinderungsbedingte Bedarf nicht bereits von einem anderen (Sozial-)Leistungsträger erfüllt werden muss. **Vorrangig** zuständig sind die **Krankenversicherungen** dann, wenn eine behandlungsbedürftige Krankheit mit der grundsätzlichen Möglichkeit einer Heilung vorliegt. An diesem Vorrang ändert auch die Regelung des § 6 Abs. 1 Nr. 6 SGB IX nichts,[119] die das JA als Rehabilitationsträger grundsätzlich auch für Leistungen zur medizinischen Rehabilitation vorsieht, da auch nach Erlass des SGB IX das gegliederte Rehabilitationssystem im Grundsatz beibehalten worden ist. § 7 Abs. 1 S. 2 SGB IX macht deutlich, dass die Zuständigkeit sich weiterhin nach dem für die Jugendhilfe geltenden Leistungsgesetz richtet, also auch der Nachrang des § 10 zu beachten ist (→ § 10 Rn. 17 ff.). 29

Leistungen der Krankenversicherung kommen jeweils dann gemäß § 10 Abs. 1 vorrangig zum Zug, wenn für den Leistungsberechtigten nach §§ 5, 10 SGB V Versicherungsschutz besteht und eine Krankheit diagnostiziert wird. Keine Leistungskonkurrenz zu § 35a besteht dann, wenn beim Leistungsberechtigten lediglich eine seelische Erkrankung vorliegt und sich noch keine (drohende) Behinderung iSd § 35a Abs. 1 S. 1 Nr. 2 und S. 2 abzeichnet. In diesem Fall ist ausschließlich die Krankenversicherung zuständig. Der **Begriff der Krankheit** ist daher gegenüber dem Begriff der Behinderung abzugrenzen: Nach hM wird unter Krankheit ein regelwidriger Zustand des Körpers, des Geistes oder der Seele verstanden, der der Behandlung bedarf und/oder Arbeitsunfähigkeit zur Folge hat.[120] Im Fall der Krankheit richten sich die Maßnahmen also gegen den Akutzustand der Erkrankung, im Fall der Behinderung geht es um die Beseitigung bzw. Milderung von deren Folgen, nämlich der fehlenden oder bedrohten Integration in die Gesellschaft. Die Abgrenzung Krankheit – Behinderung wird allerdings noch zusätzlich dadurch erschwert, dass der Leistungstatbestand des § 35a auch drohende seelische Behinderungen erfasst. Da psychische Erkrankungen oft schubweise 30

---

114 Ebenso NdsOVG FEVS 48, 281 ff.; BayVGH FEVS 46, 185, 191.
115 BVerwG 22.10.2009 – 5 C 19.08, E 51, 337.
116 LSG NRW 28.1.2013 – L 20 SO 170/11; BayVGH 24.6.2009 – 12 B 09.704, DÖV 2010, 238 zum Fall eines Prader-Willi-Syndroms. S. hierzu auch VG Würzburg 23.7.2020 – W 3 K 18/1656, juris Rn. 48.
117 BVerwG FEVS 51, 337; BayVGH 13.9.2006 – 12 BV 06.808, Sozialrecht aktuell 2007, 25; VG Braunschweig ZfF 2002, 43; DIJuF JAmt 2006, 130; näher → § 10 Rn. 66.
118 VG München 24.4.2020 – M 18 E 19.2711, juris Rn. 78.
119 Vgl. BT-Drs. 14/5074, 100.
120 BVerwG 26.6.1968 – V C 159.67, BVerwGE 30, 62.

verlaufen, sind Personen, denen eine seelische Behinderung droht, oft nur schwer von psychisch Kranken abzugrenzen. Zum Zeitpunkt der konkreten Erkrankung kann nämlich häufig nicht ausreichend eingeschätzt werden, ob Chancen der Besserung und Heilung bestehen. Häufig werden daher parallel zueinander sowohl therapeutische Maßnahmen der Krankenkassen als auch pädagogisch orientierte Hilfen des JA erforderlich sein, um dem Hilfebedarf des jungen Menschen gerecht zu werden.[121]

31 **Abgrenzungsprobleme** zu den Leistungen der **Krankenversicherungen** ergeben sich für den Fall einer seelischen Behinderung insbesondere auch deshalb, weil diese als Rehabilitationsträger nach § 6 Abs. 1 Nr. 1 SGB IX iRd Krankenbehandlung nicht nur medizinische Leistungen nach § 27 Abs. 1 S. 2 Nr. 1 SGB V anbieten, sondern nach §§ 11 Abs. 2, 27 Abs. 1 S. 2 Nr. 6, 40 SGB V auch ambulante und stationäre Leistungen zur **medizinischen Rehabilitation** und nichtärztliche sozialpädiatrische Leistungen nach § 43a SGB V, zB in sozialpädiatrischen Zentren nach § 119 SGB V. Die Leistungen der Krankenversicherungen müssen dabei auf die besondere Situation von psychisch Kranken ausgerichtet sein (vgl. § 27 Abs. 1 S. 3 SGB V). Leistungen nach § 35a bedarf es demnach dann nicht, wenn die Krankenkassen Leistungen im Rahmen ihrer Zuständigkeit erbringen können und diese auch verfügbar und ausreichend sind (→ § 10 Rn. 3, 7). Die Krankenkasse ist regelmäßig dann vorrangig zuständig, wenn die medizinische Rehabilitation durch eine ärztliche Behandlung erfolgt. Das bedeutet, dass die Behandlung durch einen Arzt oder aber auf dessen Anordnung erfolgt.[122] Nach Erlass des Psychotherapeutengesetzes gehört auch Psychotherapie zur Krankenbehandlung iSd § 27 Abs. 1 S. 2 Nr. 1 SGB V, da Psychotherapeuten den Ärzten nun gleichgestellt sind.[123] Ergänzende Leistungen zur Rehabilitation nach § 43 SGB V wie zB die Nachsorge hat die Krankenkasse allerdings nur zu erbringen, wenn sie von der rehabilitativen Hauptleistung abhängig sind, ohne rechtlich eigenständig zu sein.[124] Im Bereich der **Frühförderung** umfassen die Leistungen zur medizinischen Rehabilitation nach § 42 Abs. 2 Nr. 2 SGB IX auch die medizinischen Leistungen der mit der Zielsetzung der Frühförderung und Früherkennung fachübergreifend arbeitenden Dienste und Einrichtungen sowie in Übereinstimmung mit § 43a SGB V nichtärztliche sozialpädiatrische, psychologische, heilpädagogische und psychosoziale Leistungen und die Beratung der Erziehungsberechtigten unter ärztlicher Verantwortung mit dem Ziel der Früherkennung und Aufstellung eines individuellen Behandlungsplans. Vom Anspruch nach § 43a SGB V gegen die Krankenversicherung nicht mehr erfasst sind hingegen weitere gezielte Förder- und Behandlungsmaßnahmen der interdisziplinären Frühförderstellen, um die Behinderung auszugleichen oder zu mildern iSd § 46 Abs. 2 SGB IX. Die ergänzenden rehabilitativen Leistungen der Krankenkassen nach § 43 Nr. 1 SGB V werden auch insoweit eingeschränkt, als berufsfördernde Rehabilitationsleistungen oder solche zur allgemeinen sozialen Eingliederung nicht vom Leistungskatalog der Krankenkassen erfasst werden. Allerdings gelingt selbst die begriffliche Abgrenzung zu den medizinischen Leistungen nur schwer, da auch medizinische Leistungen letztlich der sozialen und beruflichen Eingliederung dienen (vgl. §§ 1, 2 Abs. 1 SGB V). Die **Abgrenzung** zwischen **medizinischer und sozialer Rehabilitation** soll nach der Rechtsprechung des BSG[125] danach erfolgen, welchem Ziel die Maßnahme dient, wobei es auf die subjektive Zielsetzung des Leistungserbringers ankommen soll. Entscheidend ist nach der Rechtsprechung des BVerwG, welches konkrete Ziel in erster Linie mit der Leistung verfolgt wird. Es ist zu fragen, welcher Leistungszweck im Vorder-

121 Zum Verhältnis Jugendhilfe-Krankenversicherung allgemein Gerlach/Hinrichs ZFSH/SGB 2007, 451; Reddig SVFAng Nr. 135, 2002, 69.
122 VGH BW 9.12.1999 – 2 S 2737/98, FEVS 52, 225.
123 Kunkel JAmt 2003, 329.
124 BSG 12.9.1978 – 5 RJ 6/77, BSGE 47, 48.
125 BSG 3.9.2003 – B 1 KR 34/01 R, SozR 4-2500 § 18 Nr. 1 – sog. Petö-Entscheidung.

grund der jeweiligen Maßnahme steht. Zu prüfen ist, ob die Auswirkungen der Krankheit/Behinderung auf die Lebensgestaltung aufgefangen oder gemildert werden sollen oder die Leistung den Menschen möglichst unabhängig von Pflege machen soll. Ist dies der Fall, so wird eine Leistung der sozialen Rehabilitation erbracht. Wird hingegen mit der Maßnahme an der Krankheit selbst angeknüpft und dient die Behandlung dazu, die Behinderung abzuwenden, auszugleichen, eine Verschlimmerung zu verhüten oder Einschränkungen der Erwerbstätigkeit und Pflegebedürftigkeit zu vermeiden, zu überwinden, zu mindern, eine Verschlimmerung zu verhüten sowie den vorzeitigen Bezug von Sozialleistungen zu vermeiden oder laufende Sozialleistungen zu mindern, liegt eine Maßnahme der medizinischen Rehabilitation vor. Nicht entscheidend ist bei dieser Abgrenzung, ob diese Ziele objektiv erreichbar sind.[126]

Der gesetzlichen Krankenversicherung obliegt aber jedenfalls die **Diagnose** und die **typische ambulante psychotherapeutische Behandlung** einer akuten seelischen Störung; für stationäre Maßnahmen der medizinischen Rehabilitation ist sie allerdings wiederum gegenüber anderen Sozialversicherungsträgern wie insbesondere der Rentenversicherung nur nachrangig zuständig (vgl. §§ 40 Abs. 4 SGB V, 15 Abs. 2 und 3 SGB VI), nicht jedoch gegenüber der Eingliederungshilfe nach § 35 a.[127] 32

Die **Rentenversicherung** ist gegenüber dem Jugendhilfeträger im Rahmen des § 1 S. 1 Nr. 2, 3 und 3a SGB VI für psychisch erkrankte junge Menschen vorrangig zuständig, also für behinderte Jugendliche oder junge Erwachsene, die in Werkstätten für Behinderte oder in sonstigen Einrichtungen tätig sind, und für behinderte Auszubildende in Einrichtungen der Jugendhilfe, Berufsbildungswerken oder ähnlichen Einrichtungen. Gemäß § 9 SGB VI kann die Rentenversicherung in diesen Fällen neben berufsfördernden und -ergänzenden auch medizinische Leistungen zur Rehabilitation sowie sonstige Leistungen zur Teilhabe nach § 31 SGB VI erbringen, soweit die Leistungsberechtigten die versicherungsrechtlichen (§ 11 Abs. 2 SGB VI) und persönlichen Voraussetzungen (§ 10 SGB VI) erfüllen.[128] Außerdem kommen für Kinder und Jugendliche rehabilitative Maßnahmen in Betracht, wenn ein Elternteil die versicherungsrechtlichen Voraussetzungen erfüllt oder aber, wenn das Kind oder der Jugendliche Waisenrente bezieht (§ 31 Abs. 1 Nr. 4 SGB VI). 33

Verbleiben neben der **Hauptleistung** Bedarfe, die vom Krankenversicherungsträger bzw. Rentenversicherungsträger nicht übernommen werden, hat das JA diese Leistungen ergänzend zu erbringen.[129] 34

Trägerübergreifende Rehabilitationsangebote könnten – unabhängig von der Zuständigkeitsklärung nach § 14 SGB IX – die in der Praxis bestehenden Probleme der Zuständigkeitsabgrenzung zwischen den Reha-Trägern auf Kosten der Leistungsempfänger vermindern helfen. 35

§ 14 SGB IX schreibt für alle Rehabilitationsträger ein **Verfahren zur raschen Klärung der Zuständigkeit und zur schnellstmöglichen Leistungserbringung** vor.[130] 36

§ 14 SGB IX geht der Vorleistungspflicht nach **§ 43 SGB I** vor (vgl. § 37 S. 1 SGB I) und ist für Rehabilitationsleistungen laut Gesetzgeber abschließend.[131] Gleichwohl

126 BVerwG 18.10.2012 – 5 C 15/11, juris Rn. 16 ff.; auch → § 10 Rn. 17.
127 Für eine Mischfinanzierung im Bereich der Sucht junger Menschen Hülsberg NDV 2001, 141; Ziegler ZfJ 1997, 177; näher → § 10 Rn. 15 ff.
128 Vgl. auch Nothacker ZfF 1997, 75.
129 So für einmalige Beihilfen nach § 39 Abs. 3 NdsOVG 12.4.2000 – 4 L 2906/99, NDV-RD 2000, 72; für Kosten der Fahrt und Begleitung zu einer ambulanten von der Krankenkasse getragenen Behandlung BVerwG 22.2.2007 – 5 C 32/05, NJW 2007, 1991; zur grundlegenden Bedeutung der Entscheidung Berlit jurisPR-BVerwG 10/2007, Anm. 6.
130 Vgl. dazu näher Kern ZfSH/SGB 2010, 397.
131 BT-Drs. 14/5074, 102.

halten die Rechtsprechung und Teile der Literatur die Regelung des § 43 Abs. 1 S. 1 SGB I auch gegenüber der Spezialregelung des § 14 SGB IX jedenfalls dann für anwendbar, wenn die Zuständigkeitsklärung nach § 14 SGB IX nicht innerhalb der Zwei-Wochen-Frist zum Erfolg führt und weitere Ermittlungen zur Zuständigkeit zu einer unzumutbaren Leistungsverzögerung führen würden.[132]

37 Gemäß § 14 Abs. 1 Satz 1 1. Hs. SGB IX hat der Jugendhilfeträger nach Eingang eines Antrags auf Leistungen zur Teilhabe iSd § 4 SGB IX innerhalb von zwei Wochen festzustellen, ob er sachlich und örtlich zuständig ist (zur örtlichen Zuständigkeit des Jugendhilfeträgers → § 86 d Rn. 15). Hält er sich für zuständig,[133] so hat er den Rehabilitationsbedarf unverzüglich, dh ohne schuldhaftes Zögern (vgl. § 121 BGB) festzustellen (§ 14 Abs. 2 S. 1 SGB IX). Die Entscheidung über die zu ergreifenden Maßnahmen, also der **Leistungsbescheid,** hat **spätestens drei Wochen nach Antragseingang** zu ergehen, es sei denn, es muss für die Feststellung des Rehabilitationsbedarfs ein Gutachten eingeholt werden, § 14 Abs. 2 S. 2 SGB IX. Mit Recht darf die Frage gestellt werden, ob angesichts des auch bei der Eingliederungshilfe vorgeschriebenen aufwändigen Hilfeplanverfahrens nach § 36 diese Frist in jedem Falle eingehalten werden kann.[134] Ist ein Gutachten, dh im Falle des § 35a eine ärztliche und/oder pädagogische Stellungnahme für die Feststellung des Rehabilitationsbedarfs erforderlich, muss ein Gutachter unverzüglich beauftragt werden. Dazu werden dem Leistungsberechtigten wenigstens drei möglichst wohnortnahe Sachverständige genannt, unter denen er wählen kann. Die Entscheidung des JA muss dann innerhalb von zwei Wochen nach Vorliegen des Gutachtens erfolgen (§ 14 Abs. 2 S. 3 SGB IX).

38 Stellt das JA innerhalb der zweiwöchigen Frist nach Antragseingang fest, dass es unzuständig ist, hat es den Antrag unverzüglich dem seiner Auffassung nach zuständigen Träger zuzuleiten (vgl. ebenso § 16 Abs. 2 S. 1 SGB I). Nach der Weiterleitung ist der weiterleitende Träger nicht mehr zuständig.[135]

39 Der Träger, dem der Antrag zugeleitet worden ist, muss den **Rehabilitationsbedarf unverzüglich feststellen** und innerhalb von drei Wochen nach Eingang des Antrags bei ihm entscheiden (§ 14 Abs. 2 S. 4 SGB IX). Ist ein Antrag an den Jugendhilfeträger weitergeleitet worden, kann sich dieser also nicht auf seine möglicherweise nachrangige Zuständigkeit nach § 10 berufen; er ist dazu verpflichtet, vorzuleisten.

Trotz dieser Regelungen im SGB IX kann an der Notwendigkeit der mit dem KJSG zum Jahr 2028 vorgesehenen Zusammenführung der Eingliederungshilfeleistungen für alle Kinder und Jugendlichen unter dem Dach der Jugendhilfe nicht gezweifelt werden. Eine reine „Bereinigung der Schnittstellenproblematik" bei Beibehaltung unterschiedlicher Zuständigkeiten verschiedener Rehabilitationsträger ist nicht tauglich, eine gleichberechtigte Teilhabe sicherzustellen. Weder Regelungen zum Vorrang-/Nachrangverhältnis in § 10 SGB VIII, noch verfahrensrechtliche und materielle Regelungen im SGB IX (§ 14 SGB ff. IX; §§ 25 ff. SGB IX usw) können die de lege lata bestehenden „Verschiebebahnhöfe" und „schwarzen Löcher" beseitigen. Einen uneingeschränkten Zugang zu gleichberechtigter Teilhabe kann nur eine Anspruchsgrundlage gegenüber einem feststehenden Sozialleistungsträger sichern.

---

132 Ulrich SGb 2008, 452; DIJuF JAmt 2007, 249; OVG NRW JAmt 2005, 148; HessVGH 21.9.2004 – 10 TG 2293/04, FEVS 56, 328; ebenso NdsOVG 23.7.2003 – 12 ME 297/03, FEVS 55, 384; Mrozynski SGB VIII Rn. 8; aA nach Weiterleitung gemäß § 14 Abs. 1 S. 2 SGB IX BayVGH 6.12.2006 – 12 CE 06/2732, JAmt 2007, 494; auch → § 10 Rn. 5.

133 LSG Bln-Bbg 16.5.2008 – L 23 B 26/08 SO, wonach eine fälschliche Zuständigkeitserklärung auch nicht innerhalb der 2-Wochenfrist revidiert werden kann.

134 Vgl. Wiesner ZfJ 2001, 281 und Kunkel ZfSH/SGB 2001, 707.

135 VG Stuttgart 20.6.2006 – 7 K 861/06, EuG 2006, 424.

Ist dem JA ein Antrag von einem anderen Rehabilitationsträger zugeleitet worden, und stellt sich nach der Leistungsbewilligung heraus, dass es doch nicht zuständig war, hat das JA gegenüber dem zuständigen Träger einen **Anspruch auf Erstattung** seiner Aufwendungen (§ 102 SGB X). Hat das JA als erstangegangener Träger einen Antrag nicht oder nicht innerhalb der Frist des § 14 Abs. 1 SGB IX weitergeleitet und leistet, kommt es für die Frage einer nachträglichen Erstattung gegen den objektiv vorrangigen Träger auf die Gründe für die Nichtweiterleitung an. Leistet das JA in Kenntnis seiner Unzuständigkeit, kann es nachträglich nicht gemäß § 105 SGB X Erstattung vom zuständigen Träger verlangen. Hat es dagegen die Zuständigkeit geprüft und bejaht, muss es im Nachhinein zu einer Korrektur im Rahmen der Erstattung befugt sein und zwar auf der Grundlage des § 104 SGB X.[136] 40

Nach der ab 1.1.2018 geregelten Rechtslage sind die Erstattungsansprüche zwischen Rehabilitationsträgern in § 16 SGB IX geregelt. Die Vorschriften zur Kostenerstattung in § 16 SGB IX gelten dabei für den leistenden Rehabilitationsträger, unabhängig davon, ob dieser erst- oder zweitangegangener Träger nach § 14 SGB IX ist.[137]

Gem. § 16 Abs. 1 SGB IX hat der zweitangegangene Rehabilitationsträger einen Erstattungsanspruch, wenn eine nochmalige Weiterleitung des Antrages nicht in Betracht kommt und er aus diesem Grund Leistungen nach dem Leistungsgesetz eines anderen Rehabilitationsträgers zu erbringen hat.

Nach § 16 Abs. 2 SGB IX ist der leistende Rehabilitationsträger besonders geschützt, wenn er nach § 15 SGB IX ein Beteiligungsverfahren einzuleiten hat. Die Erstattung richtet sich dann nach den im Teilhabeplan festgehaltenen Feststellungen der nach § 15 Abs. 2 SGB IX beteiligten Rehabilitationsträger. Wurden die Feststellungen der beteiligten Rehabilitationsträger nicht oder nicht rechtzeitig beigebracht, geht der Schutz weiter: Der Erstattungsanspruch richtet sich dann nach den für die Leistungsbewilligung maßgeblichen, also der Entscheidung tatsächlich zugrunde gelegten Rechtsvorschriften. Es kommt für die Erstattung in diesen Fällen somit nicht darauf an, ob der leistende Rehabilitationsträger die Zuständigkeiten nach den Leistungsgesetzen richtig bewertet hat.[138]

§ 16 Abs. 3 S. 1 SGB IX regelt den Umfang der Erstattungspflicht zwischen Rehabilitationsträgern. Mit § 16 Abs. 3 S. 2 SGB IX wird ein Erstattungsausschluss für den Fall einer vorsätzlichen oder grob fahrlässigen Leistungserbringung zu Unrecht geregelt.

§ 16 Abs. 4 SGB IX schließt die Anwendbarkeit des Erstattungsanspruchs nach § 105 SGB X in den in § 16 Abs. 4 S. 1 Nr. 1 und 2 SGB IX genannten Fallkonstellationen aus. Dies ist der Fall, wenn es der nach § 14 leistende Rehabilitationsträger versäumt hat, das Teilhabeplanverfahren mit Beteiligung der zuständigen Rehabilitationsträger durchzuführen. Durch die gesetzliche Verankerung des Beteiligungs- und Teilhabeplanverfahrens ist der an sich oder in Teilen unzuständige Rehabilitationsträger in ein besonderes und insoweit abschließendes Verfahren der Zuständigkeitsklärung eingebunden. Dies gilt nicht, wenn die Rehabilitationsträger Abweichendes vereinbaren, § 16 Abs. 4 S. 1 2. Hs. SGB IX. Mit § 16 Abs. 4 S. 2 SGB IX wird eine Ausnahme von der Regelung des Satzes 1 normiert: Sofern die Ursache der Behinderung nicht innerhalb der Fristen nach § 14 SGB IX geprüft werden konnte, aber Anhaltspunkte für eine Zuständigkeit bestanden haben, bleibt die Regelung des § 105 SGB X anwendbar.

§ 16 Abs. 5 SGB IX regelt, dass in den Fällen der Genehmigungsfiktion nach § 18 SGB IX der leistende Rehabilitationsträger gegenüber den Leistungsberechtigten umfassend zur Erstattung selbstbeschaffter Leistungen verpflichtet ist.[139]

136 BSG 26.6.2007 – B 1 KR 34/06 R, FEVS 59, 298; Ulrich SGb 2008, 452.
137 BT-Drs. 18/9522, 236.
138 BT-Drs. 18/9522, 236.
139 BT-Drs. 18/9522, 236.

§ 16 Abs. 6 SGB IX regelt für den Trägern der Eingliederungshilfe, den Träger der öffentlichen Jugendhilfe sowie den Träger der Kriegsopferfürsorge die entsprechende Anwendung der Verzinsungsregelung in § 108 Abs. 2 SGB X hinsichtlich des Erstattungsanspruchs.

41 Ab 1.1.2018 ist die Erstattung selbst beschaffter Leistungen in § 18 SGB IX geregelt. Allerdings bestimmt § 18 Abs. 7 SGB IX, dass die Regelungen zur Selbstbeschaffung in § 18 Abs. 1 bis 5 SGB IX für den Träger der öffentlichen Jugendhilfe keine Anwendung finden. Die Selbstbeschaffung bemisst sich daher nach den Regelungen im SGB VIII.

3 Aufgabe und Ziel der Eingliederungshilfe (Abs. 3 iVm SGB IX)

42 Nach der bis zum 31.12.2019 geltenden Rechtslage bestimmte § 35a Abs. 3 hinsichtlich Aufgabe und Ziel der Hilfe, hinsichtlich der Bestimmung des Personenkreises sowie der Art der Leistungen die Anwendbarkeit der § 53 Abs. 3 und 4 S. 1 SGB XII sowie §§ 54, 56 und 57 SGB XII, soweit diese Regelungen auch auf seelisch behinderte oder von einer solchen Behinderung bedrohte Menschen Anwendung fanden.

Mit Rechtsänderung durch das BTHG wurde § 35a Abs. 3 mit Wirkung zum 1.1.2020 geändert. Die Vorschrift hat nun folgenden Wortlaut:

„Aufgabe und Ziele der Hilfe, die Bestimmung des Personenkreises sowie Art und Form der Leistungen richten sich nach Kapitel 6 des Teil 1 des Neunten Buches sowie § 90 und den Kapiteln 3 bis 6 des Teils 2 des Neunten Buches, soweit diese Bestimmungen auch auf seelisch behinderte oder von einer solchen Behinderung bedrohte Personen Anwendung finden und sich aus diesem Buch nichts anderes ergibt.“

Mit Art. 1 des Bundesteilhabegesetzes wurde die Eingliederungshilfe im SGB IX grundlegend geändert. Bei der Änderung des § 35a Abs. 3 handelt es sich um eine Folgeänderung dieser Neuregelung im SGB IX. Obgleich die Schnittstelle zwischen der Eingliederungshilfe nach § 99 SGB IX und der jugendhilferechtlichen Eingliederungshilfe in § 35a SGB VIII durch das Bundesteilhabegesetz nicht berührt wird,[140] ist die Neuregelung im SGB VIII nicht unproblematisch (→ Rn. 2).

Die Eingliederungshilfe hat gem. Abs. 3 iVm SGB IX **zwei Aufgaben**: Zum einen soll sie bereits vorbeugend vor Eintritt der Behinderung ansetzen und eine drohende Behinderung verhindern, so dass der Prozess des Entstehens einer seelischen Störung mit daraus resultierenden Schwierigkeiten bei der Eingliederung in die Gesellschaft möglichst unterbrochen wird. Zum anderen setzt die Eingliederungshilfe bei der bereits eingetretenen Behinderung an, um sie wieder zu beseitigen oder wenigstens zu mildern und um die Integration des behinderten jungen Menschen in die Gesellschaft zu gewährleisten. Strittig ist, ob die Aufgabe der Eingliederung bereits dann erfüllt ist, wenn der Betroffene die Verbesserung lediglich subjektiv empfindet[141] oder ob hierfür eine objektive Besserung erforderlich ist.[142]

43 Die **Ziele der Eingliederungshilfe** sind mit § 1 SGB IX vorgegeben. Die Zielbestimmungen der Selbstbestimmung und gleichberechtigten Teilhabe am Leben in der Gesellschaft sollen insbesondere erreicht werden durch

- Ermöglichung oder Erleichterung der Teilnahme am Leben in der Gemeinschaft; bei jungen Menschen also vor allem durch Begegnung und Umgang mit nicht behinderten Kindern und Jugendlichen in der Freizeit und während der Schul- bzw. Ausbildungszeit durch möglichst inklusive Bildung;

---

140 Kunkel ZFSH/SGB 2017, 194.
141 Dafür wohl Lempp, Die seelische Behinderung, S. 22.
142 So OVG Bln 19.9.1963 – VI B 60.61, NDV 1964, 563.

- Eingliederung ins Berufs- und Arbeitsleben für Jugendliche und junge Erwachsene; dies erreicht man einerseits durch Hilfen bei der Ausbildung, andererseits aber auch durch Schaffung und Erhaltung der persönlichen Voraussetzungen für die Berufsausbildung oder -tätigkeit;
- Unabhängigkeit von Pflege, so weit wie möglich. Es können daher neben Eingliederungsmaßnahmen auch Pflegeleistungen nach dem SGB XI in Betracht kommen.[143] Dieses dritte Ziel kann bei einer seelischen Behinderung dann eine Rolle spielen, wenn die Pflegetätigkeit in der Beaufsichtigung und Anleitung mit dem Ziel der eigenständigen Übernahme der personenbezogenen Verrichtungen besteht.

Aus dem zweiten Teilhabebericht der Bundesregierung über die Lebenslagen von Menschen mit Beeinträchtigungen aus dem Jahr 2016 lässt sich aber eine deutlich erweiterte Zielsetzung der Eingliederungshilfe ableiten. Dort wird die Einbindung einer Person in ihre soziale und ökonomische, historische und kulturelle Umgebung als Lebenslage beschrieben. „Diese Lebensbedingungen bilden einen Handlungsspielraum, den eine Person mit ihren Interessen, Fähigkeiten und Einschränkungen nutzen kann […]. Die Lebenslage ist gekennzeichnet durch die Einbindung bzw. Inklusion von Individuen in verschiedene Lebensbereiche bzw. verschiedene gesellschaftliche Teilsysteme […]. Somit lässt sich der Stand der Teilhabe an der Gesellschaft daran bemessen, inwiefern Menschen mit Beeinträchtigungen Zugang zu den einzelnen Teilbereichen […] haben."[144] Die Eingliederungshilfe soll daher den individuellen Handlungsrahmen aus Handlungsspielräumen mehren und Begrenzungen minimieren. „Als Handlungsspielräume werden im Rahmen dieses Konzeptes definiert:

- ökonomischer Handlungsspielraum (Einkommen und Versorgung),
- sozialer Handlungsspielraum (Familie und soziale Netze),
- Bildungsspielraum (Zugang zu schulischer und beruflicher Bildung, lebenslanges Lernen)
- Dispositions- und Partizipationsspielraum (gesellschaftliche und politische Teilhabe und Mitbestimmung),
- Schutz- und Selbstbestimmungsspielraum (Schutz vor personaler und struktureller Gewalt),
- ökologischer Handlungsspielraum (Gestaltung einer barrierefreien Umwelt; einschließlich Mobilität),
- gesundheitlicher Handlungsspielraum (Beeinträchtigung durch Krankheit und Behinderung, Zugang zu gesundheitlicher Versorgung und Pflege),
- sozialstaatlicher Handlungsspielraum (Zugang zu Diensten und Einrichtungen der sozialen Infrastruktur),
- Rechtsspielraum (rechtliche Gleichstellung, ihre konkrete Umsetzung sowie der Zugang zur Justiz)."[145]

Nach § 35a Abs. 3 finden die Vorschriften der §§ 28–31 SGB IX zu den Leistungsformen sowie § 90 SGB IX Anwendung.

§ 28 SGB IX regelt die Ausführung von Leistungen.

§ 29 SGB IX regelt die Leistungsform des persönlichen Budgets. § 29 SGB IX sieht auf Rechtsfolgenseite – entgegen der vormaligen Ermessensvorschrift in § 17 Abs. 2 SGB IX – eine gebundene Entscheidung („werden Leistungen") vor.[146] Mit § 29 Abs. 3

143 BVerwG 27.10.1977 – V C 15.77, BVerwGE 55, 31.
144 Engels/Engel/Schmitz, Teilhabebericht der Bundesregierung über die Lebenslagen von Menschen mit Beeinträchtigungen, S. 22.
145 Hornberg/Schröttle 2012, Vorstudie zur Neukonzeption des Behindertenberichtes, S. 26.
146 S. hierzu OVG Bremen 25.5.2020 – 2 B 66/20, juris Rn. 20 f. AA OVG NRW 10.12.2018 – 12 A 3136/17, juris Rn. 9.

SGB IX wird das Verfahren zur Gewährung eines persönlichen Budgets geregelt.[147] Der Rechtscharakter der Zielvereinbarung nach § 29 SGB IX und das Verhältnis zur Entscheidung über die Leistungsgewährung ist nach hiesiger Auffassung noch nicht hinreichend geklärt. So wird teilweise in der Rspr. die Auffassung vertreten, dass der Abschluss einer Zielvereinbarung nach § 29 SGB IX materielle Leistungsvoraussetzung sei. Zum Abschluss einer solchen Vereinbarung bestehe bei Vorliegen der Voraussetzungen eine Rechtspflicht.[148] Ferner wird die Auffassung vertreten, dass die Zielvereinbarung als öffentlich-rechtlicher Vertrag „wie eine Nebenbestimmung Bestandteil der Bewilligungsentscheidung“ werde.[149] Diese Auffassung verkennt, dass es für den Erlass einer Nebenbestimmung einer Rechtsgrundlage bedarf und der Erlass insbesondere bei gebundenen Entscheidungen nur unter hohen Voraussetzungen zulässig ist (§ 32 Abs. 1 Alt. 1 oder 2 SGB X), da mit der Beifügung einer Nebenbestimmung der Rechtsanspruch eingeschränkt wird.

Zudem finden auch die Vorschriften zur Beratung, §§ 32–35 SGB IX, Anwendung. Mit diesen Regelungen soll die Position behinderter Menschen im Verhältnis zu den Rehabilitationsträgern und den Leistungserbringern durch eine unentgeltliche und unabhängige Beratung gestärkt werden.[150] Die Beratung im Vorfeld der Beantragung der Leistung soll eine selbstbestimmte Entscheidung des Leistungsberechtigten unabhängig von „ökonomischen und haushaltsrechtlichen Interessen“[151] ermöglichen.

Ferner wird auf § 90 SGB IX, Aufgabe der Eingliederungshilfe, verwiesen. Nach § 90 Abs. 1 SGB IX ist es Aufgabe der Eingliederungshilfe, Leistungsberechtigten eine individuelle Lebensführung zu ermöglichen, die der Würde des Menschen entspricht und die volle, wirksame und gleichberechtigte Teilhabe am Leben in der Gesellschaft zu fördern. Die Leistung soll die Menschen befähigen, ihre Lebensplanung und -führung möglichst selbstbestimmt und eigenverantwortlich wahrnehmen zu können.

Schließlich finden auch die Regelungen in den Kapiteln 3 bis 6 des Teil 2 des Neunten Buches (also die §§ 109–116 SGB IX zur medizinischen Rehabilitation, zur Teilhabe am Arbeitsleben, zur Teilhabe an Bildung, zu Leistungen zur Sozialen Teilhabe, zu Leistungen zur Mobilität sowie zu Besuchsbeihilfen) über den Verweis in § 35a Abs. 3 Anwendung. Mit § 112 SGB IX werden die Leistungen zur Teilhabe an Bildung eigenständig geregelt. § 112 Abs. 1 Nr. 1 SGB IX regelt die Hilfen zu einer Schulbildung und entspricht im Kern der bisherigen Regelung in § 54 Abs. 1 S. 1 Nr. 1 SGB XII. Auch schulische Ganztagesangebote in der offenen Form sind ausdrücklich im Leistungskatalog enthalten. Mit § 112 Abs. 1 Nr. 2 SGB IX werden zudem Hilfen zur schulischen oder hochschulischen Ausbildung oder Weiterbildung für einen Beruf erfasst. Mit § 113 SGB IX werden die Leistungen zur Sozialen Teilhabe geregelt. § 113 Abs. 2 zählt wichtige Leistungen in nicht abschließender Form auf.

44 Um sicherzustellen, dass alle Möglichkeiten zur Rehabilitation genutzt werden, gibt § 9 SGB IX jedem Rehabilitationsträger auf, auch bei allen anderen Sozialleistungen im Zusammenhang mit einer (drohenden) Behinderung vorrangig zu prüfen, ob Leistungen zur Teilhabe voraussichtlich erfolgreich sind.

147 S. zu Problemen im Zusammenhang mit der Umsetzung des persönlichen Budgets OVG NRW 27.8.2020 – 12 B 1520/19. S. hierzu auch Wiesner ZKJ 2020, 280.
148 OVG Bremen 25.5.2020 – 2 B 66/20, juris Rn. 23 mwN. Kritisch hierzu Rosenow, https://www.reha-recht.de/fileadmin/user_upload/RehaRecht/Diskussionsforen/Forum_A/2020/A18-2020_Das_Pers%C3%B6nliche_Budget_in_der_KJH.pdf.
149 OVG Saarl 30.7.2019 – 2 B 152/19, juris Rn. 18.
150 BT-Drs. 18/9522, 191.
151 BT-Drs. 18/9522, 245.

4 Leistungen der Eingliederungshilfe (Abs. 3 iVm §§ 28–35, § 90 sowie §§ 109–116 SGB IX)

4.1 Allgemeines

Als **allgemeine Regelung** stellt **§ 4 Abs. 3 SGB IX** spezifische Anforderungen an Leistungen zur Teilhabe für behinderte Kinder. Abweichend von der zwischen Kindern und Jugendlichen unterscheidenden Vorschrift des § 7 Abs. 1 Nr. 1 und Nr. 2 versteht der Gesetzgeber unter dem Begriff Kinder in § 4 Abs. 3 SGB IX in Anlehnung an Art. 1 UN-KindK Heranwachsende bis zur Vollendung des 18. Lebensjahres. Danach sind Leistungen zur Teilhabe für Kinder so zu planen und zu gestalten, dass sie nach Möglichkeit nicht von ihrem sozialen Umfeld getrennt werden und gemeinsam mit nicht behinderten Kindern betreut werden können. Mit dieser Regelung betont der Gesetzgeber die Bedeutung sog. integrativer Leistungen und will damit einer Ausgrenzung behinderter oder von Behinderung bedrohter Kinder und Jugendlicher vorbeugen (vgl. auch § 35a Abs. 4). Dabei werden die behinderten jungen Menschen alters- und entwicklungsentsprechend an der Planung und Ausgestaltung der einzelnen Hilfen beteiligt und ihre Sorgeberechtigten intensiv in Planung und Gestaltung der Hilfen mit einbezogen. Dem trägt im Jugendhilferecht § 36 Rechnung. Befördert wird die sog. Integration bzw. Inklusion durch das in Deutschland seit 29.3.2009[152] ratifizierte **Übereinkommen der UN über die Rechte von Menschen mit Behinderungen,** welches in Art. 7 Kindern mit Behinderungen ein besonderes Augenmerk schenkt. Insbesondere ist in Art. 24 ein Menschenrecht auf inklusiven Schulunterricht verankert.[153] 45

Hinsichtlich der **Leistungen zur Teilhabe** verweist Abs. 3 auf das SGB IX: Aufgaben und Ziele der Hilfe, die Bestimmung des Personenkreises sowie Art und Form der Leistungen richten sich nach Kap. 6 des Teil 1 des SGB IX sowie § 90 und den Kap. 3–6 des Teil 2 des SGB IX, soweit diese Bestimmungen auch auf seelisch behinderte oder von einer solchen Behinderung bedrohte Personen Anwendung finden. 46

Der Verweis gilt damit nur, soweit die Vorschriften auch Anwendung auf seelisch behinderte junge Menschen oder von einer solchen Behinderung Bedrohte finden können. Viele der dort vorgesehenen Leistungen sind nämlich speziell auf körperlich bzw. geistig behinderte Menschen zugeschnitten.

Eingliederungsleistungen sind auch dann zu gewähren, wenn diese nicht auf die Deckung des Gesamtbedarfs gerichtet sind, sondern nur einen Teilbedarf abdecken.[154] Allgemein gilt, dass die gewährten Eingliederungsleistungen auch konkret bedarfsdeckend sein müssen.[155]

Zu den Leistungen im Einzelnen:

4.2 Leistungen zur medizinischen Rehabilitation

Für **Leistungen zur medizinischen Rehabilitation** ist der Jugendhilfeträger bei bestehender Krankenversicherung grundsätzlich nur nachrangig zuständig (§ 10 Abs. 1 und → Rn. 15). 47

Die medizinische Rehabilitation ist in §§ 42, 109, 110 SGB IX geregelt. Leistungen der medizinischen Rehabilitation umfassen neben ärztlichen Leistungen auch Leistungen anderer Heilberufe, soweit diese unter ärztlicher Aufsicht oder auf ärztliche An-

152 BGBl. II 2008, 1419 ff.
153 Vgl. im Einzelnen Kepert/Pattar, Schulbegleiter an baden-württembergischen Schulen, Rechtsgutachten, S. 9 und 10, Kehler Diskussionspapiere Nr. 2014–3, http://www.hs-kehl.de/forschung/forschungsergebnisse/publikationen/ mwN.
154 BVerwG 18.10.2012 – 5 C 21/11; Luik jurisPR-SozR 5/2013 Anm. 6; BayVGH 15.5.2013 – 12 B 13.129.
155 BayVGH 13.11.2012 – 12 ZB 11.2051 zu einem festen Stundensatz für einen Schulbegleiter; VG München 25.1.2012 – M 18 K 10.5005.

ordnung erfolgen, sowie Psychotherapie als ärztliche und psychotherapeutische Behandlung. Leistungen der **Früherkennung und Frühförderung** behinderter und von Behinderung bedrohter Kinder haben für den Jugendhilfeträger nur dann Bedeutung, wenn er für diesen Leistungskomplex zuständig ist (§ 10 Abs. 4 S. 3). Der Gesetzgeber[156] betont die besondere Bedeutung fachübergreifend tätiger Dienste und Einrichtungen. Dazu gehören sog. sozialpädiatrische Zentren, ambulante und mobile Frühförderstellen, nicht jedoch integrative Tagesstätten. **Nichtärztliche sozialpädiatrische Leistungen** dieser Dienste und Einrichtungen zählen nur dann zur medizinischen Rehabilitation, wenn sie zur Diagnostik und zur Aufstellung eines Behandlungsplans erforderlich sind und **unter ärztlicher Verantwortung** erbracht werden. Allerdings stellt § 46 Abs. 3 SGB IX klar, dass die der medizinischen Rehabilitation zugeordneten Leistungen gleichwohl in einem engen Funktionszusammenhang mit den **heilpädagogischen Maßnahmen nach § 79 SGB IX** stehen, die an sich der **sozialen Rehabilitation** zuzuordnen sind. Neben Leistungen wie beispielsweise Sprach- und Beschäftigungstherapien[157] sowie psychotherapeutischen Behandlungen sieht § 42 Abs. 3 SGB IX auch sog. psychosoziale Leistungen wie bspw. familienentlastende und -unterstützende Dienste vor, soweit diese erforderlich sind, die Eingliederungsziele zu erreichen oder zu sichern.

48 Allerdings werden die **nichtmedizinischen Leistungen** nur dann als Bestandteil der medizinischen Rehabilitation verstanden, wenn sie lediglich Nebenleistungen der medizinischen Hauptleistung sind. Erlangen die nichtmedizinischen Leistungen jedoch ein eigenes wesentliches Gewicht innerhalb der Rehabilitationsleistungen, sind sie nicht mehr der medizinischen, sondern der sozialen Rehabilitation zuzuordnen. Dies hat dann Bedeutung, wenn eine vorrangige Zuständigkeit eines anderen Rehabilitationsträgers wie zB der Krankenkasse besteht, welcher zwar für medizinische, nicht aber für die soziale Rehabilitation zuständig ist (→ Rn. 29).

49 Soweit das JA selbst Leistungen zur medizinischen Rehabilitation erbringt, haben diese nach § 109 Abs. 2 SGB IX **den Leistungen der gesetzlichen Krankenversicherung zu entsprechen.**[158] Damit unterliegen die medizinischen Rehabilitationsleistungen auch den Richtlinien des Gemeinsamen Bundesausschusses der Ärzte und Krankenkassen nach § 92 SGB V. Dieser legt ua die Heilmittel fest, die verordnungsfähig sind.[159] Danach sind zB die heilpädagogischen Maßnahmen der **Hippotherapie,**[160] der konduktiven **Therapie nach Petö**[161] sowie der **Montessori-Therapie**[162] nicht als Leistungen der medizinischen Rehabilitation anerkannt, da sie nicht als verordnungsfähige Heilmittel zulässig sind. Diese Therapieformen können aber als Leistungen zur Sozialen Teilhabe nach § 76 Abs. 2 Nr. 3 SGB IX infrage kommen. Dies gilt auch für Schulkinder, wofür das JA im Rahmen der Hilfe zu einer angemessenen Schulbildung zuständig sein kann.[163] Leistungen zur Sozialen Teilhabe und Leistungen zur medizinischen Rehabili-

156 Vgl. BT-Drs. 14/5074, 107.
157 Dazu DIJuF-Gutachten, JAmt 2004, 477.
158 LSG BW 26.6.2012 – L 11 KrR 3457/10 zu den zulässigen Leistungserbringern.
159 Vgl. Fassung v. 20.1.2011/19.5.2011 BAnz. Nr. 96 (S. 2247) vom 30.6.2011, in Kraft seit 1.7.2011.
160 BSG 19.3.2002 – B1 KR 36/00; RdLH 2002, 167.
161 VGH BW 24.5.2005 – 7 S 189/05; BayVGH 25.11.2004 – 12 CE 04.2263, FEVS 56, 282; OVG RhPf 1.9.2004 – 12 A 10886/04, ZFSH/SGB 2005, 43; BSG 3.9. 2003 – B 1 KR 34/01 R.
162 BSG 22.3.2012 – B 8 SO 30/10 R, NVwZ-RR 2012, 968; LSG BW 18.11.2010 – L 7 SO 6090/08, ZFSH/SGB 2011, 162.
163 BSG 22.3.2012 – B 8 SO 30/10 R, NVwZ-RR 2012, 968; SchlHOVG 15.8.2019 – 3 LB 7/18, juris Rn. 85; OVG RhPf 15.6.2011 – 7 A 10420/11, JAmt 2011, 594 und 4.11.2010 – 7 A 10796/10, ZFSH/SGB 2011, 170; BVerwG 30.5.2002 – 5 C 36/01, JAmt 2002, 240; NdsOVG 22.1.2003 – 4 LB 316/02, JAmt 2004, 37.

tation sind anhand der Bedürfnisse, die mit der Leistung befriedigt werden sollen, voneinander abzugrenzen.[164] Entscheidend ist demnach, welches konkrete Ziel mit der fraglichen Leistung in erster Linie verfolgt wird, dh welcher Leistungszweck im Vordergrund steht – Milderung der sozialen Folgen einer Krankheit/Behinderung oder die in § 42 Abs. 1 SGB IX vorgesehenen Zwecke (ausführlich → Rn. 29; → § 10 Rn. 17).[165]

4.3 Leistungen zur Teilhabe am Arbeitsleben

Die Leistungen zur Teilhabe am Arbeitsleben sind in **§§ 49 f. SGB IX** geregelt. Zwar 50
ist der Jugendhilfeträger als Rehabilitationsträger grundsätzlich auch für die Leistungsgruppe der Teilhabe am Arbeitsleben vorgesehen (§ 6 Abs. 1 Nr. 6 SGB IX), gleichwohl stellt sich bei diesen Leistungen zunächst die Frage einer vorrangigen Zuständigkeit der **Leistungsträger nach §§ 112 ff. SGB III**. Dies kann der jeweilige Träger der Grundsicherung für Arbeitsuchende nach §§ 6 ff. SGB II sein, der gemäß § 16 Abs. 1 S. 2 SGB II auch für die Eingliederung behinderter Menschen in das Arbeitsleben zuständig ist, oder aber die BA in direkter Anwendung der §§ 112 ff. SGB III (näher → § 10 Rn. 32). Diese vorrangigen Leistungen zur Förderung der beruflichen Eingliederung kommen allerdings nur für behinderte Menschen in Frage, deren Aussichten, am Arbeitsleben (wieder) teilzuhaben, wesentlich gemindert sind (vgl. § 19 SGB III). Damit ist das JA jedenfalls für seelisch behinderte Jugendliche und junge Erwachsene zuständig, deren Integration ins Arbeitsleben nicht wesentlich gemindert ist (→ § 10 Rn. 55). Für seelisch behinderte oder von dieser Behinderung bedrohte Jugendliche und junge Erwachsene wie zB Suchtkranke kommen nach bisheriger Rechtslage Teilhabeleistungen nach § 49 Abs. 3 SGB IX in Betracht. In diesem Bereich können sich **Abgrenzungsprobleme zur schulischen Ausbildung** ergeben (→ Rn. 56), für die die Arbeitsagentur bzw. der Träger der Grundsicherung für Arbeitsuchende nicht vorrangig zuständig sind. Nach § 49 Abs. 6 SGB IX kommen auch sog. psychosoziale Hilfen in Betracht. Zu den Leistungen zur Teilhabe am Arbeitsleben zählen auch die **Kosten für Unterkunft und Verpflegung**, wenn eine auswärtige Unterbringung notwendig ist, sowie Kosten, die mit einer Teilhabeleistung in unmittelbarem Zusammenhang stehen wie zB Lehrgangskosten, Prüfungsgebühren, Lernmittel usw (§ 49 Abs. 7 SGB IX).[166] Die in § 49 Abs. 8 SGB IX aufgeführten Teilhabeleistungen sind teilweise hingegen eher auf den Bedarf körperlich bzw. geistig behinderter Menschen zugeschnitten. In § 112 SGB IX finden sich eigenständige Regelungen zur Teilhabe an Bildung. In § 75 Abs. 2 Nr. 2 und 4 SGB IX sowie § 112 Abs. 1 Nr. 2 SGB IX sind auch Hilfen zur schulischen oder hochschulischen Aus- und Weiterbildung für einen Beruf geregelt. Damit kann der recht umfangreiche Katalog der grundsätzlich vorrangigen Teilhabeleistungen der Arbeitsagentur, die in §§ 112 ff. SGB III vorgesehen sind, durch eigenständige Leistungen des JA noch ergänzt werden.

4.4 Leistungen in anerkannten Werkstätten für behinderte Menschen

Die Leistungen im Arbeitsbereich anerkannter Werkstätten für behinderte Menschen 51
sind in § 58 SGB IX bzw. in § 111 Abs. 1 Nr. 1 SGB IX geregelt. Die Verweisung auf § 58 SGB IX macht deutlich, dass der Jugendhilfeträger nur für **Leistungen im Arbeitsbereich der Werkstätten für Behinderte** zuständig ist, nicht jedoch für Leistungen im Eingangsverfahren und im Berufsbildungsbereich, die idR der Bundesagentur für Arbeit obliegen. Werkstätten für Behinderte sind Einrichtungen der beruflichen Rehabili-

164 Vgl. BVerwG 18.10.2012 – NVwZ-RR 2013, 188; BSG 19.5.2009 – B 8 SO 32/07 R, SozR 4-3500 § 54 SGB XII Nr. 5 Rn. 17.
165 S. hierzu auch SchlHOVG 15.8.2019 – 3 LB 7/18.
166 VG München 17.7.2019 – M 18 K 17.2523, juris Rn. 34 f.

tation, in denen behinderte Menschen, die wegen ihrer Behinderung vom allgemeinen Arbeitsmarkt nicht aufgenommen werden können, sowohl eine Ausbildung als auch Arbeitsplätze bzw. Beschäftigungsmöglichkeiten erhalten (vgl. § § 219 Abs. 1 SGB IX). Hilfen in einer Werkstätte für Behinderte zählen damit zu den Maßnahmen der Eingliederung in das Arbeitsleben.

52 Die Teilhabeleistungen erfassen auch die **Hilfen bei anderen Leistungsanbietern**. Ab 1.1.2020 findet sich die Regelung in **§ 60 SGB IX** bzw. **§ 111 Abs. 1 Nr. 2 SGB IX**.

53 Bei Werkstätten für Behinderte und anderen Beschäftigungsstätten handelt es sich um sog. andere teilstationäre Einrichtungen iSd Abs. 2 Nr. 2 Alt. 2. Nach § 78a Abs. 1 Nr. 5a gelten für diesen Leistungsbereich der Jugendhilfe die **Vorschriften der §§ 78b bis 78g**. Dies bedeutet insbesondere, dass neben den **Entgeltvereinbarungen** auch **Leistungs- und Qualitätsentwicklungsvereinbarungen** mit dem Träger der Einrichtung abzuschließen sind. Dabei haben die Jugendhilfeträger die für Leistungen im Arbeitsbereich der Werkstätten für Behinderte geltenden Vorgaben des § 58 Abs. 3 SGB IX zu beachten. Danach sind bei den vom JA zu leistenden Entgelten (§ 58 Abs. 3 SGB IX verwendet den Begriff der Vergütung) alle für die Erfüllung der Aufgaben und fachlichen Anforderungen der Werkstatt notwendigen Kosten sowie die wirtschaftlichen Kosten zu berücksichtigen, die über die in einem Wirtschaftsbetrieb üblicherweise entstehenden Kosten hinausgehen. Die unternehmensüblichen Kosten der wirtschaftlichen Betätigung sind hingegen von der Werkstatt zu tragen. Können die sog. **werkstattspezifischen Kosten iSd § 58 Abs. 3 Nr. 2 SGB IX** im Einzelfall nicht ermittelt werden, kann dafür eine Vergütungspauschale mit dem Träger der Werkstatt vereinbart werden (§ 58 Abs. 3 S. 3 SGB IX). In jedem Falle darf aber das Arbeitsergebnis der Werkstatt nicht zur Minderung der vom JA zu leistenden Vergütungen verwendet werden, § 58 Abs. 4 S. 3 SGB IX – sog. Verbot der Nettoerlösrückführung. Zusätzlich zu den Vergütungen nach § 58 Abs. 3 SGB IX erhalten die Werkstätten ein sog. Arbeitsförderungsgeld gemäß § 59 SGB IX für jeden im Arbeitsbereich beschäftigten behinderten Menschen, um so deren Arbeitsentgelte zu erhöhen, ohne auf die Arbeitsergebnisse der Werkstatt zurückgreifen zu müssen.[167]

4.5 Leistungen zur Sozialen Teilhabe

54 Leistungen zur Sozialen Teilhabe sind solche, die nicht zu den medizinischen Leistungen, den Leistungen zur Teilhabe am Arbeitsleben und den unterhaltssichernden und anderen ergänzenden Leistungen gehören und für die in aller Regel für junge Menschen keine vorrangige Zuständigkeit anderer Rehabilitationsträger existiert. Ab 1.1.2020 finden sich die Regelungen in § 113 SGB IX.

Von den in § 113 Abs. 2 SGB IX nicht abschließend aufgezählten Leistungen sind für seelisch behinderte junge Menschen insbesondere die im Vorschulalter zu erbringenden **heilpädagogischen Leistungen** von Bedeutung (§ 113 Abs. 2 Nr. 3 SGB IX). Dazu zählen für seelisch behinderte Kinder zB Spieltherapien, Musiktherapien, Frühförderprogramme, Unterbringung in Sonderkindertageseinrichtungen, integrative Förderung in allgemeinen Kindertageseinrichtungen,[168] heilpädagogische Kindertageseinrichtungen,[169] konduktive Therapie nach Petö.[170] **Heilpädagogisches Reiten** ist nicht als medizinische Rehabilitationsleistung im Heilmittelkatalog nach § 138 SGB V anerkannt, kann aber als Leistung der Sozialen Teilhabe sowohl für noch nicht eingeschulte als auch für bereits eingeschulte Kinder bewilligt werden (→ Rn. 47).[171] Im Einzelfall

167 Vgl. BT-Drs. 14/5800, 28.
168 OVG Brem 9.12.2009 – S 3 A 443/06 zu einem notwendigen Integrationshelfer.
169 LSG Nds-Brem 15.10.2012 – L 8 SO 359/09 B ER, RdLH 2010, 65.
170 Zu letzterer BSG 29.9.2009 – B 8 SO 19/08 R, info also 2010, 90; BVerwG 30.5.2002 – 5 C 36/01, NDV-RR 2002, 79; Sunder NDV 2002, 332.
171 BVerwG 18.10.2012 – 5 C 15/ 11; OVG RhPf 15.6.2011 – 7 A 10420/11.

kann auch ein notwendiges **Elterntraining** vom Leistungsumfang einer heilpädagogischen Maßnahme mit umfasst sein.[172] Als Leistung kommt auch die **Unterbringung in einer Pflegefamilie** mit heilpädagogischen Fachkenntnissen in Betracht. Heilpädagogische Leistungen sind nach § 79 Abs. 1 S. 1 SGB IX unabhängig von Art, Ausmaß und Schwere der Behinderung zu erbringen,[173] und zwar als Komplexleistung mit der **Früherkennung und Frühförderung** sowie schulvorbereitenden Maßnahmen der Schulträger. Der Gesetzgeber will, dass heilpädagogische Leistungen auch an schwerstbehinderte und schwerstmehrfachbehinderte Kinder im Vorschulalter in jedem Falle, dh ohne Prüfung der Erfolgsaussichten zu erbringen sind. Dies ist in § 79 Abs. 1 S. 2 SGB IX geregelt. Die ansonsten in § 79 Abs. 1 S. 1 SGB IX vorgesehene fachliche Prüfung des voraussichtlichen Erfolgs der Leistungen darf allerdings auch in weniger schweren Fällen nicht zu einer vorschnellen Leistungsversagung führen. Bei vorrangig zuständigen anderen Rehabilitationsträgern für die Frühförderung muss eine Abgrenzung zwischen heilpädagogischen Leistungen und Leistungen der medizinischen Rehabilitation anhand der sog. **Frühförderungsverordnung** (→ Rn. 45; → § 10 Rn. 79 f.)[174] erfolgen.

Hilfen im Zusammenhang mit der Wohnversorgung dürften für den Kreis der seelisch behinderten Jugendlichen bzw. jungen Erwachsenen ebenfalls in Betracht kommen wie zB als persönliche Unterstützung bei der Beschaffung eines Platzes in einer betreuten Wohngemeinschaft. 55

4.6 Hilfen zu einer angemessenen Schulausbildung

Nach § 112 Abs. 1 SGB IX haben behinderte Kinder und Jugendliche einen Anspruch auf **Hilfen zu einer angemessenen Schulausbildung**. Leistungen der Eingliederungshilfe sind daher ausweislich des Gesetzeswortlautes nur „Hilfen" zu einer angemessenen Schulbildung. Jugendhilferechtlich geschuldet sind daher nach dem Gesetzestext nur „die Schulbildung begleitende Maßnahmen".[175] Geht die Tätigkeit des Schulbegleiters über reine „Hilfen" zu einer angemessenen Schulbildung hinaus, liegen die Tatbestandsvoraussetzungen nach § 35a nicht vor. Dann ist die Schule nicht nur „vorrangig", sondern ausschließlich leistungsverpflichtet (→ § 10 Rn. 35).[176] Der „Kernbereich der pädagogischen Arbeit der Schule" liegt grundsätzlich[177] im alleinigen Verantwortungsbereich der Schule und damit gänzlich außerhalb der Zuständigkeit des Sozialhilfeträgers.[178] Im Kernbereich der pädagogischen Aufgaben der Schule bzw. der Lehrer ist der Jugendhilfeträger damit überhaupt nicht leistungsverpflichtet.[179] Dies beruht darauf, dass in diesen Fallkonstellationen die Tatbestandsvoraussetzungen des § 35a und des § 112 Abs. 1 Nr. 1 SGB IX nicht gegeben sind. 56

172 OVG Brem 26.1.1988 – 2 BA 45/84, FEVS 41, 49; NdsOVG 11.5.1990 – 4 A 168/88, FEVS 42, 22.

173 Vgl. BT-Drs. 14/5074, 111.

174 BGBl. I 2003, 998.

175 BSG 15.11.2012 – B 8 SO 10/11 R, juris Rn. 15; BVerwG 18.10.2012 – 5 C 21/11, juris Rn. 37.

176 Ausführlich hierzu Kepert ZfF 2015, 205, Entscheidungsbesprechung zu VG Stuttgart 16.2.2015 – 7 K 5740/14.

177 Zur Ausnahmekonstellation, in welcher der Besuch einer öffentlichen Schule aus objektiven Gründen (zB wegen ihrer räumlichen Entfernung vom Wohnort) oder aus schwerwiegenden subjektiven (persönlichen) Gründen nicht möglich oder nicht zumutbar ist, s. BSG 15.11.2012 – B 8 SO 10/11 R, juris Rn. 16 und LSG NRW 15.5.2013 – L 20 SO 67/08, juris Rn. 53.

178 Statt vieler BSG 22.3.2012 – B 8 SO 30/10 R, juris Rn. 21; BSG 15.11.2012 – B 8 SO 10/11 R, juris Rn. 15 f.; BVerwG 18.10.2012 – 5 C 21/11, juris Rn. 37.

179 Ähnlich v. Koppenfels-Spies in jurisPK-SGB VIII Rn. 70.1.

Von der Leistungspflicht des Jugendhilfeträgers können hingegen Maßnahmen umfasst sein, die zwar zum Aufgabenbereich der Schule gehören, aber nicht dem Kernbereich der pädagogischen Arbeit der Schule zuzuordnen sind. In diesen Fällen besteht eine nachrangige Leistungspflicht. „Solange und soweit die Schule eine entsprechende Hilfe nicht gewährt", muss der Träger der Jugendhilfe die Leistung erbringen. Im Einzelfall müssten damit auch pädagogische Aufgaben, die zwar im vorrangigen Aufgaben-, aber nicht im Kernbereich der Schule liegen, von dem Träger der Jugendhilfe übernommen werden. Es spricht allerdings vieles dafür, dass die Jugendhilfeträger Rückgriff beim vorrangig leistungsverpflichtenden Träger, welcher für die Lehrerschaft in der Schule verantwortlich ist, nehmen können.[180]

Die konkrete Bestimmung dieses Bereichs im Einzelfall ist zwangsläufig von der Bestimmung des Kernbereichs pädagogischer Arbeit abhängig. Wird dieser eng gezogen, verbleiben mehr Aufgaben, die im gemeinsamen Zuständigkeitsbereich von Schule und Jugendhilfeträger anzusiedeln sind. Wird hingegen der Kernbereich weit ausgelegt, verbleiben weniger Aufgaben, die dem gemeinsamen Zuständigkeitsbereich zuzuordnen sind (→ § 10 Rn. 35).[181] Das BSG hat mit Entscheidung vom 9.12.2016 betont, dass der Kernbereich eng zu ziehen ist. Andernfalls könnte es zu einer verfassungsrechtlich bedenklichen Bedarfsunterdeckung kommen, wenn die Schule nach dem jeweiligen Landesschulgesetz nicht leistet. Danach sei der Kernbereich pädagogischer Tätigkeit nicht betroffen, wenn die Schulbegleitung die eigentliche pädagogische Arbeit der Lehrkraft nur absichert („begleitet"). Dem Kernbereich hingegen sei „die Vorgabe und Vermittlung der Lerninhalte, somit der Unterricht selbst, seine Inhalte, das pädagogische Konzept der Wissensvermittlung wie auch die Bewertung der Schülerleistungen" zuzurechnen.[182] Diese Rspr. hat das BSG mit Entscheidung vom 18.7.2019 auch auf Schulformen mit besonderer sonderpädagogischer Förderung übertragen. Auch bei Besuch einer solchen Schule (Sonderschule, Förderschule, Sonderpädagogisches Bildungs- und Beratungszentrum usw) umfasse der Kernbereich nur die Unterrichtsgestaltung im engeren Sinn, insbesondere die Vorgabe der Lerninhalte und Bewertung der Leistungen.[183] Das Jugendamt müsste nach dieser Rspr. stets Schulbegleitung als Eingliederungshilfe als „Ausfallbürge" leisten. Schulbegleitung wird sich nie im Kernbereich bewegen, da ein Schulbegleiter keine Unterrichtsinhalte vorgeben oder Benotungen vornehmen wird. Damit ist die Kernbereichsrechtsprechung des BSG zu § 54 Abs. 1 Nr. 1 SGB XII alter Rechtslage (nun: § 112 Abs. 1 Nr. 1 SGB XI) nach hiesiger Auffassung völlig substanzlos und damit sinnlos. Die zum Schutz der Eingliederungshilfeträger entwickelte Kernbereichsrechtsprechung kann in der Praxis überhaupt keine Anwendungsfälle haben. Eine Schulbegleitung wird niemals die Lerninhalte vorgeben oder Schülerinnen und Schüler benoten. Damit wird sich die Schulbegleitung niemals in diesem Kernbereich bewegen. Die durch das BSG vorgenommene Auslegung ist nach hiesiger Auffassung auch nicht mehr mit dem Gesetzeswortlaut vereinbar. Die Tätigkeit ist entgegen der gesetzlichen Vorgabe nicht auf „Hilfen" beschränkt. Vielmehr muss von der Schulbegleitung mit Ausnahme der Vorgabe der Lerninhalte und der Benotung des Schülers jedwede Tätigkeit im Zusammen-

180 Ausführlich hierzu Kepert/Pattar, Schulbegleiterinnen und Schulbegleiter an baden-württembergischen Schulen, Rechtsgutachten, S. 9 und 10, Kehler Diskussionspapiere Nr. 2014–3, http://www.hs-kehl.de/forschung/forschungsergebnisse/publikationen/. S. hierzu auch VG Würzburg 30.5.2016 – W 3 E 16.459, Rn. 62; VG Freiburg 18.3.2016 – 4 K 2145/14, Rn. 52; VG Stuttgart 16.2.2015 – 7 K 5740/15, Rn. 15; OVG NRW 15.10.2014 – 12 A 1350/14, Rn. 7.

181 S. hierzu Kepert/Pattar, Schulbegleiter an baden-württembergischen Schulen, Rechtsgutachten, S. 9 und 10, Kehler Diskussionspapiere Nr. 2014–3, http://www.hs-kehl.de/forschung/forschungsergebnisse/publikationen/ sowie Kepert ZfSH/SGB 2014, 525 f.

182 BSG 9.12.2016 – B 8 SO 8/15 R, juris Rn. 25.

183 BSG Urt. v. 18.7.2019 – B 8 SO 2/18 R, juris Rn. 16.

hang mit dem Schulbesuch und der damit verbundenen Verwirklichung des Rechts auf Bildung übernommen werden.

Nach dieser Rspr. könnte sich die Schule noch weiter aus ihrer Verantwortung für eine gelingende schulische Inklusion zurückziehen. Aufgaben, die bisher Sonderschullehrer übernehmen, müssten nach der Rspr. des BSG von Schulbegleitern, die vom Jugendhilfeträger zu finanzieren wären, als „Ausfallbürge" übernommen werden. Es bleibt abzuwarten, ob die ober- und höchstrichterliche Rspr. der Verwaltungsgerichtsbarkeit diese Rspr. des BSG auf § 35a übertragen wird.[184] Vereinzelt wird in der verwaltungsgerichtlichen Rspr. das Erfordernis aufgestellt, dass die Schule die Lerninhalte auf die Fähigkeiten und Fertigkeiten des Schülers abstimmt.[185] Diese Aufgabe sei dem Kernbereich ausschließlicher schulischer Verantwortung zuzuordnen.[186]

4.7 Hilfen zur schulischen Ausbildung für einen angemessenen Beruf und zur Ausbildung für eine sonstige angemessene Tätigkeit

Die Hilfen zur schulischen oder hochschulischen Ausbildung oder Weiterbildung für einen Beruf richten sich nach § 112 Abs. 1 S. 1 Nr. 2 SGB IX. Die Vorschrift erweitert den Anwendungsbereich der Eingliederungshilfe auf den Bereich der schulischen und hochschulischen beruflichen Weiterbildung.[187] 57

Dieser Leistungsbereich ist abzugrenzen gegenüber den Leistungen der Arbeitsagentur bzw. des Trägers der Grundsicherung für Arbeitssuchende.

4.8 Kumulative Leistungserbringung im Einzelfall

Die **Maßnahmen der Eingliederungshilfe** schließen sich nicht gegenseitig aus, sondern 58 können im Einzelfall bei Vorliegen der Voraussetzungen **kumulativ** gewährt werden. Um nicht gegen den Grundsatz des Untermaßverbots[188] zu verstoßen, muss im Rahmen der Erforderlichkeitsprüfung die Hilfe gewählt werden, die zur Bedarfsdeckung notwendig ist. Dies kann im Einzelfall zur Verpflichtung zur Erbringung mehrerer Eingliederungshilfeleistungen führen.

5 Formen der Eingliederungshilfe (Abs. 2)

Diese Vorschrift regelt beispielhaft, in welchen vier **Grundformen** die Eingliederungs- 59 leistungen zu gewähren sind. Die Entscheidung über die Form richtet sich nach dem jeweiligen **Bedarf im Einzelfall**, der im Rahmen des Hilfeplanverfahrens nach § 36 ermittelt worden ist. Verschiedene Formen können auch kombiniert werden, dh es können zB psychotherapeutische bzw. psychiatrische ambulante Hilfen mit einer Unterbringung in einer Pflegefamilie verbunden werden. Die nach Abs. 3 zu gewährenden Leistungen müssen, um die Frage der Kostenbeteiligung (§§ 91 ff.) klären zu können, einer der Hilfeformen zugeordnet werden.

---

184 Wohl für eine Übernahme der BSG-Rspr.: BayVGH 19.8.2019 – 12 BV 16.480, juris Rn. 41. Eher zweifelnd bzw. offen gelassen BayVGH 15.7.2019 – 12 ZB 16.1982, juris Rn. 18.

185 Ein solches individuelles Abstimmen der Lerninhalte hatte das BSG, mit Pressemitteilung zur Entscheidung vom 9.12.2016 – B 8 SO 8/15 R, noch als verpflichtende Aufgabe der Schule angesehen. Mit den Urteilsgründen ist das BSG dann allerdings wohl von dieser Vorgabe abgerückt. Jedenfalls findet sich diese Vorgabe nicht mehr hinreichend deutlich in den Urteilsgründen. S. hierzu BSG 9.12.2016 – B 8 SO 8/15 R, juris Rn. 25.

186 VG Würzburg 17.2.2020 – W 3 E 19.1570, juris Rn. 54.

187 BT-Drs. 18/9522, 284.

188 Hierzu BVerfG 28.5.1993 – 2 BvF 2/90 ua, juris Rn. 166 f.

60 § 35a Abs. 2 sieht folgende Formen der Eingliederungshilfe vor:

- **Eingliederungshilfe in ambulanter Form**, wie zB durch sozialpsychiatrische Dienste, psychologische Beratungsstellen, heilpädagogische Ambulanzen, Frühförderstellen usw mit Angeboten wie zB Verhaltenstrainings, Ernährungs- und Bewegungskursen für essgestörte Kinder usw,
- **Eingliederungshilfe in Tageseinrichtungen** für Kinder oder andere teilstationäre Hilfen. Die Betreuung seelisch behinderter Kinder in Tageseinrichtungen wie Kindergärten, Horten und anderen Einrichtungen nach §§ 22 ff. oder auch heilpädagogischen Tagesstätten[189] dient der Integration behinderter Kinder (§ 22a Abs. 4). Diese Betreuung erfolgt im Rahmen des § 35a und nicht als Kindertagesbetreuung nach §§ 22 ff. Als andere teilstationäre Einrichtungen können Tages- und Nachtkliniken, Werkstätten für Behinderte usw angeführt werden.
- **Eingliederungshilfe durch geeignete Pflegepersonen** in sog. Sonderpflegestellen. Gemäß § 33 S. 2 wird dem Jugendhilfeträger die Verpflichtung zur Schaffung und zum Ausbau solcher geeigneter Formen der Familienpflege für besonders entwicklungsbeeinträchtigte junge Menschen auferlegt. Diese Hilfsform kommt sowohl für eine Tagesbetreuung als auch für eine Vollzeitpflege in Betracht.
- **Eingliederungshilfe in Einrichtungen über Tag und Nacht** und in sonstigen Wohnformen wie zB der Heimerziehung nach § 34 oder in Einrichtungen des sozialpädagogisch betreuten Wohnens in Wohngemeinschaften. Zu den sonstigen Wohnformen zählt auch das betreute Einzelwohnen in Ein- und Mehrzimmerwohnungen.[190] Abs. 2 Nr. 4 verlangt zwar nicht ausdrücklich eine Betreuung bei den sonstigen Wohnformen; die Erfüllung des Hilfebedarfs wird jedoch ohne eine solche Betreuung nicht gewährleistet sein.

61 Eine **weitere Leistungsform** stellt das sog. **Persönliche Budget** dar, auf dessen Bewilligung seit 1.1.2008 ein Anspruch besteht.[191] Mit dieser Leistungsform sollen die Leistungsberechtigten selbst bestimmen können, welche Hilfen sie wann in Anspruch nehmen und welche Personen sie mit den notwendigen Dienstleistungen beauftragen.[192] Das Persönliche Budget wurde zunächst in Modellvorhaben erprobt. **Inhalt des Persönlichen Budgets** ist eine Geldleistung, die so bemessen sein muss, dass eine Deckung des festgestellten Bedarfs unter Beachtung der Grundsätze der Wirtschaftlichkeit möglich ist.

6 Integrative Maßnahmen (Abs. 4)

62 **Satz 1** verlangt im Regelfall die ganzheitliche Betreuung für den Fall, dass **gleichzeitig HzE und Eingliederungshilfe** zu gewähren sind.[193] Ein solcher Hilfebedarf ist zum einen denkbar, wenn die seelische Behinderung auf einem Erziehungsdefizit beruht; zum anderen stellt eine seelische Behinderung, die sich unabhängig von der Qualität der Erziehungsleistung entwickelt hat, erhöhte Anforderungen an diese, so dass auch in diesem Fall infolge der seelischen Behinderung ein Bedarf an HzE notwendig werden kann. Bei einem Zusammentreffen beider Hilfen sollen Einrichtungen, Dienste und Personen in Anspruch genommen werden, die geeignet sind, die Aufgaben beider Hilfearten zu erfüllen. Diese Handhabung hat für den betroffenen jungen Menschen den Vorteil, einer Einordnung – und damit einer eventuellen Stigmatisierung – als seelisch behindert zu entgehen. Gleichzeitig wird durch diese Regelung die integrative Betreuung von behinderten und nicht behinderten jungen Menschen gefördert. Die Rea-

189 LSG Nds-Brem 15.10.2012 – L 8 SO 359/09 B ER, RdLH 2010, 65; VG Augsburg 20.9.2006 – Au 3 E 06.1052.
190 Vgl. Nothacker ZfF 1997, 73.
191 BSG 11.5.2011 – B 5 R 54/10 R.
192 BT-Drs. 15/1514, 72.
193 S. hierzu auch VG Freiburg 22.12.2016 – 4 K 4471/16, juris Rn. 15.

lisierung dieses Ziels wird notwendig im Rahmen des Hilfeplanverfahrens nach § 36 berücksichtigt werden müssen. Im Umkehrschluss stellt Abs. 4 S. 1 letztlich klar, dass ein erzieherischer Bedarf nicht Leistungsvoraussetzung für die Gewährung von Eingliederungshilfe ist.

Satz 2 sieht für heilpädagogische Maßnahmen für noch nicht schulpflichtige Kinder 63
im Regelfall die **integrative Betreuung in Tageseinrichtungen** (→ § 22a Rn. 11, 12) vor; dies steht in Einklang mit den Anforderungen des SGB IX an Eingliederungshilfen für Kinder (§ 4 Abs. 3 S. 1 SGB IX) und entspricht damit den Vorgaben der UN-Behindertenkonvention 2009 (Art. 24 Abs. 2 UN-BRK). Danach sollen Einrichtungen in Anspruch genommen werden, in denen behinderte und nichtbehinderte Kinder gemeinsam betreut werden können, soweit es der konkrete Hilfebedarf des behinderten Kindes zulässt. Dies setzt allerdings voraus, dass es genügend Tageseinrichtungen gibt, die die personellen und sachlichen Voraussetzungen für eine derartige gemeinsame Betreuung erfüllen.[194] Der Träger der öffentlichen Jugendhilfe muss sie im Rahmen seiner Gesamtverantwortung (→ § 79 Rn. 3, 9) schaffen. Mit Art. 1 des KJSG ist in § 22a Abs. 4 eine unbedingte objektiv-rechtliche Verpflichtung zu einer entsprechenden Förderung implementiert worden.[195] Kinder mit Behinderungen und Kinder ohne Behinderungen sollen gemeinsam gefördert werden. Die besonderen Bedürfnisse von Kindern mit Behinderungen und von Kindern, die von Behinderung bedroht sind, sind zu berücksichtigen.

7 Verfahrensrechtliche Fragen

Verfahrensrechtlich (→ Anh. 5 Rn. 9 f.) sind auch Minderjährige selbst Beteiligte des 64
Verwaltungsverfahrens, da sie als Leistungsberechtigte (→ § 8 Rn. 10) Adressaten des VA sind (§ 12 Abs. 1 Nr. 2 SGB X). Eigene **Handlungsfähigkeit** wird ihnen gem. § 11 Abs. 1 Nr. 2 SGB X iVm § 36 SGB I allerdings erst ab dem Alter von 15 Jahren zugebilligt, dh sie können ab diesem Zeitpunkt selbst Anträge auf Leistungen stellen und diese auch mit Rechtsbehelfen verfolgen.[196] Außerdem ist der Jugendliche dazu befugt, Leistungen entgegenzunehmen. Zu Recht weist *Harnach*[197] darauf hin, dass die Handlungsfähigkeit des Jugendlichen eventuell durch die psychische Störung beeinträchtigt sein kann. Geschäftsunfähig und damit handlungsunfähig im Verwaltungsverfahren ist, wer sich in einem die freie Willensentscheidung ausschließenden Zustand krankhafter Störung der Geistestätigkeit befindet, sofern der Zustand seiner Natur nach nicht nur ein vorübergehender ist (§ 104 Nr. 2 BGB). Zur Feststellung eines solchen Zustands ist idR ein ärztliches Gutachten erforderlich. Weigert sich der Betroffene, sich einer Begutachtung zu unterziehen, geht dies zu seinen Lasten.

Durch die Einrichtung einer Betreuung verlieren Menschen grds. nicht ihre Geschäftsfähigkeit und damit nicht ihre Handlungsfähigkeit. Handlungsunfähig ist der Betreute erst, wenn er zusätzlich geschäftsunfähig ist. § 11 Abs. 2 SGB X nennt nur einen Spezialfall der Betreuung: Die vormundschaftsgerichtlich eingerichtete Betreuung mit Einwilligungsvorbehalt iSd § 1903 BGB. Dieser Einwilligungsvorbehalt hat eine partielle Geschäftsfähigkeit für die Angelegenheiten zur Folge, die nicht vom Einwilligungsvorbehalt erfasst sind. Bringt die Angelegenheit dem Betreuten aber einen lediglich rechtlichen Vorteil, darf der Betreute auch in den Bereichen handeln, die vom Einwilligungsvorbehalt erfasst sind (§ 1903 Abs. 3 BGB).

194 Vgl. auch Meysen in FK-SGB VIII Rn. 80; Schuhmacher RdLH 2009, 166; OVG Brem 12.5.2009 – S 3 B 10/09, NDV-RD 2009, 103.
195 BGBl. 2021 Teil I Nr. 29, 1444.
196 S. hierzu auch NdsOVG 25.11.2019 – 10 PA 204/19, juris Rn. 17.
197 Harnach in JHSM Rn. 6.

Anders ist es allerdings wiederum nach § 11 Abs. 3 SGB X iVm § 53 ZPO: Führt oder übernimmt der Betreuer das Verfahren, gilt der Betreute als nicht handlungsfähig. Nur dann, wenn die unter Betreuung stehende Person selbst den Antrag stellt, selbst das Verfahren führt usw, bleibt es bei ihrer Handlungsfähigkeit. Allerdings ist der VA auch bei Bekanntgabe nur gegenüber dem Betreuer wirksam. Nach der wohl herrschenden Meinung gilt dies auch dann, wenn der Betreuer nicht in das Verfahren eingegriffen hat. Dieses Ergebnis wird aus § 6 VwZG abgeleitet.[198]

Eine Einschränkung der Personensorge, insbesondere des Aufenthaltsbestimmungsrechts (§ 1631 Abs. 1 BGB) ist mit der Befugnis aus § 36 SGB I nicht verbunden, so dass der Jugendliche nicht ohne Weiteres stationäre Hilfen in Anspruch nehmen kann. Dem gesetzlichen Vertreter steht nach § 36 Abs. 2 S. 1 SGB I die Befugnis zu, diese Handlungsfähigkeit durch schriftliche Erklärung einzuschränken (→ § 8 Rn. 12; → § 36 Rn. 26). Für Leistungsberechtigte ab 15 Jahren kann der gesetzliche Vertreter also lediglich als Bevollmächtigter nach § 13 SGB X handeln.[199] Ein noch nicht 15 Jahre alter Minderjähriger kann sich gemäß § 8 Abs. 2 aber jederzeit – ohne Zustimmung seines gesetzlichen Vertreters – an das JA wenden, um Leistungen anzuregen (→ § 8 Rn. 17). Allerdings ist das JA in diesem Falle nicht von Amts wegen befugt, Eingliederungshilfe gegen den Willen des gesetzlichen Vertreters zu gewähren. Dies wäre lediglich im Falle einer Gefährdung des Wohls des Minderjährigen iSd §§ 1666, 1666a BGB und der zusätzlichen Einholung einer Entscheidung des Familiengerichts gemäß § 8a Abs. 2 S. 1 möglich.

8 Gemeinsame Vorschriften für die Hilfe zur Erziehung und die Eingliederungshilfe für seelisch behinderte Kinder und Jugendliche (§§ 36–40)

8.1 Hilfeplanungsverfahren und weitere Rechte

65 § 36 ff. regeln die Vorbereitung der Erziehungs- und Eingliederungshilfe und die Beteiligung der Betroffenen daran im Hilfeplanungsverfahren und danach. Mit Art. 1 des KJSG sind die Vorschriften mit Wirkung vom 10.6.2021 neu strukturiert und um Rechte der Betroffenen sowie Pflichten des Jugendamtes erweitert worden. Die Vorschrift für das Hilfeplanverfahren ist weiterhin zentral in § 36 geregelt. Allerdings enthalten die §§ 36b ff. ergänzende Vorschriften.

Nach § 36 Abs. 3 S. 2 sollen bei der Hilfeplanung, soweit dies zur Feststellung des Bedarfs, der zu gewährenden Art der Hilfe oder der notwendigen Leistungen nach Inhalt, Umfang und Dauer erforderlich ist, insbesondere auch andere Sozialleistungsträger, Rehabilitationsträger oder öffentliche Stellen sowie die Schule beteiligt werden.[200] Damit wird die nach bisheriger Rechtslage in § 36 Abs. 2 S. 4 geregelte Beteiligung der Arbeitsverwaltung für Maßnahmen der beruflichen Eingliederung auf alle Sozialleistungsträger nach § 12 SGB I sowie Rehabilitationsträger und andere öffentliche Stellen erweitert. Auch Privatschulen werden von der Neuregelung mitumfasst sein. Eine Beteiligung dieser Institutionen soll in Abhängigkeit von einer vorhergehenden Prüfung der Bedarfslage erfolgen. Damit soll bereits auf der Stufe der Hilfeplanung der Leistungsverantwortung unterschiedlicher Träger und Leistungssysteme Rechnung getragen werden. Mit der Gesetzesbegründung wird betont, dass die Regelung „in unmittelbarem Zusammenhang mit den sich aus § 19 SGB IX für den Träger der öffentlichen Jugendhilfe als leistenden Rehabilitationsträger ergebenden Pflichten steht."[201]

198 S. hierzu Pattar in jurisPK-SGB X § 37 Rn. 55 und 56.
199 So v. Wulffen/Schütze SGB X § 11 Rn. 7.
200 BT-Drs. 19/26107, 85.
201 BT-Drs. 19/26107, 85.

Mit der Neuregelung wird eine erhebliche **Prüfungs- und Koordinierungsverantwortung** für das Jugendamt festgeschrieben. Um dieser Verantwortung gerecht werden zu können, bedarf es aufseiten des Jugendamtes einer umfassenden Expertise hinsichtlich der bestehenden Gesamtleistungssysteme und der Zuständigkeiten.

Ferner stellt sich aufgrund Inkrafttretens der Neuregelung in verstärkter Weise die Frage, welche Leistungserbringer zusätzlich am Hilfeplanverfahren zu beteiligen sind. So kann es angezeigt sein, bei unmittelbar bevorstehenden Zuständigkeitsübergängen eine Beteiligung des neuen Leistungserbringers zu initiieren. Dies hat auch Auswirkungen auf die Beratungspflicht nach § 36 Abs. 1 SGB VIII.

Mit § 36b SGB VIII wurde mit Wirkung vom 10.6.2021 eine Neuregelung geschaffen, welche eine rechtzeitige Einbindung anderer Sozialleistungsträger in die Hilfeplanung vorgibt. Hiermit soll bei einem Zuständigkeitsübergang vom Träger der öffentlichen Jugendhilfe auf andere Sozialleistungsträger eine Kontinuität bei der weiteren Leistungserbringung gesichert werden. Mit § 36b Abs. 1 besteht eine allgemeine Regelung zur Zusammenarbeit beim Zuständigkeitsübergang. Mit § 36b Abs. 2 wurde eine Spezialregelung für den Zuständigkeitsübergang auf einen (anderen) Träger der Eingliederungshilfe normiert.[202] Dem Instrument des Teilhabeplanverfahrens kommt dann besondere Bedeutung zu. Damit wird die zwingende Verschränkung von Teilhabe- und Hilfeplan gestärkt.

Der Träger der öffentlichen Jugendhilfe trägt im Rahmen der Hilfeplanung die Verantwortung und hat auf Vereinbarungen zur Durchführung des Zuständigkeitsübergangs hinzuwirken, § 36b Abs. 2. Nach der Gesetzesbegründung sollen die Vereinbarungen insbesondere den Zeitpunkt des Zuständigkeitsübergangs sowie die Zielsetzungen der Leistungsgewährung für den jungen Menschen beinhalten.[203]

Bei einem zu erwartenden Zuständigkeitsübergang auf den Träger der Eingliederungshilfe ist eine entsprechende Einbindung in die Hilfeplanung und Teilhabeplanung bereits idR ein Jahr vor dem anstehenden Zuständigkeitsübergang erfolgen. Im Rahmen dieser Übergangsplanung haben der Träger der öffentlichen Jugendhilfe und der Träger der Eingliederungshilfe gemeinsam zu prüfen, welche Leistung nach dem Zuständigkeitsübergang dem Bedarf des jungen Menschen entspricht.

Infolge der Neuregelungen werden den Jugendämtern weitergehende Verpflichtungen bei der Hilfeplanung auferlegt werden. Das Jugendamt muss bereits auf der Stufe der Hilfeplanung prüfen, ob auch andere Institutionen (Sozialleistungsträger, Rehabilitationsträger, sonstige Dritte [insbesondere die Schule]) Leistungen zu erbringen haben. Insbesondere erhalten die im SGB IX enthaltenen Regelungen zur verpflichtenden Zusammenarbeit verschiedener Rehabilitationsträger einen gesteigerten Grad an Verbindlichkeit. Das Jugendamt muss mit den Neuregelungen aufgrund von gesetzlichen Verpflichtungen, die sich direkt aus dem Hilfeplanverfahren nach dem SGB VIII ergeben, sicherstellen, dass Dritte rechtzeitig in die Hilfeplanung einbezogen und Zuständigkeitsübergänge geplant werden. Damit kann vermieden werden, dass Leistungslücken entstehen und insbesondere ein Zuständigkeitsstreit auf dem Rücken des jungen Menschen ausgetragen wird.

Durch Neuregelung in § 37 Abs. 1 besteht ein Rechtsanspruch der Eltern auf Beratung und Unterstützung sowie Förderung der Beziehung zu dem Kind bei Gewährung von Hilfen gem. § 35a Abs. 2 Nr. 3 und 4.

Die mit § 37 Abs. 2 vorgesehene Regelung gibt dem Jugendamt bei einer teil- oder vollstationären Erbringung einer Hilfe zur Erziehung oder einer Eingliederungshilfe, wie bereits nach bisheriger Rechtslage, die Verpflichtung auf, eine Zusammenarbeit zwischen Pflegepersonen und in der Einrichtung für die Erziehung verantwortlichen

202 BT-Drs. 19/26107, 87 und 88.
203 BT-Drs. 19/26107, 88. S. hierzu Referentenentwurf KJSG, 5.10.2020, S. 99.

Personen sowie der Eltern zum Wohle des Kindes zu fördern. Neu im Gesetzestext aufgenommen wurde die Verpflichtung des Jugendamtes, diese Förderpflicht durch „geeignete Maßnahmen" wahrzunehmen. Nach der Gesetzesbegründung soll mit dieser Formulierung verdeutlicht werden, dass die Verpflichtung zur Förderung der Zusammenarbeit „in unterschiedlicher Form abgestimmt auf den jeweiligen Einzelfall und die aktuelle Situation erfolgen muss". Obgleich eine Zusammenarbeit nicht im Wege der Verwaltungsvollstreckung erzwungen werden kann, obliegt dem Jugendamt die Pflicht „stets zu prüfen, welche Information, Gesprächsführung oder Unterstützungsleistung die Kooperation befördern kann". Entsprechende Maßnahmen sind vom Jugendamt zu ergreifen.[204]

Nach der mit § 37c Abs. 4 vorgenommenen Neuregelung sind die Art und Weise der Zusammenarbeit nach § 37 Abs. 2 sowie die damit im Einzelfall verbundenen Ziele im Hilfeplan zu dokumentieren. Bei Hilfen nach §§ 33, 35a Abs. 2 Nr. 3 zählen dazu auch der vereinbarte Umfang der Beratung und Unterstützung der Eltern nach § 37 Abs. 1.

8.2 Steuerungsverantwortung und Selbstbeschaffung (§ 36a)

66 Hierzu → § 36a Rn. 1–8.

8.3 Leistungen zum Unterhalt des Kindes oder des Jugendlichen und Krankenhilfe (§§ 39, 40)

67 **Leistungen zum Unterhalt nach** § 39 werden als Annex-Leistungen zur Eingliederungshilfe dann gewährt, wenn diese in Tageseinrichtungen für Kinder oder in anderen teilstationären Einrichtungen (§ 35a Abs. 2 Nr. 2), durch geeignete Pflegepersonen (§ 35a Abs. 2 Nr. 3) sowie in Einrichtungen über Tag und Nacht sowie sonstigen Wohnformen (§ 35a Abs. 2 Nr. 4) gewährt werden. § 39 erweitert (vgl. § 7 SGB IX) den für das JA als Rehabilitationsträger vorgesehenen Leistungsrahmen in § 6 Abs. 1 Nr. 6 SGB IX, der unterhaltssichernde Teilhabeleistungen für den Jugendhilfeträger gerade nicht vorsieht.[205]

Fraglich ist, ob der Jugendhilfeträger auch dann diese Annex-Leistungen zu erbringen hat, wenn für die Hauptleistung vorrangig ein anderer Rehabilitationsträger zuständig ist, der jedoch nicht verpflichtet ist, diese Nebenkosten zu leisten (→ § 10 Rn. 71 zur Leistung nach § 39 neben stationärer Eingliederungshilfe nach SGB IX).[206]

68 **Leistungen der Krankenhilfe nach** § 40 iVm §§ 47–52 SGB XII werden ergänzend zur Eingliederungshilfe in den Fällen der Betreuung durch geeignete Pflegepersonen (§ 35a Abs. 2 Nr. 3) sowie der Hilfe in Einrichtungen über Tag und Nacht bzw. in sonstigen Wohnformen (§ 35a Abs. 2 Nr. 4) gewährt, also bei auswärtiger Unterbringung des behinderten oder von Behinderung bedrohten jungen Menschen. Dies gilt allerdings nur, soweit vorrangige Leistungen der Krankenkassen mangels Versicherungsschutz nicht in Betracht kommen (→ § 10 Rn. 15).

69 Die Eingliederungshilfe wird in der Regel in Form eines Dauerverwaltungsaktes bewilligt (→ § 27 Rn. 17). Daher kann die Hilfe bei Entfallen der Tatbestandsvoraussetzungen nicht einfach eingestellt oder abgebrochen werden. Da die Befristung des Bewilligungsbescheids rechtlich nicht zulässig ist (→ § 27 Rn. 18), ist eine Aufhebung des Bewilligungsbescheides nach § 48 SGB X erforderlich, um die Leistungserbringung beenden zu können.

---

204 BT-Drs. 19/26107, 89.
205 Vgl. Kunkel ZFSH/SGB 2001, 707.
206 So NdsOVG 12.4.2000 – 4 L 2906/99, NDV-RD 2000, 72; vgl. auch BVerwG 2.3.2006 – 5 C 15/05, NVwZ 2006, 939; aA wohl BVerwG 13.3.2001 – 5 B 83/00, FEVS 52, 448.

Dritter Unterabschnitt Gemeinsame Vorschriften für die Hilfe zur Erziehung und die Eingliederungshilfe für seelisch behinderte Kinder und Jugendliche

§ 36 Mitwirkung, Hilfeplan

(1) [1]Der Personensorgeberechtigte und das Kind oder der Jugendliche sind vor der Entscheidung über die Inanspruchnahme einer Hilfe und vor einer notwendigen Änderung von Art und Umfang der Hilfe zu beraten und auf die möglichen Folgen für die Entwicklung des Kindes oder des Jugendlichen hinzuweisen. [2]Es ist sicherzustellen, dass Beratung und Aufklärung nach Satz 1 in einer für den Personensorgeberechtigten und das Kind oder den Jugendlichen verständlichen, nachvollziehbaren und wahrnehmbaren Form erfolgen.

(2) [1]Die Entscheidung über die im Einzelfall angezeigte Hilfeart soll, wenn Hilfe voraussichtlich für längere Zeit zu leisten ist, im Zusammenwirken mehrerer Fachkräfte getroffen werden. [2]Als Grundlage für die Ausgestaltung der Hilfe sollen sie zusammen mit dem Personensorgeberechtigten und dem Kind oder dem Jugendlichen einen Hilfeplan aufstellen, der Feststellungen über den Bedarf, die zu gewährende Art der Hilfe sowie die notwendigen Leistungen enthält; sie sollen regelmäßig prüfen, ob die gewählte Hilfeart weiterhin geeignet und notwendig ist. [3]Hat das Kind oder der Jugendliche ein oder mehrere Geschwister, so soll der Geschwisterbeziehung bei der Aufstellung und Überprüfung des Hilfeplans sowie bei der Durchführung der Hilfe Rechnung getragen werden.

(3) [1]Werden bei der Durchführung der Hilfe andere Personen, Dienste oder Einrichtungen tätig, so sind sie oder deren Mitarbeiterinnen und Mitarbeiter an der Aufstellung des Hilfeplans und seiner Überprüfung zu beteiligen. [2]Soweit dies zur Feststellung des Bedarfs, der zu gewährenden Art der Hilfe oder der notwendigen Leistungen nach Inhalt, Umfang und Dauer erforderlich ist, sollen öffentliche Stellen, insbesondere andere Sozialleistungsträger, Rehabilitationsträger oder die Schule beteiligt werden. [3]Gewährt der Träger der öffentlichen Jugendhilfe Leistungen zur Teilhabe, sind die Vorschriften zum Verfahren bei einer Mehrheit von Rehabilitationsträgern nach dem Neunten Buch zu beachten.

(4) Erscheinen Hilfen nach § 35a erforderlich, so soll bei der Aufstellung und Änderung des Hilfeplans sowie bei der Durchführung der Hilfe die Person, die eine Stellungnahme nach § 35a Absatz 1a abgegeben hat, beteiligt werden.

(5) Soweit dies zur Feststellung des Bedarfs, der zu gewährenden Art der Hilfe oder der notwendigen Leistungen nach Inhalt, Umfang und Dauer erforderlich ist und dadurch der Hilfezweck nicht in Frage gestellt wird, sollen Eltern, die nicht personensorgeberechtigt sind, an der Aufstellung des Hilfeplans und seiner Überprüfung beteiligt werden; die Entscheidung, ob, wie und in welchem Umfang deren Beteiligung erfolgt, soll im Zusammenwirken mehrerer Fachkräfte unter Berücksichtigung der Willensäußerung und der Interessen des Kindes oder Jugendlichen sowie der Willensäußerung des Personensorgeberechtigten getroffen werden.

1 Die Grundentscheidung über die Hilfe (Abs. 1 Satz 1)

1.1 Bedeutung des Hilfeplanungsverfahrens

1 Im Unterschied zur Jugendhilfeplanung nach § 80 ist die Hilfeplanung nach § 36 einzelfallbezogen. Der **Hilfeplan** nach § 36 Abs. 2 S. 2 ist Dokumentation des **Hilfeplanverfahrens**, also eines Teils des **Hilfeplanungsverfahrens.**

Nach § 36 Abs. 2 S. 2 **soll**, dh im Regelfall muss, ein Hilfeplan aufgestellt werden. Lediglich in einem durch Vorliegen atypischer Umstände gekennzeichneten Einzelfall kann von der Aufstellung des Hilfeplans abgesehen werden.[1] Dabei ist auch zu berücksichtigen, dass das Hilfeplanverfahren für den Personensorgeberechtigten und den Minderjährigen von zentraler Bedeutung ist und nicht nur dem Grundsatz der Transparenz des Entscheidungsprozesses dient.[2] Das Hilfeplanungsverfahren ist nicht identisch mit dem Verwaltungsverfahren iSd § 8 SGB X, enthält aber Teile hiervon (→ Rn. 10). § 36 regelt das Verfahren auf dem Wege zur Entscheidung über die Hilfe, ist also eine **formelle Voraussetzung** der Hilfegewährung. Bei Verletzung von § 36 ist der Hilfebescheid (des Trägers der öffentlichen Jugendhilfe) rechtswidrig.[3]

In der Rspr. wird hierzu zunächst vertreten, dass bereits der Wortlaut „sollen" in § 36 Abs. 2 S. 2 SGB VIII dafür spreche, dass die Erstellung eines Hilfeplans „nicht unverzichtbare Voraussetzung" der Gewährung von Jugendhilfe sei. Entscheidend sei, ob die Geeignetheit und Notwendigkeit der Hilfe auch ohne schriftliche Fixierung in einem Hilfeplan festgestellt werden könne.[4] Allerdings ist diese Rspr. nicht frei von Widersprüchen. So stellt das BVerwG – im Gegensatz zu seiner Entscheidung aus dem Jahr 1999 – fest, dass „der Hilfeplan eine unverzichtbare Voraussetzung der Gewährung von Jugendhilfe bildet".[5]

Unklar bleibt zudem, weshalb der Wortlaut „sollen" zu dem Ergebnis führen soll, dass die Aufstellung des Hilfeplans keine unverzichtbare Voraussetzung für die Hilfegewährung sei. Insbesondere bleibt unklar, ob dies lediglich im Ausnahmefall gelten solle, also die Soll-Bestimmung als Verpflichtung zum Aufstellen des Hilfeplans im Regelfall zu verstehen sein soll, oder die Formulierung „sollen" als unverbindliche Aufforderung auszulegen sei, von der generell abgewichen werden könne. Die Formulie-

1 S. hierzu auch Winkler in BeckOK SozR SGB VIII Rn. 20; Stähr in Hauck/Noftz Rn. 24; Schönecker/Meysen in FK-SGB VIII Rn. 50.
2 In diese Richtung aber VG Ansbach 20.9.2012 – AN 14 K 11.022.68, juris Rn. 41.
3 AA v. Koppenfels-Spies in jurisPK-SGB VIII Rn. 39.
4 BVerwG 24.6.1999 – 5 C 24/98, juris Rn. 39; BayVGH 13.4.2015 – 12 ZB13.388, juris Rn. 30; NdsOVG 8.5.2008 – 4 LA 128/07, juris Rn. 5; VG Mainz 28.10.2019 – 1 K 1198/18.MZ, juris Rn. 32; VG Ansbach 20.9.2012 – AN 14 K 11.022.68, juris Rn. 41; VG München 11.5.2011 – M 18 K 10.2239, juris Rn. 50.
5 BVerwG 9.12.2014 – 5 C 32/13, juris Rn. 30.

rung, dass der Hilfeplan keine (unverzichtbare) Voraussetzung für die Hilfegewährung sei und es lediglich darauf ankomme, dass die Geeignetheit und Notwendigkeit der Hilfe auch ohne schriftlichen Hilfeplan festgestellt werden könne, deutet darauf hin, dass in der Rspr. die Soll-Bestimmung in § 36 Abs. 2 S. 2 als unverbindliche Handlungsanweisung verstanden wird.

Dem ist zu widersprechen. Die Soll-Bestimmung kann nach Sinn und Zweck der Regelung auch hier nur bedeuten, dass im Regelfall eine Verpflichtung zur Aufstellung des Hilfeplans besteht. Lediglich im Ausnahmefall kann von der Aufstellung eines Hilfeplans abgesehen werden. Liegt kein Ausnahmefall vor und fehlt ein Hilfeplan, ist der Verwaltungsakt, mit welchem über die beantragte Hilfe entschieden worden ist, **rechtswidrig**. Mit Widerspruch und Klage kann dann grundsätzlich gegen die Entscheidung mit Erfolg vorgegangen werden (→ Anh. 5 Rn. 49 ff.). Allerdings kann der Fehler entsprechend § 41 SGB X durch Nachholung im weiteren Verfahren geheilt werden.[6] Zudem kann der Verfahrensfehler nach § 42 S. 1 SGB X unbeachtlich sein, wenn die Entscheidung über die Hilfe auch bei Beachtung des § 36 inhaltlich genauso ergangen wäre. Dies gilt für jede Verletzung einer Bestimmung des § 36.[7] Ist der Fehler unbeachtlich nach § 42 S. 1 SGB X, ändert dies nichts an der Rechtswidrigkeit des Bescheids.[8] Ist im Zusammenwirken mehrerer Fachkräfte eine Entscheidung über die Geeignetheit der Hilfe getroffen worden, ohne dass diese im Hilfeplan fixiert worden ist, ist der VA zwar rechtswidrig, aber seine Aufhebung kann nicht verlangt werden, wenn auch bei Beachtung des § 36 Abs. 2 inhaltlich die gleiche Entscheidung getroffen worden wäre, § 42 S. 1 SGB X.

Damit ist zu betonen, dass die Wertigkeit, welche einerseits dem Hilfeplanverfahren zugesprochen wird („Motor des Leistungsrechts" bzw. „Herzstück der Hilfeplanung") und andererseits die rechtlich schwache Ausgestaltung des Hilfeplanverfahrens kaum zu vereinbaren sind. Die durch Dauerverwaltungsakt zu bewilligende Leistung nach §§ 27 ff., § 35a und § 41 SGB VIII sind im Sinne eines dynamischen Prozesses durch das Hilfeplanverfahrens fortlaufend zu begleiten und zu überprüfen. Insbesondere für die (personensorgeberechtigten) Eltern und das Kind ist das Hilfeplanverfahren unter Transparenzgesichtspunkten von zentraler Bedeutung. Obgleich § 36 Abs. 2 S. 2 SGB VIII mittels einer Soll-Vorschrift eine Pflicht zur Aufstellung eines Hilfeplans im Regelfall aufgibt, ist die Hilfeplanpflicht de lege lata lediglich als formelle Voraussetzung ausgestaltet, welche die Begründungspflicht nach § 35 SGB X ergänzt. Die rechtliche Stellung der Eltern und des Kindes ist hinsichtlich des Hilfeplanverfahrens daher als schwach zu beurteilen.[9] Eine Stärkung der Rechtsposition könnte mittels einer Normierung des Hilfeplans als materielle Rechtmäßigkeitsvoraussetzung erfolgen. Dies würde das Gewicht des Hilfeplanverfahrens und die Rechtsstellung der Betroffenen deutlich stärken.[10]

Mit Art. 1 des **KJSG** hat § 36 mit Wirkung vom 10.6.2021 Änderungen in mehreren Absätzen erfahren.[11] Mit Abs. 1 Satz 2 wird nun vorgegeben, dass „Beratung und Aufklärung nach Satz 1 in einer für den Personensorgeberechtigten und das Kind oder

6 Ebenso Koppenfels-Spies in jurisPK-SGB VIII Rn. 39; Schönecker/Meysen in FK-SGB VIII Rn. 55; s. hierzu auch VG Aachen 21.1.15 – 2 L 414/14, juris Rn. 17; das VG lässt offen, ob eine Heilung im gerichtlichen Verfahren möglich ist.

7 AA Stähr in Hauck/Noftz Rn. 28; nur für die Verletzung von § 36 Abs. 2 S. 1; Fischer in SFMK Rn. 25; Gutachten DV NDV 2001, 305: schon kein Fehler.

8 Zumindest missverständlich BVerwG 24.9.1999 – 5 C 24/98 – juris Rn. 39: „der Hilfeplan ist keine materielle (natürlich nicht [d.Verf.]) Rechtmäßigkeitsvoraussetzung".

9 S. hierzu auch VG Saarlouis 12.1.2018 – 3 K 146/15, juris Rn. 27.

10 Ausführlich hierzu Kepert, Stellungnahme in der Öffentlichen Anhörung des Bundestags, Ausschuss für Familie, Senioren, Frauen und Jugend, am 22.2.2021, https://www.bundestag.de/ausschuesse/a13/Anhoerungen/821942-821942.

11 BGBl. 2021 Teil I Nr. 29, 1444.

den Jugendlichen wahrnehmbaren Form erfolgen." Die Sätze 3 bis 5 des Abs. 1 wurden aufgehoben. Mit § 37c werden nun die Regelungen zur Hilfeplanung bei Hilfen außerhalb der eigenen Familie zusammengeführt.

In Abs. 2 wurde ein neuer Satz 3 eingefügt, nach welchem einer bestehenden Geschwisterbeziehung bei der Aufstellung und Überprüfung des Hilfeplans sowie bei der Durchführung der Hilfe Rechnung getragen werden soll. Der bisheriger Abs. 2 Satz 4 wurde aufgehoben. Regelungen zur Beteiligung Dritter an der Hilfeplanung sind nun in Abs. 3 verortet.

Mit Abs. 3 wird nun vorgegeben, dass im Falle eines Tätigwerdens von anderen Personen, Diensten oder Einrichtungen bei der Durchführung der Hilfe, eine Beteiligungspflicht an der Aufstellung des Hilfeplans und seiner Überprüfung besteht. Mit Abs. 3 Satz 2 wird spezifisch vorgegeben, dass eine Beteiligung öffentlicher Stellen, insbesondere anderer Sozialleistungsträger, Rehabilitationsträger oder der Schule erfolgen soll, soweit dies zur Feststellung des Bedarfs, der zu gewährenden Art der Hilfe oder der notwendigen Leistungen nach Inhalt, Umfang und Dauer erforderlich ist. Abs. 3 Satz 3 regelt nach neuer Rechtslage, dass bei der Gewährung von Teilhabeleistungen durch den Träger der öffentlichen Jugendhilfe die Vorschriften zum Verfahren bei einer Mehrheit von Rehabilitationsträgern nach dem SGB IX zu beachten sind.

Der bisherige Abs. 3 wurde inhaltsgleich in Abs. 4 verortet.

Der bisherige Regelungsinhalt des Abs. 4 zur Auslandshilfe wurde gestrichen. Nach neuer Rechtslage sind Regelungen zu Auslandshilfen in § 38 verortet.

Mit Abs. 5 wird nach neuem Recht eine Beteiligung von nicht personensorgeberechtigten Eltern am Hilfeplanverfahren vorgegeben.

2 Aus der Regelung des Beschaffungswegs in §§ 36, 36a Abs. 1 ergibt sich, dass **Selbstbeschaffung** grundsätzlich nicht möglich ist (→ § 36a Rn. 2).

3 Das Hilfeplanungsverfahren hat auch eine **strafrechtliche** Bedeutung insoweit, als der Hilfeplan Dokument der Handlungspflicht ist, die sich für den einzelnen Mitarbeiter aus seiner Garantenstellung iSd des § 13 StGB ergibt (→ § 8a Rn. 123 ff.).

1.2 Träger der freien Jugendhilfe im Hilfeplanungsverfahren

4 Alle Leistungen iSv § 2 Abs. 2 können gem. § 3 Abs. 2 sowohl von öffentlichen als auch von freien Trägern erbracht werden. § 3 Abs. 2 S. 1 räumt beiden Trägergruppen gleiche Leistungskompetenz ein, er nimmt **keine Abstufung** vor von einem leistungsgewährenden (öffentlichen) Träger zu einem leistungserbringenden (freien) Träger.[12] Ein freier Träger kann also auch die HzE – wie jede andere Leistung – originär (autonom), dh nicht abgeleitet vom öffentlichen Träger, dann aber auf eigene Kosten im Einklang mit § 36 gewähren. Die Hilfeleistung kann entweder in diesem **dualen** Modell erfolgen oder im **Auftragsmodell**, dh der freie Träger kann die Hilfe derivativ, also abgeleitet vom öffentlichen Träger für diesen in dessen Auftrag und auf dessen Kosten erbringen (**Leistungserbringer**).[13] Die Modalitäten der Übertragung und die Kostentragung (§ 91 Abs. 5 gilt nur im Verhältnis zu den Kostenbeitragspflichtigen) werden entweder mittels Vereinbarungen nach § 77 oder nach § 78a durch koordinationsrechtliche öffentlich-rechtliche Verträge geregelt. Maßgeblich für die Voraussetzungen und die Ausgestaltung der Leistungserbringung ist dabei die Leistungsvereinbarung. Diese Vereinbarung kann sich auch auf das Hilfeplanungsverfahren als formellen Teil der Hilfe erstrecken, die der freie Träger im sog. **Dreiecksverhältnis** (→ § 5 Rn. 17 f.) für den öffentlichen Träger dem Anspruchsberechtigten privatrechtlich leistet. Damit er-

12 Vgl. näher hierzu Kunkel NDV 1995, 456 und 1996, 29; aA Maas NDV 1993, 471 und 1996, 28 sowie Happe/Saurbier in JHSM § 27 Rn. 31.

13 Wörtlich wie hier – ohne Zitat der Quelle – Kador in Jung Rn. 5.

füllt der öffentliche Träger seine ihm gegenüber dem Anspruchsberechtigten obliegende Pflicht aus dem öffentlichen Recht (§ 3 Abs. 2 S. 2); er bleibt dabei letztverantwortlich und steuerungsverantwortlich (§ 36 a).

Konsequenz der Anwendbarkeit des Hilfeplanungsverfahrens auch auf Träger der freien Jugendhilfe ist, dass der freie Träger auf Dienste und Einrichtungen eines anderen, konkurrierenden freien Trägers **hinweisen muss** (§ 5 Abs. 1 S. 2), wenn diese besser geeignet sind als die eigenen. 5

Auch **gewerbliche Leistungserbringer** sind nach hiesiger Auffassung Träger der freien Jugendhilfe. Die obenstehenden Grundsätze finden daher Anwendung. 6

1.3 Mehrstufigkeit des Hilfeplanungsverfahrens

Das Planungsverfahren geschieht auf mehreren Stufen. Auf der **ersten Stufe** trifft der Leistungsberechtigte gem. § 36 Abs. 1 S. 1 die Grundentscheidung über die Inanspruchnahme „einer" (also nicht „der") Hilfe, dh darüber, ob überhaupt Hilfe gewährt werden soll. Diese Entscheidung setzt Beratung und Hinweis gem. § 36 Abs. 1 S. 1 voraus. Danach treffen – bei einer länger dauernden Hilfe – die Fachkräfte (nach Prüfung der Adoptionseignung) auf einer **zweiten Stufe** gem. § 36 Abs. 2 S. 1 eine Entscheidung über die Hilfeart (**Hilfeartentscheidung**), also darüber, wie geholfen wird. An dieser Entscheidung ist der Leistungsberechtigte nur vorbereitend beteiligt, indem er bei der Aufstellung des Hilfeplans als der Grundlage dieser Entscheidung mitwirkt. Ein darüber hinausreichendes Mitwirkungsrecht hat er durch Ausübung seines Wunsch- und Wahlrechts gem. § 5 bzw. gem. § 37c Abs. 3 S. 2 bei Hilfen außerhalb der eigenen Familie. Ist der Leistungsberechtigte mit der Hilfeartentscheidung nicht einverstanden, kann er seine Grundentscheidung über die Inanspruchnahme der Hilfe widerrufen. Tut er dies nicht, erlässt die fallzuständige Fachkraft auf der **dritten Stufe** den Hilfebescheid mit Außenwirkung, also als VA (§ 31 SGB X). Dieser Verwaltungsakt kann nach § 37 Abs. 2 S. 1 SGB X formfrei verfügt werden. Auf weiteren Stufen ist dieser Bescheid zu ändern, wenn sich der zugrundeliegende Bedarf verändert. Gegen den jeweiligen Bewilligungsbescheid kann der Leistungsberechtigte mit Widerspruch und Klage vorgehen. 7

1.4 Beteiligung des Personensorgeberechtigten und des Minderjährigen (bzw. des Volljährigen)/Kein „Aushandeln" der Hilfe

Die Beteiligung dieser Personen ist in **vier Formen** unterschiedlichen Wirkungsgrades geregelt. Für die Beratungs- und Hinweispflicht gem. § 36 Abs. 1 S. 1 sind Leistungsberechtigter und Leistungsadressat (→ § 8 Rn. 10) in einer eher passiven Rolle. Sie sollen zunächst einmal durch die Beratung überhaupt in die Lage versetzt werden, ihre Rechte kompetent wahrnehmen zu können. Eine selbstbestimmte Entscheidung über die Inanspruchnahme einer Hilfe soll ermöglicht werden.[14] Bei der Aufstellung des Hilfeplans wirken sie gem. § 36 Abs. 2 S. 2 aktiv und gleichberechtigt mit – sie kooperieren. Bei Ausübung ihres Wunsch- und Wahlrechts gem. § 5 Abs. 1 oder gem. § 37c Abs. 3 S. 2 dominieren sie (S. 2: „der Wahl ist zu entsprechen"). Die Entscheidung über die Gewährung einer Hilfe determiniert der Leistungsberechtigte, da sie von seiner Entscheidung über die Inanspruchnahme der Hilfe abhängt (→ Rn. 14). Zur Mitwirkung speziell bei der Aufstellung des Hilfeplans → Rn. 40; zur Frage der Mitwirkungspflicht → Rn. 12. Die Verletzung des Beteiligungsrechtes des PSB oder des Minderjährigen (bzw. bei § 41 des Volljährigen) ist die Verletzung eines subjektiven öffentlichen Rechts, da es im Interesse des Beteiligungsberechtigten eingeräumt ist (vgl. für das Kind → § 8 Rn. 4), gibt also einen einklagbaren **Rechtsanspruch** (→ Rn. 15). Al- 8

14 S. hierzu OVG NRW 17.1.2013 – 12 B 1360/12, juris Rn. 11.

lerdings ist die Verletzung des Beteiligungsrechts lediglich ein Verfahrensfehler, der nur zur formellen Rechtswidrigkeit des Bewilligungsbescheids führt (→ Rn. 1).

9 Wegen dieser Beteiligung hat sich der Begriff des „**Aushandelns**" der Hilfe eingebürgert.[15] Dieser Begriff ist missverständlich, weil er suggeriert, dass das Ob und das Wie der Hilfe dem freien Spiel der Kräfte überlassen blieben. Diese Freiheit räumt aber weder der Tatbestand noch die Rechtsfolge der Hilfenorm (§§ 27, 35a, 41) ein. Auf der Tatbestandsseite geht es um die Auslegung unbestimmter Rechtsbegriffe („eine dem Wohl des Kindes ... entsprechende Erziehung nicht gewährleistet" und „Hilfe für seine Entwicklung geeignet und notwendig" (→ § 27 Rn. 8),[16] wobei es für ersteres nur eine richtige Auslegung (ohne Beurteilungsspielraum; → § 27 Rn. 13) gibt, die Rechtsfolge ergibt sich zwingend im Sinne einer gebundenen Entscheidung („hat Anspruch") bei Vorliegen der Tatbestandsmerkmale. Erst recht macht die Beteiligung am Subsumtionsvorgang aus dem Beteiligten keinen Vertragspartner (auch keinen „gleichberechtigten Koproduzenten" mit „gemeinsamer Definitionsmacht").[17] Eine vertragliche Regelung verbietet ohnehin § 53 Abs. 2 SGB X, weil es sich nicht um eine Ermessensleistung handelt.[18] § 53 SGB X steht zwar gem. § 37 S. 1 SGB I unter dem Vorbehalt abweichender Regelungen im SGB VIII, eine Abweichung enthält § 36 aber nicht.

1.5 Auswirkungen des Hilfeplanungsverfahrens auf das Verwaltungsverfahren

10 Für den Träger der öffentlichen Jugendhilfe gelten gem. § 1 SGB X zusätzlich die Bestimmungen über das Verwaltungsverfahren nach §§ 8 ff. SGB X (→ Anh. 5 Rn. 1). Hilfeplanungsverfahren und Verwaltungsverfahren laufen **nebeneinander**, aber nicht parallel, sondern mit Überschneidungen.[19] Die Regelungen des SGB VIII gelten im Überschneidungsbereich vorrangig vor denen des SGB X (§ 37 S. 1 SGB I) – mit Ausnahme der Datenschutzregelungen (§ 37 S. 2 SGB I), die vorrangig vor dem SGB VIII gelten (→ § 61 Rn. 8). Die Begründung ist gem. § 35 Abs. 2 Nr. 2 SGB X entbehrlich, soweit im Hilfeplangespräch die wesentlichen tatsächlichen und rechtlichen Gründe der Entscheidung erörtert worden sind.[20] Die Aushändigung des Hilfeplans ersetzt allerdings nicht die Bekanntgabe gem. § 37 SGB X, da erst der Bescheid über die HzE ein VA ist, der Hilfeplan ihn lediglich vorbereitet. Bekanntgabe und Rechtsbehelfsbelehrung müssen gegenüber dem PSB als Beteiligtem iSd § 12 SGB X erfolgen, also gegenüber beiden Elternteilen (§ 1626 Abs. 1 BGB; → Anh. 5 Rn. 32). § 36 SGB X verlangt die Rechtsbehelfsbelehrung nur bei VA, die eine Beschwer enthalten.[21] Da die Gewährung der Hilfe das Einverständnis des PSB voraussetzt, wird er idR durch die Gewährung der Hilfe nicht beschwert sein, es sei denn, er ist zwar mit der Grundentscheidung über die HzE einverstanden, aber nicht mit der Entscheidung über die Hilfeart (zur Formulierung des Tenors der Entscheidung → § 27 Rn. 19; zum Rechtsschutz → Anh. 5 Rn. 1, 49). Beschwert im Sinne des § 36 SGB X ist er jedenfalls bei Ablehnung einer Hilfe. Eine eventuelle Beschwer des Kindes ist in den Fällen des § 27 irrelevant, da es im Rahmen des § 36 SGB X nur auf die Beschwer des Beteiligten an-

---

15 Wohl ausgehend von Merchel BldWpfl 1995, 110; ablehnend Schmid-Obkirchner in Wiesner Rn. 11; DV NDV 1994, 318; Fischer in SFMK Rn. 21; Schönecker/Meysen in FK-SGB VIII Rn. 25; Häbel in GK-SGB VIII Rn. 23; Stähr in Hauck/Noftz Rn. 49; Mrozynski SGB VIII Rn. 9; OVG RhPf ZfJ 2001, 232: „Konsens ist nicht erforderlich".
16 AA Maas ZfJ 1996, 116.
17 So aber Schönecker/Meysen in FK-SGB VIII Rn. 13: „gemeinsame Definitionsmacht".
18 Auch Maas ZfJ 1996, 116 benutzt als Argument § 53 Abs. 2 SGB X – wohl versehentlich: „§ 35 Abs. 2 SGB X" – gegen das „Aushandeln", obwohl er gleichzeitig eine Ermessensausübung (Auswahlermessen) annimmt.
19 Ebenso wohl Stähr in Hauck/Noftz Rn. 44 und Nothacker in GK-SGB VIII Rn. 8.
20 So wohl auch Nothacker in GK-SGB VIII Rn. 13.
21 S. hierzu Grube in jurisPK-SGB X § 36 Rn. 24.

kommt (→ Rn. 11). Aus Art. 6 GG folgt zudem, dass das Kind keine eigenständigen Rechte konträr zum Elternrecht wahrnehmen kann (→ § 8 Rn. 1).

11 Diese Verfahrensrechte ergeben sich für den **Personensorgeberechtigten** als Beteiligten gem. § 12 Abs. 1 Nr. 1 SGB X. Der **Minderjährige** hat dagegen im Verfahren nach § 27 nicht die verfahrensrechtliche Stellung eines Beteiligten iSd § 12 SGB X inne. Die Beteiligungen nach § 36 beziehen sich nicht auf die Grundentscheidung, also den VA. Diese Beteiligungen des Minderjährigen reichen idR aus, um seine rechtlichen Interessen zu wahren, wenn aber nicht, ist seine Hinzuziehung zum Verfahren gem. § 12 Abs. 2 SGB X möglich. Aus § 8 Abs. 1 S. 1 ergibt sich kein über die Regelungen des § 36 hinausgehendes Beteiligungsrecht (→ § 8 Rn. 11).

12 Die Mitwirkung der in § 36 Abs. 2 S. 3 und Abs. 3 genannten Personen nennt das Gesetz zwar ebenfalls „Beteiligung"; auch dies ist aber keine Beteiligung iSv § 12 SGB X,[22] da ihre Beteiligung nicht erfolgt, damit sie ihre rechtlichen Interessen verfolgen können, sondern damit die Qualität der Hilfe verbessert wird.[23] Die Mitwirkungsobliegenheit gem. § 60 SGB I, im Verhältnis zu § 21 Abs. 2 SGB X die speziellere Regelung, wird durch § 36 nicht berührt.[24] Die Mitwirkungsobliegenheit nach § 60 SGB I bezieht sich lediglich auf die Feststellung der zur Subsumtion unter die Tatbestandsvoraussetzungen notwendigen Tatsachen. Insoweit ist die Mitwirkungspflicht deckungsgleich mit dem Beteiligungsrecht nach § 36 Abs. 2 S. 2 bei der Feststellung des Bedarfs. § 36 regelt aber keine **Pflicht** zur Mitwirkung (bei HzE für den PSB und den Minderjährigen). Es besteht nur eine Pflicht des Trägers, die Berechtigten zu beteiligen, nicht aber eine Pflicht der Berechtigten, sich zu beteiligen. Wirkt (bei HzE) der PSB nicht bei der Sachverhaltsermittlung mit, zB bei der Feststellung des Bedarfs gem. § 36 Abs. 2 S. 2, kann die Hilfe nach § 66 SGB I (unter Beachtung seines Abs. 3) versagt werden (→ Rn. 40). Wirken weder PSB noch Minderjähriger bei der Feststellung des Hilfebedarfs und bei der Überprüfung des Hilfeplans mit (mögliche Form hierfür ist der **Entwicklungsbericht**; → Rn. 49), wird die Hilfe kaum zum Erfolg führen können, also ungeeignet sein, so dass die Tatbestandsvoraussetzungen des § 27 (→ Rn. 40) nicht vorliegen.[25] Im Überschwang des „Paradigmenwechsels"[26] wird eine **Strukturschwäche des Gesetzes** übersehen, die darin liegt, dass einem Erziehungsdefizit bei Gleichgültigkeit der Eltern nicht beizukommen ist, weil dann eine Lücke klafft zwischen der „kooperativen HzE" mit ihnen und der gem. § 1666 BGB „oktroyierten HzE" ohne sie (→ Rn. 22).

1.6 Anwendungsbereich des § 36 für einzelne Hilfen

13 § 36 gilt für die HzE nach § 27 und für die Eingliederungshilfe nach § 35a. Über die Abschnittsüberschrift hinaus muss ein Hilfeplanungsverfahren aber auch bei der **Hilfe für junge Volljährige** gem. § 41 durchgeführt werden, wie sich aus § 41 Abs. 2 ergibt, der auf § 36 verweist. Für Hilfen nach §§ 16 bis 21 kann ein entsprechendes Hilfeplanungsverfahren sinnvoll sein, auch wenn es nicht vorgeschrieben ist. „Hilfeplanung" ist geradezu ein Topos der Jugendhilfe geworden (→ Rn. 39).

1.7 „Entscheidung über die Inanspruchnahme"

14 Die in § 36 geregelte Hilfe kann **nur mit Einverständnis des Anspruchsberechtigten** (→ § 27 Rn. 20) erfolgen. Dass dessen Entscheidung, die Hilfe anzunehmen, gemeint

22 Ebenso Maas ZfJ 1996, 118.
23 Ähnlich Stähr in Hauck/Noftz Rn. 38.
24 AA Schmid-Obkirchner in Wiesner Rn. 5: „überlagert"; offen gelassen von NdsOVG FEVS 49, 73.
25 Im Ergebnis ebenso BayVGH 20.7.2004 – 12 CE 04.1285, JAmt 2005, 362.
26 Vgl. Kunkel FamRZ 1997, 193.

ist, und nicht etwa die Entscheidung des Jugendhilfeträgers, folgt schon aus dem Wortlaut des Gesetzes (früher – insoweit – zweifelsfrei: „**ihrer** Entscheidung"); er lautet nicht: „Entscheidung über die **Gewährung** einer Hilfe". Das Einverständnis kann jederzeit widerrufen werden, zB weil der PSB mit der Kostenbeteiligung nicht (mehr) einverstanden ist.[27]

15 Für eine wirksame Antragstellung muss eine Handlungsfähigkeit nach § 11 Abs. 1 Nr. 1 SGB X oder nach § 11 Abs. 1 Nr. 2 SGB X iVm § 36 SGB I gegeben sein. Begründet ist der Antrag, wenn die materiellen Voraussetzungen des § 27 (bzw. des § 35a bzw. des § 41) vorliegen. Wird der Antrag abgelehnt, ist diese Person widerspruchsbefugt gem. § 42 Abs. 2 VwGO analog und klagebefugt gem. § 42 Abs. 2 VwGO. **Antragsberechtigt** ist zunächst der Anspruchsberechtigte (→ § 27 Rn. 20), also idR **beide Elternteile**. Ohne beider Einverständnis kann HzE daher nicht gewährt werden; der Antrag kann aber nachgeholt werden mit der Folge der rückwirkenden Heilung des Fehlers nach § 41 Abs. 1 Nr. 1 SGB X.[28] Bei Meinungsverschiedenheiten zwischen den personensorgeberechtigten Elternteilen ist das FamG anzurufen (§ 1628 BGB; Abdruck bei § 7). Leben die Eltern nicht nur vorübergehend getrennt und sind sie beide personensorgeberechtigt, ist ihr Einvernehmen in Angelegenheiten, deren Regelung für das Kind von erheblicher Bedeutung ist, erforderlich (§ 1687 Abs. 1 BGB; Abdruck bei § 17). Dies ist bei einer HzE der Fall. Der Antrag nur eines Elternteils ist dann unwirksam. Weigern sich die personensorgeberechtigten Eltern, eine notwendige HzE anzunehmen und ist damit die Gefährdungsschwelle des § 1666 BGB überschritten, kann das FamG die HzE durchsetzen. Zunächst wird es die Eltern anweisen, die Hilfe anzunehmen. Bleibt dies erfolglos, kann es die Einwilligung der Eltern ersetzen (§ 1666 Abs. 3 BGB). Bei einer länger dauernden Maßnahme reicht dies aber wegen der Tiefe des Erziehungseingriffs nicht aus. Es muss dann die Personensorge im notwendigen Umfang (→ § 27 Rn. 20) entzogen werden.[29] Antragsberechtigt für die Eingliederungshilfe ist das Kind, für die Hilfe für junge Volljährige der Volljährige. Aber auch für die HzE ist das **Kind** antragsberechtigt, obwohl es nicht anspruchsberechtigt ist.[30] Dies ergibt sich aus § 12 Abs. 1 Nr. 1 und 2 SGB X, da die Nr. 1 neben der Nr. 2 keinen Anwendungsbereich hätte, wenn nur der Adressat eines VA antragsberechtigt wäre. Auch aus § 60 Abs. 1 S. 1 SGB I folgt eine von der Anspruchsberechtigung unabhängige Antragsbefugnis zumindest bei Sozialleistungen.[31] Nur in Fällen, in denen ein Antrag materielle Anspruchsvoraussetzung ist, beschränkt sich das Antragsrecht auf den Anspruchsberechtigten, damit kein Dritter in sein Dispositionsrecht eingreifen kann; im SGB VIII gibt es keinen derartigen Fall, auch nicht nach § 42 Abs. 1 S. 1 Nr. 1. § 8 Abs. 2 stützt diese Auffassung zusätzlich. Der Antrag richtet sich also darauf, dass der Träger der öffentlichen Jugendhilfe dem PSB eine HzE anbietet. Als Verfahrungshandlung setzt der Antrag Handlungsfähigkeit gem. § 11 SGB X voraus. Diese liegt gem. § 11 Abs. 1 Nr. 2 SGB X iVm § 36 SGB I vor, wenn der Minderjährige 15 Jahre alt ist. § 8 Abs. 2 ändert an der Altersgrenze nichts, da er lediglich ein Initiativrecht, aber kein Antragsrecht einräumt (→ § 8 Rn. 17).

16 Personensorgeberechtigte sind gem. § 7 Abs. 1 Nr. 5 nicht nur die Eltern, sondern auch jede andere Person, der die Personensorge zusteht, also auch Vormund oder Pfleger. Ist das JA **Amtsvormund/Amtspfleger** („Legalpfleger/Legalvormund") gem. § 55

27 Zur rechtsmissbräuchlichen und damit unwirksamen Rücknahme des Antrags vgl. NdsOVG Jugendhilfe 1998, 315 mAnm Lakies und FamRZ 1998, 707 mAnm Hoffmann.
28 Ebenso VGH BW 6.3.2007 – 12 S 2473/06, JAmt 2007, 370; Mrozynski SGB VIII § 27 Rn. 13.
29 Ebenso Tillmanns in MüKoBGB SGB VIII § 27 Rn. 3.
30 AA Maas ZfJ 1996, 114.
31 Ebenso Coester FamRZ 1991, 251 und Mrozynski § 8 Rn. 3; anders Happe/Saurbier in JHSM § 27 Rn. 28: lediglich Anregungsrecht.

Abs. 1, ist der Beauftragte, dem die Ausübung des Amtes gem. § 55 Abs. 2 übertragen worden ist („Realpfleger/Realvormund"), in das Hilfeplanungsverfahren einzubeziehen, er hat dann die Entscheidung über die Annahme der Hilfe zu treffen (→ § 27 Rn. 20).[32] Der Beauftragte ist nicht etwa gem. § 1795 Abs. 2 iVm § 181 BGB ausgeschlossen, da er nicht zugleich Interesse des Kindes und des JA vertritt, sondern ausschließlich Interessen des Kindes zu vertreten hat.[33] Kommt es zu einem Konflikt mit dem Vorgesetzten und kann der „Realpfleger/Realvormund" trotz seiner Weisungsfreiheit die Interessen des Kindes nicht durchsetzen, muss er gem. § 1796 Abs. 2 BGB beim FamG die Bestellung eines Ergänzungspflegers (§ 1909 BGB) als Verfahrenspfleger beantragen (zur Unterscheidung zum Verfahrensbeistand → § 27 Rn. 23).[34] Dass nicht ein- und dieselbe Person als AP/AV und als Fachkraft für die HzE fungieren kann, ergibt sich bereits aus § 16 Abs. 1 S. 1 Nr. 1 SGB X. Sind die Aufgaben auf zwei Personen – auch innerhalb des ASD[35] – verteilt, ist der Realpfleger/Realvormund durch § 16 SGB X nicht (auch nicht nach dessen Nr. 3) daran gehindert, im Hilfeplanverfahren Verfahrenshandlungen nach dem SGB X vorzunehmen. Wird die von ihm beantragte HzE abgelehnt und will er diese einklagen, wäre das JA als AP/AV gem. § 61 Nr. 3 VwGO Beteiligter (nicht das Kind, da HzE dem PSB gewährt wird) und müsste gegen den Träger der Jugendhilfe klagen. Ein solcher In-sich-Prozess wäre unzulässig, so dass ein Ergänzungspfleger bestellt werden müsste (→ § 55 Rn. 22).[36]

Ist das JA gesetzlicher Amtsvormund für ein Kind, dessen **Mutter minderjährig** ist 17
(§§ 1791c, 1673 BGB), steht ihr (neben dem AV) die Personensorge zu (§ 1673 Abs. 2 S. 2 BGB).

1.8 Gerichtliche Anordnungskompetenz

Zu unterscheiden ist die Frage der gerichtlichen Anordnungskompetenz von der der 18
Kostentragung für eine angeordnete Hilfe. Nur letztere beantwortet – seit dem KICK – § 36a mit einer Klarstellung. Eine Anordnungskompetenz muss sich wegen § 31 SGB I aus Gesetz ergeben.[37]

1.8.1 ... durch das Jugendgericht. Das Jugendgericht kann gem. § 9 JGG aus Anlass 19
einer Straftat **Erziehungsmaßregeln** anordnen, nämlich gem. § 10 JGG Weisungen erteilen und gem. § 12 JGG (Abdruck bei § 52) die Anordnung treffen, dass HzE in Anspruch zu nehmen ist. Außerdem kann der Richter gem. **§ 71 Abs. 1 JGG** (Abdruck bei § 52) Leistungen nach dem SGB VIII **anregen.**

Im Rahmen der **Weisungen** kann der Jugendrichter Betreuungshilfe (§ 10 Abs. 1 S. 3 20
Nr. 5 JGG) und sozialen Trainingskurs (§ 10 Abs. 1 S. 3 Nr. 6 JGG) anordnen. Diese beiden Maßregeln sind zwar gem. §§ 29 und 30 Arten der HzE, sie werden aber vom Jugendgericht nicht als HzE angeordnet, sondern außerhalb dieser, also ohne dass die materiellen Voraussetzungen nach § 27 und die formellen Voraussetzungen nach § 36 vorliegen müssen (→ § 29 Rn. 17, → § 30 Rn. 7, 14, → § 34 Rn. 38 ff.). Die Erteilung dieser Weisungen setzt das Einverständnis des PSB nicht voraus, wie sich im Gegenschluss aus § 10 Abs. 2 JGG ergibt. Auch wenn die Weisungen das Ziel haben, die Er-

32 AA Paul ZfF 1994, 76, der die Gewährung von HzF in solchen Fällen ausschließt; dagegen Kunkel ZfF 1995, 7; ferner DIJuF JAmt 2004, 489.
33 Näher hierzu Kunkel in Oberloskamp, Vormundschaft § 15 Rn. 135.
34 Ebenso Mrozynski ZfJ 1999, 413.
35 Vgl. DIJuF DAVorm 2000/749.
36 Kunkel FamRZ 2015, 901–904; der Hinweis auf eine anderslautende Entscheidung des OVG Bln FEVS 37, 228 bei Kaufmann DAVorm 1998/489 und Mrozynski ZfJ 1999, 412 ist irreführend, da es dort um einen Prozess zwischen dem Land Berlin und dem Bezirksamt ging, also um zwei verschiedene Rechtsträger; im Ergebnis wie hier OVG NRW ZfJ 2001, 469.
37 Ebenso Meysen in FK-SGB VIII § 36a Rn. 24.

ziehung des Jugendlichen zu fördern (so § 10 Abs. 1 S. 1 JGG) und inhaltlich Kongruenzen mit einzelnen Hilfearten aufweisen sowie vom Jugendgerichtshelfer gem. § 38 Abs. 2 S. 5 JGG in ihrer Durchführung überwacht werden, sind diese Weisungen doch Maßnahmen **außerhalb** des SGB VIII.[38] Das JA müsste sie durch autonome Entscheidung erst in das SGB VIII „transformieren" oder – mit einer biblischen Metapher – die Sanktionen in Leistungen verwandeln. Diese Verwandlung ist aber nur für SGB VIII-kompatible Weisungen möglich. Das könnte der **TOA** (§ 10 Abs. 1 S. 3 Nr. 7 JGG) als unbenannte Hilfeart sein (§ 27 Abs. 2, der aber nicht für junge Volljährige gilt), wenn die Voraussetzungen nach § 27 Abs. 1 vorliegen, also nur bei einem Erziehungsdefizit (zum TOA → § 27 Rn. 30). Alle anderen Weisungen (zB Verkehrsunterricht) scheiden ohnehin aus. Die Weisungen ergehen nur gegenüber dem Jugendlichen. Gegenüber dem JA können sie nicht ergehen, weil der Vorbehalt des Gesetzes aus § 31 SGB I verlangt, dass ein Gesetz die Leistung in ihren Voraussetzungen regelt. Erst mit einer autonomen Entscheidung des JA, die der Jugendgerichtshelfer im Rahmen der Anhörung nach § 38 Abs. 3 S. 3 JGG mit bindender Wirkung für den ASD treffen kann, werden die Sanktionen zu Leistungen auf der Grundlage des SGB VIII. Dies gilt aber nicht für die **Betreuungsweisung.**[39] Sie ist kraft Gesetzes (§ 52 Abs. 1 SGB VIII iVm § 38 JGG) im Rahmen der Jugendgerichtshilfe als Betreuungshilfe auszuüben (§ 38 Abs. 2 S. 7 JGG iVm § 10 Abs. 1 S. 3 Nr. 5 JGG). Damit wird sie als andere Aufgabe iSv § 2 Abs. 3 Nr. 8 angeordnet. Zur Leistung iSv § 2 Abs. 2 Nr. 4 wird sie erst bei Vorliegen der Leistungsvoraussetzungen.

21 Die **Anordnung gem. § 12 JGG, Hilfe zur Erziehung** in Anspruch zu nehmen, bezieht sich lediglich auf zwei Hilfearten, nämlich die **Erziehungsbeistandschaft** (§ 30) und die **Heimerziehung** (§ 34). Im Unterschied zur Weisung kann die Anordnung nur erfolgen, wenn die Voraussetzungen einer HzE (also die materiellen nach § 27 und die formellen nach § 36) vorliegen, wie § 12 JGG ausdrücklich regelt. Daraus ergibt sich, dass eine (selbstständige) Anordnungskompetenz des Gerichts nicht besteht, weil sie von der Entscheidungskompetenz des JA abhängig ist. Insoweit ist § 36a Abs. 1 lediglich eine Wiederholung von § 12 JGG.[40] Das nach § 36 Abs. 1 notwendige Entscheidungsrecht des **Personensorgeberechtigten** über die Annahme der HzE wird durch die Anordnung des Gerichts nach § 12 JGG ersetzt.[41] Liegt das Einverständnis des PSB nicht vor, kann der Jugendrichter gem. § 53 JGG dem Familienrichter die Anordnung der HzE überlassen.[42] Bei dieser Betrachtung ginge aber die dem Jugendlichen auferlegte Anordnung, die Hilfe in Anspruch zu nehmen (§ 12 JGG) ins Leere, da er nichts in Anspruch nehmen kann, worauf er keinen Anspruch hat. Daher ist § 12 JGG wohl eher so zu verstehen, dass er einen gesetzlichen Anspruchsübergang vom PSB auf den Minderjährigen bewirkt. Mit Art. 6 Abs. 2 S. 1 GG ist diese Sichtweise zu vereinbaren, wenn man diesen Eingriff ins elterliche Erziehungsrecht als Ausübung des Wächteramts nach Art. 6 Abs. 2 S. 2 GG versteht (→ § 1 Rn. 10). Zur Ausübung des Wächteramts befugt ist nicht nur das Familiengericht, sondern auch das Jugendgericht, wie sich aus § 34 Abs. 2 und 3 JGG ergibt, wonach der Jugendrichter eine Doppelfunktion als Jugendstrafrichter und Familienrichter hat.[43] Auch aus § 3 S. 2 JGG ergibt sich eine familienrichterliche Ergänzungsfunktion für den Jugendrichter. Materiell ist der jugendrichterliche Eingriff in das Elternrecht aufgrund des **Wächteramts** gerechtfer-

38 S. Kunkel ZJJ 2006, 148.
39 Ebenso Fischer in SFMK § 36a Rn. 13; Stähr in Hauck/Noftz Rn. 15 u. möglicherweise auch BVerfG 11.1.2007 – 2 BvL 7/06, JAmt 2007, 211; aA Meysen in FK-SGB VIII § 36a Rn. 27.
40 Ebenso Werner in JHSM § 36a Rn. 14.
41 AA Happe/Saurbier in JHSM § 27 Rn. 12.
42 Eisenberg JGG § 12 Rn. 5: Gericht wird schwerlich entscheiden, wenn §§ 27 ff. nicht vorliegen.
43 So Happe/Saurbier in JHSM vor §§ 27–35 Rn. 34.

tigt, da in den meisten Fällen der Jugenddelinquenz die Gefährdungsschwelle des § 1666 BGB erreicht sein wird. Wird dagegen eine Straftat des Jugendlichen geahndet, ohne dass die Gefährdungsschwelle des § 1666 BGB überschritten ist, erlaubt das staatliche Wächteramt aus Art. 6 Abs. 2 S. 2 GG auch eine strafrechtliche Sozialkontrolle unterhalb dieser Schwelle,[44] wie sich aus dem Umkehrschluss aus § 10 Abs. 2 JGG ergibt, der gewisse Erziehungsmaßregeln auch ohne Zustimmung des PSB zulässt. Die grundrechtliche Rechtfertigung für diese Einschränkung des Elternrechts ergibt sich aus einer Auslegung des Begriffs des Wächteramtes iVm dem Sozialstaatsprinzip aus Art. 20, 28 GG, das den Staat auch dazu verpflichtet, die Voraussetzungen für ein gedeihliches Zusammenleben notfalls durch strafrechtliche Sozialkontrolle zu schaffen. Mit der hier vertretenen Auffassung wird auch die unverständliche Verschiedenbehandlung von Erziehungsbeistandschaft (Anordnung als HzE nach § 12 JGG) und Betreuungshilfe (als Weisung gem. § 10 JGG) insoweit vermieden, als für die beiden in § 30 einheitlich geregelten Hilfearten das Einverständnis des PSB entfällt.[45] Die Inkompatibilität zwischen JGG und SGB VIII macht eine Neuordnung dringend erforderlich.

1.8.2 … durch das Familiengericht. Die Entscheidung des FamG gem. § 1666 BGB (Abdruck vor → § 8a Rn. 86) hat zunächst nur personensorgerechtliche Wirkung, bindet also unmittelbar nur den **Personensorgeberechtigten.** Mit der Entscheidung wird entweder in das Personensorgerecht eingegriffen (sei es dadurch, dass der PSB verpflichtet wird, eine vom JA angebotene, aber von ihm abgelehnte HzE anzunehmen, sei es dadurch, dass Teile der Personensorge auf einen Personensorgerechtspfleger übertragen werden oder – wenn dies nicht ausreicht – der PSB „ausgewechselt“ wird), oder es wird ein Eingriff abgelehnt, weil eine HzE in Betracht kommt, das JA sie aber nicht gewährt hat. Eine **Verpflichtung des JA**, eine öffentliche Hilfe iSd § 1666a BGB zu gewähren, kann das FamG nach hiesiger Auffassung nicht begründen. Bleibt das JA bei seiner ablehnenden Haltung, kann der PSB im Wege des Verpflichtungswiderspruchs (§ 42 VwGO analog) und der sich daran anschließenden Verpflichtungsklage (§ 42 VwGO) die Hilfe im Verwaltungsrechtsweg erzwingen (→ Anh. 5 Rn. 76). Der Anwendungsbereich des § 1666a BGB ist aber dann eröffnet, wenn trotz Überschreitens der Gefährdungsschwelle des § 1666 BGB der PSB eine HzE nicht will; in diesem Fall kann das FamG zur Vermeidung einer Trennungssituation HzE in einer familienunterstützenden (zB Sozialpädagogische Familienhilfe) oder familienergänzenden Art (zB Hilfe nach § 32) mit Bindungswirkung für den PSB anordnen. Dagegen hat die Anordnung **keine Bindungswirkung gegenüber dem JA.**[46] 22

1.9 Beratungs- und Hinweispflicht

Die Beratungspflicht nach § 14 SGB I besteht unabhängig von einem Sozialleistungsverhältnis, während § 36 Abs. 1 S. 1 ein solches voraussetzt. Die Beratungspflicht nach § 36 geht über die reine Rechtsberatung nach § 14 SGB I hinaus. Für die dem § 36 unterfallenden Hilfen ist die Beratungspflicht nach § 36 spezieller als die nach § 14 SGB I[47] und ist wie diese einklagbar.[48] Die Verletzung der Beratungspflicht ist eine Verletzung einer einem **Dritten** gegenüber obliegenden **Amtspflicht** und kann des- 23

44 Ebenso Ostendorf JGG § 10 Rn. 5; Bedenken aber Nothacker in GK-SGB VIII Rn. 19.
45 Zur Inkonsequenz der JGG-Regelung vgl. auch Mrozynski SGB VIII § 30 Rn. 9, 10.
46 Ebenso OLG Oldenburg 27.11.2007, JAmt 2008, 330; Meysen in FK-SGB VIII § 36a Rn. 17; aA OLG Koblenz 29.5.2012 – 11 UF 266/12, juris Rn. 43 und 44; offen gelassen von BVerfG 24.3.2014 – 1 BvR 160/14, juris Rn. 52 mAnm Kunkel FamRZ 2015, 901–904 und OLG Nürnberg 17.11.2014 – 11 UF 1097/14, juris Rn. 36.
47 AA Schmid-Obkirchner in Wiesner, Rn. 3: selbstständig nebeneinander.
48 Ebenso Maas RdJB 1998, 406; aA Stähr in Hauck/Noftz Rn. 5 und Fischer in SFMK Rn. 8.

halb einen Schadensersatzanspruch begründen (§ 839 BGB iVm Art. 34 GG).[49] Eine **Mitwirkungspflicht** wird weder durch § 36 SGB VIII noch durch § 60 SGB I begründet (→ Rn. 12).[50]

24 Die Beratungspflicht ist zeitlich der Grundentscheidung über die Annahme einer Hilfe vorgelagert; sie gilt aber auch, wenn die aufgrund des Hilfeplans getroffene Entscheidung über die Hilfeart geändert werden soll. Der Beratung nach § 36 vorgelagert ist die allgemeine Beratung nach § 10a, welche durch Art. 1 des KJSG mit Wirkung vom 10.6.2021 neu normiert worden ist.[51]

Inhaltlich richtet sich die Beratungspflicht nach § 36 auf die Darstellung der Hilfearten gem. §§ 28 bis 35 sowie der Leistungsarten (§ 27 Abs. 3), den Ablauf des Hilfeplanungsverfahrens nach § 36, die Ausübung der Personensorge nach § 1688 und § 1630 Abs. 3 BGB (Abdruck bei § 7), die Möglichkeit einer Entscheidung des FamG nach § 1632 Abs. 4 BGB bei Vollzeitpflege,[52] die Kostenbeteiligung gem. §§ 91–94, aber auch auf die entwicklungspsychologischen Folgen einer Hilfe. Die Aufklärungspflicht im Rahmen der Datenerhebung nach § 62 Abs. 2 (→ § 62 Rn. 7) kann mit der Hinweispflicht nach § 36 verbunden werden. Die Beratungspflicht bezieht sich nicht auf Gegenstände, die mit der HzE nicht in Zusammenhang stehen.[53]

2 Beratung und Aufklärung in einer wahrnehmbaren Form (Abs. 1 Satz 2)

25 Infolge Rechtsänderung durch Art. 1 des **KJSG** wird nun mit Abs. 1 Satz 2 vorgegeben, dass „Beratung und Aufklärung nach Satz 1 in einer für den Personensorgeberechtigten und das Kind oder den Jugendlichen wahrnehmbaren Form erfolgen" müssen. Nach der Gesetzesbegründung ist die Rechtsänderung deshalb wichtig, weil eine eigenverantwortliche Entscheidung über die Inanspruchnahme einer Hilfe durch Personensorgeberechtigte und Kind nur möglich ist, wenn die vorhergehende „adressatenorientierte" Beratung und Aufklärung für sie verständlich und nachvollziehbar sind. Mit der Gesetzesänderung soll in Bezug auf Kinder und Jugendliche sowie Personensorgeberechtigte mit Behinderungen auch der Regelung in Artikel 21 der VN-BRK Rechnung getragen werden. Erfasst wird insbesondere auch die sogenannte „Leichte Sprache".[54]

3 Die Entscheidung über die Hilfeart (Abs. 2 Satz 1)

26 Abs. 2 stellt bestimmte Anforderungen an die Hilfeartentscheidung (→ Rn. 7) und an den Hilfeplan, wenn die Hilfe **„voraussichtlich für längere Zeit"** notwendig ist. Dabei handelt es sich um einen unbestimmten Rechtsbegriff, dessen Inhalt durch Auslegung zu ermitteln ist; es besteht weder Ermessen noch Beurteilungsspielraum. Die **Erziehungsberatung** (→ § 28 Rn. 18) kann nicht unter Berufung auf die Soll-Regelung als atypischer Fall generell aus dem Verfahren nach Abs. 2 ausgeklammert werden.[55] Eine Soll-Regelung lässt nur Ausnahmen bei atypischen Umständen im Einzelfall zu, aber nicht bei atypischer Struktur der Hilfeart an sich, also unabhängig von den Umständen des Einzelfalls. Mit § 36a Abs. 2 ermöglicht das Gesetz aber den verfahrensfreien Zugang zur EB, daher ist bei dieser Hilfeart ein Hilfeplan in der Regel nicht geboten, sondern nur dann, wenn der Beratungsprozess längerfristig angelegt ist und womöglich andere Hilfen einbezieht.

49 Ebenso Stähr in Hauck/Noftz Rn. 15; Fischer in SFMK Rn. 8.
50 Ebenso Stähr in Hauck/Noftz Rn. 7; aA Fricke ZfJ 1992, 509.
51 BGBl. 2021 Teil I Nr. 29, 1444.
52 So Mrozynski SGB VIII Rn. 3.
53 So für die Blindenhilfe BSG 27.7.2004 – B 7 SF 1/03R.
54 BT-Drs. 19/26107, 84.
55 So aber Maas ZfJ 1996, 117.

Einheitlich für alle Hilfearten wird man das Hilfeplanverfahren (als Teil des Hilfeplanungsverfahrens) dann fordern müssen, wenn bei Beginn der Hilfe ihr Ende noch nicht abzusehen ist und die Prognose gerechtfertigt ist, dass sie sich nicht auf einen nur kurzen Zeitraum beschränkt. Bei der Bestimmung des „längeren Zeitraums" iSd Abs. 2 Satz 1 wird überwiegend auf einen 6-Monatszeitraum abgestellt. Ist prognostisch davon auszugehen, dass die Hilfe länger als sechs Monate zu erbringen sein wird, besteht die Verpflichtung zur Aufstellung eines Hilfeplans. Im Einzelfall kann die Aufstellung eines Hilfeplans aber auch angezeigt sein, wenn von einem kürzeren Zeitraum auszugehen ist. Hier wird man insbesondere danach differenzieren müssen, wie intensiv die Hilfeleistung erfolgen soll und ob ein Bedürfnis nach Justierung im Hilfeplanverfahren auch bei einer kürzeren Leistungserbringung nach fachlicher Einschätzung angezeigt ist.[56]

Das **„Zusammenwirken mehrerer Fachkräfte"** verlangt nicht, dass diese Fachkräfte 27
aus verschiedenen Fachrichtungen kommen, da das Gesetz diesen Begriff hier – im Unterschied zu § 28 S. 2 und § 72 Abs. 1 S. 3 – nicht verwendet. Es können daher Fachkräfte derselben Fachrichtung ebenso zusammenwirken wie eine Verwaltungsfachkraft und eine Sozialarbeiterin/Sozialpädagogin oder jede andere Fachkraft iSv § 72 Abs. 1, soweit sie im Einzelfall geeignet sind, die Hilfeartentscheidung zu treffen (§ 72 Abs. 1 S. 2).[57] Auch mit Fachkräften von außen (Schule, Heim, Beratungsstelle, Kinder- und Jugendpsychiatrie) ist ein Zusammenwirken – aber dann nur in beratender Funktion – möglich.[58] Auch wenn es gesetzlich nicht gefordert ist, ist das Zusammenwirken mehrerer Fachrichtungen sinnvoll, um „betriebsblinde" Entscheidungen zu verhindern. Die Institutionalisierung einer **Erziehungskonferenz** mit festem Teilnehmerkreis ist weder gesetzlich vorgeschrieben noch sinnvoll,[59] da sie den Besonderheiten des Einzelfalls nicht gerecht wird und zudem datenschutzrechtlich problematisch ist, wenn nicht erforderliche Daten erhoben werden.[60] So genügt es beispielsweise, die Verwaltungsfachkraft der sog. **wirtschaftlichen Jugendhilfe** – ad hoc – dann heranzuziehen, wenn ein Mehrkostenvergleich nach § 5 Abs. 2 oder 37c Abs. 3 S. 2 notwendig ist oder wenn die Kostenheranziehung unter den Voraussetzungen des § 92 Abs. 5 problematisch ist.[61]

Die Entscheidung ist „im Zusammenwirken" dieser Fachkräfte zu treffen, also nicht 28
„im Zusammenwirken **mit** diesen".[62] Daraus folgt, dass es sich um eine gemeinsame (interne) Entscheidung der Fachkräfte handelt. Dem kann nicht entgegengehalten werden, dass Verantwortlichkeit immer eine persönliche Verantwortlichkeit sei,[63] denn neben der persönlichen gibt es auch eine korporative Verantwortung von Gremien. Gegen die gemeinsame Entscheidung der Fachkräfte kann auch nicht eingewandt werden,[64] dass damit der personale Bezug zum Hilfeempfänger verloren ginge, denn dieser ist nach Abs. 2 S. 2 an der Aufstellung des Hilfeplans beteiligt, hat also personalen Bezug zu den Fachkräften. Da die gemeinsame Entscheidung lediglich die Hilfeart be-

56 Ähnlich Maas ZfJ 1992, 60; Schönecker/Meysen Rn. 47; Stähr in Hauck/Noftz Rn. 25; Mrozynski SGB VIII Rn. 10; differenzierend nach Hilfeart Schmid-Obkirchner in Wiesner Rn. 50 f.; Werner in JHSM Rn. 33; Nothacker in GK-SGB VIII Rn. 40.
57 Ebenso Meysen JAmt 2002, 56; Nothacker in GK-SGB VIII Rn. 43; Stähr in Hauck/Noftz Rn. 27; Fischer in SFMK Rn. 15; DIJuF JAmt 2003, 580; aA Merchel, Hilfeplanung, S. 79; Awenius JAmt 2001, 526, schließt Mitarbeiter der wirtschaftlichen Hilfe aus.
58 So für Mitarbeiter eines Sozialraumträgers NdsOVG 9.7.2010 – 4 ME 306/09.
59 Vgl. hierzu BayLJA, Hilfeplan, S. 76.
60 Ebenso Meysen JAmt 2002, 57.
61 Ebenso Nothacker in GK-SGB VIII Rn. 43.
62 Riehle in Krug/Riehle Rn. 118: bloßes „Sprachspiel".
63 So aber Merchel BldWpfl 1995, 112.
64 So bspw. Werner NDV 1995, 367.

trifft, bleibt die (auch strafrechtliche; → Rn. 3)[65] Verantwortlichkeit der fallzuständigen Fachkraft bei der Letztentscheidung über die HzE unberührt. Diese Letztentscheidung wird abgesichert durch die **Fachaufsicht** des Dienstvorgesetzten. Bei einem Streit zwischen zuständiger Fachkraft und den übrigen Fachkräften hat er die Letztverantwortung, also das Letztentscheidungsrecht. Dieses wird aber nur dann rechtmäßig ausgeübt, wenn es die Ergebnisse des Hilfeplans berücksichtigt und nicht pauschal dem Vorgesetzten vorbehalten ist.[66] Nach außen wirksam ist nur die Entscheidung der Behörde, also die vom Leiter der Behörde, seinem Vertreter oder seinem Beauftragten getroffene Entscheidung. Zur Rechtsfolge von Verfahrensfehlern im Entscheidungsprozess → Rn. 1.

29 Die **fallzuständige Fachkraft** ist verantwortlich für die Organisation und Koordinierung der Hilfeplanung. Nach Klärung der örtlichen Zuständigkeit muss sie andere Fachkräfte (interne und externe, sozialpädagogische und solche der wirtschaftlichen Jugendhilfe), fallbezogen auch Vorgesetzte, Einrichtungen und Dienste rechtzeitig einbeziehen und zusammen mit Kind und Eltern ein wirksames **Leistungskonzept** erarbeiten. Bei Anhaltspunkten für eine Kindeswohlgefährdung iSd § 8a SGB VIII iVm § 1666 BGB ist sie dafür verantwortlich, dass der Hilfeplan integrierender Bestandteil des Schutzauftrages ist.

4 Der Hilfeplan (Abs. 2 Satz 2)

4.1 Funktion, Form und Inhalt

30 Das Hilfeplanverfahren ist das Herzstück des Hilfeplanungsverfahrens; der Hilfeplan ist gleichsam der Motor für die HzE, die erst durch ihn Fahrt aufnimmt. Der Hilfeplan macht die Hilfe zu einem dynamischen Prozess. Er ist aber auch der (vorläufige) Abschluss des Hilfeplanverfahrens, das er dokumentiert. Daher ist er – anders als die Jugendhilfeplanung nach § 80 – notwendig **schriftlich**. Er ist Grundlage der darauf folgenden Hilfeartentscheidung (→ Rn. 7). Die Feststellung über die gewählte Hilfeart soll (= „muss" im Regelfall) **regelmäßig aktualisiert** werden. Dies bedeutet eine wiederholte, jeweils vorher terminierte Überprüfung in zeitlichen Abständen, die sich aus dem individuellen Hilfeprozess ergeben. Insoweit ist der Hilfeplan Instrument der Zielkontrolle (**Controlling**). Ist eine Hilfe nicht mehr geeignet, muss der Hilfeplan geändert werden.[67]

31 Der Verwaltungsakt, mit dem HzE bewilligt wird, hat idR **Dauerwirkung** (→ § 27 Rn. 17). Die Leistung kann daher nicht einfach im Rahmen des Hilfeplanverfahrens eingestellt werden. Erforderlich für die Beendigung der Hilfe ist eine Aufhebung des Verwaltungsaktes nach § 48 SGB X.

32 Zu den Rechtsfolgen bei Fehlen des Hilfeplans → Rn. 1.

33 Notwendiger (aber auch ausreichender) **Inhalt** des Hilfeplans sind:

(1) die Feststellung des erzieherischen Bedarfs,
(2) die Festlegung der zur Bedarfsdeckung geeigneten und notwendigen Hilfeart(en),
(3) die Benennung der pädagogischen, therapeutischen und wirtschaftlichen Leistungen und deren Erbringer unter Hinweis auf das Wunsch- und Wahlrecht,
(4) der Zeitpunkt der Überprüfung des Hilfeplans und des Vorlegens der Entwicklungsberichte (→ Rn. 49).

---

65 Bringewat ZfJ 2000, 408.
66 Ähnlich Schmid-Obkirchner in Wiesner Rn. 48 f.; Stähr in Hauck/Noftz Rn. 24 a; Schönecker/Meysen in FK-SGB VIII Rn. 44.
67 Ebenso BayVGH 26.1.2000 – 12 CE 98.2493.

Im Verfahren zur Ausfüllung dieser Inhalte sind dann Gesichtspunkte wie die Grundrichtung der Erziehung oder der Geschlechterdifferenzierung (→ § 9 Rn. 9) oder Spezifika bei Migrantenfamilien zu berücksichtigen.

Bei Anhaltspunkten für eine Kindeswohlgefährdung iSd. § 8a ist zusätzlich zu dokumentieren, ob die Hilfe in Erfüllung des Schutzauftrags („Bringschuld") oder – nach Bewertung der Anhaltspunkte – als „normale" Jugendhilfe („Holschuld") geleistet wird.

Außerhalb des Hilfeplans sind örtliche Zuständigkeit und Kostenbeteiligung (von der wirtschaftlichen Jugendhilfe) zu klären. Lediglich in Form eines Hinweises ist auf die Vertretung bei Ausübung der elterlichen Sorge gem. § 1688 BGB in Fällen der Hilfe nach §§ 33, 34 aufmerksam zu machen und auf die Regelung nach § 37 Abs. 3 bei Streitigkeiten.

Eine „Hilfeplaneuphorie" durch Erweiterung seines Umfangs über den notwendigen Inhalt hinaus birgt nicht nur die Gefahr unzulässiger Datenerhebung, sondern auch die der – dann zulässigen (§ 36a Abs. 3 S. 1 Nr. 3 b) – Selbstbeschaffung, weil die Hilfeleistung damit schwerfälliger und somit verzögert wird.

4.2 Mitwirkung der Betroffenen

Die Feststellung des erzieherischen Bedarfs verlangt tatsächliche Feststellungen und deren Bewertung. Dass bei diesen tatsächlichen Feststellungen der Leistungsberechtigte und der Leistungsadressat (→ § 8 Rn. 10) gem. § 36 Abs. 2 S. 2 mitwirken und der Leistungsberechtigte gem. § 60 SGB I auch mitwirken muss, ändert nichts an der Notwendigkeit einer **psychosozialen Diagnostik**.[68] Im Hilfeplanverfahren treffen unterschiedliche Sichtweisen von Sachverhalten und erforderlichen Konsequenzen aufeinander. Daraus ist eine gemeinsame Perspektive für die Hilfe zu entwickeln. „Erzieherischer Bedarf" drückt sich in einem **differenzierten Bedarfsprofil** aus. Es beruht auf einer fachlichen Situationsbeschreibung, die sich auf die Situationsdefinition der Betroffenen einlässt. Das Bedarfsprofil muss im Einzelnen ausweisen, welche Kompetenzen der Betroffenen gefördert, welche Veränderungen in den sozialen und materialen Lebensbedingungen unterstützt werden sollen und mit welchem Ziel dies geschehen soll. Nur auf der Basis eines ausführlichen Bedarfsprofils lässt sich letztlich entscheiden, welche Hilfeart geeignet und notwendig ist. Das differenzierte Profil und die Formulierung entsprechend konkreter Ziele der Hilfe sind Voraussetzung dafür, dass qualifiziert überprüft werden kann, ob die gewährte Hilfeart weiterhin geeignet und notwendig ist. Zur praktischen Ausfüllung dieser Feststellung kann auf die Empfehlungen der LJA und auf Frings/Ludemann/Papenheim[69] verwiesen werden. Die Mitwirkung bei der Entscheidung über die geeignete Hilfeart kann dazu führen, dass eine aus fachlicher Sicht richtige Hilfeart (zB Sozialpädagogische Familienhilfe) ausscheidet, weil sie von den Mitwirkungsberechtigten nicht akzeptiert wird. Die Hilfe ist dann nicht geeignet („subjektive Unmöglichkeit"), weil sie nicht tauglich ist, die Zielerreichung, nämlich die Behebung des Defizits, zu fördern. Wird stattdessen eine andere Hilfeart (beispielsweise Erziehungsberatung) akzeptiert, kann versucht werden, im Lauf der Beratung auf die Annahme der objektiv richtigen Hilfeart (zB Sozialpädagogische Familienhilfe) hinzuwirken. Bei fehlender Mitwirkungsbereitschaft des Leistungsberechtigten (also bei HzE des PSB) ist die Hilfe nicht zu gewähren, da eine Tatbestandsvoraussetzung (Geeignetheit der Hilfe) fehlt. Soweit sich die fehlende Mitwirkung lediglich auf die Feststellung des erzieherischen Bedarfs bezieht, ist die Mitwirkungspflicht 34

68 Ebenso Maas ZfJ 1996, 115 und insbesondere Harnach-Beck, Psychosoziale Diagnostik, S. 13.

69 Sozialpädagogische Familienhilfe in freier Trägerschaft, S. 43 ff.

nach § 60 Abs. 1 SGB I verletzt, so dass die Hilfe auch nach § 66 SGB I unter Beachtung des § 66 Abs. 3 SGB I nicht gewährt werden kann.

35 Sind nicht die Eltern als PSB leistungsberechtigt (zur Beteiligung der nicht sorgeberechtigten Eltern → Rn. 36), sondern ist das Personensorgerecht auf Vormund oder Pfleger übertragen, ist er zu beteiligen. Dies gilt auch, wenn das JA „Legalvormund/Legalpfleger" ist; dann muss der beauftragte „Realvormund/Realpfleger" beteiligt werden. Sein Fehlen macht die Hilfegewährung aber nur dann (formell) rechtswidrig (→ Rn. 1), wenn ihm keine Gelegenheit zur Mitwirkung gegeben worden ist; eine Pflicht zur Mitwirkung hat er aus § 36 Abs. 2 S. 2 jedenfalls nicht. Von manchen wird gefordert,[70] den Verfahrensbeistand nach § 158 FamFG („Anwalt des Kindes"; ausführlich → Anh. 6 Rn. 31 ff.) in das Hilfeplanungsverfahren einzubeziehen. Dies kann in manchen Fällen sinnvoll sein, rechtlich geboten ist es aber nicht, da sich der Aufgabenbereich des Verfahrensbeistands nach § 158 Abs. 4 FamFG auf die Interessenvertretung im familiengerichtlichen Verfahren beschränkt.[71] Das Kind oder der Jugendliche selbst ist bei der HzE als Leistungsadressat (→ § 8 Rn. 10) zu beteiligen. Die Beteiligten können sich – soweit das Hilfeplanverfahren auch Verwaltungsverfahren ist (→ Rn. 10) – eines **Beistandes** gem. § 13 Abs. 4 SGB X bedienen (→ Anh. 5 Rn. 14) Dieser Beistand kann auch der als Verfahrensbeistand tätige „Anwalt des Kindes" sein; er wird dann aber nicht in dieser Funktion tätig.

36 Die Beteiligung **nicht sorgeberechtigter** Eltern war nach bisheriger Rechtslage in § 36 nicht vorgesehen, aber auch nicht ausgeschlossen. Der Träger der Jugendhilfe konnte auch nach bisheriger Rechtslage nicht personensorgeberechtigte Eltern einbeziehen, wenn er dies für sachlich geboten hielt.[72]

Mit Art. 1 des **KJSG** wurde in § 36 nun mit Wirkung vom 10.6.2021 ein neuer Abs. 5 zur Beteiligung nicht personensorgeberechtigter Eltern normiert.[73] Bei Vorliegen der in Abs. 5 Satz 1 genannten Voraussetzungen sollen auch nicht personensorgeberechtigte Eltern am Hilfeplanverfahren künftig beteiligt werden. Voraussetzung ist es zunächst, dass nach fachlicher Einschätzung die Beteiligung zur Feststellung des Bedarfs, der zu gewährenden Art der Hilfe oder der notwendigen Leistungen nach Inhalt, Umfang und Dauer erforderlich sein muss. Ferner darf durch die Beteiligung nicht personensorgeberechtigter Eltern der Hilfezweck nicht in Frage gestellt sein. Nach Abs. 5 Satz 2 soll die Entscheidung, ob, wie und in welchem Umfang die Beteiligung erfolgt, im Zusammenwirken mehrerer Fachkräfte unter Berücksichtigung der Willensäußerung und der Interessen des Kindes oder Jugendlichen sowie der Willensäußerung des Personensorgeberechtigten getroffen werden. Nach der Gesetzesbegründung ist insbesondere von einer Beteiligung nicht personensorgeberechtigter Eltern abzusehen, wenn eine Einbeziehung dazu führen kann, dass die eine gemeinsame, kooperative Gestaltung des Hilfeprozesses mit dem Kind oder Jugendlichen und dem Personensorgeberechtigten erheblich erschwert werden würde.[74]

37 Die minderjährige Mutter (→ Rn. 17) ist zu beteiligen, der **gesetzliche AV** kann zusätzlich hinzugezogen werden, wenn dies den Hilfeplan fördert.[75]

---

70 Salgo FuR 1999, 313 und FamRZ 1999, 347; Fieseler Jugendhilfe 2003, 308.

71 Vgl. hierzu Kunkel Kind-Prax 2000, 139 u. FamRZ 2004, 1833; ebenso OLG Brandenburg FPR 2002, 106; VG Gelsenkirchen 22.2.2002 – 19 K 2071/100, JAmt 2002, 524.

72 Ebenso Schmid-Obkirchner in Wiesner Rn. 20; Nothacker in GK-SGB VIII Rn. 28; Fischer in SFMK Rn. 17; Riehle in Krug/Riehle Rn. 126; DIJuF JAmt 2003, 239; VG München 29.2.2012 – M 18 K 12.71, juris Rn. 26.

73 BGBl. 2021 Teil I Nr. 29, 1444.

74 BT-Drs. 19/26107, 86.

75 Ebenso DIJuF JAmt 2004, 489.

Die Eltern eines jungen Volljährigen müssen am Hilfeplanverfahren hingegen nicht beteiligt werden.[76] Vielmehr ist nur der junge Volljährige selbst zu beteiligen.[77]

Bei der Hilfe nach § **35a** ist der Minderjährige selbst leistungsberechtigt und wird durch seinen PSB vertreten, soweit er nicht selbst im Rahmen seiner Handlungsfähigkeit nach § 36 Abs. 1 SGB I einen Antrag auf die Hilfe gestellt hat. Bei Vertretung durch den PSB ist der Minderjährige neben diesem zu beteiligen; § 36 Abs. 2 S. 2 enthält auch für die Hilfe nach § 35a die speziellere Regelung gegenüber § 8 Abs. 1 (→ Rn. 11). 38

Für die Hilfe nach § **41** ist der junge Volljährige als Leistungsberechtigter zu beteiligen und zwar in gleichem Umfang wie der PSB als Leistungsberechtigter bei der HzE.[78] 39

Mit Art. 1 des **KJSG** wurde in Abs. 2 ein neuer Satz 3 eingefügt, nach welchem einer bestehenden **Geschwisterbeziehung** bei der Aufstellung und Überprüfung des Hilfeplans sowie bei der Durchführung der Hilfe Rechnung getragen werden soll. Nach der Gesetzesbegründung verpflichtet die Neuregelung den Träger der öffentlichen Jugendhilfe, im Rahmen der Hilfeplanung (und hier insbesondere bei den Schritten der Bedarfsfeststellung sowie der Entscheidung über die zu gewährende Art der Hilfe und deren konkreten Ausgestaltung) eine Geschwisterbeziehung in den Blick zu nehmen. Dabei soll gemeinsam mit den Leistungsadressatinnen und -adressaten insbesondere der Frage nachgegangen werden, ob die Gewährleistung des Kindeswohls die Einbeziehung von Geschwistern in den Hilfeprozess erfordert, ob – bei stationären Hilfen – eine gemeinsame Unterbringung von Geschwistern notwendig erscheint oder der Kontakt zu Geschwistern anderweitig aufrechterhalten und sichergestellt werden muss. Sofern dies der Fall ist, sind entsprechende Feststellungen im Hilfeplan zu treffen.[79] 40

4.3 Datenschutz

Datenschutzrechtlich ist für die Erhebung der Daten im Hilfeplanverfahren § 62 zu beachten, für die Datenspeicherung im Hilfeplan § 63 SGB VIII iVm § 67c SGB X, für die Datennutzung § 64 Abs. 1 SGB VIII iVm § 67c SGB X, für die Datenübermittlung § 69 Abs. 1 Nr. 1 SGB X iVm § 64 Abs. 2 SGB VIII. Jeder dieser Eingriffe ist nur zulässig, wenn er zur Ausfüllung der sich aus § 27 (§§ 35a, 41) iVm § 36 ergebenden Tatbestandsmerkmale erforderlich ist (→ § 62 Rn. 3). Für die **Datenerhebung** bedeutet dies, dass der Appetit auf Daten nicht größer sein darf als der Magen des Hilfeplans, in dem die erhobenen Daten Platz finden müssen. Hypertrophe Hilfepläne leiden unter datenschutzrechtlicher Hypotrophie. **Der Hilfeplan ist kein Nacktscanner**. Werden Daten erhoben, die über den gesetzlich vorgegebenen Inhalt des Hilfeplans hinausgehen, ist dies nur mit Einwilligung des Betroffenen zulässig (→ § 62 Rn. 4). Die Folge unzulässig erhobener Daten ist die Rechtswidrigkeit des Hilfebescheids (→ § 61 Rn. 272). Außerdem ist zu beachten, dass die Daten grundsätzlich beim Betroffenen erhoben werden müssen (→ § 62 Rn. 5). Nur die **zulässig** erhobenen Daten dürfen im Hilfeplan dokumentiert, also **gespeichert** werden. Eine „doppelte Aktenführung" in Verfahrensakte und Handakte ist deshalb unzulässig (→ § 63 Rn. 2;[80] zum Gebot der getrennten Aktenführung → § 63 Rn. 5). Eine **Datenübermittlung** findet zwischen den an der Aufstellung des Hilfeplans Beteiligten nicht statt, da sie keine Dritten iSd § 67 Abs. 6 S. 2 Nr. 3 SGB X sind. Ein Übermittlungsproblem taucht dann nicht auf, wenn der Mitarbeiter der wirtschaftlichen Jugendhilfe an der Aufstellung des Hilfeplans mitwirkt. Zwar darf sich nach dem Grundsatz des Untermaßverbots die Notwendig- 41

76 S. hierzu auch VG München 14.10.2020 – M 18 K 19.4953, juris Rn. 79.
77 S. hierzu auch VG München 14.10.2020 – M 18 K 19.4953, juris Rn. 118.
78 Ebenso Werner in JHSM Rn. 13.
79 BT-Drs. 19/26107, 84.
80 Ebenso Nothacker in GK-SGB VIII Rn. 56.

keit einer Hilfe nicht nach ihren Kosten beurteilen (→ § 27 Rn. 10), aber für die Beurteilung der unvertretbaren Mehrkosten gem. § 5 Abs. 2 oder § 37c Abs. 3 S. 2 ist die **Mitwirkung** der **„wirtschaftlichen Jugendhilfe"** sinnvoll. Auch kann die Höhe des Kostenbeitrags Auswirkungen haben auf die Bereitschaft der Eltern, sich für eine bestimmte Hilfeart auszusprechen, also auf die Eignung der Hilfe. Selbst wenn der Vertreter der wirtschaftlichen Jugendhilfe nicht bei der Aufstellung des Hilfeplans mitwirkt, liegt bei Weitergabe der Daten an ihn ein Übermitteln nicht vor, da sowohl die Gewährung der wirtschaftlichen Hilfen gem. §§ 39, 40 als auch die Erhebung eines Kostenbeitrags gem. §§ 91–94 Bestandteile der einheitlichen Aufgabenerfüllung sind: Hilfe zur Erziehung zu leisten. Die einzelnen Arbeitsvorgänge sind nicht verschiedene Aufgaben im Verhältnis zueinander. Daher handelt es sich lediglich um **Datennutzung**, die gem. § 64 Abs. 1 SGB VIII iVm § 67c Abs. 1 SGB X zulässig ist, soweit sie sich auf die Nutzung der erforderlichen Daten beschränkt. Die bloße Mitteilung der Hilfeartentscheidung reicht nicht aus, einen rechtmäßigen Kostenbeitragsbescheid zu erlassen, weil wegen § 92 Abs. 5 dazu Hintergrundwissen erforderlich ist. Die Weiterleitung des gesamten Hilfeplans enthält umgekehrt zu viele Daten, die der Sachbearbeiter in der wirtschaftlichen Jugendhilfe für seine Entscheidung nicht benötigt.[81] Die Weitergabe von Daten an das Fachkräfteteam gehört zur Fallbearbeitung und ist daher zulässige Datennutzung; ebenso die Weitergabe an den Vorgesetzten (→ § 61 Rn. 63). Die Weitergabe von Daten zu Kontrollzwecken[82] ist zulässige Datenübermittlung (→ § 61 Rn. 134). Zur Übermittlung an freie Träger → § 61 Rn. 113, 296 und an das FamG → § 61 Rn. 112. Ebenfalls nach § 69 Abs. 1 Nr. 1 SGB X zulässig ist die Datenübermittlung an andere öffentliche Träger, beispielsweise zur Prüfung eines Kostenerstattungsanspruches gem. § 89f (→ § 61 Rn. 113).

42 Von der Frage der Übermittlung zu trennen ist die Frage der **Weitergabe iSv § 65** (→ § 65 Rn. 3). Anvertraute Daten dürfen im Rahmen der Hilfeplanung von Person zu Person nur weitergegeben werden, wenn eine Einwilligung nach § 65 Abs. 1 S. 1 Nr. 1 vorliegt. Hinzu kommt die Zweckbindung nach § 65 Abs. 1 S. 2. Die zumindest stillschweigende (und für § 65 auch genügende) Einwilligung ist anzunehmen, wenn PSB und Kind deutlich auf die Notwendigkeit der Weitergabe einzelner Daten im Hinblick auf die Entscheidung der wirtschaftlichen Jugendhilfe gem. § 36 Abs. 1 S. 1 hingewiesen wurden. Auch die Zweckbindung nach § 65 Abs. 1 S. 2 steht dann nicht entgegen, weil die anvertrauende Person weiß, dass die einzelnen Daten zB für die Gewährung von Pflegegeld und für die Erhebung des Kostenbeitrags benötigt werden. Soweit eine Anonymisierung/Pseudonymisierung von Daten möglich ist, ist diese auch zwingend, weil anderenfalls die Datenweitergabe nicht erforderlich ist (→ § 61 Rn. 54). Wirken bei der Aufstellung des Hilfeplans Personen von außerhalb des JA mit, sind sie auf das Sozialgeheimnis zu verpflichten (→ § 61 Rn. 50; zu den Einzelheiten des Datenschutzes vgl. Erl. zu §§ 61–68).

4.4 Rechtsnatur

43 Die Rechtsnatur des Hilfeplans ist kaum noch strittig.[83] Ein **VA** ist er nicht, da der Hilfeplan selbst noch keine Rechtswirkung hat, sondern diese nur vorbereitet. Erst der Bescheid führt die Rechtswirkung herbei.[84] Eine **Nebenbestimmung** zum VA ist er ebenfalls nicht,[85] da keine der nach § 32 Abs. 2 Nr. 1–5 SGB X möglichen Arten der Nebenbestimmungen vorliegt (insbes. erfüllt der Hilfeplan nicht die Definition der Auflage), und der Hilfeplan auch nicht als Nebenbestimmung sui generis betrachtet

81 Ebenso Meysen JAmt 2002, 57.
82 Zur Rechnungsprüfung ausführlich Kunkel ZKJ 2016, 9.
83 Hierzu zuletzt Weber/Franzki ZKJ 2009, 394.
84 So inzwischen hM, s. hierzu v. Koppenfels-Spies in jurisPK-SGB VIII Rn. 37 mwN.
85 So aber Maas ZfJ 1996, 119.

werden kann.[86] Eine Nebenbestimmung wäre zudem unzulässig, da die Voraussetzungen nach § 32 Abs. 1 SGB X für den Erlass nicht vorliegen (→ § 27 Rn. 18). Der Hilfeplan ist daher lediglich ein schlichtes Handeln in Form eines **Realakts**,[87] der die Entscheidung lediglich vorbereitet. Soweit er sie dokumentiert, ist er Teil der Begründung des VA nach § 35 SGB X.[88]

5 Beteiligung der Leistungserbringer (Abs. 3 S. 1)

Mit Abs. 3 wird der Kreis der bei der Aufstellung des Hilfeplans beteiligten Personen erweitert. Mit Art. 1 des **KJSG** wurde die nach bisheriger Rechtslage in Abs. 2 Satz 3 enthaltene Regelung zur Beteiligung von Leistungserbringern in Abs. 3 Satz 1 neu verortet. Zudem wurden Neuregelungen zur weiteren Beteiligung implementiert. Nach Abs. 3 S. 2 besteht jetzt in Abhängigkeit vom Bedarf im Einzelfall eine Pflicht zur Beteiligung verschiedenster Dritter bei Aufstellung des Hilfeplans. 44

Im Unterschied zur Mitwirkung von Leistungsberechtigtem und Leistungsadressaten nach Abs. 2 Satz 2 besteht eine unbedingte Pflicht des Leistungsträgers, die **Leistungserbringer** nach Abs. 3 Satz 1 zu beteiligen, allerdings auch hier **ohne deren Pflicht**, sich zu beteiligen. Als **„andere"** sind alle Leistungserbringer zu beteiligen, die nicht schon als Fachkräfte gem. Abs. 2 Satz 1 tätig werden. Dies können auch in Einrichtungen des JA tätige Personen sein,[89] sei es als Leistungserbringer für den eigenen Leistungsträger, sei es als in Anspruch genommene Leistungserbringer eines fremden Leistungsträgers. Zu beteiligen sind ferner die Erzieher der Einrichtung, in der eine Hilfe durchgeführt wird, Pflegepersonen im Rahmen der Hilfe nach § 33, Familienhelfer bei Hilfe nach § 31, Psychologen, Therapeuten und Erzieher bei Langzeithilfen nach §§ 28, 29, 30, 32. Auch bei anderen Sozialleistungsträgern Tätige sind einzubeziehen, wenn diese Sozialleistungsträger an der Durchführung der Hilfe beteiligt sind, zB das Jobcenter bei der Hilfeform des § 27 Abs. 3 S. 2 iVm § 13 Abs. 2.[90] Die Beteiligung erstreckt sich auf die Aufstellung des Hilfeplans ebenso wie auf dessen Überprüfung. Diese Beteiligung ist keine iSd § 12 SGB X, da die Beteiligung in einem Verwaltungsverfahren nicht identisch ist mit der im Hilfeplanungsverfahren.[91] Innerhalb der einzelnen Einrichtung und in deren alleiniger Verantwortung werden idR Durchführungspläne für die Hilfe (**Therapiepläne**) aufgestellt, die vom Hilfeplan nach § 36 Abs. 2 S. 2 zu unterscheiden sind. Über die Entwicklung des Jugendlichen wird dem Träger der Jugendhilfe ein **Entwicklungsbericht** oder **Heimbericht** zugeleitet, damit die in § 36 Abs. 2 S. 2 geforderte regelmäßige Überprüfung der Hilfeart stattfinden kann (→ § 61 Rn. 300). Nur zu dem Zweck der Hilfeplanfortschreibung ist der Bericht erforderlich; für zusätzliche Berichte besteht keine Notwendigkeit. 45

Die Einrichtungen des **freien** Trägers der Jugendhilfe sind gem. § 61 Abs. 3 mittelbar (→ § 61 Rn. 296 ff.) zur Beachtung des **Sozialdatenschutzes** verpflichtet. Die Erstellung eines Heim- oder Entwicklungsberichtes ist gem. § 62 Abs. 1 zulässig; die Übermittlung dieses Berichts an den Träger der öffentlichen Jugendhilfe ist gem. § 64 Abs. 1 iVm § 69 Abs. 1 Nr. 1 SGB X ebenfalls zulässig. Die nach § 65 zusätzlich benötigte Einwilligung für anvertraute Daten muss der Betroffene (also das Kind bei Einsichtsfähigkeit, sonst durch seinen gesetzlichen Vertreter) gem. § 60 Abs. 1 Nr. 1 SGB I erteilen. 46

86 So aber Schmid-Obkirchner in Wiesner Rn. 79.
87 Vgl. hierzu Kunkel, Jugendhilferecht, Rn. 205 und 347.
88 Ebenso Mrozynski SGB VIII Rn. 13.
89 AA wohl Stähr in Hauck/Noftz Rn. 37.
90 Ebenso Nothacker in GK-SGB VIII Rn. 51.
91 Ebenso Stähr in Hauck/Noftz Rn. 38.

6 Beteiligung Dritter (Abs. 3 S. 2)

47 Mit Art. 1 des **KJSG** wurde die nach bisheriger Rechtslage in Abs. 2 Satz 4 enthaltene Regelung zur Beteiligung von für die berufliche Eingliederung zuständigen Stellen erheblich erweitert. Nach neuer Rechtslage wird mit **Abs. 3 Satz 2** eine umfassende Beteiligung verschiedenster Dritter vorgegeben. Nach der mit § 36 Abs. 3 S. 2 vorgenommenen Neuregelung sollen, soweit dies zur Feststellung des Bedarfs, der zu gewährenden Art der Hilfe oder der notwendigen Leistungen nach Inhalt, Umfang und Dauer erforderlich ist, öffentliche Stellen, insbesondere andere Sozialleistungsträger, Rehabilitationsträger oder die Schule, beteiligt werden. Damit ist die nach bisheriger Rechtslage in § 36 Abs. 2 S. 4 geregelte Beteiligung der Arbeitsverwaltung für Maßnahmen der beruflichen Eingliederung auf alle Sozialleistungsträger nach § 12 SGB I sowie Rehabilitationsträger und andere öffentliche Stellen erweitert worden. Eine Beteiligung dieser Institutionen soll in Abhängigkeit von einer vorhergehenden Prüfung der Bedarfslage erfolgen. Damit soll bereits auf der Stufe der Hilfeplanung der Leistungsverantwortung unterschiedlicher Träger und Leistungssysteme Rechnung getragen werden. Nach der Gesetzesbegründung soll mit der Neuregelung klargestellt werden, dass es zur Verantwortung des Trägers der öffentlichen Jugendhilfe gehört, bei komplexen Bedarfen von Kindern, Jugendlichen und ihren Familien (zB bei Familien mit einem psychisch- oder suchterkrankten Elternteil), andere Leistungssysteme an der Hilfeplanung insbesondere auch zur Abstimmung der nach dem individuellen Bedarf erforderlichen Leistungen zu beteiligen.[92]

Hinsichtlich einer möglichen Einbeziehung der Schule bzw. der dort handelnden Akteure (Lehrerinnen bzw. Lehrer, Schulleitung, Schulpsychologin bzw. Schulpsychologe) wird mit der Gesetzesbegründung betont, dass eine Beteiligung an der Hilfeplanung dann regelmäßig notwendig ist, wenn die Wirksamkeit einer Hilfe zur Erziehung oder Eingliederungshilfe nach § 35a aufeinander abgestimmte Unterstützungsmaßnahmen erfordert, die dem (psycho-)sozialen und dem schulischen Förder- bzw. Hilfebedarf Rechnung tragen. Regelhaft sei dies der Fall, wenn eine Schulbegleitung erforderlich erscheint.[93]

Die Beteiligung bezieht sich nach dem Gesetzeswortlaut explizit auch auf andere Rehabilitationsträger. Mit der Gesetzesbegründung wird diesbezüglich betont, dass für die Feststellung des Bedarfs, der zu gewährenden Art der Hilfe oder die notwendigen Leistungen im Rahmen der Hilfeplanung auch die nach Teil 1, Kapitel 3 und 4 SGB IX getroffenen Feststellungen von (anderen) Rehabilitationsträgern von Bedeutung sein können. Daher könne eine Beteiligung dieses Rehabilitationsträger erforderlich sein, wenn ein Rehabilitationsbedarf seitens des Kindes oder Jugendlichen, seiner Eltern oder auch eines oder mehrerer Geschwister besteht. Soweit dies für die im Hilfeplan zu treffenden Feststellungen erforderlich ist, sind nach der Gesetzesbegründung auch die getroffenen Feststellungen von Rehabilitationsträgern in den Hilfeplan einzubeziehen und bei der Umsetzung zu berücksichtigen.[94]

Nach der Neuregelung in Abs. 3 Satz 3 sind bei einer Gewährung von Teilhabeleistungen durch den Träger der öffentlichen Jugendhilfe die Vorschriften zum Verfahren bei einer Mehrheit von Rehabilitationsträgern nach dem SGB IX zu beachten. Geht es also um eine Leistungsgewährung für ein Kind oder Jugendlichen im Falle einer (drohenden) seelischen Behinderung greifen die sich aus § 19 SGB IX für den Träger der öffentlichen Jugendhilfe als leistenden Rehabilitationsträger ergebenden Pflichten. Im

92 BT-Drs. 19/26107, 85.
93 BT-Drs. 19/26107, 85.
94 BT-Drs. 19/26107, 85.

Hinblick auf Eltern mit Behinderungen korrespondiert die Regelung nach der Gesetzesbegründung mit § 121 Abs. 3 Nr. 3d SGB IX.[95]

Mit den Neuregelungen in § 36 Abs. 3 S. 2 und 3 wird eine erhebliche Prüfungs- und Koordinierungsverantwortung für das Jugendamt festgeschrieben. Um dieser Verantwortung gerecht werden zu können, bedarf es aufseiten des Jugendamtes einer umfassenden Expertise hinsichtlich der bestehenden Gesamtleistungssysteme und der Zuständigkeiten. 48

Ferner wird sich mit der Neuregelung die Frage in verstärkter Weise stellen, welche Leistungserbringer zusätzlich am Hilfeplanverfahren zu beteiligen sind. So kann es angezeigt sein, bei unmittelbar bevorstehenden Zuständigkeitsübergängen eine Beteiligung des neuen Leistungserbringers zu initiieren.

Es ist zu betonen, dass bereits nach bisheriger Rechtslage im Rahmen der Hilfeplanung nicht immer die datenschutzrechtlichen Anforderungen eingehalten werden. Dieses Problem wird sich mit einer Ausweitung der Institutionen und Personen, die am Hilfeplanverfahren zu beteiligten sind, noch verschärfen. Zu Recht wird mit der Gesetzesbegründung daher auf die Einhaltung der datenschutzrechtlichen Vorschriften hingewiesen.[96] 49

7 Beteiligung von Arzt/Psychotherapeut (Abs. 4)

Mit Art. 1 des KJSG ist die nach bisheriger Rechtslage in Abs. 3 enthaltene Regelung zur Beteiligung des Arztes oder Psychotherapeuten nach Abs. 1a ohne inhaltliche Änderung wortgleich in Abs. 4 verortet worden. Für die Hilfe nach § 35a wird mit dieser Regelung sowohl der Kreis der Beteiligten als auch der Umfang der Beteiligung noch erweitert. Arzt oder Psychotherapeut treten zu den in Abs. 2 und Abs. 3 genannten Beteiligten hinzu. Ihre Beteiligung erstreckt sich nicht nur auf Aufstellung und Überprüfung des Hilfeplans, sondern auch auf die Durchführung der Hilfe. Das JA muss diese Fachleute idR („soll") beteiligen; nur bei atypischen Umständen im Einzelfall steht ihre Beteiligung im Ermessen. 50

Die mit der Beteiligung des Arztes/Psychotherapeuten verbundenen Kosten (ärztliche/psychotherapeutische Stellungnahme) sind Kosten des Hilfeplanungsverfahrens und damit vom JA zu tragen. Demgegenüber ist die diagnostische Leistung zur Feststellung der seelischen Behinderung eine Regelleistung nach § 27 Abs. 1 SGB V, also von der Krankenkasse zu tragen, wenn die Kasse für die medizinische Rehabilitation zuständig ist.

§ 36a Steuerungsverantwortung, Selbstbeschaffung

(1) [1]Der Träger der öffentlichen Jugendhilfe trägt die Kosten der Hilfe grundsätzlich nur dann, wenn sie auf der Grundlage seiner Entscheidung nach Maßgabe des Hilfeplans unter Beachtung des Wunsch- und Wahlrechts erbracht wird; dies gilt auch in den Fällen, in denen Eltern durch das Familiengericht oder Jugendliche und junge Volljährige durch den Jugendrichter zur Inanspruchnahme von Hilfen verpflichtet werden. [2]Die Vorschriften über die Heranziehung zu den Kosten der Hilfe bleiben unberührt.

(2) [1]Abweichend von Absatz 1 soll der Träger der öffentlichen Jugendhilfe die niedrigschwellige unmittelbare Inanspruchnahme von ambulanten Hilfen, insbesondere der Erziehungsberatung nach § 28, zulassen. [2]Dazu soll der Träger der öffentlichen Jugendhilfe mit den Leistungserbringern Vereinbarungen schließen, in denen die Voraus-

95 BT-Drs. 19/26107, 85.
96 BT-Drs. 19/26107, 85.

setzungen und die Ausgestaltung der Leistungserbringung sowie die Übernahme der Kosten geregelt werden. [3]Dabei finden der nach § 80 Absatz 1 Nummer 2 ermittelte Bedarf, die Planungen zur Sicherstellung des bedarfsgerechten Zusammenwirkens der Angebote von Jugendhilfeleistungen in den Lebens- und Wohnbereichen von jungen Menschen und Familien nach § 80 Absatz 2 Nummer 3 sowie die geplanten Maßnahmen zur Qualitätsgewährleistung der Leistungserbringung nach § 80 Absatz 3 Beachtung.

(3) [1]Werden Hilfen abweichend von den Absätzen 1 und 2 vom Leistungsberechtigten selbst beschafft, so ist der Träger der öffentlichen Jugendhilfe zur Übernahme der erforderlichen Aufwendungen nur verpflichtet, wenn

1. **der Leistungsberechtigte den Träger der öffentlichen Jugendhilfe vor der Selbstbeschaffung über den Hilfebedarf in Kenntnis gesetzt hat,**
2. **die Voraussetzungen für die Gewährung der Hilfe vorlagen und**
3. **die Deckung des Bedarfs**
   a) **bis zu einer Entscheidung des Trägers der öffentlichen Jugendhilfe über die Gewährung der Leistung oder**
   b) **bis zu einer Entscheidung über ein Rechtsmittel nach einer zu Unrecht abgelehnten Leistung**

   keinen zeitlichen Aufschub geduldet hat.

[2]War es dem Leistungsberechtigten unmöglich, den Träger der öffentlichen Jugendhilfe rechtzeitig über den Hilfebedarf in Kenntnis zu setzen, so hat er dies unverzüglich nach Wegfall des Hinderungsgrundes nachzuholen.

1 Systematischer Zusammenhang

1 Der Geltungsbereich von § 36a in direkter Anwendung umfasst nur die Hilfen nach **§§ 27, 35a und 41**;[1] für alle anderen Hilfen verschafft § 36a unmittelbar daher kein Recht zur Selbstbeschaffung (zur analogen Anwendung → Rn. 3, 13).

2 Für die Hilfen nach § 35a gelten zusätzlich die Vorschriften des SGB IX.[2] Dort regelt **§ 18 SGB IX** (bis 31.12.2017: **§ 15 SGB IX**)[3] ebenfalls die Selbstbeschaffung. § 18 SGB IX enthält ein „gespaltenes“ Selbstbeschaffungsrecht: Zum einen kennt § 18 Abs. 4 und 5 SGB IX ein Selbstbeschaffungsrecht, wenn eine Rehabilitationsleistung nach Fristablauf gemäß § 18 Abs. 3 SGB IX als genehmigt gilt. Daneben kennt § 18 Abs. 6 SGB IX eine Selbstbeschaffungsmöglichkeit bei Unaufschiebbarkeit und bei rechtswidriger Ablehnung. Gem. § 18 Abs. 7 SGB IX ist nur die Geltung von § 18 Abs. 1–5 SGB IX in der Jugendhilfe ausgeschlossen, nicht aber die von § 18 Abs. 6 (ebenso früher im Verhältnis § 15 Abs. 1 S. 1–3 einerseits/S. 4 andererseits).[4] Wegen der Rangordnungsnorm des § 7 S. 1 SGB IX geht § 36a SGB VIII in seinem Anwendungsbereich auch für Rehabilitationsleistungen dem § 18 Abs. 6 SGB IX vor. § 18

1 Wohl aus Versehen ist in § 41 Abs. 2 die Verweisung auch auf § 36a unterblieben.
2 Vgl. Kunkel ZFSH/SGB 2001, 707.
3 Zu den Auswirkungen des BTHG auf das Kinder- und Jugendhilferecht Kunkel/Kunkel (verh. Neumann-Redlin) ZFSH/SGB 2017, 194–203.
4 Zumindest missverständlich, daher Fischer in SFMK Rn. 24 unter Hinweis auf OVG NRW 14.3.2003 – 12 A 1193/01, JAmt 2003, 482, mit wohl versehentlich unrichtiger Satzzählung: S. 4 statt S. 5; im Ergebnis wie hier Meysen in FK-SGB VIII Rn. 42; Werner in JHSM Rn. 5; Stähr in Hauck/Noftz/Stähr Rn. 23; Mrozynski SGB VIII Rn. 11.

Abs. 6 SGB IX kann daher nur eingreifen, soweit ein Jugendhilfeträger Leistungen zur Rehabilitation und Teilhabe zu erbringen hat, § 36a SGB VIII aber nicht direkt anwendbar ist (zur analogen Anwendung von § 36a Abs. 3 → Rn. 3, 13).[5]

§ 36a Abs. 3 ist Ausdruck eines allgemeinen Grundsatzes, nach dem eine Erstattungspflicht besteht, wenn bei einem **Systemversagen** der für dringend erforderliche Sach- oder Dienstleistungen sonst vorgesehene Bewilligungsweg aus von der leistungsberechtigten Person nicht zu vertretenden Gründen nicht eingehalten werden kann oder der Sozialleistungsträger eine Sozialleistung rechtswidrig vorenthält; andere Beispiele hierfür sind § 13 Abs. 3 SGB V und § 18 Abs. 6 SGB IX sowie der allgemeine Folgenentschädigungsanspruch, in den sich ein Folgenbeseitigungsanspruch bei Unmöglichkeit der Erfüllung umwandelt. Aus diesen Gründen ist auch bei rechtswidriger Ablehnung anderer Leistungen als der Hilfen nach §§ 27, 35a und 41 eine Selbstbeschaffung mit der Folge der Kostenerstattungspflicht des Jugendhilfeträgers möglich. Hierfür kommen drei Rechtsgrundlagen in Betracht:[6] (Erstens) kann bei rechtswidriger Ablehnung der Leistung der **Folgenentschädigungsanspruch** als Derivat des allgemeinen Folgenbeseitigungsanspruchs eingreifen.[7] Daneben wird (zweitens) eine **analoge Anwendung** von § 36a Abs. 3 diskutiert.[8] Ist dem Jugendhilfeträger Verschulden vorzuwerfen – wofür der Beweis des ersten Anscheins spricht[9] –, besteht daneben (drittens) ein **Amtshaftungsanspruch** aus § 839 BGB, Art. 34 GG (zum Amtshaftungsanspruch → Rn. 27).[10] Da § 36a auf die Leistungen und Beschaffungswege der Jugendhilfe abgestimmt ist, erscheint eine analoge Anwendung von § 36a Abs. 3 auf alle anderen Leistungen des SGB VIII am sinnvollsten.[11] Der Sekundäranspruch steht dabei dem Inhaber des ursprünglichen Anspruchs zu.[12] Praktisch wird dies vor allem beim Anspruch auf Förderung in einer Kindertagesstätte oder in Kindertagesbetreuung:[13] Soweit die Jugendhilfeträger den Kindern rechtswidrig keine Förderplätze anbieten können, können sich diese – vertreten durch ihre Eltern – die Förderung selbst be- 3

5 Anders wohl (allerdings ohne das Verhältnis von § 18 Abs. 6/§ 15 Abs. 1 S. 4 SGB IX einerseits und § 36a Abs. 3 SGB VIII andererseits zu thematisieren) SächsOVG 23.9.2020 – 3 A 975/19; SächsOVG 23.9.2016 – 4 A 114/15.

6 S. für einen Überblick Rixen NJW 2012, 2839.

7 So VG Mainz 10.5.2012 – 1 K 981/11.MZ, ZKJ 2012, 408.

8 So die Folgeinstanz OVG RhPf 25.10.2012 – 7 A 10671/12, JAmt 2012, 603, bestätigt durch BVerwG 12.9.2013 – 5 C 35.12.

9 BGH 20.10.2016 – III ZR 278/15.

10 BGH 20.10.2016 – III ZR 278/15; LG Wiesbaden 19.1.2000 – 5 O 182/99, ASR 2002, 103; Stähr in Hauck/Noftz/Stähr Rn. 45.

11 Ebenso OVG RhPf 25.10.2012 – 7 A 10671/12, JAmt 2012, 603 bestätigt durch BVerwG 12.9.2013 – 5 C 35.12; OVG NRW 20.4.2016 – 12 A 1262/14; BayVGH 17.11.2015 – 12 ZB 15.1191; DIJuF JAmt 2005, 562; Meysen in FK-SGB VIII Rn. 5, 44; Fischer in SFMK Rn. 4; Werner in JHSM Rn. 6; Rixen NJW 2012, 2839 (2841–2844); v. Koppenfels-Spies in jurisPK-SGB VIII Rn. 10, 28; Schmid-Obkirchner in Wiesner Rn. 11 a; Wiesner ZKJ 2015, 60–62.

12 Statt vieler OVG RhPf 28.5.2014 – 7 A 10276/14; VGH BW 8.12.2016 – 12 S 1782/15; VG Stuttgart 28.11.2014 – 7 K 3274/14; ungenau dagegen VG Mainz 16.7.2014 – 1 K 779/14.MZ.

13 Ebenso Wiesner ZKJ 2015, 60–62.

schaffen und sich die Kosten dafür vom Jugendamt erstatten lassen.[14] Im Einzelnen besteht gerade in diesem Feld erheblicher Streit.[15]

4 § 36a steht weiter in einer Wechselwirkung zu § 8a (**Schutzauftrag**). § 8a Abs. 1 S. 3 verpflichtet das JA Hilfen anzubieten. § 8a Abs. 4 S. 2 iVm der Sicherstellungsvereinbarung verpflichtet die freien Träger, auf die Inanspruchnahme von Hilfen hinzuwirken. Wird diese Pflicht erfüllt, rollt auf den öffentlichen Träger eine Antragswelle zu, die er kaum mehr steuern kann, auch nicht durch Budgetierung (→ § 79 Rn. 19 f.). Die Folge davon kann eine vermehrte Inanspruchnahme der Selbstbeschaffung nach § 36a Abs. 3 sein.

2 Grundsätzlich keine Selbstbeschaffung (Abs. 1)

5 § 91 Abs. 5 bestimmt, dass der öffentliche Träger die Kosten der Hilfe trägt und danach den Kostenpflichtigen gem. §§ 91 bis 94 zu den Kosten heranzieht (sog. Erweiterte Hilfe; → § 91 Rn. 11). Diese Regelungen bleiben unberührt, wie § 36a Abs. 1 S. 3 ausdrücklich bestimmt. § 36a **modifiziert** aber **§ 91 Abs. 5** insoweit, als der öffentliche Träger die Kosten nur dann trägt, wenn der **Beschaffungsweg** nach § 36a beschritten worden ist. Der Beschaffungsweg für eine Leistung ist so ausgestaltet, dass der Leistungsberechtigte eine **Leistung nur aufgrund einer Entscheidung des Leistungsträgers** erhält. Die Entscheidung des Leistungsträgers ergeht in einem **Verwaltungsverfahren** gem. § 8 SGB X (→ Anh. 5 Rn. 1), das mit einem Verwaltungsakt oder einem öffentlich-rechtlichen Vertrag (§ 53 SGB X) endet. Weitere formelle Voraussetzungen für die Entscheidung sind die Aufstellung eines Hilfeplans nach § 36 Abs. 2 (→ § 36 Rn. 36 ff.) und die Beachtung des Wunsch- und Wahlrechts nach § 36 Abs. 1 S. 4 und 5 (→ § 36 Rn. 26). Dieser Beschaffungsweg entspricht der Verantwortlichkeit des öffentlichen Trägers für die Rechtmäßigkeit der Aufgabenerfüllung (Gewährleistungspflicht nach § 79 Abs. 2 iVm § 3 Abs. 2 S. 2; → § 79 Rn. 9 ff.). Insoweit ist § 36a Abs. 1 S. 1 Hs. 1 lediglich eine deklaratorische (klarstellende) Regelung, die mit dem neuen Etikett „Steuerungsverantwortung" versehen ist und dem alten Prinzip der „Ausgabenverantwortung bei Aufgabenverantwortung" folgt. Die Regelung entspricht der Rechtsprechung des BVerwG.[16] Der Begriff „Entscheidungsprimat" des JA[17] ist irreführend, da das JA nicht eine vorrangige Entscheidungsmacht hat, sondern eine alleinige (**„Entscheidungsmonopol"**). Hat das JA seine Entscheidung unter Verletzung der Vorschriften zu Hilfeplan (→ Rn. 18) oder Wunsch- u. Wahlrecht getroffen, kann der **Leistungsberechtigte** (nicht aber der Leistungserbringer) den VA anfechten und sich während des Rechtsbehelfsverfahrens die eilbedürftig benötigte Leistung selbst beschaffen. Selbstbeschaffung ist daher nach § 36a nicht nur möglich, wenn das

14 Ebenso BVerwG 12.9.2013 – 5 C 35.12; SächsOVG 14.3.2017 – 4 A 280/16; VGH BW 8.12.2016 – 12 S 1782/15; BayVGH 22.7.2016 – 12 BV 15.719; OVG RhPf 1.9.2016 – 7 A 10849/15 (hierzu Philipp SRa 2016, 251); OVG NRW 20.4.2016 – 12 A 1262/14; BayVGH 17.11.2015 – 12 ZB 15.1191; zum Ganzen für Kindertageseinrichtungen grundlegend Mayer, Sekundäranspruch.

15 Vgl. aus der vielfältigen Rechtsprechung **einerseits** BayVGH 17.11.2015 – 12 ZB 15.1191 (zust. hierzu ausführlich Rixen BayVBl 2017, 577–583; abl. hingegen Anm. JAmt 2016, 326 und Dunkl/Rath BayVBl 2016, 438–443); OVG RhPf 28.5.2014 – 7 A 10276/14; VG Mainz 16.7.2015 – 1 K 779/14.MZ; VG Stuttgart 28.11.2014 – 7 K 3274/14; Schübel-Pfister NJW 2014, 1216–1218; **andererseits** VG Darmstadt 9.11.2015 – 5 K 1331/14.DA; VG Ansbach 1.10.2015 – AN 6 K 14.01691; Wiesner ZKJ 2015, 60–62; Kepert ZKJ 2015, 267–269.

16 BVerwG 28.9.2000 – 5 C 29/99, ZfJ 2001, 310 mAnm Grube 288 u. Berlit jurisPR-BVerwG 10/2007 Anm. 6; hierzu Stähr ZfJ 2002, 449.

17 So zB Schmid-Obkirchner in Wiesner Rn. 12; Kador in Jung Rn. 10; v. Koppenfels-Spies in jurisPK-SGB VIII Rn. 9.

JA noch keine Entscheidung getroffen hat, sondern nach einer rechtswidrigen jugendamtlichen Ablehnung auch während des Rechtsbehelfsverfahrens (→ Rn. 20).

Konsequenz der Steuerungsverantwortung ist, dass der öffentliche Träger das Hilfeplanungsverfahren auch dann steuert, wenn die Leistung im Auftragsmodell derivativ von einem **freien Träger** erbracht wird (→ § 36 Rn. 4). Aus der Leistungsverpflichtung des öffentlichen Trägers gem. § 3 Abs. 2 S. 2 iVm seiner Gewährleistungspflicht gem. § 79 Abs. 2 (→ § 79 Rn. 9 ff.) folgt, dass der öffentliche Träger für die Rechtmäßigkeit der Leistung nach Art, Umfang und Dauer verantwortlich bleibt (→ § 76 Rn. 14 ff.),[18] er sie also quasi durch **„eine Art Rechtsaufsicht"** steuern muss. Instrument der Steuerung ist seine (federführende) Beteiligung an der Erstellung des Hilfeplans (→ § 4 Rn. 22 ff.).[19] Die Beteiligung des öffentlichen Trägers sichert die **Qualitätskontrolle,** dh die Kontrolle darüber, dass die Leistung nach den Qualitätsstandards des § 79 Abs. 2 (→ § 79 Rn. 9) erbracht wird. Die Kontrolle muss sich auf die **Rechtmäßigkeit** beschränken; dazu gehört allerdings die Überprüfung der Tatbestandsvoraussetzungen des § 27 Abs. 1 ebenso wie die der richtigen Rechtsfolge in einer der Hilfearten gem. § 27 Abs. 2, wobei auch dem freien Träger ein Beurteilungsspielraum zukommt (→ § 27 Rn. 13). Über die Zweckmäßigkeit entscheidet der freie Träger auch bei derivativer Hilfe autonom im Rahmen seiner Betätigungsgarantie nach § 4 Abs. 1 S. 2. Als Konsequenz dieser Autonomie kann der freie Träger sich zwar einer darüber hinausreichenden Kontrolle unterwerfen, rechtlich geboten ist dies aber nicht.[20] Er hilft zwar dem öffentlichen Träger, dessen Pflicht nach § 3 Abs. 2 S. 2 zu erfüllen, ist also eine Art **sozialrechtlicher Erfüllungsgehilfe,** wird damit aber nicht zum weisungsgebundenen schuldrechtlichen (§ 278 BGB) Erfüllungsgehilfen[21] oder bloßen Verwaltungshelfer. Dies ergibt sich auch aus § 17 Abs. 3 S. 4 SGB I iVm § 97 Abs. 1 SGB X, wonach der öffentliche Träger sicherstellen muss, dass der freie Träger die Aufgabe rechtmäßig erfüllt, also eine Art Rechtsaufsicht, aber wegen des Ausschlusses von § 97 Abs. 2 SGB X (→ § 4 Rn. 32) keine darüber hinausgehende Kontrollkompetenz hat. Wegen § 37 S. 2 SGB I gilt § 17 SGB I auch für den Bereich des SGB VIII vorrangig vor § 4. Wird der freie Träger ohne Durchführung eines Hilfeplanungsverfahrens in der Verantwortung des öffentlichen Trägers tätig, fehlt eine rechtliche Grundlage für die Kostenübernahme durch den öffentlichen Träger (→ Rn. 5). Ein „Zahlvatermodell" schließt das Gesetz aus, weil §§ 36, 79 gewährleisten sollen, dass der Rechtsanspruch aus § 3 Abs. 2 S. 2 in Normqualität erfüllt wird und öffentliche Mittel nur unter Qualitätskontrolle ausgegeben werden.[22] Eine **Selbstbeschaffung** ist auch deshalb grundsätzlich nicht möglich.[23] § 36a Abs. 3 ist die Ausnahme von dieser Regel. 6

Konstitutive (rechtsbegründende) Wirkung hat dagegen die Regelung des **2. Hs.** in S. 1. Es war strittig,[24] ob das JA auch eine ihm vom Familien- oder Jugendgericht „oktroyierte" Hilfe als HzE leisten muss (sog. **Anordnungskompetenz**; ausführlich → § 36 Rn. 18 ff.). Diesen Streit hat § 36a nicht beendet. § 36a beendet lediglich den 7

18 Ebenso VGH BW 9.12.1996 – 7 S 310/95, ZFSH/SGB 1998, 739; Stähr in Hauck/Noftz/Stähr § 36 Rn. 51; die Verantwortung des JA betont auch das DIJuF JAmt 2017, 242 (243 f.).

19 Insoweit aA Wagner/Hoppe NDV 1995, 456; dagegen ähnlich wie hier VGH BW 9.12.1996 – 7 S 310/95, ZFSH/SGB 1998, 739: „Bewertungsvorrecht gegenüber dem die Maßnahme durchführenden freien Träger".

20 AA BAG 6.5.1998 – 5 AZR 347/97, ZfJ 2000, 72 m. abl. Anm. Kunkel ZfJ 2000, 60 und Baltz NDV-RD 1999, 6; wie hier im Ergebnis auch Stähr in Hauck/Noftz/Stähr § 27 Rn. 47 und → § 36 Rn. 51 sowie → § 79 Rn. 15.

21 S. BVerfG 18.7.1967 – 2 BvF 3–8/62, BVerfGE 22, 180 (203).

22 Ebenso Stähr in Hauck/Noftz/Stähr § 36 Rn. 50.

23 Ebenso VG Minden 25.2.1997 – 6 K 4474/95, DAVorm 1997, 812 mAnm Oehlmann-Austermann.

24 Zur neuen Rechtslage vgl. DIJuF JAmt 2006, 26.

Streit um die **Kostentragung** des JA, aber damit auch der Personen, die als Kostenbeitragspflichtige nach § 92 in Betracht kommen.[25] Das JA muss eine Hilfe grundsätzlich nur bezahlen, wenn es sie auch „bestellt" hat, nämlich durch eine autonome Entscheidung die Sanktion des Jugendgerichts oder die Anordnung des FamG in eine Leistung verwandelt hat (näher bei → § 36 Rn. 22).[26] Es muss nicht „Kuckuckseier der Justiz im Nest der Jugendhilfe ausbrüten", wenn es diese nicht durch eine eigene Entscheidung als HzE „legitimiert" hat.[27] Für den **begleiteten Umgang** regelt dies speziell § 1684 Abs. 4 S. 3 BGB.[28]

8 Das gilt auch für die **Betreuungsweisung** (zu dieser → § 36 Rn. 20; → § 30 Rn. 14), welche die Justiz zwar mit Bindung für das JA anordnen kann, aber selbst bezahlen muss,[29] wenn das JA sie nicht in eine Betreuungshilfe nach § 30 transformiert.[30] Mehr als eine Befreiung des JA vom „Joch der Zahlknechtschaft" regelt § 36a nicht.

9 Die Steuerungsverantwortung des JA wird gegenüber der Justiz nur exemplarisch hervorgehoben, gilt aber ebenso gegenüber allen **anderen Institutionen**, die sich der Jugendhilfe bedienen wollen – gleichsam als „Appetitzügler" (zB Schule; Agentur für Arbeit; Psychiatrie).

3 Erste (relative) Ausnahme: Ambulante Hilfen (Abs. 2)

10 Die Möglichkeit der Selbstbeschaffung ergibt sich für die individuellen Hilfen ausschließlich aus § 36a Abs. 2 und 3; eine Ableitung aus dem **Wunsch- und Wahlrecht** scheidet aus, da es sich nur auf die Wahl eines Leistungserbringers, aber nicht auf die Leistungserbringung bezieht.

11 Da der Beschaffungsweg nach Abs. 1 eine Schwelle zur Hilfe ist und damit **niedrigschwellige** Hilfe behindert, verpflichtet das Gesetz das JA – von atypischen Ausnahmefällen abgesehen („soll") – dazu, abweichend vom Grundsatz des Abs. 1 zuzulassen, dass der Leistungsberechtigte die Hilfe auf direktem Weg, dh ohne vorherige Entscheidung des Leistungsträgers, beim Leistungserbringer in Anspruch nehmen kann, wenn es sich um eine **ambulante** Hilfe handelt (zum Begriff → § 91 Rn. 8). Nicht jede ambulante Hilfe ist aber auch eine niedrigschwellige. „Niedrigschwellig" bezieht sich auf den Zugang zur Hilfe, während „ambulant" die Form der Hilfe bezeichnet. Niedrigschwellig ist eine Hilfe dann nicht, wenn für sie ein Hilfeplan aufgestellt werden muss (§ 36 Abs. 2)[31] oder wenn eine Kostenschwelle durch Kostenbeitrag nach § 91 besteht.[32] Abs. 2 ist auch ein **Gebot** des Gesetzgebers an das JA, ambulante Hilfen niedrigschwellig anzubieten.[33] Nur als ein Beispiel nennt das Gesetz die Erziehungsberatung. In gleicher Weise gilt dies aber nach dem klaren Wortlaut des Gesetzes auch für andere ambulante Hilfen nach § 27 (in den Hilfearten nach §§ 29, 30, 31 oder unbenannten nach § 27 Abs. 2) ebenso wie nach § 41; hier scheidet aber eine unbenannte Hilfeart nach § 27 Abs. 2 aus. Dies widerspricht der erklärten Absicht des Gesetzge-

---

25 Worauf Meier ZJJ 2006, 263 u. ihm folgend Fieseler in GK-SGB VIII Rn. 16 zu Recht hinweisen.
26 Kritisch, weil § 36a den Streit nicht endgültig löst Hebbinghaus und Volker Kunkel forum kriminalprävention 2018, 37, 39 f.
27 Ebenso VG Darmstadt 29.8.2007 – 3 G 1267/07, JAmt 2008, 323.
28 So v. Koppenfels-Spies in jurisPK-SGB VIII Rn. 17; zum Verhältnis der Verantwortlichkeiten von FamG und JA OVG Brem 7.4.2017 – 1 B 291/16; Clausius AnwZert FamR 19/2016 Anm. 1 sowie → § 18 Rn. 17.
29 In Sachsen-Anhalt ausdrücklich geregelt als Kostenerstattungsanspruch in Nr. 5 des Gem. RdErl. d. MS, MJ und MI v. 5.8.1998, 54.51243, JMBl. LSA 358 = MBl. LSA 1655. **AA** LG Tübingen 28.3.2018 – 3 Qs 14/17.
30 Ebenso Stähr in Hauck/Noftz/Stähr Rn. 15.
31 Ebenso Meysen in FK-SGB VIII Rn. 34; aA Werner in JHSM Rn. 26.
32 Zu weiteren, aber zu allgemeinen Kriterien vgl. NDV 2006, 77.
33 Ebenso v. Koppenfels-Spies in jurisPK-SGB VIII Rn. 25.

bers,[34] gerade in diesem Bereich Kosten einzusparen. Dem kann das JA nicht dadurch begegnen, dass es diese Hilfe nur auf der Grundlage einer „künstlichen" Schwelle höherschwellig anbietet, nämlich durch Aufstellen eines Hilfeplans: § 36 Abs. 2 verlangt einen Hilfeplan nur für Hilfen, die über längere Zeit zu leisten sind. Solche Hilfen scheiden aus dem Anwendungsbereich des Abs. 2 auch dann aus, wenn sie ambulant erbracht werden (zB die Hilfe nach § 35, aber auch nach § 31 oder nach § 28, wenn sie für längere Zeit – hierzu → § 36 Rn. 32 – zu leisten ist).[35]

Für Hilfen nach **§ 35a** folgt nicht etwa aus § 36 Abs. 3 S. 1, dass für jede dieser Hilfen 12
ein Hilfeplan notwendig ist; aus dem formalisierten Verfahren zur Feststellung der seelischen Behinderung nach § 35a Abs. 1 a folgt aber, dass die Hilfe nicht niedrigschwellig ist und zwar auch dann nicht, wenn sie ambulant geleistet wird (zB **Legasthenie-Therapie**).

Aus der systematischen Stellung des § 36a folgt, dass er unmittelbar nicht auch für an- 13
dere ambulante Hilfen, zB nach **§§ 16, 17, 18** gilt. Auf diese ist aber § 36a entsprechend anwendbar,[36] wie sich aus § 17 Abs. 1 Nr. 1, 2 u. 3 SGB I iVm § 37 S. 2 SGB I ergibt, aber auch aus praktischen Bedürfnissen, weil die Beratungsstellen ihre Arbeit nicht mit den jeweils verschiedenen Rechtsgrundlagen etikettieren können.

Da eine Kostenbeteiligung des Leistungsberechtigten für ambulante Hilfen ohnehin 14
ausgeschlossen ist (→ § 91 Rn. 1), bezieht sich Abs. 2 nur auf die Übernahme der Kosten des Leistungserbringers. Dessen Kosten übernimmt das JA auf der Grundlage einer **Kosten- und Leistungsvereinbarung**, also eines öffentlich-rechtlichen Vertrages nach § 53 SGB X. Insoweit ist § 36a eine spezielle Regelung gegenüber § 77.[37] Nach § 78b kommt eine Kosten- und Leistungsvereinbarung nicht in Betracht, da ambulante Hilfen nicht in den Anwendungsbereich des § 78a fallen. Sofern Landesrecht sie nach § 78a Abs. 2 in den Anwendungsbereich des § 78a Abs. 1 aufnehmen würde, wäre § 36a Abs. 2 nur als Verweis auf eine derartige Vereinbarung zu verstehen. Während § 77 den Leistungsträger lediglich verpflichtet, auf den Abschluss einer Vereinbarung hinzuwirken, im Regelfall verpflichtet § 36a Abs. 2 den Leistungsträger zum Abschluss der Vereinbarung. Ein Rechtsanspruch auf diesen Abschluss ergibt sich für den freien Träger aus Art. 12 GG.[38] Als **Steuerungsinstrument** verbleibt dem öffentlichen Träger aber, dass er in der Vereinbarung mit dem Leistungsträger regeln kann, unter welchen Voraussetzungen die Leistung erbracht wird, also insbesondere unter der Voraussetzung, dass ein Bedarf iSd jeweiligen Leistungsnorm besteht. Abs. 2 ist daher nur eine relative[39] Ausnahme zu Abs. 1. Auch bei den ambulanten niedrigschwelligen Hilfen hat das JA zu steuern, im Unterschied zu Abs. 1 aber nicht konkret-individuell, sondern abstrakt-generell, also nicht den bestimmten Einzelfall, sondern künftige, unbestimmte Fälle („gesteuerte Selbstbeschaffung"). Die Entscheidung über die Hilfegewährung bei Vorliegen der Voraussetzungen überträgt[40] das JA auf den Leistungserbringer; seine Steuerung ist gleichsam „Fernsteuerung". Seit 3.6.2021 ist nun klargestellt, dass der Jugendhilfeträger über die Jugendhilfeplanung Einfluss auf die Erbringung der niedrigschwelligen Leistungen nehmen kann.

---

34 BT-Drs. 15/1406.
35 Ebenso Stähr in Hauck/Noftz/Stähr Rn. 18; aA Werner in JHSM Rn. 26; einschränkend Riehle in Krug/Riehle Erl. II. 4.
36 Im Ergebnis ebenso Fieseler in GK-SGB VIII Rn. 20; Fischer in SFMK Rn. 14; Meysen in FK-SGB VIII Rn. 35C; Schmid-Obkirchner in Wiesner Rn. 11.
37 Meysen in FK-SGB VIII Rn. 37; Werner in JHSM Rn. 30; Riehle in Krug/Riehle Erl. II. 5.: § 77 direkt.
38 HmbOVG 10.11.2004 – 4 Bs 388/04, JAmt 2004, 592; VG Hamburg 10.12.2015 – 13 K 1532/12 (m. abl. Anm. Meysen JAmt 2016, 272); aA Fischer in SFMK Rn. 15; Stähr in Hauck/Noftz/Stähr Rn. 19.
39 Fischer in SFMK Rn. 16: „keine".
40 Fischer in SFMK Rn. 16: „delegiert".

4 Zweite Ausnahme: Unaufschiebbare Hilfe (Abs. 3)

15 Hat der Leistungsberechtigte eine **ambulante Hilfe** nach Abs. 2 direkt beim Leistungserbringer in Anspruch genommen, ohne dass die in der Leistungs- und Kostenvereinbarung bestimmten Voraussetzungen der Hilfe, also insbesondere der Bedarf vorgelegen haben, muss der Leistungsträger diese Kosten nicht übernehmen, wie sich aus Abs. 3 S. 1 Nr. 2 ergibt. Lag ein Bedarf aber vor, muss der öffentliche Träger die Kosten übernehmen, ohne dass es auf die weiteren Voraussetzungen nach Abs. 3 ankäme; dies ergibt sich aus Abs. 2 selbst. Insoweit ist die Bezugnahme auf Abs. 2 in Abs. 3 unklar. Die Bezugnahme hat nur dann einen Sinn, wenn das JA entgegen Abs. 2 keine Vereinbarung mit dem Leistungserbringer abgeschlossen hat. Dann kann sich der Leistungsberechtigte aufgrund des **Steuerungsversagens** die Leistung selbst beschaffen, wenn die Voraussetzungen nach Abs. 3 vorliegen. Selbstbeschaffung ist also sowohl im Fall des Abs. 2 als auch des Abs. 3 immer (nur) dann möglich, wenn infolge des Steuerungsversagens der Bedarf nicht rechtzeitig gedeckt werden würde, der Steuerungsfehler also **kausal** ist für das Ausbleiben der Leistung.[41] Nicht jeder Fall, in dem ein Ausbleiben einer Leistung zu einem Anspruch auf Übernahme der Aufwendungen führt, ist aber Folge eines Steuerungsversagens; dann nämlich nicht, wenn das JA nicht steuern konnte, weil es den Fall nicht kannte, und es dem Selbstbeschaffer unmöglich war, ihm die Kenntnis zu verschaffen (Abs. 3 S. 2).[42]

16 Der Beschaffungsweg nach Abs. 1 oder Abs. 2 muss ausnahmsweise nicht beschritten werden, wenn die **Voraussetzungen nach Abs. 3 Nr. 1 bis 3 – kumulativ** – vorliegen.

Danach müssen **erstens** die Hilfesuchenden selbst (also nicht die Leistungserbringer) das JA vor der Bedarfsdeckung über den Bedarf informiert haben („**angemeldeter Bedarf**"); dies kann auch formlos oder konkludent geschehen, ein Antrag ist aber stets vonnöten.[43] Dabei gestattet § 16 Abs. 2 SGB I in entsprechender Anwendung[44] auch den „Umweg" über einen nicht zuständigen Leistungsträger. Insbesondere in den Fällen, in denen die Leistungsanmeldung kraft landesrechtlicher Ausformung bei anderen Stellen anzubringen ist, kann sich das JA nicht auf fehlende Kenntnis berufen: Sind etwa – wie häufig – die kreisangehörigen Gemeinden für ein bedarfsdeckendes Angebot an Kinderbetreuung verantwortlich, der Landkreis aber der Träger der Jugendhilfe, genügt eine Anmeldung des Bedarfs dort; Leistungsberechtigten kann nicht mehr abverlangt werden, als sich an einem regulären Verfahren zu beteiligen.[45] Zum Zeitpunkt der Anmeldung muss der Bedarf noch nicht nachgewiesen sein,[46] allerdings muss der Antrag jedenfalls so rechtzeitig gestellt sein, dass der Jugendhilfeträger zu pflichtgemäßer Prüfung von Anspruchsvoraussetzungen und Hilfemaßnahmen in der Lage ist.[47] Entstehen die Aufwendungen für die Bedarfsdeckung nach Zeitabschnitten, genügt es für die Übernahme der Aufwendungen für den folgenden Zeitabschnitt,

41 Zum Systemversagen s. Grube JAmt 2002, 490 und BayVGH 17.6.2004 – 12 CE 04.578, JAmt 2004, 545.

42 So Fischer in SFMK Rn. 24; hierzu allgemein Grube ZfJ 2001, 288.

43 BVerwG 17.2.2011 – 5 B 43/10, JAmt 2011, 274; BVerwG 22.5.2008 – 5 B 130/07, JAmt 2008, 600; NdsOVG 25.11.2020 – 10 LA 58/20; SchlHOVG 8.3.2016 – 3 LA 81/14; OVG NRW 16.11.2015 – 12 A 1639/14; Werner in JHSM Rn. 36.

44 So BayVGH 6.4.2009 – 12 C 08.2559; Stähr in Hauck/Noftz/Stähr Rn. 31; v. Koppenfels-Spies in jurisPK-SGB VIII Rn. 35; aA Werner in JHSM Rn. 37.

45 VG Köln 26.2.2016 – 19 K 5324/14.

46 OVG SchlH 8.3.2016 – 3 LA 81/14; BayVGH 12.9.2006 – 12 ZB 06.680.

47 BVerwG 11.8.2005 – 5 C 18/04, FEVS 57, 481; OVG NRW 30.11.2015 – 12 A 1542/15; OVG NRW 16.11.2015 – 12 A 1639/14; VG Aachen 17.12.2013 – 2 K 1488/10; VG Aachen 19.12.2006 – 2 K 3670/04. VG Hannover 20.5.2008 – 3 A 3648/07, JAmt 2009, 385 geht gar von einem Jahr Vorlauf aus.

wenn der Antrag vor einem neuen Zeitabschnitt gestellt wird.[48] So kann ein ursprünglich „zu knapp" gestellter Antrag für einen späteren Zeitraum noch rechtzeitig sein. Für die Rechtzeitigkeit wird nicht vorausgesetzt, dass zum Zeitpunkt der Antragstellung noch mehrere alternative Bedarfsdeckungsmöglichkeiten bestehen.[49]

War diese Anmeldung des Bedarfs dem Hs. objektiv[50] oder auch nur subjektiv („dem Leistungsberechtigten")[51] nicht möglich, muss er unverzüglich, dh ohne schuldhaftes Zögern (§ 121 Abs. 1 BGB) den Bedarf **„nachmelden"**, sobald das Hindernis für die Anmeldung entfallen ist (**S. 2**). Unterlässt er dies, hat er keinen Anspruch auf Aufwendungsersatz. 17

Zweitens müssen die **materiellen** (Tatbestandsmerkmale der Leistungsnorm) und **formellen** (Zuständigkeit, Hilfeplanungsverfahren nach § 36; aber einschränkend für den Hilfeplan → § 36 Rn. 1; → § 89f Rn. 12) **Voraussetzungen** der Anspruchsgrundlage **zum Zeitpunkt der Bedarfsdeckung** vorgelegen haben. Dabei soll es genügen, wenn zum Zeitpunkt der Selbstbeschaffung bereits feststand, dass das JA den erst später entstehenden Anspruch nicht würde erfüllen können.[52] Da der Hilfesuchende bei der Selbstbeschaffung nicht besser gestellt sein darf als bei der regulären Beschaffung im Hilfeplanungsverfahren, kann er Hilfe in einer Einrichtung nur dann selbst beschaffen, wenn sie eine „Lizenz zum Leisten" nach § 78b hat oder die Hilfe gerade dort geboten ist (§ 36 Abs. 1 S. 5).[53] Auch den **Mehrkostenvorbehalt** muss sich der Selbstbeschaffer zwar grundsätzlich entgegenhalten lassen. Dies kann jedoch – bis zur Grenze der Unwirtschaftlichkeit der selbst beschafften Leistung – **nicht** gelten, wenn aus Sicht des Leistungsberechtigten keine Alternative der Bedarfsdeckung offensichtlich war oder vom Jugendhilfeträger aufgezeigt worden ist.[54] Zwar scheint der Leistungsberechtigte so mit dem Notverfahren „besser zu fahren" als mit dem Normalverfahren. Bei richtiger Betrachtung ist das jedoch nicht der Fall: Infolge des Systemversagens war aus Sicht des Leistungsberechtigten im Moment der Selbstbeschaffung sein jugendhilferechtlicher Bedarf nur durch die gewählte Leistung zu decken. Hätte er nicht diese Leistung gewählt, wäre sein Bedarf ungedeckt geblieben. Das Systemversagen darf aber nicht zum Nachteil der Leistungsberechtigten gereichen. Dem kann auch nicht entgegengehalten werden, dass jedes hypothetische Verfahren zwangsläufig risikogeneigt ist. Tatsächlich hat der Leistungsberechtigte nur das Risiko zu tragen, ob er überhaupt einen jugendhilferechtlichen Bedarf, die Geeignetheit und – mit den genannten Einschränkungen – die Notwendigkeit der selbstbeschafften Leistung nachweisen kann. Mit dem Risiko jedoch, dass der Jugendhilfeträger mit seinem regelmäßig weit überlegenen Wissen im Nachhinein eine kostengünstigere, aber in der gegenwärtigen Bedarfssituation rein fiktive Bedarfsdeckungsmöglichkeit auftut, ist nicht der 18

48 BayVGH 25.6.2019 – 12 ZB 16.1920; BayVGH 25.6.2019 – 12 ZB 16.1967; OVG NRW 16.11.2015 – 12 A 1639/14; VG Magdeburg 26.11.2012 – 4 B 235/12.
49 OVG NRW 30.11.2015 – 12 A 1542/15.
50 So Kador in Jung Rn. 8.
51 So Fischer in SFMK Rn. 33.
52 SächsOVG 14.3.2017 – 4 A 280/16.
53 Ebenso VG München 25.2.2008 – M 18 K 07.2489; im Grundsatz auch Meysen in FK-SGB VIII Rn. 15; weitergehend (keinerlei Bindung) VGH BW 8.12.2016 12 S 1782/15; BayVGH 17.11.2015 – 12 ZB 15.1191.
54 „Nur begrenzt gerichtlich überprüfbarer Einschätzungsspielraum" der Leistungsberechtigten: VGH BW 26.2.2020 – 12 S 3015/18; SächsOVG 3.9.2019 – 3 A 1303/18; OVG SchlH 15.8.2019 – 3 LB 7/18; noch weitergehend (Mehrkostenvorbehalt gilt nicht): VGH BW 8.12.2016 – 12 S 1782/15; BayVGH 22.7.2016 – 12 BV 15.719; BayVGH 17.11.2015 – 12 ZB 15.1191; wie hier: OVG NRW 14.3.2003 – 12 A 122/02, ZfJ 2003, 487 m. zust. Anm. Hänlein jurisPR-SozR 1/2004 Anm. 5; Saarl. VG 19.12.2012 – 3 K 307/11, JAmt 2013, 102; VG München 26.9.2007 – M 18 K 06.1963; VG Braunschweig 26.1.2006 – 3 A 142/05; Meysen in FK-SGB VIII Rn. 14; Fischer in SFMK Rn. 27; **aA** VGH BW 12.10.1998 – 2 S 1988/98, NDV-RD 1999, 85.

Leistungsberechtigte, sondern der Jugendhilfeträger belastet.[55] Nur dann, wenn der Leistungsberechtigte vorsätzlich oder grob fahrlässig ihm bekannte oder offensichtliche und ihm zumutbare Möglichkeiten der Kostenminderung nicht nutzt,[56] oder bei Luxusaufwendungen[57] besteht kein Anspruch auf Übernahme der Aufwendungen für die selbst beschaffte Leistung. Bei bloß fahrlässiger Auswahl der teureren Leistung führt der Mehrkostenvorbehalt hingegen nicht zum Ausschluss der Selbstbeschaffung, sondern nur zur Einschränkung des Aufwendungsersatzes (→ Rn. 23, 25).

19 **Drittens** muss die Bedarfsdeckung **unaufschiebbar** gewesen sein. Dies bedeutet, dass der Bedarf beim Zuwarten auf eine Erstentscheidung oder Rechtsmittelentscheidung nicht mehr oder nicht mehr ausreichend hätte gedeckt werden können, also ein Eilfall vorliegt.[58] „Rechtsmittelentscheidung" wäre nur eine Entscheidung im verwaltungsgerichtlichen Verfahren. Gemeint ist aber wohl auch eine Entscheidung des JA im **Rechtsbehelfsverfahren** (→ Anh. 5 Rn. 49 ff.), also nach Widerspruch durch einen Abhilfebescheid (§ 72 VwGO) oder durch einen Widerspruchsbescheid (§ 73 VwGO). Wird der Primäranspruch jedoch gar nicht in einem Rechtsmittelverfahren verfolgt, wird die Ablehnung des Primäranspruches bestandskräftig und es entsteht kein Sekundäranspruch.[59]

20 Unberührt bleibt die Möglichkeit, im Eilverfahren durch eine **einstweilige Anordnung** (§ 123 VwGO) den Bedarf zu decken. Da aber dieses Verfahren länger als ein Jahr dauern kann,[60] schließt diese Möglichkeit die Selbstbeschaffung jedenfalls dann nicht aus, wenn der Eilrechtsschutz unzumutbar ist.[61] Umgekehrt hindert die Möglichkeit der Selbstbeschaffung den Erlass einer einstweiligen Anordnung nach § 123 VwGO nicht; auch liegt trotz des Selbstbeschaffungsanspruchs ein Anordnungsgrund (→ Anh. 5 Rn. 90) vor.[62] Die Gegenmeinung übersieht, dass bei Verweigerung einstweiligen Rechtsschutzes der Bedarf von Leistungsberechtigten, welche – zB mangels eigener Mittel – die selbst beschafften Leistungen nicht vorfinanzieren können,[63] unter Verstoß gegen das aus dem Bedarfsdeckungsgrundsatz folgende Gegenwärtigkeitsprinzip ungedeckt bliebe. Maßgeblich ist daher, ob den konkreten Leistungsberechtigten – unter Berücksichtigung des Anspruchs aus § 36a Abs. 3 und des jugendhilferechtlichen Bedarfs – das Abwarten des Hauptsacheverfahrens zumutbar ist; dies mag bei begüterten Leistungsberechtigten anders aussehen als etwa bei Alg-II-Leistungsberechtigten.[64]

21 Unaufschiebbar ist die Bedarfsdeckung dann nicht, wenn der Leistungsberechtigte erst durch sein **Verhalten** (zB verspätete Bedarfsanmeldung) die Eilbedürftigkeit herbeige-

55 Ähnlich VG Aachen 30.11.2015 – 2 K 2186/13.
56 So zum Systemversagen im Krankenversicherungsrecht BSG 16.12.1993 – 4 RK 5/92, BSGE 73, 271. – Nicht gegeben, wenn Jugendhilfeträger Anspruchserfüllungsmöglichkeit nachweist: VG Frankfurt am Main 7.12.2018 – 11 K 9855/17.F (m. zust. Anm. JAmt 2019, 539).
57 VGH BW 8.12.2016 – 12 S 1782/15; BayVGH 17.11.2015 – 12 ZB 15.1191.
58 AA Mrozynski SGB VIII Rn. 15.
59 VG Köln 22.11.2015 – 19 K 6787/14; VG Köln 22.5.2015 – 19 K 1998/14.
60 So Hinrichs, Selbstbeschaffung, S. 340.
61 So BVerwG 20.12.2017 – 5 B 9/17; BVerwG 12.9.2013 – 5 C 35/12, JAmt 2014, 41; VGH BW 8.12.2016 – 12 S 1782/15; BayVGH 17.11.2015 – 12 ZB 15.1191; OVG RhPf 1.9.2016 – 7 A 10849/15; VG Mainz 16.7.2015 – 1 K 779/14.MZ; Meysen in FK-SGB VIII Rn. 50; Schmidt-Obkirchner in Wiesner Rn. 53; ähnlich Fischer in SFMK Rn. 30; ebenso v. Koppenfels-Spies in jurisPK-SGB VIII Rn. 45.1.
62 SächsOVG 16.6.2017 – 4 B 104/17; so auch Fischer in SFMK Rn. 30.
63 So die Fallgestaltung bei VG Magdeburg 26.11.2012 – 4 B 235/12.
64 Vgl. OVG NRW 8.5.2019 – 12 B 1630/18. Vgl. auch BayVGH 14.9.2010 – 12 CE 10.1981, der allerdings zu stark auf die in öffentlich-rechtlichen Gerichtsbarkeiten nur eingeschränkt geltende Darlegungslast abstellt; VG Frankfurt am Main 10.3.2009 – 7 L 260/09.F.

führt hat.[65] Er muss sich rechtzeitig und nachdrücklich um die Leistung bemüht und die Dringlichkeit der Bedarfsdeckung auch erkennbar gemacht haben.[66] Selbstbeschaffung ist nicht möglich, wenn das JA wegen mangelnder Mitwirkung des Leistungsberechtigten, insbesondere Nichterfüllung der Mitwirkungspflichten nach § 60 SGB I, oder sonst wegen dem Leistungsberechtigten anzulastenden Verhaltens nicht die Gelegenheit hatte, im **Hilfeplanungsverfahren** die Geeignetheit der Hilfe im Zusammenwirken aller Beteiligter zu klären. Der Leistungsberechtigte muss sich am Hilfeplanverfahren (rechtzeitig) beteiligt haben.[67] Der Leistungsberechtigte kann sich also für Passivität im Hilfeplanungsverfahren nicht mit Selbstbeschaffung „belohnen".[68] Führt das JA dieses Verfahren aber nicht durch, kann es dem Selbstbeschaffer trotz seines sonst bestehenden Beurteilungsspielraums (→ § 27 Rn. 13) nicht entgegenhalten, es hätte eine andere Hilfe für geeignet gehalten.[69]

Anspruch auf Übernahme der Aufwendungen besteht nur für Zeiträume des Systemversagens. Deshalb kann Aufwendungsersatz nur bis zu dem **Zeitpunkt** geltend gemacht werden, zu dem das JA im regulären Verfahren rechtmäßig oder bestandskräftig über die Hilfe entscheidet. **Rückwirkend** kann Ersatz ab dem Zeitpunkt verlangt werden, zu dem bei regulärem Verfahren Entscheidungsreife vorgelegen hätte. Bei zeitabschnittsweiser Gewährung der Hilfe kann Selbstbeschaffung für einen späteren Zeitraum in Betracht kommen, wenn der Leistungsberechtigte es zunächst versäumt hatte, das JA in Kenntnis zu setzen.[70] Das Aufklärungsgebot des § 92 Abs. 3 hindert dann nicht die Selbstbeschaffung.[71] 22

Für den Anspruch auf Übernahme der Aufwendungen als Surrogat des ursprünglichen Leistungsanspruchs ist der Verwaltungsrechtsweg gegeben.[72] Er besteht in Höhe der **tatsächlichen** Aufwendungen, welche die Leistungsberechtigten nach ihrem subjektiv vernünftigen Ermessen unter Berücksichtigung der Interessen des Jugendhilfeträgers für erforderlich halten durften (§§ 683, 670 BGB analog)[73] nach Abzug der Kostenbeiträge gem. §§ 90, 91–94,[74] soweit sie bei pflichtgemäßer Erfüllung des Anspruchs zu tragen gewesen wären,[75] sowie eventueller Leistungen, die wegen der Nichterbrin- 23

65 AA Fischer in SFMK Rn. 29.
66 SächsOVG 23.9.2016 – 4 A 114/15; ebenso Stähr in Hauck/Noftz/Stähr Rn. 36 unter Berufung auf die zum BSHG ergangene Entscheidung BVerwG 23.6.1994 – 5 C 26/92, BVerwGE 96, 152.
67 SchlHOVG 8.3.2016 – 3 LA 81/14; ebenso OVG NRW 5.2.2015 – 12 A 1261/14 – allerdings unter unzulässiger Berufung auf seine Mitwirkungspflicht nach § 60 SGB I, die aber für die Hilfeplanung dort nicht geregelt ist; VG Köln 15.12.2011 – 26 K 1306/11; VG Frankfurt am Main 7.1.2008 – 7 G 2798/07.
68 Ebenso Fischer in SFMK Rn. 23.
69 Ebenso BVerwG 18.10.2012 – 5 C 21/11, JAmt 2013, 98 mAnm Störmer, jurisPR-BVerwG 9/2013 Anm. 5 u. Luik, jurisPR-SozR 5/2013 Anm. 6; OVG NRW 14.3.2003 – 12 A 122/02, ZfJ 2003, 487; VG München 26.9.2007 – M 18 K 06.1963; Fischer in SFMK Rn. 27; ähnlich SchlHOVG 8.3.2016 – 3 LA 81/14.
70 So wohl auch VG Hannover 20.5.2008 – 3 A 3648/07, JAmt 2009, 385; Fischer in SFMK Rn. 24.
71 So VG Oldenburg 28.3.2011 – 13 B 3145/10, JAmt 2011, 337; Schmid-Obkirchner in Wiesner Rn. 56.
72 SächsOVG 11.2.2021 – 3 E 95/20.
73 VGH BW 8.12.2016 – 12 S 1782/15; BayVGH 17.11.2015 – 12 ZB 15.1191; OVG NRW 22.8.2014 – 12 A 3019/11, JAmt 2015, 517; VG Aachen 13.10.2016 – 2 K 2398/14; VG München 13.7.2016 – M 18 K 14.3284; VG Aachen 30.11.2015 – 2 K 1947/13; VG Aachen 30.11.2015 – 2 K 2477/14; ebenso v. Koppenfels-Spies in juris-PK-SGB VIII Rn. 47.1.
74 VGH BW 8.12.2016 – 12 S 1782/15; OVG RhPf 1.9.2016 – 7 A 10849/15; BayVGH 22.7.2016 – 12 BV 15.719; AA VG Gießen 7.4.2015 – 7 K 1434/13.GI: ortsübliche Kosten.
75 OVG RhPf 1.9.2016 – 7 A 10849/15.

gung der selbstbeschafften Leistung bezogen worden sind. Anzurechnen ist bei Nichterfüllung des Anspruchs aus § 24 Abs. 2 daher auch das (frühere Bundes- oder noch bestehende Landes-)Betreuungsgeld.[76] Der Anspruch ist beschränkt auf dasjenige, was die Leistungsberechtigten bei pflichtgemäßer Anspruchserfüllung durch den Jugendhilfeträger nicht selbst hätten tragen müssen.[77] Der **Mehrkostenvorbehalt** (§ 36 Abs. 1 S. 4, 5) ist nur in Ausnahmefällen zu berücksichtigen (→ Rn. 18). Haben sich die Leistungsberechtigten allerdings Hilfe zur Erziehung durch Inanspruchnahme der Großeltern als Vollzeitpflegepersonen selbst beschafft, dürfen sie nicht schlechter gestellt werden als bei ordnungsgemäßer Leistungserbringung, so dass auch in diesem Fall die in § 39 vorgesehenen Pauschalen geleistet werden müssen.[78] In dieser Sonderkonstellation sind daher mehr als die tatsächlichen Aufwendungen zu übernehmen. Die Großeltern sind nur dann in der Gesetzlichen Unfallversicherung versichert, wenn ihre Inanspruchnahme dem Jugendamt angezeigt worden ist.[79] Hingegen ist ein Verdienstausfall der Eltern wegen tatsächlicher Selbstübernahme der Betreuung nicht von § 36a Abs. 3 umfasst.[80] Zum weiterreichenden Amtshaftungsanspruch → Rn. 27. Der sekundäre Erstattungsanspruch besteht nicht mehr von dem Zeitpunkt an, in dem der Jugendhilfeträger die Primärleistung tatsächlich anbietet.[81]

24 Jedenfalls, soweit der Leistungsberechtigte die Kosten bereits aufgewandt hat und nicht bloß einem Zahlungsanspruch des Leistungserbringers ausgesetzt ist, besteht der Übernahmeanspruch aus § 36a Abs. 3 in Form eines Geldleistungsanspruchs. In der Folge ist dieser Anspruch nach § 44 SGB I zu **verzinsen.**[82] Eine **Abtretung** des Anspruchs an den Leistungserbringer ist nur zur Sicherung von dessen Entgeltanspruch gegen den Leistungsberechtigten zulässig.[83] Fraglich ist allerdings, ob eine solche Sicherung nötig ist: Nach der BSG-Rechtsprechung zu Sozialhilfeleistungen in Einrichtungen geschieht im sozialhilferechtlichen Dreiecksverhältnis die „Übernahme" eines Vergütungsanspruchs des Einrichtungsträgers gemäß § 75 Abs. 3 SGB XII in der Form, dass der Träger der Sozialhilfe der **Schuld** des Leistungsberechtigten **beitritt.**[84] Eine parallele Auslegung des Begriffs der Übernahme in § 36a Abs. 3 SGB VIII liegt nahe. Sie würde dazu führen, dass in den Fällen, in denen der Leistungsberechtigte den Leistungserbringer, von dem er sich die Leistung selbst beschafft hat, noch nicht befriedigt hat, der Leistungserbringer einen unmittelbaren Anspruch gegen den Jugendhilfeträger erlangt. Damit hätte der Leistungsberechtigte nur dann einen Erstattungsanspruch in Geld, wenn er selbst die Aufwendungen bereits getätigt hat. Nur in diesen Fällen sind dann Zinsen geschuldet.

---

76 VGH BW 8.12.2016 – 12 S 1782/15.

77 BVerwG 26.10.2017 – 5 C 19/16, Rn. 74 ff.; OVG RhPf 25.1.2021 – 7 A 10771/20; HessVGH 19.6.2018 – 10 A 2590/16.

78 BVerwG 9.12.2014 – 5 C 32/12, BVerwGE 151, 44–56 unter ausdrücklicher Aufgabe der früheren Rechtsprechung, etwa BVerwG 12.9.1996 – 5 C 31/95, FEVS 47, 433, nach der ein drohender Abbruch der Vollzeitpflege Voraussetzung war. So bereits auch BVerwG 1.3.2012 – 5 C 12/11, JAmt 2012, 329; anders noch OVG RhPf 27.6.2013 – 7 A 10040/13.

79 Hierzu BSG 19.6.2018 – B 2U 2/17 R.

80 VG Köln 18.3.2016 – 19 K 3699/14.

81 BayVGH 22.7.2016 – 12 BV 15.719.

82 VG Saarlouis 19.12.2012 – 3 K 307/11, JAmt 2013, 102; nach Meysen in FK-SGB VIII Rn. 55; Werner in JHSM Rn. 47; Stähr in Hauck/Noftz/Stähr Rn. 49; anders Schmid-Obkirchner in Wiesner Rn. 54: Zinsen nur nach Aufnahme eines Darlehens; weitergehend Hinrichs ZfJ 2003, 449. VGH BW 8.12.2016 – 12 S 1782/15 gewährt Prozesszinsen iHv 5 Prozentpunkten über dem Basiszinssatz.

83 Noch weitergehend Stähr in Hauck/Noftz/Stähr Rn. 44.

84 BSG 2.2.2010 – B 8 SO 20/08 R, FEVS 61, 534; BSG 28.10.2008 – B 8 SO 22/07 R, FEVS 60, 481; hierzu Pattar Sozialrecht aktuell 2012, 85–99.

Der Leistungsberechtigte hat die **Darlegungs- und Beweislast** für das Vorliegen der Voraussetzungen einer Selbstbeschaffung. Diese Anforderungen entsprechen der bisherigen Rechtsprechung.[85] 25

Bestehen **konkurrierende** Ansprüche gegen andere Leistungsträger, zB nach SGB XII oder SGB V, richtet sich die Frage, welcher Träger die Aufwendungen für die selbst beschafften Leistungen zu übernehmen hat, nach den Rangvorschriften des § 10. Eine Konkurrenz tritt freilich nur ein, wenn die Leistungsvoraussetzungen für die Leistungen verschiedener Träger tatsächlich vorgelegen haben („Leistungskonkurrenz nur bei Leistungskongruenz").[86] Dies ist nicht der Fall, wenn zwar die Voraussetzungen für Leistungen der Krankenkasse vorliegen, nicht aber diejenigen von § 40.[87] 26

Neben[88] den Anspruch aus § 36 a Abs. 3 (ggf. analog) kann bei Verschulden des JA ein **Amtshaftungsanspruch** (§ 839 BGB, Art. 34 GG) treten. Zu dem in der Praxis besonders streitträchtigen Anspruch auf Förderung in Tageseinrichtungen und in Kindertagespflege (§ 24 Abs. 2) hat der BGH[89] eine Entscheidung getroffen, die in der Literatur – bis auf Details – weithin Zustimmung gefunden hat.[90] Er hat entschieden, dass den Geschädigten für die Frage des Verschuldens des Amtsträgers der Beweis des ersten Anscheins zugute kommt, den das JA nicht unter Berufung auf allgemeine finanzielle Engpässe erschüttern kann;[91] Hinweise darauf, wie eine Entschuldigung des JA überhaupt gelingen kann, macht der BGH nicht.[92] Voraussetzung dafür ist eine Amtspflichtverletzung, welche schon dann vorliegt, wenn das JA trotz rechtzeitiger Anmeldung eines Anspruchs keinen entsprechenden Platz zur Verfügung stellt.[93] Obwohl Inhaber des Anspruchs nach § 24 Abs. 2 die unter 3-jährigen Kinder sind, bezweckt die mit diesem Anspruch korrespondierende Amtspflicht auch den Schutz der Eltern als Dritter (**drittschützende Amtspflicht**),[94] weil der Gesetzgeber mit Einführung des Anspruchs aus § 24 Abs. 2 neben der Förderung des Kindeswohls auch die Entlastung der Eltern und die Verbesserung der Vereinbarkeit von Familie und Erwerbsleben bezweckte. Deshalb umfasst der Schutzbereich auch den Verdienstausfallschaden mit, den ein Elternteil infolge der Nichtbereitstellung eines Betreuungsplatzes erleidet;[95] freilich haben die Eltern eine Schadenminderungspflicht (§ 254 BGB). Wohl weil es um eine drittschützende Amtspflicht ging, hat der BGH die vorherige Inanspruchnahme verwaltungsgerichtlichen Rechtsschutzes nicht thematisiert.[96] 27

85 OVG NRW 4.3.2003 – 12 A 122/02, ZfJ 2003, 487 u. 490; NdsOVG 10.4.2002 – 4 LB 53/02, ZfJ 2002, 397; Meysen in FK-SGB VIII Rn. 56; v. Koppenfels-Spies in jurisPK-SGB VIII Rn. 49.
86 So Kunkel, Jugendhilferecht, Rn. 49.
87 So die Fallgestaltung VG Karlsruhe 19.2.2008 – 8 K 1866/07, JAmt 2008, 221.
88 BGH 20.10.2016 – III ZR 278/15, juris Rn. 31.
89 BGH 20.10.2016 – III ZR 278/15.
90 Itzel jurisPR-BGHZivilR 1/2017 Anm. 1; Ritgen DVBl 2017, 62–65; Hartmann JZ 2017, 373–376; Brade DVBl 2017, 621–625; Porsch/Rath KommunalPraxis Bayern 2017, 75–78.
91 BGH 20.10.2016 – III ZR 278/15, juris Rn. 19, 40–43.
92 Irritiert deshalb Itzel jurisPR-BGHZivilR 1/2017 Anm. 1.
93 BGH 20.10.2016 – III ZR 278/15, juris Rn. 16–19.
94 BGH 20.10.2016 – III ZR 278/15, juris Rn. 20–32.
95 BGH 20.10.2016 – III ZR 278/15, juris Rn. 35. – Anders für den Anspruch analog § 36 a Abs. 3 VG Köln 18.3.2016 – 19 K 3699/14.
96 Auf das Erfordernis einer vorherigen verwaltungsgerichtlichen Rechtsschutznachsuche im Baurecht weist Itzel jurisPR-BGHZivilR 1/2017 Anm. 1 hin.

§ 36b Zusammenarbeit beim Zuständigkeitsübergang

(1) [1]Zur Sicherstellung von Kontinuität und Bedarfsgerechtigkeit der Leistungsgewährung sind von den zuständigen öffentlichen Stellen, insbesondere von Sozialleistungsträgern oder Rehabilitationsträgern rechtzeitig im Rahmen des Hilfeplans Vereinbarungen zur Durchführung des Zuständigkeitsübergangs zu treffen. [2]Im Rahmen der Beratungen zum Zuständigkeitsübergang prüfen der Träger der öffentlichen Jugendhilfe und die andere öffentliche Stelle, insbesondere der andere Sozialleistungsträger oder Rehabilitationsträger gemeinsam, welche Leistung nach dem Zuständigkeitsübergang dem Bedarf des jungen Menschen entspricht.

(2) [1]Abweichend von Absatz 1 werden bei einem Zuständigkeitsübergang vom Träger der öffentlichen Jugendhilfe auf einen Träger der Eingliederungshilfe rechtzeitig im Rahmen eines Teilhabeplanverfahrens nach § 19 des Neunten Buches die Voraussetzungen für die Sicherstellung einer nahtlosen und bedarfsgerechten Leistungsgewährung nach dem Zuständigkeitsübergang geklärt. [2]Die Teilhabeplanung ist frühzeitig, in der Regel ein Jahr vor dem voraussichtlichen Zuständigkeitswechsel, vom Träger der Jugendhilfe einzuleiten. [3]Mit Zustimmung des Leistungsberechtigten oder seines Personensorgeberechtigten ist eine Teilhabeplankonferenz nach § 20 des Neunten Buches durchzuführen. [4]Stellt der beteiligte Träger der Eingliederungshilfe fest, dass seine Zuständigkeit sowie die Leistungsberechtigung absehbar gegeben sind, soll er entsprechend § 19 Absatz 5 des Neunten Buches die Teilhabeplanung vom Träger der öffentlichen Jugendhilfe übernehmen. [5]Dies beinhaltet gemäß § 21 des Neunten Buches auch die Durchführung des Verfahrens zur Gesamtplanung nach den §§ 117 bis 122 des Neunten Buches.

1 § 36b ist mit Art. 1 des **KJSG neu eingefügt** worden.[1] Der im Regierungsentwurf ursprünglich enthaltene Gesetzestext[2] wurde auf Vorschlag des Bundesrates[3] in Abs. 2 S. 2 bis 5 noch verändert. Mit Gegenäußerung vom 12.3.2021 hat die Bundesregierung dem Vorschlag des Bundesrates insoweit zugestimmt.[4]

Mit der Neuregelung in § 36b besteht nun eine verpflichtende Regelung für das Jugendamt zur **„rechtzeitigen" Einbindung** anderer Sozialleistungsträger in die Hilfeplanung. Ziel der Regelung ist es, mit einem nahtlosen Zuständigkeitsübergang vom Träger der öffentlichen Jugendhilfe auf andere Sozialleistungsträger eine Kontinuität bei der weiteren Leistungserbringung zu sichern.

Mit § 36b Abs. 1 werden „Grundregeln" für den Zuständigkeitsübergang vorgegeben, dessen Planung in das Hilfeplanverfahren nach § 36 zu integrieren ist. Die Planung zum Zuständigkeitsübergang wird damit Bestandteil der Hilfeplanung. Bei einem Zuständigkeitsübergang auf einen Träger der Eingliederungshilfe regelt § 36b Abs. 2 SGB VIII spezifische Pflichten.

Infolge der mit Wirkung vom 10.6.2021 in Kraft getretenen Neuregelungen werden den Jugendämtern weitergehende Verpflichtungen bei der Hilfeplanung auferlegt. Das Jugendamt muss bereits auf der Stufe der Hilfeplanung prüfen, ob auch andere Institutionen Leistungen zu erbringen haben. Insbesondere erhalten die im SGB IX enthaltenen Regelungen zur verpflichtenden Zusammenarbeit verschiedener Rehabilitationsträger einen gesteigerten Grad an Verbindlichkeit. Das Jugendamt muss mit den Neuregelungen aufgrund von gesetzlichen Verpflichtungen, die sich direkt aus dem Hilfeplanverfahren nach dem SGB VIII ergeben, sicherstellen, dass Dritte rechtzeitig in die Hilfeplanung einbezogen und Zuständigkeitsübergänge geplant werden. Damit kann

1 BGBl. 2021 Teil I Nr. 29, 1444.
2 Hierzu BT-Drs. 19/26107, 20.
3 BR-Drs. 5/21, 18.
4 BT-Drs. 19/27481, 80 und 81.

vermieden werden, dass Leistungslücken entstehen und insbesondere ein Zuständigkeitsstreit auf dem Rücken des jungen Menschen ausgetragen wird.

Allerdings ist auch zu betonen, dass die in § 36b enthaltenen Neuregelungen an der gleichen Schwäche wie das Hilfeplanverfahren selbst leiden. Die Wertigkeit, welche einerseits dem Hilfeplanverfahren zugesprochen wird („Motor des Leistungsrechts" bzw. „Herzstück der Hilfeplanung"), und andererseits die rechtlich schwache Ausgestaltung des Hilfeplanverfahrens sind nach hiesiger Auffassung kaum zu vereinbaren (→ § 36 Rn. 1).

Nach § 36b Abs. 1 sind rechtzeitig im Rahmen des Hilfeplans Vereinbarungen zur Durchführung eines Zuständigkeitsübergangs zu treffen. Mit § 36b Abs. 1 werden damit die aus § 36 resultierenden Verpflichtungen bei Durchführung eines Hilfeplanverfahrens erweitert. Die Zusammenarbeit verschiedener Leistungsträger soll rechtzeitig vor dem Zuständigkeitswechsel erfolgen. Im Hilfeplan sollen unter Beteiligung der Leistungsberechtigten bzw. -empfänger und nach Maßgabe der Regelungen zur Aufstellung des Hilfeplans nach § 36 von den zuständigen öffentlichen Stellen Vereinbarungen zur Durchführung des Übergangs der Zuständigkeit getroffen werden. 2

Die zu treffenden Vereinbarungen müssen nach der Gesetzesbegründung insbesondere Festsetzungen zum Zeitpunkt des Zuständigkeitsübergangs sowie zu den Zielsetzungen der Leistungsgewährung für den jungen Menschen beinhalten. Daher muss unter Federführung des Trägers der öffentlichen Jugendhilfe im Hilfeplanverfahren nach § 36 iVm § 36b geprüft werden, mit welchen Leistungen andere öffentliche Stellen, insbes. Sozialleistungsträger, bedarfsgerecht den Hilfeprozess der Kinder- und Jugendhilfe weiterführen können. Welche Leistungen dabei in Betracht kommen, müssen die Sozialleistungsträger in eigener Zuständigkeit nach den für sie maßgeblichen gesetzlichen Regelungen ermitteln.

Ob und in welchem Umfang Aussagen zu Leistungen zur Sicherung des Existenzminimums (Lebensunterhaltsleistungen) in die Vereinbarungen aufgenommen werden, ist entsprechend dem individuellen Bedarf des jungen Menschen zu entscheiden. Nach der Gesetzesbegründung kann gegebenenfalls der Hinweis auf die Möglichkeit dieser Leistungen ausreichen. Je nach dem Stand der Hilfebedürftigkeit der Betroffenen im Zeitablauf oder der nachträglichen Änderung der Verhältnisse unterliegen die Leistungen zur Sicherung des Existenzminimums gegebenenfalls Anpassungen.[5]

Abweichend von Abs. 1 werden bei einem Zuständigkeitsübergang vom Träger der öffentlichen Jugendhilfe auf einen Träger der Eingliederungshilfe rechtzeitig im Rahmen eines Teilhabeplanverfahrens nach § 19 SGB IX die Voraussetzungen für die Sicherstellung einer nahtlosen und bedarfsgerechten Leistungsgewährung nach dem Zuständigkeitsübergang geklärt. Die Teilhabeplanung ist frühzeitig, in der Regel ein Jahr vor dem voraussichtlichen Zuständigkeitswechsel, vom Träger der Jugendhilfe durch Beteiligung des zukünftig voraussichtlich zuständigen Trägers der Eingliederungshilfe einzuleiten. Stellt der beteiligte Träger der Eingliederungshilfe fest, dass seine Zuständigkeit sowie die Leistungsberechtigung absehbar gegeben sind, soll er entsprechend § 19 Abs. 5 SGB IX die Teilhabeplanung vom Träger der öffentlichen Jugendhilfe übernehmen. Dies beinhaltet gemäß § 21 SGB IX auch das Verfahren zur Gesamtplanung nach den §§ 117 bis 122 SGB IX. 3

Nach Abs. 2 Satz 3 sollen in einem gemeinsamen Gespräch des bisherigen und des zukünftigen Leistungserbringers in Rahmen einer Teilhabekonferenz der aktuelle Bedarf des Leistungsberechtigten ermittelt werden und Vereinbarungen zum weiteren Vorgehen unter Beteiligung des Leistungsberechtigten getroffen werden. Dabei verzahnt sich das Hilfeplanverfahren nach SGB VIII mit dem Gesamtplanverfahren nach §§ 117 ff.

5 BT-Drs. 19/26107, 88.

SGB IX.[6] Der voraussichtlich zuständige Träger der Eingliederungshilfe muss seine Verpflichtung erfüllen und seine Leistungszuständigkeit im Rahmen des Teilhabeplanverfahrens überprüfen. Auf Basis der erfolgten Teilhabeplankonferenz kann er ohne Antrag das Gesamtplanverfahren nach §§ 117 ff. SGB IX einleiten. In Bezug auf die in diesem Rahmen ermittelten Leistungen der Eingliederungshilfe bedarf es keines Antrags (§ 108 Abs. 2 SGB IX).[7]

4 Nach neuer Rechtslage haben die Jugendämter weitgehende Verpflichtungen bei der Hilfeplanung. Das Jugendamt muss bereits auf der Stufe der Hilfeplanung prüfen, ob auch andere Institutionen Leistungen zu erbringen haben. Damit kann vermieden werden, dass Leistungslücken entstehen und insbesondere ein Zuständigkeitsstreit auf dem Rücken des jungen Menschen ausgetragen wird. Um den Regelungen Wirksamkeit verleihen zu können, müssen allerdings hervorragend ausgebildete Mitarbeitende die Regelungen vollziehen. Für einen Vollzug des § 36b ist Expertise zum Leistungssystem des SGB VIII und zu angrenzenden Leistungssystemen anderer Sozialleistungsträger und sonstiger öffentlicher Stellen erforderlich.

§ 37 Beratung und Unterstützung der Eltern, Zusammenarbeit bei Hilfen außerhalb der eigenen Familie

(1) [1]Werden Hilfen nach den §§ 32 bis 34 und 35a Absatz 2 Nummer 3 und 4 gewährt, haben die Eltern einen Anspruch auf Beratung und Unterstützung sowie Förderung der Beziehung zu ihrem Kind. [2]Durch Beratung und Unterstützung sollen die Entwicklungs-, Teilhabe- oder Erziehungsbedingungen in der Herkunftsfamilie innerhalb eines im Hinblick auf die Entwicklung des Kindes oder Jugendlichen vertretbaren Zeitraums so weit verbessert werden, dass sie das Kind oder den Jugendlichen wieder selbst erziehen kann. [3]Ist eine nachhaltige Verbesserung der Entwicklungs-, Teilhabe- oder Erziehungsbedingungen in der Herkunftsfamilie innerhalb dieses Zeitraums nicht erreichbar, so dienen die Beratung und Unterstützung der Eltern sowie die Förderung ihrer Beziehung zum Kind der Erarbeitung und Sicherung einer anderen, dem Wohl des Kindes oder Jugendlichen förderlichen und auf Dauer angelegten Lebensperspektive.

(2) [1]Bei den in Absatz 1 Satz 1 genannten Hilfen soll der Träger der öffentlichen Jugendhilfe die Zusammenarbeit der Pflegeperson oder der in der Einrichtung für die Erziehung verantwortlichen Person und der Eltern zum Wohl des Kindes oder Jugendlichen durch geeignete Maßnahmen fördern. [2]Der Träger der öffentlichen Jugendhilfe stellt dies durch eine abgestimmte Wahrnehmung der Aufgaben nach Absatz 1 und § 37a sicher.

(3) [1]Sofern der Inhaber der elterlichen Sorge durch eine Erklärung nach § 1688 Absatz 3 Satz 1 des Bürgerlichen Gesetzbuchs die Entscheidungsbefugnisse der Pflegeperson so weit einschränkt, dass die Einschränkung eine dem Wohl des Kindes oder des Jugendlichen förderliche Entwicklung nicht mehr ermöglicht, sollen die Beteiligten das Jugendamt einschalten. [2]Auch bei sonstigen Meinungsverschiedenheiten zwischen ihnen sollen die Beteiligten das Jugendamt einschalten.

6 BR-Drs. 5/21, 19.
7 BT-Drs. 19/26107, 88.

1 Neuregelung der §§ 37 ff. durch das KJSG, Bedeutung und Zielsetzung der Vorschrift

1 §§ 37 ff. sind durch das **Kinder- und Jugendstärkungsgesetz (KJSG)**[1] neu gefasst und durch die Ergänzung von § 37a (Beratung und Unterstützung der Pflegeperson), § 37b (Sicherung der Rechte von Kindern und Jugendlichen in Familienpflege), § 37c (Ergänzende Bestimmungen zur Hilfeplanung bei Hilfen außerhalb der eigenen Familie) und § 38 (Zulässigkeit von Auslandsmaßnahmen) neu strukturiert worden. Als ein Ergebnis des von November 2018 bis Dezember 2019 erfolgten Dialogprozesses „Mitreden-Mitgestalten: Die Zukunft der Kinder- und Jugendhilfe“[2] ist es wesentliche Zielsetzung der Reform, die Kindesinteressen fremduntergebrachter junger Menschen zu wahren, die Eltern zu unterstützen und die Familien zu stärken.[3] Der Staat hat die Aufgabe sicherzustellen, dass Kinder und Jugendliche, die in staatlicher Verantwortung betreut werden, geschützt und geborgen aufwachsen können. Wichtig für die kindliche Entwicklung sei daher ein hohes Maß an Stabilität und Kontinuität hinsichtlich des Lebensmittelpunktes, von Bindungen und Beziehungen zu Pflege- und Erziehungspersonen, sowie zu Eltern und Geschwistern. In allen Phasen des Hilfeprozesses müsste mehr Transparenz für das Kind bzw. den Jugendlichen hergestellt und die rechtlichen Möglichkeiten des Schutzes kindlicher Bindungen gewährleistet werden, wobei stets die Bedürfnisse des Kindes oder Jugendlichen im Mittelpunkt des Beziehungsgefüges „Kind-Eltern-Pflegeperson“ stehen sollen.[4] Im Interesse fremduntergebrachter Kinder werden nunmehr zur Stärkung der elterlichen Erziehungsverantwor-

1 Gesetz zur Stärkung von Kindern und Jugendlichen (Kinder- und Jugendstärkungsgesetz – KJSG) v. 3.6.2021, BGBl. 2021 Teil I Nr. 29, 1444 ff.

2 Online abrufbar unter www.dialogforum-pflegekinderhilfe.de; www.mitreden-mitgestalten.de.

3 BMFSFJ, Abschlussbericht Mitreden-Mitgestalten: Die Zukunft der Kinder- und Jugendhilfe, S. 30 ff.; Regierungsentwurf eines Gesetzes zur Stärkung von Kindern und Jugendlichen (Kinder- und Jugendstärkungsgesetz – KJSG) v. 2.12.2020, S. 2; zur Übersicht der Neuregelungen auch Meysen FamRZ 2021, 401 ff.

4 Regierungsentwurf eines Gesetzes zur Stärkung von Kindern und Jugendlichen (Kinder- und Jugendstärkungsgesetz – KJSG) v. 2.12.2020, S. 2 f.

tung die **Elternarbeit** und die Qualifizierung und Unterstützung der Pflegeeltern gestärkt und gefördert.[5]

2 Leben Kinder oder Jugendliche nicht mehr bei ihren Eltern, sondern sind (überwiegend) fremduntergebracht – **Abs. 1 S. 1** der Vorschrift nimmt Bezug auf Hilfen nach §§ 32 bis 34 und 35a Abs. 2 Nr. 3, 4 –, werden dem JA besondere Aufgaben zugewiesen, da Kinder oder Jugendliche in eine intensive Beziehung zu Personen treten, die nicht zur Herkunftsfamilie gehören. Nach der Vorstellung des Gesetzgebers sollen Eltern systematisch und verbindlich unterstützt und begleitet werden, wenn ihr Kind fremduntergebracht ist, unabhängig von der Dauer der Fremdunterbringung und unabhängig von der Personensorgeberechtigung.

Mit der gesetzlichen Normierung des gesonderten Anspruchs der Eltern auf Beratung, Unterstützung und Förderung der Beziehung zu ihrem Kind, hat der Gesetzgeber des KJSG die Forderung umgesetzt, systematischere und verbindlichere Unterstützung der Eltern, unabhängig von der Dauer der Vollzeitpflege, zu ermöglichen. Die Forderung nach gesetzlicher Implementierung ist damit begründet worden, dass die Eltern fremduntergebrachter Kinder weiterhin relevant blieben als Eltern und Identitätsfragen für die Kinder und Jugendlichen auch immer wieder ausbalanciert werden müssten; dies unabhängig vom Lebensmittelpunkt des Kindes vor, während und nach einem Pflegeverhältnis.[6] Dies gilt auch beim Ausschluss einer Rückkehr in die Familie.[7]

Abs. 1 regelt einen **Rechtsanspruch** der Eltern auf Beratung und Unterstützung sowie auf Förderung der Beziehung zu ihrem Kind (Abs. 1 S. 1), wodurch die Bedingungen in der Herkunftsfamilie so weit verbessert werden sollen, dass die Eltern ihr Kind wieder selbst erziehen können. Zeitlicher Maßstab soll ein im Hinblick auf die Entwicklung des Kindes vertretbarer Zeitraum sein. Ist eine Verbesserung der Bedingungen in der Herkunftsfamilie innerhalb dieses Zeitraums nicht erreichbar, so hat die Beratung und Unterstützung der Eltern die Erarbeitung und Sicherung einer anderen, dem Wohl des Kindes oder Jugendlichen förderlichen und auf Dauer angelegten Lebensperspektive zu fokussieren. Entsprechend hat der Träger der öffentlichen Jugendhilfe den Auftrag, zwischen den Eltern des Minderjährigen und den an der Hilfe beteiligten Personen und Institutionen zu moderieren, damit eine **Zusammenarbeit** und **gemeinsame Verantwortungsübernahme mit und durch die Eltern**[8] bei einer Hilfe außerhalb des kindlichen Elternhauses gelingen bzw. verbessert werden kann.[9]

Mit Blick auf die Vorgabe in Abs. 1 S. 3, wonach im Falle einer nicht erreichbaren Stabilisierung der Erziehungs-, Entwicklungs- und Teilhabebedingungen in der Herkunftsfamilie eine andere, dem Wohl des Kindes oder Jugendlichen förderliche und auf Dauer angelegte Lebensperspektive zu erarbeiten ist, geht es in § 37 auch darum, bei **Hilfen außerhalb der Familie** die Beziehung der Eltern zu ihrem Kind zu fördern.

---

5 BMFSFJ, Abschlussbericht Mitreden-Mitgestalten: Die Zukunft der Kinder- und Jugendhilfe, S. 30 ff.

6 Zur Abgrenzung zwischen Pflegefamilie und Erziehungsstelle vgl. DIJuF-Rechtsgutachten v. 12.1.2021, JAmt 2021, 91 ff.

7 Hierzu Müller/Martinez: Schutzkonzeptionen in der Pflegekinderhilfe, Anforderungen und Ansatzpunkte. Diskussionspapier aus dem Dialogforum Pflegekinderhilfe 2020, S. 27.

8 Zur Zusammenarbeit mit Eltern von Pflegekindern vgl. Dittmann, Jugendhilfe 59. Jg. 3/2021, 267 ff. Janning, Zur Arbeit mit Herkunftseltern, in Stiftung zum Wohl des Pflegekindes. Ein Pflegekind werden, 7. Jahrbuch des Pflegekinderwesens 2018, S. 169 ff.

9 Schmid-Obkirchner in Wiesner Rn. 3, 8.

Die Fremdunterbringung wird auf das Fundament einer klaren zeit- und zielgerichteten **Zukunftsperspektive** gestellt,[10] um – ebenso wie die Vollzeitpflege nach § 33 dies vorgibt – entweder auf die Rückführung in die Herkunftsfamilie oder aber auf eine dauerhafte Unterbringung des Kindes oder Jugendlichen außerhalb der Ursprungsfamilie hinzuarbeiten.[11] In Anknüpfung an die Ausgestaltung der jeweiligen Hilfe durch den Hilfeplan nach §§ 36 und 37c, der stets individuell zu gestalten ist, in einer für die Eltern und das Kind wahrnehmbaren Form, unter Berücksichtigung möglicher Geschwisterbeziehungen zu erfolgen hat und va auch der zeitlichen Steuerung des Planungsprozesses dient (→ § 36 Rn. 30), macht § 37 eine deutliche Vorgabe: Im Vordergrund stehen der Anspruch der Eltern auf Beratung und Unterstützung, sowie die Förderung der Beziehung zu ihrem außerfamilial untergebrachten Kind, unter Beachtung der Lebensperspektive des Minderjährigen, die das Gesetz deutlich mit einer zeitlichen Perspektive verknüpft.[12] Ist eine Rückkehr zu den Eltern nicht möglich und eine Verbesserung der Erziehungsbedingungen in der Herkunftsfamilie innerhalb eines angemessenen Zeitraumes nicht erreichbar, soll mit den Eltern eine andere, dem Wohl des Kindes oder Jugendlichen förderliche und auf Dauer angelegte Lebensperspektive erarbeitet werden. Von Bedeutung ist die regelmäßige Überprüfung des Hilfeplans je nach Alter des Kindes und Dauer der Unterbringung, sowie die Möglichkeit der Partizipation der Beteiligten (Kinder, Eltern, Pflegeeltern) bei der Hilfeplanung (→ § 37c Rn. 1). Auch die Prüfung der Adoption kommt in Betracht (→ § 37c Abs. 2 Rn. 30 ff.), die vor und während langfristig außerhalb des Elternhauses erbrachter Hilfen sorgfältig in Erwägung zu ziehen ist,[13] da Pflegekinder zwischen rechtlichen Eltern und sozialen Pflegeeltern aufwachsen[14] und gerade Pflegefamilien langfristig als soziale Familien für die Kinder in Erscheinung treten können.[15] 3

Der Gesetzgeber formuliert den Auftrag an die Mitarbeiter des JA, durch Prüfung der Umstände des Einzelfalls die Perspektive des Minderjährigen und dessen Lebensstandort sorgfältig prognostisch und am kindlichen Zeitbegriff orientiert einzuschätzen und die Beratung und Unterstützung der Herkunftseltern entsprechend daran auszurichten.

Gemäß **Abs. 2** soll der Träger der öffentlichen Jugendhilfe die Zusammenarbeit zwischen Eltern und Pflegeperson bzw. Heimeinrichtung zum Wohl des Kindes oder Ju- 4

---

10 Zu den in den USA entwickelten rechtlichen und konzeptionellen Grundsätzen des sog. **„Permanency planning"** ausführlich: Salgo, Pflegekindschaft und Staatsintervention, 1987; Salgo ZKJ 2015, 357 ff.; zur Forderung des Gesetzgebers, die Entscheidung, ein Kind in einer Pflegefamilie unterzubringen, stärker **„zeit- und zielgerichtet"** auszugestalten, vgl. BT-Drs. 11/5948, 71.

11 Vgl. § 33, wonach zwischen der „zeitlich befristeten Erziehungshilfe" mit dem Ziel der Rückführung des Kindes oder Jugendlichen in die Herkunftsfamilie und der „auf Dauer angelegten Lebensform" in der Pflegefamilie unterschieden wird. Die Entscheidung zwischen Kurzzeit-, bzw. zeitlich befristeter, und Dauerpflege soll unter Berücksichtigung von „Alter und Entwicklungsstand" des Kindes oder Jugendlichen und seinen persönlichen Bindungen sowie den Möglichkeiten der Verbesserung der Erziehungsbedingungen in der Herkunftsfamilie erfolgen.

12 Zur Perspektivklärung von Pflegeverhältnissen in der Hilfeplanung vgl. Diouani-Streek Jugendhilfe 59. Jg. 3/2021, 252 ff.

13 Hierzu: Salgo in Stiftung zum Wohl des Pflegekindes, 4. Jahrbuch des Pflegekinderwesens – Verbleib oder Rückkehr? Perspektiven für Pflegekinder aus psychologischer und rechtlicher Sicht (2007), S. 43, 59 ff.; zur aktuellen Forschung im Adoptionswesen vgl. das am DJI eV eingerichtete „Expertise- und Forschungszentrum Adoption (EFZA)", das strukturelle und gesetzliche Reformbedarfe im Adoptionswesen identifiziert hat, www.dji.de.

14 Botthoff FamRZ 2016, 768.

15 Kritisch van Santen/Pluto/Seckinger ZKJ 2021, 100 ff.; Kindler/Helming/Meysen/Jurczyk, HB Pflegekinderhilfe, DJI 2011, 131 ff.; zu Rückführungsdaten: 624 ff.

gendlichen durch geeignete Maßnahmen fördern. Der Träger hat die Aufgabenwahrnehmung durch Abs. 1 und § 37a wahrzunehmen (→ Rn. 29 ff.).

5 Nach **Abs. 3** soll es den Beteiligten am Hilfeprozess möglich sein, das Jugendamt einzuschalten, sofern der Inhaber der Personensorge entweder durch eine Erklärung die Vertretungsmacht der Pflegeperson so weit einschränkt, dass eine dem Wohl des Kindes oder Jugendlichen förderliche Entwicklung nicht mehr möglich ist oder wenn sonstige Meinungsverschiedenheiten zwischen den Beteiligten auftreten (→ Rn. 41 ff.).

2 Beratung und Unterstützung der Eltern, Abs. 1 S. 1

6 Die Vorschrift des § 37, die nach wie vor entgegen ihres Wortlauts deutlich auf die **Vollzeitpflege nach** § 33 ausgerichtet ist,[16] enthält Vorgaben für die Elternarbeit, die durch Beratung und Unterstützung sowie die gezielte Förderung der Beziehung zu ihrem Kind gewährleistet werden soll.[17] Elternarbeit bedeutet zum einen die Unterstützung der Eltern in der (Wieder-) Erlangung ihrer Erziehungsfähigkeit, die stärker verpflichtend zu gestalten ist und das Ziel hat, dass Kinder in der Familie verbleiben oder in die Familie zurückkehren können. Zum anderen geht es um die Begleitung der Eltern und die Unterstützung bei der Kontaktgestaltung, auch bei einer lang andauernden Inpflegenahme.[18]

Abs. 1 S. 1 räumt den Eltern einen umfassenden **Rechtsanspruch** auf Beratung, Unterstützung sowie Förderung der Beziehung zu ihrem Kind ein.[19] Ob und inwieweit Elternarbeit einen Rechtsanspruch begründet, war nach bisheriger Rechtslage umstritten.[20] In Ergänzung zur Beteiligung an der Hilfeplanung wird durch die Verankerung des Anspruchs der Eltern auf Beratung und Unterstützung sichergestellt, dass die Eltern auch im Falle einer Fremdunterbringung zentrale Hilfeadressaten bleiben.[21] Die Vorschrift adressiert auch Eltern, die nicht Inhaber der elterlichen Sorge nach §§ 1626 ff. BGB sind.[22]

7 Der Rechtsanspruch der Eltern auf Beratung und Unterstützung soll bestehen bleiben und weitergeführt werden, selbst wenn das Kind dauerhaft nicht mehr bei den Eltern lebt und eine Rückführung nicht angestrebt wird. Wird die Begleitung der Eltern und Unterstützung bei der Kontaktgestaltung im Einzelfall fortgeführt, kann Elternarbeit von Bedeutung sein, um Identitätsfragen des Kindes oder Jugendlichen ausbalancieren zu können, Brüche in Biografien zu vermeiden oder um Kindern und Jugendlichen die

16 Zu Unstimmigkeiten hinsichtlich der Einbeziehung von § 32: Mrozynski SGB VIII Rn. 1; Meysen in FK-SGB VIII Rn. 3.

17 Zu Begriffsunklarheiten in der Pflegekinderhilfe Erzberger/Szylowicki: Qualifizierung in der Pflegekinderhilfe 2020, 7 ff.

18 Hierzu Müller/Martinez: Schutzkonzeptionen in der Pflegekinderhilfe, Anforderungen und Ansatzpunkte. Diskussionspapier aus dem Dialogforum Pflegekinderhilfe 2020, S. 27.

19 Regierungsentwurf eines Gesetzes zur Stärkung von Kindern und Jugendlichen (Kinder- und Jugendstärkungsgesetz – KJSG) v. 2.12.2020, S. 94.

20 OVG Lüneburg JAmt 2012, 271; VerwG Düsseldorf JAmt 2005, 153.

21 Hierzu auch Schönecker/Meysen in FK-SGB VIII § 37 Rn. 1; Schmid-Obkirchner in Wiesner Rn. 2, 14 ff.; zur Dauer von Dauerpflegeverhältnissen vgl. van Santen/Pluto/Seckinger ZKJ 2021, 100 ff.; zur Notwendigkeit, Familie als soziales Beziehungsgefüge anzuerkennen, unabhängig von der Blutsverwandtschaft, vgl. wiederum Köckeritz/Nowacki ZKJ 2021, 44 (49).

22 Regierungsentwurf eines Gesetzes zur Stärkung von Kindern und Jugendlichen (Kinder- und Jugendstärkungsgesetz – KJSG) v. 2.12.2020, S. 94.

Möglichkeit zu geben, die eigene Biografie zu reflektieren,[23] wobei das die kompetente und fachliche Begleitung auch des Kindes oder Jugendlichen erfordert.

Zu differenzieren ist, inwieweit eine Rückführung des Pflegekindes zu den Eltern vorgesehen ist und ob und inwieweit davon auszugehen ist, dass es sich um eine auf Dauer angelegte Vollzeitpflege handelt, bei der eine (vorzeitige) Rückführung nicht geplant ist.[24] Elterliche Beratungs- und Unterstützungsangebote sind kritisch auf ihre Geeignetheit im Einzelfall zu überprüfen. Dies umfasst die Prüfung der Frage, ob Eltern fähig und bereit sind, ihr Verhalten zu verändern, um eine tragfähige Arbeitsbeziehung herstellen zu können. Ebenso ist zu prüfen, welche Beratung und Unterstützung im Einzelfall erforderlich ist, um eine Veränderung zu bewirken.[25] Fehlt es Eltern zB an der Einsicht oder Fähigkeit, den Nutzen von Hilfen, die Bedürfnisse ihres Kindes oder die Auswirkung der Gefahrenlage für ihr Kind zu erkennen, besteht keine realistische Aussicht auf ausreichende Veränderung.[26] Die Arbeit an einer Rückführung ist dann nicht geeignet.[27] Eltern sind stattdessen dabei zu unterstützen, eine für ihr Kind angemessene Rolle im weiteren Leben ihres Kindes zu finden.[28] Auch die Art der Beratung und Unterstützung erfordert die sorgfältige Betrachtung des Einzelfalls und die Berücksichtigung der Bedürfnisse und Interessen des Kindes, gerade wenn es wenig tragfähige Bindungserfahrungen gemacht oder Gefährdung erlebt hat.

Leben Kinder oder Jugendliche nicht mehr bei ihren Eltern, sondern sind auf der Grundlage von §§ 32 bis 34 und 35a Abs. 2 Nr. 3 und 4 fremduntergebracht, wird dem JA die besondere Aufgabe zugewiesen, die Beziehung der Eltern zu ihrem Kind, etwa durch die Förderung persönlicher Kontakte, zu fördern, da Kinder oder Jugendliche in eine intensive Beziehung zu Personen treten, die nicht zur Herkunftsfamilie gehören. Auch die Förderung von Kontakten erfordert die sorgfältige Betrachtung des Einzelfalls und die Berücksichtigung bisheriger Erlebnisse des Kindes. Eine Hilfe zur Erziehung außerhalb der eigenen Familie ist mit einer Trennung des Kindes von seinen Eltern verbunden. Die Trennung und die Dauer der Fremdplatzierung können mit dem Risiko verbunden sein, dass je nach Lebensort, Kontext der Hilfe und zuständigem Dienst im JA, die Hilfen für Eltern und Kind getrennt bearbeitet, Kontakte zwischen JA und Herkunftseltern auf die Durchführung von Besuchs- oder Umgangskontakten sowie Krisenzeiten beschränkt sind[29] oder die gezielte Beratung und Unterstützung in den unterschiedlichen Phasen der Fremdunterbringung außen vor bleibt und die leiblichen Eltern unsichtbar werden.[30] 8

Die mit § 37 nunmehr gesetzlich normierte Notwendigkeit, besonders im Bereich der Pflegekinderhilfe die Elternarbeit stärker und fokussierter zu berücksichtigen, wird 9

---

23 Vgl. Regierungsentwurf eines Gesetzes zur Stärkung von Kindern und Jugendlichen (Kinder- und Jugendstärkungsgesetz – KJSG) v. 2.12.2020, S. 94, der auf die fachlichen Positionen des Dialogforums Pflegekinderhilfe v. Oktober 2018, S. 7 f., Bezug nimmt, die Reichweite des Rechtsanspruchs aber nicht weiter ausführt.

24 Erzberger/Szylowicki (2020), Dialogforum Pflegekinderhilfe: Qualifizierung in der Pflegekinderhilfe, S. 15. Die Rückführung ist zu trennen von einer Rückkehr zu den Eltern nach beendeter Vollzeitpflege.

25 Meysen FamRZ 2021, 401 (405).

26 Zu Möglichkeiten, die Erziehungsbedingungen in der Herkunftsfamilie zu verbessern vgl. Salgo in GK-SGB VIII Rn. 35.

27 So auch Meysen FamRZ 2021, 401 (405).

28 Kindler NZFam 2020, 376 (379).

29 Hierzu Wolf, Zum konstruktiven Umgang mit divergierenden Interessen: Sozialpädagogische Kategorien für Weichenstellungen in der Pflegekinderhilfe, ZfS 12 (4), 340 (348).

30 Ausführlich zur Zusammenarbeit mit der Herkunftsfamilie bei Vollzeitpflege: Szylowicki in Forum Erziehungshilfe, 21. Jg. Heft 4, 2015, S. 211 ff. Aufgezeigt werden Möglichkeiten der Integration der Elternarbeit als Gelingensfaktoren der Pflegekinderhilfe.

schon seit langem gefordert.[31] Fehlt es an der sachgerechten Unterstützung und Einbeziehung der Herkunftseltern in den Hilfeprozess, kommt eine Rückführung des Kindes innerhalb eines im Hinblick auf seine Entwicklung vertretbaren Zeitraums von vornherein nicht in Betracht. Die fehlende oder unzureichende Elternarbeit kann dazu führen, dass dem möglichen Bedürfnis des Kindes oder Jugendlichen nach Klärung einer Perspektive nicht hinreichend Rechnung getragen wird. Es besteht auch die Gefahr, dass eine erfolgte Rückkehr an der Sicherstellung der hierfür notwendigen Rahmenbedingungen scheitert.[32] Die Gestaltung und Qualität der Elternarbeit und Elternpartizipation können Einfluss auf das Gelingen der Hilfe und das Wohlfühlen von Kindern in Pflegeverhältnissen haben. Gleichwohl erfordert die Unterstützung der Herkunftseltern stets die sorgfältige Beobachtung des Hilfeverlaufs, die neben der Mitwirkung der Eltern und ihrer Entwicklung in der Elternrolle auch das kindliche Erleben und das sich verändernde kindliche Beziehungsgefüge zum Gegenstand haben muss.[33]

3 Hinwirken auf die Verbesserung der Erziehungsbedingungen in der Herkunftsfamilie oder Erarbeitung und Sicherung einer auf Dauer angelegten Lebensperspektive, Abs. 1 S. 2 und 3

10 **Abs. 1 S. 2** verpflichtet das JA, durch Beratung und Unterstützung die Entwicklungs-, Teilhabe- oder Erziehungsbedingungen in der Herkunftsfamilie innerhalb eines im Hinblick auf die Entwicklung des Kindes oder Jugendlichen vertretbaren Zeitraums so weit zu verbessern, dass die Eltern ihr Kind wieder selbst erziehen können. Mit diesem Ziel korrespondiert Abs. 1 S. 3, wonach das JA die Eltern bei der Erarbeitung und Sicherung einer anderen, dem Wohl des Kindes oder Jugendlichen förderlichen und auf Dauer angelegten Lebensperspektive beraten und unterstützen soll, wenn eine nachhaltige Verbesserung der Entwicklungs-, Teilhabe- oder Erziehungsbedingungen in der Herkunftsfamilie innerhalb dieses Zeitraums nicht erreichbar ist.

11 Ist eine Rückführung des Kindes oder Jugendlichen zu den Eltern vorgesehen, ist die intensive Einbeziehung der Eltern in den Prozess der Rückführung notwendig. Neben der Frage der Veränderungsbereitschaft und -fähigkeit der Eltern, steht die Frage nach der Art der Unterstützung der Eltern im Vordergrund. Zu vermitteln ist den Eltern die Fähigkeit, mit bestimmten Situationen umgehen zu können, ihr Verhalten darauf einzustellen und die Bedürfnisse ihres Kindes zu erkennen. Im Einzelfall wird es notwendig sein, bestimmte Familiendynamiken, Paarbeziehungen oder Geschwisterkonstellationen genauer zu betrachten oder an der Entwicklung von Reflexionsfähigkeit zu arbeiten.[34]

Nach gesetzgeberischer Intention sind die Eltern während des gesamten Hilfeprozesses einzubinden, zu beraten und zu unterstützen. Selbst wenn die Unterbringung in Pflegefamilien mit Sorgerechtsentzügen einhergeht, soll die Ausgestaltung der Hilfe sehr eng mit der Begleitung und Unterstützung der Eltern verbunden werden. Die Rück-

31 Vgl. Neues Manifest zur Pflegekinderhilfe 2010, 43, hierzu Erzberger/Szylowicki (2020), Dialogforum Pflegekinderhilfe: Qualifizierung in der Pflegekinderhilfe, S. 14 f., mwN.

32 Regierungsentwurf eines Gesetzes zur Stärkung von Kindern und Jugendlichen (Kinder- und Jugendstärkungsgesetz – KJSG) v. 2.12.2020, S. 43.

33 Köckeritz/Nowacki ZKJ 2021, 44 (49).

34 Erzberger/Szylowicki (2020), Dialogforum Pflegekinderhilfe: Qualifizierung in der Pflegekinderhilfe, S. 15.

führungsperspektive erfordere eine qualifizierte Beratung der Eltern und die sensible Gestaltung der Übergangsstrukturen mit dem Kind oder Jugendlichen zusammen.[35]

Die Rückführung endet nicht mit dem Wechsel des Kindes in den elterlichen Haushalt, sondern die Familie sollte weiterhin fachlich begleitet werden.[36] Entsprechend könnten im Kontext einer guten fachlichen Begleitung durch die Pflegekinderdienste beim öffentlichen oder freien Träger Begleit- und Unterstützungsleistungen im Vorfeld (bei Klärung der Perspektive), während (etwa durch Maßnahmen zur Verbesserung der Erziehungsbedingungen) und im Anschluss (zB durch die gezielte Gestaltung der Beziehungsqualität zwischen Eltern und Kindern) angeboten werden.[37] Handelt es sich um Eltern von Kindern mit Behinderungen, die für ihr Kind nicht sorgen und die besonderen Bedürfnisse ihres Kindes nicht erkennen können, soll dies ernstgenommen und besonders berücksichtigt werden. Eltern können zB ermutigt werden, Berührungsängste abzubauen, damit sie eine Beziehung zu ihrem Kind aufbauen oder erhalten und am Leben ihres Kindes teilhaben können.[38]

Das JA hat von Beginn an die dem Wohl des Kindes entsprechende zeitliche Perspektive in die Hilfeplanung mitaufzunehmen.[39] Längere Schwebezustände sind zu vermeiden.[40] Bei allen Beteiligten ist das Bewusstsein für die Schwierigkeiten der Interessenlage und der jeweiligen Bedürfnisse zu schärfen.[41] Handlungsleitend ist der Grundsatz des Kindeswohls und stets im Vordergrund steht der Schutz des Kindes.[42]

Lebt in der Familie kein weiteres (eigenes) Kind mehr, werden Unterstützungsleistun- 12
gen benötigt, die nicht primär die Erziehungsfähigkeit der Eltern, sondern die individuelle Situation von Eltern und Familien in den Blick nehmen können und bei der Aufarbeitung der Situation Unterstützung bieten oder Beistand leisten. Gemeinsam ist mit den Eltern eine Perspektive zu entwickeln, die ggf. eine Neuorientierung erfordert.[43] Entscheidend ist, die Eltern in ihrer neuen Rolle zu stärken und sie gleichzeitig als Eltern anzuerkennen. Ziel der Elternarbeit ist es, die Eltern durch Beratung und Unterstützung so weit zu stärken, dass sie einen Beitrag zu einer positiven Entwicklung ihrer Kinder leisten können.[44] So können Loyalitätskonflikte des Kindes oder Jugendlichen gemindert oder gelöst werden, auch indem sich Kinder zB im Kontakt

35 Hierzu Müller/Martinez, Schutzkonzeptionen in der Pflegekinderhilfe, Anforderungen und Ansatzpunkte. Diskussionspapier aus dem Dialogforum Pflegekinderhilfe 2020, S. 27; zur Erforderlichkeit der Zusammenarbeit mit dem Familiengericht vgl. Abschlussbericht der Kommission Kinderschutz in BW 2019 (Zugriff am 16.6.2021).

36 Langenohl/Pöckler von Lingen/Schäfer/Szylowicki (2017), Der Einbezug leiblicher Eltern in die Pflegekinderhilfe, Diskussionspapier des Dialogforums Pflegekinderhilfe.

37 Eingehend hierzu Erzberger/Szylowicki, Qualifizierung in der Pflegekinderhilfe 2020, 24.

38 Hierzu Dialogforum Pflegekinderhilfe, Pflegekinder mit Behinderungen. Fachliche Positionen 2019, 8.

39 Schönecker/Meysen in FK-SGB VIII Rn. 10.

40 BT-Drs. 11/5948, 75.

41 v. Koppenfelds-Spies in jurisPK-SGB VIII Rn. 14; Schönecker/Meysen in FK-SGB VIII Rn. 10 f.

42 Salgo/Lack in Prenzlow, Handbuch Elterliche Sorge und Umgang, S. 346 ff.; Heilmann/Salgo FamRZ 2014, 705 ff.; zur Frage, wann die Risikogrenze im Fall der Rückführung überschritten ist, BVerfG 31.3.2010 – 1 BvR 2910/09 FamRZ 2010, 865 f.

43 Erzberger/Szylowicki (2020), Dialogforum Pflegekinderhilfe: Qualifizierung in der Pflegekinderhilfe, S. 15.

44 Erzberger/Szylowicki (2020), Dialogforum Pflegekinderhilfe: Qualifizierung in der Pflegekinderhilfe, S. 16.

mit ihren Eltern rückversichern können, dass sie in ihrer Pflegefamilie ankommen und sich wohlfühlen dürfen.[45]

13 Die zuvörderst bestehende Zuordnung zu den Herkunftseltern ist zu beachten, va wenn es um die Frage einer dauerhaften Herausnahme des Kindes aus seiner Familie geht. Jedenfalls darf der Charakter der zukünftigen Beziehungen zwischen Eltern und Kind nicht alleine durch die Dauer eines Verfahrens und Zeitablauf determiniert werden.[46] Die Rückkehroption ist stets zu berücksichtigen, basiert auf der primären sorgerechtlichen Zuordnung des Kindes oder Jugendlichen zu seinen Eltern und dient der Refunktionalisierung der Herkunftsfamilie.[47] Deshalb hat das SGB VIII die Prüfung der **Rückkehroption** gesetzlich verankert (→ § 34 Rn. 19)[48] und verpflichtet das JA, die Voraussetzungen und Bedingungen für eine Rückkehr in den elterlichen Haushalt zu schaffen, aber auch sorgfältig abzuwägen.[49]

14 Aus der gesetzlich normierten Verpflichtung zur Achtung des Familienlebens nach Art. 8 EMRK und Art. 6 Abs. 2 GG lässt sich ableiten, dass die Fremdunterbringung eines Kindes die Personensorgeberechtigten nicht aus ihrer Verantwortung entlässt, dem JA keine sorgerechtlichen Befugnisse eingeräumt werden und sich das JA an der sorgerechtlichen Ausgangslage zu orientieren hat.[50] Nach der Rechtsprechung des EGMR kommt bei einer Ausbalancierung der Interessen der Eltern an einer Familienzusammenführung mit denen des Kindes am Verbleib in der Pflegestelle dem **Wohl des Kindes** besonderes Gewicht zu, insbesondere wenn seine Gesundheit oder Entwicklung gefährdet sind.[51] Auch nach der verfassungsrechtlichen Vorgabe des Art. 6 Abs. 2 S. 1 GG haben die Eltern die Verantwortung, ihr Kind entsprechend zu erziehen, denn das in Art. 6 Abs. 2 S. 1 GG verankerte Recht auf Pflege und Erziehung des Kindes ist das „natürliche Recht" der Eltern und die zugleich zuvörderst ihnen obliegende „Pflicht". Die elterliche Sorge ist mithin stets zum Wohle des Kindes auszuüben.[52] Kinder sind nicht das Eigentum ihrer Eltern. Der staatlichen Gemeinschaft kommt die Aufgabe zu, über die Ausübung der Elternverantwortung zu wachen (Staatliches Wächteramt, Art. 6 Abs. 2 S. 2 GG). Auch das Kind ist Grundrechtsträger und hat gegen den Staat einen Anspruch auf den Schutz seiner eigenen Grundrechtspositionen. Werden Maßnahmen zum Schutze des Kindes erforderlich, so muss der Staat zunächst nach Möglichkeit versuchen, durch „helfende, unterstützende, auf Herstellung oder Wiederherstellung eines verantwortungsgerechten Verhaltens der leiblichen Eltern gerichtete Maßnahmen sein Ziel zu erreichen".[53] Der Blick auf die Bedürfnisse und das

45 Schäfer, Der sozialpädagogische Blick zu Erweiterung einer konstruktiven Zusammenarbeit mit Eltern in der Pflegekinderhilfe, in Reimer, Sozialpädagogische Blicke. 2019, S. 166 ff.; zur Beziehung zwischen Kind und Eltern bei Fremdunterbringung vgl. auch Nienstedt/Westermann, Pflegekinder (2013), S. 181 ff.
46 EGMR 3. Sektion 26.2.2004 – 74969/01, BeckRS 9998, 94446, Rn. 45 – Görgülü./.Deutschland.
47 Coester FamRZ 1991, 253 (259); EGMR FamRZ 2002, 1393; FamRZ 2005, 585; FamRZ 2004, 1456; BVerfG FamRZ 2005, 1233.
48 BGH 22.1.2014 – XII ZB 68/11, FamRZ 2014, 543 ff.; Schönecker/Meysen in FK-SGB VIII Rn. 13 f.; Nothacker in GK-SGB VIII Rn. 11; zum Grundrecht des Kindes auf staatliche Gewährleistung von Pflege und Erziehung durch die Eltern: Britz JZ 2014, 1069 ff.; Britz FamRZ 2015, 793 ff.; zurecht kritisch hierzu: Heilmann FamRZ 2015, 92 ff.; Heilmann NJW 2014, 2904 ff.; Diouani-Streek ZKJ 2015, 50 (55).
49 So auch Nothacker in GK-SGB VIII Rn. 11; v. Koppenfels-Spies in jurisPK-SGB VIII Rn. 16.
50 Schmid-Obkirchner in Wiesner Rn. 14.
51 EGMR 3. Sektion 8.4.2004 – 11057/02, BeckRS 2004, 08971, Rn. 93 (Haase./. Deutschland).
52 BVerfG 17.10.1984 – 1 BvR 284/84, NJW 1985, 423; BVerfG 29.7.1968 – 1 BvL 20/63, 31/66, 5/67, NJW 1968, 2233; Salgo FPR 2004, 419 (422).
53 BVerfG 29.7.1968 – 1 BvL 20/63, 31/66, 5/67, NJW 1968, 2233.

Wohlergehen des Kindes darf aber nicht verstellt werden. Die Jugendhilfe kann die Interessen des Kindes im Einvernehmen mit den Eltern wahren, vor allem durch das Angebot von Hilfen zur Erziehung nach §§ 27 ff. Droht eine akute Gefährdung des Kindeswohls oder steht diese unmittelbar bevor, ist das JA verpflichtet, das Familiengericht einzuschalten, damit dieses das Wohl des Kindes durch gerichtliche Eingriffe in das Sorgerecht nach §§ 1666, 1666a BGB sicherstellen kann[54] (→ Abdruck bei § 8a).

Die Rückführung des Kindes oder Jugendlichen in die Herkunftsfamilie setzt die dortige **Verbesserung** der Erziehungsbedingungen voraus, da sonst die Gefahr einer erneuten Herausnahme des Kindes von Bezugspersonen, verbunden mit dem (erneuten) Bruch von Bindungsbeziehungen droht.[55] In der Praxis wird das Wohl des Kindes häufig gegen eine Rückführung des Kindes in die Herkunftsfamilie sprechen. Untersuchungen zeigen auf, dass besonders die Vollzeitpflege von Kindern und Jugendlichen mit sorgerechtlichen Beschränkungen aufgrund von Kindeswohlgefährdung verbunden ist und der Inpflegegabe der Kinder eine länger andauernde Unterversorgung sowie eine biographische Deprivationsgeschichte vorausgegangen ist.[56] 15

Die nicht selten vorhandene **multidimensionale Problemlage** in der Herkunftsfamilie (Arbeitslosigkeit, unzureichende Wohnverhältnisse, Krankheit, Sucht, Gewalt, Persönlichkeitsstörungen, instabile und konflikthafte Familienverhältnisse) erfordert einen umfassenden Auftrag zur Förderung der allgemeinen Erziehungskompetenz;[57] dementsprechend ist auch der Auftrag der Jugendhilfe umfassend ausgestaltet. Hilfemaßnahmen können neben Beratungsgesprächen Hilfen bei der Wohnraumbeschaffung und Arbeitssuche sein, aber auch die Vermittlung von Kontakten mit Behörden, Schuldnerberatung, Sucht- und Erziehungsberatung, Familienberatungsstellen oder psychotherapeutische Hilfen betreffen.[58] Die Jugendhilfe verfügt noch nicht über ein fundiertes Konzept zur Arbeit mit den Herkunftseltern fremduntergebrachter Kinder.[59] Es ist von daher eine fachliche Herausforderung für das JA, zu erkennen und entsprechend zu würdigen, dass die Herkunftseltern möglicherweise selbst Traumatisierung erfahren haben und diese weitergeben können,[60] mit der Folge, dass die Jugendhilfe über bestimmte Konzepte für die Arbeit mit den Herkunftseltern verfügen muss, um diese ggf. auch beim Abschied vom eigenen Kind begleiten zu können.[61] 16

Die Rückkehroption muss nicht unter allen Umständen und nicht unbegrenzt aufrechterhalten werden (→ § 33 Rn. 2 ff.). Abs. 1 S. 2 beschränkt die Bemühungen um eine Stabilisierung der Herkunftsfamilie auf einen **Zeitraum**, der gemessen an dem entwicklungsabhängigen Zeitbegriff des Kindes oder Jugendlichen **vertretbar** ist. 17

Grund für diese zeitliche Begrenzung ist die für die Entwicklung des Kindes oder Jugendlichen notwendige Kontinuität und Stabilität seiner Bezugspersonen. Die Entscheidung über den Lebensmittelpunkt des Kindes soll innerhalb eines begrenzten

54 Vgl. EGMR, Große Kammer 10.9.2019 – 37283/13, Anm. Botthof, FamRZ 2019, 1863 ff. zur menschenrechtlichen Rechtfertigung eines Eingriffs zur Anordnung eines Pflegekindschaftsverhältnisses und zur späteren Entziehung der elterlichen Sorge zwecks Adoption durch die Pflegeeltern.

55 Zur Bedeutung der Arbeit mit Herkunftseltern: Helming/Wiemann/Ris in Kindler/Helming/Meysen/Jurczyk, Handbuch Pflegekinderhilfe 2011, 524 ff.; Salgo FPR 2004, 421 f.; Jordan ZfJ 1992, 20 (23).

56 DJI/DIJuF 2010, Handbuch Pflegekinderhilfe, 270; Kolvenbach in Rauschenbach/Schilling, Kinder- und Jugendhilfereport 2005, 115.

57 Stähr in Hauck/Noftz/Stähr Rn. 11; Blandow, S. 6 ff.; Faltermeier, S. 24 ff.; beide in Sozialpädagogisches Institut des SOS Kinderdorf (Hrsg.) 2004, Online Ausgabe 2010.

58 Fischer in SFMK Rn. 6.

59 Vgl. Wesentliche fachliche Positionen des Dialogforums Pflegekinderhilfe (Oktober 2018), S. 7 f.

60 Hierzu Rauwald, Vererbte Wunden 2013.

61 Zitelmann ZKJ 2014, 469 (472).

Zeitraumes erfolgen, wobei die kindliche Zeitperspektive ausschlaggebend ist.[62] Der Schwebezustand, in dem sich die Beteiligten bei der zeitlich befristeten Inpflegegabe befinden, und die Herausnahme des Kindes aus der Pflegefamilie sind nach einer gewissen Zeit nicht mehr mit dem Leitbild der Sicherung von Stabilität und Kontinuität vereinbar. Das SGB VIII hat insoweit den kinderpsychologischen Erkenntnissen Rechnung zu tragen und der Rückkehroption nicht uneingeschränkte Priorität einzuräumen.[63] So kann bereits nach anfänglicher Abwägung eine Rückführung als wenig wahrscheinlich gelten; dies vor allem dann, wenn traumatische Erlebnisse und erhebliche Belastungen in der Herkunftsfamilie zu einer wenig tragfähigen Bindung des Kindes zu seinen Eltern geführt haben.[64] Entscheidend sind stets die Umstände des Einzelfalles unter Beachtung des Kindeswohls. **Alter** des Kindes und **Dauer** der Fremdunterbringung sind zu berücksichtigen. Fristen und Zeiträume sind nicht schematisch anzuwenden.[65] Die Durchführung von Hilfe ist kontinuierlich und sorgfältig in ihrem Verlauf zu beobachten.[66] Zeitliche Vorgaben und Fristenregelungen können als Orientierung dienen, mit einer Einzelfallprüfung verbunden werden und insoweit dazu beitragen, dem Kind eine sichere Perspektive zur Verstetigung seines Aufenthaltes in der Pflegefamilie aufzuzeigen. Kleinkinder zeigen ein anderes Bindungsverhalten als ältere Kinder und nehmen Zeitfenster unterschiedlich wahr.[67]

18 Neben dem zeitlichen Element kommt es in Abs. 1 S. 2 auf die **Erziehungsfähigkeit** der Eltern an. Walter[68] nennt drei Faktoren, von denen die Ausübung der Rückkehroption abhängt: die Einsichtsfähigkeit, die Veränderungsfähigkeit und die Bereitschaft der Herkunftsfamilie, mit der Jugendhilfe zu kooperieren. Das BVerfG fordert, die Erziehungsfähigkeit der Eltern im Hinblick auf ihre Eignung zu berücksichtigen, um die negativen Folgen einer eventuellen Traumatisierung des Kindes gering zu halten.[69] Nur auf diese Weise könnten gerichtliche Entscheidungen neben dem Elternrecht aus Art. 6 Abs. 2 S. 1 GG auch dem allgemeinen Persönlichkeitsrecht des Kindes aus Art. 2 Abs. 1 iVm Art. 1 Abs. 1 GG und der Grundrechtsposition der Pflegefamilie aus Art. 6 GG Rechnung tragen.[70] Dieser Aspekt ist angesichts der traumatisierenden Vorerfahrungen des Kindes, die zu seiner Herausnahme geführt haben, von entscheidender Bedeutung.[71]

19 Bei längerfristiger Unterbringung des Kindes in der Pflegefamilie und dem Entstehen entsprechender Bindungen ist im Falle einer Rückführung darauf zu achten, dass diese in einem kontinuierlichen, vom JA begleiteten Prozess, erfolgt.[72]

62 BT-Drs. 11/5948, 74.

63 Zur Bedeutung von Bindung und Trennung: Ziegenhain/Zwönitzer/Köhler in HB-VB Rn. 782 ff., 807 ff.; Nienstedt/Westermann 2013, 222 ff.; Becker-Stoll FamRZ 2010, 77 ff.

64 v. Koppenfels-Spies in jurisPK-SGB VIII Rn. 17; Hoffmann FPR 2011, 578 (580); AG KiWoMaG, Abschlussbericht v. 14.7.2009, 44; Salgo FPR 2004, 421 f.

65 DFGT FamRZ 2014, 891 ff.; Nothacker in GK-SGB VIII Rn. 14; Schmid-Obkirchner in Wiesner Rn. 17; zum Erfordernis der Berücksichtigung von Besonderheiten des Einzelfalles BVerfG 17.10.1984 – 1 BvR 284/84, NJW 1985, 423; zum kindlichen Zeitempfinden Heilmann 1998, 73 ff.; aA Mrozynski SGB VIII Rn. 3.

66 Köckeritz/Nowacki ZKJ 2021, 44 (49).

67 Zitelmann ZKJ 2014, 469 (472).

68 FPR 2004, 418.

69 Vgl. BVerfG 29.7.1968 – 1 BvL 20/63, 31/66, 5/67, NJW 1968, 2233.

70 Vgl. BVerfG 17.10.1984 – 1 BvR 284/84, NJW 1985, 423; BVerfG 12.10.1988 – 1 BvR 818/88, NJW 1989, 519.

71 Zur psychosozialen Lage von Pflegekindern: Diouani-Streek ZKJ 2015, 50 (51 ff.); Balloff FPR 2013, 208 ff.; zu Implikationen an der Schnittstelle von Jugendhilfe und Gesundheitswesen vgl. die Pflegekinderstudie des DJI/DIJuF 2010, Handbuch Pflegekinderhilfe, 35, 869 f.

72 Balloff FPR 2013, 108.

Parallel zur Arbeit mit den leiblichen Eltern sollen für die Dauer der Unterbringung in einer Pflegefamilie die **Beziehungen** des Kindes oder Jugendlichen zur Herkunftsfamilie **gefördert** werden. Die Aufrechterhaltung von Kontakten zur Herkunftsfamilie ist nicht nur wichtig, um ggf. bestehende Bindungen zu erhalten oder zu verbessern, sondern auch, um das Kind auf mögliche, ihm noch nicht vertraute Familienkonstellation oder Lebenssituationen vorzubereiten, die auftreten, wenn **neue Lebenspartner** oder **Halbgeschwister** hinzukommen. Auch insoweit trifft das JA die Verpflichtung, die Unterbringung des Kindes oder Jugendlichen zeit- und zielgerichtet auszurichten.[73] 20

Um Bindungen des Kindes zu seiner Herkunftsfamilie aufrechtzuerhalten, kommt dem **Umgang** besondere Bedeutung zu. Das JA – aber auch die Familiengerichte – haben zur Ermöglichung der Rückkehroption eine besondere Verantwortung für die Gestaltung des Umgangs zwischen fremd untergebrachtem Kind und seinen Herkunftseltern.[74] Es ist stets zu berücksichtigen, dass die Entscheidung über den Umgang eng mit der Aufrechterhaltung der Trennung des Kindes von seinen Eltern einhergeht, mit der Folge, dass die Wertungen des Art. 6 Abs. 3 GG in die Entscheidung über einen Umgang miteinfließen müssen.[75] Demzufolge ist sorgfältig abzuwägen, inwieweit der Umgang das Wohl des Kindes nicht gefährdet.[76] Ein Ausschluss des Umgangskontaktes mit den Herkunftseltern muss möglich sein, wenn das Kind von seinen Eltern massiv vernachlässigt oder Gewalt ausgesetzt worden ist.[77] Im Vordergrund steht das Kind und die Frage, ob es im Einzelfall und mit Blick auf die Gründe für die Fremdunterbringung gerechtfertigt erscheint, das Kind immer wieder gerade den Personen auszusetzen, die nicht für das Kind sorgen konnten. Bei der Ausübung des Umgangsrechts haben Kinder und Herkunftseltern gem. § 18 Abs. 3 (→ § 18 Rn. 14 ff.) einen Anspruch auf Beratung und Unterstützung im Hinblick auf die Ausgestaltung der Umgangsregelung. 21

Gem. Abs. 1 S. 3 wandelt sich der Auftrag der Jugendhilfe, wenn nach einer sorgfältigen Prüfung der Situation in der Herkunftsfamilie erkennbar wird, dass die Refunktionalisierung nicht gelingt. Nunmehr ist mit den Beteiligten eine **dauerhafte Lebensperspektive** zu entwickeln.[78] Das Ziel der Rückkehr in die Herkunftsfamilie soll nur dann und nur so lange verfolgt werden, wie dies nach sorgfältiger Prognose und unter Berücksichtigung der kindlichen Zeitperspektive vertretbar erscheint, was nach dem BVerfG in einem für die Entwicklung des Kindes entscheidenden Zeitraum zu erfolgen hat.[79] Ergibt die fachliche Einschätzung des JA, dass eine nachhaltige Verbesserung der Entwicklungs-, Teilhabe- oder Erziehungsbedingungen innerhalb dieses Zeitraumes nicht erreicht werden kann oder stellt sich dies später heraus, so soll mit den El- 22

73 So auch Tillmanns in MüKoBGB (2020) SGB VIII § 37 Rn. 3.
74 Walter FPR 2004, 415; EGMR 3. Sektion 26.2.2004 – 74969/01, FamRZ 2004, 1456, BeckRS 9998, 94446, Rn. 48; DIJuF JAmt 2004, 135 f.
75 BVerfG 29.11.2012 – 1 BvR 335/12, FamRZ 2013, 361 (362).
76 BVerfG 29.11.2012 – 1 BvR 335/12 mit Anm. Salgo FamRZ 2013, 343 ff.; DFGT FamRZ 2014, 891 (898 f.); Kindler FPR 2013, 194 (199); Meysen JAmt 2004, 61 (68); Salgo FPR 2004, 419 ff.
77 Heilmann ZKJ 2014, 48 ff.; Zitelmann ZKJ 2014, 469 (472).
78 BT-Drs. 11/5948, 74 f.
79 BVerfG 29.7.1968 – 1 BvL 20/63, 31/66, 5/67, BVerfGE 24, 119 (149).

tern eine neue, dem Wohl des Kindes entsprechende und auf Dauer angelegte Lebensperspektive außerhalb der Herkunftsfamilie erarbeitet werden.[80]

23 Um seitens des JA einschätzen zu können, inwieweit eine nachhaltige Verbesserung der Erziehungsbedingungen in der Herkunftsfamilie nicht mehr erreicht werden kann, ist es erforderlich festzustellen, dass sich innerhalb eines im Hinblick auf die Entwicklung des Kindes vertretbaren Zeitraums trotz des Angebots geeigneter Beratungs- und Unterstützungsmaßnahmen die Erziehungsverhältnisse bei den Eltern nicht haben verbessern lassen und die Verbesserung auch nicht zukünftig erwartet werden kann. Die angebotenen und geeigneten Leistungen der Jugendhilfe haben keinen sichtbaren Erfolg zur Abwehr der Gefährdung des Kindes erbracht, beispielsweise, weil die Eltern nicht erfolgreich an einem Anti-Gewalt-Training, Drogensubstitutionsprogramm mit psychosozialer Beratung oä teilgenommen haben. Nicht erforderlich ist, dass zeitlich unbegrenzt eine Vielzahl von in Betracht kommenden Leistungen und Unterstützungsmaßnahmen „ausprobiert" werden müssen.[81]

24 Ein Scheitern der Rückkehr muss ebenfalls nicht gegeben sein. Es genügt, dass die Rückführung als unrealistisch eingestuft wird.[82] Vorausgesetzt wird ebenfalls nicht, dass erst eine gewisse Zeit abgewartet wird oder von vornherein erfolglos erscheinende Stabilisierungsbemühungen durchgeführt werden, wenn die Beteiligten nach sorgfältiger Prüfung im Hilfeplanungsprozess zu der Einschätzung gelangen, dass die Erziehungsbedingungen selbst mit professioneller Hilfe nicht so weit verbessert werden können, dass das Kind wieder in seine Herkunftsfamilie zurückkehren kann.[83] In derartigen Fällen muss das **Hilfekonzept von vorneherein die dauerhafte Unterbringung** vorsehen.[84]

25 Andere auf Dauer angelegte Lebensperspektiven können die Vermittlung in Adoptionspflege oder die Verselbstständigung in Wohngemeinschaften (§ 13 Abs. 3, §§ 34, 35, 41 Abs. 2), die Betreuung in einer Behinderteneinrichtung (§ 35 a Abs. 1 S. 2 Nr. 4) oder die Erziehung in einem Heim sein.[85]

26 Die Unterstützungs- und Beratungsleistung des JA kann darin bestehen, die Eltern davon zu überzeugen, ihrer Elternverantwortung am besten gerecht zu werden, wenn sie einem dauerhaften Verbleib des Kindes in der Pflegefamilie zustimmen werden,[86] um sodann die Eltern in dieser neuen Rolle zu stärken. Gelingt die gemeinsam mit den Eltern erfolgte Erarbeitung einer Lebensperspektive für das Kind, so kann dies eine gute Grundlage dafür bieten, dass das Kind die Möglichkeit bekommt, an einem sicheren Ort aufwachsen zu können und in ein soziales Beziehungsgefüge einzutreten, das unabhängig von der Blutsverwandtschaft entsteht.[87] Eine Beziehung zu den leiblichen Eltern kann gleichwohl aufrechterhalten werden. Im Einzelfall kann auch der Umgang des Kindes mit seinen biologischen Eltern und Geschwistern sowie Großel-

80 BT-Drs. 11/5948, 74 f.; zu Reformansätzen im Pflegekinderwesen Diouani-Streek, 2015, S. 262 ff., 286 f., 304 f.; Diouani-Streek ZKJ 2015, 50 (52); Diouani-Streek in 6. Jahrbuch des Pflegekinderwesens, Stiftung zum Wohle des Pflegekindes, 2014, 147 ff.; Zitelmann ZKJ 2014, 469 ff.; DFGT FamRZ 2014, 891 ff.; Salgo/Veit/Zenz ZKJ 2013, 204 f.; Dürbeck in HB-VB Rn. 691 ff.; Balloff FPR 2013, 208 (211); zur Forderung nach einer Optimierung der rechtlichen Position von Pflegefamilien im Interesse des Kindeswohls: Beschluss der Justizministerkonferenz Frühjahrskonferenz 2013 TOP I.3; siehe auch TOP 6.2 der Jugendministerkonferenz v. 26./27.5.2011.

81 Hierzu auch BMFSFJ-Entwurf eines Gesetzes zur Stärkung von Kindern und Jugendlichen v. 17.3.2017, S. 79.

82 DFGT FamRZ 2014, 891 (893); Schmid-Obkirchner in Wiesner Rn. 27.

83 Zur Prognoseentscheidung vgl. Diouani-Streek/Zenz in HB-VB Rn. 1079 ff.

84 So auch Schmid-Obkirchner in Wiesner Rn. 27.

85 Stähr in Hauck/Noftz/Stähr Rn. 18; Nothacker in GK-SGB VIII Rn. 17.

86 Vgl. die Gesetzesbegründung, BT-Drs. 11/5948, 75.

87 Köckeritz/Nowacki ZKJ 2021, 44, 49.

tern von Bedeutung sein, etwa im Hinblick auf die Suche nach der eigenen Identität und den eigenen Wurzeln, wenn dies im Einzelfall dem Wohl des Kindes nicht widerspricht.[88] Jedenfalls hat das JA den Eltern bei der Aufgabe der Neubestimmung ihres Verhältnisses zu ihrem Kind zur Seite zu stehen.[89]

Handelt es sich um eine auf Dauer angelegte Vollzeitpflege, bei der eine (vorzeitige) Rückführung nicht geplant ist, werden die Eltern andere Arten der Qualifizierung benötigen, um die Situation bewältigen zu können. Hierfür sind Konzepte vorzuhalten, die die Eltern befähigen, mit den veränderten Bedingungen umgehen zu können, ein Verständnis für die kindliche Gedanken- und Erlebniswelt zu schaffen, den Fokus auf das Kind zu lenken und anzuerkennen, dass es für das Kind Entwicklungs- und Teilhabechancen bietet, außerfamiliär untergebracht sein zu können. 27

Ist die Entwicklung einer neuen dauerhaften Lebensperspektive **nicht einvernehmlich,** sondern nur gegen den Willen der Eltern möglich, so ist das JA verpflichtet, die notwendigen Entscheidungen des Familiengerichts über das Sorge- und Umgangsrecht herbeizuführen, die nur unter den Voraussetzungen der §§ 1632 Abs. 4, 1666, 1666 a BGB erreichbar sind. 28

4 Förderung der Zusammenarbeit zwischen Eltern und Pflegeperson bzw. Einrichtung (Abs. 2)

Abs. 2 konkretisiert die Verpflichtung des Jugendamtes, bei einer Fremdunterbringung von Kindern und Jugendlichen die Zusammenarbeit zwischen den Erziehungspersonen und den Eltern zu fördern, diese zu unterstützen und zu begleiten. 29

Die Regelung in Abs. 2 geht über die bisherige „Soll-Verpflichtung" in § 37 Abs. 1 S. 1 aF hinaus, wonach das JA lediglich auf die Zusammenarbeit zwischen Eltern sowie Pflege- oder Erziehungsperson zum Wohl des Kindes oder Jugendlichen hinzuwirken hat. Die bisherige Regelung war als unzureichend befunden worden, um der Verantwortung für die Gestaltung des Hilfeprozesses in dem komplexen Beziehungsgefüge gerecht werden zu können.[90]

Entsprechend soll der Träger der öffentlichen Jugendhilfe die Zusammenarbeit zwischen der Pflegeperson oder der in der Einrichtung für die Erziehung verantwortlichen Person und den Eltern durch geeignete Maßnahmen zum Wohl des Kindes oder Jugendlichen fördern. Dies hat er durch eine abgestimmte Wahrnehmung der Aufgaben nach Abs. 1 und § 37a sicherzustellen, zB durch die Begleitung der Herausnahmesituation und Gestaltung des Beginns der Hilfe mit den Eltern und die Einbeziehung in den weiteren Hilfeverlauf.[91] 30

Weil das JA weder die Zusammenarbeit zwischen den Beteiligten erzwingen, noch diese verbindlich anordnen kann,[92] trifft es die Verpflichtung, den Hilfeprozess kontinuierlich zu begleiten und zu stets zu prüfen, auf welche Weise der Gesprächsführung, durch welche Information oder durch welche konkrete Unterstützungsleistung die Kooperation befördert werden kann. 31

88 EGMR 3. Sektion 26.2.2004, 74969/01, FamRZ 2004, 1456, BeckRS 9998, 94446, Rn. 48 – Görgülü./.Deutschland; Schönecker/Meysen in FK-SGB VIII Rn. 18; Walter FPR 2004, 418 f.; DIJuF JAmt 2004, 135 f.

89 Zitelmann ZKJ 2014, 469 (472).

90 Gesetzentwurf der Bundesregierung zur Stärkung von Kindern und Jugendlichen (Kinder- und Jugendstärkungsgesetz – KJSG) v. 2.12.2020, S. 43.

91 Zu ersten Ergebnissen von zwei laufenden Praxismodellprojekten zur Zusammenarbeit mit Eltern in der Pflegekinderhilfe vgl. Petri/Ruchholz/Schäfer JAmt 2021, 140 ff.

92 Gesetzentwurf der Bundesregierung zur Stärkung von Kindern und Jugendlichen (Kinder- und Jugendstärkungsgesetz – KJSG) v. 2.12.2020, S. 94.

32 Eine Zusammenarbeit gelingt dann, wenn fachliche Standards der Kinder- und Jugendhilfe eingehalten werden, zB indem Fachkräfte reflektiert und unter Berücksichtigung empirischer Befunde den Eltern mit grundsätzlicher Wertschätzung begegnen,[93] die Zusammenarbeit auf eine akzeptierende Haltung der Beteiligten ausgerichtet wird und die Begleitung, Unterstützung und Förderung transparent, partizipativ, ressourcenorientiert und informatorisch ausgestaltet erfolgt, wobei die Rollen der Beteiligten klar zu definieren sind und eine klare Schnittstellenbeschreibung zu der beim öffentlichen Träger mit der Fallsteuerung befassten Organisationseinheit bestehen sollte.[94] Auch müssen Informationen zwischen Pflegefamilien und Herkunftseltern transportiert werden.[95] Eltern sind in die Perspektivklärung einzubeziehen, sie sind bei der Inpflegegabe und beim Übergang in die Pflegefamilie zu begleiten und einzubeziehen, was die qualifizierte Krisenintervention und Hilfe bei der Verarbeitung von Gefühlen miteinschließt.[96] Für die praktische Umsetzung ist es erforderlich, eine für die Eltern zuständige Ansprechperson konkret zu benennen, die Zusammenarbeit mit den Eltern als fachlich notwendige und rechtlich verankerte Aufgabe anzuerkennen, ein Konzept für die Zusammenarbeit mit dem Kind zu entwickeln und die notwendigen zeitlichen Kapazitäten bereitzustellen.[97]

33 Das JA soll zwischen den Eltern des Minderjährigen und den an der Hilfe beteiligten Personen und Institutionen moderieren, damit die **Zusammenarbeit** und **gemeinsame Verantwortungsübernahme** bei der Hilfe außerhalb des kindlichen Elternhauses gelingen bzw. verbessert werden kann.[98] Die gemeinsame Gestaltung des Hilfeprozesses durch die verschiedenen, für die Erziehung des Kindes oder Jugendlichen verantwortlichen Personen, wird nicht nur als wesentlich im Hinblick auf die Kontinuität, sondern auch zur Wahrung der Interessen des Kindes oder Jugendlichen als notwendig erachtet, um bestehenden Bindungen und Beziehungen Rechnung zu tragen, Loyalitätskonflikten entgegenzuwirken und die Ressourcen von Eltern und Pflege- oder Erziehungspersonen für den Hilfeprozess nutzbar zu machen.[99]

34 Auf der Grundlage des im Vorfeld aufgestellten Hilfeplans hat das JA die Kooperation zu fördern, zu unterstützen und zu begleiten.[100] Entsprechend der strukturellen Besonderheit des Jugendhilferechts ist das Verhältnis zu den **Pflegefamilien** ein kooperatives – diese sind Leistungserbringer im Rahmen der außerhäuslichen Hilfe zur Erziehung.[101] Die persönlichen **Beratungskontakte** mit den **Herkunftseltern** haben nicht nur zu Beginn der Hilfe oder gesondert bei krisenhaften Verläufen im Bedarfsfalle zu erfolgen, sondern kontinuierlich und unabhängig davon, ob das Pflegeverhältnis auf Dauer oder zeitlich befristet erfolgen wird.[102]

93 Dittmann Jugendhilfe 59. Jg. 3/2021, 267 (272 f.); zur effektiven Einbindung der Thematik Pflegekindschaft in die Hochschullehre auch mittels Online-Lehrformaten („FallbeiSpiel Thomas“) vgl. Zitelmann/Berneiser Jugendhilfe 59. Jg. 3/2021, 293 ff.
94 Petri/Ruchholz/Schäfer JAmt 2021, 140 ff.; Szylowicki, Forum Erziehungshilfen, 21. Jg. 4/2015, 211, 214: Aktivierung elterlicher Ressourcen im Vorfeld der Inpflegegabe, „Clearing“, „Familienrat“, Netzwerkerkundung.
95 Hierzu ausführlich Szylowicki, Forum Erziehungshilfen, 21. Jg. 4/2015, 211 ff.
96 Vgl. Dittmann Jugendhilfe 59. Jg. 3/2021, 267 (273).
97 Vgl. Dittmann Jugendhilfe 59. Jg. 3/2021, 267 (273).
98 Schmid-Obkirchner in Wiesner Rn. 3, 8; Tillmanns in MüKoBGB SGB VIII § 37 Rn. 2; kritisch zur Frage, „wer“ strukturell für die Beratung der Eltern zuständig ist, ob ASD oder PKD und mit welcher inhaltlichen Ausgestaltung: Szylowicki, Forum Erziehungshilfen, 21. Jg. 2015, Heft 4, 211.
99 Schönecker/Meysen in FK-SGB VIII Rn. 4.
100 Nothacker in GK-SGB VIII Rn. 9; kritisch zur Rolle des JA und den Anforderungen an die Elternarbeit: Szylowicki, Forum Erziehungshilfen, 21. Jg. 4/2015, 211 ff.
101 Rüting FPR 2012, 381; Münder ZKJ 2012, 141 (145).
102 Van Santen/Pluto/Seckinger ZKJ 2021, 100 (107); Szylowicki, Forum Erziehungshilfen, 21. Jg. 4/2015, 211.

35 Die Pflegeeltern sind in einer schwierigen Rolle: Sie sollen den Kindern oder Jugendlichen Geborgenheit geben, ihnen als freundschaftliche Helfer zur Seite stehen und ihre Kontakte zur Herkunftsfamilie unterstützen („**Professionalisierung von Pflegepersonen**“).[103] Die Bedeutung der vorbezeichneten Angelegenheiten zeigt deutlich das Erfordernis und die Unverzichtbarkeit der fachkompetenten und einfühlsamen Beratung und Unterstützung durch Fachkräfte der Jugendhilfe auf.

36 Als Ausdruck der Partizipation am Hilfeprozess[104] werden die nicht sorgeberechtigten Eltern gleichermaßen mit einbezogen, da es unabhängig von sorgerechtlichen Befugnissen um die Kontaktpflege zur Herkunftsfamilie gehen soll (→ § 36 Rn. 36). In der Hilfeplanung werden die nicht-sorgeberechtigten Eltern erstmals explizit erwähnt.[105] Orientierungsmaßstab ist das Wohl des Kindes oder Jugendlichen.[106] Die Beteiligung der nicht sorgeberechtigten Eltern darf den Hilfezweck nicht in Frage stellen und hat zu unterbleiben, wenn die Beteiligung die Gestaltung des Hilfeprozesses erheblich erschwert.[107]

Die kooperative Zusammenarbeit ist die Grundvoraussetzung für das Gelingen des Hilfeprozesses im Dreiecksverhältnis JA, Herkunftseltern und Pflegeperson.[108] Sie ist die Voraussetzung für die Akzeptanz eines Hilfeplans, der gemeinsam erarbeitet wird und zu dessen Umsetzung sich die Beteiligten bereit erklären müssen.[109]

37 Die Zusammenarbeit sichert insoweit die **Beteiligungsrechte** der Eltern,[110] Pflege- und Erziehungspersonen, und zielt auf die Förderung des Wohls des Kindes oder Jugendlichen, indem sich die Inhalte der Zusammenarbeit ua auf Informationen über die Entwicklung des Kindes oder Absprachen von Besuchs- bzw. Umgangsregelungen erstrecken können.[111] Entsprechend sind die Gründe für die Fremdunterbringung im **Hilfeplan** nach § 36 festzuhalten, aus dem die zur Fremdplatzierung des Kindes geführten Umstände ebenso hervorgehen müssen wie die Erfassung des Gesundheitszustandes des Kindes, um ein umfassendes Fallverstehen zu ermöglichen.[112] Die Eltern müssen wissen, was von ihnen und bis zu welchem Zeitpunkt erwartet wird. Es muss eine realistische Einschätzung zu den Veränderungsmöglichkeiten der Eltern erfolgen. Allen Beteiligten muss bewusst gemacht werden, dass es dem Kind umso schwieriger fallen wird, zu seinen leiblichen Eltern eine Bindung aufzubauen oder aufrecht zu erhalten, je früher es in seinem Leben in eine Pflegefamilie kommt und je länger es dort lebt.[113]

38 Das in einer Vollzeitpflegestelle untergebrachte Kind befindet sich im Spannungsfeld zwischen biografischen Bezügen zu den leiblichen Eltern und sozialen Bindungen an die Pflegeeltern.[114] Die Anforderungen an die Ausgestaltung einer zielführenden und dem Wohl des Kindes oder Jugendlichen entsprechenden Zusammenarbeit erfordern ein hohes Maß an fachlicher Professionalität des zuständigen JA.[115] Die gelingende Zusammenarbeit zwischen den Eltern und den Pflegepersonen soll Loyalitätskonflikten des Kindes oder Jugendlichen vorbeugen und bestehenden Bindungen und Bezie-

---

103 Vgl. Jordan ZfJ 1992, 20 (23).
104 So auch Schönecker/Meysen in FK-SGB VIII Rn. 4; DIJuF JAmt 2013, 203.
105 Schmid-Obkirchner in Wiesner Rn. 8; Schönecker/Meysen in FK-SGB VIII Rn. 5.
106 Schönecker/Meysen in FK-SGB VIII Rn. 5.
107 BT-Drs. 19/26107, 82.
108 Münder ZKJ 2012, 141 (146).
109 Schmid-Obkirchner in Wiesner Rn. 8.
110 Münder ZKJ 2012, 141 (146).
111 Fischer in SFMK Rn. 4.
112 Salgo/Lack in Prenzlow, Handbuch Elterliche Sorge und Umgang, S. 395 ff.
113 Schmid-Obkirchner in Wiesner Rn. 15.
114 Rüting FPR 2012, 381.
115 Kritisch: Salgo ZKJ 2017, 254 (259); Berneiser/Bartels ZKJ 2016, 440 ff. (Teil 1), ZKJ 2017, 4 ff. (Teil 2).

hungen Rechnung tragen.[116] Gleichermaßen zu berücksichtigen ist der Grund der Fremdunterbringung; so ist bei **traumatischen Erfahrungen im Elternhaus** sorgfältig zu prüfen, ob das Zusammentreffen von leiblichen Eltern und Pflegeeltern dem Kind keinen Schaden zufügt.[117] Im Einzelfall kann auch ein **Umgangsausschluss** wegen psychischer Destabilisierung des Pflegekindes gerechtfertigt sein.[118] Rechtlich und fachlich geboten ist jedenfalls eine sensible Anwendung entwicklungspsychologischer Erkenntnisse auf den Einzelfall.[119]

39 Die Zusammenarbeit muss so gestaltet sein, dass sie der komplexen Rechtslage genügt. Das menschenrechtlich, verfassungsrechtlich und familienrechtlich garantierte Elternrecht (Art. 8 EMRK, Art. 6 Abs. 2 GG), der Schutz der Familie (Art. 6 Abs. 3 GG) bezogen auf die leiblichen Eltern und die Pflegefamilie, müssen ausbalanciert und im Einklang mit dem aus Art. 1 und Art. 2 GG folgenden Persönlichkeitsrecht des Kindes gebracht werden.

40 Die Art und Weise der Zusammenarbeit sowie die damit im Einzelfall verbundenen Ziele sind im Hilfeplan zu dokumentieren; gleiches gilt für den vereinbarten Umfang der Beratung und die Unterstützung der Eltern nach Abs. 1 (→ § 37c Rn. 3 ff.).

5 Vermittlung bei der Ausübung der Personensorge und bei sonstigen Meinungsverschiedenheiten (Abs. 3)

5.1 Bedeutung der Vorschrift

41 **5.1.1 Einordnung der Rechtsnorm.** Auch Abs. 3 ist im Wege des KJSG neu gefasst worden. Der Wortlaut entspricht der Vorschrift des § 38 aF. Abs. 3 steht in Beziehung zu § 1688 BGB.[120] Während § 1688 BGB sich auf die HzE nach § 27 iVm §§ 33, 34, 35 und auf die (stationäre) Eingliederungshilfe nach § 35 a bezieht, beschränkt sich der Anwendungsbereich des Abs. 3 iVm § 1688 Abs. 3 S. 1 BGB auch nach der Neuregelung durch das KJSG auf die HzE nach § 27 iVm § 33[121] und dies auch nur, wenn die Vollzeitpflege von **längerer Dauer** ist. Dies ist sie, wenn sie nicht bloß Bereitschaftspflege oder Kurzzeitpflege ist, also voraussichtlich länger als 8 Wochen andauert.[122] Die Dauer ist im Hilfeplan festgelegt; in diesem sollte auf die Inhalte des Abs. 3 und die Möglichkeit der Einschaltung des JA hingewiesen werden.

Abs. 3 verpflichtet das JA als **„Vermittler"** lediglich in zwei Fällen tätig zu werden: (1) Die Rücknahme der gesetzlichen Entscheidungsbefugnisse durch den PSB führt dazu, dass die Pflegeperson entsprechende Entscheidungen nicht mehr treffen kann; (2) es kommt unabhängig davon zu Meinungsverschiedenheiten zwischen PSB und Pflegeperson. – Bei einschränkenden Anordnungen des FamG nach § 1688 Abs. 3 S. 2 BGB ist Abs. 3 ebenso wenig anwendbar wie bei Meinungsverschiedenheiten zwischen Betreuern/Erziehern und dem PSB.[123]

116 BT-Drs. 11/5948, 74; Schönecker/Meysen in FK-SGB VIII Rn. 4.
117 Salgo/Lack in Prenzlow, HB Elterliche Sorge und Umgang, S. 382.
118 Zur Umgangsregelung bei Konflikten zwischen Herkunftsfamilie und Pflegeperson: OLG Koblenz 30.9.2016 – 11 UF 418/16, mit Anm. Dürbeck FamRZ 2017, 306 ff.; BVerfG 29.11.2012 – 1 BvR 335/12, FamRZ 2013, 361 ff.; Heilmann ZKJ 2014, 48 ff.; zu Gefahren bei Eskalation: Hammer FF 2014, 428 ff.; Gottschalk/Heilmann ZKJ 2013, 113 f.; Diouani-Streek/Zenz in HB-VB Rn. 1087 ff.; Nienstedt/Westermann 2013, 220 ff.
119 Diouani-Streek 2015, 112 ff. mwN.
120 Abdruck bei § 7 mit Korrektur der seit Jahren unverändert unrichtigen Fassung; s. dort Fn. 3.
121 Ebenso Fischer in SFMK Rn. 16.
122 Ebenso JHSM Rn. 7; Riehle in Krug/Riehle II.3; Fischer in SFMK Rn. 6: je nach Einzelfall; v.Koppenfels-Spies in jurisPK-SGB VIII Rn. 8; Schmid-Obkirchner in Wiesner Rn. 10: keine hohen Anforderungen.
123 Für Ausweitung auch auf diese Werner in JHSM Rn. 31.

Mit § 1688 BGB wird an die bereits bestehende Regelung des § 1630 Abs. 3 BGB (Abdruck bei § 7 Rn. 2) angeknüpft, wonach Eltern beim FamG im Verfahren nach § 161 FamFG beantragen können, **Angelegenheiten der elterlichen Sorge auf die Pflegepersonen zu übertragen,** wenn sie ein Kind für längere Zeit in Familienpflege geben. § 1688 BGB gilt demgegenüber nicht nur für Eltern, sondern für alle PSB, also auch für Pfleger und Vormünder im Rahmen ihres Wirkungskreises,[124] nicht aber für Pflegepersonen, die in Personalunion zugleich PSB sind.[125] 42

Die Regelung des § 1688 BGB soll die Pflege eines Kindes in einem **Internat** oder einer sonstigen Einrichtung nicht erfassen, wenn sie ohne Einschaltung des JA zustande kommt. Die Wirkung des § 1688 Abs. 1 BGB wird auf Erziehungs- und Betreuungsverhältnisse auf der Grundlage des SGB VIII beschränkt.[126] Eine Übertragung auf diese Fälle würde einen nicht zu rechtfertigenden Eingriff in die Ausübung der elterlichen Sorge bedeuten. Es empfiehlt sich hier der Abschluss eines Vertrages, der entsprechende Rechtsbeziehungen und gegebenenfalls die Erteilung einer Vollmacht bzgl. der Übertragung einzelner Bereiche der elterlichen Sorge regelt. 43

5.1.2 Rechtliche Wertung. § 1688 BGB ermöglicht es Personen, die im Rahmen der Vollzeitpflege oder als Erzieher bzw. Betreuer bei Fremdunterbringung in einer Einrichtung für Kinder oder Jugendliche verantwortlich sind (also jeder Erzieher in der Einrichtung, nicht nur der Leiter),[127] in Angelegenheiten des täglichen Lebens zu entscheiden[128] und den Inhaber der elterlichen Sorge in solchen Angelegenheiten zu vertreten. Mit der Vorschrift sollen die tatsächlich die Kindererziehung wahrnehmenden Personen mit den notwendigen Handlungs- und Vertretungsmöglichkeiten ausgestattet werden (sog. Kleines Sorgerecht). Dieses steht jedoch immer unter dem Vorbehalt, dass der Inhaber der elterlichen Sorge nicht etwas anderes erklärt.[129]. Die unmittelbare Übertragung von elterlichen Sorgerechten an sich ist nicht möglich (→ § 7 Rn. 8). Der Erzieher kann sich lediglich an der Ausübung der elterlichen Sorge beteiligen. Der Erzieher/Betreuer ist „Vertreter des Kindes in Vertretung des PSB"; dies folgt aus § 1688 Abs. 1 S. 1 BGB.[130] 44

Es bedarf keiner Vollmacht, wenn Rechtsgeschäfte des täglichen Lebens für das Kind oder den Jugendlichen abgeschlossen bzw. Ansprüche aus diesen geltend gemacht werden sollen. Dies erfolgt in **„vermuteter Vollmacht"**.[131] Danach wird im Rahmen der Hilfegewährung oder Betreuung angenommen (vermutet), dass eine Person, die die Erziehung oder Betreuung eines Kindes oder Jugendlichen ausübt, den PSB in den alltäglichen Angelegenheiten vertritt. Zur Sicherheit im Rechtsverkehr ist eine Bestätigung des JA zu empfehlen.[132] 45

Eine Vermutung kann (anders als eine Fiktion) widerlegt werden; sie steht unter dem **Vorbehalt** abweichender Erklärungen des PSB. Auch kann das FamG anderweitige Anordnungen treffen (§ 161 FamFG). Auf Antrag der Eltern oder der Pflegeperson 46

---

124 Vgl. zu letzteren die Hinweise des Amtes für Jugend Hamburg ZfJ 1991, 306 und Meysen JAmt 2005, 105.
125 Ebenso Fieseler in GK-SGB VIII Rn. 10.
126 Ebenso Salgo in Staudinger (2019) BGB § 1688 Rn. 38; Werner in JHSM Rn. 9; aA Schönecker/Meysen in FK-SGB VIII Rn. 2; kritisch gegenüber der Beschränkung: Schmid-Obkirchner in Wiesner SGB VIII § 38 aF Rn. 13.
127 Bedenken dagegen bei Mrozynski SGB VIII Rn. 10.
128 Zum Begriff Entscheidungen in Angelegenheiten des täglichen Lebens vgl. § 1687 Abs. 1 S. 3 BGB.
129 Gottschalk in Heilmann BGB § 1688 Rn. 1.
130 Im Ergebnis so VG München 11.2.2002 – M 18 SE 01.5760; Werner in JHSM Rn. 5: „mittelbare" Vertretung des Kindes.
131 Ebenso Mrozynski SGB VIII Rn. 5.
132 Werner in JHSM Rn. 24: „Ausweispapier"; Schmidt-Obkirchner in Wiesner Rn. 17 a.

kann das FamG gem. § 1630 Abs. 3 BGB weitere Angelegenheiten – über § 1688 BGB hinaus – auf die Pflegeperson (nicht auf andere Erzieher) übertragen.[133]

47 Einer speziellen Vereinbarung eines Erziehungsberechtigten oder eines mit der Betreuung Beauftragten mit dem PSB bedarf es für die vorliegenden Fälle aufgrund der klarstellenden Regelung des § 1688 BGB nicht. Diese Vorschrift verpflichtet aber die eine Erziehung oder eine Betreuung ausübende Person nicht zum Tätigwerden in allen nach § 1688 möglichen Tatbeständen, wenngleich in der Praxis die übernommene pädagogische Verantwortung ein Handeln in vielen Fällen gebietet.

48 Aus der Überschrift des § 38 „Ausübung der Personensorge" kann man ableiten, dass die **Vermögenssorge** nicht erfasst werden soll. Andererseits verführt die Aufzählung der Beispiele in § 1688 BGB Abs. 1 „Arbeitsverdienst eines Kindes" und „Unterhalts-, Versicherungs-, Versorgungs- und sonstige Sozialleistungen verwalten" dazu, eine nicht notwendige Ausdehnung der Vorschrift auf die Vermögenssorge zu vermuten.[134]

49 **5.1.3 Zentrale Stellung der Eltern.** Das Elternrecht (Art. 6 Abs. 2 S. 1 GG), spiegelt sich auch in § 1688 BGB wider, indem weder Teile der Personensorge noch diese insgesamt auf andere Personen kraft Gesetzes übertragen werden können. Es können lediglich andere Personen beteiligt werden. Der PSB hat den Vorrang und kann sich dem Erzieher oder Betreuer gegenüber anders erklären. Tut er dies nicht, gilt dann aber die gesetzliche Vermutung. Damit wird die Arbeit für den Praktiker wesentlich erleichtert und zugleich dem Elternrecht Genüge getan.[135] Die Pflegeperson kann **nur in Vertretung des PSB für das Kind** handeln, aber nicht in eigenem Namen (→ Rn. 4). Sie kann daher nicht über den Anspruch des PSB auf HzE verfügen (→ § 27 Rn. 21).[136] Laut § 37 ist mit den Eltern oder den Sorgeberechtigten zum Wohle des Kindes oder Jugendlichen eng zusammenarbeiten. Insofern sind diese Personen vor einer Fremdunterbringung mit den Inhalten von § 1688 BGB und § 38 vertraut zu machen. Sie müssen informiert sein. Insofern ist vor allem dann das Selbstwertgefühl der Eltern zu stärken, wenn deutlich wird, dass sie sich bei der Entscheidung, HzE zu beantragen, möglicherweise in einer Notsituation befunden haben. Sie sollten gerade dann ermutigt werden, ihre Verantwortung für die Erziehung ihrer Kinder bewusst wahrzunehmen.

50 Es hat sich bewährt, wenn ein JA allen Beteiligten entsprechende **Merkblätter** aushändigt, in denen die Inhalte von folgenden Vorschriften abgedruckt sind: § 1688 BGB, § 38 SGB VIII, § 1629 Abs. 1 BGB, § 1630 Abs. 3 BGB und § 1632 Abs. 4 BGB. Des Weiteren sollte in den Merkblättern auf entsprechende Konsequenzen aufmerksam gemacht werden, die erfahrungsgemäß im Bereich eines JA einer Interpretation bedürfen. In diesem Zusammenhang erweist sich insbesondere die entsprechende Ausgestaltung des Hilfeplanverfahrens gem. § 36 als wichtig, da deutlich abzusichern ist, dass alle notwendigen Entscheidungen nach § 1688 BGB auch tatsächlich realisiert werden. Eine gesetzliche Verpflichtung zum Tätigwerden für die unmittelbare Erziehungsperson gibt es nämlich nicht, sondern diese richtet sich gegen den PSB. Die Problematik kann dann eine besondere Rolle spielen, wenn sich etwa Pflegeeltern mit der ihnen übertragenen Aufgabe überfordert fühlen. Es könnte dann zu einer Art von Kompetenz-Konflikten bezüglich nicht getroffener Entscheidungen kommen. Andererseits können bestimmte Erklärungen der Eltern gem. § 1688 Abs. 3 BGB – auch dann, wenn sie die HzE aus eigenem Antrieb heraus beantragt haben – den Erziehungspro-

---

133 Zum Verhältnis von § 1688 BGB zu § 1630 BGB s. Mrozynski SGB VIII Rn. 5 u. 6; Dürbeck in HB-VB Rn. 693.

134 Werner in JHSM Rn. 4: auch Vermögenssorge; aA Mrozynski SGB VIII Rn. 7; v.Koppenfels-Spies in jurisPK-SGB VIII Rn. 11.

135 Zur Rechtsstellung der Pflegeltern im Verhältnis zum PSB vgl. Fricke ZfJ 1992, 305; Windel FamRZ 1997, 713.

136 VG Saarlouis Gerichtsbescheid v. 5.5.2014 – 3 K 682/12.

zess erschweren oder im Einzelfall gar in Frage stellen, so dass auch in diesem Fall im Rahmen des Hilfeplanverfahrens von vornherein Übereinstimmung ausgehandelt werden sollte. Auch wenn – rechtlich gesehen – dem Kind oder Jugendlichen selbst die entsprechenden Entscheidungsbefugnisse nicht eingeräumt werden, so sollte aus pädagogischer Sicht stets abgewogen werden, in welchem Umfang die Kinder oder Jugendlichen bei Entscheidungsfindungen zu beteiligen sind. Sie sollten nie das Gefühl haben, hierbei gewissermaßen das Objekt der Erziehung zu sein.

5.1.4 Abstimmungsnotwendigkeit. Es ist sinnvoll, wenn das Kind oder der Jugendliche bei Fremdunterbringung eine **feste Bezugsperson** hat, die auch für die Wahrnehmung an der Teilhabe der Personensorge die Verantwortung übertragen bekommt. 51
Im Rahmen von Vertretungen oder internen Festlegungen einer Einrichtung sind auch differenzierte Festlegungen denkbar, so dass einzelne Teile der Personensorge von unterschiedlichen Personen wahrgenommen werden können. Dabei haben **pädagogische Erwägungen** stets den Vorrang vor verwaltungsrelevanten Gesichtspunkten. Auf alle Fälle sollten sich die PSB rechtzeitig über ihre speziellen Aufgaben untereinander abstimmen.

5.2 Berechtigung der Vertretung in der Ausübung elterlicher Sorge (§ 1688 BGB)

5.2.1 Offener Beispielkatalog. Die Aufzählung einiger zentraler Tatbestände in § 1688 BGB verdeutlicht den Grundgedanken dieser Vorschrift, wonach alle (größeren und kleineren) Angelegenheiten des **täglichen Lebens** (also nicht Grundentscheidungen wie zB die Anmeldung in einer Tageseinrichtung),[137] die die Erziehung oder Betreuung des Kindes oder Jugendlichen im Alltag betreffen, vom beauftragten Erzieher oder Betreuer im Interesse und zum Wohle seines Schützlings auch von ihm geregelt werden können. Voraussetzung ist dafür gewissermaßen ein stillschweigendes Abkommen, das allerdings sinnvollerweise in Beratungen mit dem ASD des JA – speziell auch im **Hilfeplangespräch** – diskutiert werden sollte. 52

Dabei ist abzuwägen, ob im Interesse einer guten Zusammenarbeit mit den Eltern eventuell spezielle Aufgaben bezüglich der Gestaltung des Alltagslebens bei den Eltern verbleiben, selbst auf die Gefahr hin, dass dadurch eine zusätzliche, vorübergehende Arbeitsbelastung für den Erzieher, Betreuer oder Vertreter des JA entstehen kann. Umfassenden Zielstellungen des SGB VIII, wie der Stärkung der eigenen Handlungsfähigkeit einer Familie oder der Befähigung dieser zur Selbsthilfe, kann man so, wenn vielleicht auch nur in einem geringen Maße, ein Stück näherkommen. So bietet es sich an, die in § 1688 BGB genannten Situationen in Abstimmung mit dem PSB im speziellen Einzelfall, pädagogisch durchdacht und vorbereitet, entsprechend zu nutzen. Es gilt dabei, die Ressourcen der Betroffenen für die Hilfegestaltung wahrzunehmen. 53

Die Möglichkeit, Elternkontakte zwischen Kind, Erzieherin einer Kindertageseinrichtung, Pflegeeltern, Heimerzieher oder Betreuer einer Einrichtung herzustellen und bewusst zur **Elternarbeit** zu nutzen, kann im Einzelfall sinnvoll organisiert werden, indem unter Beachtung von Freiräumen bei Berufstätigkeit ein Elternteil das Kind gelegentlich zur Kindertageseinrichtung bringt oder von dort abholt. Sollte vor Beginn einer Fremdunterbringung bekannt sein oder vermutet werden, dass der PSB in seinen Entscheidungen zu Wankelmütigkeit neigt oder seine Fähigkeiten zur Erziehung falsch einschätzt, so empfiehlt es sich, von vornherein Abstimmungen vorzunehmen; eventuell in Schwerpunktsetzungen auch im Hilfeplan. Das JA sollte in seiner Vermittler-Rolle unter Beachtung der speziellen Bedingungen des Aufwachsens in einer „erweiterten" Familie, insbesondere bei der Erziehung in einer Pflegefamilie, auf die 54

137 AA Mrozynski SGB VIII Rn. 12: § 1687 Abs. 1 S. 3 BGB kann entsprechend angewandt werden.

Wahrung des respektvollen Umganges mit den Herkunftseltern in angemessener Weise eingehen.

55 Bei **Gefahr im Verzug** (dh die Einwilligung würde höchstwahrscheinlich zu spät kommen, um den Schaden zu verhindern) Rechtshandlungen – über die vermutete Vertretungsmacht hinaus – vorzunehmen, wird in der Praxis meist dann eine Rolle spielen, wenn dringende medizinische Eingriffe notwendig werden. Rechtliche Grundlage für das Tätigwerden ist die Vorschrift des § 1688 Abs. 1 iVm § 1629 Abs. 1 S. 4 BGB (Abdruck bei § 7). Der PSB ist umgehend von entsprechend getroffenen Entscheidungen zu informieren.

56 **5.2.2 Befähigung zum sinnvollen Umgang mit Geld.** Die Formulierungen „Arbeitsverdienst des Kindes zu verwalten" des § 1688 BGB kann im Kontext des SGB VIII insgesamt nur heißen, sie auch so auszulegen, dass **pädagogische Inhalte** Beachtung finden. Nur so kann man der Intention des Gesetzes in seiner Gesamtheit gerecht werden. Der (sinnvolle) Umgang mit Geld ist – nicht nur für die Banken – ein zentrales Thema unserer Gesellschaft. Im Rahmen von Absprachen zur Ausübung der Personensorge können spezielle pädagogische Konzepte entwickelt werden, die das Gesetz in vielfältigen gestalterischen Formen ermöglicht.

57 Die Verwaltung des laufenden Arbeitsverdienstes ist der Personensorge zuzuordnen. Auch ergibt sich aus § 1649 BGB, dass unter Vermögen eines Kindes in erster Linie nur ererbtes oder geschenktes Vermögen in Betracht kommt.[138]

58 Ansparungen eines Kindes oder Jugendlichen aufgrund von nennenswerten Arbeitseinkünften oder Sozialleistungen sind in der Praxis nur in seltenen Ausnahmefällen zu erwarten, da gem. § 92 Abs. 1 Nr. 1 das Kind oder der Jugendliche zu den Kosten der Hilfe heranzuziehen ist. Einem Jugendlichen bleibt dann vom Arbeitsverdienst nur ein geringfügiger Teil. JHA oder LJÄ sollten überlegen, inwieweit aus pädagogischer Sicht durch Empfehlungen oder Beschlüsse die doch erhebliche Beschneidung des Arbeitsverdienstes (meist des Lehrlingsgeldes), zumindest im Einzelfall, gemildert werden könnte. Das Kind oder der Jugendliche sollte zum maßvollen und sparsamen Umgang mit Geld erzogen werden, um ihm so eine Möglichkeit zum Ansparen zu verschaffen.

59 Ist im Einzelfall die Ausübung der Vermögenssorge bei geringfügigem Vermögen durch den Erzieher oder Betreuer aus pädagogischen Gründen angezeigt oder in Erwägung zu ziehen, so empfiehlt es sich, eine Vereinbarung mit dem PSB abzuschließen, falls man nicht zweifelsfrei davon ausgehen kann, dass man dessen stillschweigendes Einverständnis voraussetzen kann (Beispiel: Ansparung für den Kauf eines Fahrrades).

60 **5.2.3 Zusammenwirken von Personensorgeberechtigtem, Erzieher oder Betreuer und Vertreter der Schule.** Häufig wird der Erzieher oder Betreuer des Kindes oder des Jugendlichen an der entsprechenden **Elternversammlung** der Schule teilnehmen. In vielen Fällen wird sich dies auch aus pädagogischen Gründen als nützlich erweisen. Im Einzelfall kann aber auch angeregt werden, dass ein Elternteil sich dieser Aufgabe stellt, um dann mit dem Erzieher oder Betreuer weitere gemeinsame Erziehungsstrategien zu entwickeln.

61 Den Lehrern und Schulleitern sollte der Inhalt des Abs. 3 und des § 1688 BGB frühzeitig in sie betreffenden Angelegenheiten bekannt gemacht werden, damit im Falle von Meinungsverschiedenheiten nicht zusätzliche Schwierigkeiten wegen unklarer Zuständigkeiten entstehen. Es muss deutlich werden, dass es sich im Allgemeinen nicht lohnt, über den Umweg einer kräftezehrenden Klärung von Zuständigkeiten den Erzieher oder Erziehungsleiter bzw. Eltern als unliebsame Partner der Schule möglichst elegant

138 Heinrich in Palandt § 1649 Rn. 2 bis 5.

„auszuschalten". Das Wohl des Kindes oder des Jugendlichen ist dabei in seiner **Gesamtheit** und vor allem in seiner **Dauerhaftigkeit** zu beurteilen.

5.2.4 Weitere typische Beispiele. Folgende weitere Sachverhalte können bei Anwendung des § 1688 BGB berücksichtigt werden: Mitgliedschaften in Vereinen begründen; Vertragsabschlüsse bezüglich von Reisen, Unterricht oä vornehmen; Kauf- bzw. Leasingverträge abschließen; Mietverträge abschließen; Bankkonten eröffnen (aber kein Abschluss eines Kreditvertrages). Verträge über medizinische Zusatzleistungen abschließen und Pass oder Personalausweis beantragen. 62

Auch hier bieten sich vielfältige Gestaltungsmöglichkeiten an, um **pädagogische Bewährungssituationen** zu schaffen. Diese Chancen sollten – ein pädagogisches Risiko einplanend – unbedingt genutzt werden.

Es ist zu beachten, dass gemäß § 1822 BGB der Abschluss eines **Lehr- oder Arbeitsvertrages** für längere Zeit als ein Jahr von einem Vormund oder Pfleger nicht ohne Genehmigung durch das FamG erfolgen darf. 63

Über das **Taschengeld** (→ § 32 Rn. 8; → § 39 Rn. 13) kann das Kind oder der Jugendliche selbst verfügen (§ 110 BGB). In diesem Rahmen können auch selbstständige Verträge durch das Kind oder den Jugendlichen abgeschlossen werden. 64

5.3 Vermittlungs- oder Schlichtungsfunktion des JA

Spätestens bei der Aufstellung eines Hilfeplanes nach § 36 sollte dem PSB der Inhalt des Abs. 3 und des § 1688 BGB bekannt gemacht werden. Ist erkennbar, dass es diesbezüglich zu Meinungsverschiedenheiten zwischen den unmittelbar Beteiligten kommen kann, so können schriftliche Vereinbarungen für den Einzelfall sinnvoll sein. Voraussetzung ist natürlich, dass sie der Hilfemaßnahme nicht entgegenstehen. Falls das Einvernehmen durch die Vermittlung des JA nicht hergestellt werden kann, bleibt als letztes Mittel, eine **gerichtliche Entscheidung nach § 8a Abs. 2** anzustreben.[139] Es ist jedoch zu bedenken, dass in einem solchen Falle die pädagogischen Maßnahmen in Frage gestellt werden können. Im Allgemeinen zahlt es sich aus, in Beratungen und Vermittlungen viel Kraft zu investieren. 65

Da der PSB an der Hilfeplangestaltung mitwirkt und die **Hilfeplanung selbst als Prozess** zu verstehen ist, sollte man anstreben, innerhalb dieses Prozesses Einvernehmen herzustellen, damit eine dem Wohle des Kindes oder des Jugendlichen förderliche Erziehung gewährleistet wird, die in vielen Fällen die Rückführung zur Herkunftsfamilie zum Ziel hat. 66

Meinungsverschiedenheiten können durchaus auftreten, ohne die Erziehung zu gefährden, insbesondere, wenn abweichende Erziehungsstile oder Erziehungstendenzen vertreten werden. Auch unterschiedliche Auffassungen bezüglich des Umganges des Kindes mit anderen Personen könnte in manchen Fällen Konfliktsituationen auslösen. Hier dürften einfühlsame Vermittlungsgespräche zum Erfolg führen, zumindest Kompromisslösungen erwirken, auch wenn sie mitunter sehr viel Geduld erfordern. Unterschiedliche Interessenlagen sind dabei gegenüberzustellen und gegebenenfalls abzuklären.[140] 67

5.4 Analoge Anwendung bei Gewährung weiterer Hilfen gemäß § 27

Die nicht abschließende Aufzählung der Hilfearten in §§ 28 bis 35 soll dem engagierten und interessierten Praktiker oder Theoretiker die Möglichkeit eröffnen, auch wei- 68

139 Ebenso Schönecker/Meysen in FK-SGB VIII Rn. 13; Fischer in SFMK Rn. 18; Schmid-Obkirchner in Wiesner Rn. 35; v. Koppenfels-Spies in jurisPK-SGB VIII Rn. 14.

140 Zu Meinungsverschiedenheiten zwischen dem ASD und dem Pflegekinderdienst wegen einer Verbleibensanordnung nach § 1632 Abs. 4 BGB s. DIJuF JAmt 2010, 23.

tere dem Einzelfall sehr angepasste oder auch inhaltlich **neu konzipierte Hilfen** zu entwickeln (→ § 27 Rn. 26). Diese werden sich mitunter vielleicht nicht immer eindeutig einer einzigen Vorschrift zuordnen lassen. In solchen Fällen sollte überlegt werden, die Regelung des Abs. 3 und des § 1688 BGB durch eine entsprechende Vereinbarung mit dem Verweis auf diese Vorschriften oder durch eine entsprechende Verankerung im Hilfeplan nach § 36 zur Anwendung zu bringen.[141]

69 Insbesondere sei hier Bezug genommen auf Hilfen, die im Rahmen einer Vereinbarung über **Fachleistungsstunden** (→ § 77 Rn. 15) finanziert werden und eine breite Angebotspalette von Einzelmaßnahmen vorhalten, mit denen man flexibel auf den tatsächlichen Bedarf reagieren kann. Diese Hilfen sollen stets den aktuellen Situationen angepasst sein, so dass Übergänge zwischen einzelnen Hilfeangeboten oder Betreuungsformen gewollt sein können, etwa in Verselbstständigungsphasen. **Schnittstellen zwischen speziellen Hilfen**, wie etwa Hilfen nach § 27 iVm § 33, § 34 oder § 35 einerseits und § 30, § 32 oder auch § 13 Abs. 2 andererseits, sind durchaus denkbar. Übergänge zwischen kleineren Heimen und größeren Pflegestellen sind mitunter fließend, auch bezüglich ihrer inhaltlichen Ausgestaltung. Auch Hilfegewährung in **„Erziehungsstellen“**, die zwischen § 33 und § 34 angesiedelt sind (→ § 33 Rn. 9), bedürfen einer sensitiven Betrachtungsweise, da hier Schnittstellen zu unterschiedlichen Familiengeflechten berührt werden (zu flexiblen Hilfen → § 27 Rn. 27).

70 Auch bei einer Hilfe nach § 27 iVm § 30 könnte im Einzelfall eine entsprechende Regelung den pädagogischen Prozess sinnvoll begleiten und eventuell spezielle Missverständnisse von vornherein ausräumen.

§ 37a Beratung und Unterstützung der Pflegeperson

[1]Die Pflegeperson hat vor der Aufnahme des Kindes oder des Jugendlichen und während der Dauer des Pflegeverhältnisses Anspruch auf Beratung und Unterstützung. [2]Dies gilt auch in den Fällen, in denen für das Kind oder den Jugendlichen weder Hilfe zur Erziehung noch Eingliederungshilfe gewährt wird, und in den Fällen, in denen die Pflegeperson nicht der Erlaubnis zur Vollzeitpflege nach § 44 bedarf. [3]Lebt das Kind oder der Jugendliche bei einer Pflegeperson außerhalb des Bereichs des zuständigen Trägers der öffentlichen Jugendhilfe, so sind ortsnahe Beratung und Unterstützung sicherzustellen. [4]Der zuständige Träger der öffentlichen Jugendhilfe hat die aufgewendeten Kosten einschließlich der Verwaltungskosten auch in den Fällen zu erstatten, in denen die Beratung und Unterstützung im Wege der Amtshilfe geleistet werden. [5]Zusammenschlüsse von Pflegepersonen sollen beraten, unterstützt und gefördert werden.

1 Bedeutung und Zielsetzung der Vorschrift

1 Durch das **KJSG**[1] sind die bisherigen Regelungen zur Zusammenarbeit bei Hilfen außerhalb der eigenen Familie gem. § 37 völlig neu gefasst und erweitert worden. Um die Übersichtlichkeit zu verbessern, wird Abs. 2 der bisher geltenden Vorschrift des § 37 ausgegliedert und in § 37a übernommen. Dadurch wird zum einen die Stellung der Pflegeperson hervorgehoben und zum anderen das systematische Verständnis der Regelungen zur Pflegekinderhilfe verbessert, das bereits im Koalitionsvertrag der 19. Legislaturperiode vereinbart worden und nunmehr in der Gesetzesfassung des KJSG nochmals hervorgehoben wird. Danach sollen Pflegepersonen professionell beraten und unterstützt werden, weil sie letztlich in einem „privaten“ Familienverbund verbleiben, für dessen Gelingen die öffentliche Kinder- und Jugendhilfe in der Verantwor-

---

141 Ähnlich Werner in JHSM Rn. 30.

1 Gesetz zur Stärkung von Kindern und Jugendlichen (Kinder- und Jugendstärkegesetz) v. 3.6.2021.

tung bleibt.[2] Besonders die Pflege und Betreuung eines fremden Kindes und die damit verbundene Erziehungs- und Bindungsdynamik stellen hohe Anforderungen an die Pflegeperson.[3] Es soll ein wirksames Hilfesystem etabliert werden, das die Familie stärkt und Kinder vor Gefahren für ihr Wohl schützt. Die noch engere Kooperation zwischen den Beteiligten wird in der Gesetzesbegründung für fremd untergebrachte Kinder und Jugendliche besonders hervorgehoben, wozu es gehört, im Interesse von fremduntergebrachten Kindern deren Perspektive und Bedürfnis nach Sicherheit und Stabilität besonders zu beachten (§ 37c), die Elternarbeit (§ 37) und die Qualifizierung und Unterstützung von Pflegepersonen zu stärken und zu fördern.[4]

Pflegepersonen sind in einer schwierigen Rolle: Sie sollen den Kindern oder Jugend- 2
lichen Geborgenheit geben, ihnen als freundschaftliche Helfer zur Seite stehen und ihre Kontakte zur Herkunftsfamilie unterstützen.[5] Sie sollen dem Pflegekind nicht nur Schutz geben und die physischen, emotionalen, sozialen, entwicklungs- und bildungsbezogenen Bedürfnisse garantieren. Sie nehmen ein Kind auf, dessen Versorgung sie in Zusammenarbeit mit einer Behörde leisten sollen. Außerdem handelt es sich um ein Kind, das neben einer leiblichen Familie auch Erfahrungen und Erlebnisse auf einem Leben vor dem Pflegeverhältnis mitbringt.[6] Die Bedeutung der vorbezeichneten Angelegenheiten zeigt die Notwendigkeit und die Unverzichtbarkeit der fachkompetenten und einfühlsamen Beratung und Unterstützung durch Fachkräfte der Jugendhilfe auf. Damit die effektive Zusammenarbeit zwischen Eltern sowie Pflege- und Erziehungspersonen durch geeignete Maßnahmen zum Wohl des Kindes oder Jugendlichen gelingen kann, hat auch die Beratung und Unterstützung der Pflegeperson, die in sämtlichen Phasen des Hilfeprozesses erfolgen soll, eine deutlichere Konturierung erfahren. Mit einer regelmäßigen Beratung und intensiven Begleitung der Pflegepersonen, auf der Basis eines Schutzkonzeptes und verbunden mit Qualitätsstandards, soll der Schutz des Kindes oder Jugendlichen in der Pflegefamilie und in der Fremdunterbringung erhöht und dem Risiko eines ungeplanten Abbruchs des Pflegeverhältnisses, verbunden mit einer Umplatzierung, entgegengewirkt werden.[7]

Eine inhaltliche Änderung der bisherigen Regelung ist nicht erfolgt.

Der Rechtsanspruch von Pflegepersonen[8] auf Beratung und Unterstützung gem. § 37 a 3
ist angesichts der schwierigen Aufgabe, die ihnen obliegt, von besonderer Bedeutung. Dieser Anspruch besteht schon in der Vorbereitungsphase und während der gesamten Dauer des Pflegeverhältnisses. Geregelt wird ein **Anspruch der Pflegepersonen** auf ortsnahe Beratung und Unterstützung gegenüber dem Träger der öffentlichen Jugendhilfe.[9] Inhaltlich umfasst der Hilfeanspruch auf Beratung und Unterstützung Fragen, die mit der Pflege und Erziehung des Pflegekindes zusammenhängen, wie insbesondere

---

2 Grundlegend zum Thema Pflegekinderhilfe vgl. Jugendhilfe 59. Jg 3/2021; zur Auswahl, Vorbereitung und Betreuung von Pflegefamilien vgl. Henzinger Jugendhilfe 59. Jg. 3/2021, 243 ff.

3 Schmid-Obkirchner in Wiesner Rn. 34.

4 Gesetzentwurf der Bundesregierung zur Stärkung von Kindern und Jugendlichen (Kinder- und Jugendstärkungsgesetz – KJSG) v. 2.12.2020, S. 39 f.

5 Vgl. Jordan ZfJ 1992, 20 (23).

6 Henzinger Jugendhilfe 59. Jg. 3/2021, 243 (245).

7 Gesetzentwurf der Bundesregierung zur Stärkung von Kindern und Jugendlichen (Kinder- und Jugendstärkungsgesetz – KJSG) v. 2.12.2020, S. 43; Wolf JAmt 2013, 303; Gläss JAmt 2013, 174. Zur Ausgestaltung von Vollzeitpflege bei entwicklungsbeeinträchtigten Kindern und Jugendlichen vgl. Schindler, Anm. zum Beschl. des OVG Münster 8.5.2018 – 12 A 1434/16, SRa 2018, 174.

8 Zur Begriffsbestimmung Pflegeperson und Pflegefamilie vgl. Erzberger/Szylowicki, Qualifizierung in der Pflegekinderhilfe 2020, 7 ff.

9 Zur Frage nach dem Wunsch- und Wahlrecht von Pflegeeltern im Hinblick auf ein bestimmtes Pflegekonzept vgl. OVG Münster Beschl. v. 8.4.2018 – 12 A 1434/16, SRa 2018, 205 ff. und VG Münster Urt. v. 17.5.2016 – 6 K 975/15, SRa 2016, 208 ff.

Angebote zur Qualifizierung, zur unterstützenden Begleitung, Entlastung oder Rechtsberatung.[10] Ergänzt wird der Beratungs- und Unterstützungsanspruch der Pflegeperson durch § 37c (→ § 37c Rn. 37 ff.), durch die im **Hilfeplan** nach § 36 aufzunehmenden Inhalte um die Art und Weise der Zusammenarbeit und die hiermit verbundenen Ziele, wie die Perspektivklärung, die Dokumentation des vereinbarten Umfangs der Beratung und Unterstützung von Eltern und Pflegeperson oder die Höhe der laufenden Leistungen zum Unterhalt nach § 39. Die Konkretisierung der Anforderungen an den Hilfeplan hat zum Ziel, die kontinuierliche Zusammenarbeit der an der Erziehung Beteiligten unter Mitwirkung des Trägers der öffentlichen Jugendhilfe sicherzustellen.

2 Inhalt und Umfang der Regelung

4 Beratungs- und Unterstützungsleistungen für Pflegepersonen nach § 37 a umfassen inhaltlich sämtliche Fragen, die mit der Pflege und Erziehung des Pflegekindes zusammenhängen. So kann es erforderlich sein, Pflegepersonen Fortbildungen zu gewähren, damit sie durch Einzelgespräche, Gruppenangebote oder Supervision begleitende Unterstützung erhalten, ihnen eine gesonderte Betreuung des Pflegekindes während Wochenend- oder Urlaubszeiten bewilligt wird oder aber die Pflegeperson eine bestimmte Rechtsberatung bekommt.[11] Eine zusätzliche Hilfe zur Erziehung nach §§ 27 ff. ist zwar denkbar und kann auch in einer Pflegefamilie installiert werden, ist jedoch von dem Anwendungsbereich nicht umfasst, wenn die Hilfe nicht gezielt eine Beratungs- und Unterstützungsleistung der Pflegeperson, sondern die Arbeit mit dem Pflegekind selbst betrifft.[12]

Der Anspruch auf Beratung und Unterstützung ist ein eigenständig einklagbarer Rechtsanspruch der Pflegeperson.[13] Auch das Antragsrecht liegt allein bei den Pflegepersonen. Sind Pflegeeltern nicht zur Sorge berechtigt, können sie allerdings zusätzliche Hilfen zur Erziehung nach §§ 27 ff. nicht selbst geltend machen. Hierzu bedarf es der Antragstellung durch die Herkunftseltern, den Vormund oder den Ergänzungspfleger.

5 Die Gewährung des Beratungs- und Unterstützungsanspruchs erfolgt in Form eines Verwaltungsaktes. Dieser ist an keine Form gebunden, ist jedoch zumindest demjenigen bekannt zu geben, für den er bestimmt ist oder der von ihm betroffen wird. Auch die entsprechenden Unterstützungsleistungen sind in der Form eines Verwaltungsaktes zu bewilligen.

6 Der Anspruch richtet sich auf die Erbringung einer Dienstleistung iSd § 11 SGB I, dh Beratung und Unterstützung durch das JA oder von ihm beauftragte freie Träger.[14] Nicht umfasst ist die Übernahme von Kosten für Leistungen, die von durch die Pflegeeltern selbst organisierte, private Leistungsanbieter erbracht werden.[15]

Die Pflicht zur Beratung besteht auch dann, wenn keine Hilfen zur Erziehung gewährt werden und die Pflegeperson keiner Erlaubnis zur Vollzeitpflege gem. § 44 bedarf.[16]

10 Schönecker/Meysen in FK-SGB VIII § 37 Rn. 21; Helming in Kindler et al, HB Pflegekinderhilfe (2011), Kap C.5.2, C.5.3.; str zur Frage, ob ein Anspruch auf Beratung und Unterstützung der Pflegeperson auch dann Anwendung findet, wenn die Pflegefamilie eine HzE begehrt, die gezielt die Arbeit mit dem Pflegekind betrifft (wie zB §§ 30, 31): DIJUF-Rechtsgutachten v. 5.12.2016, JAmt 2017, 67 ff.

11 DIJUF-Rechtsgutachten v. 5.12.2016, JAmt 2017, 67 ff. mwN zu § 37 aF.

12 Wie hier: DIJUF-Rechtsgutachten v. 5.12.2016, JAmt 2017, 67 zu § 37 aF.

13 Schönecker/Meysen in FK-SGB VIII § 37 Rn. 20.

14 BVerwG 22.10.2009 – 5 C 16/08, FamRZ 2010, 210 ff. (zur Auslagerung von Dienstleistungen, „Outsourcing").

15 OVG NRW 16.7.2002 – 12 E 653/01.

16 Nothacker in GK-SGB VIII § 37aF Rn. 20.

Der Anspruch steht **allen Pflegepersonen** zu, dh Personen, die ein Kind oder einen Jugendlichen über Tag und Nacht in ihren Haushalt aufnehmen wollen (Legaldefinition § 44 Abs. 1 S. 1).[17] Dies sind auch Personen, die im Rahmen einer Hilfe zur Erziehung nach §§ 27, 33, der Eingliederungshilfe nach § 35 a Abs. 2 Nr. 3 oder eines Privatpflegeverhältnisses tätig werden. Umfasst sind auch Pflegepersonen, die nach § 44 Abs. 1 S. 2 keiner Pflegeerlaubnis bedürfen. Der Anspruch steht auch Zusammenschlüssen von Pflegepersonen zu. 7

Das JA hat die Beratung der Pflegeperson **ortsnah, dh hinreichend erreichbar**, sicherzustellen, auch wenn diese wegen eines Umzugs oder von Beginn an außerhalb des Zuständigkeitsbereichs des zuständigen Trägers lebt. Der zuständige Träger muss durch Einschaltung freier Träger oder durch das Ersuchen um Amtshilfe an den öffentlichen Träger Beratungs- und Unterstützungsleistungen am Aufenthaltsort der Pflegeeltern anbieten. Hierbei ist sicherzustellen, dass der Leistungserbringer geeignet ist, dh die für die anspruchsvolle Begleitung von Pflegepersonen erforderliche fachliche und persönliche Eignung aufweist.[18] S. 4 regelt die entsprechende Kostenerstattung, wonach das jeweils für die Leistung zuständige JA zur Kostenerstattung verpflichtet bleibt, die mit der ortsnahen Beratung und Unterstützung der Pflegefamilie beim unzuständigen JA anfallen.[19] 8

§ 37b Sicherung der Rechte von Kindern und Jugendlichen in Familienpflege

(1) [1]Das Jugendamt stellt sicher, dass während der Dauer des Pflegeverhältnisses ein nach Maßgabe fachlicher Handlungsleitlinien gemäß § 79a Satz 2 entwickeltes Konzept zur Sicherung der Rechte des Kindes oder des Jugendlichen und zum Schutz vor Gewalt angewandt wird. [2]Hierzu sollen die Pflegeperson sowie das Kind oder der Jugendliche vor der Aufnahme und während der Dauer des Pflegeverhältnisses beraten und an der auf das konkrete Pflegeverhältnis bezogenen Ausgestaltung des Konzepts beteiligt werden.

(2) Das Jugendamt gewährleistet, dass das Kind oder der Jugendliche während der Dauer des Pflegeverhältnisses Möglichkeiten der Beschwerde in persönlichen Angelegenheiten hat und informiert das Kind oder den Jugendlichen hierüber.

(3) [1]Das Jugendamt soll den Erfordernissen des Einzelfalls entsprechend an Ort und Stelle überprüfen, ob eine dem Wohl des Kindes oder des Jugendlichen förderliche Entwicklung bei der Pflegeperson gewährleistet ist. [2]Die Pflegeperson hat das Jugendamt über wichtige Ereignisse zu unterrichten, die das Wohl des Kindes oder des Jugendlichen betreffen.

---

17 Meysen/Eschelbach Kap. 8 Rn. 27; DIJuF JAmt 2012, 251; so auch Schmid-Obkirchner in Wiesner Rn. 35.

18 Schmid-Obkirchner in Wiesner Rn. 39.

19 So bereits die Gesetzesbegründung BT-Drs. 17/6256 zu § 37 Abs. 2 aF, 22 f.; DIJuF JAmt 2012, 151.

1 Bedeutung, Aufbau und Zielsetzung der Vorschrift

1 Das Jugendamt hat sicherzustellen, dass auch in familialen Konstellationen der Familienpflege ein Konzept zur Stärkung der Rechte von Kindern und zum Schutz vor Gewalt gegen Kinder und Jugendliche Anwendung finden muss. Auch in einer Pflegefamilie kann es vorkommen, dass Rechte von Kindern und Jugendlichen verletzt werden oder Kinder physische oder psychische Misshandlungen, Vernachlässigung und sexualisierte Gewalt erfahren.[1] Es ist die staatliche Verpflichtung, dafür Sorge zu tragen, dass Minderjährige den für ihr Wohlergehen notwendigen Schutz und die erforderliche Fürsorge auch in Familienpflege erhalten. Hierzu soll mit den Pflegepersonen sowie dem Kind oder Jugendlichen im konkreten Einzelfall ein Konzept erarbeitet werden, das sich an fachlichen Handlungsleitlinien orientieren, die von den Trägern der öffentlichen Jugendhilfe zu erarbeiten sind. Für die Dauer ihrer Unterbringung in einer Pflegefamilie sollen Kinder und Jugendliche außerdem Möglichkeiten der Beschwerde in persönlichen Angelegenheiten erhalten und hierüber informiert werden. Neben dem Recht auf körperliche Unversehrtheit haben Kinder und Jugendliche auch das Recht auf Gleichbehandlung, Beteiligung, Beschwerde und Anhörung. Diese Verantwortung trägt va die Kinder- und Jugendhilfe, die Kinder und Jugendliche vor Gefahren für ihr Wohl zu schützen und dafür Sorge zu tragen hat, dass sich jeder junge Mensch zu einer eigenverantwortlichen und gemeinschaftsfähigen Persönlichkeit entwickeln kann.[2]

2 Nach Auffassung des Gesetzgebers tragen die Bestimmungen des § 37b durch die deutliche Implementierung der Notwendigkeit von Schutzkonzepten den Rechten von Kindern und Jugendlichen Rechnung. Konkretisiert werden die staatlichen Schutzpflichten durch die Erweiterung auf die Familienpflege nach §§ 27, 33 und 35a Abs. 2 Nr. 3.[3] Ausdrücklich hat der Gesetzgeber den Anwendungsbereich auf die Familienpflege erweitert und Forderungen aus Forschungsergebnissen zur Pflegekindschaft Rechnung getragen.[4] Deutlich wird, dass es in der Verantwortung der JÄ liegt, entsprechende Schutzkonzepte für die Infrastruktur der Pflegekinderhilfe zu entwickeln. Indem auch die Pflegekinderhilfe explizit in § 79a aufgenommen worden ist, ist dafür Sorge getragen worden, dass Schutzkonzepte auch im Rahmen der Qualitätsentwicklung fortgeschrieben und evaluiert werden (→ § 79a Rn. 3). Über die entsprechenden Schutz- und Sicherungskonzepte sollen die Pflegeperson und das Kind oder der Jugendliche vor der Aufnahme und während der Dauer des Pflegeverhältnisses beraten werden. Auch sollen sie an der konkreten Ausgestaltung des auf das konkrete Pflegeverhältnis bezogenen Konzeptes beteiligt werden.

3 Darüber hinaus hat das Jugendamt den Kindern und Jugendlichen die Möglichkeit der Beschwerde in persönlichen Angelegenheiten einzuräumen und hierüber zu informieren (Abs. 2). Außerdem soll gem. Abs. 3 das Jugendamt überprüfen können, ob die förderliche Entwicklung des Kindes oder Jugendlichen bei der Pflegeperson gewährleistet ist. Abs. 3 entspricht § 37 Abs. 3 in der alten Fassung.

2 Sicherstellung von Schutzkonzepten bei Pflegeverhältnissen (Abs. 1)

4 Abs. 1 verpflichtet das JA, die Anwendung von Schutzkonzepten nun auch bei der Familienpflege sicherzustellen und der Sonderstellung der Familienpflege Rechnung zu tragen, die in einem verfassungsrechtlich geschützten Lebensraum erfolgt. In staatli-

1 BT-Drs. 19/26107, 96 ff.; Meysen FamRZ 2021, 401 (406).
2 Vgl. Art. 6 Abs. 2 S. 2 GG und §§ 1 Abs. 2 und 3 Nr. 3.
3 Regierungsentwurf KJSG v. 2.12.2020, S. 95.
4 Vgl. Team FosterCare: Positionen Kinderrechte in der Vollzeitpflege – Reformbedarf zur Verwirklichung von Schutzkonzepten in der Infrastruktur der Pflegekinderhilfe 2020 (online unter http://forschungsnetzwerk-erziehungshilfen.de/projekt/fostercare, zuletzt abgerufen am 13.6.2021); ebenso Husmann etal. 2019, 44.

cher Verantwortung werden Kinder und Jugendliche in einem privaten Setting untergebracht. Von Pflegeeltern wird ebenso wie von den Eltern erwartet, dass sie ihre Kinder und die Pflegekinder gut versorgen, altersangemessen erziehen, für Bildung Sorge tragen und vor Gefahren für ihr Wohl schützen. Erst wenn Eltern/Personensorgeberechtigte diese Erwartungen nicht erfüllen, ist die staatliche Gemeinschaft gefordert, dem Kind den notwendigen Schutz zu bieten.

Schutzkonzepte, die für die Heimerziehung entwickelt wurden, lassen sich nicht ohne Weiteres auf die Pflegekinderhilfe übertragen, die auf anderen organisationalen Konstellationen basiert.[5] Das Schutzkonzept für die Pflegekinderhilfe bedarf einer eigenen Rahmung von Schutzkonzeptionen. Wird ein Kind oder Jugendlicher für eine begrenzte Zeit oder auf Dauer in einer Pflegefamilie untergebracht, kann Vollzeitpflege als notwendige und geeignete Hilfe zur Erziehung (§ 33) für die Personensorgeberechtigen und jungen Menschen gewährt werden. Eine Hilfe zur Erziehung wird gewährt, wenn eine dem Wohl des Kindes entsprechende Erziehung in seiner Familie nicht mehr gewährleistet ist. Damit ist die Unterbringung eines Kindes oder Jugendlichen in einer Pflegefamilie selbst Bestandteil eines Hilfe- und oftmals auch eines Schutzkonzeptes.[6]

Als eine zentrale Hilfeform in der Fremdunterbringung sind gerade Pflegefamilien auf eine fachliche und die Kinderrechte stärkende Infrastruktur angewiesen, die sie von institutionellen Formen der Fremdunterbringung unterscheidet. Während in der Heimerziehung nach § 34 von Einrichtungen erwartet werden kann, dass sie – mit Ausnahme von Pflegestellen nach § 33 S. 2 – als (professionelle) Organisationseinheit mit einschlägig qualifizierten Fachkräften Schutzkonzepte entwickeln und implementieren, kann diese Erwartung an eine Pflegefamilie nicht ohne Weiteres gestellt werden. Hier ist das JA gefordert, die gesamte Infrastruktur der Pflegekinderhilfe mit allen Akteuren in die Entwicklung eines Schutzkonzeptes einzubinden, wozu Pflegefamilien, Vormundschaften, Pflegekinderdienste, Psychotherapeuten, aber auch alle weiteren familialen und sozialen Beziehungen der jungen Menschen und ihrer Lebenswelt gehören.[7]

Die Vorschrift nimmt Bezug auf die in § 79a S. 2 nF verankerte Verpflichtung des öffentlichen Jugendhilfeträgers zur Weiterentwicklung, Anwendung und regelmäßigen Überprüfung von Qualitätsmerkmalen zur Sicherung der Rechte von Kindern und Jugendlichen und ihren Schutz vor Gewalt. Als eine Konkretisierung der in § 79 explizit formulierten allgemeinen Verpflichtung zur Qualitätsentwicklung als Teil der Gesamtverantwortung, hat das JA gem. § 79a im Zuge des KJSG auch für den Bereich der Pflegekinderhilfe sicherzustellen, dass ein Schutzkonzept implementiert, weiterentwickelt und regelmäßig überprüft wird (→ § 79a Rn. 2 ff.). Für die Entwicklung von Schutzkonzeptionen relevant sind neben der Schaffung und Sicherstellung verlässlicher Ansprechpersonen, qualifizierter Informationen und der Einbettung der Konzepte in eine fachlich-qualitativ abgesicherte Arbeit der Pflegekinderhilfe, va die kritische Bestandsaufname der Rahmenbedingungen in Jugendämtern hinsichtlich der Umsetzbarkeit fachlicher Standards im Kontext von Kinderrechten und Rechten auf Schutz, Beteiligung und Förderung. Das JA ist als Träger der öffentlichen Jugendhilfe der zen- 5

5 Vgl. zur Konzeptdebatte um Schutzkonzepte vor (sexualisierter) Gewalt in pädagogischen und anderen Institutionen UBSKM/DJI: Kinder und Jugendliche besser schützen – der Anfang ist gemacht. Schutzkonzepte gegen sexuelle Gewalt in den Bereichen Bildung und Erziehung, Gesundheit, Freizeit. Abschlussbericht 2019; van Santen, Kindeswohlgefährdungen in stationären Einrichtungen der Hilfen zur Erziehung – Empirische Ergebnisse, ForE, 2/2019, 114–121.

6 Müller/Martinez, Schutzkonzeptionen in der Pflegekinderhilfe. Anforderungen und Ansatzpunkte, Diskussionspapier aus dem Dialogforum Pflegekinderhilfe 2020, S. 7.

7 Team FosterCare: Positionen Kinderrechte in der Vollzeitpflege – Reformbedarf zur Verwirklichung von Schutzkonzepten in der Infrastruktur der Pflegekinderhilfe 2020 (online abrufbar, zuletzt am 13.6.2021).

trale Akteur, der die öffentliche Verantwortung für das Aufwachsen junger Menschen repräsentiert und für die Umsetzung der Kinderrechte und die entsprechende Qualifizierung der Infrastruktur Sorge zu tragen hat.

Das Schutzkonzept zielt darauf ab, einen sicheren Ort für junge Menschen zu schaffen und durch Maßnahmen der Analyse, Prävention, Intervention und langfristigen Aufarbeitung junge Menschen besser vor Gewalt und Missbrauch durch Erwachsene oder Peers zu schützen sowie Kinder und Jugendliche in der Wahrnehmung ihrer persönlichen Rechte zu stärken und zu fördern. Die entsprechenden Schutzkonzeptionen sind zu entwickeln, um Verfahren zu implementieren, die zum Einsatz kommen, sobald eine Kindeswohlgefährdung im familiären oder sozialen Umfeld des Kindes oder Jugendlichen erkannt worden ist oder persönliche Rechte von Kindern und Jugendlichen in den Infrastrukturen des Aufwachsens aus dem Blick geraten sind. Ziel ist es nicht nur, dem Kind oder Jugendlichen so schnell wie möglich eine geschützte Umgebung zu ermöglichen und einen sicheren Ort zu schaffen, sondern auch die Achtsamkeit für die persönlichen Rechte des jungen Menschen zu erhöhen.[8]

6 In der Umsetzung hat das Schutzkonzept eine bekannte, verlässliche und niedrigschwellig zugängliche Ansprech- bzw. Vertrauensperson zu benennen, die geschult darin ist, mit Kindern zu sprechen.[9] Hinzu kommt die Bereitstellung von Informationen und die qualifizierte Information von Kindern, Jugendlichen und Pflegeeltern über ihre Rechte, Zugangswege zu Hilfen oder Beschwerden, damit Pflegekinder altersentsprechend und an ihren Bedürfnissen orientiert über ihre Rechte aufgeklärt und beraten werden können und wissen, an wen sie sich wenden können und welche Rechte sie als Pflegekind haben. Insbesondere für Pflegekinder mit Behinderungen oder noch eingeschränkten Deutschkenntnissen ist sicherzustellen, dass sie so weit wie möglich informiert und begleitet werden (zB durch Hinzuziehung von Heilpädagogen, Gebärden- oder sonstigen Dolmetschern bzw. durch den Rückgriff auf medizinisches Fachpersonal).[10] Auch der kollektive, peergestützte Austausch zwischen Jugendlichen kann für die Verwirklichung von Kinderrechten und Schutzkonzeptionen bedeutsam sein, ebenso wie Onlinebasierte Angebote oder gemeinsame Freizeiten, auch ohne Eltern. Durch den gegenseitigen Austausch mit anderen über die besondere Lebenssituation als Pflegekind, fühlen sich Kinder weniger ohnmächtig und können erfahren, dass es auch andere gibt, die sich in der gleichen Situation befinden. Der Vertrauensaufbau zu anderen kann dazu führen, dass weniger Anläufe unternommen werden müssen, um über eigene Erfahrungen zu berichten.[11] Es können sich Beziehungen und Freundschaften bilden, die der kindlichen Entwicklung zugutekommen.

7 Schutzkonzepte müssen jedenfalls auf das individuelle Pflegeverhältnis angepasst werden. Dies setzt eine eingehende Beratung von Pflegeeltern und Pflegekind zur Anwen-

---

8 Team FosterCare: Positionen Kinderrechte in der Vollzeitpflege – Reformbedarf zur Verwirklichung von Schutzkonzepten in der Infrastruktur der Pflegekinderhilfe 2020 (online abrufbar, zuletzt am 13.6.2021).

9 Hierzu Müller/Martinez, Schutzkonzeptionen in der Pflegekinderhilfe. Anforderungen und Ansatzpunkte, Diskussionspapier aus dem Dialogforum Pflegekinderhilfe 2020, S. 16 ff.

10 Hierzu Müller/Martinez, Schutzkonzeptionen in der Pflegekinderhilfe. Anforderungen und Ansatzpunkte, Diskussionspapier aus dem Dialogforum Pflegekinderhilfe 2020, S. 18.

11 Aus Forschungsergebnissen zum sexuellen Missbrauch ist bekannt, dass sich Kinder sechs Mal gegenüber Erwachsenen offenbaren müssen, bis sie beim siebten Mal ernstgenommen werden, UBSKM/DJI: Kinder und Jugendliche besser schützen – der Anfang ist gemacht. Schutzkonzepte gegen sexuelle Gewalt in den Bereichen Bildung und Erziehung, Gesundheit, Freizeit. Abschlussbericht 2019; BMFSFJ: Mutig fragen, besonnen handeln. Informationen für Mütter und Väter zur Thematik des sexuellen Missbrauchs an Mädchen und Jungen 2012, S. 3.

dung des Schutzkonzepts sowie die flankierende Abstimmung des Konzepts auf den Hilfeplan nach §§ 36, 37c voraus, an dem die Pflegeeltern und das Pflegekind im Regelfall zu beteiligen sind.[12]

Beratungen und Abstimmungen zum Schutzkonzept sollen nicht nur vor Aufnahme des Kindes oder Jugendlichen in die Pflegefamilie erfolgen, sondern sind als partizipativer Prozess zu verstehen, der sich auf die gesamte Dauer des Pflegeverhältnisses erstreckt und einer kontinuierlichen Überprüfung und Weiterentwicklung unterfällt. Die Partizipation erfordert die Qualifizierung und Sensibilisierung der Berufsgruppen und die Befähigung der Kinder und Jugendlichen. Kinder- und jugendgerechte Informationsmaterialien sind systematisch zu erarbeiten und breit zugänglich zu machen; Beratungsangebote und Informationsmaterialien sind kindgerecht, dh entwicklungs- und altersgerecht auszugestalten, damit Kinder und Jugendliche als Experten ihrer Lebensverhältnisse in ihren Rechten gestärkt und systematisch an allen sie betreffenden Entscheidungen beteiligt werden können.[13] Bei allen Bemühungen in der Entwicklung von Schutzkonzeptionen haben die Kinder und Jugendlichen selbst mit ihren Bedürfnissen und Rechten als Bezugspunkt und Mittelpunkt der Betrachtung zu fungieren. Zur kindzentrierten Betrachtung gehört es beispielsweise, schwierige Themen wie die doppelte Elternschaft, die Problematik der Zugehörigkeit zu zwei Familien oder der Umgang mit Stigmatisierung als Pflegekind mit dem Kind und dem Jugendlichen gemeinsam zu besprechen.[14]

3 Beschwerdemöglichkeit in persönlichen Angelegenheiten (Abs. 2)

Abs. 2 verpflichtet das JA zur Gewährleistung von Beschwerdemöglichkeiten für ein Kind oder einen Jugendlichen, das bzw. der vorübergehend oder dauerhaft in einer Pflegefamilie lebt. Damit werden auch für Pflegekinder Beschwerdeverfahren geschaffen und in die Infrastruktur integriert. Auch die gesetzliche Verankerung der Beschwerdemöglichkeit dient dem Aufbau eines gesicherten Schutzkonzeptes und hat auch junge Menschen mit Behinderung mitzuerfassen, die ebenfalls eine von den Erwachsenen unabhängige und barrierefreie Beratung benötigen. Notwendig ist die Möglichkeit zur Partizipation, Beschwerde, Selbstvertretung und Selbstorganisation.[15] 8

Durch Nennung konkreter Kontaktdaten hat das JA sicherzustellen, dass sich das Pflegekind im Einzelfall mit seiner Beschwerde an eine Stelle oder Person wenden kann. Hierbei kann es sich um Ombudsstellen, eine Kontaktperson beim Pflegekinderdienst oder auch im JA selbst handeln. Die Möglichkeit der Beschwerde muss während der gesamten Dauer des Pflegeverhältnisses bestehen. Veränderungen in der Zuständigkeit hat das JA dem Pflegekind unverzüglich mitzuteilen.[16]

4 Überprüfung der Erziehungsbedingungen bei der Pflegeperson (Abs. 3 Satz 1)

Gem. **Abs. 3 S. 1** soll das JA vor Ort prüfen, ob das Wohl des Kindes in der Pflegefamilie gewährleistet ist. Die Pflicht zur Überprüfung der Pflegestelle wurde in das Ge- 9

12 Regierungsentwurf KJSG v. 2.12.2020, S. 95.
13 Hierzu und weiterführend Müller/Martinez, Schutzkonzeptionen in der Pflegekinderhilfe. Anforderungen und Ansatzpunkte, Diskussionspapier aus dem Dialogforum Pflegekinderhilfe 2020, S. 24.
14 Hierzu und weiterführend Müller/Martinez, Schutzkonzeptionen in der Pflegekinderhilfe. Anforderungen und Ansatzpunkte, Diskussionspapier aus dem Dialogforum Pflegekinderhilfe 2020, S. 41.
15 Hierzu Müller/Martinez, Schutzkonzeptionen in der Pflegekinderhilfe. Anforderungen und Ansatzpunkte, Diskussionspapier aus dem Dialogforum Pflegekinderhilfe 2020, S. 20.
16 Regierungsentwurf KJSG v. 2.12.2020, S. 96.

setz aufgenommen, um die Mitverantwortung des JA für die Inpflegegabe zum Ausdruck zu bringen.[17] Als Soll-Vorschrift begründet sie gebundenes Ermessen und ist grundsätzlich als verpflichtend anzusehen.[18] Die in Abs. 3 vorgesehene Kontrolle soll keinen hoheitlichen Eingriff zum Ausdruck bringen, sondern mit Blick auf das Kindeswohl ein Zusammenwirken mit der Pflegeperson gewährleisten, um Probleme und Konflikte frühzeitig zu erkennen und Gefährdungen des Kindes zu vermeiden.[19] Dem JA wird ermöglicht, frühzeitig – und damit rechtzeitig – tätig zu werden, um Gefährdungen des Kindeswohls zu vermeiden, die in letzter Konsequenz zu einer Herausnahme des Kindes aus der Pflegefamilie nach § 43 führen können.[20] Das JA hat während der gesamten Dauer des Pflegeverhältnisses besondere Sorgfaltspflichten. Mit ihr korrespondiert die Verpflichtung der Pflegeperson, ebenfalls das JA über wichtige Ereignisse zu informieren.

10 Die Pflicht zur Kontrolle besteht gegenüber allen Pflegestellen, die ein Kind im Rahmen der §§ 33 oder 35 a aufgenommen haben. Die Überprüfung entfällt, wenn der Pflegeperson auch die Personensorge zusteht.[21] Verweigert sich die Pflegeperson einer Überprüfung, bleibt dem JA die Möglichkeit der Anrufung des Familiengerichts nach § 8 a Abs. 2.

11 Dem Schutzbedürfnis des Kindes einerseits und der Anerkennung der durch Art. 6 Abs. 1, 3 GG geschützten Autonomie der Pflegefamilie andererseits[22] wird durch die Beachtung des Grundsatzes der Verhältnismäßigkeit Rechnung getragen.[23] Abs. 3 unterstellt die Überprüfung den **Erfordernissen des Einzelfalls** und soll nicht schematisch erfolgen. Eine Pflicht des JA zu unangemeldeten Hausbesuchen widerspricht dem Grundsatz der Verhältnismäßigkeit.[24] Seit Inkrafttreten des SGB VIII hat sich teilweise eine Praxis entwickelt, die regelmäßige Kontakte oder Überprüfungen der Pflegefamilien vernachlässigt. Die in der Öffentlichkeit bekannt gewordenen Fälle schwerer Kindeswohlgefährdungen, zT mit tödlichen Folgen, stellen gleichwohl nur „die Spitze des Eisbergs" dar.[25] Wie bei allen anderen Abwägungsprozessen, in denen es um Interessen von Kindern geht (Art. 3 UN-KRK), kommt daher auch im Falle einer Interessenkollision zwischen der Rechtsstellung der Pflegeeltern und dem Kindeswohl letzterem grundsätzlich der Vorrang zu.[26] Daraus ergeben sich auch für das Verhältnis von Autonomie der Pflegeeltern und der Prüfungspflicht als Ausdruck des staatlichen Wächteramtes Konsequenzen. Für den Umfang der Überprüfung lassen sich folgende Parameter festlegen:

12 Das JA muss über ein Schutzkonzept verfügen, wie es das Wohl des Kindes am besten schützt. Nur so kann es die Gratwanderung zwischen dem Aufbau einer auf Vertrauen beruhenden Arbeitsbeziehung zu den Pflegeeltern und dem effektiven Schutz des Kindes meistern.

---

17 BT-Drs. 11/5948, 133.
18 BGH 21.10.2004 – III ZR 254/03, JAmt 2005, 35 (38).
19 BT-Drs. 11/5948, 42; zu den Folgen bei Versäumnissen von Kontrolle Salgo ZKJ 2013, 150.
20 BT-Drs. 11/5948, 82.
21 Schmid-Obkirchner in Wiesner Rn. 40.
22 Vgl. BVerfG 17.10.1984 – 1 BvR 284/84, FamRZ 1985, 39 ff.; BVerfG 12.10.1988 – 1 BvR 818/88, FamRZ 1989, 31 ff.; BGH 21.10.2004 – III ZR 254/03, JAmt 2005, 35 ff.; Salgo/Lack in Prenzlow, Handbuch Elterliche Sorge und Umgang, S. 351.
23 Kaufmann ZKJ 2011, 198,199; Nothacker in GK-SGB VIII Rn. 27.
24 Eschelbach in Coester-Waltjen/Lipp/Schumann/Veit, 12. Göttinger Workshop 2013, 33 (42).
25 Marquard/Wilhelm FPR 2004, 437; Zenz in Stiftung zum Wohl des Pflegekindes (Hrsg.), 2. Jahrbuch des Pflegekinderwesens 2001, S. 26.
26 BGH 21.10.2004 – III ZR 254/03, JAmt 2005, 35 (39).

Das zuständige JA muss sich einen eigenen Eindruck von der Gesamtsituation der Pflegefamilie und des Pflegekindes verschaffen. Es bleibt während der Gesamtdauer des Pflegeverhältnisses in der Verantwortung für das Kind.[27] 13

Der Begründung des Pflegeverhältnisses muss eine sorgfältige Auswahl der Pflegepersonen vorausgehen. Zu Beginn des Pflegeverhältnisses sollte die Aufmerksamkeit auf Besonderheiten aller Beteiligten des Pflegeverhältnisses gerichtet werden, zB auf die medizinische oder psychologische Betreuung des Kindes, besondere Belastungen der Pflegeeltern oder auf mögliche Erfahrungen mit anderen Pflegekindern.[28] Hierdurch wird die Grundlage für die Einschätzung eines künftigen Überprüfungsbedarfs geschaffen. Die Ergebnisse des Hausbesuchs müssen sorgfältig protokolliert werden, um Entwicklungen beurteilen zu können und spätere Kontrollen durch Mitarbeiter oder Jugendämter zu ermöglichen. Die Grundrechte des Kindes verlangen, dass das JA die Wünsche und Bedürfnisse des Kindes in einem persönlichen Gespräch zur Kenntnis nimmt und in die Hilfeplanung und Hilfegestaltung miteinbezieht. Der persönliche Kontakt schafft auch die Grundlage dafür, dass sich das Kind selbst an das JA wenden kann, um seine Rechte geltend machen zu können.[29] 14

Bei einem Wechsel der örtlichen Zuständigkeit (aufgrund der Zuständigkeitsregelung nach § 86 Abs. 6 S. 1 oder wegen Umzugs) muss sich das aktuell zuständige JA durch einen „Antrittsbesuch“ einen eigenen Eindruck verschaffen.[30] Dem steht nicht entgegen, dass durch einen Zuständigkeitswechsel die für die kindliche Entwicklung notwendige Kontinuität und die ihm vertraute Familienbindung nicht gestört werden und die Hilfegewährung grundsätzlich entsprechend der bisherigen Hilfeplanung erfolgen soll.[31] Das JA hat sich davon zu überzeugen, ob die Rahmenbedingungen des Pflegeverhältnisses stimmen. Beruht der Zuständigkeitswechsel auf einem Umzug der Pflegefamilie, so begründen auch Änderungen der Lebensverhältnisse der Pflegefamilie einen Überprüfungsbedarf.[32] 15

Nach der Anfangsphase nimmt die Intensität der Kontakte erfahrungsgemäß ab. Gleichwohl bleibt die Verantwortlichkeit des JA für das Wohl des Kindes bestehen. Das JA kann aber nur verantwortlich handeln, wenn es Kenntnis von den Verhältnissen der Pflegefamilie hat. Aufgrund der Einschätzung in der Anfangsphase ist der Beratungs- und Kontrollbedarf des jeweiligen Einzelfalls festzustellen und entsprechend hat das JA in der Folgezeit zu handeln.[33] Bietet das JA regelmäßig Beratung und Unterstützung an und arbeiten die Beteiligten auf der Grundlage des gemeinsam erarbeiteten Hilfeplans kontinuierlich zusammen, so besteht kein Bedarf für engmaschige Kontrollen. Zeigt sich die Pflegefamilie nicht kooperativ, so kann dies ein Anzeichen für einen Überprüfungsbedarf sein.[34] 16

Kommt das JA seiner Prüfungspflicht nicht nach, stellt dies eine **Amtspflichtverletzung** dar, die einen Anspruch auf Schadensersatz und Schmerzensgeld begründet. Für die Frage, ob und inwieweit eine Kausalität zwischen Pflichtverletzung und Schaden vorausgesetzt wird, hat der BGH[35] Beweiserleichterungen eingeräumt, wenn die Amtspflichtverletzung und der zeitlich nachfolgende Schaden feststehen. 17

27 BGH 21.10.2004 – III ZR 254/03, JAmt 2005, 35 (39); v. Koppenfels-Spies in jurisPK-SGB VIII Rn. 23.
28 Marquardt/Wilhelm FPR 2004, 437 (438).
29 Meysen NJW 2003, 3369 (3372).
30 BGH 21.10.2004 – III ZR 254/03, JAmt 2005, 35 (39).
31 Meysen NJW 2003, 3369 (3371).
32 BGH 21.10.2004 – III ZR 254/03, JAmt 2005, 35 (39).
33 Meysen NJW 2003, 3369 (3370).
34 AA Meysen NJW 2003, 3369 (3372).
35 BGH 21.10.2004 – III ZR 254/03.

18 Die Überprüfung soll an „**Ort und Stelle**“, dh im Haushalt der Pflegefamilie erfolgen, um die Situation realistisch einschätzen zu können. Ein **Betreten der Wohnung** gegen den Willen der Pflegefamilie ist aus verfassungsrechtlichen Gründen nur auf der Grundlage eines Gesetzes zulässig. Da Abs. 3 keine hinreichende Ermächtigung iSd Art. 13 Abs. 2 GG begründet, haben die Länder in ihren Ausführungsgesetzen entsprechende Regelungen getroffen. Zweifelhaft ist, ob die von den Ländern erlassenen Regelungen, die eine generelle Pflicht zur Gestattung des Zugangs zu den Räumen normieren, die dem Aufenthalt des Kindes oder Jugendlichen dienen, den Anforderungen des Art. 13 Abs. 1 GG genügen.[36] Verfassungskonform sind jedenfalls Regelungen, die wie § 21 Abs. 2 AGKJHG RhPf den Zutritt gegen den Willen der Pflegepersonen von dem begründeten Verdacht abhängig machen, dass das Wohl des Kindes in der Pflegestelle gefährdet ist, insbesondere dass es dort vernachlässigt, misshandelt oder sexuell ausgebeutet wird (ähnlich § 21 Abs. 3 Thür. AGKJHG von 2006 und § 21 Abs. 1 AGKJHG Meck-V.).

5 Mitteilungspflichten der Pflegeperson (Abs. 3 Satz 2)

19 Eine Pflicht der Pflegeperson zur Information des JA über wichtige Ereignisse, die das Wohl des Kindes oder Jugendlichen betreffen, ist vom Bundesrat aus den gleichen Gründen wie die Pflicht zur Überprüfung der Pflegeperson vorgeschlagen worden.[37] Was unter wichtigen Ereignissen zu verstehen ist, hat der Gesetzgeber nicht weiter konkretisiert. Übereinstimmung herrscht darüber, dass die Ereignisse sowohl in der Sphäre des Kindes oder Jugendlichen als auch der Pflegepersonen liegen können.

20 Nur wenige Ländergesetze konkretisieren den Begriff der **wichtigen Ereignisse**. Das AGSG Bayern nennt beispielsweise in Art. 37 jeden Wohnungswechsel, das Auftreten ansteckender oder das Wohl des Kindes gefährdender Krankheiten, den Verlust von Bezugspersonen aufgrund Trennung, Scheidung oder Tod eines Ehepartners. Bremen (§ 9 AGKJHG Bremen) zählt zu den wichtigsten Ereignissen insbesondere die Aufnahme oder Abgabe von Kindern oder Jugendlichen, die Veränderung der Zahl der im Haushalt lebenden Personen und jeden Wohnungswechsel.

21 Abs. 3 S. 2 kommt eine Appellfunktion zu. Wenn die Zusammenarbeit zwischen Pflegeperson und JA funktioniert, bedarf es keiner gesonderten Mitteilungspflicht. Wenn die Pflegeperson sich allerdings einer Zusammenarbeit verweigert, wird sie auch nicht freiwillig ihrer Berichtspflicht nachkommen. Erzwingen lässt sie sich nicht, da eine unterlassene Unterrichtung nicht als Ordnungswidrigkeit geahndet wird. Es empfiehlt sich, der Pflegeperson aufzuzeigen, dass sie besondere Mitteilungspflichten hat.

§ 37c Ergänzende Bestimmungen zur Hilfeplanung bei Hilfen außerhalb der eigenen Familie

(1) [1]Bei der Aufstellung und Überprüfung des Hilfeplans nach § 36 Absatz 2 Satz 2 ist bei Hilfen außerhalb der eigenen Familie prozesshaft auch die Perspektive der Hilfe zu klären. [2]Der Stand der Perspektivklärung nach Satz 1 ist im Hilfeplan zu dokumentieren.

(2) [1]Maßgeblich bei der Perspektivklärung nach Absatz 1 ist, ob durch Leistungen nach diesem Abschnitt die Entwicklungs-, Teilhabe- oder Erziehungsbedingungen in der Herkunftsfamilie innerhalb eines im Hinblick auf die Entwicklung des Kindes oder Jugendlichen vertretbaren Zeitraums so weit verbessert werden, dass die Herkunftsfamilie das Kind oder den Jugendlichen wieder selbst erziehen, betreuen und

36 Für Verfassungswidrigkeit Schmid-Obkirchner in Wiesner Rn. 42.
37 BT-Drs. 11/5948, 133.

fördern kann. [2]Ist eine nachhaltige Verbesserung der Entwicklungs-, Teilhabe- oder Erziehungsbedingungen in der Herkunftsfamilie innerhalb eines im Hinblick auf die Entwicklung des Kindes oder Jugendlichen vertretbaren Zeitraums nicht erreichbar, so soll mit den beteiligten Personen eine andere, dem Wohl des Kindes oder Jugendlichen förderliche und auf Dauer angelegte Lebensperspektive erarbeitet werden. [3]In diesem Fall ist vor und während der Gewährung der Hilfe insbesondere zu prüfen, ob die Annahme als Kind in Betracht kommt.

(3) [1]Bei der Auswahl der Einrichtung oder der Pflegeperson sind der Personensorgeberechtigte und das Kind oder der Jugendliche oder bei Hilfen nach § 41 der junge Volljährige zu beteiligen. [2]Der Wahl und den Wünschen des Leistungsberechtigten ist zu entsprechen, sofern sie nicht mit unverhältnismäßigen Mehrkosten verbunden sind. [3]Wünschen die in Satz 1 genannten Personen die Erbringung einer in § 78a genannten Leistung in einer Einrichtung, mit deren Träger keine Vereinbarungen nach § 78b bestehen, so soll der Wahl nur entsprochen werden, wenn die Erbringung der Leistung in dieser Einrichtung nach Maßgabe des Hilfeplans geboten ist. [4]Bei der Auswahl einer Pflegeperson, die ihren gewöhnlichen Aufenthalt außerhalb des Bereichs des örtlich zuständigen Trägers hat, soll der örtliche Träger der öffentlichen Jugendhilfe beteiligt werden, in dessen Bereich die Pflegeperson ihren gewöhnlichen Aufenthalt hat.

(4) [1]Die Art und Weise der Zusammenarbeit nach § 37 Absatz 2 sowie die damit im Einzelfall verbundenen Ziele sind im Hilfeplan zu dokumentieren. [2]Bei Hilfen nach den §§ 33, 35a Absatz 2 Nummer 3 zählen dazu auch der vereinbarte Umfang der Beratung und Unterstützung der Eltern nach § 37 Absatz 1 und der Pflegeperson nach § 37a Absatz 1 sowie die Höhe der laufenden Leistungen zum Unterhalt des Kindes oder Jugendlichen nach § 39. [3]Bei Hilfen für junge Volljährige nach § 41 gilt dies entsprechend in Bezug auf den vereinbarten Umfang der Beratung und Unterstützung der Pflegeperson sowie die Höhe der laufenden Leistungen zum Unterhalt. [4]Eine Abweichung von den im Hilfeplan gemäß den Sätzen 1 bis 3 getroffenen Feststellungen ist nur bei einer Änderung des Hilfebedarfs und entsprechender Änderung des Hilfeplans auch bei einem Wechsel der örtlichen Zuständigkeit zulässig.

1 Bedeutung und Zielsetzung der Vorschrift

Zur Verbesserung der Perspektivklärung und einer Kontinuität sichernden Hilfeplanung unter Beachtung des kindlichen Zeitempfindens werden die spezifischen Anforderungen an die Hilfeplanung bei Fremdunterbringung, die bislang in § 36 Abs. 1 und § 37 geregelt wurden, als „ergänzende Bestimmungen zur Hilfeplanung" in der Vorschrift des § 37c zusammengefasst und konkretisiert. Diese ergänzenden Bestimmungen zur Hilfeplanung zeigen deutlich die Bedeutung der kontinuitätssichernden Perspektivklärung für das Kind auf und sorgen durch entsprechende Dokumentationen 1 im Hilfeplan, die nunmehr verbindlich zu erfolgen haben, für Transparenz für alle Beteiligten.[1]

Zentral für eine gute Entwicklung von Kindern und Jugendlichen sind eine klare Perspektive und die Sicherheit über den Lebensmittelpunkt, damit sich Kinder und Jugendliche in geordneten Strukturen und frei von Angst entwickeln können. Gerade bei Pflegekindern können eine Verfestigung negativer Folgen durch erneuten emotionalen Stress oder wiederholte negative Erfahrungen nachhaltige Auswirkungen auf den gesamten weiteren Lebensverlauf, die Entwicklung von Fähigkeiten, die physische und psychische Gesundheit oder die gesellschaftliche Integration etc nehmen.[2] Kinder und Jugendliche, die in einer Pflegefamilie oder in einer Heimeinrichtung wohnen, erleben aufgrund ihrer Vorerfahrungen Angst und Stress in verstärktem Maße. Pflegekinder gelten als eine besonders vulnerable Gruppe, die besonders schutzbedürftig ist.[3] Durch Trennungsangst und Stress können bereits vorhandene negative Erlebnisse weiter verstärkt oder verfestigt werden und es gilt zu verhindern, dass Kinder Erlebnisse, die zur Herausnahme aus der Herkunftsfamilie geführt haben, nicht erneut erfahren.[4]

2 Inhalt und Umfang der Regelung

2 **Abs. 1 und 2** dienen der Perspektivklärung als zentraler Teil der Hilfeplanung. Entsprechend wird die Perspektivklärung ausdrücklicher Bestandteil des zu dokumentierenden Inhalts des Hilfeplans. Bei der Aufstellung und der Überprüfung des Hilfeplans nach § 36 ist bei Hilfen außerhalb der eigenen Familie in einem kontinuierlichen Prozess, dh systematisch und verlässlich, die Perspektive der Hilfe zu klären. Der jeweilige Stand der Klärung ist im Hilfeplan zu dokumentieren.

Für die Perspektivklärung maßgeblich ist, ob durch Leistungen die Bedingungen in der Herkunftsfamilie innerhalb eines im Hinblick auf die Entwicklung des Kindes oder Jugendlichen vertretbaren Zeitraums so weit verbessert werden können, dass die Herkunftsfamilie das Kind oder den Jugendlichen wieder selbst erziehen kann. Ist eine nachhaltige Verbesserung nicht erreichbar, soll eine auf Dauer angelegt Lebensperspektive erarbeitet werden. In diesem Fall ist zu prüfen, ob die Annahme als Kind in Betracht kommt. Wichtig ist es, die Signale der Kinder und Jugendlichen wahrzunehmen.

Abs. 3 und 4 enthalten Bestimmungen zur Hilfeplanung bei Hilfen außerhalb der Familie. Danach sind bei der Auswahl der Einrichtung oder der Pflegeperson der Personensorgeberechtigte und das Kind oder der Jugendliche bzw. bei Hilfen nach § 41 der junge Volljährige zu beteiligen. Wahl und Wünschen ist zu entsprechen, sofern sie nicht mit unverhältnismäßigen Mehrkosten verbunden sind. Art und Umfang der Beratung und Unterstützung der Eltern sind im Hilfeplan zu dokumentieren.

3 Perspektivklärung als zentraler Teil der Hilfeplanung (Abs. 1)

3 Abs. 1 stellt klar, dass bei Hilfen außerhalb der eigenen Familie neben den für alle Hilfen relevanten Anforderungen nach § 36 die Perspektivklärung zentraler Gegenstand der Hilfeplanung ist. Die Frage nach der Perspektive der Hilfe als zeitlich befristete Erziehungshilfe oder auf Dauer angelegte Lebensform wird systematisch in die Hilfeplanung integriert, die als fachliches Steuerungs- und Beteiligungsinstrument dient, um

1 BT-Drs. 19/26107, 91; zur kontinuitätssichernden Perspektivplanung und Prognoseindikatoren für eine Rückführung oder einen Verbleib vgl. Diouani-Streek Jugendhilfe 59. Jg., 3/2021, 252 ff.
2 BT-Drs. 19/26107, 91.
3 BT-Drs. 19/26107, 91.
4 BT-Drs. 19/26107, 91.

die Passung und Perspektive der Hilfe mit allen Beteiligten zu klären,[5] kontinuierlich die erforderlichen Unterstützungsmöglichkeiten und -notwendigkeiten für das Kind, die Familie und die Pflegefamilie zu überprüfen sowie ein tragfähiges Arbeitsbündnis zwischen den relevanten Akteuren herstellen zu können.[6] Bereits zu Beginn des Hilfeprozesses, dh bei der Aufstellung des ersten Hilfeplans, ist eine vorläufige Perspektivklärung vorzunehmen, auch wenn die Situation unklar und die Positionen der Beteiligten umstritten sind.

Die Perspektivklärung hat **prozesshaft** zu erfolgen. Die Perspektivklärung ist als Pro- 4
zess zu verstehen, bei dem die schrittweise dem Bedarf des Kindes oder Jugendlichen entsprechenden Einschätzungen bzw. Prognosen zusammen mit den Beteiligten entwickelt und gemeinsame sowie unterschiedliche Sichtweisen im Hilfeplan festgeschrieben werden, um Transparenz herzustellen und ständige Unklarheit und Vorläufigkeit für Kinder, Jugendliche, Eltern und Pflegeeltern zu vermeiden.[7] Nach Möglichkeit und dem Einzelfall entsprechend sollen die Hilfeplangespräche gemeinsam, offen und transparent und für alle Beteiligten zugänglich erfolgen. Hierfür müssen angemessene Formen der Beteiligung entwickelt, gemeinsame Entscheidungen über den Ort des Hilfeplangesprächs getroffen und die Häufigkeit der stattzufindenden Gespräche in Abhängigkeit von der konkreten Konstellation gestaltet werden.[8]

4 Bedeutung und Anforderungen an die Perspektivklärung (Abs. 2 S. 1)

Für die nach gem. Abs. 2 S. 1 im Hilfeplan mit aufzunehmende Perspektivklärung ist 5
entscheidend, ob durch die im Rahmen der erzieherischen Hilfe gewährten Leistungen die Entwicklungs-, Teilhabe- oder Erziehungsbedingungen in der Herkunftsfamilie innerhalb eines im Hinblick auf die Entwicklung des Kindes oder Jugendlichen vertretbaren Zeitraums wieder so weit verbessert werden können, dass die Eltern in der Lage sind, ihr Kind eigenständig zu erziehen, zu betreuen und zu fördern.[9]

Die Bemühungen um eine Stabilisierung der Herkunftsfamilie sind auf einen **Zeitraum** 6
beschränkt, der gemessen an dem entwicklungsabhängigen Zeitbegriff des Kindes oder Jugendlichen **vertretbar** ist. Grund für diese zeitliche Grenze ist die für die Entwicklung des Kindes oder Jugendlichen notwendige Kontinuität und Stabilität seiner Bezugspersonen. Für die Entscheidung über den Lebensmittelpunkt ist die kindliche Zeitperspektive ausschlaggebend,[10] ebenso die Beziehung und Bindungserfahrung des Pflegekindes, das unter den Bedingungen einer angemessenen Fürsorge in der Pflegefamilie Bindungsstörungen bewältigen kann.[11] Der Schwebezustand, in dem sich die Beteiligten bei der zeitlich befristeten Inpflegegabe befinden, und die Herausnahme des Kindes aus der Pflegefamilie sind nach einer gewissen Zeit nicht mehr mit dem Leitbild der Sicherung von Stabilität und Kontinuität vereinbar.

Das SGB VIII hat insoweit va den kinderpsychologischen Erkenntnissen Rechnung zu tragen und der Rückkehroption nicht uneingeschränkte Priorität einzuräumen.[12] So

---

5 Zur Perspektivklärung von Pflegeverhältnissen in der Hilfeplanung vgl. Diouani-Streek Jugendhilfe 59. Jg. 3/2021, 252 ff.

6 Müller/Martinez, Schutzkonzeptionen in der Pflegekinderhilfe. Diskussionspapier aus dem Dialogforum Pflegekinderhilfe 2020, 25.

7 BT-Drs. 19/26107, 91.

8 Hierzu Müller/Martinez, Schutzkonzeptionen in der Pflegekinderhilfe. Diskussionspapier aus dem Dialogforum Pflegekinderhilfe 2020, 25.

9 Vgl. Wortlaut § 37c Abs. 2 S. 1.

10 BT-Drs. 11/5948, 74.

11 Zu Bindungen von Kindern in Pflegefamilien unter Bezugnahme auf Studien vgl. Köckeritz/Nowacki ZKJ 2021, 44 ff.

12 Zur Bedeutung von Bindung und Trennung: Ziegenhain/Zwönitzer/Köhler in HB-VB Rn. 782 ff., 807 ff.; Nienstedt/Westermann 2013, 222 ff.; Becker-Stoll FamRZ 2010, 77 ff.

kann bereits nach anfänglicher Abwägung eine Rückführung als wenig wahrscheinlich gelten; dies vor allem dann, wenn traumatische Erlebnisse und erhebliche Belastungen in der Herkunftsfamilie zu einer wenig tragfähigen Bindung des Kindes zu seinen Eltern geführt haben.[13] Entscheidend sind stets die Umstände des Einzelfalles unter Beachtung des Kindeswohls. **Alter** des Kindes und **Dauer** der Fremdunterbringung spielen eine erhebliche Rolle, wenngleich Fristen und Zeiträume nicht schematisch anzuwenden sind.[14] Zeitliche Vorgaben und Fristenregelungen können als Orientierung dienen und mit der Einzelfallprüfung verbunden werden. Sie können auch dazu beitragen, dem Kind eine sichere Perspektive zur Verstetigung seines Aufenthaltes in der Pflegefamilie aufzuzeigen, denn nicht zuletzt zeigen Kleinkinder ein anderes Bindungsverhalten als ältere Kinder und nehmen Zeitfenster unterschiedlich wahr.[15]

Die Pflegeperson ist zu unterstützen und zu beraten, va wenn das Pflegeverhältnis nur auf eine bestimmte Dauer befristet erfolgt (→ § 37a Rn. 4). Dabei hat das JA von Beginn an die dem Wohl des Kindes entsprechende zeitliche Perspektive in die Hilfeplanung mit aufzunehmen.[16] Bei allen Beteiligten ist das Bewusstsein für die Schwierigkeiten der Interessenlage und der jeweiligen Bedürfnisse zu schärfen.[17] Handlungsleitend ist der Grundsatz des Kindeswohls und stets im Vordergrund steht der Schutz des Kindes.[18] Letztlich geht es darum, dem Kind mit der Schaffung eines Pflegekindverhältnisses ein neues soziales Beziehungsgefüge bereitzustellen, in dem es einen sicheren Ort zum Aufwachsen findet.[19]

7 Die Rückführung des Kindes oder Jugendlichen in die Herkunftsfamilie setzt die dortige **Verbesserung** der Erziehungsbedingungen voraus, da sonst die Gefahr einer erneuten Herausnahme des Kindes von Bezugspersonen, verbunden mit dem (erneuten) Bruch von Bindungsbeziehungen droht.[20] Eine Hilfestellung zur Realisierung der Rückkehroption ist auf zwei Ebenen zu leisten: zum einen im Hinblick auf die Restabilisierung der Herkunftsfamilie, und zum anderen hinsichtlich der Aufrechterhaltung oder Verbesserung der Beziehungen des Kindes zu seiner Herkunftsfamilie, gemessen an den Bedürfnissen des Kindes.[21] Entsprechend lassen sich elternbezogene Indikatoren günstiger Rückführungsprognosen sowie Indikatoren ungünstiger Rückführungsprognosen heranziehen.[22] Eine günstige Rückführungsprognose ist etwa anzunehmen, wenn die Herkunftseltern Veränderungsbereitschaft zeigen, Verantwortung für ihr Verhalten übernehmen oder Einsicht in die bestehende Gefährdungslage ihres Kindes zeigen und auch die Fähigkeit besitzen, eine tragfähige Beziehung zu ihrem Kind aufzubauen und zu pflegen. Eine ungünstige Prognose besteht wiederum dann,

13 v. Koppenfels-Spies in jurisPK-SGB VIII Rn. 17; Hoffmann FPR 2011, 578 (580); AG KiWoMaG, Abschlussbericht v. 14.7.2009, 44; Salgo FPR 2004, 421 f.
14 DFGT FamRZ 2014, 891 ff.; Nothacker in GK-SGB VIII Rn. 14; Schmid-Obkirchner in Wiesner Rn. 17; zum Erfordernis der Berücksichtigung von Besonderheiten des Einzelfalles BVerfG 17.10.1984 – 1 BvR 284/84, NJW 1985, 423; zum kindlichen Zeitempfinden Heilmann 1998, 73 ff.; aA Mrozynski SGB VIII Rn. 3.
15 Zur Forderung nach einem Recht des Kindes auf Annahme als Pflegekind: Zitelmann ZKJ 2014, 469,472.
16 Meysen in FK-SGB VIII Rn. 10.
17 v. Koppenfelds-Spies in jurisPK-SGB VIII Rn. 14; Meysen in FK-SGB VIII Rn. 9.
18 Salgo/Lack in Prenzlow, Handbuch Elterliche Sorge und Umgang, S. 346 ff.; zur Frage, wann die Risikogrenze im Fall der Rückführung überschritten ist, BVerfG 31.3.2010 – 1 BvR 2910/09, FamRZ 2010, 865 f.
19 Köckeritz/Nowacki ZKJ 2021, 44 (49).
20 Zur Bedeutung der Arbeit mit Herkunftseltern vgl. Helming/Wiemann/Ris in Kindler/Helming/Meysen/Jurczyk, Handbuch Pflegekinderhilfe 2011, 524 ff.; Salgo FPR 2004, 421 f.; Jordan ZfJ 1992, 20 (23).
21 Vgl. Steege JAmt 2010, 101 ff.; v. Koppenfels-Spies in jurisPK-SGB VIII Rn. 15.
22 Vgl. Diouani-Streek Jugendhilfe 59. Jg., 3/2021, 252 (256); zu Erziehungsbedingungen in der Herkunftsfamilie vgl. auch Salgo in GK-SGB VIII Rn. 35.

wenn sich Eltern beispielsweise verweigern, die Fürsorge für ihr Kind zu übernehmen, sich ambivalent verhalten, über eine nur eingeschränkte Erziehungsfähigkeit verfügen, oder ein Elternteil mit einer Person im Haushalt lebt, von der eine Gefahr für das Kind ausgeht.[23]

In der Praxis wird das Wohl des Kindes häufig gegen eine Rückführung des Kindes in die Herkunftsfamilie sprechen. Untersuchungen zeigen auf, dass besonders die Vollzeitpflege von Kindern und Jugendlichen mit sorgerechtlichen Beschränkungen aufgrund von Kindeswohlgefährdung verbunden ist und der Inpflegegabe der Kinder eine länger andauernde Unterversorgung sowie eine biographische Deprivationsgeschichte vorausgegangen ist.[24]

8 Die **multidimensionale Problemlage** in der Herkunftsfamilie (Arbeitslosigkeit, unzureichende Wohnverhältnisse, Krankheit, Sucht, Gewalt, Persönlichkeitsstörungen, instabile und konflikthafte Familienverhältnisse) erfordert einen umfassenden Auftrag an die Jugendhilfe zur Förderung der allgemeinen Erziehungskompetenz;[25] dementsprechend ist auch der Auftrag der Jugendhilfe vielseitig ausgestaltet. Hilfemaßnahmen können das Führen von Beratungsgesprächen, Hilfe bei der Wohnraumbeschaffung und Arbeitssuche, aber auch die Vermittlung von Kontakten zu Behörden, Schuldnerberatung, Sucht- und Erziehungsberatung, Familienberatungsstellen oder psychotherapeutische Hilfen betreffen.[26] Es ist eine fachliche Herausforderung des JA, zu erkennen und entsprechend zu würdigen, dass die Herkunftseltern möglicherweise selbst Traumatisierung erfahren haben und diese weitergeben können,[27] mit der Folge, dass die Jugendhilfe über bestimmte Konzepte für die Arbeit mit den Herkunftseltern verfügen muss, um diese ggf. auch beim Abschied vom eigenen Kind begleiten zu können und Eltern dabei zu unterstützen, mit dem Verlust der aktiven Elternrolle umzugehen, dh Gefühle von Trauer und Wut zu bewältigen (→ § 37 Rn. 26).[28]

9 Aus der gesetzlich normierten Verpflichtung zur Achtung des Familienlebens nach Art. 8 EMRK und Art. 6 Abs. 2 GG lässt sich ableiten, dass die Fremdunterbringung eines Kindes die Personensorgeberechtigten nicht aus ihrer Verantwortung entlässt, dem JA keine sorgerechtlichen Befugnisse eingeräumt werden und sich das JA an der sorgerechtlichen Ausgangslage zu orientieren hat.[29] Auch nach der Rechtsprechung des EGMR kommt bei einer Ausbalancierung der Interessen der Eltern an einer Familienzusammenführung mit denen des Kindes am Verbleib in der Pflegestelle dem **Wohl des Kindes** besonderes Gewicht zu, insbesondere wenn seine Gesundheit oder Entwicklung gefährdet sind.[30] Kinder sind nicht das Eigentum ihrer Eltern. Der staatlichen Gemeinschaft kommt die Aufgabe zu, über die Ausübung der Elternverantwortung zu wachen (Staatliches Wächteramt, Art. 6 Abs. 2 S. 2 GG), denn auch das Kind ist Grundrechtsträger und hat gegen den Staat einen Anspruch auf den Schutz seiner eigenen Grundrechtspositionen. Werden Maßnahmen zum Schutze des Kindes erforderlich, so muss der Staat nach Möglichkeit versuchen, durch „helfende, unterstützen-

23 Diouani-Streek Jugendhilfe 59. Jg., 3/2021, 252 (256 f.) mit weiteren Indikatoren.
24 Zur Dauer und Entwicklungsdynamik der Vollzeitpflege vgl. van Santen/Pluto/Seckinger ZKJ 2021, 100 (102).
DJI/DIJuF 2010, Handbuch Pflegekinderhilfe, 270; Kolvenbach in Rauschenbach/Schilling, Kinder- und Jugendhilfereport 2005, 115.
25 Stähr in Hauck/Noftz/Stähr Rn. 11; Blandow, S. 6 ff.; Faltermeier, S. 24 ff.; beide in Sozialpädagogisches Institut des SOS Kinderdorf (Hrsg.) 2004, Online Ausgabe 2010.
26 Fischer in SFMK Rn. 6.
27 Hierzu Rauwald, Vererbte Wunden 2013.
28 Zitelmann ZKJ 2014, 469 (472).
29 Schmid-Obkirchner in Wiesner Rn. 14.
30 EGMR 3. Sektion 8.4.2004 – 11057/02, BeckRS 2004, 08971, Rn. 93 – Haase./. Deutschland.

de sowie auf Herstellung oder Wiederherstellung eines verantwortungsgerechten Verhaltens der Eltern gerichtete Maßnahmen sein Ziel zu erreichen".[31]

10 Die zuvörderst bestehende Zuordnung zu den Herkunftseltern ist vor allem dann zu beachten, wenn es um die Frage einer dauerhaften Herausnahme des Kindes aus seiner Familie geht. Das SGB VIII hat die Prüfung der **Rückkehroption** gesetzlich verankert (→ § 34 Rn. 19),[32] verpflichtet aber das JA, die Voraussetzungen und Bedingungen für eine Rückkehr in den elterlichen Haushalt sorgfältig abzuwägen.[33]

Maßgeblich für die Perspektivklärung ist das Ausmaß vorangegangener Belastungen und bereits bestehender Entwicklungsbeeinträchtigungen des Kindes. Das BVerfG hat auf die Gefährdungsaspekte hingewiesen, die mit der Rückführung verbunden sein können, weil Eltern den gesteigerten Anforderungen an die Erziehungsfähigkeit möglicherweise nicht genügen können.[34]

Die Rückkehroption muss nicht unter allen Umständen und nicht unbegrenzt aufrechterhalten werden (→ § 33 Rn. 3).

11 Maßgebend für die inhaltliche Abwägung ist entsprechend der Rspr. zu **§ 1632 Abs. 4 BGB** das Ausmaß der **Integration** des Kindes in die Pflegefamilie und der Umfang der Gefahr seelischer Entwurzelung beim Kind durch seine Rückkehr zu den leiblichen Eltern.[35] Besonders in Fällen der **gravierender Kindeswohlgefährdung,** die eine dauerhafte Herausnahme des Kindes aus der Herkunftsfamilie legitimieren können, muss das Recht des Kindes auf Leben und körperliche Unversehrtheit dem Recht auf ein Aufwachsen von Kind und leiblichen Eltern weichen.[36] Bei fehlerhafter Abwägung und Entscheidung des JA droht dem Kind eine **sekundäre** Kindeswohlgefährdung.[37]

12 Der Gesetzgeber hat im Hinblick auf die Unterschiedlichkeit der Fallgestaltungen darauf verzichtet, eine Festlegung darüber zu treffen, nach welchem Zeitraum die Herausnahme des Kindes aus der Pflegestelle nicht mehr vertretbar erscheint. Vielmehr eröffnet der unbestimmte Rechtsbegriff des **„vertretbaren Zeitraumes"** einen Auslegungsspielraum dafür, den von Alter, Entwicklungszustand und entstandenen Bindungen geprägten kindlichen Zeitbegriff zugrunde zu legen und das Erleben von Zeit an das Alter des Kindes und dessen Sozialisationsphasen zu knüpfen.[38]

13 Neben dem zeitlichen Element kommt es in Abs. 2 S. 1 auf die **Erziehungsfähigkeit** der Eltern an, sowie die Fähigkeit, das Kind zu betreuen und zu fördern. Das BVerfG fordert, die Erziehungsfähigkeit der Eltern auch im Hinblick auf ihre Eignung zu berücksichtigen und die negativen Folgen einer eventuellen Traumatisierung des Kindes gering zu halten.[39] Nur auf diese Weise könnten die gerichtlichen Entscheidungen neben

31 BVerfG 29.7.1968 – 1 BvL 20/63, 31/66, 5/67, NJW 1968, 2233.
32 BGH 22.1.2014 – XII ZB 68/11, FamRZ 2014, 543 ff.; Meysen in FK-SGB VIII Rn. 13; Nothacker in GK-SGB VIII Rn. 11; zum Grundrecht des Kindes auf staatliche Gewährleistung von Pflege und Erziehung durch die Eltern: Britz JZ 2014, 1069 ff.; Britz FamRZ 2015, 793 ff.; zurecht kritisch hierzu: Heilmann FamRZ 2015, 92 ff.; Heilmann NJW 2014, 2904 ff.; Diouani-Streek ZKJ 2015, 50 (55).
33 So auch Nothacker in GK-SGB VIII Rn. 11; v. Koppenfels-Spies in jurisPK-SGB VIII Rn. 16.
34 Vgl. BVerfG, Beschl. v. 3.2.2017 – 1 BvR 2569/16 Rn. 61; Stellungnahme der Stiftung zum Wohl des Pflegekindes zum KJSG v. 26.10.2020, S. 2.
35 BVerfG 25.11.2003 – 1 BvR 1248/03, FamRZ 2004, 771; Veit in BeckOK BGB § 1632 Rn. 21 ff.; DIJuF JAmt 2008, 428 ff.; DIJuF JAmt 2007, 141 f.; eine Übersicht über die sozialwissenschaftliche Forschung zu Entscheidungskriterien geben Kindler/Lillig/Küfner JAmt 2006, 9 ff.
36 Diouani-Streek ZKJ 2015, 50 (55).
37 Balloff FPR 2013, 108 (211).
38 BT-Drs. 11/5948, 74; Nothacker in GK-SGB VIII Rn. 15; DIJuF JAmt 2010, 23; Veit in BeckOK BGB § 1632 Rn. 21.
39 Vgl. BVerfG 29.7.1968 – 1 BvL 20/63, 31/66, 5/67, NJW 1968, 2233.

dem Elternrecht aus Art. 6 Abs. 2 S. 1 GG auch dem allgemeinen Persönlichkeitsrecht des Kindes aus Art. 2 Abs. 1 iVm Art. 1 Abs. 1 GG und der Grundrechtsposition der Pflegefamilie aus Art. 6 GG Rechnung tragen.[40] Dieser Aspekt ist angesichts der traumatisierenden Vorerfahrungen des Kindes, die zu seiner Herausnahme geführt haben, entscheidend und wird nicht selten erhöhte Anforderungen an die Erziehungsfähigkeit der Herkunftseltern stellen.[41]

Bei längerfristiger Unterbringung des Kindes in der Pflegefamilie und dem Entstehen entsprechender Bindungen ist im Falle einer Rückführung darauf zu achten, dass diese in einem kontinuierlichen, vom JA begleiteten Prozess erfolgt.[42] 14

Parallel zur Arbeit mit den leiblichen Eltern nach § 37 sollen für die Dauer der Fremdunterbringung die **Beziehungen** des Kindes oder Jugendlichen zur Herkunftsfamilie **gefördert** werden.[43] Die Aufrechterhaltung von Kontakten zur Herkunftsfamilie ist nicht nur wichtig, um ggf. bestehende Bindungen zu erhalten oder zu verbessern, sondern auch, um das Kind auf mögliche, ihm noch nicht vertraute Familienkonstellationen oder Lebenssituationen vorzubereiten, die auftreten, wenn **neue Lebenspartner** oder **Halbgeschwister** hinzukommen. Auch insoweit trifft das JA die Verpflichtung, die Unterbringung des Kindes oder Jugendlichen zeit- und zielgerichtet auszurichten.[44] 15

Um Bindungen des Kindes zu seiner Herkunftsfamilie aufrechtzuerhalten, kommt dem **Umgang** besondere Bedeutung zu. Das JA – aber auch die Familiengerichte – haben zur Ermöglichung der Rückkehroption eine besondere Verantwortung für die Gestaltung des Umgangs zwischen fremd untergebrachtem Kind und seinen Herkunftseltern.[45] Es ist stets zu berücksichtigen, dass die Entscheidung über den Umgang eng mit der Aufrechterhaltung der Trennung des Kindes von seinen Eltern einhergeht, mit der Folge, dass die Wertungen des Art. 6 Abs. 3 GG in die Entscheidung über einen Umgang miteinfließen müssen.[46] Demzufolge ist sorgfältig abzuwägen, inwieweit der Umgang das Wohl des Kindes nicht gefährdet.[47] Bei allen Regelungen von Umgang bei Pflegekindern sind die Gründe der Fremdplatzierung der zentrale Ausgangspunkt für Möglichkeiten und Grenzen des Umgangs; der Kontext der Zielperspektiven ist mit zu bedenken und es ist besonders zu beachten, aus welchem Grund die Fremdplatzierung erfolgt ist.[48] Gerade weil Pflegekinder – und dies nochmals anders als „Scheidungskinder" – hohe Belastungen mitbringen, die zu einer Fremdplatzierung führen können, 16

40 Vgl. BVerfG 17.10.1984 – 1 BvR 284/84, NJW 1985, 423; BVerfG 12.10.1988 – 1 BvR 818/88, NJW 1989, 519.
41 Zur psychosozialen Lage von Pflegekindern: Diouani-Streek ZKJ 2015, 50 (51 ff.); Balloff FPR 2013, 208 ff.; zu Implikationen an der Schnittstelle von Jugendhilfe und Gesundheitswesen vgl. die Pflegekinderstudie des DJI/DIJuF 2010, Handbuch Pflegekinderhilfe, 35, 869 f.
42 Balloff FPR 2013, 108; zur Bindung von Kindern in Pflegefamilien vgl. Köckeritz/Nowacki ZKJ 2021, 44 ff. Zur methodischen Qualität und Bindungsdiagnostik bei familienrechtspsychologischen Gutachten vgl. Stürmer, in Stiftung zum Wohl des Pflegekindes. Ein Pflegekind werden, 7. Jahrbuch des Pflegekinderwesens 2018, S. 87 ff.
43 BT-Drs. 19/26107, 91.
44 So auch Tillmanns in MüKoBGB SGB VIII § 37 Rn. 3.
45 Walter FPR 2004, 415; EGMR 3. Sektion 26.2.2004 – 74969/01, FamRZ 2004, 1456, BeckRS 9998, 94446, Rn. 48; DIJuF JAmt 2004, 135 f.
46 BVerfG 29.11.2012 – 1 BvR 335/12, FamRZ 2013, 361 (362).
47 BVerfG 29.11.2012 – 1 BvR 335/12 mit Anm. Salgo FamRZ 2013, 343 ff.; DFGT FamRZ 2014, 891 (898 f.); Kindler FPR 2013, 194 (199); Meysen JAmt 2004, 61 (68); Salgo FPR 2004, 419 ff.
48 Zu Umgangskontakten zwischen Pflegekindern und Herkunftsfamilie vgl. Salgo Jugendhilfe 59. Jg. 3/2021, 274 ff. Zu den Anforderungen an das psychologische Gutachten zum Umgang vgl. Nienstedt, Anmerkungen zu psychologischen Gutachten in Sorge- und Umgangsrechtsverfahren bei Pflegekindern, in Stiftung zum Wohl des Pflegekindes. Ein Pflegekind werden, 7. Jahrbuch des Pflegekinderwesens 2018, S. 109 ff.

und damit zu einer äußerst vulnerablen Gruppe Minderjähriger gehören, ist es notwendig, bei der Umgangsentscheidung das ob, wann, wo und wie lange sensibel zu stellen, den Kindeswillen zu beachten, sowie Kind, Eltern und Pflegeeltern fachlich vorzubereiten und nachträglich zu begleiten.[49] Ein Ausschluss des Umgangskontaktes mit den Herkunftseltern muss möglich sein, wenn das Kind von seinen Eltern massiv vernachlässigt oder Gewalt ausgesetzt worden ist.[50] Bei der Ausübung des Umgangsrechts haben Kinder und Herkunftseltern gem. § 18 Abs. 3 einen Anspruch auf Beratung und Unterstützung im Hinblick auf die Ausgestaltung der Umgangsregelung.

5 Sicherung einer auf Dauer angelegten Lebensperspektive außerhalb der Herkunftsfamilie (Abs. 2 S. 2)

17 Abs. 2 S. 2 greift das Erfordernis der Erarbeitung einer auf Dauer angelegten Lebensperspektive auf, wenn eine Rückkehr des Kindes oder Jugendlichen in die Herkunftsfamilie nicht innerhalb eines im Hinblick auf die Entwicklung des Kindes oder Jugendlichen vertretbaren Zeitraums möglich ist.

18 Entsprechend wandelt sich der Auftrag der Jugendhilfe, wenn nach einer sorgfältigen Prüfung der Situation in der Herkunftsfamilie erkennbar wird, dass die Refunktionalisierung der Herkunftsfamilie nicht gelingt. Nunmehr ist mit den Beteiligten eine **dauerhafte Lebensperspektive** außerhalb der Herkunftsfamilie zu entwickeln.[51] Das Ziel der Rückkehr in die Herkunftsfamilie soll nur dann und nur so lange verfolgt werden, wie dies nach sorgfältiger Prognose und unter Berücksichtigung der kindlichen Zeitperspektive vertretbar erscheint, was nach dem BVerfG in einem für die Entwicklung des Kindes entscheidenden Zeitraum zu erfolgen hat.[52] Ergibt die fachliche Einschätzung des JA, dass eine nachhaltige Verbesserung der Erziehungsbedingungen innerhalb dieses Zeitraumes nicht erreicht werden kann oder stellt sich das später heraus, so soll mit den beteiligten Personen eine neue, dem Wohl des Kindes entsprechende und auf Dauer angelegte Lebensperspektive außerhalb der Herkunftsfamilie erarbeitet – und im Hilfeplan – dokumentiert werden.[53]

19 Um seitens des JA einschätzen zu können, inwieweit eine nachhaltige Verbesserung der Erziehungsbedingungen in der Herkunftsfamilie nicht mehr erreicht werden kann, ist es erforderlich festzustellen, dass sich innerhalb eines im Hinblick auf die Entwicklung des Kindes vertretbaren Zeitraums trotz des Angebots geeigneter Beratungs- und Unterstützungsmaßnahmen die Erziehungsverhältnisse bei den Eltern nicht haben verbessern lassen und die Verbesserung auch nicht zukünftig erwartet werden kann. Die angebotenen und geeigneten Leistungen der Jugendhilfe haben keinen sichtbaren Erfolg zur Abwehr der Gefährdung des Kindes erbracht, beispielsweise, weil die Eltern nicht erfolgreich an einem Anti-Gewalt-Training, Drogensubstitutionsprogramm mit psychosozialer Beratung oä teilgenommen haben. Nicht erforderlich ist, dass zeitlich unbegrenzt eine Vielzahl von in Betracht kommenden Leistungen und Unter-

49 Salgo Jugendhilfe 59. Jg. 3/2021, 274 (282).
50 Heilmann ZKJ 2014, 48 ff.; Zitelmann ZKJ 2014, 469 (472).
51 BT-Drs. 11/5948, 74 f.
52 BVerfG 29.7.1968 – 1 BvL 20/63, 31/66, 5/67, BVerfGE 24, 119 (149).
53 BT-Drs. 11/5948, 74 f.; zu Reformansätzen im Pflegekinderwesen Diouani-Streek, Kontinuität im Kinderschutz, 2015, S. 262 ff., 286 f., 304 f.; Diouani-Streek ZKJ 2015, 50 (52); Diouani-Streek in 6. Jahrbuch des Pflegekinderwesens, Stiftung zum Wohle des Pflegekindes, 2014, 147 ff.; Zitelmann ZKJ 2014, 469 ff.; DFGT FamRZ 2014, 891 ff.; Salgo/Veit/Zenz ZKJ 2013, 204 f.; Dürbeck in HB-VB Rn. 598; Balloff FPR 2013, 208 (211); zur Forderung nach einer Optimierung der rechtlichen Position von Pflegefamilien im Interesse des Kindeswohls: Beschluss der Justizministerkonferenz Frühjahrskonferenz 2013 TOP I.3; siehe auch TOP 6.2 der Jugendministerkonferenz v. 26./27.5.2011.

stützungsmaßnahmen „ausprobiert" werden müssen.[54] Auch sollte beim Vorliegen angstbesetzter, traumatischer Beziehungen zur Herkunftsfamilie von vornherein auf eine auf Dauer angelegte Lebensperspektive des Kindes außerhalb der Herkunftsfamilie hingearbeitet werden.[55]

Nicht erforderlich ist ein Scheitern der Rückkehr. Es genügt, dass die Rückführung als unrealistisch eingestuft wird.[56] Vorausgesetzt wird ebenfalls nicht, dass erst eine gewisse Zeit abgewartet wird oder von vornherein erfolglos erscheinende Stabilisierungsbemühungen durchgeführt werden, wenn die Beteiligten nach sorgfältiger Prüfung im Hilfeplanungsprozess zu der Einschätzung gelangen, dass die Erziehungsbedingungen selbst mit professioneller Hilfe nicht so weit verbessert werden können, dass das Kind wieder in seine Herkunftsfamilie zurückkehren kann.[57] In derartigen Fällen muss das **Hilfekonzept von vorneherein die dauerhafte Unterbringung** vorsehen.[58]eng 20

Entsprechend des gesetzgeberischen Leitbildes einer kooperativen Partnerschaft zwischen Eltern, Pflegepersonen, Minderjährigem und JA soll das JA mit den Beteiligten zu einer **gemeinsamen Lösung** kommen. Es soll mit den beteiligten Personen eine andere, dem Wohl des Kindes oder des Jugendlichen förderliche und auf Dauer angelegte Lebensperspektive erarbeitet werden. Andere auf Dauer angelegte Lebensperspektiven können die Vermittlung in Adoptionspflege oder die Verselbstständigung in Wohngemeinschaften (§ 13 Abs. 3, §§ 34, 35, 41 Abs. 2), die Betreuung in einer Behinderteneinrichtung (§ 35a Abs. 1 S. 2 Nr. 4) oder die Erziehung in einem Heim sein.[59] 21

Die Aufgabe des JA den Herkunftseltern gegenüber kann ua darin bestehen, diese davon zu überzeugen, ihrer Elternverantwortung am besten gerecht zu werden, wenn sie einem dauerhaften Verbleib des Kindes in der Pflegefamilie zustimmen werden.[60] Gelingt die gemeinsame und im Konsens mit den Eltern erfolgte Erarbeitung einer Lebensperspektive für das Kind, so ist die beste Grundlage dafür gelegt, dass trotz Fremdunterbringung des Kindes oder Jugendlichen die Beziehungen zu den leiblichen Eltern aufrechterhalten werden können. Im Einzelfall kann auch der Umgang des Kindes mit seinen biologischen Eltern und Geschwistern sowie Großeltern von Bedeutung sein, etwa im Hinblick auf die Suche nach der eigenen Identität und den eigenen Wurzeln, wenn dies im Einzelfall dem Wohl des Kindes nicht widerspricht.[61] Jedenfalls hat das JA den Eltern bei der Aufgabe der Neubestimmung ihres Verhältnisses zu ihrem Kind zur Seite zu stehen.[62] 22

Ist die Entwicklung einer neuen dauerhaften Lebensperspektive **nicht einvernehmlich,** sondern nur gegen den Willen der Eltern möglich, so ist das JA verpflichtet, die notwendigen Entscheidungen des Familiengerichts über das Sorge- und Umgangsrecht herbeizuführen, die nur unter den Voraussetzungen der §§ 1632 Abs. 4, 1666, 1666 a BGB erreichbar sind. 23

Die bislang im Zivilrecht verankerten gesetzlichen Vorgaben zur Ermöglichung einer auf Dauer angelegten Lebensperspektive, waren bislang nicht geeignet, eine dauerhaf- 24

---

54 Hierzu auch BMFSFJ-Entwurf eines Gesetzes zur Stärkung von Kindern und Jugendlichen v. 17.3.2017, S. 79.
55 Stellungnahme der Stiftung zum Wohl des Pflegekindes zum KJSG v. 26.10.2020, S. 3.
56 DFGT FamRZ 2014, 891 (893); Schmid-Obkirchner in Wiesner Rn. 27.
57 Zenz in HB-VB Rn. 932 ff.
58 So auch Schmid-Obkirchner in Wiesner Rn. 27.
59 Stähr in Hauck/Noftz/Stähr Rn. 18; Nothacker in GK-SGB VIII Rn. 17.
60 Vgl. die Gesetzesbegründung, BT-Drs. 11/5948, 75.
61 EGMR 3. Sektion 26.2.2004, 74969/01, FamRZ 2004, 1456, BeckRS 9998, 94446, Rn. 48 – Görgülü./.Deutschland; Meysen in FK-SGB VIII Rn. 18; Walter FPR 2004, 418 f.; DIJuF JAmt 2004, 135 f.
62 Zitelmann ZKJ 2014, 469 (472).

te Absicherung eines Pflegekindverhältnisses zu ermöglichen, womit das Kind oder der Jugendliche während der gesamten Unterbringung fortlaufend mit der Frage konfrontiert wurde, ob es in der Pflegefamilie verbleibt oder zurückgeführt wird.[63] Das wiederholte Infrage stellen des Verbleibs führte zu großer Verunsicherung der Kinder und implizierte das Risiko, die erhoffte Abwendung der Gefährdung bzw. die Verarbeitung erlittener Schädigung und Traumatisierung in der Pflegefamilie doch nicht bewältigen zu können.[64]

25 Mit Inkrafttreten des KJSG[65] erhält das BGB die Neuregelung des § 1632 Abs. 4 BGB und des § 1697a Abs. 2 BGB zum Schutz gewachsener Bindungen und Beziehungen von Pflegekindern. Die Neuregelung greift die Praxis des **„concurrent planning"** als Hilfeplanmethode durch Orientierung an zeitlichen Vorgaben, Offenlegung der Verfahrensschritte[66] und die im öffentlichen Fachdiskurs seit langem postulierte und auch vom BMFSFJ formulierte[67] Forderung[68] auf, die **Rechtsgrundlagen von JÄ und Familiengerichten** bei der **Kindesunterbringung kongruent** zu regeln und die sozialrechtlichen Vorgaben des SGB VIII hinsichtlich der Kontinuitätssicherung und Adoptionsförderung von Pflegekindern in den kindschaftsrechtlichen Vorschriften des BGB konform auszugestalten, so dass JÄ und Familiengericht den gleichen Auftrag verfolgen können.[69] Die Beteiligten sollen sich nicht mehr in erster Linie an der Notwendigkeit der Aufrechterhaltung dysfunktionaler biologischer Familienbeziehungen, sondern am Wohlbefinden und den Entwicklungschancen des Kindes orientieren.[70] Reagiert hat der Gesetzgeber auf die Forderung, die in §§ 33, 36, 37 aufgeführten Aspekte **kontinuitätssichernder** Entscheidungen zur Fremdunterbringung als Auftrag an die Jugendhilfe zu zentrieren und **Dauerpflegeverhältnisse** gesetzlich abzusichern.[71]

26 Das Familiengericht erhält die Möglichkeit, zusätzlich zur Verbleibensanordnung, als vorübergehende Maßnahme bei einer Herausnahme zur Unzeit, anzuordnen, dass der Verbleib des Kindes oder Jugendlichen bei der Pflegeperson auf Dauer sein wird, wenn sich innerhalb eines im Hinblick auf die Entwicklung des Kindes vertretbaren Zeitraums trotz angebotener geeigneter Beratungs- und Unterstützungsmaßnahmen die Erziehungsverhältnisse bei den Eltern nicht nachhaltig verbessert haben und eine

63 Zur Problematik: DFGT FamRZ 2014, 891 (892 ff.).

64 BMFSFJ-Entwurf eines Gesetzes zur Stärkung von Kindern und Jugendlichen v. 17.3.2017, S. 78.

65 Gesetz zur Stärkung von Kindern und Jugendlichen v. 3.6.2021, BGBl. 2021 Teil I Nr. 29, 1444 ff.

66 Vgl. Weinberg/Katz, Law and Social Work in Partnership for Permanency: The Adoption and Safe Families Act and the Role of Concurrent Planning, Children's Legal Rights Journal, Vol. 18, 1998, 2 ff.; Diouani-Streek in Heilmann/Lack, FS für Ludwig Salgo (2016), 341, 356 ff.

67 Vgl. bereits BMFSFJ, Schwesig, DER SPIEGEL 33/2014, 18 ff.

68 Regierungsentwurf eines Gesetzes zur Stärkung von Kindern und Jugendlichen (Kinder- und Jugendstärkungsgesetz – KJSG) v. 2.12.2020; vgl. auch bereits PM d. BMFSFJ v. 12.4.2017, Mehr Schutz und Teilhabe. Bundeskabinett beschließt Gesetzentwurf zur Stärkung von Kindern und Jugendlichen, www.bmfsfj.de; vgl. auch Referentenentwurf v. 17.3.2017, 1 ff., 10 ff., 48 ff., 77 ff. (Änderung und Neuregelung v. §§ 36, 36a, 36b, 37, 37a SGB VIII-E sowie §§ 1632 Abs. 4 S. 2, 1696 Abs. 3, 1697a Abs. 2 BGB-E); vgl. Dialogforum Pflegekinderhilfe: Eschelbach, Expertise zu den Forderungen nach rechtlichen Reformen; siehe auch Erzberger, Expertise für das Dialogforum Pflegekinderhilfe, Fachliche Forderungen: www.igfh.de.

69 Diouani-Streek/Salgo RdJB 2016, 176 ff.

70 Vgl. Evaluation des Bundeskinderschutzgesetzes (BKiSchG) v. 16.12.2015, S. 110 ff., Qualifizierung der Pflegekinderhilfe.

71 Hierzu Diouani-Streek/Salgo RdJB 2016, 176 ff.; Küfner in Kindler/Helming/Meysen/Jurczyk, Handbuch Pflegekinderhilfe (2011), 858 ff.; kritisch zur tatsächlichen Dauer von „Dauerpflegeverhältnissen" unter Betrachtung empirischer Daten: Van Santen NDV 2016, 387 ff.

derartige Verbesserung mit hoher Wahrscheinlichkeit auch zukünftig nicht zu erwarten ist und die Anordnung zum Wohl des Kindes erforderlich ist.[72] Eine Anordnung des Verbleibs auf Dauer kommt in der Zusammenschau der in § 1632 Abs. 4 S. 1 und 2 Nr. 1 und 2 BGB kumulativ zu erfüllenden Voraussetzungen nicht in Betracht, wenn eine Kindeswohlgefährdung bei den Herkunftseltern nicht festgestellt wird und der Rückführungsprozess so ausgestaltet werden kann, dass sich das Kind ohne Gefährdung seines Wohls einerseits von seiner Pflegeperson lösen und andererseits in seiner Herkunftsfamilie wieder integrieren kann. Umgekehrt wird ausweislich der Gesetzesbegründung der dauerhafte Verbleib des Kindes bei seiner Pflegefamilie anzuordnen sein, wenn mit der Rückführung eine Kindeswohlgefährdung einhergeht, der auch langfristig nicht durch öffentliche Hilfen begegnet werden kann, vor allem wenn die Eltern nicht mitwirkungsbereit sind.[73]

Wenig überzeugend erscheint allerdings die zugleich geschaffene Möglichkeit, die gerichtliche Dauerverbleibensanordnung gem. § 1696 Abs. 3 BGB auf Antrag der Eltern wieder aufheben zu können, wenn die Wegnahme des Kindes von der Pflegeperson das Kindeswohl nicht gefährdet.[74] Eine Rückführung kann nur dann in Betracht kommen, wenn dem Kind bei einer Rückkehr keine Gefährdung droht und der zukünftige Eintritt einer Gefährdung mit öffentlichen Hilfen ausreichend verlässlich verhindert werden kann. 27

Die Neuregelung des § 1697a Abs. 2 BGB bringt zum Ausdruck, dass das Grundbedürfnis des Kindes nach kontinuierlichen und stabilen Lebensverhältnissen im Rahmen der Kindeswohlprüfung bei allen Entscheidungen ebenso zu beachten ist wie die Berücksichtigung des kindlichen Zeiterlebens bei der Frage, wie lange eine Unterstützungsmaßnahme für die Eltern erfolgen muss, bevor das Gericht eine Entscheidung trifft, die langfristig das Lebens- und Erziehungsumfeld des Kindes festlegt.[75] 28

Die weiteren Vorschläge zur Änderung der Rechtslage, etwa in Form der **„Annahme als Pflegekind“**[76] oder als **„Adoptionsrecht mit individuell verbindlich festgelegten Auskunfts- und Kontaktrechten** der Herkunftseltern als Alternative zur Dauerpflege“[77] haben keine Umsetzung erfahren.

Organisatorisch möglich ist die Aufgabenwahrnehmung in spezialisierten Pflegekinderdiensten/Fachdiensten der Heimerziehung im JA, im ASD, ebenso wie die Beteiligung von freien Trägern.[78] 29

6 Prüfung der Adoptions-Option (Abs. 2 S. 3)

Abs. 2 S. 3 enthält die Verpflichtung des Trägers der öffentlichen Jugendhilfe, bei längerer Zeit zu leistender Hilfe zu prüfen, ob die Annahme als Kind in Betracht kommt. Die Prüfung der Adoptionseignung beruht auf dem Vorrang der Adoption vor einer Fremdunterbringung. Dieser Vorrang gilt auch, wenn das Kind in einer Pflegefamilie 30

72 Regierungsentwurf eines Gesetzes zur Stärkung von Kindern und Jugendlichen (Kinder- und Jugendstärkungsgesetz – KJSG) v. 2.12.2020, S. 37.
73 Regierungsentwurf eines Gesetzes zur Stärkung von Kindern und Jugendlichen (Kinder- und Jugendstärkungsgesetz – KJSG) v. 2.12.2020, S. 141.
74 Regierungsentwurf eines Gesetzes zur Stärkung von Kindern und Jugendlichen v. 2.12.2020, S. 3; kritisch auch Lohse, Editorial, JAmt 2020, 545; ebenso kritisch: Meysen/Salgo, Stellungnahme der Kinderrechtekommission des Deutschen Familiengerichtstages zum KJSG v. 5.10.2020 FamRZ 2021, 13 ff. („§ 1696 Abs. 3 BGB-E als Experimentierklausel mit Kindern?“).
75 Regierungsentwurf eines Gesetzes zur Stärkung von Kindern und Jugendlichen v. 2.12.2020, S. 138.
76 Zitelmann ZKJ 2014, 469 ff.
77 Botthoff FamRZ 2016, 768 ff. mwN.
78 Schönecker/Meysen in FK-SGB VIII Rn. 2.

integriert ist.[79] Die Adoptionsalternative kann erst geprüft werden, wenn aufgrund des Hilfeplans feststeht, dass für längere Dauer eine Hilfe außerhalb der eigenen Familie (das sind Hilfen nach §§ 33, 34, 35, § 35 a Abs. 2 Nr. 3 und 4) zu leisten ist, also erst nach Aufstellung des Hilfeplanes. Wenn im Hilfeplan diese Feststellung getroffen worden ist, muss die **Adoptionsfachkraft** gem. § 3 AdVermiG (Abdruck bei § 72) die Prüfung nach § 36 Abs. 1 S. 2 vornehmen.[80] Nicht notwendig (aber möglicherweise sinnvoll) ist die Beteiligung der Adoptionsfachkraft schon bei der Aufstellung des Hilfeplans. Ob eine lang dauernde („langfristig" ist sprachlich nicht korrekt) Hilfe zu leisten ist, ergibt sich aufgrund der Feststellungen im Hilfeplan. „Langfristig" ist nicht gleichzusetzen mit „längere Zeit". Die Prognose darüber muss bereits vor Aufstellung des Hilfeplans erfolgen. Langfristig ist eine Hilfe nur dann, wenn eine Rückkehr in die Herkunftsfamilie nicht zu erwarten ist.[81] Die „Option der Adoption" kommt schon dann in Betracht, wenn das FamG voraussichtlich die Einwilligung nach § 1748 BGB ersetzen würde;[82] sie ist nicht nur vor, sondern auch während der HzE – gleichsam als tägliche Gewissenserforschung – zu prüfen.

7 Mitbestimmungs- und Beteiligungsrechte (Abs. 3)

31 Abs. 3 regelt weitere Regelungsbereiche, die im Bedarfsfall in den Hilfeplan mit aufgenommen werden sollen. Bei der Auswahl von Einrichtung oder Pflegeperson sind der Personensorgeberechtigte und das Kind oder der Jugendliche zu beteiligen. Dem Wunsch- und Wahlrecht ist zu entsprechen, wenn die Leistung nicht mit unverhältnismäßigen Kosten verbunden ist oder die Hilfegewährung für geboten erscheint. Abs. 3 S. 4 regelt ergänzend, dass bei der Auswahl der Pflegeperson in den Fällen, in denen ein Kind oder Jugendlicher bei einer Pflegeperson außerhalb des Bereichs des für die Hilfegewährung zuständigen JA untergebracht werden soll, soll das JA am Ort der Pflegeperson beteiligt werden. Damit soll sichergestellt werden, dass etwaige Kenntnisse des örtlichen JA im Hinblick auf die Eignung der Pflegeperson in die Auswahlentscheidung einbezogen werden können.[83]

7.1 Beteiligungsrecht bei stationärer Hilfe (Abs. 3 Satz 1)

32 Die Hilfen **außerhalb der eigenen Familie** sind die nach §§ 33, 34, 35 und 35 a Abs. 2 Nr. 3 und 4, bei Volljährigen iVm § 41. Bei diesen Hilfen sind PSB und Kind (bzw. der Volljährige) an der Auswahl der Einrichtung zu beteiligen. Die Beteiligung geschieht durch Ausübung des Wunsch- und Wahlrechts, auf das sie im Rahmen der Beratungspflicht nach Satz 1 **hinzuweisen sind** (→ § 36 Rn. 23) und auf dessen Ausübung sie einen **Rechtsanspruch** haben (→ § 36 Rn. 8).[84] Ihr Beteiligungsrecht beschränkt sich nicht auf vom JA vorgeschlagene Einrichtungen, sondern umfasst auch die Möglichkeit, selbst Einrichtungen vorzuschlagen.[85] Sind sich PSB und Kind nicht einig, entscheidet der Wille des PSB bis zur Grenze der Kindeswohlgefährdung (→ § 8 Rn. 5). Da das Beteiligungsrecht den PSB und nicht den Eltern (wie in § 37) zusteht, haben die Eltern dieses Recht mit Entziehung des Aufenthaltsbestimmungsrechts nach § 1666 BGB verloren. Beteiligt der Träger der Jugendhilfe sie aus fachlichen Gründen dennoch, ist im Konfliktfall der Wille des das Personensorgerecht ausübenden Pflegers/Vormunds entscheidend (→ § 5 Rn. 4). Die Beteiligungsregelung nach Satz 3 geht der Regelung des Wunsch- und Wahlrechts nach § 5 vor, weil sie spezieller und umfas-

79 So BVerfGE 79, 51; aA BayObLG NJW 1994, 668.
80 Nothacker in GK-SGB VIII Rn. 33: „im Zusammenwirken mehrerer Fachkräfte".
81 Ausführlich hierzu Kunkel in Paulitz, Adoption, S. 186 ff.; Salgo ZfJ 2004, 410.
82 So DIJuF JAmt 2009, 174.
83 BT-Drs. 19/26107, 91.
84 Ebenso Stähr in Hauck/Noftz Rn. 20; Fischer in SFMK Rn. 14.
85 Ebenso Münder ZfJ 1992, 481; aA Juli ZfJ 1992, 279.

sender ist. Während das Wunsch- und Wahlrecht nur dem Leistungsberechtigten eingeräumt ist, steht das Beteiligungsrecht auch dem Kind als Leistungsadressaten zu (→ § 8 Rn. 4, 18). Ein weiterer Unterschied zu § 5 besteht – scheinbar – darin, dass sich das Wahlrecht auch auf Pflegestellen erstreckt; diese sind aber im Begriff der Dienste in § 5 ebenfalls enthalten. Für ambulante (§§ 28, 29, 30, 31) und teilstationäre (§ 32) Hilfearten bleibt das Wahlrecht aus § 5 erhalten. Im Verhältnis zu § 8 ist das Beteiligungsrecht des Kindes die speziellere Regelung (→ § 8 Rn. 7).

7.2 Mehrkostenvorbehalt

Der Verpflichtungsgrad des Satzes 4 geht über den des allgemeinen Wunsch- und Wahlrechts nach § 5 hinaus, indem der Wahl und den Wünschen zu entsprechen „ist", Ausnahmen also auch bei atypischen Umständen nicht zulässig sind. Voraussetzung für diese unbedingte Bindung ist aber, dass keine **unverhältnismäßigen Mehrkosten** entstehen. Mehrkosten sind solche, die die Durchschnittskosten im überörtlichen Vergleich übersteigen (→ § 5 Rn. 9 ff.). Diese übersteigenden Kosten müssen getragen werden, soweit sie nicht unverhältnismäßig sind (→ § 5 Rn. 14). Die Beweisführungslast hierfür hat der Träger der Jugendhilfe. Unverhältnismäßig sind die Mehrkosten dann, wenn sie nicht mehr in einem angemessenen Verhältnis zur Bedeutung des Wunsches stehen. Diese wertende Betrachtungsweise ist also mehr als nur ein rechnerischer Kostenvergleich.[86] 33

Eine das Wunsch- und Wahlrecht immanent begrenzende **Schranke** ergibt sich aber aus dem Hilfeplan. Das Wunsch- und Wahlrecht darf den dort festgelegten Zielen nicht widersprechen. Die Wahl ungeeigneter Dienste oder Einrichtungen kann deshalb unberücksichtigt bleiben.[87] Auf die Eignung einer Hilfeart bezieht es sich von vornherein nicht.[88] Eine Wahl, die das Kindeswohl gefährden würde, könnte auch durch das FamG gem. § 1666 BGB „annulliert" werden. 34

Eine **weitere Begrenzung**, etwa auf solche Einrichtungen, die vom JA gefördert werden,[89] kann nicht aus §§ 79, 80 abgeleitet werden.[90] Die Gewährleistungspflicht des § 79 Abs. 2 erstreckt sich auf die für die Hilfe erforderlichen Einrichtungen, wobei die Prüfung der Erforderlichkeit von der getroffenen Wahl ausgehen muss, soweit sie mit den Zielen des Hilfeplans zu vereinbaren ist (→ § 79 Rn. 15). 35

Das Wunsch- und Wahlrecht des Satzes 4 geht über die Wahl der Einrichtung oder der Pflegestelle nach Satz 3 hinaus. Es erstreckt sich auch auf Wünsche zur **Gestaltung** der Hilfe. 36

8 Dokumentation von Zusammenarbeit und Zielsetzung im Hilfeplan (Abs. 4)

Abs. 4 S. 1 und 2 benennt die Inhalte des Hilfeplans, der zusätzlich zu den nach § 36 Abs. 2 S. 2 angeführten Aspekten der Feststellungen über den Bedarf, die zu gewährende Art der Hilfe sowie die notwendigen Leistungen (→ § 36 Rn. 40), auch eine Dokumentation zur vereinbarten Art und Weise der Zusammenarbeit von Pflegeperson und Eltern nach § 37 Abs. 2 sowie zu den Zielsetzungen enthält. Hierzu zählen auch Angaben zum vereinbarten Umfang der Beratung und Unterstützung der Eltern nach 37

86 Ebenso BVerwG 18.8.2003 – 5 B 14/03, juris Rn. 3; SächsOVG 3.4.2009 – 1 B 80/09; v. Koppenfels-Spies in jurisPK-SGB VIII Rn. 26.
87 Ebenso HessVGH 6.11.2007 – 10 TG 1954/07, JAmt 2008, 327.
88 Ebenso BayVGH 18.12.2007 – 12 CE 07.2800; VG Darmstadt 29.8.2007 – JAmt 2008, 323.
89 So HmbOVG 24.10.1994 – Bs IV 144/94, NDV 1995, 300; aber → Rn. 31.
90 Ebenso Schmid-Obkirchner in Wiesner Rn. 43; Stähr in Hauck/Noftz Rn. 23; Fischer in SFMK Rn. 14; Lakies FuR 1995, 148; Münder NDV 1995, 275.

§ 37 Abs. 1 und der Pflegeperson nach § 37a Abs. 1, sowie zur Höhe der laufenden Leistungen zum Unterhalt des Kindes oder Jugendlichen nach § 39.

38 Die Dokumentationspflicht dient dazu, Brüche in der Kontinuität bei Zuständigkeitswechseln der Jugendämter zu verhindern. Mit Blick auf 86c Abs. 1 S. 2 wird deutlich, dass der neue Jugendhilfeträger dafür Sorge zu tragen hat, dass der Hilfeprozess und die im Rahmen der Hilfeplanung vereinbarten Hilfeziele durch den Zuständigkeitswechsel nicht gefährdet werden dürfen.

Zunächst ist das den Fall übernehmende JA an die fachliche Einschätzung des abgebenden JA gebunden.[91] Allerdings können Pflegeeltern nicht verlangen, dass eine Hilfe, Beratung, Begleitung oder Unterstützung nach erfolgtem Zuständigkeitswechsel von einem bestimmten Träger oder nach einem bestimmten Konzept durchgeführt wird.[92] Die Pflicht zur **Leistungskontinuität** nach einem Zuständigkeitswechsel betrifft nur den im Hilfeplan festgehaltenen Umfang und nicht das Konzept, zumindest wenn dieses nicht ausdrücklich dem Hilfeplan zugrunde gelegt worden ist.[93]

39 Zur Sicherung der Hilfekontinuität in Vollzeitpflegeverhältnissen sollen zentrale Leistungsinhalte im Hilfeplan dokumentiert werden. Damit wird für den Fall eines späteren Zuständigkeitswechsels im Hinblick auf den Hilfebedarf die notwendige Transparenz im Einzelfall geschaffen. Durch die Regelung wird sichergestellt, dass Änderungen im Leistungsinhalt nur bei einer Änderung des Hilfebedarfs zulässig sind und nicht allein durch den Zuständigkeitswechsel legitimiert werden.[94] Bei Vollzeitpflege, Eingliederungshilfe durch eine Pflegeperson und einer Hilfe für junge Volljährige müssen in den Hilfeplan zusätzlich die **Höhe der laufenden Leistungen zum Unterhalt** des Kindes oder Jugendlichen mit aufgenommen werden. Klarstellend werden in S. 3 die bei Hilfen für junge Volljährige nach § 41 im Hilfeplan zu dokumentierenden Leistungsinhalte benannt. Die Verbindlichkeit der Festlegungen im Hilfeplan bezieht sich nunmehr explizit auf Hilfen für junge Volljährige.[95] Eine Abweichung von den im Hilfeplan gem. Abs. 4 S. 1 bis 3 getroffenen Feststellungen ist gem. Abs. 4 S. 4 nur bei einer Änderung des Hilfebedarfs und entsprechender Änderung des Hilfeplans auch bei einem Wechsel der örtlichen Zuständigkeit zulässig.

§ 38 Zulässigkeit von Auslandsmaßnahmen

(1) [1]Hilfen nach diesem Abschnitt sind in der Regel im Inland zu erbringen. [2]Sie dürfen nur dann im Ausland erbracht werden, wenn dies nach Maßgabe der Hilfeplanung zur Erreichung des Hilfezieles im Einzelfall erforderlich ist und die aufenthaltsrechtlichen Vorschriften des aufnehmenden Staates sowie

1. **im Anwendungsbereich der Verordnung (EG) Nr. 2201/2003 des Rates vom 27. November 2003 über die Zuständigkeit und die Anerkennung und Vollstreckung von Entscheidungen in Ehesachen und in Verfahren betreffend die elterliche Verantwortung und zur Aufhebung der Verordnung (EG) Nr. 1347/2000 die Voraussetzungen des Artikels 56 oder [ab 1.8.2022: *im Anwendungsbereich der Verordnung (EU) 2019/1111 des Rates vom 25. Juni 2019 über die Zuständigkeit,***

91 DIJuF JAmt 2012, 263.
92 VG Münster 17.5.2016 – 6 K 975/15; kritische Anm. hierzu von Frings Sozialrecht aktuell 2016, 211 ff., der vorschlägt, sich nicht auf ein anderes Pflegekonzept einzulassen, sondern die Fortsetzung des bisherigen Konzeptes einzufordern und durchzusetzen, was das Wunsch- und Wahlrecht des § 5 zulasse.
93 So jedenfalls das VG Münster 17.5.2016 – 6 K 975/15; mit kritischer Anm. von Frings Sozialrecht aktuell 2016, 211 ff.
94 Zur Reichweite der Bindung von Leistungen durch Abs. 2a siehe auch VG Oldenburg 29.2.2016 – 13 B 2205/15, BeckRS 2016, 43916.
95 BT-Drs. 19/26107, 91.

die Anerkennung und Vollstreckung von Entscheidungen in Ehesachen und in Verfahren betreffend die elterliche Verantwortung und über internationale Kindesentführungen (ABl. L 178 vom 2.7.2019, S. 1) die Voraussetzungen des Artikels 82 oder]

2. im Anwendungsbereich des Haager Übereinkommens vom 19. Oktober 1996 über die Zuständigkeit, das anzuwendende Recht, die Anerkennung, Vollstreckung und Zusammenarbeit auf dem Gebiet der elterlichen Verantwortung und der Maßnahmen zum Schutz von Kindern die Voraussetzungen des Artikels 33

erfüllt sind.

(2) Der Träger der öffentlichen Jugendhilfe soll vor der Entscheidung über die Gewährung einer Hilfe, die ganz oder teilweise im Ausland erbracht wird,

1. zur Feststellung einer seelischen Störung mit Krankheitswert die Stellungnahme einer in § 35a Absatz 1a Satz 1 genannten Person einholen,
2. sicherstellen, dass der Leistungserbringer
   a) über eine Betriebserlaubnis nach § 45 für eine Einrichtung im Inland verfügt, in der Hilfe zur Erziehung erbracht wird,
   b) Gewähr dafür bietet, dass er die Rechtsvorschriften des aufnehmenden Staates einschließlich des Aufenthaltsrechts einhält, insbesondere vor Beginn der Leistungserbringung die in Absatz 1 Satz 2 genannten Maßgaben erfüllt, und mit den Behörden des aufnehmenden Staates sowie den deutschen Vertretungen im Ausland zusammenarbeitet,
   c) mit der Erbringung der Hilfen nur Fachkräfte nach § 72 Absatz 1 betraut,
   d) über die Qualität der Maßnahme eine Vereinbarung abschließt; dabei sind die fachlichen Handlungsleitlinien des überörtlichen Trägers anzuwenden,
   e) Ereignisse oder Entwicklungen, die geeignet sind, das Wohl des Kindes oder Jugendlichen zu beeinträchtigen, dem Träger der öffentlichen Jugendhilfe unverzüglich anzeigt und
3. die Eignung der mit der Leistungserbringung zu betrauenden Einrichtung oder Person an Ort und Stelle überprüfen.

(3) [1]Überprüfung und Fortschreibung des Hilfeplans sollen nach Maßgabe von § 36 Absatz 2 Satz 2 am Ort der Leistungserbringung unter Beteiligung des Kindes oder des Jugendlichen erfolgen. [2]Unabhängig von der Überprüfung und Fortschreibung des Hilfeplans nach Satz 1 soll der Träger der öffentlichen Jugendhilfe nach den Erfordernissen im Einzelfall an Ort und Stelle überprüfen, ob die Anforderungen nach Absatz 2 Nummer 2 Buchstabe b und c sowie Nummer 3 weiter erfüllt sind.

(4) Besteht die Erfüllung der Anforderungen nach Absatz 2 Nummer 2 oder die Eignung der mit der Leistungserbringung betrauten Einrichtung oder Person nicht fort, soll die Leistungserbringung im Ausland unverzüglich beendet werden.

(5) [1]Der Träger der öffentlichen Jugendhilfe hat der erlaubniserteilenden Behörde unverzüglich

1. den Beginn und das geplante Ende der Leistungserbringung im Ausland unter Angabe von Namen und Anschrift des Leistungserbringers, des Aufenthaltsorts des Kindes oder Jugendlichen sowie der Namen der mit der Erbringung der Hilfe betrauten Fachkräfte,
2. Änderungen der in Nummer 1 bezeichneten Angaben sowie
3. die bevorstehende Beendigung der Leistungserbringung im Ausland

zu melden sowie

4. einen Nachweis zur Erfüllung der aufenthaltsrechtlichen Vorschriften des aufnehmenden Staates und im Anwendungsbereich
   a) der Verordnung (EG) Nr. 2201/2003 des Rates vom 27. November 2003 über die Zuständigkeit und die Anerkennung und Vollstreckung von Entscheidun-

gen in Ehesachen und in Verfahren betreffend die elterliche Verantwortung und zur Aufhebung der Verordnung (EG) Nr. 1347/2000 zur Erfüllung der Maßgaben des Artikels 56, [ab 1.8.2022: *der Verordnung (EU) 2019/1111 zur Erfüllung der Maßgaben des Artikels 82,*]

b) des Haager Übereinkommens vom 19. Oktober 1996 über die Zuständigkeit, das anzuwendende Recht, die Anerkennung, Vollstreckung und Zusammenarbeit auf dem Gebiet der elterlichen Verantwortung und der Maßnahmen zum Schutz von Kindern zur Erfüllung der Maßgaben des Artikels 33

zu übermitteln. [2]Die erlaubniserteilende Behörde wirkt auf die unverzügliche Beendigung der Leistungserbringung im Ausland hin, wenn sich aus den Angaben nach Satz 1 ergibt, dass die an die Leistungserbringung im Ausland gestellten gesetzlichen Anforderungen nicht erfüllt sind.

1 Bedeutung und Anwendungsbereich

1 In § 38 wurden infolge der Rechtsänderungen durch Art. 1 des KJSG die Voraussetzungen für die Durchführung von **Auslandshilfen** neu verortet und verschärft.[1] Nach bisheriger Rechtslage im Gesetz verstreut normierte Vorgaben, die erstmalig 2005 im Rahmen des KICK eingeführt wurden (§§ 27, 36 und 78b SGB VIII), sind nun in § 38 gebündelt geregelt. Es sind aber auch substantielle Neuregelungen erfolgt, welche die Durchführung von Auslandshilfen engen Voraussetzungen unterwerfen. So werden die Konsultation nach Brüssel IIa/b bzw. KSÜ als verbindlich geregelt und die für die Erteilung der Betriebserlaubnis zuständigen Behörden erstmalig in die Absicherung von Auslandshilfen eingebunden. Damit soll zuvorderst das Kindeswohl bei Durchführung von Leistungen im Ausland besser gewährleistet werden. Hintergrund der Normierungen sind aber auch die administrative und diplomatische Absicherung gegenüber den Gastländern und die Handlungsfähigkeit in Krisenfällen, die über Belange des Kindeswohls hinausgehen.

Die Verweisungen in § 38 SGB VIII auf die Brüssel-IIa-Verordnung werden mit Wirkung vom 1.8.2022 durch Verweisungen auf die Brüssel-IIb-Verordnung ersetzt werden.[2]

2 In § 38 Abs. 1 wird normiert, dass die Hilfe in der Regel im Inland zu erfolgen hat und die Hilfeerbringung im Ausland nur nach Maßgabe der Hilfeplanung zur Erreichung des Hilfezieles im Einzelfall bei Vorliegen weiterer Voraussetzungen zulässig sein kann. Hintergrund dieser Norm, die sich seit dem KICK in § 27 Abs. 2 befand, waren Krisenfälle der 1990er und 2000er Jahre, die zu diplomatischen Verwicklungen führten. Zeitweilig sah die Politik das Ansehen der Bundesrepublik im Ausland ge-

1 BGBl. 2021 Teil I Nr. 29, 1444.
2 BGBl. 2021 Teil I Nr. 53, 3424; s. hierzu auch BT-Drs. 19/28681, 67.

fährdet.[3] Zudem wurde befürchtet, dass aus finanziellen Gründen Heimunterbringungen in das nahegelegene Ausland ausgelagert werden könnten. Um einer fachlich nicht begründbaren Expansion vorzubeugen und um Verbotsforderungen zu begegnen, wurden Auslandshilfen als **besonders begründungspflichtige Ausnahmen**, die nur auf Grundlage fachlicher Erwägungen durchzuführen sind, im Gesetz verankert.[4] Nach § 38 Abs. 1 S. 2 muss im Hilfeplan schlüssig dargelegt werden, warum eine Hilfeerbringung im Ausland erforderlich ist. Der Passus ist bei genauer Betrachtung allerdings redundant: in § 27 Abs. 2 Satz 2 ist bereits geregelt, dass sich Art und Umfang der Hilfe nach dem erzieherischen Bedarf im Einzelfall zu richten haben. Es ist die geeignete und notwendige Hilfe zu bewilligen. Zudem stellen Auslandshilfen einen der intensivsten Eingriffe in das Leben des jeweiligen jungen Menschen dar und sind als längerfristige (mehrere Monate bis Jahre) Hilfen in einer lebensweltorientierten Jugendhilfe ohnehin eine besonders sorgsam zu begründende Hilfeform.

Abzugrenzen sind die hier gemeinten langfristigen Auslandshilfen von kurzzeitigen Auslandsaufenthalten im Rahmen der Hilfen zur Erziehung, „die der Erholung, Freizeit, Bildung oder Ausbildung dienen oder die nicht aus pädagogischen Gründen veranlasst sind".[5] 3

Ein Sonderfall sind Reiseprojekte, die gelegentlich als kurzzeitige Clearingphasen oder Kriseninterventionen (bis zu vier Wochen) eingesetzt werden. Häufig anzutreffende Beispiele sind die Wanderung des Jakobsweges oder eine Alpenüberquerung, bei denen in wenigen Tagen oder Wochen ggf. mehrere Länder nach spontaner Reiseplanung betreten werden. Längerfristige Reiseprojekte, die mehrere Monate dauern, bilden die Ausnahme. Das Bundesamt für Justiz (BMJ) sieht eine Konsultationspflicht nach der Brüssel IIa-VO (Verordnung (EG) Nr. 2201/2003 des Rates vom 27.11.2003; → Rn. 4) auch für Reiseprojekte.[6] Dieser Auslegung ist jedoch zu widersprechen. Zum einen sah das BMJ dies 2017 selbst noch anders,[7] zum anderen weisen die Brüssel IIa-VO und auch die reformierte Fassung, gültig ab 1.8.2022 als Brüssel IIb (Verordnung (EU) 2019/1111 des Rates vom 25.6.2019), an keiner Stelle darauf hin. Vielmehr geht die VO durchweg von Unterbringungen in Pflegefamilien oder einem Heim aus. Reiseprojekte zeichnen sich aber dadurch aus, dass sie ortsungebunden und flexibel sind und in der Regel gemeinsam mit den in Deutschland betreuenden Personen durchgeführt werden. Hinzu kommt, dass der Aufenthalt in den Gastländern in der Regel nur wenige Tage bis Wochen andauert. Der Charakter eines kurzzeitigen Reiseprojektes unterscheidet sich daher grundsätzlich von einer mehrmonatigen stationären Unterbringung im Gastland. Reiseprojekte werden demnach von der Brüssel IIa/b-VO nach hiesiger Auffassung nicht tangiert und fallen nicht unter die Konsultationspflicht.[8] Zudem wäre der erhebliche administrative Aufwand für einen nur kurzen Aufenthalt in einem Gastland unverhältnismäßig. Vergleichbares gilt für die weiteren in § 38 enthaltenen Regelungen. Nach Sinn und Zweck sowie des Gesetzeswortlautes hat § 38 längerfristige und hilfeplanpflichtige Auslandsleistungen im Blick. Nach hier vertretener Auffassung dürften daher kurze Reiseprojekte mit einer Dauer von unter vier Wochen nicht unter den § 38 fallen. Je nach Einzelfall und Gastland bzw. Gastländern sollte jedoch eine Meldung bei den Deutschen Vertretungen und anderen involvierten

---

3 BT-Drs. 13/1708, 21 und Wiesner 2015 § 78b Rn. 31.
4 S. hierzu Wiesner in Wiesner § 78b Rn. 28 zur alten Rechtslage und Fischer in Schellhorn ua § 27 Rn. 41.
5 Vgl. BT-Drs. 15/3676, 35.
6 Schlauß 2019.
7 Merkblatt des BMJ zur grenzüberschreitenden Unterbringung in der Fassung von 2017, dazu auch Wiesner 2019.
8 Wiesner 2019.

Stellen erwogen werden, um eine angemessene und kooperative Reaktion im Krisenfall zu ermöglichen.

2 Brüssel IIa Verordnung (EG) Nr. 2201/2003 des Rates vom 27.11.2003 und KSÜ (Haager Kinderschutzübereinkommen)

4 § 38 Abs. 1 S. 2 Nr. 1 und 2 regelt weiterhin, dass neben den aufenthaltsrechtlichen Bestimmungen des Gastlandes die Vorschriften der sogenannten **Brüssel IIa-VO** (Verordnung (EG) Nr. 2201/2003 des Rates vom 27.11.2003) ab 1.8.2022 gültig als reformierte Fassung genannt Brüssel IIb (Verordnung (EU) 2019/1111 des Rates vom 25.6.2019) bzw. des Art. 33 des Haager Kinderschutzübereinkommens vom 19.10.1996 (**KSÜ**) erfüllt sein müssen. Dabei gilt die Brüssel IIa/b-Verordnung mit Ausnahme Dänemarks vorrangig für alle EU-Mitgliedstaaten. Für Nicht-EU-Staaten, die jedoch KSÜ-Vertragsstaaten sind, kommt das KSÜ zur Anwendung.[9] Beide Regelungen sehen im Falle einer grenzüberschreitenden Unterbringung ein sehr ähnliches Konsultationsverfahren vor, bei dem die Behörde des entsenden Staates, hier das deutsche örtliche Jugendamt, vor der Unterbringung ein Konsultationsverfahren beim Gastland einleiten muss. Die Entscheidung über die Unterbringung eines Kindes in einem anderen Vertragsstaat setzt danach zwingend dessen vorherige Zustimmung voraus.[10] Erst nach erfolgter Zustimmung kann die Unterbringung erfolgen, die andernfalls als rechtswidrig gilt.[11] Das Konsultationsverfahren richtet sich dabei im Wesentlichen nach den Vorgaben der Gastländer, die bislang sehr unterschiedlich verfahren. So verzichten manche Staaten auf ein solches Verfahren bzw. stellen sehr geringe Anforderungen. Andere Staaten verbinden damit eine Anerkennung des Trägers im Gastland ähnlich einer Betreiberlaubnis nach deutschem Recht. Wieder andere stellen kaum zu erfüllende Anforderungen.[12]

Bis zum KJSG war ungeklärt, ob und in welcher Form Auslandshilfen im Rahmen der Hilfen zur Erziehung in die Zuständigkeit der Brüssel IIa/b-VO fallen. Während das BMJ von einer grundsätzlichen Anwendbarkeit ausging,[13] wurde in Teilen der Lit. eine andere Auffassung vertreten.[14] Mit Art. 1 des KJSG ist nun Rechtsklarheit herbeigeführt worden. Ferner ist mit der Reform der Brüssel IIa-VO der Anwendungsbereich deutlich gefasst worden. In Erwägungsgrund 11 heißt es dazu nun:

„Jede Art von Unterbringung eines Kindes in Pflege, also bei einer oder mehreren Privatpersonen gemäß den nationalen Rechtsvorschriften und Verfahren, oder in einem Heim, beispielsweise in einem Waisenhaus oder in einem Kinderheim, in einem anderen Mitgliedstaat sollte in den Geltungsbereich dieser Verordnung fallen, wenn sie nicht ausdrücklich ausgeschlossen ist."[15]

Nach wie vor obliegt es den Mitgliedsstaaten selbst, ihre Anforderungen an eine solche Unterbringung zu formulieren, die Hürden also höher oder niedriger zu legen. Die grundsätzliche Durchführung des Konsultationsverfahrens, für das das kommunale Jugendamt als entsendende Behörde die Federführung innehat, ist, sofern die Unter-

9 Anzumerken ist, dass es Gastländer gibt (zB Kirgistan), die weder der EU angehören noch dem KSÜ beigetreten sind und daher unter keine der Regelungen fallen.
10 BT-Drs. 19/26107, 92.
11 Wiesner 2019 und Schlauß 2019.
12 Aktualisierte Einzelheiten über Ablauf und die Inhalte der Verfahren sind auf der Homepage des BMJ über das „Merkblatt Grenzüberschreitende Unterbringung" und die jeweiligen „Ländermerkblätter" zu recherchieren.
13 Merkblatt Grenzüberschreitende Unterbringung von Kindern https://www.bundesjustizamt.de/DE/Themen/Buergerdienste/HKUE/Unterbringung/Unterbringung_node.html, Stand 28.7.2021 und Schlauß 2019.
14 Wiesner 2019.
15 Verordnung (EU) 2019/1111.

bringung im EU-Bereich oder in KSÜ-Vertragsstaaten erfolgt, mit § 38 Abs. 1 verpflichtend geklärt.

3 Hilfeplanung und Steuerung durch das Jugendamt

3.1 Feststellung einer seelischen Störung

§ 38 Abs. 2 Nr. 1 entspricht dem Inhalt des bisherigen § 36 Abs. 4 und fordert, „zur Feststellung einer seelischen Störung mit Krankheitswert die Stellungnahme einer in § 35a Absatz 1a Satz 1 genannten Person" einzuholen. Hintergrund dieser Norm waren krisenhafte Verläufe in deren Nachgang bei den Jugendlichen psychiatrisch bzw. psychotherapeutisch behandlungsbedürftige Problematiken diagnostiziert wurden, deren Nichtbeachtung bzw. Nichtbehandlung mitunter ursächlich für die Krise waren.[16] Die Stellungnahme soll folglich einer diesbezüglichen Unterversorgung der Jugendlichen im Ausland begegnen. Das Vorliegen einer Störung bedeutet dabei nicht zugleich den Ausschluss einer Auslandshilfe. Im Gegenteil kann einem Kind oder Jugendlichen eine geeignete und notwendige Hilfe nicht wegen einer psychischen Erkrankung verwehrt werden.[17] Die Stellungnahme sollte sich im Falle eines positiven Befundes vielmehr dazu verhalten, welche Voraussetzungen für eine entsprechende Versorgung der Problematik in der Auslandshilfe notwendig erscheinen. Bereits vorliegende Dokumente, die sich zwar mit der Frage seelischer Störungen, nicht aber explizit mit der Perspektive der Auslandshilfe befassen, reichen daher bei Vorliegen einer Störung nach der ratio legis nicht aus und sind durch die Perspektive der geplanten Auslandshilfe zu ergänzen. Im Weiteren ist im Falle einer erkannten Störung abzuklären, ob die Versorgung in der Auslandshilfe angemessen sichergestellt werden kann oder ob eine Unterversorgung droht. Im Falle einer absehbaren Unterversorgung ist dieser entsprechend zu begegnen oder die Hilfe ist im letzten Schritt zu verwerfen. Auslandshilfen sind somit auch auf Grundlage des § 35a generell denkbar. 5

Aufgrund der in § 38 Abs. 2 enthaltenen Soll-Vorgabe kann von der Einholung einer Stellungnahme nach Nr. 1 in Fällen abgewichen werden, in denen eine Unterversorgung bei einer Auslandshilfe ausgeschlossen werden kann. Dies ist etwa der Fall, wenn eine grenznahe Unterbringung erfolgt und jederzeit die Hilfestrukturen im Heimatland in Anspruch genommen werden können.[18]

3.2 Voraussetzungen des Leistungserbringers und Beendigung der Hilfe

Abweichend zu den innerdeutschen Strukturen im Bereich der Heimerziehung, bei denen die strukturelle Aufsicht über die Einrichtungen bei den überörtlichen Trägern bzw. sonstigen Betriebserlaubnisbehörden liegt (§§ 45 ff.), besteht über die Hilfeerbringung im Ausland mangels hoheitlicher Befugnisse deutscher Behörden im Ausland keine strukturelle Aufsicht. In wenigen Gastländern wird diese über die Konsultation nach Brüssel IIa durch die dortigen Behörden übernommen. Einem Aufsichtsdefizit von deutscher Seite kann damit allerdings nicht sicher begegnet werden. Somit können lediglich die örtlichen Jugendämter über die Steuerung in ihrer Fallzuständigkeit Kontrolle und Aufsicht ausüben. Dessen gewahr formuliert der Gesetzgeber mit § 38 Abs. 2 bis 4 Voraussetzungen, die der Träger der öffentlichen Jugendhilfe in der Regel („soll") kumulativ zu erfüllen bzw. sicherzustellen hat, bevor er über die Gewährung einer Hilfe entscheidet, die im Ausland erbracht wird. Den örtlichen Jugendämtern kommt damit eine erhöhte Steuerungs- und Aufsichtsfunktion zu, die mitunter in den üblichen Bereich der Heimaufsicht hineinreicht. Im Wesentlichen bestanden diese Regelungen vor dem KJSG bereits in § 78b. 6

16 BT-Drs. 15/3676, 36.
17 So auch Schmid-Obkirchner in Wiesner § 36 Rn. 61 zur alten Rechtslage.
18 S. hierzu auch Schmid-Obkirchner in Wiesner § 36 Rn. 60 zur alten Rechtslage.

7 § 38 Abs. 2 Nr. 2 Buchst. a verlangt sicherzustellen, dass der Leistungserbringer über eine **Betriebserlaubnis für eine Einrichtung im Inland** verfügt, in der Hilfe zur Erziehung erbracht wird. Nach alter Rechtslage sah § 78b Abs. 2 S. 2 Nr. 1 für den Vertragsabschluss vor, dass auch die Anerkennung als Träger der Jugendhilfe ausreichte. Ziel war es, dass die Träger zumindest eine Anbindung an das Jugendhilfesystem im Inland haben sollten und nicht als freifliegende Subunternehmer abseits jeglicher Anbindung operieren konnten. Dies schließt die Einbindung von Subunternehmen weiterhin nicht aus, stellt aber sicher, dass es im Trägergefüge einen Träger gibt, der gegenüber deutschen Behörden zur Verantwortung zu ziehen ist und für die Subunternehmen haftet.[19] Diese Mindestanforderungen im Vertragsrecht wurden nun durch Art. 1 des KJSG verschärft. Nach neuer Rechtslage ist vor Bewilligung einer Auslandshilfe das Innehaben einer Betriebserlaubnis für eine Einrichtung sicherzustellen, welche Hilfe zur Erziehung leistet. Nach dem Wortlaut reicht es daher nicht aus, wenn die Einrichtung nur beispielsweise Leistungen nach § 13 Abs. 3 oder § 35a erbringt. Vorausgesetzt wird eine betriebserlaubte Erbringung der Hilfe zur Erziehung gem. § 27.

Implizit gestärkt wird damit die Perspektive, dass Auslandshilfen nicht als separate Hilfe zu sehen sind, sondern immer Teil einer Gesamthilfe darstellen, die im Inland beginnt und über den pädagogisch entscheidenden Teil der Rückführung und Reintegration in Deutschland anhält. Ein so erfolgreicher Hilfeverlauf setzt das Vorhandensein tragfähiger Anschlusskonzepte des Leistungserbringers in Deutschland voraus. Hinzuweisen ist darauf, dass Schindler/Münder bereits zur alten Rechtslage nach § 78b einen Verstoß gegen Europarecht sahen, da durch diesen Passus ausländische Träger, die keine entsprechende Anerkennung bzw. Erlaubnis nach deutschem Recht haben, von der Leistungserbringung ausgeschlossen werden.[20]

8 § 38 Abs. 2 Nr. 2 Buchst. b betont nochmals die in Abs. 1 bereits herausgestellte Einhaltung der **Vorschriften des aufnehmenden Staates** sowie die Zusammenarbeit mit den **deutschen Vertretungen im Ausland**. Letztere Regelung geht auf Krisenverläufe zurück, in denen das Auswärtige Amt im Ausland konsularische Hilfe leisten musste und weder von den Jugendlichen noch von den involvierten Trägern, die im Auftrag deutscher Jugendämter agierten, Kenntnis hatte. Teilweise unterliefen die Leistungserbringer dabei jegliche aufenthaltsrechtlichen Bestimmungen der Gastländer. In der Folge forderte das Auswärtige Amt die Meldung von Auslandshilfen bei den Behörden der Gastländer und der jeweiligen deutschen Vertretung im Einzelfall ein, um entsprechend reagieren zu können.

Aufgrund dieser Problemlage hatte der Gesetzgeber durch das KICK in § 78b reagiert und übernimmt die Norm nun mit Art. 1 des KJSG. Die Meldung erfolgt in der Regel über die freien Träger. Der öffentliche Träger hat aber Sorge dafür zu tragen, dass diese Meldung auch tatsächlich erfolgt. Über die Konsultationen nach Brüssel IIa bzw. KSÜ findet zudem in vielen Fällen eine dementsprechende behördliche Absicherung in den Gastländern statt. Dennoch können weiterführende Meldungen, insbesondere in den Konstellationen, in denen keine oder sehr schmale Konsultationsverfahren vorgesehen sind, notwendig sein. Dies variiert von Gastland zu Gastland. Besonders hinzuweisen ist auf die Zusammenarbeit mit den Behörden des Gastlandes in den Fällen, in denen weder Brüssel IIa noch KSÜ zur Anwendung kommen, bspw. Kirgistan. Hier sind die Notwendigkeiten behördlicher Zusammenarbeit sowohl von Seiten der Jugendämter als auch der Leistungserbringer besonders zu beachten. Hinzuweisen ist weiterhin darauf, dass es bei der besonderen Klientel von Auslandshilfen gelegentlich zu Konflikten im Gastland kommt, die auch Kontakte zur dortigen Polizei und Justiz

19 S. hierzu Wiesner in Wiesner § 78b Rn. 29 zur alten Rechtslage.
20 Schindler/Münder in FK-SGB VIII § 78b Rn. 19 zur alten Rechtslage.

nach sich ziehen können. Dortige Rechtssysteme können erheblich vom deutschen abweichen und konsularische Hilfe ist dann ggf. nur eingeschränkt möglich. Jugendämter sollten sich hierzu entsprechend unabhängig informieren und die Persönlichkeitsschutzrechte der Jugendlichen im Ausland verbindlich beachten.[21]

§ 38 Abs. 2 Nr. 2 Buchst. c sieht vor, dass mit der Erbringung der Hilfen nur **Fachkräfte** nach § 72 Abs. 1 betraut werden. Vor dem Hintergrund der sehr hohen fachlichen Anforderungen an die Betreuung ist diese Forderung im wissenschaftlichen Diskurs unbestritten.[22] Allerdings ist die Anwendung in der Praxis nicht unproblematisch. Dies liegt zunächst daran, dass das Betriebserlaubnisrecht nach § 45 keinen zwingenden Fachkräftebegriff kennt. Ferner ist auch für das hiesige Leistungsrecht nicht hinreichend klar, wer Fachkraft iSd § 72 Abs. 1 S. 1 Hs. 1 ist (→ § 45 Rn. 22). Zu berücksichtigen ist zudem, dass das Personal – unabhängig von einer spezifischen Ausbildung – auch aufgrund besonderer Erfahrungen in der sozialen Arbeit in der Lage sein kann, die Aufgabe zu erfüllen, § 72 Abs. 1 Satz 1 Hs. 2. Die erworbene Befähigung, die jeweilige Aufgabe erfüllen zu können, kann im Einzelfall als Äquivalent einer entsprechenden Ausbildung angesehen werden. Sowohl einige freie als auch öffentliche Träger weiten den Begriff der Fachkraft hier auf diese in § 72 Abs. 1 S. 1 Hs. 2 in vorgegebene Variante aus. Diese Weitung ist problematisch. Ausweislich des Wortlautes in Nr. 2c wird nur auf die Fachkraft abgestellt. Ein Verweis auf § 72 Abs. 1 S. 1 Hs. 2 wird hier nicht vorgenommen. Hätte der Gesetzgeber die Weiterung um Nichtfachkräfte mit einschließen wollen, hätte er darauf hingewiesen.[23] Auch die ursprüngliche Gesetzesbegründung ist eindeutig formuliert: „Darüber hinaus müssen für solche Projekte wegen der hohen Anforderungen an die fachliche Kompetenz künftig zwingend Fachkräfte im Sinne von § 72 Abs. 1 eingesetzt werden."[24] Aufgrund der nun in § 38 Abs. 2 enthaltenen Soll-Vorgabe wird man nur in Ausnahmefällen ein Abweichen vom Fachkräftegebot für zulässig erachten können. 9

§ 38 Abs. 2 Nr. 2 Buchst. d weist auf den Abschluss einer **Qualitätsvereinbarung** und die Anwendung der fachlichen **Handlungsleitlinien** der überörtlichen Träger hin. Unklar bleibt, ob die Handlungsleitlinien der überörtlichen Behörde im Bereich des örtlichen öffentlichen Trägers oder des Leistungserbringers maßgeblich sind. Häufig liegen diese beiden Akteure durch überregionale Belegung nicht im gleichen Zuständigkeitsbereich (→ Rn. 16). 10

§ 38 Abs. 2 Nr. 2 Buchst. e weist auf die **Meldepflicht** des Leistungserbringers hinsichtlich besonderer „Ereignisse und Entwicklungen, die geeignet sind, das Kindeswohl zu beeinträchtigen", hin. Es soll sichergestellt werden, dass der Leistungserbringer dem Träger der öffentlichen Jugendhilfe, entsprechende Ereignisse ohne schuldhaftes Zögern mitteilt. Der Träger der öffentlichen Jugendhilfe soll damit auch unabhängig von den regelmäßig erfolgenden Überprüfungen des Hilfeplans nach § 36 Abs. 2 S. 2 ein Recht auf Informationen über Umstände auf Seiten des Kindes oder Jugendlichen oder Bedingungen der Leistungserbringung erhalten, die dazu führen können, dass die Voraussetzungen für die Erbringung der Hilfe im Ausland nicht mehr vorliegen bzw. eine Gefährdungssituation für den jungen Menschen eintritt. So soll der Träger der öffentlichen Jugendhilfe früh- bzw. rechtzeitig auf entsprechende Entwicklungen reagieren können und insbesondere eine Überprüfung an Ort und Stelle nach Abs. 3 S. 2 durchführen. Die vom Gesetzgeber gewählte Formulierung ist identisch mit der Formulierung aus § 47 Abs. 1 Nr. 2, der allerdings die Meldung der Träger an die betriebserlaubniserteilende Behörde betrifft. In § 38 ist jedoch die Meldung an das fallzuständi- 11

21 S. hierzu auch Wiesner in Wiesner § 78b Rn. 32 zur alten Rechtslage.
22 ZB Klein; Macsenaere 2015 und Wendelin 2014.
23 S. hierzu Wiesner in Wiesner § 78b Rn. 30 zur alten Rechtslage.
24 BT-Drs. 15/3676, 40.

ge örtliche Jugendamt gemeint. Zu der Frage, welche Ereignisse und Entwicklungen meldepflichtig sind, → § 47 Rn. 6.

12 In § 38 Abs. 4 normiert der Gesetzgeber explizit die Konsequenzen der Nichteinhaltung der genannten Anforderungen während der Hilfe: „Besteht die Erfüllung der Anforderungen nach Absatz 2 Nummer 2 oder die Eignung der mit der Leistungserbringung betrauten Einrichtung oder Person nicht fort, soll die Leistungserbringung im Ausland unverzüglich beendet werden." Hier überrascht die strikte Beendigung der laufenden Hilfe. Angemessener erscheint das **unverzügliche** Hinwirken auf die Erfüllung der Anforderung beziehungsweise die Beseitigung der Beeinträchtigung, wie es auch in Betriebserlaubnisverfahren nach § 45 Abs. 6 Satz 1 und Abs. 7 Satz 1 vorgesehen ist. Etwa bei einem Ausfall einer Betreuungskraft vor Ort sollte die Suche nach einer geeigneten anderen Kraft im Vordergrund stehen. Immerhin sind Auslandshilfen insbesondere für die Jugendlichen Maßnahmen mit ganz erheblicher Bedeutung und großem biographischem Gewicht. Hier ist zunächst die Hinwirkung auf eine Weiterführung und einen Erhalt der Hilfe, statt einer unverzüglichen Beendigung fachlich unbedingt angezeigt. Eine Beendigung sollte erst erfolgen, wenn die Versuche der Stabilisierung fehlschlagen und eine längere Beeinträchtigung droht. Der bisherige Bewilligungsbescheid ist dann von dem zuständigen Jugendamt nach § 48 Abs. 1 S. 1 SGB X aufzuheben und die Leistungserbringung einzustellen (→ § 27 Rn. 17 f.).

3.3 Prüfungen vor Ort

13 Der Gesetzgeber sieht in § 38 drei verschiedene Arten der **Vor-Ort-Prüfung** durch den öffentlichen Träger vor. Dabei geht es insbesondere um die Feststellung, ob in der Einrichtung oder bei der Person das Kindeswohl gewährleistet ist. In Abs. 2 Nr. 3 wird erstens die Prüfung der „Eignung der mit der Leistungserbringung zu betrauenden Einrichtung oder Person an Ort und Stelle" vor (!) der Entscheidung über die Gewährung einer Hilfe eingeführt. Zweitens soll die Fortschreibung des Hilfeplans nach Abs. 3 Satz 1 „am Ort der Leistungserbringung unter Beteiligung des Kindes oder des Jugendlichen erfolgen" und drittens wird an gleicher Stelle in Satz 2 auf die nach den „Erfordernissen des Einzelfalls" erforderliche Prüfung an Ort und Stelle hingewiesen. Die Formulierung „Erfordernis im Einzelfall" entspricht der Formulierung in § 46 Abs. 1 S. 1, in dem es um die Überprüfung von Einrichtungen durch die Betriebserlaubniserteilende Behörde geht. Der Begriff ist dort ebenfalls unbestimmt und kann sowohl krisenhafte Entwicklungen im Betreuungsverlauf oder Meldungen dritter iVm Hinweisen auf Gefährdungen des Kindeswohls oder konzeptionelle, räumliche oder anderweitige strukturelle Veränderungen betreffen. Ziel der Prüfung in § 46 Abs. 1 ist die Prüfung der strukturellen Gewährleistung des Kindeswohls. Die Formulierung in § 38 Abs. 3 Satz 2 ist entsprechend hinsichtlich der Kindeswohlgewährleistung im Einzelfall zu verstehen, bezieht sich aber nicht auf die Prüfung durch die Betriebserlaubniserteilende Behörde, sondern das fallzuständige örtliche Jugendamt.

Grundsätzlich kommt der Gesetzgeber mit den regelhaften Vor-Ort-Prüfungen einer seit langem formulierten Forderung von Verbänden nach.[25] Auch zahlreiche Träger fordern eine höhere Präsenz der Jugendämter in den Hilfen. Bislang erweist sich von Seiten vieler Jugendämter der hohe Zeitaufwand für die Auslandsreisen zum Zwecke der Vor-Ort-Besuche als problematisch. Die Häufigkeit der durch das Gesetz nun geforderten Vor-Ort-Besuche ist sehr hoch. Insbesondere eine Vor-Ort-Prüfung im Vorfeld der Maßnahme erscheint kaum realistisch. Auch jede idR halbjährliche Fortschreibung des Hilfeplans am Ort der Hilfeerbringung erscheint kaum leistbar. Eine Vergrößerung der Abstände der Hilfeplanfortschreibung ist in Anbetracht der hohen

25 ZB Deutscher Verein für öffentliche und private Fürsorge, Eckpunkte zur Durchführung von intensivpädagogischen Erziehungshilfen im Ausland, 2008.

Steuerungsverantwortung der Hilfen nicht vertretbar. Selbst ohne unplanmäßigen Besuch vor Ort nach Abs. 3 Satz 2 fallen so bei mittleren Hilfedauern von ein bis zwei Jahren bis zu vier Dienstreisen für den öffentlichen Träger an den Ort der Hilfeerbringung an. Für eine Dienstreise ist je nach Zielland mit 2 bis 5 Arbeitstagen zu rechnen. In der bisherigen Praxis (best practice) haben sich eine erste Hilfeplanfortschreibung kurz nach Beginn der Hilfe am Ort der Hilfe und dann eine Fortschreibung im Wechsel des Heimatortes und des Gastlandes als praktikabel und sinnvoll erwiesen. Insbesondere die Vergewisserung bezüglich des Betreuungsortes und der Betreuungspersonen vor (!) Entscheidung über die Bewilligung der Hilfe (Abs. 2 Nr. 3) verweist jedoch auf die zwingende Notwendigkeit des öffentlichen Trägers sich einen sehr genauen und unabhängigen Eindruck des Betreuungssettings vor Ort zu verschaffen. Hierbei können Videokonferenzen, virtuelle Begehungen und Kenntnisse bzw. Referenzen anderer öffentlicher Träger, die die Situation vor Ort persönlich kennen, hilfreich sein. Auf eine Vorabprüfung vor Ort kann nach der Soll-Vorgabe insbesondere dann verzichtet werden, wenn Träger, Betreuungsort und Betreuungspersonen dem örtlichen Träger bereits aus vorherigen Betreuungen oder Vor-Ort-Besuchen unmittelbar bekannt sind und seitdem keine substantiellen Änderungen eingetreten sind.

4 Landesjugendämter bzw. sonstige Betriebserlaubnisbehörden/indirekte Aufsicht

4.1 Betriebserlaubnis / Zuverlässigkeit des Trägers

Der Gesetzgeber versucht, das beschriebene Aufsichtsdefizit, das durch die fehlenden hoheitlichen Befugnisse deutscher Behörden, insbesondere der Landesjugendämter, im Ausland entsteht, einerseits durch die unter → Rn. 6 bis 13 besprochene Verantwortungsübernahme durch die örtlichen Jugendämter und seit dem KJSG auch durch eine **indirekte Aufsichtsfunktion der Landesjugendämter** bzw. sonstigen **Betriebserlaubnisbehörden** zu kompensieren. Vor dem KJSG hatten diese Behörden keine zugewiesene Aufgabe im Kontext von Auslandshilfen. Folge war, dass sich nur manche Landesjugendämter bzw. sonstigen Betriebserlaubnisbehörden gezielt mit der Thematik auseinandersetzten und auch einen Beratungsauftrag für sich ableiteten (zB Westfalen-Lippe, Rheinland, Niedersachsen). Die Mehrzahl wies eine solche Befassung bislang zurück. Die Betriebserlaubnisbehörden werden nun an verschiedenen Stellen verbindlich in die Verantwortung und Mitwirkung gebracht. 14

Die Voraussetzung, dass der Träger der Auslandshilfe nach Abs. 2 Nr. 2 Buchst. a über eine Betriebserlaubnis nach § 45 verfügen muss, soll dazu führen, dass der Träger in rechtlicher Verbindung mit einer erlaubniserteilenden Behörde steht. Über den in § 45 Abs. 2 Satz 2 Nr. 1 enthaltenen Begriff der „Zuverlässigkeit" wirkt sich die Unzuverlässigkeit des Trägers mittelbar auch auf Auslandshilfen aus.[26] Die Zuverlässigkeit ist nach § 45 Abs. 2 Satz 3 dann gefährdet, wenn nach Nr. 1 nachhaltig gegen die Mitwirkungs- und Meldepflichten nach §§ 46, 47 ggf. verstoßen wurde. Für Auslandshilfen sind hier nach der Logik der Norm insbesondere auch die Meldepflichten nach § 38 Abs. 2 Nr. 2 Buchst. e zu beachten.

Weiterhin als unzuverlässig gelten Träger, die nach § 45 Abs. 2 Satz 3 Nr. 2 Personen entgegen eines behördlichen Beschäftigungsverbotes nach § 48 beschäftigen oder nach Nr. 3 wiederholt gegen behördliche Auflagen verstoßen (→ § 45 Rn. 17).

Hinsichtlich des Zuverlässigkeitsbegriffes in § 45 bestehen jedoch Bedenken hinsichtlich der (Un-)bestimmtheit der Norm (→ § 45 Rn. 17), so dass eine Begriffsschärfung durch Rspr. und Lit. für erforderlich gehalten wird. Auch für die Verknüpfung der Be-

26 BT-Drs. 19/26107, 93 f.

triebserlaubnis im Inland mit Vorkommnissen in Auslandshilfen ist diese Klärung wichtig.

4.2 Meldepflichten und Hinwirken auf Beendigung

15 Mit Abs. 5 S. 1 Nr. 1 bis 3 wurden zusätzliche **Meldepflichten** sowie die Übermittlung von Nachweisen nach Nr. 4 neu eingeführt. Diese Meldung hat von dem Träger der öffentlichen Jugendhilfe an die erlaubniserteilende Behörde zu erfolgen und stellt eine bemerkenswerte Konstruktion dar. Hiernach werden Einzelfälle unter Angabe individueller personenbezogener Daten der betreuenden Personen einschließlich der Eckdaten der Hilfeplanung (Hilfebeginn, Aufenthaltsort, geplantes Ende) unverzüglich mit Beginn der Hilfe an die Betriebserlaubnisbehörde übermittelt. Zuständig ist dabei nicht die Betriebserlaubnisbehörde im Bereich des örtlichen öffentlichen Trägers, sondern des freien Trägers, da dieser und nicht das Jugendamt indirekt zu beaufsichtigen ist. Nach der Gesetzesbegründung soll diese Meldung auch die „Möglichkeit der wechselseitigen Information über Missstände" verbessern.[27] Die auf diesem Wege erlangten Informationen über den freien Träger können dann Rückschlüsse auf dessen Zuverlässigkeit geben, die wiederum auf seine Betriebserlaubnis im Inland durchschlagen könnten. Zugleich sind nach Nr. 4 die Bescheinigungen über die Konsultationsverfahren nach Abs. 1 zu übermitteln.

Abs. 5 S. 2 folgert, dass die erlaubniserteilende Behörde unverzüglich auf die Beendigung der Hilfe hinwirkt, wenn sich aus den Meldungen nach Satz 1 Kenntnisse ergeben, dass die an den Leistungserbringer gestellten Anforderungen nicht erfüllt sind. Gleichzeitig ist ein konkreter Durchgriff auf das Jugendamt nicht möglich, denn „ein Weisungsrecht besteht nicht".[28] Gegenüber dem freien Träger könnte die Rücknahme der Betriebserlaubnis im Inland als Maßnahme in Betracht kommen, was aber als ad hoc Maßnahme im krisenhaften Einzelfall, um den es bei der Meldung geht, nicht immer sinnvoll erscheint. Insofern reduziert der Gesetzgeber dieses Hinwirken in der Gesetzesbegründung zutreffend auf den Beratungskontext. Auch hier ist wie bereits zu Abs. 4 (→ Rn. 12) die unverzügliche Beendigung der Hilfe kritisch zu sehen. Ein Hinwirken auf den Erhalt und die Fortführung der Hilfe wäre hier auch in der Logik des SGB VIII fachlich angezeigt. Die Beendigung der Hilfe kann demnach nur die Folge sein, wenn die Beteiligten der Hilfe nicht gewillt oder in der Lage sind eine eventuelle Nichtgewährleistung des Kindeswohls in angemessener Zeit abzuwenden.

4.3 Beratung und Handlungsleitlinien

16 Sowohl als Folge aus Abs. 5 Satz 2 als auch aus der Verknüpfung der Auslandshilfe mit der inländischen Betriebserlaubnis durch Abs. 2 Nr. 2 Buchst. a iVm § 45 Abs. 2 Satz 2 Nr. 1 und den **Handlungsleitlinien** des überörtlichen Trägers aus Abs. 2 Nr. 2 Buchst. d konstituiert sich ein breiter **Beratungsauftrag** für die Landesjugendämter und sonstigen Betriebserlaubnisbehörden. Dieser Auftrag ist neu und insofern bemerkenswert als dass die Landesjugendämter bislang nur teilweise einen impliziten Beratungsauftrag für sich ableiteten und etwa Handlungsleitlinien nur für wenige Bundesländer vorliegen.[29] Der Gesetzgeber formuliert hier nun einen deutlichen Auftrag an alle Landesjugendämter und sonstigen Betriebserlaubnisbehörden, in deren Zuständigkeitsbereich sich Träger von Auslandshilfen befinden, sich mit der Frage der Leitlinien zu befassen. Für einige Landesjugendämter liegen weitreichende Vorerfahrungen und eine entsprechende Expertise vor, für andere wird hier Neuland betreten. Zu er-

27 BT-Drs. 19/26107, 94.
28 BT-Drs. 19/26107, 94.
29 Derzeit liegen entsprechende Papiere der Landesjugendämter Rheinland und Westfalen-Lippe von 2018, Niedersachsen (SVE) von 2019 und Bayern von 2006 vor.

warten ist, dass sich die BAGLJÄ mit dieser Frage befassen wird und ggf. ein gemeinsames Papier auf den Weg bringt. Damit wäre auch geklärt, ob die jeweils gültigen Leitlinien des Landesjugendamtes des öffentlichen oder des privaten Trägers gelten. Bis zu einer Klärung ist nach hiesigem Verständnis die Leitlinie aus dem Bereich des Leistungserbringers anzuwenden. An ihn wenden sich maßgeblich die Steuerungs- und Kontrollabsichten des § 38, weshalb für ihn die Orientierung an einem für ihn relevanten Leitlinienpapiers, statt an verschiedenen, sich ggf. widersprechender Papiere für sinnvoll und zumutbar erachtet wird. Abzuwarten bleibt ebenfalls, inwieweit die Landesjugendämter die gemeinsamen Aufgaben der Beratung und die Entgegennahme der Meldungen bündeln und ein gemeinsames Verfahren oder gar eine gemeinsame Stelle einrichten werden.

§ 39 Leistungen zum Unterhalt des Kindes oder des Jugendlichen

(1) [1]Wird Hilfe nach den §§ 32 bis 35 oder nach § 35a Absatz 2 Nummer 2 bis 4 gewährt, so ist auch der notwendige Unterhalt des Kindes oder Jugendlichen außerhalb des Elternhauses sicherzustellen. [2]Er umfasst die Kosten für den Sachaufwand sowie für die Pflege und Erziehung des Kindes oder Jugendlichen.

(2) [1]Der gesamte regelmäßig wiederkehrende Bedarf soll durch laufende Leistungen gedeckt werden. [2]Sie umfassen außer im Fall des § 32 und des § 35a Absatz 2 Nummer 2 auch einen angemessenen Barbetrag zur persönlichen Verfügung des Kindes oder des Jugendlichen. [3]Die Höhe des Betrages wird in den Fällen der §§ 34, 35, 35a Absatz 2 Nummer 4 von der nach Landesrecht zuständigen Behörde festgesetzt; die Beträge sollen nach Altersgruppen gestaffelt sein. [4]Die laufenden Leistungen im Rahmen der Hilfe in Vollzeitpflege (§ 33) oder bei einer geeigneten Pflegeperson (§ 35a Absatz 2 Nummer 3) sind nach den Absätzen 4 bis 6 zu bemessen.

(3) Einmalige Beihilfen oder Zuschüsse können insbesondere zur Erstausstattung einer Pflegestelle, bei wichtigen persönlichen Anlässen sowie für Urlaubs- und Ferienreisen des Kindes oder des Jugendlichen gewährt werden.

(4) [1]Die laufenden Leistungen sollen auf der Grundlage der tatsächlichen Kosten gewährt werden, sofern sie einen angemessenen Umfang nicht übersteigen. [2]Die laufenden Leistungen umfassen auch die Erstattung nachgewiesener Aufwendungen für Beiträge zu einer Unfallversicherung sowie die hälftige Erstattung nachgewiesener Aufwendungen zu einer angemessenen Alterssicherung der Pflegeperson. [3]Sie sollen in einem monatlichen Pauschalbetrag gewährt werden, soweit nicht nach der Besonderheit des Einzelfalls abweichende Leistungen geboten sind. [4]Ist die Pflegeperson in gerader Linie mit dem Kind oder Jugendlichen verwandt und kann sie diesem unter Berücksichtigung ihrer sonstigen Verpflichtungen und ohne Gefährdung ihres angemessenen Unterhalts Unterhalt gewähren, so kann der Teil des monatlichen Pauschalbetrages, der die Kosten für den Sachaufwand des Kindes oder Jugendlichen betrifft, angemessen gekürzt werden. [5]Wird ein Kind oder ein Jugendlicher im Bereich eines anderen Jugendamts untergebracht, so soll sich die Höhe des zu gewährenden Pauschalbetrages nach den Verhältnissen richten, die am Ort der Pflegestelle gelten.

(5) [1]Die Pauschalbeträge für laufende Leistungen zum Unterhalt sollen von den nach Landesrecht zuständigen Behörden festgesetzt werden. [2]Dabei ist dem altersbedingt unterschiedlichen Unterhaltsbedarf von Kindern und Jugendlichen durch eine Staffelung der Beträge nach Altersgruppen Rechnung zu tragen. [3]Das Nähere regelt Landesrecht.

(6) [1]Wird das Kind oder der Jugendliche im Rahmen des Familienleistungsausgleichs nach § 31 des Einkommensteuergesetzes bei der Pflegeperson berücksichtigt, so ist ein Betrag in Höhe der Hälfte des Betrages, der nach § 66 des Einkommensteuergesetzes

für ein erstes Kind zu zahlen ist, auf die laufenden Leistungen anzurechnen. [2]Ist das Kind oder der Jugendliche nicht das älteste Kind in der Pflegefamilie, so ermäßigt sich der Anrechnungsbetrag für dieses Kind oder diesen Jugendlichen auf ein Viertel des Betrages, der für ein erstes Kind zu zahlen ist.

(7) Wird ein Kind oder eine Jugendliche während ihres Aufenthaltes in einer Einrichtung oder einer Pflegefamilie selbst Mutter eines Kindes, so ist auch der notwendige Unterhalt dieses Kindes sicherzustellen.

1 Notwendiger Unterhalt (Abs. 1 S. 1)

1.1 Sicherstellung des notwendigen Unterhalts

1 Die Sicherstellung des notwendigen Lebensunterhalts, also des Existenzminimums, ist grundsätzlich Aufgabe der Existenzsicherungssysteme, namentlich der **Grundsicherung für Arbeitsuchende** (SGB II) und der **Sozialhilfe** (SGB XII). § 39 weist diese Aufgabe aber für bestimmte Personen auch der Jugendhilfe zu. Insoweit geht die Jugendhilfe der Sozialhilfe und der Grundsicherung vor (§ 10 Abs. 3, 4 S. 1; → § 10 Rn. 58).

Im Unterschied zu den Existenzsicherungssystemen stellt die Jugendhilfe den Lebensunterhalt bei einem Erziehungsbedarf gemäß § 27 oder einem Eingliederungsbedarf nach § 35 a auch dann sicher, wenn eine wirtschaftliche Notlage nicht vorliegt (gem. § 91 Abs. 5; nach der sozialhilferechtlichen Terminologie sog. erweiterte Hilfe). Der materielle Nachrang der Jugendhilfe wird erst nachträglich durch Kostenbeitrag gem. §§ 91 bis 94 oder Überleitungsanzeige gem. § 95 hergestellt.

Liegt umgekehrt kein Erziehungs- oder Eingliederungsbedarf, sondern nur ein wirtschaftlicher Bedarf vor, soll gem. § 27a Abs. 5 SGB XII Sozialhilfe auch über die dort sonst geltenden Regelbedarfssätze hinaus in Höhe der tatsächlichen Kosten der Unterbringung gewährt werden, wenn das Kind bei anderen Personen untergebracht ist.[1]

1.2 Unterhalt „außerhalb des Elternhauses"

2 Die Formulierung „außerhalb des Elternhauses" stellt zum einen klar, dass auch **Verwandtenpflege** Vollzeitpflege ist (ausführlich → § 27 Rn. 34; → § 33 Rn. 4), zum an-

1 Ebenso VG Saarlouis 31.7.2009 – 11 L519/09, JAmt 2009, 447.

deren, dass bei teilstationären Hilfen (§§ 32, 35a Abs. 2 Nr. 2) nur der Unterhalt in der Einrichtung sicherzustellen ist. Für vollstationäre Hilfe folgt aus dieser Formulierung aber nicht, dass für die Zeit, in der sich der junge Mensch – zB am Wochenende, in den Ferien oder probeweise – im Elternhaus aufhält, keine Unterhaltsleistung vom JA zu erbringen, sondern bei Bedürftigkeit iSd § 19 Abs. 1 SGB XII bzw. § 8 Abs. 2 SGB II der Unterhalt im Elternhaus vom Sozialhilfeträger bzw. dem Jobcenter sicherzustellen sei.[2] „Außerhalb des Elternhauses" bezieht sich vielmehr auf die Hilfeform, aber nicht auf einen Zeitraum. Während der Abwesenheit des Kindes wird die Hilfe nicht ausgesetzt und bei Rückkehr fortgesetzt, sondern fortlaufend weitergeführt. Die Anwesenheit im Elternhaus ist Teil des pädagogischen Konzepts der Hilfe. In der Entgeltvereinbarung wird für die Zeit der Abwesenheit ein reduzierter Entgeltsatz festgelegt, das sog. Freihaltegeld. Der finanziellen Belastung der Eltern wird mit einer reduzierten Kostenbeteiligung gem. § 94 Abs. 4 Rechnung getragen.[3] Auch ein Krankenhausaufenthalt unterbricht nicht die HzE.

1.3 Sog wirtschaftliche Jugendhilfe als „Leistungsannex"

Die Sicherstellung des Lebensunterhalts, in der Praxis oft missverständlich „wirtschaftliche Jugendhilfe" genannt, ist keine selbstständige Aufgabe der Jugendhilfe, sondern **bloßer Annex** zu einer (teil-)stationären HzE, einschließlich der Vollzeitpflege in einer der Hilfearten des § 32–35 oder zu einer (teil-)stationären Eingliederungshilfe nach § 35a oder – weitgehend übersehen – zur entsprechenden (teil-)stationären Hilfe für junge Volljährige[4] (§ 41 Abs. 2). Bei der **sozialhilferechtlichen Eingliederungshilfe** nach dem bis 31.12.2019 gegolten habenden § 54 Abs. 3 SGB XII war § 39 SGB VIII für Kinder und Jugendliche,[5] nicht jedoch für Volljährige,[6] jedenfalls dem Gedanken nach anzuwenden. 3

Außerdem wird die **Innovationsklausel** (Öffnungsklausel) des § 27 Abs. 2 **immanent verlängert** in die Regelung des § 39, so dass auch für von der Praxis neu entwickelte Hilfearten (zB die Unterbringung in der Mutter-Kind-Einrichtung im Strafvollzug) der Lebensunterhalt sicherzustellen ist, wenn sie den in §§ 32–35 genannten Hilfearten vergleichbar sind und außerhalb des Elternhauses geleistet werden (→ § 19 Rn. 27 f.). Auf dieser Grundlage ist auch bei atypischen Hilfen, die eine gemeinsame stationäre Unterbringung von Eltern und Kindern beinhalten, der Lebensunterhalt sicherzustellen.[7]

Weil die wirtschaftliche Hilfe zu den in § 39 Abs. 1 genannten Hilfearten akzessorisch ist, scheidet eine Unterhaltsleistung nach § 39 für solche Hilfen aus, die nicht einer der genannten Hilfearten zugeordnet werden können, zB **Adoptionspflege,**[8] **Bereitschaftspflege** (→ § 33 Rn. 7)[9] oder Kindertagespflege (§ 23). Die Hilfen nach §§ 13, 19, 21, 42 schließen zwar auch den Unterhalt ein, die §§ 39, 40 gelten aber nur, soweit sie dort genannt sind (nur § 40 bei §§ 13, 19, 21, auch § 39 Abs. 4 S. 2 bei § 42 Abs. 2 S. 3 und § 42a Abs. 2 S. 2). Eine analoge Anwendung des § 39 scheidet deshalb aus.[10]

2 So aber OVG RhPf 21.8.2008 – 7 A 10443/08, JAmt 2009, 99; Mrozynski SGB VIII Rn. 2.
3 Wie Hauck/Noftz Rn. 15.
4 Zu dieser OVG RW 13.1.2020 – 12 E 23/19; VG Lüneburg 27.1.2009 – 4 A 280/06, JAmt 2009, 98.
5 BSG 25.9.2014 – B 8 SO 7/13 R.
6 So LSG BW 25.7.2019 – L 7 SO 1686/17; LSG BW 23.4.2015 – L 7 SO 308/14, RdLH 2015, 130; Kunkel/Kunkel ZfF 2015, 224; DIJuF JAmt 2018, 333 f.
7 DIJuF JAmt 2021, 28 (29 f.).
8 OVG NRW 25.4.2001 – 12 A 924/99, JAmt 2001, 426; zu dieser in Abgrenzung zur Vollzeitpflege VG Aachen 23.12.2008 – 2 K 1644/05.
9 AA Hauck/Noftz Rn. 15 b: Form der Vollzeitpflege.
10 Ebenso Stähr in Hauck/Noftz Rn. 5.

4 Umgekehrt folgt aus der Akzessorietät, dass auch bei **Verwandtenpflege** Pflegegeld zu bezahlen ist, wenn die Voraussetzungen des § 27 vorliegen (zu den Großeltern → Rn. 23 u. → § 27 Rn. 34).[11] Sie liegen nicht vor, wenn zB die **Pflegeperson ungeeignet** ist, bspw. bei Überforderung;[12] entgegen VG Augsburg[13] führen ungeordnete wirtschaftliche Verhältnisse für sich genommen bei nahen Angehörigen (vgl. § 44 Abs. 1 S. 2 Nr. 3) nicht zu einer Ungeeignetheit. Auf das Vorliegen einer Pflegeerlaubnis kommt es dagegen nicht an. Der Leistungsannex kann aber nur geleistet werden, wenn die formellen und materiellen Voraussetzungen der „Stammleistung" vorliegen, also insbes. die Hilfeplanung nach § 36[14] und der Tatbestand des § 27.

5 Lebt das Kind in der Familie des **Vormunds** (→ § 27 Rn. 20 u. → § 33 Rn. 5), handelt es sich ebenfalls um Vollzeitpflege außerhalb des Elternhauses, so dass auch hier ein Anspruch auf wirtschaftliche Hilfe besteht.[15] Beim Tod der Mutter liegt schon darin der erzieherische Bedarf; ein zusätzliches Erziehungsdefizit in der Pflegefamilie muss nicht vorliegen.[16] Da das Pflegegeld für den Unterhalt des Kindes bestimmt ist, erhält der Vormund für seine Tätigkeit daneben Aufwendungsersatz nach § 1835a BGB.[17]

1.4 Kosten für Sachaufwand und Kosten für Erziehung (S. 2)

6 Der „notwendige Lebensunterhalt" nach S. 1 setzt sich zusammen aus den Kosten für den Sachaufwand und für die Pflege und Erziehung (sog. Erziehungsbeitrag). Mit dieser Terminologie enthält das SGB VIII einen eigenständigen Begriff des notwendigen Lebensunterhalts.[18]

Der Sachaufwand umfasst die in § 27 Abs. 1 SGB XII bzw. § 20 Abs. 1 SGB II genannten Bedarfspositionen.[19] Diese Bedarfspositionen werden erweitert um den kinderspezifischen Bedarf, der durch die körperliche, geistige und seelische Entwicklung des Kindes hervorgerufen wird (§ 27 Abs. 2 SGB XII), zB Abschluss einer **Haftpflichtversicherung** und einer Unfallversicherung. Der notwendige Lebensunterhalt ist – anders als nach SGB XII oder SGB II – durch **laufende** Leistungen gem. § 39 Abs. 2 und **einmalige** Leistungen gem. § 39 Abs. 3 (→ Rn. 12) zu decken. Ist das Kind in einer Einrichtung untergebracht, ergibt sich die Höhe der laufenden und der einmaligen Leistungen aus der Entgeltvereinbarung, die gem. § 78b mit dem Träger der Einrichtung abgeschlossen worden ist.[20]

Da durch den Sachaufwandsanteil des Pflegegeldes der Lebensunterhalt des Kindes gedeckt wird, entfällt mit Beginn der Gewährung von Leistungen nach § 39 mangels Bedürftigkeit dessen eigener Unterhaltsanspruch. Der Rückgriff ist dann nur noch über den Kostenbeitrag nach § 91 ff. möglich.[21] Der Sachaufwandsanteil (zum Erziehungsbeitrag → Rn. 7) ist **unpfändbar**, weil er als Bestandteil des Unterhaltsanspruches des

11 Darauf nicht hinzuweisen kann Amtspflichtverletzung sein: LG Dessau-Roßlau 17.5.2019 – 4 O 658/17.
12 VG Augsburg 23.10.2015 – Au 3 K 15.1172; VG Meiningen 30.7.2015 – 8 K 166/14 Me; VG München 21.4.2010 – M 18 K 08.5104.
13 VG Augsburg 23.10.2015 – Au 3 K 15.1172.
14 VG Saarlouis 19.7.2016 – 3 L 301/16.
15 BVerwG 15.12.1995 – 5 C 2.94, NJW 1996, 2385.
16 So OVG Brem 16.11.2005 – 2 A 111/05.
17 So BayObLG 7.1.2002 – 1Z BR 36/01, FamRZ 2002, 1222 mAnm Bienwald; zum Aufwendungsersatz des Vormunds näher Band in Oberloskamp, Vormundschaft, § 4.
18 So v. Koppenfels-Spies in jurisPK-SGB VIII Rn. 13.
19 Näher hierzu Klinger/Kunkel/Pattar/Peters, Existenzsicherungsrecht, Rn. 148 ff. bzw. 291 ff.
20 Zu Recht nimmt DIJuF JAmt 2021, 89 (90 f.) an, dass Aufwendungen für WLAN sowohl bei Einrichtungen wie in Vollzeitpflege in den laufenden Kosten enthalten sind.
21 BGH 6.12.2006 – XII ZR 197/04; OLG Oldenburg (Oldenburg) 17.11.2016 – 14 UF 53/16.

Kindes nicht als zweckneutrale Zuwendung an die Pflegeperson angesehen werden kann.[22]

Da die Erziehung außerhalb des Elternhauses geleistet wird, ist – wie gemäß § 1610 Abs. 2 BGB (Abdruck bei § 18) im Unterhaltsrecht – auch die **Erziehungsleistung** kostenpflichtiger Bestandteil des notwendigen Lebensunterhalts. Der für die Kosten der Erziehung und Pflege vorgesehene Teil des sog. Pflegegeldes, der sog. **Erziehungsbeitrag**, steht somit (jugendhilferechtlich) nicht der Pflegeperson, sondern als Leistungsannex den Anspruchsinhabern des Hauptanspruchs, bei der HzE also den PSB, zu (→ Rn. 9).[23] 7

Sozialhilfe- und grundsicherungsrechtlich gilt der Erziehungsbeitrag dem dortigen Zuflussprinzip folgend zwar gemäß § 82 Abs. 1 SGB XII bzw. § 11 SGB II als Einkommen der Pflegeperson, ist aber als zweckverschiedene Leistung nach § 83 Abs. 1 SGB XII bzw. § 11a Abs. 3 SGB II nicht als Einkommen zu berücksichtigen.[24] § 11a Abs. 3 S. 2 Nr. 1 SGB II sieht allerdings als Gegenausnahme vor, dass der Erziehungsbeitrag für ein drittes Pflegekind zu 75 % und der für ein viertes und jedes weitere Pflegekind bei den Pflegeeltern vollständig als Einkommen angerechnet werden soll. Die Vollzeitpflege ist keine Erwerbstätigkeit iSv § 4 UnbilligkeitsV, die eine vorzeitige Inanspruchnahme von Altersrente nach dem SGB II unzumutbar machen würde.[25] Bei der **Prozess- oder Verfahrenskostenhilfe** nach § 115 Abs. 1 ZPO (→ Anh. 5 Rn. 91)[26] wurde nach bisher ganz herrschender Rechtsprechung dagegen der Erziehungsbeitrag als Einkommen der Pflegeperson gewertet.[27] OLG Stuttgart[28] und ihm folgend OLG Hamm[29] sehen dies nun zu Recht unter Berufung auf die Sozialhilfebezogenheit der Einkommensbestimmung für die Prozess- und Verfahrenskostenhilfe grundsätzlich anders; nicht überzeugend ist lediglich die von OLG Stuttgart und Hamm angenommene Beschränkung der Anrechnungsfreistellung auf das Pflegegeld für das erste und zweite Pflegekind, welche das Gericht aus der gegenüber der Sozialhilfe strengeren Norm des § 11a SGB II ableitet. Allerdings hat der BGH[30] inzwischen im Sinne der bisher überwiegenden Meinung entgegen OLG Stuttgart und Hamm entschieden.

Umgekehrt kann der Alleinerziehendenmehrbedarf nach § 23 Abs. 3 SGB XII oder § 30 Abs. 3 SGB II auf das Pflegegeld angerechnet werden.[31]

Auch der Erziehungsbeitrag (zum Sachaufwand → Rn. 6) ist unpfändbar,[32] weil er als Bestandteil des Unterhaltsanspruchs des Kindes nicht als zweckneutrale Zuwendung an die Pflegeperson aufgefasst werden kann.

---

22 LG Essen 25.5.2016 – 10 T 110/16 Rn. 5.

23 Ebenso SächsOVG 22.10.2020 – 3 A 477/20; VGH BW 16.12.2019 – 12 S 2898/18; OVG NRW 24.11.1995 – 24 A 4833/94, FEVS 46, 452; Tammen in FK-SGB VIII Rn. 9; Unklar OVG MV 12.10.2017 – 1 O 539/17, das in juris Rn. 4 davon auszugehen scheint, dass die Pflegepersonen Anspruchsinhabende seien.

24 Ebenso v. Koppenfels-Spies in jurisPK-SGB VIII Rn. 42; Tammen in FK-SGB VIII Rn. 9, ohne Unterscheidung nach Sachaufwand und Kosten der Erziehung.

25 BSG 24.6.2020 – B 4 AS 12/20 R; so auch schon die Vorinstanz LSG Bln-Bbg 26.9.2019 – L 31 AS 1574/17 (zu den Aspekten der Ermessensausübung dabei Kellner NJ 2019, 549).

26 Zum Verhältnis von Prozess- oder Verfahrenskostenhilfe zu Leistungen nach SGB II und SGB XII Christl NZS 2016, 293–299.

27 OLG Bamberg 5.5.2020 – 2 WF 98/20; OLG Bremen 8.2.2013 – 4 WF 22/13; OLG Nürnberg 24.3.2010 – 11 WF 329/10, FuR 2010, 416; OLG Brandenburg 12.6.2009 – 9 WF 170/09; OLG Karlsruhe 13.6.2003 – 16 WF 169/02, JAmt 2004, 159.

28 OLG Stuttgart 3.4.2017 – 15 WF 51/17.

29 OLG Hamm 28.11.2018 – 2 WF 109/18.

30 BGH 9.12.2020 – XII ZB 191/19, juris Rn. 11 ff.

31 Zu folgern aus OVG Brem 4.7.2007 – S1 B 235/07.

32 BGH 4.10.2005 – VII ZB 13/05.

Im **Unterhaltsrecht** gelten nur die Kosten der Erziehung, diese aber vollständig, als berücksichtigungsfähiges Einkommen der unterhaltsberechtigten Person.[33]

Im Recht der **Krankenversicherung** wird für die Beitragsberechnung das Pflegegeld insgesamt nicht als Einkommen berücksichtigt.[34] Nach LSG Hamburg soll das Pflegegeld bei der Einkommensberechnung zur Bestimmung eines Anspruchs auf Zuschuss zum Zahnersatz nach § 55 SGB V anzurechnen sein.[35] Umgekehrt kann Pflegegeld aus der **Sozialen Pflegeversicherung** (§ 37 SGB XI) nicht auf das Pflegegeld nach dem SGB VIII angerechnet werden.[36]

Bei der **Kriegsopferfürsorge** (ab 1.1.2024: Besondere Leistungen im Einzelfall nach dem 11. Kapitel SGB XIV) ist das Pflegegeld auch dann nicht als ausschließlich schädigungsbedingt iSv § 25c Abs. 3 S. 2 BVG (ab 1.1.2024: § 105 Abs. 3 SGB XIV) anrechnungsfrei, wenn der Bedarf, dessentwegen die Jugendhilfe erbracht wird, schädigungsbedingt entstanden ist.[37] Im konkreten Fall beruhten sowohl der Jugendhilfebedarf als auch die Schädigung iSv § 1 OEG (entspricht § 13 SGB XIV) auf einem Missbrauch des Kindes durch einen Elternteil.

Im **Steuerrecht** ist Pflegegeld einschließlich des Erziehungsbeitrags für nicht mehr als sechs Kinder steuerfreie Einnahme nach § 3 Nr. 11 EStG,[38] solange das Pflegegeld nicht erheblich über den Pflegesätzen des zuständigen JA liegt.[39] Ohne eine solche Honorierung würde auch kaum noch eine Pflegeperson gewonnen werden können. Dabei kommt im Steuerrecht der sozialrechtlichen Einordnung Tatbestandswirkung zu.[40]

Die Höhe der Honorierung kann sich sowohl (erhöhend) an der besonderen Belastung der Pflegeperson ausrichten (zB bei heilpädagogischen Pflegestellen gem. § 33 S. 2) als auch (mindernd) am Grad der Verwandtschaft bei Erziehung durch Verwandte (§ 39 Abs. 4 S. 4). Auch bei Besuch einer Tageseinrichtung kann der Erziehungsbeitrag gemindert werden (→ Rn. 22).

8 Wegen der gesetzlichen Unterscheidung nach Sachaufwand und Kosten der Erziehung und den sich daran anknüpfenden unterschiedlichen Rechtsfolgen sind beide Positionen im **Tenor** des HzE-Bescheids getrennt aufzuführen, damit er nicht infolge fehlender Bestimmtheit (§ 33 Abs. 1 SGB X) materiell rechtswidrig ist (→ Anh. 5 Rn. 40 f.).

1.5 Rechtsanspruch des PSB auf die Unterhaltsleistung

9 Leistungen zum Unterhalt des Kindes sind keine Eingriffe in das elterliche Erziehungsrecht, so dass hierfür das **Kind** selbst anspruchsberechtigt sein könnte.[41] Da es sich bei der wirtschaftlichen Hilfe aber nicht um eine selbstständige Leistung handelt, kann es auch **keine selbstständige Anspruchsberechtigung** geben. Wie die Unterhaltsleistung ein Annex zur erzieherischen Leistung ist, ist auch die Leistungsberechtigung für den

33 So OLG Koblenz 29.8.2018 – 13 UF 178/18; OLG Köln 15.10.2009 – 4 WF 160/09, FamRZ 2010, 904; DIJuF JAmt 2017, 293 (294 f.).
34 So LSG Bln-Bbg 11.3.2016 – L 1 KR 140/14; LSG Bln-Bbg 7.9.2009 – L 24 KR 173/09 B ER.
35 LSG Hamburg 21.2.2019 – L 1 KR 83/18.
36 BVerwG 24.11.2017 – 5 C 15/16, erstaunlicherweise ohne Bezugnahme auf § 13 SGB XI.
37 OVG RhPf 6.12.2016 – 7 A 10344/16.
38 Schreiben des BMF v. 17.12.2008, IV C 3 – S 2342/07/0001.
39 BFH 19.10.2017 – III R 25/15, juris Rn. 30, 37.
40 BFH 19.10.2017 – III R 25/15, juris Rn. 28.
41 So VGH BW 18.2.1993 – 7 S 2019/92, ESVGH 43, 164; HessVGH 12.12.2000 – 1 TG 3694/00, Jugendhilfe 2002, 42; Schmid-Obkirchner in Wiesner Rn. 16; Fieseler/Busch in GK-SGB VIII Rn. 13; Riehle in Krug/Riehle Rn. 51; wohl auch DIJuF JAmt 2003, 581; Kador in Jung Rn. 3: Kind und PSB.

Unterhalt ein Annex zur Leistungsberechtigung für die erzieherische Leistung. Anspruchsberechtigt ist daher bei der HzE sowohl für den Sachaufwand als auch für die Kosten der Erziehung (zum Barbetrag → Rn. 13) der **PSB**,[42] bei der Hilfe nach § 35a und bei der Hilfe nach § 41 der junge Mensch.[43]

Nicht anspruchsberechtigt ist die **Pflegeperson.**[44] Aus **§ 1688 BGB** (Abdruck bei § 7; auch → § 38 Rn. 9) ergibt sich keine Anspruchsberechtigung der Pflegeperson, da danach nur Ansprüche des Kindes in Vertretung des PSB, also nicht in eigenem Namen der Pflegeperson geltend gemacht werden können; der Anspruch auf das Pflegegeld als Sozialleistung ist aber keiner des Kindes, sondern des PSB. Die Pflegeperson kann daher nicht Inhaltsadressat,[45] sondern nur Bekanntgabeadressat eines Pflegegeldbescheids sein, wenn im privatrechtlichen Pflegevertrag zwischen PSB und Pflegeperson vereinbart worden ist, dass das Pflegegeld an die Pflegeperson ausbezahlt werden soll. Die Pflegeperson kann den Anspruch in Vertretung des PSB, aber nicht in eigenem Namen geltend machen.[46] Dies wäre erst nach Abtretung des Anspruchs oder nach gerichtlicher Übertragung gem. § 1630 Abs. 3 BGB möglich.[47] 10

Die **Rückforderung** zu viel gezahlten Pflegegeldes soll nach Aufhebung des VA gem. §§ 45 bzw. 48[48] (→ Anh. 5 Rn. 45 f.) SGB X, die gegenüber den Anspruchsberechtigten (PSB oder junger Mensch) ergehen muss, über § 812 BGB von der Pflegeperson erfolgen.[49] Dem kann nicht zugestimmt werden:[50] Durch die Aufhebung der Bewilligung wurden die Leistungen ja von den Leistungsberechtigten (PSB bzw. junger Mensch) rechtswidrig bezogen, so dass die zu viel erbrachten Leistungen nach § 50 SGB X von ihnen herauszuverlangen sind. Freilich kann sich das JA einen Rückzahlungsanspruch der Leistungsberechtigten gegenüber den Pflegeeltern aus § 812 BGB abtreten lassen. Dieser besteht allerdings nur, wenn die Rechtswidrigkeit der Leistungsgewährung im Verhältnis zwischen JA und Leistungsberechtigten auch auf das Verhältnis zwischen Leistungsberechtigten und Pflegeeltern durchschlägt, was von der vertraglichen Gestaltung in diesem Verhältnis abhängt. Haben sich allerdings die Pflegeeltern den Anspruch der Leistungsberechtigten gegen das JA abtreten lassen, ordnet § 53 Abs. 6 SGB I eine gesamtschuldnerische Haftung von Pflegeeltern und Leistungsberechtigten an. Dasselbe dürfte gelten, wenn das JA in der Annahme, zu höheren Leistungen verpflichtet zu sein, mehr Leistungen auszahlt, als es im Verwaltungsakt bewilligt hat. Ein originärer Rückforderungsanspruch des JA gegenüber den Pflegeel- 11

---

42 Ebenso OVG NRW 15.1.2020 – 12 E 656/19; OVG NRW 6.1.2020 – 12 B 1651/19; OVG NRW 24.7.2017 – 12 E 132/17; VG Cottbus 17.6.2016 – 1 K 101/14.

43 So BVerwG 12.9.1996 – 5 C 31/95; SchlHOVG 28.5.2015 – 3 LB 9/14, JAmt 2015, 514; NdsOVG 17.10.2008 – 4 LA 193/06, FEVS 60, 417; Fischer in S/F/M/K Rn. 10; Hauck/Noftz Rn. 5; Mrozynski SGB VIII Rn. 10; Degener in JHSM Rn. 8; Tammen in FK-SGB VIII Rn. 5.

44 OVG NRW 15.1.2020 – 12 E 656/19; OVG NRW 18.3.2019 – 12 E 877/17.

45 Ebenso BayVGH 17.5.2001 – 12 ZB 00.1589, FEVS 52, 565.

46 Ebenso OVG NRW 6.1.2020 – 12 B 1651/19; OVG NRW 29.1.2019 – 12 E 667/18; OVG NRW 19.3.2012 – 12 A 1821/11; BayVGH 10.5.2012 – 12 ZB 11.2136 und 12.707; OVG RhPf 7.8.2008 – 7 a 10142/08, JAmt 2009, 143; SächsOVG 19.9.2006 – 5 B 327/06, JAmt 2007, 316; SächsOVG 6.12.2010 – 1 D 120/10; Tammen in FK-SGB VIII Rn. 5; im Ergebnis auch DIJuF DAVorm 2000, 395, JAmt 2001, 283 (2003), 581, 2004, 184; **aA** NdsOVG 26.3.1997 – 4 L 7121/96, FamRZ 1998, 707; VG Aachen 29.8.2000 – 2 K 2079/99, ZfJ 2001, 393.

47 So SächsOVG 6.12.2010 – 1 D 120/10.

48 AA hier bis zur 5. Auflage; aA auch NdsOVG 20.5.2008 – 4 LA 150/07; VG Karlsruhe 23.1.2001 – 2 K 4132/98, JAmt 2001, 488; Kador in Jung Rn. 4; Stähr in Hauck/Noftz Rn. 16; Riehle in Krug/Riehle Rn. 123.

49 So DIJuF JAmt 2002, 178.

50 Anders noch die Vorauflage. Die hier vertretene Position folgt der ausführlichen und überzeugenden Darstellung von Baumeister in jurisPK-SGB X § 50 Rn. 37–71.

tern kommt hingegen dann in Betracht, wenn sie infolge eines Versehens, bspw. einer Fehlüberweisung, zu viel Geld erhalten haben. Ob sich dieser Rückforderungsanspruch dann nach § 50 SGB X oder nach § 812 BGB richtet, ist umstritten. Am überzeugendsten erscheint der Weg § 50 Abs. 2 SGB X, den wohl auch der Gesetzgeber des SGB X[51] vor Augen hatte.

2 Laufende Leistungen (Abs. 2)

2.1 Bedarfsdeckung durch laufende Leistungen (Satz 1)

12 Während in Sozialhilfe und Grundsicherung grundsätzlich der „gesamte Bedarf" (§ 27a SGB XII, § 20 Abs. 1 SGB II) durch laufende Leistungen gedeckt wird, ist in der Jugendhilfe nur der gesamte **regelmäßig wiederkehrende** Bedarf durch laufende Leistungen zu decken. Regelmäßig wiederkehrend ist ein Bedarf, der immer wieder, auch in größeren zeitlichen Abständen, bei vielen HE gleichermaßen, ohne Besonderheiten im Einzelfall auftritt.[52] In der Jugendhilfe sind Beihilfen für nicht regelmäßig wiederkehrende Bedarfe im Rahmen des § 39 Abs. 3 möglich. Soweit ein **besonderer**, aber **regelmäßig** wiederkehrender Bedarf nicht durch den Pauschalbetrag gem. § 39 Abs. 4 S. 3 Hs. 1 abgedeckt wird, sind **zusätzliche laufende** Leistungen gemäß **Hs. 2** (→ Rn. 22) zu gewähren; so zB für den Besuch einer Tageseinrichtung durch ein Pflegekind,[53] aber nicht für pädagogische und therapeutische Hilfen, die von den Besonderheiten des Einzelfalls abhängen;[54] für sie können aber einmalige Leistungen in Betracht kommen (→ Rn. 17).[55] Auch eine **Haftpflichtversicherung** für das **Kind** ist gesondert abzuschließen (meist als Sammelhaftpflicht).[56] **Besuchsfahrten** der Mutter zu ihrer stationär untergebrachten Tochter gehören zum regelmäßig wiederkehrenden Bedarf und sind daher nicht zusätzlich vom JA, womöglich aber nach SGB II oder SGB XII zu bezahlen.[57] Dasselbe gilt für **Umgangskontakte**, da auch der Barunterhaltspflichtige diese selbst bestreiten muss (→ § 94 Rn. 11; → § 18 Rn. 17).[58]

Kosten aus einem Mietvertrag sind für den Zeitraum ab der Unterbringung keine Unterkunftskosten.[59]

2.2 Barbetrag zur persönlichen Verfügung (Satz 2)

13 Nur bei einer Unterbringung des Kindes/Jugendlichen über Tag und Nacht (also nicht in den Fällen des § 32 und des § 35a Abs. 2 Nr. 2) in einer Einrichtung oder bei einer Pflegeperson (vollstationäre Hilfe) müssen die laufenden Leistungen auch ein **Taschengeld** zur persönlichen Verfügung des Kindes enthalten. Der Begriff der Angemessenheit ist ein unbestimmter Rechtsbegriff ohne Beurteilungsspielraum und unterliegt daher der vollen verwaltungsgerichtlichen Kontrolle. Auf die bestimmungsgemäße Ver-

51 BT-Drs. 8/2034, Gegenäußerung der BReg, S. 63 (zu 30.), auf die Baumeister in juris-PK-SGB X § 50 Rn. 46 hinweist.
52 AA Riehle in Krug/Riehle Rn. 28: auch bei Besonderheiten im Einzelfall.
53 DIJuF JAmt 2020, 654, das zu Recht auf die unterschiedlich hohen Kosten hinweist; VG Gelsenkirchen 26.5.1993 – ZfJ 1993, 558.
54 So für Nachhilfeunterricht NdsOVG 28.7.1993 – 4 L 4683/92, FEVS 45, 19.
55 NdsOVG 28.7.1993 – 4 L 4683/92, FEVS 45, 19: Kostenübernahme bei erzieherischem Defizit; Mrozynski SGB VIII Rn. 4: bei regelmäßiger Nachhilfe Sonderbedarf nach Abs. 2, bei gelegentlicher Abs. 3.
56 So wohl auch Mrozynski SGB VIII Rn. 12.
57 Im Ergebnis ebenso VG Saarlouis 12.1.2011 – 3 K 1193/10, JAmt 2012, 415; VG Gelsenkirchen 30.9.2010 – 2 K 4896/09; VG Göttingen 11.11.2008 – 2 A 74/07, EuG 2009, 217; SG Potsdam 18.4.2012 – S 35 AS 3511/09: kein Leistungsausschluss nach § 7 Abs. 4 S. 1 SGB II.
58 So LSG BW 20.5.2010 – L 7 AS 5263/08, NZS 2011, 587; VG Gelsenkirchen 30.9.2010 – 2 K 4896/09; Riehle in Krug/Riehle Rn. 22.
59 OVG NRW 13.1.2020 – 12 E 23/19.

wendung des Taschengeldes kommt es – im Unterschied zur Regelung des § 35 Abs. 2 S. 4 SGB XII – nicht an. Da aber auch für den Barbetrag als Teil der Unterhaltsleistung bei HzE der PSB anspruchsberechtigt ist (→ Rn. 9),[60] liegt es in der pädagogischen Macht des PSB (oder der Pflegeperson unter den in → Rn. 10 genannten Voraussetzungen), die bestimmungsgemäße Verwendung des Taschengelds durch Zurückhaltung eines Teils des Geldes zu bewirken oder damit disziplinarisch zu wirken.[61]

2.3 Höhe des Betrages (Satz 3)

Nur bei Unterbringung des Kindes in einer **Einrichtung** oder bei **intensiver sozialpädagogischer Einzelbetreuung** wird die Höhe des Taschengeldes durch die nach Landesrecht zuständige Behörde festgesetzt; bei Unterbringung in einer **Pflegestelle** (§ 33 oder § 35a Abs. 2 Nr. 3) dagegen wird der Betrag nicht gesondert festgesetzt, sondern ist in den pauschalen Unterhaltsbeträgen enthalten. Das Landesrecht kann dafür die oberste Landesjugendbehörde oder das LJA, wegen des Gesetzeswortlauts „Behörde" im Singular im Unterschied zu Abs. 5 nicht dagegen die örtlichen Träger der Jugendhilfe bestimmen.[62] Dieser Barbetrag (**„Heim-Taschengeld"**) soll nach Altersgruppen gestaffelt und im Heim einheitlich hoch sein (→ Rn. 27). 14

Die Höhe des Taschengeldes von Kindern in **Pflegefamilien** dagegen wird von den für die Festsetzung des Pauschalbetrages nach § 39 Abs. 5 zuständigen Behörden (idR das LJA; aber auch örtliche Träger[63]) festgesetzt. Auch für diesen Barbetrag (**„Familienpflege-Taschengeld"**) ist eine Staffelung nach Altersgruppen gesetzlich vorgeschrieben;[64] in welcher Höhe die Pflegeeltern das Taschengeld dann an das Kind weiterreichen, bleibt ihrem erzieherischen Ermessen überlassen (→ Rn. 13).[65] Eine Staffelung nach dem Einkommen der jungen Menschen ist hingegen rechtswidrig.[66] 15

2.4 Laufende Leistungen in Pflegeverhältnissen (Satz 4)

Die laufenden Leistungen in Pflegeverhältnissen (§ 33 oder § 35a Abs. 2 Nr. 3) werden durch **Pflegegeldzahlungen** einschließlich des Taschengelds sichergestellt – im Unterschied zu den laufenden Leistungen für Kinder in Einrichtungen, die mit Entgeltvereinbarungen (§§ 78a ff.) geregelt werden. Nur für erstere gelten die Abs. 4–6. Eine Erhöhung der laufenden Leistungen während der Covid-19-Pandemie 2020/2021 kann zwar im Einzelfall angezeigt sein, ist pauschal aber nicht gerechtfertigt.[67] 16

3 Einmalige Leistungen (Abs. 3)

Eine systematische Auslegung aus dem Zusammenhang des § 39 ergibt, dass die Regelung des Abs. 3 sowohl gesetzliche Auslegungshilfe bei der Auslegung des unbestimm- 17

60 Ebenso v. Koppenfels-Spies in jurisPK-SGB VIII Rn. 10; Fischer in SFMK Rn. 10; Hauck/Noftz Rn. 11 a u. wohl auch Mrozynski SGB VIII Rn. 5; aA Schmid-Oberkirchner in Wiesner Rn. 16; Tammen in FK-SGB VIII Rn. 14 u. Kador in Jung Rn. 3: das Kind.
61 AA Tammen in FK-SGB VIII Rn. 15; Degener in JHSM Rn. 25, 26; Kador in Jung Rn. 11; Fischer in SFMK Rn. 19; Mrozynski SGB VIII Rn. 6; Winkler in BeckOK-SGB VIII Rn. 12 u. wohl auch Riehle in Krug/Riehle Rn. 39; Stähr in Hauck/Noftz Rn. 11 a: in Einzelfällen.
62 So auch von Koppenfels-Spies in jurisPK-SGB VIII § 39 Rn. 18; OVG LSA 19.2.2019 – 4 K 165/17, juris Rn. 23 f. (in Sachsen-Anhalt ist das wegen § 20 Abs. 3 KHG LSA die oberste Landesjugendbehörde).
63 OVG LSA 19.2.2019 – 4 K 165/17, juris Rn. 25, lässt dies offen.
64 AA Schmid-Obkirchner in Wiesner Rn. 24.
65 AA v. Koppenfels-Spies in jurisPK-SGB VIII Rn. 34.
66 DIJuF JAmt 2019, 569 (572).
67 DIJuF JAmt 2020, 380 (382).

ten Rechtsbegriffs „notwendiger Unterhalt" des Abs. 1 ist, als auch eine Regelung der Art und Weise, wie dieser notwendige Unterhalt sicherzustellen ist. Dies soll nämlich durch laufende Leistungen nach Abs. 2 geschehen und – diese ergänzend – durch einmalige Leistungen nach Abs. 3. Die einmaligen Leistungen können entweder volle Leistungen (**Beihilfen**) oder Teilleistungen (**Zuschüsse**)[68] sein. Nur insoweit und für die Höhe besteht ein Ermessen (Auswahlermessen), dagegen nicht, ob einmalige Leistungen überhaupt gewährt werden (Entschließungsermessen).[69] Vielmehr ist jeder nicht regelmäßig wiederkehrende Bedarf (einmaliger Bedarf) durch einmalige Leistungen zu decken, wenn dieser einmalige Bedarf unter den Begriff „notwendiger Unterhalt" subsumiert werden kann. Bei der Auslegung des Begriffs ist derselbe Maßstab anzulegen wie bei § 27 SGB XII[70] unter Beachtung des § 27 Abs. 2 SGB XII, wonach der besondere entwicklungsbedingte Bedarf des Kindes zu berücksichtigen ist, was im Jugendhilferecht zu abweichenden Ergebnissen im Einzelfall führen muss (→ § 10 Rn. 3). Außerdem sind über § 33 S. 1 iVm § 37 S. 2 SGB I die **Besonderheiten des Einzelfalles** bei der Auslegung des Begriffs „notwendiger Unterhalt" zu berücksichtigen. Aus diesem Grunde kann es im Einzelfall erforderlich sein, bei Beihilfen das Pflegekind in einer Pflegefamilie ebenso zu behandeln wie die leiblichen Kinder der Pflegeeltern.[71] Weiter ist zu berücksichtigen, dass die Jugendhilfeleistung für Klassenfahrten mindestens die Höhe der Beihilfe nach SGB XII und SGB II erreichen sollte.

18 Abs. 3 enthält lediglich eine beispielhafte Aufzählung, die für die Erstausstattung der Pflegestelle § 31 Abs. 1 Nr. 1 SGB XII entspricht. **„Wichtige persönliche Anlässe"** können religiöse oder andere weltanschauliche *Rite-de-Passage*-Feste (Kommunion, Konfirmation, Firmung, Bar/Bat Mitzwa, Beschneidungsfest, Jugendweihe[72]) sein, die von einer „Einmaligkeit der Lebensentscheidung"[73] geprägt sind.[74] Kindergeburtstage sind im Sozialhilferecht zwar wichtige persönliche Anlässe, aber Feier und Geschenke sind – als regelmäßig wiederkehrender Bedarf (→ Rn. 11) – mit dem Regelsatz abgegolten. Grundsätzlich gilt dies auch für das Jugendhilferecht, allerdings unter Beachtung der Besonderheit, dass Pflegekinder und leibliche Kinder in einer Pflegefamilie nicht ungleich behandelt werden sollten (→ Rn. 15). Auch die Feier von Weihnachten und die Einschulung sind ein wichtiger persönlicher Anlass. Der Erwerb des Führerscheins gehört dann zum notwendigen (auch bei mehrmaligen Versuchen) einmaligen Bedarf, wenn er für Beruf oder Ausbildung von Bedeutung ist; dies ist regelmäßig der Fall.[75] Mehrtägige Klassenfahrten sind wie im Sozialhilferecht (§ 31 Abs. 1 Nr. 3 SGB XII) oder in der Grundsicherung (§ 28 Abs. 2 Nr. 3 SGB II) durch Beihilfen zu übernehmen. Urlaubs- und Ferienreisen können nach Abs. 3 übernommen werden. Lehrmittel sind als laufender Bedarf durch laufende Leistungen abgegolten.[76] Bekleidung gehört zum laufenden Bedarf; eine Erstausstattung kann aber wie nach § 31 Abs. 1 Nr. 2 SGB XII bzw. § 24 Abs. 3 Nr. 2 SGB II – entsprechend der Pflegestelle – durch Beihilfe gewährt

68 Begrifflich verfehlt Kador in Jung Rn. 13.
69 Ebenso Stähr in Hauck/Noftz Rn. 19; aA v. Koppenfels-Spies in jurisPK-SGB VIII Rn. 22; Tammen in FK-SGB VIII Rn. 17; Schmid-Obkirchner in Wiesner Rn. 26; Fischer in SFMK Rn. 22; Fieseler/Busch in GK-SGB VIII Rn. 8; Degener in JHSM Rn. 31; Klinkhardt Rn. 7; Lakies ZfJ 1990, 553.
70 Ebenso für das BSHG Klinkhardt Rn. 6; aA Mrozynski SGB VIII Rn. 8.
71 Ebenso Mrozynski SGB VIII Rn. 8 und Hess. VGH 4.8.1992 – 9 UE 2869/89, FEVS 44, 57.
72 Tammen in FK-SGB VIII Rn. 16; Schmid-Obkirchner in Wiesner Rn. 25; Fieseler/Busch in GK-SGB VIII Rn. 8; Fischer in SFMK Rn. 21.
73 So das BVerwG 18.2.1993 – 5 C 49/90.
74 Wie vom BVerwG 18.2.1993 – 5 C 49/90, FEVS 44, 318 für die Sozialhilfe entschieden; ebenso für die Jugendhilfe OVG Nds 26.5.1993 – 4 L 4676/92.
75 Ebenso Schmid-Obkirchner in Wiesner Rn. 25.
76 Vgl. DIJuF JAmt 2003, 584.

werden. Fortbildungskosten der Pflegeeltern gehören nicht zum notwendigen Unterhalt des Kindes, können aber nach § 37 Abs. 2 übernommen werden.[77]

Die Aufzählungen sind allerdings nicht abschließend. So kann im Zuge der Covid-19-Pandemie in den Jahren 2020/2021 auch die Ausstattung des Kindes mit digitalen Endgeräten zur Teilnahme am Fernunterricht zu den Einmalbedarfen gehören.[78] Laufende Aufwendungen für WLAN-Kosten können hingegen nicht als einmalige Aufwendungen übernommen werden.[79] Bei ausländischen jungen Menschen gehören die Kosten für die Beschaffung von Identitätsdokumenten zu den einmaligen Leistungen.[80] Nicht zu den einmaligen Leistungen gehören Mietkosten für die Zeit der Unterbringung in einer Einrichtung.[81]

4 Pauschalbetrag (Abs. 4)

4.1 Tatsächliche Kosten als Grundlage laufender Leistungen (Satz 1)

Entsprechend der in § 27a Abs. 4 S. 3 SGB XII zugelassenen Privilegierung zugunsten solcher Familien, die fremde Kinder bei sich aufnehmen, wird die Höhe der zur Deckung des regelmäßig wiederkehrenden Bedarfs gem. § 39 Abs. 2 S. 1 zu gewährenden laufenden Leistungen nach den **tatsächlichen Kosten** ermittelt, die bei der Unterbringung entstehen. Damit wird zugleich eine Gleichstellung der Pflegekinder mit den leiblichen Kindern in einer Pflegefamilie erreicht (→ Rn. 15). An deren Verhältnissen hat sich die Höhe zu orientieren, auch wenn der Anspruch den leiblichen Eltern zusteht (→ Rn. 9). Grenze nach unten sind die Regelsätze der Sozialhilfe,[82] Grenze nach oben ist gem. § 39 Abs. 4 S. 1 die Unangemessenheit der Kosten. Als unbestimmter Rechtsbegriff ist die Auslegung dieses Begriffs im konkreten Fall gerichtlich voll nachprüfbar; es besteht weder Ermessen noch Beurteilungsspielraum (→ § 27 Rn. 13). Die Angemessenheit ist nach den Umständen des Einzelfalls (§ 33 SGB I) zu beurteilen, also auch danach, ob pädagogische Gründe die teurere Unterbringung rechtfertigen. Eine „De Luxe-Pflege“ soll möglichst vermieden werden. Nur bei atypischen Umständen des Einzelfalles kann die Höhe der laufenden Leistungen unabhängig von den tatsächlichen Kosten festgelegt werden; im Regelfall aber besteht kein Ermessen („soll“). 19

4.2 Auch Alterssicherung und Unfallversicherung (Satz 2)

Bei **Nachweis** sind die tatsächlichen Kosten einer **Unfallversicherung** in voller Höhe[83] – soweit sie angemessen sind, wie sich aus dem Zusammenhang mit S. 1 ergibt – zu übernehmen. Dies gilt sowohl für gesetzlich wie privat unfallversicherte Pflegepersonen. Die Angemessenheit orientiert sich an den Beiträgen zur gesetzlichen Unfallversicherung; der Deutsche Verein empfiehlt für 2021 175,78 EUR pro Jahr und betreuendem Pflegeelternteil.[84] Die Unfallversicherung des Kindes könnte nach dem Wortlaut des Gesetzes zwar ebenfalls gemeint sein ist aber bereits bei seinem Bedarf zu berücksichtigen (→ Rn. 6). 20

Die **Alterssicherung** der Pflegeperson ist dagegen nur zur Hälfte (der Deutsche Verein empfiehlt eine Orientierung am Mindestbeitrag für freiwillig Rentenversicherte – 85,06 EUR monatlich, also hälftig 42,53 EUR[85] – und auch nur bei Angemessenheit

77 BayVGH 5.4.2001 – 12 B 96.2358, FEVS 52, 464; VG Schwerin 22.2.2016 – 6 A 347/13.
78 DIJuF JAmt 2020, 297 (298); DIJuF JAmt 2020, 648 (651).
79 DIJuF JAmt 2021, 89 (90 f.).
80 DIJuF JAmt 2020, 303 (306).
81 OVG NRW 13.1.2020 – 12 E 23/19.
82 Ebenso Klinkhardt Rn. 11.
83 Ebenso DIJuF JAmt 2006, 84.
84 Empfehlungen DV 13/20 v. 16.9.2020.
85 Empfehlungen DV 13/20 v. 16.9.2020.

zu übernehmen. Damit hat das KICK die Rechtsprechung des BVerwG[86] korrigiert, nach der die Kosten der Alterssicherung nicht zu berücksichtigen waren. Nach der hM steht dieser Anteil zwar nur für ein Pflegeelternteil, dafür aber pro Pflegekind zu.[87] Das OVG NRW[88] sieht hingegen umgekehrt eine Bemessung pro Pflegeelternteil, aber insgesamt nur einmal als maßgebend an. Das ist vor dem Hintergrund von Sinn und Zweck des Anspruchs, die infolge der Pflegekindbetreuung eingeschränkte oder ausscheidende Möglichkeit der Alterssicherung zu kompensieren,[89] nicht überzeugend. Das BSG zieht den Anspruch aus § 39 Abs. 4 S. 2 als weiteres Rechtfertigungsargument dafür heran, Zeiten der Bereitschaftspflege nicht als Kindererziehungszeiten im Sinne des Rentenversicherungsrechts anzusehen.[90] Dies ist allerdings kein gültiges Argument, da bei Bereitschaftspflege ohnehin kein Pflegegeld nach § 39 zu leisten ist (→ Rn. 3).

„Angemessenheit" ist ein unbestimmter Rechtsbegriff und daher auszulegen. Es besteht weder Ermessen noch ein Beurteilungsspielraum (→ § 27 Rn. 13). Die Angemessenheit bezieht sich auf Höhe und Art der Alterssicherung. Sie muss subjektiv den Zweck verfolgen, im Alter finanziell abgesichert zu sein und objektiv dafür auch geeignet sein. Das ist sie nicht, wenn sie schon vor Erreichen der Altersgrenze fällig oder verwertbar ist, so zB bei einer fondsgebundenen Lebensversicherung oder einem Wertpapiersparvertrag.[91] Anders ist dies bei Anlageformen nach dem Altersvorsorgeverträge-ZertifizierungsG.[92] Ist bei einer kapitalbildenden Lebensversicherung die Verwertung vor Erreichen der Altersgrenze ausgeschlossen, ist sie zu berücksichtigen.[93]

21 Aufwendungen und Erstattung sind nicht nur einmal pro Pflegefamilie zu bezahlen, sondern pro Pflegekind.[94] Das folgt daraus, dass dieser Betrag Bestandteil der laufenden Leistung ist, die ebenfalls pro Kind gewährt wird. Bei zwei Pflegepersonen ist der Betrag pro Pflegeperson zu bezahlen, wie sich aus dem Wortlaut („die Pflegeperson") ergibt.[95] Als Teil der Annexleistung ist auch für diesen Teil der **PSB anspruchsberechtigt.**[96]

4.3 Laufende Leistungen als Pauschalbetrag (Satz 3)

22 Das Gesetz selbst verlangt für den Regelfall („sollen") eine **Pauschalierung** der laufenden Leistungen zur Verwaltungsvereinfachung und gleichmäßigen Handhabung. Die Pauschalierung muss die tatsächlichen Kosten berücksichtigen, aber dennoch davon abweichende Leistungen im Einzelfall ermöglichen (→ Rn. 12). Das Individualisierungsgebot in § 39 Abs. 4 S. 3 Hs. 2 trägt damit § 33 SGB I Rechnung, der gem. § 37 S. 2 SGB I auch im Jugendhilferecht ohne Vorbehalt gilt. **Abweichende** Leistungen können geboten sein bei kostenaufwändiger Ernährung (vergleichbar § 30 Abs. 5 SGB XII/§ 21 Abs. 5 SGB II), aber auch bei einem erzieherischen Aufwand, der erheb-

86 BVerwG 26.3.1999 – 5 B 129/98, FEVS 51, 10.
87 Empfehlungen DV 13/20 v. 16.9.2020.
88 OVG NRW 20.7.2015 – 12 A 1693/14 m. krit. Anm. JAmt 2016, 92 f.
89 So von Koppenfels-Spies in jurisPK-SGB VIII § 39 Rn. 32.
90 BSG 16.6.2016 – B 13 R 15/14 R.
91 So OVG Saarlouis 23.2.2010 – 3 A 345/09.
92 So BVerwG 23.2.2010 – 5 C 29/08, NDV-RD 2010, 68.
93 So BVerwG 11.11.2010 – L 8 AS 51/07; OVG RhPf 7.8.2008 – 7 A 10142/08, JAmt 2009, 143.
94 Ebenso VG Saarlouis 20.3.2009 – 11 K 825/07, JAmt 2009, 507; VG Meiningen 9.12.2008 – 8 K 17/08 Me, ThürVBl 2009, 143, um Gewinnung von Pflegeeltern zu erleichtern; Fieseler/Busch in GK-SGB VIII Rn. 12 p; wohl auch Kador in Jung Rn. 17; aA VG Köln 20.12.2007 – 26 K 4302/06, JAmt 2008, 379; Hauck/Noftz Rn. 20 d.
95 AA VG Köln 20.12.2007 – 26 K 4302/06, JAmt 2008, 379.
96 Ebenso Hauck/Noftz Rn. 20b; aA Fieseler/Busch in GK-SGB VIII Rn. 6a: Pflegeperson; missverständlich Kador in Jung Rn. 17: Kind.

lich über den typischerweise zu leistenden hinausgeht (zB bei einem besonders entwicklungsbeeinträchtigten Kind),[97] dagegen nicht schon aufgrund besonderer sozialpädagogischer Qualifikation allein.[98] Jedenfalls müssen die Gesichtspunkte, die zu einer Abweichung führen, substantiiert dargelegt werden (keine „Strichaufzählung").[99] Auch eine Art Elterngeldzuschlag ist möglich.[100] Eine generelle Weisung, den Pauschalbetrag in Anlehnung an die Leistungen nach dem AsylbLG zu kürzen, ist unzulässig.[101] Eine **Typisierung** der Besonderheiten ist entsprechend § 30 SGB XII bzw. § 21 SGB II auch im Jugendhilferecht möglich; so zB für die Elternbeiträge bei dem Besuch des Kindes in Tageseinrichtungen (→ Rn. 12), da diese besonderen Kosten der Erziehung nicht mit dem Erziehungsbeitrag nach § 39 Abs. 1 S. 2 (→ Rn. 7) erfasst sind, aber diesen mindern können. Solche Erhöhungen der laufenden Leistungen nach S. 3 Hs. 2 kommen nur in Betracht, wenn es sich um regelmäßig wiederkehrenden Bedarf (→ Rn. 12) handelt; sie sind von den einmaligen Leistungen nach Abs. 3 (→ Rn. 17) zu unterscheiden. Eine Erhöhung des Erziehungsbeitrags ist auch denkbar bei ausländischen Pflegekindern mit unsicherem Aufenthaltsstatus, weil sie mit einer vom Regelfall abweichenden Belastung und Einschränkung der Pflegefamilie verbunden ist.[102] Der Antrag auf Erhöhung muss hinreichend substantiiert werden; eine „Strichaufzählung" genügt nicht.[103] Pflegegeld der Sozialen Pflegeversicherung nach § 37 SGB XI, welches das Kind für den die Erhöhung bedingenden Tatbestand erhält, ist nicht auf die Erhöhung anzurechnen.[104] Wenn das JA eine Pflegezulage nach § 35 Abs. 1 S. 2 BVG auf die Erhöhung anrechnen will, muss substantiieren, dass die Erhöhung und die anzurechnende Leistung zweckidentisch sind.[105] Krankenkassenbeiträge können wegen § 40 S. 4 nicht übernommen werden (§ 40). Da sie nach hiesiger Auffassung nicht als Krankenhilfeleistungen übernommen werden können, gehören Dolmetscherleistungen, jedenfalls im Zusammenhang mit einer Krankenbehandlung, ebenfalls zu den laufenden Leistungen (→ § 40 Rn. 16). Zu Besuchsfahrten → Rn. 12. Abweichungen nach unten sind ebenso möglich, bspw. für die Höhe des Erziehungsbeitrages, wenn die Erziehung von Verwandten eher erwartet werden kann als von fremden Personen.[106] Auch eine Abweichung entsprechend dem Lebensstandard in der Pflegefamilie ist möglich,[107] da die Pauschalierung nicht das Prinzip der tatsächlichen Kostenhöhe aus § 39 Abs. 4 S. 1 verletzen darf.

---

97 So BVerwG 18.8.2005 – 5 B 68.05, JAmt 2006, 146; OVG Bln-Bbg 2.4.2014 – OVG 6 N 17.13, ZKJ 2014, 260; BayVGH 10.11.2005 – 12 BV 04.1638: bis 100 %; VG Lüneburg 27.1.2009 – 4 A 280/06, JAmt 2009, 98 mAnm Meysen.

98 So BayVGH 10.11.2005 – 12 BV 04.1638; v. Koppenfels-Spies in jurisPK-SGB VIII Rn. 27.

99 So OVG NRW 8.3.2016 – 12 A 1049/15.

100 DIJuF JAmt 2016, 545 f.

101 DIJuF JAmt 2016, 546 f.

102 DIJuF 2019, 508, 511.

103 OVG NRW 8.3.2016 – 12 A 1049/15, juris Rn. 9.

104 BVerwG 24.11.2017 – 5 C 15/16 unter Aufhebung von SchlHOVG 28.5.2015 – 3 LB 14/14; für eine Anrechnung vor der BVerwG-Entscheidung auch VG Aachen 11.11.2008 – 2 K 557/06; dagegen und damit wie das BVerwG VG Cottbus 23.3.2016 – VG 1 K 1414/14; in dieser Richtung auch BayVGH 30.10.2013 – 12 ZB 11.782.

105 OVG NRW 24.5.2016 – 12 A 1894/14.

106 AA Schmid-Obkirchner in Wiesner Rn. 35; für nach § 1601 BGB unterhaltsverpflichtete Verwandte durch das KICK ausdrücklich in § 39 Abs. 4 S. 4 eingefügt.

107 Ebenso Tammen in FK-SGB VIII Rn. 18; aA BVerwG 18.8.2005 – 5 B 68.05: „Marktpreis der Erziehung"; Schmid-Obkirchner in Wiesner Rn. 35; Fischer in SFMK Rn. 26.

4.4 Kürzung bei Pflege bei Großeltern (Satz 4)

23 Der monatliche Pauschalbetrag kann angemessen gekürzt (aber nicht gestrichen) werden, wenn das Kind sich bei seinen Großeltern in Pflege befindet (→ Rn. 4), da von ihnen als Unterhaltsverpflichtete gem. § 1601 BGB (ihr Rang ist in § 1606 Abs. 2 BGB geregelt) erwartet werden kann, die Erziehung des Kindes ohne zusätzliche Honorierung des Sachaufwands zu leisten.[108] Nicht gekürzt werden kann der Kostenanteil für die Erziehung, wie mit dem Kifög klargestellt wurde[109] – auch wenn das nicht sehr einleuchtend ist, weil die Erziehung der Enkelkinder (in weiser Zurückhaltung) vornehmste Großelternpflicht sein sollte. Der Begriff der Angemessenheit ist ein unbestimmter Rechtsbegriff, muss also ausgelegt werden, wobei es nur um die Höhe der Kürzung geht. Ob aber die Kürzung überhaupt erfolgen soll, steht im (Entschließungs-)Ermessen. Dieses muss gem. § 39 SGB I ausgeübt werden. Ein Ermessensfehler durch Ermessensfehlgebrauch liegt vor, wenn das JA nach festen Prozentsätzen kürzt, ohne Umstände des Einzelfalls zu berücksichtigen (→ Anh. 5 Rn. 27),[110] zB die wirtschaftlichen Verhältnisse oder persönliche Umstände, zB Alter und Gesundheitszustand.[111] Führen die wirtschaftlichen Verhältnisse der Großeltern mangels Leistungsfähigkeit gem. § 1603 Abs. 1 BGB zum Ausschluss der Unterhaltspflicht, ist die Kürzungsmöglichkeit § 39 Abs. 4 S. 4 ohnehin nicht gegeben; zur Bestimmung der großelterlichen Leistungsfähigkeit ist auf die dazu entwickelten unterhaltsrechtlichen Maßstäbe zurückzugreifen.[112]

Bei der Ermessensausübung ist – ebenso wie bei der Bestimmung der angemessenen Höhe – zu berücksichtigen, dass ihre Kostenbeteiligung sowohl nach § 92 als auch nach § 95ausgeschlossen ist, was Malus wie Bonus sein kann. Da nach der Rechtsprechung des BVerfG die Verwandtenpflege Vorrang vor einer Unterbringung des Kindes bei fremden Personen haben soll,[113] darf sich das Ermessen nicht allein auf die Leistungsfähigkeit der Großeltern beschränken,[114] sondern muss auch die Lebensumstände von Pflegeperson und Pflegekind sowie den Unterhaltsbedarf des jungen Menschen berücksichtigen.[115] Das – in der Praxis nicht seltene – Fehlen jeglicher Ermessensüberlegungen führt zum Ermessensfehler des Ermessensnichtgebrauchs und damit zur RW des Bescheids.

Gekürzt werden kann der Betrag nur bei dem Großelternteil, der Partner des mit den Eltern abgeschlossenen Pflegevertrags ist.[116] Klagebefugt ist nur der PSB.[117]

Erhält das Kind von einem Elternteil Unterhalt, mit dem es nicht zusammenlebt, kann der Unterhalt mangels Rechtsgrundlage nicht kürzend auf das Pflegegeld angerechnet werden. Allerdings kann das Kind nach § 93 zu den Kosten aus diesem Unterhalt herangezogen werden.[118]

108 Vgl. DIJuF JAmt 2006, 127.
109 Kador in Jung Rn. 19 m. Hinweisen auf Rspr.
110 S. Schmid-Obkirchner in Wiesner Rn. 35 c.
111 Ebenso VG Oldenburg 26.6.2007 – 13 A 3270/06, JAmt 2007, 542; VG Arnsberg 30.1.2007 – 11 K 2207/06, JAmt 2007, 101.
112 BVerwG 19.5.2016 – 5 C 36/15 (mAnm Nellissen jurisPR-SozR 22/2016 Anm. 4; Schürmann jurisPR-FamR 24/2016 Anm. 3; Fleuß jurisPR-BVerwG 20/2016 Anm. 4; Schneider NJW 2016, 3611).
113 BVerfG 24.6.2014 – 1 BvR 2926/13; BVerfG 8.3.2012 – 1 BvR 206/12.
114 So Schürmann jurisPR-FamR 24/2016 Anm. 3.
115 Nellissen jurisPR-SozR 22/2016 Anm. 4.
116 So SchlHOVG 28.5.2015 – 3 LB 9/14, JAmt 2015, 514.
117 So NdsOVG 12.5.2014 – 4 LA 136/13, EuG 2014, 467.
118 DIJuF JAmt 2020, 298 (300).

Ob die Großeltern leistungsfähig sind, muss das JA ermitteln; das Instrument dafür ist die **Auskunftspflicht** nach § 97a Abs. 2 S. 2, die parallel zur Regelung des § 39 Abs. 4 S. 4 mit dem KICK eingeführt worden ist. 24

4.5 Kostenanknüpfung an Ort der Pflegestelle (Satz 5)

Da die laufenden Leistungen sich nach den tatsächlichen Kosten richten müssen (Satz 1), gibt es ein regionales Kostengefälle. Maßgeblich sind dann nicht die Kosten am Heimatort des Pflegekindes, sondern am Ort der Pflegestelle. Die Regelung des Satzes 5 ist somit lediglich eine Konsequenz der Regelung des Satzes 1. Von dieser Regel kann aber bei atypischen Umständen im Einzelfall abgewichen werden („soll"). Wenn eine Pflegestelle nicht anders zu erhalten ist, kann daher auch ein höherer als der ortsübliche Preis gezahlt werden. Auch die Pflegestellenvermittlung unterliegt dem Gesetz des Marktes, wonach Angebot und Nachfrage den Preis bestimmen. Wird der höhere Preis aber nicht bezahlt, kann sich die Pflegeperson auf Vertrauensschutz nicht berufen, wenn ein Vertrauenstatbestand nicht entstanden ist, weil die Preisfrage beim Umzug geklärt worden ist.[119] 25

Für die Ortsanknüpfung ist nicht ein Zuständigkeitswechsel, sondern nur der **Ortswechsel** maßgeblich. Das hat im Fall des Zuständigkeitswechsels nach § 86 Abs. 6 praktische Bedeutung. Nicht erst nach zwei Jahren, sondern mit Unterbringung in der Pflegestelle gilt der „Ortstarif".[120] 26

Bei **Heimunterbringung** ermöglicht die analoge Anwendung des S. 5 (direkt nur für Pflegestellen anwendbar) gleiches Taschengeld für alle – unabhängig vom jeweiligen Leistungsträger. 27

5 Festsetzung des Pauschalbetrages (Abs. 5)

Satz 1 verpflichtet die nach Landesrecht zuständigen Behörden, eine für die JA verbindliche (!) Regelung der Höhe der Pauschalbeträge für die laufenden Leistungen zu treffen. Nach Landesrecht zuständig sein kann die oberste Landesjugendbehörde (→ § 82 Rn. 2), das LJA oder Bezirksbehörden. Auch örtliche Träger mit einem größeren Einzugsgebiet können für zuständig erklärt werden. Dagegen wäre eine generelle Zuständigkeitsbestimmung des örtlichen Trägers, wie zB in § 18 LKJHG BW, ein Verstoß gegen den Sinn des § 39 Abs. 5 S. 1, der darin besteht, dass der „Pflegestellenmarkt" durch einheitliche Preise überregional beruhigt werden soll. 28

Satz 2 verlangt eine Staffelung der Beträge nach Altersgruppen. Diese muss sich nach dem altersbedingt unterschiedlichen Bedarf richten.[121] 29

Nach den Empfehlungen des DV[122] für 2021 ist für Kinder v. 0–6 Jahren ein Betrag von 571 EUR, von 6–12 Jahren 657 EUR und v. 12–18 Jahren 722 EUR vorgesehen, als Erziehungsbeitrag einheitlich 249 EUR.

Satz 3 überlässt die nähere Regelung dem Landesrecht. Dieses kann die Festsetzung auch durch Verwaltungsvorschriften regeln oder zulassen (zB Erlass), ohne dass der Grundsatz vom Vorbehalt des Gesetzes (§ 31 SGB I) verletzt wäre, da der Umfang des Pauschalbetrages schon in § 39 Abs. 4 festgelegt ist. Die Verwaltungsvorschrift wäre auch einer Normenkontrolle nach § 47 VwGO zugänglich,[123] so dass der Anspruchsberechtigte ausreichend geschützt ist. Hätte der Gesetzgeber etwas anderes gewollt, 30

119 Ebenso Stähr in Hauck/Noftz Rn. 25.
120 Darauf weist Degener in JHSM Rn. 55 zu Recht hin.
121 Ebenso Schmid-Obkirchner in Wiesner Rn. 40.
122 Empfehlungen DV 13/20 v. 16.9.2020.
123 BVerfG 9.2.2010 – 1 BvL1/09; BVerwG 25.11.1993 – 5 C 8/90, E 94, 335.

hätte er ausdrücklich eine Regelung durch Rechtsverordnung – wie in § 29 Abs. 2 SGB XII – verlangt.[124]

6 Anrechnung des Kindergelds (Familienleistungsausgleich) (Abs. 6)

§ 31 EStG Familienleistungsausgleich

[1]Die steuerliche Freistellung eines Einkommensbetrags in Höhe des Existenzminimums eines Kindes einschließlich der Bedarfe für Betreuung und Erziehung oder Ausbildung wird im gesamten Veranlagungszeitraum entweder durch die Freibeträge nach § 32 Absatz 6 oder durch Kindergeld nach Abschnitt X bewirkt. [2]Soweit das Kindergeld dafür nicht erforderlich ist, dient es der Förderung der Familie. [3]Im laufenden Kalenderjahr wird Kindergeld als Steuervergütung monatlich gezahlt. [4]Bewirkt der Anspruch auf Kindergeld für den gesamten Veranlagungszeitraum die nach Satz 1 gebotene steuerliche Freistellung nicht vollständig und werden deshalb bei der Veranlagung zur Einkommensteuer die Freibeträge nach § 32 Absatz 6 vom Einkommen abgezogen, erhöht sich die unter Abzug dieser Freibeträge ermittelte tarifliche Einkommensteuer um den Anspruch auf Kindergeld für den gesamten Veranlagungszeitraum; bei nicht zusammenveranlagten Eltern wird der Kindergeldanspruch im Umfang des Kinderfreibetrags angesetzt. [5]Bei der Prüfung der Steuerfreistellung und der Hinzurechnung nach Satz 4 bleibt der Anspruch auf Kindergeld für Kalendermonate unberücksichtigt, in denen durch Bescheid der Familienkasse ein Anspruch auf Kindergeld festgesetzt, aber wegen § 70 Absatz 1 Satz 2 nicht ausgezahlt wurde. [6]Satz 4 gilt entsprechend für mit dem Kindergeld vergleichbare Leistungen nach § 65. [7]Besteht nach ausländischem Recht Anspruch auf Leistungen für Kinder, wird dieser insoweit nicht berücksichtigt, als er das inländische Kindergeld übersteigt.

§ 32 EStG Kinder, Freibeträge für Kinder

(1) Kinder sind
1. im ersten Grad mit dem Steuerpflichtigen verwandte Kinder,
2. Pflegekinder (Personen, mit denen der Steuerpflichtige durch ein familienähnliches, auf längere Dauer berechnetes Band verbunden ist, sofern er sie nicht zu Erwerbszwecken in seinen Haushalt aufgenommen hat und das Obhuts- und Pflegeverhältnis zu den Eltern nicht mehr besteht).

(2) [1]Besteht bei einem angenommenen Kind das Kindschaftsverhältnis zu den leiblichen Eltern weiter, ist es vorrangig als angenommenes Kind zu berücksichtigen. [2]Ist ein im ersten Grad mit dem Steuerpflichtigen verwandtes Kind zugleich ein Pflegekind, ist es vorrangig als Pflegekind zu berücksichtigen.

(3) Ein Kind wird in dem Kalendermonat, in dem es lebend geboren wurde, und in jedem folgenden Kalendermonat, zu dessen Beginn es das 18. Lebensjahr noch nicht vollendet hat, berücksichtigt.

(4) [1]Ein Kind, das das 18. Lebensjahr vollendet hat, wird berücksichtigt, wenn es
1. noch nicht das 21. Lebensjahr vollendet hat, nicht in einem Beschäftigungsverhältnis steht und bei einer Agentur für Arbeit im Inland als Arbeitsuchender gemeldet ist oder
2. noch nicht das 25. Lebensjahr vollendet hat und
   a) für einen Beruf ausgebildet wird oder
   b) sich in einer Übergangszeit von höchstens vier Monaten befindet, die zwischen zwei Ausbildungsabschnitten oder zwischen einem Ausbildungsabschnitt und der Ableistung des gesetzlichen Wehr- oder Zivildienstes, einer vom Wehr- oder Zivildienst befreienden Tätigkeit als Entwicklungshelfer oder als Dienstleistender im Ausland nach § 14 b des Zivildienstgesetzes oder der Ableistung des freiwilligen

124 Ebenso NdsOVG 10.3.1999 – 4 L 2667/98, FEVS 51, 80.

Wehrdienstes nach § 58 b des Soldatengesetzes oder der Ableistung eines freiwilligen Dienstes im Sinne des Buchstaben d liegt, oder

c) eine Berufsausbildung mangels Ausbildungsplatzes nicht beginnen oder fortsetzen kann oder

d) ein freiwilliges soziales Jahr oder ein freiwilliges ökologisches Jahr im Sinne des Jugendfreiwilligendienstegesetzes oder eine Freiwilligenaktivität im Rahmen des Europäischen Solidaritätskorps im Sinne der Verordnung (EU) Nr. 2018/1475 des Europäischen Parlaments und des Rates vom 2. Oktober 2018 zur Festlegung des rechtlichen Rahmens des Europäischen Solidaritätskorps sowie zur Änderung der Verordnung (EU) Nr. 1288/2013 und der Verordnung (EU) Nr. 1293/2013 sowie des Beschlusses Nr. 1313/2013/EU (ABl. L 250 vom 4.10.2018, S. 1) oder einen anderen Dienst im Ausland im Sinne von § 5 des Bundesfreiwilligendienstgesetzes oder einen entwicklungspolitischen Freiwilligendienst „weltwärts" im Sinne der Förderleitlinie des Bundesministeriums für wirtschaftliche Zusammenarbeit und Entwicklung vom 1. Januar 2016 oder einen Freiwilligendienst aller Generationen im Sinne von § 2 Absatz 1a des Siebten Buches Sozialgesetzbuch oder einen Internationalen Jugendfreiwilligendienst im Sinne der Richtlinie des Bundesministeriums für Familie, Senioren, Frauen und Jugend vom 25. Mai 2018 (GMBl S. 545) oder einen Bundesfreiwilligendienst im Sinne des Bundesfreiwilligendienstgesetzes leistet oder

3. wegen körperlicher, geistiger oder seelischer Behinderung außerstande ist, sich selbst zu unterhalten; Voraussetzung ist, dass die Behinderung vor Vollendung des 25. Lebensjahres eingetreten ist.

[2]Nach Abschluss einer erstmaligen Berufsausbildung oder eines Erststudiums wird ein Kind in den Fällen des Satzes 1 Nummer 2 nur berücksichtigt, wenn das Kind keiner Erwerbstätigkeit nachgeht. [3]Eine Erwerbstätigkeit mit bis zu 20 Stunden regelmäßiger wöchentlicher Arbeitszeit, ein Ausbildungsdienstverhältnis oder ein geringfügiges Beschäftigungsverhältnis im Sinne der §§ 8 und 8 a des Vierten Buches Sozialgesetzbuch sind unschädlich.

(5) [1]In den Fällen des Absatzes 4 Satz 1 Nummer 1 oder Nummer 2 Buchstabe a und b wird ein Kind, das

1. den gesetzlichen Grundwehrdienst oder Zivildienst geleistet hat oder
2. sich anstelle des gesetzlichen Grundwehrdienstes freiwillig für die Dauer von nicht mehr als drei Jahren zum Wehrdienst verpflichtet hat oder
3. eine vom gesetzlichen Grundwehrdienst oder Zivildienst befreiende Tätigkeit als Entwicklungshelfer im Sinne des § 1 Absatz 1 des Entwicklungshelfer-Gesetzes ausgeübt hat,

für einen der Dauer dieser Dienste oder der Tätigkeit entsprechenden Zeitraum, höchstens für die Dauer des inländischen gesetzlichen Grundwehrdienstes oder bei anerkannten Kriegsdienstverweigerern für die Dauer des inländischen gesetzlichen Zivildienstes über das 21. oder 25. Lebensjahr hinaus berücksichtigt. [2]Wird der gesetzliche Grundwehrdienst oder Zivildienst in einem Mitgliedstaat der Europäischen Union oder einem Staat, auf den das Abkommen über den Europäischen Wirtschaftsraum Anwendung findet, geleistet, so ist die Dauer dieses Dienstes maßgebend. [3]Absatz 4 Satz 2 und 3 gilt entsprechend.

(6) [1]Bei der Veranlagung zur Einkommensteuer wird für jedes zu berücksichtigende Kind des Steuerpflichtigen ein Freibetrag von 2 730 Euro für das sächliche Existenzminimum des Kindes (Kinderfreibetrag) sowie ein Freibetrag von 1 464 Euro für den Betreuungs- und Erziehungs- oder Ausbildungsbedarf des Kindes vom Einkommen abgezogen. [2]Bei Ehegatten, die nach den §§ 26, 26 b zusammen zur Einkommensteuer veranlagt werden, verdoppeln sich die Beträge nach Satz 1, wenn das Kind zu beiden Ehegatten in einem Kindschaftsverhältnis steht. [3]Die Beträge nach Satz 2 stehen dem Steuerpflichtigen auch dann zu, wenn

1. der andere Elternteil verstorben oder nicht unbeschränkt einkommensteuerpflichtig ist oder
2. der Steuerpflichtige allein das Kind angenommen hat oder das Kind nur zu ihm in einem Pflegekindschaftsverhältnis steht.

[4]Für ein nicht nach § 1 Absatz 1 oder 2 unbeschränkt einkommensteuerpflichtiges Kind können die Beträge nach den Sätzen 1 bis 3 nur abgezogen werden, soweit sie nach den Verhältnissen seines Wohnsitzstaates notwendig und angemessen sind. [5]Für jeden Kalendermonat, in dem die Voraussetzungen für einen Freibetrag nach den Sätzen 1 bis 4 nicht vorliegen, ermäßigen sich die dort genannten Beträge um ein Zwölftel. [6]Abweichend von Satz 1 wird bei einem unbeschränkt einkommensteuerpflichtigen Elternpaar, bei dem die Voraussetzungen des § 26 Absatz 1 Satz 1 nicht vorliegen, auf Antrag eines Elternteils der dem anderen Elternteil zustehende Kinderfreibetrag auf ihn übertragen, wenn er, nicht jedoch der andere Elternteil, seiner Unterhaltspflicht gegenüber dem Kind für das Kalenderjahr im Wesentlichen nachkommt oder der andere Elternteil mangels Leistungsfähigkeit nicht unterhaltspflichtig ist; die Übertragung des Kinderfreibetrags führt stets auch zur Übertragung des Freibetrags für den Betreuungs- und Erziehungs- oder Ausbildungsbedarf. [7]Eine Übertragung nach Satz 6 scheidet für Zeiträume aus, für die Unterhaltsleistungen nach dem Unterhaltsvorschussgesetz gezahlt werden. [8]Bei minderjährigen Kindern wird der dem Elternteil, in dessen Wohnung das Kind nicht gemeldet ist, zustehende Freibetrag für den Betreuungs- und Erziehungs- oder Ausbildungsbedarf auf Antrag des anderen Elternteils auf diesen übertragen, wenn bei dem Elternpaar die Voraussetzungen des § 26 Absatz 1 Satz 1 nicht vorliegen. [9]Eine Übertragung nach Satz 8 scheidet aus, wenn der Übertragung widersprochen wird, weil der Elternteil, bei dem das Kind nicht gemeldet ist, Kinderbetreuungskosten trägt oder das Kind regelmäßig in einem nicht unwesentlichen Umfang betreut. [10]Die den Eltern nach den Sätzen 1 bis 9 zustehenden Freibeträge können auf Antrag auch auf einen Stiefelternteil oder Großelternteil übertragen werden, wenn dieser das Kind in seinen Haushalt aufgenommen hat oder dieser einer Unterhaltspflicht gegenüber dem Kind unterliegt. [11]Die Übertragung nach Satz 10 kann auch mit Zustimmung des berechtigten Elternteils erfolgen, die nur für künftige Kalenderjahre widerrufen werden kann.

§ 63 EStG Kinder

(1) [1]Als Kinder werden berücksichtigt
1. Kinder im Sinne des § 32 Absatz 1,
2. vom Berechtigten in seinen Haushalt aufgenommene Kinder seines Ehegatten,
3. vom Berechtigten in seinen Haushalt aufgenommene Enkel.

[2]§ 32 Absatz 3 bis 5 gilt entsprechend. [3]Voraussetzung für die Berücksichtigung ist die Identifizierung des Kindes durch die an dieses Kind vergebene Identifikationsnummer (§ 139 b der Abgabenordnung). [4]Ist das Kind nicht nach einem Steuergesetz steuerpflichtig (§ 139 a Absatz 2 der Abgabenordnung), ist es in anderer geeigneter Weise zu identifizieren. [5]Die nachträgliche Identifizierung oder nachträgliche Vergabe der Identifikationsnummer wirkt auf Monate zurück, in denen die Voraussetzungen der Sätze 1 bis 4 vorliegen. [6]Kinder, die weder einen Wohnsitz noch ihren gewöhnlichen Aufenthalt im Inland, in einem Mitgliedstaat der Europäischen Union oder in einem Staat, auf den das Abkommen über den Europäischen Wirtschaftsraum Anwendung findet, haben, werden nicht berücksichtigt, es sei denn, sie leben im Haushalt eines Berechtigten im Sinne des § 62 Absatz 1 Satz 1 Nummer 2 Buchstabe a. [7]Kinder im Sinne von § 2 Absatz 4 Satz 2 des Bundeskindergeldgesetzes werden nicht berücksichtigt.

(2) Die Bundesregierung wird ermächtigt, durch Rechtsverordnung, die nicht der Zustimmung des Bundesrates bedarf, zu bestimmen, dass einem Berechtigten, der im Inland erwerbstätig ist oder sonst seine hauptsächlichen Einkünfte erzielt, für seine in Absatz 1 Satz 3 erster Halbsatz bezeichneten Kinder Kindergeld ganz oder teilweise zu leisten ist, soweit dies mit Rücksicht auf die durchschnittlichen Lebenshaltungskosten für Kinder in

deren Wohnsitzstaat und auf die dort gewährten dem Kindergeld vergleichbaren Leistungen geboten ist.

§ 66 EStG Höhe des Kindergeldes, Zahlungszeitraum

(1) [1]Das Kindergeld beträgt monatlich für das erste und zweite Kind jeweils 219 Euro, für das dritte Kind 225 Euro und für das vierte und jedes weitere Kind jeweils 250 Euro. [2]Darüber hinaus wird für jedes Kind, für das für den Monat Mai 2021 ein Anspruch auf Kindergeld besteht, für den Monat Mai 2021 ein Einmalbetrag in Höhe von 150 Euro gezahlt. [3]Ein Anspruch in Höhe des Einmalbetrags von 150 Euro für das Kalenderjahr 2021 besteht auch für ein Kind, für das nicht für den Monat Mai 2021, jedoch für mindestens einen anderen Kalendermonat im Kalenderjahr 2021 ein Anspruch auf Kindergeld besteht. [4]Der Einmalbetrag nach den Sätzen 2 und 3 wird als Kindergeld im Rahmen der Vergleichsberechnung nach § 31 Satz 4 berücksichtigt.

(2) Das Kindergeld wird monatlich vom Beginn des Monats an gezahlt, in dem die Anspruchsvoraussetzungen erfüllt sind, bis zum Ende des Monats, in dem die Anspruchsvoraussetzungen wegfallen.

§ 74 EStG Zahlung des Kindergeldes in Sonderfällen

(1) [1]Das für ein Kind festgesetzte Kindergeld nach § 66 Absatz 1 kann an das Kind ausgezahlt werden, wenn der Kindergeldberechtigte ihm gegenüber seiner gesetzlichen Unterhaltspflicht nicht nachkommt. [2]Kindergeld kann an Kinder, die bei der Festsetzung des Kindergeldes berücksichtigt werden, bis zur Höhe des Betrags, der sich bei entsprechender Anwendung des § 76 ergibt, ausgezahlt werden. [3]Dies gilt auch, wenn der Kindergeldberechtigte mangels Leistungsfähigkeit nicht unterhaltspflichtig ist oder nur Unterhalt in Höhe eines Betrages zu leisten braucht, der geringer ist als das für die Auszahlung in Betracht kommende Kindergeld. [4]Die Auszahlung kann auch an die Person oder Stelle erfolgen, die dem Kind Unterhalt gewährt.

(2) Für Erstattungsansprüche der Träger von Sozialleistungen gegen die Familienkasse gelten die §§ 102 bis 109 und 111 bis 113 des Zehnten Buches Sozialgesetzbuch entsprechend.

Abs. 6 Satz 1 verlangt („ist") die Anrechnung der für das Kind gewährten (steuerlichen) Leistung auf die laufende Jugendhilfeleistung in Pflegeverhältnissen (→ Rn. 16), also nicht auf die Beihilfe oder Zuschüsse. 31

Das Pflegekind wird gem. § 32 Abs. 1 Nr. 2 EStG bei den **Pflegeeltern** berücksichtigt, wenn es sich nicht nur vorübergehend in deren Haushalt aufhält. Dies ist der Fall, wenn ein familienähnliches, auf Dauer, also mindestens zwei Jahre, angelegtes Verhältnis zwischen Pflegeeltern und Pflegekind besteht; gelegentliche Besuche bei den **leiblichen Eltern** ändern daran nichts, sie sind von § 37 Abs. 1 geboten. Bei Kurzzeitpflege wird das Kind weiterhin bei den leiblichen Eltern und nicht bei den Pflegeeltern berücksichtigt. Die auf das Kind entfallende Leistung wird daher in diesem Fall bei der Ermittlung des Einkommens der Eltern gem. § 93 Abs. 1 bei diesen berücksichtigt (→ § 93 Rn. 9) und nach § 94 Abs. 3 bei diesen herangezogen. Nach der Neuregelung des Familienleistungsausgleichs 1995[125] besteht ein Wahlrecht, Kindergeld nach §§ 62 ff. EStG oder den Kinderfreibetrag nach § 32 EStG in Anspruch zu nehmen. Das BKGG gilt nach § 1 BKGG nur noch für Sonderfälle, bspw. für Vollwaisen; es steht auch minderjährigen Ausländern zu, wenn sie faktische Inländer sind.[126] Die Neuregelung des Familienleistungsausgleichs wurde vom BVerfG[127] für verfassungswidrig erklärt, da in das steuerfrei zu belassende Existenzminimum eines Kindes neben den Sachleistungen auch Betreuungs- und Erziehungsaufwand einzuberechnen seien. Dem 32

125 Durch das JahressteuerG v. 11.10.1995 (BGBl. I, 1250).
126 BSG 5.5.2015 – B 10 KG 1/14 R (m. zust. Anm. Janda SGb 2016, 117–124).
127 BVerfG 10.11.1998 – 2 BvR 1057/91, NJW 1999, 557.

hat der Gesetzgeber Rechnung getragen,[128] indem das Kindergeld erhöht, der Kinderfreibetrag angehoben und ein Betreuungsfreibetrag eingeführt wurden (§ 32 Abs. 6 EStG).[129] Nach der vorherigen Rspr. des BFH[130] hatten die Pflegeeltern keinen Anspruch auf Auszahlung des Kindergelds, wenn Leistungen nach § 39 gewährt wurden. Durch Änderung des § 32 Abs. 1 Nr. 2 EStG wurde diese Rechtsprechung korrigiert. Danach sind Pflegekinder bei den Pflegeeltern zu berücksichtigen, ohne dass die tatsächlichen Unterhaltsaufwendungen nachgewiesen werden müssen.

33 Auch wenn die finanzielle Entlastung durch den Freibetrag höher ist als das Kindergeld, ist eine Anrechnung in Höhe der **Hälfte** des Kindergelds und nicht des Freibetrags vorzunehmen, seit 1.1.2021 also 109,50 EUR (die Hälfte von 219 EUR Erstkindergeld seit 1.1.2021). Die in den Jahren 2020 und 2021 jeweils einmalig gezahlten Kinderboni waren hingegen nach Satz 3 des Gesetzes zur Nichtanrechnung und Nichtberücksichtigung des Kinderbonus[131] in der jeweils geltenden Fassung nicht nach Abs. 6 anzurechnen.

34 **Abs. 6 Satz 2** ermäßigt die Anrechnung auf ein **Viertel** des Betrages (Kindergeld oder Freibetrag), der für das erste (älteste) Kind der Pflegefamilie anfällt, wenn das Pflegekind in der Altersreihe der Kinder in der Pflegefamilie nicht an erster Stelle steht. Ist bspw. das Pflegekind das dritte Kind in der Altersreihe der kindergeldberechtigten Kinder der Pflegefamilie, werden auf das Pflegegeld 54,75 EUR, nämlich ¼ von 219 EUR Erstkindergeld 2021 angerechnet. Auch hier werden die corona-bedingten Kinderboni nicht angerechnet.

35 Dass nicht der volle auf das Kind entfallende Betrag angerechnet wird, liegt darin begründet, dass die laufenden Leistungen zum Unterhalt des Kindes gem. § 39 Abs. 1 S. 2 auch den sog. **Erziehungsbeitrag** enthalten, der anrechnungsfrei bleiben soll (→ Rn. 7).[132]

36 Dem Kindergeld stehen andere **Kinderzulagen** aus der gesetzlichen Unfallversicherung oder Kinderzuschüsse aus der gesetzlichen Rentenversicherung gleich (vgl. § 65 EStG).

37 **Elterngeld** (→ § 93 Rn. 19) kann Pflegeeltern, mit Ausnahme von Adoptionspflegeeltern,[133] hingegen nicht gewährt werden, da sie nicht die Voraussetzungen nach § 1 BEEG erfüllen. Nach DIJuF ist aber eine Elterngeldprämie im Rahmen der Bemessung des Pflegegeldes möglich.[134]

38 Bezieht die Pflegeperson für den eigenen Unterhalt **HzL** nach § 27 SGB XII oder Alg II nach § 19 SGB II, führt die Anrechnung des Kindergelds auf das Pflegegeld nach Abs. 6 dazu, dass es nicht noch einmal auf die HzL[135] oder die Prozess- oder Verfahrenskostenhilfe[136] angerechnet werden kann.

128 Durch das Zweite Gesetz zur Familienförderung v. 16.8.2001 (BGBl. I 2001, 2074).
129 Vgl. hierzu Tischler FPR 2002, 36.
130 BFH 29.1.2003 – VIII R 71/00, JAmt 2003, 599.
131 Ursprünglich Gesetz zur Nichtanrechnung des Kinderbonus vom 2.3.2009 (BGBl. I, 416, 417), umbenannt in Gesetz zur Nichtanrechnung und Nichtberücksichtigung des Kinderbonus und geändert durch Art. 11 des Zweiten Gesetzes zur Umsetzung steuerlicher Hilfsmaßnahmen zur Bewältigung der Corona-Krise (Zweites Corona-Steuerhilfegesetz) vom 29.6.2020 (BGBl. I, 1512, 1516) sowie zuletzt geändert durch Art. 6 Drittes Gesetz zur Umsetzung steuerlicher Hilfsmaßnahmen zur Bewältigung der Corona-Krise (Drittes Corona-Steuerhilfegesetz) vom 10.3.2021 (BGBl. I, 330, 331).
132 OVG NRW 24.11.1995 – 24 A 4833/94, FEVS 46, 452 einerseits und AG Herne-Wanne 16.1.1996 – 3 F 145/95, FamRZ 1996, 1016 andererseits vor dieser Neuregelung.
133 LSG Nds-Brem 20.4.2016 – L 2 EG 11/15.
134 DIJuF JAmt 2016, 545–546.
135 Näher hierzu DV NDV 2016, 137–138; Schindler JAmt 2005, 1 u. Stähr in Hauck/Noftz § 39 Rn. 38.
136 Christl NZS 2016, 293–299.

7 Einbeziehung des Kindes einer Mutter (Abs. 7)

Mit Abs. 7 wird die Regelung des § 27 Abs. 4 ergänzt (→ § 27 Rn. 38), also auch der Unterhalt des „Pflegeenkelkindes" übernommen. Da § 41 Abs. 2 auf § 27 Abs. 4 verweist, gilt er auch für das Kind, das eine junge Volljährige in der Einrichtung oder Pflegefamilie zur Welt bringt. Anspruchsberechtigt für „das ganze Programm" der Annexleistung einschließlich eines erhöhten Taschengeldes der jungen Mutter[137] bleibt bei der HzE der PSB der Mutter, bei Eingliederungshilfe und Hilfe für junge Volljährige die junge Mutter selbst. 39

Abs. 7 gilt sowohl für die Hilfe in einer Pflegestelle als auch im Heim (→ Rn. 16). 40

§ 40 Krankenhilfe

[1]Wird Hilfe nach den §§ 33 bis 35 oder nach § 35a Absatz 2 Nummer 3 oder 4 gewährt, so ist auch Krankenhilfe zu leisten; für den Umfang der Hilfe gelten die §§ 47 bis 52 des Zwölften Buches entsprechend. [2]Krankenhilfe muss den im Einzelfall notwendigen Bedarf in voller Höhe befriedigen. [3]Zuzahlungen und Eigenbeteiligungen sind zu übernehmen. [4]Das Jugendamt kann in geeigneten Fällen die Beiträge für eine freiwillige Krankenversicherung übernehmen, soweit sie angemessen sind.

§ 47 SGB XII Vorbeugende Gesundheitshilfe

[1]Zur Verhütung und Früherkennung von Krankheiten werden die medizinischen Vorsorgeleistungen und Untersuchungen erbracht. [2]Andere Leistungen werden nur erbracht, wenn ohne diese nach ärztlichem Urteil eine Erkrankung oder ein sonstiger Gesundheitsschaden einzutreten droht.

§ 48 SGB XII Hilfe bei Krankheit

[1]Um eine Krankheit zu erkennen, zu heilen, ihre Verschlimmerung zu verhüten oder Krankheitsbeschwerden zu lindern, werden Leistungen zur Krankenbehandlung entsprechend dem Dritten Kapitel Fünften Abschnitt Ersten Titel des Fünften Buches erbracht. [2]Die Regelungen zur Krankenbehandlung nach § 264 des Fünften Buches gehen den Leistungen der Hilfe bei Krankheit nach Satz 1 vor.

§ 49 SGB XII Hilfe zur Familienplanung

[1]Zur Familienplanung werden die ärztliche Beratung, die erforderliche Untersuchung und die Verordnung der empfängnisregelnden Mittel geleistet. [2]Die Kosten für empfängnisverhütende Mittel werden übernommen, wenn diese ärztlich verordnet worden sind.

§ 50 SGB XII Hilfe bei Schwangerschaft und Mutterschaft

Bei Schwangerschaft und Mutterschaft werden

1. ärztliche Behandlung und Betreuung sowie Hebammenhilfe,
2. Versorgung mit Arznei-, Verband- und Heilmitteln,
3. Pflege in einer stationären Einrichtung und
4. häusliche Pflegeleistungen nach den §§ 64c und 64f sowie die angemessenen Aufwendungen der Pflegeperson

geleistet.

§ 51 SGB XII Hilfe bei Sterilisation

Bei einer durch Krankheit erforderlichen Sterilisation werden die ärztliche Untersuchung, Beratung und Begutachtung, die ärztliche Behandlung, die Versorgung mit Arznei-, Verband- und Heilmitteln sowie die Krankenhauspflege geleistet.

137 So Kador in Jung § 39 Rn. 23.

§ 52 SGB XII Leistungserbringung, Vergütung

(1) [1]Die Hilfen nach den §§ 47 bis 51 entsprechen den Leistungen der gesetzlichen Krankenversicherung. [2]Soweit Krankenkassen in ihrer Satzung Umfang und Inhalt der Leistungen bestimmen können, entscheidet der Träger der Sozialhilfe über Umfang und Inhalt der Hilfen nach pflichtgemäßem Ermessen.

(2) [1]Leistungsberechtigte haben die freie Wahl unter den Ärzten und Zahnärzten sowie den Krankenhäusern entsprechend den Bestimmungen der gesetzlichen Krankenversicherung. [2]Hilfen werden nur in dem durch Anwendung des § 65 a des Fünften Buches erzielbaren geringsten Umfang geleistet.

(3) [1]Bei Erbringung von Leistungen nach den §§ 47 bis 51 sind die für die gesetzlichen Krankenkassen nach dem Vierten Kapitel des Fünften Buches geltenden Regelungen mit Ausnahme des Dritten Titels des Zweiten Abschnitts anzuwenden. [2]Ärzte, Psychotherapeuten im Sinne des § 28 Abs. 3 Satz 1 des Fünften Buches und Zahnärzte haben für ihre Leistungen Anspruch auf die Vergütung, welche die Ortskrankenkasse, in deren Bereich der Arzt, Psychotherapeut oder der Zahnarzt niedergelassen ist, für ihre Mitglieder zahlt. [3]Die sich aus den §§ 294, 295, 300 bis 302 des Fünften Buches für die Leistungserbringer ergebenden Verpflichtungen gelten auch für die Abrechnung von Leistungen nach diesem Kapitel mit dem Träger der Sozialhilfe. [4]Die Vereinbarungen nach § 303 Abs. 1 sowie § 304 des Fünften Buches gelten für den Träger der Sozialhilfe entsprechend.

(4) Leistungsberechtigten, die nicht in der gesetzlichen Krankenversicherung versichert sind, wird unter den Voraussetzungen von § 39 a Satz 1 des Fünften Buches zu stationärer und teilstationärer Versorgung in Hospizen der von den gesetzlichen Krankenkassen entsprechend § 39 a Satz 3 des Fünften Buches zu zahlende Zuschuss geleistet.

1 Jugendhilferechtliche Krankenhilfe als Leistungsannex (Satz 1)

1.1 Voraussetzungen

1 Neben der Sicherstellung des Unterhalts hat das JA außerdem Krankenhilfe zu leisten, deren **Umfang** sich nach dem SGB XII richtet. Voraussetzung für die jugendhilferechtliche Krankenhilfe ist, dass HzE in einer der stationären Hilfearten der §§ 33–35 einschließlich der Vollzeitpflege, Eingliederungshilfe in einer der stationären Arten des § 35a Abs. 2 Nr. 3 oder 4 einschließlich der Vollzeitpflege oder Hilfe für junge Volljährige in einer dieser Arten gem. § 41 Abs. 2 geleistet wird. Dies ist eine **Einschränkung** gegenüber der jugendhilferechtlichen Unterhaltsleistung nach § 39, da Krankenhilfe auch bei der teilstationären Jugendhilfe nach § 32 ausgeschlossen ist.[1] Eine **Erweiterung** gegenüber § 39 ist aber die Anknüpfung an die Hilfe nach § 35. Maßgeblich ist die materielle Rechtslage, nicht die Bezeichnung der Leistung.[2]

2 Krankenhilfe ist außerdem nach den **sonstigen Verweisungen** auf § 40 oder auf „Krankenhilfe" im SGB VIII zu leisten (§§ 13, 19, 21[3] und 42); auf die ausdrückliche Nen-

1 Desgleichen bei Hilfe nach § 30, ebenso VG Mainz 11.1.2007 – 1 K 1046/04.MZ.
2 VG München 7.4.2020 – M 18 E 20.1277, juris Rn. 37.
3 Hier allerdings nach Ermessen.

nung von § 40, die in §§ 21 und 42 fehlt, kommt es nicht an (anders → § 21 Rn. 9 sowie die 6. Auflage: Nur bei ausdrücklicher Benennung von § 40 SGB VIII).[4] Wegen der Erwähnung der „Krankenhilfe" in § 42 Abs. 2 S. 3 und dem Verweis hierauf in § 42a Abs. 1 S. 3 erhalten auch (vorläufig) in Obhut genommene ausländische Kinder und Jugendliche anstelle von AsylbLG-Leistungen Krankenhilfe nach § 40 SGB VIII.[5]

Zum Charakter auch der Krankenhilfe als **Leistungsannex** → § 2 Rn. 1;[6] zu den Grundleistungen → § 39 Rn. 3; daraus folgt, dass sie bei Adoptions-,[7] Bereitschafts- und Kurzzeitpflege ausgeschlossen ist. 3

Gegenüber der **Sozialhilfe** ist die Jugendhilfe **vorrangig** (§ 10 Abs. 4 S. 1; → § 39 Rn. 1). Gegenüber bei Krankheit zu erbringenden Leistungen anderer Stellen, insbesondere der privaten oder gesetzlichen **Kranken-** oder **Unfallversicherung,** nach den beamtenrechtlichen **Beihilfe**regelungen oder den Leistungen der **Sozialen Entschädigung** (BVG, OEG) ist umgekehrt nach § 10 Abs. 1 S. 1 die Jugendhilfe **nachrangig,** und zwar auch dann, wenn es sich bei den Leistungen anderer um Ermessensleistungen handelt (§ 10 Abs. 1 S. 2). 4

Leistungen der Gesetzlichen Krankenversicherung kommen für junge Menschen aufgrund eines von den Eltern abgeleiteten Anspruchs im Rahmen der Familienversicherung in Betracht (§ 10 SGB V). In die Familienversicherung sind auch Pflegekinder iSv § 56 Abs. 2 Nr. 2 SGB I einbezogen (§ 10 Abs. 4 SGB V). In die Familienversicherung einbezogen sind Kinder aber nur, wenn sie nicht selbst versicherungspflichtig, zB als Auszubildende (§ 10 Abs. 1 Nr. 2 SGB V; § 5 Abs. 1 Nr. 1 SGB V), im Rahmen einer beschäftigungstherapeutischen Maßnahme in einer Einrichtung der Jugendhilfe) oder nach der Auffang-Versicherungspflicht des § 5 Abs. 1 Nr. 13 SGB V (§ 5 Abs. 1 Nr. 5 SGB V; → Rn. 7), sind. 5

Dass die Krankenhilfe nach § 40 im Verhältnis zu Leistungen der **Krankenversicherung** nachrangig ist, ergibt sich nicht unmittelbar aus § 10 Abs. 1; er lässt lediglich deren Leistungspflicht **unberührt.** Ein **Rangverhältnis** – kongruenter (→ § 19 Rn. 17) – Leistungen wird erst nach den Abs. 3 u. 4 – nur in Bezug auf SGB II u. XII – hergestellt. Auch der danach nachrangig verpflichtete Träger bleibt aber zur Leistung verpflichtet, es wird ihm lediglich die Kostenerstattung nach § 104 SGB X eröffnet. Leistet die Krankenversicherung, besteht aber kein Bedarf mehr für die Krankenhilfe nach § 40. Leistet die Krankenversicherung jedoch nicht, muss die jugendhilferechtliche Krankenhilfe eintreten. Weil auch in diesem Fall die eigentliche Leistung durch die Krankenkassen erbracht wird (§ 264 SGB V), erschöpft sich der Unterschied in der Regel in der Frage, ob das Jugendamt der Krankenkasse die Aufwendungen erstatten muss (§ 264 Abs. 7 SGB V) oder – wegen eines gegenläufigen Anspruchs in gleicher Höhe aus § 104 SGB X – nicht. 6

Besteht ein Anspruch nach § 40, besteht **keine (Auffang-)Versicherungspflicht** nach § 5 Abs. 1 Nr. 13 SGB V.[8] Auch wenn man die Leistungspflicht nach § 40 als nachrangig gegenüber der Versicherungspflicht nach § 5 Abs. 1 Nr. 13 SGB V verstünde und umgekehrt diese als nachrangig gegenüber der Krankenhilfe, ist § 5 Abs. 1 Nr. 13 SGB V „nachrangiger" als § 40, da § 5 Abs. 1 Nr. 13 SGB V eine Versicherungspflicht aus- 7

4 Struck, J. in Wiesner § 21 Rn. 12; Struck, N. in FK-SGB VIII § 21 Rn. 4; Sünderhauf in jurisPK-SGB VIII § 21 Rn. 47; Wiesner in Wiesner § 42 Rn. 33; Trenczek in FK-SGB VIII § 42 Rn. 37; Kirchhoff in jurisPK-SGB VIII § 42 Rn. 143.

5 Ebenso Turhan RdLH 2016, 151 (154).

6 Demgegenüber bezeichnet sie BayVGH 30.8.2004 – 12 B 00.1434, ZFSH/SGB 2005, 91 als „originäre Leistung", weil sie im Leistungskatalog des § 2 Abs. 2 Nr. 4 aufgeführt sei.

7 Allerdings dann nicht mehr, wenn die Adoptionspflege scheitert und im Anschluss daran HzE gewährt wird; DIJuF JAmt 2019, 248 (250).

8 So BSG 27.1.2010 – B 12 KR 2/09 R, JAmt 2010, 452; Mrozynski SGB VIII Rn. 2 fordert Klarstellung durch Gesetzgeber; zweifelnd Riehle in Krug/Riehle Erl. II.1.

schließt, wenn eine anderweitige Absicherung im Krankheitsfall im selben Umfang besteht. Weil dies mit § 40 der Fall ist, liegen die Voraussetzungen der Krankenversicherungspflicht schon nicht vor; der Nachrang ist in § 5 Abs. 1 Nr. 13 SGB V (negatives) Tatbestandsmerkmal. Zur freiwilligen Krankenversicherung → Rn. 37.

8 Wird Krankenhilfe als Annex zur **Eingliederungshilfe** nach § 35a geleistet, ist bei medizinischen Maßnahmen darauf abzustellen, ob sie der Teilhabeverwirklichung (§ 53 Abs. 3 SGB XII, § 1 SGB IX) dienen – dann § 35a – oder nicht – dann § 40. Bei fehlendem Teilhabezweck liegt keine Eingliederungshilfe vor, so dass sich mangels Kongruenz die Frage der Konkurrenz (§ 10 Abs. 4 S. 1) nicht stellt (→ § 19 Rn. 17). Psychotherapie ist daher als Eingliederungshilfe zu leisten, sei es vom Jugendhilfeträger als Reha-Träger nach § 6 Abs. 1 Nr. 6 iVm § 5 Nr. 1 iVm § 26 Abs. 1 Nr. 5 SGB IX, sei es von der Krankenkasse nach § 6 Abs. 1 Nr. 1 iVm § 5 Nr. 1 iVm § 26 Abs. 1 Nr. 5 SGB IX – jedenfalls immer als Reha-Maßnahme.[9]

§ 5 SGB V Versicherungspflicht

(1) Versicherungspflichtig sind

…

5. Personen, die in Einrichtungen der Jugendhilfe für eine Erwerbstätigkeit befähigt werden sollen,

…

13. Personen, die keinen anderweitigen Anspruch auf Absicherung im Krankheitsfall haben und
    a) zuletzt gesetzlich krankenversichert waren oder
    b) bisher nicht gesetzlich oder privat krankenversichert waren, es sei denn, dass sie zu den in Absatz 5 oder den in § 6 Abs. 1 oder 2 genannten Personen gehören oder bei Ausübung ihrer beruflichen Tätigkeit im Inland gehört hätten.

…

§ 10 SGB V Familienversicherung

(1) [1]Versichert sind der Ehegatte, der Lebenspartner und die Kinder von Mitgliedern sowie die Kinder von familienversicherten Kindern, wenn diese Familienangehörigen

1. ihren Wohnsitz oder gewöhnlichen Aufenthalt im Inland haben,
2. nicht nach § 5 Abs. 1 Nr. 1, 2, 2 a, 3 bis 8, 11 bis 12 oder nicht freiwillig versichert sind,
3. nicht versicherungsfrei oder nicht von der Versicherungspflicht befreit sind; dabei bleibt die Versicherungsfreiheit nach § 7 außer Betracht,
4. nicht hauptberuflich selbstständig erwerbstätig sind und
5. kein Gesamteinkommen haben, das regelmäßig im Monat ein Siebtel der monatlichen Bezugsgröße nach § 18 des Vierten Buches überschreitet; bei Abfindungen, Entschädigungen oder ähnlichen Leistungen (Entlassungsentschädigungen), die wegen der Beendigung eines Arbeitsverhältnisses in Form nicht monatlich wiederkehrender Leistungen gezahlt werden, wird das zuletzt erzielte monatliche Arbeitsentgelt für die der Auszahlung der Entlassungsentschädigung folgenden Monate bis zu dem Monat berücksichtigt, in dem im Fall der Fortzahlung des Arbeitsentgelts die Höhe der gezahlten Entlassungsentschädigung erreicht worden wäre; bei Renten wird der Zahlbetrag ohne den auf Entgeltpunkte für Kindererziehungszeiten entfallenden Teil berücksichtigt.

[2]Eine hauptberufliche selbständige Tätigkeit im Sinne des Satzes 1 Nr. 4 ist nicht deshalb anzunehmen, weil eine Versicherung nach § 1 Abs. 3 des Gesetzes über die Alterssicherung der Landwirte vom 29. Juli 1994 (BGBl. I S. 1890, 1891) besteht. [3]Ehegatten und

9 Für psychiatrische Therapien VG Ansbach 22.4.1999 – AN 11 K 97.01494.

Lebenspartner sind für die Dauer der Schutzfristen nach § 3 des Mutterschutzgesetzes sowie der Elternzeit nicht versichert, wenn sie zuletzt vor diesen Zeiträumen nicht gesetzlich krankenversichert waren.

(2) Kinder sind versichert

1. bis zur Vollendung des achtzehnten Lebensjahres,
2. bis zur Vollendung des dreiundzwanzigsten Lebensjahres, wenn sie nicht erwerbstätig sind,
3. bis zur Vollendung des fünfundzwanzigsten Lebensjahres, wenn sie sich in Schul- oder Berufsausbildung befinden oder ein freiwilliges soziales Jahr oder ein freiwilliges ökologisches Jahr im Sinne des Jugendfreiwilligendienstegesetzes leisten; wird die Schul- oder Berufsausbildung durch Erfüllung einer gesetzlichen Dienstpflicht des Kindes unterbrochen oder verzögert, besteht die Versicherung auch für einen der Dauer dieses Dienstes entsprechenden Zeitraum über das fünfundzwanzigste Lebensjahr hinaus; dies gilt auch bei einer Unterbrechung oder Verzögerung durch den freiwilligen Wehrdienst nach § 58b des Soldatengesetzes, einen Freiwilligendienst nach dem Bundesfreiwilligendienstgesetz, dem Jugendfreiwilligendienstegesetz oder einen vergleichbaren anerkannten Freiwilligendienst oder durch eine Tätigkeit als Entwicklungshelfer im Sinne des § 1 Absatz 1 des Entwicklungshelfer-Gesetzes für die Dauer von höchstens zwölf Monaten; wird als Berufsausbildung ein Studium an einer staatlichen oder staatlich anerkannten Hochschule abgeschlossen, besteht die Versicherung bis zum Ablauf des Semesters fort, längstens bis zur Vollendung des 25. Lebensjahres; § 186 Absatz 7 Satz 2 und 3 gilt entsprechend,
4. ohne Altersgrenze, wenn sie als Menschen mit Behinderungen (§ 2 Abs. 1 Satz 1 des Neunten Buches) außerstande sind, sich selbst zu unterhalten; Voraussetzung ist, daß die Behinderung zu einem Zeitpunkt vorlag, in dem das Kind innerhalb der Altersgrenzen nach den Nummern 1, 2 oder 3 familienversichert war oder die Familienversicherung nur wegen einer Vorrangversicherung nach Absatz 1 Satz 1 Nummer 2 ausgeschlossen war.

(3) Kinder sind nicht versichert, wenn der mit den Kindern verwandte Ehegatte oder Lebenspartner des Mitglieds nicht Mitglied einer Krankenkasse ist und sein Gesamteinkommen regelmäßig im Monat ein Zwölftel der Jahresarbeitsentgeltgrenze übersteigt und regelmäßig höher als das Gesamteinkommen des Mitglieds ist; bei Renten wird der Zahlbetrag berücksichtigt.

(4) [1]Als Kinder im Sinne der Absätze 1 bis 3 gelten auch Stiefkinder und Enkel, die das Mitglied überwiegend unterhält oder in seinen Haushalt aufgenommen hat, sowie Pflegekinder (§ 56 Abs. 2 Nr. 2 des Ersten Buches). [2]Kinder, die mit dem Ziel der Annahme als Kind in die Obhut des Annehmenden aufgenommen sind und für die die zur Annahme erforderliche Einwilligung der Eltern erteilt ist, gelten als Kinder des Annehmenden und nicht mehr als Kinder der leiblichen Eltern. [3]Stiefkinder im Sinne des Satzes 1 sind auch die Kinder des Lebenspartners eines Mitglieds.

(5) Sind die Voraussetzungen der Absätze 1 bis 4 mehrfach erfüllt, wählt das Mitglied die Krankenkasse.

(6) [1]Das Mitglied hat die nach den Absätzen 1 bis 4 Versicherten mit den für die Durchführung der Familienversicherung notwendigen Angaben sowie die Änderung dieser Angaben an die zuständige Krankenkasse zu melden. [2]Der Spitzenverband Bund der Krankenkassen legt für die Meldung nach Satz 1 ein einheitliches Verfahren und einheitliche Meldevordrucke fest.

1.2 Umfang

§ 40 S. 1 ordnet die entsprechende Anwendung der §§ 47–52 SGB XII an. Diese Vorschriften regeln die Hilfen zur Gesundheit im Fünften Kapitel SGB XII. Diese Verweisung betrifft jedoch nur den Umfang der Leistungen, nicht aber ihre Voraussetzungen, die sich ausschließlich aus dem SGB VIII ergeben: Wenn zur Deckung des Bedarfs nur 9 geringfügige Mittel notwendig sind, kann gem. § 88 Abs. 1 S. 1 Nr. 2 SGB XII sozialhilferechtlich verlangt werden, dass diese Mittel selbst bezahlt werden. Jugendhilferechtlich gilt dies aber nicht, da § 88 SGB XII keine Regelung des Umfangs der Hilfe ist, sondern deren tatbestandliche Voraussetzungen betrifft.[10] Außerdem ist zu beachten, dass das SGB XII im Fall des § 40 – anders als bei den sonstigen Verweisungen (→ Rn. 2): „nach Maßgabe" – lediglich **entsprechend** anzuwenden ist, dh unter Berücksichtigung der Besonderheiten des Jugendhilferechts.[11]

10 Der Jugendhilfeträger hat nicht nur Hilfe bei Krankheit (Krankenhilfe ieS) nach § 48 SGB XII zu leisten, sondern darüber hinaus auch Hilfe zur Familienplanung (§ 49 SGB XII), bei Sterilisation (§ 51 SGB XII), bei Schwangerschaft und Mutterschaft (§ 50 SGB XII) und vorbeugende Gesundheitshilfe (§ 47 SGB XII). Diese Leistungen des SGB XII entsprechen kraft der gesetzlichen Anordnung in § 52 SGB XII denen der gesetzlichen Krankenversicherung.

11 Insbesondere weil § 49 SGB XII für Leistungen für empfängnisverhütende Mittel die Einschränkungen des § 24a Abs. 2 SGB V – nach dieser Vorschrift besteht ein Anspruch auf Versorgung mit verschreibungspflichtigen empfängnisverhütenden Mitteln nur bis zum vollendeten 20. Lebensjahr – nicht kennt, wird diskutiert, ob nach dem Fünften Kapitel SGB XII auch Leistungen über den Katalog der Gesetzlichen Krankenversicherung hinaus zu erbringen sind.[12] Für die Sozialhilfe verneint das BSG diese Frage: Leistungen der Hilfen zur Gesundheit nach dem Fünften Kapitel SGB XII gehen also nicht über den Leistungskatalog der Gesetzlichen Krankenversicherung hinaus.[13] Diese Auslegung von § 49 SGB XII müsste aus Gründen der Einheit der Rechtsordnung auch auf seine entsprechende Anwendung im Rahmen des § 40 SGB VIII übertragen werden.[14]

12 Allerdings ordnen § 40 S. 2 und 3[15] gegenüber den Leistungen des SGB XII (und damit auch des SGB V) eine Leistungsausweitung an: Krankenhilfe muss den **im Einzelfall notwendigen Bedarf in voller Höhe** befriedigen (S. 2) und **Zuzahlungen und Eigenbeteiligungen** sind zu übernehmen (S. 3). Ziel dieser Vorschriften ist es, jungen Menschen im Jugendhilfebezug, deren Bedürftigkeit unterstellt wird, die Leistungseinschränkungen des SGB V nicht zuzumuten. Krankenversicherungsrechtliche Begrenzungen der Leistungshöhe sollen im Rahmen der Krankenhilfe nach § 40 nicht gelten. Insoweit, also hinsichtlich der Höhe, gehen damit die Leistungen der Krankenhilfe über diejenigen der Gesetzlichen Krankenversicherung hinaus.

13 Was im Einzelfall als „Bedarf" anzusehen ist, richtet sich allein nach medizinischer Erforderlichkeit.[16] Zur Konturierung dieses unbestimmten Rechtsbegriffs, dessen Auslegung voller verwaltungsgerichtlicher Kontrolle unterliegt, ist dennoch ein Rückbezug

10 Anders aber wohl Schmid-Obkirchner in Wiesner Rn. 7; wie hier Gottlieb in GK-SGB VIII Rn. 14.
11 Ebenso Fischer in SFMK Rn. 13.
12 Dafür Böttiger SRa 2008, 203 (208); im Ergebnis auch Lippert in Mergler/Zink SGB XII § 49 Rn. 20; Ottersbach in Jahn SGB XII § 49 Rn. 8; ebenso die Vorauflage. Dagegen: Flint in Grube/Wahrendorf SGB XII § 49 Rn. 8; Söhngen in jurisPK-SGB XII § 49 Rn. 12–14; von Koppenfels-Spies in jurisPK-SGB VIII § 40 Rn. 18; Tammen in FK-SGB VIII § 40 Rn. 4; MüKoBGB/Tillmanns SGB VIII § 40 Rn. 2; Mrozynski SGB VIII Rn. 11.
13 BSG 15.11.2012 – B 8 SO 6/11 R; LSG NRW 20.7.2010 – L 9 SO 39/08.
14 Im Ergebnis ebenso von Koppenfels-Spies jurisPK-SGB VIII § 40 Rn. 18; Tammen in FK-SGB VIII § 40 Rn. 4; Tillmanns in MüKoBGB SGB VIII § 40 Rn. 2. – Anders noch die Vorauflage.
15 Eingefügt durch das KICK.
16 Tammen in FK-SGB VIII § 40 Rn. 5; von Koppenfels-Spies in jurisPK-SGB VIII § 40 Rn. 21; § 40 SGB VIII deckt medizinischen Bedarf: OVG NRW 9.1.2000 – 122 E 1057/19.

auf das Krankenversicherungsrecht sinnvoll und erforderlich. Zum „Bedarf" nach § 40 S. 2 können nur solche Leistungen gehören, die auch im Krankenversicherungsrecht dem Grunde nach als Bedarf anerkannt sind (vgl. die Aufzählung der Leistungen in § 11 Abs. 1 SGB V), die aber von der Gesetzlichen Krankenversicherung nicht erbracht werden, weil sie ausgeschlossen, betragsmäßig begrenzt oder auf bestimmte Personen-, bspw. Alters-, -gruppen beschränkt sind.

Illustriert sei dies am Beispiel der Krankenbehandlung: Nach § 27 Abs. 1 S. 1 SGB V haben Versicherte Anspruch auf Krankenbehandlung, wenn sie notwendig ist, um eine Krankheit zu erkennen, zu heilen, ihre Verschlimmerung zu verhüten oder Krankheitsbeschwerden zu lindern. Welche Leistungen die Krankenbehandlung umfasst, wird in § 27 Abs. 1 S. 2 SGB V näher bestimmt, ua Versorgung mit Arznei-, Verband-, Heil- und Hilfsmitteln. Der so bestimmte Bedarf ist nur durch die medizinische Notwendigkeit begrenzt und entspricht damit dem in § 40 S. 2 definierten Bedarf im jugendhilferechtlichen Sinn. Erst in der näheren Ausgestaltung kennt das Krankenversicherungsrecht dann Einschränkungen: So sind Arznei-, Heil- und Hilfsmittel nur zu leisten, wenn sie nicht nach § 34 SGB V ausgeschlossen sind (§ 31 Abs. 1 S. 1, § 32 Abs. 1 S. 1, § 33 Abs. 1 S. 1 SGB V); dies betrifft insbesondere nicht verschreibungspflichtige Arzneimittel. Teils wird auch nach Lebensalter unterschieden: So haben unter 18-Jährige Anspruch auf Versorgung mit Sehhilfen als Hilfsmittel (§ 33 Abs. 2 SGB V), die bei Älteren bis auf schwere Fälle ausgeschlossen ist; unter 12-Jährige und unter 18-Jährige mit Entwicklungsstörungen haben auch Anspruch auf nicht verschreibungspflichtige Arzneimittel (§ 34 Abs. 1 S. 5 SGB V). § 40 S. 2 SGB VIII überwindet nach hier vertretener Auffassung nur diese krankenversicherungsrechtlichen Einschränkungen der krankenversicherungsrechtlich eigentlich bestehenden Leistungspflicht, schafft jedoch keinen neuen Leistungstatbestand über die im SGB V enthaltenen Anspruchsgrundlagen hinaus. 14

Damit überwindet § 40 S. 2 SGB VIII für die jugendhilferechtliche Krankenhilfe auch die im Krankenversicherungsrecht vorgesehene altersmäßige Beschränkung der Leistungspflicht für empfängnisverhütende Mittel nach § 24a Abs. 2 SGB V auf unter 20-Jährige. Auch die Übernahme von medizinisch notwendigen Fahrkosten[17] über die in § 60 Abs. 2 SGB V genannten Fälle und die in § 61 S. 1 SGB V genannten Beträge hinaus sowie die Erbringung von Zahnersatz über die in § 55 SGB V genannten Festzuschüsse hinaus sind demnach von der jugendhilferechtlichen Krankenhilfe umfasst. 15

Bei diesem Verständnis fallen entgegen der wohl hM[18] Dolmetscherkosten – mit Ausnahme der nach § 17 Abs. 2 SGB I zwingend zu übernehmenden Kosten für Gebärdendolmetscher – nicht unter § 40 S. 2, weil sie im SGB V grds. nicht vorgesehen sind.[19] Im Sozialhilferecht ist aber anerkannt, dass Dolmetscherkosten bei Krankenbehandlung zu übernehmen sind, entweder als Hilfe in sonstigen Lebenslagen nach § 73 SGB XII[20] oder als Eingliederungshilfe für behinderte Menschen.[21] Da bei fehlender Kenntnis der deutschen Sprache die Unfähigkeit der Verständigung mit dem Umfeld sich nicht auf die Krankenbehandlung beschränkt,[22] liegt es näher, den Bedarf nach 16

17 Zu diesen s. Berlit juris Praxisreport-BVerwG 10, 2007 Anm. 6.

18 Schmid-Obkirchner in Wiesner Rn. 7 a; von Koppenfels-Spies in jurisPK-SGB VIII § 40 Rn. 22; ebenso die Vorauflage.

19 BSG 10.5.1995 – 1 RK 20/94; BSG 20.5.2013 – B 1 KR 23/01 R; ebenso für die Soziale Entschädigung LSG NRW 31.8.2006 – L 7 VG 9/05 und für die Hilfen zur Gesundheit nach dem SGB XII SG Hildesheim 1.12.2011 – S 34 SO 217/10 bzw. nach dem früheren BSHG OVG Lüneburg 11.1.2002 – 4 MA 1/02. S. a. Nolte in KassKomm SGB V § 15 Rn. 6a sowie – zur Zulassung einer fremdsprachiger Psychotherapeutin – BSG 6.2.2008 – B 6 KA 40/06 R.

20 SG Hildesheim 1.12.2011 – S 34 SO 217/10.

21 Nach dem früheren BSHG OVG Lüneburg 11.1.2002 – 4 MA 1/02.

22 Vgl. BSG 6.2.2008 – B 6 KA 40/06 R.

Übernahme von Dolmetscherkosten dem notwendigen Unterhalt nach § 39 zuzuordnen. Ist die Erbringung von Dolmetscherleistungen für eine medizinische Behandlung notwendig, sind die Aufwendungen dafür daher nach § 39 zu übernehmen.[23]

17 Gemäß § 40 S. 3 sind zudem krankenversicherungsrechtlich vorgesehene Zuzahlungen (§§ 31 Abs. 3, 32 Abs. 2, 33 Abs. 8, 39 Abs. 4, 61, 62, 43c SGB V) und Eigenbeteiligungen (etwa bei Beschränkung der Leistungspflicht auf Festbeträge nach § 35 SGB V oder die bereits genannten Festzuschüsse für Zahnersatzleistungen nach § 55 SGB V) zu übernehmen.

18 Für gesetzlich krankenversicherte Leistungsberechtigte stellen § 40 S. 2 und 3 eigene Anspruchsgrundlagen dar, mit denen sie die weitergehenden Krankenhilfeleistungen vom Träger der Jugendhilfe aufstockend in Anspruch nehmen können.[24]

1.3 Die einzelnen SGB XII-Leistungen

19 Trotz des Gleichlaufs der Krankenhilfeleistungen mit dem SGB V soll ein Blick auf die einzelnen in Bezug genommen Vorschriften des SGB XII geworfen werden.[25]

20 Gem. § 47 **SGB XII** wird vorbeugende Gesundheitshilfe gewährt, wenn nach ärztlichem Urteil eine Erkrankung oder ein sonstiger Gesundheitsschaden einzutreten droht. Zu den Maßnahmen gehören vor allem Vorsorgeuntersuchungen, Erholungskuren, Maßnahmen zur Verhütung von Zahnerkrankungen.

21 Gem. **§ 48 SGB XII** erhalten Krankenhilfe Personen, die an einem regelwidrigen Körper-, Geistes- oder Seelenzustand leiden, der eine Heilbehandlung erfordert. Die Krankenhilfe umfasst ärztliche und zahnärztliche Behandlung, Versorgung mit Arzneimitteln, Verbandmitteln und Zahnersatz, Krankenhausbehandlung sowie sonstige zur Genesung, zur Besserung oder zur Linderung der Krankheitsfolgen erforderlichen Leistungen.

22 Gem. § **49** SGB XII besteht die Hilfe zur Familienplanung in der Übernahme der Kosten der notwendigen ärztlichen Beratung einschließlich der erforderlichen Untersuchungen und Verordnungen sowie der ärztlich verordneten empfängnisregelnden Mittel.

23 Gem. **§ 51 SGB XII** wird Hilfe bei einer Sterilisation gewährt, wenn diese nicht rechtswidrig ist und der Eingriff von einem Arzt vorgenommen wird. Die Hilfe umfasst die ärztliche Untersuchung und Begutachtung, die ärztliche Behandlung, die Versorgung mit Arzneimitteln und die Krankenhauspflege.

24 Gem. § **50 SGB XII** wird Hilfe bei Schwangerschaft und Mutterschaft gewährt, die ärztliche Betreuung und Hebammenhilfe, Versorgung mit Arznei-, Verband- und Heilmitteln, Pflege in einer Krankenanstalt und Entbindungsgeld umfasst. Auch häusliche Pflege wird übernommen (vgl. § 24g); dies gilt trotz § 39 Abs. 3 SGB V auch dann, wenn sich die Jugendliche in Familienpflege befindet, da das Pflegegeld nur den notwendigen Unterhalt iS der Hilfe zum Lebensunterhalt abdeckt, nicht aber die Pflege bei Krankheit abdeckt.[26]

25 Kosten für **Schwangerschaftsabbrüche** hat die Jugendhilfe im Rahmen der Krankenhilfe **nicht** zu tragen, weil die inhaltlich kongruenten Leistungen nach dem Fünften Ab-

---

23 Zur Übernahme von Krankenbehandlungsleistungen außerhalb der Leistungspflicht der GKV nach § 39 SGB VIII DIJuF 2011, 580, 582. – Zur Notwendigkeit der Übernahme von Dolmetscherkosten gerade bei einer Psychotherapie Nahmmacher Psychotherapie aktuell 2016, 42 (46 f.).

24 Ebenso Schmid-Obkirchner in Wiesner § 40 Rn. 7 a.; von Koppenfels-Spies in jurisPK-SGB VIII § 40 Rn. 22.

25 Vgl. hierzu Klinger/Kunkel/Pattar/Peters, Existenzsicherungsrecht, Rn. 331 ff.

26 AA wohl Schmid-Obkirchner in Wiesner Rn. 15.

schnitt des Schwangerschaftskonfliktgesetzes (SchKG, gem. § 68 Nr. 17 SGB I besonderer Teil des SGB) gemäß § 10 Abs. 1 SGB VIII vorrangig sind.

Zwar sieht das Recht der Gesetzlichen Krankenversicherung, dem die Leistungen der Krankenhilfe entsprechen (§ 52 SGB XII, § 40), in § 24b Abs. 1 SGB V einen Leistungsanspruch bei einem nicht rechtswidrigen Schwangerschaftsabbruch vor, so dass auf den ersten Blick eine Leistungspflicht der Jugendhilfe für nicht rechtswidrige Schwangerschaftsabbrüche zu bestehen scheint. 26

Nicht rechtswidrig ist **nur** der mit Einwilligung der Schwangeren von einem Arzt vorgenommene Schwangerschaftsabbruch bei nicht anders abwendbarer **Gefahr für das Leben** oder der **schwerwiegenden Beeinträchtigung des körperlichen oder seelischen Gesundheitszustandes** der Schwangeren (§ 218a Abs. 2 StGB) oder bei einer aus einer Straftat gegen die sexuelle Selbstbestimmung nach den §§ 176–179 StGB (sexueller Missbrauch, **Vergewaltigung**) entstandenen Schwangerschaft **bis 12 Wochen** nach der Empfängnis (§ 218a Abs. 3 StGB). Dagegen ist nach hM der **Schwangerschaftsabbruch in den Fällen des § 218a Abs. 1** (Abbruch durch Arzt nach Beratung innerhalb von 12 Wochen nach der Empfängnis) zwar nicht im Sinne des Strafgesetzbuches tatbestandsmäßig, aber dennoch rechtswidrig,[27] so dass Leistungen dafür nicht von der Gesetzlichen Krankenversicherung und – weil es sich nicht nur um eine Einschränkung der Höhe, sondern dem Grunde nach handelt – daher auch **nicht von der Krankenhilfe** zu erbringen sind. 27

Allerdings sieht auch der Fünfte Abschnitt des Schwangerschaftskonfliktgesetzes (SchKG, gem. § 68 Nr. 17 SGB I besonderer Teil des SGB) staatliche Leistungen für Schwangerschaftsabbrüche vor: Nach § 20 Abs. 2 SchKG werden bei nicht rechtswidrigen oder bei unter den Voraussetzungen des § 218a Abs. 1 StGB vorgenommenen Schwangerschaftsabbrüchen Sachleistungen im Umfang des § 24 b Abs. 4 SGB V (§ 20 Abs. 1 SchKG) gewährt. Anspruchsvoraussetzung ist neben Inlandswohnsitz oder gewöhnlichem Inlandsaufenthalt der Schwangeren, dass ihr wirtschaftlich die Aufbringung der Mittel für den Schwangerschaftsabbruch nicht zuzumuten sind (§ 19 Abs. 1 SchKG), was bei einem monatlichen Einkommen von 1.001 EUR (§ 19 Abs. 2 SchKG) der Fall ist. Die Unzumutbarkeit wird nach § 19 Abs. 3 SchKG unter anderem für Leistungsberechtigte nach dem SGB II, dem SGB XII, dem AsylbLG oder dem BAföG oder dann fingiert, wenn die Kosten für die Unterbringung der Frau in einer Anstalt, einem Heim oder in einer gleichartigen Einrichtung von einem Träger der Sozialhilfe oder Jugendhilfe getragen werden. Da es im SGB VIII hinsichtlich der Bedürftigkeit keinen Unterschied macht, ob der junge Mensch in einem Heim, einer Wohnform nach §§ 13, 19 oder 21 oder einer Pflegefamilie untergebracht ist, müssen als „gleichartige Einrichtung" in diesem Sinne auch die Wohnformen nach §§ 13, 19 oder 21 und die Vollzeitpflege angesehen werden. Damit gelten alle Personen, für die nach § 40 Krankenhilfe zu leisten ist, sowohl für nicht rechtswidrige als auch für nach § 218a Abs. 1 StGB nicht tatbestandsmäßige Schwangerschaftsabbrüche automatisch als leistungsberechtigt nach dem Fünften Abschnitt des SchKG. § 20 Abs. 2 S. 2 SchKG regelt nur den Nachrang der Leistungen nach dem SchKG nach den Leistungen nach dem SGB V, so dass es im Verhältnis zum SGB VIII beim Nachrang der Jugendhilfe bleibt (§ 10 Abs. 1 SGB VIII). 28

Da die Krankenkassen nicht nur gemäß § 264 SGB V die Krankenhilfe (→ Rn. 33 ff.), sondern gegen Kostenerstattung durch die Bundesländer auch die Leistungen nach dem SchKG erbringen (§§ 21, 22 SchKG), kann es auch nicht dazu kommen, dass die Jugendhilfe in Vorleistung treten muss. 29

27 Entsprechend der Auslegung durch das BVerfG 28.5.1993 – 2 BvF 2/90, 2BvF 4/92, 2BvF 5/92. Krit. hierzu Eser in Schönke/Schröder StGB § 218a Rn. 14–17, der für rechtliche Ambivalenz plädiert.

1.4 Rechtsanspruch und Kostenbeteiligung

30 Auf die Krankenhilfe besteht ein Rechtsanspruch; dies gilt auch dann, wenn die Leistung nach dem SGB XII keine Muss-Leistung ist. **Anspruchsberechtigt** ist – wie bei den Leistungen zum Unterhalt – bei HzE der PSB (→ § 39 Rn. 9), bei § 35a und § 41 der junge Mensch.[28]

31 Wird die Hilfeempfängerin in der Einrichtung oder Pflegestelle **Mutter**, kann für ihr Kind Krankenhilfe nach § 40 in direkter Anwendung nicht geleistet werden, da eine dem § 39 Abs. 7 entsprechende Regelung fehlt. Aus § 40 S. 1 kann dem Kind nicht unmittelbar Hilfe geleistet werden, da es nicht die Voraussetzungen der §§ 33, 34 iVm § 27 erfüllt.[29] Es kommt daher nur Krankenhilfe nach § 48 SGB XII in Betracht.

32 Im Unterschied zum SGB XII ist der Einsatz von Einkommen und Vermögen keine Leistungsvoraussetzung; vielmehr werden der junge Mensch, sein Ehegatte oder Lebenspartner und seine Eltern oder der junge Volljährige durch Kostenbeitrag herangezogen (§§ 91–94, insbesondere § 91 Abs. 3). Die Eltern dürfen nicht herangezogen werden, wenn der junge Mensch schwanger ist oder ein Kind bis zum Alter von sechs Jahren betreut (§ 92 Abs. 4 S. 2).

1.5 Erbringung der Leistung durch die Krankenkassen (Quasi-Versicherung)

§ 264 SGB V Übernahme der Krankenbehandlung für nicht Versicherungspflichtige gegen Kostenerstattung

(1) …

(2) [1]Die Krankenbehandlung von Empfängern von Leistungen nach dem Dritten bis Neunten Kapitel des Zwölften Buches, nach dem Teil 2 des Neunten Buches, von Empfängern laufender Leistungen nach § 2 des Asylbewerberleistungsgesetzes und von Empfängern von Krankenhilfeleistungen nach dem Achten Buch, die nicht versichert sind, wird von der Krankenkasse übernommen. [2]Satz 1 gilt nicht für Empfänger, die voraussichtlich nicht mindestens einen Monat ununterbrochen Hilfe zum Lebensunterhalt beziehen, für Personen, die ausschließlich Leistungen nach § 11 Abs. 5 Satz 3 und § 33 des Zwölften Buches beziehen sowie für die in § 24 des Zwölften Buches genannten Personen.

(3) [1]Die in Absatz 2 Satz 1 genannten Empfänger haben unverzüglich eine Krankenkasse im Bereich des für die Hilfe zuständigen Trägers der Sozialhilfe oder der öffentlichen Jugendhilfe zu wählen, die ihre Krankenbehandlung übernimmt. [2]Leben mehrere Empfänger in häuslicher Gemeinschaft, wird das Wahlrecht vom Haushaltsvorstand für sich und für die Familienangehörigen ausgeübt, die bei Versicherungspflicht des Haushaltsvorstands nach § 10 versichert wären. [3]Wird das Wahlrecht nach den Sätzen 1 und 2 nicht ausgeübt, gelten § 28i des Vierten Buches und § 175 Abs. 3 Satz 2 entsprechend.

(4) [1]Für die in Absatz 2 Satz 1 genannten Empfänger gelten § 11 Abs. 1 sowie die §§ 61 und 62 entsprechend. [2]Sie erhalten eine elektronische Gesundheitskarte nach § 291. [3]Als Versichertenstatus nach § 291a Absatz 2 Nummer 7 gilt für Empfänger bis zur Vollendung des 65. Lebensjahres die Statusbezeichnung „Mitglied“, für Empfänger nach Vollendung des 65. Lebensjahres die Statusbezeichnung „Rentner“. [4]Empfänger, die das 65. Lebensjahr noch nicht vollendet haben, in häuslicher Gemeinschaft leben und nicht Haushaltsvorstand sind, erhalten die Statusbezeichnung „Familienversicherte“.

(5) [1]Wenn Empfänger nicht mehr bedürftig im Sinne des Zwölften Buches oder des Achten Buches sind, meldet der Träger der Sozialhilfe oder der öffentlichen Jugendhilfe diese

---

28 AA Degener in JHSM Rn. 4: immer das Kind, da mit der Krankenhilfe nicht in das Elternrecht eingegriffen werde; Riehle in Krug/Riehle Erl. II.1; Gottlieb in GK-SGB VIII Rn. 8.

29 AA Fischer in SFMK Rn. 8 unter Hinweis auf DIJuF JAmt 2005, 562; Degener in JHSM Rn. 3.

bei der jeweiligen Krankenkasse ab. [2]Bei der Abmeldung hat der Träger der Sozialhilfe oder der öffentlichen Jugendhilfe die elektronische Gesundheitskarte vom Empfänger einzuziehen und an die Krankenkasse zu übermitteln. [3]Aufwendungen, die der Krankenkasse nach Abmeldung durch eine missbräuchliche Verwendung der Karte entstehen, hat der Träger der Sozialhilfe oder der öffentlichen Jugendhilfe zu erstatten. [4]Satz 3 gilt nicht in den Fällen, in denen die Krankenkasse auf Grund gesetzlicher Vorschriften oder vertraglicher Vereinbarungen verpflichtet ist, ihre Leistungspflicht vor der Inanspruchnahme der Leistung zu prüfen.

(6) [1]Bei der Bemessung der Vergütungen nach § 85 oder § 87a ist die vertragsärztliche Versorgung der Empfänger zu berücksichtigen. [2]Werden die Gesamtvergütungen nach § 85 nach Kopfpauschalen berechnet, gelten die Empfänger als Mitglieder. [3]Leben mehrere Empfänger in häuslicher Gemeinschaft, gilt abweichend von Satz 2 nur der Haushaltsvorstand nach Absatz 3 als Mitglied; die vertragsärztliche Versorgung der Familienangehörigen, die nach § 10 versichert wären, wird durch die für den Haushaltsvorstand zu zahlende Kopfpauschale vergütet.

(7) [1]Die Aufwendungen, die den Krankenkassen durch die Übernahme der Krankenbehandlung nach den Absätzen 2 bis 6 entstehen, werden ihnen von den für die Hilfe zuständigen Trägern der Sozialhilfe oder der öffentlichen Jugendhilfe vierteljährlich erstattet. [2]Als angemessene Verwaltungskosten einschließlich Personalaufwand für den Personenkreis nach Absatz 2 werden bis zu 5 vom Hundert der abgerechneten Leistungsaufwendungen festgelegt. [3]Wenn Anhaltspunkte für eine unwirtschaftliche Leistungserbringung oder -gewährung vorliegen, kann der zuständige Träger der Sozialhilfe oder der öffentlichen Jugendhilfe von der jeweiligen Krankenkasse verlangen, die Angemessenheit der Aufwendungen zu prüfen und nachzuweisen.

Die Jugendämter erbringen die Krankenhilfe nicht selbst. Vielmehr übernehmen die Krankenkassen auch die Krankenbehandlung von Empfängern von Krankenhilfeleistungen nach dem SGB VIII (§ 264 Abs. 2 SGB V). Gemeint sind damit nicht die PSB, sondern stets die jungen Menschen selbst. 33

Die jungen Menschen erhalten die Leistungen von der Krankenkasse ihrer Wahl (§ 264 Abs. 3 SGB V), als ob sie bei dieser Krankenkasse versichert wären (sog. Quasiversicherung).[30] Für sie gelten die §§ 11 Abs. 1, 61 und 62 SGB V entsprechend; sie erhalten eine Krankenversichertenkarte und eine elektronische Gesundheitskarte (§ 264 Abs. 4 SGB V). Bei Beendigung der Leistungsberechtigung melden die Träger der Jugendhilfe müssen die Leistungsberechtigten ab (§ 264 Abs. 5 SGB V). Für eine Anwendung der Gebührenordnung für Ärzte (Behandlung als Privatpatient) ist kein Raum,[31] es sei denn, es liegt ein Fall des Systemversagens vor, wie er in § 13 Abs. 3 S. 1 SGB V beschrieben ist, dass also die Krankenkasse eine unaufschiebbare Leistung nicht rechtzeitig erbringen kann. Insbesondere kann die Tatsache, dass noch keine Krankenkassenkarte ausgestellt wurde, nicht zu einer Behandlung als Privatpatient/in führen.[32] 34

Die Träger der Jugendhilfe erstatten den leistungserbringenden Krankenkassen vierteljährlich die durch die Übernahme der Krankenbehandlung entstehenden Kosten nach einer Spitzabrechnung zuzüglich eines Verwaltungskostenzuschlages von bis zu 5 % der Aufwendungen (§ 264 Abs. 7 SGB V). 35

Die zusätzlichen Leistungen nach § 40 S. 2 und 3 sind aufstockend neben den von der Krankenkasse erbrachten Leistungen vom Jugendhilfeträger zu erbringen (→ Rn. 18). 36

---

30 Ebenso im Sozialhilferecht: BSG 27.5.2014 – B 8 SO 26/12 R.

31 Im konkreten Fall im Ergebnis ebenso OVG RhPf 6.12.2018 – 7 A 10609/18, juris Rn. 33, allerdings eine Vielzahl von Ausnahmen für möglich haltend. Anders noch die Vorinstanz VG Mainz 22.2.2018 – 1 K 8629/17.MZ.

32 OVG RhPf 6.12.2018 – 7 A 10609/18, juris Rn. 36.

2 Übernahme von Versicherungsbeiträgen (Satz 4)

37 Nach § 40 S. 4 kann das JA Beiträge zu einer **freiwilligen Krankenversicherung**, nicht hingegen zu einer Pflichtversicherung übernehmen. Dies kann (präventiv) anstelle von Krankenhilfeleistungen als Quasi-Versicherung (→ Rn. 33 ff.) geschehen. Dabei bleibt es aber bei der Pflicht zur Deckung des gesamten Bedarfs: Wenn zB die Krankenkasse nicht die vollen Kosten übernimmt, sind stets auch diese zusätzlichen Aufwendungen zu übernehmen (→ Rn. 12 ff., 16). § 40 S. 4 entspricht § 32 SGB XII und § 26 SGB II. „Freiwillige Krankenversicherung" ist nicht streng technisch zu verstehen, so dass sowohl Beiträge zu einer freiwilligen gesetzlichen Krankenversicherung (→ Rn. 38) als zu einer nicht vorgeschriebenen privaten Krankenversicherung (→ Rn. 41) möglich sind.

38 Ein freiwilliger Beitritt in die gesetzliche Krankenkasse ist nur unter den engen Voraussetzungen des § 9 SGB V möglich (zur Versicherungspflicht nach § 5 SGB V → Rn. 6). Zu beachten ist aber, dass nach § 188 Abs. 4 SGB V kraft Gesetzes eine freiwillige Versicherung besteht, wenn Versicherungspflicht oder Familienversicherung endet und das Mitglied nicht innerhalb von zwei Wochen nach Hinweis der Krankenkasse seinen Austritt erklärt.

39 Nur Beiträge für die Krankenversicherung des jungen Menschen können übernommen werden, nicht aber solche der PSB als Anspruchsberechtigten der Hilfe für seine Versicherung.[33] Die Versicherungsbeiträge des Kindes haben die Eltern im Rahmen ihrer Unterhaltspflicht zu bezahlen. Da der Unterhalt nach § 39 vom JA zu leisten ist, müssten die Beiträge nach § 39 Abs. 4 S. 3 Hs. 2 (→ § 39 Rn. 12) Bestandteil der laufenden Leistung sein. Wegen der Sonderregelung in § 40 S. 4 sind sie es aber nicht.

40 Mangels Erwähnung in § 40 S. 4 können Beiträge zur **Pflegeversicherung** nicht übernommen werden.

§ 9 SGB V **Freiwillige Versicherung**

(1) [1]Der Versicherung können beitreten

1. Personen, die als Mitglieder aus der Versicherungspflicht ausgeschieden sind und in den letzten fünf Jahren vor dem Ausscheiden mindestens vierundzwanzig Monate oder unmittelbar vor dem Ausscheiden ununterbrochen mindestens zwölf Monate versichert waren; Zeiten der Mitgliedschaft nach § 189 und Zeiten, in denen eine Versicherung allein deshalb bestanden hat, weil Arbeitslosengeld II zu Unrecht bezogen wurde, werden nicht berücksichtigt,
2. Personen, deren Versicherung nach § 10 erlischt oder nur deswegen nicht besteht, weil die Voraussetzungen des § 10 Abs. 3 vorliegen, wenn sie oder der Elternteil, aus dessen Versicherung die Familienversicherung abgeleitet wurde, die in Nummer 1 genannte Vorversicherungszeit erfüllen,
3. Personen, die erstmals eine Beschäftigung im Inland aufnehmen und nach § 6 Absatz 1 Nummer 1 versicherungsfrei sind; Beschäftigungen vor oder während der beruflichen Ausbildung bleiben unberücksichtigt,
4. schwerbehinderte Menschen im Sinne des Neunten Buches, wenn sie, ein Elternteil, ihr Ehegatte oder ihr Lebenspartner in den letzten fünf Jahren vor dem Beitritt mindestens drei Jahre versichert waren, es sei denn, sie konnten wegen ihrer Behinderung diese Voraussetzung nicht erfüllen; die Satzung kann das Recht zum Beitritt von einer Altersgrenze abhängig machen,
5. Arbeitnehmer, deren Mitgliedschaft durch Beschäftigung im Ausland oder bei einer zwischenstaatlichen oder überstaatlichen Organisation endete, wenn sie innerhalb von zwei Monaten nach Rückkehr in das Inland oder nach Beendigung ihrer Tä-

33 So VG Würzburg 10.11.2004 – W 6 K 03.664.

tigkeit bei der zwischenstaatlichen oder überstaatlichen Organisation wieder eine Beschäftigung aufnehmen,
6. [aufgehoben]
7. innerhalb von sechs Monaten nach ständiger Aufenthaltnahme im Inland oder innerhalb von drei Monaten nach Ende des Bezugs von Arbeitslosengeld II Spätaussiedler sowie deren gemäß § 7 Abs. 2 Satz 1 des Bundesvertriebenengesetzes leistungsberechtigte Ehegatten und Abkömmlinge, die bis zum Verlassen ihres früheren Versicherungsbereichs bei einem dortigen Träger der gesetzlichen Krankenversicherung versichert waren,
8. Personen, die ab dem 31. Dezember 2018 als Soldatinnen oder Soldaten auf Zeit aus dem Dienst ausgeschieden sind.

[2]Für die Berechnung der Vorversicherungszeiten nach Satz 1 Nr. 1 gelten 360 Tage eines Bezugs von Leistungen, die nach § 339 des Dritten Buches berechnet werden, als zwölf Monate.

(2) Der Beitritt ist der Krankenkasse innerhalb von drei Monaten anzuzeigen
1. im Falle des Absatzes 1 Nr. 1 nach Beendigung der Mitgliedschaft,
2. im Falle des Absatzes 1 Nr. 2 nach Beendigung der Versicherung oder nach Geburt des Kindes,
3. im Falle des Absatzes 1 Satz 1 Nummer 3 nach Aufnahme der Beschäftigung,
4. im Falle des Absatzes 1 Nr. 4 nach Feststellung der Behinderung nach § 151 des Neunten Buches,
5. im Falle des Absatzes 1 Nummer 5 nach Rückkehr in das Inland oder nach Beendigung der Tätigkeit bei der zwischenstaatlichen oder überstaatlichen Organisation
6. im Falle des Absatzes 1 Satz 1 Nummer 8 nach dem Ausscheiden aus dem Dienst als Soldatin oder Soldat auf Zeit.

(3) Kann zum Zeitpunkt des Beitritts zur gesetzlichen Krankenversicherung nach Absatz 1 Nr. 7 eine Bescheinigung nach § 15 Abs. 1 oder 2 des Bundesvertriebenengesetzes nicht vorgelegt werden, reicht als vorläufiger Nachweis der vom Bundesverwaltungsamt im Verteilungsverfahren nach § 8 Abs. 1 des Bundesvertriebenengesetzes ausgestellte Registrierschein und die Bestätigung der für die Ausstellung einer Bescheinigung nach § 15 Abs. 1 oder 2 des Bundesvertriebenengesetzes zuständigen Behörde, dass die Ausstellung dieser Bescheinigung beantragt wurde.

§ 188 SGB V Beginn der freiwilligen Mitgliedschaft

(1)–(3) …

(4) [1]Für Personen, deren Versicherungspflicht oder Familienversicherung endet, setzt sich die Versicherung mit dem Tag nach dem Ausscheiden aus der Versicherungspflicht oder mit dem Tag nach dem Ende der Familienversicherung als freiwillige Mitgliedschaft fort, es sei denn, das Mitglied erklärt innerhalb von zwei Wochen nach Hinweis der Krankenkasse über die Austrittsmöglichkeiten seinen Austritt. [2]Der Austritt wird nur wirksam, wenn das Mitglied das Bestehen eines anderweitigen Anspruchs auf Absicherung im Krankheitsfall nachweist. [3]Satz 1 gilt nicht für Personen, deren Versicherungspflicht endet, wenn die übrigen Voraussetzungen für eine Familienversicherung erfüllt sind oder ein Anspruch auf Leistungen nach § 19 Absatz 2 besteht, sofern im Anschluss daran das Bestehen eines anderweitigen Anspruchs auf Absicherung im Krankheitsfall nachgewiesen wird. …

Es können nur **angemessene** Beiträge übernommen werden. Angemessen sind auch bei 41
einer privaten Krankenversicherung höchstens die Beiträge, die bei einer freiwilligen Versicherung in der gesetzlichen Krankenversicherung zu zahlen wären. Anders als für Hilfebedürftige nach SGB II und SGB XII sieht § 152 Abs. 4 des Versicherungsaufsichtsgesetzes (VAG) allerdings für Bezieher von Krankenhilfeleistungen nach § 40 keine Halbierung der Beiträge des Basistarifs vor. Die Übernahme der Beiträge steht im

Ermessen des JA. Das Ermessen muss gem. § 39 SGB I fehlerfrei ausgeübt und begründet werden (→ Anh. 5 Rn. 27). Kostengesichtspunkte zu berücksichtigen, ist in diesem Zusammenhang nicht ermessensfehlerhaft. So können freiwillige Krankenversicherungsbeiträge im Verhältnis zur Spitzabrechnung bei der Quasiversicherung nach § 264 SGB V für den Träger der Jugendhilfe wirtschaftlicher sein. Weil der Beitritt zur gesetzlichen Krankenkasse keine Sozialleistung ist, kann der Träger der Jugendhilfe den Beitritt allerdings nicht gemäß § 97 selbst erklären und betreiben (→ § 97 Rn. 8).

Vierter Unterabschnitt Hilfe für junge Volljährige

§ 41 Hilfe für junge Volljährige

(1) [1]Junge Volljährige erhalten geeignete und notwendige Hilfe nach diesem Abschnitt, wenn und solange ihre Persönlichkeitsentwicklung eine selbstbestimmte, eigenverantwortliche und selbständige Lebensführung nicht gewährleistet. [2]Die Hilfe wird in der Regel nur bis zur Vollendung des 21. Lebensjahres gewährt; in begründeten Einzelfällen soll sie für einen begrenzten Zeitraum darüber hinaus fortgesetzt werden. [3]Eine Beendigung der Hilfe schließt die erneute Gewährung oder Fortsetzung einer Hilfe nach Maßgabe der Sätze 1 und 2 nicht aus.

(2) Für die Ausgestaltung der Hilfe gelten § 27 Absatz 3 und 4 sowie die §§ 28 bis 30, 33 bis 36, 39 und 40 entsprechend mit der Maßgabe, dass an die Stelle des Personensorgeberechtigten oder des Kindes oder des Jugendlichen der junge Volljährige tritt.

(3) Soll eine Hilfe nach dieser Vorschrift nicht fortgesetzt oder beendet werden, prüft der Träger der öffentlichen Jugendhilfe ab einem Jahr vor dem hierfür im Hilfeplan vorgesehenen Zeitpunkt, ob im Hinblick auf den Bedarf des jungen Menschen ein Zuständigkeitsübergang auf andere Sozialleistungsträger in Betracht kommt; § 36b gilt entsprechend.

1 Grundstruktur

1 Mit § 41 besteht eine Regelung, welche Hilfe zur Erziehung in den Formen der §§ 28 bis 30 sowie der §§ 33 bis 35 nach Vollendung des 18. Lebensjahres verlängert. **Anspruchsinhaber** sind dann nicht mehr die Personensorgeberechtigten, sondern der junge Volljährige selbst. Ferner kann die Eingliederungshilfe nach § 35a in Ausgestaltung der Hilfe für junge Volljährige erbracht werden, § 41 Abs. 2.

Obgleich mit § 41 Zugang zur Hilfe für junge Volljährige, also Personen im **Alter** von 18 bis 26 Jahren nach § 7 Abs. 1 Nr. 3, besteht, muss sowohl auf Tatbestandsseite als auch auf Rechtsfolgenseite hinsichtlich des Alters des jungen Volljährigen differenziert werden. Eine Pflicht zur Leistungserbringung für das Jugendamt besteht nur bis zur

Vollendung des 21. Lebensjahres. Hierüber hinausgehend ist eine Leistungserbringung nur unter engen Voraussetzungen für einen begrenzten Zeitraum möglich.

Obgleich § 41 Abs. 1 auf Rechtsfolgenseite nach bisheriger Rechtslage eine **Soll-Vorschrift** vorsah, brach die Leistungsgewährung ausweislich statistischer Daten in einigen Stadt- und Landkreisen mit Vollendung des 18. Lebensjahres ein. Der Hilfebedarf der jungen Menschen verändert sich aber nicht von einem Tag auf den anderen mit Vollendung des 18. Lebensjahres.[1] Bei einem rechtmäßigen Verwaltungshandeln der Jugendämter ist ein solcher Einbruch kaum zu erklären. Eine Soll-Vorschrift auf Rechtsfolgenseite bedeutet, dass im Regelfall im Sinne einer gebundenen Entscheidung die Leistung bewilligt werden muss. Lediglich im Ausnahmefall ist hierüber nach Ermessen zu entscheiden. Dieser Rechtscharakter der Soll-Vorschrift wurde ausweislich der statistischen Daten zur Leistungsgewährung nach § 41 in der Verwaltungspraxis wohl gelegentlich auch aus Kostengründen verkannt.

Mit Art. 1 des **KJSG** hat der Gesetzgeber nun auf Rechtsfolgenseite des § 41 eine Neuregelung mit der Normierung einer **gebundenen Entscheidung** („erhalten Hilfe") vorgenommen. Auf Tatbestandsseite sieht die Neuregelung eine Leistungserbringung bei Nichtgewährleistung einer eigenverantwortlichen, selbstständigen und selbstbestimmten Lebensführung vor.[2]

Nach Abs. 2 kann Hilfe für junge Volljährige in der Grundhilfeform des § 27 (Hilfe zu Erziehung) und in der Hilfeform des § 35a (Eingliederungshilfe) erbracht werden. Beide Hilfeformen weisen gemeinsame Tatbestandsvoraussetzungen auf. Die Hilfe nach § 41 iVm § 35a setzt allerdings noch zusätzliche Tatbestandsvoraussetzungen voraus. Ferner werden mit § 41 Abs. 1 S. 2 Hs. 2 für junge Volljährige im Alter zwischen 21 und 26 Jahren zwei zusätzliche Tatbestandsvoraussetzungen gefordert: Die Leistung kann nur als **Fortsetzungshilfe** erbracht werden. Zudem muss ein begründeter Einzelfall vorliegen.

2 Grundtatbestandsvoraussetzungen (Abs. 1 Satz 1 iVm Abs. 2)

Materiell Anspruchsberechtigter der Hilfe nach § 41 in der Form der Hilfe zur Erziehung nach §§ 27f. sowie in der Form der Eingliederungshilfe nach § 35a ist der junge Volljährige. **Anspruchsberechtigt** sind daher nach § 7 Abs. 1 Nr. 3 Personen im Alter von 18 bis 26 Jahren. 2

Tatbestandsvoraussetzung ist es zunächst, dass der junge Volljährige mit der Hilfeleistung **einverstanden** ist. Allerdings ist ein förmlicher **Antrag** unstrittig nicht erforderlich.[3] In jedem Fall muss aber ein Einverständnis mit der Leistungserbringung vorliegen.[4] In der Rspr. wird vertreten, dass dieses Einverständnis in Form eines zumindest formlosen Antrags[5] zum Ausdruck gebracht werden muss. Einverständnis[6] und formloser Antrag werden aber regelmäßig zusammenfallen, so dass der Streit, ob ein (konkludentes) Einverständnis oder ein formloser Antrag erforderlich ist, eher akademi-

1 S. hierzu Mühlmann/Fendrich, http://www.akjstat.tu-dortmund.de/fileadmin/Files/KomDat/2017_Heft2_3_KomDat.pdf, S. 22f.
2 BGBl. 2021 Teil I Nr. 29, 1444.
3 Ebenso BVerwG 28.4.2016 – 5 C 13/15, juris Rn. 36; VG Freiburg 22.12.2016 – 4 K 4471/16, juris Rn. 12; BayVGH 30.6.2016 – 12 C 16.1162, juris Rn. 32.
4 S. hierzu auch VG Würzburg – 24.9.2020 – W 3 K 19.265, juris Rn. 83.
5 BVerwG 14.11.2013 – 5 C 34/12, juris Rn. 35; BVerwG 22.5.2008 – 5 B 130/07, juris Rn. 3; BVerwG 21.6.2001 – 5 C 6/00, juris Rn. 13 und 14, BVerwG 28.9.2000 – 5 C 29/99, juris Rn. 10f.; NdsOVG 2.8.2013 – 4 LA 112/12, juris Rn. 3; OVG RhPf 29.10.2012 – 7 A 10868/12, juris Rn. 30; BayVGH 6.4.2009 – 12 C 08.2559, juris Rn. 3: Antrag ist materielle Voraussetzung.
6 S. hierzu auch BVerwG 28.4.2016 – 5 C 13/15, juris Rn. 36: „Bereitschaft, Hilfe annehmen zu wollen".

scher Natur ist. Soweit ein möglicher Hilfebedarf auf diese Weise an das zuständige Jugendamt herangetragen wird, besteht eine Pflicht zum Tätigwerden.[7] Auch besteht grds. nach § 16 Abs. 3 SGB I die Pflicht, ein „Herantragen" des Hilfebedarfs so auszulegen, dass das Begehren möglichst weitgehend zum Tragen kommt. Das Jugendamt hat „*alle* aufgrund des Sachverhalts dem Begehren des Antragstellers entsprechenden rechtlichen Möglichkeiten im Rahmen seiner Zuständigkeit zu erwägen und ggf. auf eine Klärung des Verfahrensgegenstandes durch den Antragsteller hinzuwirken". Es gilt insoweit der „Meistbegünstigungsgrundsatz".[8]

3 Weitere Tatbestandsvoraussetzung ist nach dem durch Art. 1 des **KJSG** geänderten Gesetzeswortlaut des Abs. 1 S. 1, dass die „Persönlichkeitsentwicklung eine eigenverantwortliche, selbstständige und selbstbestimmte Lebensführung nicht gewährleistet". Nach bisheriger Rechtslage knüpfte der Gesetzeswortlaut die Hilfeerbringung an die Notwendigkeit der Hilfe für die Persönlichkeitsentwicklung und eigenverantwortliche Lebensführung aufgrund der individuellen Situation des jungen Menschen. Nach der Gesetzesbegründung sollen mit der Neuregelung die Tatbestandsvoraussetzungen **präzisiert** werden. Die Leistung zielt nach der Gesetzesbegründung aber weiterhin auf den „Übergang in die Selbständigkeit". Zu diesem Zweck ist „eine individuelle pädagogische Hilfe zur Persönlichkeitsentwicklung und zur Verselbständigung" zu gewähren. Daher muss der Träger der öffentlichen Jugendhilfe nach der Gesetzesbegründung prüfen, ob „im Rahmen der Möglichkeiten des jungen Volljährigen die Gewährleistung einer Verselbständigung nicht oder nicht mehr vorliegt". Sofern dies nicht der Fall ist, „muss dem jungen Volljährigen in jedem Fall eine geeignete und notwendige Hilfe (weiterhin) gewährt werden".[9]

4 Klarstellend wird mit der Gesetzesbegründung hierzu festgestellt, dass die Befähigung zu einer eigenverantwortlichen Lebensführung bis zur Vollendung des 21. Lebensjahres oder bis zu einem begrenzten Zeitraum darüber hinaus nicht für die Tatbestandserfüllung erreicht werden muss. Vielmehr sei im Rahmen der geforderten Prognoseentscheidung „eine **Gefährdungseinschätzung im Hinblick auf die Verselbständigung**" zu treffen.[10] Auf Grundlage dieses **Prognosemaßstab** ist über die geeignete und notwendige Hilfe zu entscheiden.

Mit der Neuregelung wird damit klargestellt, dass es für die Tatbestandserfüllung nicht notwendig ist, dass der junge Volljährige seine Verselbstständigung bis zur Vollendung des 21. Lebensjahres erreichen wird. Anzustrebendes Optimum ist, soweit möglich, der Abschluss einer positiven Persönlichkeitsentwicklung bzw. die Verselbstständigung mit der Befähigung zu eigenverantwortlicher, selbstständiger und selbstbestimmter Lebensführung bis zur Vollendung des 21. Lebensjahres oder in einem begrenzten Zeitraum darüber hinaus. Die Hilfe muss aber nicht auf einen bestimmten Entwicklungsabschluss gerichtet sein. Ausreichend ist schon die Ausrichtung der Hilfe auf einen **Fortschritt im Entwicklungsprozess.**[11] Es genügt demnach bereits jede **Aus-**

---

7 S. hierzu VG München 9.7.2020 – M 18 E 20.2436, juris Rn. 49 sowie NdsOVG 25.11.2019 – 10 PA 204/19, juris Rn. 16 und 17. S. hierzu auch VGH BW 23.1.2018 – 12 S 1952/17, juris Rn. 12.

8 BayVGH 25.6.2019 – 12 ZB 16.1920, juris Rn. 26; VG Köln 29.3.2019 – 26 K 1109/17, juris Rn. 63.

9 BT-Drs. 19/26107, 94.

10 BT-Drs. 19/26107, 94.

11 BVerwG 3.6.2014 – 5 B 12/14, juris Rn. 7; BVerwG 23.9.1999 – 5 C 26/98, juris Rn. 10; SächsOVG 25.11.2014, 1 A 742/12, juris Rn. 25; OVG NRW 18.2.2020 – 12 A 1169/17, juris Rn. 7; OVG NRW 21.3.2014 – 12 A 1845/12, juris Rn. 40; OVG NRW 19.12.2013 – 12 A 391/13, juris Rn. 60 und 68; VG Oldenburg 27.5.2014 – 13 A 476/13, juris Rn. 23; VG Greifswald 17.1.2014 – 2 B 1179/13, juris Rn. 12; VG Bremen 3.6.2010 – 5 K 3746/07, juris Rn. 22; VG Augsburg 8.6.2010 – Au 3 K 09.1217, juris Rn. 50.

sicht auf eine spürbare Verbesserung und Förderung der Persönlichkeitsentwicklung und Verselbständigung. Nach Auffassung des OVG NRW zur alten Rechtslage sind bereits „geringe Entwicklungsmöglichkeiten“ ausreichend.[12] Die Prüfung des Jugendamtes hat sich nicht auf ein „Optimalziel“ zu beziehen. Vielmehr ist die Prüfung nach den individuellen Entwicklungsmöglichkeiten des jungen Menschen auszurichten.[13]

Diese Auffassung ist im Hinblick auf den Geeignetheitsbegriff stimmig. Eine Maßnahme ist bereits dann geeignet, wenn sie objektiv tauglich ist, die Zielerreichung zu fördern. In diesem Sinne ist die jeweilige Maßnahme geeignet, wenn mit ihrer Hilfe der gewünschte Erfolg gefördert werden kann, wobei die Möglichkeit der Zweckerreichung genügt.[14] Es muss somit nicht sicher feststehen, dass mit der gewählten Maßnahme der Zweck erreicht werden kann. Vielmehr ist es ausreichend, dass das gewählte Mittel die abstrakte Möglichkeit bietet, den Zweck zu erreichen, das Mittel also nicht von vornherein untauglich ist.[15] Dies wird mit der Gesetzesbegründung klargestellt. Das zuständige Jugendamt hat danach „eine Gefährdungseinschätzung im Hinblick auf die Verselbständigung“ vorzunehmen. Wenn der Prozess der Verselbstständigung ohne Hilfe gefährdet ist, muss die geeignete und notwendige Hilfe nach 41 geleistet werden. Konsequent wird damit an die ursprüngliche Gesetzesbegründung zur Hilfe für junge Volljährige im damaligen § 40 angeknüpft. Nach der damaligen Gesetzesbegründung sollte die Leistungserbringung bei einer „sonst eintretenden Gefährdung der weiteren Entwicklung“ erfolgen.[16]

Die unterste Grenze zum Einstieg in den Leistungsbereich der Jugendhilfe ist zumindest ein gewisser **Veränderungswunsch.**[17] Zudem ist auch ein **erkennbarer Leidensdruck** bei dem jungen Volljährigen notwendig. Dabei ist der gesellschaftliche Hintergrund des Aufwachsens entscheidend zu berücksichtigen. 5

Bei der Prüfung der Geeignetheit der Maßnahme ist auch die Bereitschaft des jungen Volljährigen zu berücksichtigen, an der Maßnahme mitzuwirken.[18] In diesem Zusammenhang ist allerdings anzuerkennen, dass eine phasenweise schwankende bzw. fehlende **Mitwirkungsbereitschaft** gerade ein Anzeichen von einer noch nicht stabilen bzw. „erwachsenen“ Persönlichkeitsentwicklung sein kann. Hiervon kann nicht unmittelbar das Weiterbestehen der Anspruchsvoraussetzungen abhängig gemacht werden;[19] vielmehr kann eine schwankende bzw. fehlende Mitwirkungsbereitschaft Ausdruck einer weiteren Hilfebedürftigkeit sein. So ist es vertretbar, die Hilfe für junge Volljährige trotz einer schwankenden bzw. fehlenden Mitwirkungsbereitschaft über einen gewissen Zeitraum hinweg fortzuführen. Zeichnet sich allerdings eine **permanente Unwilligkeit** ab, so wird das Erreichen der vereinbarten Ziele verhindert. In solchen Fällen kann dies die Aufhebung des Bewilligungsbescheides (→ § 27 Rn. 17) und die **Einstellung der Jugendhilfeleistung** zur Folge haben. Daher kann die Hilfe auch als ungeeignet ausscheiden, wenn der Betroffene mehrere Maßnahmen abgebrochen hat[20] und nicht aufgrund objektiver Tatsachen erkennbar ist, dass eine weitere Maßnahme zu einem anderen Ergebnis führen würde.

12 OVG NRW 8.3.2016 – 12 B 1515/15, juris Rn. 14.
13 VG Saarland 6.4.2018 – 3 K 898/17, juris Rn. 53.
14 BVerfG 28.3.2006 – 1 BvR 1054/01, juris Rn. 112; BVerfG 12.12.2006 – 1 BvR 2576/04, juris Rn. 81; BVerwG 7.10.2014 – 4 B 22/14, juris Rn. 8.
15 BVerfG 14.7.1999 – 1 BvR 2226/94 ua, juris Rn. 214.
16 BT-Drs. 11/5948, 78.
17 Mrozynski ZfJ 1996, 159.
18 OVG NRW 13.1.2012 – 12 B 1583/11, juris Rn. 7; VG Minden 21.5.2010 – 6 K 2895/09, juris Rn. 31; VG Gelsenkirchen 16.10.2003 – 19 L 2526/03, juris Rn. 13; Nüsken in GK-SGB VIII Rn. 14; Schmid-Obkirchner in Wiesner Rn. 24.
19 S. hierzu auch Schmid-Obkirchner in Wiesner Rn. 24.
20 So VG Minden 21.5.2010 – 6 K 2895/09, juris Rn. 35.

In der Rspr. zur alten Rechtslage wurde die Auffassung vertreten, dass nach der Vollendung des 21. Lebensjahres des jungen Volljährigen erhöhte Anforderungen an die Notwendigkeit der Hilfegewährung zu stellen seien.[21] Nach dem Gesetzeswortlaut des Abs. 1 S. 2, auf den die Rspr. Bezug nimmt, ist eine Hilfegewährung nach Vollendung des 21. Lebensjahres nur noch in begründeten Einzelfällen möglich. Die Prüfung des begründeten Einzelfalls ist nach hier vertretener Auffassung nicht mit den Tatbestandsvoraussetzungen der Geeignetheit oder Notwendigkeit der Hilfe gleichzusetzen. Vielmehr hat die Prüfung des Vorliegens eines „begründeten Einzelfalls" als eigenständiger Prüfungspunkt zu erfolgen (→ Rn. 10).[22]

6 Mit der Gesetzesänderung durch das **KJSG** ist das sehr offen formulierte Tatbestandsmerkmal „Persönlichkeitsentwicklung" durch die Bezugnahme auf die Nichtgewährleistung einer selbstbestimmten, eigenverantwortlichen und selbstständigen Lebensführung präzisiert worden.[23] Tatbestandsvoraussetzung ist damit das Vorliegen einer noch nicht beendeten Persönlichkeitsentwicklung, welche eine selbstbestimmte, eigenverantwortliche und selbstständige Lebensführung noch nicht sicher gewährleistet. Die Hilfe zielt daher auf eine weitere **Persönlichkeitsentwicklung** mit dem Ziel der „Verselbständigung".

7 So komplex wie die Persönlichkeitsstruktur eines einzelnen Menschen erscheint auch die Aufgabe, den momentanen Stand der **Persönlichkeitsentwicklung** eines jungen Volljährigen einschätzen zu müssen. So wird die Jugendhilfe nicht von einem standardisierten Idealbild eines jungen Menschen in seiner jeweiligen Sozialisation ausgehen können. Hilfreich sind hier die Vorstellungen hinsichtlich einer **„geglückten Sozialisation"**, wie sie der Ausschuss des Bundesjugendkuratoriums zur Ermittlung grundlegender Vorstellungen über Inhalt und Begriff moderner Jugendhilfe bereits 1973 (!) vorgelegt hat. Darin werden die fünf Leitbegriffe Autonomie, Kreativität, Produktivität, Sexualität und Soziabilität als **Messfaktoren** für eine erfolgreiche Sozialisation konkretisiert.

In jedem Fall ist eine **Ermittlung** der individuellen **Lebenssituation** des jungen Volljährigen zwingend geschuldet. Ohne eine entsprechende Sachverhaltsermittlung kann eine sachgerechte Entscheidung nicht erfolgen.[24]

Der **15. Kinder- und Jugendbericht**[25] der Bundesregierung benennt die Qualifizierung, Verselbstständigung und Selbstpositionierung als Kernherausforderungen des Jugendalters und damit als Maßstab für eine „geglückten Sozialisation". Qualifizierung meint dabei den an junge Menschen gestellten Auftrag, „eine soziale und berufliche Handlungsfähigkeit [zu] erlangen".[26] Verselbständigung wird mit dem Anspruch ver-

21 OVG NRW 21.3.2014 – 12 A 1845/12, juris Rn. 42; OVG NRW 19.12.2013 – 12 A 391/13 juris Rn. 73; Bay VGH 24.5.2006 – 12 B 04.1227, juris Rn. 52. Das OVG und der VGH stellen – obgleich sie auf den Entwicklungsprozess des jungen Volljährigen und die Möglichkeit der weiteren Förderung, also die Erfolgsbezogenheit der Hilfe, rekurrieren – auf die Notwendigkeit der Hilfegewährung ab. Dies setzt voraus, dass die Hilfe grundsätzlich geeignet ist. Konsequenter Weise hätte die Prüfung der Erfolgsbezogenheit der Hilfe nach hier vertretener Auffassung daher bereits bei der Geeignetheit der Hilfe erfolgen müssen.

22 S. hierzu auch Schmid-Obkirchner in Wiesner Rn. 26 und Tammen in FK-SGB VIII Rn. 9. S. hierzu auch OVG NRW 19.12.2013 – 12 A 391/13 juris Rn. 82. Nicht hinreichend klar wird allerdings, in welchem Verhältnis die Ausführungen unter Rn. 82 zu den Anmerkungen unter Rn. 73 stehen; nämlich, ob das OVG der Auffassung ist, dass die Notwendigkeitsprüfung mit der Prüfung des begründeten Einzelfalls gleichzusetzen sei.

23 BT-Drs. 19/26107, 94.

24 Hierzu BayVGH 30.4.2019 – 12 B 08.3352, juris Rn. 22 f.

25 BT-Drs. 18/11050.

26 BT-Drs. 18/11050, 96.

knüpft, eine individuelle Verantwortung für sich zu übernehmen. Selbstpositionierung steht für den Prozess, eine eigene „Integritätsbalance zwischen subjektiver Freiheit und sozialer Zugehörigkeit“[27] auszubilden. Junge Menschen sollen demnach „im institutionellen Gefüge des Aufwachsens eine soziale, politische und berufliche Handlungsfähigkeit verwirklichen, zur individuellen Verantwortungsübernahme befähigt werden sowie eine Integritätsbalance von subjektiver Freiheit und sozialer Zugehörigkeit erfahren können.“[28]

Aus der sozialpädagogischen Praxis gilt eine Persönlichkeitsentwicklung dann als geglückt, wenn ein junger Mensch stabile, selbstakzeptierte und gesellschaftlich anschlussfähige Wahrnehmungs-, Denk-, Erlebens- und Verhaltensweisen entwickelt hat. Daher sind ua **folgende Kriterien** für die Beurteilung des Stands der Persönlichkeitsentwicklung relevant: Differenzierte und realitätsgerechte Wahrnehmung der eignen Personen und Umwelt, Selbstvertrauen, Selbstbewusstsein, positives Selbstbild, autonome Entscheidungsfindung, emotionale Ausdrucksmöglichkeit, Impuls- und Affektkontrolle, situations- und personenangemessenes Verhalten.

Wo § 27 noch stärker auf eine Fremddefinition des Wohls des Kindes oder Jugendlichen abhebt (objektive Sichtweise), legt § 41 den Schwerpunkt auf die eigenen Vorstellungen des jungen Volljährigen (subjektive Sichtweise). Mithin wirkt der junge Volljährige entscheidend bei der Definition des Tatbestandsmerkmals Persönlichkeitsentwicklung mit. In einem **subjektiven „Aushandlungsprozess“** im Rahmen der Hilfeplanung (→ § 36 Rn. 9) zwischen sozialpädagogischer Fachkraft und jungem Volljährigen hat die Sichtweise des jungen Volljährigen besonderes Gewicht. 8

Nicht minder schwierig ist die Einschätzung, ob eine eigenverantwortliche, selbstständige und selbstbestimmte Lebensführung gewährleistet ist. Auch hier kann die Jugendhilfe nicht von einem standardisierten Idealbild ausgehen. 9

Laut dem 15. Kinder- und Jugendbericht der Bundesregierung „geht es in Bezug auf die Verselbständigung um die Frage, wie der Übergang ins Erwachsenenalter strukturiert ist und wie ... das persönliche Leben ‚unabhängig‘ gestaltet [werden] kann.“[29] Während der Verselbständigung werden dem jungen Menschen sukzessive „Entscheidungs- und Handlungskompetenzen“ bzw. „Teilmündigkeiten“ zugeschrieben, um auch letztgültige Entscheidungen treffen zu können.

Verselbständigung wird im 15. Kinder- und Jugendbericht „vor allem als alltagspraktische Loslösung vom Elternhaus und als Autonomiegewinn in verschiedenen lebenspraktischen Bereichen gefasst. Als empirisch identifizierbare, zentrale Indikatoren gelten dabei die Gründung eines **eigenen Haushalts**, die **Aufnahme einer Erwerbstätigkeit** sowie die **eigene Elternschaft**.“[30] Entsprechend werden die „Lebensereignisse des eigenständigen Wohnens, Geldverdienens und Familienlebens auch [als] zentrale Schritte am Übergang ... in das Erwachsenenleben“ angesehen. „Selbstständiges Handeln ... zeigt sich schließlich auch in Entscheidungen für Berufswahl und Qualifikation oder im Bereich der Mobilität [...] sowie in der Wahrnehmung bürgerschaftlicher Beteiligungsformen, wie Wahlen oder ehrenamtliche Arbeit.“[31]

In der sozialpädagogischen Praxis lässt sich eine eigenverantwortliche, selbstständige und selbstbestimmte Lebensführung daran erkennen, dass ein junger Mensch wohnfähig, ausbildungs- bzw. erwerbsfähig sowie ökonomisch, sozial und lebenspraktisch

27 BT-Drs. 18/11050, 96.
28 BT-Drs. 18/11050, 86.
29 BT-Drs. 18/11050, 97.
30 BT-Drs. 18/11050, 178. Vgl. auch Birkelbach, Klaus W., 1998, S. 17 ff.: Berufserfolg und Familiengründung. Lebensläufe zwischen institutionellen Bedingungen und individueller Konstruktion. Opladen.
31 BT-Drs. 18/11050, 178.

kompetent ist. Ein wohnfähiger junger Mensch hält seinen Wohnraum in Stand, kann kochen, putzen und waschen, respektiert die Belange anderer Mieter, kann nachbarschaftliche Kontakte adäquat gestalten, kommt mit der Hausordnung zurecht etc.

Hinsichtlich der Ausbildungs- bzw. Erwerbsfähigkeit kommt es zuerst einmal auf einen dem individuellen Leistungsvermögen entsprechenden Schulabschluss an. Zudem sollte der junge Mensch ua die eigene Leistungsfähigkeit realistisch einschätzen können, über eine realistische Zukunftsperspektive verfügen, sich adäquat einbringen, durchsetzen und unterordnen können, ordentlich, pünktlich und zuverlässig sowie team- bzw. kritikfähig, belastbar und leistungsorientiert sein. Zudem sollte er über Frustrationstoleranz und Durchhaltevermögen etc verfügen.

Ökonomische Kompetenz meint ua die Fähigkeit zur Sicherung des Lebensunterhalts durch die eigene Erwerbstätigkeit oder durch Sozialleistungen, das Auskommen mit den zur Verfügung stehenden finanziellen Mitteln, eine angemessene Einnahmen- und Ausgabenplanung sowie die Befähigung zur Kontoführung.

Soziale Kompetenz umfasst die situations- und personenangemessene Anpassungs- und Durchsetzungsfähigkeit. Der junge Mensch kann ua tragende und stützende Beziehungen zu Freunden, Familie, Partner, Vereinen, Schul- oder Arbeitskollegen eingehen und halten, sich nötigenfalls von der Peergroup abgrenzen, sich bei Menschen im sozialen Umfeld oder bei Behörden etc Hilfe holen sowie nötigenfalls um Entschuldigung bitten.

Ein lebenspraktisch kompetenter junger Mensch kann für sich und andere Verantwortung übernehmen, selbstbestimmt Handeln, Gesetze oder andere Regeln einhalten, verantwortungsvoll mit Medikamenten, Alltagsdrogen oder Medien umgehen, Ämtergänge planen und durchführen, Rückfragen zum Bearbeitungsstand stellen etc.

10 Zusätzlich zur Geeignetheit ist weitere Tatbestandsvoraussetzung die **Notwendigkeit** der Hilfe. Der Begriff der Notwendigkeit wird regelmäßig im Sinne einer Erforderlichkeit verstanden.[32] Erforderlich ist eine Maßnahme nur dann, wenn ein gleich wirksames, den betroffenen Bürger aber weniger beeinträchtigendes Mittel nicht zur Verfügung steht.[33] Diesbezüglich ist allerdings zu beachten, dass die Hilfe für junge Volljährige eine Leistung und kein Eingriff ist. Im Gegensatz zur HzE nach §§ 27 ff. ist mit der Hilfe nach § 41 idR auch keine Einwirkung auf die Familie verbunden, die belastend wirken kann. Die Notwendigkeit der Leistungsgewährung nach § 41 ist daher primär an dem Grundsatz des sogenannten **Untermaßverbots**[34] zu messen. Danach muss im Rahmen der Erforderlichkeitsprüfung die Hilfe gewählt werden, die zur Bedarfsdeckung notwendig ist, weil andere Formen der Hilfe nicht ausreichen, um den festgestellten Bedarf zu decken. Es muss eine der jeweiligen Bedarfslage angemessene Hilfe geleistet werden.[35] Dieser Maßstab ist nicht nur bei der Prüfung der Hilfeart, sondern auch bei der Entscheidung über den Leistungsumfang einer Hilfe nach § 41 anzuwenden. Eine Entscheidung nach Kostengesichtspunkten in diesem Zusammenhang ist daher unzulässig.[36] Der Aspekt entstehender Kosten darf nur bei der Auswahl des Leistungserbringers nach § 5 oder § 37c Abs. 3 S. 2 im Rahmen des Prüfungspunktes der unverhältnismäßigen Mehrkosten Berücksichtigung finden.

Notwendig ist daher die jeweilige Hilfe für junge Volljährige, wenn sie zur Bedarfsdeckung erforderlich ist, weil andere Formen der Hilfe nicht ausreichen, um den festge-

32 S. hierzu Reuter, Die Verhältnismäßigkeit im engeren Sinne, Jura 2009, 511 (513); s. hierzu auch BVerwG 9.12.2014 – 5 C 32/13, juris Rn. 22: „Notwendig ist eine Hilfe zur Erziehung, wenn sie zur Bedarfsdeckung erforderlich ist…“.
33 Statt Vieler: BVerfG 14.7.1999 – 1 BvR 2226/94 ua, juris Rn. 219.
34 Hierzu BVerfG 28.5.1993 – 2 BvF 2/90 ua, juris Rn. 166 f.
35 S. hierzu BVerwG 9.12.2014 – 5 C 32/13, juris Rn. 22; BayVGH 30.6.2016 – 12 C 16.1162, juris Rn. 27; NdsOVG 25.3.2020 – 10 LA 292/18, juris Rn. 14.
36 S. hierzu auch Nellissen in jurisPK-SGB VIII Rn. 79.

stellten Bedarf zu decken.[37] Diesbezüglich ist zu berücksichtigen, dass das SGB VIII lediglich mit § 13 eine alternative Hilfe vorsieht, welche jungen Menschen in der Situation des § 41 als alternative Leistung zugänglich sein kann.

Die Entscheidung über Notwendigkeit und Geeignetheit einer Hilfe (anders als die Entscheidung über das Vorliegen der übrigen Tatbestandsvoraussetzungen, und des begründeten Einzelfalles iSd § Abs. 1 S. 2) ist das Ergebnis eines kooperativen pädagogischen Entscheidungsprozesses im Rahmen der Hilfeplanung nach § 36 Abs. 2. Die Verwaltung hat dabei einen **Beurteilungsspielraum**, der vom Verwaltungsgericht nur beschränkt nachprüfbar ist, nämlich nur daraufhin, ob allgemeingültige fachliche Maßstäbe beachtet und die Rechtsbegriffe der Geeignetheit und Notwendigkeit nicht grundlegend falsch bestimmt worden sind sowie keine sachfremden Erwägungen eingeflossen sind und der junge Volljährige in umfassender Weise beteiligt worden ist.[38] 11

3 Fortsetzungshilfe in begründeten Einzelfällen für junge Volljährige im Alter von 21 bis 26 Jahren (Abs. 1 S. 2 Hs. 2)

Gem. § 41 Abs. 1 S. 2 wird die Hilfe in der Regel nur bis zur Vollendung des 21. Lebensjahres gewährt; in begründeten Einzelfällen soll sie für einen begrenzten Zeitraum darüber hinaus fortgesetzt werden. Nach der RegBegr.[39] sollte mit Satz 2 die Möglichkeit eröffnet werden, in bestimmten Fällen die Hilfe über das 21. Lebensjahr hinaus weiterzuführen. Als **Fallbeispiele** wurden insbesondere genannt: Abschluss der Ausbildung wegen spätem Schulabschluss erst nach Vollendung des 21. Lebensjahres oder Sicherstellung einer Anschlussmaßnahme erst mit einer gewissen Verzögerung. Die Hilfe für junge Volljährige wird demnach im Regelfall nur bis zur Vollendung des 21. Lebensjahres gewährt. Für eine Leistungserbringung gegenüber jungen Menschen im Alter von 21 bis 26 Jahren müssen zusätzliche Tatbestandsvoraussetzungen erfüllt werden. Es muss um eine Fortsetzung der Hilfe gehen, und es muss ein begründeter Einzelfall vorliegen. 12

Mit der Tatbestandsvoraussetzung der **„Fortsetzungshilfe"** scheidet der **Neubeginn** einer Maßnahme nach Vollendung des 21. Lebensjahres **aus**. Es muss also bereits vor dem 21. Geburtstag eine Hilfe nach dem SGB VIII geleistet worden sein, welche nach dem 21. Geburtstag fortgesetzt werden soll. Eine Fortsetzung der Hilfe in diesem Sinne ist auch dann anzunehmen, wenn die Hilfe auf einer anderen Rechtsgrundlage (auch mit anderem Leistungsberechtigtem) durchgeführt[40] oder wenn sie kurzzeitig vor der Fortsetzung nach § 41 Abs. 1 S. 2 Hs. 2 unterbrochen wurde.[41]

Nicht abschließend geklärt ist allerdings die Frage, wie lange eine **Unterbrechung** der Leistung unschädlich in diesem Sinne ist. Teilweise wird in Anlehnung an § 86 Abs. 4 S. 2 von einem Drei-Monatszeitraum ausgegangen.[42] In der ursprünglichen Fassung der Hilfe für junge Volljährige in § 40 Abs. 3 war vorgegeben, dass eine Unterbrechung der Hilfe bis zum Ablauf von sechs Monaten außer Betracht bleibt. Allerdings ging es dabei um die Fortsetzung einer Hilfe nachdem diese auf Verlangen des jungen Volljährigen eingestellt wurde.[43] Hinsichtlich des unschädlichen Unterbrechungszeit-

37 Vgl. hierzu BVerwG 9.12.2014 – 5 C 32/13, juris Rn. 22; BayVGH 30.6.2016 – 12 C 16.1162, juris Rn. 27.
38 BVerwG 24.6.1999 – 5 C 24/98, juris Rn. 39; OVG NRW 18.6.2014 – 12 A 898/14, juris Rn. 4; BayVGH 18.2.2013 – 12 CE 12.2104, juris Rn. 48; VG Würzburg 22.7.2010 – W 3 K 10.489, juris Rn. 25; VGH BW 9.12.1996 – 7 S 310/95, juris Rn. 2.
39 BT-Drs. 11/5948, 78.
40 S. hierzu auch VG Minden 17.2.2020 – 6 L 24/20, juris Rn. 17.
41 Ebenso Schmid-Obkirchner in Wiesner Rn. 26a; Tammen in FK-SGB VIII Rn. 9.
42 So VG Würzburg 25.2.2010 – W 3 K 09.788, juris Rn. 23.
43 BT-Drs. 11/5948, 15 und 78.

raums ist zunächst zu berücksichtigen, dass es bei jungen Volljährigen durchaus zu einer nicht sachgerechten Einschätzung der Situation und des Bedarfs nach Hilfe kommen kann.[44] Dies kann zu einer vorübergehenden Verweigerungshaltung oder Ablehnung der Hilfe führen. Aus diesem Grunde erscheint es sachgerecht, auch etwas längere Unterbrechungszeiten als unschädlich anzuerkennen.

Der unbestimmte Rechtsbegriff der Fortsetzungshilfe ist jedenfalls im Einzelfall zu bestimmen. Dabei kann nicht von einer starren zeitlichen Grenze ausgegangen werden. So muss insbesondere die Bewilligung einer Fortsetzungshilfe nach § 41 Abs. 1 S. 2 Hs. 2 auch bei einer längeren Unterbrechung in Betracht kommen, wenn der junge Volljährige die Hilfe fortsetzen wollte, aber das Jugendamt in rechtswidriger Weise zunächst die weitere Leistungserbringung abgelehnt hat. Vergleichbares gilt für eine unverhältnismäßig lange Bearbeitungsdauer hinsichtlich der Entscheidung über einen Antrag, der vor Vollendung des 21. Lebensjahres gestellt worden ist.[45] Nach hiesiger Auffassung muss hier abweichend vom grundsätzlich maßgeblichen Zeitpunkt der Behördenentscheidung auf den **Zeitpunkt der Antragstellung** abgestellt werden.[46]

Auch ist zu berücksichtigen, dass nach der Gesetzesbegründung zu der mit Art. 1 des KJSG erfolgten Gesetzesänderung in § 41 Abs. 1 S. 3 die „Dauer der Unterbrechung" ohne Belang ist.[47] Auch wenn sich diese Begründung auf die sogenannte „Comingback-Option" bezieht, ist diese Wertung des Gesetzgebers nach hiesiger Auffassung auch bei § 41 Abs. 1 S. 2 Hs. 2 zu berücksichtigen. Der Dauer einer Unterbrechung kann bei der Entscheidung über eine Leistungsgewährung nach § 41 keine maßgebliche Bedeutung zukommen.

13 Kumulativ zu dem Tatbestandsmerkmal der Fortsetzung muss nach dem Gesetzeswortlaut ein **begründeter Einzelfall** gegeben sein. Es muss also ein **Ausnahmefall** vorliegen. Es werden in Rspr. und Lit. allerdings unterschiedliche Auffassungen zu der Frage vertreten, wie restriktiv die Ausnahmevorschrift auszulegen ist. So wird teilweise eine recht weite Auslegung vertreten. Danach liege ein begründeter Einzelfall bereits dann vor „wenn es aufgrund der individuellen Situation inhaltlich nicht sinnvoll erscheint, die Hilfe mit dem 21. Lebensjahr zu beenden."[48] Teilweise wird aber auch ein „strengerer Maßstab" für die Bestimmung des begründeten Einzelfalls angelegt.[49] So müsse „eine hohe Wahrscheinlichkeit dafür bestehen, dass ein erkennbarer und schon Fortschritte zeigender Entwicklungsprozess zur Erreichung der in § 41 Abs. 1 Satz 1 genannten Ziele vorliegt, der durch die Weitergewährung der Hilfemaßnahmen gefördert werden könnte".[50]

Nach hiesiger Auffassung würde eine zu restriktive Auslegung des § 41 Abs. 1 S. 2 Hs. 2 Sinn und Zweck der Hilfe für junge Volljährige konterkarieren. Die Vorschrift ist bewusst als Hilfe für junge Volljährige, also für Personen bis zur Vollendung des 27. Lebensjahres vom Gesetzgeber konzipiert worden. Mit der Vorschrift sollte der Praxis größere Flexibilität im Hinblick auf problematische Einzelfälle auch nach Vollendung des 21. Lebensjahres eingeräumt werden. Dabei ist die Vorschrift aus dem Regelungszusammenhang des Gesetzes und der Zielsetzung der Vorschrift heraus auszu-

44 S. hierzu auch BT-Drs. 11/5948, 78.
45 S. hierzu Tammen in FK-SGB VIII Rn. 8.
46 Vgl. hierzu für die Hilfe nach § 19 BayVGH 29.4.2013 – 12 CE 12.2738, juris Rn. 18 u. 19.
47 BT-Drs. 19/26107, 94.
48 VG München Beschl. v. 31.8.2020 – M 18 E 20.3749, juris Rn. 49 unter Bezugnahme auf Tammen in FK-SGB VIII Rn. 9.
49 Schmid-Obkirchner in Wieser Rn. 26.
50 OVG NRW 15.9.2017 – 12 E 303/17, juris Rn. 3; OVG NRW 19.12.2013 – 12 A 391/13, juris Rn. 73; VG Köln 15.7.2020 – 26 K 9203/17, juris Rn. 80. S. hierzu auch VG München 24.4.2020 – M 18 E 19.2711, juris Rn. 61.

legen. Ein Ausnahmefall kann bspw. vorliegen, wenn bei Vollendung des 21. Lebensjahres eine schulische bzw. berufliche Ausbildung oder eine sozialpädagogische bzw. therapeutische Maßnahme (zB nach einer Drogentherapie) noch nicht abgeschlossen ist.[51] Mit anderen Worten es ist im Einzelfall zu entscheiden, ob aufgrund einer noch nicht abgeschlossenen Zielerreichung die Weitergewährung der Hilfe angezeigt ist.

Diese **eher weite Auslegung** wird auch durch den 15. Kinder- und Jugendbericht der Bundesregierung gestützt. Dort wird davon ausgegangen, „dass sich das Jugendalter mit zentralen Schritten der Verselbständigung bis zum Teil weit in das dritte Lebensjahrzehnt ausdehnt."[52] Weiter wird dort beschrieben, dass „sich Verselbstständigungsprozesse bei jungen Menschen heute verlängern, häufig in Schleifen verlaufen und mit vielfältigen Varianten des Erprobens von Lebensformen und -entwürfen verbunden sind."[53] „So liegt das durchschnittliche Auszugsalter von Auszubildenden mit Hauptschulabschluss nach Analysen des DJI-Surveys AID:A in der zweiten Welle im Jahr 2014 bei ca. 25 Jahren, während Abiturientinnen und Abiturienten bereits mit durchschnittlich 21 Jahren den elterlichen Haushalt verlassen."[54] Folgerichtig wird mit der Gesetzesbegründung zu § 41a auch auf das „durchschnittliche" Verlassen des Elternhauses mit 24 oder 25 Jahren Bezug genommen.[55] Auch die Sicherung des Lebensunterhalts durch die eigene Erwerbstätigkeit „steigt mit dem Alter nur langsam an. So betrug im Juni 2013 der Anteil der sozialversicherungspflichtig Beschäftigten, die außerhalb von Ausbildungsverhältnissen einer Arbeit nachgingen, bei den unter 18-Jährigen nur 2,8 Prozent, bei den unter 21-Jährigen 26 Prozent und bei den unter 25-Jährigen ca. 55 Prozent."[56] Schließlich wird noch darauf hingewiesen, dass sich das durchschnittliche Erstheiratsalter deutlich nach hinten verschoben hat. „Im Jahr 2014 lag das Erstheiratsalter bei Männern bei 33,7 Jahren und bei Frauen bei 31,0 Jahren."[57] Zudem wird im 15. Kinder- und Jugendbericht betont, dass „Zugänge in unterschiedliche institutionelle Felder – wie Bildung, Politik oder der Arbeitsmarkt – nicht für alle Jugendlichen gleichermaßen offen [sind]. Untersuchungen weisen etwa seit Langem auf systematisch geringere Beteiligungsquoten von Jugendlichen aus Familien, die in Armut leben, aus Elternhäusern mit geringen formalen Qualifikationen sowie aus ethnischen Minderheiten hin; sie zeigen Benachteiligungen von Jugendlichen mit Behinderungen oder in strukturschwachen Regionen auf."[58] Entsprechend muss der generell spätere Beginn des „Erwachsenseins" als auch soziale Benachteiligungen und individuelle Beeinträchtigungen bei der Entscheidung über die Weitergewährung der Hilfe berücksichtigt werden. Mit anderen Worten: an leistungsbeziehende junge Volljährige können nicht gänzlich andere Anforderungen gestellt werden als an junge Erwachsene ohne Leistungsbezug.

Zwar wollte der Gesetzgeber in Fällen, in denen in der Biographie des jungen Menschen liegende Verzögerungen wie Krankheiten, familiäre Konflikte, Schulabbruch etc zu einem verzögerten Ausbildungsabschluss führten oder dazu, dass eine Anschlussmaßnahme erst mit Verzögerung sichergestellt werden konnte, die Hilfegewährung über das 21. Lebensjahr hinaus ermöglichen. Es widerspricht jedoch den Tatbestandsmerkmalen des Abs. 1, den Abschluss einer laufenden oder gar weiterer avisierter (Schul-)Ausbildungsmaßnahmen zum **einzigen und entscheidenden Kriterium** zu erhe- 14

51 So VG München 15.11.2011 – M 18 E 11.5033, juris Rn. 19; VG Aachen 17.12.2010 – 2 L 328/10, juris Rn. 31.
52 BT-Drs. 18/11050, 93.
53 BT-Drs. 18/11050, 110.
54 BT-Drs. 18/11050, 181.
55 BT-Drs. 19/26107, 95.
56 BT-Drs. 18/11050, 153.
57 BT-Drs. 18/11050, 189.
58 BT-Drs. 18/11050, 94.

ben. Eine allein damit begründete Hilfe wäre nicht gesetzeskonform.[59] Vielmehr ist im Sinne einer Gesamtabwägung aller Einzelfallumstände festzustellen, ob ein begründeter Einzelfall gegeben ist.

Eine **noch nicht abgeschlossene Ausbildungsmaßnahme** kann bei der Beurteilung, ob ein begründeter Einzelfall vorliegt, aber ein weiteres (gewichtiges) **Indiz** dafür sein, dass der junge Mensch auch noch ergänzender sozialpädagogischer Hilfe(stellung) bedarf. Hier sind die Einschätzung des Stands der Persönlichkeitsentwicklung und eine **Prognose** über die Dauer und den zügigen Abschluss der Jugendhilfemaßnahme grundlegend.

Zwischen der Prüfung des Vorliegens eines begründeten Einzelfalls und der Prognoseentscheidung, wie lange die Hilfe weiter zu gewähren ist, wird man eine gewisse Verknüpfung annehmen müssen, auch wenn die Prüfung des begründeten Einzelfalls auf Tatbestandsseite zu verorten ist und sich erst auf Rechtsfolgenseite bei Annahme eines begründeten Einzelfalls die Frage stellt, wie lange die Leistung weiter zu gewähren ist. Der Gesetzestext spricht von einem „begrenzten Zeitraum".

Die Beurteilung des begründeten Einzelfalles ist gerichtlich voll nachprüfbar. Ein Beurteilungsspielraum kommt dem Jugendamt hier nicht zu.[60]

Ist ein begründeter Einzelfall, also ein Ausnahmefall, iSd Abs. 1 S. 2 Hs. 2 gegeben, soll die Hilfe für einen begrenzten Zeitraum fortgesetzt werden. Der **begrenzte Zeitraum** iSd 2. Hs. endet mit Erreichen des Entwicklungs-(nicht Ausbildungs-)ziels oder aber mit der Erkenntnis, dass dieses Ziel in absehbarer Zeit nicht erreichbar sein wird.[61] So entspricht es durchaus der allgemeinen Lebenserfahrung, dass auch gerade ältere Auszubildende bereits einen derart gereiften und kompletten Persönlichkeitsstand erreichen können und eine eigenständige Lebensführung praktizieren, dass es geradezu **kontraproduktiv** wäre, das Erreichen der Ziele des Satzes 1 an das Ende eines Ausbildungsabschnittes zu knüpfen. Dies würde der vom Gesetzgeber gewünschten **Flexibilisierung** eine starre Schematisierung entgegen stellen. Der begrenzte Zeitraum kann daher auch mit dem Endzeitpunkt der Hilfe zusammenfallen.[62]

15 Insbesondere bei seelisch behinderten jungen Volljährigen kommt eine Hilfegewährung in begründeten Einzelfällen bis zur Vollendung des 27. Lebensjahres in Betracht.[63] Ist allerdings prognostisch damit zu rechnen, dass die Hilfe dauerhaft fortzuführen sein würde, scheidet sie mangels eines „begrenzten Zeitraumes" als Jugendhilfe aus, kann aber als Sozialhilfe bzw. Eingliederungshilfe gewährt werden.[64]

4 Zusätzliche Tatbestandsvoraussetzungen für die Hilfe nach § 35a für junge Volljährige

16 Mit dem 1. ÄndG zum SGB VIII (1993) wurde die **Eingliederungshilfe** für seelisch behinderte Kinder und Jugendliche der Jugendhilfe zugeordnet (→ § 35a Rn. 1). Über die Verweisungskette in § 41 Abs. 2 gilt dies auch für junge Volljährige. Damit erhalten sie die Hilfe nicht (selbstständig) als Eingliederungshilfe, sondern als (integrierten Bestandteil der) Hilfe für junge Volljährige, also nur unter deren Voraussetzungen (→ Rn. 2 ff.), die zu denen des § 35a hinzutreten müssen (ausführlich hierzu → § 35a

59 S. hierzu auch NdsOVG 25.2.1998 – 4 L 5734/96, juris Rn. 11, wonach die noch an den Inhalten der früheren Rechtslage anknüpfende Begründung – Beginn/Beendigung einer Schul- und/oder Berufsausbildung – der gesetzlichen Neukonzeption nicht gerecht wird und den Zweck der Hilfenorm verfehlt.

60 Anders als die Entscheidung über die Geeignetheit und Notwendigkeit einer Hilfe.

61 S. hierzu auch VG Minden 17.2.2020 – 6 L 24/20, juris Rn. 26.

62 Ebenso NdsOVG FEVS 2001, 7.

63 S. hierzu BVerwG 3.6.2014 – 5 B 12/14, juris Rn. 5; OVG NRW 19.12.2013 – 12 A 391/13, juris Rn. 89 und 91.

64 So LSG NRW 21.5.2012 – L 20 SO 608/10, juris Rn. 61.

Rn. 7).[65] Nach Ablauf des begrenzten Zeitraums in § 41 kommt auch Eingliederungshilfe nach § 99 SGB IX in Betracht.

Nicht geteilt wird die Auffassung, dass § 41 keinen Anspruch auf eine Eingliederungshilfe, sondern „lediglich einen Anspruch auf Hilfe zur Persönlichkeitsentwicklung verschaffe, die ggf. in Form einer Eingliederungsmaßnahme" erbracht werden könne und dass die Voraussetzungen des § 35a nicht zu beachten seien.[66] Die vom OVG NRW vorgenommene Gesetzesauslegung widerspricht der gesetzgeberischen Konzeption des § 41, nach welcher Eingliederungshilfe als integrierter Bestandteil der Hilfe für junge Volljährige erbracht wird. § 41 verlängert die Hilfen nach § 27 und § 35a in zeitlicher Hinsicht über die Vollendung des 18. Lebensjahres hinaus. Wird daher einem jungen Volljährigen Eingliederungshilfe über den in § 41 Abs. 2 enthaltenen Verweis erbracht, setzt dies eine seelische Behinderung und eine hierdurch verbundene Teilhabebeeinträchtigung oder eine drohende Behinderung voraus.[67] 17

Zu prüfen ist daher, ob eine **seelische Behinderung** iSd § 35a Abs. 1 S. 1 Nr. 1 und 2 gegeben ist. Alternativ genügt das Vorliegen einer drohenden Behinderung nach § 35a Abs. 1 S. 2. 18

Das Vorliegen der Tatbestandsvoraussetzungen ist gerichtlich voll überprüfbar.[68] Lediglich bei der Entscheidung über die geeignete und notwendige Hilfe besteht ein gerichtlich nur eingeschränkt überprüfbarer Beurteilungsspielraum des Jugendamtes. 19

5 Erneute Leistungsgewährung nach Beendigung der Hilfe

Mit Art. 1 des **KJSG** ist in Abs. 1 S. 3 eine deklaratorische Neuregelung aufgenommen worden. Eine Beendigung der Hilfe schließt danach die erneute Gewährung oder Fortsetzung einer Hilfe nach Maßgabe von Satz 1 und 2 nicht aus („Coming-back-Option"). Diese Vorgabe wird insbesondere im Zusammenhang der Fortsetzungshilfe nach Abs. 1 S. 2 Hs. 2 Bedeutung erlangen. Der Vorgabe kann Bedeutung für die Auslegung der „Fortsetzung" iSd § 41 Abs. 1 S. 2 Hs. 2 zukommen. Nach hiesiger Auffassung können auch Leistungsunterbrechungen von mehreren Monaten unschädlich sein. Mit Gesetzesbegründung zu Abs. 1 S. 3 wird betont, dass „es für die Leistungsanspruchsberechtigung nicht auf die Frage der Dauer der Unterbrechung des Leistungsbezugs ankommen" kann.[69] 20

6 Rechtsfolge für die Hilfe bis zur Vollendung des 21. Lebensjahres

Sowohl auf der Tatbestandsseite als auch auf der Rechtsfolgenseite ist hinsichtlich des Alters des jungen Volljährigen zu differenzieren. Für Personen im Alter von 21 bis 26 Jahren müssen die zusätzlichen Tatbestandsvoraussetzungen der Fortsetzungshilfe und 21

---

65 Ebenso BayVGH 6.2.2017 – 12 C 16.2159, juris Rn. 11; OVG NRW 12.6.2014 – 12 A 659/14, juris Rn. 3; VG München 9.6.2020 – M 18 E 20.1392, juris Rn. 68; VG Würzburg 17.2.2020 – W 3 E 19.1570, juris Rn. 32; v. Koppenfels-Spies in jurisPK-SGB VIII Rn. 17; anscheinend aA OVG NRW 11.10.2013 – 12 A 1590/13, juris Rn. 6: Eine Abweichung von der seelischen Gesundheit sei kein Tatbestandsmerkmal für den Anspruch aus § 41; s. hierzu auch OVG NRW 18.7.2013 – 12 A 892/13, juris Rn. 18.

66 OVG NRW 11.3.2014 – 12 A 2751/13, juris Rn. 4; s. hierzu auch OVG NRW 11.10.2013 – 12 A 1590/13, juris Rn. 6.

67 S. hierzu auch BayVGH 6.2.2017 – 12 C 16.2159, juris Rn. 11; BayVGH 17.8.2015 – 12 AE 15.1691, juris Rn. 29; VG München 9.6.2020 – M 18 E 20.1392, juris Rn. 68 f.; VG Bayreuth 22.9.2014 – B 3 K 13.106, juris Rn. 54; VG Frankfurt 15.7.2014 – 7 K 1450/13.F, juris Rn. 27 f.; OVG NRW 12.6.2014 – 12 A 659/14, juris Rn. 3. S. hierzu auch OVG NRW 13.7.2020 – 12 B 704/20, juris Rn. 17 f.

68 S. hierzu auch OVG NRW 2.7.2014 – 12 B 630/14, juris Rn. 4; für die gerichtliche Überprüfung der Teilhabebeeinträchtigung, OVG NRW 12.6.2014 – 12 A 659/14, juris Rn. 13.

69 BT-Drs. 19/26107, 94.

des begründeten Einzelfalls vorliegen. Auf Rechtsfolgenseite ist zudem die Vorgabe zu beachten, dass die Hilfe nach Vollendung des 21. Lebensjahres nur für einen „begrenzten Zeitraum darüber hinaus" gewährt werden kann.

22 Für Personen im Alter von 18–20 Jahren gilt Folgendes: Sind die Tatbestandsvoraussetzungen gegeben, muss die Leistung unbefristet (→ § 27 Rn. 18) bewilligt werden. Infolge Rechtsänderung durch Art. 1 des **KJSG** wird mit § 41 Abs. 1 S. 1 nunmehr eine gebundene Entscheidung vorgegeben.

7 Rechtsfolge für die Hilfe über das 21. Lebensjahr hinaus (Abs. 1 Satz 2)

23 Mit Art. 1 des **KJSG** ist die Soll-Vorschrift des § 41 Abs. 1 S. 1 in eine **gebundene Entscheidung** umgewandelt worden. In § 41 Abs. 1 S. 2 Hs. 2 findet sich allerdings auch nach neuer Rechtslage die Vorgabe, dass die Hilfe nach Vollendung des 21. Lebensjahres für einen begrenzten Zeitraum fortgesetzt werden soll. Nicht hinreichend klar ist es, ob nach der Gesetzesänderung mit dieser Soll-Vorgabe eine von Abs. 1 S. 1 abweichende Rechtsfolgenbestimmung verbunden sein soll oder ob das soll nur noch als programmatische Vorgabe zu verstehen ist. Nach hiesiger Auffassung ist von einer programmatischen Vorgabe, vergleichbar mit der Soll-Bestimmung in §§ 28 bis 35, auszugehen. Mit Abs. 1 S. 1 wird für alle jungen Volljährigen die Rechtsfolge im Sinne einer gebundenen Entscheidung geregelt. Der Wortlaut des § 41 Abs. 1 S. 1 stellt mit der Vorgabe einer gebundenen Entscheidung auf „junge Volljährige", also Personen im Alter von 16 bis 26 Jahren, ab. Sofern also für Personen im Alter zwischen 21 und 26 Jahren die Ausnahmetatbestandsvoraussetzungen (Fortsetzungshilfe und begründeter Einzelfall) vorliegen, ist auf Rechtsfolgenseite die Leistung unbefristet (→ § 27 Rn. 18) im Sinne einer gebundenen Entscheidung zu bewilligen.

24 Auf Rechtsfolgenseite ist für Personen im Alter von 21 bis 26 Jahren allerdings noch die in Abs. 1 S. 2 Hs. 2 enthaltene zeitliche Vorgabe für die Weiterbewilligung der Leistung zu beachten. Die Hilfe ist nur für einen „begrenzten Zeitraum" fortzusetzen. Der **begrenzte Zeitraum** iSd Hs. 2 endet mit Erreichen des Entwicklungs-(nicht Ausbildungs-)ziels oder aber mit der Erkenntnis, dass dieses Ziel in absehbarer Zeit nicht erreichbar sein wird.[70] Sofern diese Entwicklung festzustellen ist, ist eine Aufhebung des Bewilligungsbescheides nach § 48 Abs. 1 S. 1 SGB X zu prüfen. Eine Befristung der Hilfe ist unzulässig (→ § 27 Rn. 18).

8 Zuständigkeitsübergang auf andere Sozialleistungsträger (Abs. 3)

25 Es können Fallkonstellationen eintreten, in denen junge Volljährige vor Vollendung des 21. Lebensjahres (zeitlich differierend) eine Ausbildungs- wie auch eine Jugendhilfemaßnahme begonnen haben, bei denen jedoch nach einem relativ begrenzten Zeitraum das Ziel der Maßnahme nach Satz 1 erreicht wird, wohingegen die Ausbildungsmaßnahme noch Monate oder Jahre dauern kann. Diese Fälle stellen für die Betroffenen wie auch für die Praxis ein Problem dar. Hier kommt der Hilfeplanung nach § 36 und darin dem **Hilfeplangespräch** eine ganz besondere Bedeutung zu. Bereits im Hilfeplanungsprozess muss mit dem jungen Volljährigen auf die mögliche weitere zeitliche Abfolge, verbunden mit **einhergehenden rechtlichen und wirtschaftlichen Veränderungen** hingearbeitet werden. Dieses Vorgehen bleibt **zielkonform**, wenn der junge Volljährige von Anbeginn die notwendige Klarheit darüber besitzt, dass die Gewährung der Jugendhilfeleistungen zu einem geplanten und vereinbarten Zielpunkt enden wird.

26 Insbesondere der Gestaltung des Übergangs der Hilfe kommt dann besondere Bedeutung zu. Nach alter Rechtslage sah § 41 Abs. 3 vor, dass der junge Volljährige nach Beendigung der Hilfe bei der Verselbständigung im notwendigen Umfang beraten und

70 S. hierzu auch VG Minden 17.2.2020 – 6 L 24/20, juris Rn. 26.

unterstützt werden soll. Diese Leistung ist mit Art. 1 des **KJSG** in § 41a neu geregelt worden. Mit § 41a Abs. 1 wurde mit Wirkung vom 10.6.2021 eine Beratung und Unterstützung bei der Verselbständigung des jungen Volljährigen „innerhalb eines angemessenen Zeitraums nach Beendigung der Hilfe" als Pflicht des Jugendamtes festgeschrieben.[71] Inhalte dieser Beratungs- und Unterstützungspflicht werden mit dem Gesetzestext allerdings nicht vorgegeben. In der Gesetzesbegründung wird ausgeführt, dass es bei der Unterstützung um Hilfe bei „praktischen Fragen zB bei dem Abschluss von Miet- oder Arbeitsverträgen als auch eine persönliche Beratung und Unterstützung in allgemeinen Lebensfragen gehen" soll.[72] Fraglich ist, ob mit einer solch niedrigschwelligen Unterstützung der Bedarf eines jungen Menschen ab Vollendung des 21. Lebensjahres gedeckt werden kann.

Eine wesentlich substanziellere Neuregelung ist in § 41 Abs. 3 SGB VIII normiert worden. Soll die Hilfe nach § 41 nicht fortgesetzt oder beendet werden, muss der Träger der öffentlichen Jugendhilfe ab einem Jahr vor dem hierfür im Hilfeplan vorgesehenen Zeitpunkt prüfen, ob im Hinblick auf den Bedarf des jungen Menschen ein Zuständigkeitsübergang auf andere Sozialleistungsträger in Betracht kommt. § 36b gilt entsprechend. Danach sind andere Sozialleistungsträger vor dem voraussichtlichen Zuständigkeitsübergang in die Hilfeplanung einzubinden. Obgleich mit dieser Neuregelung keine zusätzlichen Rechtsansprüche auf eine Leistungsgewährung geschaffen werden, wird der Druck auf andere Leistungserbringer steigen, rechtzeitig die geschuldeten Leistungen zu erbringen. Die Neuregelung wird daher dazu geeignet sein, Leistungslücken zu schließen und Probleme im Übergang zu lösen.

Die Situation im Anschluss an die Hilfe nach § 41 ist differenziert zu betrachten. 27

Besteht ein schulisches oder berufliches Ausbildungsverhältnis und kommen Leistungen nach dem BAföG bzw. nach dem SGB III oder § 16 SGB II (→ § 10 Rn. 47 ff.) in Form der **Berufsausbildungsbeihilfe** in Betracht, liegen deren Fördersätze betragsmäßig über den entsprechenden Sozialhilferegelsätzen. Kritisch kann die Situation junger Menschen in den Fällen werden, in denen Leistungen nach dem BAföG bzw. der Berufsausbildungsbeihilfe nicht voll ausgeschöpft werden können, da sie bspw. durch anzurechnendes Elterneinkommen gemindert werden, andererseits aber von den Eltern tatsächlich keine Unterhaltsleistungen in entsprechender Höhe erbracht werden. Für den Bereich des BAföG ist die Möglichkeit der Vorausleistung von Ausbildungsförderung nach § 36 BAföG auszuschöpfen. Im Falle der Berufsausbildungsbeihilfe gibt es keine entsprechende Regelung. Können junge Volljährige in diesen Fällen ihren Unterhaltsanspruch nicht zivilrechtlich gegenüber ihren Eltern durchsetzen, so bleibt nur die Prüfung der engen Voraussetzungen für die Gewährung von Sozialhilfe nach § 22 Abs. 1 S. 2 SGB XII. Werden die Voraussetzungen für das Vorliegen eines Härtefalles im Sinne dieser Vorschrift verneint, so kann eine Leistungslücke zulasten und zum Nachteil des jungen Menschen entstehen. Inwieweit in Fällen mit beruflichen Ausbildungsverhältnissen ggf. aufstockende Leistungen nach § 19 SGB II in Frage kommen, ist im jeweiligen Einzelfall zu beurteilen. Solche wären nachrangig gegenüber der Jugendhilfe (§ 10 Abs. 3 S. 1). Leistungen nach §§ **16 ff. SGB II** dagegen sind vorrangig gegenüber der Hilfe nach § 41 (§ 10 Abs. 3 S. 2).[73]

9 Hilfearten (Abs. 2)

Zur Ausgestaltung der Hilfe für junge Volljährige sieht Abs. 2 die entsprechende Anwendung des § 27 Abs. 3 und – durch das KICK eingefügt – Abs. 4 sowie der §§ 28– 28

71 BT-Drs. 19/26107, 95 und 96.
72 BT-Drs. 19/26107, 95 und 96.
73 Näher Tammen in FK-SGB VIII Rn. 17; Nüsken in GK-SGB VIII Rn. 38 f.; Schmid-Obkirchner in Wiesner Rn. 60 f.

30, 33–36, 39 und 40 vor. Dass in dieser Kette § **36a** fehlt, hat der Gesetzgeber bis heute nicht bemerkt.[74] Damit steht auch für die Gruppe der jungen Erwachsenen noch die breite Palette der Hilfearten zur Verfügung, die die Jugendhilfe für Kinder und Jugendliche überwiegend einsetzt. Im Vordergrund steht mit dem Verweis auf die HzE auch bei den jungen Volljährigen die Gewährung **pädagogischer und ggf. auch therapeutischer Hilfen.** Werden ausschließlich materielle Hilfen (zB Unterkunft und hauswirtschaftliche Versorgung) benötigt, kommt Hilfe nach § 41 nicht in Betracht.[75] Unterhalt und Krankenhilfe sind aber als Annexe der Hilfe zu leisten (Verweis in § 41 Abs. 2 auf §§ 39, 40).

Eine Entscheidung über die Hilfeart ist im Rahmen der Geeignetheits- und Erforderlichkeitsprüfung auf Tatbestandsseite zu treffen. Sind die Tatbestandsvoraussetzungen gegeben, besteht auf Rechtsfolgenseite ein Rechtsanspruch auf Bewilligung der geeigneten und notwendigen Hilfe hinsichtlich Hilfeart, Leistungserbringer und Umfang der Hilfe.

29 Mit der entsprechenden Anwendung des § 27 Abs. 3 ist auch die Hilfe nach § **13** möglich. Ferner ist infolge Rechtsänderung durch Art. 1 des KJSG auch die neue Leistung nach § 27 Abs. 3 S. 3 im Zusammenhang mit einem Hochschulbesuch möglich (→ § 27 Rn. 37). Auf § **27 Abs. 2** wird nicht verwiesen, so dass unbenannte Hilfen ausscheiden.[76] Mit dem Verweis auf § **27 Abs. 4** ist der Mutter auch Unterstützung bei Pflege und Erziehung des Kindes zu leisten. Auch der notwendige Unterhalt des Kindes ist über § 39 Abs. 7 sicherzustellen. Ein Konkurrenzverhältnis zu § 19 besteht wegen der unterschiedlichen Hilfeziele nicht.[77]

30 Grundsätzlich muss aber auch bei der Auswahl der geeigneten Hilfeart die besondere Situation dieses Personenkreises beachtet werden. Hilfen, die die Rückführung in die Herkunftsfamilie avisieren, sind idR ungeeignet. Es kommen nur Hilfen in Frage, die den **Verselbstständigungsprozess** in Gang setzen bzw. ihn unterstützen.

31 Eine von ihrer Zielsetzung her besonders geeignete Hilfeart ist sicherlich die **intensive sozialpädagogische Einzelbetreuung** (§ 35). Gerade mit ihr kann der Individualität des jungen Menschen begegnet und am ehesten auf zuvor formulierte Ziele hingearbeitet werden. Sie bietet auch die Möglichkeit, im Verlaufe des Verselbstständigungsprozesses möglichst flexibel zu reagieren und den jungen Volljährigen gleitend in die Selbstständigkeit zu entlassen. Die sozialen und regionalen Bindungen können weitest möglich erhalten bleiben.

32 Die übergreifenden Ziele einer Hilfe für junge Volljährige ergeben sich aus den Tatbestandsvoraussetzungen.

Die **Persönlichkeitsentwicklung** (→ Rn. 7) soll iS einer „geglückten Sozialisation" abgeschlossen oder zumindest weitgehend gefestigt sein. Die eigenverantwortliche und gemeinschaftsfähige Persönlichkeit des jungen Menschen soll die Aspekte Autonomie, Kreativität, Produktivität, Sexualität und Soziabilität ermöglichen. Zudem sollen die Kernherausforderungen des Jugendalters, also die Qualifizierung, Verselbständigung und Selbstpositionierung zumindest weitgehend bewältigt sein. Der junge Mensch soll über stabile, selbstakzeptierte und gesellschaftlich anschlussfähige Wahrnehmungs-, Denk-, Erlebens- und Verhaltensweisen verfügen.

Zudem soll eine eigenverantwortliche, selbstständige und selbstbestimmte **Lebensführung** (→ Rn. 9) gewährleistet sein. Der junge Mensch soll über alle zum Erwachsensein notwendigen Entscheidungs- und Handlungskompetenzen verfügen und abschlie-

74 S. hierzu auch VG Oldenburg 27.5.2014 – 13 A 476/13, juris Rn. 19 und VG Würzburg 25.4.2013 – W 3 K 11.803, juris Rn. 45.
75 So VG Würzburg 7.10.2010 – W 3 K 10.1077 u. 08.2019, juris Rn. 43.
76 Ebenso Tammen in FK-SGB VIII Rn. 10.
77 Ebenso wohl auch Schmid-Obkirchner in Wiesner Rn. 57.

ßende bzw. tatsächliche Mündigkeit und Autonomie erreicht haben. Er soll sich alltagspraktisch vom Elternhaus bzw. der institutionellen Jugendhilfe losgelöst haben und wohnfähig, ausbildungs- bzw. erwerbsfähig sowie ökonomisch, sozial und lebenspraktisch kompetent sein.

Im Idealfall lebt der junge Erwachsene im Anschluss an die Hilfe für junge Volljährige selbstständig in einer eigenen Wohnung bzw. in einem WG-Zimmer, geht einer Erwerbstätigkeit nach, hat einen stabilen Freundeskreis und kann seine Freizeit aktiv gestalten.

Der Abschluss der Persönlichkeitsentwicklung und die Entlassung in die Selbständigkeit ist für die gesamte Palette der aufgeführten Hilfearten zu formulieren. Bei keiner anderen Hilfeart des SGB VIII ist das **Ende der Hilfe** schon so sehr in den Planungsprozess einzubeziehen. Hilfeimmanent ist eine **ständige Verringerung der Betreuungsintensität**. Nach einem – gerade bei neu angelaufenen Fällen – noch sehr intensiven Beginn ist der Blick zielgerichtet auf das absehbare Beenden und **Auslaufen der Hilfe** zu richten.

Bei zum Zeitpunkt der Volljährigkeit noch laufenden Hilfen (§§ 33, 34) ist spätestens hier ein **„Richtungswechsel"** vorzunehmen, weg vom Ziel Herkunftsfamilie, hin zum Ziel Verselbständigung.[78] In aller Regel beginnt dieser Ablösungsprozess auch in der Ersatzfamilie Pflegefamilie/Heim bereits erheblich früher, entsprechend dem Reifegrad des Jugendlichen. Spätestens mit Eintritt der Volljährigkeit findet er sich jedoch auch in der Zielformulierung der maßgeblichen Gesetzesnorm wieder. 33

10 Abgrenzung zu § 67 SGB XII

Gem. § 10 Abs. 4 S. 1 gehen Leistungen der Jugendhilfe denen der Sozialhilfe allgemein vor (→ § 10 Rn. 58 ff.); speziell für die Hilfe nach § 67 SGB XII regelt dies die interne Vorrangregelung in § 67 S. 2 SGB XII. Nach der Intention des Gesetzgebers[79] sollten junge Volljährige mit Einführung des § 41 nicht mehr auf die Inanspruchnahme von Hilfen zur Überwindung besonderer sozialer Schwierigkeiten nach § 72 BSHG angewiesen sein. Der überwiegende Teil der betroffenen jungen Menschen wird von den Tatbestandsvoraussetzungen her vorrangig Jugendhilfeleistungen beanspruchen können. Der **Vorrang der Jugendhilfe** bedeutet jedoch nicht, dass damit Leistungen nach § 67 SGB XII für junge Volljährige grundsätzlich ausgeschlossen wären. Der Gesetzgeber hat für einen (sicher geringen) Teil auch weiter die Möglichkeit der Gewährung von Leistungen nach § 67 SGB XII eröffnet. Dies betrifft insbesondere junge Menschen, die von der Jugendhilfe (nicht) mehr erreicht werden können und/oder Leistungen der Jugendhilfe ablehnen. Das Problem liegt dabei in einem gleichsam nahtlosen Übergang aufgrund teilweise inhaltlicher Überschneidungen der Anspruchsvoraussetzungen der beiden Hilfen. 34

Relativ unproblematisch sind **Fortsetzungsfälle** zu beurteilen. Jugendhilfemaßnahmen, die bereits vor Vollendung des 18. Lebensjahres begonnen haben, werden aufgrund noch bestehender Defizite in der Persönlichkeitsentwicklung und eigenständigen Lebensführung kontinuierlich weitergeführt. Hier kommen allenfalls Problemlagen in Betracht, wonach die Voraussetzungen für die Hilfe nach § 41 im Verlaufe der weiteren Entwicklung des jungen Volljährigen entfallen, aber eine besondere Notlage aufgrund fehlender Unterkunft und/oder Arbeit eingetreten ist. 35

In **Erstfällen** wird genau zu prüfen sein, ob und in welcher Form Mängel bzw. Defizite in der Persönlichkeitsentwicklung und Verselbständigung des jungen Volljährigen bestehen und wie sie mit sozialpädagogischen Mitteln iRd Hilfespektrums der Jugendhilfe angegangen werden können. Grundsätzlich ist das Spektrum der Anspruchsvor- 36

78 Vgl. Fischer in SFMK Rn. 19.
79 BT-Drs. 11/6748.

aussetzungen für eine Hilfe nach § 67 SGB XII (§§ 2–6 DVO zu § 67 SGB XII) auch ein solches für eine Hilfe nach § 41 SGB VIII. Umso mehr ist es geboten, die Voraussetzungen nach § 41 Abs. 1 S. 1 genau herauszuarbeiten und die in der Person liegenden Defizite zu eruieren.

§ 6 DVO setzt voraus, dass der Nachrang der Leistungen nach § 67 SGB XII nur und erst dann greift, wenn bei einem Hilfebedürftigen über die Zugehörigkeit zu der Altersgruppe, der nach § 41 Hilfe gewährt werden kann, hinaus auch die weiteren tatbestandlichen Voraussetzungen des § 41 erfüllt sind. Bei der inhaltlichen Abgrenzung können auch durch Erziehungsdefizite hervorgerufene Verhaltensstörungen solche im Sinne von § 6 DVO sein.[80] **Reichen** in einem anderen Fall (hier: Psychopathie mit intellektueller Behinderung) **die Mittel der Jugendhilfe** in Form von Hilfe zur Persönlichkeitsentwicklung und Verselbständigung **nicht aus,** sind Maßnahmen nach § 67 SGB XII die richtige Hilfe.[81]
In Neufällen, insbesondere wenn sie kurz vor Vollendung des 21. Lebensjahres eintreten, kommt es immer wieder zu Schwierigkeiten bei der Abgrenzung der Zuständigkeiten von Sozial- bzw. Jugendhilfeträger. Hilfestellung bei dieser Abgrenzung kann ua Ziff. 5.2 der „Vorläufigen Orientierungshilfe zur Abgrenzung der Eingliederungshilfe nach dem SGB XII zu anderen sozialen Leistungen" der Bundesarbeitsgemeinschaft der überörtlichen Sozialhilfeträger, bieten.

11 Verhältnis zu § 13 Abs. 3

37 Ein enges und nicht trennscharfes Verhältnis besteht zwischen den Leistungen nach § 41 und § 13 Abs. 3.[82] Insbesondere kommt der Leistung nach § 13 Abs. 3 nach Vollendung des 21. Lebensjahres besondere Bedeutung zu, wenn das Vorliegen eines besonderen Einzelfalls iSd § 41 Abs. 1 S. 2 Hs. 2 zu verneinen ist.
Soweit ein möglicher Hilfebedarf nach § 41 an das zuständige Jugendamt herangetragen wird und die Leistungsgewährung nach § 41 abgelehnt wird, besteht idR eine Pflicht zum Prüfung der Leistung nach § 13 Abs. 3.[83] Nach § 16 Abs. 3 SGB I besteht die Pflicht, ein „Herantragen" des Hilfebedarfs so auszulegen, dass das Begehren möglichst weitgehend zum Tragen kommt (→ Rn. 2).

§ 41a Nachbetreuung

(1) Junge Volljährige werden innerhalb eines angemessenen Zeitraums nach Beendigung der Hilfe bei der Verselbständigung im notwendigen Umfang und in einer für sie verständlichen, nachvollziehbaren und wahrnehmbaren Form beraten und unterstützt.
(2) [1]Der angemessene Zeitraum sowie der notwendige Umfang der Beratung und Unterstützung nach Beendigung der Hilfe sollen in dem Hilfeplan nach § 36 Absatz 2 Satz 2, der die Beendigung der Hilfe nach § 41 feststellt, dokumentiert und regelmäßig überprüft werden. [2]Hierzu soll der Träger der öffentlichen Jugendhilfe in regelmäßigen Abständen Kontakt zu dem jungen Volljährigen aufnehmen.

1 Nach bisheriger Rechtslage war mit § 41 Abs. 3 vorgegeben, dass der junge Volljährige auch nach Beendigung der Hilfe bei der Verselbständigung im notwendigen Umfang beraten und unterstützt werden soll. Mit Art. 1 des **KJSG** ist diese Vorgabe in § 41a neu strukturiert und erweitert worden.[1] Diese Neuregelung ist zu begrüßen. Al-

80 NdsOVG 22.1.1998 – 12 L 2970/96.
81 LSG NRW 21.5.2012 – L 20 SO 608/10, juris Rn. 61; Spr.St. Goslar, EuG 53, 389.
82 S. hierzu VG München 20.8.2018 – M 18 E 18.2529, juris Rn. 39.
83 S. hierzu VG München 20.8.2018 – M 18 E 18.2529, juris Rn. 39.
1 BGBl. 2021 Teil I Nr. 29, 1444.

lerdings leidet auch die Neuregelung in § 41a an Schwächen, welche bereits die Vorgabe nach altem Recht in § 41 Abs. 3 kennzeichneten. Nach hiesiger Auffassung ist die Regelung zu konturlos ausgestaltet. So sind weder Tatbestandsvoraussetzungen für eine Leistungserbringung noch der Umfang der Leistungserbringung geregelt. Zudem steht die jetzt in § 41a enthaltene Vorgabe in einem gewissen Spannungsverhältnis zur Leistungserbringung nach § 41. Ist noch eine Betreuung „bei der Verselbständigung" iSd § 41a Abs. 1 erforderlich, ist zu prüfen, ob nicht weiterhin die Tatbestandsvoraussetzungen des § 41 Abs. 1 gegeben sind. Diesbezüglich ist zu beachten, dass es für die Tatbestandserfüllung nach § 41 bereits ausreichend ist, wenn „eine **Gefährdungseinschätzung im Hinblick auf die Verselbständigung**"[2] zu dem Ergebnis kommt, dass der Prozess der Verselbständigung ohne weitere Hilfe gefährdet sein könnte.

Gem. § 41a Abs. 1 werden junge Volljährige innerhalb eines angemessenen Zeitraums nach Beendigung der Hilfe bei der Verselbständigung im notwendigen Umfang und in einer für sie wahrnehmbaren Form beraten und unterstützt. Nach der Gesetzesbegründung soll damit eine weitere Unterstützung auf dem Weg junger Volljähriger in ein selbstbestimmtes und selbstständiges Leben in Eigenverantwortung geleistet werden.[3] 2

Nach der Gesetzesbegründung ist dieser Unterstützungsbedarf insbesondere deshalb erforderlich, weil junge Volljährige in Deutschland durchschnittlich erst mit 24 oder 25 Jahren ihr Elternhaus verlassen. Im Vergleich zu Kindern, die in ihren Herkunftsfamilien aufwachsen, besteht in der Regel bei jungen Menschen, die vor ihrer Volljährigkeit im Leistungsbezug der Kinder- und Jugendhilfe standen (sogenannte „Careleaver"), ein erhöhter Unterstützungsbedarf insbesondere vor dem Hintergrund ihrer biografischen Erfahrungen.[4]

Im Hinblick auf den jeweiligen individuellen Bedarf bzw. den Stand der Persönlichkeitsentwicklung hat das Jugendamt für einen angemessenen Zeitraum Beratung und Unterstützung zu leisten. Diese Leistung muss adressatenorientiert erfolgen. Nach der Gesetzesbegründung soll es dabei sowohl um Unterstützung bei praktischen Fragen zum Beispiel bei dem Abschluss von Miet- oder Arbeitsverträgen als auch eine persönliche Beratung und Unterstützung in allgemeinen Lebensfragen gehen. Die jungen Volljährigen sollen ihre vertrauten Ansprechpartner nicht von einem Tag auf den anderen verlieren, sondern sich weiterhin bei Fragen und Problemen an diese Personen wenden können.[5]

Hierüber hinausgehend kann es aber auch um eine weitere Unterstützung bei der Entwicklung der Persönlichkeit gehen. Die beratende/unterstützende Fachkraft hat für begrenzte Zeit die Rolle eines (Lebens-)Begleiters („**Volljährigenassistenz**") des jungen Menschen.

Nach § 41a Abs. 2 S. 1 sollen der angemessene Zeitraum sowie der notwendige Umfang der Beratung und Unterstützung nach Beendigung der Hilfe in dem Hilfeplan nach § 36 Abs. 2 S. 2, der die Beendigung der Hilfe nach § 41 feststellt, dokumentiert und regelmäßig überprüft werden. Nach S. 2 soll der Träger der öffentlichen Jugendhilfe hierzu in regelmäßigen Abständen Kontakt zu dem jungen Volljährigen aufnehmen. 3

Nach der Gesetzesbegründung wird hiermit § 36 Abs. 2 S. 2 in Bezug auf die Konstellationen konkretisiert, in denen im Rahmen der Hilfeplanung festgestellt wird, dass die Hilfe beendet werden kann. In dem hier aufzustellenden Hilfeplan müssen nach S. 1 regelmäßig der Zeitraum, in dem der junge Mensch auch nach Beendigung der

2 BT-Drs. 19/26107, 94.
3 BT-Drs. 19/26107, 95 und 96.
4 BT-Drs. 19/26107, 95.
5 BT-Drs. 19/26107, 96.

Hilfe beraten und unterstützt werden soll, festgelegt und der konkrete Umfang der Beratungs- und Unterstützungsleistungen bestimmt werden.

Nach der weiteren Gesetzesbegründung sollen diese Festlegungen regelmäßig im Hinblick auf den individuellen Bedarf des jungen Menschen überprüft werden. Um eine solche Überprüfung zu ermöglichen, verpflichtet Satz 2 den Träger der öffentlichen Jugendhilfe zur Kontaktaufnahme mit dem jungen Menschen. Die Kontaktaufnahme soll in regelmäßigen Abständen erfolgen, deren Dauer sich nach der individuellen Situation des jungen Menschen richten muss.[6]

Damit wird auf den Hilfeplan abgestellt, obgleich die Hilfeplanpflicht nach § 36 mangels Verweises in § 41a auf § 36 überhaupt nicht mehr anwendbar ist. Lediglich im Rahmen der Leistungserbringung nach § 41 findet das Hilfeplanverfahren mittels Verweises in § 41 Abs. 2 auf § 36 Anwendung. Mit dem letzten Hilfeplan im Rahmen der Leistungserbringung nach § 41 wird sich aber regelmäßig nicht verbindlich feststellen lassen, wie lange der angemessene Zeitraum der Nachbetreuung nach § 41a anzudauern hat. Augenscheinlich geht der Gesetzgeber davon aus, dass die Überprüfung nach S. 2 und die Festlegung einer Nachbetreuung für einen weiteren angemessen Zeitraum ohne ein erneutes Hilfeplanverfahren zu erfolgen haben.

Drittes Kapitel Andere Aufgaben der Jugendhilfe

Erster Abschnitt Vorläufige Maßnahmen zum Schutz von Kindern und Jugendlichen

§ 42 Inobhutnahme von Kindern und Jugendlichen

(1) [1]Das Jugendamt ist berechtigt und verpflichtet, ein Kind oder einen Jugendlichen in seine Obhut zu nehmen, wenn

1. das Kind oder der Jugendliche um Obhut bittet oder

2. eine dringende Gefahr für das Wohl des Kindes oder des Jugendlichen die Inobhutnahme erfordert und

a) die Personensorgeberechtigten nicht widersprechen oder

b) eine familiengerichtliche Entscheidung nicht rechtzeitig eingeholt werden kann oder

3. ein ausländisches Kind oder ein ausländischer Jugendlicher unbegleitet nach Deutschland kommt und sich weder Personensorge- noch Erziehungsberechtigte im Inland aufhalten.

[2]Die Inobhutnahme umfasst die Befugnis, ein Kind oder einen Jugendlichen bei einer geeigneten Person, in einer geeigneten Einrichtung oder in einer sonstigen Wohnform vorläufig unterzubringen; im Fall von Satz 1 Nummer 2 auch ein Kind oder einen Jugendlichen von einer anderen Person wegzunehmen.

(2) [1]Das Jugendamt hat während der Inobhutnahme unverzüglich das Kind oder den Jugendlichen umfassend und in einer verständlichen, nachvollziehbaren und wahrnehmbaren Form über diese Maßnahme aufzuklären, die Situation, die zur Inobhutnahme geführt hat, zusammen mit dem Kind oder dem Jugendlichen zu klären und Möglichkeiten der Hilfe und Unterstützung aufzuzeigen. [2]Dem Kind oder dem Jugendlichen ist unverzüglich Gelegenheit zu geben, eine Person seines Vertrauens zu benachrichtigen. [3]Das Jugendamt hat während der Inobhutnahme für das Wohl des Kindes oder des Jugendlichen zu sorgen und dabei den notwendigen Unterhalt und die Krankenhilfe sicherzustellen; § 39 Absatz 4 Satz 2 gilt entsprechend. [4]Das Jugendamt

6 BT-Drs. 19/26107, 96.

ist während der Inobhutnahme berechtigt, alle Rechtshandlungen vorzunehmen, die zum Wohl des Kindes oder Jugendlichen notwendig sind; der mutmaßliche Wille der Personensorge- oder der Erziehungsberechtigten ist dabei angemessen zu berücksichtigen. [5]Im Fall des Absatzes 1 Satz 1 Nummer 3 gehört zu den Rechtshandlungen nach Satz 4, zu denen das Jugendamt verpflichtet ist, insbesondere die unverzügliche Stellung eines Asylantrags für das Kind oder den Jugendlichen in Fällen, in denen Tatsachen die Annahme rechtfertigen, dass das Kind oder der Jugendliche internationalen Schutz im Sinne des § 1 Absatz 1 Nummer 2 des Asylgesetzes benötigt; dabei ist das Kind oder der Jugendliche zu beteiligen.

(3) [1]Das Jugendamt hat im Fall des Absatzes 1 Satz 1 Nummer 1 und 2 die Personensorge- oder Erziehungsberechtigten unverzüglich von der Inobhutnahme zu unterrichten, sie in einer verständlichen, nachvollziehbaren und wahrnehmbaren Form umfassend über diese Maßnahme aufzuklären und mit ihnen das Gefährdungsrisiko abzuschätzen. [2]Widersprechen die Personensorge- oder Erziehungsberechtigten der Inobhutnahme, so hat das Jugendamt unverzüglich

1. das Kind oder den Jugendlichen den Personensorge- oder Erziehungsberechtigten zu übergeben, sofern nach der Einschätzung des Jugendamts eine Gefährdung des Kindeswohls nicht besteht oder die Personensorge- oder Erziehungsberechtigten bereit und in der Lage sind, die Gefährdung abzuwenden oder
2. eine Entscheidung des Familiengerichts über die erforderlichen Maßnahmen zum Wohl des Kindes oder des Jugendlichen herbeizuführen.

[3]Sind die Personensorge- oder Erziehungsberechtigten nicht erreichbar, so gilt Satz 2 Nummer 2 entsprechend. [4]Im Fall des Absatzes 1 Satz 1 Nummer 3 ist unverzüglich die Bestellung eines Vormunds oder Pflegers zu veranlassen. [5]Widersprechen die Personensorgeberechtigten der Inobhutnahme nicht, so ist unverzüglich ein Hilfeplanverfahren zur Gewährung einer Hilfe einzuleiten.

(4) Die Inobhutnahme endet mit

1. der Übergabe des Kindes oder Jugendlichen an die Personensorge- oder Erziehungsberechtigten,
2. der Entscheidung über die Gewährung von Hilfen nach dem Sozialgesetzbuch.

(5) [1]Freiheitsentziehende Maßnahmen im Rahmen der Inobhutnahme sind nur zulässig, wenn und soweit sie erforderlich sind, um eine Gefahr für Leib oder Leben des Kindes oder des Jugendlichen oder eine Gefahr für Leib oder Leben Dritter abzuwenden. [2]Die Freiheitsentziehung ist ohne gerichtliche Entscheidung spätestens mit Ablauf des Tages nach ihrem Beginn zu beenden.

(6) Ist bei der Inobhutnahme die Anwendung unmittelbaren Zwangs erforderlich, so sind die dazu befugten Stellen hinzuzuziehen.

1 Überblick

Das Kinder- und Jugendhilferecht beschränkt sich nicht nur auf die Erbringung von Hilfen auf Antrag hin. Bei Bestehen einer Gefährdungssituation für das Kind muss das Jugendamt auch die Möglichkeit haben, von Amts wegen, auch gegen den Willen der Eltern, tätig zu werden. Die hierfür erforderliche Rechtsgrundlage für Eingriffe in das Elternrecht aus Art. 6 Abs. 2 S. 1 GG enthält § 42. Seine Grundlage findet diese Regelung im staatlichen Wächteramt aus Art. 6 Abs. 2 S. 2 GG.[1] Zugleich enthält § 42 auch eine **bundeseinheitliche Regelung** sozialpädagogischer Hilfen des JA im Krisen- und Gefahrenfall.[2] 1

Mit der Einführung des SGB VIII wollte der Gesetzgeber insgesamt der veränderten Sichtweise der Jugendhilfepraxis Rechnung tragen. Daher kommt seinem zu der Regelung der Inobhutnahme geäußerten Anliegen, „insbesondere die Tätigkeit von sog. Jugendschutzstellen, Aufnahmeheimen, Kinder- und Jugendnotdiensten und Bereitschaftspflegestellen auf eine hinreichende rechtliche Grundlage zu stellen und den **sozialpädagogischen Anspruch ihrer Arbeit** hervorzuheben“,[3] eine wesentliche Bedeutung zu. Dem eigentlichen Verständnis der Vorschrift wird man daher – in ausdrücklicher Abkehr vormaliger landesrechtlicher Bestimmungen – zweifelsohne erst dann gerecht, wenn sich ihre Auslegung an der jugendhilferechtlichen Sichtweise des Gesetzgebers und seiner Motivation bei der Schaffung dieser Norm orientiert. 2

Demzufolge heißt es in der Gesetzesbegründung insoweit ua ausdrücklich: „Die krisenhafte Situation, die zum Ausbruch aus den bisherigen Lebenszusammenhängen geführt hat, birgt in sich sowohl die Chance der Aufarbeitung der zugrunde liegenden Konflikte iS der Einleitung eines **positiven Lösungsprozesses** als auch – bei Fehlen geeigneter Hilfen zum richtigen Zeitpunkt – die Gefahr des Verfestigens der Ausbruchstendenz bis hin zum Abgleiten in eine ‚Karriere‘ abweichenden Verhaltens. Dem spezifischen pädagogischen Auftrag einer Jugendschutzeinrichtung als pädagogischem Handeln iS einer Krisenintervention in kurzfristigen pädagogischen Ausnahmesituationen kommt hierbei eine besondere Bedeutung zu“.[4] 3

An diesem Verständnis hat sich mit der Neufassung des § 42 durch das Kinder- und Jugendhilfeweiterentwicklungsgesetz – KICK – nichts geändert. Dabei hatte der Gesetzgeber ua die seinerzeit in §§ 42 und 43 geregelten vorläufigen Maßnahmen zum Schutz von Ki/Ju systematisch neu geordnet und in der Vorschrift des § 42 unter Einbeziehung des Regelungsinhaltes des § 43 zusammengefasst, was auch seiner praktischen Bedeutung entsprach. Durch das Bundeskinderschutzgesetz hat § 42 nur eine geringfügige Änderung erfahren. Aufgrund des Verweises in § 42 Abs. 2 S. 3 auf § 39 wird klargestellt, dass die laufenden Leistungen auch die Erstattung nachgewiesener Beiträge zur Unfallversicherung und (hälftig) zur Altersversicherung umfassen.[5] Ob- 4

1 S. hierzu Tagesbetreuungsausbaugesetz – TAG –, 48 f. sowie BT-Drs. 11/5948, 79.
2 BT-Drs. 11/5948, 79.
3 BT-Drs. 11/5948, 79.
4 BT-Drs. 11/5948, 79, 80.
5 BT-Drs. 17/6256, 23.

gleich das Themenfeld Kinderschutz im Zentrum des Reformprozesses durch das KJSG stand, hat § 42 durch Art. 1 des **KJSG** nur geringfügige Rechtsänderungen erfahren. Nach hiesiger Auffassung hätte es hier weitergehenderer Rechtsänderungen bedurft.[6]

2 Redaktioneller Aufbau der Bestimmung

5 § 42 Abs. 1 S. 1 Nr. 1 regelt die Inobhutnahme eines sog. Selbstmelders, § 42 Abs. 1 S. 1 Nr. 2 die Inobhutnahme von Amts wegen bei dringender Gefahr für das Wohl des Ki/Ju.

6 § 42 Abs. 1 S. 1 Nr. 3 befasst sich mit der Inobhutnahme ausländischer Ki/Ju, die unbegleitet nach Deutschland kommen und sich weder PSB noch ErzBer im Inland aufhalten. Die Regelung wird durch die §§ 42a bis 42f ergänzt, welche durch das Gesetz zur Verbesserung der Unterbringung, Versorgung und Betreuung ausländischer Kinder und Jugendlicher zum 1.11.2015 neu eingefügt worden sind.

7 § 42 Abs. 1 S. 2 regelt die verschiedenen Unterbringungsformen und räumt für den Fall der Inobhutnahme nach § 42 Abs. 1 S. 1 Nr. 2 ausdrücklich die Befugnis zur Wegnahme des Ki/Ju „von einer Person" ein.

8 § 42 Abs. 2 befasst sich mit den Beratungs- und Unterstützungspflichten, dem Benachrichtigungsrecht des Ki/Ju, der Sicherstellung von Unterhalt und Krankenhilfe, dem Recht der Vornahme aller – zum Wohle des Kindes – notwendigen Rechtshandlungen und der Berücksichtigung des Willens der PSB und ErzBer. und beschreibt die **Aufgabe** der Inobhutnahme gem. § 42 Abs. 2 S. 1.

9 § 42 Abs. 3 S. 1 enthält die Unterrichtungspflicht hinsichtlich der PSB oder ErzBer. Bei Widerspruch der Eltern sieht § 42 Abs. 3 S. 2 die – modifizierte – Übergabe des Ki/Ju an die Eltern bzw. die Herbeiführung einer Entscheidung des Familiengerichts vor. Die Handlungspflicht des JA bei Nichterreichbarkeit der PSB oder ErzBer. ist in § 42 Abs. 3 S. 3 geregelt. Widersprechen die PSB der Inobhutnahme nicht, ist unverzüglich ein Hilfeplanverfahren einzuleiten, § 42 Abs. 3 S. 5. Im Falle der unbegleiteten Einreise von ausländischen Ki/Ju besteht die Pflicht zur Vormund-/Pflegerbestellung, § 42 Abs. 3 S. 4.

10 § 42 Abs. 4 befasst sich mit dem Ende der Inobhutnahme.

11 Die freiheitsentziehenden Maßnahmen im Rahmen der Inobhutnahme sind in § 42 Abs. 5 geregelt.

12 § 42 Abs. 6 enthält eine Regelung zur Vorgehensweise bei der Anwendung (Erforderlichkeit) unmittelbaren Zwangs.

3 Nähere inhaltliche Bestimmung und allgemeine Grundsätze der Inobhutnahme (§ 42 Abs. 1 S. 1)

13 Die – vier – verschiedenen Anlässe der Inobhutnahme sind zu Beginn der Vorschrift – gleichsam einleitend – dargestellt. Es werden mit Abs. 1 S. 1 Nr. 1, 2a, 2b und 3 vier verschiedene Rechtsgrundlagen für die Inobhutnahme vorgegeben.

3.1 Recht und Pflicht zur Inobhutnahme

14 Die Formulierung, dass das JA zur jeweils definierten Inobhutnahme (Nr. 1 bis 3) „berechtigt und verpflichtet" ist, enthält keinen besonderen rechtlichen Hintergrund: Eine Pflicht zum Handeln impliziert ein Recht zum Handeln. Das **Begriffspaar „Recht und**

6 Ausführlich hierzu Kepert, Stellungahme vor dem Familienausschuss des Bundestags am 22.2.2021, https://www.bundestag.de/resource/blob/822458/255534d25053254a2a927 57f86b4de7f/19-13-116l-data.pdf und Kepert in Praxishandbuch Kinderschutz.

Pflicht" zum Handeln erinnert wohl zB an die Formulierungen in § 1626 Abs. 1 BGB bzw. § 1684 Abs. 1 2. Hs. BGB, mit dem Unterschied, dass dort verfassungsrechtlich verankerte Grundsätze des Elternrechts und der Elternpflicht angesprochen werden, die mit entsprechenden Rechtsansprüchen des jeweiligen Elternteils oder gegen den anderen Elternteil korrespondieren.

Der „Berechtigung" des JA zur Inobhutnahme kommt daher nur eine „**Signalwirkung**" gegenüber jedem Dritten, insbesondere den Eltern, zu, um deutlich zu machen, dass das JA das „verbriefte Recht" zur Inobhutnahme hat, wenn für eine solche die entsprechende Handlungsgrundlage vorliegt. Ebenso wie die elterliche Sorge ein dem Interesse des minderjährigen Kindes dienendes gesetzliches Schutzverhältnis ist, das als pflichtgebundenes absolutes Recht ausgestaltet ist,[7] ist die Rechtfertigung für die Inobhutnahme – nicht zuletzt aufgrund der Formulierung und der Verwendung des Begriffspaares „Recht und Pflicht" zur Inobhutnahme – letztlich in dem Bedürfnis des Ki/Ju nach **Schutz und Hilfe** zu sehen, um sich zu einer eigenverantwortlichen Persönlichkeit innerhalb der sozialen Gemeinschaft entwickeln zu können: Ein Anspruch, der sich insbesondere auch für die Jugendhilfe selbst aus § 1 Abs. 2 und Abs. 3 Nr. 1 und Nr. 3 SGB VIII ergibt. 15

Schließlich geht es bei der Inobhutnahme – die gesetzessystematisch zu den „Anderen Aufgaben der Jugendhilfe" zählt (im Einzelnen → Rn. 125) – „im Kern um eine auf dem staatlichen Wächteramt (Art. 6 Abs. 2 S. 2 GG) beruhende Intervention, die die Rechte der betroffenen Kinder und Sorgeberechtigten berührt und insoweit als ‚Eingriffsverwaltung' anzusehen ist".[8] Insoweit verweist Wiesner zu Recht darauf, dass der Tatbestand von § 42 „Leistungs- und Eingriffsaspekte vereinigt".[9] Allerdings liegt der Schwerpunkt der Inobhutnahme regelmäßig in einem Eingriff in das Elternrecht aus Art. 6 Abs. 2 S. 1 GG (→ Rn. 125). 16

Größere Bedeutung – wegen der finanziellen Situation der öffentlichen Haushalte – kommt deshalb wohl der „Verpflichtung" des JA zur Inobhutnahme zu. 17

3.2 Die verschiedenen Anlässe der Inobhutnahme – Überblick

In § 42 Abs. 1 S. 1 Nr. 1 bis 3 sind die verschiedenen Anlässe der Inobhutnahme formuliert, und zwar gem. Nr. 1 für den Fall der **Selbstmeldung**, gem. Nr. 2 bei einer **dringenden Gefahr für das Wohl des Ki/Ju**, sofern die PSB der Inobhutnahme nicht widersprechen oder eine familiengerichtliche Entscheidung nicht rechtzeitig eingeholt werden kann (Gefahr im Verzug) und gem. Nr. 3 für einen **ausländischen Mj der unbegleitet nach Deutschland kommt** und sich weder PSB noch ErzBer. im Inland aufhalten. Zur Frage, ob bei der Einstufung des Betroffenen als Minderjährigen auf das Recht des Heimatstaates oder nationale Vorschriften abzustellen ist → § 42a Rn. 5 und → § 55 Rn. 5. Bei Ungewissheit über den Tag der Geburt gebietet es das auch in § 12 VwVfG zum Ausdruck kommende gesetzliche Prinzip eines umfassenden Schutzes Minderjähriger von dem innerhalb des bekannten Geburtsjahres spätestmöglichen Geburtsdatum auszugehen.[10] 18

4 Tatbestandsvoraussetzungen der Inobhutnahme von Selbstmeldern (§ 42 Abs. 1 S. 1 Nr. 1)

Tatbestandsvoraussetzung für die Inobhutnahme eines sog. Selbstmelders ist nach dem Wortlaut des Gesetzes, die Bitte des Kindes oder Jugendlichen um Inobhutnahme. 19

7 S. für alle mwN Götz in Palandt § 1626 Rn. 3 ff.
8 BGH 23.2.2006 – III ZR 164/05, juris Rn. 12; so auch Tillmanns in MüKoBGB Rn. 1.
9 Wiesner in Wiesner Rn. 4.
10 BVerwG 31.7.1984 – 9 C 156/83, juris Rn. 11.

4.1 Subjektiver Hilfebedarf

20 Obwohl das Gesetz keine weitere Voraussetzung für die Bitte des Ki/Ju formuliert, geht die Gesetzesbegründung davon aus, dass die Bitte um Hilfe „aus einer Notlage heraus" erfolgt.[11] § 42 Abs. 1 S. 1 Nr. 1 ist auch unter Berücksichtigung des Elternrechts aus Art. 6 Abs. 2 S. 1 GG dahin gehend verfassungskonform auszulegen, dass zumindest das Kind sich für gefährdet hält, also ein subjektives Schutzbedürfnis besteht. Dies erscheint auch sachgerecht, wenn man den Begriff der „Obhut" sprachlich zutreffend im Zusammenhang mit erbetenem Schutz und erstrebter Fürsorge deutet. Damit steht fest, dass ein **irgendwie gearteter subjektiver Hilfebedarf** gegeben sein muss, der die Voraussetzung für die Inobhutnahme durch das JA schafft. Nach Möglichkeit hat dies das Jugendamt vor der Inobhutnahme zu prüfen, um verfassungswidrige Eingriffe in das Elternrecht aus Art. 6 Abs. 2 S. 1 GG zu vermeiden.[12]

4.2 Keine Pflicht zur Angabe von Gründen

21 An die Bitte der/des Mj um Inobhutnahme sind keine hohen Anforderungen zu stellen.[13] Die Bitte ist keine rechtsgeschäftliche Willensäußerung, maßgeblich ist der **natürliche Wille** des Ki/Ju; einer Genehmigung oder Erlaubnis des PSB bedarf es nicht. Die „bloße – zumindest ernst gemeinte – Bitte des Kindes oder Jugendlichen um Obhut" löst die Pflicht der Behörde zum Handeln aus, ohne dass es einer Begründung der Bitte durch das Kind oder den Jugendlichen bedarf. Zudem dürfen an die **Beredsamkeit, Sprachgewandtheit** und die **Überzeugungskraft** von Mj keine Anforderungen gestellt werden. Allerdings ist ebenfalls zu berücksichtigen, dass bereits mit der Inobhutnahme, sofern diese gegen den Willen der Eltern geschieht, ein Eingriff in Art. 6 Abs. 2 S. 1 GG gegeben ist. Dieser Eingriff ist nicht ohne Weiteres gerechtfertigt.[14] Vielmehr ist zu prüfen, ob mit der Maßnahme nicht schon in unverhältnismäßiger Weise in das Elternrecht aus Art. 6 Abs. 2 S. 1 GG eingegriffen wird. Das Verfahren, welches sich an die Herausnahme eines Kindes anschließt, kann jedenfalls nicht generell dazu führen, dass eine Grundrechtsverletzung nicht eintritt.[15] Entgegen der überwiegenden Auffassung kann daher eine Inobhutnahme nicht ohne jegliche Vorprüfung durch das Jugendamt auf § 42 Abs. 1 S. 1 Nr. 1 gestützt werden.[16] Würde man die Vorschrift in dieser Weise auslegen, wäre sie im Hinblick auf Art. 6 Abs. 2 S. 1 GG verfassungswidrig. Zuzustimmen ist der überwiegenden Auffassung insoweit, als für eine Inobhutnahme gemäß § 42 Abs. 1 Nr. 1 eine Gefahr objektiv nicht vorliegen muss. Eine Gefährdungseinschätzung, wie sie im Rahmen des § 42 Abs. 1 Nr. 2 zu erfolgen hat, ist nicht zu verlangen.[17] Die erforderliche Vorprüfung hat sich allerdings darauf zu erstrecken, ob das Kind sich tatsächlich subjektiv für gefährdet hält. Situationen, welchen eine solche subjektive Gefährdungsannahme nicht zu Grunde liegt, das Kind etwa aus Wut über die Eltern das Jugendamt anruft, können im Hinblick auf die Elternrechte aus Art. 6 Abs. 2 S. 1 GG eine Inobhutnahme nicht rechtfertigen.

4.3 Subjektiv öffentliches Recht auf Inobhutnahme?

22 Ob die Verpflichtung des JA, den Mj auf dessen Bitte hin in Obhut zu nehmen, mit einem entsprechenden Rechtsanspruch – subjektiv öffentlichen Recht – des Ki/Ju kor-

---

11 BT-Drs. 11/5948, 80.
12 AA: statt Vieler Kirchhoff in jurisPK-SGB VIII Rn. 64. mwN. S. hierzu auch Öndül in GK-SGB VIII Rn. 19.
13 S. hierzu auch Tillmanns in MüKoBGB § 42 Rn. 4 mwN; Trenczek 2008, 195 ff.
14 So aber wohl Wiesner in Wiesner Rn. 8.
15 So aber wohl Wiesner in Wiesner Rn. 8.
16 AA BayVGH 8.8.2011 – 12 ZB 10.974, juris Rn. 7 ff.; NdsOVG 18.9.2009 – 4 LA 706/07, juris Rn. 7; Wiesner in Wiesner Rn. 7 f.; Tillmanns in MüKoBGB Rn. 4.
17 S. hierzu auch BayVGH 8.8.2011 – 12 ZB 10.974, juris Rn. 10.

respondiert, ist umstritten. Die in der 4. Auflage in diesem Kommentar noch vertretene Auffassung, nach welcher kein Rechtsanspruch des Mj auf Inobhutnahme besteht, wird – auch unter Verweis auf einen Kommentierungswechsel von § 42 – aufgegeben. Mit der überwiegenden Auffassung in der Literatur wird ein Rechtsanspruch des Ki/Ju auf Inobhutnahme bejaht (hierzu auch → § 8a Rn. 13 u. 84 und → § 1 Rn. 13).[18]

Grundsätzlich gilt, dass den in den Gesetzen normierten Pflichten der Verwaltung nicht in gleichem Umfang das Recht des Bürgers, die Einhaltung der Vorschriften zu verlangen, gegenübersteht. Eine Rechtsvorschrift begründet deshalb nach allgemeiner Auffassung nur dann ein subjektiv öffentliches Recht, wenn sie den Zweck verfolgt, entweder ausschließlich oder neben den Belangen der Allgemeinheit die Individualinteressen **einzelner** zu schützen. Dies ist durch Auslegung zu ermitteln. Nach dem Wortlaut des § 42 Abs. 1 S. 1 Nr. 1 ist das Jugendamt verpflichtet, auf Bitte des Kindes oder des Jugendlichen diesen in Obhut zu nehmen. Der Wortlaut legt somit nahe, dass die Norm nicht nur dem Allgemeininteresse dient, sondern insbesondere sich gefährdet fühlende Mj schützen soll. Der Mj kann danach vom Jugendamt zur Verfolgung eigener Interessen ein bestimmtes Verhalten verlangen. In Ausübung seines staatlichen Wächteramtes aus Art. 6 Abs. 2 S. 2 GG und § 1 Abs. 2 S. 2 muss das Jugendamt tätig werden. § 42 Abs. 1 S. 1 Nr. 1 begründet somit einen gegen das Jugendamt gerichteten Rechtsanspruch auf Inobhutnahme.[19] 23

5 Tatbestandsvoraussetzungen der Inobhutnahme nach § 42 Abs. 1 S. 1 Nr. 2

Im Gegensatz zur Selbstmeldung des Ki/Ju regelt § 42 Abs. 1 S. 1 Nr. 2 den Fall der Inobhutnahme bei Vorliegen einer dringenden Gefahr für das Wohl des Ki/Ju, allerdings nur, soweit 24

a) die PSB nicht widersprechen oder
b) eine familiengerichtliche Entscheidung nicht rechtzeitig eingeholt werden kann.

Nach dem Gesetzeswortlaut des § 42 Abs. 1 S. 1 Nr. 2 ist es keine Tatbestandsvoraussetzung, dass die Inobhutnahme aus dem Haushalt des Personensorgeberechtigten zu erfolgen hat. Ebenso wenig muss die Herausnahme zwingend dort erfolgen, wo die Schadensverwirklichung droht. § 42 Abs. 1 S. 2 Hs. 2 stellt vielmehr ausdrücklich klar, dass die Inobhutnahme nach § 42 Abs. 1 S. 1 Nr. 2 auch die Befugnis zur Wegnahme des Kindes „von einer anderen Person" umfasst. Allerdings ist zu berücksichtigen, dass die „andere Person" aufgrund eines zivilrechtlichen Vertrages gegenüber den Personensorgeberechtigten des Kindes an der Herausgabe des Kindes gegenüber dem Jugendamt gehindert sein kann. Soll beispielsweise das Kind aus einer Kindertageseinrichtung oder ein Kindertagespflegestelle in Obhut genommen werden, ist zu berücksichtigen, dass zwischen den Personensorgeberechtigten des Kindes und dem Träger der Kindertageseinrichtung in der Regel ein zivilrechtlicher Vertrag besteht, der die Herausgabe des Kindes an Dritte, und damit auch an Mitarbeiter des Jugendamtes, nicht vorsieht.[20] Unter Umständen wird damit durch das Jugendamt dem Träger der Kindestageseinrichtung im Falle der Inobhutnahme eine Duldungs- oder Handlungspflicht aufgegeben, an deren Befolgung der Träger aufgrund der Rechtsbeziehungen zu den Personensorgeberechtigten grundsätzlich gehindert ist.[21] Allerdings kann der Träger der Kindertageseinrichtung mittels einer Duldungsverfügung verpflichtet wer-

18 Zudem einen Rechtsanspruch bejahend: Tillmanns in MüKoBGB Rn. 4; Trenczek in FK-SGB VIII Rn. 7 mwN; Kunkel, Jugendhilferecht, Rn. 151; wohl auch Wiesner in Wiesner Rn. 7.
19 So auch VG Ansbach 15.11.2012 – AN 14 K 12.00947, juris Rn. 33.
20 Frings Sozialrecht aktuell 2015, 177; Kunkel, „Anmerkungen zum Aufsatz von Frings", Sozialrecht aktuell 2015, 181.
21 S. hierzu VG Gelsenkirchen 12.9.2014 – 9 K 2342/13, juris Rn. 74.

den, die Herausnahme des Kindes aus der Tageseinrichtung zu dulden.[22] Jedenfalls bei einer zwangsweisen Herausnahme des Kindes, also der Vollstreckung der Inobhutnahme, besteht eine zwingende Notwendigkeit des Erlasses einer solchen Duldungsverfügung.[23] Rechtsgrundlage für den Erlass dieser Duldungsverfügung ist § 42 Abs. 1 S. 1 Nr. 2. § 42 Abs. 1 S. 2 Hs. 2 gestattet ausdrücklich die Wegnahme eines Kindes von einer dritten Person, also auch von dem Träger bzw. den Mitarbeitern der Kindertageseinrichtung. Nach Erlass einer solchen Duldungsverfügung[24] ist die Inobhutnahme des Kindes bei Vorliegen der Tatbestandsvoraussetzungen des § 42 Abs. 1 S. 1 Nr. 2 damit auch aus der Kindertageseinrichtung zulässig.

5.1 Zur Bestimmung der „dringenden Gefahr für das Kindeswohl“ iSd § 42 Abs. 1 S. 1 Nr. 2

25 Zentrale Tatbestandsvoraussetzung für die Inobhutnahme nach § 42 Abs. 1 S. 1 Nr. 2 ist das Vorliegen einer dringenden Gefahr.[25] Der unbestimmte Rechtsbegriff der dringenden Gefahr ist mangels gesetzlicher Legaldefinition im SGB VIII auszulegen. Insbesondere ist die dringende Gefahr von der (einfachen) konkreten Gefahr abzugrenzen. Eine (einfache) konkrete Gefahr, wie sie für viele Rechtsgrundlagen als Tatbestandsvoraussetzung für ein Eingreifen erforderlich ist, liegt vor, wenn in dem zu beurteilenden Einzelfall in überschaubarer Zukunft mit einem Schadenseintritt hinreichend wahrscheinlich gerechnet werden muss.[26] In der Rechtsprechung wird vertreten, dass eine dringende Gefahr „nicht schon bei einer bevorstehenden oder drohenden Gefahr im polizeirechtlichen Sinne, aber auch nicht erst bei einer unmittelbar bevorstehenden Gefahr“ vorliege.[27] Auf diese Auslegung aufbauend, wird teilweise in der Rechtsprechung und Literatur zu § 42 Abs. 1 S. 1 Nr. 2 vertreten, dass die dringende Gefahr im Sinne des § 42 Abs. 1 S. 1 Nr. 2 keine wesentlichen inhaltlichen Änderungen gegenüber dem im Polizeirecht üblichen Gefahrenbegriff der konkreten Gefahr mit sich bringt. Danach liege eine dringende Gefahr für das Kindeswohl im Sinne des § 42 Abs. 1 S. 1 Nr. 2 SGB VIII schon dann vor, „wenn im Zeitpunkt der behördlichen Entscheidung im Rahmen der prognostischen ex-ante-Betrachtung bei ungehindertem Ablauf des zu erwartenden Geschehens der Eintritt des Schadens hinreichend wahrscheinlich ist“. Auch die Formulierung dringend begründe für den anzuwendenden

22 S. hierzu für die vergleichbare Situation des Erlasses einer Duldungsverfügung an den Mieter eines Hauses OVG NRW 9.4.2014 – 15 B 234/14, juris Rn. 8 und 12; OVG Bln 28.2.1997 – 2 S 28.96. Auch wenn in dieser Fallkonstellation die Duldungsverfügung in erster Linie der Überwindung von Rechten (zur Nutzung des Hauses) und nicht von Pflichten (welche die Herausgabe des Kindes an Dritte nicht zulassen) dient, besteht eine Vergleichbarkeit. Die Duldungsverfügung an den Träger der Kindertageseinrichtung dient auch hier der Vollziehung einer öffentlich-rechtlichen Verfügung trotz des Entgegenstehens eines zivilrechtlichen Rechtsverhältnisses. Mit einer Duldungsverfügung kann nicht nur ein Hindernis bezüglich entgegenstehender zivilrechtlicher Rechte, sondern auch bezüglich entgegenstehender Pflichten ausgeräumt werden. Im Übrigen besteht auch im Falle des Erlasses einer Verfügung an den Eigentümer eines Hauses das Problem, dass der Eigentümer mit der Befolgung der Verfügung gegen Pflichten aus dem Mietvertrag verstoßen kann. Letztendlich geht es bei der Duldungsverfügung darum, Hindernisse auszuräumen, die sich aus zivilrechtlichen Rechtsverhältnissen ergeben, s. hierzu Sadler, VwVG/VwZG, 9. Aufl., S. 347.

23 S. hierzu HessVGH 1.12.2014 – 3 B 1633/14, juris Rn. 19; VG Saarlouis 19.11.2014 – 5 K 451/13, juris Rn. 45.

24 S. hierzu VG Karlsruhe 10.4.2015 – 6 K 2584/14, juris Rn. 13.

25 Ausführlich hierzu Kepert ZFSH/SGB 2013, 638.

26 BVerwG 24.10.1997 – 3 BN 1/97, juris Rn. 4; VGH BW 26.7.2012 – 1 S 2603/11, juris Rn. 28.

27 BVerwG 6.9.1974 – I C 17.73, juris Rn. 23; siehe zur Abgrenzung der konkreten Gefahr von der dringenden und der gegenwärtigen Gefahr auch OLG Frankfurt 21.2.2002 – 20 W 55/02, juris Rn. 22 und 23.

Gefahrenbegriff keine wesentlichen inhaltlichen Änderungen.[28] Dem ist zu widersprechen. Würde man der dargestellten Auslegung folgen, hätte dies zur Konsequenz, dass der Begriff dringend ohne Bedeutung bliebe. Gefahr und dringende Gefahr hätten den gleichen inhaltlichen Gehalt. Bereits nach dem allgemeinen Sprachgebrauch wird dem Adjektiv dringend jedoch eine zeitliche Bedeutungskomponente zugemessen.[29] Die von der überwiegenden Rechtsprechung und Literatur vorgenommene Auslegung der jugendhilferechtlichen dringenden Gefahr im Sinne des § 42 Abs. 1 S. 1 Nr. 2 SGB VIII steht zudem in Widerspruch zur allgemeinen Auslegung des Tatbestandsmerkmals der dringenden Gefahr im Verwaltungsrecht, welche insbesondere durch die Auslegung der dringenden Gefahr im Sinne des Art. 13 Abs. 7 GG geprägt wird.[30] Diesbezüglich besteht nämlich in Literatur und Rechtsprechung grundsätzlich Einigkeit darüber, dass die dringende Gefahr gegenüber der einfachen Gefahr erhöhte Voraussetzungen beinhaltet. Lediglich in der näheren Ausgestaltung dieser erhöhten Voraussetzungen besteht Uneinigkeit. Zum einen wird auf die zeitliche Nähe, zum anderen auf die Wahrscheinlichkeit des Schadenseintritts abgestellt. Als weiterer Aspekt wird das Ausmaß des zu erwartenden Schadens, also die Wertigkeit des gefährdeten Rechtsguts, in den Blick genommen.[31] Bei der Auslegung der dringenden Gefahr im Sinne des § 42 Abs. 1 S. 1 Nr. 2 ist zusätzlich zu berücksichtigen, dass für familiengerichtliche Maßnahmen nach § 1666 BGB ebenfalls eine Kindeswohlgefährdung tatbestandlich vorausgesetzt wird. Obgleich sich der Gesetzesbegründung explizit nichts zum Begriff der dringenden Gefahr im Sinne des § 42 Abs. 1 S. 1 Nr. 2 entnehmen lässt,[32] ist aufgrund der Gesetzessystematik davon auszugehen, dass die dringende Gefahr iSd § 42 Abs. 1 S. 1 Nr. 2 das Ausmaß und die Intensität einer **Gefährdung iSv § 1666 Abs. 1 BGB** erreichen muss.[33] Es kann unterstellt werden, dass der Gesetzgeber bei der Gestaltung der Norm eine Kindeswohlgefährdung im Sinne der Eingriffsvoraussetzung nach § 1666 Abs. 1 BGB vor Augen hatte.[34] Sowohl im Rahmen einer Entscheidung nach § 42 Abs. 1 S. 1 Nr. 2b als auch einer Entscheidung nach § 1666 BGB geht es um die Trennung des Kindes von seinen Eltern gegen deren Willen und damit um den stärks-

---

28 OVG NRW 13.11.2015 – 12 A 1761/14, juris Rn. 5; SächsOVG 27.5.2010 – 1 D 38/10, juris Rn. 4; OVG NRW 7.11.2007 – 12 A 635/06, juris Rn. 9 f.; VG Cottbus 4.3.2014 – 3 K 183/12, juris Rn. 29; VG Neustadt 24.2.2011 – 4 K 1040/10.NW, juris Rn. 26; ebenso wohl Wiesner in Wiesner Rn. 11; s. hierzu auch Kirchhoff in jurisPK-SGB VIII Rn. 78 f.

29 Gornig in v. Mangoldt/Klein/Starck GG Art. 13 Rn. 127; Papier in Maunz/Dürig GG Art. 13 Rn. 130.

30 S. hierzu Papier in Maunz/Dürig GG Art. 13 Rn. 129; dies ist allerdings nicht völlig unproblematisch, da es bei Art. 13 Abs. 7 GG um eine abstrakte und nicht um eine konkrete Gefahr geht.

31 Papier in Maunz/Dürig GG Art. 13 Rn. 129.

32 S. hierzu BT-Drs.15/3676, 37 u. → § 8a Rn. 85.

33 Ebenso Trenczek in FK-SGB VIII Rn. 17. So wohl auch OLG Koblenz 11.6.2012 – 11 UF 266/12, juris Rn. 19. Das OLG scheint hinsichtlich der Tatbestandsvoraussetzungen keinen Unterschied zwischen der Inobhutnahme nach § 42 SGB VIII und der familiengerichtlichen Entscheidung gem. § 1666 BGB zu sehen: „Zwar waren ursprünglich die materiellrechtlichen Voraussetzungen für die Inobhutnahme des Kindes nach §§ 8a, 42 SGB VIII und für den (...) Sorgerechtsentzug nach § 1666 BGB gegeben...“; ebenso OLG Dresden 1.4.2016 – 2 OLG 21 Ss 835/15, juris Rn. 7; s. hierzu auch VG Regensburg 10.11.2015 – RO 4 K 15.287, juris Rn. 25; Hoffmann, Inobhutnahme iSd § 42 SGB VIII, JAmt 2012, 244 (245).

34 S. hierzu auch BT-Drs. 11/5948, 80 und BT-Drs. 17/6256, 17 zum KKG: „Der Begriff der Gefährdung des Kindeswohls hat in diesem Gesetz die gleiche Bedeutung wie in § 1666 BGB und § 8a SGB VIII“; sowie BT-Drs. 15/5616, 26: „§ 42 Abs. 1 Nr. 2 verdeutlicht, dass eine dringende Gefahr als Voraussetzung für eine Inobhutnahme ausreichend ist. Wenn die Schwelle einer Kindeswohlgefährdung im Sinne des § 1666 BGB überschritten ist und...“; hierzu auch → KKG § 1 Rn. 4; aA Bringewat → § 8a Rn. 27 u. 85 f.

ten Eingriff in das Elternrecht, welcher allein unter den Voraussetzungen des Art. 6 Abs. 3 GG zulässig ist.[35] Erforderlich für eine Trennung ist ein elterliches Fehlverhalten, welches ein solches Ausmaß erreichen muss, dass das Kind bei einem Verbleiben in der Familie in seinem körperlichen, geistigen oder seelischen Wohl nachhaltig gefährdet ist. Erst dann ist die Gefährdungsschwelle erreicht, welche staatliche Eingriffe in das Elternrecht aus Art. 6 Abs. 2 S. 1 GG rechtfertigen kann. Voraussetzung für den Eingriff in das Elternrecht aus Art. 6 Abs. 2 S. 1 GG ist somit eine schwerwiegende und dringende Gefährdung des Kindeswohls.[36] Es muss bereits ein Schaden beim Kind eingetreten sein oder eine gegenwärtige, in einem solchen Maße vorhandene Gefahr vorliegen, dass sich bei weiterer Entwicklung der Dinge – sofern das Jugendamt oder das Familiengericht nicht eingreifen würde – eine erhebliche Schädigung des Kindes mit ziemlicher Sicherheit voraussehen lässt.[37] Bezüglich der zeitlichen Nähe des Schadenseintritts stellt die Rechtsprechung also darauf ab, dass bereits ein Schaden eingetreten oder die Gefahr zumindest gegenwärtig sein muss. Von einer gegenwärtigen Gefahr ist auszugehen, wenn die Einwirkung des schädigenden Ereignisses bereits begonnen hat oder unmittelbar oder in allernächster Zeit mit an Sicherheit grenzender Wahrscheinlichkeit bevorsteht.[38]

In diesem Zusammenhang kann allerdings die neue Rspr. des BGH zum Gefahrenbegriff des § 1666 BGB nicht unberücksichtigt bleiben. Bei der Bestimmung der Gefahr iSd § 1666 BGB schwankt der BGH nunmehr zwischen der Tatbestands- und Rechtsfolgenseite hin und her. So sei bei der Prüfung der Verhältnismäßigkeit einer gerichtlichen Maßnahme nach § 1666 BGB auch das Verhältnis zwischen der Schwere des Eingriffs in die elterliche Sorge und dem Grad der Wahrscheinlichkeit eines Schadenseintritts für das Kind zu beachten. Eine Kindeswohlgefährdung im Sinne des § 1666 Abs. 1 BGB liege auf Tatbestandsseite vor, wenn eine gegenwärtige, in einem solchen Maß vorhandene Gefahr festgestellt werde, dass bei der weiteren Entwicklung der Dinge eine erhebliche Schädigung des geistigen oder leiblichen Wohls des Kindes mit **hinreichender Wahrscheinlichkeit** zu erwarten sei. Bei der Bemessung der im Einzelfall erforderlichen Eintrittswahrscheinlichkeit sei die Rechtsfigur der Relativität des Gefahrensbegriffs zu berücksichtigen. Je schwerer der drohende Schaden sei, desto geringere Anforderungen seien an die Eintrittswahrscheinlichkeit zu stellen. Die – auch teilweise – Entziehung der elterlichen Sorge auf Rechtsfolgenseite nach § 1666 Abs. 3 Nr. 6 BGB sei allerdings nur bei einer erhöhten Wahrscheinlichkeit des Schadenseintritts, nämlich bei Vorliegen einer **ziemlichen Sicherheit**, verhältnismäßig.[39] Damit hat der BGH zwei verschiedene Gefahrenbegriffe für ein und dieselbe Rechtsgrundlage mit einer nach dem Gesetzeswortlaut einheitlichen Tatbestandsvoraussetzung („Gefahr") entwickelt. Diese Rspr. ist in der Lit. auf deutliche Kritik gestoßen.[40]

Die Rspr. zum Begriff der Kindeswohlgefährdung, insbesondere im Zusammenhang mit dem erforderlichen Wahrscheinlichkeitsmaßstab bei Gefährdungslagen aufgrund

35 BVerfG 28.2.2012 – 1 BvR 3116/11, juris Rn. 15.

36 S. hierzu auch Gesetzentwurf der Bundesregierung, Tagesbetreuungsausbaugesetz – TAG, 75.

37 BVerfG 7.4.2014 – 1 BvR 3121/13, juris Rn. 18; BVerfG 24.3.2014 – 1 BvR 160/14, juris Rn. 28; BVerfG 28.2.2012 – 1 BvR 3116/11, juris Rn. 15 und 21; OLG Koblenz 11.6.2012 – 11 UF 266/12, juris Rn. 21; OLG Brandenburg 25.4.2012 – 9 UF 183/11, juris Rn. 18; Götz in Palandt BGB § 1666 Rn. 7 f.

38 BVerwG 26.2.1974 – I C 31.72, juris Rn. 32; OLG Frankfurt 21.2.2002 – 20 W 55/02, juris Rn. 17.

39 BGH Beschl. v. 6.2.2019 – XII ZB 408/18, Leitsatz 1 und 3 sowie Rn. 33 juris.

40 Heilmann NJW 2019, 1417; Kepert Sozialrecht Aktuell 2019, 104 und Kepert JAmt 2019, 378. Nach hiesiger Auffassung lehnt das OLG Karlsruhe mit überzeugenden Gründen die Konstruktion zweier unterschiedlicher Gefahrenbegriffe innerhalb des § 1666 BGB ab, OLG Karlsruhe 3.8.2018 – 18 UF 91/18, juris Rn. 126 f.

eines möglichen sexuellen Missbrauchs von Kindern, scheint damit noch im Fluss zu sein. Jedenfalls ist festzustellen, dass es zum Gefahrenbegriff nach § 1666 BGB mittlerweile erhebliche Divergenzen in der Rspr. des BGH und des BVerfG gibt. So hat das BVerfG mit Entscheidung vom 21.9.2020[41] der Konstruktion des BGH mit Entscheidung vom 6.2.2019[42] widersprochen.[43]

Einigkeit besteht in der Feststellung, dass der Gefahrenbegriff von drei Elementen bestimmt wird: der zu erwartenden Rechtsgutsbeeinträchtigung, der zeitlichen Nähe des Schadenseintritts und der Wahrscheinlichkeit des tatsächlichen Schadenseintritts. Aufgrund der starken Ausgestaltung des Elternrechts und der diesbezüglichen verfassungsrechtlichen Verankerung in Art. 6 Abs. 2 und 3 GG sind an diese Teilelemente des Gefahrenbegriffs – im Vergleich zu den Tatbestandsvoraussetzungen, wie sie vielfach für Eingriffe in anderen Bereichen des Verwaltungsrechts erforderlich sind (zB im Rahmen der polizeirechtlichen Generalklausel) – erhöhte Anforderungen zu stellen. Die drohende Rechtsgutbeeinträchtigung beim Kind muss zunächst schwerwiegend und nachhaltig sein. Bezüglich der zeitlichen Nähe des Schadenseintritts gelten ebenfalls erhöhte Anforderungen: Die Gefahr muss gegenwärtig sein oder der Schadenseintritt unmittelbar bevorstehen. Dies ist der Fall, wenn über die der Gefahr inne wohnenden Aktualität der Gefährdung hinaus eine konkret drohende Gefahrenlage besteht, die sich nach dem objektiv anzunehmenden Verlauf der Dinge alsbald bzw. in allernächster Zeit auswirken wird. Schließlich muss hinsichtlich der Wahrscheinlichkeit des Schadenseintritts eine „ziemliche Sicherheit" bestehen. Zunächst ist auch hier eine Steigerung gegenüber dem einfachen Gefahrenbegriff zu verzeichnen. Ziemliche Sicherheit ist eine Steigerung im Vergleich zur hinreichenden Wahrscheinlichkeit. Aufgrund der Rechtsfigur der Relativität des Gefahrenbegriffs, nach welcher an die Wahrscheinlichkeit des Schadenseintritts umso geringere Anforderungen zu stellen sind, je größer und folgenschwerer der möglicherweise eintretende Schaden ist,[44] kommt es hierauf aber vielfach nicht entscheidungserheblich an. Im Bereich der Inobhutnahme geht es mit dem Wohl des Kindes, insbesondere bei einer Gefährdung für Leib und Leben, um ein sehr hohes Schutzgut. An die Anforderungen hinsichtlich der Wahrscheinlichkeit eines Schadenseintritts dürfen daher keine zu hohen Maßstäbe angelegt werden.[45] 26

Dafür, dass das JA auch unterhalb der aufgezeigten Gefährdungsschwelle eine Inobhutnahme durchführen darf, gibt der Gesetzeswortlaut nichts her.[46] Dies setzt allerdings auch voraus, dass die Rechtsfigur der Relativität des Gefahrenbegriffs im Zusammenhang mit der Bestimmung des im Einzelfall anzulegenden Wahrscheinlichkeitsmaßstabs ausreichend in Bezug genommen wird.[47]

5.2 Erforderlichkeit der Inobhutnahme

Weiterhin ist Tatbestandsvoraussetzung für die Inobhutnahme nach § 42 Abs. 1 S. 1 Nr. 2, dass diese zur Beseitigung der dringenden Gefahr für das Wohl des Ki/Ju „erforderlich" ist. Bei der Erforderlichkeit handelt es sich um ein Teilelement des Verhältnismäßigkeitsgrundsatzes. Erforderlich ist eine Maßnahme nur dann, wenn ein gleich wirksames, den betroffenen Bürger aber weniger beeinträchtigendes Mittel nicht zur 27

41 BVerfG Beschl. v. 21.09.2020 – 1 BvR 528/19, juris Rn. 31.
42 BGH Beschl. v. 6.2.2019 – XII ZB 408/18. Kritisch hierzu Kepert Sozialrecht aktuell 2019, 104 sowie JAmt 2019, 378.
43 Ausführlich hierzu Kepert, Praxishandbuch Kinderschutz, S. 28 ff.
44 BVerwG 6.9.1974 – 1 C 17.73, juris Rn. 23.
45 Ebenso OVG NRW 13.11.2015 – 12 A 1761/14, juris Rn. 5.
46 Im Ergebnis ebenso: Tillmanns in MüKoBGB Rn. 5.
47 S. hierzu Kepert Sozialrecht Aktuell 2019, 104 und Kepert JAmt 2019, 378.

Verfügung steht.[48] Das bedeutet, dass unter mehreren gleich effektiven Mitteln dasjenige gewählt werden muss, welches den Bürger am wenigsten beeinträchtigt.[49] Ebenso wie bei den „erforderlichen Maßnahmen" nach § 1666 Abs. 1 BGB ist damit auch hier die Pflicht zur Prüfung angesprochen, ob es ein im Vergleich zur Inobhutnahme milderes gleich geeignetes Mittel gibt.[50] Zu fragen ist, ob die Kindeswohlgefährdung auch auf andere Weise, insbesondere durch öffentliche Hilfen, gleich effektiv abgewendet werden kann. Nicht direkt anwendbar für Maßnahmen nach §§ 8a, 42 ist hingegen die für eine Trennung des Kindes von den Eltern strenge Vorgaben machende Rspr. des BVerfG. Damit ist eine Anrufung des Familiengerichts nach § 8a Abs. 2 S. 1 und eine Inobhutnahme des Kindes nach § 42 Abs. 1 S. 1 Nr. 2 vielfach rechtlich zulässig, obgleich ein teilweiser oder vollständiger Entzug der elterlichen Sorge nach § 1666 BGB durch das Familiengericht nicht möglich wäre.[51]

5.3 Kein Widerspruch der Personensorgeberechtigten oder Abwarten auf familiengerichtliche Entscheidung nicht möglich

28 Während die Willenslage des Ki/Ju – im Gegensatz zur Inobhutnahme nach § 42 Abs. 1 S. 1 Nr. 1 – bei der Inobhutnahme nach § 42 Abs. 1 S. 1 Nr. 2 unwesentlich ist, ist der Wille des PSB von entscheidungserheblicher Bedeutung.

29 Die Inobhutnahme setzt insoweit nämlich voraus, dass die PSB nicht widersprechen, § 42 Abs. 1 S. 1 Nr. 2a oder eine familiengerichtliche Entscheidung nicht rechtzeitig eingeholt werden kann, Nr. 2 b. Damit kommt es vor einer Inobhutnahme auf den Willen der PSB an.

5.4 Kein Widerspruch der Personensorgeberechtigten

30 **Widersprechen** die Personensorgeberechtigten der (beabsichtigten) Inobhutnahme **nicht**, wird die Inobhutnahme zur Beseitigung der dringenden Gefahr für das Wohl des Ki/Ju durchgeführt. **Widersprechen** die PSB hingegen und sind sie zudem „bereit und in der Lage", die Kindeswohlgefährdung **definitiv abzuwenden**, scheidet eine Inobhutnahme aus, s. § 42 Abs. 1 S. 1 Nr. 2a iVm § 8a Abs. 2.

31 Schweigen die PSB zu dem Vorgang der Inobhutnahme oder – besser – dulden die PSB die Inobhutnahme stillschweigend, stellt sich die Frage, ob damit deren Durchführung gesetzlich erlaubt ist. Dies ist zu bejahen.[52] Die Fassung des Gesetzes beruht im Wesentlichen darauf, dass das Gesetz die Befugnis zur Wegnahme des Ki/Ju zur Abwendung einer akuten Kindeswohlgefährdung auch auf den Kreis der PSB selbst ausweiten wollte, wobei die verfassungsrechtlich garantierten Elternrechte ausreichend berücksichtigt sein sollten.[53] Da die Inobhutnahme nur bei einer schwerwiegenden und dringenden Gefahr für das Wohl des Ki/Ju erfolgen darf, deren Abwendung jedoch prinzipiell zunächst in der Elternverantwortung liegt,[54] liegt es nahe, das Schweigen zur Inobhutnahme bzw. die stillschweigende Duldung einer Inobhutnahme von im Ergebnis zur Gefahrenabwehr nicht handlungsbereiten bzw. handlungsunfähigen PSB als mangelnden Widerspruch im Sinne der Vorschrift zu werten, der damit die Inobhutnahme rechtlich zulässt. Voraussetzung ist selbstverständlich, dass die PSB von der

48 BVerfG 14.7.1999 – 1 BvR 2226/94 ua, juris Rn. 219.
49 BVerfG 22.9.2014 – 1 BvR 2108/14, juris Rn. 19; s. hierzu auch Reuter, Die Verhältnismäßigkeit im engeren Sinne, Jura 2009, 511 (513).
50 So auch im Einzelnen SächsOVG 27.5.2010 – 1 D 38/10.
51 S. hierzu Kepert ZFSH/SGB 2015, 313.
52 So auch Tillmanns in MüKoBGB Rn. 6.
53 S. Gesetzentwurf der Bundesregierung, Tagesbetreuungsausbaugesetz – TAG, 75.
54 S. Art. 6 Abs. 2 GG bzw. § 1666 Abs. 1 BGB mit seinem negativen Tatbestandsmerkmal der mangelnden Handlungsbereitschaft bzw. mangelnden Handlungsfähigkeit.

KWG bzw. der beabsichtigten Inobhutnahme Kenntnis haben.[55] Teilweise wird in Rspr. und Lit. aber auch angenommen, dass ein reines (stillschweigendes) Dulden der Inobhutnahme nicht ausreichend sei, um den Tatbestand des § 42 Abs. 1 S. 1 Nr. 2a SGB VIII zu erfüllen.[56]

Für den Fall, dass die PSB/ErzBer. (für eine unverzügliche Unterrichtung von der Inobhutnahme und eine Gefährdungsrisikoabschätzung gem. § 42 Abs. 3 S. 1) nicht erreichbar sind, ist ohnehin unverzüglich die Entscheidung des FamG über die erforderlichen Maßnahmen zum Wohle des Ki/Ju herbeizuführen, s. § 42 Abs. 3 S. 3 iVm Abs. 3 S. 2 Nr. 2. 32

Leben gemeinsam sorgeberechtigte PSB in Trennung und sind sie unterschiedlicher Auffassung über eine Inobhutnahme bzw. eine Gefährdungsrisikoabschätzung, bedarf es ebenfalls der Herbeiführung einer Entscheidung durch das Familiengericht, da es insoweit zweifelsohne um eine Regelung von erheblicher Bedeutung für das Kind geht, die gegenseitiges Einvernehmen der Eltern erforderlich macht, s. § 1687 Abs. 1 S. 1 BGB. 33

5.5 Abwarten auf familiengerichtliche Entscheidung nicht möglich

Widersprechen die PSB, muss das JA **vor der Inobhutnahme zusätzlich prüfen**, ob eine familiengerichtliche **Entscheidung rechtzeitig** (zur Abwendung der „dringenden Gefahr") eingeholt werden kann. Strittig und noch nicht abschließend in der Rspr. geklärt ist die Frage, ob für die Tatbestandserfüllung des § 42 Abs. 1 Nr. 2b vor Verfügung der Inobhutnahme der erfolglose Versuch der Anrufung des Familiengerichts unternommen worden sein muss oder aber ob es ausreichend ist, wenn das Jugendamt aufgrund einer Prognoseentscheidung zu der Annahme berechtigt ist, dass ein Schaden am Kindeswohl bis zu einer Entscheidung des Familiengerichts eintreten könnte.[57] Teilweise wird die Auffassung vertreten, dass für die Tatbestandserfüllung tatsächlich ein erfolgloser Versuch der Anrufung des Familiengerichts durch das Jugendamt vor Verfügung der Inobhutnahme unternommen worden sein muss.[58] Nach hiesiger Auffassung ist dies nicht zwingend der Fall. Zutreffend ist, dass über eine Trennung von Eltern und Kind primär vom Familiengericht entschieden werden muss. Eine Inobhutnahme kommt deshalb nur in besonders gelagerten Gefährdungssituationen in Betracht, die ein Abwarten der Entscheidung des Familiengerichts nicht erlauben.[59] Steht allerdings nach den Erfahrungswerten des Jugendamtes fest, dass bis zum Vorliegen einer familiengerichtlichen Eilentscheidung ein Schaden am Kindeswohl einzutreten droht (weil zB bis zu einem Vorliegen einer familiengerichtlichen Entscheidung mehrere Stunden vergehen werden und ein Schadenseintritt in den nächsten ein, zwei Stunden droht), ist nach hiesiger Auffassung der Tatbestand des § 42 Abs. 1 S. 1 Nr. 2b SGB VIII auch dann erfüllt, wenn vor der Inobhutnahme ein erfolgloser Versuch einer Anrufung des Familiengerichts nicht unternommen worden ist. Nach hiesiger Auffassung folgt dieses Auslegungsergebnis bereits aus § 42 Abs. 3 S. 2 Nr. 2 SGB VIII. Widersprechen die Personensorge- oder Erziehungsberechtigten der Inobhutnahme, so hat das Jugendamt unverzüglich eine Entscheidung des Familiengerichts über die erforderlichen Maßnahmen zum Wohl des Kindes oder des Jugendlichen herbeizuführen. Diese Regelung geht implizit davon aus, dass ein nachträgliches Anrufen des Familiengerichts, also nach Verfügung der Inobhutnahme, zulässig ist. 34

55 S. auch VG München 18.2.2009 – M 18 K 07.3534, juris Rn. 37.
56 BayVGH 9.1.2017 – 12 CS 16.2181, juris Rn. 13; Wiesner in Wiesner SGB VIII § 42 Rn. 13.
57 S. hierzu BayVGH 9.1.2017 – 12 CS 16.2181, juris Rn. 14.
58 OVG Greifswald 26.4.2018 – 1 LZ 238/17, juris Rn. 6; Kirchhoff in jurisPK-SGB VIII § 42 Rn. 108.
59 S. hierzu OVG Greifswald 26.4.2018 – 1 LZ 238/17, juris Rn. 6.

35 Zu beachten ist, dass die familiengerichtliche Entscheidung sich nicht mit der Rechtmäßigkeit der Inobhutnahme, sondern allein mit der etwaigen notwendigen sorgerechtlichen Maßnahme aus Anlass der Kindeswohlgefährdung befasst. Eine Überprüfung der Rechtmäßigkeit der Inobhutnahme kann nur im verwaltungsgerichtlichen Verfahren erreicht werden.[60]

36 Beide Maßnahmen (Inobhutnahme und familiengerichtliche Entscheidung) stehen iÜ nur in einem scheinbaren Konkurrenzverhältnis: Inobhutnahme ist eine in einer akuten Krisensituation erfolgende vorläufige Intervention, um zunächst den Eintritt eines erheblichen Schadens abzuwehren. Anordnungen des FamG befassen sich hingegen unter Anordnung **„erforderlicher Maßnahmen“ eingriffsrechtlich** mit der Gefahrenabwehr, soweit „die Eltern nicht gewillt oder nicht in der Lage sind, die Gefahr abzuwenden“, § 1666 Abs. 1 S. 1 BGB. Die familiengerichtliche Entscheidung verschafft dem JA dabei nur den entsprechenden **rechtlichen Handlungsrahmen**, indem das FamG zB den Eltern das Sorgerecht oder das Aufenthaltsbestimmungsrecht entzieht und auf das JA überträgt. Bereits die Gegenüberstellung beider Maßnahmen verdeutlicht, dass die Inobhutnahme und die vorläufige Anordnung gem. §§ 1666, 1666a BGB ihrer jeweiligen Intention folgend einen anderen Handlungsinhalt und verschiedene Konsequenzen haben, unabhängig davon, dass sie – jeweils für sich – der Abwehr der Kindeswohlgefährdung verpflichtet sind. Beide Maßnahmen sind von ihrer Konzeption her isoliert zu betrachten und zu handhaben: Die Inobhutnahme steht mit der rechtlichen Eingriffsbefugnis des FamG zum Erlass einer vorläufigen Anordnung gem. §§ 1666, 1666a BGB **in keinem untrennbaren Zusammenhang**. Mit anderen Worten: Durch die Inobhutnahme handelt das JA **in eigener Kompetenz sofort und unmittelbar**; durch eine Anordnung des FamG wird das JA **rechtlich zu weitergehendem Handeln ermächtigt**, die **rechtlichen Auswirkungen** der familiengerichtlichen Entscheidung (zB Übertragung des Sorgerechts von den PSB auf das JA) **binden JA und PSB**.

37 Dessen ungeachtet kann (ggf. muss, hierzu später) das JA zeitgleich neben einer Inobhutnahme Anordnungen nach §§ 1666, 1666a BGB anregen oder beantragen, also im Zusammenhang mit einer Inobhutnahme das FamG einschalten. Die Inobhutnahme will nämlich allein dem **tatsächlichen** Schutzbedürfnis des Ki/Ju Rechnung tragen. Lediglich dann, wenn nach Auffassung des JA sichergestellt ist, dass für eine familiengerichtliche **Entscheidung** – und ihre **tatsächliche Umsetzung** – ausreichend Zeit besteht, wird man daher die Berechtigung zur Inobhutnahme wegen dringender Gefahr verneinen können.

6 Tatbestandsvoraussetzungen der Inobhutnahme eines unbegleiteten minderjährigen ausländischen Flüchtlings (§ 42 Abs. 1 S. 1 Nr. 3)

38 Das Gesetz regelt ausdrücklich die Inobhutnahme eines ausländischen Ki/Ju, soweit dessen Einreise unbegleitet nach Deutschland erfolgt und sich weder PSB noch ErzBer. im Inland aufhalten. Neben § 42 enthalten nun auch die §§ 42a bis 42f hierzu Regelungen. Diese Bestimmungen ergeben sich aus dem Bedürfnis der Praxis. Bereits nach früherem Recht wurden unbegleitet eingereiste ausländische Ju in einer Erstversorgungseinrichtung jugendgerecht untergebracht und in Obhut genommen.[61] In der Praxis regte das JA sodann beim FamG die Feststellung des Ruhens der elterlichen Sorge verbunden mit einer Vormundbestellung an, §§ 1674, 1693 BGB.[62] Nach neuem Recht besteht nunmehr die **gesetzliche Verpflichtung**, einen Vormund oder Pfleger zu bestellen (→ Rn. 101). Systematisch ist die Vorschrift allerdings in § 42 SGB VIII nicht

60 Ebenso Kirchhoff in jurisPK-SGB VIII Rn. 204 mwN.
61 S. auch Wiesner in Wiesner Rn. 16 ff.
62 S. zB BVerwG 8.7.2004 – 5 C 63/03, juris Rn. 6 f.; und Kunkel ZAR 2006, 92.

richtig verortet. Während es sich bei der Inobhutnahme nach § 42 Abs. 1 S. 1 Nr. 1 und 2 regelmäßig um eine Maßnahme handelt, die in das Elternrecht aus Art. 6 Abs. 2 S. 1 GG eingreift und insoweit belastend wirkt, handelt es sich bei der Inobhutnahme nach § 42 Abs. 1 S. 1 Nr. 3 um eine Maßnahme mit (jedenfalls ganz überwiegend) begünstigender Wirkung für den minderjährigen Ausländer.

Tatbestandsvoraussetzung für die Inobhutnahme nach § 42 Abs. 1 S. 1 Nr. 3 ist zunächst, dass das Ki/Ju Ausländer ist. Ausländer ist jede Person, die nicht Deutscher ist (s. die Legaldefinition in § 2 Abs. 1 AufenthG). Zudem ist Tatbestandsvoraussetzung, dass der Ausländer unbegleitet nach Deutschland kommt (→ § 42a Rn. 4) und sich weder Personensorge- noch Erziehungsberechtigte in Deutschland aufhalten. Eine Gefahr muss damit weder subjektiv vom Betroffenen angenommen werden (s. hierzu § 42 Abs. 1 S. 1 Nr. 1) noch objektiv vorliegen (s. hierzu § 42 Abs. 1 S. 1 Nr. 2). Die Verpflichtung zur Inobhutnahme des vom Gesetz angesprochenen Kreises von Ki/Ju beruht vielmehr auf der zutreffenden Annahme, dass für unbegleitet eingereiste und sich ohne PSB/ErzBer. im Inland aufhaltende Mj prinzipiell eine latente kindeswohlgefährdende Situation besteht, die ohne weitere Abschätzung eines Gefährdungsrisikos eine Inobhutnahme erforderlich macht.[63] In der Praxis besonders problematisch im Zusammenhang mit der Regelung des § 42 Abs. 1 S. 1 Nr. 3 ist die Altersfeststellung des Betroffenen (s. zum Verfahren der Altersfeststellung § 42f). Tatbestandsvoraussetzung für die Inobhutnahme ist, dass der betroffene Ausländer Kind oder Jugendlicher ist, also noch nicht das 18. Lebensjahr vollendet hat (→ § 42a Rn. 3). Ausländer, die ohne Visum nach Deutschland einreisen, geben regelmäßig an, ihre Papiere verloren zu haben.[64] Hierdurch wird eine umgehende Abschiebung in den Herkunftsstaat vermieden. Aufgrund des Nichtvorliegens von Identifikationsdokumenten gestaltet sich die Altersfeststellung aber oftmals schwierig. Im Einzelfall kommt daher der Beantwortung der Frage, wen die Darlegungs- und Beweislast bezüglich der Altersfeststellung trifft, entscheidungserhebliche Bedeutung zu. Im Verwaltungsrecht trägt grundsätzlich derjenige die Folgen der Ungewissheit einer Tatsache, der aus dieser Tatsache eine ihm günstige Rechtsfolge ableiten will. Bei einem begünstigenden Verwaltungsakt geht eine Ungewissheit über das Vorliegen einer anspruchsbegründenden Tatbestandsvoraussetzung daher zulasten des den Verwaltungsakt fordernden Bürgers.[65] Allerdings befreit dieser Grundsatz die Behörde nicht von der Amtsermittlungspflicht. Nach § 20 Abs. 1 S. 1 SGB X hat sie den Sachverhalt von Amts wegen zu ermitteln. Nicht anwendbar auf die Inobhutnahme, zumindest nicht bindend für das Jugendamt, ist in diesem Zusammenhang die Vorschrift des § 33a SGB I, nach welcher das Geburtsdatum maßgebend ist, das sich aus der ersten Angabe des Betroffenen gegenüber einem Sozialleistungsträger ergibt.[66] Die Erstangaben müssen vom Jugendamt daher nicht zwangsläufig übernommen werden, sondern können überprüft werden. Diesen Grundsätzen folgend wird in der Rechtsprechung die Auffassung vertreten, dass das Jugendamt zunächst alle Möglichkeiten ausschöpfen muss, um das Alter des um Ob- 39

63 S. hierzu auch BayVGH 23.9.2014 – 12 CE 14.1833 ua, juris Rn. 19 und OVG NRW 10.7.2014 – 12 B 607/14, juris Rn. 5.

64 Nach einem Bericht der Bund-Länder-Arbeitsgruppe Rückführung geben mehr als 80 % der einreisenden Asylbewerber an, über keine Pässe oder sonstigen Dokumente zu verfügen, Vollzugsdefizite – Ein Bericht über die Probleme bei der praktischen Umsetzung von ausländerbehördlichen Ausreiseaufforderungen, S. 6, http://www.einwanderer.net/fileadmin/downloads/Berichte/2011-04_Bericht_AG_Rueck-1.pdf.

65 S. hierzu Kallerhoff in Stelkens/Bonk/Sachs VwVfG § 24 Rn. 55 mwN.

66 BVerwG 11.7.2013 – 5 C 24/12, juris Rn. 16; Kirchhoff in jurisPK-SGB VIII Rn. 40; s. hierzu auch VG Göttingen 17.7.14 – 2 B 195/14, juris Rn. 46; OVG Hamburg 9.2.2011 – 4 Bs 9/11, juris Rn. 60; OVG Bln-Bbg 4.3.2013 – OVG 6 S 3.13 ua, juris Rn. 4.

hut bittenden Flüchtlings festzustellen.[67] Mittel einer solchen Altersfeststellung können eine Altersschätzung aufgrund äußerlicher körperlicher Merkmale, einer körperlichen Untersuchung, gegebenenfalls einer Röntgenuntersuchung der Hand und der Schlüsselbeine sowie einer zahnärztlichen Untersuchung sein.[68] Erst wenn alle Erkenntnismöglichkeiten ausgeschöpft seien, treffe den um Inobhutnahme bittenden Minderjährigen die Darlegungs- und Beweislast für das von ihm behauptete Alter als anspruchsbegründende Tatsache.[69] In Zweifelsfällen sei allerdings das Jugendamt verpflichtet, den Minderjährigen zunächst in Obhut zu nehmen, bis das tatsächliche Alter festgestellt worden sei.[70] Eine rechtliche Verpflichtung zur Inobhutnahme in Zweifelsfällen, also bei nicht geklärter Minderjährigkeit, lässt sich nach hier vertretener Auffassung nicht rechtlich begründen.[71] Insbesondere kann diese Rechtsverpflichtung mangels unmittelbarer rechtlicher Wirkung im innerdeutschen Raum nicht aus einer UNHCR-Richtlinie über allgemeine Grundsätze und Verfahren zur Behandlung asylsuchender Minderjähriger folgen.[72] Eine Verpflichtung zur Inobhutnahme bei einer nicht geklärten Minderjährigkeit des Betroffenen ergibt sich auch nicht aus Art. 25 Abs. 5 UAbs. 1 S. 2 der RL 2013/32/EU, den Deutschland nach Art. 51 Abs. 1 der RL bis spätestens 20.7.2015 umsetzen musste. Nach Art. 25 Abs. 5 UAbs. 1 S. 2 der RL 2013/32/EU gehen die Mitgliedstaaten von der Minderjährigkeit des Betroffenen aus, wenn nach einer ärztlichen Untersuchung zur Bestimmung des Alters Zweifel bezüglich des Alters bestehen. Nach Art. 3 Abs. 1 der RL 2013/32/EU gilt die Richtlinie allerdings nur für Anträge auf internationalen Schutz sowie für die Aberkennung des internationalen Schutzes. Nach Art. 2 a) der RL 2013/32/EU bezeichnet die Formulierung „Antrag auf internationalen Schutz“ das Ersuchen eines Drittstaatsangehörigen um Schutz durch einen Mitgliedstaat, bei dem davon ausgegangen werden kann, dass er die Zuerkennung der Flüchtlingseigenschaft oder die Gewährung des subsidiären Schutzstatus anstrebt. Hierauf bezugnehmend gilt die Regelung des Art. 25 Abs. 5 UAbs. 1 S. 2 nach seinem Wortlaut auch nur für den „Antragsteller“. Bei der Entscheidung über eine Inobhutnahme nach § 42 Abs. 1 S. 1 Nr. 3 handelt es sich aber nicht um eine Entscheidung, mit der eine Flüchtlingseigenschaft oder subsidiärer Schutz zugesprochen werden kann. Aus Art. 25 Abs. 5 UAbs. 1 S. 2 der RL 2013/32/EU folgt damit keine Verpflichtung zur Inobhutnahme bei ungeklärter Minderjährigkeit des Betroffenen.[73] Der in der Rspr. vertretenen gegenteiligen Auffassung, welche die hier vertretene Rechtsauffassung als eine „lediglich formal argumentierende“ Kommentierung einstuft,[74] ist entgegenzuhalten, dass europäische Richtlinien unmittelbar nur dann zur Anwendung kommen können, wenn der Anwendungsbereich der jeweiligen

---

67 BayVGH 23.9.2014 – 12 CE 14.1833 ua, juris Rn. 22.

68 BayVGH 23.9.2014 – 12 CE 14.1833 ua, juris Rn. 21; OVG Bln-Bbg 4.3.2013 – OVG 6 S 3.13 ua, juris Rn. 9; OVG Hamburg 23.12.2010 – 4 Bs 243/10, juris Rn. 3 ff.

69 So noch BayVGH 23.9.2014 – 12 CE 14.1833 ua, juris Rn. 22. Zwischenzeitlich geht der BayVGH allerdings davon aus, dass im Zweifel eine Inobhutnahme erfolgen müsse, BayVGH 5.7.2016 – 12 CE 16.1186, juris Rn. 24. Nach hier vertretener Auffassung geht die Begründung durch den BayVGH allerdings fehl, da die RL 2013/32/EU im Kinder- und Jugendhilferecht nicht anwendbar ist. S. auch VG München 29.12.2014 – M 24 S 14.4798, juris Rn. 19; VG München 17.11.2014 – M 18 E 14.4704, juris Rn. 25; s. hierzu auch OVG NRW 13.11.2014 – 12 B 1280/14, juris Rn. 31; VG Göttingen 17.7.2014 – 2 B 195/14, juris Rn. 32; OVG Bln-Bbg 20.10.2011 – OVG 6 S 51.11 ua, juris Rn. 6.

70 BayVGH 23.9.2014 – 12 CE 14.1833 ua, juris Rn. 23; VG München 29.12.2014 – M 24 S 14.4798, juris Rn. 20; VG München 17.11.2014 – M 18 E 14.4704, juris Rn. 25.

71 S. hierzu auch VG Göttingen 17.7.2014 – 2 B 195/14, juris Rn. 47 f.; aA Kirchhoff jurisPR-SozR 25/2016 Anm. 6.

72 Auf diese Richtlinie aber bezugnehmend BayVGH 23.9.2014 – 12 CE 14.1833 ua, juris Rn. 23.

73 Offen gelassen von VG Göttingen 17.7.2014 – 2 B 195/14, juris Rn. 49.

74 BayVGH 5.7.2016 – 12 CE 16.1186, juris Rn. 22.

Richtlinie eröffnet ist. Reine Folgeabwägungen können die Anwendung einer Richtlinie trotz offensichtlicher Nichteröffnung des Anwendungsbereichs nicht rechtfertigen. Dies gilt auch für eine analoge Anwendbarkeit. Eine analoge Rechtsanwendung setzt das Vorliegen einer planwidrigen Regelungslücke voraus. Zudem muss der zu beurteilende Sachverhalt in rechtlicher Hinsicht soweit mit dem Sachverhalt vergleichbar sein, den der Gesetzgeber bereits in einem bestimmten Sinne geregelt hat, so dass angenommen werden kann, der Gesetzgeber wäre bei einer an denselben Grundsätzen ausgerichteten Interessenabwägung zu den gleichen Ergebnissen gelangt.[75] Eine analoge Anwendung des Art. 25 Abs. 5 UAbs. 1 S. 2 der RL 2013/32/EU scheitert hier schon an der fehlenden Kompetenz der Europäischen Union zur inhaltlichen Regelung des Kinder- und Jugendhilferechts. Die Ausgestaltung des Kinder- und Jugendhilferechts obliegt ausschließlich dem deutschen Gesetzgeber.[76] Schließlich bleibt die dargestellte Rspr. auch eine Begründung für die aufgestellte Behauptung, dass das jugendhilferechtliche Inobhutnahmeverfahren „untrennbar mit dem Asylverfahren unbegleiteter minderjähriger Flüchtlinge" verbunden sei,[77] schuldig. Eine solche untrennbare Verbindung besteht nach hier vertretener Auffassung gerade nicht. Dies zeigt bereits die Tatsache, dass viele unbegleitete Ausländer gar keinen Asylantrag stellen, da einer solcher Asylantrag bei Erfolglosigkeit ausländerrechtliche Nachteile (zB § 10 Abs. 3 AufenthG, § 11 Abs. 7 AufenthG) mit sich bringt. Auch der in der Lit. vertretenen Auffassung, dass aus Art. 6 Abs. 2 GG die verfassungsrechtliche Verpflichtung folge, einen Ausländer im Zweifel in Obhut zu nehmen,[78] kann nicht gefolgt werden. Aus Art. 6 Abs. 2 GG folgt für den Staat nur eine Schutzverpflichtung gegenüber Kindern und Jugendlichen. Es folgt aus dieser verfassungsrechtlichen Bestimmung gerade keine Verpflichtung Personen zu schützen, die volljährig sind und lediglich vorgeben minderjährig zu sein.

S. zum Verfahren der Altersfeststellung und den Rechtsfolgen bei nicht geklärtem Alter auch die Kommentierung zu § 42f.

Wird ein tatsächlich Volljähriger irrtümlich für minderjährig gehalten, ist die auf die Minderjährigkeit gestützte Inobhutnahme rechtswidrig.[79]

Der Geltungsbereich des SGB VIII ergibt sich für ausländische Ki/Ju aufgrund von § 6 Abs. 2 S. 2 iVm Abs. 1 S. 2 und S. 1, ungeachtet des Haager-Minderjährigen-Schutzabkommens, das über § 6 Abs. 4 seinen Vorrang behält. Ausreichend ist damit der tatsächliche Aufenthalt im Bundesgebiet.

Die Bestimmung des § 42 Abs. 1 S. 1 Nr. 3 steht in einem gewissen Spannungsfeld zu den ausländerrechtlichen und asylverfahrensrechtlichen Regelungen und Zielsetzungen. In ausländerrechtlicher Hinsicht ist dabei danach zu differenzieren, ob der minderjährige Ausländer um Asyl nachsucht. Aufgrund der niedrigen Anerkennungsquote im Asylverfahren bei Ausländern aus bestimmten Herkunftsstaaten und der aufenthaltsrechtlichen Restriktionen, die mit der Durchführung eines Asylverfahrens verbunden sind, stellen längst nicht alle nach Deutschland einreisenden Minderjährigen einen Asylantrag. In diesem Zusammenhang ist zunächst zu beachten, dass die Verpflichtung zur Inobhutnahme nach dem Gesetzeswortlaut unabhängig davon eingreift, ob der Minderjährige nach der Einreise ins Bundesgebiet um Asyl nachsucht.[80] Allerdings hat die Stellung eines Asylantrags ausländerrechtliche Folgen, die auf die Inob- 40

75 OLG Naumburg 17.6.2016 – 7 Verg 2/16, juris Rn. 106.
76 S. hierzu von Boetticher in von Boetticher/Münder Kinder- und Jugendhilfe und europäischer Binnenmarkt, S. 131 f.
77 BayVGH 5.7.2016 – 12 CE 16.1186, juris Rn. 22.
78 Kirchhoff in jurisPK-SGB VIII § 42 f Rn. 27.1.
79 BVerwG 11.7.2013 – 5 C 24/12, juris Rn. 36 und 37; SächsOVG 12.1.2012 – 1 A 466/09, juris Rn. 27.
80 S. hierzu BayVGH 23.9.2014 – 12 CE 14.1833 ua, juris Rn. 15.

hutnahme nicht unwesentliche Folgen haben können. Im Falle einer Beantragung von Asyl ist zu beachten, dass durch die Inobhutnahme asylbegehrender unbegleitet einreisender ausländischer Mj der Tatbestand des § 14 Abs. 2 S. 1 Nr. 2 AsylG erfüllt wird (Aufenthalt in einer „Jugendhilfeeinrichtung"), so dass die Wohnpflicht in Aufnahmeeinrichtungen gem. § 47 Abs. 1 AsylG entfällt. In diesem Zusammenhang ist auch zu beachten, dass in § 14 Abs. 2 S. 1 Nr. 3 AsylG nach neuer Rechtslage auf das Erreichen des 18. Lebensjahres abgestellt wird.

Mit Art. 3 des Gesetzes zur besseren Durchsetzung der Ausreisepflicht[81] ist § 42 Abs. 2 ein neuer Satz 5 angefügt worden. Danach besteht nunmehr für das Jugendamt bei Vorliegen bestimmter Voraussetzungen die Verpflichtung zur Stellung eines Asylantrags (→ Rn. 77).

41 Unerlaubt nach Deutschland eingereiste Ausländer, die weder um Asyl nachsuchen noch unmittelbar in Abschiebungshaft genommen werden können, werden grundsätzlich gemäß § 15a Abs. 1 S. 1 AufenthG auf die Bundesländer verteilt. Zur alten Rechtslage wurde in der Rspr. die Auffassung vertreten, dass die Inobhutnahme eines unbegleitet eingereisten mj. Ausländers nach § 42 Abs. 1 S. 1 Nr. 3 einer solchen Verteilung nach § 15a Abs. 1 AufenthG nicht entgegensteht.[82] Nach neuer Rechtslage kann dies nicht mehr gelten. Entscheidungserheblich muss die jugendhilferechtliche Verteilung nach § 42b sein (s. hierzu § 42 b).

7 Rechtsfolge des § 42 Abs. 1 S. 1 Nr. 1 bis 3

42 Nach § 42 Abs. 1 S. 1 ist das Jugendamt bei Vorliegen der Tatbestandsvoraussetzungen verpflichtet, den Minderjährigen in Obhut zu nehmen. Es handelt sich um eine gebundene Entscheidung.

7.1 Die zeitliche Begrenzung der Maßnahme (§ 42 Abs. 1 S. 2)

43 Die Inobhutnahme ist grundsätzlich als **vorläufige Maßnahme** angelegt, § 42 Abs. 1 S. 2. Hierdurch ist klargestellt, dass die Intervention von vornherein zeitlich begrenzt, also nur vorübergehend ist. Sie muss insbesondere beendet werden, wenn die angesprochene Gefahr nicht mehr besteht.[83]

44 Die – lediglich verbal umschriebene – Zeitvorstellung lässt sich kaum durch eine feste Zeitvorgabe für die Maßnahme im Einzelfall weiter konkretisieren.[84] Da die Inobhutnahme auch eine **sozial pädagogische Aufgabe** ist, die vom JA mit sozialpädagogischen Mitteln zu bewältigen ist,[85] bedarf es letztlich auch der abschließenden Klärung, dass der Anlass der Inobhutnahme beseitigt ist oder ihm mit geeigneten Hilfen begegnet werden kann/muss. Dies ergibt sich iÜ auch aus der weiteren Aufgabenbeschreibung des § 42 Abs. 2 S. 1. Immerhin soll während der Inobhutnahme die Situation, die zur Inobhutnahme geführt hat, zusammen mit dem Ki/Ju geklärt werden und Möglichkeiten der Hilfe und Unterstützung aufgezeigt werden. Unter Berücksichtigung vorstehender Überlegungen darf sich die Inobhutnahme als „vorläufige" Maßnahme jedoch niemals zu einer dauerhaften Maßnahme entwickeln.[86]

81 BT-Drs. 18/11546, 11.
82 OVG Bln-Bbg 13.7.2009 – 3 S 24.09, Jugendhilfe 2009, 382.
83 SächsOVG 27.5.2010 – 1 D 38/10, juris Rn. 4.
84 S. hierzu auch BVerwG 8.7.2004 – 5 C 63/04, juris Rn. 14 f.; VG Mainz 4.12.2018 – 1 K 81/18.MZ, juris Rn. 34 f.
85 BT-Drs. 11/5948, 80.
86 Daher kann der Auffassung der 3. Kammer des VG Saarland nicht zugestimmt werden, nach welcher die Durchführung einer Inobhutnahme für einen Zeitraum von knapp zwei Jahren nicht zu beanstanden sei, VG Saarland 6.2.2019 – 3 K 1411/17, juris Rn. 53. S. hierzu auch Rücker/Petermann in Empirische Grundlagen der familienrechtlichen Begutachtung, 1. Aufl. 2019, S. 329, 331.

Widersprechen die PSB hingegen der Inobhutnahme nicht, so ist unverzüglich ein **Hilfeplanverfahren** zur Gewährung einer Hilfe einzuleiten, § 42 Abs. 3 S. 5 (hierzu, sowie zum Ende der Inobhutnahme später). 45

7.2 Die Auswahl der Unterbringungsorte (§ 42 Abs. 1 S. 2)

§ 42 Abs. 1 S. 2 räumt dem JA im Rahmen der Inobhutnahme die Befugnis ein, die/den Mj bei einer geeigneten Person, in einer geeigneten Einrichtung oder in einer sonstigen Wohnform vorläufig unterzubringen. Da das Gesetz die Unterbringungsorte abschließend aufzählt, kann von einer Inobhutnahme iSd Gesetzes nur dann gesprochen werden, wenn eine der genannten Unterbringungsmodalitäten in Anspruch genommen wird. Die Bestimmung stellt die verschiedenen Möglichkeiten der Unterbringung zur Disposition, ohne Auswahlkriterien zu nennen. 46

Bei der Eignung der jeweiligen Unterbringungsform wird das **Alter des Ki/Ju** ebenso ein entscheidendes Kriterium darstellen, wie der **Anlass der Inobhutnahme** bzw. der **Herkunftsort** (Familie/Einrichtung). Darüber hinaus sollte gerade der beabsichtigte Unterbringungsort den optimalen Rahmen für die Handlungsverpflichtung des JA gem. § 42 Abs. 1 S. 1 Nr. 1 bis 3 bieten. Schließlich sollte das Wunsch- und Wahlrecht gem. § 5 berücksichtigt werden, ferner muss die Auswahl dem allgemeinen Beteiligungsrecht des Ki/Ju gem. § 8 Abs. 1 S. 1 genügen. Sämtliche Überlegungen erfordern daher eine den zeitlichen Gegebenheiten angemessene und den sonstigen Begleitumständen entsprechende Abwägung, die im Ergebnis die Auswahl eines der genannten Unterbringungsorte nahe legen dürfte. 47

7.3 Die Unterbringungsorte im Einzelnen

Als „geeignete Person" sind sowohl **Einzelpersonen** mit dem von ihnen selbst genutzten Wohnraum aber auch entsprechende **Bereitschaftspflegestellen** anzusehen. Als „geeignete Person" iSd § 42 Abs. 1 S. 2 kommt auch der **nicht sorgeberechtigte, aber umgangsberechtigte Elternteil** in Betracht, weil die Unterbringung des Ki/Ju „bei einer Bezugsperson (– selbstverständlich –) den Vorzug verdient".[87] 48

Hinsichtlich der „geeigneten" Einrichtung ist an solche des § 34 gedacht, ferner an entsprechende Einrichtungen der Kinder- und Jugendpsychiatrie, Kinder- und Jugendnotdienste, Jugendschutzstellen oä. Unter die sonstige Wohnform fallen spezielle Wohngruppen der §§ 34 und 35 mit dem dortigen Angebotsprofil. 49

7.4 Hilfe und Unterstützung durch das Jugendamt (§ 42 Abs. 2 S. 1)

Gem. § 42 Abs. 2 S. 1 hat das JA während der Inobhutnahme die Situation, die zur Inobhutnahme geführt hat, zusammen mit dem Ki/Ju zu klären und Möglichkeiten der Hilfe und Unterstützung aufzuzeigen. Damit beschreibt die Vorschrift die **spezielle weitere Aufgabe der Inobhutnahme**, und zwar **Hilfestellung in einer akuten Krisensituation.** Nach früherem Recht (§ 42 Abs. 1 S. 5 aF) war dem JA aufgegeben, für das Wohl des Ki/Ju zu sorgen, das Ki oder den Ju in seiner gegenwärtigen Lage zu beraten und Möglichkeiten der Hilfe und Unterstützung aufzuzeigen. Im Ergebnis ist die Neuregelung deutlicher insofern, als die **Beratungsintensität** dadurch **gesteigert** ist, dass das JA „zusammen mit dem Kind oder dem Jugendlichen (die Situation, die zur Inobhutnahme geführt hat) zu klären hat". Das Aufzeigen der Möglichkeiten der Hilfe und der Unterstützung ist unverändert geblieben. 50

Mit Art. 1 des **KJSG** ist in Abs. 2 S. 1 die Pflicht zu einer unverzüglichen Aufklärung des Kindes oder Jugendlichen über die Inobhutnahme „umfassend und in einer ver-

87 OLG Zweibrücken 9.2.1996 – 5 UF 13/96, juris Rn. 8.

ständlichen, nachvollziehbaren und wahrnehmbaren Form"[88] festgeschrieben worden. Im Zuge der Gesetzesreform, und dort insbesondere im Rahmen der wissenschaftlichen Begleitforschung im Modul „Hochproblematische Kinderschutzverläufe – Betroffenen eine Stimme geben –, ist festgestellt worden, dass das Gelingen von Kinderschutzverläufen insbesondere auch von einer transparenten und in nachvollziehbarer Form erfolgenden Beteiligung von Kind und Eltern abhängig ist. Nach der Gesetzesbegründung soll daher mit der Neuregelung sichergestellt werden, dass künftig dem betroffenen Kind oder dem Jugendlichen verständlich und nachvollziehbar das Geschehen erklärt wird, um Ängste abzubauen und zu vermeiden, dass mit der Inobhutnahme zusätzlich zu der sie auslösenden Krisensituation weitere Kindeswohlbeeinträchtigungen (zum Beispiel Traumatisierung) entstehen.[89] Nach hiesiger Auffassung hätte diese Pflicht zur Aufklärung in § 8a Abs. 1 beim Prozess der Sachverhaltsaufklärung verortet werden müssen. Mit der Neuregelung in § 42 Abs. 2 erfolgt die Information zu einem Zeitpunkt, in welchem das Kind oder der Jugendliche bereits in Obhut genommen worden ist. Damit kommt die Information zu spät.

51 „Familien- oder Heimflucht" von Mj stellt nach Auffassung des Gesetzgebers in aller Regel für die gesamte Familie ein krisenhaftes Ereignis dar, in dem „sozialpädagogische Hilfen Spannungsentlastung, Problemklärung und Wiederaufnahme von Kommunikation bieten".[90] Die Inobhutnahme hat daher, aus welchem Grund und in welcher Form sie auch immer angeboten und durchgeführt wird, nach dem Willen des Gesetzgebers auch eine sozialpädagogische Aufgabenstellung zu erfüllen.[91]

Mit Abs. 3 S. 1 ist durch Art. 1 des **KJSG** ferner eine der Aufklärung gegenüber dem betroffenen Kind entsprechende Aufklärungspflicht gegenüber den Eltern festgeschrieben worden.[92] Auch diese Aufklärung hätte nach hiesiger Auffassung in § 8a Abs. 1 verortet werden sollen, um eine frühzeitige adressatenbezogene Aufklärung gewährleisten zu können.

7.5 Inhalt, Umfang und Grenzen der sozialpädagogischen Betreuung

52 Das Handlungsziel ist in dem Sinne vorgegeben, dass mithilfe der Kompetenz des JA als Fachbehörde eine **Deeskalation** versucht werden soll. Die Intensität der Hilfestellung durch Beratung und Unterstützung wird deshalb auf die gegenwärtige Situation, so wie sie von der/dem Mj empfunden wird, wie auch auf die Perspektiven etwaiger Hilfemöglichkeiten gerichtet sein. Die unmittelbare Erbringung von Leistungen im Rahmen der §§ 27 ff. ist jedenfalls dann erlaubt, wenn die PSB der Inobhutnahme nicht widersprechen, § 42 Abs. 3 S. 5. Aus der allgemein gehaltenen Verpflichtung des JA, „für das Wohl des Kindes oder des Jugendlichen zu sorgen" ist aber zu entnehmen, dass zweifelsohne auch akut erforderliche pädagogische und damit verbundene therapeutische Leistungen im Sinne einer intensiven sozialpädagogischen Betreuung zu gewähren sind, die, soweit dies mit der von vornherein zeitlich begrenzten Maßnahme zu vereinbaren ist, der Herstellung und dem Erhalt des geistigen, leiblichen und seelischen Wohls des Ki/Ju dienen. Möglicherweise sind weitere Fachdienste einzuschalten und heranzuziehen.[93]

53 Im Fall der Inobhutnahme ist das Jugendamt verpflichtet, ggfls. im Zusammenwirken mit anderen Stellen, die Art des jugendhilferechtlichen Bedarfs zu klären und eine Entscheidung über die gebotene Hilfe herbeizuführen. Hierbei hat es dafür Sorge zu tragen, dass das Verfahren in der gebotenen zügigen Weise mit dem Ziel einer

88 S. hierzu BR/Drs. 5/21, 24 sowie BT-Drs. 19/27481, 82.
89 BT-Drs. 19/26107, 96.
90 BT-Drs. 11/5948, 80.
91 S. hierzu auch Späth ZfJ 1998, 303 (304).
92 S. hierzu BR/Drs. 5/21, 24 sowie BT-Drs. 19/27481, 82 und BT-Drs. 19/26107, 96.
93 S. Wiesner in Wiesner Rn. 26–28 und Trenczek, 216 ff.

Krisenklärung und zwar entweder – bei andauerndem erzieherischem Bedarf – durch Überleitung der Inobhutnahme in eine Hilfe zur Erziehung oder – bei Wegfall eines jugendhilferechtlichen Bedarfs – durch Beendigung der Inobhutnahme abgewickelt wird.[94]

Widersprechen die PSB der Inobhutnahme **nicht**, ist ein Hilfeplanverfahren zur Gewährung einer Hilfe einzuleiten, s. § 42 Abs. 3 S. 5. Mithin entwickelt der Gesetzgeber aus der **Fürsorgepflicht des JA** im Rahmen der Inobhutnahme iVm der Haltung der PSB (kein Widerspruch gegen Inobhutnahme) die Möglichkeiten konkreter Hilfestellungen. Nach Durchführung des Hilfeplanverfahrens kann das JA mithin Hilfen gewähren. 54

7.6 Einbeziehung des Ki/Ju bei der Klärung der Situation

Das Gesetz fordert nunmehr ausdrücklich die Einbeziehung des Ki/Ju bei der Situationsklärung „umfassend und in einer verständlichen, nachvollziehbaren und wahrnehmbaren Form". Primär hat also die Sachverhaltsaufklärung zusammen mit dem Kind oder Jugendlichen zu erfolgen. Weitergehende Ermittlungen ohne Mitwirkung bleiben aber zulässig, sofern dies zur Aufgabenerfüllung erforderlich ist. Die rechtlichen Rahmenbedingungen sind vom Gesetzgeber mit § 62 Abs. 3 Nr. 2c dahin gehend geregelt, dass ua auch bei einer Inobhutnahme **personenbezogene Daten im Einzelfall auch ohne Mitwirkung des Betroffenen** erhoben werden dürfen. 55

7.7 Gelegenheit zur Benachrichtigung einer Vertrauensperson (§ 42 Abs. 2 S. 2)

Die/der Mj hat im Zusammenhang mit der erfolgten Inobhutnahme einen **uneingeschränkten Rechtsanspruch** darauf, unverzüglich eine Person seines Vertrauens zu benachrichtigen. Das JA – nicht die für den Unterbringungsort verantwortliche Person – muss dieses Recht gewährleisten bzw. sicherstellen. Die Verpflichtung des JA ist allein darauf bezogen, dem Ki/Ju eine entsprechende Gelegenheit zu verschaffen, die Kontaktaufnahme selbst herzustellen. 56

„Unverzüglich" bedeutet nach der in § 121 Abs. 1 S. 1 BGB enthaltenen Legaldefinition „ohne schuldhaftes Zögern". Diese Definition gilt auch für das öffentliche Recht,[95] mithin auch für das SGB VIII. Die fehlende feste Zeitvorgabe schafft – sicherlich nicht immer iS einer erwünschten Klarheit gesetzlich vorgegebener Verpflichtungen – gewisse Freiräume zur Handhabung des Einzelfalles. „Unverzüglich" ist nicht gleichbedeutend mit „sofort".[96] Eine angemessene Überlegungsfrist sowie die Einholung eines Rates hindert nicht die Annahme unverzüglichen Handelns.[97] Das Gleiche gilt für ein erstes Beratungsgespräch bzw. eine erste Aussprache zwischen Mj und Vertreter des JA; letztendlich sollte dies jedoch der Mj selbst entscheiden. 57

Zum Kreis einer möglichen **Person des Vertrauens** gehören Elternteile, Freunde, Verwandte, Lehrer, Nachbarn, mithin grundsätzlich alle Personen, die der Mj für eine Mitteilung von der Inobhutnahme für vertrauenswürdig hält. Letztlich dient die Gelegenheit der Benachrichtigung auch dazu, dass die Vertrauensperson Vermittlungsaufgaben übernimmt.[98] 58

Grundsätzlich bestimmt der Mj selbst, wen er benachrichtigt. Er braucht die Person nicht anzugeben. Da der Mj die Benachrichtigung prinzipiell selbst durchführen kann 59

94 BVerwG 8.7.2004 – 5 C 63/03, juris Rn. 14.
95 Ellenberger in Palandt § 121 Rn. 3.
96 Ellenberger in Palandt § 121 Rn. 3.
97 Ebenso Ellenberger in Palandt § 121 Rn. 3.
98 Proksch, Jugendhilfe 1994, 26 ff., 32.

– und sollte –,[99] worauf der Mj hinzuweisen und wozu der Mj ggf. auch anzuhalten ist, ist ein Missbrauch mit der Information (Drogenmilieu) ebenso wenig auszuschließen, wie eine von dem Mj nicht zu überschauende Selbstgefährdung. In diesen Fällen ist umstritten, ob die **Benachrichtigung unterbunden** werden darf.[100] Ausgehend von dem Sinn und Zweck der Benachrichtigung einer Vertrauensperson über die Inobhutnahme sind Eingrenzungen nach hier vertretener Auffassung nur akzeptabel, wenn vor der Benachrichtigung konkrete Anhaltspunkte für eine Kindeswohlgefährdung iSv §§ 42, 1666 Abs. 1 BGB deutlich werden. Da der Mj die Benachrichtigung (idR mittels Telefonat) selbstverständlich unkontrolliert führt, dürften bestehende Bedenken nur im Vorhinein geltend gemacht werden können.

7.8 Die Sorge „für das Wohl" des Ki/Ju, sowie die Sicherstellung von „notwendigem Unterhalt" und Krankenhilfe (§ 42 Abs. 2 S. 3)

60 Was die Sorge „für das Wohl des Kindes oder des Jugendlichen" im Einzelnen bedeutet, wurde bereits weiter oben im Hinblick auf die erforderlichen pädagogischen und damit verbundenen therapeutischen Leistungen iS einer intensiven sozialpädagogischen Betreuung erläutert. Auch an dieser Stelle sei hervorgehoben, dass das JA iSd Bestimmung alles zu unternehmen hat, was dem Wohl des in Obhut genommenen Kindes dienlich ist. Dass hierzu die Erfüllung materieller Grundbedürfnisse wie Unterkunft und Verpflegung gehört, ist selbstverständlich. Ebenso ist die weiterhin geregelte Sicherstellung von „notwendigem Unterhalt" (gemeint sind ua die Kosten der Erziehung) und „Krankenhilfe" selbstverständlich, da ohne diese Leistungen eine Inobhutnahme schlichtweg unvorstellbar ist. Aufgrund des Verweises in § 42 Abs. 2 S. 3 auf § 39 wird klargestellt, dass die laufenden Leistungen auch die Erstattung nachgewiesener Beiträge zur Unfallversicherung und (hälftig) zur Altersversicherung umfassen.[101]

7.9 Sorgerechtliche Befugnisse (§ 42 Abs. 2 S. 4)

61 Im Gegensatz zu der früheren Regelung, die konkrete Teilrechte benannte, ist das JA während der Inobhutnahme nunmehr berechtigt **„alle Rechtshandlungen** vorzunehmen, die zum Wohl des Kindes oder Jugendlichen notwendig sind". Die Vorgängerregelung nannte lediglich die Teilrechte Beaufsichtigung, Erziehung und Aufenthaltsbestimmung. Gleichwohl sieht die Gesetzesbegründung in der neuen Regelung eine „Anlehnung" an die sorgerechtlichen Befugnisse bisheriger Fassung.[102]

62 Die Berechtigung zur Vornahme „aller Rechtshandlungen" stellt eine gewisse rechtliche Ausweitung dar. Dabei entspricht es herrschender Rechtsauffassung, dass der PSB mit der Inobhutnahme nicht sein Sorgerecht verliert.[103] Schon nach der Gesetzesbegründung (zur Vorgängerregelung) war die **rechtliche Konstruktion** (Verhältnis von sorgerechtlichen Befugnissen der Eltern einerseits und denen des JA während der Inobhutnahme andererseits) **unklar**. Danach sollte die Regelung „in Ermangelung sorgerechtlicher Vorgaben durch die Eltern oder das VormG eine hinreichende Rechtsgrundlage für das Tätigwerden des JA schaffen".[104]

63 Soweit die Auffassung vertreten wird, dass die Personensorge des PSB „vorübergehend und teilweise durch die Rechtsmacht, die Satz 4 dem Jugendamt verleihe, überla-

99 Busch ZfJ 1993, 129 (131).
100 Für Unterbindung: Proksch, Jugendhilfe 1994, 26 ff., 32; für Unterbindung mit Benachrichtigungsmöglichkeit einer anderen Person: Busch, ZfJ 1993, 129 (131); vermittelnd: Wiesner in Wiesner Rn. 38.
101 BT-Drs. 17/6256, 23.
102 Begründung zum Tagesbetreuungsausbaugesetz – TAG, 75.
103 Für alle: Wiesner in Wiesner Rn. 30; Tillmanns in MüKoBGB Rn. 15.
104 BT-Drs. 11/5948, 80.

gert werde",[105] was grundsätzlich mit der Notkompetenz bei getrennt lebenden Sorgeberechtigten vergleichbar sei, bei der ein Elternteil bei Gefahr in Verzuge die alleinige Entscheidungsbefugnis inne habe",[106] ist darauf zu verweisen, dass die Bestimmung des § 1629 Abs. 1 S. 4 BGB neben Gefahr im Verzug die Nichterreichbarkeit des anderen Elternteils und die sofortige Handlungsnotwendigkeit zur Vermeidung gesundheitlicher oder wirtschaftlicher Nachteile von erheblichem Ausmaß für das Kind voraussetzt.[107]

Nach hier vertretener Auffassung ist eine **kraft Gesetzes geregelte Suspendierung** der elterlichen Sorgerechtsbefugnisse für die genannten Teilbereiche anzunehmen, die sich auf den **gesamten Zeitraum** der **Inobhutnahme** erstreckt.[108] Anders lässt sich der Wortlaut der Regelung mit den Begriffen „während der Inobhutnahme" und „ausüben" nicht deuten. Auch der zweite Halbsatz des § 42 Abs. 2 S. 4, nach dem der „mutmaßliche Wille" des PSB – nur – „angemessen" berücksichtigt werden soll, spricht hierfür. Bei anderer Auslegung käme das JA im Falle eines Widerspruchs des PSB in unlösbare rechtliche Schwierigkeiten, wollte es einerseits „alle Rechtshandlungen", die zum Wohle des Ki/Ju notwendig sind, ausüben, während es andererseits die Sorgerechtsvorgaben des PSB vollziehen müsste. Im Ergebnis würde dies sogar auf eine Konterkarierung des erörterten Normzwecks (→ Rn. 50 ff.) bei der Inobhutnahme hinauslaufen, der in der Regel eine Konfliktlage zwischen dem Ki/Ju und seinen Eltern vorausgeht. 64

Der Wortlaut der Bestimmung stellt lediglich auf den Fakt der Inobhutnahme ab. Die Regelung trifft keine Unterscheidung hinsichtlich der Frage, ob der PSB/ErzBer. der Inobhutnahme – im Nachhinein – zustimmt oder nicht und ob sich etwa im Falle der Zustimmung, also bei Fortdauer der Inobhutnahme mit Einwilligung des PSB/ErzBer., sorgerechtliche Konsequenzen für die vom JA auszuübenden Rechtshandlungen ergeben. Eine analoge Anwendung von § 1688 BGB (Abdruck bei § 7) erscheint ausgeschlossen, da diese Regelung konkludent davon ausgeht, dass HzE gemäß §§ 27, 33 bis 35, bzw. § 35a Abs. 2 Nr. 3 und 4 gewährt wird, die ihrerseits einen Antrag des PSB voraussetzt (→ § 27 Rn. 1). Dass der PSB in diesem Falle die Einrichtung, in der sich der Mj aufhält, auch stillschweigend mit entsprechenden Vertretungsbefugnissen ausstattet, liegt nahe. Gleichwohl enthält § 1688 BGB selbst für diese Fallgestaltung die ausdrücklich formulierte Voraussetzung, dass der PSB nichts anderes erklärt oder das FamG nichts anderes angeordnet hat, § 1688 Abs. 3 BGB, wobei im Falle zu großer Einschränkung der Rechtsmacht durch den PSB oder bei sonstigen Meinungsverschiedenheiten das JA eingeschaltet werden soll, s. § 38. Eine analoge Anwendung des § 1688 BGB ist schließlich aber auch deshalb zu verneinen, weil die Vorläufigkeit der Maßnahme gegen die in § 1688 BGB geregelte weitgehende Vertretung in der Ausübung der elterlichen Sorge spricht. 65

Die **zeitliche Erstreckung der Suspendierung der elterlichen Sorgerechtsbefugnisse auf die gesamte Maßnahme der Inobhutnahme** – also bis zu ihrer tatsächlichen Beendigung durch Widerspruch des PSB/ErzBer. und der unverzüglichen Übergabe des Mj an diesen oder durch die Entscheidung des FamG, vgl. § 42 Abs. 3 S. 2 Nr. 1 und 2, einschließlich der Inobhutnahme bei Zustimmung des PSB/ErzBer. – entspricht am ehesten der Intention des Gesetzes. Da jedwede Form der Inobhutnahme nach dem SGB VIII zunächst einmal eine Not- und Konfliktlage der/des Mj unterstellt, lassen sich letztlich auch keine verfassungsmäßigen Bedenken gegen eine Suspendierung sorgerechtlicher Teilbefugnisse bis zur endgültigen Abklärung (Beendigung) der vorläufigen Maßnahme schlüssig begründen. 66

105 Tillmanns in MüKoBGB Rn. 15.
106 Tillmanns in MüKoBGB Rn. 15.
107 S. hierzu im Einzelnen Götz in Palandt § 1629 Rn. 12.
108 Wie hier Wiesner in Wiesner Rn. 31.

67 Für den Fall der Zustimmung des PSB/ErzBer. zur Inobhutnahme dürfte iÜ die hier vertretene Suspendierung der sorgerechtlichen Befugnisse der Eltern bereits mit Blick auf § 1630 Abs. 3 BGB rechtlich unproblematisch sein.

68 Dass der Gesetzgeber – nach wie vor – keine inhaltlich präzisierte Regelung für die Ausübung der sorgerechtlichen Befugnisse des JA während der gesamten Inobhutnahme getroffen hat, ist schon deshalb erstaunlich, weil es seinem ausdrücklichen Anliegen entsprach, dass das JA gerade das Einverständnis der Eltern zum Verbleib des Ki/Ju in der Schutzstelle erreichen soll,[109] was in der Praxis sicherlich mit einer gewissen Aufenthaltsdauer verbunden sein dürfte.

69 Die Ausübung der in § 42 Abs. 2 S. 4 genannten „Rechtshandlungen" stellt sich iÜ als **Wahrnehmung eines öffentlichen Amtes** dar, dessen schuldhafte Verletzung als Amtspflichtverletzung einzuordnen ist.[110]

8 Zum Inhalt der Rechtshandlungen

8.1 Umfang der Befugnisse und Pflichten des JA

70 Da das JA „alle Rechtshandlungen" vornehmen darf, „die zum Wohl des Ki/Ju notwendig sind", ergibt sich eine Begrenzung lediglich durch das Merkmal der Notwendigkeit. Alles was zur Erfüllung der Aufgabe der Inobhutnahme notwendig oder anders ausgedrückt erforderlich (keine gleich geeignete mildere Möglichkeit vorhanden) ist, ist rechtlich abgedeckt.

71 In der Literatur wird der Umfang der Befugnisse und Pflichten des JA unterschiedlich dargestellt.[111]

72 Demgegenüber geht das BVerfG augenscheinlich davon aus, dass im Falle der Inobhutnahme dem JA nicht das Aufenthaltsbestimmungsrecht „zufällt", sondern – jedenfalls im Falle des Widerspruchs der PSB gegen die Inobhutnahme – erst sorgerechtliche Entscheidungen vom FamG zu treffen sind, weil es sich bei den Entscheidungen und Maßnahmen des JA zunächst nur um „vorläufige Maßnahmen im Rahmen seiner öffentlich-rechtlichen Notkompetenz handelt".[112] Dieser Entscheidung lag der Sachverhalt zu Grunde, dass das JA ein dreizehn Jahre altes Kind gegen den Willen der Eltern aus deren Haushalt in Obhut genommen und in eine geschlossene Einrichtung verbracht hatte. Hierzu, so das BVerfG, sei nur der Aufenthaltsbestimmungsberechtigte befugt, der allein einen wirksamen Antrag auf Erteilung einer familiengerichtlichen Genehmigung der geschlossenen Unterbringung auf der Grundlage von § 1631b BGB stellen könne. Das BVerfG insoweit weiterhin wörtlich: „Inhaber des Aufenthaltsbestimmungsrechts waren – und sind bis heute[113] – indes vorliegend die Eltern und nicht das JA. Dass das JA das Kind in Obhut genommen hat, steht dem nicht entgegen".[114] Diese vom JA veranlasste Freiheitsentziehung war ohne gerichtliche Entscheidung spätestens mit dem Ablauf des Tages nach ihrem Beginn zu beenden. Im Hinblick auf den Genehmigungsvorbehalt des FamG nach § 1631b BGB habe deshalb im Streitfall noch

109 BT-Drs. 11/5948, 80.
110 Wie hier Wiesner in Wiesner Rn. 31.
111 Trenczek in FK-SGB VIII Rn. 35: „Das JA übt [...] Teilbereiche der Personensorge (insbesondere Beaufsichtigung und Aufenthaltsbestimmung, Gesundheitsfürsorge) aus (....) Es geht mithin nur um (Rechts)-handlungen, die zur Wahrung des Kindeswohls notwendig sind [...]";Tillmanns in MüKoBGB § 42 Rn. 15 (ua): „[...] Vielmehr verschafft Abs. 2 S. 4 dem JA eine hinreichende Rechtsgrundlage zur Durchführung einer sozial-pädagogischen qualifizierten Maßnahme"; Wiesner in Wiesner Rn. 30 (ua): „Damit verleiht die Norm dem JA die Befugnisse, die bei gemeinsamer Sorge jeder Elternteil bei Gefahr im Verzug hat (§ 1629 Abs. 1 S. 4 BGB)."
112 BVerfG 14.6.2007 – 1 BvR 338/07, juris Rn. 32.
113 Gemeint: bis zur Entscheidung des BVerfG, der Verf.
114 BVerfG 14.6.2007 – 1 BvR 338/07.

eine Entscheidung nach §§ 1666, 1666a BGB hinzutreten müssen, weil es sich bei den Entscheidungen und Maßnahmen des JA zunächst nur um „vorläufige Maßnahmen im Rahmen seiner öffentlich-rechtlichen Notkompetenz" handele, während die sorgerechtlichen Maßnahmen vom FamG zu treffen seien.[115]

Die Entscheidung belegt, dass nach Auffassung des BVerfG ausdrücklich nur vorläufige Maßnahmen, also nur vorübergehende Maßnahmen im Rahmen einer öffentlich-rechtlichen Notkompetenz getroffen werden können, die bis zur einer familiengerichtlichen sorgerechtlichen Regelung anfallen. Auf den Streitfall bezogen bedeutet dies, dass, solange das FamG keine Entscheidung über das Aufenthaltsbestimmungsrecht erlassen hatte, dieses bei den Eltern verblieb, die damit allein eine (notwendige) familiengerichtliche Genehmigung gem. § 1631b BGB herbeiführen konnten. Demgegenüber reichte im Streitfall die „Notkompetenz" des JA nicht aus bzw. (nicht) soweit, die notwendige familiengerichtliche Genehmigung nach § 1631b BGB herbeizuführen, wenngleich die geschlossene Unterbringung selbst durch das Jugendamt als vorläufige Maßnahme vom BVerfG nicht beanstandet worden ist. Mithin wäre es, wie das BVerfG auch an anderer Stelle ausführt, erforderlich gewesen, den Eltern durch das FamG einstweilen das Aufenthaltsbestimmungsrecht gem. §§ 1666, 1666a BGB zu entziehen und dieses auf das JA als Ergänzungspfleger zu übertragen. 73

Hoffmann hat sich mit der Entscheidung des BVerfG im Einzelnen mit guter Argumentation kritisch auseinander gesetzt und hält mit Rücksicht auf das während der Inobhutnahme suspendierte Aufenthaltsbestimmungsrecht der Eltern das JA im Ergebnis daher sowohl für befugt, als Aufenthaltsort eine geschlossene Einrichtung zu bestimmen als auch einen entsprechenden Antrag nach § 1631b BGB zu stellen, weil es sich insoweit um eine zivilrechtliche freiheitsentziehende Unterbringung handele, bei der sich die Befugnis zur Bestimmung des Aufenthalts aus dem öffentlichen Recht ergebe.[116] 74

Soweit man der Rechtsauffassung des BVerfG mithin folgt, wird man im Rahmen der Inobhutnahme – abgesehen von der grundsätzlichen Sichtweise zur Suspendierung/Überlagerung der Elternrechte – eine öffentlich-rechtliche Notkompetenz des JA nur für vorläufige – und damit zeitlich begrenzte Maßnahmen annehmen können, so dass sich die Suspendierung/Überlagerung der Elternrechte nur dahin und insoweit auswirkt, dass kurzfristig vorläufige Maßnahmen des JA erlaubt sind, die sorgerechtlichen Befugnisse jedoch zunächst vom Grundsatz her bei dem PSB verbleiben und sorgerechtliche Maßnahmen auch im Hinblick auf die Sorgeberechtigten vom FamG zu treffen und allenfalls vom JA zu initiieren sind. 75

8.2 Die Berücksichtigung des „mutmaßlichen Willens" des PSB

Der „mutmaßliche Wille" des PSB/ErzBer. ist bei der Vornahme der Rechtshandlungen vom JA „angemessen zu berücksichtigen", § 42 Abs. 2 S. 4 Hs. 2. Die Achtung des mutmaßlichen Willens der PSB gilt sowohl für den Zeitraum vor Widerspruch des PSB/ErzBer. als auch danach, mithin vom Beginn bis zur Beendigung der vorläufigen Maßnahme (Inobhutnahme). Allerdings ist eine Beachtung nur insoweit geboten, als der Wille nicht im Widerspruch zu Sinn und Zweck der Inobhutnahme selbst bzw. zum objektiven Kindeswohl steht. Die inhaltliche Bestimmung der Begriffe PSB/ErzBer. ist § 7 Abs. 1 Nr. 5 und Nr. 6 zu entnehmen. Der Wille des PSB ist grundsätzlich vorrangig zu beachten, was daraus folgt, dass er nach den Vorschriften des BGB Inhaber des Sorgerechts ist. 76

115 BVerfG 14.6.2007 – 1 BvR 338/07.
116 Hoffmann, Anm. zu BVerfG 14.6.2007 – R+P 2007, 193 (194).

8.3 Pflicht zur Stellung eines Asylantrags

77 Mit Art. 3 des Gesetzes zur besseren Durchsetzung der Ausreisepflicht ist mit Wirkung vom 29.7.2017 § 42 Abs. 2 ein neuer Satz 5 angefügt worden.[117] „Insbesondere die unverzügliche Stellung eines Asylantrags für das Kind oder den Jugendlichen in Fällen, in denen Tatsachen die Annahme rechtfertigen, dass das Kind oder der Jugendliche internationalen Schutz im Sinne des § 1 Absatz 1 Nummer 2 des Asylgesetzes benötigt“, gehört danach zu den verpflichtenden Rechtshandlungen iSd § 42 Abs. 2 S. 4 im Fall einer Inobhutnahme eines unbegleiteten ausländischen Minderjährigen.

Nach der Gesetzesbegründung werden die Jugendämter durch die Neuregelung „grundsätzlich verpflichtet, für die von ihnen in Obhut genommenen unbegleiteten ausländischen Minderjährigen umgehend von Amts wegen einen Asylantrag zu stellen, wenn internationaler Schutz in Betracht kommt“.[118] Sofern die persönliche Situation des jungen Menschen die Einleitung eines Asylverfahrens zulasse, müsse die Asylantragstellung unverzüglich erfolgen.[119] Damit wird für das Jugendamt die Rechtspflicht zur unverzüglichen Stellung eines Asylantrags postuliert. Hintergrund dieser gesetzlichen Neuregelung dürfte die Tatsache sein, dass bisher einige unerlaubt eingereiste Ausländer mit der Stellung eines Asylantrags zuwarten oder gänzlich von einer Asylantragstellung bis zur Einleitung einer Abschiebung absehen. Hierdurch werden Maßnahmen der Aufenthaltsbeendigung erschwert. Entsprechend der Vorgabe des Gesetzes „zur besseren Durchsetzung der Ausreisepflicht“ soll mit der Pflicht zur unverzüglichen Asylantragstellung diese Praxis beendet werden.

Die Neuregelung in § 42 Abs. 2 S. 5 knüpft an die Regelung in § 42 Abs. 2 S. 4 an. Diese Regelung enthält die Befugnis zur Vornahme aller Rechtshandlungen, die zum Wohle des Kindes oder Jugendlichen notwendig sind. Nach der Gesetzesbegründung wird durch die Neuregelung klargestellt, dass es sich bei der Asylantragstellung um eine Rechtshandlung iSd § 42 Abs. 2 S. 4 handelt, die regelmäßig zum Wohl des Kindes oder Jugendlichen ist, wenn Tatsachen die Annahme rechtfertigen, dass der Minderjährige internationalen Schutz iSd § 1 Abs. 1 Nr. 2 AsylG benötigt.[120] Die in der Gesetzesbegründung gewählte Formulierung legt den Schluss nahe, dass die Stellung eines Asylantrags „regelmäßig“ zum Wohle des Minderjährigen ausfällt. Korrespondierend hiermit müsse die Asylantragstellung unverzüglich erfolgen.[121]

Dem ist zu widersprechen. Ob eine Asylantragstellung tatsächlich dem jeweiligen jungen Menschen zum Wohl gereicht, ist nach hiesiger Auffassung im jeweiligen Einzelfall kritisch und sorgfältig zu prüfen und kann nicht von einer reinen Regel-/Ausnahmefallbetrachtung abhängig gemacht werden.

Nach bisheriger Rechtslage haben einige unbegleitete minderjährige Ausländer sicherlich zunächst bewusst von einer Asylantragstellung abgesehen, um im Fall konkret bevorstehender aufenthaltsbeendender Maßnahmen eine Abschiebung durch Stellung eines Asylantrags verhindern zu können. In diesem Zusammenhang ist auch zu berücksichtigen, dass nach § 13 Abs. 3 AsylG ein Ausländer, der nicht im Besitz der erforderlichen Einreisepapiere (idR eines Visums nach § 6 AufenthG) ist, um Asyl nachsuchen muss. Die Forderung nach einer unverzüglichen Asylantragstellung genoss also bereits nach alter Gesetzeslage grundsätzlich eine gesetzliche Legitimation.

Andererseits ist aber auch zu berücksichtigen, dass bisher Ausländer aufgrund der je nach Herkunftsland und der individuellen Situation geringen Erfolgsaussichten eines Asylantrags sowie der Restriktionen im Asylverfahren und der negativen Folgen im

117 BGBl. I 2017 Nr. 52, 2780.
118 BT-Drs. 18/11546, 24.
119 BT-Drs. 18/11546, 24.
120 BT-Drs. 18/11546, 24.
121 BT-Drs. 18/11546, 24.

weiteren ausländerrechtlichen Verfahren bei Ablehnung eines Asylantrags bewusst von der Stellung eines Asylantrags abgesehen haben. Nach § 56 Abs. 1 AsylG ist die Aufenthaltsgestattung zunächst auf den Bezirk der jeweiligen Ausländerbehörde beschränkt. Der Ausländer genießt damit mit Asylantragstellung zunächst kaum noch Bewegungsfreiheit im Bundesgebiet. Die Zuerkennung der Flüchtlingseigenschaft im Asylverfahren hat hohe Hürden. So muss zunächst eine Verfolgungshandlung iSd § 3a AsylG gegeben sein, die Anlass zu einer Flüchtlingsanerkennung bieten kann. Ferner muss ein spezifischer Verfolgungsgrund nach § 3b AsylG gegeben sein. Schließlich kommt es auch darauf an, ob dem betroffenen Ausländer zum Zeitpunkt der Flucht eine sichere inländische Fluchtalternative offenstand, § 3e AsylG. Auch die Zuerkennung subsidiären Schutzes knüpft an das Vorliegen spezifischer Tatbestandsvoraussetzungen. Im Fall der Ablehnung des Asylantrags als unbegründet können im weiteren ausländerrechtlichen Verfahren gravierende Nachteile für den betroffenen jungen Menschen eintreten. So führen die Regelungen in § 10 Abs. 3 S. 1 bis 3 AufenthG zu Sperrwirkungen hinsichtlich der Erteilung eines Aufenthaltstitels. Diese Sperren greifen bereits bei einer Ablehnung des Asylantrags als unbegründet. In verschärfter Form bestehen Sperrwirkungen bei einer Ablehnung des Asylantrags als offensichtlich unbegründet. Gem. § 11 Abs. 7 Nr. 1 AufenthG kann das BAMF dann sogar ein Einreise- und Aufenthaltsverbot anordnen. Diese gesetzlichen Regelungen machen deutlich, dass die Asylantragstellung im Einzelfall aufgrund der hiermit verbundenen Nachteile, insbesondere im Falle einer Ablehnung des Asylantrags, dem Interesse des Ausländers zuwiderlaufen kann, also gerade nicht seinem Wohl dient.

In diesem Zusammenhang ist zu berücksichtigen, dass nach Gesetzeswortlaut und Gesetzesbegründung die Verpflichtung zur Stellung eines Asylantrags an das Vorliegen von Tatbestandsvoraussetzungen gekoppelt ist. Erforderlich ist das Vorliegen von Tatsachen, welche die Annahme rechtfertigen, dass der Minderjährige internationalen Schutz iSd § 1 Abs. 1 Nr. 2 AsylG benötigt. Wann solch internationaler Schutz im Einzelfall benötigt wird, wird im Gesetzestext nicht weiter ausgeführt. Auch in der Gesetzesbegründung wird hierzu lediglich erwähnt, dass die Prüfung erforderlich sei, ob „die persönliche Situation des Minderjährigen die Einleitung des Asylverfahrens" zulasse.[122] Wann die „persönliche Situation" die Einleitung eines Asylverfahrens zulassen soll, bleibt allerdings unkommentiert.

Nach hiesiger Auffassung kann ein „Benötigen von internationalem Schutz" jedenfalls nur dann bejaht werden, wenn die Zuerkennung von internationalem Schutz im jeweiligen Einzelfall überhaupt rechtlich möglich ist. Ist aufgrund der Verhältnisse im Herkunftsland oder der individuellen Situation des jungen Menschen nicht mit einer Zuerkennung des genannten Schutzstatus im Asylverfahren zu rechnen, „benötigt" der betroffene junge Mensch keine Asylantragstellung, um seinem „Wohl" iSd § 42 Abs. 2 S. 4 zu dienen.[123]

Nicht unproblematisch ist nach hier vertretener Auffassung auch die im Gesetzestext verwendete Formulierung der „unverzüglichen" Asylantragstellung. „Unverzüglich" bedeutet nach der in § 121 Abs. 1 S. 1 BGB enthaltenen Legaldefinition „ohne schuldhaftes Zögern". Diese aus dem BGB stammende Legaldefinition gilt grundsätzlich für alle Rechtsbereiche, also auch für das öffentliche Recht.[124] Unverzüglich bedeutet allerdings nicht „sofort". Verlangt wird lediglich „ein nach den Umständen des Falles zu bemessendes beschleunigtes Handeln".[125] Hierbei sind die berechtigten Belange der

122 BT-Drs. 18/11546, 24.
123 S. hierzu auch Achterfeld JAmt 2017, 349 (350).
124 Ellenberger in Palandt § 121 Rn. 3; Wendtland in BeckOK BGB § 121 Rn. 6; BVerwG 6.9.1988 – 1 C 71/86, juris Rn. 15.
125 BVerwG 6.9.1988 – 1 C 71/86, juris Rn. 15.

Beteiligten angemessen zu berücksichtigen.[126] Dabei kann es auch geboten sein vor der Entscheidung über die zu treffende Maßnahme zunächst den Rat eines Rechtskundigen einzuholen.[127] Für die Verpflichtung zur Stellung eines Asylantrags ist diesbezüglich zu berücksichtigen, dass die Beurteilung der Erfolgsaussichten eines Asylantrags sehr schwierig sein kann und regelmäßig einer vertieften Prüfung bedarf. So ist es beispielsweise bereits nicht einfach zu beurteilen, ob eine Verfolgungshandlung iSd § 3a AsylG gegeben ist, die Anlass zu einer Flüchtlingsanerkennung bieten kann. Auch das Vorliegen eines Verfolgungsgrundes nach § 3b AsylG ist nicht einfach zu beurteilen. Schließlich kommt es auch darauf an, ob dem betroffenen Ausländer zum Zeitpunkt der Flucht eine sichere inländische Fluchtalternative offenstand, § 3e AsylG. Diese schwierige Rechtsprüfung setzt spezifische Kenntnisse hinsichtlich des Herkunftsstaates und grundlegende Kenntnisse des Ausländer- und Asylrechts voraus. In den letzten Jahren haben sich zahlreiche Vormünder um einen Erwerb dieser Sach- und Rechtskenntnisse bemüht, da diesen die Vertretung des unbegleiteten minderjährigen Ausländers bereits im Stadium der Inobhutnahme zukommt, § 42 Abs. 3 S. 4. Nun aber wird mit der gesetzlichen Neuregelung in § 42 Abs. 2 S. 5 einem Mitarbeiter des Jugendamtes, der regelmäßig nicht zugleich Vormund ist, die Verpflichtung auferlegt, unverzüglich einen Asylantrag zu stellen.

Diese Verpflichtung kann nach hiesiger Auffassung allerdings nicht isoliert betrachtet werden, sondern muss im Zusammenhang mit der in § 42 Abs. 3 S. 4 enthaltenen Regelungen angewendet werden. Gem. § 42 Abs. 3 S. 4 ist im Falle einer Inobhutnahme eines unbegleiteten ausländischen Minderjährigen unverzüglich die Bestellung eines Vormunds oder Pflegers zu veranlassen. Eine solche Verpflichtung ergibt sich auch aus Art. 24 Abs. 1 S. 1 der RL 2013/33/EU. Danach müssen die Mitgliedstaaten dafür sorgen, dass so bald wie möglich ein Vertreter bestellt wird, der den unbegleiteten Minderjährigen vertritt und unterstützt. Dieser Vertreter muss nach Art. 24 Abs. 1 S. 3 der RL 2013/33/EU seine Aufgaben „im Einklang mit dem Grundsatz des Kindeswohls wahrnehmen und entsprechend versiert sein". Dem nach § 42 Abs. 3 S. 4 in der Regel zu bestellenden Vormund – und nicht dem Vertreter nach § 42 Abs. 2 S. 4 – kommt nach der gesetzlichen Systematik des § 42 diese umfassende Rechtsvertretung des unbegleiteten minderjährigen Ausländers zu. In diesem Zusammenhang ist auch zu berücksichtigen, dass nach der Rechtsprechung des BVerfG von der Regelung in § 42 Abs. 2 S. 4, jedenfalls für den Fall des Aufenthalts eines Personensorgeberechtigten in Deutschland, nur „vorläufige Maßnahmen im Rahmen einer öffentlich-rechtlichen Notkompetenz" umfasst sein können.[128] Die umfassende Vertretungskompetenz muss daher nach hiesiger Auffassung dem vom Familiengericht zu bestellenden Vormund vorbehalten bleiben.

Nach hier vertretener Auffassung folgt bereits aus der gesetzlichen Neuregelung des § 42 Abs. 2 S. 5, dass das Jugendamt unter angemessener Berücksichtigung der Belange des jeweiligen Ausländers zunächst prüfen muss, ob im jeweiligen Einzelfall objektive Tatsachen vorliegen, welche die Annahme rechtfertigen können, dass der Minderjährige internationalen Schutz nach § 1 Abs. 1 Nr. 2 AsylG benötigt. Nur bei Vorliegen dieser Tatbestandsvoraussetzung greift die gesetzliche Pflicht aus § 42 Abs. 2 S. 5 zur Asylantragstellung.

Nach der Gesetzesbegründung soll mit der Neuregelung in § 42 Abs. 2 S. 5 klargestellt werden, dass es sich bei der Asylantragstellung um eine „Rechtshandlung handelt, die regelmäßig zum Wohl des Kindes oder Jugendlichen ist".[129] Dann muss aber auch im

126 Wendtland in BeckOK BGB § 121 Rn. 7 mwN.
127 S. hierzu Ellenberger in Palandt § 121 Rn. 3 und OLG Oldenburg 30.10.2003 – 8 U 136/03, juris Rn. 18.
128 BVerfG 14.6.2007 – 1 BvR 338/07, juris Rn. 32.
129 BT-Drs. 18/11546, 24.

jeweiligen Einzelfall geprüft werden, ob der Asylantrag tatsächlich zum Wohl des Minderjährigen gereichen kann.

Da der Mitarbeiter des Jugendamtes, welchem die Aufgabenwahrnehmung nach § 42 Abs. 2 S. 4 und 5 zukommt, regelmäßig weder über vertiefte länderspezifische Kenntnisse noch über ausländer- und asylrechtliche Kenntnisse verfügen wird, hat dieser nach hiesiger Auffassung zwingend den nach § 42 Abs. 3 S. 4 unverzüglich zu bestellenden Vormund oder einen Rechtsanwalt bei der Entscheidungsfindung zu beteiligen. Da die Prüfung, ob die Stellung eines Asylantrags dem Wohl des Minderjährigen dient, eine gewisse Zeit in Anspruch nimmt, wird zum Zeitpunkt der Entscheidungsfindung im Idealfall bereits ein Vormund bestellt sein. Diesbezüglich ist zu berücksichtigen, dass der Vormund nach § 1793 Abs. 1 S. 1 BGB die Pflicht hat, für die Person des Mündels zu sorgen. Er ist also gesetzlich dazu aufgerufen im Interesse des Mündels, hier des jeweiligen minderjährigen Ausländers, zu handeln. Dies kann er aber im asyl- und ausländerrechtlichen Verfahren nur noch bedingt tun, wenn vor seiner Bestellung eine für den jungen Menschen nachteilige und ausländerrechtlich unumkehrbare nachteilige Entscheidung durch die Rechtsvertretung nach § 42 Abs. 2 S. 5 getroffen wird. Ist zum Zeitpunkt der Entscheidungsfindung nach § 42 Abs. 2 S. 5 ein Vormund noch nicht bestellt, kann es daher geboten sein, den Rat eines Rechtsanwalts einzuholen.

Nicht geteilt wird daher das in der Gesetzesbegründung postulierte Gebot: „Ist dies der Fall (Anmerkung: lässt die persönliche Situation des Minderjährigen die Einleitung des Asylverfahrens zu), dann muss die Antragstellung aber auch unverzüglich erfolgen".[130] Richtig ist vielmehr nach hiesiger Auffassung Folgendes: Kommt die Zuerkennung der Flüchtlingseigenschaft oder des subsidiären Schutzes nicht in Betracht, greift die Verpflichtung zur Asylantragstellung nach § 42 Abs. 2 S. 5 nicht. Dies scheint auch der Gesetzgeber letztendlich so zu sehen, da er in der Gesetzesbegründung ausführt, dass die Verpflichtung zur Asylantragstellung (nur) gilt, wenn internationaler Schutz „in Betracht kommt".[131] Es würde jedenfalls die aus § 42 Abs. 2 S. 4 folgende Pflicht zur Vornahme von Rechtshandlungen, welche zum „Wohl des Kindes oder Jugendlichen notwendig sind" konterkarieren, wenn der Mitarbeiter des Jugendamtes sehenden Auges einen Asylantrag stellen müsste, der nach negativem Abschluss des Asylverfahrens dem betroffenen Ausländer zum Nachteil gereichen kann. Auch steht einer solchen Gesetzesauslegung nach hiesiger Auffassung die aus § 42 Abs. 2 S. 5 Hs. 2 folgende Pflicht zur Beteiligung des Kindes oder Jugendlichen entgegen. Ist der Minderjährige erkennbar mit einer Asylantragstellung nicht einverstanden, verbietet sich die Asylantragstellung durch den Vertreter des Jugendamtes gegen den Willen des jungen Menschen.

9 Die Pflicht des JA zur Unterrichtung des PSB/ErzBer. (§ 42 Abs. 3 S. 1)

Die Unterrichtungspflicht des JA gilt für den Fall der Selbstmeldung sowie für die Inobhutnahme bei dringender Gefahr für das Wohl des Ki/Ju, also die Fälle des Abs. 1 S. 1 Nr. 1 und Nr. 2. 78

Mit Abs. 3 S. 1 ist durch Art. 1 des **KJSG** eine der Aufklärung gegenüber dem betroffenen Kind nach Abs. 2 S. 1 entsprechende Aufklärungspflicht gegenüber den Eltern festgeschrieben worden. Nach der Gesetzesbegründung soll damit die bessere Nachvollziehbarkeit der Bedeutung und Folgen einer Inobhutnahme sichergestellt werden. Die Notwendigkeit einer „umfassenden, adressatenorientierten Aufklärung" gegenüber den Eltern folgt nach der Gesetzesbegründung aus der Tatsache, dass die Eltern dafür verantwortlich sind, Gefährdungen für ihr Kind abzuwenden. Sie entscheiden

130 BT-Drs. 18/11546, 24.
131 BT-Drs. 18/11546, 24.

insbesondere auch, ob sie der Inobhutnahme zustimmen und gemeinsam mit dem Jugendamt in ein Hilfeplanverfahren zur Gewährung einer Hilfe eintreten (§ 42 Abs. 3 S. 5), oder ob sie widersprechen und dadurch ein Widerspruchsverfahren nach § 68 Abs. 1 VwGO auslösen und ein familiengerichtliches Verfahren herbeiführen (§ 42 Abs. 3 S. 2 Nr. 2).[132]

9.1 Zeitpunkt der Benachrichtigung

79 Die Benachrichtigung des PSB/ErzBer. durch das JA hat unverzüglich zu erfolgen. Sicherlich ist hierunter **kein sofortiges, überstürztes Handeln** zu verstehen. Angesichts vielfältiger Gefahrenlagen für Ki/Ju (Entführungen, Unfälle uä) haben Eltern jedoch grundsätzlich einen Anspruch darauf, schnellstmöglich von der Tatsache der Inobhutnahme durch das JA zu erfahren. Zudem ist zu berücksichtigen, dass die Inobhutnahme einen Verwaltungsakt darstellt, der erst mit der Bekanntgabe wirksam wird. Auch aus diesem Grund ist eine Mitteilung an die Eltern zwingend (→ Rn. 122). Die Benachrichtigung erfolgt unabhängig vom Willen des Ki/Ju, weil das JA hierzu **gesetzlich verpflichtet** ist.

80 Der **Umfang der Unterrichtung** ist strittig. Nach hier vertretener Rechtsauffassung sind die **Tatsache der Inobhutnahme**, die **Bezeichnung des zuständigen JA** als zuverlässige Kontaktadresse und Anlaufstelle für die PSB und die **Angabe all derjenigen Umstände**, die für den PSB zum **Verständnis der Situation** wichtig sind, mitzuteilen. Sofern Informationen zurückzuhalten sind, ist zu unterscheiden, ob die Informationen nach §§ 8 Abs. 3 und 65 kraft Gesetzes ohnehin geschützt sind und eine Weitergabe daher untersagt ist oder ob die Informationen aufgrund einer anzunehmenden Gefährdungslage geheim zu halten sind, wobei dies im Einzelfall konkret nachprüfbar sein und ggf. belegt werden muss. Letzteres bedarf gesonderter Begründung und entsprechender Dokumentation. Würde man die Unterrichtung auf den Fakt der Inobhutnahme begrenzen, könnte der PSB/ErzBer. nämlich nicht einmal gem. § 42 Abs. 3 S. 2 der Inobhutnahme begründet widersprechen. Damit wäre von vornherein eine sinnvolle, **der Krisenintervention entsprechende Auseinandersetzung** zwischen JA und PSB/ErzBer. über den Verbleib oder die Übergabe des Ki/Ju nicht möglich. Ein solches Gespräch hat aber insbesondere auch den Zweck, eine Entscheidung des PSB/ErzBer. zu initiieren, die dem Kindeswohl dienlich ist. Nicht zuletzt deshalb geht selbst die Gesetzesbegründung davon aus, dass die Benachrichtigung der Eltern in der Praxis häufig dazu dienen wird, ihr Einverständnis zum Verbleib des Ki/Ju in der Schutzstelle zu erreichen.[133] Ferner wird idR eine transparente Aufklärung der Eltern hinsichtlich der Gefährdungssituation und der angezeigten Maßnahmen zu einer besseren Nachvollziehbarkeit des Handelns und damit zu einer Akzeptanz führen.

9.2 Abschätzung des Gefährdungsrisikos

81 Über die Unterrichtung der PSB/ErzB. hat das JA mit den PSB/ErzBer. auch „das Gefährdungsrisiko abzuschätzen". Diese Regelung dürfte im Zusammenhang mit § 8a (Schutzauftrag bei Kindeswohlgefährdung) zu sehen sein, der insgesamt die Vorgehensweise des JA auf eine neue klare Handlungsgrundlage stellt. In diesem Zusammenhang lag es nahe, über die Unterrichtungspflicht des JA hinaus eine **Kommunikation zwischen JA und PSB** zu fixieren, um hierdurch eine **Situationsklärung** herbeizuführen. Ein solches Gespräch dient letztlich auch der Abklärung, ob und inwieweit die PSB/ErzBer. der Inobhutnahme widersprechen oder eine solche Krisenintervention als sinnvoll für die gesamte Familie ansehen. Insofern ist die Kommunikation zwischen JA und PSB insgesamt gesehen dem Wohl des in Obhut genommenen Kindes dienlich,

132 BT-Drs. 19/26107, 96.
133 BT-Drs. 11/5948, 80.

um ein Gespräch zwischen allen Beteiligten in Gang zu bringen, was in der Regel bereits hilft, in der Krise zu vermitteln.

10 Widerspruch des PSB/ErzBer. zur Inobhutnahme (§ 42 Abs. 3 S. 2)

Soweit die PSB/ErzBer. der Inobhutnahme widersprechen, enthält das Gesetz für das JA **zwei klare Vorgaben:** Übergabe des Ki/Ju (Nr. 1) bzw. Herbeiführung einer familiengerichtlichen Entscheidung (Nr. 2). 82

Zudem ist der Widerspruch der PSB idR als Anfechtungswiderspruch nach § 68 Abs. 1 VwGO auszulegen (→ Rn. 100).

10.1 Inhaltlich eindeutige Erklärung des PSB

Die Handlungsanweisungen für das JA gelten zweifelsohne auch für die Fallgestaltung, dass der PSB/ErzBer. keine definitive inhaltliche Erklärung abgibt. Zumindest der PSB ist jedoch verpflichtet, klare und eindeutige sorgerechtliche Bestimmungen zu treffen, ob er die Inobhutnahme akzeptiert. Ansonsten muss das JA nach § 42 Abs. 3 S. 2 Nr. 2 verfahren und eine Entscheidung des FamG über die erforderlichen Maßnahmen zum Wohl des Ki/Ju herbeiführen, s. § 42 Abs. 3 S. 2 Nr. 2. 83

10.2 Unterschiedliche Willenslage bei Widerspruch

Sind PSB und ErzBer. über den Widerspruch unterschiedlicher Auffassung, entscheidet der Wille des PSB als Sorgerechtsinhaber gemäß § 1626 BGB. 84

Schwieriger dürfte die in der Praxis sicherlich nicht selten auftretende Situation sein, dass **beide Elternteile als PSB kein Einvernehmen** über die Inobhutnahme bzw. über den Widerspruch erzielen. Das JA muss in diesem Falle ggf. versuchen, einen Elternteil zu veranlassen, an das FamG einen Antrag gem. § 1628 BGB zu stellen, ihm als – „anderem" – sorgeberechtigten Elternteil die Entscheidung über den Widerspruch zu übertragen. Lässt sich dies nicht in zeitangemessener Form bewerkstelligen, sollte das JA dem FamG unverzüglich gem. § 42 Abs. 3 S. 2 Nr. 2 Mitteilung machen, weil nur beide Elternteile als PSB dem Verbleib des Ki/Ju zustimmen können, §§ 1626 Abs. 1, 1627 BGB iVm § 7 Abs. 1 Nr. 5. Zum Begriff des „unverzüglichen" Handelns → Rn. 57 u. 77. Auch hier ist eine vom Normzweck her zügige, aber durch den jeweiligen Sachverhalt gebotene angemessene Vorgehensweise des JA angezeigt.

10.3 Fortdauer der rechtlichen Befugnisse trotz Widerspruchs

Durch den Widerspruch allein enden die rechtlichen Befugnisse des JA gem. § 42 Abs. 2 S. 3 und 4 nicht. Die sorgerechtlichen Befugnisse sind dem JA vielmehr für die **Dauer der tatsächlichen Inobhutnahme** kraft Gesetzes übertragen (s. § 42 Abs. 2 S. 4: „während der Inobhutnahme"). Erst die Übergabe des Ki/Ju an den PSB/ErzBer. gem. § 42 Abs. 3 S. 2 Nr. 1 oder die Entscheidung des FamG gemäß § 42 Abs. 3 S. 2 Nr. 2 beenden diesen **Rechtszustand der Suspendierung elterlicher Sorgerechtsbefugnisse** (→ Rn. 90). 85

11 Voraussetzungen und Inhalt der Übergabeverpflichtung

Die Übergabe des Ki/Ju (gem. Nr. 1) kommt allerdings nur unter **zwei einschränkenden Voraussetzungen** in Betracht, und zwar, wenn a) nach Einschätzung des JA eine Gefährdung des Kindeswohls nicht besteht oder b) die PSB/ErzBer. bereit und in der Lage sind, die Gefährdung abzuwenden. Die Einschränkung, dass eine Übergabe des Ki/Ju nur dann in Betracht kommt, wenn eine Gefährdung des Kindeswohls nicht besteht, oder die PSB/ErzBer. die Gefahrenlage selbst beheben, verdeutlicht den Prüfungsauftrag des JA im Falle einer bestehenden Kindeswohlgefährdung und hebt den 86

Schutzauftrag des JA hervor: In aller Klarheit wird zum Ausdruck gebracht, dass gefährdete Ki/Ju in der Obhut des JA verbleiben, bis festgestellt ist, dass eine Gefährdungssituation nicht besteht oder sie beseitigt ist. Diese gesetzliche Hervorhebung war zwar nicht zwingend notwendig, ist aber für alle Beteiligten mehr als sinnvoll.[134]

87 Mit der zu b) genannten Einschränkung wird – entsprechend dem Wortlaut des § 1666 Abs. 1 BGB, nach dem auch gerichtliche Eingriffsbefugnisse davon abhängig sind, dass die PSB/ErzBer. nicht bereit oder in der Lage sind, die Gefährdung abzuwenden – das **verfassungsrechtlich geschützte Handlungsvorrecht der Eltern** (durch eigene Initiative der Gefährdung ihres Ki/Ju zu begegnen) gewahrt. Nur für diesen Fall ist es nämlich auch dem FamG eingriffsrechtlich erlaubt, in das Sorgerecht der PSB einzugreifen. Unter gleichen Voraussetzungen bleibt es mithin bei der Inobhutnahme bzw. ist die Inobhutnahme aufzuheben.

88 § 42 Abs. 3 S. 2 Nr. 1 sieht vor, die/den Mj (nach Prüfung, dass keine Kindeswohlgefährdung besteht oder eine solche von den Eltern abgewendet wird und damit ein Bedürfnis für die Inobhutnahme nicht mehr besteht) dem PSB/ErzBer. zu übergeben. Dies setzt selbstverständlich voraus, dass ein Bedürfnis für die Inobhutnahme nicht mehr besteht. Mit der „Übergabe" ist nicht etwa die Verpflichtung des JA verbunden, die/den Mj zu dem PSB/ErzBer. zurückzubringen. Vielmehr bedeutet die Anweisung zur Übergabe lediglich, dass der PSB/ErzBer. die/den Mj an dem vereinbarten oder mitgeteilten Ort abholen kann.[135] Sicherlich können sich **zwingende Gründe** dafür ergeben, die/den Mj zum Wohnort seiner Eltern zu begleiten oder ihn zurück zu bringen.[136] Dabei ist jedoch zu beachten, dass das nach § 87 für die vorläufige Unterbringung zuständige JA nicht für die Regelung der **Rückkehr** zuständig ist; dies ist vielmehr Aufgabe des gem. § 86 zuständigen JA. Letztlich sollten aber beide JÄ die Begleitung des Ki/Ju von dessen Alter und Verhalten abhängig machen und ähnlich der Regelung des § 18 Abs. 4 S. 2 Hilfestellung leisten.

12 Pflicht zur Herbeiführung einer Entscheidung des FamG

89 Ist der PSB/ErzBer. mit der Inobhutnahme nicht einverstanden, hat das JA eine Entscheidung des FamG herbeizuführen. Insoweit ist das JA verpflichtet, dem FamG sämtliche Tatsachen mitzuteilen, die Grundlage seiner Auffassung sind, dass weitere Maßnahmen (s. hierzu § 1666 Abs. 3 BGB) notwendig ist. Es handelt sich hier um eine **ermessensunabhängige Handlungsverpflichtung** des JA, es besteht also grundsätzlich und ausnahmslos – unverzügliche – Vorlagepflicht.[137] Eine verspätete Herbeiführung einer familiengerichtlichen Entscheidung führt nicht dazu, dass die Inobhutnahme während ihrer gesamten Dauer, dh auch nach Nachholung dieses Versäumnisses, rechtswidrig gewesen ist.[138] Die Inobhutnahme ist somit für die Zeit vor Eintritt der Verspätung und für die Zeit ab Unterrichtung des Familiengerichts als rechtmäßig zu beurteilen. Lediglich für die schwierig zu bestimmende Zeitdauer, welche zu dem Zeitpunkt beginnt, zu dem eine Entscheidung des Familiengerichts hätte herbeigeführt werden müssen und die mit dem Zeitpunkt der tatsächlichen Anrufung endet, kann eine Rechtswidrigkeit der Inobhutnahme angenommen werden.[139] Für die Bestimmung dieser Zeitdauer ist im Einzelfall zu berücksichtigen, dass mit dem Gebot „unverzüglich" eine Entscheidung des Familiengerichts über die zum Wohl des Kindes oder Jugendlichen erforderlichen Maßnahmen herbeizuführen, das Gesetz zum Aus-

134 S. hierzu auch BayVGH 19.8.2010 – 12 ZB 10.1521, juris Rn. 7.
135 So auch: Wiesner in Wiesner Rn. 44; Trenczek 2008, 236.
136 S. Wiesner in Wiesner Rn. 44.
137 Ebenso: Tillmanns in MüKoBGB Rn. 16; Trenczek 2008, 233.
138 OVG NRW 27.8.1998 – 16 A 3477/97, juris Rn. 28 f.; s. hierzu auch BVerwG 24.6.1999 – 5 C 24/98, juris Rn. 41.
139 Ebenso OVG Bln-Bbg 4.3.2016 – OVG 6 S 60.15, juris Rn. 5.

druck bringt, dass es sich bei den Entscheidungen und Maßnahmen des Jugendamts zunächst nur um vorläufige Maßnahmen handelt, während die erforderlichen sorgerechtlichen Maßnahmen vom Familiengericht zu treffen sind. Bei der Auslegung des Begriffs „unverzüglich" ist mangels entgegengesetzter Anhaltspunkte davon auszugehen, dass dieser – wie in § 121 BGB – „ohne schuldhaftes Zögern" bedeutet. „Unverzüglich" bedeutet dabei nicht „sofort". Vielmehr muss dem Jugendamt eine angemessene Zeit zur Prüfung und Entscheidung bleiben, welche sich durch die Sorge um das Wohl des Minderjährigen bestimmt.[140]

12.1 Inhalt der Entscheidung des FamG

Die familiengerichtliche Entscheidung stellt **keine Kontrolle des JA** dar. Dem FamG ist nicht die Aufgabe zugewiesen, die Rechtmäßigkeit der Inobhutnahme zu überprüfen oder deren Fortdauer anzuordnen.[141] Das Familiengericht entscheidet vielmehr eigenständig über die im Einzelfall angezeigte gerichtliche Maßnahme. Nach § 1666 Abs. 3 BGB kann diese ein Gebot beinhalten, öffentliche Hilfen in Anspruch zu nehmen. Möglich ist aber auch der teilweise oder vollständige Entzug der elterlichen Sorge. 90

12.2 Gerichtliche Ersetzung der Zustimmung zur Inobhutnahme?

Fraglich erscheint, ob das FamG auch die **Zustimmung** des PSB zur Inobhutnahme gem. § 1666 Abs. 3 Nr. 5 BGB (Abdruck bei § 8a) **ersetzen** kann. Diese Regelung bezieht sich nach dem Willen des Gesetzgebers nur auf die Ersetzung punktueller Willenserklärungen, etwa die notwendige Einwilligung der Eltern in eine Operation.[142] Bedenken erscheinen insoweit angebracht, als – im Gegensatz zu einer lediglich punktuellen Willenserklärung – mit der Inobhutnahme weitere sorgerechtliche Befugnisse für das JA bestehen, § 42 Abs. 2 S. 4, was inhaltlich über die bloße familiengerichtliche Ersetzung einer konkreten Willenserklärung gem. § 1666 Abs. 3 Nr. 5 BGB eindeutig hinausgeht und deshalb wegen des Umfangs des Handlungsrahmens und der Handlungsermächtigung rechtlich kaum vertretbar erscheint. Hinzu kommt, dass mit der Inobhutnahme selbst in aller Regel die zugrundeliegenden Probleme nicht geklärt sind und sich an die Inobhutnahme die Gewährung von Hilfen anschließt.[143] 91

12.3 Grundlegende rechtliche Regelung durch das FamG

Bei Bedarf nach einer grundlegenden rechtlichen Regelung (situationsbedingte, schnell erforderliche und absehbare prinzipielle Hilfestellungen) sollte die Entscheidung des FamG auf eine **einstweilige Anordnung im Rahmen eines Verfahrens nach §§ 1666, 1666a BGB** hinauslaufen. Da das FamG aus Anlass der Inobhutnahme tätig wird und sich insoweit mit den unterschiedlichen Auffassungen von JA und PSB/ErzBer. über die Notwendigkeit bzw. Fortdauer der Inobhutnahme befassen muss, wird die „herbeizuführende" Entscheidung eingriffsrechtliche Regelungen zu der Krisensituation zu enthalten haben.[144] Dabei bestehen die „erforderlichen Maßnahmen" nicht etwa in einer „Bestätigung" oder „Verneinung" der Inobhutnahme. Vielmehr ist zu prüfen, ob der Verbleib des Ki/Ju in der Obhut des JA für einen gewissen begrenzten Zeitraum zur Abwendung einer Kindeswohlgefährdung (§ 1666 Abs. 1 S. 1 BGB) notwendig erscheint, um das krisenhafte Ereignis durch „Spannungsentlastung, Problemklärung 92

140 BVerwG 24.6.1999 – 5 C 24/98, juris Rn. 41.
141 OLG Bamberg 11.8.1998 – 2 UF 169/98, juris Rn. 13; BVerfG 14.6.2007 – 1 BvR 338/07, juris Rn. 32; Wiesner in Wiesner Rn. 46.
142 S. BT-Drs. 8/2788, 59; Götz in Palandt § 1666 Rn. 37.
143 Wie hier: Wiesner in Wiesner Rn. 46; Trenczek 2008, 234.
144 S. hierzu OLG Bamberg 11.8.1998 – 2 UF 169/98, juris Rn. 13 f.; BVerfG 14.6.2007 – 1 BvR 338/07, juris Rn. 32.

und Wiederaufnahme von Kommunikation"[145] mit sozialpädagogischen Hilfen zu bewältigen. Ist der PSB als Inhaber der elterlichen Sorge hierzu „nicht gewillt" oder „nicht in der Lage", und stellt sich das Verhalten des PSB (Weigerung der Zustimmung zur Inobhutnahme bzw. der Inanspruchnahme öffentlicher Hilfen zur Abwehr einer Kindeswohlgefährdung), also als kindeswohlgefährdendes Verhalten schlechthin dar, § 1666 Abs. 1 S. 1 BGB, hat das FamG dem PSB entsprechende **sorgerechtliche Teilbefugnisse bis hin zum gesamten Personensorgerecht** zu entziehen und auf einen Ergänzungspfleger, in der Regel das JA, zu übertragen.[146]

12.4 Abwägungskriterien des FamG

93 Da der Inobhutnahme häufig ein **grundsätzlicher Konflikt** zwischen Eltern und Mj, bzw. eine sonstige, mit sozialpädagogischen Mitteln zu bewältigende Notlage zugrunde liegt, die zB Anlass für eine Selbstmeldung war, wird die Inobhutnahme zumeist ein Indiz für eine irgendwie geartete **Kindeswohlgefährdung**, zumindest aber eine **defizitäre Erziehungslage** sein. Dies **abzuklären** ist eine weitere und ebenso wichtige Aufgabe des FamG. Kommt das FamG deshalb im Rahmen seiner weiterhin gem. § 26 FamFG von Amts wegen anzustellenden Ermittlungen zu dem Ergebnis, dass eine Kindeswohlgefährdung iSv § 1666 Abs. 1 S. 1 BGB andere zusätzliche Maßnahmen notwendig macht, wird es zunächst unter Berücksichtigung des sog. negativen Tatbestandsmerkmals des § 1666 Abs. 1 S. 1 BGB – eigene Handlungsbereitschaft und Handlungsfähigkeit der Eltern zur Gefahrenabwehr – abklären, ob der PSB etwa erforderliche und geeignete öffentliche Hilfen iSd §§ 27 ff. anzunehmen bereit ist. Ist dies nicht der Fall, kommt nur der schon erörterte **Entzug des gesamten Personensorgerechts** gem. §§ 1666 Abs. 1 S. 1, 1666a Abs. 2 BGB und dessen Übertragung auf einen Ergänzungspfleger in Betracht, um dem Ki/Ju öffentliche Hilfen nach §§ 27 ff. zukommen zu lassen.

94 Der Entzug des **gesamten Personensorgerechts** ist in diesem Falle **zwingend erforderlich,** weil § 27 das Recht zur Geltendmachung von Leistungen **allein** dem PSB zuweist.[147] Das Gleiche gilt für das Recht der Beteiligung am Hilfeplanverfahren, § 36. Damit mündet die zunächst nur vorläufige Maßnahme des FamG ggf. in längerfristig wirkende Entscheidungen, die ihrerseits wiederum Grundlage für dauerhafte Hilfeleistungen durch das JA sein können.[148]

95 Soweit das FamG iÜ eine vorläufige Entscheidung im Rahmen des § 42 Abs. 3 S. 2 Nr. 2 trifft, dürfte es sich aus der Natur dieser – zügig vorzunehmenden – Entscheidung ergeben, dass sie **keine** von der Hilfeform her langfristig angelegten Regelungen, zB dauerhafte Trennungsmaßnahmen, enthält.[149]

96 Im Rahmen und aus Anlass des Verfahrens nach § 1666 Abs. 1 S. 1 iVm Abs. 3 BGB kann das FamG den PSB zur Inanspruchnahme von Hilfen im Rahmen „erforderlicher Maßnahmen" ggf. auch **durch eine Weisung** anhalten. Soweit in diesem Zusammenhang allerdings Weisungen ausgesprochen werden, ist darauf zu achten, ob solche Weisungen letztlich konkret geeignet sind, den für die Inobhutnahme ursächlichen Gründen mit Gewissheit zu begegnen.

97 Für die Inobhutnahme dürften schließlich andere Entscheidungslagen (als solche im Zusammenhang mit § 1666 BGB) kaum relevant sein. So sind zB die in §§ **1674, 1681 BGB** geregelten Sachverhalte zwar genügend häufig Gegenstand familiengerichtlicher

---

145 S. BT-Drs. 11/5948, 80.
146 S. Röchling, Eingriffsrecht, 260 ff., 281 ff., 288 ff.; Trenczek in FK-SGB VIII, § 42 Rn. 46; BVerfG FamRZ 2007, 1627 ff., 1629.
147 S. Röchling, Eingriffsrecht, 252 ff.
148 Ähnlich: Trenczek 2008, 234; Tillmanns in MüKoBGB Rn. 17 aE.
149 Ebenso: DIV-Gutachten, DAVorm 1995/330, 331.

Entscheidungen: Dass sie jedoch Anlass für Entscheidungen des FamG im Rahmen von § 42 Abs. 3 S. 2 Nr. 2 bieten könnten, erscheint mit Rücksicht auf die Voraussetzung des Widerspruchs des PSB/ErzBer. allenfalls im Rahmen angenommener „Nichterreichbarkeit" gem. § 42 Abs. 3 S. 3 vorstellbar.

Näher in Betracht kommen allenfalls – in der Praxis seltene – notwendige **einstweilige Maßregeln** des FamG gem. §§ 1693, 1846 BGB. 98

13 Nichterreichbarkeit des PSB/ErzBer. (§ 42 Abs. 3 S. 3)

Bei Nichterreichbarkeit des PSB/ErzBer. zur Abklärung über den Verbleib des Ki/Ju in Obhut des JA hat dieses ebenfalls **unverzüglich** beim FamG eine Entscheidung herbeizuführen, § 42 Abs. 3 S. 3.[150] Da das Gesetz davon ausgeht, dass PSB und ErzBer. idR die gleiche Willenslage haben, ist „Erreichbarkeit" iS dieser Bestimmung anzunehmen, wenn eine der genannten Personen kontaktiert, also informiert werden kann und sie der Inobhutnahme zustimmt oder widerspricht. Bei unterschiedlicher Willenslage oder konkreten Anhaltspunkten hiervon (zB Indizien aufgrund des Gespräches mit dem Ki/Ju) ist auf den Willen des PSB und dessen Erreichbarkeit allein abzustellen. Nur so können rechtlich eindeutige Handlungs- und Entscheidungsvoraussetzungen geschaffen werden. 99

14 Anfechtungswiderspruch gegen die Inobhutnahme

Eine Überprüfung des Handelns des Jugendamtes ist mittels der Rechtsbehelfe Anfechtungswiderspruch und Anfechtungsklage nach der VwGO möglich. Die Inobhutnahme stellt einen belastenden Verwaltungsakt dar. Gegen einen belastenden Verwaltungsakt kann der Regelungsadressat Anfechtungswiderspruch gem. § 68 Abs. 1 VwGO und Anfechtungsklage gem. § 42 Abs. 1 Alt. 1 VwGO erheben. Diesen Rechtsbehelfen kommt nach § 80 Abs. 1 S. 1 VwGO aufschiebende Wirkung zu. Eine weitere Vollziehung der Inobhutnahme ist dann nicht mehr möglich.[151] Dies kann die Verwaltungspraxis vor ganz erhebliche Probleme stellen. Ohne Anordnung der sofortigen Vollziehung gem. § 80 Abs. 2 Nr. 4 VwGO müsste das Kind an die Personensorgeberechtigten im Falle der Widerspruchserhebung übergeben werden, auch wenn diese das Kind weiterhin gefährden. Eine Anordnung der sofortigen Vollziehung ist aber nicht ohne Weiteres möglich. Hierbei ist zu berücksichtigen, dass eine Inobhutnahme oftmals sehr kurzfristig verfügt werden muss. Eine Anordnung der sofortigen Vollziehung setzt aber eine umfassende Einzelfallabwägung und eine schriftliche Begründung gem. § 80 Abs. 3 S. 1 VwGO voraus. 100

Die Anordnung der sofortigen Vollziehung hat formelle und materielle Voraussetzungen. In **formeller Hinsicht** muss zunächst eine **schriftliche Begründung** gem. § 80 Abs. 3 S. 1 VwGO vorliegen. Diese Begründung muss grundsätzlich über die Begründung des Verwaltungsaktes (hier der Inobhutnahme) hinausgehen. Textbausteinartige, pauschale Formulierungen sind nicht ausreichend. Notwendig ist eine auf die Umstände des **konkreten Falles** bezogene Darlegung des **besonderen Interesses** gerade an der sofortigen Vollziehbarkeit des Verwaltungsakts.[152] **In materieller Hinsicht** ist zunächst die Darlegung einer **Dringlichkeit** an der sofortigen Umsetzung der Inobhutnahme erforderlich. Zudem muss im Rahmen einer **Abwägung** ermittelt werden, ob das öffentliche Vollzugsinteresse das Interesse der Eltern und/oder des Kindes an der aufschiebenden Wirkung des Anfechtungswiderspruchs bzw. der Anfechtungsklage übersteigt.

---

150 S. auch VG Münster ZfJ 1997, 428; Trenczek in FK-SGB VIII Rn. 42.

151 S. hierzu VG Würzburg 5.6.2018 – W 3 S 18.745, juris Rn. 23 und 24. S. hierzu auch VG Cottbus 2.12.2019 – 6 L 580/19, und OVG NRW 7.3.2019 – 12 E 676/18, juris Rn. 11 sowie OVG NRW 22.12.2017 – 12 B 1553/17.

152 S. hierzu Schoch in Schoch/Schneider/Bier, 37. EL 2019, VwGO § 80 Rn. 247.

Es müssen besondere Gründe dafürsprechen, dass der Verwaltungsakt der Inobhutnahme sofort und nicht erst nach Eintritt der Bestandskraft in einigen Wochen, Monaten oder Jahren vollzogen wird.[153] Solche Gründe sind bei der Inobhutnahme mit dem drohenden Schaden für das Kindeswohl regelmäßig gegeben. Es ist also darzulegen, welcher Schaden am Kindeswohl eintreten könnte, wenn die Inobhutnahme nicht sofort vollzogen werden würde. Diese Gründe des Schutzes des Kindeswohls werden in der Regel trotz der Irreversibilität der Vollzugsfolgen das Interesse der Eltern und/oder des Kindes an der aufschiebenden Wirkung übersteigen.

Nach hiesiger Auffassung sollte der Gesetzgeber in § 42 SGB VIII nach dem Vorbild des § 45 Abs. 7 S. 4 SGB VIII eine Regelung iSd § 80 Abs. 2 Nr. 3 VwGO normieren. Dies würde die Anordnung der sofortigen Vollziehung gem. § 80 Abs. 2 Nr. 4 VwGO überflüssig machen, da dann der Widerspruch kraft Gesetzes keine aufschiebende Wirkung hätte.

15 Die Pflicht zur Vormund- oder Pflegerbestellung (§ 42 Abs. 3 S. 4)

101 Das Gesetz sieht nunmehr mit § 42 Abs. 3 S. 4 ausdrücklich die Bestellung eines Vormunds oder Pflegers bei unbegleitet einreisenden **ausländischen Ki/Ju** vor. Eine solche Verpflichtung ergibt sich auch aus Art. 24 Abs. 1 S. 1 der RL 2013/33/EU. Danach müssen die Mitgliedstaaten dafür sorgen, dass so bald wie möglich ein Vertreter bestellt wird, der den unbegleiteten Minderjährigen vertritt und unterstützt. Art. 24 Abs. 1 S. 5 sieht ausdrücklich vor, dass Organisationen oder Einzelpersonen, deren Interessen denen des unbegleiteten Minderjährigen zuwiderlaufen könnten, nicht als Vertreter in Betracht kommen (→ § 42a Rn. 16).

Gem. § 1779 Abs. 2 BGB soll das Gericht bei der Vormundschaftsbestellung eine Person auswählen, die geeignet ist. Nach Auffassung des BGH ist dies bei „einem zum Vormund bestellten Jugendamt stets der Fall". Dies gelte auch dann, wenn der Mitarbeiter des Jugendamtes über keine vertieften Kenntnisse des Asyl- und Ausländerrechts verfügt. In diesem Fall müsse der Vormund „diesen Mangel in eigener Verantwortung durch Inanspruchnahme fachspezifischer Hilfen" ausgleichen. Die Bestellung eines Rechtsanwalts zum Mitvormund scheide daher aus.[154]

Im Zusammenhang mit Abs. 3 S. 4 bedeutet „unverzüglich", dass „ohne schuldhaftes Zögern" (§ 121 BGB) das Familiengericht angerufen werden muss. Hierbei ist wiederum zu beachten, dass „unverzüglich" nicht gleichbedeutend mit „sofort" ist (→ Rn. 89). Vielmehr muss dem Jugendamt eine angemessene Zeit zur Prüfung und Entscheidung bleiben, welche sich durch die Sorge um das Wohl des Minderjährigen bestimmt. Dies kann im Einzelfall zu einer kurzen Frist von lediglich 5 Tagen führen.[155]

16 Duldung der Inobhutnahme durch die PSB (§ 42 Abs. 3 S. 5)

102 Das Gesetz weist das JA durch die Neuregelung des § 42 Abs. 3 S. 5 ausdrücklich zur **Einleitung eines Hilfeplanverfahrens zur Gewährung einer Hilfe** an, wenn die PSB der Inobhutnahme nicht widersprechen. Dies setzt – implizit – voraus, dass die PSB/ErzBer. von der Inobhutnahme durch das JA in Kenntnis gesetzt worden sind und hierzu keine definitive inhaltliche Erklärung abgeben. Diese Interpretation ergibt sich aus der Gesamtkonstruktion des Abs. 3, nach dem im Falle der Nichterreichbarkeit des PSB/ErzBer. unverzüglich eine Entscheidung des FamG herbeizuführen ist, ebenso wie im Falle des ausdrücklichen Widerspruchs des PSB/ErzBer.

153 S. hierzu Gersdorf in BeckOK VwGO, 56. Ed. 1.10.2019, VwGO § 80 Rn. 99 f.
154 BGH 13.9.2017 – XII ZB 497/16, Rn. 10 und 11.
155 BVerwG 24.6.1999 – 5 C 24/98, juris Rn. 41.

Für den Begriff „unverzüglich" wird auf → Rn. 89 verwiesen. Nach Einleitung des Hilfeplanverfahrens (§ 36) ist im Anschluss – selbstverständlich – auch die entsprechende, im Rahmen des Hilfeplanverfahrens als geeignet und notwendig erkannte Hilfe zu gewähren, § 27. Die Regelung enthält mithin im Rahmen der Inobhutnahme eine Ausweitung der Hilfemöglichkeiten für das JA und entspricht damit dem Sinn und Zweck des erweiterten Schutzauftrags des JA (§ 8 a). 103

17 Ende der Inobhutnahme (§ 42 Abs. 4)

Nach dem Gesetz endet die Inobhutnahme nunmehr ausdrücklich entweder mit der Übergabe des Ki/Ju an die PSB/ErzBer. oder mit der Entscheidung über die Gewährung von Hilfen nach dem SGB VIII. Da die Übergabe des Ki/Ju an den PSB/ErzBer. nur unter der Voraussetzung erfolgt, dass nach Einschätzung des JA eine Gefährdung des Kindeswohls nicht besteht, bzw. die PSB/ErzBer. bereit und in der Lage sind, die Gefährdung abzuwenden, ist für die Fortdauer einer Inobhutnahme nach Feststellung der notwendigen und geeigneten Hilfe, §§ 27 ff., kein Raum mehr. 104

17.1 Inobhutnahme im Verhältnis zur Gewährung von Hilfen

Andernfalls soll die Inobhutnahme nach dem Willen der Gesetzesbegründung, s. Begründung zum Tagesbetreuungsausbaugesetz – TAG, 76, ausdrücklich **über die Entscheidung des FamG hinaus** bis zum Zeitpunkt der Entscheidung über die Gewährung von Hilfen weitergeführt werden, weil sonst eine Lücke in der sozialpädagogischen Unterstützung entstehe, die angesichts der Gefährdungssituation nicht hingenommen werden könne (vgl. wie vor).[156] Damit steht fest, dass durch die Entscheidung des FamG allein über die erforderlichen Maßnahmen zum Wohl des Ki/Ju noch nicht die Inobhutnahme beendet ist, sondern erst dann, wenn im Rahmen des Hilfeplanverfahrens tatsächlich entsprechende Hilfen nach dem SGB VIII gewährt werden. Obwohl der Gesetzeswortlaut bzgl. des Endes der Inobhutnahme auf den Zeitpunkt „der Entscheidung über die Gewährung von Hilfen" abstellt, wird man nach oben genannten Sinn und Zweck der gesetzlichen Regelung, nämlich eine Lücke in der sozialpädagogischen Situation nicht entstehen zu lassen, den Gesetzeswortlaut nach Sinn und Zweck der Regelung so auszulegen haben, dass auf den Zeitpunkt der tatsächlichen Hilfegewährung abzustellen ist. Mithin wird praktisch **von der Inobhutnahme in die Hilfegewährung übergeleitet.** Das Gleiche gilt auch für den Fall, dass die PSB der Inobhutnahme nicht widersprechen (Abs. 3 S. 5), weil auch in diesem Fall unverzüglich ein Hilfeplanverfahren zur Gewährung einer Hilfe einzuleiten ist. 105

17.2 Ende der Inobhutnahme, wenn kein Tatbestand des Abs. 4 greift sowie Wirkungen einer „ablehnenden" familiengerichtlichen Entscheidung nach § 1666 BGB

Nach hier vertretener Auffassung kann eine durch Verwaltungsakt verfügte Inobhutnahme nicht „eingestellt" werden, zB wenn die Person „entweicht".[157] Bei der Inobhutnahme handelt es sich nach hier vertretener Auffassung um einen Dauerverwaltungsakt (ausführlich hierzu für die HzE → § 27 Rn. 17). Daher kann die Inobhutnahme, wenn keiner der gesetzlich in § 42 Abs. 4 und § 42a Abs. 6 definierten Tatbestände gegeben ist, nur nach einer Aufhebung gem. § 45 SGB X oder § 48 SGB X beendet 106

156 S. zum Meinungsstand VG Augsburg 17.8.2012 – Au 3 S 12.1006, juris Rn. 14.

157 S. hierzu BAGLJÄ, Handlungsempfehlungen zum Umgang mit unbegleiteten minderjährigen Flüchtlingen 2014, S. 23.

werden.[158] Auch die Ersetzung eines vorläufigen Verwaltungsakts durch einen endgültigen Verwaltungsakt kommt bei der Inobhutnahme regelmäßig nicht in Betracht.[159] Der vorläufige Verwaltungsakt ist spezialgesetzlich in §§ 42 ff. nicht geregelt. Ohne Vorliegen einer spezialgesetzlichen Regelung darf ein vorläufiger Verwaltungsakt nur erlassen werden, wenn eine bestehende Ungewissheit hierzu einen sachlichen Grund gibt. Das ist bei einer tatsächlichen Ungewissheit nur dann der Fall, wenn sie Umstände betrifft, die erst künftig eintreten.[160] Ein solches „erst künftiges Eintreten von Umständen" liegt bei einem ungeklärten Alter regelmäßig nicht vor (→ § 42a Rn. 26).

Dies hat insbesondere für die Inobhutnahme nach § 42 Abs. 1 S. 1 Nr. 3 Bedeutung.

Insbesondere im Falle des § 42 Abs. 1 S. 1 Nr. 1 muss eine solche Aufhebung erfolgen, wenn das Ki/Ju darum bittet und eine dringende Gefahr für sein Wohl nicht besteht (§ 42 Abs. 1 S. 1 Nr. 2). Der entsprechenden Bitte des Ki/Ju kommt damit in der Regel die maßgebliche Bedeutung für die Beendigung der Inobhutnahme zu. Dennoch kann das JA aufgrund seiner Sorgerechtsbefugnisse einem etwaigen unvernünftigen oder nicht nachvollziehbaren Begehren des Ki/Ju (zB Entlassung abends oder nachts, also zu Unzeit) mit **Aufsichtsmaßnahmen** begegnen. Gegebenenfalls wird das JA ohne oder gegen den Willen des Ki/JU unter den Voraussetzungen des § 42 Abs. 1 S. 1 Nr. 2 die Inobhutnahme weiter fortsetzen. Eine Berechtigung hierfür ist schon deshalb zu bejahen, weil die dem Sorgeberechtigten zustehenden und während der Inobhutnahme kraft Gesetzes vom JA ausgeübten sorgerechtlichen Befugnisse nicht zur Disposition des Ki/Ju stehen.[161] Erst wenn das JA also davon überzeugt ist, dass dem Ju beim Verlassen der Schutzstelle keine (neue) Gefahr droht, darf und muss die Unterbringung beendet werden.[162]

Auch endet die Wirksamkeit der Inobhutnahme nicht automatisch mit der Entscheidung des Familiengerichts 1. Instanz. Dies gilt auch dann nicht, wenn das Familiengericht einen (teilweisen) Sorgerechtsentzug gem. § 1666 Abs. 3 Nr. 6 BGB, welcher eine stationäre Hilfe ermöglichen würde, ablehnt. Geht das Jugendamt weiterhin von einer Kindeswohlgefährdung aus und ist der Auffassung, dass diese Gefährdungslage nur durch eine stationäre Hilfe wirksam abgewendet werden kann, kann für das Jugendamt aus § 8a SGB VIII die rechtliche Verpflichtung zur Anfechtung der Entscheidung des Familiengerichts resultieren. Kann während des zulässigen Zeitlaufs einer Inobhutnahme noch mit einer familiengerichtlichen Entscheidung gerechnet werden, welche eine stationäre Hilfe nach dem SGB VIII ermöglicht, bleibt die Inobhutnahme wirksam. Ein Herausgabeanspruch gem. § 1632 BGB besteht dann erst, wenn die Familiengerichtsbarkeit auch im Beschwerdeverfahren von Maßnahmen nach § 1666 Abs. 3 Nr. 6 BGB absieht.[163]

18 Freiheitsentziehende Maßnahmen (§ 42 Abs. 5)

107 Nach der Reglung sind freiheitsentziehende Maßnahmen, ungeachtet auf welcher Grundlage die Inobhutnahme erfolgt (Selbstmeldung, dringende Kindeswohlgefährdung oder ausländisches Ki/Ju kommt unbegleitet nach Deutschland) im Rahmen der Inobhutnahme **grundsätzlich zulässig**, wenn und soweit sie erforderlich sind, um eine Gefahr für Leib oder Leben des Ki/Ju oder eine Gefahr für Leib oder Leben Dritter abzuwenden (Abs. 5 S. 1). Betroffen ist damit, dass Grundrecht auf Freiheit der Person

158 S. hierzu auch OVG Brem 18.11.2015 – 2 B 221/15, 2 PA 223/15, juris Rn. 19 f. und VG Hannover 11.11.2016 – 3 B 5176/16, juris Rn. 6 f.; anders Wiesner in Wiesner Rn. 54: „ist die Inobhutnahme formell für beendet zu erklären".
159 AA OVG Brem 18.11.2015 – 2 B 221/15, 2 PA 223/15, juris Rn. 21.
160 BVerwG 19.11.2009 – 3 C 7/09, juris Rn. 21.
161 Ähnlich: Wiesner in Wiesner Rn. 54.
162 VG Würzburg ZfJ 2005, 219 ff.; so auch Trenczek in FK-SGB VIII Rn. 49 f.
163 Ausführlich hierzu Kepert ZKJ 2020, 455.

im Sinne von Art. 2 Abs. 2 S. 2 GG. Bei jedem Eingriff in dieses Grundrecht sind zwingend die Vorgaben der Art. 2 Abs. 2 S. 3 GG und Art. 104 GG zu beachten. Insbesondere ist dabei zwischen Freiheitsbeschränkungen und Freiheitsentziehungen zu differenzieren (→ Rn. 111).

18.1 Dringende Kindeswohlgefährdung Voraussetzung für freiheitsentziehende Maßnahmen

Das Gesetz spricht **lediglich** von einer Gefahr für Leib oder Leben des Ki/Ju (also nicht von einer „dringenden" Gefahr), wohl aber davon, dass freiheitsentziehende Maßnahmen „nur zulässig (sind), wenn und soweit sie erforderlich sind, um eine Gefahr für Leib oder Leben" (...) abzuwenden. Aufgrund der – im Vergleich zu den Maßnahmen nach Abs. 1 – für den betroffenen Mi wesentlich belastenderen und sein Freiheitsgrundrecht aus Art. 2 Abs. 2 S. 2 GG einschränkenden Maßnahme, die § 42 Abs. 5 legitimiert, ist zu folgern, dass die Tatbestandsvoraussetzung für ein Eingreifen unter keinem Gesichtspunkt hinter die des § 42 Abs. 1 zurücktreten dürfen. Daher ist der Schluss gerechtfertigt, dass nur eine **dringende** Kindeswohlgefährdung eine freiheitsentziehende Maßnahme während der Inobhutnahme erlaubt. 108

18.2 Intensität der Gefährdung

Aus der Verbindung der Rechtsgüter „Leib oder Leben" folgt, dass die Verletzung des Rechtsgutes „Leib" von gewisser Schwere sein muss, um eine freiheitsentziehende Maßnahme zu rechtfertigen.[164] Gefahren für **Sachgüter** scheiden nach dem Gesetzestext ohnehin aus. Die Vorschrift verdeutlicht, dass die Befugnis zur Inobhutnahme **nicht automatisch** zu freiheitsentziehenden Maßnahmen ermächtigt.[165] Mit der gewählten Formulierung will der Gesetzgeber zum Ausdruck bringen, dass nur in den **seltensten Fällen** freiheitsentziehende Maßnahmen angezeigt sind; zudem sollen die JÄ noch einmal auf den Vorrang sozialpädagogischer Lösungsmöglichkeiten hingewiesen werden.[166] Dem sozialpädagogischen Handlungsansatz ist deshalb nach dem eindeutigen Willen des Gesetzgebers grundsätzlich der Vorrang einzuräumen. 109

18.3 Grundsatz der Verhältnismäßigkeit

Die Zulässigkeit freiheitsentziehender Maßnahmen ist nur dann zu bejahen, „wenn und soweit sie zur Gefahrenabwehr erforderlich sind". Es ist zu prüfen und nachvollziehbar darzustellen, ob die Freiheitsentziehung erforderlich ist oder ob sie sich durch weniger einschneidende aber gleich geeignete Maßnahmen, also zB durch bloße freiheitsbeschränkende Maßnahmen, vermeiden lässt. Ggf. ist auch eine Unterbringung nach den Landesgesetzen über die Schutzmaßnahmen für psychisch Kranke in Betracht zu ziehen.[167] 110

19 Unterscheidung freiheitsentziehender Maßnahmen von freiheitsbeschränkenden Maßnahmen

Freiheitsentziehende Maßnahmen sind von **freiheitsbeschränkenden** Maßnahmen **streng** zu trennen. Dabei ist die Freiheitsentziehung im Sinne von Art. 104 Abs. 2 bis 4 GG ein Unterfall der Freiheitsbeschränkung. Maßgebend für die Differenzierung ist die **Intensität** der Freiheitsbeschränkung; beide Begriffe unterscheiden sich nicht qualitativ, sondern graduell.[168] Freiheitsentziehung bedeutet die allseitige Beschränkung der 111

164 Ebenso: Wiesner in Wiesner Rn. 60.
165 BT-Drs. 11/5948, 80.
166 BT-Drs. 11/5948, 80.
167 S. Kunkel FamRZ 2002, 525.
168 S. hierzu Dürig in Maunz/Dürig GG Art. 104 Rn. 5 mwN.

Freiheit, also die bis zur vollständigen Beseitigung der Freiheit intensivierte Form der Freiheitsbeschränkung.[169] Freiheitsentziehende Maßnahmen liegen vor, wenn jemand gegen oder ohne seinen Willen durch die öffentliche Gewalt an einem bestimmten, eng umgrenzten Ort festgehalten wird.[170] Da es allein auf den Erfolg – Ausschluss der Bewegungsfreiheit der Person – ankommt, sind die Mittel, mit denen die Freiheitsentziehung durchgeführt wird, ebenso unbeachtlich wie das Motiv und der Zweck, zu dem die Freiheit entzogen wird.[171] Der Begriff der Freiheitsentziehung erfordert eine räumlich enge Begrenzung, mit der die körperlich-räumliche Bewegungsfreiheit entzogen sein muss.[172] Eine **Freiheitsbeschränkung** liegt hingegen vor, wenn jemand gegen seinen Willen durch die öffentliche Gewalt daran gehindert wird, einen bestimmten, ihm an sich zugänglichen Ort oder Raum aufzusuchen und sich dort aufzuhalten. Im Gegensatz zur Freiheitsentziehung wird die körperliche Bewegungsfreiheit nicht in jeder, sondern nur in irgendeiner Richtung beschränkt. Es handelt sich damit nicht um eine **allseitige**, sondern nur um eine **partielle** Beschränkung der Freiheit.[173]

112 Mit Rücksicht auf die dargestellten theoretisch/abstrakten Abgrenzungen ist eine Freiheitsentziehung bei Mj zB gegeben, wenn diese als Heiminsassen auf einem bestimmten beschränkten Raum festgehalten werden, ihr Aufenthalt ständig überwacht und die Aufnahme von Kontakten mit Personen außerhalb des Raumes durch Sicherungsmaßnahmen verhindert wird.[174] In der Regel ist eine Freiheitsentziehung deshalb bei der Unterbringung eines Ki/Ju in einem geschlossenen Heim, einer geschlossenen Anstalt, in einer geschlossenen Abteilung eines Heims oder Anstalt, bei der Einweisung, zB Trinkerheilanstalt oder Anstalt für Drogensüchtige bzw. Heil- oder Pflegeanstalt anzunehmen.[175] Unterbringungen eines Ki/Ju, die mit **altersüblichen Freiheitsbeschränkungen** verbunden sind, zB geregelte Ausgangszeiten, Verschließen des Hauses zur Nachtzeit, stellen hingegen keine Freiheitsentziehungen dar.[176] Fixierungen des Ki/Ju, zB durch Bauchgurt oä, bedürfen als freiheitsentziehende Maßnahmen **grundsätzlich** der familiengerichtlichen Genehmigung.

20 Die Willenslage des Betroffenen bzw. des PSB zur Freiheitsentziehung sowie rechtliche Folgen

113 Freiheitsentziehende Maßnahmen liegen nur dann vor, wenn die Freiheit gegen oder ohne den Willen des Betroffenen entzogen wird. Stimmt der Betroffene der Maßnahme zu, liegt eine Freiheitsentziehung nicht vor.[177] Bei der Willenslage des Betroffenen – Entzug der Freiheit gegen oder ohne den Willen – ist der **natürliche Wille**, nicht der rechtsgeschäftliche Wille, maßgebend.[178] Hervorhebenswert erscheint in diesem Zusammenhang, dass dem Inhaber des Personensorgerechts die Entscheidung über die Aufenthaltsbestimmung des Ki/Ju zusteht und er insoweit auch anstelle des Ki/Ju die verbindliche Einwilligung in die geschlossene Unterbringung des Ki/Ju durch die öffentliche Gewalt geben kann. Die Unterbringung verliert dann ihren Zwangscharakter, eine Freiheitsentziehung iSd Art. 104 Abs. 2 GG ist dann nicht – mehr – gegeben.[179] Stimmt der PSB daher der geschlossenen, also mit Freiheitsentziehung verbundenen Unterbringung während der Inobhutnahme zu, so liegt zum Zeitpunkt seiner

169 Dürig in Maunz/Dürig GG Art. 104 Rn. 5.
170 Dürig in Maunz/Dürig GG Art. 104 Rn. 6.
171 Dürig in Maunz/Dürig GG Art. 104 Rn. 6.
172 Dürig in Maunz/Dürig GG Art. 104 Rn. 7mwN.
173 Dürig in Maunz/Dürig GG Art. 104 Rn. 12.
174 Götz in Palandt § 1631b Rn. 2.
175 Götz in Palandt § 1631b Rn. 2.
176 Götz in Palandt, § 1631b Rn. 2.
177 Dürig in Maunz/Dürig GG Art. 104 Rn. 9.
178 Dürig in Maunz/Dürig GG Art. 104 Rn. 10.
179 Dürig in Maunz/Dürig GG Art. 104 Rn. 11.

Zustimmung eine freiheitsentziehende Maßnahme iSd § 42 Abs. 5 S. 1 nicht mehr vor.[180]

Familiengerichtliche Genehmigung gem. § 1631b BGB: Diese Rechtslage, nach welcher es für die Beantwortung der Frage, ob eine Freiheitsentziehung vorliegt, ausschließlich auf den Willen des Personensorgeberechtigten ankommt, ist in mehreren Gesetzen positivrechtlich festgelegt. Danach ist dann, wenn der Einzuweisende unter elterlicher Gewalt, Vormundschaft oder Pflegschaft steht, der Wille desjenigen maßgebend, dem die gesetzliche Vertretung in den persönlichen Angelegenheiten zusteht.[181] Hiervon abweichend ist allerdings die Rechtslage bei § 1631b BGB ausgestaltet worden. Mit dem in § 1631b BGB geregelten Mittel der gerichtlichen Genehmigung soll gewährleistet werden, dass die Eltern ihr Kind nicht in eine geschlossene Einrichtung verbringen, wenn bei sinnvoller Wahrnehmung des Erziehungsrechts eine Problemlösung auf weniger schwerwiegende Weise erreicht werden kann.[182] Bei einer Freiheitsentziehung iSd § 1631b BGB ist somit ausschließlich auf den natürlichen Willen des Kindes – und nicht den der Personensorgeberechtigten – abzustellen.[183] Daraus folgt, dass eine Freiheitsentziehung iSd § 1631b BGB selbst bei einer Zustimmung der Personensorgeberechtigten vorliegt, sofern der Freiheitsentzug gegen oder ohne den Willen des Kindes erfolgt. Daher bedarf die mit Freiheitsentziehung iSd § 1631b BGB verbundene Inobhutnahme gem. § 1631b BGB (Abdruck bei § 7) **grundsätzlich der Genehmigung des FamG**, da die mit Freiheitsentziehung verbundene Unterbringung eines Ki/Ju nur mit Genehmigung des FamG zulässig ist. Dies bedeutet, dass die in Anlehnung an Art. 104 Abs. 2 GG getroffene Regelung des § 42 Abs. 5 S. 1 u. S. 2 durch die Bestimmung des § 1631b BGB **verdrängt** wird. Soweit eine gem. § 1631b S. 1 BGB erforderliche Genehmigung des FamG nicht vorher eingeholt werden kann, weil mit dem Aufschub der Unterbringung bis zur Genehmigung Gefahr verbunden ist, ist die Genehmigung unverzüglich nachzuholen, s. § 1631b S. 2 BGB. Insbesondere ist in diesem Zusammenhang auf die Einhaltung der Verfahrensvorschriften gem. §§ 167 iVm 312 ff. FamFG zu verweisen (→ Rn. 120 ff.). 114

Im Ergebnis wird damit bei dieser Sachlage lediglich die definitive zeitliche Befristung des § 42 Abs. 5 S. 2 durch den Begriff „unverzüglich" ersetzt. Eine familiengerichtliche Genehmigung ist bei dieser Fallgestaltung also **immer zwingend erforderlich**, unabhängig davon, ob die Eltern der Inobhutnahme und darüber hinaus einer freiheitsentziehenden Maßnahme zustimmen. 115

21 Zeitliche Anforderung an die gerichtliche Entscheidung bei einer mit Freiheitsentziehung verbundenen Inobhutnahme (§ 42 Abs. 5 S. 2)

Eine gerichtliche Entscheidung über die Fortdauer der freiheitsentziehenden Maßnahmen muss spätestens mit **Ablauf des Tages, der dem Tag der Freiheitsentziehung** folgt, ergehen.[184] Diese Entscheidung ist – selbstverständlich – vom JA zu initiieren, weil das JA die freiheitsentziehende Maßnahme im Rahmen seiner Inobhutnahme verantwortet. Mit der entsprechenden Unterrichtung des FamG hat das JA in seiner fachlichen Stellungnahme die Gründe für die Inobhutnahme, einschließlich der Gründe für die Freiheitsentziehung, darzulegen und seine Auffassung zur Erforderlichkeit der getroffenen Maßnahmen zu erläutern. Die Anforderungen an die Mitteilung des JA einschließlich seiner Stellungnahme folgen aus § 50 Abs. 1 und 2 SGB VIII iVm § 162 Abs. 1 FamFG. 116

180 Anders Wiesner in Wiesner Rn. 56; Trenczek in FK-SGB VIII Rn. 53.
181 Dürig in Maunz/Dürig GG Art. 104 Rn. 11.
182 BT-Drs. 8/2788, 38.
183 Huber in MükoBGB § 1631b Rn. 4.
184 Zur Frist s. Kunkel FamRZ 2002, 525.

22 Inhaltliche Anforderungen an die gerichtliche Entscheidung bei einer mit Freiheitsentziehung verbundenen Inobhutnahme (§ 42 Abs. 5 S. 2)

117 Inhaltlich wird sich die Entscheidung des FamG über die mit Freiheitsentziehung verbundene Inobhutnahme wiederum an der Willenslage des PSB orientieren müssen: Ist der PSB mit der Inobhutnahme einschließlich der Freiheitsentziehung des Ki/Ju einverstanden, bedarf diese als mit freiheitsentziehenden Maßnahmen verbundene Unterbringung der familiengerichtlichen Genehmigung gem. § 1631b BGB. Die Kriterien dieser Entscheidung sind dabei ua insbesondere auch der Regelung des § 42 Abs. 5 S. 1 – „Gefahr für Leib oder Leben" – als **lex specialis** zu entnehmen. Ist der PSB mit der Inobhutnahme selbst einverstanden, nicht jedoch mit einer freiheitsentziehenden Maßnahme, muss das Gericht entweder die Zustimmung des PSB gem. § 1666 Abs. 3 Nr. 5 BGB ersetzen und zugleich die freiheitsentziehende Maßnahme gem. § 1631b BGB iVm 42 Abs. 5 S. 1 u. 2 genehmigen oder eine Entscheidung über den **Entzug des Aufenthaltsbestimmungsrechts** und dessen Übertragung auf einen Ergänzungspfleger treffen, um sodann dessen Entscheidung zur freiheitsentziehenden Unterbringung gem. § 1631b BGB zu genehmigen.

118 Ist der PSB weder mit der Inobhutnahme noch mit einer Freiheitsentziehung einverstanden, kommt der Entzug sorgerechtlicher Teilbefugnisse bis hin zum gesamten Personensorgerecht im Rahmen einer einstweiligen Anordnung gem. §§ 1666 Abs. 1 S. 1, 1666a Abs. 1 u. 2 BGB und dessen Übertragung auf einen Ergänzungspfleger in Betracht. Die **Zustimmung des Ergänzungspflegers** zur freiheitsentziehenden Inobhutnahme ist dann familiengerichtlich gem. § 1631b BGB zu genehmigen. Da § 42 Abs. 5 S. 2 nicht die Kriterien der „gerichtlichen Entscheidung" nennt, sind diese zwangsläufig den genannten familiengerichtlichen Eingriffsvorschriften, §§ 1666, 1666a BGB, zu entnehmen, was – selbstverständlich – neben der Prüfung der **Prinzipien des Verhältnismäßigkeitsgrundsatzes** auch die Feststellung der Tatbestandsvoraussetzungen der jeweiligen genannten heranzuziehenden Bestimmungen erfordert. Andernfalls wäre eine **verfassungsrechtlich bedenkliche Regelungslücke** im Verhältnis zum grundgesetzlich geschützten vorrangigen Elternrecht gem. Art. 6 Abs. 2 S. 1 GG sowie insbesondere zu Art. 6 Abs. 3 GG gegeben.

119 Eine Fortsetzung der Freiheitsentziehung über den Ablauf der Frist des § 42 Abs. 5 S. 2 – ohne gerichtliche Entscheidung – ist **ausnahmslos unzulässig** und kann nach hier vertretener Auffassung auch nicht aufgrund des Ergebnisses einer Güterabwägung gerechtfertigt werden.[185] Es ist nicht schlüssig begründbar, warum dem Ki/Ju ein geringerer Grundrechtsschutz zukommen sollte als dem Erwachsenen. Gerade unterschiedliche Willenslagen (Mj, JA, PSB) zwingen zu einer fristgebundenen Entscheidung des FamG, um kurzfristig eine zumindest vorläufige Sachaufklärung herbeizuführen. Angesichts der übrigen Tatbestandsvoraussetzungen des § 42 Abs. 5 S. 1 dürfte i.ü. die fachliche Plausibilität der Argumente für oder gegen freiheitsentziehende Maßnahmen unschwer gegeben sein. Zur Abwehr akuter Gefährdungen bleibt dem JA iÜ die Möglichkeit freiheitsbeschränkender Maßnahmen im oben definierten Sinne (→ Rn. 111).

23 Heranziehung von Verfahrensregelungen nach dem FamFG

120 Dem Wortlaut des Gesetzes ist nicht mit der gebotenen Deutlichkeit zu entnehmen, dass weitere verfahrensrechtliche Vorschriften, **zu beachten** und anzuwenden sind. Als solche kommen nach der Schaffung des FamFG die dortigen Unterbringungsvorschriften zur Anwendung, nachdem gem. § 151 Nr. 6 FamFG die Genehmigung der freiheitsentziehenden Unterbringung eines Mj eine Kindschaftssache darstellt, auf die

185 Anders: Wiesner in Wiesner Rn. 64; wie hier: Trenczek in FK-SGB VIII Rn. 59.

gem. § 167 FamFG die dort genannten Vorschriften, also weiterhin auch die §§ 312 ff. FamFG, anzuwenden sind.

Zu den maßgeblichen verfahrensrechtlichen Vorschriften zählen in dem hier erörterten Zusammenhang 121

- die Beachtung der Verfahrensfähigkeit des betroffenen Mj, und zwar ohne Rücksicht auf seine Geschäftsfähigkeit, soweit er das 14. Lebensjahr vollendet hat, vgl. § 167 Abs. 3 FamFG,
- die Bestellung eines Verfahrensbeistands für den betroffenen Mj, vgl. §§ 167 Abs. 1 S. 2 iVm 317 Abs. 1 FamFG,
- die gerichtliche Pflicht zur persönlichen Anhörung des Mj vor Erlass der Entscheidung sowie die Verschaffung eines persönlichen Eindrucks von dem Mj, vgl. §§ 167 Abs. 1 iVm 319 Abs. 1 FamFG,
- die gerichtliche Pflicht zur persönlichen Anhörung der
  - PSB,
  - der gesetzlichen Vertreter in persönlichen Angelegenheiten sowie ebenfalls
  - ggf. der Pflegeltern, vgl. § 167 Abs. 4 FamFG,
- die Gelegenheit zur Äußerung des zuständigen JA, vgl. §§ 167 Abs. 1 iVm 320 FamFG,
- die Einholung eines Gutachtens eines sachverständigen Arztes für Kinder- und Jugendpsychiatrie und -psychotherapie ggf. auch eines in der Heimerziehung ausgewiesenen Psychotherapeuten, Psychologen, Pädagogen oder Sozialtherapeuten, vgl. § 167 Abs. 6 iVm § 321 FamFG.

S. hierzu im Einzelnen auch die ausführliche übersichtliche Darstellung von Hoffmann in R + P 2009, S. 121 ff., 125.

24 Anwendung unmittelbaren Zwangs (§ 42 Abs. 6)

Der Verwaltungsakt der Inobhutnahme umfasst das Vollzugselement der Mitnahme des Kindes. Allerdings ist hiervon lediglich die freiwillige Mitnahme des Kindes umfasst. Ist das Kind oder sind die Eltern nicht mit Herausnahme einverstanden und leisten Widerstand, muss der Verwaltungsakt der Inobhutnahme nach dem jeweiligen Landesverwaltungsvollstreckungsgesetz vollstreckt werden. In Betracht kommendes Vollstreckungsmittel ist hier unmittelbarer Zwang. Hierunter wird jede Einwirkung auf Personen oder Sachen durch einfache körperliche Gewalt, Hilfsmittel der körperlichen Gewalt oder Waffengebrauch verstanden.[186] Im Falle der Durchsetzung der Inobhutnahme wird bei Widerstandshandlungen regelmäßig eine Einwirkung auf Personen durch einfache körperliche Gewalt in Betracht zu ziehen sein. 122

Grundsätzlich ist für die Vollstreckungsmaßnahme die Behörde zuständig, die auch den zu vollstreckenden Verwaltungsakt erlassen hat.[187] Etwas anderes gilt für die Inobhutnahme. Für die Anwendung des unmittelbaren Zwangs regelt § 42 Abs. 6, dass die hierzu „befugten Stellen hinzuziehen“ sind. Nach der Gesetzesbegründung ist dies die Polizei.[188] Den vom Jugendamt zu verfügenden Verwaltungsakt der Inobhutnahme hat daher eine andere Behörde, nämlich die Polizei, zu vollstrecken. Nicht abschließend geklärt ist die Frage, ob die Polizei dann in Rahmen der Amtshilfe oder Vollzugshilfe tätig wird.[189] Nach hiesiger Auffassung wird die Polizei im Wege der Amtshilfe gem. § 4 Abs. 1 Nr. 1 SGB X tätig. Dies ist schon deshalb erforderlich, um ein Verfahren mit bundesweit gleichem Schutz- und Verfahrensstandard zu gewährleisten,

186 S. hierzu zB § 26 Abs. 1 S. 1 VwVG BW.
187 S. hierzu zB § 4 Abs. 1 VwVG BW.
188 BT-Drs. 15/3676, 17.
189 Hierzu Kirchhoff in jurisPK-SGB VIII, 2. Aufl. 2018, § 42 Rn. 234 und ebenso Trenczek/Düring/Neumann-Witt, Inobhutnahme, 3. Aufl. 2017, S. 326.

da die Regelungen zur Vollzugshilfe regelmäßig nur im Landespolizeigesetz[190] enthalten sein können. Amtshilfe ist hingegen durch Bundesgesetz verbindlich für alle 16 Bundesländer mit §§ 3 ff. SGB X geregelt. Die ersuchende Behörde, hier also das Jugendamt, hat gegenüber der ersuchten Behörde, hier der Polizei, bei Vorliegen der gesetzlichen Voraussetzungen nach § 42 SGB VIII einen Rechtsanspruch auf die Amtshilfe.

25 Verfahren

123 Die Entscheidung über die Durchführung einer Inobhutnahme durch das Jugendamt stellt einen Verwaltungsakt im Sinne des § 31 SGB X dar.[191] Der Verwaltungsakt enthält zudem durch die tatsächliche Inobhutnahme des Mj – ähnlich wie beispielsweise die Beschlagnahme im Fall der freiwilligen Herausgabe der Sache im Polizeirecht – ein Vollzugselement.[192] Der Verwaltungsakt kann gemäß § 33 Abs. 2 S. 1 SGB X in schriftlicher, mündlicher oder in anderer Form ergehen.[193] Mündliche Verwaltungsakte, die insbesondere bei der Inobhutnahme wegen der Dringlichkeit der Sachlage häufig notwendig werden können, bedürfen unter den Voraussetzungen des § 33 Abs. 2 S. 2 SGB X (berechtigtes Interesse, unverzügliches Verlangen des Betroffenen) der schriftlichen Bestätigung. Die Entscheidung über die Inobhutnahme sollte aber grundsätzlich aus Gründen der Rechtssicherheit zumindest im Nachhinein schriftlich bestätigt bzw. fixiert werden; dies gilt zumindest für eine Inobhutnahme gem. § 42 Abs. 1 S. 1 Nr. 1 und 2 gegen den Willen der Eltern oder des Ki/Ju bzw. bei freiheitsentziehenden Maßnahmen.

124 Um gemäß § 39 Abs. 1 SGB X Wirksamkeit entfalten zu können, muss der Verwaltungsakt gemäß § 37 SGB X bekannt gegeben werden.[194] Gemäß § 37 Abs. 1 S. 1 Alt. 1 SGB X ist der Verwaltungsakt „demjenigen, für den er bestimmt ist", bekannt zu geben. Der Verwaltungsakt ist dabei für denjenigen bestimmt, an den ihn die Behörde richtet, weil ihn die Rechtswirkungen im Sinne des § 31 SGB X treffen sollen.[195] Die Rechtswirkungen der Inobhutnahme gemäß § 42 Abs. 1 S. 1 Nr. 1 und 2, welche insbesondere in der Herausnahme aus dem bisherigen Lebensumfeld und der vorläufigen Unterbringung des Mj bei einem Dritten, also der Ausübung des Aufenthaltsbestimmungsrechtes sowie der Vornahme von Rechtshandlungen, welche zum Wohl des Mj notwendig sind,[196] bestehen, treffen sowohl den Mj als auch die Eltern. Materielle Adressaten[197] für die Behörde sollten daher der Mj und die Eltern sein.[198] Selbst wenn die Behörde den Verwaltungsakt jedoch nicht an die Eltern richten möchte, ist zu be-

190 S. zB § 60 Abs. 5 PolG BW.
191 S. hierzu auch BVerwG 11.7.2013 – 5 C 24/12, juris Rn. 11 f.; SächsOVG 12.1.2012 – 1 A 466/09, juris Rn. 27.
192 S. hierzu VG Minden 12.12.2007 – 6 L 624/07, juris Rn. 7 ff.; unklar BVerwG 11.7.2013 – 5 C 24/12, juris Rn. 12: „die Inobhutnahme (als Verwaltungsakt) ist von dem Vollzugsakt seines tatsächlichen Verbringens und Betreuens in der Einrichtung zu unterscheiden"; ebenfalls unklar Wiesner in Wiesner Rn. 67: „Das tatsächliche Verbringen eines Kindes oder Jugendlichen in eine Einrichtung durch das Jugendamt ist noch kein Verwaltungsakt, sondern stellt lediglich einen Vollzugsakt dar."
193 S. hierzu auch BayVGH 20.1.2014 – 12 ZB 12.2766, juris Rn. 15.
194 Ausführlich hierzu Kepert, JAmt 2013, 562; s. hierzu auch BVerwG 11.7.2013 – 5 C 24/12, juris Rn. 14 und VG München 11.12.2013 – M 18 K 11.6206, juris Rn. 28.
195 Stelkens in Stelkens/Bonk/Sachs VwVfG § 41 Rn. 30.
196 S. hierzu auch BVerwG 11.7.2013 – 5 C 24/12, juris Rn. 12.
197 S. hierzu Stelkens in Stelkens/Bonk/Sachs VwVfG § 41 Rn. 29.
198 Ebenso: BayVGH 20.1.2014 – 12 ZB 12.2766, juris Rn. 17; Trenczek, Inobhutnahme, 2. Aufl. 2008, S. 265; Trenczek in FK-SGB VIII Rn. 61; differenzierend Wiesner in Wiesner Rn. 67 und 68 a; aA OVG NRW 28.2.2007 – 12 B 2702/06, juris Rn. 10: Adressat ist nur das Kind; s. hierzu auch VG Augsburg 17.8.2012 – Au 3 S 12.1006, juris Rn. 18.

rücksichtigen, dass mit einer Inobhutnahme gem. § 42 Abs. 1 S. 1 Nr. 1 und 2 in ihre Rechte aus Art. 6 Abs. 2 S. 1 GG und Art. 8 EMRK eingegriffen wird.[199] Daher sind die Eltern von der Inobhutnahme im Sinne des § 37 Abs. 1 S. 1 Alt. 2 SGB X „betroffen",[200] so dass der Verwaltungsakt ihnen gegenüber bekannt zu machen ist. Sowohl der Minderjährige als auch die Eltern sind somit richtige Adressaten der Bekanntgabe.[201] Andernfalls wird die Inobhutnahme ihnen gegenüber nicht wirksam.[202] Gemäß § 9 SGB X ist die Bekanntgabe an keine bestimmte Form gebunden; sie kann auch mündlich erfolgen. Sofern allerdings gemäß § 80 Abs. 2 Nr. 4 VwGO die sofortige Vollziehbarkeit der Inobhutnahme angeordnet wird, muss das besondere Interesse an der sofortigen Vollziehung des Verwaltungsaktes gemäß § 80 Abs. 3 S. 1 VwGO schriftlich begründet werden. Erforderlich ist hierzu regelmäßig ein besonderes Interesse, welches über das Interesse am Erlass des Verwaltungsaktes hinausgeht.

Unterbleibt die Bekanntgabe wird die Inobhutnahme als Verwaltungsakt somit nicht wirksam. Rechtsfolgen können sich somit daraus nicht ergeben.[203] Zudem ist das bei der Inobhutnahme zusätzlich vorhandene Vollzugselement der Herausnahme des Kindes grundsätzlich rechtswidrig.[204] 125

Bei der Bekanntgabe der Inobhutnahme gegenüber dem Minderjährigen sind Besonderheiten zu beachten. Damit der Verwaltungsakt Rechtswirkungen erzeugt, muss er einem handlungsfähigen Beteiligten gegenüber bekannt gegeben werden (→ Anh. 5 Rn. 32 und 36). Wer handlungsfähig ist, beurteilt sich nach § 11 SGB X. Gemäß § 11 Abs. 1 Nr. 1 SGB X ist handlungsfähig, wer nach bürgerlichem Recht geschäftsfähig ist. Die Geschäftsfähigkeit ist grundsätzlich mit Vollendung des 18. Lebensjahres gemäß § 2 BGB gegeben.[205] Dies bedeutet grundsätzlich, dass im Falle der Geschäftsunfähigkeit des Beteiligten der VA erst wirksam wird, wenn er seinem besonderen Vertreter oder Betreuer bekannt gegeben wird.[206] Allerdings ist zu beachten, dass zudem gemäß § 11 Abs. 1 Nr. 2 SGB X handlungsfähig ist, wer nach bürgerlichem Recht beschränkt geschäftsfähig ist, aber für den Gegenstand des Verfahrens öffentlich-rechtlich als handlungsfähig anerkannt ist. In diesem Zusammenhang ist § 36 SGB I zu beachten. Durch diese öffentlich-rechtliche Norm wird die Handlungsfähigkeit ausgeweitet, da danach ab Vollendung des 15. Lebensjahres Anträge auf Sozialleistungen gestellt und verfolgt werden können, soweit der gesetzliche Vertreter die Handlungsfähigkeit nicht einschränkt.[207] Hierbei ist zunächst zu beachten, dass es sich bei der Inobhutnahme selbst nicht um eine Leistung im Sinne des § 2 Abs. 2 SGB VIII, sondern um eine andere Aufgabe gemäß § 2 Abs. 3 Nr. 1 SGB VIII handelt.[208] Obgleich während einer Inobhutnahme auch Fragen der sozialrechtlichen Leistungsgewährung so- 126

199 S. hierzu auch OVG NRW 11.9.2012 – 12 B 1020/12, juris Rn. 18.
200 S. hierzu Stelkens in Stelkens/Bonk/Sachs VwVfG § 41 Rn. 32.
201 Ebenso Kirchhoff in jurisPK-SGB VIII Rn. 133; Hoffmann, Inobhutnahme iSd § 42 SGB VIII, JAmt 2012, 244 (245); s. hierzu auch Pattar in jurisPK-SGB X, § 37 Rn. 72.
202 S. hierzu BSG 24.10.1961 – 6 RKa 25/60, juris Rn. 26; Pattar in jurisPK-SGB X § 37 Rn. 72; v. Wulffen/Schütze SGB X § 37 Rn. 7.
203 Stelkens in Stelkens/Bonk/Sachs VwVfG § 41 Rn. 4; s. hierzu auch VG Minden 12.12.2007 – 6 L 624/07, juris Rn. 14; das VG Minden stellt allerdings auf die fehlende „Rechtfertigung" der Inobhutnahme ab, da eine Bekanntgabe der Inobhutnahme fehle. Gemeint sein dürfte damit die fehlende Wirksamkeit infolge fehlender Bekanntgabe.
204 S. hierzu auch VG Minden 12.12.2007 – 6 L 624/07, juris Rn. 7 ff.
205 S. hierzu auch → Anh. 5 Rn. 12 und Leopold in jurisPK-SGB X § 11 Rn. 28.
206 BSG 2.7.1997 – 9 RV 14/96, juris Rn. 18; Pattar in jurisPK-SGB X § 37 Rn. 48.
207 S. hierzu auch Pattar in jurisPK-SGB X § 37 Rn. 48.
208 S. hierzu auch BVerwG 11.7.2013 – 5 C 24/12, juris Rn. 17; HmbOVG 9.2.2011 – 4 Bs 9/11, juris Rn. 26; VG des Saarlands 27.5.2011 – 3 K 2136/09, juris Rn. 35; VG Arnsberg 7.6.2011 – 11 K 319/10, juris Rn. 42; BVerwG 29.1.2004 – 5 C 9/03, juris Rn. 19.

wie der sozialpädagogischen Beratung und Betreuung des Kindes eine wesentliche Rolle spielen,[209] geht es im Kern um eine auf dem staatlichen Wächteramt (Art. 6 Abs. 2 Satz 2 GG) beruhende Intervention, die die Rechte der betroffenen Kinder und Sorgeberechtigten berührt und insoweit als „Eingriffsverwaltung" anzusehen ist.[210] Grundsätzlich kann daher die Anwendung des § 36 SGB I im Rahmen einer Inobhutnahme nicht in Betracht kommen, da es hierbei „im Kern" nicht um die Beantragung einer Sozialleistung geht.[211] Das von der Gegenansicht für die Einordnung der Inobhutnahme als Leistung ins Feld geführte Argument, dass „soweit der Staat zur Inobhutnahme des Kindes oder des Jugendlichen im Rahmen des staatlichen Wächteramtes verpflichtet ist, ein entsprechender Leistungsanspruch des Kindes oder Jugendlichen gem. § 42 Abs. 1 besteht"[212] trägt bei genauerer Betrachtung die Einstufung als Leistung im Sinne des § 2 Abs. 2 SGB VIII bzw. des § 11 SGB I nicht. Beispielsweise besteht auch auf die Erteilung einer Erlaubnis zur Kindertagespflege nach § 43 SGB VIII ein Rechtsanspruch, sofern die Tatbestandsvoraussetzungen vorliegen. Dies ändert aber nichts an der hier unstrittigen Einordnung der Erlaubniserteilung als andere Aufgabe im Sinne des § 2 Abs. 3 SGB VIII. Auch die Tatsache, dass es sich insoweit um einen begünstigenden Verwaltungsakt handelt, ändert an dieser Einstufung nichts. Daher führt auch die Tatsache, dass es sich bei der Inobhutnahme um einen für den Mj begünstigenden (und für die Eltern belastenden) Verwaltungsakt handeln kann, zu keiner anderen Bewertung. Unstrittig sind auch begünstigende Verwaltungsakte zu den anderen Aufgaben zu rechnen. Auch die Bitte des Kindes um Inobhutnahme führt nicht zur Einordnung der Inobhutnahme als Leistung. Trotz Bitte des Kindes sind „im Kern" mit der Maßnahme Eingriffe in das Elternrecht aus Art. 6 Abs. 2 S. 1 GG verbunden. Würde man der Argumentationslinie folgen, dass der Leistungsanspruch und die Bitte des Kindes um Inobhutnahme zur Einordnung der Maßnahme als Leistung führen, hätte dies zur Konsequenz, dass eine Inobhutnahme nach § 42 Abs. 1 S. 1 Nr. 2 bei einer dringenden Gefahr für das Kindeswohl das eine Mal eine Leistung wäre (bei Bitte des Kindes um Inobhutnahme) und das andere Mal eine andere Aufgabe (bei einer Inobhutnahme gegen den Willen des Kindes). Nach hier vertretener Auffassung lässt es sich jedenfalls unter keinem rechtlichen Gesichtspunkt rechtfertigen, eine Inobhutnahme gegen den Willen des betroffenen Kindes und der betroffenen Eltern und den damit verbundenen Grundrechtseingriffen als Leistung zu bewerten.

127 Es ist zu betonen, dass es bei der Inobhutnahme um die Herausnahme eines Kindes und eine Trennung von den Eltern geht. Somit wird in das Grundrecht der Eltern aus Art. 6 Abs. 2 S. 1 GG eingegriffen. Die Tatsache, dass der Verwaltungsakt in der Regel begünstigende Drittwirkung für das betroffene Kind hat und während der Inobhutnahme auch Fragen der Leistungsgewährung eine Rolle spielen, ändert an dem Eingriffscharakter der Maßnahme nichts. „Im Kern" geht es bei der Inobhutnahme um eine Regelung des Gefahrenabwehrrechts. Gerade weil Leistungen in Form von öffentlichen Hilfen nicht (mehr) zielführend sind (s. hierzu § 8a Abs. 1 S. 3), wird in die Rechtsposition der Eltern und gegebenenfalls auch des Kindes aus Art. 6 GG eingegriffen. Die Ansicht, welche die Inobhutnahme contra legem als Leistung einordnet, ist daher abzulehnen. Aufgrund des Rechtscharakters der Inobhutnahme als Eingriff, der gesetzlichen Einordnung als andere Aufgabe gemäß § 2 Abs. 3 Nr. 1 und der Stellung im Gesetz im dritten Kapitel (Andere Aufgaben der Jugendhilfe) ist die Inobhutnahme als andere Aufgabe einzustufen. § 11 Abs. 1 Nr. 2 SGB X iVm § 36 SGB I kann

209 S. BT-Drs. 11/5948, 79.

210 BGH 23.2.2006 – III ZR 164/05, juris Rn. 12.

211 So auch BVerwG 11.7.2013 – 5 C 24/12, juris Rn. 16 und Kirchhoff in jurisPK-SGB VIII Rn. 133; aA VG Göttingen 17.7.2014 – 2 B 195/14, juris Rn. 21; HmbOVG 9.2.2011 – 4 Bs 9/11, juris Rn. 26; OVG Bln-Bbg 14.10.2009 – OVG 6 S 33.09, juris Rn. 5; Tillmanns in MüKoBGB § 2 Rn. 6.

212 Tillmanns in MüKoBGB § 2 Rn. 6.

daher nach hier vertretener Auffassung bei der Inobhutnahme grundsätzlich keine Anwendung finden. Eine Handlungsfähigkeit ist daher erst mit Vollendung des 18. Lebensjahres gegeben. Der Verwaltungsakt der Inobhutnahme wird gegenüber einem Minderjährigen daher erst mit Bekanntgabe an den gesetzlichen Vertreter wirksam.[213]

Eine grundsätzlich andere Situation liegt lediglich den Regelungen der §§ 42 Abs. 1 128
S. 1 Nr. 3 und 42a zu Grunde. Reist ein minderjähriger Ausländer alleine, ohne von Personensorgeberechtigten begleitet zu werden, ins Bundesgebiet ein und halten sich diese auch nicht in Deutschland auf, besteht keine familiäre Lebensgemeinschaft im Bundesgebiet im Sinne des Art. 6 GG, in welche mit der Inobhutnahme eingegriffen werden könnte. Sofern der betroffene Minderjährige um die Inobhutnahme bittet oder mit ihr einverstanden ist, ist mit der Maßnahme somit kein Eingriff verbunden.[214] In dieser Situation geht es „im Kern" dann tatsächlich nicht um einen Eingriff in eine grundrechtlich geschützte Rechtsposition, sondern um die Gewährung von Hilfen. In dieser Fallkonstellation spricht daher „lediglich" die gesetzliche Einordnung der Inobhutnahme als andere Aufgabe gegen die Einordnung als Leistung. Daher erscheint es in dieser Fallkonstellation vertretbar, zumindest § 36 SGB I in analoger Anwendung heranzuziehen, so dass der Verwaltungsakt aufgrund der Regelungen in § 11 Abs. 1 Nr. 2 SGB X iVm § 36 SGB I analog gegenüber Jugendlichen im Alter von 15 bis 17 Jahren bekannt gemacht werden kann.[215]

Bei einer Inobhutnahme gemäß § 42 Abs. 1 S. 1 Nr. 1 und 2 sowie einer Inobhutnah- 129
me unter 15-jähriger Personen nach § 42 Abs. 1 S. 1 Nr. 3 kann es somit Fallkonstellationen geben, in welchen der Verwaltungsakt der Inobhutnahme mangels Bekanntgabe nicht wirksam werden kann. Dem Minderjährigen gegenüber kann der Verwaltungsakt mangels Handlungsfähigkeit nicht bekannt gegeben werden. Den Personensorgeberechtigten kann er wiederum nicht bekannt gegeben werden, wenn diese nicht erreichbar sind. In diesen Fällen kann die Durchführung der Inobhutnahme nur durch eine unmittelbare Ausführung erfolgen.[216] Die unmittelbare Ausführung, welche im Polizeirecht der Bundesländer (s. beispielsweise § 8 PolG BW) geregelt ist, erlaubt unter den dort genannten Voraussetzungen, Maßnahmen auch ohne Erlass eines vorherigen Verwaltungsaktes durchzuführen.[217] Zur unmittelbaren Ausführung berechtigt sind dabei nicht nur Polizeibehörden, sondern auch andere Verwaltungsbehörden, die auf dem Gebiet der Gefahrenabwehr tätig werden.[218] Auch das Jugendamt kann daher von dem Instrument der unmittelbaren Ausführung Gebrauch machen. Allerdings ist die unmittelbare Ausführung auf die Umsetzung vertretbarer Handlungen gerichtet.[219] Bei der Inobhutnahme geht es im Kern um die Duldung der Wegnahme des

213 Ebenso Wiesner in Wiesner Rn. 68 a; offen gelassen vom BVerwG 11.7.2013 – 5 C 24/12, juris Rn. 15.
214 S. hierzu auch SächsOVG 12.1.2012 – 1 A 466/09, juris Rn. 28; s. hierzu auch VG München 1.10.2014 – M 18 K 14.3366, juris Rn. 24 f.: Die Inobhutnahme habe gegenüber dem Ausländer begünstigende und belastende Wirkung.
215 Für direkte Anwendung OVG Brem 18.11.2015 – 2 B 221/15, 2 PA 223/15, juris Rn. 12; s. hierzu auch VG München 1.10.2014 – M 18 K 14.3366, juris Rn. 21: Ohne Begründung wendet das VG München § 36 Abs. 1 S. 1 SGB I direkt an bei der Bekanntgabe des VA nach § 42 Abs. 1 S. 1 Nr. 3 gegenüber dem Minderjährigen.
216 AA Kirchhoff in jurisPK-SGB VIII Rn. 134: Eine Inobhutnahme könne auch unabhängig von einer Bekanntgabe gegenüber dem gesetzlichen Vertreter des Kindes wirksam erfolgen. § 42 gehe als speziellere Regelung §§ 37, 39 SGB X vor. Dieser Auffassung kann nicht gefolgt werden. Die Regelung des § 42 kann nicht von den zwingenden Vorgaben der §§ 37, 39 SGB X befreien.
217 S. hierzu Würtenberger/Heckmann/Riggert, S. 347 f., Rn. 792 f.; Schenke, S. 331.
218 Wolf/Stephan/Deger § 8 Rn. 11.
219 Ruder/Schmitt, S. 251, Rn. 352; Schenke, S. 333; Würtenberger/Heckmann/Riggert, S. 350, Rn. 798.

Kindes[220] durch das Jugendamt. Duldungen sind nicht vertretbar,[221] so dass die Anwendung der Vorschriften zur unmittelbaren Ausführung nicht unproblematisch ist. Allerdings ist anerkannt, dass im Rahmen der unmittelbaren Ausführung auch ausnahmsweise auf Personen eingewirkt werden kann, wenn dem Betroffenen beispielsweise wegen Minderjährigkeit keine Verfügung bekannt gegeben werden kann.[222] Kann der Verwaltungsakt der Inobhutnahme wegen der Nichterreichbarkeit der Eltern oder anderer Personensorgeberechtigter und der Minderjährigkeit des betroffenen Kindes nicht bekannt gemacht werden, ist die Durchführung der Inobhutnahme somit in Form der unmittelbaren Ausführung möglich. Andernfalls bliebe in diesen Situationen keine Möglichkeit, rechtmäßig zu handeln; die Inobhutnahme (genauer: das Vollzugselement) wäre stets rechtswidrig.[223] Auch eine Heilung der Inobhutnahme über eine nachträgliche Bekanntgabe käme nicht in Betracht, da die Bekanntgabe eines Verwaltungsaktes lediglich ex nunc Wirkung hat. Zudem würde die Verfügung gegenüber den Eltern zur Duldung der Inobhutnahme des Kindes leer laufen, da zu dem Zeitpunkt der (nachträglichen) Bekanntgabe die Wegnahme bereits erfolgt ist.[224] In den Bundesländern, in welchen das Instrument der unmittelbaren Ausführung nicht zur Verfügung steht, besteht die Möglichkeit, in diesen Fallkonstellationen die Regelungen zum Sofortvollzug zur Anwendung zu bringen (zB in Nordrhein-Westfalen über § 55 Abs. 2 VwVG).

130 Bei der Ausgestaltung des Verfahrens ist darauf zu achten, dass Beteiligte, in deren Rechte mit einem VA eingegriffen wird, vor dessen Erlass anzuhören sind, § 24 Abs. 1 SGB X. Dies sind regelmäßig insbesondere die Eltern. Allerdings kann von der Anhörung ua dann abgesehen werden, wenn eine **sofortige Entscheidung** wegen Gefahr im Verzug oder im öffentlichen Interesse notwendig erscheint, § 24 Abs. 2 Nr. 1 SGB X (→ Anh. 5 Rn. 18). Allerdings sind an die Annahme der Gefahr im Verzug strenge Anforderungen zu stellen. Es ist zu fragen, ob infolge des Zeitverlustes der mit der Durchführung des Anhörungsverfahrens verbunden ist, der Eintritt des Schadens zu befürchten ist. Hierbei ist zu beachten, dass eine Anhörung auch mündlich erfolgen kann.

Wird Anfechtungswiderspruch oder Anfechtungsklage gegen die Inobhutnahme erhoben, kommt diesen Rechtsbehelfen aufschiebende Wirkung zu, § 80 Abs. 1 S. 1 VwGO. Um eine sofortige Rückgabe des Ki/Ju zu verhindern, muss das Jugendamt dann die sofortige Vollziehung der Inobhutnahme nach § 80 Abs. 2 Nr. 4 VwGO anordnen. Sofern weiterhin eine Gefährdung des Ki/Ju zu befürchten ist, wird das öffentliche Interesse an der sofortigen Vollziehung der Inobhutnahme das private Interesse an der aufschiebenden Wirkung des Rechtsbehelfs übersteigen. Nach § 80 Abs. 3 VwGO muss die Anordnung zwingend schriftlich erfolgen.

26 Sachliche und örtliche Zuständigkeit des JA

131 Die **sachliche Zuständigkeit** für die Inobhutnahme liegt gemäß § 85 Abs. 1 beim JA als örtlichem Träger. **Örtlich** zuständig ist das JA, in dessen Bereich sich die/der Mj vor Beginn der Maßnahme tatsächlich aufhält, § 87. Diese spezielle Regelung weist dem insoweit bestimmten örtlichen Träger für die in Rede stehende Maßnahme die alleinige und unmittelbare Zuständigkeit zu. Eine Amtshilfe zur Durchführung einer Inobhutnahme – etwa für ein auswärtiges JA – ist demnach begrifflich ausgeschlossen.[225] Entsprechende Bitten auf Durchführung einer Inobhutnahme durch ein anderes JA

220 S. hierzu Tagesbetreuungsausbaugesetz – TAG –, 75.
221 Ruder/Schmitt, Rn. 703.
222 Würtenberger/Heckmann/Riggert, S. 351, Rn. 801.
223 S. hierzu VG Minden 12.12.2007 – 6 L 624/07, juris Rn. 14.
224 S. zu diesem Problem Würtenberger/Heckmann/Riggert, S. 349, Rn. 794.
225 Ebenso DIV-Gutachten, ZfJ 1997, 422.

sind daher rechtlich nur als Anregung zum Tätigwerden von Amts wegen gem. § 42 Abs. 1 S. 1 Nr. 2 zu werten.[226] Das nach § 87 zuständige JA ist für die vorläufige Unterbringung, nicht jedoch für die **Rückführung** des Ki/Ju zuständig. Die Regelung der Rückkehr ist Aufgabe des PSB. Ist dieser nicht dazu in der Lage, den Mj abzuholen, ist die Regelung der Rückkehr Aufgabe des nach § 86 zuständigen JA.[227] Der Mj kann im Rahmen der Amtshilfe von Mitarbeitern des nach § 87 zuständigen JA zurückgebracht oder begleitet werden, soweit dies erforderlich ist und um Rückführung oder Begleitung des Ki/Ju im Rahmen der Amtshilfe gebeten wird. In der Regel arbeiten bei der Inobhutnahme nach § 42 die nach §§ 86 u. 87 zuständigen JA zusammen. Dabei bleibt für etwaige notwendige Hilfe zur Erziehung nach §§ 27 ff. gem. § 86 das JA zuständig, in dessen Bereich die Eltern ihren gewöhnlichen Aufenthaltsort haben. Für unbegleitete ausländische Kinder und Jugendliche enthält § 88a eine spezielle Regelung zur örtlichen Zuständigkeit für die vorläufige Inobhutnahme, für die Inobhutnahme, für die Leistungserbringung sowie für die Vormundschaft und Pflegschaft.

Anerkannte freie Träger können vom öffentlichen Träger der Jugendhilfe gem. § 75 an der Inobhutnahme, die als Ausübung des staatlichen Wächteramts eine hoheitliche Aufgabe darstellt, beteiligt werden.[228] Allerdings ist es Freien Trägern nicht gestattet, Jugendliche selbst eingreifend nach § 42 in Obhut zu nehmen. Dies gilt auch dann, wenn MJ selbst um Obhut bitten. Eine Inobhutnahme ohne oder erst aufgrund nachträglicher Einschaltung des Trägers der öffentlichen Jugendhilfe ist unzulässig.[229] 132

27 Sachliche und örtliche Zuständigkeit des FamG

Die **sachliche Zuständigkeit** des FamG folgt unmittelbar aus § 42 Abs. 1 und 2. Durch das KindRG ist seit dem 1.7.1998 das **FamG zuständig**. Auch die Eingriffszuständigkeit für Eingriffe in die elterliche Sorge bei Gefahr für das Kindeswohl, § 1666 Abs. 1 BGB ist bewusst auf das FamG verlagert. Diese Zuständigkeit bleibt für die Dauer der Inobhutnahme bis zur Entscheidung über den Antrag des JA gemäß § 42 Abs. 3 S. 2 Nr. 2 bestehen. Ein Verfahren auf Kindesherausgabe oder ein solches auf Abänderung einer getroffenen Sorgerechtsentscheidung, für die allein das FamG zuständig ist, ist daher auszusetzen, bis das FamG über den Antrag des JA gemäß § 42 Abs. 3 S. 2 Nr. 2 entschieden hat.[230] 133

Die **örtliche Zuständigkeit des FamG** folgt aus § 152 Abs. 1 FamFG. Danach ist das FamG örtlich zuständig, in dessen Bezirk der Mj seinen gewöhnlichen Aufenthalt hat. Die frühere „Wohnsitzzuständigkeit" wurde durch das FamFG aufgehoben. Der „gewöhnliche" Aufenthalt des Kindes kann sich also auch durch seinen ständigen Aufenthalt in einem Internat oder durch dauerhafte Weggabe des Kindes in eine Pflegestelle an deren Ort ergeben. 134

Ungeachtet der sich aus § 152 Abs. 2 FamFG ergebenden örtlichen Zuständigkeit ist schließlich auch auf § 152 Abs. 3 FamFG zu verweisen. Nach dieser Regelung ist an Stelle des nach § 152 Abs. 1 FamFG zuständigen Gerichts dasjenige FamG zuständig, in dessen Bereich das Bedürfnis der Fürsorge bekannt wird, falls eine Zuständigkeit nach § 152 Abs. 2 FamFG nicht gegeben ist. 135

---

226 S. DIV-Gutachten wie vor.
227 So auch Schleicher/Busch in GK-SGB VIII § 42 Rn. 32a ff.
228 Zur Rufbereitschaft des JA sowie zur Übertragung der Aufgaben der Inobhutnahme bzw. zu Art und Umfang der Beteiligung freier Träger s. im Einzelnen: Kunkel ZKJ 2006, 361.
229 OVG Bln-Bbg 12.5.2009 – OVG 6 S 8.09, OVG 6 M 10.09, juris Rn. 5.
230 S. OLG Zweibrücken 9.2.1996 – 5 UF 13/96, juris Rn. 10.

28 Kosten

136 Die Kostenregelungen für das Verfahren nach § 42 ergeben sich aus §§ 91 bis 94. Danach gilt im Einzelnen Folgendes: Grundsätzlich werden die/der Mj und dessen Eltern zu den Kosten der Inobhutnahme nach Maßgabe der §§ 93 und 94 herangezogen, s. § 92 Abs. 1 Nr. 1 und Nr. 5. Dass die Kostenregelungen auf die Inobhutnahme anzuwenden sind, folgt aus § 91 Abs. 1 Nr. 7. Die Kosten umfassen auch die Aufwendungen für den notwendigen Unterhalt und die Krankenhilfe, s. § 91 Abs. 3. **Verwaltungskosten bleiben außer Betracht,** § 91 Abs. 4. Gemäß § 91 Abs. 5 ist der öffentliche Träger jedoch grundsätzlich vorrangig zu Leistungen verpflichtet, unabhängig von der Erhebung eines Kostenbeitrags.

137 Maßstab der Kostenheranziehung ist § 92. Allerdings gewinnt bei der Inobhutnahme § 92 Abs. 5 insoweit besondere Bedeutung, als nach dieser Bestimmung von der Heranziehung im Einzelfall ganz oder teilweise abgesehen werden soll, wenn sonst Ziel und Zweck der Leistung gefährdet würden.

138 IÜ hat gemäß §§ 89 b, 89 f. (s. aber dort) das nach § 86 zuständige JA dem nach § 87 zuständigen JA sämtliche Kosten der Inobhutnahme zu erstatten.[231] Kosten, die einem nach § 87 zuständigen JA bei der Rückführung im Rahmen der Amtshilfe entstehen, sind gemäß § 7 SGB X erstattungsfähig.[232]

29 Schutzvereinbarungen

139 In der Verwaltungspraxis werden bei einer Kindeswohlgefährdung oder bei Vorliegen von gewichtigen Anhaltspunkten für eine Kindeswohlgefährdung iSd § 8a Abs. 1 S. 1 regelmäßig sogenannte Schutzvereinbarungen zwischen Jugendamt und Personensorgeberechtigten abgeschlossen.[233] Mittels dieser Schutzvereinbarungen werden die Personensorgeberechtigten zur Inanspruchnahme von Hilfen, zur regelmäßigen Vorstellung des Kindes bei einem Arzt oder einem Drogenscreening zum Nachweis einer Abstinenz von Betäubungsmitteln verpflichtet. Die Einhaltung der Schutzvereinbarungen werden insbesondere mittels unangekündigten Hausbesuchen und Schweigepflichtsentbindungen, welche Rückfragen durch das Jugendamt beim Arzt legitimieren sollen, überprüft. Ferner werden den Personensorgeberechtigten Auflagen mit Handlungspflichten auferlegt, deren Einhaltung im Rahmen von Kontrollbesuchen überprüft wird.

Die Personensorgeberechtigten willigen in diese Verwaltungspraxis regelmäßig ein, da sie davon ausgehen, dass die Nichterteilung der Einwilligung die Anrufung des Familiengerichts durch das Jugendamt oder die Inobhutnahme ihres Kindes zur Folge hat. Den Personensorgeberechtigten wird durch die Mitarbeitenden des Jugendamtes mehr oder weniger deutlich in Aussicht gestellt, dass das Familiengericht angerufen werden wird oder eine Inobhutnahme verfügt werden muss, falls die Personensorgeberechtigten nicht zum Abschluss einer Schutzvereinbarung bereit sind oder vereinbarte Auflagen nicht eingehalten werden.

Diese Verwaltungspraxis kann nach hiesiger Auffassung einer verwaltungs- und verfassungsrechtlichen Prüfung nicht standhalten. Die Inanspruchnahme von Hilfen nach dem SGB VIII steht im freien Belieben der Personensorgeberechtigten. Auch kann ein

231 S. BAGLJÄ ZfJ 1995, 540 (543); ebenso DIV-Gutachten ZfJ 1997, 422 (423).

232 S. BAGLJÄ wie vor; weiterhin ausführlich und instruktiv zu den gesamten Kosten im Zusammenhang mit einer Inobhutnahme: Fachliche Empfehlungen zur Inobhutnahme von Kinder und Jugendlichen gem. § 42 SGB VIII, Beschluss des Landesjugendhilfeausschusses v. 9.10.2007, Bayerisches LJA, S. 18 ff.

233 S. hierzu Landschaftsverband Westfalen-Lippe, Schutzkonzepte in der Hilfeplanung, https://www.lwl-landesjugendamt.de/media/filer_public/78/3c/783ca5e2-817f-4c23-a240-9d05b3af7cfb/abschlussbricht_schutzkonzepte_2.pdf.

zunächst erklärtes Einverständnis zur Inanspruchnahme einer Hilfe jederzeit zurückgenommen werden. Gegen den Willen der Personensorgeberechtigten kann ohne familiengerichtliche Entscheidung nach § 1666 Abs. 1, Abs. 3 Nr. 1 BGB keine Hilfe erbracht werden. Entgegen landläufiger Meinung ist mit den Anspruchsgrundlagen nach §§ 27 ff. auch keine Befugnis zum Eingriff in die Privatsphäre der Personensorgeberechtigten nach Art. 2 Abs. 1 GG iVm Art. 1 Abs. 1 GG verbunden. Es ist verfassungsrechtlich unstrittig anerkannt, dass eine klassische Eingriffssituationen besteht, wenn der Staat in einem behördlichen Verfahren im Rahmen der Sachverhaltserforschung auf Informationen aus dem privaten Bereich zurückgreift und den privaten Bereich ausforscht.[234] Ferner ist es unstrittig, dass der Staat für einen solchen Eingriff einer Rechtsgrundlage bedarf.[235] An einer solchen expliziten und hinreichend bestimmten Ermächtigung des Jugendamtes durch ein formelles Gesetz fehlt es aber de lege lata ganz offensichtlich. Daher verwundert es sehr, dass die mit Schutzvereinbarungen erfolgenden Ausforschungsmaßnahmen, welche im rechtsfreien Raum erfolgen, juristisch nicht längst beanstandet worden sind.

§ 42a Vorläufige Inobhutnahme von ausländischen Kindern und Jugendlichen nach unbegleiteter Einreise

(1) [1]Das Jugendamt ist berechtigt und verpflichtet, ein ausländisches Kind oder einen ausländischen Jugendlichen vorläufig in Obhut zu nehmen, sobald dessen unbegleitete Einreise nach Deutschland festgestellt wird. [2]Ein ausländisches Kind oder ein ausländischer Jugendlicher ist grundsätzlich dann als unbegleitet zu betrachten, wenn die Einreise nicht in Begleitung eines Personensorgeberechtigten oder Erziehungsberechtigten erfolgt; dies gilt auch, wenn das Kind oder der Jugendliche verheiratet ist. [3]§ 42 Absatz 1 Satz 2, Absatz 2 Satz 2 und 3, Absatz 5 sowie 6 gilt entsprechend.

(2) [1]Das Jugendamt hat während der vorläufigen Inobhutnahme zusammen mit dem Kind oder dem Jugendlichen einzuschätzen,

1. **ob das Wohl des Kindes oder des Jugendlichen durch die Durchführung des Verteilungsverfahrens gefährdet würde,**
2. **ob sich eine mit dem Kind oder dem Jugendlichen verwandte Person im Inland oder im Ausland aufhält,**
3. **ob das Wohl des Kindes oder des Jugendlichen eine gemeinsame Inobhutnahme mit Geschwistern oder anderen unbegleiteten ausländischen Kindern oder Jugendlichen erfordert und**
4. **ob der Gesundheitszustand des Kindes oder des Jugendlichen die Durchführung des Verteilungsverfahrens innerhalb von 14 Werktagen nach Beginn der vorläufigen Inobhutnahme ausschließt; hierzu soll eine ärztliche Stellungnahme eingeholt werden.**

[2]Auf der Grundlage des Ergebnisses der Einschätzung nach Satz 1 entscheidet das Jugendamt über die Anmeldung des Kindes oder des Jugendlichen zur Verteilung oder den Ausschluss der Verteilung.

(3) [1]Das Jugendamt ist während der vorläufigen Inobhutnahme berechtigt und verpflichtet, alle Rechtshandlungen vorzunehmen, die zum Wohl des Kindes oder des Jugendlichen notwendig sind. [2]Dabei ist das Kind oder der Jugendliche zu beteiligen und der mutmaßliche Wille der Personen- oder der Erziehungsberechtigten angemessen zu berücksichtigen.

234 S. hierzu Di Fabio in Maunz/Dürig GG Art. 2 Abs. 1 Rn. 151.
235 S. hierzu Di Fabio in Maunz/Dürig GG Art. 2 Abs. 1 Rn. 157.

(3a) Das Jugendamt hat dafür Sorge zu tragen, dass für die in Absatz 1 genannten Kinder oder Jugendlichen unverzüglich erkennungsdienstliche Maßnahmen nach § 49 Absatz 8 und 9 des Aufenthaltsgesetzes durchgeführt werden, wenn Zweifel über die Identität bestehen.

(4) [1]Das Jugendamt hat der nach Landesrecht für die Verteilung von unbegleiteten ausländischen Kindern und Jugendlichen zuständigen Stelle die vorläufige Inobhutnahme des Kindes oder des Jugendlichen innerhalb von sieben Werktagen nach Beginn der Maßnahme zur Erfüllung der in § 42b genannten Aufgaben mitzuteilen. [2]Zu diesem Zweck sind auch die Ergebnisse der Einschätzung nach Absatz 2 Satz 1 mitzuteilen. [3]Die nach Landesrecht zuständige Stelle hat gegenüber dem Bundesverwaltungsamt innerhalb von drei Werktagen das Kind oder den Jugendlichen zur Verteilung anzumelden oder den Ausschluss der Verteilung anzuzeigen.

(5) [1]Soll das Kind oder der Jugendliche im Rahmen eines Verteilungsverfahrens untergebracht werden, so umfasst die vorläufige Inobhutnahme auch die Pflicht,

1. die Begleitung des Kindes oder des Jugendlichen und dessen Übergabe durch eine insofern geeignete Person an das für die Inobhutnahme nach § 42 Absatz 1 Satz 1 Nummer 3 zuständige Jugendamt sicherzustellen sowie
2. dem für die Inobhutnahme nach § 42 Absatz 1 Satz 1 Nummer 3 zuständigen Jugendamt unverzüglich die personenbezogenen Daten zu übermitteln, die zur Wahrnehmung der Aufgaben nach § 42 erforderlich sind.

[2]Hält sich eine mit dem Kind oder dem Jugendlichen verwandte Person im Inland oder im Ausland auf, hat das Jugendamt auf eine Zusammenführung des Kindes oder des Jugendlichen mit dieser Person hinzuwirken, wenn dies dem Kindeswohl entspricht. [3]Das Kind oder der Jugendliche ist an der Übergabe und an der Entscheidung über die Familienzusammenführung angemessen zu beteiligen.

(6) Die vorläufige Inobhutnahme endet mit der Übergabe des Kindes oder des Jugendlichen an die Personensorge- oder Erziehungsberechtigten oder an das aufgrund der Zuweisungsentscheidung der zuständigen Landesbehörde nach § 88a Absatz 2 Satz 1 zuständige Jugendamt oder mit der Anzeige nach Absatz 4 Satz 3 über den Ausschluss des Verteilungsverfahrens nach § 42b Absatz 4.

1 Überblick

1 Mit dem Gesetz zur Verbesserung der Unterbringung, Versorgung und Betreuung ausländischer Kinder und Jugendlicher vom 28.10.2015[1] sind im Anschluss an § 42 mit den §§ 42a bis 42f sechs weitere Paragrafen eingefügt worden, die Regelungen bezüg-

1 BGBl. I, 1802.

lich der vorläufigen Inobhutnahme und Verteilung von unbegleiteten ausländischen Kindern und Jugendlichen enthalten. Bisher enthielt das SGB VIII mit § 42 Abs. 1 S. 1 Nr. 3 lediglich die Verpflichtung, diese Minderjährigen in Obhut zu nehmen. Diese Verpflichtung bleibt unverändert. Sie wird allerdings um eine Reihe weiterer Regelungen ergänzt, um die Position von Kindern und Jugendlichen, die aus ihren Herkunftsstaaten alleine nach Deutschland kommen, zu verbessern. Die minderjährigen unbegleiteten Ausländer sollen „dem Kindeswohl entsprechend untergebracht, versorgt und betreut werden".[2] Dabei sollen die Standards der Jugendhilfe gelten.[3]

2 Neben der Verbesserung der Lebenssituation der unbegleiteten minderjährigen Ausländer haben die gesetzlichen Neuregelungen aber auch das Ziel, besonders belastete Städte und Landkreise zu entlasten und eine gerechte bundesweite Verteilung der Flüchtlinge zu ermöglichen. Nach bisheriger Rechtslage war gem. § 87 der örtliche Träger für die Inobhutnahme zuständig, in dessen Bereich sich das Kind oder der Jugendliche vor Beginn der Maßnahme tatsächlich aufhält. Diese örtliche Zuständigkeit blieb in der Regel auch für die weitere Leistungserbringung bestehen. Lediglich bei ausländischen Kindern und Jugendlichen, die einen Asylantrag stellen und die einem ausländerrechtlichen Verteilungsverfahren unterliegen, sieht § 86 Abs. 7 S. 2 vor, dass sich die örtliche Zuständigkeit für die Leistungserbringung nach der Zuweisungsentscheidung der Landesbehörde richtet. Aus diesem Grunde waren bisher Städte und Landkreise, die sich „an bestimmten Einreiseknotenpunkten"[4] befinden, wesentlich stärker mit der Inobhutnahme unbegleiteter ausländischer Minderjähriger sowie der weiteren Leistungserbringung belastet als die meisten Städte und Landkreise. Diese gesetzliche Regelungssystematik in Verbindung mit den steigenden Flüchtlingszahlen hatte dazu geführt, dass die Kapazitätsgrenzen einiger Städte und Landkreise „bereits so weit überschritten sind, dass eine dem Kindeswohl entsprechende Unterbringung, Versorgung und Betreuung der Kinder und der Jugendlichen erheblich erschwert bzw. nicht mehr möglich ist".[5] Eine bundesweite Verteilung von unbegleiteten Kindern und Jugendlichen führt aber zwangsläufig zu Belastungen für die betroffenen Personen. Regelmäßig suchen unbegleitete ausländische Kinder und Jugendliche Orte in der Bundesrepublik auf, in welchen sich bereits Familienmitglieder oder Landsleute aufhalten und bereits soziale Kontakte vorhanden sind. Mit den Regelungen in § 42a zur vorläufigen Inobhutnahme und in § 42b zur Verteilung wird versucht, zwischen den im Einzelfall widerstreitenden Interessenlagen einen möglichst schonenden Ausgleich für die Betroffenen herzustellen.

Mit Art. 9 des Gesetzes zur Bekämpfung von Kinderehen[6] ist § 42a Abs. 1 mit Wirkung zum 22.7.2017 ergänzt worden. Danach ist ein ausländisches Kind oder ein ausländischer Jugendlicher grundsätzlich dann als unbegleitet zu betrachten, wenn die Einreise nicht in Begleitung eines Personensorgeberechtigten oder Erziehungsberechtigten erfolgt; dies gilt auch, wenn das Kind oder der Jugendliche verheiratet ist.

Mit Art. 6 des **Zweiten Datenaustauschverbesserungsgesetzes**[7] wurde mit Wirkung vom 9.8.2019 ein neuer Abs. 3a eingefügt. Nach dieser Neuregelung muss das Jugendamt unverzüglich erkennungsdienstliche Maßnahmen nach § 49 Abs. 8 und Abs. 9 AufenthG einleiten lassen, wenn Zweifel über die Identität bestehen.

2 BT-Drs. 18/5921, 15.
3 BT-Drs. 18/5921, 16.
4 BT-Drs. 18/5921, 16.
5 BT-Drs. 18/5921, 16.
6 BGBl. 2017 I, Nr. 48, 2429.
7 BGBl. I, 1131.

2 Die vorläufige Inobhutnahme nach Abs. 1 S. 1

3 Nach § 42a Abs. 1 S. 1 ist das JA berechtigt und verpflichtet, ein ausländisches Kind oder einen ausländischen Jugendlichen vorläufig in Obhut zu nehmen. Diese Berechtigung und Verpflichtung bezieht sich allerdings nur auf ausländische Kinder und Jugendliche, die unbegleitet nach Deutschland einreisen. Die Regelung der vorläufigen Inobhutnahme steht in einem unmittelbaren Zusammenhang zu der sich an die vorläufige Inobhutnahme idR anschließenden Verteilung des Kindes oder Jugendlichen im Bundesgebiet nach § 42b und der (endgültigen) Inobhutnahme nach § 42 Abs. 1 S. 1 Nr. 3.

4 Zentrale Voraussetzungen für die vorläufige Inobhutnahme sind damit zwei Tatbestände: Der Betroffene muss ausländisches Kind oder ausländischer Jugendlicher sein. Zudem muss eine „unbegleitete Einreise nach Deutschland" vorliegen. Die Feststellung des Vorliegens beider Tatbestandsvoraussetzungen bereitet in der Praxis Schwierigkeiten tatsächlicher und rechtlicher Natur.

3 Kind oder Jugendlicher

5 Tatbestandsvoraussetzung für die vorläufige Inobhutnahme ist es zunächst, dass es sich beim Betroffenen um ein ausländisches Kind oder einen ausländischen Jugendlichen handelt. Ist der Betroffene kein Kind oder Jugendlicher, besteht keine rechtliche Verpflichtung und auch keine Möglichkeit zur vorläufigen Inobhutnahme. Liegen jedoch objektive Anhaltspunkte dafür vor, dass der Betroffene minderjährig sein könnte, ist eine Altersfeststellung gemäß § 42f durchzuführen. Während dieses Zeitraumes ist eine vorläufige Inobhutnahme zu verfügen. Für dieses Auslegungsergebnis spricht der Wortlaut des § 42f Abs. 1 S. 1 („hat im Rahmen der vorläufigen Inobhutnahme").[8]

Im Zusammenhang mit der Altersfeststellung ist in rechtlicher Hinsicht zu klären, ob bei der Einstufung des Betroffenen als Kind oder als Jugendlichen auf das Recht des jeweiligen Herkunftsstaates oder das Recht der Bundesrepublik Deutschland abzustellen ist. Nach überwiegender Auffassung ist die nationale Rechtslage und damit die Legaldefinitionen des § 7 maßgeblich (ausführlich → § 55 Rn. 5).[9]

Bei Ungewissheit über den Tag der Geburt gebietet es das auch in § 12 VwVfG zum Ausdruck kommende gesetzliche Prinzip eines umfassenden Schutzes Minderjähriger, von dem innerhalb des bekannten Geburtsjahres spätestmöglichen Geburtsdatum auszugehen.[10]

Zudem können im Einzelfall Schwierigkeiten tatsächlicher Art bei der Feststellung des Alters des Betroffenen auftreten. Diese tatsächlichen Probleme werden um rechtliche Probleme im Zusammenhang mit der Altersfeststellung ergänzt (s. hierzu § 42f).

4 Unbegleitete Einreise nach Deutschland

6 Nach dem Gesetzeswortlaut ist eine „unbegleitete Einreise nach Deutschland" weitere Tatbestandsvoraussetzung für die vorläufige Inobhutnahme. In der bis zum 21.7.2017 gültigen Fassung wich der Gesetzeswortlaut des § 42a Abs. 1 S. 1 von dem des § 42 Abs. 1 S. 1 Nr. 3 ab. Dort wird die Verpflichtung zur Inobhutnahme daran geknüpft,

---

8 S. hierzu auch BayVGH 18.8.2016 – 12 CE 16.1570, juris Rn. 12; VG München 28.4.2020 – M 18 E 20.1548, juris Rn. 32; Kirchhoff in jurisPK-SGB VIII § 42f Rn. 21 f. und § 42a Rn. 37 und Wiesner/Loos in Wiesner Nachtragskommentierung Dezember 2015 N 9.

9 Ebenso BT-Drs. 18/6392, 20; DIJUF-Rechtsgutachten, JAmt 2015, 92; BAGLJÄ, Handlungsempfehlungen zum Umgang mit unbegleiteten minderjährigen Flüchtlingen 2014, S. 7: Person, die noch nicht 18 Jahre alt ist, § 7 Abs. 1 Nr. 1 und 2.

10 BVerwG 31.7.1984 – 9 C 156/83, juris Rn. 11.

dass das Kind oder der Jugendliche „unbegleitet nach Deutschland kommt und sich weder Personensorge- noch Erziehungsberechtigte im Inland aufhalten." Trotz der abweichenden Formulierung musste nach hiesiger Auffassung zunächst das Tatbestandsmerkmal „unbegleitet" iSd § 42a Abs. 1 S. 1 so ausgelegt werden, dass es auf eine fehlende Begleitung durch Personensorge- oder Erziehungsberechtigte zum Zeitpunkt der Einreise ankam.[11] Nach § 7 Abs. 1 Nr. 5 ist Personensorgeberechtigter, wem allein oder gemeinsam mit einer anderen Person nach den Vorschriften des Bürgerlichen Gesetzbuchs die Personensorge zusteht (ausführlich → § 7 Rn. 3). Gem. § 7 Abs. 1 Nr. 6 ist Erziehungsberechtigter, wer als Personensorgeberechtigter oder sonstige Person über 18 Jahre aufgrund einer Vereinbarung mit dem Personensorgeberechtigten nicht nur vorübergehend und nicht nur für einzelne Verrichtungen Aufgaben der Personensorge wahrnimmt (ausführlich → § 7 Rn. 9).

Mit Art. 9 des Gesetzes zur Bekämpfung von Kinderehen ist § 42a Abs. 1 nun um einen Satz 2 ergänzt worden. Danach ist ein ausländisches Kind oder ein ausländischer Jugendlicher grundsätzlich dann als unbegleitet zu betrachten, wenn die Einreise nicht in Begleitung eines Personensorgeberechtigten oder Erziehungsberechtigten erfolgt; dies gilt auch, wenn das Kind oder der Jugendliche verheiratet ist. Auch bei verheirateten ausländischen Minderjährigen ist einzig auf das Personensorge- bzw. das Erziehungsrecht der sie begleitenden Person abzustellen. Daher sind auch verheiratete Minderjährige, wenn sie nicht durch einen Personensorge- oder Erziehungsberechtigten begleitet werden, zur Wahrung des Kindeswohls vorläufig in Obhut zu nehmen.[12] Nach der Gesetzesbegründung kann dem Tätigwerden des Jugendamtes im Rahmen der vorläufigen Inobhutnahme insbesondere nicht entgegengehalten werden, dass eine im Ausland wirksam geschlossene Ehe besteht. Das Jugendamt hat im Rahmen der vorläufigen Inobhutnahme zu prüfen, ob das Wohl des Minderjährigen weitere Schutzmaßnahmen erfordert. Nach der weiteren Gesetzesbegründung ist insbesondere der besonderen Situation und Bedarfslage der vorwiegend weiblichen verheirateten Minderjährigen auch unter Beachtung geschlechtsspezifischer und kultureller Aspekte Rechnung zu tragen. So hat das Jugendamt im Einzelfall auch zu prüfen, ob eine Trennung des Minderjährigen von seinem Ehegatten zur Abwendung einer Kindeswohlgefährdung erforderlich ist.[13] Allerdings ist natürlich auch eine gemeinsame Verteilung und Inobhutnahme in Erwägung zu ziehen. Dies kann auch die Prüfung zur Zurverfügungstellung gemeinsamen Wohnraums implizieren. Insbesondere wird dies dann zu erfolgen haben, wenn ein gemeinsames Kind vorhanden ist.[14] Diesbezüglich ist allerdings zu berücksichtigen, dass das SGB VIII nach derzeitiger Rechtslage keine Anspruchsgrundlagen enthält, welche explizit auf eine gemeinsame Hilfeerbringung und stationäre Unterbringung von Mutter, Vater und Kind zugeschnitten sind. Auch § 19 lässt dies grundsätzlich nicht zu.

Nach der ab 22.7.2017 gültigen Rechtslage ist mit der Einfügung des § 42 Abs. 1 S. 2 zudem klargestellt, dass der Minderjährige auch dann vorläufig in Obhut zu nehmen ist, wenn er in Begleitung anderer Personen einreist, die nicht seine Personensorge- oder Erziehungsberechtigten sind.

Ferner ist durch die Neuregelung nun klargestellt, dass die Tatbestandsvoraussetzung „der unbegleiteten Einreise nach Deutschland" auch dann erfüllt ist, wenn sich Personensorge- oder Erziehungsberechtigte im Inland aufhalten. Nach dem Gesetzeswortlaut ist ausschließlich auf den Zeitpunkt der Einreise abzustellen („unbegleitete Einreise"; „Einreise nicht in Begleitung..."). Nach diesem Verständnis lassen Veränderungen

11 S. hierzu auch OVG Bln-Bbg 27.5.2020 – OVG 11 S 45.19, juris Rn. 8; OVG Bln-Bbg 1.4.2020 – OVG 3 S 124.19, juris Rn. 5.
12 S. hierzu BT-Drs. 18/12086, 27.
13 BT-Drs. 18/12086, 27.
14 S. hierzu Lohse/Meysen JAmt 2017, 345 (348).

im Anschluss an eine unbegleitete Einreise, zB wenn im Anschluss an die Einreise eine „Begleitung" erfolgt, den Tatbestand nicht entfallen. Die Tatbestandsvoraussetzungen für eine vorläufige Inobhutnahme sind daher auch dann gegeben, wenn sich Personensorge- oder Erziehungsberechtigte im Inland aufhalten. Entscheidend ist lediglich, dass die Einreise nach Deutschland unbegleitet erfolgt. Nach § 42a Abs. 2 Nr. 2 und § 42b Abs. 4 Nr. 3 ist es gerade Aufgabe des Jugendamtes während der vorläufigen Inobhutnahme zu eruieren, ob sich verwandte Personen im Inland aufhalten und auf eine Familienzusammenführung hinzuwirken. Diese Verpflichtung greift allerdings nur, wenn man den Tatbestand des § 42a Abs. 1 als erfüllt ansieht.[15] Nach hier vertretener Auffassung besteht daher ein grundlegender Unterschied zwischen den Tatbestandsvoraussetzungen des § 42a Abs. 1 S. 1 und des § 42 Abs. 1 S. 1 Nr. 3. Im Rahmen der vorläufigen Inobhutnahme kommt es auf eine Klärung der Gesamtsituation des unbegleiteten ausländischen Kindes oder Jugendlichen an. § 42a Abs. 1 S. 1 stellt dabei ausschließlich auf die „unbegleitete Einreise nach Deutschland" ab.[16] Für die endgültige Inobhutnahme nach § 42 Abs. 1 S. 1 Nr. 3 ist es hingegen erforderlich, dass der Betroffene unbegleitet nach Deutschland gekommen ist und sich weder Personensorge- noch Erziehungsberechtigte im Inland aufhalten.

Nach der Gesetzesbegründung wird mit der Neuregelung in § 42a Abs. 1 S. 2 sogar klargestellt, dass ein ausländisches Kind oder ein ausländischer Jugendlicher bereits vor Abschluss der Prüfung seiner unbegleiteten Einreise sogleich, dh unmittelbar nach dem Grenzübertritt, vorläufig in Obhut zu nehmen ist. Damit werde sein Schutz gewährleistet, bis abschließend das Kriterium „unbegleitet" und damit die Erforderlichkeit der sich daran anknüpfende Schutzmaßnahmen festgestellt sei.[17] Sofern eine Begleitperson vorhanden ist, hat das Jugendamt den Nachweis der Personensorge oder des Erziehungsrechts einer Begleitperson zu überprüfen. Grundlegender Maßstab ist insoweit stets das Kindeswohl und das Schutzbedürfnis des ausländischen Kindes oder Jugendlichen.[18]

Nach § 42a Abs. 6 endet die vorläufige Inobhutnahme aber regelmäßig mit einer Übergabe des Betroffenen an Personensorge- oder Erziehungsberechtigte (→ Rn. 25).

Zudem ist zu fragen, ob von einer „unbegleiteten Einreise nach Deutschland" auch dann gesprochen werden kann, wenn die Einreise zwar in Begleitung von Personensorge- oder Erziehungsberechtigten erfolgt, nach der Einreise aber eine nicht nur kurzfristige Trennung eintritt.

Nach dem Gesetzeswortlaut ist der Tatbestand nicht erfüllt, wenn das Kind oder der Jugendliche zwar begleitet einreist, danach aber eine Trennung erfolgt. Nach Sinn und Zweck der Vorschrift, nämlich eine abstrakte Gefährdung des Minderjährigen in Deutschland zu vermeiden, ist allerdings entgegen dem Gesetzeswortlaut vom Vorliegen der Tatbestandsvoraussetzungen auch dann auszugehen, wenn nach einer begleiteten Einreise eine nicht nur kurzfristige Trennung erfolgt.[19] Dieses Auslegungsergebnis ist auch europarechtlichen Vorgaben geschuldet. Nach Art. 2 l) der RL 2011/95/EU, auf den Art. 2 m) der RL 2013/32/EU verweist, ist unbegleiteter Flüchtling auch eine

15 Ebenso Wiesner/Loos in Wiesner Nachtragskommentierung Dezember 2015 N 7.
16 Ebenso Kirchhoff in jurisPK-SGB VIII Rn. 45.
17 BT-Drs. 18/12086, 27.
18 BT-Drs. 18/12086, 27.
19 Ebenso für die Tatbestandsvoraussetzung „unbegleitet" iSd § 42 Abs. 1 S. 1 Nr. 3 BAGLJÄ, Handlungsempfehlungen zum Umgang mit unbegleiteten minderjährigen Flüchtlingen 2014, S. 7 und Dürkbeck ZKJ 2015, 266; s. hierzu auch die Gesetzesbegründung, BT-Drs. 18/5921, 15: Im Zusammenhang mit der Darstellung der Notwendigkeit der gesetzlichen Neuregelung wird betont, dass es um Kinder und Jugendliche geht, „die unbegleitet nach Deutschland kommen und im Inland weder mit einem Personensorgeberechtigten noch einem anderen Erziehungsberechtigten zusammenkommen".

Person, die nach der Einreise in das Hoheitsgebiet eines Mitgliedstaats dort ohne Begleitung zurückgelassen wird.[20]

5 Kenntnisnahme von der unbegleiteten Einreise

Nach dem Gesetzeswortlaut besteht die Verpflichtung zur vorläufigen Inobhutnahme, „sobald die unbegleitete Einreise nach Deutschland festgestellt wird." Die Gesetzesbegründung geht unter Bezugnahme auf die entsprechende Vorschrift zur örtlichen Zuständigkeit (§ 88a Abs. 1) davon aus, dass der Zeitpunkt des „Aufgriffs" des Minderjährigen oder seiner Selbstmeldung maßgeblich ist. Danach soll es darauf ankommen, wo die unbegleitete Einreise „festgestellt" bzw. „bemerkt" wird.[21] Unklar bleibt, auf wessen Kenntnisnahme es dabei ankommen soll. Mangels entsprechender Regelung wird man davon ausgehen müssen, dass jedenfalls jede staatliche Kenntnisnahme tauglicher Anknüpfungspunkt ist (ausführlich → § 88a Rn. 2). 7

6 Rechtsfolge

Liegen die Tatbestandsvoraussetzungen nach § 42a Abs. 1 S. 1 vor, ist das Jugendamt zur vorläufigen Inobhutnahme verpflichtet (gebundene Entscheidung). Diese gesetzliche Verpflichtung greift auch, wenn der Betroffene nicht in Obhut genommen werden möchte.[22] 8

7 Entsprechende Anwendung wichtiger Regelungen zur Inobhutnahme

Nach § 42a Abs. 1 S. 2 gilt § 42 Abs. 1 Satz 2, Abs. 2 Satz 2 und 3, Abs. 5 sowie Abs. 6 entsprechend. Damit werden die entsprechende Geltung der Befugnis zur vorläufigen Unterbringung bei einer geeigneten Person, in einer geeigneten Einrichtung oder in einer sonstigen Wohnform (§ 42 Abs. 1 Satz 2), die Gelegenheit zur Benachrichtigung einer Person des Vertrauens (§ 42 Abs. 2 Satz 2), die Verpflichtung zur Sorge für das Wohl des Kindes oder Jugendlichen und die Sicherstellung des notwendigen Unterhalts und der Krankenhilfe (§ 42 Abs. 2 Satz 3), die Befugnis zur Freiheitsentziehung (§ 42 Abs. 5) und die Klarstellung, dass bei der Anwendung unmittelbaren Zwangs die Polizei hinzuziehen ist (§ 42 Abs. 6), angeordnet. 9

8 Entscheidung über die Anmeldung zur Verteilung oder den Ausschluss der Verteilung nach Abs. 2

Abs. 2 S. 1 verpflichtet zunächst das JA zusammen mit dem Kind oder Jugendlichen, eine Einschätzung zu den in den Nummern 1 bis 4 genannten Sachverhalten zu treffen. Nach Abs. 2 S. 2 entscheidet das JA auf der Grundlage dieses sogenannten Erstscreenings[23] über die Anmeldung des Minderjährigen zur Verteilung oder den Ausschluss der Verteilung. Die Regelung wird durch die Ausschlussgründe nach § 42b Abs. 4 ergänzt (→ Rn. 15 und → § 42b Rn. 7).[24] § 42b Abs. 4 bestimmt, dass die Verteilung bei Vorliegen eines in § 42b Abs. 4 Nr. 1 bis 4 genannten Grundes ausgeschlossen ist. § 42a Abs. 2 S. 1 Nr. 3 erfährt zudem eine Ergänzung durch § 42b Abs. 5 10

20 Ebenso Lange in jurisPK-SGB VIII § 88a Rn. 14. S. hierzu auch VG Ansbach 25.6.2020 – AN 6 K 18.00384, juris Rn. 25.
21 BT-Drs. 18/5921, 16 und 23.
22 Ebenso Kirchhoff in jurisPK-SGB VIII Rn. 56.
23 BT-Drs. 18/5921, 23.
24 Ebenso Wiesner/Loos in Wiesner Nachtragskommentierung Dezember 2015 N 20; aA Kirchhoff in jurisPK-SGB VIII § 42b Rn. 31 und 33: Das JA habe bei seiner Entscheidung nach § 42a Abs. 2 S. 1 den § 42b Abs. 4 nicht anzuwenden. Erst in einem zweiten Schritt, nach Anmeldung zur Verteilung, greife § 42b Abs. 4.

(→ § 42b Rn. 12), wonach Geschwister oder Fluchtgemeinschaften im Regelfall nicht getrennt werden dürfen.

11 Zunächst bezieht sich gem. § 42a Abs. 2 S. 1 Nr. 1 die gemeinsame Einschätzung von JA und Kind oder Jugendlichem auf die Frage, ob das Kindeswohl durch die Durchführung des Verteilungsverfahrens gefährdet würde. Nach der Gesetzesbegründung soll mit dieser Verpflichtung insbesondere Art. 23 Abs. 1 der Richtlinie 2013/33/EU des Europäischen Parlaments und des Rats vom 26.6.2013 zur Festlegung von Normen für die Aufnahme von Personen, die internationalen Schutz beantragen, „Rechnung getragen werden".[25] Hierzu ist anzumerken, dass die Richtlinie nach Art. 3 Abs. 1 nur auf Personen Anwendung findet, die einen „Antrag auf internationalen Schutz" iSd Art. 2 h) der RL 2011/95/EU stellen. Aufgrund der Restriktionen, die mit einem Asylverfahren verbunden sind, und der je nach Herkunftsland geringen Erfolgsaussichten eines Asylverfahrens stellen allerdings nicht alle unbegleiteten minderjährigen Ausländer einen Asylantrag. Für Personen, die einen Asylantrag stellen, schreibt Art. 23 Abs. 1 der RL vor, dass die Mitgliedstaaten bei der Anwendung der Minderjährige berührenden Bestimmungen der Richtlinie vorrangig das Wohl des Kindes zu berücksichtigen haben. Die Mitgliedstaaten sind verpflichtet, einen der körperlichen, geistigen, seelischen, sittlichen und sozialen Entwicklung des Kindes angemessenen Lebensstandard zu gewährleisten. Die Gesetzesbegründung zu § 42a führt hierzu aus, dass das JA aufgrund der Vorgaben der RL einzuschätzen habe, ob die Durchführung des Verteilungsverfahrens absehbar zu einer Gefährdung für die Entwicklung des Kindes oder Jugendlichen im Hinblick auf die in Art. 23 Abs. 1 der EU Richtlinie 2013/33/EU genannten Einzelaspekte wie etwa seines körperlichen, geistigen oder seelischen Wohls führen könne.[26]

Damit wird der Begriff der Berücksichtigung des Kindeswohls iSd Art. 23 Abs. 1 S. 1 der RL iSe Kindeswohlgefährdung ausgelegt. Im Zuge des Gesetzgebungsverfahrens ist dies kritisiert worden. Der „Bundesfachverband Unbegleitete Minderjährige Flüchtlinge eV" hat beispielsweise in seiner Stellungnahme von einem „verengten Kindeswohlbegriff" gesprochen.[27] Dieser Kritik ist zuzustimmen. Eine Gewährleistung des Kindeswohls kann nicht mit der Pflicht zur Vermeidung einer Kindeswohlgefährdung gleichgesetzt werden. Aufgrund der wortgleichen Formulierung wie in § 8a ist davon auszugehen, dass der Begriff der Kindeswohlgefährdung iSd § 42a Abs. 2 S. 1 Nr. 1 die gleiche Bedeutung wie in § 8a und § 42 Abs. 1 S. 1 Nr. 2 hat. Nach hier vertretener Auffassung liegt damit eine Kindeswohlgefährdung iSd § 42a Abs. 2 Nr. 1 erst vor, wenn durch die Verteilung in allernächster Zeit mit ziemlicher Sicherheit eine schwerwiegende und nachhaltige Schädigung des Kindes oder Jugendlichen auf körperlicher, geistiger oder seelischer Ebene droht (ausführlich → § 42 Rn. 25 f.). Für dieses Auslegungsergebnis sprechen auch die in der Gesetzesbegründung genannten Beispiele, die gegen eine Verteilung sprechen. Dies sind „erhebliche Risiken einer körperlichen oder psychischen Schädigung" und eine „hohe Wahrscheinlichkeit einer (Re-)Traumatisierung".[28] Aber selbst wenn man hier den Begriff der Kindeswohlgefährdung lediglich iSe einfachen Gefahr auslegen wollte, wäre die Vorgabe aus der RL („Berücksichtigung des Kindeswohls") nicht mit der Pflicht zur Vermeidung einer Kindeswohlgefährdung erfüllt. Der Vorgabe der RL wird mit der Gesetzesänderung damit – entgegen der Behauptung in der Gesetzesbegründung – nicht in ausreichen-

25 BT-Drs. 18/5921, 23.
26 BT-Drs. 18/5921, 23.
27 Stellungnahme „Bundesfachverband Unbegleitete Minderjährige Flüchtlinge eV" S. 7; s. hierzu auch Stellungnahme Deutscher Familiengerichtstag eV, Kinderrechtskommission, S. 5 und UNHCR-Stellungnahme, S. 5 sowie Stellungnahme Caritas S. 4.
28 BT-Drs. 18/5921, 23.

dem Maße Rechnung getragen.[29] Eine Verteilung wird an der Vorgabe des § 42a Abs. 2 S. 1 Nr. 1 nur in solchen Fällen scheitern, in welchen davon ausgegangen werden muss, dass die Verteilung als solche zu einer Gefährdung oder Schädigung der Entwicklung des Kindes oder Jugendlichen führen wird. Hiervon wird in den seltensten Fällen auszugehen sein.

Zudem ist nicht zu erkennen, wie in diesem Verfahren „insbesondere unter Berücksichtigung des Kindeswillens“[30] eine die Verteilung ablehnende Entscheidung ergehen kann. Dies ist eben nur möglich, wenn unmittelbar durch die Verteilung eine Gefahr begründet wird, etwa der Kindeswille so stark einer Verteilung entgegensteht, dass im Falle einer Verteilung mit einer Selbstverletzung des Kindes zu rechnen ist.

Zudem bezieht sich die gemeinsame Einschätzung nach § 42a Abs. 2 S. 1 Nr. 2 auf die 12
Beantwortung der Frage, ob sich eine mit dem Kind oder dem Jugendlichen verwandte Person im Inland oder im Ausland aufhält. Nach der Gesetzesbegründung sind hierzu allerdings keine „vertieften Recherchen erforderlich“.[31] In diesem Zusammenhang wird es insbesondere um eine Überprüfung etwaiger Angaben des Betroffenen gehen. Nach der Gesetzesbegründung erfolgt die Prüfung, um eine „Familienzusammenführung“[32] zu ermöglichen. Damit weichen Gesetzeswortlaut und Gesetzesbegründung voneinander ab. Während der Gesetzestext von einer „verwandten Person“ spricht, verwendet die Gesetzesbegründung die Begrifflichkeit „Familie“. In gleicher Weise wird bei § 42b Abs. 4 Nr. 3 differenziert. Während der Gesetzestext den Begriff der „verwandten Person“ verwendet, wird in der Gesetzesbegründung auf die „Familienzusammenführung“[33] abgestellt. Weder im Gesetz selbst noch in der Gesetzesbegründung wird allerdings erläutert, wer Familie bzw. Verwandter in diesem Sinne ist. Nach Art. 2c der RL 2013/33/EU sind Familienangehörige zunächst nur Ehegatten. Bei Vorliegen weiterer einschränkender Voraussetzungen können zudem auch nicht verheiratete Partner, mit welchen eine dauerhafte Beziehung geführt wird, Familienangehörige sein. Ferner sind minderjährige ledige Kinder Familienangehörige iSd RL 2013/33/EU. Schließlich sind auch der Vater, die Mutter oder ein anderer Erwachsener, der nach dem Recht oder den Gepflogenheiten des betreffenden Mitgliedstaats für den Antragsteller verantwortlich ist, Familienangehöriger. Erforderlich ist allerdings wiederum, dass der Betroffene (iSd Richtlinie der „Antragsteller“) minderjährig und unverheiratet ist. Nach diesem Begriffsverständnis wäre die „verwandte Person“ iSd § 42a Abs. 2 Nr. 2 und § 42b Abs. 4 Nr. 3 eng zu bestimmen. Ein weitergehendes Begriffsverständnis lässt aber das BGB zu. Nach § 1589 BGB sind Personen, die voneinander oder von derselben dritten Person abstammen, verwandt. Nach dem Gesetzeswortlaut („verwandte Person“) kommt es dabei nicht auf den Grad oder auf die Linie der Verwandtschaft an. Verwandtschaft in diesem Sinne entsteht auch durch eine Adoption. Demnach sind ua auch Geschwister, Geschwister der Elternteile (Onkel, Tante), Kinder von Onkeln oder Tanten (Cousin und Cousine) sowie Großeltern „verwandte Person“ iSd § 42a Abs. 2 Nr. 2 und § 42b Abs. 4 Nr. 3.

Nach Sinn und Zweck der Vorschrift geht es bei der Regelung in § 42a Abs. 2 Nr. 2 insbesondere um eine Familienzusammenführung im Rahmen des – nationalen – Verteilungsverfahrens nach § 42b, so dass es sich um eine mögliche Familienzusammenführung innerhalb Deutschlands handelt. Nach dem Gesetzeswortlaut der Nr. 2 erstreckt sich allerdings die Prüfung auch auf das Vorhandensein von Verwandten im Ausland. Damit wird die Vorgabe des Art. 24 Abs. 3 der RL 2013/33/EU umfassend umgesetzt, nach welcher die Mitgliedstaaten baldmöglichst nach Eingang eines An-

29 In diese Richtung auch Wiesner/Loos in Wiesner Nachtragskommentierung N 23.
30 So ausdrücklich die Gesetzesbegründung, BT-Drs. 18/5921, 23.
31 BT-Drs. 18/5921, 23.
32 BT-Drs. 18/5921, 24.
33 BT-Drs. 18/5921, 26.

trags auf internationalen Schutz mit der Suche nach Familienangehörigen des unbegleiteten Minderjährigen beginnen sollen.

13 Nach § 42a Abs. 2 S. 1 Nr. 3 bezieht sich die Einschätzung auch darauf, ob das Wohl des Kindes oder Jugendlichen eine gemeinsame Inobhutnahme mit Geschwistern oder anderen unbegleiteten ausländischen Kindern oder Jugendlichen erfordert. Nach der Gesetzesbegründung[34] und der Vorgabe in § 42b Abs. 5 S. 1 (→ § 42b Rn. 12) sind Geschwister zwingend gemeinsam zu verteilen, es sei denn, dass das Kindeswohl eine Trennung erfordert.[35] Außerdem wird dem JA die Verpflichtung auferlegt, zu prüfen, ob enge soziale Bindungen zu anderen unbegleiteten ausländischen Kindern oder Jugendlichen bestehen bzw. während der Reise aufgebaut wurden, die unter Kindeswohlgesichtspunkten eine gemeinsame Verteilung und weitere Unterbringung dieser jungen Menschen notwendig machen.[36] Nach dem Gesetzeswortlaut soll sich dieser Aspekt daher nicht nur auf die vorläufige Inobhutnahme iSd § 42a sondern vor allem auf die sich der Verteilung anschließende „gemeinsame Inobhutnahme" nach § 42 und auf die Leistungsgewährung beziehen. In der Rspr. wird hierzu die Auffassung vertreten, dass auch bestehende Bindungen zu volljährigen Ausländern zu berücksichtigen sind. Die Tatsache, dass eine Bezugsperson das 18. Lebensjahr vollendet hat, mindere nicht die gemeinsame Fluchterfahrung und die gegenseitige Bindung aufgrund der erlebten Unterstützung insbesondere junger Menschen während dieser Zeit. Da aufgrund der Volljährigkeit der Bezugspersonen eine vorläufige Inobhutnahme dieser Person und damit eine gemeinsame Verteilung nicht in Betracht komme, sei „die logische Konsequenz, dass dies auch eine Verteilung des Minderjährigen ausschließen muss, um eine räumliche Trennung zu verhindern". § 42b Abs. 4 Nr. 1 stehe dann einer Verteilung entgegen. Dies folge aus § 42b Abs. 4 Nr. 1.[37]

Sind die Bezugspersonen des Minderjährigen bereits volljährig, kommt auch eine anschließende gemeinsame Inobhutnahme schon deshalb nicht in Betracht, weil sie bei Volljährigen ausgeschlossen ist. In diesem Fall ist zu prüfen, ob eine Verteilung allein des Kindes oder Jugendlichen zu einer Trennung von den Bezugspersonen führt und dadurch wiederum das Wohl des Minderjährigen im Sinne der §§ 42a Abs. 2 Satz 1 Nr. 1, 44b Abs. 4 Nr. 1 gefährdet würde.[38] Alternativ, und das ist fachlich im Regelfall angezeigt, sollte die anschließende Unterbringung im Rahmen einer Inobhutnahme dann an dem Ort erfolgen, an dem sich der Volljährige aufhält.

14 Nach § 42a Abs. 2 S. 1 Nr. 4 muss geprüft werden, ob der Gesundheitszustand des Kindes oder des Jugendlichen die Durchführung des Verteilungsverfahrens innerhalb von 14 Werktagen nach Beginn der vorläufigen Inobhutnahme ausschließt. Hierzu soll eine ärztliche Stellungnahme eingeholt werden. Nach der Gesetzesbegründung hat die Regelung zum Ziel, eine Gefährdung für Dritte durch den Gesundheitszustand des Minderjährigen zu vermeiden. Daher muss in der Regel eine ärztliche Stellungnahme zum Gesundheitszustand des Minderjährigen eingeholt werden, die im Krankheitsfall insbesondere auch eine Aussage zur Dauer der Ansteckungsgefahr enthalten sollte.[39] Nach der Gesetzesbegründung wird der Ausschluss einer gesundheitlichen Gefährdung des Kindes oder Jugendlichen selbst durch die Verteilung bereits über § 42a Abs. 2 S. 1 Nr. 1 sichergestellt.[40] Auch hier wird deutlich, dass die Regelung in § 42a Abs. 2 S. 1 Nr. 1 ausschließlich eine Kindeswohlgefährdung abwehren und nicht primär einer Sicherung des Kindeswohls dienen soll. Allerdings sieht auch § 42b Abs. 4

34 BT-Drs. 18/5921, 24.
35 BT-Drs. 18/5921, 23.
36 BT-Drs. 18/5921, 24.
37 VG Hannover 14.10.2019 – 3 B 4442/19, juris Rn. 17 und 19.
38 Hierzu s. VG Hannover v. 14.10.2019 – 3 B 4442/19, juris Rn. 19.
39 BT-Drs. 18/5921, 24.
40 BT-Drs. 18/5921, 24.

Nr. 2 vor, dass eine Verteilung ausgeschlossen ist, wenn der Gesundheitszustand des betreffenden Kindes oder Jugendlichen eine Verteilung innerhalb von 14 Werktagen nach Beginn der vorläufigen Inobhutnahme nicht zulässt. Die Gesetzesbegründung zu dieser Vorschrift legt den Schluss nahe, dass nicht ausschließlich Gesundheitsgefahren für Dritte,[41] sondern auch Gesundheitsgefahren für den minderjährigen Ausländer selbst vom Ausschlussgrund erfasst sein sollen (ausführlich → § 42b Rn. 9). Aufgrund der hohen Voraussetzungen, die an eine Kindeswohlgefährdung iSd § 42a Abs. 2 S. 1 Nr. 1 zu stellen sind, ist es nicht ausreichend, den Gesundheitszustand des Kindes oder des Jugendlichen im Rahmen des Verteilungsverfahrens ausschließlich nach § 42a Abs. 2 S. 1 Nr. 1 zu berücksichtigen.[42] Vielmehr stehen Gesundheitsgefahren für den minderjährigen Ausländer auch einer Verteilung nach § 42a Abs. 2 S. 1 Nr. 4 und § 42b Abs. 4 Nr. 2 entgegen.

Nach § 42a Abs. 2 S. 2 entscheidet das Jugendamt auf der Grundlage der Einschätzung nach § 42a Abs. 2 S. 1 Nr. 1 bis 4 über die Anmeldung des Kindes oder des Jugendlichen zur Verteilung oder über den Ausschluss der Verteilung. Mit § 42b Abs. 4 Nr. 1 bis 3 werden die Gründe nach Abs. 2 S. 1 Nr. 1 bis 4 ergänzt. Zudem wird mit der Regelung in § 42b Abs. 4 gesetzlich vorgegeben, dass die Entscheidung bei Vorliegen eines der Gründe nach § 42b Abs. 4 Nr. 1 bis 4 nur einen Ausschluss der Verteilung zum Inhalt haben kann. Dabei handelt es sich um eine gebundene Entscheidung („ist ausgeschlossen"). Nach hier vertretener Auffassung ist die Entscheidung des Jugendamtes auf keine unmittelbare Rechtswirkung nach außen gerichtet.[43] Mit der Anmeldung des Kindes oder des Jugendlichen zur Verteilung wird im jeweiligen Einzelfall zwar bindend entschieden, dass eine Verteilung zu erfolgen hat (zB weil eine Kindeswohlgefährdung der Verteilung nicht entgegensteht). Außenwirkung iSd § 31 SGB X gegenüber dem Minderjährigen entfaltet allerdings erst die Zuweisungsentscheidung nach § 42b Abs. 3 S. 1. Gegen diese Entscheidung kann sich der Betroffene wehren und auch eine gerichtliche Überprüfung der Entscheidung über die Anmeldung zur Verteilung nach § 42a Abs. 2 S. 2 erreichen. 15

9 Vornahme der Rechtshandlungen

Nach § 42a Abs. 3 S. 1 ist das JA während der vorläufigen Inobhutnahme berechtigt und verpflichtet, alle Rechtshandlungen vorzunehmen, die zum Wohl des Kindes oder des Jugendlichen notwendig sind. Damit wird das JA kraft öffentlichen Rechts verpflichtet und befugt, während der vorläufigen Inobhutnahme die Vertretung des unbegleiteten Kindes oder Jugendlichen zu übernehmen, um die Rechtshandlungen vorzunehmen, die zum Wohl des Kindes oder Jugendlichen notwendig sind. Eine inhaltsgleiche Vorschrift enthält § 42 Abs. 2 S. 4 (→ § 42 Rn. 61 f.). Da das JA „alle Rechtshandlungen" vornehmen darf, „die zum Wohl des Kindes oder des Jugendlichen notwendig sind", ergibt sich eine Begrenzung lediglich durch das Merkmal der Notwendigkeit. Alles, was zur Erfüllung der Aufgabe der vorläufigen Inobhutnahme notwendig oder anders ausgedrückt erforderlich (keine gleich geeignete mildere Möglichkeit vorhanden) ist, ist rechtlich abgedeckt (ausführlich zu Art und Umfang der Vertretung → § 42 Rn. 61 f.). Nach der Gesetzesbegründung wird mit dieser Regelung insbesondere der eventuellen Notwendigkeit kurzfristiger Maßnahmen zur rechtlichen Aufenthaltssicherung Rechnung getragen. Im Gesetzgebungsverfahren ist diese Regelung kritisiert worden, da sie die Gefahr einer Interessenkollision in sich berge. Aus logistischen und fiskalischen Gründen habe das handelnde JA ein Interesse an einer Vertei- 16

41 BT-Drs. 18/5921, 26: „Dabei sind auch die bei Dritten bestehenden oder entstehenden Gesundheitsgefahren zu beachten."
42 AA Kirchhoff in jurisPK-SGB VIII Rn. 83.
43 So auch VG Hannover 14.10.2019 – 3 B 4442/19, juris Rn. 12. S. hierzu Stelkens in Stelkens/Bonk/Sachs VwVfG § 35 Rn. 146 f.

lung. Daher werde es kaum im Interesse des Kindes oder Jugendlichen gegen die von den Kollegen des eigenen JA getroffene Altersfeststellung oder Verteilungsentscheidung vorgehen.[44] Diese Gefahr einer Interessenkollision hat auch der Gesetzgeber gesehen. In der Gesetzesbegründung wird daher ausgeführt, dass das JA durch „organisatorische und personelle Vorkehrungen" eine Kollision zwischen den Interessen des JA als Vertretung des unbegleiteten Minderjährigen und als Behörde, die Entscheidungen zum Nachteil des Minderjährigen (im Hinblick auf die Altersfeststellung, die Verteilung und die Gewährung von Leistungen) trifft, verhindern muss[45].

Äußerst fraglich ist es, ob eine solche Interessenskollision tatsächlich verhindert werden kann. Eine Verpflichtung zur rechtlichen Vertretung ergibt sich auch aus Art. 24 Abs. 1 S. 1 der RL 2013/33/EU. Danach müssen die Mitgliedstaaten dafür sorgen, dass so bald wie möglich ein Vertreter bestellt wird, der den unbegleiteten Minderjährigen vertritt und unterstützt. Art. 24 Abs. 1 S. 5 der RL 2013/33/EU sieht ausdrücklich vor, dass Organisationen oder Einzelpersonen, deren Interessen denen des unbegleiteten Minderjährigen zuwiderlaufen könnten, nicht als Vertreter in Betracht kommen. Dabei ist zu berücksichtigen, dass die Interessenvertretung durch das JA lediglich für die Zeitspanne während der vorläufigen Inobhutnahme vorgesehen ist. Nach § 42 Abs. 3 S. 4 ist bei der endgültigen Inobhutnahme unverzüglich die Bestellung eines Vormundes oder Pflegers zu veranlassen. Diesem kommt dann in erster Linie die Aufgabe zu, die Interessen des Kindes oder Minderjährigen weitergehend zu vertreten.

Die Bestimmung, ob eine Maßnahme „zum Wohl des Kindes oder des Jugendlichen notwendig ist", hat unter Berücksichtigung der jeweiligen Einzelfallumstände zu erfolgen. So kann es insbesondere notwendig sein, gegen eine Entscheidung zur Aufhebung der vorläufigen Inobhutnahme aufgrund von festgestellter Volljährigkeit (→ § 42f Rn. 8) oder gegen eine Verteilungsentscheidung nach § 42b Abs. 3 S. 1 einen vorläufigen Rechtsschutzantrag nach § 80 Abs. 5 VwGO und Anfechtungswiderspruch (bei Aufhebung der vorläufigen Inobhutnahme) oder Anfechtungsklage (gegen die Verteilungsentscheidung) zu erheben. Schwierig ist die Frage zu beantworten, ob eine Einwilligung in die ärztliche Untersuchung nach § 42f Abs. 2 S. 3 zu erteilen ist.[46] Da den um die Inobhutnahme bittenden Ausländer die Darlegungs- und Beweislast für die Tatbestandsvoraussetzung der Minderjährigkeit trifft (→ § 42 Rn. 39), kann es für ihn von Vorteil sein, sich einer ärztlichen Untersuchung zu unterziehen. Ob eine Einwilligung zu erteilen ist, ist in Abhängigkeit von der beabsichtigten Untersuchungsmethode und der mit der Untersuchung verbundenen individuellen Belastung sowie dem tatsächlichen Alter des Betroffenen zu bestimmen.

17 Das Kind oder der Jugendliche ist gem. § 42a Abs. 3 S. 2 zu beteiligen. Zudem ist der mutmaßliche Wille der Personensorge- oder der Erziehungsberechtigten angemessen zu berücksichtigen. Die Berücksichtigung dieses Willens ist für den Rechtsvertreter mit besonderen Schwierigkeiten behaftet. Gerade weil der Personensorge- oder der Erziehungsberechtigte für den Rechtsvertreter nach § 42a Abs. 3 S. 1 oftmals nicht zu erreichen sein wird, muss der mutmaßliche Wille häufig „erahnt" werden. Sind die Personensorge- oder Erziehungsberechtigten aber erreichbar, muss der Wille eruiert werden. Der „erahnte" oder „eruierte" Wille der Personensorge- oder der Erziehungsberechtigten muss bei der rechtlichen Vertretung des Minderjährigen berücksichtigt werden, sofern die damit einhergehenden Nachteile nicht erkennbar außer Verhältnis zu den damit verbundenen Vorteilen stehen.

---

44 Anstelle Vieler: Stellungnahme „Bundesfachverband Unbegleitete Minderjährige Flüchtlinge eV", S. 4; Stellungnahme DIJuF, S. 7.
45 BT-Drs. 18/5921, 24. S. hierzu auch OVG Bremen 2018 4.6.2018 – 1 B 53/18, juris Rn. 33.
46 S. hierzu auch OVG Bremen 2018 4.6.2018 – 1 B 53/18, juris Rn. 33.

10 Erkennungsdienstliche Maßnahmen

Mit Art. 6 des Zweiten Datenaustauschverbesserungsgesetzes[47] wurde mit Wirkung vom 9.8.2019 ein **neuer Abs. 3a** eingefügt. Nach dieser Neuregelung muss das Jugendamt unverzüglich erkennungsdienstliche Maßnahmen nach § 49 Abs. 8 und Abs. 9 AufenthG einleiten lassen, wenn Zweifel über die Identität bestehen. Nach der Gesetzesbegründung muss das für die vorläufige Inobhutnahme zuständige Jugendamt „dafür Sorge tragen", dass der betroffene Ausländer „unverzüglich der örtlich zuständigen Ausländerbehörde vorgestellt" wird. Bei der Ausländerbehörde oder auf Veranlassung der Ausländerbehörde bei einer anderen zur Registrierung befugten Stellen soll mittels Fingerabdruck-Schnell-Abgleichsystem (Fast-ID) überprüft werden, ob der minderjährige Ausländer bereits registriert worden ist und eine eventuell noch ausstehende Registrierung vorgenommen wird.[48] Diese Neuregelung ist nach Auffassung des Gesetzgebers zur Sicherstellung einer lückenlosen Identifizierung erforderlich. Die erkennungsdienstliche Behandlung, im Rahmen derer auch das Geburtsdatum erhoben wird, ersetzt nach der Gesetzesbegründung aber nicht das behördliche Verfahren zur Altersfeststellung nach § 42f.[49] 18

Ausweislich des Gesetzeswortlautes ist diese Verpflichtung des Jugendamtes an die Tatbestandsvoraussetzung des Vorliegens von Zweifeln über die Identität des betroffenen Ausländers gekoppelt. Weder im Gesetzestext noch in der Gesetzesbegründung zu Abs. 3a wird näher ausgeführt, wann solche **Zweifel** gegeben sein sollen. Teilweise wird in der Literatur sehr weitgehend die Annahme vertreten, dass bereits dann Zweifel gegeben seien, wenn noch keine erkennungsdienstliche Behandlung vorgenommen worden sei.[50]

Nach § 48 Abs. 8 und 9 AufenthG dürfen nur Lichtbilder und Abdrucke aller zehn Finger aufgenommen werden. Die Abnahme von Fingerabdrücken hat auf kindgerechte Weise, unter voller Achtung der Interessen des Kindes sowie durch Personen zu erfolgen, die zur Abnahme von Fingerabdrücken bei Minderjährigen geschult worden sind.[51] Dies folgt auch aus § 71 Abs. 4 S. 4 AufenthG. Danach sollen die genannten Maßnahmen im Beisein des Jugendamtes und in kindgerechter Weise durchgeführt werden. Die Identität eines Ausländers, der das 14. Lebensjahr noch nicht vollendet hat, ist nur durch das Aufnehmen eines Lichtbildes zu sichern.

11 Mitteilung über die vorläufige Inobhutnahme zum Zweck der Verteilung

Nach § 42a Abs. 4 S. 1 hat das JA der nach Landesrecht für die Verteilung von unbegleiteten ausländischen Kindern und Jugendlichen zuständigen Stelle die vorläufige Inobhutnahme des Minderjährigen innerhalb von sieben Werktagen nach Beginn der Maßnahme zur Erfüllung der in § 42b genannten Aufgaben mitzuteilen. Nach der Gesetzesbegründung wird damit auch eine Befugnis zur Datenübermittlung begründet.[52] Nach dem Wortlaut der Vorschrift handelt es sich jedoch lediglich um eine Norm, welche eine Verpflichtung für die Behörde begründet. Die Norm regelt nicht, unter welchen Voraussetzungen in das Sozialgeheimnis nach § 35 SGB I des betroffenen Kindes oder Jugendlichen eingegriffen werden kann. Nach hier vertretener Auffassung kann daher § 42a Abs. 4 S. 1 keine taugliche Rechtsgrundlage für die Datenübermittlung sein. Eine solche Rechtsgrundlage besteht allerdings mit § 69 Abs. 1 Nr. 1 SGB X. 19

47 BGBl. I, 1131.
48 BT-Drs. 19/8752, 37.
49 BT-Drs. 19/8752, 76.
50 Kichhoff in jurisPK-SGB VIII Rn. 2.1.
51 BT-Drs. 19/8752, 69.
52 BT-Drs. 18/5921, 24.

20 Zum Umfang der zu übermittelten Daten bestimmt § 42a Abs. 4 S. 2, dass auch die Ergebnisse der Einschätzung nach Abs. 2 Satz 1 mitzuteilen sind. Nach hier vertretener Auffassung ist diese Datenübermittlung grundsätzlich zulässig, da sie iSd § 69 Abs. 1 Nr. 1 Alt. 2 SGB X zur Aufgabenerfüllung erforderlich ist. Allerdings ist bezüglich einer Übermittlung der Daten nach Abs. 2 Satz 1 Nr. 4 die Regelung des § 76 SGB X zu beachten. Für alle Daten, die übermittelt werden sollen, ist zudem die Schranke des § 65 zu beachten.

21 Nach § 42a Abs. 4 S. 3 hat die nach Landesrecht zuständige Stelle gegenüber dem Bundesverwaltungsamt innerhalb von drei Werktagen das Kind oder den Jugendlichen zur Verteilung anzumelden oder den Ausschluss der Verteilung anzuzeigen.

12 Begleitung des Kindes oder Jugendlichen bei der Übergabe

22 Nach § 42a Abs. 5 S. 1 Nr. 1 soll das Kind oder der Jugendliche im Falle einer Verteilung nach § 42b auf dem Weg zu dem für die Inobhutnahme nach § 42 Abs. 1 S. 1 Nr. 3 zuständigen JA von einer geeigneten Person begleitet und übergeben werden. Als geeignete Personen kommen Fachkräfte des JA oder Mitarbeiter freier Träger der Jugendhilfe in Betracht.[53] Ebenso kann eine Begleitung durch Ehrenamtliche und Bundesfreiwillige erfolgen.[54] Geeignet ist eine Person dann, wenn anzunehmen ist, dass sie den angestrebten Erfolg herbeiführt, also den Minderjährigen begleitet und wohlbehalten an das für die Inobhutnahme nach § 42 Abs. 1 Satz 1 Nr. 3 zuständige Jugendamt übergibt. Daher kann nach hier vertretener Auffassung eine Person, die primär andere Aufgaben, wie zB das Fahren eines PKWs, erfüllt, nicht geeignet sein. Aus dem Wortlaut des Gesetzestextes und aus der Gesetzesbegründung ergibt sich nicht, ob auch eine geeignete Person für die Begleitung und Übergabe mehrerer Minderjähriger ausreicht. Nach hier vertretener Auffassung ist auch die Begleitung einer kleinen Gruppe Minderjähriger zulässig, solange eine lückenlose Aufsicht sichergestellt ist.

23 Während § 42a Abs. 4 eine Verpflichtung zur Datenübermittlung an die für die Verteilung zuständige Stelle normiert, ist das JA nach § 42a Abs. 5 S. 1 Nr. 2 verpflichtet, dem für die Inobhutnahme nach § 42 Abs. 1 S. 1 Nr. 3 zuständigen JA die personenbezogenen Daten zu übermitteln, die zur Aufgabenwahrnehmung nach § 42 erforderlich sind. Im Gegensatz zur Regelung in Abs. 4 lassen sich der Regelung in Abs. 5 S. 1 Nr. 2 die Tatbestandsvoraussetzungen (Erforderlichkeit der Aufgabenwahrnehmung nach § 42) eines Eingriffs in das Sozialgeheimnis entnehmen, so dass die Vorschrift nach hier vertretener Auffassung eine taugliche Rechtsgrundlage für die Datenübermittlung darstellt.[55] Zusätzlich kann die Datenübermittlung auch auf § 69 Abs. 1 Nr. 1 Alt. 2 und 3 SGB X gestützt werden. Ebenso wie bei einer Datenübermittlung zur Erfüllung der sich aus Abs. 4 ergebenden Verpflichtung sind allerdings auch hier die sich aus § 76 SGB X und § 65 ergebenden Einschränkungen zu beachten.

13 Familienzusammenführung

24 Nach § 42a Abs. 5 S. 2 hat das JA auf eine Familienzusammenführung hinzuwirken, wenn sich eine mit dem Kind oder dem Jugendlichen verwandte Person im Inland oder im Ausland aufhält und die Zusammenführung dem Kindeswohl entspricht. Eine solche Verpflichtung ergibt sich auch aus Art. 24 Abs. 3 S. 1 der RL 2013/33/EU. In der Gesetzesbegründung wird Familienzusammenführung als ein „Zusammenkommen der Familienmitglieder“[56] definiert. Eine Einengung des Begriffs Familie auf die Personensorge- oder Erziehungsberechtigten ist daher nach hier vertretener Auffas-

53 BT-Drs. 18/5921, 25.
54 BT-Drs. 18/6392, 19.
55 Ebenso Kirchhoff in jurisPK-SGB VIII Rn. 122.
56 BT-Drs. 18/5921, 25.

sung nicht zulässig. Vielmehr muss unter Familienzusammenführung iSd § 42a Abs. 2 Nr. 2 das Zusammenkommen des Minderjährigen mit einer oder mehreren verwandten Personen (→ Rn. 12) im Inland oder im Ausland verstanden werden. Ein Zusammenkommen setzt auch nicht zwangsläufig ein Zusammenleben voraus. Unter Maßgabe des Kindeswohls ist auch eine Unterbringung des Minderjährigen in räumlicher Nähe zu den Verwandten denkbar. Sofern es sich bei den verwandten Personen nicht um Personensorge- oder Erziehungsberechtigte handelt, müssen diese auch nicht bereit oder in der Lage sein, die Pflege und Erziehung des Minderjährigen in Zukunft zu übernehmen.

Nach § 42b Abs. 4 Nr. 3 ist die Verteilung des Kindes oder Jugendlichen ausgeschlossen, wenn eine Zusammenführung mit einer verwandten Person kurzfristig erfolgen kann. Mangels gesetzlicher Legaldefinition und mangels Begründung in den Gesetzesmaterialien ist fraglich, wann eine Zusammenführung „kurzfristig“ in diesem Sinne ist. Die Bestimmung dieses unbestimmten Rechtsbegriffs ist von erheblicher Bedeutung, da nur eine „kurzfristige“ Familienzusammenführung eine Verteilung ausschließt (ausführlich → § 42b Rn. 10).

14 Beteiligung des Kindes oder Jugendlichen

Nach § 42a Abs. 5 S. 3 ist das Kind oder der Jugendliche an der Übergabe und an der 25
Entscheidung über die Familienzusammenführung angemessen zu beteiligen.

15 Ende der vorläufigen Inobhutnahme

Mit § 42a Abs. 6 wird das Ende der vorläufigen Inobhutnahme geregelt. 26

Halten sich Personensorge- oder Erziehungsberechtigte im Inland auf, dann endet die vorläufige Inobhutnahme mit der Übergabe des Kindes oder des Jugendlichen an diese Personen, sofern damit keine dringende Gefahr für dessen Wohl verbunden ist (s. § 42 Abs. 1 S. 1 Nr. 2).[57] Wenn sich Personensorge- oder Erziehungsberechtigte im Inland aufhalten und mit einer Übergabe das Kindeswohl gefährdet wäre, muss das JA den Minderjährigen nach § 42 Abs. 1 S. 1 Nr. 2 in Obhut nehmen.

Ist die Verteilung nach § 42b Abs. 4 ausgeschlossen, dann endet die vorläufige Inobhutnahme mit der Entscheidung des JA über den Ausschluss von der Verteilung nach § 42a Abs. 2 S. 2 und der Anzeige nach § 42a Abs. 4 S. 3. Der Minderjährige muss dann unverzüglich nach § 42 Abs. 1 S. 1 Nr. 3 in Obhut genommen werden.

Halten sich keine Personensorge- oder Erziehungsberechtigten im Inland auf und wird die Verteilung nach § 42b Abs. 4 nicht ausgeschlossen, dann endet die vorläufige Inobhutnahme mit der Übergabe des Minderjährigen an das aufgrund der Zuweisungsentscheidung der zuständigen Landesbehörde nach § 88a Abs. 2 S. 1 zuständige JA. Der Minderjährige muss dann dort unverzüglich nach § 42 Abs. 1 S. 1 Nr. 3 in Obhut genommen werden.

In der Praxis kommt es in Bezug auf die Übergabe an das und den Verbleib bei dem zugewiesenen JA immer wieder zu Problemen. Nach hier vertretener Auffassung endet die vorläufige Inobhutnahme mit der tatsächlichen Übergabe des Minderjährigen an das zugewiesene JA. Entweicht der Minderjährige vor der Übergabe, ist die vorläufige Inobhutnahme nicht beendet. Entweicht der Minderjährige nach der Übergabe und kehrt ggf. an den Ort der vorläufigen Inobhutnahme zurück, dann bleibt das zugewiesene JA zuständig.

Ein anderes JA kann aber „aus Gründen des Kindeswohls oder aus sonstigen humanitären Gründen von vergleichbarem Gewicht die örtliche Zuständigkeit von dem zuständigen Träger übernehmen“ (§ 88a Abs. 2 S. 3). Diese Regelung gilt nach seinem

57 S. hierzu auch OVG Bln-Bbg 27.5.2020 – OVG 11 S 45.19, juris Rn. 8.

Wortlaut nur für die Inobhutnahme. Nach hiesiger Auffassung kommt aber eine analoge Anwendung auch im Stadium der vorläufigen Inobhutnahme und Leistungserbringung in Betracht.[58]

27 Liegen die in § 42a Abs. 6 genannten Voraussetzungen nicht vor, kann eine durch Verwaltungsakt bewilligte Inobhutnahme nicht einfach „eingestellt" werden, zB wenn die Person „entweicht".[59] Ein automatisches Ende der Inobhutnahme mit Entweichen des Betroffenen ist gesetzlich nicht geregelt.[60] Die vorläufige Inobhutnahme endet damit auch nicht, wenn sich das Kind oder der Jugendliche der vorläufigen Inobhutnahme „entzieht".[61] Auch kann das „Entweichen" des Betroffenen die Wirksamkeit des Verwaltungsaktes der vorläufigen Inobhutnahme grundsätzlich nicht entfallen lassen. Insbesondere kann eine Erledigung des Verwaltungsaktes iSd § 39 Abs. 2 SGB X aufgrund des Entweichens nicht angenommen werden. Da die vorläufige Inobhutnahme nach hier vertretener Auffassung in Form eines Dauerverwaltungsaktes[62] verfügt wird, kann sie, wenn keiner der gesetzlich in § 42 Abs. 4 und § 42a Abs. 6 definierten Tatbestände gegeben ist, grundsätzlich nur nach einer Aufhebung gem. § 48 SGB X beendet werden.[63] Allerdings kann die Ersetzung eines vorläufigen Verwaltungsakts durch einen endgültigen Verwaltungsakt bei der vorläufigen Inobhutnahme in Betracht kommen.[64] Der vorläufige Verwaltungsakt ist allerdings in §§ 42 ff. nicht spezialgesetzlich geregelt. Ohne Vorliegen einer spezialgesetzlichen Regelung darf ein vorläufiger Verwaltungsakt nur erlassen werden, wenn eine bestehende Ungewissheit hierzu einen sachlichen Grund gibt. Das ist bei einer tatsächlichen Ungewissheit nur dann der Fall, wenn sie Umstände betrifft, die erst künftig eintreten.[65] Fraglich ist, ob ein „erst künftiges Eintreten von Umständen" bei einem ungeklärten Alter angenommen werden kann.

16 Verfahren

28 Die Entscheidung über die Durchführung einer vorläufigen Inobhutnahme durch das Jugendamt stellt einen Verwaltungsakt im Sinne des § 31 SGB X dar.[66] S. zu dem Verwaltungsverfahren bei Erlass dieses Verwaltungsaktes → § 42 Rn. 122 f. Insbesondere ist auf eine ordnungsgemäße Bekanntgabe gem. § 37 SGB X zu achten. Unterbleibt die Bekanntgabe bzw. wird sie nicht ordnungsgemäß durchgeführt, ist der Verwaltungsakt der vorläufigen Inobhutnahme unwirksam und die Durchführung der vorläufigen Inobhutnahme rechtswidrig. Insbesondere wird die vorläufige Inobhutnahme nicht „mit deren faktischer Durchführung wirksam".[67] Ebenso kann eine Inobhutnahme nicht einfach „beendet" und durch eine andere Maßnahme „ersetzt werden".[68] Die Vorschriften des SGB X (insbesondere §§ 37 f. SGB X und §§ 44 f. SGB X) sind zu beachten.

58 AA Lange in jurisPK-SGB VIII § 88a Rn. 26 und 38.
59 S. hierzu aber BAGLJÄ, Handlungsempfehlungen zum Umgang mit unbegleiteten minderjährigen Flüchtlingen 2014, S. 23 und BR-Drs. 349/1/15, 5: „nach den derzeitigen Regelungen" endet die Inobhutnahme mit dem Datum des Entweichens.
60 Ebenso BT-Drs. 18/6289, 16.
61 So aber Kirchhoff in jurisPK-SGB VIII Rn. 135 und Wiesner/Loos in Wiesner Nachtragskommentierung Dezember 2015 N 35.
62 Ausführlich für die HzE → § 27 Rn. 17.
63 S. zur Aufhebung der Inobhutnahme OVG Brem 18.11.2015 – 2 B 221/15, 2 PA 223/15, juris Rn. 19 f. und Kirchhoff in jurisPK-SGB VIII Rn. 135.
64 S. hierzu OVG Brem 18.11.2015 – 2 B 221/15, 2 PA 223/15, juris Rn. 21.
65 BVerwG 19.11.2009 – 3 C 7/09, juris Rn. 21.
66 S. zu dem Verwaltungsverfahren bei Erlass dieses Verwaltungsaktes → § 42 Rn. 122 f.
67 So aber Kirchhoff in jurisPK-SGB VIII Rn. 134.
68 S. hierzu auch Kirchhoff in jurisPK-SGB VIII Rn. 242.

Wird die vorläufige Inobhutnahme abgelehnt, kann der betroffene Ausländer hiergegen Verpflichtungswiderspruch und Verpflichtungsklage erheben. Zudem kann er einen vorläufigen Rechtsschutzantrag nach § 123 VwGO erheben.

§ 42b Verfahren zur Verteilung unbegleiteter ausländischer Kinder und Jugendlicher

(1) [1]Das Bundesverwaltungsamt benennt innerhalb von zwei Werktagen nach Anmeldung eines unbegleiteten ausländischen Kindes oder Jugendlichen zur Verteilung durch die zuständige Landesstelle das zu dessen Aufnahme verpflichtete Land. [2]Maßgebend dafür ist die Aufnahmequote nach § 42c.

(2) [1]Im Rahmen der Aufnahmequote nach § 42c soll vorrangig dasjenige Land benannt werden, in dessen Bereich das Jugendamt liegt, das das Kind oder den Jugendlichen nach § 42a vorläufig in Obhut genommen hat. [2]Hat dieses Land die Aufnahmequote nach § 42c bereits erfüllt, soll das nächstgelegene Land benannt werden.

(3) [1]Die nach Landesrecht für die Verteilung von unbegleiteten ausländischen Kindern oder Jugendlichen zuständige Stelle des nach Absatz 1 benannten Landes weist das Kind oder den Jugendlichen innerhalb von zwei Werktagen einem in seinem Bereich gelegenen Jugendamt zur Inobhutnahme nach § 42 Absatz 1 Satz 1 Nummer 3 zu und teilt dies demjenigen Jugendamt mit, welches das Kind oder den Jugendlichen nach § 42a vorläufig in Obhut genommen hat. [2]Maßgeblich für die Zuweisung sind die spezifischen Schutzbedürfnisse und Bedarfe unbegleiteter ausländischer Minderjähriger. [3]Für die Verteilung von unbegleiteten ausländischen Kindern oder Jugendlichen ist das Landesjugendamt zuständig, es sei denn, dass Landesrecht etwas anderes regelt.

(4) Die Durchführung eines Verteilungsverfahrens ist bei einem unbegleiteten ausländischen Kind oder Jugendlichen ausgeschlossen, wenn

1. **dadurch dessen Wohl gefährdet würde,**
2. **dessen Gesundheitszustand die Durchführung eines Verteilungsverfahrens innerhalb von 14 Werktagen nach Beginn der vorläufigen Inobhutnahme gemäß § 42a nicht zulässt,**
3. **dessen Zusammenführung mit einer verwandten Person kurzfristig erfolgen kann, zum Beispiel aufgrund der Verordnung (EU) Nr. 604/2013 des Europäischen Parlaments und des Rates vom 26. Juni 2013 zur Festlegung der Kriterien und Verfahren zur Bestimmung des Mitgliedstaats, der für die Prüfung eines von einem Drittstaatsangehörigen oder Staatenlosen in einem Mitgliedstaat gestellten Antrags auf internationalen Schutz zuständig ist (ABl. L 180 vom 29.6.2013, S. 31), und dies dem Wohl des Kindes entspricht oder**
4. **die Durchführung des Verteilungsverfahrens nicht innerhalb von einem Monat nach Beginn der vorläufigen Inobhutnahme erfolgt.**

(5) [1]Geschwister dürfen nicht getrennt werden, es sei denn, dass das Kindeswohl eine Trennung erfordert. [2]Im Übrigen sollen unbegleitete ausländische Kinder oder Jugendliche im Rahmen der Aufnahmequote nach § 42c nach Durchführung des Verteilungsverfahrens gemeinsam nach § 42 in Obhut genommen werden, wenn das Kindeswohl dies erfordert.

(6) [1]Der örtliche Träger stellt durch werktägliche Mitteilungen sicher, dass die nach Landesrecht für die Verteilung von unbegleiteten ausländischen Kindern und Jugendlichen zuständige Stelle jederzeit über die für die Zuweisung nach Absatz 3 erforderlichen Angaben unterrichtet wird. [2]Die nach Landesrecht für die Verteilung von unbegleiteten ausländischen Kindern oder Jugendlichen zuständige Stelle stellt durch werktägliche Mitteilungen sicher, dass das Bundesverwaltungsamt jederzeit über die

Angaben unterrichtet wird, die für die Benennung des zur Aufnahme verpflichteten Landes nach Absatz 1 erforderlich sind.

(7) [1]Gegen Entscheidungen nach dieser Vorschrift findet kein Widerspruch statt. [2]Die Klage gegen Entscheidungen nach dieser Vorschrift hat keine aufschiebende Wirkung.

(8) Das Nähere regelt das Landesrecht.

1 Überblick

1 § 42b regelt das bundesweite Verteilungsverfahren für unbegleitete ausländische Kinder und Jugendliche. Dieses Verteilungsverfahren geht dem ausländerrechtlichen Verteilungsverfahren vor.[1] Zudem enthält die Norm Regelungen zur sachlichen Zuständigkeit. Dem Bundesverwaltungsamt wird die Aufgabe der Bestimmung des zur Aufnahme verpflichteten Bundeslandes zugeschrieben. Innerhalb des jeweiligen Bundeslandes ist das Landesjugendamt zuständig, es sei denn, dass Landesrecht etwas anderes regelt. In § 42b Abs. 4 sind die Tatbestände genannt, die eine Verteilung des Minderjährigen ausschließen. § 42b Abs. 6 enthält eine Verpflichtung zur Datenübermittlung. Das Widerspruchsverfahren wird durch § 42b Abs. 7 iSd § 68 Abs. 1 S. 2 Alt. 1 VwGO ausgeschlossen. Nach § 42b Abs. 7 iVm § 80 Abs. 2 S. 1 Nr. 3 VwGO kommt der Klage gegen Entscheidungen nach „dieser Vorschrift" keine aufschiebende Wirkung zu. § 42b Abs. 8 stellt klar, dass die weitere Ausgestaltung des Verfahrens dem Landesrecht überlassen bleibt.

2 Bestimmung des zur Aufnahme verpflichteten Bundeslandes

2 § 42b Abs. 1 enthält zunächst eine Regelung zur sachlichen Zuständigkeit. Demnach obliegt es dem Bundesverwaltungsamt, das zur Aufnahme eines unbegleiteten ausländischen Kindes oder Jugendlichen verpflichtete Bundesland zu benennen. Zudem enthält § 42b Abs. 1 eine Regelung zum Verteilverfahren. Das Bundesverwaltungsamt benennt in jedem Einzelfall das zur Aufnahme verpflichtete Bundesland. Die Bestimmung hat auf der Grundlage der Aufnahmequote nach § 42c innerhalb von zwei Werktagen nach der Anmeldung eines unbegleiteten ausländischen Kindes oder Jugendlichen zur Verteilung durch die zuständige Landesstelle zu erfolgen. Die Benennung des zur Aufnahme verpflichteten Bundeslandes stellt einen VA iSd § 31 SGB X dar, der gegenüber dem Bundesland bekannt zu geben ist.[2] Die Benennung kann von dem jeweiligen Bundesland mit einer Anfechtungsklage nach § 42 Abs. 1 Alt. 1 VwGO angegriffen werden. Zudem wird regelmäßig die Erhebung eines vorläufigen Rechtsschutzantrags nach § 80 Abs. 5 VwGO erforderlich sein (→ Rn. 14).

1 S. hierzu OVG Brem 18.12.2018 – 1 B 148/18, juris Rn. 9 f.; OVG Brem 7.6.2018 – 1 B 92/18, juris Rn. 11.

2 Ebenso Kirchhoff in jurisPK-SGB VIII Rn. 15.

3 Vorrang der landesinternen Verteilung

§ 42b Abs. 2 enthält eine Regelung zum Vorrang der landesinternen Verteilung innerhalb der Aufnahmequote nach § 42c. Hat das Bundesland, in welchem die vorläufige Inobhutnahme erfolgt ist, seine Aufnahmequote noch nicht erfüllt, bleibt der Minderjährige in diesem Bundesland. Die bisherigen Erfahrungen zeigen allerdings, dass unbegleitete minderjährige Ausländer insbesondere in Städten oder Landkreisen aufgegriffen werden, die sich an den Außengrenzen befinden oder gut erreichbar und besonders attraktiv sind. Regelmäßig wird die vorläufige Inobhutnahme daher in Bundesländern erfolgen, die ihre Aufnahmequote bereits erfüllt haben. Erfüllt das entsprechende Bundesland bereits seine Aufnahmequote, ist idR das Land als zur Aufnahme verpflichtet zu benennen, das dem Ort des JA der vorläufigen Inobhutnahme am nächsten gelegen ist. Voraussetzung ist, dass dieses Land seine Aufnahmequote noch nicht vollumfänglich erfüllt hat. Das Ziel der Regelung ist klar: Die mit einer Überführung verbundenen Belastungen des Kindes oder Jugendlichen sollen minimiert werden.[3] 3

4 Das landesinterne Verteilungsverfahren

§ 42b Abs. 3 S. 1 regelt die Zuweisung des unbegleiteten ausländischen Kindes oder Jugendlichen zur Inobhutnahme nach § 42 Abs. 1 S. 1 Nr. 3 innerhalb des zu seiner Aufnahme verpflichteten Landes. Die Zuweisung muss durch die zuständige Stelle des betreffenden Landes innerhalb von zwei Werktagen nach dessen Benennung erfolgen. Im Gesetzesentwurf der Bundesregierung war zunächst vorgesehen, dass die Zuweisung nur zu einem „für die Unterbringung, Versorgung und Betreuung unbegleiteter ausländischer Minderjähriger geeigneten Jugendamt“[4] möglich sein sollte. Auf Intervention des Bundesrates wurde das Kriterium der Eignung des Jugendamtes gestrichen. Aufgrund seines gesetzlichen Auftrags muss jedes Jugendamt in der Lage sein, alle Aufgaben nach dem SGB VIII zu erfüllen.[5] 4

Für die Zuweisung nach § 42b Abs. 3 S. 2 sind aber die spezifischen Schutzbedürfnisse und Bedarfe unbegleiteter ausländischer Minderjähriger maßgeblich. Nach der Gesetzesbegründung enthält § 42b Abs. 3 S. 2 eine „ermessensleitende Vorgabe des Kindeswohls“.[6] Die Vorschrift macht allerdings keine weiteren Angaben zu deren Umsetzung. Die Bundesländer können daher autonom bestimmen, an welches Jugendamt im Land die Zuweisung erfolgen soll. Diese Betätigungsfreiheit folgt bereits aus Art. 83, 84 Abs. 1 S. 1 GG. Damit die „ermessensleitende Vorgabe“ des § 42b Abs. 3 S. 2 aber Wirkung entfalten kann, ist es erforderlich, dass die Bundesländer die landesinterne Verteilung als Ermessensentscheidung ausgestalten. Erfolgt die landesinterne Verteilung als gebundene Entscheidung und orientiert sich zB ausschließlich an der Anzahl der im Jugendamtsbezirk bereits befindlichen unbegleiteten Kinder und Jugendlichen, ist eine Berücksichtigung des Kindeswohls im Ermessenswege nicht möglich.[7] Spezifische Schutzbedürfnisse und Bedarfe können sein: Sprach- und Kulturmittler, trauma- bzw. psychotherapeutische Versorgung, Möglichkeiten zur Alphabetisierung zum

3 BT-Drs. 18/5921, 25.
4 BT-Drs. 18/5921, 9.
5 BT-Drs. 18/6392, 19.
6 BT-Drs. 18/6392, 19.
7 AA Kirchhoff in jurisPK-SGB VIII Rn. 26 f.: bei der Zuweisung eines Minderjährigen an ein Jugendamt seien individuelle Umstände des Kindes oder Jugendlichen nicht zu berücksichtigen. Es gehe nicht um die konkreten Bedürfnisse des Kindes. Nach hier vertretener Auffassung ist eine solche Auslegung nicht mit der gesetzgeberischen Vorgabe – Abs. 3 S. 2 als ermessensleitende Direktive – zu vereinbaren. Eine Ermessensentscheidung setzt immer eine Abwägung der konkreten Einzelfallumstände des Betroffenen voraus.

Spracherwerb und zur Beschulung sowie Zugang zu (verfassungskonformen) religiösen Gemeinschaften.

5 Bei der Entscheidung über die Zuweisung zu einem Jugendamt nach Abs. 3 S. 1 handelt es sich um eine gebundene Entscheidung („weist zu"), die in Form eines VA iSd § 31 SGB X ergeht.[8] Gemäß § 37 Abs. 1 S. 1 Alt. 1 SGB X ist der VA „demjenigen, für den er bestimmt ist", bekannt zu geben. Der VA ist dabei für denjenigen bestimmt, an den ihn die Behörde richtet, weil ihn die Rechtswirkungen im Sinne des § 31 SGB X treffen sollen.[9] Die Rechtswirkungen der Verteilungsentscheidung treffen insbesondere den ausländischen Minderjährigen.[10] Daher ist die Verteilungsentscheidung dem ausländischen Kind oder Jugendlichen über seinen Vertreter nach § 42a Abs. 3 gegenüber bekannt zu geben.[11] Zudem ist der VA gegenüber der jeweiligen Gebietskörperschaft bekannt zu geben.[12] Obgleich den Gesetzesmaterialien hierzu nichts zu entnehmen ist, scheint auch der Gesetzgeber zunächst davon auszugehen, dass die Verteilungsentscheidung einen VA darstellt. Gemäß § 42b Abs. 7 S. 1 und 2 findet gegen Entscheidungen „nach dieser Vorschrift", also nach § 42b SGB VIII, kein Widerspruch statt. Eine Klage hat keine aufschiebende Wirkung. Der Gesetzgeber geht damit ganz offensichtlich davon aus, dass es sich bei den Verteilungsentscheidungen nach § 42b SGB VIII um einen VA handelt. In der Gesetzesbegründung wird zu den Regelungen in § 42b Abs. 7 S. 1 und 2 SGB VIII ausgeführt, dass einer Überschreitung der Kapazitätsgrenzen in den betreffenden Kommunen und damit dem Risiko einer nicht dem Kindeswohl entsprechenden Unterbringung entgegengewirkt werden soll. Daher müsse aus Kindeswohlgründen eine reibungslose Durchführung der Verteilung sichergestellt werden.[13] Diese Ausführungen legen den Schluss nahe, dass es dem Gesetzgeber insbesondere darum ging, eine Verfahrensverzögerung aufgrund von Widersprüchen und Klagen der betroffenen Minderjährigen zu vermeiden. Regelmäßig suchen die Kinder und Jugendlichen Orte in der Bundesrepublik auf, die verkehrsgünstig gelegen sind, in welchen sich bereits Landsleute aufhalten sowie soziale Kontakte vorhanden sind. In diesen Städten möchten die Betroffenen vielfach verbleiben. Daher muss damit gerechnet werden, dass die betroffenen Minderjährigen nicht immer mit der Verteilungsentscheidung einverstanden sein werden. Soll dem Minderjährigen grundsätzlich eine Klagemöglichkeit eingeräumt werden, muss ihm die Verteilungsentscheidung gegenüber auch bekannt gegeben werden. Andernfalls würde ihm gegenüber keine Klagefrist zu laufen beginnen. Er könnte bis zur Grenze der Verwirkung des Klagerechts[14] Klage erheben.

5 Zuständigkeit des Landesjugendamtes

6 § 42b Abs. 3 S. 3 bestimmt, dass für die landesweite Verteilung das Landesjugendamt zuständig ist, sofern Landesrecht nichts anderes regelt. Damit enthält auch S. 3 eine Regelung zur sachlichen Zuständigkeit.

8 S. hierzu auch SächsOVG 19.12.2019 – 3 A 719/18, juris Rn. 13.

9 S. hierzu Stelkens in Stelkens/Bonk/Sachs VwVfG § 41 Rn. 30.

10 Vgl. hierzu auch den Gesetzeswortlaut: „weist das Kind oder den Jugendlichen innerhalb von zwei Werktagen einem in seinem Bereich gelegenen Jugendamt zur Inobhutnahme nach § 42 Absatz 1 Satz 1 Nummer 3 zu".

11 S. hierzu auch die Regelung zur Verteilung im Asylgesetz; in § 50 Abs. 5 AsylG ist ausdrücklich geregelt, dass die Zuweisungsentscheidung dem Ausländer zuzustellen ist; zum Verfahren der Bekanntgabe bei der Inobhutnahme → § 42 Rn. 122 f.

12 AA Kirchhoff in jurisPK-SGB VIII Rn. 25: Bekanntgabe ausschließlich gegenüber dem Jugendamt; s. hierzu auch Wiesner/Loos in Wiesner Nachtragskommentierung Dezember 2015 N 4.

13 BT-Drs. 18/5921, 27.

14 S. hierzu Meissner in Schoch/Schneider/Bier VwGO § 74 Rn. 47 f.

6 Ausschluss der Verteilung

Mit § 42b Abs. 4 Nr. 1 bis 4 werden Gründe normiert, die eine Verteilung ausschließen. Die Nr. 1 bis 3 knüpfen dabei an die Regelung des § 42a Abs. 2 an. Nach § 42a Abs. 2 S. 2 entscheidet das JA auf der Grundlage des Ergebnisses der gemeinsam mit dem Minderjährigen durchzuführenden Einschätzung nach § 42a Abs. 2 S. 1 über die Anmeldung des Kindes oder des Jugendlichen zur Verteilung oder den Ausschluss von der Verteilung. Mit § 42b Abs. 4 wird gesetzlich vorgegeben, dass die Entscheidung bei Vorliegen eines der Gründe nach Nr. 1 bis 4 nur einen Ausschluss der Verteilung zum Inhalt haben kann. Dabei handelt es sich um eine gebundene Entscheidung („ist ausgeschlossen"; hierzu auch → § 42a Rn. 15). Fraglich ist, ob eine Verteilung nur bei Vorliegen einer der in Nr. 1 bis 4 genannten Gründe ausgeschlossen ist oder auch aus einem sonstigen Grunde ausgeschlossen werden muss. Der Wortlaut des § 42b Abs. 4 deutet auf eine abschließende Aufzählung hin. Es ist davon auszugehen, dass der Gesetzgeber die Formulierung „insbesondere" benutzt hätte, wenn er die Aufzählung in Abs. 4 als nicht abschließend angesehen hätte. 7

Nach Nr. 1 darf keine Verteilung erfolgen, wenn dadurch das Wohl des Kindes oder Jugendlichen gefährdet würde (ausführlich → § 42a Rn. 11). Ob eine Kindeswohlgefährdung vorliegt, hat das JA auf Basis einer gemeinsamen Einschätzung nach § 42a Abs. 2 S. 1 Nr. 1 zu beurteilen. 8

Nach Nr. 2 ist eine Verteilung ausgeschlossen, wenn der Gesundheitszustand des betreffenden Kindes oder Jugendlichen eine Verteilung innerhalb von 14 Werktagen nach Beginn der vorläufigen Inobhutnahme nicht zulässt. Korrespondierend mit der Einschätzung nach § 42a Abs. 2 S. 1 Nr. 4 hat der Ausschlussgrund nach der Gesetzesbegründung zum Ziel „bei Dritten bestehende oder entstehende Gesundheitsgefahren" zu vermeiden. Der Ausschluss einer gesundheitlichen Gefährdung des Minderjährigen selbst ist nach der Gesetzesbegründung zu § 42a Abs. 2 S. 1 Nr. 4 über die Prüfung einer Kindeswohlgefährdung nach § 42a Abs. 2 S. 1 Nr. 1 sicherzustellen.[15] Nach der Gesetzesbegründung zu § 42b Abs. 4 Nr. 2 sind bei dem Ausschlussgrund der Nr. 2 „auch die bei Dritten bestehenden oder entstehenden Gesundheitsgefahren zu beachten".[16] Die Formulierung „auch bei Dritten" legt den Schluss nahe, dass nicht ausschließlich Gesundheitsgefahren für Dritte, sondern auch Gesundheitsgefahren für den minderjährigen Ausländer selbst vom Ausschlussgrund erfasst sein sollen. Hierfür spricht auch Sinn und Zweck der Regelung und der Gesetzeswortlaut: „dessen Gesundheitszustand die Durchführung eines Verteilungsverfahrens (...) nicht zulässt." Der Widerspruch zwischen der in der Gesetzesbegründung zu § 42a Abs. 2 S. 1 Nr. 4 enthaltenen Aussage und Sinn und Zweck der gesetzlichen Regelung ist dahin gehend aufzulösen, dass auch Gesundheitsgefahren für den Minderjährigen selbst vom Ausschlussgrund des § 42b Abs. 2 Nr. 2 als umfasst anzusehen sind (hierzu auch → § 42a Rn. 14). 9

Nach § 42b Abs. 4 Nr. 3 ist die Verteilung des Kindes oder Jugendlichen ausgeschlossen, wenn eine Zusammenführung mit einer verwandten Person kurzfristig erfolgen kann und dies dem Wohl des Kindes entspricht. Die Zusammenführung kann dabei im In- oder Ausland erfolgen. Entscheidende Bedeutung für die Durchführung des Verteilungsverfahrens hat die Bestimmung des unbestimmten Rechtsbegriffs der „kurzfristigen" Zusammenführung. Nach § 42b Abs. 4 Nr. 3 ist die Verteilung des Kindes oder Jugendlichen nur dann ausgeschlossen, wenn eine Zusammenführung „kurzfristig" erfolgen kann. Mangels gesetzlicher Legaldefinition ist fraglich, wann eine Zusammenführung „kurzfristig" in diesem Sinne ist. In der Gesetzesbegründung heißt es, dass die Verteilung ausgeschlossen ist, wenn eine „Familienzusammenfüh- 10

15 BT-Drs. 18/5921, 24.
16 BT-Drs. 18/5921, 26.

rung im In- oder Ausland innerhalb weniger Tage",[17] möglich ist (→ Rn. 11 und → § 42a Rn. 23). In diesem Zusammenhang ist auch die in § 42b Abs. 4 Nr. 4 enthalten zeitliche Vorgabe zu berücksichtigen. Danach ist die Durchführung des Verteilungsverfahrens ausgeschlossen, wenn sie nicht innerhalb eines Monats nach Beginn der vorläufigen Inobhutnahme erfolgt. Dem widersprechend wird aber in § 42b Abs. 4 Nr. 3 das Beispiel einer Zusammenführung aufgrund der sog. Dublin-III-Verordnung[18] genannt. Die Familienzusammenführung ist dort in Art. 8 geregelt und setzt eine zeitaufwendige Prüfung voraus. Zudem muss der sich in Deutschland aufhaltende Minderjährige zunächst einen Asylantrag stellen, um das Prüfverfahren in Gang zu bringen. Eine Familienzusammenführung nach der Dublin-III-Verordnung ist daher regelmäßig nicht innerhalb eines Monates nach Beginn der vorläufigen Inobhutnahme möglich.

Dieser Widerspruch lässt sich anhand des Gesetzestextes und der Gesetzesmaterialien nicht auflösen. Da aber im Gesetzestext explizit auf die Familienzusammenführung im Rahmen der sog. Dublin-III-Verordnung abgestellt wird und unter Beachtung der Vorgaben aus Art. 24 Abs. 2 der RL 2013/33/EU, wonach „Wechsel des Aufenthaltsorts bei unbegleiteten Minderjährigen auf ein Mindestmaß zu beschränken"[19] sind, kann nach hiesiger Auffassung auch ein länger dauerndes Verfahren zur Familienzusammenführung ein Verteilhindernis iSd § 42b Abs. 4 Nr. 3 darstellen.

11 Nach § 42b Abs. 4 Nr. 4 ist die Verteilung ausgeschlossen, wenn die Durchführung des Verteilungsverfahrens nicht innerhalb von einem Monat nach Beginn der vorläufigen Inobhutnahme erfolgt. Nach der Rspr. des BVerwG beginnt die Monatsfrist erst mit der Feststellung der Minderjährigkeit und nicht bereits mit Beginn der vorläufigen Inobhutnahme zum Zwecke der Altersbestimmung zu laufen.[20]

Nach der Gesetzesbegründung soll der Ausschluss von der Verteilung nach Überschreiten der Monatsfrist die Möglichkeiten des JA nicht einschränken, ein anderes JA um die Übernahme der Zuständigkeit für die Inobhutnahme des Kindes oder des Jugendlichen zu bitten, wenn zB die dortige Betreuung oder Unterbringung dem Wohl des Kindes dient.[21] Nach § 88a Abs. 2 S. 3 kann ein anderes JA aus Gründen des Kindeswohls oder aus sonstigen humanitären Gründen von vergleichbarem Gewicht die örtliche Zuständigkeit von dem zuständigen Träger übernehmen.

7 Gemeinsame Inobhutnahme

12 Nach § 42b Abs. 5 S. 1 dürfen Geschwister durch das Verteilungsverfahren grundsätzlich nicht getrennt werden. Von diesem Grundsatz kann nur abgewichen werden, wenn eine Trennung von Geschwistern zur Sicherung des Kindeswohls in Ausnahmefällen erforderlich ist.[22] Das die Inobhutnahme nach § 42 Abs. 1 S. 1 Nr. 3 durchführende JA muss die Geschwister daher gemeinsam in Obhut nehmen. § 42b Abs. 5 S. 2 bestimmt, dass „im Übrigen" unbegleitete ausländische Minderjährige (also keine Geschwister) im Rahmen der Aufnahmequote nach § 42c nach Durchführung des Verteilungsverfahrens gemeinsam nach § 42 Abs. 1 S. 1 Nr. 3 in Obhut genommen werden sollen, wenn das Kindeswohl dies erfordert. Die Regelung ergänzt damit § 42a Abs. 1 S. 1 Nr. 3. Nach der Gesetzesbegründung sind Kinder und Jugendliche, die sich während der Reise zusammengeschlossen und gegenseitig unterstützt haben, grundsätzlich gemeinsam zu verteilen und nach § 42 Abs. 1 Satz 1 Nr. 3 in Obhut zu nehmen.[23] Pro-

17 BT-Drs. 18/5921, 26.
18 Verordnung Nr. 604/2013 des europäischen Parlaments und des Rates vom 26.6.2013.
19 RL2013/33/EU Art. 24 Abs. 2.
20 BVerwG 26.4.2018 – 5 C 11/17, juris Rn. 26.
21 BT-Drs. 18/5921, 26.
22 BT-Drs. 18/6392, 20.
23 BT-Drs. 18/5921, 26.

blematisch dürfte der Nachweis für die Betroffenen sein, dass ein „Zusammenschluss" und ein „gegenseitiges Unterstützen" während der Reise erfolgt sind. Die gemeinsame Inobhutnahme muss nach § 42b Abs. 5 S. 2 im Regelfall erfolgen („sollen"), wenn das Kindeswohl dies erfordert. Es kommt damit entscheidend auf die Auslegung des unbestimmten Rechtsbegriffs der Erforderlichkeit für das Kindeswohl an (→ § 42a Rn. 13). Die gemeinsame Verteilung und Inobhutnahme ist nach hier vertretener Auffassung dann erforderlich, wenn kein anderes Vorgehen möglich ist, welches in gleicher oder sogar besserer Weise geeignet ist, das Wohl des Kindes oder des Jugendlichen zu fördern.

In der Rspr. wird hierzu die Auffassung vertreten, dass auch bestehende Bindungen zu volljährigen Ausländern zu berücksichtigen sind. Die Tatsache, dass eine Bezugsperson das 18. Lebensjahr vollendet hat, mindere nicht die gemeinsame Fluchterfahrung und die gegenseitige Bindung aufgrund der erlebten Unterstützung insbesondere junger Menschen während dieser Zeit. Da aufgrund der Volljährigkeit der Bezugspersonen eine vorläufige Inobhutnahme dieser Person und damit eine gemeinsame Verteilung nicht in Betracht komme, sei „die logische Konsequenz, dass dies auch eine Verteilung des Minderjährigen ausschließen muss, um eine räumliche Trennung zu verhindern".[24]

8 Datenübermittlung

§ 42b Abs. 6 S. 1 verpflichtet den örtliche Träger durch werktägliche Mitteilungen si- 13
cherzustellen, dass die nach Landesrecht für die Verteilung von unbegleiteten ausländischen Kindern und Jugendlichen zuständige Stelle jederzeit über die für die Zuweisung nach § 42b Abs. 3 erforderlichen Angaben unterrichtet ist.

Zudem wird durch § 42b Abs. 6 S. 2 die nach Landesrecht für die Verteilung von unbegleiteten ausländischen Kindern oder Jugendlichen zuständige Stelle verpflichtet, das Bundesverwaltungsamt werktäglich über Angaben zu unterrichten, die für die Benennung des zur Aufnahme verpflichteten Landes nach § 42b Abs. 1 erforderlich sind. Nach der Gesetzesbegründung gehören hierzu „insbesondere Angaben zur Anzahl der von einem JA bzw. einem Land nach § 42b oder nach § 42 Abs. 1 Nr. 3 in Obhut genommenen Minderjährigen" und Angaben zu dem „Ergebnis des Erstscreenings nach § 42b Abs. 2".[25] Rechtsgrundlage für die Datenübermittlung stellt nach hier vertretener Auffassung § 69 Abs. 1 Nr. 1 Alt. 2 SGB X dar (→ § 42a Rn. 18).

9 Ausschluss des Widerspruchsverfahrens und Entfallen der aufschiebenden Wirkung

Durch die Regelung in § 42b Abs. 7 S. 1 wird iSd § 68 Abs. 1 S. 2 Alt. 1 VwGO das 14
Widerspruchsverfahren gegen Entscheidungen „nach dieser Vorschrift" ausgeschlossen. Nach § 42b Abs. 7 S. 2 iVm § 80 Abs. 2 S. 1 Nr. 3 VwGO kommt der Klage gegen Entscheidungen „nach dieser Vorschrift" keine aufschiebende Wirkung zu. Möchte sich das Bundesland, die betroffene Gebietskörperschaft oder der Minderjährige gegen die Verteilungsentscheidung wehren, muss Anfechtungsklage erhoben und Antrag auf Anordnung der aufschiebenden Wirkung nach § 80 Abs. 5 S. 1 VwGO beim Verwaltungsgericht gestellt werden. Unabdingbar für eine reibungslose Verteilung und möglichst umgehende gerichtliche Überprüfung der Verteilungsentscheidung ist es, dass die Verteilungsentscheidung dem Minderjährigen gegenüber bekannt gegeben wird. Andernfalls wird der VA gegenüber dem Kind oder Jugendlichen nicht wirksam und

24 VG Hannover 14.10.2019 – 3 B 4442/19, juris Rn. 17 und 19.
25 BT-Drs. 18/5921, 26; Anm. des Verf.: gemeint sein dürfte das Erstscreening nach § 42a Abs. 2.

die Monatsfrist des § 74 Abs. 1 VwGO beginnt nicht zu laufen. Der betroffene Minderjährige könnte bis zur Grenze der Verwirkung des Klagerechts[26] Klage erheben.

10 Ergänzende landesrechtliche Regelungen

15 § 42b Abs. 8 stellt klar, dass ergänzende Regelungen durch Landesrecht möglich sind.

§ 42c Aufnahmequote

(1) [1]Die Länder können durch Vereinbarung einen Schlüssel als Grundlage für die Benennung des zur Aufnahme verpflichteten Landes nach § 42b Absatz 1 festlegen. [2]Bis zum Zustandekommen dieser Vereinbarung oder bei deren Wegfall richtet sich die Aufnahmequote für das jeweilige Kalenderjahr nach dem von dem Büro der Gemeinsamen Wissenschaftskonferenz im Bundesanzeiger veröffentlichten Schlüssel, der für das vorangegangene Kalenderjahr entsprechend den Steuereinnahmen und der Bevölkerungszahl der Länder errechnet worden ist (Königsteiner Schlüssel), und nach dem Ausgleich für den Bestand der Anzahl unbegleiteter ausländischer Minderjähriger, denen am 1. November 2015 in den einzelnen Ländern Jugendhilfe gewährt wird. [3]Ein Land kann seiner Aufnahmepflicht eine höhere Quote als die Aufnahmequote nach Satz 1 oder 2 zugrunde legen; dies ist gegenüber dem Bundesverwaltungsamt anzuzeigen.

(2) [1]Ist die Durchführung des Verteilungsverfahrens ausgeschlossen, wird die Anzahl der im Land verbleibenden unbegleiteten ausländischen Kinder und Jugendlichen auf die Aufnahmequote nach Absatz 1 angerechnet. [2]Gleiches gilt, wenn der örtliche Träger eines anderen Landes die Zuständigkeit für die Inobhutnahme eines unbegleiteten ausländischen Kindes oder Jugendlichen von dem nach § 88a Absatz 2 zuständigen örtlichen Träger übernimmt.

(3) Bis zum 1. Mai 2017 wird die Aufnahmepflicht durch einen Abgleich der aktuellen Anzahl unbegleiteter ausländischer Minderjähriger in den Ländern mit der Aufnahmequote nach Absatz 1 werktäglich ermittelt.

1 § 42c enthält Regelungen zur Aufnahmequote, die jedes Bundesland zu erfüllen hat. Die Vorschrift ermöglicht die Festlegung der Aufnahmequote durch eine Vereinbarung der Länder. Bis zum Zustandekommen einer solchen Vereinbarung enthält § 42c Regelungen zur Aufnahmequote. Zum 1.5.2017 haben sich die 16 Bundesländer auf eine Vereinbarung zur Aufnahme verständigt.

2 Nach § 42c Abs. 1 S. 1 können die Bundesländer durch Vereinbarung einen Schlüssel als Grundlage für die Benennung des zur Aufnahme verpflichteten Landes nach § 42b Abs. 1 festlegen. Liegt eine solche Ländervereinbarung nicht vor, richtet sich die Verteilung nach dem Königsteiner Schlüssel. Dabei wird der Bestand an unbegleiteten ausländischen Minderjährigen, denen das jeweilige Bundesland zum Zeitpunkt des Inkrafttretens der Regelung des § 42c Jugendhilfe gewährt (S. 2) hat, berücksichtigt.

Die Jugend- und Familienministerkonferenz (JFMK) hat am 27.4.2017 im Umlaufverfahren ein neues Verfahren zur Ermittlung der Aufnahmequote beschlossen. Dies wurde notwendig, nachdem zum 1.5.2017 die Regelungen des § 42c Abs. 3 (→ Rn. 4) ausgelaufen sind. Gem. § 42c Abs. 3 wurde die Aufnahmepflicht durch einen Abgleich der aktuellen Anzahl unbegleiteter ausländischer Minderjähriger in den Ländern mit der Aufnahmequote nach § 42c Abs. 1 werktäglich ermittelt.

Nach dem 1.5.2017 gilt in Umsetzung der Regelungen nach § 42c Abs. 1 S. 1. SGB VIII folgendes Verfahren zur Ermittlung der Aufnahmequote:

26 S. hierzu Meissner in Schoch/Schneider/Bier VwGO § 74 Rn. 47 f.

Das BVA legt für einen Zeitraum von jeweils einem Monat eine Prognose über die Anzahl der zu erwartenden einreisenden unbegleiteten minderjährigen Ausländer fest und teilt dies den zuständigen Landesstellen mit. Die Prognose wird auf der Grundlage des Durchschnitts der Zugangszahlen der letzten drei Monate ermittelt.

Zur Ermittlung der Aufnahmequote benennen die zuständigen Landesstellen gegenüber dem BVA jede erfolgte vorläufige Inobhutnahme. Die unbegleiteten ausländischen Minderjährigen, bei denen kein Verteilhindernis nach § 42a Abs. 2 SGB VIII vorliegt, werden auf die Bundesländer verteilt, die nach der Prognose ihren Anteil gem. Königsteiner Schlüssel durch Einreisen im eigenen Land nicht erreichen. Das BVA benennt das aufnehmende Bundesland unter Berücksichtigung der Auslastungsgrade in dem aktuellen Monat.

Wenn die Bundesländer, die nach der Prognose ihren Anteil nicht durch Einreisen im eigenen Bundesland erreichen, ihren Anteil erreichen, verbleibt die Zuständigkeit für den jeweiligen Minderjährigen in dem Land, in dem die vorläufige Inobhutnahme erfolgt ist. Diese Minderjährigen werden nicht in andere Länder verteilt.

Überschreitet die Zahl der in dem jeweiligen Monat neu begründeten Zuständigkeiten die Prognose, erfolgt die Verteilung auch der die Prognose überschreitenden Zahl der unbegleiteten ausländischen Minderjährigen nach diesen Grundsätzen.

Nach jedem Monatsende werden durch das BVA die Unter- und die Überlast für jedes Bundesland festgestellt. Die Über- und Unterlast wird auf den nächsten Prognosezeitraum übertragen und damit im Folgemonat ausgeglichen. Mit diesem Übertrag und der darauf aufbauenden neuen Prognose beginnt das Verfahren erneut.

Sofern ein Verteilhindernis nach § 42b Abs. 4 vorliegt, verbleibt die Zuständigkeit für den jeweiligen Minderjährigen in dem Land, in dem die vorläufige Inobhutnahme erfolgt ist. § 42c Abs. 2 S. 1 regelt die Anrechnung der Minderjährigen, die in einem Land infolge des Ausschlusses vom Verteilungsverfahren verbleiben. 3

Um Erschwernisse bei der Familienzusammenführung zu vermeiden wird nach § 42c Abs. 2 S. 2 die freiwillige Übernahme der Zuständigkeit nach § 88a SGB VIII sowohl beim abgebenden als auch beim aufnehmenden Land hinsichtlich der Aufnahmequote berücksichtigt. Deshalb sind diese Fälle auch dem BVA zu melden und in dem Monat des Wechsels zu erfassen.

§ 42c Abs. 3 regelt, dass in einer Übergangsphase nach Inkrafttreten des Gesetzes bis zum 1.5.2017 der tagesaktuelle Bestand in den Ländern auf die Aufnahmequote nach Abs. 1 anzurechnen war. Ab 2.5.2017 wird der Bestand nicht mehr berücksichtigt. Durch Zeitablauf hat sich die Regelung damit erledigt. 4

§ 42d Übergangsregelung

(1) Kann ein Land die Anzahl von unbegleiteten ausländischen Kindern oder Jugendlichen, die seiner Aufnahmequote nach § 42c entspricht, nicht aufnehmen, so kann es dies gegenüber dem Bundesverwaltungsamt anzeigen.

(2) In diesem Fall reduziert sich für das Land die Aufnahmequote

1. bis zum 1. Dezember 2015 um zwei Drittel sowie

2. bis zum 1. Januar 2016 um ein Drittel.

(3) [1]Bis zum 31. Dezember 2016 kann die Ausschlussfrist nach § 42b Absatz 4 Nummer 4 um einen Monat verlängert werden, wenn die zuständige Landesstelle gegenüber dem Bundesverwaltungsamt anzeigt, dass die Durchführung des Verteilungsverfahrens in Bezug auf einen unbegleiteten ausländischen Minderjährigen nicht innerhalb dieser Frist erfolgen kann. [2]In diesem Fall hat das Jugendamt nach Ablauf eines

Monats nach Beginn der vorläufigen Inobhutnahme die Bestellung eines Vormunds oder Pflegers zu veranlassen.

(4) [1]Ab dem 1. August 2016 ist die Geltendmachung des Anspruchs des örtlichen Trägers gegenüber dem nach § 89d Absatz 3 erstattungspflichtigen Land auf Erstattung der Kosten, die vor dem 1. November 2015 entstanden sind, ausgeschlossen. [2]Der Erstattungsanspruch des örtlichen Trägers gegenüber dem nach § 89d Absatz 3 erstattungspflichtigen Land verjährt in einem Jahr; im Übrigen gilt § 113 des Zehnten Buches entsprechend.

(5) [1]Die Geltendmachung des Anspruchs des örtlichen Trägers gegenüber dem nach § 89d Absatz 3 erstattungspflichtigen Land auf Erstattung der Kosten, die nach dem 1. November 2015 entstanden sind, ist ausgeschlossen. [2]Die Erstattung dieser Kosten richtet sich nach § 89d Absatz 1.

1 § 42d enthält Übergangsregelungen für die Zeit nach Inkrafttreten des Gesetzes bis längstens 31.12.2016, um eine möglichst optimale Versorgung der unbegleiteten minderjährigen Flüchtlinge und gleichzeitig den bundesweiten Aufbau geeigneter Einrichtungen und Dienste sicherzustellen. Zudem enthält die Vorschrift Regelungen zur Kostenerstattung von Leistungen, die vor und nach Inkrafttreten des Gesetzes entstanden sind.

2 Nach § 42d Abs. 1 konnte ein Bundesland dem Bundesverwaltungsamt gegenüber anzeigen, dass es unbegleitete ausländische Kinder oder Jugendliche nicht entsprechend seiner Aufnahmequote aufnehmen kann. Nach Auffassung des Gesetzgebers war nicht jedes JA in Deutschland sofort mit Inkrafttreten des Gesetzes in der Lage, unbegleitete minderjährige Ausländer adäquat zu versorgen und den spezifischen Anforderungen bei der Unterbringung und Betreuung gerecht zu werden. Sofern ein Bundesland zum Zeitpunkt des Inkrafttretens des Gesetzes, also zum 1.11.2015, noch nicht über eine ausreichende Anzahl aufnahmefähiger JA verfügt hat, konnte eine Anzeige nach § 42d Abs. 1 erfolgen.

3 § 42d Abs. 2 bestimmt, dass sich im Fall der Anzeige nach § 42 Abs. 1 die Aufnahmequote vorübergehend reduziert. Im ersten Monat nach Inkrafttreten des Gesetzes, also bis zum 1.12.2015, reduziert sich die Aufnahmequote um zwei Drittel, bis zum 1.1.2016 um ein Drittel. Zwei Monate nach Inkrafttreten des Gesetzes, also zum 1.1.2016, mussten die Länder ihre Aufnahmepflicht vollumfänglich erfüllen. Ab dem 1.1.2016 ist eine Reduzierung der Aufnahmequote daher ausgeschlossen.

4 Gem. § 42b Abs. 4 Nr. 4 ist die Verteilung ausgeschlossen, wenn die Durchführung des Verteilungsverfahrens nicht innerhalb von einem Monat nach Beginn der vorläufigen Inobhutnahme erfolgt. § 42d Abs. 3 S. 1 bestimmt, dass diese Ausschlussfrist bis zum 31.12.2016 um einen Monat verlängert werden kann (Ermessensentscheidung des Bundesverwaltungsamtes), wenn die zuständige Landesstelle gegenüber dem Bundesverwaltungsamt anzeigt, dass die Durchführung des Verteilungsverfahrens in Bezug auf ein unbegleitetes ausländisches Kind nicht innerhalb dieser Frist erfolgen kann. Nach der Gesetzesbegründung wird hiermit der Einführung des Verteilungsverfahrens und den damit verbundenen Umstellungen Rechnung getragen.[1]

§ 42d Abs. 3 S. 2 bestimmt, dass in einem solchen Falle das JA nach Ablauf eines Monats nach Beginn der vorläufigen Inobhutnahme die Bestellung eines Vormunds oder Pflegers zu veranlassen hat. Die rechtliche Vertretung nach § 42a Abs. 3 S. 1 reicht damit nach einem Monat nicht mehr aus.

5 § 42d Abs. 4 S. 1 bestimmt, dass die Geltendmachung des Kostenerstattungsanspruch nach § 89d Abs. 3 ab dem 1.8.2016 ausgeschlossen ist. Damit müssen fallbezogene Kosten, die vor dem 1.11.2015 entstanden sind, innerhalb von neun Monaten nach

1 BT-Drs. 18/5921, 28.

Inkrafttreten dieser Norm zur Kostenerstattung angemeldet werden. Danach ist eine Anmeldung zur Erstattung ausgeschlossen. Das gilt auch gegenüber dem eigenen Land.[2] Der Gesetzgeber geht davon aus, dass der Kostenerstattungsanspruch für diese Kosten innerhalb von 18 Monaten angemeldet werden kann. Gesetzlicher Hintergrund dieser Neuregelungen ist die Tatsache, dass das neue bundesweite Verteilungsverfahren für unbegleitete ausländische Kinder und Jugendliche gemäß §§ 42a f. eine ungleiche Belastung der örtlichen Träger der Jugendhilfe bereits auf der Ebene der Hilfeleistung vermeidet[3] und daher nicht weiter Kosten verteilt werden müssen. Bei der Fristenregelung in § 42d Abs. 4 S. 1 handelt es sich um eine **zusätzliche Frist,** die neben die Ausschlussfrist des § 111 SGB X tritt.[4]

Gemäß § 42d Abs. 4 S. 2 verjährt der Erstattungsanspruch abweichend von § 113 SGB X nach einem Jahr. Im Übrigen gilt § 113 SGB X entsprechend.

Mit § 42d Abs. 5 S. 1 wird geregelt, dass die Geltendmachung eines Anspruchs des JA gegenüber einem erstattungspflichtigen Land nach § 89d Abs. 3 auf Erstattung von Kosten, die nach dem 1.11.2015 angefallen sind, ausgeschlossen ist. Fallkosten, die nach dem 1.11.2015 beim örtlichen Träger anfallen, sind vom jeweils eigenen Land zu erstatten. Die örtlichen Träger der Jugendhilfe haben demnach weiterhin einen Kostenerstattungsanspruch gegenüber dem eigenen Bundesland (→ § 89d Rn. 1 f.). Dies ergibt sich aus § 42d Abs. 5 S. 2, wonach sich der Kostenerstattungsanspruch für nach dem 1.11.2015 entstandene Kosten nach § 89d Abs. 1 richtet. 6

§ 42e Berichtspflicht

Die Bundesregierung hat dem Deutschen Bundestag jährlich einen Bericht über die Situation unbegleiteter ausländischer Minderjähriger in Deutschland vorzulegen.

Die Bundesregierung wird verpflichtet, dem Deutschen Bundestag jährlich über die Situation unbegleiteter ausländischer Kinder und Jugendlicher, insbesondere angesichts des Verteilungsverfahrens, zu berichten. 1

Um dieser Berichtspflicht zu genügen, werden auch die örtlichen Träger der Jugendhilfe (bzw. die Bundesländer), die die gesetzlichen Regelungen vollziehen, jährlich gegenüber dem zuständigen Ministerium einen Bericht vorlegen müssen. 2

Ein solcher Bericht über die Situation unbegleiteter ausländischer Minderjähriger in Deutschland wurde dem Deutschen Bundestag am 15.3.2017 erstmals vorgelegt.[1] Weitere Berichte wurden am 20.9.2018[2] sowie am 5.3.2020[3] vorgelegt.

§ 42f Behördliches Verfahren zur Altersfeststellung

(1) [1]Das Jugendamt hat im Rahmen der vorläufigen Inobhutnahme der ausländischen Person gemäß § 42a deren Minderjährigkeit durch Einsichtnahme in deren Ausweispapiere festzustellen oder hilfsweise mittels einer qualifizierten Inaugenscheinnahme einzuschätzen und festzustellen. [2]§ 8 Absatz 1 und § 42 Absatz 2 Satz 2 sind entsprechend anzuwenden.

2 BT-Drs. 18/5921, 28.
3 BT-Drs. 18/5921, 28 und 29 f.; → § 89d Rn. 11 f.
4 BayVGH 17.12.2018 – 12 ZB 18.2462, juris Rn. 7 ff.; BayVGH 25.9.2019 – 12 ZB 19.1325, juris Rn. 11 ff.

1 BT-Drs. 18/11540.
2 BT-Drs. 19/4517.
3 BT-Drs. 19/17810.

(2) [1]Auf Antrag des Betroffenen oder seines Vertreters oder von Amts wegen hat das Jugendamt in Zweifelsfällen eine ärztliche Untersuchung zur Altersbestimmung zu veranlassen. [2]Ist eine ärztliche Untersuchung durchzuführen, ist die betroffene Person durch das Jugendamt umfassend über die Untersuchungsmethode und über die möglichen Folgen der Altersbestimmung aufzuklären. [3]Ist die ärztliche Untersuchung von Amts wegen durchzuführen, ist die betroffene Person zusätzlich über die Folgen einer Weigerung, sich der ärztlichen Untersuchung zu unterziehen, aufzuklären; die Untersuchung darf nur mit Einwilligung der betroffenen Person und ihres Vertreters durchgeführt werden. [4]Die §§ 60, 62 und 65 bis 67 des Ersten Buches sind entsprechend anzuwenden.

(3) [1]Widerspruch und Klage gegen die Entscheidung des Jugendamts, aufgrund der Altersfeststellung nach dieser Vorschrift die vorläufige Inobhutnahme nach § 42a oder die Inobhutnahme nach § 42 Absatz 1 Satz 1 Nummer 3 abzulehnen oder zu beenden, haben keine aufschiebende Wirkung. [2]Landesrecht kann bestimmen, dass gegen diese Entscheidung Klage ohne Nachprüfung in einem Vorverfahren nach § 68 der Verwaltungsgerichtsordnung erhoben werden kann.

1 Überblick

1 Tatbestandsvoraussetzung für die vorläufige Inobhutnahme nach § 42a Abs. 1 und die Inobhutnahme nach § 42 Abs. 1 S. 1 ist es, dass der Betroffene Kind oder Jugendlicher iSd § 7 Abs. 1 Nr. 1 und 2 ist (→ § 42a Rn. 5). Es muss daher das Alter des Betroffenen festgestellt werden. Nach alter Rechtslage war keine Rechtsgrundlage für die Feststellung des Alters im SGB VIII vorhanden. Mit dem Gesetz zur Verbesserung der Unterbringung, Versorgung und Betreuung ausländischer Kinder und Jugendlicher ist mit § 42f eine Regelung zum Verfahren zur Altersfeststellung im SGB VIII verankert worden.

2 Qualifizierte Inaugenscheinnahme nach Abs. 1

2 Liegen objektive Anhaltspunkte dafür vor, dass der Betroffene minderjährig sein könnte, ist eine Altersfeststellung gemäß § 42f durchzuführen. Während dieses Zeitraumes ist eine vorläufige Inobhutnahme nach § 42a zu verfügen (→ § 42a Rn. 5). Das Ergebnis der Alterseinschätzung ist dabei nicht Voraussetzung für eine vorläufige Inobhutnahme, vielmehr ist die Alterseinschätzung selbst erst Aufgabe im Rahmen der vorläufigen Inobhutnahme. Eine vorläufige Inobhutnahme ist deshalb bereits dann möglich und geboten, wenn das Alter des jungen Menschen noch nicht sicher festgestellt ist.[1] Mit Blick auf das Ziel, Minderjährige wirksam vor Gefahren für ihr Wohl zu schützen, kann eine vorläufige Inobhutnahme deshalb nicht mit der Erwägung abgelehnt werden, die Minderjährigkeit des Betroffenen erscheine zweifelhaft. Vielmehr hat die Alterseinschätzung in einem solchen Fall nach Beginn der vorläufigen Inobhutnahme zu erfolgen.[2] Zuerst findet demnach die vorläufige Inobhutnahme nach § 42a

---

1 BayVGH 16.8.2016 – 12 CS 16.1550, juris Rn. 12.
2 BayVGH 16.8.2016 – 12 CS 16.1550, juris Rn. 16.

Abs. 1 statt. Im Rahmen dieser wird dann das Alter festgestellt. Basierend auf der Altersfeststellung wird die vorläufige Inobhutnahme dann weitergeführt oder durch Aufhebungsentscheidung beendet (→ Rn. 8).

Nach Abs. 1 S. 1 Alt. 1 hat das JA durch Einsichtnahme in die Ausweispapiere oder in „ähnliche Dokumente"[3] des Betroffenen die Minderjährigkeit festzustellen. In der Rspr. wird hierzu die Auffassung vertreten, dass diese Altersfeststellung voraussetzt, dass die Papiere hinreichend verlässlich die Identität zwischen dem Inhaber des Ausweispapiers und der in dem Ausweis bezeichneten Person nachweisen sowie die Ausweispapiere zumindest ausreichende Gewähr für die Richtigkeit des ausgewiesenen Geburtsdatums bieten.[4]

Sehr viele Ausländer, die nicht im Visumsverfahren nach Deutschland einreisen, geben allerdings an, ihre Dokumente verloren zu haben. Nach einem Bericht der Bund-Länder-Arbeitsgruppe Rückführung geben mehr als 80 % der einreisenden Asylbewerber an, über keine Pässe oder sonstigen Dokumente zu verfügen.[5] Die Regelung in Abs. 1 S. 1 Alt. 1 geht damit regelmäßig ins Leere. Aus diesem Grunde sieht Abs. 1 S. 1 Alt. 2 die Altersfeststellung „hilfsweise mittels einer qualifizierten Inaugenscheinnahme" vor. Diese lediglich „hilfsweise" vorgesehene Altersfeststellung wird in der Praxis mangels Vorliegens von Dokumenten der Regelfall sein. Nach der Gesetzesbegründung können von der Vorschrift – entgegen des eindeutigen Gesetzeswortlautes („Inaugenscheinnahme") – auch die Einholung von Auskünften jeder Art, die Anhörung von Beteiligten, die Vernehmung von Zeugen und Sachverständigen sowie die Beiziehung von Dokumenten, Urkunden und Akten umfasst sein. Die Gesetzesbegründung scheint davon auszugehen, dass diese Maßnahmen von der Rechtsgrundlage des Abs. 1 S. 1 Alt. 2 gedeckt sind.[6] Nach hier vertretener Auffassung kann dies nach den in Lit. und Rspr. entwickelten Grundsätzen zur Lehre vom Gesetzesvorbehalt[7] nicht der Fall sein. Insbesondere die Beiziehung von Dokumenten, Urkunden und Akten sowie die Vernehmung von Dritten stellt eine Datenerhebung dar, die ohne Einwilligung des Betroffenen oder Vorliegen einer gesetzlichen Ermächtigung nicht zulässig ist. Die datenschutzrechtlichen Vorschriften der §§ 67 ff. SGB X sowie §§ 61 ff. sind daher zu beachten. Die in der Gesetzesbegründung dargestellten Maßnahmen („Einholung von Auskünften, Anhörung von Beteiligten, Vernehmung von Zeugen und Sachverständigen sowie die Beiziehung von Dokumenten, Urkunden und Akten") stellen datenschutzrechtlich eine Datenerhebung dar. Diese Datenerhebung kann nach § 62 im Einzelfall datenschutzrechtlich zulässig sein, weil sie im Einzelfall für die Aufgabenerfüllung nach § 42f erforderlich sein kann, § 62 Abs. 1. Die Datenerhebung bei Dritten kann nach § 62 Abs. 3 Nr. 2c zulässig sein.

Nach der Gesetzesbegründung muss die „Festsetzung des Alters" (genauer: Feststellung) unter Achtung der Menschenwürde des Betroffenen und der körperlichen Integrität erfolgen. Zu beachten seien beispielsweise die Standards, welche die Bundesarbeitsgemeinschaft der Landesjugendämter in ihren Handlungsempfehlungen niedergelegt habe.[8] Entscheidend sei der „Gesamteindruck", der neben dem „äußeren Erscheinungsbild" insbesondere die „Bewertung der im Gespräch gewonnenen Informationen 3

3 BT-Drs. 18/6392, 20.
4 OVG Brem 19.12.2018 – 1 B 234/18, juris Rn. 11; OVG Brem 6.11.2018 – 1 B 184/18, juris Rn. 18.
5 Vollzugsdefizite – Ein Bericht über die Probleme bei der praktischen Umsetzung von ausländerbehördlichen Ausreiseaufforderungen, S. 6, http://www.einwanderer.net/fileadmin/downloads/Berichte/2011-04_Bericht_AG_Rueck-1.pdf.
6 S. hierzu BT-Drs. 18/6392, 20: „Daneben kann zu einer qualifizierten Inaugenscheinnahme im Sinne der Vorschrift auch gehören …".
7 S. hierzu Grzeszick in Maunz/Dürig GG Art. 20 Rn. 97 f.
8 BT-Drs. 18/6392, 20.

zum Entwicklungsstand" umfasse.[9] Die Standards der Bundesarbeitsgemeinschaft sehen insbesondere nach dem „Vier-Augen-Prinzip" die Durchführung des Gesprächs durch „in der Regel zwei sozialpädagogische Fachkräfte" unter Hinzuziehung eines Dolmetschers vor.[10] In dem Gespräch sollen **äußere Merkmale** der befragten Person wie Stimmlage, Gesichtszüge, Bartwuchs ua, die **Plausibilität** der gemachten Angaben hinsichtlich des eigenen Alters, des Alters der Eltern und Geschwister, Daten der Beschulung und Berufstätigkeit ua sowie das gezeigte **Verhalten** eingeschätzt werden. Volljährigkeit soll nur dann angenommen werden, „wenn sich mindestens zwei Personen mit Sicherheit davon überzeugt haben, dass Minderjährigkeit ausgeschlossen werden kann.[11] Widersprüchliche Angaben dürfen nicht im Sinne eines Automatismus, also ohne weitere Einzelfallprüfung, zum Nachteil des betroffenen Antragstellers gewertet werden.[12] Dem Geburtsdatum wird in vielen Herkunftsländern keine besondere Bedeutung beigemessen. Auch derjenige, der über sein Alter, etwa infolge von nicht auszuschließender Unkenntnis, widersprüchliche Angaben macht, kann gleichwohl (noch) minderjährig sein.[13] Bei Ungewissheit über den Tag der Geburt gebietet es das auch in § 12 VwVfG zum Ausdruck kommende gesetzliche Prinzip eines umfassenden Schutzes Minderjähriger von dem innerhalb des bekannten Geburtsjahres spätestmöglichen Geburtsdatum auszugehen.[14]

In der Rspr. werden hohe Anforderungen an die rechtmäßige Durchführung der qualifizierten Inaugenscheinnahme gestellt. Zunächst sei das äußere Erscheinungsbild nach nachvollziehbaren Kriterien zu würdigen. Zudem müsse – unter Hinzuziehung eines Sprachmittlers – in jedem Fall eine Befragung des Betroffenen durchgeführt werden. Bei der Befragung müsse der Ausländer bei bestehenden Zweifeln an den eigenen Angaben zum Alter mit diesen Zweifeln konfrontiert werden. Ihm müsse Gelegenheit gegeben werden, diese Zweifel auszuräumen. Die im Gespräch gewonnenen Informationen zum Entwicklungsstand seien im Einzelnen zu bewerten. Maßgeblich sei der Gesamteindruck, der neben dem äußeren Erscheinungsbild insbesondere die Bewertung der im Gespräch gewonnenen Informationen zum Entwicklungsstand umfasse. Das Verfahren sei stets nach dem Vier-Augen-Prinzip von mindestens zwei beruflich erfahrenen Mitarbeitern des Jugendamts durchzuführen. Das Ergebnis des Verfahrens müsse in nachvollziehbarer und überprüfbarer Weise dokumentiert werden. Insbesondere müsse die Gesamtwürdigung in ihren einzelnen Begründungsschritten transparent sein.[15]

4 Nach Abs. 1 S. 2 sind § 8 Abs. 1 und § 42 Abs. 2 S. 2 entsprechend anzuwenden. Nach der Gesetzesbegründung ist die betroffene Person „über die Vornahme der Altersfeststellung, die Methode der Altersfeststellung sowie über die möglichen Folgen der Altersfeststellung und die Folgen einer Verweigerung der Mitwirkung bei der Sachverhaltsermittlung umfassend zu informieren und über ihre Rechte aufzuklären".[16] Unklar bleibt, woraus diese Verpflichtung resultieren soll. Dem Gesetzeswortlaut des Abs. 1[17] kann eine solche umfassende Verpflichtung nicht entnommen werden. Insbesondere kann sich diese umfassende Aufklärungspflicht nicht über den Verweis auf § 8 Abs. 1 ergeben. Hieraus folgen lediglich die Pflicht zur Beteiligung des Kindes oder Ju-

9 BT-Drs. 18/6392, 20.
10 BAGLJÄ, S. 14.
11 BAGLJÄ, Anlage 1b, S. 35.
12 S. hierzu auch OVG NRW 9.6.2020 – 12 B 638/20, juris Rn. 26.
13 BayVGH 16.8.2016 – 12 CS 16.1550, juris Rn. 25.
14 BVerwG 31.7.1984 – 9 C 156/83, juris Rn. 11.
15 BayVGH 18.8.2016 – 12 CE 16.1570, juris Rn. 13; OVG Brem 22.2.2016 – 1 B 303/15, juris Rn. 13.
16 BT-Drs. 18/6392, 20.
17 Eine gesetzliche Verpflichtung zur umfassenden Aufklärung ergibt sich erst aus Abs. 2 im Falle einer ärztlichen Untersuchung.

gendlichen und die Pflicht zur Aufklärung über die bestehenden Rechte im Verwaltungsverfahren. Über den Verweis auf § 42 Abs. 2 S. 2 ergibt sich die Verpflichtung des JA, dem Betroffenen unverzüglich die Gelegenheit zu geben, eine Person seines Vertrauens zu benachrichtigen. In der Rspr. wird die Auffassung vertreten, dass die vorläufige Inobhutnahme aufgrund eines Verfahrensfehlers rechtswidrig sei, wenn dem Ausländer diese Möglichkeit nicht eingeräumt wird.[18]

3 Ärztliche Untersuchung zur Altersfeststellung

Abs. 2 S. 1 sieht vor, dass auf Antrag des Betroffenen oder seines Vertreters oder von Amts wegen das Jugendamt in Zweifelsfällen eine ärztliche Untersuchung zur Altersbestimmung zu veranlassen hat. Tatbestandsvoraussetzung für die Anordnung einer ärztlichen Untersuchung ist damit das Vorliegen eines Zweifelsfalls. Dies gilt sowohl für die Anordnung der ärztlichen Untersuchung von Amts wegen wie auch für die Untersuchung auf Antrag des Betroffenen oder seines Vertreters.[19] In der Rspr. wird hierzu vertreten, dass ein Zweifelsfall bereits dann vorliegt, wenn nicht mit Sicherheit ausgeschlossen werden kann, dass ein fachärztliches Gutachten zu dem Ergebnis der Minderjährigkeit kommen wird.[20] Begründet wird dieses Ergebnis letztendlich mit der nach hier vertretener Auffassung fehlgehenden Bejahung der Anwendbarkeit des Art. 25 Abs. 5 UAbs. 1 S. 2 der RL 2013/32/EU (hierzu → Rn. 6 und → § 42 Rn. 39). Ein solches Auslegungsergebnis würde die Tatbestandsvoraussetzung des Zweifelsfalls ihres Anwendungsbereichs berauben. Denn nach dieser Rspr. sind kaum Anwendungsfälle denkbar, in welchen ein Zweifelsfall verneint werden kann. Die Regelung in Abs. 1 S. 1 Alt. 2 zur qualifizierten Inaugenscheinnahme wäre damit ihres Anwendungsbereichs beraubt. Entgegen der dargestellten Rspr. liegt nach hier vertretener Auffassung ein Zweifelsfall daher erst vor, wenn die zur Verfügung stehenden Erkenntnismittel nicht für eine sichere Überzeugungsbildung hinsichtlich des Alters ausreichen.[21] 5

Zuzustimmen ist hingegen der in der Rspr. getroffenen Feststellung, dass hinsichtlich der Einschätzung eines Zweifelsfalls kein Beurteilungsspielraum besteht. Die diesbezügliche behördliche Feststellung unterliegt einer vollumfänglichen gerichtlichen Kontrolle.[22] Auf der Rechtsfolgenseite handelt es sich nach dem eindeutigen Gesetzeswortlaut („hat") um eine gebundene Entscheidung.[23] Bei Vorliegen von Zweifeln am Alter muss das JA daher eine ärztliche Untersuchung veranlassen. Dies ergibt sich auch aus dem Gesetzeswortlaut des Abs. 2 S. 2 („ist eine ärztliche Durchsuchung durchzuführen"). Die Formulierung in der Gesetzesbegründung („kann das Jugendamt")[24] kann zu keinem anderen Auslegungsergebnis führen.

Mittel einer solchen Altersfeststellung können eine Altersschätzung aufgrund äußerlicher körperlicher Merkmale, eine körperliche Untersuchung, gegebenenfalls eine Röntgenuntersuchung der Hand und der Schlüsselbeine sowie eine zahnärztliche Un-

18 VG Hannover 11.11.2016 – 3 B 5176/16, juris Rn. 12 und 13.
19 BT-Drs. 18/6392, 20, 21; VG München 18.5.2016 – M 18 E 16.797, juris Rn. 21.
20 BayVGH 18.8.2016 – 12 CE 16.1570, juris Rn. 14; s. hierzu auch BayVGH 16.8.2016 – 12 CS 16.1550, juris Rn. 18 und 23 f. VG München 28.4.2020 – M 18 E 20.1548, juris Rn. 36.
21 S. hierzu auch OVG Brem 4.6.2018 – 1 B 53/18, juris Rn. 21 und 22; OVG Brem 21.9.2016 – 1 B 164/16, juris Rn. 15; OVG Brem 22.2.2016 – 1 B 303/15, juris Rn. 13 f.; OVG Brem 18.11.2015 – 2 B 221/15, 2 PA 223/15, juris Rn. 33; OVG Bln-Bbg 1.4.2016 – 6 S 7.16, OVG 6 M 20.16, juris Rn. 4 f.; VG Würzburg 25.8.2016 – W 3 S 16.717, juris Rn. 24; Kepert ZFSH/SGB 2018, 135; Achterfeld JAmt 2019, 294.
22 BayVGH 18.8.2016 – 12 CE 16.1570, juris Rn. 15 f.; BayVGH 13.12.2016 – 12 CE 16.2333, juris Rn. 27.
23 S. hierzu auch BayVGH 13.12.2016 – 12 CE 16.2333, juris Rn. 22.
24 BT-Drs. 18/6392, 21.

tersuchung sein.[25] Nach Auffassung des OVG Bremen sei „im Wesentlichen die körperliche Untersuchung zum Ausschluss möglicher alterungsrelevanter Entwicklungsstörungen, die Röntgenuntersuchung der linken Hand und des Gebisses sowie bei abgeschlossener Handskelettentwicklung die zusätzliche Untersuchung der Schlüsselbeine mittels Röntgendiagnostik oder Computertomographie“ erforderlich. Zur Erhöhung der Aussagesicherheit und zur Erkennung altersrelevanter Entwicklungsstörungen sollten alle genannten Methoden eingesetzt werden.[26]

Nach hier vertretener Rechtsauffassung wird durch die Durchführung einer ärztlichen Untersuchung zur Altersfeststellung die (ggf. vorher durchgeführte) Einschätzung aufgrund der qualifizierten Inaugenscheinnahme nicht gegenstandslos. Vielmehr kann sie weiterhin ergänzend zur Bestimmung des Alters herangezogen werden.

4 Keine Rechtspflicht zur Teilnahme an der Untersuchung und Rechtsfolgen bei ungeklärtem Alter

6 Die Formulierung „hat das Jugendamt eine ärztliche Untersuchung zu veranlassen“ deutet darauf hin, dass mit der Veranlassung eine Rechtspflicht zur Mitwirkung des Betroffenen korrespondiert. Dies ist nicht der Fall. Nach Abs. 2 S. 3 darf die Untersuchung nur mit Einwilligung des Betroffenen und seines Vertreters durchgeführt werden. Die Anordnung einer ärztlichen Untersuchung kann daher nicht gegen den Willen des Betroffenen oder seines Vertreters (→ § 41a Rn. 16) mit den Mitteln des Verwaltungsvollstreckungsrechts zwangsweise durchgesetzt werden. Allerdings verweist Abs. 2 S. 4 auf die §§ 60, 62, 65 bis 67 SGB I. Nach § 66 SGB I kann der Leistungsträger ohne weitere Ermittlungen die Leistung bis zur Nachholung der Mitwirkung versagen, soweit die Voraussetzungen der Leistung nicht nachgewiesen sind. Das JA kann daher nach hiesiger Auffassung im Ermessenswege von einer vorläufigen Inobhutnahme nach § 42a oder einer Inobhutnahme nach § 42 absehen.[27] Dieses Ergebnis folgt bereits aus der Verteilung der Darlegungs- und Beweislast. Den um die Inobhutnahme bittenden Ausländer trifft die Darlegungs- und Beweislast für die Tatbestandsvoraussetzung der Minderjährigkeit (→ § 42 Rn. 39). Es handelt sich bei der Verpflichtung zur Teilnahme an der ärztlichen Untersuchung daher um eine „unvollkommene Rechtspflicht“ iSe Obliegenheit.[28] Allerdings führt die Weigerung des Betroffenen allein „nicht reflexhaft zur Annahme der Volljährigkeit und dem Verlust aller korrespondierenden Schutzrechte Minderjähriger“.[29] Umgekehrt führt aber auch nicht Art. 25 Abs. 5 UAbs. 1 S. 2 der RL 2013/32/EU dazu, dass im Anschluss an eine ärztliche Untersuchung im Zweifel davon auszugehen ist, dass der Antragsteller minderjäh-

25 S. hierzu OVG NRW 18.3.2020 – 12 B 1731/19, juris Rn. 10; BayVGH 23.9.2014 – 12 CE 14.1833 ua, juris Rn. 21; OVG Bln-Bbg 4.3.2013 – OVG 6 S 3.13 ua, juris Rn. 9; HmbOVG 23.12.2010 – 4 Bs 243/10, juris Rn. 3 ff.

26 OVG Bremen 4.6.2018 – 1B 82/18, juris 25.

27 AA Katzenstein/Gonzales Mendez de Vigo/Meysen JAmt 2015, 530 (534): Versagung/Beendigung der Inobhutnahme sei nur möglich, wenn das Wohl des unbegleiteten jungen Menschen nicht gefährdet werde; ebenso Wiesner/Loos in Wiesner Nachtragskommentierung Dezember 2015 N 10. Kirchhoff in jurisPK-SGB VIII Rn. 35 geht davon aus, dass eine Ablehnung der vorläufigen Inobhutnahme nur erfolgen könne, wenn ua die Ablehnung der Untersuchung nicht nachvollziehbar begründet werde. Nach hier vertretener Auffassung lassen sich diese Auffassungen mit dem Gesetzeswortlaut nicht in Übereinstimmung bringen. Ausreichend für die Inobhutnahme ist es gerade nicht, dass ein junger Mensch betroffen ist. Vielmehr muss der Betroffene ein Kind oder ein Jugendlicher sein. Eine Ermessensreduktion auf null hinsichtlich des Absehens von einer „Leistungs“versagung nach § 66 Abs. 1 SGB I ergibt sich zudem nicht bereits deshalb, weil die Ablehnung der ärztlichen Untersuchung „nachvollziehbar begründet“ wird.

28 Ausführlich zur „unvollkommenen Rechtspflicht“ mwN Kepert ZAR 2012, 20 (24).

29 BT-Drs. 18/6392, 21.

rig ist.[30] An der hiesigen Rechtsauffassung wird nach gründlicher Auseinandersetzung mit der gegenteiligen Rspr. des BayVGH festgehalten. Nach hier vertretener Auffassung ist Art. 25 Abs. 5 UAbs. 1 S. 2 der RL 2013/32/EU im Rahmen der (vorläufigen) Inobhutnahme aus folgenden Gründen nicht anwendbar:

Nach Art. 25 Abs. 5 UAbs. 1 S. 2 der RL 2013/32/EU gehen die Mitgliedstaaten von der Minderjährigkeit des Betroffenen aus, wenn nach einer ärztlichen Untersuchung zur Bestimmung des Alters Zweifel bezüglich des Alters bestehen. Nach Art. 3 Abs. 1 der RL 2013/32/EU gilt die Richtlinie allerdings nur für Anträge auf internationalen Schutz sowie für die Aberkennung des internationalen Schutzes. Nach Art. 2 b) der RL 2013/32/EU bezeichnet die Formulierung „Antrag auf internationalen Schutz" das Ersuchen eines Drittstaatsangehörigen um Schutz durch einen Mitgliedstaat, bei dem davon ausgegangen werden kann, dass er die Zuerkennung der Flüchtlingseigenschaft oder die Gewährung des subsidiären Schutzstatus anstrebt. Hierauf bezugnehmend gilt die Regelung des Art. 25 Abs. 5 UAbs. 1 S. 2 nach seinem Wortlaut auch nur für den „Antragsteller". Bei der Entscheidung über eine vorläufige Inobhutnahme nach § 42a Abs. 1 handelt es sich aber nicht um eine Entscheidung, mit der eine Flüchtlingseigenschaft oder subsidiärer Schutz zugesprochen werden kann. Aus Art. 25 Abs. 5 UAbs. 1 S. 2 der RL 2013/32/EU folgt damit keine Verpflichtung zur Inobhutnahme bei ungeklärter Minderjährigkeit des Betroffenen.[31] Der in der Rspr. vertretenen gegenteiligen Auffassung, welche die hier vertretene Rechtsauffassung als eine „lediglich formal argumentierende" Kommentierung einstuft,[32] ist entgegenzuhalten, dass europäische Richtlinien unmittelbar nur dann zur Anwendung kommen können, wenn der Anwendungsbereich der jeweiligen Richtlinie eröffnet ist. Reine Folgeabwägungen können die Anwendung einer Richtlinie trotz offensichtlicher Nichteröffnung des Anwendungsbereichs nicht rechtfertigen. Dies gilt auch für eine analoge Anwendbarkeit. Eine analoge Rechtsanwendung setzt das Vorliegen einer planwidrigen Regelungslücke voraus. Zudem muss der zu beurteilende Sachverhalt in rechtlicher Hinsicht soweit mit dem Sachverhalt vergleichbar sein, den der Gesetzgeber bereits in einem bestimmten Sinne geregelt hat, so dass angenommen werden kann, der Gesetzgeber wäre bei einer an denselben Grundsätzen ausgerichteten Interessenabwägung zu den gleichen Ergebnissen gelangt.[33] Eine analoge Anwendung des Art. 25 Abs. 5 UAbs. 1 S. 2 der RL 2013/32/EU scheitert hier schon an der fehlenden Kompetenz der Europäischen Union zur inhaltlichen Regelung des Kinder- und Jugendhilferechts.[34] Die Ausgestaltung des Kinder- und Jugendhilferechts obliegt ausschließlich dem deutschen Gesetzgeber.[35] Schließlich bleibt die dargestellte Rspr. auch eine Begründung für die aufgestellte Behauptung, dass das jugendhilferechtliche Inobhutnahmeverfahren „untrennbar mit dem Asylverfahren unbegleiteter minderjähriger Flüchtlinge" verbunden sei,[36] schuldig. Eine solche untrennbare Verbindung besteht nach hier vertretener Auffassung gerade nicht. Dies zeigt bereits die Tatsache, dass viele unbegleitete Ausländer gar keinen Asylantrag stellen, da ein solcher Asylantrag bei Erfolglosigkeit ausländerrechtliche Nachteile (zB § 10 Abs. 3 AufenthG, § 11 Abs. 7 AufenthG) mit sich bringt. Schließlich wäre es nach hier vertretener Auffassung auch erforderlich, die unmittelbare Anwendbarkeit des bisher nicht ins nationale Recht umgesetzten Art. 25

30 So aber Kirchhoff in jurisPK-SGB VIII Rn. 27; BayVGH 5.7.2016 – 12 CE 16.1186, juris Rn. 22; BayVGH 13.12.2016 – 12 CE 16.2333, juris Rn. 26.
31 Offen gelassen von VG Göttingen 17.7.2014 – 2 B 195/14, juris Rn. 49.
32 BayVGH 5.7.2016 – 12 CE 16.1186, juris Rn. 22.
33 OLG Naumburg 17.6.2016 – 7 Verg 2/16, juris Rn. 106.
34 S. hierzu auch VG Köln 3.12.2019 – 26 L 2393/19, juris Rn. 51 ff. und OVG NRW 18.3.2020 – 12 B 1731/19, juris Rn. 4.
35 S. hierzu von Boetticher in von Boetticher/Münder, Kinder- und Jugendhilfe und europäischer Binnenmarkt, S. 131 f.
36 BayVGH 5.7.2016 – 12 CE 16.1186, juris Rn. 22.

Abs. 5 UAbs. 1 S. 2 der RL 2013/32/EU zu begründen. Auch dies bleibt die dargestellte Rspr. schuldig. Auch der in der Lit. vertretenen Auffassung, dass aus Art. 6 Abs. 2 GG die verfassungsrechtliche Verpflichtung folge, einen Ausländer im Zweifel in Obhut zu nehmen,[37] kann nicht gefolgt werden. Aus Art. 6 Abs. 2 GG folgt für den Staat nur eine Schutzverpflichtung gegenüber Kindern und Jugendlichen. Es folgt aus dieser verfassungsrechtlichen Bestimmung gerade keine Verpflichtung Personen zu schützen, die volljährig sind und lediglich vorgeben minderjährig zu sein.

5 Umfassende Aufklärung des Betroffenen

7 Nach Abs. 2 S. 2 ist im Falle der Veranlassung einer ärztlichen Untersuchung der Betroffene umfassend über die Untersuchungsmethode und über die möglichen Folgen der Altersbestimmung aufzuklären. Erfolgt die Veranlassung der Untersuchung von Amts wegen, ist der betroffene Ausländer zusätzlich über die Folgen einer Weigerung, sich der ärztlichen Untersuchung zu unterziehen, aufzuklären, Abs. 2 S. 3 Hs. 1. Ohne eine solche Belehrung können keine negativen Folgen an die Weigerung zur Teilnahme an einer ärztlichen Untersuchung geknüpft werden. Dies ergibt sicher bereits aus der entsprechend anwendbaren Vorschrift des § 66 Abs. 3 SGB I.[38] Obgleich § 42f Abs. 2 keine besondere Form für die Belehrung vorschreibt, sollte die Belehrung schriftlich erfolgen. § 66 Abs. 3 SGB I verlangt jedenfalls die Schriftform für die Belehrung. In der Rspr. wird zudem vertreten, dass dem Betroffenen mitgeteilt werden müsse, dass zwar die exakte Bestimmung des chronologischen Alters nicht möglich sei, gleichwohl jedoch mittels radiologischer Bildgebung mit an Sicherheit grenzender Wahrscheinlichkeit festgestellt werden könne, ob der Betroffene über 18 Jahre alt sei. Des Weiteren sei hinsichtlich der Aufklärung über die Untersuchungsmethode eine Orientierung an den Empfehlungen der Arbeitsgemeinschaft für Forensische Altersdiagnostik der Deutschen Gesellschaft für Rechtsmedizin für Altersschätzungen bei Lebenden geboten. Unterbleibe diese Aufklärung bzw. erfolge sie nicht in ordnungsgemäßer Weise, könne das entsprechende medizinische Gutachten nicht zur Bestimmung des Alters herangezogen werden.[39]

Die Untersuchung darf nach Abs. 2 S. 3 Hs. 2 zudem nur mit Einwilligung der betroffenen Person und ihres Vertreters durchgeführt werden. Nicht abschließend geklärt ist die Frage, ob die Einwilligung durch einen Mitarbeitenden des Jugendamtes im Rahmen der Vertretungskompetenz nach § 42a Abs. 3 S. 1 erklärt werden kann.[40]

Da den um die Inobhutnahme bittenden Ausländer die Darlegungs- und Beweislast für die Tatbestandsvoraussetzung der Minderjährigkeit trifft (→ § 42 Rn. 39),[41] kann es für ihn von Vorteil sein, sich freiwillig untersuchen zu lassen.

6 Ausschluss der aufschiebenden Wirkung nach Abs. 3

8 Bei der Alterseinschätzung handelt es sich um keinen VA, sondern lediglich um eine die Entscheidung über die (vorläufige) Inobhutnahme vorbereitende Entscheidung. Ebenso stellt die Veranlassung einer ärztlichen Untersuchung von Amts wegen nach Abs. 2 S. 1 keinen VA dar, da es an einer Regelungswirkung fehlt. Insbesondere ist diesbezüglich zu berücksichtigen, dass die Veranlassung der ärztlichen Untersuchung nicht vollstreckt werden kann und nur die Entscheidung über die (vorläufige) Inob-

37 Kirchhoff in jurisPK-SGB VIII § 42 f Rn. 27.1.
38 S. hierzu auch VG Hannover 11.11.2016 – 3 B 5176/16, juris Rn. 24.
39 OVG Brem 4.6.2018 – 1 B 53/18, juris.
40 Für eine grundsätzliche Zulässigkeit: OVG Brem 2018 4.6.2018 – 1 B 53/18, juris Rn. 33. Kritisch hierzu DIJuF, JAmt 2020, 384.
41 AA Kirchhoff jurisPR-SozR 25/2016 Anm. 6.

hutnahme vorbereitet.[42] Auch der Gesetzgeber geht anscheinend davon aus, dass die Veranlassung der ärztlichen Untersuchung lediglich eine Vorbereitungshandlung darstellt. Jedenfalls hat er mit Abs. 3 S. 1 nur bestimmt, dass Widerspruch und Klage gegen die Entscheidung des JA, aufgrund der Altersfeststellung nach dieser Vorschrift die vorläufige Inobhutnahme nach § 42 a oder die Inobhutnahme nach § 42 Abs. 1 S. 1 Nr. 3 abzulehnen oder zu beenden, keine aufschiebende Wirkung nach § 80 Abs. 2 S. 1 Nr. 3 VwGO haben. Diesbezüglich ist allerdings zu berücksichtigen, dass die vorläufige Inobhutnahme, ebenso wie die Inobhutnahme nach § 42 Abs. 1 S. 1 Nr. 3, einen begünstigenden Verwaltungsakt darstellt (→ § 42 Rn. 127). Gegen die Versagung der Inobhutnahme gemäß § 42a und § 42 Abs. 1 S. 1 Nr. 3 kann sich der Betroffene daher nur mit Verpflichtungswiderspruch und Verpflichtungsklage wehren.[43] Diesen Rechtsbehelfen kommt aber keine aufschiebende Wirkung nach § 80 Abs. 1 VwGO zu.[44] Nach hier vertretener Auffassung kann daher der Regelung in § 42f Abs. 3 S. 1 SGB VIII kein praktischer Regelungsgehalt für den Fall der Versagung der Inobhutnahme zukommen. Etwas anderes gilt allerdings für den Fall, dass eine bereits verfügte Inobhutnahme nach Erlass wieder gem. § 48 SGB X aufgehoben wird. Bei der Aufhebungsentscheidung handelt es sich regelmäßig um einen für den Ausländer belastenden Verwaltungsakt, den er mit Anfechtungswiderspruch und Anfechtungsklage anfechten kann. Diesen Rechtsbehelfen kommt allerdings nach § 80 Abs. 2 Nr. 3 VwGO iVm § 42f Abs. 3 S. 1 keine aufschiebende Wirkung zu, sofern die Beendigung der Inobhutnahme „aufgrund der Altersfeststellung" erfolgt. Der betroffene Ausländer kann sich allerdings mit einem vorläufigen Rechtsschutzantrag nach § 80 Abs. 5 VwGO wehren.[45]

7 Ausschluss des Vorverfahrens

Nach Abs. 3 S. 2 kann Landesrecht bestimmen, dass iSd § 68 Abs. 1 S. 2 Alt. 1 VwGO gegen die in S. 1 genannten Entscheidungen direkt Klage erhoben werden kann. 9

Zweiter Abschnitt Schutz von Kindern und Jugendlichen in Familienpflege und in Einrichtungen

§ 43 Erlaubnis zur Kindertagespflege

(1) Eine Person, die ein Kind oder mehrere Kinder außerhalb des Haushalts des Erziehungsberechtigten während eines Teils des Tages und mehr als 15 Stunden wöchentlich gegen Entgelt länger als drei Monate betreuen will, bedarf der Erlaubnis.

(2) [1]Die Erlaubnis ist zu erteilen, wenn die Person für die Kindertagespflege geeignet ist. [2]Geeignet im Sinne des Satzes 1 sind Personen, die

1. sich durch ihre Persönlichkeit, Sachkompetenz und Kooperationsbereitschaft mit Erziehungsberechtigten und anderen Kindertagespflegepersonen auszeichnen und
2. über kindgerechte Räumlichkeiten verfügen.

[3]Sie sollen über vertiefte Kenntnisse hinsichtlich der Anforderungen der Kindertagespflege verfügen, die sie in qualifizierten Lehrgängen erworben oder in anderer Weise nachgewiesen haben. [4]§ 72a Absatz 1 und 5 gilt entsprechend.

(3) [1]Die Erlaubnis befugt zur Betreuung von bis zu fünf gleichzeitig anwesenden, fremden Kindern. [2]Im Einzelfall kann die Erlaubnis für eine geringere Zahl von Kin-

42 S. hierzu Stelkens in Stelkens/Bonk/Sachs VwVfG § 35 Rn. 148 f. und 153.
43 So zutreffend Wiesner/Loos in Wiesner, Nachtragskommentierung Dezember 2015 N 12. Ebenso OVG Brem 18.11.2015 – 2 B 221/15, 2 PA 223/15, juris Rn. 24.
44 S. hierzu auch VG München 7.1.2016 – M 18 E 15.3106, juris Rn. 21.
45 S. hierzu auch OVG Brem 18.11.2015 – 2 B 221/15, 2 PA 223/15, juris Rn. 24.

dern erteilt werden. [3]Landesrecht kann bestimmen, dass die Erlaubnis zur Betreuung von mehr als fünf gleichzeitig anwesenden, fremden Kindern erteilt werden kann, wenn die Person über eine pädagogische Ausbildung verfügt; in der Pflegestelle dürfen nicht mehr Kinder betreut werden als in einer vergleichbaren Gruppe einer Tageseinrichtung. [4]Die Erlaubnis ist auf fünf Jahre befristet. [5]Sie kann mit einer Nebenbestimmung versehen werden. [6]Die Kindertagespflegeperson hat den Träger der öffentlichen Jugendhilfe über wichtige Ereignisse zu unterrichten, die für die Betreuung des oder der Kinder bedeutsam sind.

(4) Erziehungsberechtigte und Kindertagespflegepersonen haben Anspruch auf Beratung in allen Fragen der Kindertagespflege einschließlich Fragen zur Sicherung des Kindeswohls und zum Schutz vor Gewalt.

(5) Das Nähere regelt das Landesrecht.

1 Grundstruktur der Norm

1 § 43 regelt die Voraussetzungen, unter denen eine Erlaubnis zur Kindertagespflege erteilt wird. Obgleich es sich bei der Erlaubniserteilung um einen begünstigenden Verwaltungsakt handelt, stuft § 2 Abs. 3 Nr. 3 Alt. 1 die Erlaubniserteilung als andere Aufgabe ein. Hintergrund dieser gesetzlichen Einordnung ist die Tatsache, dass das Erlaubniserfordernis der präventiven Gefahrenabwehr dient. Grundsätzlich ist es verboten, ohne Erlaubnis Kindertagespflege auszuüben. Nur im Einzelfall – sofern bei Ausübung der Kindertagespflege das Kindeswohl gewährleistet ist – wird dies über die Erteilung einer Erlaubnis gestattet. Die Erlaubnis ist personengebunden, da sie die Eignung des Betreuenden zur Voraussetzung hat. Auch eine Übertragung der Betreuung in kleinerem Umfang an Dritte ist unzulässig.[1] Allerdings ist auch eine Beschäftigung von Tagespflegepersonen im Beschäftigungsverhältnis rechtlich möglich, sofern die beschäftigte Person über eine Tagespflegeerlaubnis verfügt. Insbesondere wenn die Betreuung in dieser Fallkonstellation in anderen geeigneten Räumen erfolgt, können sich Abgrenzungsprobleme zum Einrichtungsbegriff nach § 45a ergeben.[2] Auch nach Neuregelung mittels Art. 1 des **KJSG** in § 22 Abs. 1 S. 3 wird diese Problematik nicht erledigt sein. Es ist jetzt zwar geregelt, dass die „vertragliche und pädagogische Zuordnung“ des einzelnen Kindes zu einer bestimmten Tagespflegeperson zu gewährleisten ist, sofern mehrere Tagespflegepersonen Räumlichkeiten gemeinsam nutzen“. Allerdings ist eine Überprüfung des Einhaltens der Voraussetzung durch die zuständige Behörde kaum möglich. Verschärft wird dieses Problem durch die Tatsache, dass es im Bereich nach § 43 noch nicht einmal eine Rechtsgrundlage für eine örtliche Prüfung gibt. §§ 46 f. sind nach der Gesetzessystematik nicht anwendbar.

§ 43 wurde im Verlauf der Ausschussberatungen über den der Zustimmung des Bundesrats unterliegenden Teil des TAG entwickelt, durch das KICK in das SGB VIII aufgenommen und durch das KiföG teilweise geändert. Das BKiSchG fügte Abs. 2 einen Satz 4 an, der besagt, dass § 72 a Abs. 1 und 5 entsprechend gelten.

Mit Art. 1 des KJSG wurde Abs. 2 Satz 2 Nr. 1 sowie Abs. 3 Satz 6 geändert und Abs. 4 mit Wirkung vom 10.6.2021 neu gefasst.[3] Das Wort „Tagespflegeperson“ wur-

1 S. hierzu SächsOVG 27.5.2014 – 4B48/14, juris Rn. 20.
2 Ausführlich hierzu Kepert Sozialrecht aktuell 2018, 47.
3 BGBl. 2021 Teil I Nr. 29, 1444.

de dabei durch die Formulierung „Kindertagespflegeperson" ersetzt.[4] Mit Neuregelung in Abs. 4 wurde die Beratung explizit auch auf Fragen zur Sicherung des Kindeswohls und zum Schutz vor Gewalt erstreckt.[5]

2 Zweck der Regelung ist entsprechend der Überschrift des Zweiten Abschnitts, in dem § 43 mit den §§ 44–49 zusammengefasst ist, der **Schutz von Kindern** in Kindertagespflege. Der Schwerpunkt liegt dabei auf der Überprüfung einer grundlegenden Strukturqualität im Rahmen des Verfahrens zur Erlaubniserteilung. Eine Regelungslücke weist die Vorschrift hinsichtlich der nachträglichen Kontrolle auf. Dies ist insbesondere dann problematisch, wenn die bei Erteilung vorliegenden Voraussetzungen nachträglich entfallen oder aufgrund von nachträglich bekannt gewordenen Tatsachen eine Nichtgewährleistung des Kindeswohls im Raume steht. Nach hiesiger Auffassung müsste der Gesetzgeber aktiv werden und eine Anwendbarkeit des § 46 regeln.

3 Mit den Gesetzesänderungen durch TAG und KICK sowie KiföG hat die Kindertagespflege einen erheblichen Bedeutungszuwachs erhalten. Sie soll als gleichrangiger Bestandteil der öffentlich verantworteten Förderung von Kindern neben die Tageseinrichtungen treten. Korrespondierend dazu wird sie durch § 43 nahezu vollständig in den Erlaubnisvorbehalt einbezogen. Das gilt auch für die privat finanzierte Kindertagespflege. Die Bestimmungen zur Erlaubnis für die Kindertagespflege wurden erheblich erweitert und haben eine **andere Grundausrichtung** erhalten. Die entsprechenden Regelungen für die Vollzeitpflege bzw. den Betrieb einer Einrichtung gehen mit unterschiedlichen Begründungen – im Fall der Vollzeitpflege mit Rücksicht auf das vorrangige Elternrecht, bei der Betriebserlaubnis auch mit Blick auf die Trägerautonomie – jeweils von einem begrenzten Eingriffsrecht des Staates aus und binden die Erlaubnis an die Feststellung, dass das Kindeswohl gewährleistet wird. Die Erlaubnis für die Kindertagespflege setzt darüber hinaus die Erfüllung von Eignungskriterien voraus, die sich an besonderen Qualitätsvorstellungen orientieren.

4 Die **unzureichende Harmonisierung** zwischen den Regelungen des § 44 und dem durch die Änderung des KICK neu gefassten § 43 stellt ein nicht unerhebliches Problem dar. Das betrifft ua etwa die unterschiedliche Behandlung der Verwandtenpflege, die im Rahmen der Vollzeitpflege weitgehend erlaubnisfrei erfolgen kann, als Tagespflege aber ggf. in vollem Umfang erlaubnispflichtig wird, wenn die sonstigen Kriterien erfüllt sind).

2 Geltungsbereich des Erlaubnisvorbehalts (Abs. 1)

5 Abs. 1 bestimmt, in welchen Fällen Kindertagespflege erlaubnispflichtig ist. Eine Erlaubnis ist erforderlich, wenn ein Kind oder mehrere Kinder mehr als 15 Stunden wöchentlich gegen Entgelt länger als drei Monate betreut werden. Sind diese Voraussetzungen im Einzelfall nicht gegeben, erfolgt die Betreuung beispielsweise für 15 Stunden oder weniger wöchentlich, ist Kindertagespflege erlaubnisfrei.

6 **Kinder** sind junge Menschen im Alter von bis zu 14 Jahren. Der **Haushalt des Erziehungsberechtigten** ist in der Regel der Haushalt, in dem das Kind regelmäßig lebt, sei es der Haushalt der Eltern oder sonstiger Personensorgeberechtigter bzw. der Haushalt einer durch diese zur Erziehung des Kindes ermächtigten Person. Nach Neuregelung durch Art. 1 des **KJSG** in § 22 Abs. 1 S. 2 ist nunmehr auch bundesgesetzlich klargestellt, dass Tagespflege auch in anderen geeigneten Räumen erfolgen kann.

4 BT-Drs. 19/26107, 24.
5 Im Gesetzgebungsverfahren wurde zunächst auch eine Erweiterung der Tatbestandsvoraussetzungen der Erlaubniserteilung um ein Gewaltschutzkonzept verfolgt, BT-Drs. 19/27481, 15. Diese Rechtsänderung wurde aber nicht weiterverfolgt, BT-Drs. 19/27481, 50.

7 In Abgrenzung zur Erlaubnis für die Pflege über Tag und Nacht nach § 44 geht es hier nur um die Pflege tagsüber oder **für einen Teil des Tages**, insoweit in einem täglichen Zeitrahmen von unter 24 Stunden.

8 Die Voraussetzung **„mehr als 15 Stunden wöchentlich"** bezieht sich auf die wöchentliche Arbeitszeit der Kindertagespflegeperson.[6]

9 Als **Entgelt** gilt **auch die Geldleistung des Jugendamtes**, obwohl sie als Aufwandsentschädigung bzw. Anerkennungsbeitrag im strikten Sinne kein Entgelt darstellt.[7]

10 Soweit die übrigen vom Gesetz genannten Kriterien erfüllt sind, ist auch die Kindertagespflege durch Verwandte erlaubnispflichtig, wenn diese dafür ein Entgelt erhalten.

3 Tatbestandsvoraussetzungen der Erlaubniserteilung (Abs. 2)

11 Abs. 2 normiert die Tatbestandsvoraussetzungen der Erlaubniserteilung. Nach Abs. 2 Satz 1 ist die Erlaubnis zu erteilen, wenn die Person für die Kindertagespflege **geeignet** ist. Der unbestimmte Rechtsbegriff der Geeignetheit wird durch die Sätze 2 und 3 näher konkretisiert. Nach Satz 2 sind Personen iSd Satzes 1 geeignet, die sich nach Nr. 1 durch ihre Persönlichkeit, Sachkompetenz und Kooperationsbereitschaft mit Erziehungsberechtigten und anderen Tagespflegepersonen auszeichnen sowie nach Nr. 2 über kindgerechte Räumlichkeiten verfügen. Nach Abs. 2 Satz 3 sollen sie über vertiefte Kenntnisse hinsichtlich der Anforderungen der Kindertagespflege verfügen, die sie in qualifizierten Lehrgängen erworben oder in anderer Weise nachgewiesen haben. Im Gegensatz zu Satz 2 ist bezüglich der Anforderung, die Satz 3 vorgibt, zu prüfen, ob ein Regel- oder Ausnahmefall vorliegt („soll"). Im Ausnahmefall kann von der Tatbestandsvoraussetzung nach Satz 3 abgesehen werden.

Eine trennscharfe Abgrenzung zwischen den in Sätzen 2 und 3 normierten Voraussetzungen ist nicht möglich. Letztendlich geht es um die Bestimmung der Tatbestandsvoraussetzung der Geeignetheit. In der Rspr. wird dieses Verhältnis wie folgt treffend beschrieben:

„Mit Blick auf die in § 43 Abs. 2 Sätze 2 und 3 deutlich erkennbare Zielrichtung des § 43 Abs. 2, über das Merkmal der Eignung der Tagespflegeperson Qualitätsstandards zu setzen und eine kindgerechte Pflege der zu betreuenden Kinder sicherzustellen, kann sich eine Tagespflegeperson ua nur dann durch ihre Persönlichkeit und Sachkompetenz im Sinne des § 43 Abs. 2 Satz 2 Nr. 1 „auszeichnen", wenn sie den zu betreuenden Kindern ein in jeder Beziehung kindgerechtes Umfeld zur Verfügung stellt und die Kinder bei der Tagespflege deshalb auch nicht solchen Risiken oder Gefährdungen aussetzt, die ihrer Entwicklung schaden können.[8]

Nicht abschließend geklärt ist die Frage, ob die Geeignetheit mittels Abs. 2 Sätze 2 bis 4 in einer abschließenden Aufzählung bestimmt wird oder ob es sich – so wie § 45 Abs. 2 S. 2 Nr. 1 bis 3 – um eine nicht abschließende Aufzählung mittels **Regelbeispielen** handelt.

Jedenfalls kann die Geeignetheit der Tagespflegeperson und damit die Kindeswohlgewährleistung auch im Wege einer Gesamtwürdigung aller Umstände[9] festgestellt werden. Dabei kann auch ein einzelner Umstand, der für sich genommen nicht als ausreichend gewichtig erscheint, in der Summation mit weiteren Umständen zur Ungeeignetheit iSd § 43 Abs. 2 S. 1 führen.

---

6 S. hierzu auch Semessaert/Lakies in FK-SGB VIII Rn. 8 und BT-Drs. 16/9299, 17.
7 Ebenso Semessaert/Lakies in FK-SGB VIII Rn. 9 und Mörsberger in Wiesner Rn. 20.
8 OVG NRW 2.9.2008 – 12 B 1224/08, juris Rn. 15. VG Ansbach 7.7.2011 – AN 14 K 10.00126, juris Rn. 25.
9 S. hierzu BayVGH 9.5.2012 – 12 ZB 10.2184, juris Rn. 11; VG Würzburg 17.1.2019 – W 3 K 18.67, juris Rn. 43 und 45 und Mörsberger in Wiesner SGB VIII Rn. 23a.

Im Kontext der Eignungsprüfung ist die **Mitwirkung** des Antragstellers von besonderer Bedeutung. Das bezieht sich auf die Aufrichtigkeit der Auskunftserteilung wie etwa auf die ungehinderte Möglichkeit zur Prüfung der räumlichen Voraussetzungen.

Geeignete Tagespflegepersonen zeichnen sich nach § 43 Abs. 2 S. 2 Nr. 1 durch ihre **Persönlichkeit** aus. Erforderlich sind persönliche **Dispositionen und Kompetenzen,** die nötig sind, um die **Grundsätze der Förderung nach § 22 Abs. 2 und Abs. 3 erfüllen** zu können. Zwingend erforderlich ist daher eine ausreichend psychische Belastbarkeit und Zuverlässigkeit, um in der Bewältigung auch unerwarteter Situationen flexibel reagieren zu können, sowie ausreichendes Verantwortungsbewusstsein und hinreichende emotionale Stabilität. Daher muss eine geeignete Tagespflegeperson ihr Handeln begründen und reflektieren können und fähig zum konstruktiven Umgang mit Konflikten und Kritik sein.[10] 12

Im Übrigen begegnet mangels Legaldefinition die Bestimmung der persönlichen Eignung Schwierigkeiten. Leichter fällt die Bestimmung des Nichtbestehens einer persönlichen Eignung.

So umfasst der Begriff der persönlichen Eignung der Betreuungsperson auch deren gesundheitliche Eignung, insbesondere dass keine ansteckenden Krankheiten bzw. psychische, physische oder Suchterkrankungen vorliegen, die der Ausübung der Betreuungstätigkeit entgegenstehen oder Gefährdungen für die Kinder verursachen können.[11]

Auch eine (schwere) Persönlichkeitsstörung steht der Eignung in der Regel entgegen.[12] Eine volle Erwerbsminderung kann der Eignung entgegenstehen, wenn hierdurch die lückenlose Betreuung nicht mehr gesichert ist.[13] Nicht geeignet sind idR auch Personen, die bereits durch einen Verstoß gegen das Gebot der gewaltfreien Erziehung aufgefallen sind.[14] Eine fehlende persönliche Eignung ist auch anzunehmen, wenn Pflegekinder der Obhut Dritter überlassen werden. Die Übernahme der Verantwortung als Tagespflegeperson für Kinder ist eine höchstpersönlich zu erbringende Dienstleistung. Die Erlaubnis zur Kindestagespflege kann nicht im Einvernehmen mit Dritten und auch nicht in Absprache mit den Eltern zeitweise auf Dritte übertragen werden.[15] Lediglich eine kurzzeitige Vertretung aus einem gewichtigen Grund durch eine andere Tagespflegeperson ist gem. § 22 Abs. 1 S. 4 bei einer gemeinsamen Nutzung von Räumen unschädlich.

Vergleichbares gilt für die Überschreitung der Höchstzahl der zu betreuenden Kinder.[16]

Persönlich ungeeignet kann eine Kindertagespflegeperson auch sein, die ihre Unfallversicherungsbeiträge nicht ordnungsgemäß zahlt bzw. durch verspätete Vorlage für die Pflegeerlaubnis relevanter Unterlagen Defizite in der Pflichterfüllung der zur Kindertagespflege gehörenden administrativen Aufgaben vermuten lässt.[17]

10 OVG NRW 2.9.2008 – 12 B 1224/08, juris Rn. 15; NdsOVG 4.6.2010 – 4 PA 144/10, juris Rn. 1; SächsOVG 24.2.2020 – 3 B 262/19, juris Rn. 5; VG Ansbach 7.7.2011 – AN 14 K 10.00126, juris Rn. 25; VG Düsseldorf 22.1.2019 – 19 L 3530/18, juris Rn. 14 f.

11 OVG Bln-Bbg 3.7.2014 – 6 S 26.14, juris Rn. 11.

12 NdsOVG 4.6.2010 – 4 PA 144/10.

13 BayVGH 9.5.2012 – 12 ZB 10.2184.

14 S. hierzu OVG NRW 2.9.2008 – 12B1224/08, Rn. 24, 30; VG München 2.5.2012 – M 18 K 11.1341, Rn. 36, ähnlich VG Dresden 21.7.2017 – 1 L 857/17.

15 OVG NRW 23.11.2020 – 12 B 1570/20, juris Rn. 5; OVG NRW 22.11.2012 – 12 B 1252/12, juris Rn. 21; s. hierzu auch SächsOVG 7.7.2016 – 4 A 644/15, juris Rn. 7 sowie SächsOVG 8.3.2017 – 4 B 12/17, juris Rn. 6.

16 SächsOVG 23.10.2017 – 4 B 173/17, juris Rn. 22.

17 OVG RhPf 15.10.2014 – 7 D 10243/14, juris Rn. 7 f.

Strittig ist die Frage, ob die persönliche Eignung zur Betreuung fremder Kinder in Tagespflege entfällt, wenn besondere Schwierigkeit bei der Pflege und Erziehung der eigenen Kinder bestehen.[18]

13 Insbesondere im Zusammenhang mit Straftaten ist zu berücksichtigen, dass im öffentlich-rechtlichen Verfahren des Gefahrenabwehrrechts der strafrechtliche Grundsatz „in dubio pro reo" keine Anwendung findet. Vielmehr ist der Grundsatz „in dubio pro infante" zu berücksichtigen.[19] Pädophile Neigungen, sofern sie sich durch entsprechende Handlungen nach außen hin manifestiert haben, stehen der Eignung für die Kindertagespflege entgegen.[20] Hierüber hinausgehend lässt bereits das Vorliegen von pädophilen Neigungen die persönliche Eignung nach Abs. 2 Satz 2 Nr. 1 entfallen.[21] Der Gesetzesbegründung zu § 72a SGB VIII ist zu entnehmen, dass Personen mit pädophilen Neigungen im Bereich der Kinder- und Jugendhilfe nicht eingestellt werden dürfen.[22] Bereits ein Restrisiko pädophiler Handlungen kann in diesem Bereich nicht hingenommen werden.[23]

Die mangelnde Eignung kann auch im persönlichen Umfeld der Tagespflegeperson begründet sein, nämlich dann, wenn die Tagespflegeperson die Gefahr nicht ausschließen kann, dass die Pflegekinder schädigenden Einflüssen eines im Haushalt befindlichen Dritten ausgesetzt sein könnten.[24]

14 In Abs. 2 Satz 4 wird auf § 72a Abs. 1 und 5 verwiesen. Gem. § 72a Abs. 1 S. 1 darf der Träger der öffentlichen Jugendhilfe keine Person beschäftigen oder vermitteln, die wegen einer in Abs. 1 genannten Straftat rechtskräftig verurteilt worden ist. Eine solche Person ist nach § 72a Abs. 1 S. 1 ungeeignet für eine Leistungserbringung im Kinder- und Jugendhilferecht. Wie bereits § 43 Abs. 2 S. 3 verdeutlicht, ist § 72a auch im Rahmen der Prüfung der Geeignetheit iSd § 43 Abs. 2 S. 1 anzuwenden.[25]

Ob im Falle einer **Löschung** der Straftat im **Bundeszentralregister** § 72a Abs. 1 einer Beschäftigung weiterhin entgegensteht, ist strittig. Nach hiesiger Auffassung ist zu berücksichtigen, dass der Gesetzgeber mit § 72a ein umfassendes, an keine weiteren Voraussetzungen geknüpftes Tätigkeitsverbot, insbesondere für wegen sexuellen Missbrauchs von Kindern vorbestrafte Personen, im Bereich der Kinder- und Jugendhilfe normiert hat.[26] Nach dem Gesetzeswortlaut des § 72a Abs. 1 S. 1 ist es für den Tätigkeitsausschluss keine Voraussetzung, dass die entsprechende Straftat noch im Bundeszentralregister aufgeführt ist. Nach dem Gesetzeswortlaut ist einzig an die strafrechtliche Verurteilung zu knüpfen. Aus den Gesetzesmaterialien lässt sich der Wille des Gesetzgebers erkennen, dass Sexualstraftäter lebenslänglich in der Jugendhilfe nicht mehr tätig werden sollen. Der mit § 72a SGB VIII vorgegebene Beschäftigungsausschluss soll nach dem Willen des Gesetzgebers für Sexualstraftäter weder zeitlich noch bezüglich der Strafhöhe limitiert sein.[27] Sofern man allerdings § 72a Abs. 1 nicht als lex specialis zu § 51 BZRG begreift, hängt die Frage, ob eine Person, die eine Straftat nach § 72a Abs. 1 begangen hat, in der Kinder- und Jugendhilfe nach der Löschung im Bundeszentralregister tätig werden kann, von der Bestimmung des Anwendungsbe-

18 S. hierzu BayVGH 16.1.2015 – 12 C 14.2846, juris Rn. 23; VG Köln 16.1.2015 – 19 K 5659/13, juris Rn. 25.
19 VGH BW 23.4.2019 – 12 S 675/19, juris Rn. 21; VG München 27.11.2013 – M 18 K.11.1918, juris Rn. 33.
20 VG Frankfurt 18.11.2013 – 7 L 4016/13.F, juris Rn. 22.
21 S. hierzu VG Lüneburg 14.11.2017 – 4 A 16/16, juris Rn. 26.
22 BT-Drs. 15/3676, 39.
23 VGH BW 23.4.2019 – 12 S 675/19, juris Rn. 25.
24 S. hierzu VGH BW 23.4.2019 – 12 S 676/19; OVG NRW 8.11.2006 – 12 B 2077/06; VG Würzburg 22.3.2012 – W 3 K 11.463.
25 VG Freiburg 11.11.2009 – 2 K 2260/08, juris Rn. 39.
26 S. hierzu OLG Karlsruhe 3.8.2018 – 18 UF 91/18, juris Rn. 64.
27 Hierzu BT-Drs. 19/18019, 3 unter Bezugnahme auf BT-Drs. 15/3676, 39.

reichs des § 52 Abs. 1 Nr. 4 BZRG ab. Auch diese Frage ist noch nicht abschließend geklärt.[28]

Nach § 43 Abs. 2 S. 2 Nr. 1 muss sich die Kindertagespflegeperson ferner durch Sachkompetenz auszeichnen. Für die inhaltliche Konkretisierung der erforderlichen **Sachkompetenz** muss wiederum der Bezug zu den Förderungsgrundsätzen nach § 22 Abs. 2 und 3 hergestellt werden. Tagespflegepersonen sollen in ihrer Arbeit diesen Grundsätzen folgen und brauchen die dazu erforderlichen Kenntnisse und Kompetenzen. Da der Anspruch darin besteht, die Erziehung und Bildung in der Familie zu unterstützen und zu ergänzen, müssen Tagespflegepersonen mehr Kenntnisse und Kompetenzen mitbringen als heute regelhaft bei den Eltern vorausgesetzt werden können. Der Begriff der vertieften Kenntnisse wird durch den Bezug auf den ebenso unbestimmten Begriff der qualifizierten Lehrgänge nicht konkreter. Erst mit dem Verweis der Gesetzesbegründung auf das vom DJI im Auftrag des BMFSFJ entwickelte, 160 Stunden umfassende Curriculum „Qualifizierung in der Kindertagespflege" ergibt sich ein Referenzrahmen für die Bestimmung der erforderlichen Sachkompetenz und die vertieften Kenntnisse. Die dort vermittelten Kompetenzen beziehen sich auf die Förderung der Kinder, auf die Zusammenarbeit mit den Eltern und auf die Gestaltung der Arbeitsbedingungen. 15

Nach § 43 Abs. 2 S. 2 Nr. 1 muss sich die Kindertagespflegeperson schließlich auch durch eine Kooperationsbereitschaft mit Erziehungsberechtigten und anderen Tagespflegepersonen auszeichnen. Die vorausgesetzte **Bereitschaft** – zu ergänzen ist die Fähigkeit – **zur Zusammenarbeit mit Erziehungsberechtigten und anderen Tagespflegepersonen** ist zwischen persönlicher Eignung und Sachkompetenz anzusiedeln. Ein Kriterium dafür ist abgesehen von einer entsprechenden Erklärung der Pflegeperson im Vorhinein allenfalls ihre Fähigkeit, adressatenangemessen kommunizieren zu können. 16

Gem. § 43 Abs. 2 S. 2 Nr. 2 muss die Kindertagespflegeperson über kindgerechte Räumlichkeiten verfügen. Auch dieses Kriterium lässt sich angesichts der Tatsache, dass Kindertagespflege überwiegend im Privathaushalt der Tagespflegeperson stattfindet, kaum standardisieren. 17

Die gleichzeitige Ausübung einer **Hundezucht** ist unvereinbar mit der Ausübung der Tagespflege, wenn nach den Umständen ein unfreiwilliger Kontakt zwischen Kind und Tier nicht ausgeschlossen ist.[29]

Ua durch die gesetzlich intendierte Aufwertung der Kindertagespflege zu einem den Tageseinrichtungen gleichrangigen Angebot wird in der Rspr. teilweise vertreten, dass Anforderungen, die für Kindertagesstätten gelten, als Orientierung in Bezug genommen werden können (→ § 45 Rn. 24).[30] Kinder in (durch das JA im Wege der Erteilung einer Pflegeerlaubnis qualifizierter) Kindertagespflege sind nach der Änderung des SGB VII durch das KICK in der gesetzlichen Unfallversicherung mitversichert. Die Hinweise der Unfallkasse auf Standards für Kindertagesstätten unter www.sichere-kita.de sind auch für die Tagespflege als Orientierung hilfreich. Kindgerechte Räumlichkeiten dürfen keine Risiken oder Gefährdungen für die Entwicklung von Kindern enthalten. Daher wird in der Rspr. auch die Auffassung vertreten, dass eine Tagespflegeerlaubnis über keine kindgerechten Räume verfügt, wenn von Einrichtungen, die dem Tagespflegestandort benachbart sind, für Kinder riskante oder sie gefährdende Immissionen ausgehen.[31]

28 S. hierzu VGH BW 23.4.2019 – 12 S 675/19, juris Rn. 15. S. hierzu auch BR-Drs. 5/1/21, 38.
29 OVG NRW 27.6.2011 – 12 B 507/11, Rn. 20.
30 OVG RhPf 15.10.2014 – 7 D 10243/14, juris Rn. 11.
31 OVG Bln-Bbg 3.7.2014 – 6 S 26.14, Rn. 5.

4 Rechtsfolge und Inhalt der Erlaubnis

18 **Abs. 2** normiert Mindestvoraussetzungen für die Erteilung der Erlaubnis zur Kindertagespflege. Darüberhinausgehende zusätzliche Anforderungen dürfen daher im Erlaubnisverfahren nicht verlangt und für die Erteilung nicht vorausgesetzt werden. Ist die Tagespflegeperson geeignet iSd § 43 Abs. 2, besteht auf der Rechtsfolgenseite ein gebundener Anspruch auf die Erteilung der Erlaubnis.

19 **Abs. 3 Satz 1** regelt den Inhalt der Erlaubnis. Aus der Regelung folgt, dass die Tagespflegeperson bis zu fünf Kinder gleichzeitig betreuen kann. Allerdings ist eine Einschränkung der Anzahl der zu betreuenden Kinder nach Abs. 3 Satz 2 „im Einzelfall" rechtlich möglich. Aus der Formulierung „im Einzelfall" kann nach hiesiger Auffassung nicht geschlossen werden, dass eine Beschränkung der Anzahl der zu betreuenden Kinder nur in einem selten vorliegenden Ausnahmefall möglich ist.[32] Dies wird bereits aus der vom Gesetzgeber gewählten Formulierung „bis zu" fünf Kinder deutlich. Allerdings ist eine zahlenmäßige Begrenzung nach § 43 Abs. 3 Satz 2 hinsichtlich des Vorliegens eines sachlichen Grundes für die Beschränkung begründungsbedürftig. Nähere Regelungen hierzu können sich in landesrechtlichen Regelungen finden. Der Landesgesetzgeber hat in vielen Bundesländern von seiner auf dem Gebiet des Jugendhilferechts bestehenden konkurrierenden Gesetzgebungskompetenz durch Erlass ergänzender Regelungen zur Betreuung von Kindern in Tagespflege Gebrauch gemacht. Beispielsweise hat der Landesgesetzgeber in Baden-Württemberg mit § 1 Abs. 7 Satz 5 KiTaG BW geregelt, wann eine Beschränkung der Anzahl der zu betreuenden Kinder nach der bundesgesetzlichen Vorgabe rechtlich möglich ist. Danach kann die Anzahl der zu betreuenden Kinder in der Erlaubnis eingeschränkt werden, wenn das Wohl der Kinder ansonsten nicht gewährleistet ist. Tatbestandsvoraussetzung für eine Beschränkung ist damit die Nichtgewährleistung des Kindeswohls bei einer gleichzeitigen Betreuung von fünf Kindern. In der bisherigen Rspr. zu § 43 Abs. 3 Satz 2 ist im Grundsatz anerkannt, dass das Vorliegen einer strukturellen Gefährdungssituation[33] eine Einschränkung der Anzahl der zu betreuenden Kinder rechtfertigen kann.[34] In diesem Zusammenhang ist nach hiesiger Auffassung auch das Alter der zu betreuenden Kinder in den Blick zu nehmen. Nulljährige oder einjährige Kinder bedürfen einer intensiveren Betreuung als beispielsweise fünf- oder sechsjährige Kinder. Im Fall eines besonderen situativen Aufmerksamkeitsbedarfs eines Säuglings würde ein Betreuungsschlüssel von 1:5 bedeuten, dass vier andere Säuglinge oder Kinder ohne Aufsicht sind. Dies kann zu besonderen Gefahrensituationen führen, eine strukturelle Gefährdung liegt vor. Nach hier vertretener Auffassung ist es daher rechtlich zulässig, aus Gründen einer strukturellen Gefährdung die Anzahl der zu betreuenden Kinder hinsichtlich des Alters der Kinder einzuschränken. Fünf Säuglinge können nicht von einer einzigen Tagespflegeperson gleichzeitig betreut werden, ohne eine strukturelle Gefährdung befürchten zu müssen. Die Schlüssigkeit dieser Auffassung wird nach hiesiger Auffassung auch mit einem Vergleich zu den Genehmigungsvoraussetzungen nach § 45 SGB VIII bei der Betreuung von Kindern in einer Kindertagesstätte verdeutlicht. In einer Kindertagesstätte ist die Anwesenheit nur einer Betreuungsperson aus Gründen des Kindesschutzes nicht gestattet.[35]

20 **Abs. 3 Satz 3** ermächtigt die Länder, durch Landesrecht auch zu regeln, dass die Erlaubnis zur Betreuung von mehr als fünf gleichzeitig anwesenden fremden Kindern erteilt werden kann, wenn die Person über eine pädagogische Ausbildung verfügt. Nach

32 S. hierzu auch Mörsberger in Wiesner Rn. 32.
33 S. zu diesem Begriff auch BT-Drs. 18/12330, 55 und 56.
34 S. hierzu VG München 27.10.2010 – M18K10.446, juris Rn. 19: bei einer „zu befürchtenden Überforderung" sei eine Einschränkung möglich.
35 S. hierzu OVG NRW 27.11.2007 – 12 A 4697/06, juris Rn. 72. Ausführlich zur Einschränkung der Anzahl der zu betreuenden Kinder Kepert ZKJ 2018, 47.

hiesiger Auffassung kann dies insbesondere bei einer Betreuung älterer Kinder in Betracht kommen.

Abs. 3 Satz 4 bestimmt, dass die Erlaubnis grundsätzlich auf fünf Jahre befristet ist. 21

Nach **Abs. 3 Satz 5** kann die Erlaubnis mit Nebenbestimmungen versehen werden. Für die Erlaubnis zur Kindertagespflege besteht damit eine spezialgesetzliche Regelung iSd § 32 Abs. 1 Alt. 1 SGB X, welche die Beifügung von Nebenbestimmungen gestattet. Abweichend von Satz 3 kann damit nach hiesiger Auffassung auch die Beifügung einer Befristung, die eine kürzere Laufzeit als fünf Jahre zur Folge hat, möglich sein. Allerdings ist hierfür das Vorliegen eines aus dem Zweck des § 43 SGB VIII vorgegebenen sachlichen Grundes (§ 32 Abs. 3 SGB X) und eine ermessensfehlerfreie Entscheidung über die Beifügung der Nebenbestimmung erforderlich.

Nach **Abs. 3 Satz 6** hat die Kindertagespflegeperson das Jugendamt **über wichtige Ereignisse zu informieren,** die für die Betreuung des oder der Kinder bedeutsam sind. Gemeint sind Ereignisse im Leben der Tagespflegeperson oder in ihrem Umfeld, wie etwa Geburt eines eigenen Kindes, Tod des Partners, Trennung, Scheidung, der Umzug in eine andere Wohnung, aber auch gravierende Schadensfälle in der Wohnung oder ein schwerwiegendes Fehlverhalten der Pflegeperson bzw. ihres sozialen Umfeldes. 22

5 Rechtsanspruch auf Beratung (Abs. 4)

Korrespondierend mit der präventiven Ausrichtung des Schutzes in Form des Erlaubnisvorbehalts hat der Gesetzgeber mit dem KiföG den Beratungsanspruch in allen Fragen der Kindertagespflege auf alle Erziehungsberechtigten und Tagespflegepersonen ausgedehnt und zwar unabhängig davon, wer die Pflegepersonen vermittelt hat und wie sie finanziert werden. Der Rechtsanspruch richtet sich gegen den örtlichen Träger der Jugendhilfe. 23

Mit Neuregelung durch Art. 1 des **KJSG** wurde in Abs. 4 die Beratung mit Wirkung vom 10.6.2021 explizit auch auf Fragen zur Sicherung des Kindeswohls und zum Schutz vor Gewalt erweitert.[36] Während sich zunächst der Änderungsvorschlag auf eine Beratung zum Schutz vor Vernachlässigung, sexueller, körperlicher und psychischer Gewalt sowie Machtmissbrauch bezog,[37] wurde im weiteren Gesetzgebungsverfahren die Änderung auf eine Beratung auf Fragen zur Sicherung des Kindeswohls und zum Schutz vor Gewalt beschränkt.[38] Nach der Gesetzesbegründung sollen mit der Neunormierung des Beratungsanspruchs in der Praxis bestehende Rechtsunsicherheiten beseitigt werden, die auch dadurch entstehen, dass Kindertagespflegepersonen nicht immer Fachkräfte iSd § 72 sind.[39] Zudem soll mit der Neuregelung verdeutlicht werden, dass der „gemeinsamen Zielsetzung eines besseren Kinderschutzes" stärker Rechnung getragen wird. Eine Ergänzung der Tatbestandsvoraussetzungen für die Erlaubniserteilung geht mit der Änderung in Abs. 4 aber nicht einher.[40]

Tagespflegepersonen haben darüber hinaus einen Anspruch auf fachliche Beratung und Begleitung zum Schutz von Kindern und Jugendlichen nach § 8b Abs. 1 (→ § 8b Rn. 2). Zudem sind sie aufgrund der in § 8a Abs. 5 enthaltenen Neuregelung ausdrücklich in das Verfahren nach § 8a einbezogen. Dabei ist zwischen den Regelungen zur Information des Jugendamtes nach § 8a Abs. 5 S. 3 iVm § 8a Abs. 4 S. 3 sowie nach 43 Abs. 3 S. 6 zu differenzieren. Während es bei § 8a Abs. 5 um eine konkrete

36 BR-Drs. 319/21, 13; vorher noch weitergehender in den Rechtsänderungen BT-Drs. 19/27481, 15.
37 BT-Drs. 19/27481, 15.
38 S. BT-AusschussDrs. 19(13)137, 98.
39 BT-AusschussDrs. 19(13)137, 98. S. hierzu auch BT-Drs. 19/27481, 15.
40 BT-Drs. 19/27481, 50.

Gefahr für ein bestimmtes Kind geht, zielen die Meldepflichten nach § 43 Abs. 3 S. 6 auf die Prüfung der (weiteren) Geeignetheit der Tagespflegeperson.

6 Landesrechtsvorbehalt (Abs. 5)

24 Der Bundesgesetzgeber ist insgesamt zurückhaltend, was die Konkretisierung der Voraussetzungen für die Kindertagespflegeerlaubnis angeht. Stattdessen hat er außer der pauschalen landesrechtlichen Gestaltungsoption nach § 43 Abs. 5 an mehreren anderen Stellen die Möglichkeit einer landesrechtlichen Ausgestaltung in Erinnerung gebracht. In § 22 Abs. 1 geht es um die differenzierte Grenzziehung zwischen Tagespflege und Tageseinrichtung. § 43 Abs. 3 S. 3 spricht konkret die Möglichkeit an, die Zahl der von einer Tagespflegeperson maximal gleichzeitig zu betreuenden Kinder weiter zu erhöhen, wenn die Tagespflegeperson über eine – nicht näher definierte – pädagogische Ausbildung verfügt.

§ 44 Erlaubnis zur Vollzeitpflege

(1) [1]Wer ein Kind oder einen Jugendlichen über Tag und Nacht in seinem Haushalt aufnehmen will (Pflegeperson), bedarf der Erlaubnis. [2]Einer Erlaubnis bedarf nicht, wer ein Kind oder einen Jugendlichen

1. im Rahmen von Hilfe zur Erziehung oder von Eingliederungshilfe für seelisch behinderte Kinder und Jugendliche auf Grund einer Vermittlung durch das Jugendamt,
2. als Vormund oder Pfleger im Rahmen seines Wirkungskreises,
3. als Verwandter oder Verschwägerter bis zum dritten Grad,
4. bis zur Dauer von acht Wochen,
5. im Rahmen eines Schüler- oder Jugendaustausches,
6. in Adoptionspflege (§ 1744 des Bürgerlichen Gesetzbuchs)

über Tag und Nacht aufnimmt.

(2) [1]Die Erlaubnis ist zu versagen, wenn das Wohl des Kindes oder des Jugendlichen in der Pflegestelle nicht gewährleistet ist. [2]§ 72a Absatz 1 und 5 gilt entsprechend.

(3) [1]Das Jugendamt soll den Erfordernissen des Einzelfalls entsprechend an Ort und Stelle überprüfen, ob die Voraussetzungen für die Erteilung der Erlaubnis weiter bestehen. [2]Ist das Wohl des Kindes oder des Jugendlichen in der Pflegestelle gefährdet und ist die Pflegeperson nicht bereit oder in der Lage, die Gefährdung abzuwenden, so ist die Erlaubnis zurückzunehmen oder zu widerrufen.

(4) Wer ein Kind oder einen Jugendlichen in erlaubnispflichtige Familienpflege aufgenommen hat, hat das Jugendamt über wichtige Ereignisse zu unterrichten, die das Wohl des Kindes oder des Jugendlichen betreffen.

§ 1744 BGB **Probezeit**

Die Annahme soll in der Regel erst ausgesprochen werden, wenn der Annehmende das Kind eine angemessene Zeit in Pflege gehabt hat.

1 Bedeutung der Norm

§ 44 regelt, wann eine Erlaubnis zur Vollzeitpflege erforderlich ist und unter welchen Voraussetzungen eine Erlaubnis zur Vollzeitpflege erteilt wird. Obgleich es sich bei der Erlaubniserteilung um einen begünstigenden Verwaltungsakt handelt, stuft § 2 Abs. 3 Nr. 3 Alt. 1 die Erlaubniserteilung als andere Aufgabe ein. Hintergrund dieser gesetzlichen Einordnung ist die Tatsache, dass das Erlaubniserfordernis der präventiven Gefahrenabwehr dient. Grundsätzlich ist es verboten, ohne Erlaubnis als Pflegeperson tätig zu werden. Nur im Einzelfall wird dies über die Erteilung einer Erlaubnis gestattet. Die Erlaubnisprüfung dient damit einer präventiven Standardsicherung der Pflegeverhältnisse. 1

§ 44 ist mit den §§ 43 sowie 45 ff., die Näheres zur Erlaubnis für die Kindertagespflege bzw. den Betrieb einer Einrichtung regeln, in einem Abschnitt zusammengefasst. Dem Titel dieses Abschnitts entsprechend ist die Aufgabe zu verstehen als **Schutz von Kindern und Jugendlichen in Vollzeitpflege**. Ein entsprechender Schutzauftrag ist unmittelbar aus § 1 Abs. 3 Nr. 4 abzuleiten, nach dem Kinder und Jugendliche vor Gefahren für ihr Wohl zu schützen sind. Dieser wiederum folgt aus § 1 Abs. 2 sowie Art. 6 Abs. 2 S. 1 GG. Es besteht ein Vorrang des Elternrechts und der Elternpflicht in Fragen der Pflege und Erziehung der Kinder. Das „**Wächteramt**" des Staates setzt ein, wenn diese Pflicht verletzt und das Wohl des Kindes gefährdet wird (→ § 1 Rn. 10). Darüber hinaus setzt es zB ein, wenn Eltern sich zur Erfüllung ihrer Pflicht in bedeutendem Umfang außerfamiliärer Einrichtungen oder sonstiger Institutionen, wie etwa der Pflegefamilie, bedienen. Das ist insofern konsequent, als solche Institutionen in den gesellschaftlichen Raum hineinreichen und ggf. von den Eltern nur bedingt daraufhin beurteilt werden können, ob sie Gefahren für das Wohl ihres Kindes bergen. Die Regelungen zum Schutz von Kindern in Pflegefamilien können daher, selbst wenn sie mit einem hoheitlichen Anspruch und ggf. mittelbar auch mit einem Eingriff in das Elternrecht verbunden bleiben, letztlich ebenfalls als **Unterstützung der Eltern** bei der Wahrnehmung ihrer Pflichten betrachtet werden. 2

Vor der Änderung des SGB VIII durch das KICK war die Erlaubnis für Tagespflege und Vollzeitpflege zusammenfassend in § 44 geregelt. Diese ursprüngliche Ausgestaltung des Schutzes von Kindern in Pflegeverhältnissen stand unter dem fachlichen Vorbehalt, dass sie nur bedingt geeignet sei, die Kinder besser vor Gefahren für ihr Wohl zu schützen als das die Eltern leisten könnten.[1] Diese Schwäche ist seit der Neuregelung durch das Kick in §§ 43 und 44 behoben. Als neues Problem kann allerdings die mangelnde Harmonisierung in der Grundausrichtung beider Regelungsbereiche gesehen werden. § 43 als die zeitlich jüngere Fassung übt deutlich weniger Zurückhaltung vor dem Eingriff in das elterliche Erziehungsrecht als § 44 (→ Rn. 2), die Verwandtenpflege ist bei der Vollzeitpflege überwiegend vom Erlaubnisvorbehalt ausgenommen, bei der Kindertagespflege gilt der Erlaubnisvorbehalt dagegen auch für alle Verwandten, soweit sie dafür ein Entgelt erhalten und die sonstigen Kriterien für die Erlaubnispflicht erfüllt sind. Darüber hinaus wird für die Kindertagespflege die Zahl der gleichzeitig anwesenden Kinder bundesrechtlich begrenzt, für die Vollzeitpflege nicht, die Kindertagespflegeerlaubnis wird generell und befristet erteilt, die Erlaubnis zur Vollzeitpflege bezogen auf das einzelne zu betreuende Kind und unbefristet, die Kinder in Tagespflege sind in der gesetzlichen Unfallversicherung versichert, nicht aber die in Vollzeitpflege. 3

1 Lakies ZfJ 1995, 11.

2 Tatbestandsvoraussetzungen der Erlaubniserteilung: Erlaubnisvorbehalt nach Abs. 1

4 Zunächst ist zu prüfen, ob es überhaupt einer Erlaubnis zur Vollzeitpflege bedarf, also ob der Erlaubnisvorbehalt ausgelöst wird.

Satz 1 stellt Pflegeverhältnisse, die auf die **Aufnahme eines Kindes oder Jugendlichen über Tag und Nacht** in den Haushalt einer Pflegeperson angelegt sind, unter den **Vorbehalt einer Erlaubnis** dazu. Satz 2 bestimmt eine Reihe von **Ausnahmen** von diesem grundsätzlichen Erlaubnisvorbehalt. Dadurch wird präzisiert, welche Vollzeitpflegeverhältnisse erlaubnispflichtig sind. Eine Pflegeerlaubnis wird nur dann erforderlich, wenn die Kriterien erfüllt sind, die Satz 1 enthält, und wenn keine der Ausnahmen nach Satz 2 vorliegt.

5 **Kind** ist gem. § 7 Abs. 1 wer **noch nicht 14** Jahre alt ist, **Jugendlicher** wer 14, aber **noch nicht 18** Jahre alt ist. Der Begriff „Pflegekind", der im JWG (§ 27 JWG) spezifisch für die Zwecke der Erlaubniserteilung und der Aufsicht definiert wurde, spielt in § 44 keine Rolle mehr. Der Erlaubnisvorbehalt stellt nicht auf den Status des Kindes in einer anderen als seiner Herkunftsfamilie ab, sondern ist ausschließlich auf Pflegeverhältnisse einer bestimmten Qualität bzw. auf die entsprechenden Pflegepersonen bezogen.

6 Die Konzentration auf Pflegeverhältnisse außerhalb des Elternhauses beinhaltet, dass eine Pflege im elterlichen Haushalt nicht erlaubnispflichtig ist. Satz 1 spricht von einer (volljährigen) **Pflegeperson**, also einer Einzelperson. Wenn das Pflegeverhältnis im Haushalt eines Paares begründet wird, ist beiden Personen die Erlaubnis zu erteilen. Der Bundesgesetzgeber überlässt es für die Vollzeitpflege den Ländern, die Grenze zwischen der Pflegestelle und der Einrichtung bzw. sonstigen betreuten Wohnform präziser zu definieren. Dies gilt auch nach der Neuregelung in § 45a.

Die Regelung des § 43 Abs. 3, der für die Tagespflege eine Höchstgrenze von fünf gleichzeitig anwesenden Kindern vorsieht, ist aber auch für die Vollzeitpflege Richtung weisend. Diese Höchstzahl kann unter dem Gesichtspunkt des Schutzes von Kindern und Jugendlichen in der Vollzeitpflege keinesfalls überschritten werden. Vor allem bei Säuglingen und Kleinkindern sind vielmehr auch die Schwellenwerte für eine Beeinträchtigung des Kindeswohls zu beachten, die die Wissenschaft herausgearbeitet hat.

7 **Ausgenommen** von dem Erlaubnisvorbehalt sind nach **Satz 2** Pflegeverhältnisse iRv HzE oder von Eingliederungshilfe für seelisch behinderte Kinder oder Jugendliche. Die in Satz 2 Nr. 1 enthaltene Regelung beruht darauf, dass entsprechende **Pflegeverhältnisse** immer **auf** einer **Vermittlung des JA** fußen, da das JA vor der Hilfegewährung festzustellen hat, dass die entsprechende Hilfe geeignet ist, und dies nicht nur dem Typus nach, sondern auch in der konkreten Ausprägung des spezifischen Pflegeverhältnisses. „Vermittlung durch das JA" kann also nicht nur dann als gegeben angenommen werden, wenn das JA die Pflegeperson selbst gesucht hat. Entscheidend ist, dass das JA als fachlich verantwortlicher „Mittler" eingeschaltet ist.

8 Die Qualität einer Betreuung oder Unterbringung, die der Vormund bzw. Pfleger im Rahmen seines Wirkungskreises (Nr. 2) gewährt, wird auf der Basis der Regelungen der §§ 1779, 1837 und 1915 BGB durch das Familiengericht sichergestellt. Insofern bedarf weder der **Vormund** noch der **Pfleger** zusätzlich einer Pflegeerlaubnis.

9 Ebenfalls keine Pflegeerlaubnis brauchen Pflegepersonen, die (Nr. 3) Verwandte (§ 1589 BGB) oder Verschwägerte (§ 1590 BGB) bis zum dritten Grad sind, das heißt zB **Großeltern, Urgroßeltern, Onkel, Tanten, Geschwister, Nichten und Neffen** bzw. deren **Ehepartner.** Diese Pflegepersonen werden zur familialen Erziehung im weiteren Sinne gerechnet, deren Souveränität zu respektieren der Staat nach Art. 6 Abs. 2 GG gehalten ist.

Nicht erlaubnispflichtig sind schließlich Pflegeverhältnisse, die (Nr. 4) **bis zu acht Wochen** dauern oder solche, die (Nr. 5) im Rahmen eines **Schüler- oder Jugendaustauschs** (Nr. 5) bestehen. Die zeitliche Grenze mutet willkürlich an. Bei welcher Dauer eines Pflegeverhältnisses man von einer „dauerhaften" Pflege ausgehen kann, darüber ließe sich streiten, zumal die Zeitperspektive von Kindern und Jugendlichen sich entwicklungsbedingt von der der Erwachsenen unterscheidet. Das Kriterium beinhaltet andererseits, dass Ferienaufenthalte in einer anderen Familie nicht erlaubnispflichtig sind. 10

Ausgenommen ist ferner die **Adoptionspflege** (Nr. 6). Auch in diesem Fall ist durch die spezifische Verfahrensregelung (insbes. § 8 AdVermiG) – hier im Rahmen des Adoptionsverfahrens – bereits hinreichend sichergestellt, dass bei der Auswahl der Pflegeperson die Schutzbedürfnisse des Kindes oder der bzw. des Jugendlichen vertreten werden. 11

Die Ausnahmen nach Satz 2 sind so gestaltet, dass die letztlich doch mit hoheitlichen Kontrollbefugnissen verbundene **Schutzfunktion** im Weg des Verfahrens zur Erlaubniserteilung **nur unter eng definierten Voraussetzungen** aktiviert wird. 12

3 Weitere Tatbestandsvoraussetzungen der Erlaubniserteilung nach Abs. 2

Abs. 2 normiert die **Tatbestandsvoraussetzungen**, die für die Erteilung der Erlaubnis vorliegen müssen. Nach Abs. 2 Satz 1 ist die Erlaubnis zu versagen, wenn das Wohl des Kindes oder des Jugendlichen in der Pflegestelle nicht gewährleistet ist. Im Umkehrschluss folgt daraus, dass die Erlaubnis erteilt werden muss, wenn das Kindeswohl gewährleistet ist. Abs. 2 normiert damit Mindestvoraussetzungen für die Erteilung der Erlaubnis zur Vollzeitpflege. Darüber hinausgehende zusätzliche Anforderungen dürfen daher im Erlaubnisverfahren nicht verlangt und für die Erteilung nicht vorausgesetzt werden.[2] Nach der Gesetzgebegründung obliegt die Beweislast für die Nichtgewährleistung des Kindeswohls der Behörde.[3] Allerdings ist es für die Versagung der Erlaubnis nicht erforderlich, dass das Bestehen einer Kindeswohlgefährdung dargelegt wird. Die Nichtgewährleistung des Kindeswohls ist deutlich unterhalb der Schwelle der Kindeswohlgefährdung anzusiedeln. Eine Nichtgewährleistung des Kindeswohls ist anzunehmen, wenn Tatsachen vorliegen, welche die Schlussfolgerung rechtfertigen, dass eine positive Förderung im Sinne der Zielbestimmungen des § 1 SGB VIII nicht gegeben ist.[4] 13

Durch den Verweis in Abs. 2 Satz 2 auf § 72a Abs. 1 wird klargestellt, dass eine Pflegerlaubnis keiner Person erteilt werden darf, die wegen einer in § 72a Abs. 1 S. 1 genannten Straftaten rechtskräftig verurteilt worden ist. Der Träger der öffentlichen Jugendhilfe soll sich zu diesem Zweck ein Führungszeugnis nach § 30 Abs. 5 und § 30a Abs. 1 des Bundeszentralregistergesetzes vorlegen lassen. Von Bedeutung ist auch der Verweis auf § 72a Abs. 5 SGB VIII: Danach müssen die dort genannten datenschutzrechtlichen Regelungen beim Umgang mit dem Führungszeugnis eingehalten werden. 14

4 Rechtsfolge

Auf Rechtsfolgenseite gibt § 44 Abs. 2 S. 1 eine gebundene Entscheidung vor. Kann eine Nichtgewährleistung des Kindeswohls durch die Behörde nicht dargelegt werden, muss die Erlaubnis erteilt werden. 15

2 S. hierzu BT-Drs. 11/5948, 82 und 83.
3 BT-Drs. 11/5948, 83.
4 S. hierzu VG Augsburg 28.11.2017 – Au 3 K 16.793, juris Rn. 18 und Mörsberger in Wiesner Rn. 18a.

Die Erlaubnis ist personenbezogenen hinsichtlich eines bestimmten Kindes zu erteilen.[5] Nicht vorgesehen ist eine abstrakte, allgemein gültige Pflegeerlaubnis.[6]

5 Nebenbestimmungen

16 Im Gegensatz zur Regelung in § 43 Abs. 3 Satz 5 und in § 45 Abs. 4 Satz 1 enthält § 44 keine gesetzliche Regelung zur Zulässigkeit von Nebenbestimmungen. Die Zulässigkeit einer Nebenbestimmung beurteilt sich daher nach § 32 SGB X. Da es sich bei der Erteilung der Erlaubnis zur Vollzeitpflege um eine gebundene Entscheidung handelt, ist die Beifügung von Nebenbestimmungen im Einzelfall nur unter der in § 32 Abs. 1 Alt. 2 SGB X genannten Voraussetzung – also beim Fehlen von Tatbestandsvoraussetzungen – zulässig. Die im Rahmen des § 44 zu prüfende Tatbestandsvoraussetzung der Gewährleistung des Kindeswohls bezieht sich allerdings insbesondere auf persönliche Eigenschaften der Pflegeperson. Diese persönlichen Eigenschaften können nicht durch Nebenbestimmungen gesichert werden. Die Beifügung von Nebenbestimmungen ist daher im Regelfall nicht möglich.[7] Lediglich in Ausnahmefällen, beispielsweise wenn eine Gewährleistung des Kindeswohls aufgrund räumlicher Mängel in Frage steht, kann die Beifügung einer Nebenbestimmung in Betracht kommen.

6 Überprüfung der erlaubnisbegründenden Voraussetzungen (Abs. 3 Satz 1)

17 Nach Abs. 3 Satz 1 soll das Jugendamt „den Erfordernissen des Einzelfalls entsprechend an Ort und Stelle überprüfen, ob die Voraussetzungen für die Erteilung der Erlaubnis weiter bestehen". Die Wendung **„den Erfordernissen des Einzelfalls entsprechend"** muss im Vergleich zur Regelung des JWG und im Hinblick auf die zu respektierenden Rechte der Pflegeperson zunächst auf den zeitlichen Rhythmus der Überprüfung bezogen werden. **Routinekontrollen ohne besonderen Anlass kann es demnach nicht mehr geben**. Die RegBegr.[8] geht ua davon aus, dass sie der Verhältnismäßigkeit der Mittel widersprechen würden.

Besondere Befugnisse, insbesondere das Recht, die Wohnung gegen den Willen der Pflegefamilie zu betreten, kann die Vorschrift nach der Lehre vom Gesetzesvorbehalt nicht begründen. Die Überprüfung ist daher nur möglich, wenn die Betroffenen freiwillig mitwirken oder weitergehende landesrechtliche Befugnisse bestehen.

7 Rücknahme und Widerruf der Pflegeerlaubnis (Abs. 3 Satz 2)

18 Abs. 3 Satz 2 enthält eine spezialgesetzliche Regelung für die Aufhebung der Pflegeerlaubnis. Tatbestandsvoraussetzung für die Aufhebung ist das Vorliegen einer Kindeswohlgefährdung und die fehlende Bereitschaft oder Möglichkeit der Pflegeperson, die Gefahr abzuwenden. Sind diese Voraussetzungen gegeben, muss die Erlaubnis aufgehoben werden. Vertrauensschutzgesichtspunkte sind – im Gegensatz zu den Regelungen in §§ 44 ff. SGB X – weder auf der Tatbestands- noch auf der Rechtsfolgenseite zu berücksichtigen. Die Regelung in Abs. 3 Satz 2 sperrt den Rückgriff nach hiesiger Auffassung auf die allgemeinen Regelungen in den §§ 44 ff. SGB X nicht. Außerhalb des Anwendungsbereichs des Abs. 3 Satz 2 kann es daher möglich sein, eine Pflegeerlaubnis nach den §§ 44 ff. SGB X aufzuheben.

---

5 S. hierzu VG Würzburg 17.1.2019 – W 3 K 18.67, juris Rn. 23; VG Frankfurt 7.5.2008 – 7 E 3108/07, juris Rn. 20; s. hierzu auch Busse in jurisPK-SGB VIII Rn. 51.

6 VG Frankfurt 7.5.2008 – 7E 3108/07, LNR 2008, 34012.

7 S. hierzu auch BT-Drs. 11/5948, 83: „Auf die Möglichkeit der Erlaubniserteilung unter einer Bedingung oder zusammen mit Auflagen wurde verzichtet. Die damit verbundene Rechtsunsicherheit für den Bestand des Pflegeverhältnisses würde sich negativ auf die Erziehungsbedingungen in der Pflegefamilie auswirken und eine kontinuierliche und erfolgreiche Betreuung erschweren."

8 BT-Drs. 11/5948, 83.

8 Mitteilungspflichten der Pflegeperson (Abs. 4)

Nach Abs. 4 hat die Pflegeperson, welche einer Erlaubnis nach Abs. 1 bedarf, das Jugendamt über wichtige Ereignisse zu unterrichten, die das Kindeswohl betreffen. 19

§ 32 JWG nannte Aufnahme und Abgabe des Minderjährigen, Wohnungswechsel und Tod. In der Praxis wird heute darüber hinaus Trennung oder Scheidung der Pflegeeltern als wichtiges Ereignis benannt. In Entsprechung zu § 8 a sollten **kindbezogene Informationen** hinzutreten, soweit es Anzeichen für eine Gefährdung des Kindeswohls gibt.

9 Beratungsansprüche der Pflegepersonen

Pflegepersonen haben vor der Aufnahme des Kindes oder Jugendlichen und während der Dauer des Pflegeverhältnisses einen Anspruch auf Beratung und Unterstützung nach § 37a. 20

10 Landesrechtliche Ausgestaltung

Näheres über die Aufgabe des JA nach § 44 regelt nach § 49 das Landesrecht. Damit unterstreicht das Bundesgesetz die Notwendigkeit einer landesgesetzlichen Präzisierung der Aufgaben bzw. der Aufgabenwahrnehmung. Im Hinblick auf die Neuregelungen durch das KICK besteht ein Harmonisierungsbedarf zwischen beiden, nunmehr getrennten Regelungsbereichen der §§ 43 und 44. Der Landesgesetzgeber sollte seine Möglichkeiten ausschöpfen, um die bestehenden Diskrepanzen aufzuheben oder zu verringern. 21

§ 45 Erlaubnis für den Betrieb einer Einrichtung

(1) [1]Der Träger einer Einrichtung, nach § 45a bedarf für den Betrieb der Einrichtung der Erlaubnis. [2]Einer Erlaubnis bedarf nicht, wer

1. **eine Jugendfreizeiteinrichtung, eine Jugendbildungseinrichtung, eine Jugendherberge oder ein Schullandheim betreibt,**
2. **ein Schülerheim betreibt, das landesgesetzlich der Schulaufsicht untersteht,**
3. **eine Einrichtung betreibt, die außerhalb der Jugendhilfe liegende Aufgaben für Kinder oder Jugendliche wahrnimmt, wenn für sie eine entsprechende gesetzliche Aufsicht besteht oder im Rahmen des Hotel- und Gaststättengewerbes der Aufnahme von Kindern oder Jugendlichen dient.**

(2) [1]Die Erlaubnis ist zu erteilen, wenn das Wohl der Kinder und Jugendlichen in der Einrichtung gewährleistet ist. [2]Dies ist in der Regel anzunehmen, wenn

1. **der Träger die für den Betrieb der Einrichtung erforderliche Zuverlässigkeit besitzt,**
2. **die dem Zweck und der Konzeption der Einrichtung entsprechenden räumlichen, fachlichen, wirtschaftlichen und personellen Voraussetzungen für den Betrieb erfüllt sind und durch den Träger gewährleistet werden,**
3. **die gesellschaftliche und sprachliche Integration und ein gesundheitsförderliches Lebensumfeld in der Einrichtung unterstützt werden sowie die gesundheitliche Vorsorge und die medizinische Betreuung der Kinder und Jugendlichen nicht erschwert werden sowie**
4. **zur Sicherung der Rechte und des Wohls von Kindern und Jugendlichen in der Einrichtung die Entwicklung, Anwendung und Überprüfung eines Konzepts zum Schutz vor Gewalt, geeignete Verfahren der Selbstvertretung und Beteiligung sowie der Möglichkeit der Beschwerde in persönlichen Angelegenheiten innerhalb und außerhalb der Einrichtung gewährleistet werden.**

[3]Die nach Satz 2 Nummer 1 erforderliche Zuverlässigkeit besitzt ein Träger insbesondere dann nicht, wenn er

1. in der Vergangenheit nachhaltig gegen seine Mitwirkungs- und Meldepflichten nach den §§ 46 und 47 verstoßen hat,
2. Personen entgegen eines behördlichen Beschäftigungsverbotes nach § 48 beschäftigt oder
3. wiederholt gegen behördliche Auflagen verstoßen hat.

(3) Zur Prüfung der Voraussetzungen hat der Träger der Einrichtung mit dem Antrag

1. die Konzeption der Einrichtung vorzulegen, die auch Auskunft über Maßnahmen zur Qualitätsentwicklung und -sicherung sowie zur ordnungsgemäßen Buch- und Aktenführung in Bezug auf den Betrieb der Einrichtung gibt, sowie
2. im Hinblick auf die Eignung des Personals nachzuweisen, dass die Vorlage und Prüfung von aufgabenspezifischen Ausbildungsnachweisen sowie von Führungszeugnissen nach § 30 Absatz 5 und § 30a Absatz 1 des Bundeszentralregistergesetzes sichergestellt sind; Führungszeugnisse sind von dem Träger der Einrichtung in regelmäßigen Abständen erneut anzufordern und zu prüfen.

(4) [1]Die Erlaubnis kann mit Nebenbestimmungen versehen werden. [2]Zur Gewährleistung des Wohls der Kinder und der Jugendlichen können nachträgliche Auflagen erteilt werden.

(5) [1]Besteht für eine erlaubnispflichtige Einrichtung eine Aufsicht nach anderen Rechtsvorschriften, so hat die zuständige Behörde ihr Tätigwerden zuvor mit der anderen Behörde abzustimmen. [2]Sie hat den Träger der Einrichtung rechtzeitig auf weitergehende Anforderungen nach anderen Rechtsvorschriften hinzuweisen.

(6) [1]Sind in einer Einrichtung Mängel festgestellt worden, so soll die zuständige Behörde zunächst den Träger der Einrichtung über die Möglichkeiten zur Beseitigung der Mängel beraten. [2]Wenn sich die Beseitigung der Mängel auf Entgelte oder Vergütungen nach § 134 des Neunten Buches oder nach § 76 des Zwölften Buches auswirken kann, so ist der Träger der Eingliederungshilfe oder der Sozialhilfe, mit dem Vereinbarungen nach diesen Vorschriften bestehen, an der Beratung zu beteiligen. [3]Werden festgestellte Mängel nicht behoben, so können dem Träger der Einrichtung Auflagen nach Absatz 4 Satz 2 erteilt werden. [4]Wenn sich eine Auflage auf Entgelte oder Vergütungen nach § 134 des Neunten Buches oder nach § 76 des Zwölften Buches auswirkt, so entscheidet die zuständige Behörde nach Anhörung des Trägers der Eingliederungshilfe oder der Sozialhilfe, mit dem Vereinbarungen nach diesen Vorschriften bestehen, über die Erteilung der Auflage. [5]Die Auflage ist nach Möglichkeit in Übereinstimmung mit den nach § 134 des Neunten Buches oder nach den §§ 75 bis 80 des Zwölften Buches getroffenen Vereinbarungen auszugestalten.

(7) [1]Die Erlaubnis ist aufzuheben, wenn das Wohl der Kinder oder der Jugendlichen in der Einrichtung gefährdet und der Träger nicht bereit oder nicht in der Lage ist, die Gefährdung abzuwenden. [2]Sie kann aufgehoben werden, wenn die Voraussetzungen für eine Erteilung nach Absatz 2 nicht oder nicht mehr vorliegen; Absatz 6 Satz 1 und 3 bleibt unberührt. [3]Die Vorschriften zum Widerruf nach § 47 Absatz 1 Nummer 2 und Absatz 3 des Zehnten Buches bleiben unberührt. Widerspruch und Anfechtungsklage gegen die Rücknahme oder den Widerruf der Erlaubnis haben keine aufschiebende Wirkung.

1 Bedeutung und Struktur der Norm

§ 45 regelt, wann eine Erlaubnis für den Betrieb einer Einrichtung erforderlich ist und unter welchen Voraussetzungen eine Erlaubnis erteilt werden muss. Obgleich es sich bei der Erlaubniserteilung um einen begünstigenden Verwaltungsakt handelt, stuft § 2 Abs. 3 Nr. 4 Alt. 1 die Erlaubniserteilung als andere Aufgabe ein. Hintergrund dieser gesetzlichen Einordnung ist die Tatsache, dass die Erlaubniserteilung ordnungsrechtliche Zwecke der präventiven Gefahrenabwehr verfolgt. 1

Mit Abs. 1 wird geregelt, in welchen Fällen der Betrieb einer Einrichtung iSd § 45a erlaubnispflichtig ist. Mittels Abs. 1 Satz 2 Nr. 1 bis 3 werden verschiedene Betreuungsformen erlaubnisfrei gestellt. 2

Abs. 2 Satz 1 statuiert die Kindeswohlgewährleistung zur Tatbestandsvoraussetzung für die Erlaubniserteilung, wenn nach § 45a eine Erlaubnispflicht besteht. Mittels der in Abs. 2 Satz 2 normierten Regelbeispiele wird die Tatbestandsvoraussetzung der Kindeswohlgewährleistung näher bestimmt. Mit Abs. 4 besteht eine spezialgesetzliche Regelung iSd § 32 Abs. 1 Alt. 1 SGB X zur Beifügung von Nebenbestimmungen nach Ermessen. Hinsichtlich der Grundentscheidung über den Erlass einer beantragten Betriebserlaubnis gibt Abs. 2 Satz 1 auf Rechtsfolgenseite allerdings eine gebundene Entscheidung vor. Bei Vorliegen der Tatbestandsvoraussetzung der Kindeswohlgewährleistung hat der Einrichtungsträger einen Rechtsanspruch auf Erteilung der Erlaubnis.

Abs. 3 erlegt dem Träger der Einrichtung bestimmte Verpflichtungen bei der Antragstellung auf. Diese Verpflichtung – genauer: Obliegenheit – soll die Prüfung der Tatbestandsvoraussetzung der Kindeswohlgewährleistung durch die Betriebserlaubnisbehörde erleichtern.

Mit den Abs. 5 bis 7 bestehen Möglichkeit zu einem nachträglichen Einschreiten der Betriebserlaubnisbehörde.

3 Die konzeptionellen Grundlagen und die institutionellen Zusammenhänge von Einrichtungen sind häufig sehr komplex. Diese überschreiten die Kontroll- und Einflussmöglichkeiten der PSB sowie ggf. sogar die des örtlichen JA. Die individuelle Erziehungsverantwortung der PSB für die jeweils in einer Einrichtung betreuten bzw. untergebrachten Minderjährigen wird deshalb im § 45 ergänzt durch eine **präventiv ausgerichtete, öffentlich verantwortete Kontrolle** dieser Einrichtungen durch die Betriebserlaubnisbehörde. Sie ist wesentlich auf die Strukturqualität der Einrichtung konzentriert und bleibt ihrer Form und Ausgestaltung nach der kooperativen, auf Beratung und Unterstützung angelegten Grundorientierung des SGB VIII verpflichtet. Die Möglichkeiten zur aktiven Einflussnahme auf die Einrichtungen sind begrenzt auf die **Sicherung eines Mindeststandards**, der sich am Zweck der Einrichtung orientiert und das Wohl der betreuten oder untergebrachten Minderjährigen wahrt. Dieser Mindeststandard wurde auf der Basis der Erkenntnisse der Runden Tische „Sexueller Kindesmissbrauch" sowie „Heimerziehung in den 50er und 60er Jahren" durch das Bundeskinderschutzgesetz präzisiert. Dem Träger bleibt es darüber hinaus unbenommen, die Einrichtung mit einem besseren Standard zu betreiben als nach der Betriebserlaubnis vorgesehen.[1]

4 Ansatzpunkt für die Umsetzung des Schutzauftrags ist der Erlaubnisvorbehalt. Bereits durch die Wahl dieses Instrumentes wird deutlich, dass das SGB VIII weitestgehend von einer Eingriffsorientierung absieht. Die Beratung soll den Träger in der Wahrnehmung seiner umfassenden Verantwortung für den Schutz von Kindern und Jugendlichen in der Einrichtung unterstützen. Nicht die nachgängige Kontrolle und ggf. der Eingriff in den laufenden Betrieb einer Einrichtung stehen im Vordergrund. Der Erlaubnisvorbehalt soll vielmehr sicherstellen, dass die für den Schutz von Kindern und Jugendlichen in Einrichtungen relevanten Kriterien schon im Vorfeld einer Betriebsaufnahme durch **Beratung** geltend gemacht werden können. Außerdem werden die wesentlichen Strukturkomponenten einer Einrichtung vor Erteilung der Betriebserlaubnis daraufhin überprüft, dass sie dem Einrichtungszweck entsprechen und geeignet sind, das Wohl der aufzunehmenden Kinder oder Jugendlichen zu sichern.

Damit den betreuten Minderjährigen ein Wechsel der Einrichtung nach Möglichkeit erspart bleibt, wird die kooperative Grundorientierung selbst dann durchgehalten, wenn das Wohl der Kinder oder Jugendlichen in einer Einrichtung nicht mehr zu jeder Zeit gewährleistet ist. Die Aufhebung einer Betriebserlaubnis setzt voraus, dass der Träger der Einrichtung nicht bereit oder in der Lage ist, die vollumfängliche Kindeswohlgewährleistung wieder zu sichern.

1 BayVGH 19.8.2016 – 12 CE 16.1172, Rn. 34.

Nachdem bereits durch das KICK zentrale Änderungen der Voraussetzungen für die Betriebserlaubnis vorgenommen worden waren, führte das BKiSchG zu weiteren Änderungen des § 45. Inhaltlich kamen dabei Erkenntnisse der Runden Tische „Sexueller Kindesmissbrauch" sowie „Heimerziehung in den 50er und 60er Jahren" zum Tragen. Die entsprechenden neuen Aspekte sind schwerpunktmäßig auf Heimerziehung, sonstige betreute Wohnformen und Kindertagesstätten bezogen. Konsequenterweise hätte dies in einer Differenzierung der Anforderung nach Einrichtungstypen münden müssen. Der Gesetzgeber hat diese nicht vorgenommen. Sie bleibt insofern eine zentrale Herausforderung für die Betriebserlaubnisbehörde,[2] zumal durch das Gesetz zur Stärkung der Gesundheitsförderung und der Prävention (PrävG) zusätzlich die Unterstützung eines gesundheitsförderlichen Lebensumfelds in der Einrichtung zur Voraussetzung für die Erteilung einer Betriebserlaubnis erhoben wurde. 5

Mit Art. 1 des **KJSG** wurden in § 45 weitreichende Rechtsänderungen vorgenommen.[3] Der Einrichtungsbegriff ist nun nicht mehr mittels Auslegung des Abs. 1 Satz 1 zu ermitteln, sondern ist in § 45a legaldefiniert. Die in Abs. 2 Satz 2 enthaltenen Regelbeispiele wurden insbesondere um die Zuverlässigkeit des Trägers erweitert. Mit Abs. 3 sowie ergänzend mit § 47 wurden Pflichten zu Aufzeichnungen über den Betrieb der Einrichtung und deren Ergebnissen sowie eine entsprechende Speicherung normiert.[4] Die in den Abs. 4 und 6 enthaltenen Regelungen zum Erlass von Auflagen wurden harmonisiert. Mit § 45 Abs. 7 S. 2 wurde eine Rechtsgrundlage für die Aufhebung der Betriebserlaubnis nach Ermessen bei Nichtgewährleistung des Kindeswohls geschaffen. 6

2 Tatbestandsvoraussetzungen – Erlaubnispflichtigkeit

§ 45 Abs. 1 S. 1 regelt den Grundsatz: Der Träger einer Einrichtung iSd § 45a bedarf einer Erlaubnis. **Adressaten** des Erlaubnisvorbehalts in **Satz 1** sind die Träger von Einrichtungen, in denen Kinder oder Jugendliche ganztägig oder für einen Teil des Tages betreut werden oder Unterkunft erhalten. Das sind juristische Personen des öffentlichen oder privaten Rechts, Privatpersonen oder private Vereinigungen. 7

Zentraler Bezugspunkt für die Geltung des Erlaubnisvorbehalts ist der Begriff der **Einrichtung iSd § 45a**. Mittels dieses Einrichtungsbegriffs ist zu prüfen, ob die jeweilige teil- oder vollstationäre Leistungserbringung dem Erlaubnisvorbehalt des § 45 unterfällt. 8

Der Erlaubnisvorbehalt gilt auch für die (räumliche oder konzeptionelle) Erweiterung oder die Verlegung einer Einrichtung, für die bereits eine Erlaubnis erteilt wurde.[5]

Betriebserlaubnispflichtig sind nach § 48a **auch sonstige betreute Wohnformen**. Darunter werden idR das **betreute Einzel- und Gruppenwohnen** verstanden. Sonstige betreute Wohnformen sind den Einrichtungen in mancher Beziehung ähnlich (zweckbezogene Verbindung von räumlichen, sächlichen und personellen Mitteln, auf gewisse Dauer angelegt etc), aber nicht alle Kriterien der Einrichtung treffen notwendigerweise auf sie zu. Deshalb werden sie gesondert erwähnt. Für sie gelten die Ausführungen der §§ 45–48 entsprechend. Soweit die sonstige betreute Wohnform organisatorisch zu einer Einrichtung gehört, gilt sie als Teil der Einrichtung. 9

Ausnahmen von den in Satz 1 bestimmten erlaubnispflichtigen Einrichtungen werden mit **Satz 2** geregelt. **Nicht erlaubnispflichtig** sind danach **(Nr. 1) Jugendfreizeiteinrichtungen,** Häuser der Offenen Tür oder **Jugendzentren,** Jugendtreffs und -clubs, Jugend- 10

2 S. hierzu. Mörsberger in Wiesner Rn. 39.
3 BGBl. 2021 Teil I Nr. 29, 1444.
4 S. hierzu BT-Drs. 19/26107, 24 und 25. S. hierzu auch BR-Drs. 5/21, 30 und BT-Drs. 19/27481.
5 Vgl. VG München 17.9.2014 – M18 K 13.5812, Rn. 29.

kunstschulen und vergleichbare Einrichtungen. Die Träger von **Jugendbildungseinrichtungen, Jugendherbergen** oder **Schullandheimen** bedürfen ebenfalls keiner Erlaubnis nach § 45 für den Betrieb ihrer Einrichtungen. Jugendbildungseinrichtungen bieten ihre Kurse ggf. auch mit Übernachtung an. Jugendherbergen sind Einrichtungen, die jungen Menschen – allein oder in Gruppen – zeitlich begrenzt Unterkunft und Verpflegung und ggf. auch ein altersgemäßes Kursangebot bieten. Schullandheime sind Einrichtungen, die von Schulklassen belegt werden. Ihre Nutzung hat das Ziel, unter Aufsicht des begleitenden Lehrpersonals für einen begrenzten Zeitraum das Lernen außerhalb des üblichen schulischen und häuslichen Rahmens und unter Einbeziehung der gemeinsamen Alltagsbewältigung zu ermöglichen.

11 Schülerheime (**Nr. 2**) sind Einrichtungen, in denen Minderjährige, welche die Schule besuchen, über Tag und Nacht untergebracht sind. Internate sind Schülerheime. Sie sind nur dann von der Erlaubnispflicht nach § 45 ausgenommen, wenn für sie nach Landesrecht die Schulaufsicht zuständig ist.

12 Einrichtungen, die außerhalb der Jugendhilfe liegende Aufgaben für Kinder und Jugendliche wahrnehmen, sind nur dann nicht erlaubnispflichtig, wenn für sie eine entsprechende gesetzliche Aufsicht besteht (**Nr. 3**). Eine entsprechende gesetzliche Aufsicht ist eine Aufsicht, die den gleichen Schutzzweck verfolgt wie § 45. Entgegen den Ausführungen der RegBegr.[6] bleibt die Aufsicht nach §§ 30, 51 JArbSchG hinter dem Schutzzweck des § 45 zurück.[7] Wohnheime des Arbeitgebers, wie zB Lehrlingsheime, unterliegen insofern der Erlaubnispflicht nach § 45. Die Gesundheitsaufsicht über Kinderkurheime oder Kinderkrankenhäuser bzw. die Gewerbeaufsicht über Werkstätten für behinderte Jugendliche gilt als entsprechende Aufsicht.[8]

13 **Nicht** mehr **erlaubnispflichtig** sind nach der Änderung durch das KICK **Betriebe des Hotel- und Gaststättengewerbes**, also etwa Jugendhotels bzw. **Ponyhöfe** und vergleichbare Einrichtungen. Die bloße Verwendung des Begriffs „Hotel“, etwa für eine Einrichtung, in der Kleinkinder kurzzeitig über Tag und Nacht untergebracht werden, ist keine ausreichende Grundlage für eine entsprechende Befreiung von der Erlaubnispflicht. Im Übrigen gelten für Betriebe des Hotel- und Gaststättengewerbes die Regelungen des Jugendschutzgesetzes zum Schutz von Minderjährigen in der Öffentlichkeit.

14 **Nicht erlaubnispflichtig** sind gemäß § 44 Abs. 3 AsylG ebenfalls **Aufnahmeeinrichtungen** für Asylsuchende, selbst wenn dort Minderjährige allein betreut werden sollten. Dies ist nicht nur unter dem Gesichtspunkt der Verletzung internationaler Abkommen zum Schutz Minderjähriger fragwürdig, sondern auch im Hinblick auf das Wächteramt des Staates nach Art. 6 Abs. 2 S. 2 GG.[9] Unter Berücksichtigung der Verpflichtungen zur Kindeswohlsicherung, die mit einer vorläufigen Inobhutnahme nach § 42a oder Inobhutnahme nach § 42 Abs. 1 S. 1 Nr. 3 verbunden sind, dürfen in Aufnahmeeinrichtungen ohne Betriebserlaubnis bzw. ohne entsprechende Schutzvorkehrungen keine unbegleiteten Minderjährigen untergebracht werden.

3 Zentrale Tatbestandsvoraussetzung – Gewährleistung des Kindeswohls

3.1 Gewährleistung des Kindeswohls nach Abs. 2 Satz 1

15 Nach Abs. 2 Satz 1 ist die Erlaubnis zu erteilen, wenn das Wohl des Kindes oder des Jugendlichen in der Einrichtung gewährleistet ist. Bei der Prüfung der Kindeswohlge-

6 BT-Drs. 11/5984, 84.
7 ZB Abel, 1995, 29; Mörsberger in Wiesner Rn. 49.
8 Abel, 1995, 29.
9 Mörsberger in Wiesner Rn. 49, hält es für erforderlich, in entsprechenden Einrichtungen vergleichbare Schutzvorkehrungen wie nach § 45 zu treffen, bzgl. der verfassungsrechtlichen Begründung der Schutzpflicht auch → § 44 Rn. 2.

währleistung geht es um den ordnungsrechtlich zu fordernden unerlässlichen Mindeststandard zur Gewährleistung des Kindeswohls. Das Verfahren nach § 45 ist daher von den Verträgen nach §§ 78a ff. strikt abzugrenzen. Während es im Verfahren nach § 45 lediglich um ein unerlässliches Mindestmaß geht, sind die Fragen eines Bedarfs der öffentlichen Jugendhilfe und eines wünschenswerten Umfangs der Leistung, welche eine bestmögliche Förderung der jungen Menschen ermöglicht, bei Verhandlung der Verträge nach §§ 78a ff. zu klären. Eine Vermischung dieser Ebenen im Betriebserlaubnisverfahren ist rechtlich unzulässig.[10] Dies gilt auch wenn Landesrecht regelt, dass Anträge auf Erteilung einer Betriebserlaubnis über das örtlich zuständige Jugendamt eingereicht werden müssen.

Die Prüfung der Kindeswohlgewährleistung hat in Bezug auf den Antrag des Leistungserbringers und die dazugehörige Konzeption iSd Abs. 3 Nr. 1 zu erfolgen. Die Anforderungen an die Gewährleistung des Kindeswohls in der Einrichtung variieren mit dem Einrichtungszweck. Zur Gewährleistung des Kindeswohls in einer Kindertagesstätte, die elementare Rechte des Kindes auf Erziehung, Bildung und Förderung einzulösen hat, sind andere Voraussetzungen nötig als für eine Kurzzeitbetreuung am Urlaubsort. Die Konzeption muss dem Einrichtungszweck und damit auch der spezifischen Zielgruppe sowie deren Bedarf Rechnung tragen.

Anhand des Antrags hat eine Prüfung der Kindeswohlgewährleistung zu erfolgen. Diesbezüglich ist zu berücksichtigen, dass dem Antragsteller die Darlegungs- und Beweislast hinsichtlich des anspruchsbegründenden Tatbestandsmerkmals der Gewährleistung des Kindeswohls obliegt. Allerdings suspendiert diese Darlegungslast die Betriebserlaubnisbehörde nicht von der Verpflichtung zur Ermittlung des Sachverhalts von Amts wegen nach § 20 SGB X. Im Falle einer ablehnenden schriftlichen Entscheidung hat die Behörde nach § 35 SGB X dazulegen, weshalb das Kindeswohl nicht gewährleistet ist.

Bei der Prüfung der Kindeswohlgewährleitung kommt der Konzeption nach Abs. 3 Nr. 1 und der Zweckbestimmung der Einrichtung besondere Bedeutung zu.[11] Insbesondere die Bemessung der erforderlichen Personalausstattung ist abhängig von der jeweiligen Konzeption und Zweckbestimmung der Einrichtung.[12]

Zu berücksichtigen ist, dass dem Träger hierbei eine „Organisations-" und „Konzeptionshoheit" zukommt. Dabei legt der Träger auch fest, welche Leistungen er erbringen möchte. Der Träger ist frei in der Ausgestaltung der Einrichtungskonzeption und der Frage, auf welche Art und Weise er das Kindeswohl gewährleistet.[13] Er bestimmt damit den Maßstab der Prüfung des Kindeswohls. Die Prüfung der Betriebserlaubnis hat entsprechend der vorgelegten Konzeption ausschließlich am Maßstab der Kindeswohlgewährleistung zu erfolgen. Genügt die vom Einrichtungsträger nach § 45 Abs. 3 Nr. 1 SGB VIII vorzulegende Konzeption der Einrichtung der Gewährleistung des Kindeswohls, besitzt dieser einen gebundenen Rechtsanspruch auf Erteilung der Betriebserlaubnis.[14]

Die Genehmigungsbehörde ist nicht befugt, einseitig im Erlaubnisverfahren von einer beantragten Konzeption abzuweichen und eine andere Genehmigung als die beantragte zu erteilen. Ist das Kindeswohl in der Einrichtung nach der vorgelegten Konzeption des Trägers gewährleistet, besteht ein gebundener Rechtsanspruch auf die Erteilung

---

10 BayVGH 24.7.2017 – 12 CE 17.704, juris Rn. 43 und 46.

11 S. hierzu Mörsberger in Wiesner § 45 Rn. 23 und VG München 5.12.2012 – M 18 K 11.5772, juris Rn. 41.

12 S. hierzu Mörsberger in Wiesner § 45 Rn. 63.

13 VG München 25.3.2021 – M 18 K 17.5008, Rn. 68, 104 und 107.

14 BayVGH 24.7.2017 – 12 CE 17.704, juris Rn. 30 und 33; VG Koblenz 8.12.2014 – 3K1253/13.KO, juris Rn. 22.

der Betriebserlaubnis in der beantragten Form.[15] Auch darf die Genehmigungsbehörde das Erlaubnisverfahren nicht dazu nutzen, den Einrichtungsträgern eigene konzeptionelle Vorstellungen zu oktroyieren.[16]

3.2 Regelbeispiele für die Gewährleistung des Kindeswohls (Abs. 2 Satz 2)

16 Abs. 2 Satz 2 konkretisiert den unbestimmten Rechtsbegriff der Kindeswohlgewährleistung, indem eine – nicht abschließende – Regelvermutung für die Gewährleistung des Kindeswohls aufgestellt wird. Mit Art. 1 des KJSG sind die gesetzlichen Regelbeispiele erweitert worden. Insbesondere ist mit Nr. 1 das Regelbeispiel der Zuverlässigkeit des Einrichtungsträgers neu eingefügt worden.

17 **3.2.1 Zuverlässigkeit des Einrichtungsträgers.** Infolge Rechtsänderung durch Art. 1 des **KJSG** wird nach neuer Rechtslage die Gewährleistung des Kindeswohls iSd Abs. 2 Satz 1 an das mit Abs. 2 Satz 2 **Nr. 1** neu eingefügte Regelbeispiel der Zuverlässigkeit des Einrichtungsträgers geknüpft. Nach alter Rechtslage erfolgte die Prüfung der Gewährleistung des Kindeswohls anhand der Regelbeispiele „rein einrichtungsbezogen". Nach neuem Recht wird nun die Eignung des Trägers im Sinne seiner Zuverlässigkeit als Regelbeispiel normiert. Nach der Gesetzesbegründung sollen damit „Lücken geschlossen (werden), die dadurch entstehen konnten, dass ein unzuverlässiger Träger ein an sich beanstandungsfreies Konzept für eine Einrichtung vorgelegt hat". Während die persönliche Eignung der Einrichtungsleitung und des Personals über die „personellen Voraussetzungen" nach der bisherigen Nr. 1 (nach neuer Rechtslage: Nr. 2) abgedeckt sind, fehlte nach Auffassung des Gesetzgebers „ein entsprechendes Eignungskriterium für den Träger selbst".[17]

Mit der Gesetzesbegründung wird der Begriff der Zuverlässigkeit näher bestimmt. Dabei greift der Gesetzgeber auf die Auslegung durch Rspr. und Lit. zum Zuverlässigkeitsbegriff in anderen Bereichen des Verwaltungsrechts zurück. Zuverlässig ist danach, „wer die Gewähr dafür bietet, dass er die genehmigte Tätigkeit ordnungsgemäß ausführen wird". Dies ist im Sinne einer in die Zukunft gerichteten Prognoseentscheidung zu ermitteln. Eine „jugendhilfespezifische Konkretisierung des Zuverlässigkeitsbegriffs" erfolgt durch **Abs. 2 Satz 3**. Danach wird regelbeispielhaft normiert, wann ein Träger die erforderliche Zuverlässigkeit nicht besitzt. Dies ist nach **Satz 3 Nr. 1** der Fall, wenn der Träger nachhaltig gegen seine Mitwirkungs- und Meldepflichten nach §§ 46, 47 SGB VIII verstoßen hat oder nach **Nr. 2** Personen entgegen eines behördlichen Beschäftigungsverbotes nach § 48 SGB VIII beschäftigt oder nach **Nr. 3** wiederholt gegen behördliche Auflagen verstoßen hat. Nach der Gesetzesbegründung wird dem Verhältnismäßigkeitsgrundsatz dadurch Rechnung getragen, „dass nicht bereits jeder Verstoß gegen Mitwirkungs- und Meldepflichten sowie gegen behördliche Auflagen zur Vermutung der Unzuverlässigkeit führt." Vorausgesetzt wird ein „nachhaltiger" bzw. „wiederholter" Verstoß. Die in Abs. 2 Satz 3 enthaltene Aufzählung ist nicht abschließend, so dass auch vergleichbare Verstöße die Unzuverlässigkeit des Einrichtungsträgers begründen können.[18]

Durch die in Abs. 2 Satz 3 Nr. 1 bis 3 enthaltene gesetzliche Konstruktion soll das Regelbeispiel der Zuverlässigkeit nach Abs. 2 Satz 2 Nr. 1 mittels weiterer Regelbeispiele eine nähere Konkretisierung erhalten. Letztendlich wird damit ein Regelbeispiel mittels weiterer Regelbeispiele konkretisiert. Diese gesetzliche Konstruktion ist zumindest als sehr ungewöhnlich zu bezeichnen. Die Tatbestandsvoraussetzung der Kindeswohl-

15 BayVGH 2.2.2017 – 12 CE 17.71, juris Rn. 30; BayVGH 19.8.2016 – 12 CE 16.1172, juris Rn. 33.
16 S. hierzu BayVGH 24.7.2017 – 12 CE 17.704, juris Rn. 34; VG München 25.3.2021 – M 18 K 17.5008, Rn. 69.
17 BT-Drs. 19/26107, 97 und 99.
18 S. hierzu BT-Drs. 19/26107, 99.

gewährleistung soll mittels des Regelbeispiels der Zuverlässigkeit, welches wiederum durch weitere Regelbeispiele selbst näher definiert werden soll, konkretisiert werden. Diese **Kettenregelbeispielskonstruktion** führt nach hiesiger Auffassung dazu, dass die Bestimmtheit der Norm in rechtlich bedenklicher Weise leidet. Insbesondere ist zu berücksichtigen, dass unklar ist, welche Ereignisse nach § 47 Abs. 1 S. 1 Nr. 2 meldepflichtig sind. In der Praxis entbrennt regelmäßig erheblicher Streit, welche Ereignisse oder Entwicklungen in diesem Sinne geeignet sind, das Wohl der Kinder und Jugendlichen zu beeinträchtigen. Die diesbezügliche Verwaltungspraxis der Betriebserlaubnisbehörden differiert erheblich. In Rspr. und Lit. ist bisher ebenfalls keine befriedigende Klärung dieser Rechtsfrage erfolgt. Auf dieser vagen Rechtsbasis soll aber nach neuer Rechtslage die Bestimmung der Kindeswohlgewährleistung erfolgen. Zumindest für den Zeitraum bis zu einer verwaltungsgerichtlichen Bestimmung des betriebserlaubnisrechtlichen Zuverlässigkeitsbegriffs durch Auslegung bestehen Bedenken hinsichtlich der hinreichenden Bestimmtheit der Regelung.

Mit der Gesetzesbegründung wird auch betont, dass die Einführung des Zuverlässigkeitskriteriums „Rückwirkung auf bestandskräftige Betriebserlaubnisse" entfallen soll. Nach der mit § 45 Abs. 7 S. 2 erfolgten Neuregelung ist eine Rücknahme der Erlaubnis möglich, wenn die Erteilungsvoraussetzungen nicht mehr vorliegen. Vertrauensschutzaspekte, insbesondere bei bestandskräftigen Betriebserlaubnissen, sind bei der Ermessensentscheidung nach Abs. 7 Satz 2 zu berücksichtigen.[19]

3.2.2 Zweckentsprechende räumliche, fachliche, wirtschaftliche und personelle Voraussetzungen. Das nach bisheriger Rechtslage in Abs. 2 Satz 2 Nr. 1 enthaltene Regelbeispiel ist infolge Rechtsänderung durch Art. 1 des KJSG in **Nr. 2** verschoben worden. Ferner wurde klargestellt, dass die genannten Voraussetzungen „durch den Träger gewährleistet" werden müssen. 18

Nach Nr. 2 ist die Gewährleistung des Kindeswohls im Regelfall anzunehmen, wenn „die dem Zweck und der Konzeption der Einrichtung entsprechenden räumlichen, fachlichen, wirtschaftlichen und personellen Voraussetzungen für den Betrieb erfüllt sind". Die in Nr. 2 genannten Anforderungen sind in Bezug zum Zweck und der individuellen Konzeption der Einrichtung zu setzen. Angesichts der Bandbreite möglicher Einrichtungszwecke und Konzeptionen sowie der Vielfalt örtlicher Gegebenheiten lassen sich diese **Mindestkriterien** nur bedingt einrichtungsübergreifend standardisieren. Vielmehr müssen sie von einem entsprechend umfassend qualifizierten Personal der zuständigen Erlaubnisbehörde flexibel für das jeweils vorgelegte Einrichtungskonzept geprüft werden.

3.2.2.1 Räumliche Voraussetzungen. Die räumlichen Voraussetzungen müssen dem Zweck der Einrichtung entsprechen. Soweit es um Standards der baulichen Sicherung,[20] des Brandschutzes oder der Gesundheitsvorsorge geht, gelten besondere Zuständigkeiten. Für den originären Kompetenzbereich der Betriebserlaubnisbehörde geht es vor allem um psychosoziale und pädagogische Aspekte von Lage, Bau und Ausstattung der Räumlichkeiten. Ob beispielsweise die räumlichen Voraussetzungen iSv Mindestraumgrößen für den Betrieb einer Kindertageseinrichtung erfüllt sind, ist nicht von der Baurechtsbehörde zu prüfen, weil hierüber in dem gesonderten Erlaubnisverfahren nach § 45 Abs. 1 S. 1 entschieden wird.[21] Für Einrichtungen, in denen Kleinst- oder Kleinkinder den ganzen Tag verbringen, sind Rückzugsräume ebenso wichtig wie angemessener Bewegungs- und Erfahrungsräume und eine dem Alter angemessene Überschaubarkeit der Räumlichkeiten. Dabei handelt es sich um kindeswohlrelevante Mindestvoraussetzungen, nicht um optionale Qualitätsmerkmale. Die 19

19 S. hierzu BT-Drs. 19/26107, 97.
20 Für Kindertagesstätten siehe www.sichere-kita.de.
21 VG Karlsruhe 27.2.2017 – 3 K 412/17, juris Rn. 18.

Räumlichkeiten müssen die Entwicklung der jungen Menschen unterstützen, ihr Sozialverhalten durch Struktur und Ausstattung positiv beeinflussen und eine emotionale Beheimatung in der Einrichtung bewirken. Vergleichbares gilt für Heime, in denen junge Menschen über Tag und Nacht eine familienersetzende Hilfe erhalten. Zur Angemessenheit von Räumlichkeiten gehört es, dass ihre Struktur die erforderliche Beaufsichtigung nicht unangemessen erschweren darf[22] und dass ihre Umgebung dem Schutzbedarf der jungen Menschen entsprechen muss. Mit den räumlichen sowie den fachlichen Voraussetzungen verbunden ist eine angemessene Sachausstattung, auch wenn das Gesetz sie nicht eigens erwähnt.

20 **3.2.2.2 Fachliche Voraussetzungen.** Die fachlichen Voraussetzungen beziehen sich auf die konzeptionelle Umsetzung des Einrichtungszwecks sowie auf das dazu erforderliche Personal.

Die konzeptionelle Umsetzung betrifft die vorgesehenen Angebote, die Aufbau- und Ablauforganisation, die theoretischen und methodischen Grundlagen sowie die vorgegebenen Handlungsgrundsätze. Sie müssen geeignet sein, den vorgesehenen Zweck zu erfüllen. Ein Maßstab ist dabei der fachliche Diskussions- und Erfahrungsstand.

21 **3.2.2.3 Wirtschaftliche Voraussetzungen.** Die finanzielle Solidität und Liquidität eines Trägers ist eine wichtige Voraussetzung für alle Einrichtungen, die jungen Menschen ein längerfristiges Erziehungs- und Unterstützungsangebot machen wollen, damit dessen Kontinuität gewährleistet werden kann. Ist die wirtschaftliche Leistungsfähigkeit des Trägers der Einrichtung für einen längerfristigen Betrieb nicht gewährleistet, besteht die Gefahr, dass die Einrichtung nicht kindeswohlgerecht geführt wird oder aufgrund der Insolvenz des Trägers geschlossen werden muss.[23] Die wirtschaftlichen Verhältnisse bleiben auch nach Erteilung einer Erlaubnis weiterhin von Bedeutung.[24]

22 **3.2.2.4 Personelle Voraussetzungen.** Insbesondere wichtig für die Gewährleistung des Kindeswohls ist die Erfüllung der personellen Voraussetzungen. In der Einrichtung muss so viel Personal vorgehalten werden, dass das Kindeswohl der sich in der Einrichtung aufhaltenden Minderjährigen gewährleistet ist. Hierfür ist zum einen das Verhältnis der sich in der Einrichtung aufhaltenden Kinder und Jugendlichen zu den Betreuungskräften maßgeblich. Zum anderen sind die abzudeckenden Betreuungszeiten, etwaige Doppeldienste und Bereitschaftsdienste maßgeblich. Dabei sind auch Krankheitsausfälle, urlaubsbedingte Abwesenheiten, Besprechungszeiten, Fort- und Weiterbildung sowie Zeiten für die Dokumentation und für Übergaben realistisch zu berücksichtigen. Bei dieser Personalbemessung geht es lediglich um das unerlässlich notwendige Personal, um das Kindeswohl zu gewährleisten. Eine optimale wünschenswerte Personalbemessung ist damit nicht gewährleistet. Ob dieses zusätzliche Personal vorgehalten werden kann, ist regelmäßig im Rahmen von Leistungsvereinbarungen nach § 78b Abs. 1 Nr. 1 zu klären.

Da § 45 nur Mindestanforderungen zu Gewährleistungen des Kindeswohls regelt, wird auch darauf verzichtet regelhaft vorzuschreiben, dass zwingend eine fachliche Ausbildung als Voraussetzung für die Betreuung Minderjähriger gegeben sein muss. § 45 statuiert kein Fachkräftegebot. Entscheidungserheblich ist, dass das eingesetzte Personal den Anforderungen der jeweiligen Einrichtung gewachsen ist. Die eingesetzten Personen müssen zur Betreuung in der Einrichtung persönlich geeignet und hinreichend qualifiziert sein.[25] Zu berücksichtigen ist auch, dass das Personal – unabhängig von einer spezifischen Ausbildung – auch aufgrund besonderer Erfahrungen in der sozialen Arbeit in der Lage sein kann, die Aufgabe zu erfüllen, § 72 Abs. 1 Satz 1

---

22 S. hierzu HmbOVG 1.7.2014 – 4 Bf 212/12.Z, juris Rn. 34.
23 S. hierzu BayVGH 24.7.2017 – 12 CE 17.704, juris Rn. 44.
24 OLG Karlsruhe 8.7.2015 – 2 VAs 6/15, Rn. 9.
25 S. hierzu BayVGH 2.2.2017 – 12 CE 17.71, juris Rn. 33.

Hs. 2. Die erworbene Befähigung, die jeweilige Aufgabe erfüllen zu können, kann im Einzelfall als Äquivalent einer entsprechenden Ausbildung angesehen werden.

Vereinzelnd wird in der Rspr. die Auffassung vertreten, dass das Personal in dem Antragsverfahren namentlich vom Leistungserbringer benannt werden müsse. Eine Betriebserlaubnis könnte nur in Bezug auf namentlich feststehendes Personal geprüft und erteilt werden. Eine „positive Feststellung der persönlichen und fachlichen Eignung des in der Einrichtung konkret zum Einsatz kommenden Leitungs- und Betreuungspersonals" könne somit nur in Bezug auf feststehendes Personal erfolgen.[26] Aufgrund der „hervorgehobenen Bedeutung der Sicherung der Betreuung durch geeignete Kräfte" sei der durch eine Betriebserlaubnis nach § 45 legalisierte konkrete Betrieb einer Einrichtung zudem „in personeller Hinsicht regelmäßig auf dasjenige namentlich benannte Leitungs- und/oder Betreuungspersonal der Einrichtung beschränkt, das nach den Antragsunterlagen Leitungs- oder Betreuungsfunktionen ausüben soll".[27] Daher müsse auch bereits bei einem teilweisen Austausch des Leitungs- oder Betreuungspersonals eine Änderung der bestehenden Betriebserlaubnis erfolgen. Es müsse bei einem Personalwechsel eine „Legalisierung" des Betriebs „in der geänderten personellen Zusammensetzung" erfolgen. Hierfür sei ein neues Antragsverfahren „mit im Einzelnen benannten Personen" erforderlich.[28]

In der Praxis wird hingegen im Betriebserlaubnisverfahren idR das Personal noch nicht namentlich benannt. Vielmehr werden insbesondere „nur" die Anzahl der einzusetzenden Mitarbeitenden bzw. der Personalschlüssel und die Qualifikation der einzusetzenden Mitarbeitenden dargestellt. Eine Einstellung konkreten Personals erfolgt nach Erteilung der Betriebserlaubnis vor der Betriebsaufnahme. Dieser Praxis folgend wird in der Rspr. die Auffassung vertreten, dass es für die Prüfung der personellen Voraussetzungen nach § 45 Abs. 2 S. 2 Nr. 2 ausreichend ist, wenn die Zahl der Mitarbeiter und deren notwendige Qualifikation im Antragsverfahren benannt wird. Eine namentliche Benennung konkreten Personals ist danach für die Bejahung der Kindeswohlgewährleistung und Erteilung der Betriebserlaubnis nicht erforderlich.[29]

Eine Prüfung der Kindeswohlgewährleistung ist unter Bezugnahme auf den Einrichtungszweck und die Konzeption mit der Benennung der Anzahl der einzusetzenden Fachkräfte bzw. dem Betreuungsschlüssel sowie der Qualifikation der einzusetzenden Mitarbeitenden ohne Weiteres möglich. Es erschließt sich hier bereits nicht, welchen konkreten Mehrwert eine namentliche Benennung des Personals für die Prüfung des Kindeswohls als Mindestvoraussetzung hätte. Da die Qualifikation des einzusetzenden Personals mit dem Antrag unstrittig benannt werden muss, ließe sich bei einer namentlichen Benennung des Personals lediglich zusätzlich eine berufliche Erfahrung prüfen. Diese ist aber insbesondere nur nach § 72 Abs. 1 S. 1 Hs. 2 von besonderer Relevanz. Nach hiesiger Auffassung verkennt das OVG NRW auch die Bedeutung des § 47 Abs. 1 Nr. 1. Mit der Betriebsaufnahme – und gerade nicht mit dem Antrag auf

26 OVG NRW 27.11.2007 – 12 A 4697/06, Rn. 41. Nach hiesiger Auffassung fälschlich wird für diese Auffassung hierzu gelegentlich auch OVG Saarl. 30.4.2013 – 3 A 194/12, juris Rn. 28; VG Münster 9.7.2013 – 6 K 1698/12, juris Rn. 14 und Smessaert/Lakies in FK-SGB VIII § 45 Rn. 41 in Bezug genommen. Diese Stimmen aus Rspr. und Lit. befassen sich lediglich mit der weiteren Rechtsfrage, ob personelle Voraussetzungen im Wege der Nebenbestimmungen geregelt werden können. Zwischen diesen Rechtsfragen besteht aber kein unmittelbarer rechtlicher Zusammenhang. Dass der Verweis auf Smessaert/Lakies ganz offensichtlich unzutreffend ist, wird aus Rn. 45 in FK-SGB VIII sehr deutlich: „Die Einrichtungsträger stellen normalerweise erst dann das Personal für die Einrichtung ein, wenn die Betriebserlaubnis erteilt ist".

27 OVG NRW 27.11.2007 – 12 A 4697/06, juris Rn. 56.

28 OVG NRW 27.11.2007 – 12 A 4697/06, juris Rn. 59.

29 VG Freiburg 26.6.2019 – 4 K 3483/18, juris Rn. 21. Offen gelassen von VG München 20.3.2019 – M 18 K 17.2834, juris Rn. 54.

Betriebserlaubnis, der regelmäßig Monate vor Betriebsaufnahme liegt – sind die Namen und die berufliche Ausbildung des Leiters und der Betreuungskräfte zu benennen. Der Gesetzgeber geht also augenscheinlich davon aus, dass konkretes Personal erst nach Betriebsaufnahme zu benennen ist.[30] Sinn und Zweck des Betriebserlaubnisverfahrens ist die Gewährleistung des Kindeswohls. Würde aber jeder Personalwechsel – so wie es wohl das OVG NRW annimmt – das Erfordernis einer Änderung der Betriebserlaubnis in einem neuen Verfahren auslösen, wäre diese Kindeswohlgewährleistung in Frage gestellt. Aufgrund einer relativ hohen Personalfluktuation würde sich, wenn man dem OVG NRW folgen wollte, ständig das Erfordernis des Erlasses neuer Betriebserlaubnisse ergeben. Da bis zum Erlass einer neuen Betriebserlaubnis der Betrieb wohl nach Auffassung des OVG NRW nicht mehr in rechtmäßiger Weise möglich wäre, könnten die in der Einrichtung aufhältigen Kinder und Jugendlichen zeitweilig nicht mehr – oder maximal auf Basis einer behördlichen Duldung – betreut werden. Schließlich sprechen auch praktische Gründe gegen die Auffassung des OVG NRW. Zwischen Antrag und Erteilung der Betriebserlaubnis liegen idR mehrere Monate. Sofern das Personal mit dem Antrag schon namentlich benannt werden und damit eingestellt sein müsste, würde der Leistungserbringer Personal bezahlen müssen, welches in der Einrichtung nicht eingesetzt werden und über Entgeltvereinbarungen nach § 78b Abs. 1 Nr. 2 nicht refinanziert werden kann. Kleinere Leistungserbringer könnten sich das vom OVG NRW angedachte Betriebserlaubnisverfahren schlichtweg nicht leisten. Insbesondere übersieht das OVG NRW aber, dass der Gesetzgeber sich bewusst dafür entschieden hat, eine Einstellung des Personals nicht bereits vor Erteilung zu fordern. Aus diesem Grunde wurde im Gesetzgebungsverfahren § 45 Abs. 3 Nr. 2 mit folgender Erwägung angepasst:

„Ein Einrichtungsträger wartet in aller Regel zunächst die Erteilung der Betriebserlaubnis ab, bevor er Personal beschäftigt. Zum Zeitpunkt der Antragstellung wird er demnach keinen Nachweis dahin gehend erbringen können, dass er die Eignung seines Personals anhand der Vorlage aufgabenspezifischer Ausbildungsnachweise sowie erweiterter Führungszeugnisse geprüft hat. Dies ist ihm grundsätzlich erst nach Betriebsaufnahme möglich.“[31]

Im Betriebserlaubnisverfahren ist daher auch einzig das in der Konzeption vorgesehene und hiermit beantragte Personal der Prüfung zugrunde zu legen. Sofern es nach Betriebsaufnahme zu einem hiervon abweichenden Personaleinsatz kommt, berührt dies ausschließlich den Rechtskreis der nachträglichen Aufsicht nach § 45 Abs. 4 S. 2, Abs. 6 und 7.[32]

23 Hinsichtlich der Frage, welche Rolle landesgesetzliche Regelungen bei der Bestimmung der personellen Anforderungen nach § 45 Abs. 2 S. 2 Nr. 2 spielen können, ist zu berücksichtigen, dass im Bereich des Kinder- und Jugendhilferechts eine konkurrierende Gesetzgebungskompetenz besteht. Nach Art. 72 Abs. 1 GG haben die Länder im Bereich der konkurrierenden Gesetzgebung die Befugnis zur Gesetzgebung, solange und soweit der Bund von seiner Gesetzgebungszuständigkeit nicht durch Gesetz Gebrauch gemacht hat. Diesbezüglich ist zu berücksichtigen, dass ein Ausüben der Bundeszuständigkeit auch in einem absichtsvollen Unterlassen einer positiven Regelung liegen kann.[33] In diesem Zusammenhang ist wiederum zu berücksichtigen, dass § 45 „ein generelles Fachkräftegebot nicht kennt und nur Mindestanforderungen ver-

30 Dies übersieht das OVG NRW und verengt § 47 Abs. 1 Nr. 1 auf den Sinn der nachträglichen Kontrolle, ob der tatsächlich aufgenommene Betrieb dem zuvor erlaubten Betrieb entspricht, OVG NRW 27.11.2007 – 12 A 4697/06, juris Rn. 73.
31 BT-Drs. 17/7522, 28.
32 S. hierzu VG München 25.3.2021 – M 18 K 17.5008, Rn. 100.
33 Seiler in BeckOK GG Art. 72 Rn. 3 sowie Uhle in Maunz/Dürig Art. 72 Rn. 93.

langt".[34] Der Gesetzgeber hat nach hiesiger Auffassung bewusst davon abgesehen mit § 45 Abs. 2 S. 2 Nr. 2 zu regeln, dass zwingend nur Personen mit einer bestimmten Ausbildung in einer Einrichtung nach § 45 Kinder und Jugendliche betreuen dürfen. Damit können nach hier vertretener Auffassung landesrechtliche Regelungen in formellen und materiellen Gesetzen nicht ohne Weiteres ein Fachkräftegebot für Einrichtungen aufstellen. Entsprechende landesrechtliche Regelungen sind vielmehr im Detail auf den verfassungsrechtlich zulässigen Regelungsinhalt zu überprüfen.

Unterhalb der Ebene eines formellen oder materiellen Gesetzes sind einschränkende Regelungen aufgrund der Grundrechtsrelevanz nicht möglich. Insbesondere sind berufsregelnde Vorschriften mittels Verwaltungsvorschriften nicht möglich.[35] 24

Nach der Änderung des SGB VIII durch das KICK und der neuerlichen Erweiterung durch das BKiSchG hat die Betriebserlaubnisbehörde bei der Prüfung der personellen Voraussetzungen die Vorgabe des **§ 72a** zu berücksichtigen. Eine entsprechende rechtskräftige Verurteilung wegen eines der in § 72a aufgeführten Delikte steht einer Tätigkeit in der Jugendhilfe entgegen. Nach § 45 Abs. 3 Nr. 2 muss sich die Betriebserlaubnisbehörde daher nachweisen lassen, dass der Leistungserbringer im Hinblick auf die Eignung des Personals die Vorlage und Prüfung von Führungszeugnissen nach § 30 Abs. 5 und § 30a Abs. 1 BZRG sicherstellt. 25

In diesem Zusammenhang ist auch zu berücksichtigen, dass eine „fehlende Verurteilung aufgrund von Straftaten nach § 72a SGB VIII (...) nur eine notwendige, aber keine hinreichende Voraussetzung für die persönliche Eignung" nach § 45 Abs. 2 S. 2 Nr. 2 ist.[36] Auch unterhalb der Schwelle einer rechtskräftigen Verurteilung wegen einer in § 72a Abs. 1 genannten Straftat kann daher die persönliche Eignung iSd § 45 Abs. 2 S. 2 Nr. 2 fehlen. Diese Eignung muss der Leistungserbringer insbesondere bei der Einstellung des Mitarbeitenden und nach Betriebsaufnahme in regelmäßigen Zeitabständen prüfen. Zu diesem Zweck gibt § 45 Abs. 3 Nr. 2 Hs. 2 dem Leistungserbringer die Pflicht auf, Führungszeugnisse in regelmäßigen Abständen erneut anzufordern und zu prüfen.

3.2.3 Unterstützung der gesellschaftlichen und sprachlichen Integration und eines gesundheitsförderlichen Lebensumfelds in der Einrichtung. Nach § 45 Abs. 2 S. 2 Hs. 2 der Fassung vor Novellierung durch das BKiSchG war eine mangelnde Gewährleistung des Kindeswohls insbesondere dann anzunehmen, wenn bei der Förderung von Kindern und Jugendlichen in Einrichtungen deren gesellschaftliche und sprachliche Integration oder die gesundheitliche Vorsorge und medizinische Betreuung erschwert wird. Diese Formulierung war Ergebnis der Ausschussberatungen über den zweiten, der Zustimmung durch den Bundesrat unterliegenden Teil des ursprünglichen TAG-Entwurfs, der dann als KICK verabschiedet wurde. Sie ging zT zurück auf eine Bundesratsinitiative,[37] die den **Integrationsauftrag der Kinder- und Jugendhilfe** gegen mögliche, religiös oder weltanschaulich motivierte Isolierungstendenzen von Einrichtungen stärken wollte. 26

Das nach bisheriger Rechtslage in Abs. 2 Satz 2 Nr. 2 enthaltene Regelbeispiel ist infolge Rechtsänderung durch Art. 1 des KJSG in **Nr. 3** verschoben worden. Nach Satz 2 Nr. 3 ist für die Gewährleistung des Kindeswohls zunächst die Unterstützung der gesellschaftlichen und sprachlichen Integration in der Einrichtung von Bedeutung. Zudem dürfen die gesundheitliche Vorsorge und die medizinische Betreuung der Minderjährigen nicht erschwert werden.

34 BayVGH 2.2.2017 – 12 CE 17.71, juris Rn. 44.
35 BayVGH 2.2.2017 – 12 CE 17.71, juris Rn. 39.
36 S. hierzu VGH BW 23.4.2019 – 12 S 675/19, juris Rn. 20.
37 BT-Drs. 15/4158.

27 **3.2.3.1 Unterstützung der gesellschaftlichen und sprachlichen Integration.** Ob die gesellschaftliche oder sprachliche Integration unterstützt wird, ist von der Betriebserlaubnisbehörde insbesondere anhand der Konzeption der Einrichtung zu überprüfen. Dabei ist der jeweilige Einrichtungszweck zu berücksichtigen. Eine Einrichtung, deren Zweck es beispielsweise ist, Kindern mit Migrationshintergrund das kulturelle Erbe ihrer Herkunftsfamilien nahe zu bringen, ist dabei anders zu beurteilen als ein Internat, dessen Ziel es ist, junge Menschen bei der schulischen Integration zu unterstützen. **Zu warnen ist vor schematischen Formeln** für die Unterstützung der gesellschaftlichen oder sprachlichen Integration. Nach den Erkenntnissen der Sozialwissenschaften kann etwa die relative Homogenität von Gruppen in Einrichtungen, also beispielsweise die geschlechtlich, ethnisch oder sprachlich homogene Gruppe, für sich genommen nicht als Indiz für eine Erschwerung der Integration gesehen werden. Vielmehr kann sie in einer plural verfassten Umgebungsgesellschaft notwendiger Schonraum zur Stärkung des Selbstbewusstseins ihrer Mitglieder und damit im positiven Sinne Voraussetzung für deren gesellschaftliche Integration sein. Zu berücksichtigen ist auch, dass die Förderung der Muttersprache für die sprachliche Entwicklung insgesamt einschließlich der Fähigkeit zum Fremdsprachenerwerb eine große Bedeutung hat.

Eine entsprechend differenzierte Betrachtung findet ihre Grenze dort, wo Kinder von den altersgemäßen sozialen Zusammenhängen in der Gesellschaft systematisch isoliert und wo ihre Persönlichkeitsrechte entsprechend verletzt werden. Dann kann sicherlich nicht mehr von einer Unterstützung der Integration ausgegangen werden.

28 **3.2.3.2 Keine Erschwerung der gesundheitlichen Vorsorge und der medizinischen Betreuung.** Das Kriterium „Keine **Erschwerung der gesundheitlichen Vorsorge und medizinischen Betreuung**", wie es nun in Abs. 2 S. 2 Nr. 3 enthalten ist, war in der Negativformulierung durch das KICK als Indiz für eine Kindeswohlgefährdung eingeführt worden. Gedacht wurde etwa an eine systematische Erschwerung zB aus weltanschaulichen oder religiösen Gründen. Soweit keine entsprechende Erschwerung festzustellen ist, spricht dies de lege lata für die Gewährleistung des Kindeswohls in der Einrichtung. Die Sorge um die physische und psychische Gesundheit der in einer Einrichtung betreuten Kinder oder Jugendlichen hat einen eigenen Stellenwert über die gesundheitsbehördlichen Zuständigkeiten hinaus. So wie das Elternrecht zur Bestimmung der Grundrichtung der Erziehung seine Grenze findet am Recht des Kindes auf körperliche Unversehrtheit im Sinne des Art. 2 Abs. 2 S. 1 GG, so ist die Autonomie einer Einrichtung und deren Möglichkeit, sich auf den Elternwillen zu berufen, begrenzt. Die Betriebserlaubnisbehörde ist verpflichtet, gegenüber einer Einrichtung, die die gesundheitliche Vorsorge oder medizinische Betreuung der Minderjährigen erschwert, das Kindeswohl geltend zu machen und die Erlaubnis ggf. zu versagen oder aufzuheben, wenn das Kindeswohl nicht gewährleistet ist, selbst wenn die Einrichtung sich bezüglich der beanstandeten Praxis auf den Elternwillen beruft.

Bezüglich der Unterstützung eines gesundheitsförderlichen Lebensumfelds spricht die Begründung des PrävG von einer gesundheitsförderlichen Angebots- bzw. Arbeitsstruktur in der Einrichtung und einem Beitrag zur Förderung des Bewusstseins für Gesundheit sowie zur Vermittlung entsprechender Kompetenzen.

29 **3.2.4 Sicherung der Rechte von Kindern und Jugendlichen in der Einrichtung.** Die Regelung wurde durch das BKiSchG eingeführt. Zur Sicherung der Rechte von Kindern und Jugendlichen in der Einrichtung setzt die Betriebserlaubnis danach voraus, dass geeignete Verfahren der Beteiligung sowie der Möglichkeit der Beschwerde in persönlichen Angelegenheiten Anwendung finden.

Damit kommen Erkenntnisse der Runden Tische „Sexueller Kindesmissbrauch" sowie „Heimerziehung in den 50er und 60er Jahren" zum Tragen. Macht- und Abhängigkeitsverhältnisse in Einrichtungen sowie der mögliche Missbrauch von Vertrauensverhältnissen bedürfen danach einer größeren Aufmerksamkeit. Beteiligungs- und Beschwerdemöglichkeiten werden dabei als wichtige Ansätze zur Sicherung der Rechte von Kindern in Einrichtungen und zur Gewährleistung ihres Schutzes gesehen.

Nach § 8b Abs. 2 haben Einrichtungs- und Leistungsträger dazu einen Anspruch auf Beratung durch den überörtlichen Träger. Die Wahrnehmung dieser Aufgabe ist zumindest für die betriebserlaubnispflichtigen Einrichtungen bei der Betriebserlaubnisbehörde anzusiedeln.

Bei der Umsetzung im Kontext der Betriebserlaubnis war offenbar nicht im Blick, dass die Betriebserlaubnispflicht auch für Einrichtungen gilt, in denen beide Aspekte keine oder nur eine untergeordnete Rolle spielen. Die Betriebserlaubnisbehörde muss die entsprechenden Kriterien insoweit einrichtungsbezogen unterschiedlich interpretieren. Die elementare Sicherung der Rechte von Kindern spielt in allen betriebserlaubnispflichtigen Einrichtungen eine wichtige Rolle, nur für die Verfahren der Beteiligung und Beschwerde müssen ggf. Alternativen (wie etwa die Wahrnehmung der Rechte durch die Eltern bei Kleinkindern) gefunden werden.

Die durch das BKiSchG neu geschaffenen Verpflichtungen gelten auch für Einrichtungsträger, die im Besitz einer gültigen Betriebserlaubnis sind. Das Gesetz regelt den Übergang nicht. AGJ/BAGLJÄ (2012) sehen in ihren Handlungsempfehlungen zum BKiSchG einen umfassenden diesbezüglichen Beratungsauftrag für die Betriebserlaubnisbehörde und in der Folge eine Bringschuld für die Einrichtungsträger. Wenn in vertretbarem Zeitrahmen die erforderlichen Konzepte und Informationen der Träger dazu nicht vorliegen, sehen sie die Betriebserlaubnisbehörde am Zug, ihrerseits aktiv die entsprechenden Belege einzufordern.

Infolge Rechtsänderung durch Art. 1 des KJSG ist das nach bisheriger Rechtslage in Abs. 2 Satz 2 Nr. 3 enthaltene Regelbeispiel in **Nr. 4** neu verortet worden. Zudem wurde der Regelungsinhalt erweitert. Mit dem Regelbeispiel wird nun die „Entwicklung, Anwendung und Überprüfung" eines Gewaltschutzkonzepts vorgegeben. Zudem sind geeignete Verfahren der Selbstvertretung zu gewährleisten. Hinsichtlich der Möglichkeit der Beschwerde in persönlichen Angelegenheiten wird schließlich erweiternd geregelt, dass die Beschwerde auch außerhalb der Einrichtung gewährleistet sein muss. Die Gewährleistung dieser Voraussetzungen muss aus der nach § 45 Abs. 3 Nr. 1 SGB VIII vorzulegenden Konzeption ersichtlich sein.

3.2.4.1 Entwicklung, Anwendung und Überprüfung eines Gewaltschutzkonzepts. Nach der Gesetzesbegründung muss das Gewaltschutzkonzept „insbesondere auf Zweck, Aufgabenspektrum, fachliches Profil, Größe, Räumlichkeiten und Ausstattung der jeweiligen Einrichtung ausgerichtet sein und darauf bezogene und abgestimmte Standards und Maßnahmen zum Gewaltschutz" ausweisen. Auch muss das Konzept regelmäßig auf seine Passgenauigkeit und Wirksamkeit hin überprüft werden.[38] Mit der Gesetzesbegründung wird auch auf die VN-BRK (insbesondere Art. 7 und 16) verwiesen. Zuvörderst muss danach ein wirksamer Gewaltschutz für Menschen mit Behinderung, insbesondere für Frauen und Mädchen, gewährleistet werden.[39] 30

Mit der Neuregelung zum Gewaltschutzkonzept werden für den Einrichtungsträger insbesondere auch dynamische Pflichten festgeschrieben. Über die einmalige Implementierung in der Konzeption hinausgehend, muss fortlaufend bei Betrieb der Einrichtung eine Überprüfung des Gewaltschutzkonzepts erfolgen.

3.2.4.2 Geeignete Verfahren der Selbstvertretung. Zudem wird mit der Neuregelung in Nr. 4 ein Nachweis eines Konzepts zur Entwicklung von Selbstvertretungsinstrumenten verlangt. Dies soll die selbstorganisierte Vertretung eigener Interessen beför- 31

38 BT-Drs. 19/26107, 97 f.
39 BT-Drs. 19/26107, 97 f.

dern.[40] Letztendlich wird die Implementierung dieser Instrumente natürlich auch von dem Engagement der in der Einrichtung aufhältigen jungen Menschen abhängen. Dem Leistungserbringer obliegt es aber ein entsprechendes Konzept zu entwickeln und die Bildung sowie insbesondere auch die aktive Selbstvertretungstätigkeit zu fördern.

32 **3.2.4.3 Geeignete Verfahren der Beteiligung.** Zusätzlich zu dem Verfahren der Selbstvertretung sind auch geeignete Verfahren der Beteiligung zu gewährleisten. Beteiligung zielt darauf ab, das strukturelle Machtgefälle durch Aufklärung und Beratung der Kinder sowie Jugendlichen und ihrer PSB über die bestehenden Rechte zu reduzieren. Beteiligung kann insofern ein wirksamer Schutz vor Machtmissbrauch, Fehlverhalten und Übergriffen sein.

33 **3.2.4.4 Möglichkeit der Beschwerde in persönlichen Angelegenheiten innerhalb und außerhalb der Einrichtung.** Nach bisheriger Rechtslage forderte der Gesetzeswortlaut „die Möglichkeit der Beschwerde in persönlichen Angelegenheiten" ein. Infolge Rechtsänderung durch Art. 1 des **KJSG** wird nun erweiternd auch auf die Möglichkeit der Beschwerde an Stellen außerhalb der Einrichtung abgestellt. Diese Beschwerdemöglichkeit muss nach neuer Rechtslage entsprechend der Konzeption der Einrichtung gewährleistet werden. Nach der Gesetzesbegründung soll damit auch den besonderen Erfordernissen im Umgang mit behinderten Menschen, insbesondere im Hinblick auf die in Art. 16 Abs. 3 UN-BRK enthaltene Vorgabe, Rechnung getragen werden. Die Erweiterung der bisherigen Beschwerdemöglichkeit um ein externes Instrument ist nach der Gesetzesbegründung erforderlich, weil rein interne Beschwerdesysteme dazu führen können, dass Beschwerden keine Wirkung entfalten. Für die Einrichtungsträger besteht allerdings nur die Verpflichtung, einen Zugang zu externen Beschwerdemöglichkeiten (beispielsweise „telefonische Einzelgesprächen mit dem zuständigen Jugendamt") zu gewährleisten. Es besteht hingegen keine Verpflichtung für den Träger externe Beschwerdestellen aktiv zu schaffen.[41] Für die Beschwerdemöglichkeiten kommt es insbesondere darauf an, adressatenfreundliche niedrigschwellige und altersgemäße Zugänge zB zum zuständigen Jugendamt, einer Ombudsstelle oder der Betriebserlaubnisbehörde zu schaffen.

Nach der Gesetzesbegründung sollen die Regelungen zur Implementierung von Gewaltschutzkonzepten und Beschwerdemöglichkeiten innerhalb und außerhalb der Einrichtung auch auf bestehende Einrichtungen mit wirksamen Betriebserlaubnissen Anwendung finden, da kein Fall einer unzulässigen echten Rückwirkung gegeben sei. Sämtliche Einrichtungsträger mit wirksamen Betriebserlaubnisse müssen daher zukunftsbezogen entsprechende Konzepte und Beschwerdemöglichkeiten etablieren.[42] Diese Konzepte können auch in der eigentlichen Einrichtungskonzeption integriert sein.

4 Rechtsfolge

34 Ist das Kindeswohl in der Einrichtung nach der vorgelegten Konzeption des Trägers gewährleistet, besteht ein gebundener Rechtsanspruch auf die Erteilung der Betriebserlaubnis in der beantragten Form.[43] Einziger Prüfungsmaßstab ist also die Kindeswohlgewährleistung. Genügt die vom Träger vorgelegte Konzeption der Kindeswohlgewährleistung, muss die Erlaubnis erteilt werden.[44] Die Genehmigungsbehörde ist nicht befugt, einseitig im Betriebserlaubnisverfahren nach § 45 SGB VIII von einer beantrag-

40 BT-Drs. 19/26107, 98.
41 BT-Drs. 19/26107, 98.
42 BT-Drs. 19/26107, 98.
43 S. hierzu BayVGH 2.2.2017 – 12 CE 17.71, juris Rn. 30; BayVGH 19.8.2016 – 12 CE 16.1172, juris Rn. 33; s. „zum Vorrang der Organisationshoheit des Einrichtungsträgers", VG Koblenz 8.12.2014 – 3 K 1253/13.KO, juris Rn. 22.
44 BayVGH 24.7.2017 – 12 CE 17.704, juris Rn. 32 f.

ten Konzeption abzuweichen und eine andere Genehmigung als die beantragte zu erteilen.

5 Vorlage- und Prüfpflichten des Trägers (Abs. 3)

Abs. 3 erlegt dem Träger der Einrichtung bestimmte Obliegenheiten bei der Antragstellung auf. Die Obliegenheit zur Vorlage der genannten Unterlagen zielt ausschließlich auf die Prüfung der Tatbestandsvoraussetzung der Kindeswohlgewährleistung nach Abs. 2. Zentrale Bedeutung kommt der Konzeption der Einrichtung zu. 35

Mit Art. 1 des KJSG hat Abs. 3 Rechtsänderungen erfahren. Der Regierungsentwurf sah zunächst vor, dass mit einer neuen Nummer bereits im Zuge der Antragsstellung der Nachweis geführt werden sollte, dass den Grundsätzen einer ordnungsgemäßen Buch- und Aktenführung entsprechende Aufzeichnungen über den Betrieb der Einrichtung und deren Ergebnisse angefertigt werden. Diese Nachweis- und Aufbewahrungspflicht sollte auch die Unterlagen zu räumlichen, wirtschaftlichen und personellen Voraussetzungen nach Abs. 2 Satz 2 Nr. 2 sowie zur Belegung der Einrichtung umfassen. Über den Bundesrat wurde dann im Gesetzgebungsverfahren allerdings eine Streichung dieser Neuregelung und stattdessen eine Ergänzung des § 45 Abs. 3 Nr. 1 vorgeschlagen.[45] Die Bundesregierung hat diesem Vorschlag mit der Gegenäußerung zugestimmt.[46] Nunmehr wird mit Abs. 3 Nr. 1 nur vorgegeben, dass die Konzeption Auskunft hinsichtlich einer ordnungsgemäßen Buch- und Aktenführung in Bezug auf den Betrieb der Einrichtung gibt. Entsprechende Aufzeichnungen sind nach der jetzt in § 47 verorteten Neuregelungen nachzuweisen.

5.1 Vorlage einer Konzeption, Qualitätsentwicklung und -sicherung sowie ordnungsgemäße Buch- und Aktenführung (Abs. 3 Nr. 1)

Der Träger hat mit dem Antrag auf Betriebserlaubnis die Konzeption vorzulegen (Abs. 3 Nr. 1). Nach dem Gesetzeswortlaut muss die Konzeption auch Auskunft über Maßnahmen zur Qualitätsentwicklung und -sicherung sowie zur ordnungsgemäßen Buch- und Aktenführung in Bezug auf den Betrieb der Einrichtung geben. Die Neuregelung hinsichtlich des Nachweises der Buch- und Aktenführung in Nr. 1 ist im Zusammenhang mit der Neuregelung in § 47 zu sehen. Bereits bei Antragstellung sollen mit Vorlage der Konzeption die Grundlagen für eine spätere Prüfung im laufenden Betrieb gelegt werden. Dieses Erfordernis in Bezug auf die im Antragsverfahren vorzulegende Konzeption wird vom Gesetzgeber als ausreichend erachtet, den Nachweis einer ordnungsgemäßen Buch- und Aktenführung zu führen. Die spätere Prüfung der Buchführung wird mit einer Neuregelung in § 47 ermöglicht. Die im Rahmen der Antragstellung mit der Konzeption nachzuweisende ordnungsgemäße Buch- und Aktenführung wurde als laufende Verpflichtung während der Betriebsführung in § 47 Abs. 2 neu geregelt.[47] 36

Die Konzeption und die darin beschriebenen Einrichtungszwecke und Strukturmerkmale sind wichtige Bezugspunkte für die Betriebserlaubnisbehörde. Die Strukturqualität einer Einrichtung wird daraufhin untersucht, ob sie gemessen am Einrichtungszweck eine Kindeswohlgewährleistung ermöglicht. Allerdings sind keine zu hohen Anforderungen an die Konzeption zu stellen. Sie muss lediglich eine Prüfung der Tatbestandsvoraussetzung der Gewährleistung des Kindeswohls ermöglichen. Die Konzeption ist daher nur daran zu messen, ob sie tauglich ist, eine Prüfung der Tatbestandsvoraussetzung der Kindeswohlgewährleistung zu ermöglichen. Es können von der Betriebserlaubnisbehörde daher nur Angaben und Unterlagen gefordert werden, welche

45 BR-Drs. 5/21, 30.
46 BT-Drs. 19/27481, 51.
47 S. hierzu BR-Drs. 5/21, 30.

erforderlich sind, um diese Tatbestandsvoraussetzung zu prüfen.[48] Die Anforderungen an die vorzulegende Konzeption dürfen nicht überspannt werden, da im Rahmen der gefahrenabwehrrechtlichen Regelung des § 45 nur die Einhaltung von Mindeststandards gefordert werden kann.[49] Es ist kein Lehrbuch und auch kein Praxishandbuch vorzulegen. Auch ist zu beachten, dass die Feinabstimmung der jeweiligen Leistung im Hilfeplanverfahren nach § 36 sowie der Prüfung der Tatbestandsvoraussetzungen der Geeignetheit und Erforderlichkeit zu erfolgen hat. Dezidierte Vorgaben zu Leistungserbringung im Einzelfall muss die Konzeption daher nicht enthalten.

Die pädagogische Konzeption beschreibt idealerweise die Ausgangssituation, die Zielgruppen, Ziele, Leistungen, die eingesetzten räumlichen, personellen und sächlichen Ressourcen, Organisationsstruktur, Aufgaben und Verantwortlichkeiten. Sie enthält allgemeine programmatische und methodische Leitlinien und in ihrer entwickelten Form auch Angaben dazu, wer, was, wie, für wen, mit wem und mit welchem Ziel in der Einrichtung tun soll, welche Qualitäten dazu erforderlich sind, wie die Zielerreichung festgestellt und wie notwendige Verbesserungen in Gang gesetzt werden.[50] Sie ist insoweit Ausdruck des fachlichen Problembewusstseins sowie Lösungsansatzes und der verantwortlichen Wahrnehmung des Schutzauftrags. Nach innen hat sie die Funktion, Orientierung zu geben für das Handeln in der Einrichtung, zum Beispiel auch für das Verhalten bei Krisen und besonderen Vorkommnissen sowie für die Beteiligung der Minderjährigen in der Einrichtung und für den Umgang mit deren Beschwerden. Damit verfolgt die Konzeption des Trägers regelmäßig auch Gesichtspunkte (zB Handlungsbild nach innen für den Träger), die über die primäre gesetzliche Funktion nach Abs. 3 hinausgehen.

Weicht die Konzeption von den genannten Punkten ab, so führt dies daher nicht regelhaft zur Ablehnung der beantragten Betriebserlaubnis. Die Konzeption muss im Betriebserlaubnisverfahren nur daraufhin überprüft werden, ob auf ihrer Basis die Gewährleistung des Kindeswohls angenommen werden kann. Die Konzeption muss nicht in jeder Hinsicht detailliert und abschließend sein. Sie darf Raum für eine Weiterentwicklung lassen.[51]

Sofern über einen Antrag auf Erteilung einer Betriebserlaubnis ablehnend oder in Form eines aliud[52] entschieden worden ist und daher die Erhebung einer Verpflichtungsklage gem. § 42 Abs. 1 Alt. 2 VwGO statthaft ist, kann zu den Inhalten der Konzeption auch eine Ergänzung in der mündlichen Verhandlung vor der Verwaltungsgerichtsbarkeit erfolgen,[53] da entscheidungserheblicher Zeitpunkt hier grds. die mündliche Verhandlung ist.[54]

Auch muss mit der Konzeption kein abweichungsfester Personaleinsatzplan vorgegeben werden. Aufgrund der Notwendigkeit, Hilfen flexibel, insbesondere entsprechend des jeweiligen Hilfeplans, auszugestalten, können Abweichungen oder Änderungen im Personaleinsatz erfolgen.[55] Die Konzeption ist „kein detaillierter Leitfaden, der ein bestimmtes Leistungsangebot auf die Minute genau vorgeben muss“.[56]

48 S. hierzu auch Busse in jurisPK-SGB VIII Rn. 64.
49 S. hierzu auch Busse in jurisPK-SGB VIII Rn. 65.
50 S. hierzu auch VG München 25.3.2021 – M 18 K 17.5008, Rn. 70.
51 VG München 25.3.2021 – M 18 K 17.5008, Rn. 70.
52 S. hierzu BayVGH 24.7.2017 – 12 CE 17.704.
53 S. hierzu VG München 25.3.2021 – M 18 K 17.5008, Rn. 72, 77 und 86.
54 S. hierzu BVerwG 17.12.1954 – V C 97/14.
55 S. hierzu auch VG München 25.3.2021 – M 18 K 17.5008, Rn. 92. S. auch Rn. 94 zur Abgrenzung der Konzeption vom individuellen Hilfeplan.
56 VG München 25.3.2021 – M 18 K 17.5008, Rn. 92.

5.2 Nachweise zur Eignung des Personals

Nach Abs. 3 Nr. 2 Hs. 1 hat der Einrichtungsträger mit dem Antrag im Hinblick auf die Eignung des Personals nachzuweisen, dass die Vorlage und Prüfung von aufgabenspezifischen Ausbildungsnachweisen sowie von Führungszeugnissen nach § 30 Abs. 5 und § 30a Abs. 1 BZRG sichergestellt sind. Es besteht damit keine Verpflichtung zur Vorlage entsprechender Unterlagen an die Betriebserlaubnisbehörde mit dem Antrag. Auch muss der Einrichtungsträger bei Antragstellung eine entsprechende Prüfung nicht bereits vorgenommen haben. Dies wird vielfach auch nicht möglich sein, da das Personal regelmäßig erst nach Betriebserlaubniserteilung eingestellt wird.[57] Aus diesem Grunde ist im Gesetzgebungsverfahren die Vorgabe „einen Nachweis über die Vorlage und Prüfung von aufgabenspezifischen Ausbildungsnachweisen sowie von Führungszeugnissen (…) zu erbringen" auch bewusst durch die Vorgabe, dass die Vorlage und Prüfung sichergestellt wird ersetzt worden.[58] 37

Nach Abs. 3 Nr. 2 Hs. 2 sind die Führungszeugnisse von dem Träger der Einrichtung in regelmäßigen Abständen erneut anzufordern und zu prüfen. Auch hier handelt es sich also um dynamische Betreiberpflichten.

6 Nebenbestimmungen und nachträgliche Auflagen (Abs. 4)

6.1 Nebenbestimmungen zur Betriebserlaubnis (Abs. 4 Satz 1)

§ 45 Abs. 4 S. 1 ermächtigt den Träger der öffentlichen Jugendhilfe zum Erlass von Nebenbestimmungen. Damit besteht eine spezialgesetzliche Rechtsgrundlage iSd § 32 Abs. 1 Alt. 1 SGB X für die Beifügung von Nebenbestimmungen. Besondere Tatbestandsvoraussetzungen für die Beifügung der Nebenbestimmung müssen nicht gegeben sein. Die Beifügung der Nebenbestimmung muss im Einzelfall lediglich ermessensfehlerfrei möglich sein. Nicht möglich ist es allerdings, zentrale Voraussetzungen für die Betriebserlaubnis, wie die Eignung des Personals, in einer Nebenbestimmung zu regeln. Die personellen Voraussetzungen für den Betrieb müssen gegeben sein. Sie sind einer Regelung durch Nebenbestimmung nicht zugänglich.[59] 38

6.2 Nachträgliche Auflagen (Abs. 4 Satz 2)

Mit Art. 1 des KJSG ist in Abs. 4 S. 2 das Wort „Sicherung" durch das Wort „Gewährleistung" ersetzt worden. Zudem wurde das Wort „auch" gestrichen. Damit ist nach neuer Rechtslage klargestellt, dass die nachträgliche Verfügung von Auflagen ebenso wie die Erteilung der Betriebserlaubnis auf Tatbestandsseite an der Voraussetzung der Gewährleistung des Kindeswohls zu messen ist. Die Streichung des Wortes „auch" präzisiert sprachlich, dass Auflagen von dem Begriff „Nebenbestimmungen" in Abs. 4 Satz 1 umfasst sind und kein selbstständiges rechtliches Element darstellen.[60] 39

Aufgrund der dynamischen Pflicht zur fortlaufenden Gewährleistung des Kindeswohls auch während des Betriebs der Einrichtung ist auch der nachträgliche Erlass von Auflagen möglich. Die Regelung ist bereits aus Verhältnismäßigkeitserwägungen geschuldet.

Abs. 4 S. 2 verdeutlicht, dass die nachträgliche Erteilung einer Auflage Vorrang vor der Aufhebung der Erlaubnis nach Abs. 7 hat. Die Abgrenzung der alternativen Auflagenerteilung und Aufhebung hat insbesondere auf der Ebene der Erforderlichkeits-

57 S. hierzu BT-Drs. 17/7522, 28 und Busse in jurisPK-SGB VIII Rn. 66 sowie Smessaert/Lackies in FK-SGB VIII Rn. 45.
58 S. hierzu BT-Drs. 17/7522, 13 und 28.
59 S. hierzu OVG NRW 27.11.2007 – 12 A 4697/06, juris Rn. 49; VG München 20.3.2019 – M 18 K 17.2834, juris Rn. 34 f.
60 BT-Drs. 19/26107, 100.

und Angemessenheitsprüfung zu erfolgen. Es ist zu prüfen, ob mit einer Auflagenerteilung in gleich wirksamer Weise die Kindeswohlgewährleistung wieder hergestellt werden kann. Dabei ist auch zu beachten, dass den untergebrachten Minderjährigen nach Möglichkeit ein Wechsel ihres Bezugsrahmens erspart werden sollte. Die Aufhebung der Erlaubnis kann daher regelmäßig erst dann (ermessensfehlerfrei) erfolgen, wenn der Träger den Aufforderungen und ggf. den Auflagen zur Gewährleistung des Kindeswohls nicht nachkommen will oder nicht nachkommt.

7 Abstimmung mit anderen Aufsichtsbehörden (Abs. 5)

40 Besteht für eine erlaubnispflichtige Einrichtung eine Aufsicht nach anderen Rechtsvorschriften, so hat die zuständige Behörde ihr Tätigwerden zuvor mit der anderen Behörde abzustimmen. Sie hat den Träger der Einrichtung rechtzeitig auf weitergehende Anforderungen nach anderen Rechtsvorschriften hinzuweisen. Die Regelung ist notwendig, weil eine Betriebserlaubnis keine Konzentrationswirkung hat und daher zusätzliche Anzeige- oder Genehmigungsverfahren nicht obsolet macht.[61] Eine überlappende Zuständigkeit ist nicht unproblematisch, da sie das Verfahren für den Antragsteller und die Genehmigungsbehörde kompliziert und zeitaufwändig machen kann. Folgerichtig werden bereits mit der in § 45 Abs. 1 S. 2 enthaltenen Regelung Doppelzuständigkeiten vermieden. Auch ist eine Harmonisierung in anderen Gesetzen erfolgt. Eine Vollharmonisierung im Sinne einer Konzentrationswirkung hat allerdings der Gesetzgeber aufgrund unterschiedlicher Zielsetzungen und Vollzugsregelungen abgelehnt.[62] So müssen beispielsweise nach wie vor die Vorgaben des vorbeugenden Brandschutzes beachtet werden. Die Betriebserlaubnisbehörde muss sich daher mit den hierfür zuständigen Behörden abstimmen. Der Antragsteller ist auf entsprechende Erfordernisse hinzuweisen.[63]

8 Beteiligung des Sozialhilfeträgers als Kostenträger (Abs. 6)

41 Abs. 6 enthält eine dem § 45 wesensfremde Bestimmung, da mit ihr auch Kostengesichtspunkte berücksichtigt werden sollen.[64] Es wird eine Beteiligung in Form der Anhörung des Trägers der Eingliederungshilfe oder der Sozialhilfe vorgegeben. Allerdings steht auch bei Abs. 6 primär die Kindeswohlgewährleistung im Vordergrund des Handelns.

42 **Satz 1** statuiert für die Betriebserlaubnisbehörde im Regelfall eine Pflicht zur **Beratung** hinsichtlich der Möglichkeiten einer Mängelbeseitigung, sofern entsprechende Mängel festgestellt worden sind. Diese Regelung fußt ebenfalls im Verhältnismäßigkeitsgrundsatz. Regelmäßig stellt die Beratung zur Mängelbeseitigung ein milderes gleich geeignetes Mittel im Vergleich zu einer Auflagenerteilung oder gar Aufhebung der Betriebserlaubnis dar.

43 Wenn sich die Beseitigung der Mängel auf Entgelte oder Vergütungen nach § 134 SGB IX oder nach § 76 SGB XII auswirken kann, ist der Träger der Eingliederungshilfe oder der Sozialhilfe, mit dem Vereinbarungen nach diesen Vorschriften bestehen, nach **Satz 2** an der Beratung zu beteiligen.

44 Auswirkungen auf Entgelte oder Vergütungen nach dem SGB IX oder SGB XII kann beispielsweise die Abstellung von Mängeln haben, die sich auf die bauliche oder sonstige Ausstattung (zB auch eine räumliche Unterversorgung) einschließlich der Personalausstattung (Anzahl im Verhältnis zur Zahl der betreuten Kinder, Qualifikationsniveau, Arbeitszeiten) beziehen.

61 S. hierzu auch Busse in jurisPK-SGB VIII Rn. 72.
62 BT-Drs. 11/5948, 84.
63 S. hierzu BayVGH 24.7.2017 – 12 CE 17.704, juris Rn. 48.
64 S. hierzu BT-Drs. 13/2440, 53.

Mit Art. 1 des KJSG ist in **Satz 3** werden nach dem Wort „Auflagen" die Wörter „nach Absatz 4 Satz 2" eingefügt worden. Ferner sind die Wörter „, die zur Beseitigung einer eingetretenen oder Abwendung einer drohenden Beeinträchtigung oder Gefährdung des Wohls der Kinder oder Jugendlichen erforderlich sind" gestrichen worden. Mit der Neuregelung in **Satz 3** wurde damit ein Gleichlauf zu der Neuregelung in Abs. 4 Satz 2 hergestellt. Damit wird klargestellt, dass auch für Auflagen nach Abs. 6 Satz 3 die mit Abs. 4 Satz 2 normierten Tatbestandsvoraussetzungen (Erforderlichkeit für die Kindeswohlgewährleistung) Anwendung finden.[65] 45

Satz 4 führt eine Verpflichtung ein, die inhaltlich an den Regelungsgehalt von Satz 2 anschließt. Wenn sich eine Auflage auf Entgelte oder Vergütungen nach § 134 SGB IX oder nach § 76 SGB XII (kostensteigernd) auswirkt, so entscheidet die zuständige Behörde nach Anhörung des Trägers der Eingliederungshilfe oder der Sozialhilfe, mit dem Vereinbarungen nach diesen Vorschriften bestehen, über die Erteilung der Auflage. Die Betriebserlaubnisbehörde kann bei Entscheidung über die Auflage von der nicht bindenden Stellungnahme abweichen.[66] 46

Gem. Satz 5 ist die Auflage nach Möglichkeit in Übereinstimmung mit den nach § 134 SGB IX oder nach den §§ 75 bis 80 SGB XII getroffenen Vereinbarungen auszugestalten. Mit dem Abstellen auf eine übereinstimmende Ausgestaltung „nach Möglichkeit" ist die Regelung vage und sehr offen gehalten. Eine Verpflichtung zur übereinstimmenden Ausgestaltung besteht danach jedenfalls nicht. 47

In der Verquickung von Kostenzuständigkeit und Schutzaufgaben hat die Bundesregierung zu Recht die Gefahr von **Interessenkollisionen mit der möglichen Folge einer Gefährdung** des Kindeswohls gesehen[67] und deshalb die entsprechenden Zuständigkeiten gesetzlich getrennt. Der Auftrag zur Sicherung der Mindeststandards zur Gewährleistung des Kindeswohls darf durch Einschaltung der Kostenträger nicht unterlaufen werden. Sie haben insbesondere keinen Anspruch darauf, dass eine Erlaubnisauflage von ihrer Zustimmung abhängig gemacht wird.[68] 48

9 Rücknahme und Widerruf der Betriebserlaubnis (Abs. 7)

Abs. 7 hat durch Art. 1 des **KJSG** weitreichende Änderungen erfahren. Mit Satz 2 und 3 sind Neuregelungen erfolgt. Nunmehr besteht eine zusätzliche Rechtsgrundlage für die Aufhebung der Betriebserlaubnis nach Ermessen. Ferner wird klarstellend geregelt, dass die lex generalis zur Rücknahme nach § 47 Abs. 1 Nr. 2 SGB X nicht durch § 45 Abs. 7 gesperrt wird und damit anwendbar bleibt. 49

§ 45 Abs. 7 S. 1 enthält eine spezialgesetzliche Regelung für die Aufhebung der Betriebserlaubnis. Tatbestandsvoraussetzung für die Aufhebung ist das Vorliegen einer Kindeswohlgefährdung und die fehlende Bereitschaft oder Möglichkeit des Einrichtungsträgers, die Gefahr abzuwenden. 50

Notwendige Voraussetzung für die Rücknahme oder den Widerruf ist zunächst, dass das Wohl der Kinder oder Jugendlichen in der Einrichtung gefährdet ist.

Fraglich ist, ob bereits das Vorliegen einer „strukturellen Gefährdung"[69] für eine Aufhebung ausreichend ist oder eine Kindeswohlgefährdung iSd § 42 Abs. 1 S. 1 Nr. 2 bzw. § 1666 BGB vorliegen muss.

Da im Rahmen des § 45 strukturellen Einrichtungsaspekten eine besondere Bedeutung für die präventive Gefahrenabwehr zukommt und dies im Sinne von dynamischen

65 BT-Drs. 19/26107, 100.
66 S. hierzu auch Busse in jurisPK-SGB VIII Rn. 78 und Mörsberger in Wiesner SGB VIII Rn. 107.
67 Vgl. BT-Drs. 11/5948, 107.
68 Stähr in Hauck/Noftz/Stähr Rn. 58.
69 S. zu diesem Begriff auch BT-Drs. 18/12330, 55 und 56.

Pflichten sowohl vor der Betriebsaufnahme, als auch während der Betriebsführung gilt, ist nach hiesiger Auffassung eine strukturelle Kindeswohlgefährdung ausreichend. Allerdings sind für diese Schwelle deutlich höhere Voraussetzungen als für die Nichtgewährleistung des Kindeswohls erforderlich. Für die Annahme einer strukturellen Kindeswohlgefährdung müssen die Rahmenbedingungen der Einrichtung so defizitär sein, dass es im Einzelfall nach allgemeiner Lebenserfahrung aufgrund der vorliegenden Tatsachen zu einer Kindeswohlgefährdung kommen kann.[70]

51 Für eine Aufhebung muss **zusätzlich** die Tatbestandsvoraussetzung gegeben sein, dass der Träger nicht bereit oder in der Lage ist, die Gefährdung abzuwenden (Abs. 7 S. 1 Hs. 2). Die **mangelnde Bereitschaft** kann stichhaltig insbesondere mit einer entsprechenden Erklärung des Einrichtungsträgers begründet werden. Der Widerspruch gegen den Widerruf der Betriebserlaubnis kann nicht als Beleg für die mangelnde Bereitschaft gewertet werden.[71] Erklärt sich der Träger bereit, die Gefährdung abzuwenden, kann seine mangelnde Fähigkeit, dies zu tun, einen Grund für die Aufhebung darstellen. Als Nachweis dafür, dass der Träger nicht in der Lage ist, die Gefährdung abzuwenden, gilt, dass der Träger nach Ablauf einer entsprechenden Frist keine Abhilfe geschaffen hat, obwohl ihm die zuständige Behörde nach einer entsprechenden Beratung ausreichend Zeit dazu eingeräumt hatte. Auch wenn man auf Rechtsfolgenseite aufgrund der gebundenen Entscheidung die Prüfung von Verhältnismäßigkeitserwägungen ablehnen wollte, sind nach hiesiger Auffassung auf Tatbestandsebene diese Erwägungen anzustellen. Aufgrund der in § 45 Abs. 7 S. 1 Hs. 2 normierten Tatbestandsvoraussetzung wird eine Aufhebungsentscheidung regelmäßig rechtswidrig sein, wenn zuvor keine Beratung zur Mängelbeseitigung erfolgt ist und entsprechende Auflagen nicht zuvor verfügt worden sind.[72]

52 Infolge Neuregelung durch Art. 1 des KJSG in **Satz 2** kann die Betriebserlaubnis nun auch aufgehoben werden, wenn die Voraussetzungen für eine Erteilung nach Abs. 2 nicht oder nicht mehr vorliegen. Es war nicht nachvollziehbar, weshalb nach alter Rechtslage für eine nachträgliche Aufhebung der Betriebserlaubnis mit dem Abstellen auf eine Kindeswohlgefährdung nach Abs. 7 Satz 1 stark gesteigerte Voraussetzungen – im Vergleich zur Voraussetzung der Kindeswohlgewährleistung für die Erteilung der Betriebserlaubnis – gegeben sein mussten. Nach neuer Rechtslage ist nun sowohl bei der Erteilung als auch bei der Aufhebung der Betriebserlaubnis die Gewährleistung des Kindeswohls Prüfungsmaßstab. Aufgrund der Eröffnung einer Ermessensentscheidung auf Rechtsfolgenseite kann allerdings nicht jedes temporäre Zweifeln am Vorliegen einer Kindeswohlgewährleistung zur Aufhebung führen. Die Aufhebung kann unter Beachtung der gesetzlichen Grenzen nach Art. 12 GG und des Verhältnismäßigkeitsgrundsatzes nur ermessensfehlerfrei verfügt werden, wenn das Kindeswohl nachhaltig nicht gewährleistet wird. Im Rahmen der Erforderlichkeitsprüfung ist insbesondere zu beachten, dass die Beratung und Auflagen zur Mängelbeseitigung als mildere Mittel zu berücksichtigen sind. Eine Geeignetheit dieser milderen Maßnahmen wird man – jedenfalls bei einer temporären Nichtgewährleistung des Kindeswohls – nur verneinen können, wenn Beratung und Auflagen nicht zu einer Wiedergewährleistung des Kindeswohls geführt haben.[73]

---

70 S. hierzu auch OVG NRW 14.12.2020 – 12 B 1241/20, juris Rn. 9 und SchlHOVG 9.12.2019 – 15 A 3/17, juris Rn. 114 ff. sowie VG München 20.3.2019 – M 18 K 17.2834, juris Rn. 50 ff.

71 Vgl. BVerwG 20.10.2015 – 3 B 53.15, Rn. 6.

72 S. hierzu auch OVG NRW 14.12.2020 – 12 B 1241/20, juris Rn. 17 und SchlHOVG 9.12.2019 – 15 A 3/17, juris Rn. 171.

73 S. hierzu auch Wiesner, Stellungnahme zum KJSG in der Öffentlichen Anhörung am 22.2.2021, S. 23 und 24, https://www.bundestag.de/resource/blob/822456/83fefd115fe79320e42792d92191d7a2/19-13-116m-data.pdf.

Mit Neuregelung in **Satz 3** wird klargestellt, dass die lex generalis zur Rücknahme nach § 47 Abs. 1 Nr. 2 SGB X nicht durch § 45 Abs. 7 gesperrt wird und damit anwendbar bleibt. Eine Ermessensaufhebung ist daher auch möglich, wenn mit der Betriebserlaubnis eine Auflage verbunden worden ist und der Einrichtungsträger diese nicht oder nicht innerhalb einer ihm gesetzten Frist erfüllt hat. Die Jahresfrist des § 47 Abs. 3 SGB X iVm § 44 Abs. 3 SGB X ist zu beachten. 53

Der Regelungsgehalt des Abs. 7 S. 4 korrespondiert mit dem Verständnis des Erlaubnisentzugs als ultima ratio. Wird die Erlaubnis aufgehoben, dann duldet die Sachlage **nicht jene aufschiebende Wirkung**, die nach § 80 Abs. 1 VwGO mit dem Anfechtungswiderspruch oder der Anfechtungsklage gegen den Bescheid über die Rücknahme oder den Widerruf verbunden wäre. Konsequenterweise hebt Abs. 7 S. 4 iVm § 80 Abs. 2 S. 1 Nr. 3 VwGO die aufschiebende Wirkung für diesen Fall auf (→ Anh. 5 Rn. 61). 54

10 Zuständigkeit für die Erlaubniserteilung

Sachlich zuständig für die Erteilung der Erlaubnis ist gemäß § 85 Abs. 2 Nr. 6 in der Regel der überörtliche Träger der Jugendhilfe. Die Wahrnehmung der Aufgabe obliegt gemäß § 69 Abs. 3 regelhaft dem LJA. Begrenzte Ausnahmen davon lässt § 85 Abs. 4 insofern zu, als eine bereits vor Inkrafttreten des KJHG landesgesetzlich geltende anderweitige Regelung der sachlichen Zuständigkeit für die Aufgaben nach §§ 45–48a danach weiterhin Bestand haben kann (→ § 85 Rn. 35). Nach der Änderung des Art. 84 Abs. 1 GG sind durch Landesrecht auch abweichende Zuständigkeitsregelungen möglich. Zuständigkeitsregelungen, die den Schutzauftrag mit der Leistungs- bzw. Kostenzuständigkeit für die Kinder- und Jugendhilfe verbinden, sind wegen möglicher Interessenkollisionen allerdings rechtlich fragwürdig (→ § 85 Rn. 25). Mörsberger[74] sieht in der Verpflichtung der Betriebserlaubnisbehörde zur Beteiligung des Jugendamts an der örtlichen Prüfung nach § 46 einen weiteren Hinweis darauf, dass das Jugendamt vom Gesetz nicht zugleich als Betriebserlaubnisbehörde vorgesehen sein kann. 55

Örtlich zuständig ist gemäß § 87a Abs. 2 das LJA bzw. die entsprechende sachlich zuständige Behörde, in dessen oder deren Bereich die Einrichtung gelegen ist. Zu den Kriterien, nach denen sich bestimmt, ob ein Angebot als Teil der Einrichtung oder als eigenständige Einrichtung bzw. sonstige Wohnform gesehen wird, → § 48a Rn. 5. Nach den dort genannten Kriterien lässt sich auch die Frage der Eigenständigkeit einer Einrichtung entscheiden. Teile einer Einrichtung, die auf dem Territorium eines anderen örtlichen Trägers liegen als die Stammeinrichtung, müssen als eigenständig gelten. Das ergibt sich aus dem Ortsbezug des Einrichtungsbegriffs sowie aus den flankierenden Regelungen zur Betriebserlaubnis, die auf relative Ortsnähe abstellen,[75] außerdem aus den territorialen Grenzen der hoheitlichen Zuständigkeit der Betriebserlaubnisbehörde wie der sonstigen am Verfahren beteiligten Aufsichtsbehörden. Liegt eine mit einer Einrichtung verbundene sonstige betreute Wohnform im Gebiet einer anderen Betriebserlaubnisbehörde, wird diese für die insofern eigenständige Einheit zuständig.[76]

11 Beratung als wesentliche Komponente im Erlaubnisverfahren

Beratung ist eine wesentliche **begleitende Komponente** iRd Betriebserlaubnisverfahrens. Die Erlaubniserteilung ist sinnvollerweise zu verbinden mit der Beratungsaufgabe, die dem LJA gegenüber den Trägern von Einrichtungen nach § 85 Abs. 2 Nr. 7 während der Planung und Betriebsführung der Einrichtungen zukommt. Die entspre- 56

74 In Wiesner § 46 Rn. 5 a.
75 Vgl. Gerstein in GK-SGB VIII Rn. 41.
76 So auch Happe/Schimke in JHSM Rn. 12.

chend qualifizierte, umfassende Organisations- und letztlich auch Praxisberatung durch die Fachkräfte des LJA stellt einen wichtigen Beitrag zur Qualitätssicherung und, als Nebeneffekt, auch zur Vermeidung überhöhter „Regiekosten" dar. Korrespondierend zur Einrichtungsberatung ist die Beratung der örtlichen Träger bei der Auswahl einer Einrichtung zu sehen, wie sie nach § 85 Abs. 2 Nr. 5 zu leisten ist. Eine beratende Funktion gegenüber den öffentlichen Trägern im Hinblick auf die Berücksichtigung der nach § 45 gebotenen Mindeststandards ist auch in der Beteiligungsoption nach § 78e Abs. 3 sowie in der Beteiligungsverpflichtung nach § 78f zu sehen. Der für die Wahrnehmung von Aufgaben nach § 85 Abs. 2 Nr. 5 und 6 zuständigen Behörde darüber hinaus auch Prüfaufgaben im Zusammenhang der Vereinbarungen nach § 78 b zuzuschreiben, wie es Wiesner[77] anregt, ist nicht sinnvoll. Abgesehen davon, dass die Vorschriften nach §§ 45 ff. keine Routinekontrollen mehr vorsehen, gibt es für eine entsprechende Aufgabenerweiterung keine Rechtsgrundlage.[78] Sie wäre auch von der Sache her nicht sinnvoll, da sie zu einer Konfusion der Rollen und zu einer Verwischung des Auftrags nach §§ 45 ff. führen würde.

Ergänzend zur Beratung nach § 85 Abs. 2 Nr. 7 wird den Trägern von Einrichtungen sowie den Leistungsträgern nach § 8b Abs. 2 ein spezifisch auf den Schutz von Kindern und die Sicherung ihrer Rechte abgestellter Beratungsanspruch gegenüber dem überörtlichen Träger eingeräumt (→ § 8b Rn. 3). Inhaltlich bezieht er sich auf die Entwicklung und Anwendung fachlicher Handlungsleitlinien zur Sicherung des Kindeswohls und zum Schutz vor Gewalt sowie zu Verfahren der Beteiligung von Kindern und Jugendlichen an strukturellen Entscheidungen in der Einrichtung und zu Beschwerdeverfahren in persönlichen Angelegenheiten. Der korrespondierende Beratungsauftrag sollte zumindest für die betriebserlaubnispflichtigen Einrichtungen bei der Betriebserlaubnisbehörde angesiedelt und mit der Beratung nach § 85 Abs. 2 verbunden werden. Die Handlungsempfehlungen von AGJ und BAGLJAE zum Bundeskinderschutzgesetz[79] gehen davon aus, dass die Betriebserlaubnisbehörden die Eckwerte ihrer Anforderungen an Qualitätsentwicklung und -sicherung, an Beteiligungs- und Beschwerdeverfahren transparent machen, und zwar auch für die bereits im Betrieb befindlichen Einrichtungen.

Eine Grundlage für diese Empfehlung ist die Verpflichtung zur Qualitätsentwicklung nach §§ 79 Abs. 2 S. 1 Nr. 2, 79a (→ Rn. 2), die auch für die Betriebserlaubnisbehörde selbst gilt.

12 Implikationen des Erlaubnisvorbehalts für die Träger

57 Der Träger einer Einrichtung darf diese nur betreiben, wenn er eine **Betriebserlaubnis** dafür besitzt, es sei denn, die Einrichtung fällt unter die Ausnahmen nach Abs. 1 Satz 2. Aus der Formulierung des Gesetzes ist zu schließen, dass die Erlaubnis **einrichtungsbezogen**, das heißt für den Betrieb der jeweiligen Einrichtung, erteilt wird. Insofern muss ein Träger für **jede** seiner Einrichtungen eine Erlaubnis beim LJA bzw. der nach Landesrecht zuständigen Behörde beantragen. **Ohne** die **Erlaubnis** – oder einer temporären Duldung – ist der Betrieb einer Einrichtung **ordnungswidrig** (→ § 104 Rn. 13). Der vorsätzliche und beharrliche weitere Betrieb der Einrichtung (oder sonstigen betreuten Wohnform) ohne Betriebserlaubnis, aus Uneinsichtigkeit, trotz Belehrung oder Abmahnung, stellt einen Straftatbestand dar (→ § 105 Rn. 4). Untersagt werden kann der Betrieb nur unter Rückgriff auf das allgemeine Polizei- und Ordnungsrecht, es sei denn Landesrecht hat dafür eine betriebserlaubnisspezifische Regelung geschaffen.

77 In Wiesner § 78b Rn. 19.
78 Deshalb sieht Wiesner in Wiesner § 78b Rn. 19 hier den Gesetzgeber gefordert.
79 AGJ/BAGLJAE, 2012.

§ 45a Einrichtung

[1]Eine Einrichtung ist eine auf gewisse Dauer und unter der Verantwortung eines Trägers angelegte förmliche Verbindung ortsgebundener räumlicher, personeller und sachlicher Mittel mit dem Zweck der ganztägigen oder über einen Teil des Tages erfolgenden Betreuung oder Unterkunftsgewährung sowie Beaufsichtigung, Erziehung, Bildung, Ausbildung von Kindern und Jugendlichen außerhalb ihrer Familie. [2]Familienähnliche Betreuungsformen der Unterbringung, bei denen der Bestand der Verbindung nicht unabhängig von bestimmten Kindern und Jugendlichen, den dort tätigen Personen und der Zuordnung bestimmter Kinder und Jugendlicher zu bestimmten dort tätigen Personen ist, sind nur dann Einrichtungen, wenn sie fachlich und organisatorisch in eine betriebserlaubnispflichtige Einrichtung eingebunden sind. [3]Eine fachliche und organisatorische Einbindung der familienähnlichen Betreuungsform liegt insbesondere vor, wenn die betriebserlaubnispflichtige Einrichtung das Konzept, die fachliche Steuerung der Hilfen, die Qualitätssicherung, die Auswahl, Überwachung, Weiterbildung und Vertretung des Personals sowie die Außenvertretung gewährleistet. [4]Landesrecht kann regeln, unter welchen Voraussetzungen auch familienähnliche Betreuungsformen Einrichtungen sind, die nicht fachlich und organisatorisch in eine betriebserlaubnispflichtige Einrichtung eingebunden sind.

Die Regelung zum **Einrichtungsbegriff** in § 45a ist mit Art. 1 des **KJSG** neu eingefügt worden. Nach bisheriger Rechtslage existierte keine Legaldefinition für den Begriff der Einrichtung iSd § 45 Abs. 1 S. 1. Dies führte zu rechtlicher Unsicherheit in der Praxis bei der Begriffsbestimmung und damit der Beantwortung der Frage, ob im jeweiligen Einzelfall der Erlaubnisvorbehalt des § 45 ausgelöst wird. Die für die Erteilung der Betriebserlaubnis zuständigen Behörden legen nach bisheriger Verwaltungspraxis den Einrichtungsbegriff und das Entstehen der Betriebserlaubnispflichtigkeit teilweise unterschiedlich aus. Beispielsweise wurde vor Einführung des § 45a contra legem gelegentlich die Auffassung vertreten, dass eine Betreuung von volljährigen Müttern mit ihren Kindern bei einer Leistungserbringung nach § 19 den Genehmigungsvorbehalt nicht auslöse.[1] 1

Die Beantwortung der Frage, ob der Erlaubnisvorbehalt ausgelöst wird, kann aber weitreichende Folgen für das Kindeswohl haben. Mit den in §§ 45 ff. enthaltenen Regelungen steht ein effektives Instrumentarium zur Gewährleistung des Kindeswohls zur Verfügung. Die Regelungen zur Überwachung sonstiger Betreuungsformen mittels der Geeignetheitsprüfung im Rahmen der Entscheidung über eine Hilfe zur Erziehung nach § 27 iVm § 33 sowie die rechtlichen Vorgaben zu den Kontrollmöglichkeiten nach § 43 und § 44 weisen hingegen Schutzlücken auf.

Um dieses im Zusammenhang mit § 45 bestehende Praxisproblem zu lösen, haben sich sowohl die Rechtsprechung als auch die Literatur um eine Konkretisierung des Einrichtungsbegriffs im Wege der juristischen Auslegung bemüht. Zentrale Abgrenzungskriterien sind danach: Dauerhaftigkeit, Verbindung sachlicher und personeller Mittel zu einem bestimmten Zweck, Losgelöstheit von den konkreten Personen sowie erschwerte Einwirkungsmöglichkeiten der Eltern aufgrund der Eingliederung der zu betreuenden Kinder in den Betrieb einer „Einrichtung".[2]

Dennoch tauchen fortlaufend Schwierigkeiten bei der Beantwortung der Frage auf, ob eine Einrichtung iSd § 45 gegeben ist. So hat in jüngerer Vergangenheit beispielsweise der VGH BW konstatiert, dass sich selbst bei der Kindertagespflege die Frage der Genehmigungspflicht nach § 45 stellen kann. So komme es „im Rahmen der Nutzung

---

1 S. hierzu BayVGH 24.7.2019 – 12 CE 17.704, juris Rn. 37.
2 S. hierzu BVerwG 24.2.1994 – 5 C 13.91, juris Rn. 13 f.; Busse in jurisPK-SGB VIII Rn. 29 f.

anderer geeigneter Räume außerhalb des Haushalts einer Tagespflegeperson oder der Personensorgeberechtigten zu einer auf gewisse Zeit angelegten Verbindung von sächlichen und personellen Mitteln zur Sicherstellung des Förderauftrages (...) ohne dass damit die Tagespflegestelle **automatisch** zur Einrichtung würde."[3] Auch auf diese Problematik hat der Gesetzgeber mit Art. 1 des KJSG reagiert. In § 22 Abs. 1 S. 3 findet sich eine Neuregelung für den Fall der gemeinsamen Nutzung von Räumlichkeiten durch mehrere Tagespflegepersonen. Die Neuregelung gibt vor, dass dann die vertragliche und pädagogische Zuordnung jedes einzelnen Kindes zu einer bestimmten Kindertagespflegeperson zu gewährleisten ist. Mangels Anwendbarkeit des § 46 im Rahmen des § 43 ist dieses Erfordernis nach hiesiger Auffassung in der Praxis aber kaum zu kontrollieren.

2 Mit **Satz 1** des § 45a hat der Gesetzgeber eine **Legaldefinition** für den **Einrichtungsbegriff** geschaffen. Eine Einrichtung ist danach eine auf gewisse Dauer und unter der Verantwortung eines Trägers angelegte förmliche Verbindung ortsgebundener räumlicher, personeller und sachlicher Mittel mit dem Zweck der ganztägigen oder über einen Teil des Tages erfolgenden Betreuung oder Unterkunftsgewährung sowie Beaufsichtigung, Erziehung, Bildung, Ausbildung von Kindern und Jugendlichen außerhalb ihrer Familie.

Die bisher in § 45 Abs. 1 S. 1 enthaltene Vorgabe und die Neuregelung in § 45a S. 1 stimmen damit nicht exakt überein: Nach § 45 Abs. 1 S. 1 alter Rechtslage wurde nur auf die Betreuung **oder** Unterkunftsgewährung abgestellt.[4] Nach der Neuregelung in § 45a S. 1 wird auf die Betreuung **oder** Unterkunftsgewährung **sowie** Beaufsichtigung, Erziehung, Bildung, Ausbildung abgestellt. Nach der Gesetzesbegründung soll mit der Sowie-Aufzählung der „Beaufsichtigung, Erziehung, Bildung und Ausbildung" die Auflistung der Zwecke vervollständigt werden, denen eine Einrichtung im Sinne des Kinder- und Jugendhilferechts dienen kann.[5] Diese Regelungstechnik ist nach hiesiger Auffassung nicht völlig unproblematisch. Es stellt sich die Frage, ob einer der Sowie-Aufzählungspunkte ausreichend ist, um den Einrichtungsbegriff zu bejahen. Aufgrund der Verwendung des Wortes sowie ist wohl davon auszugehen, dass das Merkmal der Betreuung oder Unterkunftsgewährung zwingend erfüllt sein muss, um den Einrichtungscharakter bejahen zu können. Sowie wird man wohl im Sinne eines unschädlichen plus verstehen müssen.[6]

Da weiterhin auf die Betreuung oder Unterkunftsgewährung für Kinder und Jugendliche abgestellt wird, bedarf es keiner Erlaubnis nach § 45, wenn ausschließlich volljährige Personen betreut werden. Der Einrichtungscharakter entfällt also mit dem 18. Geburtstag. Obgleich das Kinder- und Jugendhilferecht für diese Personen Leistungen nach zB § 13 Abs. 3 oder § 41 vorsieht, bedarf es in diesem Fall keiner Betriebserlaubnis. Dies ist nicht sachgerecht. Ein Schutzbedürfnis besteht auch bei jungen Menschen, die sich in die Obhut einer Einrichtung begeben.

Die Betreuung oder Unterkunftsgewährung muss **ganztägig** oder über einen **Teil des Tages** erfolgen. Ganztägig wird als synonym für „über Tag und Nacht" gebraucht und damit in Gegensatz zu einer Betreuung nur für einen Teil des Tages gesehen. Die Spezifizierung ganztägig oder für einen Teil des Tages unterstreicht, dass neben den Einrichtungen, in denen Minderjährige über Tag und Nacht außerhalb der Familie be-

3 VGH BW 12.7.2017 – 12 S 102/15, juris Rn. 44.
4 S. hierzu BayVGH 24.7.2017 – 12 CE 17.704, juris Rn. 37.
5 BT-Drs. 19/26107, 102.
6 In diese Richtung ist wohl auch die Gesetzesbegründung zu verstehen, BT-Drs. 19/26107, 98: Durch die Sowie-Aufzählung sollen „Einrichtungen", die besonderen Zwecken außerhalb des Bereiches des SGB VIII dienen und bei denen Betreuung und Unterkunft im weiteren Sinne nur untergeordnete Bedeutung haben, abgegrenzt werden.

treut und untergebracht werden, auch Einrichtungen, die nur für einen Teil des Tages entsprechende Betreuungsaufgaben übernehmen, unter die Erlaubnispflicht fallen.

Mit den Voraussetzungen „gewisse Dauer“ und „förmliche Verbindung ortsgebundener räumlicher, personeller und sachlicher Mittel“ soll nach der Gesetzesbegründung der institutionelle Charakter einer Einrichtung iSd § 45a S. 1 betont werden. Danach soll nur das Betreiben einer solchen Institution unter Verantwortung eines den dort tätigen Personen übergeordneten Trägers Gegenstand des Erlaubnisvorbehalts nach § 45 sein.

Eine Mindestanzahl von Plätzen ist nach der Gesetzesbegründung kein konstitutives Merkmal für die Bejahung des Einrichtungsbegriffs. Die Abgrenzung zu Pflegeeltern und Kindertagespflegepersonen soll danach erfolgt, dass dort die Kinder und Jugendlichen bestimmten Personen zugeordnet sind.[7] Nach hiesiger Auffassung besteht allerdings das Problem, dass diese Zuordnung mangels Anwendbarkeit des § 46 im Bereich der Erlaubniserteilung nach § 43 oder § 44 (insbesondere bei Großtagespflegestellen) kaum überprüft werden kann.

Mit § 45a S. 2 und 3 hat der Gesetzgeber Sonderregelungen für familienähnliche Be- 3
treuungsformen getroffen. Nach der Gesetzesbegründung sollen **familienähnliche Betreuungsformen**, die dadurch geprägt sind, dass die dort tätigen Personen (dauerhaft) bestimmten Kindern und Jugendlichen zugeordnet sind, grundsätzlich nicht dem Einrichtungsbegriff nach dieser Vorschrift unterfallen.

Nicht unproblematisch an dieser Regelung ist zunächst die Tatsache, dass mit dem Gesetzeswortlaut und der Gesetzesbegründung nur für solche familienähnlichen Betreuungsformen eine explizite Regelung getroffen wird, bei welchen keine Unabhängigkeit iSd § 45a S. 2 besteht, also insbesondere Betreuungspersonen (dauerhaft) bestimmten Kindern und Jugendlichen zugeordnet sind. Keine explizite Aussage enthält das Gesetz hingegen zu familienähnlichen Betreuungsformen, bei welchen eine feste Zuordnung iSd § 45a S. 2 nicht besteht. Nach hiesiger Auffassung folgt im Wege einer Wortlautauslegung, einer systematischen Auslegung sowie einer teleologischen Auslegung, dass diese familienähnlichen Betreuungsformen von § 45a S. 1 erfasst werden und daher betriebserlaubnispflichtige Einrichtungen nach § 45 sind.

§ 45a S. 2 nimmt ausweislich des Wortlautes nur auf familienähnliche Betreuungsformen Bezug, „bei denen der Bestand der Verbindung nicht unabhängig von bestimmten Kindern und Jugendlichen, den dort tätigen Personen und der Zuordnung bestimmter Kinder und Jugendlicher zu bestimmten dort tätigen Personen ist“. Obgleich diese Einschränkung in Satz 3 und auch der Gesetzesbegründung nicht mehr auftaucht und nur noch von „familienähnlichen Betreuungsformen“ gesprochen wird,[8] folgt insbesondere aus einer systematischen Auslegung, dass Satz 3 nur für Betreuungsformen iSd Satzes 2 gelten kann. Familienähnliche Betreuungsformen, welche keine feste Zuordnung iSd § 45a S. 2 des Entwurfs aufweisen, fallen daher unter Satz 1 und sind damit betriebserlaubnispflichtig.

Für familienähnliche Betreuungsformen der Unterbringung, bei denen der Bestand der 4
Verbindung nicht unabhängig von bestimmten Kindern und Jugendlichen, den dort tätigen Personen und der Zuordnung bestimmter Kinder und Jugendlicher zu bestimmten dort tätigen Personen ist, ist „grundsätzlich“ der Einrichtungsbegriff zu verneinen. Im Ausnahmefall soll nach Satz 3 (als Gegenstück des Grundsatzes nach Satz 2) der Erlaubnisvorbehalt des § 45 dennoch ausgelöst werden, wenn die Betreuungsform fachlich und organisatorisch in eine betriebserlaubnispflichtige Einrichtung eingebunden ist. Mit Satz 3 werden Regelbeispiele aufgeführt, die für eine solche Einbindung sprechen.

---

7 BT-Drs. 19/26107, 102.
8 S. hierzu BT-Drs. 19/26107, 102.

Für familienähnliche Betreuungsformen mit fester Zuordnung von Personal und Kindern findet damit die in § 45a S. 2 und 3 enthaltene Regelungstechnik Anwendung. Diese Regelungstechnik begegnet nach hiesiger Auffassung Bedenken, da es fraglich ist, ob hiermit eine hinreichende Rechtsklarheit erzielt werden kann. Die Grundvoraussetzung für den Genehmigungsvorbehalt, nämlich die Definition der Einrichtung nach § 45a S. 1, wird zur Voraussetzung der Bejahung des Einrichtungsbegriffs erhoben, obgleich die familienähnliche Unterbringung „grundsätzlich" keine Einrichtung sein soll. Es muss also eine Einrichtung in diesem Sinne existieren, die trotz des Vorhandenseins familienähnlicher Betreuungsformen gerade noch den Genehmigungsvorbehalt des § 45 auslösen soll. Kurzum: familienähnliche Betreuungsformen sind grundsätzlich einrichtungsschädlich. Ausnahmsweise soll dies nur anders sein, wenn die in § 45a S. 3 enthaltenen Regelbeispiele vorliegen.

Es könnte in der Praxis Streit hinsichtlich der Frage entstehen, ob eine familienähnliche Betreuungsform unter § 45a S. 1 fällt, weil keine feste Zuordnung gegeben ist. Ob eine solche Zuordnung gegeben ist, ist insbesondere dann schwer überprüfbar, wenn mehrere Betreuungspersonen und mehrere Kinder und Jugendliche in einer Wohneinheit zusammenleben.

Ferner wird die Frage nicht einfach zu beantworten sein, ob ein übergeordneter Träger iSd Sätze 2 und 3 vorhanden ist.

Nach hiesiger Auffassung ist zu befürchten, dass die gewählte Regelungstechnik dazu geeignet ist, den nach bisheriger Rechtslage bestehenden Zustand der Einzelfallbetrachtung[9] in einem Sinne zu verändern, welcher zu noch größerer Rechtsunsicherheit beitragen könnte.

5 Nach § 45a S. 4 kann Landesrecht regeln, unter welchen Voraussetzungen auch familienähnliche Betreuungsformen Einrichtungen sind, die nicht fachlich und organisatorisch in eine betriebserlaubnispflichtige Einrichtung eingebunden sind. Nach der Gesetzesbegründung beruht diese Regelung auf der Tatsache, dass sich in den Ländern teilweise unterschiedliche und vielfältige familienähnliche Betreuungsformen entwickelt haben, die nicht in einem Einrichtungskontext betrieben werden, gleichwohl aber ein den §§ 45 ff. entsprechendes Schutzniveau im Hinblick auf die Gewährleistung der dort betreuten bzw. untergebrachten Kinder und Jugendlichen erfordern können.[10] Nach hiesiger Auffassung ist diese Aussage in der Gesetzesbegründung entwaffnend und problematisch zugleich. Der Gesetzgeber bringt deutlich zum Ausdruck, dass die in § 45a S. 2 und 3 gewählte Regelungstechnik nicht hinlänglich ist, um eine umfassende Gewährleistung des Kindeswohls zu gewährleisten. Bei Verneinung einer Einrichtung iSd § 45a S. 2 und 3 ist nämlich zu bedenken, dass die Verneinung des Einrichtungsbegriffs im Einzelfall zulasten der Kindeswohlgewährleistung gehen kann. §§ 43, 44 weisen nach hiesiger Auffassung einen unzulänglichen Regelungsinhalt auf. Insbesondere ist eine Überprüfung dieser Tätigkeiten mangels Anwendbarkeit des § 46 kaum möglich.

Die nun erfolgte Regelung in § 45a S. 2 und 3, welche nach hiesiger Auffassung zu Schutzlücken führen dürfte, soll durch Landesrecht vervollständigt werden. Dies kann aber zu einem bundesweiten Flickenteppich führen können. Im Bereich der §§ 45 ff., welche zur Gewährleistung des Kindeswohls unabdingbar sind, ist einer solcher Flickenteppich nach hiesiger Auffassung nicht unproblematisch. Daher begegnet hier auch die Regelung in § 45a S. 4 Bedenken.[11]

9 Hierzu Mörsberger in Wiesner Rn. 44; Busse in jurisPK-SGB VIII Rn. 29 f.
10 BT-Drs. 19/26107, 102.
11 S. hierzu auch BR-Drs. 5/21, 31.

§ 46 Prüfung vor Ort und nach Aktenlage

(1) [1]Die zuständige Behörde soll nach den Erfordernissen des Einzelfalls überprüfen, ob die Voraussetzungen für die Erteilung der Erlaubnis weiter bestehen. [2]Häufigkeit, Art und Umfang der Prüfung müssen nach fachlicher Einschätzung im Einzelfall zur Gewährleistung des Schutzes des Wohls der Kinder und Jugendlichen in der Einrichtung geeignet, erforderlich und angemessen sein. [3]Sie soll das Jugendamt und einen zentralen Träger der freien Jugendhilfe, wenn diesem der Träger der Einrichtung angehört, an der Überprüfung beteiligen. [4]Der Träger der Einrichtung hat der zuständigen Behörde insbesondere alle für die Prüfung erforderlichen Unterlagen vorzulegen.

(2) [1]Örtliche Prüfungen können jederzeit unangemeldet erfolgen. [2]Der Träger der Einrichtung soll bei der örtlichen Prüfung mitwirken.

(3) [1]Die von der zuständigen Behörde mit der Überprüfung der Einrichtung beauftragten Personen sind berechtigt, während der Tageszeit

1. die für die Einrichtung benutzten Grundstücke und Räume, soweit diese nicht einem Hausrecht der Bewohner unterliegen, zu betreten und dort Prüfungen und Besichtigungen vorzunehmen sowie

2. mit den Beschäftigten und mit den Kindern und Jugendlichen jeweils Gespräche zu führen, wenn die zuständige Behörde

a) das Einverständnis der Personensorgeberechtigten zu den Gesprächen eingeholt hat und diesen eine Beteiligung an den Gesprächen ermöglicht sowie

b) den Kindern und Jugendlichen die Hinzuziehung einer von ihnen benannten Vertrauensperson zu Gesprächen ermöglicht und sie auf dieses Recht hingewiesen hat; der Anspruch des Kindes oder Jugendlichen nach § 8 Absatz 3 bleibt unberührt.

Die genannten Pflichten bestehen jedoch nicht, wenn durch deren Umsetzung die Sicherung der Rechte und der wirksame Schutz der Kinder und Jugendlichen in der Einrichtung in Frage gestellt würden.

[2]Zur Abwehr von Gefahren für das Wohl der Kinder und Jugendlichen können die Grundstücke und Räume auch außerhalb der in Satz 1 genannten Zeit und auch, wenn diese zugleich einem Hausrecht der Bewohner unterliegen, betreten und Gespräche mit den Beschäftigten sowie den Kindern und Jugendlichen nach Maßgabe von Satz 1 geführt werden. [3]Der Träger der Einrichtung hat die Maßnahmen nach den Sätzen 1 und 2 zu dulden.

1 Bedeutung der Norm

Die §§ 46 bis 48 ergänzen die Regelung in § 45 um Pflichten des Trägers der Einrichtung und aufsichtsrechtliche Befugnisse der Betriebserlaubnisbehörde. Die Regelungen gelten gemäß § 48a Abs. 1 auch für sonstige betreute Wohnformen. 1

Mit Art. 1 des KJSG ist § 46 neu gefasst und um einen Abs. 3 erweitert worden.[1] Neben einer Neustrukturierung geht mit der Neuregelung insbesondere eine Erweiterung der Prüfbefugnisse einher. Klarstellend wird mit der Überschrift des § 46 geregelt, dass sich die Prüfung nicht ausschließlich auf eine Prüfung vor Ort bezieht, sondern auch

1 BGBl. 2021 Teil I Nr. 29, 1444.

eine schriftliche Prüfung nach Aktenlage beinhaltet. Hierüber hinausgehend wird mit Abs. 1 S. 4 eine Pflicht des Trägers zur Vorlage von Unterlagen neu normiert.

2 Überprüfungsauftrag (Abs. 1 Satz 1 und 2)

2 Nach Abs. 1 S. 1 soll die zuständige Behörde nach den Erfordernissen des Einzelfalls überprüfen, ob die Voraussetzungen für die Erteilung der Erlaubnis weiter bestehen. S. 2 bestimmt, dass Häufigkeit, Art und Umfang der Prüfung nach fachlicher Einschätzung im Einzelfall zur Gewährleistung des Schutzes des Wohls der Kinder und Jugendlichen in der Einrichtung geeignet, erforderlich und angemessen sein müssen. Im Rahmen der Erforderlichkeit ist daher zu prüfen, ob es Handlungsalternativen gibt. Eine Erforderlichkeit für die konkrete Prüfung kann nur bejaht werden, sofern es kein gleich geeignetes milderes Mittel gibt. In diesem Zusammenhang wird regelmäßig insbesondere der erforderliche Prüfungsumfang kritisch zu betrachten sein. Im Rahmen der Angemessenheitsprüfung hat eine Abwägungsentscheidung unter Berücksichtigung der für den Einrichtungsträger durch die Prüfung eintretenden Nachteile zu erfolgen.

Nach überwiegender Auffassung waren nach bisheriger Rechtslage regelmäßige Routinekontrollen, ohne dass sich hierfür ein Erfordernis aus dem Einzelfall ergibt, nicht zulässig.[2] Nach neuer Rechtslage haben sich die Gewichte hinsichtlich solcher Routinekontrollen wohl etwas verschoben. Allerdings wird mit der Gesetzesbegründung betont, dass „regelhafte routinemäßige Gesamtüberprüfungen nicht zwingend vorgesehen sind". Es ist danach Aufgabe der Betriebserlaubnisbehörde den Prüfbedarf zu ermitteln. Insbesondere „anlasslose Prüfungen" sind nach der Gesetzesbegründung am Verhältnismäßigkeitsgrundsatz zu messen. Hierbei sind die Aufgabenstellung der Einrichtung oder die Einhaltung von Absprachen oder Auflagen in der Vergangenheit zu berücksichtigen.[3] Ferner darf die Prüfung selbstverständlich auch zu keinen unverhältnismäßigen Eingriffen in die Berufsfreiheit nach Art. 12 GG führen.

Mit den Neuregelungen hat der Gesetzgeber damit einen schwierig zu meisternden Spagat zwischen anlasslosen Prüfungen zur besseren Gewährleistung des Kinderschutzes und der Gewährleistung des Verhältnismäßigkeitsgrundsatzes sowie der Berufsfreiheit nach Art. 12 GG gewagt. So besteht einerseits nach neuer Rechtslage die Möglichkeit zu anlasslosen und unangemeldeten Prüfungen. Andererseits müssen sich Häufigkeit, Art und Umfang der Prüfung als geeignet, erforderlich und angemessen erweisen. Im Rahmen der Erforderlichkeit ist daher zu prüfen, ob es Handlungsalternativen gibt. Eine Erforderlichkeit für die konkrete Prüfung kann nur bejaht werden, sofern es kein gleich geeignetes milderes Mittel gibt. In diesem Zusammenhang wird regelmäßig insbesondere der erforderliche Prüfungsumfang kritisch zu betrachten sein. Dies wird auch für die Bestimmung des von der Betriebserlaubnisbehörde einsehbaren Inhalts der vom Träger zu führenden Bücher und der nach § 46 Abs. 1 S. 4 vorzulegenden Unterlagen gelten. Im Rahmen der Angemessenheitsprüfung hat eine Abwägungsentscheidung unter Berücksichtigung der für den Einrichtungsträger durch die Prüfung eintretenden Nachteile zu erfolgen.[4]

Nach hiesiger Auffassung stellt die Entscheidung über eine Prüfung nach § 46 einen Verwaltungsakt iSd § 31 SGB X dar. Die Einhaltung des Verhältnismäßigkeitsgrundsatzes und die verfassungskonforme Beachtung der Berufsfreiheit sind einer Überprüfung durch die Verwaltungsgerichtsbarkeit zugänglich. In diesem Zusammenhang ist auch zu berücksichtigen, dass Abs. 1 S. 1 auch nach Neuregelung durch Art. 1 des KJSG die Prüfung an den Erfordernissen des Einzelfalls ausrichtet.

2 S. hierzu Mörsberger in Wiesner Rn. 4.
3 BT-Drs. 19/26107, 103.
4 BT-Drs. 19/26107, 103 und 104.

Das Kriterium „nach den Erfordernissen des Einzelfalls" ist unbestimmt. Das **Erfordernis einer Überprüfung** kann im Einzelfall durch Anfragen, Meldungen, Beschwerden oder Hinweise auf mögliche Gefährdungen indiziert werden, aber auch durch geplante konzeptionelle, personelle oder bauliche Veränderungen, durch hohe Fluktuation von Fachkräften oder erhebliche Veränderungen in der Belegung.[5] 3

Nach Abs. 1 S. 1 hat die Prüfung darauf abzuzielen, ob die Voraussetzungen für die Erteilung der Erlaubnis weiter bestehen. Gegenstand der Prüfung kann daher nur die Gewährleistung des Kindeswohls nach § 45 Abs. 2 S. 1 und das Vorliegen der Regelbeispiele nach § 45 Abs. 2 S. 2 Nr. 1 bis 4 sein. Sachfremde Erwägungen dürfen eine Prüfung nicht beeinflussen. Dies gilt sowohl für das Ob der Prüfung als auch das Wie, also Art und Umfang der Prüfung. 4

Leitend muss stets das Ziel sein, den betroffenen Kindern und Jugendlichen ihren Lebensmittelpunkt nach Möglichkeit zu erhalten und auf kooperativem Weg ein Abstellen von möglichen Mängel bzw. die Abwendung möglicher Gefährdungen zu erreichen.

3 Beteiligungsverpflichtung (Abs. 1 Satz 3)

Abgesehen von atypischen Sonderfällen muss die zuständige Behörde das **JA**, in dessen Wirkungsbereich die zu überprüfende Einrichtung liegt, an der Überprüfung beteiligen (→ § 87 a Rn. 5). Wenn die zu überprüfende Einrichtung einem zentralen Träger, dh einem auf überörtlicher Ebene angesiedelten Spitzen- oder **Dachverband** bzw. **Trägerzusammenschluss** angehört, ist auch dieser abgesehen von besonderen Einzelfällen an der Überprüfung zu beteiligen. Das heißt zB, dass grundsätzlich durch frühzeitige Terminabstimmung die Gelegenheit zur Teilnahme eingeräumt werden muss. Eine Überprüfung ohne Beteiligung des Jugendamts und des zentralen Trägers ist daher rechtswidrig, wenn kein Ausnahmefall vorliegt. Diese Verpflichtung zur Beteiligung steht in einem gewissen Spannungsverhältnis zur Möglichkeit der unangemeldeten Prüfung nach Abs. 2 Satz 1. 5

Eine Verpflichtung zur Teilnahme besteht allerdings weder für das JA noch für den zentralen Träger.

4 Unangekündigte Prüfungen und Mitwirkung

Nach Abs. 2 S. 1 können örtliche Prüfungen jederzeit unangemeldet erfolgen. Obgleich sich dies nach der Semantik des Satzes und der Verwendung des Wortes jederzeit nach hiesiger Auffassung nicht ergibt, wird mit der Gesetzesbegründung ausgeführt, dass aus der Formulierung „jederzeit unangemeldet erfolgen" zu schließen sei, dass weder ein konkreter Anlass im vorgenannten Sinne noch eine Anmeldung für eine rechtmäßige örtliche Prüfung erforderlich ist. Gleichwohl gelte das Prüfungsrecht nicht uneingeschränkt. Es muss sich nach der Gesetzbegründung hinsichtlich Häufigkeit, Art und Weise als verhältnismäßig erweisen.[6] 6

Nach Abs. 2 S. 2 soll der Träger der Einrichtung bei der örtlichen Prüfung mitwirken. Hierbei handelt es sich um eine unvollkommene Rechtspflicht im Sinne einer Obliegenheit. Die Mitwirkung kann nicht zwangsweise durchgesetzt werden. Eine Weigerung zur (vollumfänglichen) Mitwirkung kann sich für den Einrichtungsträger daher nur mittelbar, beispielsweise infolge der Aufhebung der Betriebserlaubnis, nachteilig auswirken. Allerdings ist diesbezüglich zu berücksichtigen, dass die Behörde für die die Aufhebung nach § 45 Abs. 7 begründenden Tatbestandsvoraussetzungen darlegungs- und beweislastpflichtig ist. Alleine mit der Weigerung bei einer Prüfung voll-

5 S. hierzu auch Busse in jurisPK-SGB VIII Rn. 18.
6 BT-Drs. 19/26107, 103.

umfänglich mitzuwirken, kann idR das Vorliegen einer Nichtgewährleistung des Kindeswohls nicht begründet werden. Es wird nach Art und Umfang einer Verweigerungshaltung zu unterscheiden sein. Ferner ist zu prüfen, ob sich der Einrichtungsträger auf einen sachlichen Grund stützen kann. Sofern sich die Prüfung der Betriebserlaubnisbehörde auf das Vorliegen der Kindeswohlgewährleistung beschränkt und in der Ausgestaltung dem Verhältnismäßigkeitsgrundsatz genügt, wird man allerdings von einer umfänglichen Mitwirkungsobliegenheit des Trägers auszugehen haben.

5 Prüfungsbefugnis (Abs. 3)

7 Mit Art. 1 des **KJSG** hat § 46 einen neuen Absatz erhalten. Geregelt werden Betretungs- und Befragungsrechte der Betriebserlaubnisbehörde, die nach bisheriger Rechtslage in Abs. 2 enthalten waren. Die Befugnisse sind zudem erweitert worden. Insbesondere wird das bisher in Abs. 2 geregelte Recht, „sich mit den Kindern und Jugendlichen in Verbindung zu setzen und die Beschäftigten zu befragen", erweitert.

8 **Abs. 3 S. 1 Nr. 1** stellt eine **Befugnis zum Betreten** der Grundstücke und Räume während der Tageszeit dar, die zur Einrichtung gehören, soweit diese nicht einem Hausrecht der Bewohner unterliegen. Ausgenommen von dieser Befugnis sind Räume, die von Leitung und Personal privat genutzt werden oder an denen andere Personen ein eigenständiges Wohnrecht haben.

Das mit Nr. 1 normierte Betretungsrecht ist im Hinblick auf die Unverletzlichkeit der Wohnung nach Art. 13 GG nach hiesiger Auffassung nicht unproblematisch. Vom Schutzbereich des Art. 13 GG werden nämlich nicht nur Privat-, sondern auch Geschäftsräume erfasst. Die Regelung in Nr. 1 füllt – zumindest vom Wortlaut der verfassungsrechtlichen Bestimmung ausgehend – keinen der in Art. 13 Abs. 1 bis 7 GG genannten Gesetzesvorbehalte aus. Nach der Rspr. des BVerfG, die zu vergleichbaren Betretungs- und Nachschaurechten in anderen Gesetzen ergangen ist, ist die gesetzliche Regelung in Nr. 1 wohl dennoch verfassungskonform; allerdings ist sie einengend auszulegen. Das bedeutet auch, dass bei jeder Einzelfallanwendung in der täglichen Praxis die Vorgaben des BVerfG zu beachten sind.[7]

9 Unter dem Aspekt der Bestimmtheit der Eingriffsbefugnis ist es ferner rechtlich problematisch, dass der verwendete Begriff der **Tageszeit** nicht definiert wird. Ohne überzeugende Argumente und unter Bezugnahme auf seit Jahren außer Kraft getretenes Recht (§ 9 Abs. 2 S. 1 HeimG) wird überwiegend für die Bestimmung der Tageszeit von einem Zeitraum von 7:00 bis 19:00 ausgegangen.[8]

10 Abs. 3 S. 1 Nr. 1 berechtigt nicht nur zum Betreten von Grundstücken und Räumen, sondern auch zu **Prüfungen und Besichtigungen**. Nach bisheriger Rechtslage bestand nach überwiegender Auffassung kein Recht zur Einsicht in Unterlagen des Trägers.[9] Infolge Neuregelung in Abs. 1 S. 4 hat der Träger der Einrichtung nun der zuständigen Behörde alle für die Prüfung erforderlichen Unterlagen vorzulegen. Eine Datenübermittlung ist daher nach § 69 Abs. 1 Nr. 1 Alt. 2 SGB X zulässig. Allerdings ist die Übermittlung am Erforderlichkeitsgrundsatz zu messen. Danach sind nur die Unterlagen vorzulegen, die für die jeweilige Prüfung zwingend notwendig sind. Die Notwendigkeit bzw. Erforderlichkeit ist dabei ausschließlich am Maßstab der Prüfung der Gewährleistung des Kindeswohls in der jeweiligen Einrichtung zu beurteilen. Zudem ist auch hier die Regelung des § 65 zu beachten. Anvertraute Daten können daher idR nur mit Einwilligung des Anvertrauenden nach § 65 Abs. 1 S. 1 Nr. 1 vorgelegt werden.

---

7 S. hierzu BVerfG 15.3.2007 – 1 BvR 2138/05.
8 Mörsberger in Wiesner Rn. 12 und Smessaert/Lackies in FK-SGB VIII Rn. 5.
9 Smessaert/Lackies in FK-SGB VIII Rn. 3. S. hierzu auch Busse in jurisPK-SGB VIII Rn. 31; aA Mörsberger in Wieser Rn. 14.

§ 46 Abs. 3 S. 1 stellt keine Befugnis für Durchsuchungen iSd Art. 13 Abs. 2 GG dar. Auch ist von der Regelung nicht die Befugnis zum zwangsweisen Betreten der Grundstücke und Räume umfasst. Dies ist nur mittels einer Vollstreckung des Verwaltungsaktes nach § 46 möglich. 11

Infolge Rechtsänderung durch Art. 1 des **KJSG** ist das Befragungsrecht nun in Abs. 3 S. 1 Nr. 2a und b normiert. Nach neuer Rechtslage besteht eine Befugnis zur Gesprächsführung mit den Kindern oder Jugendlichen ohne die Anwesenheit eines Vertreters der Einrichtung oder des Trägers. Allerdings muss hierfür die Betriebserlaubnisbehörde zuvor das Einverständnis der Personensorgeberechtigten zu den Gesprächen einholen und diesen eine Beteiligung an den Gesprächen ermöglichen. Zudem muss den Kindern und Jugendlichen die Hinzuziehung einer von ihnen benannten Vertrauensperson zu den Gesprächen ermöglicht werden. Auf dieses Recht sind sie (nach hiesiger Auffassung auch hier: in einer für sie verständlichen, nachvollziehbaren und wahrnehmbaren Form) hinzuweisen. Klarstellend wird geregelt, dass trotz dieser in Abs. 3 S. 1 Nr. 2 bestehenden Befugnis der Betriebserlaubnisbehörde der Anspruch des Kindes oder Jugendlichen auf eine Beratung nach § 8 Abs. 3 weiterhin besteht. 12

Abs. 3 S. 2 enthält eine Einschränkung der Beteiligungspflichten der Personensorgeberechtigten und der Vertrauensperson nach Nr. 2a und b. Die Beteiligung hat zu unterbleiben, wenn hierdurch die Sicherung der Rechte und der wirksame Schutz der Kinder und Jugendlichen in der Einrichtung in Frage gestellt würde.

Nach der Gesetzesbegründung ist bei Durchführung der Befragung nach Abs. 3 S. 1 Nr. 2 die in Abs. 1 S. 2 enthaltene Vorgabe zu beachten. Auch die Befragung muss sich daher am Verhältnismäßigkeitsgrundsatz messen lassen. Sie muss ein geeignetes, erforderliches und angemessenes Mittel darstellen. Gespräche ohne Beteiligung der Personensorgeberechtigten und einer Vertrauensperson kommen nur dann in Betracht, wenn eine effektive Abwehr möglicher Gefahren für das Wohl der Kinder und Jugendlichen dies erforderlich macht. Eine Umkehr des Regel-/Ausnahmeverhältnisses kommt danach nur in Betracht, wenn die Effektivität der Gefahrenabwehr diese gebietet. Sie bedarf einer besonderen Begründung im Einzelfall.[10] Aber auch wenn ein Gespräch mit dem Kind oder Jugendlich erfolgt, ist der Verhältnismäßigkeitsgrundsatz insbesondere hinsichtlich der Inhalte des Gesprächs und des Gesprächsumfangs zu berücksichtigen. Da auch die Gesprächsführung lediglich auf die Prüfung der Tatbestandsvoraussetzung der Kindeswohlgewährleistung nach § 45 Abs. 2 S. 1 zielen darf, hat sich die Befragung hierauf zu beschränken. Zudem ist zu berücksichtigen, dass die Betriebserlaubnisbehörde die Daten grundsätzlich beim Betroffenen zu erheben hat. Sofern sie bei dem Gespräch mit dem Kind oder Jugendlichen Daten eines Dritten erhebt, muss sich dies an der Vorgabe des § 62 Abs. 3 Nr. 2c messen lassen.

Nach Abs. 3 S. 3 dürfen zur Abwehr von Gefahren für das Wohl der Kinder und Jugendlichen die Grundstücke und Räume auch außerhalb der in S. 1 genannten Tageszeit und auch, wenn diese zugleich einem Hausrecht der Bewohner unterliegen, betreten und Gespräche mit den Beschäftigten sowie den Kindern und Jugendlichen nach Maßgabe von S. 1 geführt werden. 13

Im Gegensatz zur Regelung in Abs. 3 S. 1 Nr. 1 genügt die Vorschrift dem Gesetzesvorbehalt des Art. 13 Abs. 7 GG. Bei der genannten Gefahr handelt es sich um eine dringende Gefahr iSd Art. 13 Abs. 7 GG. Nach hiesiger Auffassung muss die Kindeswohlgefährdung des Abs. 3 S. 3 die Gefahrenschwelle des § 42 Abs. 1 S. 1 Nr. 2 erreichen.

Nach Abs. 3 **S. 4** hat der Träger der Einrichtung die Maßnahmen nach S. 1 und 2 zu **dulden**, dh er darf die Maßnahme nicht verhindern, selbst wenn er nicht damit einverstanden ist. Dem Zweck der Maßnahmen entsprechend gilt die Duldungspflicht auch 14

10 BT-Drs. 19/26107, 104.

für die Beschäftigten der Einrichtung.[11] Die Aufsichtsbefugnisse nach § 46 sowie die grundsätzliche Erlaubnispflichtigkeit nach § 45 Abs. 1 S. 1 schließen das Recht zum Erlass eines gestaltenden oder feststellenden Verwaltungsaktes bzgl. einer dem Grunde nach bestehenden Duldungspflicht hinsichtlich der Betretens- und Prüfungsrechte ein.[12]

§ 47 Melde- und Dokumentationspflichten, Aufbewahrung von Unterlagen

(1) [1]Der Träger einer erlaubnispflichtigen Einrichtung hat der zuständigen Behörde unverzüglich

1. die Betriebsaufnahme unter Angabe von Name und Anschrift des Trägers, Art und Standort der Einrichtung, der Zahl der verfügbaren Plätze sowie der Namen und der beruflichen Ausbildung des Leiters und der Betreuungskräfte,

2. Ereignisse oder Entwicklungen, die geeignet sind, das Wohl der Kinder und Jugendlichen zu beeinträchtigen, sowie

3. die bevorstehende Schließung der Einrichtung

anzuzeigen. [2]Änderungen der in Nummer 1 bezeichneten Angaben sowie der Konzeption sind der zuständigen Behörde unverzüglich, die Zahl der belegten Plätze ist jährlich einmal zu melden.

(2) [1]Der Träger einer erlaubnispflichtigen Einrichtung hat den Grundsätzen einer ordnungsgemäßen Buch- und Aktenführung entsprechend Aufzeichnungen über den Betrieb der Einrichtung und deren Ergebnisse anzufertigen sowie eine mindestens fünfjährige Aufbewahrung der einrichtungsbezogenen Aufzeichnungen sicherzustellen. [2]Auf Verlangen der Betriebserlaubnisbehörde hat der Träger der Einrichtung den Nachweis der ordnungsgemäßen Buchführung zu erbringen; dies kann insbesondere durch die Bestätigung eines unabhängigen Steuer-, Wirtschafts- oder Buchprüfers erfolgen. [3]Die Dokumentations- und Aufbewahrungspflicht umfasst auch die Unterlagen zu räumlichen, wirtschaftlichen und personellen Voraussetzungen nach § 45 Absatz 2 Satz 2 Nummer 2 sowie zur Belegung der Einrichtung.

(3) Der Träger der öffentlichen Jugendhilfe, in dessen Zuständigkeitsbereich erlaubnispflichtige Einrichtungen liegen oder der die erlaubnispflichtige Einrichtung mit Kindern und Jugendlichen belegt, und die zuständige Behörde haben sich gegenseitig unverzüglich über Ereignisse oder Entwicklungen zu informieren, die geeignet sind, das Wohl der Kinder und Jugendlichen zu beeinträchtigen.

1 Bedeutung der Norm

1 § 47 normiert Meldepflichten des jeweiligen Trägers einer nach § 45 erlaubnispflichtigen Einrichtung gegenüber der zuständigen Betriebserlaubnisbehörde. Die einrichtungsbezogenen und individuellen Meldepflichten dienen zum präventiven Schutz von Kindern und Jugendlichen in Einrichtungen, der Überprüfung der Voraussetzungen der Betriebserlaubniserteilung und der Gewinnung von Anhaltspunkten für die Durchführung einer örtlichen Prüfung.

Mit Art. 1 des KJSG wurde § 47 um zwei Absätze erweitert.[1] Mit Abs. 2 werden dem Einrichtungsträger Aufzeichnungs- und Speicherungspflichten aufgegeben. Nach

11 Ebenso Stähr in Hauck/Noftz Rn. 14 und Mörsberger in Wiesner Rn. 17.
12 S. hierzu OVG LSA 3.12.2013 – 4 L 41/13, juris Rn. 16.
1 BGBl. 2021 Teil I Nr. 29, 1444.

Abs. 3 wird ein Austausch zwischen Jugendamt und Betriebserlaubnisbehörde geregelt.

Die Regelung bezieht sich gem. § 48a auch auf **sonstige betreute Wohnformen.**

2 Zu den Meldepflichten mit Relevanz für die Betriebserlaubnis nach Abs. 1

Die Meldepflichten nach Abs. 1 treffen den Träger einer **erlaubnispflichtigen Einrichtung.** Dies bestimmt sich nach § 45 Abs. 1. Neben diesen unterliegen auch die Träger der sonstigen betreuten Wohnformen nach § 48a der Meldepflicht. 2

Nach Abs. 1 S. 1 Nr. 1 hat der Träger unverzüglich der Betriebserlaubnisbehörde die Betriebsaufnahme unter Angabe von Name und Anschrift des Trägers, Art und Standort der Einrichtung, der Zahl der verfügbaren Plätze sowie der Namen und der beruflichen Ausbildung des Leiters und der Betreuungskräfte anzuzeigen. Die Regelung ist weitestgehend unproblematisch und aus sich heraus verständlich. 3

Angaben zur **Art der Einrichtung** beziehen sich auf den Zweck, zu dem die Einrichtung ihre Dienste anbietet, und damit auf das Einrichtungskonzept. Angaben zum **Standort** der Einrichtung beziehen sich sowohl auf den Standort der „Zentrale“, dh auf die Haupteinrichtung, wie auf mögliche Standorte von organisatorisch mit ihr verbundenen dezentralen Bestandteilen, wie Außenwohngruppen o.ä.

Es sind Angaben zur **Zahl der verfügbaren Plätze** zu machen (und entsprechende Änderungen unverzüglich mitzuteilen) sowie nach Abs. 1 Satz 2 jährlich einmal Angaben zur **Zahl der belegten Plätze.** 4

Der Begriff der **Betreuungskräfte** umfasst alle Kräfte, die in einer Einrichtung mit der Versorgung, Beaufsichtigung oder Erziehung von Minderjährigen betraut sind. Die Meldepflicht bezieht sich auf die **Namen** und die berufliche Ausbildung der Leitung und der Betreuungskräfte. Die Angaben zur **beruflichen Ausbildung** bzw. zu den aufgabenspezifischen Ausbildungsnachweisen nach § 45 Abs. 3 Nr. 2 erstrecken sich auf die in einem Lebenslauf üblichen Angaben zur Ausbildung und zum Qualifikationsniveau. Nach § 45 Abs. 3 Nr. 2 ist jeweils auch nachzuweisen, dass die erforderlichen Führungszeugnisse vorlagen und auf zu beanstandende Eintragungen iSd § 72a geprüft wurden. 5

Nach Abs. 1 S. 1 Nr. 2 sind Ereignisse oder Entwicklungen anzuzeigen, die geeignet sind, das Wohl der Kinder und Jugendlichen zu beeinträchtigen. Hierbei handelt es sich um eine unbestimmte Vorgabe, welche einen erheblichen Interpretationsspielraum eröffnet.[2] Dies ist unter rechtsstaatlichen Aspekten insbesondere deshalb problematisch, weil mit der in § 45 Abs. 2 S. 3 Nr. 1 bis 3 neu normierten **Kettenregelbeispielskonstruktion** letztlich das meldepflichtige Ereignis für die Zuverlässigkeit des Trägers und damit für das Vorliegen der Tatbestandsvoraussetzung der Kindeswohlgewährleistung bindende Wirkung haben soll. 6

In der Praxis entbrennt regelmäßig erheblicher Streit, welche Ereignisse oder Entwicklungen nach § 47 Abs. 1 S. 1 Nr. 2 meldepflichtig sind. Die diesbezügliche Verwaltungspraxis der Betriebserlaubnisbehörden differiert erheblich. Besonders problematisch für die Rechtssicherheit ist es, dass es in Rspr. und Lit. bisher nicht gelungen ist, eine hinreichende Konkretisierung des meldepflichtigen Ereignisses herzustellen.

2 S. hierzu auch Mörsberger in Wiesner Rn. 7c.

Während in der Rspr. bisher kaum eine Begriffsklärung erfolgt ist, begnügen sich Teile der Lit. bisher damit auf Handlungsleitlinien der BAGLJA aus dem Jahr 2013[3] zu verweisen.[4]

Die BAGLJA definiert Ereignisse und/oder Entwicklungen, die geeignet sind, das Wohl der Kinder und Jugendlichen zu beeinträchtigen wie folgt: „nicht alltägliche, akute Ereignisse oder über einen gewissen Zeitraum anhaltende Entwicklungen in einer Einrichtung, die sich in erheblichem Maße auf das Wohl von Kindern und Jugendlichen auswirken bzw. auswirken könnten." Konkret werden folgende Orientierungspunkte genannt:

a) „Fehlverhalten von Mitarbeiterinnen und Mitarbeitern und durch diese verursachte Gefährdungen der zu betreuenden Kinder und/oder Jugendlichen" wie „Unfälle mit Personenschäden, Aufsichtspflichtverletzungen, verursachte oder begünstigte Übergriffe/Gewalttätigkeiten, Sexuelle Gewalt, unzulässige Strafmaßnahmen, herabwürdigende Erziehungsstile, grob unpädagogisches (vorwiegend verletzendes) Verhalten, Verletzung der Rechte von Kindern und Jugendlichen, gewichtige Anhaltspunkte für die Zugehörigkeit des Personals zu einer Sekte oder zu einer extremistischen Vereinigung, Rauschmittelabhängigkeit von Personal. Straftaten bzw. Strafverfolgung von Mitarbeiterinnen und Mitarbeitern".
b) „Meldepflichtig sind Straftaten oder der begründete Verdacht auf Straftaten von in der Einrichtung beschäftigten und tätigen Personen sowie bekannt gewordener Ermittlungsverfahren, die in Zusammenhang mit ihrer Tätigkeit stehen oder die Hinweise auf eine eventuell fehlende persönliche Eignung geben. Darüber hinaus wird auf die Regelungen in der Anordnung über Mitteilungen in Strafsachen (MiStra) verwiesen. Eintragungen in Führungszeugnissen sind der betriebserlaubniserteilenden Behörde zu melden, damit diese die Relevanz der Straftat für die persönliche Eignung der betroffenen Person bewerten kann. Hierzu kann sich die betriebserlaubniserteilende Behörde unter anderem das betreffende Führungszeugnis vom Einrichtungsträger vorlegen lassen und erforderlichenfalls die dazugehörige Gerichtsakte anfordern."
c) „Gefährdungen, Schädigungen durch zu betreuende Kinder und/oder Jugendliche und delinquentes Verhalten von zu betreuenden Kindern und/oder Jugendlichen" wie „gravierende selbstgefährdende Handlungen, Selbsttötungsversuche bzw. Selbsttötung, Sexuelle Gewalt, Körperverletzungen und sonstige erhebliche oder wiederholte Straftaten."
d) Katastrophenähnliche Ereignisse, also „alle über Schadensfälle des täglichen Lebens hinausgehenden Ereignisse, die in einem ungewöhnlichen Ausmaß Schäden an Leben oder an der Gesundheit von Menschen oder an Sachwerten verursachen oder zur Folge haben, zum Beispiel: Feuer, Explosionen oder erhebliche Sturmschäden mit massiver Beeinträchtigung des Gebäudes oder Hochwasser."
e) „Besonders schwere Unfälle von Kindern oder Jugendlichen, auch wenn sie nicht mit Fehlverhalten des Aufsichtspersonals in Zusammenhang stehen."
f) „Beschwerdevorgänge über die Einrichtung zB von Eltern, Beteiligungsgremien, Kindern, Jugendlichen, Mitarbeiterinnen und Mitarbeitern (bei Beschwerdegründen, die geeignet sind, das Kindeswohl zu gefährden)."
g) „Vorgänge, die die Arbeitsfähigkeit des Teams in Frage stellen."
h) Weitere Ereignisse können zB sein: meldepflichtige Krankheiten nach dem Infektionsschutzgesetz (diese sind zudem unverzüglich der örtlich zuständigen Behörde für Gesundheit und Hygiene zu melden), Mängelfeststellung und/oder Auflagen

3 Handlungsleitlinien zur Umsetzung des Bundeskinderschutzgesetzes im Arbeitsfeld der betriebserlaubnispflichtigen Einrichtungen nach § 45 SGB VIII, 2. aktualisierte Fassung, 2013.

4 S. hierzu Smessaert/Lackies in FK-SGB VIII Rn. 4.

anderer Aufsichtsbehörden (zB durch Bauaufsichtsbehörde bzw. Brandschutzstelle, Behörde für Gesundheit und Hygiene, Unfallkasse ...), umfangreiche Baumaßnahmen, die die Nutzung anderer Räumlichkeiten erfordern.

Zudem beschreibt die BAGLJA „Entwicklungen, die das Wohl der Kinder und Jugendlichen beeinträchtigen können und im Zusammenhang mit strukturellen und personellen Rahmenbedingungen in der Einrichtung stehen." „Hierdurch sind auch Entwicklungen erfasst, die zu den og Ereignissen bzw. Vorkommnissen führen können:

- Anzeichen dafür, dass die wirtschaftlichen Voraussetzungen für den Betrieb der Einrichtung nicht mehr erfüllt werden – zB durch anhaltende „Unterbelegung",
- erhebliche personelle Ausfälle beim notwendigen pädagogischen Personal oder im Betreuungsdienst (zB aufgrund von Krankheit, Kündigung mehrerer Mitarbeiterinnen und Mitarbeiter in einem Angebot),
- wiederholte Mobbingvorfälle und Mobbingvorwürfe oder
- gravierende oder sich wiederholende Beschwerden über die Einrichtung."

Wie sich aus der in § 47 S. 1 Nr. 2 verwendeten Formulierung der Eignung des Ereignisses/der Entwicklung zur **„Beeinträchtigung"** des Kindeswohls ergibt, muss aber immer eine gewisse Erheblichkeitsschwelle überschritten werden. Insbesondere diesbezüglich fehlt eine Kohärenz in der Aufzählung der BAGLJA. So reicht die Spannbreite von dem Selbstmord eines jungen Menschen bis hin zur bloßen Beschwerde, die bekannt wird. Teilweise sind die Anknüpfungsbeispiele auch viel zu ungenau formuliert. So wird beispielsweise an den „begründeten Verdacht" einer Straftat geknüpft ohne zu erläutern, wann ein solch „begründeter Verdacht" vorliegen soll.[5]

Nach hiesiger Auffassung muss in nächster Zeit eine Begriffsklärung durch Rspr. und Lit. erfolgen. Ohne eine solche Klärung fehlt der Norm eine hinreichende Bestimmtheit. Nach hiesiger Auffassung muss sich ein Ereignis oder eine Entwicklung iSd Abs. 1 Sz 1 Nr. 2 jedenfalls auf eine objektive Anknüpfungstatsache stützen, welche die Schlussfolgerung einer bereits eingetretenen oder drohenden Beeinträchtigung des Kindeswohls ermöglicht. Das Ereignis oder die Entwicklung muss damit eine gewisse Erheblichkeitsschwelle überschreiten. So kann sicherlich nicht jedwede, auch wiederholende, Beschwerde (zB von Nachbarn wegen einer Lärmbelästigung durch spielende Kinder) ein meldepflichtiges Ereignis in diesem Sinne darstellen.

Nach hiesiger Auffassung sollte unstrittig sein, dass zumindest nachfolgende Ereignisse und/oder Entwicklungen der Betriebserlaubnisbehörde mitzuteilen sind, wenn sie geeignet sind, das Wohl der Minderjährigen zu beeinträchtigen:

- In § 72a Abs. 1 genannte Straftaten von Mitarbeitenden
- Körperliche, sexuelle oder emotionale Gewalt von Mitarbeitenden gegenüber Minderjährigen
- Verbrechen iSd § 12 StGB von Minderjährigen oder gegen Minderjährige
- Gravierende selbstgefährdende Handlungen und Selbsttötungsversuche von Minderjährigen
- Besonders schwere Unfälle, Verletzungen, Vergiftungen oder meldepflichtige Krankheiten nach dem Infektionsschutzgesetz von Minderjährigen
- Tod von Minderjährigen
- Erhebliche personelle Ausfälle, so dass die Betreuung und Aufsicht nicht mehr gewährleistet ist
- Zahlungsunfähigkeit des Trägers

5 S. hierzu Handlungsleitlinien zur Umsetzung des Bundeskinderschutzgesetzes im Arbeitsfeld der betriebserlaubnispflichtigen Einrichtungen nach § 45 SGB VIII, 2. aktualisierte Fassung, 2013.

- Mängelfeststellung und/oder Auflagen anderer Aufsichtsbehörden (zB durch Bauaufsichtsbehörde, Gesundheitsamt)
- Katastrophenähnliche Ereignisse wie Brand, Explosionen, Sturm oder Hochwasser

7 Nach Abs. 1 S. 1 Nr. 3 ist auch die bevorstehende Schließung der Einrichtung anzuzeigen.

8 Nach Abs. 1 S. 2 sind Änderungen der in Nr. 1 bezeichneten Angaben sowie eine Änderung der Konzeption mitzuteilen. Die Zahl der belegten Plätze ist zudem jährlich einmal mitzuteilen.

9 In Anknüpfung an die mit Art. 1 des KJSG in § 45 Abs. 3 Nr. 1 erfolgte Rechtsänderung hat der Träger nach neuer Rechtslage mit Abs. 2 S. 1 die Pflicht, den Grundsätzen einer ordnungsgemäßen Buch- und Aktenführung entsprechend Aufzeichnungen über den Betrieb der Einrichtung und deren Ergebnisse anzufertigen sowie eine mindestens fünfjährige Aufbewahrung der einrichtungsbezogenen Aufzeichnungen sicherzustellen.

Nach Abs. 2 S. 2 Hs. 1 muss der Träger auf Verlangen der Betriebserlaubnisbehörde den Nachweis der ordnungsgemäßen Buchführung erbringen. Nach Hs. 2 kann dies insbesondere durch die Bestätigung eines unabhängigen Steuer-, Wirtschafts- oder Buchprüfers erfolgen. Dabei ist aber zu beachten, dass solche Nachweise regelhaft erst einige Monate nach Jahresende vorgelegt werden können.

Nach Abs. 2 S. 3 muss die Dokumentations- und Aufbewahrungspflicht auch die Unterlagen zu räumlichen, wirtschaftlichen und personellen Voraussetzungen nach § 45 Abs. 2 S. 2 Nr. 2 sowie zur Belegung der Einrichtung umfassen.

Mit dieser Neuregelung besteht eine fortlaufende Verpflichtung des Trägers zur Dokumentation und Aufbewahrung. Die Unterlagen haben insbesondere Bedeutung für die Prüfung nach § 46.

Für den Einrichtungsträger wird sich mit den Neuregelungen der Arbeitsaufwand erhöhen. Dies ist auf der Ebene der Leistungs- und Entgeltvereinbarung kostensteigernd zu berücksichtigen.

10 Mit Art. 1 des KJSG ist ferner ein neuer Abs. 3 implementiert worden. Danach müssen sich der Träger der öffentlichen Jugendhilfe, in dessen Zuständigkeitsbereich erlaubnispflichtige Einrichtungen liegen oder der die erlaubnispflichtige Einrichtung mit Kindern und Jugendlichen belegt, und die zuständige Betriebserlaubnisbehörde gegenseitig unverzüglich über Ereignisse oder Entwicklungen informieren, die geeignet sind, das Wohl der Kinder und Jugendlichen zu beeinträchtigen. Die Regelung leidet nach hiesiger Auffassung an der Unbestimmtheit, welche auch Abs. 1 Nr. 2 auszeichnet.

§ 48 Tätigkeitsuntersagung

Die zuständige Behörde kann dem Träger einer erlaubnispflichtigen Einrichtung die weitere Beschäftigung des Leiters, eines Beschäftigten oder sonstigen Mitarbeiters ganz oder für bestimmte Funktionen oder Tätigkeiten untersagen, wenn Tatsachen die Annahme rechtfertigen, dass er die für seine Tätigkeit erforderliche Eignung nicht besitzt.

1 Bedeutung der Norm

§ 48 gibt der zuständigen Behörde die Möglichkeit, die weitere Beschäftigung des Leiters, eines Beschäftigten oder sonstigen Mitarbeitenden der Einrichtung ganz oder teilweise zu untersagen, wenn Tatsachen die Annahme rechtfertigen, dass dieser Mitarbeitende die für seine Tätigkeit erforderliche Eignung nicht besitzt. Die Möglichkeit zur Untersagung bezieht sich damit ausschließlich auf die fehlende Eignung. Eine Untersagung aus anderen Gründen, beispielsweise aufgrund des Nichtvorliegens anderer Tatbestandsvoraussetzungen oder aufgrund einer fehlenden Erlaubnis, ist daher nach § 48 nicht möglich. Diese Untersagungsverfügungen sind nur möglich, wenn Landesrecht (s. hierzu § 49) entsprechende Rechtsgrundlagen zur Verfügung stellt.[1] 1

Auch kann im Einzelfall die Abgrenzung zu nachträglichen Auflagen nach § 45 Abs. 4 und 6 Probleme bereiten.

Nach § 48a Abs. 1 gilt die Vorschrift auch für sonstige betreute Wohnformen.

2 Tatbestandsvoraussetzungen

Tatbestandsvoraussetzung für die Tätigkeitsuntersagung ist das Vorliegen von Tatsachen, welche die Annahme rechtfertigen, dass der betroffenen Person die für die Tätigkeit „erforderliche Eignung" fehlt. Dieser unbestimmte Rechtsbegriff ist auszulegen. Nach der Gesetzesbegründung ist hierunter sowohl die fachliche Qualifikation als auch die persönliche Zuverlässigkeit zu verstehen.[2] Reine Vermutungen reichen hierfür nicht aus; vielmehr müssen objektive Tatsachen vorliegen und benannt werden. Die Betriebserlaubnisbehörde ist diesbezüglich darlegungs- und beweislastpflichtig. Bei der Prüfung der fehlenden Eignung sind alle fachlichen und persönlichen Eignungskriterien heranzuziehen. Dabei kommt es auf den jeweiligen Aufgaben- und Verantwortungsbereich des betroffenen Mitarbeitenden an. Auch ist die Konzeption der Einrichtung in den Blick zu nehmen. Es ist konkret zu prüfen, ob hinsichtlich der einrichtungsspezifischen Aufgabenwahrnehmung die Eignung fehlt. 2

Dies kann beispielsweise angenommen werden, wenn der Mitarbeitende keine den konzeptionellen Anforderungen entsprechende Berufsausbildung hat oder in § 72a Abs. 1 genannte Straftaten begangen hat.

3 Rechtsfolge

Auf der Rechtsfolgenseite eröffnet die Norm der Behörde Ermessen. Die Ermessensausübung muss insbesondere die gesetzlichen Grenzen nach Art. 12 GG und den Verhältnismäßigkeitsgrundsatz einhalten. Im Rahmen der Erforderlichkeitsprüfung muss der Frage nachgegangen werden, ob es ausreichend für die Kindeswohlgewährleistung ist, die Beschäftigung des Mitarbeiters nicht vollständig, sondern nur für bestimmte Bereiche, Tätigkeiten oder Aufgaben zu untersagen. Voraussetzung für eine vollständige oder teilweise Tätigkeitsuntersagung ist, dass bei einer Weiterbeschäftigung des Mitarbeiters das Wohl von Kindern und Jugendlichen in der Einrichtung dauerhaft nicht mehr gewährleistet werden kann. 3

Die für den Betroffenen eintretenden Nachteile sind im Rahmen der Angemessenheitsprüfung mit den Vorteilen für die Allgemeinheit abzuwägen. Dabei sind insbesondere die betroffenen Kinder und Jugendlichen in den Blick zu nehmen. Besteht für diese eine Gefährdung des körperlichen, seelischen oder geistigen Wohls, wird vielfach ein Fall einer Ermessensreduzierung auf Null gegeben sein.

1 S. hierzu Kepert JAmt 2014, 186.
2 S. hierzu BT-Drs. 11/5948, 85.

4 Verfahren

4 Der von der Tätigkeitsuntersagung betroffene Mitarbeitende und der Träger der Einrichtung als Adressat der Untersagungsverfügung sind gem. § 24 Abs. 1 SGB X vor der Tätigkeitsuntersagung anzuhören, wobei gem. § 24 Abs. 2 Nr. 1 SGB X von der Anhörung abgesehen werden kann, wenn eine sofortige Entscheidung zum Schutz der Kinder und Jugendlichen notwendig erscheint. Diesbezüglich ist allerdings zu berücksichtigen, dass die Anhörung auch mündlich innerhalb kurzer Zeit durchgeführt werden kann. Gefahr im Verzug iSd § 24 Abs. 2 Nr. 1 SGB X dürfte daher nur im besonderen Ausnahmefall gegeben sein. Sowohl der von der Tätigkeitsuntersagung unmittelbar betroffene Träger als auch der direkt betroffene Mitarbeitende können gegen die Tätigkeitsuntersagung als belastenden Verwaltungsakt Anfechtungswiderspruch und Anfechtungsklage erheben. Diese entfalten gem. § 80 Abs. 1 S. 1 VwGO aufschiebende Wirkung, sofern die Behörde nicht die sofortige Vollziehung der Tätigkeitsuntersagung gem. § 80 Abs. 2 Nr. 4 VwGO angeordnet hat.

§ 48a Sonstige betreute Wohnform

(1) Für den Betrieb einer sonstigen Wohnform, in der Kinder oder Jugendliche betreut werden oder Unterkunft erhalten, gelten die §§ 45 bis 48 entsprechend.

(2) Ist die sonstige Wohnform organisatorisch mit einer Einrichtung verbunden, so gilt sie als Teil der Einrichtung.

1 Bedeutung der Norm

1 Die Regelung steht in einem engen Zusammenhang mit § 45. **Der Schutz von Minderjährigen in sonstigen betreuten Wohnformen** wurde ursprünglich in § 45 Abs. 4 behandelt. Um zu verdeutlichen, dass sich auch die **Regelungen der §§ 46–48** auf sonstige betreute Wohnformen beziehen, wurde der § 48a durch das 1. ÄndGKJHG in seiner jetzigen Form ergänzt. Abs. 2 gibt vor, wie hinsichtlich der Betriebserlaubnis und der Überprüfung mit sonstigen betreuten Wohnformen umzugehen ist, die organisatorisch einer Einrichtung zuzurechnen sind.

2 Ausdehnung des Schutzes von Minderjährigen auf sonstige betreute Wohnformen (Abs. 1)

2 Sonstige betreute Wohnformen sind vor allem betreute **Wohngemeinschaften** und betreutes **Einzelwohnen** (§§ 13 Abs. 3, 34, 35, 42 Abs. 1 S. 2).

3 Unter dem Gesichtspunkt des Schutzes von Minderjährigen ist bedeutsam, dass sonstige betreute Wohnformen ebenso wie Einrichtungen eine auf formaler Basis erfolgende **Fremdbetreuung außerhalb des unmittelbaren elterlichen Verantwortungsbereichs** darstellen. Unabhängig von der erreichten Selbstständigkeit der betreuten Minderjährigen ist wesentlich, dass die **Letztverantwortung** für die alltägliche Lebensführung der Minderjährigen **in den Händen eines Trägers**, respektive der von ihm beauftragten Fachkraft liegt. Das heißt, § 48 a dehnt die Erlaubnispflicht auf all jene Wohnangebote für Minderjährige aus, die zwar keine Einrichtungen sind, in deren Zusammenhang

gleichwohl ein Träger im oben beschriebenen Sinne die Verantwortung für die alltägliche Lebensführung von Minderjährigen übernimmt.

Die §§ 45–48 gelten für sonstige betreute Wohnformen entsprechend, das heißt etwa, **entsprechend ihrer Zweckbestimmung**, die jungen Menschen auf eine selbstverantwortliche Lebensführung vorzubereiten. 4

3 Sonstige betreute Wohnformen, die organisatorisch einer Einrichtung angeschlossen sind (Abs. 2)

Soweit sonstige betreute Wohnformen organisatorisch einer Einrichtung angeschlossen sind, gelten sie als Teil der Einrichtung. Als entsprechende „Bezugseinrichtung" kann nur eine betriebserlaubnispflichtige Einrichtung fungieren. Ein Ensemble sonstiger Wohnformen ist keine Einrichtung in diesem Sinne, ebenso wenig der Verwaltungssitz des Trägers oder das Büro, von dem aus Trägeraufgaben für Betreuungsstellen wahrgenommen werden. Von einer unselbstständigen Wohnform wird ausgegangen, wenn die konzeptionelle, organisatorische und wirtschaftliche Gesamtverantwortung bei der Leitung der Einrichtung liegt. Das beinhaltet auch, dass die Durchführungsverantwortung wesentlich in der Hand der Einrichtung liegt. Eine gesonderte Betriebserlaubnis ist dann nicht erforderlich. Liegt die organisatorisch einer Einrichtung angeschlossene sonstige betreute Wohnform im Zuständigkeitsbereich eines anderen örtlichen öffentlichen Trägers als die Stammeinrichtung, ist von einer selbstständigen Wohnform auszugehen, für die dann auch eine eigene Betriebserlaubnis erforderlich ist. Maßgeblich sind dafür ua die territorialen Grenzen der hoheitlichen Befugnisse der Aufsichtsbehörden. 5

4 Erziehungsstellen als sonstige betreute Wohnformen oder Einrichtung nach § 45a S. 2 und 3

Erziehungsstellen können Einrichtungen oder sonstige betreute Wohnformen sein. Sie verbinden die Charakteristika einer Pflegefamilie mit institutionellen Komponenten einer Einrichtung. Die Betriebserlaubnis für eine Erziehungsstelle ist nicht an eine Mindestzahl aufzunehmender Kinder gebunden. 6
Infolge Rechtsänderung durch Art. 1 des KJSG und Neunormierung des § 45a[1] sind insbesondere auch die in § 45a S. 2 und 3 enthaltenen Regelungen für familienähnliche Betreuungsformen zu beachten. Eine Erziehungsstelle kann daher auch als betriebserlaubnispflichtige Einrichtung iSd § 45 Abs. 1 S. 1 einzustufen sein.

§ 49 Landesrechtsvorbehalt

Das Nähere über die in diesem Abschnitt geregelten Aufgaben regelt das Landesrecht.

Der Bund hat nach Art. 74 Abs. 1 Nr. 7 GG die konkurrierende Gesetzgebungskompetenz für die Regelung des Kinder- und Jugendhilferechts. Nach Art. 72 Abs. 1 GG haben die Länder im Bereich der konkurrierenden Gesetzgebung die Befugnis zur Gesetzgebung, solange und soweit der Bund von seiner Gesetzgebungszuständigkeit nicht durch Gesetz Gebrauch gemacht hat. § 49 stellt dies deklaratorisch klar. Bedeutung gewinnen landesrechtliche Regelungen – außerhalb des Anwendungsbereichs des § 48 – beispielsweise für eine Untersagung des Betriebs einer Einrichtung iSd § 45 SGB VIII aufgrund des Nichtvorliegens von Tatbestandsvoraussetzungen oder der fehlenden Erlaubnis.[1] 1

1 BGBl. 2021 Teil I Nr. 29, 1444.
1 S. hierzu Kepert JAmt 2014, 186.

Allerdings ist auch festzustellen, dass landesrechtliche Regelungen zu einem bundesweiten Flickenteppich führen können. Im Bereich der §§ 45 ff., welche zur Gewährleistung des Kindeswohls unabdingbar sind, ist einer solcher Flickenteppich nach hiesiger Auffassung nicht unproblematisch. Daher begegnet hier auch die Regelung in § 45a S. 4 Bedenken.[2]

Dritter Abschnitt Mitwirkung in gerichtlichen Verfahren

§ 50 Mitwirkung in Verfahren vor den Familiengerichten

(1) [1]Das Jugendamt unterstützt das Familiengericht bei allen Maßnahmen, die die Sorge für die Person von Kindern und Jugendlichen betreffen. [2]Es hat in folgenden Verfahren nach dem Gesetz über das Verfahren in Familiensachen und in den Angelegenheiten der freiwilligen Gerichtsbarkeit mitzuwirken:

1. Kindschaftssachen (§ 162 des Gesetzes über das Verfahren in Familiensachen und in den Angelegenheiten der freiwilligen Gerichtsbarkeit),
2. Abstammungssachen (§ 176 des Gesetzes über das Verfahren in Familiensachen und in den Angelegenheiten der freiwilligen Gerichtsbarkeit),
3. Adoptionssachen (§ 188 Absatz 2, §§ 189, 194, 195 des Gesetzes über das Verfahren in Familiensachen und in den Angelegenheiten der freiwilligen Gerichtsbarkeit),
4. Ehewohnungssachen (§ 204 Absatz 2, § 205 des Gesetzes über das Verfahren in Familiensachen und in den Angelegenheiten der freiwilligen Gerichtsbarkeit) und
5. Gewaltschutzsachen (§§ 212, 213 des Gesetzes über das Verfahren in Familiensachen und in den Angelegenheiten der freiwilligen Gerichtsbarkeit).

(2) [1]Das Jugendamt unterrichtet insbesondere über angebotene und erbrachte Leistungen, bringt erzieherische und soziale Gesichtspunkte zur Entwicklung des Kindes oder des Jugendlichen ein und weist auf weitere Möglichkeiten der Hilfe hin. [2]In Verfahren nach den §§ 1631b, 1632 Absatz 4, den §§ 1666, 1666a und 1682 des Bürgerlichen Gesetzbuchs sowie in Verfahren, die die Abänderung, Verlängerung oder Aufhebung von nach diesen Vorschriften getroffenen Maßnahmen betreffen, legt das Jugendamt dem Familiengericht den Hilfeplan nach § 36 Absatz 2 Satz 2 vor. [3]Dieses Dokument beinhaltet ausschließlich das Ergebnis der Bedarfsfeststellung, die vereinbarte Art der Hilfegewährung einschließlich der hiervon umfassten Leistungen sowie das Ergebnis etwaiger Überprüfungen dieser Feststellungen. [4]In anderen die Person des Kindes betreffenden Kindschaftssachen legt das Jugendamt den Hilfeplan auf Anforderung des Familiengerichts vor. [5]Das Jugendamt informiert das Familiengericht in dem Termin nach § 155 Absatz 2 des Gesetzes über das Verfahren in Familiensachen und in den Angelegenheiten der freiwilligen Gerichtsbarkeit über den Stand des Beratungsprozesses. [6]§ 64 Absatz 2 und § 65 Absatz 1 Satz 1 Nummer 1 und 2 bleiben unberührt.

(3) [1]Das Jugendamt, das in Verfahren zur Übertragung der gemeinsamen Sorge nach § 155a Absatz 4 Satz 1 und § 162 des Gesetzes über das Verfahren in Familiensachen und in den Angelegenheiten der freiwilligen Gerichtsbarkeit angehört wird, teilt

1. rechtskräftige gerichtliche Entscheidungen, aufgrund derer die Sorge gemäß § 1626a Absatz 2 Satz 1 des Bürgerlichen Gesetzbuchs den Eltern ganz oder zum Teil gemeinsam übertragen wird oder
2. rechtskräftige gerichtliche Entscheidungen, die die elterliche Sorge ganz oder zum Teil der Mutter entziehen oder auf den Vater allein übertragen,

dem nach § 87c Absatz 6 Satz 2 zuständigen Jugendamt zu den in § 58a [ab 1.1.2023: *§ 58*] genannten Zwecken unverzüglich mit. [2]Mitzuteilen sind auch das Geburtsdatum

2 S. hierzu auch BR-Drs. 5/21, 31.

und der Geburtsort des Kindes oder des Jugendlichen sowie der Name, den das Kind oder der Jugendliche zur Zeit der Beurkundung seiner Geburt geführt hat.

§ 9 IntFamRVG Mitwirkung des Jugendamts an Verfahren

(1) [1]Unbeschadet der Aufgaben des Jugendamts bei der grenzüberschreitenden Zusammenarbeit unterstützt das Jugendamt die Gerichte und die Zentrale Behörde bei allen Maßnahmen nach diesem Gesetz. [2]Insbesondere

1. gibt es auf Anfrage Auskunft über die soziale Lage des Kindes und seines Umfelds,
2. unterstützt es in jeder Lage eine gütliche Einigung,
3. leistet es in geeigneten Fällen Unterstützung bei der Durchführung des Verfahrens, auch bei der Sicherung des Aufenthalts des Kindes,
4. leistet es in geeigneten Fällen Unterstützung bei der Ausübung des Rechts zum persönlichen Umgang, der Heraus- oder Rückgabe des Kindes sowie der Vollstreckung gerichtlicher Entscheidungen.

(2) [1]Zuständig ist das Jugendamt, in dessen Bereich sich das Kind gewöhnlich aufhält. [2]Solange die Zentrale Behörde oder ein Gericht mit einem Herausgabe- oder Rückgabeantrag oder dessen Vollstreckung befasst ist, oder wenn das Kind keinen gewöhnlichen Aufenthalt im Inland hat, oder das zuständige Jugendamt nicht tätig wird, ist das Jugendamt zuständig, in dessen Bereich sich das Kind tatsächlich aufhält. [3]In den Fällen des Artikels 35 Absatz 2 Satz 1 des Haager Kinderschutzübereinkommens ist das Jugendamt örtlich zuständig, in dessen Bezirk der antragstellende Elternteil seinen gewöhnlichen Aufenthalt hat.

(3) Das Gericht unterrichtet das zuständige Jugendamt über Entscheidungen nach diesem Gesetz auch dann, wenn das Jugendamt am Verfahren nicht beteiligt war.

§ 155 FamFG Vorrang- und Beschleunigungsgebot

(1) Kindschaftssachen, die den Aufenthalt des Kindes, das Umgangsrecht oder die Herausgabe des Kindes betreffen, sowie Verfahren wegen Gefährdung des Kindeswohls sind vorrangig und beschleunigt durchzuführen.

(2) [1]Das Gericht erörtert in Verfahren nach Absatz 1 die Sache mit den Beteiligten in einem Termin. [2]Der Termin soll spätestens einen Monat nach Beginn des Verfahrens stattfinden. [3]Das Gericht hört in diesem Termin das Jugendamt an. [4]Eine Verlegung des Termins ist nur aus zwingenden Gründen zulässig. [5]Der Verlegungsgrund ist mit dem Verlegungsgesuch glaubhaft zu machen.

(3) Das Gericht soll das persönliche Erscheinen der verfahrensfähigen Beteiligten zu dem Termin anordnen.

(4) Hat das Gericht ein Verfahren nach Absatz 1 zur Durchführung einer Mediation oder eines anderen Verfahrens der außergerichtlichen Konfliktbeilegung ausgesetzt, nimmt es das Verfahren in der Regel nach drei Monaten wieder auf, wenn die Beteiligten keine einvernehmliche Regelung erzielen.

§ 155a FamFG Verfahren zur Übertragung der gemeinsamen elterlichen Sorge

(1) [1]Die nachfolgenden Bestimmungen dieses Paragrafen gelten für das Verfahren nach § 1626a Absatz 2 des Bürgerlichen Gesetzbuchs. [2]Im Antrag auf Übertragung der gemeinsamen Sorge sind Geburtsdatum und Geburtsort des Kindes anzugeben.

(2) [1]§ 155 Absatz 1 ist entsprechend anwendbar. [2]Das Gericht stellt dem anderen Elternteil den Antrag auf Übertragung der gemeinsamen Sorge nach den §§ 166 bis 195 der Zivilprozessordnung zu und setzt ihm eine Frist zur Stellungnahme, die für die Mutter frühestens sechs Wochen nach der Geburt des Kindes endet.

(3) [1]In den Fällen des § 1626a Absatz 2 Satz 2 des Bürgerlichen Gesetzbuchs soll das Gericht im schriftlichen Verfahren ohne Anhörung des Jugendamts und ohne persönliche Anhörung der Eltern entscheiden. [2]§ 162 ist nicht anzuwenden. [3]Das Gericht teilt dem

nach § 87c Absatz 6 Satz 2 des Achten Buches Sozialgesetzbuch zuständigen Jugendamt seine Entscheidung unter Angabe des Geburtsdatums und des Geburtsorts des Kindes sowie des Namens, den das Kind zur Zeit der Beurkundung seiner Geburt geführt hat, zu den in § 58a [ab 1.1.2023: *§ 58*] des Achten Buches Sozialgesetzbuch genannten Zwecken formlos mit.

(4) [1]Werden dem Gericht durch den Vortrag der Beteiligten oder auf sonstige Weise Gründe bekannt, die der gemeinsamen elterlichen Sorge entgegenstehen können, gilt § 155 Absatz 2 mit der Maßgabe entsprechend, dass der Termin nach Satz 2 spätestens einen Monat nach Bekanntwerden der Gründe stattfinden soll, jedoch nicht vor Ablauf der Stellungnahmefrist der Mutter nach Absatz 2 Satz 2. [2]§ 155 Absatz 3 und § 156 Absatz 1 gelten entsprechend.

(5) [1]Sorgeerklärungen und Zustimmungen des gesetzlichen Vertreters eines beschränkt geschäftsfähigen Elternteils können auch im Erörterungstermin zur Niederschrift des Gerichts erklärt werden. [2]§ 1626d Absatz 2 des Bürgerlichen Gesetzbuchs gilt entsprechend.

§ 162 FamFG Mitwirkung des Jugendamts

(1) [1]Das Gericht hat in Verfahren, die die Person des Kindes betreffen, das Jugendamt anzuhören. [2]Unterbleibt die Anhörung wegen Gefahr im Verzug, ist sie unverzüglich nachzuholen.

(2) [1]In Verfahren nach den §§ 1666 und 1666a des Bürgerlichen Gesetzbuchs ist das Jugendamt zu beteiligen. [2]Im Übrigen ist das Jugendamt auf seinen Antrag am Verfahren zu beteiligen.

(3) [1]In Verfahren, die die Person des Kindes betreffen, ist das Jugendamt von Terminen zu benachrichtigen und ihm sind alle Entscheidungen des Gerichts bekannt zu machen. [2]Gegen den Beschluss steht dem Jugendamt die Beschwerde zu.

§ 176 FamFG Anhörung des Jugendamts

(1) [1]Das Gericht soll im Fall einer Anfechtung nach § 1600 Absatz 1 Nummer 2 des Bürgerlichen Gesetzbuchs sowie im Fall einer Anfechtung nach § 1600 Abs. 1 Nr. 4 des Bürgerlichen Gesetzbuchs, wenn die Anfechtung durch den gesetzlichen Vertreter erfolgt, das Jugendamt anhören. [2]Im Übrigen kann das Gericht das Jugendamt anhören, wenn ein Beteiligter minderjährig ist.

(2) [1]Das Gericht hat dem Jugendamt in den Fällen einer Anfechtung nach Absatz 1 Satz 1 sowie einer Anhörung nach Absatz 1 Satz 2 die Entscheidung mitzuteilen. [2]Gegen den Beschluss steht dem Jugendamt die Beschwerde zu.

§ 188 FamFG Beteiligte

(1) …

(2) Das Jugendamt und das Landesjugendamt sind auf ihren Antrag zu beteiligen.

§ 189 FamFG Fachliche Äußerung

(1) Soll ein Minderjähriger als Kind angenommen werden, hat das Gericht eine fachliche Äußerung darüber einzuholen, ob das Kind und die Familie des Annehmenden für die Annahme geeignet sind.

(2) [1]Die fachliche Äußerung ist von der Adoptionsvermittlungsstelle einzuholen, die das Kind vermittelt oder den Beratungsschein nach § 9a Absatz 2 des Adoptionsvermittlungsgesetzes ausgestellt hat. [2]Ist keine Adoptionsvermittlungsstelle tätig geworden, ist eine fachliche Äußerung des Jugendamts einzuholen.

(3) Die fachliche Äußerung ist kostenlos abzugeben.

(4) Das Gericht hat der Adoptionsvermittlungsstelle, die das Kind vermittelt hat, die Entscheidung mitzuteilen.

§ 194 FamFG Anhörung des Jugendamts

(1) [1]In Adoptionssachen hat das Gericht das Jugendamt anzuhören, sofern der Anzunehmende oder Angenommene minderjährig ist. [2]Dies gilt nicht, wenn das Jugendamt nach § 189 eine fachliche Äußerung abgegeben hat.

(2) [1]Das Gericht hat dem Jugendamt in den Fällen, in denen dieses angehört wurde oder eine fachliche Äußerung abgegeben hat, die Entscheidung mitzuteilen. [2]Gegen den Beschluss steht dem Jugendamt die Beschwerde zu.

§ 195 FamFG Anhörung des Landesjugendamts

(1) [1]In den Fällen des § 11 Absatz 1 Nummer 2 und 3 des Adoptionsvermittlungsgesetzes hat das Gericht vor dem Ausspruch der Annahme auch die zentrale Adoptionsstelle des Landesjugendamts, in deren Bereich die Annehmenden ihren gewöhnlichen Aufenthalt haben, anzuhören. [2]Ist eine zentrale Adoptionsstelle nicht beteiligt worden, tritt an seine Stelle das Landesjugendamt, in dessen Bereich das Jugendamt liegt, das nach § 194 Gelegenheit zur Äußerung erhält oder das nach § 189 eine fachliche Äußerung abgegeben hat.

(2) [1]Das Gericht hat dem Landesjugendamt alle Entscheidungen mitzuteilen, zu denen dieses nach Absatz 1 anzuhören war. [2]Gegen den Beschluss steht dem Landesjugendamt die Beschwerde zu.

§ 204 FamFG Beteiligte

(1) ...

(2) Das Jugendamt ist in Ehewohnungssachen auf seinen Antrag zu beteiligen, wenn Kinder im Haushalt der Ehegatten leben.

§ 205 FamFG Anhörung des Jugendamts in Ehewohnungssachen

(1) [1]In Ehewohnungssachen soll das Gericht das Jugendamt anhören, wenn Kinder im Haushalt der Ehegatten leben. [2]Unterbleibt die Anhörung allein wegen Gefahr im Verzug, ist sie unverzüglich nachzuholen.

(2) [1]Das Gericht hat in den Fällen des Absatzes 1 Satz 1 dem Jugendamt die Entscheidung mitzuteilen. [2]Gegen den Beschluss steht dem Jugendamt die Beschwerde zu.

§ 212 FamFG Beteiligte

In Verfahren nach § 2 des Gewaltschutzgesetzes ist das Jugendamt auf seinen Antrag zu beteiligen, wenn ein Kind in dem Haushalt lebt.

§ 213 FamFG Anhörung des Jugendamts

(1) [1]In Verfahren nach § 2 des Gewaltschutzgesetzes soll das Gericht das Jugendamt anhören, wenn Kinder in dem Haushalt leben. [2]Unterbleibt die Anhörung allein wegen Gefahr im Verzug, ist sie unverzüglich nachzuholen.

(2) [1]Das Gericht hat in den Fällen des Absatzes 1 Satz 1 dem Jugendamt die Entscheidung mitzuteilen. [2]Gegen den Beschluss steht dem Jugendamt die Beschwerde zu.

1 Allgemeines zur Mitwirkung des JA in familiengerichtlichen Verfahren

1 Die Vorschrift des § 50 regelt Unterstützungs- und Mitwirkungsaufgaben des JA in Verfahren vor den Familiengerichten. Als „andere Aufgabe" der Jugendhilfe iSd § 2 Abs. 3 Nr. 6 richtet sich die Vorschrift unmittelbar an die JÄ. Parallel dazu schreibt das im FamFG geregelte Verfahrensrecht den Familiengerichten vor, auf welche Weise das JA an den jeweiligen Gerichtsverfahren zu beteiligen ist.

Die Unterstützungs- und Mitwirkungsaufgaben des JA ergeben sich nur dann, wenn das Familiengericht für ein solches Verfahren zuständig ist. Bejaht das Familiengericht offensichtlich rechtswidrig seine Zuständigkeit, obwohl diese aus keinem rechtlichen Gesichtspunkt gegeben ist, stellt die Entscheidung einen ausbrechenden Rechtsakt dar.[1]

Wegen der Einzelheiten zur familiengerichtlichen Zuständigkeit wird auf den Anhang 6 verwiesen.

2 Das Tätigwerden des JA im Verfahren vor den Familiengerichten ist Teil des jugendhilferechtlichen Auftrags, in vor Gericht ausgetragenen Streitigkeiten, die kindliche Belange betreffen,[2] das Kindeswohl zu sichern und im Verfahren zur Geltung zu bringen. So verstanden stellt sich die Mitwirkungsverpflichtung des JA als Umsetzung des staatlichen Wächterauftrags aus Art. 6 Abs. 2 S. 2 GG dar, der die kritische Hinterfragung familiengerichtlicher Entscheidungen ebenso wie die Befugnis, gegen Entscheidungen des Gerichts Rechtsmittel einzulegen, mitumfasst. Das Beschwerderecht des JA besteht unabhängig davon, ob das JA formeller Verfahrensbeteiligter gem. § 7 FamFG ist.[3]

3 Adressat ist das JA in seiner Funktion als pädagogische Fachbehörde. Soweit das JA als Amtsvormund bzw. -pfleger (§ 55) oder aber als Beistand in einem familiengerichtlichen Verfahren fungiert (vor § 52a), greift die Vorschrift nicht ein. In diesen Fällen handelt der Realvormund (zum Begriff → § 55 Rn. 9) des JA bzw. der oder die beauftragte Mitarbeiter/in der Beistandschaft in gesetzlicher Vertretung des Kindes.

1.1 Unterstützung und Mitwirkung als eigenständige Aufgabe des JA

4 Bei den Aufgabenstellungen der **Unterstützung, Mitwirkung** und **Unterrichtung** (vgl. Abs. 1 und 2) handelt es sich um Aufgaben des JA, die in das allgemeine Tätigkeitsspektrum des JA eingebunden sind und dem Grundsatz der Gesetzmäßigkeit der Verwaltung unterliegen (Art. 20, 28 GG). Zwar ist in § 50 nicht umfassend definiert, auf

1 VG Weimar Beschl. v. 20.4.2021 – 8 E 416/21 We; BayVGH Beschl. v. 16.4.2021 – 10 CS 21.1113.
2 Vgl. BT-Drs. 16/6308, 241 zu § 162 FamFG.
3 BT-Drs. 16/6308, 204; Wapler in Wiesner Rn. 60.

welche Weise, in welcher Form und in welchem Umfang die Mitwirkungs- und Unterstützungsaufgaben zu erfolgen haben. Anhaltspunkte für eine Konkretisierung geben jedoch die Anhörungstatbestände des FamFG,[4] die wiederum Ausführungen zu den Modalitäten der Mitwirkungsaufgaben der JÄ enthalten (vgl. §§ 151 ff., 169 ff., 186 ff., 200 ff., 210 ff. FamFG). Auch die Neuregelung des Abs. 2 enthält Hinweise für konkrete Mitwirkungshandlungen, wie zB die Übersendung des Hilfeplans.

Die Mitwirkungspflichten des JA nach Abs. 1 S. 2 erstrecken sich auf Kindschaftssachen gem. § 151 Nr. 1 bis 8 FamFG, Abstammungssachen gem. § 169 FamFG in den Fällen der Anfechtung nach § 1600 Abs. 1 Nr. 2, 4 und 5 BGB, Adoptionssachen gem. § 186 FamFG, Ehewohnungssachen gem. §§ 204 Abs. 2, 205 FamFG in Verfahren nach § 1361b und § 1568a BGB sowie in Gewaltschutzsachen gem. §§ 212, 213 FamFG (→ Rn. 32 ff.). Eine Mitwirkungsobliegenheit des JA ergibt sich darüber hinaus aus §§ 156 Abs. 3, 157 Abs. 1, 165 Abs. 2 S. 4 FamFG. 5

Der wiederholt geänderte § 50 zeigt auch nach der Anpassung im Zuge der Einführung des FamFG[5] den unveränderten Willen des Gesetzgebers auf, das JA im familiengerichtlichen Verfahren **nur in Erfüllung eigener Aufgaben und nicht etwa in Erfüllung gerichtlicher Aufgaben handeln zu lassen.** Hieran hat sich auch nichts durch die Neufassung der Vorschrift durch das KJSG geändert.[6] 6

Wenngleich die zahlreichen Vorschriften des FamFG klarstellen, dass Familiengericht und Jugendamt in v.a. kindschaftsrechtlichen Verfahren gemeinsame Ziele verfolgen und – wie dies §§ 155, 156, 157 FamFG deutlich machen – zugunsten des Kindeswohls gemeinsam auf einvernehmliche Lösungen hinwirken sollen, haben sie unterschiedliche Aufgaben zu erfüllen.[7] Dem JA kommt die Aufgabe sozialpädagogischer Diagnostik zu. Es steht im Kontakt mit der Familie, erstellt Hilfepläne und begleitet die Entwicklungsprozesse von Kindern und Jugendlichen. Die originäre Kompetenz des Gerichts besteht darin, Entscheidungen über kindliche und sorgerechtliche Belange zu treffen, für die es als Judikativorgan wiederum der Einschätzung der Jugendhilfe bedarf. 7

Jugendhilfe und Justiz befinden sich nicht nur in einer **Verantwortungsgemeinschaft,**[8] sondern in einem gegenseitigen Abhängigkeitsverhältnis zueinander: Das JA benötigt das Gericht und dessen Autorität, um verbindliche Regelungen treffen oder auf Eltern einwirken zu können, die von sich aus notwendige Hilfestellungen für das Kind und dessen Wohlergehen nicht freiwillig in Anspruch nehmen wollen. Das Gericht ist angewiesen auf die sozialpädagogische Diagnose und die Kooperation mit dem JA, damit es den für das Wohlergehen des Kindes erforderlichen Hilfeprozess initiieren bzw. weiterführen kann.[9] 8

Das JA wird von daher nicht als Ermittlungsbehörde für das Gericht tätig. Vielmehr kommt nach der Vorstellung des Gesetzgebers Familiengericht und JA ein jeweils eigenständiger Ermittlungsauftrag zu, bei dem beide nebeneinander tätig sind und sich idealerweise ergänzen. Das BVerfG hat in diesem Zusammenhang darauf hingewiesen, dass das Familiengericht weder an die Einschätzung des JA gebunden ist, noch sich 9

---

4 Wapler in Wiesner Vor § 50 Rn. 5.

5 BT-Drs. 16/6308; vgl. auch BT-Drs. 16/9733.

6 Gesetz zur Stärkung von Kindern und Jugendlichen (Kinder- und Jugendstärkungsgesetz – KJSG) vom 3.6.2021, BGBl. I 2021, 1444.

7 So auch Wapler in Wiesner Rn. 39.

8 Zum Begriff vgl. Langenfeld/Wiesner in Saarbrücker Memorandum (2004), S. 45 ff.

9 Zum Gericht als Drohkulisse oder Autoritätsverstärker Wapler in Wiesner Rn. 40; zur Rolle von JA und Familiengericht in Verfahren nach §§ 1666, 1666a BGB vgl. Berneiser (2015), S. 44 ff., 125 ff., 324 ff.; zur Zusammenarbeit zwischen Jugendhilfe und Justiz in Verfahren wegen Kindeswohlgefährdung siehe auch Münder, Kindeswohl zwischen Jugendhilfe und Justiz (2017), S. 107 ff.

allein hierauf verlassen darf, sondern eigene Ermittlungen anzustellen hat.[10] Zudem ist höchstrichterlich klargestellt, wenngleich dies nicht unumstritten geblieben ist, dass dem Familiengericht keine **Anordnungs- und Weisungsbefugnis** gegenüber dem JA zukommt, das Familiengericht also nicht befugt ist, die Tätigkeit des JA zu überprüfen oder das JA anzuhalten, bestimmte Jugendhilfeleistungen zu gewähren.[11] Die gerichtliche Anordnungskompetenz besteht nur gegenüber den Personensorgeberechtigten. Weist das Gericht die Personensorgeberechtigten an, eine bestimmte Leistung des JA in Anspruch zu nehmen, prüft das JA in eigener Verantwortung, ob und inwieweit eine Leistungsgewährung gegenüber den Personensorgeberechtigten erfolgen wird. In der Praxis ist es von entscheidender Bedeutung, dass JA und Familiengericht kooperieren und ein gerichtliches Verfahren nicht zum „Schauplatz von Auseinandersetzungen" vor den Augen der beteiligten Eltern und übrigen Beteiligten wird mit der Folge, dass Entscheidungen des Gerichts ins Leere laufen können.[12]

10 Wie sich aus der Gesetzesbegründung[13] eindeutig ergibt, kann Aufgabe des Jugendamts **nicht** sein, familien**gerichtliche Anordnungen auszuführen**. Für das JA besteht eine Bindungswirkung nur dann, wenn ein Verwaltungsgericht das JA zu einem bestimmten Handeln verpflichtet (die Verwaltungsgerichte können in ihren Urteilsformeln die Verwaltung zu konkreten Handlungen verpflichten). Die Aufgabe des Jugendamts im familiengerichtlichen Verfahren besteht allein darin, **die eigenen gesetzlichen Aufgaben im Rahmen der dafür vorgesehenen Befugnisse auszuführen.**[14] Mithin erfüllt das JA mit seiner Mitwirkung im familiengerichtlichen Verfahren entsprechend § 50 nur eigene Aufgaben und handelt nicht als Erfüllungsgehilfe oder auf Weisung des Familiengerichts. Allerdings gelten die Verfahrensgrundsätze des FamFG nicht nur für das Familiengericht, sondern auch für das JA, ebenso wie für jeden anderen Beteiligten im familiengerichtlichen Verfahren. Das JA nimmt keine Sonderstellung ein.

11 Die eigenständige Position des JA gegenüber dem Familiengericht verdeutlicht das Gesetz sowohl in der Überschrift zum 3. Abschnitt des 3. Kapitels des SGB VIII („Mitwirkung in gerichtlichen Verfahren"), als auch in der Vorschrift des § 2 Abs. 3 Nr. 6. Auch hieran wird deutlich, dass sich die Mitwirkung der JÄ nicht als Zuarbeit für das Gericht erweist, sondern dass die JÄ in Wahrnehmung eigener Aufgaben der Jugendhilfe in Erscheinung treten. Der Verweis in § 50 auf die Vorschriften des FamFG fordert das JA auf zu prüfen, inwieweit fachgerechte Hilfe- bzw. Leistungsangebote im Hinblick auf möglicherweise erforderliche Hilfeinterventionen zugunsten der betroffenen Kinder oder Jugendlichen, aber auch im Hinblick auf Hilfestellungen zugunsten einvernehmlicher oder wenig verletzender Konfliktlösungen im gerichtlichen Verfahren erfolgen müssen.[15]

12 Ziel des § 50 ist es, den Inhalt der „Mitwirkungs-" bzw. „Unterstützungspflicht" des JA deutlich hervorzuheben. Ausweislich der Gesetzesbegründung manifestiert sich die **Aufgabe der Mitwirkung** des JA in der fachlichen Unterstützung der richterlichen Entscheidungsfindung.[16] Dadurch soll sichergestellt werden, dass die jeweils erforderli-

10 BVerfG 24.3.2014 – 1 BvR 160/14, BeckRS 2014, 49403 Rn. 49 ff.; zur Verantwortungsgemeinschaft von Familiengericht und JA im Kinderschutzverfahren: Fahl NZFam 2015, 247 ff.

11 BVerfG ZKJ 2015, 463; OLG Frankfurt aM 24.3.2015 – 5 UF 270/14, abrufbar unter hefam.de; zur Anordnung von SGB VIII Leistungen und der Verpflichtung des JA durch das Familiengericht: Schmidt FamRZ 2015, 1158 ff.; kritisch zur fehlenden Anordnungskompetenz des Familiengerichts gegenüber dem JA: Sommer (2012); Sommer ZKJ 2012, 135 ff.

12 Willutzki ZKJ 2008, 139 (141).

13 BT-Drs. 11/5948, 87.

14 BT-Drs. 11/5948, 86, 87; Kern in SFMK Rn. 3.

15 Vgl. BT-Drs. 11/5948, 87.

16 BT-Drs. 11/5948, 87 ff.

chen sozialpädagogischen Aspekte in der familiengerichtlichen Entscheidung hinreichend berücksichtigt werden. Das JA soll die **fachlichen Gesichtspunkte zur Geltung bringen**, die für die weitere Entwicklung des Kindes oder Jugendlichen wichtig sein können. Den Hilfe- und Interventionsbedarf hat das JA im jeweiligen Einzelfall und nach pflichtgemäßem Ermessen zu klären.[17] Die **besondere Kooperation von Familiengericht und JA** soll letztlich der Verbesserung der Situation von Minderjährigen und ihren Familien dienen.

1.2 Die Ausgestaltung der Zusammenarbeit von JA und Familiengericht

Im Einzelnen lässt sich unter Berücksichtigung des gesetzgeberischen Willens für die Zusammenarbeit von JA und Familiengericht Folgendes festhalten: 13

Wie vom BVerfG bestätigt (→ Rn. 5), besteht **keine Weisungskompetenz des FamG** gegenüber dem JA, und zwar weder im Hinblick auf seine Mitwirkungstätigkeit noch im Hinblick auf die Erbringung von Leistungen.[18] Das JA ist nicht Ermittlungsbehörde des Gerichts (→ Rn. 6). Vor allem ist das Gericht nicht befugt, die eigene Ermittlungspflicht an das JA zu delegieren, insbesondere das JA mit der Kindesanhörung zu beauftragen.[19] Das Gericht hat die für die Erfüllung der eigenen Aufgaben notwendigen Ermittlungen eigenständig anzustellen. Gleiches gilt für das JA, das sich an fachlichen Standards zu orientieren hat.[20] Das JA leistet keine Amtshilfe und die Mitwirkung des JA im gerichtlichen Verfahren ist nicht als Sachverständigentätigkeit zu qualifizieren.[21] Die gerichtliche Kontrolle der Jugendämter obliegt allein den Verwaltungsgerichten.[22] 14

Es besteht keine Pflicht zur Formulierung eines Entscheidungsvorschlags durch das JA im Rahmen der Mitwirkung im gerichtlichen Verfahren.[23] Eine etwaige Pflicht ist auch nicht aus der Formulierung „insbesondere" in Abs. 2 S. 1 der Norm abzuleiten.[24] Allerdings schließt der Wortlaut der Vorschrift nicht aus, einen konkreten Entscheidungsvorschlag zu unterbreiten, der insbesondere im frühen ersten Termin nach § 155 FamFG oder im Erörterungstermin nach § 157 FamFG vorgelegt werden kann und konkrete Hilfeangebote formuliert.[25] Ob ein Entscheidungsvorschlag ergeht, entscheidet das JA nach fachlichen Kriterien im Einzelfall. Das Familiengericht hat unabhängig davon gem. §§ 26, 37 FamFG von Amts wegen die zur Feststellung der entscheidungserheblichen Tatsachen erforderlichen Ermittlungen anzustellen und zur Grundlage seiner Entscheidung zu machen, denn es ist letztlich die Aufgabe des Gerichts, die geeigneten familiengerichtlichen Maßnahmen zu ergreifen.[26] An einen Entscheidungsvorschlag ist es dabei nicht gebunden. 15

Das Familiengericht hat gegenüber dem JA keine Weisungsrechte. Es ist nicht befugt, eine Ausschlussfrist für die Mitwirkungshandlungen des JA zu bestimmen. So kann es 16

---

17 BT-Drs. 11/5948, 88.
18 BVerfG ZKJ 2015, 463; OLG Frankfurt 24.3.2015 – 5 UF 270/14, abrufbar unter hefam.de.
19 Die Pflicht zur persönlichen Kindesanhörung durch den Richter wurde mit der Neuregelung des § 159 FamFG erweitert (→ Anh. 6 Rn. 12).
20 Wie hier Wapler in Wiesner Rn. 43.
21 Näher hierzu Oberloskamp ZKJ 2016, 336 und Kunkel FamRZ 1993, 508; Schleicher in GK-SGB VIII Rn. 18 ff.; Trenczek in FK-SGB VIII Rn. 11; Trenczek in FK-SGB VIII Vor §§ 50–52 Rn. 17 ff.; Tillmanns in MüKoBGB Rn. 5.
22 Schruth in jurisPK-SGB VIII Rn. 9.
23 Wie hier Trenczek in FK-SGB VIII Rn. 19; Trenczek in FK-SGB VIII Vor §§ 50–52 Rn. 31; Tillmanns in MüKoBGB Rn. 9; Schleicher in GK-SGB VIII Rn. 26.
24 Wapler in Wiesner Rn. 50.
25 Wapler in Wiesner Rn. 50, 55, 30.
26 Vgl. Wegener/Cirullies in Heilmann FamFG § 37 Rn. 2 ff.

gegenüber dem JA kein Zwangsgeld festsetzen, wenn das JA eine Stellungnahme an das Gericht nicht abgegeben hat.

17 Da das Familiengericht allerdings bestimmte Kindschaftssachen vorrangig und beschleunigt durchzuführen hat (vgl. § 155 FamFG), kommt der Fristbestimmung zur Vorlage der Stellungnahme eine besondere Bedeutung zu[27]. Das Familiengericht kann nach Ablauf der Frist über die weitere Verfahrensfortführung entscheiden, selbst wenn die Stellungnahme des JA nicht vorliegt, da ansonsten der Beschleunigungsgrundsatz an Bedeutung verlieren würde.

18 **Schriftform der Stellungnahme.** Die Unterrichtung von Behörden untereinander erfolgt meist schriftlich[28] und nur im Ausnahmefall in mündlicher Form. Andernfalls wäre keine Dokumentation über das inhaltliche Tätigwerden des JA gegeben, was für alle Prozessbeteiligten, aber auch für die Rechtsmittelinstanzen unabweisbar notwendig ist. Das Gesetz schreibt die schriftliche Stellungnahme nicht ausdrücklich vor, mit der Folge, dass das JA nicht verpflichtet werden kann, eine solche abzugeben.[29] Besteht dringender Handlungsbedarf und verbleibt nur Zeit für eine mündliche Stellungnahme, ist diese vom Gericht wie vom JA schriftlich festzuhalten und für alle Beteiligten nachvollziehbar zu dokumentieren.[30]

19 **Inhaltliche Aussagekraft der Stellungnahme.** Bloße Mitteilungen über bereits angebotene bzw. erbrachte Leistungen sind weder vom Gesetzeswortlaut noch vom gesetzgeberischen Willen gedeckt (→ Rn. 82 ff.). Zwar besteht keine Verpflichtung des JA, sich zu sämtlichen in Abs. 2 S. 1 aufgeführten Gesichtspunkten zu äußern, jedoch hat das JA seine Entscheidung nach sach- und pflichtgemäßem Ermessen zu treffen und sich hierbei an den in Abs. 2 genannten Kriterien zu orientieren. Durch die mit dem KJSG geänderten Abs. 2 S. 2 ff. ist der Inhalt und der Umfang der Stellungnahme allerdings dahingehend präzisiert worden, dass vor allem in Kinderschutzverfahren der Hilfeplan unaufgefordert an das Familiengericht zu übersenden ist, wobei dieser nur das Ergebnis der Bedarfsfeststellung, die vereinbarte Art der Hilfegewährung einschließlich der hiervon umfassten Leistungen sowie das Ergebnis etwaiger Überprüfung dieser Feststellungen enthalten soll. In anderen Kindschaftssachen ist dem Familiengericht der Hilfeplan auf Aufforderung hin vorzulegen.

20 **Keine Ladung von bestimmten Mitarbeitern des JA bzw. Anordnung des persönlichen Erscheinens von Mitarbeitern des JA.** Das Gericht ist generell nicht befugt, einen bestimmten Sachbearbeiter des JA zum Termin zu laden oder gar dessen persönliches Erscheinen anzuordnen unter Androhung von Zwangsmitteln im Falle der Zuwiderhandlung. Die Terminsladung als Form der Mitteilung des Verhandlungs- bzw. Erörterungstermins durch das Gericht ist als Einladung zur Teilnahme am Verhandlungstermin zu verstehen und sollte mit dem JA abgestimmt werden, da das Gericht seiner Pflicht zur Anhörung des JA zu genügen hat.[31]

21 Einen bestimmten Sachbearbeiter mit verbindlicher Wirkung zu laden ist nur dann zulässig, wenn dieser förmlich als Zeuge vernommen werden soll. Dazu bedarf der Zeuge einer Aussagegenehmigung seines Dienstherren, die dieser im Regelfall nicht erteilen wird, wenn durch die Aussage das Vertrauensverhältnis zwischen JA und Betroffe-

27 Zum Beschleunigungsgebot OLG Frankfurt Beschl. v. 26.3.2020 – FamRZ 2020, 1117 ff.
28 Kern in SFMK Rn. 22.
29 So auch Trenczek in FK-SGB VIII Rn. 12; Trenczek in FK-SGB VIII Vor §§ 50–52 Rn. 23; Kern in SFMK Rn. 22; aA Mrozynski SGB VIII Rn. 3.
30 Ähnlich: Schleicher in GK-SGB VIII Rn. 24.
31 Schruth in jurisPK-SGB VIII Rn. 8; Wapler in Wiesner Rn. 44; Tillmanns in MüKoBGB Rn. 5; Schleicher in GK-SGB VIII Rn. 13 ff., 27; Dürbeck in Heilmann FamFG § 162 Rn. 2.

nem beeinträchtigt werden kann (§ 35 Abs. 3 SGB I).[32] Hat der Betroffene den Mitarbeiter des JA nicht von seiner Verschwiegenheitspflicht befreit, besteht ein Zeugnisverweigerungsrecht des als Zeugen geladenen Jugendamtsmitarbeiters gem. § 383 Abs. 1 Nr. 6 ZPO, das sogar zur Pflicht der Zeugnisverweigerung wird (§ 35 Abs. 3 SGB I iVm § 61 Abs. 1), wenn eine Übermittlungsbefugnis gem. § 69 Abs. 1 Nr. 1 SGB X iVm §§ 64 Abs. 2, 65 nicht vorliegt (→ § 61 Rn. 221).[33] Im Strafprozess gibt es ein entsprechendes Zeugnisverweigerungsrecht für Sozialarbeiter nicht (s. § 53 Abs. 1 Nr. 3 StPO).[34]

Sicherstellung der Anhörung durch das Gericht. Das Gericht hat das JA mündlich oder schriftlich anzuhören. Soweit eine mündliche Anhörung in einem Termin erfolgen soll, ist dies im Einzelfall gesetzlich ausdrücklich normiert (vgl. § 155 Abs. 2 S. 3 FamFG). 22

Allein durch die Anhörung vor dem Familiengericht wird das JA noch nicht zum Verfahrensbeteiligten (so ausdrücklich in § 7 Abs. 6 FamFG geregelt).[35] Es kann jedoch in den gesetzlich vorgesehenen Fällen der §§ 162 Abs. 2, 172 Abs. 2, 188 Abs. 2, 204 Abs. 2, 212 FamFG den Antrag stellen, als Beteiligter hinzugezogen zu werden, wodurch das JA gem. § 7 Abs. 2 Nr. 2 FamFG zu einem Muss-Beteiligten kraft Hinzuziehung wird.[36] In Verfahren nach §§ 1666, 1666a BGB wird das JA gem. § 162 Abs. 2 S. 1 FamFG von Amts wegen beteiligt und ist damit immer formell Beteiligter iSd § 7 FamFG („Muss-Beteiligung“) mit der Folge, dass das JA in solchen Verfahren mitzuwirken hat und seine Einbeziehung nicht zurückweisen kann. Als Beteiligter des Verfahrens hat das JA das Recht auf Akteneinsicht (§ 13 Abs. 1 FamFG) oder darauf, Verfahrensanträge zu stellen (§ 25 Abs. 1 FamFG), wie etwa den Antrag auf Bestellung eines Verfahrensbeistandes für das Kind (zum Verfahrensbeistand → Anh. 6 Rn. 31 ff. „Anwalt des Kindes“). Darüber hinaus kann das VA zum Ergebnis einer förmlichen Beweisaufnahme Stellung nehmen (§ 30 Abs. 4 FamFG) und an einem Umgangsvergleich mitwirken (vgl. § 156 Abs. 2 FamFG). 23

Zugleich können aber dem JA auch Pflichten auferlegt werden, wie etwa die Pflicht, gem. § 81 Abs. 1 S. 1, Abs. 2 FamFG die Kosten des Verfahrens zu tragen. Diese trifft das JA allerdings nur dann, wenn es durch grobes Verschulden Anlass für das Verfahren gegeben hat (vgl. § 81 Abs. 2 Nr. 1, Abs. 4 FamFG). Hat etwa das JA im Rahmen des § 8a seinem Schutzauftrag pflichtgemäß Folge geleistet und das Familiengericht angerufen, nachdem es aufgrund tatsächlicher Anhaltspunkte begründet von der Möglichkeit der Kindeswohlgefährdung ausgegangen ist, der nur mithilfe des Gerichts begegnet werden konnte, handelt das JA nicht pflichtwidrig, selbst wenn das Familiengericht zu dem Ergebnis kommt, dass eine Kindeswohlgefährdung nicht vorliegt.[37] Hat es allerdings pflichtwidrig bzw. durch „grobes Verschulden“ (vgl. Wortlaut des § 81 Abs. 2 Nr. 1, Abs. 4 FamFG) gehandelt, können ihm die Verfahrenskosten ganz oder teilweise auferlegt werden, selbst wenn es nicht am Verfahren beteiligt war.[38] Eine Einschränkung ergibt sich jedoch aus § 64 Abs. 3 SGB X. Danach besteht für die JA Gerichtskostenfreiheit. Im Ergebnis müssen die JÄ daher nur die Anwaltskosten der übrigen Beteiligten tragen. Ist das JA am Verfahren formell beteiligt, kann es auch Adressat einer Ordnungsgeldfestsetzung werden, wenn es einem Vergleich zugestimmt 24

---

32 Vgl. Kern in SFMK Rn. 25.
33 Wie hier: Kern in SFMK Rn. 25; Schleicher in GK-SGB VIII Rn. 27, 29; Wapler in Wiesner vor § 50 Rn. 52 und § 50 Rn. 44.
34 Zum Streitstand vgl. auch Wapler in Wiesner § 52 Rn. 27a, 50 f.
35 S. auch BGH 20.11.2013 – XII ZB 576/12, BeckRS 2014, 00401.
36 Wapler in Wiesner Rn. 63.
37 OLG Celle 4.5.2012 – ZKJ 2012, 321 ff.
38 Heilmann FamRZ 2010, 1391 ff.; Wapler in Wiesner Rn. 63c.

hat und gegen das darin Vereinbarte verstößt.[39] Ebenso kann das persönliche Erscheinen des JA gem. § 33 Abs. 1 S. 1, Abs. 3 FamFG angeordnet werden.[40]

25 Im Falle der Verletzung der entsprechenden Anhörungsbestimmung hat das JA ein Beschwerderecht (zB §§ 162 Abs. 3 iVm 59 Abs. 3 FamFG). Die Verletzung der Anhörungspflicht kann in der gerichtlichen Beschwerdeinstanz durch Anhörung geheilt werden.

26 **Keine Pflicht zum Hausbesuch.** Die Durchführung eines Hausbesuchs durch das JA kann das Familiengericht nicht anordnen. Grundlage und Maßstab für den Hausbesuch ergeben sich allein aus § 8a Abs. 1 S. 2 (→ § 8a Rn. 52 ff.). Das JA hat die Sachverhaltsermittlungen anzustellen, die es für die Erfüllung seiner Aufgaben für erforderlich hält.[41] Danach steht bei der Gefährdungseinschätzung und der Entscheidung über die Inaugenscheinnahme die fachliche Einschätzung im Vordergrund, ob ein unmittelbarer Eindruck von dem Kind und seiner persönlichen Umgebung notwendig ist.[42]

27 Nach der bis zum 9.6.2021 geltenden Fassung des § 50 Abs. 2 war umstritten, ob und inwieweit der Hilfeplan dem Familiengericht vorzulegen ist.[43]

Der Gesetzgeber hat durch die mit dem KJSG erfolgte Neufassung des § 50 Abs. 2 S. 2 ff. die Streitfrage geklärt. Danach hat das Jugendamt in Verfahren, die eine freiheitsentziehende Unterbringung, eine Verbleibensanordnung oder eine Kindeswohlgefährdung zum Gegenstand haben, dem Familiengericht den Hilfeplan vorzulegen und zwar ohne Aufforderung durch das Gericht. Dies gilt auch in Verfahren, die die Abänderung, Verlängerung oder Aufhebung von solchen Maßnahmen zum Gegenstand haben. In anderen die Person des Kindes betreffenden Verfahren soll das JA den Hilfeplan auf Anforderung durch das Familiengericht vorlegen. Zur Neuregelung des § 50 Abs. 2 S. 2 und 3 ausführlich → Rn. 85 ff.

2 Unterstützung bei Maßnahmen, die die Personensorge betreffen, Abs. 1 S. 1

28 Die Unterstützungspflicht des JA in Abs. 1 S. 1 bezieht sich auf alle Maßnahmen, die die Sorge für die Person von Kindern und Jugendlichen betreffen. Eine Unterstützungspflicht des JA besteht von daher nicht für Vermögenssorgeangelegenheiten.[44] Das JA ist verpflichtet, in Kindschaftssachen, Abstammungssachen, Adoptionssachen, Ehewohnungssachen und Gewaltschutzsachen mitzuwirken, in dem es als sozialpädagogische Fachbehörde die Ziele und den Sachverstand der Jugendhilfe in das familiengerichtliche Verfahren einbringt.[45] Es hat aus diesem Grunde erzieherische und sozialisationstheoretische Gesichtspunkte zur Entwicklung des Kindes oder Jugendlichen in das familiengerichtliche Verfahren einzubringen, auf weitere Möglichkeiten der Hil-

39 OLG Frankfurt aM 28.11.2012 – 1 WF 294/12, FamRZ 2013, 809.
40 So auch Wapler in Wiesner Rn. 63d und Rn. 64 zur Frage der Erforderlichkeit des Antrags auf Beteiligung.
41 Wapler in Wiesner Rn. 43.
42 Vgl. hierzu auch Meysen/Eschelbach Kap. 4 Rn. 9 f.; Meysen in FK-SGB VIII § 8a Rn. 32–34; Trenczek in FK-SGB VIII Rn. 27.
43 Die frühere Kontroverse zur Vorlagepflicht des Hilfeplans gegenüberstellend: Meysen/Salgo, Referentenentwurf des BMFSFJ zum KJSG – Stellungnahme der Kinderrechtekommission des DFGT v. 5.10.2020, FamRZ 2021, 13 (16); bisher verneinend: Trenczek in FK-SGB VIII Rn. 31; Nothacker in GK-SGB VIII § 36 Rn. 59; bisher bejahend für Verfahren nach §§ 1666, 1666a BGB, § 1632 Abs. 4 BGB und § 1631 BGB: Schmid-Obkirchner in Wiesner SGB VIII § 36 Rn. 85 ff.; nicht eindeutig positionierend: Wapler in Wiesner SGB VIII Rn. 1 ff.; grundlegend: Salgo, Pflegekindschaft und Staatsintervention (1987), S. 138 ff.: „Aus der Aufgabe nach § 50 Abs. 2 SGB VIII resultiert die Pflicht des JA zur Vorlage des Hilfeplans beim FamG."
44 Wie hier Kern in SFMK Rn. 16.
45 Fieseler in PK-SGB VIII Rn. 1.

fe hinzuweisen und das Familiengericht über den Stand des Beratungsprozesses zu informieren. Die fachgerechte Unterstützung des Gerichts durch das JA ist kein Gegensatz zur Hilfe für das Kind und dessen Familie.[46]

Die „Unterstützung" ist weiter gefasst als die „Mitwirkungspflicht" für die in Abs. 1 S. 2 Nr. 1 bis 5 aufgeführten Verfahren.[47] Die Form der „Unterstützung" wird lediglich durch die „Mitwirkung" in bestimmten gerichtlichen Verfahren „verdeutlicht", und zwar in verfahrensrechtlicher Hinsicht gem. Abs. 1 S. 2 Nr. 1 bis 5 und inhaltlich durch Abs. 2. Demzufolge definiert und konkretisiert Abs. 2 den Inhalt der „Unterstützungs- wie auch der Mitwirkungspflicht". Unterschiede bzw. Differenzierungen lassen sich in Bezug auf die bloßen Unterstützungspflichten des JA gegenüber den stärkeren Mitwirkungspflichten nicht begründen. „Unterstützung" und „Mitwirkung" sind nach dem Willen des Gesetzgebers auf das gleiche Ziel gerichtet. 29

Selbst wenn das JA in die genannten familiengerichtlichen Verfahren in spezifischer Weise eingebunden wird, hat es den konkreten Auftrag, sozialpädagogische Aspekte zu verfolgen und in das Verfahren einzubringen, in dem es etwa Hilfen gewährt, einvernehmliche Regelungen fördert oder die Verfahrensbeteiligten berät.[48] 30

3 Die Mitwirkungspflichten im Einzelnen, Abs. 1 S. 2

Abs. 1. S. 2 regelt in Nr. 1 bis 5 die Mitwirkungspflichten des JA in bestimmten Verfahren nach dem FamFG. Diese korrespondieren mit der Verpflichtung des Familiengerichts, das JA in Angelegenheiten, die die Person des Kindes oder Jugendlichen betreffen, im Vorfeld der gerichtlichen Entscheidung anzuhören. Die Fachlichkeit des JA soll einbezogen und das gerichtliche Verfahren durch das JA am Wohl des Kindes orientiert mitbestimmt werden. 31

3.1 Kindschaftssachen (§ 162 FamFG)

Auf den ersten Blick erscheint es **nicht hinreichend deutlich**, aus welchem Grund Abs. 1 S. 2 Nr. 1 bei den „Kindschaftssachen", die in § 151 FamFG im Einzelnen aufgeführt sind, lediglich auf § 162 FamFG Bezug nimmt. Im Hinblick auf die Mitwirkung des JA im familiengerichtlichen Verfahren erscheint der Hinweis auf § 162 FamFG unvollständig, weil das Verfahren in Kindschaftssachen (vgl. Buch 2 Abschnitt 3 des FamFG) eine Reihe von verfahrensrechtlichen Mitwirkungsaufgaben des JA vorhält, wie beispielsweise den Unterstützungsgrundsatz des § 88 Abs. 2 FamFG bei der Vollstreckung einer Entscheidung über die Herausgabe von Personen (→ Rn. 51) oder etwa die Regelung des Umgangs (vgl. Buch 1 Abschnitt 8 Unterabschnitt 2 FamFG). Die **Gesetzesbegründung** weist bei der Erläuterung zu § 162 Abs. 1 FamFG jedoch darauf hin, dass Verfahren, die „die Person des Kindes betreffen", auch alle sonstigen das Kind betreffenden Kindschaftssachen sein können, es sei denn, sie sind nicht ausschließlich vermögensrechtlicher Art.[49] Kindschaftssachen sind mithin sämtliche in § 151 FamFG aufgeführten Verfahren, woraus sich eine Erweiterung der von der Anhörungspflicht umfassten Verfahren ergibt.[50] Zu den Mitwirkungsaufgaben des JA zählen gem. § 151 FamFG Verfahren, die folgende Regelungsgegenstände betreffen: 32

---

46 Lack ZKJ 2010, 189.
47 Wie hier: Trenczek in FK-SGB VIII Rn. 9 unter Bezug auf die Gesetzesbegründung BT-Drs. 11/5948, 85; ähnlich Wapler in Wiesner Rn. 9.
48 Vgl. auch Trenczek in FK-SGB VIII Rn. 9.
49 Siehe auch Büte in Johannsen/Henrich FamFG § 162 Rn. 1; Bumiller/Harders/Schwamb FamFG § 162 Rn. 1.
50 Vgl. BT-Drs. 16/6308, 241; zum Begriff der Kindschaftssachen und den hierzu zählenden Verfahren vgl. die umfassende Auflistung von Zorn in Bork/Jacoby/Schwab FamFG § 151 Rn. 1–8.

- die elterliche Sorge,
- das Umgangsrecht und das Recht auf Auskunft über die persönlichen Verhältnisse des Kindes,
- die Kindesherausgabe,
- die Vormundschaft,
- die Pflegschaft oder die gerichtliche Bestellung eines sonstigen Vertreters für einen Minderjährigen oder für eine Leibesfrucht,
- die Genehmigung freiheitsentziehender Maßnahmen und der freiheitsentziehenden Unterbringung eines Minderjährigen (§§ 1631 b, 1800 und 1915 BGB),
- die Anordnung der freiheitsentziehenden Unterbringung eines Minderjährigen nach den Landesgesetzen über die Unterbringung psychisch Kranker oder
- die Aufgaben nach dem Jugendgerichtsgesetz, soweit sie dem Familiengericht zugewiesen sind.

33 Zu den die **elterliche Sorge betreffenden Verfahren** (§ 50 Abs. 1 S. 2 Nr. 1 iVm § 151 Nr. 1 FamFG) zählen namentlich:

- Verfahren nach §§ 1671 BGB, 1672 BGB, 1674 BGB, 1678 Abs. 2 BGB, 1680 Abs. 2 und Abs. 3 BGB, 1681 BGB, 1686a BGB, 1687 b Abs. 3 BGB, 1666 BGB, 1628 BGB, 1618 S. 4 BGB, 1630 Abs. 2 und Abs. 3 BGB, 1751 Abs. 3 BGB, 1764 Abs. 4 BGB.
- Ferner zählen hierzu ua: Verfahren nach § 2 Abs. 1 NamÄndG, §§ 1303 Abs. 2 bis Abs. 4 BGB, 1315 Abs. 1 S. 1 Nr. 1 BGB.
- Ferner kommen ua auch Entscheidungen nach § 2 Abs. 3 S. 1, § 3 Abs. 2 S. 2 sowie § 7 S. 1 RelKErzG, sowie Verfahren nach § 9 Abs. 3 LPartG, § 16 Abs. 3 VerschG, § 3 Abs. 1 S. 2 TranssexuellenG bzw. nach § 12 Abs. 3 AsylG in Betracht.

34 Zu den das **Umgangsrecht betreffenden Verfahren** (§ 50 Abs. 1 S. 2 Nr. 1 iVm § 151 Nr. 2 FamFG) gehören Verfahren nach §§ 1684, 1685, 1686, 1686a BGB.

35 Zu den Verfahren, die die **Kindesherausgabe betreffen** (vgl. § 50 Abs. 1 S. 2 Nr. 1 iVm § 151 Nr. 3 FamFG) gehören Verfahren gem. § 1632 Abs. 2, 3–4 BGB sowie solche nach § 1682 BGB.

36 Bei den **die Vormundschaft betreffenden Verfahren** (§ 50 Abs. 1 S. 2 Nr. 1 iVm § 151 Nr. 4 FamFG) handelt es sich um Verfahren, die im Prinzip die Person des Kindes bzw. die Rechte oder Pflichten des Vormunds betreffen. Neben der Anordnung der Vormundschaft gehören hierzu auch die Auswahl und Bestellung des Vormunds, die Aufsicht über den Vormund, mit Ausnahme der im Sachzusammenhang mit der Vormundschaft gem. § 1751 BGB stehenden Maßnahmen (→ § 55 Rn. 3).

37 Zu den Verfahren, **die die Pflegschaft oder die gerichtliche Bestellung eines sonstigen Vertreters für einen Minderjährigen oder für eine Leibesfrucht betreffen** (§ 50 Abs. 1 S. 2 Nr. 1 iVm § 151 Nr. 5 FamFG) zählt insbesondere die Ergänzungspflegschaft gem. § 1909 BGB sowie nach neuem Recht die Umgangspflegschaft gem. § 1684 Abs. 3 S. 3 BGB.

38 Verfahren über die **Genehmigung der freiheitsentziehenden Unterbringung und freiheitsentziehender Maßnahmen eines Minderjährigen** (vgl. § 50 Abs. 1 S. 2 Nr. 1 iVm § 151 Nr. 6 FamFG) betreffen die mit Freiheitsentziehung verbundene Unterbringung eines Kindes durch seinen gesetzlichen Vertreter gemäß § 1631b BGB sowie mit Wirkung ab 1.10.2017 auch die in § 1631 b Abs. 2 BGB aufgelisteten freiheitsentziehenden Maßnahmen, wie zB Fixierungen.

39 Verfahren über die **Anordnung der freiheitsentziehenden Unterbringung eines Minderjährigen nach den Landesgesetzen** über die Unterbringung psychisch Kranker (vgl. § 50 Abs. 1 S. 2 Nr. 1 iVm § 151 Nr. 7 FamFG) gehören schließlich ebenso zu den Kindschaftssachen wie Verfahren, die die Aufgaben nach dem Jugendgerichtsgesetz

betreffen, soweit sie den Familiengerichten zugewiesen sind (vgl. § 50 Abs. 1 S. 2 Nr. 1 iVm § 151 Nr. 8 FamFG). Bei Letzterem geht es als Rechtsfolge einer Straftat des Jugendlichen um die Festsetzung von Erziehungsmaßregeln durch das Familiengericht gem. §§ 9, 53, 104 Abs. 4 JGG.

In den genannten Kindschaftssachen des § 151 FamFG hat das Gericht gem. § 162 Abs. 1 FamFG das JA in den die Person des Kindes betreffenden Verfahren anzuhören. Die Anhörung ist verpflichtend und die unterbliebene Anhörung führt zur Anfechtbarkeit der gerichtlichen Entscheidung. Wurde die Anhörung des JA wegen Gefahr in Verzug unterlassen, zB aufgrund der Notwendigkeit des unverzüglichen Erlasses einer einstweiligen Anordnung oder wegen eines sonstigen dringenden Handlungsbedarfs (§ 1846 BGB), ist sie nachzuholen, und zwar unverzüglich, § 162 Abs. 1 S. 2 FamFG. Maßgeblich ist also, ob durch die Anhörung eine umgehend zu treffende gerichtliche Entscheidung sachwidrig verzögert würde. 40

Die Anhörung des JA, die ihrerseits die **Unterstützungs- und Mitwirkungspflicht des JA** auf der Grundlage des § 50 auslöst, ist für jedes Verfahren, das die Person des Kindes betrifft, zwingend. Sie muss grundsätzlich vor der gerichtlichen Entscheidung oder aber unverzüglich im Anschluss an die Entscheidung erfolgen. Angesichts der eindeutigen gesetzlichen Anhörungsregelung sollte auch vor Erlass einer einstweiligen Anordnung das JA um eine mündliche Stellungnahme, etwa in Form eines Telefongesprächs, ersucht werden, zumal dem JA häufig eine defizitäre häusliche Problematik oder gar familiäre Konfliktsituationen eher bekannt sein dürfte als dem mit dem Verfahren befassten Gericht. 41

Weiter konkretisiert wird die Einbeziehung des JA in das kindschaftsrechtliche Verfahren wie folgt: In § 155 FamFG wird dem Familiengericht ausdrücklich vorgegeben, in welcher Form das JA am Verfahren zu beteiligen ist. Gemäß § 155 Abs. 1 sind Kindschaftssachen, die den Aufenthalt des Kindes, das Umgangsrecht oder die Herausgabe des Kindes betreffen, sowie Verfahren wegen Gefährdung des Kindeswohls vorrangig und beschleunigt durchzuführen. Nach dem Gesetz soll der sog. frühe erste Termin in den genannten Verfahren spätestens einen Monat nach Beginn des Verfahrens stattfinden, vgl. § 155 Abs. 2 S. 2 iVm S. 1. In dem Termin hört das Gericht das JA an, vgl. § 155 Abs. 2 S. 3. Durch die Formulierung ist klargestellt, dass das JA zu diesem Termin zu laden ist, da die Anhörung mündlich und nicht schriftlich erfolgen soll. Als Gegenstück normiert § 50 Abs. 2 S. 2 SGB VIII für das JA, dass dieses das Familiengericht **in dem Termin** über den Stand des Beratungsprozesses zu informieren hat. Dies setzt die Teilnahme an dem Termin durch das JA voraus. 42

Sinn der Regelungen ist es, durch die mündliche Berichterstattung des JA Missverständnisse und Eskalationen zu vermeiden.

Im mündlichen Verhandlungstermin hat der **persönliche Austausch** zwischen den Beteiligten (va JA, Familiengericht und Eltern) zu erfolgen. Die Gesetzesbegründung hebt den Vorteil der Berichterstattung im mündlichen Verhandlungstermin unter Anwesenheit der Beteiligten hervor, den aktuellen Sachstand darzulegen und die Sachlage einer Klärung zum Wohl des Kindes zuführen zu können, besonders wenn sich ein beteiligter Elternteil durch eine im Vorfeld des Termins erfolgte umfangreiche schriftliche Korrespondenz in ein schlechtes Licht gerückt sieht und benachteiligt fühlt.[51] Die Information des JA bezieht sich auf den **Stand des Beratungsprozesses** und die schnelle Terminierung und Erörterung der Sach- und Rechtslage kann die zügige Intervention fördern. Jedoch sollte grds. das Beschleunigungsgebot nicht schematisch angewendet werden (→ Rn. 86 ff.). 43

Die Vorschrift des § 156 FamFG spricht beim „Hinwirken auf Einvernehmen der Beteiligten“ nicht explizit die Teilnahme des JA in diesem Termin an, es sei denn, das JA 44

51 BT-Drs. 16/6308, 236.

ist „Beteiligter" des Verfahrens gem. § 7 Abs. 2 Nr. 2 FamFG.[52] Dennoch geht die Gesetzesbegründung im Zusammenhang mit der Erläuterung zur gerichtlichen Beratungsanordnung des § 156 Abs. 1 S. 4 FamFG davon aus, dass dem JA Gelegenheit zur Stellungnahme gegeben wird, was im Rahmen des frühen mündlichen Verhandlungstermins geschehen sollte, damit es nicht zu einer Verfahrensverzögerung kommt. Die Teilnahme des JA am Termin wird folglich vorausgesetzt.

45 Gleiches gilt bei der „einvernehmlichen Regelung des Umgangs oder der Herausgabe des Kindes als Vergleich", an der alle „Beteiligten" Einvernehmen erzielen müssen, damit das Gericht den Vergleich billigen kann (sog. gerichtlich gebilligter Vergleich). Allerdings weist § 156 Abs. 3 FamFG – mit Blick auf § 155 Abs. 2 FamFG – auf die **Erörterungspflicht des Gerichts** mit den Beteiligten und dem JA über den Erlass einer einstweiligen Anordnung in bestimmten Kindschaftssachen hin (Aufenthalt bzw. Herausgabe des Kindes oder das Umgangsrecht). Ausweislich der Begründung des Gesetzgebers[53] soll die Erörterung verhindern, „dass unvermeidliche Verfahrensverzögerungen für das Kindeswohl abträgliche Situationen herbeiführen oder gar vollendete Tatsachen schaffen können. Es ist daher naheliegend, dass gerade die fachliche, neutrale und kindeswohlorientierte Einschätzung des JA von maßgeblicher Bedeutung für die gerichtliche Entscheidung ist, so dass die Mitwirkung des JA in inhaltlich intensiver Form und durch persönliche Teilnahme zwingend geboten ist.

46 Gemäß § 157 Abs. 1 FamFG soll das Gericht im Verfahren wegen Kindeswohlgefährdung nach §§ 1666, 1666a BGB mit den Eltern und in geeigneten Fällen auch mit dem Kind zu erörtern, wie einer „**möglichen**" Gefährdung des Kindeswohls begegnet werden kann. Nach der Begründung des Gesetzgebers[54] bildet die Erörterung einen eigenen Verfahrensabschnitt, der neben die Pflicht zur persönlichen Anhörung der Eltern nach § 160 Abs. 1 S. 2 FamFG tritt. Während die persönliche Anhörung der Eltern in erster Linie der Feststellung des Sachverhalts und der Gewährung des rechtlichen Gehörs diene, soll die Erörterung dazu beitragen, die Eltern in die Pflicht zu nehmen und auf sie einzuwirken, öffentliche Hilfen in Anspruch zu nehmen und mit dem JA zu kooperieren. Zugleich hat das Gericht die Eltern auf die Konsequenzen hinzuweisen, die drohen, wenn sie die ihnen angebotenen notwendigen Hilfen nicht annehmen.[55] Die Beteiligten sollen „an einen Tisch" gebracht werden.[56] Frühzeitig soll das JA die Gelegenheit erhalten, die Perspektive der Jugendhilfe in das Verfahren einzubringen. Die Vorschrift des § 157 FamFG stellt auf eine „mögliche Gefährdung des Kindeswohls" ab, da das JA das Familiengericht auch bereits dann anzurufen hat, wenn gem. § 8a Abs. 2 S. 1, 2. Hs. die Eltern bei der Abschätzung des Gefährdungsrisikos nicht mitwirken, das Vorliegen einer Kindeswohlgefährdung mithin nicht sicher feststeht.[57]

47 Es sind öffentliche Hilfen zu diskutieren und die Folgen der Verweigerung ihrer Annahme. Dabei ist in Folge der Neuregelung des § 162 Abs. 2 FamFG die Mitwirkung des JA durch seine verpflichtende Beteiligung in diesem Verfahren sichergestellt worden, vgl. § 162 Abs. 2 iVm § 7 Abs. 2 Nr. 2 Alt. 1 FamFG („Muss-Beteiligung" des JA).[58] Dem JA kommt als sozialpädagogische Fachbehörde und Leistungsträger etwaiger Hilfemaßnahmen die Aufgabe zu, aktiv die Möglichkeiten einer effektiven Gefahrenabwehr aufzuzeigen, insbesondere den Hilfebedarf einzuschätzen, die Geeignetheit

52 BT-Drs. 16/6308, 237.
53 BT-Drs. 16/6308, 237.
54 BT-Drs. 16/6308, 238.
55 Ausführlich zu Entstehungsgeschichte, Wortlaut, Anwendungsbereich und zur Umsetzung in der Praxis Berneiser (2015).
56 BT-Drs. 16/6308, 238.
57 BT-Drs. 16/6308, 238.
58 Vgl. Büte in Johannsen/Henrich FamFG § 162 Rn. 7.

und Erforderlichkeit einer Hilfe zu beurteilen sowie entsprechende Hilfeleistungen im Hinblick auf die familiengerichtliche Entscheidungsfindung zu erörtern, wodurch nach Vorstellung des Gesetzgebers etwaige Hürden bei der Kooperation der Beteiligten abgebaut werden sollen.[59] Keinesfalls darf die Erörterung nach § 157 FamFG zum Schauplatz von Auseinandersetzungen und Meinungsdivergenzen zwischen JA und Familiengericht werden (auch → Rn. 7).[60] Der Termin erfordert bestenfalls eine gewisse Abstimmung zwischen JA und Familiengericht im Vorfeld, damit der Gefahrensituation effektiv begegnet und die erforderliche Hilfeakzeptanz der Eltern bewirkt werden kann.[61]

48 Im Vermittlungsverfahren über den Umgang nach § 165 FamFG hat das Gericht das JA „in geeigneten Fällen" zum Termin zu laden, vgl. § 165 Abs. 2 S. 4 FamFG. Auch hier dürfte es Aufgabe des JA sein, sich aus seiner fachlichen Sicht in die Erörterung über die „**Folgen des Unterbleibens** des Umgangs für das Wohl des Kindes" einzubringen sowie Möglichkeiten der Beratung durch die Beratungsstellen der Träger der Kinder- und Jugendhilfe aufzuzeigen und hierdurch an einer einvernehmlichen Regelung mitzuwirken. Häufig wird das JA bei diesen Fallgestaltungen über konkrete Probleme des Streitfalles bereits informiert sein und wertvolle Hilfestellung leisten können.

49 Bei der freiheitsentziehenden Unterbringung Minderjähriger (§§ 1631 b, 1800 und 1915 BGB) hat das JA Unterstützungspflichten „bei der **Zuführung** zur Unterbringung", und zwar auf Wunsch von Eltern, Vormund oder Pfleger, vgl. § 167 Abs. 5 FamFG. Die Befugnisse des JA richten sich nach § 326 FamFG (iVm § 167 Abs. 1 S. 1 FamFG).

50 Auch ist das JA iRd Pflicht des Familiengerichts, sich vor der Genehmigung der Unterbringung oder der freiheitsentziehenden Maßnahme einen persönlichen, unmittelbaren Eindruck von dem Minderjährigen zu verschaffen, verpflichtet, den Minderjährigen hierzu vorzuführen, da „zuständige Behörde" bei den Kindschaftssachen das JA ist, vgl. §§ 167, 312 ff., 319 Abs. 1 und Abs. 5 FamFG.

51 Schließlich hat das JA dem Gericht bei der Vollstreckung von Entscheidungen über die Herausgabe von Personen und die Regelung des Umgangs „in geeigneten Fällen Unterstützung zu leisten", vgl. § 88 Abs. 2 FamFG. In diesem Fall besteht die **Unterstützungspflicht** hinsichtlich der Durchsetzung der familiengerichtlichen Entscheidung.[62] Dabei soll „die Hinzuziehung eines Mitarbeiters des JA, soweit der Fall hierfür geeignet ist, der Vermeidung von Gewaltanwendung dienen und eine das Kindeswohl nicht beeinträchtigende Vollstreckung fördern, wobei die Unterstützungspflicht des JA auch die Tätigkeit des Gerichtsvollziehers umfasst, soweit dieser im Auftrag des Gerichts tätig wird".[63] Da der Gesetzgeber den Vorschlag einer einvernehmlichen Abstimmung zwischen JA und Gericht, welche Fälle als geeignet anzusehen sind, nicht aufgegriffen hat,[64] wird man die Auffassung des Gerichts über die „Eignung des Falles" als verbindlich ansehen müssen.[65] Diese Auslegung erscheint auch sachgerecht, weil es letztlich um die Durchsetzung einer getroffenen gerichtlichen Entscheidung geht und die „Eignung des Falles" sich damit nur darauf beziehen kann, ob und inwieweit die Unterstützungshandlung des JA im konkreten Fall für die Durchsetzung der Vollstre-

---

59 Vgl. BT Drs. 16/6308, 238.
60 Willutzki ZKJ 2008, 139 (141).
61 Zur Aufgabenstellung des JA im Erörterungstermin vgl. Berneiser (2015), 44 ff., 268, 324 ff.; Berneiser ZKJ 2016, 255 ff. (Teil 1) und 291 ff. (Teil 2); Berneiser in Heilmann/Lack, Die Rechte des Kindes, FS für Ludwig Salgo (2016), 293, 304 ff.; siehe auch Coester in Staudinger (2020) BGB § 1666 Rn. 264 ff.; Wapler in Wiesner Rn. 57.
62 Vgl. BT-Drs. 16/6308, 217.
63 BT-Drs. 16/6308, 217.
64 Vgl. Althammer in Bork/Jacobi/Schwab FamFG § 88 Rn. 5.
65 Vgl. wie vor mit weiteren Literaturnachweisen.

ckung überhaupt hilfreich sein kann iSd Vorstellung des Gesetzgebers. Zudem wäre es nicht nachzuvollziehen, wenn eine (rechtlich verbindlich festgelegte) Vollstreckung durch eine andere Sichtweise des JA in der Beurteilung der „Eignung der Unterstützungshandlung“ ohne das hilfreiche Tätigwerden des JA durchgeführt werden müsste bzw. auf die Durchsetzung verzichtet würde.

52 Neben der Anhörungsvorschrift des § 162 Abs. 1 FamFG enthält § 162 Abs. 2 FamFG bei Verfahren wegen Gefährdung des Kindeswohls gem. §§ 1666, 1666a BGB die formelle Verfahrensbeteiligung des JA gemäß § 7 Abs. 2 Nr. 2 Alt. 1 FamFG in Gestalt einer Mussbeteiligung.[66] Damit hat das Gericht das JA von Amts wegen am Verfahren zu beteiligen und dem JA stehen als formell Beteiligtem sämtliche Beteiligtenrechte zu (vgl. § 162 Abs. 3 FamFG). Die formelle Beteiligung stärkt die Position des JA im familiengerichtlichen Verfahren.

53 Im Rahmen seiner verfahrensrechtlichen Stellung als Beteiligter hat das JA Rechte und Pflichten (Recht auf Akteneinsicht – § 13 Abs. 1 FamFG, Recht auf Beweisanträge – § 33 Abs. 2 FamFG, Recht auf gerichtliche Hinweise – § 28 FamFG, Recht zur Stellungnahme zB zu durchgeführten Beweisaufnahmen – § 34 Abs. 3 FamFG, Recht auf Bekanntgabe von Entscheidungen – § 41 FamFG; Pflicht zur Mitwirkung am Verfahren – § 27 FamFG, Pflicht zum persönlichen Erscheinen – §§ 33 ff. FamFG, Pflicht zur Kostentragung – § 81 FamFG). Ihm sind insbesondere auch Zwischenentscheidungen bekannt zu geben und nicht nur beschwerdefähige Entscheidungen, wie dies in § 162 Abs. 3 FamFG normiert ist. In Kindschaftssachen, die nicht Verfahren wegen Kindeswohlgefährdung betreffen, verbleibt es bei der Möglichkeit einer Beteiligung des JA auf Antrag, vgl. § 162 Abs. 2 Satz 2 iVm § 7 Abs. 2 Nr. 2 Alt. 2 FamFG.

54 Das Gericht hat in allen Verfahren, die die Person des Kindes betreffen, die Pflicht, das JA von Terminen zu benachrichtigen und die gerichtlichen Entscheidungen bekannt zu machen, § 162 Abs. 3 Satz 1 FamFG. Auf diese Weise soll das JA besser in den gerichtlichen Entscheidungsprozess einbezogen werden, ohne dass das JA hiermit – ungeachtet der bestehenden Mitwirkungspflicht des § 50 – zu einer Teilnahme am Termin verpflichtet wird. Die Benachrichtigungspflicht gilt für alle Termine der betreffenden Verfahren. Das JA erhält die Möglichkeit, nach pflichtgemäßem Ermessen über seine Teilnahme am Termin zu entscheiden. Ungeachtet dessen verbleibt es bei der Anhörung des JA in den beschleunigt durchzuführenden gerichtlichen Terminen der in § 155 Abs. 1 FamFG aufgeführten Kindschaftssachen.

55 In allen die Person des Kindes betreffenden Verfahren, in denen das JA von Terminen zu benachrichtigen war und in denen ihm die gerichtlichen Entscheidungen bekannt zu machen sind, steht dem JA gegen den gerichtlichen Beschluss die Beschwerde zu, § 162 Abs. 3 Satz 2 FamFG. Durch die Regelung in § 162 Abs. 3 S. 2 FamFG wird die Position des JA erheblich gestärkt, da das Beschwerderecht nunmehr als eigenständiges Recht des JA ausgestaltet ist und nicht mehr wie früher vom Kind abgeleitet wird. Damit wird der Wächterfunktion des JA Rechnung getragen. Die Beschwerdebefugnis des JA besteht unabhängig von § 59 FamFG und losgelöst von seiner Beteiligtenstellung.

3.2 Abstammungssachen (§ 176 FamFG)

56 **Abs. 1 S. 2 Nr. 2** regelt die Mitwirkung des JA in den genannten **Abstammungssachen** und verweist dabei auf die für das Familiengericht in § 176 FamFG vorgeschriebene Anhörungspflicht des JA.

66 Vgl. Art. 6 des Gesetzes zur Einführung einer Rechtsbehelfsbelehrung im Zivilprozess und zur Änderung anderer Vorschriften v. 5.12.2012.

Gem. § 169 FamFG sind Abstammungssachen definiert als Verfahren 57

- auf Feststellung des Bestehens oder Nichtbestehens eines Eltern-Kind-Verhältnisses, insbesondere der Wirksamkeit oder Unwirksamkeit einer Anerkennung der Vaterschaft,
- auf Ersetzung der Einwilligung in eine genetische Abstammungsuntersuchung und Anordnung der Duldung einer Probeentnahme,
- auf Einsicht in ein Abstammungsgutachten oder Aushändigung einer Abschrift oder
- auf Anfechtung der Vaterschaft.

Nach der in § 50 Abs. 1 S. 2 Nr. 2 genannten Anhörungsvorschrift des § 176 FamFG 58
soll das Gericht das JA in den nachfolgenden Fällen der Anfechtung der Vaterschaft anhören:

- § 1600 Abs. 1 Nr. 2 BGB – Anfechtung durch den biologischen (leiblichen) Vater, sofern zwischen Kind und (Schein-)Vater, der mit der Mutter verheiratet ist oder war oder der die Vaterschaft anerkannt hat, §§ 1592 Nr. 1 und 2, 1593 BGB, keine sozial-familiäre Beziehung besteht oder im Zeitpunkt des Todes bestanden hat, § 1600 Abs. 2 BGB.
- § 1600 Abs. 1 Nr. 4 BGB – Anfechtung durch das Kind, soweit die Anfechtung durch den gesetzlichen Vertreter bzw. durch den Ergänzungspfleger, § 1600a Abs. 3 BGB (also nur bei Minderjährigkeit des Kindes), erfolgt.

Die Mitwirkung des JA bezieht sich im erstgenannten Fall auf die Einschätzung, ob 59
eine sozial-familiäre Beziehung iSv § 1600 Abs. 3 BGB besteht, sowie im letzten Fall darauf, ob die Anfechtung dem Wohl des Kindes bzw. dessen Interessen iSv § 1600a Abs. 4 BGB dient.

Die Anhörung des JA ist zwar als „Soll-Vorschrift" ausgestaltet, verdichtet sich jedoch 60
zu einer zwingenden Regelung, soweit die pädagogische Einschätzung erforderlich ist, was wohl regelmäßig der Fall sein dürfte.

Gemäß § 176 Abs. 1 S. 2 FamFG kann die Anhörung des JA „im Übrigen", also auch 61
in anderen Abstammungssachen erfolgen, wenn ein Beteiligter minderjährig ist. Sämtliche Entscheidungen im Falle des § 176 Abs. 1 S. 1 FamFG hat das FamG dem JA mitzuteilen, im Falle von § 176 Abs. 1 S. 2 FamFG nur, wenn das JA angehört wurde, vgl. § 176 Abs. 2 S. 1 FamFG. Gegen die gerichtlichen Beschlüsse steht dem JA das Beschwerderecht zu, § 176 Abs. 2 S. 2 iVm § 59 FamFG. Dieses Beschwerderecht besteht also unabhängig von den weiteren Voraussetzungen des § 59 FamFG.

3.3 Adoptionssachen (§§ 188 Abs. 2, 189, 194, 195 FamFG)

In Abs. 1 S. 2 Nr. 3 ist die Mitwirkung in Adoptionssachen unter Bezugnahme auf die 62
Bestimmungen der §§ 188 Abs. 2, 189, 194 und 195 FamFG geregelt. § 186 FamFG definiert als Adoptionssachen Verfahren, die

- die Annahme als Kind,
- die Ersetzung der Einwilligung zur Annahme als Kind,
- die Aufhebung des Annahmeverhältnisses oder
- die Befreiung vom Eheverbot des § 1308 Abs. 1 des BGB

betreffen.

In diesen Verfahren hat das Familiengericht das JA und das LJA auf seinen Antrag hin 63
zu beteiligen, § 188 Abs. 2 FamFG. Hierdurch wird die Beteiligtenstellung gem. § 7 Abs. 2 Nr. 2 FamFG erworben, weshalb JA und LJA von der Einleitung des Verfahrens zu benachrichtigen und über ihr Antragsrecht zu belehren sind. Ob sie den Antrag auf Beteiligung stellen, liegt allerdings in ihrem Ermessen. Sie sind auch bei

Nichtbeteiligung durch das Familiengericht anzuhören. Durch die Anhörung allein erlangen sie nicht die Beteiligtenstellung, vgl. § 7 Abs. 6 FamFG.

64 Im Verfahren auf Annahme als Kind gem. § 186 Nr. 1 FamFG hat das Familiengericht eine fachliche Äußerung der Adoptionsvermittlungsstelle, die das Kind vermittelt hat, einzuholen, um zu klären, ob das Kind und die Familie des Annehmenden für die Annahme geeignet sind. Ist keine Adoptionsvermittlungsstelle bei der Vermittlung tätig geworden, ist eine fachliche Äußerung des JA oder einer Adoptionsvermittlungsstelle einzuholen, wobei die fachliche Äußerung kostenlos abzugeben ist, vgl. § 189 FamFG. Diese fachliche Äußerung gem. § 189 FamFG kommt nach dem eindeutigen Wortlaut der Regelung nur bei der Annahme eines Minderjährigen als Kind zum Zuge, nicht bei den weiteren Adoptionssachen des § 186 Nr. 2–4 FamFG.

65 Die in § 186 FamFG vorgesehene Anhörung des JA in Form der Einholung einer fachlichen Äußerung ist eine der wichtigsten und grundlegendsten Mitwirkungsvorschriften in der Tätigkeit des JA. Die fachliche Äußerung muss sich im Wesentlichen mit den Voraussetzungen der Adoption gem. § 1741 BGB befassen, also mit der grundsätzlichen Frage, ob die Annahme dem Wohl des Kindes dient und damit, ob zwischen dem Annehmenden und dem Kind die Entstehung eines Eltern-Kind-Verhältnisses zu erwarten ist. Dabei sind die üblichen Kindeswohlkriterien zu bewerten, also ua Bindungen, Neigungen und Wünsche des Kindes wie auch die Grundsätze von Erziehungsfähigkeit und Erziehungsbereitschaft der Adoptiveltern oder das soziale Umfeld bzw. die häuslichen Verhältnisse.

66 Die Mitwirkung des JA im Fall von § 194 FamFG bezieht sich auf die Anhörung in (sämtlichen) Adoptionssachen des § 186 FamFG, also über die Annahme als Kind hinaus, § 186 Nr. 1 FamFG. Voraussetzung ist, dass der Anzunehmende oder Angenommene minderjährig ist. Im Fall der Annahme als Kind scheidet eine Anhörung des JA aus, wenn das JA bereits eine fachliche Äußerung durch die Adoptionsvermittlungsstelle gem. § 189 FamFG abgegeben hat. Wurde eine andere, zB eine anerkannte Adoptionsvermittlungsstelle, vgl. § 2 Abs. 2 AdVermiG, tätig, und hat diese eine fachliche Äußerung iSv § 189 FamFG abgegeben, bleibt die Pflicht zur Anhörung des zuständigen JA bestehen, vgl. § 194 Abs. 1 S. 2 FamFG. Die Regelung wird verständlich mit Blick auf die Verpflichtung des Familiengerichts, die Entscheidung dem JA mitzuteilen, damit dieses prüfen kann, ob es gemäß § 194 Abs. 2 FamFG Beschwerde einlegen will. Das JA wird sich dann allerdings auf eine überschlägige Prüfung beschränken können.

67 Die Mitteilung nach § 195 FamFG betrifft die – zusätzliche – Anhörung der Zentralen Adoptionsstelle des LJA durch fachliche Beratung vor Ausspruch der Annahme, wenn ein Adoptionsbewerber oder das Kind eine ausländische Staatsangehörigkeit besitzt oder staatenlos ist, sowie wenn ein Adoptionsbewerber oder das Kind seinen Wohnsitz oder gewöhnlichen Aufenthalt außerhalb des Geltungsbereichs des AdVermiG haben, vgl. § 11 Abs. 1 Nr. 2 und 3 AdVermiG.

3.4 Ehewohnungssachen (§§ 204 Abs. 2, 205 FamFG)

68 Gemäß **Abs. 1 S. 2 Nr. 4** ist die Mitwirkung des JA außerdem in **Ehewohnungssachen** vorgesehen. Diese betrifft die Verfahren nach §§ 204 Abs. 2, 205 FamFG. Ehewohnungssachen sind gem. § 200 Abs. 1 Nr. 1 und 2 Verfahren nach § 1361 b BGB bzw. § 1568a BGB, wie die Wohnungszuweisung bei Getrenntleben oder Scheidung der Ehegatten.

69 Sofern minderjährige Kinder im Haushalt der Ehegatten leben soll nach § 205 FamFG das Familiengericht das JA anhören. Es liegt auf der Hand, dass bereits gerichtliche Regelungen über die Wohnung, denen zumeist intensive Auseinandersetzungen der Ehegatten vorausgehen, ganz erheblich in die Lebensumstände der Beteiligten eingrei-

fen. Im Regelfall haben Wohnungszuweisungen umfassende Auswirkungen auf das Wohl der betroffenen Kinder. Gem. den materiellrechtlichen Bestimmungen der §§ 1361 b und 1568a BGB soll das Wohl der im Haushalt lebenden Kinder besonders berücksichtigt werden. Demzufolge ist es unerheblich, ob es sich um gemeinsame Kinder oder Kinder von nur einem Ehegatten handelt. Nach den Vorstellungen des Gesetzgebers,[67] stellt sich in diesen Verfahren häufig die Frage, „ob und gegebenenfalls unter welchen Modalitäten der aus der Wohnung gewiesene Täter, Elternteil oder eine nach § 1685 BGB umgangsberechtigte Person künftig Umgang mit dem Kind haben soll".[68]

Dabei gewährleistet die Unterrichtung, so die Gesetzesbegründung weiter, dass das JA 70 von der Wohnungszuweisung oder -überlassung Kenntnis erlangt und so in die Lage versetzt wird, den Beteiligten Beratung und Unterstützung bei der Ausübung des Umgangsrechts nach § 18 Abs. 3 anzubieten. Die Unterstützung kann in geeigneten Fällen auch darin bestehen, eine Begleitung des Umgangs zu installieren. Besteht zwischen den Beteiligten Streit über das Umgangsrecht und kann auch mithilfe des JA oder einer Familienberatungsstelle keine einvernehmliche Lösung erzielt werden, ist eine gerichtliche Regelung des Umgangs in Betracht zu ziehen. Eine solche kann auch vom JA gegenüber dem FamG angeregt werden. Stellt das JA eine Gefährdung des Kindeswohls fest, ist es zur Anrufung des Gerichts verpflichtet, das zu prüfen hat, ob das Umgangsrecht nach § 1684 Abs. 4 BGB einzuschränken oder auszuschließen ist.[69]

Ebenso kann sich im Zusammenhang mit der Überlassung der Wohnung die Frage 71 stellen, welcher Elternteil zukünftig die Betreuung der Kinder übernimmt, so dass auftretenden Streitigkeiten über das Sorgerecht frühzeitig durch Beratung und Unterstützung des JA begegnet werden kann, möglicherweise auch im Rahmen der durchzuführenden Anhörung der Beteiligten.

Die Anhörung ist unabhängig davon vorgesehen, wie das Verfahren voraussichtlich 72 enden wird, im Gegensatz zu der entsprechenden Vorgängerregelung, die eine Anhörung des JA nur vor einer „ablehnenden Entscheidung" vorgesehen hatte.

Dem JA steht nach § 205 Abs. 2 FamFG auch ein eigenes Beschwerderecht zu. Gemäß 73 § 204 Abs. 2 FamFG ist das JA auf seinen Antrag hin förmlich zu beteiligen und erlangt die Beteiligtenstellung nach § 7 FamFG.

Die Anhörung nach § 205 FamFG ist nur als „Soll-Vorschrift" ausgestaltet. Verspricht 74 die Anhörung des JA keinen Erkenntniszuwachs, zB weil feststeht, dass der gegenüber Frau und Kindern gewalttätige Ehemann aus der Wohnung gewiesen werden muss – und damit zB für die Betreuung und Versorgung der Kinder bzw. für einen Umgang ohnehin nicht in Betracht kommt –, kann die Anhörung des JA unterbleiben. Allerdings dürfte es sich hierbei um Sonderfälle handeln. Die Anhörung des JA ist in der Regel erforderlich. Wird sie wegen Gefahr in Verzug unterlassen, ist sie nachzuholen, vgl. § 205 Abs. 1 S. 2 FamFG. Die Anhörung hat rechtzeitig im Verfahren zu erfolgen, so dass sie bei der Entscheidung berücksichtigt werden kann. Dies gilt prinzipiell auch für das einstweilige Anordnungsverfahren, vgl. § 205 Abs. 1 iVm §§ 49 ff. FamFG.

In sämtlichen Ehewohnungssachen unter Beteiligung von im Haushalt lebenden Kin- 75 dern ist die gerichtliche Entscheidung dem JA mitzuteilen, § 205 Abs. 2 S. 1 FamFG.

---

67 Zu der seinerzeitigen Neuregelung der Beteiligung des JA bei Wohnungszuweisungen nach dem Gesetz zur Verbesserung des zivilrechtlichen Schutzes bei Gewalttaten und Nachstellungen sowie zur Erleichterung der Überlassung der Ehewohnung bei Trennung vgl. BT-Drs. 14/5429.

68 Vgl. BT-Drs. 14/5429, 37.

69 Vgl. BT-Drs. 14/5429, 37.

3.5 Gewaltschutzsachen (§§ 212, 213 FamFG)

76 Schließlich hat das JA gemäß **Abs. 1 S. 2 Nr. 5** in **Gewaltschutzsachen** mitzuwirken. Hierbei handelt es sich um Verfahren nach dem Gewaltschutzgesetz. Nach § 213 FamFG hat das Familiengericht in Gewaltschutzverfahren, die die Wohnung betreffen, das JA anzuhören, wenn minderjährige Kinder im Haushalt leben. Das JA kann sich gemäß § 212 FamFG an diesen Verfahren förmlich beteiligen. Die Mitwirkungspflicht in Gewaltschutzsachen bezieht sich auf § 2 Gewaltschutzgesetz, also die Überlassung einer gemeinsam genutzten Wohnung im Rahmen des zivilgerichtlichen Schutzes bei Gewalttaten und Nachstellungen. Diese Gewaltschutzsachen sind nach § 111 Nr. 6 FamFG Familiensachen und verfahrensrechtlich in §§ 210 ff. FamFG geregelt. Da das Kindeswohl durch Gewalt im häuslichen familiären Bereich besonders stark gefährdet sein kann, ist eine Intervention des JA im Regelfall geboten.

77 Form und Inhalt der Anhörung, Mitteilung der Entscheidung sowie Beschwerderecht des JA entsprechen inhaltlich der Regelung des § 205 FamFG (→ Rn. 68 ff.).

4 Inhaltliche Ausgestaltung der Mitwirkungspflichten, Abs. 2

78 Während Abs. 1 S. 1 und S. 2 die **formalen Unterstützungs- und Mitwirkungskriterien** des JA und die sich daraus ergebenden Rechte regeln, betrifft **Abs. 2** die **inhaltliche Ausgestaltung der Mitwirkungstätigkeit des JA im familiengerichtlichen Verfahren**. Abs. 2 S. 5 berücksichtigt die Besonderheiten des beschleunigten Verfahrens gem. § 155 Abs. 2 FamFG. Die sprachliche Neufassung durch das KJSG führt zu keiner inhaltlichen Änderung im Verhältnis zur früheren Gesetzesfassung (Abs. 2 S. 2 aF).

4.1 Die Unterrichtung über angebotene und erbrachte Leistungen

79 Die Regelung des **Abs. 2 S. 1** ist durch das KJSG nicht verändert worden. Gemäß der dort genannten Vorgaben unterrichtet das JA im familiengerichtlichen Verfahren insbesondere über angebotene und erbrachte Leistungen, bringt erzieherische und soziale Gesichtspunkte zur Entwicklung des Kindes oder des Jugendlichen ein und weist auf weitere Möglichkeiten der Hilfen hin. Nach dem Gesetzeswortlaut ist klargestellt, dass die Aufzählung über die Unterrichtungsinhalte keineswegs abschließend ist, wie sich aus dem Hinweis „insbesondere" ergibt. Die in der Bestimmung genannten Inhalte sind nur beispielhaft erwähnt, weil die vielseitigen Verfahren und wechselnden Problemfelder unterschiedliche Schwerpunkte in der jeweiligen Stellungnahme erfordern. Jedenfalls lässt die Regelung den Schluss zu, dass die fachliche Äußerung des JA das gerichtliche Verfahren unter dem jugendhilferechtlichen Blickwinkel fördern und so die richterliche Entscheidungsfindung fachlich optimieren soll.

80 Durch den Hinweis über **angebotene und erbrachte Leistungen** lässt sich zum einen erkennen, ob und inwieweit angebotene Hilfen angenommen oder verweigert wurden bzw. ob erbrachte Leistungen erfolgreich waren oder nicht. Zum anderen wird dem Familiengericht die Prüfung ermöglicht, ob sog. niedrigschwellige Hilfen noch in Betracht kommen oder ein teilweiser oder vollständiger Sorgerechtsentzug zwingend erforderlich erscheint. **Erzieherische und soziale Gesichtspunkte** zur Entwicklung des Kindes und des Jugendlichen geben Aufschluss über notwendige und ggf. einzufordernde Kompetenzen, über die im familiengerichtlichen Verfahren Aussagen getroffen werden müssen. Hinweise auf weitere **Möglichkeiten der Hilfe** erlauben zukunftsorientierte Überlegungen und Erörterungen, mit denen erforderliche Vorgehensweisen umgesetzt werden können. Dies alles – und je nach Problemlage auch mehr – gehört zu einer **fachlichen Stellungnahme**, die sich damit nicht auf die bloße oder ausge-

schmückte Wiedergabe des Akteninhalts oder Äußerungen der Beteiligten beschränken darf.[70]

4.2 Der Hinweis auf Hilfemöglichkeiten

Weiter konkretisiert die Vorschrift in Abs. 2, dass die normierte richterliche Anhörungspflicht für das JA Anlass sein muss zu prüfen, inwieweit ein fachgerechtes Hilfe- bzw. Leistungsangebot im Hinblick auf **erforderliche Hilfeinterventionen** zugunsten des betroffenen Kindes oder Jugendlichen sowie mit Blick auf die Möglichkeit einer einvernehmlichen Konfliktlösung im gerichtlichen Verfahren erfolgen muss.[71] Die Regelung macht deutlich, dass das JA das Gericht bei der Entscheidungsfindung fachlich unterstützt, wobei die genannten Aufgaben des JA nicht zuletzt in der gesetzlich vorgeschriebenen Weise sicherstellen sollen, dass die sozialpädagogischen Kriterien auch hinreichend in die familiengerichtliche Entscheidungsfindung einfließen können. Der Gesetzgeber hat **bewusst davon abgesehen**, weitere Differenzierungen im Hinblick auf die inhaltliche Tätigkeit des JA vorzunehmen, weil der Interventionsbedarf von Seiten des JA stets nach pflichtgemäßem Ermessen zu klären ist.[72] 81

Die **fachliche Stellungnahme des JA muss aussagekräftig, nachvollziehbar und inhaltlich gut begründet** sein, weil sie nur dann dazu beitragen kann, den Entscheidungsfindungsprozess des Familiengerichts zu unterstützen. Das Familiengericht ist immer dann auf die fachliche Unterstützung angewiesen, wenn es (sozial-)pädagogische und (entwicklungs-)psychologische Kriterien und Handlungszusammenhänge von familiären und kindlichen Problemlagen in die Entscheidungsfindung mit einbeziehen muss. Das Familiengericht bedarf der Einschätzung des JA, um das Handeln der Jugendhilfe und die vorhandenen bzw. die zu erwartenden Erziehungs- und Handlungskompetenzen von Eltern verstehen, bewerten und prognostisch einschätzen zu können.[73] Der allein juristisch ausgebildete Familienrichter verfügt nicht automatisch über die erforderlichen Kenntnisse in humanwissenschaftlichen, pädagogischen oder auch medizinischen Fragen, die die Entwicklung und Belange von Minderjährigen betreffen.[74] Ziel der Stellungnahme ist es stets, die Situation des Kindes oder Jugendlichen umfassend aufzuzeigen und zu erläutern, um eine für das Wohl des Kindes bestmögliche Situation herbeiführen zu können. Der Grundsatz der Verhältnismäßigkeit ist zu beachten. Gerade mit Blick auf den unbestimmten Rechtsbegriff des Kindeswohls, über den in der Fachliteratur so viel geschrieben und diskutiert wird,[75] kommt der Stellungnahme des JA **die Funktion einer sozial-pädagogischen Orientierungs- und Entscheidungshilfe für das Gericht** zu. 82

Besteht entsprechend guter Kontakt zu den Eltern, kann eine fachlich ausgewiesene gutachtliche Stellungnahme eine eventuell vorhandene **angstbesetzte Distanz zwischen Eltern und JA** sowie Eltern und Familiengericht sogar überbrücken helfen. Möglicherweise gelingt es dem JA, eventuelle Einseitigkeiten in Stellungnahmen in Schriftsätzen der Anwälte zur relativieren. Denn es erhöht sich die Wahrscheinlichkeit der Akzeptanz gutachtlicher Stellungnahmen durch Betroffene, wenn die persönliche Sinndeutung der Eltern (Selbstdeutung/Verstehen) angemessen gewürdigt wird.[76] Schon 1954 hat der BGH in einer Entscheidung, bei der es um die vom JA zu erwartenden Tätigkeiten ging, ausgeführt, dass dieses nicht nur Fakten zu sammeln, sondern sic dem 83

70 Vgl. auch Trenczek in FK-SGB VIII Vor §§ 50–52 Rn. 23 ff.
71 Vgl. BT-Drs. 11/5948, 87.
72 BT-Drs. 11/5948, 88.
73 So völlig zutreffend: Oberloskamp/Borg-Laufs/Mutke, Gutachtliche Stellungnahmen, S. 14/15.
74 Berneiser/Bartels ZKJ 2016, 440 (441 f.); Heilmann ZKJ 2016, 174 ff.
75 Vgl. Oberloskamp/Borg-Laufs/Mutke, Gutachtliche Stellungnahmen, S. 16.
76 Vgl. Oberloskamp/Borg-Laufs/Mutke, Gutachtliche Stellungnahmen, S. 22.

Gericht zu erklären und daraus Folgerungen zu ziehen hat. Damit seien Fakten, die Erklärung dieser Fakten und Folgerungen aus den Fakten Gegenstand der Mitwirkung des JA.[77]

84 Dass sich das JA bei seiner Faktensammlung nur auf die für **seine** Aufgabe maßgeblichen Fakten beziehen darf, soll an dieser Stelle nochmals ausdrücklich betont werden. Es ist zugleich die **Aufgabe des Gerichts**, das JA zu unterstützen und über den gesamten gerichtlichen Verfahrenshergang in Kenntnis zu setzen. Ebenso hat es das JA über Stellungnahmen, Schriftsätze von Beteiligten usw zu informieren, soweit sich hieraus Hinweise ergeben, deren Kenntnis für die jugendamtliche Mitwirkungsaufgabe notwendig ist.

4.3 Vorlage des Hilfeplans im gerichtlichen Verfahren (Abs. 2 S. 2 ff. nF)

85 Mit dem **KJSG**[78] wurde Abs. 2 ab S. 2 verändert und es wurden neue Regelungen zur Übersendung des Hilfeplanes eingefügt.

86 Gemäß Abs. 2 S. 2 hat das JA dem Familiengericht in Verfahren betreffend einer freiheitsentziehenden Unterbringung oder einer freiheitsentziehenden Maßnahme, Verbleibensanordnung oder wegen Kindeswohlgefährdung nach §§ 1666, 1666a BGB sowie in Verfahren zur Abänderung, Verlängerung oder Aufhebung solcher Maßnahmen, die **Hilfepläne** gemäß § 36 Abs. 2 S. 2 unaufgefordert **vorzulegen**. In anderen die Person des Kindes betreffenden Kindschaftssachen, in denen das JA mitwirkt, sollen die Hilfepläne **auf Aufforderung** des Familiengerichts vorgelegt werden (Abs. 2 S. 4). In Abs. 2 S. 3 ist explizit geregelt, dass das vorzulegende Dokument ausschließlich das Ergebnis der Bedarfsfeststellung, die vereinbarte Art der Hilfegewährung einschließlich der hiervon umfassten Leistungen sowie das Ergebnis etwaiger Überprüfungen dieser Feststellungen beinhaltet. Damit ist klargestellt, welche Informationen an das Familiengericht zu übermitteln sind.

87 Der **Hilfeplan** koordiniert Hilfebedarf und Leistungserbringung. Er schreibt Zielperspektiven und deren zeitliche Dimensionierung fest.[79] Als Ergebnisdokument des fachlichen Steuerungsprozesses bei Hilfen zur Erziehung gibt er qualifiziert Auskunft über den Hilfebedarf, die Lebens- und Erziehungssituation des Kindes oder Jugendlichen, begründet Fehlentwicklungen, zählt geleistete Hilfen auf und gibt Auskunft über die im Einzelfall durchgeführten Hilfearten sowie deren Erfolg. Er klärt über mögliche Folgen eines Scheiterns der Hilfe auf und enthält Informationen über getroffene Absprachen und Vereinbarungen von Informations- und Handlungspflichten, etwa zur Abwehr einer Kindeswohlgefährdung.[80] Entsprechend können dem Familiengericht diese Informationen zur Erweiterung seiner Erkenntnisgrundlage dienlich sein.[81] Der Hilfeplan ist das Ergebnis eines partizipativ zu gestaltenden Prozesses der **Hilfeplanung**, an dem die Fachkräfte der Kinder- und Jugendhilfe, die PSB und das Kind oder der Jugendliche teilnehmen. Er dokumentiert das Ergebnis der Hilfeplanung, nicht den Verlauf des Aushandlungsgeschehens, und enthält Informationen, die für das

77 Vgl. Oberloskamp/Borg-Laufs/Mutke, Gutachtliche Stellungnahmen, S. 30 unter Bezug auf BGH, FamRZ 1954, 2 ff.

78 Gesetz zur Stärkung von Kindern und Jugendlichen (Kinder- und Jugendstärkungsgesetz – KJSG) v. 3.6.2021, BGBl. I 2021, 1444.

79 Schmid, Die Hilfeplanung nach § 36 SGB VIII (2004), S. 96 f.

80 Gesetzesbegründung des Gesetzes zur Stärkung von Kindern und Jugendlichen (Kinder- und Jugendstärkungsgesetz – KJSG) v. 2.12.2020, S. 112.

81 Gesetzesbegründung des Gesetzes zur Stärkung von Kindern und Jugendlichen (Kinder- und Jugendstärkungsgesetz – KJSG) v. 2.12.2020, S. 112; grundlegend zur Hilfeplanung nach § 36 SGB VIII, der besonderen Bedeutung von Hilfeplan und Hilfeplanung für die gerichtliche Entscheidung: Schmid, Die Hilfeplanung nach § 36 SGB VIII (2004), S. 93 ff.

gerichtliche Verfahren gerade dann interessant sind, wenn das Gericht wegen Grundrechtsrelevanz überprüfen muss, ob und warum es nicht gelungen ist, mit ambulanten Hilfen ohne Eingriffe in Elternrechte die Kindeswohlgefährdung zu überwinden.[82]

Die Neuregelung betont die Bedeutung des Hilfeplans und die Kenntnis von dessen Inhalt für die familiengerichtliche Entscheidung. Wie in der Gesetzesbegründung dargestellt, wird durch die Vorlage des Hilfeplans die Erkenntnisgrundlage des Familiengerichts vor allem im Hinblick auf die bei sorgerechtlichen Entscheidungen vorzunehmende Verhältnismäßigkeitsprüfung erweitert, was in kindesschutzrechtlichen Verfahren nach den § 1631b, § 1632 Abs. 4, §§ 1666 oder 1666a BGB von besonderer Bedeutung ist, so dass in diesen Verfahren die generelle Vorlagepflicht konsequent erscheint. Gerade mit Blick auf das interdependente Verhältnis von JA und FamG ist es sachgerecht und ermöglicht die kooperative und effektive, zum Wohl des Kindes ausgerichtete Zusammenarbeit, wenn nicht nur das JA Einsicht in die Akten des Gerichts, sondern auch das FamG Einblick in den Hilfeplan des JA erhält.[83] Gleiches gilt für Verfahren, in denen über die Abänderung, Verlängerung oder Aufhebung von Maßnahmen zu entscheiden ist, die nach diesen Vorschriften getroffen wurden (§ 1696 BGB, §§ 166, 167 Abs. 1 Satz 1 iVm § 329 Abs. 2, § 330 FamFG). Um der gesetzlich geforderten und auf Gefahrenabwehr gerichteten Überprüfungspflicht nachkommen zu können, muss das FamG vollständig über die bisherigen und aktuellen Leistungen der Kinder- und Jugendhilfe zur Gefährdungsabwendung informiert sein. Hierzu gehört der Nachweis und die Dokumentation der Hilfeangebote, inwieweit sie bereits erbracht wurden und ggf. aus welchem Grund sie wieder gescheitert sind.[84] 88

Da auch in anderen, die Person des Kindes betreffenden Kindschaftssachen die Kenntnis des Hilfeplanes für die gerichtliche Entscheidung von erheblicher Bedeutung sein wird, soll auch in diesen Fällen der Hilfeplan auf Anforderung des Familiengerichts vom Jugendamt vorgelegt werden. Letztlich konkretisiert die Neuregelung die in Abs. 2 Satz 1 geregelte Ausgestaltung der Mitwirkungspflicht des Jugendamtes in Bezug auf Kindschaftssachen. 89

Die Neuregelung des Abs. 2 S. 2 ist hierbei immer in Verbindung mit dem neu eingeführten S. 6 des Abs. 2 zu sehen. Dieser lautet: 90

„§ 64 Absatz 2 und § 65 Absatz 1 Satz 1 Nummer 1 und 2 bleiben unberührt.“

Durch die Einfügung von S. 6 wird klargestellt, dass auch bei der Übersendung des Hilfeplans die sozialdatenschutzrechtlichen Regelungen nach § 64 Abs. 2 und § 65 Abs. 1 S. 1 Nr. 1 und 2 zu beachten sind. Daraus folgt, dass die im Hilfeplan dokumentierten anvertrauten Daten grundsätzlich nur mit Einwilligung dessen, der die Daten anvertraut hat, weitergegeben werden dürfen. Bei nicht einwilligungsfähigen Minderjährigen obliegt diese Entscheidung dem gesetzlichen Vertreter. Zu beachten ist dabei aber die nach § 65 Abs. 1 S. 1 Nr. 2 bestehende Ausnahme. Wurde das Familiengericht nach § 8a Abs. 2 S. 1 angerufen und kann ohne Weitergabe anvertrauter Daten im Hilfeplan eine für die Gewährung von Leistungen notwendige Entscheidung nicht getroffen werden, so können die Daten auch ohne Einverständnis übermittelt werden. 91

---

82 Stellungnahme der Stiftung zum Wohle des Pflegekindes zum KJSG v. 26.10.2020, www.Stiftung-Pflegekind.de.

83 Stellungnahme der Stiftung zum Wohle des Pflegekindes zum KJSG v. 26.10.2020, www.Stiftung-Pflegekind.de.

84 Stellungnahme der Stiftung zum Wohle des Pflegekindes zum KJSG v. 26.10.2020, www.Stiftung-Pflegekind.de; zur Kontroverse: Meysen/Salgo, Referentenentwurf des BMFSFJ zum KJSG – Stellungnahme der Kinderrechtekommission des DFGT v. 5.10.2020, FamRZ 2021, 13 (16), wonach der eine Teil der Kommission die aufgezeigte Position vertritt und sich wiederum der andere Teil der Kommission gegen die Vorlage des Hilfeplanes ausspricht und dies auf die Mitteilung bisheriger Ergebnisse der Hilfeplanung beschränken möchte.

Allerdings darf auch in diesen Fällen eine Übermittlung anvertrauter Daten nicht dazu führen, dass der Erfolg einer zu gewährenden Leistung in Frage gestellt wird. Seitens des Jugendamtes muss nach Erfahrungs- und Fachwissen abgewogen werden, ob die Vorlage des Hilfeplans, der anvertraute Daten enthält, erst die bzw. eine Leistungsgewährung ermöglicht, oder ob eine Ablehnung des sorgerechtlichen Eingriffs durch das Familiengericht wahrscheinlicher ist und weitere Leistungen voraussichtlich in Frage gestellt würden.

92 Verweigern die Sorgeberechtigten aus Sicht des JA zu Unrecht die Einwilligung zur Datenweitergabe, besteht die Möglichkeit des Familiengerichts, die Zustimmung zu ersetzen (§ 1666 Abs. 3 Nr. 5 BGB).

4.4 Information über den Stand des Beratungsprozesses im frühen ersten Termin

93 Unverändert besteht für das JA die Pflicht im sog. frühen ersten Termin nach § 155 Abs. 2 FamFG (→ Rn. 42) das Familiengericht über den Stand des Beratungsprozesses zu informieren (aktuell Abs. 2 S. 5, früher Abs. 2 S. 2). Da die unter Umständen zeitintensive Vorarbeit für die fachliche Stellungnahme des JA nicht in dem Zeitraum erbracht werden kann, in dem der Verhandlungstermin erfolgen wird (ausweislich des Vorrang- und Beschleunigungsgebotes des § 155 FamFG soll der Termin spätestens einen Monat nach Beginn des Verfahrens stattfinden, § 155 Abs. 2 S. 1 FamFG), sieht Abs. 2 S. 5 vor, dass das JA das Familiengericht im Termin über den Stand des Beratungsprozesses informieren wird, was die Teilnahme am Termin erfordert.

94 Ausweislich der Gesetzesbegründung soll die Vorschrift eine Verkürzung der Verfahrensdauer in „sorge- und umgangsrechtlichen Verfahren bewirken".[85] Gefordert wird die bevorzugte und beschleunigte Erledigung der genannten Kindschaftssachen, und zwar im Notfall auf Kosten anderer anhängiger Verfahren, damit dem Erfordernis Rechnung getragen werden kann, dass kindschaftsrechtliche Verfahren ohne Verzögerungen durchzuführen und in angemessener Zeit zu klären sind, um dem kindlichen Zeitempfinden, den entwicklungspsychologischen Bindungsdynamiken des Kindes sowie dem Elternrecht gerecht werden zu können.[86] Das Vorranggebot gilt in jeder Lage des Verfahrens und ist ua bei der Anberaumung von Terminen, bei der Fristsetzung für die Abgabe eines Sachverständigengutachtens (vgl. § 163 FamFG) und bei der Bekanntgabe von Entscheidungen zu beachten.[87] Allerdings soll das Beschleunigungsgebot nicht schematisch angewendet werden, sondern es kann in begründeten Fällen durchaus auch nach ein bis zwei Wochen nach Eingang des Verfahrens terminiert werden. Der Grundsatz des Kindeswohls prägt nicht nur das Beschleunigungsgebot, sondern begrenzt es zugleich.[88] Mit der schnellen Terminierung verbindet der Gesetzgeber die Hoffnung, eine Eskalation des Elternkonflikts zu vermeiden und dem kindlichen Zeitempfinden gerecht werden zu können. Befindet sich das Kind etwa im Trennungskonflikt seiner Eltern, ist besonders in der ersten Zeit nach der Trennung die Kompetenz der Eltern zu verantwortlichem Handeln reduziert. Die Zuspitzung des Konflikts ist die mögliche Folge. Gerade in dieser Situation ist es wichtig, die Eltern nicht längere Zeit alleine zu lassen. Nach Auffassung des Gesetzgebers gebiete es in derartigen Fällen der Anspruch des Kindes auf Schutz vor überflüssigen Schädigungen, die Eltern

85 Vgl. BT-Drs. 16/6308, 235.
86 BVerfG 20.10.2008 – 1 BvR 2275/08, FamRZ 2008, 2185 (2188); EGMR 8.4.2004 – 11057/02, FamRZ 2005, 585 Rn. 103 (Verletzung des Elternrechts durch überlange Verfahrensdauer); grundlegend zum kindlichen Zeitempfinden und Verfahrensrecht: Heilmann (1998), S. 24 ff.
87 Vgl. BT-Drs. 16/6308, 235.
88 Vgl. BT-Drs. 16/6308, 235, 236, siehe auch OLG Frankfurt Beschl. v. 26.3.2020 – FamRZ 2020, 1117 ff.

so schnell wie möglich im persönlichen Gespräch wieder auf den Weg zur Übernahme gemeinsamer Verantwortung zu bringen.[89]

Aus dem Wortlaut des § 155 Abs. 2 FamFG folgt die Verpflichtung des Familiengerichts, einen Vertreter des JA im Erörterungstermin persönlich anzuhören und ihn zum Termin zu laden. Aus der Formulierung des Abs. 2 S. 5 folgt wiederum die Verpflichtung des JA zur Teilnahme am Termin. Demzufolge wird vorausgesetzt, dass das JA organisatorische Vorkehrungen trifft – beispielsweise durch entsprechende Vertretungsregelungen –, um einen (bestenfalls mit der Angelegenheit vertrauten) Sachbearbeiter zum Termin zu entsenden (→ Rn. 20 ff.). Die mündliche Stellungnahme des JA hat den Vorteil, dass der JA-Vertreter sich zum aktuellen Sachstand äußern kann. Zudem kann vermieden werden, dass sich ein Elternteil durch einen schriftlichen Bericht ins schlechte Licht gesetzt und benachteiligt fühlt und sich als Reaktion noch weiter von der Übernahme gemeinsamer Elternverantwortung entfernt. Dieser Gefahr kann durch eine mündliche Berichterstattung, in der der Vertreter des JA auf Reaktionen der Beteiligten unmittelbar eingehen kann, besser begegnet werden.[90] 95

Zu berücksichtigen ist bei den Stellungnahmen auch im frühen ersten Termin, dass nur die offene und unmissverständliche Benennung und Bewertung von Fakten und Verhaltensweisen der Beteiligten zum Ziel einer einvernehmlichen und kindeswohlorientierten Entscheidung führen kann und nicht das Ausklammern von Problemen. Selbstverständlich setzen mündliche Stellungnahme und Erörterung stets Respekt und Verständnis für die häufig schwierige persönliche und sachlich problematische Situation der Beteiligten voraus. 96

Im Ergebnis läuft die Information über den Stand des Beratungsprozesses gem. Abs. 2 S. 5 darauf hinaus, im gerade begonnenen Kindschaftsrechtsverfahren darüber zu unterrichten, wie der Elternkonflikt sich darstellt, ob und inwieweit sich aktuell Eskalierungen ergeben und wie diese mithilfe der fachlichen Kompetenz des JA minimiert bzw. vermieden werden können. Bei der gemeinsamen Erörterung gilt es auszuloten, ob und unter welchen Gegebenheiten die Bereitschaft der Elternteile besteht, Belastungen und Schädigungen der beteiligten Kinder reduzieren zu können. 97

5 Übermittlungspflichten des JA in Verfahren zur Übertragung der gemeinsamen elterlichen Sorge, Abs. 3

Abs. 3 regelt in Ergänzung der Verfahrensnorm des § 155a FamFG die weitere Aufgabe des JA, wenn es sich im gerichtlichen Verfahren zur Übertragung der gemeinsamen Sorge gem. § 1626a Abs. 1 Nr. 3 und Abs. 2 BGB iVm § 155a Abs. 4 FamFG sowie gemäß § 1671 Abs. 2 BGB beteiligt hat oder angehört wurde, die gerichtliche Entscheidung über die Sorgerechtsübertragung dem nach § 87c Abs. 6 S. 2 zuständigen Jugendamt zu den in § 58a genannten Zwecken unverzüglich mitzuteilen.[91] 98

Ausweislich § 155a Abs. 4 FamFG wird das JA nur dann am Verfahren beteiligt, wenn sich durch den Vortrag der Beteiligten oder auf sonstige Weise Bedenken gegen die Sorgerechtsübertragung ergeben. Ein gerichtlicher Termin soll gem. § 155a Abs. 4 FamFG unter Verweis auf § 155 Abs. 2 FamFG spätestens einen Monat nach Bekanntwerden der Gründe vorrangig und beschleunigt, jedoch nicht vor Ablauf der Stellungnahmefrist der Mutter, dh vor Ablauf von sechs Wochen nach der Geburt des Kindes, anberaumt werden, wenn dem Gericht durch den Vortrag der Beteiligten oder auf sonstige Weise Gründe bekannt werden, die der gemeinsamen Sorge entgegenstehen können. Sind keine Gründe ersichtlich, die gegen eine Übertragung des Sorgerechts 99

89 Vgl. BT-Drs. 16/6308, 236.
90 Vgl. BT-Drs. 16/6308, 236.
91 Neufassung des Abs. 3 durch das Gesetz zur Stärkung von Kindern und Jugendlichen (Kinder- und Jugendstärkegesetz – KJSG) v. 3.6.2021, BGBl. 2021 I, 1444.

einzuwenden sind, soll das Gericht ohne Anhörung des JA im sog. vereinfachten Verfahren entscheiden (vgl. § 1626a Abs. 2 S. 1 BGB, § 155a Abs. 3 S. 1 und 2 FamFG).[92] Die Beteiligung in Verfahren nach § 1671 Abs. 2 BGB erfolgt nach § 162 BGB, dh. das Jugendamt wird nur auf Wunsch förmlich an dem zwischen den Eltern geführten Verfahren beteiligt.

100 Das JA hat die Aufgabe, die Entscheidung des Gerichts über eine Sorgerechtsänderung an das JA zu übermitteln, das für die Eintragung in das Sorgeregister gem. § 58a zuständig ist. Das nach § 87c Abs. 6 S. 2 zuständige JA ist das JA, das für den Geburtsort des Kindes oder Jugendlichen zuständig ist (→ § 58a Rn. 2).[93]

101 Das JA hat die Entscheidung des Gerichts zu den in § 58a genannten Zwecken mitzuteilen. Das beim JA geführte Sorgeregister verfolgt den Zweck, Auskunft über die Sorgerechtsverhältnisse nicht miteinander verheirateter Elternteile geben zu können (§ 58a). Eintragungen in das Sorgeregister machen es möglich, im Rechtverkehr den Nachweis über die Zuteilung der elterlichen Sorge gem. § 1626a BGB zu erbringen (→ § 58a Rn. 1). Sind die Eltern im Zeitpunkt der Geburt des Kindes miteinander verheiratet, steht die elterliche Sorge den Eltern gemeinsam zu. Dem JA, das die Bescheinigung nach § 58a erteilt hat, sind auf sein Gesuch hin weitere Eintragungen im Sorgeregister mitzuteilen, um im Rechtsverkehr für eine erhöhte Rechtssicherheit sorgen zu können.[94]

102 Die Übermittlung der Daten hat **unverzüglich**, dh ohne schuldhaftes Zögern, zu erfolgen. Wird das JA nicht angehört und hat es sich auch nicht beteiligt, hat das Familiengericht die Mitteilungen selbst zu übernehmen. Dies erfolgt im vereinfachten Sorgerechtsverfahren gem. § 155a Abs. 3 S. 3 FamFG, zu dem das JA nicht hinzugezogen wird (→ Rn. 91), – sowie in den Fällen, in denen die Sorgeerklärungen im Erörterungstermin zur Niederschrift des Familiengerichts erklärt wird gemäß § 155a Abs. 5 FamFG.[95]

103 Neben der gerichtlichen Sorgerechtsentscheidung hat das JA gem. **Abs. 3 S. 2** auch das **Geburtsdatum**, den **Geburtsort** des Kindes oder des Jugendlichen sowie den **Namen**, den das Kind oder der Jugendliche zur Zeit der Beurkundung seiner Geburt geführt hat, mitzuteilen.

104 Die Mitteilungspflicht des Abs. 3 soll sicherstellen, dass die Information über die Änderung der Sorgerechtslage an das zuständige JA gelangt und damit die Rechtssicherheit bei der Erteilung von Bescheinigungen über das Nichtvorliegen von Eintragungen im Sorgeregister erhöht wird. Soweit die Regelungen in Abs. 3 neu gefasst worden sind,[96] handelt es sich nicht um inhaltliche Änderungen, sondern um notwendige Folgeänderungen zum geänderten § 58a (→ § 58a Rn. 4 f.). Die nach neuem Recht zu erteilenden Mitteilungen enthalten auch die Angabe, in welchen Bereichen die elterliche Sorge der Mutter entzogen, den Eltern gemeinsam oder dem Vater allein übertragen wurde. Dadurch wird erreicht, dass der Beweiswert der Mitteilung nach § 58a steigt.

6 Sonstiges

6.1 Folgen bei Verletzung fachlicher Standards

105 Die Ausführung der Aufgaben liegt allein im **fachlichen Ermessen des JA**. Die in Abs. 2 erwähnten angebotenen oder erbrachten Leistungen stellen lediglich objektiv

---

92 Kritisch Dürbeck ZKJ 2012, 330 (338).
93 Vgl. auch Wapler in Wiesner Rn. 65d, Loos in Wiesner § 87d Rn. 20.
94 Kern in SFMK Rn. 29; kritisch zum Beweiswert der Bescheinigung mangels Rechtskraftzeugnis Walther in Wiesner § 58a Rn. 12.
95 So auch Wapler in Wiesner Rn. 65d.
96 § 50 Abs. 3 in der Fassung des Gesetzes zur Stärkung von Kindern und Jugendlichen (Kinder- und Jugendstärkegesetz – KJSG) v. 3.6.2021, BGBl. 2021 I, 1444.

die Mittel dar, mit denen das JA im Rahmen seiner Mitwirkungspflicht das Familiengericht bei der Entscheidungsfindung unterstützt.[97] Die Mitwirkung des JA verleiht den Beteiligten eines familiengerichtlichen Verfahrens deshalb nicht etwa ein subjektiv öffentliches Recht, ein Tun, Dulden oder Unterlassen verlangen zu können.[98] Das JA kann auch nicht verpflichtet werden, gutachterliche Stellungnahmen oder sonstige (mündliche) Äußerungen, die das JA dem Familiengericht hat zukommen lassen, zu widerrufen, zurückzuziehen oder sonst für unbrauchbar zu erklären.[99] Insbesondere besteht grundsätzlich kein Anspruch auf Unterlassung einer amtsbezogenen Äußerung, sofern sich diese an den allgemeinen Grundsätzen für rechtsstaatliches Verhalten, also am Wollkürverbot und dem Verhältnismäßigkeitsgrundsatz orientieren. Ein Unterlassungsanspruch ist allenfalls dann denkbar, wenn sich die amtliche Äußerung nicht in dem vorgenannten Rahmen bewegt und sich damit als ein rechtswidriger hoheitlicher Eingriff in grundrechtlich geschützte Rechtspositionen oder sonstige subjektive Rechte des Betroffenen darstellt und eine konkrete Gefahr der Wiederholung besteht.[100] Verletzt das JA aber fachliche Standards, besteht die Möglichkeit der Überprüfung von Handlungen im Rahmen eines Amtshaftungsprozesses nach § 839 BGB iVm Art. 34 GG vor den Zivilgerichten. Die Verletzung fachlicher Standards kann außerdem eine Dienstaufsichtsbeschwerde bei der Behördenleitung des JA oder die Einschaltung der jeweiligen Aufsichtsbehörde bewirken sowie strafrechtliche Folgen auslösen, wenn der grundrechtlich geschützte Bereich des Betroffenen, etwa durch Beleidigungen oder Verleumdung, verletzt worden ist.[101] Auch kann ein Sachbearbeiter des JA nicht abgelehnt werden. Für die Betroffenen besteht kein einklagbares Recht auf Auswechselung des Sachbearbeiters.[102]

6.2 Mitwirkung durch freie Träger

An den Mitwirkungsaufgaben können anerkannte **Träger der freien Jugendhilfe** beteiligt werden. Es ist möglich, dem anerkannten freien Träger diese **Aufgaben zur Ausführung** zu übertragen, § 76 Abs. 1. Trotz Übertragung bleibt der Träger der öffentlichen Jugendhilfe jedoch für die Erfüllung der Aufgaben letztverantwortlich, §§ 76 Abs. 2, 79 („Gesamtverantwortung" des öffentlichen Trägers). Seiner Verantwortung wird der Träger der öffentlichen Jugendhilfe durch Erfüllung entsprechender Anforderungen an die inhaltlichen Regelungen mit dem Träger der freien Jugendhilfe gerecht, in denen neben Inhalt, Umfang und Qualität der durchzuführenden Aufgaben insbesondere der Sozialdatenschutz sicherzustellen ist. 106

6.3 Datenschutz

Aus dem **Datenschutz** ergeben sich Grenzen sowohl für die Ermittlungs- als auch die Übermittlungsbefugnisse des JA. Die **Datenerhebung** muss gem. § 62 Abs. 2 grds. beim Betroffenen selbst erfolgen (→ § 62 Rn. 5 f.). Bei Dritten können Daten nur unter den Voraussetzungen des § 62 Abs. 3 erhoben werden (→ § 62 Rn. 12). Die Vorschrift des § 50 ist keine Befugnisnorm, die die Datenerhebung bei Dritten vorschreibt oder zulässt. § 62 Abs. 3 Nr. 1 stellt insoweit für die Mitwirkung des JA in familienge- 107

97 Vgl. OVG NRW 16.7.2009 – 12 A 788/09, juris Rn. 8.
98 Vgl. OVG NRW 16.7.2009 – 12 A 788/09, juris Rn. 8; VG München 2.6.2021 – M 18 E 21.1454, juris Rn. 54 ff., insbes. Rn. 76. Zugleich verneint das VG München auch einen Anspruch auf uneingeschränkte Akteneinsicht und bejaht diese nur im Zusammenhang mit § 100 Abs. 1 VwGO, Rn. 78 ff.
99 Vgl. OVG NRW 16.7.2009 – 12 A 788/09, juris Rn. 8.
100 BayVHG Beschl. v. 5.6.2020 – 12 C 20.308.
101 Trenczek in FK-SGB VIII Vor §§ 50–52 Rn. 24; zur Haftung des JA bei Verletzung fachlicher Standards: Schindler FPR 2012, 539 ff.
102 VG Köln Urt. v. 12.12.2018 – 26 K 3313/17, ZKJ 2019, 157 ff.

richtlichen Verfahren keine Rechtsgrundlage zur Erhebung von Daten ohne Einwilligung des Betroffenen dar, da sich die Mitwirkungs- und Unterstützungsaufgaben nach Abs. 1 und 2 als eine institutionelle Aufgabe des JA iSv § 2 Abs. 3 Nr. 6 erweisen und keine Rechtsgrundlage für die Datenerhebung begründen.[103] Angesichts der Amtsermittlungspflicht des die Verhandlung führenden Familiengerichts, hat es der Gesetzgeber nicht für notwendig befunden, eine gesetzliche Normierung für die Fremderhebung von Sozialdaten nach § 62 Abs. 3 durch das JA zu implementieren.[104] Dass der Gesetzgeber mit § 62 Abs. 3 Nr. 1 den Anwendungsbereich nicht auf § 50 ausgedehnt hat, zeigt außerdem der Vergleich mit § 62 Abs. 3 Nr. 2, der dort die Erlaubnis zur Datenerhebung ohne Mitwirkung des Betroffenen für bestimmte Aufgaben aufführt (vgl. § 61 Abs. 3 Nr. 2 c = „Aufgabe nach §§ 42 bis 48a und § 52"), § 50 aber unerwähnt lässt (→ § 62 Rn. 12, 13).

108 Auch im Falle des § 8a Abs. 2 kann sich die Datenerhebung nicht auf § 62 Abs. 3 Nr. 1 stützen, da dieser Fall in § 62 Abs. 3 Nr. 2 d geregelt ist (→ § 62 Rn. 11). In den Fällen nach § 50 Abs. 1 und 2 ist die Datenerhebung bei Dritten folglich nicht durch § 62 Abs. 3 legitimiert, sondern nur mit Einwilligung des Betroffenen nach § 62 Abs. 2 möglich. § 62 Abs. 4 S. 2 scheidet für die Datenerhebung bei Dritten ebenfalls aus, da er nur die Datenerhebung bei Aufgabenbeteiligten **über** Dritte, nicht jedoch **bei** Dritten zulässt. Eine Datenerhebung im Umfeld des Kindes (Kindergarten, Schule, Geschwister) oder eines Elternteils (beim anderen Elternteil) ist daher für die Aufgabenwahrnehmung nach § 50 Abs. 1 und 2 ohne Einverständnis des jeweils Betroffenen nicht möglich, es sei denn, eine konkrete Gefährdung des Kindeswohls erfordert die Datenerhebung (→ § 62 Rn. 12, 14).

109 Eine **Datenübermittlung** an das Familiengericht ist gem. § 69 Abs. 1 Nr. 1 SGB X iVm § 61 Abs. 1 zulässig, da das JA damit seine gesetzliche Aufgabe nach § 50 erfüllt (→ § 61 Rn. 112). Für die gutachterliche Tätigkeit des JA steht § 65 einer Übermittlung nicht entgegen, da im Rahmen dieser Tätigkeit erhobene Daten nicht anvertraut sind (→ § 65 Rn. 8).[105] § 65 ist aber dann eine Schranke für die Übermittlung, wenn Daten im Rahmen des Hilfeplanverfahrens gem. § 36 oder einer Beratung nach § 17 anvertraut worden sind (zu den Anforderungen an die Zulässigkeit des Hilfeplans und die Weitergabe von Daten im Hilfeplanverfahren → § 36 Rn. 46 und → § 65 Rn. 3).[106] Im Fall des § 8a Abs. 2 erlaubt § 65 Abs. 1 S. 1 Nr. 2 die Weitergabe der Daten und des Hilfeplans, wenn sich der Entscheidung des Gerichts eine Jugendhilfeleistung anschließt. Durch die Neuregelung in § 50 Abs. 2 S. 2 wird dies konkretisiert und durch die Verweisung in S. 6 auf die allgemeinen Regelungen zum Datenschutz weiter verdeutlicht (→ Rn. 90 f.). Wegen § 36a Abs. 1 hat das Familiengericht mangels Steuerungskompetenz in enger Abstimmung mit dem JA zu entscheiden, damit dem Kind oder Jugendlichen die entsprechende Hilfe durch das JA gewährt werden kann.[107] Aber auch ohne einen solchen „leistungsbegleiteten" Eingriff des Familiengerichts ist die Weitergabe der Daten **unmittelbar aus Art. 6 Abs. 2 S. 2 GG** gerechtfertigt (→ § 62 Rn. 13).

110 Die Schranke des § 65 kann durch Einholung einer **Einwilligung** überwunden werden. Dies gelingt am besten mit der notwendigen Offenheit im Beratungsgespräch. Zur Einwilligung gem. § 60 Abs. 1 S. 1 Nr. 1 SGB I ist der Betroffene nicht verpflichtet, da die Tätigkeit im Rahmen des § 50 keine Sozialleistung iSd § 11 iVm § 27 SGB I ist. § 60 Abs. 1 S. 1 Nr. 1 SGB I verpflichtet den Leistungsberechtigten gleichwohl nur,

103 OLG Zweibrücken 21.2.2013 – 6 U 21/12.
104 Vgl. VGH Kassel 16.9.2014 – 10 A 500/13, NVwZ-RR 2015, 258, BeckRS 2014, 57293.
105 So zu Recht Mrozynski SGB VIII § 50 Rn. 10.
106 Vgl. auch Kern in SFMK Rn. 27.
107 So auch Schmid-Obkirchner in Wiesner Rn. 87.

einer Auskunftserteilung **durch** Dritte, nicht **an** Dritte zuzustimmen (→ § 17 Rn. 19). Ohne Einwilligung beider Elternteile in die Datenerhebung oder -übermittlung kann die Aufgabe nicht erfüllt werden. Dem Familiengericht ist eine verfahrensrechtliche Behandlung der Anträge, also eine Umgangs- oder Sorgerechtsregelung nicht möglich. Auch die Bestellung eines Verfahrensbeistands (§ 158 FamFG, Abdruck bei § 8) führt nicht weiter. Bei hartnäckiger Verweigerung der Einwilligung kann allenfalls eine Maßnahme des Gerichts nach § 1666 BGB weiterhelfen.

Ist eine Trennungs- oder Scheidungsberatung nach § 17 der Tätigkeit nach § 50 vorausgegangen, steht **§ 64 Abs. 2** der Datenübermittlung an das Familiengericht dann nicht entgegen, wenn im Beratungsgespräch deutlich das Ziel der Beratung herausgestellt worden ist, eine dem Wohl des Kindes entsprechende Entscheidung finden zu wollen. 111

Will ein Berater in der Funktion eines Sozialarbeiters oder Sozialpädagogen ihm anvertraute Daten übermitteln, ist grds. **§ 203 Abs. 1** StGB zu beachten (→ § 61 Rn. 11, 183, 192). Die Pflicht zur Mitwirkung nach § 50 ist keine höherrangige gesetzliche Mitteilungspflicht (→ § 61 Rn. 194). 112

Gibt das JA Daten an das Familiengericht weiter, ist auch dieses als sog. „abgeleiteter Normadressat“ nach § 35 SGB I **zum Sozialdatenschutz** verpflichtet und muss als Empfänger der Daten diese ebenso wie das JA geheim halten (→ § 61 Rn. 230). Das Gericht darf die Daten nur zu dem Zweck benutzen, zu dem sie ihm übermittelt worden sind (§ 78 Abs. 1 S. 2 SGB X).[108] An Dritte weitergeben darf das Gericht die Daten nur, wenn das JA die Befugnis zur Weitergabe hatte.[109] Das Gericht darf Daten zum Zweck der Strafverfolgung oder der Gefahrenabwehr weitergeben, § 78 Abs. 1 S. 5 SGB X (→ § 61 Rn. 235 ff.). Zudem gilt Art. 103 GG. 113

6.4 Örtliche Zuständigkeit

Die örtliche Zuständigkeit des JA für die Hilfe nach § 50 ist besonders geregelt in § 87b (→ § 87b Rn. 1, 10). 114

§ 51 Beratung und Belehrung in Verfahren zur Annahme als Kind

(1) [1]Das Jugendamt hat im Verfahren zur Ersetzung der Einwilligung eines Elternteils in die Annahme nach § 1748 Absatz 2 Satz 1 des Bürgerlichen Gesetzbuchs den Elternteil über die Möglichkeit der Ersetzung der Einwilligung zu belehren. [2]Es hat ihn darauf hinzuweisen, dass das Familiengericht die Einwilligung erst nach Ablauf von drei Monaten nach der Belehrung ersetzen darf. [3]Der Belehrung bedarf es nicht, wenn der Elternteil seinen Aufenthaltsort ohne Hinterlassung seiner neuen Anschrift gewechselt hat und der Aufenthaltsort vom Jugendamt während eines Zeitraums von drei Monaten trotz angemessener Nachforschungen nicht ermittelt werden konnte; in diesem Fall beginnt die Frist mit der ersten auf die Belehrung oder auf die Ermittlung des Aufenthaltsorts gerichteten Handlung des Jugendamts. [4]Die Fristen laufen frühestens fünf Monate nach der Geburt des Kindes ab.

(2) [1]Das Jugendamt soll den Elternteil mit der Belehrung nach Absatz 1 über Hilfen beraten, die die Erziehung des Kindes in der eigenen Familie ermöglichen könnten. [2]Einer Beratung bedarf es insbesondere nicht, wenn das Kind seit längerer Zeit bei den Annehmenden in Familienpflege lebt und bei seiner Herausgabe an den Elternteil eine schwere und nachhaltige Schädigung des körperlichen und seelischen Wohlbefindens des Kindes zu erwarten ist. [3]Das Jugendamt hat dem Familiengericht im Verfah-

108 Kunkel FPR 2013, 487 (488 ff.).
109 Kunkel FPR 2013, 487 ff.

ren mitzuteilen, welche Leistungen erbracht oder angeboten worden sind oder aus welchem Grund davon abgesehen wurde.

(3) Steht nicht miteinander verheirateten Eltern die elterliche Sorge nicht gemeinsam zu, so hat das Jugendamt den Vater bei der Wahrnehmung seiner Rechte nach § 1747 Absatz 1 und 3 des Bürgerlichen Gesetzbuchs zu beraten.

1 Bedeutung der Vorschrift und Zielsetzung

1 § 51 normiert die **Belehrungs- und Beratungsaufgaben** des Jugendamtes gegenüber den Eltern in Verfahren zur Adoption eines Kindes **sowie** die **Mitteilungspflichten** des Jugendamtes an das Familiengericht über erbrachte Leistungen (als „andere Aufgabe" iSd § 2 Abs. 3 Nr. 7) als Voraussetzung für die gerichtliche Ersetzung der Einwilligung in die Adoption nach § 1748 Abs. 2 S. 1 BGB.[1] Während sich Absatz 1 und 2 auf die familiengerichtlichen Verfahren im Zusammenhang mit der Ersetzung der Einwilligung eines Elternteils in die Adoption ihres Kindes beziehen, betrifft Abs. 3 die generellen Beratungspflichten des JA gegenüber dem nicht mit der Mutter verheirateten und nicht sorgeberechtigten Vater eines Kindes, das durch Dritte adoptiert werden soll, wobei der Vater gem. § 1747 Abs. 1 und 3 BGB über das Erfordernis seiner Zustimmung sowie über die Einwilligung zur Adoption und den Verzicht auf die Übertragung der gemeinsamen Sorge zu beraten ist. Als Vater im Sinn der Vorschrift gilt dabei der Mann, dessen Vaterschaft nach § 1592 BGB vermutet wird, also der Mann, der zum Zeitpunkt der Geburt des Kindes mit der Mutter des Kindes verheiratet war (§ 1592 Nr. 1 BGB), der die Vaterschaft wirksam, dh mit Zustimmung der Mutter anerkannt hat (§ 1592 Nr. 2 BGB) oder dessen Vaterschaft rechtskräftig gerichtlich festgestellt wurde (§ 1592 Nr. 3 BGB). Liegen bei keinem Mann die Voraussetzungen des § 1592 BGB vor, hat der Mann einen Anspruch auf Beratung über seine Rechte nach § 1747 Abs. 2 und 3 BGB, der glaubhaft macht, dass er der Mutter in der gesetzlichen Empfängniszeit beigewohnt hat (§ 1747 Abs. 1 S. 2 BGB). Alle weiteren Aufgaben im Verfahren zur Annahme als Kind nach §§ 1741 ff. BGB ergeben sich aus FamFG, BGB und AdVermiG.[2] Das zum 1.9.2009 in Kraft getretene FGG-Reformgesetz hat die Bestimmung des § 51 – bis auf die neue Zuständigkeit des Familiengerichts – inhaltlich unverändert gelassen.

2 Die Adoption von Kindern nach §§ 1741 ff. BGB hat umfassende Rechtswirkungen und greift massiv in das Elternrecht des Art. 6 Abs. 1–3 GG ein. Daher ist generell die Einwilligung der Eltern in die Annahme eines Kindes erforderlich, § 1747 Abs. 1 S. 1 BGB. Diese Einwilligung zur Kindesannahme ist im Hinblick auf das natürliche Elternrecht aus Art. 6 Abs. 2 GG auch erforderlich, wenn dem Elternteil die elterliche

1 Zum Inhalt der Belehrung und Beratung → Rn. 27 ff.; vgl. auch Hoffmann/Trenczek in FK-SGB VIII Rn. 19ff.; Reinhardt in jurisPK-SGB VIII § 51 Rn. 39 ff.

2 Zu den Herausforderungen in der Praxis der Adoptionsvermittlung und der Problematik sinkender Adoptionszahlen Reinhardt JAmt 2013, 499 ff.

Sorge entzogen worden ist.[3] Eine Adoption des Kindes gegen den Willen der Eltern ist nur in den besonders geregelten Ausnahmenfällen der § 1747 Abs. 4 und § 1748 BGB möglich. Während der Ausnahmetatbestand des § 1747 Abs. 4 BGB die tatsächliche Verhinderung des Elternteils betrifft, sind die Voraussetzungen für die Ersetzung der Einwilligung nach § 1748 BGB geprägt durch den Ausfall elterlicher Erziehungsverantwortung und die Notwendigkeit der Begründung eines neuen Familienbandes.[4]

Es ist im Adoptionsverfahren unverzichtbar, die abgebenden Eltern im Adoptionsprozess intensiv und fachlich angemessen zu begleiten, nicht zuletzt, weil die Ersetzung der Einwilligung in ihren Wirkungen über den Entzug des Sorgerechts nach § 1666 BGB weit hinausgeht, da es sich um einen irreversiblen Eingriff in das Elternrecht handelt.[5] Die erhebliche Bedeutung, die das Gesetz dieser Begleitung der Eltern beimisst, zeigt sich darin, dass sowohl in § 1748 Abs. 2 BGB als auch in § 51 SGB VIII die Beratung enthalten ist. Von den Fachkräften erfordert die Aufgabe fundierte Fach- und Rechtskenntnisse sowie besondere Fachlichkeit bei der Abwägung widerstreitender Interessen.[6] 3

Die Belehrungs- und Beratungspflichten gemäß Abs. 1 beziehen sich, wie die Verweisung auf § 1748 Abs. 2 S. 1 BGB zeigt, nur auf die Fälle der Ersetzung der **Einwilligung wegen Gleichgültigkeit**, die nicht zugleich eine anhaltende gröbliche Pflichtverletzung ist. Die Vorschrift geht davon aus, dass die Gleichgültigkeit noch keine unwiderrufliche Störung des Eltern-Kind-Verhältnisses hervorruft. Wenn der Elternteil allerdings nach entsprechender Belehrung und Beratung durch das JA[7] sein gleichgültiges Verhalten innerhalb der im Gesetz genannten Frist von drei Monaten nicht verändert, kann die Einwilligung in die Adoption wegen Gleichgültigkeit ersetzt werden.[8] Neben der festzustellenden Gleichgültigkeit muss sich als weitere Voraussetzung das Unterbleiben der Annahme für das Kind als unverhältnismäßiger Nachteil darstellen, vgl. § 1748 Abs. 2 S. 1 iVm § 1748 Abs. 1 S. 1 BGB.[9] 4

Da die Beratung Voraussetzung für die Ersetzung der Einwilligung ist, ist einerseits das Familiengericht gemäß § 194 FamFG verpflichtet, das Jugendamt anzuhören.[10] Andererseits verpflichtet § 51 Abs. 2 S. 3 das JA dem Familiengericht mitzuteilen, welche Leistungen erbracht oder angeboten worden sind oder aus welchem Grund davon abgesehen worden ist. 5

Die weiteren Ersetzungstatbestände 6

- **anhaltende gröbliche Verletzung der elterlichen Pflichten** gegenüber dem Kind,
- **besonders schwere Pflichtverletzung,**
- **besonders schwere psychische Krankheit** uä schwere Erkrankungen iSd § 1748 Abs. 3 BGB,

mit ihren jeweils ergänzenden Voraussetzungen, sind für die Belehrungs- und Beratungspflichten des JA nicht relevant. Über die in § 51 und § 1748 Abs. 2 BGB genannten Konstellationen hinaus sind die Adoptionsvermittlungsstellen (§ 2 Abs. 1 AdVermiG) oder die im Einzelfall tätigen Adoptionsvermittlungsstellen iSd § 2 Abs. 2 AdVermiG zuständig. Dies sind etwa die örtlichen und zentralen Stellen des Diakonischen Werks oder des Deutschen Caritasverbandes. Auch bei Vorliegen der übrigen

3 BayObLG 25.11.1996 – 1Z BR 47/96, FamRZ 1997, 514.
4 Enders in BeckOK BGB § 1748 Rn. 2.
5 So auch Hoffmann/Trenczek in FK-SGB VIII Rn. 1.
6 Trenczek in FK-SGB VIII Rn. 6.
7 Zur Möglichkeit der Übertragung dieser Aufgabe auf anerkannte freie Träger der Jugendhilfe → Rn. 57.
8 Enders in BeckOK BGB § 1748 Rn. 13.
9 So auch Hoffmann/Trenczek in FK-SGB VIII Rn. 11; Kern in SFMK Rn. 8; Reinhardt in jurisPK-SGB VIII Rn. 21.
10 Reinhardt in jurisPK-SGB VIII Rn. 6.

Ersetzungstatbestände und weiteren Fragen zur Adoption sind die Eltern umfassend zu begleiten.[11]

7 Die auf das Gesetz zur Reform der elterlichen Sorge nicht miteinander verheirateter Eltern vom 16.4.2013 zurückgehende Neufassung der Regelung enthält im Hinblick auf den Beratungsauftrag des JA keinerlei inhaltliche Neuerungen. Sie trägt ausschließlich der Erweiterung der Möglichkeiten zur Erlangung der gemeinsamen Sorge – in der neu geregelten weiteren Form der gerichtlichen Übertragung – für nicht miteinander verheiratete Eltern Rechnung.

2 Verfahrensrechtliche Regelungen des FamFG in Adoptionsverfahren

8 Gemäß § 111 Nr. 4 FamFG sind Adoptionssachen Familiensachen und unterfallen damit der **Zuständigkeit der Familiengerichte.** Dieses entscheidet in der Form des Beschlusses. Gegen die Entscheidungen ist das Rechtsmittel der Beschwerde gegeben. Über diese entscheidet das Oberlandesgericht als Beschwerdegericht.

9 Die vom Familiengericht zu beachtenden Verfahrensvorschriften in Adoptionssachen finden sich in §§ 186 bis 199 FamFG.

Zu den mit dem **Rechtsbegriff Adoptionssachen** bezeichneten Verfahren gehören gemäß § 186 FamFG Verfahren, die

- die Annahme als Kind,
- die Ersetzung der Einwilligung zur Annahme als Kind,
- die Aufhebung des Annahmeverhältnisses oder
- die Befreiung vom Eheverbot des § 1308 Abs. 1 BGB

betreffen.

10 Für das Verfahren auf Ersetzung der Einwilligung ist das Familiengericht örtlich ausschließlich zuständig, in dessen Bereich der Annehmende oder einer der Annehmenden seinen **gewöhnlichen Aufenthaltsort** hat, § 187 Abs. 1 FamFG. Ist danach eine Zuständigkeit eines deutschen Gerichts nicht gegeben, ist der gewöhnliche Aufenthalt des Kindes maßgebend, § 187 Abs. 2 FamFG, und soweit sich danach eine Zuständigkeit nicht bestimmen lässt, ist hilfsweise das AG Schöneberg zuständig, § 187 Abs. 4 FamFG. Maßgeblich für die Zuständigkeit ist nicht der Wohnsitz, sondern der gewöhnliche Aufenthalt. Dieser ist dort, wo der tatsächliche Mittelpunkt der Lebensführung bzw. der Schwerpunkt der sozialen und beruflichen Bindungen liegt.[12] Erforderlich ist ein Aufenthalt von gewisser Dauer. Ein Aufenthalt von sechs Monaten wird gewöhnlich für ausreichend erachtet.[13]

11 Die sachliche Zuständigkeit deutscher Gerichte in Adoptionsverfahren mit Auslandsbezug ergibt sich aus § 101 FamFG. Danach ist ein deutsches Gericht sachlich zuständig, wenn der Annehmende, einer der annehmenden Ehegatten oder das Kind

1. Deutscher ist oder
2. seinen gewöhnlichen Aufenthalt im Inland hat.

12 Nach § 188 Abs. 1 Nr. 2 FamFG ist im Ersetzungsverfahren formell Beteiligter iSd § 7 FamFG auch derjenige, dessen Einwilligung ersetzt werden soll.

13 JA bzw. LJA sind auf ihren Antrag hin formell zu beteiligen, § 188 Abs. 2 FamFG, weshalb sie von der Einleitung des Verfahrens zu benachrichtigen und auf ihr Beteiligungsrecht hinzuweisen sind, damit das Antragsrecht nach § 188 Abs. 2 FamFG aus-

---

11 Reinhardt in jurisPK-SGB VIII Rn. 5.
12 Engelhardt in Keidel FamFG § 99 Rn. 44–46; Weber in Keidel FamFG § 122 Rn. 3 mwN.
13 Engelhardt in Keidel FamFG § 99 Rn. 44 mwN.

geübt werden kann. Die formell Beteiligten haben Rechte und Pflichten, zB ein umfassendes Recht auf Akteneinsicht. Zudem stehen sie in der Kostenhaftung.[14]

Sofern das JA nicht ausdrücklich seine Beteiligung nach § 188 Abs. 2 FamFG erklärt hat, ist es nicht formell Beteiligter iSd § 7 FamFG. Die bloße Anhörung führt gemäß § 7 Abs. 6 FamFG nicht zur Beteiligtenstellung.

Im Ersetzungsverfahren hat das Gericht dem minderjährigen Beteiligten einen Verfahrensbeistand zu bestellen, sofern dies zur Wahrnehmung seiner Interessen erforderlich ist, § 191 iVm § 158 FamFG. Dies ist regelmäßig dann anzunehmen, wenn das Interesse des Kindes zu dem seiner gesetzlichen Vertreter in erheblichem Gegensatz steht, § 158 Abs. 3 Nr. 1 FamFG (→ Anh. 6 Rn. 46 ff.).[15] Wurde den Eltern des minderjährigen Anzunehmenden bereits das Sorgerecht entzogen und auf einen Vormund übertragen, ist dieser ebenfalls gesetzlicher Vertreter, so dass ein Interessenkonflikt zu ihm als gesetzlichem Vertreter kaum in Betracht kommen wird. Gleichwohl kann es auch in diesen Konstellationen zur Wahrnehmung der Rechte des Minderjährigen geboten sein, einen Verfahrensbeistand zu bestellen. 14

Gemäß § 192 Abs. 2 FamFG sind die Beteiligten anzuhören, wobei nach Abs. 3 von der Anhörung minderjähriger Beteiligter abgesehen werden kann, wenn Nachteile für ihre Entwicklung, Erziehung oder Gesundheit zu befürchten sind oder wenn wegen des geringen Alters von einer Anhörung eine Aufklärung nicht zu erwarten ist. Das BVerfG hat in diesem Zusammenhang allerdings deutlich gemacht, dass auch im Verfahren über die Ersetzung der elterlichen Einwilligung nach § 1748 BGB der vom Kind im Rahmen der Anhörung für die Auslegung der Voraussetzungen des § 1748 Abs. 1 S. 1 BGB eingeführte **Blickwinkel von besonderer Bedeutung** sein kann, was zum einen für die beschriebene Pflichtverletzung gegenüber dem Kind, zum anderen auch für die im Gesetz enthaltene Tatbestandsvoraussetzung gelte, dass das elterliche Verhalten gezeigt habe, dass dem Elternteil das Kind gleichgültig ist. Insoweit könne das Kind aus seiner Sicht beschreiben, wie sich der Elternteil ihm gegenüber verhalten habe, womit die Anhörung geeignet sei, zur Klärung der Tatbestandsvoraussetzungen des § 1748 Abs. 1 S. 1 BGB beizutragen.[16] Auch das BayObLG hat die Auffassung vertreten, im Rahmen der Ersetzung der elterlichen Einwilligung ein vierjähriges Kind grundsätzlich anzuhören, weil es bei der Anhörung nicht um die Beurteilung aus Sicht des Kindes gehe, sondern darum, ob das Kind Bindungen zu seinen Eltern habe und welcher Art seine Beziehung zu ihnen sei.[17] Ein Kind im Alter von vier Jahren und vier Monaten könne deshalb durchaus beachtenswerte Wünsche zum Ausdruck bringen sowie Abneigung oder Ablehnung erkennen lassen.[18] Auch die Neuregelung des § 159 FamFG kann als Indiz dafür gewertet werden, auch jüngere Kinder umfassend anzuhören.[19] Von der persönlichen Anhörung eines minderjährigen Kindes kann zB dann abgesehen werden, wenn es über 14 Jahre alt ist, jedoch im Ausland lebt und es in 15

---

14 Vgl. BT-Drs. 16/9733, 295; Dürbeck in Heilmann FamFG § 81 Rn. 7; zur Kostentragungspflicht des JA siehe auch BGH 28.9.2016 – XII ZB 251/16, ZKJ 2017, 26.

15 Vgl. allerdings OLG Saarbrücken 21.3.2013 – 6 UF 409/12, Rn. 22, juris, wonach die Bestellung in der Beschwerdeinstanz für nicht erforderlich befunden wurde mit der Begründung, der Mj sei hinreichend durch einen RA vertreten; vgl. auch OLG Köln 20.12.2011 – II-4 UF 246/11, 4 UF 246/11 (antragstellendes Kind hat das 14. Lebensjahr vollendet).

16 BVerfG 14.8.2001 – 1 BvR 310/98, FamRZ 2002, 229 ff.

17 BayObLG 15.12.1987 – BReg 1 Z 44/87, FamRZ 1988, 871 ff.; vgl. auch Sonnenfeld in Bork/Jacoby/Schwab FamFG § 192 Rn. 17.

18 BayObLG 15.12.1987 – BReg 1 Z 44/87, FamRZ 1988, 871 ff.; auch Sonnenfeld in Bork/Jacoby/Schwab FamFG § 192 Rn. 17.

19 § 159 FamFG regelt die persönliche Anhörung des Kindes in Kindschaftsverfahren. Die Anhörungspflicht wurde erweitert durch Art. 5 des Gesetzes zur Bekämpfung sexualisierter Gewalt gegen Kinder vom 16.6.2021, BGBl. I 2021, 1810.

dem Verfahren lediglich um Rechtsfragen geht.[20] Das Unterlassen der Anhörung des Kindes dürfte nur in zu begründenden Ausnahmefällen zulässig sein.

Wurde im Verfahren das rechtliche Gehör eines Beteiligten verletzt, muss das Verfahren gegebenenfalls an das Familiengericht zur weiteren Sachaufklärung zurückverwiesen werden, sofern das Beschwerdegericht den Verstoß nicht zu heilen vermag.[21]

16 Vor der abschließenden Entscheidung über die Ersetzung der Einwilligung bei der Annahme minderjähriger Kinder hat das Familiengericht das JA gemäß § 194 Abs. 1 FamFG anzuhören. Zudem ist dem JA die Entscheidung in der Angelegenheit, in der es angehört wurde oder eine fachliche Äußerung abgegeben hat, mitzuteilen und dem JA steht gegen diese Entscheidung die Beschwerde zu (§ 194 Abs. 2 S. 2 FamFG). Aus dem eigenständigen Beschwerderecht des JA folgt, dass die Entscheidung dem JA auch dann mitzuteilen ist, wenn die Anhörung fehlerhaft unterblieben ist.

17 Die Verbindung einer Adoptionssache mit anderen Verfahren ist nach § 196 FamFG unzulässig. Nach der Gesetzesbegründung ist Zweck des § 196 FamFG insbesondere die Sicherstellung des in § 1758 BGB geregelten Offenbarungs- und Ausforschungsverbotes, mit dem die Verbindung eines anderen Verfahrens und einer Adoptionssache nicht zu vereinbaren sind.[22] Innerhalb der Adoptionssachen ist dagegen eine Verbindung zulässig, kommt aber nur bei einem Sachzusammenhang in Betracht. So können etwa Adoptionsverfahren betreffend die Annahme als Kind mit einem Verfahren auf Ersetzung der dazu notwendigen Einwilligung verbunden werden. Auch soweit es um die Adoption mehrerer Kinder durch den gleichen Annehmenden geht oder um die Aufhebung solcher Annahmeverhältnisse, kann eine Verbindung sinnvoll sein.[23]

18 Der Beschluss über die Ersetzung einer Einwilligung oder Zustimmung zur Annahme als Kind, der mit der Beschwerde anfechtbar ist, wird gemäß § 198 Abs. 1 S. 1 FamFG erst mit Rechtskraft wirksam. Im Hinblick auf die Auswirkungen einer Ersetzung der Einwilligung für das weitere Adoptionsverfahren und den sich durch eine Adoption ergebenden Eingriff in das Elternrecht ist die Rechtskraft der Ersetzungsentscheidung zwingende Voraussetzung für das weitere Verfahren. Allerdings kann die sofortige Wirksamkeit des Beschlusses bei Gefahr in Verzug angeordnet werden, § 198 Abs. 1 S. 1 und 2 FamFG. Der Beschluss wird in diesem Fall mit Bekanntgabe an den Antragsteller wirksam, § 198 Abs. 1 S. 3 FamFG. Sofern die Ersetzung einer Einwilligung nicht erfolgt ist, soll die Wirksamkeit der Entscheidung entsprechend dem früheren Recht nicht von der Rechtskraft abhängen, da kein besonderer Schutz benötigt wird.[24]

3 Aufgaben des JA im Ersetzungsverfahren

19 Die Belehrungs- und Beratungspflichten des JA nach Abs. 1 und 2 beziehen sich **nur** auf Verfahren zur Ersetzung der Einwilligung eines Elternteils in die Annahme nach § 1748 Abs. 2 S. 1 BGB, also nur auf die Ersetzung der Einwilligung eines Elternteils wegen dessen Gleichgültigkeit, die nicht zugleich eine anhaltende, gröbliche Pflichtverletzung ist. Für das JA ist es daher wichtig, die gesetzlichen Voraussetzungen, die nachstehend aufgeführt sind, für die Bejahung dieser Voraussetzung zu kennen. Gleichgültig verhält sich ein Elternteil dann, wenn er gegenüber dem Kind und seiner Entwicklung **teilnahmslos** ist, was insbesondere dann bejaht werden muss, wenn ihn das Kind und dessen Schicksal nicht interessieren oder dieser ausdrücklich nicht am

20 AG Karlsruhe 25.2.2014 – 8 F 48/13.
21 Engelhardt in Keidel FamFG § 192 Rn. 3 mwN.
22 Vgl. BT-Drs. 16/6308, 248; Engelhardt in Keidel FamFG § 196; Dürbeck in Heilmann FamFG § 196 Rn. 1.
23 Socha in Bahrenfuss, 3. Aufl. 2017, FamFG § 196 Rn. 2.
24 So unter Bezug auf die Gesetzesmaterialien Socha in Bahrenfuss FamFG § 198 Rn. 2.

Leben des Kindes teilhaben möchte.[25] Gleichgültigkeit kann auch dann gegeben sein, wenn der „Besitzanspruch" des Elternteils auf das Kind keiner echten gefühlsmäßigen Bindung entspricht, sondern auf andere Weise motiviert ist, zB durch Eifersucht, verletzten Stolz, Neid, Rachsucht, Böswilligkeit, durch die bloße Besorgnis um das eigene Wohl oder schlichtes Besitzdenken.[26] Gleichgültigkeit iSd § 1748 Abs. 1 S. 1 BGB liegt insbesondere dann vor, wenn der Elternteil zu dem Kind über einen längeren Zeitraum hinweg keinen Kontakt pflegt bzw. es auch an einer persönlichen Zuwendung völlig fehlen lässt.[27] Schließlich ist Gleichgültigkeit dann zu bejahen, wenn ein Elternteil trotz seines grundsätzlichen Einverständnisses mit der Adoption es aus Teilnahmslosigkeit unterlässt, die Einwilligung beurkunden zu lassen.[28] Selbst wenn ein Elternteil in Strafhaft ist oder im Ausland lebt, muss er sein Interesse an dem Kind und dessen Entwicklung bekunden.[29] Ganz allgemein ist deshalb **mangelndes Interesse am Kind** und dessen Bedürfnissen als gleichgültiges Verhalten zu werten.[30]

Auf die Gründe oder Motive der Eltern für die Gleichgültigkeit kommt es nach 20
einer in der Rechtsprechung vielfach vertretenen Meinung nicht an.[31] Da die Gleichgültigkeit einer subjektiven Einstellung entspricht, knüpft das Gesetz an das äußere „Verhalten" an, dessen Bewertung nach der Lebenserfahrung den Schluss auf die „Gleichgültigkeit" zulässt. Allerdings bedürfen diese objektiv feststellbaren Tatsachen („Verhalten") einer konkreten Überprüfung, um diesen Schluss zu rechtfertigen. So liegt Gleichgültigkeit dann nicht vor, wenn die Kontaktaufnahme zwischen Elternteil und Kind durch den sorgeberechtigten Elternteil vollständig unterbunden wird.[32]

Liegt ein **objektiv mehrdeutiges Verhalten** vor, das sowohl auf Rücksichtnahme als 21
auch auf Gleichgültigkeit beruhen kann, lässt dieses (mehrdeutige Verhalten) nur dann den Schluss auf die Gleichgültigkeit zu, wenn das Motiv der Rücksichtnahme ausgeschlossen werden kann.[33] Immer dann also, wenn der fragliche Elternteil zB für eine Kontaktunterbrechung zum Kind vernünftige, nachvollziehbare Gründe angibt (zB insbesondere Zurückstellung von Besuchskontakten im Interesse des Kindes oder auf entsprechenden Hinweis des JA), wird man nicht ohne Weiteres Gleichgültigkeit gegenüber dem Kind annehmen dürfen, sondern zu überlegen haben, ob und wie dem Kindeswohl und dem kindlichen Bedürfnis nach Kontakthaltung entsprochen werden kann. Auf den gesundheitlichen Zustand, das Lebensschicksal des Elternteils sowie seine selbstbezogenen Motive kommt es indes nicht maßgeblich an.[34]

Schwierig ist die Abgrenzung zu gleichgültigem Verhalten, wenn Eltern einerseits 22
Hilfeangebote der öffentlichen Jugendhilfe in Form außerfamiliärer Unterbringung bei Pflegeeltern bzw. bei Heimerziehung annehmen, sich andererseits aber von ihrem Kind zurückziehen bzw. dem Kind in der Einrichtung durch ihr Verhalten signalisieren, dass es gleichsam „elternlos" ist, wie dies der Fall ist, wenn kein Kontakt mehr

25 BayObLG 6.5.1997 – 1Z BR 148/96, FamRZ 1998, 55 f. mwN; BayObLG 12.10.2004 – 1Z BR 071/04, 1Z BR 71/04, FamRZ 2005, 541 f.
26 BayObLG 6.5.1997 – 1Z BR 148/96, FamRZ 1998, 55 mwN.
27 OLG Hamm 19.1.2015 – II-4 UF 136/14; BayObLG 9.1.2002 – 1Z BR 30/01, FamRZ 2002, 1142 ff. mwN.
28 BT-Drs. 7/421, 8.
29 Reinhardt in jurisPK-SGB VIII Rn. 13 mwN.
30 OLG Hamm 19.1.2015 – II-4 UF 136/14, 4 UF 136/14, FamRZ 2015, 868 f.; OLG Karlsruhe 11.5.1999 – 11 Wx 33/99, DAVorm 1999, 777; OLG Hamm 7.12.2016, II – 13 UF 131/15, FamRZ 2017, 1064.
31 Dies zu Recht für problematisch haltend Wapler in Wiesner Rn. 18 mwN für die hM.
32 Vgl. Reinhardt in jurisPK-SGB VIII Rn. 16 mwN.
33 Vgl. BayObLG 10.9.2003 – 1Z BR 36/03, FamRZ 2004, 397 ff. mwN; ebenso Hoffmann/Trenczek in FK-SGB VIII Rn. 10.
34 BayObLG 30.1.1990 – BReg 1 a Z 79/89, DAVorm 1990, 381 (382); zu Recht kritisch zu dieser hM Wapler in Wiesner Rn. 18.

zu dem Kind aufgenommen oder gepflegt wird. Hier wird das Verhalten der Eltern im Einzelnen zu hinterfragen und sowohl die Auswirkungen des Verhaltens auf das Kind als auch eine alternative Verhaltensform anzusprechen sein. Allerdings ist bei Kontaktunterbrechungen bzw. -abbrüchen immer auf das **kindliche Zeitempfinden** abzustellen, nach dem kürzere Zeiträume als wesentlich länger empfunden werden, als dies dem Empfinden Erwachsener entspricht.[35]

23 Neben der Gleichgültigkeit ist weiterhin Voraussetzung für eine Ersetzung der Zustimmung, dass das Unterbleiben der Annahme dem Kind zu unverhältnismäßigem Nachteil gereichen würde (§ 1748 Abs. 1 S. 1 2. Hs. BGB). Diese Feststellung verlangt eine umfassende und schwierige Abwägung zwischen den Interessen des Kindes und denen seiner Eltern. Die anzustellenden Überlegungen sind vielfältig und abstrakten Wertungen kaum zugänglich. In der Regel sind die konkreten Fallumstände jedoch derartig aussagekräftig, dass sich eine diesbezügliche Entscheidung in eine bestimmte Richtung geradezu aufdrängt, zB im Hinblick auf einen Wechsel von Bezugs- und Betreuungspersonen oder der Gefahr von Entwicklungsstörungen. Der unbestimmte Rechtsbegriff des „unverhältnismäßigen Nachteils" erfordert unter Beachtung des Grundsatzes der Verhältnismäßigkeit eine Abwägung zwischen dem Nachteil, den das Unterbleiben der Adoption bedeuten würde, zur Schwere des Eingriffs in das Elternrecht. Maßgebend ist mithin einerseits das **Ausmaß des Versagens des Elternteils** sowie andererseits, welche Maßnahme im Interesse des Kindes geboten ist.[36] In diesem Zusammenhang hat das BVerfG bei der Abwägung mit den negativen Folgen einer unterbliebenen Adoption im Kontext eines Pflegekindverhältnisses ausgeführt, dass unter Berücksichtigung des Wohls der betroffenen Kinder ihre Adoption durch die Pflegeeltern ihrem Belassen in einem Dauerpflegeverhältnis zur Vermeidung unverhältnismäßiger Nachteile vorzuziehen sei, weil die **Adoption regelmäßig eine bessere Grundlage** für die Integration von Kindern in ihre neue Familie darstelle.[37]

24 Auch der BGH macht die Entscheidung, ob ein Kind ohne Adoption einen „unverhältnismäßigen Nachteil" erleiden würde, von der **Abwägung des Wohls des Kindes** gegenüber den Interessen des sich der Adoption widersetzenden Elternteils – unter Beachtung des Grundsatzes der Verhältnismäßigkeit – abhängig. Dabei bestimmten sich Art und Ausmaß des zulässigen Eingriffes in das Elternrecht des sich der Adoption widersetzenden Elternteils nach dem Ausmaß seines Versagens sowie danach, was im Interesse des Kindes geboten ist. Ob das Unterbleiben einer Adoption dem Kind zu unverhältnismäßigem Nachteil gereichen würde, hängt nach Auffassung des BGH entscheidend von der Art des Verhaltens der Eltern, der Dauer und den Auswirkungen auf die Entwicklung des Kindes im Einzelfall ab und lässt sich ohne nähere Darlegung dieses Verhaltens sowie der dadurch herbeigeführten Lebensumstände des Kindes und seines zum Entscheidungszeitpunkt gegebenen Entwicklungsstandes nicht abstrakt beantworten.[38] Weiter ist nach dem BGH die Erklärung der Pflegeeltern, dass sich auch ohne Adoption nichts an der Unterbringung der Kinder in ihrer bisherigen Pflegestelle ändern würde, für sich allein nicht geeignet, die Feststellung zu tragen, ein Unterbleiben der Adoption gereiche den Kindern nicht zu unverhältnismäßigem Nachteil. § 1632 Abs. 4 BGB schützt ein Pflegekind zwar unter bestimmten Voraussetzungen (§ 1666 Abs. 1 BGB) vor der Herausnahme aus der Pflegefamilie. Ob diese Voraussetzungen erfüllt sind, ist jedoch jeweils im Einzelfall nach Prüfung der Verhältnisse der

35 Grundlegend Heilmann (1998), Kindliches Zeitempfinden und Verfahrensrecht.

36 OLG Hamm 19.1.2015 – II-4 UF 136/14, 4 UF 136/14; OLG Saarbrücken 21.3.2013 – 6 UF 409/12, ZKJ 2013, 305 ff.

37 BVerfG 16.1.2002 – 1 BvR 1069/01, FamRZ 2002, 535 ff.; Hoffmann/Trenczek in FK-SGB VIII Rn. 16; zur Adoptierbarkeit von Kindern krit. Reinhardt JAmt 2013, 499 (500 f.).

38 BGH 5.2.1986 – IVb ZB 1/86, FamRZ 1986, 460 ff.

leiblichen Eltern einerseits und der Situation des Kindes andererseits zu entscheiden. Allein die Erklärung der Pflegeeltern, dass sie das Kind auch ohne Adoption weiter in ihrer Familie behalten würden, gewährleistet nicht den Aufenthalt des Kindes in der Pflegefamilie.[39]

Das BVerfG hat einen unverhältnismäßigen Nachteil dann bejaht, wenn die gegen den Willen der Eltern vorzunehmende Adoption erforderlich ist, um die in Folge des Versagens der Eltern bereits eingetretene oder drohende Gefahr für eine gesunde Entwicklung des Kindes abzuwenden. Allerdings dürfen keine milderen Mittel zur Erreichung dieses Zweckes zur Verfügung stehen, wie besonders die zeitweilige Unterbringung des Kindes in einem Heim oder einer Pflegestelle. Welche Maßnahme jeweils erforderlich sei, könne nicht nur vom Standpunkt der Eltern beurteilt werden. Nach den Umständen des jeweiligen Falles könne aber das Interesse des Kindes gerade dafür sprechen, der Adoption vor einer dauernden Heimunterbringung den Vorzug zu geben.[40] Weiter heißt es konkret zur Abwägung von Adoption/Inpflegegabe bzw. Heimunterbringung: „Wenn die staatliche Gemeinschaft eingreifen muss, um anstelle der versagenden Eltern die Voraussetzungen für eine gesunde körperliche und seelische Entwicklung des Kindes und für seine rechte Einordnung in die Gesellschaft zu schaffen, so steht der Staat hierbei vor der Wahl, (...), das Kind in einem Heim unterzubringen oder es in Pflege zu geben oder schließlich eine Adoption zu vermitteln. Vom Blickpunkt des Kindes werden in dieser Situation die letzten beiden Möglichkeiten regelmäßig den Vorzug verdienen. Die überlieferte Überzeugung, dass für eine normale Entwicklung des Kindes das Erlebnis einer harmonischen und lebenstüchtigen Familiengemeinschaft unersetzlich ist, wird durch die Erfahrung der Jugendbehörden (...) sowie die Erkenntnisse der modernen Psychologie, Psychiatrie und Kinderheilkunde bestätigt. (...) Eine Heimerziehung kann auch unter günstigen Verhältnissen die Geborgenheit des Kindes in der Familie und die dort gegebenen Voraussetzungen für die Entwicklung der persönlichen Fähigkeiten und sozialen Kontakte des Kindes nicht ersetzen, zumal es in zahlreichen Heimen an ausreichenden oder ausreichend geschultem Personal, an geeigneten Räumlichkeiten und besonders an finanziellen Mitteln fehlt. Auch bei einwandfreier äußerer Pflege und Versorgung kann der Mangel an personaler Zuwendung, an äußeren Entwicklungsreizen, der häufige Wechsel der Beziehungspersonen, später auch die Unsicherheit über die eigene Herkunft und über die Zukunft zu Entwicklungsschäden führen, die mit der Dauer des Heimaufenthaltes zunehmen und in schweren Fällen das Bild einer Krankheit annehmen. Schon daraus folgt, dass der Staat **bei dauerndem Versagen der Eltern** sowohl im Interesse des Kindes wie der Allgemeinheit in erster Linie bestrebt sein muss, das Kind in einer anderen Familie unterzubringen, die freiwillig die Funktion des natürlichen Verbandes übernimmt. Die beiden Möglichkeiten hierfür bilden die Unterbringung in einer Pflegefamilie und die Adoption. Nach den Erfahrungen der Praxis ist es verhältnismäßig nicht schwer, geeignete Eltern zu finden, die ein Kind in Pflege nehmen, um es zu adoptieren. Dagegen ist es sehr schwierig, gute Pflegeeltern zu finden, wenn von vornherein eine Adoption nicht in Betracht kommt. Beim Angebot an Pflegestellen steht nicht selten das Motiv des Gelderwerbs oder der Wunsch nach einer Arbeitskraft an erster Stelle; Schädigungen der Kinder durch eigensüchtige, lieblose oder kriminelle Pflegeeltern werden infolge des Mangels an Aufsichtspersonal oft zu spät entdeckt. Die Entwicklung harmonischer Beziehungen zwischen dem Kind und den Pflegeeltern mag auch durch das Verhalten von Eltern gestört werden, die das Kind aus finanziellen oder anderen eigennützigen Motiven zurückverlangen, ohne selbst zur Pflege und Erziehung bereit und fähig zu sein. Demgegenüber erhält das Kind durch die Adoption normalerweise die Voraussetzungen für eine gesunde 25

39 BGH 5.2.1986 – IVb ZB 1/86, juris Rn. 18.
40 BVerfG 29.7.1968 – 1 BvL 20/63, 1 BvL 31/66, NJW 1968, 2233.

körperliche und seelische Entwicklung, vor allem das für die Entwicklung der sozialen Beziehungen entscheidende Erlebnis der Geborgenheit, der dauernden ungestörten Zugehörigkeit zu einer Familie".[41]

26 Ein unverhältnismäßiger Nachteil kann regelmäßig dann nicht angenommen werden, wenn nur wirtschaftliche Interessen des Kindes, schulische Belange oder auch dessen Staatsangehörigkeit Grund für eine geplante Adoption sind, sich aber letztlich auf das Kind nicht auswirken.[42] Daher reicht es zur Annahme eines unverhältnismäßigen Nachteiles für das Kind nicht aus, wenn der verweigernde Elternteil seiner Unterhaltspflicht nicht nachkommt. War das Kind ungeachtet der ausgebliebenen Zahlungen tatsächlich gut versorgt bzw. sein Lebensbedarf zB vorübergehend durch die Inanspruchnahme von öffentlichen Leistungen sichergestellt, rechtfertigt die **Verletzung der Unterhaltspflicht** als solche nicht eine Ersetzung der Einwilligung in die Kindesannahme, vorausgesetzt, der Unterhaltsrückstand hat sich nicht zum Nachteil des Kindes ausgewirkt, weil sein Unterhaltsbedarf anderweitig sichergestellt worden ist.[43]

4 Zur Belehrung nach Abs. 1

27 Gemäß Abs. 1 ist das JA im Einwilligungsersetzungsverfahren wegen Gleichgültigkeit zur **Belehrung des Elternteils** gesetzlich verpflichtet. Zugleich darf gemäß § 1748 Abs. 2 BGB die Einwilligung des leiblichen Elternteils in die Adoption nicht ersetzt werden, bevor dieser vom JA über die Möglichkeit der Ersetzung der Einwilligung belehrt, nach Maßgabe des Abs. 2 beraten und auf den Umstand hingewiesen worden ist, dass das Familiengericht die Einwilligung erst nach Ablauf von drei Monaten nach der Belehrung ersetzen darf.

28 Aus der Belehrungsfrist folgt, dass das gleichgültige Verhalten mindestens drei Monate – trotz der Belehrung des JA – **fortgesetzt** werden muss. Da eine Einwilligung in die Adoption grundsätzlich erst erteilt werden kann, wenn das Kind **acht Wochen alt** ist (vgl. § 1747 Abs. 2 BGB) läuft auch die Belehrungsfrist in der Regel frühestens fünf Monate nach der Geburt des Kindes ab (vgl. § 51 Abs. 1 S. 4). Allerdings gibt es hierbei einige nicht unbedeutende Ausnahmen, die in § 1747 Abs. 3 BGB geregelt sind. Diese sind in → Rn. 46 ff. dargestellt.

29 Treffen **Gleichgültigkeit und Pflichtverletzung** iSv § 1748 Abs. 1 S. 1 BGB zusammen, entfällt die Pflicht zur Belehrung.[44] Obgleich die familiengerichtliche Ersetzung der Zustimmung wegen Gleichgültigkeit in der Regel zwingend abhängig davon ist, dass der verweigernde Elternteil, dessen Aufenthalt bekannt ist, vom JA zuvor belehrt wurde (Einzelheiten hierzu sind in → Rn. 37 ff. dargestellt) kann unter besonderen Umständen gleichwohl eine Belehrung unterbleiben. Lehnt zB der zu belehrende Elternteil ein schriftliches Angebot des JA für eine Belehrung und Beratung ab, und lässt er eindeutig, klar und abschließend erkennen, dass er eine Belehrung auf keinen Fall wünscht, ist es nicht Aufgabe des JA, gegen den erklärten Willen die weiter nicht gewünschte Belehrung aufzudrängen, da sich auf diese Weise weder die Einwilligung in die Adoption aus freien Stücken noch die Übernahme der Elternverantwortung erreichen lässt. Es ist zu berücksichtigen, dass die Belehrung durch das JA den Zweck hat, dem Elternteil in angemessener Weise die rechtliche Bedeutung und Tragweite der Ersetzung vor Augen zu führen. Sie erschöpft sich nicht in einer Information über die Rechtslage, sondern soll dem Elternteil die Möglichkeit eröffnen, seine Einstellung

41 BVerfG 29.7.1968 – 1 BvL 20/63, 1 BvL 31/66, juris Rn. 68.
42 Frank in Staudinger BGB § 1748 Rn. 43, 44; Götz in Palandt BGB § 1748 Rn. 5; OLG Frankfurt OLGZ 79, 40.
43 Vgl. OLG Hamm 19.1.2015 – II-4 UF 136/14, 4 UF 136/14; vgl. auch Reinhardt in jurisPK-SGB VIII Rn. 23; Frank in Staudinger BGB § 1748 Rn. 43 f.
44 BayObLG 19.1.1994 – 1Z BR 98/93, FamRZ 1994, 1348 ff.; BayObLG 2.8.1982 – BReg 1 Z 67/82, FamRZ 1982, 1129 ff.

und sein Verhalten gegenüber dem Kind innerhalb des Zeitraums von drei Monaten zu ändern.[45] In dem vom BayObLG entschiedenen Fall hatte der Vater eindeutig zum Ausdruck gebracht, dass er seine Einstellung gegenüber dem Kind nicht überdenken wollte, ua durch die Äußerung: „Stecken Sie sich Ihren Gesprächsvorschlag sonst wo hin! Ende.“ Zudem war der Vater auf die Möglichkeit der Ersetzung vom Gericht hingewiesen worden, ferner war die Dreimonatsfrist gewahrt worden, so dass das Gericht die Belehrung durch das JA für entbehrlich hielt.[46]

Ungeachtet solcher Einzelfälle bleibt es bei der zwingend notwendigen Belehrung im Vorfeld der Ersetzung. Nur ausnahmsweise kann die Belehrung im Ersetzungsverfahren nachgeholt werden.[47] 30

Zweck der Belehrung ist unstrittig die Herbeiführung einer **Verhaltensänderung der Eltern** innerhalb eines Zeitraums von drei Monaten. Dabei ist der Tatbestand der „Gleichgültigkeit“ zu erläutern und deutlich zu machen, dass und warum das elterliche Verhalten als gleichgültig zu werten ist und wie seitens der Eltern Abhilfemöglichkeiten geschaffen werden können. Vorstellbar sind in diesem Zusammenhang Fälle von gleichgültigem Verhalten, das zB auf rechtlicher oder tatsächlicher Fehleinschätzung der Eltern über kindbezogene Umstände beruht, wie etwa die Unwissenheit über kindliches Zeitverständnis, fehlende Kenntnisse der Möglichkeiten und Pflichten zur Kontakthaltung, Besuche, Telefonate, Briefe, mangelnde Kenntnisse über das Bindungsverhalten von Kindern. 31

Bei länger gelebter Teilnahmslosigkeit und interesselosem Gesamtverhalten des Elternteils dürfte jedoch eine dauerhafte Verhaltensänderung kaum zu bewirken sein, so dass es einer soliden prognostischen Einschätzung bedarf, ob und inwieweit der Elternteil in der Lage ist oder sein wird, sein Verhalten zu ändern und ob ihm insoweit auch eine längerfristige Verhaltensänderung möglich ist. 32

Um der vom Gesetz vorgegebenen Bedeutung der Belehrung im Ersetzungsverfahren gerecht zu werden, muss Bestandteil der Belehrung auch die Erläuterung und Begründung sein, weshalb das Unterbleiben der Adoption einen unverhältnismäßigen Nachteil für das Kind darstellt.[48] Andererseits kann die Belehrung ihrem Zweck nur gerecht werden, wenn sie im persönlichen Gespräch erfolgt,[49] obwohl das Gesetz keine konkrete Form der Belehrung vorschreibt. Lässt sich ein entsprechendes Gespräch nicht arrangieren, bleibt nur eine schriftliche Belehrung, deren Zugang an die Eltern entsprechend zu dokumentieren ist, beispielsweise durch Zustellung des Schreibens mit Postzustellungsurkunde. Für ein persönliches Gespräch ist gegebenenfalls ein Dolmetscher hinzuzuziehen.[50] 33

Die **Belehrung** sollte im Interesse des Kindes **möglichst frühzeitig** erfolgen.[51] Allerdings ist eine frühzeitige Belehrung nicht unproblematisch, weil eine **sichere Prognose** über die Entwicklung in diesem Stadium schwierig sein kann. Zudem kann eine zu frühzeitige Belehrung sogar bewirken, dass das elterliche Fehlverhalten nur vorübergehend und oberflächlich abgelegt wird und nicht dauerhaft und ernsthaft am Interesse 34

---

45 OLG Saarbrücken 21.3.2013 – 6 UF 409/12; BayObLG 25.11.1996 – 1Z BR 47/96, FamRZ 1997, 514 ff.

46 BayObLG 25.11.1996 – 1Z BR 47/96, juris Rn. 29, 30.

47 BayOblG 6.5.1997 – 1Z BR 148/96, FamRZ 1998, 55 (56); Wapler in Wiesner Rn. 26, Tillmanns in MüKoBGB Rn. 3; aA Hoffmann/Trenczek in FK-SGB VIII Rn. 18: Belehrung im Ersetzungsverfahren nur dann, wenn der Aufenthalt erst nach Ablauf der Dreimonatsfrist ermittelt werden konnte; so im Ergebnis auch Kern in SFMK Rn. 6, 14.

48 Wapler in Wiesner Rn. 24.

49 So auch Tillmanns in MüKoBGB Rn. 3; Wapler in Wiesner Rn. 25; Hoffmann/Trenczek in FK-SGB VIII Rn. 22; Enders in BeckOK BGB § 1748 Rn. 15.

50 Wapler in Wiesner Rn. 25.

51 Auch Fieseler in GK-SGB VIII Rn. 14; Wapler in Wiesner Rn. 27.

für das Kind orientiert ist. Ist bei einem Elternteil durch dessen bekanntes bisheriges Verhalten, etwa gegenüber weiteren Kindern, eine zukünftige Gleichgültigkeit mit einiger Gewissheit zu erwarten, liegt es im vorrangigen Interesse des Kindes, umgehend zu erwägen, ob ein Ersetzungsverfahren in Betracht kommt. Anlass hierzu gibt iÜ die Bestimmung des § 36 Abs. 1 S. 2, die vorschreibt, im Rahmen des Hilfeplanungsverfahrens vor und während einer langfristig zu leistenden Hilfe außerhalb der eigenen Familie zu prüfen, ob die Annahme als Kind in Betracht kommt. Ungeachtet dessen verbleibt es auch in diesen Fällen bei der Mindestwartezeit von fünf Monaten ab Geburt des Kindes. Zum Vorrang der Adoption vor einer Fremdunterbringung → § 36 Rn. 25.

35 Die **Belehrungspflicht entfällt** gem. § 51 Abs. 1 S. 3, wenn der Elternteil seinen Aufenthaltsort ohne Hinterlassung seiner Anschrift gewechselt hat und der Aufenthaltsort vom Jugendamt während eines Zeitraums von drei Monaten trotz angemessener Nachforschungen nicht ermittelt werden konnte. In diesem Fall beginnt die Frist mit der ersten auf die Belehrung oder auf die Ermittlung des Aufenthaltsortes gerichteten Handlung des JA. Zu den angemessenen Nachforschungen gehört es, umfassende Aufenthaltsermittlungen durchzuführen, neben der Einschaltung der üblichen Behörden, wie dem Einwohnermeldeamt, den Sozialleistungsträgern und dem Ausländeramt auch Nachfragen bei Dritten anzustellen, zB bei Angehörigen und soweit bekannt einem früheren Arbeitgeber oder Vermieter. Auch ein eventuell vorhandener anwaltlicher Vertreter oder Betreuer des zu belehrenden Elternteils ist im Rahmen der Ermittlung des Aufenthaltsortes zu befragen,[52] ehe die Ergebnislosigkeit der Nachforschung anzunehmen ist. Wird der Aufenthaltsort während des Ersetzungsverfahrens später noch bekannt, zB im Beschwerdeverfahren, sind Belehrung und ggf. Beratung nachzuholen.[53]

36 Die Frist für **angemessene Nachforschungen**, die gemäß Abs. 1 S. 3 2. Hs. mit der ersten auf die Belehrung oder auf die Ermittlung des Aufenthaltsortes gerichteten Handlung des JA beginnt, ist zur Rechtsicherheit für alle, dh den zu belehrenden Elternteil, das JA aber auch das Familiengericht, zwingend zu dokumentieren (Aktenvermerk). Wird der Aufenthaltsort während dieser Frist ermittelt, beginnt die Dreimonatsfrist für die Belehrung über die Ersetzung der Einwilligung ab dem Zeitpunkt der dann möglichen und vorzunehmenden Belehrung.[54] Ist die Nachforschungsfrist hingegen abgelaufen und wird der Aufenthaltsort später bekannt, ist die Einhaltung der dreimonatigen Wartefrist nicht mehr zwingend geboten, da das Ersetzungsverfahren im Interesse des Kindes mit Blick auf eine Adoption zügig zu betreiben ist. Auch das Elternrecht aus Art. 6 Abs. 2 S. 1 GG erfordert in der Regel keinen Neubeginn der Dreimonatsfrist, da der Elternteil selbst durch sein Verhalten eine frühzeitigere Belehrung unmöglich gemacht hat. Gleichwohl sollte im Interesse aller Beteiligten im Einzelfall eine Interessensabwägung erfolgen.[55]

5 Die Beratungspflicht nach Abs. 2 S. 1 und das Absehen von Beratung nach Abs. 2 S. 2

37 Gemäß Abs. 2 S. 1 soll das JA den Elternteil mit der Belehrung nach Abs. 1 über Hilfen beraten, die die **Erziehung des Kindes in der eigenen Familie ermöglichen könnten.** Im Gegensatz zur Belehrungspflicht des Abs. 1 handelt es sich dem Wortlaut nach um eine Soll-Vorschrift. Auch die materiellrechtliche Regelung des § 1748 Abs. 2 S. 1 verweist auf eine Beratung nach § 51 Abs. 2 SGB VIII.[56] Zwar ist die Beratung nicht

52 BVerfG 4.6.2003 – 1 BvR 2114/02, FamRZ 2003, 1448 f.
53 Diederichsen in Palandt BGB § 1748 Rn. 5.
54 So auch Wapler in Wiesner Rn. 32.
55 So auch Wapler in Wiesner Rn. 31.
56 Zur Abgrenzung von Soll- und Muss-Vorschriften Kunkel FamRZ 1997, 198 mwN.

zwingende Voraussetzung für die Ersetzung der Einwilligung,[57] jedoch muss sie im Regelfall durchgeführt werden,[58] kann aber vor allem in Ausnahmefällen, die S. 2 nennt, unterbleiben. Danach bedarf es einer Beratung insbesondere dann nicht, wenn das Kind seit längerer Zeit bei den Annehmenden in Familienpflege lebt und bei seiner Herausgabe an den Elternteil eine schwere Schädigung des körperlichen und seelischen Wohlbefindens des Kindes zu erwarten ist. Nach der Gesetzesbegründung betrifft dies sowohl den Fall, dass das Kind noch in der eigenen Familie lebt, als auch den Fall, dass die Situation der Herkunftsfamilie eine Rückführung dorthin zulässt".[59] Anlass für diese Sichtweise ist das gesetzgeberische Ziel, vor einem so einschneidenden Eingriff wie der Ersetzung der Einwilligung in die Adoption durch helfende und unterstützende, auf die Herstellung oder Widerherstellung eines verantwortungsgerechten Verhaltens der Eltern gerichtete Maßnahmen das Wohl des Kindes zu sichern, wobei vor allem der Einwilligungsersetzung wegen Gleichgültigkeit einer seelischen oder wirtschaftlichen Notlage als Ursache des elterlichen Fehlverhaltens gegenüber dem Kind begegnet werden sollte.[60]

Im Übrigen sah der Gesetzgeber des SGB VIII die Beratung für einen Verbleib des Kindes in der Familie im Zusammenhang mit dem Einwilligungsersetzungsverfahren als zeitlich zu spät an,[61] weshalb diese Beratung auch „weitgehend leer laufe".[62] Die Beratungsverpflichtung laufe überdies auch „in den (häufigen) Fällen, in denen sich das Kind bereits in der Pflegefamilie befinde, leer".[63] Demzufolge bedürfe es auch gem. § 51 Abs. 2 S. 2 keiner Beratung (mehr), wenn der Rückkehr des Kindes in die eigene Familie die Voraussetzungen des § 1632 Abs. 4 BGB (Voraussetzung für die Verbleibensanordnung) entgegenstünden. Es sei sinnlos, beim Elternteil Hoffnung auf eine baldige Rückkehr des Kindes in die eigene Familie zu wecken, wenn das Gericht eine Verbleibensanordnung getroffen habe oder jederzeit treffen könne.[64] Hieraus folgt, dass die geforderte Beratung zu dem **Zeitpunkt des Einwilligungsersetzungsverfahrens** in der Regel keine oder kaum eine Wirkung entfalten kann: Sie ist an sich zu diesem Zeitpunkt geradezu praxisfremd, weil bei den in Rede stehenden Verfahren nahezu ausnahmslos ein Aufenthalt des Kindes in einer – annahmebereiten – Pflegefamilie oder in einem Heim oder bei Pflegeeltern vorausgeht und ein Wechsel zu Adoptionseltern geplant ist, weil sämtliche Bemühungen, den Eltern Hilfestellungen zu leisten, gescheitert sind oder erwartungsgemäß scheitern würden. 38

Soweit eine Beratung also angezeigt ist, hat sie nur über Hilfen zu erfolgen, die einen **Verbleib des Kindes in der Herkunftsfamilie ermöglichen könnten**. Anzusprechen sind bei der Beratung insbesondere die Aufgabe gleichgültigen Verhaltens, verbunden mit der Verdeutlichung der Auswirkungen auf das Kind. Gesprächsziel sollte ebenfalls sein, Verständnis und Bereitschaft für eine angestrebte Adoption aus Sicht des Kindes zu wecken. 39

Wie die Belehrung sollte auch die Beratung im persönlichen Gespräch erfolgen,[65] weil nur so dem betreffenden Elternteil die Thematik zu verdeutlichen ist und die Hoffnung besteht, Einsicht zu wecken. 40

---

57 BayObLG 25.11.1996 – 1Z BR 47/96, FamRZ 1997, 514 ff.
58 Maurer in MüKoBGB § 1748 Rn. 22.
59 BT-Drs. 11/5948, 89.
60 BT-Drs. 11/5948, 88 unter Bezugnahme auf BT-Drs. 7/421, 11.
61 BT-Drs. 11/5948, 89.
62 BT-Drs. 11/5948, 89 mit Hinweis auf Gawlitta ZfJ 1988, 110.
63 Vgl. BT-Drs. 11/5948, 89.
64 BT-Drs. 11/5948, 89.
65 Wapler in Wiesner Rn. 39; Hoffmann/Trenczek in FK-SGB VIII Rn. 31; Finger FuR 1990, 189.

41 Schließlich ist das JA verpflichtet, im Rahmen seiner uneingeschränkten Mitwirkungsverpflichtung das Familiengericht im Ersetzungsverfahren darüber zu informieren, **welche Leistungen erbracht oder angeboten** worden sind bzw. **aus welchem Grunde hiervon abgesehen** wurde, **Abs. 2 S. 3.** Zweck der Regelung ist es, das Gericht bei der Einschätzung des gleichgültigen Verhaltens und des unverhältnismäßigen Nachteils bei Unterbleiben der Annahme fachlich zu unterstützen, insbesondere bei der Frage, ob eine Rückkehr des Kindes in seine Herkunftsfamilie mit bestimmten Hilfen überhaupt realistisch erscheint und welche Bindungen das Kind bereits anderweitig entwickelt hat.

6 Besondere Beratungsaufgaben gegenüber dem mit der Mutter des Kindes nicht verheirateten Vater ohne elterliches Sorgerecht nach Abs. 3

42 Abs. 3 normiert eine weitere Beratungspflicht des JA in einer besonderen Familienkonstellation. Nach § 1747 Abs. 1 S. 1 BGB ist zur Annahme eines Kindes die Einwilligung beider Elternteile erforderlich, da die Adoption ein Erlöschen der Rechtsbeziehungen zwischen dem Kind und seinen bisherigen Verwandten, v.a. zu den leiblichen Eltern, bewirkt (§ 1755 BGB).[66]

Damit ist auch bei einer Adoption eines nicht in der Ehe geborenen Kindes die Einwilligung des Vaters erforderlich und zwar unabhängig von der Sorgebefugnis.

43 Gemäß Abs. 3 hat das JA einen nicht mit der Mutter verheirateten Vater, dem nicht gemeinsam mit dieser die elterliche Sorge zusteht, bei der Wahrnehmung seiner Rechte nach § 1747 Abs. 1 und Abs. 3 BGB zu beraten. Vater in diesem Sinn ist entweder der Mann, dessen Vaterschaft gesetzlich vermutet wird, weil er zum Zeitpunkt der Geburt mit der Mutter des Kindes verheiratet war (§ 1592 Nr. 1 BGB) oder der durch Anerkennung der Vaterschaft bzw. durch gerichtliche Feststellung (vgl. § 1592 Nr. 2 und Nr. 3 BGB) als Vater gilt. Fehlt es an den Voraussetzungen des § 1592 BGB, so gilt gemäß § 1747 Abs. 1 S. 2 BGB als Vater auch der Mann, der durch Versicherung an Eides statt glaubhaft gemacht hat, dass er der Mutter in der gesetzlichen Empfängniszeit beigewohnt hat.[67] Die Beratung bezieht sich zunächst auf die Einwilligungsregelungen und Folgen gem. §§ 1747, 1750 BGB.

44 Im Falle des Fehlens einer Vaterschaftsvermutung nach § 1592 BGB und damit der bloßen Glaubhaftmachung der Vaterschaft (§ 1747 Abs. 1 S. 2 BGB) erstreckt sich die Beratungspflicht somit auch auf Männer, die kein Vaterschaftsfeststellungsverfahren betreiben oder betrieben haben. Zwar dürfte es wenig wahrscheinlich sein, dass sich ein solcher Mann auf seine Vaterschaft beruft, um am Adoptionsgeschehen teilnehmen zu können, jedoch ist die Möglichkeit nicht ausgeschlossen.

45 Ziel der Beratung ist es, dem Vater seine Rechte zu verdeutlichen[68] und darauf hinzuweisen, dass

- die Einwilligung des Vaters bereits vor der Geburt erteilt werden kann,
- der Vater darauf verzichten kann, die Übertragung der Sorge nach § 1626 a Abs. 2 BGB und § 1671 Abs. 2 BGB zu beantragen, wobei die Verzichtserklärung öffentlich beurkundet werden muss (Nr. 2),
- sowie die Annahme erst ausgesprochen werden darf, wenn über einen etwaigen Antrag des Vaters auf Übertragung der Sorge nach § 1626 a Abs. 2 BGB oder § 1671 Abs. 2 BGB entschieden worden ist (Nr. 3).

46 **Im Einzelnen:** Zu unterscheiden ist die Rechtstellung des Vaters je nachdem, ob ihm das Sorgerecht zusteht oder nicht. Der Mann, der nach § 1592 BGB als Vater vermu-

66 Maurer in MüKoBGB § 1747 Rn. 1.
67 Auch Wapler in Wiesner Rn. 9, 46.
68 Siehe im Einzelnen Wapler in Wiesner Rn. 49 ff.

tet wird und dem entweder als Folge der ehelichen Geburt des Kindes oder bei nichtehelicher Geburt durch eine Sorgeerklärung oder durch eine gerichtliche Entscheidung gemeinsam mit der Mutter die elterliche Sorge zusteht, hat die uneingeschränkte Elternstellung mit der Konsequenz, dass seine Einwilligung nur unter den Voraussetzungen des § 1748 BGB ersetzt werden kann.

Der Mann, dessen Vaterschaft nach § 1592 BGB vermutet wird, der aber nicht sorgeberechtigt ist, hat nur eine eingeschränkte Elternstellung. Allerdings ist er befugt, die Übertragung der elterlichen Sorge allein oder die Einrichtung der Mitsorge zu beantragen nach § 1626a Abs. 2 oder § 1671 Abs. 2 BGB. Sofern er dies getan hat, darf gemäß § 1747 Abs. 3 Nr. 3 BGB eine Adoption erst ausgesprochen werden, wenn über den Antrag auf Sorgebeteiligung entschieden wurde. Darauf ist der Vater im Rahmen der Beratung nach § 51 Abs. 3 hinzuweisen. Der Mann, der nicht nach § 1592 BGB als Vater gilt, sondern seine Vaterschaft nur glaubhaft gemacht hat, kann sorgerechtliche Befugnisse als Vater nicht erlangen, da es an der rechtlichen Stellung als Vater fehlt. 47

Deshalb beschränkt § 1747 BGB die Wirkung der Vaterschaftsvermutung auch ausdrücklich auf das Einwilligungserfordernis des S. 1 und die erleichterte Einwilligungsersetzung des § 1748 Abs. 4 BGB. Damit hängt die Frage, unter welchen Umständen die Einwilligung des Vaters ersetzt werden kann, maßgeblich von der Sorgeregelung ab.

Die Ersetzung der Einwilligung erfolgt unter den erleichterten Voraussetzungen des § 1748 Abs. 4 BGB, also bereits dann, wenn das Unterbleiben der Annahme dem Kind zu unverhältnismäßigem Nachteil gereichen würde. 48

Die Frage, welche Gesichtspunkte bei dem **Abwägungsprozess** im Hinblick auf eine „erleichterte Ersetzung" gem. § 1748 Abs. 4 BGB zu beachten sind, hat das BVerfG aus Anlass einer Verfassungsbeschwerde gegen die Ersetzung der Einwilligung des leiblichen Vaters bei einer Stiefkindadoption entschieden. Das BVerfG hat insoweit ausgeführt: „Nach § 1748 Abs. 4 BGB kann die Einwilligung eines zu keinem Zeitpunkt sorgeberechtigt gewesenen Vaters eines nichtehelich geborenen Kindes unter leichteren Voraussetzungen ersetzt werden, als dies bei den übrigen Vätern der Fall ist. Gleichwohl ist die Regelung mit dem Gleichheitssatz vereinbar, da die Norm einer verfassungskonformen Auslegung zugänglich ist, die eine Ungleichbehandlung verhindern kann. Wie schon der Bundesgerichtshof festgestellt hat, erfordert es die verfassungsrechtlich gebundene Abwägung der Interessen von Vater und Kind, bei der Entscheidung über eine beantragte Adoption von einem „unverhältnismäßigen Nachteil" iSd § 1748 Abs. 4 BGB auszugehen, wenn die Adoption für das Kind einen so erheblichen Vorteil hat, dass ein sich verständig um das Kind sorgender Elternteil auf der Erhaltung des Vaterverwandtschaftsbandes nicht bestehen würde.[69] Der BGH hat in einem von ihm zu entscheidenden Fall[70] darauf hingewiesen, dass auf Seiten des Vaters ua zu erwägen sein werde, ob ein gelebtes Vater-Kind-Verhältnis bestehe oder bestanden habe oder welche Gründe den Vater am Aufbau oder an der Aufrechterhaltung eines solchen Verhältnisses gehindert hatten. Der Sache nach hat der BGH insoweit erklärt, dass § 1748 Abs. 4 BGB eine **Berücksichtigung des Vorverhaltens des Vaters** verlangt.[71] Damit hat der BGH dem verfassungsrechtlichen Erfordernis einer Abwägung zwischen den Interessen des Kindes und denen des Vaters Rechnung getragen. Auf diese Weise wird eine wesentliche Ungleichbehandlung von nicht sorgeberechtigten ehelichen Vätern und den übrigen Vatergruppen vermieden. Nach Auffassung des 49

69 Vgl. BVerfG 27.4.2006 – 1 BvR 2866/04, FamRZ 2006, 1355; OLG Hamm 19.1.2015 – II-4 UF 136/14, 4 UF 136/14; OLG Saarbrücken 21.3.2013 – 6 UF 409/12.
70 BGH 23.3.2005 – XII ZB 10/03, FamRZ 2005, 891 ff.
71 OLG Hamm 19.1.2015 – II-4 UF 136/14, 4 UF 136/14.

BGH haben in dem zu entscheidenden Fall die Vorinstanzen im Rahmen der verfassungsrechtlich gebotenen Abwägung der Interessen des Kindes mit denen des Beschwerdeführers die grundrechtlich geschützten Interessen des Beschwerdeführers nicht angemessen gewürdigt. Sie haben sich auf die Feststellung beschränkt, dass zwischen dem Beschwerdeführer und dem Kind seit elf Jahren rein faktisch keine Vater-Kind-Beziehung mehr bestehe. Nicht berücksichtigt wurde, dass der Beschwerdeführer zumindest einige Zeit mit dem Kind zusammengelebt und seine Elternverantwortung wahrgenommen hat Die verfassungsrechtlich gebotene Prüfung der Gerichte, welche Gründe den Vater an der Aufrechterhaltung eines gelebten Vater-Kind-Verhältnisses gehindert haben, war hier ersichtlich unterblieben.

50 Die Beratung eines Mannes, der nicht nach § 1592 BGB als Vater gilt, muss neben der Aufklärung über seine Rechtsstellung das Ziel verfolgen, dem Vater die Möglichkeit einzuräumen, rechtzeitig vor Ausspruch der Adoption seines Kindes durch Dritte seine Vaterschaft geltend zu machen. Die vorläufige Vaterschaftsvermutung begründet dementsprechend das elterliche Einwilligungserfordernis, ohne dass die wünschenswerte frühkindliche Adoption durch ein zeitaufwändiges Vaterschaftsfeststellungsverfahren verzögert wird. Andererseits eröffnet die Vermutungswirkung des § 1747 Abs. 1 S. 2 BGB die Möglichkeit, eine verweigerte Einwilligung nach § 1748 Abs. 4 BGB unter den genannten Erleichterungen zu ersetzen.[72]

51 Unklar erscheint, warum der potenzielle Vater zwar in die Annahme seines (vermuteten) Kindes einwilligen kann, § 1747 Abs. 1 S. 1 und S. 2 BGB, es ihm aber andererseits versagt sein soll, die Einwilligung bereits vor der Geburt zu erteilen (§ 1747 Abs. 1 S. 2 iVm Abs. 3 Nr. 1 BGB). Hierzu schweigt die Gesetzesbegründung. Zwar können die Regelungen des § 1747 Abs. 3 Nr. 2 und Nr. 3 BGB nicht zur Anwendung kommen, da im Falle des potenziellen Vaters die Vaterschaft nicht iSd Gesetzes feststeht (§ 1592 Nr. 2 bzw. Nr. 3 BGB). Die Regelung dürfte allerdings so auszulegen sein, dass auch eine Einwilligung des potenziellen Vaters vor der Geburt möglich sein muss und hierüber ebenfalls zu beraten ist.[73]

52 Insgesamt gesehen wird sich die Beratung neben der Darlegung der genannten rechtlichen Möglichkeiten vorrangig darauf zu beziehen haben, sowohl das Wohl des betroffenen Kindes in den Vordergrund zu stellen als auch zu verdeutlichen, welche tatsächlichen Bemühungen der Vater unternommen hat, um ein Vater-Kind-Verhältnisses zu etablieren und welche weiteren Motive hinzutreten und mit welchen Auswirkungen.[74]

53 Die Beratung sollte frühzeitig erfolgen, sobald feststeht, dass eine Adoption angestrebt wird bzw. anzustreben ist. Nur auf diese Weise kann von einem „offenen" Beratungsergebnis ausgegangen werden, das nicht bereits durch geschaffene Fakten, wie zB die Adoptionspflege, vorgezeichnet ist und damit kaum noch wirkliche Entscheidungsfreiräume lässt.[75]

54 Abs. 3 enthält keine ausdrückliche Regelung für den Fall, dass der Aufenthalt des Vaters unbekannt ist. Insbesondere ist eine Nachforschungspflicht nicht normiert. Damit entfällt die Beratung grundsätzlich auch ohne angemessene Nachforschungen nach dem Aufenthaltsort des Vaters. Ist der Vater darüber hinaus nicht festgestellt und kennt die Mutter ihn nicht oder weigert sie sich, ihn zu benennen, entfällt die Beratung schon aus tatsächlichen Gründen. Insoweit ist es nicht Aufgabe des JA, gegen den Willen der Mutter entsprechende Nachforschungen anzustellen.

---

72 BT-Drs. 13/489, 112/113.

73 Zum Verständnis der Regelung Oberloskamp in Wiesner, 4. Aufl., Rn. 35 und 36.

74 Bejahung oder Verneinung der Annahme, Bemühen um sorgerechtliche Befugnisse usw, vgl. OLG Hamm 19.1.2015 – II-4 UF 136/14, 4 UF 136/14; OLG Hamm 7.12.2016, II – 13UF131/15, FamRZ 2017, 1064.

75 Ähnlich Wapler in Wiesner Rn. 55; Hoffmann/Trenczek in FK-SGB VIII Rn. 32.

7 Verfahrensrechtliches, Zuständigkeit und Mitwirkung durch Träger der freien Jugendhilfe

Die gerichtliche Ersetzung der Einwilligung und damit die Einleitung eines Ersetzungsverfahrens erfolgt auf **Antrag des Kindes,** § 1748 Abs. 1 S. 1 BGB. Für das noch nicht 14 Jahre alte oder geschäftsunfähige Kind handelt sein gesetzlicher Vertreter. Ab 14 Jahren handelt das nicht geschäftsunfähige Kind selbst, allerdings nur mit Zustimmung seines gesetzlichen Vertreters, § 1746 Abs. 1 S. 1 und S. 2 BGB.[76] Bei Interessensgegensatz zwischen Elternteil und Kind ist die Bestellung eines Ergänzungspflegers geboten. Gesetzlicher Vertreter ist der sorgeberechtigte Elternteil bzw. das JA als Vormund oder Pfleger. 55

Die sachliche und örtliche Zuständigkeit des JA im Ersetzungsverfahren folgt aus §§ 85 Abs. 1, 87 b Abs. 1, 86 Abs. 1 bis 4. Die Beurkundung der Verzichtserklärung des Vaters gemäß § 59 Abs. 1 S. 1 Nr. 7 im Fall des § 1747 Abs. 3 Nr. 2 BGB, über die ggfls. zu beraten ist, § 51 Abs. 3, kann bei einem anderen JA erfolgen, § 87 e. Bei der Beratung ist darauf zu verweisen, dass die Erklärung nicht mehr notariell beurkundet werden muss, sondern eine Beurkundung durch die Urkundsperson beim JA ausreicht. 56

Die Beteiligung eines anerkannten **Trägers der freien Jugendhilfe** an der Durchführung der Aufgaben des § 51 ist möglich, sofern der Träger der öffentlichen Jugendhilfe ihm diese Aufgaben zur Ausführung übertragen hat, § 76 Abs. 1. 57

§ 52 Mitwirkung in Verfahren nach dem Jugendgerichtsgesetz

(1) [1]Das Jugendamt hat nach Maßgabe der §§ 38 und 50 Absatz 3 Satz 2 des Jugendgerichtsgesetzes im Verfahren nach dem Jugendgerichtsgesetz mitzuwirken. [2]Dabei soll das Jugendamt auch mit anderen öffentlichen Einrichtungen und sonstigen Stellen, wenn sich deren Tätigkeit auf die Lebenssituation des Jugendlichen oder jungen Volljährigen auswirkt, zusammenarbeiten, soweit dies zur Erfüllung seiner ihm dabei obliegenden Aufgaben erforderlich ist. [3]Die behördenübergreifende Zusammenarbeit kann im Rahmen von gemeinsamen Konferenzen oder vergleichbaren gemeinsamen Gremien oder in anderen nach fachlicher Einschätzung geeigneten Formen erfolgen.

(2) [1]Das Jugendamt hat frühzeitig zu prüfen, ob für den Jugendlichen oder den jungen Volljährigen Leistungen der Jugendhilfe oder anderer Sozialleistungsträger in Betracht kommen. [2]Ist dies der Fall oder ist eine geeignete Leistung bereits eingeleitet oder gewährt worden, so hat das Jugendamt den Staatsanwalt oder den Richter umgehend davon zu unterrichten, damit geprüft werden kann, ob diese Leistung ein Absehen von der Verfolgung (§ 45 JGG) oder eine Einstellung des Verfahrens (§ 47 JGG) ermöglicht.

(3) Der Mitarbeiter des Jugendamts oder des anerkannten Trägers der freien Jugendhilfe, der nach § 38 Absatz 2 Satz 2 des Jugendgerichtsgesetzes tätig wird, soll den Jugendlichen oder den jungen Volljährigen während des gesamten Verfahrens betreuen.

§ 2 JGG Ziel des Jugendstrafrechts; Anwendung des allgemeinen Strafrechts

(1) [1]Die Anwendung des Jugendstrafrechts soll vor allem erneuten Straftaten eines Jugendlichen oder Heranwachsenden entgegenwirken. [2]Um dieses Ziel zu erreichen, sind die Rechtsfolgen und unter Beachtung des elterlichen Erziehungsrechts auch das Verfahren vorrangig am Erziehungsgedanken auszurichten.

...

76 S. dazu Diederichsen in Palandt BGB § 1748 Rn. 13 mwN.

§ 10 JGG Weisungen

(1) [1]Weisungen sind Gebote und Verbote, welche die Lebensführung des Jugendlichen regeln und dadurch seine Erziehung fördern und sichern sollen. [2]Dabei dürfen an die Lebensführung des Jugendlichen keine unzumutbaren Anforderungen gestellt werden. [3]Der Richter kann dem Jugendlichen insbesondere auferlegen,

1. Weisungen zu befolgen, die sich auf den Aufenthaltsort beziehen,
2. bei einer Familie oder in einem Heim zu wohnen,
3. eine Ausbildungs- oder Arbeitsstelle anzunehmen,
4. Arbeitsleistungen zu erbringen,
5. sich der Betreuung und Aufsicht einer bestimmten Person (Betreuungshelfer) zu unterstellen,
6. an einem sozialen Trainingskurs teilzunehmen,
7. sich zu bemühen, einen Ausgleich mit dem Verletzten zu erreichen (Täter-Opfer-Ausgleich),
8. den Verkehr mit bestimmten Personen oder den Besuch von Gast- oder Vergnügungsstätten zu unterlassen oder
9. an einem Verkehrsunterricht teilzunehmen.

(2) [1]Der Richter kann dem Jugendlichen auch mit Zustimmung des Erziehungsberechtigten und des gesetzlichen Vertreters auferlegen, sich einer heilerzieherischen Behandlung durch einen Sachverständigen oder einer Entziehungskur zu unterziehen. [2]Hat der Jugendliche das sechzehnte Lebensjahr vollendet, so soll dies nur mit seinem Einverständnis geschehen.

§ 11 JGG Laufzeit und nachträgliche Änderung von Weisungen; Folgen der Zuwiderhandlung

(1) [1]Der Richter bestimmt die Laufzeit der Weisungen. [2]Die Laufzeit darf zwei Jahre nicht überschreiten; sie soll bei einer Weisung nach § 10 Abs. 1 Satz 3 Nr. 5 nicht mehr als ein Jahr, bei einer Weisung nach § 10 Abs. 1 Satz 3 Nr. 6 nicht mehr als sechs Monate betragen.

(2) Der Richter kann Weisungen ändern, von ihnen befreien oder ihre Laufzeit vor Ablauf bis auf drei Jahre verlängern, wenn dies aus Gründen der Erziehung geboten ist.

(3) [1]Kommt der Jugendliche Weisungen schuldhaft nicht nach, so kann Jugendarrest verhängt werden, wenn eine Belehrung über die Folgen schuldhafter Zuwiderhandlung erfolgt war. [2]Hiernach verhängter Jugendarrest darf bei einer Verurteilung insgesamt die Dauer von vier Wochen nicht überschreiten. [3]Der Richter sieht von der Vollstreckung des Jugendarrestes ab, wenn der Jugendliche nach Verhängung des Arrestes der Weisung nachkommt.

§ 12 JGG Hilfe zur Erziehung

Der Richter kann dem Jugendlichen nach Anhörung des Jugendamts auch auferlegen, unter den im Achten Buch Sozialgesetzbuch genannten Voraussetzungen Hilfe zur Erziehung

1. in Form der Erziehungsbeistandschaft im Sinne des § 30 des Achten Buches Sozialgesetzbuch oder
2. in einer Einrichtung über Tag und Nacht oder in einer sonstigen betreuten Wohnform im Sinne des § 34 des Achten Buches Sozialgesetzbuch

in Anspruch zu nehmen.

§ 38 JGG Jugendgerichtshilfe

(1) Die Jugendgerichtshilfe wird von den Jugendämtern im Zusammenwirken mit den Vereinigungen für Jugendhilfe ausgeübt.

(2) [1]Die Vertreter der Jugendgerichtshilfe bringen die erzieherischen, sozialen und sonstigen im Hinblick auf die Ziele und Aufgaben der Jugendhilfe bedeutsamen Gesichtspunk-

te im Verfahren vor den Jugendgerichten zur Geltung. [2]Sie unterstützen zu diesem Zweck die beteiligten Behörden durch Erforschung der Persönlichkeit, der Entwicklung und des familiären, sozialen und wirtschaftlichen Hintergrundes des Jugendlichen und äußern sich zu einer möglichen besonderen Schutzbedürftigkeit sowie zu den Maßnahmen, die zu ergreifen sind.

(3) [1]Sobald es im Verfahren von Bedeutung ist, soll über das Ergebnis der Nachforschungen nach Absatz 2 möglichst zeitnah Auskunft gegeben werden. [2]In Haftsachen berichten die Vertreter der Jugendgerichtshilfe beschleunigt über das Ergebnis ihrer Nachforschungen. [3]Bei einer wesentlichen Änderung der nach Absatz 2 bedeutsamen Umstände führen sie nötigenfalls ergänzende Nachforschungen durch und berichten der Jugendstaatsanwaltschaft und nach Erhebung der Anklage auch dem Jugendgericht darüber.

(4) [1]Ein Vertreter der Jugendgerichtshilfe nimmt an der Hauptverhandlung teil, soweit darauf nicht nach Absatz 7 verzichtet wird. [2]Entsandt werden soll die Person, die die Nachforschungen angestellt hat. [3]Erscheint trotz rechtzeitiger Mitteilung nach § 50 Absatz 3 Satz 1 kein Vertreter der Jugendgerichtshilfe in der Hauptverhandlung und ist kein Verzicht nach Absatz 7 erklärt worden, so kann dem Träger der öffentlichen Jugendhilfe auferlegt werden, die dadurch verursachten Kosten zu ersetzen; § 51 Absatz 2 der Strafprozessordnung gilt entsprechend.

(5) [1]Soweit nicht ein Bewährungshelfer dazu berufen ist, wacht die Jugendgerichtshilfe darüber, dass der Jugendliche Weisungen und Auflagen nachkommt. [2]Erhebliche Zuwiderhandlungen teilt sie dem Jugendgericht mit. [3]Im Fall der Unterstellung nach § 10 Absatz 1 Satz 3 Nummer 5 übt sie die Betreuung und Aufsicht aus, wenn das Jugendgericht nicht eine andere Person damit betraut. [4]Während der Bewährungszeit arbeitet sie eng mit dem Bewährungshelfer zusammen. [5]Während des Vollzugs bleibt sie mit dem Jugendlichen in Verbindung und nimmt sich seiner Wiedereingliederung in die Gemeinschaft an.

(6) [1]Im gesamten Verfahren gegen einen Jugendlichen ist die Jugendgerichtshilfe heranzuziehen. [2]Dies soll so früh wie möglich geschehen. [3]Vor der Erteilung von Weisungen (§ 10) sind die Vertreter der Jugendgerichtshilfe stets zu hören; kommt eine Betreuungsweisung in Betracht, sollen sie sich auch dazu äußern, wer als Betreuungshelfer bestellt werden soll.

(7) [1]Das Jugendgericht und im Vorverfahren die Jugendstaatsanwaltschaft können auf die Erfüllung der Anforderungen des Absatzes 3 und auf Antrag der Jugendgerichtshilfe auf die Erfüllung der Anforderungen des Absatzes 4 Satz 1 verzichten, soweit dies auf Grund der Umstände des Falles gerechtfertigt und mit dem Wohl des Jugendlichen vereinbar ist. [2]Der Verzicht ist der Jugendgerichtshilfe und den weiteren am Verfahren Beteiligten möglichst frühzeitig mitzuteilen. [3]Im Vorverfahren kommt ein Verzicht insbesondere in Betracht, wenn zu erwarten ist, dass das Verfahren ohne Erhebung der öffentlichen Klage abgeschlossen wird. [4]Der Verzicht auf die Anwesenheit eines Vertreters der Jugendgerichtshilfe in der Hauptverhandlung kann sich auf Teile der Hauptverhandlung beschränken. [5]Er kann auch während der Hauptverhandlung erklärt werden und bedarf in diesem Fall keines Antrags.

§ 45 JGG Absehen von der Verfolgung

(1) Der Staatsanwalt kann ohne Zustimmung des Richters von der Verfolgung absehen, wenn die Voraussetzungen des § 153 der Strafprozeßordnung vorliegen.

(2) [1]Der Staatsanwalt sieht von der Verfolgung ab, wenn eine erzieherische Maßnahme bereits durchgeführt oder eingeleitet ist und er weder eine Beteiligung des Richters nach Absatz 3 noch die Erhebung der Anklage für erforderlich hält. [2]Einer erzieherischen Maßnahme steht das Bemühen des Jugendlichen gleich, einen Ausgleich mit dem Verletzten zu erreichen.

(3) [1]Der Staatsanwalt regt die Erteilung einer Ermahnung, von Weisungen nach § 10 Abs. 1 Satz 3 Nr. 4, 7 und 9 oder von Auflagen durch den Jugendrichter an, wenn der

Beschuldigte geständig ist und der Staatsanwalt die Anordnung einer solchen richterlichen Maßnahme für erforderlich, die Erhebung der Anklage aber nicht für geboten hält. [2]Entspricht der Jugendrichter der Anregung, so sieht der Staatsanwalt von der Verfolgung ab, bei Erteilung von Weisungen oder Auflagen jedoch nur, nachdem der Jugendliche ihnen nachgekommen ist. [3]§ 11 Abs. 3 und § 15 Abs. 3 Satz 2 sind nicht anzuwenden. [4]§ 47 Abs. 3 findet entsprechende Anwendung.

§ 50 JGG Anwesenheit in der Hauptverhandlung

…

(3) [1]Der Jugendgerichtshilfe sind Ort und Zeit der Hauptverhandlung in angemessener Frist vor dem vorgesehenen Termin mitzuteilen. [2]Der Vertreter der Jugendgerichtshilfe erhält in der Hauptverhandlung auf Verlangen das Wort. [3]Ist kein Vertreter der Jugendgerichtshilfe anwesend, kann unter den Voraussetzungen des § 38 Absatz 7 Satz 1 ein schriftlicher Bericht der Jugendgerichtshilfe in der Hauptverhandlung verlesen werden.

…

§ 67 JGG Stellung der Erziehungsberechtigten und der gesetzlichen Vertreter

…

(3) [1]Bei Untersuchungshandlungen, bei denen der Jugendliche ein Recht darauf hat, anwesend zu sein, namentlich bei seiner Vernehmung, ist den Erziehungsberechtigten und den gesetzlichen Vertretern die Anwesenheit gestattet, soweit

1. dies dem Wohl des Jugendlichen dient und
2. ihre Anwesenheit das Strafverfahren nicht beeinträchtigt.

[2]Die Voraussetzungen des Satzes 1 Nummer 1 und 2 sind in der Regel erfüllt, wenn keiner der in § 51 Absatz 2 genannten Ausschlussgründe und keine entsprechend § 177 des Gerichtsverfassungsgesetzes zu behandelnde Missachtung einer zur Aufrechterhaltung der Ordnung getroffenen Anordnung vorliegt. [3]Ist kein Erziehungsberechtigter und kein gesetzlicher Vertreter anwesend, weil diesen die Anwesenheit versagt wird oder weil binnen angemessener Frist kein Erziehungsberechtigter und kein gesetzlicher Vertreter erreicht werden konnte, so ist einer anderen für den Schutz der Interessen des Jugendlichen geeigneten volljährigen Person die Anwesenheit zu gestatten, wenn die Voraussetzungen des Satzes 1 Nummer 1 und 2 im Hinblick auf diese Person erfüllt sind.

…

§ 67a JGG Unterrichtung der Erziehungsberechtigten und der gesetzlichen Vertreter

…

(4) [1]Werden nach Absatz 3 weder Erziehungsberechtigte noch gesetzliche Vertreter unterrichtet, so ist eine andere für den Schutz der Interessen des Jugendlichen geeignete volljährige Person zu unterrichten. [2]Dem Jugendlichen soll zuvor Gelegenheit gegeben werden, eine volljährige Person seines Vertrauens zu bezeichnen. [3]Eine andere geeignete volljährige Person kann auch der für die Betreuung des Jugendlichen in dem Jugendstrafverfahren zuständige Vertreter der Jugendgerichtshilfe sein.

…

§ 70 JGG Mitteilungen an amtliche Stellen

…

(2) [1]Von der Einleitung des Verfahrens ist die Jugendgerichtshilfe spätestens zum Zeitpunkt der Ladung des Jugendlichen zu seiner ersten Vernehmung als Beschuldigter zu unterrichten. [2]Im Fall einer ersten Beschuldigtenvernehmung ohne vorherige Ladung muss die Unterrichtung spätestens unverzüglich nach der Vernehmung erfolgen.

…

§ 71 JGG Vorläufige Anordnungen über die Erziehung

(1) Bis zur Rechtskraft des Urteils kann der Richter vorläufige Anordnungen über die Erziehung des Jugendlichen treffen oder die Gewährung von Leistungen nach dem Achten Buch Sozialgesetzbuch anregen.

(2) [1]Der Richter kann die einstweilige Unterbringung in einem geeigneten Heim der Jugendhilfe anordnen, wenn dies auch im Hinblick auf die zu erwartenden Maßnahmen geboten ist, um den Jugendlichen vor einer weiteren Gefährdung seiner Entwicklung, insbesondere vor der Begehung neuer Straftaten, zu bewahren. [2]Für die einstweilige Unterbringung gelten die §§ 114 bis 115 a, 117 bis 118 b, 120, 125 und 126 der Strafprozeßordnung sinngemäß. [3]Die Ausführung der einstweiligen Unterbringung richtet sich nach den für das Heim der Jugendhilfe geltenden Regelungen.

§ 72 JGG Untersuchungshaft

(1) [1]Untersuchungshaft darf nur verhängt und vollstreckt werden, wenn ihr Zweck nicht durch eine vorläufige Anordnung über die Erziehung oder durch andere Maßnahmen erreicht werden kann. [2]Bei der Prüfung der Verhältnismäßigkeit (§ 112 Abs. 1 Satz 2 der Strafprozessordnung) sind auch die besonderen Belastungen des Vollzuges für Jugendliche zu berücksichtigen. [3]Wird Untersuchungshaft verhängt, so sind im Haftbefehl die Gründe anzuführen, aus denen sich ergibt, daß andere Maßnahmen, insbesondere die einstweilige Unterbringung in einem Heim der Jugendhilfe, nicht ausreichen und die Untersuchungshaft nicht unverhältnismäßig ist.

(2) Solange der Jugendliche das sechzehnte Lebensjahr noch nicht vollendet hat, ist die Verhängung von Untersuchungshaft wegen Fluchtgefahr nur zulässig, wenn er

1. sich dem Verfahren bereits entzogen hatte oder Anstalten zur Flucht getroffen hat oder
2. im Geltungsbereich dieses Gesetzes keinen festen Wohnsitz oder Aufenthalt hat.

(3) Über die Vollstreckung eines Haftbefehls und über die Maßnahmen zur Abwendung seiner Vollstreckung entscheidet der Richter, der den Haftbefehl erlassen hat, in dringenden Fällen der Jugendrichter, in dessen Bezirk die Untersuchungshaft vollzogen werden müßte.

(4) [1]Unter denselben Voraussetzungen, unter denen ein Haftbefehl erlassen werden kann, kann auch die einstweilige Unterbringung in einem Heim der Jugendhilfe (§ 71 Abs. 2) angeordnet werden. [2]In diesem Falle kann der Richter den Unterbringungsbefehl nachträglich durch einen Haftbefehl ersetzen, wenn sich dies als notwendig erweist.

(5) Befindet sich ein Jugendlicher in Untersuchungshaft, so ist das Verfahren mit besonderer Beschleunigung durchzuführen.

(6) Die richterlichen Entscheidungen, welche die Untersuchungshaft betreffen, kann der zuständige Richter aus wichtigen Gründen sämtlich oder zum Teil einem anderen Jugendrichter übertragen.

§ 72a JGG Heranziehung der Jugendgerichtshilfe in Haftsachen

[1]Die Jugendgerichtshilfe ist unverzüglich von der Vollstreckung eines Haftbefehls zu unterrichten; ihr soll bereits der Erlaß eines Haftbefehls mitgeteilt werden. [2]Von der vorläufigen Festnahme eines Jugendlichen ist die Jugendgerichtshilfe zu unterrichten, wenn nach dem Stand der Ermittlungen zu erwarten ist, daß der Jugendliche gemäß § 128 der Strafprozeßordnung dem Richter vorgeführt wird.

1 Bedeutung der Vorschrift

1 Die Vorschrift von § 52 stellt die **Verbindung von Jugendhilfe und Jugendstrafrecht** her, indem sie die Mitwirkung des JA in Verfahren nach dem JGG vorschreibt. Die Mitwirkung im Jugendstrafverfahren ist als eine **andere Aufgabe** zugunsten junger Menschen und Familien iSv § 2 ein **originärer Tätigkeitsbereich der Jugendhilfe.** Die in § 1 Abs. 3 normierte Verpflichtung, dazu beizutragen, das in Abs. 1 bestimmte Recht junger Menschen auf Förderung ihrer Entwicklung und auf Erziehung zu einer selbstbestimmten, eigenverantwortlichen und gemeinschaftsfähigen Persönlichkeit zu verwirklichen, markiert eindeutig die Zielsetzung von Jugendhilfe auch und gerade im Strafverfahren, das sich gegen Ju bzw. Heranwachsende (zur Terminologie vgl. § 1 JGG) richtet. Damit wird die **Diskrepanz** zwischen derart verstandener Jugendhilfe und ihrer gesetzlichen Zielvorgabe einerseits und Jugendstrafrecht andererseits verdeutlicht, das als Strafrecht andere Zwecke mit anderen, wesensverschiedenen Mitteln zu erreichen versucht.[1]

1.1 Gesetzesänderungen

2 Mit dem Kinder- und Jugendhilfeweiterentwicklungsgesetz (KICK) und den weiteren Änderungen des SGB VIII blieb der Wortlaut der Vorschrift unverändert. Einfluss auf die Mitwirkung des JA im jugendstrafrechtlichen Verfahren hat allerdings die Regelung des neu eingefügten § 36a Abs. 1. Danach trägt das JA die Kosten der Hilfen in den Fällen, in denen Ju und junge Volljährige (bis zur Vollendung des 21. Lebensjahres) durch den Jugendrichter zur Inanspruchnahme von Hilfen verpflichtet werden (zB nach § 12 JGG), grundsätzlich nur dann, wenn sie auf der Grundlage der JA-Entscheidung nach Maßgabe des Hilfeplans unter Beachtung des Wunsch- und Wahlrechts erbracht werden. Nach § 36a Abs. 2 soll – davon abweichend – das JA die niedrigschwellige, unmittelbare Inanspruchnahme von ambulanten Hilfen zulassen (iErg → § 36a Rn. 11). Weiterhin wurde die völlig obsolete und ins Leere laufende Vorschrift von § 61 Abs. 3 ersatzlos aufgehoben und in § 62 Abs. 3 Nr. 2 Bst. c nunmehr auch ausdrücklich dem JA bei der Mitwirkung im jugendstrafrechtlichen Verfahren die Erhebung von Daten ohne Mitwirkung des Betroffenen erlaubt, wenn ihre Erhebung beim Betroffenen nicht möglich ist oder die jeweilige Aufgabe ihrer Art nach eine Erhebung bei anderen erfordert, die Kenntnis der Daten aber erforderlich ist für

1 Wiesner in BMJ, 2009, 323 ff.; Trenczek, Strafe, Erziehung oder Hilfe?, 1996.

die Wahrnehmung einer Aufgabe nach § 52 (→ § 62 Rn. 16). Mit dieser bereichsspezifischen datenschutzrechtlichen Änderung ist klargestellt worden, dass die Datenschutzvorschriften der §§ 61 ff. uneingeschränkt Anwendung finden.[2] Zuletzt wurde mit dem Kinder- und Jugendstärkungsgesetz (**KJSG**) von 2021 in § 52 Abs. 1 zwei neue Sätze eingefügt, die das JA zur behördenübergreifenden Zusammenarbeit mit anderen öffentlichen Einrichtungen und sonstigen Stellen verpflichtet, soweit dies zur Aufgabenerfüllung erforderlich ist; die Kooperation kann dabei im Rahmen von gemeinsamen Konferenzen oder vergleichbaren gemeinsamen Gremien oder anderen geeigneten Formen erfolgen. Nach Abs. 2 hat die frühzeitige Prüfung nicht mehr allein die Leistungen der Jugendhilfe sondern nunmehr auch die Leistungen anderer Sozialleistungsträger in Betracht zu ziehen. Schließlich ist noch darauf hinzuweisen, dass wichtige Änderungen in den in Abs. 1 S. 1 genannten Vorschriften der §§ 38 und 50 Abs. 3 S. 2 JGG sowie in anderen Vorschriften des JGG durch das Gesetz zur Stärkung der Verfahrensrechte von Beschuldigten im Jugendstrafverfahren vom 16.12.2019[3] erfolgt sind, das durch die am 11.5.2016 vom Europäischen Parlament und Rat erlassene Richtlinie 2016/800 „über Verfahrensgarantien in Strafverfahren für Kinder, die Verdächtige oder beschuldigte Personen in Strafverfahren sind" veranlasst wurde.

1.2 Jugendstrafrecht und Erziehungsgedanke

Jugendstrafrecht ist **„echtes Strafrecht"**, da es an die schuldhafte Begehung einer Straftat anknüpft[4] und mit Zwang auf die Straftat reagiert.[5] Dieser Zwang äußert sich einmal im Verfahren mit seinen polizeilichen, staatsanwaltlichen sowie richterlichen Eingriffen in die Freiheit des Betroffenen (zB Festnahme, Beschlagnahme, Wohnungsdurchsuchung, Untersuchungshaft); zum anderen in den Maßnahmen, die das JGG vorsieht und die trotz ihrer Vielfalt und gegenüber dem Erwachsenenstrafrecht größeren Flexibilität allesamt Freiheitseinschränkungen gegen den Willen des Betroffenen begründen, mithin repressiv angelegt sind. 3

Ausgangspunkt der strafrechtlichen Intervention ist das singuläre, in der Vergangenheit gelegene Ereignis der Tat, auf das mit der Absicht reagiert wird, den jungen Beschuldigten von der Begehung weiterer Straftaten abzuhalten (sog Legalbewährung oder Spezialprävention)[6] und zur **Normverdeutlichung** beizutragen. Die damit einhergehende **Funktion der sozialen Kontrolle** zeigt im Vergleich zum Erwachsenenstrafrecht keine wesentlichen Unterschiede auf.[7] 4

Gleichwohl erfährt das Jugendstrafrecht eine bedeutsame Tendenzverschiebung, wenn mit dem **das JGG prägenden Leitbegriff Erziehung** weitere Zwecke verfolgt werden, indem auf den Sozialisationsprozess pädagogisch Einfluss genommen werden soll.[8] Die Ansichten in Lit. und Rspr. zu der inhaltlichen Bestimmung des Erziehungsbegriffs sind vielfältig.[9] In deutlichem Kontrast zu dem das Erwachsenenstrafrecht mitprägenden Vergeltungsgedanken wird die Verfehlung eines jungen Menschen als ein Ergebnis von Anlage und Umweltbedingungen erklärt, so dass „eine Einwirkung auf die 5

2 Diemer/Schatz/Sonnen JGG § 38 Rn. 12; Möller/Nix SGB VIII § 52 Rn. 1.
3 BGBl. I, 2146.
4 BVerfG 31.5.2006 – 2 BvR 1673/04, ZJJ 2006, 193; Schaffstein/Beulke/Swoboda Rn. 1.
5 BVerfG 31.5.2006 – 2 BvR 1673/04, ZJJ 2006, 193; Schaffstein/Beulke/Swoboda Rn. 1; Trenczek/Goldberg, 299.
6 Vgl. Ostendorf in NK-JGG Grdl. z. §§ 1–2 Rn. 4.
7 Vgl. Riekenbrauk, Strafrecht und Soziale Arbeit, 173 f.
8 Vgl. Albrecht, 66 ff.; vgl. auch die Beiträge von Plewig, Brumlik, Weiß, Lösel, Kessl/Koch, Lutz/Stehr und Winkler in ZJJ 3/2013 sowie ZJJ 1/2014.
9 Vgl. ZJJ 1/2014 mit dem Schwerpunkt „Erziehung und Strafe", insbes. die Beiträge von Kessel/Koch 4 ff., Lutz/Stehr 10 ff. und Winkler 16 ff.; sowie von Hörster 276 ff. und Schrapper 285 ff. in ZJJ 3/2014.

Persönlichkeit des Täters, die sich unmittelbar gegen seine Anlage- und Erziehungsmängel richtet", Erfolg versprechender als die Vergeltungsstrafe erscheint.[10] Brunner/Dölling halten die bloße Legalbewährung als Ziel jugendstrafrechtlicher Intervention für nicht ausreichend, wenn sie nicht auch auf der „Verinnerlichung von Werten" basiert und die „geistig-charakterliche Formung auf die Gesellschaft hin" fördert.[11] Schaffstein/Beulke/Swoboda sehen die Strafe „stärker als im allgemeinen Strafrecht auf den Zweck einer erzieherischen Resozialisierung des Täters ausgerichtet".[12] Die Tat wird im Verständnis des Erziehungspostulats zum Anlass genommen, die – vermeintlich – in ihr zum Ausdruck kommenden Defizite in der jugendlichen Biographie erzieherisch aufzuarbeiten. Nicht mehr die Tat, sondern der Täter als „Sozialisationsgeschädigter" steht im Blickpunkt strafjustiziellen Interesses und sich pädagogisch gerierender Sozialkontrolle. Meier/Rössner/Schöch heben die Erziehung als Teilbereich der Sozialisation hervor, der die bewussten Handlungen und Maßnahmen umfasst, die Persönlichkeitsentwicklung und Normlernen als zentrales Ziel des Jugendstrafrechts spezifisch fördern sollen.[13]

6 Durch die ständige Rspr. des BGH erfährt der Erziehungsgedanke eine Überhöhung sondergleichen, indem vom „Primat der Erziehung" die Rede ist, die er als die „Basis aller Regelungen des Jugendstrafrechts" versteht.[14] Mit dem Begriff der **„Gesamterziehung" als Maßstab für die Bemessung der Jugendstrafe** knüpft der BGH[15] darüber hinaus an das Erziehungskonzept des Nationalsozialismus[16] an, in dem seinerzeit mit dem Prinzip „Strafe als Erziehung" neue Akzente gesetzt wurden.[17] So verwundert es nicht, dass in der Praxis der Jugendstrafjustiz vermehrt Fälle registriert wurden, in denen wegen eines festgestellten erzieherischen (Nachhol-)Bedarfs beim jugendlichen Täter mit mehr Strafhärte reagiert wurde[18] oder – wie es Albrecht pointiert ausdrückt – Jugendliche und Heranwachsende bei der Anwendung des Jugendstrafrechts einen **„Erziehungszuschlag"** empfangen, der sie gegenüber Erwachsenen auffallend schlechter stellt.[19]

„Erziehung im Jugendrecht, so scheint es, beinhaltet eine Ideologie. Werden andere Geschäfte besorgt als die Förderung und Sozialisation von Jugendlichen, die gegen Strafnormen verstoßen haben?" fragt Walter und liefert die zutreffende Antwort gleich mit: „In Betracht kommen Verschleierungen des repressiven Strafcharakters von Sanktionen, die gesellschaftlich akzeptabler gemacht werden sollen. Hinter den vielfältigen, relativ unbestimmten und zum Teil weit reichenden Eingriffsbefugnissen könnten sich ferner versteckte Interessen an einer Disziplinierung und Gefügigmachung von Jugendlichen – als einer Gruppe machtloser Randständiger – verbergen; wie überhaupt der Erziehungstopos und die Verknüpfung von Verbrechen und Erziehung dazu ausersehen scheinen, eine Ausdehnung und Intensivierung der sozialen Kontrolle zu bewerkstelligen: Kleine Normverstöße können als beachtliche Symptome für große erzieherische Gefährdungen gewertet werden, die Sanktionen können, da sie erziehen sollen, alle persönlichen Nischen erfassen und lange andauern".[20]

10 So Dallinger/Lackner JGG Einf. Rn. 6.
11 Dallinger/Lackner JGG Einf. Rn. 4b unter Verweis auf Schlüchter (Goltdammers Archiv für Strafrecht 88, 125).
12 Schaffstein/Beulke/Swoboda Rn. 3.
13 Meier/Rössner/Schöch JugendStrafR § 1 Rn. 14.
14 BGHSt 36, 37.
15 E 11, 169 (170).
16 RJGG 1943.
17 Vgl. Pieplow, 28.
18 Gerken/Schumann, 1 ff.; Pfeiffer StV 1991, 363 ff.
19 Albrecht, 75 mwN; vgl. auch zu den empirischen Nachweisen Pfeiffer, 1992, 60 ff.; zuletzt Kerner/Karnowski/Eikens.
20 Walter, 66 f.

Die vielfach geäußerte Kritik an einem **„Erziehungsstrafrecht" als Ausfluss einer „Erziehungsideologie"**,[21] als verschleiernde „Schimäre", die Strafe nur anders etikettiert,[22] und an seiner leerformelhaften „Diffusität"[23] verbindet sich mit zT recht unterschiedlichen Konsequenzen: während die einen grundsätzlich den Verzicht auf den Erziehungsbegriff im JGG fordern,[24] halten die anderen an dem Erziehungsbegriff fest, legen ihm jedoch einen anderen Bedeutungsgehalt bei. Ostendorf deutet bspw. den Begriff Erziehung im Rahmen einer verfassungskonformen, teleologischen Auslegung als **„Präventionsanliegen"** um.[25] Walter hält die Bildung eines eigenständigen Begriffs von Erziehung für erforderlich, der sowohl gegenüber der Pädagogik als auch gegenüber dem Strafrecht unabhängig und spezifisch kriminalpolitisch auszurichten ist.[26] 7

Mit der von Walter vorgenommenen Betrachtung erfolgt eine mE wichtige Akzentverschiebung in der Diskussion um den Erziehungsbegriff im Jugendstrafrecht. Es geht weniger um die inhaltliche „Aufladung" des Begriffs unter Rückgriff auf erziehungswissenschaftliche oder sozialisationstheoretische Erkenntnisse, sondern um die Funktionen, die sich mit dem Erziehungsgedanken verknüpfen lassen. Überzeugend hat Pieplow in einer historischen Analyse der jugendkriminalrechtlichen Reformbewegung diese Perspektive offen gelegt, indem er die **Funktion des Erziehungsbegriffs als Chiffre** in den Vordergrund rückt: „Erziehung", nunmehr dechiffriert, ist „im kriminalpolitischen Kontext ein **Synonym für Entkriminalisierung**, für ein Subsidiär-Machen-Wollen von Bestrafung, und für den letzten Fall, dass diese nicht verhindert werden kann für den Versuch eines Erträglicher-Machens".[27] 8

Damit kann **„Erziehung" als „Ablösungsbegriff vom Strafrecht"**[28] begriffen und für die Bestimmung der Prämissen, unter denen Jugendhilfe im Rahmen des Jugendkriminalrechts tätig wird, nutzbar gemacht werden. 9

Der **Streit um das Erziehungsparadigma** hatte auch den 64. Deutschen Juristentag beschäftigt. In seinem Gutachten hat sich Albrecht für eine grundsätzliche **Trennung von Jugendhilfe und Jugendstrafrecht** ausgesprochen und die Forderung erhoben, das Erziehungsziel als Begründung des Jugendstrafrechts und als Kriterium für die Bemessung von Sanktionen aufzugeben.[29] Der Deutsche Juristentag ist diesem Vorschlag nicht gefolgt, sondern hat demgegenüber mehrheitlich beschlossen, dass sich **„der Erziehungsgedanke als Leitprinzip des Jugendstrafrechts" bewährt** hat und beizubehalten ist, da er „flexible Sanktionsformen" sichere und eine „gesellschaftliche Akzeptanz für adäquate Reaktionen" ermögliche.[30] 10

Mit der 2008 erfolgten Neufassung von § 2 Abs. 1 JGG macht der Gesetzgeber deutlich, dass das **Ziel nicht Erziehung, sondern die Verhinderung erneuter Straftaten** ist (Legalbewährung).[31] Zur Erreichung dieses Ziels sollen sich die Rechtsfolgen (Sanktionen) und auch unter Beachtung des elterlichen Erziehungsrechts das Verfahren vorrangig am **Erziehungsgedanken** orientieren. Insoweit greift § 2 Abs. 1 JGG den in Art. 6 Abs. 2 GG verfassungsrechtlich vorgegebenen Grundgedanken von § 1 Abs. 2 auf, wonach Erziehung als Teil der elterlichen Sorge iSv § 1626 BGB in der Verant- 11

21 Ostendorf in NK-JGG Grdl zu §§ 1 und 2 Rn. 4.
22 Gerken/Schumann, 3 u. 7.
23 So Albrecht, 68.
24 Gerken/Berlitz, 32.
25 Ostendorf in NK-JGG Grdl zu §§ 1 und 2 Rn. 4.
26 Walter, 75.
27 Pieplow, 15.
28 So Walter, 78.
29 Deutscher Juristentag Berlin 2002.
30 Deutscher Juristentag Berlin 2002.
31 Vgl. Goerdeler ZJJ 2/2008, 140 f.

wortung der Eltern verbleibt und alle Beteiligten im Jugendstrafverfahren dieses Postulat zu berücksichtigen haben.[32]

Schließlich – so Goldberg – bietet der Erziehungsgedanke die Möglichkeit, die **jugendhilferechtliche Perspektive** stärker in das Jugendstrafrecht zu integrieren.[33] Das Verhältnis von Jugendhilfe und Jugendstrafrecht ist dabei im Folgenden in den Blick zu nehmen.

1.3 Jugendhilfe und Jugendstrafrecht

12 Wenn nach Piplow[34] als historischer Kern des Jugendstrafrechts das Postulat „Erziehung statt Strafe" angesehen wird,[35] dann lässt sich im Hinblick auf die Aufgabe des JA nach § 52 prononcierter formulieren: **Jugendhilfe statt Strafrecht.** Dieser Imperativ hat für die Akteure der Jugendhilfe den Vorteil, sich gegenüber einer Jugendstrafrechtspraxis abzugrenzen, die strukturell in Zielsetzung und Methodik gänzlich verschieden ist, die nach wie vor auf der Grundlage eines Erziehungsverständnisses arbeitet, das dem der Jugendhilfe und ihrem Selbstverständnis entgegensteht.[36] Indem der Gesetzgeber mit Schaffung von § 52 die Aufgabe der JGH[37] uneingeschränkt in den Zusammenhang des JHR stellt, verschafft er ihr auch gleichzeitig eine **Autonomie gegenüber der Jugendstrafjustiz.**[38] Ebenso wie im Bereich der Familiengerichtsbarkeit ist das JA in der Jugendgerichtsbarkeit eine **unabhängige Fachbehörde** (→ § 50 Rn. 9). Auf diesen Gesichtspunkt ist in der Begründung des Gesetzesentwurfs der BReg ausdrücklich hingewiesen worden: „Der Entwurf trägt dem Umstand Rechnung, dass das JA Teil der Verwaltung einer Gebietskörperschaft und damit Träger öffentlicher Verwaltung ist. (…) Soweit dort[39] keine hinreichenden Befugnisnormen vorgesehen sind, kann das JA nicht durch ein Gericht zum Tätigwerden ermächtigt oder verpflichtet werden. Aufgabe des JA kann es deshalb auch nicht sein, gerichtliche Anordnungen auszuführen (…). Die Aufgabe des JA kann nur darin bestehen, seine eigenen gesetzlichen Aufgaben im Rahmen der dafür vorgesehenen Befugnisse zu erfüllen. Aus diesem Verständnis kann Mitwirkung im gerichtlichen Verfahren nur Erfüllung eigener Aufgaben, nicht etwa Erfüllung gerichtlicher Aufgaben sein, da es sonst zu einer unzulässigen Vermischung unterschiedlicher Staatsfunktionen käme".[40] In der Rolle der JGH bildet die Jugendhilfe eine **„sozialpädagogische Gegenmacht" zur Justiz** mit ihrer strafrechtlichen Orientierung.[41] In ihrer Antwort auf eine Große Anfrage im Jahr 2009 hat die BReg pointiert die Besonderheit von Jugendhilfe in Abgrenzung zum Jugendstrafrecht in einem Satz hervorgehoben: „Die Kinder- und Jugendhilfe gewährt Sozialleistungen, Sanktionen kennt das SGB VIII – Kinder- und Jugendhilfe nicht".[42] Diese Feststellung gilt auch für die JGH!

---

32 So BVerfG 16.1.2003 – 2 BvR 716/01, NJW 2003, 2004 (2006).
33 Goldberg in GK-SGB VIII § 52 Rn. 20.
34 Vgl. Rn. 27.
35 So Pieplow, 56; vgl. zu dem problematischen Verhältnis von Erziehung und Strafe Müller in Peters (Hrsg.), Muss Strafe sein?, 1992, 217 ff.
36 So Mörsberger/Wapler in Wiesner § 52 Rn. 3; Trenczek in FK-SGB VIII § 52 Rn. 1 f.; vgl. die diesen Befund bestätigende Untersuchung der jugendrichterlichen Praxis von Höynck/Leuschner, 133; Ensslen/Törnig in JHSM § 52 Rn. 13a.
37 An dem – eigentlich irreführenden – Begriff der „Jugendgerichtshilfe" wird wegen seiner fortwährenden Gebräuchlichkeit festgehalten, obwohl in weiten Teilen der Jugendhilfe der Terminus „Jugendhilfe im Strafverfahren" bevorzugt wird.
38 Dazu iErg Trenczek, 1996, 123 ff.; vgl. DIJuF-Rechtsgutachten v. 9.1.2006, JAmt 01/2006, 26 ff.
39 In dem Gesetz, d. Verf.
40 BT-Drs. 11/5948, 86 f.
41 Diemer/Schatz/Sonnen § 38 Rn. 17.
42 BT-Drs. 16/13142, 36.

Die Abgrenzung der Jugendhilfe von dem Aufgabenbereich des Jugendstrafrechts darf jedoch nicht dahin gehend missverstanden werden, dass Einmischungen in den Bereich des Jugendstrafrechts tunlichst unterbleiben sollten.[43] Jugendhilfe hat auch in ihrer **besonderen Anwaltsfunktion**[44] nicht nur das politische Mandat, sondern auch die Aufgabe, sich in Wahrung der Interessen junger Menschen gegen Verschärfungen des Jugendkriminalrechts zu wenden. Die immer wieder neu erhobenen rechtspolitischen Forderungen nach Senkung der Strafmündigkeitsgrenze auf 12 Jahre, nach ausschließlicher oder jedenfalls regelmäßiger Anwendung von Erwachsenenstrafrecht auf die 18- bis 21-jährigen Heranwachsenden, nach Einführung eines sog Warnschussarrestes und Erhöhung der Höchststrafe auf 15 Jahre[45] müssen auf den jugendhilfepolitischen Widerstand insbesondere der Praktiker in der JGH stoßen.[46] Trotz dieser Warnungen vor weiteren Verschärfungen hat mittlerweile die nachträgliche Sicherungsverwahrung mit § 7 Abs. 2 und 3 und auch der sog Warnschussarrest mit § 16a Eingang in das JGG gefunden.

1.4 Rollenkonflikt

Gleichwohl schafft die Mitwirkungspflicht des JA im Strafverfahren ein **Spannungsverhältnis**, das sich gerade im Verhältnis zum jugendlichen, straffällig gewordenen Klienten offenbart, dem zum einen unter den Voraussetzungen von §§ 27 ff. Hilfsangebote gemacht werden sollen, über deren Akzeptanz er und seine ErzBer. allein frei befinden können, der zum anderen aber auch einem repressiven Strafverfahren unterliegt, an dem das JA in Erfüllung verschiedener Aufgaben nach §§ 38 und 50 JGG beteiligt ist.[47] JGH iSv § 38 JGG heißt eben auch, Hilfen für das Gericht zu leisten, mit der Konsequenz, dass das **JA in dieser Funktion eine Institution sozialer Kontrolle**[48] und insbesondere aus der Perspektive des Klienten Teil des Strafverfolgungsapparates ist.[49] Trotz strikter Aufgabentrennung und Unabhängigkeit des JA von Polizei und Justiz erscheint dieser **„Intra-Rollenkonflikt"** strukturbedingt und nicht auflösbar, solange die Aufgaben der JGH sowohl Hilfe und Betreuung auf der Basis eines Vertrauensverhältnisses als auch Ermittlung und Überwachung beinhalten.[50] Zu Recht weist Trenczek in FK-SGB VIII[51] darauf hin, dass allerdings eine Überbewertung dieses Rollenkonfliktes fehl am Platze ist, weil in vielen Feldern der Sozialen Arbeit derartige Konflikte und Spannungen geradezu systemimmanent sind. In diesem Zusammenhang erscheint die Besinnung auf eine eigenständige professionelle Perspektive erforderlich; Scherr betont zu Recht die Notwendigkeit, „nicht das justizielle Kriterium der Legalbewährung ins Zentrum der eigenen Fallbetrachtung zu stellen, sondern das sozialpädagogische Kriterium, wie Jugendliche zu einer eigenverantwortlichen und sozial akzeptablen Lebensführung befähigt und motiviert werden können".[52] 13

43 Vgl. Höynck/Goerdeler, JAmt 4/2006, 170 ff.
44 So Wiesner in Wiesner § 1 Rn. 42.
45 So Gegenstand der Bundesratsinitiative von Sachsen, Bayern, Hessen, Niedersachsen, Thüringen v. 25.3.2004, BR-Drs. 238/04 u. der Wiesbadener Erklärung der CDU v. 5.1.2008, www.cdu.de/archiv/2370_21825.htm.
46 In diesem Sinne vgl. Heinz ZJJ 1/2008, 87 ff.; Goldberg in GK-SGB VIII § 52 Rn. 23.
47 Vgl. Trenczek in FK-SGB VIII § 52 Rn. 3.
48 So Meier/Rössner/Schöch JugendStrafR § 1.
49 Albrecht, 312.
50 Vgl. Laubenthal, 54 f.; Eisenberg JGG § 38 Rn. 37; Mörsberger/Wapler in Wiesner § 52 Rn. 23 ff.; Kern in SFMK § 52 Rn. 3; Goldberg/Fieseler in GK-SGB VIII § 52 Rn. 7.
51 FK-SGB VIII § 52 Rn. 3.
52 ZJJ 2011, 180; vgl. dazu Dollinger ZJJ 2012, 416.

2 Entstehungsgeschichte

14 Zum ersten Mal wurde in § 3 Nr. 5 RJWG die JGH gesetzlich als Aufgabe des JA bestimmt. Diese Regelung stand in Bezug zu § 42 RJGG,[53] wonach die JGH die Tätigkeit der JA umfasste, die ihnen das RJGG zuwies und welche sie „im Benehmen mit den Vereinigungen ausüben, die sich mit der Jugendfürsorge beschäftigen." Nach § 22 RJGG waren die Organe der JGH (neben dem JA auch die Vereinigungen für Jugendhilfe und Jugendbewegung sowie in der Jugendwohlfahrt erfahrene und bewährte Einzelpersonen, § 11 RJWG) in allen Abschnitten des Verfahrens in Jugendsachen zur Mitarbeit heranzuziehen.[54]

15 Im Wege der Änderungen des RJGG 1943[55] wurde nach § 25 vorgeschrieben, dass im gesamten Verfahren neben der JGH die Hitler-Jugend zur Mitarbeit herangezogen werden und die JGH mit der Jugendhilfe der Nationalsozialistischen Volkswohlfahrt zusammenwirken sollte. Diese parteiamtlichen Organisationen, insbesondere die Hitler-Jugend, erhielten damit einen gesetzlich abgesicherten Status, um spezifische nationalsozialistische Tendenzen im Jugendstrafverfahren durchzusetzen.[56]

16 Während die JGH im JGG des Jahres 1953[57] in ihrer Funktion als „eigentliches Organ der Persönlichkeitserforschung"[58] eine gewisse Aufwertung erfuhr, beließ die Novellierung des RJWG 1961 alles beim Alten. Lediglich der Standort veränderte sich: nunmehr war in § 4 Nr. 4 JWG die JGH als Aufgabe des JA geregelt. In der Praxis, bemängelt der 3. Jugendbericht,[59] beschränkte sich die Arbeit der JGH weitgehend auf die Ermittlungen und auf die Vertretung im Gerichtsverfahren. Die Reformbestrebungen in den siebziger Jahren verliefen ergebnislos.

17 Mit der Neuregelung der Mitwirkung in gerichtlichen Verfahren (§§ 50 ff.) im SGB VIII werden die Aufgaben des JA in Bezug auf das Jugendstrafverfahren auf einer eigenständigen gesetzlichen Grundlage neu bestimmt. In bewusster Abkehr von der bisherigen gesetzlichen Regelung in § 4 Nr. 4 JWG sollte die Unabhängigkeit der JGH von der Justiz und ihre Einbindung in das JA und in die kommunale Selbstverwaltung hervorgehoben werden. Weiterhin sollten von der JGH zur Vermeidung freiheitsentziehender Maßnahmen Leistungen der Jugendhilfe frühzeitig angeboten und davon Staatsanwalt und Richter informiert werden.[60] Abs. 2 enthielt die – heute in Abs. 3 geregelte – Verpflichtung, die Betreuungsaufgabe und die Ermittlungs- sowie Berichtstätigkeit von ein und demselben Jugendgerichtshelfer ausführen zu lassen, um die Praxis des „Gerichtsgehers" zu unterbinden.[61]

18 Das 1. ÄndG 1993 führte zu der nunmehr geltenden Neufassung von § 52. Die wichtigste Veränderung betraf die Streichung von § 41 Abs. 2 aF, wonach Hilfeleistungen für junge Volljährige, die auf Diversionsentscheidungen nach den §§ 45, 47 JGG hin orientiert waren, von der Zustimmung des Staatsanwaltes oder des Richters abhingen. Nach dem neu formulierten Abs. 2 ist die Auswahl und Durchführung von derartigen Jugendhilfeleistungen nicht mehr von der Mitwirkung der zuständigen Justizorgane abhängig, so dass die Autonomie des JA gegenüber der Strafjustiz und die sanktionsvermeidende Funktion von Jugendhilfeleistungen sowohl für Jugendliche als auch für junge Volljährige gestärkt wurde.[62]

53 RGBl. I 1923, 135.
54 Zu Einzelheiten vgl. Laubenthal, 7 ff.
55 RGBl. I 1943, 635.
56 Vgl. Laubenthal, 12.
57 BGBl. I, 751 ff.
58 Peters, Der Strafprozess, 599.
59 BT-Drs. 6/3110, 66.
60 So die Begründung zum Gesetzesentwurf, BT-Drs. 11/5948, 89.
61 So die Begründung zum Gesetzesentwurf, BT-Drs. 11/5948, 89.
62 Laubenthal, 39.

Das **KJSG** von 2021 erweitert § 52 Abs. 1 um zwei neue Sätze, die bereits Gegenstand der Reformbemühungen von 2017 waren. Die Ergänzung der Vorschrift trägt den jeweils gleichlautenden Beschlüssen der Jugend- und Familienministerkonferenz sowie der Justizministerkonferenz „Behördenübergreifende Zusammenarbeit und Datenschutz" aus dem Jahr 2013 Rechnung. Diese enthalten die Bitte um Vorschläge zu klarstellenden Regelungen im Jugendgerichtsgesetz (JGG) und korrespondierend im SGB VIII zur Förderung einzelfallbezogener „Fallkonferenzen" im Kontext von Jugendstrafverfahren und zur Verbesserung der fallübergreifenden Zusammenarbeit in entsprechenden Formen zwischen Jugendhilfe und Jugendstrafrechtspflege und anderen betroffenen Stellen.[63] Danach soll das JA mit anderen Stellen zusammenarbeiten, deren Tätigkeit Auswirkungen auf die Lebenssituation von Jugendlichen und jungen Volljährigen hat und die Kooperation zur Aufgabenerfüllung erforderlich ist. Mögliche Formen der Zusammenarbeit sind insbesondere Fallkonferenzen, bei denen die unterschiedlichen beteiligten Stellen, die Jugendlichen und ihre Sorgeberechtigten bei einem formalisierten Treffen zusammenkommen.[64] Die Ergänzung der Wörter „Leistungen der Jugendhilfe *oder anderer Sozialleistungsträger*" in Abs. 2 S. 1 soll bestehende Unsicherheiten über Zuständigkeiten von und Zugänge zu anderen Trägern von Sozialleistungen beseitigen helfen.[65]

3 Mitwirkungspflicht des Jugendamts (Abs. 1)

3.1 Mitwirkung im Verfahren nach dem JGG als andere Aufgabe

Die Mitwirkung im Verfahren nach dem JGG ist eine **andere Aufgabe der Jugendhilfe** 19
(§ 2 Abs. 3 Nr. 8) und sie wird gem. § 3 Abs. 3 von den Trägern der öffentlichen Jugendhilfe, also den JA als Organe der örtlichen Träger (§ 69 Abs. 1 und 3) wahrgenommen. Der Gesetzgeber hat bewusst den Begriff „JGH" aufgegeben und damit das veränderte Aufgabenverständnis, wie es in § 1 Abs. 1 formuliert ist, betont.[66]

3.2 Unabhängigkeit des JA gegenüber der Justiz

Das JA als Fachbehörde ist zwar in der Erfüllung der gesetzlich vorgeschriebenen 20
Pflichtaufgabe, am Jugendgerichtsverfahren mitzuwirken, gebunden, jedoch **in der Gestaltung seiner Mitwirkungstätigkeit unabhängig und autonom.**[67] Dies gilt vor dem Hintergrund kommunaler Selbstverwaltung sowohl hinsichtlich der **Personal- und Finanzhoheit** als auch für die **Organisationskompetenz.**[68] Darin unterscheidet sich die JGH deutlich von der Bewährungshilfe oder der Gerichtshilfe als ambulante soziale Fachdienste der Justiz, die auf der Grundlage von landesrechtlichen Vorschriften insgesamt – wenn auch nicht einheitlich – in die Organisation von Staatsanwaltschaft oder Gerichte eingegliedert sind.[69] Diese Unabhängigkeit manifestiert sich eben auch darin, dass die Jugendhilfe nicht in den Sanktions- und Vollstreckungsapparat der Jugendstrafjustiz einbezogen ist und weder einen gesetzlichen Auftrag noch Befugnisse besitzt, Erziehungsmaßregeln oder Zuchtmittel durchzuführen.[70] Mit § 36a hat der Gesetzgeber klargestellt, dass das **JA auch in der Mitwirkung im Jugendstrafverfahren die alleinige Steuerungsverantwortung** besitzt, dh nach den Vorgaben des SGB VIII, insbesondere unter Berücksichtigung des Wunsch- und Wahlrechtes der PSB und nach

63 BR-Drs. 5/21, 105.
64 BR-Drs. 5/21, 107.
65 BR-Drs. 5/21, 107.
66 Vgl. Wapler in Wiesner § 52 Rn. 9; Trenczek, Mitwirkung, 2003, 21; Wiesner in BMJ, 2009, 327.
67 Sommerfeld in NK-JGG § 38 Rn. 7; vgl. DIJuF-Rechtsgutachten, JAmt 01/2006, 26 ff.
68 Krug/Riehle § 52 Rn. 7; Goldberg in GK-SGB VIII § 52 Rn. 38.
69 Vgl. Klug/Schaitl.
70 So Trenczek ZJJ 2009, 353.

Maßgabe des Hilfeplans, über die Bewilligung, Durchführung und Kostenübernahme von Sozialleistungen entscheidet, ohne dass der Jugendrichter auf diese Entscheidung Einfluss nehmen kann (→ § 36a Rn. 7 f.).[71]

3.3 Organisation der JGH

21 Mit der Neuorientierung der Mitwirkungsaufgabe des JA im Jugendgerichtsverfahren ist auch das in der Vergangenheit vorherrschende Organisationsprinzip in Frage gestellt worden, wonach die in § 38 JGG geregelte JGH als **eigene Spezialabteilung im JA** ein geradezu organisatorisches Eigenleben führte und in der Ermittlungs- und Berichtstätigkeit eine **einseitige Gerichtsorientierung** zu beobachten war.[72] Diese Tendenz wurde noch unterstützt durch die Aufteilung der Arbeit nach dem Buchstabenprinzip mit der Folge, dass sich eine enge Kooperation zwischen dem einzelnen Jugendgerichtshelfer einerseits und Staatsanwalt oder Jugendrichter andererseits entwickelte, die nach dem gleichen Zuständigkeitsprinzip arbeiteten. So musste für den Ju das Bild von der Einheit zwischen JGH und Justiz entstehen, was ua auch zu dem **schlechten Image der JGH** nicht unwesentlich beitrug.[73]

22 Im 8. Jugendbericht wird diese Fixierung als hinderlich angesehen: „Deshalb sind Organisationsvorstellungen in der JGH, die nicht auf die Fixierung auf einzelne Personen in der Justiz abstellen, durchaus zu begrüßen. Die Unabhängigkeit der Jugendhilfe gegenüber der Justiz würde dadurch deutlicher werden."[74]

23 Fachmethodische Forderungen nach **Lebensweltorientierung** und nach dem **ganzheitlichen Ansatz** haben weitere Zweifel an dem sich in der Praxis durchgesetzten Organisationsmodell des zentralen Spezialdienstes aufkommen lassen.[75]

24 Als Alternative wird die **dezentrale Aufgabenwahrnehmung der JGH** neben anderen Tätigkeiten im ASD diskutiert, die den Vorteil hat, dass die genauen Kenntnisse der Sozialstruktur in der Region oder im großstädtischen Bezirk bzw. Sozialraum (→ § 27 Rn. 31) sowie der dort befindlichen sozialen Einrichtungen die Hilfe auch über den Einzelfall hinaus erleichtern und verbessern.[76]

25 In der bisherigen Diskussion[77] lassen sich folgende Positionsbestimmungen für die Organisation der JGH festhalten:

- An einer Spezialisierung der JGH sollte grundsätzlich festgehalten werden. Sie hat den Vorteil der Fachlichkeit und klarer Zuständigkeit. Auch erfordert der routinierte Umgang mit Vertretern der Justiz die Konzentration auf die Betreuungsaufgabe sowie die Schaffung und Durchführung von Jugendhilfeangebote zur Sanktionsvermeidung bzw. -minimierung (zB im Zusammenhang mit Diversionsmaßnahmen oder Untersuchungshaft) eine spezifische, fachliche Kompetenz, die ohne Spezialkenntnisse kaum zu erreichen sein wird.[78] Insoweit ist schon der **fachlich versierte und kriminologisch wie forensisch geschulte sowie erfahrene Jugendgerichtshelfer** gefragt, der zwar schwerpunktmäßig die Aufgaben der JGH wahrnimmt, jedoch die Gesamtheit der Jugendhilfe nicht aus dem Auge verliert und im

71 Dazu auch Wiesner 2009, 323 ff.; Goldberg in GK-SGB VIII § 52 Rn. 42 ff.; aA Möller/Schütz ZKJ 2007, 178.
72 Klier/Brehmer/Zinke, 176; s. auch 8. Jugendbericht der BReg. 1990, S. 148.
73 Klier/Brehmer/Zinke, 177.
74 BT-Drs. 11/6576, 148.
75 Klier/Brehmer/Zinke, 176 ff.
76 Vgl. Laubenthal, 48 ff.; zu einem Praxisbeispiel s. Jost, 67 ff.
77 Vgl. Die Diskussion beim 1. Bundestreffen der JGHelfer/-innen 1991, dokumentiert in DVJJ-Journal 4/1991, 378 bis 393.
78 So auch das Votum auf dem 3. DVJJ-Bundeskongress der Jugendgerichtshelfer, DVJJ-Journal 3/1997, 224 ff.

Einzelfall Aufgaben der allgemeinen Erziehungshilfe übernimmt.[79] Nach einer bundesweiten JGH-Umfrage arbeiten 75 % der Befragten in spezialisierter Form, 20 % im ASD.[80] In einer neueren Untersuchung wird dieser Befund bestätigt: danach organisieren 69 % der JH-Träger die JGH in eigenständigen, spezialisierten Stellen, 27 % sind Teil des ASD.[81]

- Entsprechend der Besonderheiten städtischer oder ländlicher Sozialstrukturen sollte in Abkehr von Zuständigkeitsregelungen nach dem Buchstabenprinzip eine **regionalisierte bzw. dezentralisierte, auf Sozialräume** (nicht unbedingt auf Verwaltungsbezirke) **bezogene JGH** organisiert werden, um einen möglichst authentischen Einblick in die Lebenswelt des jugendlichen Klientels zu bekommen. Kenntnisse vor Ort begünstigen auch die Zusammenarbeit mit anderen Einrichtungen der öffentlichen und freien Jugendhilfe und deren Vernetzung.[82]
- Die innerorganisatorische Struktur der JGH sollte auf jeden Fall so beschaffen sein, dass die **ermittelnde, betreuende und berichtende Tätigkeit in einer Hand** bleibt, um dem Erfordernis des ganzheitlichen Ansatzes Rechnung zu tragen. Gleichzeitig bedeutet dies eine radikale Abkehr von einer Trennung zwischen Innen- und Außendienst, zwischen Berichtsschreibern und Gerichtsgehern, wie es in § 38 Abs. 4 S. 2 JGG ausdrücklich postuliert wird (→ Rn. 70 f.).[83]
- Zu der Organisation von den nach der Gesetzesänderung des **KJSG** von 2021 obligatorischen **Kooperationsstrukturen zwischen Polizei, Staatsanwaltschaft und JA** → Rn. 62 ff.

3.4 Sachliche und örtliche Zuständigkeit

Die **sachliche Zuständigkeit** des JA als Träger der öffentlichen Jugendhilfe ergibt sich aus § 85 Abs. 1, wonach der örtliche Träger für die Erfüllung anderer Aufgaben iSv § 2 Abs. 3 Nr. 8 zuständig ist. Die **örtliche Zuständigkeit** ist in § 87b (→ § 87b Rn. 1 ff.) geregelt; danach ist das HeimatJA zuständig, also dort, wo die Eltern bzw. PSB des Jugendlichen oder die Heranwachsenden bzw. jungen Volljährigen ihren g.A. (→ § 86 Rn. 13 ff.) haben. 26

3.5 Mitwirkung des JA als autonome Fachbehörde

Abs. 1 schreibt dem JA die Mitwirkung im Verfahren nach dem JGG vor. Da die Vorschriften des SGB VIII keine eigenständigen Regelungen darüber enthalten, wie diese Mitwirkung erfolgen soll, sondern lediglich auf §§ 38 und 50 Abs. 3 S. 2 JGG als Maßgabe verwiesen wird, bestimmt sich der Tätigkeitsrahmen nach dem JGG und insbes. nach den genannten Bestimmungen.[84] Wie dieser Rahmen ausgefüllt wird und wie das JA seine ihm nach dem JGG auferlegten Aufgaben erfüllt, bleibt der Entscheidung des **JA als autonomer Fachbehörde** überlassen, auf die weder Staatsanwaltschaft noch Gerichte durch Weisungen oder Anordnungen Einfluss nehmen dürfen.[85] Vornehmliche Grundlage für die Entscheidungen des JA ist das Sozialrecht in der besonderen Ausprägung von SGB VIII sowie SGB I und SGB X. 27

79 So auch Klier/Brehmer/Zinke, 176.
80 Trenczek, Mitwirkung, 2003, 53 ff.
81 S. Hoops/Holthusen, 217 ff.
82 Laubenthal, 52; BMFSFJ, 8. Kinder- und Jugendbericht, 148.
83 Laubenthal, 52 ff.
84 Ensslen/Törnig in JHSM § 52 Rn. 54.
85 Vgl. Maas, 245; Kern in SFMK § 52 Rn. 10; Mörsberger/Wapler in Wiesner § 52 Rn. 32.

28 Die Neuregelungen in § 38 JGG schaffen ein Spannungsfeld, wenn nunmehr eine grundsätzliche Teilnahmepflicht der JGH an der Hauptverhandlung normiert wird.[86] Nach § 38 Abs. 4 S. 1 JGG hat nämlich ein Vertreter der JGH an der Hauptverhandlung teilzunehmen, soweit darauf nicht nach § 38 Abs. 7 JGG verzichtet wird; auf Antrag der JGH kann das Jugendgericht und im Vorverfahren die Jugendstaatsanwaltschaft auf deren Teilnahme verzichten, soweit dies aufgrund der Umstände des Falles gerechtfertigt und mit dem Wohl des Jugendlichen vereinbar ist (§ 38 Abs. 7 S. 1 JGG). Der Verzicht auf die Anwesenheit eines Vertreters der JGH kann sich gem. § 38 Abs. 7 S. 4 JGG auch auf Teile der Hauptverhandlung beschränken und auch während der Hauptverhandlung erklärt werden, ohne dass es in diesem Fall eines Antrages der JGH bedarf (§ 38 Abs. 7 S. 5 JGG). Einerseits stärkt diese Neuregelung die JGH als nur im Ausnahmefall verzichtbare Verfahrensbeteiligte[87] und stellt sicher, dass – wie in der Gesetzesbegründung hervorgehoben wird – fachliche Kriterien und Standards der Jugendhilfe im Hinblick auf die Teilnahme an der Hauptverhandlung nicht überlagert werden durch Aspekte von Sparzwängen und knapper Ressourcen.[88] Andererseits wird der Justiz ein Instrument an die Hand gegeben, auch gegen gewichtige fachliche Gründe des JA die Teilnahme an der Hauptverhandlung zu erzwingen, indem dem Träger der öffentlichen Jugendhilfe auferlegt werden kann, die durch die Abwesenheit verursachten Kosten zu ersetzen (§ 38 Abs. 4 S. 3 JGG). Es erscheint mehr als fraglich, ob damit der bisherige Streit um die Verpflichtung der JGH zur Teilnahme an der Hauptverhandlung gegenstandslos geworden ist.[89] In der ursprünglichen Gesetzesbegründung wurde unmissverständlich darauf hingewiesen, dass das JA als Teil der Verwaltung einer Gebietskörperschaft und damit als Träger öffentlicher Verwaltung „nicht durch ein Gericht zum Tätigwerden ermächtigt oder verpflichtet werden" kann und seine eigenen Aufgaben im Rahmen der dafür vorgesehenen Befugnisse zu erfüllen hat.[90] Weiter heißt es: „Aus diesem Verständnis kann Mitwirkung im gerichtlichen Verfahren nur Erfüllung eigener Aufgaben, nicht etwa Erfüllung gerichtlicher Aufgaben sein, da es sonst zu einer unzulässigen Vermischung unterschiedlicher Staatsfunktionen käme"[91] (→ Rn. 12). Mit der Verpflichtung des JA zur Teilnahme an der Hauptverhandlung und der Kostenauferlegung bei Verletzung dieser Verpflichtung kommt es aber zu der verfassungsrechtlich unzulässigen Vermischung unterschiedlicher Staatsfunktionen; dieser Systembruch bedarf der gesetzgeberischen Korrektur.[92] Zu Recht konstatiert Trenczek: „Eine Berichts- und Anwesenheitsregelung, die sich nicht nach den fachlichen Standards des JA richtet, sondern letztlich in der Entscheidungsbefugnis des Jugendgerichts liegt, missachtet die verfassungsrechtliche Selbstverwaltungsgarantie der Kommunen (Art. 28 Abs. 2 GG) und widerspricht deshalb der verfassungsrechtlich vorgegebenen Verantwortungsteilung und hätte auf diese Weise nicht eingeführt werden dürfen".[93]

In der Praxis sind – wohl eher wenige – Fälle denkbar, in denen trotz entgegengesetzter Auffassung des Gerichtes fachlich begründete Überlegungen das JA veranlassen, von einer Teilnahme abzusehen.[94] Es wird deswegen darauf ankommen, mit dem An-

86 So BT-Drs. 19/13837, 49 unter Verweis auf die Umsetzung von Art. 7 Abs. 6 und 8 der Richtlinie (EU) 2016/800.
87 So Höynck/Ernst ZJJ 2020, 254.
88 BT-Drs. 19/13837, 50.
89 So Kölbel in Eisenberg/Kölbel JGG § 38 Rn. 30.
90 BT-Drs. 11/5948, 86 f.
91 BT-Drs. 11/5948, 86 f.
92 Vgl. auch Goldberg in GK-SGB VIII § 52 Rn. 86a.
93 Trenczek ZJJ 2021, 246.
94 So auch Eisenberg JGG § 38 Rn. 23; Diemer/Schatz/Sonnen § 38 Rn. 29; Trenczek in FK-SGB VIII § 52 Rn. 45; SFMK § 52 Rn. 8; aA HK-JGG § 38 Rn. 25; Sommerfeld in NK-JGG § 38 Rn. 8.

trag auf Verzicht an der Teilnahme an der Hauptverhandlung das Jugendgericht zu überzeugen, dass es allein sozialpädagogisch fachliche Gründe sind, die das JA ausnahmsweise zwingen, der Hauptverhandlung fernzubleiben. Dies kann zB dann der Fall sein, wenn der Erfolg eines ganzen Jugendhilfeprojektes mit der Präsenz bei Gericht in Frage gestellt ist.[95] Angesichts des grundsätzlichen Betreuungsauftrages gem. § 52 Abs. 3 sollte die JGH nur in Ausnahmefällen einen Verzichtsantrag stellen; allein die fehlgeschlagene Kontaktaufnahme zu dem Beschuldigten darf nicht zu einem Verzicht an der Teilnahme an der Hauptverhandlung führen.[96]

Es bleibt grundsätzlich dabei: die allgemeine Mitwirkungspflicht im jugendstrafrechtlichen Verfahren gewährt dem JA einen **Handlungsspielraum**, der durch Anordnungen des Gerichts nicht eingeengt werden darf mit der Folge, die JGH zu einer Teilnahme an der Hauptverhandlung oder sogar zu einer Weitergabe von selbst erhobenen Sozialdaten ohne Übermittlungsbefugnisse zu verpflichten.[97]

Zumindest ist durch die Neuregelung von § 38 Abs. 4 JGG klargestellt, dass gerichtliche Zwangsmittel, die gegen das JA bei Weigerung der Teilnahme in der Vergangenheit bereits eingesetzt wurden, wie Beschlagnahme von Akten oder Dienstaufsichtsbeschwerde als unzulässig anzusehen sind, wenn gem. § 35 Abs. 3 SGB I iVm §§ 67 ff. insbes. § 76 SGB X bzw. §§ 61 ff. insbes. § 64 Abs. 2 u. § 65 Anwendung finden.[98] Der Beschluss des LG Trier,[99] der in seiner Argumentation den mittlerweile überholten Entscheidungen des LG Bonn[100] und des OLG Köln[101] folgt und die Beschlagnahme von JA-Akten als rechtmäßig ansieht, ignoriert in unzulässiger Weise die hier bedeutsamen Vorschriften des **Sozialdatenschutzes** einseitig zugunsten der Aufklärungspflicht des Gerichtes, die aber gerade nach § 35 Abs. 3 SGB I begrenzt ist (→ § 61 Rn. 219 f.).[102] 29

Gleichwohl kann das Gericht die Vertreter der JGH über tatsächliche Erkenntnisse, die zur Tataufklärung dienen können, als Zeugen vernehmen. Dabei ist zu beachten, dass zwar nach § 53 StPO ein **Zeugnisverweigerungsrecht für Mitarbeiter des JA** nicht vorgesehen ist, ein Zeugnisverweigerungsrecht sich jedoch aus § 35 Abs. 3 SGB I ableiten lässt (dazu iErg → § 61 Rn. 222).[103] Unter den gleichen Voraussetzungen, unter denen ein Zeugnisverweigerungsrecht nach den sozialrechtlichen Vorschriften besteht, ist auch aus Gründen des Sozialdatenschutzes der Dienstherr verpflichtet, eine in diesem Zusammenhang erforderliche Aussagegenehmigung nach § 54 StPO zu verweigern (→ § 61 Rn. 223).[104] 30

Wie die Rechtsstellung der JGH auch definiert sein mag, ob als „Prozess(hilfe)organ eigener Art"[105] oder in Differenzierung zwischen Prozessorgan und Prozesshilfeorgan,[106] wesentlich ist die Betonung der **eigenständigen Verfahrensrolle der JGH** sowie ihre **Unabhängigkeit gegenüber allen Verfahrensbeteiligten.**[107]

95 Vgl. dazu den Sachverhalt in Riekenbrauk StV 1992, 37.
96 So Goldberg in GK-SGB VIII § 52 Rn. 86a.
97 Vgl. Goldberg in GK-SGB VIII § 52 Rn. 86 mwN; Trenczek/Goldberg, 285 ff.
98 So Diemer/Schatz/Sonnen, § 38 Rn. 29.
99 LG Trier 19.1.2000 – 2 a Os 2/00–8006, Js 8347/99 jug DS, DVJJ-Journal 2/2000, 186 ff.
100 LG Bonn 29.8.1985 – 32 Qs 59/85, NStZ 1986, 40.
101 OLG Köln 24.6.1986 – Ss 236/86, NStZ 1986, 569.
102 Vgl. auch Urteilsanm. von Sonnen DVJJ-Journal 2/2000, 189 f., sowie Krahmer DVJJ-Journal 3/2000, 314 f.; Riekenbrauk ZJJ 1/2011, 82 f.
103 Riekenbrauk ZJJ 1/2011, 82 f.
104 Riekenbrauk ZJJ 1/2011, 82 f.; vgl. auch Sommerfeld in NK-JGG § 38 Rn. 12.
105 So Dallinger/Lackner § 38 Rn. 7; Brunner/Dölling § 38 Rn. 1 a.
106 So Eisenberg JGG § 38 Rn. 23.
107 Sommerfeld in NK-JGG § 38 Rn. 7.

3.6 Mitwirkungsaufgaben

31 Die Mitwirkungsaufgaben nach §§ 38 sowie 50 Abs. 3 S. 2 JGG lassen sich in folgende Bereiche zusammenfassen:

- **Ermittlungshilfe**
- **Überwachungstätigkeit**
- **Haftentscheidungshilfe**
- **Betreuungstätigkeit**

32 Mit der Reihenfolge der Aufgabenbeschreibung ist keineswegs eine Rangfolge oder Wertigkeit verbunden. Letztlich ist es vom Einzelfall abhängig, wo der Schwerpunkt der JGH zu setzen ist. Gleichwohl erfordert das Primat der Jugendhilfe, die auch vom Gesetz (§ 52 Abs. 3) verbindlich eingeforderte Betreuungsaufgabe von Anfang an in den Vordergrund der Arbeit zu stellen, wenn sie aus fachlichen Gründen als erforderlich erscheint.[108]

Damit die JGH ihre Aufgaben erfüllen kann, ist ihre **Rechtsstellung als unabhängige Verfahrensbeteiligte** in verschiedenen Vorschriften des JGG präzisiert worden. Die verfahrensrechtlichen Positionen lassen sich wie folgt darstellen:

- **Recht auf Information**
  - uneingeschränkte Unterrichtung von der Einleitung und dem Ausgang des Strafverfahrens (§ 70 JGG; Nr. 32 Ziff. 1 MiStra),
  - Unterrichtung von der Einleitung des Strafverfahrens spätestens zum Zeitpunkt der Ladung des Ju zu seiner ersten Vernehmung als Beschuldigter (§ 70 Abs. 2 JGG),
  - Unterrichtung über Freiheitsentzug eines Ju und darüber, dass wegen Beeinträchtigung des Wohls des Ju, wegen Gefährdung des Untersuchungszwecks und wegen Nicht-Erreichbarkeit weder der Erziehungsberechtigte und der gesetzliche Vertreter noch eine andere geeignete volljährige Person über den Freiheitsentzug informiert wurden (§ 67a Abs. 4 S. 3 JGG),
  - Unterrichtung über eine vorläufige Festnahme eines jugendlichen Beschuldigten durch die Ermittlungsbehörden (§ 72a S. 2 JGG),
  - Mitteilung über Erlass eines Haftbefehls und Recht auf unverzügliche Information über die Vollstreckung des Haftbefehls (§ 72a S. 1 JGG),
  - Mitteilung von Ort und Zeit der Hauptverhandlung in angemessener Frist vor dem vorgesehenen Termin, also in der Regel unter Einhaltung der Ladungsfrist von einer Woche[109] (§ 50 Abs. 3 S. 1 JGG),
  - möglichst frühzeitige Mitteilung über den Verzicht auf die Ermittlungshilfe und Berichtspflicht sowie den Verzicht auf die Teilnahme der JGH an der Hauptverhandlung (§ 38 Abs. 7 S. 2 JGG).

- **Recht auf Anhörung, Äußerung und Antragstellung**
  - Anhörung in der Hauptverhandlung und vor Erteilung von Weisungen (§§ 50 Abs. 3 S. 2, 38 Abs. 6 JGG),
  - Äußerung zu einer möglichen besonderen Schutzbedürftigkeit des Ju und den zu ergreifenden Maßnahmen des Gerichts (§ 38 Abs. 2 S. 2 JGG),
  - Äußerung zu nachträglichen Entscheidungen über Weisungen und Auflagen (§ 65 Abs. 1 S. 2 JGG),
  - Anhörung bei Entscheidung über Vollstreckung von Jugendarrest (§ 87 Abs. 3 S. 4 JGG),
  - Antrag zur Strafmakelbeseitigung (§ 97 Abs. 1 S. 2 JGG),

108 Vgl. Sommerfeld in NK-JGG § 38 Rn. 25.
109 BT-Drs. 19/13837, 54.

– Heranziehung im Ordnungswidrigkeitenverfahren, wenn die Mitwirkung der JGH unentbehrlich ist (§ 46 Abs. 1 OWiG iVm § 38 JGG).

- **Recht auf Teilnahme und Anwesenheit**
  – Anwesenheit in der Hauptverhandlung und im vereinfachten Jugendverfahren (§§ 50 Abs. 3 S. 1, 48 Abs. 2, 78 Abs. 3 JGG).
- **Recht auf Kontakte**
  – Umfassender unkontrollierter schriftlicher und unbewachter mündlicher Kontakt mit dem Beschuldigten in der U-Haft (§ 72b JGG iVm § 148 StPO),
  – Uneingeschränkter und unkontrollierter schriftlicher sowie unbewachter mündlicher Verkehr mit dem jugendlichen Verurteilten im Strafvollzug (§ 38 Abs. 5 S. 5 JGG).

Weitergehende prozessuale Rechte wie Akteneinsichtsrecht, Frage- und Beweisantragsrecht oder das Recht auf selbstständige Einlegung von Rechtsmitteln stehen der JGH nicht zu.[110]

3.6.1 Ermittlungshilfe. Die **Ermittlungshilfe** hat ihre gesetzliche Grundlage in § 38 Abs. 2 S. 2 JGG. Nach dieser Vorschrift haben die Vertreter der JGH die am Jugendstrafverfahren beteiligten Behörden durch Erforschung der Persönlichkeit, der Entwicklung und des familiären, sozialen und wirtschaftlichen Hintergrundes des Ju zu unterstützen; zugleich gehört eine mögliche besondere Schutzbedürftigkeit des Ju zum Aufgabenbereich der Ermittlungen. Diese Aufgabe steht allerdings in einem Sachzusammenhang mit dem an die JGH allgemein gerichteten Auftrag (§ 38 Abs. 2 S. 1 JGG), die erzieherischen, sozialen und sonstigen im Hinblick auf die Ziele und Aufgaben der Jugendhilfe bedeutsamen Gesichtspunkte im Verfahren vor den Jugendgerichten zur Geltung zu bringen, so dass die **Ermittlungstätigkeit nur zu diesem Zweck** erfolgen darf;[111] infolge dessen erlangen die insoweit erhobenen Daten eine Zweckbindung, die dazu führt, dass sie zu anderen Zwecken, zB zur Aufgabenerfüllung in der wirtschaftlichen Jugendhilfe, nicht genutzt werden dürfen. Damit wird verdeutlicht, dass sich Inhalt und Umfang der Ermittlungen allein auf die persönlichen und sozialen Umstände des Beschuldigten beschränken müssen (Erforderlichkeitsgrundsatz) und nicht auf die Tataufklärung ausgeweitet werden darf.[112] Dies gilt auch für die Mitwirkung der JGH im Ermittlungsverfahren, in dem gem. § 160 StPO die Staatsanwaltschaft die Ermittlungen führt und diese sich nach § 43 Abs. 1 JGG auch auf die Lebens- und Familienverhältnisse, den Werdegang sowie die Umstände erstrecken sollen, die zur Beurteilung der seelischen, geistigen und charakterlichen Eigenart dienen können. Legt der Ju bei der JGH ein Geständnis ab oder berichtet von weiteren, den Ermittlungsbehörden bislang unbekannten Straftaten, ist die JGH nicht verpflichtet, diese Erkenntnisse an Polizei oder Justiz weiterzugeben.[113] Mit Ausnahme von Fällen, die nach § 138 StGB nur geplante, dort abschließend aufgeführte Straftaten von besonderer Schwere betreffen, besteht auch für die JGH keine Anzeigepflicht. 33

Dabei können sich die **Ermittlungen** insbesondere auf die **Frage der strafrechtlichen Verantwortlichkeit** eines Ju beziehen, wenn tatsächliche Anhaltspunkte Zweifel begründen, dass der junge Beschuldigte zur Zeit der Tat nach seiner sittlichen und geistigen Entwicklung reif genug war, das Unrecht seiner Tat einzusehen und nach dieser Einsicht zu handeln (§ 3 S. 1 JGG). Reicht die sozialpädagogische Kompetenz zu einer ausreichenden Klärung der Frage nicht aus, sollte die JGH die Heranziehung eines ju- 34

110 Eisenberg/Kölbel JGG § 38 Rn. 40 ff.
111 Laubenthal, 63; Goldberg in GK-SGB VIII § 52 Rn. 72.
112 Sommerfeld in NK-JGG § 38 Rn. 16; Schaffstein/Beulke/Swoboda, 171; Trenczek/Goldberg RPsych 2019, 484.
113 Brunner/Dölling § 38 Rn. 11; Sommerfeld in NK-JGG § 38 Rn. 16.

gendpsychiatrischen bzw. -psychologischen Sachverständigen anregen.[114] In gleicher Weise wird die JGH ihre Ermittlungen auf die nach § 105 Abs. 1 Nr. 1 JGG erforderliche Entscheidung des Jugendrichters zu beziehen haben, ob ein **Heranwachsender** (im Alter von 18–20 Jahren, § 1 Abs. 2 JGG) nach der Gesamtwürdigung seiner Persönlichkeit bei Berücksichtigung seines sozialen Umfeldes zur Tatzeit noch einem Ju gleich stand.[115]

35 Wenn in § 43 Abs. 1 S. 4 iVm § 38 Abs. 6 JGG die Ermittlungsbehörden angehalten werden, schon zu Beginn des Verfahrens die JGH für die Persönlichkeitserforschung heranzuziehen, kann daraus nicht der Schluss gezogen werden, dass damit die JGH als Gehilfin der Überwachung und Leitung der Staatsanwaltschaft unterliegt.[116] Dies würde dem Autonomiegebot (→ Rn. 20 f.) und der daraus abzuleitenden Stellung der **JGH als unabhängigem Prozessorgan** widersprechen.[117] Wenn sich in Einzelfällen aus sozialpädagogischen Gesichtspunkten eine Zusammenarbeit mit den Ermittlungsbehörden (→ Rn. 61 f.) als zweckmäßig erweist, was in der Praxis zB im Hinblick auf Untersuchungshaftvermeidung regelmäßig der Fall sein wird, wird die Ermittlungstätigkeit einschließlich der Datenerhebung der JGH und die Informationsweitergabe im Rahmen des Sozialdatenschutzes keine Probleme bereiten können.[118]

36 Die für die Informationsgewinnung **wichtigste Quelle ist der Beschuldigte** selbst.[119] Dieser Grundsatz entspricht dem datenschutzrechtlichen Gebot nach § 62 Abs. 2 S. 1, wonach personenbezogenen Daten in aller Regel beim Betroffenen selbst, also dem Klienten, erhoben werden müssen.[120] Schon bei der ersten Kontaktaufnahme besteht für die Mitarbeiter der JGH die Verpflichtung, den Klienten darüber aufzuklären, in welcher Funktion und mit welchen Rechten und Pflichten (zB aufgrund von Kontrollaufgaben, → Rn. 45 ff.) die JGH gegenüber Gericht, Staatsanwaltschaft, Verteidiger und natürlich dem Beschuldigten selbst tätig wird. Dazu gehört auch – wie bei jeder Vernehmung im Rahmen eines Strafverfahrens – die **Belehrung über das Recht des Jugendlichen, zu schweigen** und jeglichen Kontakt mit der JGH abzulehnen.[121] Rechtsgrundlage für die Pflicht zur Belehrung über die Aussagefreiheit ist neben § 136 Abs. 1 S. 2, § 163a Abs. 3 S. 2 u. Abs. 4 S. 2 StPO auch § 62 Abs. 2 S. 2 und Art. 13 DS-GVO sowie § 82 SGB X (→ § 62 Rn. 7 ff.).[122] Im Hinblick auf Einzelheiten des Erstgesprächs mit dem jugendlichen Beschuldigten wird auf die aufschlussreiche Darstellung bei Klier/Brehmer/Zinke[123] verwiesen, in der die Autoren die Informationsgewinnung auf der Grundlage sozialarbeiterischer Methodik in Abgrenzung zu den Ausführungen von Laubenthal beschreiben.[124]

37 Neben dem Beschuldigten selbst kann die JGH auch auf andere Informationsquellen zurückgreifen, wenn sie es aus fachlichen Gesichtspunkten für geboten hält. Nach § 43 Abs. 1 S. 2 JGG können dies ua die ErzBer. und ges. Vertreter, Lehrer und Ausbil-

---

114 Vgl. Möller § 52 Rn. 8.
115 Vgl. Riekenbrauk, Strafrecht und Soziale Arbeit, 175 f.; Möller § 52 Rn. 8.
116 So aber Brunner/Dölling § 43 Rn. 3.
117 Sommerfeld in NK-JGG § 43 Rn. 12; Trenczek in FK-SGB VIII § 52 Rn. 24.
118 Vgl. Dazu die aus Praktikersicht geführte Diskussion bei Klier/Brehmer/Zinke, 99–108; zu den datenschutzrechtlichen Grenzen der Datenübermittlung vgl. Riekenbrauk ZJJ 2011, 74 und Sommerfeld in NK-JGG § 43 Rn. 10.
119 Eisenberg/Kölbel § 38 Rn. 63.
120 Goldberg in GK-SGB VIII § 52 Rn. 116.
121 So BGH 31.9.2004 – 3 StR 185/04, ZJJ 2005, 75 mwN; Sommerfeld in NK-JGG § 43 Rn. 6.
122 So Hoffmann ZJJ 2005, 60.
123 Klier/Brehmer/Zinke, 108 ff.
124 Zu Kernpunkten und Gütekriterien fachlicher Stellungnahmen der JGH, insbes. zu psychosozialen Diagnosen und den Möglichkeiten sowie Grenzen von Prognosen vgl. Trenczek/Goldberg, 263 ff.

dende sein. Wegen der stigmatisierenden Wirkungen einer solchen Recherche ist gerade auch unter dem Gesichtspunkt der Verhältnismäßigkeit größte Zurückhaltung bei dieser Dritte einbeziehenden Informationssammlung geboten.[125] Auch hierbei haben die Mitarbeiter der JGH ihre grundsätzliche Belehrungspflicht im Hinblick auf evtl. in Betracht kommende Zeugnis- und Auskunftsverweigerungsrechte (§§ 52 ff., 55 StPO) zu beachten.[126] Ohne eine entsprechende Belehrung dürfen die gewonnenen Erkenntnisse nicht über den Bericht der JGH in das Verfahren eingeführt werden.[127] Der Rückgriff auf etwa vorhandene Akten des JA oder anderer Behörden ist aus datenschutzrechtlichen Gründen fragwürdig; außerdem sind die anderenorts gesammelten Informationen, die möglicherweise nicht mehr aktuell sind, kaum auf ihren Wahrheitsgehalt überprüfbar und daher nicht verwertbar.[128]

Die Befragung Dritter stößt jedoch an **die Grenze datenschutzrechtlicher Zulässigkeit,** 38
wenn der Beschuldigte in eine solche Informationsgewinnung nicht einwilligt (→ § 61 Rn. 289 ff.). Mit der Änderung von § 62 Abs. 3 Nr. 2c dürfen nunmehr Sozialdaten auch ohne Mitwirkung des Betroffenen nur erhoben werden, wenn ihre Erhebung beim Betroffenen nicht möglich ist oder die jeweilige Aufgabe ihrer Art nach eine Erhebung bei anderen erfordert, die Kenntnis der Daten aber erforderlich ist für die Wahrnehmung einer Aufgabe nach § 52 (iErg → § 62 Rn. 16). Auch wenn § 62 Abs. 3 Nr. 2c die Datenerhebung ohne oder gegen den Willen des Ju erlaubt, so wird man gerade in den Fällen auf diese Befugnis verzichten, in denen im Hinblick auf die weitere gelingende Zusammenarbeit mit dem jungen Klienten das besondere Vertrauensverhältnis nicht in Frage gestellt werden darf.[129]

Die Ermittlungen der JGH münden in einen nicht an eine bestimmte Form gebunde- 39
nen **Bericht** bzw. eine **Stellungnahme**, die neben den ermittelten Tatsachen auch, allerdings deutlich von diesen getrennt, Bewertungen enthalten können.[130] Inhaltlich orientiert sich der Bericht an den Vorschriften von §§ 38 Abs. 2 S. 1, 43 Abs. 1 JGG. Danach sind neben **sozialpädagogischen auch jugendkriminologische Gesichtspunkte** zur Geltung zu bringen.[131] Vermieden werden sollte eine defizitorientierte und bloß vergangenheitsbezogene Darstellung sog fehlgeschlagener Persönlichkeitsentwicklungen, die allzu schnell mit der Notwendigkeit intensiver (zwangs-)pädagogischer oder strafjustizieller Reaktionen in Verbindung gebracht werden.[132] Vielmehr sollten verstärkt die Ressourcen und Fähigkeiten des Ju in den Vordergrund gestellt werden. Dieser mir notwendig erscheinende Perspektivenwechsel entspricht dem „Subjektmodell des Empowerment-Konzepts", das von der **Überzeugung an die Fähigkeiten** des Individuums getragen ist, „in eigener Kraft ein Mehr an Autonomie, Selbstverwirklichung und Lebenssouveränität zu erstreiten – und dies auch dort, wo das Lebensmanagement der Adressaten sozialer Hilfe unter einer Schicht von Abhängigkeit, Resignation und ohnmächtiger Gegenwehr verschüttet ist".[133] Mit dieser Sichtweise können dann auch die **Leistungsangebote der Jugendhilfe zur Stärkung der vorhandenen Fähigkeiten und als Alternativen zu den Sanktionen des JGG** plausibel gemacht werden.

125 So auch Möller § 52 Rn. 8; Sommerfeld in NK-JGG § 43 Rn. 7.
126 BGH 31.9.2004 – 3 StR 185/04, ZJJ 2005, 75.
127 BGH 31.9.2004 – 3 StR 185/04, ZJJ 2005, 75 f.
128 Vgl. Eisenberg/Kölbel JGG § 38 Rn. 44, 44 a; Trenczek in FK-SGB VIII § 52 Rn. 28.
129 So auch Wapler in Wiesner § 52 Rn. 34; Projahn ZJJ 2003, 350 f.
130 Wapler in Wiesner § 52 Rn. 36; vgl. dazu den Schwerpunkt: Diagnosen und Prognosen im Jugendstrafverfahren, in ZJJ 3/2010.
131 Vgl. Trenczek in FK-SGB VIII § 52 Rn. 20 ff.
132 Vgl. die Untersuchungen von Heinz/Hügel, 94; Goldberg in GK-SGB VIII § 52 Rn. 77; dazu sehr instruktiv die Beiträge unter C – Theoretische Ansatzpunkte – und D – Verlaufsformen und Identitätskonstruktionen – in Dollinger/Schmidt-Semisch.
133 Herriger, 74 f.

40 Wenn auch idR die Ergebnisse der JGH-Ermittlungen in Form eines Berichtes in die Hauptverhandlung eingebracht werden, so kommt ihnen insbesondere nach dem neu eingeführten § 46a S. 1 JGG auch bereits bei Entscheidungen im Vorverfahren eine zentrale Bedeutung zu. So darf im Regelfall keine Anklage erhoben werden, bevor nicht eine Berichterstattung der JGH erfolgt ist; nur ausnahmsweise darf danach die Anklage vor einer Berichterstattung der JGH erfolgen, wenn dies dem Wohl des Ju dient und zu erwarten ist, dass das Ergebnis der Ermittlungen spätestens zu Beginn der Hauptverhandlung zur Verfügung stehen wird. Grundsätzlich verlangt § 38 Abs. 3 S. 1 JGG von der JGH, über das Ergebnis ihrer Nachforschungen möglichst zeitnah Auskunft zu geben, sobald es im Verfahren von Bedeutung ist. Dies ist in jedem Fall bei anstehenden Vorführungen vor dem Haftrichter der Fall, wenn es um Haftentscheidungshilfe geht (→ Rn. 41 ff.) Eine frühzeitige Berichterstattung ist auch dann erforderlich, wenn eine staatsanwaltliche Diversionsentscheidung nach § 45 JGG in Betracht kommt (→ Rn. 64 ff.).[134] Fraglich ist, inwieweit die JGH nach der nunmehr zu Beginn des Ermittlungsverfahrens obligatorischen Unterrichtung durch die Ermittlungsbehörden („… spätestens zum Zeitpunkt der Ladung des Ju zu seiner ersten Vernehmung als Beschuldigter …“) gem. der neuen Vorschrift von § 70 Abs. 2 S. 1 JGG zu Ermittlungen veranlasst werden. In diesem frühen Verfahrensstadium wird es idR auch unter Berücksichtigung des Verhältnismäßigkeitsgrundsatzes ausreichend sein, Kontakt zu dem Ju und seinen Sorgeberechtigten aufzunehmen und – soweit erforderlich – Beratungs- und Unterstützungsangebote iSv §§ 27 ff. zu unterbreiten.[135]

In der Hauptverhandlung hat die **Berichterstattung der JGH mündlich** zu erfolgen. In diesem Zusammenhang gelten die strafprozessualen Grundsätze der Unmittelbarkeit und Mündlichkeit gem. § 250 StPO. Schriftliche Berichte, die in Vorbereitung auf die Hauptverhandlung dem Gericht zur Verfügung gestellt worden sind, können nicht einfach durch Verlesung in die Beweisaufnahme eingeführt werden, da sie in der Regel nicht die aktuelle Situation des Ju wiedergeben und auch die Erkenntnisse aus der Hauptverhandlung unberücksichtigt lassen.[136] In den Fällen, in denen wesentliche Änderungen der persönlichen, sozialen, wirtschaftlichen und familiären Umstände, die evtl. nicht Eingang in einen vorbereitenden schriftlichen Bericht eingegangen sind, ist die JGH nach § 38 Abs. 3 S. 2 JGG zu weiteren ergänzenden Nachforschungen und Berichterstattung verpflichtet. Auch gebietet der Grundsatz der Richtigkeit und Aktualität nach Art. 5 Abs. 1 d) DS-GVO, dass die in den Bericht einfließenden personenbezogenen Daten „auf dem neusten Stand“ sind.[137] Wenn auch das Gesetz die Möglichkeit eröffnet, dass der in der Vorbereitung auf die Hauptverhandlung gefertigte schriftliche Bericht verlesen werden kann, sollte dies nicht dazu Anlass geben, dass die JGH einen Verzicht auf die Teilnahme beantragt und das Jugendgericht dies genehmigt.[138]

41 Nach der Neufassung von § 50 Abs. 3 S. 1 JGG ist das Jugendgericht nunmehr verpflichtet, der JGH Ort und Zeit der Hauptverhandlung „in angemessener Frist vor dem vorgesehenen Termin“ mitzuteilen. Als angemessen ist idR die Einhaltung der Ladungsfrist, also eine Woche, anzusehen.[139] Unterbleibt die Mitteilung von Ort und Zeit der Hauptverhandlung mit der Folge, dass die JGH an der Berichterstattung gehindert ist, liegt darin eine **Verletzung der gerichtlichen Aufklärungspflicht**; wenn gem. § 244 Abs. 2 StPO das Urteil auf diesem Verfahrensmangel beruht, kann das Urteil

134 Eisenberg/Singelnstein ZJJ 2003, 354.
135 Höynck/Ernst ZJJ 2020, 253.
136 Goldberg in GK-SGB VIII § 52 Rn. 89a mwN.
137 Riekenbrauk ZJJ 2020, 50 f.
138 Goldberg in GK-SGB VIII § 52 Rn. 89a.
139 BT-Drs. 19/13837, 54.

mit der Revision angefochten werden.[140] Erscheint trotz ordnungsgemäßer Ladung die JGH nicht zur Hauptverhandlung, führt dies nur in dem Fall wegen Verletzung der Aufklärungspflicht zu einem Revisionsgrund, wenn konkrete, greifbare Anhaltspunkte die Annahme nahe legen, die JGH habe von einer Berichterstattung in der Hauptverhandlung abgesehen, obwohl sie über Erkenntnisse verfügt habe oder Erkenntnisse hätte gewinnen können, die für die Entscheidung über die Rechtsfolgen der Tat von Bedeutung sind.[141] In einer jüngeren Entscheidung hat der BGH festgestellt, dass das Fehlen einer Stellungnahme – in welcher Form auch immer – kein Revisionsgrund darstellt; ein solcher jedoch dann vorliegt, wenn eine vorliegende Stellungnahme der JGH nicht ausreichend gewürdigt wird.[142]

Wenn gem. § 38 Abs. 4 S. 1 JGG die JGH verpflichtet sein soll, an der Hauptverhandlung teilzunehmen (→ Rn. 28), gilt dies allerdings nur eingeschränkt; denn nach der neu eingefügten Regelung von § 38 Abs. 7 S. 1 JGG kann auf Antrag der JGH das Jugendgericht auf die Teilnahme an der Hauptverhandlung verzichten, soweit dies aufgrund der Umstände des Falles gerechtfertigt und mit dem Wohl des Ju vereinbar ist. Bei der Bewertung der Umstände des Einzelfalls sind nach der Gesetzesbegründung insbesondere folgende Gesichtspunkte abzuwägen: auf der einen Seite der für die JGH aufzubringende Aufwand, auf der anderen Seite die Bedeutung des Berichts und des daraus resultierenden Erkenntnisgewinns für das Jugendstrafverfahren und die Rechtsfolgenentscheidung und damit auch für die Verwirklichung des Ziels des Jugendstrafrechts nach § 2 Abs. 2 JGG; außerdem spielen bei der Abwägung Aspekte der Verfahrensdauer, die Schwere des Vorwurfs und die Art und Schwere der konkret in Betracht kommenden Rechtsfolgen eine Rolle. Maßgeblich soll dabei berücksichtigt werden, ob ein Verzicht auf die Teilnahme auch mit dem Wohl des Ju vereinbar wäre. Dazu gehört sicherlich auch die Erwägung, ob Jugendstaatsanwaltschaft und Jugendgericht auch ohne die fachliche Informierung und Beratung durch die JGH zu einer im Rahmen der jugendstrafrechtlichen Vorgaben und Notwendigkeiten bestmöglichen Verfahrenshandhabung und -erledigung iSd Kindeswohls kommen würden. Andererseits müssen umfangreiche, eventuell stigmatisierende Nachforschungen zu den persönlichen Verhältnissen – vor allem in Bagatellfällen – durchweg nicht immer dem Kindeswohl entsprechen.[143]

Die Pflicht zur Anwesenheit der JGH kann auf Teile der Hauptverhandlung beschränkt werden (§ 38 Abs. 7 S. 4 JGG); auch kann der Verzicht gem. § 38 Abs. 7 S. 5 JGG während der Hauptverhandlung erklärt werden und bedarf in diesem Fall keines Antrags durch die JGH. Liegt ein schriftlicher Bericht der JGH vor, ist aber ein Vertreter der JGH in der Hauptverhandlung nicht anwesend, so kann nach der neu eingefügten Regelung von § 50 Abs. 3 S. 3 JGG unter den Voraussetzungen des § 38 Abs. 7 S. 1 JGG, also dem Verzicht auf die Teilnahme der JGH, der Bericht in der Hauptverhandlung verlesen werden. Da die erforderliche Aktualität des schriftlichen Berichts nicht immer gewährleistet sein kann und die Erkenntnisse aus der Hauptverhandlung in dem Bericht keine Berücksichtigung finden können, sollte die bloße Verlesung des schriftlichen Berichts die absolute Ausnahme sein. Unterbleibt die Teilnahme der JGH wegen Terminschwierigkeiten, gebietet es die Aufklärungspflicht des Gerichtes (§ 213 StPO), einen neuen Termin zu bestimmen, um der JGH die Möglichkeit einer mündlichen Berichterstattung zu geben.[144]

§ 38 Abs. 2 S. 2 JGG schreibt weiter vor, dass neben der Berichterstattung die JGH 42
sich **zu den zu ergreifenden Maßnahmen und zu einer möglichen besonderen Schutz-**

140 BGHSt 27, 250 ff.; Eisenberg/Kölbel JGG § 38 Rn. 86 ff.
141 BGHSt 27, 252.
142 Beschl. v. 15.3.2011 – 5 StR 35/11, ZJJ 2011, 202.
143 BT-Drs. 19/13837, 51.
144 Schady in NK-JGG § 50 Rn. 14c; Goldberg in GK-SGB VIII § 52 Rn. 86a.

bedürftigkeit des Ju äußern soll. Damit erhält der Vertreter der JGH die Möglichkeit, die sozialpädagogischen, den Grundsätzen der Jugendhilfe verpflichteten Überlegungen – als Kontrapunkt zu rein strafjuristischen Betrachtungen – in die Antrags- und Entscheidungsfindung von Staatsanwaltschaft, Nebenklage, Verteidigung und Gericht einfließen zu lassen.[145] Mit dem sozialpädagogischen Selbstverständnis von Jugendhilfe wird es kaum zu vereinbaren sein, es als Aufgabe der JGH anzusehen, freiheitsentziehende Sanktionsvorschläge zu unterbreiten, wohl wissend, dass sie zwar der „jugendstrafrechtlichen Logik" (zB Jugendstrafe bei Annahme von „schädlichen Neigungen") entsprechen, jedoch bei der häufig anzutreffenden hoch belasteten Biographie des jugendlichen Beschuldigten weiteren Schaden anrichten wird.[146] Zu den Maßnahmen iSv § 38 Abs. 2 S. 2 JGG, zu denen sich die JGH äußern soll, gehören nicht nur die im JGG vorgesehenen Sanktionen wie Erziehungsmaßregeln, Zuchtmittel und Jugendstrafe, sondern ebenfalls die in §§ 45, 47 JGG aufgeführten Einstellungsmöglichkeiten in (oder ohne) Verbindung mit Leistungsangeboten der Jugendhilfe (§§ 27 ff.). Auch erscheint es nur konsequent, vor Entscheidungen über die Anordnung oder Fortdauer von U-Haft die JGH zu hören und ihre – wenn möglich haftvermeidenden – Alternativvorschläge äußern zu lassen (→ Rn. 49 ff.). Schließlich sollte ebenfalls die Frage der Kostenbelastung iSv § 74 JGG einbezogen werden.

43 Die Entscheidung, ob überhaupt und wenn ja, welche Erklärungen zu den in Aussicht genommenen Maßnahmen gemacht werden, sollte sich allein an fachlichen Perspektiven der Jugendhilfe auch im Sinne von **Entdramatisierung von Jugenddelinquenz** und unter Berücksichtigung von Entkriminalisierungsbestrebungen orientieren.[147] Werden längerfristige HzE wie Fremdunterbringung nach § 34 in Betracht gezogen, so muss vor einer Entscheidung das Hilfeplanverfahren nach § 36 unter Einbeziehung des betroffenen Ju, seiner ErzBer. sowie weiterer Fachkräfte durchgeführt werden.

Der Gesetzgeber hat mit Schaffung von § 36a Abs. 1 ausdrücklich die bereits vorher geltende Rechtslage zur **Steuerungsverantwortung** bestätigt und klargestellt, dass das JA die **Kosten derartiger Hilfen**, zu denen Ju oder junge Volljährige durch den Jugendrichter verpflichtet werden, nur dann trägt, wenn sie auf der Grundlage seiner Entscheidung nach Maßgabe des Hilfeplans unter Beachtung des Wunsch- und Wahlrechts erbracht werden.[148] Dies betrifft insbes. die Erziehungsbeistandschaft nach § 30 sowie die Unterbringung in einer Einrichtung über Tag und Nacht oder in einer sonstigen betreuten Wohnform nach § 34, die als Erziehungsmaßregel gem. § 12 JGG dem Ju durch den Jugendrichter auferlegt werden. Aber auch Weisungen nach § 10 JGG, die als HzE konzipiert sind und entweder durch Urteil, Bewährungsbeschluss (§ 23 JGG) oder Beschluss im Diversionsverfahren (§§ 45 und 47 JGG) dem Ju auferlegt werden, unterliegen den Erfordernissen der **Hilfeplanung**, wenn die Voraussetzungen von § 36 vorliegen. Dabei ist zu beachten, dass der Vertreter der JGH nicht in jedem Fall die Entscheidungskompetenz über die Bewilligung von Jugendhilfeleistungen besitzt und an die Beratungs- und Entscheidungsabläufe zwischen dem Leistungsberechtigten (zumeist den Eltern), dem Ju und der im Einzelfall zuständigen Fachkraft innerhalb des JA gebunden ist. Wiesner weist zu Recht darauf hin, dass die **JGH eben kein Privileg zur Entscheidung über die Gewährung von Leistungen an jugendliche Delinquenten** hat.[149] Ist der Entscheidungsprozess über die Gewährung von Hilfeleistungen noch nicht abgeschlossen, muss die JGH das Jugendgericht davon in Kenntnis setzen, damit das Gericht sich darauf einstellen kann. Es ist zwar wünschenswert, dass bis zur Hauptverhandlung eine Entscheidung über die Jugendhilfeleistungen herbeigeführt

145 Laubenthal, 95.
146 So Trenczek in FK-SGB VIII § 52 Rn. 38 ff.
147 Goldberg in GK-SGB VIII § 52 Rn. 10 ff.; Trenczek in FK-SGB VIII § 52 Rn. 21.
148 Vgl. Trenczek ZJJ 2007, 31 ff.
149 Wiesner in BMJ, 2009, 327.

wird; ist der Entscheidungsprozess aber noch nicht abgeschlossen, kann die Entscheidung des JA keineswegs durch die richterliche Entscheidung ersetzt werden.[150] Weicht die später getroffene Entscheidung des JA von der jugendrichterlichen Entscheidung ab, muss der Jugendrichter unverzüglich darüber informiert werden, verbunden mit der Anregung, die Weisung oder Auflage zu ändern (§ 11 Abs. 2 bzw. § 15 Abs. 3 S. 1 JGG). In einem solchen Fall erscheint es sinnvoll, in einer mündlichen Anhörung nach § 65 JGG Richter und Staatsanwaltschaft im Beisein des betroffenen Ju mit dem Ergebnis der Hilfeplanung vertraut zu machen und einen dem Ergebnis der Hilfeplanung entsprechenden Vorschlag für eine andere HzE zu unterbreiten.[151] Die Auffassung, dass mit § 36a Abs. 1 gegen die richterliche Unabhängigkeit des Richters nach Art. 97 Abs. 1 GG verstoßen wird,[152] lässt sich nur dann vertreten, wenn aus fiskalischen Gründen Maßnahmen von Seiten des JA abgelehnt oder überhaupt nicht vorgehalten werden und damit die richterliche Sanktionswahl unzulässig eingeschränkt wird.[153] Selbstverständlich kann sich unter Berufung auf die verfassungsmäßig verbürgte richterliche Unabhängigkeit der Jugendrichter über die Entscheidung des JA hinwegsetzen; allerdings sind solche „Alleingänge“ mit der Konsequenz verbunden, dass das JA für die Durchführung solcher Maßnahmen, die den gesetzlichen Vorgaben des Jugendhilferechts widersprechen, nicht zur Verfügung steht.[154] Auch mit Blick auf den nach § 31 SGB I geltenden Gesetzesvorbehalt, nach dem Sozialleistungen nur auf der Grundlage eines Gesetzes, hier der Vorschriften des SGB VIII, erbracht werden dürfen, ist ein anderes Ergebnis nicht vertretbar.[155]

Neben der Berichterstattung über die zu ergreifenden Maßnahmen soll nunmehr auch über die evtl. vorliegende besondere Schutzbedürftigkeit des beschuldigten Ju informiert werden. Über das jugendliche Alter und den dadurch bedingten allgemeinen Schutzbedarf hinaus ist hier zB an Traumatisierungen, eigene Opfererfahrungen, Gewalterfahrungen oder -risiken in der Familie oder im sozialen Umfeld, Retardierungen, besondere Einschränkungen des Verständnisses und der Auffassungsgabe, sprachliche Einschränkungen und vieles mehr zu denken.[156]

Die **schriftlich verfassten Berichte der JGH** unterliegen **auch nach rechtskräftigem Abschluss** des Jugendstrafverfahrens dem **Gebot der Zweckbindung**. Gem. § 78 Abs. 1 S. 3 SGB X dürfen Gerichte oder Staatsanwaltschaften, an die Sozialdaten in den JGH-Berichten übermittelt worden sind, die Berichte selbst oder auch die in gerichtliche Entscheidungen (zB Urteile) eingeflossenen Sozialdaten nur dann an andere Stellen (zB Rechtsanwälte, Versicherungen, Krankenkassen) weiter übermitteln, wenn auch die JGH dazu befugt wäre. Dies wird wegen der **Übermittlungssperren** in den §§ 64 Abs. 2, 65 Abs. 1 und § 78 Abs. 1 SGB X nur in den seltensten Fällen möglich sein.[157] Zulässig ist in der Regel eine Übermittlung durch das Jugendgericht an den Erziehungsbeistand, wenn es gem. § 12 JGG eine Erziehungsbeistandschaft angeordnet hat (→ § 61 Rn. 235). Da das strenge Gebot der verlängerten Zweckbindung in der Strafjustiz eher unbekannt ist, empfiehlt es sich zur praktischen Umsetzung, dass die JGH 44

150 So Wiesner in BMJ, 2009, 327 f.
151 Vgl. Riekenbrauk, Strafrecht und Soziale Arbeit, 202 f.
152 So Bareis ZJJ 2006, 11 ff.; Vorlagebeschluss AG Eilenburg 23.1.2006 – 11 Ls 254 Js 66216/05, ZJJ 2006, 85 ff.
153 Vgl. auch Goerdeler ZJJ 2006, 4 ff.; zu der Problematik der Finanzierung von Weisungen und Auflagen vgl. Wiesner 2009, 329 ff.; im Hinblick auf knapper werdenden Ressourcen vgl. Goldberg in GK-SGB VIII § 52 Rn. 68.
154 Vgl. Trenczek ZJJ 2009, 354.
155 So Janssen/Riehle, 158 f.
156 BT-Drs. 19/13837, 48 f.
157 Vgl. Riekenbrauk ZJJ 2014, 361.

Staatsanwaltschaften und Gerichte auf dieses Gebot ausdrücklich schriftlich hinweist.[158]

45 **3.6.2 Überwachungstätigkeit.** Gem. § 38 Abs. 5 S. 1 JGG fällt der JGH die weitere Aufgabe zu, darüber zu wachen, dass der Ju Weisungen und Auflagen (§§ 10, 15 JGG) nachkommt. Die **Überwachungstätigkeit** durch die JGH ist **gegenüber der Kontrolltätigkeit der Bewährungshilfe subsidiär** („Soweit nicht ein Bewährungshelfer dazu berufen ist, …"). Ist ein Bewährungshelfer bestellt worden, ist zwar nach § 38 Abs. 5 S. 4 JGG die JGH zur engen Zusammenarbeit mit diesem angehalten; dies bedeutet jedoch nicht, dass neben der Bewährungshilfe auch noch die JGH Überwachungsaufgaben übernimmt. Dies würde zu einer unzulässigen Erweiterung sozialer Kontrolle führen. In diesem Fall hat sich die JGH auf ihre originäre, nämlich betreuende Funktion zu konzentrieren.[159]

46 Hat das Jugendgericht gem. § 10 Abs. 1 S. 3 Nr. 5 JGG eine sog. Betreuungsweisung angeordnet und keine andere Person mit der Betreuung betraut, so übt die JGH nach § 38 Abs. 5 S. 3 JGG die Betreuungstätigkeit aus, die auch die Aufsicht mit einschließt.

47 Zu der Überwachungstätigkeit gehört auch die nach § 38 Abs. 5 S. 2 JGG vorgeschriebene Verpflichtung, erhebliche Zuwiderhandlungen[160] gegen die angeordneten Weisungen und Auflagen dem Richter mitzuteilen. Indem das Gesetz die Jugendhilfe verpflichtet, ihr fremde, ja obsolete Vollzugsaufgaben der Strafjustiz zu übernehmen, relativiert es die eigentlich dem JA obliegende Aufgabe der Hilfe und Unterstützung von jungen Menschen und zwingt die JGH in einen strukturellen Widerspruch. Dem daraus resultierenden Dilemma lässt sich allenfalls mit einer restriktiven Auslegung und Anwendung begegnen.[161] So ist es unstreitig, dass **nicht jeder Verstoß gegen die richterlichen Anordnungen mitteilungspflichtig** ist.[162] Auch hier gilt der Grundsatz, dass der begonnene Prozess der Betreuung und der damit einhergehende Aufbau eines Vertrauensverhältnisses nicht leichtfertig zerstört werden darf, indem zum einen mit der „Meldung an den Richter" gedroht wird oder zur eigenen Entlastung des JGHelfers vorschnell eine Mitteilung erfolgt. Wird nämlich die Nichterfüllung von Weisungen mitgeteilt, greift in aller Regel der Jugendrichter zu dem Mittel des **Ungehorsamsarrestes** (§ 11 Abs. 3 JGG), einer Zwangsmaßnahme, die der jugendliche Klient als „Verrat" der JGH anlasten wird. Der einem Verstoß gegen Weisungen und Auflagen zugrundeliegende Konflikt muss zunächst Gegenstand sozialpädagogischer Arbeit mit dem Klienten bleiben.[163] Erst nach Ausschöpfung der zur Verfügung stehenden Mittel der Jugendhilfe und bei beharrlicher Weigerung des Ju, Auflagen und Weisungen zu erfüllen, ist eine Meldung an das Gericht zu machen. Eine solche Meldung sollte allerdings auch Vorschläge enthalten, wie aus Sicht der Jugendhilfe weiter vorgegangen werden kann, zB ob die auferlegten Maßnahmen zweckmäßig waren oder eine Überforderung darstellen, die es erforderlich machen, Weisungen bzw. Auflagen gem. §§ 11 Abs. 2 u. 15 Abs. 3 S. 1 JGG nachträglich abzuändern.[164] Dementsprechend ist von Seiten der JGH ein Verfahren nach § 65 JGG anzuregen, in dessen Verlauf sie auch zu den von ihr vorgeschlagenen Änderungen der Auflagen bzw. Weisungen gehört werden muss (vgl. § 65 Abs. 1 S. 2 JGG).

158 Vgl. Krahmer § 78 Rn. 8.
159 Vgl. Eisenberg/Kölbel JGG § 38 Rn. 18.
160 Vgl. zu dem Begriff Ensslen/Törnig in JHSM § 52 Rn. 84.
161 So Wapler in Wiesner § 52 Rn. 40; Trenczek in FK-SGB VIII § 52 Rn. 49; Eisenberg/Kölbel JGG § 38 Rn. 22.
162 Sommerfeld in NK-JGG § 38 Rn. 23.
163 So auch Sommerfeld in NK-JGG § 38 Rn. 23; Trenczek in FK-SGB VIII § 52 Rn. 49.
164 Laubenthal, 169; Trenczek/Goldberg, 290 f.

48 Grundsätzlich darf die Übertragung der Überwachungsaufgaben nicht dahin gehend missverstanden werden, dass die JGH justizielle Vollzugshilfe zu leisten oder eine strafvollstreckungsähnliche Kontrolle gerichtlich angeordneter Maßnahmen auszuüben hat. Ein solches Verständnis beschneidet in verfassungswidriger Weise die Kompetenz und Eigenverantwortlichkeit der Träger der Jugendhilfe[165] (→ Rn. 12).

49 **3.6.3 Haftentscheidungshilfe.** Mit der Verpflichtung gem. § 38 Abs. 3 S. 2 JGG, in Haftsachen beschleunigt über das Ergebnis ihrer Nachforschungen zu berichten, und dem Auftrag nach § 38 Abs. 2 S. 2 JGG, sich zu „den Maßnahmen, die zu ergreifen sind", zu äußern, kommt für die JGH die wichtige Aufgabe zu, **(Untersuchungs-)Haftentscheidungshilfe zum Zweck der Haftvermeidung oder Haftverkürzung** zu leisten. Diese Aufgabe korrespondiert mit der Verpflichtung von Polizei und Staatsanwaltschaft, bei Festnahmen von Ju und zu erwartender Vorführung gem. § 128 StPO die JGH zu informieren (§ 72a S. 2 JGG); davon unberührt bleibt gem. § 70 Abs. 2 JGG die Pflicht zur frühzeitigen Unterrichtung der JGH spätestens zum Zeitpunkt der Ladung des Ju zu seiner ersten Vernehmung als Beschuldigter. Die Informationspflicht gilt auch für den Richter bei Erlass und Vollstreckung eines Haftbefehls (§ 72a S. 1 JGG).

Gem. § 67a Abs. 4 S. 3 iVm Abs. 2 S. 2 und Abs. 3 JGG muss der für die Betreuung des Ju in dem Strafverfahren zuständige Vertreter der JGH ebenfalls in allen Fällen von einstweiligem Freiheitsentzug eines Ju (§§ 114c Abs. 1, 127, 163b StPO) so bald wie möglich über den Freiheitsentzug unterrichtet werden, wenn eine entsprechende Mitteilung an Erziehungsberechtigte und gesetzliche Vertreter in den Fällen unterbleibt, in denen eine Beeinträchtigung des Wohls des Ju zu besorgen wäre, der Untersuchungszweck erheblich gefährdet würde oder Erziehungsberechtigte oder gesetzliche Vertreter binnen angemessener Frist nicht erreicht werden können, und eine andere geeignete volljährige Vertrauensperson nicht vorhanden ist. Die genannten Informationspflichten dienen vornehmlich dem Zweck, der JGH zu ermöglichen, rechtzeitig vor gerichtlichen Haftentscheidungen mit Alternativvorschlägen zu intervenieren und ihre sozialpädagogische Expertise in den Entscheidungsprozess einzubringen.

50 In Anbetracht der gravierenden Schäden für die Entwicklung junger Menschen, die mit einer Verhaftung verursacht werden,[166] hat der Gesetzgeber mit dem 1. JGGÄndG die Schwelle für die Anordnung von U-Haft gem. § 72 JGG angehoben. Indem die JGH jederzeit in der Lage ist, vor der richterlichen Haftentscheidung Alternativen im Bereich der Jugendhilfe bereitzuhalten und im Einzelfall anzubieten, kann sie ihren Beitrag dazu leisten, dass die Schwellen von Inhaftnahme nicht nur nicht unterschritten, sondern tendenziell angehoben werden. **Als Alternativen** kommen **Leistungen der Jugendhilfe** wie Einzelbetreuung, soziale Gruppenarbeit, betreutes Wohnen oder Heimunterbringung in Betracht.[167] In diesem Zusammenhang sollte die JGH den Jugendrichter zumindest veranlassen, nach § 72 Abs. 4 JGG die einstweilige Unterbringung in einem Heim der Jugendhilfe anzuordnen. Interessant sind die in Berlin zwischen Jugendhilfe und Justiz getroffenen Vereinbarungen zur U-Haft-Vermeidung und die Standards der einstweiligen Unterbringung gem. §§ 71, 72 JGG.[168] In Fällen von Drogenabhängigkeit kann die schnelle Vermittlung in ambulante oder stationäre Therapieprogramme U-Haft vermeiden helfen. Trotz der unumstrittenen Notwendigkeit,

165 So überzeugend Trenczek, Strafe, Erziehung oder Hilfe, 113.
166 25 bekannt gewordene Suizidversuche in acht U-Haft-Anstalten im Jahr 2009 sprechen für sich, Villmow/Savinsky/Woldmann, Achtung (für) Jugend!, Schriftenreihe der DVJJ 2012, S. 278; vgl. Eberitzsch ZJJ 2012, 296, der nicht zu Unrecht die U-Haft als jugendwohlgefährdend bezeichnet.
167 Vgl. Laubenthal, 154 ff.; Cornel, 2017, 289 ff.
168 Bindel-Kögel/Heßler DVJJ-Journal 1999, 289 ff.; Hotter, 2004; Eberitzsch ZJJ 2011, 259 ff.; Eberitzsch in Dollinger/Oelkers, 204 ff.

ausreichend Plätze in Jugendhilfeeinrichtungen zur U-Haft-Vermeidung vorzuhalten, melden insgesamt nur 66 % der JA-Bezirke, ein entsprechendes Angebot vorzuweisen.[169]

51 Erforderlich für eine effiziente Haftvermeidungsarbeit ist, dass das JA bspw. durch **Schaffung von Netzwerken** die strukturellen Bedingungen herstellt, die es erlauben, schnell und unbürokratisch die genannten Erziehungshilfen oder andere Haftalternativen zu realisieren.[170] Hinzukommen muss auch der „schnelle und zuverlässige Draht" zur Polizei, über die die nötigen Informationen rechtzeitig zu erhalten sind und auf deren Basis die eigene Arbeit flexibel gestaltet werden kann; eine in diesem Zusammenhang notwendige Zusammenarbeit mit den Ermittlungsbehörden sowie dem Jugendgericht ist mit der neu eingefügten Regelung von § 52 Abs. 1 S. 2 und 3 nunmehr für das JA obligatorisch (→ Rn. 60 f.). In diesem Zusammenhang sind auch Kooperationsvereinbarungen von großem Nutzen. Korrespondierend dazu ist ein Bereitschaftsdienst durch die JGH auch an Wochenenden und Feiertagen erforderlich.[171] Gleichwohl ist nach den Ergebnissen einer bundesweiten JGH-Umfrage die Einrichtung von Bereitschaftsdiensten eher selten.[172] Dieser schwerwiegende Mangel wird in dem 2011 veröffentlichten Jugendgerichtshilfeb@rometer bestätigt; in nur 23 % der befragten JA-Bezirken existiert eine Rufbereitschaft bzw. ein Bereitschaftsdienst.[173]

Um die gerichtliche Entscheidung über die U-Haft überhaupt beeinflussen zu können, ist eine schnelle Benachrichtigung des Haftrichters erforderlich. Diese ist in der Regel (fern-)mündlich oder über E-Mail zu bewerkstelligen. Unabhängig von der Form der Information muss der Richter den Bericht der JGH im Rahmen seiner Aufklärungspflicht berücksichtigen.[174]

Vor der Entscheidung des Jugendgerichts, ob der Betroffene, der bei Vollstreckung des Haftbefehls 21, aber noch nicht 24 Jahre alt ist, in Einrichtungen für junge Gefangene untergebracht wird und nach den Vorschriften für den Vollzug der U-Haft an jungen Gefangenen zu behandeln ist, muss nach § 89c Abs. 3 die JGH gehört werden. Um auch während des Vollzuges der U-Haft den Kontakt zu dem jungen Klienten nicht abbrechen zu lassen, haben die Vertreter der JGH in gleicher Weise ein unbeschränktes und unkontrolliertes schriftliches wie persönliches Verkehrsrecht, wie es auch Verteidigern zusteht (§ 72b JGG iVm § 148 StPO).

52 **3.6.4 Betreuungstätigkeit.** Die allgemeine **Betreuungsaufgabe** der JGH wird in der Vorschrift von § 52 Abs. 3 als selbstverständlich vorausgesetzt. Sie findet in § 38 Abs. 5 S. 5 JGG eine Konkretisierung, indem die JGH verpflichtet wird, während des Jugendstrafvollzugs Kontakt zu halten und sich um die Wiedereingliederung des Ju in die Gesellschaft zu kümmern. Auch in diesem Tätigkeitsbereich darf nicht außer Acht gelassen werden, dass die Frage, ob überhaupt und wie Ju aus Anlass einer Straftat betreut werden, nach rein fachlichen Kriterien auf der Grundlage des Jugendhilferechts von den Vertretern der JGH unabhängig entschieden wird. **Überpädagogisierung** muss unter dem Gesichtspunkt der Verhältnismäßigkeit, eines Prinzips, dem die JGH als Teil staatlicher Verwaltung verpflichtet ist, vermieden werden.

53 Andererseits sollte – gerade auch unter Berücksichtigung der personellen Kapazitäten der JGH – eine gewisse **Konzentration der Betreuungstätigkeit auf die Gruppe der mehrfach auffälligen und mehrfach belasteten jungen Menschen** erfolgen.[175] Dabei

---

169 DJI, S. 72.
170 Vgl. Cornel, 2017, 291.
171 Vgl. zu dem sog. Aachener Modell Matenaer BewHi 1987, 35.
172 Trenczek DVJJ-Journal 1999, 162.
173 DJI, S. 73.
174 Eisenberg/Singelnstein ZJJ 2003, 355.
175 Goldberg in GK-SGB VIII § 52 Rn. 5, 14; Trenczek/Goldberg, S. 94 ff.; Sprecherrat der BAG JuHiS in der DVJJ ZJJ 2017, 296.

handelt es sich um ca. 5 % der ermittelten jugendlichen Tatverdächtigen, auf die rund ein Viertel der Delikte bei Straßenraub und Kraftwagendiebstahl und fast die Hälfte der Wohnungseinbrüche und der Diebstahlsdelikte aus Kraftfahrzeugen entfallen.[176] Mit der Bezugnahme auf diese Gruppe, die auch mit dem Begriff „Intensiv- oder Mehrfachtätern" beschrieben wird, soll keinesfalls eine unkritische Orientierung an eine problematische Kategorisierung erfolgen, der eher polizeipräventive Kontrollstrategien zugrunde liegen.[177] Gemeint sind JU und Heranwachsende, die wegen ihrer sozialen Problemlagen wie Arbeitslosigkeit, Armut und Ausgrenzung neben weiteren Belastungsfaktoren wie Wertkonflikten und Orientierungsproblemen einen außergewöhnlich hohen erzieherischen Bedarf aufweisen und deswegen einer besonders intensiven fachkompetenten und im Hinblick auf Jugendliche mit Migrationshintergrund spezialisierten Betreuung bedürfen (→ Rn. 80).[178]

Zu der Betreuungstätigkeit zählt zumindest, sollte es zu der Durchführung des formellen Strafverfahrens kommen, **Beratung und Informationen über den Ablauf des Verfahrens,** die Rechte und Pflichten des Beschuldigten und die in Betracht kommenden Sanktionen bzw. anderen Rechtsfolgen sowie die Möglichkeiten zu deren Vermeidung; es sei denn, der Verteidiger des Beschuldigten übernimmt diese Aufgabe. Derartige Gespräche sind notwendig, um Belastungen, Ängste und Unsicherheiten sowie falsche Erwartungen abzubauen.[179] Wie bei allen Gesprächskontakten mit den jungen Klienten sollten die Fachkräfte darauf achten, dass sie sich einer Sprache bedienen, die für JU verständlich ist, oder sich bei jungen Beschuldigten mit fehlenden Kenntnissen der deutschen Sprache eines Dolmetschers bedienen.[180] 54

Soweit kein Verteidiger vorhanden ist, die Mitwirkung eines solchen jedoch als erforderlich angesehen wird, sollte die JGH die **Möglichkeiten einer Pflichtverteidigung** in Erwägung ziehen und im Falle einer als notwendig erachteten Verteidigung (§ 68 JGG iVm § 140 StPO) die Beiordnung eines Rechtsanwaltes anregen,[181] bei dessen Auswahl (§ 142 Abs. 5 StPO) die JGH behilflich sein kann.

Die Betreuung verlangt weiterhin, aktiv den Ju darin zu unterstützen, die Bedingungen herzustellen (Wiedereingliederung in die Schule, Ausbildungs- oder Arbeitsplatzsuche, Vermittlung von Wohnraum oder Therapieplatz, evtl. Aufenthaltserlaubnis für Nichtdeutsche etc.), die stationäre Sanktionen vermeiden helfen.[182] 55

Bei allen betreuerischen Aktivitäten darf jedoch zu keinem Zeitpunkt des Verfahrens bis zur rechtskräftigen Schuldfeststellung bzw. Verurteilung des jugendlichen Beschuldigten unberücksichtigt bleiben, dass **auch im Jugendstrafrecht die Unschuldsvermutung** (Art. 6 Abs. 2 EMRK) gilt. Maßnahmen der Jugendhilfe, die angesichts des – vom Klienten bestrittenen – Tatvorwurfs im Rahmen der Betreuung ergriffen werden sollten, sind insoweit mit äußerster Vorsicht und Zurückhaltung und nur bei einem erzieherischen Bedarf zu erwägen. Handelt es sich dabei um HzE iSd §§ 27 ff., können diese selbstverständlich nur als **Angebote unter Beachtung des Wahl- und Wunschrechtes aller Beteiligten sowie des Hilfeplanverfahrens** nach § 36 in Betracht gezogen werden (→ § 36 Rn. 15). Die Frage, ob die Fachkraft der spezialisierten JGH oder die des ASD bei der Initiierung, Vorbereitung und Entscheidung über die HzE tätig werden sollte, darf nicht allein von der amtsinternen Zuständigkeitsorganisation abhän- 56

176 Antwort der BReg. auf eine Große Anfrage v. 23.7.1997 – BT-Drs. 13/8284, 2; vgl. Traulsen DVJJ-Journal 1999, 311 ff.
177 Vgl. die berechtigte Kritik von Wapler in Wiesner § 52 Rn. 35b.
178 Vgl. Albrecht, 41; Trenczek/Goldberg, S. 95 ff.; Goldberg in GK-SGB VIII § 52 Rn. 13 f.
179 Vgl. Eisenberg/Kölbel JGG § 38 Rn. 25.
180 Vgl. Riekenbrauk ZJJ 3/2014, 200 ff.
181 Sommerfeld in NK-JGG § 38 Rn. 25.
182 Eisenberg/Kölbel § 38 Rn. 25.

gig gemacht werden. Auch in diesem Zusammenhang ist das nach § 52 Abs. 3 vorgeschriebene Gebot zu beachten, dass die Betreuung während des gesamten Verfahrens in einer Hand liegen sollte; dies gilt auch für die Hauptverhandlung, an der derjenige Vertreter der JGH teilnehmen soll, der die Ermittlungen durchgeführt hat (§ 38 Abs. 4 S. 2 JGG). Also sollte die Fachkraft fallführend bleiben, die den engeren und vertrauensvolleren Kontakt zu dem Ju aufgebaut hat; (Arbeits-)Beziehungswechsel aufgrund formaler Zuständigkeitsregelungen sollten dann vermieden werden, wenn eine stabile Vertrauensbasis zwischen Fachkraft und Ju dies aus sozialpädagogischen Gründen erfordert.[183]

57 Neben der allgemeinen Betreuungstätigkeit hat die Jugendhilfe bei sog **Betreuungsunterstellungen** gem. § 10 Abs. 1 S. 2 Nr. 5 JGG die Betreuung und Aufsicht auszuüben, wenn nicht das Gericht eine andere Person damit betraut hat.

Eine besondere Bedeutung kommt der **Entlassungshilfe** bzw. dem sog. Übergangsmanagement nach Verbüßung einer Jugendstrafe zu. Die Betreuung wird sich hier insbesondere auf konkrete Integrationshilfen wie Schuldenregulierung, Wohnungs-, Arbeitsplatz- oder Ausbildungsplatzsuche konzentrieren müssen.[184]

58 Werden die ErzBer und die ges. Vertreter für einen nicht unerheblichen Teil der Hauptverhandlung ausgeschlossen oder konnten diese nicht innerhalb angemessener Frist erreicht werden, so muss der Vorsitzende des Jugendgerichts einer anderen für den Schutz der Interessen des Ju geeigneten volljährigen Person die Anwesenheit gestatten und ihr auf Verlangen das Wort erteilen (§ 51 Abs. 6 S. 1 und 3 sowie Abs. 7 JGG). Bei der Auswahl soll dem Ju Gelegenheit gegeben werden, eine Person seines Vertrauens zu bezeichnen. Findet sich keine geeignete Person, muss gem. § 51 Abs. 6 S. 4 JGG ein für die Betreuung des Ju in dem Jugendstrafverfahren zuständiger Vertreter der Jugendhilfe anwesend sein. Dies wird idR ein Vertreter der JGH sein, dem damit als Ersatzperson für die ErzBer und ges. Vertreter ein zusätzliche Betreuungsaufgabe zufällt und dem ohnehin die Anwesenheit und das Äußerungsrecht zusteht. Erscheint im Einzelfall ein weiter gehender Schutz der Interessen des Ju erforderlich oder die Interessenvertretung durch die JGH mit ihrer originären Aufgabenwahrnehmung nicht vereinbar, so hat das Jugendgericht zu prüfen, ob ein Beistand (§ 69 JGG) oder Pfleger (§ 67 Abs. 4 S. 3 JGG) zu bestellen ist.[185]

4 Behördenübergreifende einzelfallbezogene Zusammenarbeit

4.1 Genese und Bedeutung der neu eingefügten Vorschrift von Abs. 1 S. 2 und 3

59 Seit längerer Zeit hat sich in der Praxis eine sehr **heterogene Landschaft von Kooperationsstrukturen** etabliert, die eine Zusammenarbeit insbes. zwischen Polizei, Staatsanwaltschaft und JGH vorsehen.[186] Gemeinsame **einzelfallbezogene Fallkonferenzen** gehören zu den mittlerweile verbreitetsten Kooperationseinrichtungen, in denen ressortübergreifend in Fachgesprächen Informationen über jugendliche oder heranwachsende Beschuldigte ausgetauscht werden. Auf der Grundlage dieses Informationsaustausches werden zwischen den Beteiligten Maßnahmen abgestimmt, mit denen einerseits auf die bekannt gewordenen Straftaten reagiert und andererseits weitere Straffälligkeit verhindert werden soll; dazu zählen HzE, Anrufung des Familiengerichts zur Einlei-

183 So Goldberg in GK-SGB VIII § 52 Rn. 98; Trenczek in Dollinger/Schmidt-Semisch, 2011, 384; aA Kunkel ZJJ 2006, 313.
184 Vgl. Eisenberg/Kölbel JGG § 38 Rn. 27; Brunner/Dölling § 38 Rn. 16; Pruin, 572 ff.; zum Übergangsmanagement mwN vgl. auch Goldberg in GK-SGB VIII § 52 Rn. 95.
185 Schady in NK-JGG § 51 Rn. 14g.
186 Trenczek/Goldberg, 464 ff.; zu den unterschiedlichen Kooperationsstrukturen und -modellen vgl. Goldberg in GK-SGB VIII § 52 Rn. 50 ff.

tung von Verfahren nach §§ 1666 f. BGB, polizeiliche Initiativen wie Gefährderansprachen oder schulische Maßnahmen.[187]

Dieser Praxis von Kooperation liegt der Gedanke zugrunde, dass nur mit einem umfassenden Informationsaustausch aller am Jugendstrafverfahren beteiligten Stellen sowie über eine vernetzte und abgestimmte Reaktion der Jugendkriminalität am ehesten begegnet werden kann.[188] Nur in einer solchen Zusammenarbeit – so die Argumentation der Befürworter von Fallkonferenzen – lasse sich einerseits gegenläufige, mitunter sich widersprechende Wirkungen von gleichzeitig getroffenen Einzelmaßnahmen der verschiedenen beteiligten Institutionen vermeiden und andererseits gegenüber dem Betroffenen mit einem einheitlichen Auftreten ein deutliches erzieherisches Signal setzen; zudem biete sich die „Möglichkeit, Brüche im Lebenslauf des Beschuldigten – wie zB Schulwechsel oder Beendigungen von Ausbildungen –, die den jugendlichen/Heranwachsenden Perspektiven nehmen und damit zum weiteren sozialen Abstieg führen, zu verhindern".[189] Gleichzeitig könne mit derart abgestimmten Maßnahmen ein „Verschiebebahnhof" ausgeschlossen werden, der im Umgang mit dem Betroffenen zu beobachten sei, wenn einzelne Beteiligte die weitere Befassung mit dem Jugendlichen mit der Begründung ablehnen, dieser sei für die in Betracht kommende Maßnahme ungeeignet, und ihn in andere Einrichtungen „weiterschieben".[190]
Eine weitere Kooperationsform bilden die **„Häuser des Jugendrechts"**.[191] Zunächst 1999 in Stuttgart-Bad Cannstatt als Modell[192] eingeführt, haben sich mittlerweile die „Häuser des Jugendrechts" in einigen Bundesländern etabliert.[193] Nach der übereinstimmenden Konzeption dieser Häuser arbeiten die Mitarbeiter von Staatsanwaltschaft, Polizei und Jugendamt alle unter einem Dach, um eine Beschleunigung der Verfahren und eine Optimierung der Kommunikationsstrukturen herzustellen.[194]

Die Weiterentwicklung und Stärkung der behördenübergreifenden Zusammenarbeit 60
ist seit längerer Zeit ein Anliegen der lokalen und regionalen Kriminalpolitik.[195] Anfang der 2010er-Jahre wurde die Forderung nach weitergehender Kooperation auch in der JuMiKo erhoben. So richtete der Strafrechtsausschuss der JuMiKo 2010 eine Arbeitsgruppe ein, um den gesetzgeberischen Handlungsbedarf zur Stärkung von Kooperation im Rahmen von Fallkonferenzen zu prüfen und Vorschläge zu unterbreiten. Stand zunächst noch die Forderung im Raum, die Jugendhilfe zu verpflichten, im Rahmen von Fallkonferenzen personenbezogene Daten für Zwecke des Strafverfahrens zu übermitteln, wurde dann doch angesichts der ablehnenden Haltung der Jugend- und Familienressorts davon abgesehen.[196] Auf der Grundlage des 2012 vorgelegten Abschlussberichtes der gemeinsamen Arbeitsgruppe „Behördenübergreifende Zusammenarbeit und Datenschutz" hat schließlich sowohl die JuMiKo als auch die JFMK 2013 Vorschläge zu klarstellenden gesetzlichen Regelungen gefordert.[197] Danach sollten neue Bestimmungen im SGB VIII und JGG „klarstellen, dass einzelfallbezogene Fallkonferenzen wie fallübergreifende Kooperationen zum zulässigen Instrumentarium der Jugendhilfe und der Jugendstrafrechtspflege (unter Beachtung der

187 Schatz in Diemer/Schatz/Sonnen § 70 Rn. 17.
188 DIJuF ZJJ 2007, 327 f.; Kinzi DRiZ 2008, 21; Müller-Rakow ZJJ 2008, 277.
189 Müller-Rakow ZJJ 2008, 277.
190 Müller-Rakow ZJJ 2008, 277.
191 Diese sind zu unterscheiden von „Häusern des Jugendrechts" mit eher rechtspädagogischen Zielsetzungen, vgl. dazu Lüth und v. Hasseln-Grindel.
192 Vgl. Feuerhelm/Kügler.
193 So zB in Hessen (vgl. Linz) und Köln (vgl. Riekenbrauk 2014).
194 So die Kooperationsvereinbarung für das „Kölner Haus des Jugendrechts", vgl. Riekenbrauk 2014, 381 f.
195 Im Hinblick auf NRW vgl. Riekenbrauk 2014, 380.
196 Schatz in Diemer/Schatz/Sonnen § 70 Rn. 35.
197 Beschlüsse der JuMiKo vom 12./13.6.2013 und der JFMK vom 6./7.6.2013.

durch die Erfordernisse der richterlichen Unabhängigkeit und Unbefangenheit gesetzten Grenzen) gehören und dabei im Rahmen der geltenden Datenschutzvorschriften auch personenbezogene Daten übermittelt werden dürfen"; weitere Regelungen, die über die rein deklaratorischen Vorschriften hinausgegangen wären, waren nicht konsensfähig.[198] Diese Forderungen sind mit der Erweiterung von Abs. 1 aufgegriffen worden.

4.2 Voraussetzungen für die Verpflichtung zur Zusammenarbeit

61 Die geforderte Zusammenarbeit bezieht sich auf **öffentliche Einrichtungen und sonstige Stellen, deren Tätigkeit sich auf die Lebenssituation des JU oder jungen Volljährigen auswirkt.** Damit wird an die Formulierung von § 81 angeknüpft, eine Vorschrift, die die Träger der öffentlichen Jugendhilfe grundsätzlich zu einer strukturellen Zusammenarbeit mit den nicht abschließend aufgeführten Stellen verpflichtet (→ § 81 Rn. 1 f.). Im Zusammenhang mit der fallübergreifenden Kooperation iSv § 81 erhalten mit der in Art. 8 **KJSG** neu eingefügten Vorschrift von § 37a Abs. 1 JGG die Jugendrichterschaft und Jugendstaatsanwaltschaft ausdrücklich die Befugnis, zum Zweck einer abgestimmten Aufgabenwahrnehmung mit öffentlichen Einrichtungen und sonstigen Stellen, insbesondere durch die Teilnahme an gemeinsamen Konferenzen und Mitwirkung in vergleichbaren Gremien, zusammenzuarbeiten. Diese Regelung stellt laut der Gesetzesbegründung klar, dass die Teilnahme und Mitwirkung an institutionenübergreifenden und nicht auf konkrete Einzelfälle bezogenen Konferenzen und Gremien im Kontext von Jugendstrafverfahren zu den Aufgaben von Jugendrichtern und Jugendstaatsanwälten gehören kann. Damit sollen die Bedeutung und die Notwendigkeit der institutionenübergreifenden Zusammenarbeit unterstrichen und die Bereitschaft zur Teilnahme erhöht werden.[199]

Im Hinblick auf die nun in Abs. 1 S. 1 geregelte einzelfallbezogene Kooperation kommen in dem hier allein relevanten Zusammenhang mit dem Jugendstrafverfahren als öffentliche Einrichtungen und sonstige Stellen die Organisationen in Betracht, die in Bereichen tätig sind, die sich auf die Lebenssituation JU und junger Volljähriger auswirken. Da die Pflicht zur Zusammenarbeit in den Zusammenhang mit der Mitwirkungspflicht nach Abs. 1 S. 1 gestellt wird („Dabei …"), gehören hierzu im wesentlichen Stellen, die in Reaktion auf die Straftat tätig werden und damit auf die Lebenssituation der jungen Beschuldigten einwirken. Primär sind dies die Jugendgerichte, die Staatsanwaltschaften, die Justizvollzugs- und die Polizeibehörden; darüber hinaus auch die Familiengerichte, Schulen und Stellen der Schulverwaltung, die Ausländerbehörden, die Träger von Sozialleistungen nach dem Zweiten und dem Zwölften Buch, Beratungsstellen nach den §§ 3 und 8 SchKG, Suchtberatungsstellen, TOA-Stellen, Einrichtungen der Jugendstraffälligenhilfe in öffentlicher und freier Trägerschaft (zB „Brücke Köln eV"). Die in § 37a Abs. 2 JGG korrespondierende Regelung verpflichtet („… soll…") die Jugendstaatsanwälte zur Teilnahme an dieser einzelfallbezogenen Zusammenarbeit, wenn damit aus ihrer Sicht die Erreichung des Ziels nach § 2 Abs. 1 JGG, nämlich die Rückfallvermeidung unter Berücksichtigung des Erziehungsgedankens, gefördert wird.

Die Zusammenarbeit soll bei der Mitwirkung im Jugendstrafverfahren erfolgen, wie es Abs. 1 S. 1 vorschreibt. Es handelt sich folglich um die **Kooperation im Einzelfall**, die sich damit deutlich von der strukturellen Kooperation nach § 81 unterscheidet. Wie es ausdrücklich in der Gesetzesbegründung heißt, soll mit der Ergänzung in Abs. 1 „dem zurückhaltenden Gebrauch in der praktischen Umsetzung einer umfassenderen behördenübergreifenden einzelfallbezogenen Zusammenarbeit entgegenge-

198 Schatz in Diemer/Schatz/Sonnen § 70 Rn. 35.
199 BT-Drs. 19/26107, 146.

wirkt werden".[200] **Die Pflicht zur Zusammenarbeit besteht jedoch nur, soweit sie für die Erfüllung der dem JA dabei obliegenden Aufgaben erforderlich ist.** Diese Einschränkung eröffnet dem JA in jedem einzelnen Jugendstrafverfahren einen **Beurteilungsspielraum**, ob überhaupt, wann, in welcher Weise und mit welcher Stelle es eine Zusammenarbeit für erforderlich erachtet. Ausgangspunkt sind die jeweils in Betracht zu ziehenden Aufgaben, wie sie nach § 52 iVm §§ 38 und 50 Abs. 3 S. 2 JGG dem JA vorgeschrieben sind, also die Ermittlungshilfe (3.6.1), die Überwachungstätigkeit (3.6.2), die Haftentscheidungshilfe (3.6.3) und die Betreuungstätigkeit (3.6.4). Es sind folglich allein die fachlich sozialpädagogischen Gesichtspunkte der Jugendhilfe, die das JA zu der Entscheidung veranlassen dürfen, ob und inwieweit im Rahmen der genannten Aufgabenbereiche eine Zusammenarbeit mit anderen Stellen erforderlich ist.[201] Damit ist ein grundsätzlicher Zwang zur Zusammenarbeit mit kooperationsgeeigneten Stellen klar ausgeschlossen; dies muss auch für feste Kooperationsstrukturen wie „Häuser des Jugendrechts" oder dauerhaft vereinbarte Fallkonferenzen gelten. In Fällen, in denen die Notwendigkeit einer Zusammenarbeit zu bejahen ist, wie bspw. im Bereich der frühen Haftentscheidungshilfe mit Polizei und Staatsanwaltschaft, ist das JA auch zu einer kooperierenden Tätigkeit verpflichtet (→ Rn. 51).

4.3 Formen der Zusammenarbeit

Die Zusammenarbeit kann im Rahmen von gemeinsamen Konferenzen oder vergleichbaren gemeinsamen Gremien erfolgen; des Weiteren auch in anderen Formen, die nach fachlicher Einschätzung für eine Zusammenarbeit geeignet sind. 62

Vor der Entscheidung, welche Formen der Kooperation für die Jugendhilfe in Betracht kommen, ist eine **fachliche Einschätzung über ihre Eignung durch die Akteure der Jugendhilfe erforderlich**. Zentraler Ausgangspunkt muss dabei immer auch die Zielsetzung nach § 1 Abs. 1 sein, nämlich zu einer Entwicklung und Erziehung des JU zu einer selbstbestimmten, eigenverantwortlichen und gemeinschaftsfähigen Persönlichkeit beizutragen. Eine gewisse Orientierung bieten die Eckpunkte eines Positionspapiers des DIJuF von 2007.[202] Danach soll durch die Mitwirkung der Jugendhilfe und ihre sozialpädagogische Fachkompetenz grundsätzlich das Ziel verfolgt werden, durch Inanspruchnahme von Angeboten der HzE strafende Sanktionierung zu vermeiden; „Jugendhilfe muss ihren Auftrag als ‚kooperatives Konkurrenzverhältnis' zur Polizei und Justiz verstehen: so viel Jugendhilfe wie möglich, so wenig Strafrecht wie nötig".[203] Als Bedingung für eine dieser Perspektive verpflichteten Kooperation und Voraussetzung für ein koordiniert-vernetztes Vorgehen werden folgende Eckpunkte als Gegenstand für schriftliche Kooperationsvereinbarungen benannt: Absprachen zum wechselseitigen Informationsfluss sowie Absprachen zu Regelungskompetenzen und zur Beteiligung an Entscheidungsfindungsprozessen bei Wahrung der jeweiligen Eigenständigkeit und eigenverantwortlichen Aufgabenerfüllung.[204] Bei allem ist Grundvoraussetzung das gegenseitige Verständnis für den jeweiligen gesetzlichen Handlungsauftrag, das durch die Herstellung persönlicher Kontakte mittels interdisziplinärer Fortbildungsveranstaltungen, „runder Tische" oder Arbeitskreise gefördert werden sollte.[205]

---

200 BT-Drs. 19/26107, 113.

201 Vgl. im Hinblick auf die vergleichbaren Begriffe „geeignet und notwendig" iSv § 27 Abs. 1 die dortigen Erläuterungen (Rn. 13), bei deren Auslegung nach herrschender Rechtsprechung ein Beurteilungsspielraum besteht.

202 DIJuF ZJJ 2007, 323 ff.

203 DIJuF ZJJ 2007, 323 (324).

204 Zu den Voraussetzungen gelingender Kooperation vgl. Goldberg in GK-SGB VIII § 52 Rn. 53 ff.

205 DIJuF ZJJ 2007, 323 (327).

Im Vordergrund der Kooperationsformen stehen die sog. **Fallkonferenzen**, die in Ermittlungsverfahren vor allem gegen sog. Mehrfach- oder Intensivtäter[206] zum Einsatz kommen und in denen ein wechselseitiger Informationsaustausch zwischen Polizei, Staatsanwaltschaft und Jugendhilfe zu einer Verständigung über die als erforderlich angesehenen Handlungsschritte führt.[207] Die sich zwischenzeitlich herausgebildete Praxis dieser einzelfallbezogenen gemeinsamen Konferenzen ist sehr heterogen und in ihrer Zielsetzung uneinheitlich.[208] In Praxis- und Konzeptionsdarstellungen werden als Ziele die „wirksame Bekämpfung von Jugendkriminalität", Beschleunigung von Jugendstrafverfahren, Reduzierung von Informationsverlust, Vermeidung weiterer Straftaten und weiterer Gefährdung, Vermeidung von Jugendstrafe und Herstellung eines vollständigen Bildes sowie eines abgestimmten Gesamtkonzepts genannt.[209] Die organisatorische Ausgestaltung weist ebenfalls Unterschiede auf; häufig ist die Polizei oder die Staatsanwaltschaft federführend, seltener die Jugendhilfe. Mitunter werden auch weitere Stellen wie Ausländerbehörden oder Schulen mit einbezogen; demgegenüber scheinen die betroffenen Jugendlichen und Heranwachsenden sowie die Sorgeberechtigten nur in Ausnahmefällen beteiligt zu werden. Am Ende der gemeinsamen Beratungen stehen in der Regel Empfehlungen für die an der Fallkonferenz beteiligten Akteure.[210]

Eine weitere Form bisher praktizierter Zusammenarbeit bilden die **„Häuser des Jugendrechts"**. Die räumliche Zusammenlegung von JGH, Polizei und Staatsanwaltschaft soll neben der „Optimierung der Kommunikationsstrukturen" – zumeist in Fallkonferenzen – auch die Beschleunigung der Ermittlungsverfahren und „damit einhergehend zeitnahe Reaktionen auf jugendkriminelle Aktivitäten" ermöglichen.[211] Auch in diesem Bereich von Kooperation gibt es Unterschiede; in manchen Häusern – wie im „Kölner Haus des Jugendrechts" – bilden die sog. Intensiv- oder Mehrfachtäter die Zielgruppe, in anderen „Häusern des Jugendrechts" – wie in Stuttgart-Bad Cannstatt – ist eine solche Auswahl nicht vorgesehen. „Häuser des Jugendrechts" gibt es mittlerweile in Baden-Württemberg, Hessen, Rheinland-Pfalz und NRW.

Die sich zwischenzeitlich herausgebildete Landschaft von weiteren Kooperationsprojekten ist vielfältig sowie unübersichtlich; ein zusammenfassender Überblick fehlt. Zu nennen sind bspw. das „Krisen-Interventions-Projekt" der Jugendhilfe in Jena,[212] das „Interventions- und Präventionsprojekt für straffällig gewordene Kinder, Jugendliche und Heranwachsende der Jugendgerichtshilfe Dresden[213] oder das nordrhein-westfälische Projekt „Kurve kriegen".[214]

4.4 Grenzen der Zusammenarbeit und kritische Betrachtung

63 Der mit der Zusammenarbeit vornehmlich bezweckte **Informationsaustausch ist für die Jugendhilfe mit den Regelungen des Sozialdatenschutzes deutlich begrenzt**. In der Gesetzesbegründung heißt es dazu: „Die Vorschriften über das Sozialgeheimnis gemäß § 35 SGB I, §§ 67 bis 85a SGB X und §§ 61 bis 68 SGB VIII sind von den Mitarbeiterinnen und Mitarbeitern der öffentlichen Jugendhilfe einzuhalten. Damit die Kooperation unter Einhaltung der gesetzlichen Bestimmungen funktionieren kann, müssen die-

206 Zu der Problematik dieser Begrifflichkeit → Rn. 53.
207 Trenczek/Goldberg, 464 f.; Coskun, 205 ff.
208 DVJJ 2014, 65.
209 DVJJ 2014, 65.
210 DVJJ 2014, 65.
211 Kooperationsvereinbarung für das „Kölner Haus des Jugendrechts", Redaktion Dez. I 32/0 – Präventionsmanagement Sicherheit und Ordnung, Stand: 17.3.2009.
212 Tiedeken.
213 Horlbeck.
214 Grohmann ZJJ 2012, 436 ff.

se datenschutzrechtlichen Vorschriften den Mitarbeiterinnen und Mitarbeitern der Kinder- und Jugendhilfe und den Strafverfolgungsbehörden gut bekannt sein. Die Beachtung des Sozialdatenschutzes kann in bestimmten Konstellationen auch dazu führen, dass die Fachkraft im Strafverfahren verpflichtet ist, ihr bekannte Informationen nicht weiterzugeben. Die Entscheidung über die Weitergabe von Daten muss die Fachkraft anhand der Effektivität und Funktionsfähigkeit der Kinder- und Jugendhilfe treffen. Das Ermittlungsbedürfnis der Strafverfolgungsbehörden darf hierbei nicht der Maßstab sein".[215]

Schon bei der Erhebung von Sozialdaten ist nach § 62 Abs. 1 das Erforderlichkeitsprinzip streng zu beachten, mit der Folge, dass nur die Daten erhoben werden dürfen, die für die konkret ins Auge gefasste Aufgabe und den damit verfolgten Zweck erforderlich sind (im Einzelnen → § 62 Rn. 3).[216] Insbesondere bei der Übermittlung der gewonnen Sozialdaten ist darauf zu achten, dass bei fehlender Übermittlungsbefugnis für die Akteure der Jugendhilfe eine Pflicht zur Verweigerung von Daten besteht; das ist der Fall, wenn keine – wirksame – Einwilligung vorliegt, die Voraussetzungen der gesetzlichen Übermittlungsbefugnisse nach den §§ 68, 69 und 73 SGB X fehlen oder die strikt zu berücksichtigenden Schranken der Übermittlungsbefugnisse nach den §§ 64 Abs. 2, 65 Abs. 1 SGB VIII und 76 Abs. 1 SGB X eine Datenweitergabe auch an die „Kooperationspartner" verbieten (→ § 62 Rn. 4 ff., → § 65 Rn. 5 ff., → § 61 Rn. 196 ff.).[217]

Zu Recht wird in dem „Positionspapier der DVJJ zu sog. Fallkonferenzen" darauf hingewiesen, dass die Übermittlung von Daten aus dem Bereich der allgemeinen Jugendhilfe im Rahmen von Fallkonferenzen „in aller Regel nicht erforderlich und häufig auch aufgrund von § 62 Abs. 2 (...) oder § 65 (...) unzulässig" ist.[218] Ähnlich fällt das Fazit in der Studie von Coskun aus, wonach die Erhebung und Verwendung von Sozialdaten im Rahmen behördenübergreifender Fallkonferenzen „in vielen Fällen gegen datenschutzrechtliche Bestimmungen verstoßen".[219] Wenn es in der Gesetzesbegründung heißt, dass der Sozialdatenschutz zum einen die klaren Grenzen der Zusammenarbeit aufzeige, zum anderen innerhalb dieser Grenzen jedoch durchaus Spielräume für eine gelingende, enge Kooperation zum Zweck einer zielorientierten Erfüllung des Auftrags der Kinder- und Jugendhilfe gebe,[220] so muss dem entgegengehalten werden, dass diese Spielräume bei der rechtsstaatlich gebotenen Einhaltung der Sozialdatenvorschriften und dem Respekt vor dem verfassungsrechtlich verbürgten Anspruch auf Schutz des Grundrechts auf informationelle Selbstbestimmung doch eher eng ausgestaltet sind.

Neben der durch den Sozialdatenschutz gezogenen Grenzen der behördenübergreifenden Zusammenarbeit sind gerade gegenüber den einzelfallbezogenen Fallkonferenzen **weitere Bedenken** geltend zu machen. Es drängt sich nämlich die Frage auf, ob die rechtsstaatlichen Verfahrensgarantien des Strafrechts gewahrt bleiben. Wenn – was wohl eher selten vorkommt – der beschuldigte JU und/oder seine ErzBer und ges. Vertreter an dem Konferenzverfahren teilnehmen, fragt sich, inwieweit sichergestellt ist, dass Verfahrensrechte, wie bspw. Belehrungen über das Schweigerecht oder die Hinzuziehung eines Verteidigers, durch das besondere Setting nicht umgangen werden.[221] Sollten Jugendrichter an Fallkonferenzen teilnehmen, muss die Frage nach der richterlichen Unabhängigkeit und Unvoreingenommenheit aufgeworfen werden;

215 BT-Drs. 19/26107, 113.
216 Riekenbrauk ZJJ 2011, 74 ff.; DVJJ ZJJ 2014, 65 f.
217 Vgl. Riekenbrauk 2015, 59 ff.; DVJJ ZJJ 2014, 66.
218 DVJJ ZJJ 2014, 66.
219 Coskun, 287.
220 BT-Drs. 19/26107, 113.
221 DVJJ 2014, 66.

Befangenheit ist dann zu besorgen, wenn bereits im Laufe des Ermittlungsverfahrens Festlegungen bei der Schuldfrage erfolgen. Der DVJJ ist zuzustimmen, wenn sie die Beteiligung von Richtern an Fallkonferenzen als eine strukturelle Gefahr für die Unvoreingenommenheit betrachtet.[222]

Ein weiteres Problem erwächst aus der Tatsache, dass für den betroffenen JU die einzelnen Akteure von Fallkonferenzen mit ihren spezifischen Aufgaben, Pflichten und Befugnissen kaum unterschieden werden können. Unübersichtlichkeit und daraus resultierende Unsicherheit führen bei jungen Menschen aber eher zu einer Barriere bei der Herstellung von Vertrauen, auf das die Mitarbeiter der Jugendhilfe aber unbedingt angewiesen sind. Dies gilt umso mehr, wenn im sog. „Haus des Jugendrechts" die „Kooperationspartner" Tür an Tür zusammenarbeiten. Indem die gesamte JGH – vereint unter einem Dach – bspw. mit dem Kommissariat für „Intensivtäter-Bekämpfung" der Polizei und Jugendstaatsanwälten tätig ist, muss sich für den – außenstehenden – JU der fatale Eindruck noch verstärken, dass in diesem Haus alle „unter einer Decke stecken". Inwieweit unter solchen Bedingungen eine auf Vertrauen basierende Jugendhilfearbeit „zugunsten junger Menschen" (so § 2 Abs. 1) geleistet werden kann, muss bezweifelt werden.[223]

Auch ist dem zentralen Argument der Befürworter der „Häuser des Jugendrechts" entgegenzutreten, mit der Verbesserung der kooperativen Verfahrensabläufe werde das Jugendstrafverfahren deutlich beschleunigt und damit der Erziehungsauftrag des Jugendstrafrechts optimiert. Bislang liegt keine Untersuchung vor, wonach eine Verfahrensbeschleunigung mit einer Senkung der Rückfallquote einhergeht.[224] Im Gegenteil: um eine vertrauensvolle Hilfebeziehung zu dem Ju aufzubauen und sich Handlungsoptionen gerade im Umgang mit hochbelasteten jungen Menschen mit ihren vielfältigen sozialen und persönlichen Problemlagen offenzuhalten, ist es geboten, sich der schnellen Intervention und Entscheidung da zu verweigern, wo mehr Zeit erforderlich ist.[225]

Insgesamt ist der neuen gesetzlichen Regelung zur behördenübergreifenden Zusammenarbeit mit Skepsis zu begegnen. Sie suggeriert, dass „es sich um ein Art Regelverfahren für bestimmte Fallkonstellationen handelt, das generell vor Ort vorzusehen und in klaren Ablaufplänen zu regeln ist".[226] Damit wird – so das Fazit in dem Positionspapier der DVJJ – der Fokus von der unerlässlichen institutionalisierten fallübergreifenden Kooperation, die bislang schon einzelfallbezogene Zusammenarbeit ermöglicht, verschoben zu einer sehr spezifischen, in ihren bisherigen Modellen oft rechtlich nicht unproblematischen Sonderform.[227]

5 Frühzeitige Prüfung von Hilfeangeboten (Abs. 2)

64 Die Vorschrift von Abs. 2 verpflichtet das JA, die die Mitwirkung im jugendstrafrechtlichen Verfahren auslösende Kenntnis von einer Straftat zum Anlass zu nehmen, **frühzeitig die Weichen in Richtung folgenloser Verfahrenseinstellung oder Diversion zu stellen**. Insoweit gibt diese Regelung der Tätigkeit des JA eine klare inhaltliche Vorgabe.

222 DVJJ 2014, 66.

223 Dazu im Allgemeinen Möller, 2010; zur Problematik der Vermischung von Aufgaben von Jugendhilfe und Polizei vgl. Riekenbrauk ZKJ 2006, 25 ff.; Riekenbrauk in Neubacher/Kubink (Hrsg.), Gedächtnisschrift für Michael Walter, 2014, S. 379; Sturzenhecker/Karolczak/Braband ZJJ 2011, 305; Fritsch ZJJ 2011, 393; Gerhard ZJJ 2008, 185; Goldberg in GK-SGB VIII § 52 Rn. 60; Trenczek in FK-SGB VIII § 52 Rn. 9.

224 Trenczek/Goldberg, 461 ff. mwN.

225 Riekenbrauk 2014, 390 f.

226 DVJJ 2014, 67.

227 DVJJ 2014, 67.

5.1 Pflicht zur Prüfung und zum Angebot von diversionsfördernden Leistungen

S. 1 konkretisiert diese Verpflichtung zunächst auf die **frühzeitige Prüfung**, ob für den JU oder jungen Volljährigen bis zum Alter von 20 Jahren, der im Zusammenhang mit dem jugendgerichtlichen Verfahren Heranwachsender iSv § 1 Abs. 2 JGG ist, Leistungen der Jugendhilfe oder anderer Sozialleistungsträger[228] in Betracht kommen. Diese Verpflichtung findet ihre Entsprechung einmal in der Vorschrift von § 70 Abs. 2 JGG, nach der spätestens zum Zeitpunkt der Ladung des Ju zu seiner ersten Vernehmung als Beschuldigter die JGH von der Einleitung des Strafverfahrens zu informieren ist und zum anderen in der Polizeidienstvorschrift 382, „Bearbeitung von Jugendsachen", nach der unter 3.2.7 die Jugendsachbearbeiter der Polizei das JA „unverzüglich zu unterrichten" haben, „wenn schon während der polizeilichen Ermittlungen erkennbar wird, dass Leistungen der Jugendhilfe infrage kommen".[229] 65

Zu den **Leistungen der Jugendhilfe** sind sowohl die in den §§ 27 ff. geregelten, wenn auch nicht abschließend (→ § 27 Rn. 27) aufgeführten HzE, sondern auch weitere ambulante Angebote der Jugendhilfe zu zählen, die insbesondere in den achtziger Jahren im Rahmen der inneren Reform des Jugendstrafrechts als Alternativen zu stationären Sanktionen durch die Praxis entwickelt wurden.[230] Dazu gehören ua die sozialen Trainingskurse, der Täter-Opfer-Ausgleich (→ § 27 Rn. 30), betreute Wohnprojekte etc, aber auch Beratungsgespräche, die als Leistungen der Jugendhilfe angeboten werden.[231] Bei der Auswahl dieser Leistungsangebote darf nicht der Fehler begangen werden, diese nach der Tatschwere und dem Grad der bisherigen delinquenten Auffälligkeit des Klienten als Sanktionsäquivalente zu gewichten und damit gegenüber Staatsanwalt und Richter „verhandelbar" zu machen. Vielmehr muss der **nach fachlichen Methoden ermittelte erzieherische Bedarf ausschließlicher Maßstab für die Leistung** sein.[232] Um den erzieherischen Bedarf im Einzelfall festzustellen, ist in Fällen von längerfristigen Hilfen regelmäßig das Hilfeplanverfahren durchzuführen, um eine geeignete und erforderliche individuelle HzE zu bestimmen (→ Rn. 42 f.).[233] An dieser Stelle darf die Unterschiedlichkeit zwischen strafjustiziellem Sanktionsdenken und den pädagogischen Ansätzen der Jugendhilfe nicht kaschiert werden, die sich allein am Ziel der Förderung und Erziehung zu Selbstbestimmung, Eigenverantwortlichkeit und Gemeinschaftsfähigkeit orientieren und um der Autonomie der Jugendhilfe willen gegenüber der Justiz offensiv vertreten werden sollten.[234] Mit der Neuregelung durch das KJSG sollen nicht nur die Leistungen der Jugendhilfe, sondern auch die Leistungen anderer Sozialleistungsträger in Betracht gezogen werden. In der Gesetzesbegründung wird darauf hingewiesen, dass die Ergänzung der neuen Regelung in § 36b entspricht, in der die Zusammenarbeit im Rahmen der Hilfeplanung bei einem Zuständigkeitsübergang vorgeschrieben wird. Hintergrund sind bestehende Unsicherheiten über Zuständigkeiten von und Zugänge zu anderen Trägern von Sozialleistungen, die es sinnvoll und im Interesse des Kindeswohls geboten erscheinen lassen, dass das Jugendamt hier als Clearingstelle tätig wird.[235] 66

Die Prüfung muss notwendigerweise die Frage mit einbeziehen, ob überhaupt eine Reaktion des JA erforderlich ist. Handelt es sich bei den bekannt gewordenen Straftaten 67

228 So die Ergänzung durch das KJSG.
229 DVJJ-Journal 1997, 11.
230 Vgl. BAG für ambulante Maßnahmen nach dem Jugendrecht in der DVJJ (Hrsg.), 1992.
231 Schwenkel-Omar DVJJ-Journal 1995, 172; Trenczek in FK-SGB VIII § 52 Rn. 52 ff.
232 Wiesner DVJJ-Journal 1995, 175.
233 Trenczek in FK-SGB VIII § 52 Rn. 56.
234 Vgl. Trenczek RdJB 1993, 316 (323).
235 BT-Drs. 19/26107, 115.

um **Bagatelldelikte oder erstmalige Auffälligkeiten** im Bereich von Vergehen, wird die Überprüfung idR zu dem Ergebnis führen müssen, **nichts zu unternehmen.**[236] In diesen Fällen ist eine Mitwirkung der JGH an Diversionsmaßnahmen, die nach §§ 45, 47 JGG sowieso der Entscheidungsgewalt der Justiz unterliegen, entbehrlich.[237] In den Diversionsrichtlinien Baden-Württembergs von 2004 (3.1) ist folgerichtig geregelt, dass im Rahmen von Verfahren, deren Einstellung nach § 45 Abs. 1 JGG erfolgt, eine Befassung der JGH grundsätzlich nicht erforderlich ist.[238] Allenfalls mag der Hinweis gegenüber Staatsanwalt oder Richter angebracht sein, dass eine folgenlose Verfahrenseinstellung gem. § 45 Abs. 1 bzw. § 47 Abs. 1 Nr. 1 JGG iVm § 153 StPO einer Interventionsmaßnahme im Rahmen der Diversion vorzuziehen und deswegen von einem Tätigwerden insgesamt abzusehen ist.[239] Das Gleiche sollte gelten, wenn es um ein Drogendelikt geht, bei dem der Ju mit Betäubungsmitteln in sog. geringen Mengen zum Eigenbedarf aufgefallen ist. In diesen Fällen ist es ebenfalls die Aufgabe der JGH, auf eine – folgenlose – Einstellung nach § 31a BtMG hinzuwirken.

68 Dieses **Postulat der Non-Intervention** drängt sich auf in Anbetracht vielfältiger kriminologischer Untersuchungen, die allesamt die Einsicht gefördert haben, dass **Jugenddelinquenz eine normale, episodenhafte Erscheinung** ist. „Man weiß inzwischen, dass jugendliche Delinquenz ein allgegenwärtiges (ubiquitäres) Phänomen ist, dass als völlig normale Begleiterscheinung der Entwicklung junger Menschen zu gelten hat und keineswegs Ausdruck irgendwelcher Fehlentwicklungen sein muss".[240] **Diese inzwischen unbestrittene Charakterisierung von Jugendkriminalität**[241] **muss auch in ihrer entdramatisierenden Intention die Arbeit der Jugendhilfe bestimmen.** Zu Recht weist der 8. Jugendbericht warnend darauf hin, dass es nicht zu einer zu starken Pädagogisierung kommen darf, die neue Abhängigkeiten und Kontrolleure für Jugendliche schafft.[242]

69 Wenn der Gesetzgeber es zur Pflicht macht, aus Anlass einer Straftat frühzeitig Leistungsangebote der Jugendhilfe zu prüfen, setzt dies voraus, dass das JA auch eine **Infrastruktur von Einrichtungen und Diensten öffentlicher und freier Träger** jederzeit gem. § 79 Abs. 2 (→ § 79 Rn. 9 ff.) sicherstellt, die den fachlichen Standards von Jugendhilfe entsprechen und die eine schnelle, adressatenorientierte Tätigkeit des JA ermöglicht.[243] Dazu gehören insbesondere tat- und täterspezifisch konzipierte soziale Trainingskurse[244] sowie Angebote zum Täter-Opfer-Ausgleich, die noch lange nicht die ihnen angemessene Akzeptanz gefunden haben.[245] Die Ergebnisse der bereits erwähnten JGH-Untersuchung belegen einen erheblichen Nachholbedarf an Jugendhilfeangeboten,[246] der auch insbesondere im Hinblick auf Soziale Trainingskurse und Anti-Aggressivitätstrainings in dem Jugendgerichtshilfeb@rometer von 2011 eine Bestätigung findet.[247]

236 Diemer/Schatz/Sonnen § 38 Rn. 23; Goldberg in GK-SGB VIII § 52 Rn. 96.
237 Laubenthal, 36.
238 HK-JGG § 45 Rn. 48.
239 Zu der Praxis der Diversion vgl. Heinz DVJJ-Journal 1998, 245 ff.; 1999, 11 ff.; 1999, 131 ff.; zu den Diversionsrichtlinien der Länder vgl. Diemer/Schatz/Sonnen § 45 Rn. 5; die aktuellen Diversionsrichtlinien sind einsehbar unter www.dvjj.de – Themenschwerpunkte – Diversionsrichtlinien.
240 Albrecht, 18 mwN.
241 Vgl. Brunner/Dölling Einf. I, Rn. 11.
242 BT-Drs. 11/6576, 147.
243 Laubenthal, 36; Sommerfeld in NK-JGG § 38 Rn. 21.
244 Vgl. allgemein zur rechtlichen Einordnung und Anwendung sozialer Trainingskurse Kempf, 2014.
245 Vgl. Riekenbrauk, Strafrecht und Soziale Arbeit, S. 326.
246 Trenczek DVJJ-Journal 2000, 225.
247 DJI, S. 71.

5.2 Pflicht zur Information von Staatsanwalt und Richter

Führt die Überprüfung nach Maßgabe der §§ 27 ff. zu dem Ergebnis, dass eine Leistung der Jugendhilfe oder andere Sozialleistungen für den betroffenen JU oder Heranwachsenden in Betracht kommen, oder ist eine solche Leistung bereits eingeleitet oder schon gewährt worden, so ist das JA verpflichtet, die Staatsanwaltschaft oder den zuständigen Richter umgehend darüber zu informieren (Abs. 2 S. 2). Zweck dieser Information ist, den Staatsanwalt oder den Richter zu der Prüfung zu veranlassen, wegen der in Aussicht genommenen, eingeleiteten oder bereits gewährten Leistung der Jugendhilfe gem. § 45 JGG von der Verfolgung abzusehen bzw. gem. § 47 JGG das Verfahren einzustellen. 70

Nach § 45 Abs. 2 und § 47 Abs. 1 Nr. 2 JGG ist die Einstellung des Strafverfahrens ua davon abhängig, dass eine **„erzieherische Maßnahme"** bereits durchgeführt oder eingeleitet ist. Unter erzieherischen Maßnahmen sind einerseits die **Leistungen der Jugendhilfe** andererseits aber auch alle anderen Aktivitäten erfasst, die von privater oder öffentlicher Seite im Rahmen bestehender Erziehungsaufgaben und -befugnisse entfaltet werden.[248] Staatsanwalt oder Richter entscheiden, ob die Maßnahmen pädagogisch geeignet sind und die Verfahrenseinstellung rechtfertigen. Auf diese rein justizielle Entscheidung darf die JGH keinen Einfluss nehmen. Unbenommen ist ihr jedoch, Jugendhilfeleistungen in Absprache mit den zuständigen Justizorganen dem Ju anzubieten, um eine informelle Verfahrensbeendigung in die Wege zu leiten. Aber auch dafür ist es erforderlich, dass nach fachlichen Gesichtspunkten ein erzieherischer Bedarf festgestellt worden ist und der Ju sowie seine ErzBer. das Leistungsangebot akzeptieren.[249] Da es grundsätzlich ein Anliegen der Jugendhilfe sein muss, ein formelles Verfahren mit formellen Sanktionen wegen ihrer stigmatisierenden, schädlichen und geradezu kontraproduktiven, nämlich kriminalitätsfördernden Effekte[250] zu vermeiden, **sollte die JGH immer da diversionsfördernd initiativ werden, wo Staatsanwaltschaft und Gericht eher Zurückhaltung üben.** Dass eine solche eher von Skepsis geprägte Haltung der Justiz gegenüber Diversionsverfahren in nicht unerheblichem Maße aktuell ist, zeigen die regionalen Unterschiede im Länder- und Städtevergleich, die trotz ergänzender Richtlinien zugunsten einer gleichmäßigen Anwendung der Diversionsvorschriften kaum beseitigt werden konnten.[251] 71

6 Betreuungskontinuität (Abs. 3)

Die gesetzliche Regelung in Abs. 3 hat in dreifacher Hinsicht Bedeutung: Zum einen wird die **Betreuungskontinuität** während des gesamten Verfahrens betont. Zweitens fordert der Gesetzgeber, die Betreuungs-, Ermittlungs- sowie Berichtstätigkeit **nur von ein und demselben Mitarbeiter der JGH** durchführen zu lassen. Und schließlich enthält die Vorschrift den Hinweis, dass an der Aufgabenerfüllung der JGH **die anerkannten Träger der freien Jugendhilfe** mitwirken können. 72

6.1 Betreuung während des gesamten Verfahrens

Der Verpflichtung der JGH, während des gesamten Strafverfahrens den Beschuldigten zu betreuen, entspricht auch die in § 38 Abs. 6 S. 1, 2 JGG geregelte Pflicht der Justizorgane, im gesamten Jugendstrafverfahren die JGH so früh wie möglich heranzuziehen, und – konkreter – die in § 70 Abs. 2 JGG geregelte Pflicht der Ermittlungsbehörden, spätestens zum Zeitpunkt der Ladung des Ju zu seiner ersten Vernehmung als Be- 73

248 S. dazu Sommerfeld in NK-JGG § 45 Rn. 11 u. 12; Eisenberg/Kölbel JGG § 45 Rn. 19 ff.; Diemer/Schatz/Sonnen § 45 Rn. 13.
249 Eisenberg/Kölbel JGG § 45 Rn. 20.
250 Albrecht, 43 ff.
251 Vgl. Heinz/Storz, 84 ff.; Heinz DVJJ-Journal 1998, 245 ff.; 1999, 11 ff.; 1999, 131 ff.

schuldigter die JGH von der Einleitung des Verfahrens zu benachrichtigen. Inwieweit in diesem frühen Stadium des Ermittlungsverfahrens überhaupt eine Betreuung erforderlich ist, entscheidet sich nach dem erzieherischen Bedarf im Einzelfall. **In Haftsachen** konkretisiert sich der **Betreuungsbeginn bereits auf den Zeitpunkt der Festnahme**, da gem. § 72a S. 2 JGG die Ermittlungsbehörden die JGH über diese Maßnahme und über die Absicht der Vorführung gem. § 128 StPO unterrichten muss, damit diese ihre Tätigkeit im Bereich der Haftentscheidungshilfe sofort beginnen kann (→ Rn. 45 f.).

74 Die Betreuungsarbeit hat sich über das gerichtliche Erkenntnisverfahren hinaus auch auf den Vollzug stationärer Maßnahmen wie Arrest und Jugendstrafe zu erstrecken (§ 38 Abs. 5 S. 5 JGG). In dieser Phase umfasst die Betreuung insbesondere die Hilfe zur Wiedereingliederung in die Gesellschaft mit der Folge, dass in der Regel diese Aufgabe auch **über den Zeitpunkt der Entlassung hinaus** fortbesteht.[252] Angesichts der beschränkten Ressourcen der JGH wird diese äußerst wichtige, **nachgehende Betreuung** unter Einbeziehung anderer Hilfseinrichtungen für Straffällige in Form eines Netzwerkes bewältigt werden müssen.[253]

6.2 Betreuung, Ermittlung und Gerichtsvertretung in einer Hand

75 Die in der Vergangenheit häufig praktizierte Trennung von Innen- und Außendienst der JGH hatte zur Folge, dass ein Mitarbeiter der JGH als Gerichts- oder Berichtsschreiber die Ermittlungen zur Persönlichkeitserforschung führte sowie die Ergebnisse schriftlich fixierte und ein anderer Mitarbeiter ausschließlich die Gerichtstermine wahrnahm. Dieser sog. Gerichtsgeher trug die Berichte über Ju oder Heranwachsende vor, zu denen er überhaupt noch keinen persönlichen Kontakt aufgenommen hatte.

76 Die an dieser Praxis geübte massive Kritik führte zu der Reformbestrebung, es ausnahmslos zur Pflicht zu machen, **die betreuende, ermittelnde und berichtende Tätigkeit in einer Hand** zu verbinden, wie es dann auch der Regierungsentwurf des KJHG vom 1.12.1989 vorsah.[254] Aus Kostengründen entschied sich der Gesetzgeber für die Schaffung einer bloßen Soll-Vorschrift (wie in § 38 Abs. 4 S. 2 JGG), die es nur in begründeten, zB urlaubs- oder krankheitsbedingten Ausnahmefällen zulässt, dass der Berichtsverfasser vor Gericht von einem anderen Mitarbeiter vertreten wird.[255]

6.3 Beteiligung der freien Jugendhilfe

77 Während in Abs. 1 und 2 als Träger der Mitwirkungsaufgaben im Jugendstrafverfahren allein das JA genannt wird, stellt Abs. 3 klar, dass neben dem JA als Organ der öffentlichen auch **anerkannte Träger der freien Jugendhilfe** an der Erfüllung der in dieser Vorschrift bestimmten Aufgaben beteiligt werden können. Die Möglichkeit der Mitwirkung freier Träger sieht das SGB VIII auch noch an anderer Stelle ausdrücklich vor. Nach § 3 Abs. 3 S. 2 können Träger der freien Jugendhilfe auch mit der Wahrnehmung oder Durchführung der anderen Aufgaben der Jugendhilfe, also der Mitwirkung im Verfahren nach dem JGG (§ 2 Abs. 3 Nr. 8), betraut werden, soweit dies im Gesetz ausdrücklich vorgesehen ist. Eine solche ausdrückliche Regelung enthält § 76 Abs. 1; danach werden die Träger der öffentlichen Jugendhilfe ermächtigt, anerkannte Träger der freien Jugendhilfe (§ 75) an der Durchführung ihrer Aufgaben nach § 52 zu beteiligen oder ihnen diese Aufgaben zur Ausführung zu übertragen.[256] Da es sich um

252 Laubenthal, 173 ff.
253 Zu den Besonderheiten des Übergangs vom Strafvollzug in die Freiheit vgl. Hosser/Lauterbach/Höynck, 396 ff.
254 BT-Drs. 11/5948, 18.
255 Wapler in Wiesner § 52 Rn. 59.
256 Vgl. Goerdeler ZJJ 2005, 425.

die **Wahrnehmung hoheitlicher Aufgaben** handelt, bestimmt § 76 Abs. 2 ausdrücklich, dass der **Träger der öffentlichen Jugendhilfe für die Erfüllung der Aufgaben verantwortlich** bleibt. Unter diesen Umständen ist eine widerrufliche Übertragung der Geschäfte der JGH auf freie Träger zulässig.[257]

Auch wenn es in § 38 Abs. 1 JGG heißt, dass die JGH von den JA im Zusammenwirken mit den Vereinigungen für Jugendhilfe ausgeübt wird, bedeutet das nichts anderes. 78

Wie iErg die Beteiligung oder die Übertragung von Aufgaben der JGH an Träger der freien Jugendhilfe bewerkstelligt wird, muss zwischen JA und freiem Träger ausgehandelt werden und Eingang in einen öffentlich-rechtlichen Vertrag finden (→ § 76 Rn. 8 ff.).[258] In gleicher Weise muss das JA vertraglich sicherstellen, dass es mithilfe von allgemeinen, nicht auf den Einzelfall bezogenen Kontrollmöglichkeiten seiner **Letztverantwortung** gerecht werden kann.[259] Bei alledem darf das Postulat der **partnerschaftlichen Zusammenarbeit** gem. § 4 Abs. 1 nicht aus dem Auge verloren werden (→ § 4 Rn. 3 ff.). 79

Die Letztverantwortung des JA hat darüber hinaus noch eine andere Konsequenz. Wenn die Jugendhilfe gem. § 3 Abs. 1 durch die **Vielfalt von Trägern unterschiedlicher Wertorientierung sowie die Vielfalt von Inhalten, Methoden und Arbeitsformen** gekennzeichnet und diese Pluralität Voraussetzung für das **Wunsch- und Wahlrecht** der Leistungsberechtigten (§ 5) sein soll, muss das JA dafür Sorge leisten, dass in seinem Zuständigkeitsbereich ein entsprechendes Angebot besteht (→ § 79 Rn. 9 ff.). Insbesondere für Ju und Heranwachsende aus **Migrations- und Flüchtlingsfamilien** ist ein Betreuungsangebot der JGH durch freie Träger erforderlich, wenn diese – wie es in vielen Großstädten bereits der Fall ist – über besondere Kompetenzen im Bereich kultur- und subkulturspezifischer Alltagsstile sowie im sprachlichen und aufenthaltsrechtlichen Bereich besitzen[260] und nach den Befunden des „Jugendgerichtshilfeb@rometers" in 85 % der JGH in öffentlicher Trägerschaft keine Fachkräfte mit einem Migrationshintergrund tätig sind.[261] Gerade im Hinblick auf die weitgehende soziale Schlechterstellung junger Menschen ohne deutsche Staatsangehörigkeit, die die eigentliche Ursache für die signifikant hohe Kriminalitätsbelastung dieser Bevölkerungsgruppe ist, ist die Förderung einer international orientierten JGH in freier Trägerschaft unbedingt geboten.[262] 80

Vierter Abschnitt Beistandschaft, Pflegschaft und Vormundschaft für Kinder und Jugendliche, Auskunft über Nichtabgabe von Sorgeerklärungen

Exkurs zur Beistandschaft (§§ 1712–1717 BGB, Art. 144 EGBGB)

257 Eisenberg/Kölbel JGG § 38 Rn. 3.
258 Wapler in Wiesner § 52 Rn. 63; Goldberg in GK-SGB VIII § 52 Rn. 113.
259 Wiesner in Wiesner § 76 Rn. 20.
260 Vgl. Schmitz DVJJ-Journal 1993, 375 ff.
261 Gadow/Holthusen/Hoops ZJJ 2012, 303.
262 Zur Bedeutung von interkultureller Kommunikation vgl. Ahmari ZJJ 2014, 224 f.

1 Bezug zu SGB I, VIII, X

1.1 Bezug zu SGB I, X

1 Die Beistandschaft ist keine Sozialleistung iSd § 11 SGB I. Als persönliche Hilfe gehört sie zwar zu den Dienstleistungen, solche sind aber nur dann Sozialleistungen, wenn sie Gegenstand der sozialen Rechte nach dem SGB I sind. Für die Jugendhilfe bezeichnet § 8 SGB I das soziale Recht. Es bezieht sich lediglich auf Leistungen der Jugendhilfe. Leistungen der Jugendhilfe sind nur die in § 27 Abs. 1 SGB I genannten Hilfen, die den in § 2 Abs. 2 aufgeführten Leistungen entsprechen. Dort ist die Beistandschaft nicht aufgeführt, obwohl sie inhaltlich hierher gehören würde,[1] sondern in § 2 Abs. 3 Nr. 11. **Die Vorschriften des SGB I gelten somit nicht für die Beistandschaft.** Die Vorschriften über den Datenschutz (§ 35 SGB I) würden aber unbeschadet dessen gelten, weil § 61 Abs. 1 S. 1 den Schutzbereich des Datenschutzes auf alle Aufgaben der Jugendhilfe erstreckt. Auch wenn § 61 Abs. 2 bestimmt, dass für den Datenschutz in der Beistandschaft nur § 68 gilt, gilt dennoch § 35 SGB I (→ § 61 Rn. 284). Dagegen gilt nicht § 16 SGB I, da die unbedingte Geltung des § 16 SGB I gem. § 37 S. 2 SGB I nur für Sozialleistungen ausgesprochen wird (→ Rn. 37). Ebenso wenig gilt § 60 SGB I, so dass die Beistandschaft nicht vom JA wegen fehlender Mitwirkungsbereitschaft des Elternteils beendet werden kann (→ Rn. 63).

2 **Anwendbar ist dagegen das SGB X**, da § 1 Abs. 1 S. 1 SGB X die gesamte öffentlich-rechtliche Verwaltungstätigkeit der Behörden, also hier des JA, in den Geltungsbereich des SGB X einbezieht. Somit gelten bspw. die Vorschriften über die Amtshilfe (§§ 3–7 SGB X). Die Vorschriften über das Verwaltungsverfahren (§§ 8 ff. SGB X) gelten dagegen nicht, weil die Tätigkeit der Beistandschaft kein Verwaltungsverfahren ist, da sie sich nicht auf den Erlass eines VA richtet. Ein VA liegt nur ausnahmsweise dann vor, wenn das JA eine Streitentscheidung in der Form eines VA trifft (Feststellender VA; § 1714 BGB, → Rn. 46). **Akteneinsicht** ist deshalb nicht nach § 25 SGB X zu gewähren, da ein VA in der Regel nicht vorliegt; die Rechtswirkungen des Handelns des Bei-

1 Ebenso Meysen JAmt 2001, 262.

stands treten nämlich nicht auf dem Gebiet des öffentlichen Rechts ein, sondern auf dem Gebiet privaten Rechts (→ § 55 Rn. 9). Für den antragstellenden Elternteil und das Kind sind in dem – abschließenden – § 68 Abs. 3 Informationsrechte normiert (→ § 68 Rn. 15 ff.). Für den anderen Elternteil kann allenfalls in den engen Grenzen des § 810 BGB ein Anspruch auf Einsicht in Urkunden bestehen.[2] Ob darüber hinaus ein Auskunftsanspruch hinsichtlich der auf ihn bezogenen Daten nach § 83 SGB X besteht, ist nicht geklärt (verneinend, Akteneinsichtsrecht → § 68 Rn. 22).[3]

1.2 Bezug zum SGB VIII

§ 2 Abs. 3 Nr. 11 nennt als andere Aufgabe der Jugendhilfe die Beistandschaft. Die diesbezüglichen Regelungen finden sich im Vierten Abschnitt. Dieser beginnt mit § 52 a, der das JA verpflichtet, eine nicht mit dem Vater des Kindes verheiratete Mutter auf die Möglichkeit der Beratung und Unterstützung hinsichtlich der in dieser Norm genannten Belange des Kindes hinzuweisen; dies umfasst auch die Verpflichtung zum Hinweis auf die Möglichkeit der Einrichtung einer Beistandschaft. Gleichwohl zeigen Befragungen, dass die Möglichkeit der Einrichtung einer Beistandschaft alleinerziehenden Eltern häufig nicht bekannt ist.[4] Dies dürfte wohl auch darauf beruhen, dass die Erweiterung des Adressatenkreises auf alle alleinerziehenden Elternteile nicht mit entsprechenden universellen Informationspflichten einherging. Gem. § 55 Abs. 1 richten sich Eintritt und Bestand der Beistandschaft nach den Vorschriften des BGB (§§ 1712–1717 BGB). Nach § 54 Abs. 1 S. 2 kann durch Landesrecht die Möglichkeit eröffnet werden, dass auch ein rechtsfähiger Verein Beistandschaften übernehmen kann (→ Rn. 90 ff.). Auf die Führung der Beistandschaft ist gem. § 56 Abs. 1 das BGB (§ 1716 iVm § 1915 iVm §§ 1773–1895 BGB) anzuwenden (→ § 56 Rn. 1). 3

Die Regelungen der §§ 1712 bis 1717 BGB verpflichten nur das JA, das insoweit Träger der öffentlichen Verwaltung ist. Nach der neueren Subjekttheorie handelt es sich daher um **öffentliches Recht**. Dies gilt auch, soweit nach landesrechtlicher Bestimmung **ein Verein** eine Beistandschaft übernehmen kann, da er insoweit als **beliehener Unternehmer** tätig wird (Art. 144 EGBGB; → Rn. 90 ff.). Als öffentlich-rechtliche Regelung gehört die Materie systematisch in das SGB VIII. Diese Verortung hat auch der Bundesrat in seiner Stellungnahme[5] vergeblich gefordert. 4

2 Wesentlicher Inhalt der Beistandschaft

Seit der grundlegenden Reform durch das zum 1.7.1998 in Kraft getretene BeistandschaftsG vom 4.12.1997 ist die frühere gesetzliche Amtspflegschaft durch die **freiwillige** Beistandschaft des JA auf Antrag ersetzt worden.[6] Sie umfasst die Aufgabenkreise der Vaterschaftsfeststellung und der Geltendmachung von Unterhaltsansprüchen und schließt die Vertretungsmacht für diese beiden Aufgabenkreise ein. Die Vertretungsmacht des sorgeberechtigten Elternteils bleibt daneben bestehen (s. § 1716 Abs. 1 BGB). Im Verfahren vor dem Familiengericht ist die Vertretung durch den Elternteil bei bestehender Beistandschaft in deren Aufgabenkreis jedoch ausgeschlossen (§§ 173, 234 FamFG). 5

Nicht zu verwechseln ist der Beistand nach § 55 mit dem Erziehungsbeistand nach § 30, mit dem Beistand nach § 13 Abs. 4 SGB X bzw. § 12 FamFG und mit dem Ver- 6

2 VG München 14.10.2013 – M 18 K 13.953, JAmt 2014, 34.
3 Hingegen ein Akteneinsichtsrecht bejahend DIJuF JAmt 2014, 35.
4 Birnstengel/Katzenstein JAmt 2015, 230 (231); Berkhoff/Hoheisel, Abschlussbericht Beistandschaft und Unterhalt, 2015, S. 3.
5 BT-Drs. 13/892, 53.
6 Vgl. den Überblick über die neue Beistandschaft bei Kunkel in Oberloskamp, Vormundschaft, § 19.

fahrensbeistand nach § 158 FamFG. In der jüngeren Vergangenheit hat sich der Begriff einer „kleinen Beistandschaft" verbreitet (→ § 52a Rn. 2). Tatsächlich handelt es sich hierbei aber gerade nicht um eine Beistandschaft nach §§ 1712 ff. BGB. Es wird vielmehr angestrebt, den alleinerziehenden Elternteil (lediglich) iSd § 18 und § 52a zu beraten und zu unterstützen; die volle rechtliche Verantwortung einer Beistandschaft (in deren Aufgabenkreis) sowie die rechtliche Vertretung des Kindes treten gerade nicht ein. Der Begriff ist daher irreführend. Es wird bisweilen der Eindruck erweckt, die Beistandschaft trete erst ein bzw. solle erst dann übernommen werden, wenn es in ein gerichtliches Verfahren geht.[7] Dies entspricht indes nicht der gesetzlichen Konzeption, nach welcher der Eintritt allein vom Antrag des betreuenden Elternteils und damit von dessen Willen abhängt. Diese Auffassung begegnet auch Bedenken, da Befugnisse für ein Handeln mit Außenwirkung und damit auch haftungsrechtliche Fragen im Bereich der Unterstützung umstritten sind (→ § 18 Rn. 7).[8] Anders als bei der Beistandschaft ist die unterstützende Person im JA auch dann, wenn man ein Handeln mit Vollmacht für möglich hält, von den Weisungen des bevollmächtigenden Elternteils abhängig. Es ist daher nicht in gleicher Weise wie bei der Beistandschaft gewährleistet, dass stets und unverzüglich derjenige Weg beschritten wird, der im besten Interesse des Kindes liegt;[9] zudem birgt eine Umsetzung von Empfehlungen des JA durch in der Materie rechtlich in der Regel nicht bewanderte Laien Fehlerrisiken in sich und der wichtige Effekt der Beistandschaft, die Elternebene von den kindbezogenen Konflikten bezüglich Vaterschaftsfeststellung und Unterhalt zu entlasten, geht verloren. Es sollte daher im Rahmen der Beratung stets auf den Einzelfall bezogen geprüft werden, ob die Einrichtung einer Beistandschaft oder die bloße Unterstützung sinnvoller ist; letztendlich ist allein der Wille des alleinerziehenden Elternteils maßgeblich. Ebenso ist in der jüngsten Vergangenheit zu beobachten, dass Antragswillige vom Antrag auf Beistandschaften abgehalten werden, weil im Haus die Devise ausgegeben wurde: So viel Beratung wie möglich, so wenige Beistandschaften wie nötig. Auch das widerspricht dem Ziel, den Kindern eine kompetente Dienstleistung in ihrem besten Interesse zur Verfügung zu stellen. Eine generelle Leitlinie, dass Beratung und Unterstützung – allgemein oder in bestimmten Fällen (zB bei SGB II Bezug) – Vorrang vor der Einrichtung einer Beistandschaft haben, widerspricht der geltenden Rechtslage.[10]

Die Beistandschaft im Einzelnen:

3 § 1712 BGB

7 **§ 1712 BGB Beistandschaft des Jugendamts; Aufgaben**

(1) Auf schriftlichen Antrag eines Elternteils wird das Jugendamt Beistand des Kindes für folgende Aufgaben:

1. die Feststellung der Vaterschaft,
2. die Geltendmachung von Unterhaltsansprüchen sowie die Verfügung über diese Ansprüche; ist das Kind bei einem Dritten entgeltlich in Pflege, so ist der Beistand berechtigt, aus dem vom Unterhaltspflichtigen Geleisteten den Dritten zu befriedigen.

(2) Der Antrag kann auf einzelne der in Absatz 1 bezeichneten Aufgaben beschränkt werden.

7 Vgl. zB Präsentation von Wiesner beim 1. NRW Beistandschaftstag v. 22.–24.6.2015, abrufbar über www.lwl.org.
8 Vgl. DIJuF Rechtsgutachten v. 23.7.2015, JAmt 2015, 433; JAmt 2009, 72.
9 S. auch Birnstengel/Katzenstein JAmt 2015, 230 (231).
10 So Birnstengel/Katzenstein JAmt 2015, 230 (232) auch zu den unterschiedlichen Leitvorstellungen in Jugendämtern.

3.1 Antragserfordernis und Aufgabenkreise (Abs. 1)

Die Beistandschaft tritt auf Antrag ein. Der Antrag ist nicht im technischen Sinne zu verstehen, sondern als Initiativrecht für die Inanspruchnahme der Beistandschaft. Diese Antragslösung wurde gewählt, um unnötige Eingriffe in das Sorgerecht zu vermeiden, ohne Kindesinteressen dadurch zu vernachlässigen. 8

Unter **„Antrag"** ist die Initiative eines Elternteils für den Eintritt der Beistandschaft zu verstehen. Der Antrag muss **schriftlich** (zur Schriftform → Anh. 5 Rn. 59) iSd § 126 BGB erfolgen (§ 1712 Abs. 1 BGB) und an das örtlich zuständige JA gerichtet sein.[11] Nach wohl hM soll – soweit diese Frage thematisiert wird – eine Antragstellung per Telefax nicht genügen. Dies erscheint zweifelhaft, da im Widerspruchs- und im gerichtlichen Verfahren weitgehend anerkannt ist, dass mit einer Übermittlung per **Telefax** dem Schriftformerfordernis genügt wird.[12] Die Erwägung des LSG BW, dass Formvorschriften keinem Selbstzweck dienen sondern lediglich der Rechtssicherheit, die auch bei Übermittlung durch Telefax gewahrt sein kann, gilt auch hinsichtlich des Antrags. Gegen die Akzeptanz des Telefaxes lässt sich allenfalls die Entscheidung des BGH[13] anführen, dass eine Vollmacht im Zivilprozess durch Vorlage des Originals nachzuweisen sei. Da durch den Antrag die gesetzliche Vertretungsmacht des Beistands begründet wird, lässt sich hierauf ein „scharfes" Schriftformerfordernis auch in diesem Bereich stützen. Im Falle eines Antrags per Telefax sollte der Beistand daher darauf hinwirken, dass ein schriftlicher Antrag im Original vorgelegt wird. Da das Gesetz den sonst üblichen Zusatz „oder zur Niederschrift" nicht verwendet, genügt die Protokollierung des Antrags durch das JA nicht.[14] Die elektronische Form mit qualifizierter elektronischer Signatur ersetzt die schriftliche (§§ 126 Abs. 3, 126a BGB), aber auch der E-Brief der Post ist ausreichend. 9

Der antragsberechtigte Elternteil wird in § 1713 BGB näher beschrieben; → Rn. 31 ff. 10

Beistand wird das JA (§ 55 Abs. 1 **„Legalbeistand"**). Die Ausübung der Aufgaben des Beistands überträgt das JA durch VA[15] einzelnen Beamten oder Angestellten (§ 55 Abs. 2 S. 1; **„Realbeistand"**).[16] Zur örtlichen Zuständigkeit des JA → Rn. 49.[17] 11

Das JA kann die Beistandschaft mit Zustimmung des allein sorgeberechtigten Elternteils auf einen rechtsfähigen Verein übertragen, wenn ein Landesgesetz dies erlaubt und das Landesjugendamt dem Verein eine Erlaubnis gem. § 54 erteilt hat (Art. 144 EGBGB; → Rn. 91). Zur Unterscheidung von der Vereinsbeistandschaft müsste das SGB VIII den Begriff der **„Amtsbeistandschaft"** verwenden, wenn es die Beistandschaft durch das JA meint (→ § 55 Rn. 9). 12

Der Beistand ist **Beistand des Kindes**, nicht des Elternteils.[18] Im Bereich der Aufgabenkreise besteht Vertretungsmacht für das Kind (→ Rn. 66). Der einzelne Beamte oder Angestellte des JA ist gesetzlicher Vertreter des Kindes (→ § 55 Rn. 16). Diese gesetzli- 13

11 Näher Meysen JAmt 2008, 120.
12 Vgl. nur LSG BW 9.11.2006 – L 6 SB 1439/06, juris Rn. 18 mwN; GmS-OGB 5.4.2000 – 1/98, SozR 3-1750 § 130 Nr. 1; noch weitergehend (die Übermittlung eines eingescannten Schriftsatzes per E-Mail genügt) BGH 18.3.2015 – XII ZB 424/14, FamRZ 2015, 919 mwN auch zur Übermittlung per Telefax.
13 BGH 27.3.2003 – III ZB 43/00, NJW-RR 2002, 933.
14 Wie hier Meysen JAmt 2008, 120; Zempel in Kaiser/Schnitzler/Schilling/Sanders BGB § 1712 Rn. 24; aA Krug ZFSH/SGB 1998, 456; Walther in Wiesner § 55 Rn. 30; Schleicher in GK-SGB VIII § 52a Rn. 32.
15 Außenwirkung iSv § 31 SGB X liegt wegen der Besonderheit der gesetzlichen Vertretung des Kindes durch den Beauftragten vor; vgl. auch DIJuF JAmt 2002, 73 u. 2003, 521.
16 In Anlehnung an den Begriff des „Realbetreuers", den Bienwald in Staudinger BGB § 1900 Rn. 36 verwendet.
17 Zu „Mischarbeitsplätzen" vgl. DIJuF, Themengutachten ua v. 14.10.2011, S. 6.
18 Kritisch hierzu die Stellungnahme des DV in NDV 1994, 16.

che Vertretung bedeutet aber (im Unterschied zur früheren gesetzlichen Amtspflegschaft) **keine Einschränkung der elterlichen Sorge** (§ 1716 S. 1 BGB). Weil der antragstellende Elternteil die Beistandschaft auch jederzeit beenden kann, dürfte es praktisch kaum möglich sein, einen Unterhaltsanspruch gegen den antragstellenden Elternteil oder den Auskunftsanspruch des Kindes aus § 1618a BGB zur Vaterschaftsfeststellung (→ § 52a Rn. 9) gegen die antragstellende Mutter durchzusetzen. Rechtlich ist der Beistand hierzu jedoch befugt und unter Umständen auch verpflichtet

14 Dem Elternteil steht **kein Weisungsrecht** gegenüber dem Beistand zu. So kann der Elternteil zB nicht anweisen, die Vaterschaftsfeststellung auf einen bestimmten Mann zu beschränken oder Unterhalt nur in bestimmter Höhe oder von bestimmten Verwandten zu verlangen.[19] Erst recht ist der Beistand rechtswidrigen Weisungen eines Elternteils nicht unterworfen, da er an den Grundsatz der Gesetzmäßigkeit der Verwaltung (Art. 20, 28 GG) gebunden ist.[20] Gleichwohl sollte der Beistand gegenüber dem Elternteil transparent handeln und ein kooperatives Verhältnis anstreben.[21] Ehemals erfolgte Umfragen deuten darauf hin, dass das Verhältnis zwischen alleinerziehendem Elternteil und Beistand nicht selten konfliktbehaftet ist.[22] Eine Beendigung durch den Beistand selbst ist gesetzlich nicht vorgesehen. Bei andauernden Auseinandersetzungen zwischen Beistand und Elternteil kann der Beistand den Elternteil nur darauf hinweisen, dass es ihm freistehe, die Beistandschaft durch schriftliches Verlangen zu beenden. Gleiches gilt, wenn ein Elternteil einen Rechtsanwalt für den Aufgabenkreis des Beistands einschaltet und eine Kooperation nicht gewährleistet ist. In diesem Zusammenhang sollte der antragstellende Elternteil zudem darauf hingewiesen werden, dass bei gleichzeitigem Bestand der Beistandschaft ein Anspruch auf Verfahrenskostenhilfe für das Tätigwerden eines anwaltlichen Beistands nicht besteht.

15 Die Beistandschaft beschränkt sich auf die Aufgabenkreise der Vaterschaftsfeststellung und der Unterhaltssicherung. In allen übrigen Fragen (zB Adoption, Ehelicherklärung, Namensänderung) besteht ein Rechtsanspruch auf **Beratung nach** § 18 Abs. 1, der auch für die Aufgabenkreise der Beistandschaft erhalten bleibt (→ Rn. 56).

16 **Nr. 1:** Die **Vaterschaftsfeststellung** (→ § 52a Rn. 6) ist für das Kind von überragender Bedeutung, aber auch für den Fiskus von nicht geringem Interesse, da von ihr die Durchsetzung des Unterhaltsanspruchs des Kindes und der Regress von öffentlichen Stellen, die aufgrund des Ausbleibens von Unterhaltszahlungen Leistungen erbracht haben (Unterhaltsvorschusskassen, Jobcenter, Sozialamt), abhängt.[23]

17 „Feststellung der Vaterschaft" bedeutet Vaterschaftsanerkennung und gerichtliche Vaterschaftsfeststellung (→ § 52a Rn. 8, 9). Die **Vaterschaftsanfechtung** zählt nicht hierzu,[24] weil sie eine Änderung des Eltern-Kind-Verhältnisses, also eine Statusangelegenheit betrifft, und nicht dem Schutzbedürfnis des Kindes entspricht. Auch das Restitutionsverfahren nach § 185 FamFG fällt nicht hierunter.

18 Die Beistandschaft kommt auch zur Feststellung der Vaterschaft bei Kindern in Betracht, deren Eltern bei Geburt miteinander verheiratet waren. Gem. § 1592 Nr. 1

---

19 Ebenso Götz in Palandt § 1712 Rn. 6; DIJuF-Gutachten JAmt 2001, 39; str.; aA zB Gawlitta ZfJ 1998, 156.
20 Ebenso Roth Kind-Prax 1998, 149.
21 Ähnlich Birnstengel/Katzenstein JAmt 2015, 230 (231).
22 S. dazu aus Sicht der Alleinerziehenden Berkhoff/Hoheisel, Abschlussbericht Beistandschaft und Unterhalt, 2015, S. 4 ff.
23 Kritisch dazu, dass die Vaterschaftsfeststellung trotz des Interesses des Kindes und eines etwaigen öffentlichen Interesses letztlich allein in den Händen der Mutter liegt, zB Zarbock DAVorm 1995/686; ähnlich skeptisch DIV-Thesen DAVorm 1995/402, Binschus DAVorm 1989/169 und Richter FamRZ 1994, 8.
24 Begründung des Gesetzesentwurfs, BT-Drs. 13/892, 37; DIJuF JAmt 2001, 38; OLG Nürnberg ZfJ 2001, 233; Götz in Palandt § 1712 Rn. 1.

BGB gilt zwar die Vermutung für die Vaterschaft des Ehemanns. Bei anhängigem Scheidungsantrag besteht aber die Ausschlussmöglichkeit nach § 1599 Abs. 2 BGB (Abdruck bei § 52a); danach wird die Vaterschaftsvermutung widerlegt, wenn das Kind in der Ehe, aber nach Anhängigkeit des Scheidungsantrags geboren wird und ein Dritter die Vaterschaft anerkennt, wenn Mutter und Ehemann zugestimmt haben. Die Anerkennung wird frühestens mit Rechtskraft der Scheidung wirksam (§ 1599 Abs. 2 BGB).

Die Vaterschaftsfeststellung ist ferner von Bedeutung bei **Adoption** eines Kindes, dessen Eltern nicht miteinander verheiratet sind, wenn die Vaterschaft des Kindes nicht festgestellt worden ist.[25] Durch die Adoption wird das Kind gem. § 1754 BGB zwar gemeinschaftliches Kind der Ehegatten, die Vaterschaftsfeststellung kann aber dennoch betrieben werden, weil das Kind ein Recht auf Kenntnis seiner genetischen Abstammung hat (→ § 52a Rn. 6). 19

Nr. 2: Unterhaltssicherung: Der Aufgabenkreis der Unterhaltssicherung betrifft lediglich den Kindesunterhalt, nicht dagegen den Unterhaltsanspruch eines Elternteils. Die Unterhaltssicherung ist gleichermaßen von Bedeutung für Kinder nicht miteinander verheirateter Eltern und für Kinder nach Trennung oder Scheidung der Eltern, wenn ein Elternteil die alleinige Sorge innehat oder bei gemeinsamer Sorge das Kind in Obhut hat. Bis zu 120 % des Mindestunterhalts können durch den Beistand im vereinfachten Verfahren nach § 249 FamFG durchgesetzt werden, ebenso ist die gerichtliche Geltendmachung nach § 231 FamFG zulässig. Ebenso möglich ist die Unterhaltsvereinbarung, die im Nichteinhaltungsfall per Urkundenverfahren (§ 592 ZPO) tituliert werden kann. Die Geltendmachung reicht von der **außergerichtlichen und gerichtlichen Einforderung** bis in die Zwangsvollstreckung.[26] 20

Fordert das JA als Beistand Unterhalt gerichtlich ein, ist der Beistand auch gesetzlicher Vertreter des Kindes in der **Passivrolle** im Falle einer späteren Vollstreckungsgegenklage, einer Drittwiderspruchsklage, eines Abänderungsantrages gegen den Unterhaltstitel, eines gegen den Titel betriebenen Wiederaufnahmeverfahrens und in Verfahren zur Rückforderung zu viel gezahlten Unterhalts.[27] Nicht in diesen Aufgabenkreis fällt die Geltendmachung von Ansprüchen mit Unterhaltsersatzfunktion, wie aus dem im Vergleich zu § 18 Abs. 1 unterschiedlichen Wortlaut folgt.[28] Also nicht: das Betreiben von Rentenansprüchen, von Schadenersatzansprüchen wegen entgangenen Unterhalts oder von nachrangigen Ansprüchen (UhVorschG, BAFöG, SGB XII und II).[29] Dennoch besteht eine **Hinweispflicht** auf derartige Sozialleistungen aus § 14 SGB I, deren Verletzung Amtspflichtverletzung (§ 839 BGB) sein kann.[30] **Verzugszinsen** aus nicht oder nicht rechtzeitig geleistetem Unterhalt können grundsätzlich nicht geltend gemacht werden, da Verzugszins eine Art des Schadensersatzes ist, wie sich aus § 288 Abs. 2 BGB ergibt. Anders aber, wenn der Beistand einen bezifferten Unterhaltsrückstand entweder isoliert oder im Verbund mit einem Antrag auf künftigen Unterhalt geltend macht. Dann ist der Verzugs- oder Prozesszins nur noch Nebenforderung der gleichzeitig anhängig gemachten Hauptforderung.[31] Da die jeweilige Höhe des sich im Abstand von jeweils fünf Monaten ändernden Basiszinssatzes für die Zukunft nicht bekannt ist, wäre ein Antrag auf rückständigen Unterhalt so zu formulieren: „... zuzüglich Zinsen iHv fünf Prozentpunkten über dem jeweiligen Basiszinssatz seit ...". Zum Aufgabenkreis des Beistands kann auch die **Anzeige** wegen einer Unterhalts- 21

25 Vgl. Binschus DAVorm 1989/176.
26 Zu dieser vgl. DIJuF JAmt 2003, 520.
27 AA aber wohl OLG Naumburg JAmt 2003, 364 mAnm Knittel.
28 Kritisch hierzu DIV DAVorm 1993/1021.
29 Ebenso – für UhVorschG – BGH FamRZ 1999, 1342.
30 Ebenso OLG Celle ZfJ 1999, 71 m. Glosse v. Kemper, S. 206.
31 So DIJuF JAmt 2001, 32.

pflichtverletzung (§ 170 StGB; → § 68 Rn. 5) gehören. Dies ist insbesondere dann der Fall, wenn anzunehmen ist, dass ein sich seinen Unterhaltspflichten entziehender Elternteil durch das Strafverfahren zur Aufnahme von Unterhaltszahlungen bewegt werden kann.[32]

22 Den geleisteten oder beigetriebenen Unterhalt hat der Beistand an den allein sorgeberechtigten bzw. den Elternteil, der das Kind in Obhut hat, **abzuführen**. Nur in begründeten Ausnahmefällen kann er dem unterhaltspflichtigen Elternteil gestatten, laufenden Unterhalt an den allein sorgeberechtigten Elternteil unmittelbar zu entrichten. In Fällen der Rückübertragung übergegangener Unterhaltsansprüche durch die Unterhaltsvorschusskasse (§ 7 UhVorschG), das Jobcenter (§ 33 SGB II) oder das Sozialamt (§ 94 SGB XII) ist der Beistand verpflichtet, den eingenommenen Unterhalt an die rückübertragende Stelle abzuführen.[33] Der Beistand ist nicht berechtigt, die Verwendung der an den Elternteil abgeführten Gelder zu kontrollieren; die Entscheidung, wie die materiellen Bedürfnisse des Kindes befriedigt werden, ist Sache des erziehenden Elternteils. Wenn Anhaltspunkte vorliegen, dass das Kindeswohl aufgrund unzureichender materieller Versorgung gefährdet ist, ist – ggf. unter Einbeziehung weiterer Stellen im JA – zu prüfen, ob das Familiengericht gem. § 8a Abs. 2 angerufen werden muss.

23 Zu den **Verfügungen** über Unterhaltsansprüche gehört der Erlass von Rückständen und deren Stundung; ebenso die Verrechnung von Bereicherungsansprüchen des unterhaltspflichtigen Elternteils aus überzahltem Unterhalt gegen einen Unterhaltsrückstand. Nicht „Verfügung“, sondern „Geltendmachung“ ist die Abstandnahme von der Beitreibung, da die Zwangsvollstreckung lediglich Durchsetzung der gerichtlichen Einforderung ist. Dies gilt auch für die Nichtbeitreibung von Unterhalt, wenn und soweit der unterhaltspflichtige Elternteil Anspruch auf Herabsetzung hat und geltend macht. Verfügung ist ferner die Entscheidung darüber, ob der Unterhalt nach der Neuregelung durch das UÄndG als statischer Individualunterhalt oder als dynamischer Mindestunterhalt geltend gemacht wird. Auch eine vertragliche Festlegung der Unterhaltshöhe in dem durch die übliche Toleranzbreite gezogenen Rahmen oder eine Vereinbarung über eine durch die Umstände ausnahmsweise (§ 1612 Abs. 1 S. 2 BGB; Abdruck bei § 18) gebotene, wertangemessene Abgeltung geschuldeten Barunterhalts in Naturalien hätte der Beistand zu treffen.

24 Unterhaltsansprüche des Kindes können auch gegen **andere Unterhaltspflichtige** bestehen als den Vater oder die Mutter. Das können Großeltern nach § 1607 BGB[34] sein, der Adoptionsbewerber nach § 1751 Abs. 4 BGB oder der Stiefeltern- oder Stiefgroßelternteil für Ansprüche aus § 1371 Abs. 4 BGB. Auch die Verpflichtung des Erben aus § 1969 BGB ist unterhaltsrechtlicher, nicht erbrechtlicher Natur. Ein Unterhaltsanspruch kann auch gegen den antragstellenden Elternteil bestehen, zB wenn der alleinsorgeberechtigte Elternteil den Antrag gestellt hat, das Kind mittlerweile aber überwiegend beim anderen Elternteil lebt (zur praktischen Problematik → Rn. 13).

25 Nach der Neuregelung der Kostenbeteiligung durch das KICK (→ § 91 Rn. 1) ist der Übergang eines Unterhaltsanspruchs auf den Jugendhilfeträger ausgeschlossen. Eine **Rückübertragung** auf den Beistand ist daher nicht mehr möglich. Nach § 33 **SGB II** findet dagegen ein Übergang auf den Träger der Grundsicherung statt, der wiederum treuhänderisch rückübertragen werden kann. Die hierzu erforderliche Vereinbarung über die Rückübertragung der Unterhaltsansprüche kann nur der Obhutselternteil, der Inhaber der alleinigen Sorge ist, schließen.[35] Bei gemeinsamer elterlicher Sorge

32 DiJuF JAmt 2004, 317; 2005, 307; 2008, 315, 2011, 132; zu datenschutzrechtlichen Fragestellungen in diesem Zusammenhang DIJuF Themengutachten TG-1008, 2/2019.

33 Vgl. DIJuF Themengutachten TG-1230, 2/2017; aA VG Düsseldorf 20.3.2013 – 19 L 540/13, das eine Beistandschaft in solchen Fällen für unzulässig hält.

34 Vgl. DIJuF JAmt 2004, 233.

35 S. dazu BGH 18.3.2020 – XII ZB 213/19, FamRZ 2020, 991–997.

hingegen kann der Obhutselternteil zwar Unterhaltsansprüche des Kindes gegen den anderen Elternteil geltend machen, das Vertretungsrecht nach § 1629 Abs. 2 Satz 2 BGB umfasst jedoch nicht die Befugnis auch eine Vereinbarung über die Rückübertragung der Unterhaltsansprüche iSv § 33 Abs. 4 Satz 1 SGB II zu schließen. Rückübertragungen sind aber weiterhin möglich, wenn der barunterhaltspflichtige Elternteil zustimmt oder der Obhutselternteil sich die entsprechende Befugnis nach § 1628 BGB vom Familiengericht übertragen lässt.[36]
Es bedarf einer hohen Achtsamkeit seitens der Beistandschaft, wenn sich bei einem gemeinsamen Sorgerecht die Kinder im Sozialleistungsbezug befinden.[37]

Hinsichtlich des Umfangs des Anspruchsübergangs schränkt § 33 Abs. 2 S. 3 SGB II jedoch in praktisch relevanter Weise ein: Ein Anspruchsübergang findet nicht statt, soweit der Unterhaltspflichtige durch die Zahlung von Unterhalt selbst bedürftig iSd SGB II ist. Der Anspruchsübergang sollte daher durch eine sozialrechtliche Vergleichsberechnung[38] nachgewiesen sein, bevor der Beistand eine Rückübertragung annimmt bzw. vor der Weiterleitung von vereinnahmtem Unterhalt die Vorlage einer Vergleichsberechnung verlangt werden. Bei der Ermittlung des Anspruchsübergangs kommen nur tatsächlich erzielte Einkünfte des Unterhaltspflichtigen in Betracht, während die Berücksichtigung eines fiktiven Einkommens nach sozialrechtlichen Grundsätzen grundsätzlich ausscheidet.[39] Die auf die Sozialleistungsträger übergegangenen Ansprüche sind dementsprechend bei der Vergleichsberechnung auf den nach dem tatsächlich erzielten Einkommen berechneten Unterhalt begrenzt.[40] Gleichwohl können in Ausnahmefällen fiktive Einkünfte übergehen, wenn nämlich im Rahmen der Vergleichsberechnung der Bedarf durch andere sozialrechtliche Einkünfte sichergestellt wird, wie zB durch einen Ehegatten oder Partner in eheähnlicher Gemeinschaft mit entsprechenden Erwerbseinkünften.[41]

Sollte der Forderungsübergang nicht erfolgt sein, hat der Beistand den Unterhalt des Kindes sicherzustellen und an dieses abzuführen.[42] Entsprechendes gilt für die – ebenfalls grundsätzlich mögliche – Rückübertragung von nach § 94 SGB XII übergegangenen Unterhaltsansprüchen. Für den nach **§ 7 UhVorschG** übergegangenen Anspruch ist eine treuhänderische Rückübertragung oder eine Verfahrensführungsbefugnis in der Beistandschaft möglich. Die Entscheidung des BGH wirkt sich entsprechend auch beim Bezug von Leistungen nach dem UVG aus.[43] Unabhängig davon kann der Beistand den vom gesetzlichen Forderungsübergang (cessio legis) nicht erfassten Teil des Unterhaltsanspruchs geltend machen oder global den künftigen Unterhalt nach § 231 FamFG beantragen oder die Vollstreckung aus einem bereits vorliegenden Titel betreiben. Vom Forderungsübergang nach § 7 UhVorschG erfasst sind auch Unterhaltsansprüche aufgrund **fiktiver** Einkünfte des Unterhaltspflichtigen aus zumutbarer Arbeit[44] (Einschränkung hinsichtlich der Durchsetzung dieses Anspruchs für die UV-Kasse:

36 Kritisch dazu DIJuF Themengutachten TG-1260, 6/2020.
37 Zu Einzelfragen und der praktischen Umsetzung siehe DIJuF Themengutachten TG-1261, 6/2000.
38 S. dazu BGH 23.10.2013 – XII ZB 570/12, FamRZ 2013, 1962.
39 BGH 18.3.2020 – XII ZB 213/19, FamRZ 2020, 991–995.
40 BGH 29.1.2020 – XII ZB 580/18, FamRZ 2020, 577–579.
41 Wendl/Dose/Klinkhammer, Unterhalt, 10. Aufl., § 8 Rn. 95, 101 für das SGB XII; für das SGB II Verweis in Rn. 248 auf die vg. Ausführungen.
42 Zum Vorbehalt der unzulässigen Rechtsausübung (§ 242 BGB), BGH 18.3.2020 – XII ZB 213/19, und der Deckung des Unterhaltsbedarfs von Kindern im Sozialleistungsbezug, s. Knittel FamRZ 2020, 1891–1899.
43 S. Schürmann jurisPR-FamR 18/2020 Anm. 7.
44 BGH 27.9.2000 – XII ZR 174/98, FamRZ 2001, 619.

§ 7a UhVorschG). Sofern § 7a UVG allerdings eingreift, dürfte dies auch einer Rückabtretung des Unterhaltsanspruchs an das Kind entgegenstehen.[45]

26 Die Rückübertragung führt nicht dazu, dass dem Kind **Verfahrenskostenhilfe** (§ 76 FamFG) hinsichtlich bereits übergegangener Forderungen zu leisten wäre. Das Kind ist nämlich in diesem Rahmen nicht bedürftig, weil es einen Anspruch gegen den Träger der Sozialleistung auf Verfahrenskostenvorschuss hat.[46] Der Sozialleistungsträger kann den übergegangenen Unterhaltsanspruch gerichtskostenfrei geltend machen (§ 2 FamGKG). Die Entscheidung des BGH,[47] dass nach Einstellung der Leistungen der Titel der Unterhaltsvorschusskasse wegen übergegangener Unterhaltsansprüche gem. § 727 ZPO analog auf das Kind umgeschrieben werden kann, wurde in der Praxis aufgrund der Ausführungen in der dortigen Rn. 21 dahin gehend verstanden, dass dies nur im Fall der endgültigen Einstellung der Leistungen, insbesondere wegen Erreichens der Höchstbezugsdauer, anwendbar ist. Unter dieser Prämisse wird es für die dort aufgestellten Grundsätze ab Inkrafttreten des UhVorschG am 18.8.2017 rückwirkend zum 1.7.2017[48] keinen Anwendungsbereich mehr geben, da vor Vollendung des 18. Lebensjahres nicht von einer endgültigen Einstellung der Leistungen ausgegangen werden kann und die von der UV-Kasse für die Zukunft geschaffenen Titel auf den Zeitpunkt der Vollendung des 18. Lebensjahres zu befristen sein dürften. Ein weiteres Verfahren ist nur für einen in der Höhe darüber hinausgehenden Unterhaltsanspruch notwendig und möglich. Dies führt zu dem unglücklichen Ergebnis, dass das Kind grds. mit Erreichen der Volljährigkeit bzgl. des der UV-Leistung entsprechenden Unterhaltsbetrags unverzüglich selbst zur Sicherung des Unterhalts tätig werden muss. Im Interesse der Kinder sollte (zB durch Kooperationsgespräche FamG – JA) geklärt werden, ob und ggf. wie dies (zB in Fällen von Rückübertragungen) vermieden und eine über die Vollendung des 18. Lebensjahrs hinauswirkende Sicherung des Unterhaltsanspruchs erreicht werden kann. Die umstrittene Frage, ob das Land (durch die UV-Stellen) Verfahren in Verfahrensstandschaft führt oder „nur" im eigenen Namen die übergegangenen Ansprüche geltend macht,[49] dürfte nach dem neuen Wortlaut des § 7 Abs. 4 UhVorschG (das Land kann „einen Unterhaltsanspruch für die Zukunft in Höhe der bewilligten Unterhaltsleistung gerichtlich geltend machen") sowie der Begründung zu dieser durch die Regierungsfraktionen eingebrachten Änderung[50] im Sinne der Befürworter einer Verfahrensstandschaft entschieden sein. Dann wäre dem Kind dank fehlenden Rechtsschutzbedürfnisses die Titulierung in Höhe der bereits titulierten UV-Leistungen und damit Schaffung eines Gesamttitels des Mindestunterhaltes verwehrt. Verfahrenskostenhilfe für die Kosten eines RA ist auch zu gewähren, wenn der Elternteil die Möglichkeit gehabt hätte, sich stattdessen eines Beistands zu bedienen, weil es im Belieben des Elternteils steht, das Angebot anzunehmen oder nicht. Bei Beauftragung eines RA ist dieser an die Weisungen des Elternteils gebunden; der Elternteil verliert auch hinsichtlich des Gerichtsprozesses nicht die Vertretungsmacht für das Kind. Für diesen Weg sprechen damit sachliche Gründe, so dass die

45 Wendl/Dose/Klinkhammer, Unterhalt, 10. Aufl., § 8 Rn. 275a.
46 BGH 2.4.2008 – XII ZB 266/03, FamRZ 2008, 1159 mAnm Günther.
47 BGH 23.9.2015 – XII ZB 62/14, JAmt 2015, 634.
48 Gesetz zur Neuregelung des bundesstaatlichen Finanzausgleichssystems ab dem Jahr 2020 und zur Änderung haushaltsrechtlicher Vorschriften vom 14.8.2017, BGBl. I, 3122.
49 Vgl. nur Nachweise bei BGH 23.9.2015 – XII ZB 62/14 Rn. 14, JAmt 2015, 634.
50 BT-Drs. 18/12589, 177.

Wahl dieses teureren Weges nicht als mutwillig iSd § 114 Abs. 1 ZPO gewertet werden kann.[51]

Wird das Kind während einer bestehenden Beistandschaft im Rahmen der Jugendhilfe untergebracht, hat das Kind keinen Bedarf mehr und somit entfällt die Unterhaltspflicht. Der Kostenträger macht stattdessen – nach dem KICK – einen öffentlich-rechtlichen Kostenbeitrag geltend (§ 92). Der Beistand hat ab diesem Zeitpunkt nur noch das Recht, Unterhaltsrückstände einzufordern, ansonsten ruht die Beistandschaft, sofern sie nicht ohnehin endet, weil es (bei gemeinsamer elterlicher Sorge) am Erfordernis fehlt, dass ein Elternteil das Kind in Obhut hat. 27

3.2 Beschränkung des Aufgabenkreises (Abs. 2)

Die Beistandschaft tritt nur in dem Umfang ein, in dem der antragstellende Elternteil sie wünscht. Sie kann zB auf die Feststellung der Vaterschaft beschränkt werden. Da erst die Vaterschaftsfeststellung die Verfolgung des Unterhaltsanspruchs ermöglicht (→ Rn. 16), ist bei nicht festgestellter Vaterschaft eine Beschränkung auf die Unterhaltssicherung regelmäßig nicht sinnvoll. 28

Eine **Erweiterung** des Aufgabenkreises über den Umfang des Abs. 1 hinaus ist dagegen nicht möglich. Denkbar wäre zwar eine persönliche Bevollmächtigung des Realbeistands nach privatem Recht (§ 167 BGB). Dies wäre jedoch nur in den Grenzen des RDG möglich (→ § 18 Rn. 5). Der Beauftragte würde – da es sich nicht um die Erfüllung einer Aufgabe nach dem SGB VIII handelt – als Privatperson tätig, mit entsprechenden haftungs-, unter Umständen auch dienstrechtlichen Konsequenzen. 29

4 § 1713 BGB

§ 1713 BGB **Antragsberechtigte** 30

(1) [1]Den Antrag kann ein Elternteil stellen, dem für den Aufgabenkreis der beantragten Beistandschaft die alleinige elterliche Sorge zusteht oder zustünde, wenn das Kind bereits geboren wäre. [2]Steht die elterliche Sorge für das Kind den Eltern gemeinsam zu, kann der Antrag von dem Elternteil gestellt werden, in dessen Obhut sich das Kind befindet. [3]Der Antrag kann auch von einem nach § 1776 berufenen Vormund gestellt werden. [ab 1.1.2023: [3]*Der Antrag kann auch von einem ehrenamtlichen Vormund, sowie von einer Pflegeperson, der nach § 1630 Absatz 3 Angelegenheiten der elterlichen Sorge übertragen wurden, gestellt werden.*] [4]Er kann nicht durch einen Vertreter gestellt werden.

(2) [1]Vor der Geburt des Kindes kann die werdende Mutter den Antrag auch dann stellen, wenn das Kind, sofern es bereits geboren wäre, unter Vormundschaft stünde. [2]Ist die werdende Mutter in der Geschäftsfähigkeit beschränkt, so kann sie den Antrag nur selbst stellen; sie bedarf hierzu nicht der Zustimmung ihres gesetzlichen Vertreters. [3]Für eine geschäftsunfähige werdende Mutter kann nur ihr gesetzlicher Vertreter den Antrag stellen.

4.1 Antragsberechtigung (Abs. 1)

4.1.1 Alleinsorge (Satz 1). Den nach § 1712 BGB schriftlichen Antrag kann jeder Elternteil stellen, soweit er **für den beantragten Aufgabenkreis** die **alleinige elterliche Sorge** innehat. Alleinige elterliche Sorge ist insbesondere bei ledigen volljährigen Müttern gem. § 1626a Abs. 3 BGB gegeben, wenn nicht die Voraussetzungen für die gemeinsame Sorge (vgl. **§ 1626a Abs. 2 BGB,** zB gemeinsame Sorgeerklärungen) vorlie- 31

---

51 So OLG Karlsruhe 21.1.2009 – 2 WF 205/08, FamRZ 2009, 1614 mAnm Kemper; die dortige Annahme, dass ein RA grds. bessere Kenntnis als das JA habe, überzeugt für den hochspezialisiert arbeitenden Beistand jedenfalls nicht; vgl. auch die Einschätzung des Gesetzgebers in § 114 Abs. 4 Nr. 2 FamFG; OLG Rostock 20.8.2009 – 10 WF 184/09, FamRZ 2010, 56; OLG Köln 26.7.2004 – 14 WF 143/04, JAmt 2005, 100.

gen oder wenn das Sorgerecht nach § 1671 auf einen Elternteil übertragen ist, ein Elternteil die elterliche Sorge gemäß § 1678 im Falle der tatsächlichen Verhinderung des anderen Elternteils allein ausübt oder wenn ein Elternteil nach § 1680 nach dem Tod des anderen Elternteiles die Sorge allein innehat. Nicht maßgeblich ist in den Fällen alleiniger elterlicher Sorge, wer das Kind betreut. Ein Obhutwechsel berührt die elterliche Sorge sowie eine beantragte Beistandschaft nicht.[52] Ein Umgekehrt berechtigt bei alleiniger elterlicher Sorge des einen Elternteils die Tatsache, dass der andere Elternteil das Kind in Obhut hat, diesen nicht dazu, Beistandschaft zu beantragen. Die alleinige elterliche Sorge muss gerade für den Aufgabenkreis, der übertragen werden soll, bestehen. Ist beispielsweise die Personensorge für den Aufgabenkreis der Vaterschaftsfeststellung der Mutter entzogen und auf einen Ergänzungspfleger übertragen worden, kann Beistandschaft nur für den Aufgabenkreis der Unterhaltssicherung beantragt werden. Zu beachten ist, dass die Unterhaltssicherung der Personensorge (und nicht der Vermögenssorge) zuzurechnen ist.[53] Auch bei gemeinsamer Vermögenssorge kann daher der allein personensorgeberechtigte Elternteil die Beistandschaft zur Unterhaltssicherung beantragen.

32 Der **Nachweis** bestehender Alleinsorge kann erbracht werden durch eine Auskunft gem. § 58a, der sog. Negativbescheinigung (→ § 58a Rn. 1 ff.), oder durch Vorlage einer Abschrift der gerichtlichen Entscheidung über die Zuweisung der Alleinsorge gem. § 1671 BGB. Im Fall der Negativbescheinigung kann die Richtigkeit des Nachweises aber zweifelhaft sein (→ § 87c Rn. 43). Auch im Fall der gerichtlichen Entscheidung kann diese überholt sein, zB wenn zunächst der Vater die Alleinsorge erhalten hat, später aber durch gerichtliche Entscheidung gemeinsame Sorge ausgesprochen wurde, ihm die Sorge gem. § 1666 BGB wieder entzogen worden ist oder eine gerichtliche Vereinbarung geschlossen wurde.[54] Da selbst durch derartige Nachweise keine absolute Gewissheit zu erlangen ist, sollte das JA sich zunächst mit einer einfachen Erklärung des Elternteils zufrieden geben und nur bei Zweifeln auf Vorlage solcher Nachweise bestehen.[55]

33 Die 2. Alternative des Satzes 1 ermöglicht eine **pränatale Beistandschaft**. Im Unterschied zu Abs. 2 muss – hypothetisch – im Zeitpunkt der Geburt Alleinsorge der Mutter bestehen. Die Beistandschaft besteht dann schon vor Geburt und wird nach Geburt fortgesetzt.

34 **4.1.2 Gemeinsame elterliche Sorge (Satz 2).** Bei **gemeinsamer elterlicher Sorge** besteht nach dem mit KindRVerbG[56] eingefügten **Satz 2** ebenfalls ein Antragsrecht des Elternteils, in dessen Obhut sich das Kind befindet. Gemeinsame elterliche Sorge ist bei nicht miteinander verheirateten Eltern unter den Voraussetzungen des § 1626a Abs. 2 gegeben. Bei Eltern, die miteinander verheiratet sind oder waren, ist sie der Regelfall. Die gemeinsame Sorge ist nur dann nicht gegeben, wenn einer der oben dargestellten Fälle der alleinigen Sorge eines Elternteils vorliegt. Diese § 1629 Abs. 2 S. 2 BGB (Abdruck bei § 7) entsprechende Regelung erspart es dem betreuenden Elternteil, einen Antrag auf Übertragung der elterlichen Sorge nur zu dem Zweck zu stellen, den Kindesunterhalt im Weg der Beistandschaft geltend zu machen. Die Streitfrage, ob das Kind auch dann durch einen Beistand vertreten sein kann, wenn die Eltern getrennt leben, aber nicht geschieden sind und ein Elternteil das Kind in Obhut hat, ist mittlerweile durch den BGH[57] entschieden. Danach steht die Regelung in § 1629 Abs. 3 S. 1

52 OLG Koblenz 20.12.2017 – 13 UF 464/17, JAmt 2018, 347–349.
53 Rakete-Dombek in Schneider/Schnitzler/Schilling/Sanders § 1626 Rn. 17.
54 Ebenso Schleicher in GK-SGB VIII § 52a Rn. 39.
55 Ähnlich Wolf Kind-Prax 1998, 40; DAVorm 1998/295.
56 BGBl. I 2002, 1239.
57 BGH 29.10.2014 – XII ZB 250/14, JAmt 2014, 639. Zu Verfahrensstandschaft und Unterhaltsfragen s. DIJuF Themengutachten TG-1030, 2/2019.

BGB der Vertretung durch einen Beistand auch in dieser Phase nicht entgegen. Für die Frage, in wessen Obhut sich das Kind befindet, kommt es auf das Schwergewicht der tatsächlichen Betreuung an.[58] Im gemeinsamen Haushalt befindet sich das Kind – unabhängig davon, welcher Elternteil in welchem Umfang anwesend ist – stets in der Obhut beider Eltern. Die Feststellung der Obhut eines Elternteils kommt daher nur bei Getrenntleben in Betracht, welches jedoch auch bei „Trennung von Tisch und Bett“ in der bisherigen gemeinsamen Wohnung gegeben ist. Problematisch ist die Antragsberechtigung in den Fällen des **Wechselmodells**, in welchem sich die Eltern die Betreuung hälftig teilen, da in diesen ein Schwergewicht der Betreuung regelmäßig nicht festgestellt werden kann. Die Voraussetzungen des § 1713 Abs. 1 S. 2 BGB liegen dann nicht vor.[59] Für den parallel gestalteten § 1629 Abs. 2 S. 2 BGB soll nach der Rechtsprechung der Elternteil, der den Unterhaltsanspruch geltend machen will, die Bestellung eines Pflegers herbeiführen oder beim Familiengericht den Antrag stellen, dass ihm das Entscheidungsrecht über die Geltendmachung von Kindesunterhalt gem. § 1628 BGB übertragen wird. Im Rahmen der Beistandschaft stellt sich jedoch das Problem, dass sich gerade in den Grenzfällen nicht schon bei Antragseingang zuverlässig beurteilen lässt, ob ein echtes Wechselmodell vorliegt oder ein Schwerpunkt der Betreuung ausgemacht werden kann. Da es sich um einen Umstand handelt, der sowohl die Zulässigkeit des Antrags als auch das Bestehen von Unterhaltsansprüchen betrifft, erscheint es sachgerecht, die Antragsberechtigung in diesen Fällen zunächst zu unterstellen und vorrangig die Frage zu klären, ob eine überwiegende Betreuung festgestellt werden kann, zumal die fehlerhafte Ablehnung eines Antrags Haftungsrisiken birgt. Zum Problem des Wechsels der Obhut während der Beistandschaft → Rn. 59.

Nach dem Wortlaut des Gesetzes sind nur Elternteile und Vormünder antragsberechtigt. Ist einer **Pflegeperson** nach § 1630 Abs. 3 BGB die elterliche Sorge insgesamt übertragen worden, wäre es von der Interessenlage her gerechtfertigt, auch hier ein Antragsrecht zuzugestehen.[60] Dieses sieht das Gesetz indes – noch – nicht vor; entsprechende Anträge werden von den Jugendämtern auch nicht akzeptiert. Allerdings tritt hier eine gesetzliche Änderung des § 1713 BGB zum 1.1.2023 in Kraft.[61] Das Antragsrecht des nach § 1776 berufenen Vormundes wird danach ersetzt durch das eines ehrenamtlichen Vormundes sowie einer Pflegeperson, der nach § 1630 Abs. 3 Angelegenheiten der elterlichen Sorge übertragen worden sind. 35

4.1.3 Antragsrecht des Vormunds (Satz 3). Nur der von den Eltern bzw. einem Elternteil gem. § 1776 BGB berufene Vormund (**Vormund aufgrund letztwilliger Verfügung**) hat ein Antragsrecht für die Beistandschaft. Diese Einschränkung erklärt sich daraus, dass in den übrigen Fällen der Vormundschaft (zB §§ 1673 Abs. 1, 1773 Abs. 1, 1791c BGB) diese so ausgestaltet bzw. der Vormund so auszuwählen ist, dass er das Kind in allen Angelegenheiten, also auch bei Vaterschaftsfeststellung oder Unterhaltssicherung, vertreten kann. Einer Beistandschaft für das Kind bedarf es dann nicht zusätzlich. 36

4.1.4 Antragsrecht ist höchstpersönlich (Satz 4). Nur der antragsberechtigte Elternteil oder der berufene Vormund selbst kann den Antrag auf Beistandschaft stellen. Der Antrag ist eine höchstpersönliche Willenserklärung; Vertretung – auch durch einen RA – ist ausgeschlossen. Die Regelung des § 1713 Abs. 1 S. 3 BGB iVm § 55 Abs. 1 SGB VIII geht gem. § 37 S. 1 SGB I der allgemeinen Regelung des § 13 SGB X vor. Dagegen ist es möglich, dass die Antragstellerin oder der Antragsteller zu Besprechungen 37

58 BGH 21.12.2005 – XII ZR 126/03, JAmt 2006, 415, BGH 12.3.2014 – XII ZB 234/14, JAmt 2014, 282.
59 DIJuF JAmt 2004, 366 Empfehlungen SFK-SGB VIII, JAmt 2014, 555.
60 Ebenso DIJuF JAmt 2002, 116.
61 Gesetz zur Reform des Vormundschafts- und Betreuungsrechts v. 4.5.2021, BGBl. 2021 I, 882.

über die Beistandschaft mit einem Beistand iSd § 13 Abs. 4 SGB X (→ Rn. 6) erscheint. Die Antragstellung ist deshalb als **unvertretbare** Handlung ausgestaltet worden, weil der automatische Eintritt der Beistandschaft mit Zugang des Antrags beim JA die Prüfung einer wirksamen Bevollmächtigung verbietet. Außerdem soll eine Einmischung Dritter verhindert werden.[62] Etwas anderes gilt aber für die Antragstellung der werdenden, aber geschäftsunfähigen Mutter, die sich gem. Abs. 2 S. 3 vertreten lassen muss.

38 Da einem Elternteil die alleinige elterliche Sorge nur dann zustehen kann, wenn er **geschäftsfähig** ist, ist er für die Antragstellung auch handlungsfähig iSv § 11 Abs. 1 Nr. 1 SGB X, ohne dass es darauf ankommt, die Antragstellung als Verfahrenshandlung zu qualifizieren (→ Rn. 2). Geschäftsfähig ist eine Person gem. § 104 BGB, wenn sie volljährig und die Voraussetzungen der § 104 Nr. 2 (ein die freie Willensbestimmung ausschließender nicht nur vorübergehender Zustand krankhafter Störung der Geistestätigkeit) nicht vorliegen. Auch bei beschränkter Geschäftsfähigkeit gem. § 106 BGB ruht die elterliche Sorge (§ 1673 Abs. 2 S. 1 BGB); allerdings steht das Recht zur Personensorge der beschränkt geschäftsfähigen Person zu (§ 1673 Abs. 2 S. 2 BGB) und die Personensorge umfasst auch die Unterhaltssicherung. Dass der beschränkt geschäftsfähige Elternteil kein Vertretungsrecht hat, ist unschädlich, da der Antrag nicht in Vertretung für das Kind gestellt wird. Es sind durchaus Fälle denkbar, in denen dies sachgerecht ist, insbesondere wenn im Falle der minderjährigen Mutter eines Kindes der Vater die Vaterschaft anerkannt hat und ihm das Sorgerecht zusteht (so dass kein Vormund bestellt ist), er jedoch nicht mit der Mutter und dem Kind zusammenlebt und seinen Unterhaltspflichten nicht nachkommt.

39 Ausgeschlossen ist eine **familiengerichtliche** Bestellung des JA als Beistand, da dem FamG diesbezüglich (→ § 56 Rn. 3) keine Aufsicht über das JA zusteht.[63] Die Freiwilligkeit der Beantragung der Beistandschaft ist mit der Kindschaftsrechtsreform vom Gesetzgeber gewollt und vom BGH mehrmals bekräftigt worden.[64]

4.2 Pränatale Beistandschaft (Abs. 2)

40 **4.2.1 Antragstellung bei fiktiver Vormundschaft (Satz 1).** Nach Abs. 1 S. 1 2. Alt. hat die werdende Mutter ein Antragsrecht, wenn ihr **bei Geburt** des Kindes die alleinige elterliche Sorge zustünde, also wenn sie bei Geburt des Kindes volljährig, geschäftsfähig und mit dem Vater des Kindes nicht verheiratet ist. Ist dagegen die werdende Mutter bei Geburt des Kindes mit dessen Vater nicht verheiratet und ist sie außerdem **minderjährig** oder wegen einer krankhaften Störung der Geistestätigkeit iSd § 104 Nr. 2 BGB geschäftsunfähig, erhält das Kind gem. §§ 1673, 1773 BGB einen Vormund, nämlich das JA als gesetzlichen Amtsvormund (§ 1791c BGB). Damit ist das Kind nach Geburt ausreichend geschützt. § 1713 Abs. 2 S. 1 BGB erweitert das Antragsrecht der werdenden Mutter, um einen lückenlosen Schutz des Kindes zu gewährleisten und eine möglichst frühzeitige Vaterschaftsfeststellung zu ermöglichen.[65]

41 In der Mehrzahl der Fälle wird die Beistandschaft mit Geburt des Kindes gem. § 1715 Abs. 2 BGB erlöschen, weil die Voraussetzungen des § 1713 Abs. 2 BGB nicht mehr vorliegen (mit Geburt des Kindes ist die Mutter nicht mehr eine „werdende" iSd Abs. 2, ihr steht aber auch die alleinige elterliche Sorge nach Abs. 1 Satz 1 nicht zu). Ein Fortbestand ist jedoch in Fällen denkbar, in denen aufgrund gemeinsamer Sorgeerklärungen mit dem volljährigen Vater hinsichtlich der für die Unterhaltssicherung al-

62 So die Begründung; BT-Drs. 13/892, 38.
63 Ebenso – für das VormG – LG München 11.1.1999 – 13 T 20651/98, FamRZ 1999, 875.
64 Ua BGH 16.4.2008 – XII ZR 144/06, FamRZ 2008, 1424.
65 Zur vorgeburtlichen Vaterschaftsanerkennung s. § 1594 Abs. 4 BGB iVm § 1595 Abs. 1, 3 BGB; OLG München 13.4.2016 – 16 UF 242/16.

lein maßgeblichen Personensorge gemeinsame Sorge besteht und das Kind sich in der Obhut der nicht mit dem Vater zusammenlebenden Mutter befindet.

4.2.2 Höchstpersönliche Antragstellung der beschränkt geschäftsfähigen Mutter (Satz 2). Ist die werdende Mutter älter als 7, aber noch nicht 18 Jahre alt, ist sie gem. § 106 BGB beschränkt geschäftsfähig. Die Frage, ob die beschränkt geschäftsfähige Mutter gem. § 107 BGB einer Einwilligung ihres gesetzlichen Vertreters bedürfte oder es sich um ein lediglich rechtlich vorteilhaftes Rechtsgeschäft handelt, kann hier dahingestellt bleiben, da Satz 2 die Antragstellung für **zustimmungsfrei** erklärt. Die werdende Mutter darf sich also bei Antragstellung weder durch einen bevollmächtigten noch einen gesetzlichen Vertreter vertreten lassen, noch bedarf der Antrag zu seiner Wirksamkeit der Einwilligung des gesetzlichen Vertreters. 42

Wird die Antragstellung auch als Verfahrenshandlung iSv § 11 SGB X qualifiziert (→ Rn. 2), ist die werdende Mutter handlungsfähig gem. § 11 Abs. 1 Nr. 2 SGB X iVm § 1713 Abs. 2 S. 2 BGB. 43

4.2.3 Vertretung bei Geschäftsunfähigkeit der werdenden Mutter (Satz 3). Da Mutterschaft von unter 7-Jährigen in aller Regel biologisch ausgeschlossen sein dürfte, ist nur die 2. Alternative des § 104 BGB – ein die freie Willensbestimmung ausschließender nicht nur vorübergehender Zustand krankhafter Störung der Geistestätigkeit – praktisch relevant. Wegen des geistigen Zustands der Mutter besteht die Gefahr, dass die Mutter keinen Antrag auf (pränatale) Beistandschaft stellt, so dass das Kind des Schutzes der Beistandschaft verlustig ginge. S. 3 durchbricht daher das Verbot der Antragstellung durch einen Vertreter, indem er dem gesetzlichen Vertreter (und nur ihm) ein Antragsrecht einräumt. 44

5 § 1714 BGB

§ 1714 BGB Eintritt der Beistandschaft 45

[1]Die Beistandschaft tritt ein, sobald der Antrag dem Jugendamt zugeht. [2]Dies gilt auch, wenn der Antrag vor der Geburt des Kindes gestellt wird.

5.1 Automatischer Eintritt der Beistandschaft (Satz 1)

Mit Zugang des Antrags (also nicht kraft Gesetzes) tritt die **Rechtsfolge** der Beistandschaft ein, ohne dass es einer gerichtlichen oder behördlichen Entscheidung bedürfte. Das JA muss daher **keinen VA** erlassen und der Bürger kann einen solchen nicht im Weg der Verpflichtungsklage (§ 42 Abs. 1 VwGO) erstreiten (→ Rn. 73). Das JA kann allerdings förmlich (in Form eines VA) feststellen, dass eine Beistandschaft eingetreten ist; dann handelt es sich um einen feststellenden VA (→ Rn. 2). Ein solcher kann vom Bürger erstritten werden, wenn das JA förmlich feststellt, eine Beistandschaft sei nicht eingetreten. Wegen § 55 Abs. 1 ist dies ein im öffentlichen Recht wurzelnder Streit. Erlässt das JA keinen streitentscheidenden (feststellenden) VA, kann der Bürger im Wege der allgemeinen Feststellungsklage (§ 43 Abs. 1 VwGO) das Bestehen einer Beistandschaft vor dem Verwaltungsgericht feststellen lassen. 46

Der automatische Eintritt der Beistandschaft setzt voraus, dass der Antrag **zulässig** ist. Dies ist er nur dann, wenn er schriftlich gestellt ist (→ Rn. 9) und wenn die Antragsberechtigung nach § 1713 BGB (→ Rn. 31 ff.) vorliegt. Weitere Voraussetzungen müssen nicht vorliegen. Insbesondere erfolgt keine Bedürfnisprüfung und keine Einkommens- oder Vermögensprüfung. Auch eine nachträgliche Kostenbeteiligung scheidet aus, da die Beistandschaft nicht in § 91 aufgeführt ist. Da auch Vergütung und Aufwandsentschädigung ausgeschlossen sind (→ Rn. 76), ist die Beistandschaft eine kostenfreie Alternative zur Beauftragung eines Rechtsanwalts, was durch das auch öffentliche Interesse an der Durchsetzung von Unterhaltsverpflichtungen gegenüber Kindern gerechtfertigt ist. 47

48 Die Rechtswirkung tritt mit **Zugang** des (zulässigen) Antrags ein (→ Anh. 5 Rn. 37). Der Antrag ist gem. der Rspr. zu § 130 BGB dann zugegangen, wenn er in den Machtbereich des JA gelangt ist und das JA unter gewöhnlichen Umständen Gelegenheit hat, davon Kenntnis zu nehmen. Dies ist der Fall, wenn der Antrag einem Mitarbeiter des JA persönlich abgegeben wird; wird er in den Briefkasten des JA geworfen, ist er im Zeitpunkt der normalen Leerung des Hausbriefkastens zugegangen. Wird der Antrag mit einfachem Postbrief übermittelt, ist er durch Einlegen in den Briefkasten oder in das Schließfach zugegangen (→ Anh. 5 Rn. 37).

49 Der (zulässige) Antrag muss dem JA zugehen. Dies ist das **örtlich zuständige** JA gem. § 87c Abs. 5. Ist der Antrag bei einem örtlich nicht zuständigen JA eingegangen, tritt die Beistandschaft nicht ein, da § 16 Abs. 2 SGB I nicht anwendbar ist (→ Rn. 1).[66]

5.2 Klarstellung für pränatale Beistandschaft (Satz 2)

50 Satz 2 stellt klar, dass der automatische Eintritt der Beistandschaft auch für Anträge gilt, die vor Geburt des Kindes entweder nach § 1713 Abs. 1 S. 1 2. Alt. BGB oder nach § 1713 Abs. 2 BGB (pränatale Beistandschaft) gestellt werden. Für die örtliche Zuständigkeit des JA gilt dann § 86d – entgegen § 87c Abs. 5 S. 2 letzter Hs. – nicht, wie die Änderung durch das SGB XI-ÄndG nunmehr klarstellt. Zusätzlich zu beachten ist § 1717 BGB.

6 § 1715 BGB

51 **§ 1715 BGB Beendigung der Beistandschaft**

(1) [1]Die Beistandschaft endet, wenn der Antragsteller dies schriftlich verlangt. [2]§ 1712 Abs. 2 und § 1714 gelten entsprechend.

(2) Die Beistandschaft endet auch, sobald der Antragsteller keine der in § 1713 genannten Voraussetzungen mehr erfüllt.

6.1 Ende der Beistandschaft auf Verlangen (Abs. 1)

52 **6.1.1 Schriftliches Verlangen (Satz 1).** Die Beistandschaft endet, wie sie begonnen hat (§ 1712 Abs. 1 BGB), also durch schriftlichen Antrag (→ Rn. 9); das gilt auch für die pränatale Beistandschaft. Damit bleibt der Charakter der Beistandschaft als freiwilliges Hilfeangebot erhalten. **Missbräuchlichem Verlangen** des Antragstellers kann allenfalls dadurch begegnet werden, dass bei Gefährdung des Kindeswohls das JA gem. § 8a Abs. 2 das FamG anrufen muss, um dem Elternteil die Sorge für den Aufgabenkreis des § 1712 BGB entziehen und auf einen Pfleger (§ 1909 BGB) übertragen zu lassen; dies kann freilich nicht jeden Fall der aus objektiver Sicht nicht nachvollziehbaren Beendigung einer Beistandschaft betreffen, sondern ist auf Fälle beschränkt, in denen hierdurch erhebliche Anhaltspunkte für eine Kindeswohlgefährdung begründet sind.

53 Nicht in der Hand des JA liegt es, die Beistandschaft wegen fehlender Mitwirkung oder Desinteresse des betreuenden Elternteils zu beenden (→ Rn. 1, 63).[67]

54 Ebenso wenig wie der Beginn ist das Ende der Beistandschaft dem FamG mitzuteilen, da eine Aufsicht des FamG über das JA als Beistand nicht besteht (§ 1716 S. 2 BGB; → Rn. 73). Die ursprünglich im Entwurf vorgesehene **Mitteilungspflicht** (§ 57a SGB VIII) ist deshalb nicht Gesetz geworden.[68]

55 Das schriftliche Verlangen muss vom **Antragsteller** ausgehen. Nicht maßgeblich ist, wie die Sorgerechts- und Vertretungsverhältnisse in diesem Zeitpunkt gestaltet sind.

66 Ebenso Meysen JAmt 2008, 120; für analoge Anwendung Walther in Wiesner § 55 Rn. 31.
67 Ebenso DIJuF JAmt 2001, 585.
68 Vgl. hierzu Begründung, BT-Drs. 13/892, 50.

Allerdings wird in Fällen, in denen in diesem Zeitpunkt das Sorge- bzw. Vertretungsrecht bei einer anderen Person liegt, häufig eine automatische Beendigung gem. § 1715 Abs. 2 BGB vorliegen. Wie bei der Begründung der Beistandschaft (s. § 1713 Abs. 1 S. 4 BGB) ist auch bei der Beendigung durch Erklärung die Vertretung des Erklärenden ausgeschlossen, da der Schutzzweck des Vertretungsausschlusses leer liefe, wenn das Erfordernis nicht auch für die Beendigung gelten würde.

Solange der antragstellende Elternteil allein für ein Kind oder einen Jugendlichen zu sorgen hat oder tatsächlich sorgt, kann er sich auch bei bestehender Beistandschaft gem. § 18 beraten lassen, insbesondere zu den weiteren Gegenständen nach § 18, die von der bestehenden Beistandschaft nicht abgedeckt werden. 56

6.1.2 Partielle Beendigung; Zeitpunkt der Beendigung (Satz 2). Die entsprechende Anwendung von § 1712 Abs. 2 BGB bedeutet, dass die Beendigung auf einen der beiden Aufgabenkreise (Vaterschaftsfeststellung und Unterhaltssicherung) oder auf einzelne Aufgabeninhalte des Aufgabenkreises (zB Geltendmachung von Unterhaltsansprüchen) **begrenzt** werden kann. 57

Die entsprechende Anwendung von § 1714 BGB bedeutet, dass die Beistandschaft in dem Zeitpunkt endet, in dem das schriftliche Verlangen dem örtlich zuständigen JA zugeht (→ Rn. 48 f.). Auch die pränatale Beistandschaft endet auf Verlangen schon vor Geburt des Kindes. 58

6.2 Ende der Beistandschaft bei Wegfall ihrer Voraussetzungen (Abs. 2)

Nach § 1715 Abs. 2 BGB endet die Beistandschaft, wenn der Antragsteller keine der in § 1713 BGB genannten Voraussetzungen mehr erfüllt; dies muss von Amts wegen berücksichtigt werden.[69] Unschädlich ist es jedoch, wenn die Voraussetzungen einer Variante des § 1713 BGB entfallen, solange noch die Voraussetzungen einer anderen Variante gegeben sind. Wird zB die gemeinsame Sorge begründet, befindet sich das Kind aber noch in der Obhut des antragstellenden Elternteils, endet die Beistandschaft nicht.[70] Der **Verlust der Alleinsorge** und damit das Ende der Beistandschaft tritt ein, wenn die elterliche Sorge entzogen wird; das Kind von Dritten adoptiert wird;[71] das Kind volljährig geworden ist;[72] das Kind oder der Antragsteller stirbt; der Antragsteller geschäftsunfähig gem. § 104 Nr. 2 BGB wird. Im Falle des § 1713 Abs. 1 S. 2 BGB entfällt eine Voraussetzung, wenn ein Übergehungsgrund nach § 1778 Abs. 1 Nr. 1–5 BGB in der Person des Vormunds eintritt. 59

Bei **Begründung gemeinsamer Sorge** gem. § 1626 a BGB (Abdruck bei § 7) während der Beistandschaft kommt es darauf an, ob das Kind sich weiterhin in der Obhut des antragstellenden Elternteils befindet. Im Falle einer Eheschließung der Eltern tritt jedoch regelmäßig das Ende der Beistandschaft ein, da bei Ehe der Eltern die Obhut eines Elternteils nur gegeben ist, wenn die Eheleute getrennt leben. Bei gemeinsamer Sorge endet die Beistandschaft bei Verlust bzw. Wechsel der Obhut oder wenn die elterliche Sorge insoweit nicht mehr zusteht.[73] Nach wohl einhelliger Auffassung (zu § 1629 Abs. 2 S. 2 BGB) entfällt damit die Antragsberechtigung, auch bezüglich vor

69 OLG Karlsruhe 8.8.2000 – 2 WF 99/00, JAmt 2001, 302.

70 Ebenso Rauscher in Staudinger § 1715 Rn. 12; aA wohl Götz in Palandt § 1715 Rn. 3.

71 Ob auch bei einer Stiefkindadoption die Beistandschaft endet und somit die Befugnis und Pflicht zur Geltendmachung der Unterhaltsrückstände, ist nicht geklärt. Für eine Beibehaltung der Beistandschaft s. DIJuF Themengutachten TG-1117, Stand 11/2015 unter umfassender Darstellung der unterschiedlichen Einschätzungen zu dieser Frage in der Literatur.

72 OLG Frankfurt 23.3.2020 – 4 WF 27/20, FamRZ 2020, 1665–1666.

73 Bei Entzug der Vermögenssorge, OLG Celle 18.11.2019 – 21 UF 153/19, FamRZ 2020, 424–427.

dem Obhutswechsel aufgelaufener Unterhaltsrückstände.[74] Zur Vermeidung der Auferlegung von Kosten ist ein laufendes Gerichtsverfahren in diesen Fällen für erledigt zu erklären.[75] Probleme werfen auch Fälle auf, in denen die Obhut zunächst nur zeitweise und auf Probe wechseln soll. Bei einem nur auf absehbare Zeit angelegten Wechsel „zur Probe" kann bezweifelt werden, ob die bisherige Obhut in einer Gesamtschau überhaupt beendet ist; im Übrigen endet jedoch grundsätzlich die Beistandschaft.[76] Bei alleiniger Sorge und einem Obhutswechsel des Kindes zum anderen Elternteil endet die Beistandschaft nicht. Da der vormals Unterhaltspflichtige nunmehr für Betreuung und tatsächliche Versorgung aufkommt, kann man in der Regel einen Unterhaltsrückstand nicht mehr realisieren. Dieser steht ohnehin dem Kind zu und nicht dem vormals betreuenden Elternteil. Insoweit sind dem Beistand sprichwörtlich „die Hände gebunden". Eine Herausgabe des Titels zur selbstständigen Realisierung des Unterhaltsrückstandes an den ehemals betreuenden Elternteil kommt nicht in Betracht, da der Titel auf das Kind lautet. Dem ehemals betreuenden Elternteil steht es aber frei, einen familienrechtlichen Ausgleichsanspruch geltend zu machen, wenn er nachweisen kann, dass der Unterhaltsrückstand überobligatorisch ausgeglichen wurde. Dieser Anspruch des Elternteils ist nicht abgedeckt durch die Aufgaben des Beistands. Der Titel ist dem Kind bei Volljährigkeit auszuhändigen.

60 Die pränatale Beistandschaft endet, wenn das Kind nicht lebend geboren wird. Die Lebendgeburt beendet die pränatale Beistandschaft nicht automatisch,[77] sondern nur dann, wenn mit der Geburt auch keine anderen Alternativen des § 1713 BGB mehr vorliegen.[78] Wird die werdende Mutter während der Schwangerschaft **volljährig**, endet die Beistandschaft nicht automatisch. Heiratet die volljährige, geschäftsfähige werdende Mutter den Vater des Kindes, endet die pränatale Beistandschaft nach § 1713 Abs. 1 Satz 1 2. Alt. BGB, weil gemeinsame elterliche Sorge eintritt (§ 1626a Abs. 1 Nr. 2 BGB; die Variante der Obhut bei gemeinsamer Sorge liegt regelmäßig nicht vor, da diese Getrenntleben voraussetzt). Wird die geschäftsunfähige werdende Mutter beschränkt geschäftsfähig oder geschäftsfähig, besteht die Beistandschaft – sofern andere Voraussetzungen des § 1713 BGB weiterhin gegeben sind – weiter, da der gesetzliche Vertreter den Antrag für die Mutter gestellt hat, diese also selbst Antragstellerin ist, so dass allein maßgeblich ist, ob in ihrer Person noch Voraussetzungen des § 1713 BGB vorliegen. Nach dem Wortlaut des Gesetzes hätte dies zur Konsequenz, dass auch mit dem Eintritt der gesetzlichen Amtsvormundschaft mit Geburt des Kindes gem. § 1791c BGB die Beistandschaft bestehen bleibt; dieses Nebeneinander von (jeweils beim Jugendamt angesiedelter) Beistandschaft und gesetzlicher Amtsvormundschaft ist sachlich nicht zu begründen. Wenn bei Geburt eines Kindes durch eine beschränkt geschäftsfähige, da minderjährige Mutter die gesetzliche Amtsvormundschaft eintritt, endet die Beistandschaft nach hier vertretener Ansicht in entsprechender oder analoger Anwendung von § 1791c Abs. 2 BGB; eine gesetzgeberische Klarstellung, dass der Verweis in § 1716 BGB auf die Regelungen zur Pflegschaft nicht nur die Wirkungen, sondern auch diesen Fall der Beendigung umfasst, wäre wünschenswert. Wird die werdende Mutter nach Antragstellung **geschäftsunfähig**, wird Beistandschaft hingegen fortgesetzt, da ihr Satz 3 das Antragsrecht belässt („für eine geschäftsunfähige wer-

74 S. nur OLG Bamberg 27.1.2014 – 2 WF 52/13, FamRZ 2014, 2015; Hinweisbeschluss OLG Köln 4.12.2012 – 4 UF 158/12, JAmt 2013, 165 mwN, OLG Koblenz 20.12.2017 – 13 UF 464/17 – FamRZ 2018, 347.

75 OLG Köln 4.12.2012 – 4 UF 158/12.

76 S. dazu DIJuF JAmt 2011, 578 mit ausführlichen Überlegungen zum Umgang mit diesen Fällen in der Praxis.

77 BT-Drs. 13/892, 41.

78 So auch Götz in Palandt § 1715 Rn. 3, § 1716 Rn. 2.

dende Mutter") und lediglich die Ausübung des Antragsrechts dem gesetzlichen Vertreter zuweist.[79]

Wegen der Verweisung in § 1716 S. 2 BGB auf das Pflegschaftsrecht endet die Beistandschaft auch bei **Erledigung einer Angelegenheit** (§ 1918 Abs. 3 BGB), zB durch Vaterschaftsfeststellung. Das gilt nicht für die Regelung des Unterhaltsanspruches, da dieser jederzeit abgeändert werden kann.[80] 61

Ein weiterer Beendigungsgrund findet sich in § 1717 S. 1 Hs. 2 BGB mit dem gewöhnlichen Aufenthalt im Ausland (→ Rn. 88). 62

Da Mitwirkungspflichten des Antragstellers nach § 60 SGB I nicht bestehen, kann der Beistand bei nur zögerlicher Mitwirkung nicht „kündigen"; ebenso wenig bei Beauftragung eines RA oder bei ständigen Konflikten. Er wird allerdings dem Elternteil einen Antrag auf Beendigung nahelegen, wenn das Vertrauensverhältnis nachhaltig gestört ist. 63

Mit der Beendigung der Beistandschaft **enden alle Befugnisse** des JA. So können Titel nicht mehr vollstreckt werden und Mahnungen nicht mehr erfolgen, evtl. Gerichtsverfahren können nicht mehr fortgeführt werden.[81] Ein Ruhen der Beistandschaft wäre in manchen Fällen zwar sinnvoll, ist aber rechtlich nicht möglich. Aus der Ausgestaltung der Beistandschaft als Beauftragung des JA folgt dessen Auskunfts- und Rechenschaftspflicht entsprechend § 666 BGB und die Aktenherausgabepflicht in Teilen entsprechend § 667 BGB. 64

7 § 1716 BGB

§ 1716 BGB Wirkungen der Beistandschaft 65

[1]Durch die Beistandschaft wird die elterliche Sorge nicht eingeschränkt. [2]Im Übrigen gelten die Vorschriften über die Pflegschaft mit Ausnahme derjenigen über die Aufsicht des Familiengerichts und die Rechnungslegung sinngemäß; die §§ 1791, 1791 c Abs. 3 sind nicht anzuwenden. [ab 1.1.2023: *Im Übrigen gelten die Vorschriften über die Pflegschaft für Minderjährige mit Ausnahme derjenigen über die Aufsicht des Familiengerichts und die Rechnungslegung sinngemäß.*]

7.1 Keine Einschränkung der elterlichen Sorge (Satz 1)

Der Regelung des Betreuungsrechts folgend (§ 1902 BGB), wird auch im Recht der Beistandschaft eine **Doppelzuständigkeit** für das Kind begründet. Im Unterschied zur früheren gesetzlichen Amtspflegschaft wird nämlich die elterliche Sorge durch die Beistandschaft nicht eingeschränkt, während gleichzeitig der Beistand mit **gesetzlicher Vertretungsmacht für das Kind** in den beiden Aufgabenkreisen des § 1712 Abs. 1 BGB ausgestattet wird. Eine Beschränkung auf eine Beistandschaft ohne gesetzliche Vertretungsmacht ist nicht möglich; § 1712 Abs. 2 BGB ermöglicht nur eine Beschränkung auf einzelne Aufgaben, aber nicht eine Beschränkung auf eine „zahnlose" Beistandschaft ohne Vertretungsmacht, da diese Art der Hilfe schon nach geltendem Recht (§ 18 Abs. 1) besteht. Die gesetzliche Vertretungsmacht des Beistands ergibt sich auch aus der Verweisung in Satz 2 auf das Pflegschaftsrecht, wo § 1915 Abs. 1 BGB auf 66

79 Ebenso die Begründung zum Gesetz-E; BT-Drs. 13/892, 40.
80 Insoweit die Gegenäußerung der Bundesregierung zur Stellungnahme des BR in BT-Drs. 13/892, 54 u. OLG Hamm 7.2.2003 – 9 UF 63/02, JAmt 2004, 144 sowie OLG Celle 2.9.2004 – 15 WF 209/04, JAmt 2004, 544; einschränkend Oberloskamp, Vormundschaft, § 19 Rn. 90 bei Titulierung und regelmäßiger Zahlung über ein Jahr hinweg.
81 So OLG Brandenburg 28.6.2006 – 10 WF 107/06, FamRZ 2006, 1782.

§ 1793 BGB weiter verweist. Beistand (nicht: JA)[82] und Elternteil vertreten das Kind jeweils allein und nebeneinander.[83]

67 Eine Ausnahme vom Grundsatz paralleler Handlungsbefugnisse besteht nur für das **gerichtliche Verfahren**, wo § 234 FamFG (im Unterhaltsverfahren) und § 173 FamFG (im Abstammungsverfahren) regeln, dass die Vertretung durch den Beistand den sorgeberechtigten Elternteil von der Vertretung ausschließt. Der Beistand allein ist gesetzlicher Vertreter des Kindes im Verfahren.[84] Dies gilt sowohl, wenn das Jugendamt den Antrag stellt, als auch, wenn es an Stelle des sorgeberechtigten Elternteils in das Verfahren eintritt. Damit sollen widerstreitende Erklärungen im Verfahren verhindert werden. Ist der Elternteil mit dieser „Verfahrensherrschaft" des JA nicht einverstanden, kann er die Beistandschaft gem. § 1715 Abs. 1 BGB jederzeit beenden. Dies kann auch im Verfahren selbst geschehen, indem das schriftliche Verlangen dem Beistand als Organ des JA ausgehändigt wird; damit ist es dem JA zugegangen iSd § 1714 S. 1 BGB. Nach anderer Auffassung ist eine Vertretung durch den sorgeberechtigten Elternteil möglich, solange sich der Beistand an dem Verfahren (noch) nicht beteiligt.[85]

68 Nur für das gerichtliche Verfahren gilt die „verdrängende" Zuständigkeit des Beistands, außerhalb des gerichtlichen Verfahrens bleibt es bei der doppelten Zuständigkeit durch parallele Handlungsbefugnisse. Jeder von beiden kann also Erklärungen mit Wirkung für das Kind abgeben. Geben beide **widerstreitende Erklärungen** ab, kommt es darauf an, ob die Erklärungen reversibel oder irreversibel sind. Bei irreversiblen Erklärungen gilt die frühere, da die spätere nicht mehr von einem Berechtigten abgegeben werden konnte. Bei reversiblen Erklärungen gilt die spätere entsprechend der lex posterior-Regel.[86] Im Aufgabenkreis der Vaterschaftsfeststellung kann es bei der Vaterschaftsanerkennung nicht zu kollidierenden Erklärungen kommen, da eine Zustimmung des Kindes nicht mehr erforderlich ist, wenn die Mutter allein sorgeberechtigt ist (→ § 52a Rn. 14). Die Anfechtung der Vaterschaft gehört nicht zum Aufgabenkreis des Beistands (→ Rn. 17), so dass es auch hierbei nicht zu Kollisionen kommen kann.

69 Im Aufgabenkreis der Unterhaltssicherung (§ 1712 Abs. 1 Nr. 2 BGB) gilt bei widerstreitenden (irreversiblen) Verfügungen (→ Rn. 68) über den Unterhaltsanspruch (zB Herabsetzung der Unterhaltsverpflichtung; Stundung) die zuerst getroffene. Die danach getroffene Verfügung ist die eines Nichtberechtigten. Streitig ist, ob der Beistand sich über einen entgegenstehenden Willen des Elternteils hinwegsetzen darf, wenn zB der Elternteil Unterhaltsansprüche gegen Großeltern nicht geltend machen oder von Vollstreckungsmaßnahmen gegen Unterhaltspflichtige absehen will, er aber diesbezüglich noch keine Verfügung getroffen hat. Die Ansicht, dass der Beistand gegen den Willen des Elternteils entsprechende Erklärungen mit Wirkung für das Kind nicht abgeben könne, weil dies der Regelung des § 1716 S. 1 BGB, dass die elterliche Sorge durch die Beistandschaft nicht eingeschränkt wird, widerspräche,[87] überzeugt letztendlich nicht. Der Elternteil hat es in der Hand, durch entsprechende Verfügungen oder Erklärungen Fakten zu schaffen oder die Beistandschaft zu beenden. Der Beistand ist jedoch in seinem Aufgabenkreis dem Kind und nicht dem Elternteil verpflichtet, so dass er allein in dessen Interesse zu handeln hat. Der Beistand ist weder Erfüllungsgehilfe des Elternteils noch ist er weisungsgebunden.

82 So – ungenau – Schwab/Wagenitz FamRZ 1997, 1377.
83 Irrig: Lipp FamRZ 1998, 76, der Beistand habe keine Befugnis gegenüber dem Kind.
84 Ebenso – für § 53 a ZPO – OLG LSA 23.9.2005 – 3 WF 172/05, JAmt 2006, 307; OLG Brandenburg 8.3.2017 – 10 WF 27/17, aA JAmt 2017, 447–448.
85 Umfassend hierzu DIJuF-Rechtsgutachten, JAmt 2019, 251–253.
86 Ebenso Roth Kind-Prax 1998, 149; Krug ZFSH/SGB 1998, 459; Walther in Wiesner § 55 Rn. 24; wohl auch Götz in Palandt § 1716 Rn. 1.
87 Gawlitta ZfJ 1998, 156.

Regelmäßig wird der Beistand seine Aufgabe in Absprache mit dem antragstellenden Elternteil wahrnehmen (→ Rn. 14). Ist der Elternteil mit seinem Vorhaben nicht einverstanden, wird er die Beistandschaft in aller Regel gem. § 1715 Abs. 1 BGB beenden. Bei einer Gefährdung des Kindeswohls kann der Weg über § 8a Abs. 2 zum FamG beschritten werden. 70

7.2 Verweis auf Pflegschaftsrecht (Satz 2)

Satz 2 verweist zunächst pauschal auf die Regelung der Pflegschaft in den §§ 1909 bis 1921 BGB. Durch die Verweisung in § 1915 Abs. 1 BGB auf das Vormundschaftsrecht gelten zudem die §§ 1773 bis 1895 BGB. Diese Vorschriften gelten allerdings **nur sinngemäß**, dh nur soweit, wie sich ihre Anwendung mit dem Zweck der Beistandschaft vereinbaren lässt. Einzelne **Ausnahmen** nennt Satz 2 ausdrücklich. 71

Nicht anwendbar sind die §§ 1840–1843 BGB über die **Rechnungslegung**, da sich aus den Aufgabenkreisen des Beistands kaum Angelegenheiten ergeben, für die eine Rechnungslegung sinnvoll wären.[88] Denkbar wäre dies allenfalls für die Geltendmachung und Durchsetzung von Unterhaltsansprüchen; dort auftauchende Unregelmäßigkeiten kann aber der antragstellende Elternteil von sich aus erkennen und abstellen.[89] 72

Ferner **nicht anwendbar** ist die Regelung der **Aufsicht des Familiengerichts** (§§ 1915 Abs. 1, 1837 Abs. 2 u. 3 BGB). Ist der allein sorgeberechtigte Elternteil (aber auch der andere Elternteil, dem der Beistand bei der Verfolgung der Unterhaltsansprüche zu „bissig" ist) mit der Tätigkeit des Beistands unzufrieden, kann er also nicht das FamG anrufen.[90] Stattdessen kann er mit den üblichen förmlichen und formlosen **Rechtsbehelfen** vorgehen. Wegen des persönlichen Verhaltens des Beistands kann der Elternteil also Dienstaufsichtsbeschwerde beim Vorgesetzten erheben. Einer fachaufsichtlichen Weisung des Vorgesetzten ist der Beistand aber nicht unterworfen.[91] Ist er mit einer Entscheidung des Beistands nicht einverstanden, kann er im Wege der Gegenvorstellung durch ein persönliches Gespräch mit ihm die Sache bereinigen. Fachaufsichtsbeschwerde bei der nächsthöheren Behörde kann dagegen nicht eingelegt werden, da die Beistandschaft als Aufgabe der Jugendhilfe Selbstverwaltungsangelegenheit ist. Dagegen ist Rechtsaufsichtsbeschwerde bei der Rechtsaufsichtsbehörde (Regierungspräsidium/Bezirksregierung/Landesdirektion) möglich, wenn eine Rechtsverletzung geltend gemacht wird. Das Handeln des Beistands wird kaum einmal einen VA (§ 31 SGB X) darstellen (→ Rn. 2), da entweder das Merkmal Regelung oder die Rechtswirkung auf dem Gebiet des öffentlichen Rechts fehlen wird, so dass Anfechtungs- oder Verpflichtungswiderspruch (§ 68 VwGO) und Anfechtungs- oder Verpflichtungsklage (§ 42 VwGO) ausscheiden. In Betracht käme allenfalls eine allgemeine Leistungsklage (§ 40 VwGO). Dies gilt sowohl für das JA als Beistand (Amtsbeistand) als auch für einen Verein als Beistand (Vereinsbeistand), da seine Tätigkeit hoheitlich ist, wenn er beliehener Unternehmer ist (→ Rn. 2). Ansonsten ist der Zivilrechtsweg eröffnet.[92] 73

Schließlich auch **nicht anwendbar** sind die Regelungen über **Bestallung** (§ 1791 BGB) und **Bescheinigung** (§ 1791c Abs. 3 BGB). Das FamG erteilt dem JA also keine Bestallungsurkunde und auch keine Bescheinigung über den Eintritt der Beistandschaft. Diese Ausnahme ist damit zu begründen, dass die Beistandschaft auf Antrag eines Elternteils automatisch eintritt und es daher ausreichend ist, dass das JA seine Legitimation im Rechtsverkehr durch Vorlage des Antrags nachweist. Wegen der fehlenden Auf- 74

88 Ebenso OLG Celle 30.1.2001 – 15 WF 15/01, JAmt 2001, 301.
89 Ebenso Begründung zum Gesetz-E; BT-Drs. 13/892, 31.
90 Zur Berechtigung dieser Regelung vgl. Knittel DAVorm 1995, 918 im Unterschied zu Mutschler DAVorm 1995, 691.
91 Näher Kunkel in Oberloskamp, Vormundschaft, § 16 Rn. 71; DIJuF DAVorm 2000, 390; JAmt 2004, 233.
92 Vgl. OVG NRW 28.9.2001 – 12 E 489/01, JAmt 2001, 596.

sicht des FamG bedarf es auch keiner Mitteilung des Beginns oder der Beendigung der Beistandschaft gegenüber dem FamG (→ Rn. 54). Viele FamG sind jedoch dazu übergegangen, beim JA nach einer bestehenden Beistandschaft zu fragen, um sicherzustellen, dass keine Verfahren von nicht legitimierten Beteiligten geführt werden.

75 Von diesen Ausnahmen zu unterscheiden ist die nach wie vor bestehende Aufsicht des FamG über den **Vormund als Antragsteller** gem. § 1713 Abs. 1 S. 2 BGB (→ Rn. 36).

76 Auf Amts- und Vereinsbeistand anwendbar sind die negativen Regelungen über **Vergütung** und **Aufwandsentschädigung**. Dem JA oder dem Verein kann gem. § 1915 Abs. 1 iVm § 1836 Abs. 3 BGB keine Vergütung durch den Justizfiskus bewilligt werden.[93] Die Vereinsbeistandschaft wird nicht gerichtlich übertragen, sondern durch das JA; daher kann der Verein **vom JA** Vergütung verlangen, wenn diese vereinbart worden ist. JA und Verein stehen auch keine Aufwandsentschädigung zu (§ 1915 Abs. 1 iVm § 1835a Abs. 5 BGB). **Aufwendungsersatz** ist nur beschränkt möglich (§ 1915 Abs. 1 iVm § 1835 Abs. 5 BGB).

77 Ebenfalls anwendbar ist die **Vertretungsregelung**. Das JA oder der Verein als Beistand ist gesetzlicher Vertreter des Kindes (§ 1915 Abs. 1 iVm § 1793 S. 1 BGB). Das JA handelt als Vertreter durch den Mitarbeiter, dem es gem. § 55 Abs. 2 die Ausübung der Aufgaben des Beistands übertragen hat (Realbeistand). Daneben (Doppelzuständigkeit) bleibt der Elternteil gesetzlicher Vertreter des Kindes (§ 1716 S. 1 BGB; → Rn. 66; zur Ausnahme im gerichtlichen Verfahren → Rn. 67).

78 Anwendbar ist schließlich die **Erledigungsregelung** (§ 1918 Abs. 3 BGB; → Rn. 61).

79 Mit **Geburt eines Kindes** endet die pränatale Beistandschaft nicht automatisch. § 1918 Abs. 2 BGB, der durch die Aufhebung von § 1912 Abs. 1 Satz 2 BGB nur noch einen beschränkten Anwendungsbereich hat, erklärt zwar die Leibesfruchtpflegschaft mit Geburt des Kindes für beendet; eine sinngemäße Anwendung auf die pränatale Beistandschaft ergibt aber, dass dies bezüglich der pränatalen Beistandschaft nur gilt, wenn sämtliche Voraussetzungen für eine Beistandschaft mit der Geburt entfallen (→ Rn. 60).

80 Für die **Haftung** des Amts- oder Vereinsbeistands gelten § 1915 Abs. 1 iVm § 1833 BGB.[94] Bei einer Pflichtverletzung des Beistands, die er verschuldet hat und die zu einem Schaden geführt hat, haftet die Gebietskörperschaft oder der Verein. Daneben tritt die Haftung für schuldhafte Amtspflichtverletzung aus § 839 BGB, die gem. Art. 34 S. 1 GG ebenfalls die Gebietskörperschaft trifft (auch für den Verein als beliehener Unternehmer). Bei Vorsatz oder grober Fahrlässigkeit kann die Gebietskörperschaft aber auf den Mitarbeiter zurückgreifen (Art. 34 S. 2 GG). Bei fahrlässiger Pflichtverletzung des Mitarbeiters kommt eine Haftung aus § 839 BGB nur subsidiär in Betracht (§ 839 Abs. 1 S. 2 BGB), also auch nachrangig gegenüber der Haftung aus § 1833 BGB. Die Verjährung beträgt einheitlich drei Jahre (§ 195 BGB). Sie beginnt erst ab Ende der Beistandschaft.[95]

8 § 1717 BGB

81 **§ 1717 BGB Erfordernis des gewöhnlichen Aufenthalts im Inland**

[1]Die Beistandschaft tritt nur ein, wenn das Kind seinen gewöhnlichen Aufenthalt im Inland hat; sie endet, wenn das Kind seinen gewöhnlichen Aufenthalt im Ausland begründet. [2]Dies gilt für die Beistandschaft vor der Geburt des Kindes entsprechend.

93 Ebenso – für Verein – OLG München 22.6.2010 – 33 Wx 033/10, ZKJ 2010, 373; anders BGH 14.3.2007 – FamRZ 2007, 900 nur für gerichtliche bestellte Vormundschaft/ Pflegschaft; aA Schindler in Oberloskamp, Vormundschaft § 15 Rn. 30 ff.

94 Ausführlich zur Haftung Kunkel in Oberloskamp, Vormundschaft, § 16 Rn. 85; BGH 4.12.2013 – XII ZR 157/12, JAmt 2014, 35.

95 So OLG Saarbrücken13.12.2011 - 456/10–139, FamRZ 2012, 801.

8.1 Beistandschaft nur bei g.A. im Inland (Satz 1)

§ 1717 BGB ist eine ergänzende Regelung zu §§ 1714, 1715 Abs. 1 BGB. Als zusätzliche Voraussetzung für den **Eintritt** der Beistandschaft bestimmt Satz 1, dass das Kind seinen gewöhnlichen Aufenthalt in Deutschland haben muss. Auf die Staatsangehörigkeit des Kindes kommt es nicht an. Der Begriff des gewöhnlichen Aufenthalts kann der Regelung des § 30 Abs. 3 S. 2 SGB I sinngemäß entnommen werden, auch wenn das SGB I für die Beistandschaft nicht gilt (→ Rn. 1). Danach hat ein Kind seinen gewöhnlichen Aufenthalt dann in Deutschland, wenn es sich hier uU aufhält, die erkennen lassen, dass es sich nicht nur vorübergehend in Deutschland aufhält. Dies ist auch bei **Asylbewerbern** der Fall, wenn sie eine Aufenthaltsgestattung (§ 55 AsylG) oder eine ausländerrechtliche Duldung (§ 60a AufenthG) haben (→ § 6 Rn. 9).[96] 82

Für den Eintritt der Beistandschaft ist es unerheblich, ob für das Kind gleichzeitig im Ausland eine Beistandschaft besteht. Ist der nach § 1713 BGB Antragsberechtigte der Meinung, dass dennoch ein Bedürfnis für die Beistandschaft in Deutschland besteht, tritt die Beistandschaft mit seinem Antrag ein, wenn auch er seinen Aufenthalt in Deutschland hat. 83

§ 1717 BGB ist eine Sonderregelung gegenüber Art. 24 EGBGB, der sonst über § 1716 S. 2 BGB anwendbar wäre. 84

Das **Haager Kinderschutzübereinkommen** (KSÜ; → § 6 Rn. 21) setzt ebenfalls gewöhnlichen Aufenthalt im Inland voraus, wobei auf den tatsächlichen Mittelpunkt der Lebensführung abzustellen ist. Eine bestimmte Aufenthaltsdauer im Inland ist nicht gefordert, vielmehr ist bereits mit der Einreise der gewöhnliche Aufenthalt iSd KSÜ begründet, wenn sich aus den Umständen ergibt, dass der Aufenthalt in Deutschland auf längere Zeitdauer angelegt ist und der neue Aufenthaltsort künftig an die Stelle des bisherigen Lebensmittelpunktes treten soll.[97] Dies trifft auch für **minderjährige unbegleitete Ausländer** zu. Die Beistandschaft ist auch eine Schutzmaßnahme iSv Art. 1 KSÜ, da dies alle Maßnahmen sind, die im Interesse des Kindes erforderlich sind.[98] Ob die Schutzmaßnahme einer behördlichen Anordnung (also eines VA) bedarf, ist unerheblich.[99] 85

Auch das **Europäische Fürsorgeabkommen** (**EFA**; → § 6 Rn. 20) ist auf die Beistandschaft anwendbar, da unter „Fürsorge" auch die Betreuung zu verstehen ist (Art. 2[a][i]). Art. 1 EFA knüpft den Schutzanspruch an den erlaubten Aufenthalt an. Dies ist auch der geduldete Aufenthalt, erst recht der mit einer Aufenthaltsgestattung erlaubte Aufenthalt. 86

Für **EU-Ausländer** (Unionsbürger) gilt die Verordnung Nr. 1612/68 (→ § 6 Rn. 19), wonach ihnen dieselben Vergünstigungen zu gewähren sind wie einem Inländer. Für In- und Ausländer in gleicher Weise bestimmt § 1717 S. 1 BGB, dass das Kind seinen gewöhnlichen Aufenthalt im Inland haben muss. Die Anknüpfung an den gewöhnlichen Aufenthalt des Kindes steht im Widerspruch zu **§ 6 Abs. 1 S. 2**, wonach die Beistandschaft als andere Aufgabe iSv § 2 Abs. 2 Nr. 11 an den **tatsächlichen Aufenthalt** des Kindes anknüpft, gleichgültig ob es In- oder Ausländer ist. § 1717 BGB ist als lex specialis vorrangig. 87

Ergänzend zu § 1715 Abs. 2 BGB regelt S. 1 Hs. 2, dass die Beistandschaft **endet**, wenn das Kind seinen gewöhnlichen Aufenthalt im Ausland begründet.[100] Da diese 88

96 Kunkel, Jugendhilferecht, Rn. 104, sowie ZfJ 1994, 369.
97 BGHZ 78, 295.
98 BGH NJW 1973, 417.
99 AA aber Begründung zum Gesetz-E; BT-Drs. 13/892, 41; Riehle in Krug/Riehle § 55 Erl. II.
100 Zu den Folgen eines Auslandsaufenthalts im Rahmen eines Schüleraustausches DIJuF-Rechtsgutachten, 18.8.2011, JAmt 2011, 463–467.

Regelung ebenfalls unabhängig von der Staatsangehörigkeit gilt, steht auch sie für deutsche und ausländische Kinder im Widerspruch zu § 6 Abs. 1 S. 2. Auch hier ist § 1717 BGB lex specialis. Auf den gewöhnlichen Aufenthalt des alleinerziehenden Elternteils kommt es dabei nicht unmittelbar an.[101]

8.2 Für pränatale Beistandschaft gilt g.A. der Mutter im Inland (Satz 2)

89 Für die pränatale Beistandschaft (§ 1713 Abs. 1 S. 1 2. Alt. oder § 1713 Abs. 2 BGB) gilt S. 1 entsprechend; dies bedeutet, dass die pränatale Beistandschaft eintritt, wenn die **Mutter** im Zeitpunkt der Antragstellung ihren gewöhnlichen Aufenthalt in Deutschland hat, und dass die pränatale Beistandschaft endet, wenn die Mutter ihren gewöhnlichen Aufenthaltsort im Ausland begründet.

9 Art. 144 EGBGB

90 **Artikel 144 EGBGB [Beistandschaft eines rechtsfähigen Vereins]**
Die Landesgesetze können bestimmen, daß das Jugendamt die Beistandschaft mit Zustimmung des Elternteils auf einen rechtsfähigen Verein übertragen kann, dem dazu eine Erlaubnis nach § 54 des Achten Buches Sozialgesetzbuch erteilt worden ist. [ab 1.1.2023: *Die Landesgesetze können bestimmen, daß das Jugendamt die Beistandschaft mit Zustimmung des Elternteils auf einen nach § 54 des Achten Buches Sozialgesetzbuch anerkannten Vormundschaftsverein übertragen kann.*]

91 Die Aufgabe der Beratung und Unterstützung nach § 52 a kann von freien Trägern im Rahmen einer Delegation nach § 76 Abs. 1 wahrgenommen werden. Der Landesgesetzgeber[102] kann bestimmen, dass freie Träger auch Beistandschaften nach § 1712 BGB führen können. Im Unterschied zur Delegation nach § 76 wird den freien Trägern die Aufgabe der Beistandschaft nicht lediglich zur Ausführung übertragen, sondern die (hoheitliche) **Aufgabe an sich geht** durch Übertragungsakt des JA auf die freien Träger über. Daher handelt es sich um eine **Beleihung**. Vereinspfleger und -vormünder werden dagegen durch das FamG bestellt (§ 1791a BGB). Eine Einzelbeistandschaft gibt es nicht. Eine vergleichbare Stellung haben im Jugendhilferecht sonst nur die Adoptionsvermittlungsstellen. Der freie Träger wird damit Träger öffentlicher Verwaltung, hat also hoheitliche Befugnisse und ist Behörde iSd § 1 Abs. 2 SGB X. Die Beleihung erfolgt durch VA des JA. Die Beistandschaft wird dann vom Beliehenen selbstständig in eigenem Namen ausgeübt. Er steht aber unter der Fach- und Rechtsaufsicht des JA.[103]

92 Die **Voraussetzungen** der Übertragung sind (1) landesgesetzliche Ermächtigung; (2) Zustimmung des allein sorgeberechtigten Elternteils; (3) rechtsfähiger Verein als Träger; (4) Erlaubnis zur Übernahme gem. § 54 durch das LJA. Die Zustimmung des Elternteils kann sowohl als Einwilligung (§ 183 BGB) als auch als Genehmigung (§ 184 BGB) erfolgen. Nicht möglich ist eine Zustimmung des Vormunds als Antragsteller gem. § 1713 Abs. 1 S. 2 BGB. Übertragungsakt des JA und Erlaubniserteilung des LJA sind selbstständige VA iSv § 31 SGB X. Sie können mit **Nebenbestimmungen** versehen werden, wobei für die Erlaubnis als gebundene Entscheidung § 32 Abs. 1 SGB X, für die Übertragung als Ermessensentscheidung § 32 Abs. 2 SGB X einschlägig sind. Eine Aufhebung des VA ist gem. § 48 SGB X möglich. Für den Sozialdatenschutz gilt § 68.

---

101 Walther in Wiesner § 55 Rn. 52.
102 Bislang in Berlin (1. ÄndG AG KJHG 24.9.1998 – GVBl. S. 267), Bayern (§ 1 Nr. 2 ÄndG BayKJHG 11.7.1998 – BayGVBl. S. 416; Art. 61 AGSG), Sachsen und Sachsen-Anhalt.
103 Vgl. hierzu allgemein OVG RhPf NJW 1990, 465.

Da die Erlaubnis zur Übernahme einer Vereinsbeistandschaft gem. § 54 vom LJA erteilt wird, hätte auch dessen sachliche Zuständigkeit hierfür im (abschließenden) Katalog des § 85 Abs. 2 geregelt werden müssen; in § 85 Abs. 2 Nr. 10 fehlt eine solche Regelung aber. 93

Zur Haftung des Vereins s. § 1716; → Rn. 80. 94

§ 52a Beratung und Unterstützung bei Vaterschaftsfeststellung und Geltendmachung von Unterhaltsansprüchen

(1) [1]Das Jugendamt hat unverzüglich nach der Geburt eines Kindes, dessen Eltern nicht miteinander verheiratet sind, der Mutter Beratung und Unterstützung insbesondere bei der Vaterschaftsfeststellung und der Geltendmachung von Unterhaltsansprüchen des Kindes anzubieten. [2]Hierbei hat es hinzuweisen auf

1. die Bedeutung der Vaterschaftsfeststellung,
2. die Möglichkeiten, wie die Vaterschaft festgestellt werden kann, insbesondere bei welchen Stellen die Vaterschaft anerkannt werden kann,
3. die Möglichkeit, die Verpflichtung zur Erfüllung von Unterhaltsansprüchen nach § 59 Absatz 1 Satz 1 Nummer 3 beurkunden zu lassen,
4. die Möglichkeit, eine Beistandschaft zu beantragen, sowie auf die Rechtsfolgen einer solchen Beistandschaft,
5. die Möglichkeit der gemeinsamen elterlichen Sorge.

[3]Das Jugendamt hat der Mutter ein persönliches Gespräch anzubieten. [4]Das Gespräch soll in der Regel in der persönlichen Umgebung der Mutter stattfinden, wenn diese es wünscht.

(2) Das Angebot nach Absatz 1 kann vor der Geburt des Kindes erfolgen, wenn anzunehmen ist, dass seine Eltern bei der Geburt nicht miteinander verheiratet sein werden.

(3) [1]Wurde eine nach § 1592 Nummer 1 oder 2 des Bürgerlichen Gesetzbuchs bestehende Vaterschaft zu einem Kind oder Jugendlichen durch eine gerichtliche Entscheidung beseitigt, so hat das Gericht dem Jugendamt Mitteilung zu machen. [2]Absatz 1 gilt entsprechend.

(4) Das Standesamt hat die Geburt eines Kindes, dessen Eltern nicht miteinander verheiratet sind, unverzüglich dem Jugendamt anzuzeigen.

1 Soforthilfe des Jugendamts für die Alleinerziehende (Abs. 1)

1.1 Angebot der Beratung und Unterstützung (S. 1)

Zum besseren Verständnis des Regelungsanliegens ist der historische Kontext der Norm zu berücksichtigen: Das „uneheliche" (so noch heute: Art. 6 Abs. 5 GG, später: nichteheliche, seit 1.7.1998: Kind von Eltern, die nicht miteinander verheiratet sind) Kind war an vielen Stellen rechtlich benachteiligt. Die Tatsache, dass die Mutter des Kindes nicht verheiratet war, stellte regelmäßig ein deutliches Indiz dafür dar, dass kein intakter Familienverband existierte. Bis 1970 stand das „uneheliche" Kind stets 1 unter Vormundschaft des Vormundschaftsgerichts. Ab 1970 stand der Mutter zwar die elterliche Sorge zu; es trat jedoch automatisch die Amtspflegschaft für das Kind – mit einem ähnlichen Aufgabenbereich wie die heutige Beistandschaft – ein. Durch das zeitgleich mit dem KindschaftsrechtsreformG zum 1.7.1998 in Kraft getretene BeistandschaftsG wurde die Amtspflegschaft durch die freiwillige Beistandschaft auf Antrag abgelöst (s. Exkurs Beistandschaft → vor § 52a Rn. 5). Die sozialen Gegebenheiten hatten sich bereits bei Inkrafttreten 1998 so weitgehend geändert, dass die Anknüpfung daran, ob die Mutter verheiratet ist oder nicht, fragwürdig erscheint. Sachgerechter dürfte es sein, daran anzuknüpfen, ob die Vaterschaft anerkannt ist und gemeinsame Sorgeerklärungen abgegeben wurden. Dies würde zutreffend auch die Beziehung des Vaters zum Kind in den Mittelpunkt rücken.[1] Nicht erfasst würden damit zwar die Fälle der Alleinerziehung bei gemeinsamer Sorge; dies ist aber bei Bestand der Ehe im Zeitpunkt der Geburt nicht anders. Alternativ könnte erwogen werden, mit einem universellen Ansatz auf diese Unterstützungs- und Beratungsangebote alle Eltern hinzuweisen. Der familienrechtliche Status der Mutter ist jedenfalls nicht das sachgerechte Kriterium zur Feststellung von Alleinerziehung. Nicht ausdrücklich geregelt ist der Fall, dass die Mutter nach dem **LPartG** verpartnert ist. Verheiratet ist sie in diesen Fällen nicht, so dass die Voraussetzungen des § 52a vorliegen. Dies erscheint folgerichtig, da es in diesen Fällen im Zeitpunkt der Geburt regelmäßig an einem zweiten rechtlich für das Kind verantwortlichen Elternteil fehlt; hieran ändert sich auch durch das Gesetz zur Einführung des Rechts auf Eheschließung für Personen gleichen Geschlechts nichts, da dieses nicht dazu führt, dass die mit der Mutter verheiratete Frau als zweiter Elternteil anerkannt wird.[2] Es wäre jedoch zu erwägen, die Unterstützung nicht auf die auch in diesen Fällen grundsätzlich mögliche Anerkennung der Vaterschaft durch den biologischen Vater zu beschränken, sondern auf die häufig von den Beteiligten stattdessen gewünschte Stiefkindadoption auszuweiten.[3] Dies ist ohne Weiteres möglich, da die Aufzählung der Gegenstände von Beratung und Unterstützung in § 52a nicht abschließend ist.

2 Die Mutter eines Kindes, die nicht verheiratet ist, erhält eine **„Drei-Stufen-Hilfe"**. Nach § 52a wird ihr zunächst Beratung und Unterstützung lediglich angeboten. Erst wenn die Mutter das Angebot annimmt, hat sie einen Anspruch auf Beratung und Unterstützung aus § 52a (zu diesen Begriffen → § 18 Rn. 4).[4] Auf einer zweiten Stufe kann sie außerdem Beratung und Unterstützung nach § 18 Abs. 1 u. 2 beanspruchen. Reicht ihr die Unterstützung bei der Vaterschaftsfeststellung und der Geltendmachung von Unterhaltsansprüchen (häufig irreführend als **„kleine Beistandschaft"** bezeichnet) nach § 18 (→ § 18 Rn. 7 sowie Exkurs → vor § 52a Rn. 8) nicht aus, kann sie auf der dritten Hilfestufe Beistandschaft beim JA gem. § 1712 BGB beantragen. Trotz inhaltsgleicher Leistung mit § 18 Abs. 1 ist § 52a nicht im Katalog der Leistungen nach § 2 Abs. 2, sondern im Katalog der anderen Aufgaben nach § 2 Abs. 3 enthalten (→ § 2 Rn. 1). Die systematische Stellung im Dritten Kapitel ist daher verfehlt,[5] stattdessen gehört diese Hilfe in das Zweite Kapitel, integriert in § 18. Die Teilung der Hilfe des JA durch Aufteilung auf die §§ 18 u. 52a soll bewirken, dass das JA mit seinem Unterstützungsangebot auf die Mutter zugeht („Bringschuld") und nicht darauf wartet, dass sie ihren Anspruch auf Beratung nach § 18 geltend macht („Holschuld").[6] Dies ist eine der ersten Regelungen, in der kraft Gesetzes der Bürger zum **Kunden** iSd Neuen Steuerung (→ § 79 Rn. 18), um den das JA mit einer kaufmännischen invitatio ad

1 S. dazu bereits die Kritik bei Ramm FPR 1996, 220.
2 BT-Drs. 18/6665, BGBl. I 2017, 2787.
3 Zum Interesse des Kindes an der rechtlichen Absicherung BVerfG 19.2.2013 – 1 BvL 1/11, 1 BvR 3247/09, Rn. 43 f., 71 f.
4 Schleicher in GK-SGB VIII Rn. 4–7; Fröschle in jurisPK-SGB VIII Rn. 21.
5 Ebenso Fröschle in jurisPK-SGB VIII Rn. 8.
6 So Fröschle in jurisPK-SGB VIII Rn. 7.

offerendum wirbt, dh der Bürger klopft nicht an die Tür des JA (wie nach § 18), sondern das JA klopft an seine Tür und bietet auch einen Hausbesuch an. Im Unterschied zur Beratung nach § 18 ist das JA verpflichtet, das Beratungsangebot des § 52a von Amts wegen zu unterbreiten.[7] Während das Angebot nach § 52a auf die Zeit um die Geburt des Kindes herum „befristet" ist (Ausnahme in Abs. 3), gilt das Angebot nach § 18 außerhalb des „Dunstkreises des Kreißsaales" und auch für den Vater des Kindes. § 52a ist vorrangig.[8] Dieses Angebot ist auch Müttern zu machen, deren Kinder nach erfolgreicher Anfechtung der Vaterschaft nichtehelich geworden sind, wenn das Jugendamt von der Gerichtsentscheidung Kenntnis erhält. Die Mitteilung seitens der Familiengerichte[9] erfolgt jedoch in der Praxis nicht immer zuverlässig.

Als „andere Aufgabe" iSd § 2 Abs. 3 ist das Angebot nach § 52a **kostenfrei** (→ § 91 Rn. 1). 3

Weitere (unverständliche) Konsequenz der Einordung als „andere Aufgabe" ist die unterschiedliche **örtliche Zuständigkeit** für eine gleichartige Hilfe: § 86 für die Beratung nach § 18, aber § 87c Abs. 5 für die Beratung nach § 52a. Bei fehlendem gA der Mutter im Inland kann die Zuständigkeit auseinanderfallen.[10]

Als „andere Aufgabe" kann das JA die Aufgabe nach § 52a auf **anerkannte Träger der freien Jugendhilfe** zur Ausübung übertragen oder sie daran beteiligen (§ 76 Abs. 1); eine autonome Wahrnehmung ist ihnen somit – anders als bei der Leistung nach § 18 – verwehrt. 4

Das Angebot des JA erstreckt sich ausdrücklich nur auf Hilfe bei der Vaterschaftsfeststellung und der Geltendmachung von Unterhaltsansprüchen des Kindes; die Formulierung „insbesondere" lässt aber **weitere Angebote** zu, beispielsweise auch das Angebot der Hilfe bei Geltendmachung von Unterhaltsansprüchen der Mutter, auf die ebenfalls ein Anspruch nach § 18 Abs. 1 Nr. 2 besteht.[11] Das schließt auch Fallkonstellationen ein, in denen die Mutter in gleichgeschlechtlicher Ehe lebt.[12] Auch wenn schon (vor der Geburt) gemeinsame Sorgeerklärungen abgegeben worden sind, besteht die Pflicht, wegen der Unterhaltssicherung Hilfe anzubieten. Das Anbieten der Hilfe geschieht zweckmäßigerweise schriftlich mit einem Informationsblatt (Flyer).[13] 5

Das Angebot des JA ist eine Pflichtleistung, auf die auch (ebenso wie auf die nachfolgende Beratung) ein **Rechtsanspruch** besteht, dessen Nichterfüllung eine **Amtspflichtverletzung** ist (s. zu dieser → § 18 Rn. 3). Das JA hat die Hilfe **unverzüglich** anzubieten, dh ohne schuldhaftes Zögern (§ 121 BGB entsprechend). Der Anspruch von Asylbewerberinnen auf Beratung und Unterstützung und von Flüchtlingskindern auf Einrichtung einer Beistandschaft besteht regelmäßig bereits ab Einreise.[14] Ungenau ist die gesetzliche Formulierung „nach der Geburt eines Kindes", da die Hilfe erst nach **Kenntnis** von der Geburt des Kindes einsetzen kann (→ Rn. 21). Das Angebot sollte schriftlich erfolgen und in Durchschrift drei Jahre[15] aufbewahrt werden, um im Streitfall den Nachweis der Pflichterfüllung führen zu können. Es hat sich aber als sicherer erwiesen, dieses bis zur Volljährigkeit des Kindes aufzuheben, da nicht selten ein schriftliches Angebot in Abrede gestellt wird. 6

---

7 Vgl. zur Beratung u. Unterstützung als „Zweite Welle" DIJuF JAmt 2002, 175.
8 Ebenso Happe/Saurbier in JHSM Rn. 4; Fröschle in jurisPK-SGB VIII Rn. 4.
9 XIII Nr. 8 der Anordnung über Mitteilung in Zivilsachen (MiZi).
10 Fröschle in jurisPK-SGB VIII Rn. 5.
11 So auch Elmauer in Wiesner Rn. 6.
12 Siehe DIJuF Rechtsgutachten JAmt 2018, 202–204.
13 S. dazu auch Elmauer in Wiesner Rn. 13.
14 Ausführlich DIJuF Rechtsgutachten JAmt 2016, 246.
15 Wegen der Verjährungsfrist nach § 195 BGB; DIJuF JAmt 2004, 238: 1 Jahr.

7 Nimmt die Mutter das Angebot der Beratung oder der Beistandschaft nicht an, kann das JA es ihr nicht mit Fristsetzung und Zweitschreiben aufdrängen.[16] Ebenso wenig kann ihr dann **Verfahrenskostenhilfe** (→ Anh. 5 Rn. 91) für einen Anwalt verwehrt werden, weil ihr die freie Entscheidung über die Inanspruchnahme des Angebots zusteht, und es deshalb nicht als mutwillige Wahl eines kostspieligeren Weges iSd § 114 Abs. 1 ZPO gewertet werden kann, wenn sie hiervon keinen Gebrauch macht (s. o. Exkurs → vor § 52a Rn. 26).[17] **Beratungshilfe** nach dem BerHG kann ihr dagegen als subsidiär verwehrt werden (→ § 17 Rn. 12).[18]

8 Ist bei Geburt des Kindes **gesetzliche Amtsvormundschaft** nach § 1791c BGB eingetreten, entfällt der Beratungsbedarf weitgehend.[19]

1.2 Hinweispflichten (Satz 2)

9 Das JA ist verpflichtet, in das Informationsangebot folgende Hinweise aufzunehmen:

- **Nr. 1:** die **Bedeutung** der **Vaterschaftsfeststellung.** Hier hat das JA auf das aus dem Persönlichkeitsrecht des Kindes (Art. 2 Abs. 1 iVm Art. 1 Abs. 1 GG) fließende Recht auf Kenntnis seiner **Abstammung**[20] hinzuweisen; dieses Recht des Kindes ist jedoch mit dem aus dem Persönlichkeitsrecht der Mutter folgenden Recht auf Wahrung ihrer Intimsphäre abzuwägen.[21] Es erscheint zweifelhaft, ob die bislang wohl herrschende Auffassung, dass das Kindesinteresse Vorrang vor dem Interesse der Mutter hat, wenn nicht ausnahmsweise besondere Umstände vorliegen, die die Mutter plausibel darzulegen hat,[22] angesichts der jüngsten Konkretisierungen durch das BVerfG Bestand haben wird, zumal regelmäßig bereits für die plausible Darlegung dem Intimbereich der Mutter zuzurechnende Informationen preisgegeben werden müssen. Zudem führt – wie zB der durch das Gesetz zur Regelung des Rechts auf Kenntnis der Abstammung bei heterologer Verwendung von Samen[23] mWz 1.7.2018 eingefügte § 1600d Abs. 4 BGB zeigt – biologische Abstammung nicht zwingend dazu, dass auch rechtlich ein Eltern-Kind-Verhältnis besteht; das Recht auf Kenntnis der Abstammung kann daher nicht mit einem Recht auf Feststellung der Vaterschaft gleichgesetzt werden.
  Der Hinweis sollte sich auch darauf erstrecken, dass die Rechtswirkungen der Vaterschaft nach § 1600 Abs. 4 BGB erst ab dem Zeitpunkt der Feststellung der Vaterschaft geltend gemacht werden können. Dies bedeutet insbesondere für Träger der Leistungen nach SGB XII und II sowie **Unterhaltsvorschusskassen,** dass sie nicht in der Lage sind, den auf sie übergegangenen Unterhaltsanspruch gegen einen nicht festgestellten Vater gerichtlich geltend zu machen und hierbei die Vaterschaft inzidenter feststellen zu lassen. Gem. § 1 Abs. 3 UhVorschG besteht kein Anspruch auf Unterhaltsleistungen nach dem UhVorschG, wenn sich die Mutter weigert, bei der Feststellung der Vaterschaft mitzuwirken. Auch hierauf sollte hingewiesen werden.

---

16 So zu Recht H. Schellhorn in SFMK Rn. 11.
17 Elmauer in Wiesner Rn. 8.
18 Ebenso Fröschle in jurisPK-SGB VIII Rn. 23.
19 So Fröschle in jurisPK-SGB VIII Rn. 18.
20 BVerfG 16.1.2013 – 1 BvR 2004/10; OLG Hamm 6.2.2013 – I-14 U 7/12; s. auch Art. 7 UN-KindK.
21 Zur Notwendigkeit dieser Abwägung vgl. BVerfG ZfJ 1997, 330; ebenso Schleicher in GK-SGB VIII Rn. 9; zur Bedeutung der Rechte der Mutter (dort jedoch gegenüber den finanziellen Interessen des Scheinvaters) zuletzt BVerfG 24.2.2015 – 1 BvR 472/14, Rn. 27 ff.; s. auch DIJuF-Rechtsgutachten v. 5.5.2015, JAmt 2015, 244.
22 S. nur die 5. Auflage; Elmauer in Wiesner SGB VII § 52a Rn. 7.
23 BGBl. I 2017, 2513.

■ **Nr. 2:** Die Möglichkeiten der Vaterschaftsfeststellung 10

§ 1592 BGB Vaterschaft

Vater eines Kindes ist der Mann,

1. der zum Zeitpunkt der Geburt mit der Mutter des Kindes verheiratet ist,
2. der die Vaterschaft anerkannt hat oder
3. dessen Vaterschaft nach § 1600 d oder § 182 Abs. 1 des Gesetzes über das Verfahren in Familiensachen und in den Angelegenheiten der freiwilligen Gerichtsbarkeit gerichtlich festgestellt ist.

§ 1593 BGB Vaterschaft bei Auflösung der Ehe durch Tod

[1]§ 1592 Nr. 1 gilt entsprechend, wenn die Ehe durch Tod aufgelöst wurde und innerhalb von 300 Tagen nach der Auflösung ein Kind geboren wird. [2]Steht fest, dass das Kind mehr als 300 Tage vor seiner Geburt empfangen wurde, so ist dieser Zeitraum maßgebend. [3]Wird von einer Frau, die eine weitere Ehe geschlossen hat, ein Kind geboren, das sowohl nach den Sätzen 1 und 2 Kind des früheren Ehemanns als auch nach § 1592 Nr. 1 Kind des neuen Ehemanns wäre, so ist es nur als Kind des neuen Ehemanns anzusehen. [4]Wird die Vaterschaft angefochten und wird rechtskräftig festgestellt, dass der neue Ehemann nicht Vater des Kindes ist, so ist es Kind des früheren Ehemanns.

§ 1594 BGB Anerkennung der Vaterschaft

(1) Die Rechtswirkungen der Anerkennung können, soweit sich nicht aus dem Gesetz anderes ergibt, erst von dem Zeitpunkt an geltend gemacht werden, zu dem die Anerkennung wirksam wird.

(2) Eine Anerkennung der Vaterschaft ist nicht wirksam, solange die Vaterschaft eines anderen Mannes besteht.

(3) Eine Anerkennung unter einer Bedingung oder Zeitbestimmung ist unwirksam.

(4) Die Anerkennung ist schon vor der Geburt des Kindes zulässig.

§ 1595 BGB Zustimmungsbedürftigkeit der Anerkennung

(1) Die Anerkennung bedarf der Zustimmung der Mutter.

(2) Die Anerkennung bedarf auch der Zustimmung des Kindes, wenn der Mutter insoweit die elterliche Sorge nicht zusteht.

(3) Für die Zustimmung gilt § 1594 Abs. 3 und 4 entsprechend.

§ 1596 BGB Anerkennung und Zustimmung bei fehlender oder beschränkter Geschäftsfähigkeit

(1) [1]Wer in der Geschäftsfähigkeit beschränkt ist, kann nur selbst anerkennen. [2]Die Zustimmung des gesetzlichen Vertreters ist erforderlich. 3Für einen Geschäftsunfähigen kann der gesetzliche Vertreter mit Genehmigung des Familiengerichts anerkennen; ist der gesetzliche Vertreter ein Betreuer, ist die Genehmigung des Betreuungsgerichts erforderlich. [4]Für die Zustimmung der Mutter gelten die Sätze 1 bis 3 entsprechend.

(2) [1]Für ein Kind, das geschäftsunfähig oder noch nicht 14 Jahre alt ist, kann nur der gesetzliche Vertreter der Anerkennung zustimmen. [2]Im Übrigen kann ein Kind, das in der Geschäftsfähigkeit beschränkt ist, nur selbst zustimmen; es bedarf hierzu der Zustimmung des gesetzlichen Vertreters.

(3) Ein geschäftsfähiger Betreuter kann nur selbst anerkennen oder zustimmen; § 1903 [ab 1.1.2023: *§ 1825*] bleibt unberührt.

(4) Anerkennung und Zustimmung können nicht durch einen Bevollmächtigten erklärt werden.

§ 1597 BGB Formerfordernisse; Widerruf

(1) Anerkennung und Zustimmung müssen öffentlich beurkundet werden.

(2) Beglaubigte Abschriften der Anerkennung und aller Erklärungen, die für die Wirksamkeit der Anerkennung bedeutsam sind, sind dem Vater, der Mutter und dem Kind sowie dem Standesamt zu übersenden.

(3) [1]Der Mann kann die Anerkennung widerrufen, wenn sie ein Jahr nach der Beurkundung noch nicht wirksam geworden ist. [2]Für den Widerruf gelten die Absätze 1 und 2 sowie § 1594 Abs. 3 und § 1596 Abs. 1, 3 und 4 entsprechend.

§ 1597a BGB Verbot der missbräuchlichen Anerkennung der Vaterschaft

(1) Die Vaterschaft darf nicht gezielt gerade zu dem Zweck anerkannt werden, die rechtlichen Voraussetzungen für die erlaubte Einreise oder den erlaubten Aufenthalt des Kindes, des Anerkennenden oder der Mutter zu schaffen, auch nicht, um die rechtlichen Voraussetzungen für die erlaubte Einreise oder den erlaubten Aufenthalt des Kindes durch den Erwerb der deutschen Staatsangehörigkeit des Kindes nach § 4 Absatz 1 oder Absatz 3 Satz 1 des Staatsangehörigkeitsgesetzes zu schaffen (missbräuchliche Anerkennung der Vaterschaft).

(2) [1]Bestehen konkrete Anhaltspunkte für eine missbräuchliche Anerkennung der Vaterschaft, hat die beurkundende Behörde oder die Urkundsperson dies der nach § 85a des Aufenthaltsgesetzes zuständigen Behörde nach Anhörung des Anerkennenden und der Mutter mitzuteilen und die Beurkundung auszusetzen. [2]Ein Anzeichen für das Vorliegen konkreter Anhaltspunkte ist insbesondere:

1. das Bestehen einer vollziehbaren Ausreisepflicht des Anerkennenden oder der Mutter oder des Kindes,
2. wenn der Anerkennende oder die Mutter oder das Kind einen Asylantrag gestellt hat und die Staatsangehörigkeit eines sicheren Herkunftsstaates nach § 29a des Asylgesetzes besitzt,
3. das Fehlen von persönlichen Beziehungen zwischen dem Anerkennenden und der Mutter oder dem Kind,
4. der Verdacht, dass der Anerkennende bereits mehrfach die Vaterschaft von Kindern verschiedener ausländischer Mütter anerkannt hat und jeweils die rechtlichen Voraussetzungen für die erlaubte Einreise oder den erlaubten Aufenthalt des Kindes oder der Mutter durch die Anerkennung geschaffen hat, auch wenn das Kind durch die Anerkennung die deutsche Staatsangehörigkeit erworben hat, oder
5. der Verdacht, dass dem Anerkennenden oder der Mutter ein Vermögensvorteil für die Anerkennung der Vaterschaft oder die Zustimmung hierzu gewährt oder versprochen worden ist.

[3]Die beurkundende Behörde oder die Urkundsperson hat die Aussetzung dem Anerkennenden, der Mutter und dem Standesamt mitzuteilen. [4]Hat die nach § 85a des Aufenthaltsgesetzes zuständige Behörde gemäß § 85a Absatz 1 des Aufenthaltsgesetzes das Vorliegen einer missbräuchlichen Anerkennung der Vaterschaft festgestellt und ist diese Entscheidung unanfechtbar, so ist die Beurkundung abzulehnen.

(3) [1]Solange die Beurkundung gemäß Absatz 2 Satz 1 ausgesetzt ist, kann die Anerkennung auch nicht wirksam von einer anderen beurkundenden Behörde oder Urkundsperson beurkundet werden. [2]Das Gleiche gilt, wenn die Voraussetzungen des Absatzes 2 Satz 4 vorliegen.

(4) Für die Zustimmung der Mutter nach § 1595 Absatz 1 gelten die Absätze 1 bis 3 entsprechend.

(5) Eine Anerkennung der Vaterschaft kann nicht missbräuchlich sein, wenn der Anerkennende der leibliche Vater des anzuerkennenden Kindes ist.

§ 1598 BGB Unwirksamkeit von Anerkennung, Zustimmung und Widerruf

(1) [1]Anerkennung, Zustimmung und Widerruf sind nur unwirksam, wenn sie den Erfordernissen nach § 1594 Absatz 2 bis 4 und der §§ 1595 bis 1597 nicht genügen. [2]Anerkennung und Zustimmung sind auch im Fall des § 1597a Absatz 3 und im Fall des § 1597a Absatz 4 in Verbindung mit Absatz 3 unwirksam.

(2) Sind seit der Eintragung in ein deutsches Personenstandsregister fünf Jahre verstrichen, so ist die Anerkennung wirksam, auch wenn sie den Erfordernissen der vorstehenden Vorschriften nicht genügt.

§ 1598a BGB Anspruch auf Einwilligung in eine genetische Untersuchung zur Klärung der leiblichen Abstammung

(1) [1]Zur Klärung der leiblichen Abstammung des Kindes können

1. der Vater jeweils von Mutter und Kind,
2. die Mutter jeweils von Vater und Kind und
3. das Kind jeweils von beiden Elternteilen

verlangen, dass diese in eine genetische Abstammungsuntersuchung einwilligen und die Entnahme einer für die Untersuchung geeigneten genetischen Probe dulden. [2]Die Probe muss nach den anerkannten Grundsätzen der Wissenschaft entnommen werden.

(2) Auf Antrag eines Klärungsberechtigten hat das Familiengericht eine nicht erteilte Einwilligung zu ersetzen und die Duldung einer Probeentnahme anzuordnen.

(3) Das Gericht setzt das Verfahren aus, wenn und solange die Klärung der leiblichen Abstammung eine erhebliche Beeinträchtigung des Wohls des minderjährigen Kindes begründen würde, die auch unter Berücksichtigung der Belange des Klärungsberechtigten für das Kind unzumutbar wäre.

(4) [1]Wer in eine genetische Abstammungsuntersuchung eingewilligt und eine genetische Probe abgegeben hat, kann von dem Klärungsberechtigten, der eine Abstammungsuntersuchung hat durchführen lassen, Einsicht in das Abstammungsgutachten oder Aushändigung einer Abschrift verlangen. [2]Über Streitigkeiten aus dem Anspruch nach Satz 1 entscheidet das Familiengericht.

§ 1599 BGB Nichtbestehen der Vaterschaft

(1) § 1592 Nr. 1 und 2 und § 1593 gelten nicht, wenn auf Grund einer Anfechtung rechtskräftig festgestellt ist, dass der Mann nicht der Vater des Kindes ist.

(2) [1]§ 1592 Nr. 1 und § 1593 gelten auch nicht, wenn das Kind nach Anhängigkeit eines Scheidungsantrags geboren wird und ein Dritter spätestens bis zum Ablauf eines Jahres nach Rechtskraft des dem Scheidungsantrag stattgebenden Beschlusses die Vaterschaft anerkennt; § 1594 Abs. 2 ist nicht anzuwenden. [2]Neben den nach den §§ 1595 und 1596 notwendigen Erklärungen bedarf die Anerkennung der Zustimmung des Mannes, der im Zeitpunkt der Geburt mit der Mutter des Kindes verheiratet ist; für diese Zustimmung gelten § 1594 Abs. 3 und 4, § 1596 Abs. 1 Satz 1 bis 3, Abs. 3 und 4, § 1597 Abs. 1 und 2 und § 1598 Abs. 1 entsprechend. [3]Die Anerkennung wird frühestens mit Rechtskraft des dem Scheidungsantrag stattgebenden Beschlusses wirksam.

§ 1600 BGB Anfechtungsberechtigte

(1) Berechtigt, die Vaterschaft anzufechten, sind:

1. der Mann, dessen Vaterschaft nach § 1592 Nr. 1 und 2, § 1593 besteht,
2. der Mann, der an Eides statt versichert, der Mutter des Kindes während der Empfängniszeit beigewohnt zu haben,
3. die Mutter und
4. das Kind.

(2) Die Anfechtung nach Absatz 1 Nr. 2 setzt voraus, dass zwischen dem Kind und seinem Vater im Sinne von Absatz 1 Nr. 1 keine sozial-familiäre Beziehung besteht oder im

Zeitpunkt seines Todes bestanden hat und dass der Anfechtende leiblicher Vater des Kindes ist.

(3) [1]Eine sozial-familiäre Beziehung nach Absatz 2 besteht, wenn der Vater im Sinne von Absatz 1 Nr. 1 zum maßgeblichen Zeitpunkt für das Kind tatsächliche Verantwortung trägt oder getragen hat. [2]Eine Übernahme tatsächlicher Verantwortung liegt in der Regel vor, wenn der Vater im Sinne von Absatz 1 Nr. 1 mit der Mutter des Kindes verheiratet ist oder mit dem Kind längere Zeit in häuslicher Gemeinschaft zusammengelebt hat.

(4) Ist das Kind mit Einwilligung des Mannes und der Mutter durch künstliche Befruchtung mittels Samenspende eines Dritten gezeugt worden, so ist die Anfechtung der Vaterschaft durch den Mann oder die Mutter ausgeschlossen.

§ 1600a BGB Persönliche Anfechtung; Anfechtung bei fehlender oder beschränkter Geschäftsfähigkeit

(1) Die Anfechtung kann nicht durch einen Bevollmächtigten erfolgen.

(2) [1]Die Anfechtungsberechtigten im Sinne von § 1600 Abs. 1 Nr. 1 bis 3 können die Vaterschaft nur selbst anfechten. [2]Dies gilt auch, wenn sie in der Geschäftsfähigkeit beschränkt sind; sie bedürfen hierzu nicht der Zustimmung ihres gesetzlichen Vertreters. [3]Sind sie geschäftsunfähig, so kann nur ihr gesetzlicher Vertreter anfechten.

(3) Für ein geschäftsunfähiges oder in der Geschäftsfähigkeit beschränktes Kind kann nur der gesetzliche Vertreter anfechten.

(4) Die Anfechtung durch den gesetzlichen Vertreter ist nur zulässig, wenn sie dem Wohl des Vertretenen dient.

(5) Ein geschäftsfähiger Betreuter kann die Vaterschaft nur selbst anfechten.

§ 1600b BGB Anfechtungsfristen

(1) [1]Die Vaterschaft kann binnen zwei Jahren gerichtlich angefochten werden. [2]Die Frist beginnt mit dem Zeitpunkt, in dem der Berechtigte von den Umständen erfährt, die gegen die Vaterschaft sprechen; das Vorliegen einer sozial-familiären Beziehung im Sinne des § 1600 Abs. 2 erste Alternative hindert den Lauf der Frist nicht.

(2) [1]Die Frist beginnt nicht vor der Geburt des Kindes und nicht, bevor die Anerkennung wirksam geworden ist. [2]In den Fällen des § 1593 Satz 4 beginnt die Frist nicht vor der Rechtskraft der Entscheidung, durch die festgestellt wird, dass der neue Ehemann der Mutter nicht der Vater des Kindes ist.

(3) [1]Hat der gesetzliche Vertreter eines minderjährigen Kindes die Vaterschaft nicht rechtzeitig angefochten, so kann das Kind nach dem Eintritt der Volljährigkeit selbst anfechten. [2]In diesem Falle beginnt die Frist nicht vor Eintritt der Volljährigkeit und nicht vor dem Zeitpunkt, in dem das Kind von den Umständen erfährt, die gegen die Vaterschaft sprechen.

(4) [1]Hat der gesetzliche Vertreter eines Geschäftsunfähigen die Vaterschaft nicht rechtzeitig angefochten, so kann der Anfechtungsberechtigte nach dem Wegfall der Geschäftsunfähigkeit selbst anfechten. [2]Absatz 3 Satz 2 gilt entsprechend.

(5) [1]Die Frist wird durch die Einleitung eines Verfahrens nach § 1598a Abs. 2 gehemmt; § 204 Abs. 2 gilt entsprechend. [2]Die Frist ist auch gehemmt, solange der Anfechtungsberechtigte widerrechtlich durch Drohung an der Anfechtung gehindert wird. [3]Im Übrigen sind § 204 Absatz 1 Nummer 4, 8, 13, 14 und Absatz 2 sowie die §§ 206 und 210 entsprechend anzuwenden.

(6) Erlangt das Kind Kenntnis von Umständen, auf Grund derer die Folgen der Vaterschaft für es unzumutbar werden, so beginnt für das Kind mit diesem Zeitpunkt die Frist des Absatzes 1 Satz 1 erneut.

§ 1600c BGB Vaterschaftsvermutung im Anfechtungsverfahren

(1) In dem Verfahren auf Anfechtung der Vaterschaft wird vermutet, dass das Kind von dem Mann abstammt, dessen Vaterschaft nach § 1592 Nr. 1 und 2, § 1593 besteht.

(2) Die Vermutung nach Absatz 1 gilt nicht, wenn der Mann, der die Vaterschaft anerkannt hat, die Vaterschaft anficht und seine Anerkennung unter einem Willensmangel nach § 119 Abs. 1, § 123 leidet; in diesem Falle ist § 1600 d Abs. 2 und 3 entsprechend anzuwenden.

§ 1600d BGB Gerichtliche Feststellung der Vaterschaft

(1) Besteht keine Vaterschaft nach § 1592 Nr. 1 und 2, § 1593, so ist die Vaterschaft gerichtlich festzustellen.

(2) [1]Im Verfahren auf gerichtliche Feststellung der Vaterschaft wird als Vater vermutet, wer der Mutter während der Empfängniszeit beigewohnt hat. [2]Die Vermutung gilt nicht, wenn schwerwiegende Zweifel an der Vaterschaft bestehen.

(3) [1]Als Empfängniszeit gilt die Zeit von dem 300. bis zu dem 181. Tage vor der Geburt des Kindes, mit Einschluss sowohl des 300. als auch des 181. Tages. [2]Steht fest, dass das Kind außerhalb des Zeitraums des Satzes 1 empfangen worden ist, so gilt dieser abweichende Zeitraum als Empfängniszeit.

(4) Ist das Kind durch eine ärztlich unterstützte künstliche Befruchtung in einer Einrichtung der medizinischen Versorgung im Sinne von § 1a Nummer 9 des Transplantationsgesetzes unter heterologer Verwendung von Samen gezeugt worden, der vom Spender einer Entnahmeeinrichtung im Sinne von § 2 Absatz 1 Satz 1 des Samenspenderregistergesetzes zur Verfügung gestellt wurde, so kann der Samenspender nicht als Vater dieses Kindes festgestellt werden.

(5) Die Rechtswirkungen der Vaterschaft können, soweit sich nicht aus dem Gesetz anderes ergibt, erst vom Zeitpunkt ihrer Feststellung an geltend gemacht werden.

Artikel 7 UN-KindK [Geburtsregister, Name, Staatszugehörigkeit]

(1) Das Kind ist unverzüglich nach seiner Geburt in ein Register einzutragen und hat das Recht auf einen Namen von Geburt an, das Recht, eine Staatsangehörigkeit zu erwerben, und soweit möglich, das Recht, seine Eltern zu kennen und von ihnen betreut zu werden.

(2) Die Vertragsstaaten stellen die Verwirklichung dieser Rechte im Einklang mit ihrem innerstaatlichen Recht und mit ihren Verpflichtungen aufgrund der einschlägigen internationalen Übereinkünfte in diesem Bereich sicher, insbesondere für den Fall, daß das Kind sonst staatenlos wäre.

Die Feststellung der Vaterschaft erfolgt entweder durch Anerkennung (§ 1592 Nr. 2 iVm §§ 1594–1598 BGB) oder durch gerichtliche Entscheidung (§ 1592 Nr. 3 iVm § 1600d BGB oder § 182 Abs. 1 FamFG). Die **Vaterschaftsanerkennung** erfolgt durch Erklärung des Mannes mit Zustimmung der Mutter (§ 1595 BGB); eine Zustimmung des Kindes ist nicht erforderlich, sofern die Mutter das Sorgerecht innehat. Die Abgabe zweier gleichlautender Erklärungen – einmal in eigenem Namen und zum anderen im Namen des Kindes – erschiene als übermäßige Förmelei. Ist die Mutter für das Kind jedoch nicht sorgeberechtigt, bedarf es einer Zustimmung des Kindes (durch seinen gesetzlichen Vertreter) zur Vaterschaftsanerkennung (§ 1595 Abs. 2 BGB). Diese fällt aber nicht in den Aufgabenkreis des Beistands, da es nicht zur Beistandschaft kommen kann, wenn die Mutter insoweit nicht sorgeberechtigt und damit nicht antragsberechtigt (§ 1713 Abs. 1 S. 1 BGB) ist. 11

Liegt keine Vaterschaftsanerkennung vor, ist die Vaterschaft **gerichtlich** festzustellen (§ 1600d Abs. 1 BGB, § 182 Abs. 1 FamFG). Auch der Antrag des Kindes auf Auskunft aus § 1598a Abs. 1 Nr. 3 BGB gegen die den Vater verschweigende Mutter ge- 12 hört zur Feststellung der Vaterschaft,[24] ist aber gegen die Mutter vom Beistand praktisch kaum durchsetzbar (vgl. Exkurs zur Beistandschaft → vor § 52a Rn. 13). § 1629 Abs. 2 S. 3 BGB (s. Abdruck bei § 7) schließt im zweiten Halbsatz die Möglichkeit, der Mutter die Vertretung gem. § 1796 BGB zu entziehen und gem. § 1909 BGB einem Pfleger zu übertragen, für die Vaterschaftsfeststellung ausdrücklich aus. Auch über §§ 1629 Abs. 2 S. 1, 1795 Abs. 2, 181 BGB kann eine Pflegerbestellung nicht erfolgen, da diese Regelung nur für das gerichtliche Verfahren gilt, nicht aber für die zuvor zu treffende Entscheidung, ob ein Verfahren eingeleitet werden soll. Die Frau bleibt daher „Herrin des Verfahrens" bezüglich der Vaterschaftsfeststellung, jedenfalls bis zur Grenze des § 1666 BGB: Ist das Wohl des Kindes durch die Weigerung der Mutter gefährdet, kann das JA gem. § 8a Abs. 2 das FamG anrufen, um im Interesse des Kindes prüfen zu lassen, ob die Vaterschaftsfeststellung dadurch gesichert werden kann, dass der Mutter insoweit die elterliche Sorge entzogen (§ 1666 BGB) und einem Ergänzungspfleger übertragen (§ 1909 BGB) wird.

13 Unabhängig vom Anfechtungsverfahren kann die Klärung der Vaterschaft jetzt durch das **genetische** Abstammungsverfahren nach § 1598a BGB iVm § 169 FamFG erfolgen.

14 Der Hinweis muss sich auch darauf erstrecken, bei welchen **Stellen** die Vaterschaft anerkannt werden kann (→ § 59 Rn. 5 ff.) Dies ist zunächst das Standesamt gem. § 44 PStG. Für diese Amtshandlung sind aber Gebühren und Auslagen zu erheben (§ 72 PStG). Auch die Beurkundung beim Notar und Amtsgericht ist nicht kostenfrei. Dagegen ist die Vaterschaftsanerkennung, die vom JA gem. § 59 Abs. 1 S. 1 Nr. 1 beurkundet wird, kostenfrei gem. § 64 Abs. 1 SGB X.

15 **Nr. 3: Möglichkeit, Unterhaltspflichten beurkunden** zu lassen. Gem. § 1615a BGB (Abdruck bei § 18) gelten die Vorschriften über den Kindesunterhalt gleichermaßen für Kinder, bei denen sich die Vaterschaft nicht aus der Ehe des Vaters mit der Mutter ableitet. Das Kind hat vollen Anspruch auf Unterhalt gegen Vater und Mutter. Bei Zusammenleben des unterhaltspflichtigen Elternteils mit dem Kind ist im Zweifel davon auszugehen, dass der gegen beide Eltern gerichtete Unterhaltsanspruch in Natur geleistet wird.[25] Besteht keine häusliche Gemeinschaft zwischen beiden Eltern und Kind, erfüllt der betreuende Elternteil seine Unterhaltspflicht regelmäßig durch Betreuung des Kindes (§ 1606 Abs. 3 S. 2 BGB). Gegen den familienfernen Elternteil besteht ein Anspruch auf Finanzierung des Lebensbedarfs des Kindes in Form einer Geldrente. Seine Verpflichtung zur Erfüllung des Unterhaltsanspruchs kann gem. § 59 Abs. 1 S. 1 Nr. 3 vom JA kostenfrei beurkundet werden, ebenso seine Erklärung im vereinfachten Verfahren, inwieweit er zur Unterhaltsleistung bereit ist und dass er sich insoweit zur Erfüllung verpflichtet (§ 59 Abs. 1 S. 1 Nr. 9). Zum Unterhalt Exkurs zur Beistandschaft → vor § 52a Rn. 20 ff.

16 **Nr. 4:** die Möglichkeit, eine **Beistandschaft** zu beantragen. Vgl. hierzu den Exkurs zur Beistandschaft vor § 52a.

17 **Nr. 5:** die Möglichkeit der **gemeinsamen elterlichen Sorge**. Dieser Hinweis passt nicht zum übrigen Inhalt des Angebotspakets, Hilfe bei Vaterschaftsfeststellung und der Geltendmachung von Unterhaltsansprüchen zu bieten; die Formulierung „insbesondere" in Satz 1 lässt aber auch für diesen Hinweis Platz. Auch auf die Ausgestaltung der gemeinsamen Sorge bei Getrenntleben gem. § 1687 BGB (Abdruck bei § 17) muss hingewiesen werden. Die elterliche Sorge für Kinder, deren Eltern bei der Geburt des Kindes nicht miteinander verheiratet sind, hat das KindschaftsrechtsreformG 1998 so ge-

24 So zu § 1618a BGB aF DIV-Gutachten v. 22.5.1996, Schwerpunkte, S. 90; Mutschler in MüKoBGB vor § 1589 Rn. 9.

25 Viefhues in jurisPK-BGB § 1602 Rn. 8; OLG Hamm 8.9.2006 – 10 WF 148/06, juris Rn. 17; s. auch § 1612 Abs. 2 S. 1 BGB.

regelt, dass grundsätzlich zunächst die Mutter die alleinige elterliche Sorge innehat (§ 1626a Abs. 2 BGB; Abdruck bei § 7), wenn sie nicht minderjährig ist. Voraussetzung ist stets, dass zunächst die Vaterschaft rechtlich anerkannt bzw. festgestellt ist. Bei einer Lebenspartnerschaft der Mutter besteht lediglich ein „kleines Sorgerecht" der Lebenspartnerin nach § 9 LPartG (→ § 7 Rn. 4). Die nachfolgenden Möglichkeiten der Begründung eines gemeinsamen Sorgerechts bestehen nicht, da die Elternschaft als notwendige Voraussetzung der Übernahme der gemeinsamen Sorge nach der gegenwärtigen Rechtslage nur durch die Stiefkindadoption erreicht werden kann, die dann aber auch das Sorgerecht begründet.

Das KindschaftsrechtsreformG hat **drei Möglichkeiten** der gemeinsamen elterlichen Sorge geschaffen; der Singular in § 52a Abs. 1 S. 2 Nr. 5 ist daher ungenau, weil zwei dieser Möglichkeiten im Fall des § 52a in Betracht kommen. Kraft Gesetzes steht den Eltern die gemeinsame Sorge gem. § 1626a Abs. 1 Nr. 2 BGB dann zu, wenn sie einander **heiraten**. Eine zweite Möglichkeit der gemeinsamen elterlichen Sorge ergibt sich aus ihren rechtsgeschäftlichen Erklärungen, dass sie die **Sorge gemeinsam übernehmen** wollen (§ 1626a Abs. 1 Nr. 1 BGB). Die Sorgeerklärungen müssen nicht notwendig gemeinsam abgegeben werden. Sie müssen öffentlich beurkundet werden. Die Beurkundung erfolgt kostenfrei beim JA gem. § 59 Abs. 1 S. 1 Nr. 8 (→ § 59 Rn. 43 ff.) oder (kostenpflichtig) beim Notar. Die Sorgeerklärungen können auch in einem gerichtlichen Vergleich abgegeben werden; es soll auch genügen, wenn die Erklärungen sich einer gerichtlich gebilligten Vereinbarung entnehmen lassen.[26] Beim Standesamt können die Erklärungen hingegen nicht abgegeben und beurkundet werden. Die Sorgeerklärung kann auch schon vor Geburt des Kindes abgegeben werden (§ 1626b Abs. 2 BGB; Abdruck bei § 7). Die Erklärung der gemeinsamen Sorge ist auch dann möglich, wenn ein Elternteil verheiratet ist. Ein Zusammenleben der Eltern ist nicht erforderlich. Eine Prüfung, ob die gemeinsame Sorge dem Kindeswohl entspricht, erfolgt nicht. Das JA kann lediglich bei Gefährdung des Kindeswohls gem. § 8a Abs. 2 beim FamG beantragen, dass dem Elternteil die gemeinsame elterliche Sorge durch eine richterliche Entscheidung gem. § 1666 BGB wieder entzogen wird. Auch jeder Elternteil kann eine Abänderung der gemeinsamen Sorge beim FamG gem. § 1671 BGB beantragen. Als dritte Möglichkeit ist seit dem Gesetz zur Reform der elterlichen Sorge nicht miteinander verheirateter Eltern vom 16.4.2013[27] seit 19.5.2013 der rechtliche Vater berechtigt, in einem „vereinfachten" Verfahren vor dem FamG die gemeinsame Sorge auch gegen den Willen der Mutter zu erhalten, wenn dies dem Kindeswohl nicht widerspricht („**familiengerichtliche Übertragung**").[28] Dies betrifft zwar nicht die Möglichkeiten der Mutter, welche im Rahmen von § 52a Adressatin der Beratung ist; ein Hinweis auf diese Möglichkeit des Vaters erscheint aber sachdienlich. 18

Ist ein **Elternteil noch minderjährig**, kann er dennoch die **Sorgeerklärung** abgeben, wenn sein gesetzlicher Vertreter zustimmt (§ 1626c Abs. 2 S. 1 BGB; Abdruck bei § 7). Die Sorgeerklärung des Minderjährigen wirkt aber nur horizontal, nicht vertikal im Sorgerechtsgefüge. Sie ermöglicht also die Beteiligung des anderen Elternteils an der Sorge, erweitert aber nicht die eigene Sorgerechtsposition. Für diese gilt § 1673 Abs. 2 S. 1 BGB. Danach ruht die elterliche Sorge des minderjährigen Elternteils. Das Kind bedarf deshalb eines Vormunds; § 1791c Abs. 1 BGB bestimmt, dass das JA gesetzlicher Amtsvormund für das Kind ist. Die Vormundschaft ersetzt die elterliche Sorge, umfasst also die Personen- und Vermögenssorge einschließlich der gesetzlichen Vertretung (§ 1793 S. 1 BGB). Der minderjährigen Mutter verbleibt aber gem. § 1673 Abs. 2 S. 2 BGB die **tatsächliche** Personensorge für das Kind. Diese Position behält sie auch 19

26 BGH 16.3.2011 – XII ZB 407/10, Rn. 34 f.
27 BGBl. I 2013, 795; zum rechtlichen Hintergrund s. EGMR 3.12.2009 – 22028/04, JAmt 2010, 155 und BVerfG 21.7.2010 – 1 BvR 420/09, BGBl. I, 1173.
28 Aktueller Überblick zur Rspr. zB bei Hamdan in jurisPK-BGB § 1626a Rn. 26 ff.

nach Abgabe der Sorgeerklärung, während der Vater an die Stelle des Amtsvormunds tritt. Die gemeinsame Sorge besteht dann darin, dass der Vater die Personen- und Vermögenssorge einschließlich der gesetzlichen Vertretung des Kindes hat und die Mutter lediglich die tatsächliche Personensorge zusammen mit dem Vater ausübt. Ist auch der Vater minderjährig, können beide minderjährigen Elternteile die Sorgeerklärung mit Zustimmung ihres gesetzlichen Vertreters, also in der Regel ihrer Eltern, abgeben. Die Personen- und Vermögenssorge einschließlich der gesetzlichen Vertretung des gemeinsamen Kindes hat dann das JA als gesetzlicher Amtsvormund. Die Sorgeerklärung bewirkt hier lediglich, dass Vater und Mutter gemeinsam die tatsächliche Sorge für ihr Kind ausüben. Die gemeinsame Sorge durch Heirat (§ 1626a Abs. 1 Nr. 2 BGB) dürfte für einen minderjährigen Elternteil infolge der Neuregelung durch das Gesetz zur Bekämpfung von Kinderehen[29] kaum noch einen Anwendungsbereich haben. Eheschließungen mit Minderjährigen im Inland sind seit dem 22.7.2017 ausgeschlossen; im Ausland geschlossene Ehen haben im Inland nur noch in Ausnahmefällen Bestand. Soweit in der Vergangenheit eine Ehe wirksam geschlossen wurde bzw. eine im Ausland durch eine minderjährige Person geschlossene Ehe im Inland Wirkung entfaltet (vgl. insbes. § 1315I S. 1 Nr. 1b BGB) wirkt sie nur horizontal, nicht vertikal. Die minderjährige Mutter, die ohne Widerspruch ihrer Eltern (§ 1303 Abs. 3 BGB aF) und nach Befreiung vom Erfordernis der Ehemündigkeit durch das FamG (§ 1303 Abs. 2 BGB aF) den volljährigen Vater ihres Kindes vor dem 22.7.2017 geheiratet hat oder die minderjährige Mutter, die im Ausland nach geheiratet hat, deren Ehe weder unwirksam noch aufgehoben ist, übt (sofern deutsches Recht anwendbar ist) mit dem Vater zusammen die tatsächliche Personensorge für das Kind aus, während der Vater die Personen- und Vermögenssorge einschließlich der gesetzlichen Vertretung des Kindes hat.

20 Die Sorgeerklärung des minderjährigen Elternteils bedarf der **Zustimmung** seines gesetzlichen Vertreters (§ 1626c Abs. 2 S. 1 BGB). Der Begriff der Zustimmung umfasst die (vorherige) Einwilligung (§ 183 BGB) und die (nachträgliche) Genehmigung (§ 184 BGB). Wird die Zustimmung verweigert, ist die Sorgeerklärung unwirksam (§ 1626e BGB). Die Zustimmung und damit auch die Sorgeerklärung ist unwirksam, wenn die Zustimmung nicht öffentlich beurkundet worden ist (§ 1626d Abs. 1 BGB). Mit Änderung des § 59 durch das KindRVerbG kann auch die Zustimmung kostenfrei beim JA beurkundet werden. Ist die Sorgeerklärung abgegeben, aber eine Genehmigung noch nicht erfolgt, ist die Sorgeerklärung bis zur Erteilung der Genehmigung (schwebend) unwirksam. Bei Verweigerung der Zustimmung muss das FamG auf Antrag des minderjährigen Elternteils die Zustimmung ersetzen, wenn die Sorgeerklärung dem Wohl des minderjährigen Elternteils nicht widerspricht. Das FamG wird die Zustimmung ersetzen, wenn keine triftigen Gründe gegen die Sorgeerklärung sprechen. Nicht notwendig ist, dass triftige Gründe für eine Sorgeerklärung vorliegen. Auch triftige Gründe für die Verweigerung der Zustimmung sind nicht notwendig identisch mit triftigen Gründen gegen die Sorgeerklärung. Ob die Sorgeerklärung dem Wohl des Kindes nicht widerspricht, bleibt hier ungeprüft.

21 Zum Sorgerecht von **Stiefeltern** und von **Lebenspartnern** → § 7 Rn. 3 f.

1.3 Persönliches Gespräch (S. 3 und 4)

22 Zusammen mit dem – zweckmäßigerweise schriftlichen – Hilfeangebot nach Satz 1 hat das JA der Mutter ein „persönliches Gespräch" anzubieten (Satz 3). Da ein Gespräch begriffsnotwendig immer zwischen Personen stattfindet, also ein persönliches Gespräch ist, ist wohl gemeint, dass dieses Gespräch nicht am Telefon stattfinden darf. Das Gespräch „soll in der Regel" auf Wunsch der Mutter in ihrer persönlichen

29 BGBl. I 2017, 2429.

Umgebung stattfinden (Satz 4). Darauf ist die Mutter hinzuweisen (§ 5 entsprechend). Die Soll-Bestimmung gilt verpflichtend immer für den Regelfall und lässt nur bei atypischen Umständen des Einzelfalls ein Abweichen zu.[30] Sofern die Mutter dies wünscht, handelt es sich daher regelmäßig um ein aufsuchendes Angebot. Ob es einer derart dezidierten Regelung bedarf, ist zweifelhaft.[31] Das persönliche Gespräch in der persönlichen Umgebung der Mutter im Regelfall ist eine Pflichtleistung des JA, auf die auch ein **Rechtsanspruch** besteht. Es kann mit der allgemeinen Leistungsklage vor dem Verwaltungsgericht eingeklagt werden (§ 40 VwGO; → Anh. 5 Rn. 76). Die Gewährleistungspflicht nach § 79 Abs. 2 (→ § 79 Rn. 7 ff.) verlangt daher das Vorhalten einer **Fahrbereitschaft beim JA**, wenn anders die Hausbesuche nicht zu bewältigen sind.

Der frühzeitige, enge und vertrauensvolle Kontakt mit der Mutter erfordert einen **hohen Personalaufwand.**[32] Je besser es gelingt, das Vertrauen der Mutter zu gewinnen, umso eher wird sie eine Beistandschaft beanspruchen. Zudem darf nicht übersehen werden, dass die Beistandschaft erhebliche Erweiterungen erfahren hat, indem auch Eltern nach Trennung und Scheidung einen Antrag auf Beistandschaft stellen können.[33] Personaleinsparung wird allerdings leicht möglich sein – zulasten des Kindes –, wenn die Zusammenarbeit mit der Mutter erst gar nicht gesucht wird. Bestrebungen, sich anstelle der Einrichtung einer Beistandschaft auf Beratung und Unterstützung alleinerziehender Elternteile zu beschränken, sind auch im Hinblick auf das mögliche Motiv der Arbeitsersparnis kritisch zu hinterfragen. Die Aufgabe nach § 52a sollte durch die Fachkräfte wahrgenommen werden, die auch die Beistandschaft des JA führen. Dies ergibt sich schon aus der Stellung des § 52a im Abschnitt „Beistandschaft, Pflegschaft und Vormundschaft…“.[34] 23

2 Hilfeangebot schon vor der Geburt (Abs. 2)

Erfährt das JA schon während der Schwangerschaft der werdenden Mutter, dass sie mit dem Vater des Kindes voraussichtlich nicht verheiratet sein wird, steht es im **Ermessen** des JA, schon jetzt der Mutter das in Abs. 1 geregelte Hilfeangebot zu machen.[35] Das umfasst auch die Beratung über die Möglichkeit einer ehrenamtlichen Vormundschaft als Alternative zu einer Amtsvormundschaft nach § 1791c BGB.[36] Wenn schon vor der Geburt die Anerkennung der Vaterschaft im Jugendamt beurkundet wird, kann der werdenden Mutter in diesem Zuge das Angebot auf Unterstützung nach § 52a unterbreitet werden (was entsprechend dokumentiert werden sollte). Eine Mitteilungspflicht oder auch nur ein Mitteilungsrecht der **Schwangerschaftsberatungsstellen** gegenüber dem JA besteht nicht. Ein Hinweis der Schwangerschaftsberatungsstellen gegenüber der Schwangeren auf diese Hilfe des JA ist ein wichtiger Beitrag zum Schutz des werdenden Lebens, der in jeder Beratungsstelle selbstverständlich sein sollte. Das JA sollte daher die Beratungsstellen auf das Hilfeangebot nach § 52a hinweisen und Informationen, zB in Form eines Flyers, zur Verfügung stellen. 24

3 Nachträgliche Hilfe bei Scheinvaterschaft (Abs. 3)

Vater ist gem. § 1592 BGB der Mann, der mit der Mutter des Kindes zur Zeit der Geburt verheiratet ist (Nr. 1) oder der Mann, der die Vaterschaft anerkannt hat (Nr. 2). 25

30 Happe/Saurbier in JHSM Rn. 23: „weniger verpflichtend als das Soll“.
31 So insbesondere pointiert in der 5. Auflage: „Fachkräfte der Sozialarbeit bedürfen einer derartigen Gängelung nicht.“
32 So auch Elmauer in Wiesner Rn. 14.
33 KindRVerbG v. 9.4.2002, BGBl. I, 1239 mWv 12.4.2002.
34 Wolf DAVorm 1995, 409.
35 Ebenso Happe/Saurbier in JHSM Rn. 25; H. Schellhorn in SFMK Rn. 23.
36 Siehe DIJuF Rechtsgutachten JAmt 2020, 573.

Durch gerichtliche Vaterschaftsanfechtung gem. §§ 1600, 1600b BGB kann diese Vaterschaft (Scheinvaterschaft) beseitigt werden (aber → Rn. 10). Das Gericht muss dem JA diese Entscheidung mitteilen. Das JA muss dann (nachträglich) sein Hilfeangebot nach Abs. 1 machen.

4 Standesamtsanzeige (Abs. 4)

26 Anstelle des (alten) § 21b PStG regelt nun – systemwidrig und außerdem überflüssig – das SGB VIII, dass der Standesbeamte dem JA die Geburt eines Kindes, dessen Eltern nicht miteinander verheiratet sind, anzeigen muss. Das regelt aber auch schon – systemgerecht – § 57 Abs. 1 Nr. 5 PStV iVm § 68 PStG (→ § 57 Rn. 1).

§ 53 Beratung und Unterstützung von Pflegern und Vormündern

(1) Das Jugendamt hat dem Familiengericht Personen und Vereine vorzuschlagen, die sich im Einzelfall zum Pfleger oder Vormund eignen.

(2) Pfleger und Vormünder haben Anspruch auf regelmäßige und dem jeweiligen erzieherischen Bedarf des Mündels entsprechende Beratung und Unterstützung.

(3) [1]Das Jugendamt hat darauf zu achten, dass die Vormünder und Pfleger für die Person der Mündel, insbesondere ihre Erziehung und Pflege, Sorge tragen. [2]Es hat beratend darauf hinzuwirken, dass festgestellte Mängel im Einvernehmen mit dem Vormund oder dem Pfleger behoben werden. [3]Soweit eine Behebung der Mängel nicht erfolgt, hat es dies dem Familiengericht mitzuteilen. [4]Es hat dem Familiengericht über das persönliche Ergehen und die Entwicklung eines Mündels Auskunft zu erteilen. [5]Erlangt das Jugendamt Kenntnis von der Gefährdung des Vermögens eines Mündels, so hat es dies dem Familiengericht anzuzeigen.

(4) [1]Für die Gegenvormundschaft gelten die Absätze 1 und 2 entsprechend. [2]Ist ein Verein Vormund, so findet Absatz 3 keine Anwendung.

1 Inhalt und Umfang der Vorschlagspflicht (Abs. 1)

1 § 53 Abs. 1 korrespondiert mit § 1779 Abs. 1 BGB (Auswahl durch FamG) und begründet für das JA ein **einzelfallbezogenes Vorschlagsrecht** bzw. eine Vorschlagspflicht hinsichtlich der Personen des Pflegers, Vormunds und Gegenvormunds (§ 53 Abs. 4). Der Träger der öffentlichen Jugendhilfe ist nach § 79 Abs. 2 (→ § 79 Rn. 9) zur Gewinnung neuer Pfleger und Vormünder – die er dann vorschlägt – verpflichtet, er trägt dafür die Gewährleistungspflicht. Die anstehende weitere Reform des Vormundschaftsrechts verstärkt die Pflicht der JA, sich einen „Pool" aus ehrenamtlich tätigen sowie berufsmäßigen Vormünder zu bilden.[1] Die extreme Zunahme der Fälle durch die Zuwanderung von Flüchtlingen und somit auch der unbegleiteten minderjährigen Ausländer und die Novellierung des SGB VIII (s. §§ 42a bis 42f) zwingt jedes JA zum Handeln, da die Verteilung der unbegleiteten minderjährigen Ausländer jede Kommune trifft.

1 S. Eckpunkte des BMJV, ZKJ Heft 4, 2015.

Das FamG hat **vor** Auswahl des Pflegers/Vormundes – den es eigenverantwortlich bestellt – das JA anzuhören. Es ist an den Vorschlag des JA nicht gebunden, sondern kann ggf. selbst einen geeigneten Pfleger/Vormund suchen. Dem JA steht dagegen kein Beschwerderecht nach § 59 FamFG (Beschwerdeberechtigte) zu, da es durch die vom Vorschlag des JA abweichende Entscheidung des FamG nicht in eigenen Rechten betroffen ist.[2] Bei nach Ansicht des JA vorliegender Ungeeignetheit der durch das FamG ausgewählten Person steht dem JA aber eine Beschwerde nach § 59 Abs. 3 FamFG iVm § 53 Abs. 1 SGB VIII zu. § 53 formuliert die Pflichten und Befugnisse des JA als **eigenständiger Behörde** mit eigenen Aufgaben bezogen auf die Einzelvormundschaft/-pflegschaft. Es ist kein gerichtliches Ausführungsorgan.

Der Vorschlag des JA ist **kein Verwaltungsakt** nach § 31 SGB X, da weder Regelung noch Außenwirkung vorliegen, könnte aber als schlichtes Handeln im Verwaltungsrechtsweg überprüft werden,[3] wenn ein Betroffener in einem subjektiven öffentlichen Recht verletzt wäre. Ein solches kann aber nicht geltend gemacht werden, auch nicht Art. 12 GG vom Berufsvormund.[4] 2

Grundsätzlich gebührt der **ehrenamtlichen Einzelvormundschaft** (§ 1791a, § 1791b BGB) der **Vorrang**. „Ehrenamtlich" handelt eine Person nur, wenn sie nicht berufsmäßig tätig ist. Dies ist sie dann, wenn sie die Kriterien des § 1 Abs. 1 VBVG erfüllt. Das kann auch bei Übernahme nur einer Vormundschaft der Fall sein.[5] 3

Als Vormund sind mit folgender **Prioritätenfolge** auszuwählen:

(1) ehrenamtlich tätige Personen, insbesondere Familienangehörige,
(2) berufsmäßig tätige Einzelpersonen (§ 1836 Abs. 1 BGB iVm § 1 Abs. 1 VBVG),
(3) Verein (§ 1791a BGB),
(4) Jugendamt.

Nach § 1791b BGB kann das JA (bzw. nach § 1791a BGB auch ein Verein) zum Vormund bestellt werden, sofern keine geeignete Person als ehrenamtlicher Einzelvormund vorhanden ist. Das Gesetz geht vom **Vorrang der ehrenamtlichen Einzelvormundschaft** aus. Auch die Berufsvormundschaft rangiert vor der Amts- und Vereinsvormundschaft, wenn ein Einzelvormund dem Wohl des Kindes individueller und damit besser dienen kann.[6] Während die ehrenamtliche Vormundschaft absoluten Vorrang vor allen anderen Formen hat, hat die berufliche Einzelvormundschaft nur dann einen (relativen) Vorrang vor der (grundsätzlich gleichrangigen) Vereins- und Amtsvormundschaft, wenn sie dem Kindeswohl besser dient.[7] Aus § 56 Abs. 4 folgt ein (relativer) Vorrang der beruflichen Einzelvormundschaft und der Vereinsvormundschaft vor der Amtsvormundschaft.[8] Der hauptamtliche Mitarbeiter des Vereins gilt als Einzelvormund (§ 1897 Abs. 2 S. 1 analog) im Unterschied zum Verein als Sammelvormund. Bezogen auf eine mögliche Vereinsvormundschaft[9] sind ua Aspekte der Organisation, der Fachlichkeit und der Wirtschaftlichkeit zu berücksichtigen. Ausschlaggebend ist immer das Mündelinteresse – die ausgewählte Person/der Verein muss den je-

2 Ebenso Mrozynski SGB VIII § 53 Rn. 2; aA Fröschle in jurisPK-SGB VIII Rn. 32.
3 AA Fröschle in jurisPK-SGB VIII § 53 Rn. 20.
4 Ebenso Fröschle in jurisPK-SGB VIII § 53 Rn. 20.
5 So Fröschle in jurisPK-SGB VIII § 53 Rn. 26.
6 Ebenso BGH 13.3.2013 – XII ZB 398/12; OLG Karlsruhe 26.6.2013 – 18 UF 296/11, FamRZ 2013, 1665 u. 11.11.2010 – 16 UF 181/10, nv; OLG Nürnberg 7.3.2012 – 11 WF 195/12, FamRZ 2012, 1959; OLG Celle 22.4.2010 – 15 UF 70/10, JAmt 2010, 257; OLG Hamm 30.1.2015 – II 12 UF 155/15.
7 Ebenso OLG Celle 18.1.2016 – 12 UF 2/16, ZKJ 2016, 135.
8 Ähnlich, aber zweifelnd Fröschle in jurisPK-SGB VIII § 53 Rn. 30; anders Lange in jurisPK-SGB VIII § 87c Rn. 68 Fn. 95 u. DIJuF-Rechtsgutachten JAmt 2013, 271.
9 Vgl. dazu auch §§ 54, 56 SGB VIII, § 1791a BGB.

weiligen Lebensbedürfnissen des Mündels gerecht werden können,[10] zB durch die Besuchsfrequenz.

Bei **UMA** spricht für die **AV**, dass dort idR bessere Kenntnisse in ausländerrechtlichen Fragen vorhanden oder über die Ausländerbehörde zu erlangen sind. Eine Ergänzungspflegschaft in ausländerrechtlichen Angelegenheiten scheidet daher aus.[11] Die Bestellung eines **Rechtsanwalts zum Mitvormund** für einen UMA zur Vertretung in ausländerrechtlichen Angelegenheiten einschließlich des Asylverfahrens ist auch dann unzulässig, wenn es dem Vormund an (einschlägiger) juristischer Sachkunde fehlt[12] (→ § 42 Rn. 100).

4 Das JA bzw. das Familiengericht ist verpflichtet, seinen Vorschlag bzw. seine Bestellung an diesen Vorrangregelungen auszurichten. Die bislang geübte Praxis der Familiengerichte, in ca. 80 % der Fälle das JA gleichsam reflexartig zu bestellen, widerspricht dem Gesetz. Auch dürfen weder fiskalische Gesichtspunkte noch eine höhere Belastung der Gerichte diese Entscheidung beeinflussen.[13] Zu den darüber hinaus das gerichtliche Auswahlermessen einschränkenden Kriterien des § 1779 Abs. 2 BGB gehören Vorgaben bezüglich der **persönlichen Eignung** (zB berufliche und familiäre Belastung, intellektuelle und charakterliche Eigenschaften), der Vermögensverhältnisse, des Verwandtschaftsverhältnisses sowie des religiösen Bekenntnisses des Mündels.[14] Um die Eignung des ehrenamtlichen Einzelvormundes einschätzen zu können, ist eine Kenntnis der Person – Voraussetzung sind Gespräche und Vorlage von Nachweisen – unabdingbar. Dafür muss auch ein erweitertes polizeiliches Führungszeugnis (auf der Grundlage der §§ 20, 21 SGB X, nicht aber des § 72 a SGB VIII) eingeholt werden. Der Vorschlag eines ehrenamtlichen Vormunds für ein Mündel sollte nach Einschätzung des JA zu diesem passen. Eine persönliche Vorstellung des ausgesuchten Einzelvormundes bei dem Mündel ist in Bezug auf die Anhörung des Kindes anzuraten. Der Vorschlag eines Pflegers muss sich an dem speziellen Wirkungskreis ausrichten, für den er bestellt wird.[15] Die Suche nach geeigneten Einzelvormündern ist ebenso Sache des JA wie des Gerichts, die beide einen „Pool" schaffen und vorhalten sollten (→ Rn. 19).

5 Auf die **Pflegschaft** finden nach § 1915 BGB die für die Vormundschaft geltenden Regelungen prinzipiell Anwendung. Jedoch ist die Ausnahme nach § 1916 BGB zu beachten, wonach dies nicht für die Regelungen der Berufung zum Vormund gilt. Daher sind JA bzw. FamG beim Vorschlag bzw. der Bestellung eines Ergänzungspflegers nicht an die Rangregelung gebunden.[16]

2 Beratung und Unterstützung (Abs. 2)

6 § 53 Abs. 2 begründet – korrespondierend zur Unterstützungs- und Beratungspflicht des JA – einen **Rechtsanspruch** des Pflegers/Vormunds (auch Gegenvormundes nach § 54 Abs. 4) sowie für Vereine (§ 1791a BGB) auf Beratung und Unterstützung zum Zwecke ihrer Aufgabenerfüllung in pädagogischer und rechtlicher Hinsicht. Dabei hat das JA dem Pfleger/Vormund regelmäßige und dem **jeweiligen erzieherischen Bedarf** des Mündels entsprechende – also akzessorische, „fremdnützige" – Hilfestellung zu

10 Vgl. DIV-Gutachten ZfJ 1993, 386.
11 Ebenso OLG Celle 18.1.2016 – 12 UF 2/16, ZKJ 2016,135; ausführlich Kunkel in Oberloskamp, Vormundschaft, § 16 Rn. 14–16 und 118a.
12 So BGH 13.9.2017 – XII ZB 497/16 (noch unveröffentlicht).
13 So OLG Hamm 16.8.2011 – FamRZ 2012, 798; Gojowczyk Rechtspfleger 2013, 1.
14 Vgl. dazu Hoffmann/Proksch in FK-SGB VIII § 53 Rn. 2; Elmauer in Wiesner § 53 Rn. 3; DIJuF JAmt 2004, 382. Zu weiteren Kriterien (auch bei UMA) Kunkel in Oberloskamp, Vormundschaft, § 16 Rn. 118a.
15 So Fröschle in jurisPK-SGB VIII § 53 Rn. 35.
16 So Happe/Saurbier in JHSM Rn. 6.

geben. Diese kann ua durch allg. Belehrungen, Schulungen und Fortbildungen zum Führen der Pflegschaft/Vormundschaft in pädagogischen, wirtschaftlichen und rechtlichen Angelegenheiten erfolgen, sie kann aber auch eine konkrete, einzelfallbezogene Hilfestellung sein. Eine Kooperation zwischen FamG – Einzelvormündern – JA und daraus resultierende regelmäßige Treffen, die dem Sinn des § 53 entsprechen, sind anzustreben,[17] so dass die Beratungspflicht des Gerichts nach § 1837 Abs. 1 S. 1 BGB mit der des JA besser korrespondiert. Das Gericht kann Pfleger/Vormund im Rahmen seiner Aufsicht nach § 1837 Abs. 2 BGB auch anweisen, die Beratung in Anspruch zu nehmen.[18]

Die Beratung auch zu Rechtsfragen ist nach § 8 Abs. 1 Nr. 2 **RDG** (Abdruck bei § 17; näher zum RDG → § 17 Rn. 8) erlaubte Beratung. Der öffentliche Träger kann diese Aufgabe auch auf **freie Träger** delegieren (§ 76 Abs. 1). 7

Aufgrund der **Amtspflicht** kann eine ungenügende oder falsche Beratung und Unterstützung eine (Amts-)Haftung nach Art. 34 GG iVm § 839 BGB begründen.[19] Die Beratung und Unterstützung (§ 53 Abs. 2) sowie eine möglichst einvernehmliche Problemlösung (§ 53 Abs. 3) haben Vorrang vor Kontrolle und Eingriff, und weisen dem JA demnach eine eher kooperative Aufgabenstellung zu. 8

3 Mitteilungs- und Auskunftspflicht (Abs. 3)

§ 53 Abs. 3 schreibt dem JA (in der Regel bei der Amtsvormundschaft angesiedelt) – als pädagogische Fachbehörde – eine **eigene**, vom FamG weisungsunabhängige **Aufgabe** der Sicherstellung und Gewährleistung der Erziehung und Pflege des Mündels zu. Das JA hat darüber zu wachen, dass der Pfleger/Vormund seine Aufgabe nach § 1800 S. 2 BGB (Abdruck bei § 55) erfüllt („**Vormundschaftliches Wächteramt**"). Durch kooperative Tätigkeit des JA gegenüber dem Pfleger/Vormund sollen vorrangig einvernehmliche Problemlösungen zum Wohle und im Interesse des Mündels, selbst bei festgestellten Mängeln, erzielt werden (§ 53 Abs. 3 S. 2). Ein **Mangel** ist dann anzunehmen, wenn bei Erziehung und Pflege des Kindes objektiv ein Defizit auftritt.[20] Dem JA kommen dabei **kein Weisungsrecht** oder sonstige Kompetenzen über die Vormünder/Pfleger zu. Es ist im JA unter den verschiedenen Professionen sicherzustellen, dass es Kompetenzkonflikte vermeidet und die Unabhängigkeit des Vormundes akzeptiert wird.[21] 9

Erst wenn eine intensive Beratung und Unterstützung, bezogen auf pflichtwidriges Verhalten des Pflegers/Vormunds, keine Abhilfe schafft, hat das JA darüber **Mitteilung an das FamG** zu machen (§ 53 Abs. 3 S. 3), wobei umfassende **Auskunft** über das Ergehen des Mündels/Pflegekinds zu geben ist (§ 53 Abs. 3 S. 4). Unabhängig davon[22] ist ein **Verfahren nach § 8 a** beim zuständigen JA[23] einzuleiten. Grundsätzliches Anliegen ist es, dafür Sorge zu tragen, dass eine entsprechende, dem Entwicklungsgrad des Pflegekindes/Mündels angemessene und den jeweiligen individuellen Umständen entsprechende Erziehung und Pflege gewährleistet ist. Dazu bedarf es einer genauen Kenntnis des Einzelfalles in Person des Kindes und dessen Umfeld. Nur auf die dabei gewonnenen Erkenntnisse bezieht sich die Auskunftspflicht des JA. Das FamG kann dem JA 10

17 So Hoffmann JAmt 2011, 299.
18 So Hoffmann in Oberloskamp § 2 Rn. 47 u. ihr folgend Fröschle in jurisPK-SGB VIII § 53 Rn. 38.
19 OLG Bamberg ZfJ 1953, 258.
20 Ebenso Elmauer in Wiesner § 53 Rn. 8; anders Fröschle in jurisPK-SGB VIII Rn. 43, der auf eine situative Beeinträchtigung abstellt.
21 Kunkel in Oberloskamp § 16 Rn. 70 f.
22 Ebenso Fröschle in jurisPK-SGB VIII § 53 Rn. 44.
23 S. Kunkel ZKJ 2013, 394.

keinen Ermittlungsauftrag erteilen,[24] weil die Auskunftspflicht nur ein spezieller Anwendungsfall der Familiengerichtshilfe nach § 50 ist,[25] ohne dass er damit bedeutungslos würde.[26]

11 Nach § 53 Abs. 3 S. 5 hat das JA – als Nicht-Fachbehörde – bei **Vermögensgefährdung** keine eigenständige Mängelbeseitigungsbefugnis, sondern lediglich eine diesbezügliche Anzeigepflicht dem FamG gegenüber.[27] Bei der Sicherung/Geltendmachung von Unterhaltsansprüchen handelt das JA dagegen als Fachbehörde nach § 53 Abs. 3 S. 2, da dies ein Teil der Personensorge ist.

4 Gegenvormundschaft (Abs. 4)

12 Die Vorgaben der Abs. 1 und 2 gelten für die Gegenvormundschaft entsprechend (§ 53 Abs. 4 S. 1). Nach § 53 Abs. 4 S. 2 finden die Regelungen des § 53 Abs. 3 aufgrund spezialgesetzlicher Regelung in § 54 auf Vereine keine Anwendung. Durch die Gegenvormundschaft, die nach § 1792 BGB neben die Vormundschaft treten kann bzw. bei erheblicher Vermögensverwaltung nach § 1792 Abs. 2 BGB bestellt werden soll, wird letztere entsprechend § 1799 BGB durch den Gegenvormund kontrolliert und beaufsichtigt. Bei Pflichtwidrigkeit hat der Gegenvormund dies dem FamG anzuzeigen.

13 **Zur örtlichen Zuständigkeit** → § 87d Rn. 1 ff.

5 Änderung durch Reform des Vormundschafts- und Betreuungsrechts, Rechtslage ab 1.1.2023

14 *§ 53 Mitwirkung bei der Auswahl von Vormündern und Pflegern durch das Familiengericht [Fassung ab 1.1.2023]*

(1) Das Jugendamt hat dem Familiengericht Personen vorzuschlagen, die sich im Einzelfall zur Bestellung als Vormund eignen.

(2) [1]Das Jugendamt hat seinen Vorschlag zu begründen. [2]Es hat dem Familiengericht darzulegen,

1. *welche Maßnahmen es zur Ermittlung des für den Mündel am besten geeigneten Vormunds unternommen hat und*
2. *wenn es einen Vormund gemäß § 1774 Absatz 1 Nummer 2 bis 4 des Bürgerlichen Gesetzbuchs vorschlägt, dass eine Person, die geeignet und bereit ist, die Vormundschaft ehrenamtlich zu führen, nicht gefunden werden konnte.*

(3) Für die Pflegschaft für Minderjährige gelten die Absätze 1 und 2 entsprechend.

Das Gesetz zur Reform des Vormundschafts- und Betreuungsrechts vom 4.5.2021[28] hat § 53 mit Wirkung zum 1.1.2023 geändert.

Wie bereits bisher ist es Aufgabe des Jugendamtes dem Familiengericht Personen vorzuschlagen, die sich im Einzelfall als Vormund eignen.

Neu hinzugekommen ist die Maßgabe diese Vorschläge zu begründen und dem Gericht darzulegen, warum in den Fällen des § 1774 Abs. 1 Nr. 2 bis 4 kein ehrenamtlicher Vormund gefunden werden konnte.

Es ist daher wichtig, dass in den Jugendämtern so früh als möglich Einzelvormünder gesucht werden, um dem Gericht passende Vorschläge unterbreiten zu können. Dies

24 Ebenso Fröschle in jurisPK-SGB VIII § 53 Rn. 47.
25 Ebenso Hoffmann/Proksch in FK-SGB VIII § 53 Rn. 13.
26 So aber Fröschle in jurisPK-SGB VIII § 53 Rn. 47 Fn. 38.
27 Vgl. dazu Hoffmann/Proksch in FK-SGB VIII § 53 Rn. 11; Elmauer in Wiesner Rn. 16; Mrozynski SGB VIII Rn. 6.
28 BGBl. I, 882.

ist mit einem nicht unerheblichen Personalaufwand im Jugendamt verbunden, der nicht unterschätzt werden darf.

§ 53a ***Beratung und Unterstützung von Vormündern und Pflegern [Fassung ab 1.1.2023]*** 15

(1) Vormünder haben Anspruch auf regelmäßige und dem jeweiligen erzieherischen Bedarf des Mündels entsprechende Beratung und Unterstützung durch das Jugendamt.

(2) [1]Das Jugendamt hat darauf zu achten, dass die Vormünder für die Person der Mündel, insbesondere ihre Erziehung und Pflege, Sorge tragen. [2]Es hat beratend darauf hinzuwirken, dass festgestellte Mängel im Einvernehmen mit dem Vormund behoben werden.

(3) Ist ein Vormundschaftsverein als vorläufiger Vormund oder ein Vereinsvormund als Vormund bestellt, so ist Absatz 2 nicht anzuwenden.

(4) Für die Pflegschaft für Minderjährige gelten die Absätze 1 bis 3 entsprechend.

Der durch das Gesetz zur Reform des Vormundschafts- und Betreuungsrechts vom 4.5.2021[29] neu geschaffene § 53a ist weitestgehend identisch mit den Abs. 2 und 3 des alten § 53.

Neu ist hier ist die Regelung in Abs. 3, dass bei der Bestellung von Vormundschaftsvereinen als vorläufiger Vormund bzw. beim Vereinsvormund Abs. 2 nicht anzuwenden ist. Dies ergibt sich aus der Natur der Vereine.

§ 54 Erlaubnis zur Übernahme von Vereinsvormundschaften

(1) [1]Ein rechtsfähiger Verein kann Pflegschaften oder Vormundschaften übernehmen, wenn ihm das Landesjugendamt dazu eine Erlaubnis erteilt hat. [2]Er kann eine Beistandschaft übernehmen, soweit Landesrecht dies vorsieht.

(2) Die Erlaubnis ist zu erteilen, wenn der Verein gewährleistet, dass er

1. **eine ausreichende Zahl geeigneter Mitarbeiter hat und diese beaufsichtigen, weiterbilden und gegen Schäden, die diese anderen im Rahmen ihrer Tätigkeit zufügen können, angemessen versichern wird,**
2. **sich planmäßig um die Gewinnung von Einzelvormündern und Einzelpflegern bemüht und sie in ihre Aufgaben einführt, fortbildet und berät,**
3. **einen Erfahrungsaustausch zwischen den Mitarbeitern ermöglicht.**

(3) [1]Die Erlaubnis gilt für das jeweilige Bundesland, in dem der Verein seinen Sitz hat. [2]Sie kann auf den Bereich eines Landesjugendamts beschränkt werden.

(4) [1]Das Nähere regelt das Landesrecht. [2]Es kann auch weitere Voraussetzungen für die Erteilung der Erlaubnis vorsehen.

29 BGBl. I, 882.

1 Übernahme durch Verein (Abs. 1)

1 § 54 ist dem § 1908f BGB (Betreuungsverein) nachgebildet, er regelt die zusätzlichen Voraussetzungen, unter denen ein rechtsfähiger Verein (§§ 21 bis 79 BGB)[1] zum **Pfleger** oder **Vormund** bestellt werden kann.[2] Die Bestellung eines Vereins zum Vormund (§ 1791a BGB) oder Pfleger (§ 1915 iVm § 1791a BGB) ist **nachrangig** gegenüber der ehrenamtlichen Einzelvormundschaft/-pflegschaft (§ 1791a Abs. 1 S. 2 BGB), also nicht gegenüber der beruflichen Einzelvormundschaft; die Vereinsvormundschaft ist gleichrangig gegenüber dieser (→ § 55 Rn. 7),[3] aber nicht gegenüber dem JA (→ § 53 Rn. 7).

2 Vereinsvormund kann der Verein als solcher sein oder ein **Mitglied** oder ein Mitarbeiter des Vereins in dieser Eigenschaft. Nicht erforderlich ist, dass der Verein die Vormundschaft, Pflegschaft oder Beistandschaft durch seine Mitglieder führt, die Erfüllung durch angestellte **Mitarbeiter** (die nicht Mitglieder sein müssen) reicht aus (§ 1791a Abs. 3 BGB). Unabhängig von der Vereinszugehörigkeit können sie aber auch (ehrenamtlich oder berufsmäßig) als Einzelvormund/-pfleger bestellt werden. Wird der Verein als solcher zum Vereinsvormund/pfleger bestellt, führt er die Vormundschaft/Pflegschaft durch einzelne seiner Mitarbeiter oder Mitglieder aus, die auch wechseln können. Da dem Verein als Rechtsperson die Erlaubnis erteilt wird, hat ein Mitarbeiter- oder Mitgliedswechsel keine Auswirkung auf die erteilte Erlaubnis, solange die Voraussetzungen des § 54 Abs. 2 erfüllt werden.

3 Der Verein hat einen eigenen **Anspruch auf Entlassung** aus § 1889 BGB. „Wichtiger Grund" können auch wirtschaftliche Interessen sein,[4] zB solche an der Vergütung. Da der Verein selbst keinen Anspruch auf **Vergütung** hat[5] – im Gegensatz zu seinem zum Vormund/Pfleger bestellten Mitarbeiter in entsprechender Anwendung des § 1897 Abs. 2 S. 1 BGB iVm § 7 VBVG –, hat der Verein den Rechtsanspruch auf Entlassung aus § 1889 Abs. 2 S. 2 BGB zugunsten der Neubestellung des Vereinsmitarbeiters, der nicht notwendig auch Vereinsmitglied sein muss. Ermessen hat das FamG dabei nicht.[6]

4 Da der Verein keine Aufgabe nach § 2 Abs. 3[7] wahrnimmt, und wie auch aus § 72a Abs. 4 S. 1 folgt, ist er **nicht freier Träger der Jugendhilfe.**[8] Das JA als AV kann ihm diese Aufgabe auch nicht übertragen (§ 76). Der Verein kann zugleich Betreuungsverein sein.[9]

5 Die Führung auch der **Beistandschaft** durch einen rechtsfähigen Verein (Vereinsbeistandschaft) ist nur möglich, wenn Landesrecht dies gestattet und die Voraussetzungen des Art. 144 EGBGB vorliegen.[10] Bezüglich der Vereinsbeistandschaft erfolgt keine familiengerichtliche Bestellung, weil die Beistandschaft kraft Gesetzes eintritt, wenn der Antrag beim JA eingeht (§ 1714 BGB).[11]

---

1 Näher hierzu Schindler in Oberloskamp, Vormundschaft, § 14 Rn. 14.
2 Vgl. zur Vereinsvormundschaft und ihrer Abgrenzung zur Amtsvormundschaft DIV-Gutachten ZfJ 1993, 386 ff.
3 DIJuF JAmt 2013, 269; aA Schindler in Oberloskamp, Vormundschaft, § 14 Rn. 44; HK-BGB/Kemper § 1791a Rn. 2.
4 So Wagenitz in MüKoBGB Rn. 7.
5 So BGH 25.5.2011 – XII 2 B 625/10, FamRZ 2011, 1394; aA Schindler in Oberloskamp § 14 Rn. 12.
6 So BGH 13.3.2013 – XII 2 B 398/12, JAmt 2013, 291 mAnm Hoffmann S. 292 u. 554.
7 Nr. 11 betrifft nur die Erlaubniserteilung.
8 AA anscheinend Jans/Happe in JHSM Rn. 11.
9 So Fröschle in jurisPK-SGB VIII § 54 Rn. 19.
10 Landesrechtliche Öffnungsklausel in § 1791a Abs. 1 S. 2 BGB; zu Art. 144 EGBGB vgl. Exkurs zur Beistandschaft → vor § 52a Rn. 90 bis 93.
11 Ebenso Schindler in Oberloskamp § 14 Rn. 9.

Die Bestellung ist nur möglich, wenn dem Verein zuvor eine **Erlaubnis** erteilt worden ist. Ohne diese ist ihm eine Tätigkeit zwar nicht verboten, er kann aber keine Vormundschaft/Pflegschaft/Beistandschaft übernehmen. Es handelt sich also **nicht** um ein vorbeugendes Verbot mit Erlaubnisvorbehalt.[12] Die Erlaubnis ist ein **VA** (§ 31 SGB X), der zu seiner Wirksamkeit die Bekanntgabe an den Vorstand als gesetzlichen Vertreter erfordert (§§ 39, 37, 12 SGB X). Da die Erlaubnis ein VA mit Dauerwirkung ist, ist er nach § 48 SGB X zu **widerrufen,** wenn **nach** seinem Erlass die Voraussetzungen für die Erlaubniserteilung nach Abs. 2 entfallen sind. Lagen sie schon **bei** Erlass des VA nicht vor, war die Erlaubnis rw und kann nach § 45 Abs. 1 innerhalb von 2 Jahren nach Bekanntgabe (Abs. 2) **zurückgenommen** werden. **Nebenbestimmungen** nach § 32 Abs. 2 SGB X (insbes. Auflage, Bedingung, Befristung) können nur beigefügt werden, wenn die Voraussetzungen nach § 32 Abs. 1 Alt. 2 SGB X vorliegen,[13] also mit der NB erreicht werden soll, dass die gesetzlichen Voraussetzungen für die Erlaubnis nach § 54 Abs. 2 – auch nachträglich noch – erfüllt werden. 6

Die Erlaubnis wird nicht vom überörtlichen Träger erteilt, der nach § 69 Abs. 1 durch Landesrecht bestimmt wird,[14] sondern immer vom **LJA,** das jeder überörtliche Träger einzurichten hat (§ 69 Abs. 3). Das LJA ist dann auch für den actus contrarius (Aufhebung) zuständig.[15] 7

2 Voraussetzungen der Erlaubniserteilung (Abs. 2)

Nach § 54 Abs. 2 ist die Erlaubnis zu erteilen (gebundene Entscheidung mit **Rechtsanspruch**), wenn der rechtsfähige Verein zum Zeitpunkt der Antragstellung oder – mit NB (→ Rn. 6) – später die Erfüllung der in Nr. 1 bis 3 abschließend aufgeführten Voraussetzungen nachweist. Sie entsprechen im Wesentlichen den für einen Betreuungsverein geltenden nach § 1908f Abs. 1 BGB.[16] 8

Nr. 1 enthält Anforderungen an die **Mitarbeiter** (und – entsprechend – Mitglieder). Zur Sicherstellung der **Eignung** der Mitarbeiter soll das LJA mit dem Verein eine **Vereinbarung nach** § **72a** abschließen. Dessen Abs. 4 S. 1 regelt dies nur für Neben- oder Ehrenamtler. Für Hauptamtler fehlt eine entsprechende Regelung in Abs. 2. Diese (planwidrige) Lücke muss durch analoge Anwendung im Weg des arg. a minore ad maius geschlossen werden. Wenn nämlich schon für den Ehren- und Nebenamtler die Vereinbarung notwendig ist, dann erst recht für den Hauptamtler. 9

Mitarbeit in einem **Betreuungsverein** indiziert die Eignung auch für den Vormundschaftsverein, wenn der Mitarbeiter auch für die Arbeit mit jungen Menschen geeignet ist.[17] **SA/SP** sind jedenfalls geeignet, andere Professionen sind aber nicht ausgeschlossen (zB Heilpädagoginnen).[18] Es genügt, wenn der Mitarbeiter auf Kompetenzen anderer Professionen im Verein (Psychologe, Arzt, Jurist) zurückgreifen kann.[19] 10

Ungeeignet wäre ein Mitarbeiter, der an einem **gemischten Arbeitsplatz** in Doppelfunktion tätig sein müsste[20] oder als Erzieher in einer Einrichtung des Vereins.[21]

12 So zu Recht Fröschle in jurisPK-SGB VIII § 54 Rn. 15; anders die Vorauflage und Hoffmann/Proksch in FK-SGB VIII Rn. 2.
13 Ebenso Elmauer in Wiesner § 54 Rn. 12; Fröschle in jurisPK-SGB VIII § 54 Rn. 20; Jans/Happe in JHSM Rn. 7: „kein Raum hierfür"; ausführlich → Anh. 5 Rn. 42–44.
14 AA wohl Schindler in Oberloskamp § 14 Rn. 20.
15 So Jans/Happe in JHSM Rn. 6.
16 Vgl. dazu HK-BGB/Kemper § 1908f Rn. 1.
17 Ähnlich Fröschle in jurisPK-SGB VIII Rn. 26.
18 Ferner Schindler in Oberloskamp § 14 Rn. 32.
19 So Elmauer in Wiesner § 54 Rn. 2a.
20 ZB in der erzieherischen Hilfe, im Pflegedienst, in der Adoptionsvermittlung; so Elmauer in Wiesner § 54 Rn. 2a.
21 So § 38 LKJHG Sachsen.

11 Auf die Mitarbeiter nicht anwendbar ist das **Arbeitnehmerüberlassungsgesetz,** weil die Voraussetzungen nach § 1 AÜG nicht vorliegen („wirtschaftliche Tätigkeit"). Ausgeliehene Mitarbeiter wären auch keine geeigneten, weil sie nur vorübergehend ausgeliehen sind, also nicht die notwendige Kontinuität in der Betreuung des Mündels gewährleisten könnten.

12 In **ausreichender Zahl** müssen die Mitarbeiter vorhanden sein. Wenn § 55 Abs. 2 S. 4 die Fallzahl für den Amtsvormund auf 50 begrenzt, muss beim Vereinsvormund gewährleistet sein, dass er so viele Mitarbeiter beschäftigt, dass keiner mehr als 50 Fälle betreut.[22]

13 Neben **Aufsicht** (Coaching, Supervision) und **Fortbildung**[23] ist eine angemessene **Berufshaftpflichtversicherung** gefordert. Richtet der Verein in Ausübung seiner Tätigkeit einen Schaden an, so haftet er nach § 1833 BGB (als Vormund) iVm § 1915 BGB (als Pfleger) iVm § 1716 S. 2 BGB.[24] Der Vormundschaftsverein haftet – in Abweichung von den allgemeinen Haftungsgrundsätzen im Verein (§§ 31, 31a BGB) – für das Verschulden **auch** eines Mitgliedes/Mitarbeiters nach § 1791a Abs. 3 S. 2 BGB in gleicher Weise wie für das Verschulden seiner Organe bzw. verfassungsmäßig berufener Vertreter (**Haftungsverschärfung**).

Angemessen ist eine Versicherung nur dann, wenn sie die die in § 114 VVG genannten Summen nicht unterschreitet,[25] also pro Versicherungsfall 250.000 Euro.

14 **Nr. 2** normiert die Verpflichtung des Vereins – in Konsequenz seiner Nachrangigkeit nach § 1791a Abs. 1 S. 2 BGB (→ Rn. 1) –, sich um geeignete (ehrenamtliche) **Einzelvormünder/-pfleger** (auch außerhalb des Vereins) zu bemühen (und zwar planmäßig!) und operationalisiert damit die Vorschlagspflicht des JA gegenüber dem FamG aus § 53. Außerdem muss der Verein auch diese beraten und fortbilden. Diese Pflicht hat er unabhängig von der des JA nach § 53 Abs. 2 (zu dieser → § 53 Rn. 21). Das JA kann dem Verein aber nach § 76 diese Aufgabe zur Ausführung übertragen.[26]

15 **Nr. 3** bezweckt die Sicherstellung eines Meinungsaustausches (**„Kommunikationskultur"**) innerhalb des Vereins, sei es durch Arbeitsbesprechungen oder Fallbesprechungen.[27] In Verbindung mit den sonstigen Regelungen des Abs. 2 sollen damit Mindestqualitätsstandards gesichert werden, wie sie – in anderem Zusammenhang – von § 79 a gefordert werden.

3 Territoriale Erlaubnisbeschränkung (Abs. 3)

16 § 54 Abs. 3 beschränkt die Geltung der Erlaubnis auf das Bundesland des Vereinssitzes (ähnlich § 1908f Abs. 2 BGB), wobei (bei mehreren LJÄ innerhalb eines Landes) eine Beschränkung auf den Bereich nur eines LJA möglich ist, aber nicht auf einen Bereich innerhalb des LJA.

Zur Erlaubniserteilung ist nach § 87d Abs. 2 (→ § 87d Rn. 3) der sachlich zuständige überörtliche Träger (§ 85 Abs. 2 Nr. 10; vgl. aber Exkurs zur Beistandschaft → vor § 52a Rn. 93) **örtlich zuständig,** in dessen Bereich der Verein seinen Sitz hat. Dieser wird durch die Satzung bestimmt (§ 57 Abs. 1 BGB); wenn nicht, ist es der Sitz am Ort der Verwaltung (§ 24 BGB).

22 Ebenso Elmauer in Wiesner § 54 Rn. 18; HmbOVG 7.2.2000 – 2 Bs 425/99, für Betreuungsverein: mehr als 1 hauptamtlicher Teilzeitmitarbeiter; ferner → Rn. 14.
23 Nicht aber Weiterbildung, aA Jans/Happe in JHSM Rn. 14.
24 Als Beistand; näher zur Haftung DIV-Gutachten, DAVorm 1992, 489 f. und Schindler in Oberloskamp § 14 Rn. 71 bis 80.
25 So Fröschle in jurisPK-SGB VIII § 54 Rn. 30.
26 Ungenau – ausnahmsweise – Fröschle in jurisPK-SGB VIII § 54 Rn. 39.
27 Nicht aber Supervision; ebenso Jans/Happe in JHSM § 54 Rn. 19.

4 Landesrechtsvorbehalt (Abs. 4)

§ 54 Abs. 4 enthält – wortgleich mit § 1908f Abs. 3 BGB – einen Landesrechtsvorbehalt, wonach sowohl für das Verfahren der Erlaubniserteilung (Abs. 4 S. 1) als auch für deren Voraussetzungen (Abs. 4 S. 2) weitere Regelungen getroffen werden können. Davon haben bislang nur Bayern (Art. 60 Abs. 1 AGSG), Sachsen (§ 38 LJHG) und Sachsen-Anhalt (§ 30 Abs. 1 LKJHG) Gebrauch gemacht 17

Landesrechtlich könnte zB eine **Fallzahlgrenze** (→ Rn. 9) normiert werden. Dies könnte sowohl in **Verwaltungsvorschriften** und Richtlinien („Innenrecht") geschehen, die keine unmittelbare Außenwirkung gegenüber dem Verein haben, sondern die unbestimmten Rechtsbegriffe „ausreichend" und „ geeignet" konkretisieren, als auch mit Gesetz oder VO („Außenrecht").[28] 18

5 Änderung durch Reform des Vormundschafts- und Betreuungsrechts, Rechtslage ab 1.1.2023

§ 54 Anerkennung als Vormundschaftsverein [Fassung ab 1.1.2023] 19

(1) Ein rechtsfähiger Verein kann von dem überörtlichen Träger der Jugendhilfe als Vormundschaftsverein anerkannt werden, wenn er gewährleistet, dass

1. *er eine ausreichende Zahl von als Pfleger oder Vormund geeigneten Mitarbeitern hat und diese beaufsichtigen, weiterbilden und gegen Schäden, die diese anderen im Rahmen ihrer Tätigkeit zufügen können, angemessen versichern wird,*
2. *die als Vereinspfleger oder Vereinsvormund bestellten Mitarbeiter höchstens 50 und bei gleichzeitiger Wahrnehmung anderer Aufgaben entsprechend weniger Pflegschaften oder Vormundschaften führen,*
3. *er sich planmäßig um die Gewinnung von ehrenamtlichen Pflegern und Vormündern bemüht und sie in ihre Aufgaben einführt, fortbildet und berät,*
4. *er einen Erfahrungsaustausch zwischen den Mitarbeitern ermöglicht.*

(2) [1]Die Anerkennung gilt für das jeweilige Land, in dem der Verein seinen Sitz hat. [2]Sie kann auf den Bereich eines überörtlichen Trägers der Jugendhilfe beschränkt werden.

(3) Der nach Absatz 1 anerkannte Vormundschaftsverein kann eine Beistandschaft übernehmen, soweit Landesrecht dies vorsieht.

(4) [1]Das Nähere regelt das Landesrecht. [2]Es kann auch weitere Voraussetzungen für die Erteilung der Anerkennung vorsehen.

(5) Eine bei Ablauf des 31. Dezember 2022 erteilte Erlaubnis zur Übernahme von Vereinsvormundschaften gilt als Anerkennung als Vormundschaftsverein fort.

Das Gesetz zur Reform des Vormundschafts- und Betreuungsrechts vom 4.5.2021[29] hat § 54 mit Wirkung zum 1.1.2023 geändert.

Auch § 54 erhält nur geringfügige Änderung zum aktuellen § 54.

Die wichtigste Änderung ist in § 54 Abs. 3 zu finden. Ein nach Abs. 1 anerkannter Verein kann nun auch eine Beistandschaft führen.

§ 55 Beistandschaft, Amtspflegschaft und Amtsvormundschaft

(1) Das Jugendamt wird Beistand, Pfleger oder Vormund in den durch das Bürgerliche Gesetzbuch vorgesehenen Fällen (Beistandschaft, Amtspflegschaft, Amtsvormundschaft).

---

28 Hierzu auch Elmauer in Wiesner § 54 Rn. 16.

29 BGBl. I, 882.

(2) [1]Das Jugendamt überträgt die Ausübung der Aufgaben des Beistands, des Amtspflegers oder des Amtsvormunds einzelnen seiner Beamten oder Angestellten. [2]Vor der Übertragung der Aufgaben des Amtspflegers oder des Amtsvormunds soll das Jugendamt das Kind oder den Jugendlichen zur Auswahl des Beamten oder Angestellten mündlich anhören, soweit dies nach Alter und Entwicklungsstand des Kindes oder Jugendlichen möglich ist. [3]Eine ausnahmsweise vor der Übertragung unterbliebene Anhörung ist unverzüglich nachzuholen. [4]Ein vollzeitbeschäftigter Beamter oder Angestellter, der nur mit der Führung von Vormundschaften oder Pflegschaften betraut ist, soll höchstens 50 und bei gleichzeitiger Wahrnehmung anderer Aufgaben entsprechend weniger Vormundschaften oder Pflegschaften führen.

(3) [1]Die Übertragung gehört zu den Angelegenheiten der laufenden Verwaltung. [2]In dem durch die Übertragung umschriebenen Rahmen ist der Beamte oder Angestellte gesetzlicher Vertreter des Kindes oder Jugendlichen. [3]Amtspfleger und Amtsvormund haben den persönlichen Kontakt zu diesem zu halten sowie dessen Pflege und Erziehung nach Maßgabe des § 1793 Absatz 1a und § 1800 des Bürgerlichen Gesetzbuchs persönlich zu fördern und zu gewährleisten.

§ 1793 BGB Aufgaben des Vormunds, Haftung des Mündels [Fassung bis 31.12.2022]

(1) [1]Der Vormund hat das Recht und die Pflicht, für die Person und das Vermögen des Mündels zu sorgen, insbesondere den Mündel zu vertreten. [2]§ 1626 Abs. 2 gilt entsprechend. [3]Ist der Mündel auf längere Dauer in den Haushalt des Vormunds aufgenommen, so gelten auch die §§ 1618 a, 1619, 1664 entsprechend.

(1a) [1]Der Vormund hat mit dem Mündel persönlichen Kontakt zu halten. [2]Er soll den Mündel in der Regel einmal im Monat in dessen üblicher Umgebung aufsuchen, es sei denn, im Einzelfall sind kürzere oder längere Besuchsabstände oder ein anderer Ort geboten.

(2) Für Verbindlichkeiten, die im Rahmen der Vertretungsmacht nach Absatz 1 gegenüber dem Mündel begründet werden, haftet der Mündel entsprechend § 1629 a.

§ 1800 BGB Umfang der Personensorge [Fassung bis 31.12.2022]

[1]Das Recht und die Pflicht des Vormunds, für die Person des Mündels zu sorgen, bestimmen sich nach §§ 1631 bis 1633. [2]Der Vormund hat die Pflege und Erziehung des Mündels persönlich zu fördern und zu gewährleisten.

1 Die im BGB vorgesehenen Fälle (Abs. 1)

1.1 der Beistandschaft

Ausführlich hierzu Exkurs zur Beistandschaft vor §§ 52a–58a. 1

1.2 der gesetzlichen AV

Die materiellrechtlichen Voraussetzungen der Vormundschaft, die die allgemeine Für- 2
sorge in persönlichen (Personensorge) und Vermögensangelegenheiten (Vermögenssorge) des Mündels sowie seine gesetzliche Vertretung zum Gegenstand hat und der elterlichen Sorge entspricht, ergeben sich aus § 1773 BGB. Die Notwendigkeit einer Vormundschaft (nur noch für Minderjährige) liegt vor, wenn der Minderjährige nicht unter elterlicher Sorge steht, weil er keine Eltern mehr hat, oder wenn die Eltern nicht vertretungsberechtigt sind, weil sie selbst zB noch minderjährig sind, oder wenn der Familienstand des Minderjährigen nicht zu ermitteln („Findelkind") ist.

Die gesetzliche AV des JA tritt nach § **1791c BGB (Status-AV)** mit der Geburt eines 3
Kindes, dessen Eltern nicht miteinander verheiratet sind, und das eines Vormundes bedarf, ein. Letzteres liegt vor, wenn die Mutter vor oder während der Geburt gestorben ist oder wenn ihre elterliche Sorge infolge einer Beschränkung der Geschäftsfähigkeit oder Pflegschaftsbestellung wegen körperlicher Gebrechen ruht (§§ 1773, 1673 BGB). **Minderjährigen Müttern** (in Abgrenzung zu sonstigen Minderjährigenvormundschaften), denen neben den Amtsvormündern die Personensorge für ihr Kind nach § 1673 Abs. 2 S. 2 Hs. 1 BGB zusteht, sind grundsätzlich an allen Prozessen der Entscheidungsfindung für das Kind zu beteiligen.[1] Die gesetzliche AV nach § 1791c BGB tritt nicht ein, wenn die Mutter die elterliche Sorge hat oder wenn bereits nach § 1774 BGB schon vor Geburt ein Vormund bestellt worden ist.

Der Eintritt der gesetzlichen AV nach § **1751 Abs. 1 S. 2 BGB (Adoptions-AV)** setzt voraus, dass derjenige Elternteil, dem die elterliche Sorge zusteht, in die Adoption des Kindes eingewilligt hat, somit seine „elterliche Sorge" ruht und kein Ausschlussgrund nach § 1751 Abs. 1 S. 2 BGB vorliegt (→ § 51 Rn. 3).

1.3 der bestellten AP/AV

Über die kraft Gesetzes eintretenden Fälle der Amtsvormundschaft (gesetzliche AV) hi- 4
naus gibt es noch die durch Entscheidung des FamG erfolgte bestellte Amtsvormundschaft und Amtspflegschaft des JA.

Voraussetzungen für die bestellte **Vormundschaft** können sein: Tod oder Todeserklärung der Eltern (§§ 1680, 1677 BGB); Entzug der elterlichen Sorge gemäß §§ 1666, 1666a iVm 1680, 1671 Abs. 5 S. 1 BGB; Ruhen der elterlichen Sorge bei rechtlichem Hindernis (§ 1673 BGB); Ruhen der elterlichen Sorge bei tatsächlichem Hindernis (§ 1674 BGB).

Die **unbegleiteten minderjährigen Ausländer** (UMA) sind wegen Ruhens der elterli- 5
chen Sorge nach § 1674 BGB immer unter Vormundschaft zu stellen. Das Recht des Heimatstaates bzgl. der Geschäftsfähigkeit (= Volljährigkeit) ist nach Art. 7 EGBGB anzuwenden; Art. 24 Abs. 1 S. 1 EGBGB regelt dies speziell für die Vormundschaft. Danach wäre die Volljährigkeit nach dem Heimatrecht zu bestimmen, also auch für über 18-Jährige Inobhutnahme anzuordnen und eine Vormundschaft zu bestellen bzw. über die Vollendung des 18. Lebensjahres hinaus bestehen zu lassen. Das widerspräche aber dem KSÜ (zu diesem → § 6 Rn. 25), das in Art. 2 den Anwendungsbereich auf Kinder bis 18 Jahre beschränkt. Im Verhältnis zu Art. 24 EGBGB (Internationales Privatrecht) ist das KSÜ als (lediglich) zwischenstaatliches Abkommen (→ § 6 Rn. 22)

1 Vgl. dazu DIJuF JAmt 2003, 11 ff.

nicht vorrangig,[2] sondern gleichrangig. Dem Schutzbedürfnis genügt es, die Inobhutnahme und die damit verbundene Vormundschaft auf Personen unter 18 Jahren zu begrenzen (→ § 42f Rn. 5). Art. 15 Abs. 1 KSÜ stellt grundsätzlich auf das innerstaatliche Recht des Aufenthaltsstaates ab. Ergänzend kann das MSA herangezogen werden, nach dessen Art. 12 „als Minderjähriger im Sinne dieses Übereinkommens anzusehen [ist], wer sowohl nach dem innerstaatlichen Recht des Staates, dem er angehört, als auch nach dem innerstaatlichen Recht des Staates seines gewöhnlichen Aufenthaltes minderjährig ist." Da „sowohl als auch" (und nicht „entweder oder") formuliert wird, kommt es auf die Minderjährigkeit nach nationalem (deutschen) Recht an.[3] Der Vormund vertritt das Mündel nach st. Rechtsprechung nach Vollendung des 18. Lebensjahres bis zu dessen Volljährigkeit nach dem Heimatrecht weiterhin, allerdings nur zivilrechtlich.

6 Unter **Pflegschaft** (§§ 1909–1921 BGB) wird die teilweise Ersetzung der elterlichen Sorge verstanden. Die Notwendigkeit einer Pflegschaft für einen Minderjährigen liegt dann vor, wenn der Minderjährige in Teilbereichen nicht unter elterlicher Sorge steht, weil diese den Sorgeberechtigten – zB wegen Gefährdung des Kindeswohls – teilweise (§ 1666 BGB) entzogen wurde. Eine **Ergänzungspflegschaft** (§ 1909 BGB) besteht dann, wenn die elterliche Sorge wegen Interessen- und/oder Zweckkollision durch die Inhaber der elterlichen Sorge (zeitweise) nicht mehr ausgeübt werden kann (rechtliches oder tatsächliches Hindernis). Auf Pflegschaften findet nach § 1915 BGB generell Vormundschaftsrecht Anwendung. Zur Ausnahme → § 53 Rn. 23.

1.4 Vorrang des Einzelpflegers/-vormunds

7 Nach § 1791b BGB (für den Pfleger iVm § 1915 BGB) kann das JA (bzw. nach § 1791a BGB auch ein Verein) zum Pfleger/Vormund bestellt werden, sofern keine geeignete Person als ehrenamtlicher Einzelvormund/Einzelpfleger vorhanden ist. Das Gesetz geht vom **Vorrang des ehrenamtlichen Einzelvormunds/-pflegers oder Berufsvormunds/-pflegers** aus.[4] Zur Vorrangregelung ausführlich → § 53 Rn. 21.

8 Beendet wird die AP/AV entweder durch Wegfall der Voraussetzungen (§ 1882 BGB) oder durch Entlassung des JA und durch Bestellung eines Einzelpflegers/Einzelvormundes durch das FamG (§ 1887 BGB).

2 Das Jugendamt als „Legalbeistand, -pfleger, -vormund"

9 Nach Abs. 1 wird das **JA** selbst **als Amt** (→ § 87b Rn. 13) – nicht der örtliche Träger der Jugendhilfe (die Gebietskörperschaft) oder auch nicht eine (Amts-)Person – Beistand, Amtspfleger oder Amtsvormund. Korrekt müsste es in diesem Dreiklang „Amtsbeistand" heißen, da die Beistandschaft auch durch einen Verein denkbar ist. Das JA besitzt eine Quasi-Rechtspersönlichkeit,[5] denn juristische Person ist das JA nicht; diese Eigenschaft hat lediglich die Trägerkörperschaft. Das JA leitet seine Rechte und Pflichten unmittelbar aus § 55 ab, nicht aus innerorganisatorischer Aufgabenzuweisung. Verfahrenssubjekt in gerichtlichen Verfahren ist das JA (§§ 162, 173, 176,

2 So aber Walther in Wiesner § 55 Rn. 72a.

3 AA Walther in Wiesner § 55 Rn. 72 a, der unter Berufung auf OLG Bremen 24.5.2012 – 4 UF 43/12, ZKJ 2012, 359, und DIJuF-Rechtsgutachten JAmt 2008, 97 auf Volljährigkeit nach Heimatrecht abstellt; OLG Bremen betrifft aber nur das Ende einer Vormundschaft; ebenso OLG Hamm 30.1.2015 – II-6 UF 155/13; DIJuF 2008 ist überholt durch DIJuF-Rechtsgutachten JAmt 2015, 92; vgl. zum Problem insgesamt Gruber in Oberloskamp, Vormundschaft § 5.

4 Allgemein zur Subsidiarität der Amtsvormundschaft BVerfG 8.3.2013 – 1 BvR 206/12; zum Vorrang von Familienangehörigen vor Familienfremden BVerfG 24.6.2014 – 1 BvR 2926/13–1.

5 Vgl. ausführlich Kunkel in Oberloskamp, Vormundschaft, § 16 Rn. 21.

194, 205 FamFG). Die Besonderheit der AB/AP/AV besteht ferner darin, dass privates Recht in das öffentliche Recht inkorporiert wird, da das JA eine öffentliche Aufgabe inhaltlich nach den Normen des BGB erfüllt. Die Tätigkeit des JA als AB/AP/AV ist öffentlich-rechtlich in Form **schlicht-hoheitlichen Handelns** („Legalbeistand, -pfleger, -vormund"), während der einzelne Mitarbeiter, der im Rahmen der Übertragung der Aufgabe das Kind gesetzlich vertritt, **privatrechtlich** handelt („Realbeistand, -pfleger, -vormund").

3 Übertragung der Aufgabe zur Ausübung auf einen „Realbeistand/-pfleger/-vormund" (Abs. 2 und 3)

3.1 Die Aufgaben (Abs. 2 S. 1)

Zur Aufgabe der **Beistandschaft** ausführlich Exkurs zur Beistandschaft vor §§ 52a–58a. 10

Gemeint ist die Beistandschaft nach § 1712 BGB, nicht etwa der Verfahrensbeistand nach § 158 FamFG oder gar der Erziehungsbeistand nach § 30 oder der Beistand im Verwaltungsverfahren nach § 13 Abs. 4 SGB X.

Diese Aufgabe ist nicht auf mehrere Bereiche der Kommune teilbar, sondern ausschließlich von der nach § 55 bestellten Person auszuführen. Es ist nicht möglich, zB ein Rechtsamt mit der Verfahrensführung zu betrauen und diese Aufgabe dem Beistand zu entziehen.

Pflegschaften dienen zum einen der Fürsorge in persönlichen Angelegenheiten wie zB 11 bei Erziehungsangelegenheiten und Fragen der Gesundheitspflege, bei Aufenthaltsregelungen, Umgangsbestimmungen, Aussagegenehmigungen bei der Polizei oder hinsichtlich einer Antragstellung nach SGB VIII und zum anderen bei wirtschaftlichen Belangen (zB bei einer Erbschaft) einer Person. Im Gegensatz zur Vormundschaft umfasst die Pflegschaft nur die Wahrnehmung bestimmter (einzelner) Angelegenheiten der elterlichen Sorge. Daher schließt die (allumfassende) Amtsvormundschaft die Aufgaben der Amtspflegschaft ein. Dennoch können unter bestimmten Umständen (zB zur ergänzenden Unterstützung nach § 1909 BGB: Ergänzungspflegschaft) eine Amtspflegschaft und Amtsvormundschaft nebeneinander bestehen. Bestellung und Umfang der Pflegschaft erfolgen in der Regel durch das Familiengericht (§ 1915 iVm §§ 1779, 1794 BGB). Der Aufgabenwirkungskreis eines Pflegers ergibt sich aus seiner Bestallungsurkunde. Dementsprechend werden die Eltern oder ein Vormund in ihrer (elterlichen) Verantwortung für das Kind eingeschränkt (§§ 1630 Abs. 1, 1794 BGB). Dieses wird sehr eng ausgelegt, da dem JA als Vormund in der Regel die Gesamtverantwortung zuzumuten ist.[6]

Die **Vormundschaft** ersetzt die elterliche Sorge in vollem Umfang („**Ersatzelternrolle**", 12 also Personen- und Vermögenssorge einschl. der gesetzlichen Vertretung). Der Vormund hat auch Rechtsansprüche des Mündels im Rahmen der Vermögenssorge geltend zu machen, insbesondere Schadensersatzansprüche des Mündels gegenüber zB den Eltern oder sonstigen Dritten.[7] Die Ausübung umfasst auch die persönliche Gewährleistung und Förderung der Pflege und Erziehung (§ 1800 S. 2 BGB).

Nach § 1800 iVm § 1632 Abs. 2 BGB hat der Vormund das Recht, den **Umgang mit** 13 **der Herkunftsfamilie** zu bestimmen. Das darf jedoch nicht generell zu einem „schematischen Kontaktabbruch" zu den leiblichen Eltern führen. Ein Kontaktabbruch hat einzelfallbezogen eher die begründete Ausnahme darzustellen. Wie der EGMR[8] klargestellt hat, hat der Vormund mit Beginn der Inpflegenahme die Verpflichtung, stets

6 BGH 29.5.2013 – JAmt 2013, 426.
7 Vgl. DIJuF JAmt 2004, 319 f.; DAVorm 10/99, 767 f.; Hoffmann JAmt 2003, 222 ff.
8 EGMR 26.2.2002 – Beschwerde Nr. 46544/99, FamRZ 2002, 1393 ff.

zu prüfen, ob eine Familienzusammenführung möglich ist und durch welche geeigneten Maßnahmen diese ggf. erleichtert und gefördert werden kann. Einer wachsenden Entfremdung zwischen leiblichen Eltern und Kindern ist entgegenzuwirken. Die Kontaktaufnahme zur Herkunftsfamilie ist daher unausweichlich. Der Umgang zwischen Eltern und Kind ist ein verfassungsmäßig verbrieftes Recht beider.[9] Die Rspr. des BVerfG zur Rückführung aus dem Jahre 2014 untermauert die Wichtigkeit der Wiederaufnahme bzw. der Aufrechterhaltung des Kontaktes des Kindes zur Herkunftsfamilie.[10]

14 § 60 SGB IX (mit dem BTHG neu ab 1.1.2018: § 33 SGB IX) verpflichtet den AP/AV, ein Kind, an dem er eine **Behinderung** wahrnimmt, der gemeinsamen Servicestelle (entfällt ab 1.1.2018; stattdessen Unabhängige Teilhabeberatung), einer Beratungsstelle für Rehabilitation oder einem Arzt vorzustellen. Ebenso ist er angehalten, rechtzeitig vor Volljährigkeit eine **Betreuung** (§ 1896 BGB) in die Wege zu leiten, wenn er der Überzeugung ist, dass sein Mündel auch künftig seine Angelegenheiten (teilweise) nicht selbstständig wahrnehmen kann.

3.2 Übertragung zur Ausübung (Abs. 2 S. 1)

15 Nach **Satz 1** überträgt das JA die **Ausübung der Aufgabe** (also nicht die Aufgabe selbst, diese bleibt nach Abs. 1 in der Verantwortung des JA) **Einzelnen** seiner Beamten oder Angestellten. Die Ausübung der Aufgabe durch den JA-Leiter ist daher nur möglich, wenn auch ihm die Ausübung der Aufgabe übertragen worden ist. Es muss sich um Personen des örtlich zuständigen JA im organisations- und funktionsrechtlichen Sinn handeln (ebenso wie bei § 59; → § 59 Rn. 1). Auch hieraus ergibt sich die rechtliche Unzulässigkeit der Auflösung des JA und seiner Ersetzung durch andere Organisationseinheiten (→ § 69 Rn. 28; → § 79 Rn. 18). Die Übertragung geschieht im Weg der Einzelverfügung; sie ist **VA**[11] und daher im Verwaltungsrechtsweg anfechtbar.[12] Die nach § 31 SGB X begriffsnotwendige Regelung ist die mit der Maßnahme bewirkte Übertragung der Aufgabe zur Ausübung durch eine bestimmte Person. Die außerdem erforderliche Außenwirkung der Regelung ist anzunehmen, da der einzelne Beamte als Person ausgewählt wurde, wie aus Abs. 2 S. 2 deutlich wird.[13] Daher verbietet sich die Übertragung durch Geschäftsverteilungsplan.[14] Dabei kann auch mehreren Mitarbeitern die Ausübung verschiedener Aufgaben für ein Kind übertragen werden;[15] dann empfiehlt sich für den Rechtsverkehr die Ausstellung eines Ausweises mit Benennung der Zuständigkeiten. Die Übertragung muss so geschehen, dass nichts an Zuständigkeiten für die Ausübung der Aufgabe beim JA selbst zurückbleibt. Die Übertragung gilt sowohl für die gesetzliche als auch für die bestellte AV.

3.3 Gesetzliche Vertretung (Abs. 3 S. 2), Vollmacht

16 Soweit die Übertragung der Ausübung der Aufgabe reicht, vertritt der „Realvormund/-pfleger/-beistand" das Kind gesetzlich. Für die Beistandschaft ergibt sich dies auch aus § 1716 BGB. Das JA selbst bleibt „Legalvormund/-pfleger/-beistand". Dem

9 Empfehlungen der SFK-SGB VIII 3, JAmt 2012, 642.
10 BVerfG 19.11.2014 – 1 BvR 2843/14, NJW 2015, 223 und Anm. hierzu von Kunkel FamRZ 2015, 901.
11 Ebenso Hoffmann/Proksch in FK-SGB VIII § 55 Rn. 33; aA Walther in Wiesner § 55 Rn. 78; H. Schellhorn in SFMK § 55 Rn. 17; Tillmanns in MüKoBGB Rn. 9.
12 AA Fröschle in jurisPK-SGB VIII § 55 Rn. 24: Familiengericht.
13 AA Fröschle in jurisPK-SGB VIII § 55 Rn. 23.
14 Anders zur früheren Rechtslage Kunkel in Oberloskamp § 15 Rn. 142; ebenso Tillmanns in MüKoBGB Rn. 9; aA Walther in Wiesner § 55 Rn. 78; H. Schellhorn in SFMK § 55 Rn. 17.
15 Ebenso DIJuF JAmt 2002, 73.

JA verbleibt eine **Grundkompetenz**, der einzelne „Realvormund/-pfleger/-beistand" hat eine **Vollzugskompetenz**. In dieser handelt er nicht im Auftrag oder in Vertretung des JA, sondern als Vertreter des Kindes. Er selbst wird damit nicht zum Beistand/ Vormund/Pfleger. Zur Grundkompetenz des „Legalvormunds/-pflegers/-beistands" gehören Begründung und Beendigung der AB/AP/AV, das Auftreten im Behördenverkehr, Rechtsaufsicht und Aufsicht durch das FamG (nicht in der Beistandschaft) und die Haftung.[16] **Zustellungen** an das Kind müssen zwar grundsätzlich an den „Realvormund/-pfleger/-beistand" erfolgen,[17] falls sie aber stattdessen an das JA erfolgen, sind sie nicht unwirksam.[18] Sie sind vom JA an den zuständigen „Realvormund/-pfleger/-beistand" weiterzuleiten und erst dessen Entgegennahme bewirkt die Zustellung und setzt damit Fristen in Gang. Nur er hat das Empfangsbekenntnis zu unterschreiben, eine Unterschrift eines anderen Mitarbeiters wäre nicht rechtens.[19]

Im Rahmen seiner Vollzugszuständigkeit überträgt der „Realvormund/-pfleger" die tatsächliche Betreuung des Kindes Dritten zB Pflegefamilie, Heim, Verwandten (zur Pflichtenübertragung → Rn. 29).

Der gelegentlich vertretenen Auffassung,[20] dass eine gegenüber dem Jugendamt ausgestellte **Sorgerechtsvollmacht** als milderes Mittel gegenüber dem Sorgerechtsentzug ausreiche, ist nicht zu folgen. Vormünder sollten die Annahme einer Vollmacht ablehnen, da sie bei einer Annahme der Vollmacht als Privatperson handeln und haften, da sich das Rechtsinstitut der Vollmacht nicht im SGB VIII findet und somit keine Rechtsgrundlage vorhanden ist. Des Weiteren wären sie Auftragnehmer der Eltern und das Familiengericht hätte in keiner Phase eine Aufsichtspflicht.

Wenn sich also das Jugendamt dazu bereit fände, auf der Basis der erteilten Vollmacht zu handeln, müsste es sich von den Eltern kontrollieren lassen und wäre Ihnen wie jeder Auftragnehmer zur Rechenschaft verpflichtet, da ja die Eltern das Recht behalten und nur seine Ausübung übertragen. Dies wird wohl kaum ein Jugendamt wollen.

Es ist die Aufgabe der Familiengerichte zu entscheiden, ob und in welchem Umfang in die Sorge der Eltern eingegriffen und diese auf einen Dritten übertragen wird. Hier hat der Gesetzgeber bewusst keinen einfacheren Weg vorgesehen, um Verantwortung zu übertragen.

Auch aus der Sicht der Eltern ist das Vorgehen nicht gerechtfertigt, denn das höchstpersönliche Recht verbleibt ihnen mit all den Pflichten und der Haftung im Verhältnis zum Kind, die damit verbunden sind, ohne dass sie wissen, wer jetzt genau welche Befugnisse noch hat.

Dem Kind hilft dies am wenigsten, denn dieses braucht eine Person, die klar und eindeutig verantwortlich ist.

Die gesetzlichen Regelungen sind umfassend und völlig ausreichend. Dass der Gesetzgeber, dem das Problem der Vollmacht schon aus früheren Jahren bekannt war, bei der Einführung des FamFG bewusst nur die Möglichkeit geschaffen hat, das Umgangsrecht auch ohne gerichtliche Entscheidung zu regeln, aber diese Dispositionsfreiheit nicht auf die Sorge ausgedehnt hat, zeigt, dass er dies nicht gewünscht hat.

3.4 Autonomie des „Realbeistands/-pflegers/-vormunds"

Der Beamte/Angestellte des JA, der mit der Fuhrung der Beistandschaft, Vormund- 17
schaft und Pflegschaft beauftragt ist, ist als Mitarbeiter der öffentlichen Verwaltung

16 Vgl. im Einzelnen Kunkel in Oberloskamp, Vormundschaft, § 16 Rn. 131, 141.
17 AA HessVGH FEVS 52, 519 und wohl auch Fröschle in jurisPK-SGB VIII § 55 Rn. 50.
18 Ebenso Tillmanns in MüKoBGB § 55 Rn. 10.
19 BayVGH16.3.2012 – 3 ZB 10.1158, nv.
20 OLG Bremen 4.1.2018 – 4 UF 134/17 und OLG Oldenburg 10.11.2020 – 13 UF 33/20.

vom Grundsatz her dienstrechtlich weisungsabhängig (§ 35 BeamtenstatusG). Die Besonderheit der Aufgabenerfüllung, die Interessen des Kindes zu vertreten und als sein gesetzlicher Vertreter zu handeln, erfordert eine (eingeschränkte) Autonomie (Eigenverantwortlichkeit) und dementsprechend eine **Modifizierung der Weisungsgebundenheit.**[21] Die Autonomie (und damit Weisungsfreiheit) bezieht sich auf die Wahrnehmung der Interessen des Kindes und umfasst Fragen der Zweckmäßigkeit oder der methodischen Vorgehensweise ebenso wie die einzelfallbezogene Wertung und Beurteilung von Sachverhalten.[22] Generelle oder individuelle Weisungen in solchen Fragen sind rechtswidrig und können mit der Remonstration (§ 36 BeamtenstatusG) angegriffen werden. Die Formulierung fachlicher Standards[23] kann hilfreich sein, steht aber unter dem Vorbehalt, dass der „Realvormund/-pfleger" davon im Einzelfall abweichen kann, wenn er dies für erzieherisch notwendig hält. So könnte in der Richtlinie nicht generell geregelt werden, dass Piercing bei Kindern und Jugendlichen nicht erlaubt sind; die Entscheidung hierüber hat vielmehr der „Realvormund/-pfleger" im Einzelfall zu treffen. Dagegen könnte durch Richtlinie geregelt werden, dass der „Realvormund/-pfleger" den Jugendlichen vor einer Entscheidung zum Piercing über alle möglichen medizinischen Folgen zu informieren hat.[24] Ebenso wenig kann in Richtlinien die Kontakthäufigkeit vorgeschrieben werden; es können aber Kriterien hierfür formuliert werden. Ebenso kritisch ist anzumerken, dass Weisungen bzgl. des Überschreitens der vom Gesetz vorgegebenen Höchstzahl der Fälle immer häufiger vorkommen. Hier sind Überlastungsanzeigen der Sachbearbeiter erforderlich, da diese uU persönlich haften (→ Rn. 40 f.).

18 Das **FamG** übt das Aufsichts- und Weisungsrecht (§ 1837 Abs. 2 BGB) gegenüber dem JA als „Legalvormund/-pfleger" (nicht als „Legalbeistand") aus, so dass das JA selbst und damit auch der „Realvormund/-pfleger" nur innerhalb dieses vom FamG abgesteckten Rahmens „Handlungsfreiheit" hat. Darüber hinaus untersteht auch das JA als Teil der öffentlichen Verwaltung behördlicher Aufsicht, die sich aber auf **Rechtsaufsicht** (durch Regierungspräsidium bzw. Bezirksdirektion, Innenministerium) beschränkt, weil Jugendhilfe Selbstverwaltungsangelegenheit ist (→ Anh. 5 Rn. 66). Solche Weisungen des FamG oder der Rechtsaufsichtsbehörden gegenüber dem JA kann der Leiter des JA an den „Realvormund/-pfleger" weiterreichen („transportierte Weisungen").

19 Auch die **Rechnungsprüfungsämter** können das JA, also den „Legalvormund/-pfleger" auf die Einhaltung kassentechnischer Vorschriften prüfen, aber auch, ob die fiskalischen Belange der Trägerkörperschaft beachtet werden, sofern die Interessen des Kindes dadurch nicht missachtet werden. Dagegen kann das Rechnungsprüfungsamt nicht die Bewirtschaftung des Mündelvermögens prüfen, weil es sich nicht um Vermögen der Trägerkörperschaft handelt.[25]

3.5 Aufgabentrennung

20 Aufgrund der Doppelfunktion[26] des JA, einerseits Leistungsbehörde und andererseits als Vormund/Pfleger Antragsteller für die HzE zu sein, ist eine strikte strukturelle und organisatorische Aufgabentrennung innerhalb des JA erforderlich, um Interessenkon-

21 Ebenso OVG NRW 25.4.2001 – 12 A 924/99, JAmt 2001, 426; Walther in Wiesner § 55 Rn. 84; Schwarz in Krug/Riehle § 55 Rn. 130.
22 So schon DAVorm 1987, 750 bis 751.
23 ZB DIJuF-Rechtsgutachten JAmt 2011, 530.
24 So Empfehlungen des DV Vormundschaft, S. 22.
25 Ausführlich zur Autonomie Kunkel ZKJ 2011, 204–206, speziell zur Rechnungsprüfung ZKJ 2016, 9.
26 Zur Doppelrolle des JA bei Auskunftsanspruch nach § 1686 BGB siehe auch BGH 14.12.2016 – XII ZB 345/16.

flikte zu vermeiden.[27] Der „Realvormund/-pfleger“ hat als PSB die Aufgabe, über die Inanspruchnahme der HzE zu entscheiden und im Hilfeplanverfahren als Beteiligter mitzuwirken. Der ASD hat dagegen die Aufgabe, über die Gewährung der Hilfe zu entscheiden. Dasselbe gilt für andere Leistungen wie zB die Hilfe bei Umgangspflege (§ 18 Abs. 3 S. 4), aber auch bei der Inobhutnahme bezüglich der Einwilligung des „Realvormunds/-pflegers“ als PSB. Aus demselben Grund wäre es auch unzulässig, wenn sich der AV/AP im Hilfeplanverfahren durch die Mitarbeiterin des ASD vertreten ließe.[28] Hat der AV/AP bzgl. der weiteren Hilfegewährung andere Vorstellungen als die sozialpädagogische Fachkraft, muss der AV/AP gegen das eigene JA rechtliche Schritte einleiten.

Die Gewährung der Leistungen und die Inobhutnahme erfolgen in einem Verwal- 21
tungsverfahren (näher zu diesem → Anh. 5 Rn. 1). Daher gilt **§ 16 SGB X** (ausgeschlossene Personen), wobei zu beachten ist, dass bei HzE (anders bei Hilfe nach § 35 a) der AV/AP die Hilfe für sich als PSB in Anspruch nimmt, nicht aber für das Kind als dessen gesetzlicher Vertreter. Ein Fall des § 16 Abs. 1 Nr. 3 SGB X liegt daher nicht vor.[29] Ein Fall des § 16 Abs. 1 Nr. 1 SGB X läge dagegen vor, wenn dieselbe Person – gleichsam janusköpfig – im ASD über den eigenen Antrag als AV/AP entscheiden würde. Schon deshalb ist die strikte Aufgabentrennung erforderlich.[30] Denkbar wäre allerdings auch, dass bei fehlender Aufgabentrennung der im ASD tätige AV/AB nur für das eigene, nicht aber für andere Kinder ausgeschlossen wäre. Die weitere Reform des Vormundschaftsrechts erwägt eine Herausnahme des Aufgabenbereiches AV/AP aus dem JA.[31]

Von der Frage der Anwendbarkeit des § 16 SGB X zu unterscheiden ist die Frage des 22
Insichprozesses, die sich auch bei Aufgabentrennung stellt, wenn das JA als AV/AP auf eine Leistung klagt, die das JA als Leistungsbehörde nicht gewährt.[32] Hier muss entsprechend §§ 1796 Abs. 2, 1909 BGB ein Ergänzungspfleger bestellt werden,[33] wofür ein Verein oder eine Einzelperson in Betracht kommt, bei örtlicher Zuständigkeit nach § 87 c Abs. 3 auch ein anderes JA.[34] Nicht ausgeschlossen wäre aber auch ein Insichprozess als Organstreit (Kommunalverfassungsstreit; vgl. § 61 Nr. 1 VwGO).[35]

3.6 Übertragung als Geschäft der laufenden Verwaltung (Abs. 3 S. 1)

Da die Übertragung zu den Aufgaben der **laufenden** Verwaltung gehört, ist für die 23
Übertragung funktionell der Leiter der Verwaltung oder der Leiter des JA zuständig (§ 70 Abs. 2).

3.7 Anforderungsprofil des „Realvormunds/-pflegers/-beistands“

Es sind folgende Kriterien zu beachten: die Fachlichkeit des „Realvormunds/-pfle- 24
gers/-beistands“, seine persönliche Geeignetheit zur Ausübung der Aufgabe und seine

27 Hierzu → § 36 Rn. 16 und Kunkel in Oberloskamp § 16 Rn. 90; Walther in Wiesner § 55 Rn. 102 ff.; JAmt 2004, 196; Harm ua FamRZ 2012, 1849.
28 Ebenso Hoffmann/Proksch in FK-SGB VIII Rn. 38.
29 Anders wohl OVG NRW 25.4.2001 – 12 A 924/99, und Gojowczyk Rpfleger 2013, 1; Fröschle in jurisPK-SGB VIII Rn. 26; vgl. auch DIJuF JAmt 2012, 35.
30 Ebenso Hoffmann/Proksch in FK-SGB VIII Rn. 37; Walther in Wiesner Rn. 102–104.
31 S. Eckpunkte des BMJV v. 13.10.2014.
32 Daher nicht einschlägig das in dieser Frage von H. Schellhorn in SFMK Rn. 22 in Anspruch genommene Urt. des OVG Bln 12.11.1987 – NJW 1988, 1931.
33 Ebenso OVG NRW 25.4.2001 – 12 A 924/99.
34 So zu Recht Walther in Wiesner Rn. 104.
35 Ebenso Fröschle in jurisPK-SGB VIII § 55 Rn. 56; zum Organstreit siehe auch VGH BW 2.8.2017 – 1 S 542/17; aA Walther in Wiesner § 55 Rn. 84 unter Berufung auf BVerfG 19.11.2014 – JAmt 2014, 223; vgl. hierzu Anm. Kunkel FamRZ 2015, 901.

Bereitschaft zur Fortbildung.[36] Die Fachlichkeit ist nach § 72 zu beurteilen. Danach kommen sowohl SA/SP als auch Verwaltungskräfte in Betracht, wobei entscheidend ist, ob im Einzelfall eher pädagogische oder Rechtskenntnisse erforderlich sind.[37] Ferner ist § 72a zu beachten.

4 Anhörung des Kindes (Abs. 2 S. 2 und 3)

25 Das JA soll das Kind zur Auswahl des Vormundes oder Pflegers (also nicht des Beistands) mündlich anhören, aber nicht „erhören". „Soll" ist „Muss" im Regelfall und lässt nur bei atypischen Umständen im Einzelfall Ermessen zu. Bei der vorhandenen Organisationsstruktur und entsprechenden Übertragungen auf einzelne Sachbearbeiter ist eine Wahlmöglichkeit des Mündels nur ausnahmsweise umzusetzen.[38] Kleine JÄ halten oft nur einen Sachbearbeiter vor. Ein „Vormunds-Casting" ist daher im JA nicht zu veranstalten, wohl aber können Geschlecht, Konfession und Alter berücksichtigt werden.[39] Schlägt das JA aber einen Einzelvormund vor, ist bei entsprechendem Alter und Entwicklungstand des Kindes die Anhörung nicht bloße Pflichtübung.

26 Die Anhörung soll mündlich erfolgen. Sie ist eine spezielle Regelung der Beteiligung nach § 8 Abs. 1.[40]

5 Fallzahlenobergrenze (Abs. 2 S. 4)

27 Bei der Übertragung ist seit dem 5.7.2012 die Fallzahlenobergrenze von 50, bei gleichzeitiger Wahrnehmung anderer Aufgaben („Mischarbeitsplätze") eine geringere Fallzahl zu beachten, die bundesweit nicht einheitlich geregelt ist. Die ominöse Zahl „50" ist in Fachkreisen umstritten, da sie unter Berücksichtigung der Anforderungen nicht zu bewältigen ist.[41] In einzelnen Bundesländern oder Kommunen ist sie verringert worden. Dass es auch gegenteilige Bestrebungen gibt, ist bedenklich, da das Wohl der Kinder ganz aus dem Auge verloren wird. Überwiegen nun die Vertretungen von unbegleiteten minderjährigen Flüchtlingen, ist die Zahl 50 überhaupt nicht mehr zu halten, weil diese Vertretungen sehr zeitintensiv sind, man im Regelfall einen Dolmetscher hinzuziehen hat und sich mit dem kulturellen Hintergrund wie auch mit den psychischen Problemen der einzelnen Mündel auseinandersetzen muss. Ebenso muss man ausländer- und asylrechtliche Belange der Mündel vertreten, die einen hohen zeitlichen Einsatz erfordern.

Wird die Fallzahl überschritten, ist die Übertragung auf einen Verein oder einen Berufsvormund geboten (aber → Rn. 40).[42]

6 Persönlicher Kontakt (Abs. 3 S. 2 und 3)

28 Der AV/AP hat die Pflege und Erziehung seines Mündels persönlich zu fördern und zu gewährleisten (§ 1800 S. 2 BGB und § 55 Abs. 3), was mit einer Kontrolle gegenüber

36 Vgl. die „Mannheimer Leitsätze", JAmt 2002, 8; Dokumentation des 1. Vormundschaftstags 2010 in Dresden auf der Homepage des DIJuF und des 2. Vormundschaftstags 2012 in NRW auf der Homepage des LVR und LWL sowie Opitz JAmt 2001, 315; Laudien JAmt 2012, 573.
37 Ähnlich DIJuF-Rechtsgutachten, JAmt 2011, 35; zweifelnd Fröschle in jurisPK-SGB VIII § 55 Rn. 25 Fn. 21.
38 Skeptisch auch Fröschle in jurisPK-SGB VIII § 55 Rn. 30.
39 So Fröschle in jurisPK-SGB VIII § 55 Rn. 31.
40 Ebenso Hoffmann in FK-SGB VIII § 55 Rn. 35.
41 Zum Problem DIJuF JAmt 2011, 293 (516), 524, 527; Hoffmann FamRZ 2011, 1185; Sünderhauf JAmt 2011, 293; Veit/Salgo ZKJ 2011, 82; ausführlich Walther in Wiesner § 55 Rn. 96–98; ein Kommunalverfassungsbeschwerdeverfahren beim Verfassungsgerichtshof NRW blieb erfolglos, DÖV 2015, 207.
42 So Fröschle in jurisPK-SGB VIII § 55 Rn. 39.

allen Personen und Institutionen, die für dieses Kind zuständig sind, vergleichbar ist. Durch den persönlichen Kontakt zum Mündel muss er dessen Interessen, Wünsche, Fähigkeiten und vieles mehr erforschen, um diese in die weitere (Hilfe-)Planung mit einzubeziehen. Bei Ausübung der elterlichen Sorge hat der Vormund die wachsende Fähigkeit und das wachsende Bedürfnis des Kindes zu selbstständigem, verantwortungsbewusstem Handeln (§ 1793 Abs. 1 S. 2 iVm § 1626 Abs. 2 S. 1 BGB) zu beachten. Dies setzt neben dem persönlichen Kontakt zum Kind auch umfängliche, direkte **Informationen von dritter Seite**, insbesondere von Herkunftsfamilie, Erziehungseinrichtungen, Schule, Arbeits- und Ausbildungsstelle voraus. Bei einer stationären Unterbringung des Kindes steht dem AV ein umfängliches Informationsrecht hinsichtlich der Entwicklung des Mündels durch die betreuende Einrichtung zu.[43] Das Kind ist an allen es betreffenden Entscheidungen altersgemäß zu beteiligen (→ § 8 Rn. 9). Der AV muss durch die monatlichen Besuche seines Mündels sowie der darüber hinaus stattfindenden Kontakte mit allen Beteiligten die Sicherstellung der Interessen seines Mündels gewährleisten. Die Wahrnehmung der elterlichen Sorge, die in Korrespondenz mit allen beteiligten Dritten ausgeübt wird, ist für den Vormund nicht Selbstzweck, sie ist vielmehr Verpflichtung dem Kind gegenüber, das einen Anspruch auf Ausübung dieser Sorge hat. Es ist von dem „Funktionieren" des Vormundes abhängig, was die Ansprüche an diesen wiederum verstärkt.[44]

Im Prozess der **Hilfeplanung** hat der AV/AP eine aktiv gestaltende Funktion. Das Ziel der Vormundschaft, die Persönlichkeitsentwicklung und die Erziehung des Kindes zu sichern, setzt regelmäßige persönliche Kontakte zwischen dem AV/AP und dem Kind voraus (§ 1800 S. 2 BGB). Ein Hilfeplangespräch ohne Beteiligung des AV/AP hat de facto nicht stattgefunden. 29

7 Pflichtenübertragung auf Dritte

Der AV/AP kann einzelne der ihm zur Ausübung übertragenen Aufgaben auf Dritte (ebenfalls nur zur Ausübung) übertragen, soweit sie nicht höchstpersönlicher Art sind wie zB der persönliche Kontakt zum Kind. Dabei sollte durch den AV/AP geprüft werden und sichergestellt sein, dass derjenige, dem die Pflichten übertragen werden, die persönliche und fachliche Eignung zur Erfüllung der Pflichten hat und dass die Pflichten ordnungsgemäß erfüllt werden, was bei vergleichbar qualifizierten Kollegen unterstellt werden kann. Von der Richtigkeit dieser Annahme hat sich der AV/AB in Abständen persönlich zu überzeugen. Die „Delegation" der Aufgaben schließt aber die Verantwortung des Vormunds nicht aus, dh, die Verantwortung bleibt beim Vormund und somit auch evtl. die Haftung (→ Rn. 39). 30

Um Interessenkonflikte zu vermeiden und die Rechte des Kindes zu wahren (zB Beschwerderecht) ist eine Übertragung auf Fachkräfte in Erziehungseinrichtungen unzulässig (sog. **Inkompatibilität**).[45] 31

Zum Zweck der Rechtssicherheit, Dokumentation und Transparenz sollte die Pflichtenübertragung an Dritte – wer, was, in welchem Umfang, für welchen Zeitraum usw vornimmt – **schriftlich** genau fixiert sein. Die regelmäßig stattfindenden Hilfeplangespräche dienen auch dazu, das Pflichtenprogramm zu überprüfen und den Beteiligten den gleichen Kenntnisstand zu vermitteln. Eine Kontrolle seitens des **FamG** erfolgt im Rahmen der Aufsichtspflicht durch Anforderung des jährlichen Berichts (§ 1840 BGB). Da eine Anforderung eines Erst- oder Zwischenberichtes bei besonderen Vorkommnissen seitens des FamG jederzeit möglich ist (§ 1839 BGB), sollte es selbstver- 32

43 Vgl. DIJuF JAmt 2004, 138 und 2005, 105.
44 Vgl. auch Deutscher Verein, Empfehlungen zur Umsetzung des Vormundschaftsrechts 2012.
45 Vgl. hierzu DIJuF JAmt 2005, 196 ff.

ständlich sein, dass der Vormund von sich aus diese dem FamG meldet, was auch eine Sicherheit der Absprachen der weiteren Vorgehensweise bedeuten kann.

8 Schutzauftrag

33 „Schutzauftrag" ist etwas anderes als „Kinderschutz", der Strukturprinzip der gesamten Jugendhilfe ist (§ 1).[46] „Schutzauftrag" ist der Auftrag des staatlichen Wächters aus Art. 6 Abs. 2 S. 2 GG, der in § 8a seinen verfahrensrechtlichen Niederschlag findet. Eine neue Aufgabe des JA ist dies nicht, sondern nur Zusammenfassung der bestehenden Aufgaben aus § 2 Abs. 2 u. 3. Wahrgenommen wird diese Aufgabe des JA durch den ASD, weil nur er mit seinen Fachkräften die Gefährdungseinschätzung leisten kann. „Es" in Abs. 1 S. 1 ist daher das JA mit seinem ASD. Werden dem JA Anhaltspunkte dafür bekannt, dass das Wohl eines Mündels gefährdet ist, hat der ASD die Gefährdungseinschätzung vorzunehmen, wobei der AV/AP als Personensorgeberechtigter zu beteiligen ist, wie sich aus Abs. 1 S. 2 ergibt. Aus Abs. 2 S. 1 folgt, dass der AV/AP zur Mitwirkung auch verpflichtet ist. Den Schutzauftrag aus § 8 a hat der AV/AP für die ihm anvertrauten Kinder nicht, weil er als Personensorgeberechtigter für die Kinder verantwortlich ist („privatrechtlicher Schutzauftrag"), wie sich aus §§ 1793, 1800 BGB ergibt. Werden dem AV/AP aber Anhaltspunkte für eine Kindeswohlgefährdung bei fremden Kindern bekannt, hat er als „Legalvormund" bzw. „Legalpfleger" (→ Rn. 1) diese dem ASD mitzuteilen, damit dieser die Gefährdungseinschätzung vornimmt.[47] Dies folgt aus der Stellung des AV/AP als JA (§ 55 Abs. 1) und damit als staatlicher Wächter.[48]

34 Eine „Gesamtverantwortung" für die Wahrnehmung des Schutzauftrages gibt es nicht. Der ASD nimmt diesen in eigener Verantwortung der fallzuständigen Fachkraft wahr. Dazu gehört die Anrufung des FamG. Eine Anrufung des FamG durch den AV/AB zur Leistungsverpflichtung ist nicht zulässig, da das FamG nur Entscheidungen gegen den Personensorgeberechtigten, aber nicht gegen das JA treffen kann. Will der AV/AP Leistungen des JA herbeiführen, muss er diese nach Durchführung des Widerspruchsverfahrens beim VG einklagen (→ Rn. 22).

35 Anderslautende Dienstanweisungen zum Schutzauftrag wären rechtswidrig und mit Remonstration (→ Rn. 17) angreifbar.

9 Garantenstellung

36 Für die sich aus der strafrechtlichen **Garantenstellung** (zu dieser → § 8a Rn. 123 ff.) ergebenden Handlungspflichten (Garantenpflichten) des die Beistandschaft, Amtspflegschaft oder Amtsvormundschaft führenden Mitarbeiters (§ 55 Abs. 2 S. 1) gilt: Der Beistand hat aus seinem Aufgabenkreis (§ 1712 BGB) keine besonderen Handlungspflichten zur Abwendung einer Gefährdung des Kindes. Auch für ihn gilt aber die aus dem **staatlichen Wächteramt** (zu diesem → § 1 Rn. 10 ff.) abgeleitete Pflicht bei Kenntnis einer Gefährdungslage für das Kind, den ASD zu informieren. Der „Realvormund" und der „Realpfleger" haben die sich aus der Personensorge ergebende gesetzliche Aufsichtspflicht (§§ 1631, 1800, 1915 BGB), sofern nicht die tatsächliche Personensorge der minderjährigen Mutter verbleibt (§ 1673 Abs. 2 BGB). Die Pflicht zur Erziehung und Betreuung des Kindes (§ 55 Abs. 3 S. 3 SGB VIII) ist zugleich Garantenpflicht. Wird diese nicht erfüllt und infolgedessen das Kind in einem strafrechtlich geschützten Rechtsgut verletzt, macht sich der AV/AP strafbar. Hat er beim JA (ASD) eine Hilfe zur Erziehung beantragt (→ § 27 Rn. 19 f.), kann sich der AV/AP

46 Näher Weisbrodt JAmt 2010, 53–59.
47 Ebenso DIJuF-Rechtsgutachten JAmt 2013, 407; aA Fröschle in jurisPK-SGB VIII § 55 Rn. 41.
48 Näher hierzu Kunkel FamRZ 2015, 901.

nicht damit begnügen, es bei der Antragstellung zu belassen und im Übrigen die Hilfeleistung dem ASD zu überlassen. Vielmehr muss er ua:

- an den Hilfeplangesprächen teilnehmen,
- sich an der Auswahl der Einrichtung oder Pflegefamilie beteiligen,
- die Durchführung der Hilfe dort überwachend begleiten (→ Rn. 7) und
- mit dem Kind regelmäßig Besuchskontakte pflegen, um Auffälligkeiten feststellen zu können.

Die Garantenstellung **beginnt** ab dem Zeitpunkt, in dem der AV/AP/AB Kenntnis von der Übertragung der Aufgabe (§ 55 Abs. 2 S. 1) hat bzw. hätte haben können.[49] Sie **endet**, wenn die Voraussetzungen der Vormundschaft/Pflegschaft/Beistandschaft nicht mehr gegeben sind oder wenn die Vormundschaft/Pflegschaft/Beistandschaft aufgehoben wird. Der **Inhalt** der jeweiligen Garantenverpflichtung hängt vom Umfang des jeweiligen Wirkungskreises ab. 37

Bezieht sich zB der Wirkungskreis einer Pflegschaft lediglich auf die Vermögenssorge, besteht außerhalb dieses Wirkungskreises keine Garantenstellung des AV. 38

Die Garantenstellung kann **nicht** vom AV/AP **abgegeben** oder delegiert werden. Nur einzelne aus der Garantenstellung resultierende Garantenpflichten – sofern es keine höchstpersönlichen Pflichten sind, wie zB der persönliche Kontakt zum Kind – können an Dritte – lediglich – zur Ausführung übertragen werden (→ Rn. 30). 39

Sofern der AV/AP sich zB wegen einer hohen **Fallbelastung** nicht in der Lage sieht, die Garantenpflichten ordnungsgemäß zu erfüllen, hat er bei bestehenden Amtsvormundschaften/Amtpflegschaften eine Überlastung anzuzeigen und diese zu dokumentieren (→ Rn. 17). Bei noch anstehenden Amtsvormundschaften/-pflegschaften hat er die Möglichkeit, sie nicht anzunehmen. Durch die Fallzahlenobergrenze und Nichtabsehbarkeit von Fallzahlenzuwächsen ist ein frühzeitiges Agieren notwendig. Das JA kann sich nicht mit dem Verweis auf Überlastung (Fallzahlenobergrenze überschritten) seiner Bestellung durch das FamG entziehen, es ist Aufgabe des JA gem. § 79 SGB VIII im Rahmen seiner Gewährleistungsverpflichtung für eine angemessene personelle Ausstattung zu sorgen.[50] 40

10 Haftung

Bei unsachgemäßer Amtsführung des „Realvormunds/-pflegers/-beistand" besteht eine Schadensersatzpflicht aus Haftung auf dreifacher Grundlage: aus allgemeiner Vormundshaftung (§ 1833 BGB) für Schäden des Kindes; aus Haftung bei verletzter Aufsichtspflicht (§ 832 BGB) für Schäden eines Dritten; aus Amtshaftung (§ 839 BGB iVm Art. 34 GG) für Schäden des Kindes und Dritter, soweit eine ihnen gegenüber bestehende Amtspflicht verletzt wurde.[51] Eine solche besteht zB nicht gegenüber dem unterhaltsverpflichteten Vater. In allen drei Fällen haftet der „Realvormund/-pfleger/-beistand" nicht persönlich, sondern die Trägerkörperschaft.[52] Auch im Fall der Amtspflichtverletzung ist der Schadensersatzanspruch vor dem Zivilgericht geltend zu machen (§ 40 Abs. 2 VwGO).[53] Handelt ein Vormund hingegen pflichtwidrig (grob fahrlässig oder vorsätzlich), kann die Trägerkörperschaft bei ihm Regress nehmen. 41

---

49 Im Ergebnis – aber für die Haftung – ebenso Hoffmann/Proksch in FK-SGB VIII § 55 Rn. 32.
50 Vgl. Gojowczyk Rpfleger 2013, 1 und DIJuF JAmt 2011, 527.
51 OLG Karlsruhe 28.10.2004 – 12 U 170/04, JAmt 2005, 40: „nur ausnahmsweise"; BGHZ4.12.2013 -XII ZR 157/12.
52 Näher Kunkel in Oberloskamp § 16 Rn. 85–88.
53 Im Ergebnis ebenso Fröschle in jurisPK-SGB VIII § 56 Rn. 13.

11 Änderung durch Reform des Vormundschafts- und Betreuungsrechts, Rechtslage ab 1.1.2023

42 § 55 ***Beistandschaft, Pflegschaft und Vormundschaft des Jugendamts [Fassung ab 1.1.2023]***

(1) Das Jugendamt wird Beistand, Pfleger oder Vormund in den durch das Bürgerliche Gesetzbuch vorgesehenen Fällen (Beistandschaft, Amtspflegschaft, vorläufige Amtspflegschaft, Amtsvormundschaft, vorläufige Amtsvormundschaft).

(2) [1]Das Jugendamt überträgt die Ausübung der Aufgaben des Beistands, des Pflegers oder des Vormunds einzelnen seiner Bediensteten. [2]Bei der Übertragung sind die Grundsätze für die Auswahl durch das Familiengericht zu beachten. [3]Vor der Übertragung der Aufgaben des Pflegers oder des Vormunds hat das Jugendamt das Kind oder den Jugendlichen zur Auswahl des Bediensteten mündlich anzuhören, soweit dies nach Alter und Entwicklungsstand des Kindes oder Jugendlichen möglich ist. [4]Eine ausnahmsweise vor der Übertragung unterbliebene Anhörung ist unverzüglich nachzuholen. [5]Wird das Jugendamt als vorläufiger Pfleger oder vorläufiger Vormund bestellt, so sind die Sätze 2 bis 4 nicht anzuwenden; § 1784 des Bürgerlichen Gesetzbuchs gilt entsprechend.

(3) Ein vollzeitbeschäftigter Bediensteter, der nur mit der Führung von Pflegschaften oder Vormundschaften betraut ist, soll höchstens 50 und bei gleichzeitiger Wahrnehmung anderer Aufgaben entsprechend weniger Pflegschaften oder Vormundschaften führen.

(4) [1]Die Übertragung gehört zu den Angelegenheiten der laufenden Verwaltung. [2]In dem durch die Übertragung umschriebenen Rahmen ist der Bedienstete gesetzlicher Vertreter des Kindes oder Jugendlichen. [3]Er hat den persönlichen Kontakt zu diesem nach Maßgabe des § 1790 Absatz 3 des Bürgerlichen Gesetzbuchs zu halten sowie dessen Pflege und Erziehung nach Maßgabe des § 1790 Absatz 1 und 2 und des § 1795 Absatz 1 des Bürgerlichen Gesetzbuchs persönlich zu fördern und zu gewährleisten.

(5) Die Aufgaben der Pflegschaft und Vormundschaft sind funktionell, organisatorisch und personell von den übrigen Aufgaben des Jugendamts zu trennen.

Das Gesetz zur Reform des Vormundschafts- und Betreuungsrechts vom 4.5.2021[54] hat § 55 mit Wirkung zum 1.1.2023 geändert.

In Abs. 1 werden nun detailliert die verschiedenen Fälle aufgeführt, in welchem das Jugendamt Beistand, Pfleger oder Vormund wird.

In Abs. 5 wird dargelegt, dass die Aufgaben der Pflegschaft und Vormundschaft funktionell, organisatorisch und personell von den übrigen Aufgaben des Jugendamtes zu trennen sind.

Hiermit will der Gesetzgeber noch einmal die Sonderstellung der Bereiche Pflegschaft und Vormundschaft im Jugendamt unterstreichen und klarstellen, dass künftig keine Mischarbeitsplätze mehr geben soll.

Die Umsetzung dieser Regelung, insbesondere in kleinen Jugendämtern erscheint zumindest problematisch. Auch hier wird auf die Jugendämter ein hoher organisatorischer und personeller Aufwand zukommen.

§ 56 Führung der Beistandschaft, der Amtspflegschaft und der Amtsvormundschaft

(1) Auf die Führung der Beistandschaft, der Amtspflegschaft und der Amtsvormundschaft sind die Bestimmungen des Bürgerlichen Gesetzbuchs anzuwenden, soweit dieses Gesetz nicht etwas anderes bestimmt.

54 BGBl. I, 882.

(2) [1]Gegenüber dem Jugendamt als Amtsvormund und Amtspfleger werden die Vorschriften des § 1802 Absatz 3 und des § 1818 des Bürgerlichen Gesetzbuchs nicht angewandt. [2]In den Fällen des § 1803 Absatz 2, des § 1811 und des § 1822 Nummer 6 und 7 des Bürgerlichen Gesetzbuchs ist eine Genehmigung des Familiengerichts nicht erforderlich. [3]Landesrecht kann für das Jugendamt als Amtspfleger oder als Amtsvormund weitergehende Ausnahmen von der Anwendung der Bestimmungen des Bürgerlichen Gesetzbuchs über die Vormundschaft über Minderjährige (§§ 1773 bis 1895) vorsehen, die die Aufsicht des Familiengerichts in vermögensrechtlicher Hinsicht sowie beim Abschluss von Lehr- und Arbeitsverträgen betreffen.

(3) [1]Mündelgeld kann mit Genehmigung des Familiengerichts auf Sammelkonten des Jugendamts bereitgehalten und angelegt werden, wenn es den Interessen des Mündels dient und sofern die sichere Verwaltung, Trennbarkeit und Rechnungslegung des Geldes einschließlich der Zinsen jederzeit gewährleistet ist; Landesrecht kann bestimmen, dass eine Genehmigung des Familiengerichts nicht erforderlich ist. [2]Die Anlegung von Mündelgeld gemäß § 1807 des Bürgerlichen Gesetzbuchs ist auch bei der Körperschaft zulässig, die das Jugendamt errichtet hat.

(4) Das Jugendamt hat in der Regel jährlich zu prüfen, ob im Interesse des Kindes oder des Jugendlichen seine Entlassung als Amtspfleger oder Amtsvormund und die Bestellung einer Einzelperson oder eines Vereins angezeigt ist, und dies dem Familiengericht mitzuteilen.

1 Verweis auf die Regelungen des BGB (Abs. 1)

§ 56 ist hinsichtlich der Führung der AB/AP/AV Generalverweis auf die Vorschriften des BGB (§§ 1773 bis 1895 für die Vormundschaft, iVm § 1915 für die Pflegschaft, iVm § 1716 S. 2 und §§ 1712 bis 1717 für die Beistandschaft), sofern ihnen nicht spezialgesetzliche Vorschriften des SGB VIII, insbesondere die Sonderregelungen in § 56 Abs. 2 bis 4 vorgehen.[1] Die Beistandschaft umfasst nicht die Vermögenssorge (s. Exkurs → vor § 52a Rn. 16 bis 27), so dass die Regelungen des § 56 Abs. 2 und 3 auf die Beistandschaft keine Anwendung finden. Zu den weiteren Ausnahmen s. Exkurs → vor § 52a Rn. 71 bis 80. 1

2 Befreiung von familiengerichtlicher Genehmigung für AP/AV (Abs. 2)

Satz 1 befreit das JA als AP/AV von den **Vorgaben** der §§ 1802 Abs. 3 (Ersatzvornahme bei ungenügendem Vermögensverzeichnis), 1814 (Hinterlegung von Inhaberpapieren) und 1818 BGB (Anordnung der Hinterlegung – erweiterte Hinterlegungspflicht). 2

Nach **Satz 2** erfolgt eine Befreiung von der **familiengerichtlichen Genehmigung** in den Fällen des § 1803 Abs. 2 BGB (Anordnung der Vermögensverwaltung bei Erbschaft und Schenkung), § 1811 BGB (Gestaltung einer andersartigen Anlegung als in § 1807 BGB gefordert) und § 1822 Nr. 6, 7 BGB (Befreiung des JA von der Genehmigungspflicht, wenn ein Dienst- oder Arbeitsverhältnis länger als ein Jahr eingegangen wird).[2] Durch Gesetzesänderung v. 10.7.2009 ist klargestellt, dass der Vormund/Pfleger zur zweckgebundenen Aufgabenerledigung auch über das Guthaben des Mündels 3

---

1 Vgl. hierzu die Arbeitshilfe der BAG LJÄ v. 12.11.2004.
2 Vgl. zu den Befreiungen im Einzelnen Kunkel in Oberloskamp, Vormundschaft, § 16 Rn. 108 bis 111.

auf einem Giro- oder Kontokorrentkonto (Dispositionskredit) genehmigungsfrei verfügen kann (§ 1813 Abs. 1 Nr. 3 BGB).

4 Nach **Satz 3** kann das jeweilige **Landesrecht weitere** Befreiungen von der Anwendung der §§ 1773 bis 1895 BGB vorsehen, die sich jedoch nur auf die Vermögens-, nicht auf die Personensorge (§ 1800 BGB) erstrecken dürfen. So geschehen in Baden-W. (§ 24 Abs. 1 LKJHG), Bayern (Art. 59 S. 1 AGSG), Brandenburg (§ 21 AGKJHG), Bremen (§ 12 AGKJHG), Hamburg (§ 20 AGKJHG), Hessen (§ 14 HKJBG), NRW (§ 26 AGKJHG), Saarland (§ 32 AGKJHG), Sachsen (§ 34 LKJHG), Sachsen-A. (§ 29 KJHG-LSA), Schleswig-H. (§ 46 JuFöG). In Baden-W., Bayern, Bremen, Hamburg und Hessen ist das JA von der Vorlage eines Vermögensverzeichnisses (§ 1802 Abs. 1 BGB) befreit.

5 Die Befreiung gilt für das JA **im befreienden Land**, also nicht für das JA, das in einem anderen Land tätig wird,[3] weil das Land für das fremde JA nicht einstehen kann.

3 Mündelgeldanlage (Abs. 3)

6 **Satz 1** trifft, was die Anlegung von Mündelgeld (§§ 1806, 1807 BGB) anbelangt, eine Sonderregelung. Danach kann Mündelgeld mit Genehmigung des FamG auf **Sammelkonten** des JA bereitgehalten und angelegt werden, sofern Trennbarkeit sowie Rechnungslegung des Geldes und der Zinsen gewährleistet sind. Die Genehmigung steht im Ermessen des FamG, kann jedoch nur erteilt werden, wenn die Anlage im Interesse des Mündels (also nicht der Verwaltung) erfolgt.

Landesrecht kann regeln, dass die Genehmigung entbehrlich ist.[4]

7 Die Regelung des **Satzes 2**, wonach die Anlegung von Mündelgeld auch bei der eigenen Trägerkörperschaft (Stadt- und Kreissparkassen) möglich ist, ist eine Klarstellung, die eine mündelsichere Geldanlage bei Kommunalen Sparkassen ermöglicht. Die Sonderregelung ändert jedoch nichts an dem allgemeinen Grundsatz über die Anlegung von Mündelgeldern nach § 1806 BGB. Durch Einführung von Doppik (neues Haushaltsrecht) findet diese Form der Anlage von Mündelvermögen (Sammelkonten des JA) kaum noch statt, da hier die Trennung gewollt wird. Die mündelsichere Anlage mit Nachweis des Sperrvermerkes ist Pflicht.

4 „Selbstevaluierung" (Abs. 4)

8 Abs. 4 **verpflichtet das JA** bezüglich seiner **Amtspflegschaft/Amtsvormundschaft** idR jährlich zu **überprüfen** und dem **FamG mitzuteilen** (Mitteilungspflicht), ob im Interesse des Kindes seine Entlassung (§ 1887 BGB) als AP/AV und die Bestellung einer Einzelperson oder eines Vereins angezeigt ist. Diese Überprüfungspflicht des JA soll dazu dienen, eine stärkere Inanspruchnahme von Einzelpersonen bzw. Vereinen zu gewährleisten, um damit eine individuellere Aufgabenwahrnehmung zu sichern. Trotz der gesetzlich vorgesehenen Prüfpflicht werden in der Praxis noch rund 80 % aller Vormundschaften als Amtsvormundschaften geführt.[5] § 56 Abs. 4 manifestiert die **Subsidiarität der AP/AV** (sofern es dem Mündelwohl dient) gegenüber der Einzel- bzw. Vereinspflegschaft und -vormundschaft (→ § 55 Rn. 7).[6] Die Ausrichtung am Kindeswohl macht es zur Pflicht, die Suche nach Einzelvormündern (Ehrenamtlich oder berufsmäßig Tätige) zu intensivieren. Diese haben keine Bindung an Dienstzeiten und sind rund um die Uhr erreichbar. Das Gesamtmanagement des Aufgabenbereiches muss die Bedürfnisse des Kindes berücksichtigen und nicht den eigenen Arbeitsplatz sichern wol-

3 So Fröschle in jurisPK-SGB VIII § 56 Rn. 37.
4 So geschehen nur in Bayern mit Art. 59 S. 3 AGSG.
5 Vgl. ISA-Studie zur Vormundschaft in Deutschland, JAmt 2004, 228.
6 Vgl. DAVorm 1995/857 und 1060 ff.; Kunkel in Oberloskamp, Vormundschaft, § 16 Rn. 14.

len.[7] Wegen der Flexibilität des Einzelvormundes, der die eigene Fachlichkeit durch Wahrnehmung der Beratung und Unterstützung seitens des FamG (§ 1837 BGB) und/oder des JA (§ 53) stetig vergrößern kann, ist diesem der Vorzug zu geben. Insbesondere hat das JA zu prüfen, ob nicht Pflegeeltern als AV/AP bestellt werden sollten,[8] was aber unter Berücksichtigung der Rechtsprechung des BVerfG[9] zur Rückführung der Kinder in die Herkunftsfamilie gut bedacht sein muss.

Die Mitteilungspflicht kann das JA durch **Antrag** oder durch Anregung beim FamG erfüllen. Letzteres setzt voraus, dass das JA noch nicht ausreichend ermitteln konnte, ob dem Kindeswohl mit der Abgabe gedient ist.[10] 9

Da bei der **Beistandschaft** gem. § 55 Abs. 1 nur das JA Beistand wird (→ § 55 Rn. 9), ist die Anwendung des § 56 Abs. 4, wonach eine vorrangige Inanspruchnahme von Einzelpersonen oder Vereinen für die AP/AV vorgesehen ist, grundsätzlich nicht möglich.[11] Nur wenn Landesrecht die Vereinsbeistandschaft ermöglicht (→ § 54 Rn. 3), kann eine dem § 56 Abs. 4 entsprechende landesrechtliche Vorschrift die Überprüfungspflicht des JA regeln. Dies könnte dann zur Folge haben, dass das JA dem Sorgeberechtigten die Möglichkeit einer Vereinsbeistandschaft anzeigen und – sofern dieser zustimmt – die Beistandschaft auf den rechtsfähigen Verein übertragen müsste. 10

5 Änderung durch Reform des Vormundschafts- und Betreuungsrechts, Rechtslage ab 1.1.2023

*§ 56 **Führung der Beistandschaft, der Pflegschaft und der Vormundschaft durch das Jugendamt [Fassung ab 1.1.2023]*** 11

(1) Auf die Führung der Beistandschaft, der Pflegschaft und der Vormundschaft durch das Jugendamt sind die Bestimmungen des Bürgerlichen Gesetzbuchs anzuwenden, soweit dieses Gesetz nicht etwas anderes bestimmt.

(2) [1]Gegenüber dem Jugendamt als Pfleger oder Vormund werden § 1835 Absatz 5 und § 1844 jeweils in Verbindung mit § 1798 Absatz 2 des Bürgerlichen Gesetzbuchs nicht angewandt. [2]In den Fällen des § 1848 in Verbindung mit § 1799 Absatz 1 und des § 1795 Absatz 2 Nummer 1 und 2 des Bürgerlichen Gesetzbuchs ist eine Genehmigung des Familiengerichts nicht erforderlich. [3]Landesrecht kann für das Jugendamt als Pfleger oder Vormund weitergehende Ausnahmen nach § 1862 Absatz 4 in Verbindung mit § 1802 Absatz 2 des Bürgerlichen Gesetzbuchs vorsehen.

(3) [1]Mündelgeld kann mit Genehmigung des Familiengerichts auf Sammelkonten des Jugendamts bereitgehalten und angelegt werden, wenn es den Interessen des Mündels dient und sofern die sichere Verwaltung, Trennbarkeit und Rechnungslegung des Geldes einschließlich der Zinsen jederzeit gewährleistet ist; Landesrecht kann bestimmen, dass eine Genehmigung des Familiengerichts nicht erforderlich ist. [2]Die Anlegung von Mündelgeld ist auch bei der Körperschaft zulässig, die das Jugendamt errichtet hat.

Das Gesetz zur Reform des Vormundschafts- und Betreuungsrechts vom 4.5.2021[12] hat § 56 mit Wirkung zum 1.1.2023 geändert.

§ 56 empfängt lediglich Änderungen durch an die aktuelle Rechtslage angepasste Verweise zum BGB.

Darüber hinaus fällt der Abs. 4 weg, der in § 57 ebenfalls unter Abs. 4 eingearbeitet wurde.

7 Ähnlich Walther in Wiesner § 56 Rn. 19.
8 Näher hierzu Fröschle jurisPK-SGB VIII § 56 Rn. 56.
9 Zuletzt mit Kammerbeschl. v. 19.11.2014 – 1 BvR 1178/14, FamRZ 2015, 112.
10 So Fröschle in jurisPK-SGB VIII § 56 Rn. 61.
11 Differenzierend auch Fröschle in jurisPK-SGB VIII § 56 Rn. 64.
12 BGBl. I, 882.

§ 57 Mitteilungspflicht des Jugendamts

Das Jugendamt hat dem Familiengericht unverzüglich den Eintritt einer Vormundschaft mitzuteilen.

1 Die Mitteilungspflicht des **Standesbeamten** gegenüber dem JA regeln § 68 PStG iVm § 57 Abs. 1 Nr. 5 PStV und § 52a Abs. 4 SGB VIII (→ § 52a Rn. 23); die des JA gegenüber dem **FamG** ist – seit 2009 systemgerecht – im SGB VIII geregelt. Bei minderjährigen Müttern hat das JA den Eintritt der gesetzlichen AV (§§ 1773, 1791c BGB) anzuzeigen. Ist die Mutter aber volljährig, hat das JA sich gem. § 52a SGB VIII an sie zu wenden und ihr Beratung anzubieten (→ § 52a Rn. 19).

Das FamG wiederum hat das JA über eine erfolgreiche Anfechtung der Vaterschaft zu informieren (§ 52a Abs. 3 S. 1). Ebenso hat es das Jugendamt (= ASD) bei Übertragung der gemeinsamen Sorge gem. § 155a FamFG als sorgeregisterführendes Jugendamt zu informieren. Hat das Gericht ohne mündliche Verhandlung entschieden, dh im „vereinfachten Verfahren" dem Vater eines nichtehelichen Kindes die Sorge übertragen, hat das FamG diese Mitteilungspflicht wahrzunehmen.

2 Örtlich **zuständig** für die Mitteilung ist das nach § 87c SGB VIII für die Amtsvormundschaft zuständige JA; Adressat der Mitteilung ist das nach § 152 FamFG zuständige FamG.

3 **Inhalt** der Mitteilung sind die Umstände, die zum Eintritt der gesetzlichen Amtsvormundschaft geführt haben, sowie die erforderlichen personenbezogenen Daten des Mündels (Name, Ort und Tag der Geburt, Aufenthaltsort).[1] Daraufhin hat das FamG dem JA die Bescheinigung nach § 1791c Abs. 3 BGB zu erteilen.

4 *§ 57 Mitteilungspflichten des Jugendamts [Fassung ab 1.1.2023]*

(1) Das Jugendamt hat dem Familiengericht unverzüglich den Eintritt einer Vormundschaft sowie den Wegfall der Voraussetzungen der Vormundschaft mitzuteilen.

(2) [1]Das Jugendamt hat dem Familiengericht vor seiner Bestellung zum Vormund mitzuteilen, welchem seiner Bediensteten es die Aufgaben der Amtsvormundschaft übertragen wird. [2]Wird das Jugendamt zum vorläufigen Vormund bestellt, so hat es dem Familiengericht alsbald, spätestens binnen zwei Wochen nach seiner Bestellung mitzuteilen, welchem Bediensteten die Aufgaben des vorläufigen Vormunds übertragen worden sind.

(3) [1]Das Jugendamt hat dem Familiengericht über das persönliche Ergehen und die Entwicklung eines Mündels Auskunft zu erteilen. [2]Soweit eine Behebung der Mängel in der Personensorge trotz Beratung und Unterstützung nach § 53a Absatz 2 nicht erfolgt, hat es dies dem Familiengericht mitzuteilen. [3]Erlangt das Jugendamt Kenntnis von der Gefährdung des Vermögens eines Mündels, so hat es dies dem Familiengericht mitzuteilen. [4]Ist ein Vormundschaftsverein als vorläufiger Vormund oder ein Vereinsvormund als Vormund bestellt, so sind die Sätze 1 bis 3 nicht anzuwenden.

(4) [1]Das Jugendamt hat in der Regel jährlich zu prüfen, ob im Interesse des Kindes oder des Jugendlichen seine Entlassung als Vormund und die Bestellung einer natürlichen Person, die die Vormundschaft ehrenamtlich führt, angezeigt ist, und dies dem Familiengericht mitzuteilen. [2]Dasselbe gilt, wenn dem Jugendamt sonst Umstände bekannt werden, aus denen sich ergibt, dass die Vormundschaft nunmehr ehrenamtlich geführt werden kann.

(5) [1]Das Jugendamt des bisherigen gewöhnlichen Aufenthalts des Mündels hat dem Jugendamt des neuen gewöhnlichen Aufenthalts eine Verlegung des gewöhnlichen Aufenthalts des Mündels in den Bezirk eines anderen Jugendamts mitzuteilen. [2]Ist ein Vor-

1 So Fröschle in jurisPK-SGB VIII § 57 Rn. 16.

mundschaftsverein als vorläufiger Vormund oder ein Vereinsvormund als Vormund bestellt, so ist Satz 1 nicht anzuwenden.

(6) Für die Pflegschaft für Minderjährige gelten die Absätze 1 bis 5 entsprechend.

Das Gesetz zur Reform des Vormundschafts- und Betreuungsrechts vom 4.5.2021[2] hat § 57 mit Wirkung zum 1.1.2023 geändert.

Die Mitteilungspflichten des Jugendamtes wurden erweitert.

Wichtigste Neuerung ist, dass das Jugendamt vor seiner Bestellung zum Vormund dem Familiengericht mitzuteilen hat, welchem seiner Bediensteten es die Aufgaben der Amtsvormundschaft übertragen wird.

In Fällen der vorläufigen Vormundschaft hat es dies binnen 2 Wochen nach seiner Bestellung zu tun.

Aus welchen Gründen diese Vorgehensweise gewählt werden soll, erschließt sich nicht, denn erstens schafft diese Vorgehensweise weitere Bürokratie und zweitens kann das Gericht den vom Jugendamt benannten Mitarbeiter nicht ablehnen.

Die Mitteilungspflichten bezüglich persönliches Ergehen und Entwicklung sind nun in Abs. 3 geregelt.

Des Weiteren hat nun das Jugendamt des bisherigen gewöhnlichen Aufenthaltes des Mündels eine Verlegung des gewöhnlichen Aufenthaltes in den Bezirk eines anderen Jugendamtes mitzuteilen.

§ 58 Gegenvormundschaft des Jugendamts[1]

Für die Tätigkeit des Jugendamts als Gegenvormund gelten die §§ 55 und 56 entsprechend.

§ 58 komplettiert mit der Institutionalisierung der Amtsgegenvormundschaft die Regelungen der §§ 55, 56. Die Bestellung des JA zum „Amtsgegenvormund" erfolgt entsprechend den Regelungen der §§ 55, 56. Sie wird – ohne mündliche Verpflichtung – mit Bekanntgabe des Beschlusses, für den der Rechtspfleger zuständig ist (§ 3 Nr. 2a RpflG), an das JA wirksam (§ 40 FamFG). Die Pflichten des Gegenvormundes sind in § 1799 BGB geregelt. Sofern ein Gegenvormund bestellt ist, übt er die Aufsicht über den Vormund aus und hat Pflichtwidrigkeiten dem FamG anzuzeigen. 1

Da die §§ 55, 56 lediglich **entsprechend** anwendbar sind, scheidet ihre Anwendung aus, soweit dies dem Sinn der Amtsgegenvormundschaft zuwiderliefe. Deren Sinn besteht in der Kontrolle des Vormunds, nicht aber in der gesetzlichen Vertretung des Kindes. Daher verbietet sich die Anwendung des § 55 für die Fallzahlobergrenze in Abs. 2 S. 4, die Beteiligung des Mündels in Abs. 2 S. 2 und den persönlichen Kontakt nach Abs. 3 S. 3. Die Anwendung des § 56 Abs. 2 scheidet aus, weil bei der Gegenvormundschaft kein Fall des § 1857a BGB vorliegt.[2] 2

Nach § 1792 Abs. 1 BGB kann das JA, sofern es nicht Vormund ist, auf **Antrag** Gegenvormund sein und den bestellten Vormund überwachen. 3

Zur örtlichen Zuständigkeit → § 87c Rn. 25. 4

2 BGBl. I, 882.

1 § 58 aufgehoben mWz 1.1.2023.

2 Ähnlich Fröschle in jurisPK-SGB VIII § 58 Rn. 10 bis 12, 15: teleologische Reduktion und Walther in Wiesner § 58 Rn. 1 – allerdings unter wohl versehentlicher Bezugnahme auf § 55 Abs. 2 S. 3.

5 Das Eckpunktepapier des BMJV für eine weitere Reform des Vormundschaftsrechts[3] will die Gegenvormundschaft „wegen ihrer geringen Bedeutung für die Praxis" abschaffen (Abschnitt IV Nr. 6). Die geringe Bedeutung liegt aber wohl an der Geringschätzung der gesetzlichen Vorgaben zur Subsidiarität der Amtsvormundschaft (→ § 53 Rn. 21).[4]

6 Das Gesetz zur Reform des Vormundschafts- und Betreuungsrechts vom 4.5.2021[5] hat § 58 mit Wirkung zum **1.1.2023 aufgehoben, der bisherige § 58a wird zu § 58.**

§ 58a Auskunft über Alleinsorge aus dem Soreregister[1]

(1) [1]Zum Zwecke der Erteilung der schriftlichen Auskunft nach Absatz 2 wird für Kinder nicht miteinander verheirateter Eltern bei dem nach § 87c Absatz 6 Satz 2 zuständigen Jugendamt ein Sorgeregister geführt. [2]In das Sorgeregister erfolgt jeweils eine Eintragung, wenn

1. **Sorgeerklärungen nach § 1626a Absatz 1 Nummer 1 des Bürgerlichen Gesetzbuchs abgegeben werden,**
2. **aufgrund einer rechtskräftigen gerichtlichen Entscheidung die elterliche Sorge den Eltern ganz oder zum Teil gemeinsam übertragen worden ist oder**
3. **die elterliche Sorge aufgrund einer rechtskräftigen gerichtlichen Entscheidung ganz oder zum Teil der Mutter entzogen oder auf den Vater allein übertragen worden ist.**

(2) [1]Liegen keine Eintragungen im Sorgeregister vor, so erhält die mit dem Vater des Kindes nicht verheiratete Mutter auf Antrag hierüber eine schriftliche Auskunft von dem nach § 87c Absatz 6 Satz 1 zuständigen Jugendamt. [2]Die Mutter hat dafür Geburtsdatum und Geburtsort des Kindes oder des Jugendlichen anzugeben sowie den Namen, den das Kind oder der Jugendliche zur Zeit der Beurkundung seiner Geburt geführt hat. [3]Bezieht sich die gerichtliche Entscheidung nach Absatz 1 Satz 2 Nummer 2 oder Nummer 3 nur auf Teile der elterlichen Sorge, so erhält die mit dem Vater des Kindes nicht verheiratete Mutter auf Antrag eine schriftliche Auskunft darüber, dass Eintragungen nur in Bezug auf die durch die Entscheidung betroffenen Teile der elterlichen Sorge vorliegen. [4]Satz 2 gilt entsprechend.

1 Im Regelfall hat die Mutter eines Kindes, die mit dessen Vater nicht verheiratet ist, die alleinige elterliche Sorge (§ 1626a Abs. 2 BGB; Abdruck bei § 7). Da sie aber durch eine Sorgeerklärung nach § 1626a Abs. 1 Nr. 1 BGB auch die Sorge gemeinsam mit dem Vater übernehmen kann (→ § 52a Rn. 14 f.), eine gerichtliche genehmigte Vereinbarung zur Ausübung der gemeinsamen Sorge vorgenommen wurde, dem Vater durch das Gericht gemäß § 1626a Abs. 1 Nr. 3 BGB die gemeinsame Sorge oder nach § 1671 Abs. 2, 3 oder 1666 BGB die Alleinsorge übertragen werden kann, muss im Rechtsverkehr nachgewiesen werden können, wer die elterliche Sorge inne hat, wenn die Eltern des Kindes nicht verheiratet sind. Der Nachweis ist erforderlich, um die Vertretungsbefugnis des für das Kind handelnden Elternteils überprüfen zu können. § 58a gibt der Mutter daher einen Anspruch gegen das JA auf eine schriftliche Auskunft aus dem Sorgeregister iS der Wiedergabe des Inhaltes des Sorgeregisters. Dazu muss sie Angaben über das Geburtsdatum und den Geburtsort des Kindes und seinen Namen zur Zeit der Beurkundung machen.

---

3 V. 13.10.2014, abgedruckt in FamRZ 2015, 303.
4 Zu weiteren Gründen s. Bienwald, Rechtspfleger 2015, 42 Fn. 4.
5 BGBl. I, 882.
1 Ab 1.1.2023: § 58.

Für die Auskunft örtlich **zuständig** ist gemäß § 87c Abs. 6 **S. 1** das JA, in dessen Bereich die Mutter ihren g.A. hat (**Wohnsitz-JA**; → § 87c Rn. 39). Bei diesem ist die Abgabe der Sorgeerklärung aber nur registriert, wenn es die Sorgeerklärung auch beurkundet hat bzw. das beurkundende JA dieses mitgeteilt hat. 2

Für die **Beurkundung** der Sorgeerklärung ist jedes JA gemäß § 87 örtlich zuständig. Die Beurkundung kann daher auch bei einem anderen JA als dem des Wohnsitzes erfolgt sein. § 1626d Abs. 2 BGB (Abdruck bei § 7) verpflichtet deshalb die beurkundende Stelle (JA oder Notar; → § 59 Rn. 6), **die Abgabe** der Sorgeerklärung dem nach § 87c Abs. 6 **S. 2 örtlich (empfangs-)zuständigen JA** am Geburtsort des Kindes (**Geburts-JA**) mitzuteilen. Zudem hat das FamG dem Geburts-JA Mitteilung über gerichtliche Entscheidungen zu machen, soweit diese ins Sorgeregister einzutragen sind. Die Mitteilungen sind unter Angabe des Geburtsdatums und des Geburtsorts des Kindes sowie des Namens, den das Kind zur Zeit der Beurkundung seiner Geburt geführt hat, an das für den Geburtsort des Kindes zuständige JA zu richten. Liegt der Geburtsort im Ausland oder ist er nicht zu ermitteln, sind die Mitteilungen an die für Jugend zuständige Senatsverwaltung in Berlin zu richten. 3

Ist das JA an dem Verfahren beteiligt, teilt dieses (soziale Dienste) dem Geburts-JA die Übertragung mit (§ 50 Abs. 3 SGB VIII). Das für die schriftliche Auskunft aus dem Sorgeregister gem. § 87c Abs. 6 S. 1 örtlich zuständige Wohnsitz-JA muss deshalb beim Geburts-JA nachfragen, ob dort eine Sorgeerklärung vorliegt. Das Geburts-JA muss daraufhin dem Wohnsitz-JA eine entsprechende Mitteilung machen (§ 87c Abs. 6 **S. 3**). Eine richtige Auskunft ist dadurch aber nicht gewährleistet (→ § 52a Rn. 18, → § 87c Rn. 42 ff.).[2]

Innerhalb der JÄ muss sichergestellt sein, dass die Weiterleitung von Informationen zu der das Sorgeregister führenden Abteilung des Geburtsjugendamtes immer gewährleistet ist. Da das Familiengericht gemäß § 162 Abs. 3 FamFG dem JA die Sorgeentscheidungen zu übersenden hat und diese Übermittlung gewöhnlich an den ASD erfolgt, ist dieser gehalten, die Information zeitnah weiterzugeben.

Durch das **KJSG**[3] wurde die Vorschrift neu gefasst. Die Neuregelung bezweckt keine grundlegende inhaltliche Änderung, sondern dient nur der Aktualisierung, Präzisierung und notwendigen Erweiterung der bisherigen Fassung. So wird in Abs. 1 der Begriff „Bescheinigung" durch „schriftliche Auskunft" ersetzt und durch die weiteren Ergänzungen in Abs. 2 dem Umstand Rechnung getragen, dass nicht nur die gesamte elterliche Sorge, sondern auch Teile davon durch gerichtliche Entscheidung übertragen worden sein können. Der bisherige Abs. 1 Satz 3 wird aufgehoben, da durch die Volljährigkeit der von der früheren Regelung betroffenen Kinder kein Anwendungsbereich für sie mehr gegeben ist. 4

Von besonderer Bedeutung sind die Ergänzungen in Abs. 1 zu Nr. 3 und in Abs. 2 S. 3 und 4, die die Rechtssicherheit der schriftlichen Bescheinigung erheblich verbessern.[4]

Regelungsgegenstand: Die Vorschrift regelt die schriftliche Auskunft über das Nichtvorliegen von Eintragungen im Sorgeregister. Die schriftliche Auskunft ist der nicht mit dem Vater verheirateten Mutter auf Antrag von dem JA zu erteilen, in dessen Bereich die Mutter ihren gewöhnlichen Aufenthalt oder, falls dieser nicht feststellbar ist, ihren tatsächlichen Aufenthalt hat. Die vom JA zu erteilende schriftliche Auskunft umfasst nicht nur die Tatsache des Nichtvorliegens abgegebener Sorgeerklärungen, sondern weist auch aus, dass die elterliche Sorge nicht aufgrund einer rechtskräftigen 5

2 Zum geringen Beweiswert der Bescheinigung s. Walther in Wiesner § 55 Rn. 7.
3 Gesetz zur Stärkung von Kindern und Jugendlichen (Kinder- und Jugendstärkegesetz – KJSG) vom 3.6.2021, BGBl 2021 I, 1444.
4 Zur Diskussion über die Änderungen im Gesetzgebungsverfahren und zu den Einzelregelungen s. Knittel JAmt 2021, 376 ff.

gerichtlichen Entscheidung den Eltern ganz oder zum Teil gemeinsam übertragen wurde.

6 **Ergänzung des Abs. 1 Nr. 3:** Durch die Ergänzung in Abs. 1 Nr. 3 ist klargestellt, dass auch Sorgerechtsentscheidungen, die im Kontext von Kindeswohlgefährdung und Trennungen der Familie ergangen sind, wie zB der teilweise oder vollständige Sorgerechtsentzugs der Mutter gemäß § 1666 BGB und der Übertragung des Sorgerechts ganz oder zum Teil allein auf den Vater gemäß § 1671 Abs. 2 und 3 BGB, in das Sorgeregister eingetragen und in die schriftliche Auskunft aufgenommen werden. Durch diese Ergänzung kommt der schriftlichen Auskunft eine erweiterte Bedeutung und ein höherer Beweiswert zu.

7 **Ergänzung des Abs. 2 S. 3 und 4:** Im Falle der nur teilweisen Entziehung oder Übertragung der elterlichen Sorge der Mutter wird nunmehr ermöglicht, dass die nicht mit dem Vater verheiratete Mutter eine an diese Situation angepasste schriftliche Auskunft verlangen kann. Dadurch wird die Gefahr, dass der Mutter ihre tatsächlich nicht, nicht mehr oder nicht in sämtlichen Teilbereichen bestehende Alleinsorge bescheinigt und damit ein falscher Rechtsschein gesetzt wird, entgegengewirkt.

8 Mit dem Gesetz zur **Reform des Vormundschafts- und Betreuungsrechts,**[5] das am 1.1.2023 in Kraft tritt, wird auch das SGB VIII geändert. § 58 in der jetzigen Fassung wird ersatzlos entfallen und aus § 58a wird der neue § 58.

Fünfter Abschnitt Beurkundung, vollstreckbare Urkunden

§ 59 Beurkundung

(1) [1]Die Urkundsperson beim Jugendamt ist befugt,

1. **die Erklärung, durch die die Vaterschaft anerkannt oder die Anerkennung widerrufen wird, die Zustimmungserklärung der Mutter sowie die etwa erforderliche Zustimmung des Mannes, der im Zeitpunkt der Geburt mit der Mutter verheiratet ist, des Kindes, des Jugendlichen oder eines gesetzlichen Vertreters zu einer solchen Erklärung (Erklärungen über die Anerkennung der Vaterschaft) zu beurkunden,**
2. **die Erklärung, durch die die Mutterschaft anerkannt wird, sowie die etwa erforderliche Zustimmung des gesetzlichen Vertreters der Mutter zu beurkunden (§ 44 Absatz 2 des Personenstandsgesetzes),**
3. **die Verpflichtung zur Erfüllung von Unterhaltsansprüchen eines Abkömmlings oder seines gesetzlichen Rechtsnachfolgers zu beurkunden, sofern der Abkömmling zum Zeitpunkt der Beurkundung das 21. Lebensjahr noch nicht vollendet hat,**
4. **die Verpflichtung zur Erfüllung von Ansprüchen auf Unterhalt (§ 1615l des Bürgerlichen Gesetzbuchs), auch des gesetzlichen Rechtsnachfolgers, zu beurkunden,**
5. **die Bereiterklärung der Adoptionsbewerber zur Annahme eines ihnen zur internationalen Adoption vorgeschlagenen Kindes (§ 7 Absatz 1 des Adoptionsübereinkommens-Ausführungsgesetzes) zu beurkunden,**
6. **den Widerruf der Einwilligung des Kindes in die Annahme als Kind (§ 1746 Absatz 2 des Bürgerlichen Gesetzbuchs) zu beurkunden,**
7. **die Erklärung, durch die der Vater auf die Übertragung der Sorge verzichtet (§ 1747 Absatz 3 Nummer 2 des Bürgerlichen Gesetzbuchs) zu beurkunden,**
8. **die Sorgeerklärungen (§ 1626a Absatz 1 Nummer 1 des Bürgerlichen Gesetzbuchs) sowie die etwa erforderliche Zustimmung des gesetzlichen Vertreters eines**

5 Art. 12 des Gesetzes vom 4.5.2021, BGBl 2021, I, 882.

beschränkt geschäftsfähigen Elternteils (§ 1626c Absatz 2 des Bürgerlichen Gesetzbuchs) zu beurkunden,

9. eine Erklärung des auf Unterhalt in Anspruch genommenen Elternteils nach § 252 des Gesetzes über das Verfahren in Familiensachen und in den Angelegenheiten der freiwilligen Gerichtsbarkeit aufzunehmen; § 129a der Zivilprozessordnung gilt entsprechend.

[2]Die Zuständigkeit der Notare, anderer Urkundspersonen oder sonstiger Stellen für öffentliche Beurkundungen bleibt unberührt.

(2) Die Urkundsperson soll eine Beurkundung nicht vornehmen, wenn ihr in der betreffenden Angelegenheit die Vertretung eines Beteiligten obliegt.

(3) [1]Das Jugendamt hat geeignete Beamte und Angestellte zur Wahrnehmung der Aufgaben nach Absatz 1 zu ermächtigen. [2]Die Länder können Näheres hinsichtlich der fachlichen Anforderungen an diese Personen regeln.

1 Beurkundungsermächtigung (Abs. 1 und 3)

1 Die Urkundsperson ist bei der Urkundstätigkeit nur an die Beachtung der Gesetze gebunden und ansonsten **weisungsfrei.**[1] Sie ist nicht Urkundsperson des JA, sondern Urkundsperson beim JA und neutral gegenüber allen Urkundsbeteiligten, selbst gegenüber dem eigenen JA. Es ist nicht Aufgabe der Urkundsperson, vorrangig die Interessen der Kinder zu wahren.[2] Sie kann zum „Ob" und „Wie" einer Beurkundung und zu Art und Umfang der Beurkundung nicht angewiesen werden.[3] Es gibt zu § 59 auch **keine Amtshilfe** (§ 3 Abs. 2 SGB X) in der Art, dass ein JA der Urkundsperson vorgibt, was diese zu beurkunden hat. Allgemeine Anweisungen zum Beurkundungsablauf sind aber zu beachten.[4]

1 Ähnlich der Weisungsfreiheit des Amtsvormunds; zu dieser → § 55 Rn. 17.
2 Knittel, Beurkundungen im Kindschaftsrecht, Rn. 32.
3 Beispiel: Ob die Urkundsperson bereit ist, eine Beurkundung vorzunehmen und was die Urkundsperson in die Urkunde aufnimmt, ist deren Sache. Der nach der Verwaltungshierarchie Vorgesetzte darf keine Weisung erteilen. Weder dass zu beurkunden ist, noch in welcher Weise beurkundet wird.
4 Knittel, Beurkundungen im Kindschaftsrecht, 8. Aufl. 2017, Rn. 32. Etwa AV Beurk, ABl Berlin v. 10.11.2016 (BildWissForsch III B 43) www.bundesanzeiger-verlag.de/beurkundungen, II Nr. 4.

Für die Urkundsperson ergeben sich nach den allgemeinen Vorgaben folgende Grundsätze:

1. Es ist, im Rahmen des § 59 Abs. 1 Ziff. 1–8, zu beurkunden was gewünscht wird. (Dies bedeutet, dass keine Berechtigung besteht Nachweise zu verlangen wie zB eine Geburtsurkunde oder einen Mutterpass bei der Vaterschaftsanerkennung. Beurkundet wird eine Erklärung der Beteiligten, nicht die Richtigkeit dieser Erklärung.)
2. Die Urkunde spiegelt den Beurkundungsvorgang wieder.
   (Das ergibt sich aus den immer wiederkehrenden Vorgaben des BeurkG in denen erwähnt wird, zB: „so soll der Notar dies in der Niederschrift angeben", oder „soll der Notar in der Niederschrift feststellen", oder „dies soll in der Niederschrift festgestellt werden", oder auch: „In der Niederschrift muss festgestellt werden", oder ähnlich. Zusammengefasst sagt dies, dass alle Besonderheiten im Zusammenhang mit dem Beurkundungsvorgang ihren Niederschlag in der Urkunde finden sollten.)
3. Verpflichtung zu konsequenter Neutralität.
   (Die Urkundsperson hat keine Partei, auch nicht das betroffene Kind, in irgend einer Weise zu vertreten, oder zu bevorzugen. Es ist die gewünschte Erklärung zu beurkunden, daraus erwächst allerding in vielen Fällen eine erweiterte, umfassende Belehrungspflicht.)
4. Die Entscheidung über die Verwertbarkeit der Urkunde ist nicht Sache der Urkundsperson.
   (Dies betrifft zum Beispiel eine Vaterschaftsanerkennung, in der „fragliche" Papiere vorgelegt werden, oder eine Vaterschaftsanerkennung auf Verlangen eines Kinderwunschzentrums „schon vor der Zeugung". Ob der Standesbeamte die Anerkennung akzeptiert oder nicht, steht nicht in der Verantwortung der Urkundsperson. Sie hat aber die entsprechenden Besonderheiten (wie unter Ziff. 2 angegeben) in der Urkunde zum Ausdruck zu bringen und entsprechend zu belehren.)

2 Das **Jugendamt** muss Urkundspersonen **bestellen** und zwar durch den Leiter des JA (§ 59 Abs. 3: „Das Jugendamt hat ..."). Bei **Bürgerservicebüros/Bürgerämtern** ist Vorsicht geboten. Die Ermächtigung muss auch dann durch das JA erfolgen und nicht etwa durch andere Stellen oder den Leiter des Servicebüros (Die Urkunden der nicht durch das JA bestellten Urkundsperson dürften nichtig sein!). Auch wenn damit der Bedienstete des JA seine Tätigkeit außerhalb des Dienstsitzes des JA vornimmt (wenn die Dienststelle des JA und die des Bürgerbüros in unterschiedlichen Gebäuden ist, ist dies zulässig. Unzulässig ist es, dass das JA Dienstkräfte zu Urkundspersonen beruft, die nicht Mitarbeiter des JA sind oder umgekehrt der Leiter des Bürgerservicebüros seine Mitarbeiter zu Urkundspersonen nach § 59 bestellt; dh es muss ein Mitarbeiter des JA ggf. in ein solches Bürgerservicebüro abgeordnet werden.

3 Die Tätigkeit der Urkundsperson ist auf den **Amtsbezirk** des JA beschränkt (§ 2 BeurkG), kann aber innerhalb dieses Bereichs überall erfolgen, etwa in der Haftanstalt, im Krankenhaus, bei einem Hausbesuch und ist auch nicht auf bestimmte Tage oder Tageszeiten begrenzt.

4 Die **Qualifikation** von Urkundspersonen ist durch Abs. 3 geregelt, aber von den Ländern nicht besonders vertieft worden, so dass keine allgemeinen Vorgaben bestehen und die Qualifikation (unabhängig vom dienstrechtlichen Status) im Einzelfall geprüft und von dem ernennenden JA bewertet werden muss.

Eine zeitlich beschränkte **Ermächtigung**[5] ist ebenso zu beachten wie eine etwa – versehentlich – eingeschränkte Ermächtigung.[6] 5

Auch das **Amtsgericht**, das **Standesamt** und die **Notare** haben nach Abs. 1 Satz 2 eine Urkundsermächtigung für Urkunden nach dem Katalog des Abs. 1 aber teilweise eingeschränkt: 6

- **Amtsgericht:** nach § 62 Abs. 1 BeurkG nur für Anerkennung der Vaterschaft, Kindesunterhalt und Unterhalt nach § 1615l BGB; Kosten: Amtsgericht kostenfrei;[7]
- **Standesamt:** nach § 44 Abs. 1 PStG nur für Anerkennung der Vaterschaft, Zustimmungserklärung der Mutter und Widerruf der Anerkennung und Anerkennung der Mutterschaft (§ 44 Abs. 2 PStG); Kosten: Standesamt grundsätzlich kostenfrei;[8]
- **Notare:** nach § 20 BNotO für alle Beurkundungen; Kosten: bei Vaterschaft, Kindesunterhalt, Unterhalt nach § 1615l BGB kostenfrei.[9]

Zunächst gilt für die Urkundspersonen des JA das Beurkundungsgesetz (§ 1 Abs. 2 BeurkG). 7

Für Notare gilt bei Beurkundungen daneben die (bundeseinheitliche, aber von den Ländern erlassene) Dienstordnung für Notare (DONot) als Verwaltungsvorschrift. Die darin enthaltenen Maßstäbe sollten berücksichtigt werden, um zu gewährleisten, dass die äußere Qualität der Urkunde nicht hinter der eines Notars zurückbleibt. Die Bestandskraft einer Urkunde hängt von der Beachtung der DONot jedoch nicht ab, sondern führt ggf. nur zu Maßnahmen der Dienstaufsicht. Die Grundgedanken der **DONot** sind für den Urkundsbereich **beim JA deshalb sinngemäß** heranzuziehen. Bisher wurden aber nur im Land Berlin in einer Ausführungsvorschrift vom 10.11.2016 die analoge Anwendung der DONot näher geregelt (→ Rn. 1 aE). Die formalen Regelungen der DONot etwa auch zur Gestaltung und Führung des Urkundsregisters uä müssten die einzelnen Bundesländer selbst regeln oder notfalls die Leiter der jeweiligen Jugendämter vorgeben.[10]

Die Bundesländer können gem. § 97c **Gebühren und Auslagen** landesrechtlich regeln. Das Land Brandenburg hat als derzeit einziges Bundesland im § 25 Abs. 1 des Gesetzes zur Änderung des Ersten Gesetzes zur Ausführung des SGB VIII festgelegt, dass die Träger der Jugendhilfe die Erhebung von Gebühren und Auslagen für Beurkundungen und Beglaubigungen durch Satzung regeln können. Entsprechende Satzungen sind in Brandenburg in unterschiedlichen Fassungen in den Landkreisen in Kraft.[11] 8

2 Beurkundungsumfang (Abs. 1 S. 1)

Der **Katalog** des Abs. 1 Nrn. 1 bis 8 ist **abschließend**; Nr. 9 enthält keine Beurkundung. Alles was an Beurkundungshandlungen dort **nicht** aufgeführt ist, darf von der Urkundsperson auch **nicht** beurkundet werden. Verstöße führen zur Nichtigkeit der Urkunde. Unberührt bleiben eventuell daneben bestehende individuelle Ermächtigungen etwa zu Beglaubigungen von Unterschriften oder Kopien/Abschriften nach Sonderregeln der Länder bzw. Kreise, die für die Tätigkeit nach § 59 unbeachtlich sind. 9

5 Beurkundungen vor Bestellung oder nach Ablauf führen zur Nichtigkeit der Urkunde.
6 Etwa bezogen auf die ältere Fassung des SGB VIII oder nur auf Teile des Katalogs des § 59 Abs. 1 in der derzeit geltenden Fassung.
7 Vorbemerkung Teil 1 Abs. 2 und Teil 2 Abs. 3 Kostenverzeichnis 2. KostRMoG iVm § 62 Abs. 1 BeurkG.
8 Gesetz zur Strukturreform des Gebührenrechts des Bundes vom 7.8.2013, in Kraft getreten am 15.8.2013.
9 Vorbemerkung Teil 2 Abs. 3 Kostenverzeichnis 2.KostRMoG iVm § 62 Abs. 1 BeurkG.
10 DIJuF JAmt 2011, 391 ff.
11 Gebühr unterschiedlich, zT bis zu 55 EUR pro Beurkundung.

10 Beglaubigungen sind in der geltenden Gesetzesfassung nicht mehr vorgesehen. Die Urkundsperson darf und muss selbstverständlich für ihren Tätigkeitsbereich weiterhin beglaubigte Abschriften erteilen oder erstellen.[12] Weiter ausgeschlossen bleibt etwa die Beglaubigung einer Zeugniskopie durch die Urkundsperson für Bewerbungszwecke.

2.1 Vaterschaftsanerkenntnis (§ 59 Abs. 1 S. 1 Nr. 1)

11 **§ 59 Abs. 1 S. 1 Nr. 1 Hs. 1 (Vaterschaftsanerkenntnis):** Die gesetzliche Empfängniszeit ist nur noch bei der allgemeinen Sachverhaltsklärung zu beachten. Nach Umstellung der Gesetzeslage vom Prinzip der Feststellung der biologischen Abstammung zum **Erklärungsprinzip** von Mutter und Vater (§§ 1591, 1592, 1594, 1595 BGB) ist auch eine Beurkundung zulässig, wenn kein Geschlechtsverkehr oder keiner innerhalb der Empfängniszeit stattfand. Ein formgerechtes Anerkenntnis des Vaters und eine formgerechte Zustimmung der Mutter begründen bereits ein Eltern-Kind-Verhältnis auch ohne Beischreibung der Vaterschaft durch den Standesbeamten.[13]

12 Es ist jedes Vaterschaftsanerkenntnis zu beurkunden, selbst wenn mehrere Männer zum selben Kind Anerkenntnisse abgeben oder etwa offen bekundet wird, nicht der biologische Vater zu sein. Die Urkundsperson ist zur Entscheidung, ob eine zu beurkundende Erklärung tatsächlich der Wahrheit entspricht, nicht befugt.[14] Aber selbstverständlich muss die Urkundsperson über die Rechtsfolgen belehren und darf auch Bedenken (im Hinblick auf den „wahren Willen" des Erschienenen) äußern. Eine bewusst falsche Anerkennung ist nicht strafbar[15] und schließt die Anfechtung nicht aus (hierzu auch → Rn. 20).[16] Gegen den derzeitigen Gesetzesstand bestehen auch keine verfassungsrechtlichen Bedenken.[17] Andererseits haben sich neue gesetzliche Regelungen im Hinblick auf die biologische Abstammung (§ 1686a BGB) ergeben und haben der Europäische Gerichtshof für Menschenrechte und auch das BVerfG[18] die Bedeutung der biologischen Abstammung betont, so dass es zweifelhaft ist, eine formale Abstammung durch Rechtsakt in Kenntnis tatsächlich anderer Fakten zu begründen und die Betroffenen auf die rechtlichen Möglichkeiten von Anfechtung, Auskunftserteilung usw zu verweisen. Nach der bestehenden Rechtslage ist aber eine Anerkennung der Vaterschaft zu beurkunden, wenn die Beteiligten dies trotz entsprechender Belehrung wünschen.

13 Die Beurkundung einer Vaterschaftsanerkennung bereits vor Zeugung ist möglich, aber nicht unumstritten.[19] Streitig ist die Frage, wie bei **Tod der Mutter** vor deren Zustimmung, aber nach Vorlage eines Vaterschaftsanerkenntnisses verfahren werden soll.[20] (Diese Unsicherheit könnte beseitigt werden, wenn der vorliegende „Entwurf eines Gesetzes zur Reform des Abstammungsrechts" § 1594 Abs. 4 BGB dahin gehend ergänzt: „Die Anerkennung ist schon vor der Geburt des Kindes zulässig, **nicht aber vor seiner Zeugung**".)

---

12 DIJuF JAmt 2011, 641.
13 Brudermüller in Palandt § 1598 Rn. 4.
14 Vgl. auch DIJuF JAmt 2002, 502 ff.
15 OLG Hamm FamRZ 2008, 1783.
16 OLG Naumburg FamRZ 2008, 2146. Zu den Folgen nach dem AufenthG etwa zur Erlangung von Aufenthaltsberechtigungen s. HmbOVG FamRZ 2009, 508 ff.
17 BVerfG FamRZ 2008, 2257.
18 BVerfG NJW 2015, 542 mAnm Sanders.
19 Nötig etwa bei medizinischen Eingriffen im Rahmen der Unfruchtbarkeitsbehandlung, vgl. Roth DNotZ 2003, 805 (808) und DIJuF JAmt 2005, 451; 2007, 419 ff. Ausführlicher Knittel, Beurkundungen im Kindschaftsrecht 2017, Rn. 261 ff., insbesondere auch zur ausführlichen Belehrungsnotwendigkeit bezüglich der Anfechtungsberechtigung.
20 DIJuF JAmt 2015, 493.

14 Bei vorgeburtlichen Anerkennungen muss in der Urkunde klargestellt werden, dass sich das Anerkenntnis bei **Mehrlingsgeburten** auf alle Kinder bezieht, damit der Effekt einer Abstammung nur für das Erstgeborene und nicht auch für das Zweitgeborene vermieden wird. Im regulären vorbereiteten Urkundstext sollte dies standardmäßig enthalten sein.

15 Die Vorlage einer **Geburtsurkunde des Kindes** ist nicht erforderlich, aber zweckmäßig.[21] Die Urkundsperson hat aber zu prüfen, ob die Mutter etwa verheiratet ist oder war und dies als Erklärung der Mutter bei der Beurkundung der Zustimmungserklärung in die Urkunde aufzunehmen.[22]

16 Zu den **Rechtsfolgen eines Anerkenntnisses** nachfolgende Checkliste:

Zustimmungserfordernisse	§§ 1595 und 1599 Abs. 2 BGB
Anfechtungsmöglichkeiten	
durch Anerkennenden	
mit bloßer Feststellungswirkung	§ 1598a BGB
mit statusändernder Wirkung	§ 1600 ff. BGB
Erb- und Pflichtteilsrecht	§§ 1924 ff., 2303 ff. BGB und ErbRVO
Umgangspflicht und -recht	§§ 1626, 1684, 1685 BGB
Auskunftsanspruch	1686 BGB
Sorgerecht	§ 1626a BGB
Adoptionsrecht	§§ 1747 Abs. 1 S. 1, 1743 Abs. 3 Nr. 2 BGB
Widerrufsmöglichkeit	§ 1597 Abs. 3 BGB
Unterhalt Kind *(s. Unterhalt → Rn. 22 ff.)*	§§ 1601 ff. BGB
Höhe	§§ 1610, 1612, 1612a BGB iVm § 32 Abs. 6 S. 1 EStG und § 1612b BGB
Änderungen	§§ 239, 255, 240, 257, 244 FamFG
Unterhaltsansprüche Mutter – Vater	§ 1615l BGB
Unterhaltsansprüche Vater – Mutter	
A. Mutter gegen Vater	
sechs Wochen vor bis acht Wochen nach der Geburt	§ 1615l Abs. 1 BGB
4 Monate vor Geburt bis mindestens drei Jahre nach Geburt	§ 1615l Abs. 2 S. 1 und 3 BGB
Beachte aber die Verlängerungsmöglichkeit nach	*§ 1615l Abs. 2 S. 4 BGB*
B. Vater gegen Mutter (soweit Vater das Kind betreut)	
ab Geburt bis mind. drei Jahre nach Geburt	§ 1615l Abs. 4 S. 1, Abs. 2 S. 2 BGB
Beachte aber die Verlängerungsmöglichkeit nach	*§ 1615l Abs. 2 S. 4 BGB*
Höhe	§§ 1602 bis 1615 BGB
Entbindungskosten	§ 1615l Abs. 1 S. 2 BGB
Beerdigungskosten	§§ 1615 Abs. 2, 1615 m BGB
Abänderungen	§ 239 FamFG
BEI KINDESUNTERHALT	
Unterhaltshöhe/Mehrbedarf	§§ 1610, 1612a, 1612b BGB
Art des Unterhalts	§ 1612 BGB

21 DIJuF JAmt 2003, 19 und 472.
22 Dazu s. DIJuF JAmt 2011, 451 ff.

Sonderbedarf	§ 1613 Abs. 2 Nr. 1 BGB
Auskunftspflichten	§§ 1605, 1580, 1613I BGB,
Abänderung	§§ 239, 255, 240, 257, 244 FamFG
ALLGEMEIN	
Zustellung	§§ 60 SGB VIII, 174 ZPO
Zwangsvollstreckung	§§ 750 ff. ZPO

Die vorstehende Liste zu den Rechtsfolgen muss von der Urkundsperson in einer dem Urkundsbeteiligten verständlichen und seiner intellektuellen Leistungsfähigkeit entsprechenden Sprache vermittelt werden (→ Rn. 77). Das bloße Zitieren von Gesetzesnormen ist unzureichend. Ebenso unzureichend wäre es, den Beteiligten vorgefertigte schriftliche „Belehrungsformulare" anstelle der eigentlichen, mündlichen Belehrung auszuhändigen.

17 **§ 59 Abs. 1 S. 1 Nr. 1 Hs. 2 (Zustimmung der Mutter zum Vaterschaftsanerkenntnis):** Es ist jede Zustimmung zu beurkunden (möglich auch schon zeitlich vor der Vaterschaftsanerkennung), selbst wenn mehrere Männer zum selben Kind Anerkenntnisse abgegeben haben oder etwa offen bekundet wird, der Mann, zu dessen Erklärung die Zustimmung durch die Mutter erfolgen soll, sei nicht der biologische Vater.[23] Selbstverständlich muss die Urkundsperson über die Rechtsfolgen belehren. Zu Bedenken → Rn. 12.

18 **§ 59 Abs. 1 S. 1 Nr. 1 iVm § 1599 Abs. 2 BGB (Vaterschaftsanerkennung bei bestehender Ehe durch Erzeuger mit Zustimmung von Mutter und Scheinvater):** Die Urkundsperson muss bei der Klärung des Sachverhaltes die Voraussetzungen des § 1599 Abs. 2 BGB („wenn das Kind nach Anhängigkeit eines Scheidungsantrags geboren wird und ein Dritter spätestens bis zum Ablauf eines Jahres nach Rechtskraft des dem Scheidungsantrag stattgebenden Beschlusses die Vaterschaft anerkennt") prüfen und genau aufnehmen. Der Scheinvater (= Ehemann) muss formgerecht zustimmen, wobei aber keine Frist vorgegeben ist.[24] Der Anerkennende kann sein Anerkenntnis nicht widerrufen, wenn es nach Ablauf eines Jahres noch nicht wirksam geworden ist, weil der Scheinvater (= Ehemann) nicht zugestimmt hat.[25] Für einen solchen Widerruf fehlt die gesetzliche Grundlage, weil nur der Widerruf bei fehlender Zustimmung der Mutter im Gesetz verankert ist.

19 Muss ein „Kind" einem Vaterschaftsanerkenntnis auch selbst zustimmen, weil es volljährig ist (vgl. § 1595 Abs. 2 BGB), kann diese Zustimmung **nicht** beim JA erfolgen.[26] Auch beachten: Die Volljährigkeit richtet sich bei Ausländern nach Art. 7 EGBGB, also nach dem Heimatrecht des „Kindes",[27] das die Urkundsperson ggf. jedoch ermitteln muss.

20 Nachdem das Anfechtungsrecht der Behörde, wie es in § 1600 Abs. 1 Nr. 5 BGB geregelt war, durch Entscheidung des BVerfG[28] für verfassungswidrig erklärt wurde, soll jetzt ein neuer Versuch unternommen werden, um missbräuchliche Vaterschaftsanerkennungen zu verhindern. Durch das „Gesetz zur besseren Durchsetzung der Ausrei-

23 DIJuF JAmt 2002, 502 ff.; es bestehen auch keine verfassungsrechtlichen Bedenken OLG Düsseldorf FamRZ 2003, 1579 mwN.
24 OLG Köln JAmt 2011, 32 ff.
25 DIJuF JAmt 2013, 314.
26 S. § 59 Abs. 1 Nr. 1: „... sowie die etwa erforderliche Zustimmung des Mannes, der im Zeitpunkt der Geburt mit der Mutter verheiratet ist, des Kindes, des Jugendlichen oder ..."; „Kind, Jugendlicher" s. § 7 Abs. 1 Nr. 1 und 2.
27 Näher Bergmann/Ferid/Heinrich, Internationales Ehe- und Kindschaftsrecht zu den dort behandelten Staaten.
28 BVerfG 13.3.2008 – 1 BvL 6/10.

sepflicht“ vom 20.7.2017 wurde ein Verbot der missbräuchlichen Anerkennung der Vaterschaft in § 1597a BGB aufgenommen.[29] Demnach ist die Urkundsperson verpflichtet, eine Beurkundung „auszusetzen“, wenn konkrete Anhaltspunkte für eine „missbräuchliche Anerkennung der Vaterschaft“ bestehen (→ § 52a Rn. 11). Der Gesetzesantrag des Landes Nordrhein-Westfalen („Entwurf eines Gesetzes zur Reform des Verbots missbräuchlicher Vaterschaftsanerkennung“[30]) könnte wesentliche Änderungen in der Vorgehensweise für die Urkundspersonen mit sich bringen.

Als „missbräuchliche Anerkennung der Vaterschaft“ wird in § 1597a Abs. 1 BGB definiert:

„Die Vaterschaft darf nicht gezielt gerade zu dem Zweck anerkannt werden, die rechtlichen Voraussetzungen für die erlaubte Einreise oder den erlaubten Aufenthalt des Kindes, des Anerkennenden oder der Mutter zu schaffen, auch nicht, um die rechtlichen Voraussetzungen für die erlaubte Einreise oder den erlaubten Aufenthalt des Kindes durch den Erwerb der deutschen Staatsangehörigkeit des Kindes nach § 4 Absatz 1 oder Absatz 3 Satz 1 des Staatsangehörigkeitsgesetzes zu schaffen (*missbräuchliche Anerkennung der Vaterschaft*).“

Dieses Verbot gilt sowohl für die Anerkennung der Vaterschaft, als auch für die dazu erforderliche Zustimmung der Mutter (§ 1597a Abs. 4 BGB).

Um dieses Verbot zu gewährleisten, hat die beurkundende Behörde oder die Urkundsperson, wenn konkrete Anhaltspunkte für eine missbräuchliche Anerkennung der Vaterschaft erkennbar sind, dies der nach § 85a AufenthG zuständigen Behörde nach Anhörung des Anerkennenden und der Mutter mitzuteilen und die Beurkundung **auszusetzen** (§ 1597a Abs. 2 BGB).

Als Anzeichen für das Vorliegen konkreter Anhaltspunkte wird in § 1597a Abs. 2 aufgeführt:

1. das Bestehen einer vollziehbaren Ausreisepflicht des Anerkennenden oder der Mutter oder des Kindes,
2. wenn der Anerkennende oder die Mutter oder das Kind einen Asylantrag gestellt hat und die Staatsangehörigkeit eines sicheren Herkunftsstaates nach § 29a des Asylgesetzes besitzt,
3. das Fehlen von persönlichen Beziehungen zwischen den Anerkennenden und der Mutter oder dem Kind,
4. der Verdacht, dass der Anerkennende bereits mehrfach die Vaterschaft von Kindern verschiedener ausländischer Mütter anerkannt hat und jeweils die rechtlichen Voraussetzungen für die erlaubte Einreise oder den erlaubten Aufenthalt des Kindes oder der Mutter durch die Anerkennung geschaffen hat, auch wenn das Kind durch die Anerkennung die deutsche Staatsangehörigkeit erworben hat, oder
5. der Verdacht, dass dem Anerkennenden oder der Mutter ein Vermögensvorteil für die Anerkennung der Vaterschaft oder die Zustimmung hierzu gewährt oder versprochen worden ist.

Sollte ein derartiger konkreter Anhaltspunkt erkannt werden hat die beurkundende Behörde oder die Urkundsperson die **Aussetzung** dem Anerkennenden, der Mutter und dem Standesamt mitzuteilen (§ 1597a Abs. 2 S. 1 BGB). Zu empfehlen ist, dass, aus Beweissicherungsgründen, über diese Tatsache ein Protokoll mit den Beteiligten aufgenommen wird. Das Protokoll sollte mit Datum und Uhrzeit versehen werden.

29 Vollständiger Abdruck des § 1597a BGB bei → § 52a Rn. 10.
30 BR-Drs. 586/20.

Grundsätzlich sollte aber auch daran gedacht werden, dass nach § 1597a Abs. 5: „Eine Anerkennung der Vaterschaft nicht missbräuchlich sein kann, wenn der Anerkennende der leibliche Vater des anzuerkennenden Kindes ist."

Als nach § 85a AufenthG zuständige Behörde ist die Ausländerbehörde anzusehen, die für den gewöhnlichen Aufenthalt des Ausländers oder der Ausländerin zuständig ist. Die örtliche Zuständigkeit der Ausländerbehörden ist nicht bundesrechtlich geregelt, sie ergibt sich aus dem jeweiligen Landesrecht. (So wurde zum Beispiel in Baden-Württemberg mit Änderung der AAZuVO vom 16.11.2018 die Zuständigkeit für das Prüfverfahren nach § 85a AufenthG zentralisiert und auf das Regierungspräsidium Karlsruhe übertragen (§ 8 Abs. 4 AAZuVO).

Im weiteren Verlauf des Verfahrens ist es dann Aufgabe der zuständigen Ausländerbehörde, über die Frage der missbräuchlichen Anerkennung der Vaterschaft zu entscheiden.

§ 85a AufenthG Verfahren bei konkreten Anhaltspunkten einer missbräuchlichen Anerkennung der Vaterschaft Verfahren

(1) Wird der Ausländerbehörde von einer beurkundenden Behörde oder einer Urkundsperson mitgeteilt, dass konkrete Anhaltspunkte für eine missbräuchliche Anerkennung der Vaterschaft im Sinne von § 1597a Absatz 1 des Bürgerlichen Gesetzbuches bestehen, prüft die Ausländerbehörde, ob eine solche vorliegt. Ergibt die Prüfung, dass die Anerkennung der Vaterschaft missbräuchlich ist, stellt die Ausländerbehörde dies durch schriftlichen oder elektronischen Verwaltungsakt fest. Ergibt die Prüfung, dass die Anerkennung der Vaterschaft nicht missbräuchlich ist, stellt die Ausländerbehörde das Verfahren ein.

...

(3) Ist die Feststellung nach Absatz 1 Satz 2 unanfechtbar, gibt die Ausländerbehörde der beurkundenden Behörde oder der Urkundsperson und dem Standesamt eine beglaubigte Abschrift mit einem Vermerk über den Eintritt der Unanfechtbarkeit zur Kenntnis. Stellt die Behörde das Verfahren ein, teilt sie dies der beurkundenden Behörde oder der Urkundsperson, den Beteiligten und dem Standesamt schriftlich oder elektronisch mit.

Erst wenn die unanfechtbare Entscheidung bezüglich einer missbräuchlichen Anerkennung der Vaterschaft vorliegt, **ist die Beurkundung abzulehnen** (§ 1597a Abs. 2 S. 3 BGB).

Sollten die Beteiligten den Versuch unternehmen, die Anerkennung bei einer anderen Stelle zu machen, gibt **§ 1597a Abs. 3 S. 1 BGB** vor:

„Solange die Beurkundung gemäß Absatz 2 Satz 1 ausgesetzt ist, kann die Anerkennung auch nicht wirksam von einer anderen beurkundenden Behörde oder Urkundsperson beurkundet werden."

Es bleibt abzuwarten, welche Auswirkungen diese Vorgaben tatsächlich haben werden, zumal die Urkundsperson beim Jugendamt doch nur sehr begrenzte Möglichkeiten hat, um konkrete Anhaltspunkte für eine missbräuchliche Anerkennung der Vaterschaft zu erkennen. Es bestehen auch keine weitergehenden Ermittlungspflichten.[31]

31 Näheres hierzu im Aufsatz von Knittel JAmt 7–8/2017, 339–345 und update dazu unter: https://www.dijuf.de/tl_files/downloads/2017/Aufsatz%20Knittel%20JAmt%20 2017,%20530.pdf oder JAmt 11/2017, 530–534.

2.2 Mutterschaftsanerkenntnis (§ 59 Abs. 1 S. 1 Nr. 2)

Dieses ist in Europa derzeit nur noch in Italien bedeutsam. Dort hängt die Nachnamensgebung von der Reihenfolge der Beurkundungen von Vater- und Mutterschaftsanerkenntnis ab. Nachdem das italienische Recht vorsieht, dass der/die Erstanerkennende dem Anerkenntnis des/der Zweitanerkennenden zustimmen muss, ergibt sich die Frage, ob die Urkundsperson beim Jugendamt auch berechtigt ist, diese Zustimmung zu beurkunden; im Katalog des § 59 ist diese Art der Beurkundung nicht enthalten. Die überwiegende Meinung geht insoweit von einer „unbewussten, planwidrigen Lücke des Gesetzes" aus, demnach darf auch diese Zustimmung von der Urkundsperson des JA beurkundet werden.[32] Dasselbe gilt für die nach italienischem Recht erforderliche Zustimmung eines Kindes, das das 14. Lebensjahr vollendet hat. Ansonsten hat das Mutterschaftsanerkenntnis wohl nur noch in einigen lateinamerikanischen Staaten Bedeutung.[33] 21

2.3 Unterhalt (§ 59 Abs. 1 S. 1 Nr. 3)

Es besteht die Befugnis, Unterhaltsansprüche eines Abkömmlings zu beurkunden, soweit der unterhaltsberechtigte Abkömmling das 21. Lebensjahr noch nicht beendet hat. 22

Grundsätzlich zu Formulierungen in Urkunden Knittel;[34] aber zT anderer Ansicht Borth[35] und Vossenkämper.[36] Letztlich soll in der Urkunde der Wille des Erklärenden nachvollziehbar und widerspruchsfrei dargestellt werden. Das Gesetz schreibt keine Formulierung vor. Das Festhalten an vorformulierten Texten kann zu einer Verfälschung des wahren Willens des Unterhaltspflichtigen führen, so dass die vorhandenen Textbausteine unter Berücksichtigung der Formulierungen im jeweiligen Amts- bzw. Oberlandesgerichtsbezirk und der Erklärungen des Pflichtigen zu überprüfen und ggf. anzupassen sind. Nach der Neufassung des § 59 Abs. 1 S. 1 Nr. 3 (und Nr. 4) ist auch eine Beurkundung von Unterhaltsansprüchen zugunsten Übergangsgläubiger möglich, deshalb sollte dieses Thema im Vorfeld der Beurkundung angesprochen werden.[37]

Die in § 59 Abs. 1 Nr. 3 enthaltenen Formulierung „Abkömmlinge" beinhaltet auch die Berechtigung, ggf. die Unterhaltsverpflichtung eines Großelternteils zu beurkunden.

Die seit 18.6.2011 grundsätzlich mögliche **Rechtswahl** im Unterhaltsrecht nach der VO Nr. 4/2009 (EG) vom 18.12.2008[38] gilt für den Kindesunterhalt für **Minderjährige** nicht (Art. 4 Abs. 3 EU-UntVO). Bei der Beurkundung von Unterhalt für volljährige, nicht deutsche Beteiligte ist aber nach einer Rechtswahlvereinbarung zu fragen und in die Urkunde aufzunehmen, dass eine solche Rechtswahl nicht erfolgt ist. Die EU-UntVO ist deutsches Recht und muss von der Urkundsperson beachtet werden, weil das europäische Gemeinschaftsrecht kein ausländisches Recht iSd § 17 Abs. 3 S. 1 BeurkG ist. Über das etwa vereinbarte ausländische Recht muss aber weiter nicht belehrt werden.[39] 23

32 Sehr ausführlich Knittel, Beurkundungen im Kindschaftsrecht, 8. Aufl. 2017, Rn. 683 ff.
33 DIJuF JAmt 2010, 66; 2011, 455 ff.
34 JAmt 2007, 561; Knittel, Beurkundungen im Kindschaftsrecht, 8. Aufl. 2017, Rn. 406 ff.
35 FamRZ 2008, 105 (112).
36 FamRZ 2008, 201.
37 Ausführlich hierzu Knittel, Beurkundungen im Kindschaftsrecht, 8. Aufl. 2017, Rn. 381 ff.
38 S. dazu auch Ausführungsgesetz vom 23.5.2011, BGBl. I 2011, 898 ff.
39 DNotI-Report 2011, 57 ff. Zum AuslandsunterhaltsG s. auch Andrae NJW 2011, 2545 ff.

24 Fehler in der Formulierung (etwa Unterbleiben der Angabe, ab wann Unterhalt geschuldet wird; Rechenfehler; unzutreffende Altersstufen) führen uU zu fehlender Vollstreckbarkeit der Urkunde und ihrer Unbrauchbarkeit.[40] Ein Berichtigungsvermerk, unter Beteiligung des Schuldners, könnte die Vollstreckbarkeit, je nach Art des Fehlers, evtl. ermöglichen. Die zutreffende Formulierung ist Sache der Urkundsperson (§ 17 Abs. 1 S. 1: „Der Notar soll … ihre Erklärungen klar und unzweideutig in der Niederschrift wiedergeben.").

25 Die Beurkundung eines konkret in der Urkunde festgelegten (nicht dynamischen) Betrages ist bei Minderjährigen trotz der gesetzlich vorgegebenen Dynamisierung in § 1612a BGB möglich[41] und ist im Mangelfall sogar zwingend;[42] je nach Maßgabe des Willens des Beteiligten ist jede Befristung oder Beschränkung, selbst bei Verweigerung der Zwangsvollstreckungsunterwerfung, zu beurkunden,[43] was aber jeweils zu ausführlichen individuellen Belehrungen der Urkundsperson führen muss.[44] Jede Abweichung von der gesetzlichen Vorgabe ist einerseits beurkundungsfähig, muss andererseits aber zu intensiver Belehrung durch die Urkundsperson über mögliche Folgen (Ablehnung der Urkunde, Zusatz- oder sonstige gerichtliche Anträge) führen.

26 Ergibt sich nach der Klärung des Sachverhaltes etwa eine mögliche „Zuviel- oder Zuwenig-Beurkundung", muss dies erörtert und dem Beteiligten mit seinen Folgen (etwa Zusatzantrag)[45] deutlich gemacht und in der Urkunde vermerkt werden. Herabsetzungsbeurkundungen sind möglich, so die hM, bestärkt durch die Entscheidung des BGH vom 7.12.2016,[46] wobei zusätzlich anzumerken ist, dass künftig in den Urkunden nicht mehr von einer „Abänderung", sondern von einer „Ersetzung" der bisher bestehenden Unterhaltsverpflichtung die Rede sein sollte. Es bedarf aber einer besonders ausführlichen Belehrung, insbesondere über die Tatsache, dass die Verpflichtung möglicherweise keine Wirkung erlangen wird, wenn die Gegenseite nicht bereit ist, diese „einseitige Erklärung" anzunehmen.[47] Eine Herabsetzungsbeurkundung auf Null ist ausgeschlossen.[48]

Beurkundungen von Unterhalt in Höhe des oder sogar unter den Beträgen des Mindestunterhaltes bedürfen der besonderen Aufmerksamkeit und Belehrung.[49]

27 Findet sich in der Urkunde eine Angabe zu den Geschäftsgrundlagen der Urkunde, also etwa des Unterhaltschuldners zu seinen Einkünften, erleichtert dies dem Gläubi-

40 Siehe hierzu auch DIJuF-Themengutachten TG-1173.
41 Belehrungsproblem, Hinweis auf Anspruch des Kindes auf einen dynamischen Titel nach § 1612a BGB, gesetzliche Verpflichtung zum Mindestunterhalt, OLG Dresden FamRZ 2011, 1407.
42 Hütter FamRZ 2009, 1648.
43 Auch ohne Zwangsvollstreckungsunterwerfungsklausel ist die Urkunde wegen der Erleichterungen des Antrages im Urkundsverfahren beim Familiengericht nach § 113 Abs. 2 FamFG iVm §§ 592 ff. ZPO hilfreich; die Zuständigkeit des Familiengerichts bleibt bestehen nach §§ 112 Nr. 1, 231 Abs. 1 Nr. 1, 232 Abs. 1 Nr. 2 FamFG.
44 DIJuF JAmt 2004, 413 f.
45 OLG Zweibrücken FamRZ 2011, 1529.
46 BGH 7.12.2016 – XIIZB 422/15.
47 Dazu auch Knittel, Beurkundungen im Kindschaftsrecht, 8. Aufl. 2017, Rn. 464 ff. Zu beachten ist, dass die Urkundsperson keine Unterhaltsverträge beurkunden darf; darüber hinaus kann auch noch das Problem der familiengerichtlichen Genehmigung auftauchen, etwa bei gemeinsamer Sorge für das Kind.
48 JAmt 2015, 303. Zur nicht abgesprochenen Titulierung s. auch DIJuF JAmt 2008, 306 f. und zu vom Gesetzesmodell abweichenden Beurkundungswünschen DIJuF JAmt 2012, 25 f.
49 Zur Unterhaltsbeurkundung liegen grundlegende Veröffentlichungen mit umfassenden Darstellungen zu den rechtlichen Gegebenheiten und zur Abänderbarkeit vor, s. Graba FamRZ 2005, 678 ff.; DIJuF JAmt 2005, 82 ff. und Graba NJW 2011, 1854 ff. sowie BGH NJW 2011, 1874 ff., NJW 2013, 2358 ff.

ger die Überprüfung des anerkannten Unterhaltsbetrages und einen etwaigen Zusatzantrag, und Gläubiger wie Schuldner können später das Abänderungsverlangen bei wesentlich veränderter Geschäftsgrundlage einfach und zweifelsfrei begründen. Bei gerichtlichen Unterhaltsvergleichen werden diese Angaben vom Gericht schon lange in das gerichtliche Protokoll aufgenommen. Die Rechtsprechung verlangt derartige Angaben in mittlerweile gefestigter ständiger Rechtsprechung seit langem.[50]

Derartige Angaben werden von den Urkundspersonen jedoch nur selten in die Urkunde aufgenommen, was wohl den Nöten der Urkundspersonen beim Aufwand für das Niederschreiben bzw. der Unmöglichkeit des Niederschreibens angesichts unzureichender EDV-Programme und -Vordrucke geschuldet ist. Für viele Urkundspersonen gilt auch die Vermutung, dass sich derartige „Neuerungen" nur sehr zögerlich verbreiten.

Die Rechtsprechung unterscheidet mit deutlichen Rechtsfolgen bei der Jugendamtsurkunde zwischen einer Urkunde aufgrund einer **Vereinbarung der Parteien** und einer **einseitigen Urkunde**, die der Unterhaltsschuldner ohne vorherige Absprache geschaffen hat. Wenn die Urkunde auf einer Vereinbarung beruht, ist zu ihrer Abänderung ausschließlich der Abänderungsantrag zulässig; wurde die Urkunde einseitig erstellt, hat das Kind ein Wahlrecht zwischen Zusatzantrag und Erstantrag ohne Rücksicht auf die Urkunde.[51] Diese Tatsache muss in der Belehrung deutlich zum Ausdruck kommen. 28

Vereinbarungen über den Unterhalt darf die Urkundsperson des JA nicht beurkunden, sondern nur einseitige Erklärungen (s. Wortlaut des § 59). Es kann aber in die Urkunde als Erklärung des Schuldners zur Klarstellung aufgenommen werden, auf welcher vorangegangenen Vereinbarung seine urkundliche Erklärung beruht. 29

Ob eine Vereinbarung vorliegt und eine solche Bindungswirkung gewünscht ist, muss die Urkundsperson bei der Sachverhaltsklärung bzw. Ermittlung des wahren Willens des Erschienenen feststellen und auch über die Rechtsfolgen belehren.

Obwohl weiterhin noch Unklarheiten bestehen, ist nach BGH[52] zu unterscheiden: 30

Die **einseitige** Unterhaltsverpflichtungsurkunde stellt ein **Schuldanerkenntnis** (§ 781 BGB)[53] dar, von dem sich der Pflichtige nur dann lösen kann, wenn sich eine **nachträgliche** Änderung der tatsächlichen Umstände, des Gesetzes oder der Rechtsprechung ergibt.

Die **vereinbarte** Unterhaltsverpflichtungsurkunde ist nur dann abänderbar, wenn dies durch eine besondere Abrede in der Vereinbarung vorgesehen ist oder eine Störung der Geschäftsgrundlage (§ 313 BGB) eingetreten ist. Damit bleiben die grundsätzlichen Gegebenheiten bei Abschluss der Vereinbarung auch für spätere Abänderungen verbindlich.

Fehlt die Angabe der Grundlagen eines Vergleiches (einer Vereinbarung), kann dies auch einen Ausschluss der Anpassung bedeuten.[54] Fingierte Einkommensverhältnisse des Unterhaltsschuldners erlauben keine Abänderung; es ist nur eine Abänderung im Hinblick auf die tatsächlichen Verhältnisse möglich, nicht auf die fiktiven Verhältnisse.[55] Ansonsten bleibt der Schuldner auch bei einer einseitigen Unterhaltsverpflichtung 31

---

50 OLG Hamm FamRZ 1999, 794; OLG Brandenburg FamRZ 2002, 1049; OLG Hamm FamRZ 2003, 1025; OLG Nürnberg FamRZ 2004, 1053 (für Urkunden des JA) und BGH NJW 2010, 440 ff. (zuvor BGH FamRZ 2001, 1140 und für Anerkenntnisurteile BGH FamRZ 2007, 1459 mAnm Hoppenz, auch 1877).

51 DIJuF JAmt 2006, 264; BGH NJW 2008, 2338 ff.

52 BGH NJW 2011, 1874 ff.

53 BGH FamRZ 2011, 41, aber streitig, Volmer FamRZ 2011, 1647.

54 BGH FamRZ 2010, 192 ff.

55 BGH FamRZ 2010, 1150.

an die nach Grund und Höhe zugrunde liegenden Umstände gebunden und eine Änderung ist nur bei nachträglicher Veränderung möglich.[56] Wünscht der Pflichtige die Angabe der Grundlagen in der Urkunde nicht, so ist dies beachtlich, führt aber wieder zu Belehrungen zur erschwerten Abänderung der Urkunde.

32 Der Bundesgerichtshof hat die **Kindergartenbeiträge** bzw. vergleichbare Aufwendungen als laufenden **Mehrbedarf** anerkannt.[57] Der Weg zur Ermittlung des geschuldeten Betrages ist nicht ganz einfach. Der Mehrbedarf kann beurkundet werden.[58] Die Sachverhaltsklärung und Belehrung durch die Urkundsperson dürfte zeitaufwendig sein. In die Urkunde sollte wegen der Zweckbindung der Leistung die in Anspruch genommene Einrichtung aufgeführt sein, was bei diesbezüglichen Änderungen dann aber Änderungserklärungen erfordert.

33 Auch anderer laufender Mehrbedarf[59] können beurkundet werden, müssen aber in der Urkunde schon dem Grunde nach genau beschrieben werden.

34 Grundsätzlich ist auch einmaliger Bedarf nach § 1613 Abs. 2 Nr. 1 BGB (**Sonderbedarf**) beurkundungsfähig, aber die Belehrung ist schwierig, denn was als Sonderbedarf gilt, ist mittlerweile stark eingeschränkt. Kein Sonderbedarf sind Aufwendungen zB für Kommunion, Einsegnung, Jugendweihe oä, Klassenfahrt, Jugendaustausch;[60] kieferorthopädische Behandlung ist Sonderbedarf,[61] ebenso können Sonderkosten für Betreuung bei Krankheit/Ferien entstehen.[62] Entscheidungen zum Sonderbedarf sind höchst unterschiedlich, deshalb sollte nach den örtlichen OLG-Entscheidungen gehandelt werden. Auch beim Sonderbedarf ist wegen der Zweckbindung der Leistung eine genaue Beschreibung in der Urkunde erforderlich.

35 **Unterhaltsschulden** sind bei Verzug wie andere Geldschulden gemäß § 288 BGB (mit fünf Prozentpunkten über Basiszinssatz jährlich) zu **verzinsen**.[63] Unklar ist, ob dies hinsichtlich der in der Vergangenheit fällig gewordenen Unterhaltsbeträge auch in einer Urkunde mit beurkundet werden kann.[64] Der Wortlaut des § 59 gibt dazu nichts her, was gegen eine Beurkundung spricht. Andererseits stehen die **Zinsen** im unmittelbaren Zusammenhang mit dem Unterhalt, was eine Beurkundung ermöglichen würde.[65] Die Unterhaltsbeistände dürfen (und müssen wohl auch) die Zinsen geltend machen (Exkurs → vor § 52a Rn. 21). Eine Beurkundung mit Verzinsung zukünftig fällig werdender Unterhaltsbeträge ist jedoch nicht zulässig.[66] Die Urkundsperson muss bei der Beurkundung von Rückständen auf diese Frage hinweisen und die Beurkundung anbieten und bei Ablehnung drüber belehren, dass das Kind die Zinsen auch gesondert in einem gerichtlichen Verfahren geltend machen könnte.

36 Durch die Neufassung des § 59 Abs. 1 S. 1 Nr. 3 ist auch eine Beurkundung von Unterhaltsansprüchen zugunsten des Übergangsgläubigers (des Landes bzw. der Gemeinsamen Einrichtung [Job-Center]) möglich. Der dem zugrunde liegende Anspruch bleibt aber immer ein zivilrechtlicher Anspruch aus dem BGB. Bei einer solchen Beurkundung muss die Urkundsperson einige Vorfragen prüfen:

56 OLG Hamm NJW 2012, 543.
57 BGH FamRZ 2009, 962.
58 Zu Rechenweg und Formulierung DIJuF JAmt 2009, 253 ff.; JAmt 2010, 22.
59 Etwa wegen besonderer Aufwendungen für Krankenversicherung, diätetische Nahrungsmittel, besonderer von der Krankenkasse nicht abgedeckter Hilfen, Förderunterricht, BGH NJW 2013, 2900.
60 BGH FamRZ 2006, 612; DIJuF JAmt 2010, 27; OLG Hamm NJW-Spezial 2011, 165.
61 OLG Frankfurt/M. FamRZ 2011, 570.
62 DIJuF JAmt 2012, 89 ff.; Schürmann FamRZ 2012, 913 (916).
63 BGH FamRZ 2008, 1428; zweifelnd, aber ohne nachvollziehbare Begründung OLG Hamm FamRZ 2012, 993.
64 DIJuF JAmt 2010, 235 ff.
65 So Knittel, Beurkundungen im Kindschaftsrecht, 8. Aufl. 2017, Rn. 444.
66 DIJuF JAmt 2009, 26 ff.

- das ursprünglich anspruchsberechtigte Kind darf im Zeitpunkt der Beurkundung das 21. Lebensjahr noch nicht vollendet haben, selbst wenn der Anspruch einen Zeitraum davor betrifft;
- der Anspruch muss aufgrund gesetzlichen Forderungsüberganges dem Leistungserbringer zustehen, dh vertragliche Abtretungen reichen nicht aus. Bei UhVorschG-Leistungen ist dies durch § 7 UhVorschG geklärt, bei SGB II-Leistungen durch § 33 SGB II (Anspruch geht über mit Leistung). Wenn aber ein Schuldner tatsächlich zu einer solchen Beurkundung erscheinen sollte, und Kenntnis von Art und Umfang des Anspruches hat, ist diese Frage von der Urkundsperson nicht weiter aufzuklären;
- es darf für den Zeitraum des Forderungsüberganges kein Unterhaltstitel für das Kind bestehen, da sonst eine Doppeltitulierung erfolgen würde.[67] Es ist eine entsprechende Erklärung des Unterhaltspflichtigen in die Urkunde aufzunehmen.[68] Liegt ein Titel vor, ist eine Beurkundung abzulehnen und es bleibt bei der üblichen Klauselumschreibung;
- die Titulierung zukünftig fällig werdender Beträge durch Urkunde zugunsten des Staates ist in einer Urkunde nach § 59 Abs. 1 Nr. 3 nicht zulässig, weil nicht sicher ist, dass das Land in Zukunft überhaupt Leistungen bzw. in welcher Höhe erbringen wird, mithin also noch gar kein gesetzlicher Forderungsübergang stattgefunden hat. Dies dürfte auch aus der Formulierung in § 59 Abs. 1 Nr. 3 „Erfüllung von Unterhaltsansprüchen ... seines gesetzlichen Rechtsnachfolgers“ zu entnehmen sein. Die in § 7 UhVorschG enthaltene Ermächtigung zur gerichtlichen Geltendmachung zukünftiger Leistungen ändert nichts, weil der Gesetzgeber bei der Beurkundung übergegangener Ansprüche ausdrücklich auf die Rechtsnachfolge abgestellt hat. Außerdem wäre bei einem derartigen Titel bei Wegfall der Ansprüche des Landes nun plötzlich das Kind gezwungen, die Klauselumschreibung vom Land auf sich zu betreiben, denn wegen der Gefahr der Doppeltitulierung kann der Unterhaltsschuldner auf Schaffung eines Titels zugunsten des Kindes nur unter besonderen Voraussetzungen in Anspruch genommen werden. Das Land müsste förmlich auf die Rechte aus dem Titel zu seinen Gunsten verzichten. Damit wird das Kind nicht unerheblich benachteiligt.[69] Nach endgültigem Wegfall der öffentlichen Leistungen ist eine Klauselumschreibung vom Land auf das Kind möglich (Beschluss des BGH vom 23.9.2015).[70]
- Auch hier zeigt sich, dass sich derartige „Neuerungen“ nur sehr zögerlich verbreiten, ist doch die Änderung schon zum 1.7.2013 in Kraft getreten.

2.4 Unterhalt der Eltern nach § 1615 l BGB (§ 59 Abs. 1 S. 1 Nr. 4)

Es handelt sich um Unterhaltsansprüche, die der Mutter des Kindes bzw. dem betreuenden Elternteil zustehen.[71] In der Belehrung muss darauf hingewiesen werden, dass 37

67 Gegenargument: Aus dem alten Titel darf ja wegen des gesetzlichen Forderungsüberganges nicht mehr vollstreckt werden, so dass es gar keine Doppeltitulierung gibt.

68 Die Frage danach gehört ohnehin zu den grundlegenden Pflichten der Urkundsperson, nämlich zur Klärung des Sachverhaltes nach § 17 BeurkG, eine derartige Erklärung könnte lauten: „über die Folgen eines Forderungsübergangs wurde ich belehrt, nach meiner Kenntnis hat das Kind bisher keine Sozialleistungen (Unterhaltsvorschuss, Leistungen nach dem SGB II) erhalten. Demnach stehen die rückständigen Beträge uneingeschränkt dem Kind zu“.

69 DIJuF JAmt 2013, 184.

70 BGH 23.9.2015 – XII ZB 62/14, JAmt 2015, 634 = NJW 2015, 3659; Anm. Knittel JAmt 2015, 636 f. mit weiteren Hinweisen zu sich aus dem Urteil ergebenden weiteren Problemen.

71 Näheres zu den Voraussetzungen und zur Höhe des Anspruches siehe Knittel, Beurkundungen im Kindschaftsrecht, 8. Aufl. 2017, Rn. 666 ff.

der Unterhaltsanspruch nach § 1615l Abs. 2 BGB nicht zu befristen ist, da er nicht automatisch mit der Vollendung des dritten Lebensjahres des Kindes endet, sofern die gesetzlichen Voraussetzungen hierfür fortbestehen. Wird die Beurkundung ohne Befristung nicht akzeptiert, ist trotzdem, wie gewünscht, zu beurkunden.

38 Durch die Neufassung des § 59 Abs. 1 S. 1 Nr. 4 ist auch hier eine direkte Beurkundung zugunsten des Übergangsgläubigers zulässig. Die Ausführungen unter → Rn. 36 gelten sinngemäß, dabei

- kommt es auf das Lebensalter hier nicht an;
- gilt auch hier, dass nur aufgrund gesetzlichen Forderungsüberganges beurkundet werden darf; dabei stellt sich wohl kaum die Problematik eines etwa vorhandenen Titels und zukünftigen Unterhaltes wie oben → Rn. 36.

2.5 Bereiterklärung zur Annahme als Kind (§ 59 Abs. 1 S. 1 Nr. 5)

39 Nachdem beim Wunsch nach Annahme eines ausländischen Kindes durch die Adoptionsvermittlungsstellen geprüft und festgestellt ist, dass die Adoptionsbewerber grundsätzlich geeignet sind, das Recht des fremden Staates einer Annahme eines Kindes in der Bundesrepublik nicht entgegensteht und das Wohl des Kindes sowie die Rechte der leiblichen Eltern gewahrt sind, schlägt die Adoptionsvermittlungsstelle den um eine Adoption nachsuchenden Antragstellern ein Kind bzw. das schon ausgesuchte Kind zur Übernahme in die Adoptionspflege (§ 1744 BGB) in Deutschland vor. Um nun überhaupt erst die Einreise des Kindes nach Deutschland zu ermöglichen, bedarf es der zu beurkundenden Erklärung der Antragsteller, dass sie bereit sind, für das ihnen vorgeschlagene Kind sämtliche in der Bundesrepublik entstehende Kosten in nicht abschließend bestimmter Höhe zu übernehmen (etwa die Krankenversicherung, die Unterbringungskosten bei Heimeinweisung, ggf. sogar die Kosten der Ausreise). Die rechtliche Tragweite dieser „Bereiterklärung" ergibt sich aus § 7 Abs. 2 AdÜbAG.[72] Ohne eine solche Beurkundung erhält das Kind keine Aufenthaltserlaubnis für die Bundesrepublik.

Nur diese Bereiterklärung darf die Urkundsperson aufnehmen. Diese präjudiziert aber die spätere Annahme als Kind nicht, sondern regelt nur Kostenfragen. Die eigentlichen Adoptionsanträge müssen gesondert nach Ablauf der Adoptionspflege durch notarielle Urkunden gestellt werden und werden durch das Familiengericht beschieden. Die Urkundsperson muss insbesondere auf die möglicherweise erheblichen finanziellen Auswirkungen hinweisen und auch darauf, dass die Urkunde den Ablauf des Adoptionsverfahrens nicht vorwegnimmt und auf dieses Verfahren keinerlei Auswirkungen hat.

40 Zu beachten ist, dass § 7 Abs. 1 S. 1 AdÜbAG (Adoptionsübereinkommens-Ausführungsgesetz) vorsieht, dass diese Erklärung gegenüber dem für den Hauptwohnsitz der Adoptionsbewerber zuständigen Jugendamt abzugeben ist (adressatenbezogene Erklärung). Dies ist keineswegs eine Vorgabe bezüglich der örtlichen Zuständigkeit für die Beurkundung (auch hier gilt § 87e SGB VIII). Eine beglaubigte Abschrift der Urkunde ist dem Hauptwohnsitz-Jugendamt zuzustellen, die Weiterleitung an die Auslandsvermittlungsstelle ist Aufgabe des Jugendamtes.

2.6 Widerruf der Einwilligung des Kindes in die Annahme als Kind (§ 59 Abs. 1 S. 1 Nr. 6)

41 Nach § 1746 Abs. 2 BGB kann ein über 14 Jahre alter Minderjähriger ohne Zustimmung seines gesetzlichen Vertreters seine Einwilligung zur Annahme als Kind widerrufen. Dies gilt auch, wenn der gesetzliche Vertreter in der Zeit vor Vollendung des 14.

72 DIJuF JAmt 2002, 294 (295).

Lebensjahres des Kindes der Annahme bereits zugestimmt hat. Die Urkundsperson muss nun zunächst feststellen, ob der Minderjährige unabhängig von seinem Alter für dieses Rechtsgeschäft (§ 1746 Abs. 2 Satz 1 und 3 BGB) geschäftsfähig ist und dann nach Maßgabe des § 17 BeurkG vorgehen, also insbesondere die Beweggründe für die Entscheidung und deren Rechtsfolgen klären. In die Urkunde sind Gericht und Aktenzeichen des laufenden Annahmeverfahrens (soweit bekannt) und die Erklärung aufzunehmen und klarzustellen, dass das gerichtliche Verfahren noch nicht rechtswirksam abgeschlossen ist (§ 1746 Abs. 2 S. 1 BGB). Die Erklärung des Minderjährigen erfolgt gegenüber dem Familiengericht, nicht gegenüber den Annehmenden. Die Erklärung bedarf auch nicht der Zustimmung durch die/den gesetzlichen Vertreter (§ 1746 Abs. 2 Satz 3 BGB). Die Urkundsperson muss daher eine Ausfertigung der Urkunde dem Familiengericht übermitteln und die übrigen Beteiligten durch Übersendung beglaubigter Abschriften unterrichten.

2.7 Verzicht auf Sorgerechtsübertragung (§ 59 Abs. 1 S. 1 Nr. 7)

Nach § 1747 Abs. 3 Nr. 3 BGB kann ein rechtswirksam festgestellter Vater auf die Übertragung des Rechts der elterlichen Sorge für sein Kind verzichten. Dieser Verzicht ist gegenüber dem Familiengericht zu erklären. Das Beurkundungserfordernis ergibt sich aus § 1747 Abs. 3 Nr. 3 S. 2 iVm § 1750 (ohne Abs. 4 S. 1) BGB. Die Vorschrift hat den Sinn, ein Verfahren auf Annahme als Kind zu erleichtern bzw. zu beschleunigen, so dass der Verzicht wegen § 1750 Abs. 4 S. 2 BGB uU nach Ablauf von drei Jahren unwirksam wird. Die Urkundsperson muss die Verzichtserklärung zügig dem Familiengericht in Ausfertigung übermitteln, da diese erst nach Zugang beim Familiengericht wirksam wird. Die bloße Beurkundung ist nicht ausreichend (§ 1750 Abs. 1 S. 3 BGB). 42

2.8 Sorgeerklärung (§ 59 Abs. 1 S. 1 Nr. 8)

Tatsächliche Voraussetzung ist das Vorliegen eines rechtswirksamen Vaterschaftsanerkenntnisses (Feststellungsurteil oder formal wirksames Anerkenntnis des Vaters und formal wirksame Zustimmung der Mutter), nicht auch die Beischreibung beim Standesamt; eine Sorgeerklärung gleichgeschlechtlicher Lebenspartner ist derzeit nicht gesetzlich geregelt, s. dazu die Regelungen aus § 9 LPartG). Die Sorgeerklärung kann auch schon vor Geburt des Kindes abgegeben werden (§ 1626b Abs. 2 BGB), wenn die vorstehend angegebenen Voraussetzungen vorliegen; eine noch bestehende Ehe der Mutter steht nicht entgegen, wenn das Kind bei Anhängigkeit des Scheidungsverfahrens noch nicht geboren war.[73] Zunächst muss sich die Urkundsperson vom Bestehen eines Eltern-Kind-Verhältnisses überzeugen. Die Urkundsperson hat besondere Belehrungspflichten, weil eine Sorgeerklärung nicht einseitig widerrufen werden kann, nur einmal abgegeben werden darf, eine Änderung der gemeinsamen Sorgeerklärung der Eltern nur durch gerichtliche Entscheidung möglich ist und die Urkundsperson oder das JA keine Überprüfung der Eignung des jeweils anderen Elternteils zur Erziehung des Kindes vornimmt. Die Sorgeerklärung umfasst das gesamte Sorgerecht (soweit es der Mutter zusteht) und kann nicht auf Teile (etwa das Recht zur Aufenthaltsbestimmung oä) beschränkt werden.[74] So kann die Mutter, falls ihr Teile der elterlichen Sorge entzogen wurden, die ihr noch zustehenden Sorgerechtsteile insgesamt auf den Vater erstrecken und es ist eine insoweit eingeschränkte Sorgeerklärung zulässig.[75] Dies führt gleichwohl zwingend dazu, dass in der Urkunde entweder die ausdrückliche Erklärung enthalten sein muss: „übernehmen wir die elterliche Sorge nach § 1626a des 43

73 BGH NJW 2004, 1595 f.
74 BGH FamRZ 2008, 251 (255); BGH FamRZ 2005, 1469 ff.
75 DIJuF JAmt 2008, 364.

Bürgerlichen Gesetzbuches gemeinsam", oder mindestens genau zu beschreiben ist, welcher Teil/welche Teile des Sorgerechts der Mutter entzogen ist/sind (zum Beispiel: „Hiervon ausgenommen ist im Hinblick auf den Beschluss des Amtsgerichts ..., vom ... das Aufenthaltsbestimmungsrecht, das Recht zur Beantragung von Jugendhilfeleistungen, Entscheidungsbefugnis in schulischen Angelegenheiten ... diese werden zur Zeit vom Jugendamt ... wahrgenommen."). Ohne diese Angaben hätte die Urkundsperson den Sachverhalt gem. § 17 BeurkG nicht geklärt. Die gesetzlichen Neuregelungen zum Sorgerecht (→ § 18 Rn. 13 ff. und → § 52a Rn. 18) wirken sich auf das Beurkundungsverfahren nicht aus.

44 Die Sorgeerklärung für ein ungeborenes Kind bleibt auch dann wirksam, wenn das Kind nicht in der Bundesrepublik geboren wird, wobei sich dann aber die Folgen nach dem Recht des Staates des gewöhnlichen Aufenthaltsortes richten.[76]

45 Die **Zusammenfassung** von Vaterschaftsanerkenntnis und Sorgeerklärung in einer Urkunde wird als bedenklich angesehen, wenn **beide** Erklärungen als Ausfertigung oder beglaubigte Abschrift Dritten bekannt gegeben werden.[77]

46 Eine Betreuung der Mutter nach §§ 1896 ff. BGB steht einer Sorgeerklärung nicht grundsätzlich entgegen,[78] sondern es bedarf der Prüfung der Geschäftsfähigkeit durch die Urkundsperson. Die Sorgeerklärung einer minderjährigen Mutter bedarf der Zustimmung des gesetzlichen Vertreters, auch diese Erklärung kann beim Jugendamt beurkundet werden.

47 Die Belehrung zu Fristen zur Namensgebung ist besonders zu beachten: § 1617 Abs. 2 (bei vorgeburtlicher Sorgeerklärung 1 Monat ab Geburt) und § 1617b Abs. 1 BGB (3 Monate nach Begründung der gemeinsamen Sorge). Zum Namensrecht ist eine ausführliche Belehrung erforderlich. Bei Bestehen der gemeinsamen Sorge haben die Eltern das Bestimmungsrecht nach § 1617 Abs. 1 Satz 3 BGB. Sie legen durch Erklärung gegenüber dem Standesamt den Familiennamen, den der Vater oder die Mutter zur Zeit der Erklärung führt, als Geburtsnamen des Kindes fest. Diese Erklärung gilt auch für ihre weiteren gemeinsamen Kinder (§ 1617 Abs. 1 Satz 3 BGB).[79]

48 Zur Frage der Erteilung – späterer – weiterer Ausfertigungen der Sorgeerklärung durch die Urkundsperson für einen der Sorgeberechtigten s. DIJuF JAmt 2010, 361.

49 Bei vorgeburtlichen Sorgeerklärungen ist streitig, ob die Sorgeerklärung wirksam ist, wenn **Mehrlinge** geboren werden.[80] In der Urkunde muss daher klargestellt werden, dass sich die Sorgeerklärung für den Fall der Geburt von Mehrlingen auf alle Kinder bezieht.

2.9 Einwendungsprotokollierung (§ 59 Abs. 1 S. 1 Nr. 9)

50 § 59 Abs. 1 S. 1 Nr. 9 regelt keine den Nrn. 1 bis 8 vergleichbare Beurkundung, sondern nur eine Protokollierung von Erklärungen **ohne** Eintragung in das Beurkundungsregister. Es ist eine Erklärung des auf Unterhalt in Anspruch genommenen Elternteils nach § 252 FamFG aufzunehmen; § 129a ZPO gilt entsprechend. Die Urkundsperson hat demnach nur die Aufnahme von Erklärungen nach § 252 FamFG (auf Antrag auch mit der Verpflichtung zur Übermittlung an das zuständige Gericht nach § 129a ZPO) zu vollziehen. Die Urkundsperson ist wegen ihrer Neutralität zu-

---

76 KG FamRZ 2011, 1516; DIJuF JAmt 2011, 460 ff. zur Frage der Sorgeerklärung nach Wechsel ausländischer Eltern zu gewöhnlichem Aufenthalt des Kindes in der Bundesrepublik.

77 Knittel, Beurkundungen im Kindschaftsrecht, 8. Aufl. 2017, Rn. 743.

78 DIJuF Themengutachten TG-1091.

79 Eine vergessene Belehrung ist ein schwerer Fehler der Urkundsperson, OLG Düsseldorf FamRZ 2004, 1134 f.; DIJuF JAmt 2005, 456 ff.

80 Nein: MüKoBGB § 1626 b Rn. 17; ja: Anwaltskommentar zum BGB § 1626 b Rn. 5.

ständig, die anderen Jugendamtsmitarbeiter sind durch die Regelung in § 18 ausgeschlossen, wonach der Unterhaltsschuldner nicht beraten oder unterstützt werden darf. Es wird keine Sachverhaltsklärung oder Rechtsfolgenbelehrung nach § 17 BeurkG geschuldet, sondern nur die Unterstützung bei der Erstellung und Formulierung der Einwendungen. Allerdings muss die Urkundsperson Fristen abfragen und prüfen (Monatsfrist gem. § 251 Abs. 1 S. 2 Nr. 3 FamFG), wobei unbedingt § 252 Abs. 3 FamFG zu beachten bleibt mit der Folge sofortiger Übermittlung ggf. per Fax an das zuständige Gericht, weil die Einwendungen auch nach Ablauf der Monatsfrist bei Eingang vor der Festsetzung durch das Gericht zu berücksichtigen sind. Wenn der Erschienene dies wünscht, ist es Sache der Urkundsperson, für die Übermittlung des Schriftstückes an das Familiengericht fristwahrend zu sorgen (§ 59 Abs. 1 S. 1 Nr. 9 Hs. 2 iVm § 129a Abs. 2 S. 1 ZPO). Mit der Aufnahme der Nr. 9 in den Katalog des § 59 war seinerzeit die Erwartung des Gesetzgebers verbunden, dass der Unterhaltspflichtige von der Urkundsperson des Jugendamts eine kostenfreie und besonders kompetente Belehrung erhalten könne, wenn er zwar Einwendungen vorbringen will, jedoch mit der Ausfüllung des Vordrucks (den es jetzt nicht mehr gibt) überfordert ist. Die Bundesregierung hat den Vorschlag des Bundesrats, die Hilfeleistung des Jugendamts zu streichen, abgelehnt mit dem Hinweis, der Vorschlag betreffe nicht die Neuregelung des Gesetzentwurfs. In der Abschrift des Festsetzungsantrags für den Antragsgegner ist daher weiterhin der Hinweis enthalten, dass das Jugendamt kostenlos die Einwendungen aufnimmt.[81]

3 Beteiligte Personen (Abs. 2)

Für die Beurkundungen nach Abs. 1 gilt ein weiter Beteiligungsbegriff. Beteiligt an der Urkunde sind daher nicht nur die vor der Urkundsperson Erschienenen, sondern zB auch das nicht mit anwesende **Kind**. Dazu schreibt § 17 Abs. 1 S. 2 BeurkG vor, dass auch dessen Interessen von der Urkundsperson berücksichtigt werden müssen. 51

Im Übrigen ist die Urkundsperson beim JA für jeden um eine Beurkundung nachsuchenden Beteiligten zuständig, egal ob er im Jugendamtsbezirk wohnt oder nicht. Das Gesetz enthält grundsätzlich keine Einschränkungen hinsichtlich der **Zuständigkeit**. Zu beachten bleibt aber, dass bei Ausländern wenigstens einer der an der Urkunde Beteiligten seinen gewöhnlichen Aufenthalt in der Bundesrepublik haben muss, weil es sonst an der Beurkundungszuständigkeit fehlen würde, § 2 Abs. 3 Nrn. 12 und 13 iVm § 6 Abs. 2. 52

Die Urkundsperson muss sich selbst in der Urkunde als Urkundsperson bezeichnen und dies auch bei der Unterschrift (durch den Zusatz „Urkundsperson") deutlich machen.[82] 53

Für die **Prüfung der Identität** des Beteiligten gilt § 10 BeurkG. Die Urkundsperson muss sich über die Person des Beteiligten vergewissern und dies in der Urkunde vermerken. Diese Vergewisserungs-Verpflichtung bezieht sich **nicht** auf die Anschrift. Insoweit genügt die einfache Erklärung des Erschienenen. Die DONot legt fest, dass die Identitätsfeststellung idR durch Vorlage eines Ausweises/Passes zu erfolgen hat, wobei dieser auf Gültigkeit zu prüfen ist. Die Frage der Gültigkeit des Ausweises sollte vermerkt werden, aber auch ungültige Personaldokumente können bei ausreichender Gewissheit der Urkundsperson verwendet werden. Krankenkassen- oder Kreditkarten auch mit Bild reichen nicht aus, weil die Identität zwischen Karteninhaber und aufgebrachtem Bild von den Ausstellern nicht geprüft wird. Für das JA gilt nur § 10 BeurkG und nicht die DONot; die DONot ist im Hinblick auf die Gleichstellung von Notar und Urkundsperson im § 1 BeurkG aber zur Feststellung der Pflichten der Ur- 54

81 JAmt 1/2016, 2.
82 Vgl. § 13 Abs. 3 S. 2 BeurkG; DNotI-Report 2006, 9 ff.

kundsperson sinngemäß heranzuziehen (→ Rn. 7) und dient auch als Auslegungshilfe. Es sollte daher die Ungültigkeit (seit wann) vermerkt werden und ggf. auch weitere Daten (Ausweisnummer, Ausstellungsdatum und -behörde). Die persönliche Bekanntschaft ist ggf. ausreichend wie auch die Vorstellung durch Dritte (Polizist, Krankenschwester, Justizwachtmeister, Gerichtsvollzieher, Zollbeamter, Feuerwehrmann), wenn diese Dritten nach Ansicht der Urkundsperson besonders vertrauenswürdig sind.

55 Auch die Beurkundung ohne Identitätsnachweis ist möglich (§ 10 Abs. 2 S. 2 BeurkG) und oftmals zwingend, etwa bei einer Person, die eine Burka trägt oder bei fehlenden Personaldokumenten nach Diebstahl oder Aushändigung an die Ausländerbehörde oä. Die vorgelegten Personaldokumente sind genau zu prüfen, weil oftmals insbesondere bei Ausweisersatzdokumenten Personendaten mit Dienstsiegel angegeben werden, im Ausweis sich dann aber der Vermerk findet, diese Angaben würden auf den eigenen Angaben des Inhabers beruhen und mithin auch die ausstellende Behörde Sicherheit über die Personendaten nicht hat. In solchen Fällen besteht trotz eines amtlichen Dokumentes keine Gewissheit über die Person des Erschienenen. Die vorgelegten und zur Identitätsfeststellung verwendeten Papiere sind genau zu bezeichnen.

Die Beteiligten sind auf die ungewisse Identitätsfeststellung hinzuweisen, ebenso darauf, dass die Verwertbarkeit der Urkunde nur eingeschränkt möglich ist; wird trotzdem die Beurkundung gewünscht, ist diese auch vorzunehmen. Die angesprochenen Punkte sind in die Niederschrift aufzunehmen. Die Prüfung der Verwertbarkeit der Urkunde obliegt dann dem jeweiligen Empfänger. Sollten später konkretere Ausweispapiere vorgelegt werden oder stellt sich heraus, dass einzelne Angaben unrichtig sind, muss, falls entsprechende Nachweise vorgelegt werden, ein entsprechender Nachtragsvermerk aufgenommen werden.[83]

56 Die Feststellung zur Person in der Urkunde beweist die Existenz des Beteiligten.[84]

Asylbescheinigungen uä reichen aus,[85] jedoch bleibt § 78 Abs. 7 S. 2, Abs. 6 S. 2 Nr. 10 AufenthG zu beachten (Vorbehalt im Ausweisdokument muss dann auch in die Jugendamtsurkunde aufgenommen werden). Für die Standesbeamte mag eine derartige Vaterschaftsanerkennung problematisch sein, da sie eigenständige Prüfungspflichten haben. Dies kann aber eine Urkundsperson nicht an der Aufnahme der gewünschten Urkunde hindern.

Ein Vaterschaftsanerkenntnis ist nicht etwa deshalb unwirksam, weil der Anerkennende keinen sicheren Nachweis über die von ihm geführten Personalien beibringt; es kann trotzdem mit entsprechendem Vermerk beigeschrieben werden;[86] aber die Eintragung des Vaterschaftsanerkenntnisses kann abgelehnt werden, wenn die Identität der Mutter zweifelhaft ist.[87] Die Urkundsperson muss nach den ihr vorliegenden Unterlagen beurkunden und hat auch keine Mitteilungspflicht etwa an die Ausländerbehörde.[88]

57 **Vertretungsnachweise** (Betreuerbestellung, Anordnung der Vormundschaft, Vertretungsberechtigung innerhalb der Behörde, Vollmachten) müssen der Urkundsperson vorgelegt und in beglaubigter Abschrift der Urschrift (und damit auch allen Ausfertigungen und beglaubigten Abschriften) als Anlage beigefügt (§ 12 BeurkG), aber nicht mit Schnur und Siegel verbunden werden („Klammeraffenprinzip"). Die Beurkundung

83 Weitere Ausführungen dazu siehe auch DIJuF JAmt 2017, 177.
84 BGH DNotZ 2011, 340 ff.
85 Sehr gründlich dargelegt in DIJuF JAmt 2003, 523 ff. und 2004, 302.
86 Vgl. BayObLG FamRZ 2005, 826; OLG Hamm FamRZ 2005, 128 f.; KG FamRZ 2006, 222; DIJuF JAmt 2006, 290.
87 OLG München FamRZ 2008, 2227.
88 DIJuF JAmt 2009, 366.

von Unterhalt durch Bevollmächtigte ist zulässig.[89] Auch die Vollstreckungsunterwerfung aufgrund Vollmacht ist zulässig, aber bei der Erteilung der Vollstreckungsklausel gibt es Einschränkungen.[90]

Die gerichtlich angeordnete **Betreuung** (§§ 1896 ff. BGB) bewirkt keinen Ausschluss des Betreuten von einer Beurkundung beim JA, denn die Betreuung stellt nichts zur Frage der Geschäftsfähigkeit fest. Diese ist von der Urkundsperson im Gespräch mit dem Betreuten zu prüfen und zu entscheiden. So kann ohne Weiteres beurkundet werden, selbst wenn die Urkundsperson Kenntnis vom entgegenstehenden Wunsch des Betreuers hat, soweit keine Bedenken gegen die Geschäftsfähigkeit bei der Beurkundung bestehen.[91] 58

Die **Geschäftsfähigkeit** des Erschienenen ist von der Urkundsperson immer zu prüfen und zwar in zwei Teilen: einmal zur Frage des Alters des Beteiligten und zum anderen zu etwaigen psychischen Störungen. Die Feststellung zu psychischen Störungen kann in der Urkunde festgehalten werden, etwa mit der Formel „... nach dem Eindruck der Urkundsperson bestehen gegen die Geschäftsfähigkeit keine Bedenken" oä. Bestehen schwerwiegende Bedenken, muss die Beurkundung abgelehnt werden; bestehen Bedenken und soll gleichwohl beurkundet werden, muss dies in der Urkunde vermerkt werden.[92] Wenn kein Anlass zu Zweifeln besteht, muss auch nichts dazu in die Urkunde aufgenommen werden. Wichtiger ist jedoch bei Ausländern im Hinblick auf Art. 7 EGBGB die Feststellung der Geschäftsfähigkeit nach dem Lebensalter. Diese richtet sich nach dem Heimatrecht des Erschienenen (in Teilen etwa der USA Eintritt der Volljährigkeit erst mit dem 21. Lebensjahr, in einigen Balkanstaaten wird auch eine 16-Jährige volljährig, wenn sie ein Kind hat). Dies muss in der Urkunde festgehalten werden, weil keine scheinbar wirksame, tatsächlich aber schwebend unwirksame Urkunde geschaffen werden darf. In solchen Fällen muss die Urkundsperson sich ggf. bei der Botschaft des betreffenden Landes oder in der Fachliteratur kundig machen (in vielen Fällen kann eine entsprechende Anfrage auch an die zuständige Standesamtsaufsicht gerichtet werden), welches Volljährigkeitsalter gilt, und die Beteiligten sind in der Urkunde darauf hinzuweisen, dass es zur Wirksamkeit ggf. der Zustimmung der gesetzlichen Vertreter bedarf und die Urkunde bis dahin nicht wirksam ist. 59

Sprachprobleme (§ 16 BeurkG) führen zur Notwendigkeit der Hinzuziehung eines Dolmetschers,[93] selbst wenn der Beteiligte Deutscher ist oder eben noch Deutsch sprach; es reicht der Eindruck der Urkundsperson zu mangelnder Sprachkenntnis oder die Erklärung des Beteiligten, die deutsche Sprache nicht hinreichend zu verstehen. Die Kosten des Dolmetschers (wie auch eines Urkundszeugen) trägt das JA, weil das SGB VIII zu § 59 keine Kostenvorschrift enthält (→ Rn. 8). Das Land Brandenburg hat jedoch im Gesetz zur Änderung des Ersten Gesetzes zur Ausführung des SGB VIII in § 25 Abs. 1 festgelegt, dass die Kreise die Erhebung von Gebühren und Auslagen für Beurkundungen und Beglaubigungen durch Satzung regeln können,[94] wozu auch der Ersatz von Dolmetscherkosten gehören kann.[95] Die Frage, ob ein vereidigter Dolmetscher von der Urkundsperson hinzu gezogen werden muss,[96] ist (wegen der Kos- 60

89 Vgl. DIJuF JAmt 2004, 303 f.
90 BGH NJW 2008, 2266 ff.; ausführlich Knittel, Beurkundungen im Kindschaftsrecht, 8. Aufl. 2017, Rn. 177 ff.
91 S. auch DIJuF JAmt 2012, 81 ff.; 2013, 88 f.
92 Ausführlich zur Geschäftsfähigkeit Knittel, Beurkundungen im Kindschaftsrecht, 8. Aufl. 2017, Rn. 160 ff.
93 Niemals darf jemand dolmetschen, für den §§ 6 und 7 BeurkG gilt; s. auch OLG Frankfurt aM 1.2.2016 – 5 UF 286/15, JAmt 4/2016, 213, mit Hinweis für die Praxis.
94 GVBl. Brandenburg Teil I, Nr. 10 vom 16.7.2007, 124.
95 Zu den Kosten siehe auch DIJuF JAmt 2002, 451.
96 So wohl nach dem Wortlaut des § 16 Abs. 3 S. 3 BeurkG: „Ist der **Dolmetscher** nicht allgemein vereidigt, ..." und DIJuF JAmt 2010, 231 f.

ten) problematisch geworden und nicht grundsätzlich notwendig, weil nach dem Gesetzeswortlaut verzichtbar, wenn keiner der Beteiligten auf einem vereidigten Dolmetscher besteht. Es sollte in die Urkunde eingefügt werden: „Auf einen vereidigten Dolmetscher und eine schriftliche Übersetzung wurde auch nach Belehrung verzichtet."[97] Ob es möglich ist, bei verabredeten Terminen mit einem Dolmetscher und unentschuldigtem Ausbleiben der Beteiligten die so angefallenen Dolmetscherkosten dem Beteiligten aufzuerlegen, könnte nur der Amtsleiter entscheiden. Nach § 16 Abs. 3 BeurkG soll die Urkunde auch von dem Dolmetscher unterschrieben werden.

61 Körperliche **Behinderungen** führen idR zur Hinzuziehung eines **Urkundszeugen** (s. §§ 22 ff. BeurkG – es ist jeweils die Rede von der Zuziehung eines Zeugen oder zweiten Notars/Urkundsperson). Zu beachten bleibt § 22 BeurkG hinsichtlich eines Gebärdensprachdolmetschers und § 24 BeurkG bei Zweifeln an jeglicher Verständigungsmöglichkeit mit einem Behinderten.[98] Weiter sind die Ausschlussgründe eines Zeugen zu beachten (§§ 6, 7 BeurkG) und es darf dessen Aufnahme in die Urkunde mit allen persönlichen Daten nicht vergessen werden. Der Verzicht auf Zeugen ist möglich, muss aber zu Hinweisen und Belehrungen in der Urkunde führen.[99] Nach § 22 Abs. 2 BeurkG soll die Urkunde auch von dem Zeugen unterschrieben werden.

4 Mitwirkungsverbote der Urkundsperson (Abs. 2)

62 Für die Urkundsperson gelten Abs. 2 und über § 1 Abs. 2 BeurkG grundsätzlich die Ausschlussregeln der §§ 3 und 6 BeurkG (ein Verstoß gegen § 3 BeurkG ist Amtspflichtverletzung; ein Verstoß gegen § 6 BeurkG führt auch noch zur Nichtigkeit der Urkunde). Abs. 2 ist keine die Vorschriften des BeurkG ausschließende Spezialnorm, sondern wirkt lediglich klarstellend. Ausgeschlossen sind mithin Beurkundungen, an denen Ehegatten oder direkte Verwandte (auch frühere, § 6 Abs. 1 Nr. 3 BeurkG) beteiligt sind.

63 Problematisch ist das Mitwirkungsverbot aus § 3 Abs. 1 Nr. 7 BeurkG in Angelegenheiten einer Person, für die die Urkundsperson außerhalb ihrer Amtstätigkeit in derselben Angelegenheit bereits tätig war oder ist, es sei denn, diese Tätigkeit wurde im Auftrage aller Personen ausgeübt, die an der Beurkundung beteiligt sein sollen. Die Vorschrift betrifft Sachbearbeiter des JA, die für das beteiligte Kind tätig waren oder sind. Nach ihrem Wortlaut ist die Vorschrift auf die Urkundsperson des JA anzuwenden.[100] Würden die Jugendämter dieser Auffassung folgen müssen, käme die Urkundstätigkeit zum Erliegen. Die Vorschrift ist im Jugendamtsbereich jedoch nicht uneingeschränkt anwendbar.[101] Es gibt vereinzelte Stimmen, die gegen die Darlegungen bei Knittel sprechen mit der Begründung, dass für den Gesetzgeber eine Klarstellung leicht wäre, dieses Argument ist aber nicht überzeugend. Es ist aber gleichwohl Abs. 2 zu beachten.

64 Ist die Urkundsperson jedoch der Beistand oder Vormund des Kindes, muss wegen § 3 Abs. 1 Nr. 5 BeurkG (ähnlich § 59 Abs. 2) von einer Beurkundung abgesehen werden, selbst wenn ein Verstoß nicht zur Unwirksamkeit der Urkunde führt. Es besteht die nachvollziehbare Gefahr, dass die Urkundstätigkeit in einem solchen Falle zwangsläufig zu Verstößen gegen § 17 BeurkG führt, weil die Urkundsperson nicht mehr neutral den Sachverhalt klären, den wahren Willen des Beteiligten erforschen und über die rechtliche Tragweite unter Beachtung des Schutzes unerfahrener oder ungewandter

97 Zur Bedeutung der intensiven Prüfung der Sprachkenntnisse durch die Urkundsperson DIJuF JAmt 2010, 361 f., DNotI-Report 2013, 139 f.
98 Ausführlich dazu Knittel, Beurkundungen im Kindschaftsrecht, 8. Aufl. 2017, Rn. 138 ff.
99 S. auch DIJuF JAmt 2003, 526 für taubstumme Ausländerin.
100 Vgl. Huhn/von Schuckmann BeurkG § 3 Rn. 7.
101 So Knittel, Beurkundungen im Kindschaftsrecht, 8. Aufl. 2017, Rn. 56 ff. mwN.

Beteiligter belehren kann, weil sie selbst als Beistand oder Vormund einseitig die Interessen des Kindes vertreten muss.

Die Urkundsperson kann von einem Beteiligten aus welchen Gründen auch immer **abgelehnt** werden. Dies führt nicht zu Handlungszwängen der Urkundsperson, sondern diese ist nur von der weiteren Mitwirkung ausgeschlossen. Der Beteiligte muss sich dann an eine andere Urkundsperson oder sonstige zur Beurkundung ermächtigte Stelle wenden. 65

Die Urkundsperson kann sich auch selbst für **befangen** erklären (etwa wegen einer nahen Bekanntschaft), muss dies aber im Zweifel nachvollziehbar darstellen können, weil es sich um eine Ablehnung einer Beurkundung handelt.

5 Das Beurkunden

Beurkunden ist das Niederschreiben von Tatsachen, die die Urkundsperson selbst wahrgenommen hat.[102] Einzelheiten regeln die §§ 9 ff. BeurkG. Die Urkunde hat weiter die **Vermutung der Richtigkeit** und Vollständigkeit für sich,[103] dh was nicht in der Urkunde steht, hat es bei der Beurkundung auch nicht gegeben. Dabei ist es unerheblich, ob tatsächlich über das fragliche Problem während der Beurkundung gesprochen wurde. Wenn dazu nichts in der Urkunde steht, ist dies unbeachtlich. Die Vermutung ist widerleglich; die Beweislast liegt jedoch bei der Urkundsperson, wenn diese sich auf Umstände beruft, die aus der Urkunde nicht ersichtlich sind.[104] Die dazu oftmals verwendeten Belehrungsbögen eröffnen wenigstens die Chance einer Rechtsverteidigung bei entsprechenden Vorwürfen des Urkundsbeteiligten und sollten daher verwendet, aber auch an die sich ändernde Rechtslage fortlaufend angepasst werden. Ob sie letztlich helfen, ist aber nicht sicher. Diese Belehrungsbögen ersetzen aber nie die in § 17 Abs. 1 Satz 1 BeurkG enthaltene mündliche Belehrungspflicht. 66

Die Beurkundung von Erklärungen in **Abwesenheit** der Erklärenden aufgrund einer von diesen schon unterzeichneten Urkunde ist Falschbeurkundung im Amt und mithin erheblich strafbewehrt. 67

Grundlegende Norm für den Beurkundungsvorgang ist **§ 17 BeurkG**, dessen Beachtung von der Rechtsprechung streng gefordert wird und bei Verstößen zu Schadensersatzforderungen führen kann. Danach muss die Urkundsperson: 68

- den **Willen** der Beteiligten **erforschen**, also nicht die Vorgabe Dritter (Kollege, anderes JA, Anwalt) hinnehmen, sondern nachfassen, ob der Betreffende das wirklich will, was ihm aufgegeben wurde oder was er bis dahin meinte, erklären zu sollen. Anschreiben von Kollegen, anderen Jugendämtern, Rechtsanwälten sind für die Urkundsperson ohne jede Bedeutung, wenn der vor ihr geäußerte Wille des Erschienenen davon abweicht. § 17 Abs. 2 BeurkG vertieft diese Nachfrage sogar noch zur Erforschung des „wahren" Willens. 69
- den **Sachverhalt klären**, also wieder nicht die Vorgabe Dritter hinnehmen, sondern sich von dem Beteiligten die tatsächlichen Grundlagen der beabsichtigten Urkunde darlegen lassen, wobei diese aber nicht auf ihre Richtigkeit überprüft werden müssen. Allerdings müssen erkennbare Widersprüche oder Missverständnisse erörtert werden (Beispiel: Jede angeblich erstmalige Beurkundung von Unterhalt muss zur Frage nach früheren Unterhaltstiteln führen und die Antwort in der Urkunde vermerkt werden oder es muss nach etwaigen Entscheidungen zum Sorgerecht gefragt werden. Fehlen Frage und Antwort in der Urkunde und liegen doch ein alter Titel oder eine Sorgerechtsentscheidung vor, hat die Urkundsperson in 70

102 Winkler BeurkG § 1 Rn. 2.
103 BGH NJW 1980, 1680; 1991, 1750; 2002, 3164.
104 DIJuF JAmt 2003, 69 (71).

der Urkunde den Verstoß gegen § 17 BeurkG sozusagen amtlich festgehalten. Daher ist ein Hinweis für Sachbearbeiter, insbesondere als Beistände notwendig: Verpflichtung zur eigenen Sachverhaltsermittlung!).[105]

71 Die Sachverhaltsklärung kann nur dokumentiert werden, wenn sie **in der Urkunde belegt** ist. Die Angabe der tatsächlichen Grundlagen etwa einer Unterhaltsverpflichtung schützt die Urkundsperson vor dem Vorwurf fehlender Sachverhaltsklärung und gibt sowohl dem Unterhaltsgläubiger als auch dem Unterhaltsschuldner eine rechtliche Sicherheit für zukünftige Unterhaltsabänderungen. Die Kriterien der Abänderbarkeit wiederkehrender Leistungen sollten so genau wie möglich in die Urkunde aufgenommen und über den Grund derartiger Abgaben belehrt werden.[106] Leider sind derartige Angaben in den Unterhaltsverpflichtungen der Jugendämter wohl aus Zeitgründen oder auch aufgrund mangelhafter Vordrucke oder Beurkundungsmodule nicht üblich.

72 ■ über die **rechtliche Tragweite belehren**. Es muss zwar nicht jede theoretische Folge der Urkunde angesprochen werden, aber sicherlich müssen die wesentlichen Folgen in einer dem Beteiligten verständlichen Weise von der Urkundsperson dargelegt werden; das bloße Zitat von Paragrafen ohne deren Erläuterung ist sicher ebenso unzureichend wie die Folgenbeschreibung mit einer Wortwahl, der der Beteiligte nicht zu folgen vermag (etwa wegen fehlender Vorbildung, Sprachkenntnissen). Die Belehrung muss sich dem intellektuellen Niveau des Erschienenen anpassen. Über die Rechtsfolgen nach deutschem Recht muss immer belehrt werden (also uU auch über ausländisches Recht mit Inlandswirkung, etwa zu Art. 7 EGBGB oder zum Recht der Europäischen Union), aber niemals sollte über ausländisches Recht belehrt werden (dies ist zwar zulässig, muss dann aber auch stimmen) oder über steuerliche[107] oder arbeitsrechtliche Folgen einer Urkunde (wie vor).

73 Zur rechtlichen Tragweite im **Ausland** muss nicht belehrt werden (§ 17 Abs. 3 Satz 2 BeurkG, demnach besteht keine Verpflichtung zur Belehrung über den Inhalt ausländischer Rechtsordnungen).

74 ■ **Irrtümer** und **Zweifel vermeiden** sowie **ungewandte Beteiligte nicht benachteiligen**. Die Urkundsperson muss neutral sein, selbst wenn das als Mitarbeiter des JA (= Interessenvertreter der Kinder) schwer fällt. Die Urkundstätigkeit darf nicht dazu führen, dass den Ansprüchen der Kinder der Vorrang eingeräumt wird. Unkenntnis oder mangelnde Gewandtheit des Urkundswilligen müssen daher zu besonderen Hinweisen der Urkundsperson führen. Die Urkundsperson hat nach dem Wortlaut des Gesetzes gegenüber allen Beteiligten (auch die bei der Beurkundung nicht anwesenden Kinder oder die Mutter) eine neutrale und fürsorgende Stellung.

75 Es gibt keine gesetzlichen Regelungen zur **körperlichen Herstellung** einer Urkunde. Anhaltspunkte dafür sind den §§ 26 ff. DONot zu entnehmen,[108] selbst wenn die DONot für die Urkundsperson des JA nicht unmittelbar gilt (die Berücksichtigung der darin enthaltenen Vorgaben ist aber im Interesse des Beurkundungsvorgangs dringend zu empfehlen). Mangels anderer Vorgaben durch die Länder folgt daraus also, niemals Faserstifte verwenden, nur Kugelschreiber mit Minenaufdruck DIN 16554 (ggf. 16554/2) bzw. ISO 12757–2 in schwarz oder dunkelblau, keine anderen Farben. Vorsicht bei Tintenfüllfederhaltern oder Pinball-Schreibern, da diese idR unzulässig sind

105 Vgl. BGH NJW 1961, 601 (602), anwendbar auf Beistände im Hinblick auf §§ 234, 114 Abs. 3 und 4 Nr. 2 FamFG.
106 Vgl. Heinemann DNotZ 2009, 20 mwN; Schmidt JAmt 2009, 288 (293).
107 Einhellige Meinung, zuletzt BGH FamRZ 2008, 144.
108 Im Internet unter BNotK.de im Wortlaut.

(wasserlöslich, Tintenkiller!, Tinte ausnahmsweise, wenn besonders gekennzeichnet als dokumentenecht). Papier: Umweltschutzpapier kann ungeeignet sein (zu kurze Haltbarkeit; → Rn. 86), für Urschriften und Ausfertigungen nur in weißer oder gelblicher Farbe, kein Dünndruckpapier. Drucker/Kopierer: Nur mit Zeugnis der Papiertechnischen Stiftung eV in Heidenau Typ A für Urschrifterstellung oder Typ B für Ausfertigungen (Hinweis: Tintenstrahldrucker haben aus og Gründen kein solches Zeugnis). Ggf. kann der Behördenleiter oder auch der Amtsleiter zu den Arbeitsmitteln eigene Vorgaben machen. Aufgrund der in vielen Ämtern nicht mehr vorhandenen Prägesiegel muss als Notbehelf mindestens die Verbindung durch Randverklebung/Siegel oder „knicken/heften/siegeln" akzeptiert werden.

Die **Anzahl der Seiten** einer Urkunde ist nicht beschränkt. Mehrseitige Urkunden und 76
Anlagen zur Urkunde sollen mit Schnur und (Präge-)Siegel verbunden werden, § 44 BeurkG (ergänzend hierzu auch § 30 DoNot). Die Schnurfarbe ist länderspezifisch.[109] Weiter sind Siegeloblate und Siegelstern sowie das Prägesiegel erforderlich. Das Bedrucken von Vor- u. Rückseite eines Blattes ist zulässig; das Heften mehrseitiger Urkunden ist bei bis zu vier DIN A 4-Seiten vermeidbar durch Umkopieren auf DIN A 3 beidseitig und anschließendem Falten. Mehrseitige Urkunden, die anders verbunden sind, können in ihrer Beweiskraft eingeschränkt sein und bei Vollstreckungen Schwierigkeiten machen. In der täglichen Praxis zeigt sich aber, dass „knicken/heften/siegeln" eine relativ hohe Akzeptanz hat.

Die Urkunde muss in Gegenwart der Urkundsperson vorgelesen werden. Sie muss da- 77
her durchgehend **anwesend** sein, aber nicht unbedingt selbst vorlesen. Das Vorlesen kann auch durch Dritte erfolgen (§ 13 Abs. 1 Satz 1 BeurkG). Das Ablesen vom Bildschirm ist unzulässig[110] und führt zur Formunwirksamkeit der Urkunde. Es muss immer vom ausgedruckten Blatt vorgelesen werden. Probleme bei der EDV-Technik, die etwa später Änderungen des Textes nicht mehr akzeptieren will oder beim Ausdruck sogleich Registernummern vergibt, sind reine Verwaltungsprobleme, können aber an den rechtlichen Vorgaben nichts ändern. Die Belehrungen nach § 17 BeurkG müssen durch die Urkundsperson **persönlich** vorgenommen werden; die Belehrung durch andere Mitarbeiter oder durch Übergabe eines Erläuterungsschreibens ist grundsätzlich nicht ausreichend. Belehrungsvordrucke, wie sie etwa auch das DIJuF[111] oder https://www.dijuf.de/Formulare_für_Mitglieder.htm oder die einzelnen JA selbst vorgeschlagen haben, sind bei der Frage der Beweislast für eine Belehrung hilfreich, aber uU gleichwohl unzureichend, weil sie nicht Bestandteil der Urkunde sind.

Die Urkunde muss von allen anwesenden Beteiligten und der Urkundsperson **unter-** 78
schrieben werden. Die Nachholung von Unterschriften auf der alten Urkunde ohne neue Beurkundung kann Urkundenfälschung sein.[112] Fehlt die Amtsbezeichnung bei der Unterschrift der Urkundsperson, bleibt die Urkunde wirksam, fehlt die Unterschrift der Urkundsperson völlig, besteht zur Frage der Nachholung Streit.[113]

Was eigentlich eine Unterschrift ist, unterliegt stetigen Diskussionen: Einerseits muss sie wohl individualisiert und darf kein sog. Handzeichen (Handzeichen sind zB drei Kreuze oder sog. Smileys) sein, andererseits muss sie aber auch nicht (vollständig) les-

109 Sachsen grün/weiß; BY blau/weiß; NRW grün/weiß/rot; NS, RhPf, Saar schwarz/rot/gold; MV blau/weiß/gelb; B, BR, HB, HH, Hessen, Thüringen rot/weiß; BW, SA schwarz/gold, SchlHolst blau/weiß/rot.

110 OLG Frankfurt DNotZ 2000, 513 ff.; OLG Brandenburg RNotZ 2012, 525 ff.

111 JAmt 2001, 418 ff.

112 Streitig; nach OLG Naumburg DNotI-Report 2000, 129 ist die Nachholung der Unterschrift der Urkundsperson nach Einführung der Urkunde in den Rechtsverkehr nicht mehr möglich.

113 DNotI-Report 2011, 35 ff.

bar sein.[114] Der Vorname allein genügt aber nicht, der Nachname reicht im Zweifel.[115] Zur Unterzeichnung mit unvollständigem Namen DNotI-Report 2005, 113 ff. Zu den zivilprozessualen Anforderungen an eine Unterschrift s. BGH, NJW 2005, 3775, weiter BGH 9.7.2015 – ZB 203/14, NJW 2015, 3104 oder BGH 3.3.2015 – VI ZB 71/14, FamRZ 2015, 854.

Bei Zusätzen (etwa „unter Vorbehalt") liegt keine wirksame Urkunde vor.[116] Die Urkundsperson darf selbst nicht unterschreiben, wenn sie unvollständige Unterschriften oder Anmerkungen bemerkt. Die Urkunde wird dann nicht wirksam. Von der Urkundsperson ist aber hinzunehmen, wenn in einer fremden Schrift unterschrieben wird. Sie muss dann die Richtigkeit unterstellen.

79 Der Urkundsperson obliegt eine im Gesetz nur gelegentlich geregelte[117] aber nach einhelliger Ansicht immer bestehende **Verpflichtung zur Durchführung der Urkunde**, dh die Urkundsperson muss die von der Urkunde betroffenen und bei der Beurkundung nicht anwesenden Dritten durch Übermittlung einer Ausfertigung oder beglaubigten Abschrift der Urkunde unterrichten. Oftmals ist diese Verpflichtung auch in der Urkunde selbst vom Beurkundenden der Urkundsperson aufgegeben, etwa durch die Formulierung: „Ich bewillige und beantrage die Erteilung ... für das Kind", oder in der gesetzlichen Verteilungspflicht, wie sie zum Beispiel in § 1597 Abs. 2 BGB vorgeschrieben ist. In § 51 BeurkG ist geregelt, wer berechtigt ist, Ausfertigungen oder Abschriften zu verlangen, unberührt davon bleiben gesetzliche Verteilungspflichten, wie zum Beispiel in § 1597 Abs. 2 BGB.

80 Welche **Rechtsmittel** gegen die Ablehnung der Urkundstätigkeit durch die Urkundsperson möglich sind, ist im Gesetz nicht geregelt und bleibt weitgehend offen. Gegen die Verweigerung der Beurkundung soll nach Knittel[118] die Beschwerde als Antrag nach den Vorschriften des FamFG zum Landgericht möglich sein, was das Landgericht Wuppertal[119] anders sieht, auf den Verwaltungsrechtsweg verweist und einen mit Widerspruch angreifbaren „Bescheid" der Urkundsperson über die Ablehnung der Urkundstätigkeit verlangt. Der Hinweis auf den Zivilrechtsweg, wie Knittel dies sieht, dürfte wegen der Gleichstellung von Urkundsperson und Notar im Hinblick auf § 15 Abs. 1 S. 1 und Abs. 2 BNotO zutreffend sein.

81 Bei einer Ablehnung einer Tätigkeit muss die Urkundsperson daher die Vorgaben der §§ 38, 39, 63 und 64 FamFG beachten, also die Ablehnung mit einem Beschluss mit vollem Rubrum begründen und eine Rechtsmittelbelehrung anfügen. § 64 Abs. 1 FamFG ist dahin auszulegen, dass die Beschwerde dann bei der Urkundsperson einzureichen ist, die sie dann prüft, ggf. nicht abhilft und an das Landgericht weiterleitet. Ob sich dies dann für zuständig ansieht, hat es selbst zu entscheiden.

82 Gegen die Verweigerung der Erteilung von Ausfertigungen, beglaubigten Abschriften, vollstreckbaren Ausfertigungen durch die Urkundsperson gilt das Vorstehende, für Rechtsbehelfe gegen die Zulässigkeit der Vollstreckungsklausel oder die Bezifferung von Titeln ist jedoch das Amtsgericht des Sitzes des JA zuständig (in Abweichung von § 54 Abs. 2 BeurkG nach § 60 S. 3 Nr. 2).

83 Ob und was von den Erkenntnissen aus der Klärung des Sachverhaltes durch die Urkundsperson von dieser an Dritte (Beistand, Ausländerbehörde, öffentlicher Leistungsträger, anderer Elternteil, Kind) weitergegeben werden darf oder gar muss, ist

---

114 S. BGH NJW 2015, 3104, BAG NJW 2015, 3533 (3534).
115 Streitig, s. zum Streitstand BGH DNotZ 2003, 269.
116 DIJuF JAmt 2010, 425 f.
117 S. §§ 1597 Abs. 2, 1626d Abs. 2, 1746 Abs. 2 S. 1, 1747 Abs. 3 Nr. 3 iVm 1750 Abs. 1 S. 3 BGB, § 7 Abs. 1 S. 3 AdÜbAG.
118 Knittel, Beurkundungen im Kindschaftsrecht, 8. Aufl. 2017, Rn. 230 ff.
119 JAmt 2005, 470 mAnm Knittel, 440.

strittig und letztlich nicht abschließend geklärt.[120] Es ist wohl angesichts der Gleichstellung von Notar und Urkundsperson und der Stellung der Urkundsperson nur „beim" JA von einer **Verschwiegenheitspflicht** gegenüber jeglichen Dritten auszugehen, was beim Notar auch als selbstverständlich vorausgesetzt wird. Die Beurkundung in Gemeinschaftszimmern beim JA etwa bei Anwesenheit eines Kollegen ist danach ausgeschlossen. Die Beurkundung hat allein mit dem Urkundswilligen zu erfolgen, da nur so die Beachtung der Vorschrift des § 17 BeurkG gewährleistet werden kann.

6 Änderungen in Urkunden

§ 44a BeurkG regelt die Frage der Änderung von Urkunden. Danach sind Zusätze und sonstige, nicht nur geringfügige Änderungen während der Verlesung am Schluss vor den Unterschriften oder am Rand zu vermerken und im letzteren Fall von der Urkundsperson besonders zu unterzeichnen. Offensichtliche Unrichtigkeiten kann die Urkundsperson auch nach Abschluss der Niederschrift durch Nachtragsvermerk richtig stellen. Die Frage der „offensichtlichen Unrichtigkeit" bleibt aber schwierig und heftig umstritten (Beispiele: Der Unterhaltsbetrag in der Urkunde in Zahlen: 350,00 EUR monatlich; in Buchstaben ausgeschrieben: dreihundert Euro monatlich / Das Geburtsdatum des Kindes lautet: 30. Februar). Es dürfte sich um keine offensichtlichen Unrichtigkeiten handeln,[121] da aus der Urkunde nicht entnommen werden kann, welche der Angaben nun die richtige ist. Gegen die Berichtigung durch die Urkundsperson nach § 44a BeurkG ist kein Rechtsmittel gegeben.[122] 84

Liegt keine offensichtliche Unrichtigkeit vor, bleibt nur die Aufnahme einer förmlichen Berichtigungsurkunde mit den Beteiligten. Das nachträgliche Bekanntwerden etwa eines anderen Namens ist kein Fall des § 44a BeurkG, da sich die Vorschrift nur auf Fehler des Beurkundungsverfahrens bezieht und nicht auf falsche und nachträglich berichtigte Angaben des Beteiligten. In solchen Fällen muss eine Ergänzungsurkunde mit dem Beteiligten aufgenommen werden, in der die unzutreffenden Angaben vom Beteiligten durch eigene Erklärung korrigiert werden. Dabei ist der Beteiligte auf etwaige Folgen seiner Berichtigungserklärungen nach OWiG, StGB und anderen Vorschriften, etwa zu Passvorschriften, Asylverfahrensregeln usw hinzuweisen und darauf, dass die Berichtigung allein noch nicht ausreichend sein kann. Wurde etwa ein Vaterschaftsanerkenntnis mit Zustimmung der Mutter mit dem Namen Max Müller beurkundet und wird dieser Name durch Berichtigungsurkunde in Karl Neumann geändert, muss auch die Zustimmung der Mutter nun zu Karl Neumann neu beurkundet werden, weil nur die Mutter über die Identität der Personen entscheiden kann. 85

7 Urkundenaufbewahrung

Es gibt keine ländereinheitliche Regelung zu Form, Art und Umfang der Aufbewahrung der **Urkundsurschriften** und etwaiger **Nebenakten** zur Beurkundung. Jedes Bundesland und ggf. sogar jeder Landkreis kann dies selbst regeln. Hinweise sind der zur Klärung von Beurkundungsfragen heranzuziehenden DONot und den Verjährungsvorschriften sowie sinngemäß auch der Bundesnotarordnung zu entnehmen. Danach ist zunächst die Aufbewahrung in Papierform vorgeschrieben (also keine Speicherung durch EDV-Mittel oder Mikrofilm oä) und hinsichtlich der Aufbewahrungsfristen ist § 5 Abs. 4 DONot heranzuziehen, wonach Urkundenrolle (Urkundenregister), Na- 86

120 Vgl. DIJuF JAmt 2009, 18–21.
121 DIJuF JAmt 2004, 577 f.
122 OLG Frankfurt DNotZ 2011, 48 ff.

mensverzeichnis zur Urkundenrolle und Urkundensammlung 100 Jahre aufzubewahren sind. Für Jugendämter siehe hierzu die Ausführungen in Knittel und DIJuF.[123]

8 Ausfertigungen, beglaubigte Abschriften

87 Die **Ausfertigung** ersetzt die Urschrift im Rechtsverkehr (§ 47 BeurkG). Da die Urschrift in der Urkundensammlung des JA verbleibt, tritt die Ausfertigung an die Stelle der Urschrift. Die Anzahl der Erteilung von Ausfertigungen ist nicht begrenzt. Ausfertigungen kann jeder an der Urkunde Beteiligte verlangen (§§ 49, 51 BeurkG). Nachteilig bei der Erteilung von Ausfertigungen ist, dass die Erteilung der Ausfertigung auf der Urschrift besonders vermerkt werden muss (§ 49 Abs. 4 BeurkG). Die Ausfertigungen werden durchgezählt und die lfd. Nr. ist auszuweisen (etwa „3. Ausfertigung"). Zuständig für die Erteilung ist jede Urkundsperson beim JA, das die Urkunde erstellt hat, nicht nur die Urkundsperson, die die Urkunde aufgenommen hat. Es besteht auch keine zeitliche Beschränkung. Die Erteilung ist noch Jahre nach der Beurkundung möglich.[124]

88 Die **beglaubigte Abschrift** (§ 51 Abs. 3 BeurkG) bestätigt nur eine wörtliche Übereinstimmung mit dem Ursprungstext im Zeitpunkt der Beglaubigung, hat aber nicht die Wirkung der Ausfertigung, insbesondere keinen Schutz des „Guten Glaubens" an die Richtigkeit des Inhalts der Urkunde und deren gegenwärtigen Bestand.

9 Rechtsnachfolge

89 Nach § 727 ZPO können Vollstreckungsklauseln auf Rechtsnachfolger umgeschrieben werden, wenn die Rechtsnachfolge durch öffentliche Urkunde nachgewiesen ist, wobei die offenbar in Vergessenheit geratene Vorschrift des § 750 Abs. 2 ZPO (Vollstreckungsvoraussetzungen; Parteibezeichnung; Zustellung) zu beachten ist;[125] also bei Rechtsnachfolge durch Namensänderung oder durch Erbfolge, Abtretung, gesetzlichen Forderungsübergang ist durch den Antragsteller der Nachweis durch öffentliche oder öffentlich beglaubigte Urkunde zu führen. Einfache Kopien reichen nicht. Dies gilt auch für Behörden. Im Übrigen hat die Urkundsperson den Antrag nur auf Schlüssigkeit zu prüfen und ist zur inhaltlichen Beanstandung nicht berechtigt.

90 Das Sozialamt, das Jobcenter und die UhVorschG-Stelle müssen den **Forderungsübergang** (§§ 93, 94 SGB XII oder § 33 SGB II oder § 7 UhVorschG) belegen und Leistungszeiträume sowie Leistungshöhe in Form einer öffentlichen/öffentlich beglaubigten Urkunde genau darstellen, wobei dies sich nur auf vergangene Zeiträume beziehen kann, nicht auf zukünftig erst entstehende Ansprüche. Es muss keine Forderungsaufstellung unter Nachweis etwaiger Zahlungseingänge des Schuldners vorliegen, weil derartige Zahlungen als ein Problem der Vollstreckung und nicht des Umschreibungsverfahrens anzusehen sind.[126] Die Vorlage einer beglaubigten mit Siegel versehenen Abschrift des Bewilligungsbescheides ist nicht erforderlich, weil allein daraus der Rechtsübergang nicht ersichtlich ist.

91 Die tatsächliche Zahlung der bewilligten Leistungen muss nach § 727 Abs. 1 ZPO durch „öffentliche oder öffentlich beglaubigte Urkunden" nachgewiesen werden. Es muss die erfolgte Auszahlung belegt sein, weil der gesetzliche Forderungsübergang

---

123 Siehe dazu Knittel, Beurkundungen im Kindschaftsrecht, 8. Aufl. 2017, Rn. 220 ff. mit differenzierenden Aufbewahrungsfristen, sowie DIJuF-Rechtsgutachten DRG-1069 vom 5.1.2012, J 3.270 An/K.

124 Zur Bedeutung einer Ausfertigung – hier im Zivilprozess – BGH FamRZ 2010, 1246 f.

125 Sehr ausführlich Knittel, Beurkundungen im Kindschaftsrecht, 8. Aufl. 2017, Rn. 547 ff., und DIJuF-Themengutachten TG-1122.

126 DIJuF JAmt 2012, 472 ff.

erst mit der tatsächlichen Zahlung erfolgt. (Eine monatlich detailliert aufgeschlüsselte Aufstellung ist eine öffentliche Urkunde iSv § 418 ZPO, sofern diese auf dem Kopfbogen der Behörde und mit Siegel und. Unterschrift des zuständigen Mitarbeiters versehen ist.) Entgegen der viel vertretenen Meinung ist nicht zusätzlich die Bestätigung der auszahlenden Stelle erforderlich.

Rechtswahrungsanzeigen und Bewilligungsbescheide sind für den Nachweis des Forderungsübergangs nicht erforderlich. 92

Nach aktueller Auffassung, die sich auf die zum 1.1.2005 eingetretenen Rechtsänderungen im Sozialhilferecht bezieht, führen die Schuldnerschutzvorschriften nicht ohne Weiteres zum Ausschluss des Forderungsübergangs, wenn der Sozialhilfeträger die Leistungsfähigkeit nicht nachweisen kann. Es soll die Versicherung, „von einer bestehenden oder drohenden Sozialhilfebedürftigkeit des Unterhaltsschuldners keine Kenntnis zu haben", ausreichen.[127] 93

Ist Anspruchsberechtigter eine Arbeitsgemeinschaft (nach altem Recht), war streitig, ob der Arbeitsgemeinschaft eine vollstreckbare Ausfertigung erteilt werden kann,[128] weil die Vorschriften des SGB zu Arbeitsgemeinschaften verfassungswidrig waren.[129] Die Umschreibung ist aber gleichwohl[130] auch auf diese Institution möglich gewesen. Die Frage, wie die Rechtsnachfolge durch die Arbeitsgemeinschaft (ARGE) in öffentlich beurkundeter Form wegen §§ 727, 750 ZPO nachgewiesen werden kann, war unklar.[131] Nach Grundgesetzänderung ist das Grundproblem durch Änderung des § 44b SGB II bereinigt; es gibt keine ARGE mehr, sondern eine „Gemeinsame Einrichtung" als eigener Rechtsträger mit den Befugnissen einer Verwaltungsbehörde. Die Berichtigung der Gläubigerbezeichnung ist ggf. möglich und nötig, erfordert aber keine Vorlage der Ausfertigung des Ursprungstitels, sondern ist nur auf der schon auf die ARGE umgeschriebenen vollstreckbaren Ausfertigung (und auf der Urschrift) zu vermerken.[132] 94

Urkundliche Nachweise sind verzichtbar, wenn (Alt-)Gläubiger und Schuldner zustimmen.[133] 95

Zur Ablehnung der Umschreibung DIJuF JAmt 2004, 182 ff. Zu Zweifeln an der Rechtmäßigkeit des Umschreibungsantrages DIJuF JAmt 2011, 148 f.; → Rn. 80 f. 96

Das Beurkundungsgesetz und die Zivilprozessordnung schreiben für **Umschreibungen** der Vollstreckungsklausel kein besonderes Verfahren vor. Der Schuldner kann – muss aber nicht – vor Durchführung gehört werden (§ 730 ZPO), wobei die Literatur eine Gelegenheit zur Schuldneräußerung im Hinblick auf den Anspruch auf rechtliches Gehör verlangt.[134] Selbst wenn sich der Schuldner dann äußert, kann die Urkundsperson beim Antragsteller unter Übersendung der Äußerung nur anfragen, ob der Antrag aufrecht erhalten oder etwa geändert wird. Wird der Antrag weiter gestellt, muss die Urkundsperson ihm entsprechen und kann den Schuldner nur auf den Prozessweg verweisen. 97

127 OLG Stuttgart 9.10.2007 – 8 WF 128/07, FamRZ 2008, 290; 13.8.2012 – 8 WF 88/11, FamRZ 2013, 655; bestätigt Stöber in Zöller ZPO § 727 Rn. 22 mwN.
128 Klinkhammer FamRZ 2006, 1171 (1173); OLG Zweibrücken NJW 2007, 2779 ff.
129 BVerfG FamRZ 2008, 859.
130 OLG Brandenburg FamRZ 2009, 1254 (1255) und BGH 22.10.2009 – II ZR 295/08.
131 Vgl. DIJuF JAmt 2008, 362.
132 DIJuF JAmt 2011, 393 ff.
133 BGH DNotI-Report 2005, 150.
134 BLAH ZPO § 730 Rn. 2.

§ 60 Vollstreckbare Urkunden

[1]Aus Urkunden, die eine Verpflichtung nach § 59 Absatz 1 Satz 1 Nummer 3 oder 4 zum Gegenstand haben und die von einem Beamten oder Angestellten des Jugendamts innerhalb der Grenzen seiner Amtsbefugnisse in der vorgeschriebenen Form aufgenommen worden sind, findet die Zwangsvollstreckung statt, wenn die Erklärung die Zahlung einer bestimmten Geldsumme betrifft und der Schuldner sich in der Urkunde der sofortigen Zwangsvollstreckung unterworfen hat. [2]Die Zustellung kann auch dadurch vollzogen werden, dass der Beamte oder Angestellte dem Schuldner eine beglaubigte Abschrift der Urkunde aushändigt; § 174 Satz 2 und 3 der Zivilprozessordnung gilt entsprechend. [3]Auf die Zwangsvollstreckung sind die Vorschriften, die für die Zwangsvollstreckung aus gerichtlichen Urkunden nach § 794 Absatz 1 Nummer 5 der Zivilprozessordnung gelten, mit folgenden Maßgaben entsprechend anzuwenden:

1. **Die vollstreckbare Ausfertigung sowie die Bestätigungen nach § 1079 der Zivilprozessordnung werden von den Beamten oder Angestellten des Jugendamts erteilt, denen die Beurkundung der Verpflichtungserklärung übertragen ist. Das Gleiche gilt für die Bezifferung einer Verpflichtungserklärung nach § 790 der Zivilprozessordnung.**
2. **Über Einwendungen, die die Zulässigkeit der Vollstreckungsklausel oder die Zulässigkeit der Bezifferung nach § 790 der Zivilprozessordnung betreffen, über die Erteilung einer weiteren vollstreckbaren Ausfertigung sowie über Anträge nach § 1081 der Zivilprozessordnung entscheidet das für das Jugendamt zuständige Amtsgericht.**

1 Wer **Ausfertigungen** einer Niederschrift verlangen kann, ist in § 51 BeurkG geregelt. Demnach kann bei beurkundeten Willenserklärungen jeder eine – einfache – Ausfertigung verlangen, der eine Erklärung im eigenen Namen abgegeben hat oder in dessen Namen eine Erklärung abgegeben worden ist – demnach bei einer Unterhaltsverpflichtung, nur der Schuldner selbst (§ 51 Abs. 1 Nr. 1 BeurkG). Deshalb beinhalten die gängigen Urkundenvorgaben den Zusatz: „Ich beantrage, dem Kind eine vollstreckbare Ausfertigung dieser Urkunde und mir selbst eine Abschrift der vollstreckbaren Ausfertigung zu erteilen" oder ähnlich.[1]

Ein **Unterhaltsgläubiger**, für den eine Verpflichtungserklärung abgegeben wurde, hat aus § 51 Abs. 1 BeurkG keinen eigenständigen Anspruch auf eine Ausfertigung. Allerdings kann nach Abs. 2 des § 51 der Erklärende in der Niederschrift oder durch besondere Erklärung gegenüber der zuständigen Stelle etwas anderes bestimmen.

Daraus ergibt sich, dass der Schuldner den Notar bzw. die Urkundsperson ausdrücklich ermächtigen muss, dem Gläubiger eine vollstreckbare Ausfertigung zu erteilen. Ohne diese **Ermächtigung** kann der Gläubiger eine solche nicht beanspruchen.

Für den Schuldner besteht die Möglichkeit, die gegebene Ermächtigung zu **widerrufen** – allerdings ist dieses Widerrufsrecht eingeschränkt bis zur erfolgten Erteilung einer vollsteckbaren Ausfertigung an den Gläubiger. Mit dem „rechtzeitigen" Zugang des Widerrufs wäre die Urkundsperson nicht mehr berechtigt, eine vollstreckbare Ausfertigung zu erstellen.

2 Für die Erteilung **weiterer vollstreckbarer Ausfertigungen** gelten §§ 60 Abs. 1 Nr. 2 SGB VIII, 52 BeurkG iVm §§ 794 Abs. 1 Nr. 5, 724, 795, 797 Abs. 3, 733 ZPO. Zuständig für die Erteilung ist jede Urkundsperson bei dem Jugendamt, das die Urkunde aufgenommen hat. Voraussetzung ist aber eine Ermächtigung durch das für das JA zuständige Amtsgericht. Die Entgegennahme des Antrags auf Erteilung einer weiteren vollstreckbaren Ausfertigung und dessen Weiterleitung an das Amtsgericht obliegt der

1 Ausführlicher Knittel, Beurkundungen im Kindschaftsrecht, 8. Aufl. 2017, Rn. 512 ff.

Urkundsperson. Die Urkundsperson hat sonst keine weiteren Aufgaben, insbesondere keine zur Glaubhaftmachung des Verlustes der ursprünglichen Urkunde. Diese Glaubhaftmachung und die etwaige Auseinandersetzung mit dem Gericht ist allein Sache des Antragstellers.

Zur Erteilung einer weiteren vollstreckbaren Ausfertigung muss der Eingang eines entsprechenden Beschlusses des Amtsgerichts abgewartet werden. Liegt dieser Beschluss vor, muss auch die Urschrift der Urkunde zur Verfügung stehen. Die **Vermerke** in der Urkunde könnten dann lauten: „Durch Beschluss des Amtsgerichts ... vom ... wurde das ... ermächtigt, eine zweite vollstreckbare Ausfertigung vorstehender Urkunde zu erteilen." Diese Vermerke müssen dann sinngemäß auch auf der Urschrift angebracht werden.

In § 733 Abs. 2 ZPO ist vorgegeben, dass der Schuldner von der Erteilung der weiteren vollstreckbaren Ausfertigung zu benachrichtigen ist. Diese Vorschrift gilt auch für die Urkundsperson.

Die Frage der Erteilung einer weiteren vollstreckbaren Ausfertigung, wenn die ursprüngliche Ausfertigung tatsächlich noch vorhanden, vom Antragsteller aber nicht erlangt werden kann, ist streitig und wird von den Amtsgerichten sehr unterschiedlich beurteilt. Die Urkundsperson ist insoweit an die Entscheidung des Amtsgerichts gebunden.

Die vorstehenden Hinweise gelten auch bei Verlust von nach Klauselumschreibung erstellten Teiltiteln.[2]

Teilausfertigungen (auch vollstreckbare) sind zulässig, müssen aber präzise erteilt werden und den Teil (etwa Betrag und Unterhaltszeitraum) genau beschreiben, so dass auf keinen Fall Doppelverpflichtungen geschaffen werden. 3

§ 60 S. 1 setzt die Vollstreckbarkeit der Urkunden zum Unterhalt auf einen **bestimmten Betrag** voraus, der bei der dynamischen Unterhaltsbeurkundung mit zwingender Anrechnung eines Kindergeldanteils bei der Vollstreckungsunterwerfung in der Urkunde aber nicht ausgewiesen wird (wobei anzumerken ist, dass ein Großteil der Jugendämter zumindest den aktuell geltenden Zahlbetrag in der Urkunde ausweisen). Weder der Schuldner noch das Vollstreckungsorgan können den zu entrichtenden Betrag direkt aus der Urkunde entnehmen. Die Vorschrift ist gleichwohl dahin auszulegen, dass sich aus der Urkunde ein bestimmbarer Unterhaltsbetrag ergeben muss, wobei es unschädlich ist, dass der Zahlbetrag etwa erst nach den §§ 1612a und 1612b BGB in Verbindung mit der jeweils geltenden Mindestunterhaltsverordnung bzw. den jeweils geltenden Kindergeldbeträgen ermittelt werden muss. 4

Die vor der Urkundsperson geschaffene vollstreckbare Urkunde kann auch im **Ausland** vollstreckt werden, wofür im Inland von der Urkundsperson ggf. die Voraussetzungen nach den §§ 790, 1079 ff. ZPO zu schaffen und vom Gläubiger(vertreter) amtliche Vordrucke zu beachten sind.[3] Für die Urkundsperson ist § 245 FamFG zu beachten, wonach auf formlosen Antrag von Gläubiger oder Schuldner die abstrakten Unterhaltsbeträge von der Urkundsperson in tatsächliche Zahlbeträge umgerechnet[4] und amtlich auf der vollstreckbaren Ausfertigung der Urkunde bescheinigt werden müssen. Auch **VO (EG) Nr. 4/09** ist zu beachten.[5] Die Umrechnungsbescheinigung muss nach dem Wortlaut der Vorschrift auf der Urkunde und wenn dort kein Raum dafür 5

2 Ausführlicher Knittel, Beurkundungen im Kindschaftsrecht, 8. Aufl. 2017, Rn. 530 ff.

3 Zum Verfahrensablauf s. Knittel, Beurkundungen im Kindschaftsrecht, 8. Aufl. 2017, Rn. 477 ff.

4 Unter Beachtung der Umrechnungsregeln des BGH FamRZ 2012, 1048; s. auch DIJuF JAmt 2012, 359 ff. und 393 f.

5 Dazu DIJuF JAmt 2011, 433 ff.

ist ggf. auf einem besonderen Blatt erfolgen, wobei dann § 44 BeurkG wegen der Auslandsverwendung zu beachten wäre.

6 Lt. OLG Naumburg[6] ist eine Jugendamtsurkunde nicht vollstreckungsfähig, wenn sie nur den Zusatz enthält „abzüglich des nach § 1612b Abs. 5 BGB aF anrechenbaren Kindergeldes", ohne den diesbezüglichen konkreten Betrag zu nennen. Zumindest ist anzugeben, dass das jeweilige Kindergeld für ein erstes, zweites oder drittes ... Kind anzurechnen ist.

Angesichts der Gesetzesvorgaben ist regelmäßig die Formulierung aus den §§ 1612a, 1612b BGB zu verwenden und als der Vollstreckung unterliegender Teil darzustellen und als Ergänzung ist dringend zu empfehlen, einen Erläuterungsblock mit Rechenweg und aktuellem Zahlbetrag in die Urkunde einzufügen.

7 Nach OLG Nürnberg[7] kann bei durch Jugendamtsurkunde tituliertem Kindesunterhalt eine Abänderung jedenfalls dann aufgrund derzeit gegebener Verhältnisse begehrt werden, wenn sich die tatsächlichen Umstände gegenüber dem Zeitpunkt der Beurkundung gar nicht verändert haben, falls die Jugendamtsurkunde keine tatsächlichen Grundlagen enthält und materiellrechtlich eine Abänderung begründet ist.[8] In der BGH-Entscheidung vom 7.12.2016[9] wird eine bisher unterschiedlich bewertete Abänderungsmöglichkeit eines gerichtlichen Unterhaltstitels durch eine Jugendamtsurkunde dahin gehend klargestellt, dass es lautet: „Die Beteiligten eines Unterhaltsverhältnisses sind nicht daran gehindert, im gegenseitigen Einvernehmen einen bestehenden gerichtlichen oder urkundlichen Unterhaltstitel außergerichtlich durch einen neuen Vollstreckungstitel im Sinne von § 794 Abs. 1 Nr. 5 ZPO zu ersetzen." Weiter beinhaltet diese Entscheidung Hinweise darauf, unter welchen Voraussetzungen eine Jugendamtsurkunde abgeändert werden kann.

Nach Vorliegen dieser Entscheidung sollte künftig bei einer Veränderung des Unterhaltstitels nicht mehr ein „Abänderungs"-Titel, sondern ein „Ersetzungs"-Titel geschaffen werden.[10]

8 Nach OLG Dresden[11] muss der Schuldner zur Änderung einer Jugendamtsurkunde dartun, warum sich sein unterhaltsrelevantes Einkommen gegenüber dem Zeitpunkt der Titulierung geändert hat. Unabhängig davon ist die Ersetzungsurkunde entsprechend den Wünschen des Unterhaltspflichtigen aufzunehmen, über die Wirksamkeit dieser einseitigen Erklärung entscheidet letztendlich der Unterhaltsgläubiger.

Nach OLG Hamm[12] und OLG Brandenburg[13] wirken sowohl ein statischer unbefristeter Titel als auch ein Titel nach RegelbetragVO, jetzt Mindestunterhalt, nach Volljährigkeit fort; eine Befristung auf Zeit der Minderjährigkeit ist nicht vorgesehen, so dass ein entsprechend länger laufender Titel verlangt werden kann.[14]

Das Kind hat einen Anspruch auf einen nicht bis zu seinem 18. Geburtstag beschränkten Vollstreckungstitel. Dieser Anspruch ist nicht erfüllt, wenn der Unterhaltsschuldner einen nur bis zum Eintritt seiner Volljährigkeit befristeten Titel anerkennt. Darüber muss ihn die Urkundsperson belehren, insbesondere in den Fällen, in denen der Schuldner aufgrund anwaltlicher Beratung, verlangt, den Titel auf die Vollendung des 18. Lebensjahres des Kindes zu beschränken. Besteht der Unterhaltspflichtige auf die zeitliche Begrenzung, kann die Urkundsperson das nicht ablehnen.

6 FamRZ 2007, 1182 mAnm van Els FamRZ 2008, 292.
7 FamRZ 2004, 1053.
8 So jetzt auch BGH NJW 2010, 440.
9 BGH 7.12.2016 – XII ZB 422/15, JAmt 3/2017, 152.
10 Ausführlicher Knittel, Beurkundungen im Kindschaftsrecht, 8. Aufl. 2017, Rn. 459 ff.
11 FamRZ 2008, 2136.
12 FamRZ 2008, 291.
13 FamRZ 2009, 1692.
14 OLG Hamm FamRZ 2011, 1407; FamRZ 2012, 993.

Die Frage der Befristung auf die Zeit der Minderjährigkeit stellt sich, weil die Feststellung des Unterhaltes nach Eintritt der Volljährigkeit wegen der Einbeziehung beider Elternteile in die Unterhaltsberechnung anders ist als während der Minderjährigkeit. Wegen der unterschiedlichen Berechnungen wird die Auffassung vertreten, es sei eine Befristung des Titels geboten. Das Gesetz stellt in § 244 FamFG fest, dass die Volljährigkeit einer Vollstreckung nicht entgegensteht, was sich allerdings nur auf die Vollstreckbarkeit bezieht und nicht auf den zugrundeliegenden Unterhaltsanspruch. Die Urkundsperson kann insoweit den Unterhaltsschuldner nur auf das Problem hinweisen und muss dann nach dessen Wünschen beurkunden.[15]

Nach § 60 S. 2 darf die Urkundsperson dem Schuldner an Amtsstelle (§ 174 ZPO) bei zustellungspflichtigen Urkunden eine beglaubigte Abschrift der Urkunde übergeben. Eine **Zustellung** ist regelmäßig bei vollstreckbaren Urkunden zur Vorbereitung der Vollstreckung nötig (§§ 794 Abs. 1 Nr. 5, 750 Abs. 1 S. 1 ZPO). Die Zustellung an Amtsstelle setzt aber die Annahmebereitschaft des Empfängers voraus und kann nicht erzwungen werden.[16] Lehnt der Empfänger die Zustellung ab, darf auf keinen Fall von der Urkundsperson eine Zustellungsbescheinigung ausgestellt werden. Misslingt die Zustellung an Amtsstelle bei der die Urkunde aufnehmenden Urkundsperson, ist es ausschließlich Sache des Gläubigers, die Zustellung über den Gerichtsvollzieher zu bewirken, wobei dies auch für etwa aus dem Titel berechtigte Behörden gilt. 9

Dem **Kind** ist ggf. eine vollstreckbare Ausfertigung der Unterhaltsverpflichtungsurkunde zu erteilen. Da es regelmäßig minderjährig ist, erfolgt die Erteilung an den gesetzlichen Vertreter. Wenn der Unterhaltsschuldner auch (Mit-)Inhaber des Sorgerechts ist, gilt § 1629 Abs. 2 S. 2 BGB, wonach es auf die Obhut ankommt. Beim sog. Wechselmodell[17] hilft dies nichts. Es muss dann ein Pfleger bestellt werden.[18] Bei der Formulierung der Erteilung einer vollstreckbaren Ausfertigung in der Urkunde sollte daher nicht auf den gesetzlichen Vertreter abgestellt werden, sondern auf denjenigen, der die Unterhaltsansprüche des Kindes geltend machen darf, wobei eine Erklärung des Unterhaltsschuldners hinzugesetzt werden kann, wer dies ist.[19] Zur Berechnung derartiger Unterhaltsansprüche siehe auch Wohlgemuth[20] und Spangenberg.[21] Der Titel darf dem Unterhaltsschuldner in keinem Falle etwa zur Weiterleitung an den Gläubiger mitgegeben werden. Ist nicht klar, wer die vollstreckbare Ausfertigung erhalten darf, verbleibt sie bei der Urkundsperson, bis sie vom Gläubiger(vertreter) angefordert wird. Ohne ausdrücklichen Antrag darf die Urkundsperson nicht etwa automatisch eine vollstreckbare Ausfertigung erteilen. Der Antrag kann aber in der Urkunde auch durch den Schuldner gestellt werden. Die von den Urkundspersonen verwendeten Formulare enthalten regelmäßig einen entsprechenden Antrag. 10

Viertes Kapitel Schutz von Sozialdaten

§ 61 Anwendungsbereich

(1) [1]Für den Schutz von Sozialdaten bei ihrer Verarbeitung in der Jugendhilfe gelten § 35 des Ersten Buches, §§ 67 bis 85a des Zehnten Buches sowie die nachfolgenden Vorschriften. [2]Sie gelten für alle Stellen des Trägers der öffentlichen Jugendhilfe, so-

15 Ausführlicher Knittel, Beurkundungen im Kindschaftsrecht, 8. Aufl. 2017, Rn. 400 ff.
16 JugA 2015, 141 (142 f.).
17 Praktisch gleiche Obhutsanteile bei beiden Eltern, wobei der BGH die genaue Feststellung der Betreuungszeiten beider Eltern verlangt.
18 Vgl. BGH FamRZ 2006, 1015 mAnm Luthin 1018.
19 Vgl. Spangenberg FamRZ 2015, 1210 f. zu OLG Celle FamRZ 2015, 590.
20 FamRZ 2014, 84 ff.
21 FamRZ 2014, 88 ff.

weit sie Aufgaben nach diesem Buch wahrnehmen. [3]Für die Wahrnehmung von Aufgaben nach diesem Buch durch kreisangehörige Gemeinden und Gemeindeverbände, die nicht örtliche Träger sind, gelten die Sätze 1 und 2 entsprechend.

(2) Für den Schutz von Sozialdaten bei ihrer Verarbeitung im Rahmen der Tätigkeit des Jugendamts als Amtspfleger, Amtsvormund, Beistand und Gegenvormund gilt nur § 68.

(3) Werden Einrichtungen und Dienste der Träger der freien Jugendhilfe in Anspruch genommen, so ist sicherzustellen, dass der Schutz der personenbezogenen Daten bei der Verarbeitung in entsprechender Weise gewährleistet ist.

Gliederung – von 1.3 bis 1.5 zugleich Prüfschema

1 Geltung des allgemeinen Sozialdatenschutzes (Abs. 1 Satz 1)

1.1 Die normative Entwicklung des Sozialdatenschutzes

1 **1.1.1 Das Grundrecht auf informationelle Selbstbestimmung.** In seinem Urteil zum Volkszählungsgesetz hat das BVerfG[1] die Regelungen des § 35 SGB I iVm §§ 67 bis 85 SGB X zwar als Maßnahmen zum Schutz des Betroffenen angesehen, die „in die verfassungsrechtlich gebotene Richtung weisen", aber im Lichte der weiteren Ausführungen des Gerichts noch ergänzungsbedürftig erscheinen. Die Ergänzungsbedürftigkeit ergibt sich daraus, dass das Gericht aus dem in Art. 2 Abs. 1 iVm Art. 1 GG geschützten **allgemeinen Persönlichkeitsrecht** das Recht des Bürgers auf individuelle Selbstbestimmung und damit auch auf die Selbstbestimmung über die ihn betreffenden Informationen (Grundrecht auf informationelle Selbstbestimmung) ableitet. Dieses Grundrecht beinhaltet den Schutz des Einzelnen in allen Phasen des Umgangs mit Daten, also in der Phase der Erhebung, der Speicherung und der Weitergabe von Daten. Einschränkungen in diesem Schutzbereich bedürfen einer gesetzlichen Grundlage, aus der sich die Voraussetzungen und der Umfang der Beschränkungen klar und für den Bürger erkennbar ergeben, die also dem Gebot der Normenklarheit entspricht. Bei den verfassungsrechtlichen Anforderungen an diese Ermächtigungsgrundlage ist zu unterscheiden zwischen personenbezogenen Daten, die in individualisierter (nicht anonymer) Form erhoben und verarbeitet werden, und solchen, die für statistische Zwecke bestimmt sind. Für die automatisierte Datenverarbeitung ist die Beteiligung unabhängiger Datenschutzbeauftragter notwendig.[2]

1.1.2 Die EU-Vorschriften zum Datenschutz

2 **Verordnung (EU) 2016/679 des Europäischen Parlaments und des Rates vom 27. April 2016 zum Schutz natürlicher Personen bei der Verarbeitung personenbezogener Daten, zum freien Datenverkehr und zur Aufhebung der Richtlinie 95/46/EG (Datenschutz-Grundverordnung)**

Kapitel I
Allgemeine Bestimmungen (Art. 1–4)

Artikel 1 DS-GVO Gegenstand und Ziele

(1) Diese Verordnung enthält Vorschriften zum Schutz natürlicher Personen bei der Verarbeitung personenbezogener Daten und zum freien Verkehr solcher Daten.

(2) Diese Verordnung schützt die Grundrechte und Grundfreiheiten natürlicher Personen und insbesondere deren Recht auf Schutz personenbezogener Daten.

(3) Der freie Verkehr personenbezogener Daten in der Union darf aus Gründen des Schutzes natürlicher Personen bei der Verarbeitung personenbezogener Daten weder eingeschränkt noch verboten werden.

Artikel 2 DS-GVO Sachlicher Anwendungsbereich

(1) Diese Verordnung gilt für die ganz oder teilweise automatisierte Verarbeitung personenbezogener Daten sowie für die nichtautomatisierte Verarbeitung personenbezogener Daten, die in einem Dateisystem gespeichert sind oder gespeichert werden sollen.

(2) Diese Verordnung findet keine Anwendung auf die Verarbeitung personenbezogener Daten

1 BVerfG 15.12.1983 – 1 BvR 209/83, E 65, 1.
2 Im G-10 Urteil (BVerfGE 67, 157) auf jegliche Datenverarbeitung erstreckt.

a) im Rahmen einer Tätigkeit, die nicht in den Anwendungsbereich des Unionsrechts fällt,
b) durch die Mitgliedstaaten im Rahmen von Tätigkeiten, die in den Anwendungsbereich von Titel V Kapitel 2 EUV fallen,
c) durch natürliche Personen zur Ausübung ausschließlich persönlicher oder familiärer Tätigkeiten,
d) durch die zuständigen Behörden zum Zwecke der Verhütung, Ermittlung, Aufdeckung oder Verfolgung von Straftaten oder der Strafvollstreckung, einschließlich des Schutzes vor und der Abwehr von Gefahren für die öffentliche Sicherheit.

...

Artikel 4 DS-GVO Begriffsbestimmungen

Im Sinne dieser Verordnung bezeichnet der Ausdruck:

1. „personenbezogene Daten" alle Informationen, die sich auf eine identifizierte oder identifizierbare natürliche Person (im Folgenden „betroffene Person") beziehen; als identifizierbar wird eine natürliche Person angesehen, die direkt oder indirekt, insbesondere mittels Zuordnung zu einer Kennung wie einem Namen, zu einer Kennnummer, zu Standortdaten, zu einer Online-Kennung oder zu einem oder mehreren besonderen Merkmalen, die Ausdruck der physischen, physiologischen, genetischen, psychischen, wirtschaftlichen, kulturellen oder sozialen Identität dieser natürlichen Person sind, identifiziert werden kann;
2. „Verarbeitung" jeden mit oder ohne Hilfe automatisierter Verfahren ausgeführten Vorgang oder jede solche Vorgangsreihe im Zusammenhang mit personenbezogenen Daten wie das Erheben, das Erfassen, die Organisation, das Ordnen, die Speicherung, die Anpassung oder Veränderung, das Auslesen, das Abfragen, die Verwendung, die Offenlegung durch Übermittlung, Verbreitung oder eine andere Form der Bereitstellung, den Abgleich oder die Verknüpfung, die Einschränkung, das Löschen oder die Vernichtung;
3. „Einschränkung der Verarbeitung" die Markierung gespeicherter personenbezogener Daten mit dem Ziel, ihre künftige Verarbeitung einzuschränken;
4. „Profiling" jede Art der automatisierten Verarbeitung personenbezogener Daten, die darin besteht, dass diese personenbezogenen Daten verwendet werden, um bestimmte persönliche Aspekte, die sich auf eine natürliche Person beziehen, zu bewerten, insbesondere um Aspekte bezüglich Arbeitsleistung, wirtschaftliche Lage, Gesundheit, persönliche Vorlieben, Interessen, Zuverlässigkeit, Verhalten, Aufenthaltsort oder Ortswechsel dieser natürlichen Person zu analysieren oder vorherzusagen;
5. „Pseudonymisierung" die Verarbeitung personenbezogener Daten in einer Weise, dass die personenbezogenen Daten ohne Hinzuziehung zusätzlicher Informationen nicht mehr einer spezifischen betroffenen Person zugeordnet werden können, sofern diese zusätzlichen Informationen gesondert aufbewahrt werden und technischen und organisatorischen Maßnahmen unterliegen, die gewährleisten, dass die personenbezogenen Daten nicht einer identifizierten oder identifizierbaren natürlichen Person zugewiesen werden;
6. „Dateisystem" jede strukturierte Sammlung personenbezogener Daten, die nach bestimmten Kriterien zugänglich sind, unabhängig davon, ob diese Sammlung zentral, dezentral oder nach funktionalen oder geografischen Gesichtspunkten geordnet geführt wird;
7. „Verantwortlicher" die natürliche oder juristische Person, Behörde, Einrichtung oder andere Stelle, die allein oder gemeinsam mit anderen über die Zwecke und Mittel der Verarbeitung von personenbezogenen Daten entscheidet; sind die Zwecke und Mittel dieser Verarbeitung durch das Unionsrecht oder das Recht der Mitgliedstaaten vorgegeben, so kann der Verantwortliche beziehungsweise können die bestimmten Kriterien seiner Benennung nach dem Unionsrecht oder dem Recht der Mitgliedstaaten vorgesehen werden;

8. „Auftragsverarbeiter“ eine natürliche oder juristische Person, Behörde, Einrichtung oder andere Stelle, die personenbezogene Daten im Auftrag des Verantwortlichen verarbeitet;
9. „Empfänger“ eine natürliche oder juristische Person, Behörde, Einrichtung oder andere Stelle, der personenbezogene Daten offengelegt werden, unabhängig davon, ob es sich bei ihr um einen Dritten handelt oder nicht. Behörden, die im Rahmen eines bestimmten Untersuchungsauftrags nach dem Unionsrecht oder dem Recht der Mitgliedstaaten möglicherweise personenbezogene Daten erhalten, gelten jedoch nicht als Empfänger; die Verarbeitung dieser Daten durch die genannten Behörden erfolgt im Einklang mit den geltenden Datenschutzvorschriften gemäß den Zwecken der Verarbeitung;
10. „Dritter“ eine natürliche oder juristische Person, Behörde, Einrichtung oder andere Stelle, außer der betroffenen Person, dem Verantwortlichen, dem Auftragsverarbeiter und den Personen, die unter der unmittelbaren Verantwortung des Verantwortlichen oder des Auftragsverarbeiters befugt sind, die personenbezogenen Daten zu verarbeiten;
11. „Einwilligung“ der betroffenen Person jede freiwillig für den bestimmten Fall, in informierter Weise und unmissverständlich abgegebene Willensbekundung in Form einer Erklärung oder einer sonstigen eindeutigen bestätigenden Handlung, mit der die betroffene Person zu verstehen gibt, dass sie mit der Verarbeitung der sie betreffenden personenbezogenen Daten einverstanden ist;
12. „Verletzung des Schutzes personenbezogener Daten“ eine Verletzung der Sicherheit, die, ob unbeabsichtigt oder unrechtmäßig, zur Vernichtung, zum Verlust, zur Veränderung, oder zur unbefugten Offenlegung von beziehungsweise zum unbefugten Zugang zu personenbezogenen Daten führt, die übermittelt, gespeichert oder auf sonstige Weise verarbeitet wurden;
13. „genetische Daten“ personenbezogene Daten zu den ererbten oder erworbenen genetischen Eigenschaften einer natürlichen Person, die eindeutige Informationen über die Physiologie oder die Gesundheit dieser natürlichen Person liefern und insbesondere aus der Analyse einer biologischen Probe der betreffenden natürlichen Person gewonnen wurden;
14. „biometrische Daten“ mit speziellen technischen Verfahren gewonnene personenbezogene Daten zu den physischen, physiologischen oder verhaltenstypischen Merkmalen einer natürlichen Person, die die eindeutige Identifizierung dieser natürlichen Person ermöglichen oder bestätigen, wie Gesichtsbilder oder daktyloskopische Daten;
15. „Gesundheitsdaten“ personenbezogene Daten, die sich auf die körperliche oder geistige Gesundheit einer natürlichen Person, einschließlich der Erbringung von Gesundheitsdienstleistungen, beziehen und aus denen Informationen über deren Gesundheitszustand hervorgehen;

…

Kapitel II
Grundsätze (Art. 5–11)

Artikel 5 DS-GVO Grundsätze für die Verarbeitung personenbezogener Daten

(1) Personenbezogene Daten müssen

a) auf rechtmäßige Weise, nach Treu und Glauben und in einer für die betroffene Person nachvollziehbaren Weise verarbeitet werden („Rechtmäßigkeit, Verarbeitung nach Treu und Glauben, Transparenz“);
b) für festgelegte, eindeutige und legitime Zwecke erhoben werden und dürfen nicht in einer mit diesen Zwecken nicht zu vereinbarenden Weise weiterverarbeitet werden; eine Weiterverarbeitung für im öffentlichen Interesse liegende Archivzwecke, für wissenschaftliche oder historische Forschungszwecke oder für statistische Zwecke gilt

gemäß Artikel 89 Absatz 1 nicht als unvereinbar mit den ursprünglichen Zwecken („Zweckbindung");

c) dem Zweck angemessen und erheblich sowie auf das für die Zwecke der Verarbeitung notwendige Maß beschränkt sein („Datenminimierung");

d) sachlich richtig und erforderlichenfalls auf dem neuesten Stand sein; es sind alle angemessenen Maßnahmen zu treffen, damit personenbezogene Daten, die im Hinblick auf die Zwecke ihrer Verarbeitung unrichtig sind, unverzüglich gelöscht oder berichtigt werden („Richtigkeit");

e) in einer Form gespeichert werden, die die Identifizierung der betroffenen Personen nur so lange ermöglicht, wie es für die Zwecke, für die sie verarbeitet werden, erforderlich ist; personenbezogene Daten dürfen länger gespeichert werden, soweit die personenbezogenen Daten vorbehaltlich der Durchführung geeigneter technischer und organisatorischer Maßnahmen, die von dieser Verordnung zum Schutz der Rechte und Freiheiten der betroffenen Person gefordert werden, ausschließlich für im öffentlichen Interesse liegende Archivzwecke oder für wissenschaftliche und historische Forschungszwecke oder für statistische Zwecke gemäß Artikel 89 Absatz 1 verarbeitet werden („Speicherbegrenzung");

f) in einer Weise verarbeitet werden, die eine angemessene Sicherheit der personenbezogenen Daten gewährleistet, einschließlich Schutz vor unbefugter oder unrechtmäßiger Verarbeitung und vor unbeabsichtigtem Verlust, unbeabsichtigter Zerstörung oder unbeabsichtigter Schädigung durch geeignete technische und organisatorische Maßnahmen („Integrität und Vertraulichkeit");[3]

(2) Der Verantwortliche ist für die Einhaltung des Absatzes 1 verantwortlich und muss dessen Einhaltung nachweisen können („Rechenschaftspflicht").

Artikel 6 DS-GVO Rechtmäßigkeit der Verarbeitung

(1) [1]Die Verarbeitung ist nur rechtmäßig, wenn mindestens eine der nachstehenden Bedingungen erfüllt ist:

a) Die betroffene Person hat ihre Einwilligung zu der Verarbeitung der sie betreffenden personenbezogenen Daten für einen oder mehrere bestimmte Zwecke gegeben;

b) die Verarbeitung ist für die Erfüllung eines Vertrags, dessen Vertragspartei die betroffene Person ist, oder zur Durchführung vorvertraglicher Maßnahmen erforderlich, die auf Anfrage der betroffenen Person erfolgen;

c) die Verarbeitung ist zur Erfüllung einer rechtlichen Verpflichtung erforderlich, der der Verantwortliche unterliegt;

d) die Verarbeitung ist erforderlich, um lebenswichtige Interessen der betroffenen Person oder einer anderen natürlichen Person zu schützen;

e) die Verarbeitung ist für die Wahrnehmung einer Aufgabe erforderlich, die im öffentlichen Interesse liegt oder in Ausübung öffentlicher Gewalt erfolgt, die dem Verantwortlichen übertragen wurde;

f) die Verarbeitung ist zur Wahrung der berechtigten Interessen des Verantwortlichen oder eines Dritten erforderlich, sofern nicht die Interessen oder Grundrechte und Grundfreiheiten der betroffenen Person, die den Schutz personenbezogener Daten erfordern, überwiegen, insbesondere dann, wenn es sich bei der betroffenen Person um ein Kind handelt.

[2]Unterabsatz 1 Buchstabe f gilt nicht für die von Behörden in Erfüllung ihrer Aufgaben vorgenommene Verarbeitung.

(2) Die Mitgliedstaaten können spezifischere Bestimmungen zur Anpassung der Anwendung der Vorschriften dieser Verordnung in Bezug auf die Verarbeitung zur Erfüllung von Absatz 1 Buchstaben c und e beibehalten oder einführen, indem sie spezifische Anforderungen für die Verarbeitung sowie sonstige Maßnahmen präziser bestimmen, um

---

3 Zeichensetzung amtlich.

eine rechtmäßig und nach Treu und Glauben erfolgende Verarbeitung zu gewährleisten, einschließlich für andere besondere Verarbeitungssituationen gemäß Kapitel IX.

(3) [1]Die Rechtsgrundlage für die Verarbeitungen gemäß Absatz 1 Buchstaben c und e wird festgelegt durch

a) Unionsrecht oder
b) das Recht der Mitgliedstaaten, dem der Verantwortliche unterliegt.

[2]Der Zweck der Verarbeitung muss in dieser Rechtsgrundlage festgelegt oder hinsichtlich der Verarbeitung gemäß Absatz 1 Buchstabe e für die Erfüllung einer Aufgabe erforderlich sein, die im öffentlichen Interesse liegt oder in Ausübung öffentlicher Gewalt erfolgt, die dem Verantwortlichen übertragen wurde. [3]Diese Rechtsgrundlage kann spezifische Bestimmungen zur Anpassung der Anwendung der Vorschriften dieser Verordnung enthalten, unter anderem Bestimmungen darüber, welche allgemeinen Bedingungen für die Regelung der Rechtmäßigkeit der Verarbeitung durch den Verantwortlichen gelten, welche Arten von Daten verarbeitet werden, welche Personen betroffen sind, an welche Einrichtungen und für welche Zwecke die personenbezogenen Daten offengelegt werden dürfen, welcher Zweckbindung sie unterliegen, wie lange sie gespeichert werden dürfen und welche Verarbeitungsvorgänge und -verfahren angewandt werden dürfen, einschließlich Maßnahmen zur Gewährleistung einer rechtmäßig und nach Treu und Glauben erfolgenden Verarbeitung, wie solche für sonstige besondere Verarbeitungssituationen gemäß Kapitel IX. [4]Das Unionsrecht oder das Recht der Mitgliedstaaten müssen ein im öffentlichen Interesse liegendes Ziel verfolgen und in einem angemessenen Verhältnis zu dem verfolgten legitimen Zweck stehen.

(4) Beruht die Verarbeitung zu einem anderen Zweck als zu demjenigen, zu dem die personenbezogenen Daten erhoben wurden, nicht auf der Einwilligung der betroffenen Person oder auf einer Rechtsvorschrift der Union oder der Mitgliedstaaten, die in einer demokratischen Gesellschaft eine notwendige und verhältnismäßige Maßnahme zum Schutz der in Artikel 23 Absatz 1 genannten Ziele darstellt, so berücksichtigt der Verantwortliche – um festzustellen, ob die Verarbeitung zu einem anderen Zweck mit demjenigen, zu dem die personenbezogenen Daten ursprünglich erhoben wurden, vereinbar ist – unter anderem

a) jede Verbindung zwischen den Zwecken, für die die personenbezogenen Daten erhoben wurden, und den Zwecken der beabsichtigten Weiterverarbeitung,
b) den Zusammenhang, in dem die personenbezogenen Daten erhoben wurden, insbesondere hinsichtlich des Verhältnisses zwischen den betroffenen Personen und dem Verantwortlichen,
c) die Art der personenbezogenen Daten, insbesondere ob besondere Kategorien personenbezogener Daten gemäß Artikel 9 verarbeitet werden oder ob personenbezogene Daten über strafrechtliche Verurteilungen und Straftaten gemäß Artikel 10 verarbeitet werden,
d) die möglichen Folgen der beabsichtigten Weiterverarbeitung für die betroffenen Personen,
e) das Vorhandensein geeigneter Garantien, wozu Verschlüsselung oder Pseudonymisierung gehören kann.

Artikel 7 DS-GVO Bedingungen für die Einwilligung

(1) Beruht die Verarbeitung auf einer Einwilligung, muss der Verantwortliche nachweisen können, dass die betroffene Person in die Verarbeitung ihrer personenbezogenen Daten eingewilligt hat.

(2) [1]Erfolgt die Einwilligung der betroffenen Person durch eine schriftliche Erklärung, die noch andere Sachverhalte betrifft, so muss das Ersuchen um Einwilligung in verständlicher und leicht zugänglicher Form in einer klaren und einfachen Sprache so erfolgen, dass es von den anderen Sachverhalten klar zu unterscheiden ist. [2]Teile der

Erklärung sind dann nicht verbindlich, wenn sie einen Verstoß gegen diese Verordnung darstellen.

(3) [1]Die betroffene Person hat das Recht, ihre Einwilligung jederzeit zu widerrufen. [2]Durch den Widerruf der Einwilligung wird die Rechtmäßigkeit der aufgrund der Einwilligung bis zum Widerruf erfolgten Verarbeitung nicht berührt. [3]Die betroffene Person wird vor Abgabe der Einwilligung hiervon in Kenntnis gesetzt. [4]Der Widerruf der Einwilligung muss so einfach wie die Erteilung der Einwilligung sein.

(4) Bei der Beurteilung, ob die Einwilligung freiwillig erteilt wurde, muss dem Umstand in größtmöglichem Umfang Rechnung getragen werden, ob unter anderem die Erfüllung eines Vertrags, einschließlich der Erbringung einer Dienstleistung, von der Einwilligung zu einer Verarbeitung von personenbezogenen Daten abhängig ist, die für die Erfüllung des Vertrags nicht erforderlich sind.

Artikel 8 DS-GVO Bedingungen für die Einwilligung eines Kindes in Bezug auf Dienste der Informationsgesellschaft

(1) [1]Gilt Artikel 6 Absatz 1 Buchstabe a bei einem Angebot von Diensten der Informationsgesellschaft, das einem Kind direkt gemacht wird, so ist die Verarbeitung der personenbezogenen Daten des Kindes rechtmäßig, wenn das Kind das sechzehnte Lebensjahr vollendet hat. [2]Hat das Kind noch nicht das sechzehnte Lebensjahr vollendet, so ist diese Verarbeitung nur rechtmäßig, sofern und soweit diese Einwilligung durch den Träger der elterlichen Verantwortung für das Kind oder mit dessen Zustimmung erteilt wird.

Die Mitgliedstaaten können durch Rechtsvorschriften zu diesen Zwecken eine niedrigere Altersgrenze vorsehen, die jedoch nicht unter dem vollendeten dreizehnten Lebensjahr liegen darf.

(2) Der Verantwortliche unternimmt unter Berücksichtigung der verfügbaren Technik angemessene Anstrengungen, um sich in solchen Fällen zu vergewissern, dass die Einwilligung durch den Träger der elterlichen Verantwortung für das Kind oder mit dessen Zustimmung erteilt wurde.

(3) Absatz 1 lässt das allgemeine Vertragsrecht der Mitgliedstaaten, wie etwa die Vorschriften zur Gültigkeit, zum Zustandekommen oder zu den Rechtsfolgen eines Vertrags in Bezug auf ein Kind, unberührt.

Artikel 9 DS-GVO Verarbeitung besonderer Kategorien personenbezogener Daten

(1) Die Verarbeitung personenbezogener Daten, aus denen die rassische und ethnische Herkunft, politische Meinungen, religiöse oder weltanschauliche Überzeugungen oder die Gewerkschaftszugehörigkeit hervorgehen, sowie die Verarbeitung von genetischen Daten, biometrischen Daten zur eindeutigen Identifizierung einer natürlichen Person, Gesundheitsdaten oder Daten zum Sexualleben oder der sexuellen Orientierung einer natürlichen Person ist untersagt.

(2) Absatz 1 gilt nicht in folgenden Fällen:

a) Die betroffene Person hat in die Verarbeitung der genannten personenbezogenen Daten für einen oder mehrere festgelegte Zwecke ausdrücklich eingewilligt, es sei denn, nach Unionsrecht oder dem Recht der Mitgliedstaaten kann das Verbot nach Absatz 1 durch die Einwilligung der betroffenen Person nicht aufgehoben werden,
b) die Verarbeitung ist erforderlich, damit der Verantwortliche oder die betroffene Person die ihm bzw. ihr aus dem Arbeitsrecht und dem Recht der sozialen Sicherheit und des Sozialschutzes erwachsenden Rechte ausüben und seinen bzw. ihren diesbezüglichen Pflichten nachkommen kann, soweit dies nach Unionsrecht oder dem Recht der Mitgliedstaaten oder einer Kollektivvereinbarung nach dem Recht der Mitgliedstaaten, das geeignete Garantien für die Grundrechte und die Interessen der betroffenen Person vorsieht, zulässig ist,

c) die Verarbeitung ist zum Schutz lebenswichtiger Interessen der betroffenen Person oder einer anderen natürlichen Person erforderlich und die betroffene Person ist aus körperlichen oder rechtlichen Gründen außerstande, ihre Einwilligung zu geben,
d) die Verarbeitung erfolgt auf der Grundlage geeigneter Garantien durch eine politisch, weltanschaulich, religiös oder gewerkschaftlich ausgerichtete Stiftung, Vereinigung oder sonstige Organisation ohne Gewinnerzielungsabsicht im Rahmen ihrer rechtmäßigen Tätigkeiten und unter der Voraussetzung, dass sich die Verarbeitung ausschließlich auf die Mitglieder oder ehemalige Mitglieder der Organisation oder auf Personen, die im Zusammenhang mit deren Tätigkeitszweck regelmäßige Kontakte mit ihr unterhalten, bezieht und die personenbezogenen Daten nicht ohne Einwilligung der betroffenen Personen nach außen offengelegt werden,
e) die Verarbeitung bezieht sich auf personenbezogene Daten, die die betroffene Person offensichtlich öffentlich gemacht hat,
f) die Verarbeitung ist zur Geltendmachung, Ausübung oder Verteidigung von Rechtsansprüchen oder bei Handlungen der Gerichte im Rahmen ihrer justiziellen Tätigkeit erforderlich,
g) die Verarbeitung ist auf der Grundlage des Unionsrechts oder des Rechts eines Mitgliedstaats, das in angemessenem Verhältnis zu dem verfolgten Ziel steht, den Wesensgehalt des Rechts auf Datenschutz wahrt und angemessene und spezifische Maßnahmen zur Wahrung der Grundrechte und Interessen der betroffenen Person vorsieht, aus Gründen eines erheblichen öffentlichen Interesses erforderlich,
h) die Verarbeitung ist für Zwecke der Gesundheitsvorsorge oder der Arbeitsmedizin, für die Beurteilung der Arbeitsfähigkeit des Beschäftigten, für die medizinische Diagnostik, die Versorgung oder Behandlung im Gesundheits- oder Sozialbereich oder für die Verwaltung von Systemen und Diensten im Gesundheits- oder Sozialbereich auf der Grundlage des Unionsrechts oder des Rechts eines Mitgliedstaats oder aufgrund eines Vertrags mit einem Angehörigen eines Gesundheitsberufs und vorbehaltlich der in Absatz 3 genannten Bedingungen und Garantien erforderlich,
i) die Verarbeitung ist aus Gründen des öffentlichen Interesses im Bereich der öffentlichen Gesundheit, wie dem Schutz vor schwerwiegenden grenzüberschreitenden Gesundheitsgefahren oder zur Gewährleistung hoher Qualitäts- und Sicherheitsstandards bei der Gesundheitsversorgung und bei Arzneimitteln und Medizinprodukten, auf der Grundlage des Unionsrechts oder des Rechts eines Mitgliedstaats, das angemessene und spezifische Maßnahmen zur Wahrung der Rechte und Freiheiten der betroffenen Person, insbesondere des Berufsgeheimnisses, vorsieht, erforderlich, oder
j) die Verarbeitung ist auf der Grundlage des Unionsrechts oder des Rechts eines Mitgliedstaats, das in angemessenem Verhältnis zu dem verfolgten Ziel steht, den Wesensgehalt des Rechts auf Datenschutz wahrt und angemessene und spezifische Maßnahmen zur Wahrung der Grundrechte und Interessen der betroffenen Person vorsieht, für im öffentlichen Interesse liegende Archivzwecke, für wissenschaftliche oder historische Forschungszwecke oder für statistische Zwecke gemäß Artikel 89 Absatz 1 erforderlich.

(3) Die in Absatz 1 genannten personenbezogenen Daten dürfen zu den in Absatz 2 Buchstabe h genannten Zwecken verarbeitet werden, wenn diese Daten von Fachpersonal oder unter dessen Verantwortung verarbeitet werden und dieses Fachpersonal nach dem Unionsrecht oder dem Recht eines Mitgliedstaats oder den Vorschriften nationaler zuständiger Stellen dem Berufsgeheimnis unterliegt, oder wenn die Verarbeitung durch eine andere Person erfolgt, die ebenfalls nach dem Unionsrecht oder dem Recht eines Mitgliedstaats oder den Vorschriften nationaler zuständiger Stellen einer Geheimhaltungspflicht unterliegt.

(4) Die Mitgliedstaaten können zusätzliche Bedingungen, einschließlich Beschränkungen, einführen oder aufrechterhalten, soweit die Verarbeitung von genetischen, biometrischen oder Gesundheitsdaten betroffen ist.

Artikel 10 DS-GVO Verarbeitung von personenbezogenen Daten über strafrechtliche Verurteilungen und Straftaten

[1]Die Verarbeitung personenbezogener Daten über strafrechtliche Verurteilungen und Straftaten oder damit zusammenhängende Sicherungsmaßregeln aufgrund von Artikel 6 Absatz 1 darf nur unter behördlicher Aufsicht vorgenommen werden oder wenn dies nach dem Unionsrecht oder dem Recht der Mitgliedstaaten, das geeignete Garantien für die Rechte und Freiheiten der betroffenen Personen vorsieht, zulässig ist. [2]Ein umfassendes Register der strafrechtlichen Verurteilungen darf nur unter behördlicher Aufsicht geführt werden.

…

Kapitel III
Rechte der betroffenen Person (Art. 12–23)

…

Artikel 13 DS-GVO Informationspflicht bei Erhebung von personenbezogenen Daten bei der betroffenen Person

Artikel 14 DS-GVO Informationspflicht, wenn die personenbezogenen Daten nicht bei der betroffenen Person erhoben wurden

S. § 62 SGB VIII

Artikel 15 DS-GVO Auskunftsrecht der betroffenen Person

→ Rn. 249

Kapitel VIII
Rechtsbehelfe, Haftung und Sanktionen (Art. 77–84)

Artikel 77 DS-GVO Recht auf Beschwerde bei einer Aufsichtsbehörde

→ Rn. 245

Artikel 78 DS-GVO Recht auf wirksamen gerichtlichen Rechtsbehelf gegen eine Aufsichtsbehörde

→ Rn. 246

Artikel 79 DS-GVO Recht auf wirksamen gerichtlichen Rechtsbehelf gegen Verantwortliche oder Auftragsverarbeiter

→ Rn. 247

Artikel 80 DS-GVO Vertretung von betroffenen Personen

Artikel 81 DS-GVO Aussetzung des Verfahrens

Artikel 82 DS-GVO Haftung und Recht auf Schadenersatz

→ Rn. 248

Artikel 83 DS-GVO Allgemeine Bedingungen für die Verhängung von Geldbußen

→ Rn. 274

Artikel 84 DS-GVO Sanktionen

→ Rn. 274

Das Europäische Parlament und der Rat der Europäischen Union haben am 24.10.1995 die Richtlinie 95/46/EG zum Schutz natürlicher Personen bei der Verarbeitung personenbezogener Daten und zum freien Datenverkehr erlassen.[4] In der EU-Verfassung v. 16.12.2004 (s. Anh. 4 Synopse) ist in Art. I-51 und Art. II-61 der Schutz personenbezogener Daten verankert.[5]

Die EU-Datenschutz-**GrundVO 2016/679 (DS-GVO)**[6] vom 27.4.2016[7] ersetzt die RL 95/46/EG von 1995. Sie gilt (in ihrem Anwendungsbereich)[8] **unmittelbar** in allen EU-Staaten (Art. 288 AEUV).[9] Die Neuregelung[10] des § 35 SGB I und der §§ 67–85 a SGB X enthält überwiegend[11] punktuelle Veränderungen, die der besseren Verständlichkeit,[12] Klarheit und Kohärenz[13] dienen oder Änderungen der Systematik oder der Begrifflichkeit sind. Der Begriff der Verarbeitung umfasst als Oberbegriff zahlreiche Verarbeitungsvorgänge, die in Art. 4 Abs. 2 DS-GVO aufgeführt sind. Neu ist der Begriff „Einschränkung der Verarbeitung" (Art. 4 Abs. 3 DS-GVO). Für alle Definitionen gilt Art. 4 DS-GVO. Umfangreichere (bereichsspezifische) Veränderungen enthalten lediglich §§ 75 und 81 ff. SGB X. Im Übrigen sind die Neuregelungen (nur) **deklaratorisch** im Verhältnis zur (konstitutiven) DS-GVO (zB § 67 SGB X neben Art. 4 DS-GVO). Art. 5 DS-GVO enthält allgemeine Grundsätze (**„Datenschutz-Grundgesetz"**), die bei der Auslegung einzelner Bestimmungen zu berücksichtigen sind.

Aus dem **sachlichen Anwendungsbereich** der DS-GVO ausgenommen sind die Bereiche der (behördlichen) Strafverfolgung und der öffentlichen Sicherheit (Art. 2 Abs. 2d DS-GVO); dies betrifft nur § 72 SGB X (nicht aber § 73 SGB X). Für diese gilt stattdessen RL 2016/680/EU.

Nach Art. 2 Abs. 2 DS-GVO gilt die DS-GVO auch für nicht-öffentliche Stellen. Dies sind auch die **freien Träger.**[14] Allerdings setzt dies voraus, dass sie sich im (sachlichen) Anwendungsbereich der DS-GVO befinden. Das ist dann der Fall, wenn EU-Recht auf sie anwendbar ist (Art. 2 Abs. 2 lit. a DS-GVO). Wegen der Besonderheiten der freien Träger gilt das EU-Recht aber nicht (→ § 74 Rn. 53–59). Es wäre dann aber nach § 35 Abs. 2 S. 2 SGB I entsprechend anwendbar. Aber eben nur „entsprechend", dh unter Berücksichtigung ihrer Besonderheiten. Diese führen dazu, dass eine Anwendung kraft Gesetzes auf sie ausgeschlossen ist. Dies ergibt sich auch aus § 61 Abs. 3 SGB VIII, wonach erst durch Sicherungsvereinbarung der SGB-Datenschutz für sie entsprechend gilt (→ Rn. 294). Zu den **Kirchen** → Rn. 295.

Die Öffnungsklauseln (zB Art. 6 Abs. 3b DS-GVO) erlauben **bereichsspezifische** Regelungen. Damit ist der **Sozialdatenschutz abschließend (und ausschließend) geregelt.**

---

4 ABl. 1995 L 281/31.
5 Zur Neuorientierung des Datenschutzes s. Grimm JZ 2013, 585.
6 ABl. 2016 L 119; 2016 L 314.
7 In Kraft getreten am 24.5.2016; anwendbar ab 25.5.2018 (DSAnpUG-EU). Zum Sozialdatenschutz unter der Geltung der DS-GVO näher das Arbeitspapier des Bayer. Landesdatenschutzbeauftragten vom März 2021. Zum neuen Sozialdatenschutz nach der DS-GVO näher Krahmer/Palsherm ZFSH 2019, 600; Berger RDV 2020, 120.
8 Zum sachlichen Anwendungsbereich s. Art. 2 DS-GVO, zum räumlichen Art. 3 DS-GVO.
9 Sydow, Europäische Datenschutzgrundverordnung, Handkommentar, 2017; Albrecht/Jotzo, Das neue Datenschutzrecht der EU, 2016; Schantz, Die Datenschutz-Grundverordnung, NJW 2016, 1841.
10 Gesetz zur Änderung des Bundesversorgungsgesetzes und anderer Vorschriften vom 17.7.2017 (BGBl. I, 2541) in Art. 19 und 24.
11 Neben dem unvermeidlichen „Gender-Änder" (zB „Behördenleiter und Behördenleiterinnen").
12 Verpasst wurden sprachliche Schönheitsreparaturen; zB „Erhebung", „Speicherung" usw anstelle von „Erheben", „Speichern" usw.
13 So Begründung BT-Drs. 18/12611, 105.
14 Ausführlich hierzu Palsherm ZFSH/SGB 2021, 14.

Das **BDSG**[15] ist nur soweit anwendbar, als die neuen §§ 67 bis 85a SGB X es für einzelne Regelungen öffnen (→ Rn. 3). Der Sozialdatenschutz funktioniert somit nach Art eines Reißverschlusses, wobei DS-GVO-EU, SGB I und X sowie BDSG ineinandergreifen. Auch für die Jugendhilfe gilt die DS-GVO unmittelbar; außerdem gelten die bereichsspezifischen Änderungen des SGB I und SGB X. Und schließlich gelten die bereichsspezifischen Regelungen in §§ 61–68 SGB VIII. Eine Anpassung der §§ 61–68 SGB VIII ist erfolgt mit dem Zweiten Datenschutz-Anpassungs- und UmsetzungsG EU vom 20.11.2019.[16]

Angepasst werden müsste aber auch das **AdoptionsvermG** mit seiner Datenschutzregelung in § 9e (→ Rn. 11) und das UVG; nicht dagegen KKG und AsylbLG, weil diese nicht im Anwendungskorridor des SGB liegen.

1.1.3 Bundesdatenschutzgesetz und Landesdatenschutzgesetze. Im Verhältnis zum BDSG sind die Landesdatenschutzgesetze vorrangige Regelungen (§ 1 Abs. 2 Nr. 2 BDSG). Im Verhältnis zum Sozialgesetzbuch sind sie aber nachrangige Regelungen (bspw. § 2 Abs. 5 LDSG BW), weil das Sozialgesetzbuch bereichsspezifische Regelungen enthält. Als bereichsspezifisches und damit spezielleres Gesetz gegenüber dem Bundesdatenschutzgesetz hebt das SGB X den Vorrang des Landesdatenschutzgesetzes vor dem Bundesdatenschutzgesetz aber wieder auf. Einzelne Bestimmungen des BDSG gelten im Sozialdatenschutz entsprechend; diese **„Datenschutz-Melange"** macht den Sozialdatenschutz schwer verdaulich. Seine Kommentierung ist zwangsläufig entweder unvollständig oder monströs, schlimmstenfalls aber beides. 3

Das **neue Bundesdatenschutzgesetz** wurde als Teil des (Ersten) Datenschutz-Anpassungs- und -Umsetzungsgesetzes EU (DSAnpUG-EU)[17] beschlossen. Diese Fassung des BDSG ist am 25.5.2018 mit der Datenschutz-Grundverordnung (DS-GVO) in Kraft getreten und hat das bis dahin geltende Bundesdatenschutzgesetz komplett ersetzt. Das BDSG ist neben dem SGB noch soweit anwendbar, als ein Fenster zu ihm in den neuen[18] §§ 67 bis 85a SGB X aufgestoßen wird. Das ist der Fall:

in SGB X §§	**auf BDSG §§**
81 Abs. 4 (Datenschutzbeauftragte)	5–7 (Datenschutzbeauftragte)
80 Abs. 4 S. 1 (Auftragsverarbeiter)	9, 13, 14, 16 (Zuständigkeit d. Bundesbeauftr.)
81a Abs. 1 (gerichtlicher Rechtsschutz)	20 (gerichtlicher Rechtsschutz)
67b Abs. 1 S. 4 (Datenübermittlung)	22 Abs. 2 (Verarbeitung bes. Kategorien)
75 Abs. 6 (Aufsichtsbehörde bei Forschung)	40 (Aufsichtsbehörden der Länder)
80 Abs. 4 S. 3 (Aufsichtsbehörde bei Auftragsverarbeitung)	40 (Aufsichtsbehörden der L änder)
85, 85a (Strafbarkeit/Ordnungswidrigkeit)	41, 42 (Strafbarkeit/Ordnungswidrigkeit)

Auch das jeweilige **LDSG** ist nur insoweit anwendbar, als ein Fenster zu ihm in §§ 67–85a SGB X geöffnet wird. Dies ist der Fall für die Bestellung von Landesdatenschutz beauftragten und kommunalen Datenschutzbeauftragten nach Landesrecht in §§ 79

15 Neufassung vom 30.6.2017 (BGBl. I, 2097).
16 BGBl. I, 1626.
17 Gesetz vom 30.6.2017 (BGBl. I, 2097).
18 Gesetz zur Änderung des Bundesversorgungsgesetzes und anderer Vorschriften vom 17.7.2017 (BGBl. I, 2541) in Art. 19 und 24.

Abs. 3, 80 Abs. 4, 81 Abs. 1 Nr. 2, Abs. 2 S. 2, 81a Abs. 1, 3, 4, 5, 7, 81c, 83 Abs. 3, 4, 85 Abs. 2 SGB X. Art. 37 Abs. 1 lit. a DS-GVO verpflichtet Behörden zur Bestellung eines Datenschutzbeauftragten. § 81 Abs. 2 SGB X spezifiziert dies für Sozialleistungsbehörden; für die des Bundes in S. 1, für die der Länder (also zB die Jugendämter) in S. 2. Nur für die des Bundes wird auf §§ 5 bis 7 des BDSG (neu) verwiesen, wo Bestellung, Aufgaben und Befugnisse des (Bundes)datenschutzbeauftragten geregelt sind. Dem Landesrecht ist es überlassen, im LDSG entsprechende Regelungen zu treffen. Dort kann auch die Bestellung **kommunaler Datenschutzbeauftragter** (→ Rn. 244) geregelt werden. § 81 Abs. 4 S. 1 SGB X iVm § 5 BDSG (neu) verlangt zwar die Bestellung eines solchen, Satz 3 nimmt diese Pflicht für Kommunalbehörden aber wieder zurück.

Für die Anwendung des BDSG oder des LDSG auf **freie Träger**[19] bedeutet dies, dass deren Anwendung ausgeschlossen ist, weil die DS-GVO eine abschließende Regelung ist und nur die oben bezeichneten einzelnen Fenster zum BDSG öffnet. Nur wenn § 61 Abs. 3 SGB VIII gestrichen würde und man die (unmittelbare oder entsprechende) Anwendung der DS-GVO auf freie Träger ausschlösse, wäre auf sie das BDSG anwendbar (nicht aber das LDSG, weil die freien Träger bundesweit agieren, entsprechend § 81 Abs. 3 SGB X). Für freie Träger besteht keine Verpflichtung zur Bestellung eines Datenschutzbeauftragten. Eine Änderung der bisherigen Rechtslage ist damit nicht verbunden.[20]

4 **1.1.4 Die Struktur des Sozialdatenschutzes.** Auch nach der **Neuregelung**[21] **des Sozialdatenschutzes** durch Gesetz vom 17.7.2017[22] hat sich an der **Struktur des Sozialdatenschutzes** nichts geändert. § 35 SGB I ist die **Ausgangs- und Zielbestimmung** des Sozialdatenschutzes; er regelt den Schutzbereich des Datenschutzes in Inhalt und Umfang, außerdem die Normadressaten. Das SGB X regelt in seinem Zweiten Kapitel den Schutz der Sozialdaten (§§ 67–85 a SGB X). Sein **Erster Abschnitt** besteht – gesetzestechnisch ein Novum – aus einem einzigen Paragrafen: **§ 67.** In ihm werden **Definitionen** „nachgeliefert" zu in § 35 SGB I genannten Begriffen und Definitionen und vorangestellt für Begriffe aus den §§ 67a ff. SGB X. Der **Zweite Abschnitt** (§§ 67a–78 SGB X) umfasst in §§ 67a–75 SGB X den **Eingriffsbereich** des Sozialdatenschutzes („Schranken") mit den Regelungen über die Zulässigkeit eines Eingriffs in das Sozialgeheimnis durch Datenerhebung, -speicherung, -übermittlung, -nutzung (jetzt: **„Datenverarbeitung"**).

Der Begriff „Datenverwendung" wird in SGB X und SGB VIII nicht mehr verwendet, er ist in Art. 4 DS-GVO als Verarbeitungsvorgang aufgeführt. „Verwendung" umfasst auch die Nutzung. Dieser Begriff wird noch in §§ 67b, c SGB X und in der Jugendhilfe in § 64 SGB VIII gebraucht. Zulässig ist der Eingriff dann, wenn er gedeckt ist durch die Einwilligung der betroffenen Person oder durch eine Rechtsvorschrift im Sozialgesetzbuch. Für die Datenerhebung ist dies in § 67a SGB X bzw. § 62 SGB VIII geregelt, für die Datenspeicherung, -nutzung, -übermittlung in § 67b SGB X und §§ 63, 64

19 Ausführlich auch hierzu Palsherm ZFSH/SGB 2021, 14.
20 So die Begründung in BT-Drs. 18/1812611, 125.
21 Inkrafttreten am 25.5.2018.
22 Gesetz zur Änderung des Bundesversorgungsgesetzes und anderer Vorschriften vom 17.7.2017 (BGBl. I, 2541) in Art. 19 und 24.

SGB VIII. Die gesetzlichen **Übermittlungsbefugnisse** (früher: „Offenbarungsbefugnisse") folgen in den §§ 68–75 SGB X. Die §§ 76 und 77 SGB X enthalten **Einschränkungen** dieser Befugnisse („Schranken-Schranken"). § 78 SGB X regelt den „abgeleiteten" Datenschutz für Personen und Stellen, die nicht selbst Normadressat nach § 35 SGB I sind, aber Daten von einem Sozialleistungsträger erhalten haben. Der **Dritte Abschnitt** (§§ 79–80 SGB X) gilt für besondere Datenverarbeitungsarten. Der **Vierte Abschnitt** (§§ 81–85a SGB X) enthält Kontroll- und Sanktionsvorschriften, nämlich das Recht auf Auskunft, Speicherung, Löschung, auf Anrufung des Datenschutzbeauftragten und des Gerichts, auf Schadenersatz sowie Straf- und Bußgeldvorschriften.

1.2 Der Datenschutz in der Jugendhilfe im Normzusammenhang

1.2.1 Der Jugendhilfe-Datenschutz nach SGB VIII im Verhältnis zum allgemeinen Sozialdatenschutz nach SGB I und SGB X iVm § 37 SGB I

§ 37 SGB I Vorbehalt abweichender Regelungen

Das Erste und Zehnte Buch gelten für alle Sozialleistungsbereiche dieses Gesetzbuchs, soweit sich aus den übrigen Büchern nichts Abweichendes ergibt; § 68 bleibt unberührt. Der Vorbehalt gilt nicht für die §§ 1 bis 17 und 31 bis 36. Das Zweite Kapitel des Zehnten Buches geht dessen Erstem Kapitel vor, soweit sich die Ermittlung des Sachverhaltes auf Sozialdaten erstreckt.

Der Jugendhilfe-Datenschutz setzt den allgemeinen Sozialdatenschutz voraus (§ 61 Abs. 1) und ergänzt ihn (§§ 61 Abs. 2 und 3, 62–68; → Rn. 17). Zu der „Basisregelung" des allgemeinen Sozialdatenschutzes treten **„Jugendhilfe-Additive"**. 5

§ 35 Abs. 2 SGB I verlangt eine gesetzliche Ermächtigung für die Eingriffe in das Sozialgeheimnis durch Erheben, Übermitteln, Nutzen von Sozialdaten und zwar eine **gesetzliche Ermächtigung, die sich nur aus §§ 67 ff. SGB X** ergeben darf (→ Rn. 3). 6

Abweichend hiervon regeln §§ 61 bis 68 in der Jugendhilfe andere Voraussetzungen für Erheben und Verwenden (zum Begriff → Rn. 3) von Sozialdaten. Die Funktion des **§ 37 SGB I** ist es, solche **Kollisionen** aufzulösen. § 37 S. 1 SGB I räumt dem SGB VIII Vorrang ein; § 37 S. 2 SGB I nimmt diesen Vorrang aber wieder zurück für die dort genannten Paragrafen, unter anderem für § 35 SGB I.

Ohne Bedeutung für diese Problematik ist **§ 37 S. 3 SGB I,** der lediglich eine „interne" Kollision betrifft, nämlich die Regelung der Datenerhebung innerhalb des SGB X selbst durch § 20 SGB X einerseits und § 67a SGB X andererseits. Somit bleibt es bei dem Widerspruch zwischen den Datenschutzregelungen im SGB I und X einerseits und denen im SGB VIII andererseits; zumindest scheint dies für die Regelungen zu gelten, die nicht zusätzliche Eingriffsbeschränkungen (wie bspw. §§ 64, 65) sondern Erweiterungen für Eingriffe durch Datenerhebung und -verwendung enthalten (bspw. § 61 Abs. 2). Solche abweichenden Regelungen sind nur zulässig, wenn § 37 S. 2 SGB I dies erlaubt. Maas[23] versucht, den Widerspruch zwischen § 37 S. 2 SGB I und § 61 SGB VIII durch eine Auslegung im Licht der vom BVerfG mit dem Volkszählungsurteil herausgearbeiteten Grundsätze zu vermeiden. Um eine „verfassungskonforme Auslegung" des § 37 S. 2 SGB I kann es aber nicht gehen, da diese nur dazu dient, eine sonst verfassungswidrige Norm aufrecht zu erhalten. Die Verfassungswidrigkeit des § 37 S. 2 SGB I kann aber nicht angenommen werden. Mörsberger[24] vermeidet eine 7

23 NDV 1990, 215 f.
24 ZfJ 1991, 115.

Kollision schon auf der sprachlichen Ebene, indem er von „Modifikation", „Konkretisierung" und „Ergänzung" spricht.[25]

8 Nach der Neuregelung (1994) des § 37 SGB I sind §§ 67 ff. SGB X nicht mehr als Bezugsnormen in § 37 S. 2 SGB I enthalten, sondern nur noch § 35 SGB I. Dies ändert aber nichts an der grundsätzlichen **Veränderungssperre** des § 37 S. 2 SGB I **auch für die §§ 67 ff. SGB X.**[26] Über § 35 Abs. 2 SGB I sind die §§ 67 ff. SGB X in die Veränderungssperre einbezogen. Der Datenschutz steht damit gerade nicht „unter dem Vorbehalt abweichenden Rechts".[27] Dies bedeutet aber nicht, dass es in den §§ 61 bis 68 SGB VIII keine Abweichungen von den §§ 67 bis 85a SGB X geben darf. § 35 Abs. 2 SGB I enthält lediglich einen **„relativen** numerus clausus des Datenschutzes nach dem SGB X". Das heißt, soweit im Datenschutz nach dem SGB X Fenster zu anderen Büchern (hier zum SGB VIII) des Sozialgesetzbuches geöffnet werden, sind auch vom SGB X abweichende Regelungen zulässig. Solch ein Fenster ist bspw. für die Datenübermittlung § 67b Abs. 1 S. 1 SGB X mit der Formulierung „oder nach einer anderen Rechtsvorschrift in diesem Gesetzbuch". Im Unterschied zu „Buch" ist „Gesetzbuch" das gesamte Sozialgesetzbuch. Damit sind auch Unterschreitungen des Datenschutzstandards nach dem SGB X in den einzelnen Büchern des Sozialgesetzbuches, also auch im SGB VIII, zulässig, weil die Öffnungsklausel des § 67b Abs. 1 SGB X keine Sperre für Abweichungen nach „unten" enthalten. Eine solche Sperre könnte sich lediglich aus den Anforderungen im Urteil des BVerfG zum Volkszählungsgesetz ergeben. §§ 61 bis 68 genügen aber diesen Anforderungen. Nach der Neuformulierung des § 37 SGB I und der Neuregelung der §§ 67 ff. SGB X kann daher ein Widerspruch zwischen den Datenschutzregelungen im SGB X einerseits und denen im SGB VIII andererseits nur noch für die Datenerhebung (→ § 62 Rn. 1) angenommen werden. Nach wie vor widersprüchlich aber ist die Sonderregelung des Datenschutzes für das **Vormundschaftswesen** durch § 61 Abs. 2. Mit dem Instrument des § 37 S. 2 SGB I ist es nicht gelungen, diese Regelungen mit § 35 SGB I kompatibel zu machen. Die „Amputation" des Datenschutzes im Vormundschaftswesen ist nicht mit § 35 SGB I vereinbar. Ein Strukturmangel liegt auch darin, dass es zu unnötigen Doppelregelungen im SGB X und SGB VIII kommt (→ Rn. 71, 78, 82, 84, 112; → § 64 Rn. 1, 11; → § 65 Rn. 14). Gäbe es eine **Löschungspflicht auch für unnötige Gesetze,** gäbe es hier genug Masse zum Abspecken, damit der „schlanke Staat" nicht nur Fetisch bleibt.

Die Sonderregelung des Datenschutzes („Hausdatenschutz") für die Jugendhilfe kompliziert den Datenschutz und begünstigt damit seine Vernachlässigung. Im JA bewegt sich der Datenschutz auf einem **„Flickenteppich"**, weil vielerlei verschiedene Datenschutzgesetze gelten (→ Rn. 17).

9 Als weiterer Flicken ist für den Jugendhilfeträger als Rehabilitationsträger mit dem **SGB IX** dessen Datenschutzregelung hinzugekommen (§§ 10 Abs. 4, 21 Abs. 1 Nr. 5, 23 Abs. 4 SGB IX)

10 Da § 35 SGB I nur für **Sozialleistungen** iSv § 11 SGB I gilt und § 27 SGB I als Sozialleistungen im Bereich der Jugendhilfe nur die Leistungen des § 2 Abs. 2 aufzählt, gälte der Sozialdatenschutz nach § 35 SGB I nicht für die anderen Aufgaben der Jugendhilfe gem. § 2 Abs. 3. Mit § 61 könnte man diesen Fehler wieder ausbügeln, weil darin die Geltung des § 35 SGB I für den gesamten Jugendhilfebereich bestimmt wird (§ 61 Abs. 1 S. 2). Diese Abweichung von § 35 SGB I durch § 61 lässt § 37 S. 2 SGB I aber nicht zu. Allerdings gilt auch § 37 SGB I selbst nur für den Leistungsbereich (→ § 62

25 Vgl. hierzu ferner Kunkel ZfJ 1991, 111 ff. und ZfJ 1992, 459 sowie DAVorm 1992/269.

26 Anders aber Mörsberger in Wiesner Anh. 4 § 35 Rn. 4;Törnig in JHSM Rn. 3; Mann in SFMK § 61 Rn. 8; Kirchhoff in jurisPK-SGB VIII § 61 Rn. 17.

27 So aber Mrozynski SGB I § 35 Rn. 11.

Rn. 1). Mit dieser Fehlkonstruktion des Datenschutzes wird man sich – wie mit manch anderer auch – abfinden müssen.

1.2.2 Sozialgeheimnis und Adoptionsgeheimnis nach § 1758 BGB

§ 1758 BGB Offenbarungs- und Ausforschungsverbot

(1) Tatsachen, die geeignet sind, die Annahme und ihre Umstände aufzudecken, dürfen ohne Zustimmung des Annehmenden und des Kindes nicht offenbart oder ausgeforscht werden, es sei denn, dass besondere Gründe des öffentlichen Interesses dies erfordern.

(2) [1]Absatz 1 gilt sinngemäß, wenn die nach § 1747 erforderliche Einwilligung erteilt ist. [2]Das Familiengericht kann anordnen, dass die Wirkungen des Absatzes 1 eintreten, wenn ein Antrag auf Ersetzung der Einwilligung eines Elternteils gestellt worden ist.

§ 9c AdVermiG Vermittlungsakten

(1) Vermittlungsakten sind, gerechnet vom Geburtsdatum des Kindes an, 100 Jahre lang aufzubewahren.

(2) [1]Soweit die Vermittlungsakten die Herkunft und die Lebensgeschichte des Kindes betreffen oder ein sonstiges berechtigtes Interesse besteht, ist dem gesetzlichen Vertreter des Kindes und, wenn das Kind das 16. Lebensjahr vollendet hat, auch diesem selbst auf Antrag unter Anleitung durch eine Fachkraft Einsicht zu gewähren. [2]Die Einsichtnahme ist zu versagen, soweit überwiegende Belange einer betroffenen Person entgegenstehen.

(3) Die Adoptionsvermittlungsstelle (§ 2 Absatz 1 und 3, § 2a Absatz 4) hat die Annehmenden auf das Akteneinsichtsrecht des Kindes nach Absatz 2 Satz 1 hinzuweisen, sobald das Kind das 16. Lebensjahr vollendet hat.

§ 9e AdVermiG Datenschutz

(1) [1]Für die Verarbeitung personenbezogener Daten gilt das Zweite Kapitel des Zehnten Buches Sozialgesetzbuch mit der Maßgabe, dass Daten, die für die Adoptionsvermittlung und für andere Zwecke dieses Gesetzes erhoben worden sind, nur für folgende Zwecke verarbeitet werden dürfen:

1. für die Adoptionsvermittlung oder Adoptionsbegleitung,
2. für die Anerkennung, Zulassung oder Beaufsichtigung von Adoptionsvermittlungsstellen,
3. für die Überwachung von Vermittlungsverboten,
4. für die Verfolgung von Verbrechen oder anderen Straftaten von erheblicher Bedeutung,
5. für die internationale Zusammenarbeit auf diesen Gebieten oder
6. für die Durchführung bestimmter wissenschaftlicher Vorhaben zur Erforschung möglicher politisch motivierter Adoptionsvermittlung in der DDR.

[2]In den Fällen des Satzes 1 Nummer 6 dürfen die betroffenen Personen nicht kontaktiert werden. [3]Die Vorschriften über die internationale Rechtshilfe bleiben unberührt.

(2) [1]Die Bundeszentralstelle übermittelt den zuständigen Stellen auf deren Ersuchen die zu den in Absatz 1 genannten Zwecken erforderlichen personenbezogenen Daten. [2]In dem Ersuchen ist anzugeben, zu welchem Zweck die Daten benötigt werden.

(3) [1]Die ersuchende Stelle trägt die Verantwortung für die Zulässigkeit der Übermittlung. [2]Die Bundeszentralstelle prüft nur, ob das Übermittlungsersuchen im Rahmen der Aufgaben der ersuchenden Stelle liegt, es sei denn, dass ein besonderer Anlass zur Prüfung der Zulässigkeit der Übermittlung besteht.

(4) Bei der Übermittlung an eine ausländische Stelle oder an eine inländische nicht öffentliche Stelle weist die Bundeszentralstelle darauf hin, dass die Daten nur für den Zweck verarbeitet werden dürfen, zu dem sie übermittelt werden.

11 Aus § 37 S. 2 SGB I folgt, dass sowohl der Schutzbereich des § 35 SGB I als auch (nämlich über § 35 Abs. 2) die Übermittlungsbefugnisse nach §§ 67 ff. SGB X uneingeschränkt für alle Sozialleistungsbereiche gelten. Über § 68 Nr. 12 SGB I ist die Adoptionsvermittlung in den Sozialleistungsbereich einbezogen. Daraus folgt für den Fall, dass eine Adoptionsvermittlungsstelle eines JA der Kindesmutter Auskunft über Name und Anschrift der Annehmenden gibt, für das JA nur § 35 SGB I gilt, nicht aber § 1758 BGB. Daher können auch die Übermittlungsbefugnisse nur den §§ 67 ff. SGB X entnommen werden, nicht aber dem § 1758 BGB. Dies wird im Urteil des OVG NRW[28] übersehen. Auch der im 11. TB BDS auf S. 51 geschilderte Adoptionsfall geht auf dieses Problem nicht ein. Ebenso wenig der im 5. TB LDS Hamburg auf S. 29 geschilderte spektakuläre Fall. In einem Gutachten des Deutschen Vereins[29] wird die Meinung vertreten, §§ 67 ff. SGB X gäben nur dann eine Offenbarungsbefugnis für ein Adoptionsgeheimnis, wenn und soweit auch § 1758 Abs. 1 BGB eine solche Offenbarung zulasse. Dies deshalb, weil § 1758 BGB als bundesgesetzliche Vorschrift gleichrangig neben dem SGB stehe und außerdem, weil auch das Berufsgeheimnis des § 203 Abs. 1 StGB nicht durch das Sozialgeheimnis außer Kraft gesetzt werde. Dem ist entgegenzuhalten, dass § 37 S. 2 SGB I ein Rangverhältnis der Spezialität gegenüber anderen gesetzlichen Vorschriften begründet; ferner fehlt für das Adoptionsgeheimnis gerade eine Vorschrift wie die des § 76 SGB X, die das Berufsgeheimnis in das Sozialgeheimnis gleichsam integriert. Für die Praxis erscheint der Streit wenig bedeutsam, da selbst dann, wenn eine Übermittlungsbefugnis nach §§ 67 ff. SGB X gefunden würde, diese doch durch den Grundsatz der Verhältnismäßigkeit wieder eingeschränkt wird, der die Berücksichtigung der Interessen des Adoptivkindes gebietet. Der hessische Datenschutzbeauftragte hat in seiner Stellungnahme[30] zu einem dort mitgeteilten Fall ebenfalls die Übermittlungsbefugnisse der §§ 67 ff. SGB X angewendet. Maas[31] wendet § 1758 BGB an, ohne auf § 37 S. 2 SGB I einzugehen.[32]

12 Die Regelung des Datenschutzes im Zusammenhang mit der Adoption ist ebenso zerklüftet wie die Regelung der Adoption selbst.[33] Da Adoption und Adoptionsvermittlung außerhalb des SGB VIII geregelt sind (im BGB und im Adoptionsvermittlungsgesetz), gelten für die Tätigkeit des JA im Rahmen der **Adoptionsvermittlung** die Regelungen des AdVermiG,[34] insbes. **§ 9e**, sowie SGB I und SGB X,[35] weil das Adoptionsvermittlungsgesetz als besonderer Teil des SGB gilt (§ 68 Nr. 12 SGB I). Daher gilt § 35 SGB I[36] für die Wahrung des Adoptionsgeheimnisses auch in der Adoptionsvermittlung (→ Rn. 37). § 7a AdVermiG erlaubt die Datenerhebung durch die Vermittlungsstellen, § 8a den Informationsaustausch zwischen Vermittlungsstellen, Eltern und Bewerbern. Für die Tätigkeit des JA im **Ersetzungsverfahren** gilt § 51 SGB VIII und damit der Datenschutz nach § 61 SGB VIII. Die Tätigkeit nach § 51 ist von der **Adoptionsbegleitung** nach dem AdVermiG verschieden. § 51 verpflichtet zu förmlicher Belehrung und Beratung im Hinblick auf die Ersetzung der Einwilligung, während die Adoptionsbegleitung nach dem AdVermiG zwar auch den Eltern gilt, aber nur mit deren Einverständnis erfolgt, also die mitwirkungsbereiten Eltern unterstützen soll. Da-

28 OVG NRW 20.6.1984 – 7 K 803/14, FEVS 1986, 72 ff.; ebenso VG Stuttgart 7.7.2015 – 8 A 846/83.
29 NDV 1986, 362 f.
30 ZfJ 1984, 287.
31 In LWV-Arbeitshilfe, S. 34; vgl. ferner die Empfehlungen zur Adoptionsvermittlung der BAGLJÄ, 8. Aufl. 2019 und Wiedau in JHSM 5. Band.
32 Ferner Reinhardt JAmt 2008, 457 und 2018, 126.
33 Vgl. Kunkel in Paulitz, Adoption, S. 206 und in Behrentin, Adoptionsrecht, S. 32.
34 Nach Änderung durch das Adoptionshilfegesetz vom 12.2.2021 (BGBl. I, 226) jetzt Gesetz über die Vermittlung und Begleitung der Adoption.
35 Dies stellt § 9e AdVermiG klar.
36 Wie § 35 Abs. 1 S. 4 SGB I ausdrücklich bestimmt.

tenschutzrechtlich gilt für die Tätigkeit nach § 51 somit bei Datenerhebung § 62, bei Datenübermittlung § 69 Abs. 1 Nr. 1 SGB X iVm §§ 61, 64, 65 SGB VIII. Für Adoptionsvermittlung und -begleitung gelten dagegen § 67a SGB X bezüglich der Datenerhebung und § 69 Abs. 1 Nr. 1 SGB X bezüglich der Datenübermittlung, beide jeweils nach Maßgabe des § 9e AdVermiG, dh Datenerhebung und -übermittlung sind nur zur Verfolgung der in Abs. 1 genannten Zwecke zulässig; nicht anwendbar ist § 65.[37] Für Datenspeicherung und -löschung gilt ergänzend § 9c Abs. 1 AdVermiG, wonach die Vermittlungsakten 100 Jahre **aufzubewahren** sind. Ein – im Verhältnis zu § 25 SGB X – spezielles **Akteneinsichtsrecht** regelt § 9c Abs. 2 AdVermiG (→ Rn. 117). Daneben gilt das Auskunftsrecht nach § 83 SGB X (→ § 61 Rn. 249). Dieses Akteneinsichtsrecht ähnelt dem nach § 68 Abs. 3 (→ § 68 Rn. 12). Das Persönlichkeitsrecht des Kindes auf Kenntnis seiner Abstammung richtet sich hier nicht gegen die Ursprungsfamilie und deren Recht auf Achtung ihrer Intimsphäre, sondern gegen die Adoptionsvermittlungsstelle. Dieses Recht wird durch den gesetzlichen Vertreter des Kindes ausgeübt, solange das Kind noch nicht 16 Jahre alt ist. Diese Regelung folgt der Vorschrift des § 63 PStG für die Einsicht in Personenstandsbücher. Das Persönlichkeitsrecht der Ursprungsfamilie ist dadurch geschützt, dass die Akteneinsicht beschränkt ist auf Herkunft und Lebensgeschichte des Kindes oder Daten, an deren Kenntnis ein sonstiges berechtigtes Interesse des Kindes besteht. Auch dann besteht aber kein Akteneinsichtsrecht, wenn überwiegende Belange eines Betroffenen entgegenstehen (Satz 2). An die Stelle der Akteneinsicht kann dann die Mitteilung des wesentlichen Inhalts der Akte treten, wie sie auch im Rahmen des Auskunftsrechts nach § 83 SGB X zu erfolgen hätte. Außerdem darf dem Kind selbst Akteneinsicht nur unter Anleitung einer Fachkraft gewährt werden, so dass durch diese Anleitung gewährleistet ist, dass das Kind Lebensumstände der Ursprungsfamilie verständig bewerten kann.[38]

Zur politisch motivierten Adoptionsvermittlung in der **DDR** → § 65 Rn. 24.

1.2.3 Sozialgeheimnis und Schutz des Berufsgeheimnisses nach § 203 StGB

§ 11 StGB Personen- und Sachbegriffe

(1) Im Sinne dieses Gesetzes ist

…

2. Amtsträger:
   wer nach deutschem Recht
   a) Beamter oder Richter ist,
   b) in einem sonstigen öffentlich-rechtlichen Amtsverhältnis steht oder
   c) sonst dazu bestellt ist, bei einer Behörde oder bei einer sonstigen Stelle oder in deren Auftrag Aufgaben der öffentlichen Verwaltung unbeschadet der zur Aufgabenerfüllung gewählten Organisationsform wahrzunehmen;

…

4. für den öffentlichen Dienst besonders Verpflichteter:
   wer, ohne Amtsträger zu sein,
   a) bei einer Behörde oder bei einer sonstigen Stelle, die Aufgaben der öffentlichen Verwaltung wahrnimmt, oder
   b) bei einem Verband oder sonstigen Zusammenschluss, Betrieb oder Unternehmen, die für eine Behörde oder für eine sonstige Stelle Aufgaben der öffentlichen Verwaltung ausführen,

37 AA aber wohl DIJuF JAmt 2001, 74.
38 So die Begründung in BT-Drs. 14/6011, 56.

beschäftigt oder für sie tätig und auf die gewissenhafte Erfüllung seiner Obliegenheiten aufgrund eines Gesetzes förmlich verpflichtet ist;

...

§ 203 StGB Verletzung von Privatgeheimnissen

(1) Wer unbefugt ein fremdes Geheimnis, namentlich ein zum persönlichen Lebensbereich gehörendes Geheimnis oder ein Betriebs- oder Geschäftsgeheimnis, offenbart, das ihm als

1. Arzt, Zahnarzt, Tierarzt, Apotheker oder Angehörigen eines anderen Heilberufs, der für die Berufsausübung oder die Führung der Berufsbezeichnung eine staatlich geregelte Ausbildung erfordert,
2. Berufspsychologen mit staatlich anerkannter wissenschaftlicher Abschlußprüfung,
3. Rechtsanwalt, Kammerrechtsbeistand, Patentanwalt, Notar, Verteidiger in einem gesetzlich geordneten Verfahren, Wirtschaftsprüfer, vereidigtem Buchprüfer, Steuerberater, Steuerbevollmächtigten oder Organ oder Mitglied eines Organs einer Rechtsanwalts-, Patentanwalts-, Wirtschaftsprüfungs-, Buchprüfungs- oder Steuerberatungsgesellschaft, [ab 1.8.2022: *Rechtsanwalt, Kammerrechtsbeistand, Patentanwalt, Notar, Verteidiger in einem gesetzlich geordneten Verfahren, Wirtschaftsprüfer, vereidigtem Buchprüfer, Steuerberater, Steuerbevollmächtigten,*

3a. Organ oder Mitglied eines Organs einer Wirtschaftsprüfungs-, Buchprüfungs- oder einer Berufsausübungsgesellschaft von Steuerberatern und Steuerbevollmächtigten, einer Berufsausübungsgesellschaft von Rechtsanwälten oder europäischen niedergelassenen Rechtsanwälten oder einer Berufsausübungsgesellschaft von Patentanwälten oder niedergelassenen europäischen Patentanwälten im Zusammenhang mit der Beratung und Vertretung der Wirtschaftsprüfungs-, Buchprüfungs- oder Berufsausübungsgesellschaft im Bereich der Wirtschaftsprüfung, Buchprüfung oder Hilfeleistung in Steuersachen oder ihrer rechtsanwaltlichen oder patentanwaltlichen Tätigkeit,]

4. Ehe-, Familien-, Erziehungs- oder Jugendberater sowie Berater für Suchtfragen in einer Beratungsstelle, die von einer Behörde oder Körperschaft, Anstalt oder Stiftung des öffentlichen Rechts anerkannt ist,
5. Mitglied oder Beauftragten einer anerkannten Beratungsstelle nach den §§ 3 und 8 des Schwangerschaftskonfliktgesetzes,
6. staatlich anerkanntem Sozialarbeiter oder staatlich anerkanntem Sozialpädagogen oder
7. Angehörigen eines Unternehmens der privaten Kranken-, Unfall- oder Lebensversicherung oder einer privatärztlichen, steuerberaterlichen oder anwaltlichen Verrechnungsstelle

anvertraut worden oder sonst bekanntgeworden ist, wird mit Freiheitsstrafe bis zu einem Jahr oder mit Geldstrafe bestraft.

(2) Ebenso wird bestraft, wer unbefugt ein fremdes Geheimnis, namentlich ein zum persönlichen Lebensbereich gehörendes Geheimnis oder ein Betriebs- oder Geschäftsgeheimnis, offenbart, das ihm als

1. Amtsträger oder Europäischer Amtsträger,
2. für den öffentlichen Dienst besonders Verpflichteten,
3. Person, die Aufgaben oder Befugnisse nach dem Personalvertretungsrecht wahrnimmt,
4. Mitglied eines für ein Gesetzgebungsorgan des Bundes oder eines Landes tätigen Untersuchungsausschusses, sonstigen Ausschusses oder Rates, das nicht selbst Mitglied des Gesetzgebungsorgans ist, oder als Hilfskraft eines solchen Ausschusses oder Rates oder
5. öffentlich bestelltem Sachverständigen, der auf die gewissenhafte Erfüllung seiner Obliegenheiten aufgrund eines Gesetzes förmlich verpflichtet worden ist, oder

6. Person, die auf die gewissenhafte Erfüllung ihrer Geheimhaltungspflicht bei der Durchführung wissenschaftlicher Forschungsvorhaben aufgrund eines Gesetzes förmlich verpflichtet worden ist

anvertraut worden oder sonst bekanntgeworden ist. Einem Geheimnis im Sinne des Satzes 1 stehen Einzelangaben über persönliche oder sachliche Verhältnisse eines anderen gleich, die für Aufgaben der öffentlichen Verwaltung erfaßt worden sind; Satz 1 ist jedoch nicht anzuwenden, soweit solche Einzelangaben anderen Behörden oder sonstigen Stellen für Aufgaben der öffentlichen Verwaltung bekanntgegeben werden und das Gesetz dies nicht untersagt.

(3) Kein Offenbaren im Sinne dieser Vorschrift liegt vor, wenn die in den Absätzen 1 und 2 genannten Personen Geheimnisse den bei ihnen berufsmäßig tätigen Gehilfen oder den bei ihnen zur Vorbereitung auf den Beruf tätigen Personen zugänglich machen. Die in den Absätzen 1 und 2 Genannten dürfen fremde Geheimnisse gegenüber sonstigen Personen offenbaren, die an ihrer beruflichen oder dienstlichen Tätigkeit mitwirken, soweit dies für die Inanspruchnahme der Tätigkeit der sonstigen mitwirkenden Personen erforderlich ist; das Gleiche gilt für sonstige mitwirkende Personen, wenn diese sich weiterer Personen bedienen, die an der beruflichen oder dienstlichen Tätigkeit der in den Absätzen 1 und 2 Genannten mitwirken.

(4) Mit Freiheitsstrafe bis zu einem Jahr oder mit Geldstrafe wird bestraft, wer unbefugt ein fremdes Geheimnis offenbart, das ihm bei der Ausübung oder bei Gelegenheit seiner Tätigkeit als mitwirkende Person oder als bei den in den Absätzen 1 und 2 genannten Personen tätiger Datenschutzbeauftragter bekannt geworden ist. Ebenso wird bestraft, wer

1. als in den Absätzen 1 und 2 genannte Person nicht dafür Sorge getragen hat, dass eine sonstige mitwirkende Person, die unbefugt ein fremdes, ihr bei der Ausübung oder bei Gelegenheit ihrer Tätigkeit bekannt gewordenes Geheimnis offenbart, zur Geheimhaltung verpflichtet wurde; dies gilt nicht für sonstige mitwirkende Personen, die selbst eine in den Absätzen 1 oder 2 genannte Person sind,
2. als im Absatz 3 genannte mitwirkende Person sich einer weiteren mitwirkenden Person, die unbefugt ein fremdes, ihr bei der Ausübung oder bei Gelegenheit ihrer Tätigkeit bekannt gewordenes Geheimnis offenbart, bedient und nicht dafür Sorge getragen hat, dass diese zur Geheimhaltung verpflichtet wurde; dies gilt nicht für sonstige mitwirkende Personen, die selbst eine in den Absätzen 1 oder 2 genannte Person sind, oder
3. nach dem Tod der nach Satz 1 oder nach den Absätzen 1 oder 2 verpflichteten Person ein fremdes Geheimnis unbefugt offenbart, das er von dem Verstorbenen erfahren oder aus dessen Nachlass erlangt hat.

(5) Die Absätze 1 bis 4 sind auch anzuwenden, wenn der Täter das fremde Geheimnis nach dem Tod des Betroffenen unbefugt offenbart.

(6) Handelt der Täter gegen Entgelt oder in der Absicht, sich oder einen anderen zu bereichern oder einen anderen zu schädigen, so ist die Strafe Freiheitsstrafe bis zu zwei Jahren oder Geldstrafe.

Während § 203 **Abs. 1** StGB nur für die Angehörigen der dort genannten **Berufsgruppen** gilt (zu diesen ausführlich → Rn. 204) – gleichgültig, ob sie bei einem Träger der freien oder der öffentlichen Jugendhilfe beschäftigt sind –, gilt § 203 **Abs. 2** StGB für **jeden Mitarbeiter** des öffentlichen Trägers, weil er **Amtsträger** iSv § 11 StGB ist (→ Rn. 205). Ist der Mitarbeiter zugleich Angehöriger einer Berufsgruppe nach Abs. 1 (zB SA/SP), gilt für ihn nur § 203 **Abs. 1** StGB,[39] wenn sich der Bürger ihm gerade als einem Angehörigen dieser Berufsgruppe anvertraut hat (→ Rn. 205). Die Zuordnung zu § 203 Abs. 1 **oder** Abs. 2 StGB hat Konsequenzen für die Offenbarungsbefugnis 13

39 Anders aber wohl Rauschert ZfJ 1996, 414.

und damit die Strafbarkeit des Mitarbeiters. Gibt nämlich ein Mitarbeiter, der unter Abs. 1 fällt, anvertraute Daten weiter, benötigt er hierfür eine Offenbarungsbefugnis aus dem StGB. Fällt dagegen der Mitarbeiter unter Abs. 2, benötigt er lediglich eine sozialrechtliche Übermittlungsbefugnis aus §§ 68–75 SGB X, die damit gleichzeitig zu einer strafrechtlichen Offenbarungsbefugnis wird (→ Rn. 197). **§ 203 Abs. 2 StGB „verlängert" somit § 35 Abs. 2 SGB I** iVm §§ 68–75 SGB X in das Strafgesetzbuch hinein. Eine Verletzung des **Sozialgeheimnisses** bewirkt somit **zugleich** eine Verletzung des **Berufsgeheimnisses** nach § 203 Abs. 2 StGB.

14 In der umgekehrten Richtung fließt § 203 Abs. 1 StGB in das SGB ein, da § 76 SGB X (Abdruck bei → Rn. 196) die sozialrechtliche Rechtmäßigkeit der Weitergabe von Daten, die das JA von einem Träger eines Berufsgeheimnisses nach § 203 Abs. 1 StGB erhalten hat, daran knüpft, dass strafrechtliche Offenbarungsbefugnisse bestehen. § 76 SGB X **„verlängert" § 203 Abs. 1 StGB in das SGB hinein** (**„verlängertes Berufsgeheimnis"**; → Rn. 198). Wenn zB ein JA Daten eines misshandelten Kindes von einem Arzt erhält, kann es diese Daten nur dann weitergeben (bspw. dem Familiengericht), wenn es in der fiktiven Rolle des Arztes strafrechtlich zur Offenbarung befugt wäre (zum Arztgeheimnis → Rn. 194).

15 Das JA darf also ein zum Sozialgeheimnis gewordenes Berufsgeheimnis nur dann weitergeben, wenn (→ Rn. 197) zusätzlich zu einer Übermittlungsbefugnis nach §§ 68–75 SGB X eine **strafrechtliche Offenbarungsbefugnis** für das Berufsgeheimnis besteht. Dies gilt auch, wenn das JA die Daten nicht von einem außerhalb des Trägers stehenden, sondern beim Träger beschäftigten Angehörigen einer Berufsgruppe nach § 203 Abs. 1 StGB erhält (→ Rn. 203), zB wenn ein Psychologe als Mitarbeiter einer kommunalen Erziehungsberatungsstelle Daten eines Jugendlichen an den Pflegekinderdienst des JA weitergibt. Will der Vorgesetzte die Akten des Sozialarbeiters kontrollieren, könnte er das nur unter den für § 203 Abs. 1 StGB geltenden strafrechtlichen Voraussetzungen, wenn ihn nicht § 76 Abs. 2 Nr. 2 SGB X davon dispensieren würde (→ Rn. 215).

16 Gibt ein sonstiger Mitarbeiter des JA (also jemand, der nicht unter § 203 Abs. 1, sondern unter § 203 Abs. 2 StGB fällt) ein ihm anvertrautes Geheimnis weiter, gilt nicht § 76 SGB X, da dieser sich auf die Personengruppe des § 203 Abs. 1 StGB beschränkt. Gleichsam eine **„Verbreiterung des Berufsgeheimnisses"** nach § 203 Abs. 1 StGB in die Jugendhilfe hinein bringt aber § 65 SGB VIII Danach werden Mitarbeiter beim JA (fiktiv) so behandelt, als ob sie zu den in § 203 Abs. 1 StGB genannten Personengruppen gehörten. Zwar beurteilt sich ihre Strafbarkeit nicht nach § 203 Abs. 1, sondern nach § 203 Abs. 2 StGB; ihre Datenweitergabe bedarf aber einer strafrechtlichen Rechtfertigung. Es genügt nicht, wenn für die ihnen besonders anvertrauten Daten Übermittlungsbefugnisse aus dem SGB X bestehen, vielmehr müssen zusätzlich (→ § 65 Rn. 1) **strafrechtliche** Offenbarungsbefugnisse vorliegen, um die Mitteilung **sozialrechtlich** zu rechtfertigen. Wird zB im Rahmen einer HzE der Verwaltungsfachkraft im JA ein Datum anvertraut und gibt sie es an das Sozialamt weiter, ist diese Übermittlung sozialrechtlich nicht schon aus § 69 Abs. 1 Nr. 1 SGB X gerechtfertigt, sondern erst bei einer hinzutretenden strafrechtlichen Offenbarungsbefugnis (→ Rn. 209).

Zum Berufsgeheimnisträger nach **§ 4 KKG** s. im Anh. zu § 61 → KKG § 4 Rn. 1.

1.2.4 Übersicht über die Rechtsquellen des Sozialdatenschutzes in der Jugendhilfe

17 ■ Es gelten für **alle** personenbezogenen Daten in der Jugendhilfe:
 (1) Art. 1 Abs. 1 iVm Art. 2 Abs. 1 GG (Grundrecht auf informationelle Selbstbestimmung);
 (2) § 35 SGB I;

(3) §§ 67 bis 85a SGB X;
(4) Landesdatenschutzgesetz (Kontrolle durch den Landesdatenschutzbeauftragten; Verzeichnis der Datenverarbeitungsanlagen; kommunale Datenschutzbeauftragte);
(5) Bundesdatenschutzgesetz: §§ 5–7, 9, 13, 14, 16, 20, 22 Abs. 2, 40, 41, 42;
(6) DS-GVO für alle personenbezogenen Daten in automatisierten und nichtautomatisierten Dateien.

- **Hinzu treten in der Jugendhilfe:** 18
  §§ 61–68.
  Ausnahmen:
  (1) Für Tätigkeit als AB/AP/AV gilt nur § 68 (nicht aber für das Vormundschaftswesen im Übrigen).
  (2) Für Adoptionsvermittlung und -begleitung nach dem AdVermiG gilt § 9e AdVermiG iVm SGB I und X; für die Hilfe nach § 51 gilt das SGB VIII.
  (3) Für die Tätigkeit des Jugendhilfeträgers als Rehabilitationsträger gelten zusätzlich §§ 23, 38 Abs. 1 Nr. 5, 96 Abs. 4 SGB IX.
  (4) Für die Unterhaltsvorschusskasse gelten SGB I und X.
  (5) Für die Tätigkeit nach dem Jugendschutzgesetz gilt das LDSG.
  (6) Für die Anhörung nach § 80 Abs. 1 S. 2 StVollzG gilt das LDSG.
  (7) Für den Vorschlag der Jugendschöffen nach § 35 JGG gilt das LDSG.
  (8) Für Aufgaben nach dem KKG gilt das LDSG (→ KKG § 1 Rn. 5 im Anh. zu § 1 SGB VIII).

- Als **strafrechtliche** Sanktionsnormen gelten außerdem: 19
  (1) für alle Beschäftigten im JA: § 203 **Abs. 2** StGB.
  (2) zusätzlich für SA/SP; Psychologen im JA: § 203 **Abs. 1** und für alle anderen dort genannten Personen, also Berater mit spezifischen Funktionen (zB nicht Schuldnerberatung) in anerkannten Beratungsstellen (also nicht: Heilpädagoginnen; Diplompädagoginnen; Erzieherinnen [→ Rn. 204]). Ferner nicht für sog. Berufsgeheimnisträger nach § 4 KKG (zu diesen → KKG § 4 Rn. 1 im Anh. zu § 61).

1.3 Der Schutzbereich der Norm

1.3.1 Schutz von Sozialdaten (§ 35 Abs. 1 Satz 1, 4, 5 SGB I iVm § 67 Abs. 1 SGB X)

1.3.1.1 Sozialgeheimnis

§ 35 SGB I Sozialgeheimnis

(1) [1]Jeder hat Anspruch darauf, dass die ihn betreffenden Sozialdaten (§ 67 Absatz 2 Zehntes Buch) von den Leistungsträgern nicht unbefugt verarbeitet werden (Sozialgeheimnis). [2]Die Wahrung des Sozialgeheimnisses umfasst die Verpflichtung, auch innerhalb des Leistungsträgers sicherzustellen, dass die Sozialdaten nur Befugten zugänglich sind oder nur an diese weitergegeben werden. [3]Sozialdaten der Beschäftigten und ihrer Angehörigen dürfen Personen, die Personalentscheidungen treffen oder daran mitwirken können, weder zugänglich sein noch von Zugriffsberechtigten weitergegeben werden. [4]Der Anspruch richtet sich auch gegen die Verbände der Leistungsträger, die Arbeitsgemeinschaften der Leistungsträger und ihrer Verbände, die Datenstelle der Rentenversicherung, die in diesem Gesetzbuch genannten öffentlich-rechtlichen Vereinigungen, Integrationsfachdienste, die Künstlersozialkasse, die Deutsche Post AG, soweit sie mit der Berechnung oder Auszahlung von Sozialleistungen betraut ist, die Behörden der Zollverwaltung, soweit sie Aufgaben nach § 2 des Schwarzarbeitsbekämpfungsgesetzes und § 66 des Zehnten Buches durchführen, die Versicherungsämter und Gemeindebehörden sowie die anerkannten Adoptionsvermittlungsstellen (§ 2 Absatz 3 des Adoptionsvermittlungs-

gesetzes), soweit sie Aufgaben nach diesem Gesetzbuch wahrnehmen, und die Stellen, die Aufgaben nach § 67c Absatz 3 des Zehnten Buches wahrnehmen. [5]Die Beschäftigten haben auch nach Beendigung ihrer Tätigkeit bei den genannten Stellen das Sozialgeheimnis zu wahren.

(2) [1]Die Vorschriften des Zweiten Kapitels des Zehnten Buches und der übrigen Bücher des Sozialgesetzbuches regeln die Verarbeitung von Sozialdaten abschließend, soweit nicht die Verordnung (EU) 2016/679 des Europäischen Parlaments und des Rates vom 27. April 2016 zum Schutz natürlicher Personen bei der Verarbeitung personenbezogener Daten, zum freien Datenverkehr und zur Aufhebung der Richtlinie 95/46/EG (Datenschutz-Grundverordnung) (ABl. L 119 vom 4.5.2016, S. 1; L 314 vom 22.11.2016, S. 72; L 127 vom 23.5.2018, S. 2) in der jeweils geltenden Fassung unmittelbar gilt. [2]Für die Verarbeitungen von Sozialdaten im Rahmen von nicht in den Anwendungsbereich der Verordnung (EU) 2016/679 fallenden Tätigkeiten finden die Verordnung (EU) 2016/679 und dieses Gesetz entsprechende Anwendung, soweit nicht in diesem oder einem anderen Gesetz Abweichendes geregelt ist.

(2a) Die Verpflichtung zur Wahrung gesetzlicher Geheimhaltungspflichten oder von Berufs- oder besonderen Amtsgeheimnissen, die nicht auf gesetzlichen Vorschriften beruhen, bleibt unberührt.

(3) Soweit eine Übermittlung von Sozialdaten nicht zulässig ist, besteht keine Auskunftspflicht, keine Zeugnispflicht und keine Pflicht zur Vorlegung oder Auslieferung von Schriftstücken, nicht automatisierten Dateisystemen und automatisiert verarbeiteten Sozialdaten.

(4) Betriebs- und Geschäftsgeheimnisse stehen Sozialdaten gleich.

(5) [1]Sozialdaten Verstorbener dürfen nach Maßgabe des Zweiten Kapitels des Zehnten Buches verarbeitet werden. [2]Sie dürfen außerdem verarbeitet werden, wenn schutzwürdige Interessen des Verstorbenen oder seiner Angehörigen dadurch nicht beeinträchtigt werden können.

(6)-(7) …

§ 67 SGB X Begriffsbestimmungen

(1) Die nachfolgenden Begriffsbestimmungen gelten ergänzend zu Artikel 4 der Verordnung (EU) 2016/679 des Europäischen Parlaments und des Rates vom 27. April 2016 zum Schutz natürlicher Personen bei der Verarbeitung personenbezogener Daten, zum freien Datenverkehr und zur Aufhebung der Richtlinie 95/46/EG (Datenschutz-Grundverordnung) (ABl. L 119 vom 4.5.2016, S. 1; L 314 vom 22.11.2016, S. 72; L 127 vom 23.5.2018, S. 2) in der jeweils geltenden Fassung.

(2) [1]Sozialdaten sind personenbezogene Daten (Artikel 4 Nummer 1 der Verordnung (EU) 2016/679), die von einer in § 35 des Ersten Buches genannten Stelle im Hinblick auf ihre Aufgaben nach diesem Gesetzbuch verarbeitet werden. [2]Betriebs- und Geschäftsgeheimnisse sind alle betriebs- oder geschäftsbezogenen Daten, auch von juristischen Personen, die Geheimnischarakter haben.

(3) Aufgaben nach diesem Gesetzbuch sind, soweit dieses Kapitel angewandt wird, auch

1. Aufgaben auf Grund von Verordnungen, deren Ermächtigungsgrundlage sich im Sozialgesetzbuch befindet,
2. Aufgaben auf Grund von über- und zwischenstaatlichem Recht im Bereich der sozialen Sicherheit,
3. Aufgaben auf Grund von Rechtsvorschriften, die das Erste und das Zehnte Buch für entsprechend anwendbar erklären, und
4. Aufgaben auf Grund des Arbeitssicherheitsgesetzes und Aufgaben, soweit sie den in § 35 des Ersten Buches genannten Stellen durch Gesetz zugewiesen sind. § 8 Absatz 1 Satz 3 des Arbeitssicherheitsgesetzes bleibt unberührt.

(4) [1]Werden Sozialdaten von einem Leistungsträger im Sinne von § 12 des Ersten Buches verarbeitet, ist der Verantwortliche der Leistungsträger. [2]Ist der Leistungsträger eine Gebietskörperschaft, so sind der Verantwortliche die Organisationseinheiten, die eine Aufgabe nach einem der besonderen Teile dieses Gesetzbuches funktional durchführen.

(5) Nicht-öffentliche Stellen sind natürliche und juristische Personen, Gesellschaften und andere Personenvereinigungen des privaten Rechts, soweit sie nicht unter § 81 Absatz 3 fallen.

Der Schutz von Sozialdaten geschieht durch **Wahren** des Sozialgeheimnisses (§ 35 Abs. 1 S. 1 und S. 2 SGB I), also Schutz vor unbefugten **Eingriffen** (→ Rn. 57–68), und durch **Datensicherung** (→ Rn. 45–56). Der Begriff des **Geheimnisses** ist missverständlich, da es nicht darauf ankommt, ob die Sozialdaten noch geheim sind; auch schon bekannte Sozialdaten sind geschützt, wie sich aus der Legaldefinition des § 35 Abs. 1 S. 1 SGB I ergibt (→ Rn. 207). Das Sozialgeheimnis ist die spezialgesetzliche Ausformung des Grundrechts auf informationelle Selbstbestimmung (→ Rn. 1) für den Sozialleistungsbereich. Sozialdatum ist jede personenbezogene Information, die von einer SGB-Stelle bei (also nicht notwendig: zur) Wahrnehmung von SGB-Aufgaben verarbeitet wird (§ 67 Abs. 2 S. 1 SGB X). 20

1.3.1.2 Personenbezogenes Datum. Hierzu zählt jede personenbezogene Information (Art. 4 Abs. 1 DS-GVO; → Rn. 2), Tatsachen ebenso wie Vermutungen oder Wertungen. Diese Information kann materialisiert sein in einer Datei, aber auch in einer Akte oder in einem Foto oder Bild, aber auch nicht materialisiert lediglich im Kopf des Empfängers. Die Beziehung einer Person zum JA ist damit ebenso ein Sozialgeheimnis wie Telefonnummer oder Aktenzeichen des Betroffenen;[40] ebenso der Name eines **Behördeninformanten** (zu diesem → Rn. 116).[41] Das Datum muss lediglich im Zusammenhang mit einer Aufgabe des JA diesem zugehen, nicht aber das Datum eines Hilfesuchenden sein. 21

Nicht mehr personenbezogen ist das Datum dann, wenn es soweit anonymisiert ist, dass es einer bestimmten oder bestimmbaren Person nicht mehr oder nur noch unter unverhältnismäßig großem Aufwand zugeordnet werden kann oder wenn es pseudonymisiert ist (Art. 4 Abs. 5 DS-GVO). Diese natürliche Person nennt das Gesetz **„Betroffener"** (Art. 4 Abs. 1 DS-GVO). Macht eine Person[42] Angaben beim JA über eine dritte Person, handelt es sich um personenbezogene Daten mit **Doppelbezug** oder **Drittwirkung**. Betroffener ist jede der beiden Personen. Jeder der beiden Betroffenen hat also die datenschutzrechtliche Verfügungsgewalt („informationelle Selbstbestimmung") über das Datum mit Drittbezug.[43] Sowohl der Vorgang der Mitteilung als auch die mitgeteilte Information ist als personenbezogenes Datum geschützt. 22

Kein Sozialdatum ist ein personenbezogenes Datum von **Mitarbeitern** des JA (→ Rn. 44) es sei denn, dass ein Mitarbeiter zugleich Jugendhilfe erhält (§ 35 Abs. 1 S. 3). Personenbezogene Daten von Mitarbeitern können durch einfache Melderegisterauskunft nach § 51 BMG erfragt werden. Zu ihrem Schutz kann aber bei einer konkreten Gefahrenlage im einzelnen Fall eine Auskunftssperre nach § 44 BMG eingetragen werden.[44] Zu deren Begründung kann es erforderlich sein, dass die Mitarbeiterin auf personenbezogene Sozialdaten, zB in einem Beratungsgespräch, Bezug nimmt. Deren Übermittlung wäre dann nach § 69 Abs. 1 Nr. 1 SGB X (→ Rn. 112), aber auch zur Wahrnehmung berechtigter Interessen (→ Rn. 16 und 193) gerechtfertigt. Auch 23

---

40 Vgl. die Aufzählung bei Schellhorn in GK-SGB I, § 35 Rn. 31.
41 So BVerwG 4.9.2003 – 5 C 02, ZFSH/SGB 2004, 178.
42 „Geheimnisübermittler" nach Schellhorn in GK-SGB I § 35 Rn. 62.
43 So 19. TB LDS NRW – Datenschutz im Jugendamt, S. 36.
44 Näher hierzu Walther ZKJ 2021, 297 und LG München 19.11.2009 – 35 09639/09, JAmt 2019, 246 sowie VG Gelsenkirchen 25.1.2019 – 17 K 12429/17, ZKJ 2021, 319.

wenn sie als SA/SP der Schweigepflicht nach § 203 StGB unterliegt, wäre die Offenbarung aus diesem Grund gerechtfertigt.[45]

24 Auch die personenbezogenen Daten **Verstorbener** sind noch geschützt, wie sich aus § 35 Abs. 5 SGB I ergibt. Sie werden nur insoweit anders[46] behandelt als die Daten Lebender, als ihre Verarbeitung dadurch erleichtert wird, dass zu den üblichen Verarbeitungsbefugnissen eine weitere tritt; sie dürfen nämlich auch dann verarbeitet werden, wenn schutzwürdige Interessen des Verstorbenen oder seiner Angehörigen nicht beeinträchtigt werden.

25 Nicht alle Daten sind gleich schutzwürdig, wie sich aus den unterschiedlich hohen Hürden für eine Übermittlung ergibt. Nach dieser unterschiedlichen „Übermittlungsresistenz" lassen sich 5 **„Datenklassen"** bilden: 1. Standarddaten nach § 68 Abs. 1 SGB X, 2. erweiterte Standarddaten nach §§ 68 Abs. 3, 72, 73 SGB X, 3. Regeldaten (alle personenbezogenen Daten), 4. sensitive Daten nach § 76 SGB X und § 65 SGB VIII und 5. spezifische (besondere) Daten nach Art. 4 Nr. 13–15 DS-GVO.

Art. 9 DS-GVO verbietet die Verarbeitung dieser besonderen Daten, außer bei Einwilligung oder Gefährdungstatbeständen (→ § 62 Rn. 3).

26 **1.3.1.3 SGB-Stelle.** Das personenbezogene Datum wird dadurch zum **Sozialdatum**, dass es von einer **SGB-Stelle** bei Wahrnehmung ihrer Aufgaben erhoben oder verwendet wird. SGB-Stelle ist jede in § 35 SGB I genannte Stelle. In § 35 Abs. 1 SGB I genannte Stellen sind die **Leistungsträger** (Satz 1), außerdem aber die in Satz 4 genannten sonstigen **Stellen**. Von den dort genannten sind die im Schlussteil des Satzes aufgeführten Stellen nach § **67c Abs. 3 SGB X** von besonderer Bedeutung. Das sind Stellen, die Aufgaben der Jugendhilfe nicht prinzipal, sondern inzident verfolgen, dh Jugendhilfe ist nicht der Hauptzweck ihrer Tätigkeit, sondern ein Nebenzweck. Diese Stellen sind organisationsrechtlich daher nicht dem JA zugeordnet, sondern sind eigene Ämter.

27 Die **Leistungsträger** sind legaldefiniert in § 12 SGB I. In Verbindung mit § 27 Abs. 2 SGB I sind dies die Gebietskörperschaften Stadtkreis (bzw. kreisfreie Stadt) und Landkreis. Kreisangehörige Gemeinden sind Leistungsträger, wenn sie nach Landesrecht Träger der Jugendhilfe sind oder einzelne Aufgaben der Jugendhilfe wahrnehmen (zB als Träger von Kindergärten). § 61 Abs. 1 S. 2 und 3 haben insoweit nur klarstellende Bedeutung. SGB-Stelle ist der Leistungsträger als Normadressat (→ Rn. 280), aber nur, soweit er SGB-Aufgaben (→ Rn. 38) wahrnimmt (funktionaler Stellenbegriff). Die **überörtlichen Träger** der Jugendhilfe sind keine Leistungsträger iSv § 12 iVm § 27 Abs. 2 SGB I, da sie keine Leistungen nach § 27 Abs. 1 SGB I erbringen. Der überörtliche Träger ist zuständig für die Erfüllung der anderen Aufgaben, die in § 85 Abs. 2 genannt sind. § 61 Abs. 1 S. 2 ist insoweit eine Erweiterung des § 67 Abs. 1 S. 1 SGB X iVm § 35 SGB I, so dass auch der überörtliche Träger SGB-Stelle ist.

28 Der Gebietskörperschaft als Träger der Jugendhilfe zugeordnet sind auch ihre **Einrichtungen und Dienste** der Jugendhilfe wie zB Beratungsstellen, Allgemeiner Sozialer Dienst, Kindertageseinrichtungen und Heime.

29 Nicht Leistungsträger sind dagegen die Träger der **freien** Jugendhilfe (Ausnahme aber bei → Rn. 37) und deren Einrichtungen sowie **privat-gewerbliche** Träger. Keine Sozialdaten sind deshalb die Daten, die von einem Träger der freien Jugendhilfe (zB in Kindergärten oder Heimen) erhoben oder verwendet werden (→ Rn. 294), es sei denn, dass er sich zum Sozialdatenschutz verpflichtet hat (→ Rn. 298).

30 Dagegen wird der öffentliche Träger der Jugendhilfe auch dann als Leistungsträger tätig, wenn er sich zur Erfüllung seiner Aufgaben **privatrechtlicher** Formen bedient, zB

45 So mit Walther ZKJ 2021, 299.
46 Im Einklang mit der Erwägung (158) zur DS-GVO (ABl. L 119/29 v. 4.5.2016).

dadurch, dass er Einrichtungen als AG, GmbH, Stiftung oder eV betreibt oder dadurch, dass er seine Einrichtungen als unselbstständige Anstalten organisiert hat, aber ihre Benutzung in Formen des Privatrechts (Allgemeine Geschäftsbedingungen, privatrechtlicher Benutzungsvertrag) geregelt hat (→ Rn. 41).

Stellen nach § 67c Abs. 3 Satz 1 SGB X sind solche, die überwachend[47] für rechtmäßige, zweckmäßige und wirtschaftliche Aufgabenerfüllung ua auch in der Jugendhilfe zuständig sind. Insbesondere sind dies Rechnungsprüfungsamt, Gemeindeprüfungsanstalt, Landesrechnungshof, Disziplinarausschuss, Dienstaufsichtsbehörde, Rechtsaufsichtsbehörde (idR Regierungspräsidium/Bezirksregierung/Landesdirektion und Innenministerium), kommunaler und staatlicher Datenschutzbeauftragter, Controllingstelle, externer (behördlicher) Supervisor, Petitionsausschuss, Organe der Vertretungskörperschaften (Gemeinderat, Kreistag, Stadtverordnetenversammlung), Bürgerbeauftragter und das Organisationsamt. Immer muss es sich um Stellen im **behördlichen** Bereich handeln, wie aus § 1 Abs. 2 SGB X folgt. Private, aber auch Gerichte scheiden deshalb hier (aber → Rn. 235) aus. 31

Zur Übermittlungsbefugnis an diese Stellen → Rn. 134.

Satz 2 betrifft (behördliche) Stellen, die für **Ausbildung** und **Prüfung** der Mitarbeiter des JA (→ Rn. 138) zuständig sind, zB im Haupt- und Personalamt. 32

Die Aufzählung in § 67c Abs. 3 ist unvollständig. Seinem Sinn entsprechend muss die Anwendung dieses Paragrafen auf alle sonstigen Stellen erstreckt werden, die **Querschnittsaufgaben** für die Jugendhilfe wahrnehmen wie zB Poststelle, Registratur, Kasse, zentrales Schreibbüro und Rechtsamt (→ Rn. 63). Im **Neuen Steuerungsmodell** nimmt diese Aufgaben der Fachbereich Jugendhilfe wahr. Alle diese Stellen gelten ebenfalls als (funktionale) SGB-Stelle. 33

Vom Begriff der SGB-Stelle zu unterscheiden ist der Begriff der **verantwortlichen** Stelle (→ Rn. 63). 34

Die **Schiedsstelle nach § 78g** nimmt in der Besetzung durch den öffentlichen Träger eine Aufgabe nach dem SGB VIII wahr. Die nicht dem öffentlichen Träger angehörenden Mitglieder sind dagegen weder Normadressaten nach § 35 Abs. 1 S. 1 noch nach Satz 4 SGB I noch nach § 61 Abs. 1 SGB VIII. Solange § 35 SGB I nicht entsprechend ergänzt ist, müssen diese Mitglieder nach dem Verpflichtungsgesetz (→ Rn. 50) auf die Einhaltung des Datenschutzes verpflichtet werden. 35

Durch das SGB IX eingefügt wurden die gemeinsamen örtlichen **Servicestellen nach §§ 22, 23 SGB IX**. Diese Erweiterung erscheint unnötig, da die Servicestellen von den Rehabilitationsträgern gebildet werden und diese Sozialleistungsträger nach § 35 Abs. 1 S. 1 SGB I sind. Mit dem BTHG (2016) wurden die Servicestellen aber ohnehin gestrichen. Die Neufassung des § 35 SGB I (seit 25.5.2018) trägt dem Rechnung. 36

Mit Gesetz vom 5.11.2001[48] wurden in § 35 Abs. 1 S. 4 SGB I die **Adoptionsvermittlungsstellen** eingefügt Auch diese Einfügung war entbehrlich für die Tätigkeit der Adoptionsvermittlungsstellen in öffentlicher Trägerschaft; für solche in freier Trägerschaft allerdings ist sie notwendig, wenn man sie nicht als beliehene Unternehmer versteht.[49] Ihre Einbeziehung in den Kreis der Leistungsträger ist dann aber ein Systembruch,[50] da § 68 Nr. 12 SGB I das Adoptionsvermittlungsgesetz in den Sozialleistungsbereich einbezogen hat (→ Rn. 12). 37

47 Umfassend zur Kontrolle, insbes. durch Rechnungsprüfung, Kunkel ZKJ 2016, 9.
48 BGBl. I, 2959.
49 So Kunkel in Paulitz, Adoption, S. 207; aA Grünenwald/ Nunez in Behrentin, Adoptionsrecht, S. 11 f.
50 Demgegenüber wird die Einfügung in der Begründung BT-Drs. 14/6011, 58 lediglich als „Klarstellung" bezeichnet.

38 **1.3.1.4 SGB-Aufgaben.** Nicht alle personenbezogenen Daten, die eine SGB-Stelle erhebt oder verwendet, sind Sozialdaten, sondern nur solche, die diese Stelle bei Erfüllung einer SGB-Aufgabe erhebt oder verwendet. § 61 Abs. 1 S. 2 SGB VIII schränkt die Aufgaben „nach diesem Gesetzbuch" (§ 67 Abs. 1 S. 1 SGB X) insoweit ein, als es um die Wahrnehmung einer Aufgabe „nach diesem Buch", also nach dem Achten Buch des Sozialgesetzbuches gehen muss. Dies ist aber auch dann der Fall, wenn die Träger der öffentlichen Jugendhilfe zur Erfüllung einer Aufgabe nach dem SGB VIII **Verfahrensbestimmungen** des SGB X anwenden. Erfüllt dagegen ein JA seine Pflichten nach dem SGB I (zB §§ 13, 14, 15 SGB I), gelten nur die Datenschutzbestimmungen nach dem SGB I und X, ohne die zusätzlichen Regelungen der §§ 61–68 SGB VIII. Die Aufgaben nach dem SGB VIII sind die in § 2 enumerativ geregelten Leistungen und anderen Aufgaben. Zu den SGB-Aufgaben gehören auch die sich aus den §§ 74, 75, 80, 89–97, 98 ergebenden **Annex-Aufgaben** und der **Schutzauftrag** des JA nach § 8a, da sie in einem untrennbaren Sachzusammenhang mit den in § 2 genannten Aufgaben stehen (→ § 86 Rn. 5).[51] Aufgaben nach dem SGB VIII sind auch solche, die in landesrechtlichen **Ausführungsgesetzen** aufgrund von Landesvorbehalten zum SGB VIII geregelt sind (zB Kindergartengesetze, Jugendbildungsgesetze, Kinderschutzgesetze; s. Synopse im Anh. 3), da sie lediglich das SGB VIII föderal verlängernde Gesetze sind. Dasselbe gilt für **Verordnungen** aufgrund solcher Ermächtigungsgrundlagen. Für Verordnungen stellt dies § 67 Abs. 3 Nr. 1 SGB X ausdrücklich klar.

39 Nicht alle Aufgaben, die das JA wahrnimmt, sind auch solche nach dem SGB VIII. Ist ihm bspw. die **Unterhaltsvorschusskasse** nach dem UhVorschG zugeordnet, nimmt es zwar eine „Aufgabe nach diesem Gesetzbuch", nämlich dem Sozialgesetzbuch, wahr, als dessen besonderer Teil das UhVorschG gilt (§ 68 Nr. 14 SGB I), aber nicht eine „Aufgabe nach diesem Buch", nämlich dem SGB VIII. Nimmt das JA eine Aufgabe nach dem **Asylbewerberleistungsgesetz** wahr, handelt es außerhalb des Sozialleistungsbereiches,[52] so dass das jeweilige Landesdatenschutzgesetz anzuwenden wäre; wegen seiner „Abstammung" aus dem BSHG liegt jedoch eine entsprechende Anwendung des SGB X näher, was auch § 9 Abs. 3 AsylbLG nahe legt (→ Rn. 169). Nimmt das JA eine Aufgabe nach dem **KKG** wahr, handelt es außerhalb des SGB-Rahmens (→ KKG § 1 Rn. 5 im Anh. zu § 1).

40 Eine Wahrnehmung von SGB VIII-Aufgaben liegt auch vor, wenn im SGB VIII auf **andere Gesetze** verwiesen wird (zB JGG, BGB). Durch § 61 Abs. 2 ist der Datenschutz für die Tätigkeit als AB/AP/AV, die gem. § 56 Abs. 1 mit dem BGB verbunden ist, aus dem Anwendungsbereich des § 61 Abs. 1 herausgenommen worden. **Keine Anbindung** an das SGB VIII hat der sog. **gesetzliche Jugendschutz** (→ § 14 Rn. 8; weitere Beispiele → Rn. 18). Da diese Gesetze auch nicht in das SGB über § 68 SGB I integriert sind, gilt hier das jeweilige Landesdatenschutzgesetz. Für die Tätigkeit nach dem **Adoptionsvermittlungsgesetz** (→ Rn. 12, 37). An der Verknüpfung mit dem SGB VIII fehlt es ferner, wenn zB **Schwangerschaftsberatungsstellen** in kommunaler Trägerschaft tätig sind; § 68 Nr. 17 SGB I bezieht sie lediglich in das SGB ein. Die Gewährung von **Eltern-** oder **Betreuungsgeld** ist ebenfalls nicht mit dem SGB VIII verknüpft. Die Ausführung des Bundeselterngeld- u. Landeserziehungsgeldgesetzes erfolgt gemäß § 25 Abs. 3 SGB I durch die Länder. Die Landeskreditbank oder die Familienkasse ist ausführende Stelle; sie nimmt damit zwar eine Aufgabe nach dem SGB wahr, weil § 68 Nr. 15 SGB I diese Gesetze in das SGB einbezieht, nicht aber nach dem SGB VIII. Dies gilt auch, wenn das JA als zuständige Stelle tätig würde.

41 Die Aufgabenerfüllung nach dem SGB VIII ist **unabhängig von der Form** ihrer Wahrnehmung, sie kann sowohl in öffentlich-rechtlicher wie in privatrechtlicher (Verwal-

51 Ebenso Lauterbach ZfJ 1991, 574.
52 Vgl. hierzu Kunkel NVwZ 1994, 352.

tungsprivatrecht) Form erfolgen (→ Rn. 30). Dagegen werden keine Aufgaben nach dem SGB VIII wahrgenommen, wenn das JA eine fiskalische Hilfstätigkeit (Bedarfsverwaltung, → § 74 Rn. 60) ausübt, zB beim Kauf von Materialien.

Aufgaben nach dem SGB VIII werden auch von den Stellen wahrgenommen, die Aufgaben nach § 67c Abs. 3 SGB X wahrnehmen, wie sich aus deren Einbeziehung in den Normbereich des § 35 SGB I ergibt (→ Rn. 31). 42

§ 67 Abs. 3 SGB X ist eine Klarstellung der „Aufgaben nach dem SGB".

Eine **supra-** und **internationale Verlängerung** der SGB VIII-Aufgaben ist anzunehmen, wenn Aufgaben nach über- und zwischenstaatlichem Recht (zB aus dem EU-Recht die Verordnung Nr. 1612/68 oder EFA und KSÜ) erfüllt werden. Auch dies stellt § 67 Abs. 3 Nr. 2 SGB X klar; der dort verwandte Begriff der „sozialen Sicherheit" bezieht die Jugendhilfe mit ein, wie sich aus § 1 Abs. 1 S. 1 SGB I ergibt. 43

1.3.1.5 Betriebs- und Geschäftsgeheimnisse als gleichgestellte Daten. § 35 Abs. 4 SGB I stellt Betriebs- und Geschäftsgeheimnisse den Sozialdaten gleich. Im Unterschied zu den Sozialdaten muss es sich hierbei aber um noch **geheime** Daten handeln, wie sich nun auch aus der Legaldefinition in § 67 Abs. 1 S. 2 SGB X ergibt.[53] Es muss sich also um Informationen handeln, die nur einem begrenzten Personenkreis bekannt sind und an deren Geheimhaltung ein schutzwürdiges Interesse besteht. Offenkundige Tatsachen wie Name, Anschrift, Telefonnummer sind daher nicht geschützt. Da Betriebs- und Geschäftsgeheimnisse natürlicher Personen schon über § 67 Abs. 2 SGB X geschützt sind, kann S. 2 ergänzend nur noch die betriebs- oder geschäftsbezogenen Daten **juristischer Personen** regeln; insoweit ist sein Wortlaut „auch von juristischen Personen" missverständlich. Hauptanwendungsfall in der Jugendhilfe sind die Betriebs- und Geschäftsgeheimnisse **freier Träger** (zB Angaben über Mitarbeiter und Einnahmen), die dem öffentlichen Träger bekannt geworden sind. Im Unterschied hierzu sind die Daten von **Mitarbeitern** bei Trägern der öffentlichen Jugendhilfe weder nach § 67 Abs. 2 S. 2 SGB X noch nach S. 1 geschützt, da ihnen gegenüber keine Aufgaben erfüllt werden, sie also nicht Normträger sind. § 35 Abs. 1 S. 3 SGB I schützt Mitarbeiterdaten nur gegenüber der Personalstelle (→ Rn. 23). 44

1.3.2 Schutz von Daten durch Datensicherung (§ 35 Abs. 1 Satz 2 SGB I iVm §§ 79, 80 SGB X)

§ 79 SGB X Einrichtung automatisierter Verfahren auf Abruf

(1) [1]Die Einrichtung eines automatisierten Verfahrens, das die Übermittlung von Sozialdaten durch Abruf ermöglicht, ist zwischen den in § 35 des Ersten Buches genannten Stellen sowie mit der Deutschen Rentenversicherung Bund als zentraler Stelle zur Erfüllung ihrer Aufgaben nach § 91 Absatz 1 Satz 1 des Einkommensteuergesetzes und der Deutschen Rentenversicherung Knappschaft-Bahn-See, soweit sie bei geringfügig Beschäftigten Aufgaben nach dem Einkommensteuergesetz durchführt, zulässig, soweit dieses Verfahren unter Berücksichtigung der schutzwürdigen Interessen der betroffenen Personen wegen der Vielzahl der Übermittlungen oder wegen ihrer besonderen Eilbedürftigkeit angemessen ist und wenn die jeweiligen Rechts- oder Fachaufsichtsbehörden die Teilnahme der unter ihrer Aufsicht stehenden Stellen genehmigt haben. [2]Das Gleiche gilt gegenüber den in § 69 Absatz 2 und 3 genannten Stellen.

(1a) Die Einrichtung eines automatisierten Verfahrens auf Abruf für ein Dateisystem der Sozialversicherung für Landwirtschaft, Forsten und Gartenbau ist nur gegenüber den Trägern der gesetzlichen Rentenversicherung, der Deutschen Rentenversicherung Bund als zentraler Stelle zur Erfüllung ihrer Aufgaben nach § 91 Absatz 1 Satz 1 des Einkom-

53 AA aber Schroeder-Printzen, ua, Erl. 3 zu § 67 SGB X, der sowohl für Betriebs- und Geschäftsgeheimnisse wie für personenbezogene Daten annimmt, nur geheime Daten seien geschützt.

mensteuergesetzes, den Krankenkassen, der Bundesagentur für Arbeit und der Deutschen Post AG, soweit sie mit der Berechnung oder Auszahlung von Sozialleistungen betraut ist, zulässig; dabei dürfen auch Vermittlungsstellen eingeschaltet werden.

(2) [1]Die beteiligten Stellen haben zu gewährleisten, dass die Zulässigkeit des Verfahrens auf Abruf kontrolliert werden kann. [2]Hierzu haben sie schriftlich oder elektronisch festzulegen:

1. Anlass und Zweck des Verfahrens auf Abruf,
2. Dritte, an die übermittelt wird,
3. Art der zu übermittelnden Daten,
4. nach Artikel 32 der Verordnung (EU) 2016/679 erforderliche technische und organisatorische Maßnahmen.

(3) Über die Einrichtung von Verfahren auf Abruf ist in Fällen, in denen die in § 35 des Ersten Buches genannten Stellen beteiligt sind, die der Kontrolle des oder der Bundesbeauftragten für den Datenschutz und die Informationsfreiheit (Bundesbeauftragte) unterliegen, dieser oder diese, sonst die nach Landesrecht für die Kontrolle des Datenschutzes zuständige Stelle rechtzeitig vorher unter Mitteilung der Festlegungen nach Absatz 2 zu unterrichten.

(4) [1]Die Verantwortung für die Zulässigkeit des einzelnen Abrufs trägt der Dritte, an den übermittelt wird. [2]Die speichernde Stelle prüft die Zulässigkeit der Abrufe nur, wenn dazu Anlass besteht. [3]Sie hat mindestens bei jedem zehnten Abruf den Zeitpunkt, die abgerufenen Daten sowie Angaben zur Feststellung des Verfahrens und des für den Abruf Verantwortlichen zu protokollieren; die protokollierten Daten sind spätestens nach sechs Monaten zu löschen. [4]Wird ein Gesamtbestand von Sozialdaten abgerufen oder übermittelt (Stapelverarbeitung), so bezieht sich die Gewährleistung der Feststellung und Überprüfung nur auf die Zulässigkeit des Abrufes oder der Übermittlung des Gesamtbestandes.

(5) Die Absätze 1 bis 4 gelten nicht für den Abruf aus Dateisystemen, die mit Einwilligung der betroffenen Personen angelegt werden und die jedermann, sei es ohne oder nach besonderer Zulassung, zur Benutzung offenstehen.

§ 80 SGB X Verarbeitung von Sozialdaten im Auftrag

(1) [1]Die Erteilung eines Auftrags im Sinne des Artikels 28 der Verordnung (EU) 2016/679 zur Verarbeitung von Sozialdaten ist nur zulässig, wenn der Verantwortliche seiner Rechts- oder Fachaufsichtsbehörde rechtzeitig vor der Auftragserteilung

1. den Auftragsverarbeiter, die bei diesem vorhandenen technischen und organisatorischen Maßnahmen und ergänzenden Weisungen,
2. die Art der Daten, die im Auftrag verarbeitet werden sollen, und den Kreis der betroffenen Personen,
3. die Aufgabe, zu deren Erfüllung die Verarbeitung der Daten im Auftrag erfolgen soll, sowie
4. den Abschluss von etwaigen Unterauftragsverhältnissen

schriftlich oder elektronisch anzeigt. [2]Soll eine öffentliche Stelle mit der Verarbeitung von Sozialdaten beauftragt werden, hat diese rechtzeitig vor der Auftragserteilung die beabsichtigte Beauftragung ihrer Rechts- oder Fachaufsichtsbehörde schriftlich oder elektronisch anzuzeigen.

(2) Der Auftrag zur Verarbeitung von Sozialdaten darf nur erteilt werden, wenn die Verarbeitung im Inland, in einem anderen Mitgliedstaat der Europäischen Union, in einem diesem nach § 35 Absatz 7 des Ersten Buches gleichgestellten Staat, oder, sofern ein Angemessenheitsbeschluss gemäß Artikel 45 der Verordnung (EU) 2016/679 vorliegt, in einem Drittstaat oder in einer internationalen Organisation erfolgt.

(3) [1]Die Erteilung eines Auftrags zur Verarbeitung von Sozialdaten durch nicht-öffentliche Stellen ist nur zulässig, wenn

1. beim Verantwortlichen sonst Störungen im Betriebsablauf auftreten können oder
2. die übertragenen Arbeiten beim Auftragsverarbeiter erheblich kostengünstiger besorgt werden können.

[2]Dies gilt nicht, wenn Dienstleister in der Informationstechnik, deren absolute Mehrheit der Anteile oder deren absolute Mehrheit der Stimmen dem Bund oder den Ländern zusteht, mit vorheriger Genehmigung der obersten Dienstbehörde des Verantwortlichen beauftragt werden.

(4) [1]Ist der Auftragsverarbeiter eine in § 35 des Ersten Buches genannte Stelle, gelten neben den §§ 85 und 85a die §§ 9, 13, 14 und 16 des Bundesdatenschutzgesetzes. [2]Bei den in § 35 des Ersten Buches genannten Stellen, die nicht solche des Bundes sind, tritt anstelle des oder der Bundesbeauftragten insoweit die nach Landesrecht für die Kontrolle des Datenschutzes zuständige Stelle. [3]Ist der Auftragsverarbeiter eine nicht-öffentliche Stelle, unterliegt dieser der Aufsicht der gemäß § 40 des Bundesdatenschutzgesetzes zuständigen Behörde.

(5) [1]Absatz 3 gilt nicht bei Verträgen über die Prüfung oder Wartung automatisierter Verfahren oder von Datenverarbeitungsanlagen durch andere Stellen im Auftrag, bei denen ein Zugriff auf Sozialdaten nicht ausgeschlossen werden kann. [2]Die Verträge sind bei zu erwartenden oder bereits eingetretenen Störungen im Betriebsablauf unverzüglich der Rechts- oder Fachaufsichtsbehörde mitzuteilen.

Das Wahren des Sozialgeheimnisses gemäß § 35 Abs. 1 SGB I umfasst nicht nur den Schutz vor Eingriffen, insbesondere durch **Offenbaren** eines Datums, sondern auch den Schutz vor einem **Offenbarwerden** eines Datums (→ Rn. 20). Datensicherung geht über das Unterlassen unbefugter Verwendung hinaus und verpflichtet den Jugendhilfeträger zu positiven Vorkehrungen zum Datenschutz insbesondere organisatorischer Art bei Übermittlung und Nutzung.[54] Die Datensicherungspflicht gilt sowohl für Daten in **Akten** als auch für Daten in **Dateien**. 45

Da es eine totale Sicherheit von Daten aus rein praktischen Gründen nicht geben kann und der Datenschutz im Übrigen dadurch ad absurdum geführt würde, wird die Datensicherungspflicht durch eine Art Verhältnismäßigkeitsgrundsatz (dogmatisch ist der Verhältnismäßigkeitsgrundsatz eine Schranke nur für Eingriffe) beschränkt. Die Datensicherungsmaßnahmen müssen in einem angemessenen Verhältnis zum Schutzzweck stehen. Das angemessene Verhältnis wird nicht nur durch den Aufwand (finanziell, personell, technisch), sondern auch durch die Schutzbedürftigkeit des betreffenden Sozialdatums bestimmt, zur Einteilung der Sozialdaten nach ihrer Sensitivität → Rn. 25.

Praktische Folgerungen hieraus sind:

Dienstzimmer müssen beim Jugendhilfeträger so gestaltet sein, dass bei Vorsprache mehrerer Klienten deren personenbezogene Daten nicht wechselseitig offenbar werden (→ § 65 Rn. 23). Daraus folgt jedoch nicht zwingend, dass jede Sachbearbeiterin Anspruch auf ein Einzelzimmer hat.[55] Ist ein Einzelzimmer aus räumlichen oder finanziellen Gründen nicht möglich, gibt es die Alternative, dass der Klient in die gleichzeitige Vorsprache einwilligt (→ Rn. 68) oder dass er eine längere Wartezeit in Kauf nimmt. Manchmal kann es auch notwendig sein, eine Kollegin als Zeugin oder einen Kollegen als Schutz bei erwarteten Gewalttätigkeiten im Zimmer zu haben – dies aber nur dann, wenn sich entsprechende Hinweise ergeben haben. Bei Verlassen des Dienstzimmers müssen die Akten weggeschlossen werden. Die innerdienstliche Organisation des **Aktentransports**, des Postein- und -ausgangs und des Zentralen Schreib- 46

54 Vgl. 12. Tätigkeitsbericht NRW, S. 63.
55 Vgl. 7. TB LDS BW, S. 77.

dienstes muss so erfolgen, dass das Sozialgeheimnis Besuchern oder mit dem Fall nicht befassten Mitarbeitern nicht offenbar wird.

47 **Telefonate** müssen im Beisein von Klienten so geführt werden, dass sich kein Personenbezug ergibt. Die Telefonnummer des angerufenen Klienten darf nur unter einschränkenden Voraussetzungen in der Telefonzentrale gespeichert werden (→ Rn. 202).[56]

48 Zur Transportkontrolle gehört, dass im **Schriftverkehr** mit dem Klienten der Bezug zum JA nicht offenbar werden darf. Daher muss der Schriftverkehr in geschlossenem Umschlag und mit neutraler Absenderangabe der Behörde erfolgen. **E-Mails** dürfen nur verschickt werden, wenn gewährleistet ist, dass sie nur von Berechtigten gelesen werden.[57] Beim E-Brief der Post ist dies der Fall. Per **Fax** können Daten nur übermittelt werden, wenn sichergestellt ist, dass beim Übermittlungsvorgang nicht Unbefugte Kenntnis erhalten können.[58] Bei Leistung wirtschaftlicher Jugendhilfe durch Überweisung an die Bank darf auf dem **Überweisungsträger** nur das Aktenzeichen und das Datum des Bescheides erscheinen,[59] also weder „Jugendhilfeleistung" noch „Sozialleistung".[60]

49 Die **Vernichtung** von Altakten muss so erfolgen, dass diese nicht unversehrt bspw. auf einer Müllkippe landen oder in einem Kindergarten als Malpapier ausgegeben werden; vielmehr sind sie zu verbrennen oder durch den Reißwolf schon im JA zu vernichten oder erst nach Löschung des Personenbezugs einer Aktenvernichtungsfirma (→ Rn. 266) zu überlassen.[61]

50 Bei **Weitergabe** von Sozialdaten an Dritte muss auf die Konsequenz des § 78 SGB X (→ Rn. 231) hingewiesen werden, was § 78 Abs. 2 SGB X (allerdings nur für die dort geregelte Fallgruppe) ausdrücklich hervorhebt. Da die Empfänger von Sozialdaten, soweit sie nicht selbst Leistungsträger sind, die Schutzvorschriften des SGB häufig nicht kennen, ist für den Jugendhilfeträger die Verpflichtung aus dem Datensicherungsgebot abzuleiten, mit der Übermittlung der Daten an die Empfänger diese auf die ihnen obliegende Zweckbindung und Geheimhaltungspflicht hinzuweisen. Dies könnte durch den folgenden schriftlichen Hinweis geschehen: „Die mitgeteilten Sozialdaten dürfen nur zu dem angegebenen Zweck verwendet werden. Sie sind von Ihnen als Sozialgeheimnis zu wahren und dürfen nicht unbefugt verwendet werden. Wir erteilen Ihnen hierzu gern weitere Auskünfte." Nimmt das JA die Dienste Dritter in Anspruch, ist auch das **Verpflichtungsgesetz** vom 2.3.1974[62] zu beachten. Danach muss das JA Personen auf die gewissenhafte Erfüllung ihrer Obliegenheit in der dort vorgeschriebenen Form verpflichten, wenn diese Personen für das JA tätig werden, ohne Amtsträger iSv § 11 Abs. 1 Nr. 2 StGB zu sein (→ Rn. 13). Danach ist Amtsträger jede Person, die in einem öffentlich-rechtlichen Amtsverhältnis steht oder dazu bestellt ist, bei einer Behörde Aufgaben der öffentlichen Verwaltung wahrzunehmen. Dies sind bspw. auch die Mitglieder des **Jugendhilfeausschusses** (wie sich aus § 70 Abs. 1 ergibt), so dass diese auf ihre Stellung als Amtsträger und damit auf die Konsequenz des § 203 Abs. 2 StGB hinzuweisen sind. Einer förmlichen Verpflichtung dagegen bedarf eine Person, die vom JA bspw. im Rahmen einer HzE in Anspruch genommen wird (Pflegeeltern, Mitarbeiter in Heimen oder in Beratungsstellen; → Rn. 233).

56 BAG 13.1.1987 – 1 AZR267/85, NJW 1987, 1509.
57 Anlage Nr. 4 zu § 78a SGB X.
58 OLG Nürnberg 26.11.1991 – 1 U 2547/91, NJW-RR 1992, 703.
59 So für die Sozialhilfe – allerdings mit Einschränkungen wegen des Pfändungsschutzes nach §§ 54, 55 SGB I – BVerwG ZfSH/SGB 1994, 586.
60 VG Düsseldorf 6.11.1984 – 17 K 2376/83, NJW 1985, 1794: auch nicht das Aktenzeichen.
61 So 19. TB LDS NRW S. 19.
62 BGBl. I, 547.

Die nach § 76 SGB X und nach § 65 SGB VIII besonders geschützten Daten sind schon in der Akte als **sensitive Daten** kenntlich zu machen. Bei einer Weitergabe an Dritte ist auch auf diese besondere Schutzbedürftigkeit eigens hinzuweisen. Art. 4 Abs. 3 DS-GVO verpflichtet zur Einschränkung der Verarbeitung. 51

Für die Einhaltung der notwendigen Sicherungsmaßnahmen kann ein **kommunaler Datenschutzbeauftragter** hilfreich sein (→ Rn. 3, 245). 52

Die Organisation der Behörde muss so beschaffen sein, dass die Anforderungen des Datenschutzes erfüllt werden können. Dazu gehört, dass verschiedene Aufgaben grundsätzlich nicht in **Personalunion** wahrgenommen werden (→ Rn. 64);[63] wo dies doch geschieht, besteht ein Verwertungsverbot (→ Rn. 243). 53

Die Sicherungspflicht gebietet auch zu prüfen, ob ein Datum nicht auch **anonymisiert** oder **pseudonymisiert** (→ Rn. 22) verwendet werden kann. Dies hängt davon ab, ob im Einzelfall ein Personenbezug notwendig ist, um die Aufgabe erfüllen zu können. Bei Beratung im Team (zB in einer Hilfeplankonferenz; → § 36 Rn. 47) ist eine **„Pseudo-Pseudonymisierung"** nicht gefordert, wenn die Fachkräfte den Fall ohnehin schon kennen oder ihn nach der Besprechung Personen zuordnen können.[64] 54

§ 79 SGB X regelt die Einrichtung eines automatisierten Abrufverfahrens, das für die Jugendhilfe derzeit noch ohne Bedeutung ist. 55

§ 80 SGB X betrifft die **Auftragsverarbeitung** (→ Rn. 234). Dies ist ein technischer Vorgang, der überwiegend regionalen Rechenzentren zugewiesen ist, wo die Zahlbarmachung von Leistungen erfolgt. Nicht gemeint ist damit die Tätigkeit der Träger der freien Jugendhilfe, die für den Träger der öffentlichen Jugendhilfe Leistungen erbringen können. Stellen iSd § 80 SGB X sind keine Dritten, wie Art. 4 Nr. 10 DS-GVO ausdrücklich regelt (→ Rn. 63). 56

1.3.3 Schutz gegen Eingriffe durch Verarbeiten von Daten (§ 35 Abs. 2 SGB I)[65] 57

1.3.3.1 Begriff des Erhebens von Daten. „Erheben" ist das Beschaffen von Daten über den Betroffenen", also über den Normträger iSv § 35 Abs. 1 S. 1 SGB I (→ Rn. 278). **Betroffener** (→ Rn. 22) ist nicht nur der Antragsteller, sondern jede Person, über die Informationen benötigt werden, um den Sachverhalt ermitteln zu können, der unter die Tatbestandmerkmale einer Norm zu subsumieren ist; zB bei einer HzE die Informationen zur Person des Sorgeberechtigten ebenso wie die Informationen zur Person des Kindes. Das Beschaffen dieser Daten kann beim Betroffenen selbst erfolgen (**Betroffenen-Erhebung als Regelfall**) oder bei einer anderen Person oder Stelle (**Dritterhebung als Ausnahme**). Das „Beschaffen" verlangt ein zielgerichtetes Vorgehen und kann geschehen durch Fragestellungen in einem Fragebogen oder Gespräch, aber auch durch Beobachten, Fotografieren oder Untersuchen. Das Erheben von Daten kann zusammenfallen mit deren Speichern oder mit deren Übermitteln (zB wenn Dritte befragt werden). Das hat zur Folge, dass auch die gesetzlichen Voraussetzungen für die Zulässigkeit dieser weiteren Eingriffe vorliegen müssen (→ Rn. 79, 91). Kein Erheben liegt vor, wenn das JA ein Datum ohne eigene Recherche erhält (zB wenn dem JA durch einen anonymen Anruf eine Kindesmisshandlung mitgeteilt wird).

1.3.3.2 Begriff des Verwendens von Daten. Das Verwenden von Daten ist (nur in der Jugendhilfe; → Rn. 4) der Oberbegriff für **Verarbeiten** und **Nutzen** von Daten. 58

„Verarbeiten" ist legaldefiniert in § 67 Abs. 1 SGB X iVm Art. 4 Abs. 2 DS-GVO als Oberbegriff für Erheben, Speichern, Übermitteln, Nutzen, Löschen und sonstige Verarbeitungsvorgänge. Die einzelnen Verarbeitungsvorgänge sind weder in Art. 4 DS- 59

---

63 Ebenso DV NDV 1999, 97.
64 Ebenso Meysen JAmt 2002, 58.
65 Vgl. die zusammenfassende Übersicht in Kunkel, Jugendhilferecht, Rn. 263.

GVO noch in § 67 SGB X noch in § 2 BDSG definiert. Es umfasst die folgenden fünf Verarbeitungsvorgänge.

60 (1) **Speichern**

„Speichern“ ist das Erfassen, Aufnehmen oder Aufbewahren von Sozialdaten auf einem Datenträger zum Zwecke ihrer weiteren Verarbeitung oder Nutzung. Das Speichern beginnt also erst mit dem Fixieren (idR aber nicht notwendig) des erhobenen Datums auf einem Datenträger. Erheben und Speichern des Datums fallen idR in einem Vorgang zusammen (zB der Aufnahme eines Antrags), wenn auch das Speichern erst eine logische Sekunde nach dem Erheben beginnt. Datenträger ist jedes materialisierte Medium, also eine Datei ebenso wie eine Akte (wozu auch Bild- und Tonträger zählen), ebenso eine Karteikarte oder ein Notizzettel, dagegen nicht das Bewahren im Gedächtnis.

61 (2) **Verändern**

„Verändern“ ist das inhaltliche Umgestalten gespeicherter Sozialdaten, setzt also einen zielgerichteten Eingriff in den Inhalt der Daten voraus. Eine rein formale Umgestaltung ohne Einwirkung auf den Inhalt ist keine Veränderung.[66] Das Anonymisieren (in Art. 4 DS-GVO nicht definiert) ist ebenfalls ein Verändern von Daten. Von „pragmatischer Veränderung“ spricht man, wenn Daten in einen neuen Abgleich gebracht werden, ohne sie syntaktisch zu verändern.

62 (3) **Übermitteln**

„Übermitteln“ ist die **Bekanntgabe** des Datums an einen Dritten. Die Bekanntgabe besteht in der Vermittlung der Kenntnis am Inhalt des Datums durch eine zielgerichtete Handlung. Diese Handlung erfolgt entweder durch eine Weitergabe von Daten oder durch ein **Bereithalten** zur Einsichtnahme der Daten, zB durch Ermöglichung elektronischen Zugangs.

Das fahrlässige Liegenlassen von Akten nach Dienstschluss ist daher wohl kein Übermitteln, wird aber durch die Sicherungspflicht nach § 35 Abs. 1 S. 2 SGB I sanktioniert (→ Rn. 45). Zur Weitergabe nicht erforderlich ist ein Besitzwechsel des Datums, vielmehr genügt eine Kenntnisgabe durch mündliche Auskunft oder nonverbales Verhalten (Kopfnicken).

63 Die Bekanntgabe muss an einen **Dritten** erfolgen. Dieser wird vom Gesetz in § 67 Abs. 1 SGB X iVm Art. 4 Abs. 10 DS-GVO definiert. Danach ist Dritter nur ein Empfänger außerhalb der verantwortlichen Stelle. Dritter ist nicht der Betroffene selbst, dem zB durch Akteneinsicht die Kenntnis seiner Daten (anders bei Daten Dritter; → Rn. 22) vermittelt wird. Der „Dritte“ muss nicht individualisierbar sein, so dass auch die Bekanntgabe von Daten in der Presse ein Übermitteln ist, wie aus § 69 Abs. 1 Nr. 3 SGB X folgt.[67] „Dritte“ sind schließlich nicht die Stellen, die gemäß § 80 SGB X Daten für das JA verarbeiten (→ Rn. 56). Da Dritter nur jemand außerhalb der verantwortlichen Stelle sein kann, muss geklärt werden, wer **verantwortliche Stelle** ist. Dies geschieht durch die Legaldefinition in § 67 Abs. 4 SGB X mit Vorrang vor Art. 4 Nr. 7 DS-GVO (→ Rn. 2). Da in der Jugendhilfe die Gebietskörperschaft Leistungsträger iSv § 35 Abs. 1 S. 1 SGB I ist, ist verantwortliche Stelle die Organisationseinheit, die eine Aufgabe nach einem der besonderen Teile dieses Gesetzbuchs funktional durchführt, also in der Jugendhilfe eine Aufgabe nach dem SGB VIII (→ Rn. 38). Diese Definition passt eher in ein Lehrbuch der Verwaltungssoziologie als in ein Gesetz, ist aber in § 67 Abs. 4 S. 2 SGB X leider beibehalten. Gemeint ist wohl, dass nicht die SGB-Stelle (→ Rn. 26) auch verantwortliche Stelle ist, also nicht die Behörde als Organ der Gebietskörperschaft (Landratsamt, Bürgermeisteramt) verantwortliche Stelle ist, sondern

66 Ebenso Auernhammer BDSG § 27 Rn. 32.
67 AA aber wohl Auernhammer BDSG § 3 Rn. 34.

eine kleinere Einheit. Diese kleinere Einheit ist auch nicht das JA, sondern das **Sachgebiet** innerhalb des JA, das nach dem Geschäftsverteilungsplan für die Bearbeitung des Falles (intern) zuständig ist, also zB für die Gewährung von HzE.[68] Dies folgt aus dem **Grundsatz der Zweckbindung**, der darauf fußt, dass der Bürger „sein" Datum dem JA nur für einen **bestimmten** Zweck (in einem konkret-individuellen Fall) überlässt, also zB für die Gewährung der HzE. Dies schließt ein, dass die Bearbeitung des Falles auch im Team (bspw. im Rahmen des Hilfeplans nach § 36) und durch Zuarbeiter (Schreibbüro, Registratur) erfolgen kann. Zur Bearbeitung des Falles (zB einer HzE) gehört auch dessen wirtschaftliche Seite (sog. **wirtschaftliche Jugendhilfe** durch Zahlen eines Pflegegelds und Erheben eines Kostenbeitrags). Eine Weitergabe (auch an ein anderes Sachgebiet) zu diesem Zweck ist daher kein Übermitteln (→ § 36 Rn. 46), sondern Nutzen (→ Rn. 63) und daher nach den hierfür geltenden Befugnisregeln zu beurteilen (→ Rn. 88). Anders dagegen ist die Weitergabe von Daten aus der **Scheidungsberatung** gemäß § 17 an die **Familiengerichtshilfe** gemäß § 50 zu beurteilen. Sie ist ein Übermitteln, da mit ihr eine Änderung des Zwecks verbunden ist, zu dem der Bürger seine Daten in der Beratung mitgeteilt hat. Die Weitergabe von Daten innerhalb des JA ist also immer dann ein **Übermitteln, wenn sie zu einem anderen als dem Erhebungszweck** erfolgt. Erfolgt die Weitergabe an eine Stelle außerhalb des JA, ist sie ein Übermitteln auch dann, wenn damit weiterhin der Erhebungszweck verfolgt wird. Dies folgt aus § 69 Abs. 1 Nr. 1 1. Alt. SGB X.[69] Übermitteln ist daher auch die Weitergabe von Daten entsprechend dem Erhebungszweck bspw. an die Pflegeeltern und freie Träger,[70] andere Ämter innerhalb derselben Behörde, andere Behörden, Gerichte. Umgekehrt sind kein Übermitteln all die Vorgänge, die innerhalb der Behörde notwendig sind, um den Fall bearbeiten zu können, zB die Weitergabe an den Schreibdienst, an die Registratur, an die Poststelle, an den Vorgesetzten, an das Team, den Allgemeinen Sozialen Dienst, dagegen nicht an den **JHA** (→ Rn. 135). Die Weitergabe von Daten zu Aufsichts-, Kontroll-, Organisations- und Ausbildungszwecken ist nach der Regelung des § 67c Abs. 3 SGB X zwar nicht als Änderung des Erhebungszwecks zu beurteilen (wobei dahingestellt bleiben kann, ob es sich um eine gesetzliche Fiktion handelt), aber dennoch eine Weitergabe an Dritte, also ein Übermitteln, wie aus § 69 Abs. 5 SGB X folgt (→ Rn. 134). Das Überlassen von Akten (in abgeschlossenen Fällen) im JA an **Praktikanten zu Ausbildungszwecken**[71] dient nicht der Fallbearbeitung, ist aber nach § 67c Abs. 3 S. 2 SGB X nicht als Änderung des Erhebungszwecks zu beurteilen (dies ist sicher eine gesetzliche Fiktion) und damit kein Übermitteln, sondern ein Nutzen von Daten.

Übermitteln ist auch die Bekanntgabe **nicht gespeicherter** Daten, also der Daten im Kopf des Sachbearbeiters (→ Rn. 22, 243). Ebenso liegt ein Übermitteln vor, wenn verschiedene Aufgaben in Personalunion wahrgenommen werden (→ Rn. 53). Die Übermittlung geschieht dann bspw. vom Sachbearbeiter für den Unterhaltsvorschuss zum Sachbearbeiter für wirtschaftliche Jugendhilfe im Kopf des für beide Aufgaben zuständigen Sachbearbeiters. Wirtschaftliche und erzieherische Jugendhilfe dürfen nicht von derselben Person wahrgenommen werden,[72] auch wenn es sich dabei nicht um Datenübermittlung handelt (→ Rn. 62). Immer noch ausdrücklich hervorgehoben werden muss, dass – entgegen landläufiger An- 64

68 AA wohl Maas in JHSM § 64 Rn. 6 und 7; wie hier aber DV NDV 1999, 97 und wohl auch Mann in SFMK §§ 61–68 Rn. 53.
69 AA aber wohl Maas NDV 1990, 218.
70 AA Schellhorn in GK-SGB I § 35 Rn. 81.
71 Vgl. Kunkel ZfJ 1999, 289.
72 So 19. TB LDS NRW – Datenschutz im Jugendamt, S. 42.

sicht – auch die Weitergabe eines Datums an einen **Dritten, der seinerseits zur Verschwiegenheit verpflichtet** ist, eine Übermittlung ist und damit einer Übermittlungsbefugnis bedarf.

65 **(4) Sperren**

„Sperren" ist (in § 67 Abs. 1 SGB X iVm Art. 4 Abs. 3 DS-GVO „Einschränkung der Verarbeitung") ein Untersagen des weiteren Verarbeitens oder Nutzens durch Kennzeichnung der Daten. Diese Kennzeichnung erfolgt durch einen Sperrvermerk bei dem einzelnen betroffenen Datum oder bei mehreren Daten durch Sammelsperre. Aus der Pflicht zur Datensicherung (→ Rn. 20) folgt, dass die gesperrten Daten getrennt von den nicht gesperrten zu speichern sind.[73] Systematisch gesehen ist das Sperren von Daten kein Unterfall des Verarbeitens, da es sich nicht um einen Eingriff in das Sozialgeheimnis handelt, sondern um ein Verteidigungsinstrument. Das Sperren ist deshalb im Abschnitt „Rechte des Betroffenen" in § 84 Abs. 1 S. 2 SGB X) geregelt (→ Rn. 267).

66 **(5) Löschen**

„Löschen" bedeutet eine Steigerung des Sperrens durch Vernichtung der Information. Wie das Sperren ist auch das Löschen von Daten kein Eingriff und daher als Verarbeitungsvorgang systematisch hier deplatziert; es ist als Verteidigungsinstrument in § 84 Abs. 1 SGB X geregelt (→ Rn. 266). Das Löschen erfolgt durch Schwärzen, Ausradieren eines Datums oder durch Vernichtung des Datenträgers.

67 **„Nutzen" von Daten** ist ein Verwenden von Daten, das nicht Verarbeiten ist. Die Weitergabe des Datums innerhalb der speichernden Stelle ist ein Nutzen des Datums. Nutzen sind alle Vorgänge, die zur Fallbearbeitung innerhalb der speichernden Stelle notwendig sind (Weitergabe an Schreibbüro, Poststelle, Registratur usw; → Rn. 81). Ein Nutzen liegt ferner vor, wenn Daten nicht für die Fallbearbeitung verwendet werden, sondern für Zwecke Dritter, ohne den Dritten Kenntnis von den Daten zu vermitteln. **Beispiel:** Der Ausländerbeirat einer Stadt will den Kindergartenbesuch ausländischer Kinder fördern. Er bittet daher das JA, ein vom Ausländerbeirat verfasstes Informationsschreiben an die Eltern dieser Kinder zu übersenden.

Ein Nutzen liegt auch vor, wenn nicht gespeicherte Daten intern verwendet werden (bspw. in einer Teambesprechung). Auch das Herstellen von **Kopien** ist ein Nutzen.

1.4 Die Zulässigkeit von Eingriffen in den Schutzbereich der Norm (§ 35 Abs. 2 SGB I iVm §§ 67a bis 75 SGB X)

68 **1.4.1 Die Einwilligung (§ 67b SGB X[74] iVm Art. 7 DS-GVO).** Eine Verletzung des Grundrechts auf informationelle Selbstbestimmung – bereichsspezifisch: des Sozialgeheimnisses – liegt nicht vor, wenn der Betroffene durch seine Einwilligung selbst über seine Daten verfügt. Dahingestellt bleiben kann, ob rechtsdogmatisch die Einwilligung schon den Eingriff aufhebt. Sie ist eine **gleichrangige**[75] und **gleichwertige** Alternative im Verhältnis zu den **gesetzlichen** Verwendungsbefugnissen. Daraus folgt, dass eine durch die Einwilligung gedeckte Datenverwendung auch zulässig ist, wenn sie nach den gesetzlichen Verwendungsvoraussetzungen unzulässig wäre. Ferner, dass die Behörde sich nicht zunächst um Einwilligung des Betroffenen bemühen muss, bevor sie sich auf einen gesetzlichen Verwendungstatbestand stützt.[76] Das Gesetz verlangt nur für die Übermittlung nach § 75 SGB X, zunächst zu versuchen, die Einwilligung einzuholen (→ Rn. 183). Aus dem Grundsatz der Verhältnismäßigkeit (Art. 20, 28 GG) mit

---

73 So Auernhammer BDSG § 3 Rn. 40.
74 Abdruck vor → Rn. 79.
75 Schellhorn in GK-SGB I § 35 Rn. 61: nachrangige.
76 Gegen den Vorrang der Einwilligung überzeugend Hase in GK-SGB X 2 § 67 Rn. 17–22.

dem Gebot des geringstmöglichen Eingriffs (Erforderlichkeit) folgt nichts anderes. Eine Datenverwendung aufgrund einer Einwilligung ist nämlich kein geringerer Eingriff als der aufgrund gesetzlicher Verwendungstatbestände. Wird das Nachsuchen um Einwilligung verbunden mit dem Hinweis darauf, dass sonst eine Jugendhilfeleistung nicht erbracht werden könne, wird sie vom Betroffenen als Drohung aufgefasst und nolens volens abgegeben. Hinzu kommt, dass in vielen Fällen die Einwilligung schon nicht als geeignetes Mittel zu bezeichnen ist, nämlich dann, wenn durch einen Vorgang mehrere Personen betroffen sind, also auch deren Einwilligung zur Datenverwendung erforderlich ist. Schließlich ist zu beachten, dass die Einwilligung jederzeit mit Wirkung ex nunc widerrufen werden kann,[77] so dass wegen dieser Unsicherheit die Fallbearbeitung erschwert wird. Außerdem wird der Bürger ein immer wieder neues Ersuchen um Einwilligung als bürokratisch empfinden, wenn er die Einwilligung für einen Verwendungsfall schon gegeben hatte. Verpflichtet zur Erteilung der Einwilligung ist der Betroffene gemäß § 60 Abs. 1 S. 1 Nr. 1 SGB I, wenn er eine Jugendhilfeleistung in Anspruch nehmen will und dafür die Datenübermittlung durch (nicht: „an") Dritte notwendig ist. Kommt der Betroffene dieser Mitwirkungspflicht (genauer: Obliegenheit) nicht nach, kann das JA entweder die Sanktionen des § 66 SGB I ergreifen oder die Datenverwendung auf gesetzliche Verwendungstatbestände stützen (→ Rn. 91).

Zum **Heimbericht** → Rn. 300.

Die Einwilligung ist in Art. 7 DS-GVO (→ Rn. 2) geregelt. Zunächst wird sie definiert 69
in Art. 4 Abs. 11 DS-GVO. Sie kann schriftlich erfolgen, aber auch mündlich oder mit anderem (eindeutigen) Verhalten (konkludent). Zu ihrer Wirksamkeit ist erforderlich, dass sie „in informierter Weise" erfolgt (**„informierte Einwilligung"**). Bedingungen der Einwilligung normiert Art. 7 DS-GVO. Nach Abs. 1 muss der Verantwortliche (iSv Art. 4 Abs. 7 DS-GVO) die Einwilligung nachweisen; Abs. 2 betrifft Anforderungen an die schriftliche Einwilligung; Abs. 3 regelt den Widerruf. Nach § 67b Abs. 2 S. 1 SGB X muss der Nachweis schriftlich oder elektronisch geführt werden. § 67b Abs. 2 S. 2 SGB X enthält eine dreifache Hinweispflicht: auf den Zweck der Verarbeitung, die Folgen einer Verweigerung und das jederzeitige Widerrufsrecht. Mit dieser „Einwilligungsmelange" aus Hinweis- und Informationspflichten aus DS-GVO und SGB X wird die Einwilligung praktisch schwer handhabbar, was ihrer Beliebtheit in der Praxis sicher Abbruch tun wird. Werden diese Anforderungen nicht beachtet, ist die Einwilligung nicht wirksam, sofern die formellen Voraussetzungen nicht nachträglich erfüllt werden (→ Rn. 75).

Im Unterschied zur Regelung der Datenerhebung in § 67a Abs. 1 SGB X und für die 70
Jugendhilfe in § 62 Abs. 1 SGB VIII ist für die Datenverwendung in § 67b Abs. 1 SGB X die **Erforderlichkeit** der Datenverwendung nicht vorgeschrieben. Eine Datenübermittlung kann daher mit Einwilligung des Betroffenen auch dann erfolgen, wenn die Übermittlung nicht erforderlich ist. Dies folgt auch daraus, dass die Einwilligung sonst neben den gesetzlichen Übermittlungsbefugnissen ohne Bedeutung wäre. Daher ist auch die **Übersendung kompletter Akten** durch die Einwilligung gedeckt. Nur wenn eine Einwilligung nicht vorliegt, muss die um Amtshilfe gem. § 3 SGB X ersuchende Stelle schlüssig darlegen, wozu sie die angeforderten Daten benötigt, weil nur dann eine gesetzliche Übermittlungsbefugnis nach § 69 Abs. 1 Nr. 1 SGB X vorliegt (→ Rn. 115); die ersuchte Stelle muss dann eine Plausibilitätsprüfung vornehmen und dies dokumentieren.[78] Eine **(versteckte) gesetzliche Wohltat** für die Praxis der Aktenübersendung enthält § 67d Abs. 2 SGB X. Danach dürfen auch nicht erforderliche Daten des unmittelbar Betroffenen oder Drittbetroffener bei einer Aktenübersendung

77 Ebenso Schroeder-Printzen ua Erl. 6 zu § 67 SGB X.
78 So 19. TB LDS NRW – Datenschutz im Jugendamt, S. 17.

übermittelt werden, wenn überschießende und erforderliche Daten eine solche Gemengelage bilden, dass sie nicht mehr oder nur mit unvertretbarem Aufwand (an Zeit, Mühe und Kosten) voneinander getrennt werden können. Die Anfertigung von Kopien und nachträgliche Schwärzung der überschießenden Daten ist ein zumutbarer Aufwand. Zumutbar ist auch, die **Akten so zu führen**, dass sie nicht zu einem untrennbaren Daten-Konglomerat werden.[79] Unabdingbare Voraussetzung („nur zulässig“) ist, dass der Aktenübersendung keine überwiegenden Interessen der Betroffenen entgegenstehen „Betroffener“ iSv § 67 Abs. 1 S. 1 SGB X ist auch der Dritte, so dass die Gegenüberstellung „des Betroffenen oder eines Dritten“ sinnlos ist; gemeint ist wohl der durch den Übermittlungsvorgang Betroffene (→ Rn. 22). Ob schutzwürdige Interessen betroffen sind, kann zuverlässig nur durch Nachfrage beim Betroffenen geklärt werden. Damit aber würde die mit der Sonderregelung bezweckte Arbeitserleichterung für die Praxis konterkariert werden. Daher muss eine objektiv nachvollziehbare Interessenabwägung aufgrund vorhandener Erkenntnisquellen ausreichen.[80] Erträglich wird diese Sonderregelung schließlich auch dadurch, dass der Aktenempfänger von den überschießenden Daten keinen Gebrauch machen darf.

71 Einwilligung ist die vor dem Eingriff erteilte Einverständniserklärung des Subjekts des personenbezogenen Sozialdatums (Art. 4 Abs. 11 DS-GVO; → Rn. 21) mit dem Eingriff. Da die Einwilligung keine rechtsgeschäftliche oder verwaltungsverfahrensrechtliche Willenserklärung ist, sondern eine **geschäftsähnliche Erklärung**,[81] bedarf sie nicht der Geschäftsfähigkeit gemäß §§ 104 ff. BGB und auch nicht der verwaltungsverfahrensrechtlichen Handlungsfähigkeit gem. § 11 SGB X iVm § 36 SGB I, sondern nur der Einsichtsfähigkeit.[82] Diese liegt dann vor, wenn der Einwilligende die Bedeutung und Tragweite seiner Entscheidung beurteilen kann.[83] Mit 15 Jahren wird dies regelmäßig der Fall sein, unter Umständen aber auch schon früher (→ § 68 Rn. 16). Wenn nicht, muss sein gesetzlicher Vertreter die Einwilligungserklärung abgeben, bei Minderjährigen also Vater und Mutter (§ 1626 BGB). Grundsätzlich gilt zwar ein Elternteil als durch den anderen ermächtigt, für ihn zu handeln. Dies gilt aber nicht, wenn erkennbar ist, dass ein Elternteil seine Einwilligung nicht geben will (zB bei sexuellem Missbrauch der Tochter durch den Vater). Das JA kann dann über § 1666 BGB beim Familiengericht die Bestellung eines Ergänzungspflegers bewirken, der anstelle des nicht einwilligenden Elternteils die Einwilligung geben kann. Die Einwilligung des einsichtsfähigen Minderjährigen kann zwar ohne, aber nicht gegen den Willen der Eltern erfolgen, wie sich aus dem **Elternrecht** ergibt; im Konfliktfall ist die elterliche Entscheidung maßgebend. Die Einwilligung muss gleichsam **„doppelt genäht“** werden: datenschutzrechtlich und elternrechtlich.

Art. 8 Abs. 1 DS-GVO regelt die Einwilligung eines Kindes (ab 16 J., nicht unter 13 J.). Dies gilt aber nur in dem dort geregelten Zusammenhang („Angebot von Diensten der Informationsgesellschaft“), also nicht für ein Verwaltungsverfahren.

72 Damit die Einwilligung nicht zu einem „Sesam-öffne-dich“ für Übermittlungen jedweder Art wird, ist sie nur wirksam, wenn sie sich auf einen konkreten Übermittlungsvorgang beschränkt. Sie darf nicht für künftige, nur gedachte (abstrakte) Fälle gleichsam auf Vorrat erteilt werden. Auch regelmäßig sich wiederholende Übermittlungen bedürfen jedes Mal neu der Einwilligung.[84] Das Erfordernis der **Einzelfallbezogenheit** der Einwilligung enthält § 67b SGB X nicht ausdrücklich; es ergibt sich aber aus der

79 Ebenso Mörsberger in Wiesner Anh. 4 SGB X § 67d Rn. 3.
80 Ebenso Mörsberger in Wiesner Anh.4 SGB X § 67d Rn. 3.
81 Palandt BGB Anm. 2c vor § 104.
82 Ebenso Mann in SFMK Rn. 60; aA Schroeder-Printzen ua SGB X § 67b Rn. 4: idR nur bei Geschäftsfähigkeit.
83 So Hase in GK-SGB X 2 § 67 Rn. 42.
84 Ebenso Pickel SGB X S. 457.

Formulierung „**einer** vorgesehenen Übermittlung" und aus der Beratungspflicht.[85] Die Einwilligung kann jederzeit mit Wirkung ex nunc zurückgeholt werden (Art. 7 Abs. 3 DS-GVO).

Wie bei jeder Erklärung muss sich der Erklärende auch bei der Einwilligung der Tragweite der Erklärung bewusst sein („informierte Einwilligung", → Rn. 69). Daraus folgt eine **Hinweispflicht** auf den Zweck der Datenverwendung. Dies regelt § 67b Abs. 2 S. 1 SGB X ausdrücklich. Außerdem muss auf die Folgen der Verweigerung der Einwilligung hingewiesen werden, also auf die mögliche Leistungsversagung nach § 66 iVm § 60 Abs. 1 Nr. 1 SGB I (wobei aber § 65 Abs. 1 Nr. 3 SGB I und § 33 SGB I zu beachten sind) oder auf die mögliche Datenverwendung ohne Einwilligung aufgrund gesetzlicher Verwendungsbefugnisse. Der Hinweis muss – eine besondere Herausforderung für Bürokraten – in einfacher und klarer **Sprache**[86] erfolgen (Art. 7 Abs. 2 S. 1 DS-GVO). Diese Hinweispflicht erübrigt sich, wenn der Betroffene seine Daten von sich aus zur Verfügung gestellt hat, also die Einwilligung nicht „eingeholt" wird.[87] 73

Eine weitere Wirksamkeitsvoraussetzung der Einwilligung ist die **Schriftform** oder die **elektronische Form** (§ 67b Abs. 2 S. 1SGB X). Eine mutmaßliche oder stillschweigende (konkludente) Erklärung genügt deshalb im Regelfall („soll") nicht (anders bei der strafrechtlich wirksamen Einwilligung für Fälle des § 203 Abs. 1 StGB [→ Rn. 193] und für die Einwilligung im Falle des § 65). Die Anforderungen an die Schriftform regelt § 126 BGB (→ Anh. 5 Rn. 59). Nur bei Vorliegen besonderer Umstände („soll") genügt eine andere Form, also (fern-)mündliche Erklärung oder stillschweigende Einwilligung. Solche besonderen Umstände liegen dann vor, wenn der Verwendungsvorgang so eilbedürftig ist, dass auf die schriftliche Einwilligung nicht gewartet werden kann. Ferner dann, wenn der Bürger in einer Beratungssituation oder in einem Schreiben sein Einverständnis mit der Datenverwendung unmissverständlich zum Ausdruck gebracht hat, so dass eine schriftliche Einwilligungserklärung von ihm als bürokratische Schikane empfunden werden müsste. Dies ist auch dann anzunehmen, wenn der Bürger bei einer Vorsprache auf dem Amt ausdrücklich vor die Wahl gestellt wird, entweder in einem Zimmer zusammen mit einen anderen Bürger vorsprechen zu können oder eine Wartezeit in Kauf zu nehmen. Dasselbe gilt, wenn ein Bürger förmliche oder formlose Rechtsbehelfe einlegt und damit klar zum Ausdruck bringt, dass seine Akte der angerufenen Stelle vorgelegt werden soll. Besondere Umstände können immer nur dann angenommen werden, wenn schutzwürdige Belange des Betroffenen (zB ausreichende Zeit zur Überlegung) nicht entgegenstehen. Aus Beweisgründen (Art. 7 Abs. 1 DS-GVO) wird es ratsam sein, die besonderen Umstände in der Akte mit einem Satz zu dokumentieren. 74

Eine optische Hervorhebung der Einwilligungserklärung verlangt Art. 7 Abs. 2 S. 1 DS-GVO, wenn die Einwilligung zusammen mit anderen Erklärungen abgegeben wird (bspw. mit dem Antrag auf Hilfe zur Erziehung). Die Verletzung dieser Formvorschrift ist nicht heilbar nach § 41 SGB X analog; zu den übrigen → Rn. 69. Weitere Folge ist eine Schadenersatzpflicht nach § 82 SGB X iVm Art. 82 DS-GVO → Rn. 248. 75

Beispiel für eine formgültige Einwilligungserklärung: 76

Erklärung

Ich bin damit einverstanden, dass die von der Stadt/dem Landkreis ... für mich angelegte Jugendhilfeakte zum Zweck der Gewährung von Hilfe zur Erziehung zur Einsichtnahme angefordert wird. Ich bin darauf hingewiesen worden, dass bei Verweigerung

85 So Schellhorn in GK-SGB I § 35 Rn. 66.
86 Ausführlich zur Sprache Kunkel, Jugendhilferecht, Rn. 66.
87 AA Krahmer, Sozialdatenschutz, SGB X § 67b Erl. 6.

der Einwilligung die Hilfe nicht gewährt werden kann und dass die Einwilligung jederzeit widerrufen werden kann.

(Ort), den ... (Unterschrift)

77 Selbstverständlich kann eine Einwilligungserklärung zur Übermittlung von Daten durch Dritte nur dann verlangt werden, wenn der hilfesuchende Bürger selbst die notwendigen Angaben nicht machen kann.[88]

1.4.2 Gesetzliche Eingriffsbefugnistatbestände

1.4.2.1 Die Zulässigkeit der Datenerhebung (§ 67a SGB X)

§ 67a SGB X Erhebung von Sozialdaten

(1) [1]Die Erhebung von Sozialdaten durch die in § 35 des Ersten Buches genannten Stellen ist zulässig, wenn ihre Kenntnis zur Erfüllung einer Aufgabe der erhebenden Stelle nach diesem Gesetzbuch erforderlich ist. [2]Dies gilt auch für die Erhebung der besonderen Kategorien personenbezogener Daten im Sinne des Artikels 9 Absatz 1 der Verordnung (EU) 2016/679. [3]§ 22 Absatz 2 des Bundesdatenschutzgesetzes gilt entsprechend.

(2) [1]Sozialdaten sind bei der betroffenen Person zu erheben. [2]Ohne ihre Mitwirkung dürfen sie nur erhoben werden

1. bei den in § 35 des Ersten Buches oder in § 69 Absatz 2 genannten Stellen, wenn
   a) diese zur Übermittlung der Daten an die erhebende Stelle befugt sind,
   b) die Erhebung bei der betroffenen Person einen unverhältnismäßigen Aufwand erfordern würde und
   c) keine Anhaltspunkte dafür bestehen, dass überwiegende schutzwürdige Interessen der betroffenen Person beeinträchtigt werden,
2. bei anderen Personen oder Stellen, wenn
   a) eine Rechtsvorschrift die Erhebung bei ihnen zulässt oder die Übermittlung an die erhebende Stelle ausdrücklich vorschreibt oder
   b) aa) die Aufgaben nach diesem Gesetzbuch ihrer Art nach eine Erhebung bei anderen Personen oder Stellen erforderlich machen oder
      bb) die Erhebung bei der betroffenen Person einen unverhältnismäßigen Aufwand erfordern würde

   und keine Anhaltspunkte dafür bestehen, dass überwiegende schutzwürdige Interessen der betroffenen Person beeinträchtigt werden.

78 Zum Begriff der Datenerhebung → Rn. 57.

§ 61 Abs. 1 S. 1 bestimmt, dass auch § 67a SGB X, der die Datenerhebung regelt, in der Jugendhilfe gilt. Dies wirkt nicht gut durchdacht, da mit § 62 bereits eine ausführliche und abschließende Regelung der Datenerhebung in der Jugendhilfe zur Verfügung steht. Das Konkurrenzverhältnis zwischen beiden Normen wird durch § 37 SGB I geregelt, so dass die lex posterior-Regel nicht gilt (das neuere Gesetz wäre § 67a SGB X). Nicht anwendbar ist § 37 S. 1 SGB I,[89] da für den Datenschutz § 37 S. 2 SGB I gilt (→ Rn. 6). Gemäß § 35 Abs. 2 SGB I ist die Datenerhebung nur nach § 67a SGB X zulässig. § 67a SGB X enthält – im Unterschied zu § 67b SGB X – kein Fenster zu weiteren Regelungen im SGB VIII. Allenfalls könnte man die Formulierung „ist zu-

---

88 Zur Erforderlichkeit 13. TB LDS BW S. 99; zur Aktenanforderung 16. TB S. 68; zur Zulässigkeit der Beratung im Großraumbüro 14. TB S. 118; zur Vertraulichkeit von Gesprächen in einer Psychologischen Beratungsstelle und bei Vorsprache von Antragstellern 12. TB LDS NRW S. 162, 164 und den 19. TB – Datenschutz im Jugendamt, S. 44; Tätigkeitsbericht (1995) Berlin, S. 141: keine konkludente Einwilligung zur Speicherung der Verbindungsdaten beim Telefonverkehr zwischen der hilfesuchenden Person und dem Jugendnotdienst.

89 So aber Mörsberger in Wiesner Anh. 4 SGB X § 67a Rn. 1.

lässig" in § 67a SGB X als Öffnung für sonstige Zulässigkeitsvoraussetzungen in § 62 interpretieren, weil der Gesetzgeber für die Datenverarbeitung und -nutzung in den §§ 67b und 67d SGB X die Formulierung „ist **nur** zulässig" verwendet.[90] Eine weitere Ungereimtheit besteht darin, dass § 37 S. 3 SGB I zwar klarstellt, dass § 20 SGB X keine Befugnisnorm für eine Datenerhebung ist, diese Klarstellung aber ihrerseits einer Klarstellung bedarf, weil sie sich nur auf die Datenerhebung nach § 67a SGB X bezieht. Für die Datenerhebung in der Jugendhilfe nach § 62 muss aber ebenfalls gelten, dass § 20 SGB X keine Befugnisnorm ist. Hinzu kommt, dass § 62 Abs. 2 S. 2 Abs. 3 und 4 Abweichungen enthält von den entsprechenden Regelungen des § 67a SGB X. Seit der (früheren) Neuregelung des § 67a SGB X[91] zur Umsetzung der EU-Richtlinie (→ Rn. 2) klaffen § 67a SGB X und § 62 SGB VIII noch weiter auseinander. Solange der Gesetzgeber weder § 62 gestrichen hat (wie er es mit §§ 66, 67 im Blick auf §§ 83, 84 SGB X getan hat), noch § 67a SGB X kollisionsverträglich formuliert hat, entspricht es praktischen Bedürfnissen, für die Datenerhebung in der Jugendhilfe **nur** § 62 anzuwenden.

An dieser Problematik hat sich durch die aktuelle Neuregelung nichts geändert. Eine Änderung auch der §§ 61 bis 68 SGB VIII ist erfolgt (→ Rn. 2).

1.4.2.2 Die Zulässigkeit der Datenspeicherung, -veränderung, -nutzung (§§ 67b, c SGB X)

§ 67b SGB X Speicherung, Veränderung, Nutzung, Übermittlung, Einschränkung der Verarbeitung und Löschung von Sozialdaten

(1) [1]Die Speicherung, Veränderung, Nutzung, Übermittlung, Einschränkung der Verarbeitung und Löschung von Sozialdaten durch die in § 35 des Ersten Buches genannten Stellen ist zulässig, soweit die nachfolgenden Vorschriften oder eine andere Rechtsvorschrift in diesem Gesetzbuch es erlauben oder anordnen. [2]Dies gilt auch für die besonderen Kategorien personenbezogener Daten im Sinne des Artikels 9 Absatz 1 der Verordnung (EU) 2016/679. [3]Die Übermittlung von biometrischen, genetischen oder Gesundheitsdaten ist abweichend von Artikel 9 Absatz 2 Buchstabe b, d bis j der Verordnung (EU) 2016/679 nur zulässig, soweit eine gesetzliche Übermittlungsbefugnis nach den §§ 68 bis 77 oder nach einer anderen Rechtsvorschrift in diesem Gesetzbuch vorliegt. [4]§ 22 Absatz 2 des Bundesdatenschutzgesetzes gilt entsprechend.

(2) [1]Zum Nachweis im Sinne des Artikels 7 Absatz 1 der Verordnung (EU) 2016/679, dass die betroffene Person in die Verarbeitung ihrer personenbezogenen Daten eingewilligt hat, soll die Einwilligung schriftlich oder elektronisch erfolgen. [2]Die Einwilligung zur Verarbeitung von genetischen, biometrischen oder Gesundheitsdaten oder Betriebs- oder Geschäftsgeheimnissen hat schriftlich oder elektronisch zu erfolgen, soweit nicht wegen besonderer Umstände eine andere Form angemessen ist. [3]Wird die Einwilligung der betroffenen Person eingeholt, ist diese auf den Zweck der vorgesehenen Verarbeitung, auf die Folgen der Verweigerung der Einwilligung sowie auf die jederzeitige Widerrufsmöglichkeit gemäß Artikel 7 Absatz 3 der Verordnung (EU) 2016/679 hinzuweisen.

(3) [1]Die Einwilligung zur Verarbeitung personenbezogener Daten zu Forschungszwecken kann für ein bestimmtes Vorhaben oder für bestimmte Bereiche der wissenschaftlichen Forschung erteilt werden. [2]Im Bereich der wissenschaftlichen Forschung liegt ein besonderer Umstand im Sinne des Absatzes 2 Satz 2 auch dann vor, wenn durch die Einholung einer schriftlichen oder elektronischen Einwilligung der Forschungszweck erheblich beeinträchtigt würde. [3]In diesem Fall sind die Gründe, aus denen sich die erhebliche Beeinträchtigung des Forschungszweckes ergibt, schriftlich festzuhalten.

90 Vgl. Kunkel ZfJ 1995, 358.
91 Mit Gesetz v. 18.5.2001, BGBl. I 904.

§ 67c SGB X Zweckbindung sowie Speicherung, Veränderung und Nutzung von Sozialdaten zu anderen Zwecken

(1) [1]Die Speicherung, Veränderung oder Nutzung von Sozialdaten durch die in § 35 des Ersten Buches genannten Stellen ist zulässig, wenn sie zur Erfüllung der in der Zuständigkeit des Verantwortlichen liegenden gesetzlichen Aufgaben nach diesem Gesetzbuch erforderlich ist und für die Zwecke erfolgt, für die die Daten erhoben worden sind. [2]Ist keine Erhebung vorausgegangen, dürfen die Daten nur für die Zwecke geändert oder genutzt werden, für die sie gespeichert worden sind.

(2) Die nach Absatz 1 gespeicherten Daten dürfen von demselben Verantwortlichen für andere Zwecke nur gespeichert, verändert oder genutzt werden, wenn

1. die Daten für die Erfüllung von Aufgaben nach anderen Rechtsvorschriften dieses Gesetzbuches als diejenigen, für die sie erhoben wurden, erforderlich sind,
2. es zur Durchführung eines bestimmten Vorhabens der wissenschaftlichen Forschung oder Planung im Sozialleistungsbereich erforderlich ist und die Voraussetzungen des § 75 Absatz 1, 2 oder 4a Satz 1 vorliegen.

(3) [1]Eine Speicherung, Veränderung oder Nutzung von Sozialdaten ist zulässig, wenn sie für die Wahrnehmung von Aufsichts-, Kontroll- und Disziplinarbefugnissen, der Rechnungsprüfung oder der Durchführung von Organisationsuntersuchungen für den Verantwortlichen oder für die Wahrung oder Wiederherstellung der Sicherheit und Funktionsfähigkeit eines informationstechnischen Systems durch das Bundesamt für Sicherheit in der Informationstechnik erforderlich ist. [2]Das gilt auch für die Veränderung oder Nutzung zu Ausbildungs- und Prüfungszwecken durch den Verantwortlichen, soweit nicht überwiegende schutzwürdige Interessen der betroffenen Person entgegenstehen.

(4) Sozialdaten, die ausschließlich zu Zwecken der Datenschutzkontrolle, der Datensicherung oder zur Sicherstellung eines ordnungsgemäßen Betriebes einer Datenverarbeitungsanlage gespeichert werden, dürfen nur für diese Zwecke verändert, genutzt und in der Verarbeitung eingeschränkt werden.

(5) [1]Für Zwecke der wissenschaftlichen Forschung oder Planung im Sozialleistungsbereich erhobene oder gespeicherte Sozialdaten dürfen von den in § 35 des Ersten Buches genannten Stellen nur für ein bestimmtes Vorhaben der wissenschaftlichen Forschung im Sozialleistungsbereich oder der Planung im Sozialleistungsbereich verändert oder genutzt werden. [2]Die Sozialdaten sind zu anonymisieren, sobald dies nach dem Forschungs- oder Planungszweck möglich ist. [3]Bis dahin sind die Merkmale gesondert zu speichern, mit denen Einzelangaben über persönliche oder sachliche Verhältnisse einer bestimmten oder bestimmbaren Person zugeordnet werden können. [4]Sie dürfen mit den Einzelangaben nur zusammengeführt werden, soweit der Forschungs- oder Planungszweck dies erfordert.

79 **Datenspeicherung**

Die Datenspeicherung als Verarbeitungsvorgang ist nur unter den Voraussetzungen des § 67b SGB X zulässig, also wenn eine Einwilligung vorliegt oder eine Befugnisnorm den Eingriff erlaubt. Diese Befugnisnorm ist § 67c SGB X. Auch § 63 regelt die Datenspeicherung. Dies ist wegen der Öffnungsklausel in § 67b Abs. 1 SGB X („oder eine andere Rechtsvorschrift in diesem Gesetzbuch") zulässig. § 63 Abs. 1 enthält teilweise identische Voraussetzungen einer Datenspeicherung wie § 67c Abs. 1 SGB X; insoweit ist er überflüssig. § 67c SGB X enthält aber weitere Zulässigkeitsvoraussetzungen, die über § 63 SGB VIII hinausgehen. Diese sind auch in der Jugendhilfe anwendbar,[92] da sie lediglich Konkretisierungen des Zweckbindungsgrundsatzes aus dem Volkszählungsurteil des BVerfG (→ Rn. 1) sind. Insoweit ist § 63 defizitär.

80 Die Datenspeicherung ist zulässig, wenn die verantwortliche Stelle (§ 67 Abs. 1 SGB X iVm Art. 4 Abs. 7 DS-GVO) im JA damit eine Aufgabe nach dem SGB iSd § 67 Abs. 2

92 AA Mörsberger in Wiesner Anh. 4 SGB X § 67c Rn. 1.

SGB X erfüllt (→ Rn. 38 ff.). Unter Aufgabenerfüllung ist die Anwendung einer Rechtsnorm auf den Normadressaten zu verstehen, also bei regelnder Tätigkeit des JA durch VA auf der Grundlage einer Leistungs- oder Ermächtigungsgrundlage, bei schlichtem Handeln (zB durch Beratung) durch Realakt. Weitere Voraussetzung ist, dass die Speicherung in einem **konkreten Einzelfall** erfolgt, also nicht für die Aufgabenerfüllung in künftigen Fällen auf Vorrat angelegt wird. Das zu speichernde Datum muss für die konkrete Aufgabenerfüllung erforderlich sein, also benötigt werden, um die Subsumtion des Sachverhalts unter die Tatbestandsmerkmale der Norm zu ermöglichen. **Erforderlich** ist das Datum also nur dann, wenn ohne die Speicherung die Aufgabe nicht, nicht vollständig oder nicht rechtmäßig erfüllt werden kann. Eine bloße Erleichterung der Aufgabenerfüllung genügt nicht. Die Aufnahme von Daten in eine Akte kann also nicht einem ominösen „Gesamtfallgrundsatz“ folgen, nach dem möglichst viele Daten über eine Familie gesammelt werden, sondern muss sich streng an den Tatbestandsmerkmalen der Aufgabennorm orientieren. Auch ist es zweckmäßig, die Akte so zu führen, dass Akteneinsicht problemlos gewährt werden kann, ohne dass die Akte zuvor von Daten Dritter, die nicht übermittelt werden dürfen, gereinigt werden muss (zur Akteneinsicht → Rn. 116).

Dass es auf die Erfüllung einer Aufgabe im konkreten Fall („jeweilige Aufgabe“) in § 63 Abs. 1 ankommt, folgt unmittelbar aus den Anforderungen, die das BVerfG im Volkszählungsurteil (→ Rn. 1) aufgestellt hat. Der unterschiedliche Wortlaut von § 67c Abs. 1 SGB X einerseits (Aufgabenerfüllung im Plural) und von § 67a Abs. 1 SGB X und § 63 Abs. 1 SGB VIII andererseits (Aufgabenerfüllung im Singular) führt nicht zu unterschiedlichen Ergebnissen, sondern ist lediglich Folge handwerklicher Ungenauigkeit des Gesetzgebers, der mit § 67c SGB X den Wortlaut des § 14 BDSG übernommen hat, ohne die notwendige Anpassung an § 67a SGB X vorzunehmen. Eine weitere Ungereimtheit ist die Formulierung „gesetzlichen Aufgaben nach diesem Gesetzbuch“ in § 67c SGB X, mit der nur die rechtmäßige Aufgabenerfüllung gemeint sein kann.

Die genannten Voraussetzungen für die Zulässigkeit der Datenspeicherung müssen 81
auch dann vorliegen,[93] wenn der Speicherung **keine Datenerhebung vorausgegangen** ist, die Daten also von dem Betroffenen oder von Dritten dem JA ohne Beschaffungsvorgang zugegangen sind. Dies folgt daraus, dass die Speicherung ein Eingriff in ein Grundrecht ist, der nur gerechtfertigt ist, wenn er zur Aufgabenerfüllung notwendig ist. § 67c Abs. 1 SGB X ist hier unklar, weil in Abs. 1 S. 2 nur die Veränderung und Nutzung, nicht aber die Speicherung eines nichterhobenen Datums geregelt ist. § 63 Abs. 1 ist aber in dieser Hinsicht eindeutig. Ist der Datenspeicherung eine Datenerhebung vorausgegangen, muss die Datenspeicherung entlang dem Erhebungszweck erfolgen, ihn gleichsam verlängern; **Speicherzweck und Erhebungszweck** müssen kongruent sein. Dies ist auch der Fall, wenn die Daten gespeichert werden, um Aufsichts-, Kontroll- und Disziplinarmaßnahmen, Rechnungsprüfung und Organisationsuntersuchungen zu ermöglichen, wie § 67c Abs. 3 S. 1 SGB X klarstellt (bzw. fingiert, was für die Disziplinarmaßnahmen sicher zutrifft). § 67c Abs. 3 S. 2 SGB X nimmt die Speicherung (im Gegensatz zur Veränderung oder Nutzung) für **Ausbildungs- und Prüfungszwecke** aus der (fingierten) Zweckkongruenz aus – anders als § 14 Abs. 3 BDSG aF, dem § 67c SGB X ansonsten nachgebildet ist. Daraus folgt, dass es sich bei Verwendung von Daten zu Ausbildungs- und Prüfungszwecken um eine Zweckänderung handelt, die nur unter den Voraussetzungen des § 67c Abs. 2 SGB X zulässig ist. Ein redaktionelles Versehen ist aber nicht auszuschließen, da § 67c Abs. 3 SGB X auch im Übrigen eine (zumindest sprachliche) Zumutung ist. Die „Wahrnehmung von Befugnissen“ (besser: „Ausübung von Befugnissen“) ist da schon ein sprachlicher Fort-

93 AA Auernhammer BDSG § 14 Rn. 8; Krahmer, Sozialdatenschutz, S. 69; wie hier dagegen Schaffland/Wiltfang BDSG § 14 Rn. 22.

schritt, aber „die Wahrnehmung … der Durchführung von Organisationsuntersuchungen“ ist leider wieder das gewohnte Kauderwelsch. Außerdem ist die Aufsicht usw nicht „für“, sondern „über“ die verantwortliche Stelle erforderlich.

82 Verfolgt das JA mit der Datenspeicherung einen anderen Zweck als mit der Datenerhebung, liegt **Zweckinkongruenz** (Zweckwechsel) vor mit der Folge, dass die Datenspeicherung für diesen anderen Zweck nur zulässig ist, wenn dieser Zweck sich aus einer Aufgabe des SGB VIII ergibt und die Speicherung für die Erfüllung dieses Zwecks erforderlich ist. Gleichrangige (→ Rn. 68) Zulässigkeitsvoraussetzung ist die Einwilligung des Betroffenen mit der Speicherung. Werden die Daten für Zwecke der Forschung und Planung benötigt, müssen zusätzlich die Voraussetzungen beachtet werden, die § 75 Abs. 1 SGB X für die Übermittlung solcher Daten zu Planungs- und Forschungszwecken vorsieht (→ Rn. 181 ff.). Zulässig ist die Datenspeicherung bei Zweckinkongruenz nach § 67c Abs. 2 SGB X immer nur dann, wenn die datenerhebende Stelle selbst die Daten für andere Zwecke speichern will; wollen andere Stellen die erhobenen Daten für ihre Zwecke nutzen, müssen die Voraussetzungen des § 67d SGB X für eine Übermittlung vorliegen. Der Wortlaut des § 67c Abs. 2 Nr. 3 SGB X ist insoweit irreführend; es müssen nämlich für die Zulässigkeit der Datenspeicherung nicht die Voraussetzungen des § 75 Abs. 1 SGB X vorliegen, der die Datenübermittlung regelt, vielmehr müssen diese Voraussetzungen entsprechend vorliegen oder es müsste formuliert werden: „wenn die Voraussetzungen des § 75 Abs. 1 vorlägen“. Die Regelung des Speicherns von Planungsdaten in § 64 Abs. 3 ist daneben ohne Bedeutung und könnte gestrichen werden.

83 § 67c Abs. 4 SGB X enthält ein Verbot der Zweckänderung für die dort näher beschriebenen **Datenschutzkontrolldaten**. Sie dürfen zu keinem anderen Zweck als dem der Datenschutzkontrolle usw gespeichert werden.

84 Eine über § 67c SGB X hinausreichende zusätzliche Zulässigkeitsvoraussetzung für eine besondere Form der Datenspeicherung enthält § 63 Abs. 2 (→ § 63 Rn. 5). Auch die Zusammenführung von Forschungs- und Planungsdaten ist in § 67c Abs. 5 S. 3 und 4 SGB X gesondert geregelt.

85 Für die Datenspeicherung im Vormundschaftswesen gilt nur § 68 Abs. 1 S. 1.

86 Einschränkungen für **sensitive** Daten iSv § 76 SGB X und § 65 SGB VIII sind für die Datenspeicherung nicht zu beachten,[94] da solche nur für Datenübermittlungen gelten.

87 **Unzulässig** gespeicherte Daten sind zu **löschen** (Art. 17 DS-GVO iVm § 84 Abs. 2 S. 1 SGB X); ebenso für die Aufgabenerfüllung nicht mehr benötigte Daten (§ 84 Abs. 2 S. 2 SGB X). Unzulässig gespeichert sind auch Daten, die unzulässig erhoben worden sind („Dominotheorie“; → Rn. 243, 264). **Unrichtige** Daten sind zwar für die Aufgabenerfüllung nicht notwendig, müssen dennoch aber nicht gelöscht, sondern berichtigt werden → Rn. 264).

88 **Datenveränderung und -nutzung**

Das Verändern (→ Rn. 54) und das Nutzen (→ Rn. 67) der gespeicherten Sozialdaten dürfen nur für die Zwecke erfolgen, für die sie gespeichert worden sind (§ 67c Abs. 1 S. 1 und 2 SGB X). Für andere Zwecke dürfen sie nur verändert oder genutzt werden unter den Voraussetzungen des § 67c Abs. 2 SGB X. Für Forschungs- oder Planungszwecke gespeicherte Daten dürfen nicht allgemein für Forschung oder Planung verwendet werden, sondern nur für ein bestimmtes Projekt (§ 67c Abs. 5 S. 1 SGB X). Eine entsprechende Bestimmung für die Veränderung oder Nutzung zu Aufsichts-, Kontroll-, Disziplinar-, Rechnungsprüfungs-, Organisations-, Ausbildungs- und Prüfungszwecken iSv § 67c Abs. 3 SGB X fehlt. In § 64 Abs. 3 S. 2 war sie ursprünglich vorhanden („die Daten dürfen nur zur jeweiligen … Maßnahme … verwendet wer-

94 AA wohl Mörsberger in Wiesner Anh. 4 § 67c Rn. 7.

den“), wurde aber später gestrichen. Daraus folgt, dass dasselbe Datum für mehrere Kontrollvorgänge usw (also nicht nur für einen Vorgang) genutzt werden darf.[95] Auch Daten, die für andere als die in § 67c Abs. 3 SGB X genannten Zwecke genutzt werden, können mehreren Nutzungsvorgängen dienen, bspw. für die Festsetzung eines Kostenbeitrags nicht nur im laufenden Monat, sondern auch in den folgenden Monaten.[96]

Werden Daten unter Verstoß gegen die Zulässigkeitsregeln verändert (ohne dass sie unrichtig geworden sind; dann wären sie zu berichtigen nach § 84 Abs. 1 S. 1 SGB X) oder genutzt, fehlt eine Sanktion in § 84 SGB X. Die Folge unzulässiger Veränderung oder Nutzung ist, dass ein darauf folgender Verwendungsvorgang und die Aufgabenerfüllung, der die Veränderung oder Nutzung dient, rechtswidrig sind („Dominotheorie“, → Rn. 264). 89

Auch § 64 Abs. 1 SGB VIII regelt die Datennutzung. Diese Regelung ist inhaltlich teilweise identisch mit der des § 67c Abs. 1 S. 1 SGB X und daher überflüssig. Die Nutzung für Planungszwecke regelt § 64 Abs. 3. Auch diese Regelung ist inhaltlich identisch mit der des § 67c Abs. 2 Nr. 2 und Abs. 5 SGB X; sie ist daher ebenfalls überflüssig.[97] 90

1.4.2.3 Die Zulässigkeit der Datenübermittlung (§§ 67b Abs. 1, 67d Abs. 1 iVm 68 bis 75 SGB X)

§ 67d SGB X Übermittlungsgrundsätze

(1) [1]Die Verantwortung für die Zulässigkeit der Bekanntgabe von Sozialdaten durch ihre Weitergabe an einen Dritten oder durch die Einsichtnahme oder den Abruf eines Dritten von zur Einsicht oder zum Abruf bereitgehaltenen Daten trägt die übermittelnde Stelle. [2]Erfolgt die Übermittlung auf Ersuchen des Dritten, an den die Daten übermittelt werden, trägt dieser die Verantwortung für die Richtigkeit der Angaben in seinem Ersuchen.

(2) Sind mit Sozialdaten, die übermittelt werden dürfen, weitere personenbezogene Daten der betroffenen Person oder eines Dritten so verbunden, dass eine Trennung nicht oder nur mit unvertretbarem Aufwand möglich ist, so ist die Übermittlung auch dieser Daten nur zulässig, wenn schutzwürdige Interessen der betroffenen Person oder eines Dritten an deren Geheimhaltung nicht überwiegen; eine Veränderung oder Nutzung dieser Daten ist unzulässig.

(3) Die Übermittlung von Sozialdaten ist auch über Vermittlungsstellen im Rahmen einer Auftragsverarbeitung zulässig.

§ 67e SGB X Erhebung und Übermittlung zur Bekämpfung von Leistungsmissbrauch und illegaler Ausländerbeschäftigung

[1]Bei der Prüfung nach § 2 des Schwarzarbeitsbekämpfungsgesetzes oder nach § 28p des Vierten Buches darf bei der überprüften Person zusätzlich erfragt werden,

1. ob und welche Art von Sozialleistungen nach diesem Gesetzbuch oder Leistungen nach dem Asylbewerberleistungsgesetz sie bezieht und von welcher Stelle sie diese Leistungen bezieht,
2. bei welcher Krankenkasse sie versichert oder ob sie als Selbständige tätig ist,
3. ob und welche Art von Beiträgen nach diesem Gesetzbuch sie abführt und
4. ob und welche ausländischen Arbeitnehmerinnen und Arbeitnehmer sie mit einer für ihre Tätigkeit erforderlichen Genehmigung und nicht zu ungünstigeren Arbeitsbedingungen als vergleichbare deutsche Arbeitnehmerinnen und Arbeitnehmer beschäftigt.

---

95 AA Mörsberger in Wiesner Anh. 4 SGB X § 67c Rn. 7.
96 Ebenso OVG NRW 5.12.1988 – 13 A 1885/88, NJW 1989, 2966.
97 AA Mörsberger in Wiesner Anh. 4 SGB X § 67c Rn. 1 mit der Begründung, die Regelungen des SGB VIII seien detaillierter.

²Zu Prüfzwecken dürfen die Antworten auf Fragen nach Satz 1 Nummer 1 an den jeweils zuständigen Leistungsträger und nach Satz 1 Nummer 2 bis 4 an die jeweils zuständige Einzugsstelle und die Bundesagentur für Arbeit übermittelt werden. ³Der Empfänger hat die Prüfung unverzüglich durchzuführen.

91 Der Eingriff in das Sozialgeheimnis durch Übermittlung von Daten als Verarbeitungsvorgang (→ Rn. 57–59) ist gemäß § 35 Abs. 2 SGB I nur unter den Voraussetzungen zulässig, die § 67b Abs. 1 SGB X formuliert. Danach bedarf es einer gesetzlichen Ermächtigungsgrundlage in den §§ 67d ff. SGB X oder in §§ 64, 65, 68 SGB VIII („Rechtsvorschrift(en) in diesem Gesetzbuch"). Als Ermächtigungsgrundlage, die eine Übermittlung erlaubt, bezeichnet § 67d Abs. 1 SGB X die gesetzlichen Übermittlungsbefugnisse nach §§ 68 bis 75 SGB X. §§ 76, 77 SGB X passen nicht in diese Reihe, da sie in der Terminologie des Gesetzes „Einschränkung (en) der Übermittlungsbefugnis" sind. § 64 enthält ebenfalls keine Übermittlungsbefugnis, sondern deren Einschränkung. Dasselbe gilt für § 65, der in seiner Normstruktur § 76 SGB X entspricht. § 68 ist die Sonderregelung einer Übermittlungsbefugnis nur für den Beistand/Amtspfleger/Amtsvormund. Weitere gesetzliche Übermittlungstatbestände sind ausdrücklich („nur zulässig") ausgeschlossen; **§§ 67b und 67d SGB X** bewirken also einen **numerus clausus** zulässiger Übermittlungen.[98] Rechtsdogmatisch möglich bliebe daneben eine Übermittlung aufgrund übergesetzlichen rechtfertigenden Notstandes (§ 34 StGB; → Rn. 193).[99] Dass die Einwilligung eine alternative Übermittlungsbefugnis begründet, ergibt sich aus § 67b Abs. 1 SGB X[100] und wurde bereits unter → Rn. 68 dargestellt.

92 **Ausgeschlossen** sind Übermittlungsbefugnisse aufgrund von **nicht im SGB** angesiedelten Normen wie zB StPO, ZPO, FamFG über Zeugnispflicht[101] und Vorlagepflicht. Auch die **Amtshilfepflicht** begründet keine Übermittlungsbefugnis. Sie ist zwar in einer „Rechtsvorschrift in diesem Gesetzbuch" geregelt, nämlich in § 3 SGB X, aber sie ist durch die Geheimhaltungspflicht begrenzt (§ 4 Abs. 2 S. 2 SGB X, Abdruck bei → Rn. 98), steht also unter dem Vorbehalt des Sozialgeheimnisses (→ Rn. 219). Soweit in Normen außerhalb des Sozialgesetzbuches solche Übermittlungspflichten geregelt sind wie bspw. in § 87AufenthG, können sie nicht die Zulässigkeit der Datenübermittlung begründen. Diese ergibt sich vielmehr erst, wenn solche Übermittlungspflichten in eine Befugnisnorm des SGB inkorporiert wurden, wie zB in § 71 SGB X. Dasselbe gilt für Normen innerhalb des SGB VIII, die dem JA Übermittlungspflichten auferlegen (zB § 50) Auch diese Pflichten können erst in Verbindung mit einer Befugnisnorm nach §§ 68 bis 75 SGB X erfüllt werden, wie § 35 Abs. 3 SGB I klar zum Ausdruck bringt (→ Rn. 219).

93 Nach der Neuregelung bestimmt § 67b Abs. 1 S. 2 SGB X, dass auch die besonderen Daten nach Art. 9 Abs. 1 DS-GVO mit einer gesetzlichen Übermittlungsbefugnis übermittelt werden dürfen; Gesundheitsdaten ua (Art. 9 Abs. 2 DS-GVO) aber nur nach einer solchen in §§ 68–75 SGB X (§§ 76 und 77 sind aber keine Übermittlungsbefugnisse, sondern Einschränkungen dieser).

94 Dass die Stelle, die die Sachherrschaft über das Sozialdatum hat, für die Rechtmäßigkeit der Datenübermittlung **haftet**, folgt bereits aus der Pflicht zur Wahrung des Sozialgeheimnisses nach § 35 Abs. 1 SGB I (→ Rn. 20). § 67d Abs. 1 S. 1 regelt dies ausdrücklich. Für die Fälle der **Amtshilfe** von Bedeutung ist § 67d Abs. 1 S. 2, wonach die **ersuchende Stelle** aber dafür verantwortlich ist, dass ihre Angaben richtig sind, mit de-

98 Nach Proksch, Sozialdatenschutz, S. 50: „Enumerationsprinzip" und „Exklusivitätsprinzip".
99 Ebenso Proksch, Sozialdatenschutz, S. 87.
100 Irrig Mörsberger in Wiesner Anh. 4 SGB X § 67d Rn. 1: § 67a SGB X.
101 Zu dieser s. Kunkel/Rosteck/Vetter StV 2017, 829.

nen sie das Amtshilfeersuchen begründet. Die **ersuchte** Stelle hat also nur zu prüfen, ob – die Richtigkeit der Angaben unterstellt – die angeforderten Daten für die Aufgabenerfüllung der ersuchenden Stelle erforderlich sind, ob also das Ersuchen schlüssig ist.

Abweichend hiervon verteilt § 68 Abs. 3 S. 2 SGB X die Verantwortlichkeit anders als bei anderen Übermittlungen. Die ersuchende Stelle ist dann auch für die Zulässigkeit der Übermittlung verantwortlich.

§ 67d Abs. 2 SGB X enthält eine gesetzliche Wohltat für die **Aktenübersendung** (→ Rn. 70). 95

§ 67d Abs. 3 SGB X betrifft die **Auftragsverarbeitung** (→ Rn. 56), ist also für die Jugendhilfe weniger bedeutsam. 96

Für die Jugendhilfe von Bedeutung sind die folgenden gesetzlichen Übermittlungstatbestände: 97

(1) § 68 SGB X (Amtshilfe)

§ 68 SGB X Übermittlung für Aufgaben der Polizeibehörden, der Staatsanwaltschaften, Gerichte und der Behörden der Gefahrenabwehr

(1) [1]Zur Erfüllung von Aufgaben der Polizeibehörden, der Staatsanwaltschaften und Gerichte, der Behörden der Gefahrenabwehr und der Justizvollzugsanstalten dürfen im Einzelfall auf Ersuchen Name, Vorname, Geburtsdatum, Geburtsort, derzeitige Anschrift der betroffenen Person, ihr derzeitiger oder zukünftiger Aufenthaltsort sowie Namen, Vornamen oder Firma und Anschriften ihrer derzeitigen Arbeitgeber übermittelt werden, soweit kein Grund zu der Annahme besteht, dass dadurch schutzwürdige Interessen der betroffenen Person beeinträchtigt werden, und wenn das Ersuchen nicht länger als sechs Monate zurückliegt. [2]Die ersuchte Stelle ist über § 4 Absatz 3 hinaus zur Übermittlung auch dann nicht verpflichtet, wenn sich die ersuchende Stelle die Angaben auf andere Weise beschaffen kann. [3]Satz 2 findet keine Anwendung, wenn das Amtshilfeersuchen zur Durchführung einer Vollstreckung nach § 66 erforderlich ist.

(1a) Zu dem in § 7 Absatz 3 des Internationalen Familienrechtsverfahrensgesetzes bezeichneten Zweck ist es zulässig, der in dieser Vorschrift bezeichneten Zentralen Behörde auf Ersuchen im Einzelfall den derzeitigen Aufenthalt der betroffenen Person zu übermitteln, soweit kein Grund zur Annahme besteht, dass dadurch schutzwürdige Interessen der betroffenen Person beeinträchtigt werden.

(2) Über das Übermittlungsersuchen entscheidet der Leiter oder die Leiterin der ersuchten Stelle, dessen oder deren allgemeiner Stellvertreter oder allgemeine Stellvertreterin oder eine besonders bevollmächtigte bedienstete Person.

(3) [1]Eine Übermittlung der in Absatz 1 Satz 1 genannten Sozialdaten, von Angaben zur Staats- und Religionsangehörigkeit, früherer Anschriften der betroffenen Personen, von Namen und Anschriften früherer Arbeitgeber der betroffenen Personen sowie von Angaben über an betroffene Personen erbrachte oder demnächst zu erbringende Geldleistungen ist zulässig, soweit sie zur Durchführung einer nach Bundes- oder Landesrecht zulässigen Rasterfahndung erforderlich ist. [2]Die Verantwortung für die Zulässigkeit der Übermittlung trägt abweichend von § 67d Absatz 1 Satz 1 der Dritte, an den die Daten übermittelt werden. [3]Die übermittelnde Stelle prüft nur, ob das Übermittlungsersuchen im Rahmen der Aufgaben des Dritten liegt, an den die Daten übermittelt werden, es sei denn, dass besonderer Anlass zur Prüfung der Zulässigkeit der Übermittlung besteht.

§ 7 IntFamRVG Aufenthaltsermittlung

…

(3) [ab 1.5.2022: *(2)*] Soweit zur Ermittlung des Aufenthalts des Kindes erforderlich, darf die Zentrale Behörde bei dem Kraftfahrt-Bundesamt erforderliche Halterdaten nach § 33 Abs. 1 Satz 1 Nr. 2 des Straßenverkehrsgesetzes erheben und die Leistungsträger im

Sinne der §§ 18 bis 29 des Ersten Buches Sozialgesetzbuch um Mitteilung des derzeitigen Aufenthalts einer Person ersuchen.

...

98 Auch wenn der Begriff der Amtshilfe in der Überschrift nicht mehr vorkommt (früher: „Offenbarung im Rahmen der Amtshilfe"), folgt doch aus seiner Verwendung in Abs. 1 S. 3 und aus den Begriffen „ersuchte Stelle" und „Übermittlungsersuchen" in Abs. 1 S. 2 und Abs. 2, dass § 68 SGB X nur dann eine Übermittlungsbefugnis gibt, wenn Amtshilfepflicht gemäß § 3 SGB X besteht und die Voraussetzungen der Amtshilfe gemäß § 4 SGB X vorliegen.

§ 3 SGB X Amtshilfepflicht

(1) Jede Behörde leistet anderen Behörden auf Ersuchen ergänzende Hilfe (Amtshilfe).

(2) Amtshilfe liegt nicht vor, wenn

1. Behörden einander innerhalb eines bestehenden Weisungsverhältnisses Hilfe leisten,
2. die Hilfeleistung in Handlungen besteht, die der ersuchten Behörde als eigene Aufgabe obliegen.

§ 4 SGB X Voraussetzungen und Grenzen der Amtshilfe

(1) Eine Behörde kann um Amtshilfe insbesondere dann ersuchen, wenn sie

1. aus rechtlichen Gründen die Amtshandlung nicht selbst vornehmen kann,
2. aus tatsächlichen Gründen, besonders weil die zur Vornahme der Amtshandlung erforderlichen Dienstkräfte oder Einrichtungen fehlen, die Amtshandlung nicht selbst vornehmen kann,
3. zur Durchführung ihrer Aufgaben auf die Kenntnis von Tatsachen angewiesen ist, die ihr unbekannt sind und die sie selbst nicht ermitteln kann,
4. zur Durchführung ihrer Aufgaben Urkunden oder sonstige Beweismittel benötigt, die sich im Besitz der ersuchten Behörde befinden,
5. die Amtshandlung nur mit wesentlich größerem Aufwand vornehmen könnte als die ersuchte Behörde.

(2) Die ersuchte Behörde darf Hilfe nicht leisten, wenn

1. sie hierzu aus rechtlichen Gründen nicht in der Lage ist,
2. durch die Hilfeleistung dem Wohl des Bundes oder eines Landes erhebliche Nachteile bereitet würden.

Die ersuchte Behörde ist insbesondere zur Vorlage von Urkunden oder Akten sowie zur Erteilung von Auskünften nicht verpflichtet, wenn die Vorgänge nach einem Gesetz oder ihrem Wesen nach geheim gehalten werden müssen.

(3) Die ersuchte Behörde braucht Hilfe nicht zu leisten, wenn

1. eine andere Behörde die Hilfe wesentlich einfacher oder mit wesentlich geringerem Aufwand leisten kann,
2. sie die Hilfe nur mit unverhältnismäßig großem Aufwand leisten könnte,
3. sie unter Berücksichtigung der Aufgaben der ersuchenden Behörde durch die Hilfeleistung die Erfüllung ihrer eigenen Aufgaben ernstlich gefährden würde.

(4) Die ersuchte Behörde darf die Hilfe nicht deshalb verweigern, weil sie das Ersuchen aus anderen als den in Absatz 3 genannten Gründen oder weil sie die mit der Amtshilfe zu verwirklichende Maßnahme für unzweckmäßig hält.

(5) Hält die ersuchte Behörde sich zur Hilfe nicht für verpflichtet, teilt sie der ersuchenden Behörde ihre Auffassung mit. Besteht diese auf der Amtshilfe, entscheidet über die Verpflichtung zur Amtshilfe die gemeinsame Aufsichtsbehörde oder, sofern eine solche nicht besteht, die für die ersuchte Behörde zuständige Aufsichtsbehörde.

§§ 3, 4 SGB X sind notwendige, aber nicht hinreichende Voraussetzungen der Übermittlungsbefugnis; hinzutreten müssen die in § 68 SGB X genannten (weiteren) Voraussetzungen. Aus der Übermittlungsbefugnis wird dann eine Übermittlungspflicht. Die Amtshilfepflicht obliegt dem JA als Behörde iSv § 1 Abs. 2 SGB X gegenüber anderen Behörden. Gegenüber **Gerichten** ist das JA zur Amtshilfe (nicht: „Rechtshilfe") nach den Gerichtsverfahrensgesetzen (StPO, ZPO, VwGO, FamFG, SGG) verpflichtet, falls eine Übermittlungsbefugnis nach § 68 SGB X besteht.[102] Liegen dessen Voraussetzungen nicht vor, ergeben sich weitere Möglichkeiten einer Übermittlungsbefugnis aus den §§ 69, 71, 73, 74 SGB X. Liegen sowohl die Voraussetzungen des § 68 SGB X wie die der genannten §§ vor, gehen diese als speziellere Regelung vor.[103] 99

Die Verpflichtung im umgekehrten Verhältnis, also die Verpflichtung anderer Behörden, **für** das JA Amtshilfe zu leisten, ergibt sich nur für Sozialleistungsbehörden ebenfalls aus § 3 SGB X, für Behörden außerhalb des Sozialleistungsbereiches aber aus Amtshilfepflicht nach dem LVwVfG oder aus speziellen Bestimmungen wie bspw. § 21 Abs. 4 SGB X für das Finanzamt. **Freie Träger** sind weder zur Amtshilfe verpflichtet, noch besteht ihnen gegenüber eine Amtshilfepflicht. 100

Eine Amtshilfepflicht besteht nur, wenn eine andere Behörde das JA um Informationshilfe gebeten hat, also ein **Ersuchen** vorliegt, wobei dieses keiner bestimmten Form bedarf, also auch telefonisch erfolgen kann,[104] und auch vorsorglich möglich ist („wenn A kommt, bitte Anschrift mitteilen"). Aus eigener Initiative kann daher das JA Daten nicht nach § 68 SGB X übermitteln, ggf. aber nach § 69 SGB X, wenn diese Übermittlung zur Aufgabenerfüllung erforderlich war, also nicht, wenn der Empfänger der Daten diese beim Betroffenen selbst hätte erheben können.[105] Auch die Amtshilfe setzt voraus, dass die Informationshilfe zur rechtmäßigen Aufgabenerfüllung **benötigt** wird, wie aus § 6 SGB X folgt. Dies muss das JA als übermittelnde Stelle prüfen. § 67d Abs. 2 SGB X ist gegenüber § 6 Abs. 2 SGB X die speziellere Regelung. Zur rechtmäßigen Aufgabenerfüllung gehört auch die Beachtung der **formellen** Voraussetzungen (Zuständigkeit, Verfahren, Form). Die **ersuchende** Stelle muss ferner die für sie geltende Regelung der **Datenerhebung** (im SGB, im BDSG oder im LDSG) beachten, darf also nicht Daten beim JA anfordern, die sie beim Betroffenen selbst hätte erheben können (zB die Geeignetheit einer Pflegefamilie im Bereich eines anderen JA).[106] Außerdem folgt aus den Regelungen über die Datenerhebung, dass das angeforderte Datum erforderlich sein muss zur Aufgabenerfüllung.[107] Schließlich folgt aus den in § 4 SGB X geregelten Voraussetzungen der Amtshilfe, dass die Amtshilfe immer nur in einem **Einzelfall** geleistet werden darf, auch wenn der Wortlaut des § 68 SGB X sich hierin von dem des § 72 SGB X unterscheidet. Die Übermittlung von Sozialdaten bestimmter Personen**gruppen** (zB Namen von Besuchern bestimmter Jugendtreffs) im Rahmen einer Verhaftungsaktion wäre daher unzulässig.[108] Eine Verschärfung der Voraussetzungen nach § 4 SGB X enthält § 68 Abs. 1 S. 2 SGB X. Er geht nicht nur über § 4 Abs. 3 SGB X hinaus, sondern auch über dessen Abs. 1 Nr. 3, wenn er verlangt, dass das Datum nur bei der ersuchten Stelle, also hier beim JA beschafft werden kann, und nicht etwa genauso bei anderen Ämtern beschafft werden könnte, zB bei 101

102 Einschränkend Schroeder-Printzen SGB X § 68 Rn. 2: nur, wenn Gericht justizverwaltend tätig wird.

103 Ebenso Krahmer, Sozialdatenschutz, S. 82 und Proksch, Sozialdatenschutz, S. 93; widersprüchlich Schroeder-Printzen SGB X § 73 Rn. 1 einerseits, Rn. 10 andererseits.

104 Ebenso Schroeder-Printzen SGB X § 68 Rn. 12; aA Schellhorn in GK-SGB I § 35 Rn. 73; Hauck/Haines SGB X § 68 Rn. 9; Mörsberger in Wiesner Anh. 4 SGB X § 68 Rn. 10.

105 VGH BW 1.4.1992 – 6 S 2203/90, VBlBW 1992, 337.

106 So 19. TB LDS NRW S. 25.

107 Daher zu Unrecht zweifelnd Mörsberger in Wiesner Anh. 4 SGB X § 68 Rn. 6.

108 So Proksch, Sozialdatenschutz, S. 91.

der Meldebehörde mit einer einfachen Melderegisterauskunft[109] nach § 44 BMG. Die ersuchte Stelle soll nicht zur „Ersatzmeldebehörde" werden. § 68 Abs. 1 S. 3 SGB X mildert diese Verschärfung aber wieder ab, wenn es um die **Vollstreckung** (→ Rn. 103) eines Anspruchs (§ 74a SGB X) geht, sofern es sich um den Anspruch eines Sozialleistungsträgers handelt, wie aus der Verweisung auf § 66 SGB X folgt. Hätte sich die Vollstreckungsbehörde das Datum auch bei einer anderen Behörde beschaffen können, ist das JA dennoch verpflichtet zur Übermittlung, wie sich aus S. 3 ergibt.

Neu ist die Regelung in § 68 Abs. 3 S. 2 SGB X mit der Umkehr der Verantwortungslast zulasten der ersuchenden Stelle.

Amtshilfe kann gem. § 3 SGB X nur zwischen **Behörden** geleistet werden, nicht zwischen einzelnen Ämtern einer Behörde. § 15 Abs. 6 BDSG regelt daher die entsprechende Anwendung auf den innerbehördlichen Datenfluss. Auch wenn in § 68 SGB X eine derartige Regelung fehlt, gilt er analog im Erst-recht-Schluss auch für die Datenübermittlung innerhalb einer Behörde (**„Verwaltungshilfe"**), weil Daten, die unter den Voraussetzungen des § 68 SGB X nach außen fließen können, erst recht innerhalb der Behörde weitergegeben werden dürfen; vorausgesetzt, es handelt sich um Übermittlung (→ Rn. 62) und nicht um bloße Nutzung (→ Rn. 67).

102 Ein Ersuchen um Informationshilfe kann also nicht auf § 68 SGB X gestützt werden,[110] sondern nur auf § 3 SGB X oder eine andere Amtshilfepflichtnorm. § 68 SGB X setzt die Amtshilfeverpflichtung voraus und hebt das in § 35 Abs. 3 SGB I ausdrücklich geregelte Weitergabeverbot auf, wenn die Voraussetzungen des Befugnistatbestandes in § 68 SGB X vorliegen.

103 Aus dem großen Kreis der nach § 3 SGB X amtshilfeberechtigten Behörden macht § 68 SGB X einen kleinen Zirkel **datenbezugsberechtigter** Behörden: die **Polizei** sowohl als Behörde der **Gefahrenabwehr** (zB in BW die allgemeinen Verwaltungsbehörden im Aufgabenbereich des § 1 PolG und der Polizeivollzugsdienst, aber nicht die Bußgeldstelle) als auch als Behörde zur Verfolgung von Straftaten („Polizeidienststelle" iSv §§ 163, 158 StPO, 152 GVG); ferner weitere Behörden der **Gefahrenabwehr,** wozu nach Einfügung von Abs. 3 auch die Geheimdienste zählen, soweit für diese § 72 SGB X nicht eine Sonderregelung trifft; außerdem jede Verwaltungsbehörde, deren Aufgabe es ist, Gefahren für die Sicherheit und Ordnung abzuwenden wie zB Ausländer-, Gesundheits-, Gaststätten, Abfall- und Baurechtsbehörden – wobei zu bezweifeln ist, ob die gewählte Terminologie mit der Absicht des Gesetzgebers übereinstimmt; ferner Staatsanwaltschaften und Gerichte als **Justizbehörden;** Justizvollzugsanstalten im Hinblick auf das in § 155 Abs. 2 Strafvollzugsgesetz geregelte Zusammenarbeitsgebot mit den Sozialbehörden und schließlich jede Behörde (also nicht nur Sozialleistungsbehörden), die einen im öffentlichen Recht begründeten Geldleistungsanspruch durchsetzen will (§ 74a SGB X: nicht nur durch Maßnahmen der Vollstreckung, wie sich aus der Überschrift ergibt). Die Privilegierung dieser Behörden in § 68 SGB X findet ihre Fortsetzung in § 78 SGB X, wonach diese Behörden die gelieferten Daten auch zu anderen Zwecken (die in § 78 Abs. 1 S. 3 und Abs. 3 SGB X eingegrenzt sind), verwenden dürfen (→ Rn. 230).

104 Zu den Justizbehörden zählt auch die Zentrale Behörde gem. § 68 **Abs. 1a** SGB X, die ein Justizverwaltungsverfahren nach § 3 Abs. 2 **IntFamRVG** betreibt.

105 Eine weitere Einschränkung der Informationshilfe ergibt sich daraus, dass § 68 Abs. 1 S. 1 SGB X (und damit auch im Rahmen des § 71 Abs. 2 SGB X; → Rn. 150) nur bestimmte Daten – **Standarddaten** iSd bei → Rn. 25 gebildeten Datenklassen – als lieferfähig zulässt. Nach der 1998 erfolgten Änderung ist sowohl der derzeitige als auch der zukünftige **Aufenthalt** mitzuteilen. Da mit der Mitteilung eines der in § 68 SGB X

109 Zu dieser Walther ZKJ 2021, 297.
110 So aber 5. TB BDS, S. 52, wobei eine falsche Bezeichnung unschädlich ist.

genannten Daten zugleich notwendigerweise eine Beziehung des Betroffenen zum Leistungsträger mitgeteilt wird, ist die Tatsache, dass die Person bei der Behörde bekannt oder (sog. **Negativauskunft**) unbekannt ist, zwar ein Sozialdatum iSv § 67 Abs. 1 S. 1 SGB X, aber im Rahmen des § 68 SGB X immanent übermittlungsfähig. Nicht mehr zulässig wäre dagegen die nähere Konkretisierung der Beziehung zum Leistungsträger.[111]

Die genannten Daten dürfen nur dann übermittelt werden, wenn sie gemäß § 67c SGB X **zulässig gespeichert** sind, falls sie gespeichert sind; Übermitteln ist auch die Bekanntgabe nicht gespeicherter Sozialdaten. Ist die Speicherung unzulässig, zB bei unzulässiger Datenerhebung, müssen sie gelöscht oder gesperrt werden (§ 84 Abs. 2 SGB X). Sind Daten unrichtig, müssen sie berichtigt werden (§ 84 Abs. 1 SGB X). 106

Eine weitere Schranke für die Informationshilfe ist die Beeinträchtigung **schutzwürdiger Interessen** des Betroffenen. Dieser unbestimmte Rechtsbegriff wird im Datenschutz an vielen Stellen verwendet (§ 35 Abs. 5 S. 2 SGB I, §§ 67a Abs. 2 Nr. 1 und Nr. 2, 67c Abs. 3 S. 2, 67d Abs. 3, 70, 75 Abs. 1 S. 1, 77 Abs. 1, 79 Abs. 1, 84 Abs. 2 und Abs. 3 Nr. 2 SGB X). Allen Fällen gemeinsam ist, dass dieser Begriff als „Notbremse" fungiert, die ein Abweichen von der Regel ermöglichen soll, wenn die Anwendung der Regel im Einzelfall zu einem unzumutbaren Ergebnis für den Betroffenen führen würde. Rechtssystematisch ist dieser Begriff daher ein Anwendungsfall des Grundsatzes der Verhältnismäßigkeit mit seinem Merkmal der Angemessenheit. Die vom Gesetzgeber abstrakt-generell vorgenommene Abwägung zwischen dem Sozialgeheimnis und überwiegendem Interesse der Allgemeinheit an seiner Durchbrechung zugunsten der Durchbrechung in der Verwendungsregelung muss vom Gesetzesanwender konkret-individuell bestätigt werden. Ermessen besteht hierbei nicht, die Beurteilung durch die Behörde ist gerichtlich voll nachprüfbar. Es besteht auch kein Beurteilungsspielraum, da keine der von der Rechtsprechung entwickelten Fallgruppen vorliegt[112] und wegen Art. 19 Abs. 4 GG eine Ausweitung der Fallgruppen auch nicht in Betracht kommt.[113] Die Beeinträchtigung schutzwürdiger Interessen kann im Fall des § 68 SGB X daher nicht schon darin liegen, dass die Übermittlung einen Eingriff in das Sozialgeheimnis darstellt, denn diesen Eingriff hat der Gesetzgeber mit § 68 SGB X legitimiert. Die Beeinträchtigung kann auch nicht darin liegen, dass mit der Übermittlung eine Beziehung des Betroffenen zum Leistungsträger offenbar wird, weil § 68 SGB X sonst keinen Anwendungsbereich hätte. Eine Beeinträchtigung ist daher nur anzunehmen, wenn darüber hinausgehende Interessen des Betroffenen verletzt werden würden.[114] Schutzwürdig ist nicht das Interesse, vor Strafverfolgung geschützt zu werden, schützenswert ist dagegen das Interesse an einer Resozialisierung, so dass die Mitteilung einer Adresse in der Strafanstalt im Einzelfall unzulässig sein könnte. Dasselbe gilt für die Mitteilung der Anschrift im Erziehungsheim. Zur Ermittlung des schutzwürdigen Interesses ist nicht notwendig, den Betroffenen anzuhören, weil das Gesetz es genügen lässt, dass kein Grund für die **Annahme** einer Beeinträchtigung besteht.[115] Ferner darf das **„Verfallsdatum"** nach S. 1 nicht überschritten werden und es dürfen keine **anderen** Lieferanten zur Verfügung stehen (**S. 2**) außer (**S. 3**) in der Vollstreckung (→ Rn. 95). 107

Wie in allen Fällen der gesetzlichen Übermittlungstatbestände der §§ 68 bis 75 SGB X besteht keine Übermittlungsbefugnis auf deren Grundlage, wenn ein Fall des § 76 108

111 Zum Streit um die Negativauskunft vgl. Walz in GK-SGB X 2, § 68 Rn. 42.
112 Vgl. hierzu BVerfG 16.12.1992 – 1 BvR167/87, DVBl 1993, 485 und 17.4.1991 – 1 BvR 419/81, NJW 1991, 2006.
113 Vgl. zum Problem des Beurteilungsspielraums allgemein Ollmann ZfJ 1995, 45.
114 Sehr hilfreich ist die Darstellung von Fallgruppen bei Walz in GK-SGB X II § 68 Rn. 65–78.
115 Ebenso Krahmer, Sozialdatenschutz, S. 80.

SGB X oder des **§ 65 SGB VIII** vorliegt. Für die dort geschützten sensitiven Daten besteht eine Übermittlungsbefugnis nur unter den dort geregelten Voraussetzungen (→ Rn. 198 ff.).

109 Einen Eingriff in das Kommunalverfassungsrecht enthält § 68 Abs. 2 SGB X, indem er die **Zuständigkeit** innerhalb der Behördenhierarchie festlegt, über das Informationshilfeersuchen zu entscheiden. Dennoch bleibt es ein Vexierspiel, den „Leiter der ersuchten Stelle" in der Behördenhierarchie zu finden. Obwohl sich das Amtshilfeersuchen an eine Behörde richtet (§ 3 SGB X), ist der Behördenleiter nicht gemeint, da der Gesetzgeber ihn sonst ausdrücklich so bezeichnet hätte, wie der Vergleich mit § 72 Abs. 2 S. 3 SGB X ergibt. Auch der Leiter der Behörde, die für den Leistungsträger als den Normadressaten des § 35 SGB I handelt, ist nicht gemeint, da dies für die Jugendhilfe ebenfalls der Landrat oder Oberbürgermeister ist. Auszuscheiden ist auch der Leiter der verantwortlichen Stelle iSv § 67 Abs. 9 SGB X, da diese Organisationseinheit zu klein ist (→ Rn. 63), um dem Zweck des § 68 Abs. 2 SGB X zu genügen. Dieser besteht darin, dass die schwierigen Fragen bei der Anwendung des § 68 Abs. 1 SGB X (ua die Beurteilung der schutzwürdigen Interessen) zentral und mit besonderer Verantwortlichkeit entschieden werden. Aus diesem Grund scheidet auch der Leiter der übermittelnden Stelle iSv § 67d Abs. 2 S. 1 SGB X aus,[116] da die übermittelnde Stelle die verantwortliche Stelle iSv § 67 Abs. 4 SGB X ist. Gemeint ist wohl der Leiter der SGB-Stelle iSv § 67 Abs. 1 S. 1 SGB X (→ Rn. 26), also für die Jugendhilfe der Jugendamtsleiter.[117] Um ein einheitliches Vorgehen bei Übermittlungsersuchen im Sozialbereich zu gewährleisten, ist es allerdings sinnvoll, den **Sozialdezernenten** als Leiter der ersuchten Stelle anzusehen.[118] Der alternativ zuständige „besonders bevollmächtigte(r) Bedienstete(r)" kann nicht jeder Sachbearbeiter sein; dies wäre weder mit dem Wortlaut des § 68 Abs. 2 SGB X noch mit dem Zweck seines Abs. 1 vereinbar. Vielmehr muss es sich um **einen** Bediensteten handeln, also bspw. den kommunalen Datenschutzbeauftragten. Wird diese Zuständigkeitsbestimmung verletzt, leidet der daraufhin in der Sache ergehende VA an einem formellen Fehler, ist also rechtswidrig. Eine Heilungsmöglichkeit nach § 41 SGB X besteht nicht. Der Fehler ist auch beachtlich nach § 42 SGB X, dh es besteht ein Anspruch auf die Aufhebung des VA (→ Anh. 5 Rn. 19, 25 f.). Der Fehler kann nur iVm der Sachentscheidung selbst gerügt werden (§ 44a VwGO).

110 Mit Gesetz v. 9.1.2002[119] wurde **Abs. 3** eingefügt, der die **Rasterfahndung** ermöglicht. Darin werden der Datensatz des Absatz 1 erweitert und die Übermittlung von den Einschränkungen befreit sowie die Verantwortlichkeit für die Rechtmäßigkeit der Übermittlung der anfordernden Stelle übertragen. Dies gilt insbesondere für Erforderlichkeit und Angemessenheit der Übermittlung. Die Rasterfahndung genügt den Anforderungen des Volkszählungsurteils nur, solange die ihrer Einführung zugrunde liegende Bedrohungssituation andauert, für die konkrete Anhaltspunkte (konkrete Gefahr) vorliegen müssen.[120]

116 So aber Krahmer, Sozialdatenschutz, S. 81.
117 So Zeitler/Schindler SGB X § 68 Rn. 8.
118 Ebenso Klinkhardt § 64 Rn. 28; im 2. TB LDS NRW, S. 63 wird der Hauptverwaltungsbeamte für zuständig gehalten; offen gelassen ist die Frage bei Mörsberger in Wiesner Anh. 4 SGB X § 68 Rn. 12.
119 BGBl. I, 361.
120 So BVerfG 4.4.2006 – 1 BvR 518/02, NJW 2006, 1939.

(2) **§ 69 SGB X (Erfüllung von SGB-Aufgaben)**

§ 69 SGB X Übermittlung für die Erfüllung sozialer Aufgaben

(1) Eine Übermittlung von Sozialdaten ist zulässig, soweit sie erforderlich ist

1. für die Erfüllung der Zwecke, für die sie erhoben worden sind oder für die Erfüllung einer gesetzlichen Aufgabe der übermittelnden Stelle nach diesem Gesetzbuch oder einer solchen Aufgabe des Dritten, an den die Daten übermittelt werden, wenn er eine in § 35 des Ersten Buches genannte Stelle ist,
2. für die Durchführung eines mit der Erfüllung einer Aufgabe nach Nummer 1 zusammenhängenden gerichtlichen Verfahrens einschließlich eines Strafverfahrens oder
3. für die Richtigstellung unwahrer Tatsachenbehauptungen der betroffenen Person im Zusammenhang mit einem Verfahren über die Erbringung von Sozialleistungen; die Übermittlung bedarf der vorherigen Genehmigung durch die zuständige oberste Bundes- oder Landesbehörde.

...

(5) Die Übermittlung von Sozialdaten ist zulässig für die Erfüllung der gesetzlichen Aufgaben der Rechnungshöfe und der anderen Stellen, auf die § 67c Absatz 3 Satz 1 Anwendung findet.

Für die Jugendhilfe von Bedeutung ist lediglich § 69 Abs. 1 und Abs. 5 SGB X; vgl. auch das Schaubild bei Kunkel, Jugendhilferecht, S. 315. 111

■ **Abs. 1 Nr. 1 (Erfüllung einer SGB-Aufgabe)**

Das fehlende Komma hinter dem Relativsatz, der die erste Variante der ersten Alternative abschließt, ist auch ein (weiteres) Zeichen für den Niedergang der Gesetzgebungskunst, die gerade in den Sozialrechts- und Datenschutzgesetzen einen Tiefpunkt erreicht hat.[121] Möglicherweise ist auch die Verwendung des Plurals („Zwecke") eine Ungenauigkeit, die aus der Übernahme des § 14 Abs. 1 BDSG aF herrühren könnte, wo der Plural aber verständlich wäre, weil er sich dort auf verschiedene Verarbeitungsvorgänge bezieht. § 69 SGB X dagegen regelt nur den Verarbeitungsvorgang der Übermittlung (der in § 67 SGB X bei den Begriffsbestimmungen „Übermitteln" heißt), die in der ersten Variante der 1. Alternative zulässig ist, wenn die Übermittlung denselben Zweck verfolgt, zu dem das Sozialdatum erhoben worden ist. Die Datenerhebung aber verfolgt keine Zwecke, sondern einen Zweck (§ 67a Abs. 3 SGB X). Dieser Zweck besteht darin, eine bestimmte Aufgabe nach dem SGB VIII zu erfüllen (§ 67a Abs. 1 SGB X). Zur Weiterverfolgung dieses Zwecks kann das JA die erhobenen Daten übermitteln (bspw. die Daten des Pflegekinds an die Pflegeeltern, um HzE gemäß §§ 27, 33 leisten zu können). Dies wird für die Jugendhilfe in § 64 Abs. 1 nochmals (allerdings genauer: „Zweck") und damit überflüssigerweise geregelt (→ Rn. 8). Da bei der ersten Variante der ersten Alternative die Verwendung des Datums auf den gesetzlich bestimmten Zweck der Erhebung begrenzt wird, wird dem Zweckbindungsgrundsatz des Volkszählungsurteils (→ Rn. 1) Rechnung getragen, so dass es für diesen Fall gar keiner Eingriffsbefugnis bedürfte.[122] Übermittelt das JA die Daten zu einem anderen als dem Erhebungszweck („Zweckdisparität"), bedarf es einer Eingriffsbefugnis, die in der zweiten Variante der ersten Alternative vorliegt, wenn das JA mit der Übermittlung eine andere Aufgabe nach dem SGB VIII erfüllt als bei der Erhebung des Datums (bspw. wurden Daten erhoben zum Zwecke einer HzE nach § 27, übermittelt aber werden diese Daten zum Zwecke der Familiengerichtshilfe nach § 50). Diese Variante liegt auch dann vor, wenn das JA Daten zu einer Aufgabenerfül- 112

121 Vgl. hierzu Kunkel ZfJ 1993, 274 und 1991, 111.

122 Nach Maas NDV 1990, 218 liegt nicht einmal eine Übermittlung – damals „Offenbarung" – vor; dagegen Kunkel ZfJ 1991, 461.

lung nach dem SGB VIII übermittelt, die es nicht erhoben hat.[123] Zur Erfüllung einer eigenen Aufgabe des JA (→ Rn. 38) übermittelt das JA Daten „eigennützig", idR im Zusammenhang mit einer Datenerhebung, ohne eine solche aber, wenn es Daten an das **Jugend- oder Familiengericht** übermittelt, um seine Aufgabe nach § 52 bzw. § 50 zu erfüllen. Die Übermittlung dieser Daten ist (da kein Fall des § 65 vorliegt; → § 65 Rn. 7, und selbst wenn → Rn. 211) auch ohne Einwilligung möglich,[124] wie schon aus der ebenfalls einwilligungsunabhängigen Datenerhebung folgt (→ § 62 Rn. 11). Die im Rahmen des **Schutzauftrags** nach § 8a übermittelten Daten werden zur Erfüllung einer eigenen Aufgabe übermittelt (→ Rn. 38).

Zur Übermittlung von Daten zwischen Jugendamt und **Jugendberufsagentur im Rahmen des § 16h SGB II** siehe die ausführliche Arbeitshilfe vom Juli 2017.[125]

113 Die **zweite Alternative** der Nr. 1 liegt vor, wenn das JA Daten an einen **anderen** Sozialleistungsträger iSv § 35 SGB I iVm § 12 SGB I („fremdnützig") übermittelt, damit **dieser** seine Aufgaben nach dem SGB erfüllen kann, bspw. an ein anderes JA oder an das Sozialamt, aber auch an die Unterhaltsvorschusskasse oder die KOF, obwohl diese keine Sozialleistungsträger, aber über § 68 Nr. 14 bzw. 7 SGB I in das SGB einbezogen sind (→ Rn. 39); gem. § 6 Abs. 5 UhVoschG ist das JA zur Übermittlung nach § 69 SGB X sogar verpflichtet; das gleiche gilt für die Übermittlung an die Adoptionsvermittlungsstelle wegen § 68 Nr. 12 SGB I. Es genügt auch die Erfüllung einer Annex-Aufgabe (→ Rn. 38), zB **Kostenerstattung** oder **Mitteilung** nach **§ 86c SGB VIII**[126] (→ § 86c Rn. 16). Nur bei der zweiten Alternative der Nr. 1 muss der Empfänger eine Stelle des Sozialleistungsbereiches sein, bei der ersten Alternative dagegen kommt als Empfänger jeder Dritte in Betracht,[127] also ein anderer Sozialleistungsträger ebenso wie ein freier Träger (zB um in dessen Einrichtung eine HzE zu leisten), Private (zB Pflegeeltern, denen im Rahmen der HzE ein Pflegekind anvertraut wird), aber auch Gerichte, soweit die Gerichtshilfe eine Aufgabe nach dem SGB VIII ist (zB Familien- und Jugendgerichtshilfe). Bei beiden Alternativen kann es sich um eine Übermittlung im Rahmen der Amtshilfe handeln, so dass zusätzlich die Voraussetzungen der §§ 3, 4 SGB X vorliegen müssen (→ Rn. 99). Bei der zweiten Alternative bittet ein anderer Sozialleistungsträger das JA um Amtshilfe, bei der ersten Alternative ersucht das JA andere Sozialleistungsträger um Informationshilfe. Mit dem Ersuchen um Informationshilfe will sich die anfragende Stelle Daten beschaffen, die sie zur Aufgabenerfüllung benötigt, also handelt es sich **zugleich** um eine **Datenerhebung** (→ Rn. 101). Damit die um Informationshilfe ersuchte Stelle prüfen kann, ob die angeforderten Daten erforderlich sind, müssen mit der Datenanforderung zugleich Daten **übermittelt** werden. Kommen bspw. die Eltern ihrer Auskunftspflicht nach § 97a nicht nach, ist es erforderlich, zur Berechnung ihres Kostenbeitrages das FA um Informationshilfe zu ersuchen, zu der dieses nach § 21 Abs. 4 SGB X verpflichtet ist. Das JA teilt mit diesem Ersuchen dem Finanzamt zugleich personenbezogene Daten der Eltern mit, um dessen Auskunft zu erhalten; das JA erfüllt damit seine gesetzliche Aufgabe nach dem SGB, nämlich nach §§ 91 bis 93. Dagegen würde es sich nicht um eine Aufgabenerfüllung des JA handeln, wenn es **freien Trägern** Sozialdaten übermittelt, um dem Gebot der Zusammenarbeit gem. §§ 4 SGB VIII, 17 Abs. 3 SGB I zu genügen (→ § 5 Rn. 23). Diese Kooperationsgebote – im Unterschied zu den spezifizierten nach § 38 JGG (→ Rn. 293) – sind zu allgemein gefasst, um eine spezifische Aufgabe begründen zu

123 Ebenso Proksch, Sozialdatenschutz, S. 96.

124 Ebenso für die Jugendgerichtshilfe LG Trier 19.1.2000 – 2aQs 2/00, ZfJ 2000, 397 mit ablehnender Anm. Eisenberg JGG S. 399.

125 Erstellt von Arbeitsagentur BW, Landkreistag und Städtetag BW, DV, KVJS BW und dort auch erhältlich.

126 Hierzu Eschelbach JAmt 2020, 667.

127 Missverständlich Proksch, Sozialdatenschutz, S. 95.

können.[128] Daher ist auch eine Übermittlung von Daten an die **Schule**, die **Polizei** oder eine andere in § 81 genannte Stelle unzulässig, wenn nicht eine bestimmte Aufgabe (zB Schulsozialarbeit nach § 13) erfüllt wird. Die Übermittlung einer **Namensliste der für den Kindergarten** angemeldeten Kinder kann bspw. erforderlich sein, um die Einhaltung der Vergabekriterien überprüfen zu können.[129] Wann „Aufgaben nach diesem Gesetzbuch" wahrgenommen werden, ist in § 67 Abs. 3 SGB X definiert und bei → Rn. 38 erläutert.

Voraussetzung jeder Übermittlung nach § 69 SGB X ist, dass die Übermittlung **erforderlich** ist für die Erfüllung einer eigenen Aufgabe des JA gemäß SGB VIII (1. Alternative) oder zur Erfüllung der Aufgabe des Sozialleistungsträgers (2. Alternative). Dafür genügt nicht, dass die Übermittlung zweckdienlich ist, sondern sie muss zwingend notwendig sein, dh ohne die Übermittlung der Daten wäre die Aufgabenerfüllung nicht oder nur unverhältnismäßig schwer möglich.[130] Übermittelt werden darf also ein Datum nur dann, wenn dies notwendig ist, um die Subsumtion des Sachverhalts unter die Tatbestandsmerkmale der Aufgabennorm zu ermöglichen.[131] 114

Der Begriff der Erforderlichkeit ist ein unbestimmter Rechtsbegriff; die Behörde hat daher kein Ermessen bei seiner Anwendung. Auch ein Beurteilungsspielraum besteht nicht (→ Rn. 107). Ob das JA diesen Rechtsbegriff richtig auslegt, ist daher gerichtlich voll nachprüfbar. Dies gilt auch, wenn die Prüfung der Erforderlichkeit eine Prognose der Behörde verlangt (zB hinsichtlich der Notwendigkeit einer erzieherischen Maßnahme). Die Erforderlichkeit der Übermittlung ist immer von der abgebenden Behörde zu prüfen, weil sie für den Schutz des Sozialdatums verantwortlich ist (→ Rn. 94). Erfolgt die Abgabe aufgrund eines Amtshilfeersuchens, muss die ersuchende Stelle schlüssig darlegen, wozu sie dieses Datum benötigt und warum sie es gerade von der ersuchten Stelle benötigt.[132] Zur Prüfung eines Kostenerstattungsanspruchs kann die Übersendung des **Hilfeplans** erforderlich sein (→ § 89f Rn. 5). Wegen der darin enthaltenen anvertrauten Daten müssen dann zusätzlich die Voraussetzungen des § 65 vorliegen (→ § 65 Rn. 7). Zur **Aktenübersendung** → Rn. 70. Eine Datenübermittlung durch Aktenübersendung ist nicht erforderlich, wenn das benötigte Datum beim **Betroffenen selbst** gemäß § 62 erhoben werden kann.[133] Insoweit ist das Merkmal der Erforderlichkeit für die Übermittlung in § 69 SGB X nur die Kehrseite der Medaille, deren Vorderseite § 62 Abs. 3 (→ § 62 Rn. 11) für die Datenerhebung ist. Beim Wechsel der örtlichen Zuständigkeit ist vor Übersendung der Akte zu prüfen, welche Daten nun für die dortige Sachbearbeitung nicht mehr benötigt werden („Verfallszeit der Daten"). Diese sind unter den Voraussetzungen des § 84 SGB X (→ Rn. 266) zu löschen. Die abgegebenen Teile der Akte dürfen nicht kopiert werden, da dies eine unzulässige Speicherung (→ Rn. 79) wäre.[134] 115

Zur rechtmäßigen Aufgabenerfüllung gehört auch die Beachtung ihrer formellen Voraussetzungen nach den §§ 8 bis 38 SGB X, also auch das Recht auf **Akteneinsicht** (§ 25 SGB X). 116

128 Ebenso Walz in GK-SGB X 2, § 71 Rn. 23 und Kunkel ZfJ 1984, 108; aA Proksch, Sozialdatenschutz, S. 96.
129 Ebenso VG Gelsenkirchen 19.8.1997 – 7 L 1638/97, NVwZ-RR 1998, 437.
130 So VG Düsseldorf 6.11.1984 – 17 K 2376/83, NJW 1985, 1794.
131 Ausführlich hierzu Hase in GK-SGB X 2 § 69 Rn. 67 ff.
132 So VG Düsseldorf 6.11.1984 – 17 K 2376/83, NJW 1985, 1794 und 2.TB LDS BW, S. 65.
133 So VGH BW 1.4.1992 – 6 S 2203/90, FEVS 42, 320.
134 So 19. TB LDS NRW – Datenschutz im Jugendamt, S. 18.

§ 25 SGB X Akteneinsicht durch Beteiligte

(1) Die Behörde hat den Beteiligten Einsicht in die das Verfahren betreffenden Akten zu gestatten, soweit deren Kenntnis zur Geltendmachung oder Verteidigung ihrer rechtlichen Interessen erforderlich ist. Satz 1 gilt bis zum Abschluss des Verwaltungsverfahrens nicht für Entwürfe zu Entscheidungen sowie die Arbeiten zu ihrer unmittelbaren Vorbereitung.

(2) Soweit die Akten Angaben über gesundheitliche Verhältnisse eines Beteiligten enthalten, kann die Behörde statt dessen den Inhalt der Akten dem Beteiligten durch einen Arzt vermitteln lassen. Sie soll den Inhalt der Akten durch einen Arzt vermitteln lassen, soweit zu befürchten ist, dass die Akteneinsicht dem Beteiligten einen unverhältnismäßigen Nachteil, insbesondere an der Gesundheit, zufügen würde. Soweit die Akten Angaben enthalten, die die Entwicklung und Entfaltung der Persönlichkeit des Beteiligten beeinträchtigen können, gelten die Sätze 1 und 2 mit der Maßgabe entsprechend, dass der Inhalt der Akten auch durch einen Bediensteten der Behörde vermittelt werden kann, der durch Vorbildung sowie Lebens- und Berufserfahrung dazu geeignet und befähigt ist. Das Recht nach Absatz 1 wird nicht beschränkt.

(3) Die Behörde ist zur Gestattung der Akteneinsicht nicht verpflichtet, soweit die Vorgänge wegen der berechtigten Interessen der Beteiligten oder dritter Personen geheim gehalten werden müssen.

(4) Die Akteneinsicht erfolgt bei der Behörde, die die Akten führt. Im Einzelfall kann die Einsicht auch bei einer anderen Behörde oder bei einer diplomatischen oder berufskonsularischen Vertretung der Bundesrepublik Deutschland im Ausland erfolgen; weitere Ausnahmen kann die Behörde, die die Akten führt, gestatten.

(5) Soweit die Akteneinsicht zu gestatten ist, können die Beteiligten Auszüge oder Abschriften selbst fertigen oder sich Ablichtungen durch die Behörde erteilen lassen. Soweit die Akteneinsicht in eine elektronische Akte zu gestatten ist, kann die Behörde Akteneinsicht gewähren, indem sie Unterlagen ganz oder teilweise ausdruckt, elektronische Dokumente auf einem Bildschirm wiedergibt, elektronische Dokumente zur Verfügung stellt oder den elektronischen Zugriff auf den Inhalt der Akte gestattet. Die Behörde kann Ersatz ihrer Aufwendungen in angemessenem Umfang verlangen.

Das JA ist zur Gewährung von Akteneinsicht verpflichtet, wenn es sich um ein **Verwaltungsverfahren** (§ 8 SGB X) handelt, ein am Verwaltungsverfahren Beteiligter (§ 12 SGB X) die Akteneinsicht begehrt und die Akteneinsicht erforderlich ist zur Geltendmachung oder Verteidigung rechtlicher Interessen der Beteiligten (→ Anh. 5 Rn. 21 ff.). Außerhalb eines Verwaltungsverfahrens (zB in der Familiengerichtshilfe nach § 50) steht die Gewährung der Akteneinsicht im Ermessen des JA. In jedem Fall aber endet die Akteneinsicht dort, wo das Sozialgeheimnis gemäß § 35 SGB I beginnt. Diese Grenze wird doppelt gezogen, einmal durch § 35 Abs. 3 SGB I, zum anderen durch § 25 Abs. 3 SGB X, wobei § 35 Abs. 3 SGB I aus dem Verweigerungsrecht des § 25 Abs. 3 SGB X eine Verweigerungspflicht macht. Akteneinsicht ist daher nur möglich, wenn sich eine Übermittlungsbefugnis hierfür aus den §§ 67d Abs. 1 iVm §§ 68–75 oder 76 SGB X ergibt und § 65 SGB VIII nicht entgegensteht.[135] Aus § 69 Abs. 1 Nr. 1 SGB X ergibt sich die Übermittlungsbefugnis nicht, da die Gewährung von Akteneinsicht zwar zur rechtmäßigen Aufgabenerfüllung gehört, aber § 25 Abs. 3 SGB X sie an der Schranke des § 35 SGB I enden lässt. Sie aus § 69 Abs. 1 Nr. 1 SGB X abzuleiten, wäre ein Zirkelschluss.[136] Werden im Weg der Akteneinsicht lediglich Daten offen gelegt, die die Person selbst betreffen, die Akteneinsicht begehrt, liegt ein Übermit-

135 Hierzu VG Ansbach 1.3.2010 – AN 14 E 10.0025.

136 Ebenso Molitor (1981), S. 253 und Giese/Krahmer, SGB I und X, § 25, Rn. 9 und Maas (1989), S. 32; abwägend Walz in GK-SGB X 2 § 83 Rn. 37–39; zweifelnd Hauck/Noftz SGB X § 25 Rn. 16 f.

teln nicht vor (§ 67 Abs. 10 S. 3 SGB X). Bei Daten mit Drittbezug (→ Rn. 22) kann problematisch sein, wer Betroffener ist. **Beispiel:** Das JA wird durch einen Nachbarn der **Pflegeeltern** über angebliche Misshandlungen des Pflegekinds informiert. Als das JA dem Hinweis nachgeht, verlangen die Pflegeeltern Akteneinsicht, um festzustellen, wer der Hinweisgeber war. Die Pflegeeltern sind Beteiligte des daraufhin eingeleiteten Verwaltungsverfahrens, an dessen Ende der Widerruf der Pflegeerlaubnis stehen kann bzw. die Beendigung der HzE in dieser Pflegestelle. Ein berechtigtes Interesse der Pflegeeltern an der Kenntnis des Informanten besteht ebenfalls. Da die Information des JA durch den Nachbarn aber ein den Nachbarn betreffendes Sozialdatum iSv § 67 Abs. 1 S. 1 SGB X ist (→ Rn. 21), endet das Akteneinsichtsrecht an der Geheimhaltungspflicht für dieses Sozialdatum.[137] Außerdem besteht ein **Auskunftsrecht** (→ Rn. 249).[138] Weil die Anwendung des § 35 SGB I die Akteneinsicht praktisch blockieren würde, wenn in der Akte Daten Dritter gespeichert sind, beschränkt § 25 Abs. 3 SGB X die Geheimhaltungspflicht auf Fälle eines **berechtigten Schutzbedürfnisses,** wozu auch der Schutz des (nicht denunziatorischen)[139] **Behördeninformanten** zählt. Dann erlaubt § 69 Abs. 1 Nr. 2 SGB X (→ Rn. 123 f.) die Übermittlung zur Durchführung eines Strafverfahrens wegen falscher Anschuldigung oder Verleumdung, so dass das Sozialgeheimnis der Akteneinsicht nicht mehr im Wege steht. Der (gut gemeinten, aber falschen) Anwendung des **§ 65** auf Hinweise von Informanten (→ § 65 Rn. 9) bedarf es dazu deshalb nicht.[140] In anderem Zusammenhang[141] kann sich dagegen aus § 65 eine Sperre für die Akteneinsicht ergeben.[142] Das Schutzbedürfnis ist auch abhängig von der Sensitivität des Datums, also von der Datenklasse (→ Rn. 25). Schon bei der **Aktenführung** sollten daher nach § 65 anvertraute Daten von den übrigen Daten in der Akte getrennt werden.[143]

Kein Verwaltungsverfahren nach dem SGB ist das **Adoptionsverfahren** (anders als das Adoptionsvermittlungsverfahren), da es ein gerichtliches Verfahren in Familiensachen (§§ 186 ff. FamFG) ist. Für Akten, die das JA im Rahmen eines Adoptionsverfahrens führt, besteht daher kein Akteneinsichtsrecht nach § 25 SGB X.[144] Der auch für das JA im Adoptionsverfahren geltende Grundsatz der Inkognito-Adoption nach § 1758 Abs. 1 BGB erlaubt es dem JA auch im Rahmen der Ermessungsentscheidung nicht, Akteneinsicht zu gewähren, falls nicht die Adoptiveltern und das Adoptivkind zustimmen.[145] Für die Akteneinsicht des Kindes selbst und seines gesetzlichen Vertreters gilt § 9c Abs. 2 AdVermiG (Abdruck bei → Rn. 10). 117

137 Ebenso Walz in GK-SGB X 2 § 83 Rn. 38.
138 Hierzu auch DIJuF JAmt 2001, 80 u. 542.
139 AA BayVGH 1.6.2011 – 12 C 10.1510 u. VG Oldenburg 14.12.2009 – 13 A 1158/08, JAmt 2010,152: auch wenn Information wider besseren Wissens und in Schädigungsabsicht; ferner BVerwG 15.6.1989 – 5 B 63/89.
140 Ebenso 16. TB LDS BW S. 40.
141 VG Bremen 28.4.2021 – 4V72/21; VG Würzburg 26.1.2017 – W 3 K 16.885 und VG Augsburg 12.1.2016 – Au 3 K 15.404, JAmt 2016,219: bei Familiengerichtshilfe; VG München 13.10.2010 – M 18 K 08.1595 und v. 21.10.2009 – M 18 K 08.6355: Schutz der Daten des Umgangsberechtigten; OVG NRW JAmt 2008, 389: Schutz der Daten der Mutter gegenüber nicht sorgeberechtigtem Vater.
142 BayVGH 23.12.2011 – 12 ZB 10.482 und 1.6.2011 – 12 C 10.1510; VG Karlsruhe 10.10.2012 – 4 K 2344/12; LG Aurich 15.4.2011 – 12 Qs 43/11, ZKJ 2011, 437 mAnm Mörsberger; VG Göttingen 9.2.2006 – 2 A 199/05, erklärt – zu Unrecht – in Fällen der Jugendhilfe § 65 generell für anwendbar mit der Folge einer regelmäßigen Sperre der Akteneinsicht in der Jugendhilfe.
143 So auch 19. TB LDS NRW – Datenschutz im Jugendamt, S. 11.
144 Ebenso Maas (1989), S. 264. Siehe aber → Rn. 12.
145 VG Neustadt 2.10.2015 – 4 K 292/15, JAmt 2015, 619: aber Auskunftserteilung an den leiblichen Vater nach Ermessen aus Art. 1 Abs. 1 iVm Art. 2 Abs. 1 GG.

118 Neben der Akteneinsicht hat der Betroffene ein Recht auf **Auskunft** nach § 83 SGB X über die Daten, die zu seiner Person in der Akte enthalten sind und über deren Herkunft (→ Rn. 249 ff.) Das **Informationsfreiheitsgesetz** – IFG vom 5.9.2005[146] – das am 1.1.2006 in Kraft getreten ist, gilt nur für Bundesbehörden. Die entsprechenden Landesgesetze gewähren die Akteneinsicht nur unter dem Vorbehalt des Datenschutzes.[147] Der Anspruch auf Zugang beschränkt sich daher auf abstrakt-generelle Regelungen mit Innenwirkung, zB Richtlinien, Dienstanweisungen zur Entscheidungsfindung.[148]

119 Vgl. hierzu das Prüfschema zur Akteneinsicht beim JA in Kunkel, Jugendhilferecht, Rn. 252. Für die Akten, die bei einem **freien Träger** geführt werden, gilt ein zivilrechtliches (§ 241 Abs. 2 BGB) Akteneinsichtsrecht, das im Zivilrechtsweg geltend zu machen ist (→ Anh. 5 Rn. 21).[149]

120 Für die Fälle der öffentlichen **Zustellung** eines Bescheides nach § 65 SGB X folgt aus dem Grundsatz der Erforderlichkeit, dass nicht der gesamte Bescheid an der Aushangtafel der Behörde bekannt gemacht wird, sondern für den Inhalt des Bescheides auf die Einsichtnahme in einem Dienstzimmer verwiesen werden muss. Zu **Geldüberweisungen** im Rahmen der wirtschaftlichen Jugendhilfe → Rn. 48.

121 Der Grundsatz der Erforderlichkeit ist auch im **Online-Verfahren**, also beim elektronischen Direktabruf von Daten (Übermitteln → Rn. 62) beim JA zu beachten. Hinzukommen müssen die für die Einrichtung dieses Verfahrens geltenden Voraussetzungen nach § 79 SGB X.

122 Die Datenübermittlung ist – als Grundrechtseingriff – nur zulässig, wenn sie dem Grundsatz der Verhältnismäßigkeit (Art. 20, 28 GG) entspricht, der auch verlangt, dass der Eingriff durch Datenübermittlung **angemessen** ist. Einen Anwendungsfall der Angemessenheit regelt ausdrücklich § 64 Abs. 2, wonach die Datenübermittlung trotz Vorliegens der Voraussetzungen nach § 69 SGB X nicht zulässig ist, wenn die Übermittlung eine Jugendhilfeleistung gefährden würde. – Ebenfalls nicht zulässig ist eine Übermittlung, wenn zwar die Voraussetzungen des § 69 SGB X vorliegen, aber die Übermittlung aus anderen Gründen unzulässig ist, zB nach § 8 Abs. 3, wonach eine Übermittlung von Daten an die Eltern des Kindes nicht möglich ist, wenn damit der Beratungszweck vereitelt werden würde. – Schließlich scheidet eine Übermittlung nach § 69 SGB X dann aus, wenn es sich um besonders anvertraute Daten iSv § 76 SGB X oder § 65 handelt. Dann kann eine Übermittlung bzw. Weitergabe nur unter den dort geltenden Voraussetzungen erfolgen. **Beispiel:** In einer Akte ist das Gutachten eines Psychologen über ein Kind enthalten. Diese Daten dürfen nur mit Einwilligung des Personensorgeberechtigten übermittelt werden.

■ **Abs. 1 Nr. 2 (Gerichtl. Verfahren)**

123 **Kein Fall der Nr. 2,** sondern der Nr. 1 liegt vor, wenn das JA Daten im Rahmen einer von ihm nach § 2 zu erfüllenden Aufgabe übermittelt, also in der Familiengerichtshilfe **gemäß** § 50 und der Jugendgerichtshilfe **gemäß** § **52.** Dass die Jugendgerichtshilfe keine selbstständige Aufgabe des JA sein könnte, ist für Praktiker der Jugendhilfe eher

146 BGBl. I, 2722.
147 So zB § 4 Abs. 1 IFG NRW; für den Informantenschutz VG Aachen 27.6.2012 – 8 K 1026/08, ZKJ 2012, 452 und 9.9.2008 – 2 K 213/06; Caspar DÖV 2013, 371–375.
148 So 19. TB LDS NRW – Datenschutz im Jugendamt, S. 8; zur Akteneinsicht OVG NRW 5.5.2017 – 15 A 1578/15; zur Rechtsnatur der Entscheidung VG Freiburg 17.5.2017 – 1 K 1802/16.
149 VG Gelsenkirchen 12.1.2004 – 19 K 3927/02, ZfJ 2005, 35 u. – 19 K 4534/03, ZFSH/SGB 2004, 569.

eine skurrile Vorstellung.[150] Der Umfang der Mitwirkung des JA in der JGH ist in §§ 38, 40 JGG, in der Familiengerichtshilfe insbes. in § 162 FamFG geregelt. Danach muss das JA angehört werden. Der Inhalt der Anhörung ergibt sich aus § 50 Abs. 2. Danach hat das JA auch gutachterliche Stellungnahmen abzugeben (→ § 50 Rn. 24). Keine Pflicht und damit auch keine Übermittlungsbefugnis besteht, durch Aktenübersendung an das Gericht im Sorgerechtsverfahren dem Gericht die Prüfung der Eignung des Vaters zu ermöglichen.[151] Ebenso eine eigene Aufgabe des JA, also ein Fall der **Nr. 1** ist die dem JA gemäß § 8a Abs. 2 (→ Rn. 112) obliegende Pflicht, bei Gefährdung des Kindeswohls das Gericht anzurufen (→ § 8a Rn. 86). Zum Datenschutz im Verhältnis zum **FamG** näher → § 68 Rn. 6.

Fälle der Nr. 2 sind dagegen solche, in denen die Durchführung eines gerichtlichen Verfahrens **nicht Bestandteil** der Erfüllung einer Aufgabe nach dem SGB VIII ist, sondern lediglich in einem **Zusammenhang** mit der SGB-Aufgabe steht.[152] Für diesen Zusammenhang genügt aber nicht, dass zwischen Erfüllung der sozialgesetzlichen Aufgabe und dem gerichtlichen Verfahren lediglich Berührungspunkte bestehen, sonst wäre die einschränkende Übermittlungsbefugnis des § 73 SGB X sinnlos. In jedem Fall des § 73 SGB X gibt es nämlich solche Berührungspunkte, weil die Existenz von Daten des Verdächtigen beim JA gerade Anlass ist für den richterlichen Zugriff auf das JA. Einen Zusammenhang mit der Erfüllung einer Jugendhilfeaufgabe kann man deshalb nur dann annehmen, wenn die Datenübermittlung für die Aufgabenerfüllung zwar nicht erforderlich (dann läge Nr. 1 vor) aber ihr **förderlich** ist. Nicht ausreichend ist ein lediglich örtlicher oder zeitlicher Zusammenhang mit der Tätigkeit des JA, vielmehr muss auch ein sachlicher Zusammenhang zwischen der Aufgabenerfüllung und der Einleitung des gerichtlichen Verfahrens bestehen. Wird zB beim Besuch auf dem JA die Gelegenheit wahrgenommen, einen auf dem Flur stehenden Staubsauger „abzustauben“, ergibt sich die Möglichkeit einer Anzeige nicht nach Nr. 2, sondern nur aufgrund der Wahrnehmung berechtigter Interessen (→ Rn. 193). Ein sachlicher Zusammenhang besteht insbesondere dann, wenn eine Leistung zu Unrecht gewährt (dann bei Täuschungshandlung **Leistungsbetrug;** § 263 StGB) oder nicht gewährt (Verpflichtungsklage nach § 42 VwGO) worden ist, eine Leistung wegen des Verhaltens eines Drittens erbracht werden musste (bei Unterhaltspflichtverletzung Straftat nach § 170 StGB), eine Aufgabe nicht korrekt erfüllt worden ist (zB bei Vorteilsannahme [§ 331 StGB] oder Bestechlichkeit [§ 332 StGB]), ein Mitarbeiter mit Gewalt (§§ 240, 223 StGB) an der Erfüllung einer Aufgabe gehindert worden ist oder die Strafdrohung für die Annahme einer Leistung förderlich ist; zB eine **Anzeige wegen Kindesmisshandlung** (§§ 171, 174, 176, 180, 225 StGB), um die Annahme einer HzE beim PSB zu befördern. Zusätzlich sind dann aber die Grenzen der § 64 Abs. 2 (→ § 64 Rn. 6) und § 65 (→ § 65 Rn. 20 iVm → § 61 Rn. 193) zu beachten. Ob dieser Zusammenhang besteht, muss das JA beurteilen, da es auch für die Aufgabenerfüllung zuständig ist; es hat somit die **Sachherrschaft über diesen Zusammenhang**. Im Falle des § 73 SGB X liegt dagegen die Sachherrschaft beim Gericht.[153] Auch im Fall des § 69 Abs. 1 Nr. 2 SGB X liegt ausnahmsweise die Sachherrschaft aber dann beim Gericht (→ Rn. 171), 124

150 So aber LG Bonn 29.8.1985 – 32 Qs 59/85, ZfJ 1986, 67, Jugendgerichtshilfe sei „Prozesshilfe eigener Art“, keine Jugendhilfeleistung; vgl. auch Sonnen in Sonnen/Diemer/Schatz JGG Rn. 14 ff.

151 So der 9. TB LDS NRW, S. 65.

152 Ebenso LG Hamburg 17.2.1984 – 32 Qs30/84, NJW 1984, 1570; aA Kerl NJW 1984, 2446 und Mallmann/Walz NJW 1981, 1020.

153 Ebenso Krahmer, Sozialdatenschutz, S. 89; Wiesner SGB X § 69 Rn. 5; LG Berlin 19.2.1992 – 507 Qs 4/92, NDV 1992, 417 mAnm v. Pirani; LG Fulda 6.5.2004 -34/0 2 Qs, JAmt 2004, 438; aA LG Offenburg 24.9.1993 – Qs 95/93, NDV 1994, 199 mAnm Kunkel; Schroeder-Printzen SGB X § 69 Rn. 25; LG Köln 7.6.1989 – 102 Qs 21/89, mit ablehnender Anm. Riekenbrauk StV 1992, 39.

wenn sich das Strafverfahren gegen einen Mitarbeiter des JA richtet und dabei Sozialdaten des Klienten zur Sachverhaltsermittlung benötigt werden (→ § 8a Rn. 108).[154] Nicht gefolgt werden kann daher Hase,[155] wonach die Nr. 1 dem Interesse der Behörde, die Nr. 2 dem Interesse des Gerichts diene – die Nr. 2 dient überwiegend dem Interesse der Behörde. Eine **Pflicht** zur Anzeige hat das JA nicht;[156] aus der strafrechtlichen Garantenstellung des Mitarbeiters kann sich aber – als ultima ratio – eine Anzeigepflicht ergeben (→ Rn. 193).

125 Die **„Durchführung"** des gerichtlichen Verfahrens beginnt mit dessen Einleitung im Ermittlungsverfahren, also auch durch eine Anzeige (§ 160 StPO),[157] so dass auch Daten gegenüber der Polizei oder Staatsanwaltschaft übermittelt werden dürfen (→ Rn. 174).[158]

126 Ein Fall der **Nr. 1** ist dagegen die **verwaltungsgerichtliche Kontrolle** (→ Anh. 5 Rn. 76) der Entscheidungen des JA, bei der das Initiativrecht beim Gericht liegt, dieses also die Aktenvorlage anordnen kann, das JA aber zu seiner Rechtfertigung auch von sich aus Sozialdaten übermitteln kann. Die Rechtmäßigkeitskontrolle gehört zur (rechtmäßigen) Aufgabenerfüllung nach Nr. 1. Im Vorverfahren (Widerspruchsverfahren) gemäß §§ 68 ff. VwGO gilt dagegen § 69 Abs. 5 SGB X (→ Rn. 135).

127 Auch für die Nr. 2 ist Voraussetzung der zulässigen Datenübermittlung, dass sie **erforderlich** ist. Die Erforderlichkeit bezieht sich allerdings nicht darauf, dass die Datenübermittlung an das Gericht zur Aufgabenerfüllung des JA erforderlich sein muss (wie bei Nr. 1), sondern darauf, dass die Übermittlung zur Durchführung des gerichtlichen Verfahrens erforderlich sein muss.

128 Die gerichtliche Durchsetzung eines **Unterhaltsanspruchs** ist in § 74 SGB X als lex specialis geregelt (→ Rn. 177).

129 Zu den Übermittlungsbefugnissen des JA an ein **Gericht** vgl. zusammenfassend die Übersicht in Kunkel, Jugendhilferecht, Anhang Schaubilder, S. 274. An Gericht oder Staatsanwaltschaft kann das JA Auskunft über die Abgabe von **Sorgeerklärungen**, die es nach § 59 Abs. 1 S. 1 Nr. 8 beurkundet hat, nur mit Einwilligung geben, da diese Übermittlung keine Aufgabe des JA nach dem SGB VIII ist und auch die Voraussetzungen der §§ 68 oder 73 SGB X nicht vorliegen.[159]

■ **Abs. 1 Nr. 3 („Abwehrübermittlung")**

130 Behauptet ein Betroffener iSv § 67 Abs. 1 S. 1 SGB X (→ Rn. 22) **Tatsachen**, die – im Wortsinn – keine sind, weil sie falsch sind („Fake News"; im Rechtssinn sind Tatsachen alle Sachverhalte, die Gegenstand sinnlicher Wahrnehmung sein können – im Unterschied zu Werturteilen), gibt § 69 Abs. 1 Nr. 3 SGB X dem JA die Möglichkeit zur Richtigstellung, wenn die Behauptungen sich auf eine Tätigkeit (aber auch Untätigkeit) des JA beziehen. Dabei darf das JA aber nur – nach Art eines Bumerangs – die Sozialdaten dessen preisgeben, der die falsche Behauptung aufgestellt hat. Wirft bspw. die Presse dem JA vor, im Fall eines misshandelten Kindes untätig geblieben zu sein, kann das JA nicht personenbezogen darlegen, was es in diesem Fall alles unternom-

154 Wie in dem vom LG Offenburg 24.9.1993 – Qs 95/93, NDV 1994, 199, entschiedenen Fall einer Sexualstraftat, die ein Mitarbeiter des JA an einer Klientin begangen hatte, oder bei unterlassener Hilfeleistung eines Mitarbeiters des ASD.
155 GK-SGB X 2 § 69 Rn. 97.
156 S. auch Kunkel StV 2002, 333; DIJuF JAmt 2002, 67 (177) u. 2003, 183.
157 Ebenso BVerfG 18.7.2005 – 2 BvR 2236/04, NJW 2005, 2289.
158 AA Krahmer, Sozialdatenschutz, S. 88; Hase in GK-SGB X 2 § 69 Rn. 103 und – ihm folgend – Riekenbrauk StV 1992, 39 und ZJJ 2020, 50; Herterich ZFSH/SGB 2020, 7–22 und 78–94; Hauck SGB X § 69 Rn. 25; LG Hamburg 17.12.1984 – 32 Qs 30/84, NJW 1984, 1570; wie hier aber Hardtung NJW 1992, 211 und Tröndle/Fischer StGB § 203 Rn. 32a.
159 Ebenso DIJuF JAmt 2002, 20.

men hat, wenn die Behauptung nicht durch den Dateninhaber selbst in der Presse aufgestellt worden ist. Auch die Übermittlung nach § 69 Abs. 1 Nr. 3 SGB X ist nur zulässig, wenn sie **erforderlich** ist, also nur dann, wenn es kein anderes Mittel zur Abwehr der unrichtigen Behauptung gibt als die Richtigstellung durch die Behörde. Nicht notwendig ist, dass die Behauptung in den Medien aufgestellt worden ist; sie kann auch in einer Gemeinderatssitzung oder einem anderen Auditorium vorgetragen worden sein.[160]

Der Übermittlung muss die oberste Landesbehörde **zustimmen**. Das ist die oberste 131 Landesjugendbehörde gemäß § 82 Abs. 1, die durch Landesregelung bestimmt wird, sich also aus der Abgrenzung der Geschäftsbereiche der Ministerien ergibt. Meist ist dies das Sozialministerium, dagegen nicht das für die Rechtsaufsicht zuständige Innenministerium.

Neben der Richtigstellung nach Nr. 3 kommt auch ein Vorgehen nach Nr. 2 in Be- 132 tracht, also die Einleitung eines Strafverfahrens wegen übler Nachrede (§ 186 StGB) oder Verleumdung (§ 187 StGB). Dagegen scheidet eine Übermittlung nach Nr. 1 aus, da die Richtigstellung nicht notwendig ist zur Aufgabenerfüllung des JA. Die Pflicht der Behörden zur Information der Presse nach den Landespressegesetzen (zB § 4 LandespresseG BW) ist keine Erfüllung einer Aufgabe nach dem SGB. Zudem wird diese Pflicht begrenzt durch Geheimhaltungsinteressen von Privatpersonen, also auch durch das Sozialgeheimnis.

Auch bei Nr. 3 ist aber eine Übermittlung unzulässig, wenn § 64 Abs. 2 entgegensteht 133 oder es sich um anvertraute Daten iSv § 78 SGB X oder § 65 SGB VIII handelt.

■ Abs. 5 (Kontrolle und Organisation)

Mit § 69 Abs. 5 wird zum einen klargestellt (oder fingiert), dass die Weitergabe von 134 Daten für Zwecke der **Aufsicht**,[161] Kontrolle, **Rechnungsprüfung** und Organisationsuntersuchung (nicht aber Ausbildung und Prüfung) eine Weitergabe an Dritte, also Übermittlung (→ Rn. 63) ist, zum anderen, dass diese Zwecke identisch sind (oder fiktiv als identisch gelten) mit dem Erhebungszweck, also der Erfüllung einer Aufgabe nach dem SGB.[162]

Abs. 5 ist damit eine Erweiterung von Abs. 1 Nr. 1 Alt. 1. Var. 1. Auch wenn in Abs. 5 135 (im Unterschied zu Abs. 1) die Erforderlichkeit der Übermittlung nicht ausdrücklich erwähnt ist, folgt sie doch aus der Verweisung auf § 67c Abs. 3 S. 1 SGB X (→ Rn. 31). Dort ist die Erforderlichkeit eigens aufgenommen. Für Kontrollzwecke ist aber meistens eine Stichprobe ausreichend, nicht notwendig ist der „totale Aktensturz".[163] Akten des JA dürfen (und müssen im Falle einer gesetzlichen (Regierungspräsidium/Bezirksregierung/Landesdirektion und Innenministerium) im Rahmen ihrer **Rechtsaufsicht** übermittelt werden. Aufsicht durch Fachaufsichtsbehörden gibt es in der Jugendhilfe als Selbstverwaltungsangelegenheit nicht,[164] insbes. ist das LJA keine solche.

Ferner müssen die Akten der Widerspruchsstelle zur Fertigung des Widerspruchsbescheids gemäß § 73 Abs. 1 S. 2 Nr. 3 VwGO dem **Rechnungsprüfungsamt**/der Gemeindeprüfungsanstalt zur Prüfung (nur) der Wirtschaftlichkeit (nicht der Richtigkeit der Subsumtion)[165] und dem Hauptamt/Organisationsamt zu Organisationsuntersuchungen überlassen werden.

160 Vgl. hierzu 10. TB LDS NRW, S. 82.
161 Einschließlich der disziplinarrechtlichen Verfolgung; so auch Bieresborn in v. Wulffen/Schütze § 67c Rn. 11.
162 So allg. BVerfG 17.7.1984 – 2 BvE 15/83, NJW 1984, 2271 im „Flick-Beschluss".
163 Ebenso DIJuF JAmt 2001, 74 u. 75.
164 Näher zur Aufsicht Wiesner JAmt 2015, 349.
165 Ausführlich zur Rechnungsprüfung Kunkel ZKJ 2016, 9.

Kein Kontrollorgan ist dagegen der **Jugendhilfeausschuss** (→ § 70 Rn. 11), wie sich aus § 71 ergibt. Der JHA ist zwar Teil des JA, aber die Weitergabe von Daten an ihn ist Übermittlung (→ Rn. 63) und bedarf daher einer Übermittlungsbefugnis. § 69 Abs. 5 SGB X ist dies nicht, weil der JHA keine Stelle iSv § 67c Abs. 3 SGB X ist.[166] Wenn die Vertretungskörperschaft (Kreistag bzw. Gemeinderat/Stadtverordnetenversammlung) beschließt, ein Vorgehen der Verwaltung des JA zu untersuchen (zB bei Ausführung des Schutzauftrages nach § 8 a), kann sie einen Untersuchungsausschuss einsetzen, in dem Mitglieder des JHA vertreten sein können. Dass die **Vertretungskörperschaft** eine Kontrollaufgabe gegenüber der Verwaltung hat, ergibt sich aus dem Kommunalverfassungsrecht (zB § 19 Abs. 1 LKrO BW: „Beseitigung von Missständen in der Verwaltung"; Abs. 3: „Aktenvorlage").[167]

136 Auch hier gilt grundsätzlich wieder die **Einschränkung** der Übermittlungsbefugnis („Schranken-Schranke") durch § 64 Abs. 2 und für anvertraute Daten durch § 76 SGB X und § 65 (→ Rn. 198–200), die aber durch § 76 Abs. 2 SGB X (→ Rn. 215) wieder zurückgenommen wird („Schranken-Schranke-Schranke"). Dies gilt auch, wenn die Daten im Rahmen der Mitwirkungspflicht nach § 60 SGB I in einem Verwaltungsverfahren erhoben worden sind.[168] Für die Aktenführung bedeutet dies, dass die Daten, die Abrechnungsvorgänge betreffen, von anvertrauten Daten zu trennen sind (→ Rn. 116). Soweit der Dateninhaber Aufsichts- oder Kontrollmaßnahmen initiiert, ist aber auch in diesen Fällen eine Übermittlungs- bzw. Offenbarungs- bzw. Weitergabebefugnis aufgrund einer (konkludenten) Einwilligung anzunehmen (→ Rn. 68). Dies gilt auch, wenn sich der Bürger an das Bundespräsidialamt, den Petitionsausschuss, einzelne Abgeordnete, den JHA, den Sozialausschuss, den kommunalen Kinderbeauftragten oder ähnliche Einrichtungen wendet und diese dann das JA um Aktenüberlassung bitten.

Werden Sozialdaten einem Mitarbeiter des JA zum Zweck persönlicher oder erzieherischer Hilfe anvertraut, sind diese Daten „doppelt geschützt", nämlich durch SGB I und SGB X und zusätzlich durch § 65 SGB VIII. Sie dürfen nur weitergegeben werden, wenn eine Befugnis nach § 65 Abs. 1 Satz 1 Nr. 1 bis 5 SGB VIII vorliegt. Die Weitergaben an RPA/GPA oder andere Kontrollorgane ist darin nicht ausdrücklich aufgeführt. Nur wenn eine (auch konkludente) Einwilligung des Betroffenen (zB bei einer Beschwerde des Betroffenen) die Weitergabe erlaubt (§ 65 Abs. 1 Satz 1 Nr. 1 SGB VIII) oder eine Offenbarung nach § 203 Abs. 1 StGB möglich wäre (§ 65 Abs. 1 Satz 1 Nr. 5 SGB VIII), können solche anvertrauten Daten übermittelt werden. Eine Offenbarungsbefugnis nach § 203 Abs. 1 StGB könnte ausnahmsweise und unter engen Voraussetzungen angenommen werden, wenn mit der Weitergabe der Daten überwiegende berechtigte Interessen (§ 193 StGB) verfolgt werden würden. Für die Rechnungsprüfung kann dies allenfalls im einzelnen Fall, aber nicht generell angenommen werden.[169]

Eine Offenbarungsbefugnis nach § 203 Abs. 1 StGB und damit auch nach § 65 SGB VIII könnte sich aber daraus ergeben, dass man die Übermittlung zur Rechnungsprüfung nach § 69 Abs. 5 SGB X als höherrangige gesetzliche Pflicht qualifiziert und dies mit § 76 Abs. 2 Nr. 2 SGB X begründet.[170] § 76 Abs. 2 Nr. 2 SGB X ist zwar keine

166 Ebenso DIJuF JAmt 2011, 641.
167 Näher Kunkel ZKJ 2016, 9.
168 AA Mörsberger in Wiesner Anh. 4 § 69 Rn. 7, allerdings wohl nur für Mitteilungen an den Rechnungshof.
169 Das BVerfG hat mit Kammerbeschluss vom 29.4.1996, NJW 1997, 1633 die Offenbarung von Patientendaten zur Rechnungsprüfung (der Krankenkassen) ausnahmsweise für zulässig gehalten.
170 Ähnlich DIJuF-Rechtsgutachten, JAmt 2014, 139 und Hoffmann/Proksch in FK-SGB VIII § 65 Rn. 25; unklar Mörsberger in Wiesner SGB VIII, Anh. 4 SGB X § 67c Rn. 6.

Offenbarungsbefugnis für einen Schweigepflichtigen,[171] sondern eine Übermittlungsbefugnis für den Sozialleistungsträger, der Daten von einem Schweigepflichtigen mit Offenbarungsbefugnis erhalten hat. Aus ihm ist aber abzuleiten, dass es gerechtfertigt ist, für die Rechnungsprüfung oder andere Kontrollen die persönlich anvertrauten Daten ebenso zu behandeln wie die von einem Schweigepflichtigen offenbarten. § 76 Abs. 2 Nr. 2 SGB X wäre also eine gesetzliche Offenbarungsbefugnis nach § 203 Abs. 1 StGB und damit eine Weitergabebefugnis nach § 65 S. 1 Nr. 5 SGB VIII.

Soweit in den Akten die **Daten Dritter** enthalten sind, können sie ohne deren Einwilligung nur gem. § 67d Abs. 2 SGB X übermittelt werden (→ Rn. 70). Für Übermittlungen der Daten an einen **Ausschuss** (zB Rechnungsprüfungsausschuss, Petitionsausschuss, Sozialausschuss, Untersuchungsausschuss) verlangt der Grundsatz der Erforderlichkeit bei allen Daten, erst recht bei den sensitiven Daten (zu den „Datenklassen" → Rn. 25), dass nicht jedes Mitglied die ganze Akte einsehen muss. Es kann ausreichend sein, dass der Vorsitzende und ein weiteres Mitglied dies tun und den Ausschuss dann unterrichten;[172] dem Ausschuss müssen aber auch bei Geheimhaltungsbedürftigkeit alle Aktenteile vorgelegt werden; sind die Ausschussmitglieder nicht schon Amtsträger, müssen sie nach dem Verpflichtungsgesetz (→ Rn. 50) verpflichtet werden.[173] 137

Für die Praxis von besonderer Bedeutung ist es, dass die nur auf Satz 1 des § 67c Abs. 3 SGB X beschränkte Verweisung nicht bedeutet, dass für **Ausbildungs- und Prüfungszwecke** Akten nicht mehr verwendet werden dürften. Aus § 67c Abs. 3 SGB X ergibt sich vielmehr, dass die Aktenverwendung innerhalb der verantwortlichen Stelle selbst möglich ist. Nur die Übermittlung der Akte an Dritte ist ausgeschlossen. Außerhalb der verantwortlichen Stelle darf eine Akte daher nur verwendet werden, wenn der Betroffene eingewilligt hat oder seine Daten in der Akte geschwärzt worden sind. 138

Für die Kontrolle der Entscheidungen des JA durch die **Verwaltungsgerichte** gilt § 69 Abs. 1 Nr. 1 SGB X (→ Rn. 126), für das **Spruchstellenverfahren** nach der Fürsorgerechtsvereinbarung (→ § 89h Rn. 2) als behördliches Verfahren gilt § 69 Abs. 5 SGB X. Für das **Schiedsstellenverfahren** nach § 78g gilt § 69 Abs. 1 Nr. 1 SGB X (→ Rn. 35). 139

Die Übermittlung zu Kontrollzwecken gemäß § 69 Abs. 5 SGB X schließt die Übermittlung aller Daten zur Datenschutzkontrolle ein, dagegen sind nur für den Datenschutzkontrollzweck gespeicherte Daten nicht für andere Zwecke übermittlungsfähig, wie sich aus § 67c Abs. 4 ergibt, der auch für Übermittlungen anwendbar ist. „Verwenden" schließt Übermitteln ein. 140

(3) § 70 SGB X. § 70 SGB X: Für die Jugendhilfe nur im Rahmen des Jugendarbeitsschutzes von Bedeutung (→ § 14 Rn. 8). 141

(4) § 71 SGB X (Besondere gesetzliche Mitteilungspflichten oder -befugnisse)

§ 71 SGB X Übermittlung für die Erfüllung besonderer gesetzlicher Pflichten und Mitteilungsbefugnisse]

(1) [1]Eine Übermittlung von Sozialdaten ist zulässig, soweit sie erforderlich ist für die Erfüllung der gesetzlichen Mitteilungspflichten

1. zur Abwendung geplanter Straftaten nach § 138 des Strafgesetzbuches,
2. zum Schutz der öffentlichen Gesundheit nach § 8 des Infektionsschutzgesetzes,
3. zur Sicherung des Steueraufkommens nach § 22a des Einkommensteuergesetzes und den §§ 93, 97, 105, 111 Absatz 1 und 5, § 116 der Abgabenordnung und § 32b Absatz 3 des Einkommensteuergesetzes, soweit diese Vorschriften unmittelbar anwendbar sind, und zur Mitteilung von Daten der ausländischen Unternehmen, die auf

171 So aber anscheinend Hoffmann/Proksch in FK-SGB VIII § 65 Rn. 25.
172 So 10. TB LDS NRW, S. 82.
173 So Hamb. VerfG 29.6.1995 – 1/95, DVBl 1996, 119.

Grund bilateraler Regierungsvereinbarungen über die Beschäftigung von Arbeitnehmern zur Ausführung von Werkverträgen tätig werden, nach § 93a der Abgabenordnung,
4. zur Gewährung und Prüfung des Sonderausgabenabzugs nach § 10 des Einkommensteuergesetzes,
5. zur Überprüfung der Voraussetzungen für die Einziehung der Ausgleichszahlungen und für die Leistung von Wohngeld nach § 33 des Wohngeldgesetzes,
6. zur Bekämpfung von Schwarzarbeit und illegaler Beschäftigung nach dem Schwarzarbeitsbekämpfungsgesetz,
7. zur Mitteilung in das Gewerbezentralregister einzutragender Tatsachen an die Registerbehörde,
8. zur Erfüllung der Aufgaben der statistischen Ämter der Länder und des Statistischen Bundesamtes gemäß § 3 Absatz 1 des Statistikregistergesetzes zum Aufbau und zur Führung des Statistikregisters,
9. zur Aktualisierung des Betriebsregisters nach § 97 Absatz 5 des Agrarstatistikgesetzes,
10. zur Erfüllung der Aufgaben der Deutschen Rentenversicherung Bund als zentraler Stelle nach § 22a und § 91 Absatz 1 Satz 1 des Einkommensteuergesetzes,
11. zur Erfüllung der Aufgaben der Deutschen Rentenversicherung Knappschaft-Bahn-See, soweit sie bei geringfügig Beschäftigten Aufgaben nach dem Einkommensteuergesetz durchführt,
12. zur Erfüllung der Aufgaben des Statistischen Bundesamtes nach § 5a Absatz 1 in Verbindung mit Absatz 3 des Bundesstatistikgesetzes sowie nach § 7 des Registerzensuserprobungsgesetzes zum Zwecke der Entwicklung von Verfahren für die zuverlässige Zuordnung von Personendatensätzen aus ihren Datenbeständen und von Verfahren der Qualitätssicherung eines Registerzensus,
13. nach § 69a des Erneuerbare-Energien-Gesetzes zur Berechnung der Bruttowertschöpfung im Verfahren zur Begrenzung der EEG-Umlage,
14. nach § 6 Absatz 3 des Wohnungslosenberichterstattungsgesetzes für die Erhebung über wohnungslose Personen,
15. nach § 4 des Sozialdienstleister-Einsatzgesetzes für die Feststellung des nachträglichen Erstattungsanspruchs oder
16. nach § 5 Absatz 1 des Rentenübersichtsgesetzes zur Erfüllung der Aufgaben der Zentralen Stelle für die Digitale Rentenübersicht.

[2]Erklärungspflichten als Drittschuldner, welche das Vollstreckungsrecht vorsieht, werden durch Bestimmungen dieses Gesetzbuches nicht berührt. [3]Eine Übermittlung von Sozialdaten ist zulässig, soweit sie erforderlich ist für die Erfüllung der gesetzlichen Pflichten zur Sicherung und Nutzung von Archivgut des Bundes nach § 1 Nummer 8 und 9, § 3 Absatz 4, nach den §§ 5 bis 7 sowie nach den §§ 10 bis 13 des Bundesarchivgesetzes oder nach entsprechenden gesetzlichen Vorschriften der Länder, die die Schutzfristen dieses Gesetzes nicht unterschreiten. [4]Eine Übermittlung von Sozialdaten ist auch zulässig, soweit sie erforderlich ist, Meldebehörden nach § 6 Absatz 2 des Bundesmeldegesetzes über konkrete Anhaltspunkte für die Unrichtigkeit oder Unvollständigkeit von diesen auf Grund Melderechts übermittelter Daten zu unterrichten. [5]Zur Überprüfung des Anspruchs auf Kindergeld ist die Übermittlung von Sozialdaten gemäß § 68 Absatz 7 des Einkommensteuergesetzes an die Familienkassen zulässig. [6]Eine Übermittlung von Sozialdaten ist auch zulässig, soweit sie zum Schutz des Kindeswohls nach § 4 Absatz 1 und 5 des Gesetzes zur Kooperation und Information im Kinderschutz erforderlich ist.

(2) [1]Eine Übermittlung von Sozialdaten eines Ausländers ist auch zulässig, soweit sie erforderlich ist

1. im Einzelfall auf Ersuchen der mit der Ausführung des Aufenthaltsgesetzes betrauten Behörden nach § 87 Absatz 1 des Aufenthaltsgesetzes mit der Maßgabe, dass über die Angaben nach § 68 hinaus nur mitgeteilt werden können

a) für die Entscheidung über den Aufenthalt des Ausländers oder eines Familienangehörigen des Ausländers Daten über die Gewährung oder Nichtgewährung von Leistungen, Daten über frühere und bestehende Versicherungen und das Nichtbestehen einer Versicherung,
b) für die Entscheidung über den Aufenthalt oder über die ausländerrechtliche Zulassung oder Beschränkung einer Erwerbstätigkeit des Ausländers Daten über die Zustimmung nach § 4a Absatz 2 Satz 1, § 16a Absatz 1 Satz 1 und § 18 Absatz 2 Nummer 2 des Aufenthaltsgesetzes,
c) für eine Entscheidung über den Aufenthalt des Ausländers Angaben darüber, ob die in § 54 Absatz 2 Nummer 4 des Aufenthaltsgesetzes bezeichneten Voraussetzungen vorliegen, und
d) durch die Jugendämter für die Entscheidung über den weiteren Aufenthalt oder die Beendigung des Aufenthalts eines Ausländers, bei dem ein Ausweisungsgrund nach den §§ 53 bis 56 des Aufenthaltsgesetzes vorliegt, Angaben über das zu erwartende soziale Verhalten,

2. für die Erfüllung der in § 87 Absatz 2 des Aufenthaltsgesetzes bezeichneten Mitteilungspflichten,
3. für die Erfüllung der in § 99 Absatz 1 Nummer 14 Buchstabe d, f und j des Aufenthaltsgesetzes bezeichneten Mitteilungspflichten, wenn die Mitteilung die Erteilung, den Widerruf oder Beschränkungen der Zustimmung nach § 4 Absatz 2 Satz 1, § 16a Absatz 1 Satz 1 und § 18 Absatz 2 Nummer 2 des Aufenthaltsgesetzes oder eines Versicherungsschutzes oder die Gewährung von Leistungen zur Sicherung des Lebensunterhalts nach dem Zweiten Buch betrifft,
4. für die Erfüllung der in § 6 Absatz 1 Nummer 8 in Verbindung mit Absatz 2 Nummer 6 des Gesetzes über das Ausländerzentralregister bezeichneten Mitteilungspflichten,
5. für die Erfüllung der in § 32 Absatz 1 Satz 1 und 2 des Staatsangehörigkeitsgesetzes bezeichneten Mitteilungspflichten oder
6. für die Erfüllung der nach § 8 Absatz 1c des Asylgesetzes bezeichneten Mitteilungspflichten der Träger der Grundsicherung für Arbeitsuchende.

[2]Daten über die Gesundheit eines Ausländers dürfen nur übermittelt werden,

1. wenn der Ausländer die öffentliche Gesundheit gefährdet und besondere Schutzmaßnahmen zum Ausschluss der Gefährdung nicht möglich sind oder von dem Ausländer nicht eingehalten werden oder
2. soweit sie für die Feststellung erforderlich sind, ob die Voraussetzungen des § 54 Absatz 2 Nummer 4 des Aufenthaltsgesetzes vorliegen.

(2a) Eine Übermittlung personenbezogener Daten eines Leistungsberechtigten nach § 1 des Asylbewerberleistungsgesetzes ist zulässig, soweit sie für die Durchführung des Asylbewerberleistungsgesetzes erforderlich ist.

(3) [1]Eine Übermittlung von Sozialdaten ist auch zulässig, soweit es nach pflichtgemäßem Ermessen eines Leistungsträgers erforderlich ist, dem Betreuungsgericht die Bestellung eines Betreuers oder eine andere Maßnahme in Betreuungssachen zu ermöglichen. [2]§ 7 des Betreuungsbehördengesetzes gilt entsprechend. [ab 1.1.2023: *[1]Eine Übermittlung von Sozialdaten ist zulässig, soweit es nach pflichtgemäßem Ermessen eines Leistungsträgers erforderlich ist, dem Betreuungsgericht die Bestellung eines Betreuers oder eine andere Maßnahme in Betreuungssachen zu ermöglichen. [2]§ 9 des Betreuungsorganisationsgesetzes gilt entsprechend. [3]Eine Übermittlung von Sozialdaten ist auch zulässig, soweit sie im Einzelfall für die Erfüllung der Aufgaben der Betreuungsbehörden nach § 8 des Betreuungsorganisationsgesetzes erforderlich ist.*]

(4) [1]Eine Übermittlung von Sozialdaten ist außerdem zulässig, soweit sie im Einzelfall für die rechtmäßige Erfüllung der in der Zuständigkeit der Zentralstelle für Finanztransaktionsuntersuchungen liegenden Aufgaben nach § 28 Absatz 1 Satz 2 Nummer 2 des Geldwäschegesetzes erforderlich ist. [2]Die Übermittlung ist auf Angaben über Name, Vorname

sowie früher geführte Namen, Geburtsdatum, Geburtsort, derzeitige und frühere Anschriften der betroffenen Person sowie Namen und Anschriften seiner derzeitigen und früheren Arbeitgeber beschränkt.

142 Aus § 35 Abs. 3 SGB I ergibt sich, dass das JA Mitteilungs**pflichten** nur erfüllen muss, wenn und soweit Mitteilungs-(Übermittlungs-)**befugnisse** bestehen (→ Rn. 91). § 69 Abs. 1 Nr. 1 2. Alt. SGB X ermöglicht die Erfüllung der allgemeinen Amtshilfepflicht gegenüber anderen Sozialleistungsträgern, § 68 SGB X gegenüber den dort genannten anderen Behörden. **Zusätzliche** Mitteilungs-(Übermittlungs-)befugnisse ergeben sich für das JA aus § 71 SGB X zur Erfüllung der dort genannten speziellen Mitteilungspflichten. Von § 68 SGB X unterscheidet sich § 71 SGB X dadurch, dass § 68 SGB X das Ersuchen einer anderen Behörde voraussetzt, dort nur Standarddaten mitgeteilt werden können und schutzwürdige Belange berücksichtigt werden müssen.

- **Mitteilungspflicht zur Abwendung von Straftaten (§ 71 Abs. 1 S. 1 Nr. 1 SGB X)**

§ 138 StGB Nichtanzeige geplanter Straftaten

(1) Wer von dem Vorhaben oder der Ausführung

1. (aufgehoben)
2. eines Hochverrats in den Fällen der §§ 81 bis 83 Abs. 1,
3. eines Landesverrats oder einer Gefährdung der äußeren Sicherheit in den Fällen der §§ 94 bis 96, 97a oder 100,
4. einer Geld- oder Wertpapierfälschung in den Fällen der §§ 146, 151, 152 oder einer Fälschung von Zahlungskarten mit Garantiefunktion in den Fällen des § 152b Abs. 1 bis 3,
5. eines Mordes (§ 211) oder Totschlags (§ 212) oder eines Völkermordes (§ 6 des Völkerstrafgesetzbuches) oder eines Verbrechens gegen die Menschlichkeit (§ 7 des Völkerstrafgesetzbuches) oder eines Kriegsverbrechens (§§ 8, 9, 10, 11 oder 12 des Völkerstrafgesetzbuches) oder eines Verbrechens der Aggression (§ 13 des Völkerstrafgesetzbuches),
6. einer Straftat gegen die persönliche Freiheit in den Fällen des § 232 Absatz 3 Satz 2, des § 232a Absatz 3, 4 oder 5, des § 232b Absatz 3 oder 4, des § 233a Absatz 3 oder 4, jeweils soweit es sich um Verbrechen handelt, der §§ 234, 234a, 239a oder 239b,
7. eines Raubes oder einer räuberischen Erpressung (§§ 249 bis 251 oder 255) oder
8. einer gemeingefährlichen Straftat in den Fällen der §§ 306 bis 306c oder 307 Abs. 1 bis 3, des § 308 Abs. 1 bis 4, des § 309 Abs. 1 bis 5, der §§ 310, 313, 314 oder 315 Abs. 3, des § 315b Abs. 3 oder der §§ 316a oder 316 c

zu einer Zeit, zu der die Ausführung oder der Erfolg noch abgewendet werden kann, glaubhaft erfährt und es unterläßt, der Behörde oder dem Bedrohten rechtzeitig Anzeige zu machen, wird mit Freiheitsstrafe bis zu fünf Jahren oder mit Geldstrafe bestraft.

(2) Ebenso wird bestraft, wer

1. von der Ausführung einer Straftat nach § 89a oder
2. von dem Vorhaben oder der Ausführung einer Straftat nach § 129 a, auch in Verbindung mit § 129b Abs. 1 Satz 1 und 2,

zu einer Zeit, zu der die Ausführung noch abgewendet werden kann, glaubhaft erfährt und es unterlässt, der Behörde unverzüglich Anzeige zu erstatten. § 129b Abs. 1 Satz 3 bis 5 gilt im Fall der Nummer 2 entsprechend.

(3) Wer die Anzeige leichtfertig unterläßt, obwohl er von dem Vorhaben oder der Ausführung der rechtswidrigen Tat glaubhaft erfahren hat, wird mit Freiheitsstrafe bis zu einem Jahr oder mit Geldstrafe bestraft.

§ 71 Abs. 1 S. 1 Nr. 1 SGB X lässt eine Übermittlung von Sozialdaten an Polizei und Staatsanwaltschaft dann zu, wenn die Übermittlung erforderlich ist, um die Mitteilungspflicht nach § 138 StGB zu erfüllen. Diese Mitteilungspflicht hat der einzelne Staatsbürger, nicht der Sozialleistungsträger, sondern die bei ihm beschäftigte Person. Die Mitteilungspflicht besteht nur, wenn eine Straftat konkret **geplant** wird. Ist die Tat bereits begangen, besteht keine Anzeigepflicht. Außerdem muss die Tat noch verhindert werden können. Mitteilungspflichtig sind nur die einzelnen in **§ 138 StGB genannten Straftaten**, also zB nicht Kindesmisshandlung, sexueller Missbrauch, Körperverletzung oder Verletzung der Unterhaltsverpflichtung. Für solche Straftaten oder für vollendete andere Straftaten besteht keine Mitteilungspflicht; eine Übermittlungsbefugnis wäre nur unter den Voraussetzungen des § 69 Abs. 1 Nr. 2 SGB X gegeben (→ Rn. 115) oder auf Anordnung des Richters nach § 73 SGB X (→ Rn. 172). Wie jede Übermittlung, muss auch die Übermittlung nach § 71 SGB X erforderlich sein, dies ist sie nicht, wenn die Straftat dadurch abgewendet werden kann, dass das potenzielle Opfer rechtzeitig gewarnt wird. 143

Die Einschränkung aus § 64 Abs. 2 gilt für die Übermittlungen nach § 71 SGB X nicht, für anvertraute Daten gilt aber § 65, der jedoch zur Erfüllung der Mitteilungspflicht nach § 138 StGB ebenfalls die Übermittlung zulässt (§ 65 Abs. 1 Satz 1 Nr. 5) 144

- **Mitteilungspflicht zum Schutz der öffentlichen Gesundheit (§ 71 Abs. 1 S. 1 Nr. 2 SGB X)**

Das InfektionsschutzG hat das BundesseuchenG und das GeschlechtskrankheitenG abgelöst. Welche Krankheiten meldepflichtig sind, ergibt sich aus § 6 IfSG. Aids gehört nicht dazu. Soweit es sich um meldepflichtige Krankheiten handelt, hat nicht das JA eine Meldepflicht gegenüber der Gesundheitsbehörde, sondern die in § 8 des Gesetzes aufgeführten Stellen. Nach § 8 Abs. 1 Nr. 6 IfSG ist der Heimleiter meldepflichtig. 145

- **Mitteilungspflicht zur Sicherung des Steueraufkommens (§ 71 Abs. 1 S. 1 Nr. 2 SGB X)**

§ 93 AO Auskunftspflicht der Beteiligten und anderer Personen

(1) [1]Die Beteiligten und andere Personen haben der Finanzbehörde die zur Feststellung eines für die Besteuerung erheblichen Sachverhalts erforderlichen Auskünfte zu erteilen. [2]Dies gilt auch für nicht rechtsfähige Vereinigungen, Vermögensmassen, Behörden und Betriebe gewerblicher Art der Körperschaften des öffentlichen Rechts. [3]Andere Personen als die Beteiligten sollen erst dann zur Auskunft angehalten werden, wenn die Sachverhaltsaufklärung durch die Beteiligten nicht zum Ziel führt oder keinen Erfolg verspricht.

(1a) [1]Die Finanzbehörde darf an andere Personen als die Beteiligten Auskunftsersuchen über eine ihr noch unbekannte Anzahl von Sachverhalten mit dem Grunde nach bestimmbaren, ihr noch nicht bekannten Personen stellen (Sammelauskunftsersuchen). [2]Voraussetzung für ein Sammelauskunftsersuchen ist, dass ein hinreichender Anlass für die Ermittlungen besteht und andere zumutbare Maßnahmen zur Sachverhaltsaufklärung keinen Erfolg versprechen. [3]Absatz 1 Satz 3 ist nicht anzuwenden.

(2) [1]In dem Auskunftsersuchen ist anzugeben, worüber Auskünfte erteilt werden sollen und ob die Auskunft für die Besteuerung des Auskunftspflichtigen oder für die Besteuerung anderer Personen angefordert wird. [2]Auskunftsersuchen haben auf Verlangen des Auskunftspflichtigen schriftlich zu ergehen.

(3) [1]Die Auskünfte sind wahrheitsgemäß nach bestem Wissen und Gewissen zu erteilen. [2]Auskunftspflichtige, die nicht aus dem Gedächtnis Auskunft geben können, haben Bücher, Aufzeichnungen, Geschäftspapiere und andere Urkunden, die ihnen zur Verfügung stehen, einzusehen und, soweit nötig, Aufzeichnungen daraus zu entnehmen.

(4) [1]Der Auskunftspflichtige kann die Auskunft schriftlich, elektronisch, mündlich oder fernmündlich erteilen. [2]Die Finanzbehörde kann verlangen, dass der Auskunftspflichtige schriftlich Auskunft erteilt, wenn dies sachdienlich ist.

(5) [1]Die Finanzbehörde kann anordnen, dass der Auskunftspflichtige eine mündliche Auskunft an Amtsstelle erteilt. [2]Hierzu ist sie insbesondere dann befugt, wenn trotz Aufforderung eine schriftliche Auskunft nicht erteilt worden ist oder eine schriftliche Auskunft nicht zu einer Klärung des Sachverhalts geführt hat. [3]Absatz 2 Satz 1 gilt entsprechend.

(6) [1]Auf Antrag des Auskunftspflichtigen ist über die mündliche Auskunft an Amtsstelle eine Niederschrift aufzunehmen. [2]Die Niederschrift soll den Namen der anwesenden Personen, den Ort, den Tag und den wesentlichen Inhalt der Auskunft enthalten. [3]Sie soll von dem Amtsträger, dem die mündliche Auskunft erteilt wird, und dem Auskunftspflichtigen unterschrieben werden. [4]Den Beteiligten ist eine Abschrift der Niederschrift zu überlassen.

(7) [1]Ein automatisierter Abruf von Kontoinformationen nach § 93b ist nur zulässig, soweit

1. der Steuerpflichtige eine Steuerfestsetzung nach § 32d Abs. 6 des Einkommensteuergesetzes beantragt oder
2. [aufgehoben]

und der Abruf in diesen Fällen zur Festsetzung der Einkommensteuer erforderlich ist oder er erforderlich ist

3. zur Feststellung von Einkünften nach den §§ 20 und 23 Abs. 1 des Einkommensteuergesetzes in Veranlagungszeiträumen bis einschließlich des Jahres 2008 oder
4. zur Erhebung von bundesgesetzlich geregelten Steuern oder Rückforderungsansprüchen bundesgesetzlich geregelter Steuererstattungen und Steuervergütungen oder

4a. zur Ermittlung, in welchen Fällen ein inländischer Steuerpflichtiger im Sinne des § 138 Absatz 2 Satz 1 Verfügungsberechtigter oder wirtschaftlich Berechtigter im Sinne des Geldwäschegesetzes eines Kontos oder Depots einer natürlichen Person, Personengesellschaft, Körperschaft, Personenvereinigung oder Vermögensmasse mit Wohnsitz, gewöhnlichem Aufenthalt, Sitz, Hauptniederlassung oder Geschäftsleitung außerhalb des Geltungsbereichs dieses Gesetzes ist, oder

4b. zur Ermittlung der Besteuerungsgrundlagen in den Fällen des § 208 Absatz 1 Satz 1 Nummer 3

oder

5. der Steuerpflichtige zustimmt.

[2]In diesen Fällen darf die Finanzbehörde oder in den Fällen des § 1 Abs. 2 die Gemeinde das Bundeszentralamt für Steuern ersuchen, bei den Kreditinstituten einzelne Daten aus den nach § 93b Absatz 1 und 1a zu führenden Dateisystemen abzurufen; in den Fällen des Satzes 1 Nummer 1 bis 4b darf ein Abrufersuchen nur dann erfolgen, wenn ein Auskunftsersuchen an den Steuerpflichtigen nicht zum Ziel geführt hat oder keinen Erfolg verspricht.

(8) [1]Das Bundeszentralamt für Steuern erteilt auf Ersuchen Auskunft über die in § 93b Absatz 1 und 1a bezeichneten Daten, ausgenommen die Identifikationsnummer nach § 139b,

1. den für die Verwaltung
   a) der Grundsicherung für Arbeitsuchende nach dem Zweiten Buch Sozialgesetzbuch,
   b) der Sozialhilfe nach dem Zwölften Buch Sozialgesetzbuch,
   c) der Ausbildungsförderung nach dem Bundesausbildungsförderungsgesetz,
   d) der Aufstiegsfortbildungsförderung nach dem Aufstiegsfortbildungsförderungsgesetz,
   e) des Wohngeldes nach dem Wohngeldgesetz,

f) der Leistungen nach dem Asylbewerberleistungsgesetz und
g) des Zuschlags an Entgeltpunkten für langjährige Versicherung nach dem Sechsten Buch Sozialgesetzbuch

zuständigen Behörden, soweit dies zur Überprüfung des Vorliegens der Anspruchsvoraussetzungen erforderlich ist und ein vorheriges Auskunftsersuchen an die betroffene Person nicht zum Ziel geführt hat oder keinen Erfolg verspricht;

2. den Polizeivollzugsbehörden des Bundes und der Länder, soweit dies zur Abwehr einer erheblichen Gefahr für die öffentliche Sicherheit erforderlich ist, und
3. den Verfassungsschutzbehörden der Länder, soweit dies für ihre Aufgabenerfüllung erforderlich ist und durch Landesgesetz ausdrücklich zugelassen ist.

[2]Die für die Vollstreckung nach dem Verwaltungs-Vollstreckungsgesetz und nach den Verwaltungsvollstreckungsgesetzen der Länder zuständigen Behörden dürfen zur Durchführung der Vollstreckung das Bundeszentralamt für Steuern ersuchen, bei den Kreditinstituten die in § 93b Absatz 1 und 1a bezeichneten Daten, ausgenommen die Identifikationsnummer nach § 139b, abzurufen, wenn

1. die Ladung zu dem Termin zur Abgabe der Vermögensauskunft an den Vollstreckungsschuldner nicht zustellbar ist und
   a) die Anschrift, unter der die Zustellung ausgeführt werden sollte, mit der Anschrift übereinstimmt, die von einer der in § 755 Absatz 1 und 2 der Zivilprozessordnung genannten Stellen innerhalb von drei Monaten vor oder nach dem Zustellungsversuch mitgeteilt wurde, oder
   b) die Meldebehörde nach dem Zustellungsversuch die Auskunft erteilt, dass ihr keine derzeitige Anschrift des Vollstreckungsschuldners bekannt ist, oder
   c) die Meldebehörde innerhalb von drei Monaten vor Erlass der Vollstreckungsanordnung die Auskunft erteilt hat, dass ihr keine derzeitige Anschrift des Vollstreckungsschuldners bekannt ist;
2. der Vollstreckungsschuldner seiner Pflicht zur Abgabe der Vermögensauskunft in dem dem Ersuchen zugrundeliegenden Vollstreckungsverfahren nicht nachkommt oder
3. bei einer Vollstreckung in die in der Vermögensauskunft aufgeführten Vermögensgegenstände eine vollständige Befriedigung der Forderung nicht zu erwarten ist.

[3]Für andere Zwecke ist ein Abrufersuchen an das Bundeszentralamt für Steuern hinsichtlich der in § 93b Absatz 1 und 1a bezeichneten Daten, ausgenommen die Identifikationsnummer nach § 139b, nur zulässig, soweit dies durch ein Bundesgesetz ausdrücklich zugelassen ist.

(8a) [1]Kontenabrufersuchen an das Bundeszentralamt für Steuern sind nach amtlich vorgeschriebenem Datensatz über die amtlich bestimmten Schnittstellen zu übermitteln; § 87a Absatz 6 und § 87b Absatz 1 und 2 gelten entsprechend. [2]Das Bundeszentralamt für Steuern kann Ausnahmen von der elektronischen Übermittlung zulassen. [3]Das Bundeszentralamt für Steuern soll der ersuchenden Stelle die Ergebnisse des Kontenabrufs elektronisch übermitteln; § 87a Absatz 7 und 8 gilt entsprechend.

(9) [1]Vor einem Abrufersuchen nach Absatz 7 oder Absatz 8 ist die betroffene Person auf die Möglichkeit eines Kontenabrufs hinzuweisen; dies kann auch durch ausdrücklichen Hinweis in amtlichen Vordrucken und Merkblättern geschehen. [2]Nach Durchführung eines Kontenabrufs ist die betroffene Person vom Ersuchenden über die Durchführung zu benachrichtigen. [3]Ein Hinweis nach Satz 1 erster Halbsatz und eine Benachrichtigung nach Satz 2 unterbleiben, soweit die Voraussetzungen des § 32b Absatz 1 vorliegen oder die Information der betroffenen Person gesetzlich ausgeschlossen ist. [4]§ 32c Absatz 5 ist entsprechend anzuwenden. [5]In den Fällen des Absatzes 8 gilt Satz 4 entsprechend, soweit gesetzlich nichts anderes bestimmt ist. [6]Die Sätze 1 und 2 sind nicht anzuwenden in den Fällen des Absatzes 8 Satz 1 Nummer 2 oder 3 oder soweit dies bundesgesetzlich ausdrücklich bestimmt ist.

(10) Ein Abrufersuchen nach Absatz 7 oder Absatz 8 und dessen Ergebnis sind vom Ersuchenden zu dokumentieren.

§ 1 MV Grundsätze

(1) [1]Behörden (§ 6 Abs. 1 der Abgabenordnung) und öffentlich-rechtliche Rundfunkanstalten [ab 1.1.2025: *Behörden und andere öffentliche Stellen einschließlich öffentlich-rechtlicher Rundfunkanstalten (§ 6 Absatz 1 bis 1c der Abgabenordnung)*] sind verpflichtet, Mitteilungen an die Finanzbehörden nach Maßgabe der folgenden Vorschriften ohne Ersuchen zu übersenden. [2]Dies gilt nicht, wenn die Finanzbehörden bereits auf Grund anderer Vorschriften über diese Tatbestände Mitteilungen erhalten. [3]Eine Verpflichtung zur Mitteilung besteht auch dann nicht, wenn die Gefahr besteht, daß das Bekanntwerden des Inhalts der Mitteilung dem Wohl des Bundes oder eines deutschen Landes Nachteile bereiten würde. [4]Ist eine mitteilungspflichtige Behörde einer obersten Dienstbehörde nachgeordnet, muß die oberste Behörde dem Unterlassen der Mitteilung zustimmen; die Zustimmung kann für bestimmte Fallgruppen allgemein erteilt werden.

(2) Auf Grund dieser Verordnung sind personenbezogene Daten, die dem Sozialgeheimnis unterliegen (§ 35 des Ersten Buches Sozialgesetzbuch) und nach Landesrecht zu erbringende Sozialleistungen nicht mitzuteilen.

146 Gegenüber der Finanzbehörde hat das JA eine Übermittlungspflicht nach den in § 71 Abs. 1 S. 1 Nr. 3 genannten Bestimmungen der Abgabenordnung. Diese Mitteilungspflicht besteht aber nur nach Ersuchen (§ 93 Abs. 2 AO); sie ist nur subsidiär (§ 93 Abs. 1 S. 3 AO) gegenüber der Nachfrage beim Betroffenen selbst. Nachdem § 93a AO (durch das Jahressteuergesetz 1996) in § 71 Abs. 1 S. 1 Nr. 3 SGB X eingefügt worden ist, besteht aber eine Pflicht zu regelmäßigen Kontrollmitteilungen steuerpflichtiger Einkünfte an das Finanzamt unabhängig von dessen Ersuchen. Allerdings besteht nach § 1 Abs. 2 der zu § 93a AO ergangenen Mitteilungsverordnung (MV) diese Pflicht nicht für Daten, die dem Sozialgeheimnis unterliegen. Solange diese Verordnung nicht geändert ist, ist § 71 Abs. 1 S. 1 Nr. 3 SGB X ein „Papiertiger".[174] Zur Kontoabfrage → § 62 Rn. 12.

- **Mitteilungspflicht zur Sicherung von Archivgut und zur Korrektur von meldebehördlichen Daten (§ 71 Abs. 1 S. 3 und S. 4 SGB X)**

147 S. 3 SGB X ermöglicht die Erfüllung der Überlassungspflicht nach dem Bundesarchivgesetz und nach den **Archivgesetzen** der Länder. Während das Bundesarchivgesetz für die JA nicht einschlägig ist, sind sie nach dem jeweiligen Landesarchivgesetz verpflichtet, Akten (bspw. Adoptionsakten) dem Landesarchiv zu überlassen (→ Rn. 270).

148 S. 4 ermöglicht es, der **Meldebehörde** Daten zu übermitteln, damit die melderechtlichen Daten korrigiert werden können.

Mit Art. 5 **KJSG** wurde § 71 Abs. 1 mit **Satz 5** ergänzt, um die Übermittlungspflichten der **Berufsgeheimnisträger** nach § 4 Abs. 1 und der Zollbehörden nach Abs. 5 **KKG an das Jugendamt** datenschutzrechtlich abzusichern. Für die neu eingefügte Übermittlungspflicht nach § 5 KKG für Strafverfolgungsbehörden und Gerichte wurde die Notwendigkeit einer datenschutzrechtliche Absicherung aber wohl übersehen. Zur Übermittlungsbefugnis für das Jugendamt **an das Gericht** auf dessen Anordnung → § 73 Rn. 170 ff.

- **Mitteilungspflicht gegenüber den Ausländerbehörden (§ 71 Abs. 2 SGB X)**

§ 53 AufenthG Ausweisung

(1) Ein Ausländer dessen Aufenthalt die öffentliche Sicherheit und Ordnung, die freiheitliche demokratische Grundordnung oder sonstige erhebliche Interessen der Bundesrepublik Deutschland gefährdet, wird ausgewiesen, wenn die unter Berücksichtigung aller Umstände des Einzelfalles vorzunehmende Abwägung der Interessen an der Ausreise mit

174 Ebenso (allerdings irrtümlich: „EStG") Schwabe ZfF 2001, 130.

den Interessen an einem weiteren Verbleib des Ausländers im Bundesgebiet ergibt, dass das öffentliche Interesse an der Ausreise überwiegt.

(2) Bei der Abwägung nach Absatz 1 sind nach den Umständen des Einzelfalles insbesondere die Dauer seines Aufenthalts, seine persönlichen, wirtschaftlichen und sonstigen Bindungen im Bundesgebiet und im Herkunftsstaat oder in einem anderen zur Aufnahme bereiten Staat, die Folgen der Ausweisung für Familienangehörige und Lebenspartner sowie die Tatsache, ob sich der Ausländer rechtstreu verhalten hat, zu berücksichtigen.

(3) Ein Ausländer, dem nach dem Assoziationsabkommen EWG/Türkei ein Aufenthaltsrecht zusteht oder der eine Erlaubnis zum Daueraufenthalt – EU besitzt, darf nur ausgewiesen werden, wenn das persönliche Verhalten des Betroffenen gegenwärtig eine schwerwiegende Gefahr für die öffentliche Sicherheit und Ordnung darstellt, die ein Grundinteresse der Gesellschaft berührt und die Ausweisung für die Wahrung dieses Interesses unerlässlich ist.

(3a) Ein Ausländer, der als Asylberechtigter anerkannt ist, der im Bundesgebiet die Rechtsstellung eines ausländischen Flüchtlings genießt oder der einen von einer Behörde der Bundesrepublik Deutschland ausgestellten Reiseausweis nach dem Abkommen vom 28. Juli 1951 über die Rechtsstellung der Flüchtlinge (BGBl. 1953 II S. 559) besitzt, darf nur ausgewiesen werden, wenn er aus schwerwiegenden Gründen als eine Gefahr für die Sicherheit der Bundesrepublik Deutschland oder eine terroristische Gefahr anzusehen ist oder er eine Gefahr für die Allgemeinheit darstellt, weil er wegen einer schweren Straftat rechtskräftig verurteilt wurde.

(3b) Ein Ausländer, der die Rechtsstellung eines subsidiär Schutzberechtigten im Sinne des § 4 Absatz 1 des Asylgesetzes genießt, darf nur ausgewiesen werden, wenn er eine schwere Straftat begangen hat oder er eine Gefahr für die Allgemeinheit oder die Sicherheit der Bundesrepublik Deutschland darstellt.

(4) [1]Ein Ausländer, der einen Asylantrag gestellt hat, kann nur unter der Bedingung ausgewiesen werden, dass das Asylverfahren unanfechtbar ohne Anerkennung als Asylberechtigter oder ohne die Zuerkennung internationalen Schutzes (§ 1 Absatz 1 Nummer 2 des Asylgesetzes) abgeschlossen wird. [2]Von der Bedingung wird abgesehen, wenn

1. ein Sachverhalt vorliegt, der nach Absatz 3 eine Ausweisung rechtfertigt oder
2. eine nach den Vorschriften des Asylgesetzes erlassene Abschiebungsandrohung vollziehbar geworden ist.

§ 54 AufenthG Ausweisungsinteresse

(1) Das Ausweisungsinteresse im Sinne von § 53 Absatz 1 wiegt besonders schwer, wenn der Ausländer

1. wegen einer oder mehrerer vorsätzlicher Straftaten rechtskräftig zu einer Freiheits- oder Jugendstrafe von mindestens zwei Jahren verurteilt worden ist oder bei der letzten rechtskräftigen Verurteilung Sicherungsverwahrung angeordnet worden ist,

1a. rechtskräftig zu einer Freiheits- oder Jugendstrafe von mindestens einem Jahr verurteilt worden ist wegen einer oder mehrerer vorsätzlicher Straftaten
   a) gegen das Leben,
   b) gegen die körperliche Unversehrtheit,
   c) gegen die sexuelle Selbstbestimmung nach den §§ 174, 176 bis 178, 181a, 184b, 184d und 184e jeweils in Verbindung mit § 184b des Strafgesetzbuches,
   d) gegen das Eigentum, sofern das Gesetz für die Straftat eine im Mindestmaß erhöhte Freiheitsstrafe vorsieht oder die Straftaten serienmäßig begangen wurden oder
   e) wegen Widerstands gegen Vollstreckungsbeamte oder tätlichen Angriffs gegen Vollstreckungsbeamte,

1b. wegen einer oder mehrerer Straftaten nach § 263 des Strafgesetzbuchs zu Lasten eines Leistungsträgers oder Sozialversicherungsträgers nach dem Sozialgesetzbuch oder nach dem Gesetz über den Verkehr mit Betäubungsmitteln rechtskräftig zu einer Freiheits- oder Jugendstrafe von mindestens einem Jahr verurteilt worden ist,

2. die freiheitliche demokratische Grundordnung oder die Sicherheit der Bundesrepublik Deutschland gefährdet; hiervon ist auszugehen, wenn Tatsachen die Schlussfolgerung rechtfertigen, dass er einer Vereinigung angehört oder angehört hat, die den Terrorismus unterstützt oder er eine derartige Vereinigung unterstützt oder unterstützt hat oder er eine in § 89a Absatz 1 des Strafgesetzbuchs bezeichnete schwere staatsgefährdende Gewalttat nach § 89a Absatz 2 des Strafgesetzbuchs vorbereitet oder vorbereitet hat, es sei denn, der Ausländer nimmt erkennbar und glaubhaft von seinem sicherheitsgefährdenden Handeln Abstand,
3. zu den Leitern eines Vereins gehörte, der unanfechtbar verboten wurde, weil seine Zwecke oder seine Tätigkeit den Strafgesetzen zuwiderlaufen oder er sich gegen die verfassungsmäßige Ordnung oder den Gedanken der Völkerverständigung richtet,
4. sich zur Verfolgung politischer oder religiöser Ziele an Gewalttätigkeiten beteiligt oder öffentlich zur Gewaltanwendung aufruft oder mit Gewaltanwendung droht oder
5. zu Hass gegen Teile der Bevölkerung aufruft; hiervon ist auszugehen, wenn er auf eine andere Person gezielt und andauernd einwirkt, um Hass auf Angehörige bestimmter ethnischer Gruppen oder Religionen zu erzeugen oder zu verstärken oder öffentlich, in einer Versammlung oder durch Verbreiten von Schriften in einer Weise, die geeignet ist, die öffentliche Sicherheit und Ordnung zu stören,
   a) gegen Teile der Bevölkerung zu Willkürmaßnahmen aufstachelt,
   b) Teile der Bevölkerung böswillig verächtlich macht und dadurch die Menschenwürde anderer angreift oder
   c) Verbrechen gegen den Frieden, gegen die Menschlichkeit, ein Kriegsverbrechen oder terroristische Taten von vergleichbarem Gewicht billigt oder dafür wirbt,

   es sei denn, der Ausländer nimmt erkennbar und glaubhaft von seinem Handeln Abstand.

(2) Das Ausweisungsinteresse im Sinne von § 53 Absatz 1 wiegt schwer, wenn der Ausländer

1. wegen einer oder mehrerer vorsätzlicher Straftaten rechtskräftig zu einer Freiheitsstrafe von mindestens sechs Monaten verurteilt worden ist,
2. wegen einer oder mehrerer vorsätzlicher Straftaten rechtskräftig zu einer Jugendstrafe von mindestens einem Jahr verurteilt und die Vollstreckung der Strafe nicht zur Bewährung ausgesetzt worden ist,
3. als Täter oder Teilnehmer den Tatbestand des § 29 Absatz 1 Satz 1 Nummer 1 des Betäubungsmittelgesetzes verwirklicht oder dies versucht,
4. Heroin, Kokain oder ein vergleichbar gefährliches Betäubungsmittel verbraucht und nicht zu einer erforderlichen seiner Rehabilitation dienenden Behandlung bereit ist oder sich ihr entzieht,
5. eine andere Person in verwerflicher Weise, insbesondere unter Anwendung oder Androhung von Gewalt, davon abhält, am wirtschaftlichen, kulturellen oder gesellschaftlichen Leben in der Bundesrepublik Deutschland teilzuhaben,
6. eine andere Person zur Eingehung der Ehe nötigt oder dies versucht oder wiederholt eine Handlung entgegen § 11 Absatz 2 Satz 1 und 2 des Personenstandsgesetzes vornimmt, die einen schwerwiegenden Verstoß gegen diese Vorschrift darstellt; ein schwerwiegender Verstoß liegt vor, wenn eine Person, die das 16. Lebensjahr noch nicht vollendet hat, beteiligt ist,
7. in einer Befragung, die der Klärung von Bedenken gegen die Einreise oder den weiteren Aufenthalt dient, der deutschen Auslandsvertretung oder der Ausländerbehörde gegenüber frühere Aufenthalte in Deutschland oder anderen Staaten verheimlicht oder in wesentlichen Punkten vorsätzlich keine, falsche oder unvollständige Angaben über Verbindungen zu Personen oder Organisationen macht, die der Unterstützung des Terrorismus oder der Gefährdung der freiheitlichen demokratischen Grundord-

nung oder der Sicherheit der Bundesrepublik Deutschland verdächtig sind; die Ausweisung auf dieser Grundlage ist nur zulässig, wenn der Ausländer vor der Befragung ausdrücklich auf den sicherheitsrechtlichen Zweck der Befragung und die Rechtsfolgen verweigerter, falscher oder unvollständiger Angaben hingewiesen wurde,
8. in einem Verwaltungsverfahren, das von Behörden eines Schengen-Staates durchgeführt wurde, im In- oder Ausland
   a) falsche oder unvollständige Angaben zur Erlangung eines deutschen Aufenthaltstitels, eines Schengen-Visums, eines Flughafentransitvisums, eines Passersatzes, der Zulassung einer Ausnahme von der Passpflicht oder der Aussetzung der Abschiebung gemacht hat oder
   b) trotz bestehender Rechtspflicht nicht an Maßnahmen der für die Durchführung dieses Gesetzes oder des Schengener Durchführungsübereinkommens zuständigen Behörden mitgewirkt hat, soweit der Ausländer zuvor auf die Rechtsfolgen solcher Handlungen hingewiesen wurde oder
9. einen nicht nur vereinzelten oder geringfügigen Verstoß gegen Rechtsvorschriften oder gerichtliche oder behördliche Entscheidungen oder Verfügungen begangen oder außerhalb des Bundesgebiets eine Handlung begangen hat, die im Bundesgebiet als vorsätzliche schwere Straftat anzusehen ist.

§ 55 AufenthG Bleibeinteresse

(1) Das Bleibeinteresse im Sinne von § 53 Absatz 1 wiegt besonders schwer, wenn der Ausländer
1. eine Niederlassungserlaubnis besitzt und sich seit mindestens fünf Jahren rechtmäßig im Bundesgebiet aufgehalten hat,
2. eine Aufenthaltserlaubnis besitzt und im Bundesgebiet geboren oder als Minderjähriger in das Bundesgebiet eingereist ist und sich seit mindestens fünf Jahren rechtmäßig im Bundesgebiet aufgehalten hat,
3. eine Aufenthaltserlaubnis besitzt, sich seit mindestens fünf Jahren rechtmäßig im Bundesgebiet aufgehalten hat und mit einem der in den Nummern 1 und 2 bezeichneten Ausländer in ehelicher oder lebenspartnerschaftlicher Lebensgemeinschaft lebt,
4. mit einem deutschen Familienangehörigen oder Lebenspartner in familiärer oder lebenspartnerschaftlicher Lebensgemeinschaft lebt, sein Personensorgerecht für einen minderjährigen ledigen Deutschen oder mit diesem sein Umgangsrecht ausübt oder
5. eine Aufenthaltserlaubnis nach § 23 Absatz 4, den §§ 24, 25 Absatz 4a Satz 3 oder nach § 29 Absatz 2 oder 4 besitzt.

(2) Das Bleibeinteresse im Sinne von § 53 Absatz 1 wiegt insbesondere schwer, wenn
1. der Ausländer minderjährig ist und eine Aufenthaltserlaubnis besitzt,
2. der Ausländer eine Aufenthaltserlaubnis besitzt und sich seit mindestens fünf Jahren im Bundesgebiet aufhält,
3. der Ausländer sein Personensorgerecht für einen im Bundesgebiet rechtmäßig sich aufhaltenden ledigen Minderjährigen oder mit diesem sein Umgangsrecht ausübt,
4. der Ausländer minderjährig ist und sich die Eltern oder ein personensorgeberechtigter Elternteil rechtmäßig im Bundesgebiet aufhalten beziehungsweise aufhält,
5. die Belange oder das Wohl eines Kindes zu berücksichtigen sind beziehungsweise ist oder
6. der Ausländer eine Aufenthaltserlaubnis nach § 25 Absatz 4a Satz 1 besitzt.

(3) Aufenthalte auf der Grundlage von § 81 Absatz 3 Satz 1 und Absatz 4 Satz 1 werden als rechtmäßiger Aufenthalt im Sinne der Absätze 1 und 2 nur berücksichtigt, wenn dem Antrag auf Erteilung oder Verlängerung des Aufenthaltstitels entsprochen wurde.

§ 87 AufenthG Übermittlungen an Ausländerbehörden

(1) Öffentliche Stellen mit Ausnahme von Schulen sowie Bildungs- und Erziehungseinrichtungen haben ihnen bekannt gewordene Umstände den in § 86 Satz 1 genannten Stellen auf Ersuchen mitzuteilen, soweit dies für die dort genannten Zwecke erforderlich ist.

(2) Öffentliche Stellen im Sinne von Absatz 1 haben unverzüglich die zuständige Ausländerbehörde zu unterrichten, wenn sie im Zusammenhang mit der Erfüllung ihrer Aufgaben Kenntnis erlangen von

1. dem Aufenthalt eines Ausländers, der keinen erforderlichen Aufenthaltstitel besitzt und dessen Abschiebung nicht ausgesetzt ist,
2. dem Verstoß gegen eine räumliche Beschränkung,
2a. der Inanspruchnahme oder Beantragung von Sozialleistungen durch einen Ausländer, für sich selbst, seine Familienangehörigen oder für sonstige Haushaltsangehörige in den Fällen des § 7 Absatz 1 Satz 2 Nummer 2 oder Satz 4 des Zweiten Buches Sozialgesetzbuch oder in den Fällen des § 23 Absatz 3 Satz 1 Nummer 2 oder 3, Satz 3, 6 oder 7 des Zwölften Buches Sozialgesetzbuch oder
3. einem sonstigen Ausweisungsgrund;

... Öffentliche Stellen sollen unverzüglich die zuständige Ausländerbehörde unterrichten, wenn sie im Zusammenhang mit der Erfüllung ihrer Aufgaben Kenntnis erlangen von einer besonderen Integrationsbedürftigkeit im Sinne einer nach § 43 Abs. 4 erlassenen Rechtsverordnung. ...

§ 88 AufenthG Übermittlungen bei besonderen gesetzlichen Verarbeitungsregelungen

(1) Eine Übermittlung personenbezogener Daten und sonstiger Angaben nach § 87 unterbleibt, soweit besondere gesetzliche Verarbeitungsregelungen entgegenstehen.

(2) Personenbezogene Daten, die von einem Arzt oder anderen in § 203 Absatz 1 Nummer 1, 2, 4 bis 7 und Absatz 4 des Strafgesetzbuches genannten Personen einer öffentlichen Stelle zugänglich gemacht worden sind, dürfen von dieser übermittelt werden,

1. wenn dies zur Abwehr von erheblichen Gefahren für Leib und Leben des Ausländers oder von Dritten erforderlich ist, der Ausländer die öffentliche Gesundheit gefährdet und besondere Schutzmaßnahmen zum Ausschluss der Gefährdung nicht möglich sind oder von dem Ausländer nicht eingehalten werden oder
2. soweit die Daten für die Feststellung erforderlich sind, ob die in § 54 Absatz 2 Nummer 4 bezeichneten Voraussetzungen vorliegen.

...

§ 2 AZR-Gesetz Anlaß der Speicherung

...

(1a) Die Speicherung von Daten eines Ausländers ist zulässig, wenn ein Ausländer

1. ein Asylgesuch geäußert hat,
2. unerlaubt eingereist ist oder
3. sich unerlaubt im Geltungsbereich dieses Gesetzes aufhält.

(2) Die Speicherung ist ferner zulässig bei Ausländern,

1. die einen Asylantrag gestellt haben oder über deren Übernahme nach den Rechtsvorschriften der Europäischen Gemeinschaft oder eines völkerrechtlichen Vertrages zur Durchführung eines Asylverfahrens entschieden ist,

...

§ 6 AZR-Gesetz Übermittelnde Stellen, Inhalt der Datenübermittlung

(1) Folgende Stellen sind in den jeweils genannten Fällen zur unverzüglichen Übermittlung von Daten an die Registerbehörde verpflichtet:

...

1a. die für die Aufnahmeeinrichtungen zuständigen Behörden (Aufnahmeeinrichtungen) in den Fällen des § 2 Absatz 1a und 2 Nummer 1,

...

8. die Bundesagentur für Arbeit und die für die Durchführung der Grundsicherung für Arbeitsuchende zuständigen Stellen in den Fällen des § 2 Absatz 1a Nummer 1 und

Absatz 2 Nummer 1 sowie die Bundesagentur für Arbeit in den Fällen des § 2 Absatz 2c,

…

…

§ 18a AZR-Gesetz Datenübermittlung an die Träger der Sozialhilfe und die für die Durchführung des Asylbewerberleistungsgesetzes zuständigen Stellen

An die Träger der Sozialhilfe und die für die Durchführung des Asylbewerberleistungsgesetzes zuständigen Stellen werden zur Prüfung, ob die Voraussetzungen für eine Inanspruchnahme von Leistungen vorliegen oder ob die erforderlichen Gesundheitsuntersuchungen und Impfungen durchgeführt wurden, zu Ausländern, die keine freizügigkeitsberechtigten Unionsbürger sind, auf Ersuchen die Grunddaten und folgende Daten übermittelt:

1. abweichende Namensschreibweisen, andere Namen, Aliaspersonalien und Angaben zum Ausweispapier, [ab 1.11.2022: *die ausländische Personenidentitätsnummer,*] freiwillige Angaben zur Religionszugehörigkeit,
2. das Datum der Verpflichtungserklärung nach § 68 Absatz 1 des Aufenthaltsgesetzes und die Stelle, bei der sie vorliegt,
3. Familienstand,
4. Angaben zum aufenthaltsrechtlichen Status und zu den für oder gegen den Ausländer getroffenen aufenthaltsrechtlichen Entscheidungen,
5. Angaben zum Asylverfahren,
6. die [ab 1.11.2022: *gegenwärtige*] Anschrift im Bundesgebiet,
7. freiwillig gemachte Angaben zu Telefonnummern und E-Mail-Adressen,
8. begleitende minderjährige Kinder und Jugendliche, Elternteile, Ehegatten und Lebenspartner jeweils mit Familienname und Vornamen,
9. das zuständige Bundesland, die zuständige Aufnahmeeinrichtung und Ausländerbehörde, [ab 1.11.2022: *die für die Durchführung des Asylbewerberleistungsgesetzes zuständige Stelle,*] bei unbegleiteten minderjährigen Kindern und Jugendlichen das zuständige Jugendamt,
10. Schulbildung, Studium, Ausbildung, Beruf,
11. Sprachkenntnisse,
12. die Daten zur Durchführung eines Integrationskurses nach § 43 des Aufenthaltsgesetzes und einer Maßnahme der berufsbezogenen Deutschsprachförderung nach § 45a des Aufenthaltsgesetzes, [ab 1.11.2022: *die Berechtigung oder Verpflichtung zur Teilnahme an Integrationskursen, sowie dazugehörige Kursinformationen,*

12a. *Teilnahme an einer Maßnahme der berufsbezogenen Deutschsprachförderung nach § 45a des Aufenthaltsgesetzes,*]

13. die Durchführung der Gesundheitsuntersuchung nach § 62 Absatz 1 des Asylgesetzes und die Untersuchung auf Vorliegen einer ansteckungsfähigen Lungentuberkulose nach § 36 Absatz 4 oder 5 des Infektionsschutzgesetzes, jeweils mit Ort und Datum,

13a. die Feststellung, dass keine medizinischen Bedenken gegen die Aufnahme in eine Einrichtung der gemeinschaftlichen Unterbringung bestehen,

14. die Durchführung von Impfungen mit Art, Ort und Datum der jeweiligen Impfung.

Den für die Durchführung des Asylbewerberleistungsgesetzes zuständigen Stellen wird für den Zweck der weiteren Überprüfung der Identität auf Ersuchen zudem die zu den Fingerabdruckdaten zugehörige Referenznummer übermittelt.

§ 18d AZR-Gesetz Datenübermittlung an die Jugendämter

An die Jugendämter werden zur Erfüllung ihrer Aufgaben nach dem Achten Buch Sozialgesetzbuch zu Ausländern, die keine freizügigkeitsberechtigten Unionsbürger sind, auf Ersuchen die Grunddaten und folgende Daten übermittelt:

1. abweichende Namensschreibweisen, andere Namen, Aliaspersonalien und Angaben zum Ausweispapier,
2. AKN-Nummer, [ab 1.11.2022: *die ausländische Personenidentitätsnummer,*]
3. Angaben zum aufenthaltsrechtlichen Status und zu den für oder gegen den Ausländer getroffenen aufenthaltsrechtlichen Entscheidungen,
4. Angaben zum Asylverfahren,
5. die [ab 1.11.2022: *gegenwärtige*] Anschrift im Bundesgebiet,
6. freiwillig gemachte Angaben zu Telefonnummern und E-Mail-Adressen,
7. begleitende minderjährige Kinder und Jugendliche, Elternteile, Ehegatten und Lebenspartner jeweils mit Familienname und Vornamen,
8. das zuständige Bundesland, die zuständige Aufnahmeeinrichtung und Ausländerbehörde, bei unbegleiteten minderjährigen Kindern und Jugendlichen das zuständige Jugendamt, [ab 1.11.2022: *das zuständige Bundesland, die zuständige Aufnahmeeinrichtung, Ausländerbehörde und die für die Durchführung des Asylbewerberleistungsgesetzes zuständige Stelle, bei unbegleiteten minderjährigen Kindern und Jugendlichen das zuständige Jugendamt,*]
9. die Durchführung der Gesundheitsuntersuchung nach § 62 Absatz 1 des Asylgesetzes sowie die Untersuchung auf Vorliegen einer ansteckungsfähigen Lungentuberkulose nach § 36 Absatz 4 oder 5 des Infektionsschutzgesetzes, jeweils mit Ort und Datum,

9a. die Feststellung, dass keine medizinischen Bedenken gegen die Aufnahme in eine Einrichtung der gemeinschaftlichen Unterbringung bestehen,

10. die Durchführung von Impfungen mit Art, Ort und Datum der jeweiligen Impfung.

■ **Mitteilungspflicht versus Geheimhaltungspflicht**

149 Das JA muss den Ausländerbehörden gem. § 87 **Abs. 1** AufenthG „bekannt gewordene Umstände“ mitteilen, wenn die Ausländerbehörde ein entsprechendes Ersuchen an das JA richtet. § 87 Abs. 1 AufenthG ist daher eine spezielle Regelung der Amtshilfepflicht aus § 3 SGB X. Da die Pflicht nach § 87 Abs. 1 AufenthG auch zwischen den Ämtern derselben Behörde gilt, regelt sie nicht nur die Amtshilfe, sondern auch die Verwaltungshilfe. Auch ohne das für eine Amtshilfepflicht notwendige Ersuchen (sog. Spontanmitteilung) muss das JA Daten gem. § 87 **Abs. 2** mitteilen, wenn es Kenntnis von ua einem Ausweisungsgrund (Nr. 3) hat. Die zusätzlich gem. § 99 Abs. 1 Nr. 14 d AufenthG dem JA aufzuerlegende Mitteilungspflicht wird erst durch eine Rechtsverordnung des Bundesministers des Innern konstituiert. Die AufenhaltsVO v. 25.11.2004[175] „verschont“ aber das JA. Die Kollision zwischen den Mitteilungspflichten nach § 87 AufenthG einerseits und der Geheimhaltungspflicht nach § 61 SGB VIII iVm § 35 SGB I andererseits wird durch **§ 35 Abs. 3 SGB I** aufgelöst, der bestimmt, dass keine Auskunfts-, also auch keine Mitteilungspflicht besteht, soweit eine Übermittlung nicht zulässig ist (→ Rn. 219). Zulässig ist die Übermittlung nur in den Grenzen des § 71 Abs. 2 SGB X. Durch § 87 AufenthG wird die Übermittlungsbefugnis zu einer Übermittlungspflicht. Gleichzeitig schränkt das AufenthG selbst die Mitteilungspflicht ein, indem **§ 88 AufenthG** sie begrenzt durch besondere gesetzliche Verwendungsregelungen. Die Vorschriften des Sozialdatenschutzes sind solche. Soweit § 35 Abs. 3 SGB I reicht, ist § 88 Abs. 1 AufenthG daher ohne praktische Bedeutung. Von Bedeutung dagegen ist er insoweit, als er auch die Kollision zwischen der Schweigepflicht nach **§ 203 Abs. 1 StGB** einerseits und der Mitteilungspflicht nach § 87 AufenthG andererseits regelt In diesem Verhältnis bestimmt § 88 Abs. 1 AufenthG den grundsätzlichen Vorrang der Schweigepflicht, § 88 Abs. 2 AufenthG lässt ausnahmsweise die Schweigepflicht zurücktreten bei Gesundheitsdaten unter den dort genannten Voraussetzungen (besondere Gefahr für die öffentliche Gesundheit oder besondere Suchtabhängigkeit). Insoweit enthält § 88 Abs. 2 AufenthG eine zusätzliche strafrechtliche Offenbarungsbefugnis (→ Rn. 213).

175 BGBl. I, 2945.

- **Die Übermittlungsbefugnis nach § 71 Abs. 2 SGB X im Verhältnis zur Übermittlungsbefugnis nach § 68 SGB X**

Da auch die Ausländerbehörde eine „Behörde der Gefahrenabwehr" ist (→ Rn. 103) könnten die Standarddaten des § 68 SGB X der Ausländerbehörde iRd Amtshilfepflicht mitgeteilt werden. § 71 Abs. 2 SGB X integriert aber § 68 SGB X in die Nr. 1 derart („über die **Angaben** nach § 68 hinaus", nicht: „über § 68 hinaus"), dass auch die Standarddaten nach § 68 SGB X nur unter den Voraussetzungen des § 71 Abs. 2 Nr. 1 SGB X mitgeteilt werden dürfen. Die Prüfung schutzwürdiger Interessen entfällt damit. Aus der Formulierung „auch zulässig" in § 71 Abs. 2 S. 1 SGB X folgt, dass die Übermittlung von Sozialdaten eines Ausländers an **andere** als Ausländerbehörden gem. §§ 68 bis 75 SGB X von der Regelung des § 71 Abs. 2 SGB X unberührt bleibt. 150

- **Die Übermittlungsbefugnis nach § 71 Abs. 2 S. 1 Nr. 1 SGB X**

Die Mitteilungspflicht nach § 87 **Abs. 1 AufenthG** auf **Ersuchen** der Ausländerbehörde ist für diese ein Instrument der Datenerhebung. Dieses Instrument darf nur unter den Voraussetzungen des § 86 **AufenthG** eingesetzt werden. Daher sind Erforderlichkeit und Vorrang der Betroffenenerhebung zu beachten. 151

Die Übermittlungspflicht betrifft nur **„öffentliche Stellen"**. Das sind solche Stellen, die Aufgaben der öffentlichen Verwaltung wahrnehmen (§ 1 Abs. 2 VwVfG bzw. § 1 Abs. 2 SGB X). Dies sind die JA (ohne AB/AP/AV, → § 68 Rn. 4), aber auch Einrichtungen der Jugendhilfe in kommunaler Trägerschaft. Dazu würden auch **Kindergärten** zählen. Sie trifft aber keine Übermittlungspflicht, weil diese nicht dem Zweck des Gesetzes, Amtshilfe zu leisten, entspricht.[176] Jugendverbände, Wohlfahrtsverbände und Kirchen[177] sind dagegen keine öffentlichen Stellen. Eine Ausnahme gilt nur für solche Träger der freien Jugendhilfe, die als beliehene Unternehmer (→ Rn. 37) Aufgaben der öffentlichen Verwaltung wahrnehmen oder öffentlich-rechtlichen Status haben; dies ist nur beim Bayerischen Landesjugendring der Fall. 152

Soweit die Mitteilungspflicht nach § 87 Abs. 1 AufenthG besteht, wird ihre Erfüllung eingeschränkt, indem § 71 Abs. 2 S. 1 Nr. 1 SGB X die Übermittlung von Daten begrenzt auf die in den lit. a bis d benannten Zwecke und Datensätze. Für die Jugendhilfe von Bedeutung ist lit. a, wonach es Leistungen nach den §§ 11–41 für eine aufenthaltsrechtliche Entscheidung der Ausländerbehörde (Aufenthalts- oder Niederlassungserlaubnis, Ausweisung) mitzuteilen hätte. Aus dem mit dem 2. SGB-ÄndG 1994 erfolgten Wegfall des Wortes „auch" in § 71 Abs. 2 S. 1 Nr. 1 d SGB X ergibt sich aber für die Jugendhilfe eine bedeutsame Änderung, die weder in den Materialien zur Neuregelung noch in der Kommentarliteratur erwähnt wird. Aus dem Wegfall folgt nämlich, dass JA im Rahmen eines Ersuchens nach § 87 Abs. 1 AufenthG **nur noch** die in § 71 Abs. 2 S. 1 Nr. 1 d geforderte **Sozialprognose** abzugeben haben, dagegen nicht mehr Daten nach lit. a–c zu liefern haben, also auch nicht die Gewährung von Jugendhilfeleistungen mitzuteilen haben. Diese Sozialprognose haben die JA auch nur dann mitzuteilen, wenn ein **Ausweisungsgrund** (→ Rn. 155) vorliegt. Ein Ausweisungsgrund sind Drogendelikte (→ Rn. 155) und selbst dann unterliegt die Ausweisung noch zahlreichen Einschränkungen, so dass von der Mitteilungspflicht nach § 87 Abs. 1 AufenthG nicht mehr viel übrig bleibt. 153

- **Die Übermittlungsbefugnis nach § 71 Abs. 2 S. 1 Nr. 2 SGB X**

Im Unterschied zur Übermittlungspflicht nach § 87 Abs. 1 AufenthG ist die Übermittlungspflicht nach § 87 **Abs. 2** AufenthG kongruent mit der Übermittlungsbefugnis. Die Übermittlungspflicht besteht auch ohne Ersuchen der Ausländerbehörde; sie bezieht sich aber nur auf den Fall, dass das JA vom illegalen Aufenthalt eines Ausländers 154

176 So BReg. in BT-Drs. 18/7043; Mörsberger in Wiesner Anh. 4 SGB X § 71 Rn. 11; Maas, NDV 1990, 419.
177 Insoweit aA Huber NDV 1991, 189.

oder von einem sonstigen Ausweisungsgrund oder von einem behördlichen Anfechtungsrecht Kenntnis hat. Den **illegalen Aufenthalt**[178] muss das JA auch nur dann mitteilen, wenn es diese Kenntnis **in Ausübung seiner Dienstgeschäfte** und nicht nur bei Gelegenheit erlangt hat.[179] Zumindest dann, wenn die örtliche Zuständigkeit des JA an den gewöhnlichen (nicht den tatsächlichen) Aufenthalt (→ § 86 Rn. 13) anknüpft, prüft das JA den Aufenthalt als Dienstgeschäft. Anders dagegen, wenn es nur Auskunft gibt oder berät[180] oder Urkundstätigkeit nach § 59 ausübt.[181]

155 Kenntnis von einem **Ausweisungsgrund** hätte das JA im Rahmen seiner Dienstgeschäfte nur dann, wenn es einen gesetzlichen Ausweisungsgrund gäbe. Die Ausweisungsgründe nach § 54 AufenthG aF sind aber weggefallen – wohl ohne dass der Gesetzgeber dies gemerkt und § 87 Abs. 2 Nr. 3 AufenthG geändert hat. Man wird daher nach der Neufassung des AufenthG einen Ausweisungsgrund dann anzunehmen haben, wenn das Ausweisungsinteresse nach § 54 das Bleibeinteresse nach § 55 AufenthG überwiegt (§ 53 AufenthG). Dabei können die bisherigen Ausweisungsgründe in die Abwägung einbezogen werden.

Nach § 55 Abs. 2 Nr. 4 AufenthG aF war der Verbrauch von Kokain, Heroin oder einem vergleichbar gefährlichen Betäubungsmittel ein Ausweisungsgrund. Es muss sich also um sogenannte **harte Drogen** handeln. Das sind Opiate wie Rohopium, Morphinbase, aber auch andere illegale Drogen wie Cannabis (Haschisch und Marihuana) oder Halluzinogene (LSD, Meskalin).

156 Auch der Ausweisungsgrund nach dem bis 31.12.2015 geltenden § 55 Abs. 2 **Nr. 7** (**HzE außerhalb der eigenen Familie**) ist mit der Neuregelung des Aufenthaltsrechts durch Gesetz v. 27.7.2015[182] gestrichen worden.[183] § 71 SGB X trägt dieser Änderung aber nicht Rechnung. Auch das **Datenaustauschverbesserungsgesetz** v. 14.1.2016, das am 5.2.2016 in Kraft getreten ist,[184] hat § 71 SGB X zwar geändert, aber nicht an das AufenthG angepasst. Auch das Anpassungsgesetz vom 17.7.2017[185] versäumt die notwendige Anpassung.

157 Auch die **Hilfe für junge Volljährige** (§ 41) war Ausweisungsgrund nur nach dem bis 31.12.2015 geltenden § 55 Nr. 7 AufenthG. Auch er ist gestrichen worden.

158 Die **Eingliederungshilfe** nach § 35a SGB VIII war als Ausweisungsgrund in § 55 Abs. 2 AufenthG aF nicht ausdrücklich aufgeführt. Da es sich aber lediglich um eine beispielhafte Aufzählung handelte („insbesondere"), konnte auch diese Hilfe Ausweisungsgrund sein. Dies dann, wenn sie stationär geleistet wurde, weil es dann keinen sachlichen Grund gab, sie anders als die HzE zu behandeln. Auch die Gleichbehandlung mit der Eingliederungshilfe nach § 53 SGB XII, die Ausweisungsgrund nach § 55 Abs. 2 Nr. 6 AufenthG aF war, gebot dies.

159 Eine Ausweisung scheidet aus, wenn die Eltern des Minderjährigen (oder dessen allein personenberechtigter Elternteil) sich **rechtmäßig** im Bundesgebiet aufhalten (§ 55 Abs. 2 Nr. 4 AufenthG). Dies ist dann der Fall, wenn sie einen Aufenthaltstitel nach § 4 AufenthG oder eine Aufenthaltsgestattung nach § 55 Abs. 1 AsylG haben. Die Duldung ist dagegen kein Aufenthaltstitel, sie ist nur eine vorübergehende Aussetzung der Abschiebung (§ 60a AufenthG).

---

178 Im ausländerrechtlichen Sinn, also nicht etwa den Behördenaufenthalt; so aber Rundschreiben der Senatsverwaltungen Berlin vom 2.1.1997.
179 So die Anwendungsempfehlungen des BMI v. 25.2.1991 und Kanein/Renner Ausländerrecht § 76 Anm. 6, 8.
180 Ebenso Krahmer, Sozialdatenschutz, S. 102.
181 Vgl. DIJuF JAmt 2002, 341.
182 BGBl. I, 1386.
183 Zur Begründung s. BT-Drs. 18/5420 und 18/4097.
184 BGBl. I, 130.
185 BGBl. I, 2541.

Ein Ausweisungsgrund liegt aber nur dann vor, wenn kein besonderer **Ausweisungsschutz („Bleibeinteresse") nach § 55 AufenthG** besteht. Eine Ausweisung ist deshalb nicht möglich, wenn der Minderjährige oder junge Volljährige eine Aufenthalts- oder Niederlassungserlaubnis hat oder mit einem deutschen Familienangehörigen in familiärer oder lebenspartnerschaftlicher Lebensgemeinschaft lebt oder asylberechtigt ist. 160

Eine Ausweisung scheidet aus, wenn §§ 53, 54 AufenthG nicht angewendet werden können. Für EU-Ausländer (Unionsbürger) ist der Verlust der Aufenthaltsberechtigung nur nach § 6 FreizügG/EU möglich. 161

Auch **zwischenstaatliche Abkommen** (Anh. 4 Synopse) wie das Europäische Fürsorgeabkommen (Art. 6 Abs. a) und das Europäische Niederlassungsabkommen (Art. 3 Abs. 3) verbieten eine Ausweisung, dagegen nicht das MSA bzw. das KSÜ (→ § 6 Rn. 21 ff.). 162

Bei unzulässiger Datenübermittlung ergibt sich ein **Rückkehranspruch**, wenn die Übermittlung zu einer Ausweisung geführt hat (→ Rn. 273). 163

Eine Übermittlungsbefugnis besteht ferner dann, wenn das JA Kenntnis von konkreten Tatsachen (Vermutungen reichen nicht aus) hat, die ein **behördliches Anfechtungsrecht**[186] ermöglichen. Dieses hat die nach Landesrecht zuständige Behörde (idR das RP), wenn zwischen dem Vater, der die Vaterschaft nach § 1592 Nr. 2 BGB anerkannt hat, und dem Kind keine sozial-familiäre Beziehung besteht (§ 1600 Abs. 3 BGB). Ist dem JA bekannt, dass der Mann nicht Vater des Kindes ist, und dass er auch keine Bindung zu dem Kind geknüpft hat, muss es diese Tatsachen mitteilen; allerdings nur dann, wenn dadurch die Erfüllung seiner eigenen Aufgaben nicht gefährdet wird (→ § 52a Rn. 11). Diese Einschränkung ähnelt der des § 64 Abs. 2 SGB VIII, der aber nur für Übermittlungen nach § 69 SGB X gilt, geht aber über diese hinaus, weil sie sich nicht auf Leistungsgewährung beschränkt, sondern die Erfüllung anderer Aufgaben einbezieht. Dies wird weder immer noch nie der Fall sein, weil es sonst dieser gesetzlichen Einschränkung nicht bedürfte. Allein die Mitteilung der Beurkundung der Vaterschaftsanerkennung nach § 59 Abs. 1 Nr. 1 gefährdet die Aufgabenerfüllung des JA nicht. Ist aber im Zusammenhang mit der Beurkundung eine Beratung erfolgt und sind dabei personenbezogene Daten anvertraut worden, wäre die Mitteilung dieser Daten unzulässig. Das ergibt sich aber schon aus § 65 (Beratung als persönliche Hilfe), so dass die Einschränkung in § 87 AufenthG wohl lediglich als „Beruhigungspille" für die Jugendämter gedacht ist. Allein die Tatsache der Beratung errichtet noch keine Übermittlungssperre.[187] 164

Mit dem Gesetz zur besseren **Durchsetzung der Ausreisepflicht** vom 20.7.2017[188] wurden § 85a AufenthG und § 1597a BGB neu eingefügt.[189] Danach müssen die beurkundenden Stellen, also auch das JA bei konkreten Anhaltspunkten für eine missbräuchliche Anerkennung (zB bei fehlender emotionaler oder sozialer Beziehung) die Beurkundung aussetzen und der Ausländerbehörde Mitteilung machen. Diese leitet ein Verwaltungsverfahren ein, in dem sie mit VA eine missbräuchliche Anerkennung feststellt. Danach muss die beurkundende Stelle die Beurkundung verweigern. Datenschutzrechtlich ist die Mitteilung des JA an die Ausländerbehörde schon nach § 69 Abs. 1 Nr. 1 SGB X gerechtfertigt, weil das JA damit seine Aufgabe nach § 59 SGB VIII erfüllt, nur rechtmäßige Vaterschaftsanerkennungen zu beurkunden. Einer Einfügung in § 71 Abs. 2 SGB X bedarf es daher nicht.

186 § 87 Abs. 2 Nr. 4 AufenthG iVm § 1600 Abs. 1 Nr. 5 BGB; nichtig nach BVerfG 17.12.2013 – JAmt 2014, 88.
187 So aber DIJuF JAmt 2009, 20.
188 BGBl. I, 2780.
189 Kritisch hierzu Knittel JAmt 2017, 339.

■ **Weitere Einschränkungen der Mitteilungspflicht**

165 Daten, die iRd Schweigepflicht nach § 203 Abs. 1 StGB bekannt geworden sind, dürfen nur unter den Voraussetzungen des **§ 76 SGB X** (→ Rn. 149) mitgeteilt werden; Daten, die nach **§ 65** anvertraut worden sind,[190] dürfen nur unter den dort genannten Voraussetzungen übermittelt werden. Dabei kann es sich immer nur um Daten handeln, die zum Zwecke einer Heimerziehung dem JA anvertraut worden sind, weil nur insoweit ein Ausweisungsgrund und damit eine Mitteilungspflicht sowohl nach § 87 Abs. 1 als auch nach Abs. 2 AufenthG besteht.[191] Nicht ausgeschlossen ist durch § 65 die (bloße) Mitteilung, dass eine Heimerziehung geleistet wurde, weil damit nicht auch die zur Subsumtion unter § 27 anvertrauten Daten übermittelt werden (→ § 65 Rn. 10).

Aus **§ 64 Abs. 2** ergibt sich keine Einschränkung der Übermittlungsbefugnis, da er sich nur auf Übermittlungen nach § 69 SGB X, also nicht auf solche nach § 71 SGB X bezieht (→ § 64 Rn. 2).[192]

■ **Prüfungskompetenz des JA**

166 Weil das JA gem. § 67d Abs. 2 S. 1 SGB X für die Zulässigkeit der Übermittlung verantwortlich ist, muss es prüfen, ob die Übermittlungsvoraussetzungen nach § 71 Abs. 2 SGB X vorliegen. Dazu gehört die Prüfung einer Mitteilungspflicht nach § 87 AufenthG, also die Prüfung, ob ein **Ausweisungsgrund** vorliegt (einschl. der Prüfung des § 55 AufenthG);[193] ferner, ob die Mitteilung für die aufenthaltsrechtliche Maßnahme erforderlich ist. Sie ist nicht erforderlich, wenn keine Ausweisung erfolgen kann. Dagegen kann das JA nicht die Ermessensausübung des Ausländeramtes bezüglich einer Ausweisung ersetzen (JA nicht als **„Ersatzausländeramt"**).

■ **Übermittlungskompetenz**

167 Da die Mitteilungspflicht nach § 87 Abs. 1 AufenthG ein Unterfall der Amtshilfepflicht ist (→ Rn. 149), ist in derselben Hierarchieebene (→ Rn. 109) wie bei § 68 Abs. 2 SGB X zu entscheiden, ob Daten an die Ausländerbehörde übermittelt werden. Dies muss dann sowohl für die Übermittlung nach § 71 Abs. 2 S. 1 Nr. 1 SGB X als auch nach Nr. 2 gelten. Vgl. auch das Prüfungsschema für Mitteilungen des JA an die Ausländerbehörde in Kunkel, Jugendhilferecht, Anhang Schaubilder S. 312.

■ **Übermittlungsbefugnis zur Erfüllung von Mitteilungspflichten nach dem AZR-Gesetz**

168 Das JA ist keine Stelle, die nach § 6 AZRG Daten an die Registerbehörde mitteilen muss, weil es nicht für Aufnahmeeinrichtungen zuständig ist. Dies sind nur die in § 44 AsylG genannten Einrichtungen, also nicht Einrichtungen zur Inobhutnahme der UMA. Nur umgekehrt müssen dem JA nach § 18d AZR-G Daten übermittelt werden. § 71 Abs. 2 S. 1 Nr. 4 SGB X erlaubt auch nur die Übermittlung im Fall des § 6 Abs. 1 Nr. 8 AZRG, der das JA ohnehin nicht betrifft. § 16a AZRG regelt die Mitteilung von Daten an Sozialhilfeträger und Asylbewerberleistungsstellen. Insbesondere Daten nach Nr. 8 und Nr. 9 müsste das JA zwar übermitteln. Da es dafür aber keine Übermittlungsbefugnis nach § 71 SGB X hat, wäre eine Übermittlung rechtswidrig (→ Rn. 91, 219), solange § 71 SGB X nicht geändert wird.

---

190 Vgl. hierzu DIJuF JAmt 2003, 406.

191 Irreführend Mörsberger in Wiesner Anh. 4 SGB X § 71 Rn. 14, soweit die Übermittlung von zur Aufgabenwahrnehmung nach §§ 50, 52 erhobenen Daten problematisiert wird.

192 Dies wird übersehen von Mörsberger ZfJ 1991, 115 und Proksch, Sozialdatenschutz, S. 108.

193 AA Mrozynski SGB VIII § 64 Rn. 11.

■ **Übermittlungsbefugnis zur Durchführung des AsylbLG (§ 71 Abs. 2a SGB X)**

Das JA darf Daten eines Asylbewerbers an jeden Dritten übermitteln, wenn dies zur Durchführung des Asylbewerberleistungsgesetzes erforderlich ist. Für Asylbewerber wird das JA auf der Grundlage des SGB VIII tätig, da § 6 den Anwendungsbereich des SGB VIII auch auf Asylbewerber erstreckt (→ § 6 Rn. 11). Es nimmt also keine Aufgabe nach dem AsylbLG wahr. Dies tun vielmehr die für die Durchführung des AsylbLG zuständigen Behörden, das sind die Aufnahmebehörden nach Landesrecht. Für sie gilt das SGB nicht, da das AsylbLG nicht in dessen Anwendungsbereich einbezogen worden ist (→ Rn. 39).[194] Der Datenschutz im Bereich des AsylbLG wäre also nach dem Landesdatenschutzgesetz zu gewährleisten. Vorzuziehen ist aber insoweit eine analoge Anwendung des SGB, da das AsylbLG aus dem Sozialhilferecht „abstammt" (§ 23 Abs. 2 SGB XII) und auch dorthin verweist (§ 2 Abs. 1 und § 9 Abs. 3 u. 4 AsylbLG). § 71 Abs. 2a SGB X ermöglicht lediglich Übermittlungen **an** die Aufnahmebehörde, aber nicht **von** dieser an Dritte. 169

Zum Datenschutz bei der **Altersfeststellung** von UMAs s. § 42 f.[195]

(5) § 72 SGB X (Innere und äußere Sicherheit)

§ 72 SGB X Übermittlung für den Schutz der inneren und äußeren Sicherheit

(1) [1]Eine Übermittlung von Sozialdaten ist zulässig, soweit sie im Einzelfall für die rechtmäßige Erfüllung der in der Zuständigkeit der Behörden für Verfassungsschutz, des Bundesnachrichtendienstes, des Militärischen Abschirmdienstes und des Bundeskriminalamtes liegenden Aufgaben erforderlich ist. [2]Die Übermittlung ist auf Angaben über Name und Vorname sowie früher geführte Namen, Geburtsdatum, Geburtsort, derzeitige und frühere Anschriften der betroffenen Person sowie Namen und Anschriften ihrer derzeitigen und früheren Arbeitgeber beschränkt.

(2) [1]Über die Erforderlichkeit des Übermittlungsersuchens entscheidet eine von dem Leiter oder der Leiterin der ersuchenden Stelle bestimmte beauftragte Person, die die Befähigung zum Richteramt haben soll. [2]Wenn eine oberste Bundes- oder Landesbehörde für die Aufsicht über die ersuchende Stelle zuständig ist, ist sie über die gestellten Übermittlungsersuchen zu unterrichten. [3]Bei der ersuchten Stelle entscheidet über das Übermittlungsersuchen der Behördenleiter oder die Behördenleiterin oder dessen oder deren allgemeiner Stellvertreter oder allgemeine Stellvertreterin.

(6) § 73 SGB X (Strafverfahren)

§ 73 SGB X Übermittlung für die Durchführung eines Strafverfahrens

(1) Eine Übermittlung von Sozialdaten ist zulässig, soweit sie zur Durchführung eines Strafverfahrens wegen eines Verbrechens oder wegen einer sonstigen Straftat von erheblicher Bedeutung erforderlich ist.

(2) Eine Übermittlung von Sozialdaten zur Durchführung eines Strafverfahrens wegen einer anderen Straftat ist zulässig, soweit die Übermittlung auf die in § 72 Absatz 1 Satz 2 genannten Angaben und die Angaben über erbrachte oder demnächst zu erbringende Geldleistungen beschränkt ist.

(3) Die Übermittlung nach den Absätzen 1 und 2 ordnet der Richter oder die Richterin an.

Aus § 35 Abs. 3 SGB I ergibt sich (→ Rn. 219), dass das Sozialgeheimnis auch **justizfest** ist.[196] Das JA darf Staatsanwaltschaft und Gerichten keine Auskunft geben und 170

194 Näher Kunkel NVwZ 1994, 352.
195 Ferner Kunkel ZfF 2016, 49.
196 Vgl. Kunkel ZFSH/SGB 2000, 643; Ahrend in HK-SozDatenschutzR SGB X § 73 Rn. 1.

keine Akten vorlegen, obwohl § 161 StPO zur Auskunft und § 95 StPO (→ Rn. 224) zur Aktenvorlage verpflichtet. Da keine Pflicht zur Aktenvorlage besteht, dürfen die Akten auch nicht gem. § 94 Abs. 2 StPO beschlagnahmt werden. Nur soweit Übermittlungsbefugnisse nach §§ 68, 69 Abs. 1 Nr. 2 oder 73 SGB X bestehen und §§ 64 Abs. 2, 65 nicht entgegenstehen, ist die Erfüllung dieser strafprozessualen Pflichten möglich, dann aber auch notwendig.[197]

171 Nach § 68 SGB X können zur Durchführung eines Strafverfahrens nur die dort genannten Standarddaten auf Ersuchen übermittelt werden. Darüber hinaus kann das JA gem. § 69 Abs. 1 Nr. 2 SGB X Daten zur Durchführung eines Strafverfahrens mitteilen, wenn dies im Zusammenhang steht mit der Erfüllung einer Aufgabe nach dem SGB VIII. Nach § 73 SGB X werden dagegen Sozialdaten übermittelt, die **nicht im Zusammenhang** mit einer SGB-Aufgabe stehen. § 73 SGB X ist daher nicht lex specialis im Verhältnis zu § 69,[198] da beide Normen unterschiedliche Sachverhalte regeln. **Ob** ein Zusammenhang mit der Erfüllung einer SGB VIII-Aufgabe besteht, beurteilt das JA (→ Rn. 124). Dieses Beurteilungsvorrecht ergibt sich daraus, dass das JA als Organ des Trägers der Jugendhilfe für die Erfüllung der SGB VIII-Aufgabe zuständig ist. Das JA entscheidet daher, ob es ein Strafverfahren einleitet gegen Dritte (zB wegen Unterhaltspflichtverletzung nach § 170 StGB, wegen Verletzung der Erziehungspflicht nach § 171 StGB, wegen sexuellen Missbrauchs nach § 176 StGB, wegen Misshandlung von Schutzbefohlenen nach § 225 StGB, wegen Beleidigung von Mitarbeitern nach § 185 StGB), gegen Mitarbeiter des JA selbst (zB wegen Bestechlichkeit nach § 332 StGB oder wegen Verletzung der Geheimhaltungspflicht nach § 203 StGB). Die Abgrenzung zwischen § 69 Abs. 1 Nr. 2 SGB X und § 73 SGB X kann also[199] danach getroffen werden, dass bei § 69 SGB X die Entscheidungskompetenz beim JA, bei § 73 SGB X bei der Justiz liegt.[200]

172 Bei Verfolgung von Straftaten, die nicht im Zusammenhang mit einer SGB-Aufgabe stehen, unterscheidet § 73 SGB X **drei Kategorien von Straftaten**. Bei Verbrechen (gem. § 12 Abs. 1 StGB eine Tat, die im Mindestmaß mit Freiheitsstrafe von einem Jahr bedroht ist) können alle Daten übermittelt werden; ebenso bei Vergehen (gem. § 12 Abs. 2 StGB) von erheblicher Bedeutung. Bei nicht qualifizierten Vergehen ist dagegen nur die Übermittlung des in § 73 Abs. 2 SGB X genannten Datensatzes möglich. Unberührt bleibt die Übermittlungsbefugnis nach § 68 SGB X unter den dort genannten Voraussetzungen. Was eine **„Straftat von erheblicher Bedeutung"** ist, ist unklar und damit mit dem vom BVerfG aufgestellten Gebot der Normenklarheit für Eingriffe in das Grundrecht auf informationelle Selbstbestimmung nur schwer vereinbar.[201] In seinen Entscheidungen[202] hat das BVerfG jedoch eine entsprechende Formulierung gebilligt. Die Gesetzesbegründung ist – wie meist, wenn es um den Kampf gegen den Sozialleistungsmissbrauch geht[203] – nicht überzeugend, da die Verfolgung von Betrug im Sozialbereich schon über § 69 Abs. 1 Nr. 2 SGB X möglich ist. Das Gleiche gilt für die ebenfalls in der Begründung erwähnte **Kindesmisshandlung** (→ Rn. 124).

Es kann sich also nur um Vergehen handeln, die nicht mit der Erfüllung einer SGB-Aufgabe im Zusammenhang stehen oder deren Verfolgung die Behörde nicht betreibt und deren Unrechtsgehalt einem Verbrechen zumindest nahe kommt. Beispiele hierfür enthält § 98a StPO. Dass daraus ein „Straftatbestand des gesunden Volksempfindens"

---

197 Kunkel/Rosteck/Vetter StV 2017, 829 (834).
198 So aber Mörsberger in Wiesner SGB X § 73 Rn. 5.
199 Ebenso Mörsberger in Wiesner SGB X § 73 Rn. 5.
200 In diesem Sinne auch LG Oldenburg 25.7.2017 – 6 Qs 35/17.
201 Proksch, Sozialdatenschutz, S. 144.
202 BVerfG 14.12.2000 – 2 BvR 1741/99, NJW 2001, 879 und 27.7.2005 – 1 BvR 668/04, NJW 2005, 2603.
203 Vgl. Kunkel NVwZ 1995, 21 zu § 117 BSHG.

wird, mag § 73 Abs. 3 SGB X verhindern, weil das Gericht über die Bedeutung zu befinden hat. **Die richterliche Anordnung** muss speziell darauf gerichtet sein, die dem Sozialgeheimnis unterliegenden personenbezogenen Daten zu übermitteln und muss die Rechtsgrundlagen hierfür nennen;[204] ein richterlicher Haftbefehl hat eine andere Zielsetzung und ist daher nicht ausreichend. Liegt die richterliche Anordnung vor, können Daten nicht nur dem Gericht übermittelt werden, sondern auch den Strafverfolgungsbehörden, also Staatsanwaltschaft und – als deren Hilfsorgan nach §§ 163 StPO, 152 GVG – Polizei (→ Rn. 125); Bewährungshilfe oder Justizvollzugsanstalten sind zwar Justizbehörden, aber nicht für die Aufklärung von Verbrechen oder Vergehen zuständig, scheiden also als Datenempfänger nach § 73 SGB X aus.

173 Die Übermittlung der Daten ist nur zulässig, wenn sie im Einzelfall **erforderlich** ist. Im Unterschied zu § 72 SGB X ist die Erforderlichkeit im Einzelfall nicht ausdrücklich verlangt, ergibt sich aber aus der Formulierung „*eines* Strafverfahrens". Zur Durchführung eines Strafverfahrens kann es auch erforderlich sein, nicht nur die Daten einer Person mitzuteilen, gegen die ermittelt wird, sondern die Daten mehrerer Personen, um dadurch einen Verdacht zu erhärten oder Nichtverdächtige auszuschließen.[205] Dies ist allerdings nur unter den Voraussetzungen des § 98a StPO zulässig.[206] Auch die Daten Dritter können mitgeteilt werden, wenn dies zur Durchführung des Strafverfahrens erforderlich ist. Ob die Datenübermittlung erforderlich ist, hat das JA als abgebende Stelle zu prüfen und zu verantworten (§ 67d Abs. 1 S. 1 SGB X; → Rn. 166). Danach hätte das JA die mit der richterlichen Anordnung verbundenen tatsächlichen Angaben – ihre Richtigkeit unterstellt – daraufhin zu prüfen, ob sie die Voraussetzungen des gesetzlichen Übermittlungstatbestands nach § 73 SGB X erfüllen. Diese Prüfung erlässt der Gesetzgeber im Falle des § 73 SGB X aber dem JA, indem dem **Richter bzw. der Richterin die Verantwortung** dafür auferlegt wird, dass die Voraussetzungen des § 73 SGB X vorliegen (§ 67d Abs. 1 S. 2); nur dann dürfen sie die Übermittlung anordnen. Sie haben ferner zu prüfen, ob sich Einschränkungen der Übermittlungsbefugnis aus § 76 SGB X oder aus § 65 SGB VIII ergeben.[207] Bei einer Strafanzeige des durch die Datenübermittlung Betroffenen liegt darin die konkludente Einwilligung zur Datenübermittlung. Dagegen ergibt sich aus § 64 Abs. 2 keine Einschränkung einer Übermittlung nach § 73 SGB X – im Unterschied zur Übermittlung nach § 69 Abs. 1 Nr. 2 SGB X.[208]

174 Die richterliche Anordnung ist nur zur **Aufklärung** einer Straftat zulässig.[209] Auch wenn Staatsanwaltschaft und Polizei gem. § 161 StPO für die Aufklärung von Straftaten zuständig sind, können sie ihr Auskunftsersuchen nicht über § 161 StPO durchsetzen, sondern müssen über § 162 StPO die richterliche Anordnung gem. § 73 Abs. 3 SGB X beantragen. Eine Strafanzeige des JA rechtfertigt daher nicht die Übermittlung von Daten nach § 73 SGB X, sondern nur nach § 69 Abs. 1 Nr. 2 SGB X (→ Rn. 124). Die richterliche Anordnung zur Datenübermittlung kann sich auf die Erteilung einer Auskunft, Herausgabe von Akten oder Vernehmung von Fachkräften als Zeugen beziehen und sowohl im Ermittlungsverfahren als auch im Hauptverfahren erfolgen. Umgekehrt bedeutet dies, dass eine Pflicht, als Zeuge auszusagen, Akten vorzulegen

204 Ebenso LG Oldenburg 25.7.2017 – 6 Qs 35/17, ZKJ 2017, 437; LG Saarbrücken 19.3.2007 – 4 Qs 12/07 I, JAmt 2007, 321.

205 So auch OLG Karlsruhe 11.10.2006 – 3 Ws 374/06, NJW 2006, 3656.

206 Vgl. hierzu den Fall bei Kunkel ZfF 1993, 10; aA Mörsberger in Wiesner Anh. 4 § 73 Rn. 9 und Hauck/Noftz SGB X § 73 Rn. 5.

207 Ebenso LG Saarbrücken 19.3.2007 – 4 Qs 12/07 I, JAmt 2007, 321.

208 AA Proksch, Sozialdatenschutz, S. 115; der Bezug auf § 69 Abs. 1 **Nr. 1** SGB X ist aber wohl unrichtig.

209 Der Hinweis von Krahmer, Sozialdatenschutz, S. 114 auf § 71 SGB X iVm § 138 StGB geht deshalb wohl fehl, soweit das geplante Kapitalverbrechen nicht schon das Stadium des strafbaren Versuches erreicht hat.

oder Auskünfte zu erteilen, sowohl im Ermittlungsverfahren, wie im gerichtlichen Strafverfahren nur dann besteht, wenn eine Anordnung nach § 73 Abs. 3 SGB X erfolgt ist.[210]

Verweigert die Behörde die Herausgabe von Akten, kann eine Beschlagnahme gem. § 94 Abs. 2 StPO erfolgen. Diese wird gem. § 98 StPO (→ Rn. 223) vom Richter angeordnet, nur bei Gefahr im Verzuge auch durch Staatsanwaltschaft und Polizei. Der besondere Schutz nach § 76 SGB X und § 65 ist auch bei der Beschlagnahme zu beachten (→ § 65 Rn. 26).

175 Hält das JA die richterliche Anordnung – bspw. wegen Übergehung des § 65 (→ § 65 Rn. 26) – nicht für berechtigt, kann es zwar die Übermittlung nicht verweigern, aber sich nach § 4 Abs. 5 SGB X wehren, nämlich durch Anrufung der Aufsichtsbehörde, also des Regierungspräsidiums bzw. der Bezirksregierung bzw. Landesdirektion. Gleichzeitig hat es die Möglichkeit der **Beschwerde nach § 304 StPO,** wozu es allerdings geltend machen muss, durch die Anordnung in eigenen Rechten verletzt zu sein. Die behauptete Rechtsverletzung betrifft kein eigenes Recht des JA, sondern das Grundrecht auf informationelle Selbstbestimmung des Bürgers. Dieses Recht muss aber das JA gem. § 35 Abs. 1 SGB I als Sozialgeheimnis wahren, so dass das JA gleichsam treuhänderisch für den Bürger dessen Recht geltend machen kann.[211] Die Beschwerde ist bei dem Gericht, das die Datenübermittlung angeordnet hat, schriftlich einzulegen (§ 306 StPO). An eine Frist ist die Beschwerde nicht gebunden. Der Vollzug der richterlichen Anordnung wird durch die Beschwerde nicht gehemmt; das JA kann aber beantragen, die Vollziehung der Anordnung zur Datenübermittlung auszusetzen (§ 307 StPO).

176 Kommt das JA der Verpflichtung zur Datenübermittlung nach, muss es sein Datenpaket mit einem Hinweis auf die Geheimhaltungspflicht des Empfängers gem. § 78 Abs. 1 SGB X (**„Datenschutzstempel"**) versehen (→ Rn. 231).

(7) § 74 SGB X (Unterhaltspflicht)

§ 74 SGB X Übermittlung bei Verletzung der Unterhaltspflicht und beim Versorgungsausgleich

Eine Übermittlung von Sozialdaten ist zulässig, soweit sie erforderlich ist

1. für die Durchführung
   a) eines gerichtlichen Verfahrens oder eines Vollstreckungsverfahrens wegen eines gesetzlichen oder vertraglichen Unterhaltsanspruchs oder eines an seine Stelle getretenen Ersatzanspruchs oder
   b) ...
2. für die Geltendmachung
   a) eines gesetzlichen oder vertraglichen Unterhaltsanspruchs außerhalb eines Verfahrens nach Nummer 1 Buchstabe a, soweit die betroffene Person nach den Vorschriften des bürgerlichen Rechts, insbesondere nach § 1605 oder nach § 1361 Absatz 4 Satz 4, § 1580 Satz 2, § 1615a oder § 1615 l Absatz 3 Satz 1 in Verbin-

210 Das folgt aus § 35 Abs. 3 SGB I iVm § 73 SGB X, vgl. ausführlich Kunkel/Rosteck/Vetter StV 2017, 829.

211 Ähnlich Karlsruher Kommentar StPO § 304 Rn. 28; OLG Karlsruhe 11.10.2006 – 3 Ws 374/06, Rn. 3, hält das Rechtsmittel wegen der sich aus § 67d Abs. 1 SGB X ergebenden Verantwortlichkeit der übermittelnden Stelle für die Rechtmäßigkeit der Übermittlung zulässig. Ohne weitere Begründung halten LG Köln 14.1.2014 – 111 Qs 255/13, Rn. 5 und LG Oldenburg 30.11.2010 – 1 Qs 437/10, JAmt 2011, 101 die Beschwerdebefugnis für gegeben.

dung mit § 1605 des Bürgerlichen Gesetzbuches, zur Auskunft verpflichtet ist, oder

b) ...

3. ...

In den Fällen des Satzes 1 Nummer 2 und 3 ist eine Übermittlung nur zulässig, wenn die auskunftspflichtige Person ihre Pflicht, nachdem sie unter Hinweis auf die in diesem Buch enthaltene Übermittlungsbefugnis der in § 35 des Ersten Buches genannten Stellen gemahnt wurde, innerhalb angemessener Frist, nicht oder nicht vollständig erfüllt hat. Diese Stellen dürfen die Anschrift des Auskunftspflichtigen zum Zwecke der Mahnung übermitteln.

Die Durchsetzung von Unterhaltsansprüchen hat für das JA in verschiedener Hinsicht 177
Bedeutung: Im Rahmen seiner Beratungspflicht nach § 18 muss das JA dazu beitragen, dass der Unterhaltsberechtigte vom Unterhaltsverpflichteten die ihm zustehenden Leistungen erhält. Die Durchsetzung von Unterhaltsansprüchen im Rahmen von AB/AV/AP dagegen bleibt für § 74 SGB X ohne Bedeutung, da § 61 Abs. 2 diesen Bereich jugendamtlicher Tätigkeit aus dem allgemeinen Sozialdatenschutz ausklammert und in § 68 selbstständig regelt (→ § 68 Rn. 1). Ebenfalls ohne Bedeutung für das JA ist § 74 SGB X, soweit es um strafprozessuale Verfolgung bei Unterhaltspflichtverletzung (§ 170 StGB) geht (→ § 69 Rn. 124).[212] Steht die strafprozessuale Verfolgung im Zusammenhang mit der Erfüllung einer SGB-Aufgabe, ist eine Datenübermittlung an das Strafgericht gem. § 69 Abs. 1 Nr. 2 SGB X möglich, außerhalb dieses Zusammenhangs nach richterlicher Anordnung gem. § 73 SGB X.

Zur **gerichtlichen** Geltendmachung eines Unterhaltsanspruchs kann das JA nach Nr. 1 178
dem Zivilgericht Daten übermitteln; zur **außergerichtlichen** Geltendmachung eines Unterhaltsanspruchs kann es einem Dritten Daten übermitteln (Nr. 2).

Dabei können nur die Daten dessen übermittelt werden, der zur Auskunft nach 179
BGB verpflichtet ist und dieser Pflicht nicht nachgekommen ist. Der Auskunftsverpflichtete muss zuvor vom Auskunftsberechtigten (also nicht vom JA)[213] mit dem ausdrücklichen Hinweis gemahnt worden sein, dass das JA mitteilungsbefugt wird, wenn der **Auskunftsverpflichtete** seiner Auskunftspflicht innerhalb angemessener Frist nicht nachkommt. Die angemessene Frist beträgt üblicherweise 1–2 Wochen.[214] Nur wenn ein Nachweis hierüber vorliegt, darf das JA die erforderlichen Sozialdaten übermitteln. Für die außergerichtliche Übermittlung ist also im Einzelnen zu prüfen:

(1) Geltendmachung eines Unterhaltsanspruchs
(2) außerhalb eines gerichtlichen Verfahrens
(3) Auskunftspflicht nach BGB
(4) Nichterfüllung dieser Pflicht
(5) innerhalb angemessener Frist
(6) nach Mahnung und
(7) Hinweis auf Übermittlungsbefugnis des JA.

Nach der Regelung der Kostenbeteiligung durch das KICK zum Jahr 2007 und dem damit verbundenen Wegfall der §§ 94 Abs. 3 und 96 kann das JA selbst nicht mehr Inhaber eines übergegangenen Unterhaltsanspruchs sein.

---

212 AA LG Hamburg 17.12.1984 – 32 Qs 30/84, NJW 1984, 1570.
213 Ebenso Borchert in GK-SGB X 2 § 74 Rn. 21; aA Krahmer, Sozialdatenschutz, S. 119.
214 So Borchert in GK-SGB X 2 § 74 Rn. 22; Krahmer, Sozialdatenschutz, S. 227: 6 Wochen.

(8) § 74a SGB X (Vollstreckung)

§ 74a SGB X Übermittlung zur Durchsetzung öffentlich-rechtlicher Ansprüche und im Vollstreckungsverfahren

(1) [1]Zur Durchsetzung von öffentlich-rechtlichen Ansprüchen dürfen im Einzelfall auf Ersuchen Name, Vorname, Geburtsdatum, Geburtsort, derzeitige Anschrift der betroffenen Person, ihr derzeitiger oder zukünftiger Aufenthaltsort sowie Namen, Vornamen oder Firma und Anschriften ihrer derzeitigen Arbeitgeber übermittelt werden, soweit kein Grund zu der Annahme besteht, dass dadurch schutzwürdige Interessen der betroffenen Person beeinträchtigt werden, und wenn das Ersuchen nicht länger als sechs Monate zurückliegt. [2]Die ersuchte Stelle ist über § 4 Absatz 3 hinaus zur Übermittlung auch dann nicht verpflichtet, wenn sich die ersuchende Stelle die Angaben auf andere Weise beschaffen kann. [3]Satz 2 findet keine Anwendung, wenn das Amtshilfeersuchen zur Durchführung einer Vollstreckung nach § 66 erforderlich ist.

(2) [1]Zur Durchführung eines Vollstreckungsverfahrens dürfen die Träger der gesetzlichen Rentenversicherung im Einzelfall auf Ersuchen des Gerichtsvollziehers die derzeitige Anschrift der betroffenen Person, ihren derzeitigen oder zukünftigen Aufenthaltsort sowie Namen, Vornamen oder Firma und Anschriften ihrer derzeitigen Arbeitgeber übermitteln, soweit kein Grund zu der Annahme besteht, dass dadurch schutzwürdige Interessen der betroffenen Person beeinträchtigt werden, und das Ersuchen nicht länger als sechs Monate zurückliegt. [2]Die Träger der gesetzlichen Rentenversicherung sind über § 4 Absatz 3 hinaus zur Übermittlung auch dann nicht verpflichtet, wenn sich die ersuchende Stelle die Angaben auf andere Weise beschaffen kann. [3]Die Übermittlung ist nur zulässig, wenn

1. die Ladung zu dem Termin zur Abgabe der Vermögensauskunft an den Schuldner nicht zustellbar ist und
   a) die Anschrift, unter der die Zustellung ausgeführt werden sollte, mit der Anschrift übereinstimmt, die von einer der in § 755 Absatz 1 und 2 der Zivilprozessordnung genannten Stellen innerhalb von drei Monaten vor oder nach dem Zustellungsversuch mitgeteilt wurde, oder
   b) die Meldebehörde nach dem Zustellungsversuch die Auskunft erteilt, dass ihr keine derzeitige Anschrift des Schuldners bekannt ist, oder
   c) die Meldebehörde innerhalb von drei Monaten vor Erteilung des Vollstreckungsauftrags die Auskunft erteilt hat, dass ihr keine derzeitige Anschrift des Schuldners bekannt ist,
2. der Schuldner seiner Pflicht zur Abgabe der Vermögensauskunft in dem dem Ersuchen zugrundeliegenden Vollstreckungsverfahren nicht nachkommt,
3. bei einer Vollstreckung in die in der Vermögensauskunft aufgeführten Vermögensgegenstände eine vollständige Befriedigung des Gläubigers voraussichtlich nicht zu erwarten ist oder
4. die Anschrift oder der derzeitige oder zukünftige Aufenthaltsort des Schuldners trotz Anfrage bei der Meldebehörde nicht bekannt ist.

[4]Der Gerichtsvollzieher hat in seinem Ersuchen zu bestätigen, dass diese Voraussetzungen vorliegen. [5]Das Ersuchen und die Auskunft sind elektronisch zu übermitteln.

[ab 1.11.2022: *(3) [1]Ersucht ein Insolvenzgericht nach § 98 Absatz 1a der Insolvenzordnung die Träger der gesetzlichen Rentenversicherung um Übermittlung des Namens und der Vornamen oder der Firma sowie der Anschrift der derzeitigen Arbeitgeber der betroffenen Person, so dürfen die Träger der gesetzlichen Rentenversicherung diese Daten vorbehaltlich der Sätze 2 bis 4 im Einzelfall übermitteln, wenn versicherungspflichtige Beschäftigungsverhältnisse der betroffenen Person vorliegen. [2]Eine Übermittlung nach Satz 1 ist nur dann zulässig, wenn*

1. die Ladung zu dem Termin zur Abgabe der Vermögensauskunft an den Schuldner nicht zustellbar ist und

a) die Anschrift, unter der die Zustellung ausgeführt werden sollte, mit der Anschrift übereinstimmt, die von einer der in § 755 Absatz 1 und 2 der Zivilprozessordnung genannten Stellen innerhalb von drei Monaten vor oder nach dem Zustellungsversuch mitgeteilt wurde, oder
b) die Meldebehörde nach dem Zustellungsversuch die Auskunft erteilt, dass ihr keine derzeitige Anschrift des Schuldners bekannt ist, oder
c) die Meldebehörde innerhalb von drei Monaten vor Erteilung des Vollstreckungsauftrags die Auskunft erteilt hat, dass ihr keine derzeitige Anschrift des Schuldners bekannt ist;

2. der Schuldner seiner Auskunftspflicht nach § 97 der Insolvenzordnung nicht nachkommt oder
3. dies aus anderen Gründen zur Erreichung der Zwecke des Insolvenzverfahrens erforderlich erscheint.

[3]Die Träger der gesetzlichen Rentenversicherung sind zur Übermittlung nicht verpflichtet, wenn sich das Insolvenzgericht die Angaben auf andere Weise beschaffen kann oder wenn Grund zu der Annahme besteht, dass durch die Übermittlung schutzwürdige Interessen der betroffenen Person beeinträchtigt werden; § 4 Absatz 3 bleibt unberührt. [4]Das Insolvenzgericht hat in seinem Ersuchen zu bestätigen, dass die Voraussetzungen des Satzes 2 vorliegen. [5]Das Ersuchen und die Auskunft sind elektronisch zu übermitteln.]

S. Erläuterungen bei → Rn. 101 u. 103. 180

(9) § 75 SGB X (Forschung und Planung)

§ 75 SGB X Übermittlung von Sozialdaten für die Forschung und Planung]

(1) [1]Eine Übermittlung von Sozialdaten ist zulässig, soweit sie erforderlich ist für ein bestimmtes Vorhaben

1. der wissenschaftlichen Forschung im Sozialleistungsbereich oder der wissenschaftlichen Arbeitsmarkt- und Berufsforschung oder
2. der Planung im Sozialleistungsbereich durch eine öffentliche Stelle im Rahmen ihrer Aufgaben

und schutzwürdige Interessen der betroffenen Person nicht beeinträchtigt werden oder das öffentliche Interesse an der Forschung oder Planung das Geheimhaltungsinteresse der betroffenen Person erheblich überwiegt. [2]Eine Übermittlung ohne Einwilligung der betroffenen Person ist nicht zulässig, soweit es zumutbar ist, ihre Einwilligung einzuholen. [3]Angaben über den Namen und Vornamen, die Anschrift, die Telefonnummer sowie die für die Einleitung eines Vorhabens nach Satz 1 zwingend erforderlichen Strukturmerkmale der betroffenen Person können für Befragungen auch ohne Einwilligungen übermittelt werden. [4]Der nach Absatz 4 Satz 1 zuständigen Behörde ist ein Datenschutzkonzept vorzulegen.

(2) Ergibt sich aus dem Vorhaben nach Absatz 1 Satz 1 eine Forschungsfrage, die in einem inhaltlichen Zusammenhang mit diesem steht, können hierzu auf Antrag die Frist nach Absatz 4 Satz 5 Nummer 4 zur Verarbeitung der erforderlichen Sozialdaten verlängert oder eine neue Frist festgelegt und weitere erforderliche Sozialdaten übermittelt werden.

(3) [1]Soweit nach Absatz 1 oder 2 besondere Kategorien von Daten im Sinne von Artikel 9 Absatz 1 der Verordnung (EU) 2016/679 an einen Dritten übermittelt oder nach Absatz 4a von einem Dritten verarbeitet werden, sieht dieser bei der Verarbeitung angemessene und spezifische Maßnahmen zur Wahrung der Interessen der betroffenen Person gemäß § 22 Absatz 2 Satz 2 des Bundesdatenschutzgesetzes vor. [2]Ergänzend zu den dort genannten Maßnahmen sind die besonderen Kategorien von Daten im Sinne des Artikels 9 Absatz 1 der Verordnung (EU) 2016/679 zu anonymisieren, sobald dies nach dem Forschungszweck möglich ist.

(4) [1]Die Übermittlung nach Absatz 1 und die weitere Verarbeitung sowie die Übermittlung nach Absatz 2 bedürfen der vorherigen Genehmigung durch die oberste Bundes- oder Landesbehörde, die für den Bereich, aus dem die Daten herrühren, zuständig ist. [2]Die oberste Bundesbehörde kann das Genehmigungsverfahren bei Anträgen von Versicherungsträgern nach § 1 Absatz 1 Satz 1 des Vierten Buches oder von deren Verbänden auf das Bundesversicherungsamt übertragen. [3]Eine Übermittlung von Sozialdaten an eine nicht-öffentliche Stelle und eine weitere Verarbeitung durch diese nach Absatz 2 darf nur genehmigt werden, wenn sich die nicht-öffentliche Stelle gegenüber der Genehmigungsbehörde verpflichtet hat, die Daten nur für den vorgesehenen Zweck zu verarbeiten. [4]Die Genehmigung darf im Hinblick auf die Wahrung des Sozialgeheimnisses nur versagt werden, wenn die Voraussetzungen des Absatzes 1, 2 oder 4a nicht vorliegen. [5]Sie muss

1. den Dritten, an den die Daten übermittelt werden,
2. die Art der zu übermittelnden Sozialdaten und den Kreis der betroffenen Personen,
3. die wissenschaftliche Forschung oder die Planung, zu der die übermittelten Sozialdaten verarbeitet werden dürfen, und
4. den Tag, bis zu dem die übermittelten Sozialdaten verarbeitet werden dürfen,

genau bezeichnen und steht auch ohne besonderen Hinweis unter dem Vorbehalt der nachträglichen Aufnahme, Änderung oder Ergänzung einer Auflage. [6]Nach Ablauf der Frist nach Satz 5 Nummer 4 können die verarbeiteten Daten bis zu zehn Jahre lang gespeichert werden, um eine Nachprüfung der Forschungsergebnisse auf der Grundlage der ursprünglichen Datenbasis sowie eine Verarbeitung für weitere Forschungsvorhaben nach Absatz 2 zu ermöglichen.

(4a) [1]Ergänzend zur Übermittlung von Sozialdaten zu einem bestimmten Forschungsvorhaben nach Absatz 1 Satz 1 kann die Verarbeitung dieser Sozialdaten auch für noch nicht bestimmte, aber inhaltlich zusammenhängende Forschungsvorhaben des gleichen Forschungsbereiches beantragt werden. [2]Die Genehmigung ist unter den Voraussetzungen des Absatzes 4 zu erteilen, wenn sich der Datenempfänger gegenüber der genehmigenden Stelle verpflichtet, auch bei künftigen Forschungsvorhaben im Forschungsbereich die Genehmigungsvoraussetzungen einzuhalten. [3]Die nach Absatz 4 Satz 1 zuständige Behörde kann vom Antragsteller die Vorlage einer unabhängigen Begutachtung des Datenschutzkonzeptes verlangen. [4]Der Antragsteller ist verpflichtet, der nach Absatz 4 Satz 1 zuständigen Behörde jedes innerhalb des genehmigten Forschungsbereiches vorgesehene Forschungsvorhaben vor dessen Beginn anzuzeigen und dabei die Erfüllung der Genehmigungsvoraussetzungen darzulegen. [5]Mit dem Forschungsvorhaben darf acht Wochen nach Eingang der Anzeige bei der Genehmigungsbehörde begonnen werden, sofern nicht die Genehmigungsbehörde vor Ablauf der Frist mitteilt, dass für das angezeigte Vorhaben ein gesondertes Genehmigungsverfahren erforderlich ist.

(5) Wird die Verarbeitung von Sozialdaten nicht-öffentlichen Stellen genehmigt, hat die genehmigende Stelle durch Auflagen sicherzustellen, dass die der Genehmigung durch Absatz 1, 2 und 4a gesetzten Grenzen beachtet werden.

(6) Ist der Dritte, an den Sozialdaten übermittelt werden, eine nicht-öffentliche Stelle, unterliegt dieser der Aufsicht der gemäß § 40 Absatz 1 des Bundesdatenschutzgesetzes zuständigen Behörde.

181 § 75 Abs. 1 S. 1 SGB X erlaubt die Übermittlung von Sozialdaten für ein bestimmtes und **Abs. 4a** auch für ein damit zusammenhängendes, aber noch **unbestimmtes** Vorhaben der Forschung oder Planung im Sozialleistungsbereich, also im Bereich der §§ 18 bis 29 SGB I und des § 68 SGB I.[215] Bei der Forschung muss es sich um wissenschaftliche Forschung handeln. Da Kriterien wissenschaftlicher Forschung nicht generell festgelegt werden können,[216] ist die Wissenschaftlichkeit der Forschung dann anzuneh-

215 Zu eng Raum in HK-SozDatenschutzR SGB X § 75 Rn. 5.
216 Vgl. zum Wissenschaftsbegriff BVerfGE 35, 112.

men, wenn sie von Wissenschaftlern entweder im Rahmen einer wissenschaftlichen Einrichtung oder außerhalb dieser von einem Wissenschaftler privat betrieben wird. Wissenschaftliche Einrichtungen sind die wissenschaftlichen Hochschulen (Universitäten und Pädagogische Hochschulen) und wissenschaftlichen Institute (zB Max-Planck-Institute). Auch die Fachhochschulen (jetzt: Hochschulen) haben einen gesetzlichen Auftrag zur (anwendungsbezogenen) Forschung.[217] Schwerpunkt dieser Forschung ist gerade an den Hochschulen für Sozialwesen das Gebiet der Jugendhilfe. Berufungsvoraussetzung für die an diesen Hochschulen lehrenden Professorinnen und Professoren ist ua ihre wissenschaftliche Qualifikation. Die von ihnen auf ihrem Lehrgebiet betriebene Forschung ist daher ebenfalls wissenschaftliche Forschung. Dies gilt auch für Duale Hochschulen; dagegen nicht für Berufsakademien oder Fachschulen.

Während das **Forschungsvorhaben** auch außerhalb einer öffentlichen Stelle, also nicht 182
bei einem Träger der öffentlichen Verwaltung, stattfinden kann, muss das **Planungsvorhaben** ein solches des Jugendhilfeträgers **selbst** sein, also zB die **Jugendhilfeplanung** nach § 80. Auch wenn die Jugendhilfeplanung ein (vorbereitender) Teil der Aufgabenerfüllung des JA nach dem SGB VIII ist, also § 69 Abs. 1 Nr. 1 SGB X anwendbar ist (→ Rn. 112 f.), ist § 75 SGB X für diese besondere Aufgabe lex specialis. Etwas anderes ist die auf den Einzelfall bezogene Hilfeplanung gem. § 36. Sie ist Verfahrensteil der Einzelfallhilfe (→ § 36 Rn. 1), die dafür benötigten Daten können nur nach § 69 Abs. 1 Nr. 1 SGB X dem JA übermittelt werden.[218]

Die Datenübermittlung ist nur zulässig, wenn sie **erforderlich** ist für Forschung und 183
Planung. Erforderlich ist sie nur dann, wenn der Zweck der Forschung und Planung nicht mit anonymisierten Daten in gleichem Umfang erreicht werden kann; insoweit ist das Erforderlichkeitsmerkmal doppelt geregelt, nämlich auch in § 75 Abs. 1 S. 2 SGB X. Hinsichtlich der noch nicht bestimmten, aber mit einem bestimmten Vorhaben zusammenhängenden Forschung, muss jedenfalls so weitgehend eine Eingrenzung erfolgen, dass die Erforderlichkeit geprüft werden kann. Außerdem dürfen **schutzwürdige Interessen** des Betroffenen nicht beeinträchtigt werden. Zwar wird dieser Begriff auch in § 68 SGB X (→ Rn. 107) verwendet, ist aber im jeweiligen Zusammenhang je verschieden auszulegen. Ist eine solche Beeinträchtigung nicht zu vermeiden, ist das Übermitteln dennoch zulässig, wenn das öffentliche Interesse an der Forschung und Planung erheblich schwerer wiegt als das Geheimhaltungsinteresse des Betroffenen. Während für die sonstigen Übermittlungen Einwilligung und gesetzliche Übermittlungstatbestände gleichrangige Rechtfertigungen sind (→ Rn. 68), ist für die Übermittlung nach § 75 SGB X die **Einwilligung** (→ Rn. 68) vorrangiger Rechtfertigungsgrund (§ 75 Abs. 1 S. 2 SGB X). Bspw. ist die Übermittlung personenbezogener Daten aus Adoptionsakten für ein Forschungsvorhaben ohne die Einwilligung unzulässig.[219] Vgl. aber zu Forschungsvorhaben bzgl. politisch motivierter Adoptionsvermittlung in der DDR § 61 Abs. 1 Nr. 6 SGB VIII.

Vor der Übermittlung muss die **Genehmigung** der obersten Landesbehörde eingeholt 184
werden, das ist für die Jugendhilfe in der Regel das Sozialministerium (→ Rn. 131). Aus dem Wortlaut des § 75 Abs. 4 S. 4 SGB X ergibt sich, dass die Genehmigung aus Gründen des Sozialdatenschutzes nur versagt werden darf, wenn eine der genannten Übermittlungsvoraussetzungen fehlt; die Genehmigungsbehörde hat dann kein Ermessen, muss also versagen bei Fehlen einer der Voraussetzungen und muss erteilen bei Vorliegen aller Voraussetzungen. Dagegen hätte sie Ermessen, aus anderen Gründen als denen des Datenschutzes die Genehmigung zu versagen. Diese Auslegung widerspricht aber der Gesetzesbegründung, nach der gerade vermieden werden soll, dass die jeweilige politische Spitze über die Genehmigung Einfluss auf den Inhalt der For-

217 So BVerfG 4.11.2010 – 1 BvR 3389/08.
218 In diesem Sinne auch Raum in HK-SozDatenschutzR SGB X § 75 Rn. 16.
219 So 8. TB LDS NRW, S. 67.

schung oder Planung nimmt. Um diesen Willen auszudrücken, hätte der Gesetzgeber formulieren müssen: „Die Genehmigung darf nur im Hinblick auf die Wahrung des Sozialgeheimnisses versagt werden, wenn die Voraussetzungen des Abs. 1 nicht vorliegen."

185 Aus dem Wortlaut des § 75 Abs. 4 SGB X ergibt sich ferner, dass die Genehmigung erteilt werden darf, auch wenn eine der Übermittlungsvoraussetzungen fehlt. Die Genehmigung kann dann aber nicht die wegen Fehlens der Übermittlungsvoraussetzungen rechtswidrige Übermittlung heilen. Die nach dem Wortlaut in diesem Fall mögliche Genehmigung ist daher wirkungslos und somit ohne praktische Bedeutung. Da eine Genehmigung nur erteilt werden kann, wenn die Übermittlungsvoraussetzungen iÜ vorliegen, trägt die Genehmigungsbehörde die **Verantwortung** für die Zulässigkeit der Übermittlung und nicht die übermittelnde Stelle wie sonst nach § 67d Abs. 1 S. 1 SGB X.

186 Die Genehmigung muss – anders als in der Vorauflage vertreten[220] – von der empfangenden Stelle beantragt werden.[221] Dies entspricht der Gesetzesbegründung, die ausführt, dass Antragstellerin für die Genehmigung die empfangende Stelle sein müsse, da dieser die erforderlichen Auflagen zu machen seien.[222] Bedenken bestehen zwar insoweit, als dass die Regelung des § 75 sich an die Sozialleistungsträger richtet und bei Vorliegen bestimmter Voraussetzungen diesen die Übermittlung genehmigt wird, so dass systematisch und sprachlich anzunehmen sein könnte, dass der übermittelnde Träger die Genehmigung zu beantragen hat.[223] Mit der Regelung des § 75 soll aber die Rechtsposition der Forschenden gestärkt werden.[224] Ihnen steht aus Art. 5 Abs. 3 GG ein Rechtsanspruch auf Übermittlung zu.[225] Wären die Sozialleistungsträger verpflichtet, die Genehmigung zu beantragen, bliebe den Forschenden nur die Möglichkeit, die Sozialleistungsträger im Rahmen einer allgemeinen Leistungsklage auf Beantragung der Genehmigung zu verklagen. Damit bliebe ihnen ein unmittelbarer effektiver Rechtsschutz versagt. Mit der Gesetzesbegründung ist deshalb davon auszugehen, dass Antragsteller die Forschenden sind. Den **Rechtsanspruch** auf die Genehmigung können sie mit der Verpflichtungsklage (§ 42 VwGO) durchsetzen.[226] Die Genehmigung ist die Brücke, die den Sozialleisträgern von den Forschenden und Planenden über § 35 Abs. 3 SGB I iVm § 75 SGB X und einer entsprechenden Genehmigung gebaut werden muss, um ersteren den Weg zur Übermittlung frei zu machen.

Werden Forschung oder Planung durch nicht-öffentliche Stellen geleistet, muss die Genehmigungsbehörde zudem durch Auflagen die Wahrung des Datenschutzes bei der nicht-öffentlichen Stelle sicherstellen (Abs. 5). Diese Auflage enthält inhaltlich nichts anderes, als § 78 Abs. 1 S. 1 SGB X schon regelt.

187 Sollen nach **§ 76 SGB X oder** § 65 besonders geschützte Daten übermittelt werden, müssen die dort genannten Voraussetzungen erfüllt sein.

188 Aus § 64 Abs. 3 ergibt sich für die Datenübermittlung zu Planungszwecken nichts; dort ist lediglich Speicherung und Nutzung der Daten geregelt.

189 Form und Inhalt der Einwilligung richten sich nach § 67b Abs. 2 und Abs. 3 (→ Rn. 68 ff.). § 67b Abs. 3 SGB X nennt als Beispiel für die Entbehrlichkeit der Schriftform der Einwilligung, dass die Schriftform das Forschungsvorhaben beeinträchtigen könnte. Die Gesetzesbegründung führt als praktisches Beispiel die Motiva-

220 Und nunmehr auch so vertreten von Raum in HK-SozDatenschutzR SGB X § 75 Rn. 42.
221 vgl. auch Krause in jurisPK-SGB X Rn. 78 und Rombach in Hauck/Noftz Rn. 44.
222 BT-Drs. 12/5187, 40.
223 Raum in HK-SozDatenschutzR SGB X § 75 Rn. 42.
224 BT-Drs. 18/12611, 108.
225 Ebenso Raum in HK-SozDatenschutzR SGB X § 75 Rn. 43 und 56.
226 vgl. auch Raum in HK-SozDatenschutzR SGB X § 75 Rn. 43 und 56.

tionsforschung bei Arbeitslosen an. In solchen Fällen genügt die mutmaßliche Einwilligung. Das JA muss in solchen Fällen aber in einem Aktenvermerk festhalten, warum die Schriftlichkeit der Einwilligung das Forschungsvorhaben erheblich beeinträchtigen würde.

Dass die für Forschung und Planung erhobenen Sozialdaten auch nur für Forschung und Planung (und nicht etwa für andere Zwecke) **genutzt** werden dürfen, bestimmt § 67c Abs. 5 S. 1 SGB X. Demgegenüber regelt § 64 Abs. 3, dass die vom JA zu anderen Zwecken erhobenen Daten auch zur Jugendhilfeplanung gespeichert und genutzt werden dürfen. Dies bedeutet, dass für die „eigenen" Sozialdaten des JA die Zulässigkeit einer Übermittlung nach § 75 SGB X nicht geprüft zu werden braucht, da keine Übermittlung vorliegt. Die Regelung des § 64 Abs. 3 beschränkt sich auf die **Planung**; für die Verwendung „eigener" Daten zu **Forschungszwecken** müsste daher eine Übermittlung angenommen werden, die nur unter den Voraussetzungen des § 75 SGB X zulässig wäre. § 67c Abs. 2 Nr. 3 SGB X regelt aber für Forschung und Planung in gleicher Weise, dass bei Verwendung eigener Daten zwar eine Änderung des Verwendungszwecks anzunehmen ist, ohne dass aber die für eine Übermittlung notwendige Genehmigung nach § 75 Abs. 2 SGB X vorliegen müsste. Die Voraussetzungen des § 75 Abs. 1 SGB X dagegen gelten auch für die Verwendung der „eigenen" Daten zu Forschungs- und Planungszwecken. Das Zusammensuchen der verschiedenen datenschutzrechtlichen Grundlagen macht somit jede **Forschung** buchstäblich zu einer „Grundlagenforschung", was den Forschungsdrang nicht gerade beflügelt. 190

Eine weitere Komplizierung bringt der mit Gesetz vom 18.5.2001[227] eingefügte **Abs. 4** (jetzt **Abs. 6**) mit sich, der eine neue Aufsichtsbehörde kreiert, die dann einzuschalten ist, wenn Daten an eine nicht-öffentliche Stelle übermittelt werden. Diese Aufsichtsbehörde ist nach § 40 Abs. 1 BDSG zu bestimmen, ist also nicht das Innenministerium als Rechtsaufsichtsbehörde oder das Sozialministerium als oberste Landesjugendbehörde (→ Rn. 184). 191

Bei Datenübermittlungen nach § 75 SGB X empfiehlt sich das folgende **Prüfschema**: 192

(1) Wissenschaftliche Forschung oder Planung im SGB-Bereich (§ 119 SGB XII ist lex specialis)?
(2) Bestimmtes Vorhaben oder mit einem bestimmten Vorhaben zusammenhängendes künftiges Vorhaben?
(3) Keine Beeinträchtigung schutzwürdiger Interessen des Betroffenen?

Falls doch:

(4) Erhebliches Überwiegen öffentlicher Interessen?
(5) Einholung der Einwilligung unzumutbar?
(6) Erforderlichkeit gerade personenbezogener Daten? Reichen anonymisierte Daten aus, den Zweck zu erfüllen?
(7) Liegt Genehmigung des Sozialministeriums vor?
(8) Werden Daten an nicht-öffentliche Stellen übermittelt? Dann Kontrolle nach § 40 Abs. 1 BDSG.

1.4.3 Übergesetzliche Übermittlungstatbestände (einschl. rechtfertigender Notstand). Besteht die konkrete Gefahr, dass Straftaten, die in § 138 StGB nicht genannt sind, begangen werden, kann sich eine Übermittlungsbefugnis (nicht Übermittlungspflicht) in eng begrenzten Fällen (meist hilft schon § 69 Abs. 1 Nr. 2 SGB X; → Rn. 123 f.) aus der zusätzlichen Übermittlungsbefugnis des **rechtfertigenden Notstands** (§ 34 StGB analog) oder der **Notwehr** (§ 32 StGB analog), auch in Form der Nothilfe oder der **Wahrnehmung berechtigter Interessen** (§ 193 StGB analog) ergeben. Nach dem Wortlaut des § 67d Abs. 1 SGB X ist eine Übermittlung zwar nur zulässig, 193

227 BGBl. I, 904.

wenn ein Übermittlungstatbestand aus dem SGB vorliegt; daraus folgt aber lediglich, dass es weitere gesetzliche Übermittlungsbefugnisse nicht gibt. Eine übergesetzliche Übermittlungsbefugnis ist dagegen – schon rein begrifflich – daneben möglich.[228] Im Strafrecht unterscheidet man den rechtfertigenden Notstand nach § 34 StGB, der die Rechtswidrigkeit des Handelns ausschließt, den entschuldigenden Notstand nach § 35 StGB, der die Schuld ausschließt und den ebenfalls schuldausschließenden übergesetzlichen Notstand.[229] Da es bei einem Verstoß gegen das Sozialgeheimnis aus § 35 SGB I iVm § 61 SGB VIII auf ein Verschulden nicht ankommt, kommt hier lediglich der **rechtfertigende Notstand** gemäß § 34 StGB analog in Betracht. Seine Voraussetzungen sind: (1) gegenwärtige Gefahr für ein Rechtsgut, (2) die nicht anders abwendbar ist, (3) nach Abwägung der Güter, wobei (4) das andere Rechtsgut wesentlich höherwertig sein muss gegenüber dem Sozialgeheimnis. – Auch bei **anvertrauten Daten iSd § 65** (→ § 65 Rn. 8) ist eine Weitergabe unter diesen Voraussetzungen möglich. **Beispiel:** Die Polizei bittet das JA um Übersendung der Akte eines Dealers. Eine Übermittlung nach § 68 SGB X ist nicht möglich (nur Standarddaten), nach § 71 Abs. 1 S. 1 Nr. 1 SGB X ebenfalls nicht (§ 138 StGB liegt nicht vor), nach § 73 SGB X ebenso wenig (keine qualifizierte Straftat und richterliche Anordnung fehlt). Denkbar wäre eine Übermittlung allenfalls nach § 69 Abs. 1 Nr. 2 SGB X, wenn das JA der Meinung ist, nur über ein Strafurteil lasse sich eine Therapiebereitschaft des Jugendlichen erwirken. Ergibt sich aber aufgrund konkreter Anhaltspunkte die gegenwärtige Gefahr, dass der abhängige Jugendliche andere Jugendliche zum Konsum animiert, ergibt sich aus dem rechtfertigenden Notstand eine Übermittlungsbefugnis. Auch im Fall anvertrauter Daten bei einer **Kindesmisshandlung**[230] kommt man auf diese Weise zu einer Weitergabebefugnis – zusätzlich zu der nach § 69 Abs. 1 Nr. 2 SGB X möglichen Übermittlungsbefugnis (→ Rn. 124), um eine unmittelbar bevorstehende Gefahr für Leben und Gesundheit des Kindes abzuwenden, wenn alle sonstigen Möglichkeiten (→ Rn. 194) ausgeschöpft worden sind.[231] Die Regelungen in den **KinderschutzG** einzelner Länder (zB § 1 Abs. 5 KindSchG BW u. § 12 KindSchuG RhPf; Synopse Anh. 3) u. Art. 1 § 4 BKiSchG (zu diesem Anh. zu § 61) stellen dies ausdrücklich klar, sind also lediglich deklaratorischer Art.

Aus der Weitergabebefugnis wird eine Weitergabepflicht, wenn der Mitarbeiter **strafrechtlicher Garant** ist (→ § 8a Rn. 108 ff. mit Abdruck des § 13 StGB).

Wird eine Sozialarbeiterin im JA **bedroht,** zB von dem gewalttätigen Vater eines Kindes, das im Rahmen von § 42 in Obhut genommen worden ist, kann ein Kollege (wenn er nicht selbst mit dem Vater fertig wird) ans Telefon eilen, um die Polizei zu Hilfe zu rufen. Als Übermittlungsbefugnis kommt für die Sozialarbeiterin Notwehr (§ 32 StGB analog), für den Kollegen Nothilfe (§ 32 StGB analog) in Betracht, weil es sich um einen gegenwärtigen Angriff handelt, der nicht anders abwendbar ist. Als Übermittlungsbefugnis kommt nach der hier vertretenen Auffassung (→ Rn. 124) aber auch schon § 69 Abs. 1 Nr. 2 SGB X infrage. – Ist dem JA ein Fall von **Aids** bekannt, kann sich eine Übermittlungsbefugnis ebenfalls unter diesen Voraussetzungen erge-

---

228 Ebenso Hauck SGB I § 35 Rn. 42; Proksch, Sozialdatenschutz, S. 102; Casselmann/Gundlach (1981), S. 95; aA Emrich in Frommann/Mörsberger/Schellhorn, S. 116; Schellhorn in GK-SGB I § 35 Rn. 51; Hase in GK-SGB X 2, § 67 Rn. 71; Mrozynski SGB I § 35 Rn. 29 und wohl auch Maas, Arbeitshilfe LWV, S. 22; im 10. TB LDS Bayern, S. 8, wird der übergesetzliche Notstand bejaht.

229 Vgl. Lackner StGB Erl. III 3 vor § 32.

230 Näher zu Datenschutz und Kinderschutz: Radewagen in Leitfaden des Nds. Sozialministeriums 2021.

231 Kunkel NDV 2008, 415; aA Mörsberger (1985), passim; wie hier aber Proksch, Sozialdatenschutz, S. 103; vgl. auch den Beschluss der Konferenz der Jugendminister und -senatoren der Länder vom 20./21.6.1991 ZfJ 1992, 32; 18. TB LDS BW, S. 69; Gutachten DV NDV 2009, 263.

ben.[232] Ferner kommt eine Übermittlungsbefugnis auch nach § 69 Abs. 1 Nr. 1 Alt. 1 SGB X in Betracht bspw. bei Unterbringung eines Pflegekindes, um die Pflegeeltern über zusätzlichen notwendigen Betreuungsaufwand zu informieren.[233] Gegen den **Diebstahl** von Einrichtungsgegenständen kann sich eine Stelle häufig nur mit der Anzeige wehren, die nur (→ Rn. 124) mit der Wahrnehmung berechtigter Interessen (§ 193 StGB analog) datenschutzrechtlich zu rechtfertigen ist.

Ein gesetzlicher Fall des rechtfertigenden Notstandes ist in der **ärztlichen Berufsordnung** geregelt (zB § 2 Abs. 4 BerufsO der Landesärztekammer BW). Sie ist als Satzung erlassen, also Gesetz im materiellen Sinn. Der Erlass der Satzung bedarf zwar keiner gesetzlichen Ermächtigungsgrundlage, aber inhaltlich können Satzungen Grundrechte nur dann einschränken, wenn diese Einschränkung sich auf eine gesetzliche Ermächtigungsgrundlage stützen kann.[234] Hier geht es aber nicht um eine Grundrechtseinschränkung, sondern um den Ausschluss der Strafbarkeit des Arztes. An Grundrechte ist er als Privatperson nicht gebunden (Lehre von der mittelbaren Drittwirkung der Grundrechte). Schon die ärztliche Berufsordnung[235] gibt eine Offenbarungsbefugnis in Fällen von **Kindesmisshandlung**;[236] sie ist eine spezielle Regelung des rechtfertigenden Notstands (→ Rn. 193), setzt also voraus, dass alle sonstigen Möglichkeiten zum Schutz des Kindes ausgeschöpft sind, die Offenbarung deshalb ultima ratio ist. Der Arzt muss mit den Eltern Hilfemöglichkeiten erörtert und sie auch auf seine Offenbarungsbefugnis hingewiesen haben (so die – deklaratorischen – Regelungen in Kinderschutzgesetzen; → Rn. 193; ebenso → KKG § 4 Rn. 12 im Anh. zu § 61). Teilt der Arzt die Kindesmisshandlung dem JA mit, kann das JA diese Daten gem. § 8a Abs. 2 dem **Familiengericht** mitteilen, weil es dazu sozialrechtlich legitimiert ist aufgrund von § 69 Abs. 1 Nr. 1 SGB X und zusätzlich die (fiktive) strafrechtliche Offenbarungsbefugnis bestünde, die sich aus der des Erstübermittlers (des Arztes) ergibt. Sollte die Mitteilung nach § 8a Abs. 2 an das Familiengericht wegen akuter Gefahr für das Kind nicht ausreichen, um Leib oder Leben des Kindes zu schützen, kann das JA die Daten auch an die **Polizei** weitergeben aufgrund der sozialrechtlichen Übermittlungsbefugnis gem. § 69 Abs. 1 Nr. 2 SGB X (→ Rn. 124) und der zusätzlichen strafrechtlichen Offenbarungsbefugnis, die der Arzt für diese Übermittlung hätte.[237] Auch der Arzt könnte das FamG einschalten (§§ 24, 151 FamFG). 194

Werden die Daten von einer Person übermittelt, die der Schweigepflicht nach § 203 Abs. 1 StGB unterliegt, entfällt die Strafbarkeit dieser Person aufgrund des rechtfertigenden Notstands gem. § 34 StGB in direkter Anwendung. Dagegen ergibt sich für das JA als Normadressat des § 35 SGB I die Zulässigkeit der Datenübermittlung aufgrund der **analogen** Anwendung der §§ 32 und 34 StGB.[238] 195

232 Pfeiffer, Aus Politik und Zeitgeschichte, B. 48/88, 21; Münder, NDV 1989, 333.
233 Ebenso Hager/Sehrig, Vertrauensschutz, S. 133 und Münder, NDV 1989, 333.
234 Vgl. hierzu Borchert in GK-SGB X II, § 76 Rn. 48.
235 Die Präambel der Berufsordnung aus der Genfer Deklaration geht auf den Hippokratischen Eid (400 v.Chr.) zurück: „Was ich bei der Behandlung sehe oder höre …, werde ich, soweit man es nicht ausplaudern darf, verschweigen und solches als ein Geheimnis betrachten."
236 Ebenso 12. TB LDS Bayern, S. 11.
237 Ebenso Krahmer, Sozialdatenschutz, S. 136; Kunkel NDV 1992, 88; Ollmann ZfJ 1998, 354 u. 1999, 195; Renelt ZFSH/SGB 2002, 579 (643).
238 AA Proksch, Sozialdatenschutz, S. 104 unter Berufung auf Hager/Sehrig, Vertrauensschutz, S. 132, die sich ihrerseits auf Borchert/Hase/Walz in GK-SGB X II § 67 Rn. 73 berufen.

1.5 „Schranken – Schranken" als Einschränkung der gesetzlichen Übermittlungsbefugnisse:

1.5.1 Bei besonders schutzwürdigen Sozialdaten (§ 76 SGB X iVm § 203 Abs. 1 u. 4 StGB)

196 **§ 76 SGB X Einschränkung der Übermittlungsbefugnis bei besonders schutzwürdigen Sozialdaten**

(1) Die Übermittlung von Sozialdaten, die einer in § 35 des Ersten Buches genannten Stelle von einem Arzt oder einer Ärztin oder einer anderen in § 203 Absatz 1 und 4 des Strafgesetzbuches genannten Person zugänglich gemacht worden sind, ist nur unter den Voraussetzungen zulässig, unter denen diese Person selbst übermittlungsbefugt wäre.

(2) Absatz 1 gilt nicht

1. im Rahmen des § 69 Absatz 1 Nummer 1 und 2 für Sozialdaten, die im Zusammenhang mit einer Begutachtung wegen der Erbringung von Sozialleistungen oder wegen der Ausstellung einer Bescheinigung übermittelt worden sind, es sei denn, dass die betroffene Person der Übermittlung widerspricht; die betroffene Person ist von dem Verantwortlichen zu Beginn des Verwaltungsverfahrens in allgemeiner Form schriftlich oder elektronisch auf das Widerspruchsrecht hinzuweisen,

1a. im Rahmen der Geltendmachung und Durchsetzung sowie Abwehr eines Erstattungs- oder Ersatzanspruchs,

2. im Rahmen des § 69 Abs. 4 und 5 und des § 71 Abs. 1 Satz 3,

3. …

(3) …

197 **1.5.1.1 § 76 SGB X als Einschränkung der gesetzlichen Übermittlungsbefugnisse.** Ein Offenbaren, das nach § 203 Abs. 1 u. 4 oder Abs. 2 StGB (Abdruck vor → Rn. 13) strafbar ist, ist zugleich unzulässige Datenverwendung iSv § 35 Abs. 2 SGB I. Wegen der Einheit der Rechtsordnung kann ein strafbares Verhalten im Sinne einer Norm nicht zugleich rechtmäßige Tätigkeit im Sinne einer anderen Norm sein. Daraus ergibt sich eine unmittelbare Einschränkung der Übermittlungsbefugnisse nach §§ 68–75 SGB X aus § 203 StGB. Von Bedeutung ist dabei lediglich § 203 Abs. 1 und 4 StGB, da § 203 **Abs. 2** StGB das **strafrechtlich** befugte Offenbaren an das **sozialgesetzlich** befugte Übermitteln anknüpft. Dies übersehen Rauschert[239] und Riehle[240] unter irriger Berufung auf die Kommentarliteratur, wenn sie die Bedeutung des § 203 StGB für den Sozialdatenschutz deshalb verneinen, weil eine strafrechtlich befugte Offenbarung immer dann vorliege, wenn sie datenschutzrechtlich zulässig sei. Dies ist nur für § 203 Abs. 2 StGB richtig. Für § 203 Abs. 1 u. 4 StGB dagegen führen sozialrechtliche Übermittlungsbefugnisse nicht zu einer strafrechtlichen Offenbarungsbefugnis (→ Rn. 13)

198 Eine weitere (mittelbare) Einschränkung der gesetzlichen Übermittlungsbefugnisse nach §§ 68–75 SGB X regelt § 76 SGB X iVm § 203 Abs. 1 u. 4 StGB. Während sich aus § 203 Abs. 1 StGB ein strafrechtliches Offenbarungsverbot und damit auch unmittelbar sozialgesetzliches Übermittlungsverbot für die Angehörigen der dort genannten Personengruppen ergibt, regelt § 76 SGB X iVm § 203 Abs. 1 StGB ein Übermittlungsverbot für den Jugendhilfeträger, der Daten von einem Angehörigen der in § 203 Abs. 1 genannten Berufsgruppe (oder dessen Helfer nach Abs. 3) erhalten hat. § 76 SGB X verlängert somit das Berufsgeheimnis des § 203 Abs. 1 StGB in den Bereich des Sozialgeheimnisses des § 35 SGB I hinein (→ Rn. 14). Dies bedeutet, dass der Jugendhilfeträger ein Geheimnis, das zunächst nur Berufsgeheimnis (Privatgeheimnis) war, als Sozialgeheimnis nur dann übermitteln darf, wenn zusätzlich zu einer Übermittlungsbefugnis für das Sozialgeheimnis aus den §§ 68 bis 75 SGB X eine weitere (fikti-

239 ZfJ 1996, 414.
240 ZfJ 1999, 463.

ve) strafrechtliche Offenbarungsbefugnis für das Berufsgeheimnis bestünde.[241] Das Erfordernis der **Doppellegitimation** wird allerdings lediglich durch die Überschrift des § 76 SGB X („Einschränkung der Übermittlungsbefugnis“) gestützt, nicht dagegen durch den Wortlaut des § 76 Abs. 1 SGB X („Die Übermittlung … ist **nur** unter den Voraussetzungen zulässig, unter denen diese Person selbst übermittlungsbefugt wäre“). Dass dennoch eine doppelte Legitimation notwendig ist, ergibt sich (ebenso bei § 65; → § 65 Rn. 1) aber daraus, dass bei nur (fiktiver) strafrechtlicher Legitimation oftmals Daten leichter übermittelt werden dürften als nach sozialrechtlicher Legitimation. Strafrechtlich genügt nämlich für eine Offenbarung schon eine stillschweigende oder mutmaßliche Einwilligung, sozialrechtlich ist dagegen eine schriftliche Einwilligung erforderlich (§ 67b Abs. 2 SGB X). § 76 SGB X würde daher sein Ziel verfehlen, sensitive Daten durch strengere Übermittlungsvoraussetzungen unter besonderen Schutz zu stellen. § 76 SGB X müsste daher richtig lauten: „Die Übermittlung von Sozialdaten gem. §§ 68 bis 75 SGB X … ist nur unter den zusätzlichen Voraussetzungen zulässig …“. Außerdem müsste es heißen: „…, unter denen diese Person selbst offenbarungsbefugt wäre“.

Mit der Kumulierung sozialrechtlicher und strafrechtlicher Übermittlungsbefugnisse 199
geht § 76 SGB X auch einen anderen Weg als § 39 Abs. 1 BDSG aF. Dort darf die speichernde Stelle die sensitiven Daten nur für den Zweck verarbeiten, für den sie sie erhalten hat. Demgegenüber löst sich § 76 SGB X vom Zweckbindungsprinzip,[242] da die strafrechtlichen Offenbarungsbefugnisse die Offenbarung gerade für andere Zwecke ermöglichen als die, zu denen die Daten ursprünglich anvertraut worden sind.

1.5.1.2 § 76 SGB X im Verhältnis zu § 65. § 65 (→ § 65 Rn. 2) erweitert den Schran- 200
kenbereich für die gesetzlichen Übermittlungsbefugnisse über § 76 SGB X hinaus, indem nicht nur die einem Angehörigen einer Berufsgruppe nach § 203 Abs. 1 StGB anvertrauten Daten zusätzlichen strafrechtlichen Offenbarungsvoraussetzungen unterliegen, sondern auch die **jedem sonstigen Mitarbeiter** eines JA/LJA anvertrauten Daten, wenn dies zum Zweck persönlicher und erzieherischer Hilfe geschehen ist. Außerdem enthält er – scheinbar – zusätzliche Weitergabebefugnisse (mit Satz 1 Nr. 1–5), die aber enger sind als die nach § 203 Abs. 1 StGB.

Während Adressat der Regelung des § 76 SGB X nur die SGB-Stelle ist, sind Adressa- 201
ten der Regelung des § 65 sowohl der Mitarbeiter des JA/LJA als auch[243] – über ihn vermittelt – das JA/LJA selbst. Werden bspw. einem **Mitarbeiter**[244] des JA personenbezogene Daten zum Zweck erzieherischer Hilfe anvertraut, können diese Daten sowohl vom Mitarbeiter intern als auch vom **JA nach außen** (zB dem FamG gem. § 50) nur weitergegeben werden, wenn die Voraussetzungen des § 65 S. 1 Nr. 1, 2 oder 3 vorliegen. Das JA kann die vom Mitarbeiter erhaltenen Daten nur zu demselben Zweck nach außen weitergeben, zu dem es sie vom Mitarbeiter erhalten hat (§ 65 Abs. 1 S. 2); im Verhältnis JA zu Mitarbeiter gilt also der Zweckbindungsgrundsatz, aber nicht im Verhältnis Mitarbeiter zu Hilfesuchendem. Ein Fall des § 76 SGB X dagegen liegt vor, wenn ein Kinderarzt dem JA personenbezogene Daten eines misshandelten Kindes mitteilt und das JA diese Daten dem Familiengericht gem. § 8a Abs. 2 weitergeben will. Das JA kann dies dann nur unter denselben Voraussetzungen tun wie der Arzt selbst (hier unter den Voraussetzungen des rechtfertigenden Notstandes gem. § 34 StGB; → Rn. 193 f.).

241 Ebenso Krahmer, Sozialdatenschutz, S. 253 und – auch hier wieder in enger Anlehnung an Giese/Krahmer – Proksch, Sozialdatenschutz, S. 119; aA Wiesner SGB X § 76 Rn. 2, § 76 SGB X sei lex specialis gegenüber den gesetzlichen Übermittlungsbefugnissen.
242 AA Mörsberger in Wiesner Anh. 4 § 76 Rn. 2.
243 AA Mörsberger ZfJ 1991, 115.
244 Hierzu Bouhatta NJOZ 2021, 577.

202 Die Person nach § 203 Abs. 1 u. 4 StGB (auf die § 76 SGB X und § 65 SGB VIII Bezug nehmen) kann entweder im JA selbst beschäftigt sein oder außerhalb des JA.[245] Dies folgt aus dem Schutzzweck des § 76 SGB X, die Weitergabe eines Berufsgeheimnisses durch den Sozialleistungsträger zu erschweren, gleichgültig, ob der Träger dieses Berufsgeheimnisses **innerhalb oder außerhalb der Behörde** tätig ist. **Beispiel:** Die Telefonnummern der von Psychologen der kommunalen Erziehungsberatungsstellen angerufenen Klienten werden in der **Telefonzentrale** der Behörde erfasst (schon diese Speicherung ist unzulässig, weil nicht von § 67c Abs. 2 SGB X iVm § 63 Abs. 1 SGB VIII gedeckt; → Rn. 47). Die Telefonzentrale darf diese Daten sowohl innerhalb der Behörde (zB zur Abrechnung) als auch nach außen nur weitergeben, wenn der Psychologe selbst zur Weitergabe strafrechtlich befugt wäre. Da sich eine Offenbarungsbefugnis für ihn nicht ergibt, kann die Telefonnummer der Klienten nicht zur Abrechnung weitergegeben werden.[246]

203 Der Fall wäre allerdings heute nach § 65, wenn auch mit demselben Ergebnis, zu lösen. Ist die Person nach § 203 Abs. 1 StGB innerhalb der SGB-Stelle beschäftigt, sind zugleich die Voraussetzungen des § 65 erfüllt, denn das Anvertrauen eines Geheimnisses iSv § 203 Abs. 1 StGB wird in der Regel zum Zwecke persönlicher und erzieherischer Hilfe erfolgen (→ § 65 Rn. 7). Aus der Fürsorgepflicht des Dienstherrn ergibt sich, dass er durch organisatorische Vorkehrungen den Mitarbeiter davor bewahren muss, sich strafbar zu machen.[247]

1.5.1.3 § 76 Abs. 1 SGB X (Grundsatz). „von einer Person nach § 203 Abs. 1 u. 4 StGB zugänglich gemacht"

204 Für die Jugendhilfe von besonderer Bedeutung ist § 203 Abs. 1 **Nr. 4** StGB. Die dort genannten **Berater** müssen in einer anerkannten Beratungsstelle tätig sein. Die Anerkennung erfolgt nach Richtlinien der einzelnen Bundesländer; eine bloß verbale oder auch finanzielle[248] genügt nicht. Durch das KJHG wurden auch Familienberater in den Kreis der Nr. 4 aufgenommen. Unter **Nr. 5** fallen **Sozialarbeiter** und **Sozialpädagogen** erst nach staatlicher Anerkennung, die nach Länderregelung erst nach Abschluss der Diplomarbeit bzw. B.A.-Thesis erfolgt. Die Ausbildung muss an einer Hochschule (→ Rn. 181) erfolgt sein, also nicht an Fachschulen für Sozialwesen. Unter **Nr. 1** fallen auch nicht-ärztliche Psychotherapeutinnen, Ergo- und Physiotherapeutinnen; eine akademische Ausbildung ist nicht notwendig. Erfasst sind auch Kranken- und Kinderkrankenpflegerinnen, **Hebammen** bzw. Entbindungspfleger. Heilpraktiker fallen nicht unter Nr. 1, weil ihre Ausbildung nicht staatlich geregelt ist; **Heilpädagoginnen** werden von Nr. 1 nicht erfasst, da ihre Ausbildung zwar staatlich geregelt ist,[249] aber es sich nicht um einen medizinischen Heilberuf handelt, sondern um einen pädagogisch ausgerichteten. **Erzieherinnen**, Diplompädagoginnen, Pädagogen und Diakone fallen unter keine der Nrn. des Abs. 1. Gleichgestellt mit den Personen nach Abs. 1 sind die in Abs. 3 genannten **Gehilfen** (zB Schreibkräfte, Assistentinnen) und Auszubildende (zB Praktikanten). Ehrenamtliche Mitarbeiter fallen weder unter Abs. 1 noch unter Abs. 3.

205 Ist eine Person nach § 203 Abs. 1 u. 4 StGB beim Jugendhilfeträger beschäftigt, ist sie **zugleich Amtsträger iSv § 203 Abs. 2 S. 1 Nr. 1** iVm § 11 Abs. 1 Nr. 2 StGB (→ Rn. 13). Unter § 203 Abs. 2 S. 1 Nr. 2 StGB fallen besonders Verpflichtete iSv § 11 Abs. 1 Nr. 4 StGB iVm dem Verpflichtungsgesetz (→ Rn. 50). (Nur) für diese Personen

245 Ebenso Maas, Datenschutz (1988), S. 18; Mörsberger in Wiesner Anh. 4 SGB X § 76 Rn. 3; Krahmer, Sozialdatenschutz, S. 252; Onderka/Schade, Datenschutz (1981), S. 188; Borchert in GK-SGB X II § 76 Rn. 72 mit Nachweis der Gegenmeinung.
246 So BAG NDV 1987, 333 mAnm Mörsberger 325.
247 So zu Recht Mörsberger in Wiesner SGB X § 76 Rn. 4.
248 Ebenso Krahmer, Sozialdatenschutz, S. 249.
249 ZB in BW durch VO v. 15.9.1981.

nach Abs. 2 gilt die erleichterte Offenbarungsbefugnis, die identisch ist mit der sozialrechtlichen Übermittlungsbefugnis. Wegen dieser erleichterten Offenbarungsbefugnis wird von einigen kommunalen Anstellungsträgern gern die Meinung vertreten, auf diese Personen sei § 203 Abs. 1 StGB nicht anwendbar, sondern nur Abs. 2. Dem wird nicht gefolgt, da der Schutzzweck des § 203 StGB darin besteht, den Bürger dann besonders zu schützen, wenn er sich einer Person gerade in ihrer Eigenschaft als Trägerin einer besonderen beruflichen Qualifikation anvertraut. Ihre Offenbarungsbefugnis ist daher nur nach § 203 Abs. 1 StGB zu beurteilen (→ § 65 Rn. 9).[250] Der Mitarbeiter des JA, der zugleich Person nach § 203 Abs. 1 StGB ist, fällt dann unter § 203 Abs. 1 StGB, wenn er **gerade „als"** Sozialarbeiter/Psychologe/Berater... tätig geworden ist. Dies ist dann der Fall, wenn er in seiner spezifisch geschützten Tätigkeit dem Bürger gegenübertritt, die das besondere Vertrauensverhältnis des Klienten begründet. Also bspw. Beratung und Therapie, dagegen nicht verwaltende Tätigkeit wie bspw. die Sachverhaltsermittlung im Außendienst oder eine Sachbearbeitertätigkeit wie die der Verwaltungsfachkraft. Die mit dieser Funktionsspaltung verbundenen Konflikte in der Praxis[251] sind nur so zu vermeiden, dass die verschiedenen Funktionen von verschiedenen Personen wahrgenommen werden. Nimmt eine Person beide Funktionen wahr, muss sie dem Bürger zumindest zu erkennen geben, in welcher Funktion sie gerade auftritt („Amphibientheorie").

Gerade als einer Person nach § 203 Abs. 1 StGB anvertraut oder sonst bekannt wird ein Geheimnis dann nicht, wenn diese Personen erkennbar als **Gutachter** (für JA oder Gericht) auftreten. Dies gilt auch für gutachtliche Stellungnahmen bspw. im Rahmen der Familiengerichtshilfe gem. § 50 sowie für Berichte des Jugendgerichtshelfers gem. § 52.[252] Zum selben Ergebnis kommt man, wenn man in diesen Fällen eine Offenbarungsbefugnis durch stillschweigende Einwilligung[253] oder als gesetzliche Befugnis[254] annimmt. 206

Nur die Bekanntgabe solcher personenbezogener Daten ist geschützt, die ein **„fremdes Geheimnis"** sind. Im Unterschied zum Sozialgeheimnis (→ Rn. 20) muss es sich also um Tatsachen handeln, die nur einem beschränkten Personenkreis bekannt sind und nach dem Interesse des Geheimnisträgers nicht weiter bekannt werden sollen.[255] 207

„Zugänglich gemacht" iSv § 76 Abs. 1 SGB X ist dem JA ein Datum dann, wenn es von der Person nach § 203 Abs. 1 StGB für den Dienstverkehr freigegeben worden ist. Dies kann auch geschehen, wenn die Person nach § 203 Abs. 1 StGB beim JA selbst beschäftigt ist (→ Rn. 203). Diese Freigabe muss aber rechtmäßig gewesen sein, um weiterverwendet werden zu können (→ Rn. 243), also aufgrund einer strafrechtlichen Offenbarungsbefugnis erfolgt sein. 208

250 Ebenso Mörsberger in Wiesner Anh. 4 StGB § 203 Rn. 7; Krahmer, Sozialdatenschutz, S. 250; Frommann, Sozialdatenschutz (1985), S. 166; Maas, Datenschutz (1988), S. 18 u. 48; Borchert in GK-SGB X II § 76 Rn. 33; 10. TB LDS Hessen, S. 58; Stellungnahme der Bundesregierung zum 7. Jugendbericht (BT-Drs. 10/6730), S. IX: „Im Hinblick auf die strafrechtliche Verantwortlichkeit des/der Beraters/Beraterin nach § 203 StGB und die notwendige Rechtssicherheit dem Klienten teilt die Bundesregierung die Auffassung der Obersten Landesjugendbehörden, wonach eine Weitergabe der Daten auch innerhalb der Behörde ohne Einwilligung des Betroffenen grundsätzlich nur nach deren Anonymisierung möglich ist."

251 Vgl. hierzu 10. TB LDS Hessen, S. 58 f.

252 AA bezüglich der gutachtlichen Stellungnahmen Mörsberger in Wiesner Anh. 4 StGB § 203 Rn. 9.

253 So Krahmer, Sozialdatenschutz, S. 253.

254 So Lackner StGB § 203 Rn. 23.

255 So Kühl in Lackner StGB § 203 Rn. 14.

■ **Strafrechtliche Offenbarungsbefugnisse**

209 Strafrechtliche Offenbarungsbefugnisse sind die Einwilligung, höherrangige gesetzliche Mitteilungspflichten oder -befugnisse, rechtfertigender Notstand und Notwehr/Nothilfe sowie die Wahrnehmung berechtigter Interessen (→ Rn. 193).

■ **Die Einwilligung (Schweigepflichtentbindung)**

210 Strafrechtliche Einwilligung (Schweigepflichtentbindung) und sozialrechtliche Einwilligung (zu dieser → Rn. 68) sind zu unterscheiden. Erstere ist notwendig, um Angehörige der in § 203 Abs. 1 StGB genannten Berufsgruppen vor Strafverfolgung zu schützen, letztere schützt den Betroffenen vor einer Verletzung des Sozialgeheimnisses. Beide sind getrennt zu prüfen.[256] Während die Schweigepflichtentbindung von der Person erklärt werden muss, die das Geheimnis anvertraut hat („**Geheimnisherr**") und sich auch auf die Daten Dritter bezieht, beschränkt sich die sozialrechtliche Einwilligung auf die eigenen Daten des Betroffenen (zu Daten mit Doppelbezug → Rn. 22). Die strafrechtliche Einwilligung muss – anders als die sozialrechtliche (→ Rn. 74) – nicht schriftlich erfolgen; vielmehr genügt eine **formlose**, auch nur durch schlüssiges Handeln (konkludent) erfolgte Einwilligung. Darüber hinaus ist eine mutmaßliche Einwilligung ausreichend, wenn sie nicht ausdrücklich oder stillschweigend erklärt werden kann. Die formlose Einwilligung ist immer dann anzunehmen, wenn ein Untersuchungsergebnis an die Stelle weitergereicht wird, für die die Untersuchung angefertigt wurde, sofern man nicht in diesen Fällen schon ein „Anvertrauen" (→ Rn. 205) ausschließt. Von einer formlosen Einwilligung gedeckt ist die Beteiligung Dritter zur Qualitätsverbesserung der Hilfe, bspw. im Team, durch **Supervision**, aber auch durch Fachaufsicht des Dienstvorgesetzten.[257] Diese formlose Einwilligung kann aber nur angenommen werden, wenn der Betroffene sich über die Beteiligung der Dritten im Klaren ist. Oftmals wird in diesen Fällen auch eine anonymisierte Schilderung ausreichen, so dass die Offenbarung personenbezogener Daten nicht erforderlich ist.

■ **Höherrangige gesetzliche Mitteilungspflichten**

211 Es ist nicht „immer als befugt anzusehen, wozu jemand gesetzlich verpflichtet ist",[258] vielmehr besteht eine Offenbarungsbefugnis nur dann, wenn die (bundes-)gesetzliche Mitteilungspflicht **höherrangig** ist als die Schweigepflicht.[259] Von vornherein auszuscheiden sind deshalb Verwaltungsvorschriften (zB innerdienstliche Weisungen). Die **beamtenrechtliche Gehorsamspflicht** ist zwar gesetzlich normiert (§ 35 BeamtStG), aber nicht als höherrangig ausgestaltet (→ § 65 Rn. 3). Anders die **Aufsichts-**, Kontroll- und **Rechnungsprüfungspflichten**, deren Erfüllung § 76 Abs. 2 Nr. 2 SGB X als gegenüber der Schweigepflicht höherrangig einstuft (→ Rn. 135). Eine höherrangige gesetzliche Mitteilungspflicht ist dagegen die **Zeugnispflicht** nach den Gerichtsverfahrensgesetzen, soweit diese Gesetze nicht den Vorrang der Schweigepflicht durch ein Zeugnisverweigerungsrecht wiederherstellen (→ Rn. 222).[260] Auch die in § 71 SGB X genannten gesetzlichen Mitteilungspflichten sind nicht von vornherein höherrangig gegenüber der Schweigepflicht. Werden behördliche Pflichten (bspw. die Amtshilfepflicht) schon nach § 35 Abs. 3 SGB I durch das Sozialgeheimnis begrenzt, gilt dies erst recht für ihre Begrenzung durch die Schweigepflicht nach § 203 Abs. 1 StGB. Umgekehrt ist nicht überall dort, wo die behördliche Mitteilungspflicht höherrangig ge-

256 So zu Recht 19. TB LDS NRW – Datenschutz im Jugendamt, S. 35.
257 Borchert ZfSH/SGB 1982, 171 nimmt eine mutmaßliche Einwilligung an; aA BayObLG NStZ 1995, 187 mit Besprechung durch Longino ZfJ 1997, 136.
258 So aber Mörsberger in Wiesner Anh.4 § 203 Rn. 14.
259 Ebenso Tröndle/Fischer StGB § 203 Rn. 23; aA aber der Berliner Datenschutzbeauftragte in einem persönlichen Schreiben vom 16.6.1997 an den Verfasser: „Jede gesetzlich normierte Verpflichtung kann eine Befugnis nach § 203 StGB verschaffen, es sei denn die Bestimmung selbst verweist wiederum auf § 203 (zB § 77 AuslG)".
260 Näher hierzu Kunkel/ Rosteck/Vetter StV 2017, 829.

genüber dem Sozialgeheimnis ist (zB in den Fällen des § 71 SGB X), auch eine strafrechtliche Offenbarungsbefugnis gegeben. Aus dem Katalog des § 71 SGB X ist die Mitteilungspflicht nach § **138 StGB** vorrangig gegenüber der Schweigepflicht.[261] Aus § 76 Abs. 2 Nr. 2 SGB X folgt, dass die Mitteilungspflicht für **Archivdaten** nach § 71 Abs. 1 S. 3 SGB X nachrangig gegenüber der Schweigepflicht wäre, so dass die Ausnahmeregelung des § 76 Abs. 2 Nr. 2 SGB X erforderlich ist, um Archivdaten offenbaren zu können („Archivprivileg"; → Rn. 216). Aus § 88 Abs. 1 AufenthG folgt, dass die Mitteilungspflicht nach § **87 AufenthG** nachrangig gegenüber der Schweigepflicht nach § 203 Abs. 1 StGB ist und dieser Nachrang nur für die in § 88 Abs. 2 AufenthG genannten Daten umgekehrt wird. Aus § **102 AO** folgt, dass die Übermittlungspflicht gegenüber den Finanzämtern Vorrang vor der Schweigepflicht hat, außer es handelte sich um eines der in § 102 AO genannten Berufsgeheimnisse. Im Zusammenhang mit der Einrichtung sog. **Babyklappen**[262] von Bedeutung ist, dass aus §§ 18, 19 **PStG** folgt, dass die Anzeigepflicht des Arztes gegenüber dem Standesamt Vorrang hat vor seiner Schweigepflicht; aus § 20 PStG, dass dies auch für Leiter von Jugendhilfeeinrichtungen gilt, soweit sie Personen nach § 203 Abs. 1 StGB sind. Kein Zeugnisverweigerungsrecht hat die Angestellte einer **Schwangerschaftskonfliktberatungsstelle** bei Beratung über die Abgabe des bereits geborenen Kindes.[263] Die **Berichtspflichten** des JA **gem. §§ 50 Abs. 1 u. 2 und 52 sowie 8a Abs. 2** gegenüber den **Gerichten** sind vorrangig gegenüber der Schweigepflicht. § 8a **Abs. 2** scheidet als gesetzliche Mitteilungspflicht nicht etwa deshalb aus, weil er in § 71 SGB X nicht angeführt ist,[264] denn soweit gesetzliche Mitteilungspflichten in SGB-Gesetzen geregelt sind, ergibt sich die Befugnis zur Erfüllung dieser Pflichten schon aufgrund des § 69 Abs. 1 Nr. 1 SGB X (→ Rn. 112). Eine höherrangige gesetzliche Mitteilungsbefugnis (nicht -pflicht) ergibt sich schließlich aus § **4 KKG** (Anh. zu § 61).

Eine weitere höherrangige gesetzliche Mitteilungspflicht ergibt sich aus dem **Elternrecht** (Art. 6 Abs. 2 S. 1 GG), das die Schweigepflicht dann verdrängt, wenn es das Elternrecht erforderlich macht, dass die Eltern Kenntnis haben von einer Information, die ihr (grundrechtsmündiges) Kind einer Person nach § 203 Abs. 1 StGB (zB einem Berater) anvertraut hat.[265] Nur in Fällen der Kindeswohlgefährdung (zB § 8 Abs. 3; → § 8 Rn. 20 f.) verdrängt das Wächteramt das Elternrecht mit der Folge, dass es bei der Schweigepflicht bleibt. An einen **nicht sorgeberechtigten** Elternteil dürfen anvertraute Daten nur mit Einwilligung des Anvertrauenden weitergegeben werden.[266] 212

Eine **gesetzliche Mitteilungsbefugnis** ergibt sich ferner aus § 88 Abs. 2 AufenthG (→ Rn. 149). 213

1.5.1.4 § 76 Abs. 2 SGB X (Ausnahmen). Nr. 1 (Zusammenhangsdaten)

Die strengen Übermittlungsvoraussetzungen nach Abs. 1 gelten nicht, es genügt also die einfache sozialrechtliche Übermittlungsbefugnis, wenn (erstens) das JA einem Dritten Daten gem. § **69** Abs. 1 Nr. 1 u. 2 SGB X übermitteln will, und zweitens eine Person nach § 203 Abs. 1 u. 4 StGB dem JA diese Daten **gutachtlich** übermittelt hat, damit das JA eine Jugendhilfeleistung erbringen kann. Diese Erleichterung gilt also nur dann, wenn das JA die sensitiven Daten nach § 69 SGB X übermitteln will, nicht aber für andere Übermittlungstatbestände (zB nach § 71 SGB X). Außerdem müssen dem JA diese Daten nicht nur zugänglich gemacht (wie in Abs. 1), sondern übermittelt worden sein iSd § 67 Abs. 6 Nr. 3 SGB X, also von einem Dritten (einer Person außerhalb des JA oder innerhalb des JA, aber von einer anderen speichernden Stelle) be- 214

261 So Tröndle/Fischer StGB § 203 Rn. 29; Lackner/Kühl StGB § 203 Rn. 22.
262 Vgl. Riekenbrauk ZfJ 2003, 136.
263 So LG Köln JAmt 2002, 25.
264 So aber – für § 50 Abs. 3 aF – Borchert in GK-SGB X II § 76 Rn. 53.
265 So BVerfGE 59, 384; teilweise aA Frommann, Sozialdatenschutz (1985), S. 159.
266 OVG NRW 26.3.2008 – 12 E 115/08, JAmt 2008, 389.

kannt gegeben worden sein (→ Rn. 62). Das Gesetz nimmt die Notwendigkeit der zusätzlichen strafrechtlichen Offenbarungsbefugnis aber nur für solche Daten zurück, die „**im Zusammenhang** mit einer Begutachtung" dem JA übermittelt worden sind; also soll die Erleichterung nicht gelten, für die Daten, die Inhalt des Gutachtens waren, die sogenannten Gutachtendaten.[267] Dass die Gutachtendaten nicht gemeint sein können, folgt nicht nur aus dem Wortlaut (er lautet nicht: „in einem Gutachten"), sondern auch aus der Gesetzesbegründung, die ausdrücklich Diagnose- und Befunddaten nicht von Nr. 1 erfasst sein lässt. Auch aus dem Erforderlichkeitsgrundsatz folgt, dass nur der Befund, nicht aber die Befunddaten übermittelt werden können. Für die Diagnose- und -befunddaten, also die Gutachtendaten, gilt dann aber nicht etwa die Notwendigkeit der zusätzlichen strafrechtlichen Offenbarungsbefugnis gem. § 76 Abs. 1 SGB X,[268] denn Gutachtendaten sind keine Daten, die anvertraut wurden iSv § 203 Abs. 1 StGB (→ Rn. 206). Die in Nr. 1 gemeinten Zusammenhangsdaten können also nur solche sein, die bei Gelegenheit einer Begutachtung „sonst bekannt geworden" iSv § 203 Abs. 1 StGB sind, bspw. bei Gelegenheit einer Begutachtung durch eine Beratungsstelle oder durch den ASD. Es muss sich also um Daten handeln, die nicht Gegenstand des Untersuchungsauftrags waren, sondern am Rande der gutachtlichen Tätigkeit (beiläufig) gewonnen worden sind, also alles, was der Gutachter nebenbei sieht, hört oder vermutet. Somit ergibt sich, dass weder für die Gutachtendaten noch für die Zusammenhangsdaten die zusätzliche strafrechtliche Offenbarungsbefugnis notwendig ist. Etwas anderes gilt aber dann, wenn der Betroffene der vorgesehenen Übermittlung (in irgendeiner Form, also nicht notwendig schriftlich) **widerspricht**. Damit er von dieser Möglichkeit weiß, muss das JA ihn schon zu Beginn des Verwaltungsverfahrens iSv § 8 SGB X auf sein Widerspruchsrecht (und zwar schriftlich oder elektronisch) hinweisen. Zweckmäßigerweise wird dieser Hinweis zusammen mit dem Hinweis zur Datenerhebung nach § 62 Abs. 2 S. 2 erfolgen, weil der Übermittlung der Daten idR eine Datenerhebung unter Mitwirkung des Betroffenen vorausgegangen ist.

Nr. 2 (Kontroll- und Archivdaten)

- **Kontrolldaten nach § 69 Abs. 5 SGB X**

215 Nahezu unbemerkt in der Lit.[269] blieb die für die Praxis sehr bedeutsame Ausnahme von § 76 Abs. 1 SGB X in Abs. 2 Nr. 2 mit dem Verweis auf § 69 Abs. 5 SGB X, also bei Kontrolldaten. Auch die sensitiven Daten (zum Begriff → Rn. 25) bedürfen danach **keiner** zusätzlichen (strafrechtlichen) Offenbarungsbefugnis, wenn sie zur Ausübung der **Aufsicht**, der Kontrolle, der Disziplinargewalt, der **Rechnungsprüfung** oder für Organisationsuntersuchungen übermittelt werden sollen. Damit ergibt sich aus § 76 Abs. 2 SGB X eine Offenbarungsbefugnis aus höherrangiger gesetzlicher Mitteilungspflicht (→ Rn. 211). Die Akten des **Sozialarbeiters** oder Psychologen sind also keineswegs (→ Rn. 15) von vornherein tabu für den **Vorgesetzten** oder das RPA. Für nach § 65 anvertraute Daten fehlt allerdings eine dem § 76 Abs. 2 Nr. 2 SGB X entsprechende ausdrückliche Einschränkung (→ § 65 Rn. 3). Außerdem bleibt § 64 Abs. 2 als Übermittlungssperre unberührt. Zur Aktenführung → Rn. 116.

- **Archivdaten nach § 71 Abs. 1 S. 3 SGB X**

216 Ebenso wenig wie Kontrolldaten bedürfen Archivdaten der zusätzlichen strafrechtlichen Offenbarungsbefugnis. Der Grund hierfür ist aber nicht, dass die Archivbehörden nach den Archivgesetzen zur Wahrung des Sozialgeheimnisses ver-

267 So schon Klinger/Kunkel, Sozialdatenschutz, S. 66; aA aber die wohl hM: Wiesner SGB X § 76 Rn. 6; Krahmer, Sozialdatenschutz, S. 257; Borchert in GK-SGB X II § 76 Rn. 75.
268 So aber Krahmer, Sozialdatenschutz, S. 257.
269 Aber auch im DIJuF-Gutachten JAmt 2001, 74 u. 75.

pflichtet sind;[270] dies ist für jeden Empfänger von Sozialdaten gem. § 78 SGB X ohnehin der Fall. Vielmehr liegt der Grund für diese Regelung darin, dass erst sie den Weg in die Archive freimacht für sensitive Daten, der sonst durch den Vorrang der Schweigepflicht gegenüber der gesetzlichen Meldepflicht versperrt wäre (→ Rn. 211).

1.5.2 Bei Übermittlung über deutsches Hoheitsgebiet hinaus (§ 77 SGB X)

§ 77 SGB X Übermittlung ins Ausland und an internationale Organisationen

(1) [1]Die Übermittlung von Sozialdaten an Personen oder Stellen in anderen Mitgliedstaaten der Europäischen Union sowie in diesen nach § 35 Absatz 7 des Ersten Buches gleichgestellten Staaten ist zulässig, soweit

1. dies für die Erfüllung einer gesetzlichen Aufgabe der in § 35 des Ersten Buches genannten übermittelnden Stelle nach diesem Gesetzbuch oder zur Erfüllung einer solchen Aufgabe von ausländischen Stellen erforderlich ist, soweit diese Aufgaben wahrnehmen, die denen der in § 35 des Ersten Buches genannten Stellen entsprechen,
2. die Voraussetzungen des § 69 Absatz 1 Nummer 2 oder Nummer 3 oder des § 70 oder einer Übermittlungsvorschrift nach dem Dritten Buch oder dem Arbeitnehmerüberlassungsgesetz vorliegen und die Aufgaben der ausländischen Stelle den in diesen Vorschriften genannten entsprechen,
3. die Voraussetzungen des § 74 vorliegen und die gerichtlich geltend gemachten Ansprüche oder die Rechte des Empfängers den in dieser Vorschrift genannten entsprechen oder
4. die Voraussetzungen des § 73 vorliegen; für die Anordnung einer Übermittlung nach § 73 ist ein inländisches Gericht zuständig.

[2]Die Übermittlung von Sozialdaten unterbleibt, soweit sie zu den in Artikel 6 des Vertrages über die Europäische Union enthaltenen Grundsätzen in Widerspruch stünde.

(2) Absatz 1 gilt entsprechend für die Übermittlung an Personen oder Stellen in einem Drittstaat sowie an internationale Organisationen, wenn deren angemessenes Datenschutzniveau durch Angemessenheitsbeschluss gemäß Artikel 45 der Verordnung (EU) 2016/679 festgestellt wurde.

(3) [1]Liegt kein Angemessenheitsbeschluss vor, ist eine Übermittlung von Sozialdaten an Personen oder Stellen in einem Drittstaat oder an internationale Organisationen abweichend von Artikel 46 Absatz 2 Buchstabe a und Artikel 49 Absatz 1 Unterabsatz 1 Buchstabe g der Verordnung (EU) 2016/679 unzulässig. [2]Eine Übermittlung aus wichtigen Gründen des öffentlichen Interesses nach Artikel 49 Absatz 1 Unterabsatz 1 Buchstabe d und Absatz 4 der Verordnung (EU) 2016/679 liegt nur vor, wenn

1. die Übermittlung in Anwendung zwischenstaatlicher Übereinkommen auf dem Gebiet der sozialen Sicherheit erfolgt, oder
2. soweit die Voraussetzungen des § 69 Absatz 1 Nummer 1 und 2 oder des § 70 vorliegen

und soweit die betroffene Person kein schutzwürdiges Interesse an dem Ausschluss der Übermittlung hat.

(4) Die Stelle, an die die Sozialdaten übermittelt werden, ist auf den Zweck hinzuweisen, zu dessen Erfüllung die Sozialdaten übermittelt werden.

Für den Jugendhilfeträger von Bedeutung ist § 77 SGB X insbesondere dann, wenn er Hilfe für **Deutsche im Ausland** (gem. § 6 Abs. 3) oder für **Ausländer in Deutschland** leistet (gem. § 6 Abs. 2) und dafür Ermittlungen im Ausland notwendig sind. § 77 SGB X sieht eine Einschränkung der Datenübermittlung ins Ausland oder an inländische Stellen, die nicht deutscher Hoheitsgewalt unterliegen, vor, weil nicht alle Emp- 217

270 So aber Krahmer, Sozialdatenschutz, S. 258.

fängerstaaten Datenschutzregelungen haben.[271] Innerhalb der EU gilt ab 25.5.2018 die DS-GVO (→ Rn. 4). Die Neuregelung unterscheidet zwischen EU-Mitgliedstaaten (§ 77 Abs. 1) und anderen Drittstaaten (Abs. 2).

218 Es empfiehlt sich folgendes **Prüfschema:**

Übermittlung ins Ausland?

1. In **EU-Staat,** wenn
   a) zur Erfüllung einer (eigenen) SGB-Aufgabe oder einer entsprechenden Aufgabe des Empfängers oder
   b) zur Abwehr falscher Behauptungen des Betroffenen oder
   c) zum Arbeitsschutz oder
   d) bei Verletzung der Unterhaltspflicht oder
   e) für Strafverfahren.
2. In **Drittstaat**
   (1) mit angemessenem Datenschutzniveau: wie bei 1.
   (2) ohne angemessenes Datenschutzniveau:
      a) zur Erfüllung einer SGB-Aufgabe oder für ein damit zusammenhängendes gerichtliches Verfahren und
      b) keine Beeinträchtigung schutzwürdiger Belange.
3. In jedem Fall:
   a) keine Beeinträchtigung schutzwürdiger Belange und
   b) Einwilligung oder
   c) aufgrund von Abkommen oder
   d) für gerichtliches Verfahren, wenn
      – Voraussetzungen des § 69 Abs. 2 oder des § 73 SGB X vorliegen
      – angemessenes Datenschutzniveau gewährleistet ist.

   Beachte: immer Hinweis auf Zweck der Übermittlung notwendig.

1.6 Der Schutzumfang der Norm

219 **1.6.1 Sperrwirkung gegenüber allen Übermittlungspflichten** (§ 35 Abs. 3 SGB I). **1.6.1.1 Übermittlungsverbot.** § 35 Abs. 3 SGB I regelt die Kollision zwischen der sozialrechtlichen (zur strafrechtlichen → Rn. 197) Pflicht zur Wahrung des Sozialgeheimnisses und gesetzlichen Mitteilungspflichten (→ Rn. 149). § 35 Abs. 3 SGB I regelt die grundsätzliche **Vorfahrt für das Sozialgeheimnis.** Gesetzliche Mitteilungspflichten haben nur ausnahmsweise dann Vorfahrt, wenn sie ihnen durch die Übermittlungsbefugnisse insbes. nach §§ 68, 69, 71, 73 und 74SGB X eingeräumt wird. Ohne eine solche Übermittlungsbefugnis sind Sozialdaten gesperrt für Mitteilungen an Dritte. Das Sozialgeheimnis endet also nicht an der Amtshilfepflicht, vielmehr **endet umgekehrt die Amtshilfepflicht am Sozialgeheimnis,**[272] wie sich auch aus § 4 Abs. 2 S. 2 SGB X oder aus § 88 Abs. 1 AufenthG ergibt, die sozusagen aus der Gegenrichtung § 35 Abs. 3 SGB I ergänzen. Ohne Übermittlungsbefugnis darf das JA weder Auskunft geben noch Akten vorlegen. Es besteht nicht nur ein Weigerungsrecht des JA, sondern auch eine **Weigerungspflicht,** weil das JA gemäß § 35 Abs. 1 S. 1 SGB I verpflichtet ist, die Sozialdaten nicht zu übermitteln. Die Übermittlungssperre besteht auch für Betriebs- und Geschäftsgeheimnisse, weil § 35 Abs. 4 SGB I diese den Sozialdaten gleichstellt.

271 S. hierzu EuGH mit Safe Harbour 6.10.2015 – C 362/14.

272 „Amtshilfe setzt Befugnis zur Offenbarung voraus, kann sie nicht selbst schaffen", so Garstka RdJB 1987, 465.

Die Sperrwirkung entfaltet sich sowohl gegenüber einem Datenverlangen anderer Behörden (→ Rn. 149) als auch einem solchen von **Staatsanwaltschaft** oder **Gericht** (→ Rn. 124) 220

1.6.1.2 Zeugnisverweigerungspflicht

§ 383 ZPO Zeugnisverweigerung aus persönlichen Gründen

(1) Zur Verweigerung des Zeugnisses sind berechtigt:

…

6. Personen, denen kraft ihres Amtes, Standes oder Gewerbes Tatsachen anvertraut sind, deren Geheimhaltung durch ihre Natur oder durch gesetzliche Vorschrift geboten ist, in Betreff der Tatsachen, auf welche die Verpflichtung zur Verschwiegenheit sich bezieht.

…

§ 53 StPO Zeugnisverweigerungsrecht der Berufsgeheimnisträger

(1) Zur Verweigerung des Zeugnisses sind ferner berechtigt

1. Geistliche über das, was ihnen in ihrer Eigenschaft als Seelsorger anvertraut worden oder bekanntgeworden ist;
2. Verteidiger des Beschuldigten über das, was ihnen in dieser Eigenschaft anvertraut worden oder bekanntgeworden ist;
3. Rechtsanwälte und Kammerrechtsbeistände, Patentanwälte, Notare, Wirtschaftsprüfer, vereidigte Buchprüfer, Steuerberater und Steuerbevollmächtigte, Ärzte, Zahnärzte, Psychotherapeuten, Psychologische Psychotherapeuten, Kinder- und Jugendlichenpsychotherapeuten, Apotheker und Hebammen über das, was ihnen in dieser Eigenschaft anvertraut worden oder bekanntgeworden ist; für Syndikusrechtsanwälte (§ 46 Absatz 2 der Bundesrechtsanwaltsordnung) und Syndikuspatentanwälte (§ 41a Absatz 2 der Patentanwaltsordnung) gilt dies vorbehaltlich des § 53a nicht hinsichtlich dessen, was ihnen in dieser Eigenschaft anvertraut worden oder bekanntgeworden ist;

3a. Mitglieder oder Beauftragte einer anerkannten Beratungsstelle nach den §§ 3 und 8 des Schwangerschaftskonfliktgesetzes über das, was ihnen in dieser Eigenschaft anvertraut worden oder bekanntgeworden ist;

3b. Berater für Fragen der Betäubungsmittelabhängigkeit in einer Beratungsstelle, die eine Behörde oder eine Körperschaft, Anstalt oder Stiftung des öffentlichen Rechts anerkannt oder bei sich eingerichtet hat, über das, was ihnen in dieser Eigenschaft anvertraut worden oder bekanntgeworden ist;

4. Mitglieder des Deutschen Bundestages, der Bundesversammlung, des Europäischen Parlaments aus der Bundesrepublik Deutschland oder eines Landtages über Personen, die ihnen in ihrer Eigenschaft als Mitglieder dieser Organe oder denen sie in dieser Eigenschaft Tatsachen anvertraut haben, sowie über diese Tatsachen selbst;
5. Personen, die bei der Vorbereitung, Herstellung oder Verbreitung von Druckwerken, Rundfunksendungen, Filmberichten oder der Unterrichtung oder Meinungsbildung dienenden Informations- und Kommunikationsdiensten berufsmäßig mitwirken oder mitgewirkt haben.

Die in Satz 1 Nr. 5 genannten Personen dürfen das Zeugnis verweigern über die Person des Verfassers oder Einsenders von Beiträgen und Unterlagen oder des sonstigen Informanten sowie über die ihnen im Hinblick auf ihre Tätigkeit gemachten Mitteilungen, über deren Inhalt sowie über den Inhalt selbst erarbeiteter Materialien und den Gegenstand berufsbezogener Wahrnehmungen. Dies gilt nur, soweit es sich um Beiträge, Unterlagen, Mitteilungen und Materialien für den redaktionellen Teil oder redaktionell aufbereitete Informations- und Kommunikationsdienste handelt.

(2) Die in Absatz 1 Satz 1 Nr. 2 bis 3 b Genannten dürfen das Zeugnis nicht verweigern, wenn sie von der Verpflichtung zur Verschwiegenheit entbunden sind. Die Berechtigung

zur Zeugnisverweigerung der in Absatz 1 Satz 1 Nr. 5 Genannten über den Inhalt selbst erarbeiteter Materialien und den Gegenstand entsprechender Wahrnehmungen entfällt, wenn die Aussage zur Aufklärung eines Verbrechens beitragen soll oder wenn Gegenstand der Untersuchung

1. eine Straftat des Friedensverrats und der Gefährdung des demokratischen Rechtsstaats oder des Landesverrats und der Gefährdung der äußeren Sicherheit (§§ 80a, 85, 87, 88, 95, auch in Verbindung mit § 97b, §§ 97a, 98 bis 100a des Strafgesetzbuches)
2. eine Straftat gegen die sexuelle Selbstbestimmung nach den §§ 174 bis 174c, 176a, 176b, 177 Absatz 2 Nummer 1 des Strafgesetzbuches oder
3. eine Geldwäsche nach § 261 des Strafgesetzbuches, deren Vortat mit einer im Mindestmaß erhöhten Freiheitsstrafe bedroht ist,

ist und die Erforschung des Sachverhalts oder die Ermittlung des Aufenthaltsortes des Beschuldigten auf andere Weise aussichtslos oder wesentlich erschwert wäre. Der Zeuge kann jedoch auch in diesen Fällen die Aussage verweigern, soweit sie zur Offenbarung der Person des Verfassers oder Einsenders von Beiträgen und Unterlagen oder des sonstigen Informanten oder der ihm im Hinblick auf seine Tätigkeit nach Absatz 1 Satz 1 Nr. 5 gemachten Mitteilungen oder deren Inhalts führen würde.

§ 54 StPO Aussagegenehmigung für Angehörige des öffentlichen Dienstes

(1) Für die Vernehmung von Richtern, Beamten und anderen Personen des öffentlichen Dienstes als Zeugen über Umstände, auf die sich ihre Pflicht zur Amtsverschwiegenheit bezieht, und für die Genehmigung zur Aussage gelten die besonderen beamtenrechtlichen Vorschriften.

...

(4) Diese Vorschriften gelten auch, wenn die vorgenannten Personen nicht mehr im öffentlichen Dienst oder Angestellte einer Fraktion sind oder ihre Mandate beendet sind, soweit es sich um Tatsachen handelt, die sich während ihrer Dienst-, Beschäftigungs- oder Mandatszeit ereignet haben oder ihnen während ihrer Dienst-, Beschäftigungs- oder Mandatszeit zur Kenntnis gelangt sind.

221 Ein **zivilprozessuales** (und iVm § 29 Abs. 2 FamFG auch bei Verfahren in Familiensachen geltendes sowie iVm § 98 VwGO auch **verwaltungsprozessuales) Zeugnisverweigerungsrecht**[273] besteht nach § 383 Abs. 1 Nr. 6 ZPO, soweit ein gesetzliches Geheimhaltungsgebot gilt. Nicht notwendig ist, dass der Betroffene sein Sozialdatum dem Behördenmitarbeiter persönlich anvertraut hat iSv § 203 Abs. 1 StGB, vielmehr genügt es, dass es der Behörde anvertraut ist iSv § 203 Abs. 2 StGB (→ Rn. 13). Die Verpflichtung zur Verschwiegenheit ergibt sich sowohl aus § 203 Abs. 2 StGB als auch aus § 35 Abs. 1 SGB I. Im Zivil- und Verwaltungsprozess besteht daher für Mitarbeiter des öffentlichen Trägers ein Zeugnisverweigerungsrecht, das über § 35 SGB I zu einer **Zeugnisverweigerungspflicht** wird.[274] Es besteht also die Pflicht, eine Zeugenaussage zu unterlassen, soweit es sich um ein in § 35 Abs. 1 SGB I geschütztes Sozialdatum handelt und keine sozialrechtliche Übermittlungsbefugnis gem. §§ 68 bis 75 SGB X und §§ 64, 65 SGB VIII besteht.[275] Dies gilt auch – kraft Gesetzes – für **freie Träger** im Rahmen des § 78 SGB X, also nach Übermittlung von Daten an sie (→ Rn. 296) und – kraft Vertrages – im Rahmen der Sicherstellungsvereinbarung nach § 61 Abs. 3 (→ Rn. 299). Im Unterschied zu § 35 SGB I gilt § 203 Abs. 1 StGB für die

273 Näher Kunkel/Rosteck/Vetter StV 2017, 829.
274 Ebenso Hoffmann/Proksch in FK-SGB VIII § 64 Rn. 72; OLG Hamm FamRZ 1992, 200; Stein/Jonas/Schumann ZPO § 383 Rn. 81 schließen es nicht aus; Baumbach/Lauterbach/Albers/Hartmann ZPO § 383 Rn. 10 verneinen es eher.
275 Ähnlich Riehle ZfJ 2000, 290.

Mitarbeiter freier Träger unmittelbar; daraus ergibt sich für sie ein zivil- und verwaltungsprozessuales Zeugnisverweigerungsrecht.

Ein Zeugnisverweigerungsrecht kann sich auch aus dem Schutz der Vertrauenssphäre ergeben.[276]

Das **strafprozessuale** Zeugnisverweigerungsrecht ist enger und umfasst nur die in § 53 Abs. 1 Nr. 1–5 StPO aufgezählten Personen (und ihre Gehilfen nach § 53a StPO). Dieser Personenkreis ist nicht identisch mit dem, dem nach § 203 Abs. 1 StGB (→ Rn. 13) eine strafrechtliche Schweigepflicht obliegt. Beispielsweise fallen SA/SP unter die Schweigepflichtigen nach § 203 Abs. 1 StGB, aber nicht unter die Zeugnisverweigerungsberechtigten nach § 53 StPO. Nur soweit sie als Suchtberater tätig sind, sind sie nach § 53 Abs. 1 Nr. 3b StPO privilegiert. Auch ein unmittelbar aus der Verfassung abzuleitendes Zeugnisverweigerungsrecht für SA/SP besteht nur in eng begrenzten Ausnahmefällen.[277] Der Entwurf eines Zweiten Gesetzes zur Reform des Strafverfahrensrechts[278] sah ein Zeugnisverweigerungsrecht für SA/SP vor, ist aber nicht Gesetz geworden. Für die Mitarbeiter eines Trägers der öffentlichen Jugendhilfe enthält aber **§ 35 Abs. 3 SGB I ein „relatives Zeugnisverweigerungsrecht“**[279], das gleichsam im Verborgenen blüht. „Relativ“, weil es nur soweit gilt, als nicht eine Übermittlungsbefugnis, zB nach § 73 SGB X, besteht, die aber wiederum durch § 65 SGB VIII eingeschränkt sein kann.[280] Gegen die Anerkennung eines Zeugnisverweigerungsrechts wird geltend gemacht, § 35 SGB I richte sich an die Behörde als Normadressaten und nicht an den einzelnen Mitarbeiter. Daher könne sich für ihn kein Zeugnisverweigerungsrecht ergeben.[281] Dem ist aber entgegenzuhalten, dass § 35 Abs. 3 regelt, dass „keine Zeugnispflicht“ besteht; eine Zeugnispflicht hat ihrer Natur nach immer nur eine Person, nicht eine Institution. Dabei wird nicht verkannt, dass es sich nicht um ein selbstständiges Recht des Mitarbeiters handelt, sondern um eines, das aus dem des Trägers als Normadressat des § 35 SGB I abgeleitet ist.[282] Der Ableitungscharakter ändert aber nichts daran, dass es ein persönliches Recht bleibt. Auch das strafprozessuale Zeugnisverweigerungsrecht wird zur Zeugnisverweigerungspflicht über § 35 Abs. 1 S. 1 SGB I. Da Normadressat des § 35 Abs. 1 unmittelbar nur die Träger der öffentlichen Jugendhilfe sind, bestehen Zeugnisverweigerungsrecht und -pflicht nur für deren Mitarbeiter, nicht aber für die **Träger der freien Jugendhilfe,**[283] anders bei mittelbarer (vermittelter) Geltung des § 35 SGB I im Rahmen des § 78 SGB X oder des 222

276 So OLG Braunschweig 20.2.2012 – 1 WF 19/12, FamRZ 2012, 1408 mAnm Menne, S. 1356 für den Verfahrensbeistand nach § 158 FamFG, aber unter grotesker Verwechslung mit dem Beistand nach § 68 SGB VIII; zum Verfahrensbeistand näher mit Praxistipps Balloff/Vogel ZKJ 2021, 292; Kunkel in Röchling, Anwalt des Kindes, § 9; zum Datenschutz im familiengerichtlichen Verfahren näher Hoffmann ZKJ 2020, 45 und 249 sowie FamRZ 2020, 1155; Kunkel FPR 2013, 487 ff.

277 BVerfG 19.7.1972 – 2 BvL 7/71, BVerfGE 33, 367; vgl. ferner den Nichtannahmebeschluss nach der abl. Entscheidung des LG Mainz 20.1.1988 – 1 Qs 518/87, NJW 1988, 1744 und 2945.

278 BR-Drs. 348/74.

279 Näher zu Schweigepflicht und Datenschutz Kunkel/Rosteck/Vetter StV 2017, 829.

280 Ebenso – zu Beschlagnahme – LG Fulda 6.5.2004 – 2 Qs 34/04, JAmt 2004, 438; LG Saarbrücken 11.4.2002 – 1 Qs 12/02, JAmt 2002, 202; Frommann, Datenschutz (1981), S. 214 f.; Emrich in Frommann/Mörsberger/Schellhorn, S. 131; Borchert ZfSH 1982, 170; Kirchhoff in jurisPK-SGB VIII Rn. 21; unentschieden Hager/Sehrig, Vertrauensschutz, S. 56; aA hM; zB Mörsberger in Wiesner Anh. 4 SGB I § 35 Rn. 15.

281 Nachweise bei Frommann, Datenschutz (1981), S. 214 f.

282 Worauf Proksch, Sozialdatenschutz, S. 190 zu Recht hinweist.

283 Ebenso Maas/Törnig in JHSM § 35 Rn. 53; zu den Bedenken hiergegen vgl. Papenheim/Baltes/Tiemann, S. 195 und Proksch, Sozialdatenschutz, S. 193.

§ 61 Abs. 3 SGB VIII (→ Rn. 221). Das OLG Hamm[284] hat einer Familienhelferin eines freien Trägers ein (zivilprozessuales) Zeugnisverweigerungsrecht zugebilligt.

223 Besteht diese Zeugnisverweigerungspflicht, kann sie nicht etwa durch eine **Aussagegenehmigung** für einen Angehörigen des öffentlichen Dienstes nach § 54 StPO bzw. § 376 ZPO iVm § 37 Abs. 3 BeamtStG aufgehoben werden. Nur wenn **keine** Zeugnisverweigerungspflicht besteht, ist eine Aussagegenehmigung nach § 54 StPO bzw. § 376 ZPO notwendig, um die Zeugnispflicht auszulösen. Die Aussagegenehmigung könnte dann versagt werden, wenn die Erfüllung öffentlicher Aufgaben dadurch gefährdet ist, dass das Vertrauen in die Geheimhaltung personenbezogener Daten erschüttert wird. In diesem Fall liegt allerdings schon eine Zeugnisverweigerungspflicht vor, so dass es der Versagung der Ausnahmegenehmigung nicht mehr bedarf.[285] Auch Mitarbeiter **freier Träger** bedürfen der Aussagegenehmigung dann, wenn sie im Dienst der Kirche oder der Caritas/Diakonie stehen.[286] Ferner bedürfen die Mitarbeiter jeden freien Trägers der Aussagegenehmigung dann, wenn der freie Träger nicht originär, sondern derivativ (dh im Auftrag des öffentlichen Trägers; → § 36 Rn. 4) gem. § 76 SGB VIII tätig wird.[287]

1.6.1.3 Aktenvorlageverbot

§ 94 StPO Sicherstellung und Beschlagnahme von Gegenständen zu Beweiszwecken

(1) Gegenstände, die als Beweismittel für die Untersuchung von Bedeutung sein können, sind in Verwahrung zu nehmen oder in anderer Weise sicherzustellen.

(2) Befinden sich die Gegenstände in dem Gewahrsam einer Person und werden sie nicht freiwillig herausgegeben, so bedarf es der Beschlagnahme.

…

§ 95 StPO Herausgabepflicht

(1) Wer einen Gegenstand der vorbezeichneten Art in seinem Gewahrsam hat, ist verpflichtet, ihn auf Erfordern vorzulegen und auszuliefern.

(2) Im Falle der Weigerung können gegen ihn die in § 70 bestimmten Ordnungs- und Zwangsmittel festgesetzt werden. Das gilt nicht bei Personen, die zur Verweigerung des Zeugnisses berechtigt sind.

§ 96 StPO Amtlich verwahrte Schriftstücke

Die Vorlegung oder Auslieferung von Akten oder anderen in amtlicher Verwahrung befindlichen Schriftstücken durch Behörden und öffentliche Beamte darf nicht gefordert werden, wenn deren oberste Dienstbehörde erklärt, daß das Bekanntwerden des Inhalts dieser Akten oder Schriftstücke dem Wohl des Bundes oder eines deutschen Landes Nachteile bereiten würde. …

---

284 OLG Hamm 30.9.1991 – 15 W 231/91, FamRZ 1992, 201.

285 Zwar im Ergebnis ebenso, aber in der Begründung abweichend Borchert in GK-SGB X 2 § 35 Rn. 69 – im Unterschied zu Walz in GK-SGB X 2 § 73 Rn. 40: Soweit keine Offenbarungsbefugnis bestehe, dürfe keine Aussagegenehmigung erteilt werden; ebenso Proksch, Sozialdatenschutz, S. 190 ff.; Krahmer, Sozialdatenschutz, S. 48 und 256; Maas/Törnig in JHSM SGB I § 35 Rn. 51; widersprüchlich Mörsberger in Wiesner SGB I § 35 Rn. 15: „kein Zeugnisverweigerungsrecht" – vor § 61 Rn. 36: „gleichwohl ein Zeugnisverweigerungsrecht".

286 Nachweise bei Papenheim/Baltes/Tiemann, Verwaltungsrecht, S. 195; OLG Köln 14.4.1998 – 2 Ws 62–63/98, RsDE 1999 Bd. 42, 107.

287 Ebenso Proksch, Sozialdatenschutz, S. 191.

§ 98 StPO Verfahren bei der Beschlagnahme

(1) Beschlagnahmen dürfen nur durch das Gericht, bei Gefahr im Verzug auch durch die Staatsanwaltschaft und ihre Ermittlungspersonen (§ 152 des Gerichtsverfassungsgesetzes) angeordnet werden. ...

(2) Der Beamte, der einen Gegenstand ohne gerichtliche Anordnung beschlagnahmt hat, soll binnen drei Tagen die gerichtliche Bestätigung beantragen, wenn bei der Beschlagnahme weder der davon Betroffene noch ein erwachsener Angehöriger anwesend war oder wenn der Betroffene und im Falle seiner Abwesenheit ein erwachsener Angehöriger des Betroffenen gegen die Beschlagnahme ausdrücklichen Widerspruch erhoben hat. Der Betroffene kann jederzeit die gerichtliche Entscheidung beantragen. Die Zuständigkeit des Gerichts bestimmt sich nach § 162. Der Betroffene kann den Antrag auch bei dem Amtsgericht einreichen, in dessen Bezirk die Beschlagnahme stattgefunden hat; dieses leitet den Antrag dem zuständigen Gericht zu. Der Betroffene ist über seine Rechte zu belehren.

(3) Ist nach erhobener öffentlicher Klage die Beschlagnahme durch die Staatsanwaltschaft oder eine ihrer Ermittlungspersonen erfolgt, so ist binnen drei Tagen dem Gericht von der Beschlagnahme Anzeige zu machen; die beschlagnahmten Gegenstände sind ihm zur Verfügung zu stellen.

...

Richter und Staatsanwalt (§ 98 StPO) können im **strafgerichtlichen** Verfahren Gegenstände, die als Beweismittel von Bedeutung sind, also auch Akten, sicherstellen (§ 94 Abs. 1 StPO). Akten müssen dann gem. § 95 Abs. 1 StPO ausgeliefert werden. Im verwaltungsgerichtlichen Verfahren regelt dies § 99 VwGO, dessen Abs. 1 S. 1 u. Abs. 2 S. 1 aber vom BVerfG[288] für verfassungswidrig erklärt worden sind. Die vom Gericht aufgegebene Pflicht, bis 31.12.2001 eine Neuregelung zu treffen, wurde mit Gesetz v. 20.12.2001[289] erfüllt. Diese Pflicht zur Aktenvorlage wird aber begrenzt durch § 35 Abs. 3 SGB I. Zur Herausgabe von Akten ist daher der Träger der öffentlichen Jugendhilfe nicht verpflichtet und – wegen § 35 Abs. 1 SGB I – auch **nicht berechtigt, soweit keine Übermittlungsbefugnis besteht.**[290] Übermittlungsbefugnisse können insbesondere nach den §§ 69, 73 SGB X bestehen (→ Rn. 124, 170). Wie die Zeugenaussage steht auch die Aktenvorlage unter dem Vorbehalt der Zustimmung durch die oberste Dienstbehörde gem. § 96 StPO. Sie kann die Aktenvorlage sperren, wenn sie dies für zweckmäßig hält. Voraussetzung ist auch hier (wie bei der Zeugenvernehmung), dass eine sozialrechtliche Übermittlungsbefugnis überhaupt besteht. 224

Für **freie Träger** gilt das Aktenvorlageverbot nur, soweit für sie § 35 SGB I gilt (→ Rn. 221). 225

1.6.1.4 Beschlagnahmeverbot. Werden Akten nicht freiwillig herausgegeben, können sie gem. § 94 Abs. 2 StPO beschlagnahmt werden. Dies ist aber nur möglich, wenn eine Herausgabepflicht besteht. Die Herausgabepflicht besteht gem. § 35 Abs. 3 SGB I nicht, soweit keine Übermittlungsbefugnis besteht.[291] Dies wurde zunächst von eini- 226

288 BGBl. I 2000, 54.
289 BGBl. I, 3987.
290 Ebenso LG Stuttgart 8.5.1991 – 14 Qs 23/91, NStZ 1991, 551 und LG Goslar NDV 1987, 286 in einem Fall von Kindesmisshandlung.
291 Ebenso Proksch, Sozialdatenschutz, S. 200; Krahmer, Sozialdatenschutz, S. 35; Borchert in GK-SGB X 2 SGB I § 35 Rn. 68.

gen Gerichten verkannt,[292] später aber erkannt[293] oder ignoriert.[294] Als Übermittlungsbefugnisse kommen hier insbesondere die §§ 68, 69 und 73 SGB X in Betracht (→ Rn. 123). Falls eine Übermittlungsbefugnis besteht, kann die Beschlagnahme nur noch durch den Sperrvermerk der obersten Dienstbehörde (das ist das Sozialministerium; → Rn. 131) gem. § 96 StPO verhindert werden, was aber nur möglich ist bei Gefahren für das Land. Zu den Möglichkeiten des JA, sich gegen eine Beschlagnahme zu wehren (→ Rn. 175).

227 Da für die **Träger der freien Jugendhilfe** § 35 SGB I unmittelbar nicht gilt (→ Rn. 294), besteht für deren Akten grundsätzlich kein Beschlagnahmeverbot. Es kann allenfalls aus dem Grundsatz der Verhältnismäßigkeit (Art. 20, 28 GG) abgeleitet werden, wenn der durch die Beschlagnahme verursachte Vertrauensschaden außer Verhältnis steht zum Strafverfolgungszweck.[295] Bei mittelbarer Geltung des § 35 SGB I (→ Rn. 221, 296, 300) gilt dann auch das Beschlagnahmeverbot.

228 **1.6.1.5 Auskunftsverbot.** § 35 Abs. 3 SGB I verbietet ferner, eine Auskunft zu geben, wenn eine Übermittlungsbefugnis nicht besteht. Die Auskunftspflicht gegenüber der Staatsanwaltschaft nach § 161 StPO (§ 474 StPO gilt nur zwischen Justizbehörden) wird daher ebenfalls begrenzt durch § 35 Abs. 3 SGB I.

1.6.2 Verlängerter Datenschutz und Verwertungsverbot (§§ 78, 80 SGB X)

§ 78 SGB X Zweckbindung und Geheimhaltungspflicht eines Dritten, an den Daten übermittelt werden

(1) [1]Personen oder Stellen, die nicht in § 35 des Ersten Buches genannt und denen Sozialdaten übermittelt worden sind, dürfen diese nur zu dem Zweck verarbeiten, zu dem sie ihnen befugt übermittelt worden sind. [2]Eine Übermittlung von Sozialdaten nach den §§ 68 bis 77 oder nach einer anderen Rechtsvorschrift in diesem Gesetzbuch an eine nicht-öffentliche Stelle auf deren Ersuchen hin ist nur zulässig, wenn diese sich gegenüber der übermittelnden Stelle verpflichtet hat, die Daten nur für den Zweck zu verarbeiten, zu dem sie ihr übermittelt werden. [3]Die Dritten haben die Daten in demselben Umfang geheim zu halten wie die in § 35 des Ersten Buches genannten Stellen. [4]Sind Sozialdaten an Gerichte oder Staatsanwaltschaften übermittelt worden, dürfen diese gerichtliche Entscheidungen, die Sozialdaten enthalten, weiter übermitteln, wenn eine in § 35 des Ersten Buches genannte Stelle zur Übermittlung an den weiteren Dritten befugt wäre. [5]Abweichend von Satz 4 ist eine Übermittlung nach § 115 des Bundesbeamtengesetzes und nach Vorschriften, die auf diese Vorschrift verweisen, zulässig. [6]Sind Sozialdaten an Polizeibehörden, Staatsanwaltschaften, Gerichte oder Behörden der Gefahrenabwehr übermittelt worden, dürfen diese die Daten unabhängig vom Zweck der Übermittlung sowohl für Zwecke der Gefahrenabwehr als auch für Zwecke der Strafverfolgung und der Strafvollstreckung speichern, verändern, nutzen, übermitteln, in der Verarbeitung einschränken oder löschen.

(2) Werden Daten an eine nicht-öffentliche Stelle übermittelt, so sind die dort beschäftigten Personen, welche diese Daten speichern, verändern, nutzen, übermitteln, in der Verarbeitung einschränken oder löschen, von dieser Stelle vor, spätestens bei der Übermittlung auf die Einhaltung der Pflichten nach Absatz 1 hinzuweisen.

(3) [1]Ergibt sich im Rahmen eines Vollstreckungsverfahrens nach § 66 die Notwendigkeit, dass eine Strafanzeige zum Schutz des Vollstreckungsbeamten erforderlich ist, so dürfen

292 So von LG Darmstadt NJW 1978, 901; LG Aachen MDR 1981, 603; LG Bonn NStZ 1986, 40; OLG Köln NStZ 1986, 569.
293 So von LG Braunschweig NJW 1986, 2586; LG Berlin NDV 1992, 417 mAnm Pirani; LG Offenburg NDV 1994, 199 mAnm Kunkel; LG Hamburg NStZ 1993, 401 mAnm Dölling; LG Fulda JAmt 2004, 438; LG Saarbrücken JAmt 2007, 321.
294 LG Trier ZfJ 2000, 397 mAnm Eisenberg JGG.
295 Vgl. hierzu BVerfGE 44, 353.

die zum Zweck der Vollstreckung übermittelten Sozialdaten auch zum Zweck der Strafverfolgung gespeichert, verändert, genutzt, übermittelt, in der Verarbeitung eingeschränkt oder gelöscht werden, soweit dies erforderlich ist. [2]Das Gleiche gilt auch für die Klärung von Fragen im Rahmen eines Disziplinarverfahrens.

(4) Sind Sozialdaten an Gerichte oder Staatsanwaltschaften für die Durchführung eines Straf- oder Bußgeldverfahrens übermittelt worden, so dürfen sie nach Maßgabe der §§ 476, 487 Absatz 4 der Strafprozessordnung und der §§ 49b und 49c Absatz 1 des Gesetzes über Ordnungswidrigkeiten für Zwecke der wissenschaftlichen Forschung gespeichert, verändert, genutzt, übermittelt, in der Verarbeitung eingeschränkt oder gelöscht werden.

(5) Behörden der Zollverwaltung dürfen Sozialdaten, die ihnen zum Zweck der Vollstreckung übermittelt worden sind, auch zum Zweck der Vollstreckung öffentlich-rechtlicher Ansprüche anderer Stellen als der in § 35 des Ersten Buches genannten Stellen verarbeiten.

§ 78 SGB X hat **zwei Funktionen**, die Verlängerung des Datenschutzes und ein Verwertungsverbot.[296] 229

1.6.2.1 Verlängerung des Datenschutzes. Während § 77 SGB X den deutschen Datenschutzstandard bei Übermittlungen ins (geografische) Ausland sichern will, sichert § 78 SGB X den SGB-Datenschutzstandard bei Übermittlung ins „SGB-Ausland" im Inland, also an eine Stelle außerhalb des SGB-Bereiches. § 78 SGB X verlängert den Datenschutz auf doppelte Weise, einmal (Abs. 1 **Satz 1**) dadurch, dass – dem Zweckbindungsgrundsatz entsprechend – der Empfänger verpflichtet wird, den mit der Übermittlung an ihn verfolgten **Zweck beizubehalten.** Nicht-öffentlichen Stellen (§ 67 Abs. 5 SGB X) wird mit dem **neu eingefügten Satz 2** eigens eine **Verpflichtungserklärung** abverlangt – allerdings nur, wenn die Daten auf ihr Ersuchen vom Jugendhilfeträger an sie übermittelt worden sind, zB zur Durchführung eines gerichtlichen Verfahrens oder eines Verfahrens über den Versorgungsausgleich nach § 74 SGB X oder zur Gewährung von Akteneinsicht nach § 25 SGB X.[297] Keiner Selbstverpflichtungserklärung bedarf es dagegen, wenn Daten auf Initiative des Jugendamts zur Erfüllung seiner Aufgaben („eigennützig") an die nicht-öffentliche Stelle übermittelt werden. Dies entspricht § 2 Abs. 2 Verpflichtungsgesetz (→ Rn. 50). Für die Jugendhilfe regelt § 65 Abs. 1 S. 2 die Zweckbindung für eine Datenweitergabe, die keine Übermittlung ist, also nicht an einen Dritten erfolgt. Zum anderen (Abs. 1 **Satz 3**) wird der Datenschutz dadurch verlängert, dass der Datenempfänger in dieselbe **Schutzpflichtposition** eingewiesen wird, die der Datenabsender innehatte. Dadurch wird er zum abgeleiteten (derivativen) Normadressaten des § 35 SGB I (→ Rn. 283). Dies bedeutet aber nicht, dass der Datenempfänger die gesetzlichen Übermittlungsbefugnisse nach §§ 68–75 SGB X hätte, weil sonst der Zweckbindungsgrundsatz leer liefe;[298] die Daten dürfen vielmehr nur „an der Leine der Zweckbindung" verwendet werden. Sie müssen aber gesichert sein, wie es § 35 Abs. 1 S. 2 dem Jugendamt befiehlt. 230

Aber auch die übermittelnde SGB-Stelle hat eine gewisse **„Nachsorge"** für das übermittelte Datum aus dem Wahrensgebot des § 35 Abs. 1 S. 2 SGB I (→ Rn. 50). Sie muss für einen gesicherten Datentransport sorgen und den Empfänger auf eine dem § 35 SGB I entsprechende Behandlung der ihm überlassenen Daten hinweisen („Datenschutz-Beipackzettel"). Dies gilt unabhängig davon, ob der Empfänger eine öffentliche oder eine nicht-öffentliche Stelle iSv § 67 Abs. 5 SGB X ist, die Daten also in den Privatrechtsverkehr gelangen. Denn auch bei öffentlichen Stellen – einschließlich der Gerichte – ist der Sozialdatenschutz noch keineswegs verwurzelt. § 78 Abs. 2 SGB X 231

296 Näher Kunkel in jurisPK-SGB X § 78 und ZFSH/SGB 2000, 643.
297 So Reg.Begr. BT-Drs.19/4674.
298 So zu Recht Schimke in JHSM § 78 Rn. 5.

verlangt darüber hinaus, dass die nicht-öffentlichen Stelle[299] diesen Hinweis an die Mitarbeiter weitergibt.

232 Für die Jugendhilfe ist **§ 61 Abs. 3 eine spezielle Regelung** der „Nachsorge" für Daten, die an freie Träger übermittelt worden sind, wenn sie als Leistungserbringer für den öffentlichen Träger tätig sind.

233 Übermittelt das JA Daten an eine Person **außerhalb** des Adressatenkreises des SGB-(zB an eine **Pflegefamilie**), ist auch diese abgeleiteter Normadressat des § 35 SGB I.[300] Diese Person ist gem. § 2 Abs. 2 Nr. 2 Verpflichtungsgesetz (→ Rn. 50) auf das Sozialgeheimnis zu verpflichten. Als Folge einer Verletzung ergibt sich dann Strafbarkeit nach § 203 Abs. 2 S. 1 Nr. 2 iVm § 11 Abs. 1 Nr. 4 StGB (→ Rn. 205; ferner → Rn. 274).

234 Neben der Verpflichtungserklärung nach § 78 Abs. 1 S. 2 SGB X ist die Anwendung des **BDSG** bzw. LDSG insoweit ausgeschlossen.

Die **Auftragsverarbeitung** nach § 80 SGB X (→ Rn. 56) ist nur eine (technisch-unterstützende) Verarbeitung von Daten für den Sozialleistungsträger[301] (zB Rechenzentrum). § 80 SGB X betrifft daher nicht Datenübermittlungen an freie Träger oder andere Leistungserbringer.

235 Eine **Ausnahme** von der strengen Zweckbindung nach Satz 1 enthält **Satz 4** für **Gerichte** oder **Staatsanwaltschaften** als Datenempfänger. Sie unterliegen zwar grundsätzlich dem Datenschutz nach § 5 BDSG,[302] aber nur, soweit nicht § 78 SGB X eine spezielle Regelung trifft. Sie können gerichtliche Entscheidungen, die Sozialdaten enthalten, auch zu einem anderen als dem vom JA mit der Übermittlung an sie verfolgten Zweck an Dritte weiter übermitteln, aber nur dann, wenn dies das JA als Erstübermittler auch könnte. So kann ein Jugendgericht seine Entscheidung mit vom JA übermittelten Daten an den Erziehungsbeistand weiterleiten, wenn es gem. § 12 JGG eine Erziehungsbeistandschaft anordnet.

236 Von den Gerichten werden Daten durch die **Öffentlichkeit** der Verhandlung gem. § 169 GVG an die Zuhörer, also an Dritte übermittelt; ebenso durch die Gewährung von Akteneinsicht an die Verteidiger. Diese Übermittlungen sind aber vom Zweck der ersten Übermittlung durch das JA an das Gericht umfasst, da die Übermittlung zu Zwecken eines Strafverfahrens die Verwendung im Strafverfahren nach dessen Regeln einschließt. Aus der Pflicht des Gerichts gem. § 78 Abs. 1 S. 2, das Sozialgeheimnis zu beachten, kann aber folgen, dass die Öffentlichkeit **ausgeschlossen** wird, wenn dies nach dem GVG zulässig ist. § 171b GVG ermöglicht den Ausschluss dann, wenn die Erörterung des Sozialgeheimnisses schutzwürdige Interessen verletzt, wenn nicht das Interesse an der öffentlichen Erörterung schwerer wiegt als das Sozialgeheimnis. Auch § 172 Nr. 3 GVG ermöglicht den Ausschluss der Öffentlichkeit dann, wenn Zeugen oder Sachverständige mit der Erörterung des Sozialgeheimnisses eine unbefugte Offenbarung vornähmen, die mit Strafe bedroht ist, also bspw. in den Fällen des § 203 Abs. 1 und 2 StGB. Im Fall des § 203 Abs. 1 StGB muss also eine strafrechtliche Offenbarungsbefugnis (→ Rn. 209). im Fall des § 203 Abs. 2 StGB eine sozialrechtliche Übermittlungsbefugnis (→ Rn. 123). vorliegen. Fehlen diese Voraussetzungen, ist schon die Übermittlung an das Gericht strafbar.

237 **Satz 5** ermöglicht eine über Satz 4 hinausgehende Übermittlung. Danach können Gerichte und Staatsanwaltschaften Daten in einer Strafsache gegen einen **Beamten** an dessen Dienstvorgesetzten unter den Voraussetzungen des § 115 BBeamtG übermitteln.

299 Also nicht die übermittelnde Stelle, so aber Krahmer, Sozialdatenschutz, S. 286.
300 Ebenso Awenius JAmt 2001, 524.
301 Ebenso Palsherm in jurisPK-SGB X § 80 Rn. 17.
302 Näher Kunkel FPR 2003, 516.

Eine ebenfalls über Satz 4 hinausreichende Übermittlung ermöglicht **Satz 6**. Auch **Polizeibehörden** und Behörden der Gefahrenabwehr (→ Rn. 103) dürfen die übermittelten Sozialdaten losgelöst von der ursprünglichen Zweckbindung und unabhängig von einer fiktiven Übermittlungsbefugnis des JA verwenden, aber nur für Zwecke der Gefahrenabwehr, der Strafverfolgung und der Strafvollstreckung. Dies ermöglicht bspw. die Weitergabe der Akte für ein anderes Strafverfahren oder an den Bewährungshelfer oder die Justizvollzugsanstalt. 238

Aus der Ermächtigung zur eigenständigen, also nicht von den Übermittlungsbefugnissen des JA abgeleiteten Zweckänderung für Gerichte in § 78 Abs. 1 S. 6 SGB X folgt, dass das vom JA gem. § 8a Abs. 2 SGB VIII angerufene **Familiengericht** Sozialdaten auch zur **Strafverfolgung** weitergeben kann. Das JA wird sich dadurch möglicherweise hintergangen fühlen, ändern lässt sich dies aber nicht, solange nicht das Gesetz geändert ist.[303] Ausführlich zum Datenschutz beim FamG → § 68 Rn. 6. 239

Weitere Ausnahmen vom Zweckbindungsgebot enthalten **Abs. 3** zum Schutz der Vollstreckung und **Abs. 4** für wissenschaftliche Zwecke. 240

Die **Datenschutzregelungen in den §§ 474 bis 491 StPO** sind nachrangig gegenüber der Regelung des § 78 SGB X, weil diese speziell für vom **Sozialleistungsträger an das Gericht** übermittelte Sozialdaten gilt. 241

Aus § 78 Abs. 1 S. 4 SGB X folgt, dass nur **Gerichte** und **Staatsanwaltschaften** befugt sind, mit der (fiktiven) Übermittlungsbefugnis des JA Sozialdaten zu einem anderen Zweck als dem Übermittlungszweck weiterzugeben. Alle anderen Empfänger **außerhalb des SGB-Bereichs** sind dagegen der strengen Zweckbindung nach § 78 Abs. 1 S. 1 SGB X unterworfen. Angesichts des klaren Wortlauts der Regelung ist kein Raum für Zweckänderungen nach Rücksprache[304] oder Genehmigung.[305] Datenempfänger **im SGB-Bereich** dagegen können Daten auch zu anderen Zwecken als dem übermittelten verwenden, wenn dies § 67b SGB X zulässt, weil sie nicht Adressaten des § 78 SGB X sind. 242

1.6.2.2 Verwertungsverbot. Aus § 78 Abs. 1 S. 1 SGB X folgt (arg. e contrario), dass bei **unbefugter** Übermittlung der Sozialdaten an einen Empfänger dieser sie nicht verwenden darf.[306] Ist Empfänger unzulässig übermittelter Daten (zB vom JA im Rahmen des § 50 unter Verletzung des § 65) das FamG, entscheidet es (nicht das VG) über das Verwertungsverbot;[307] zu Rechtsbehelfen im Verwaltungsverfahren → Rn. 272. § 78 SGB X formuliert lediglich einen allgemeinen Rechtsgedanken, der auch in § 65 Abs. 1 S. 2 seinen Ausdruck findet, wonach alle weiteren Datenverwendungen rechtswidrig sind, wenn eine vorausgehende rechtswidrig war. Diese **„Domino-Theorie“** (→ Rn. 264) gilt auch schon für die Unzulässigkeit der Datenspeicherung bei unzulässiger Datenerhebung (→ Rn. 87).[308] Wird das Sozialgeheimnis dadurch verletzt, dass mehr Daten als erforderlich übermittelt werden („überschießendes Übermitteln“), besteht das Verwertungsverbot nur bezüglich der nicht erforderlichen Daten.[309] Aus 243

303 Auch wenn die von Mörsberger in Wiesner Anh. 4 SGB X § 78 Rn. 4 u. 5 vorgebrachten Bedenken überzeugend sind.
304 So Krahmer, Sozialdatenschutz, S. 147.
305 So Schellhorn in GK-SGB I § 35 Rn. 78.
306 Ebenso VG Bremen 19.10.2011 – 4 V 564/11, JAmt 2012, 109; LG Berlin NDV 1983, 153 mAnm Emrich; VG Schleswig RDV 1987, 147; Schroeder-Printzen ua SGB X § 78 Rn. 4; Bergner ua SGB X § 78 Rn. 4; Mrozynski SGB I § 35 Rn. 40; gegen Verwertungsverbot, aber für Verwendungsverbot Borchert in GK-SGB X 2 § 35 Rn. 78 und 79.
307 Ebenso BayVGH 7.4.2005 – 12 CE 04.3375.
308 Ebenso HessVGH 16.9.2014 – 10 A 500/13, ZKJ 2014, 493 (ohne Zitat der Quelle im LPK).
309 Allgemein zum Verwertungsverbot vgl. BVerfG 24.5.1977 – 2 BvR 988/75, NJW 1977, 1489.

dem Verwertungsverbot folgt, dass unzulässig übermittelte Daten nicht – auch nicht im Kopf (→ Rn. 60) – gespeichert werden dürfen (§ 67c SGB X); dennoch gespeicherte Daten sind zu löschen (Art. 17 DS-GVO iVm § 84 Abs. 1 SGB X).

1.7 Wehrhafter Datenschutz: die Rechte des betroffenen Bürgers bei Normverletzung

1.7.1 Anrufung des Datenschutzbeauftragten/Gerichtlicher Rechtsschutz

§ 81 SGB X Recht auf Anrufung, Beauftragte für den Datenschutz

(1) Ist eine betroffene Person der Ansicht, bei der Verarbeitung ihrer Sozialdaten in ihren Rechten verletzt worden zu sein, kann sie sich

1. an den Bundesbeauftragten oder die Bundesbeauftragte wenden, wenn sie eine Verletzung ihrer Rechte durch eine in § 35 des Ersten Buches genannte Stelle des Bundes bei der Wahrnehmung von Aufgaben nach diesem Gesetzbuch behauptet,
2. an die nach Landesrecht für die Kontrolle des Datenschutzes zuständige Stelle wenden, wenn sie die Verletzung ihrer Rechte durch eine andere in § 35 des Ersten Buches genannte Stelle bei der Wahrnehmung von Aufgaben nach diesem Gesetzbuch behauptet.

(2) [1]Bei der Wahrnehmung von Aufgaben nach diesem Gesetzbuch gelten für die in § 35 des Ersten Buches genannten Stellen die §§ 14 bis 16 des Bundesdatenschutzgesetzes. [2]Bei öffentlichen Stellen der Länder, die unter § 35 des Ersten Buches fallen, tritt an die Stelle des oder der Bundesbeauftragten die nach Landesrecht für die Kontrolle des Datenschutzes zuständige Stelle.

(3) [1]Verbände und Arbeitsgemeinschaften der in § 35 des Ersten Buches genannten Stellen oder ihrer Verbände gelten, soweit sie Aufgaben nach diesem Gesetzbuch wahrnehmen und an ihnen Stellen des Bundes beteiligt sind, unbeschadet ihrer Rechtsform als öffentliche Stellen des Bundes, wenn sie über den Bereich eines Landes hinaus tätig werden, anderenfalls als öffentliche Stellen der Länder. [2]Sonstige Einrichtungen der in § 35 des Ersten Buches genannten Stellen oder ihrer Verbände gelten als öffentliche Stellen des Bundes, wenn die absolute Mehrheit der Anteile oder der Stimmen einer oder mehrerer öffentlicher Stellen dem Bund zusteht, anderenfalls als öffentliche Stellen der Länder. [3]Die Datenstelle der Rentenversicherung nach § 145 Absatz 1 des Sechsten Buches gilt als öffentliche Stelle des Bundes.

(4) [1]Auf die in § 35 des Ersten Buches genannten Stellen, die Vermittlungsstellen nach § 67d Absatz 3 und die Auftragsverarbeiter sind die §§ 5 bis 7 des Bundesdatenschutzgesetzes entsprechend anzuwenden. [2]In räumlich getrennten Organisationseinheiten ist sicherzustellen, dass der oder die Beauftragte für den Datenschutz bei der Erfüllung seiner oder ihrer Aufgaben unterstützt wird. [3]Die Sätze 1 und 2 gelten nicht für öffentliche Stellen der Länder mit Ausnahme der Sozialversicherungsträger und ihrer Verbände. [4]Absatz 2 Satz 2 gilt entsprechend.

244 Wenn ein Bürger meint, eine Stelle des JA habe ihn durch eine Maßnahme (aber nicht durch das Unterlassen einer Maßnahme zur Datensicherung) in seinem Schutzrecht aus § 35 Abs. 1 SGB I verletzt, kann er den **Landesbeauftragten für Datenschutz** anrufen (§ 81 Abs. 1 Nr. 2, Abs. 2 S. 2 SGB X). Dessen Kompetenzen ergeben sich aus dem Landesdatenschutzgesetz (zB §§ 26 bis 32 LDSG BW). Die Anrufung des Bundesbeauftragten für den Datenschutz kommt in der Jugendhilfe nicht in Betracht, da der Bund keine Jugendhilfeaufgaben erfüllt, sondern nur gem. §§ 83, 84 tätig wird.

Neben diese Fremdkontrolle kann eine behördliche Selbstkontrolle durch einen **kommunalen Datenschutzbeauftragten** (→ Rn. 3) treten. Nach Art. 37 DS-GVO besteht auch für Auftragsverarbeiter die Pflicht zur Benennung eines Datenschutzbeauftragten. **Auftragsverarbeiter** sind nicht etwa die freien Träger, sondern Rechenzentren. Zum Datenschutzbeauftragten bei **freien Trägern** → Rn. 302.

Aufgrund der Neufassung des Bundesdatenschutzgesetzes (→ Rn. 3) werden die Verweise an die geltende Rechtslage angepasst.

In Abs. 1 wird das geltende Recht zur Bestimmung der für die Anrufung zuständigen Stellen beibehalten und lediglich redaktionell angepasst, insbesondere an die Begriffsbestimmungen aus Art. 4 DS-GVO iVm § 67 SGB X und die Neufassung des Bundesdatenschutzgesetzes. Gleichzeitig wird mit dieser Regelung das Recht auf Beschwerde bei einer Aufsichtsbehörde iSd Art. 77 DS-GVO gewährleistet.

In Abs. 2 wird das geltende Recht beibehalten und lediglich redaktionell angepasst. Insbesondere werden aufgrund der Neufassung des Bundesdatenschutzgesetzes die Verweise an die geltende Rechtslage angepasst.

In Abs. 3 wird das geltende Recht beibehalten.

§ 81a SGB X Gerichtlicher Rechtsschutz

(1) [1]Für Streitigkeiten zwischen einer natürlichen oder juristischen Person und dem oder der Bundesbeauftragten oder der nach Landesrecht für die Kontrolle des Datenschutzes zuständigen Stelle gemäß Artikel 78 Absatz 1 und 2 der Verordnung (EU) 2016/679 aufgrund der Verarbeitung von Sozialdaten im Zusammenhang mit einer Angelegenheit nach § 51 Absatz 1 und 2 des Sozialgerichtsgesetzes ist der Rechtsweg zu den Gerichten der Sozialgerichtsbarkeit eröffnet. [2]Für die übrigen Streitigkeiten gemäß Artikel 78 Absatz 1 und 2 der Verordnung (EU) 2016/679 aufgrund der Verarbeitung von Sozialdaten gilt § 20 des Bundesdatenschutzgesetzes, soweit die Streitigkeiten nicht durch Bundesgesetz einer anderen Gerichtsbarkeit ausdrücklich zugewiesen sind. [3]Satz 1 gilt nicht für Bußgeldverfahren.

(2) Das Sozialgerichtsgesetz ist nach Maßgabe der Absätze 3 bis 7 anzuwenden.

(3) Abweichend von den Vorschriften über die örtliche Zuständigkeit der Sozialgerichte nach § 57 des Sozialgerichtsgesetzes ist für die Verfahren nach Absatz 1 Satz 1 das Sozialgericht örtlich zuständig, in dessen Bezirk der oder die Bundesbeauftragte oder die nach Landesrecht für die Kontrolle des Datenschutzes zuständige Stelle seinen oder ihren Sitz hat, wenn eine Körperschaft oder Anstalt des öffentlichen Rechts oder in Angelegenheiten des sozialen Entschädigungsrechts oder des Schwerbehindertenrechts ein Land klagt.

(4) In den Verfahren nach Absatz 1 Satz 1 sind der oder die Bundesbeauftragte sowie die nach Landesrecht für die Kontrolle des Datenschutzes zuständige Stelle beteiligungsfähig.

(5) [1]Beteiligte eines Verfahrens nach Absatz 1 Satz 1 sind

1. die natürliche oder juristische Person als Klägerin oder Antragstellerin und
2. der oder die Bundesbeauftragte oder die nach Landesrecht für die Kontrolle des Datenschutzes zuständige Stelle als Beklagter oder Beklagte oder als Antragsgegner oder Antragsgegnerin.

[2]§ 69 Nummer 3 des Sozialgerichtsgesetzes bleibt unberührt.

(6) Ein Vorverfahren findet nicht statt.

(7) Der oder die Bundesbeauftragte oder die nach Landesrecht für die Kontrolle des Datenschutzes zuständige Stelle darf gegenüber einer Behörde oder deren Rechtsträger nicht die sofortige Vollziehung (§ 86a Absatz 2 Nummer 5 des Sozialgerichtsgesetzes) anordnen.

Die Regelung dient der Durchführung des Art. 78 Abs. 1 und Abs. 2 DS-GVO. Danach hat jede natürliche oder juristische Person, also auch jede Behörde, das Recht auf einen wirksamen gerichtlichen Rechtsbehelf gegen einen sie betreffenden rechtsverbindlichen Beschluss einer Aufsichtsbehörde oder zur Geltendmachung eines Verstoßes einer Aufsichtsbehörde iSd Art. 78 Abs. 2 DS-GVO. Es handelt sich um eine bereichsspezifische Rechtsvorschrift iSv § 51 Abs. 1 Nr. 10 des Sozialgerichtsgesetzes 245

(SGG), die den Rechtsweg zu den Gerichten der Sozialgerichtsbarkeit eröffnet.[310] § 20 BDSG findet insoweit keine Anwendung. Es ist sachgerecht, insoweit die Zuständigkeit der Sozialgerichtsbarkeit zu begründen, weil viele sozialdatenschutzrechtliche Fragestellungen sich nicht vom zugrunde liegenden materiellen Sozialrecht trennen lassen und daher von der Fachgerichtsbarkeit zu beantworten sind.[311] Die Zuständigkeit der ordentlichen Gerichtsbarkeit für Schadenersatz- und Amtshaftungsklagen bleibt unberührt. Satz 2 stellt sicher, dass § 20 des BDSG gilt, wenn aufgrund der Einordnung als besonderer Teil des Sozialgesetzbuchs nach § 68 SGB I zwar für das materielle Recht das SGB I und das SGB X gilt, aber mangels Eröffnung des Sozialrechtswegs nach § 51 SGG der Verwaltungsrechtsweg gegeben ist. Auch für die Durchführung der Streitigkeiten iSd Art. 78 DS-GVO ist dann der Verwaltungsrechtsweg gegeben. Dies gilt vorbehaltlich der Voraussetzungen einer anderen bundesrechtlichen Zuweisung. Befugt zur Erhebung eines gerichtlichen Rechtsbehelfs sind alle natürlichen oder juristischen Personen, die vom Beschluss der Aufsichtsbehörde rechtsverbindlich betroffen sind. Dies sind die Adressaten des Beschlusses und können unter Umständen auch drittbetroffene Behörden oder deren Rechtsträger sein, sofern sie durch den Beschluss in eigenen Rechtspositionen relevant berührt werden. In Betracht kommt dies bspw. bei bestandskräftigen Beschlüssen der Aufsichtsbehörde, durch welche die Übermittlung von Sozialdaten an auskunftsberechtigte Behörden untersagt wird. Satz 3 bestimmt, dass das Bußgeldverfahren von dieser Regelung ausgenommen ist, da in diesem Anwendungsbereich wie im Strafverfahren der Weg zu den Gerichten der ordentlichen Gerichtsbarkeit eröffnet ist.

Das Sozialgerichtsgesetz ist nach Maßgabe der folgenden Abs. 3–7 anzuwenden.

Zu Abs. 3: Die örtliche Zuständigkeit ergibt sich grds. aus § 57 SGG. An dem in § 57 Abs. 1 S. 1 SGG zum Ausdruck kommenden Gedanken der besonderen Schutzbedürftigkeit der vor Sozialgerichten klagenden natürlichen Personen soll sich auch im Falle von Streitigkeiten nach Abs. 1 nichts ändern. Sofern eine juristische Person gegen die Aufsichtsbehörde klagt, wird eine Konzentration der Zuständigkeit des Sozialgerichts am Sitz der Aufsichtsbehörde vorgenommen, um vorhandenes Erfahrungswissen dort zu bündeln.

Zu Abs. 4 und 5: Abs. 4 ist im Rahmen des Art. 74 Abs. 1 Nr. 1 des GG eine kompetenzrechtlich zulässige Abweichung von § 70 Nr. 3 SGG. Auf der Grundlage des Abs. 4 legt Abs. 5 die Verfahrensbeteiligten fest.

Zu Abs. 6: Nach dieser Regelung ist das Vorverfahren ausgeschlossen. Mangels einer der Aufsichtsbehörde übergeordneten Behörde würde der mit einem Vorverfahren angestrebte Devolutiveffekt nicht erreicht.

Zu Abs. 7: Es besteht keine Befugnis, durch Verwaltungsentscheidung die aufschiebende Wirkung der Anfechtungsklage einer anderen Behörde auszuschließen. Unbeschadet der Anordnungskompetenz des Bundesbeauftragten für den Datenschutz und die Informationsfreiheit stehen sich die beteiligten Verwaltungsträger nicht in einem Subordinationsverhältnis gegenüber. Im Falle eines Rechtsstreits kann eine verbindliche Entscheidung allein durch das Sozialgericht getroffen werden.

§ 81b SGB X Klagen gegen den Verantwortlichen oder Auftragsverarbeiter

(1) Für Klagen der betroffenen Person gegen einen Verantwortlichen oder einen Auftragsverarbeiter wegen eines Verstoßes gegen datenschutzrechtliche Bestimmungen im Anwendungsbereich der Verordnung (EU) 2016/679 oder der darin enthaltenen Rechte der betroffenen Person bei der Verarbeitung von Sozialdaten im Zusammenhang mit

310 BT-Drs. 18/12611, 125 f.

311 BSG 5.2.2008 – B 2 U 8/07 R, BSGE 100, 25–43 sowie 25.1.2012 – B 14 AS 65/11 R, BSGE 110, 75–83.

einer Angelegenheit nach § 51 Absatz 1 und 2 des Sozialgerichtsgesetzes ist der Rechtsweg zu den Gerichten der Sozialgerichtsbarkeit eröffnet.

(2) Ergänzend zu § 57 Absatz 3 des Sozialgerichtsgesetzes ist für Klagen nach Absatz 1 das Sozialgericht örtlich zuständig, in dessen Bezirk sich eine Niederlassung des Verantwortlichen oder Auftragsverarbeiters befindet.

(3) [1]Hat der Verantwortliche oder Auftragsverarbeiter einen Vertreter nach Artikel 27 Absatz 1 der Verordnung (EU) 2016/679 benannt, gilt dieser auch als bevollmächtigt, Zustellungen in sozialgerichtlichen Verfahren nach Absatz 1 entgegenzunehmen. [2]§ 63 Absatz 3 des Sozialgerichtsgesetzes bleibt unberührt.

Die Norm dient der Durchführung von Art. 79 DS-GVO, nach dessen Abs. 1 jede betroffene Person unbeschadet eines verfügbaren verwaltungsrechtlichen oder außergerichtlichen Rechtsbehelfs einschließlich des Rechts auf Beschwerde bei einer Aufsichtsbehörde gemäß Art. 77 DS-GVO das Recht auf einen wirksamen gerichtlichen Rechtsbehelf hat, wenn sie der Ansicht ist, dass die ihr aufgrund dieser Verordnung zustehenden Rechte infolge einer nicht im Einklang mit dieser Verordnung stehenden Verarbeitung ihrer personenbezogenen Daten verletzt wurden.[312] Dies ergibt sich für das deutsche Recht hinsichtlich der Verletzung der Rechte aus der unmittelbar wirkenden Verordnung durch öffentliche Stellen bereits aus Art. 19 Abs. 4 GG. Sofern es um die Rechteverletzung durch einen privaten Auftragsverarbeiter geht, begründet Art. 79 Abs. 1 DS-GVO dieses Klagerecht erst. 246

Zu Abs. 1: Die Zuständigkeit der Sozialgerichtsbarkeit in Angelegenheiten nach § 51 SGG, wie sie § 81b Abs. 1 SGB X anordnet, ergibt sich bereits kraft Sachzusammenhangs, weshalb die Norm nur deklaratorische Bedeutung hat.

Zu Abs. 2: Nach Art. 79 Abs. 2 DS-GVO können Klagen wegen eines Verstoßes gegen die Regelungen der Verordnung vor den Gerichten des Mitgliedstaats erhoben werden, in dem der beklagte Verantwortliche oder Auftragsverarbeiter seine Niederlassung hat oder – sofern die Beklagte nicht als Behörde in Ausübung ihrer hoheitlichen Befugnisse tätig geworden ist – vor den Gerichten des Mitgliedstaats, in dem die betroffene Person ihren gewöhnlichen Aufenthaltsort hat. Die Vorschrift regelt nur die internationale Zuständigkeit und geht insoweit der Verordnung (EU) 1215/2012 vor (vgl. Erwägungsgrund 147 der Verordnung (EU) 2016/679 und Art. 67 der Verordnung (EU) 1215/2012). Art. 79 Abs. 2 DS-GVO regelt aber nicht die örtliche Zuständigkeit. Diese richtet sich bei Angelegenheiten, für die die Sozialgerichtsbarkeit zuständig ist, nach § 57 SGG. Danach ist der Wohnsitz oder Beschäftigungsort des Klägers entscheidend, nur im Falle der Klage einer juristischen Person gegen eine Privatperson deren „Sitz", „Wohnsitz" oder „Aufenthaltsort". Ähnlich wie die Zivilprozessordnung (ZPO), deren § 21 Abs. 1 den Gerichtsstand der Niederlassung bei Klagen nur dann für maßgeblich erklärt, wenn die Klage einen Bezug zum Geschäftsbetrieb der Niederlassung hat, enthält das SGG keine ausdrückliche Regelung zum Gerichtsstand bei Sitz des Beklagten im Ausland. Daher ist eine ergänzende Regelung zu § 57 Abs. 3 SGG erforderlich, damit bspw. ein Betroffener mit ausschließlichem Wohnsitz und Beschäftigungsort im Ausland auch gegen einen Auftragsverarbeiter, der Sozialdaten im Zusammenhang mit einer Angelegenheit nach § 51 SGG verarbeitet und nur eine Niederlassung, nicht aber seinen Sitz in Deutschland hat, vor dem für den Ort der Niederlassung zuständigen Sozialgericht klagen kann. Einer zusätzlichen Regelung gemäß Art. 79 Abs. 2 Satz 2 DS-GVO zwecks Ausschlusses eines inländischen Gerichtsstands bei Klagen von betroffenen Personen, die ihren Aufenthaltsort in Deutschland haben, gegen ausländische Behörden bedarf es nicht, weil bereits die Fas-

312 BT-Drs. 18/12611, 126 f.

sung des § 51 SGG die Unterwerfung des Beklagten unter die deutsche Gerichtsbarkeit voraussetzt.[313]

Zu Abs. 3: Gemäß Art. 27 Abs. 1 DS-GVO ist ein Verantwortlicher oder Auftragsverarbeiter, der gemäß Art. 3 Abs. 2 DS-GVO in deren Anwendungsbereich fällt, also keine Niederlassung in der Europäischen Union hat, verpflichtet, einen Vertreter in der EU zu benennen. Dieser dient gemäß Art. 27 Abs. 4 DS-GVO den betroffenen Personen sowie den Aufsichtsbehörden als Anlaufstelle. Es ist daher sachgerecht, ihn auch als bevollmächtigt anzusehen, Zustellungen in Zivilgerichtsverfahren vor deutschen Gerichten gemäß § 171 ZPO für den Verantwortlichen oder Auftragsverarbeiter entgegenzunehmen. Hierdurch werden insbesondere die praktischen Schwierigkeiten bei der grenzüberschreitenden Zustellung einer Klage vermieden. Es bleibt dem zuständigen Gericht allerdings unbenommen, einen in einem Drittstaat ansässigen Verantwortlichen oder Auftragsverarbeiter – insbesondere bei unklarer Sach- und Rechtslage – ausdrücklich aufzufordern, einen Zustellungsbevollmächtigten im Inland gemäß § 63 Abs. 3 SGG zu benennen.

1.7.2 Schadenersatz

Artikel 82 DS-GVO Haftung und Recht auf Schadenersatz

(1) Jede Person, der wegen eines Verstoßes gegen diese Verordnung ein materieller oder immaterieller Schaden entstanden ist, hat Anspruch auf Schadenersatz gegen den Verantwortlichen oder gegen den Auftragsverarbeiter.

(2) [1]Jeder an einer Verarbeitung beteiligte Verantwortliche haftet für den Schaden, der durch eine nicht dieser Verordnung entsprechende Verarbeitung verursacht wurde. [2]Ein Auftragsverarbeiter haftet für den durch eine Verarbeitung verursachten Schaden nur dann, wenn er seinen speziell den Auftragsverarbeitern auferlegten Pflichten aus dieser Verordnung nicht nachgekommen ist oder unter Nichtbeachtung der rechtmäßig erteilten Anweisungen des für die Datenverarbeitung Verantwortlichen oder gegen diese Anweisungen gehandelt hat.

(3) Der Verantwortliche oder der Auftragsverarbeiter wird von der Haftung gemäß Absatz 2 befreit, wenn er nachweist, dass er in keinerlei Hinsicht für den Umstand, durch den der Schaden eingetreten ist, verantwortlich ist.

(4) Ist mehr als ein Verantwortlicher oder mehr als ein Auftragsverarbeiter bzw. sowohl ein Verantwortlicher als auch ein Auftragsverarbeiter an derselben Verarbeitung beteiligt und sind sie gemäß den Absätzen 2 und 3 für einen durch die Verarbeitung verursachten Schaden verantwortlich, so haftet jeder Verantwortliche oder jeder Auftragsverarbeiter für den gesamten Schaden, damit ein wirksamer Schadensersatz für die betroffene Person sichergestellt ist.

(5) Hat ein Verantwortlicher oder Auftragsverarbeiter gemäß Absatz 4 vollständigen Schadenersatz für den erlittenen Schaden gezahlt, so ist dieser Verantwortliche oder Auftragsverarbeiter berechtigt, von den übrigen an derselben Verarbeitung beteiligten für die Datenverarbeitung Verantwortlichen oder Auftragsverarbeitern den Teil des Schadenersatzes zurückzufordern, der unter den in Absatz 2 festgelegten Bedingungen ihrem Anteil an der Verantwortung für den Schaden entspricht.

(6) Mit Gerichtsverfahren zur Inanspruchnahme des Rechts auf Schadenersatz sind die Gerichte zu befassen, die nach den in Artikel 79 Absatz 2 genannten Rechtsvorschriften des Mitgliedstaats zuständig sind.

247 Bei Verletzung des Sozialgeheimnisses hat der Betroffene unmittelbar aufgrund des Art. 82 DS-GVO einen Anspruch auf Schadenersatz aus Gefährdungshaftung, also unabhängig von einem Verschulden der Behörde. Unberührt hiervon bleibt die Verschul-

---

313 BSG 26.1.1983 – 1 S 2/82, BDSGE 54, 250–256.

denshaftung nach § 839 BGB iVm Art. 34 GG, weil die Verletzung des Sozialgeheimnisses aus § 35 SGB I eine **Amtspflichtverletzung** ist. Dieser Anspruch (im Unterschied zu dem Anspruch aus § 82 SGB X) schließt auch den Ersatz des Nichtvermögensschadens ein (§ 253 BGB). Als Verschulden kommen Vorsatz und Fahrlässigkeit in Betracht. Fahrlässig verletzt der Amtswalter seine Amtspflicht, wenn er die Sorgfalt, die in einer konkreten Situation von einem pflichtgetreuen Durchschnittsbeamten erwartet werden darf, außer Acht lässt. Die Sorgfaltspflicht gebietet, bei unklarer Rechtslage die Kommentare und den Datenschutzbeauftragten zu Rate zu ziehen. Eine nicht ordnungsgemäße Datensicherung (→ Rn. 40) kann ein Organisationsverschulden des Vorgesetzten auslösen. Die Geldentschädigung kommt aber nur in Betracht, wenn es sich um einen schwerwiegenden Eingriff handelt und die Beeinträchtigung nicht in anderer Weise befriedigend ausgeglichen werden kann (zB durch Löschen unzulässig erhobener Daten).

Für **Träger der freien Jugendhilfe** gelten diese Bestimmungen nicht. Verletzen sie die für sie geltenden Datenschutzregelungen (→ Rn. 298), sind sie zum Schadenersatz aus Vertrag verpflichtet, wobei sie auch für ihre Mitarbeiter ohne die Möglichkeit des Entlastungsbeweises (§§ 276, 278 BGB) haften. Aus dem Vertrag ergeben sich Schutzpflichten (vertragliche Nebenpflichten gem. § 241 Abs. 2 BGB) gegenüber dem Klienten, während schuldhafte Verletzung zu Ansprüchen auf Schadenersatz gem. § 282 BGB führt. Außerdem haften freie Träger deliktisch aus unerlaubter Handlung gem. § 823 BGB. Zu den in § 823 Abs. 1 BGB geschützten Rechtsgütern zählt auch das Grundrecht auf informationelle Selbstbestimmung (→ Rn. 1). Der freie Träger haftet für seine Mitarbeiter als Verrichtungsgehilfen gem. § 831 BGB. Auch hier kommt die Zahlung von Schmerzensgeld gem. § 253 BGB in Betracht. 248

1.7.3 Auskunftsrecht und Informationspflicht

Artikel 15 DS-GVO Auskunftsrecht der betroffenen Person

(1) Die betroffene Person hat das Recht, von dem Verantwortlichen eine Bestätigung darüber zu verlangen, ob sie betreffende personenbezogene Daten verarbeitet werden; ist dies der Fall, so hat sie ein Recht auf Auskunft über diese personenbezogenen Daten und auf folgende Informationen:

a) die Verarbeitungszwecke;
b) die Kategorien personenbezogener Daten, die verarbeitet werden;
c) die Empfänger oder Kategorien von Empfängern, gegenüber denen die personenbezogenen Daten offengelegt worden sind oder noch offengelegt werden, insbesondere bei Empfängern in Drittländern oder bei internationalen Organisationen;
d) falls möglich die geplante Dauer, für die die personenbezogenen Daten gespeichert werden, oder, falls dies nicht möglich ist, die Kriterien für die Festlegung dieser Dauer;
e) das Bestehen eines Rechts auf Berichtigung oder Löschung der sie betreffenden personenbezogenen Daten oder auf Einschränkung der Verarbeitung durch den Verantwortlichen oder eines Widerspruchsrechts gegen diese Verarbeitung;
f) das Bestehen eines Beschwerderechts bei einer Aufsichtsbehörde;
g) wenn die personenbezogenen Daten nicht bei der betroffenen Person erhoben werden, alle verfügbaren Informationen über die Herkunft der Daten;
h) das Bestehen einer automatisierten Entscheidungsfindung einschließlich Profiling gemäß Artikel 22 Absätze 1 und 4 und – zumindest in diesen Fällen – aussagekräftige Informationen über die involvierte Logik sowie die Tragweite und die angestrebten Auswirkungen einer derartigen Verarbeitung für die betroffene Person.

(2) Werden personenbezogene Daten an ein Drittland oder an eine internationale Organisation übermittelt, so hat die betroffene Person das Recht, über die geeigneten Garantien gemäß Artikel 46 im Zusammenhang mit der Übermittlung unterrichtet zu werden.

(3) [1]Der Verantwortliche stellt eine Kopie der personenbezogenen Daten, die Gegenstand der Verarbeitung sind, zur Verfügung. [2]Für alle weiteren Kopien, die die betroffene Person beantragt, kann der Verantwortliche ein angemessenes Entgelt auf der Grundlage der Verwaltungskosten verlangen. [3]Stellt die betroffene Person den Antrag elektronisch, so sind die Informationen in einem gängigen elektronischen Format zur Verfügung zu stellen, sofern sie nichts anderes angibt.

(4) Das Recht auf Erhalt einer Kopie gemäß Absatz 1b darf die Rechte und Freiheiten anderer Personen nicht beeinträchtigen.

§ 83 SGB X Auskunftsrecht der betroffenen Personen

(1) Das Recht auf Auskunft der betroffenen Person gemäß Artikel 15 der Verordnung (EU) 2016/679 besteht nicht, soweit

1. die betroffene Person nach § 82a Absatz 1, 4 und 5 nicht zu informieren ist oder
2. die Sozialdaten
   a) nur deshalb gespeichert sind, weil sie auf Grund gesetzlicher oder satzungsmäßiger Aufbewahrungsvorschriften nicht gelöscht werden dürfen, oder
   b) ausschließlich zu Zwecken der Datensicherung oder der Datenschutzkontrolle dienen

   und die Auskunftserteilung einen unverhältnismäßigen Aufwand erfordern würde sowie eine Verarbeitung zu anderen Zwecken durch geeignete technische und organisatorische Maßnahmen ausgeschlossen ist.

(2) [1]Die betroffene Person soll in dem Antrag auf Auskunft gemäß Artikel 15 der Verordnung (EU) 2016/679 die Art der Sozialdaten, über die Auskunft erteilt werden soll, näher bezeichnen. [2]Sind die Sozialdaten nicht automatisiert oder nicht in nicht automatisierten Dateisystemen gespeichert, wird die Auskunft nur erteilt, soweit die betroffene Person Angaben macht, die das Auffinden der Daten ermöglichen, und der für die Erteilung der Auskunft erforderliche Aufwand nicht außer Verhältnis zu dem von der betroffenen Person geltend gemachten Informationsinteresse steht. [3]Soweit Artikel 15 und 12 Absatz 3 der Verordnung (EU) 2016/679 keine Regelungen enthalten, bestimmt der Verantwortliche das Verfahren, insbesondere die Form der Auskunftserteilung, nach pflichtgemäßem Ermessen. [4]§ 25 Absatz 2 gilt entsprechend.

(3) [1]Die Gründe der Auskunftsverweigerung sind zu dokumentieren. [2]Die Ablehnung der Auskunftserteilung bedarf keiner Begründung, soweit durch die Mitteilung der tatsächlichen und rechtlichen Gründe, auf die die Entscheidung gestützt wird, der mit der Auskunftsverweigerung verfolgte Zweck gefährdet würde. [3]In diesem Fall ist die betroffene Person darauf hinzuweisen, dass sie sich, wenn die in § 35 des Ersten Buches genannten Stellen der Kontrolle des oder der Bundesbeauftragten unterliegen, an diesen oder diese, sonst an die nach Landesrecht für die Kontrolle des Datenschutzes zuständige Stelle wenden kann.

(4) Wird einer betroffenen Person keine Auskunft erteilt, so kann, soweit es sich um in § 35 des Ersten Buches genannte Stellen handelt, die der Kontrolle des oder der Bundesbeauftragten unterliegen, diese, sonst die nach Landesrecht für die Kontrolle des Datenschutzes zuständige Stelle, auf Verlangen der betroffenen Person prüfen, ob die Ablehnung der Auskunftserteilung rechtmäßig war.

(5) Bezieht sich die Informationserteilung auf die Übermittlung von Sozialdaten durch öffentliche Stellen an Staatsanwaltschaften und Gerichte im Bereich der Strafverfolgung, an Polizeibehörden, Verfassungsschutzbehörden, den Bundesnachrichtendienst und den Militärischen Abschirmdienst, ist sie nur mit Zustimmung dieser Stellen zulässig.

249 § 83 Abs. 1 Satz 1 SGB X konkretisiert das Grundrecht auf informationelle Selbstbestimmung (→ Rn. 1) das rechtliche Regelungen verlangt, damit der Bürger weiß, „wer was wann und bei welcher Gelegenheit über (ihn) weiß". Als verfahrensrechtliche Schutzvorkehrung verlangt das Urteil die Normierung einer Auskunftspflicht. Für den

Sozialleistungsbereich ist dies § 83 SGB X. § 83 SGB X bezieht sich nur auf personenbezogene Sozialdaten iSv § 67 Abs. 2 SGB X; die mit § 35 Abs. 4 SGB I den Sozialdaten gleichgestellten Betriebs- und Geschäftsgeheimnisse unterliegen daher nicht der Auskunftspflicht. Der Betroffene hat einen Anspruch darauf, Auskunft zu erhalten, welche Daten zu welchem Zweck gespeichert sind, woher sie stammen und wohin sie schon geflossen sind. Auch Minderjährige haben diesen Anspruch, wenn sie einsichtsfähig sind (→ Rn. 71), ebenso ihre Eltern, wie aus Art. 6 Abs. 2 S. 1 GG folgt.

Während die Auskunft an den Betroffenen selbst keine Übermittlung ist, werden bei Daten mit Doppelbezug (→ Rn. 22) auch Daten Dritter preisgegeben, also übermittelt. Für diese Übermittlung ist § 83 SGB X Befugnisnorm iSv § 67b Abs. 1 S. 1 2. Alternative SGB X. 250

Auskunft ist zu erteilen lediglich „über“ Daten, nicht ist Einsicht zu geben „in“ Daten. Damit unterscheidet sich das Auskunftsrecht vom **Akteneinsichtsrecht** gem. § 25 SGB X. Das Auskunftsrecht besteht neben und unabhängig von ihm (zum Akteneinsichtsrecht → Rn. 116). Die Akteneinsicht ist eine besondere Form der Auskunft, die aber auch mündlich oder am Bildschirm erfolgen kann. § 25 SGB X regelt die Pflicht, Akteneinsicht zu gewähren, wenn ein Verwaltungsverfahren iSv § 8 SGB X läuft (→ Anh. 5 Rn. 1, 21). 251

Außerhalb eines Verwaltungsverfahrens steht es im Ermessen der Behörde, Akteneinsicht zu gewähren. Die Pflicht zur Auskunft dagegen besteht unabhängig von einem Verwaltungsverfahren. Akteneinsicht ist lediglich Beteiligten iSv § 12 SGB X zu gewähren, Auskunft dagegen ist jedem Betroffenen zu erteilen. Akteneinsicht kann nur verlangt werden, wenn rechtliche Interessen geltend gemacht werden. Die Auskunft dagegen setzt nicht das Darlegen eines Informationsinteresses voraus; erst für die Abwägung mit einem geltend gemachten Informationsinteresse (§ 83 Abs. 1 S. 3, Abs. 4 SGB X) kommt es auf dessen Darlegung an. Im Unterschied zur Akteneinsicht müssen bei der Auskunft Fragen beantwortet werden zu Herkunft, Empfänger und Zweck der gespeicherten Daten. Macht der Antragsteller Zweifel an der Richtigkeit eines Datums geltend, ist ihm aber unabhängig von einer Akteneinsicht der Inhalt des Datums mitzuteilen, weil der Betroffene nur bei Kenntnis des Datums dessen Korrektur nach § 84 SGB X erreichen kann. Aber auch in diesem Fall ist die Auskunft nur eine durch die verantwortliche Stelle vermittelte Information über das Datum, während die Akteneinsicht eine unmittelbare Wahrnehmung des Datums ist.

Absatz 2 S. 1 erlegt dem Auskunftsberechtigten die **Pflicht** auf („soll“, dh Ausnahmen sind möglich) den Gegenstand seines Begehrens näher zu bezeichnen. 252

Absatz 2 S. 2 erweitert diese Pflicht für Daten, die in Akten lediglich einfach gespeichert sind. Für solche Daten muss der Betroffene Suchhinweise geben (zB das Aktenzeichen nennen). Außerdem müssen Suchaufwand und Informationsinteresse in einem angemessenen Verhältnis stehen. Die Behörde ist nicht verpflichtet, „die Stecknadel im Heuhaufen“ zu suchen. 253

Absatz 2 S. 3 macht die **verantwortliche Stelle** iSv § 67 Abs. 9 SGB X (→ Rn. 63) zum Normadressaten; bleibt sie auf den Antrag hin untätig oder verweigert sie die Auskunft, kann der Betroffene Verpflichtungswiderspruch und -klage gem. § 42 VwGO erheben, die sich in der Jugendhilfe gegen die Gebietskörperschaft, Stadtkreis oder Landkreis richtet (§ 78 Abs. 1 Nr. 1 VwGO). Die verantwortliche Stelle bestimmt nach ihrem Ermessen die Form des Auskunftsverfahrens, so dass fernmündliche Auskunft ebenso möglich ist wie die Auskunft durch Akteneinsicht. 254

Absatz 2 S. 3 stuft die Auskunftspflicht herab zu einer **Ermessensauskunft**, wenn die Auskunftserteilung einen unverhältnismäßigen Aufwand erforderlich macht und wenn es sich um Daten handelt, die für die Erfüllung von Jugendhilfeaufgaben nicht mehr benötigt, aber nach dem Landesarchivgesetz oder einer sonstigen gesetzlichen Aufbe- 255 wahrungsvorschrift noch gespeichert bleiben müssen. Ebenso wenig besteht eine Auskunftspflicht über Daten, die nur zur Datensicherung oder Datenkontrolle gespeichert sind.

256 Absatz 2 S. 4 iVm § 25 Abs. 2 SGB X verpflichtet die verantwortliche Stelle, bei **„Schockdaten"** medizinischer und biographischer Art einen einfühlsamen Vermittler einzuschalten. Sind die Daten an einen Dritten außerhalb des SGB-Bereiches iSv § 78 SGB X (→ Rn. 230) weitergegeben worden und sind sie dort gespeichert (zB bei einem freien Träger), besteht der Auskunftsanspruch diesem gegenüber, weil § 78 SGB X und § 61 Abs. 3 SGB VIII die Pflicht zum Sozialdatenschutz auf ihn verlängert haben, also auch die Auskunftspflicht als dessen Verfahrensbestandteil. Sind die Daten an eine natürliche Person weitergegeben worden (zB an eine Pflegeperson), hat diese keine Auskunftspflicht, weil sie idR keine Daten speichert.

257 Absatz 3 und 4 betreffen die **Ablehnung** einer Auskunft, insbes. wenn das Informationsinteresse gegenüber den dort genannten Interessen nachrangig ist oder wenn die Auskunft, sei es inhaltlich oder durch den notwendigen Aufwand, die Aufgabenerfüllung beeinträchtigen könnte. Dies wäre bei querulatorischen Anfragen oder Massenauskünften zu befürchten, aber auch bei Arbeitsüberlastung durch personelle Engpässe oder wenn durch die Auskunft möglicherweise die öffentliche Sicherheit beeinträchtigt wird; darunter versteht man iSd Polizeirechts die Gesamtheit der Rechtsordnung, die Einrichtungen des Staates und die Individualschutzgüter. Im Unterschied zum Akteneinsichtsrecht genügt es aber nicht, dass die Daten Dritter geheim gehalten werden müssen, vielmehr müssen die Geheimhaltungsinteressen die Auskunftsinteressen überwiegen.

258 Absatz 3 S. 2 ist eine Ausnahme zu § 35 SGB X, wonach ein schriftlicher VA **begründet** werden muss (→ Anh. 5 Rn. 27). Die Ablehnung der Auskunftserteilung (nicht aber die Auskunftserteilung, weil sie keine Regelung ist) ist ein VA gem. § 31 SGB X (→ Anh. 5 Rn. 1). Aus § 83 Abs. 3 S. 2 SGB X ist zu schließen, dass die Ablehnung der Auskunftserteilung schriftlich erfolgen muss, weil bei mündlicher Ablehnung ohnehin keine Begründung erforderlich wäre. Die Begründung ist dann entbehrlich, wenn aus ihr Schlüsse gezogen werden könnten auf einen Zweck der Verwendung, der durch Abs. 3 und Abs. 4 gerade nicht offenbart werden sollte. In der nach § 36 SGB X erforderlichen Rechtsbehelfsbelehrung muss zusätzlich darauf hingewiesen werden, dass der Betroffene sich wegen der fehlenden Begründung an den Landesbeauftragten für Datenschutz wenden kann (Abs. 4). Wegen der Ablehnung an sich ist der Verpflichtungswiderspruch der richtige Rechtsbehelf (→ Anh. 5 Rn. 50). Den Widerspruchsbescheid erlässt nach § 73 Abs. 1 S. 2 Nr. 3 VwGO die Ausgangsbehörde, da die Beachtung der datenschutzrechtlichen Regelungen Teil des Verfahrens bei der Aufgabenerfüllung und damit Selbstverwaltungsangelegenheit ist (→ Anh. 5 Rn. 66). Abs. 4 lässt neben dem förmlichen Rechtsbehelf des Verpflichtungswiderspuchs und der darauf folgenden Verpflichtungsklage auch die Anrufung des Landesbeauftragten für den Datenschutz zu, allerdings nur für den Fall, dass die Auskunftserteilung abgelehnt wurde (also nicht bei Untätigkeit der Behörde) und nur mit dem Ziel, zu prüfen, ob die Ablehnung rechtmäßig war (also ohne die Verpflichtung zur Auskunftserteilung).

259 Absatz 5 macht die Auskunft zustimmungspflichtig, wenn Daten zur **Strafverfolgung** (gem. §§ 68, 69 Abs. 1 Nr. 2, 73 SGB X) zur Gefahrenabwehr (§ 68 SGB X) oder zum Schutz der inneren und äußeren Sicherheit (§ 72 SGB X) übermittelt worden sind und über die Empfänger dieser Daten Auskunft begehrt wird.

260 Aus der Begründung der Neuregelung in § 83 SGB X:[314]

Zu Absatz 1: Die Regelung enthält Einschränkungen des Auskunftsrechts der betroffenen Person. Mit dem Verweis in Nummer 1 auf die in § 82a geregelten Ausnahmen

314 BT-Drs. 18/12611, 129 f. v. 31.5.2017.

von der Informationspflicht wird sichergestellt, dass insoweit auch kein Auskunftsrecht besteht. Die Regelung entspricht im Wesentlichen dem Regelungsgehalt des bisherigen Absatzes 4. Mit der Ausnahme nach Nummer 2 wird der Regelungsgehalt des bisherigen Absatzes 2 im Wesentlichen beibehalten. Danach besteht eine Ausnahme bei unverhältnismäßigem Aufwand, wenn die Daten nur deshalb gespeichert sind, weil sie aufgrund von Aufbewahrungsvorschriften nicht gelöscht werden dürfen oder ausschließlich der Datensicherung und Datenschutzkontrolle dienen. Bei der Ermittlung des Aufwands hat der Verantwortliche die für sie bestehenden technischen Möglichkeiten, gesperrte und archivierte Daten der betroffenen Person im Rahmen der Auskunftserteilung verfügbar zu machen, zu berücksichtigen. Außerdem wird die bisherige Regelung parallel zur Regelung in § 34 Absatz 1 Nummer 2 des BDSG erweitert. Danach hat der Verantwortliche durch geeignete technische und organisatorische Maßnahmen sicherzustellen, dass eine Verwendung der Daten zu anderen Zwecken ausgeschlossen ist. Die Beschränkung des Auskunftsrechts dient dem Schutz der sozialen Sicherheit, indem es die in § 35 SGB I genannten Stellen vor unverhältnismäßiger Inanspruchnahme schützt (Artikel 23 Absatz 1 Buchstabe e in Verbindung mit Absatz 2 Buchstabe c und g der Verordnung (EU) 2016/679); sofern die Speicherung ausschließlich der Datensicherung oder Datenschutzkontrolle dient, ist zusätzlich Artikel 23 Absatz 1 Buchstabe h der Verordnung (EU) 2016/679 einschlägig.

Zu Absatz 2: Mit den Regelungen in Satz 1 und Satz 2 dieses Absatzes wird das bisher in Absatz 1 Satz 2 und 3 enthaltene Recht beibehalten. Die Beschränkung des Auskunftsrechts dient dem Schutz der sozialen Sicherheit, indem es die in § 35 SGB I genannten Stellen vor unverhältnismäßiger Inanspruchnahme schützt (Artikel 23 Absatz 1 Buchstabe e in Verbindung mit Absatz 2 Buchstaben c und g der Verordnung (EU) 2016/679). Mit Satz 3 werden die bislang in Absatz 1 Satz 4 unter Berücksichtigung der in Artikel 12 Absatz 3 und Artikel 15 der Verordnung (EU) 2016/679 geregelten Verfahren beibehalten. Die Regelung dient der rechtssicheren Abwicklung des Auskunftsverfahrens und ist als bereichsspezifische Regelung im Hinblick auf Artikel 6 Absatz 1 in Verbindung mit Absatz 2 und Absatz 3 und Artikel 9 Absatz 2 Buchstabe b der Verordnung (EU) 2016/679 zulässig. Die bisher in Absatz 1 Satz 5 enthaltene Regelung wird mit dem letzten Satz dieses Absatzes beibehalten. Sie dient dem Schutz des Betroffenen, dem Auskunft über gesundheitliche Verhältnisse erteilt wird.

Zu Absatz 3: Mit Satz 1 wird die Pflicht eingeführt, die Gründe der Auskunftsverweigerung zu dokumentieren. Mit Satz 2 wird an dem bisher in Absatz 5 enthaltenen Grundsatz festgehalten, dass die Ablehnung der Auskunftserteilung keiner Begründung bedarf, soweit durch die Mitteilung der Gründe auf die die Entscheidung gestützt wird, der mit der Auskunftsverweigerung verfolgte Zweck gefährdet würde. Die Regelungen auf der Grundlage des Artikels 23 Absatz 1 Buchstabe e der Verordnung (EU) 2016/679 sind Maßnahmen zum Schutz der Rechte und Freiheiten der betroffenen Personen im Sinne des Artikels 23 Absatz 2 Buchstaben c, d, g und h der Verordnung (EU) 2016/679. Das gilt auch für die in Satz 3 geregelte Hinweispflicht zugunsten der betroffenen Person, die bisher in Absatz 5 Satz 2 der Regelung geregelt war.

Zu Absatz 4: Mit der Norm wird das bisher in Absatz 6 geregelte Recht beibehalten und lediglich redaktionell an die Verordnung (EU) 2016/679 angepasst.

Zu Absatz 5: Mit der Regelung wird die bisher in § 83 Absatz 3 enthaltene Regelung beibehalten. Im Übrigen wird auf die Begründung zu §§ 82 Absatz 5 und 82a Absatz 5 verwiesen.

§ 83a SGB X Benachrichtigung bei einer Verletzung des Schutzes von Sozialdaten

Ergänzend zu den Meldepflichten gemäß den Artikeln 33 und 34 der Verordnung (EU) 2016/679 meldet die in § 35 des Ersten Buches genannte Stelle die Verletzung des Schutzes von Sozialdaten auch der Rechts- oder Fachaufsichtsbehörde.

261 Bereits unmittelbar aus der DS-GVO ergibt sich die Pflicht einer in § 35 SGB I genannten Stelle (Verantwortlicher), Verletzungen des Schutzes personenbezogener Daten, die voraussichtlich ein hohes Risiko für die persönlichen Rechte und Freiheiten natürlicher Personen zur Folge haben, jeweils der im Sinne des § 81 SGB X für den Datenschutz zuständigen Aufsichtsbehörde (Art. 33 DS-GVO), in der Jugendhilfe also dem Landesbeauftragten, und der betroffenen Person (Art. 34 DS-GVO) zu „beichten". Darüber hinaus wird die bisherige Verpflichtung, einen solchen Verstoß der Aufsichtsbehörde nach § 90 SGB IV zu melden, wenn es sich um besondere Arten personenbezogener Daten handelt, auf alle Sozialdaten – einschließlich der Betriebs- und Geschäftsgeheimnisse – ausgeweitet und an die im SGB X verwendete Formulierung „Fach- oder Rechtsaufsichtsbehörde" angepasst. Die Verletzung des Datenschutzes muss in der Jugendhilfe also auch noch der Rechtsaufsichtsbehörde (→ Rn. 31 und → § 69 Rn. 12) „gebeichtet" werden.

1.7.4 Berichtigung, Löschung, Sperrung und Widerspruchsrecht

Artikel 16 DS-GVO Recht auf Berichtigung

[1]Die betroffene Person hat das Recht, von dem Verantwortlichen unverzüglich die Berichtigung sie betreffender unrichtiger personenbezogener Daten zu verlangen. [2]Unter Berücksichtigung der Zwecke der Verarbeitung hat die betroffene Person das Recht, die Vervollständigung unvollständiger personenbezogener Daten – auch mittels einer ergänzenden Erklärung – zu verlangen.

Artikel 17 DS-GVO Recht auf Löschung („Recht auf Vergessenwerden")

(1) Die betroffene Person hat das Recht, von dem Verantwortlichen zu verlangen, dass sie betreffende personenbezogene Daten unverzüglich gelöscht werden, und der Verantwortliche ist verpflichtet, personenbezogene Daten unverzüglich zu löschen, sofern einer der folgenden Gründe zutrifft:

a) Die personenbezogenen Daten sind für die Zwecke, für die sie erhoben oder auf sonstige Weise verarbeitet wurden, nicht mehr notwendig.
b) Die betroffene Person widerruft ihre Einwilligung, auf die sich die Verarbeitung gemäß Artikel 6 Absatz 1 Buchstabe a oder Artikel 9 Absatz 2 Buchstabe a stützte, und es fehlt an einer anderweitigen Rechtsgrundlage für die Verarbeitung.
c) Die betroffene Person legt gemäß Artikel 21 Absatz 1 Widerspruch gegen die Verarbeitung ein und es liegen keine vorrangigen berechtigten Gründe für die Verarbeitung vor, oder die betroffene Person legt gemäß Artikel 21 Absatz 2 Widerspruch gegen die Verarbeitung ein.
d) Die personenbezogenen Daten wurden unrechtmäßig verarbeitet.
e) Die Löschung der personenbezogenen Daten ist zur Erfüllung einer rechtlichen Verpflichtung nach dem Unionsrecht oder dem Recht der Mitgliedstaaten erforderlich, dem der Verantwortliche unterliegt.
f) Die personenbezogenen Daten wurden in Bezug auf angebotene Dienste der Informationsgesellschaft gemäß Artikel 8 Absatz 1 erhoben.

(2) Hat der Verantwortliche die personenbezogenen Daten öffentlich gemacht und ist er gemäß Absatz 1 zu deren Löschung verpflichtet, so trifft er unter Berücksichtigung der verfügbaren Technologie und der Implementierungskosten angemessene Maßnahmen, auch technischer Art, um für die Datenverarbeitung Verantwortliche, die die personenbezogenen Daten verarbeiten, darüber zu informieren, dass eine betroffene Person von ihnen die Löschung aller Links zu diesen personenbezogenen Daten oder von Kopien oder Replikationen dieser personenbezogenen Daten verlangt hat.

(3) Die Absätze 1 und 2 gelten nicht, soweit die Verarbeitung erforderlich ist

a) zur Ausübung des Rechts auf freie Meinungsäußerung und Information;
b) zur Erfüllung einer rechtlichen Verpflichtung, die die Verarbeitung nach dem Recht der Union oder der Mitgliedstaaten, dem der Verantwortliche unterliegt, erfordert,

oder zur Wahrnehmung einer Aufgabe, die im öffentlichen Interesse liegt oder in Ausübung öffentlicher Gewalt erfolgt, die dem Verantwortlichen übertragen wurde;
c) aus Gründen des öffentlichen Interesses im Bereich der öffentlichen Gesundheit gemäß Artikel 9 Absatz 2 Buchstaben h und i sowie Artikel 9 Absatz 3;
d) für im öffentlichen Interesse liegende Archivzwecke, wissenschaftliche oder historische Forschungszwecke oder für statistische Zwecke gemäß Artikel 89 Absatz 1, soweit das in Absatz 1 genannte Recht voraussichtlich die Verwirklichung der Ziele dieser Verarbeitung unmöglich macht oder ernsthaft beeinträchtigt, oder
e) zur Geltendmachung, Ausübung oder Verteidigung von Rechtsansprüchen.

Artikel 18 DS-GVO Recht auf Einschränkung der Verarbeitung

(1) Die betroffene Person hat das Recht, von dem Verantwortlichen die Einschränkung der Verarbeitung zu verlangen, wenn eine der folgenden Voraussetzungen gegeben ist:
a) die Richtigkeit der personenbezogenen Daten von der betroffenen Person bestritten wird, und zwar für eine Dauer, die es dem Verantwortlichen ermöglicht, die Richtigkeit der personenbezogenen Daten zu überprüfen,
b) die Verarbeitung unrechtmäßig ist und die betroffene Person die Löschung der personenbezogenen Daten ablehnt und stattdessen die Einschränkung der Nutzung der personenbezogenen Daten verlangt;[315]
c) der Verantwortliche die personenbezogenen Daten für die Zwecke der Verarbeitung nicht länger benötigt, die betroffene Person sie jedoch zur Geltendmachung, Ausübung oder Verteidigung von Rechtsansprüchen benötigt, oder
d) die betroffene Person Widerspruch gegen die Verarbeitung gemäß Artikel 21 Absatz 1 eingelegt hat, solange noch nicht feststeht, ob die berechtigten Gründe des Verantwortlichen gegenüber denen der betroffenen Person überwiegen.

(2) Wurde die Verarbeitung gemäß Absatz 1 eingeschränkt, so dürfen diese personenbezogenen Daten – von ihrer Speicherung abgesehen – nur mit Einwilligung der betroffenen Person oder zur Geltendmachung, Ausübung oder Verteidigung von Rechtsansprüchen oder zum Schutz der Rechte einer anderen natürlichen oder juristischen Person oder aus Gründen eines wichtigen öffentlichen Interesses der Union oder eines Mitgliedstaats verarbeitet werden.

(3) Eine betroffene Person, die eine Einschränkung der Verarbeitung gemäß Absatz 1 erwirkt hat, wird von dem Verantwortlichen unterrichtet, bevor die Einschränkung aufgehoben wird.

Artikel 19 DS-GVO Mitteilungspflicht im Zusammenhang mit der Berichtigung oder Löschung personenbezogener Daten oder der Einschränkung der Verarbeitung

[1]Der Verantwortliche teilt allen Empfängern, denen personenbezogenen Daten offengelegt wurden, jede Berichtigung oder Löschung der personenbezogenen Daten oder eine Einschränkung der Verarbeitung nach Artikel 16, Artikel 17 Absatz 1 und Artikel 18 mit, es sei denn, dies erweist sich als unmöglich oder ist mit einem unverhältnismäßigen Aufwand verbunden. [2]Der Verantwortliche unterrichtet die betroffene Person über diese Empfänger, wenn die betroffene Person dies verlangt.

§ 84 SGB X Recht auf Berichtigung, Löschung, Einschränkung der Verarbeitung und Widerspruch

(1) [1]Ist eine Löschung von Sozialdaten im Fall nicht automatisierter Datenverarbeitung wegen der besonderen Art der Speicherung nicht oder nur mit unverhältnismäßig hohem Aufwand möglich und ist das Interesse der betroffenen Person an der Löschung als gering anzusehen, besteht das Recht der betroffenen Person auf und die Pflicht des Verantwortlichen zur Löschung von Sozialdaten gemäß Artikel 17 Absatz 1 der Verordnung

315 Zeichensetzung amtlich.

(EU) 2016/679 ergänzend zu den in Artikel 17 Absatz 3 der Verordnung (EU) 2016/679 genannten Ausnahmen nicht. [2]In diesem Fall tritt an die Stelle einer Löschung die Einschränkung der Verarbeitung gemäß Artikel 18 der Verordnung (EU) 2016/679. [3]Die Sätze 1 und 2 finden keine Anwendung, wenn die Sozialdaten unrechtmäßig verarbeitet wurden.

(2) [1]Wird die Richtigkeit von Sozialdaten von der betroffenen Person bestritten und lässt sich weder die Richtigkeit noch die Unrichtigkeit der Daten feststellen, gilt ergänzend zu Artikel 18 Absatz 1 Buchstabe a der Verordnung (EU) 2016/679, dass dies keine Einschränkung der Verarbeitung bewirkt, soweit es um die Erfüllung sozialer Aufgaben geht; die ungeklärte Sachlage ist in geeigneter Weise festzuhalten. [2]Die bestrittenen Daten dürfen nur mit einem Hinweis hierauf verarbeitet werden.

(3) [1]Ergänzend zu Artikel 18 Absatz 1 Buchstabe b und c der Verordnung (EU) 2016/679 gilt Absatz 1 Satz 1 und 2 entsprechend im Fall des Artikels 17 Absatz 1 Buchstabe a und d der Verordnung (EU) 2016/679, solange und soweit der Verantwortliche Grund zu der Annahme hat, dass durch eine Löschung schutzwürdige Interessen der betroffenen Person beeinträchtigt würden. [2]Der Verantwortliche unterrichtet die betroffene Person über die Einschränkung der Verarbeitung, sofern sich die Unterrichtung nicht als unmöglich erweist oder einen unverhältnismäßigen Aufwand erfordern würde.

(4) Sind Sozialdaten für die Zwecke, für die sie erhoben oder auf sonstige Weise verarbeitet wurden, nicht mehr notwendig, gilt ergänzend zu Artikel 17 Absatz 3 Buchstabe b der Verordnung (EU) 2016/679 Absatz 1 entsprechend, wenn einer Löschung satzungsmäßige oder vertragliche Aufbewahrungsfristen entgegenstehen.

(5) Das Recht auf Widerspruch gemäß Artikel 21 Absatz 1 der Verordnung (EU) 2016/679 gegenüber einer öffentlichen Stelle besteht nicht, soweit an der Verarbeitung ein zwingendes öffentliches Interesse besteht, das die Interessen der betroffenen Person überwiegt, oder eine Rechtsvorschrift zur Verarbeitung von Sozialdaten verpflichtet.

(6) § 71 Absatz 1 Satz 3 bleibt unberührt.

Begründung zu § 84:[316]

Zu Absatz 1: Die Regelung schränkt das Recht der betroffenen Person auf Löschung und die damit korrespondierende Pflicht des Verantwortlichen aus Artikel 17 Absatz 1 der Verordnung (EU) 2016/679 für den Fall, dass eine Löschung wegen der besonderen Art der Speicherung nicht oder nur mit unverhältnismäßig hohem Aufwand möglich ist und das Interesse der betroffenen Person an der Löschung als gering anzusehen ist, dahingehend ein, dass an die Stelle der Löschung die Einschränkung der Verarbeitung (Sperrung) nach Artikel 18 der Verordnung (EU) 2016/679 tritt. Die in Artikel 17 Absatz 3 der Verordnung (EU) 2016/679 genannten Ausnahmen bleiben von der Vorschrift unberührt.

Mit den Regelungen in Satz 1 und 2 wird das bisher nach Absatz 3 Nummer 3 geltende Recht weitgehend beibehalten. Der Anwendungsbereich der Regelung wird auf die Fälle nicht automatisierter Datenverarbeitung beschränkt. Die Einschränkung dient der Konkretisierung des Tatbestandsmerkmals der „besonderen Art der Speicherung". Eine Löschung von Sozialdaten kommt nicht in Betracht, wenn die Löschung im Fall nicht automatisierter Datenverarbeitung wegen der besonderen Art der Speicherung nicht oder nur mit unverhältnismäßigem Aufwand möglich und das Interesse der betroffenen Person an der Löschung als gering anzusehen ist. Erfasst werden von der Vorschrift vor allem Archivierungen in Papierform oder die Nutzung früher gebräuchlicher analoger Speichermedien, etwa Mikrofiche, bei denen es nicht oder nur mit unverhältnismäßig hohem Aufwand möglich ist, einzelne Informationen selektiv zu entfernen.

316 BT-Drs. 18/12611, 131.

Durch die Rechtsfolge der Einschränkung der Verarbeitung (Artikel 18 der Verordnung (EU) 2016/679) wird die Beschränkung des Rechts auf beziehungswiese der Pflicht zur Löschung von Sozialdaten auf das erforderliche Ausmaß im Sinne des Artikels 23 Absatz 2 Buchstabe c der Verordnung (EU) 2016/679 begrenzt. Artikel 18 Absatz 2 und 3 und Artikel 19 der Verordnung (EU) 2016/679 finden Anwendung und vermitteln effektive Garantien gegen Missbrauch und unrichtige Übermittlung im Sinne des Artikels 23 Absatz 2 Buchstabe d der Verordnung (EU) 2016/679.

Die Regelungen in Satz 1 und 2 erfolgen zum Schutz der sozialen Sicherheit durch den Schutz der Verwaltung vor übermäßiger Belastung gemäß Artikel 23 Absatz 1 Buchstabe e der Verordnung (EU) 2016/679. Der vertretbare Aufwand für den Verantwortlichen bemisst sich nach dem jeweiligen Stand der Technik und erfasst insbesondere nicht oder nur mit unverhältnismäßig hohem Aufwand veränderbare oder löschbare Datenspeicher. Einschränkend gilt dies nach Satz 3 nicht für die Fallgruppe des Artikel 17 Absatz 1 Buchstabe d der Verordnung (EU) 2016/679, da der Verantwortliche bei einer unrechtmäßigen Datenverarbeitung nicht schutzwürdig ist und sich nicht auf einen unverhältnismäßig hohen Aufwand der Löschung wegen der von ihm selbst gewählten Art der Speicherung berufen kann.

Zu Absatz 2: Mit dieser Regelung wird das bisherige Recht nach Absatz 1 Satz 2 und 3 beibehalten. Es handelt sich um eine spezifische Regelung im Sinne des Artikels 6 Absatz 1 Buchstabe e in Verbindung mit Absatz 2 und Absatz 3 Satz 1 Buchstabe b, Satz 2 der Verordnung (EU) 2016/679.

Zu Absatz 3: Absatz 3 Satz 1 sieht eine Beschränkung zur Wahrung schutzwürdiger Interessen der betroffenen Person vor (Artikel 23 Absatz 1 Buchstabe i der Verordnung (EU) 2016/679). Sie ergänzt in den Fällen, in denen der Verantwortliche die Sozialdaten der betroffenen Person nicht länger benötigt oder unrechtmäßig verarbeitet hat (Artikel 17 Absatz 1 Buchstabe a und d der Verordnung (EU) 2016/679), die Regelung des Artikel 18 Absatz 1 Buchstabe b und c der Verordnung (EU) 2016/679. Nach Artikel 18 Absatz 1 Buchstabe b der Verordnung (EU) 2016/679 erfolgt die Einschränkung der Verarbeitung unrechtmäßig verarbeiteter Daten nur auf entsprechendes Verlangen der betroffenen Person. Artikel 18 Absatz 1 Buchstabe c der Verordnung (EU) 2016/679 lässt eine Einschränkung der Verarbeitung nicht länger benötigter Daten auf Verlangen der betroffenen Person nur zu, wenn die betroffene Person sie zur Geltendmachung, Ausübung oder Verteidigung von Rechtsansprüchen benötigt.

Die Norm sieht demgegenüber auch ohne entsprechendes Verlangen der betroffenen Person eine generelle Pflicht des Verantwortlichen zur Einschränkung der Verarbeitung vor, wenn er Grund zu der Annahme hat, dass durch die Löschung schutzwürdige Interessen der betroffenen Person beeinträchtigt würden. Die Regelung ist notwendig, da der Verantwortliche nach Artikel 17 der Verordnung (EU) 2016/679 grundsätzlich verpflichtet ist, nicht mehr erforderliche oder unrechtmäßig verarbeitete Daten zu löschen.

Die Einschränkung der Verarbeitung anstelle der Löschung soll die betroffene Person in die Lage versetzen, ihr Verlangen auf Einschränkung der Verarbeitung gegenüber dem Verantwortlichen zu äußern oder sich für eine Löschung der Daten zu entscheiden. Dies wird durch die Unterrichtungspflicht nach Satz 2, welche zugleich eine Maßnahme zum Schutz der Rechte und Freiheiten sowie der berechtigten Interessen der betroffenen Person nach Artikel 23 Absatz 2 Buchstabe h der Verordnung (EU) 2016/679 darstellt, gewährleistet. In der Regel wird es sich daher nur um eine vorübergehende Beschränkung der Löschungspflicht des Verantwortlichen handeln (Artikel 23 Absatz 2 Buchstabe c der Verordnung (EU) 2016/679).

Zu Absatz 4: Diese Norm regelt die bisher in Absatz 3 Nummer 1 enthaltene Fallgestaltung. Sie sieht eine Beschränkung des Rechts auf Löschung für den Fall vor, dass einer Löschung nicht mehr erforderlicher Daten satzungsmäßige oder vertragliche Aufbewahrungsfristen entgegenstehen. Die Regelung korrespondiert mit der Einschränkung der Auskunftspflicht des Verantwortlichen gemäß § 83 Absatz 1 Nummer 2. Die Einschränkung der gesetzlichen Aufbewahrungsfrist ist über die sich unmittelbar aus der Verordnung (EU) 2016/679 ergebende Ausnahme des Artikel 17 Absatz 3 Buchstabe b – Erfüllung einer rechtlichen Verpflichtung nach dem Recht der Union oder der Mitgliedstaaten – erfasst. Die Ausnahme beruht ebenfalls auf Artikel 23 Absatz 1 Buchstabe e der Verordnung (EU) 2016/679 und schützt den Verantwortlichen vor einer übermäßigen Inanspruchnahme im Interesse des Schutzes der sozialen Sicherheit.

Zu Absatz 5: Die Regelung schränkt das Recht auf Widerspruch nach Artikel 21 Absatz 1 der Verordnung (EU) 2016/679 gegenüber einer öffentlichen Stelle ein, soweit an der Verarbeitung ein zwingendes öffentliches Interesse besteht, das die Interessen der betroffenen Person überwiegt, oder eine Rechtsvorschrift zur Verarbeitung der Sozialdaten verpflichtet. § 35 setzt öffentliche Interessen des Verantwortlichen im Sinne des Artikels 23 Absatz 1 Buchstabe e der Verordnung (EU) 2016/679 voraus, die im konkreten Einzelfall zwingend sein und Vorrang vor den Interessen der betroffenen Person haben müssen. Darüber hinaus ist das Recht auf Widerspruch ausgeschlossen, wenn eine Rechtsvorschrift zur Verarbeitung verpflichtet.

262 **1.7.4.1 Pflicht zu Berichtigung, Löschung, Sperrung (Einschränkung der Verarbeitung).** Normadressat der **Pflicht** zur Berichtigung, Löschung und Sperrung ist die verantwortliche Stelle iSv § 67 Abs. 4 SGB X iVm Art. 4 Abs. 7 DS-GVO (→ Rn. 63). Bei Weitergabe der Daten an Stellen außerhalb des SGB-Bereichs gem. § 78 SGB X (zB an freie Träger) werden auch die Pflichten nach § 84 SGB X weitergegeben. Art. 19 EU-GDSVO verlangt, dass die weitergebende Stelle den Empfänger entsprechend informiert (→ Rn. 266). Berichtigung, Löschung und Sperrung erfolgen **von Amts wegen** (also auch ohne Antrag des Betroffenen). Bei Vorliegen der gesetzlichen Voraussetzungen muss die Behörde unverzüglich handeln, da die Verarbeitung unrichtiger oder nicht mehr benötigter Daten ein Eingriff in das Grundrecht auf informationelle Selbstbestimmung ist.[317]

263 **1.7.4.2 Berichtigung.** Die Berichtigung ist ein Verarbeiten von Daten durch ein Verändern, das in einer Kombination von Löschen und Speichern neuer Daten besteht. Das Recht auf Berichtigung besteht, wenn – auf die Person bezogen – **unrichtige** Daten verarbeitet werden (Art. 16 DS-GVO). Unrichtig ist ein Datum dann, wenn die Information nicht den Tatsachen entspricht. Besteht die Information in einem Werturteil oder einer Vermutung, können unrichtig nur die Tatsachen sein, auf die sich Vermutung oder Werturteil stützen. Werturteil und Vermutung verlieren damit ihre Grundlage, werden aber nicht unrichtig. Auch wenn die Angaben vom Betroffenen selbst stammen, können sie unrichtig sein und müssen berichtigt werden. Auf ein Verschulden der speichernden Stelle kommt es nicht an.[318]

Ist zwischen Betroffenem und Behörde strittig, ob ein Datum richtig oder unrichtig ist und lässt sich weder das eine noch das andere beweisen (**„non liquet"**), besteht ein Recht auf Einschränkung der Verarbeitung nach Art. 18 Abs. 1 lit. a DS-GVO. Dies gilt aber nicht für die Erfüllung von Aufgaben des Jugendamts nach § 2 SGB VIII (§ 84 Abs. 2 SGB X). Es muss dann aber die unklare Beweislage in Form eines **Vermerks** schriftlich in der Akte festgehalten werden (§ 84 Abs. 2 SGB X). Auch die Weiterverwendung des bestrittenen Datums darf nur mit einem „Beipackzettel" erfolgen, aus dem hervorgeht, dass die Richtigkeit des Datums zweifelhaft ist.

317 Wie hier Auernhammer BDSG § 20 Rn. 8; Krahmer, Sozialdatenschutz, S. 392.
318 Ebenso Auernhammer BDSG § 20 Rn. 7 mwN.

1.7.4.3 Löschung. Da **unrichtige Sozialdaten** zur rechtmäßigen Erfüllung von Aufgaben der Jugendhilfe weder geeignet noch erforderlich sind, ist schon ihre Speicherung unzulässig. Sie sind unmittelbar nach Art. 17 DS-GVO zu löschen (wie sich auch aus § 84 Abs. 1 S. 3 SGB X ergibt). Die Löschung ist lediglich die Kehrseite der Speicherung. Unzulässig ist die Speicherung schon dann, wenn die Erhebung der Daten unzulässig war (**„Domino-Theorie"**; → Rn. 243 und Art. 17 Abs. 2 lit. d DS-GVO), zB weil die Daten zur Aufgabenerfüllung von vornherein nicht erforderlich waren. Ist ein Datum zur Aufgabenerfüllung nicht mehr erforderlich, muss es gelöscht werden (Art. 17 Abs. 2 lit. a DS-GVO). Zur Aufgabenerfüllung wird ein Datum dann nicht mehr benötigt, wenn der jeweilige Fall **abgeschlossen** und mit einer Abschlussverfügung gekennzeichnet ist. In einem Verwaltungsverfahren ist der Fall abgeschlossen, wenn der VA bestandskräftig geworden ist. Dabei ist bei unterbliebener oder unrichtiger Rechtsbehelfsbelehrung die Jahresfrist nach § 58 Abs. 2 VwGO zu beachten (→ Anh. 5 Rn. 56). Auch nach Abschluss des Verwaltungsverfahrens muss die Akte aber aufbewahrt werden, solange der VA (außerhalb des Rechtsbehelfsverfahrens) nach §§ 44–48 SGB X (im Fall des § 45 Abs. 3 S. 4 noch nach 10 Jahren) aufgehoben werden kann. Selbst wenn die Fristen für eine Aufhebung abgelaufen sind, ist eine Löschung ausgeschlossen, wenn normative Aufbewahrungsregelungen bestehen (§ 84 Abs. 4 SGB X). Dann tritt an Stelle der Löschung die Sperrung der Daten. Soweit Empfehlungen zur **Aktenaufbewahrung**[319] bestehen, müssen diese den Voraussetzungen des Abs. 4 entsprechen, also in eine Rechtsnorm (Satzung) gegossen worden sein, um eine Aufbewahrung entgegen zu rechtfertigen (zB um etwaigen Regressansprüchen entgegentreten zu können). So wird in Empfehlungen der Kommunalen Landesverbände BW geregelt: 264

„Die Akten der **Amtsvormundschaften** und -pflegschaften werden 30 Jahre aufbewahrt, um etwaigen Regressansprüchen entgegentreten zu können. Akten betreffend HzE sowie Akten der Familien- oder Vormundschaftsgerichtsmitwirkung werden 10 Jahre aufbewahrt, beginnend mit der Volljährigkeit des jüngsten betroffenen Kindes. Adoptionsakten werden nicht vernichtet. Für alle sonstigen Akten gilt eine Aufbewahrungspflicht von 10 Jahren." Die 30 Jahre lange Aufbewahrungszeit kann nach Verkürzung der Verjährungsfrist in § 195 BGB auf 3 Jahre nicht aufrechterhalten werden. Eine allgemeine Regelung der Aufbewahrung wird ohnehin der auf den Einzelfall bezogenen Löschungspflicht aus § 84 Abs. 2 SGB X nicht gerecht. Es hängt vom jeweiligen Fall ab, wie lange die Akten benötigt werden. Zu berücksichtigen sind dabei die Anfechtungsfristen und die Aufhebungsfristen je nach Art des Bescheids, außerdem aber die Verjährungsfrist, falls im konkreten Fall ein Regressanspruch in Betracht kommt. Ebenfalls vom konkreten Fall hängt es ab, ob auch strafrechtliche Verjährungsfristen zu berücksichtigen sind (zB wenn bei Heimerziehung Kindesmisshandlung in Betracht kommen kann). Besteht Grund für die Annahme von Straftaten oder von Regressansprüchen tritt an die Stelle der Löschung die Sperrung der Daten („Einschränkung der Verarbeitung" nach Art. 18 DS-GVO). Die Akten müssen daher je nach Fall unterschiedlich zur Wiedervorlage verfügt werden, um über Löschung oder Sperrung entscheiden zu können. Anders bei generellen gesetzlichen Regelungen wie für **Adoptionsakten** (→ Rn. 12). Zu **Vormundschaftsakten** → § 68 Rn. 11.[320] Zur Geltung für **freie Träger** → Rn. 300.

Die Löschung verlangt das vollständige Unkenntlichmachen der gespeicherten Daten. 265
Dies kann durch Schwärzen in Akten ebenso geschehen wie durch Vernichtung von Aktenteilen oder vollständiger Akten. Wird eine Firma mit der Vernichtung beauf-

319 ZB von den kommunalen Spitzenverbänden in BW v. 4.11.1996 oder vom Bayer. Staatsministerium für Arbeit und Soziales v. 26.7.2004.

320 Zu Akten in Bezug auf Beratungsangebote nach § 52a und Beurkundungsvorgänge vgl. DIJuF JAmt 2004, 238.

tragt, übernimmt sie die **Datenverarbeitung im Auftrag gem.** § 80 **SGB X** (→ Rn. 56). Die auftraggebende öffentliche Stelle ist dann für die Einhaltung der Datenschutzvorschriften verantwortlich. Dies ergibt sich schon daraus, dass sie zur Datensicherung gem. § 35 SGB I verpflichtet ist (→ Rn. 45).

266 **1.7.4.4 Sperrung (Einschränkung der Verarbeitung).** Anstelle der Löschung tritt die Sperrung als Einschränkung der Verarbeitung nach Art. 18 DS-GVO. Die Einschränkung muss **materialisiert** werden durch eine Kennzeichnung dieser Daten, also bspw. durch einen Sperrvermerk oder durch verschlossene Aufbewahrung. Die Sperrung muss dann erfolgen, wenn gesetzliche Aufbewahrungsfristen eine Löschung verbieten. Dies ist bspw. § 9b AdVermiG oder die Gemeindekassenverordnung in den einzelnen Ländern (zB § 34 GemKVO BW). Eine gesetzliche Aufbewahrungsfrist ergibt sich ferner (für die Jugendhilfe) aus den Landesarchivgesetzen der einzelnen Bundesländer (→ Rn. 147). Für **Archivdaten** regelt dies § 84 Abs. 6 iVm § 71 Abs. 1 S. 3 SGB X ausdrücklich.

Eine Sperrung erfolgt ferner dann, wenn eine Löschung **schutzwürdige Interessen** des Betroffenen beeinträchtigen würde und dies die Behörde auch wissen kann. Dies ist der Fall, wenn bspw. dem Betroffenen die Wiederbeschaffung der Daten für künftige Fälle nur schwer möglich ist oder bei lebensgeschichtlichen Fakten[321] oder um Beweisnot bei Verfolgung von Regressansprüchen begegnen zu können.

267 Auch wenn eine Löschung nur mit **unverhältnismäßigem Aufwand** erfolgen kann, ist die Sperrung als Surrogat zulässig. Die Löschung von Daten in Akten wird in der Regel ohne unangemessenen Aufwand möglich sein.

268 **1.7.4.5 Folgenbeseitigung durch Informationsgebot.** Art. 19 DS-GVO erlegt der verantwortlichen Stelle – dem Jugendamt – ein Informationsgebot auf, wenn sie anderen Stellen „bemakelte" Daten übermittelt. Zur Wahrung der schutzwürdigen Interessen des Betroffenen ist es dann regelmäßig erforderlich, dass die verantwortliche Stelle den Empfängerstellen mitteilt, dass die Richtigkeit eines Datums bestritten ist, dass sie unrichtige Daten berichtigt hat, dass sie unzulässig gespeicherte Daten gelöscht oder gesperrt hat. Diese Pflicht besteht aber nur, wenn ihre Erfüllung keinen unverhältnismäßigen Aufwand erfordert und außerdem schutzwürdige Interessen des Betroffenen nicht entgegenstehen. Die Information der Empfänger ist eine Art Folgenbeseitigung, die sich schon aus der Datensicherungspflicht gem. § 35 SGB I (→ Rn. 45) ergibt.

1.7.4.6 Widerspruchsrecht

Artikel 21 DS-GVO Widerspruchsrecht

(1) [1]Die betroffene Person hat das Recht, aus Gründen, die sich aus ihrer besonderen Situation ergeben, jederzeit gegen die Verarbeitung sie betreffender personenbezogener Daten, die aufgrund von Artikel 6 Absatz 1 Buchstaben e oder f erfolgt, Widerspruch einzulegen; dies gilt auch für ein auf diese Bestimmungen gestütztes Profiling. [2]Der Verantwortliche verarbeitet die personenbezogenen Daten nicht mehr, es sei denn, er kann zwingende schutzwürdige Gründe für die Verarbeitung nachweisen, die die Interessen, Rechte und Freiheiten der betroffenen Person überwiegen, oder die Verarbeitung dient der Geltendmachung, Ausübung oder Verteidigung von Rechtsansprüchen.

(2)-(3) …

(4) Die betroffene Person muss spätestens zum Zeitpunkt der ersten Kommunikation mit ihr ausdrücklich auf das in den Absätzen 1 und 2 genannte Recht hingewiesen werden; dieser Hinweis hat in einer verständlichen und von anderen Informationen getrennten Form zu erfolgen.

321 Vgl. NDV 1990, 339.

(5) …

(6) Die betroffene Person hat das Recht, aus Gründen, die sich aus ihrer besonderen Situation ergeben, gegen die sie betreffende Verarbeitung sie betreffender personenbezogener Daten, die zu wissenschaftlichen oder historischen Forschungszwecken oder zu statistischen Zwecken gemäß Artikel 89 Absatz 1 erfolgt, Widerspruch einzulegen, es sei denn, die Verarbeitung ist zur Erfüllung einer im öffentlichen Interesse liegenden Aufgabe erforderlich.

Unmittelbar nach Art. 21 Abs. 1 DS-GVO besteht ein **Widerspruchsrecht** des Betroffe- 269
nen gegen eine Datenverarbeitung in Dateien (automatisiert oder nicht), wenn er ein persönliches Interesse dafür geltend machen kann – ähnlich der Widerspruchsbefugnis nach § 42 Abs. 2 VwGO analog, im Unterschied zu dieser muss dies kein rechtliches Interesse sein. § 84 Abs. 5 SGB X schließt das Widerspruchsrecht aber aus, wenn ein zwingendes öffentliches Interesse an der Verarbeitung besteht und (kumulativ) dieses das Interesse des Betroffenen überwiegt oder wenn eine gesetzliche Pflicht zur Datenverarbeitung besteht, zB die Amtshilfepflicht nach § 3 SGB X bei zulässiger Datenübermittlung.

Art. 21 Abs. 4 DS-GVO verpflichtet das Jugendamt dazu, schon bei Datenerhebung 270
auf das Widerspruchsrecht hinzuweisen und zwar nicht nur beiläufig, sondern getrennt von anderen Informationen (zB der Rechtsbehelfsbelehrung); dies kann auch mündlich geschehen.

1.7.5 Unabdingbare Rechte und Rechtsbehelfe des Betroffenen. Der Betroffene selbst 271
kann über keines der Rechte nach den §§ 81bis 84 SGB X verfügen. Auch die Abwehrrechte bei Normverletzung aus §§ 81 bis 84 SGB X sind **subjektive öffentliche Rechte** wie das „Stammrecht" auf Wahrung des Sozialgeheimnisses in § 35 SGB I selbst. Die Ablehnung von Auskunft, Berichtigung, Löschung oder Sperrung ist ein VA iSd § 31 SGB X, er kann mit Anfechtungswiderspruch und -klage gem. § 42 VwGO angegriffen werden (→ Anh. 5 Rn. 49 ff.). Ist kein ablehnender Bescheid vorausgegangen, kann der Betroffene mit der allgemeinen Leistungsklage (§ 40 VwGO) Auskunft, Berichtigung, Löschung und Sperrung verlangen, die keine VA, sondern bloße Realakte (keine Regelung) sind.

Bei unzulässiger Datenverarbeitung kommen formlose und förmliche **Rechtsbehelfe** in 272
Betracht (→ Anh. 5 Rn. 49). Anfechtungswiderspruch und -klage sind nur gegen VA statthaft (§ 68 VwGO iVm § 31 SGB X). Datenerhebung und -verwendung sind keine VA, da sie nicht auf die Herbeiführung einer Rechtsfolge abzielen, also keine Regelung enthalten.[322] Widerspruch und Klage sind allerdings gegen die auf eine unzulässige Datenerhebung und -verwendung folgende Sachentscheidung möglich, weil diese mit der Verletzung des § 35 SGB I einen Verfahrensfehler aufweist, also formell rechtswidrig ist (zum Verwertungsverbot → Rn. 243). Ist dieser Fehler besonders schwerwiegend und offenkundig, kann dies zur Nichtigkeit des VA nach § 40 Abs. 1 SGB X führen. Dies ist in der Regel nicht der Fall; vielmehr ist der VA **schlicht rechtswidrig**. Eine Heilung des Verfahrensfehlers nach § 41 SGB X ist ausgeschlossen, weil dieser Fehler nicht im Heilungskatalog des Abs. 1 aufgeführt ist. Der Fehler ist aber nach § 42 SGB X nur dann **beachtlich**, wenn er den Inhalt des VA beeinflusst haben könnte. Dabei reicht es aus, dass ohne den Fehler eine andere Regelung möglich gewesen wäre.[323] Wäre das Sozialdatum nicht unbefugt übermittelt worden, hätte eine andere Entscheidung ergehen müssen, wenn ohne das übermittelte Datum der Tatbestand der Norm nicht erfüllt gewesen wäre. Der Fehler ist also auch beachtlich, dh die Sachentscheidung ist rechtswidrig und es besteht daher ein Anspruch auf Aufhebung des VA. Nach § 44a VwGO kann eine Rüge der Verletzung von Verfahrensvorschriften grund-

322 Näher hierzu Kunkel VBl BW 1992, 47.
323 Schroeder-Printzen ua SGB X § 42 Anm. 7; Bieback DVBl 1983, 162.

sätzlich nicht isoliert geltend gemacht werden, sondern nur zusammen mit dem Rechtsbehelf gegen die Sachentscheidung. § 44a VwGO ist aber restriktiv auszulegen.[324] § 44a VwGO ist dann nicht anwendbar, wenn es um die Verletzung von Verfahrensbestimmungen geht, die grundrechtliche Positionen beinhalten.[325] Dies ist bei einer Verletzung des § 35 SGB I der Fall, da § 35 verfahrensrechtliche Konsequenz des Grundrechts auf informationelle Selbstbestimmung aus Art. 2 Abs. 1 iVm Art. 1 Abs. 1 GG ist. Ebenso sind Anfechtungswiderspruch und -klage möglich, wenn die Zuständigkeitsbestimmungen für die Übermittlung von Daten (§ 68 Abs. 2 SGB X) verletzt werden.

273 Auch ein **Folgenbeseitigungsanspruch** kommt in Betracht.[326] Beispiel: Wird dem Ausländeramt die gesamte Jugendhilfeakte eines Ausländers übermittelt, kann das Ausländeramt seine Ausweisung nur auf die darin enthaltenen befugt mitgeteilten, sich also innerhalb des Befugnisrahmens des § 71 Abs. 2 SGB X befindlichen Daten stützen. Andere Daten darf die Ausländerbehörde nicht verwerten (→ Rn. 243); eine dennoch darauf gestützte Ausweisung wäre rechtswidrig. Mit dem Folgenbeseitigungsanspruch könnte der Ausländer die Rückkehr in das Bundesgebiet erreichen (→ Rn. 163). Mit dem Folgenbeseitigungsanspruch kann auch verlangt werden, Akten, Aktenstücke oder Briefwechsel von der Empfängerbehörde zur übermittelnden Behörde zurückzuleiten. Der Folgenbeseitigungsanspruch kann mit der allgemeinen Leistungsklage verfolgt werden, ebenso ein Unterlassungsanspruch. Einer vorbeugenden Unterlassungsklage fehlt das Rechtsschutzbedürfnis, wenn nachträglicher Rechtsschutz möglich ist.[327] Subsidiär möglich ist eine **Feststellungsklage** gem. § 43 VwGO.[328]

Nunmehr regelt **§ 81a SGB X** den gerichtlichen Rechtsschutz gegen Tun oder Unterlassen des **Landesbeauftragten** für den Datenschutz (in der Jugendhilfe) und **§ 81b SGB X** die **Klage gegen den Jugendhilfeträger** bei unzulässiger Datenverarbeitung, beidesmal zum **Sozialgericht.**

1.7.6 Schutz durch Strafe und Geldbuße

§ 85 SGB X Strafvorschriften

(1) Für Sozialdaten gelten die Strafvorschriften des § 42 Absatz 1 und 2 des Bundesdatenschutzgesetzes entsprechend.

(2) [1]Die Tat wird nur auf Antrag verfolgt. [2]Antragsberechtigt sind die betroffene Person, der Verantwortliche, der oder die Bundesbeauftragte oder die nach Landesrecht für die Kontrolle des Datenschutzes zuständige Stelle.

(3) Eine Meldung nach § 83a oder nach Artikel 33 der Verordnung (EU) 2016/679 oder eine Benachrichtigung nach Artikel 34 Absatz 1 der Verordnung (EU) 2016/679 dürfen in einem Strafverfahren gegen die melde- oder benachrichtigungspflichtige Person oder gegen einen ihrer in § 52 Absatz 1 der Strafprozessordnung bezeichneten Angehörigen nur mit Zustimmung der melde- oder benachrichtigungspflichtigen Person verwendet werden.

§ 85a SGB X Bußgeldvorschriften

(1) Für Sozialdaten gilt § 41 des Bundesdatenschutzgesetzes entsprechend.

(2) Eine Meldung nach § 83a oder nach Artikel 33 der Verordnung (EU) 2016/679 oder eine Benachrichtigung nach Artikel 34 Absatz 1 der Verordnung (EU) 2016/679 dürfen in einem Verfahren nach dem Gesetz über Ordnungswidrigkeiten gegen die melde- oder

---

324 Redecker/v. Oertzen VwGO § 44a Rn. 3a.
325 Redecker NJW 1980, 1597.
326 AA Krahmer, Sozialdatenschutz, S. 37; vgl. aber VG Berlin NDV 1983, 153.
327 So LSG BW 21.2.2017 – L 9 AS 1590/13.
328 Ebenso Krahmer, Sozialdatenschutz, S. 52.

benachrichtigungspflichtige Person oder einen ihrer in § 52 Absatz 1 der Strafprozessordnung bezeichneten Angehörigen nur mit Zustimmung der melde- oder benachrichtigungspflichtigen Person verwendet werden.

(3) Gegen Behörden und sonstige öffentliche Stellen werden keine Geldbußen verhängt.

Der Schutz des Sozialgeheimnisses wird auch dadurch gewährleistet, dass die unbefugte Übermittlung als Ordnungswidrigkeit geahndet oder unter Strafe gestellt wird – zusätzlich zu § 203 StGB. **Strafbar** nach **§ 85 SGB X** macht sich, wer die Tat gewerbsmäßig (§ 42 Abs. 1 BDSG) oder in Bereicherungsabsicht (§ 42 Abs. 2 BDSG) begeht. Die Tat wird aber nur auf Antrag verfolgt. Antragsberechtigt sind die in § 85 Abs. 2 S. 2 genannten Personen oder Stellen. Es kann Freiheitsstrafe oder Geldstrafe verhängt werden. 274

Tateinheit ist möglich zwischen § 85 SGB X und § 203 Abs. 1 und 2 StGB. Außerdem ist Tateinheit möglich zwischen § 85 SGB X und § 303a StGB. Tatmehrheit ist möglich mit § 353b StGB.

Nach **§ 85a SGB X** handelt **ordnungswidrig**, wer eine Tathandlung nach Abs. 1 oder 2 begeht. Tatgegenstand sind die in den Schutzbereich des § 35 SGB I iVm § 61 Abs. 1 SGB VIII fallenden Sozialdaten (→ Rn. 20–44), also – wie nach § 85 SGB X – auch Betriebs- und Geschäftsgeheimnisse. Die Geldbuße kann bis zu 50.000,– EUR betragen (§ 43 Abs. 2 BDSG, der aber in § 85a SGB X nicht in Bezug genommen wird). 275

Nicht in diesen Schutzbereich fallen daher personenbezogene Daten, die **freie Träger** verarbeiten, da sie keine SGB-Stellen sind (→ Rn. 29). Mitarbeiter freier Träger können aber eine Ordnungswidrigkeit nach § 85a SGB X begehen, wenn sie Sozialdaten nach § 78 Abs. 1 S. 1 SGB X empfangen haben (→ Rn. 232). Sie sind dann als abgeleitete Normadressaten in den Schutzbereich des § 35 SGB I einbezogen; dies gilt auch für die vertragliche Einbeziehung nach § 61 Abs. 3 (→ Rn. 299). 276

1.7.7 Disziplinarrechtliche Ahndung. Hat ein Beamter eine unzulässige Übermittlung vorgenommen, begeht er ein Dienstvergehen (§ 47 BeamtStG bzw. LBG zB § 95 LBG BW). Dies setzt allerdings Verschulden in Form von Vorsatz oder Fahrlässigkeit voraus. Die Dienststrafen für diese Verfehlung ergeben sich aus der Landesdisziplinarordnung: Warnung, Verweis, Geldbuße, Gehaltskürzung, Versagung des Aufsteigens im Gehalt, Einstufung in eine niedrigere Dienstaltersstufe, Versetzung in ein Amt derselben Laufbahn mit geringerem Endgrundgehalt, Entfernung aus dem Dienst, Kürzung des Ruhegehalts, Aberkennung des Ruhegehalts. Diese Disziplinarstrafen können neben die strafrechtliche Sanktion treten, ohne dass damit gegen das Verbot der Doppelbestrafung aus Art. 103 Abs. 3 GG verstoßen würde. 277

2 Normträger und Normadressat (Abs. 1 Satz 2)

2.1 Normträger

Normträger ist **„jeder"** iSv § 35 Abs. 1 S. 1 SGB I, der in **Beziehung zum Normadressaten** steht. Dies ist nicht nur der Leistungsberechtigte, sondern jeder Bürger, bei dem der Normadressat Daten erheben will oder von dem er Daten erfährt oder dessen Daten er verwendet. Nicht Normträger ist der Mitarbeiter des Normadressaten (→ Rn. 23), da dessen Daten keine Sozialdaten iSv § 67 Abs. 1 S. 1 SGB X sind. Sie werden nämlich nicht im Hinblick auf die Aufgabenerfüllung nach dem SGB erhoben oder verwendet. Aus § 35 Abs. 1 S. 3 SGB I ergibt sich nichts anderes, wenn dort von „Sozialdaten der Beschäftigten" die Rede ist. Die personenbezogenen Daten der Beschäftigten werden nur dann zu Sozialdaten, wenn die Beschäftigten selbst Sozialleistungsberechtigte sind oder der Normadressat von ihnen Daten erhebt oder verwendet, die er zur Aufgabenerfüllung nach dem SGB in einem einzelnen Fall benötigt. 278

279 Normträger kann nur eine Person sein, die sich im persönlichen Geltungsbereich des SGB befindet, also gem. § 30 Abs. 1 SGB I **in Deutschland** ihren Wohnsitz oder gewöhnlichen Aufenthalt hat. Wohnt jemand im Ausland oder hat er im Inland weder Wohnsitz noch gewöhnlichen Aufenthalt, sondern lediglich tatsächlichen Aufenthalt, kann er sich dennoch auf § 35 SGB I berufen, soweit § 30 SGB I durch Spezialregelungen im SGB VIII verdrängt wird (zB durch § 6 Abs. 2 oder § 88 Abs. 1), die nach § 37 S. 1 SGB I Vorrang haben.

2.2 Normadressat

280 Normadressat, also zur Wahrung des Sozialgeheimnis Verpflichteter ist der **Leistungsträger** (→ Rn. 27). Darüber hinaus aber auch das JA, soweit es **andere Aufgaben** iSv § 2 Abs. 3 wahrnimmt und das **LJA**.

281 Zusätzlich zu Normadressaten macht § 35 Abs. 1 S. 4 SGB I die Stellen nach § 67c Abs. 3 SGB X (→ Rn. 31) und weitere Stellen (→ Rn. 32 f.).

3 Erweiterung des Kreises der Normadressaten (Abs. 1 Satz 3)

282 **Kreisangehörige Gemeinden** sind durch § 27 Abs. 2 SGB I schon in den Kreis der Leistungsträger (→ Rn. 27) aufgenommen, allerdings nur für die in § 27 Abs. 1 SGB I genannten **Leistungen**. Für die Wahrnehmung von **anderen Aufgaben** durch kreisangehörige Gemeinden erweitert § 61 Abs. 1 S. 3 den Kreis der Normadressaten, soweit die kreisangehörigen Gemeinden als Träger der Jugendhilfe gem. Landesrecht nicht schon von § 61 Abs. 1 S. 2 erfasst sind. Satz 3 hat also selbstständige Bedeutung nur noch für die Wahrnehmung der sog. anderen Aufgaben durch kreisangehörige Gemeinden gem. Landesrecht.

283 Der Kreis der Normadressaten wird auch dadurch erweitert, dass **§ 78 SGB X** Datenempfänger außerhalb des SGB-Bereichs in den Kreis der Normadressaten einbezieht, wenn sie die Daten von einem Normadressaten erhalten haben. Sie werden dadurch zu „abgeleiteten" (derivativen) Normadressaten (→ Rn. 230).[329]

4 Sonderregelung für die Tätigkeit als Beistand/Amtspfleger/Amtsvormund (Abs. 2)

284 Während der Datenschutz für die übrige Tätigkeit des JA über 30 Paragrafen allein im SGB beansprucht, kommt er für die Tätigkeit des JA als AB/AP/AV mit 1 Paragrafen aus. Es gilt gem. § 61 Abs. 2[330] **ausschließlich** **§ 68**. Dies ist zwar wohltuend lapidar, aber auch eine souveräne Missachtung der sich aus dem Volkszählungsurteil des (→ Rn. 1) ergebenden Anforderungen, außerdem mit § 37 S. 2 SGB I iVm § 35 Abs. 2 SGB I nicht vereinbar und durch die spezifische Aufgabenstellung des AB/AP/AV auch nicht geboten. Auch wenn bei der Führung der AB/AP/AV die Bestimmungen des BGB anzuwenden sind (§ 56 Abs. 1), ändert dies nichts daran, dass die Tätigkeit des JA als AB/AP/AV hoheitliche Tätigkeit ist. Als **hoheitliche** Tätigkeit ist sie dem Grundrecht auf informationelle Selbstbestimmung aus Art. 1 Abs. 1 iVm Art. 2 Abs. 1 GG unterworfen (Art. 1 Abs. 3 GG). Daher ist sie nicht mit der Tätigkeit eines Einzelvormunds zu vergleichen.[331] Sie steht in einer Reihe mit den anderen Aufgaben der Jugendhilfe

329 Eine Übersicht der Normadressaten findet sich bei Kunkel, Jugendhilferecht, Rn. 259.
330 In § 61 Abs. 2 ist noch der Gegenvormund erwähnt, den es aber nach der Reform des Vormundschaftsrechts vom 12.5.2021 nicht mehr gibt, da § 58 SGB VIII aufgehoben und durch § 58a ersetzt worden ist. Eine Änderung des § 61 Abs. 2 SGB VIII wurde wohl in Art. 12 des Reformgesetzes übersehen. Ebenso übersehen wurde die notwendige Änderung in § 68 Abs. 5 SGB VIII. Das Reformgesetz tritt aber erst am 1.1.2023 in Kraft.
331 AA TB LDS BW 2001, 71.

(§ 2 Abs. 3 Nr. 11). Sie ist so wenig Sozialleistung wie die sog. anderen Aufgaben der Jugendhilfe auch, für die aber dennoch der Sozialdatenschutz in seiner ganzen Breite und Tiefe gilt. Gem. § 37 S. 2 SGB I gilt der Sozialdatenschutz nach § 35 SGB I (über § 35 Abs. 2 SGB I iVm §§ 67–85a SGB X), ohne dass – im Unterschied zu § 37 S. 1 SGB I[332] – eine Abweichung hiervon möglich ist (→ Rn. 8). Dass § 35 SGB I, ebenso wie § 37 SGB I, nur für Sozialleistungen gilt, die AB/AP/AV aber keine Sozialleistung ist,[333] ist ein Konstruktionsfehler[334] (→ Rn. 10), den aber § 67 Abs. 1 S. 1 SGB X und § 61 Abs. 1 S. 2 SGB VIII wieder ausbügeln, indem alle Aufgaben nach dem SGB in den Sozialdatenschutz nach § 35 SGB I einbezogen werden. § 61 Abs. 2 relativiert aber den Ausschluss der SGB-Datenschutzregelungen auf solche der Verarbeitung. Somit sind durch § 61 Abs. 2 lediglich die **§§ 67a–78 SGB X ausgeschlossen**. Es gelten also § 35 Abs. 1 SGB I und §§ 78a bis 85a SGB X.[335] § 68 Abs. 2 SGB VIII beschränkt sich aber nur auf die Anwendung des § 84 SGB X. Die dort geregelte Berichtigung, Löschung und Einschränkung sind aber als Verarbeitungsvorgänge nach Art. 4 Nr. 2 DS-GVO schon nach Abs. 1 S. 1 SGB VIII möglich. Auch § 203 Abs. 2 StGB (→ Rn. 13) ist anwendbar, so dass sich der AB/AP/AV strafbar macht, wenn er ein Geheimnis weitergibt, ohne dass § 68 Abs. 2 dies erlaubt.

Da die Tätigkeit als AV/AP/AB hermetisch abgeschlossen ist gegenüber allen anderen Tätigkeiten im Rahmen der Jugendhilfe (→ § 68 Rn. 1 ff.), sind **Mischarbeitsplätze** gleichsam ein Feuerstuhl. Der AV/AP/AB muss ein Gehirnakrobat sein, um die Daten aus seiner AB/AP/AV-Tätigkeit in der einen Gehirnhälfte nicht in der anderen Gehirnhälfte bei der anderen Tätigkeit zu verwenden.[336]

Die „Rumpfregelung“ in § 68 führte zu **Regelungslücken**. Es fehlte eine dem § 62 ent- 285
sprechende Regelung der Datenerhebung vorrangig beim Betroffenen. Es fehlte eine Regelung der Speicherung von Sozialdaten für Kontrollzwecke. Diese Lücken konnten weder durch analoge Anwendung von SGB- noch von BDSG-Vorschriften geschlossen werden, da § 61 Abs. 2 dies ausdrücklich ausschließt. Wegen des eindeutigen Wortlauts des Absatzes 2 waren auch §§ 64, 65 nicht anwendbar.[337]

Nicht gefolgt werden konnte der Differenzierung, die Lauterbach[338] vornimmt. Werde 286
das JA als Vormund tätig, fänden §§ 62 bis 67 Anwendung; für das zivilrechtlich geprägte Verhältnis zwischen beauftragtem Amtsvormund und Mündel dagegen gelte § 68. Diese Differenzierung ist schon deshalb nicht möglich, weil § 68 (nach seiner Änderung) auch die Ausübung von Aufsichts- und Kontrollbefugnissen der Sonderregelung des § 68 unterstellt (Abs. 1 S. 2).[339] Außerdem beruft sich Lauterbach zur Rechtfertigung der differenzierenden Betrachtungsweise auf § 37 S. 2 SGB I, der Abweichungen von den Datenschutzvorschriften zulasse, wenn dies nach den Strukturprinzipien eines Sozialleistungsbereichs zwingend sei.[340] § 37 S. 2 SGB I lässt aber für den Datenschutz Abweichungen gerade nicht zu, es sei denn, diese ergäben sich aus dem SGB X (→ Rn. 8); nur für den Geltungsbereich des § 37 Satz 1 SGB I sind Abweichungen möglich.

332 Dies verkennt Lauterbach ZfJ 1993, 430.
333 Zarbock in Wiesner/Zarbock, Das neue KJHG, S. 206.
334 Ähnlich Schellhorn in GK-SGB I § 35 Rn. 145, aber wohl irrtümliche Zitierung von § 68 statt § 61.
335 Ebenso Mrozynski SGB VIII § 61 Rn. 1; weitergehend aber 19. TB LDS NRW – Datenschutz im Jugendamt, S. 7: §§ 67–85a SGB X.
336 Der Bayerische LDS fordert auch eine räumliche Abschottung in Einzelzimmer für den AB/AP/AV, Arbeitspapier: Zum Datenschutz in der Beistandschaft/AP/AV 1.2.2019.
337 AA anscheinend DIV DAVorm 1999/55.
338 ZfJ 1993, 429.
339 Trotz dieser Änderung aber wie Lauterbach auch Mörsberger in Wiesner § 61 Rn. 17.
340 ZfJ 1993, 429 (430).

Mit dem Zweiten Änderungsgesetz zum SGB (→ Rn. 2) wurde aber § 68 Abs. 1 geändert, so dass die Regelungslücken weitgehend geschlossen sind. Nach Satz 1 ist jegliche Verarbeitung iSv Art. 4 Nr. 2 DS-GVO (also auch Erhebung und Speicherung) zulässig, soweit es zur Aufgabenerfüllung des AV/AP/Beistand erforderlich ist.

287 Da nur die Tätigkeit als AB/AP/AV unter § 68 fällt, sind **sonstige Tätigkeiten** im Vormundschaftswesen nicht vom Ausschluss des § 61 Abs. 2 erfasst. Für die Aufgaben nach §§ 53 Abs. 1, 2 und 3, 54, 57 gilt daher der Sozialdatenschutz nach § 61 Abs. 1 in vollem Umfang.[341] Für die Datenerhebung zur Erfüllung dieser Aufgaben gilt also § 62, für die Übermittlung der Daten aus diesem Aufgabenfeld an ein anderes im SGB-Bereich gilt § 69 Abs. 1 Nr. 1 SGB X, für die Nutzung der Daten in diesem Rahmen gilt § 67 SGB X.[342]

5 Keine Sonderregelung mehr für die Jugendgerichtshilfe

288 Mit dem KICK wurde der Datenschutz in der Jugendgerichtshilfe[343] aus der „Sackgasse des JGG"[344] heraus auf die zweispurige Datenschutz-Straße des SGB VIII und des SGB X geführt.

Wäre die Jugendgerichtshilfe weiterhin an die **Kette der Einwilligung** gelegt, würde sie ihrer Doppelrolle nicht gerecht, nämlich sowohl Hilfe für den Jugendlichen als auch Hilfe für das Gericht zu sein. De lege ferenda mag dies ein Ziel sein, de lege lata ist es aber mit § 52 nicht zu vereinbaren. Eine Antinomie ist das Konzept der Autonomie der Jugendgerichtshilfe,[345] da § 52 SGB VIII auf § 38 JGG (Abdruck bei § 52) verweist, wonach das JA (weiterhin) die Justiz zu unterstützen hat. Aus dem Fehlen des Begriffs „Jugendgerichtshilfe" im SGB VIII kann nicht gefolgert werden, dass die Unterstützung des Gerichts abgeschafft wäre. Die Vermeidung des Begriffs „Jugendgerichtshilfe" mag als Placebo für die „Autonomen" in der Jugendgerichtshilfe gedacht sein.

289 Für die **Datenerhebung** gilt somit § 62, ohne Einwilligung des Betroffenen ist danach eine Datenerhebung auch bei anderen Personen oder Stellen möglich (§ 62 Abs. 3 Nr. 2 c). Die Übermittlung der Daten an **Staatsanwaltschaft** (nicht aber Polizei) und **Gericht** ist nach § 69 Abs. 1 Nr. 1 SGB X zulässig, weil dies zur Erfüllung der Aufgabe nach § 52 notwendig ist (→ Rn. 112). Eine Übermittlung an die **Bewährungshilfe** oder die Justizvollzugsanstalt ist ebenso durch § 69 Abs. 1 Nr. 1 SGB X gerechtfertigt, da das spezifizierte Zusammenarbeitsgebot (→ Rn. 113) nach § 38 Abs. 2 S. 8 und 9 JGG eine Aufgabenerfüllung iSd § 69 Abs. 1 Nr. 1 SGB X ist.[346]

290 Eine Einschränkung der Übermittlungsbefugnis ergibt sich aus **§ 64 Abs. 2,** wenn die Übermittlung einen Leistungserfolg gefährden würde.

291 Vertraut sich der Jugendliche dem Jugendgerichtshelfer an, gilt **§ 65**, da auch im Rahmen der JGH persönliche und erzieherische Hilfe geleistet wird. Für den Jugendgerichtshelfer als SA/SP ist außerdem § 203 Abs. 1 Nr. 6 StGB (Abdruck → Rn. 13) anwendbar – gleichgültig, ob freier oder öffentlicher Träger – so dass es nicht auf die Frage ankommt, ob die Jugendgerichtshilfe eine persönliche und erzieherische Hilfe

341 Hierauf weist Lauterbach ZfJ 1993, 429 zu Recht hin.

342 Eine Zusammenfassung der Datenschutzregelungen für die Tätigkeit als AB/AP/AV findet sich bei Kunkel, Jugendhilferecht, Rn. 273.

343 Ausführlich zum Datenschutz in der JGH Riekenbrauk ZJJ 2020, 50.

344 Vgl. Kunkel ZJJ 2004, 425.

345 Vertreten von Münder DVJJ-Journal 1991, 329; Trenczek DVJJ-Journal 1994, 30; Proksch, Sozialdatenschutz, S. 282; dagegen Kunkel DVJJ-Journal 1994, 339 und Dölling in BMJ, Jugendgerichtshilfe – quo vadis, S. 128; relativierend Schlink in BMJ, Jugendgerichtshilfe – quo vadis, S. 57.

346 Ebenso Dölling, BMJ, Jugendgerichtshilfe – quo vadis, S. 141.

iSv § 65 ist.[347] Voraussetzung für die Anwendung des § 65 wie des § 203 Abs. 1 StGB ist, dass der Jugendliche sich dem Jugendgerichtshelfer anvertraut hat. Ein Anvertrauen liegt aber nicht vor, wenn der Träger des Berufsgeheimnisses **gutachtlich** tätig wird (→ Rn. 206). Wenn der Jugendgerichtshelfer die Persönlichkeit des Jugendlichen erforscht und dem Gericht einen Sanktionsvorschlag macht, wird er wie ein Gutachter tätig. Das Vertrauensverhältnis zu dem Jugendlichen wird dennoch nicht gestört, wenn der Jugendgerichtshelfer dem Jugendlichen von Anfang an klarmacht, dass seine Aufgabe auch darin besteht, mit einem umfassenden Bericht dem Gericht zu ermöglichen, die Tat des Jugendlichen gerecht zu beurteilen. Sozialpädagogisches Handeln kann nicht darin bestehen, dass Jugendgerichtshelfer und Jugendlicher ein Einvernehmen zulasten der Wahrheitsfindung suchen. Voraussetzung sozialpädagogischen Handelns ist Offenheit, die hier darin besteht, dass der Jugendgerichtshelfer dem Jugendlichen seine Rolle offen legt.[348] Aus der Berichtspflicht nach § 52 SGB VIII iVm § 38 JGG ergibt sich eine strafrechtliche Offenbarungsbefugnis nach § 203 StGB (→ Rn. 197) und eine sozialrechtliche Übermittlungsbefugnis nach § 69 SGB X (→ Rn. 112).

Für die **Aktenführung** gilt § 63 (→ § 63 Rn. 5).[349] 292

Beteiligt der Träger der öffentlichen Jugendhilfe einen Träger der **freien Jugendhilfe** an 293
der Durchführung der Jugendgerichtshilfe gemäß § 76 Abs. 1 1. Alt., ist der freie Träger gemäß § 78 Abs. 1 S. 3 SGB X für die dabei übermittelten Sozialdaten geheimhaltungspflichtig (→ Rn. 230). Wird ihm die Jugendgerichtshilfe zur Ausführung übertragen gemäß § 76 Abs. 1 2. Alt., ohne dass ihm Daten vom öffentlichen Träger übermittelt worden sind, gilt § 61 Abs. 3. Die dort auferlegte Sicherstellungspflicht und die Verantwortlichkeit des Trägers der öffentlichen Jugendhilfe für die Erfüllung der Aufgaben (§ 76 Abs. 2) schließen die Beachtung des Datenschutzes ein.

6 Gewährleistung des Datenschutzes bei freien Trägern (Abs. 3)

6.1 Freiheit vom staatlichen Datenschutz

Die Träger der freien Jugendhilfe sind **keine Leistungsträger** iSv § 35 SGB I iVm § 27 294
Abs. 2 SGB I (→ Rn. 29 u. die Ausnahme bei → Rn. 37). Schon deshalb sind sie nicht an den Datenschutz nach dem SGB gebunden. § 61 Abs. 1 S. 2 bestätigt dies ausdrücklich für die Jugendhilfe. Konsequenz aus der SGB-Freiheit der freien Träger ist die Regelung des § 61 Abs. 3.

Mit Inkrafttreten der DS-GVO (→ Rn. 2) würden sie in deren Anwendungsbereich fallen, weil die Ausnahme nach Art. 2 Abs. 2 lit. c DS-GVO auf sie nicht zutrifft. Sie sind nämlich weder natürliche Personen noch handeln sie in ihrem persönlichen oder familiären Bereich. Da sie aber aus dem Anwendungsbereich des EU-Rechts fallen (→ Rn. 2), ist die DS-GVO auf sie nicht unmittelbar anwendbar (Art. 2 Abs. 2 lit. a DS-GVO), aber entsprechend wegen § 35 Abs. 2 S. 2 SGB I.

Die **Kirchen** als Träger der freien Jugendhilfe (§ 75 Abs. 3) fallen vollständig aus dem 295
Anwendungsbereich des Bundesdatenschutzgesetzes und der einzelnen Landesdatenschutzgesetze und auch aus dem der DS-GVO.[350] Sie sind zwar Körperschaften des öffentlichen Rechts, aber wegen Art. 140 GG iVm Art. 137 WV nicht staatlichem Recht unterworfen, soweit es um die Regelung ihrer inneren Angelegenheiten geht. Dies ist für das kirchliche Arbeitsrecht anerkannt und muss daher auch für den Datenschutz

---

347 Vgl. hierzu Münder DVJJ-Journal 1991, 329.
348 Ebenso Dölling, BMJ, Jugendgerichtshilfe – quo vadis, S. 126.
349 Zu den übrigen Möglichkeiten der Datenverwendung und zu den Rechten des Betroffenen vgl. die Übersicht bei Kunkel, Jugendhilferecht, Rn. 274.
350 Ebenso die Erwägung (165) zur DS-GVO (ABl. L 119/30 v. 4.5.2016).

gelten.[351] Aus § 15 Abs. 4 BDSG ist der Schluss zu ziehen, dass der Gesetzgeber die Kirchen nicht als öffentliche Stellen iSd BDSG versteht. **Caritas** und **Diakonisches Werk** sind nicht identisch mit der Kirche, da sie in privatrechtlicher Rechtsform als eingetragene Vereine betrieben werden, sind aber dennoch so zu behandeln wie die Kirchen (→ § 75 Rn. 22). Beide nehmen nach kirchlichem Selbstverständnis Aufgaben wahr, die zum Kernbereich kirchlicher Tätigkeit gehören. Ihre Tätigkeit wird von der Autonomie der Kirche mit umfasst.[352] Dasselbe gilt für die Einrichtungen (zB Kindergärten) der Kirchen oder von Caritas und Diakonie (zB Beratungsstellen), gleichgültig, in welcher Rechtsform sie betrieben werden.[353] Auch das kirchliche Selbstbestimmungsrecht ist aber nicht völlig frei, sondern muss gemäß Art. 137 Abs. 3 WV die grundgesetzliche Ordnung, also auch das Grundrecht auf informationelle Selbstbestimmung des Bürgers achten, soweit diese Ordnung nicht den Kernbereich kirchlicher Autonomie verletzt. Die Evangelische Kirche in Deutschland (EKD) hat daher ein Kirchengesetz über den Datenschutz erlassen,[354] das den Regelungen im BDSG folgt. In den katholischen Bistümern sind im Wesentlichen gleich lautende „Anordnungen über den kirchlichen Datenschutz" ergangen.[355] Die „Anordnung über den Sozialdatenschutz in den Einrichtungen der freien Jugendhilfe" erklärt die Regelungen im SGB I, X und VIII für entsprechend anwendbar. Damit besteht im kirchlichen Bereich das gleiche Datenschutzniveau wie im staatlichen. Einer gesonderten Sicherstellungsvereinbarung nach § 61 Abs. 3 (→ Rn. 299) oder im Rahmen von § 8a bedarf es daher für die kirchlichen Einrichtungen nicht.[356] Auch gemessen am Maßstab der EU-Richtlinie (→ Rn. 4), aber auch der DS-GVO, die beide keine Privilegierung der Kirchen kennen, sind die Regelungen ausreichend. Auch für die Kirchen als **abgeleitete** Normadressaten gilt zudem **§ 78 Abs. 1 S. 1 SGB X** (→ Rn. 230).

§ **72a Abs. 5** regelt (nach dem BKiSchG) für die Datenerhebung beim Führungszeugnis ausnahmsweise den **Datenschutz** auch für freie Träger. Dass freie Träger unmittelbar in den Geltungsbereich des staatlichen Datenschutzes nach dem SGB einbezogen werden, ist bisher (aus verfassungsrechtlichen Gründen) nirgends geschehen; dies wäre der „erste Sündenfall". § 61 Abs. 3 verlangt deshalb, dass der öffentliche Träger den Datenschutz bei freien Trägern (erst) sicherstellen soll. Die geltenden Regelungen zum Datenschutz nach § 35 SGB I iVm §§ 67a bis 67c, 69, 84 SGB X iVm § 61 SGB VIII sind ausreichend, Abs. 5 ist (wieder einmal) eine überflüssige Regelung. Bei einem Verstoß gegen die Datenschutzregeln ist § 85 Abs. 2 Nr. 1 SGB X für öffentliche und freie Träger (außer Kirchen und kirchliche Träger) gleichermaßen anwendbar, nicht aber das BDSG (→ Rn. 302).

6.2 „Garantenstellung" des öffentlichen Trägers

296 **6.2.1 nach § 78 SGB X.** Hat ein Träger der freien Jugendhilfe Daten vom Träger der öffentlichen Jugendhilfe **erhalten**, rückt er damit kraft Gesetzes (§ 78 Abs. 1 S. 3 SGB X; → Rn. 229) in dessen datenschutzrechtliche Stellung ein, indem er zum (**abgeleiteten**) **Normadressaten** des § 35 SGB I wird. Die §§ 67–85a SGB X gelten für den

351 Ebenso (aber ohne diese Argumentation) für BDSG Hoeren NVwZ 1993, 650; Auernhammer BDSG § 2 Rn. 3; Tinnefeld/Ehmann, Datenschutzrecht, S. 47; aA Lehnguth DVBl 1986, 1084 f.; Gallwas ua, Datenschutzrecht, Rn. 59 zu § 7.

352 Ebenso Tinnefeld/Ehmann, Datenschutzrecht, S. 47; Proksch, Sozialdatenschutz, S. 207.

353 Ebenso Schatzschneider BayVBl 1980, 362; Hoeren NVwZ 1993, 650; aA Auernhammer BDSG Rn. 24 zu § 15 mwN.

354 Fassung vom 12.11.1993, geändert am 7.11.2002.

355 In „Arbeitshilfe Datenschutz und Meldewesen in der katholischen Kirche" vom 1.12.2006.

356 Skeptisch aber Maas/Törnig in JHSM § 61 Rn. 32; Hoeren NVwZ 1993, 650; Pluhar JAmt 2003, 336; allg. hierzu Fachet neue caritas Heft 20/2000, 36.

Träger der freien Jugendhilfe aber verschärft, nämlich unter dem Vorbehalt der sich aus § 78 Abs. 1 S. 1 SGB X ergebenden strengen Zweckbindung (→ Rn. 230). Abweichungen vom Übermittlungszweck sind daher ausgeschlossen. Nicht anwendbar sind somit §§ 68, 69 Abs. 1 Nr. 2 und 3, 71, 73, 74, 75 SGB X für Übermittlungen des freien Trägers; anwendbar ist dagegen § 69 Abs. 1 Nr. 1 SGB X. Für Datenspeicherung und -nutzung gilt § 67c Abs. 1 SGB X, jedoch nicht § 67c Abs. 1 SGB X.

Eines konstitutiven Sicherstellungsakts für die Einhaltung des Datenschutzes bedarf es im Falle des § 78 SGB X nicht (anders bei § 61 Abs. 3). Nach der Neuregelung in § 78 Abs. 1 S. 2 SGB X ist aber eine Verpflichtungserklärung notwendig (→ Rn. 230). 297

Die aus der Übermittlung folgende (datenschutzrechtliche) **Garantenpflicht** beschränkt sich darauf, dass der Träger der öffentlichen Jugendhilfe den Träger der freien Jugendhilfe auf die Rechtslage nach § 78 Abs. 1 S. 1 und 3 SGB X hinweist, ebenso auf dessen interne Hinweispflicht an die Mitarbeiter gemäß § 78 Abs. 2 SGB X (→ Rn. 231).

6.2.2 nach § 61 Abs. 3. Den Träger der öffentlichen Jugendhilfe trifft eine (datenschutzrechtliche) Garantenpflicht ferner dann, wenn er das Geschäft der Aufgabenerfüllung nach dem SGB VIII durch Träger der freien Jugendhilfe besorgen lässt, sie von ihm (und nicht etwa vom Bürger) „in Anspruch genommen" werden. Dies ist dann der Fall, wenn er den freien Träger an der Durchführung der in § 76 genannten Aufgaben beteiligt oder ihm diese Aufgaben zur selbstständigen Erledigung überträgt (§ 76 Abs. 1). § 76 Abs. 2 hält ihn an seiner Verantwortung für die Aufgabenerfüllung fest; dies schließt die Beachtung des Datenschutzes bei der Aufgabenerfüllung mit ein. Eine (datenschutzrechtliche) Garantenstellung wird somit für den in § 76 Abs. 1 genannten Bereich schon durch § 76 Abs. 2 begründet. Der öffentliche Träger (als Leistungsträger) kann den freien Träger (als Leistungserbringer) auch an der Erbringung von Leistungen iSv § 2 Abs. 2 beteiligen (→ § 36 Rn. 4), zB bei Durchführung einer SPFH.[357] Auch dann hat der öffentliche Träger die (datenschutzrechtliche) Garantenstellung **aufgrund dieser Beteiligung**. Anders dagegen, wenn der Träger der freien Jugendhilfe Leistungen originär, also ohne Ableitung vom öffentlichen Träger erbringt (→ § 36 Rn. 4). Sein originäres Betätigungsrecht ergibt sich schon aus seinem Status als Träger der freien Jugendhilfe, was § 3 Abs. 2 Satz 1 ausdrücklich klarstellt.[358] Für diesen **autonomen Bereich** gilt § 61 Abs. 3 nicht. Für kirchliche Träger gilt der kirchliche Datenschutz (→ Rn. 295); für andere freie Träger gilt **vertraglicher Datenschutz**, der sich als Nebenpflicht zu der Hauptpflicht ergibt, die Inhalt des Beratungs- oder Betreuungsvertrages ist, den der Bürger mit dem freien Träger abgeschlossen hat. Diese Nebenpflicht ist aus § 241 Abs. 2 BGB abzuleiten und hat zum Inhalt, dass der freie Träger alle Sozialdaten, die im Zusammenhang mit der Beratung und Betreuung oder dem Heimaufenthalt bekannt werden, als Sozialgeheimnis zu wahren hat. Bei Verletzung des Sozialgeheimnisses durch den freien Träger ergibt sich dann eine Schadensersatzpflicht vertraglicher Art (§§ 280, 282 BGB) und deliktischer Art aus § 823 BGB, da das Grundrecht auf informationelle Selbstbestimmung ein absolutes Recht iSd § 823 Abs. 1 BGB ist (→ Rn. 248). Bei anvertrauten Daten ist eine Verletzung auch strafbar nach § 203 Abs. 1 StGB (→ Rn. 13). Zur Akteneinsicht → Rn. 119. 298

6.2.3 Inhalt der (datenschutzrechtlichen) Garantenpflicht. Der Träger der öffentlichen Jugendhilfe[359] hat die Pflicht, den Sozialdatenschutz beim freien Träger sicherzustellen. Diese **„Datenschutzbeleihung"** kann dadurch geschehen, dass der freie Träger eine **Selbstverpflichtung** ausspricht, oder dadurch, dass durch öffentlich-rechtlichen Vertrag die Beachtung des Sozialdatenschutzes vereinbart wird (**Sicherstellungsverein-** 299

357 Zu dieser vgl. Awenius JAmt 2001, 524.
358 Zum Streit darüber, ob dies auch für die HzE gilt, vgl. Kunkel NDV 1995, 456 und 1996, 29 einerseits und Maas NDV 1996, 28 andererseits.
359 AA Hauck § 61 Rn. 9: der freie Träger.

barung)[360] (für die Eingliederungshilfe gem. § 35a verlangt § 38 Abs. 1 Nr. 5 SGB IX – nach dem BTHG seit 1.1.2018 – ausdrücklich eine solche Regelung) oder dadurch, dass die Datenschutzverpflichtung durch **Auflage** gemäß § 32 Abs. 2 Nr. 4 SGB X geregelt wird, wenn die Heranziehung des freien Trägers zur Aufgabenerfüllung durch VA geschieht.[361] Die Sicherstellung erfordert nicht eine Überwachung des freien Trägers; diese ist durch §§ 81 bis 85a SGB X in die Hand des Betroffenen gelegt.[362] Für die Kirchen als freie Träger ist kein konstitutiver Sicherstellungsakt notwendig, da die kirchlichen Datenschutzregelungen das Sozialgeheimnis gewährleisten (→ Rn. 295).

300 Die Sicherstellung ist darauf gerichtet, dass der Datenschutz **„in entsprechender Weise"** gewährleistet ist, das bedeutet einmal, dass er dem für den öffentlichen Träger geltenden Datenschutzstandard entsprechen muss, und zum anderen, dass die Besonderheiten des freien Trägers zu berücksichtigen sind. Für den freien Träger gelten daher § 35 SGB I und §§ 67 bis 85a SGB X sowie §§ 61 bis 68 SGB VIII entsprechend.[363] Damit unterscheidet sich die Bindung an den Datenschutz nach § 61 Abs. 3 von der nach § 78 SGB X (→ Rn. 231 f.); § 61 Abs. 3 eröffnet auch den **Befugnisbereich** der §§ 68 bis 75 SGB X für Übermittlungen des freien Trägers. Auch für den freien Träger gilt dann der Schutzumfang nach § 35 Abs. 3 SGB I, also keine Auskunftspflicht, keine Zeugnispflicht und keine Aktenvorlagepflicht[364] (→ Rn. 221–223). Im Unterschied zum öffentlichen Träger treffen den freien Träger keine Amtshilfepflichten, so dass solche Übermittlungen ausscheiden, die lediglich aufgrund von Amtshilfepflichten befugt sind (zB nach § 71 Abs. 2 SGB X oder nach § 68 SGB X).

Heimberichte sind datenschutzrechtlich zulässig.[365] Der Heimträger ist über § 61 Abs. 3 an das Sozialgeheimnis nach § 35 SGB I iVm § 61 Abs. 1 SGB VIII gebunden. Die Datenerhebung beim Jugendlichen erfolgt entsprechend § 62; der Jugendliche und der Personensorgeberechtigte sind gemäß § 60 Abs. 1 S. 1 Nr. 1 SGB I zur Mitwirkung verpflichtet. Die Übermittlung des Heimberichts an den Träger der öffentlichen Jugendhilfe ist gemäß § 69 Abs. 1 Nr. 1 SGB X iVm § 61 Abs. 1 SGB VIII befugt. § 65 steht der Übermittlung nicht entgegen, da die Daten zur Leistungserbringung erhoben worden sind, also zumindest mit stillschweigender Einwilligung des Betroffenen übermittelt werden. Die Datenübermittlung im Heimbericht ist aber nur dann zulässig, wenn sie sich auf die erforderlichen Daten beschränkt, also die Daten, die das JA zur Subsumtion unter die Tatbestandsmerkmale des § 27 benötigt.[366] Dies verlangt auch Art. 5 Abs. 1 lit. c DS-GVO mit dem Grundsatz der Datenminimierung. Für die Vorlage von **Verwendungsnachweisen** gilt, dass deren Übermittlung zur Aufgabenerfüllung gehört, wie sich aus § 69 Abs. 5 SGB X ergibt. Die ordnungsgemäße Verwendung von Zuschüssen muss durch Rechnungslegung nachprüfbar sein; dies verlangt die Gemeindeordnung (zB § 114 Abs. 1 GemO BW) iVm der Gemeindehaushaltsverordnung und der Gemeindekassenverordnung. Eine Grenze für diese zulässige Übermittlung ist aber der Grundsatz der Verhältnismäßigkeit,[367] wie er in § 64 Abs. 2 konkretisiert ist. Danach verbietet sich eine namentliche Bekanntgabe von Sozialdaten, wenn dadurch der Leistungserfolg gefährdet werden würde. Auch bei besonders anvertrauten Daten iSv

360 Beispiel in der AFET-Empfehlung von 1995.
361 Busch, Sozialdatenschutz, S. 33: nur mit Vereinbarung; Hauck/Noftz Rn. 23; Hoffmann/Proksch in FK-SGB VIII § 61 Rn. 28; Mrozynski SGB VIII Rn. 10: auch Selbstverpflichtung; bei Mann in SFMK §§ 61 bis 68 Rn. 18 offengelassen.
362 Ebenso Maas/Törnig in JHSM Rn. 25.
363 Anders Maas/Törnig in JHSM Rn. 20, die zB §§ 64, 65 ausnehmen.
364 Ebenso die AFET-Empfehlung 1995 unter I.4.
365 AA aber wohl Schindler bei § 5 Rn. 24 und Merchel, Hilfeplanung, S. 40.
366 Vgl. ausführlich hierzu Harnach-Beck, Psychosoziale Diagnostik, S. 140 und Maas/Törnig in JHSM § 61 Rn. 41–45 zu; vgl. zu Heimberichten 8. TB LDS BW, S. 100 und 11. TB, S. 130.
367 Ebenso 9. TB LDS NRW, S. 61.

§ 203 Abs. 1 StGB ist eine Übermittlung zur Rechnungsprüfung zulässig, da § 76 Abs. 2 Nr. 2 SGB X dies ausdrücklich zulässt (→ Rn. 215). Anders dagegen bei Daten, die im Rahmen des § 65 anvertraut worden sind; hier fehlt eine Weitergabebefugnis (→ Rn. 215). Für solche Daten können also nur Betreuungsschwerpunkte und Fallzahlen mitgeteilt werden, aber nicht personenbezogene Daten. Daher sind in der Akte Beratungsdaten von Abrechnungsdaten zu trennen.[368]

Zur Aktenaufbewahrung → Rn. 264.

Dasselbe gilt für Datenübermittlungen an den öffentlichen Träger im Rahmen seiner **Kontrollpflicht gemäß** § 76 **Abs. 2**. Die Übermittlung ist zwar nach § 69 Abs. 1 Nr. 1 SGB X gerechtfertigt, stößt aber an die Grenzen der §§ 64 Abs. 2, 65 (zB bei Übertragung der Aufgaben nach § 17 Abs. 2 oder § 50). 301

Mit Anwendbarkeit der DS-GVO am 25.5.2018 verpflichtet Art. 37 Abs. 1 lit. a DS-GVO Behörden zur Bestellung eines **Datenschutzbeauftragten** (→ Rn. 2). Für den freien Träger wird keine Verpflichtung begründet (→ Rn. 3). 302

Um die Wahrnehmung des **Schutzauftrages nach** § **8a** auch durch die freien Träger datenschutzkompatibel zu machen, ist durch das KICK auch eine Änderung der §§ 64, 65 erfolgt. Die Sicherstellung des Schutzauftrages nach § 8a Abs. 4 durch die freien Träger folgt der Sicherstellung des Datenschutzes nach § 61 Abs. 3 bei diesen. Es gilt sowohl die Übermittlungsbefugnis nach § 69 SGB X wie die Weitergabebefugnis nach § 65 SGB VIII entsprechend. Daraus folgt, dass die Weitergabe von Daten an eine Fachkraft zur Risikoeinschätzung nach § 8a Abs. 4 S. 1 zulässig ist nach § 65 Abs. 1 Nr. 4. Die Erfüllung der Informationspflicht nach § 8a Abs. 4 S. 2 ist möglich, weil § 69 Abs. 1 Nr. 1 SGB X iVm § 64 Abs. 2, Abs. 2 a die Datenübermittlung an das JA und § 65 Abs. 1 Nr. 5 SGB VIII iVm § 34 StGB die Datenweitergabe zulässt.[369] 303

Verletzt der Träger der öffentlichen Jugendhilfe seine (datenschutzrechtliche) Garantenpflicht aus § 61 Abs. 3, begeht er eine **Amtspflichtverletzung**, die gemäß § 839 BGB iVm Art. 34 GG zum Schadensersatz verpflichtet (→ Rn. 247). 304

Anhang 1 zu § 61 – § 4 KKG (= Art. 1 § 4 BKiSchG)

§ 4 KKG Beratung und Übermittlung von Informationen durch Geheimnisträger bei Kindeswohlgefährdung

(1) Werden

1. **Ärztinnen oder Ärzten, Zahnärztinnen oder Zahnärzten, Hebammen oder Entbindungspflegern oder Angehörigen eines anderen Heilberufes, der für die Berufsausübung oder die Führung der Berufsbezeichnung eine staatlich geregelte Ausbildung erfordert,**
2. **Berufspsychologinnen oder -psychologen mit staatlich anerkannter wissenschaftlicher Abschlussprüfung,**
3. **Ehe-, Familien-, Erziehungs- oder Jugendberaterinnen oder -beratern sowie**
4. **Beraterinnen oder Beratern für Suchtfragen in einer Beratungsstelle, die von einer Behörde oder Körperschaft, Anstalt oder Stiftung des öffentlichen Rechts anerkannt ist,**
5. **Mitgliedern oder Beauftragten einer anerkannten Beratungsstelle nach den §§ 3 und 8 des Schwangerschaftskonfliktgesetzes,**

368 So 19. TB LDS NRW – Datenschutz im Jugendamt, S. 13.
369 AA aber wohl Caritas-Dokumentation neue caritas 20/2005, 34.

6. staatlich anerkannten Sozialarbeiterinnen oder -arbeitern oder staatlich anerkannten Sozialpädagoginnen oder -pädagogen oder
7. Lehrerinnen oder Lehrern an öffentlichen und an staatlich anerkannten privaten Schulen

in Ausübung ihrer beruflichen Tätigkeit gewichtige Anhaltspunkte für die Gefährdung des Wohls eines Kindes oder eines Jugendlichen bekannt, so sollen sie mit dem Kind oder Jugendlichen und den Erziehungsberechtigten die Situation erörtern und, soweit erforderlich, bei den Erziehungsberechtigten auf die Inanspruchnahme von Hilfen hinwirken, soweit hierdurch der wirksame Schutz des Kindes oder des Jugendlichen nicht in Frage gestellt wird.

(2) [1]Die Personen nach Absatz 1 haben zur Einschätzung der Kindeswohlgefährdung gegenüber dem Träger der öffentlichen Jugendhilfe Anspruch auf Beratung durch eine insoweit erfahrene Fachkraft. [2]Sie sind zu diesem Zweck befugt, dieser Person die dafür erforderlichen Daten zu übermitteln; vor einer Übermittlung der Daten sind diese zu pseudonymisieren.

(3) [1]Scheidet eine Abwendung der Gefährdung nach Absatz 1 aus oder ist ein Vorgehen nach Absatz 1 erfolglos und halten die in Absatz 1 genannten Personen ein Tätigwerden des Jugendamtes für erforderlich, um eine Gefährdung des Wohls eines Kindes oder eines Jugendlichen abzuwenden, so sind sie befugt, das Jugendamt zu informieren; hierauf sind die Betroffenen vorab hinzuweisen, es sei denn, dass damit der wirksame Schutz des Kindes oder des Jugendlichen in Frage gestellt wird. [2]Zu diesem Zweck sind die Personen nach Satz 1 befugt, dem Jugendamt die erforderlichen Daten mitzuteilen. [3]Die Sätze 1 und 2 gelten für die in Absatz 1 Nummer 1 genannten Personen mit der Maßgabe, dass diese unverzüglich das Jugendamt informieren sollen, wenn nach deren Einschätzung eine dringende Gefahr für das Wohl des Kindes oder des Jugendlichen das Tätigwerden des Jugendamtes erfordert.

(4) [1]Wird das Jugendamt von einer in Absatz 1 genannten Person informiert, soll es dieser Person zeitnah eine Rückmeldung geben, ob es die gewichtigen Anhaltspunkte für die Gefährdung des Wohls des Kindes oder Jugendlichen bestätigt sieht und ob es zum Schutz des Kindes oder Jugendlichen tätig geworden ist und noch tätig ist. [2]Hierauf sind die Betroffenen vorab hinzuweisen, es sei denn, dass damit der wirksame Schutz des Kindes oder des Jugendlichen in Frage gestellt wird.

(5) Die Absätze 2 und 3 gelten entsprechend für Mitarbeiterinnen und Mitarbeiter von Zollbehörden.

(6) Zur praktischen Erprobung datenschutzrechtskonformer Umsetzungsformen und zur Evaluierung der Auswirkungen auf den Kinderschutz kann Landesrecht die Befugnis zu einem fallbezogenen interkollegialen Austausch von Ärztinnen und Ärzten regeln.

1 Bedeutung der Vorschrift und Systematik

Die Regelung soll einerseits die Vertrauensbeziehung zwischen Geheimnisträger (zB Ärztin) und „Geheimniszuträger" (zB Patient) schützen, andererseits die Weitergabe wichtiger Informationen an das JA ermöglichen. In der Hitliste missglückter Gesetze nimmt § 4 KKG einen der vorderen Plätze ein.[1] Janusköpfig blickt § 4 KKG einerseits ins Strafrecht, andererseits – scheinbar oder anscheinend – ins Verwaltungsrecht. Ins Strafrecht, weil er in Abs. 2 und insbesondere Abs. 3 iSd § 203 Abs. 1 StGB zur Offenbarung befugt; ins Verwaltungsrecht, weil er den in Abs. 1 genannten Personen in Abs. 2 einen Beratungsanspruch gegenüber dem Träger der öffentlichen Jugendhilfe einräumt, scheinbar auch, indem er die sog. Berufsgeheimnisträger über die Gestaltung als Soll-Vorschrift einspannen will, Kinderschutz nach Art des JA zu betreiben. Letzteres überfordert die genannten Berufsgruppen häufig,[2] ist aber schon aus verfassungsrechtlichen Gründen ausgeschlossen, weil dies ein von der Gesetzgebungskompetenz des Bundes nicht gedeckter unzulässiger Eingriff in die Berufsausübungsfreiheit (Art. 12 GG) wäre[3] und zudem die Autonomie freier Träger beschränken würde, die für kirchliche Träger und ihre Wohlfahrtsorganisationen in Art. 140 GG iVm Art. 137 WV besonders geschützt ist. Mit Bedacht gibt es deshalb im ganzen SGB VIII keinen Paragrafen, der freien Trägern eine Pflicht auferlegt. Verpflichtet werden sie lediglich vertraglich durch Sicherstellungsvereinbarungen. Die Evaluation des BKiSchG zum 31.12.2015 hat ergeben,[4] dass die Regelung für die Praxis schwer verständlich ist, und insbesondere von Seiten der Ärzteschaft die Einbeziehung in den Prozess der Gefährdungseinschätzung gefordert wird. Zudem wurde die Prüfung der Normierung einer Handlungspflicht für die genannten Berufsgruppen gefordert. Auch eine aktuellere Untersuchung hat gezeigt, dass der Anspruch auf Beratung durch eine insoweit erfahrene Fachkraft nicht flächendeckend bekannt ist und offenbar nur selten in Anspruch genommen wird.[5] Die Kooperation zwischen Jugendhilfe und anderen Systemen gelingt weiterhin häufig nicht zuverlässig.[6] 1

Hieran hat sich durch das **KJSG** (zu) wenig geändert. Die im Regierungsentwurf enthaltene Umstellung der Norm (Befugnis zur Informationsweitergabe an das Jugendamt in Abs. 1, Möglichkeit der anderweitigen Gefahrabwendung in Kooperation mit den Erziehungsberechtigten in Abs. 2, Anspruch auf Beratung durch eine insoweit erfahrene Fachkraft in Abs. 3)[7] wurde in den Ausschussberatungen im Bundestag wieder auf die ursprüngliche Fassung des Gesetzes zurückgedreht.[8] Die recht lapidare Begründung, dass sich die Ergebnisse der Evaluation des Bundeskinderschutzgesetzes überholt hätten, überrascht vor allem deshalb, weil die Fassung der Norm im Regierungsentwurf auf einem umfassendem Beteiligungsprozess der Fachwelt beruhte und aktuelle Erhebungen die Ergebnisse der Evaluation des Bundeskinderschutzgesetzes bestätigten. Danach fordern knapp die Hälfte der befragten Fachkräfte klarere Regelungen zum verbesserten Einbezug von Berufsgeheimnisträgerinnen und -trägern in

1 Kunkel ZKJ 2012, 288; ähnlich kritisch Rixen SRa 2012, 221–231 (231): „verfehlt".
2 Vgl. zB für Lehrer und Lehrerinnen mit der Darstellung des Hamburger Modells zur Verbesserung der Kooperation zwischen Schule und Jugendamt Slüter JAmt 2017, 54.
3 Wie hier Kößler in jurisPK-SGB VIII Rn. 19; kritisch auch Wapler in Wiesner Rn. 7, 14; wohl auch Rixen SRa 2012, 221; für Schutzauftrag aber zB Meysen in FK-SGB VIII, Anh. § 8b Rn. 82; Schimke JAmt 2011, 621 (626 f.).
4 S. dazu den Bericht zur Evaluation des BKiSchG, BT-Drs. 18/7100, 7, 82 ff.
5 Bertsch/Ziegenhain/Künster JAmt 2016, 54 (56).
6 Vgl. Bertsch/Ziegenhain/Künster JAmt 2016, 54 für den Gesundheitsbereich, Slüter JAmt 2017, 54 für den schulischen Bereich.
7 BT-Drs. 19/26107, 35 f.
8 Beschlussempfehlung und Bericht des Ausschusses für Familie, Senioren, Frauen und Jugend, BT-Drs. 19/28870.

Kinderschutzverfahren.[9] Durch eine klarere Regelung zur Befugnis zur Datenweitergabe an das Jugendamt sollte insbesondere vermieden werden, dass aufgrund von Unklarheiten über die jeweiligen Befugnisse eine in der Sache berechtigte bzw. notwendige Informationsweitergabe an das Jugendamt unterbleibt.[10] Einige Sachverständige hatten in der öffentlichen Anhörung des Ausschusses kritisiert, dass durch die Änderungen in § 8a SGB VIII und § 4 KKG ein Rückschritt im Hinblick auf die multiprofessionelle Kooperation im Kinderschutz erfolge und die Praxis durch die Notwendigkeit der Überarbeitung zwischenzeitlich eingeführter Leitlinien und Vereinbarungen verunsichert würde.[11] Dies überzeugt nicht. Defizite beim Austausch von Informationen stellen das wohl am häufigsten identifizierte Problem bei einer rückblickenden Aufarbeitung fehlgeschlagener Kinderschutzfälle dar.[12] Für einen gelingenden Kinderschutz ist es notwendig, dass bei gewichtigen Anhaltspunkten für eine Kindeswohlgefährdung Informationen zusammenfließen, gegebenenfalls weitere Feststellungen getroffen werden und eine professionelle Einschätzung der Situation erfolgt. Das Jugendamt ist die richtige Stelle zum Zusammenfluss dieser Informationen und hier liegt bei gewichtigen Anhaltspunkten für eine Kindeswohlgefährdung auch die Federführung für den weiteren Verlauf des Falles. Es sollte der Einschätzung der jeweils tätigen Person überlassen bleiben, ob sie sich imstande sieht, eine vermutete Gefahr im Zusammenwirken mit den Eltern effektiv abzuwenden; im Zweifelsfall sollte die Sicherung des wirksamen Kinderschutzes Vorrang vor der Verschwiegenheitspflicht haben. Mit einer klareren Regelung für den Informationsfluss würde die multiprofessionelle Zusammenarbeit nicht in Frage, sondern sichergestellt. Dies wird durch § 4 KKG nicht erreicht, da lediglich für die von bestimmten Voraussetzungen abhängige Information des Jugendamts durch die in Abs. 1 genannten Personen sowie eine recht formale und wenig aussagekräftige Rückmeldung in Abs. 4 eine Rechtsgrundlage geschaffen wird. Oftmals erschließt sich die Relevanz bestimmter Informationen jedoch erst im Austausch. Für eine echte Kooperation, wie sie auch im Dialogprozess Mitreden-Mitgestalten gefordert wurde,[13] schafft § 4 KKG keine hinreichende Grundlage.

§ 4 KKG geht davon aus, dass auf einer ersten Stufe die Normadressaten selbst – beraten durch eine insoweit erfahrene Fachkraft – tätig werden und erst auf einer subsidiären zweiten Stufe das JA informiert werden darf. Der Gesetzgeber begründete den Vorrang der ersten Stufe nach Abs. 1 bei Einführung der Norm mit dem elterlichen Erziehungsprimat.[14] Damit wird die Information des JA mit einem Eingriff in das Elternrecht gleichgesetzt. Tatsächlich geht es hier jedoch nicht um einen Eingriff in das elterliche Erziehungsrecht, sondern den Schutz der Daten aus der familiären Privatsphäre. Durch die Gleichsetzung der Information des JA mit einem Eingriff in das Erziehungsrecht wird ein Vorrang von Maßnahmen zur Abwendung der Gefahr durch die Normadressaten des Abs. 1 selbst begründet. Dies ist – da die Voraussetzungen von § 4 KKG und § 8a gleichlaufen („gewichtige Anhaltspunkte für die Gefährdung") – mit dem verfassungsrechtlichen staatlichen Schutzauftrag und den Anforderungen an die Fachlichkeit im Kinderschutz kaum vereinbar.[15] Zum Teil wird der Vorrang der

9 BMFSFJ, Ergebnisbericht wissenschaftliche Begleitung, S. 58.

10 Gegenäußerung der Bundesregierung zur Stellungnahme des Bundesrats, BT-Drs. 19/27481, 96.

11 Öffentliche Anhörung vom 22.2.2021, Stellungnahmen abrufbar unter https://www.bundestag.de/ausschuesse/a13/Anhoerungen/821942-821942, zur Kritik am Regierungsentwurf s. zB auch Goldberg/Radewagen JAmt 2020, 622.

12 Stellungnahme SV Kepert zur Öffentlichen Anhörung am 22.2.2021, S. 8, exemplarisch nur Abschlussbericht der Kommission Kinderschutz, insbes. S. 168 ff.; Kindler/Gerber/Lillig, Analyse Breisgau-Hochschwarzwald, S. 19 f.

13 BMFSFJ, Ergebnisbericht wissenschaftliche Begleitung, S. 58.

14 BT-Drs. 17/6256, 19.

15 Kritisch zum Gleichlauf auch Wapler in Wiesner Rn. 17.

Erörterung mit dem Kind bzw. Jugendlichen und den Erziehungsberechtigten damit begründet, dass dies zur Wahrung des Vertrauensverhältnisses, das auch den Zugang zu Familien sichert, erforderlich sei. Die Notwendigkeit der Wahrung des Vertrauensverhältnisses darf jedoch nicht den Blick auf die Erfordernisse eines wirksamen Kinderschutzes verstellen, gerade dann, wenn – zB in Missbrauchs- oder Misshandlungsfällen – die Interessen von Kindern und Jugendlichen einerseits und den Erziehungsberechtigten andererseits in Widerspruch zu einander stehen und/oder unklar ist, inwieweit die (erklärte) Kooperationsbereitschaft dazu führt, dass die Gefahr für das Wohl des Kindes effektiv abgewendet wird.[16] Dies steht auch nicht im Widerspruch zur vorrangigen Hilfeorientierung aller am Kinderschutz Beteiligten. Die Informationen, die nach § 4 KKG fließen sollen, bilden lediglich die Grundlage für eine Gefährdungseinschätzung. Welche Maßnahmen im Anschluss ergriffen werden, unterliegt dem Grundsatz der Verhältnismäßigkeit, aus dem sich ergibt, dass vorrangig Hilfen zu gewähren sind. Die Grenze dieser Hilfeorientierung ist erreicht, wenn die Gefahr für das Wohl des Kindes hierdurch nicht aufgelöst werden kann.

Keinesfalls kann das Jugendamt den eigenen Schutzauftrag delegieren; wenn ein Angehöriger der in § 4 KKG genannten Berufsgruppen Anhaltspunkte für eine Kindeswohlgefährdung in einem konkreten Fall und unter Identifizierung des betroffenen Kindes oder Jugendlichen mitteilt, muss das Jugendamt selbst gem. § 8a SGB VIII tätig werden und darf die meldende Person nicht darauf verweisen, dass es zunächst selbst die Gefährdung einzuschätzen und auf die Inanspruchnahme von Hilfen hinzuwirken habe. Dass Berufsgeheimnisträger nicht als „Berufskinderschützer" rekrutiert und damit funktionell JA werden sollen,[17] ergibt sich auch daraus, dass dann die Vereinbarungen nach § 8a Abs. 4 SGB VIII kaum mehr einen Anwendungsbereich hätten. Außerdem sind in § 4 Abs. 1 KKG Personengruppen nicht erfasst, die beruflich engeren Kontakt zu Kindern haben als die aufgeführten (zB HeilpädagogInnen und Geistliche) und damit eher prädestiniert wären, einen Schutzauftrag wahrzunehmen. Das in § 4 KKG vorgesehene Verfahren erscheint insoweit als nicht durchdacht.

Der **Zweck** des § 4 KKG beschränkt sich also bei verfassungskonformer Auslegung darauf, für die betroffenen Berufsgruppen einen **Anspruch auf Beratung** zu normieren und die (strafrechtlichen) **Voraussetzungen** zu nennen, unter denen die in Abs. 1 aufgeführten Personen eine **Offenbarungsbefugnis** gegenüber dem JA haben. Im Übrigen ist sie nur Appell an die genannten Berufsgruppen.[18]

Die unterschiedlichen Befugnisnormen in verschiedenen Landesgesetzen zum Kinderschutz (Synopse in Anh. 3) werden durch § 4 KKG als Bundesgesetz wegen Art. 31 GG grundsätzlich verdrängt.[19]

Durch das **KJSG** neu angefügt wurden Absätze 4 bis 6, durch die eine (recht formale) Rückmeldepflicht des Jugendamts an Personen, die es nach Abs. 1 informiert haben (Abs. 4), eine Offenbarungsbefugnis und ein Beratungsanspruch für Mitarbeitende der Zollbehörden normiert werden (Abs. 5) und die Möglichkeit vorgesehen wird, dass mit einer landesrechtlichen Rechtsgrundlage ein interkollegialer Austausch unter Ärztinnen und Ärzten normiert ermöglicht werden kann (Abs. 6).

16 Zu Letzterem zB auch Kindler/Gerber/Lillig, Fallanalyse Breisgau-Hochschwarzwald, S. 16 f.

17 S. dazu auch Wapler in Wiesner Rn. 6: „Befugnisregel ohne Bezug auf die Aufgabenstellung".

18 So auch Wapler in Wiesner Rn. 15, aA die Bundesregierung: „erweiterte Solidarpflicht", BT-Drs. 18/7100, 95.

19 DIJuF v. 20.2.2012; näher Meysen/Eschelbach, Kap. 3 Rn. 55–58; Wapler in Wiesner Rn. 10 mit berechtigtem Hinweis auf die Frage der Gesetzgebungskompetenz in diesem Zusammenhang; Rixen SRa 2012, 221 (227–228), s. aber → Rn. 14 zu weitergehendem Landesrecht.

2 § 4 Abs. 2, 3 KKG beinhalten eine höherrangige (bundesgesetzliche) Offenbarungsbefugnis – nicht **Offenbarungspflicht**, aber → Rn. 14 –; bei Vorliegen der Voraussetzungen für eine Weitergabe der Daten entfällt der Tatbestand des § 203 StGB, da die Weitergabe nicht unbefugt iSd Norm ist. Vor Einführung der Offenbarungsbefugnis durch § 4 KKG musste insoweit auf § 34 StGB (rechtfertigender Notstand) zurückgegriffen werden. Das zweistufige Verfahren nach § 4 KKG kann insoweit als Konkretisierung verstanden werden, wann und wie eine Gefahr „anders abwendbar" iSv § 34 StGB (zu diesem → § 61 Rn. 193) ist. Nach der amtlichen Begründung[20] soll § 4 KKG in seinem Anwendungsbereich eine Rechtfertigung nach § 34 StGB entbehrlich machen, im Übrigen die Rechtslage aber unberührt bleiben. Es erscheint jedoch zweifelhaft, ob trotz der in § 4 KKG normierten Offenbarungsbefugnis, die nur gegenüber dem JA besteht, bislang auf § 34 StGB gestützte Offenbarungsbefugnisse – zB gegenüber Strafverfolgungsbehörden oder Familiengerichten – weiterbestehen. Nach strafrechtlicher Lehre und Rspr. gehen spezialgesetzliche Offenbarungsbefugnisse § 34 StGB vor: Die Gefahr kann und soll nach der Vorstellung des Gesetzgebers durch das in § 4 KKG beschriebene Vorgehen abgewendet werden. Hinsichtlich eines alternativen Vorgehens fehlt es dann an der Voraussetzung des rechtfertigenden Notstands, dass die Gefahr nicht anders abwendbar sein darf. Nur wenn dieser Weg (voraussichtlich) nicht zum Ziel führt, können weitere Offenbarungsbefugnisse nach § 34 StGB bestehen.

2 Kreis der Berufsgeheimnisträger (Abs. 1)

3 Abs. 1 **weicht von § 203 Abs. 1 StGB** (Abdruck bei → § 61 Rn. 12) ab. Er konkretisiert und spezifiziert die Heilberufe in Nr. 1, erfasst Berater in Nr. 3 unabhängig von ihrer Tätigkeit in einer Beratungsstelle (sog. Institutionelle Beratung) und erweitert mit Nr. 7 den Kreis der Berufsgeheimnisträger gegenüber der Regelung in § 203 Abs. 1 StGB um die Lehrer.[21] Die Einbeziehung der Lehrer ist – hinsichtlich der Normierung einer Offenbarungsbefugnis in § 4 KKG – unsystematisch, da Lehrer keine Schweigepflicht nach § 203 Abs. 1 StGB haben, also auch keine Offenbarungsbefugnis nach § 203 Abs. 1 StGB benötigen. Lehrer können aber Amtsträger nach § 203 Abs. 2 StGB iVm § 11 Abs. 1 Nr. 2 StGB sein. Dann benötigen sie allerdings keine besondere Offenbarungsbefugnis, sondern es genügt nach § 203 Abs. 2 StGB, dass die Offenbarung datenschutzrechtlich – nach Landesdatenschutzgesetz oder Schulgesetz – zulässig ist (näher → § 61 Rn. 13). Zu den Personengruppen in § 203 Abs. 1 StGB näher → § 61 Rn. 204.

4 Als Befugnisnorm gilt § 4 KKG nur für die in § 4 Abs. 1 genannten Personen, also nicht für die weiteren Berufsgeheimnisträger in § 203 Abs. 1 oder 4 StGB (zB Rechtsanwälte). Ebenso wenig gilt § 4 KKG für Hilfsberufe (zB Arzthelfer; näher → § 61 Rn. 204) und Praktikanten, weil sie zwar von § 203 Abs. 1 iVm Abs. 3 StGB, aber (widersinnigerweise) nicht von § 4 KKG erfasst sind.[22]

3 Zweistufiges Verfahren zur Offenbarungsbefugnis (Abs. 1–3)

3.1 Stufe 1: Erörterung der Situation und Hinwirken auf Hilfe (Abs. 1)

5 Die erste Stufe ist nur dann zu betreten, wenn bei der Berufsausübung (also nicht privat) **„gewichtige Anhaltspunkte"** für eine Kindeswohlgefährdung bekannt werden. Dies sind schlüssige Informationen, Beobachtungen und Bewertungen, die die Wahrscheinlichkeit eines Schadenseintritts iSd § 1666 BGB begründen (näher → § 8a Rn. 34 ff.; zur Kritik am Gleichlauf → Rn. 1). Zur Einschätzung der Gefährdung haben die Normadressaten Anspruch auf Beratung durch eine insoweit erfahrene Fach-

20 BT-Drs. 17/6256, 34 f.
21 Auf Empfehlung des 13. Ausschusses, BT-Drs. 17/7522, 35 f.
22 Ebenso Rixen SRa 2012, 221 (224); aA Meysen in FK-SGB VIII Anh. § 8b Rn. 86.

kraft nach Abs. 2 (→ Rn. 7 ff.). Dann soll der Berufsgeheimnisträger mit dem Kind/Jugendlichen und den Erziehungsberechtigten (zur Definition s. § 7 Abs. 1 Nr. 6 SGB VIII) die Situation **erörtern**, also über seine (diagnostischen) Feststellungen sprechen. Außerdem soll er für die Inanspruchnahme von Hilfen **werben**, also mehr als nur informieren. Daraus folgt, dass das JA die Berufsgeheimnisträger über solche Hilfen (insbes. nach §§ 16, 27 bis 35, 35a SGB VIII) informieren muss; dies kann auch lediglich generell zB mit Broschüren erfolgen.

„Soll" bedeutet „Muss" im Regelfall; es lässt Ausnahmen nur bei atypischen Umständen im Einzelfall zu. Dem Gesetzgeber schwebte vor, die in Abs. 1 genannten Personen zu „verpflichten".[23] Einer rechtlichen Verpflichtung durch das KKG steht jedoch bereits die fehlende Kompetenz des Bundesgesetzgebers für den Bereich der Berufsausübung entgegen (→ Rn. 1). Die Norm kann daher nur als dringender Appell an die genannten Personen verstanden werden.[24] Eine Verpflichtung kann sich jedoch anderweitig, zB aufgrund einer Garantenpflicht gegenüber dem Kind, ergeben. Nicht zu verkennen ist auch, dass durch die Begrenzung der Übermittlungsbefugnis in Abs. 3 durch den Vorbehalt, dass ein Vorgehen nach Abs. 1 ausscheidet oder erfolglos ist, ein erheblicher Druck auf die in Abs. 1 genannten Personen entsteht, vorrangig den dort beschriebenen Weg zu beschreiten (→ Rn. 12). Dieser scheidet nicht schon wegen Arbeitsüberlastung oder möglicher Abwanderung des Patienten aus, sondern allenfalls wegen besonderer Eilbedürftigkeit[25] oder wenn die Einbeziehung des Erziehungsberechtigten dem Kind eher schaden als nutzen würde.[26] 6

3.2 Einholen von Fachberatung (Abs. 2)

Das JA muss den Berufsgeheimnisträgern, die in seinem Bereich tätig sind, die **Beratungsmöglichkeit** zur **Gefährdungseinschätzung** nach Abs. 2 **offerieren**. Die insoweit erfahrenen Fachkräfte müssen dem Berufsgeheimnisträger genannt werden. Diese können bei einem freien Träger, aber auch beim JA selbst tätig sein (→ Rn. 9). Der Begriff der **„insoweit erfahrene (n) Fachkraft"** ist zu entmythologisieren. Es handelt sich nicht um eine – möglicherweise zertifizierte – „Fachkraft de luxe", sondern um eine (normale) Fachkraft iSd § 72 SGB VIII. Das ist eine Persönlichkeit, die eine Einschätzung des Gefährdungsrisikos aufgrund ihrer Aus-, Fort- oder Weiterbildung vornehmen kann, also über die notwendigen Kenntnisse rechtlicher (zB zu § 1666 BGB) und psychologischer (zB Entwicklungspsychologie) Art verfügt, also kurz um eine im Kinderschutz erfahrene Fachkraft.[27] Eine aktuelle Untersuchung hat (für den Gesundheitsbereich) gezeigt, dass Fortbildungen für insoweit erfahrene Fachkräfte sinnvollerweise auch die rechtlichen und fachlichen Rahmenbedingungen der in § 4 KKG genannten Berufsgruppen umfassen sollten.[28] Der „Blick über den Tellerrand" in das andere System dürfte einer fachübergreifenden Kooperation sicherlich förderlich sein. 7

Dem Berufsgeheimnisträger müssen **nur gewichtige Anhaltspunkte** für eine Kindeswohlgefährdung vorliegen, nicht dagegen muss ein dringender Verdacht bestehen oder die Kenntnis von Misshandlungen. Der Begriff der Kindeswohlgefährdung iSd § 1666 BGB wird dem Berufsgeheimnisträger nicht bekannt sein. Er muss ihm daher bei der Beratung zur Einschätzung des Gefährdungsrisikos erläutert werden. 8

Damit Stufe 1 (in Abs. 2) des Verfahrens aber nicht zugleich Stufe 2 (in Abs. 3) ist („vorzeitiger Datenerguss"), sind bei der Gefährdungseinschätzung die personenbezogenen Daten zu **pseudonymisieren**. Der Begriff der Pseudonymisierung ist nach Art. 4 9

23 So ausdrücklich BT-Drs. 17/6256, 19.
24 Ebenso Kößler in jurisPK-SGB VIII Rn. 19; Wapler in Wiesner Rn. 6 ff.
25 Ebenso Meysen in FK-SGB VIII Anh. § 8b Rn. 98.
26 Ebenso wohl Kößler in jurisPK-SGB VIII Rn. 19.
27 Ebenso BT-Drs. 17/6256, 22.
28 Bertsch/Ziegenhain/Künster JAmt 2016, 54 (55 f.).

Abs. 5 DS-GVO (ab 25.5.2018) das Ersetzen des Namens durch ein Kennzeichen (Namensveränderung oder Abkürzung). Das ist ein Minus an Geheimhaltung im Vergleich mit einer Anonymisierung.[29]

Reicht die Pseudonymisierung aus, um den Personenbezug zu verhindern, kann die Fachkraft auch eine solche des **ASD/KSD** sein.[30] Oft wird dies aber nicht so sein; dann muss die Beratung durch eine außerhalb des ASD/KSD oder des JA tätige Fachkraft erfolgen. Durch den Gleichlauf von § 4 KKG mit § 8a SGB VIII (→ Rn. 1) kann im Zuge der Beratung durch Fachkräfte des ASD/KSD die schwierige Situation entstehen, dass die insoweit erfahrene Fachkraft ihrem eigenen Schutzauftrag nachkommen muss (→ § 8a Rn. 38), ihr aber in diesem Zeitpunkt nur pseudonymisierte Daten vorliegen. Da keine Übermittlungspflicht besteht, ist das JA davon abhängig, dass der Geheimnisträger von seiner Übermittlungsbefugnis auch tatsächlich Gebrauch macht.

10 Auf die Beratung hat der Berufsgeheimnisträger einen **Rechtsanspruch**. Der Jugendhilfeträger muss diesen einlösen, ist also dafür verantwortlich, dass ein ausreichendes und geeignetes Angebot **rechtzeitig** zur Verfügung steht (§ 79 Abs. 1 u. 2 sowie § 79a S. 1 Nr. 3 SGB VIII). Da **§ 8b Abs. 1 SGB VIII** den Beratungsanspruch für alle beruflich (also nicht ehrenamtlich) mit Kindern in Kontakt stehenden Personen regelt, umfasst er auch die Berufsgeheimnisträger nach § 4 KKG, so dass § 4 Abs. 2 S. 1 KKG überflüssig ist.

11 **Örtlich zuständig** ist streng genommen das JA (genauer: der Träger der öffentlichen Jugendhilfe), das für den Fall zuständig würde. Das ist das JA, das für Leistungen zuständig wäre, also das JA am Ort des gA der Eltern (§ 86 Abs. 1), wie aus § 8a Abs. 5 folgt.[31] Letztendlich dürfte dies aber eine rein akademische Streitfrage sein, da aufgrund der Pseudonymisierung im Zeitpunkt der Beratung der gA der Eltern dem JA nicht bekannt sein dürfte und es naheliegend erscheint, dass sich die Normadressaten an das ihnen bekannte JA an ihrem Sitz wenden.

3.3 Stufe 2: Information des Jugendamts (Abs. 3)

12 Ein Berufsgeheimnisträger kann das JA informieren, wenn er es (**subjektiv**) für **erforderlich** hält, objektiv (tatsächlich) muss das Tätigwerden des JA zur Abwendung der Gefahr nicht erforderlich sein. Mit dieser Regelung wird für die häufig auf unsicherer Tatsachengrundlage handelnden Normadressaten strafrechtlich Rechtssicherheit geschaffen. Die Übermittlungsbefugnis setzt jedoch voraus, dass eine Abwendung der Gefahr nach Abs. 1 ausscheidet oder erfolglos ist. Dies ist bedenklich, da im Fall tatsächlicher Anhaltspunkte für eine Kindeswohlgefährdung die Einschaltung des JA davon abhängig gemacht wird, dass die in Abs. 1 genannten Personen zunächst selbst zur Abwendung der Gefahr tätig werden. Diese Delegation des Schutzauftrags ist mit Art. 6 Abs. 2 S. 2 GG nur schwerlich zu vereinbaren. Es erscheint paradox, dass die in Abs. 1 genannten Personen nicht befugt sein sollen, das JA einzuschalten, wenn sie ihre eigene fachliche Kompetenz überschritten sehen. Dem ist durch eine großzügige Auslegung der Voraussetzung, dass ein Vorgehen nach Abs. 1 ausscheiden muss, Rechnung zu tragen. Der Information des JA muss zudem grundsätzlich ein entsprechender **Hinweis** an die Betroffenen, das sind der Personensorge- sowie gegebenenfalls weitere Erziehungsberechtigte und das Kind bzw. der Jugendliche, vorausgehen. Dies entspricht einem allgemeinen Grundsatz des Datenschutzrechts, wonach Datenübermitt-

29 So Wapler in Wiesner Anh. 1 § 4 KKG Rn. 30; zu Anonymität und Pseudonymität allg. Härting NJW 2013, 2065.

30 AA Meysen/Eschelbach Kap. 3 Rn. 98 und Meysen in FK-SGB VIII Anh. § 8b Rn. 100; Schimke JAmt 2011, 626, abgeschwächt auch Wapler in Wiesner Rn. 27: jedenfalls nicht „regelhaft" Aufgabenwahrnehmung durch den ASD.

31 Näher Kunkel ZKJ 2013, 394; aA Meysen in FK-SGB VIII Anh. § 8b Rn. 101: „Allzuständigkeit"; Kößler in jurisPK-SGB VIII Rn. 24.

lungen zwar ohne den Willen des Betroffenen, aber nicht ohne sein Wissen erfolgen dürfen.[32] Der Hinweis ist nur dann entbehrlich, wenn er kontraproduktiv wäre, also möglicherweise dem Schutz des Kindes eher schaden als nutzen würde.

Nach § 4 KKG darf nur das **Jugendamt** informiert werden. Zum JA gehören auch seine Einrichtungen, zB die kommunale Erziehungsberatungsstelle.[33] Der Berufsgeheimnisträger kann aber auch andere Stellen informieren, zB das **Familiengericht** (bei dem nach § 26 Abs. 1 FamFG ein Verfahren angeregt werden kann und das nach § 26 Abs. 2 FamFG dem Anreger Rückmeldung geben muss) oder **Polizei und Staatsanwaltschaft,**[34] wenn die Voraussetzungen des rechtfertigenden Notstands nach § 34 StGB vorliegen (→ § 61 Rn. 193 f.). Das kann zB dann der Fall sein, wenn das JA auf eine Information nicht reagiert. 13

Die Übermittlungsbefugnis wird eine **Übermittlungspflicht**, wenn der Berufsgeheimnisträger eine Garantenstellung nach § 13 StGB hat (→ § 8a Rn. 130 ff.). Diese besteht aufgrund einer (rechtlichen oder auch nur tatsächlichen) Schutzübernahme für das Kind. Ausdrücklich geregelt ist die Übermittlungspflicht in Art. 14 Abs. 6 Gesundheitsdienst- und Verbraucherschutzgesetz Bayern (GDVG) und in § 6 Abs. 2 KiSchG Sachsen-Anhalt (s. Synopse Anh. 3). Dass diese von § 4 KKG verdrängt werden,[35] erscheint zweifelhaft. Der Bundesgesetzgeber hat zwar ausdrücklich die Aufnahme einer Regelung, dass weitergehendes Landesrecht unberührt bleibe, abgelehnt und dies mit dem Ziel der Rechtseinheit begründet.[36] Grundsätzlich wird auch durch eine bewusste Nicht-Regelung die Sperrwirkung im Bereich der konkurrierenden Gesetzgebung begründet.[37] Die Regelung auf Bundesebene muss indes erforderlich sein, sonst fehlt es an der Gesetzgebungskompetenz des Bundes.[38] Dies gilt auch, soweit es um die Frage geht, ob eine bewusste Nichtregelung Sperrwirkung erzeugt. Überzeugende Gründe, weshalb weiterreichende Regelungen auf Landesebene nicht möglich sein sollten, sind nicht ersichtlich. 14

Abs. 3 **Satz 2** erscheint überflüssig, weil sein Inhalt schon in Satz 1 geregelt ist; zudem ist wohl versehentlich auf Satz 1 Bezug genommen anstatt auf Abs. 1.[39] 15

Durch das **KJSG** neu eingefügt wurde **Abs. 3 Satz** 3. Dieser Regelung geht auf einen Vorschlag des Bundesrats zurück, der gefordert hatte, dass – wenn ein Vorgehen nach Abs. 1 ausscheidet oder nicht zum Erfolg führt – nicht nur die Befugnis für eine Übermittlung der Daten begründet werden, sondern eine Soll-Vorschrift zur Information des Jugendamts eingeführt werden sollte.[40] Durch die Beschlüsse des 13. Ausschusses des Bundestags[41] wurde die Fassung als Soll-Vorschrift auf die in Abs. 1 Satz 1 Nr. 1 genannten Personen sowie den Fall einer dringenden Gefahr beschränkt. Bei einer **dringenden Gefahr** und wenn ein Vorgehen nach Abs. 1 ausscheidet, sollen (dh müssen im Regelfall) die in Abs. 1 Nr. 1 genannten **Angehörigen der Heilberufe,** wenn nach ihrer Einschätzung eine dringende Gefahr vorliegt, **unverzüglich das Jugendamt informieren.** Mit der Fassung als Soll-Vorschrift wird für die betroffenen Berufsgrup-

32 BSG 25.1.2012 – B 14 AS 65/11R, info also 2012, 183.
33 AA Wapler in Wiesner Rn. 33.
34 Die in der Ergänzung des § 5 KKG durch das KJSG vorgesehene Mitteilungspflicht in umgekehrter Richtung wäre sinnvoll gewesen; ebenso die (klarstellende) Regelung einer datenschutzrechtlich zulässigen Rückmeldung des JA an die meldende Stelle mit Ergänzung des § 71 SGB X.
35 So DIJuF JAmt 2012, 127; Wapler in Wiesner Rn. 12 mwN; aA Rixen SRa 2012, 221 (228): „unkoordiniertes Ineinander".
36 BT-Drs. 17/6256, 38 u. 48.
37 S. dazu nur Schmid/Wiesner ZKJ 2006, 392 (394).
38 Näher Schmid/Wiesner ZKJ 2006, 392 (395).
39 Ebenso Meysen/Eschelbach, Kap. 3 Rn. 94.
40 Vgl. BR-Drs. 5/21 (Beschluss), 58.
41 BT-Drs. 19/28870.

pen das Risiko einer Haftung aufgrund Unterlassens erweitert. Inwieweit durch die Ergänzung mehr Klarheit geschaffen wird, wann vorrangig eine Erörterung mit den Erziehungsberechtigten erfolgen muss, wann eine Information des Jugendamts erfolgen darf und wann eine Information des Jugendamts erfolgen muss, erscheint aufgrund der zahlreichen und unbestimmten Voraussetzungen jedoch zweifelhaft. Die Definition des Begriffs der „dringenden Gefahr" ist auch in anderen Rechtsbereichen umstritten. Die Gesetzgebungsmaterialien geben keinen näheren Aufschluss darüber, ob insoweit auf das Ausmaß der Gefahr oder die zeitliche Nähe des Schadenseintritts abgestellt werden soll. Nach hiesiger Auffassung sind die Anforderungen gegenüber dem Merkmal „gewichtige Anhaltspunkte für eine Kindeswohlgefährdung" in Abs. 1 im Hinblick auf eine Verdichtung der Anhaltspunkte, die zu einer konkreten Annahme einer Gefährdung seitens der das Jugendamt informierenden Person führen, das Ausmaß der drohenden Gefahr sowie die voraussichtliche Nähe des Schadenseintritts erhöht. Da bereits die bisherige Normfassung in der Praxis zu vielen Unsicherheiten führte, darf bezweifelt werden, dass mit der Einfügung von Satz 3 ein Fortschritt erzielt wird. Gerade bei der Begründung einer dringenden Gefahr mit der voraussichtlichen zeitlichen Nähe des Schadenseintritts dürfte auch der Verweis auf die Beratung durch eine insoweit erfahrene Fachkraft[42] nicht weiterhelfen, zumal diese zwar bei der Bewertung der Fakten, aber wohl weniger bei der Auslegung eines unklaren Rechtsbegriffs unterstützen kann.

4 Rückmeldepflicht des Jugendamts (Abs. 4)

16 Abs. 4 stellt hingegen eine wesentliche Neuerung gegenüber der bisherigen Rechtslage dar: Personen, die von § 4 Abs. 1 erfasst sind und das Jugendamt informiert haben, dass nach ihrer Einschätzung gewichtige Anhaltspunkte für die Gefährdung des Wohls eines Kindes oder Jugendlichen vorliegen, sollen der informierenden Person zeitnah eine **Rückmeldung** geben, ob das Jugendamt diese Anhaltspunkte bestätigt sieht und ob es tätig geworden ist und weiterhin tätig ist. Im Regelfall ist das Jugendamt damit verpflichtet, den meldenden Personen eine entsprechende Rückmeldung zu geben. Die Neuregelung geht auf den Umstand zurück, dass in der Vergangenheit mehrfach Fälle aufgetreten waren, in denen Personen, die entsprechende Anhaltspunkte gemeldet hatten, in der Folgezeit davon ausgingen, dass das Kind geschützt werde, da das Jugendamt im Fall tätig sei und vor diesem Hintergrund kein weiterer Informationsfluss stattfand. Die Rückmeldung ist daher ein wichtiger Schritt hin zu besserer multiprofessioneller Kooperation im Kinderschutz; eine entsprechende Weiterentwicklung wurde sowohl im Rahmen der Evaluation des Bundeskinderschutzgesetzes als auch des Beteiligungsprozesses „Mitreden-Mitgestalten" gefordert.[43] Allerdings soll sich nach der Gesetzesbegründung zum Regierungsentwurf die Rückmeldung eng auf diese Punkte beschränken müssen.[44] Die handelnden Personen im Jugendamt sollten sich bewusst sein, dass durch diese Rückmeldung eine „Schutzillusion" entstehen kann. Im Dialogprozess „Mitreden-Mitgestalten" war auch seitens der Fachkräfte herausgestellt worden, dass neben dem Ergebnis der Gefährdungseinschätzung die Information über ggf. ergriffene Schutzmaßnahmen erfolgskritisch sei und eine bessere Einbeziehung der Berufsgeheimnisträger in den Prozess der Einschätzung und Abwehr von Gefährdungen notwendig sei.[45] Durch den neuen Abs. 4 wird dies allenfalls in Ansätzen erreicht. Wenn auch nach Einschätzung das Jugendamts in einem laufenden Kinderschutzfall weitere Feststellungen von Personen, die Eltern und/oder das betroffene

42 So BT-Drs. 19/28870, 113.
43 BT-Drs. 19/26017, 121 mwN, BMFSFJ, Ergebnisbericht wissenschaftliche Begleitung, S. 58.
44 BT-Drs. 19/26017, 121.
45 BMFSFJ, Ergebnisbericht wissenschaftliche Begleitung, S. 58.

Kind regelmäßig sehen, von Bedeutung sind oder für die Einschätzung der Relevanz bestimmter Umstände eng mit dem Kind arbeitende Personen wissen müssen, worauf zu achten ist, kann ein über die relativ formale Rückmeldung nach Abs. 4 hinausgehender Austausch gegebenenfalls im Rahmen der Beteiligung an der Gefährdungseinschätzung oder auf Basis einer Einwilligung der Betroffenen erreicht werden.

5 Offenbarungsbefugnis und Beratungsanspruch für Mitarbeitende von Zollbehörden (Abs. 5)

Nach Abs. 5 besteht die Befugnis zur Informationsweitergabe sowie die Möglichkeit, sich im Hinblick auf die Gefährdungseinschätzung von einer insoweit erfahrenen Fachkraft beraten zu lassen, auch für **Mitarbeitende von Zollbehörden**. Diese Norm soll Personen, die in der Vollstreckung nicht-steuerlicher öffentlich-rechtlicher Forderungen, insbes. Forderungen der Bundesagentur für Arbeit und der Krankenkassen, unterliegen und für die bei dieser Tätigkeit die Vorschriften zum Schutz des Sozialgeheimnisses gelten, die Möglichkeit eröffnen, im Rahmen der Vollstreckungstätigkeit erlangte gewichtige Anhaltspunkte für eine Kindeswohlgefährdung mitzuteilen. Da im Rahmen dieser Tätigkeit typischerweise weder eine Vertrauensbeziehung zu den Familien besteht noch besondere fachliche Kenntnisse vorliegen, die eine Erörterung der Thematik mit den Familien durch die Mitarbeitenden selbst als zielführend erscheinen lassen, ist es folgerichtig, dass in diesen Fällen keine Verpflichtung besteht, vorrangig selbst tätig zu werden. 17

6 Interkollegialer Austausch zwischen Ärztinnen und Ärzten

Abs. 6 schafft die Möglichkeit, durch **Landesrecht** einen **fallbezogenen interkollegialen Austausch von Ärztinnen und Ärzten** zuzulassen. Dieser durch das KJSG angefügte Absatz geht auf einen Vorschlag des Bundesrats zurück, der jedoch weitergehend den interkollegialen fachlichen Austausch stets für zulässig erklären wollte, wenn Tatsachen die Annahme rechtfertigen, dass sich aus der Zusammenschau der den verschiedenen Ärzten und Ärztinnen vorliegenden Informationen gewichtige Anhaltspunkte für eine Kindeswohlgefährdung ergeben.[46] Hierdurch sollte insbesondere in Verdachtsfällen von Missbrauch oder Misshandlung die Möglichkeit geschaffen werden, dass Informationen von Ärztinnen und Ärzten auch ohne Einwilligung der Personensorgeberechtigten zusammenfließen können. Die Umsetzung als Erprobungsklausel auf Basis von Landesrecht erscheint wenig konsequent und dürfte wohl weniger auf die Notwendigkeit der fachlichen Erprobung, sondern – wie es auch der Wortlaut der Norm nahelegt – vielmehr auf (angenommene) komplexe Rechtsfragen zur datenschutzrechtskonformen Umsetzung zurückführen. Bei der Umsetzung in Landesrecht wird in datenschutzrechtlicher Hinsicht folgendes zu berücksichtigen sein: 1. In Fällen von Missbrauch und Misshandlung ist häufig ein „Ärztehopping" zu beobachten, damit die Häufung ungewöhnlicher Verletzungen nicht auffällt. 2. Alle potenziell am Austausch Beteiligten sind Berufsgeheimnisträger, eine Weitergabe der im Austausch gewonnen Erkenntnisse an außerhalb dieses Geheimnisschutzes liegende Personen darf nur erfolgen, wenn sich aus dem Austausch gewichtige Anhaltspunkte für den Kinderschutz ergeben. 3. Wenn Tatsachen vorliegen, die einen solchen Austausch als indiziert erscheinen lassen, geht dies naturgemäß mit der Vermutung einher, dass die Interessen der allein zur Einwilligung berechtigten Sorgeberechtigten den Interessen des Kindes, dessen Datenschutzrecht gewahrt werden soll, zuwiderlaufen. Im Strafprozessrecht kann ein gesetzlicher Vertreter, der selbst Beschuldigter ist, über die Ausübung des Zeugnisverweigerungsrechts des Kindes nicht entscheiden (§ 52 Abs. 2 StPO), dies gilt selbst dann, wenn nicht das Kind das Opfer der mutmaßlichen Straftat 18

46 BR-Drs. 5/21 (Beschluss).

ist. Gerade im Kinderschutz sollte die Eigenständigkeit des Kindes stärker anerkannt und gesetzlich verankert werden. Dem Kind selbst (und nicht seinen gesetzlichen Vertretern) gilt der staatliche Schutzauftrag; dieser ist – wenn nötig – auch gegen die Eltern zu verwirklichen. Hier wird im Kinder- und Jugendhilferecht nicht durchgehend und hinreichend zwischen Kind und Sorgeberechtigten unterschieden. Wenn man die Entscheidung über den Austausch nicht allein den beteiligten Ärztinnen und Ärzten überlassen möchte, wäre eine denkbare Lösung, den interkollegialen Austausch von der Zustimmung einer auf Kinderschutz spezialisierten Fachstelle (zB einer Kinderschutzambulanz) abhängig zu machen, der die Tatsachen, die das Bedürfnis für den interkollegialen Austausch begründen, vorab pseudonymisiert vorgelegt werden.

Anhang 2 zu § 61 – § 5 KKG

§ 5 KKG Mitteilungen an das Jugendamt

(1) [1]Werden in einem Strafverfahren gewichtige Anhaltspunkte für die Gefährdung des Wohls eines Kindes oder eines Jugendlichen bekannt, informiert die Strafverfolgungsbehörde oder das Gericht unverzüglich den zuständigen örtlichen Träger der öffentlichen Jugendhilfe sowie im Falle seiner Zuständigkeit den überörtlichen Träger der öffentlichen Jugendhilfe und übermittelt die aus ihrer Sicht zur Einschätzung des Gefährdungsrisikos erforderlichen Daten. [2]Die Mitteilung ordnen Richterinnen oder Richter, Staatsanwältinnen oder Staatsanwälte an. [3]§ 4 Absatz 2 gilt entsprechend.

(2) Gewichtige Anhaltspunkte für eine Gefährdung können insbesondere dann vorliegen, wenn gegen eine Person, die mit einem Kind oder Jugendlichen in häuslicher Gemeinschaft lebt oder die regelmäßig Umgang mit ihm hat oder haben wird, der Verdacht besteht, eine Straftat nach den §§ 171, 174, 176 bis 180, 182, 184b bis 184e, 225, 232 bis 233a, 234, 235 oder 236 des Strafgesetzbuchs begangen zu haben.

1 Bedeutung der Vorschrift und Systematik

1 § 5 KKG wurde durch das **KJSG** angefügt. Ein erster Vorschlag für eine entsprechende Norm war bereits im Regierungsentwurf enthalten. Aufgrund einer Empfehlung des Rechtsausschusses der Bundsrats,[1] der der Bundesrat zugestimmt hatte,[2] wurde die Formulierung der Norm noch in einigen Punkten angepasst und ergänzt.[3] Abs. 1 regelt die grundsätzliche **Mitteilungspflicht** in Fällen von **gewichtigen Anhaltspunkten für eine Kindeswohlgefährdung**; Abs. 2 konkretisiert beispielhaft, in welchen Fällen Anhaltspunkte für eine solche Gefährdung vorliegen können.

Grundsätzlich werden die Mitteilungspflichten seitens Gerichten und Staatsanwaltschaften zum Schutz von Minderjährigen in Nr. 35 der Anordnung über Mitteilungen in Strafsachen geregelt. Diese enthält in Abs. 2 Nr. 6 eine Generalklausel, dass dem Jugendamt in Strafsachen bekannt gewordene Tatsachen mitgeteilt werden, wenn sein Tätigwerden zur Abwendung einer erheblichen Gefährdung von Minderjährigen erforderlich erscheint. Ob mit § 5 KKG tatsächlich eine Erweiterung der Mitteilungs-

1 BR-Drs. 5/1/21 Nr. 60, 64.
2 BR-Drs. 5/21 (Beschluss) Nr. 56, 60.
3 BT-Drs. 19/28870, 113.

pflichten stattfindet[4] oder in der Sache die gesetzliche Regelung in § 5 KKG eine (im Rang über der Anordnung als Verwaltungsvorschrift stehende) Konkretisierung dieser Regelung darstellt, erscheint fraglich. Damit die Regelung den Normadressaten ohne Weiteres bekannt wird, wäre es sinnvoll, die Konkretisierung wiederholend auch in die Anordnung für Mitteilungen in Strafsachen aufzunehmen bzw. in dieser auf § 5 KKG zu verweisen.

2 Verpflichtung zur unverzüglichen Information (Abs. 1)

Wenn in einem Strafverfahren **gewichtige Anhaltspunkte für die Gefährdung des Wohls eines Kindes oder Jugendlichen** bekannt werden, besteht eine Verpflichtung der Strafverfolgungsbehörden und der Gerichte, unverzüglich – dh ohne schuldhaftes Zögern – die zuständigen Träger der öffentlichen Jugendhilfe zu informieren. Da (lediglich) gewichtige Anhaltspunkte Voraussetzung sind, besteht die Verpflichtung nicht erst bei Erhebung der öffentlichen Klage, erst recht nicht erst nach Verurteilung. Ab welchem **Zeitpunkt** davon auszugehen ist, dass nicht bloß ein einfacher Anfangsverdacht, sondern gewichtige Anhaltspunkte bestehen, ist anhand der jeweils bekannten Umstände des Einzelfalls zu beurteilen. Nach der Gesetzesbegründung ist nicht einmal erforderlich, dass die Person, von der die Gefahr potenziell ausgeht, bereits Beschuldigter ist, also bereits ein gegen sie gerichtetes Ermittlungsverfahren läuft.[5] Da es sich hier um eine komplexe Fragestellung handelt, ist es folgerichtig, dass die Entscheidung über die Mitteilung – wie auch im Rahmen der Anordnung über Mitteilungen in Strafsachen – seitens der Staatsanwältinnen und Staatsanwälte bzw. Richterinnen und Richter getroffen wird und diese über den Verweis auf § 4 Abs. 2 KKG (sinnvollerweise wohl nur für die nicht-juristischen Aspekte) Anspruch auf **Beratung** durch eine insoweit erfahrene Fachkraft haben. 2

Neben den örtlichen Jugendämtern kann auch der überörtliche Träger der Jugendhilfe (Landesjugendamt) **Adressat der Meldung** sein. Dies betrifft Fälle, in denen die Abwendung der Gefahr vor allem in die Zuständigkeit des überörtlichen Trägers fällt, insbesondere also Fälle, in denen gewichtige Anhaltspunkte bestehen, dass aufgrund einer Kindeswohlgefährdung ein Tätigwerden der Heimaufsicht geboten sein könnte.

Nach der Gesetzesbegründung dürfen **nur die Tatsachen** mitgeteilt werden, die **für die Gefährdungseinschätzung erforderlich** sind.[6] Die öffentlichen Träger der Jugendhilfe können jedoch nach § 474 Abs. 2 Nr. 2 StPO **weitere Auskünfte**, die sie für die Aufgabenerfüllung für erforderlich halten, nachsuchen; auf Basis von § 474 Abs. 3 StPO kann zudem **Akteneinsicht** gewährt werden, wenn die Erteilung von Auskünften einen unverhältnismäßigen Aufwand erfordern würde oder der öffentliche Träger der Jugendhilfe unter Angabe von Gründen erklärt, dass die Erteilung von Auskünften für die Aufgabenerfüllung nicht ausreicht. Dies kann zB der Fall sein, wenn ein umfassendes Bild von der mutmaßlichen Straftat oder der möglichen Beteiligung oder Nicht-Beteiligung weiterer dem Kind nahestehender Personen erforderlich ist, um die Gefährdung einzuschätzen oder über geeignete Mittel für die Abwendung der Gefährdung zu entscheiden.

3 Beispielhafte Konkretisierung: Verdacht bestimmter Straftaten und Nähe zu einem Kind oder Jugendlichen (Abs. 2)

In Abs. 2 wird – lediglich beispielhaft – konkretisiert, dass bereits der **Verdacht**, dass eine Person bestimmte Straftaten begangen hat, gewichtige Anhaltspunkte für eine Kindeswohlgefährdung begründen kann. Abs. 2 zählt mehrere **Straftatbestände** auf, 3

4 So die Gesetzesbegründung BT-Drs. 19/26107, 123.
5 BT-Drs. 19/26107, 122.
6 BT-Drs. 19/26107, 122.

bei denen der Gesetzgeber davon ausgeht, dass mit (dem Verdacht) der Verwirklichung dieser Straftatbestände ein **erhöhtes Risiko für Kinder oder Jugendliche**, die mit der Person in einem Haushalt leben oder anderweitig mit ihr in engerem Kontakt stehen, besteht. Neben Straftaten gegen die sexuelle Selbstbestimmung von Minderjährigen (einschließlich Besitz und Verbreitung von Kinderpornographie), sind auch bestimmte gegen die körperliche Unversehrtheit oder die persönliche Freiheit gerichtete Straftaten genannt. Da die Norm lediglich formuliert, dass ein entsprechender Verdacht gewichtige Anhaltspunkte begründen *kann*, ergibt sich kein Automatismus für eine Mitteilung an das Jugendamt, sondern es ist stets die Prüfung im Einzelfall erforderlich.

Während der Gesetzeswortlaut lediglich voraussetzt, dass eine Person **regelmäßig Umgang** mit einem Kind hat, soll nach der Gesetzesbegründung ein **Umgangsrecht** Voraussetzung sein.[7] Dies wird nicht näher begründet und überzeugt auch in der Sache nicht, da für die Gefährdung weniger das Umgangsrecht, als vielmehr der tatsächliche Umgang (ohne Beisein von Dritten) entscheidend ist. Da Abs. 2 lediglich eine beispielhafte Illustration enthält, ist das Vorliegen einer häuslichen Gemeinschaft oder eine Umgangsrecht jedenfalls keine Tatbestandsvoraussetzung für eine Information des Jugendamts nach § 5 KKG.

§ 62 Datenerhebung

(1) Sozialdaten dürfen nur erhoben werden, soweit ihre Kenntnis zur Erfüllung der jeweiligen Aufgabe erforderlich ist.

(2) [1]Sozialdaten sind bei der betroffenen Person zu erheben. [2]Sie ist über die Rechtsgrundlage der Erhebung sowie die Zweckbestimmungen der Verarbeitung aufzuklären, soweit diese nicht offenkundig sind.

(3) Ohne Mitwirkung der betroffenen Person dürfen Sozialdaten nur erhoben werden, wenn

1. eine gesetzliche Bestimmung dies vorschreibt oder erlaubt oder
2. ihre Erhebung bei der betroffenen Person nicht möglich ist oder die jeweilige Aufgabe ihrer Art nach eine Erhebung bei anderen erfordert, die Kenntnis der Daten aber erforderlich ist für
   a) die Feststellung der Voraussetzungen oder für die Erfüllung einer Leistung nach diesem Buch oder
   b) die Feststellung der Voraussetzungen für die Erstattung einer Leistung nach § 50 des Zehnten Buches oder
   c) die Wahrnehmung einer Aufgabe nach den §§ 42 bis 48a und nach § 52 oder
   d) die Erfüllung des Schutzauftrages bei Kindeswohlgefährdung nach § 8a oder die Gefährdungsabwendung nach § 4 des Gesetzes zur Kooperation und Information im Kinderschutz oder
3. die Erhebung bei der betroffenen Person einen unverhältnismäßigen Aufwand erfordern würde und keine Anhaltspunkte dafür bestehen, dass schutzwürdige Interessen der betroffenen Person beeinträchtigt werden oder
4. die Erhebung bei der betroffenen Person den Zugang zur Hilfe ernsthaft gefährden würde.

(4) [1]Ist die betroffene Person nicht zugleich Leistungsberechtigter oder sonst an der Leistung beteiligt, so dürfen die Daten auch beim Leistungsberechtigten oder einer anderen Person, die sonst an der Leistung beteiligt ist, erhoben werden, wenn die Kenntnis der Daten für die Gewährung einer Leistung nach diesem Buch notwendig ist.

7 BT-Drs. 19/26107, 123.

[2]Satz 1 gilt bei der Erfüllung anderer Aufgaben im Sinne des § 2 Absatz 3 entsprechend.

§ 67a SGB X Erhebung von Sozialdaten

(1) [1]Die Erhebung von Sozialdaten durch die in § 35 des Ersten Buches genannten Stellen ist zulässig, wenn ihre Kenntnis zur Erfüllung einer Aufgabe der erhebenden Stelle nach diesem Gesetzbuch erforderlich ist. [2]Dies gilt auch für die Erhebung der besonderen Kategorien personenbezogener Daten im Sinne des Artikels 9 Absatz 1 der Verordnung (EU) 2016/679. [3]§ 22 Absatz 2 des Bundesdatenschutzgesetzes gilt entsprechend.

(2) [1]Sozialdaten sind bei der betroffenen Person zu erheben. [2]Ohne ihre Mitwirkung dürfen sie nur erhoben werden

1. bei den in § 35 des Ersten Buches oder in § 69 Absatz 2 genannten Stellen, wenn
   a) diese zur Übermittlung der Daten an die erhebende Stelle befugt sind,
   b) die Erhebung bei der betroffenen Person einen unverhältnismäßigen Aufwand erfordern würde und
   c) keine Anhaltspunkte dafür bestehen, dass überwiegende schutzwürdige Interessen der betroffenen Person beeinträchtigt werden,
2. bei anderen Personen oder Stellen, wenn
   a) eine Rechtsvorschrift die Erhebung bei ihnen zulässt oder die Übermittlung an die erhebende Stelle ausdrücklich vorschreibt oder
   – b)
      aa) die Aufgaben nach diesem Gesetzbuch ihrer Art nach eine Erhebung bei anderen Personen oder Stellen erforderlich machen oder
      bb) die Erhebung bei der betroffenen Person einen unverhältnismäßigen Aufwand erfordern würde

   und keine Anhaltspunkte dafür bestehen, dass überwiegende schutzwürdige Interessen der betroffenen Person beeinträchtigt werden.

Artikel 14 DS-GVO Informationspflicht, wenn die personenbezogenen Daten nicht bei der betroffenen Person erhoben wurden

(1) Werden personenbezogene Daten nicht bei der betroffenen Person erhoben, so teilt der Verantwortliche der betroffenen Person Folgendes mit:

a) den Namen und die Kontaktdaten des Verantwortlichen sowie gegebenenfalls seines Vertreters;
b) zusätzlich die Kontaktdaten des Datenschutzbeauftragten;
c) die Zwecke, für die die personenbezogenen Daten verarbeitet werden sollen, sowie die Rechtsgrundlage für die Verarbeitung;
d) die Kategorien personenbezogener Daten, die verarbeitet werden;
e) gegebenenfalls die Empfänger oder Kategorien von Empfängern der personenbezogenen Daten;
f) gegebenenfalls die Absicht des Verantwortlichen, die personenbezogenen Daten an einen Empfänger in einem Drittland oder einer internationalen Organisation zu übermitteln, sowie das Vorhandensein oder das Fehlen eines Angemessenheitsbeschlusses der Kommission oder im Falle von Übermittlungen gemäß Artikel 46 oder Artikel 47 oder Artikel 49 Absatz 1 Unterabsatz 2 einen Verweis auf die geeigneten oder angemessenen Garantien und die Möglichkeit, eine Kopie von ihnen zu erhalten, oder wo sie verfügbar sind.

(2) Zusätzlich zu den Informationen gemäß Absatz 1 stellt der Verantwortliche der betroffenen Person die folgenden Informationen zur Verfügung, die erforderlich sind, um der betroffenen Person gegenüber eine faire und transparente Verarbeitung zu gewährleisten:

a) die Dauer, für die die personenbezogenen Daten gespeichert werden oder, falls dies nicht möglich ist, die Kriterien für die Festlegung dieser Dauer;
b) wenn die Verarbeitung auf Artikel 6 Absatz 1 Buchstabe f. beruht, die berechtigten Interessen, die von dem Verantwortlichen oder einem Dritten verfolgt werden;
c) das Bestehen eines Rechts auf Auskunft seitens des Verantwortlichen über die betreffenden personenbezogenen Daten sowie auf Berichtigung oder Löschung oder auf Einschränkung der Verarbeitung und eines Widerspruchsrechts gegen die Verarbeitung sowie des Rechts auf Datenübertragbarkeit;
d) wenn die Verarbeitung auf Artikel 6 Absatz 1 Buchstabe a oder Artikel 9 Absatz 2 Buchstabe a beruht, das Bestehen eines Rechts, die Einwilligung jederzeit zu widerrufen, ohne dass die Rechtmäßigkeit der aufgrund der Einwilligung bis zum Widerruf erfolgten Verarbeitung berührt wird;
e) das Bestehen eines Beschwerderechts bei einer Aufsichtsbehörde;
f) aus welcher Quelle die personenbezogenen Daten stammen und gegebenenfalls ob sie aus öffentlich zugänglichen Quellen stammen;
g) das Bestehen einer automatisierten Entscheidungsfindung einschließlich Profiling gemäß Artikel 22 Absätze 1 und 4 und – zumindest in diesen Fällen – aussagekräftige Informationen über die involvierte Logik sowie die Tragweite und die angestrebten Auswirkungen einer derartigen Verarbeitung für die betroffene Person.

(3) Der Verantwortliche erteilt die Informationen gemäß den Absätzen 1 und 2
a) unter Berücksichtigung der spezifischen Umstände der Verarbeitung der personenbezogenen Daten innerhalb einer angemessenen Frist nach Erlangung der personenbezogenen Daten, längstens jedoch innerhalb eines Monats,
b) falls die personenbezogenen Daten zur Kommunikation mit der betroffenen Person verwendet werden sollen, spätestens zum Zeitpunkt der ersten Mitteilung an sie, oder,
c) falls die Offenlegung an einen anderen Empfänger beabsichtigt ist, spätestens zum Zeitpunkt der ersten Offenlegung.

(4) Beabsichtigt der Verantwortliche, die personenbezogenen Daten für einen anderen Zweck weiterzuverarbeiten als den, für den die personenbezogenen Daten erlangt wurden, so stellt er der betroffenen Person vor dieser Weiterverarbeitung Informationen über diesen anderen Zweck und alle anderen maßgeblichen Informationen gemäß Absatz 2 zur Verfügung.

(5) Die Absätze 1 bis 4 finden keine Anwendung, wenn und soweit
a) die betroffene Person bereits über die Informationen verfügt,
b) die Erteilung dieser Informationen sich als unmöglich erweist oder einen unverhältnismäßigen Aufwand erfordern würde; dies gilt insbesondere für die Verarbeitung für im öffentlichen Interesse liegende Archivzwecke, für wissenschaftliche oder historische Forschungszwecke oder für statistische Zwecke vorbehaltlich der in Artikel 89 Absatz 1 genannten Bedingungen und Garantien oder soweit die in Absatz 1 des vorliegenden Artikels genannte Pflicht voraussichtlich die Verwirklichung der Ziele dieser Verarbeitung unmöglich macht oder ernsthaft beeinträchtigt. In diesen Fällen ergreift der Verantwortliche geeignete Maßnahmen zum Schutz der Rechte und Freiheiten sowie der berechtigten Interessen der betroffenen Person, einschließlich der Bereitstellung dieser Informationen für die Öffentlichkeit,
c) die Erlangung oder Offenlegung durch Rechtsvorschriften der Union oder der Mitgliedstaaten, denen der Verantwortliche unterliegt und die geeignete Maßnahmen zum Schutz der berechtigten Interessen der betroffenen Person vorsehen, ausdrücklich geregelt ist oder
d) die personenbezogenen Daten gemäß dem Unionsrecht oder dem Recht der Mitgliedstaaten dem Berufsgeheimnis, einschließlich einer satzungsmäßigen Geheimhaltungspflicht, unterliegen und daher vertraulich behandelt werden müssen.

§ 82 SGB X Informationspflichten bei der Erhebung von Sozialdaten bei der betroffenen Person

(1) Die Pflicht zur Information der betroffenen Person gemäß Artikel 13 Absatz 1 Buchstabe e der Verordnung (EU) 2016/679 über Kategorien von Empfängern besteht ergänzend zu der in Artikel 13 Absatz 4 der Verordnung (EU) 2016/679 genannten Ausnahme nur, soweit

1. sie nach den Umständen des Einzelfalles nicht mit der Nutzung oder der Übermittlung von Sozialdaten an diese Kategorien von Empfängern rechnen muss,
2. es sich nicht um Speicherung, Veränderung, Nutzung, Übermittlung, Einschränkung der Verarbeitung oder Löschung von Sozialdaten innerhalb einer in § 35 des Ersten Buches genannten Stelle oder einer Organisationseinheit im Sinne von § 67 Absatz 4 Satz 2 handelt oder
3. es sich nicht um eine Kategorie von in § 35 des Ersten Buches genannten Stellen oder von Organisationseinheiten im Sinne von § 67 Absatz 4 Satz 2 handelt, die auf Grund eines Gesetzes zur engen Zusammenarbeit verpflichtet sind.

(2) Die Pflicht zur Information der betroffenen Person gemäß Artikel 13 Absatz 3 der Verordnung (EU) 2016/679 besteht ergänzend zu der in Artikel 13 Absatz 4 der Verordnung (EU) 2016/679 genannten Ausnahme dann nicht, wenn die Erteilung der Information über die beabsichtigte Weiterverarbeitung

1. die ordnungsgemäße Erfüllung der in der Zuständigkeit des Verantwortlichen liegenden Aufgaben im Sinne des Artikels 23 Absatz 1 Buchstabe a bis e der Verordnung (EU) 2016/679 gefährden würde und die Interessen des Verantwortlichen an der Nichterteilung der Information die Interessen der betroffenen Person überwiegen,
2. die öffentliche Sicherheit oder Ordnung gefährden oder sonst dem Wohl des Bundes oder eines Landes Nachteile bereiten würde und die Interessen des Verantwortlichen an der Nichterteilung der Information die Interessen der betroffenen Person überwiegen oder
3. eine vertrauliche Übermittlung von Daten an öffentliche Stellen gefährden würde.

(3) [1]Unterbleibt eine Information der betroffenen Person nach Maßgabe des Absatzes 2, ergreift der Verantwortliche geeignete Maßnahmen zum Schutz der berechtigten Interessen der betroffenen Person, einschließlich der Bereitstellung der in Artikel 13 Absatz 1 und 2 der Verordnung (EU) 2016/679 genannten Informationen für die Öffentlichkeit in präziser, transparenter, verständlicher und leicht zugänglicher Form in einer klaren und einfachen Sprache. [2]Der Verantwortliche hält schriftlich fest, aus welchen Gründen er von einer Information abgesehen hat. [3]Die Sätze 1 und 2 finden in den Fällen des Absatzes 2 Nummer 3 keine Anwendung.

(4) Unterbleibt die Benachrichtigung in den Fällen des Absatzes 2 wegen eines vorübergehenden Hinderungsgrundes, kommt der Verantwortliche der Informationspflicht unter Berücksichtigung der spezifischen Umstände der Verarbeitung innerhalb einer angemessenen Frist nach Fortfall des Hinderungsgrundes, spätestens jedoch innerhalb von zwei Wochen, nach.

(5) Bezieht sich die Informationserteilung auf die Übermittlung von Sozialdaten durch öffentliche Stellen an die Staatsanwaltschaften und Gerichte im Bereich der Strafverfolgung, an Polizeibehörden, Verfassungsschutzbehörden, den Bundesnachrichtendienst und den Militärischen Abschirmdienst, ist sie nur mit Zustimmung dieser Stelle zulässig.

§ 82a SGB X Informationspflichten, wenn Sozialdaten nicht bei der betroffenen Person erhoben wurden

(1) Die Pflicht einer in § 35 des Ersten Buches genannten Stelle zur Information der betroffenen Person gemäß Artikel 14 Absatz 1, 2 und 4 der Verordnung (EU) 2016/679 besteht ergänzend zu den in Artikel 14 Absatz 5 der Verordnung (EU) 2016/679 genannten Ausnahmen nicht,

1. soweit die Erteilung der Information

a) die ordnungsgemäße Erfüllung der in der Zuständigkeit des Verantwortlichen liegenden Aufgaben gefährden würde oder
b) die öffentliche Sicherheit oder Ordnung gefährden oder sonst dem Wohle des Bundes oder eines Landes Nachteile bereiten würde, oder
2. soweit die Daten oder die Tatsache ihrer Speicherung nach einer Rechtsvorschrift oder ihrem Wesen nach, insbesondere wegen der überwiegenden berechtigten Interessen eines Dritten geheim gehalten werden müssen

und deswegen das Interesse der betroffenen Person an der Informationserteilung zurücktreten muss.

(2) Werden Sozialdaten bei einer nicht-öffentlichen Stelle erhoben, so ist diese auf die Rechtsvorschrift, die zur Auskunft verpflichtet, sonst auf die Freiwilligkeit hinzuweisen.

(3) [1]Unterbleibt eine Information der betroffenen Person nach Maßgabe des Absatzes 1, ergreift der Verantwortliche geeignete Maßnahmen zum Schutz der berechtigten Interessen der betroffenen Person, einschließlich der Bereitstellung der in Artikel 14 Absatz 1 und 2 der Verordnung (EU) 2016/679 genannten Informationen für die Öffentlichkeit in präziser, transparenter, verständlicher und leicht zugänglicher Form in einer klaren und einfachen Sprache. [2]Der Verantwortliche hält schriftlich fest, aus welchen Gründen er von einer Information abgesehen hat.

(4) In Bezug auf die Pflicht zur Information nach Artikel 14 Absatz 1 Buchstabe e der Verordnung (EU) 2016/679 gilt § 82 Absatz 1 entsprechend.

(5) Bezieht sich die Informationserteilung auf die Übermittlung von Sozialdaten durch öffentliche Stellen an Staatsanwaltschaften und Gerichte im Bereich der Strafverfolgung, an Polizeibehörden, Verfassungsschutzbehörden, den Bundesnachrichtendienst und den Militärischen Abschirmdienst, ist sie nur mit Zustimmung dieser Stellen zulässig.

1 Verhältnis zu § 67a SGB X

1 Der Regelungsgegenstand ist in beiden Paragrafen derselbe, der **Regelungsinhalt** aber ist **verschieden,**[1] daher stellt sich die Konkurrenzfrage. § 67a Abs. 2 S. 2 Nr. 1 SGB X regelt die Datenerhebung unter einfacheren Voraussetzungen als § 62 Abs. 3. Ebenfalls strenger ist § 62 Abs. 3 Nr. 1, wenn dort eine „gesetzliche Bestimmung" verlangt wird, während § 67a Abs. 2 S. 2 Nr. 2a SGB X lediglich „eine Rechtsvorschrift" verlangt. Eine für die betroffene Person günstigere Regelung enthält auch § 62 Abs. 3 Nr. 3, weil dort „schutzwürdige Interessen der betroffenen Person" genügen, um eine Erhebung auszuschließen, während in § 67a Abs. 2 S. 2 Nr. 2 b SGB X „überwiegende schutzwürdige Interessen" vorliegen müssen. Ferner verbietet er (Abs. 1 S. 3) die Erhebung von Rassedaten ohne Einwilligung.[2] Die Konkurrenz kann weder mit der lex specialis-Regel noch der lex posterior-Regel aufgelöst werden, da § 37 S. 2 SGB I (→ § 61 Rn. 5) eine ausdrückliche Regelung zur Auflösung der Konkurrenz enthält (→

1 AA Mörsberger in Wiesner Anh. 4 SGB X § 67a Rn. 2.
2 Inkonsequent insoweit Mann in SFMK §§ 61–68 Rn. 29, die dann § 62 SGB VIII anwenden, obwohl sie für Anwendung der jeweils für den Betroffenen günstigeren Regelung sind.

§ 61 Rn. 8). Nicht anwendbar ist § 37 S. 1 SGB I,[3] da **§ 37 S. 2 SGB I eine eigenständige Regelung der Konkurrenzfragen** im Datenschutz enthält. § 37 S. 2 SGB I betrifft nicht nur § 35 SGB I selbst, sondern bezieht über § 35 Abs. 2 SGB I auch die §§ 67 bis 85a SGB X in die Veränderungssperre mit ein.[4] Die Regelung der Datenerhebung abweichend von § 67 a SGB X ist daher für das SGB VIII gesperrt,[5] gleichgültig, ob sie für die betroffene Person günstiger oder ungünstiger ist[6] (§ 5 Abs. 2 SGB I: „eine Erhebung … ist **nur** unter den Voraussetzungen des Zweiten Kapitels des Zehnten Buches zulässig"). Im Unterschied zu § 67b SGB X enthält § 67a SGB X keine Öffnungsklausel für anderweitige Regelungen im SGB VIII. Die Regelung des § 62 ist also nicht mit § 37 S. 2 SGB I zu vereinbaren.[7] Hierzu und zu § 37 S. 3 SGB I → § 61 Rn. 78 f.

Die Neuregelung mit der DS-GVO hat daran nichts geändert.

Von dieser Frage unberührt bleibt die Anwendung des § 67a SGB X für die **Aufgabenerfüllung des JA, die nicht unter § 61 Abs. 1 S. 2** fällt, also vor allem für die Adoptionsvermittlung (→ § 61 Rn. 12). 2

2 Erforderlichkeit der Datenerhebung (Abs. 1)

Für jede Datenerhebung gilt die **Erforderlichkeit** (§ 67a Abs. 1 S. 1 SGB X). Das Sozialdatum darf nur erhoben werden, wenn das JA auf das zu erhebende Datum angewiesen ist, um seine Aufgabe rechtmäßig, rechtzeitig und recht vollständig erfüllen zu können.[8] Da es auf die Erfüllung der „jeweiligen Aufgabe" ankommt, muss das Datum im **konkreten Einzelfall** erforderlich sein. Dies ist es nicht, wenn das JA eine Entscheidung auch ohne dieses Datum treffen könnte; es muss also auch **erheblich** sein[9] (Art. 5 Abs. 1c DS-GVO Gebot der „Datenminimierung"). Außerdem darf das Datum nicht für künftige Fälle (**Vorratshaltung**) beschafft werden.[10] Auf das Datum angewiesen ist das JA dann, wenn es ohne dieses Datum den Lebenssachverhalt nicht unter die Tatbestandsmerkmale der Aufgabennorm subsumieren kann. Die Aufgabennorm ist § 2 Abs. 2 und 3 zu entnehmen; sie schließt Annexnormen ein wie zB die Verfahrensnorm des § 36, aber auch den Schutzauftrag nach § 8a. Ein **Hausbesuch** ist daher zur Erfüllung des Schutzauftrages zulässig; der Regelung in § 8a Abs. 1 S. 2 bedurfte es deshalb nicht. – Reine Kooperationsnormen (zB §§ 4 Abs. 1, 81; anders aber § 52 SGB VIII iVm § 38 JGG; → § 61 Rn. 113) sind keine Aufgabennormen. Die Erforderlichkeit eines Datums ist also allein von den **Tatbestandsmerkmalen** der Norm her zu beurteilen, auch pädagogische oder psychologische Wertungen sind nur zulässig, soweit sie zur Subsumtion unter ein Tatbestandsmerkmal notwendig sind;[11] ein Datum darf nur erhoben werden, wenn es in das „Prokrustesbett" eines Tatbestandsmerkmals passt. Bei Aufgabennormen ohne einzelne Tatbestandsmerkmale (zB Normen, 3

3 So aber Mörsberger in Wiesner Anh. 4 SGB X § 67a Rn. 1; Hoffmann/Proksch in FK-SGB VIII Rn. 2; ThürOVG 25.11.2010 – 3 KO 527/08, ZFSH/SGB 2011, 612.

4 Ebenso Mann in SFMK §§ 61–68 Rn. 9; aA Mörsberger in Wiesner Anh. 4 SGB I § 35 Rn. 4; Maas in JHSM § 62 Rn. 3 gehen nicht auf § 37 SGB I ein, sondern wenden die lex specialis-Regel an.

5 AA Kirchhoff in jurisPK-SGB VIII § 62 Rn. 14.

6 AA Maas in JHSM § 62 Rn. 1; Proksch, Sozialdatenschutz, S. 280.

7 AA Rombach in Hauck/Noftz § 62 Rn. 3.

8 Ebenso VG Würzburg 17.1.2019 – W 3 K1867; aA Mörsberger in Wiesner § 62 Rn. 7, die „große Schwierigkeiten" bei der Aufgabenerfüllung ohne das Datum ausreichen lassen.

9 VGH BW 12.3.1997 – 7 S 1084/95, ZFSH/SGB 2001, 234.

10 So BVerfG 2.3.2010 – 1 BvR 256/08, NJW 2010, 833.

11 AA wohl Maas in JHSM § 62 Rn. 12, die rechtliche, fachliche und individuelle Faktoren unterscheiden.

die Beratung und Belehrung regeln) dürfen Daten nur erhoben werden, wenn sie erforderlich sind, um den Normzweck zu erfüllen.[12]

Die Erhebung besonderer Kategorien von Daten (→ § 61 Rn. 25) verbietet Art. 9 Abs. 1 DS-GVO. Abs. 2 erlaubt aber auch deren Erhebung, wenn eine Einwilligung (→ § 61 Rn. 69) oder ein Gefährdungstatbestand vorliegt.

3 Betroffenenerhebung (Abs. 2 Satz 1)

4 Das Erheben von Daten ist gleichsam die **„datenrechtliche Defloration"** der betroffenen Person; sie ist Voraussetzung weiteren Datenverkehrs. Die Art und Weise, wie sich ein JA Daten beschafft, macht offenbar, wie beschaffen das JA ist. Bürgernah ist es nur dann, wenn es die Daten möglichst nahe beim Bürger erhebt, dh entweder bei ihm selbst oder mit seiner Einwilligung bei Dritten. Erhebt es dagegen Daten ohne seine Mitwirkung, also gleichsam hinterrücks, kann dies nur in eng begrenzten Ausnahmefällen zulässig sein, weil der Bürger sonst Objekt staatlichen Handelns würde und damit einem Eingriff in seine Menschenwürde (Art. 1 Abs. 1 GG) ausgesetzt wäre. § 62 macht die Betroffenenerhebung zur Norm, ist aber in seiner Kompliziertheit schwer handhabbar und daher wirksamem Datenschutz eher hinderlich. Die Neuregelung mit der DS-GVO hat daran nichts geändert – eher im Gegenteil, weil umfangreiche Informationspflichten nach §§ 82, 82a SGB X hinzukommen (→ § 61 Rn. 249 f.), von denen (wiederum) umfangreiche Ausnahmen bestehen. Art. 13 Abs. 1 e DS-GVO verpflichtet zur Information über die **Empfänger** der Daten. § 82 **Abs. 1** SGB X beschränkt die Informationspflicht aber auf Fälle, in denen die betroffene Person nicht mit einer Übermittlung rechnen musste (Nr. 1) oder die Übermittlung außerhalb der „Sozialleistungsfamilie" des § 35 SGB I (Nr. 2) oder ihrer Kooperationspartner (Nr. 3) stattfinden soll. Das Vorliegen einer dieser Ausnahmen muss dokumentiert werden (§ 82 Abs. 3 S. 2 SGB X).

§ 82 Abs. 2 SGB X enthält weitere Ausnahmen in Fällen der Gefährdung für die Aufgabenerfüllung oder der öffentlichen Sicherheit und Ordnung oder der Vertraulichkeit.

5 Die Erhebung von Daten **„bei der betroffenen Person"** bedeutet, dass die betroffene Person entweder das Datum selbst oder (wie der Gegenschluss aus § 62 Abs. 3 ergibt) ein Dritter mit der Einwilligung der betroffenen Person das Datum liefert (Grundsatz der Ersterhebung, besser: „Mitwirkungserhebung" oder **„Betroffenenerhebung"**). Betroffene Person ist jede Person, deren Daten zur Aufgabenerfüllung benötigt werden, also der Dateninhaber. Das können aufgabenbeteiligte Personen (→ § 8 Rn. 10) und Unbeteiligte sein, wie aus Abs. 4 folgt. Bei einer Leistungsnorm können dies beispielsweise der Leistungsberechtigte, der Leistungsbeteiligte und sonstige Personen sein (zB bei HzE der PSB als Leistungsberechtigter, der Minderjährige als Leistungsbeteiligter, Geschwister als sonstige Personen).

Betroffenenerhebung bedeutet, dass Daten der betroffenen Person nur bei der betroffenen Person selbst erhoben werden dürfen. Werden Daten bei anderen Personen über diese (betroffenen) Personen erhoben, sind sie Dritte; hinsichtlich der Tatsache der Information ist der Informant aber Betroffener.

6 Die Erhebung „bei der betroffenen Person" ist also eine Erhebung zusammen mit der betroffenen Person, daher „Betroffenenerhebung". Auch wenn Daten mit seiner **Einwilligung** (→ § 61 Rn. 69) **bei Dritten** erhoben werden, ist dies nur zulässig, wenn die Voraussetzungen des § 62 Abs. 1 vorliegen, die Daten also im Einzelfall erforderlich

12 Vgl. ausführlich hierzu Maas in JHSM § 62 Rn. 6–35.

sind.[13] Eine pauschale Einwilligungserklärung genügt also nicht.[14] Im Unterschied zur Einwilligung nach § 67b Abs. 2 SGB X (→ § 61 Rn. 74) ist hier Schriftform nicht geboten.

4 Betroffenenaufklärung (Abs. 2 Satz 2)

7 Die betroffene Person ist darüber aufzuklären, auf welcher Rechtsgrundlage die Erhebung stattfindet, also § 62 iVm der jeweiligen Aufgabennorm des SGB VIII. Ferner darüber, welchem Zweck die Erhebung dient und schließlich auch darüber, welchem Zweck eine spätere Verarbeitung dient. Der Erhebungszweck ist mit dem Verwendungszweck identisch, spätere Zweckänderungen sind zwar rechtlich möglich, aber zum Zeitpunkt der Erhebung noch nicht vorhersehbar.[15] Die **Aufklärungspflicht entfällt**, wenn Rechtsgrundlage und Erhebungszweck offenkundig sind, also der betroffenen Person schon bekannt (zB durch die gemeinsame Hilfeplanung nach § 36) oder ohnehin klar sind. Dem entspricht die Regelung in Art. 13 Abs. 1 lit. f und in Abs. 4 DS-GVO (→ Rn. 4).

Ist die betroffene Person **minderjährig**, erfolgt die Aufklärung ihr gegenüber, soweit sie die notwendige Einsichtsfähigkeit besitzt (→ § 61 Rn. 71). Unvollständige oder gar unterbliebene Aufklärung führen dazu, dass die Datenerhebung (formell) fehlerhaft ist und daher die Daten nicht verwendet werden dürfen (→ Rn. 18).[16] §§ 41, 42 SGB X (Heilbarkeit bzw. Unbeachtlichkeit; → Anh. 5 Rn. 19) gelten aber entsprechend.

8 Da § 62 eine abschließende (wenn auch unzulässige, → Rn. 1) Regelung gegenüber § 67a SGB X ist, besteht keine über § 62 Abs. 2 S. 2 hinausgehende Aufklärungspflicht, also auch nicht bei einer Datenerhebung bei Dritten, die nicht-öffentliche Stelle sind.

9 Aus der systematischen Stellung des Abs. 2 Satz 2 folgt, dass die Aufklärungspflicht nur für die Betroffenenerhebung nach Abs. 2 besteht;[17] wenn die Aufklärungspflicht auch für die Dritterhebung nach Abs. 3 gelten sollte, müsste sie im Anschluss an diese geregelt sein (zu Abs. 4 → Rn. 17). Dies ist mit der Neuregelung in § 82a SGB X geschehen.

10 **§ 82 SGB X** der Neuregelung betrifft die Informationspflicht für eine Datenerhebung bei einer betroffenen Person. Das bisher in § 67a Abs. 3 Satz 2 enthaltene Recht wird beibehalten und lediglich redaktionell angepasst, insbesondere an die Begriffsbestimmungen nach Art. 4 der Verordnung (EU) 2016/679 iVm § 67.[18] Die Regelung schränkt die nach Art. 13 Abs. 1 lit. e der Verordnung (EU) 2016/679 bestehende Informationspflicht auf der Grundlage von Art. 23 Abs. 1 lit. e der Verordnung (EU) 2016/679 unter Berücksichtigung der Interessen der betroffenen Person im Einzelfall im Hinblick auf die Funktionsfähigkeit der Verwaltung als wichtiges Interesse des Mitgliedstaates im Bereich der sozialen Sicherheit ein.

Zu Abs. 2: Diese Beschränkung der Informationspflicht gilt nur für die in Art. 13 Abs. 3 der Verordnung (EU) 2016/679 vorgesehene Fallgruppe, dass der Verantwortliche beabsichtigt, die personenbezogenen Daten für einen anderen Zweck weiterzuverarbeiten als den, für den die Daten bei der betroffenen Person erhoben wurden. Die

13 AA Kirchhoff in jurisPK-SGB VIII § 62 Rn 14: Einwilligung scheidet aus, wenn Datum nicht erforderlich.
14 Vgl. hierzu die Fragebogenaktion eines JA im Rahmen der Jugendhilfeplanung, die im 9. TB LDS NRW, S. 61 f. zu Recht gerügt wird; zur Unzulässigkeit der Datenerhebung durch Gutachten und Auskünfte ohne Einwilligung im Einzelfall vgl. die Rüge im 12. TB LDS Bremen, S. 35.
15 Ähnlich Törnig in JHSM § 62 Rn. 42.
16 Ebenso Törnig in JHSM Rn. 44.
17 AA Fundstelle BW 1991/31.
18 BT-Drs. 18/12611 v. 31.5.2017.

Informationspflicht aus Art. 13 Abs. 1 und 2 der Verordnung (EU) 2016/679 wird demgegenüber nicht beschränkt. Die mit der Verordnung (EU) 2016/679 erstmals eingeführte (Folge-)Informationspflicht des Verantwortlichen bei beabsichtigter Zweckänderung findet im SGB X bislang keine Entsprechung. In dieser Konstellation besteht im Gegensatz zu der in Art. 13 Abs. 1 und 2 der Verordnung (EU) 2016/679 vorgesehenen Informationspflicht zum Zeitpunkt der Erhebung der Daten typischerweise kein unmittelbarer Kontakt zwischen dem Verantwortlichen und der betroffenen Person. Nr. 1 und 2 enthalten Einschränkungen der Informationspflicht, wenn die Erteilung der Information über die beabsichtigte Weiterverarbeitung die ordnungsgemäße Erfüllung der in der Zuständigkeit des Verantwortlichen liegenden Aufgaben gefährden (Nr. 1) oder die öffentliche Sicherheit oder Ordnung gefährden oder sonst dem Wohl des Bundes oder eines Landes Nachteile bereiten würde (Nr. 2). Einschränkende Voraussetzung ist in beiden Fällen, dass die Interessen des Verantwortlichen an der Nichterteilung der Information die Interessen der betroffenen Person überwiegen. Nr. 3 schützt die vertrauliche Übermittlung von Daten an öffentliche Stellen (Art. 23 Abs. 1 lit. e der Verordnung 2016/679). Erfasst sind Fallgruppen, in denen die Information der betroffenen Person über die Weiterverarbeitung zu einer Vereitelung oder ernsthaften Beeinträchtigung des – legitimen – Verarbeitungszwecks führen würde.

Zu Abs. 3: Die Regelung legt fest, dass der Verantwortliche geeignete Maßnahmen zum Schutz der berechtigten Interessen der betroffenen Person zu treffen hat, wenn eine Information der betroffenen Person nach Maßgabe des Abs. 2 unterbleibt. Hierdurch wird Art. 23 Abs. 2 der Verordnung (EU) 2016/679 umgesetzt. Zu den geeigneten Maßnahmen zählt die Bereitstellung dieser Informationen für die Öffentlichkeit. Eine Veröffentlichung in allgemein zugänglicher Form kann etwa die Bereitstellung der Information auf einer allgemein zugänglichen Webseite des Verantwortlichen sein (Erwägungsgrund 58 Satz 2 der Verordnung (EU) 2016/679). Die Information hat in Entsprechung zu Art. 12 Abs. 1 der Verordnung (EU) 2016/679 in präziser, transparenter, verständlicher und leicht zugänglicher Form in einer klaren und einfachen Sprache zu erfolgen. Der Verantwortliche hat schriftlich zu fixieren, aus welchen Gründen er von einer Information abgesehen hat. Die Stichhaltigkeit der Gründe unterliegt der Kontrolle durch die zuständige Aufsichtsbehörde, die durch die Dokumentationspflicht ermöglicht wird. Die in Satz 1 und 2 geforderten Maßnahmen finden im Fall des Abs. 2 Nr. 3 (der vertraulichen Übermittlung von Daten an öffentliche Stellen) keine Anwendung, da sie zur Vereitelung oder ernsthaften Beeinträchtigung des – legitimen – Verarbeitungszwecks führen könnten.

Zu Abs. 4: Die Vorschrift bestimmt, dass der Verantwortliche die Information der betroffenen Person zeitnah nachzuholen hat, wenn die Ausschlussgründe des Abs. 2 nur vorübergehend vorliegen.

Zu Abs. 5: Die Norm betrifft den Fall der Informationserteilung bei Datenübermittlung durch öffentliche Stellen an die Strafverfolgungsbehörden und die übrigen dort aufgeführten Behörden zu Zwecken der nationalen Sicherheit. Durch die Zustimmungspflicht soll die Gefährdung der ordnungsgemäßen Erfüllung der Aufgaben der Behörden vermieden werden; insbesondere könnte die betroffene Person vorzeitig von laufenden Ermittlungen der Strafverfolgungsbehörden oder der anderen Behörden erfahren, so dass die Gefahr von Verdunklungshandlungen entstehen könnte. Ob eine solche Gefahr besteht, kann nur die Stelle beantworten, die die Daten erhalten hat. Die Regelung stützt sich auf Art. 23 Abs. 1 lit. a, b, c, d und e der Verordnung (EU) 2016/679.

§ 82 a SGB X regelt die Informationspflicht für eine Datenerhebung bei einer nicht betroffenen Person. Die Vorschrift enthält ergänzend zu den in Art. 14 Abs. 5 genannten Ausnahmen Einschränkungen der Informationspflichten des Verantwortlichen aus Art. 14 Abs. 1 und 2 sowie bei zweckändernder Weiterverarbeitung nach Abs. 4 der

Verordnung (EU) 2016/679, wenn die Sozialdaten nicht bei der betroffenen Person erhoben wurden.[19] Zu Abs. 1 Nr. 1 lit. a und b sind Parallelregelungen zu § 33 Abs. 1 Nr. 1 lit. a und b des BDSG. Die Einschränkungen beruhen auf Art. 23 Abs. 1 lit. a–e der Verordnung (EU) 2016/679. Im Übrigen wird auf die Begründung zu § 82 Abs. 2 Nr. 2 und 3 verwiesen. Nr. 2 greift als Ausnahme von der Informationspflicht den bisher in § 83 Abs. 4 Nr. 3 enthaltenen Regelungsgehalt auf, wonach eine Auskunftserteilung unterbleibt, wenn die Daten oder die Tatsache ihrer Speicherung nach einer Rechtsvorschrift oder ihrem Wesen nach, insbesondere wegen der überwiegenden berechtigten Interessen eines Dritten, geheim gehalten werden müssen. Ergänzend zu der Ausnahme nach Art. 14 Abs. 5 lit. d der Verordnung (EU) 2016/679, der auf Rechtsvorschriften oder Satzungsregelungen zum Berufsgeheimnis abstellt, wird hier von der Informationspflicht abgesehen, wenn sich die Geheimhaltungspflicht aus anderen Rechtsvorschriften ergibt (zB § 25 Abs. 3 SGB X, § 119 SGG) oder die Informationen ihrem Wesen nach, insbesondere wegen der überwiegenden berechtigten Interessen eines Dritten, geheim gehalten werden müssen. Diese Regelung stützt sich auf Art. 23 Abs. 1 lit. e und i der Verordnung (EU) 2016/679 und ist in ihrem Umfang iSd Art. 23 Abs. 2 lit. c der Verordnung (EU) 2016/679 beschränkt. Sie dient der sozialen Sicherheit und gleichzeitig dem Schutz der Rechte und Freiheiten anderer Personen. Durch die Möglichkeit, von der Information der betroffenen Person abzusehen, wenn diese Information ihrem Wesen nach geheim gehalten werden muss, wird sichergestellt, dass vertrauliche Informationen an die öffentliche Verwaltung gegeben werden können, die beispielsweise für die Beurteilung der Leistungspflicht eines Sozialleistungsträgers wesentlich sind, ohne dass ein Informant die Offenlegung seiner Identität zu befürchten hat. Die Ausnahme von der Informationspflicht gilt aber nur, wenn überwiegende berechtigte Interessen eines Dritten an der Geheimhaltung vorliegen und deswegen das Interesse der betroffenen Person an der Informationserteilung zurücktreten muss. Abs. 2 Satz 1 entspricht der bisherigen Regelung in § 67a Abs. 4 und kann als spezifische Bestimmung iSd Art. 6 Abs. 1 lit. e iVm Abs. 2 und Abs. 3 Satz 1 lit. b, Satz 2 der Verordnung (EU) 2016/679 erhalten bleiben.

Zu Abs. 3: Es wird eine gem. § 82 Abs. 3 entsprechende Pflicht des Verantwortlichen geregelt, geeignete Maßnahmen zum Schutz der Rechte und Freiheiten sowie der berechtigten Interessen der betroffenen Person zu ergreifen. Auf die Begründung zu § 82 Abs. 3 wird verwiesen.

Zu Abs. 4: Mit dieser Regelung wird das bisher geltende Recht nach § 67a Abs. 5 Satz 3 erhalten. Auf die Begründung zu § 82 Abs. 1 wird verwiesen.

Zu Abs. 5: Die Norm betrifft den Fall der Informationserteilung bei Datenübermittlung durch öffentliche Stellen an die dort aufgeführten Behörden. Zur Begründung wird auf die Begründung zu § 82 Abs. 5 verwiesen.

Neben den Aufklärungs-(Informations-)pflichten besteht das **Auskunftsrecht** nach 11
Art. 15 DS-GVO (→ § 61 Rn. 249).

5 Dritterhebung (Abs. 3)

Daten können bei **Dritten** über die betroffene Person ohne deren Einwilligung – aber 12
nicht ohne ihre Kenntnis[20] – erhoben werden (Dritterhebung", „Ersatzerhebung", „Fremderhebung"), wenn die Voraussetzungen des Abs. 3 vorliegen. Die Dritterhebung ist **gleichrangig**, also ohne den erfolglosen Versuch einer Ersterhebung bei der betroffenen Person, nur im Falle des § 62 Abs. 3 **Nr. 1** möglich, wie sich im Gegenschluss aus § 62 Abs. 3 Nr. 2 1. Alt. ergibt. Die Dritterhebung ist idR **zugleich eine Datenübermittlung** der erhebenden Stelle, so dass zusätzlich eine Übermittlungsbefugnis

19 BT-Drs. 18/12611 v. 31.5.2016.
20 So BSG 25.1.2012 – B 14 AS 65/11 R.

gem. § 69 Abs. 1 Nr. 1 SGB X vorliegen muss (→ § 61 Rn. 113). Für den Dritten ist die Lieferung des Datums ebenfalls eine Übermittlung, so dass für ihn ebenfalls eine Übermittlungsbefugnis vorliegen muss. Verpflichtet zur Übermittlung ist er nicht schon aufgrund einer Erhebungsbefugnis des JA, vielmehr bedarf es auch hierfür einer eigenständigen Norm. Eine Dritterhebung unter den (erleichterten) Voraussetzungen des § 67a Abs. 2 S. 2 Nr. 1 oder Nr. 2 SGB X ist für das JA nicht möglich, da dies der Wortlaut des § 62 Abs. 3 SGB VIII („dürfen ... nur erhoben werden") ausschließt.[21]

Aufklärungspflichten bestehen bei der Dritterhebung nach § 62 Abs. 3 nicht. Sie ergeben sich aber aus Art. 14 DS-GVO. § 82a SGB X schränkt diese aber entsprechend § 82 SGB X ein (→ Rn. 4).

13 Nach **Nr. 1 1. Alt** ist eine Dritterhebung zulässig, wenn ein Gesetz (im formellen und materiellen Sinne, im Unterschied zu § 67 a Abs. 2 S. 2 Nr. 2 a SGB X) die Dritterhebung **vorschreibt,** wobei unklar ist, ob dieses Gesetz lediglich die Datenerhebung vorschreiben muss oder die Datenerhebung gerade ohne Mitwirkung der betroffenen Person. Nicht ausreichend ist, dass die Norm eine Datenerhebung bei Dritten voraussetzt, weil dieser Fall in Abs. 3 Nr. 2 2. Alt. geregelt ist.[22] Eine Norm, die die Datenerhebung vorschreibt, wäre beispielsweise § 20 SGB X, diese ist aber wegen § 37 S. 3 SGB I ausgeschlossen (→ § 61 Rn. 7). Andere Normen, die Datenerhebungen vorschreiben, wären §§ 36 Abs. 1 S. 2, 37 Abs. 3 S. 1, 44 Abs. 3 S. 1, 46 Abs. 1, die aber allesamt ausscheiden, weil die Datenerhebung nach §§ 36, 37 unter Abs. 3 Nr. 2 a fällt, die Datenerhebung nach den anderen genannten Paragrafen aber von Abs. 3 Nr. 2 c erfasst wird. Würden sie unter Abs. 3 Nr. 1 fallen, würden die einschränkenden Voraussetzungen nach Nr. 2 für diese Datenerhebungen unterlaufen. Dasselbe gilt für § 8 a Abs. 2, da diese Datenerhebung mit Abs. 3 Nr. 2 d geregelt ist.[23] Bleibt noch § 97 a Abs. 4, der aber lediglich eine Pflicht des Arbeitgebers zur Datenübermittlung vorschreibt, dagegen nicht dem JA die Datenerhebung beim **Arbeitgeber** vorschreibt. § 97a Abs. 4 ist ein Anwendungsfall für Nr. 1 **2. Alt.**, da mit § 97a ein Gesetz die Datenerhebung beim Arbeitgeber zulässt (→ § 97 a Rn. 4). Dagegen gibt es kein Gesetz, das eine Datenerhebung bei der **Krankenkasse** zur Ermittlung des Arbeitgebers zuließe (→ § 97a Rn. 14). Ebenso scheiden für die **Jugendgerichtshilfe** §§ 38, 43 JGG als Anwendungsfall der Nr. 1 aus, da diese Datenerhebung in Abs. 3 Nr. 2 c geregelt ist.[24]

Die Tätigkeit des JA im Rahmen der **Familiengerichtshilfe** gem. § 50 Abs. 1 und 2 erfordert (immer noch) die Vorlage einer gutachtlichen Stellungnahme an das Gericht.[25] Auch diese Tätigkeit unterfällt nicht Nr. 1, da es sich um eine Ermittlungsaufgabe handelt; diese fällt vielmehr unter Nr. 2 2. Alt., es fehlen aber die zusätzlichen Voraussetzungen nach lit. a–d, in lit. c ist § 50 nicht aufgeführt. Daraus folgt, dass die Daten-

---

21 AA anscheinend Krahmer, Sozialdatenschutz, S. 57, der eine auf § 67a Abs. 2 S. 2 Nr. 2 a SGB X gestützte Erhebungsbefugnis für das JA annimmt zur Erfüllung gesundheitspolizeilicher und ausländerrechtlicher Meldepflichten im Rahmen des § 71 SGB X. Dem ist entgegenzuhalten, dass § 67a SGB X neben § 62 nicht anwendbar ist, dass eine gesundheitspolizeiliche Meldepflicht des JA nach § 71 SGB X nicht besteht und dass § 67a Abs. 2 S. 2 Nr. 2 a SGB X nicht vorliegt, da danach eine Übermittlungspflicht nicht **des** JA, sondern **an** das JA als erhebende Stelle vorliegen müsste.

22 Ebenso Mörsberger in Wiesner § 62 Rn. 20.

23 Ähnlich Mörsberger in Wiesner § 62 Rn. 26.

24 Dagegen nicht, weil § 43 JGG sich nur an Gerichte und Staatsanwaltschaft wendete, so Oberloskamp FamRZ 1992, 1247, denn § 38 JGG macht die Jugendgerichtshilfe zur Helferin bei der Ermittlung nach § 43 JGG.

25 Vgl. hierzu Kunkel FamRZ 1993, 505; Oberloskamp FamRZ 1992, 1241 und 2016, 336; Müller-Alten ZfJ 1991, 454; Enssle n, Datenschutz, S. 180; Lohrentz, S. 226.

erhebung nur bei der betroffenen Person (Eltern und Kind) möglich ist.[26] Daten **über** andere Personen (zB Geschwister) können dagegen bei den Betroffenen (Eltern und Kind) nach Abs. 4 Satz 2 erhoben werden. Beauftragt aber das FamG im Rahmen der Beweiserhebung nach § 29 FamFG das JA ausdrücklich zur Datenerhebung, ist diese nach Nr. 1 2. Alt. zulässig.[27]

Zur Erfüllung des **Schutzauftrages** nach § 8a (Abs. 2 ist ein Sonderfall der Familiengerichtshilfe) ist die Datenerhebung nach Abs. 3 Nr. 2 d zulässig (→ Rn. 14). Mit dem **KJSG** ergänzt wurde die Zulässigkeit der Datenerhebung zur Gefährdungsabwendung nach § 4 KKG. Das betrifft auch die Tätigkeit des JA. Das bedeutet, dass das JA bei Personen, die ihm nach § 4 Abs. 3 S. 3 KKG Daten übermittelt haben, weitere Daten erheben darf, soweit dies zur Gefährdungsabwendung erforderlich ist. Die Datenerhebung ist also nicht nur bei dem betroffenen **Kind oder Elternteil selbst** möglich, sondern auch bei allen in § 4 Abs. 1 genannten Personen, also nach § 4 Abs. 1 Nr. 7 bei Lehrerinnen,[28] wenn sie die Gefährdung dem JA gemeldet haben. Dagegen nicht bei Erzieherinnen im Kindergarten, weil diese nicht in Abs. 1 genannt sind. Sind sie aber Sozialpädagoginnen, trifft auf sie Nr. 6 zu. So wirkt die Aufzählung in Abs. 1 wie das Angebot eines Gemischtwarenladens.[29] Daten eines nicht mitwirkungsbereiten Elternteils können nach Abs. 4 S. 2 bei dem anderen Elternteil oder dem Kind erhoben werden. Dagegen ist es nicht zulässig, Daten über die betroffene Person (Eltern, Kind) bei Dritten (Geschwister) zu erheben.[30] Neben Abs. 3 Nr. 2 d ist auch Nr. 4 ist im Einzelfall denkbar.

Die Zulässigkeit der **Datenübermittlung** an das JA regelt § 4 Abs. 3 S. 2 KKG, wo den in Abs. 1 genannten Personen sogar die Pflicht zur Datenübermittlung auferlegt wird.

Eine **Kontenabfrage** des JA beim FA war bisher zulässig;[31] nach Änderung des § 93 AO (Abdruck bei → § 61 Rn. 146) ist sie es nicht mehr, da nur die in § 93 Abs. 8 AO genannten Sozialleistungsträger, also nicht das JA, die Abfrage initiieren dürfen und das auch nur zur Klärung der Anspruchsvoraussetzungen für eine Leistung. 14

Nach Abs. 3 **Nr. 2 1. Alt.** ist eine Dritterhebung ferner dann zulässig, wenn die Betroffenenerhebung (individuell) **nicht möglich** ist, die Daten aber benötigt werden (Subsumtion unter Tatbestandsvoraussetzungen) für eine Leistungserbringung des JA (lit. a) oder für die Zwecke nach lit. b–d. Kommt der Leistungsberechtigte seiner Mitwirkungspflicht nach § 60 Abs. 1 Nr. 1 SGB I nicht nach, hat das JA die Möglichkeit, unter den Voraussetzungen des § 66 SGB I die Leistung zu verweigern. Stattdessen[32] kann es aber auch gemäß **lit. a** vorgehen, um bei fehlender Mitwirkungsbereitschaft der Eltern dem Kind dennoch eine Leistung zu ermöglichen. Nicht möglich kann die Betroffenenerhebung aus objektiven oder subjektiven Gründen sein, zB wenn der Betroffene nicht erreichbar ist oder seine Angaben unrichtig oder unvollständig sind, 15

26 Ebenso HessVGH 16.9.2014 – 10 A 500/13, ZKJ 2014, 493; Kirchhoff in jurisPK-SGB VIII § 62 Rn. 50; Mörsberger in Wiesner vor § 50 Rn. 44; Hoffmann/Proksch in FK-SGB VIII § 62 Rn. 29.

27 So OLG Zweibrücken 21.2.2013 – 6 U 21/12, ZKJ 2013, 253; ihm folgend Kirchhoff in jurisPK-SGB VIII Rn. 45.

28 Ebenso OLG Zweibrücken 21.2.2013 – 6 U 21/12, ZKJ 2013, 253–259 mAnm Walther S. 259 f.; Müller-Alten ZfJ 1991, 456; Mörsberger/Wapler in Wiesner vor § 50 Rn. 43 und wohl auch Oberloskamp FamRZ 1992, 1247.

29 Dass § 4 KKG insgesamt eine missglückte Regelung ist, ist bei → KKG § 4 Rn. 1 näher ausgeführt.

30 Zur Unzulässigkeit der Exploration eines Elternteils vgl. BVerfG FPR 2003, 569.

31 Vgl. Kunkel JAmt 2005, 216 u. DIJuF JAmt 2005, 238.

32 Ebenso Hoffmann/Proksch in FK-SGB VIII § 62 Rn. 27; Riehle in Krug/Riehle § 62 Rn. 45; aA Mrozynski SGB VIII Rn. 12; Hauck/Noftz § 62 Rn. 9; Mann in SFMK § 62 Rn. 39; offen gelassen ThürOVG 25.11.2010 – 3 KO 527/08, ZFSH/SGB 2011, 612 zum Einsatz eines Sozialdetektivs.

aber auch, wenn er sich weigert, Angaben zu machen.[33] Dies folgt aus den lit. b–d, die sich gerade auf diesen Fall beziehen, soweit sie sich nicht auf die 2. Alt. beziehen. Für die Rückabwicklung der Leistung (zu dieser → Anh. 5 Rn. 45) gilt **lit. b.**

16 Bei den in **lit.** c genannten Aufgaben handelt es sich um solche, zu deren Erfüllung das JA Ermittlungen anstellen muss, um einen Eingriff vorzubereiten (zB nach § 44 Abs. 3 oder § 46 Abs. 1) und um die Jugendgerichtshilfe, die schon bei Erhebung der Daten nicht „an die Leine der Mitwirkung" gelegt werden soll, was dann auch für die Übermittlung gelten muss (zu dieser → § 61 Rn. 112).

17 **Lit.** d regelt den Fall des § 8a und ermöglicht dem JA, durch eine familiengerichtliche Entscheidung einen Wechsel in der Personensorge herbeizuführen, ohne dass es – wie nach der alten Regelung – darauf ankommt, ob das JA eine Leistung anschließen will. Es genügt für die Zulässigkeit der Dritterhebung, dass ein PSB nicht daran mitwirkt, die Gefahrenschwelle des § 1666 BGB zu ermitteln. Dies entspricht dem staatlichen Wächteramt des JA aus Art. 6 Abs. 2 S. 2 GG. Noch größere praktische Bedeutung hat die Möglichkeit der Datenerhebung bei Dritten aber beim Sichern der gewichtigen Anhaltspunkte für eine Kindeswohlgefährdung und bei der Gefährdungseinschätzung nach § 8 a Abs. 1. Zur Wahrnehmung des **Schutzauftrags** nach § 8a Abs. 1 ist es zulässig, Daten auch bei Nachbarn, im Kindergarten, in der Schule, beim Arzt, in der Klinik usw zu erheben.[34]

18 Ebenso ist es zulässig, Daten beim **Einwohnermeldeamt** zu erfragen, allerdings nicht, um bei Eltern neu geborener Kinder mit einem als Begrüßungsbesuch („Willkommensbesuch";[35] zu diesem § 2 KKG im Anh. zu § 16) getarnten Ermittlungsbesuch Anhaltspunkte für eine Kindeswohlgefährdung feststellen zu können. Nur wenn solche Anhaltspunkte schon vorliegen, können Daten bei einem Hausbesuch erhoben werden.[36] Eine andere Frage ist, ob das Einwohnermeldeamt solche Anfragen beantworten darf oder muss. Dies richtet sich nach dem jeweiligen Meldegesetz des Landes und der jeweiligen MeldeVO. Ist danach eine Übermittlung an das JA zulässig (zB im Saarland nach § 15 MeldDÜV), ist sie Amtshilfepflicht. Das BMeldeG v. 2.5.2013,[37] zuletzt geändert am 20.6.2015,[38] lässt in § 34 (ebenso wie § 18 des bis dahin geltenden MelderechtsrahmenG) die Übermittlung lediglich im Einzelfall zu. Regelmäßige Datenübermittlungen bleiben aber unzulässig.[39]

19 Ist eine Erhebung bei der betroffenen Person nicht aus individuellen Gründen unmöglich, sondern wegen der **Art** der Aufgabenwahrnehmung, liegt Abs. 3 Nr. 2 in seiner **2. Alternative** vor. Dies setzt voraus, dass es zur Aufgabenwahrnehmung gehört, dass auch bei Dritten Daten erhoben werden. Dies ist der Fall, wenn das JA zur Aufgabenerfüllung Ermittlungen anstellen muss, um einen Eingriff vorzubereiten, sei es des Gerichts (zB nach § 8a Abs. 2; dann § 62 Abs. 3 lit. d) sei es des JA selbst (zB nach § 44 Abs. 3 oder § 46 Abs. 1; dann § 62 Abs. 3 lit. c). Für die Jugendgerichtshilfe gilt nun ebenfalls lit. c. Zur Wahrnehmung des **Schutzauftrags** nach § 8 a Abs. 1 ist es zulässig, Daten auch bei Nachbarn, im Kindergarten, in der Schule, beim Arzt, in der Klinik usw zu erheben.[40]

---

33 AA Riehle in Krug/Riehle § 62 Rn. 43; hierzu Stähler jurisPR 1/2011.
34 Ebenso OLG Zweibrücken 21.2.2013 – 6 U 21/12, ZKJ 2013, 253; VG Münster 2.4.2009 – 6 K 1929/07, JAmt 2009, 264.
35 Kunkel ZKJ 2012, 288.
36 Ebenso 23. TB LDS Bayern unter 17.3 und Münder/Smessaert, Frühe Hilfen, S. 11 – allerdings unter Zitierung längst nicht mehr geltender Gesetze.
37 BGBl. I, 1084.
38 BGBl. I, 970.
39 Ebenso Meysen/Eschelbach, Kap. 2 Rn. 22.
40 Ebenso OLG Zweibrücken 21.2.2013 – 6 U 21/12, ZKJ 2013, 253; VG Münster 2.4.2009 – 6 K 1929/07, JAmt 2009, 264.

Im Fall des § 62 Abs. 3 **Nr.** 3 genügen – abweichend von § 67a Abs. 2 S. 2 Nr. 2 b SGB X – schutzwürdige Interessen der betroffenen Person, um die Dritterhebung bei unverhältnismäßigem Aufwand für eine Ersterhebung zu verhindern; diese Interessen müssen nicht schwerer wiegen als der unverhältnismäßige Aufwand. Ob solche schutzwürdigen Interessen bestehen, muss nicht durch Nachfrage bei der betroffenen Person festgestellt werden,[41] da die Nr. 3 **Anhaltspunkte** genügen lässt (dies entspricht der Regelung des § 68 Abs. 1 S. 1 SGB X; → § 61 Rn. 107). 20

Neu eingefügt wurde **Nr. 4** – wohl eher „auf Verdacht" als aus Notwendigkeit[42]. Die in der Begründung genannte Informationsgewinnung bei **sexuellem Missbrauch** ist schon über Nr. 2 d oder Abs. 4 möglich. Neu in der Nomenklatur der Gefahr ist auch der Begriff der „ernsthaften" Gefahr. Gemeint ist wohl die konkrete Gefahr, also das Vorliegen von Anhaltspunkten dafür, dass eine Hilfe nach § 2 nicht geleistet werden könnte, weil die betroffene Person sie „abblocken" würde. Sind das die Eltern, ermöglicht schon Nr. 2 a die Hilfe, so dass der Anwendungsbereich der Nr. 4 im Dunkeln bleibt.[43] 21

6 Betroffene Person ist nicht Aufgabenbeteiligter (Abs. 4)

Wie zu → Rn. 6 dargestellt, kann die betroffene Person auch eine Person außerhalb des Beteiligtenverhältnisses einer Leistungsnorm (S. 1) oder einer sonstigen Aufgabennorm (S. 2) sein. Dann kann, um die Aufgabenerfüllung nicht zu blockieren, das Datum des betroffenen Unbeteiligten beim Aufgabenbeteiligten, also in Form einer **Dritterhebung**, erfragt werden – aber nicht umgekehrt. So könnten zB für eine HzE Daten der Verwandten oder des nicht sorgeberechtigten Elternteils beim Kind oder seinem PSB erhoben werden, aber nicht Daten des Kindes oder des PSB bei seinen Verwandten oder dem nicht sorgeberechtigten Elternteil oder gar in seinem weiteren sozialen Umfeld wie Schule oder Kindergarten.[44] Da es sich um eine Dritterhebung handelt, entfällt die Aufklärungspflicht nach Abs. 2 S. 2.[45] 22

Ein Prüfschema für die Datenerhebung im JA nach § 62 findet sich bei Kunkel, Jugendhilferecht, Anhang Schemata, Anlage 6.

7 Folgen einer unzulässigen Datenerhebung

Ist die Datenerhebung unzulässig, gilt die **„Domino-Theorie"**: jeder weitere Umgang mit den Daten (Speicherung, Nutzung, Übermittlung) wird ebenfalls unzulässig; aus § 78 SGB X ergibt sich ein Verwertungsverbot (→ § 61 Rn. 243). Das unzulässig gespeicherte Datum ist zu löschen (§ 84 Abs. 2 SGB X). Unzulässig ist die Datenerhebung auch, wenn die Aufklärungspflicht nach § 62 Abs. 2 S. 2 verletzt worden ist. Mündet die auf die unzulässige Datenerhebung folgende unzulässige Verwendung des Datums in einen VA iSd § 31 SGB X, ist dieser ebenfalls rechtswidrig (→ § 61 Rn. 272). Dagegen ist die Erhebung selbst kein VA,[46] da die Datenerhebung zwar Außenwirkung hat, aber noch keine Rechtswirkung im Sinne einer Aufgabenerfüllung 23

41 So aber Mörsberger in Wiesner § 62 Rn. 28.
42 Hierzu Kirchhoff in jurisPK-SGB VIII § 62 Rn. 54.1 und Salgo/Kepert ZKJ 2020, 414.
43 Trotz des Bemühens von Mrozynski SGB VIII § 61 Rn. 17 um Erhellung.
44 Grundlos daher die Befürchtung bei Mrozynski SGB VIII Rn. 15.
45 AA Maas in JHSM Rn. 52.
46 AA Auernhammer, BDSG, § 13 Rn. 24.

herbeiführt, also keine Regelung ist, sondern diese lediglich vorbereitet.[47] Außerdem ist Schadensersatz zu leisten (→ § 61 Rn. 246 f.).[48]

§ 63 Datenspeicherung

(1) Sozialdaten dürfen gespeichert werden, soweit dies für die Erfüllung der jeweiligen Aufgabe erforderlich ist.

(2) [1]Daten, die zur Erfüllung unterschiedlicher Aufgaben der öffentlichen Jugendhilfe erhoben worden sind, dürfen nur zusammengeführt werden, wenn und solange dies wegen eines unmittelbaren Sachzusammenhangs erforderlich ist. [2]Daten, die zu Leistungszwecken im Sinne des § 2 Absatz 2 und Daten, die für andere Aufgaben im Sinne des § 2 Absatz 3 erhoben worden sind, dürfen nur zusammengeführt werden, soweit dies zur Erfüllung der jeweiligen Aufgabe erforderlich ist.

1 Verhältnis zu § 67c SGB X

1 Das Speichern von Daten ist auch in § 67c SGB X geregelt (→ § 61 Rn. 79). § 67b Abs. 1 SGB X enthält aber eine Öffnungsklausel für Regelungen der Speicherung als Verarbeitungsvorgang in anderen SGB-Vorschriften, also auch im SGB VIII. § 37 S. 2 SGB I steht daher einer zusätzlichen Regelung der Speicherung in § 63 nicht entgegen (→ § 61 Rn. 8). Zusätzlich ist lediglich die Regelung in § 63 Abs. 2, Abs. 1 ist in § 67c Abs. 1 SGB X mit umfasst.[1]

2 Erforderlichkeit der Speicherung (Abs. 1)

2 Abs. 1 stellt klar, dass die Speicherung eines Datums nur zulässig ist, wenn sie für die Aufgabenerfüllung in einem konkreten Fall (gegenüber § 67c Abs. 1 S. 1 SGB X: „Aufgaben") erforderlich ist. Dies entspricht dem Grundsatz der Speicherbegrenzung in Art. 5 Abs. 1 lit. e DS-GVO. Die Regelung der Datenspeicherung folgt somit der Regelung der Datenerhebung in § 62 Abs. 1 (zur Erforderlichkeit → § 61 Rn. 115). Die Befugnisnormen des § 63 SGB VIII und des § 67c SGB X regeln lediglich, wann eine Speicherung erfolgen darf, nicht dagegen, dass sie auch erfolgen muss. Eine **Dokumentationspflicht** für erforderliche Daten kann sich lediglich aus Grundsätzen geordneter Aktenführung ergeben.[2] Vermerke, die ein persönliches Verhalten des Bürgers bewerten, sind nur dann als Speicherung zulässig, wenn diese Bewertung zur Fallbearbeitung notwendig ist.[3] Auch solche Wertungen sind Sozialdaten iSd § 67 Abs. 1 S. 1 SGB X (→ § 61 Rn. 21). Nach Streichung des Aktenbegriffs bedürfen auch **Vermerke**

47 Proksch, Sozialdatenschutz, S. 78 nimmt einen fehlerhaften VA an, der berichtigt werden könne. Es käme aber wohl allenfalls eine Heilung nach § 41 Abs. 1 Nr. 2 SGB X in Betracht, für eine Berichtigung dagegen fehlen die Voraussetzungen des § 38 SGB X.

48 Ebenso OLG Zweibrücken 21.2.2013 – 6 U 21/12, ZKJ 2013, 253–259 mAnm Walther S. 259; HessVGH 16.9.2014 – 10 A 500/13, ZKJ 2014, 493.

1 Umgekehrt aber Mörsberger in Wiesner Anh. 4 SGB X § 67c Rn. 1, § 67 c Abs. 1 und 2 SGB X trete hinter die detaillierteren Bestimmungen des SGB VIII zurück.

2 Vgl. hierzu die Empfehlungen des Deutschen Vereins, NDV 1990, 335 sowie die empathische – aber auch emphatische – Darstellung bei Mörsberger in Wiesner Rn. 2 u. 3; ferner Maas, Soziale Arbeit, S. 64 ff.; Krieger, Sozialer Dienst, S. 259.

3 So 12. TB LDS Bremen, S. 39.

in Form handschriftlicher Notizen, die nicht Bestandteil eines Vorgangs werden sollen, einer Speicherbefugnis.

3 **Zweckidentität** der Datenspeicherung mit der Datenerhebung ist in § 63 Abs. 1 nicht gefordert, aber von § 67c Abs. 1 SGB X, der vorrangig vor § 63 gilt, da § 63 keine abschließende Regelung ist.

4 Ebenso wie bei der Datenerhebung muss auch bei der Datenspeicherung trotz **Einwilligung** die Erforderlichkeit der Speicherung geprüft werden (→ § 62 Rn. 3).[4]

Auch wenn ein **Behördeninformant** (zB bei Hinweisen auf eine Kindesmisshandlung) seine Daten (Name, Adresse) angibt, aber nicht in eine Speicherung einwilligt, können diese Daten gespeichert werden, wenn dies für Rückfragen erforderlich ist. Allerdings ist der Informant nicht verpflichtet, seine Daten anzugeben.[5] Zur Weitergabe dieser Daten → § 65 Rn. 7 aE.

3 Gebot der getrennten Aktenführung (Abs. 2)

5 In § 67c SGB X ist nur für Forschung und Planung getrennte Speicherung vorgeschrieben (Abs. 5 S. 3). Für die Jugendhilfe ergibt sich aber im Gegenschluss aus § 63 Abs. 2, dass im **Regelfall** Akten für **jeden einzelnen Fall** getrennt zu führen sind. Unter „einzelnem Fall" ist die Anwendung einer Aufgabennorm nach § 2 Abs. 2 und 3 (einschließlich ihrer Annexnormen, → § 61 Rn. 38) auf eine Person oder Personengruppe in einem gegenwärtigen Verfahren (nicht: Verwaltungsverfahren iSd § 8 SGB X) zu verstehen; zB: die Gewährung einer HzE gem. §§ 27, 33, einschließlich der wirtschaftlichen Hilfen gem. §§ 39, 40 und der Erhebung des Kostenbeitrags nach §§ 91, 92, im Hilfeplanungsverfahren nach § 36 an den PSB für sein Kind. Nicht mehr „einzelner Fall" ist dagegen die Gewährung der gleichen Hilfe für ein weiteres Kind oder die Gewährung einer anderen Leistung (zB nach § 17) an den PSB. Diese Akten dürfen dann aber **ausnahmsweise** gem. **S. 1 zusammengeführt** werden, weil ein **unmittelbarer Sachzusammenhang** dies erfordert. Dieser liegt vor, wenn sich die verschiedenen Aufgaben auf dieselbe Person oder auf zusammengehörende Personen beziehen.

6 Dieser Zusammenhang reicht aber nicht aus, wenn Leistungsdaten (§ 2 Abs. 2) und Daten, die andere Aufgaben betreffen (§ 2 Abs. 3), zusammengeführt werden sollen. Diese **artverschiedenen** Daten dürfen gem. **S. 2** nur verbunden werden, wenn ohne diese Verbindung (mindestens) eine der verschiedenen Aufgaben nicht sinnvoll erfüllt werden kann. Akten einer **Trennungs- und Scheidungsberatung** nach § 17 dürfen also mit Akten der **Familiengerichtshilfe** nach § 50 nur zusammengeführt werden, wenn die Familiengerichtshilfe sonst nicht oder nicht fachgerecht erfolgen kann. Ist eine Entscheidung des Familiengerichts nicht erforderlich, sind die Akten deshalb getrennt zu halten. Eine Akte der HzE darf mit einer Akte der **Jugendgerichtshilfe** verbunden werden, wenn dies notwendig ist, damit die Jugendgerichtshilfe Staatsanwalt oder Richter gem. § 52 Abs. 2 S. 2 über eine erbrachte Leistung unterrichten kann. Die Akten der **Inobhutnahme** nach § 42 dürfen mit Akten der HzE nach § 27 verbunden werden, weil die Gewährung der HzE die Inobhutnahme abschließt (§ 42 Abs. 4 Nr. 2). Ebenso dürfen die im Rahmen des **Schutzauftrags** nach § 8a geleisteten Hilfen in einer Akte gespeichert werden. Damit wächst in der Datenspeicherung zusammen, was zusammengehört, nämlich die einheitliche Hilfe für das Kind, die mit der Trennung in Leistungen und andere Aufgaben (→ § 2 Rn. 1) willkürlich gespalten ist.

7 Die Zusammenführung schon gespeicherter Daten ist ein **Nutzen** von Daten iSd § 67 Abs. 7 SGB X. Daher müssen auch die Voraussetzungen für die Datennutzung gem. § 67c SGB X erfüllt sein. Wird durch die Zusammenführung der ursprüngliche Zweck verfolgt, ist die Zusammenführung gem. § 67c Abs. 1 SGB X befugt, ist die Zusam-

4 AA Kirchhoff in jurisPK-SGB VIII § 63 Rn. 3.
5 Ebenso Kirchhoff in jurisPK-SGB VIII Rn. 16.

menführung zur Erfüllung eines anderen Zwecks erforderlich, ist sie nach § 67c Abs. 2 Nr. 1 SGB X befugt. Werden Akten von verschiedenen verantwortlichen Stellen iSd § 67 Abs. 9 SGB X (→ § 61 Rn. 63) zusammengeführt, ist die Zusammenführung eine **Datenübermittlung**, so dass auch deren Voraussetzungen gem. § 67d SGB X vorliegen müssen. § 69 Abs. 1 Nr. 1 SGB X rechtfertigt diese Übermittlung in den Fällen des § 63 Abs. 2 SGB VIII. § 64 Abs. 2 steht unter den Voraussetzungen des § 63 Abs. 2 der Übermittlung nicht entgegen. Werden Daten zusammengeführt, die einer Person anvertraut worden sind iSv § 65, liegt eine Weitergabe vor, wenn die Akten von zwei verschiedenen Personen geführt werden. Eine Zusammenführung der Akten ist dann nur mit Einwilligung gem. § 65 Abs. 1 S. 1 Nr. 1 möglich.

4 Speicherung von Planungsdaten

8 Die Zerklüftung des Datenschutzes (→ § 61 Rn. 8) zeigt sich auch an dieser Stelle. Die Zulässigkeit der Datenspeicherung ist nämlich zusätzlich zu § 67c SGB X und § 63 auch noch nach § 64 Abs. 3 zu beurteilen, wenn Planungsdaten gespeichert werden (→ § 64 Rn. 11).

5 Folge unzulässiger Speicherung

9 Werden Daten unzulässig erhoben, sind auch alle weiteren Verarbeitungsvorgänge unzulässig („Dominotheorie", → § 62 Rn. 21), also auch ihre Speicherung. Die Daten müssen dann gem. § 84 Abs. 2 SGB X iVm § 61 Abs. 1 SGB VIII gelöscht werden.[6]

§ 64 Datenübermittlung und -nutzung

(1) Sozialdaten dürfen zu dem Zweck übermittelt oder genutzt werden, zu dem sie erhoben worden sind.

(2) Eine Übermittlung für die Erfüllung von Aufgaben nach § 69 des Zehnten Buches ist abweichend von Absatz 1 nur zulässig, soweit dadurch der Erfolg einer zu gewährenden Leistung nicht in Frage gestellt wird.

(2a) Vor einer Übermittlung an eine Fachkraft, die nicht dem Verantwortlichen angehört, sind die Sozialdaten zu anonymisieren oder zu pseudonymisieren, soweit die Aufgabenerfüllung dies zulässt.

(2b) [1]Abweichend von Absatz 1 dürfen Sozialdaten übermittelt und genutzt werden, soweit dies für die Durchführung bestimmter wissenschaftlicher Vorhaben zur Erforschung möglicher politisch motivierter Adoptionsvermittlung in der DDR erforderlich ist, ohne dass es einer Anonymisierung oder Pseudonymisierung bedarf. [2]Die personenbezogenen Daten sind zu anonymisieren, sobald dies nach dem Forschungszweck möglich ist. [3]Vom Adoptionsverfahren betroffene Personen dürfen nicht kontaktiert werden.

(3) Sozialdaten dürfen beim Träger der öffentlichen Jugendhilfe zum Zwecke der Planung im Sinne des § 80 gespeichert oder genutzt werden; sie sind unverzüglich zu anonymisieren.

(4) Erhält ein Träger der öffentlichen Jugendhilfe nach Maßgabe des § 4 Absatz 3 des Gesetzes zur Kooperation und Information im Kinderschutz Informationen und Daten, soll er gegenüber der meldenden Person ausschließlich mitteilen, ob sich die von ihr mitgeteilten gewichtigen Anhaltspunkte für die Gefährdung des Wohls des Kindes oder Jugendlichen bestätigt haben und ob das Jugendamt zur Abwendung der Gefährdung tätig geworden ist und noch tätig ist.

6 Ebenso HessVGH 16.9.2014 – A 500/13, ZKJ 2014, 493.

1 Zweckkongruenz von Erheben und Verwenden des Datums (Abs. 1)

§ 64 ist eine immerwährende Baustelle des Datenschutzes. Nach mehrfachen Änderungen wegen seiner Ungereimtheiten[1] ist § 64 eine Bauruine, deren Totalabriss kein Schaden für den Datenschutz wäre. Selbstständige Bedeutung hat Abs. 1 nicht. Weder gibt er zusätzlich Übermittlungsbefugnisse (zu denen nach §§ 68 bis 75 SGB X), noch schränkt er solche ein. Nach Streichung des Wortes „nur" ist klargestellt, dass eine Datenverwendung auch möglich ist bei Änderungen des Erhebungszweckes. Aber auch bei Beibehaltung des Erhebungszweckes bedarf es einer Übermittlungsbefugnis,[2] wie sich aus § 69 Abs. 1 Nr. 1 1. Alt. SGB X ergibt, der sonst überflüssig wäre.[3] Neben § 69 Abs. 1 Nr. 1 SGB X, der Übermittlungen sowohl bei Zweckidentität als auch bei Zweckänderung zulässt, ist § 64 **Abs. 1 überflüssig**[4] (→ § 61 Rn. 90). Zudem lässt § 69 SGB X – über § 64 Abs. 1 hinaus – Übermittlungen auch für nicht erhobene Daten zu. Die Zweckbindung fordert auch Art. 5 Abs. 1 lt. b DS-GVO. 1

§ 64 Abs. 1 SGB VIII fordert die **„Zweckkongruenz"** (Zweckidentität, Zweckbindung) entsprechend Art. 5 Abs. 1 lit. b DS-GVO. Beide müssen vor den folgenden Absätzen geprüft werden. Zum Begriff des Sozialdatums → § 61 Rn. 20 ff.; zum Begriff des Erhebens → § 61 Rn. 57. Die Terminologie des § 64 entspricht nicht der des Art. 4 Nr. 2 DS-GVO, wonach Nutzung und Übermittlung Vorgänge der Datenverarbeitung sind, wobei die Nutzung ein Verwendungsvorgang ist (→ § 61 Rn. 4). 2

2 Keine Übermittlung bei Gefährdung eines Leistungserfolges (Abs. 2)

Jede Datenübermittlung ist ein Eingriff in das Grundrecht auf informationelle Selbstbestimmung und bedarf daher einer gesetzlichen Übermittlungsbefugnis. Auch wenn diese vorliegt, gebietet der Grundsatz der Verhältnismäßigkeit aus Art. 20, 28 GG, dass der Eingriff (zusätzlich) geeignet, erforderlich und angemessen sein muss. Angemessen ist er nur, wenn sein Nachteil nicht außer Verhältnis zu seinem Zweck steht. Das aber ist der Fall, wenn eine Leistung infolge der Übermittlung verhindert oder vermindert wird. § 64 Abs. 2 hat daher lediglich die Funktion eines Warnschildes: **Achtung! Grundsatz der Verhältnismäßigkeit!** Trotz mehrfacher Änderungen ist der Wortlaut des Abs. 2 noch immer missverständlich. Klargestellt ist nunmehr, dass Abs. 2 nur Übermittlungen „nach" (also nicht mehr „im Sinne von") § 69 SGB X einschränken will. Übermittlungen nach **§ 71 SGB X** erfasst er also nicht (→ § 61 Rn. 166). Solche Übermittlungen können aber unabhängig von § 64 Abs. 2 rechtswidrig sein, wenn sie den Grundsatz der Verhältnismäßigkeit missachten (zB im Fall des § 71 SGB X).[5] 3

Mit der Formulierung **„abweichend von Abs. 1"** wurde aber einem weiteren Missverständnis der Boden bereitet. Gemeint ist nicht § 69 Abs. 1 SGB X,[6] sondern § 64 4

1 Vgl. hierzu die Auseinandersetzungen zwischen Kunkel ZfJ 1991, 111 und 459; Mörsberger ZfJ 1991, 114; Maas ZfJ 1991, 577 sowie daraufhin Kunkel DAVorm 1992/269.
2 AA Törnig in JHSM § 64 Rn. 14; Mörsberger in Wiesner § 64 Rn. 4.
3 Konsequent Mörsberger in Wiesner § 64 Rn. 7: „leere Floskel".
4 Ebenso Rombach in Hauck/Noftz § 64 Rn. 4.
5 Vgl. hierzu Kunkel DVBl 1991, 567 und Hoffmann/Proksch in FK-SGB VIII Rn. 4.
6 So aber anscheinend Maas in JHSM Rn. 42.

Abs. 1. Der Gesetzgeber hätte sonst formuliert „§ 69 Abs. 1 SGB X“ oder „abweichend von dessen Absatz 1“. Ferner bezieht sich die Formulierung „ist abweichend ... zulässig“ auf die Rechtsfolge, nicht auf den Tatbestand der Bezugsnorm.[7] Der Gesetzgeber hätte sonst formulieren müssen: „Eine von Absatz 1 abweichende Übermittlung ist nur zulässig, soweit...“. Nach dem Satzgefüge von Abs. 2 ist gemeint, dass eine Übermittlung, die denselben Zweck verfolgt wie die Erhebung des Datums, abweichend von Abs. 1 unzulässig ist, soweit die Übermittlung den Erfolg einer Leistung gefährdet. Bei zweckidentischen Übermittlungen wird dies aber nur selten der Fall sein. Gemeint sind eher zweckändernde Übermittlungen. Mit Abs. 2 soll der zweckändernden (inkongruenten) Datenübermittlung nach § 69 SGB X ein Riegel vorgeschoben werden, wenn der Erfolg der Jugendhilfeleistung durch die Übermittlung gefährdet wird. Da die inkongruente Datenübermittlung aber nicht Inhalt des Abs. 1 ist, kann Abs. 2 auch nicht von Abs. 1 abweichen. Gemeint ist, dass jede Übermittlung, die nach § 69 SGB X befugt wäre, unbefugt gemäß Abs. 2 ist, wenn sie eine Jugendhilfeleistung gefährdet. Dies ist eine Konkretisierung des Verhältnismäßigkeitsgrundsatzes.[8]

5 Im Dunkeln bleibt schließlich, was mit einer **„zu gewährenden Leistung“** gemeint ist. Eine Beschränkung auf künftige oder schon begonnene, aber noch nicht abgeschlossene Leistungen wäre nicht sinnvoll, da eine spätere Datenübermittlung sehr wohl auch eine schon abgeschlossene nachträglich in ihrem Erfolg gefährden kann. Sollte mit der Gerundivform aber nur eine Muss-Leistung gemeint sein, wäre die Kann-Leistung grundlos ausgenommen. Wenn Abs. 2 schon nicht gestrichen wird, könnte er besser lauten: „Eine Übermittlung von Sozialdaten nach § 69 SGB X ist nicht zulässig, wenn dadurch der Erfolg einer Leistung iSv § 2 Abs. 2 SGB VIII gefährdet wird.“ Die Abweichung in § 64 Abs. 2 SGB VIII von § 69 SGB X ist mit § 37 S. 2 SGB I vereinbar (→ § 61 Rn. 8), da § 67b Abs. 1 SGB X eine Öffnung für diese Abweichung von § 69 SGB X enthält.

6 Mit „Leistung“ ist eine **Leistung gemäß § 2 Abs. 2** gemeint, nicht etwa eine Leistung nach anderen Büchern des Sozialgesetzbuches.[9] Ob der Erfolg einer Jugendhilfeleistung gefährdet ist, ist am Maßstab des § 1 zu messen.

7 Die **Beurteilung** dieser Frage obliegt dem JA, da es gem. § 67d Abs. 2 S. 1 für die Zulässigkeit der Übermittlung verantwortlich ist (→ § 61 Rn. 115). Bei der Auslegung dieses unbestimmten Rechtsbegriffes hat es eine Einschätzungsprärogative ähnlich der des § 8a. Will das JA gem. § 8a Abs. 2 das FamG anrufen, ist die Übermittlung gem. § 69 Abs. 1 Nr. 1 SGB X zulässig, wenn § 64 Abs. 2 nicht entgegensteht. Der Erfolg einer laufenden HzE wäre durch diese Übermittlung nicht gefährdet, auch wenn er mit diesem PSB nicht möglich erscheint, mit anderen aber schon.[10] Auch eine Anzeige bei der Polizei im Falle einer **Kindesmisshandlung** könnte gem. § 69 Abs. 1 Nr. 2 SGB X zulässig sein (→ § 61 Rn. 124, 193), ohne dass § 64 Abs. 2 entgegensteht, wenn der Erfolg einer HzE nicht oder nicht mehr eintreten kann.[11]

8 Geschützt ist nur der Erfolg einer **rechtmäßig** gewährten Leistung. § 64 Abs. 2 steht daher einer Übermittlung an einen anderen Sozialleistungsträger nicht entgegen, wenn die Jugendhilfeleistung rechtswidrig erbracht worden ist, weil eine andere Sozialleistung gem. § 10 vorrangig gewesen wäre.[12] Dagegen ist § 64 Abs. 2 nicht einschlägig,

7 So aber Maas in JHSM Rn. 37 f.
8 So Kirchhoff in jurisPK-SGB VIII Rn. 22.
9 So wohl auch Mörsberger in Wiesner Rn. 16.
10 Ebenso Maas in JHSM Rn. 45, allerdings missverständlich: „Seinem Wortlaut nach wäre § 64 Abs. 2 nun nicht anwendbar.“
11 Vgl. Kunkel NDV 1992, 88.
12 So LG Osnabrück 13.11.1989 – 22 Qs VII 131/89, ZfF 1991, 40.

wenn eine andere Sozialleistung rechtswidrig erbracht worden ist, weil vorrangig Jugendhilfe zu leisten gewesen wäre.

9 Werden Daten aus der **Trennungs- und Scheidungsberatung** nach § 17 an das Familiengericht gem. § 50 Abs. 1 und 2 übermittelt, ist dies nach § 69 Abs. 1 Nr. 1 SGB X zulässig (→ § 61 Rn. 112). Seinem Wortlaut nach stünde § 64 Abs. 2 dieser Übermittlung auch nicht entgegen, da die Beratung schon abgeschlossen ist. Seinem Sinn nach wird er aber dennoch anzuwenden sein (für zukünftige und bereits erbrachte Leistungen).[13] Um den Erfolg einer Beratung nicht zu gefährden, muss der Berater im **Beratungsgespräch** deutlich machen, dass Daten aus der Beratung an das Gericht übermittelt werden können, weil Beratung und Familiengerichtshilfe dasselbe Ziel verfolgen, nämlich das Wohl des Kindes. Am sichersten ist die Einholung einer Einwilligung gem. § 67b SGB X, wenn das JA nicht nur die Tatsache der Beratung, sondern deren Inhalte mitteilen will.[14] Werden Beratungstätigkeit nach § 17 und Familiengerichtshilfe nach § 50 von verschiedenen Personen wahrgenommen, ist der Konflikt vermieden.

10 Auch wenn eine Übermittlung nicht durch § 64 Abs. 2 gesperrt ist, könnte sich unabhängig davon eine Sperre aus § 65 ergeben, wenn es sich um anvertraute Daten handelt. Diese könnten nur mit den Instrumenten des § 65 Abs. 1 S. 1 Nr. 1–5 überwunden werden; im Falle der **Familiengerichtshilfe** nach vorangegangener Scheidungsberatung, also wiederum nur durch Offenlegung des Arbeitsauftrages im Beratungsgespräch, weil dann eine zumindest stillschweigende Einwilligung mit der Übermittlung angenommen werden kann.[15]

3 Anonymisierung/Pseudonymisierung (Abs. 2a)

11 Es entspricht dem Grundsatz der Verhältnismäßigkeit (→ § 61 Rn. 122), dass Daten nur soweit verwendet werden dürfen, wie es notwendig zur Aufgabenerfüllung ist. Dies fordert auch der Grundsatz der Datenminimierung in Art. 5 Abs. 1 lit. c DS-GVO. Dafür sind aber personenbezogene Daten häufig nicht erforderlich; vielmehr genügt die Verwendung anonymisierter oder pseudonymisierter (Art. 4 Nr. 5 DS-GVO) Daten (→ § 61 Rn. 54). Dies gilt nicht nur für die Übermittlung, sondern auch für die Nutzung von Daten, also schon innerhalb der verantwortlichen Stelle. Abs. 2a greift daher zu kurz. Eine Fachkraft außerhalb der verantwortlichen Stelle, also eine fallfremde Fachkraft, ist eine Person bei einem freien Träger, einer anderen Behörde, einem anderen Amt in derselben Behörde, einem anderen Sachgebiet im selben Amt (→ § 61 Rn. 63). Da **ASD** und **wirtschaftliche** Jugendhilfe für denselben Fall unter je verschiedenen Gesichtspunkten verantwortlich sind, ist zwischen ihnen keine Verfremdung der Daten notwendig; es handelt sich nicht um Übermitteln, sondern um Nutzen von Daten (→ § 61 Rn. 63).[16]

4 Adoption in der DDR (Abs. 2 b)

12 Eine weitere Abweichung von der Zweckbindung ist mit dem **KJSG** erfolgt. Diese Abweichung ist nur dann zulässig, wenn **politisch motivierte Adoptionsvermittlungen** in der DDR erforscht werden sollen. Die Forschung muss eine wissenschaftliche sein (zum Begriff § 75 SGB X bei → § 61 Rn. 181). Dieser – „last minute" – Einfügung hätte es nicht bedurft, da § 75 Abs. 1 Nr. 1 SGB X solche Forschungsvorhaben zulässt.

---

13 Ebenso Lohrentz, Trennung und Scheidung, S. 204.

14 Ebenso Lohrentz, Trennung und Scheidung, S. 210; Ensslen, Datenschutz, S. 249.

15 AA Oberloskamp FamRZ 1992, 1246, die anscheinend nur § 65 Abs. 1 S. 1 Nr. 2 als Weitergabebefugnis sieht, also eine Befugnis lediglich bei Gefährdung des Kindeswohls annimmt; Mörsberger in Wiesner/Zarbock Neues KJHG, S. 366; Kaufmann in Wiesner/Zarbock Neues KJHG, S. 332; Menne ZfJ 1992, 71; Müller-Alten ZfJ 1991, 457; Balloff ZfJ 1992, 456.

16 Ebenso Hoffmann/Proksch in FK-SGB VIII Rn. 10.

Die Daten dürfen ohne Anonymisierung oder Pseudonymisierung (zu diesen Begriffen → Rn. 10) verwendet werden). Für anvertraute Daten ist § 65 um die Nr. 6 ergänzt worden (→ § 65 Rn. 24).

5 Jugendhilfeplanung (Abs. 3)

13 Die in Abs. 3 (auch) geregelte Speicherung passt nicht zur Überschrift des § 64, da das Speichern kein Übermittlungsvorgang ist, sondern eine weitere Form der Verarbeitung (Art. 4 Nr. 2 DS-GVO). Darüber hinaus ist auch § 64 Abs. 3 überflüssig (→ § 61 Rn. 8), da sein Inhalt schon im SGB X geregelt ist. Speicherung und Nutzung der Daten sind in § 67 c normiert, nämlich in dessen Abs. 1, wenn die Daten schon zu Planungszwecken erhoben worden sind, in dessen Abs. 2 Nr. 3 bei späterer Zweckänderung. § 67c Abs. 2 Nr. 3 SGB X gilt nur für ein bestimmtes Vorhaben der Planung, dies ist die in § 80 geregelte Jugendhilfeplanung. Dass die Daten zu **anonymisieren** sind, ergibt sich aus § 64 Abs. 2a. Dass die Anonymisierung unverzüglich erfolgen muss, ist dort nicht geregelt, folgt aber aus dem Grundsatz der Erforderlichkeit, wonach in jedem Stadium des Planungsverfahrens die Daten zu anonymisieren sind, wenn der Personenbezug für den Planungszweck nicht notwendig ist.[17] Die zusätzlichen Einschränkungen aus § 67c Abs. 5 S. 3 und 4 SGB X gelten auch hier.

14 Falls **anvertraute** Daten iSv § 65 **stellenintern** weitergegeben werden, ist zusätzlich § 65 zu beachten, also die Einwilligung des Betroffenen erforderlich. Falls Daten zu Planungszwecken an eine **andere Stelle** (zB Planungsamt) beim Träger der öffentlichen Jugendhilfe weitergegeben, also übermittelt werden, gilt **§ 75 SGB X** (als Sonderregelung zu § 69 Abs. 1 Nr. 1 SGB X). Ebenso bei einer Übermittlung zur externen (zB Institut) Jugendhilfeplanung. § 64 Abs. 2 ist dann nicht zusätzlich zu beachten, aber für anvertraute Daten wiederum § 65.

15 § 64 Abs. 3 regelt nur die **Planung iSd** § 80, also nicht Hilfeplanung iSd § 36. Für diese gilt bezüglich Speicherung und Nutzung § 67c Abs. 1 SGB X.

6 Rückmeldung (Abs. 4)

16 Eine **Rückmeldepflicht** des JA an die „Gefahrenmelder" nach § 4 Abs. 1 KKG hat das **KJSG** in § 64 Abs. 4 **Satz 1** eingefügt; ebenso in § 4 Abs. 4 KKG. Mit der Regelung in § 64 SGB VIII ist die datenschutzrechtliche Zulässigkeit der Rückmeldepflicht nach § 4 KKG verbunden. Inhalt und Umfang der Rückmeldung ergeben sich aus **Satz 2**. Die Rückmeldung ist nicht lediglich ein nobile officium, sondern notwendig, um dem Melder die Beurteilung seines weiteren Vorgehens (Anrufung des Familiengerichts?, Anzeige bei Polizei?) zu ermöglichen.

§ 65 Besonderer Vertrauensschutz in der persönlichen und erzieherischen Hilfe

(1) [1]Sozialdaten, die dem Mitarbeiter eines Trägers der öffentlichen Jugendhilfe zum Zwecke persönlicher und erzieherischer Hilfe anvertraut worden sind, dürfen von diesem nur weitergegeben oder übermittelt werden

1. mit der Einwilligung dessen, der die Daten anvertraut hat, oder
2. dem Familiengericht zur Erfüllung der Aufgaben nach § 8a Absatz 2, wenn angesichts einer Gefährdung des Wohls eines Kindes oder eines Jugendlichen ohne diese Mitteilung eine für die Gewährung von Leistungen notwendige gerichtliche Entscheidung nicht ermöglicht werden könnte, oder

17 So BVerfGE 65, 1; ferner OVG NRW NJW 1988, 90.

3. dem Mitarbeiter, der auf Grund eines Wechsels der Fallzuständigkeit im Jugendamt oder eines Wechsels der örtlichen Zuständigkeit für die Gewährung oder Erbringung der Leistung verantwortlich ist, wenn Anhaltspunkte für eine Gefährdung des Kindeswohls gegeben sind und die Daten für eine Abschätzung des Gefährdungsrisikos notwendig sind, oder
4. an die Fachkräfte, die zum Zwecke der Abschätzung des Gefährdungsrisikos nach § 8a hinzugezogen werden; § 64 Absatz 2a bleibt unberührt, oder
5. unter den Voraussetzungen, unter denen eine der in § 203 Absatz 1 oder 4 des Strafgesetzbuchs genannten Personen dazu befugt wäre, oder
6. wenn dies für die Durchführung bestimmter wissenschaftlicher Vorhaben zur Erforschung möglicher politisch motivierter Adoptionsvermittlung in der DDR erforderlich ist. Vom Adoptionsverfahren betroffene Personen dürfen nicht kontaktiert werden; § 64 Absatz 2b Satz 1 und 2 gilt entsprechend.

²Der Empfänger darf die Sozialdaten nur zu dem Zweck weitergeben oder übermitteln, zu dem er sie befugt erhalten hat.

(2) § 35 Absatz 3 des Ersten Buches gilt auch, soweit ein behördeninternes Weitergabeverbot nach Absatz 1 besteht.

1 Anwendungsbereich (Abs. 1 Satz 1)

Die Regelung zum besonderen Schutz anvertrauter Daten wurde im Gesamtkontext der datenschutzrechtlichen Bestimmungen des SGB VIII auf Bitte des Bundesrates und Empfehlung des Bundesbeauftragten für den Datenschutz aufgenommen.[1] Sie hat als nationale Regelung gem. Art. 6 Abs. 1 c) und e) iVm Abs. 2 und Abs. 3 S. 1 b), S. 2 DS-GVO sowie als Regelung zur Verarbeitung besonderer Kategorien von Daten gem. Art. 9 Abs. 2 b) und g) DS-GVO auch unter Geltung der DS-GVO Bestand[2] und wurde dieser lediglich terminologisch angepasst.[3] 1

1 BT Drs. 11/6748, 82; BT Drs. 11/5948, 123.
2 Vgl. OVG Saarl 19.4.2021 – 2 A 370/20, Rn. 38.
3 BR-Drs. 430/18, 485.

1.1 Die Funktionen des § 65

2 Die Regelung zum besonderen Vertrauensschutz soll den Hilfesuchenden und den jeweiligen Fachkräften des JA/LJA einen verlässlichen Rahmen zum vertrauensvollen Austausch gewährleisten, als **Voraussetzung und Basis einer wirksamen Jugendhilfe.**[4] Die sehr weitgehende Beschränkung der Datenweitergabe und -übermittlung (zu den Begrifflichkeiten → Rn. 13) ist durch das staatliche Interesse an einer effektiven Hilfeerbringung, insbesondere zur Gewährleistung des Kindeswohls, gerechtfertigt.[5]

Dabei wird der besondere Vertrauensschutz nach § 65 zum einen als „Königsdisziplin der Sozialen Arbeit und insbesondere der Bezirkssozialarbeit der Jugendämter" bezeichnet.[6] Er wird aber auch in der derzeitigen Ausgestaltung als die Arbeit der Jugendhilfe behindernd und dringend reformbedürftig aufgefasst.[7] Um ihn ranken sich die meisten datenschutzrechtlichen Rechtstreitigkeiten in der Jugendhilfe. Im Zuge des aktuellen KJSG hat er indessen – mit Ausnahme der wohl nur in Ausnahmefällen relevanten neu angefügten Nr. 6 in Abs. 1 – keine Änderung erfahren.

3 **1.1.1 Erweiterung des Funktionsbereichs der § 76 SGB X, § 78 SGB X.** § 65 erweitert als grundsätzliches Verbot der Weitergabe von besonders sensiblen Sozialdaten den Funktionsbereich des § 76 SGB X (→ § 61 Rn. 200). Der besondere Schutz wird jedoch nicht über die Herkunft der Daten bestimmt, sondern insbesondere nach dem Zweck (→ Rn. 9) und den Umständen ihrer Mitteilung (→ Rn. 10). Wo die Übermittlungsbefugnisse im Sozialdatenschutz die Tür zur Mitteilung von Daten ggf. schon geöffnet haben, schließen die besonderen Datenschutzregeln sie wieder ein Stück und lassen nur noch einen Spalt offen, durch den es datenschutzrechtlich zu schlüpfen gilt: Eine Weitergabe der im Sinne des § 65 zweckbestimmt anvertrauten sensiblen Daten ist nur in den engen Grenzen des Abs. 1 Nr. 1 bis 6 möglich. Da die sozialrechtlichen Übermittlungsbefugnisse gem. §§ 68–75 SGB X zusätzlich vorliegen müssen, ist wie bei § 76 SGB X auch hier eine Doppellegitimation notwendig (→ § 61 Rn. 198). Normadressaten des § 65 sind also sowohl[8] das JA als auch dessen Fachkräfte (→ Rn. 7). Das JA/LJA hat durch organisatorische Maßnahmen sicherzustellen, dass die Mitarbeitenden ihrer besonderen Schutzpflicht nach § 65 nachkommen können (→ Rn. 27).[9] Besteht nach § 65 eine Befugnis der Fachkraft, Daten an Dritte mitzuteilen, ist dies zunächst eine Erlaubnis. Sie wird zur Pflicht, wenn das JA eine Übermittlungspflicht hat (→ § 61 Rn. 142).

Der verlängerte Schutz des § 65 bei befugter Weitergabe oder Übermittlung folgt nicht den Grundsätzen des § 76 SGB X, sondern gemäß Abs. 1 Satz 2 dem Zweckbindungsprinzip entsprechend § 78 SGB X[10] (→ Rn. 25).

4 **1.1.2 Verhältnis zu § 203 StGB.** § 65 wirkt in die **Strafrechtsbewehrung** des § 203 StGB hinein. Der strafrechtliche Schutzschild wird im Falle persönlicher und erzieherischer Hilfen durch einen sozialrechtlichen Schutzschild ergänzt. Soweit für die jeweiligen Mitarbeitenden Übermittlungsbefugnisse bestehen, die eine Strafbarkeit nach

4 Vgl. OVG Saarl 19.4.2021 – 2 A 370/20, Rn. 38; Kepert, Sozialdatenschutz, S. 63; Kirchhoff in jurisPK-SGB VIII, § 65 Rn. 15; Hoffmann in FK-SGB VIII § 65 Rn. 1.

5 VGH BW 27.4 2020 – 12 S 579/20, FamRZ 2020, 1193.

6 Manfred Elsner, Abteilungsleiter Kommunaler Sozialer Dienst, Amt für Kinder, Jugend und Familie, Freiburg und Lehrbeauftragter Evangelische Hochschule Freiburg in einem persönlichen Gespräch.

7 Vgl. ausführlich Kepert ZKJ 2020, 165.

8 Den Träger als „mittelbaren Adressaten" bezeichnet etwa VGH BW 27.4.2020 – 12 S 579/20, FamRZ 2020, 1193; OVG NRW 7.12.2019 – 15 E 863/16; Rombach in Hauck/Noftz Rn. 5; Mörsberger in Wiesner Rn. 6; aA: „nur der Mitarbeiter" Proksch, Sozialdatenschutz, S. 146.

9 Vgl. Hoffmann in FK-SGB VIII § 65 Rn. 6.

10 BT-Drs. 12/6334, 9.

§ 203 StGB ausschließen könnten, weil die Geheimnisoffenbarung dann nicht unbefugt bzw. gerechtfertigt ist,[11] begrenzt der § 65 diese im Bereich des Sozialdatenschutzes wieder und erlangt auf diese Art und Weise strafrechtliche Relevanz für den gesamten Bereich des § 203 StGB (zur Zeugnisverweigerungspflicht → Rn. 26).

Das Weitergabe- und Übermittlungsverbot (→ Rn. 13) wirkt sich zudem unmittelbar auf § 203 Abs. 2 Satz 2 StGB aus. § 203 Abs. 2 Satz 2 2. Hs. StGB bestimmt, dass eine Offenbarung dann nicht unbefugt ist, wenn **Beamte oder Mitarbeitende des öffentlichen Dienstes** Daten an andere Behörden oder sonstigen Stellen für Aufgaben der öffentlichen Verwaltung bekanntgeben und „das Gesetz dies nicht untersagt". § 65 ist das Gesetz, das eine entsprechende Datenbekanntgabe untersagt – wenn kein Fall der Nr. 1 bis 6 vorliegt. Damit wird die tatbestandsausschließende Norm des 203 Abs. 2 Satz 2 StGB im Falle anvertrauter Daten auf das Nadelöhr des § 65 beschränkt.

Fraglich ist das Verhältnis des § 65 Abs. 1 Nr. 5 SGB VIII zu § 203 Abs. 3 StGB. Seit 2017 ist die Weitergabe von Daten an **Auszubildende, Gehilfinnen und andere mitwirkende Personen** im eigenen Aufgabenbereich kein Offenbaren iSd § 203 StGB. Infolgedessen wird zwischenzeitlich angenommen, über § 203 Abs. 3 StGB iVm § 65 Abs. 1 Nr. 5 ließe sich auch eine datenschutzrechtliche Befugnis zur Weitergabe von Daten an diese Personen begründen[12] (zu den Voraussetzungen des Abs. 1 Nr. 5 → Rn. 23). Diese Auffassung ist anhand des Wortlautes der Regelungen und praktischen Erwägungen nachvollziehbar. Allerdings spricht die Gesetzesbegründung dagegen. Danach wurde § 65 Abs. 1 Nr. 5 lediglich als Folgeänderung angepasst, weil „der Inhalt des bisherigen § 203 Absatz 3 StGB in § 203 Absatz 4 StGB-E überführt wird".[13] Dass durch die 2017 eingefügte Neuregelung in § 203 Abs. 3 StGB auch eine weitreichende inhaltliche Änderung der Voraussetzungen erfolgt ist, unter denen Personen nach § 203 Abs. 1 StGB zur Weitergabe von Daten befugt sind, hat der Gesetzgeber aus hiesiger Sicht übersehen, denn es lässt sich kein entsprechender Regelungswillen feststellen. Eine (letztlich mittelbare) Anwendung des § 203 Abs. 3 StGB auch im Rahmen des § 65 wäre ein immenser Bruch mit dem strengen System der eng gefassten Regelungen der Nr. 1 bis 4. Insbesondere stünde eine entsprechende Auslegung diametral den Regelungen der Nr. 3 und 4 entgegen, sind doch die dort genannten Mitarbeitenden und Fachkräfte – aber beispielsweise auch Urlaubsvertretungen – für das Gelingen der Aufgaben der persönlichen und erzieherischen Hilfe wesentlich wichtiger, als die in § 203 Abs. 3 StGB nicht näher bezeichneten „Gehilfen" und „sonstigen mitwirkenden Personen". Bleibt aber diesbezüglich – nicht zuletzt bei der aktuellen Gesetzesüberarbeitung – die Weitergabemöglichkeit in § 65 auch insoweit auf enge Ausnahmen beschränkt (vgl. im Einzelnen unter → Rn. 21 f.), kann es sich bei der Ausweitung der Übermittlungsbefugnisse über § 203 Abs. 3 StGB im Rahmen des § 65 nur um ein Redaktionsversehen handeln. Darüber hinaus erweitert § 203 Abs. 3 S. 2 StGB die Übermittlungsmöglichkeit in einem Maße, für das in praktischer Hinsicht kein Bedürfnis besteht, wenn die Voraussetzungen für die Annahme eines anvertrauten Datums (→ Rn. 7 ff.) ernst genommen werden und der besondere Schutz auf diese beschränkt bleibt. Wenn die Daten dem Zugriff anderer Mitarbeitenden entzogen werden müssen und deshalb gesondert zur Akte zu nehmen/zu speichern sind,[14] ist nicht einzusehen, weshalb Sekretariatskräfte oder EDV Betreuerinnen sollen Einsicht haben können. Nach hiesiger Einschätzung kann deshalb eine Datenweitergabe- oder Übermittlung im Rahmen des § 203 Abs. 3 StGB straffrei und dennoch unbefugt iSd § 65 sein.

---

11 Vgl. Eisele in Schönke/Schröder § 203 Rn. 45 und 83; Cierniak/Niehaus in MükoStGB § 203 Rn 99; bei Fischer § 203 Rn. 61 f.; Heckel NVwZ 1994, 224 (228).

12 So Kirchhoff in jurisPK-SGB VIII § 65 Rn. 39 und wohl auch Bouhatta NJOZ 2021, 577 (581).

13 BT-Drs. 18/11936, 42.

14 Vgl. etwa bei Kirchhoff in jurisPK-SGB VIII Rn. 23.

Umgekehrt kann sich aus § 65 iVm einer weiteren Befugnisnorm ergeben, dass eine Strafbarkeit nach § 203 StGB entfällt,[15] bspw. im Zusammenspiel der Pflicht zur Anrufung des Gerichts nach § 8a Abs. 2 iVm § 65 Abs. 1 Nr. 2.

5 **1.1.3 Erweiterung des Schutzes auf stelleninterne Weitergabe.** Ist der Sozialdatenschutz gemäß § 67 Abs. 4 SGB X allgemein so konzipiert, dass die Daten innerhalb eines Aufgabenbereiches weitergegeben werden können, weist § 65 eine weitere Besonderheit dadurch auf, dass er dem Sozialdatenschutz in Abweichung hiervon auch innerhalb eines Aufgabenbereiches zur Geltung verhilft (näheres unter → Rn. 13).

6 **1.1.4 Personalisierung der Jugendhilfe.** Schließlich stellt die Norm nicht darauf ab, dass die Mitteilung eines Datums – wie sonst üblich – gegenüber der Behörde erfolgt, vielmehr findet die Mitteilung von einem/einer Hilfesuchenden gegenüber einem/einer Mitarbeitenden statt und damit von Person zu Person. Das Verhältnis zwischen den Beteiligten wird daher personalisiert und individualisiert.[16] Das stärkt auf der einen Seite die Vertrauensbeziehung. Auf der anderen Seite spielt das bspw. im Zusammenhang mit der Frage eine Rolle, ob eine Befugnisnorm im Rahmen des § 203 Abs. 1 StGB nur dem JA oder der/dem Mitarbeitenden des Jugendamtes persönlich eine Mitteilung von Daten ermöglicht.

1.2 Die Voraussetzungen des § 65

7 **1.2.1 „Mitarbeiter", „Mitarbeiterin".** § 65 gilt für alle Mitarbeitenden des Trägers der öffentlichen Jugendhilfe, gleichgültig, ob sie im JA oder in einer kommunalen Einrichtung (Kindertagesstätte, Beratungsstelle oä) tätig sind und gleichgültig, ob dies hauptamtlich, nebenamtlich oder ehrenamtlich geschieht. Er gilt nicht, wenn die Mitarbeitenden als AB/AP/AV tätig sind, da dann wegen § 61 Abs. 2 nur § 68 Anwendung findet. Mitglieder des JHA sind keine Mitarbeiter, weil sie keinen Weisungen des Trägers unterliegen. Dass auch Mitarbeitende einer Jugendhilfeeinrichtung einer kreisangehörigen Gemeinde, die nicht Träger der Jugendhilfe gem. Landesrecht ist, Mitarbeiter iSv § 65 sind, folgt aus § 61 Abs. 1 S. 3, der diese kreisangehörigen Gemeinden ebenfalls den Datenschutzregelungen unterwirft.[17]

8 Für die Mitarbeitenden eines **Trägers der freien Jugendhilfe** gilt § 65 entsprechend, wenn die Voraussetzungen des § 61 Abs. 3 vorliegen (→ § 61 Rn. 298 ff.).

9 **1.2.2 „Persönliche und erzieherische Hilfe".** Der besondere Schutz des § 65 gilt für Sozialdaten, die zum Zwecke persönlicher und erzieherischer Hilfe anvertraut werden. Der Begriff **„persönliche und erzieherische Hilfe"** kommt an keiner anderen Stelle des SGB VIII vor. Lediglich § 11 S. 2 SGB I verwendet diesen Begriff, indem er diese Hilfe den Dienstleistungen als eine Art der Sozialleistung zuordnet. Damit soll dort zum Ausdruck gebracht werden, dass die persönliche Hilfe als eine Form der Sozialhilfe nach § 11 SGB XII und die erzieherische Hilfe nach § 8 SGB I aF als Form der Jugendhilfe Sozialleistungen sind. In einem weiteren Sinn ist die gesamte Jugendhilfe „erzieherische Hilfe", da sie das Ziel hat, Kinder und Eltern im Erziehungsprozess zu unterstützen (§ 1). In diesem weiten Sinn kann der Begriff nicht gemeint sein, weil § 65 sonst keine besondere Funktion mehr hätte. In einem engeren Sinn ist „erzieherische Hilfe" die HzE nach § 27 iVm §§ 28 bis 35. Den Begriff der erzieherischen Hilfe auf diese Leistung der Jugendhilfe zu beschränken, würde dem Schutzzweck des § 65 nicht gerecht, da auch bei anderen Leistungen der Jugendhilfe (beispielsweise bei der Beratung nach § 17) besonderer Vertrauensschutz gewährleistet sein muss. Umgekehrt wäre der Begriff zu weit ausgedehnt, würde man darunter alle Leistungen gem. § 2

15 Vgl. auch Mörsberger § 65 Rn. 21.
16 Mörsberger in Wiesner Rn. 26 knüpft daran die Forderung, auch die Korrespondenz nicht in der „Wir"-Form zu führen.
17 Ebenso Maas/Törnig in JHSM § 65 Rn. 4.

Abs. 2 fassen.[18] Generelle Angebote wie beispielsweise die der Jugendarbeit für alle Jugendlichen oder die allgemeine Familienberatung, sind keine individuellen Hilfen, auch wenn sie der individuellen Entwicklung junger Menschen dienen. „Persönliche Hilfe" setzt einen persönlichen Bezug bei der Hilfegewährung voraus.[19] Trotz des persönlichen Bezugs ist nicht einmal die HzE gem. § 27 in vollem Umfang „persönliche und erzieherische Hilfe", nämlich dann nicht, wenn es um ihre wirtschaftliche Seite, also die Annex-Leistungen nach §§ 39, 40 geht. Nicht von § 65 erfasst ist ferner die Kostenbeteiligung an einer „persönlichen und erzieherischen Hilfe" gem. §§ 90–95. Weder sind deshalb die Leistungen in der Jugendhilfe generell „persönliche und erzieherische Hilfe", noch kann dieser Begriff auf die Leistungen beschränkt werden,[20] da auch bei Erfüllung **anderer Aufgaben** der Jugendhilfe gem. § 2 Abs. 3 sensible Daten anvertraut werden (bspw. bei der Beratung im Verfahren zur Annahme als Kind nach § 51, in der Jugendhilfe in Strafsachen nach § 52, bei der Beratung von Pflegern nach § 53 oder bei Inobhutnahmen gem. § 42). Auszuscheiden sind jedenfalls administrative Maßnahmen wie Erteilung oder Aufhebung der Pflegeerlaubnis, Beurkundungen und Beglaubigungen, Aufnahme von vollstreckbaren Urkunden.[21] Es genügt ferner nicht, wenn die Sozialdaten lediglich im Zusammenhang stehen mit persönlicher und erzieherischer Hilfe; das Gesetz verlangt, dass sie gerade zum Zweck dieser Hilfe anvertraut worden sind. Es muss sich also um Sozialdaten handeln, die dem JA mitgeteilt worden sind, damit das JA aufgrund dieser Daten **individuelle Hilfe** leistet, die nicht bloß wirtschaftlicher oder administrativer Art ist.[22]

Unterschiedlich beantwortet wird die Frage, ob Hinweise – bspw. auf eine **Kindesmisshandlung** – von nicht betroffenen Dritten im Rahmen des § 65 erfolgen, also zur Erlangung persönlicher und erzieherischer Hilfe geleistet werden. Dies wurde in der Vorauflage verneint.[23] Nach Auffassung Kunkels ist die in der Rechtsprechung verbreitete Anwendung des § 65 SGB VIII auf **Informanten** gut gemeint, aber nicht notwendig (**Akteneinsichtsrecht,** → § 61 Rn. 116). Denn es kann über den Schutz berechtigter Interessen der Informanten ein Akteneinsichtsrecht oder Auskunftsanspruch – mit dem Betroffene die Informationsquelle ausfindig machen wollen – verwehrt werden. Die – auch höchstrichterliche – Rechtsprechung erkennt dem sog. Behördeninformanten ein solches berechtigtes Interesse jedenfalls dann zu, wenn die Informationen nicht wider besseres Wissen erfolgt sind.[24] Insoweit wird jedoch auch vertreten, dass der Anwendungsbereich des § 25 SGB X ende, wenn ein gerichtliches Verfahren – auch bezgl. des Anspruches nach § 25 SGB X selbst – anhängig wird, einschlägig sei ab diesem Zeitpunkt das Prozessrecht. § 99 Abs. 1 S. 2 VwGO stelle sich im Verhältnis zu fachgesetzlich geregelten Auskunftsansprüchen als prozessrechtliche Spezialnorm dar.[25] Die dann bestehende Vorlagepflicht nach § 99 Abs. 1 VwGO kann wiederum nicht aus einem berechtigten Interesse heraus verweigert werden. Der verlässliche Schutz im Falle eines gerichtlichen Verfahrens ist deshalb nur über das Datenschutzrecht zu gewährleisten. Insbesondere ist aber nicht ersichtlich, dass sich der Schutz des

---

18 So aber Maas/Törnig in JHSM Rn. 5.

19 Vgl. auch bei Kepert, Sozialdatenschutz, S. 64 f.

20 Vgl. auch Hoffmann in FK-SGB VIII Rn. 11; Kirchhoff in jurisPK-SGB VIII Rn. 25; Mörsberger in Wiesner Rn. 11; aA nur Leistungen Rombach in Hauck/Noftz Rn. 7.

21 Ebenso Kepert, Sozialdatenschutz, S. 65; Hoffmann in FK-SGB VIII Rn. 11.

22 Vgl. auch VG Cottbus 22.6.2020 – 8 K 444/17.

23 Ebenso ablehnend Hoffmann in FK-SGB VIII Rn. 14.

24 BVerwG 4.9.2003 – 5 C 48/02 BVerwGE 119, 11; OVG Münster 22.2.2021 – 12 E 36/20.

25 VG Saarlouis 30.10.2020 – 3 K 1527/18, juris Rn. 43; OVG Lüneburg 8.4.2008 – 14 PS 1/08; Franz in jurisPK-SGB X § 25 Rn. 18; in VGH BW 27.4.2020 – 12 S 579/20, und VG München 2.10.2020 – M 18 E 20.3970 spielt der § 99 VwGO keine Rolle, dahingegen § 65 SGB VIII.

§ 65 nur auf diejenigen Daten bezieht, die jemand mitteilt, um selbst Hilfe in Anspruch nehmen zu können.[26] Für eine entsprechende Auslegung gibt der Wortlaut der Norm nichts her.[27] Es kommt auf ein spezifisch zweckgerichtetes Anvertrauen hinsichtlich einer im Übrigen nicht näher definierten persönlichen und erzieherischen Hilfe an. Nach Sinn und Zweck der Regelung außerdem darauf, dass über die Vertraulichkeit die Basis für eine wirkungsvolle Hilfe geschaffen wird.[28] Angaben sog. Informanten gegenüber dem JA/LJA zielen stets darauf ab, einem Kind Schutz und Beistand, also persönliche Hilfe zukommen zu lassen. Die Vertraulichkeit ist dabei notwendige Voraussetzung, dass potentielle Informanten ihre Wahrnehmungen kundtun und damit Hilfe ermöglichen. Mit der Rechtsprechung wird deshalb an dieser Stelle die Anwendung des § 65 auf anvertraute Daten der sogenannten Behördeninformanten und -informantinnen bejaht. Hieraus ist, anders als vielfach vertreten, indes nicht zu folgern, dass der Schutz auch im Fall querulatorischer Angaben greift.[29] Wahrheitswidrige Angaben, die wider besseres Wissen und damit mit der Zielrichtung gemacht werden, andere Menschen zu diskreditieren, werden gerade nicht zum Zweck persönlicher und erzieherischer Hilfe gemacht, so dass bereits die Tatbestandsvoraussetzungen des § 65 SGB VIII nicht erfüllt sind.

10 **1.2.3 „Anvertraut".** Dem besonderen Schutz des § 65 unterliegen nicht alle Daten, die zum Zweck persönlicher und erzieherischer Hilfe mitgeteilt worden sind, sondern nur die Teilmenge der Daten, die dem Mitarbeiter in einem bewussten „Akt des Anvertrauens"[30] mitgeteilt worden sind. Der Begriff des **„Anvertrauens"** ist ebenso auszulegen wie der in § 203 Abs. 1 StGB verwandte. Anvertraut sind danach alle Daten, die einem Mitarbeiter/einer Mitarbeiterin im Vertrauen auf eine besondere Schutzpflicht und in der Erwartung mitgeteilt worden sind, dass sie Dritten nicht zugänglich gemacht werden. Das setzt zum einen voraus, dass die besondere Schutzpflicht der Fachkraft deutlich ist und zudem klargestellt ist, in welcher Rolle sie agiert, wenn sie (bspw. im Bezirkssozialdienst) auch ermittelnde Aufgaben hat (vgl. auch → § 61 Rn. 205). Daraus, dass anders als in § 203 StGB nicht „sonst bekannt gewordene Daten" geschützt werden, ergibt sich weiter, dass nicht jedes anlässlich der Aufgabenwahrnehmung bekanntgewordene Datum geschützt ist, sondern nur ein bewusst anvertrautes.[31] Ein „Anvertrauen" kann dabei ausdrücklich geschehen. Es kann sich auch aus den Umständen ergeben, wenn der Aufgabenbereich der Fachkraft bekannt ist und dieser – in Kenntnis dessen – bewusst Wahrnehmungen aus sensiblen Lebensbereichen zugänglich gemacht werden, wie bei einem **erbetenen** Hausbesuch.[32] Mit Blick auf die nicht unerheblichen Rechtsfolgen empfiehlt sich im Zweifel jedoch stets eine Klarstellung – ggf. durch Nachfrage. Ein Anvertrauen liegt jedenfalls nicht vor, wenn die mitteilende Person weiß, dass die Fachkraft die mitgeteilten Daten im Rahmen ihrer Aufgabe Dritten, zB dem Familien- oder Jugendgericht mitzuteilen hat.[33]

26 Ebenso VG Bremen, 28.04.2021 – 4 V 72/21 Rn., 16; das OVG NRW lässt etwa in seinem Beschluss vom 7.11.2019 – 15 E 863/19 Angaben von Dritten, nämlich Ärzten unter § 65 SGB VIII fallen – wobei die Frage zu stellen ist, ob hier nicht § 76 SGB X die einschlägige Norm gewesen wäre.
27 So auch Kirchhoff in jurisPK-SGB VIII Rn. 26.
28 Vgl. auch VG München 2.10.2020 – M 18 E 20.3970, juris Rn. 40; VG Cottbus 22.6.2020 – 8 K 444/17.
29 So ua VGH Bayern 1.6.2011 – 12 C 10.1510; OLG Köln 14.1.2014 – 111 Qs 255/13; VG Oldenburg 14.12.2009 – 13 A 1158/08; VG Regensburg 27.5.2014 – RO 4 K 14.423; Kirchhoff in jurisPK-SGB VIII Rn. 30.
30 So Mörsberger ZfJ 1990, 371.
31 Vgl. auch Kepert, Sozialdatenschutz, S. 66; Kirchhoff in jurisPK-SGB VIII Rn. 28.
32 Im Ergebnis ebenso Kirchhoff in jurisPK-SGB VIII Rn. 29; vgl. zum Meinungsstand Rombach in Hauck/Noftz Rn. 6.
33 AA Proksch, Sozialdatenschutz, S. 148 mit der fragwürdigen Begründung, es gehe auch hier um Leistungserbringung gem. § 17.

Schreibt bspw. das FamG der SPFH im Rahmen eines Schutzkonzeptes ausdrücklich einen Beobachtungsauftrag zu,[34] ist – unabhängig von der Frage, inwieweit das zulässig und sinnvoll ist[35] – fraglich, ob im Zuge der anschließenden Leistung der SPFH überhaupt anvertraute Daten entstehen. Denn die Betroffenen werden schon aufgrund der gerichtlichen Begründung kein Vertrauen darin entwickeln (können), dass die Daten nicht weitergegeben werden (was wiederum dafür spricht, dass die SPFH gegebenenfalls ihre eigentliche Aufgabe nicht effektiv wird wahrnehmen können). Auch Daten, die die Jugendhilfe im Strafverfahren zur Aufgabenwahrnehmung nach § 52 Abs. 1 für das Gericht erhebt, sind nicht anvertraut (→ § 61 Rn. 206). Bei Gelegenheit dieser Aufgabenerfüllung können aber Daten, die nicht der Ermittlungsaufgabe dienen, anvertraut werden, bspw. für das Leistungsangebot nach § 52 Abs. 2. Auch Daten, die im Rahmen der **Mitwirkungspflicht** nach § 60 SGB I mitgeteilt worden sind, können anvertraute Daten sein, denn solche Daten können ebenfalls im Vertrauen auf die besondere Schweigepflicht mitgeteilt worden sein, zB im Rahmen eines Hilfeplans.

Im Unterschied zu § 203 Abs. 1 StGB fehlt in § 65 die Gleichstellung mit „sonst bekannt geworden(en)" Daten.[36] Daher können diese auch nicht unter den besonderen Schutz des § 65 fallen.[37] Für den besonderen Schutz des § 65 genügt also nicht, wenn der Mitarbeiter bei einem **nicht erbetenen** Hausbesuch oder im Rahmen der SPFH persönliche oder sachliche Verhältnisse wahrgenommen hat, ohne dass ihm die Betroffenen diese Daten **bewusst und zielgerichtet** mitgeteilt oder offenbart haben. Nimmt die Fachkraft eines JA etwa bei einem Beratungsgespräch wahr, dass der junge Volljährige zu Hause immer besonders teuren Schmuck trägt, kann dieses personenbezogene Datum ggf. im Rahmen des § 203 StGB als „sonst bekannt gewordenes Geheimnis" geschützt sein, nicht jedoch über § 65, so dass bei einem entsprechenden Gerichtsbeschluss nach § 73 SGB X bspw. eine Zeugenaussage hierzu möglich wäre (→ Rn. 26). 11

Geschützt sind nur die im Verlauf des Hilfeprozesses anvertrauten Daten. Entsprechende Daten sind bspw. bei einer Anfrage der Ausländerbehörde gemäß § 71 Abs. 2 d SGB X zum Sozialverhalten geschützt (→ § 61 Rn. 165)[38] dagegen **nicht** eine Information über das **Ergebnis** dieses Prozesses, also die gewährte Leistung an sich. Diese Information ist zwar auch ein Sozialdatum (→ § 61 Rn. 21), aber kein zum Zweck der Leistung anvertrautes.[39] Im Rahmen des § 71 Abs. 2 Nr. 1a SGB X iVm § 87 Abs. 1 AufenthG ist allerdings zu beachten, dass Leistungen nach SGB VIII von der Norm nicht – mehr – umfasst sind (Norm abgedruckt unter → § 61 Rn. 141). Insoweit ist die explizit auf das Jugendamt bezogene Übermittlungsbefugnis nach § 71 Abs. 2 Nr. 1d SGB X nach Änderung des § 55 AufenthG zum 1.1.2016 (und damit einherge- 12

34 Vgl. bspw. OLG Karlsruhe 13.5.2019 – 18 UF 91/18.

35 Zu Recht krit. Kepert JAmt 2019, 378. Das Problem, dass die handelnden Institutionen gegenseitig nicht ausreichend über Aufgaben, Grenzen und Möglichkeiten der jeweils anderen Beteiligten Institutionen informiert sind und deshalb Schutzkonzepte ggf. unzulänglich oder unpraktikabel sein können, ist in der Praxis häufiger anzutreffen. In diesem Sinne vgl. auch BVerfG 3.2.2017 – 1 BvR 2569/16, JAmt 2017, 384.

36 Vgl. auch Kepert, Sozialdatenschutz, S. 66.

37 Ebenso Mann in SFMK §§ 61–68 Rn. 88; Kepert, Sozialdatenschutz, 66 f. aA VG Bremen 19.10.2011 – 4 V 564/11, JAmt 2012, 109 und 15.9.2011 – 4 V 732/11, JAmt 2012, 107; Maas/Törnig in JHSM Rn. 7; Mörsberger in Wiesner Rn. 12.

38 VG Bremen 19.10.2011 – 4 V 564/11, JAmt 2012, 109 und 15.9.2011 – 4 V 732/11, JAmt 2012, 107; vgl. auch Sommer in HK-SozDatenschutzR SGB X § 71 Rn. 35; sowie § 88 Abs. 1 AufenthG, der die Übermittlungspflicht von Daten bei Anfragen nach § 87 AufenthG einschränkt, wenn besondere gesetzliche Verwendungsregeln entgegenstehen. Dazu zählt auch das Sozialgeheimnis nach § 35 SGB I, vgl. Winkelmann in Bergmann/Dienelt § 88 Rn. 3; allg. krit. zur Verpflichtung eine Prognose abzugeben Mörsberger in Wiesner SGB X § 71 Rn. 13.

39 AA Mörsberger in Wiesner Rn. 12.

hend dem Wegfall des Ausweisungsgrundes der Inanspruchnahme von Hilfe zur Erziehung) abschließend.[40]

1.3 „weitergeben" und „übermitteln"

13 Nach § 65 ist sowohl die **Weitergabe** wie die **Übermittlung** anvertrauter Daten nur unter bestimmten Voraussetzungen möglich. Der Begriff der Weitergabe hat im „allgemeinen" Sozialdatenschutz grundsätzlich keine eigenständige Bedeutung mehr. Denn die Regelungen des Sozialdatenschutzes wurden begrifflich der DS-GVO angepasst. Danach ist die Übermittlung ein Unterfall der Datenverarbeitung (Art. 4 Nr. 2 DS-GVO). § 67d SGB X definiert seinerseits als „Übermittlung" die „Weitergabe" von Daten an einen Dritten. Auch § 65 SGB VIII wurde sprachlich der DS-GVO angepasst, der Begriff der Weitergabe wurde hier jedoch neben dem Begriff der Übermittlung beibehalten. Er soll deutlich machen, dass die Mitteilung von besonders anvertrauten Daten auch innerhalb des **eigenen Verantwortungsbereiches** iSd § 67 Abs. 4 SGB X nur unter den Voraussetzungen des § 65 Nr. 1 bis 5 möglich ist.[41] Infolgedessen ist von einer Übermittlung iSd § 65 auszugehen, wenn die Daten über den eigenen Aufgaben- und damit datenschutzrechtlichen Verantwortungsbereich (→ § 61 Rn. 63) hinaus einem/einer Dritten mitgeteilt werden sollen, während von einer Weitergabe zu sprechen ist, wenn die Daten zwar an eine/n Dritte/n mitgeteilt werden, diese/r jedoch dem eigenen Aufgabenbereich der Fachkraft zuzuordnen ist.

14 **1.3.1 Weitergabebefugnisse.** Der/die Mitarbeitende in einem Hilfeprozess darf die anvertrauten Daten auch im „**Innenverhältnis**", nämlich anderen Personen oder Stellen innerhalb des Amtes grundsätzlich nicht weitergeben, es sei denn, es bestünde eine Weitergabebefugnis. Das gilt bspw. auch ggü Urlaubsvertretungen.[42] Die anvertrauten (im Unterschied zu nicht anvertrauten Daten, deren Übermittlung im Amt idR als Nutzung gem. § 64 und § 67 c SGB X zulässig ist) Daten sind also – scheinbar – auch gegenüber dem/der **Vorgesetzten** „offenbarungsfest".[43] Die beamtenrechtliche Gehorsamspflicht gibt keine (fiktive) Offenbarungsbefugnis (→ § 61 Rn. 211)[44] und keine sonstige Weitergabebefugnis. Auch die Weitergabe zu Kontrollzwecken oder zur **Rechnungsprüfung**[45] scheint somit ausgeschlossen. Eine dem § 76 Abs. 2 Nr. 2 SGB X entsprechende Regelung (→ § 61 Rn. 215) enthält § 65 nicht. Ob die Weitergabe auch anvertrauter Daten zum Zwecke der Aufsicht und Rechnungsprüfung dennoch zulässig ist, weil sich aus § 76 Abs. 2 Nr. 2 SGB X ergibt, dass die Schweigepflicht hinter die Mitteilungspflicht zurücktritt, was über § 65 Abs. 1 Nr. 5 auch für die nach § 65 anvertrauten Daten gelten könnte, ist – anders als in der Vorauflage vertreten – fraglich. Zwar erlaubt § 76 Abs. 2 Nr. 2 SGB X diese Übermittlung, weshalb im Falle einer Tätigkeit nach § 203 Abs. 1 und 4 StGB eine Übermittlungsbefugnis bestehen und wiederum über Nr. 5 auch im Rahmen des § 65 gelten könnte.[46] Mit dieser Argumentation bisse sich aber die Katze datenschutzrechtlich in den Schwanz. Über den Umweg des § 65 Abs. 1 Nr. 5 iVm § 203 StGB kann gerade nicht auf andere sozialdatenschutzrechtliche Befugnisse rekurriert werden (→ Rn. 23). Zwar ist auch die nach § 65 besonders gestaltete Dienstleistung der Verwaltung Verwaltungstätigkeit und damit grundsätzlich der Aufsicht und Kontrolle unterworfen. Mit Blick auf den Grund-

40 Vgl. dazu auch Hoffmann in FK-SGB VIII Rn. 23; DIJuF JAmt 2016, 602; AA Bieresborn in Schütze SGB X § 71 Rn. 29, aber nur in Bezug auf die für die Aufenthaltsentscheidung relevanten Daten.
41 BR-Drs. 430/18, 485.
42 Kepert ZKJ 2020, 164 (166); Kirchhoff in jurisPK-SGB VIII Rn. 22.2.
43 So DIV DAVorm 1999/55 und Awenius JAmt 2001, 525; 21.TB LDS BW S. 50.
44 Ebenso zu § 203 StGB Lackner/Kühl § 203 Rn. 20.
45 Zu dieser ausführlich Kunkel ZKJ 2016, 9–14.
46 Ähnlich DIJuF JAmt 2014, 139.

satz der Erforderlichkeit werden in vielen Fällen Stichproben oder Anonymisierung aber als mildere geeignete Mittel zur Zweckerreichung ohnehin ausreichend sein (→ § 61 Rn. 135 f.). Ob im Einzelfall mit Blick auf das eigene Interesse der Betroffenen an der Gewährleistung rechtmäßiger Verwaltungstätigkeit eine stillschweigende Einwilligung (→ § 61 Rn. 210) in die Weitergabe zu Kontrollzwecken angenommen werden kann, ist wegen Erwägungsgrund 32 zur DS-GVO zweifelhaft.[47] Letztlich ließe sich ohne Weiteres im konkreten Fall die Einwilligung des/der Betroffenen abfragen. Soweit es sich bei den Betroffenen nicht um die Anvertrauenden selbst handelt, sind diese über ihre Auskunftsansprüche und letztlich das In Camera-Verfahren nach § 99 Abs. 2 VwGO mindestens vor rechtswidriger Zurückhaltung von Daten geschützt (zur Übermittlung von anvertrauten Daten im Rahmen der Sperrerklärung während des Verwaltungsgerichtsverfahrens und zum In-Camera-Verfahren → Rn. 26).[48] Darüber hinaus ist eine Erlaubnisnorm zur Überlassung von anvertrauten Daten zu Kontroll- und Aufsichtszwecken aber nicht erkennbar.[49]

Ist eine Weitergabe innerhalb des eigenen Aufgabenbereichs nach § 65 Abs. 1 Nr. 1 bis 6 möglich, ist **weitere Voraussetzung**, dass sie als Nutzung nach § 64 erfolgt. Denn § 65 begründet keine eigenständige Weitergabebefugnis, sondern bestimmt lediglich die Breite des Türspalts durch den es datenschutzrechtlich zu schlüpfen gilt (→ Rn. 3). § 64 Abs. 2a ist ebenfalls zu beachten. Zwar liegt innerhalb des eigenen Aufgabenbereichs keine Übermittlung, sondern eine Weitergabe vor, „Verantwortliche" im Rahmen des § 65 ist aber die einzelne Fachkraft, so dass das Anonymisierungsgebot auch hier gilt.

1.3.2 Übermittlungsbefugnisse. Eine Übermittlung von anvertrauten Daten liegt vor, 15
wenn die Daten über den eigenen Aufgabenbereich hinaus mitgeteilt werden sollen. Trotz des Wortlautes „nur" müssen die Voraussetzungen nach § 65 Abs. 1 S. 1 Nr. 1 bis 6 zu den sozialrechtlichen Übermittlungsbefugnissen gem. §§ 68 bis 75 SGB X hinzutreten, wenn eine Übermittlung an Dritte erfolgen soll (→ Rn. 3). Sie sind der Türöffner.

Auch bei einer Übermittlung gem. § 69 SGB X ist zusätzlich zur Sperre des § 65 die 16
des § 64 Abs. 2, 2 a zu überwinden.

1.4 Einzelne Weitergabe- und Übermittlungsbefugnisse

Die in Abs. 1 Nr. 1 bis 6 genannten Weitergabe- und Übermittlungsbefugnisse sind ab- 17
schließend. Den größten Spielraum lässt die Befugnis nach Nr. 1. Soweit eine Mitteilungsbefugnis nach den Ziffern 1 bis 4 und 6 nicht in Betracht kommt, besteht sie nach Nr. 5 jedenfalls immer dann, wenn sie notwendig ist, um eine Gefahr für Leib oder Leben abzuwenden (§ 34 StGB).

1.4.1 Die Einwilligung (Nr. 1). Dass die Einwilligung der wichtigste Fall der Zulässig- 18
keit einer Weitergabe- und Übermittlungsbefugnis ist, ergibt sich nicht nur aus der Notwendigkeit einer vertrauensvollen Zusammenarbeit, sondern auch unmittelbar daraus, dass die Inanspruchnahme von persönlicher und erzieherischer Hilfe als Leistung

47 Hoffmann in FK-SGB VIII Rn. 24 sieht in einem ausdrücklichen Wunsch auf Überprüfung zugleich eine konkludente Einwilligung.

48 Siehe hierzu auch Mrozynski SGB VIII Rn. 2 und – für das Steuergeheimnis – BVerfG 17.7.1984 – 2 BvE 11/83, BVerfGE 67, 100 ff.

49 Ebenso Kirchhoff in jurisPK-SGB VIII Rn. 22; Mörsberger in Wiesner Rn. 27 sieht für eine Aufsicht keine Veranlassung, wenn die anvertrauten Daten in einem eigenen Akteneil geführt werden, was aus hiesiger Sicht die Frage jedoch nur umgeht; Bouhatta in NJOZ 2021, 577 hält die Weitergabe von anvertrauten Daten zum Zweck der Dienst- oder Fachaufsicht in gewissem Rahmen für möglich, ohne dass die Erlaubnisnorm verdeutlicht wird.

– idealerweise[50] – auf einer **freiwilligen Entscheidung** der Betroffenen basiert. Mit der Einwilligung über die Datenweitergabe bestimmen sie – außerhalb des Bereichs der Kindeswohlgefährdung – deshalb auch die Grundlage der Hilfe. Soweit keine ausreichende Einwilligung erteilt wird, um aus fachlicher Sicht eine gelingende Hilfe zu ermöglichen, obliegt es der jeweiligen Fachkraft, dies den Betroffenen so zu vermitteln, dass freiwillig eine umfassendere Einwilligung erteilt wird. Wobei der Hinweis, dass ohne die Einwilligung keine Hilfe geleistet werden kann, nur dann erfolgen sollte, wenn dies tatsächlich zutrifft. Das folgt zum einen aus Erwägungsgrund 43 zur DS-GVO. Zum anderen daraus, dass es nicht vertrauensbildend ist, wenn die Einwilligung nicht erteilt wird und die Hilfe letztlich auch ohne die Weitergabe oder Übermittlung des anvertrauten Datums erbracht wird. Der Hinweis muss zudem als **Aufklärung** und nicht als Druckmittel erfolgen, da ansonsten die Freiwilligkeit der Einwilligung in Frage steht. Im Übrigen wird hinsichtlich der Einwilligung auf die Erläuterung zu § 67 b SGB X und § 76 SGB X bei § 61 (→ § 61 Rn. 68 und 210) verwiesen.

Bei **Daten mit Doppelbezug** (→ § 61 Rn. 22) kommt es auf die Einwilligung dessen an, der die Daten anvertraut hat („Geheimnisherr bzw. -herrin") und nicht auf die Einwilligung dessen, auf den sich die Daten beziehen.[51] Es genügt eine formlose Einwilligung,[52] die aber aufgrund der **Nachweispflicht** gem. § 67 b Abs. 2 SGB X (→ § 61 Rn. 69) stets aktenkundig gemacht werden sollte.[53] Da für die Einwilligung die **natürliche Einsichtsfähigkeit** (→ § 61 Rn. 71) genügt,[54] kann auch ein Kind die Einwilligung geben. Deshalb kann – anders als in der Vorauflage an dieser Stelle vertreten – die PSB die Einwilligung des Kindes auch nicht zurückholen.[55] Das Elternrecht überlagert in diesen Fällen nicht die datenschutzrechtliche Einwilligungsfähigkeit des Kindes, denn die Weitergabe bzw. Übermittlung der anvertrauten Daten aufgrund der Einwilligung des Kindes wird ohnehin nie isoliert, sondern stets im Zusammenhang mit Leistungen oder notwendigen Maßnahmen erfolgen. Dabei ist dann zwar den PSB nicht das anvertraute Datum selbst mitzuteilen, sie werden aber nach § 36 Abs. 1 SGB I oder bspw. § 42 zu unterrichten bzw. zu beteiligen sein, so dass das Elternrecht ausreichend berücksichtigt wird. Darüber, dass die PSB über die Leistungen oder Maßnahmen zu informieren und einzubeziehen sind, ist wiederum der/die Minderjährige vorab zu informieren. Fehlt dem Kind die Einsichtsfähigkeit, ist stets die Einwilligung der PSB notwendig.

Zu beachten ist, dass sich die Einwilligung auch nur auf Teilbereiche der anvertrauten Daten beziehen kann. Vertraut bspw. eine Mutter einer Fachkraft an, dass der Vater den Sohn stundenweise einsperre, sie das bisher auch einmal getan habe, was der

50 Vgl. aber § 1666 Abs. 3 Nr. 1 BGB.

51 Derjenige, auf den sich die Daten beziehen hat ein Auskunftsrecht nach Art. 15 DS-GVO iVm § 83 SGB X, dem steht aber über dessen Abs. 1 Nr. 1 iVm § 82a Abs. 1 Nr. 2 SGB X wiederum der § 65 SGB VIII entgegen (Kirchhoff in jurisPK-SGB VIII Rn. 43.2), was gerade im Elternstreit zu Schwierigkeiten führen kann, s. auch Kuchler NJW 2012, 2321. Bei anvertrauten Daten über den anderen Elternteil ist der Schutz des § 65 SGB X nach hiesiger Auffassung allerdings dann nicht einschlägig, wenn die Daten erkennbar wider besseres Wissen und ausschließlich zum Zweck der Diskreditierung des anderen Elternteils erfolgen, weil dann der Tatbestand des § 65 nicht erfüllt ist (→ Rn. 9).

52 Ebenso Mann in SFMK §§ 61–68 Rn. 92; Rombach in Hauck/Noftz Rn. 6; Mörsberger in Wiesner Rn. 17; aA Hoffmann in FK-SGB VIII Rn. 27; Proksch, Sozialdatenschutz, S. 148, die aus Beweissicherungsgründen eine mutmaßliche oder stillschweigende Einwilligung ablehnen.

53 Ebenso Kirchhoff in jurisPK-SGB VIII Rn. 30.

54 Vgl. auch Mörsberger in Wiesner Rn. 16; Hoffmann in FK-SGB VIII Rn. 29; aA Rombach in Hauck/Noftz SGB VIII Rn. 9, der annimmt, es müsse Geschäftsfähigkeit nach § 104 BGB vorliegen.

55 So auch Hoffmann in FK-SGB VIII Vor Kap. 4 Rn. 25 f.

Vater aber nicht wissen solle, ist bei einer anschließenden Einwilligung in die Datenweitergabe ggf. nicht klar, wie weit die Einwilligung tatsächlich reicht. Gerade mit Blick auf die Nachweispflicht zur Einwilligung, ist bei Zweifeln klarzustellen, ob die Einwilligung sich auf sämtliche anvertraute Daten bezieht.

1.4.2 Erfüllung der Aufgabe nach § 8a Abs. 2 (Nr. 2). Das JA muss das FamG gem. § 8 a Abs. 2 anrufen, wenn es dies zur Abwendung von Gefahren für das Kindeswohl für notwendig hält. Auch darin zeigt sich, dass Normadressaten des § 65 Mitarbeiter und JA sind (→ Rn. 1); ferner, dass Weitergabebefugnisse zu **Weitergabepflichten** werden können. 19

Hinsichtlich der Weitergabe anvertrauter Daten in Erfüllung dieser Pflicht fordert der Wortlaut der Nr. 2 jedoch zusätzlich, dass „ohne diese Mitteilung eine für die **Gewährung von Leistungen** notwendige gerichtliche Entscheidung nicht ermöglicht werden könnte". Hieraus wird teilweise der Schluss gezogen, dass seitens des JA bereits eine konkrete Jugendhilfeleistung angedacht sein muss.[56] Dem wird nicht gefolgt. Der Wortlaut setzt voraus, dass eine gerichtliche Entscheidung zur Gewährung von „Leistungen" notwendig sein muss. Durch die Wahl des Plurals fordert er damit gerade keine konkret avisierte Leistung. Fraglich ist aber, ob die Regelung nur dann anzuwenden ist, wenn Leistungen der Jugendhilfe überhaupt in Betracht kommen. In diesem Fall wäre eine Datenübermittlung nach Nr. 4 immer dann ausgeschlossen, wenn zwar eine Kindeswohlgefährdung vorläge aber Jugendhilfeleistungen ausscheiden, bspw. weil sie zur Gefahrenabwehr nicht geeignet sind[57] oder bspw. noch nicht möglich sind. Das JA wäre datenschutzrechtlich gebunden und damit – bis an die Grenze des rechtfertigenden Notstandes (→ Rn. 23) – handlungsunfähig, wenn es zwar von einer Kindeswohlgefährdung weiß, aber über kein eigenes geeignetes Instrumentarium zur Abhilfe verfügt. Gerade im Zuge der viel beschworenen **Verantwortungsgemeinschaft im Kinderschutz**[58] ist eine entsprechende strenge Auslegung abzulehnen.

Die Norm so auszulegen, dass sie auf jeden Fall der Kindeswohlgefährdung und eine entsprechende Anrufung des Familiengerichts nach § 8a Abs. 2 anzuwenden ist,[59] widerspräche aber auf erste Sicht dem ausdrücklichen Wortlaut der Norm. Entscheidend kommt es deshalb darauf an, was unter „Gewährung von Leistungen" zu verstehen ist. Dabei ist mit dem BVerwG davon auszugehen, dass der Begriff der Leistung auch im SGB VIII keine fest umrissene sprachliche Bedeutung hat, sondern im Gesamtkontext des Regelungszusammenhangs auszulegen ist.[60] Mit Blick darauf, dass das Anvertrauen „zum Zweck der persönlichen und erzieherischen Hilfe" erfolgt und dieses Merkmal weit auszulegen ist (→ Rn. 9), dürfte das Merkmal der „Leistung" in Hs. 2 Nr. 4 ebenfalls nicht streng anhand des Katalogs nach § 2 Abs. 2 auszulegen sein. § 65 Abs. 1 Nr. 2 bezieht sich auf die Anrufung des Familiengerichts „zur Erfüllung der Aufgaben nach § 8a Abs. 2", so dass die Regelung selbst schon eine „andere Aufgabe" nach § 2 Abs. 3 berücksichtigt. Als „Leistung" kommt anschließend die **gesamte Bandbreite der Aufgaben des Jugendamtes** in Betracht, die **infolge** der gerichtlichen Entscheidung ermöglicht wird. Da die Anrufung des Gerichts nach § 8a Abs. 2 voraussetzt, dass eine Abwendung der Gefahr nach § 8a Abs. 1, das heißt auf anderem Wege, nicht stattfinden kann, ist im Rahmen des § 65 Abs. 1 Nr. 2 ausreichend, dass eine Aufgabe des JA jedenfalls ohne gerichtliche Entscheidung gar nicht erfüllt werden kann. Beteiligen sich die Eltern bspw. nicht an der Gefährdungseinschätzung und/oder einer Hilfeplanung, hat das Familiengericht zunächst eine sorgerechtliche Entscheidung nach § 1666 BGB zu treffen. Dabei wird u.U. dem Jugendamt ein Teil der elterli-

56 Vgl. Mörsberger in Wiesner Rn. 18.
57 So im Ergebnis Mörsberger in Wiesner Rn. 18; Rombach in Hauck/Noftz Rn. 10.
58 Vgl. bspw. BT-Drs. 19/26107, 49.
59 So Kepert, Sozialdatenschutz, S. 71 f.; Hoffmann in FK-SGB VIII Rn. 31.
60 BVerwG 21.10.2015 – 5 C 21/14, juris Rn. 14 ff.

chen Sorge übertragen, das insoweit wiederum eine „andere Aufgabe" wahrnimmt. Die Geeignetheit der konkreten „Leistung" kann dann erst im Anschluss geprüft und die Leistung erst später gewährt werden – wäre aber ohne die gerichtliche Entscheidung überhaupt nicht möglich. Oder ist aufgrund einer psychischen Erkrankung eine jugendhilferechtliche Leistung zum aktuellen Zeitpunkt nicht geeignet, die Kindeswohlgefährdung zu beseitigen, ist das Familiengericht über § 8a Abs. 2 anzurufen. Dabei kann dann gemäß § 65 Abs. 1 Nr. 4 ein anvertrautes Datum mitgeteilt werden, wenn dies erforderlich ist, damit das Gericht bspw. die zur Abwendung der Kindeswohlgefährdung notwendige Unterbringung nach § 1632b BGB genehmigen kann. Die konkreten jugendhilferechtlichen Leistungen werden dann begleitend oder erst im Nachgang zur Unterbringung erbracht. Im Ergebnis ist deshalb die Nr. 2 bei einer Anrufung des Familiengerichts im Falle des § 8a Abs. 2 stets die Erlaubnisnorm, die die Übermittlung anvertrauter Daten – im erforderlichen Rahmen – ermöglicht, um im Falle einer Kindeswohlgefährdung den Weg zur Wahrnehmung der Aufgaben und den Leistungen des Jugendamtes zu ebnen, der ohne diese Daten nicht begehbar wäre.

20 Die Anrufung des FamG gem. § 42 Abs. 3 S. 2 Nr. 2 ist ein Unterfall des § 8 a Abs. 2, denn sie setzt ebenfalls eine Kindeswohlgefährdung voraus, die ohne gerichtliche Entscheidung nicht abgewendet werden kann.[61] Daher ist auch in diesen Fällen mit Blick auf anvertraute Daten eine Übermittlungsbefugnis und -pflicht nach den vorstehenden Grundsätzen anzunehmen.[62]

21 **1.4.3 Zuständigkeitswechsel (Nr. 3).** Wechselt die Fallzuständigkeit im JA oder die örtliche Zuständigkeit (§§ 86–86 b), muss der nun verantwortlichen Fachkraft das Gefährdungsrisiko mitgeteilt werden, damit der Schutzauftrag des § 8 a erfüllt werden kann. Dies gilt auch, wenn die Leistung vom öffentlichen Träger zwar (rechtlich) gewährt, vom freien Träger aber (tatsächlich) erbracht wird. Der Wortlaut ist insoweit unklar, als er sich nur auf die Weitergabe an eine Fachkraft beim öffentlichen Träger bezieht. Auch ohne **Zuständigkeitswechsel** kann aber die Mitarbeiterin des öffentlichen Trägers dem Schutzauftrag nur gerecht werden, wenn sie der Fachkraft des leistungserbringenden freien Trägers die eine Gefährdungslage begründenden Daten mitteilt. Insoweit ist die Regelung entsprechend anzuwenden, es sei denn, es fehlt an einer Sicherstellung gemäß § 61 Abs. 3. Ungenügend ist die Regelung ferner, weil sie sich auf einen Zuständigkeitswechsel bei einer Leistung beschränkt. Insoweit gilt das unter → Rn. 19 zum Leistungsbegriff Ausgeführte. Anderenfalls wäre die Regelung der Nr. 3 bei Erfüllung einer **anderen Aufgabe** (zB nach § 42) – buchstäblich notgedrungen – analog anzuwenden.[63] Zu beachten ist, dass die Weitergabe des anvertrauten Datums nur zum Zweck der Abschätzung des Gefährdungsrisikos zulässig ist, im Übrigen nur mit Einwilligung;[64] zur Aktenübersendung → § 61 Rn. 70. An Vorstehendem ändert auch die Neuregelung des § 36 b SGB VIII nichts.

22 **1.4.4 Zur Gefahrenabschätzung hinzugezogene Fachkräfte (Nr. 4).** Aus dem Wortlaut der Norm, die Weitergabe anvertrauter Daten sei an **„hinzugezogene" Fachkräfte** möglich, könnte geschlossen werden, es handele sich nur um die nach § 8a Abs. 4 SGB VIII vom freien Träger zur Einschätzung des Gefährdungsrisikos hinzugezogenen Fachkräfte.[65] Denn nach § 8a Abs. 1 SGB VIII sind Fachkräfte nicht hinzuzuziehen,

61 AA Mörsberger in Wiesner Rn. 21, der eine bloße Verfahrensregelung annimmt und die Norm eher im Bereich des § 50 verortet. Der Aufgabenbereich des § 50 ist jedoch stets die Folge der Anrufung des Familiengerichts in Sorgerechtsverfahren, auch im Fall des § 8a.

62 So Maas/Törnig in JHSM Rn. 11.

63 Nicht zuletzt wohnen der Inobhutnahme auch leistungsrechtliche Elemente inne, vgl. Wiesner § 2 Rn. 14.

64 Ebenso DIJuF JAmt 2008, 473.

65 Vgl. Kepert, Sozialdatenschutz, S. 73.

sie haben „im Zusammenwirken" das Gefährdungsrisiko einzuschätzen. § 65 Abs. 1 Nr. 4 nimmt jedoch § 8 a ohne Konkretisierung der jeweiligen Absätze in Bezug. Wäre nach dem Willen des Gesetzgebers bei Einführung der Norm zum 1.10.2005 zwischen den Absätzen zu unterscheiden gewesen,[66] wäre dies anhand der Kennzeichnung der Absätze und nicht aufgrund eines – noch dazu im Regelungszusammenhang unwesentlichen – Begriffes erfolgt. Die Gesetzesbegründung begnügt sich mit dem Hinweis, die Befugnis zur Weitergabe anvertrauter Daten werde im „Interesse eines effektiven Schutzes von Kindern und Jugendlichen bei Anhaltspunkten für eine Kindeswohlgefährdung" erweitert[67] und bezieht sich dabei nicht einmal auf die Neueinführung der Nr. 4, sondern der gleichzeitig neu eingeführten Nr. 3. Dennoch ergibt es vor diesem Hintergrund keinen Sinn, die **an der Risikoabschätzung beteiligten Fachkräfte** nach § 8a Abs. 1 von der Übermittlungsbefugnis auszunehmen. Auch Nr. 4 Satz 2, wonach § 64 Abs. 2a SGB VIII unberührt bleibt, spricht nicht dafür, dass die Regelung ausschließlich die Heranziehung „externer" Fachkräfte durch freie Träger betrifft. Im Rahmen des § 65 SGB VIII ist – wie sich nicht zuletzt aus § 65 Abs. 2 ergibt – die einzelne Mitarbeiterin/der Mitarbeiter des öffentlichen Trägers, der das Datum anvertraut wurde, verantwortliche Stelle im Sinne des § 64 Abs. 2a (→ Rn. 14). Das Verfremdungsgebot ist deshalb auch dann zu beachten, wenn die Fachkraft im Zusammenwirken mit eigenen Kolleginnen und Kollegen das Gefährdungsrisiko einschätzt. Insbesondere sind aber Normadressaten nach Abs. 1 ausdrücklich die Mitarbeitenden des öffentlichen Trägers, so dass die Regelung Nr. 4 diese nicht – noch dazu im selben Satz – ausschließen kann. Die Übermittlungs- und Weitergabebefugnis umfasst deshalb die Mitteilung an alle Fachkräfte, die nach § 8a an der Abschätzung der Gefahrenlage beteiligt sind.[68]

Nach der durch das KJSG erfolgten Neuregelung des § 8a Abs. 1 Nr. 2 sind auch „Personen, die gemäß § 4 Absatz 1 Satz 1 Nummer 1 KKG dem Jugendamt Daten übermittelt haben, in geeigneter Weise an der Gefährdungseinschätzung zu beteiligen". Der Gesetzgeber stellt dabei klar, dass im Zuge des Beteiligungsverfahrens für die Datenübermittlungen vom Jugendamt an die zu beteiligenden Personen die §§ 61 bis 68 des SGB VIII gelten[69]. Die zu beteiligenden Personen sind keine Fachkräfte im Sinne des SGB VIII. Nachdem der Gesetzgeber die Frage, in welche Richtungen Übermittlungsbefugnisse bestehen, und die datenschutzrechtlichen Beschränkungen des SGB VIII gesehen hat, zugleich aber § 65 SGB VIII nicht geändert wurde, ist kein Platz für eine analoge Anwendung. Die Weitergabe von anvertrauten Daten an die gem § 8a Abs. 1 Nr. 2 zu beteiligenden Personen nach § 65 Abs. 1 Nr. 4 ist deshalb nicht möglich. Für den Fall, dass ein rechtfertigender Notstand iSd § 34 StGB im Zuge der Gefährdungseinschätzung die Weitergabe an diese Personen erforderlich macht, gilt Nr. 5.

Werden Fachkräfte nicht bei der Gefährdungseinschätzung, sondern im Rahmen der Hilfeplanung nach § 36 Abs. 2 oder 3 beteiligt, kann eine Weitergabe an sie nur nach Nr. 1 erfolgen.

1.4.5 (Fiktive) strafrechtliche Offenbarungsbefugnisse (Nr. 5). Die Übermittlungs- und Weitergabebefugnis nach Nr. 5 verzahnt die Normen des § 65 und des § 203 StGB miteinander, indem die Regelung nicht nur strafrechtliche Wirkung herbeiführt, sie 23

66 Zum damaligen Zeitpunkt war wie jetzt das Zusammenwirken in Abs. 1, die „Hinzuziehung" jedoch in Abs. 2 geregelt.
67 BT-Drs. 15/3676, 39.
68 Vgl. auch Mörsberger Rn. 20; Hoffmann in FK-SGB VIII Rn. 34.
69 BT-Drs. 19/26107, 73.

wirkt über Nr. 5 auch umgekehrt in die Frage der Strafbarkeit nach § 203 StGB hinein und lässt diese ggf. entfallen[70] (vgl. schon → Rn. 4).

Die Prüfung der fiktiven **strafrechtlichen Offenbarungsbefugnisse** im Rahmen des § 65 kann dabei in eine Art datenschutzrechtliches Karussell führen: Denn die dem § 203 Abs. 1 und 4 StGB unterfallenden Berufsgruppen dürfen ihrerseits Geheimnisse offenbaren, wenn besondere gesetzliche Mitteilungspflichten oder -befugnisse bestehen, etwa nach § 4 KKG.[71] Diese Befugnisse können sich auch aus dem Sozialgesetzbuch ergeben, bspw. bei gerichtlichem Beschluss nach § 73 Abs. 3 SGB X in Verbindung mit einer Zeugenladung. Die Pflicht, eine Zeugenaussage zu machen, überwiegt wiederum den Geheimnisschutz nach § 203 StGB, wenn kein besonderes Zeugnisverweigerungsrecht besteht.[72] Das besteht bspw. für Sozialarbeiterinnen und Psychologinnen jedenfalls nicht nach § 53 StPO. Ein **besonderes Zeugnisverweigerungsrecht** ist für sie aber in § 35 Abs. 3 SGB I statuiert, wenn sie im JA tätig sind. Es setzt seinerseits voraus, dass der Sozialdatenschutz die Übermittlung verbietet. Liegt ein Beschluss nach § 73 SGB X vor, ist die Übermittlung nicht verboten, so dass kein Zeugnisverweigerungsrecht besteht. Mithin wäre auch die Übermittlung nicht im Sinne des § 203 Abs. 1 StGB unbefugt. Infolgedessen könnte anzunehmen sein, dass eine Übermittlung nach § 65 Abs. 1 Nr. 5 zulässig ist. An dieser Stelle schlösse sich der Kreis. Tatsächlich ist jedoch § 65 die Norm, die den Ausstieg aus dem Karussell markiert. Das ergibt sich zum einen daraus, dass sie anderenfalls überflüssig wäre. Sie würde sich über den Umweg des § 65 Abs. 1 Nr. 5 selbst aushebeln, wie das vorstehend skizzierte Beispiel zeigt. Im Übrigen steht der Schutzzweck der Norm entgegen, eine vertrauensvolle Basis im Rahmen der Jugendhilfe zu gewährleisten. Das wäre unmöglich, wenn über den Umweg der Nr. 5 die allgemeinen sozialdatenschutzrechtlichen Befugnisse wieder zum Tragen kämen.[73]

Zum Verhältnis des § 203 Abs. 3 StGB zu § 65 Abs. 1 Nr. 5 → Rn. 4.

Strafrechtliche Offenbarungsbefugnisse können sich im Wesentlichen aus § 4 KKG und § 34 sowie § 138 StGB ergeben. Vgl. im Einzelnen die Erläuterungen zu § 76 SGB X bei → § 61 Rn. 209. Zum rechtfertigenden Notstand beim Schutzauftrag nach § 8a → § 61 Rn. 193 sowie zu § 4 KKG → § 62 Rn. 13 und → KKG § 4 Rn. 2 im Anh. 1 zu § 61.

Soweit als höherrangige Mitteilungspflicht auch das Elternrecht bezeichnet wird (→ § 61 Rn. 212) gilt dies nach hier vertretener Auffassung nur dann, wenn das Kind selbst nicht einwilligungsfähig im Sinne des Datenschutzrechtes ist (→ Rn. 18).

24 **1.4.6 Forschung zu Adoptionsvermittlungen in der DDR (Nr. 6).** Durch das KJSG ist – gleichsam last minute[74] – die Nr. 6 eingefügt worden mit einem Verweis auf den ebenfalls eingefügten § 64 Abs. 2b (→ § 64 Rn. 12); Satz 2 Hs. 1 in Nr. 6 ist deshalb überflüssig. Zudem setzen die in den Nr. 1–6 geregelten Ausnahmen voraus, dass der Grundsatz im ersten Teil des Satzes zutrifft. Dies ist aber nicht der Fall, da die Adoptionsvermittlung keine persönliche und erzieherische Hilfe nach dem SGB VIII ist. Der systematisch richtige Ort einer solchen Regelung wäre daher das Adoptionsvermittlungsgesetz (zu diesem → § 61 Rn. 12) gewesen.

70 vgl. Cierniak/Niehaus in MüKoStGB § 203 Rn. 99, vgl. Eisele in Schönke/Schröder § 203 Rn. 45.
71 Vgl. Kepert, Sozialdatenschutz, S. 73; Eisele in Schönke/Schröder § 203 Rn. 55.
72 Heger in Lackner/Kühl § 203 Rn. 24 mwN; Kunkel/Rosteck/Vetter StV 2017, 829.
73 Kunkel/Rosteck/Vetter StV 2017, 829.
74 Vgl. BT-Drs. 19/2887, 109 f.

2 Schutzverlängerung durch Zweckbindung (Abs. 1 Satz 2)

Satz 2 schreibt im Falle einer – befugten – Weitergabe oder Übermittlung nach Satz 1 die Zweckbindung fest und verlängert so die Schutzwirkung der Norm. 25

Mit Satz 2 wird zunächst klargestellt, dass „von diesem" in Satz 1 den/die Mitarbeitende meint und nicht den Träger. Im Falle des Abs. 1 S. 1 Nr. 2 erfolgt die Übermittlung aber zugleich durch Mitarbeiter und Träger; ebenso bei der Familiengerichtshilfe nach § 50 Abs. 1 und 2 (mit Übermittlungsbefugnis durch Einwilligung nach Nr. 1). Es gilt dabei stets, dass der Empfänger des der Fachkraft anvertrauten Datums dieses seinerseits nur zu demselben Zweck anderen mitteilen darf, zu dem es ihm mitgeteilt wurde. Dies bedeutet für eine weitergehende Übermittlung durch die empfangende Stelle, dass für diese nicht die Grundsätze des § 76 SGB X gelten, sondern eine dem § 78 Abs. 1 S. 1 SGB X entsprechende Regelung.[75] Die Durchbrechungen des Zweckbindungsprinzips in § 78 Abs. 1 S. 3 und 4 SGB X sind nicht übernommen worden, gelten also nicht.

Außerdem folgt aus Satz 2, dass sich auch das JA als Träger nach Erhalt anvertrauter Daten nur soweit auf die Übermittlungsbefugnisse gem. §§ 68–75 SGB X stützen kann, wie diese Übermittlungen demselben Zweck dienen wie die Weitergabe des anvertrauten Datums vom Mitarbeiter an das JA.[76]

Weder aus dem Wortlaut der Norm noch aus der Gesetzesbegründung wird aber unmittelbar deutlich, ob der „Zweck" zu dem das anvertraute Datum weitergegeben oder übermittelt wird, durch die jeweilige Mitteilungsbefugnis der Nr. 1 bis 6 abschließend determiniert wird. Wird der Fachkraft in der Erziehungsberatungsstelle ein Datum anvertraut, dass sie anschließend „zum Zweck der Abschätzung des Gefährdungsrisikos" gemäß Abs. 1 Nr. 3 an die Fachkräfte des Bezirkssozialdienstes übermittelt, stellt sich nämlich die Frage, ob die empfangende Fachkraft des Bezirkssozialdienstes dieses Datum nur zur Abschätzung verarbeiten darf. Wäre das zu bejahen, könnte sie als zuständige Fachkraft für den Kinderschutz das anvertraute Datum anschließend nicht nach Abs. 1 Nr. 2 an das Familiengericht übermitteln. Auch dann nicht, wenn im Übrigen die dort genannten Voraussetzungen vorliegen. Der Gesetzeswortlaut legt eine strenge Zweckbindung an die jeweilige Befugnis nahe, soweit die Weitergabe oder Übermittlung in den Nr. 2 bis 4 und 6 jeweils ausdrücklich zweckgerichtet erfolgt. Satz 2 würde dann gleichsam den Zweck der jeweiligen Befugnisnorm aufgreifen. Die Übermittlungs- und Weitergabebefugnisse nach Nr. 1 und 5 dagegen finden ihre Legitimation nicht in einem gesetzlich festgelegten Ziel. In diesen Fällen wäre der Zweck jeweils von der mitteilenden Fachkraft noch zu konkretisieren. Vor diesem Hintergrund und weil die Befugnisse der Nr. 1 bis 6 anderenfalls durch bloße innerorganisatorische Maßnahmen des JA/LJA ihren Sinn verlieren könnten, ist von folgendem auszugehen: Bei einer befugten Weitergabe oder Übermittlung hat die mitteilende Fachkraft den Zweck zu benennen, der sich seinerseits im Rahmen des § 65 bewegen, sich aber nicht auf die einzelne Mitteilungsbefugnisse beschränken muss, derer sie sich selbst bedient. Dabei kann sich der Zweck auch aus den Umständen ergeben. Übermittelt die Fachkraft aus der Erziehungsberatungsstelle ein anvertrautes Datum zum Zweck der Abschätzung des Gefährdungsrisikos und ist nicht sie selbst, sondern die empfangende Fachkraft zuständig für die Anrufung des Familiengerichts, ist auch die Übermittlung an das Familiengericht nach Nr. 2 noch vom Zweck umfasst. Besteht besondere Eile und Dringlichkeit, kann dieser Zweck sich ggf. auch ergeben, ohne dass das Familiengericht ausdrücklich erwähnt wird.

75 Der Gesetzgeber geht davon aus, dass es einen das Zweckbindungsprinzip nach § 78 SGB X „genügt" (BT-Drs. 12/6334, 9).
76 Ebenso Mörsberger in Wiesner Rn. 24.

Voraussetzung jeder weiteren Übermittlung oder Weitergabe unter Zweckbindung ist, dass die erste Mitteilung durch die Fachkraft, der das Datum anvertraut wurde, befugt erfolgt ist. Befugt war die Weitergabe innerhalb der verantwortlichen Stelle dann, wenn eine Weitergabebefugnis nach Nr. 1–6 und die Nutzungsbefugnis nach § 67 c SGB X bestanden. Bei Übermittlung des anvertrauten Datums an Dritte außerhalb der verantwortlichen Stelle muss eine Mitteilungsbefugnis nach Nr. 1–6 vorgelegen haben und es muss eine sozialrechtliche Übermittlungsbefugnis gem. §§ 68–75 SGB X hinzukommen; im Falle der Übermittlungsbefugnis gem. § 69 SGB X außerdem zusätzlich die Übermittlungsbefugnis gem. § 64 Abs. 2.

3 Schutzumfang (Abs. 2)

26 Abs. 2 stellt klar, dass die Regelung des § 35 Abs. 3 SGB I, die nur die Übermittlung betrifft, auch im Falle der Weitergabe gilt (zu den Begriffen → Rn. 13) und lenkt damit zugleich nochmal ein besonderes Augenmerk auf die Regelung des § 35 Abs. 3 SGB VIII, die im Zusammenhang mit § 65 in der Praxis eine nicht unerhebliche Rolle spielt. § 35 Abs. 3 SGB I bestimmt, dass insbesondere keine Aktenvorlage- und keine Zeugnispflicht bestehen, wenn keine Übermittlungsbefugnis vorliegt. In Bezug auf anvertraute Daten besteht deshalb ein **Zeugnisverweigerungsrecht**, das zur **Zeugnisverweigerungspflicht** wird, wenn keine Übermittlungsbefugnis nach Nr. 1 bis 6 vorliegt.[77] Denn dann hat § 65 die eventuell einmal geöffnete datenschutzrechtliche Tür wieder geschlossen. Dieses Zeugnisverweigerungsrecht besteht neben dem nach § 53 StPO und ist relevant für all die Fachkräfte, die keiner Berufsgruppe des § 53 StPO angehören, wie etwa Psychologinnen und staatlich anerkannte Sozialarbeiter, die zwar dem § 203 Abs. 1 StGB unterfallen, aber nicht § 53 StPO.[78] Es darf dann auch keine **Aussagegenehmigung**, bzw. – wenn im Übrigen eine Übermittlungsbefugnis besteht, etwa aufgrund eines Beschlusses nach § 73 Abs. 3 SGB X – eine Aussagegenehmigung nur unter Herausnahme der besonders anvertrauten Daten erteilt werden. Es empfiehlt sich, dies in der Aussagegenehmigung deutlich zu machen, um nicht nur bei der Fachkraft ein entsprechendes Bewusstsein zu schaffen, sondern auch der Fachkraft gegenüber den Justizbehörden den Rücken zu stärken.

Im Falle einer Übermittlungsbefugnis nach § 65, verbunden mit einer Übermittlungspflicht, bspw. im Falle des § 8a Abs. 2 liegt kein unbefugtes Offenbaren nach § 203 StGB vor, wenn von einem ansonsten bestehenden Zeugnisverweigerungsrecht nach § 53 StPO kein Gebrauch gemacht wird.[79]

Die Übermittlung von Daten zur Durchführung eines **Strafverfahrens** – und damit auch die Aktenvorlage – ist im Übrigen nur im Rahmen des § 68 SGB X und beschränkt auf die dort genannten Daten oder aufgrund eines **Gerichtsbeschlusses** nach § 73 Abs. 3 SGB X möglich (→ § 61 Rn. 226). Dabei hat das Gericht die Übermittlungsbeschränkungen des § 65 SGB VIII zu beachten.[80] So wie das Recht oder gar die Pflicht besteht, das Zeugnis zu verweigern, dürfen die nach § 65 geschützten Daten auch weder aufgrund eines Beschlusses nach § 73 SGB X herausgegeben werden, noch ist es zulässig, sie zu **beschlagnahmen**.[81] Dies folgt aus § 160 Abs. 4 StPO, wonach

77 Vgl. auch Trenczek in FK-SGB VIII Vor §§ 50 bis 52 Rn. 38; Hoffmann in FK-SGB VIII § 64 Rn. 77; Paulus in jurisPK-SGB I § 35 Rn. 34; ausführlich hierzu Kunkel/Rosteck/Vetter StV 2017, 829. AA entgegen des eindeutigen Wortlautes des § 35 Abs. 3 Nr. 1 Krahmer/Hoidn in HK-SozDatenschutzR SGB I § 35 Rn. 35; Mörsberger in Wiesner § 35 Anh. 4 Rn. 15 hält in diesen Fällen nur die Erteilung einer Aussagegenehmigung für unzulässig.

78 Ausarbeitung Wissenschaftliche Dienste WD 7 – 30000 – 034/20.

79 Kargl in NK-StGB § 203 Rn. 72.

80 Bieresborn in Schütze § 73 Rn. 13 mwN.

81 LG Oldenburg 25.7.2017 – 6 Qs 35/17; LG Köln 14.1.2014 – 111 Qs 255/13.

eine Maßnahme unzulässig ist, soweit besondere bundesgesetzliche oder entsprechende landesgesetzliche Verwendungsregelungen entgegenstehen. Solche „Verwendungsregelungen“ sind die sozialdatenschutzrechtlichen Bestimmungen.[82] Wo § 65 SGB VIII eine Weitergabe oder -übermittlung verbietet, kann das Strafprozessrecht sie nicht herbeiführen.

Der **verwaltungsgerichtliche Untersuchungsgrundsatz** gem. § 86 VwGO wird ebenfalls durch § 65 beschränkt.[83] Nach § 35 Abs. 3 SGB I iVm § 65 kann auch die Pflicht zur Aktenvorlage im verwaltungsgerichtlichen Prozess entfallen, notwendig ist jedoch eine Sperrerklärung nach § 99 Abs. 1 Satz 2 VwGO.[84] Im Zuge der Beantragung der **Sperrerklärung** durch das JA sind die anvertrauten Daten der obersten Aufsichtsbehörde zugänglich zu machen, da diese anderenfalls ihrer Aufgabe nach § 99 VwGO nicht nachkommen kann und der Zweck des § 99 VwGO, das verfassungsrechtliche Gebot effektiven Rechtsschutz zu gewährleisten, umgangen werden könnte.[85] Die Entscheidung der obersten Aufsichtsbehörde ist auf Antrag eines Beteiligten wiederum in einem eigenständigen **In-Camera-Verfahren** nach § 99 Abs. 2 VwGO durch das Oberverwaltungsgericht überprüfbar. Der Fachsenat entscheidet darüber, ob die Weigerung der Behörde, die angeforderten Unterlagen vorzulegen, rechtmäßig ist.[86]

Die Einschränkungen nach § 65 sind jedenfalls im Fall der **Akteneinsicht** nach § 25 SGB X zu beachten[87] und auch im Rahmen einer inzidenten Prüfung der Rechtmäßigkeit einer Maßnahme bei Heranziehung zu einem Kostenbeitrag.[88]

Der Schutz des § 65 steht gem. § 4 Abs. 2 S. 2 SGB X einer **Amtshilfe** entgegen.

Schließlich schränkt § 65 auch die Auskunftsansprüche nach Art. 15 DS-GVO iVm § 83 SGB X ein.[89]

§ 65 Abs. 2 stellt klar, dass auch **behördenintern** keine Akten vorgelegt oder Daten anderweitig übermittelt werden dürfen, wenn keine Übermittlungs- oder Weitergabebefugnis (→ Rn. 13) nach § 65 Abs. 1 S. 1 Nr. 1–6 besteht.[90]

Ist die Datenweitergabe innerhalb der verantwortlichen Stelle möglich, stellt sie eine Nutzung dar, so dass zusätzlich zu den Voraussetzungen für ein Nutzen nach § 67 c SGB X die Befugnisse nach § 65 Abs. 1 S. 1 Nr. 1–6 vorliegen müssen. Eine Aktenzusammenführung gem. § 63 Abs. 2 ist innerhalb der verantwortlichen Stelle ebenfalls Nutzen, über dies hinaus Übermitteln, so dass zu den Anforderungen nach § 63 Abs. 2 die nach § 65 Abs. 1 S. 1 Nr. 1–6 erfüllt werden müssen. Wegen des datenschutzrechtlichen Sprengstoffs in § 65 muss sich die **Datensicherungspflicht** nach § 35 Abs. 1 SGB I (→ § 61 Rn. 45) auch darauf erstrecken, dass mit diesen Daten besonders sorgfältig umgegangen wird. Dies macht eine besondere Kennzeichnung („Beipackzettel“) dieser Daten erforderlich (Achtung! Besonders geschütztes Datum nach § 65 27

82 Vgl. bei Kunkel/Kepert in „Datenschutz bei Wahrnehmung des Schutzauftrags nach Art. 6 Abs. 2 S. 2 GG – Rechtsgutachten zu datenschutzrechtlichen Fragestellungen bei Wahrnehmung des Schutzauftrags Rechtsgutachten für die Kommission Kinderschutz beim Ministerium für Soziales und Integration Baden-Württemberg“, Okt. 2019, S. 57; LG Oldenburg 25.7.2017 – 6 Qs 35/17.
83 VGH München 13.4.2015 – 12 ZB 13.388.
84 VG Saarlouis 30.10.2020 – 3 K 1527/18.
85 BVerwG 26.8.2004 – 20 F 16/03, NVwZ 2005, 334.
86 BVerwG 12.2.2021 – 20 F 1/20, Rn. 12.
87 VGH BW 27.4.2020 – 12 S 579/20, FamRZ 2020, 1193; BayVGH Beschl. v. 24.1.2011 – 12 C 10.2834 sowie vom 23.12.2011 – 12 ZB 10.482; VG Schleswig 11.5.2005 – 15 A 160/08; Rombach in Hauck/Noftz SGB, 01/20, SGB VIII Rn. 14a; Kuchler NJW 2012, 2321.
88 VG Augsburg 21.7.2015 – Au 3 K 14.1550, JAmt 2016, 33; VG Freiburg 19.4.2012 – 4 K 2209/11, FamRZ 2013, 161.
89 OVG Saarl 19.4.2021 – 2 A 370/20, Rn. 38.
90 Zu Sozialdatenschutz und Zeugnispflicht vgl. Kunkel/Rosteck/Vetter StV 2017, 834.

SGB VIII"). Auch die Vorsprache des Bürgers in **Dienstzimmern** darf nicht in Anwesenheit von weiteren Mitarbeitern stattfinden, wenn Daten anvertraut werden sollen und der Bürger nicht mit deren Anwesenheit einverstanden ist (→ § 61 Rn. 46).

28 Ein **Verstoß** gegen das nach § 65 SGB VIII bestehende Weitergabe- und Übermittlungsverbot kann entsprechend Art. 82 Abs. 1 DS-GVO eine Schadenersatzpflicht nach sich ziehen. In Betracht kommt außerdem eine Ordnungswidrigkeit oder Straftat (§ 61 Abs. 1 iVm mit § 85a bzw. § 85 SGB X, § 203 StGB), wobei der Verstoß nur auf Antrag als Straftat verfolgt wird (§ 85 Abs. 2 SGB X sowie § 205 StGB). Gegenüber dem Anstellungsträger stellt die Verletzung des § 65 als Verstoß gegen ein gesetzliches Verbot zudem eine Dienstpflichtverletzung dar.

§§ 66 und 67 (weggefallen)

§ 68 Sozialdaten im Bereich der Beistandschaft, Amtspflegschaft und der Amtsvormundschaft

(1) [1]Der Beamte oder Angestellte, dem die Ausübung der Beistandschaft, Amtspflegschaft oder Amtsvormundschaft übertragen ist, darf Sozialdaten nur verarbeiten, soweit dies zur Erfüllung seiner Aufgaben erforderlich ist. [2]Die Nutzung dieser Sozialdaten zum Zwecke der Aufsicht, Kontrolle oder Rechnungsprüfung durch die dafür zuständigen Stellen sowie die Übermittlung an diese ist im Hinblick auf den Einzelfall zulässig. [3]Die Informationspflichten nach Artikel 13 und 14 der Verordnung (EU) 2016/679 des Europäischen Parlaments und des Rates vom 27. April 2016 zum Schutz natürlicher Personen bei der Verarbeitung personenbezogener Daten, zum freien Datenverkehr und zur Aufhebung der Richtlinie 95/46/EG (Datenschutz-Grundverordnung) (ABl. L 119 vom 4.5.2016, S. 1; L 314 vom 22.11.2016, S. 72; L 127 vom 23.5.2018, S. 2) in der jeweils geltenden Fassung bestehen nur, soweit die Erteilung der Informationen

1. mit der Wahrung der Interessen der minderjährigen Person vereinbar ist und
2. nicht die Erfüllung der Aufgaben gefährdet, die in der Zuständigkeit des Beistands, des Amtspflegers oder des Amtsvormundes liegen.

(2) § 84 des Zehnten Buches gilt entsprechend.

(3) [1]Das Recht auf Auskunft der betroffenen Person gemäß Artikel 15 der Verordnung (EU) 2016/679 besteht nicht, soweit die betroffene Person nach Absatz 1 Satz 3 nicht zu informieren ist oder durch die Auskunftserteilung berechtigte Interessen Dritter beeinträchtigt würden. [2]Einer Person, die unter Beistandschaft, Amtspflegschaft oder Amtsvormundschaft gestanden und ihr 18. Lebensjahr noch nicht vollendet hat, kann Auskunft erteilt werden, soweit sie die erforderliche Einsichts- und Urteilsfähigkeit besitzt und die Auskunftserteilung nicht nach Satz 1 ausgeschlossen ist. [3]Nach Beendigung einer Beistandschaft hat darüber hinaus der Elternteil, der die Beistandschaft beantragt hat, einen Anspruch auf Kenntnis der gespeicherten Daten, solange der junge Mensch minderjährig ist, der Elternteil antragsberechtigt ist und die Auskunftserteilung nicht nach Satz 1 ausgeschlossen ist.

(4) Personen oder Stellen, an die Sozialdaten übermittelt worden sind, dürfen diese nur zu dem Zweck speichern und nutzen, zu dem sie ihnen nach Absatz 1 befugt übermittelt worden sind.

(5) Für die Tätigkeit des Jugendamts als Gegenvormund gelten die Absätze 1 bis 4 entsprechend.

1 Befugnis für Erheben und Verwenden von Daten nur zur Erfüllung eigener Aufgaben (Abs. 1 Satz 1)

Auch für den Datenschutz im Vormundschaftswesen gilt die DS-GVO. Sie erlaubt aber bereichsspezifische Abweichungen (→ § 61 Rn. 4). Eine solche ist auch § 68. Mit dem **2.DSAnpUG-EU** vom 20.11.2019 erfolgten bereichsspezifische Änderungen und Klarstellungen in § 68.[1] 1

§ 68 ist nur anwendbar, wenn dem Bediensteten die Ausübung der Beistandschaft, Amtspflegschaft oder Amtsvormundschaft **übertragen** ist. Ist er ohne eine solche Übertragung in diesem Bereich tätig, gilt die Privilegierung des § 68 nicht.[2] Damit ist diese Norm beispielsweise nicht anwendbar, wenn eine Fachkraft in der Abteilung „Beistandschaft, Amtspflegschaft, Amtsvormundschaft" nach § 18 Abs. 1 beratend tätig wird, oder nach § 53 Abs. 1 dem Familiengericht Vorschläge unterbreitet. Ebenfalls nicht anwendbar ist § 68, wenn dem Jugendamt von den Personensorgeberechtigten eine Sorgerechtsvollmacht erteilt wird und diese vom Dienstherrn auf eine Fachkraft übertragen wird, eine solche Vollmacht erlaubt die Vertretung der Sorgeberechtigten und nicht des Kindes. Selbstverständlich[3] gilt § 68 nicht für den Verfahrensbeistand, der vom Familiengericht in Kindschaftssachen nach § 158 FamFG bestellt wird. Ein Verfahrensbeistand ist – anders als der nach1712 BGB tätige Beistand – gerade nicht gesetzlicher Vertreter des Kindes (§ 158 Abs. 4 S. 6 FamFG). Seine Aufgabe ist auf das Gerichtsverfahren beschränkt und besteht darin, das Interesse des Kindes festzustellen und im gerichtlichen Verfahren zur Geltung zu bringen (§ 158 Abs. 4 S. 1 FamFG).[4] 2

Satz 1 ist die Befugnisnorm für das **Verarbeiten** von Sozialdaten durch den AB/AP/AV. Der Begriff des Sozialdatums ist definiert in § 67 Abs. 2 SGB X iVm Art. 4 Nr. 1 DS-GVO; Verarbeitung ist definiert in Art. 4 Nr. 2 DS-GVO, umfasst also insbes. Erheben, Speichern, Übermitteln, Löschen, Sperren (→ § 61 Rn. 284 ff.). Die Verarbeitung besonderer Kategorien von Daten richtet sich nach Art. 9 Abs. 2 Buchs. b und g DS-GVO. 3

Einzige Voraussetzung (→ § 61 Rn. 284) für die Zulässigkeit ist die Erforderlichkeit für die Erfüllung der (eigenen) Aufgabe nach § 56 iVm BGB. Auch wenn nur von „Aufgaben" die Rede ist und eine Bezugnahme auf den Einzelfall (wie in Satz 2) fehlt, muss es sich um eine **Aufgabe in einem konkreten Einzelfall** handeln,[5] weil sich dies aus dem Eingriffscharakter der Datenerhebung und -verwendung ergibt.[6] Die Aufgabenerfüllung wird bestimmt durch die im konkreten Fall anzuwendende BGB-Norm

1 Zu diesem näher Hoffmann JAmt 2019, 356; Kunkel ZKJ 2020, 89 ff.
2 So Kirchhoff in jurisPK-SGB VIII § 86 Rn. 16 ff.
3 Siehe ausführlich Exkurs zur Beistandschaft → Vor § 52a Rn. 6.
4 Näher hierzu Hoffmann ZKJ 2020, 249.
5 Ebenso Mörsberger in Wiesner § 68 Rn. 8.
6 Ebenso für §§ 13 und 15 BDSG Auernhammer BDSG § 13 Rn. 6.

und die Subsumtion des Sachverhalts unter die einzelnen Tatbestandsmerkmale dieser Norm. Es genügt also nicht, als Aufgabe die „Wahrnehmung der Kindesinteressen"[7] zu bezeichnen. Auch die **Erforderlichkeit** ist nur dann anzunehmen, wenn ohne das fragliche Datum die Subsumtion des Sachverhalts unter die Tatbestandsmerkmale der Norm nicht möglich ist.[8] Ein Beurteilungsspielrum besteht nicht. Auch eine **Einwilligung** kann nicht von der Erforderlichkeit dispensieren, denn es fehlt eine dem § 67b SGB X entsprechende Bestimmung für die Einwilligung als Rechtfertigungsgrund.[9] Für die Datenerhebung kann dieser Gedanke auch § 62 Abs. 1 entnommen werden (→ § 62 Rn. 4). Einen Vorrang der Betroffenenerhebung kennt § 68 nicht, er ist aber unmittelbar aus dem Volkszählungsurteil (→ § 61 Rn. 1) abzuleiten. Der AB/AP/AV kann sich also beispielsweise nicht unmittelbar an den Arbeitgeber des Unterhaltspflichtigen wenden, um dessen Arbeitsverdienst zu erfragen. Der **Auskunftsanspruch nach § 1605 BGB** richtet sich gegen den Unterhaltsschuldner, nicht gegen Dritte. Diesen Auskunftsanspruch kann der AB/AP/AV dadurch realisieren, dass er die Vorlage von Verdienstbescheinigungen verlangt. Kommt der Unterhaltspflichtige diesem Verlangen nicht nach, kann der Anspruch auf Herausgabe der Verdienstbescheinigungen gerichtlich durchgesetzt werden.[10] **§ 97a Abs. 4** ist für den AB/AP/AV nicht anwendbar, weil er nicht die Zwecke nach § 97a Abs. 1 oder Abs. 2 verfolgt, so dass der Arbeitgeber – anders als in der Sozialhilfe nach § 117 Abs. 4 SGB XII – keine Auskunftspflicht hat. Er ist allerdings zur Auskunft berechtigt nach § 28 Abs. 2 BDSG.[11] Für die gerichtliche Durchsetzung des Unterhaltsanspruchs steht die Übermittlungsbefugnis nach § 74 SGB X nicht zur Verfügung; es bedarf ihrer aber auch nicht, weil § 68 ausreicht (→ § 61 Rn. 177) – Fragen nach den Einkommensverhältnissen von Ehepartner und Kind des Unterhaltspflichtigen sind unzulässig, wenn sie im konkreten Fall (noch) nicht erforderlich sind. Sie können dann erforderlich werden, wenn der Unterhaltsschuldner sich auf seine mangelnde Leistungsfähigkeit beruft[12] oder wenn Prozesskostenhilfe nach §§ 114 ff. ZPO bzw. Verfahrenskostenhilfe nach § 76 FamFG beantragt wird.[13] – Die Frage nach der Religionszugehörigkeit des Vaters kann bei der Vaterschaftsanerkennung von Bedeutung sein – Anfragen des AB/AP/AV bei der Krankenkasse oder AgfA zur Ermittlung des Arbeitsverhältnisses des Vaters sind ebenso wie solche bei der Kfz-Zulassungsstelle oder dem Grundbuchamt zur Ermittlung der Vermögensverhältnisse ebenfalls nach § 68 Abs. 1 S. 1 zulässig. Will eine Mutter, deren Ehe geschieden und die für ihr Kind Inhaberin der elterlichen Sorge ist, Auskunft vom Beistand über die Einkommensverhältnisse des Vaters, ist die Datenübermittlung nur zulässig, soweit sie erforderlich ist, den Anspruch der Mutter auf Unterstützung bei der Geltendmachung von Unterhaltsansprüchen des Kindes zu erfüllen.[14] Da die Aufgabe des Beistands darauf gerichtet ist, die Interessen des Kindes zu vertreten (Exkurs → Vor § 52a Rn. 13), muss die Datenverwendung nicht auch dem Willen des Elternteils entsprechen.

7 So Mörsberger in Wiesner § 68 Rn. 7.
8 AA Mörsberger in Wiesner § 68 Rn. 6 u. wohl ihm folgend Mann in SFMK Rn. 106, es sei eine weite Auslegung geboten; dies überzeugt nicht, da die hoheitliche Tätigkeit des JA als AB/AP/AV nicht anders zu behandeln ist als jede andere hoheitliche Tätigkeit des JA; vgl. → § 61 Rn. 284.
9 Deshalb hier anders als bei → § 61 Rn. 68. Für Einwilligung auch bei § 68 aber Bayer.LDS in Arbeitspapier zum Datenschutz in der AB/AV/Beistandschaft vom 1.2.2019.
10 Ebenso 12. TB LDS Bayern, S. 11.
11 Ebenso DIV-Gutachten vom 30.4.1996, Schwerpunkte, S. 294 u. DIJuF JAmt 2002, 14.
12 Ebenso 12. TB LDS Bayern, S. 10.
13 Vgl. Kunkel DAVorm 1991/608.
14 So wohl auch DIV-Gutachten ZfJ 1998, 331; weitergehend aber DIJuF JAmt 2001, 345 (346).

Datenerhebung und -übermittlung sind **ausgeschlossen** für Aufgaben der **Unterhaltsvorschusskasse** nach dem UVG oder für die **wirtschaftliche Jugendhilfe** zur Heranziehung von Eltern und Kind nach §§ 90–94. Nimmt ein AB/AP/AV diese Aufgaben in Personalunion[15] wahr, besteht ein „Verwertungsverbot im Kopf", wie sich aus § 68 Abs. 4 ergibt. Eine Auskunftserteilung des AB/AP/AV an die Unterhaltsvorschusskasse, das Sozialamt oder das Jobcenter über den Vater eines Kindes ist unzulässig, da Aufgabe des AB/AP/AV nur die Sicherstellung des Unterhalts des Kindes ist, aber nicht die Ermöglichung des Rückgriffs auf den unterhaltsverpflichteten Vater.[16] Daran hat sich auch durch die Einfügung von § 6 Abs. 5 UVG mit dem KindUG nichts geändert, da die dort vorgenommene Erweiterung des § 69 SGB X nicht den AB/AP/AV erfasst, weil für ihn § 69 SGB X nicht gilt. 4

Eine Übermittlung von Daten ist ferner nicht zulässig, wenn beispielsweise die **Kindergeldkasse** den AB/AV um Bestätigung bittet, dass A Vater des Kindes B sei, da mit dieser Auskunft eine Aufgabe der Kindergeldkasse, aber nicht des AB/AV erfüllt wird. Ebenfalls unzulässig ist die Datenweitergabe an die **Vollstreckungsstelle** derselben Behörde, die sich nach den Einkommensverhältnissen eines Gebührenschuldners erkundigt, der beim AB/AV als Vater aktenkundig ist. Begehrt der **Einzelvormund** eines Kindes, das bisher unter Amtsvormundschaft stand, Einsicht in die **Mündelakte**, um die Entwicklungsgeschichte des Kindes kennen zu lernen, ist eine Datenweitergabe zulässig, da sie den Interessen des Kindes dient; zur Aufgabenerfüllung nach § 53 Abs. 2 wäre sie dagegen nicht zulässig, da diese keine Aufgabe des AV ist, sondern eine des JA im Vormundschaftswesen (→ § 61 Rn. 287). 5

Zulässig ist immer nur die Weitergabe von Daten zur Erfüllung der eigenen Aufgabe als AB/AP/AV, dagegen nicht zur Erfüllung der Aufgabe eines anderen AB/AP/AV. § 69 Abs. 1 Nr. 1 SGB X, der diese **Amtshilfe** ermöglichen würde, gilt wegen § 61 Abs. 2 genauso wenig wie alle anderen Übermittlungsbefugnisse; es gibt daher auch keine Übermittlungsbefugnis an das Ausländeramt gemäß § 71 SGB X (→ § 61 Rn. 150). Dagegen muss ein anderes JA dem AB/AP/AV zur Erfüllung von dessen Aufgaben Amtshilfe gem. § 3 SGB X leisten und ist daran nicht durch das Sozialgeheimnis gehindert, weil § 69 Abs. 1 Nr. 1 SGB X die Übermittlung in diese Richtung zulässt; die Tätigkeit als AB/AP/AV ist eine Aufgabe nach dem SGB X,[17] die das JA als SGB-Stelle iSd § 69 SGB X wahrnimmt.[18] Aktive Amtshilfe gestattet § 68 im Einzelfall allenfalls dann, wenn er nach dem Prinzip des „do ut des" eine Information abgeben muss, um eine andere dafür zu erhalten.[19] Dass auch der AB/AP/AV zur **Amtshilfe** verpflichtet ist (§ 3 SGB X; Abdruck bei → § 61 Rn. 98), folgt daraus, dass er eine Stelle der öffentlichen Verwaltung iSv § 1 Abs. 2 SGB X ist. Die gegenteilige Auffassung[20] verneint dies, weil er keine Sozialleistung erbringe und kein Verwaltungsverfahren durchführe. Das ist richtig, aber unerheblich für die Anwendbarkeit des § 3 SGB X. Dass die Amtshilfepflicht begrenzt ist durch § 68 SGB VIII, also keine Übermittlung nach §§ 68, 69, 71, 74 SGB X zulässt, ist für das Bestehen der Amtshilfepflicht ohne Be- 6

---

15 Zu Mischarbeitsplätzen → Rn. 284.

16 Ebenso Hoffmann/Proksch in FK-SGB VIII Rn. 14; DIJuF JAmt 2004, 362; aA Proksch, Sozialdatenschutz, S. 152 und Mörsberger in Wiesner § 68 Rn. 7, letztere mit allgemeinen Erwägungen zu den Interessen des Kindes und wirtschaftlichem Verhalten.

17 Ebenso BMFJ ZfJ 1995, 498.

18 Ebenso jetzt Törnig in JHSM § 68 Rn. 9; aA DIV-Gutachten v. 17.4.1996, Schwerpunkte, S. 295, da § 35 SGB I nicht anwendbar sei; dem ist aber entgegenzuhalten, dass § 35 SGB I gilt (→ § 61 Rn. 284) und unabhängig davon der AB/AP/AV jedenfalls eine SGB-Stelle und damit als empfangsberechtigte Stelle iSd § 69 SGB X legitimiert ist.

19 Ähnlich Klinkhardt Rn. 16.

20 DIV-Gutachten vom 8.2.1996, Schwerpunkte, S. 297.

lang. Bei einem Zuständigkeitswechsel muss das bisher zuständige JA die Akte auf Anforderung übersenden.[21]

7 Soweit eine Übermittlung nach § 68 Abs. 1 S. 1 nicht zulässig ist, besteht keine Pflicht zur Auskunfts- und Aktenvorlage des AB/AP/AV an **Behörden oder Gerichte**; er hat dann auch ein Zeugnisverweigerungsrecht. Dies folgt unmittelbar aus dem Wortlaut des § 68 Abs. 1 S. 1 („nur verwenden"), aber auch aus § 35 Abs. 3 SGB I (→ § 61 Rn. 221). Fordert beispielsweise der Staatsanwalt eine Mündelakte an, weil er gegen das Mündel wegen Fahrerflucht ermittelt, besteht keine Aktenvorlagepflicht und damit ein Beschlagnahmeverbot, weil eine Übermittlung durch § 68 Abs. 1 S. 1 nicht gerechtfertigt ist. Will ein Mündel Strafanzeige gegen den Vormund erstatten, steht der Datenschutz nicht entgegen, weil die Daten des Vormunds als Mitarbeiter des JA nicht als Sozialgeheimnis, sondern nur nach § 35 Abs. 1 S. 3 SGB I geschützt sind (→ § 61 Rn. 23) und das Mündel nach Volljährigkeit (davor mit seiner Einwilligung) über seine Daten verfügen kann (§ 68 Abs. 3).[22] Unzulässig wäre auch eine Anregung an die Straßenverkehrsbehörde, dem säumigen Unterhaltspflichtigen die Fahrerlaubnis zu entziehen.[23] Eine **Strafanzeige** wegen Verletzung der Unterhaltspflicht nach § 170 StGB kann der AB/AP/AV als Druckmittel für erforderlich halten, um die Erfüllung der Unterhaltspflicht sicherzustellen.[24] Dann kann er die Akten an die Staatsanwaltschaft herausgeben. Hält er dagegen ein solches Verfahren nicht für erforderlich, ist die Staatsanwaltschaft nicht zur Beschlagnahme der Akte befugt,[25] da Übermittlungsbefugnisse nach §§ 73, 74 und 69 SGB X nicht bestehen.[26] Erfährt der Beistand von strafbaren Handlungen am Kind oder an der Mutter, kann er keine Strafanzeige erstatten; anders der AV/AP im Rahmen seiner personensorgerechtlichen Befugnisse (zum Schutzauftrag → § 55 Rn. 33, zur Garantenstellung → § 55 Rn. 36). Da der Beistand aber Teil des JA ist, kann er die Information an den ASD nach § 8a weitergeben. Erfahren AB/AP/AV von einem **Leistungsbetrug**, können sie diese Information weder der Justiz noch der Sozialleistungsbehörde weitergeben.

8 Die Datenübermittlung von Behörden an das **Familiengericht** regelt § 22a Abs. 2 FamFG – leider mit demselben kryptischen Wortlaut wie bislang in § 35a FGG. In welchem Rangverhältnis § 22a FamFG und § 68 SGB VIII stehen, ist unklar. Die lex-specialis-Regel scheidet aus, da beide Regelungen jeweils spezieller gegenüber der anderen sind: die des § 68, weil sie speziell das JA betrifft, die des § 22 a FamFG, weil sie speziell die Übermittlung an das FamG betrifft. Die lex-posterior-Regel würde für den Vorrang des FamFG sprechen. § 37 S. 2 SGB I iVm § 67 b Abs. 1 S. 1 SGB X schließt aber die Geltung von Übermittlungsregelungen außerhalb des SGB aus (→ § 61 Rn. 6) Da aber § 67b SGB X wegen der Ausschlussregel des § 61 Abs. 2 nicht gilt, ist § 22 a FamFG anwendbar, wenn der AP/AV/AB dem FamG Daten übermittelt. Er darf dies dann aber nur, wenn es – aus seiner Sicht – erforderlich und außerdem für ihn erkennbar ist, dass schutzwürdige Interessen des Dateninhabers oder öffentliche Interessen am Ausschluss der Übermittlung nicht schwerer wiegen als das Interesse des Kindes an der Übermittlung.[27] Mit dieser Einschränkung nähert sich die Übermittlungsregelung des § 22a FamFG der Weitergaberegelung des § 65 SGB VIII an, die als besondere gesetzliche Verwendungsregelung immanente Schranke des § 22a FamFG ist. So können ärztliche oder psychologische Befundberichte nur mit Einwilligung des

21 Ebenso DIV DAVorm 1999/123.
22 So wohl auch DIJuF-Rechtsgutachten, JAmt 2017,128.
23 Ebenso DIV DAVorm 1998/102.
24 Ebenso DIJuF JAmt 2001, 587; 2002, 115 und 2011, 132.
25 AA, allerdings für die Rechtslage vor Inkrafttreten des SGB VIII, DIV ZfJ 1987, 631.
26 Ebenso LG Saarbrücken 11.4.2002 – 1Qs12/02, JAmt 2002, 202 (bei Strafverfahren wegen Unterhaltspflichtverletzung) und wohl auch Kirchhoff in jurisPK-SGB VIII Rn. 25.
27 Anders aber Rakete-Dombek in Meysen FamFG § 22 a Rn. 7.

einsichtsfähigen Kindes, sonst seines gesetzlichen Vertreters, ohne Einwilligung aber zur Erfüllung des Schutzauftrages nach § 8a (§ 65 Abs. 1 S. 1 Nr. 2) an das FamG weitergegeben werden. Hat das Gericht die Begutachtung aber angeordnet, sind die Daten nicht anvertraut worden (→ § 61 Rn. 206; → § 65 Rn. 8), einer Einwilligung bedarf die Übermittlung dann nicht.[28] Für das FamG selbst gilt der Datenschutz nach § 5 BDSG.[29] Die vom JA erhaltenen Daten muss es nach § 78 Abs. 1 S. 2 SGB X geheim halten (→ § 61 Rn. 230).

Erbittet der AB/AP/AV Daten über das Kind vom **ASD**, ist dies eine nach § 68 zulässige Datenerhebung. Die Weitergabe dieser Daten vom ASD an den AB/AP/AV ist keine Übermittlung, da sie nicht an einen Dritten iSd Art. 4 Nr. 10 DS-GVO erfolgt, sondern an den Betroffenen selbst, der durch den AB/AP/AV gesetzlich vertreten wird. Handelt es sich um **anvertraute Daten iSv § 65**, ist die Weitergabe durch die Ausübung der elterlichen Sorge (im Aufgabenkreis des AB/AP) gerechtfertigt aus Art. 6 GG.[30] Die Weitergabe von Daten des Vaters an die Mutter des Kindes kann gerechtfertigt sein, wenn die Mutter über den Stand der Unterhaltsbeitreibung informiert werden will. 9

2 Kontrolle als Teil der Aufgabenerfüllung (Abs. 1 Satz 2)

Satz 2 stellt Kontrollzwecke den Aufgabenzwecken gleich. Dass die Kontrolle über die Verwaltungstätigkeit ein Aspekt dieser Tätigkeit, also Aufgabenerfüllung, ist, hat das Bundesverfassungsgericht[31] in seinem „Flickbeschluss“ ausdrücklich bestätigt.[32] Insoweit hat Satz 2 nur klarstellende Funktion. Im Unterschied zu § 69 Abs. 5 SGB X iVm § 67c Abs. 3 S. 1 SGB X, der auch die Ausübung von Disziplinargewalt und die Durchführung von Organisationsuntersuchungen der Aufgabenerfüllung gleichstellt (insoweit wohl fiktiv), ist Nutzen und Übermitteln für diese beiden Zwecke durch den AB/AP/AV ausgeschlossen. Ebenso wenig ist es in diesem Aufgabenfeld (im Unterschied zu anderen Aufgaben → § 61 Rn. 63) möglich, eine Akte **Praktikanten zur Ausbildung** zu überlassen, wenn der Fall nicht dabei bearbeitet wird. Schon abgeschlossene Fälle können Praktikanten daher nur verwenden, wenn der Personenbezug geschwärzt ist. Die Weitergabe der Akte zur internen Fachaufsicht durch den Vorgesetzten ist Nutzen, die Weitergabe nach außen an die Rechtsaufsichtsbehörde, das FamG, die **GPA**, ebenso aber an das **RPA** (→ § 61 Rn. 135 f.) innerhalb derselben Behörde sind Übermitteln. Voraussetzung für (internes) Nutzen und (externes) Übermitteln ist allerdings die Rechtmäßigkeit der Kontrolle. Zweckmäßigkeitskontrolle besteht durch die Rechtsaufsichtsbehörde nicht, durch das FamG nur sehr eingeschränkt bei der Kontrolle der Rechnungslegung, bei der Beistandschaft gar nicht. Das RPA kann die Einhaltung kassentechnischer Vorschriften und die Beachtung fiskalischer Belange prüfen, nicht aber die Führung der AV/AB. Grenze jeder Prüfung ist § 65 SGB VIII für anvertraute Daten (→ § 61 Rn. 135 f.).[33] Auch wenn der AB/AP/AV kein weisungsgebundenes Organ der Verwaltung ist,[34] kann der **Dienstvorgesetzte** in Angelegenheiten von grundsätzlicher und besonderer Bedeutung, in amtsübergreifenden Angelegenhei- 10

28 Zur Weitergabe ärztlicher Berichte ausführlich DIJuF JAmt 2007, 426.
29 Hierzu näher Kunkel FPR 2013, 487 ff.; 2003, 516 u. 2002, 520.
30 Andere Lösung im DIV-Gutachten vom 17.4.1996, Schwerpunkte, S. 295.
31 BVerfGE 67, 141 f.
32 Ebenso Garstka RdJB 1987, 472.
33 Ausführlich Kunkel in Oberloskamp, Vormundschaft, § 16 Rn. 69–73 und ZKJ 2016, 9.
34 Ebenso Proksch, Sozialdatenschutz, S. 153, aber zu Unrecht unter Berufung auf BayObLG 27.6.1991 – BReg 3 Z 52/91, ZfJ 1991, 556, das die Stellung des Pflegers zum VormG behandelt.

ten und bei drohendem Regress Weisungen erteilen.[35] Auch der **Petitionsausschuss** ist zur Kontrolle befugt, wie sich aus Art. 17 GG ergibt.[36]

11 Nicht zulässig ist nach Satz 2 die **Speicherung** von Sozialdaten zu **Kontrollzwecken** – wiederum im Unterschied zu § 67c Abs. 1 und 3 SGB X. Die Kontrolle kann sich daher lediglich auf die zur Aufgabenerfüllung gespeicherten Daten erstrecken. Ein weiterer Unterschied zu § 67c Abs. 3 SGB X besteht darin, dass Nutzung und Übermittlung nur „im Hinblick auf den Einzelfall" zulässig sind. Das bedeutet, dass ein Datum nicht für mehrere Nutzungs- oder Übermittlungsvorgänge oder regelmäßig[37] benutzt werden darf, sondern nur für einen konkreten Fall aus einem bestimmten Anlass. Unzulässig ist danach auch die Übersendung von zB 10 Akten für eine Stichprobenkontrolle.[38]

3 Informationspflichten (Abs. 1 Satz 3)

12 Art. 13 und 14 DS-GVO begründen Informationspflichten für die Datenerhebung bei der betroffenen Person bzw. bei der nicht betroffenen Person iSv Art. 4 Nr. 1 DS-GVO. Durch Einfügen des Satz 3 in § 68 Abs. 1 werden die Informationspflichten nach Art. 13 und 14 DS-GVO aber eingeschränkt (was nach Art. 23 Abs. 1 Buchst. i iVm Abs. 2 Buchst. c DS-GVO zulässig ist). Die Information darf nur unter der (doppelten)Voraussetzung erfolgen, dass sie weder die Interessen des Kindes **noch** die Aufgabenerfüllung des AV/AP beeinträchtigt. Die Informationspflicht wird durch diesen „Schutzring" relativiert. Der AV/AP muss abwägen, inwieweit das Kind in die Vorgänge der Datenerhebung miteinbezogen oder vor der Übermittlung seiner Daten an Dritte, die er gegenüber seinem AV/AP preisgegeben hat, geschützt werden sollte (zB im Falle sexuellen Missbrauchs in der Familie).

4 Berichtigung, Löschung und Sperrung (Abs. 2)

13 Durch den Verweis in § 68 Abs. 2 auf § 84 SGB X insgesamt wird das geltende Recht auf die Regelungen zur Verarbeitung bestrittener Sozialdaten nach § 84 Abs. 2 SGB X sowie die in § 84 Abs. 5 SGB X vorgenommene Einschränkung des Widerspruchsrecht nach Art. 21 DS-GVO erweitert. Da § 61 Abs. 2 die Anwendung des § 84 SGB X (Abdruck bei → § 61 Rn. 244) nicht sperrt (→ § 61 Rn. 284), öffnet § 68 Abs. 2 eine Tür, die nicht verschlossen war – allerdings nur für einen Spalt. Mit der umfassenden Anwendung des § 84 SGB X ist die Berichtigung nicht mehr ausgeschlossen. Die Einschränkung der Verarbeitung ist definiert in Art. 4 Nr. 3 DS-GVO. Auch wenn AB/AP/AV (ganz) besondere Organe des JA sind, sind sie doch nicht (vollkommen) fehlerfrei in ihrer Aktenführung – eine Berichtigung ist deshalb möglich. Sie ist zu erreichen, wenn man unrichtige Daten als für die Aufgabenerfüllung nicht erforderlich und damit als unzulässig gespeichert ansieht. Die Berichtigung geschieht dann nach § 84 Abs. 2 und 3 SGB X (→ § 61 Rn. 261).

14 Eine Löschung muss erst erfolgen, wenn die Daten zur Aufgabenerfüllung nicht mehr erforderlich sind (§ 84 Abs. 4 SGB X). Zur Aufgabenerfüllung gehört aber auch die Informationspflicht nach § 68 Abs. 1 S. 3. Wegen evtl. Schadenersatzansprüche werden die Akten der AB/AP/AV in der Regel 30 Jahre lang **aufbewahrt** (→ § 61 Rn. 265). Diese lange Frist ist aber obsolet, da Verjährung nach Änderung des § 195 BGB schon nach drei Jahren eintritt. Die für die Justizbehörden im März 2006 bundeseinheitlich

35 Vgl. Ausführlich Kunkel in Oberloskamp § 16 Rn. 69 ff.
36 AA DIV DAVorm 1998/101.
37 So Bay.LDS in Arbeitspapier zum Datenschutz in der AB/AV/Beistandschaft vom 1.2.2019.
38 Ebenso DIV-Gutachten vom 24.5.1996, Schwerpunkte, S. 296.

getroffenen „Bestimmungen über die Aufbewahrungsfristen" sehen[39] für vormundschaftsgerichtliche Akten 5 Jahre nach Volljährigkeit des Mündels vor. Für die Akten der AV/AP sollte in Anbetracht des Akteneinsichtsrechts des volljährigen ehemaligen Mündels eine Aufbewahrungszeit von 10 Jahren nach Volljährigkeit gelten.[40] Für Akten des Beistands genügen 3 Jahre nach Beendigung der Beistandschaft.[41] Unabhängig von der Notwendigkeit, die Akten zur Aufgabenerfüllung aufzubewahren, bestehen satzungsrechtliche Aufbewahrungsvorschriften zugunsten von Kulturamt oder Stadtarchiv und landesgesetzliche Aufbewahrungsvorschriften nach dem **Landesarchivgesetz.** Aufbewahrungsfristen nach dem Bundesarchivgesetz scheiden für die Jugendhilfe aus, da dieses Jugendhilfeträger nicht betrifft.[42] Solche Aufbewahrungsfristen führen zu einer Sperrung nach § 84 Abs. 4 SGB X.

Eine Übermittlung an **Archive** wäre zwar nach § 71 Abs. 1 S. 3 SGB X (→ § 61 Rn. 142) zulässig, § 71 SGB X ist aber wegen des Ausschlusses in § 61 Abs. 2 SGB VIII nicht anwendbar. Wenn § 68 Abs. 2 auch den § 84 Abs. 6 SGB X (→ § 61 Rn. 270) aber für entsprechend anwendbar erklärt, soll dies wohl bedeuten, dass eine Übermittlung zulässig sein soll, auch wenn der Wortlaut des § 84 Abs. 6 SGB X „bleibt unberührt" das Gegenteil sagt.

5 Auskunftsrecht (Abs. 3 Satz 1 und 2)

5.1 ...nach § 83 SGB X und Art. 15 DS-GVO

Die **Auskunftspflicht** nach Art. 15 DS-GVO gilt unmittelbar für die gesamte Jugendhilfe mit der Anpassung in **§ 83 SGB X.** Für die AV/AP/AB erfolgt eine **spezifische Anpassung in** § 68 **Abs. 3.** Das umfassende Auskunftsrecht aus Art. 15 DS-GVO muss aufgrund der Besonderheiten im Bereich von Amtsbeistandschaften, Amtspflegschaften und Amtsvormundschaften jedoch **eingeschränkt** werden. Zunächst muss zur Vermeidung von Wertungswidersprüchen die Auskunft gegenüber den Personen unterbleiben, denen nach § 68 Abs. 1 S. 3 Nr. 1 und 2 keine Information über die Verarbeitung ihrer personenbezogenen Daten erteilt wird. Dies betrifft Fälle, in denen die Interessen oder die Beistandschaft als solche einer anderen Person, zB eines minderjährigen Geschwisterkindes, durch die Auskunftserteilung beeinträchtigt würden. Entsprechend dem bisherigen Recht sowie unter Berücksichtigung der aus Art. 15 Abs. 4 DS-GVO folgenden Beschränkung des Auskunftsrechts muss nach § 68 Abs. 3 S. 1 eine Auskunft auch dann unterbleiben, wenn mit ihr berechtigte Interessen Dritter beeinträchtigt würden. Die Auskunft kann ihnen wie im bisherigen Recht allerdings nur dann erteilt werden, wenn sie die erforderliche Einsichts- und Urteilsfähigkeit besitzen. Soweit § 68 Abs. 3 S. 3 dem Elternteil, der die Beistandschaft beantragt hat, einen Anspruch auf Kenntnis der gespeicherten Daten gewährt, solange der junge Mensch minderjährig und der Elternteil berechtigt ist, die Beistandschaft zu beantragen, müssen die Einschränkungen des § 68 Abs. 3 S. 1 ebenfalls gelten. Andernfalls bestünde zB die Gefahr, dass dem Minderjährigen, dessen Beistandschaft beendet wurde, zur Vermeidung der Beeinträchtigung berechtigter Interessen Dritter nach § 68 Abs. 3 S. 2 keine Auskunft erteilt wird, wohl aber seinem Elternteil. 15

39 In Abschnitt II D. Pos. 93.

40 So auch eine Empfehlung des Bayer. Staatsministeriums für Arbeit und Sozialordnung, Familien und Frauen v. 26.7.2004 und DIJuF JAmt 2005, 557. Die KGSt (Bericht 16/1990 in der Fassung von 1995) empfiehlt 20 Jahre, für Prozessakten sogar 30 Jahre.

41 KGSt: 10 Jahre; Walther (in Katzenstein/Lohse/Schindler/Schönecker, Das Recht als Partner der Fachlichkeit in der Kinder- und Jugendhilfe, S. 119, 132) empfiehlt eine Aufbewahrungsdauer der Akten der Beistandschaft von regelmäßig zehn Jahren, beginnend mit Ablauf des Jahres, in welchem die Volljährigkeit des betroffenen jungen Menschen eingetreten ist.

42 AA anscheinend Mörsberger in Wiesner § 68 Rn. 13.

5.2 ... für Kinder

16 Wie im bisherigen Recht gilt § 68 Abs. 3 **Satz 1** weiterhin für **Kinder, nachdem sie volljährig** geworden sind und unter AV/AP/AB gestanden haben. Vor **Erreichen der Volljährigkeit** gilt weiterhin **Satz 2**. Die Personengruppe der **minderjährigen (noch) unter AV/AP/AB stehenden Kinder** unterfällt nicht dem Anwendungsbereich von § 68 Abs. 3 **S. 2**, da danach die AV/AP/AB bereits beendet sein muss. Die Auskunft an das Kind steht im **Ermessen** der Behörde, das sie gem. § 39 SGB I analog auszuüben hat. Es darf aber erst ausgeübt werden,[43] wenn die **Tatbestandsvoraussetzungen vorliegen**, also keine berechtigten Interessen Dritter[44] entgegenstehen und zusätzlich der Minderjährige die Einsichts- und Urteilsfähigkeit hat. Liegen diese Voraussetzungen nicht vor, ist kein Raum für die Ausübung von Ermessen. Umgekehrt kann trotz Vorliegen der Tatbestandsvoraussetzungen das Ermessen so ausgeübt werden, dass die Information nicht gewährt wird. Eine Ermessensreduzierung auf Null kann nur dann angenommen werden, wenn jede andere Entscheidung als die, Information zu gewähren, rechtswidrig wäre. Dies wird angenommen von Törnig,[45] weil die Verweigerung der Information ein Verstoß gegen das Grundrecht auf informationelle Selbstbestimmung sei. Dem wird nicht zugestimmt, da der Minderjährige zwar grundrechtsmündig ist, er aber an der Ausübung seines Grundrechts nicht gehindert ist, sondern diese lediglich bis zu seiner Volljährigkeit aufgeschoben wird; dies ist keine unzumutbare Einschränkung für ihn. Das Ermessen wäre aber fehlgebräuchlich ausgeübt, wenn es einen anderen Zweck verfolgen würde als den Schutz des Minderjährigen.[46]

17 Ob die Tatbestandsvoraussetzungen des Satzes 2 vorliegen, ist keine Frage des Ermessens; sie sind **unbestimmte Rechtsbegriffe**, deren Inhalte durch Auslegung zu ermitteln sind, wobei auch kein Beurteilungsspielraum besteht. Ob die erforderliche **Einsichtsfähigkeit** besteht, kann nur in Bezug auf die konkreten Daten beurteilt werden. Bei partieller Einsichtsfähigkeit kann partielle Akteneinsicht gewährt werden.[47] Die Einsichts- und Urteilsfähigkeit ist nicht gleichzusetzen mit der Handlungsfähigkeit nach § 36 SGB I (→ Anh. 5 Rn. 12) da sie sich auf einen anderen Gegenstand bezieht. Ein handlungsfähiger Minderjähriger kann dennoch die für die Akteneinsicht notwendige Urteilsfähigkeit noch nicht haben, während umgekehrt ein noch nicht handlungsfähiger Minderjähriger die Einsichts- und Urteilsfähigkeit schon haben kann. Einsichts- und Urteilsfähigkeit sind keine synonymen Begriffe, vielmehr ist die Einsichtsfähigkeit die Fähigkeit, das Gelesene zu verstehen, Urteilsfähigkeit dagegen die Fähigkeit, das Verstandene richtig zu beurteilen. Nur in seltenen Ausnahmefällen wird diese Fähigkeit vor dem 7. Lebensjahr anzunehmen sein (→ § 61 Rn. 71), wie der Vergleich mit § 828 Abs. 2 BGB nahe legt.[48]

5.3 ...für Volljährige

18 Darüber hinaus gilt § 68 Abs. 3 **S. 1** aber (im Unterschied zum bisherigen Recht) nunmehr **auch für alle anderen** Personen, die im Zusammenhang mit einer AV/AP/AB Auskunft über die sie betreffenden personenbezogenen Daten verlangen, zB Elternteile oder Verwandte eines Kindes, das unter Beistandschaft steht oder stand, Lehrer, Nachbarn oder sonstige Dritte, einschließlich minderjähriger unter Amtsbeistandschaft, Amtspflegschaft oder Amtsvormundschaft stehender Personen. Dies beruht auf der unmittelbaren Geltung von Art. 15 DS-GVO, nach dem jede Person ein Recht auf Auskunft über die sie betreffenden personenbezogenen Daten hat.

---

43 Insoweit ungenau Mörsberger in Wiesner § 68 Rn. 25: „Ermessen ist eng zu fassen".
44 Zu diesen näher Kirchhoff in jurisPK-SGB VIII § 68 Rn. 23.
45 In JHSM § 68 Rn. 15.
46 So VG Karlsruhe 11.10.1995 – 12 K 1972/94.
47 Ebenso Mörsberger in Wiesner § 68 Rn. 25.
48 DIJuF JAmt 2001, 278.

6 Dateninformation des Beistands (Abs. 3 Satz 3)

Bei **laufender Beistandschaft** kann der Elternteil, der die Beistandschaft beantragt hat, Akteneinsicht erhalten (→ Rn. 12), dagegen war ihm diese bisher nach Beendigung der Beistandschaft verwehrt.[49] Durch Einfügung von S. 3 hat er nun dieses Recht, wenn er die Beistandschaft beantragt hatte (nicht „hat"), antragsberechtigt geblieben und das Kind noch minderjährig ist. Bei laufender AB kann auch nicht das allgemeine Akteneinsichtsrecht nach § 25 SGB X geltend gemacht werden, da dieses nur in einem Verwaltungsverfahren iSd § 8 SGB X gilt, ein solches aber für die Tätigkeit des AB nicht vorliegt (kein Abschluss durch VA). Die Gewährung der allgemeinen Akteneinsicht an das Kind, ebenso aber an die Mutter, steht dann im Ermessen der Behörde.[50] § 61 Abs. 2 schließt das allgemeine Verwaltungsverfahrensrecht nicht aus,[51] sondern nur die §§ 67 a bis 78 SGB X. 19

Nach **Beendigung einer Beistandschaft** hat der Elternteil, der die Beistandschaft beantragt hatte, unter den Voraussetzungen des Abs. 3 S. 3 ein Recht auf **Dateninformation,**[52] das ist weniger als ein Akteneinsichtsrecht.[53] Vom Akteneinsichtsrecht nach § 25 SGB X (→ Anh. 5 Rn. 21) unterscheidet es sich ferner dadurch, dass dieses nur in einem Verwaltungsverfahren iSd § 8 SGB X besteht und eine umfassende Kenntnis der Akte zur Geltendmachung rechtlicher Interessen ermöglicht (Abdruck von § 25 SGB X bei → § 61 Rn. 116). Vom Auskunftsrecht nach § 83 SGB X (Abdruck bei → § 61 Rn. 244) unterscheidet sich dieses Recht dadurch, dass es Kenntnis der Daten und nicht nur Auskunft über die Daten ermöglicht, dh die Daten müssen bekannt gegeben werden, ohne dass die Originalakte – wie bei Akteneinsicht – ausgehändigt werden müsste, aber ausgehändigt werden kann. Außerdem wird das Auskunftsrecht erst durch überwiegende berechtigte Interessen Dritter begrenzt, das Recht nach § 68 Abs. 3 aber schon durch berechtigte Interessen Dritter (Abs. 3 S. 1). Diese liegen nicht schon dann vor, wenn die Akte einfache (→ § 61 Rn. 25) Sozialdaten Dritter enthält, sondern erst, wenn es sich um Daten handelt, deren Kenntnisgabe dem Dritten „nicht recht" wäre und die für den Zweck der Dateninformation nicht benötigt werden.[54] Lebensumstände, die Vater oder Mutter in einem ungünstigen Licht erscheinen lassen, begründen für sich allein noch nicht ein berechtigtes Interesse am Ausschluss von der Information. Denn diese Lebensumstände können Rückschlüsse auf die Persönlichkeitsentwicklung des Kindes zulassen und Charaktereigenschaften als vererbt erkennen lassen.[55] Sowohl das Recht auf Dateninformation als auch das entgegenstehende Interesse des Dritten stützen sich auf das Grundrecht auf informationelle Selbstbestimmung aus Art. 2 Abs. 1 iVm Art. 1 Abs. 1 GG (→ § 61 Rn. 1). Diese Grundrechtskollision muss nach den Regeln der praktischen Konkordanz so aufgelöst werden, dass jedem Grundrechtsträger der Gebrauch des Grundrechts möglich bleibt. Das berechtigte Interesse Dritter kann daher das Informationsrecht nicht ausschließen, sondern lediglich dazu führen, dass die Daten des Dritten aus der Akte entnommen werden, soweit nicht eine Einwilligung eingeholt werden kann.[56] 20

49 Vgl. DIJuF JAmt 2001, 277 (346).
50 Ebenso VG München 30.4.2008 – M 18 E 081734.
51 AA Proksch, Sozialdatenschutz, S. 151.
52 Zum Informationszugangsanspruch nach § 4 Abs. 1 IFG NRW siehe OVG Münster Beschl. v. 7.11.2019 – 15 E 863/19; zum Akteneinsichtsrecht in Sozialdaten nach der DS-GVO allgemein und grundsätzlich Dix/Krahmer ZfF 2019, 193.
53 Vgl. Kunkel in Oberloskamp, Vormundschaft § 16 Rn. 66.
54 Hierzu VG Sigmaringen 21.5.2001 – 4 K 607/01.
55 So HmbOVG FEVS 1979, 158.
56 Ebenso Maas/Törnig in JHSM § 68 Rn. 14.

21 **„Dritter“** ist jede andere Person außerhalb des Betreuungsverhältnisses. Das Recht geht auf Kenntnis der zu seiner Person gespeicherten „Informationen“. Dieser Begriff hat denselben Inhalt wie der der „Sozialdaten“ in § 67 Abs. 2 SGB X.

7 Akteneinsichtsrecht

22 Der unterhaltspflichtige Elternteil hat keinen Auskunftsanspruch nach § 68 Abs. 3 und deshalb auch nicht nach § 83 SGB X. Er hat aber ein **Akteneinsichtsrecht** nach **§ 810 BGB** in bestimmte Aktenteile unter den dort bezeichneten Voraussetzungen, die von ihm darzulegen sind. Ein Streit mit ihm hierüber ist zivilrechtlicher Natur, da er mit dem durch das JA vertretenen Kind geführt wird[57] (zum Akteneinsichtsrecht → Rn. 20).

8 Zweckbindung nach Übermittlung (Abs. 4)

23 Abs. 4 übernimmt den in § 78 Abs. 1 S. 1 SGB X geregelten Grundsatz, erweitert ihn aber insoweit, als er auch für die Stellen **innerhalb** des SGB-Bereiches gilt, also beispielsweise für andere Stellen im JA, die Unterhaltsvorschusskasse, Krankenkasse, Jobcenter oder Sozialamt. Jede empfangende Stelle darf die Daten nur zu demselben Zweck nutzen, speichern oder übermitteln, zu dem der AB/AP/AV sie übermittelt hat, also immer nur zu dessen Aufgabenerfüllung nach § 56.[58] Zweckabweichungen sind auch Gerichten (im Unterschied zu § 78 Abs. 1 S. 3 SGB X; → § 61 Rn. 235) nicht gestattet. Bei unbefugter Übermittlung durch den AB/AP/AV ist der empfangenden Stelle keine Verwendung des Datums erlaubt; dieses Verwertungsverbot ergibt sich aus dem Umkehrschluss aus § 68 Abs. 4. Die Definition der in Abs. 4 enthaltenen Begriffe kann § 67 SGB X entnommen werden, da er durch § 61 Abs. 2 nicht gesperrt ist (→ § 61 Rn. 284).

9 Entsprechende Anwendung für den Gegenvormund (Abs. 5)

24 Der Gegenvormund wird durch § 58 dem AB/AP/AV funktionell gleichgestellt, durch § 68 Abs. 5 auch datenschutzrechtlich. Der Gegenvormund hat eine Kontrollaufgabe gegenüber dem Vormund gem. § 1799 BGB. Nur zur Erfüllung dieser Aufgabe darf er Daten erheben und verwenden. Durch das **Reformgesetz zur Betreuung und Vormundschaft**[59] wurde die Gegenvormundschaft aufgehoben.[60] Übersehen wurde aber eine Streichung des § 68 Abs. 5. Das Reformgesetz gilt allerdings erst **ab 1.1.2023**.

25 Die in Abs. 5 geregelte entsprechende Anwendung auch des Abs. 3 passt nicht zu diesen anders gelagerten Aufgaben. Auch hier gilt aber das allgemeine verwaltungsrechtliche Akteneinsichtsrecht, wobei die Gewährung der Akteneinsicht in diesen Fällen im Ermessen des JA steht, da die Voraussetzungen des § 25 SGB X nicht vorliegen (→ Rn. 12).

10 Geltung für Vereinsbeistandschaften

26 Wird eine Beistandschaft auf einen Verein übertragen (vgl. Exkurs Beistandschaft → Vor § 52a Rn. 4), wird dieser als beliehener Unternehmer tätig; somit gilt auch für ihn § 68.

---

57 Ebenso OVG NRW 28.9.2001 – 12 E 489/01, JAmt 2001, 596; offen gelassen vom OLG Celle 30.1.2001 – 15 WF 15/01, JAmt 2001, 301.

58 Weiter gehend Mörsberger in Wiesner § 68 Rn. 27: „auch (zur) Aufrechterhaltung kommunikativer Bezüge“ – was immer das sein mag.

59 Gesetz vom 4.5.2021, BGBl. I, 882. Zum Reformgesetz siehe die Expertise von Froncek/Pothmann, „Unbekannte Vormundschaft“, 2021.

60 Art. 12 Nr. 5.

11 Geltung für Einzelvormund

Für den Einzelvormund gilt weder § 68 SGB X noch § 35 SGB I, es sei denn, er hat Daten vom öffentlichen Träger erhalten; dann ist er „fiktiver Sozialleistungsträger" nach § 78 SGB X (→ § 61 Rn. 296). Wegen der mittelbaren Drittwirkung von Grundrechten, die über § 242 BGB in das Privatrecht einfließen, darf er Daten des Mündels nur mit dessen Einwilligung (bei Einsichtsfähigkeit; → § 61 Rn. 71) übermitteln. 27

Der AV darf ihm im Fall des Übergangs der Vormundschaft nach § 56 Abs. 4 SGB VIII (künftig § 57 Abs. 4) Daten übermitteln.

Fünftes Kapitel Träger der Jugendhilfe, Zusammenarbeit, Gesamtverantwortung

Erster Abschnitt Träger der öffentlichen Jugendhilfe

§ 69 Träger der öffentlichen Jugendhilfe, Jugendämter, Landesjugendämter

(1) Die Träger der öffentlichen Jugendhilfe werden durch Landesrecht bestimmt.

(2) (weggefallen)

(3) Für die Wahrnehmung der Aufgaben nach diesem Buch errichtet jeder örtliche Träger ein Jugendamt, jeder überörtliche Träger ein Landesjugendamt.

(4) Mehrere örtliche Träger und mehrere überörtliche Träger können, auch wenn sie verschiedenen Ländern angehören, zur Durchführung einzelner Aufgaben gemeinsame Einrichtungen und Dienste errichten.

1 Überblick

§ 69 enthält die bundesrechtliche Regelung der **Organisation der öffentlichen Jugendhilfe**, dh die Bestimmung der Träger und der Behörden, die die Jugendhilfeaufgaben zu erfüllen haben. Die Neufassung der Norm erfolgte durch das KiföG im Gefolge der 1

Föderalismusreform I.[1] Kinder- und Jugendhilfe ist auch nach der Föderalismusreform ein Teilbereich der konkurrierenden Gesetzgebung des Bundes (Art. 74 Abs. 1 Nr. 7 GG) geblieben. Die von den Ministerpräsidenten der Bundesländer mit Unterstützung der kommunalen Spitzenverbände[2] angestrebte Übertragung der Gesetzgebungskompetenz für den gesamten Leistungsbereich der Kinder- und Jugendhilfe auf die Bundesländer[3] wurde nicht durchgesetzt. Damit scheint die von der Fachwelt der Kinder- und Jugendhilfe befürchtete Zersplitterung des materiellen Kinder- und Jugendhilferechts sowie die Einschränkung des Leistungsspektrums aufgrund fiskalischer Zwänge[4] abgewendet. Allerdings steht dem Bund das Gesetzgebungsrecht weiterhin nur unter Beachtung der nun strenger gefassten Erforderlichkeitsklausel des Art. 72 Abs. 2 GG zu. Zudem haben die **Bundesländer** eine **Erweiterung ihrer Regelungskompetenzen** erlangt. Bisher bestimmte der Bund, dass die Landkreise und kreisfreien Städte örtliche Träger der Jugendhilfe sind (§ 69 Abs. 1 S. 2 aF). Mit der Neufassung des § 69 sind nun die Bundesländer zur Gänze zuständig für die Bestimmung der öffentlichen Träger der Jugendhilfe (Abs. 1), was im Übrigen nicht von diesen gefordert wurde. Nach § 69 Abs. 1 S. 3 aF war dies bisher nur für die überörtlichen Träger möglich. Mit der Neuregelung des Abs. 1 wird in Kauf genommen, dass es künftig keine bundeseinheitliche Struktur der Jugendhilfeorganisation mehr geben muss. § 69 Abs. 2 aF, der eine Ermächtigung der Bundesländer zur Bestimmung von kreisangehörigen Gemeinden zu örtlichen Trägern vorgesehen hat, ist ersatzlos gestrichen worden. Die Zuweisung von Jugendhilfeaufgaben an Gemeinden und Gemeindeverbände, die bisher einer bundesrechtlichen Ermächtigung wie in § 69 Abs. 5 und 6 aF bedurfte, ist nun ohne Weiteres möglich, wobei das jeweilige Landesverfassungsrecht gegebenenfalls darüber entscheidet, welche Kostendeckungspflichten im Verhältnis zwischen Land und Gemeinde entstehen.[5]

2 Der in der Neufassung des § 69 erhalten gebliebene **Abs. 3** schreibt weiterhin die **Zweistufigkeit der Trägerschaft** vor – nämlich örtliche und überörtliche Träger – und verpflichtet die Träger zudem dazu, **innerorganisatorisch** ein **JA** bzw. ein **LJA** zu errichten. Damit soll sichergestellt werden, dass Jugendhilfeaufgaben ausschließlich von diesen Fachbehörden erfüllt werden. Allerdings haben die Bundesländer aufgrund der **Föderalismusreform I** nach Art. 84 Abs. 1, 125a und 125b GG eine Erweiterung ihrer Regelungskompetenzen bei der **Einrichtung der Behörden** sowie beim **Verfahren** dahin gehend erlangt, dass sie von bundesrechtlichen Vorgaben abweichen können (Art. 84 Abs. 1 S. 2 GG). Abweichungsfeste Regelungen des Bundes sind (ausnahmsweise) nur im Bereich des Verwaltungsverfahrens möglich, nicht jedoch bei der Einrichtung der Behörden (Art. 84 Abs. 1 S. 5 und 6 GG). Strittig ist, ob die in Abs. 3 vorgeschriebenen Verwaltungsebenen eine Regelung der Behördeneinrichtung und damit einer Abweichungsbefugnis der Bundesländer zugänglich ist (→ Rn. 8).[6]

3 Keine Änderung durch das KiFöG hat **Abs. 4** erfahren, wonach **örtliche und überörtliche Träger ermächtigt werden**, zur Durchführung einzelner Jugendhilfeaufgaben – sogar länderübergreifend – **gemeinsame Einrichtungen** und **Dienste** zu errichten.

4 Der erst im Rahmen des Tagesbetreuungsausbaugesetzes[7] eingefügte **Abs. 5 aF,** welcher die Bundesländer zur Aufgabenzuweisung an kreisangehörige Gemeinden und Gemeindeverbände im Bereich der Kindertagesbetreuung (§§ 22 ff.) ermächtigte, ist

1 BGBl. I 2006, 2034.
2 ZB Henneke Der Landkreis 2004, 355.
3 Föderalismusreform – Positionspapier der Ministerpräsidenten Kommissionsdrucksache 45, S. 6, 7.
4 Meysen RdJB 2005, 355.
5 Vgl. BT-Drs. 16/9299, 17.
6 Ausführlich Wiesner in Wiesner Rn. 5–15.
7 BGBl. I 2004, 3852.

konsequenterweise ebenso aufgehoben worden wie **Abs. 6 aF**, welcher Vorgaben für die freiwillige Erfüllung von Jugendhilfeaufgaben durch kreisangehörige Gemeinden und Gemeindeverbände enthielt. Allerdings besteht Landesrecht, das aufgrund dieser Vorschriften erlassen wurde, auch nach der Neufassung des § 69 fort.

2 Bundesrechtliche Vorgaben zur Organisation der öffentlichen Jugendhilfe (Abs. 1)

2.1 Änderungen nach der Föderalismusreform I

In § 69 Abs. 1 aF hatte der Bundesgesetzgeber die Stadt- und Landkreise zu örtlichen Trägern der Jugendhilfe bestimmt; lediglich die Bestimmung der überörtlichen Jugendhilfeträger war den Bundesländern vorbehalten. Diese Regelung hatte zur Folge, dass mit jeder neuen Jugendhilfeaufgabe im SGB VIII zugleich eine Zuweisung von Aufgaben an die kommunalen Gebietskörperschaften sowie die damit einhergehende Kostenlast verbunden war. Wegen des zwischen Bund und kommunalen Gebietskörperschaften im GG **fehlenden Konnexitätsprinzips**, nämlich dass die Kosten für die Erfüllung einer öffentlichen Aufgabe (Finanzierungshoheit) von demjenigen Träger zu tragen sind, der über Art und Intensität der Aufgabenerfüllung entscheidet, wurde auf Betreiben der kommunalen Gebietskörperschaften im Rahmen der Föderalismusreform eine Änderung des Art. 84 Abs. 1 GG durchgesetzt. Danach verbietet nun S. 7 einen direkten Aufgabendurchgriff vom Bund auf die kommunalen Gebietskörperschaften. Gleichzeitig mit dieser Änderung erfolgte in Art. 125a Abs. 1 GG eine Regelung, wonach bisherige Aufgabenzuweisungsnormen des Bundes, die nach der Neuregelung nicht mehr hätten ergehen dürfen, weiter fortbestehen. Strittig ist insoweit, ob dieses fortbestehende Recht nun unverändert bestehen bleiben muss[8] oder aber zumindest modifiziert werden kann.[9] Um dem Bund in der Kinder- und Jugendhilfe jedoch weiterhin die grundsätzliche Befugnis zur Regelung neuer Jugendhilfeaufgaben im Rahmen der konkurrierenden Gesetzgebungskompetenz (Art. 74 Abs. 1 Nr. 7 GG) zu erhalten, wurde die bundesrechtliche Bestimmung der örtlichen Träger der Jugendhilfe in § 69 gestrichen. 5

Art. 84 Abs. 1 S. 1 GG bestimmt, dass die Länder die Einrichtung der Behörden regeln. Aus diesem Grund behält § 69 Abs. 1 nun die Bestimmung der örtlichen und überörtlichen Träger der öffentlichen Jugendhilfe dem Landesrecht vor. Zwischen den Bundesländern und den kommunalen Trägern existiert in der Regel im Landesverfassungsrecht eine Konnexitätsregelung, so dass mit der Aufgabenübertragung durch das Land auch eine Kostentragungspflicht verbunden ist.[10]

2.2 Bundesrechtliche Vorgabe zweier Verwaltungsebenen

Die Ermächtigung in Abs. 1 muss im Zusammenhang mit Abs. 3 gelesen werden, da danach der Bundesgesetzgeber auch nach der Neuregelung des § 69 eine Zwei-Ebenen-Struktur mit örtlichen und überörtlichen Jugendhilfeträgern vorschreibt wie in der Sozialhilfe (vgl. § 3 SGB XII). Mit diesen zwei Verwaltungsebenen geht eine unterschiedliche Aufgabenverteilung gemäß § 85 einher. 6

Bereits in der Vergangenheit haben einige Bundesländer im Rahmen sog. Zuständigkeitslockerungsgesetze[11] auf Bundesebene versucht, ua die gesamten Aufgaben des überörtlichen Trägers auf die örtliche Ebene zu verlagern und damit die überörtliche 7

8 Schoch DVBl. 2007, 261.
9 Engelken VBlBW 2008, 457.
10 ZB Art. 78 Abs. 3 LV NRW; dazu näher VerfGH 12.10.2010 NRW – DVBl. 2010, 1561; Weißenberger in jurisPK-SGB VIII Rn. 20.
11 ZB Entwurf eines Gesetzes zur Entlastung der Gemeinden im sozialen Bereich KEG BT-Drs. 15/4532.

Ebene obsolet zu machen. Verfassungsrechtliche Abweichungsgrenzen wie für das Verwaltungsverfahren gibt es für die neuen organisationsrechtlichen Kompetenzen der Länder – nämlich für die Einrichtung der Behörden – nicht (vgl. Art. 84 Abs. 1 S. 5 und 6 GG). Allerdings steht es dem Bund gemäß Art. 84 Abs. 1 S. 3 GG frei, landesrechtliche Abweichungsregelungen wiederum mit weiteren bundesrechtlichen Regelungen zu beantworten. Geltung kommt in diesem Falle der jeweils jüngeren Regelung zu (Art. 84 Abs. 1 S. 3 GG).

8 Strittig ist nun, ob die Länder von der Vorgabe zweier Verwaltungsebenen in § 69 Abs. 3 gemäß Art. 84 Abs. 1 S. 2 GG abweichen dürfen, da damit zugleich in die bundesrechtlich vorgegebene Aufgabenverteilung nach § 85 eingegriffen wird. Nach allgemeiner Meinung umfasst die „Einrichtung der Behörden" über den Begriff der Errichtung hinaus auch die Festlegung des näheren Aufgabenkreises der Behörden,[12] nämlich die Übertragung von Aufgaben und Befugnissen sowie die Bestimmung der örtlichen, sachlichen und funktionellen Zuständigkeit.[13] Darüber hinaus erstreckt sich die Organisationsmacht der Länder auch auf die Entscheidung der Frage, auf welcher Verwaltungsstufe die jeweilige Norm auszuführen ist.[14] Teile der jugendhilferechtlichen Literatur hingegen[15] verneinen eine Abweichungsbefugnis der Länder, da die zweistufige Trägerstruktur den Regelungen über die sachliche Zuständigkeit vorgeordnet sei und diese nicht dem Einrichtungsbegriff unterfalle. Wenngleich das Bedürfnis nach einer bundeseinheitlichen Struktur der Jugendhilfe als unabweisbar erscheinen mag, kann dieses sozialpolitische Argument wohl die verfassungsrechtliche Interpretation des Art. 84 GG nicht überwinden.[16] Aufgrund dieser Rechtslage muss daher damit gerechnet werden, dass zumindest einzelne Bundesländer künftig die durch die Föderalismusreform geschaffenen Abweichungsmöglichkeiten gemäß Art. 84 Abs. 1 S. 2 GG nutzen werden.[17] Besondere Bedeutung kann dieser Rechtsfrage im Zusammenhang mit der **Neuregelung** der **Eingliederungshilfe** zum Januar 2028 zukommen. Dann wird sich auch die Frage stellen, ob diese Aufgabenwahrnehmung zwingend beim örtlichen Träger der öffentlichen Jugendhilfe anzusiedeln ist.

9 Bislang haben sich allerdings die Befürchtungen der Fachwelt im Hinblick auf die Abschaffung der zwei Verwaltungsebenen durch Landesgesetzgeber nicht bestätigt. Lediglich § 9 Abs. 2 AG KJHG Nds sieht insoweit eine Abweichung von Abs. 3 vor, als „die Landesregierung die Behörde oder die Behörden bestimmt, die die Aufgaben des überörtlichen Trägers übernimmt". Damit ist der überörtliche Träger als solcher quasi abgeschafft worden. Andere Bundesländer haben bisher ihre Abweichungsbefugnis auch dann nicht genutzt, wenn das Ausführungsgesetz zum SGB VIII nach der Föderalismusreform I neu geregelt worden ist.[18]

12 BVerfGE 75, 108 (150); BVerfGE 105, 313 (331); Lerche in Maunz/Dürig Art. 84 Rn. 25.
13 Jarass/Pieroth Art. 84 Rn. 3.
14 Lerche in Maunz/Dürig Art. 84 Rn. 27.
15 Schmid/Wiesner ZKJP 2006, 453; Forum Erziehungshilfen 2006, 247.
16 So auch DIJuF-Gutachten JAmt 2007, 192; Wabnitz Sozialrecht aktuell 2006, 153.
17 Vgl. Rundschreiben des Deutschen Landkreistages – DLT – 661 v. 13.12.2006 und zuvor Beschluss des DLT-Kulturausschusses zur Umsetzung der Föderalismusreform in der Jugendhilfe v. 4./5.12.2006.
18 ZB Art. 12 ff. AGSGB Bayern v. 8.12.2006; Hessisches Kinder-und Jugendhilfegesetzbuch (HKJGB) v. 18.12.2006; Landesjugendhilfegesetz (LJHG) Sachsen v. 4.9.2008; Thüringer Kinder- und Jugendhilfe-Ausführungsgesetz (ThürKJHG) v. 5.2.2009.

3 Örtliche Träger der öffentlichen Jugendhilfe – Landesrechtliche Gestaltungsmöglichkeiten (Abs. 1)

3.1 Land- und Stadtkreise als örtliche Träger

Die bisherige bundesgesetzgeberische Entscheidung, **Landkreise** und **kreisfreie Städte** zu **örtlichen Trägern** zu bestimmen (§ 69 Abs. 1 S. 2 aF), erklärte sich aus dem Bestreben, die Jugendhilfe, die sich im Wesentlichen beim örtlichen Träger konzentriert (§ 85), auf einer bürgernahen und zugleich leistungsfähigen kommunalen Ebene anzusiedeln.[19] Gleichzeitig wird dadurch eine Übereinstimmung mit der Trägerschaft im Sozialhilferecht erreicht, was wegen der vielfachen Verknüpfung zwischen beiden Rechtsgebieten fachlich und verwaltungsorganisatorisch vorteilhaft ist.[20] 10

Auch nach der Föderalismusreform I mit der Möglichkeit, die örtlichen Träger durch Landesrecht selbstständig zu bestimmen, hat bislang die Mehrzahl der Bundesländer an den gewachsenen Strukturen der Jugendhilfe festgehalten und weiterhin Landkreise und kreisfreie Städte zu örtlichen Trägern der Jugendhilfe bestimmt. In **Berlin** ist örtlicher Träger das Land (§ 33 Abs. 1 S. 1 AGKJHG), dessen Aufgabe aber durch das JA des Bezirks wahrgenommen wird (§ 33 Abs. 1 S. 2 AGKJHG).[21] 11

In diesem Fall ist die kommunale Körperschaft als Ganzes, und nicht nur das JA **örtlicher Träger** (→ § 87b Rn. 14). Diese erfüllt die Aufgaben der Jugendhilfe als **Selbstverwaltungsaufgabe**, was in einigen Landesgesetzen ausdrücklich geregelt ist (zB § 1 Abs. 1 S. 2 BremAG KJHG) und in den übrigen Fällen aus Gewohnheitsrecht abgeleitet wird.[22] Folglich unterliegt der örtliche Träger nicht der Fachaufsicht, die auch die Zweckmäßigkeit der Aufgabenerfüllung kontrolliert, sondern lediglich der **Rechtsaufsicht**, die sich auf die Kontrolle der Rechtmäßigkeit der Aufgabenerfüllung beschränkt (→ Anh. 5 Rn. 66). Wer Rechtsaufsichtsbehörde ist, ergibt sich aus dem jeweiligen Kommunalverfassungsrecht. 12

3.2 Kreisangehörige Gemeinden und Gemeindeverbände als örtliche Träger

Wie im alten Recht aufgrund einzelner Ermächtigungen (§ 69 Abs. 5 und 6 aF) ist der Weg nun insgesamt frei, Gemeinden und Gemeindeverbänden im Grundsatz die Aufgaben der Jugendhilfe insgesamt zuzuweisen. 13

Kreisangehörige Gemeinden als örtliche Träger gibt es laut Arbeitsstelle Kinder- und Jugendhilfestatistik rund 150. In größerer Zahl finden sie sich hauptsächlich in Nordrhein-Westfalen, nämlich 131. Die landesrechtliche Möglichkeit hierzu gibt es zudem in Baden-Württemberg, Hessen, Niedersachsen, Rheinland-Pfalz sowie Schleswig-Holstein.[23] 14

Als **materiellrechtliche Voraussetzung** für die Bestimmung einzelner kreisangehöriger Gemeinden zu örtlichen Trägern wird allerdings nach wie vor deren **Leistungsfähigkeit** verlangt werden müssen. Dies bedeutet, dass die Gemeinde in finanzieller und fachlicher Hinsicht die Erfüllung der Aufgaben nach dem SGB VIII gewährleisten kann. Damit kommt eine generelle Bestimmung aller Gemeinden zu örtlichen Trägern der Jugendhilfe auch auf der Grundlage der Ermächtigung des Abs. 1 nicht in Betracht. 15

19 Vgl. BT-Drs. 11/5948, 94.
20 Vgl. BT-Drs. 11/6002, 9.
21 Hierzu BGH 15.7.2015 – XII ZB 30/15.
22 Vgl. Klinkhardt Rn. 3 mwN.
23 Vgl. Schäfer/Weitzmann in FK-SGB VIII Rn. 5.

16 Die in Nordrhein-Westfalen geübte Praxis, die Leistungsfähigkeit kreisangehöriger Gemeinden bereits ab einer Einwohnerzahl von 25.000 Einwohnern anzunehmen, ist auf einhellige Kritik gestoßen.[24]

17 Eine denkbare Organisationsstruktur der Ebene der örtlichen Jugendhilfe wäre auch, dass eine leistungsfähige Gemeinde mit JA angrenzende Gemeinden ohne ein solches mitversorgt. Organisationsrechtlich kommt hier die Bildung eines Zweckverbands in Betracht. Problematisch wäre allerdings der Zusammenschluss selbstständig nicht leistungsfähiger Gemeinden, da in diesen Fällen eine fachlich leistungsstarke sozialpädagogische Fachbehörde schwerlich entstehen kann.

18 **In formeller Hinsicht** wird die Bestimmung von finanziell und fachlich geeigneten kreisangehörigen Gemeinden bzw. Gemeindeverbänden zu örtlichen Trägern der Jugendhilfe aufgrund deren Selbstverwaltungshoheit weiterhin **antragsabhängig** sein müssen; sie kann diesen also nicht aufgezwungen werden. Andererseits steht den Gemeinden **ein subjektiv öffentliches Recht auf die Stellung als örtlicher Träger** in Gestalt eines Anspruchs auf ermessensfehlerfreie Entscheidung zumindest dann zu, wenn sie die vom Landesgesetzgeber aufgestellten Voraussetzungen erfüllen.[25]

19 In der Bestimmung von kreisangehörigen Gemeinden zu örtlichen Trägern ist im Unterschied zur Übertragung von Sozialhilfeaufgaben auf kreisangehörige Gemeinden nach § 3 Abs. 2 SGB XII keine bloße Mandatserteilung (Vollmacht zur Kompetenzausübung, Verbleib der Kompetenz beim Auftraggeber), sondern eine sog. **Delegation** zu sehen, da die Zuständigkeit nach dem SGB VIII auf die Gemeinde als örtlichen Träger übergeht und der Landkreis für den Bereich der Gemeinde seine Funktion als örtlicher Träger verliert. Dies gilt auch für die Abwicklung noch nicht abgeschlossener Vorgänge aus der Zeit vor dem Zuständigkeitswechsel.[26]

20 Die **Rechtsstellung als örtlicher Träger** erlangt eine Gemeinde in zwei Schritten: Durch eine grundsätzliche landesrechtliche Regelung und durch die konkrete Bestimmung der kreisangehörigen Gemeinde zum örtlichen Träger durch Rechtsakt, zB durch Verordnung (zB § 5 Abs. 1 LKJHG BW), der einer Veröffentlichung in einem Veröffentlichungsorgan des Landes bedarf.[27] In Zeiten finanzieller Engpässe ist es interessant, ob und wie Gemeinden ihre Funktion als örtliche Träger wieder abgeben können. Die **Aufhebung der Bestimmung** muss jedenfalls dann erfolgen, wenn dies die Gemeinde beantragt.[28] Außerdem wird regelmäßig eine Aufhebung in Betracht kommen, wenn die Voraussetzung der Leistungsfähigkeit nachträglich entfallen ist.[29]

3.3 Landesrechtliche Übertragung einzelner Aufgabenbereiche auf Gemeinden und Gemeindeverbände

21 Der Landesgesetzgeber ist nach Abs. 1 nun auch ohne Weiteres befugt, einzelne Aufgabenfelder den Gemeinden zuzuweisen – und zwar auch ohne deren Zustimmung, wie es bereits in § 69 Abs. 5 aF für den Bereich der Kindertagesbetreuung nach §§ 22 ff. vorgesehen war. Soweit die **Gesamtverantwortung** (§ 79) in einem solchen Falle weiterhin beim Träger der öffentlichen Jugendhilfe verbleibt (zB ausdrücklich § 3 Abs. 1 S. 4, Abs. 2 KiTaG BW), liegt keine Delegation von Aufgaben mit einer

24 Vgl. Dreyer in Gernert, Freie und öffentliche Jugendhilfe, S. 179; Stellungnahme der Bundesregierung zum 7. Jugendbericht BT-Drs. 10/6730, XIII.
25 Wie hier Weißenberger in jurisPK-SGB VIII Rn. 28.
26 OVG NRW 14.3.1986 – 8 A 2886/83, FEVS 37, 61.
27 Kern in SFMK Rn. 13.
28 Vgl. zB § 5 Abs. 4 S. 3 LKJHG BW, der aber die Aufhebung der Rechtsstellung als örtlicher Träger zusätzlich davon abhängig macht, dass schwerwiegende Gründe nicht entgegenstehen.
29 Vgl. dazu näher Kunkel ZfF 1994, 77.

Verlagerung der Zuständigkeit auf die Gemeinden vor,[30] sondern wohl lediglich eine **Mandatserteilung** (Vollmacht zur Kompetenzausübung, Verbleib der Kompetenz beim Auftraggeber). Mit § 69 Abs. 5 aF wollte der Bundesgesetzgeber jedenfalls eine Teilträgerschaft der Gemeinden für das Gebiet der Kindertagesbetreuung vermeiden.[31] Nach neuem Recht des Abs. 1 wäre eine eigene Trägerschaft der Gemeinden und Gemeindeverbände im Bereich der Kindertagesbetreuung aber grundsätzlich durch eine landesrechtliche Regelung möglich, soweit der Kernbereich des Selbstverwaltungsrechts und die landesverfassungsrechtlich vorgesehene **Kostendeckungspflicht** beachtet werden.[32] Den Gemeinden, die Aufgaben der örtlichen Jugendhilfeträger erfüllen sollen, wird der Landesgesetzgeber die mit der Durchführung von Jugendhilfeaufgaben verbundenen finanziellen Mehrbelastungen aufgrund landesverfassungsrechtlicher Regelungen auszugleichen haben.[33]

Wenn die Gemeinden vom Landesgesetzgeber verpflichtet werden, eine bedarfsgerechte Versorgung mit Plätzen der Kindertagesbetreuung sicherzustellen und damit die Planungsverantwortung zu übernehmen, die **Gesamtverantwortung** jedoch beim örtlichen Träger verbleibt (zB § 3 Abs. 1 und 2 KiTaG BW), folgt daraus, dass sich der Rechtsanspruch aus § 24 weiterhin gegen diesen richtet.[34] Ebenso muss das **Kosten- und Finanzierungsrisiko** im Wesentlichen beim öffentlichen Träger verbleiben (→ Rn. 21). Die Gemeinden handeln in diesem Fall wohl im Rahmen ihrer Selbstverwaltung in Gestalt einer weisungsfreien Pflichtaufgabe. Damit unterliegen sie lediglich der **Rechtsaufsicht** des örtlichen Jugendhilfeträgers, nicht jedoch der Fachaufsicht. Auch wenn der Landesgesetzgeber die Gemeinden im Bereich der Kindertagesbetreuung zu Leistungsverpflichteten macht (zB § 3 Abs. 3 KiFöG Sachsen-Anhalt), wird darin eine weisungsfreie Pflichtaufgabe gesehen.[35] 22

Auch verstößt eine Übertragung von Aufgaben im Zusammenhang mit der Erfüllung des Rechtsanspruchs nach § 24 von den Gemeinden auf Landkreise und kreisfreie Städte (bzw. Stadtkreise) nicht gegen Art. 28 Abs. 2 GG, sofern der damit verbundene Eingriff in die kommunale Selbstverwaltung von sachlichen Gründen getragen wird und den Anforderungen des Verhältnismäßigkeitsgrundsatzes genügt.[36]

In jedem Fall unterliegen die Gemeinden und Gemeindeverbände bei einer Aufgabenübertragung wie zB im Bereich der Kindertagesbetreuung nicht nur den Regelungen des SGB VIII, sondern auch denen des SGB I und des SGB X; insbesondere gilt der Sozialdatenschutz (→ § 61 Rn. 27). 23

3.4 Freiwillige Wahrnehmung von Jugendhilfeaufgaben durch Gemeinden und Gemeindeverbände

Einzelne Aufgaben der Jugendhilfe können von kreisangehörigen Gemeinden und Gemeindeverbänden für ihren örtlichen Bereich auch weiterhin freiwillig aufgrund der Allzuständigkeit der Gemeinden erfüllt werden, ohne dass diese die Rechtsstellung ei- 24

30 Vgl. insoweit die Gegenäußerung der BReg. auf die Stellungnahme des BR – BT-Drs. 15/3986, 4.
31 Vgl. BT-Drs. 15/3986, 4.
32 S. hierzu auch BVerfG 21.11.2017 – 2 BvR 2177/16, juris Rn. 104.
33 Vgl. BT-Drs. 16/9299, 17; dazu VerfGH 6.12.2010, NRW DVBl. 2010, 1561; Henneke JAmt 2011, 1.
34 Vgl. zur juristischen Verantwortung nach außen VerfG Brandenburg 20.3.2003 – 54/01, DVBl. 2003, 938; zu Abs. 5 aF OVG Bbg 30.12.1996 – 4 B 175/96, NVwZ-RR 1997, 555; vgl. auch BVerwG 21.1.2010 – EuG 2010, 309 zu § 69 aF S. hierzu auch VGH Hessen 10.1.2017 – 10 B 2923/16, juris Rn. 6 sowie VG Freiburg 12.4.2016 – 4 K 338/16, Rn. 4 f.
35 LVerfG Sachsen-Anhalt 12.7.2005 – LVG 6/04, LVerfGE 16, 569.
36 BVerfG 21.11.2017 – 2 BvR 2177/16.

nes örtlichen Trägers besitzen oder aber eine Aufgabenzuweisung durch den Landesgesetzgeber erfolgt. Dies ist der Fall bei den von Gemeinden und Gemeindeverbänden schon bisher traditionell wahrgenommenen Aufgabenfeldern wie der Jugendarbeit oder der Förderung der freien Jugendhilfe. Die Gesamtverantwortung für die Erfüllung dieser Aufgaben verbleibt jedoch ebenso wie die Zuständigkeit beim örtlichen Träger (→ § 79 Rn. 1). Insbesondere aber wird eine **Abstimmungspflicht** mit dem örtlichen Träger der Jugendhilfe hinsichtlich der Planung und Durchführung dieser Aufgaben zu verlangen sein, die allerdings wegen des Selbstverwaltungsrechts der Gemeinden und Gemeindeverbände nicht jegliches Detail erfassen darf, sondern sich auf **wesentliche Aspekte** beschränken muss.[37]

25 Gemeinden und Gemeindeverbände ohne eigenes JA haben bei der Wahrnehmung von Jugendhilfeaufgaben mit **freien Trägern** nach denselben Kriterien zusammenzuarbeiten wie die örtlichen und überörtlichen Träger, nämlich unter Beachtung der §§ 4, 74, 76, 77; insbesondere müssen sie das **Vorrecht der freien Träger** nach § 4 Abs. 2 und die **Förderungspflicht** nach § 74 beachten. Allerdings richtet sich der Anspruch der freien Träger auf Förderung nach § 74 auch bei einer freiwilligen Aufgabenübernahme durch die Gemeinden nach wie vor gegen den örtlichen Träger der Jugendhilfe.[38]

4 Überörtliche Träger der öffentlichen Jugendhilfe – Landesrechtliche Gestaltungsmöglichkeiten

26 Solange die Bundesländer nicht landesrechtlich von der bundesrechtlich vorgesehenen Zwei-Ebenen-Struktur der öffentlichen Jugendhilfe abweichen (zur verfassungsrechtlichen Problematik → Rn. 8), obliegt die Bestimmung der **überörtlichen Träger** – wie im Sozialhilferecht (vgl. § 3 Abs. 3 SGB XII) – dem jeweiligen Landesgesetzgeber. Insoweit ergeben sich keine Unterschiede zur Situation vor der Föderalismusreform I. Die meisten Bundesländer, mit Ausnahme von Baden-Württemberg und Nordrhein-Westfalen, haben sich beim überörtlichen Träger für die sog. **staatliche Organisationsform** entschieden, dh überörtliche Träger der Jugendhilfe sind die Bundesländer selbst, die die Jugendhilfe als unmittelbare Staatsaufgabe ausführen. In Baden-Württemberg und Nordrhein-Westfalen sind es **höhere Kommunalverbände**,[39] die die Aufgaben des überörtlichen Trägers wahrnehmen. Damit kommt hier dem staatlichen zuständigen Landesministerium lediglich die **Rechtsaufsicht** gegenüber dem überörtlichen Träger zu; in BW wird allerdings die Heimaufsicht als Pflichtaufgabe nach Weisung wahrgenommen (§ 19 LKJHG). Für staatlich organisierte LJA besteht auch eine Fachaufsicht des Landesministeriums.

27 Ein ausführlicher Überblick zur jeweiligen landesrechtlichen Situation hinsichtlich der örtlichen und überörtlichen Trägerschaft findet sich in Happe/Saurbier in JHSM Rn. 35 ff.

5 Bundesrechtliche Bestimmung von JA und LJA als Behörden der öffentlichen Jugendhilfeträger – Abweichungsmöglichkeiten der Bundesländer (Abs. 3)

28 Abs. 3 geht von einer **Zwei-Ebenen-Struktur der öffentlichen Jugendhilfeträger** aus (zur Frage landesrechtlich möglicher Abweichungen → Rn. 8). Innerhalb dieses Rahmens werden die örtlichen und überörtlichen Träger bundesrechtlich zur **Errichtung von JA** verpflichtet. Ziel dieser Regelung ist es, dass die Aufgaben der Kinder- und Jugendhilfe ausschließlich von diesen, im inneren Aufbau zweigliedrigen (vgl. dazu § 70)

37 S. hierzu auch BVerfG 21.11.2017 – 2 BvR 2177/16, juris Rn. 138.

38 VGH BW 20.4.2005 – 16 K 3626/04, VDBW.

39 Baden-Württemberg: Kommunalverband für Jugend und Soziales, vgl. § 3 Abs. 1 LKJHG BW; Nordrhein-Westfalen: Landschaftsverband, vgl. § 8 AGKJHG NW.

Ämtern wahrzunehmen sind, um sicherzustellen, dass die Jugendhilfeaufgaben nicht dem Zugriff des JHA als Teil des JA und damit der Mitbestimmung der freien Träger entzogen werden.[40] Dies bedeutet, dass **JA** und **LJA selbstständige Organisationseinheiten** innerhalb der Körperschaften der Träger darstellen, die für alle Aufgaben der Jugendhilfe zuständig bleiben müssen und damit für die Einheit der Jugendhilfe stehen. Damit steht es – im Gegensatz zu sehr vielen Bereichen des besonderen Verwaltungsrechts – der jeweiligen Gebietskörperschaft nicht frei, in welchem Amt das Kinder- und Jugendhilferecht vollzogen wird.

Bis zur Änderung des Art. 84 GG in Folge der Föderalismusreform I stand dem Bund, wenn er die materiellrechtliche Gesetzgebungskompetenz besaß wie für die Kinder- und Jugendhilfe (vgl. Art. 74 Abs. 1 Nr. 7 GG), auch die Kompetenz zu, durch Bundesgesetze mit Zustimmung des Bundesrats Regelungen zur Einrichtung von Behörden zu treffen (Art. 84 Abs. 1 S. 2 GG aF).[41] Versuche von Gemeinden und kommunalen Spitzenverbänden in der Vergangenheit, die **bundesrechtlichen Organisationsvorgaben von JA und LJA** durch ein sog. Zuständigkeitslockerungsgesetz mit dem Inhalt eines Landesrechtsvorbehalts aufzuweichen (→ Rn. 7), sind auf den entschiedenen Widerstand der Fachverbände getroffen.[42] Dieser Widerstand zeitigte bei der Föderalismusreform I keinen Erfolg mehr. Nach der Neuregelung des Art. 84 GG darf der Bund nunmehr die Einrichtung von Behörden gar ohne Zustimmung des Bundesrates regeln, jedoch können die Länder von diesen bundesrechtlichen Vorgaben abweichen (Art. 84 Abs. 1 S. 2 GG). Bei Wahrnehmung dieser Möglichkeit könnten die Aufgaben der Jugendhilfe von ganz unterschiedlichen Behörden, im Extremfall sogar ganz ohne eigenständiges Jugendamt erledigt werden. Denkbar wäre danach die Verteilung zB der Aufgaben des Kinder- und Jugendschutzes an das Gesundheitsamt oder der Kindertagesbetreuung an das Schulamt.[43] Es muss also damit gerechnet werden, dass es bundesweit zu unterschiedlichen Organisationsstrukturen der öffentlichen Jugendhilfe kommt.[44] Statistisch betrachtet hielten sich bislang die **Neuorganisationen** im Bereich des JA in der Vergangenheit jedoch in Grenzen. So gab es nach einer Vollerhebung für den 11. Kinder- und Jugendbericht[45] lediglich zu 14 % ein kombiniertes Amt (zB Sozial- und Jugendamt) und nur in 4 % der Fälle kam es zu einer Vermischung der Aufgaben innerhalb eines kombinierten Amts. 29

In Brandenburg ist der LJHA mit G. v. 14.3.2014 zu einem beratenden Ausschuss abgestuft worden (§ 10 Abs. 1 AGKJHG).

Solange eine landesrechtlich abweichende Regelung nicht existiert, gilt Abs. 3 jedoch verbindlich mit der Maßgabe, dass die im Rahmen der **Verwaltungsmodernisierung**[46] unter dem Stichwort **Neues Steuerungsmodell** geforderte bzw. bereits auf den Weg gebrachte Umstrukturierung der Aufbauorganisation für die Erfüllung von Jugendhilfeaufgaben nicht zu einer faktischen Aufhebung des Sonderstatus des JA führen darf. So widerspricht zB eine Zusammenlegung des JA mit anderen Ämtern wie dem Sozial-, Kultur- oder Sportamt zu sog. Fachbereichen spätestens dann dem eindeutigen Gesetzesbefehl des § 69 Abs. 3 (→ § 70 Rn. 6 und → § 79 Rn. 20), wenn dem Leiter des JA nicht weiterhin ein **umfassendes dienstliches und fachliches Weisungsrecht** zukommt 30

40 BT-Drs. 12/3711, 40.
41 Vgl. dazu BVerfG 18.7.1967 – 2 BvF 3 ff., BVerfGE 22, 180 (211 ff.), das die Vorgabe zur Errichtung von JA und LJA bestätigte.
42 Vgl. dazu Baltz NDV 1999, 367 ff.
43 So Späth EJ 2006, 237.
44 Merchel NDV 1996, 213 ff., 248 ff.
45 BT-Drs. 14/8181, 67.
46 Vgl. KGSt. 3/1993, 9/1994, 3/1995, 3/1996; Wiesner in Wiesner Rn. 40; zur Beurteilung der Steuerungsformen in der Erziehungshilfe AFET-Arbeitsgruppe ZfJ 1996, 511; Merchel NDV 1996, 213 ff., 248 ff.; zum Stand der Verwaltungsmodernisierung in der Jugendhilfe vgl. Grohs ZSR 2007, 247.

und wenn die Beteiligung des JHA nicht in vollem Umfang gesichert ist.[47] Das bedeutet aber auch, dass es – unter Beachtung der genannten Grenzen – Möglichkeiten zu einer rechtmäßigen **Zusammenlegung des JA mit anderen Ämtern** wie dem Sozialamt gibt (→ § 70 Rn. 6).[48] Die **Bezeichnung „Jugendamt"** ist aber zwingend; Bescheide ohne diese „Firma" sind formell rechtswidrig, weil sie eine (funktionelle) Zuständigkeitsnorm verletzen.[49]

31 Dieselben Vorgaben müssen für die **Ausgliederung von Aufgabenfeldern** (zB Sozialer Dienst, Kindertagesstätten) in selbstständige Einheiten wie **Eigen- oder Regiebetriebe** gelten.

Derartige Tendenzen wurden bereits unter dem alten Recht diskutiert bzw. umgesetzt zur Frage, ob das JA als **Eigenbetrieb** geführt werden kann.[50] Das DIJuF hält es nicht für möglich, „hoheitlich-pädagogische Aufgaben" wie zB die Inobhutnahme bzw. die Erteilung einer Pflegeerlaubnis auf den Eigenbetrieb zu übertragen. Dem ist entgegenzuhalten, dass hoheitliche Aufgaben[51] in der Form des öffentlichen oder des privaten Rechts (Verwaltungsprivatrecht) wahrgenommen werden können. An der Gesamtverantwortung des JA für die Erfüllung der Aufgabe (§ 79 Abs. 1) ändert sich dadurch nichts. Davon zu trennen ist die Frage,[52] ob ein Eigenbetrieb VAe erlassen kann. Dies kann er nicht, weil er in privatrechtlicher Form handelt (§ 31 SGB X). Beliehener Unternehmer (Exkurs → vor § 52a Rn. 91) ist er nicht.

Auch mit der Gründung einer **gGmbH** nimmt der öffentliche Träger seine Aufgabe in privatrechtlicher Form wahr. Die Gründung macht die Gesellschaft nicht etwa zu einem freien Träger. Die **„Flucht ins Privatrecht"** ändert nichts an der Gesamtverantwortung des öffentlichen Trägers nach § 79.

Freie Träger können als Leistungserbringer auch planerische und steuernde Funktionen wahrnehmen (zB mit einem Pflegekinderdienst), solange die Gesamtverantwortung des JA erhalten bleibt (zur Stellung im Hilfeplanungsverfahren → § 36 Rn. 4).[53]

32 Diskutiert wird auch,[54] ob und inwieweit eine Auslagerung von Aufgabenfeldern im Sinne einer **Privatisierung** – also nicht einer bloßen Beauftragung von Trägern nach § 3 Abs. 1, 4 – im Bereich der Leistungen nach § 2 Abs. 2 zulässig ist. Eine Privatisierung durchtrennt die „Nabelschnur" zur Gesamtverantwortung des JA und ist daher weder für Leistungen noch für andere Aufgaben möglich.[55]

33 Abs. 3 verbietet hingegen nicht, dem JA auch **andere Aufgaben** zur Durchführung zuzuweisen (zB Gewährung von Ausbildungsförderung nach BAföG, Leistungen nach dem UhVorschG), soweit die Aufgabenerfüllung nach dem SGB VIII dadurch nicht beeinträchtigt wird.[56]

---

47 Vgl. BT-Drs. 12/3711, 41 zur Organisation des Allgemeinen Sozialdienstes; Mrozynski SGB VIII Rn. 4.
48 Dazu und zur Frage der Bezeichnung der Organisationseinheit DIJuF JAmt 2004, 363.
49 Weniger streng Wiesner in Wiesner Rn. 34 u. ihm folgend Weißenberger in jurisPK-SGB VIII Rn. 40.
50 Hierzu Bassarek/Mollik NDV 2005, 330; Schäfer in FK-SGB VIII Rn. 11; Wiesner in Wiesner Rn. 37; kritisch Wolf DAVorm 1996/167; Mrozynski Rn. 5; DIJuF JAmt 2005, 293 und 2010, 173; Weißenberger in jurisPK-SGB VIII Rn. 42.
51 Das sind sowohl die sog. echt hoheitlichen der Eingriffsverwaltung wie zB Inobhutnahme oder Pflegeerlaubnis als auch die sog. schlicht hoheitlichen Aufgaben der Leistungsverwaltung.
52 Insoweit unklar Wiesner in Wiesner Rn. 37 und § 76 Rn. 9a.
53 AA wohl Wiesner in Wiesner Rn. 38.
54 Busch/Fieseler in GK-SGB VIII Vor § 69 Rn. 11 und § 69 Rn. 5.
55 Ebenso Weißenberger in jurisPK-SGB VIII Rn. 43, allerdings ungenau zum Begriff der hoheitlichen Aufgabe.
56 Schäfer in FK-SGB VIII Rn. 12; Kern in SFMK Rn. 20.

6 Gemeinsame Dienste und Einrichtungen (Abs. 4)

Die Ermächtigung in Abs. 4 hat nach der Neufassung des § 69 insbesondere Bedeutung für die länderübergreifende Zusammenarbeit im Bereich der Jugendhilfe, da den Bundesländern die Bestimmung der öffentlichen Träger der Jugendhilfe nun vollständig übertragen worden ist. 34

Nach Abs. 4 können zur Durchführung **einzelner Jugendhilfeaufgaben** örtliche und 35 überörtliche Träger – sogar länderübergreifend – **gemeinsame Dienste** und **Einrichtungen** schaffen. Diese Möglichkeit erleichtert die Erledigung hochspezialisierter Aufgaben bei geringen Fallzahlen sowohl in finanzieller als auch in personeller Hinsicht. Ein Bedürfnis besteht vor allem für Adoptionsvermittlungsdienste benachbarter Landkreise und zentrale Adoptionsdienste mehrerer Bundesländer (vgl. § 2 Abs. 1 S. 3 und 4 AdVermiG) bzw. für die gemeinsame Aufgabenerfüllung benachbarter JA kreisangehöriger Gemeinden.[57] Abs. 4 enthält hingegen keine Ermächtigung zur gemeinsamen Durchführung größerer Aufgabenkreise oder gar sämtlicher Jugendhilfeaufgaben und ist insbesondere keine Rechtsgrundlage für Kooperationen mit Leistungsträgern außerhalb der Jugendhilfe.[58] Die Errichtung gemeinsamer Dienste und Einrichtungen erfolgt idR durch Verwaltungsabkommen, die als koordinationsrechtliche öffentlich-rechtliche Verträge den Regelungen der §§ 53 ff. SGB X unterliegen. Bei einer gemeinsamen Durchführung von einzelnen Jugendhilfeaufgaben entsteht aber **keine Doppelzuständigkeit**, vielmehr behält jeder Träger seine Zuständigkeit nach §§ 85 ff.

§ 70 Organisation des Jugendamts und des Landesjugendamts

(1) Die Aufgaben des Jugendamts werden durch den Jugendhilfeausschuss und durch die Verwaltung des Jugendamts wahrgenommen.

(2) Die Geschäfte der laufenden Verwaltung im Bereich der öffentlichen Jugendhilfe werden vom Leiter der Verwaltung der Gebietskörperschaft oder in seinem Auftrag vom Leiter der Verwaltung des Jugendamts im Rahmen der Satzung und der Beschlüsse der Vertretungskörperschaft und des Jugendhilfeausschusses geführt.

(3) [1]Die Aufgaben des Landesjugendamts werden durch den Landesjugendhilfeausschuss und durch die Verwaltung des Landesjugendamts im Rahmen der Satzung und der dem Landesjugendamt zur Verfügung gestellten Mittel wahrgenommen. [2]Die Geschäfte der laufenden Verwaltung werden von dem Leiter der Verwaltung des Landesjugendamts im Rahmen der Satzung und der Beschlüsse des Landesjugendhilfeausschusses geführt.

57 Zu einer gemeinsamen Einrichtung für die Aufgabe der Beistandschaft DIJuF JAmt 2005, 290 (292).

58 Mrozynski SGB VIII Rn. 6.

1 Überblick

1 § 70 regelt die **innere Organisation der Behörden JA und LJA,** deren Einrichtung den Trägern der öffentlichen Jugendhilfe nach § 69 Abs. 3 bundesrechtlich aufgegeben ist. Das SGB VIII hielt an der im RJWG von 1953 erstmals eingeführten **Zweigliedrigkeit der Jugendhilfebehörden** fest. Laut **Abs. 1** besteht das JA des örtlichen Trägers aus **Verwaltung** und **JHA. Abs. 2** regelt die **interne Aufgabenverteilung** zwischen Verwaltung und JHA **des örtlichen Trägers.** Danach ist die Verwaltung des JA für alle Geschäfte der laufenden Verwaltung („operatives Geschäft") zuständig, wobei sie sowohl an die Satzung und Beschlüsse der VK des öffentlichen Trägers als auch an die Satzung und die Beschlüsse des JHA gebunden ist. Der JHA dagegen befasst sich („strategisch") mit allen Angelegenheiten der Jugendhilfe (§ 71 Abs. 2).[1]

2 Mit wenigen Abweichungen werden in **Abs. 3** der **Aufbau des LJA** und die **Wahrnehmung seiner Aufgaben** nach den gleichen Grundsätzen geregelt, wie sie für das JA gelten. Auch hier findet man die **Zweigliedrigkeit** von Verwaltung einerseits und Ausschuss andererseits. Beim überörtlichen Träger liegt die Erledigung der laufenden Geschäfte ebenfalls bei der Verwaltung bzw. bei deren Träger. Abweichend von der Regelung für die Verwaltung des örtlichen Trägers sieht Satz 1 für die Verwaltung des überörtlichen Trägers lediglich eine Bindung an die Satzung und an die Beschlüsse des LJHA vor, nicht jedoch eine Bindung an die Satzung und an die Beschlüsse der VK. Im Verhältnis zwischen JA und LJA gibt es **keine Über-/Unterordnung mit Weisungsbefugnis;** vielmehr erfüllen beide Behörden gleichberechtigt nebeneinander unterschiedliche Aufgaben der Jugendhilfe (vgl. dazu § 85).

3 Nach der **Föderalismusreform I** können die Bundesländer gemäß Art. 84 Abs. 1, 125a und 125b GG bei der Einrichtung der Behörden von bundesrechtlichen Vorgaben abweichen (Art. 84 Abs. 1 Satz 2 GG). Unter Einrichtung wird nicht nur die „Errichtung" (Gründung, Bildung) von Behörden erfasst, sondern auch die Festlegung des näheren Aufgabenkreises der Behörden.[2] Unter Festlegung des Aufgabenkreises ist auch die Bestimmung der funktionellen Zuständigkeit zu verstehen,[3] so dass von den bundesrechtlichen Regelungen des § 70 nun landesrechtlich abgewichen werden kann.

Da die Kommunalpolitik die Jugendhilfeausschüsse häufig als Fremdkörper in der kommunalen Verwaltungsorganisation empfindet und bereits mehrfach in den vergangenen Jahren versucht hat, mittels Initiativen zur Zuständigkeitslockerung die Abschaffung der Zweigliedrigkeit des Jugendamts zu erreichen, erscheint es nicht ausgeschlossen, dass Bundesländer insoweit **abweichende Regelungen** schaffen. Als erstes Beispiel hierfür kann Baden-Württemberg dienen, wonach es gemäß § 2 Abs. 1 LKJHG dem örtlichen Jugendhilfeträger überlassen bleibt, ob der Jugendhilfeausschuss als beratender oder beschließender Ausschuss eingerichtet wird (auch → § 71 Rn. 1).

2 Zweigliedrigkeit des JA (Abs. 1)

4 Nach den bundesrechtlichen Vorgaben setzt sich die Behörde „Jugendamt" aus der Verwaltung und dem JHA zusammen, solange keine abweichende landesrechtliche Regelung erfolgt. Gesetzgeberischer Grund für ein Festhalten an dieser Behördenstruktur auch im SGB VIII war die Einbindung der freien Träger in die Bewältigung der Jugendhilfeaufgaben und die dadurch mögliche unmittelbare Mitwirkung der Bürger an den Aufgaben der Jugendhilfe über den JHA.[4] Der JHA besteht nämlich ua aus Mitgliedern, die auf Vorschlag der anerkannten Träger der freien Jugendhilfe gewählt worden sind (→ § 71 Abs. 1 Nr. 2). Mit diesem demokratischen Element wird eine

1 Ähnlich Wiesner in Wiesner Rn. 15; Weißenberger in jurisPK-SGB VIII Rn. 20.
2 Vgl. BVerfGE 75, 108 (150); BVerfGE 105, 313 (331); Maunz/Dürig Art. 84 Rn. 25.
3 Vgl. Jarass/Pieroth Art. 84 Rn. 3.
4 Vgl. BT-Drs. 11/5948, 95.

stärkere Vertretung der Interessen junger Menschen und Familien im JA ermöglicht. Andererseits ist durch die Verwaltung des JA sichergestellt, dass eine regelmäßige behördliche Bearbeitung der laufenden Geschäfte der Jugendhilfe erfolgt. Dem Bürger gegenüber tritt das JA als Einheit auf, nach außen wird nur die Verwaltung tätig (→ Rn. 12 und → Anh. 5 Rn. 6).

Zusammensetzung und Aufgaben des JHA sind in § 71 geregelt. Die **Rechtsnatur des JHA** ist strittig.[5] Da er Teil einer Behörde, nämlich des JA, ist, kann er mit den anderen beschließenden Ausschüssen des Vertretungsorgans der kommunalen Körperschaft nicht ohne Weiteres gleichgesetzt werden (→ § 71 Rn. 1). Dies folgt schon daraus, dass er sich nicht nur aus Mitgliedern des Vertretungsorgans zusammensetzt. Gleichwohl ist er ein **kommunaler Ausschuss,** wenn auch **eigener Art,** der den beschließenden Ausschüssen ähnelt,[6] und auf den neben den Vorschriften des SGB VIII auch die Regelungen des kommunalen Verfassungsrechts entsprechend Anwendung finden wie beispielsweise die Vorschriften über die Beschlussfähigkeit[7] oder der Befangenheit[8] (→ § 71 Rn. 43). 5

Dennoch ist der JHA nicht in die übliche kommunalverfassungsrechtliche Struktur eingeordnet, insbesondere gehört er als Teil des Jugendamtes zur Verwaltung der Gebietskörperschaft und nicht zur VK, sondern steht dieser gegenüber (§ 71 Abs. 3 S. 1).[9] Überwiegend erklären auch die Landesausführungsgesetze zum SGB VIII den JHA zu einem **beschließenden Ausschuss** und regeln zT auch den Umfang der Anwendbarkeit des jeweiligen Kommunalverfassungsrechts.[10]

Die in § 2 Abs. 1 LKJHG BW auf der **Abweichungskompetenz** nach Art. 84 Abs. 1 S. 2 GG (→ Rn. 3) beruhende Wahlmöglichkeit der örtlichen Träger hinsichtlich des Status des JHA als beschließender oder aber als nur beratender Ausschuss kann zur Folge haben, dass nicht mehr der JHA die wesentlichen Fragen der Jugendhilfe entscheidet, sondern die VK nach beratender Hinzuziehung des JHA. Damit ist ein entscheidender Einfluss der im JHA vertretenen freien Jugendhilfe nicht mehr möglich und das im JHA vorgesehene fachspezifische demokratische Element geschwächt.

Die bislang als rechtlich problematisch diskutierte bzw. in der Praxis zum Teil bereits erfolgte **Zusammenlegung von Jugendhilfe- und Sozialausschuss,** zB anlässlich der Schaffung eines gemeinsamen Fachbereichs für Sozial- und Jugendamt, dürfte als Frage der Behördeneinrichtung nun gemäß Art. 84 Abs. 1 Satz 2 GG einer landesrechtlichen Abweichungsregelung zugänglich sein (→ § 69 Rn. 30). 6

Ohne eine entsprechende landesrechtliche Regelung sind bei einer Zusammenlegung von Jugendhilfe – und Sozialhilfeausschuss allerdings sowohl die im kommunalen Verfassungsrecht einmalige von § 71 bundesrechtlich vorgegebene Zusammensetzung des JHA als auch dessen spezielle Funktionen zu berücksichtigen. Diese und die Aufgabenerfüllung des JHA dürfen nicht durch eine (auch nur zusätzliche) Teilnahme weiterer Ausschussmitglieder an Beratung und Beschlussfassung in Jugendhilfefragen umgangen werden (→ Rn. 5). Wohl ebenso verbietet es sich aus kommunalverfassungsrechtlichen Gründen, insbesondere im Hinblick auf die demokratische Legitimation von Entscheidungen, die Mitglieder des JHA aus dem Kreis der freien Träger an der Beschlussfassung über andere, nicht die Jugendhilfe betreffenden kommunalen Fragen zu beteiligen.[11]

---

5 Vgl. Wiesner in Wiesner Rn. 9.
6 BVerwG 15.12.1994 – 5 C 30/9, BVerwGE 97, 228.
7 Vgl. zB § 39 Abs. 5 iVm § 37 Abs. 1 und 2 S. 1 GemO BW.
8 Vgl. zB § 18 GemO BW.
9 BVerwG 18.6.2004 – 8 B 41/04.
10 ZB Art. 17 Abs. 1 BayAGSGB; § 35 Abs. 2 S. 2 AGKJHG Berlin; § 4 Abs. 1 AGKJHG RhPf; §§ 3, 4 AGKJHG NRW; § 3 LJHG Sachsen; § 3 Abs. 2 KJHG-LSA.
11 Vgl. dazu Liebig ZfJ 2000, 247 f.

3 Interne Verteilung der Jugendhilfeaufgaben zwischen Verwaltung und JHA im JA (Abs. 2)

3.1 Verwaltung

7 **3.1.1 Aufgaben der Verwaltung.** Innerorganisatorisch ist die **Verwaltung** für die **Geschäfte der laufenden Verwaltung** der Jugendhilfe und damit rein quantitativ für die Mehrzahl der Jugendhilfeaufgaben zuständig. Dazu zählen alle alltäglichen, regelmäßigen und häufig wiederkehrenden Verwaltungsgeschäfte ohne grundsätzliche fachliche oder finanzielle Bedeutung,[12] also zB die Vollziehung von Beschlüssen des JHA oder die Gewährung von HzE. Ob ein Geschäft der laufenden Verwaltung vorliegt, hängt demnach von Größe und Umfang der Verwaltungstätigkeit und von der Finanzkraft des örtlichen Trägers ab.[13] Was Geschäfte der laufenden Verwaltung sind, kann also nur im Einzelfall geklärt werden. Ausdrücklich ordnet § 55 Abs. 3 S. 1 (→ § 55 Rn. 9 ff.) die Übertragung der AB/AP/AV auf Beamte oder Angestellte des JA nach § 55 Abs. 2 S. 1 den Angelegenheiten der laufenden Verwaltung zu.

Ob der Abschluss von Verträgen nach § 77 sowie §§ 78a ff. zu den laufenden Geschäften der Verwaltung zählt, ist nach den jeweiligen Einzelfallumständen zu beurteilen (→ § 71 Rn. 16 mwN). Die Festlegung der Geldleistung nach § 23 Abs. 2a zählt nach überwiegender Auffassung nicht um ein Geschäft der laufenden Verwaltung.[14]

8 **3.1.2 Wahrnehmung der Aufgaben der Verwaltung.** Die Erledigung der Angelegenheiten der laufenden Verwaltung erfolgt laut Gesetz durch den **Leiter der Verwaltung** der **Gebietskörperschaft** oder aber **in seinem Auftrag** durch den **Leiter der Verwaltung des JA.** Dies sind demnach der Landrat, Oberbürgermeister bzw. Oberkreisdirektor, Oberstadtdirektor bzw. der Amtsleiter des JA, also nicht etwa der Sozialdezernent. Damit sieht bereits das Gesetz eine Delegationsmöglichkeit vom Leiter der Verwaltung der Gebietskörperschaft auf den Leiter der Verwaltung des JA vor. In der Praxis erfolgt die konkrete Aufgabenerledigung durch die einzelnen Sachbearbeiter. Nach dem kommunalen Verfassungsrecht ist eine derartige Delegation von Aufgaben zulässig. §§ 72, 72a enthalten konkrete Vorgaben für die beim JA hauptberuflich Beschäftigten (zu diesen Eingriffen in die kommunale Selbstverwaltung → § 79 Rn. 19). Letztlich liegt die Verantwortung für die Führung der Geschäfte jedoch beim Leiter der Verwaltung der Gebietskörperschaft.

9 **3.1.3 Bindung der Verwaltung.** Die Verwaltung des JA unterliegt bei der Erledigung ihrer Aufgaben einer **zweifachen Bindung:** Zum einen ist sie – wie jedes Amt einer Gebietskörperschaft – an die Satzung der Vertretungskörperschaft und an deren Beschlüsse gebunden. Dies ergibt sich bereits aus dem kommunalen Verfassungsrecht. Andererseits müssen die laufenden Geschäfte durch die Verwaltung im Rahmen der Satzung und der Beschlüsse des JHA erledigt werden. Allerdings ist die VK gegenüber dem JHA das übergeordnete Organ, so dass die Willensbildung des JHA nur in den von diesem Organ gesetzten Grenzen erfolgen kann.[15] Entscheidungen über die Personalausstattung oder die Haushaltsaufstellung oder die Organisation der Behörde sind keine Angelegenheiten der laufenden Verwaltung, sondern obliegen der VK, allerdings unter Beteiligung des JHA, der zum Haushaltsplanentwurf ebenso wie zum Stellenplanentwurf oder dem Organisationsplan anzuhören ist.[16]

---

12 Schäfer in FK-SGB VIII Rn. 7.
13 BGH 16.11.1978 – III ZR 81/77, DVBl. 1979, 514.
14 S. hierzu OVG MV 3.12.2019 – 1 LB 69/18 OVG, juris Rn. 43.
15 BVerwG 15.12.1994 – 5 C 30/91, DVBl. 1995, 690; vgl. zum Verhältnis beider Organe bei der Entscheidung über eine sozialraumorientierte Jugendhilfe VG Osnabrück 13.11.2009 – 4 B 13/09, Sozialrecht aktuell 2010, 26.
16 Ebenso Schäfer in FK-SGB VIII Rn. 5; Wiesner in Wiesner Rn. 18–20.

Der JHA ist der Verwaltung des JA jedoch – allerdings nur im Rahmen des § 71 Abs. 3 S. 1 – **übergeordnet.**[17] Diese Stellung des JHA zwischen VK und Verwaltung könnte man bildhaft als **„Sandwich"** beschreiben.

Die genannten Folgerungen aus Abs. 2 entfallen aber dann, wenn aufgrund landesrechtlicher Regelung dem Jugendhilfeausschuss lediglich beratende Funktion zukommt. In einem solchen Falle ist die Verwaltung lediglich an Beschlüsse und Satzungen der VK gebunden (→ Rn. 5).

3.2 Aufgaben des Jugendhilfeausschusses

Der JHA kann sich nach § 71 Abs. 3 mit allen Angelegenheiten der Jugendhilfe befassen. Er ist demnach dazu befugt, das Grundsätzliche, gleichsam **„die Richtlinien der Aufgabenerfüllung"** vorzugeben. Typische Aufgaben des JHA sind die Jugendhilfeplanung (§ 71 Abs. 3 Nr. 2), die Anerkennung freier Träger (§ 75), die Förderung von Einrichtungen und Maßnahmen freier Träger,[18] die Delegation von Aufgaben an freie Träger (§ 76), Grundsätze für die Qualitätsentwicklung (§ 79a), aber auch die Aufstellung einer Vorschlagsliste für die Wahl von Jugendschöffen (§ 35 JGG, → § 71 Rn. 17). Die Beschlüsse des Jugendhilfeausschusses bedürfen, um Wirksamkeit nach außen entfalten zu können, der Umsetzung durch Einzelfallregelungen seitens der Verwaltung.[19] 10

Keinesfalls darf ohne Vorliegen einer **abweichenden landesrechtlichen Regelung** (→ Rn. 3, 5) die Funktion des JHA durch eine Neuorganisation des JA im Zuge einer Verwaltungsmodernisierung wie zB der Eingliederung des JA in sog. Fachbereiche zusammen mit anderen Ämtern, oder aber durch Ausgliederung einzelner Aufgabenfelder in andere organisatorische Einheiten wie Eigen- oder Regiebetriebe beeinträchtigt werden (→ Rn. 6; → § 69 Rn. 30 f.; → § 71 Rn. 24).

Strittig ist, ob der **JHA** auch in die Geschäfte der laufenden Verwaltung **eingreifen** darf und damit zu Einzelweisungen an die Verwaltung befugt ist. § 71 Abs. 2, wonach der JHA sich mit allen Angelegenheiten der Jugendhilfe befassen darf, könnte nahe legen, dass er auch Geschäfte der laufenden Verwaltung an sich ziehen kann.[20] Eine solche Auslegung des Gesetzes würde die für das Funktionieren des JA erforderliche Aufgabenverteilung jedoch in Frage stellen. Ein Eingreifen des JHA in Geschäfte der laufenden Verwaltung ist demnach nur dann zulässig, wenn das Grundsätzliche einer Handhabung berührt ist.[21] Da der JHA **keine Kontrollaufgabe** gegenüber der Verwaltung hat, kann er nicht Einzelfallentscheidungen der Verwaltung überprüfen (zB im Rahmen des **Schutzauftrags**; anders aber bei strukturellen Entscheidungen losgelöst von einem bestimmten Einzelfall).[22] Daher ist auch eine Aktenvorlage an den JHA in diesem Rahmen datenschutzrechtlich unzulässig (→ § 61 Rn. 137). Anders, wenn der JHA das generelle Vorgehen der Verwaltung (auch anlassbezogen) bei der Wahrnehmung einer Aufgabe zukunftsbezogen evaluieren will (zB § 24 Abs. 3 und 4 GemO BW). Eine Kontrollaufgabe hat aber der Gemeinderat (vgl. zB § 24 Abs. 1 GemO BW „Beseitigung von Missständen"; gem. § 24 Abs. 3 hat er ein Akteneinsichtsrecht); eine Aktenvorlage an ihn ist daher datenschutzrechtlich zulässig, wenn § 65 SGB VIII nicht entgegensteht. 11

17 So auch Mrozynski SGB VIII Rn. 2; Wiesner in Wiesner Rn. 11.
18 Zu § 74: VGH BW 20.3.1985 – 6 S 118/84, FEVS 36, 135; OVG NRW 15.1.1997 – 16 A 2389/96, FEVS 47, 394.
19 OVG Bln 14.10.1998 – 6 S 94.98, FEVS 49, 368.
20 So iErg Wiesner in Wiesner Rn. 11; Schäfer in FK-SGB VIII Rn. 5.
21 Klinkhardt Rn. 4; iErg ebenso Weißenberger in jurisPK Rn. 24.
22 Näher Kunkel ZKJ 2016, 9.

3.3 Rechtsfolgen einer fehlerhaften internen Aufgabenwahrnehmung

12 Die möglichen Rechtsfolgen einer fehlerhaften internen Aufgabenwahrnehmung ergeben sich für VAe aus den §§ 40 ff. SGB X (→ Anh. 5 Rn. 6). Ein derartiger Verfahrensfehler wird in der Regel nicht zur Nichtigkeit nach § 40 Abs. 1 SGB X führen, da es oft bereits an der Offensichtlichkeit des Fehlers fehlt; das JA tritt ja nach außen gegenüber dem Bürger als Einheit auf (→ Rn. 4). Darüber hinaus handelt es sich bei einem Verstoß gegen die interne Aufgabenwahrnehmung keinesfalls um einen besonders schwerwiegenden Fehler. Jedoch ist eine von der Verwaltung ohne erforderliche Mitwirkung des JHA getroffene Entscheidung **rechtswidrig, aber nicht unwirksam** (→ § 71 Rn. 30, 33).[23] Fehler im internen Willensbildungsprozess aufgrund einer fehlenden Beteiligung des Jugendhilfeausschusses führen daher nicht zur Nichtigkeit im Außenverhältnis. Die jeweilige Entscheidung ist grundsätzlich wirksam.

Eine Heilung nach § 41 Abs. 1 Nr. 4 SGB X kommt in den Fällen in Frage, in denen ein erforderlicher Beschluss des JHA fehlt oder aber – was diesen Fällen gleichgesetzt wird –, wenn aus formellen Gründen (falsche Besetzung, Beschlussunfähigkeit) ein wirksamer Beschluss nicht zustande gekommen ist.[24] Als unbeachtlich iSd § 42 SGB X kann dieser Verfahrensfehler nur dann gelten, wenn offensichtlich ist, dass die Verletzung die Entscheidung in der Sache nicht beeinflusst hat.[25]

4 Innere Organisation und Aufgabenwahrnehmung des LJA (Abs. 3)

13 Das **LJA** als **überörtlicher Träger** wird überwiegend als staatliche Behörde geführt, lediglich in Nordrhein-Westfalen und Baden-Württemberg hat sich der Landesgesetzgeber im Rahmen der Ermächtigung des § 69 Abs. 1 für kommunale Gebietskörperschaften als überörtliche Träger entschieden (→ § 69 Rn. 26).[26] Unabhängig von dieser unterschiedlichen Trägerschaft setzt sich das LJA aus der **Verwaltung** und dem **LandesJHA** zusammen und folgt damit dem **zweigliedrigen Aufbau** der JA der örtlichen Träger (→ § 71 Rn. 48 ff.).

14 Die **Aufgabenverteilung** zwischen der Verwaltung des LJA und dem Landesjugendausschuss folgt gleichfalls den für das JA geltenden Grundsätzen. Danach ist die **Verwaltung** – und zwar der Leiter des LJA – innerbehördlich zuständig für die **Geschäfte der laufenden Verwaltung**. Im Gegenschluss dazu obliegen dem LJHA die nicht alltäglich anfallenden Geschäfte, also das in fachlicher und/oder finanzieller Hinsicht Grundsätzliche. Da der Schwerpunkt der Aufgaben des LJA nicht auf den Einzelfallhilfen liegt, sondern im Wesentlichen auf der Beratung und Unterstützung der JA und freien Träger sowie anderer Aufgaben von überörtlicher Bedeutung, dürfte die Abgrenzung der Tätigkeitsfelder von Verwaltung und LJHA noch schwieriger als bei den JA sein.

15 Die Verwaltung des LJA unterliegt – ebenso wie dies für die Verwaltung des JA in Abs. 2 geregelt ist – der Satzung und den Beschlüssen des LJHA. Damit ist rechtlich im Verhältnis zwischen Verwaltung und LJHA von einer **Unterordnung der Verwaltung** auszugehen. Fraglich ist, ob der solchermaßen übergeordnete LJHA kraft seiner ihm in § 71 Abs. 3 zugewiesenen Allzuständigkeit auch befugt ist, Geschäfte der laufenden Verwaltung an sich zu ziehen. Hierzu gilt das zu → Rn. 11 Gesagte.

---

23 Ferner NdsOVG 7.9.2011 – 4 ME 97/11, FEVS 63, 422; OVG NRW 15.1.1997 – 16 A 2389/96, FEVS 47, 394 ff. zur Entscheidung über Förderungsanträge von Trägern freier Jugendhilfe.

24 Schroeder-Printzen/Wiesner SGB X § 41 Anm. 8; Weißenberger in jurisPK-SGB VIII Rn. 25: „Handeln einer unzuständigen Stelle".

25 S. VGH BW 20.3.1985 – 6 S 118/84, FEVS 36, 135 zu § 42 SGB X aF.

26 Zur landesrechtlichen Situation im Einzelnen vgl. Busch/Fieseler in GK-SGB VIII Rn. 13, zum Prozess der Auflösung der LJA Wiesner in Wiesner § 69 Rn. 46.

Anders als für die Verwaltung der JA sieht Abs. 3 für die Verwaltung der LJA keine ausdrückliche **Bindung an** die **Satzung** und an die **Beschlüsse der Vertretungskörperschaft** vor. Diese abweichende Regelung erklärt sich daraus, dass der Bundesgesetzgeber von einer staatlichen Lösung bei der Organisation der LJA ausgegangen ist. In diesen Fällen ist das LJA eine der obersten Landesbehörde nachgeordnete Behörde; eine Vertretungskörperschaft iSd Kommunalrechts existiert dann nicht. Soweit von einzelnen Bundesländern die kommunale Lösung (BW und NRW) gewählt worden ist, ist die Verwaltung des LJA – wenn nicht durch entsprechende Anwendung der Regelung des Abs. 2, so doch durch kommunalverfassungsrechtliche Vorschriften – an die Satzung und an die Beschlüsse der VK des Selbstverwaltungsträgers gebunden. 16

§ 71 Jugendhilfeausschuss, Landesjugendhilfeausschuss

(1) Dem Jugendhilfeausschuss gehören als stimmberechtigte Mitglieder an

1. mit drei Fünfteln des Anteils der Stimmen Mitglieder der Vertretungskörperschaft des Trägers der öffentlichen Jugendhilfe oder von ihr gewählte Frauen und Männer, die in der Jugendhilfe erfahren sind,

2. mit zwei Fünfteln des Anteils der Stimmen Frauen und Männer, die auf Vorschlag der im Bereich des öffentlichen Trägers wirkenden und anerkannten Träger der freien Jugendhilfe von der Vertretungskörperschaft gewählt werden; Vorschläge der Jugendverbände und der Wohlfahrtsverbände sind angemessen zu berücksichtigen.

(2) Dem Jugendhilfeausschuss sollen als beratende Mitglieder selbstorganisierte Zusammenschlüsse nach § 4a angehören.

(3) Der Jugendhilfeausschuss befasst sich mit allen Angelegenheiten der Jugendhilfe, insbesondere mit

1. der Erörterung aktueller Problemlagen junger Menschen und ihrer Familien sowie mit Anregungen und Vorschlägen für die Weiterentwicklung der Jugendhilfe,

2. der Jugendhilfeplanung und

3. der Förderung der freien Jugendhilfe.

(4) [1]Er hat Beschlussrecht in Angelegenheiten der Jugendhilfe im Rahmen der von der Vertretungskörperschaft bereitgestellten Mittel, der von ihr erlassenen Satzung und der von ihr gefassten Beschlüsse. [2]Er soll vor jeder Beschlussfassung der Vertretungskörperschaft in Fragen der Jugendhilfe und vor der Berufung eines Leiters des Jugendamts gehört werden und hat das Recht, an die Vertretungskörperschaft Anträge zu stellen. [3]Er tritt nach Bedarf zusammen und ist auf Antrag von mindestens einem Fünftel der Stimmberechtigten einzuberufen. [4]Seine Sitzungen sind öffentlich, soweit nicht das Wohl der Allgemeinheit, berechtigte Interessen einzelner Personen oder schutzbedürftiger Gruppen entgegenstehen.

(5) [1]Dem Landesjugendhilfeausschuss gehören mit zwei Fünfteln des Anteils der Stimmen Frauen und Männer an, die auf Vorschlag der im Bereich des Landesjugendamts wirkenden und anerkannten Träger der freien Jugendhilfe von der obersten Landesjugendbehörde zu berufen sind. [2]Die übrigen Mitglieder werden durch Landesrecht bestimmt. Absatz 3 gilt entsprechend.

(6) [1]Das Nähere regelt das Landesrecht. [2]Es regelt die Zugehörigkeit weiterer beratender Mitglieder zum Jugendhilfeausschuss. [3]Es kann bestimmen, dass der Leiter der Verwaltung der Gebietskörperschaft oder der Leiter der Verwaltung des Jugendamts nach Absatz 1 Nummer 1 stimmberechtigt ist.

1 Überblick

1 § 71 regelt zunächst die Zusammensetzung und die Tätigkeitsfelder des JHA und verweist für den LJHA zum Teil auf diese Regelungen. Mit Art. 1 des **KJSG** wurde in § 71 ein neuer Abs. 2 eingefügt.[1] Danach sollen dem Jugendhilfeausschuss als beratende Mitglieder selbstorganisierte Zusammenschlüsse nach § 4a angehören. Die Folgeabsätze wurden entsprechend nach hinten verschoben, dh der bisheriger Abs. 2 findet sich jetzt wortgleich in Abs. 3 usw.

Abs. 4 enthält Bestimmungen über das Zusammenwirken mit der Vertretungskörperschaft (VK – in den Städten: Gemeinde-, Stadtrat, Stadtverordneten-, Stadtverbandsversammlung; in den Landkreisen: Kreistag) des Trägers (die Gebietskörperschaft – GK), sowie über sein Verfahren.

Aufgrund seiner bundesgesetzlichen Verankerung hat der JHA eine starke Stellung mit entsprechenden Befugnissen innerhalb der Kommunalverwaltungen. Dadurch kommt der Wert, den die Mitarbeit von Vertretern der freien Träger im Ausschuss hat, zum Ausdruck. Es ergeben sich durch die Einordnung in das kommunale Selbstverwaltungsgefüge naturgemäß aber auch Schranken.

Das Verhältnis zur Verwaltung regelt § 70. Der JHA ist ein **„Sandwich-Organ“** zwischen VK und Verwaltung. Der Jugendhilfeausschuss ist zunächst Teil der Behörde Jugendamt. Er ist damit nicht Ausschuss der Vertretungskörperschaft (des Kreistags/ Gemeinderats), sondern gehört als Teil des Jugendamts zur Verwaltung der Körperschaft des öffentlichen Rechts.[2] Der Jugendhilfeausschuss setzt sich zudem nicht nur aus Mitgliedern des Vertretungsorgans, also zB des Kreistags, zusammen. Er spiegelt damit die politischen Mehrheitsverhältnisse der Vertretungskörperschaft nur teilweise wider. Zudem ist er mit (stimmberechtigten) Vertretern der freien Jugendhilfe und mit sachverständigen Bürgern besetzt. Damit nimmt der Jugendhilfeausschuss im Vergleich zu anderen Ausschüssen eine besondere Stellung ein. Er wird als kommunaler Ausschuss eigener Art eingestuft,[3] auf den sowohl die Regeln des SGB VIII als auch der LKRO/GemO Anwendung finden.[4] Der JHA ist insofern ein **„beschließender Ausschuss besonderer Art“**, der den beschließenden Ausschüssen des Kommunalrechts nur noch „ähnelt“.[5]

1 BGBl. 2021 Teil I Nr. 29, 1444.
2 S. hierzu BVerwG 18.6.2004 – 8 B 41/04, juris Rn. 9.
3 S. hierzu BVerwG 15.12.1994 – 5 C 30/91, juris Rn. 18.
4 S. hierzu zB § 2 Abs. 2 LKJHG BW.
5 So BVerwG 15.12.1994 – 5 C 30/91, juris Rn. 18; OVG NRW 16.7.1991 – 15 A 1429/88, JuWo 1993, 92 mAnm Happe; VG Minden 13.4.1988 – 10 K 918/87 und 18.6.2004 – 8 B 41/04.

Der Jugendhilfeausschuss ist seit nahezu 100 Jahren (mit Unterbrechung im „1.000-jährigen Reich") Ausdruck der Bürgerbeteiligung, der Partizipation und der Zivilgesellschaft (→ Rn. 5), ohne dass es dieser Begriffe bedurft hätte. Auch die **Föderalismusreform** (2006), die mit Änderung der Art. 72 Abs. 2, 84 Abs. 1 GG und Einfügung des Art. 125 b GG seine Existenz zur Disposition des Landesgesetzgebers stellt (→ § 69 Rn. 5), hat er unbeschadet überstanden. Die Ausführungsgesetze einiger Länder (zB § 2 Abs. 1 LKJHG BW) haben es dem örtlichen Träger überlassen, den JHA als beschließenden Ausschuss abzuschaffen – gelungen ist es bisher nirgends (→ Rn. 47).[6] Während mit der Föderalismusreform den Ländern die Möglichkeit eröffnet wird, von § 71 abweichende Regelungen zu treffen, ist **Abs. 5 S. 1** ein **„Ventil"** für länderrechtliche **Ergänzungen** des § 71.

2 Kreis der stimmberechtigten Mitglieder (Abs. 1)

2 Abs. 1 regelt die Zusammensetzung des JHA. Zwar werden nur die stimmberechtigten Mitglieder ausdrücklich genannt, doch gehören dem JHA aufgrund Landesrechts, das die Regelung in einer Satzung des Trägers erlaubt, ggf. weitere Personen als **beratende** Mitglieder an (Abs. 5 S. 2). Mit § 71 und den Ausführungsbestimmungen im Landesrecht ist die Zusammensetzung des JHA **abschließend** geregelt; Regelungen der GemO/LKrO über die Zusammensetzung kommunaler Ausschüsse können nicht ergänzend angewandt werden.[7]

3 Der Kreis der stimmberechtigten Mitglieder setzt sich aus zwei Gruppen zusammen:

- Zu 3/5 sind es
  - Mitglieder der VK der kreisfreien Gemeinde bzw. des Landkreises oder
  - in der Jugendhilfe erfahrene Frauen und Männer, die zwar nicht der VK angehören, aber von ihr gewählt werden. Ob eine solche „Erfahrung" vorliegt, ist von der VK nach den persönlichen Voraussetzungen der jeweiligen Personen zu beurteilen. Es handelt sich hierbei um einen unbestimmten Rechtsbegriff, bei dessen Auslegung aber ein Beurteilungsspielraum besteht.[8] In Betracht kommen etwa persönliche oder berufliche Erfahrung im Umgang mit Kindern und Jugendlichen, zB in der Schule, also nicht notwendig in der Jugendhilfe ieS.[9]

  Mit dieser Regelung wird den Mehrheitsverhältnissen in der VK Rechnung getragen. Eine Verteilung dieser 3/5 auf die beiden genannten Personenkreise ist zweckmäßig, aber nicht zwingend. Die VK ist bezüglich der Zusammensetzung dieser Gruppe frei: sie kann auch nur aus Mitgliedern der VK bestehen oder nur aus erfahrenen Männern und Frauen oder solchen, die der VK angehören. Nach Abs. 6 S. 3 kann Landesrecht[10] bestimmen, dass auch der **Leiter der Verwaltung** der GK oder der Leiter der Verwaltung des JA zu den stimmberechtigten Mitgliedern gehört. Er ist dann auf die Quote der stimmberechtigten Mitglieder nach Nr. 1 anzurechnen,[11] weil sich sonst das gesetzlich festgelegte Stimmenverhältnis von drei Fünfteln zu zwei Fünfteln verschieben würde.[12] Scheidet ein Mitglied aus der VK aus, erlischt seine Mitgliedschaft im JHA automatisch.[13]

---

6 Zu Auswirkungen der Föderalismusreform auf den JHA näher Wiesner SRa 2006, 153; Niedzwicki RdJB 2008, 305.
7 So von VG Köln 16.8.2002 – 4 K 1682/00 über OVG NRW 2.3.2004 – 15 A 4168/02, ZfJ 2004, 429 bis BVerwG 18.6.2004 – 8 B 41/04.
8 Ebenso Schäfer/Weitzmann in FK-SGB VIII Rn. 4.
9 Ebenso Werner in JHSM Rn. 6.
10 So zB § 2 LKJHG BW iVm § 34 Abs. 5 S. 5 LKrO BW.
11 Ebenso Wiesner in Wiesner Rn. 14.
12 Näher Kunkel, Jugendhilferecht, Rn. 290 f.
13 Ebenso Werner in JHSM Rn. 5; Kern in SFMK Rn. 6; Jung in Jung Rn. 3.

4 ■ **Zu 2/5** sind es Frauen und Männer, die von der VK auf Vorschlag der nach § 75 anerkannten Träger der freien Jugendhilfe gewählt werden;[14] Mitglieder des Trägers müssen sie nicht sein.[15] Dadurch wird zum einen sichergestellt, dass die freien Träger als Gruppe im JHA vertreten sind. Zum anderen garantiert die Regelung, dass innerhalb der freien Träger **alle anerkannten** Träger (also nicht privatgewerbliche) ein **Vorschlagsrecht** (einklagbares subjektives öffentliches Recht) haben, also zB auch Selbsthilfegruppen, örtliche Initiativen usw. Nicht hierzu zählen zB die Jugendorganisationen politischer Parteien,[16] es sei denn, sie sind im Einzelfall nach § 75 anerkannt.[17] Der Vorschlag muss nicht mehr Kandidaten enthalten, als Sitze zur Verfügung stehen, es sei denn, das AusführungsG eines Landes trifft eine andere Regelung.[18] **„Wirken"** bedeutet nicht, dass die Organisation auch ihren Sitz im Bereich des öffentlichen Trägers hat. Es genügt, wenn sie Aufgaben der Jugendhilfe im Bereich des öffentlichen Trägers wahrnimmt.[19]
Die Aufforderung (per Anschreiben oder öffentlich) zu Wahlvorschlägen muss sich an alle anerkannten Träger richten; sind diese in einer Organisation zusammengeschlossen (zB im Stadtjugendring), genügt die Aufforderung an diese. Der Stadtjugendring selbst ist kein anerkannter Träger der freien Jugendhilfe, kann also nicht selbst Vorschläge machen.[20]

5 Sinn und Zweck dieser Regelung ist, den Bürgern, die durch freie Mitarbeit am Gemeinwohl ihren Gemeinsinn bewiesen haben, Mitverantwortung für die Erziehung der Jugend zu übertragen, um auf diese Weise den Sachverstand und die große Erfahrung der freien Träger, insbesondere der Jugend- und der Wohlfahrtsverbände, auch in der **öffentlichen** Jugendhilfe zum Tragen zu bringen. Damit schützt diese Bestimmung zwar Interessen der Allgemeinheit, aber auch solche der freien Träger. Sie haben deshalb ein subjektiv-öffentliches Recht auf Beachtung dieser Bestimmung.[21] Die VK kann nicht Personen wählen, die zwar einem freien Träger angehören, im Wahlvorschlag der freien Träger aber nicht aufgeführt sind. Gehört ein Kandidat der VK an, ist dies unschädlich.[22] Die Vertreter sind **unabhängig** vom freien Träger und an seine Weisungen nicht gebunden.

6 Innerhalb des Gesamtvorschlags der freien Träger sind die Vorschläge der **Jugendverbände** und der **Wohlfahrtsverbände** (AWO, DCV, DP, DRK, DW, ZWST) **„angemessen"** zu berücksichtigen. Daraus ergibt sich kein Anspruch auf eine bestimmte Besetzung, etwa eine Reservierung für diese klassischen Trägergruppen. Die VK ist zwar nicht strikt an den Vorschlag gebunden, kann ihn aber auch nicht völlig verwerfen. **„Angemessen"** bedeutet, dass die Jugend- und Wohlfahrtsverbände gemäß dem Gewicht und der Bedeutung zu berücksichtigen sind, die sie im Bezirk des Jugendhilfeträgers haben. In der Regel sollte 1/5 der insgesamt stimmberechtigten Mitglieder, also die Hälfte dieser „Gruppe", auf Vorschlag von Jugend- bzw. Wohlfahrtsverbänden gewählt werden. Schließlich werden diese auch künftig die Fortentwicklung kommunaler Jugendpolitik garantieren. Da es sich um einen unbestimmten Rechtsbegriff handelt, besteht kein Ermessen und

14 S. zur Kritik an der Beteiligung anerkannter Träger der freien Jugendhilfe Wiesner in Wiesner Rn. 13b.
15 Ebenso Werner in JHSM Rn. 9.
16 NdsOVG 17.3.1988 – 14 OVG A 55/88, JuWo 1989, 192 mAnm Happe zu § 14 JWG; Herbert ZfJ 1991, 569.
17 Ebenso wohl Busch/Fieseler in GK-SGB VIII Rn. 17; Werner in JHSM Rn. 8.
18 Ebenso Busch/Fieseler in GK-SGB VIII Rn. 11; Werner in JHSM Rn. 9.
19 Ebenso Schäfer/Weitzmann in FK-SGB VIII Rn. 6.
20 So VG Düsseldorf 6.12.2004 – 1 L 3340/04.
21 Ebenso wohl auch Werner in JHSM Rn. 8; Grube in Hauck/Noftz Rn. 9; **aA** VG Düsseldorf 6.12.2004 – 1 L 3340/04; Jung Rn. 5.
22 Ebenso Kern in SFMK Rn. 8.

kein Beurteilungsspielraum; die richtige Auslegung ist verwaltungsgerichtlich kontrollierbar.

Die Vorschrift sieht vor, dass sowohl **Frauen** (Plural!) als auch Männer dieser Gruppe angehören. Es müssen beide Geschlechter repräsentiert sein, jedoch nicht unbedingt in gleicher Zahl. Daraus ergibt sich auch die Mindestzahl der stimmberechtigten Mitglieder des JHA (10),[23] da die Gruppe in Nr. 2 nach dem Wortlaut der Regelung mindestens aus 4 Mitgliedern bestehen muss (= 2/5). Als höhere Mitgliederzahlen kommen aufgrund der gesetzlichen Regelung durch fünf teilbare Zahlen (15, 20 usw) in Betracht. 7

Landesrecht kann die genaue **Zahl** bestimmen bzw. diese Entscheidung der Satzung des JA überlassen, so zB in BW gem. § 1 Abs. 2 Nr. 2 LKJHG. Landesrecht regelt auch die persönlichen Voraussetzungen der Mitgliedschaft, ihr Ende und die Stellvertretung. Voraussetzung der Wählbarkeit ist das passive Wahlrecht für die Vertretungskörperschaft (so zB § 2 Abs. 5 S. 1 LKJHG BW). Nach Landesrecht können auch **16-Jährige** gewählt werden. **Unionsbürger** sind in allen Bundesländern wählbar. Die Kandidaten müssen nicht im Bereich des örtlichen Trägers **wohnen**, wenn Landesrecht dies so bestimmt (so zB § 2 Abs. 5 S. 2 LKJHG BW). 8

Auch ein Mitglied der **VK** kann nach § 71 Abs. 1 Nr. 2 gewählt werden.

Beschäftigte im LRA/BMA können nicht gewählt werden, weil sich daraus Interessenkonflikte ergeben könnten.[24]

Die **Wahl** der Ausschussmitglieder richtet sich nach den für beschließende Ausschüsse geltenden kommunalverfassungsrechtlichen Bestimmungen der Länder und ggf. nach Regelungen des Landesrechts über die Jugendhilfe. So ist durch den Begriff der „Wahl" keineswegs vorgeschrieben, dass geheime Wahlen iSd Kommunalgesetze der Länder stattfinden müssen. Landesrecht kann die Auswahl auch durch einfachen Beschluss zulassen. Gleiches gilt für die Rechtsstellung der Mitglieder, soweit die landesrechtlichen Vorschriften nicht im Widerspruch zur besonderen Struktur des JHA stehen. 9

Für ein kommunalpolitisches Gremium typisch ist die Ergänzung der stimmberechtigten Mitglieder durch **beratende**, die aufgrund ihrer Sachkenntnis und/oder Erfahrung bestellt werden. Ein Antragsrecht haben sie nicht. Die bundesrechtliche Regelung fordert die Aufnahme beratender Mitglieder nicht zwingend. Nach Abs. 6 S. 2 wird die Regelung der Zugehörigkeit beratender Mitglieder zum JHA dem Landesrecht überlassen. 10

3 Selbstorganisierte Zusammenschlüsse (Abs. 2)

Mit Art. 1 des **KJSG** ist in § 4a eine Neuregelung zu selbstorganisierten Zusammenschlüssen eingefügt worden. Als Folgeänderung wurde § 71 um einen neuen Abs. 2 ergänzt. Danach sollen dem Jugendhilfeausschuss als beratende Mitglieder selbstorganisierte Zusammenschlüsse nach § 4a angehören. Zur Stärkung der Stellung von Adressatinnen und Adressaten in der Kinder- und Jugendhilfe sind selbstorganisierte Zusammenschlüsse von der öffentlichen Jugendhilfe zu fördern, nach § 74 zu finanzieren und als beratende Mitglieder in den Jugendhilfeausschuss einzubeziehen. Damit soll jungen Menschen und ihren Familien mehr Mitsprache bei Vollzug des SGB VIII eingeräumt werden.[25] 11

---

23 AA Grube in Hauck/Noftz Rn. 7.

24 So zB § 24 Abs. 1a LKrO BW bzw. § 29 Abs. 1 Nr. 1a GemO BW; zu deren Verfassungsmäßigkeit s. VG Freiburg 19.1.2014 – 2 K 79/13 und VGH BW 21.12.2015.

25 S. hierzu BT-Drs. 19/26107, 72 und 108.

4 Befassungsrecht (Abs. 3)

12 Nach § 71 Abs. 3 SGB VIII befasst sich der Jugendhilfeausschuss mit allen Aufgaben der Jugendhilfe. Rein dogmatisch betrachtet ist der Jugendhilfeausschuss daher der Verwaltung des Jugendamtes übergeordnet.[26] Strittig ist, ob er auch Geschäfte der laufenden Verwaltung an sich ziehen kann (→ Rn. 20). Zumindest besteht nach allgemeinen Regeln ein Informationsrecht (zB nach § 24 Abs. 3 und 4 GemO BW, § 19 Abs. 3 und 4 LKRO BW).

Abs. 3 nennt zudem die **wesentlichen** Aufgaben des JHA, ohne eine abschließende Aufzählung zu enthalten. Es handelt sich um eine Benennung der Schwerpunkte seiner Tätigkeit („insbesondere"). Daraus ergibt sich jedoch keine Beschränkung auf diese Bereiche. Vielmehr kann der JHA sich mit allen Angelegenheiten der Jugendhilfe nach § 2 und außerhalb des § 2, zB Adoptionsfragen, aber auch mit der Kinderarmut oder -gesundheit oder Schulproblemen beschäftigen (**Befassungsrecht**). Hiervon sind auch grundsätzliche und überörtlich relevante Themen nicht ausgeschlossen, sofern ein gewisser örtlicher Bezug gegeben ist.

13 Diese Regelung eröffnet jedoch nur die Chance für den JHA, durch seine Arbeit eine zentrale Bedeutung in der örtlichen Jugendhilfe zu gewinnen. Nutzt er diesen Gestaltungsspielraum, ist er **„Dreh- und Angelpunkt der Jugendhilfe"** und ihr „Impulsgeber". Ob dies in der Praxis gelingt, hängt jedoch von der Initiative seiner Mitglieder ab.

14 ■ Bei den in **Nr. 1** genannten Tätigkeitsfeldern leistet der JHA „Grundsatzarbeit" und wird zu einer Plattform für die örtliche Kommunikation in **aktuellen** Fragen der Jugendhilfe. In diesem Zusammenhang kann er Anregungen an die zuständigen Landes- und Bundesbehörden (§§ 82–84) weiterleiten. Auch die Öffentlichkeitsarbeit – im Zusammenwirken mit der Verwaltung des JA – gehört hierzu. Die Beschäftigung mit den in § 1 Abs. 3 genannten Belangen der Jugendhilfe fällt ebenso in diesen Tätigkeitsbereich.

15 ■ Die in **Nr. 2** genannte **Jugendhilfeplanung** ist ein Schwerpunkt der Tätigkeit des JHA (also nicht der VK). Hier gibt der JHA Richtlinien vor. Die Jugendhilfeplanung wird in § 80 näher geregelt. Der JHA sollte der zentralen Bedeutung der Jugendhilfeplanung durch ausreichende Beschäftigung mit diesem Thema Rechnung tragen. Insbesondere werden hierdurch auch die ihm angehörenden Vertreter der freien Jugendhilfe an der Planung beteiligt.

16 ■ Die **Förderung** der freien Jugendhilfe (**Nr. 3**) wird in § 74 konkretisiert und ist vor allem wegen des Subsidiaritätsprinzips (→ § 4 Rn. 39) bedeutsam. Dabei beschäftigt sich der JHA sowohl mit generellen Fragen als auch mit Angelegenheiten, die einzelne Träger betreffen.

17 In der Praxis zählt die in Abs. 3 nicht ausdrücklich genannte Entscheidung über die Verteilung von **Zuschüssen** zu den wichtigen Aufgaben des JHA. Entscheidet die Verwaltung anstelle des JHA über einen Zuschuss, führt dies zur Rechtswidrigkeit der Entscheidung (→ § 70 Rn. 12). Auch für die Entscheidung über den Abschluss von **Zuwendungsverträgen** gem. § 74 ist grundsätzlich der JHA zuständig, nicht die VK (diese entscheidet über die Bereitstellung der Mittel insgesamt) und nicht die Verwaltung (sie erledigt den formellen Abschluss). Bei sog. **Leistungsvereinbarungen gem. § 78b** (Leistungs-, Entgelt- und Qualitätsentwicklungsvereinbarungen) oder gem. § 77 ist die (funktionelle) Zuständigkeit anhand der Umstände des Einzelfalls zu beurteilen.[27] Es kommt letztlich darauf an, welche Auswirkungen mit dem Vollzug der Vereinbarung verbunden sind. Geht von ihr eine grundsätzliche oder generelle Wirkung

26 Ebenso Weißenberger in jurisPK-SGB VIII Rn. 23.
27 Vgl. Kunkel ZfJ 2000, 413.

aus, etwa wegen der Bedeutung oder weil viele Einzelfälle betroffen sind (zB in einem Heim), ist der Ausschuss zuständig. Bei einer reinen Einzelfallregelung ohne präjudizierende Wirkung kann die Verwaltung im Rahmen der laufenden Verwaltung entscheiden.[28] Mit einer Satzungsregelung kann Streitigkeiten vorgebeugt werden (→ Rn. 26).

Der JHA fasst ferner den Beschluss über seine Geschäftsordnung, schlägt gem. § 35 Abs. 1 JGG die **Jugendschöffen** vor und ist an der **Bauleitplanung** zu beteiligen (→ § 80 Rn. 22; → § 1 Rn. 19).[29] Als Teil des JA hat er den **Schutzauftrag** nach § 8a zu erfüllen. Vgl. zu seiner Zuständigkeit ferner → § 70 Rn. 10 ff. 18

5 Beschlussrecht/Verfahren (Abs. 4)

Abs. 4 enthält Regelungen über die einzelnen Zuständigkeiten (Beschluss- und Mitwirkungsrechte) und das Verfahren im Ausschuss. Dabei werden auch kommunalverfassungsrechtliche Fragen berührt.[30] 19

Die Geschäfte der **laufenden Verwaltung** (→ § 70 Rn. 7) bleiben hier unberücksichtigt, da sie gem. § 70 Abs. 2 vom Leiter der Verwaltung der Gebietskörperschaft oder vom Leiter der Verwaltung des JA erledigt werden. Der JHA kann sie nach hier vertretener Auffassung nicht an sich ziehen.[31] Er ist auch kein Organ der Fachaufsicht über die Verwaltung.[32] Wegen der Aufgabenverteilung und evtl. **Fehlerfolgen** s. → § 70 Rn. 12. 20

5.1 Beschlussrecht (S. 1)

5.1.1 Wesen des Beschlussrechts. Beschlussrecht ist das Recht, Entscheidungen in eigener Zuständigkeit zu treffen und damit eine weiter gehende Kompetenz als das Befassungsrecht (sich mit einem Thema lediglich befassen zu dürfen). Der Gegenstand des Beschlussrechts („Angelegenheiten der Jugendhilfe") ist aber enger[33] als der des Befassungsrechts („alle Angelegenheiten der Jugendhilfe"). Im Gegensatz zum Befassungsrecht gibt es für die Kompetenz des JHA beim Beschlussrecht **Beschränkungen.** 21

Dies ergibt sich aus der Stellung des JHA innerhalb der Verwaltung der Gebietskörperschaft. Der JHA ist Teil eines Selbstverwaltungsorganismus und hat daher kein alleiniges und unbeschränktes Entscheidungsrecht. Er hängt gleichsam an der Nabelschnur der VK.[34] Sein Beschlussrecht wird erst im Zusammenwirken mit den anderen Entscheidungsträgern der Selbstverwaltungskörperschaft ausgestaltet. Die bundesrechtliche Regelung steht im Zusammenspiel mit den **kommunalverfassungsrechtlichen** Regelungen der Länder und der dort konstituierten Haushalts-, Beschluss- und Satzungsgewalt der VK.[35] 22

Die Beschlüsse des Jugendhilfeausschusses bedürfen, um Wirksamkeit nach außen entfalten zu können, der Umsetzung durch Einzelfallregelungen seitens der Verwaltung.[36]

---

28 AA Wiesner in Wiesner § 78e Rn. 5; Grube in Hauck/Noftz § 78e Rn. 6; Busch/Fieseler in GK-SGB VIII Rn. 54: immer JHA, letzterer sogar für Rahmenverträge nach § 78f, für die aber der örtliche Träger gar nicht zuständig ist.
29 AA Wolf ZfSH/SGB 1997, 665.
30 Ausführlich Münder/Ottenberg S. 84 ff.
31 Ebenso Kern in SFMK Rn. 15; Weißenberger in jurisPK-SGB VIII Rn. 28 und § 70 Rn. 24; aA Schäfer/Weitzmann in FK-SGB VIII Rn. 9.
32 Kunkel ZKJ 2016, 9.
33 Ebenso BVerwG 15.12.1994 – 5 C 30/91, juris Rn. 19 f.; Werner in JHSM Rn. 23; Weißenberger in jurisPK-SGB VIII Rn. 33.
34 S. hierzu auch SächsOVG 3.3.2015 – 4 A 584/13, juris Rn. 25.
35 So BVerwG 15.12.1994 – 5 C 30/91, juris Rn. 20.
36 OVG Bln 14.10.1998, juris Rn. 9.

Der Leiter der GK vertritt die GK wirksam nach außen, auch wenn Rechte des JHA (zB sein Beteiligungsrecht) verletzt worden sind.[37]

23 **5.1.2 Einzelne Beschränkungen.** Das Beschlussrecht wird dem JHA (nur) gewährt im Rahmen der von der VK

- bereitgestellten Mittel,
- erlassenen Satzung,
- gefassten Beschlüsse.

Aufgrund der Eingliederung des JA in die Kommunalverwaltungen betrifft „Satzung" als Beschränkung nicht nur die **Satzung des JA,** sondern auch die **Hauptsatzung** der Gebietskörperschaft. Eine andere Auslegung würde der vom Gesetzgeber gewollten og Eingliederung des JA widersprechen.

24 Zentrale Frage ist hierbei, wie weit diese Beschränkungen gehen dürfen, ohne die besondere Stellung des JHA (→ Rn. 1) zu beeinträchtigen. Aus dieser ergeben sich für die Beschlüsse der VK, die den Rahmen für das Beschlussrecht des JHA bilden, ihrerseits Schranken („**Schranken-Schranken**"). Die VK darf nicht beliebig „Rahmenbeschlüsse" fassen. Auf das Beschlussrecht nicht anwendbar sind die Grundsätze für die sogenannte Rahmengesetzgebung nach Art. 75 GG, da es hier nur um Zuständigkeiten innerhalb der Kommunalverwaltung geht. Die VK kann nur Ziele vorgeben, Grundsatzbeschlüsse fassen und Planungen der Gebietskörperschaft auf dem Gebiet der Jugendhilfe durch entsprechende Beschlüsse umsetzen. Es muss dem JHA jedoch möglich sein, diesen Rahmen selbstständig ausfüllen zu können. Ihm muss ein Entscheidungsrecht von **substantiellem Gewicht** verbleiben.[38]

Anders als bei sonstigen beschließenden Ausschüssen muss die VK daher prüfen, ob die Entscheidung in der Sache nicht ausschließlich dem JHA zusteht. Bei dieser Prüfung ist ein strenger Maßstab anzulegen, um der besonderen Stellung des JHA gerecht zu werden. Wollte man regelmäßig ein zwingendes Beteiligungserfordernis der VK annehmen, liefe das Beschlussrecht des JHA regelmäßig leer. Es wäre ohne grundlegende Bedeutung, da dann regelmäßig die abschließende Entscheidung der VK vorbehalten bliebe. Der JHA unterscheidet sich von anderen Ausschüssen dadurch, dass ihm Vertreter der freien Träger angehören. Deren bundesgesetzlich in §§ 70 ff. gewollte Mitwirkung am Entscheidungsprozess erfordert diese Auslegung.

25 Das Beschlussrecht des JHA darf auch nicht durch die Elemente der **„Neuen Steuerung"** unterlaufen werden (→ § 79 Rn. 20). Die VK hat bei Zielvorgaben auch hier zu berücksichtigen, dass dem JHA aufgrund seiner besonderen Stellung ein echter Entscheidungsspielraum verbleiben muss. Die Steuerung über diese Elemente ist in der Jugendhilfe ohnehin problematisch. So kann zB eine sog. Produktbeschreibung nur schwer erfassen, was im Einzelfall durch die Betreuung junger Menschen geleistet wird. Dennoch können Modernisierungsversuche sinnvoll sein (Beispiel: Deckungsfähigkeit von Personal- und Sachkosten). Sie müssen sich jedoch im Rechtsrahmen des SGB VIII bewegen. Beispiel zur „Organisation": Bei einer Umorganisation der Ämter in Fachbereiche muss die Organisationseinheit deutlich erkennbar bleiben, die allein und umfassend für die Wahrnehmung der Aufgaben iSd § 69 Abs. 3 zuständig ist (→ § 79 Rn. 18).[39] Beispiel zur „Budgetierung": Bei der Zuteilung der Mittel sind die gesetzlichen Vorgaben zur Aufgabenerfüllung (§ 2) und zu den „Qualitätsstandards" des § 79 Abs. 2 auch dann bindend, wenn die Budgetierung eingeführt ist. So müssen

37 So NdsOVG 7.9.2011 – 4 ME 97/11, FEVS 63, 422.

38 So BVerwG 15.12.1994 – 5 C 30/91, juris Rn. 21; VG Karlsruhe 2.4.2003 – 5 K 3006/01, JAmt 2004, 44; kritisch zu dieser Rspr. Busch/Fieseler in GK-SGB VIII Rn. 6; Werner in JHSM Rn. 25: letztlich politische Auseinandersetzung zwischen JHA und VK.

39 Kreft NDV 1999, 108.

zB für die Jugendarbeit gem. § 11 alle Mittel zur Verfügung gestellt werden, um den Anforderungen nach § 79 Abs. 2 zu genügen (→ § 79 Rn. 17). Diese Eingriffe in die Organisations- und Finanzhoheit sind zulässig, da auch die kommunale Selbstverwaltung unter Gesetzesvorbehalt steht.

Daraus ergibt sich, dass die VK – anders als bei sonstigen beschließenden Ausschüssen oder vergleichbaren Gremien – vor einer Beschlussfassung prüfen muss, ob nicht der JHA selbst entscheiden sollte bzw. ob ihm nach Beschluss durch die VK noch die Möglichkeit bleibt, diesen **auszufüllen**. Bei dieser Beurteilung ist ein strenger Maßstab anzulegen, um der besonderen Stellung des JHA gerecht zu werden („JHA-freundliches self-restraint"). 26

In der Praxis empfiehlt sich eine Zuständigkeitsregelung in der **Satzung** des JA, die sich an diesen Grundsätzen orientieren muss. Sie darf keinen anderen Umfang des Beschlussrechts bestimmen als den in Abs. 4 geregelten, sondern muss diesen konkretisieren. Beispiel: Die Satzung regelt, dass die VK zur Förderung der freien Träger Richtlinien beschließt bzw. die Mittel bereitstellt und der JHA über die konkrete Förderung im Einzelfall entscheidet. Die Länder haben von der Möglichkeit, dies als Inhalt der JA-Satzung vorzuschreiben, teilweise Gebrauch gemacht. In BW sieht zB § 1 Abs. 2 Nr. 1 LKJHG eine solche Satzungsregelung vor. Hierdurch kann Streitigkeiten, die in der Praxis über die Zuständigkeit im Einzelfall entstehen, vorgebeugt werden. 27

Strittig ist, welche Kompetenzen **andere Ausschüsse** oder vergleichbare Gremien (zB Verwaltungs-, Finanz-, Rechts-, Sozialausschüsse) der VK im Verhältnis zum JHA besitzen. Aus Abs. 4 lässt sich kein Verbot für die VK ableiten, ihr Beschlussrecht auch im Bereich der Jugendhilfe im Einzelfall auf solche Gremien zu delegieren.[40] Der JHA muss deren Beschlüsse für und gegen sich gelten lassen, zB im Rahmen der Bereitstellung von Mitteln entscheidet der Finanzausschuss lt. Hauptsatzung über außer- und überplanmäßige Ausgaben bis zu einer gewissen Höhe; an den sich daraus ergebenden finanziellen Rahmen muss sich auch der JHA halten.[41] 28

Dennoch muss auch hier der besonderen Stellung des JHA Rechnung getragen werden; so kann die VK ihr **Grundsatzbeschlussrecht** in Angelegenheiten der Jugendhilfe **nicht delegieren**. Kommt es zu einer Konkurrenz zwischen Beschlüssen des JHA und einem anderen Ausschuss oder vergleichbaren Gremium (zB Ausschuss für Jugend und Familie), so hat nur die VK zu entscheiden.[42] Sie allein kann Beschlüsse des JHA aufheben oder ändern, wobei die oben dargestellten Grundsätze ihres Beschlussrechts zu beachten sind. Kein anderes kommunalpolitisches Gremium außer der VK kann dem JHA **übergeordnet** werden. Er entscheidet im Rahmen seines Beschlussrechts, oberhalb dieser Grenze ist nur die VK zuständig. 29

5.1.3 Bestandsfestigkeit der Beschlüsse des JHA. Die Frage, ob die VK Beschlüsse des JHA aufheben oder ändern kann (**„Rückholrecht"**), ist nach den unter 5.1.2 dargestellten Grundsätzen zu beurteilen. Sofern sich der JHA innerhalb des von der VK vorgegebenen „Rahmens" bewegt, kann diese seine Beschlüsse **grundsätzlich nicht** aufheben oder ändern.[43] Die VK kann aber das Beschlussrecht des JHA dadurch be- 30

40 Ebenso BVerwG 15.12.1994 – 5 C 30/91, juris Rn. 23; aA aber wohl VG Neustadt 21.1.2002 – 3 K 1640/01, DVP 2003, 128 mAnm Oster; Busch/Fieseler in GK-SGB VIII Rn. 2, 3.

41 Ebenso Werner in JHSM Rn. 31.

42 Ebenso Werner in JHSM Rn. 32.

43 Ebenso Preis ZfJ 1988, 308; DV NDV 1996, 335; Wiesner in Wiesner Rn. 25; Weißenberger in jurisPK-SGB VIII Rn. 40; Busch/Fieseler in GK-SGB VIII Rn. 9; Werner in JHSM Rn. 27; **aA** VG Neustadt 21.1.2002 – 3 K 1640/01, DVP 2003, 128; für beschränktes Rückholrecht VG Freiburg ZfJ 1995, 340; Grube in Hauck/Noftz Rn. 17; Mrozynski SGB VIII Rn. 6; Schäfer/Weitzmann in FK-SGB VIII Rn. 9.

grenzen, dass sie sich durch Beschluss ein Rückholrecht auch im Einzelfall einräumt.[44] Der JHA unterscheidet sich von anderen Ausschüssen dadurch, dass ihm Vertreter der freien Träger angehören, er also nicht allein aus der Mitte der VK gebildet wird. Deren bundesgesetzlich gewollte Mitwirkung am Entscheidungsprozess erfordert diese Auslegung. Die im Selbstverwaltungsgefüge übergeordnete Stellung der VK („Kompetenz-Kompetenz") wurde bereits durch das Recht, eine Satzung zu erlassen, die Mittel bereitzustellen und Grundsatzbeschlüsse zu fassen, ausreichend berücksichtigt.

31 Hat die VK jedoch nach ihrer **Hauptsatzung** oder der **JA-Satzung** das Recht, Beschlüsse des JHA aufzuheben oder zu ändern, so ist dies **grundsätzlich zulässig**. Dies ergibt sich aus der Eigenschaft der VK als demokratisch legitimiertem Beschlussorgan der kommunalen Körperschaft, aus deren Aufgaben sich auch die Zuständigkeiten des JHA ableiten. Sie ist daher berechtigt, entsprechende Satzungsregelungen zu treffen und davon Gebrauch zu machen. Nur wenn die VK durch ihre Beschlüsse, also durch „Rahmenbeschlüsse" oder durch Aufhebungen oder Änderungen von Beschlüssen des JHA, die Beschlussrechte des JHA soweit einschränken würde, dass diesem kein **Entscheidungsrecht von substantiellem Gewicht** mehr verbleibt (→ Rn. 24), wäre ein Rechtsverstoß gegeben. Jedoch muss die VK wegen der unter → Rn. 1 beschriebenen besonderen Stellung des JHA im Einzelfall prüfen, ob bei einer Aufhebung oder Änderung nicht unverhältnismäßig in seine Beschlussrechte eingegriffen wird. Zudem ist der JHA vorher anzuhören. Im Übrigen sind mögliche Fehlerfolgen bei einer Zuständigkeitsverletzung zwischen VK und JHA im konkreten Einzelfall anhand der Kommunalgesetze der Länder sowie der Satzungen des Trägers zu beurteilen. Diese Frage kann nicht schematisch beantwortet werden.[45] Für eine gedeihliche Zusammenarbeit ist es aber in jedem Fall **zweckmäßig**, wenn die VK Beschlüsse des JHA nur in **begründeten Ausnahmefällen** aufhebt oder ändert; auch hier gilt das „self-restraint" (→ Rn. 26). **Rechtswidrige** Beschlüsse des JHA hat der Leiter der Gebietskörperschaft zu beanstanden und zu suspendieren.[46] Dagegen kann der JHA sich im Weg des Kommunalverfassungsstreits wehren (→ Rn. 46).

5.2 Anhörungsrecht (S. 2)

32 Der JHA soll auch dann beteiligt werden, wenn die Entscheidungsbefugnis bei der VK liegt. Dies gebietet das Anhörungsrecht nach Abs. 4 Satz 2, das bei **jeder** Beschlussfassung durch die VK auf dem Gebiet der Jugendhilfe und vor der Bestellung eines Jugendamtsleiters gilt.

33 Die **Soll-Vorschrift** bedeutet, dass eine Anhörung grundsätzlich zu erfolgen **hat**, wenn nicht im – atypischen – Einzelfall eine Ausnahme gerechtfertigt ist;[47] dann steht die Anhörung im Ermessen. Da die VK im Wesentlichen Grundsatzentscheidungen trifft, dürften die Fälle eines berechtigten Verzichts auf die Anhörung (zB Eilbedürftigkeit) in der Praxis selten sein. So hat der JHA Anhörungsrecht vor Verabschiedung der **Haushaltssatzung**. Die Aufstellung des Haushaltsplanentwurfs mit der Haushaltsanmeldung des JA ist dagegen eine verwaltungsinterne Angelegenheit. Im Verhältnis zur Verwaltung des JA ist der JHA für diese besondere Angelegenheit (funktionell) zuständig; er hat nicht bloß ein Anhörungs-, sondern ein Beschlussrecht (→ § 74 Rn. 28).[48]

34 Auf Vorschlag des Bundesrats[49] wurde das Anhörungsrecht nur als Soll-Vorschrift normiert. Der Hauptgrund hierfür waren die möglichen Fehlerfolgen bei einer zwingenden Anhörungspflicht. Durch die Soll-Regelung wollte der Gesetzgeber vermeiden,

44 So SächsOVG 3.3.2015 – 4 A 584/13 und BVerwG 4.2.2016 – 5 C 12.15.
45 Ähnlich Kern in SFMK Rn. 17.
46 Ebenso Schäfer/Weitzmann in FK-SGB VIII Rn. 12.
47 S. hierzu auch SächsOVG 3.3.2015 – 4 A 584/13, juris Rn. 17.
48 AA mit ausführlicher Begründung Werner in JHSM Rn. 30.
49 BT-Drs. 11/5948, 143.

dass eine zu Unrecht unterlassene Anhörung des JHA ggf. dazu führt, dass der Beschluss der VK nach außen hin fehlerhaft ist und aufgehoben werden muss. Zudem sollte ein gewisser Beurteilungsspielraum der VK bleiben. Ungeachtet dieser Motive führt die unterbliebene Anhörung zur Rechtswidrigkeit eines Beschlusses der VK;[50] sie kann nachgeholt werden (§ 41 Abs. 1 Nr. 3 u. 4 SGB X analog) und damit den Beschluss heilen. Wird der Fehler nicht geheilt, ist er beachtlich (§ 42 S. 2 SGB X analog). Die Verletzung der Verfahrensvorschrift kann vom JHA im verwaltungsgerichtlichen Verfahren durch Erhebung einer Klage (→ Rn. 45) geltend gemacht werden.[51]

Der JHA wird mit der Anhörung **zumindest beratend** tätig, wenn ihm selbst die 35
Beschlusskompetenz fehlt. Die Mitwirkung der freien Träger bleibt damit auch bei Entscheidungen, die der VK vorbehalten sind, erhalten.

Überlässt Landesrecht die **Ausgestaltung** des Anhörungsrechts der Satzung des JA, 36
sind diese Grundsätze zu beachten. Zweckmäßig ist insbesondere eine Regelung, in welchen Fällen auf eine Anhörung verzichtet werden kann.

5.3 Antragsrecht (S. 2)

Neben dem Recht, vor Beschlussfassungen der VK in Angelegenheiten der Jugendhilfe 37
gehört zu werden, hat der JHA auch die Möglichkeit, selbst initiativ zu werden und durch Antrag die Behandlung einer Jugendhilfeangelegenheit durch die VK zu erreichen. Der JHA hat einen Anspruch darauf, dass sich die VK mit dem Antrag befasst, aber nicht darauf, dass sie ihm auch entspricht. Dieser Anspruch kann mit der allgemeinen Leistungsklage verfolgt werden (zum Rechtsschutz → Rn. 46).

5.4 Verfahren

5.4.1 Zusammentreten (S. 3). Der JHA tritt zusammen, wenn hierfür ein „Bedarf" be- 38
steht. Der Gesetzgeber hielt eine Regelung über eine Mindestzahl von Sitzungen nicht für erforderlich bzw. für unzweckmäßig. Landesrecht kann hierzu Regelungen treffen (Abs. 6 S. 1); zB in einigen neuen Bundesländern: 6 jährlich. Eine vorgeschriebene Mindestzahl von Sitzungen garantiert keine höhere fachliche Qualität der Ausschussarbeit.[52] Der JHA wird vom Vorsitzenden einberufen, bei seiner konstituierenden Sitzung vom Leiter der Verwaltung der Gebietskörperschaft. Eine Frist zur ersten Einberufung besteht nicht. Der alte JHA amtiert so lange weiter, bis sich der neue konstituiert hat, da der JHA ein „permanentes Kommunalverfassungsorgan" ist. Die Ausschussmitglieder können durch Antrag von 1/5 der Stimmberechtigten eine Sitzung herbeiführen.

5.4.2 Öffentlichkeit (S. 4). Die Sitzungen des JHA sind grundsätzlich öffentlich. Auch 39
diese Regelung im Bundesgesetz geht kommunalrechtlichen Regelungen im Landesgesetz vor (→ Rn. 42, 48).[53] Nur im Einzelfall kann – ausnahmsweise – die nichtöffentliche Behandlung geboten sein. Dies gilt insbesondere dann, wenn **berechtigte Interessen** einzelner Personen oder Gruppen der Öffentlichkeit der Sitzung entgegenstehen, zB weil persönliche Verhältnisse angesprochen werden (etwa: Interessen eines Kindes oder Jugendlichen im Einzelfall, seiner PSB, Pflegepersonen oder die eines Bewerbers[54] oder die finanzielle Situation eines freien Trägers, wenn ihm das nicht recht ist). In diesen Fällen verlangt schon der Datenschutz (zu diesem auch → Rn. 47) den

50 S. hierzu auch SächsOVG 3.3.2015 – 4 A 584/13, juris Rn. 19 u. 19.9.2013 – 4 A 255/13.

51 Ebenso SächsOVG 3.3.2015 – 4 A 584/13; BVerwG 31.10.1990 – 4 C 7/88, E 87, 62 für Planfeststellungsverfahren; Wiesner in Wiesner Rn. 30; Herbert ZfJ 1991, 571.

52 BT-Drs. 11/5948, 96.

53 Ebenso SächsOVG 25.11.1999 – 3 S 27/99, SächsVBl 2000, 162.

54 Zu diesen SächsOVG 25.11.1999 – 3 S 27/99, SächsVBl 2000, 162.

Ausschluss der Öffentlichkeit.[55] Die Entscheidung über Ausschluss oder Nichtausschluss der Öffentlichkeit kann den JHA, ein einzelnes Mitglied oder eine betroffene Person in eigenen Rechten verletzen (zu den Rechtsschutzmöglichkeiten → Rn. 46), nicht aber einen ausgeschlossenen Zuhörer.[56]

40 Aus dem Gebot der Öffentlichkeit der Sitzung folgt, dass die Öffentlichkeit darüber **informiert** wird, wann wo worüber eine Sitzung stattfindet. Das kann in der Tageszeitung, im Amtsblatt oder im Internet (ergänzend auch bei Facebook) geschehen. Die bloße Auskunft auf Anfrage genügt nicht.[57]

41 Selten dürften dagegen Gründe des öffentlichen Wohls, also Belange der **Allgemeinheit**, eine nichtöffentliche Behandlung erfordern.

42 Bei der Einberufung **entscheidet** der/die Vorsitzende, während der Sitzung der Ausschuss selbst, ob im Einzelfall nichtöffentlich zu verhandeln ist. Werden die Voraussetzungen für eine nichtöffentliche Behandlung bejaht, muss auch nichtöffentlich verhandelt werden. Der Ausschuss trifft seine Entscheidung hierüber in nichtöffentlicher Sitzung.

43 Die Sitzungen des JHA sind **auch** dann grundsätzlich öffentlich, **wenn er nur vorberatend tätig** wird und das Beschlussrecht bei der VK liegt. § 71 Abs. 4 S. 4 geht hier kommunalverfassungsrechtlichen Vorschriften der Länder vor (→ Rn. 38), nach denen Ausschüsse bei vorberatender Behandlung eines Tagesordnungspunkts grundsätzlich nichtöffentlich verhandeln. Dafür spricht die Begr. der BReg. zum KJHG;[58] die öffentliche Wirksamkeit der kommunalen Jugendhilfepolitik soll dadurch verstärkt werden. Der JHA ist insofern mit anderen Ausschüssen nicht vergleichbar. Die „kommunalrechtliche" Regelung, die Abs. 4 Satz 4 dabei trifft, ist als sachbezogene Annexregelung zu betrachten.[59] Es kann jedoch im Einzelfall zutreffend sein, bei vorberatender Tätigkeit ein „öffentliches Interesse" für eine nichtöffentliche Behandlung anzunehmen.

44 **5.4.3 Befangenheit.** Wann Befangenheit von Ausschussmitgliedern anzunehmen ist, richtet sich zunächst nach den Bestimmungen der Kommunalverfassungsordnung (Gemeindeordnung/Landkreisordnung/BezirksverwaltungsG). Danach ist befangen, wer in einer Angelegenheit nicht unvoreingenommen ist. Dafür genügt schon der Anschein fehlender Unvoreingenommenheit.[60] Diese Bestimmungen stehen aber unter dem Vorbehalt der Besonderheit des JHA als einem bundesrechtlich geregelten Kommunalorgan.[61] Nach § 71 (→ Rn. 16, 17) haben die Vertreter der freien Träger im JHA über die Förderung der freien Jugendhilfe mitzuentscheiden. Dieses Entscheidungsrecht darf durch Befangenheitsregeln in seiner Substanz nicht gemindert werden.[62] Befangenheit ist einmal dann anzunehmen, wenn ein Beschluss dem Mitglied des JHA **selbst** oder seinem Ehegatten oder Verwandten oder Verschwägerten bis zum 3. Grad unmittelbar einen Vor- oder Nachteil bringen kann. Unmittelbar ist der Vor- oder Nachteil, der sich direkt aus der Entscheidung ergibt, ohne dass weitere Ereignisse eintreten oder Maßnahmen getroffen werden müssen, die über die Ausführung von Beschlüssen

---

55 Ebenso VG Köln 27.6.2013 – 26 K 54/13; SächsOVG 19.9.2013 – 4 A 255/13, ZKJ 2013, 565.

56 So SächsOVG 25.11.1999 – 3 S 27/99, SächsVBl 2000, 162.

57 Ebenso Fieseler/Busch in GK-SGB VIII Rn. 37; Werner in JHSM Rn. 38; aA HessVGH 9.10.1996 – 6 TG 4022/96 u. ihm folgend Kern in SFMK Rn. 23; Schäfer/Weitzmann in FK-SGB VIII Rn. 17.

58 BT-Drs. 11/5948, 96.

59 BVerfG 18.7.1967 – E 22, 211.

60 Ebenso Jung Rn. 8 c.

61 S. hierzu BVerwG 15.12.1994 – 5 C 30/91, juris 18.

62 Ähnlich ThürOVG 12.7.2001 – 2 ZEO 270/01; VG Gelsenkirchen 9.11.1993 – 15 L 3130/93, JuWo 1995 mAnm Happe; DIJuF JAmt 2009, 603.

hinausgehen. Keine Befangenheit liegt vor, wenn das Mitglied durch den Beschluss lediglich als Angehöriger einer Bevölkerungsgruppe, deren gemeinsame Interessen berührt werden, betroffen ist. Befangenheit liegt daher zB vor, wenn es um die Förderung oder Streichung einer Personalstelle geht, die ein Mitglied des JHA selbst innehat.

Neben die Befangenheit aus persönlichen Gründen tritt eine weitere, die sich daraus ergeben kann, dass ein Mitglied **Vertreter** einer juristischen Person ist, die unmittelbar einen Vor- oder Nachteil durch die Entscheidung im JHA hat. Befangen ist daher nicht das einfache Mitglied des freien Trägers, sondern nur ein Mitglied, das zur gesetzlichen Vertretung des freien Trägers berechtigt ist. Dies ist der Vorstand (§ 26 Abs. 1 S. 2 BGB) oder ein besonderer Vertreter (§ 30 BGB). Dem Vertreter gleichgestellt ist ein entgeltlich Beschäftigter des freien Trägers.[63] Solche Personen können aber nicht schon dann wegen Befangenheit ausgeschlossen werden, wenn ihr Träger von einer Angelegenheit nur berührt wird, sondern erst dann, wenn eine besondere Interessenkollision vorliegt.[64] Eine solche ist nicht anzunehmen, wenn es um die Förderung der Verbände in ihrer Gesamtheit geht, sondern nur dann, wenn es um die konkrete Förderung des einzelnen Verbandes geht, den das Mitglied vertritt.[65] Der Vertreter eines freien Trägers darf sich auch nicht an einer Entscheidung beteiligen, die sich mit einer Zuwendung an einen mit ihm konkurrierenden freien Träger befasst.[66] Um die Klippe der Befangenheit zu umschiffen, ist es ratsam, dass ein freier Träger keine vertretungsberechtigten Vorstandsmitglieder für die Wahl in den JHA vorschlägt. Ist ein Mitglied befangen, darf es weder an der Abstimmung noch an der **Beratung** des JHA teilnehmen, kann aber bei öffentlicher Sitzung im Saal bleiben.[67] Bei nicht öffentlicher Sitzung hat das Mitglied den Sitzungssaal zu verlassen.[68] Das Mitglied hat die Tatsachen, die seine Befangenheit begründen können, vor Beginn der Beratung unaufgefordert dem JHA zu offenbaren. Dieser[69] trifft die Entscheidung über den Ausschluss des Mitglieds wegen Befangenheit. Ist das Mitglied zu Unrecht wegen Befangenheit ausgeschlossen worden, ist der Beschluss unwirksam. Dasselbe gilt, wenn ein Mitglied an der Abstimmung teilgenommen hat, obwohl es wegen Befangenheit auszuschließen gewesen wäre und seine Teilnahme an der Abstimmung für das Abstimmungsergebnis entscheidend war. Der Beschluss gilt jedoch als von Anfang an wirksam, wenn die Verletzung der Bestimmungen über die Befangenheit nicht innerhalb von 3 Monaten nach der Beschlussfassung geltend gemacht worden ist. 45

5.4.4 Prozessuale Rechte. Dem **Ausschuss** steht bei einer Verletzung eigener Rechte (des Anhörungs-, Antrags- oder Beschlussrechts) der Verwaltungsrechtsweg offen. Richtige Klageart in diesem **Kommunalverfassungsstreit** ist die Feststellungsklage zur Feststellung eines Rechtsverhältnisses oder die allg. Leistungsklage, um ein Handeln oder Unterlassen zu erreichen. Bei fehlerhaften Beschlüssen, die als VA ergehen (zB Berufung des JA-Leiters), kommt die Anfechtungsklage in Betracht; bei RW einer Sat- 46

63 So VG Gelsenkirchen 9.11.1993 – 15 L 3130/93; VG Stade 22.5.1996 – 1 A 700/95; VG Leipzig 13.11.2003 – 2 K 1048/01: auch Person, die sich in dem Verein engagiert.
64 So VG Gelsenkirchen 9.11.1993 – 15 L 3130/93.
65 Ebenso OVG Bln 14.10.1998 – 6 S 94.98, FEVS (1999) 49, 368; HessVGH 20.1.1995 – 6 TG 66/95; VG Münster 30.10.2009 – 1 K 1335/09; VG Gelsenkirchen 9.11.1993 – 15 L 3130/93; DIJuF-Rechtsgutachten JAmt 2009, 603; Weißenberger in jurisPK-SGB VIII Rn. 26; Kern in SFMK Rn. 22; Werner in JHSM Rn. 14; vgl. ferner Frings JuWo1994, 365.
66 Ebenso Schäfer/Weitzmann in FK-SGB VIII Rn. 26; Weißenberger in jurisPK-SGB VIII Rn. 26.
67 So VGH BW 11.10.1994 – 5 S 3142/93, NVwZ-RR 1995, 154.
68 Ebenso Werner in JHSM Rn. 17.
69 Nicht etwa die/der Vorsitzende, wie aus § 16 Abs. 4 S. 2 SGB X folgt; ebenso VG Münster 30.10.2009 – 1 K 1335/09.

zung (Hauptsatzung, Satzung des JA, Haushaltsplan) das Normenkontrollverfahren nach § 47 VwGO iVm Landesrecht. Aktiv legitimiert ist der JHA, passiv die VK.[70] Die Klageerhebung muss der JHA mit Mehrheit beschließen. Das **einzelne** Mitglied des JHA kann nur die Verletzung eigener Rechte (zB Ausschluss wegen Befangenheit; nicht rechtzeitige Ladung; unzureichende Information, wobei das stellvertretende Mitglied die Information vom Mitglied erhalten muss), nicht solche des Ausschusses geltend machen. Richtige Klageart ist die Feststellungsklage (§ 43 Abs. 1 Alt. 1 VwGO), richtiger Beklagter ist der Ausschuss,[71] für den die/der Vorsitzende die passive Prozessführungsbefugnis hat, jedenfalls nicht die VK oder die GK.[72]

47 5.4.5 **Datenschutz.** Zum Datenschutz → § 61 Rn. 50, 63. Personenbezogene Daten dürfen im JHA nur soweit genutzt werden, wie dies erforderlich ist – zB zur Planung, wie § 64 Abs. 3 ausdrücklich erlaubt; meist genügt aber anonymisierte Behandlung. Bei personenbezogener Behandlung muss dann aber die Öffentlichkeit ausgeschlossen werden (→ Rn. 38). Anvertraute Daten nach § 65 SGB VIII oder nach § 76 SGB X dürfen ohnehin nur mit Einwilligung des Betroffenen an den JHA gegeben werden. Zur Aktenvorlage zu **Kontrollzwecken** → § 61 Rn. 116, 134.[73]

48 5.4.6 **Föderalismusreform.** Alle (bundesgesetzlich geregelten) Verfahrensbestimmungen in § 71 stehen nach der Föderalismusreform (→ Rn. 1) zur Disposition des Landesgesetzgebers. Dies bedeutet nicht, dass die Verfahrensregelungen in der Kommunalverfassung des Landes (von selbst) wieder aufleben und den Vorrang des § 71 verdrängen, sondern dass die Länder eigens den § 71 verdrängende Regelungen (in Ausführungsgesetzen zum SGB VIII) treffen und in diesen auf ihre kommunalrechtlichen Regelungen verweisen können. Dies ist bisher in keinem Bundesland geschehen.

6 Geltung für den Bereich LJHA (Abs. 5)

49 Nach Abs. 5 gelten für den LJHA im Wesentlichen die gleichen Bestimmungen wie für den JHA. Die freie Jugendhilfe ist mit einem Anteil von 2/5 der stimmberechtigten Mitglieder vertreten, die übrigen 3/5 werden durch Landesrecht bestimmt. Weitere Regelungen über die Zusammensetzung sind im Bundesgesetz wegen der unterschiedlichen Organisationsformen der LJA nicht sinnvoll. Die Berufung der Mitglieder erfolgt durch die oberste Landesjugendbehörde.

50 Mit Abs. 5 S. 3 wird auf Abs. 3 verwiesen. Bezüglich der **Befassungskompetenz** wird daher auch hier auf die für den JHA genannten Angelegenheiten verwiesen (→ Rn. 12–18). Ein mögliches Beschlussrecht des LHJA kann durch Landesrecht geregelt werden.

7 Regelung durch Landesrecht (Abs. 6)

7.1 Bedeutung der Norm

51 Nach Abs. 6 sind nähere Regelungen durch Landesrecht möglich. Mit Satz 2 wird klargestellt, dass Einzelheiten zu § 71 Abs. 1–5 dem Landesrecht zur Regelung überlassen sind. In Satz 3 wird der landesrechtliche Regelungsbedarf im Hinblick auf weitere beratende Mitglieder des JHA betont. Durch Satz 4 wird die Aufmerksamkeit auf die Möglichkeit gelenkt, der Verwaltungsleitung der Gebietskörperschaft oder der Verwaltungsleitung des JA im Rahmen des Kontingentes nach § 71 Abs. 1 Nr. 1 ein Stimmrecht kraft Amtes einzuräumen. Da die Regelungen des Bundesgesetzes zum

70 S. hierzu BVerwG 15.12.1994 – 5 C 30/91, juris Rn. 1; Schäfer/Weitzmann in FK-SGB VIII Rn. 28; zum Rechtsschutz näher Nothacker Jugendhilfe 1995, 243.
71 Ebenso VG Dresden 19.12.2012 – 7 K 2045/10, nv.
72 Ebenso VG Münster 30.10.2009 – 1 K 1335/09.
73 Ebenso Kunkel ZKJ 2016, 9–14.

JHA bzw. LJHA unterschiedlich dicht ausfallen, differiert der Gestaltungsrahmen für die Landesgesetzgebung entsprechend.

7.2 Landesrechtliche Regelungen zum JHA

§ 2 Abs. 1 LKJHG Baden-Württemberg überlässt dem örtlichen öffentlichen Träger die Entscheidung darüber, ob der JHA beschließende oder nur beratende Funktion hat. Im Hinblick auf die besondere Bedeutung der Beteiligungsdimension und unter dem Gesichtspunkt, dass der **JHA** der Möglichkeit nach ein Strukturmodell für die bessere Verzahnung von Kommunalpolitik, Fachmeinung und Bürgerwille darstellt (→ Rn. 1), müssen solche Abweichungen von der bundesrechtlichen Regelung besonders bedauert werden. 52

Der Landesrechtsvorbehalt könnte demgegenüber dazu genutzt werden, dem programmatischen Bekenntnis der Politik zur Beteiligung der Zivilgesellschaft zu entsprechen und dem Ausschuss über das Bundesgesetz hinaus weitere **Kompetenzen** zuzuweisen, die **Zusammensetzung** in spezifischer Weise zu lenken und auf seine **Arbeitsweise** richtungweisend Einfluss zu nehmen.

Im Hinblick auf die Zuständigkeiten erfährt der JHA durch die Ausführungsgesetze der Länder (vgl. → Anh. 3 Synopse der Landesgesetze) keine nennenswerte Erweiterung. Eine besondere Betonung der **Jugendhilfeplanung** als Aufgabe kann darin gesehen werden, dass einzelne Länder die Bildung eines entsprechenden Unterausschusses vorgeben. Erwähnenswert ist die zT ausdrücklich eingeräumte Möglichkeit, junge Menschen zu hören und Beratungsgegenstände mit ihnen zu erörtern (zB § 4 Abs. 3 AGKJHG RhPf). 53

Bezogen auf die Zusammensetzung wollen einige Länder die Vertretung der **Jugendverbände** gesichert sehen und geben deshalb, wie beispielsweise RhPf (§ 5 S. 2 AGKJHG), vor, dass die Hälfte der nach § 71 Abs. 1 Nr. 2 zu wählenden Mitglieder auf Vorschlag der anerkannten Jugendverbände zu wählen ist. 54

Die **geschlechtsparitätische Besetzung** des Ausschusses ist bundesweit ein besonderes Anliegen. Die meisten Gesetze enthalten eine entsprechende Vorgabe für eine paritätische Zusammensetzung, im Einzelfall (§ 48 Abs. 4 JuFöG SH) wird ein besonderes Verfahren für Ausschüsse mit ungerader Stimmenzahl vorgegeben (alternierende Überzahl). 55

Einzelne Ausführungsgesetze definieren die **erfahrenen Personen** als solche, die ehrenamtliche oder berufliche Erfahrungen in der Jugendhilfe oder einem verwandten Tätigkeitsfeld mitbringen[74] und leisten damit einen Beitrag zur fachlichen Qualifizierung des Ausschusses. Wohl ebenfalls im Hinblick auf die Möglichkeit, den Sachverstand der auf örtlicher Ebene in der Jugendhilfe tätigen Personen umfassend berücksichtigen zu können, verzichten andere ausdrücklich darauf, die volle Mitgliedschaft an den Wohnort im Bereich der Gebietskörperschaft zu binden.[75] 56

Die Frage der **Vorsitzregelung** war zB in RhPf ein viel diskutiertes Problem. Im Hinblick auf die Stärkung des partizipatorischen Elements wurde schließlich darauf verzichtet, den Vorsitz weiterhin kraft Amtes dem Leiter der Verwaltung der Gebietskörperschaft zu übertragen. § 5 AGKJHG macht zwar von der Möglichkeit, ihm nach § 71 Abs. 1 Nr. 1 das Stimmrecht zu übertragen, Gebrauch, es bestimmt aber zugleich die Wahl des Vorsitzes bzw. stellvertretenden Vorsitzes aus der Mitte der stimmberechtigten Mitglieder. Damit wird zum einen der Charakter des Ausschusses als verbindendes Element zwischen Politik, Verwaltung und Bürger betont, andererseits da- 57

74 ZB Brandenburg in § 5 Abs. 4 S. 3 AGKJHG-Org.
75 ZB BW in § 2 Abs. 5 S. 2 LKJHG, mit Einschränkungen auch RhPf in § 5 S. 4 AGKJHG.

von Abstand genommen, der politisch gebundenen Verwaltung vorab den Primat einzuräumen. Zu dieser Konsequenz konnten sich nicht alle Länder durchringen. Die Bandbreite der alternativen Lösungen reicht von der Festschreibung der klassischen Vorsitzregelung bei der Verwaltungsleitung über die Bestimmung, dass nur ein Mitglied der VK den Vorsitz übernehmen kann bis dahin, dass zumindest die Stellvertretung der VK angehören muss. Andererseits wird in einzelnen Ländern[76] gänzlich darauf verzichtet, der Verwaltungsspitze ein volles Stimmrecht zu sichern. Diese letzte Variante ist Indiz für ein schwerpunktmäßig zugunsten der Fach- und Bürgerbeteiligung entwickeltes Verständnis von der Aufgabe des JHA.

58 Alle Ausführungsgesetze treffen Aussagen zu den **beratenden Mitgliedern**, definieren sie aber nicht abschließend. Überwiegend sind die Kooperationspartner, die § 81 vorgibt, durch beratende Mitglieder vertreten, außerdem die Kirchen. Berücksichtigt wird darüber hinaus häufig eine besondere Vertretung von Mädchen- und Fraueninteressen sowie der Interessen ausländischer junger Menschen, und zT werden zusätzlich einzelne Praxisfelder der Jugendhilfe als Vertretungsbereiche genannt. Beratend ist die Leitung der Verwaltung des JA vertreten und im einzelnen Fall die Verwaltungsleitung der Gebietskörperschaft oder der für die Jugendhilfe zuständige Beigeordnete bzw. Dezernent. RhPf will die Stadt- oder Kreisjugendringe ausdrücklich vertreten sehen (§ 6 Abs. 2 Nr. 6 AGKJHG).

7.3 Landesrechtliche Regelungen zum LJHA

59 Im Hinblick auf den **LJHA** ließ das Bundesgesetz der Regelungskompetenz der Länder schon vor der Föderalismusreform weitgehend den Vorrang. Es übt zB äußerste Zurückhaltung im Hinblick auf die Bestimmung seiner Kompetenzen. Gemessen an dem Ziel, die Landesjugendhilfeausschüsse zu einem politischen Gestaltungsinstrument für die Belange der Jugendlichen und ihrer Familien auszubauen und ihr spezifisches Profil zwischen der obersten Landesjugendbehörde und lokalen Strukturbildungen der Jugendhilfe zu festigen,[77] liegt hier eine große, bislang nur bedingt bewältigte Herausforderung für die Landesgesetze.

60 Konsequent in Analogie zum örtlichen JHA werden die Kompetenzen des LJHA beispielsweise in RhPf (§ 8 Abs. 1 AGKJHG) entwickelt. Über das **Beschlussrecht** hinaus, das in ähnlicher Weise in etwa der Hälfte der Ausführungsgesetze enthalten ist, wird dort außerdem die **Verpflichtung** etabliert, den LJHA in Angelegenheiten, die die Jugendhilfe wesentlich berühren, **anzuhören**. Damit ist ein wichtiger Schritt in Richtung auf die Konturierung des querschnittspolitischen Mandats iSd § 1 Abs. 3 Nr. 5 getan. Soweit Landesgesetze für die örtliche Ebene einen Unterausschuss zur Jugendhilfeplanung vorschreiben, geschieht das zum Teil entsprechend auch für den LJHA. Hessen setzt im Hinblick auf die Befassungsgegenstände über das Bundesgesetz hinaus zusätzliche Akzente bei der Förderung der Gleichberechtigung von Mädchen und Jungen sowie dem Abbau der Benachteiligung von Mädchen, bei der Förderung ausländischer junger Menschen und der Integration behinderter Kinder und Jugendlicher.

61 Die Kompetenzen des LJHA können jedoch nicht unabhängig von seiner **Zusammensetzung** gesehen werden. Das JuFöG SH ist wie einzelne andere Ausführungsgesetze zwar zurückhaltend im Hinblick auf die Beschlusskompetenzen, es hat andererseits völlig auf stimmberechtigte Mitglieder aus den Reihen des Landtags verzichtet und gestaltet den LJHA insofern zu einem vorrangig durch die Vertretung der Jugendhilfepraxis und der Träger (einschließlich der örtlichen) bestimmten Gremium aus. Ansonsten bewegt sich der Anteil der politischen Mandatsträger bzw. der durch entspre-

76 ZB in Mecklenburg-Vorpommern, wo dem Landrat bzw. Bürgermeister nach § 6 Abs. 1 AGKJHG-Org. ein beratender Status eingeräumt wird.
77 9. Jugendbericht, BT-Drs. 13/70, 566.

chende Vertretungskörperschaften bestimmten Mitglieder zwischen knappen 25 % bis über 50 % (zB in BW).

Brandenburg hat mit dem Landes-Kinder- und Jugendausschuss nach § 10 AGKJHG die Vorgaben des Bundes bzgl. der zweigliedrigen Struktur und der entsprechenden, zwischen Verwaltung und Landesjugendhilfeausschuss geteilten Aufgabenwahrnehmung nach § 85 Abs. 2 sowie der besonderen Funktion[78] des LJHA hinter sich gelassen.

Die Zahl der **stimmberechtigten Mitglieder** im LJHA liegt überwiegend bei 20 bzw. 25. 62

Die Vorgaben, die in den Landesgesetzen für die **Repräsentation von Frauen** im LJHA sowie für die **Vertretung der Jugendverbände** gemacht werden, entsprechen in der Regel denen zum JHA. Vereinzelt ist die Leitung der Verwaltung des LJA stimmberechtigtes Mitglied. 63

Die Zusammensetzung der **beratenden Mitglieder** stellt in der Regel weitgehend eine ebenenspezifische Entsprechung zum JHA dar. Vereinzelt wird eine Vertretung der Obersten Landesjugendbehörde speziell als beratendes Mitglied geführt. Der **Vorsitz im LJHA** wird überwiegend aus der Mitte bestimmt (Ausnahmen bei den kommunalen LJA). 64

Die Ausführungsgesetze lassen in ihrer derzeitigen Gestalt insgesamt nur wenige Rückschlüsse auf die praktische Handlungsfähigkeit und Wirksamkeit der Ausschüsse zu. Ihre Effektivität wird abgesehen von den rechtlichen Grundlagen und abgesehen davon, dass entscheidende Fragen der Arbeitsweise und der Kompetenzklärung den Satzungen überlassen bleiben, vor allem von dem Gewicht abhängen, das die Kommunal- bzw. Landespolitik den Ausschüssen beimisst, sowie nicht zuletzt vom **Selbstverständnis der Ausschussmitglieder.** 65

§ 72 Mitarbeiter, Fortbildung

(1) [1]Die Träger der öffentlichen Jugendhilfe sollen bei den Jugendämtern und Landesjugendämtern hauptberuflich nur Personen beschäftigen, die sich für die jeweilige Aufgabe nach ihrer Persönlichkeit eignen und eine dieser Aufgabe entsprechende Ausbildung erhalten haben (Fachkräfte) oder auf Grund besonderer Erfahrungen in der sozialen Arbeit in der Lage sind, die Aufgabe zu erfüllen. [2]Soweit die jeweilige Aufgabe dies erfordert, sind mit ihrer Wahrnehmung nur Fachkräfte oder Fachkräfte mit entsprechender Zusatzausbildung zu betrauen. [3]Fachkräfte verschiedener Fachrichtungen sollen zusammenwirken, soweit die jeweilige Aufgabe dies erfordert.

(2) Leitende Funktionen des Jugendamts oder des Landesjugendamts sollen in der Regel nur Fachkräften übertragen werden.

(3) Die Träger der öffentlichen Jugendhilfe haben Fortbildung und Praxisberatung der Mitarbeiter des Jugendamts und des Landesjugendamts sicherzustellen.

§ 3 AdVermiG Persönliche und fachliche Eignung der Mitarbeiter

(1) Mit der Adoptionsvermittlung dürfen nur Fachkräfte betraut werden, die dazu auf Grund ihrer Persönlichkeit, ihrer Ausbildung und ihrer beruflichen Erfahrung geeignet sind. Die gleichen Anforderungen gelten für Personen, die den mit der Adoptionsvermittlung betrauten Beschäftigten fachliche Weisungen erteilen können. Beschäftigte, die nicht

78 Die Mitglieder aus den Reihen der freien Träger werden nach § 10 AGJH von diesen benannt, was den Charakter des Ausschusses verschieben dürfte von einem Gremium, das verbandsübergreifende Interessenvertretung für junge Menschen und Familien sein soll, hin zu einem, in dem die Trägerinteressen eine starke Rolle spielen.

unmittelbar mit Vermittlungsaufgaben betraut sind, müssen die Anforderungen erfüllen, die der ihnen übertragenen Verantwortung entsprechen.

(2) Die Adoptionsvermittlungsstellen (§ 2 Absatz 1 und 3) sind mit mindestens zwei Vollzeitfachkräften oder einer entsprechenden Zahl von Teilzeitfachkräften zu besetzen; diese Fachkräfte dürfen nicht überwiegend mit vermittlungsfremden Aufgaben befasst sein. Die zentrale Adoptionsstelle des Landesjugendamtes kann Ausnahmen von Satz 1 zulassen.

1 Bedeutung der Vorschrift

1 Die Vorschrift regelt Voraussetzungen für die fachgerechte Erfüllung der Aufgaben der Kinder- und Jugendhilfe durch die öffentlichen Träger. Sie legt allgemeine **qualifikatorische Standards** für die personelle Ausstattung der **JÄ** und **LJÄ** und für deren Aufgabenwahrnehmung fest. Darüber hinaus schafft sie mit der Verpflichtung, Fortbildung und Praxisberatung sicherzustellen, eine Basis für die Erhaltung der Fachlichkeit der öffentlichen Jugendhilfe.

2 Die Bedeutung der Regelung kann nicht hoch genug eingeschätzt werden. Die den Aufgaben entsprechende **persönliche Eignung** und **fachliche Ausbildung** des Personals sowie eine entsprechende **Fortbildung** und Praxisberatung sind **essentiell für die Erfüllung des Auftrags der öffentlichen Jugendhilfe**. Steigende Anforderungen an die Leistungsfähigkeit der Jugendhilfe gehen mit einer Erhöhung der Anforderungen an ihr Personal einher. Das Potenzial der Fachkräfte ist nach den Perspektiven des Neunten Jugendberichts ein entscheidender Faktor dafür, ob die Jugendhilfe den zukünftigen Anforderungen gewachsen sein wird. Wer verantwortlich in der Jugendhilfe arbeitet, bedarf schon heute einer breiten Palette von fachlichen Grundqualifikationen.[1]

Mit dem **KJSG** werden vielfältige neue, sehr anspruchsvolle Aufgaben festgeschrieben, welche erhebliche fachliche Expertise erfordern. Beispielsweise erfordert die Aufgabenwahrnehmung nach § 10a oder § 36 Abs. 3 S. 2 eine Kenntnis des gesamten Leistungsrechts nach dem SGB VIII und angrenzender Leistungsgebiete.[2] Bestenfalls sind die Aufgaben mit multiprofessionellen Teams wahrzunehmen.

3 Die Norm richtet sich ausschließlich an die **öffentlichen Träger** der Jugendhilfe, also an die örtlichen und überörtlichen Träger. Abs. 1 Satz 2 hat allerdings über die Gesamtverantwortung des öffentlichen Trägers nach § 79 Abs. 1 für die Erfüllung der Jugendhilfeaufgaben mittelbar auch Auswirkungen auf die Aufgabenwahrnehmung durch freie Träger. Der öffentliche Träger muss ggf. durch Vereinbarung oder durch

1 Vgl. Beschluss der JMK „Aufgabenprofile und Qualifikationsanforderungen in den Arbeitsfeldern der Kinder- und Jugendhilfe", Mai 2005 und gleich lautende Expertise des DJI, 2004; BAGLJÄ, Fachkräftegebot des Kinder- und Jugendhilfegesetzes 2004.

2 S. hierzu die Stellungnahmen von Wiesner und Kepert zur Öffentlichen Anhörung zum KJSG am 22.2.2021, https://www.bundestag.de/ausschuesse/a13/Anhoerungen#url=L2F1c3NjaHVlc3NlL2ExMy9BbmhvZXJ1bmdlbi84MjE5NDItODIxOTQy&mod=mod683976.

Auflagen für die Förderung bzw. Finanzierung sicherstellen, dass den Bestimmungen des § 72 sachgerecht entsprochen wird.

2 Fachliche Grundanforderungen an das Personal (Abs. 1)

Nach Abs. 1 Satz 1 sollen die Träger der öffentlichen Jugendhilfe bei den Jugendämtern und Landesjugendämtern hauptberuflich nur Personen beschäftigen, die sich für die jeweilige Aufgabe nach ihrer Persönlichkeit eignen und eine dieser Aufgabe entsprechende Ausbildung erhalten haben (Fachkräfte) oder aufgrund besonderer Erfahrungen in der sozialen Arbeit in der Lage sind, die Aufgabe zu erfüllen. 4

Entscheidend ist die Qualifikation für die Arbeit beim Jugendamt als sozialpädagogische Fachbehörde. Relevanter **Bezugspunkt** für den Regelungsgehalt ist der Begriff der Aufgabe. Dabei ist zu beachten, dass das SGB VIII ihn nicht konsequent gebraucht. Erschwerend für die Interpretation des Abs. 1 kommt hinzu, dass er der Diktion nach wie eine Generalklausel für den gesamten Tätigkeitsbereich des JA verstanden werden könnte. Wenn hier allerdings jedwede Tätigkeit im JA oder LJA angesprochen wäre, ergäbe die besondere Betonung der persönlichen Eignung und insbesondere der Erfahrungen in der sozialen Arbeit keinen Sinn. Außerdem müsste dann auch gefragt werden, warum die beispielhafte Aufzählung von Fachkräften in der RegBegr.[3] ausschließlich soziale Fachkräfte enthält. Der Gesamtzusammenhang der Regelung legt den Schluss nahe, dass es im § 72 vor allem um die **Qualifikation in Bezug zu den Aufgaben nach § 2** geht, die im Wesentlichen personen- und beziehungsorientiert sind. „Fachkräfte" iSd Abs. 1 sind demnach zunächst für diese Aufgaben ausgebildete **„soziale" Fachkräfte.**[4]

Allerdings ist auch zu berücksichtigen, dass viele Entscheidungen des Jugendamts vertiefte rechtliche Kenntnisse erfordern. Dies gilt beispielsweise für die verwaltungsrechtliche Entscheidung nach § 8a SGB VIII und die Auswahl der im Einzelfall richtigen Handlungsalternative, welche von der rechtlichen Auslegung unbestimmter Rechtsbegriffe geprägt wird (Hilfe anbieten gem. § 8a Abs. 1 Satz 3 SGB VIII, Familiengericht anrufen gem. § 8a Abs. 2 Satz 1 Hs. 1 SGB VIII oder Inobhutnahme, § 8a Abs. 2 Satz 2 SGB VIII). Bei der Inobhutnahme handelt es sich um einen in rechtlicher Hinsicht komplexen Verwaltungsakt, welcher ebenfalls tiefgehende Rechtskenntnisse erfordert. Ähnliches gilt für die Bewilligung der Leistungen nach §§ 11 ff. SGB VIII durch Verwaltungsakt. Wie § 72 Abs. 1 Satz 1 SGB VIII verdeutlich, hat die Beantwortung der Frage, wer Fachkraft ist, hinsichtlich der jeweiligen Aufgabe zu erfolgen. In Abhängigkeit von der jeweiligen Aufgabe sind daher auch Personen mit einer rechtlichen Ausbildung Fachkräfte.[5]

Eine Engführung der Fachkraft auf die „soziale Fachkraft" ist daher falsch. Die Wahrnehmung der unterschiedlichsten Aufgaben nach dem SGB VIII erfordert unterschiedlichste Fachlichkeit. Oftmals ist der Einsatz multiprofessioneller Teams (insbesondere im Bereich des Kinderschutzes) dringend zu empfehlen.

Eine abschließende Aufzählung der in Betracht kommenden Berufs- und Ausbildungsfelder sieht das Gesetz nicht vor. Die Frage, ob auch berufsfremde Personen mit besonderen sozialpädagogischen Fachkenntnissen beschäftigt werden dürfen, richtet sich nach der Ausnahmevorschrift im zweiten Teil des ersten Satzes. Das Gesetz fordert dabei eine entsprechende Fachqualifikation nicht nur für die Arbeit im Jugendamt an

3 BT-Drs. 11/5948, 97.
4 Diese Sichtweise wird implizit gestützt durch einschlägige Kommentierungen, die den Schwerpunkt der Regelung ebenfalls in der Bestimmung der „sozialen" Fachlichkeit sehen; vgl. Patjens/Fieseler in GK-SGB VIII Rn. 4 a; Wiesner in Wiesner Rn. 8.
5 S. hierzu auch OVG NRW 18.12.2015 – 6B1180/15, juris Rn. 5.

sich. Auch für die dort zugewiesene oder übernommene spezielle Aufgabe muss die entsprechende Fachqualifikation vorhanden sein.

5 Nach Abs. 1 Satz 1 müssen die beim Träger der öffentlichen Jugendhilfe beschäftigten Personen auch persönlich geeignet sein. Die Grundbedingung der **persönlichen Eignung** ist eine sogenannte extrafunktionale Qualifikation. Für die Erfüllung der sozialen bzw. sozialpädagogischen Aufgaben des öffentlichen Trägers ist die persönliche Eignung der Kräfte besonders wichtig. Es ist kaum möglich, ein verbindliches Verständnis von persönlicher Eignung festzulegen, häufig werden aber folgende Eigenschaften mit der persönlichen Eignung assoziiert: Empathie, Mitmenschlichkeit, Verantwortungsbereitschaft, Kommunikations-, Kooperations- und Konfliktfähigkeit, interkulturelle Kompetenz, Genderkompetenz, Fähigkeit zu Selbstreflexion und Selbstmanagement, analytische Fähigkeiten sowie praktische Handlungskompetenz und Bereitschaft zu persönlicher Weiterbildung und Fortbildung sowie Supervision ua.[6]

6 Über die Kriterien von § 72a hinaus muss im gegebenen Einzelfall nachvollziehbar dargelegt werden, aufgrund welcher Tatsachen oder Einschätzungen jemandem die persönliche Eignung abgesprochen werden soll.[7] Neben der persönlichen Eignung wird die fachliche Eignung vorausgesetzt. Das beinhaltet eine Ausbildung, die den jeweiligen Aufgaben, gemeint sind hier die sozialen Aufgaben im engeren Sinne, entspricht.

7 Die Aufgaben nach § 2 sind überwiegend als **sozialpädagogische und sozialarbeiterische Aufgaben** definiert. Diesen Aufgaben wird vor allem durch Ausbildungen entsprochen, die auf Fachschul- oder Hochschulebene (Fachakademie, Fachhochschule, Pädagogische Hochschule und Universität) grundständig für eine sozialpädagogische bzw. sozialarbeiterische Tätigkeit qualifizieren bzw. ausweislich der Module für den Bachelor- oder Masterstudiengang entsprechend ausgerichtet sind. Als **Fachkräfte** gelten die Absolventinnen und Absolventen dieser Ausbildungsgänge, zB Erzieherinnen, Sozialpädagoginnen und Sozialarbeiterinnen sowie Pädagoginnen der Studienrichtung „Sozialpädagogik/Sozialarbeit".[8] Die sozialpädagogische bzw. sozialarbeiterische Fachlichkeit ist bei modular aufgebauten Ausbildungs- oder Studiengängen jeweils im Einzelnen zu bewerten, da die Modulsysteme inhaltlich sehr frei ausgestaltet werden können und nicht mehr auf einem verbindlichen fachlichen Grundkonsens zu den Mindestanforderungen basiert.[9] Das gilt auch für die vergleichbaren Abschlüsse der nachfolgend angesprochenen „verwandten" Disziplinen. Auch die allgemeine Definition des Qualifikationsniveaus von Bachelor- bzw. Masterabschlüssen ist nur bedingt mit den früheren Abschlüssen vergleichbar. Deshalb ist es notwendig, dezidiert herauszuarbeiten, welche Aufgaben aufgrund ihres besonderen Anforderungsgehalts und der geforderten eigenständigen Gestaltungsverantwortung zwingend die Qualität und den zeitlichen Umfang eines Masterstudiengangs voraussetzen.

8 Im Kontext einer Reihe von Aufgaben der öffentlichen Jugendhilfe sind die Grenzen von sozialpädagogischen zu **psychologischen Anforderungsprofilen** fließend. Für entsprechende Aufgaben gelten beispielsweise auch Psychagogen, Pädiater, Psychologen, Kinder- und Jugendlichen-Psychotherapeuten, Jugendpsychiater bzw. grundsätzlich auch die entsprechenden BA oder MA (→ Rn. 11) als Fachkräfte iSd Abs. 1. Soweit darüber hinaus im Einzelfall **andere Qualifikationen** zur unmittelbaren Erfüllung einer

---

6 Vgl. Bayerischer Jugendring 2014: Fachkräfte in der Kinder- und Jugendarbeit. S. 15.
7 So im Ergebnis auch Wiesner in Wiesner Rn. 6.
8 Heil- oder sonderpädagogische sowie sonstige Differenzierungen auf den unterschiedlichen Qualifikationsebenen sind eingeschlossen, auch wenn sie hier nicht im Einzelnen aufgezählt werden.
9 Obwohl die jeweiligen Studiengänge einer Akkreditierung durch unabhängige Stellen bedürfen.

Jugendhilfeaufgabe erforderlich sind, genügen die einschlägigen Ausbildungen ebenfalls den Kriterien des Abs. 1 (zB die Lehrerausbildung für Aspekte der Hortarbeit).

Auch kann es zur Aufgabenerfüllung angezeigt sein mit multiprofessionellen Teams verschiedener Professionen zu arbeiten. So kann es beispielsweise für den Gruppendienst bei einer Leistungserbringung nach § 34 oder in Inobhutnahmestellen angezeigt sein, multiprofessionelle Teams aus Erziehern, Pädagogen, Sozialpädagogen, Heilpädagogen, Erziehungswissenschaftlern, Sozialarbeitern und Psychologen zusammenzustellen.

Das Aufgabenspektrum des **LJA** unterscheidet sich von dem des JA. Es gründet vor allem auf § 85 Abs. 2 und ist abgesehen von einigen wenigen originären Aufgaben nach § 2 Abs. 3 wesentlich zu charakterisieren als Beratung, Fortbildung und Unterstützung der örtlichen Jugendhilfe. Die Aufgaben beziehen sich im Kern auf die örtliche Jugendhilfepraxis. Sie weisen aber zugleich über die originäre sozialpädagogische und sozialarbeiterische Handlungsdimension hinaus auf zusätzliche Anforderungen, die aus dem Anspruch der Praxisberatung und der umfassenden fachlichen Unterstützung der örtlichen Fachkräfte erwachsen. Diese Besonderheit im Vergleich zum JA führt zwar zu erhöhten Anforderungen an das Qualifikationsniveau der Fachkräfte im LJA, sie stellt aber nicht in Frage, dass die für das JA getroffene Interpretation des Fachkräftegebots auch für das LJA gilt. 9

3 Besondere Erfahrungen in der sozialen Arbeit als Äquivalent einer Fachausbildung

Als **Äquivalent** einer entsprechenden Ausbildung gilt die schlichte **Befähigung**, die Aufgabe zu erfüllen. Sie muss auf nicht näher bestimmten, besonderen Erfahrungen in der sozialen Arbeit gründen. Diese besonderen Erfahrungen werden hier als Entsprechung für eine fachliche Ausbildung eingeführt und stellen das entscheidende Kriterium für die Beurteilung der Kompetenzen einer Person dar. Die herausgehobene Qualität der Erfahrungen müsste beispielsweise über den zeitlichen Rahmen hinaus durch die besondere Intensität und Anforderungsqualität vorausgegangener Tätigkeiten in der sozialen Arbeit dokumentiert sein. Dazu müsste der Nachweis erbracht werden, dass die betreffende Person das für die Erfüllung der Aufgabe notwendige Wissen und die erforderlichen Kompetenzen in ausreichendem Maße mitbringt. 10

4 Eingeschränkte Geltung des Fachkräfteäquivalents

Die Relativierung des Fachkräftegebots durch das Äquivalent der besonderen Erfahrung wird in Satz 2 tendenziell wieder eingeschränkt. So können in den JÄ und LJÄ Aufgabenbereiche definiert werden, in denen nur Fachkräfte oder Fachkräfte mit entsprechender Zusatzausbildung eingesetzt werden. Dabei sind die fachlichen Anforderung in den jeweiligen Aufgabenbereiche der Maßstab. 11

Der Begriff der **Zusatzausbildung** ist nicht eindeutig definiert. Es kann sich dabei beispielsweise um bereichs- und problemspezifische oder um methodische Vertiefungen und Ergänzungen der Grundausbildung handeln. 12

5 Methodenplurale Zusammenarbeit als Kriterium für die Fachlichkeit

Fachkräfte verschiedener Professionen sowie theoretischer und methodischer Orientierung sollen zusammenwirken, soweit dies etwa im Hinblick auf eine problemgerechte und adressatenangemessene Aufgabenerfüllung notwendig ist. Erforderlich kann beispielsweise eine **multiprofessionelle Zusammenarbeit** sein, um sicherzustellen, dass theoretische Zugänge und Methoden durch ihre Dominanz nicht den Blick für die Betroffenen und für die Besonderheit des Einzelfalls verstellen, sondern als Instrumente zum besseren Verständnis von deren Situation genutzt werden (→ Rn. 8). Die RegBe- 13 gr.[10] weist sinngemäß darauf hin, dass durch die Zusammenarbeit von Fachkräften verschiedener Fachrichtungen der Stagnation im Bereich von Methoden und Arbeitsansätzen entgegengewirkt werden kann.

6 Fachkräftegebot für leitende Funktionen (Abs. 2)

14 Nach Abs. 2 sollen leitende Funktionen des JA oder des LJA in der Regel nur Fachkräften übertragen werden. Die Übertragung leitender Funktionen an mehrere Personen ist möglich.

Leitende Funktionen sind neben der Amtsleitung alle Funktionen, die mit der Fachaufsicht über mehrere Fachkräfte[11] verbunden sind, die insofern besondere Verantwortung für die fachgerechte Aufgabenerfüllung übernehmen. Abs. 2 ist als Sollbestimmung gefasst. Die Ergänzung „in der Regel" unterstreicht hier die Möglichkeit, Ausnahmen zuzulassen.

Auch hierbei kommt es auf die jeweilige Aufgabenstellung an. Die wirtschaftliche Jugendhilfe sollte zB von einer Fachkraft mit wirtschaftlichen und rechtlichen Kenntnissen, die Rechtsstelle von einer juristischen Fachkraft und der ASD von einer sozialen Fachkraft geleitet werden.

7 Fortbildung und Praxisberatung als Verpflichtung (Abs. 3)

15 Nach Abs. 3 haben die Träger der öffentlichen Jugendhilfe Fortbildung und Praxisberatung der Mitarbeiter des Jugendamts und des Landesjugendamts sicherzustellen.

Adressaten der Norm sind sowohl die örtlichen wie die überörtlichen Träger. Die Vorschrift ist als unbedingte Verpflichtung formuliert. Die Bindungswirkung wird allerdings dadurch eingeschränkt, dass unbestimmt bleibt, in welchem Umfang Fortbildung und Praxisberatung sichergestellt werden müssen.

16 Unter **Fortbildung** sind hier alle auf das Handlungsfeld der Jugendhilfe bezogenen Bildungsangebote zu verstehen, die nicht in den Zusammenhang einer grundständigen Ausbildung oder einer staatlich anerkannten Zusatzausbildung einzuordnen sind.

17 **Praxisberatung** und **Supervision** als eine besondere Form der Praxisberatung sind auf einen konkreten Handlungszusammenhang bezogen, dessen Reflexion und konstruktive Veränderung sie unmittelbar anregen. Fortbildung und Praxisberatung dienen der Erweiterung des Problemverständnisses, der Aktualisierung des Wissens und der umfassenden Verbesserung der persönlichen und fachlichen Kompetenzen sowie darüber hinaus der Weiterentwicklung von Handlungs- bzw. Angebotsformen und Organisationsstrukturen der Jugendhilfe. Im Hinblick auf die Implementierung von Beschwerdesystemen bei öffentlichen sowie bei Trägern der freien Jugendhilfe sind spezifische Angebote zur Reflexion der eigenen Haltung und zur Entwicklung einer beteiligungs- und beschwerdefreundlichen Organisationskultur besonders bedeutsam.

18 In die Verpflichtung zu Fortbildung und Praxisberatung sind **alle Mitarbeiter** eingeschlossen, über die hauptamtlich beschäftigten Kräfte hinaus zB auch Honorarkräfte. Für nebenberuflich tätige Kräfte ist eine entsprechende Fortbildung und Praxisberatung insofern von besonderer Bedeutung, da sie nur bedingt in den beruflichen Alltag des JA bzw. LJA eingebunden sind. Fortbildung bzw. Praxisberatung ist von daher auch zur Sicherstellung einheitlicher Standards wichtig. Für die Fortbildung Ehrenamtlicher ist demgegenüber § 73 als Grundlage anzusehen (→ § 73 Rn. 16).

19 Die Sicherstellung von Fortbildung und Praxisberatung erfolgt dadurch, dass regelmäßig der **Zugang** zu entsprechenden Angeboten ermöglicht wird. Das beinhaltet die

10 BT-Drs. 11/5948, 97.
11 BT-Drs. 11/5948, 97.

Freistellung für die Teilnahme sowie darüber hinaus die **Übernahme der Reisekosten und der Teilnehmerbeiträge.**

Für die **Planung, Konzeption und Durchführung** der Angebote ist nach § 85 Abs. 2 Nr. 8 **primär der überörtliche Träger** zuständig. Der örtliche Träger kann die Aufgabe einschließlich der damit verbundenen Finanzierung allerdings nach § 85 Abs. 3 für seinen Bereich auch selbst übernehmen. Dies wäre dann eine weitergehende Form der Sicherstellung des Fortbildungsangebots. Über die Supervision hinaus könnte sie für Fortbildungsangebote sinnvoll sein, die sich auf das gesamte Personal oder auf bestimmte Organisationseinheiten des JA beziehen (sog. Inhouse-Fortbildung). 20

Die Regelung zur Fortbildung und Praxisberatung hätte vom Gesetzgeber sinnvollerweise präzisiert werden müssen im Hinblick darauf, dass Fortbildung und Praxisberatung **regelmäßig** und in einer bestimmten Quantität (zB fünf Tage pro Jahr) sicherzustellen sind. Der Fortbildung des Personals kommt eine elementare Bedeutung für die Erhaltung der Fachlichkeit und damit für die Qualitätssicherung der Jugendhilfe zu. Die zeitgemäße alltagsorientierte Konzeption der Jugendhilfe stellt in ihrer Verbindung von personenbezogener Hilfe mit Maßnahmen, die auf das soziale Umfeld und auf die Schaffung einer bedarfsgerechten Infrastruktur von Angeboten ausgerichtet sind, besonders hohe Anforderungen an die konzeptionellen, analytischen und kommunikativen Kompetenzen der Fachkräfte, ob sie nun unmittelbar in der Praxis tätig oder mit Planungs- und Leitungsaufgaben betraut sind. 21

Eine wichtige Funktion regelmäßiger Praxisberatung und Fortbildung ist schließlich die persönliche Entlastung der Fachkräfte. Sie trägt zur Vermeidung des Burn-Out Syndroms bei und sichert auf diesem Weg einmal mehr die Qualität der Jugendhilfe. Dem 9. Jugendbericht zufolge wird die bedarfsgerechte Angebotsentwicklung im Einklang mit der Fortentwicklung der fachlichen Kompetenz und der Entwicklung der Organisation über die zukünftige Leistungsfähigkeit der Jugendhilfe entscheiden. **Fortbildung ist Motor für die Weiterentwicklung der Jugendhilfe** in den drei genannten Dimensionen.

8 Fachkräftegebot und Träger der freien Jugendhilfe

§ 72 ist nur für Träger der öffentlichen Jugendhilfe direkt anwendbar. Für Träger der freien Jugendhilfe kann § 72 SGB VIII nur in analoger Anwendung und in entsprechender Weise herangezogen werden. 22

Ferner ist zu berücksichtigen, dass auch § 45 SGB VIII kein generelles Fachkräftegebot statuiert. Der Gesetzgeber hat im Rahmen der Regelungen in § 45 SGB VIII bewusst darauf verzichtet, bestimmte fachliche Ausbildungen als Voraussetzung für die Betreuung Minderjähriger als Regelfall vorzuschreiben. Die in der Einrichtung einzusetzenden Mitarbeitenden müssen (lediglich) den Anforderungen der jeweiligen Einrichtung gewachsen sein.[12]

9 Landesrechtliche Ausgestaltung

Bezogen auf das Fachkräftegebot bestehen landesrechtliche Regelungen, beispielsweise § 21 LKJHG **BW**,[13] welche den Einsatz von „pädagogischen und therapeutischen Fachkräften, die über eine einschlägige staatlich anerkannte oder eine gleichwertige Fachausbildung verfügen" in erlaubnispflichtigen Einrichtungen nach § 45 vorgeben. Nach hiesiger Auffassung bestehen ganz erhebliche Zweifel daran, ob solche Regelungen verfassungskonform sind. Da der Bundesgesetzgeber bewusst auf die Normierung 23

12 S. hierzu BayVGH 2.2.2017 – 12 CE 17.71, juris Rn. 32 f.; VG München 14.10.2013 – M 18 K 11.3090, juris Rn. 46.

13 Ähnlich § 23 KJHAG Thüringen.

eines Fachkräftegebots in § 45 verzichtet hat,[14] sind entsprechende Regelungen nach hiesiger Auffassung nicht von der konkurrierenden Gesetzgebungskompetenz des Landesgesetzgebers gedeckt. Vergleichbares gilt für entsprechende Regelungen (zB § 7 KiTaG BW).

§ 72a Tätigkeitsausschluss einschlägig vorbestrafter Personen

(1) [1]Die Träger der öffentlichen Jugendhilfe dürfen für die Wahrnehmung der Aufgaben in der Kinder- und Jugendhilfe keine Person beschäftigen oder vermitteln, die rechtskräftig wegen einer Straftat nach den §§ 171, 174 bis 174c, 176 bis 180a, 181a, 182 bis 184g, 184i, 184j, 184k, 184l, 201a Absatz 3, den §§ 225, 232 bis 233a, 234, 235 oder 236 des Strafgesetzbuchs verurteilt worden ist. [2]Zu diesem Zweck sollen sie sich bei der Einstellung oder Vermittlung und in regelmäßigen Abständen von den betroffenen Personen ein Führungszeugnis nach § 30 Absatz 5 und § 30a Absatz 1 des Bundeszentralregistergesetzes vorlegen lassen.

(2) Die Träger der öffentlichen Jugendhilfe sollen durch Vereinbarungen mit den Trägern der freien Jugendhilfe [ab 1.1.2023: *sowie mit Vereinen im Sinne des § 54*] sicherstellen, dass diese keine Person, die wegen einer Straftat nach Absatz 1 Satz 1 rechtskräftig verurteilt worden ist, [ab 1.1.2023: *hauptamtlich*] beschäftigen.

(3) [1]Die Träger der öffentlichen Jugendhilfe sollen sicherstellen, dass unter ihrer Verantwortung keine neben- oder ehrenamtlich tätige Person, die wegen einer Straftat nach Absatz 1 Satz 1 rechtskräftig verurteilt worden ist, in Wahrnehmung von Aufgaben der Kinder- und Jugendhilfe Kinder oder Jugendliche beaufsichtigt, betreut, erzieht oder ausbildet oder einen vergleichbaren Kontakt hat. [2]Hierzu sollen die Träger der öffentlichen Jugendhilfe über die Tätigkeiten entscheiden, die von den in Satz 1 genannten Personen auf Grund von Art, Intensität und Dauer des Kontakts dieser Personen mit Kindern und Jugendlichen nur nach Einsichtnahme in das Führungszeugnis nach Absatz 1 Satz 2 wahrgenommen werden dürfen.

(4) [1]Die Träger der öffentlichen Jugendhilfe sollen durch Vereinbarungen mit den Trägern der freien Jugendhilfe sowie mit Vereinen im Sinne des § 54 sicherstellen, dass unter deren Verantwortung keine neben- oder ehrenamtlich tätige Person, die wegen einer Straftat nach Absatz 1 Satz 1 rechtskräftig verurteilt worden ist, in Wahrnehmung von Aufgaben der Kinder- und Jugendhilfe Kinder oder Jugendliche beaufsichtigt, betreut, erzieht oder ausbildet oder einen vergleichbaren Kontakt hat. [2]Hierzu sollen die Träger der öffentlichen Jugendhilfe mit den Trägern der freien Jugendhilfe Vereinbarungen über die Tätigkeiten schließen, die von den in Satz 1 genannten Personen auf Grund von Art, Intensität und Dauer des Kontakts dieser Personen mit Kindern und Jugendlichen nur nach Einsichtnahme in das Führungszeugnis nach Absatz 1 Satz 2 wahrgenommen werden dürfen.

(5) [1]Die Träger der öffentlichen und freien Jugendhilfe dürfen von den nach den Absätzen 3 und 4 eingesehenen Daten nur folgende Daten erheben und speichern:

1. **den Umstand der Einsichtnahme,**
2. **das Datum des Führungszeugnisses und**
3. **die Information, ob die das Führungszeugnis betreffende Person wegen einer in Absatz 1 Satz 1 genannten Straftat rechtskräftig verurteilt worden ist.**

[2]Die Träger der öffentlichen und freien Jugendhilfe dürfen die gespeicherten Daten nur verarbeiten, soweit dies erforderlich ist, um die Eignung einer Person für die Tätigkeit, die Anlass zu der Einsichtnahme in das Führungszeugnis gewesen ist, zu prüfen. [3]Die Daten sind vor dem Zugriff Unbefugter zu schützen. [4]Sie sind unverzüglich

14 S. hierzu BayVGH 2.2.2017 – 12 CE 17.71, juris Rn. 32.

zu löschen, wenn im Anschluss an die Einsichtnahme keine Tätigkeit nach Absatz 3 Satz 2 oder Absatz 4 Satz 2 wahrgenommen wird. [5]Andernfalls sind die Daten spätestens sechs Monate nach Beendigung einer solchen Tätigkeit zu löschen.

§ 30 BZRG Antrag

...

(5) [1]Wird das Führungszeugnis zur Vorlage bei einer Behörde beantragt, so ist es der Behörde unmittelbar zu übersenden. [2]Die Behörde hat der antragstellenden Person auf Verlangen Einsicht in das Führungszeugnis zu gewähren. [3]Die antragstellende Person kann verlangen, daß das Führungszeugnis, wenn es Eintragungen enthält, zunächst an ein von ihr benanntes Amtsgericht zur Einsichtnahme durch sie übersandt wird. [4]Die Meldebehörde hat die antragstellende Person in den Fällen, in denen der Antrag bei ihr gestellt wird, auf diese Möglichkeit hinzuweisen. [5]Das Amtsgericht darf die Einsicht nur der antragstellenden Person persönlich gewähren. [6]Nach Einsichtnahme ist das Führungszeugnis an die Behörde weiterzuleiten oder, falls die antragstellende Person dem widerspricht, vom Amtsgericht zu vernichten.

...

§ 30a BZRG Antrag auf ein erweitertes Führungszeugnis

(1) Einer Person wird auf Antrag ein erweitertes Führungszeugnis erteilt,

1. wenn die Erteilung in gesetzlichen Bestimmungen unter Bezugnahme auf diese Vorschrift vorgesehen ist oder
2. wenn dieses Führungszeugnis benötigt wird für
   a) eine berufliche oder ehrenamtliche Beaufsichtigung, Betreuung, Erziehung oder Ausbildung Minderjähriger oder
   b) eine Tätigkeit, die in einer Buchstabe a vergleichbaren Weise geeignet ist, Kontakt zu Minderjährigen aufzunehmen.

(2) [1]Wer einen Antrag auf Erteilung eines erweiterten Führungszeugnisses stellt, hat eine schriftliche Aufforderung vorzulegen, in der die Person, die das erweiterte Führungszeugnis von der antragstellenden Person verlangt, bestätigt, dass die Voraussetzungen nach Absatz 1 vorliegen. [2]Im Übrigen gilt § 30 entsprechend.

1 Bedeutung der Norm

Der durch das KICK eingeführte § 72a wurde durch das BKiSchG erweitert und neu strukturiert. Personen mit einer rechtskräftigen Verurteilung wegen einer der in Abs. 1 genannten Straftaten[1] sind danach von einer hauptamtlichen Tätigkeit in der Kinder- und Jugendhilfe auszuschließen. Auch neben- oder ehrenamtlich dürfen sie dort keine Tätigkeiten wahrnehmen, die Kontakte mit Minderjährigen ermöglichen. Die Verfahrensregelungen in § 72a sollen das sicherstellen. 1

1 Durch Änderungsgesetz vom 21.1.2015 um § 184 e StGB (neu) „Veranstaltung und Besuch von kinder-und jugendpornographischen Darbietungen" ergänzt.

Der Verweis auf § 30a Abs. 1 BZRG wird durchgängig ergänzt, damit wird nun auf das **erweiterte polizeiliche Führungszeugnis** abgestellt. Die Regelungen in Abs. 1 werden auf den Bereich beim öffentlichen Träger beschäftigter oder von ihm vermittelter Personen konzentriert, entsprechende Sicherstellungsvereinbarungen mit den freien Trägern werden als Abs. 2 gefasst. In einem neuen Abs. 3 werden Regelungen bezüglich neben- und ehrenamtlich für den öffentlichen Träger tätiger Personen getroffen, in Abs. 4 die Vereinbarungen zu vergleichbaren Kräften bei freien Trägern geregelt. Abs. 5 enthält spezifische Regelungen für den Umgang mit den Daten ehren- und nebenamtlicher Kräfte.

Die Überarbeitung und substantielle Erweiterung geht auf die Runden Tische „Heimerziehung in den 50er und 60er Jahren" sowie „Sexueller Kindesmissbrauch" zurück. Sie forderten umfassende Schutzkonzepte in der Kinder- und Jugendhilfe, aber eben auch eine konsequente Nutzung der formalen Möglichkeiten zum **Tätigkeitsausschluss** von Personen, die einschlägig strafrechtlich vorbelastet sind.[2]

Neben- und ehrenamtlich Tätige sind nun ausdrücklich in die Regelung einbezogen. Auf der Ebene des Jugendamts muss darüber entschieden werden, für welche ehren- bzw. nebenamtlichen Tätigkeiten das erweiterte Führungszeugnis vorzulegen ist. Sicherstellungsvereinbarungen sind nun mit Trägern der freien Jugendhilfe allgemein (sowie mit Vereinen nach § 54) zu treffen und nicht mehr wie zuvor nur mit den Trägern von Einrichtungen und Diensten. Das ist sachgerecht, aber es verschärft die Problematik der ungeklärten sachlichen und örtlichen Zuständigkeit.

Die strafrechtliche Unbescholtenheit einer Person iSd § 72a ist nicht gleichbedeutend mit deren persönlicher Eignung für eine Tätigkeit im Rahmen der Kinder- und Jugendhilfe. Sie ist notwendige, aber nicht hinreichende Voraussetzung für die persönliche Eignung.[3] Möglicherweise auch deshalb wurde der explizite Bezug auf den Begriff der persönlichen Eignung in § 72 bereits mit der Änderung durch das Kinderförderungsgesetz aufgegeben.

Mit Art. 1 des KJSG sind kleinerer Änderungen mit Wirkung vom 10.6.2021 in Abs. 1 und 5 erfolgt.[4] Die viel wichtigere Rechtsfrage, nämlich ob § 72a auch dann noch greift, wenn die jeweilige Straftat im Bundeszentralregister gelöscht wurde, wurde nicht aufgegriffen. So ist weiterhin unklar, ob der Ausschluss nach § 72a noch eingreift, wenn die entsprechende Straftat noch im Bundeszentralregister gespeichert ist.[5]

Zudem wurde Abs. 1 Satz 1 durch Art. 8 des Gesetzes zur Bekämpfung sexualisierter Gewalt gegen Kinder mit Wirkung vom 1.7.2021 geändert. § 184l wurde neu eingefügt.[6]

Schließlich wird Abs. 2 mit Wirkung vom 1.1.2023 durch Art. 12 des Gesetzes zur Reform des Vormundschafts- und Betreuungsrechts geringfügig geändert werden. Nach den Wörtern „freien Jugendhilfe" werden die Wörter „sowie mit Vereinen im Sinne des § 54" und vor dem Wort „beschäftigen" das Wort „hauptamtlich" eingefügt.[7]

2 Zum Hintergrund der gesetzlichen Neufassung durch das BKiSchG s. Meysen/Eschelbach; zur Neuregelung Kunkel ZKJ 2012, 288; Kößler in jurisPK weist auf § 25 Jugendarbeitsschutzgesetz als einer ähnlichen, ebenfalls auf den Ausschluss strafrechtlich belasteter Personen von der Beaufsichtigung, Anweisung oder Ausbildung Jugendlicher abstellenden Norm hin.

3 S. hierzu auch VGH BW 23.4.2019 – 12 S 675/19, juris Rn. 20.

4 BGBl. 2021 Teil I Nr. 29, 1444.

5 S. hierzu Kepert, Stellungnahme in der öffentlichen Anhörung zum KJSG im Familienausschuss des Bundestags am 22.2.2021, https://www.bundestag.de/resource/blob/822458/255534d25053254a2a92757f86b4de7f/19-13-116l-data.pdf.

6 BGBl. 2021 Teil I Nr. 33, 1810.

7 BGBl 2021 Teil I Nr. 3 21, 882.

2 Rechtsnatur der Vorschrift, Adressaten und Geltungsbereich

Das Verbot zur Beschäftigung oder Vermittlung in § 72a Satz 1 gilt unbedingt, ebenso die Datenschutzregelungen in Abs. 5, im Übrigen sind die Sicherstellungsgebote und Verfahrensregelungen als Sollvorschriften (→ § 2 Rn. 7) formuliert. Das ist zum einen als Hinweis zu verstehen, dass es begründete Ausnahmen bzgl. der Vorlage erweiterter Führungszeugnisse geben kann, zum anderen erklärt es sich vor dem Hintergrund, dass die Träger der freien Jugendhilfe letztlich nicht verpflichtet sind, entsprechende Vereinbarungen abzuschließen. Allerdings müssen sie im Falle der Verweigerung damit rechnen, dass sie mit Berufung auf § 74 Abs. 1 Nr. 1 wegen Nichtbeachtung eines zentralen Qualitätsmaßstabs nach § 79a S. 2 keine Förderung mehr erhalten. 2

Nicht abschließend geklärt ist die Rechtsfrage, ob der grds. unbedingte Tätigkeitsausschluss auch dann noch gilt, wenn die entsprechende Straftat aufgrund Zeitablaufs im Bundeszentralregister gelöscht ist. Diesbezüglich ist anzumerken, dass der Gesetzgeber mit § 72a wohl ein umfassendes, an keine weiteren Voraussetzungen geknüpftes Tätigkeitsverbot für wegen sexuellen Missbrauchs von Kindern vorbestrafte Personen im Bereich der Kinder- und Jugendhilfe normieren wollte.[8] Nach dem Gesetzeswortlaut des § 72a Abs. 1 S. 1 ist es für den Tätigkeitsausschluss keine Voraussetzung, dass die entsprechende Straftat noch im Bundeszentralregister aufgeführt ist. Es wird einzig an die strafrechtliche Verurteilung geknüpft. Aus den Gesetzesmaterialien lässt sich der Wille des Gesetzgebers erkennen, dass Sexualstraftäter lebenslänglich in der Jugendhilfe nicht mehr tätig werden sollen. Der mit § 72a vorgegebene Beschäftigungsausschluss soll nach dem Willen des Gesetzgebers für Sexualstraftäter weder zeitlich noch bezüglich der Strafhöhe limitiert sein.[9] Nach hiesiger Auffassung wäre es mit den Zielbestimmungen der Kinder- und Jugendhilfe nach § 1 kaum vereinbar, wenn Menschen, die schwere Sexualstraftaten zulasten von Kindern begangen haben, erneut Kinder betreuen. Daher wird hier davon ausgegangen, dass es sich bei § 72a um eine spezialgesetzliche Bestimmung handelt, welche der lex generalis des § 51 BZRG vorgeht.

Sofern man allerdings auch im Bereich der Kinder- und Jugendhilfe von einem Vorrang des § 51 BZRG ausgeht,[10] ist der Anwendungsbereich des § 52 Abs. 1 Nr. 4 BZRG, beispielsweise für Entscheidungen nach 43, in den Blick zu nehmen. Diesbezüglich ist festzustellen, dass der Gesetzgeber mit der aus § 72a folgenden Pflicht zur „regelmäßigen Überprüfung" verhindern wollte, dass Personen mit pädophilen Neigungen in der Jugendhilfe tätig werden.[11]

§ 52 Abs. 1 Nr. 4 BZRG greift insbesondere dann, wenn zwischen der Straftat und dem aktuell zu beurteilenden Sachverhalt ein Zusammenhang besteht. Voraussetzung für die Anwendung der Vorschrift ist es, dass eine Gefährdung nicht ausgeschlossen werden kann. Die positive Feststellung einer Gefährdung ist ausdrücklich nicht erforderlich.[12]

Adressaten der Abs. 1 bis 4 sind die öffentlichen Träger, also örtliche wie überörtliche. 3
Über die in Abs. 2 und 4 vorgeschriebenen Vereinbarungen können die Vorgaben nach Abs. 1 und 3 auch vertragliche Bindungswirkung für Träger der freien Jugendhilfe entfalten. Für Träger von Einrichtungen, die nach §§ 45 ff. erlaubnispflichtig sind, trifft § 45 Abs. 3 Nr. 2 eine eigenständige Regelung.

Durch entsprechende Verweise in §§ 43 und 44 gelten Abs. 1 und 5 auch im Kontext der Erlaubnis zur Kindertagespflege bzw. zur Vollzeitpflege.

8 S. hierzu auch OLG Karlsruhe 3.8.2018 – 18 UF 91/18, juris Rn. 64.
9 S. hierzu BT-Drs. 19/18019, 3 unter Bezugnahme auf BT-Drs. 15/3676, 39.
10 So Schindler/Smessaert in FK-SGB VIII Rn. 25.
11 S. hierzu BT-Drs. 15/3676, 39.
12 Bücherl in BeckOK StPO BZRG § 52 Rn. 7 unter Bezugnahme auf BT-Drs. 6/1550, 23.

4 Abs. 1 **bezieht sich auf die Beschäftigung bzw. Vermittlung von Personen** für die Wahrnehmung von Aufgaben in der Kinder- und Jugendhilfe. In Verbindung mit dem Schutzzweck der Norm konnte das Verbot, ungeeignete Personen zu beschäftigen, schon nach § 72a aF sehr umfassend verstanden und auf nebenberuflich sowie auf ehrenamtlich für den Träger arbeitende Personen bezogen werden.[13] Die Neufassung bezieht neben- und ehrenamtlich Tätige nun ausdrücklich ein und widmet ihnen spezifische Regelungen (einschließlich spezifischer Datenschutzvorschriften).

5 Die Beschränkung auf die Träger von „Einrichtungen“ und „Diensten“ bzw. die dort beschäftigten Personen wurde mit Neufassung des § 72a aufgegeben. Abs. 2 und 4 beziehen sich uneingeschränkt auf die Träger der freien Jugendhilfe als Vereinbarungspartner, Abs. 4 zusätzlich auf die Vereine, die nach § 54 Pfleg- und Vormundschaften übernehmen dürfen. Über den Wortlaut hinausgehend ist davon auszugehen, dass Vereinbarungen mit allen Leistungserbringern nach dem SGB VIII abzuschließen sind. § 72a ist daher auch zu beachten, wenn kreisangehörige Gemeinden tätig werden. Im Hinblick auf die Intention des Gesetzes ist auch davon auszugehen, dass neben den in der Wahrnehmung von Jugendhilfeaufgaben beschäftigten entsprechend Abs. 1 S. 1 auch die von Trägern der freien Jugendhilfe vermittelten bzw. zur Vermittlung anstehenden Personen einbezogen sind.

6 Jugendverbandsarbeit, dh selbst organisierte Jugendarbeit ist in ihrem Kernbereich außerhalb der Gesamtverantwortung des öffentlichen Trägers angesiedelt.[14] Demnach wäre dieser Bereich ihres Tuns streng genommen aus dem Geltungsbereich ausgenommen, weil es sich dabei nicht um eine Aufgabe der Kinder- und Jugendhilfe handelt, sondern um Selbstorganisation unter Gleichaltrigen. Diese Sichtweise fand allerdings weder im Diskurs über die Handlungsempfehlungen zum Bundeskinderschutzgesetz auf der Ebene von AGJ und BAGLJAE noch in den Empfehlungen des DV Unterstützung. Die organisierten Jugendverbände wollen vor allem ihren Status als Leistungserbringer nicht eingeschränkt sehen. Insoweit hat die vorstehend skizzierte Schlussfolgerung keine praktische Bedeutung. Jugendverbände und andere selbst organisierte Jugendgruppen werden allgemein in den Geltungsbereich des § 72a einbezogen. Vergleichbares wird man für § 4a annehmen müssen.

3 Spezifische strafrechtliche Vorbelastung als Ausschlusskriterium

7 Bei den in Abs. 1 S. 1 als **Ausschlussgrund** für eine Beschäftigung oder Vermittlung zur Wahrnehmung von Aufgaben in der Kinder- und Jugendhilfe genannten Delikten aus dem StGB geht es wesentlich um **Straftaten** gegen die sexuelle Selbstbestimmung, außerdem um die Verletzung der Fürsorge- und Erziehungspflicht gegenüber einer Person unter 16 Jahren (§ 171 StGB) oder um Misshandlung von Schutzbefohlenen (§ 225 StGB). Nach der RegBegr.[15] ist darüber hinaus auch die rechtskräftige Verurteilung wegen einer Straftat nach dem Jugendschutzgesetz oder nach dem Jugendmedienschutz-Staatsvertrag der Länder ein Grund für den Tätigkeitsausschluss der Verurteilten.

Mit Art. 1 des KJSG ist mit Wirkung vom 10.6.2021 § 184j StGB neu eingefügt worden. Nach der Gesetzesbegründung soll damit eine Lücke im Zusammenhang mit Straftaten gegen die sexuelle Selbstbestimmung geschlossen werden.[16] Zudem wurde durch Art. 8 des Gesetzes zur Bekämpfung sexualisierter Gewalt gegen Kinder mit Wirkung vom 1.7.2021 § 184l neu eingefügt.[17]

13 Ebenso Fieseler/Busch in GK-SGB VIII Rn. 6.
14 Dessen Leistung heißt entsprechend „Förderung der Jugendverbandsarbeit“.
15 BT-Drs. 15/3676.
16 BT-Drs. 19/26107, 108.
17 BGBl. 2021 Teil I Nr. 33, 1810.

4 Einforderung eines erweiterten polizeilichen Führungszeugnisses als Verfahrensvorschrift

Um den Beschäftigungsausschluss von Personen, welche rechtskräftig wegen einer in Abs. 1 S. 1 genannten Straftat verurteilt worden sind, umsetzen zu können, sollen sich die Träger der öffentlichen Jugendhilfe bei der Einstellung oder Vermittlung und in regelmäßigen Abständen von den betroffenen Personen ein Führungszeugnis nach § 30 Abs. 5 und § 30a Abs. 1 BZRG vorlegen lassen. 8

Welche zeitlichen Abstände für die vorgeschriebene erneute Vorlage eines Führungszeugnisses als regelmäßig gelten können, lässt das Gesetz leider offen. Auch aus diesem Grunde hat sich eine disparate Verwaltungspraxis entwickelt. Fristen hinsichtlich der Wiedervorlage zwischen zwei und zehn Jahren[18] sind nach hiesiger Auffassung bedenklich unbestimmt und auch zu hinsichtlich des Schutzgutes der Kindeswohlgewährleistung zu lange. 9

5 Führungszeugnisse bei neben- und ehrenamtlich Tätigen

Die Einbeziehung von ehren- und nebenamtlichen Kräften bei den öffentlichen Trägern der Jugendhilfe ist in Abs. 3 geregelt. Im Vergleich zu Abs. 1 S. 1 wird hier zunächst differenzierter angegeben, für welchen Einsatzbereich neben- und ehrenamtlich Tätiger der Tätigkeitsausschluss einschlägig strafrechtlich vorbelasteter Personen gelten soll. Es geht um die Wahrnehmung von Aufgaben der Kinder- und Jugendhilfe nach § 2 und hier speziell um die Beaufsichtigung, Betreuung, Erziehung oder Ausbildung Minderjähriger oder um Tätigkeiten, die einen vergleichbaren Kontakt zu ihnen ermöglichen. Bei Tätigkeiten dieser Art muss vorab geklärt werden, dass ein Aspirant keine einschlägigen Vorstrafen hat. Ein probates und legitimes Instrument dafür ist die Einsichtnahme in das erweiterte Führungszeugnis. 10

Mit Satz 2 gibt der Gesetzgeber Kriterien für die Entscheidung hinsichtlich der Einsichtnahme vor. Maßgeblich sind danach Art, Intensität und Dauer des Kontakts mit Kindern und Jugendlichen. Im Rahmen einer Gesamtschau der Kriterien ist über die Einsichtnahme in das Führungszeugnis zu entscheiden. Nach hiesiger Auffassung sollte aufgrund des Schutzgutes der Kindeswohlgewährleistung eine Einsichtnahme auch bei einer nur kurzfristigen Tätigkeit erfolgen, sofern nicht sichergestellt werden kann, dass die betroffene Person ausschließlich zusammen mit anderen Betreuungspersonen, die nach § 72a geprüft worden sind, Kontakt zu Kindern oder Jugendlichen hat.

In Abs. 5 werden **datenschutzrechtliche Regelungen** im Kontext der Führungszeugnisse für **neben- bzw. ehrenamtlich Tätige** präzisiert. Daraus geht hervor, dass mit der Vorlage von Führungszeugnissen hier die Gewährung der Einsichtnahme gemeint ist, dass nur die zweckbezogenen Basisdaten (Name, Datum des Führungszeugnisses, Ergebnis der Prüfung, dh einschlägige Belastung ja/nein) gespeichert werden dürfen, dass diese Daten vor unbefugtem Zugriff zu schützen sind und wie nach Ablauf des Nutzungszeitraums mit ihnen zu verfahren ist. Dazu sowie zur Einbeziehung der freien Träger als Normadressaten → § 61 Rn. 295. 11

Mit Art. 1 des KJSG wurde Abs. 5 teilweise neu gefasst. Nach neuer Rechtslage ist die Tatsache der Einsichtnahme in das erweiterte Führungszeugnis auch dann zu speichern, wenn diese Einsichtnahme nicht zu einem Ausschluss der Person, die das erweiterte Führungszeugnis betrifft, geführt hat. Ferner wurde die nach bisheriger Rechtslage vorgegebene dreimonatige Sperrfrist auf eine sechsmonatige Speicherfrist verlängert. Nach der Gesetzesbegründung ist dies erforderlich, um auch neben- und ehrenamtlich Tätigen in der Kinder- und Jugendhilfe eine vorübergehende Unterbrechung

18 S. hierzu Schindler/Smessaert in FK-SGB VIII Rn. 32.

und anschließend voraussetzungslose Wiederaufnahme der Tätigkeit zu ermöglichen.[19]

12 Die Entscheidung des öffentlichen Trägers nach Abs. 3 ist kein Geschäft der laufenden Verwaltung. Entsprechend ist der **Jugendhilfeausschuss** damit zu befassen. Auf der beschriebenen Basis wird die Entscheidung einzelfallübergreifend für eine bestimmte Tätigkeitstypologie zu fällen sein. Sie ist dann angesichts der dahinterstehenden Zielsetzung ein Qualitätsmerkmal im Kontext eines örtlichen Schutzkonzeptes für Kinder und Jugendliche, wenngleich Führungszeugnisse diesbezüglich nur eine begrenzte Schutzwirkung haben. Sie sind notwendig, wenn auch keineswegs hinreichend für ein Schutzkonzept. Das gilt auch für die Träger der freien Jugendhilfe und die sonstigen Vereine, wie jene nach § 54.

13 Die Einbeziehung der neben- und ehrenamtlich Tätigen bei den freien Trägern sowie bei den Vereinen, die Pfleg- und Vormundschaften übernehmen dürfen, wird in Abs. 4 geregelt. Sie erfolgt auf der Basis eines Sicherstellungsauftrags des öffentlichen Trägers gegenüber den Trägern der freien Jugendhilfe und den genannten Vereinen. Der öffentliche Träger hat mit diesen Vereinbarungen zu schließen. Deren Gegenstand entspricht im Wortlaut dem Auftrag des öffentlichen Trägers nach Abs. 3.

14 Eine besondere Herausforderung für den öffentlichen Träger ist damit verbunden, dass die Anforderungen im eigenen Zuständigkeitsbereich sinnvollerweise synchronisiert werden sollten mit den diesbezüglichen Anforderungen an die freien Träger. Insoweit empfiehlt sich ein integriertes örtliches Rahmenkonzept. Darüber hinaus ist im Auge zu behalten, dass viele Träger regional oder überörtlich agieren. Diesen sollten unterschiedliche örtliche Standards beim Thema Führungszeugnisse erspart bleiben. So gesehen wäre ein **gemeinsames überörtliches Agieren** aller öffentlichen und freien Träger zB auf der Ebene des Landesjugendamtes sinnvoll. In RLP wurde auf Landesebene mit den Spitzenverbänden der öffentlichen und der freien Kinder- und Jugendhilfe eine Rahmenvereinbarung geschlossen. Dieser Vereinbarung sind die örtlichen JÄ jeweils durch Beschluss ihres JHA beigetreten, so dass sie nun auch anschlussfähig ist für die örtlichen freien Träger. Die inhaltlichen Regelungen der Rahmenvereinbarung und die Maßstäbe zur Feststellung einer Vorlagepflicht sind damit landesweit verbindlich geworden.[20]

6 Vereinbarungen mit den Trägern der freien Jugendhilfe

15 Abs. 2 verpflichtet die öffentlichen Träger, mit den Trägern der freien Jugendhilfe Vereinbarungen zu treffen, die sicherstellen, dass diese keine Personen nach Abs. 1 S. 1 beschäftigen.[21] Obwohl diese Verpflichtung dem Wortlaut nach gegenüber Abs. 1 S. 2 einen eingeschränkten Geltungsbereich zu haben scheint, da hier nur von der Beschäftigung die Rede ist, muss der Intention des Gesetzgebers entsprechend davon ausgegangen werden, dass es auch um die zu vermittelnden Personen geht. Die Vereinbarungen sind in Form eines koordinationsrechtlichen öffentlich-rechtlichen Vertrags nach § 53 Abs. 1 S. 1 SGB X abzuschließen. Nicht vorgeschrieben ist, dass die Sicherstellung der Nicht-Beschäftigung oder Vermittlung in Form der verbindlichen Einforderung eines erweiterten Führungszeugnisses erfolgen soll. Da Führungszeugnisse aber ein probates rechtsstaatliches Mittel zur Identifizierung von Personen mit einschlägigen Vorstrafen darstellen und ihre reguläre Einforderung insofern auf den Personenkreis abschreckend wirkt, ist eine entsprechende Vereinbarung zu empfehlen. Soweit

19 BT-Drs. 19/26107, 108.
20 Vgl. http://lsjv.rlp.de/kinder-jugend-und-familie/rahmenvereinbarung-zu-72-a-sgb-viii/.
21 Die Verpflichtung ist auf Vereine, die nach § 54 eine Erlaubnis zur Übernahme von Pflegschaften, Vormundschaften und ggf. Beistandschaften beantragen oder erhalten haben, auszudehnen, soweit diese nicht nur neben- oder ehrenamtliche Kräfte einsetzen, wie die Regelung in Abs. 4 suggeriert; → § 54 Rn. 5.

die Vorlage generell für Tätigkeiten in der Kinder- und Jugendhilfe verpflichtend wird, entfällt auch das Argument, mit der Einforderung von Führungszeugnissen sei ein Misstrauen gegenüber den potenziellen Mitarbeitern verbunden. Vielmehr ist sie als Indiz für die besondere Verantwortung zu sehen, die mit einer Tätigkeit in der Kinder- und Jugendhilfe verbunden ist.

Abs. 4 normiert, dass auch in die Regelungen zu neben- und ehrenamtlich Tätigen die freien Träger sowie ergänzend Vereine, die nach § 54 die Erlaubnis zur Übernahme von Pflegschaften oder Vormundschaften beantragen oder erhalten haben, einbezogen werden. Abs. 4 S. 1 formuliert einen diesbezüglichen Sicherstellungsauftrag an den öffentlichen Träger. Im Wortlaut gleicht er dem Auftrag, der nach Abs. 3 für den öffentlichen Träger besteht. Beide sollten inhaltlich mit den Regelungen für den öffentlichen Träger synchronisiert werden. Sinnvollerweise sollten die Vereinbarungen nach Abs. 2 und 4 zusammengefasst werden. 16

Bei Vereinbarungen mit den Trägern im Sinne des § 72a Abs. 2 und 4 ist zu beachten, dass eine unmittelbare Übersendung des Führungszeugnisses an Dritte, die nicht Behörde sind, nach dem Gesetz nicht möglich ist. Die Träger müssen sich insofern das Führungszeugnis durch die betreffenden Personen vorlegen lassen. Dem Antrag ist die Aufforderung des Trägers zur Vorlage eines erweiterten Führungszeugnisses beizufügen. 17

Sachliche und örtliche Zuständigkeit für diese Vereinbarungen sind nicht klar geregelt. 18

Soweit die öffentlichen Träger zur Erfüllung ihrer Aufgaben Einrichtungen und Dienste bzw. Angebote eines freien Trägers in Anspruch nehmen, diesen nach § 74 fördern bzw. Vereinbarungen nach §§ 77 oder 78a ff. mit ihm abschließen, trifft sie jedenfalls die Verpflichtung nach Abs. 2 bzw. 4. Ob eine grundsätzliche Verpflichtung des örtlichen bzw. überörtlichen Trägers gegenüber allen in seinem Zuständigkeitsbereich ansässigen Trägern der Kinder- und Jugendhilfe, zB gegenüber dem Träger eines nicht geförderten Jugendzentrums, besteht, muss nach dem Wortlaut des Gesetzes zwar bejaht werden, wie er seinen Sicherstellungsauftrag diesen Trägern gegenüber durchsetzen soll, muss allerdings offen bleiben.Wonach sich die örtliche Zuständigkeit richten soll, ist ebenfalls offen (Sitz des Trägers oder Ort der Maßnahmen). AGJ/BAGLJÄ und DV empfehlen die Orientierung an den Regelungen zu § 75. § 16a Abs. 1 AGKJHG Brandenburg setzt dies um, Abs. 2 regelt, dass die entsprechenden Vereinbarungen landesweit gelten, so dass den Trägern zumindest innerhalb Brandenburgs Mehrfachabschlüsse mit womöglich unterschiedlichen Bedingungen erspart bleiben.

7 Relevanz für Betriebserlaubnis und Pflegeerlaubnis

Die Regelungen in Abs. 1–4 scheinen mit dem Auftrag der Betriebserlaubnisbehörde sowie der Erlaubnisbehörde für die Tagespflege oder Vollzeitpflege zu konkurrieren. Faktisch ist der Auftrag der Erlaubnisbehörden zur Prüfung der personellen Voraussetzungen in betriebserlaubnispflichtigen Einrichtungen bzw. der persönlichen Eignung von Pflegepersonen umfassender und spezifischer als die Verpflichtung der öffentlichen Träger nach § 72a. Sie müssen zusätzlich ggf. andere als die in § 72a genannten Straftaten als Ausschlussgründe ansehen. Insoweit ist es schlüssig, dass § 45 Abs. 3 Nr. 2 nicht auf § 72a, sondern unmittelbar auf § 30a Abs. 1 BZRG verweist. Die Betriebserlaubnisbehörde muss beim Einsatz ehrenamtlicher und nebenamtlicher Kräfte für bestimmte Einrichtungen zudem ggf. grundsätzlich ein Führungszeugnis verlangen. Die Tagespflegeerlaubnis erfordert über § 72a hinaus eine Überprüfung des persönlichen Umfelds der Tagespflegeperson. Die Anforderungen der entsprechenden Erlaubnisbehörden gehen insoweit den Vereinbarungen nach § 72a vor. Auch für die Erlaubnisbehörden nach §§ 43, 44 ist das durch entsprechende Verweise, hier auf § 72a Abs. 1, geklärt. 19

Zweiter Abschnitt Zusammenarbeit mit der freien Jugendhilfe, ehrenamtliche Tätigkeit

§ 73 Ehrenamtliche Tätigkeit

In der Jugendhilfe ehrenamtlich tätige Personen sollen bei ihrer Tätigkeit angeleitet, beraten und unterstützt werden.

1 Bedeutung der Vorschrift

1 Die sehr knappe und recht unscharfe Regelung in § 73 befasst sich nicht mit dem Gesamtkomplex der ehrenamtlichen Arbeit. Der Gesetzgeber beschränkt sich auf eine Teilregelung, die zum Ziel hat, die Fachlichkeit der ehrenamtlichen Arbeit in der Jugendhilfe zu sichern. Sie stellt eine Ergänzung zu § 72 dar, der die Fachlichkeit der hauptberuflich Tätigen sichern soll. Für die vielen nebenberuflichen Mitarbeiter und für Honorarkräfte aber fehlen entsprechende Regelungen im SGB VIII. Lediglich im Bereich Kinderschutz bei den erweiterten Führungszeugnissen hat der Gesetzgeber in § 72a Abs. 2, 3 auch die Ehrenamtlichen explizit mit in den Blick genommen und in § 72a Abs. 4 dies über Vereinbarungen zwischen der öffentlichen Jugendhilfe und den freien Trägern auch auf letztere übertragen.

Jedoch ist aus der Zielsetzung der lückenhaften gesetzlichen Regelung, die in § 72 nur die hauptberuflichen Mitarbeiter und in § 73 nur die Ehrenamtlichen erfasst, zu schließen, dass alle Personen, die im Rahmen der Jugendhilfe nicht berufsmäßig tätig sind, unabhängig von der Höhe der materiellen Gegenleistung angeleitet, beraten und unterstützt werden sollen.

Die praktische Bedeutung der Vorschrift scheint sehr gering zu sein. Sie wird auch in zahllosen Sonntagsreden, Resolutionen und Absichtserklärungen zum Thema „Ehrenamt" von Politikern und sonstigen Persönlichkeiten – sei es bewusst, sei es aus Unkenntnis – kaum angesprochen. Ehrenamtliche Mitarbeit in der Jugendhilfe, hat aber insbesondere in der Jugendarbeit traditionell große quantitative und qualitative Bedeutung.[1] Zwar fehlen konkrete Zahlen. Aber ausweislich des 14. KiJu-Berichts wurden in den Jahren 2014, 2015 rund 30.000 neue Jugendleiter-Cards ausgestellt.[2] Ehrenamtliche arbeiten überwiegend im Jugendverbandsbereich und in geringerer

---

1 12. KiJuBericht, S. 385.

2 14. KiJuBericht, S. 320; zu den Jugendleiter-Cards näher Trésoret in jurisPK-SGB VIII Rn. 16 ff.

Zahl bei den Wohlfahrtsverbänden. Bei Trägern der öffentlichen Jugendhilfe wird fast ausschließlich mit Mitarbeitern im Arbeitsverhältnis und Honorarkräften gearbeitet.[3]

Abzuwarten bleibt, ob mit dem nunmehr neu geschaffenen § 4a, der auch die Förderung selbstorganisierter Zusammenschlüsse von Ehrenamtlichen in der Kinder- und Jugendhilfe vorsieht, das unverzichtbare Ehrenamt durch diese Selbstvertretung eine politische Stärkung erfahren wird.

2 Begriff des Ehrenamts

Eine gesetzliche Definition des Begriffs Ehrenamt existiert nicht.[4] Allgemein wird unter ehrenamtlicher Tätigkeit in der Jugend- und Sozialhilfe die freiwillige Tätigkeit verstanden, die unentgeltlich oder gegen eine Aufwandentschädigung ausgeübt wird. Sie muss nicht im traditionellen selbstlosen Dienen und Helfen aus Pflicht- oder moralischem Verantwortungsgefühl bestehen. Auch der neue Ehrenamtler handelt aus sozialer Verantwortung, legt aber großen Wert auf Eigenkompetenz und Eigenverantwortlichkeit, auf persönliche Befriedigung und Erfüllung. Dieser Gewinn für die eigene Persönlichkeitsentfaltung tritt an die Stelle der Ehre.[5] Heute wird zwar in § 6 RDG erstmals die unentgeltliche Rechtsberatung für Ehrenamtliche erlaubt – im Gegensatz zur unentgeltlichen „pro bono" Rechtsberatung von Rechtsanwälten wie in angelsächsischen Ländern üblich, die im Rechtsanwaltsvergütungsgesetz weiter untersagt ist.[6] Dann bleibt vielfach nur der beschwerliche Weg über Rechtshilfevereine für die Leistungsberechtigten der Jugendhilfe, die Anwälte nur zu Verwaltungsstreitigkeiten mit Honorar und nicht im Vorfeld gewinnen dürfen! Der Gesetzgeber hat bisher an der alten Bezeichnung festgehalten, weil eine kurze und treffendere in der deutschen Sprache anscheinend nicht möglich ist. In der Literatur und in der Politik werden Umschreibungen wie zB „freiwilliges soziales Engagement", „freiwillige soziale Tätigkeit", „Freiwilligenarbeit" und „bürgerschaftliches Engagement" bevorzugt.[7] Ehrenamtliches Engagement findet sich in der Jugendhilfe an zahlreichen Stellen. Gerade im Zuge der Flüchtlingswelle Mitte 2010er Jahre engagierten sich zahlreiche Menschen in Patenschaften und tun dies heute noch. Jugendarbeit ist ohne Ehrenamtliche nicht denkbar. 2

3 Anwendungsbereich

3.1 Beschränkung auf die öffentliche Jugendhilfe

Die Vorschrift sagt nicht, wer die Ehrenamtlichen fördern soll. Da das Gesetz aber nur die Träger der öffentlichen Jugendhilfe verpflichten kann, können nur diese **Normadressat** sein. Nach ihrem Wortlaut bezieht sich die Vorschrift auf die „in der Jugendhilfe" tätigen Ehrenamtlichen und würde damit alle Ehrenamtlichen erfassen, die bei Trägern der öffentlichen oder bei geförderten und nicht geförderten, bei anerkannten und nicht anerkannten Trägern der freien Jugendhilfe oder ohne Bindung an diese Träger tätig sind. Gegen diese weite Auslegung spricht zwar, dass die Vorschrift im Zweiten Abschnitt des Fünften Kapitels des SGB VIII „Zusammenarbeit mit der freien Jugendhilfe, ehrenamtliche Tätigkeit" steht. Jedoch akzentuiert die Gesetzesbegründung die Bedeutung der ehrenamtlichen Tätigkeit für die öffentlichen Träger.[8] Des- 3

3 BT-Drs. 11/6576, 116; siehe auch BT-Drs. 13/5674; zur besonderen existenziellen Bedeutung des Ehrenamts in der Jugendarbeit s. Wiesner in Wiesner Rn. 9.

4 Siehe grundlegend zu Regelungen ehrenamtlichen Engagements im Bereich der Sozialgesetzbücher Trésoret in jurisPK-SGB VIII Rn. 9 ff.

5 11. KiJuBericht, 194.

6 Bestandsaufnahme zur pro bono Rechtsberatung Bälz/Henning/Zeidler NJW 2008, 3383.

7 Igl ua, 2002, 90 ff.

8 BT-Drs. 11/5948, 97.

halb ist von einer **Förderpflicht** der öffentlichen Träger gegenüber allen Ehrenamtlichen auszugehen.[9]

4 Die Förderpflicht ist unter Beachtung der allgemeinen Grundsätze des Jugendhilferechts zum Verhältnis der öffentlichen zur freien Jugendhilfe zu erfüllen: Eine unmittelbare Förderung der Ehrenamtlichen ist dem Träger der öffentlichen Jugendhilfe grundsätzlich nur gestattet, soweit es sich um Personen handelt, die im Rahmen der **öffentlichen Jugendhilfe** ehrenamtlich tätig sind. Die Verpflichtung der Träger der öffentlichen Jugendhilfe, die Selbstständigkeit der freien Jugendhilfe in Zielsetzung und Durchführung ihrer Aufgaben und in der Organisationsstruktur zu achten (§ 4 Abs. 1 S. 2), schließt es rechtlich grundsätzlich aus, dass ein Träger der öffentlichen Jugendhilfe von sich aus die Personen anleitet und berät, die ehrenamtlich **für einen freien Träger** arbeiten. Meist wird dies ihm schon deshalb nicht möglich sein, weil er die konkreten Aufgaben und tatsächlichen Gegebenheiten des Einsatzes der Ehrenamtlichen durch den freien Träger nicht kennt. Hinsichtlich der Ehrenamtlichen, die bei freien Trägern arbeiten, wird der öffentliche Träger deshalb in der Regel seine Förderpflicht dadurch erfüllen, dass er Qualifizierungsmaßnahmen des freien Trägers für Ehrenamtliche ganz oder teilweise finanziert, indem er entsprechende Maßnahmen fördert oder deren Kosten bei der Bemessung von Zuwendungen und Kostenerstattungen berücksichtigt. Trèsoret sieht zutreffend in der Verpflichtung der öffentlichen Seite Ehrenamt bei freien Trägern zu fördern, einen Aspekt der Verwirklichung partnerschaftlicher Zusammenarbeit iSd § 4 Abs. 2.[10]

3.2 Konsequenzen für die freie Jugendhilfe

5 In aller Regel wird der **Träger der freien Jugendhilfe** die Anleitung, Beratung und Unterstützung der Ehrenamtlichen **selbstverantwortlich** durchführen. Dies gilt insbesondere für trägerspezifische Bereiche. Ausgeschlossen ist aber nicht, dass der Träger der öffentlichen Jugendhilfe im Einverständnis mit Trägern der freien Jugendhilfe den bei diesen ehrenamtlich Tätigen Anleitung und Beratung bietet. Dazu kann der öffentliche Träger insbesondere kleinen freien Trägern gegenüber verpflichtet sein, die selbst nicht in der Lage sind, ihre ehrenamtlichen Mitarbeiter in dem erforderlichen Maße zu qualifizieren. Der öffentliche Träger kann Unterstützung durch trägerübergreifende Informationen fachlichen, rechtlichen oder organisatorischen Inhalts gewähren zB über die Organisation und Durchführung von Ferienmaßnahmen, Verhalten bei Unfällen, Aufsichtspflicht, Datenschutz und Schweigepflicht, Aufwendungserstattung und Förderungsmöglichkeiten. Aber auch eine trägerspezifische Anleitung und Beratung kann im Einverständnis mit dem freien Träger erfolgen, wird aber auf außergewöhnliche Problemfragen beschränkt werden müssen, weil eine ständige Beratung durch den Träger der öffentlichen Jugendhilfe die Fachlichkeit und damit die Förderungsfähigkeit des Trägers der freien Jugendhilfe in Frage stellen würde (§ 74 Abs. 1 Nr. 1).

6 Arbeiten Ehrenamtliche im Rahmen einer förderungswürdigen Maßnahme mit, so sind die dadurch entstehenden **Kosten** bei der Bemessung der Förderung zu berücksichtigen.[11]

4 Anleitung, Beratung und Unterstützung

7 Die Förderung der Ehrenamtlichen soll Anleitung, Beratung und Unterstützung umfassen.

---

9 Wiesner in Wiesner Rn. 1.
10 Trèsoret in jurisPK-SGB VIII Rn. 34.
11 Weitergehend bestimmt § 74 Abs. 6, dass die Förderung auch Mittel für die Fortbildung der bei freien Trägern ehrenamtlich Tätigen einschließen soll.

4.1 Anleitung

Anleitung ist die vor Beginn und in der Anfangsphase der Übernahme einer ehrenamtlichen Aufgabe erfolgende Information. Diese kann zB in Angaben über die Menschen bestehen, mit denen der Ehrenamtliche arbeiten wird. Ferner wird er über die Ziele der Arbeit und den rechtlichen Rahmen informiert werden müssen, zB über die Verpflichtung zum Schutz personenbezogener Daten und etwaige Haftungsrisiken. Je nach Art der Aufgabe können zur Anleitung eine gesprächsweise Information oder allgemeine schriftliche Hinweise ausreichen. Sind zur qualifizierten Aufgabenerfüllung Fachkenntnisse und praktische Fertigkeiten erforderlich, werden diese vermittelt werden müssen. Mindeststandards zur Qualifizierung ehrenamtlicher Mitarbeiter/innen in der Jugendarbeit sind wiedergegeben in Heft 8, „Keine Qualität ohne Qualifizierung", der vom BMFSFJ herausgegebenen „Materialien zur Qualitätssicherung in der Kinder- und Jugendhilfe" www.qs-kompendium.de. Bei der Sicherstellung des Kinderschutzes hat der Gesetzgeber die Ehrenamtlichen in § 72a Abs. 2, 3 einbezogen und über Vereinbarungen mit der öffentlichen Jugendhilfe die freien Träger ebenfalls in die Pflicht zur Einsichtnahme in erweiterte Führungszeugnisse genommen. 8

4.2 Beratung

Die Beratung erfolgt während der Durchführung der Aufgabe. Sie erfolgt üblicherweise durch die Organisation, der der Ehrenamtliche angehört. Sie kann – je nach Art der Aufgabe – kontinuierlich erfolgen oder sich auf die Hilfestellung zur Bewältigung von Krisensituationen im Bedarfsfall beschränken. Unbedingtes Element der Beratung muss der regelmäßige Erfahrungsaustausch der Ehrenamtlichen untereinander sein, mit der Möglichkeit der Begleitung durch sozialpädagogische Fachkräfte. Bei schwierigen und belastenden Daueraufgaben wird eine ständige individuelle Praxisberatung oder Supervision erforderlich sein, wie sie teilweise bereits praktiziert wird.[12] 9

4.3 Unterstützung

Mit dem Sammelbegriff Unterstützung macht der Gesetzgeber deutlich, dass der öffentliche Träger verpflichtet ist, über Anleitung und Beratung hinaus in umfassendem Sinne **günstige Bedingungen** für die ehrenamtliche Arbeit zu schaffen. Unterstützung kann deshalb in Form organisatorischer oder fachlicher Hilfe, in Form finanziellen Auslagenersatzes oder Nachteilausgleichs, aber auch in anderen Formen gewährt werden zB durch Anerkennung der ehrenamtlichen Arbeit in der Öffentlichkeit oder durch Verteidigung gegen unberechtigte Angriffe. Organisatorische Unterstützung kann darin bestehen, dass kostenlos Räume, Mobiliar und Arbeitsmaterialien für die ehrenamtliche Arbeit zur Verfügung gestellt werden und dass den Ehrenamtlichen die Teilnahme an Fachveranstaltungen ermöglicht wird. Unterstützung kann ferner darin bestehen, den Ehrenamtlichen notwendige Auslagen ersetzt werden zB für Fahrten, Telefon, Porti, Anschaffung von Fachliteratur und Arbeitsmaterial. Zur Vermeidung eines für beide Seiten lästigen Verwaltungsaufwands wird insoweit häufig die Zahlung einer pauschalen Aufwandsentschädigung zweckmäßig sein (zB nach § 3 Nr. 12 und Nr. 26 EStG). Besonders bedeutsam ist es, durch den Abschluss von Haftpflicht-, Unfall- und/oder Kaskoversicherungen sicherzustellen, dass den Ehrenamtlichen finanzielle Entschädigung gewährt wird, wenn sie im Rahmen ihrer ehrenamtlichen Tätigkeit einen Sachschaden (zB Beschädigung des eigenen PKW) oder einen Körperschaden erleiden bzw. verursachen und dadurch zum Schadensersatz verpflichtet sind.[13] 10

12 Pflegern und Vormündern ist ein Anspruch auf regelmäßige und dem jeweiligen erzieherischen Bedarf entsprechende Unterstützung gemäß § 53 Abs. 2 zuerkannt.
13 Zu Schadens- und Haftungsrisiken und deren Abdeckung durch Versicherungen s. BT-Drs. 14/8900, 386 ff.; BAG, NJW 2005, 981.

11 Weitergehend wird aus dem Begriff „Unterstützung“ abgeleitet, dass Ehrenamtliche Anspruch auf eine pauschale (Aufwands-)**Entschädigung** haben, durch die ihre ehrenamtliche Tätigkeit „anerkannt“ wird.[14] Gegen eine derartige Auslegung spricht, dass der unbestimmte Begriff Unterstützung, der sich auch in anderen Bestimmungen findet, finanzielle Zuwendungen als Anerkennung für geleistete Arbeit nicht umfasst (§§ 18, 21, 25, 53). Deshalb erscheint es ausgeschlossen, dass der Gesetzgeber den öffentlichen Träger verpflichten wollte, grundsätzlich allen Ehrenamtlichen einen Anerkennungsbetrag zu zahlen und auf diese Weise den Begriff des Ehrenamtes neu zu bestimmen.[15] Diese Auslegung wird auch durch die amtliche Begründung bestätigt, die keinerlei Anhalt für eine derartige fundamentale Neubestimmung bietet. Dies würde letztlich die Freiwilligentätigkeit entwerten, anstatt diese zB durch ein genormtes Zertifikat, über eine ehrenamtliche Tätigkeit in nennenswertem Umfang, wie in Bayern eingeführt, gesellschaftlich anzuerkennen. Im Übrigen wäre ein derartiger Anerkennungsbetrag, der nicht nur tatsächlichen Aufwand abdeckt, sondern für Verdienstausfall oder Zeitverlust gewährt wird und somit eine Gegenleistung für die Tätigkeit darstellt, lohnsteuerrechtlich und sozialversicherungsrechtlich grundsätzlich als Arbeitslohn bzw. Arbeitsentgelt zu behandeln (§ 3 Nr. 12 S. 2 EStG; § 14 SGB IV).[16]

5 Verfahren

12 Der Träger der öffentlichen Jugendhilfe muss ständig bemüht sein, den erforderlichen Bedarf der Ehrenamtlichen festzustellen und zu decken (§§ 79, 80). Die Förderung setzt nicht voraus, dass der Ehrenamtliche sie beantragt. Macht ein Ehrenamtlicher einen individuellen Bedarf geltend, hat der Träger der öffentlichen Jugendhilfe zu entscheiden, ob und wie er anleitet, berät oder unterstützt.

5.1 Soll-Vorschrift

13 Die große Bedeutung des Ehrenamts gerade für die Jugendarbeit spricht dagegen, dass § 73 als letztlich unverbindliche Programmvorschrift zu verstehen ist, die den Ehrenamtlichen und den freien Trägern keinerlei Rechte einräumt.[17] Allerdings steht den Ehrenamtlichen und den freien Trägern grundsätzlich kein subjektiv-öffentliches Recht auf eine ganz bestimmte Förderungsmaßnahme zu. Sie haben aber ein subjektiv-öffentliches Recht auf pflichtgemäße Ausübung des Ermessens (§ 39 Abs. 1 S. 2 SGB I). Der öffentliche Träger ist grundsätzlich zur Förderung des Ehrenamts verpflichtet.[18] Als „**Soll-Vorschrift**“ ist § 73 für den Träger der öffentlichen Jugendhilfe rechtlich zwingend und verpflichtet diesen, grundsätzlich so zu verfahren, wie das Gesetz es bestimmt, dh Anleitung, Beratung und Unterstützung zu gewähren. Für den Regelfall steht das „Soll“ einem „Muss“ gleich. Ein Ermessensspielraum besteht nur, wenn ein atypischer Fall vorliegt.[19] Dies wäre zB der Fall, wenn der Ehrenamtliche bereits über das erforderliche Wissen für die geplante Aufgabe verfügt.

5.2 Ermessensentscheidung

14 Form, Umfang und Inhalt der Anleitung, Beratung und Unterstützung werden durch das Gesetz nicht bestimmt. Insoweit hat der Träger der öffentlichen Jugendhilfe einen größeren, aber keinen unbeschränkten Entscheidungsspielraum; denn er hat sein Er-

14 Wiesner in Wiesner Rn. 8 a.
15 So auch Kern in SFMK Rn. 6; Trèsoret in jurisPK-SGB VIII Rn. 49, 50.
16 BFH Der Betrieb 1995, 122.
17 Bernzen, 1993, S. 104; aA wegen der Unbestimmtheit der Vorschrift: Wabnitz, 2005, 252.
18 Trèsoret in jurisPK-SGB VIII Rn. 29, 39.
19 BVerwGE 90, 275; Trèsoret in jurisPK-SGBVIII Rn. 78.

messen entsprechend dem Zweck der gesetzlichen Ermächtigung auszuüben (§ 39 Abs. 1 S. 1 SGB I). Der Zweck der gesetzlichen Ermächtigung besteht darin, die im Einzelfall erforderliche Förderung unter Berücksichtigung zB fachlicher und wirtschaftlicher Gesichtspunkte festsetzen zu können. Aus diesem Grunde wäre es ermessensfehlerhaft und rechtswidrig, wenn der öffentliche Träger jedwede Anleitung, Beratung und Unterstützung verweigern würde. Auch dürfte eine Ermessensausübung rechtswidrig sein, durch die Ehrenamtlichen die Erstattung von Aufwendungen, eine den Mindeststandards entsprechende Qualifizierung oder die Sicherung gegen Schadens- und Haftungsrisiken verweigert wird. Weitergehend ist eine Ermessensausübung rechtswidrig, die dem Ehrenamtlichen eine Förderung versagt, die für eine qualifizierte Ausübung seiner Tätigkeit iSd § 1 Abs. 1 erforderlich ist.

5.2.1 Anleitung, Beratung und Unterstützung der ehrenamtlich in der öffentlichen Jugendhilfe Tätigen. Der Träger der öffentlichen Jugendhilfe hat demgemäß im Einzelfall unter Berücksichtigung der konkreten Umstände nach pflichtgemäßem Ermessen zu entscheiden, wie, in welchem Umfang und mit welchem Inhalt er die im Rahmen der öffentlichen Jugendhilfe ehrenamtlich Tätigen anleitet, berät oder unterstützt. Deshalb lässt sich nicht allgemein bestimmen, welche Förderungsmaßnahmen der Träger der öffentlichen Jugendhilfe anbieten bzw. gewährleisten muss. Jedoch verpflichtet die „Soll-Vorschrift" den öffentlichen Träger in aller Regel zur Einhaltung der Mindeststandards der Qualifizierung und des Schutzes der Ehrenamtlichen vor Haftungs- und Schadensrisiken. 15

5.2.2 Anleitung, Beratung und Unterstützung der ehrenamtlich in der freien Jugendhilfe Tätigen. Im Verhältnis zu freien Trägern ergibt sich aus der Gesamtverantwortung des Trägers der öffentlichen Jugendhilfe für die Erfüllung der Aufgaben der Kinder- und Jugendhilfe die Verpflichtung, den für die Unterstützung Ehrenamtlicher erforderlichen Bedarf im Rahmen der Planungsverantwortung des Trägers der öffentlichen Jugendhilfe gemäß § 80 unter frühzeitiger Beteiligung der anerkannten freien Träger festzustellen und zu decken (→ § 79 Rn. 25). Er hat ggf. durch entsprechende Auflagen in Finanzierungsbescheiden oder -verträgen die freien Träger zu verpflichten, den ehrenamtlichen Mitarbeitern die gesetzlich gebotene Anleitung, Beratung und Unterstützung zu gewähren. 16

Ein **Ermessensfehler** liegt vor, wenn entgegen der Verpflichtung aus §§ 73, 74 Abs. 6 bei der Förderung freier Träger die notwendigen Kosten der Qualifizierung und Unterstützung Ehrenamtlicher nicht angemessen berücksichtigt werden. 17

6 Politische Aktivitäten und Perspektiven

Der Bundesjugendring hat in seinem Positionspapier vom 9.12.2000 insbesondere ein verlässliches Zeitbudget als Grundlage regelmäßiger ehrenamtlicher Arbeit gefordert und als wichtige Voraussetzungen ua genannt: Unterrichtsfreistellung von Schüler/innen, Sonderurlaub für Aus- und Fortbildungsveranstaltungen, bedarfsgerechte Finanzierung der Aus- und Fortbildung, Berücksichtigung der ehrenamtlichen Tätigkeit bei der Studienplatzvergabe und bei der Bestimmung des Einsatzortes für den Wehr- bzw. Ersatzdienst, Verlängerung der Regelstudienzeit.[20] 18

Der Bundestag hatte eine Enquete-Kommission „Zukunft des Bürgerschaftlichen Engagements" eingesetzt, die ua von Igl ein Gutachten über die rechtliche Ausgestaltung des freiwilligen sozialen Engagements erstellen ließ.[21] Der Gesetzgeber hat daraufhin durch das „Gesetz zur Verbesserung des unfallversicherungsrechtlichen Schutzes bürgerschaftlich Engagierter und weiterer Personen"[22] den Unfallversicherungsschutz der

20 Jugendhilfe 2000, 43 f.
21 Igl/Jachmann/Eichenhofer 2002.
22 BGBl. I 2004, 3299.

ehrenamtlich in der Jugendhilfe Tätigen teilweise verbessert. Es ist nicht abzusehen, ob und wann es zu weiteren Verbesserungen der Rechtsstellung der Ehrenamtlichen kommt, die in angemessenem Verhältnis zu dem Aufwand stehen, den die unzähligen Diskussionen, Resolutionen, Gutachten über die unstreitig unzureichende Unterstützung und Förderung erfordert haben.

§ 74 Förderung der freien Jugendhilfe

(1) [1]Die Träger der öffentlichen Jugendhilfe sollen die freiwillige Tätigkeit auf dem Gebiet der Jugendhilfe anregen; sie sollen sie fördern, wenn der jeweilige Träger

1. die fachlichen Voraussetzungen für die geplante Maßnahme erfüllt und die Beachtung der Grundsätze und Maßstäbe der Qualitätsentwicklung und Qualitätssicherung nach § 79a gewährleistet,
2. die Gewähr für eine zweckentsprechende und wirtschaftliche Verwendung der Mittel bietet,
3. gemeinnützige Ziele verfolgt,
4. eine angemessene Eigenleistung erbringt und
5. die Gewähr für eine den Zielen des Grundgesetzes förderliche Arbeit bietet.

[2]Eine auf Dauer angelegte Förderung setzt in der Regel die Anerkennung als Träger der freien Jugendhilfe nach § 75 voraus.

(2) [1]Soweit von der freien Jugendhilfe Einrichtungen, Dienste und Veranstaltungen geschaffen werden, um die Gewährung von Leistungen nach diesem Buch zu ermöglichen, kann die Förderung von der Bereitschaft abhängig gemacht werden, diese Einrichtungen, Dienste und Veranstaltungen nach Maßgabe der Jugendhilfeplanung und unter Beachtung der in § 9 genannten Grundsätze anzubieten. [2]§ 4 Absatz 1 bleibt unberührt.

(3) [1]Über die Art und Höhe der Förderung entscheidet der Träger der öffentlichen Jugendhilfe im Rahmen der verfügbaren Haushaltsmittel nach pflichtgemäßem Ermessen. [2]Entsprechendes gilt, wenn mehrere Antragsteller die Förderungsvoraussetzungen erfüllen und die von ihnen vorgesehenen Maßnahmen gleich geeignet sind, zur Befriedigung des Bedarfs jedoch nur eine Maßnahme notwendig ist. [3]Bei der Bemessung der Eigenleistung sind die unterschiedliche Finanzkraft und die sonstigen Verhältnisse zu berücksichtigen.

(4) Bei sonst gleich geeigneten Maßnahmen soll solchen der Vorzug gegeben werden, die stärker an den Interessen der Betroffenen orientiert sind und ihre Einflußnahme auf die Ausgestaltung der Maßnahme gewährleisten.

(5) [1]Bei der Förderung gleichartiger Maßnahmen mehrerer Träger sind unter Berücksichtigung ihrer Eigenleistungen gleiche Grundsätze und Maßstäbe anzulegen. [2]Werden gleichartige Maßnahmen von der freien und der öffentlichen Jugendhilfe durchgeführt, so sind bei der Förderung die Grundsätze und Maßstäbe anzuwenden, die für die Finanzierung der Maßnahmen der öffentlichen Jugendhilfe gelten.

(6) Die Förderung von anerkannten Trägern der Jugendhilfe soll auch Mittel für die Fortbildung der haupt-, neben- und ehrenamtlichen Mitarbeiter sowie im Bereich der Jugendarbeit Mittel für die Errichtung und Unterhaltung von Jugendfreizeit- und Jugendbildungsstätten einschließen.

1 Systematischer Zusammenhang

1.1 Stellung des § 74 im SGB VIII

Die Förderung der freien Jugendhilfe ist die Konsequenz aus der notwendigen Pluralität des Leistungsangebots in der Jugendhilfe (→ § 3 Rn. 1 ff., → § 4 Rn. 1). Die grundsätzliche Verpflichtung zur Förderung spricht als Programmsatz § 4 Abs. 3 aus, wonach die öffentliche Jugendhilfe die freie Jugendhilfe nach Maßgabe des SGB VIII fördern und dabei die verschiedenen Formen der Selbsthilfe stärken soll. Eine verbindliche Förderungspflicht für die **Jugendverbände** und Jugendgruppen folgt aus **§ 12**, der diesen einen Förderungsanspruch dem Grund nach gewährt, wenn und soweit sie die Voraussetzungen des § 74 erfüllen (→ § 12 Rn. 2). Demgegenüber ist § 74 die Kernvorschrift für die Förderung **aller** in der Jugendhilfe tätigen freien Träger. Sie legt die Förderungsvoraussetzungen fest und bestimmt, welche Kriterien der öffentliche Träger bei Art und Höhe der Förderung zu beachten hat. § 12 regelt die Trägerförderung, § 74 die **Maßnahmenförderung.**[1] 1

Die Förderung von **Tageseinrichtungen** richtet sich – seit dem TAG – unter der Voraussetzung eines bestehenden Landesrechts nur nach **§ 74a** und dem diesbezüglichen Landesrecht; diese Regelungen verdrängen also § 74, soweit der Landesgesetzgeber Regelungen getroffen hat.[2] Zu solchen landesgesetzlichen Regelungen s. Synopse Anh. 3. 2

Eine **Ermächtigungsgrundlage** für Eingriffe in die Berufsfreiheit freier Träger nach Art. 12 GG ist § 74 nicht (→ § 79 Rn. 8). 3

1.2 Förderung als Strukturprinzip

Nach Abs. 1 sollen die Träger der öffentlichen Jugendhilfe die in der Jugendhilfe tätigen **freien Träger anregen und fördern.** Diese Verpflichtung folgt aus den in den §§ 3–5 niedergelegten Strukturprinzipien des Jugendhilferechts, nämlich der Pluralität (§ 3 Abs. 1), der Partnerschaft (§ 4 Abs. 1) und der Subsidiarität (§ 4 Abs. 2 u. 3) sowie dem Wunsch- und Wahlrecht der Leistungsberechtigten (§ 5). Die Leistung der freien Träger ist damit zentraler Bestandteil des Jugendhilferechts. Dass Leistungen der Jugendhilfe überhaupt erbracht werden, unterliegt dagegen der Gesamtverantwortung der öffentlichen Träger nach § 79 Abs. 1. Insbesondere der Aspekt der **Subsidiarität** erfordert die in § 74 Abs. 1 bestimmte Anregung und Förderung der freien Träger 4

1 Ebenso OVG NRW 10.7.2003 – 16 A 2822/01, DVBl 2004, 67.
2 Ebenso BayVGH 23.10.2013 – 12 BV 13.650, juris Rn. 24; OVG NRW 15.10.2012 – 12 A 1054/11, juris Rn. 107 f.; VGH BW 1.2.2011 – 12 S 1774/10, juris Rn. 21; BVerwG 21.1.2010 – 5 CN 1/09, NVwZ-RR 2010, 572 nach VGH BW 4.6.2008 – 12 S 2559/06, VBl BW 2009, 95; OVG NRW 26.8.2008 – 12 B 799/08; VG Oldenburg 6.8.2010 – 13 A 2512/08; Wabnitz in GK-SGB VIII Rn. 18.

(„aktive Subsidiarität"). Als freie Träger können daher nicht Einrichtungen der **öffentlichen Hand** (Eigenbetriebe, GmbH, AG, eV) gelten.[3] Bei **privat-gewerblichen** Trägern besteht – obgleich sie nach hiesiger Auffassung Träger der freien Jugendhilfe sind (aA → § 3 Rn. 18) – das Erfordernis der Verfolgung gemeinnütziger Ziele.[4] Auch wenn § 74 die Adressaten der Förderung nicht ausdrücklich (organisationsrechtlich), sondern lediglich funktionsrechtlich („freiwillige Tätigkeit") benennt, folgt aus Abs. 1 Nr. 1 bis 5, dass dies ein **rechtsfähiger** Träger sein muss, weil bei nur losen Gruppierungen die Förderungsvoraussetzungen, insbes. die Mittelverwendung nicht ausreichend sicher geprüft werden können (→ Rn. 6 ff.).[5]

1.3 Förderungsbegriff

5 Unter den Begriff der Förderung fallen die **Projektförderung** und die **institutionelle Förderung**. Beide sind Zuwendungen iSd § 23 BHO und (Sozial-)**Subventionen**.[6] Die Projektförderung beinhaltet Zuwendungen zur Deckung von Ausgaben für bestimmte Einzelmaßnahmen oder Vorhaben. Vor der Bewilligung der Förderung darf mit der Durchführung eines Vorhabens nicht begonnen werden. Die institutionelle Förderung ist hingegen eine generelle Förderung. Sie erfolgt regelmäßig in der Form eines allgemeinen Zuschusses für die Tätigkeit der geförderten Institution. Bei beiden Förderungsarten ist eine **Anteilsfinanzierung**, eine **Fehlbedarfsfinanzierung** oder eine **Festbetragsfinanzierung** denkbar. Bei der Anteilsfinanzierung erfolgt die Förderung durch die Übernahme eines bestimmten Prozentsatzes der zuwendungsfähigen Ausgaben. Die Fehlbedarfsfinanzierung ist subsidiär und tritt dann ein, wenn der Zuwendungsempfänger die anfallenden Kosten mit eigenen oder sonstigen Drittmitteln nicht decken kann. Es kommen auch Förderungsarten in Betracht, die nicht an einem Defizit ansetzen, sondern eine Förderung erbringen und die Deckung des Fehlbetrags der Eigenleistung oder den Teilnahmebeiträgen nach § 90 überlassen.[7] Der Fehlbetrag muss in jedem Fall nachgewiesen sein.[8] Bei der Festbetragsfinanzierung stellt der öffentliche Träger einen festen Betrag zur Deckung der zuwendungsfähigen Gesamtkosten zur Verfügung. Die tatsächlich angefallenen Kosten bilden die Höchstgrenze der Förderung.[9] **Keine Förderung** ist die **Kostenübernahme** durch den öffentlichen Träger (Leistungsträger), wenn die Leistungsberechtigten Einrichtungen und Dienste der freien Träger als Leistungserbringer im sog. Dreiecksverhältnis in Anspruch nehmen (zu diesem näher → § 5 Rn. 17 ff.). Über die Höhe der Kosten der Inanspruchnahme sind im stationären Bereich Entgeltvereinbarungen nach § 78 b abzuschließen, im ambulanten Bereich nach § 77 anzustreben. Die Förderung nach § 74 (Subventionierung), die durch **VA** (§ 31 SGB X) oder durch (subordinationsrechtlichen) öffentlich-rechtlichen

3 ThürOVG 19.10.2004 – 2 KO 385/03, FEVS 56, 469; von Boetticher/Münder in FK-SGB VIII Rn. 8; s. hierzu auch Tresoret in jurisPK-SGB VIII Rn. 62.

4 S. zu diesem Problemkreis auch Tresoret in jurisPK-SGB VIII Rn. 61; VG Hamburg 17.1.2006 – 13 K 1657/04, ZKJ 2006, 377 unter Berufung auf europäisches **Wettbewerbsrecht** – nachgehend anders HmbOVG 22.4.2008 – 4 Bf104/06, SRa 2008, 238 mAnm Meysen S. 244; zum Wettbewerbsrecht auch → Rn. 36, 50 ff. u. VG Lüneburg 20.12.2005 – 4 B 50/05; OVG NRW 18.3.2005 – 12 B 1931/04, JAmt 2005, 484 nach VG Münster 18.8.2004 – 9 L 970/04, JAmt 2005, 44.

5 Ebenso Kern in SFMK Rn. 4; differenzierend Tresoret in jurisPK-SGB VIII Rn. 57 f.; aA Wabnitz in GK-SGB VIII Rn. 3 mit bedenkenswerten Gründen.

6 S. hierzu auch Tresoret in jurisPK-SGB VIII Rn. 50 f.; dies gilt aber nicht für die Förderung nach § 74a. Diese Förderung erfolgt als marktmäßige Gegenleistung für die Betreuung von Kindern. Zudem besteht nach Landesrecht ein einklagbarer Anspruch auf die Förderung.

7 BVerwG 25.2.2002 – 5 C 23/01, JAmt 2003, 89.

8 So NdsOVG 19.6.2010 – 4 LA 38/09.

9 So BVerwG 17.7.2009 – 5 C 25/08 u. 27/08, NVwZ-RR 2010, 19 nach SächsOVG 6.5.2008 – 1 B 301/06 m. Besprechung durch Forkel u. Wabnitz ZKJ 2010, 3 u. 99.

Zuwendungsvertrag (§ 53 SGB X)[10] möglich ist, ist zu unterscheiden von der **Entgeltvereinbarung** nach § 77 oder § 78b.[11] Nicht unter den Förderungsbegriff des § 74 fallen Einnahmen aus Entgeltvereinbarungen (→ § 78a Rn. 3). Werden Entgeltvereinbarungen getroffen, sind Fördermittel aus § 74 gem. § 78c Abs. 2 S. 4 auf das Entgelt anzurechnen (→ § 78c Rn. 14). Daraus ergibt sich, dass bei Leistungen im Dreiecksverhältnis auch eine **Mischfinanzierung** möglich ist.

2 Förderungsvoraussetzungen (Abs. 1 und 2)

2.1 Allgemeine Förderungsvoraussetzungen (Abs. 1 Satz 1)

Ob die allgemeinen Förderungsvoraussetzungen vorliegen, muss der öffentliche Träger 6
im Wege der Amtsermittlung nach § 20 SGB X unter Mitwirkung des freien Trägers feststellen. Sind sie nicht positiv festgestellt, kann eine Förderung nicht erfolgen.[12] Die Förderung der freien Träger setzt voraus, dass diese eine Tätigkeit **auf dem Gebiet der Jugendhilfe** wahrnehmen. Tätigkeiten der freien Träger sind zunächst die in § 2 Abs. 2 aufgeführten Leistungen der Jugendhilfe für diese gilt dann § 3 Abs. 2. Die Wahrnehmung der anderen Aufgaben nach § 2 Abs. 3 obliegt dagegen nach § 3 Abs. 3 zunächst den öffentlichen Trägern. Allerdings ist auch hier eine Aufgabenwahrnehmung mittels § 76 möglich.

Zu den Tätigkeiten auf dem Gebiet der Jugendhilfe gehören jedoch über die in § 2 genannten Bereiche hinaus alle Aktivitäten, die in den sachlichen Geltungsbereich des SGB VIII fallen[13] und damit dem Förderangebot des § 1 Abs. 1 zuzurechnen sind. Das aus § 1 Abs. 1 folgende Recht auf Förderung zu einer eigenverantwortlichen und gemeinschaftsfähigen Persönlichkeit wird wiederum durch § 1 Abs. 3 SGB VIII näher bestimmt. Zum Gebiet der Jugendhilfe zählen damit letztlich alle Maßnahmen, die den in § 1 Abs. 3 genannten Zielen der Jugendhilfe dienlich sind.[14] Unter **örtlichen** Gesichtspunkten setzt eine Förderung grundsätzlich voraus, dass die freien Träger Angebote im **Zuständigkeitsbereich** (→ Rn. 45) des jeweiligen JA bereithalten. Dies folgt aus dem Zusammenhang des § 74 mit den §§ 79 und 80, wonach sich ein Förderungsanspruch nur gegen denjenigen Jugendhilfeträger richtet, der die Gesamtverantwortung einschließlich der Planungsverantwortung gem. §§ 79, 80 trägt.[15]

Satz 1 **Nr. 1** macht die Förderung zunächst davon abhängig, dass der jeweilige freie 7
Träger die **fachlichen Voraussetzungen** für die geplante Maßnahme erfüllt. Damit gemeint ist die Beachtung allgemein anerkannter fachlicher Standards auf dem Gebiet der Jugendhilfe.[16] In erster Linie ist dafür fachlich qualifiziertes Personal nötig. Diese Qualifikation ist nicht gleichzusetzen mit professioneller oder hauptamtlicher Tätigkeit wie bei den Fachkräften des öffentlichen Trägers nach § 72.[17] Freie Jugendhilfe wird zu großen Teilen von ehren- und nebenamtlicher Tätigkeit bestimmt (→ § 73 Rn. 1 f.; → § 3 Rn. 22).[18]

---

10 Näher hierzu Wabnitz in GK-SGB VIII Rn. 104–110.
11 VG Halle 21.9.2006 – 4 A 225/04, RsDE (2007) 64, 93; näher hierzu Kunkel ZfJ 2000, 413.
12 So Mrozynski SGB VIII Rn. 5.
13 Wiesner in Wiesner Rn. 15.
14 S. hierzu auch Tresoret in jurisPK-SGB VIII Rn. 68.
15 BVerwG 25.4.2002 – 5 C 18/01, JAmt 2003, 85; NdsOVG 12.1.1999 – 4 M 1528/9, Jugendhilfe 1999, 310 mAnm Lakies u. Berlit, jurisPR BVerwG 9/2005 Anm. 4.
16 Wiesner in Wiesner Rn. 16; von Boetticher/Münder in FK-SGB VIII Rn. 10.
17 Ebenso Mrozynski SGB VIII Rn. 6. S. hierzu auch SächsOVG 5.7.2016 – 4 A 81/15, juris Rn. 29 f.
18 Vgl. auch Tresoret in jurisPK-SGB VIII Rn. 76.

8 Auch die **Durchführung der Maßnahme** muss fachlich qualifiziertem Personal obliegen. So kann einem Anspruch auf Förderung entgegenstehen, dass in einem Haus der offenen Tür wichtige Maßnahmen der Jugendarbeit nicht von den zuständigen Organen des freien Trägers, sondern einer in ihrer Zusammensetzung unbestimmten Hausversammlung und einem organisatorisch selbstständigen Infoladen überlassen bleiben.[19]

9 Eine **„geplante** Maßnahme" ist nicht nur eine solche, die vor der Förderentscheidung noch nicht verwirklicht worden ist, sondern auch eine künftige, die eine schon begonnene weiterführt.[20] Dies gilt jedenfalls dann, wenn dem öffentlichen Träger die beabsichtigte Maßnahme – auch ohne Antrag – bekannt war. Das folgt aus der „passiven" (§ 4 Abs. 2) und „aktiven" (§ 4 Abs. 3) Subsidiarität. Ist der Bedarf bereits im **zurückliegenden Haushaltsjahr** entstanden und sind dafür ermessensfehlerhaft keine Mittel in den Haushalt eingestellt worden, müssen sie im Folgejahr eingestellt werden.[21]

10 In dem Gesetzesentwurf der Bundesregierung zum Bundeskinderschutzgesetz war eine Verpflichtung zum Abschluss von Vereinbarungen zwischen öffentlichem und freiem Träger zur Qualitätssicherung vorgesehen (→ § 79a Rn. 3).[22] Zwischen Förderung und Vertragsabschluss sollte ein Junktim bestehen. Dies wurde als unzulässiger Eingriff in die **Autonomie des freien Trägers** (§ 4 Abs. 1 S. 2) kritisiert.[23] Auf Vorschlag des Vermittlungsausschusses wurde die entsprechende Passage dann geändert. An Stelle der Verpflichtung zum Vertragsschluss wurde eine Gewährleistungspflicht bezüglich der Beachtung der Grundsätze und Maßstäbe der Qualitätsentwicklung und Qualitätssicherung nach § 79a normiert.[24] Trotz dieser Änderung im Gesetzgebungsverfahren werden die freien Träger durch § 74 Abs. 1 S. 1 Nr. 1 verpflichtet, sich an der Qualitätsentwicklung zu beteiligen. Dies berührt die Autonomie der freien Träger. Wichtig ist daher die Beachtung der Grundsätze des § 4 zur partnerschaftlichen Zusammenarbeit zwischen öffentlicher und freier Jugendhilfe.

11 Nach Satz 1 **Nr. 2** müssen die freien Träger die Gewähr für eine **zweckentsprechende** und **wirtschaftliche Verwendung** ihrer Mittel bieten. Diese Gewähr liegt nur dann vor, wenn die entsprechende Verwendung positiv feststeht, nicht schon dann, wenn das Gegenteil nicht erwiesen ist.[25] Als notwendige positive Anhaltspunkte[26] für die entsprechende Verwendung der Mittel kommen die bisherigen Erfahrungen mit dem freien Träger ebenso in Betracht wie die satzungsmäßig vorgesehene Kontrolle der Mittelverwendung sowie die Qualität der Haushalts- und Rechnungsführung des freien Trägers.[27] Liegen Erfahrungswerte nicht vor, fehlt die Gewähr schon dann, wenn dem um seine öffentliche Anerkennung nachsuchenden freien Träger in seinem sonstigen Auftreten Unredlichkeiten nachgewiesen werden können, die nach dem Gewicht der jeweiligen Einzelvorfälle und bei einer Gesamtwürdigung begründete Zweifel an der Zuverlässigkeit im Rechtsverkehr und an der Wahrhaftigkeit im öffentlichen Auftreten begründen.[28] Dass der öffentliche Träger die zweckentsprechende Verwendung öffentlicher Mittel trotz der Selbstständigkeit freier Träger nachprüfen darf, folgt aus § 17 Abs. 3 Satz 3 SGB I (→ § 4 Rn. 32).

---

19 OVG NRW 16.9.1992 – 24 B 1859/92, FEVS (1993) 43, 164.
20 Ebenso VGH BW 11.1.2007 – 12 S 2472/06, JAmt 2008, 166.
21 Ebenso BVerwG 17.7.2009 – 5 C 25/08 u. 27/08; OVG NRW 10.7.2003 – 16 A 2822/01, DVBl 2004, 67; SächsOVG 12.4.2006 – 5 B 370/04, EuG 2007, 55.
22 S. § 74 Gesetzesentwurf Bundesregierung, BT-Drs. 17/6256, 11.
23 S. hierzu zB LPK-SGB VIII, 4. Aufl., § 74 Rn. 59.
24 S. BT-Drs. 17/8130, 2.
25 OVG Bln RsDE (1989) 7, 105.
26 So Bernzen in JHSM Rn. 8.
27 Kern in SFMK Rn. 7.
28 OVG NRW ZfSH/SGB 1987, 155.

Um gefördert zu werden, muss der freie Träger nach Satz 1 **Nr. 3 gemeinnützige Ziele** verfolgen. Von der Förderung ausgeschlossen ist damit eine gewerbliche, auf Gewinnerzielung ausgerichtete Tätigkeit, also idR die der privatgewerblichen Träger.[29] Es gilt der Gemeinnützigkeitsbegriff des Steuerrechts,[30] so dass mit einer Anerkennung durch das Finanzamt nach § 51 AO die Gemeinnützigkeit jedenfalls nachgewiesen ist. Weil die Anerkennung im SGB VIII nicht ausdrücklich gefordert ist, kann es ggf. genügen, dass die **Voraussetzungen** der Anerkennung nach **§ 52 AO** vorliegen.[31] Die Verfolgung gemeinnütziger Zwecke iSd § 52 Abs. 1 AO setzt voraus, dass die Tätigkeit darauf gerichtet ist, die Allgemeinheit auf materiellem, geistigem oder sittlichem Gebiet selbstlos zu fördern. Keine Förderung der Allgemeinheit liegt vor, wenn der Kreis der Personen, dem die Förderung zu Gute kommt, fest abgeschlossen ist, zB Zugehörigkeit zu einer Familie oder zur Belegschaft eines Unternehmens, oder infolge seiner Abgrenzung, insbesondere nach räumlichen oder beruflichen Merkmalen, dauernd nur klein sein kann. Liegen die Voraussetzungen des § 52 Abs. 1 AO vor, ist nach § 52 Abs. 2 Nr. 4 AO die Förderung der Jugendhilfe als Förderung der Allgemeinheit – und damit gleichzeitig als gemeinnütziger Zweck – anzuerkennen. 12

Förderungsvoraussetzung ist nach Satz 1 **Nr. 4** ferner eine **angemessene Eigenleistung** des freien Trägers. Auch wenn eine solche bei früheren Fördermaßnahmen nicht erbracht worden ist, kann aus der Selbstbindung der Verwaltung iVm dem Gleichbehandlungsgrundsatz (Art. 3 GG) nicht abgeleitet werden, auch jetzt auf die Eigenleistung zu verzichten, da es keinen Anspruch auf Fortführung einer rechtswidrigen Praxis („Fehlerwiederholung") gibt.[32] Bei fehlender Eigenleistung ist die Förderung zwar nicht ausgeschlossen,[33] aber eine (nur) freiwillige Leistung.[34] Unter den Begriff der Eigenleistung fallen nicht nur finanzielle Eigenmittel oder auf dem Kapitalmarkt aufgenommene Fremdmittel sowie Spenden und sonstige Zuflüsse, sondern insbesondere auch die Dienstleistungen ehrenamtlicher Mitarbeiter und die kostenlose oder verbilligte Bereitstellung von Sachmitteln.[35] Auch Beiträge Dritter,[36] zB Teilnahmebeiträge sind Eigenleistung. Der unbestimmte Rechtsbegriff der **angemessenen** Eigenleistung ist auszulegen. Gesetzliche Auslegungskriterien nennt Abs. 3 S. 3 (→ Rn. 41). 13

Dass der freie Träger als Förderungsvoraussetzung die Gewähr für eine **den Zielen des Grundgesetzes** förderliche Arbeit bieten muss, bestimmt Satz 1 **Nr. 5**. Dieses Erfordernis ist nicht zu verwechseln mit politischer oder weltanschaulicher Neutralität, sondern es geht darum, dass sich der freie Träger zu den Grundprinzipien der Verfassung bekennt.[37] Zu den Zielen des Grundgesetzes gehört die **Verwirklichung einer freiheitlich demokratischen Grundordnung** im Sinne der Rechtsprechung des BVerfG.[38] Danach lässt sich die freiheitlich demokratische Grundordnung als eine Ordnung bestimmen, die unter Ausschluss jeglicher Gewalt- und Willkürherrschaft eine rechtsstaatliche Herrschaftsordnung auf der Grundlage der Selbstbestimmung des Volkes nach 14

---

29 Ebenso Kern in SFMK Rn. 8; von Boetticher/Münder in FK-SGB VIII Rn. 11; Tresoret in jurisPK-SGB VIII Rn. 90; **aA** VG Hamburg 17.1.2006 – 13 K 1657/04, ZKJ 2006, 377, nachgehend anders HmbOVG 22.4.2008 – 4 Bf104/06, SRa 2008, 238.

30 Ebenso Kern in SFMK Rn. 8; ähnlich Tresoret in jurisPK-SGB VIII Rn. 88; s. hierzu auch OVG NRW 1.12.2014 – 12 A 2523/13, juris Rn. 184: Der jugendhilferechtliche Gemeinnützigkeitsbegriff „orientiert sich weitgehend an dem Gemeinnützigkeitsbegriff des Steuerrechts".

31 So wohl auch Bernzen in JHSM Rn. 10; Mrozynski SGB VIII Rn. 8.

32 Ebenso BVerwG 17.7.2009 – 5 C 25/08 u. 27/08.

33 So aber OVG MV 30.10.2001 – 4 K 29/98.

34 So OVG NRW 10.7.2003 – 16 A 2822/01, DVBl 2004, 67.

35 NdsOVG ZfF 1994, 84; von Boetticher/Münder in FK-SGB VIII Rn. 13; Kern in SFMK Rn. 9.

36 So BVerwG 17.7.2009 – 5 C 25/08 u. 27/08.

37 Kern in SFMK Rn. 10.

38 BVerfGE 2, 12.

dem Willen der jeweiligen Mehrheit und der Freiheit und Gleichheit darstellt. Zu den grundlegenden Prinzipien dieser Ordnung sind mindestens zu rechnen: die Achtung vor den im Grundgesetz konkretisierten Menschenrechten, vor allem vor dem Recht der Persönlichkeit auf Leben und freie Entfaltung, die Volkssouveränität, die Gewaltenteilung, die Verantwortlichkeit der Regierung, die Gesetzmäßigkeit der Verwaltung, die Unabhängigkeit der Gerichte, das Mehrparteienprinzip und die Chancengleichheit für alle politischen Parteien mit dem Recht auf verfassungsmäßige Bildung und Ausübung einer Opposition.

15 Eine den Zielen des Grundgesetzes förderliche Arbeit ist nur dann gegeben, wenn der Träger der freien Jugendhilfe **positiv im Sinne der obersten Grundsätze der freiheitlichen Demokratie** wirkt. Ein solches Wirken erfordert mehr als nur eine passive oder gleichgültige Haltung gegenüber der freiheitlich demokratischen Grundordnung. Es reicht nicht aus, wenn Zweck und Tätigkeit des freien Trägers lediglich nicht den Strafgesetzen zuwiderlaufen oder sich lediglich nicht gegen die verfassungsmäßige Ordnung richten.[39] Bei Überschreitung dieser Grenze könnte eine Vereinigung nach Art. 9 Abs. 2 GG bereits verboten werden. Die Frage der Förderungswürdigkeit ist hingegen eine andere. Sie ist zu verneinen, wenn der freie Träger begründete Zweifel hinsichtlich des positiven Wirkens für die freiheitliche Demokratie aufkommen lässt.[40] Diese Zweifel können sich aus Veröffentlichungen des freien Trägers ergeben, wenn sie den Inhalt der politischen Bildungsarbeit prägen. Kritik an der Verfassungswirklichkeit ist durchaus erlaubt, denn Kritik kann den Zielen des Grundgesetzes förderlich sein. Außerdem können Staat und Gesellschaft an einer unkritischen Jugend kein Interesse haben.[41] Diese Kritik kann auch auf eine Änderung des Grundgesetzes gerichtet sein, jedoch nur dann, wenn sich dadurch die Ziele des Grundgesetzes besser verwirklichen lassen.[42]

16 Die Gewähr für eine den Zielen des Grundgesetzes förderliche Arbeit bietet der freie Träger nicht schon dann, wenn er sich selbst zu den Grundsätzen der freiheitlichen Demokratie bekennt; vielmehr muss er diese Grundsätze auch **seiner Klientel vermitteln**. Sind Teile der jugendlichen Klientel gewaltbereit und politisch extrem orientiert, genügt es nicht, wenn sich der freie Träger hierzu neutral verhält. Er kann es nicht der „freien Konkurrenzsituation" überlassen, welche Auffassung sich in seinem Bereich durchsetzt, sondern muss versuchen, die Jugendlichen für die grundlegenden Ziele des Grundgesetzes und dessen Wertordnung zu gewinnen.[43]

17 Das Gebot einer den Zielen des Grundgesetzes förderlichen Arbeit kann in **Konflikt mit dem Recht auf freie Meinungsäußerung** aus Art. 5 Abs. 1 GG geraten, das jedoch gemäß Art. 5 Abs. 2 GG durch die allgemeinen Gesetze eingeschränkt werden kann. Die Versagung der Förderung wegen des Verstoßes gegen das Gebot zur förderlichen Arbeit greift mittelbar in das Recht der freien Meinungsäußerung ein. Dieser Eingriff ist jedoch durch den Einfluss gerechtfertigt, den die freien Träger – insbesondere im Bereich der Jugendarbeit – auf die Erziehung und die Entwicklung junger Menschen zu einer eigenverantwortlichen Persönlichkeit nehmen (§§ 1 Abs. 1, 11 Abs. 1). Kinder und Jugendliche sind mangels Reife und Erfahrung weit weniger als Erwachsene in der Lage, das ihnen vermittelte Gedankengut kritisch auf seinen Wahrheitsgehalt zu überprüfen. Infolge geringerer Kritikfähigkeit steigt die Gefahr der Indoktrination. Von den öffentlichen Trägern kann es nicht verlangt werden, dass sie diejenigen freien Träger unterstützen, die sich nicht positiv zu den Grundsätzen der freiheitlichen De-

39 BVerwG 16.2.1978 – 5 C 33/76, E 55, 235.
40 BVerwG 16.2.1978 – 5 C 33/76, E 55, 235; OVG NRW NWVBl 1993, 234; kritisch dazu Wiesner in Wiesner Rn. 22.
41 So ausdrücklich BVerwG 16.2.1978 – 5 C 33/76, E 55, 235.
42 BVerwG NJW 1969, 1784.
43 BVerwG 1.8.1996 – 5 B 90/96.

mokratie, die den Grundkonsens unserer Gesellschaft darstellen, bekennen. Im Einzelfall kann jedoch die Gefahr bestehen, dass auch erlaubte Kritik an der Verfassungswirklichkeit durch die Versagung von Förderungsmitteln seitens der öffentlichen Träger erschwert wird. Dem stehen die freien Träger indes nicht schutzlos gegenüber, weil den öffentlichen Trägern kein Beurteilungsspielraum dahin gehend zusteht, ob die geleistete Arbeit den Zielen des Grundgesetzes förderlich ist. Die Entscheidung der öffentlichen Träger über die Versagung der Förderung aus diesem Grund ist vielmehr der uneingeschränkten Kontrolle durch die Verwaltungsgerichte unterworfen.[44]

2.2 Bedeutung der Anerkennung (Abs. 1 Satz 2)

18 Nach Abs. 1 **Satz 2** setzt eine auf Dauer angelegte Förderung **in der Regel** die Anerkennung als Träger der freien Jugendhilfe nach § 75 voraus. Damit unterscheidet sich die Regelung vom vormals geltenden § 9 JWG, nach dem die Anerkennung stets Voraussetzung für die Förderung war. Nach der Intention des Regierungsentwurfs sollte die Anerkennung als Förderungsvoraussetzung gänzlich entfallen, um damit der Bildung einer Vielzahl von örtlichen Initiativen und Selbsthilfegruppen Rechnung zu tragen. Außerdem habe die Voraussetzung einer förmlichen öffentlichen Anerkennung die Förderung von Modellprojekten häufig unangemessen erschwert.[45] In den Beratungen des zuständigen Bundestagsausschusses wurde jedoch die auf Dauer angelegte Förderung freier Träger mit ihrer Anerkennung nach § 75 verknüpft. Damit sollte sichergestellt werden, dass eine auf längere Zeit angelegte Förderung grundsätzlich nur Trägern zu Gute kommt, die Gewähr für Kontinuität bieten.[46]

19 Eine **auf Dauer** angelegte Förderung erfordert regelmäßig eine Prognoseentscheidung, wobei die Dauer der bisherigen Tätigkeit des freien Trägers ein Indiz sein kann.[47] Dabei darf jedoch nicht verkannt werden, dass auch die Initiativen neuer Träger auf Dauer förderungswürdig sein können und deshalb eine Anerkennung erforderlich machen. Hier ist hilfreich, dass von der Anerkennung in Ausnahmefällen abgesehen werden kann, da sie lediglich **in der Regel** Voraussetzung für eine dauerhafte Förderung ist. Weil bei neuen Trägern eine Prognose über die Dauer ihrer Aktivitäten mit Unsicherheiten behaftet sein kann, ist es möglich und im Einzelfall sachgerecht, dass ein Träger in die ständige Förderung „hineinwächst" und nachträglich ein Anerkennungsverfahren nach § 75 durchführt.[48] Eine institutionelle Förderung wird idR auf Dauer angelegt sein, eine Projektförderung kann auf Dauer angelegt sein, wenn sie sich auf ein lange andauerndes Projekt oder auf **Wiederholungsprojekte** bezieht.[49] Der für die Dauerhaftigkeit zu fordernde Zeitraum ergibt sich aus § 75 Abs. 2, also drei Jahre.[50]

20 Die Anerkennung nach § 75 ist nur für die Frage der **dauerhaften** Förderung von Bedeutung. Über die sonstigen Förderungsvoraussetzungen des § 74 sagt sie dagegen nichts aus. Deren Vorliegen ist vielmehr unabhängig von der Anerkennung als freier Träger in jedem Einzelfall selbstständig zu prüfen.[51]

2.3 Besondere Förderungsvoraussetzung (Abs. 2)

21 Nach Abs. 2 besteht die Möglichkeit infolge einer Ermessensentscheidung („kann"), die Förderung freier Träger von der Bereitschaft abhängig zu machen, ihre Einrichtun-

44 BVerwG 17.7.2009 – 5 C 25/08 u. 27/08.
45 BT-Drs. 11/5948, 95 zu § 66 des Entwurfs.
46 BT-Drs. 11/6748, 82.
47 So von Boetticher/Münder in FK-SGB VIII Rn. 15.
48 Kern in SFMK Rn. 11.
49 Ähnlich Wabnitz in GK-SGB VIII Rn. 34.
50 Ebenso Mrozynski SGB VIII Rn. 9; kritisch hierzu Tresoret in jurisPK-SGB VIII Rn. 108 und 109.
51 OVG NRW 16.9.1992 – 24 B 1859/92, FEVS (1993) 43, 164.

gen, Dienste und Veranstaltungen nach Maßgabe der **Jugendhilfeplanung** und unter Beachtung der in **§ 9 genannten Grundsätze** anzubieten. Die Verknüpfung dieser Vorgaben mit der Förderung kann durch Nebenbestimmungen nach § 32 SGB X geschehen – dabei kommt regelmäßig nur die Auflage in Betracht, Bedingung und Widerrufsvorbehalt sind hier in der Regel unverhältnismäßig.[52] Rechtsgrundlage für die Beifügung der Nebenbestimmungen ist grundsätzlich § 32 Abs. 1 SGB X, da auf die Förderung im Regelfall ein gebundener Anspruch (→ Rn. 25) besteht.[53] Daher sind bei der Beifügung von Nebenbestimmungen die Einschränkungen des § 32 Abs. 1 SGB X zu beachten. Zwingend erforderlich ist auch eine fehlerfreie Ermessensausübung unter Beachtung des Zwecks nach § 74 und Einhaltung der gesetzlichen Grenzen des Ermessens.

Ebenso sind Regelungen im Zuwendungsvertrag möglich. Diese Vorgaben dürfen jedoch nicht mit § 4 Abs. 1 kollidieren, wonach die öffentlichen Träger die Selbstständigkeit der freien Träger zu beachten haben. Abs. 2 steht in einem gewissen **Spannungsverhältnis** zwischen der Selbstständigkeit der freien Träger und der Gesamtverantwortung der öffentlichen Träger.[54] Während die freien Träger nach §§ 3 und 4 autonom entscheiden können, welche Ziele sie verfolgen und welche Maßnahmen sie anbieten, haben die öffentlichen Träger nach § 79 Abs. 1 (→ § 79 Rn. 1) dafür zu sorgen, dass die Ziele und Aufgaben der Kinder- und Jugendhilfe insgesamt verwirklicht und erfüllt werden. Hierfür haben sie die erforderlichen und geeigneten Einrichtungen, Dienste und Veranstaltungen rechtzeitig und ausreichend zur Verfügung zu stellen. Dass dies eine sorgfältige Planung erfordert, versteht sich von selbst. Deshalb bestimmt § 79 Abs. 1, dass zur Gesamtverantwortung des öffentlichen Trägers auch die Planungsverantwortung gehört. Das Spannungsverhältnis zwischen der Autonomie der freien Träger und der Gesamtverantwortung der öffentlichen Träger relativiert sich jedoch dadurch, dass sowohl die Jugendhilfeplanung als auch die Förderung der freien Jugendhilfe zu den besonderen Aufgaben des JHA gehören (§ 71 Abs. 2 Nr. 2 und 3), der nach § 71 Abs. 1 Nr. 2 zu zwei Fünfteln mit Vertretern der freien Träger besetzt ist. Außerdem sind die freien Träger nach § 80 Abs. 3 in allen Phasen der Jugendhilfeplanung frühzeitig zu beteiligen und zu diesem Zweck vom JHA zu hören.

22 Indem § 74 Abs. 2 die Förderung freier Träger von der Beachtung der Jugendhilfeplanung abhängig macht, entspricht die Bestimmung den Vorgaben des BVerfG,[55] wonach es zur möglichst wirtschaftlichen Verwendung öffentlicher und privater Mittel einer Planung bedarf. Erforderlich ist jedoch, dass die öffentlichen Träger ihrer **Planungsverpflichtung** aus § 80 nachkommen, weil nur durch eine umfassende Jugendhilfeplanung sichergestellt werden kann, dass die Leistungen der Jugendhilfe unter Beachtung der Zielsetzungen des SGB VIII und der zur Verfügung stehenden Ressourcen angeboten werden. Eine andere Frage ist, ob eine fehlende Jugendhilfeplanung für sich alleine die Ermessensfehlerhaftigkeit einer jugendhilferechtlichen Entscheidung des öffentlichen Trägers begründen kann (zum Anspruch auf fehlerfreies Ermessen → Rn. 29). Das OVG NRW[56] hat dies für den Fall verneint, dass der öffentliche Träger die Förderungen für Einrichtungen freier Träger gekürzt hat, obwohl er seiner Pflicht zur Jugendhilfeplanung nicht nachgekommen ist. Nach Ansicht des Gerichts bietet auch der Jugendhilfeplan – wegen des erforderlichen längeren Planungszeitraums – keine Gewähr dafür, dass die finanzielle Entwicklung des Haushalts mit den Planvorgaben Schritt hält. Die Argumentation berücksichtigt die grundsätzliche Funk-

52 AA Bernzen in JHSM Rn. 33.
53 Missverständlich in diesem Zusammenhang Tresoret in jurisPK-SGB VIII Rn. 119: „Rechtsgrundlage ist jeweils § 74 Abs. 2 SGB VIII".
54 Ebenso Kern in SFMK Rn. 23; näher hierzu Kunkel FORUM Jugendhilfe 1/2004, 64.
55 BVerfG 18.7.1967 – E 22, 206.
56 OVG NRW 5.12.1995 – 16 A 4932/94, NDV-RD 1996, 100.

tion der Jugendhilfeplanung nicht genügend (→ § 4 Rn. 10), denn ohne geordnete Planung lässt sich die vom BVerfG geforderte wirtschaftliche Verwendung finanzieller Mittel gar nicht erreichen. Zu beachten ist, dass die Planungsverpflichtung des § 80 eine bundesgesetzliche Einschränkung des Rechts auf kommunale Selbstverwaltung enthält, indem § 80 Abs. 3 iVm § 71 Abs. 2 Nr. 2 vorschreibt, dass der JHA die Jugendhilfeplanung vorzunehmen und zB auch Vorsorge zu treffen hat, dass ein unvorhergesehener Bedarf befriedigt werden kann. Die Jugendhilfeplanung besteht nicht nur aus einem umfassenden, sozialwissenschaftlich abgesicherten und sich über Jahre hinziehenden Prozess, der mit der Erstellung eines Jugendhilfeplans abgeschlossen wird. Sie ist vielmehr auch ständige Aufgabe, ohne die weder in geplante Maßnahmen eingegriffen werden darf noch ungeplante neue Maßnahmen durchgeführt werden dürfen. Wenn derartige Maßnahmen anstehen, hat die Verwaltung des JA den JHA aufzufordern, die Planung den aktuellen Erfordernissen anzupassen. Nur wenn und solange der JHA dieser Pflicht nicht nachkommt, kann der Verwaltung des JA eine Befugnis zu Notstandsmaßnahmen zustehen. Allerdings dürfen die öffentlichen Träger bei fehlender Jugendhilfeplanung keine verbindlichen Planungsvorgaben für die Förderung der freien Träger aufstellen, weil dies nur dann möglich ist, wenn die Planung als Jugendhilfeplanung iSd § 80 erfolgt ist.

Das Fehlen eines Jugendhilfeplans kann für sich alleine nicht im Sinne einer Automatik einen Ermessensfehler der Entscheidung über Art und Höhe der Förderung herbeiführen, solange die Begründung der Entscheidung erkennen lässt, dass die erforderlichen Überlegungen angestellt und insbesondere die Schwerpunktsetzungen des SGB VIII ausreichend beachtet wurden.[57] Allerdings wird die **Nichtplanung regelmäßig ein gewichtiges Indiz für die Ermessensfehlerhaftigkeit** einer Kürzungsmaßnahme sein.[58] Die Ermessensfehlerhaftigkeit liegt dann sehr nahe. Ohne ordnungsgemäße Jugendhilfeplanung ist eine zweckentsprechende Entscheidung über die Verwendung der zur Verfügung gestellten Haushaltsmittel kaum möglich. Die Förderentscheidung wird dann idR im Blindflug (wenn es überhaupt keine Planung gibt) oder in rechtswidriger Weise (wenn die Planung nicht vollständig iSe Berücksichtigung eines bedarfsdeckenden Angebots erfolgt ist) erfolgen. 23

Diesbezüglich ist auch zu beachten, dass § 74 Abs. 3 S. 1 iVm § 79 als **„normatives Gerundiv"** zu verstehen ist. Grundlage für die effektive Berechnung der insgesamt erforderlichen Haushaltsmittel ist eine sorgfältige Jugendhilfeplanung. Nur eine ordnungsgemäße Jugendhilfeplanung kann gewährleisten, dass für alle erforderlichen Aufgaben ausreichende Finanzmittel zur Verfügung gestellt werden können.

Auch kann es zur Rechtswidrigkeit der Förderentscheidung führen, wenn die zahlreichen Zielrichtungen des SGB VIII (§§ 1, 4, 5, 9 und 80) und die Tatsache, dass Jugendhilfeleistungen Pflichtaufgaben der Jugendhilfe sind, bei der Entscheidung außer Betracht geblieben sind. Dies kann der Fall sein, wenn rein fiskalische Erwägungen den Ausschlag geben. Ihr spezifisches Gewicht erhält die primär fiskalisch begründete Entscheidung, wenn sie einen „de-facto-planerischen Charakter" hat, dh eine Pflichtaufgabe des Jugendhilfegesetzes nicht mehr im erforderlichen und ausreichenden Umfang (§ 79) erfüllt wird. Die knappen Finanzmittel machen eine Planung nicht entbehrlich, sondern geradezu erforderlich. Die Verpflichtung zur Jugendhilfeplanung bewirkt förderungsrechtlich dann nichts anderes als eine Konkretisierung der Anforderungen an die sachgerechte Begründung von Entscheidungen über die Gewährung von Leistungen nach dem SGB VIII. Unter diesem Gesichtspunkt erhöht das Unterlassen

57 Ebenso BVerwG 17.7.2009 – 5 C 25/08 u. 27/08; NdsOVG 7.2.2006 – 4 LB 389/02, NVwZ-RR 2006, 483; OVG NRW 5.12.1995 – 16 A 4932/94, RsDE (1997) 35, 77; Kern in SFMK Rn. 24; Tresoret in jurisPK-SGB VIII Rn. 122.

58 Ebenso Kern in SFMK Rn. 24; aA Tresoret in jurisPK-SGB VIII Rn. 123. S. hierzu auch VG Dresden 22.9.2021 – 1 C 600, 21.

jeglicher Planung im Bereich eines öffentlichen Trägers der Jugendhilfe die Gefahr ermessensfehlerhafter Bescheide, wenn Kürzungen vorgenommen werden sollen.[59] Dies gilt insbesondere für die Beachtung des speziellen Gleichbehandlungsgrundsatzes aus § 74 Abs. 5, der die Gleichbehandlung bei der Förderung und demnach auch bei deren Kürzung gebietet (→ Rn. 45).

24 Ist eine Maßnahme dagegen in einen **Jugendhilfeplan aufgenommen**, ergibt sich allein daraus nicht automatisch ein Anspruch auf Förderung.[60] Dies gilt jedenfalls dann, wenn die Haushaltsmittel nicht ausreichen, um alle Maßnahmen zu fördern. Es bleibt vielmehr auch dann bei der Ermessensentscheidung nach Abs. 3, die von der Jugendhilfeplanung abgekoppelt ist (zur Ermessensreduzierung → Rn. 34).[61]

3 Rechtsfolge: Pflicht zur Förderung (Abs. 1 Satz 1)

25 Sofern die allgemeinen und besonderen Förderungsvoraussetzungen vorliegen, sollen die öffentlichen Träger die freien Träger der Jugendhilfe nach Abs. 1 fördern. Nach hiesiger Auffassung besteht daher im Regelfall („sollen") ein gebundener Rechtsanspruch des Trägers der freien Jugendhilfe auf die Förderung. Bei Vorliegen der Tatbestandsvoraussetzungen besteht kein Entschließungsermessen. Art und Höhe der Förderung stehen nach § 74 Abs. 3 S. 1 jedoch im Auswahlermessen des Trägers der öffentlichen Jugendhilfe. Hierüber ist nach pflichtgemäßem Ermessen zu entscheiden.[62]
In der Gesetzesbegründung zur **Sollvorschrift** des § 74 Abs. 1 heißt es, die unbeschränkte Pflicht zur Förderung freier Träger habe das BVerfG im Hinblick auf die Selbstverwaltungsgarantie der Gemeinden abgelehnt.[63] Dies kann der Entscheidung des BVerfG jedoch nicht entnommen werden.[64] Das Gericht hat vielmehr positiv festgestellt, dass die Förderungs- und Finanzierungspflicht nicht in den Kernbereich der Selbstverwaltung eingreift. Dass die Gemeinde nur geeignete und erforderliche Einrichtungen zu fördern hat, liegt auf der Hand und steht einer Förderungspflicht nicht entgegen. Deshalb ist die Ansicht unzutreffend, die Förderungsverpflichtung müsse aus verfassungsrechtlichen Gründen nur als Sollbestimmung gefasst sein. Vielmehr hat das BVerfG ausdrücklich anerkannt, dass das JA eine Gesamtverantwortung dafür trägt, geeignete Jugendwohlfahrtseinrichtungen in ausreichendem und erforderlichem Maße zur Verfügung zu stellen.

26 Ungeachtet dessen bleibt die Frage, welche Konsequenzen sich daraus ergeben, dass die freien Träger nach der gesetzlichen Fassung gefördert werden sollen. Bei § 74 Abs. 1 handelt es sich im Gegensatz zur allgemeinen Förderungsbestimmung des § 4 Abs. 3 nicht lediglich um einen sog. Programmsatz, sondern um eine **Verpflichtungsnorm** mit dem Verpflichtungsgrad des „Soll". Hier ist die Verwaltung **verpflichtet**, die entsprechende Leistung zu erbringen, **wenn nicht besondere Umstände dem entgegenstehen**, es sich also um atypische Fälle handelt (→ § 2 Rn. 7). Liegen atypische Fälle nicht vor, bedeutet das „Soll" ein „Muss". Damit beantwortet sich die Frage, „ob" die freien Träger gefördert werden müssen, grundsätzlich dann mit „Ja", wenn sie die

59 Steffan ZfJ 1997, 454.
60 Ebenso von Boetticher/Münder in FK-SGB VIII Rn. 26; Kern in SFMK Rn. 24; Tresoret in jurisPK-SGB VIII Rn. 126.
61 So BVerwG 17.7.2009 – 5 C 25/08 u. 27/08; VG Braunschweig 15.4.2010 – 3 A 122/09: dann aber Ermessensreduzierung auf null.
62 S. hierzu BVerwG 17.7.2009 – 5 C 25/08, juris Rn. 30: „Bei der nach § 74 Abs. 3 SGB VIII zu treffenden Ermessensentscheidung über Art und Höhe der Förderung ist regelmäßig auch eine dieser logisch vorgelagerten Auswahlentscheidung zu treffen, welche Maßnahmen der Träger der freien Jugendhilfe – nach Art und Umfang – zu fördern sind.
63 BT-Drs. 11/5948, 98 mit Hinweis auf BVerfG 18.7.1967, E 22, 206.
64 Vgl. dazu ausführlich Preis ZfJ 1988, 243 (300, 302).

Voraussetzungen des § 74 Abs. 1 Nr. 1 bis 5 erfullen und ihre Maßnahmen laut § 74 Abs. 2 nach Maßgabe der Jugendhilfeplanung anbieten. Insbesondere die Auflage des § 74 Abs. 2 trägt der Auffassung des BVerfG Rechnung, wonach das JA nicht schlechthin Einrichtungen und Veranstaltungen der freien Jugendhilfe zu fördern hat, sondern nur soweit diese erforderlich und geeignet sind.

Die Beurteilung der **Geeignetheit und Erforderlichkeit** steht weder im Ermessen noch ist ein Beurteilungsspielraum eingeräumt.[65] Vielmehr sind diese Begriffe auszulegen, wobei sich die Auslegung an den in §§ 1 und 2 genannten Zielen und Aufgaben der Jugendhilfe zu orientieren hat. Geeignet ist eine angebotene Maßnahme des freien Trägers dann, wenn sie in den Aufgabenkatalog des § 2 fällt und der freie Träger die fachlichen Voraussetzungen für die Durchführung der geplanten Maßnahme erfüllt (→ Rn. 5). Erforderlich ist sie, wenn sie im zuständigen Jugendamtsbezirk nicht oder nicht in ausreichendem Maße vorhanden ist. Dies festzustellen ist Gegenstand der Jugendhilfeplanung und Aufgabe des JHA in der Koordination des jeweiligen Jugendhilfeplaners der Verwaltung des JA. Das BVerwG[66] räumt dabei „hinsichtlich der Notwendigkeit einzelner Maßnahmen dem Grunde nach sowie der Förderungswürdigkeit einzelner Elemente ihrer Ausgestaltung nach Art und Umfang (zB Öffnungszeiten; Betreuungsdichte) eine gerichtlich nur eingeschränkt nachprüfbare **Einschätzungsprärogative**" ein. Die Verwendung dieses Begriffs (eine Vorstufe des Beurteilungsspielraums?) und die gewundene Formulierung lassen indes die notwendige Klarheit vermissen. 27

Besteht wegen Erfüllung der Voraussetzungen des § 74 Abs. 1 und 2 eine grundsätzliche Förderungspflicht, muss sich der öffentliche Träger auf das Vorliegen **atypischer Umstände** berufen, wenn er dennoch von einer Förderung absehen will. Diese atypischen Umstände muss er begründen und darlegen.[67] Die finanzielle Situation des öffentlichen Trägers ist kein Kriterium für die Versagung einer Soll-Leistung,[68] auch weil sie nicht atypisch, sondern geradezu typisch ist. 28

Von der Pflicht zur Förderung zu unterscheiden ist der **Anspruch** auf diese. Ein solcher besteht nur, wenn die Norm ein subjektives öffentliches Recht enthält. Dies hängt vom **Schutzzweck** der Norm ab. Besteht er darin, zumindest auch den Normadressaten (und nicht nur die Allgemeinheit) zu schützen, liegt ein subjektives öffentliches Recht vor. Dies ist hier der Fall, da die Norm den freien Träger individualisiert nennt („jeweiliger Träger") und detaillierte Voraussetzungen für seine Förderung aufzählt.[69] Der Rechtsanspruch besteht auf Förderung dem Grunde nach, nicht auf eine bestimmte Art und Weise der Förderung[70] und nicht auf eine bestimmte Höhe. Darüber hat der öffentliche Träger nach Ermessen zu entscheiden (Abs. 3 S. 1), wobei ebenfalls ein Rechtsanspruch auf eine fehlerfreie Ermessensentscheidung („pflichtgemäßes Ermessen"; → Rn. 33) besteht und zwar aus denselben Gründen, aus denen ein subjektives öffentliches Recht auf Förderung gefolgert wurde. 29

65 Ebenso von Boetticher/Münder in FK-SGB VIII Rn. 27.
66 BVerwG 17.7.2009 – 5 C 25/08 u. 27/08.
67 BVerwG 17.8.1978 – 5 C 33/77, E 56, 232.
68 BVerwG 12.4.1984 – 5 C 95/80, E 69, 146; Wiesner in Wiesner § 79 Rn. 18; Kern in SFMK § 2 Rn. 23.
69 Im Ergebnis ebenso BVerwG 17.7.2009 – 5 C 25/08 u. 27/08; VGH BW 18.12.2006 – 12 S 2474/06, ZKJ 2007, 203; OVG NRW 10.7.2003 – 16 A 2822/01, DVBl 2004, 67; VG Sigmaringen 26.6.2001 – 7 K 1710/99; VG Freiburg 23.5.2001 – 5 K 1896/ 98; Wabnitz in GK-SGB VIII Rn. 43; Kern in SFMK Rn. 12; Wiesner in Wiesner Rn. 24 a unter Aufgabe der bisherigen Rechtsauffassung; Mrozynski Rn. 10; Baltz NDV 1996, 360; Häbel ZfJ 1997, 112; Kunkel ZfJ 2000, 413; Wabnitz ZfJ 2003, 165 und RdJB 2013, 72–83; **aA** OVG Bln 13.10.1998 – 6 S 80.98 u. 14.10.1998 – 6 S 94.98, FEVS 49, 368; VG Kassel 12.4.2001 – 5 G 418/01.
70 Ebenso HessVGH 6.9.2005 – 10 UE3025/04, ZFSH 2005, 730.

4 Art und Höhe der Förderung (Abs. 3 Satz 1)

30 Abs. 3 **Satz 1** behandelt das sog. **Auswahlermessen** der Behörde, nämlich die Frage, „wie" sie ihrer Förderungsverpflichtung nachkommt. Nach Satz 1 entscheidet der öffentliche Träger über die **Art** (zB Sach- oder Geldleistung; Projekt- oder institutionelle Förderung) und **Höhe** der Förderung freier Träger im Rahmen der verfügbaren **Haushaltsmittel** nach pflichtgemäßem Ermessen. Welche Haushaltsmittel für die Jugendhilfe **insgesamt** zur Verfügung stehen, bestimmt die jeweilige Vertretungskörperschaft. Bei dieser Entscheidung ist die Vertretungskörperschaft jedoch nicht frei, sondern sie hat sich nach den Vorgaben des SGB VIII zu richten. Für die Jugendhilfe müssen Haushaltsmittel in einer Höhe bereitgestellt werden, die den öffentlichen Träger in die Lage versetzt, seine Gesamtverantwortung nach § 79 wahrzunehmen. Ist dies nicht der Fall, verstößt die Haushaltssatzung gegen das höherrangige Recht des § 79 und ist somit rechtswidrig.[71] Dem zuständigen JA müssen ausreichende Finanzmittel zur Verfügung stehen, um die in § 2 vorgesehenen Leistungen und anderen Aufgaben sowie die bereits eingegangenen Verpflichtungen gegenüber den freien Trägern zu erfüllen.[72] Satz 1 ist daher iVm § 79 als **„normatives Gerundiv"** zu verstehen. Grundlage für die effektive Berechnung der insgesamt erforderlichen Haushaltsmittel ist eine sorgfältige Jugendhilfeplanung. Sie gewährleistet, dass für alle erforderlichen Aufgaben ausreichende Finanzmittel zur Verfügung stehen und Korrekturen durch Nachtragshaushalte sich in engen Grenzen halten.[73] Der Grundsatz der Subsidiarität verlangt nicht, Haushaltsansätze für eigene Maßnahmen des öffentlichen Trägers zu kürzen, um freie Träger weiterhin fördern zu können.[74]

31 Für die Förderung der freien Träger ist die **Beteiligung des Jugendhilfeausschusses** von besonderer Bedeutung. Die Förderung der freien Jugendhilfe ist dem JHA als besondere Aufgabe nach **§ 71 Abs. 3 Nr. 3** zugewiesen. Er ist für die Entscheidung über die Förderung (funktionell) zuständig. Eine Entscheidung (der Vertretungskörperschaft oder der Verwaltung) ohne seine Beteiligung ist (formell) rechtswidrig.[75] Die Entscheidung des JHA bedarf dem freien Träger gegenüber der Umsetzung durch die Verwaltung. Streitig ist, ob und inwieweit der JHA bereits bei der **Aufstellung** kommunaler Haushalte zu beteiligen ist.[76] Jedenfalls ist der JHA vor der Verabschiedung der Haushaltssatzung von der Vertretungskörperschaft anzuhören, und er hat das Recht, Anträge bezüglich der Ausstattung des Jugendhilfeetats zu stellen. Dies folgt aus § 71 Abs. 4 S. 2 (→ § 71 Rn. 36). Eine andere Frage ist hingegen, ob schon der verwaltungsinterne Vorschlag des JA an den Kämmerer zur Aufstellung des Jugendhilfeetats vom JHA beraten und beschlossen werden muss. Das ist zu bejahen (→ § 71 Rn. 32) und folgt aus der Stellung des JHA, der kein normaler kommunaler Ratsausschuss, sondern ein bundesrechtlich vorgesehener Ausschuss eigener Art ist. Seine Zuständigkeit ist durch die bundesgesetzliche Regelung des § 71 für die öffentlichen Träger der Jugendhilfe verbindlich festgelegt (→ § 71 Rn. 1). Außerdem ist er Teil des JA (§ 70 Abs. 1). In den Zuständigkeitsbereich des JHA fallen alle Tätigkeiten von grundsätzlicher Bedeutung, die über die Geschäfte der laufenden Verwaltung hinausgehen (§ 70 Abs. 2; → § 71 Rn. 19). Dazu zählt die jährliche Bedarfsmeldung des JA gegenüber dem Kämmerer.[77] Kommunalverfassungsrechtliche Bedenken bestehen gegen diese

---

71 Ebenso Bernzen in JHSM Rn. 26.
72 Ebenso VGH BW 11.1.2007 – 12 S 2472/06, JAmt 2008, 166; Wiesner in Wiesner § 79 Rn. 16; **aA** VG Berlin 14.6.1999 – VG 20 A 2399, ZfJ 2000, 194.
73 Ebenso Wiesner in Wiesner § 79 Rn. 20.
74 So NdsOVG 25.3.1998 – 4 L 3057/96, RsDE (1999) 43, 69.
75 Ebenso OVG NRW 15.1.1997 – 16 A 2389/96; Kern in SFMK Rn. 19; Wabnitz in GK-SGB VIII Rn. 45; von Boetticher/Münder in FK-SGB VIII Rn. 51.
76 Ausführlich dazu Preis/Steffan, Förderung, S. 77 ff.
77 Preis/Steffan, Förderung, 78.

Verfahrensweise nicht, denn die Bedarfsanmeldungen des JHA als zuständigem Teil des JA stehen zur Disposition des Kämmerers, der einen ausgeglichenen Haushaltsentwurf vorlegen muss. Das Recht zur Mittelbereitstellung durch die Vertretungskörperschaft bleibt unangetastet. Die Mittel müssen aber so ausreichend bemessen sein, dass alle Rechtsansprüche der Leistungsberechtigten erfüllt werden können und die zur Erfüllung der sonstigen gesetzlichen Aufgaben erforderlichen Einrichtungen, Dienste und Veranstaltungen rechtzeitig zur Verfügung gestellt werden können (→ § 79 Rn. 17).[78]

Das Recht zur **Mittelvergabe** liegt hingegen beim JHA. In haushaltsrechtlicher Hinsicht übernimmt er die Unterverteilung der durch die Haushaltssatzung bereitgestellten Mittel der Jugendhilfe. Insofern steht ihm eine bestandsfeste Beschlusskompetenz nach **§ 71 Abs. 3 S. 1** zu (→ § 71 Rn. 29).[79] Diese Unterverteilung kann durch die Vertretungskörperschaft nicht bereits in der Haushaltssatzung vorweggenommen werden. Ebenfalls ist es unzulässig, unter Veränderung der bisherigen Haushaltspositionen die Unterverteilung der dem JA zugewiesenen Mittel vorzunehmen.[80] Ein solches Verfahren griffe gesetzeswidrig in das Mittelverteilungsrecht des JHA ein. Die Verteilung durch den JHA bietet regelmäßig die Gewähr dafür, dass über die Art und Höhe der Förderung nach pflichtgemäßem Ermessen entschieden wird. Dem JHA ist neben der Förderung der freien Träger auch die Jugendhilfeplanung als besondere Aufgabe zugewiesen (→ § 71 Rn. 14). Er ist das fachnahe Gremium, dem die Beurteilung darüber obliegt, welche Jugendhilfemaßnahmen geeignet, erforderlich und damit förderungswürdig sind. 32

Für die **Ausübung des pflichtgemäßen Ermessens** gilt § 39 SGB I analog. Danach ist eine Entscheidung fehlerhaft und somit rechtswidrig, wenn das Ermessen nicht entsprechend dem Zweck der Ermächtigung ausgeübt wird oder die gesetzlichen Grenzen des Ermessens nicht eingehalten werden. Zweck des § 74 ist es, die freie Jugendhilfe zu fördern, um die Grundsätze der Pluralität und der Subsidiarität zu verwirklichen (→ Rn. 2). Diesen Zweck muss der öffentliche Träger bei der Erfüllung seiner Gesamtverantwortung aus § 79 berücksichtigen. Ein unbedingter Rechtsanspruch auf eine bestimmte Art oder Höhe der Förderung erwächst den freien Trägern daraus regelmäßig nicht (→ Rn. 29). Das pflichtgemäße Ermessen des öffentlichen Trägers bezieht sich auch darauf, ob er im konkreten Fall Sach- oder Geldleistungen gewährt oder Hilfe in anderer Form leistet, etwa durch die Zurverfügungstellung von Personal. Die Ermessensentscheidung nach § 74 Abs. 3 ist ebenfalls rechtswidrig, wenn die ihr vorgelagerte Auswahlentscheidung fehlerhaft oder nicht erkennbar ist.[81] 33

Die Ausübung des pflichtgemäßen Ermessens kann sich auf einen bestimmten **Förderungsanspruch** verdichten, wenn nur noch eine Entscheidung über Art und Höhe der Förderung ermessensfehlerfrei wäre (zu Ermessensfragen → § 79 Rn. 11). Der öffentliche Träger ist dann infolge der sog. **Ermessensreduzierung auf null** zu dieser Förderung verpflichtet. Ein Förderungsanspruch kann sich aus Bundes-, Landes- oder kommunalen Jugendhilfeplänen ergeben (→ Rn. 22).[82] Ist eine Maßnahme in die Bedarfsplanung des öffentlichen Trägers nach § 80 aufgenommen, ist sein Ermessen in der Regel dahin reduziert, sie auch zu fördern. Jedenfalls solange der Bedarfsplan nicht geändert worden ist, kann dem Förderungsanspruch auch nicht entgegengehalten werden, zur Deckung des Bedarfs sei die Maßnahme nicht mehr erforderlich. Die Berücksichtigung dieser Veränderungen ist Teil der Planungsverantwortung des öffentlichen Trägers. Das Risiko solcher Veränderungen und Schwankungen kann nicht allein den 34

78 S. Wiesner in Wiesner § 79 Rn. 16 bis 19.
79 Vgl. OVG NRW 10.7.2003 – 16 A 2822/01, DVBl 2004, 67.
80 Preis ZfJ 1988, 243 (300), 309; Wiesner in Wiesner Rn. 39.
81 SächsOVG 14.3.2014 – 1 A 787/13, juris Rn. 9.
82 Preis/Steffan FuR 1993, 180 (199 f.); Wiesner in Wiesner Rn. 42.

freien Trägern auferlegt werden, indem sie immer nur dann gefördert werden, wenn die vom öffentlichen Träger selbst betriebenen Einrichtungen nicht mehr ausreichen. Eine solche Auslegung der „Erforderlichkeit" einer Einrichtung des freien Trägers ist weder mit dem Gebot der partnerschaftlichen Zusammenarbeit (§ 4 Abs. 1 S. 1) noch mit dem Vorrang der freien Träger (§ 4 Abs. 2) sowie dem Wunsch- und Wahlrecht der Leistungsberechtigten nach § 5 Abs. 1 zu vereinbaren. Denn auch der freie Träger ist – im Rahmen des Gesamtplans des öffentlichen Trägers – auf Planungssicherheit angewiesen.[83] Da der JHA über die Jugendhilfeplanung und die Förderung der freien Jugendhilfe mit bindender Wirkung für die Verwaltung des JA zu entscheiden hat, ist diese weder berechtigt, Einrichtungen zu fördern, die in der Jugendhilfeplanung noch nicht berücksichtigt sind, noch Einrichtungen die Förderung zu versagen, die nach der Jugendhilfeplanung erforderlich sind.

35 Auch der aus dem Sozial- und Rechtsstaatprinzip (Art. 20, 28 GG) abzuleitende Grundsatz des **Vertrauensschutzes** begrenzt die Ausübung des Ermessens. Eine bisher gewährte Förderung begründet aber nicht einen Vertrauenstatbestand auf Weiterförderung, schon deshalb nicht, weil die Jährlichkeit des Haushaltsplans das Vertrauen bereits „im Keim erstickt". Ein Subventionsempfänger muss immer mit dem Wegfall der Subvention rechnen.[84] Ein Anspruch auf Weiterförderung besteht aber, wenn diese durch öffentlich-rechtlichen Vertrag (§ 53 SGBX) geregelt ist oder wenn dem Empfänger Zusagen gemacht worden sind. Diese bedürfen zu ihrer Wirksamkeit aber der Form des § 34 SGB X. Ferner kann sich aus dem Jugendhilfeplan ein Vertrauenstatbestand ergeben, wenn dort konkret ein Projekt des Trägers verankert ist.[85] Förderrichtlinien können die Selbstbindung der Verwaltung bewirken (→ Rn. 33). Auch die Gewährleistungsverpflichtung aus § 79 Abs. 2 kann die Pflicht zur (nicht das Recht auf) Weiterförderung begründen. Jedenfalls gebietet der Vertrauensschutz, dass eine Förderung nicht abrupt eingestellt wird, sondern sanft **ausläuft.**[86] Durch rechtzeitige („zeitnahe") **Information** muss sichergestellt sein, dass der Empfänger sich auf Wegfall oder Kürzung der Subvention einstellen kann.[87] Davon zu unterscheiden ist der Vertrauensschutz, der für die **Aufhebung** eines Bescheides gilt (→ Anh. 5 Rn. 45). War der Bescheid rechtswidrig, schließt § 45 Abs. 2 SGB X die Rücknahme aus, wenn die Mittel verbraucht sind und der Empfänger die Rechtswidrigkeit nicht kannte. War der Bescheid rechtmäßig, kann ein Widerruf nach § 47 Abs. 2 SGB X erfolgen, wenn die Mittel zweckwidrig verwandt wurden oder eine Auflage nicht erfüllt wurde.

36 Die Ausübung des Ermessens wird ferner dadurch begrenzt, dass der öffentliche Träger nicht gegen die gesetzliche Grenze des Art. 3 Abs. 1 GG verstoßen darf. Er ist an seine Förderpraxis oder Förderrichtlinien gebunden („Selbstbindung der Verwaltung"), solange es keinen sachlichen Grund für eine Abweichung gibt. Ein solcher

83 NdsOVG ZfJ 1997, 473 mAnm Steffan ZfJ 1997, 453; OVG NRW 26.9.2003 – 12 B 1727/03, JAmt 2004, 42.

84 Ebenso NdsOVG 7.9.2011 – 4 ME97/11, juris Rn. 30; OVG NRW 15.10.2012 – 12 A 1054/11, juris Rn. 107; BVerwG 17.7.2009 – 5 C 25/08 u. 27/08; OVG NRW 26.9.2003 – 12 B 1727/03, NVwZ-RR 2004, 501; NdsOVG 17.5.2005 – 12 ME 93/05, NDV-RD 2005, 97; VG Köln 17.8.1994 – 21 K 3175/93, RsDE (1995) 29, 108; von Boetticher/Münder in FK-SGB VIII Rn. 22; einschränkend Wabnitz in GK-SGB VIII Rn. 74.

85 Ebenso NdsOVG 16.6.1997 – 4 M 1219/97, ZfJ 1997, 473 m. Besprechung durch Steffan, S. 453; Wabnitz in GK-SGB VIII Rn. 76; Mrozynski SGB VIII Rn. 13.

86 Ebenso NdsOVG 25.3.1998 – 4 L 3057/96, RsDE (1999) 43, 69; VG Düsseldorf 14.7.1992 – 21 L 2964/92, RsDE (1994) 25, 92; noch offen gelassen von OVG Bln RsDE (1989) 7, 105; akzeptiert, wenn auch nicht vertieft BVerwG 17.7.2009 – 5 C 25/08 u. 27/08; für Auslauffinanzierung auch Kern in SFMK Rn. 13; Bernzen in JHSM Rn. 36; Wabnitz in GK-SGB VIII Rn. 81; Mrozynski SGB VIII Rn. 15.

87 Ebenso von Boetticher/Münder in FK-SGB VIII Rn. 22; allg. OVG NRW 14.5.2009 – 12 A 605/08.

liegt vor, wenn die verfügbaren Haushaltsmittel (hierzu aber → Rn. 28) nicht mehr ausreichen, alle Träger zu befriedigen. Dann kann eine neue Verteilungsentscheidung unter sachgerechter Prioritätensetzung getroffen werden. Sollen vorhandene Eigenmittel eines Trägers als sachlicher Grund für eine Differenzierung bei der Förderhöhe herangezogen werden, besteht für den Hoheitsträger, der die Differenzierung vornimmt, die Verpflichtung festzustellen, dass der jeweilige Träger tatsächlich über Eigenmittel in einer bestimmten Höhe verfügt. Mit anderen Worten: Es ist eine konkret-individuelle Prüfung erforderlich.

5 Auswahl zwischen gleichartigen Maßnahmen (Abs. 3 Satz 2, Abs. 4)

Abs. 3 S. 2 regelt die Förderung für den Fall, dass mehrere freie Träger gleich geeignete Maßnahmen anbieten, zur Befriedigung des Bedarfs jedoch **nur eine Maßnahme notwendig** ist. Abs. 3 S. 2 schließt systematisch unglücklich an die Regelung über die Art und Höhe der Förderung in Abs. 3 S. 1 an. Es handelt sich hierbei jedoch nicht um die Frage, „wie" zwei gleich geeignete Maßnahmen gefördert werden, sondern um die Frage, „welche" der gleich geeigneten Maßnahmen zu fördern ist. Darüber hat der öffentliche Träger nach pflichtgemäßem Ermessen zu entscheiden. Die Regelung entspricht dem Grundsatz, dass die öffentlichen Träger nicht schlechthin Maßnahmen der freien Träger fördern müssen, sondern nur soweit die angebotenen Maßnahmen erforderlich sind.[88] Staatliche Förderungsmittel können nur zur Deckung eines Bedarfs in Anspruch genommen werden. Die Feststellung des Bedarfs ist Ergebnis der Jugendhilfeplanung oder, soweit diese (noch) nicht vorliegt, einer Einzelfallprüfung. Die bedarfsorientierte Förderung darf jedoch nicht dazu führen, dass die in § 3 Abs. 1 festgelegte Pluralität in der Jugendhilfe verloren geht und das aus § 5 folgende Wunsch- und Wahlrecht der Leistungsberechtigten nicht mehr ausgeübt werden kann.[89] Dass grundsätzlich mehrere gleichartige Maßnahmen zu fördern sind, bestimmt zudem § 74 Abs. 5. Die Bedarfsdeckung in einem bestimmten Bereich soll also möglichst nicht durch einen freien Träger allein erfolgen. Die Regelung des Abs. 3 S. 2 kann deshalb nur in Ausnahmen greifen, wenn spezielle Maßnahmen für einen eng begrenzten Adressatenkreis angeboten werden und deshalb eine zweite, gleichartige Maßnahme überflüssig ist. 37

Bedarf es tatsächlich bei mehreren gleichartigen Angeboten nur einer Maßnahme, gibt **Abs. 4** eine **Ermessensleitlinie** vor. Es ist diejenige Maßnahme zu fördern, die stärker an den Interessen der Betroffenen orientiert ist und deren Einflussnahme (gemeint ist der Einfluss der Betroffenen) auf die Ausgestaltung der Maßnahme gewährleistet. Abs. 4 betrifft aber nicht nur den Fall, dass nur eine Maßnahme erforderlich ist, sondern gilt auch dann, wenn mehrere gleichartige Maßnahmen erforderlich sind, das Angebot an solchen Maßnahmen jedoch noch höher liegt. In beiden Fällen soll sowohl die Orientierung an den Interessen der Betroffenen als auch deren Mitarbeit bei der Gestaltung der Maßnahme den Ausschlag bei der Förderung geben. Die Regelung ist gegenüber dem vormals geltenden JWG erstmals ins SGB VIII aufgenommen worden und soll neue Förderungsansätze unterstützen, die insbesondere im Bereich von Projekten der Selbst- und Nachbarschaftshilfe erprobt worden sind. Gestärkt werden soll der Gedanke zur Selbsthilfe, der insgesamt der staatlichen Förderung zugrunde liegt und auch in Abs. 4 S. 3 zum Ausdruck kommt. Obwohl die Bestimmung sich in erster Linie an die Projekte örtlicher Initiativen und Selbsthilfegruppen richtet, sollen auch die traditionellen überörtlichen Träger dazu angeregt werden, Projekte, die diesen Grundsätzen entsprechen, zu entwickeln.[90] 38

88 BVerfG 18.7.1967, E 22, 206.
89 So zu Recht Wiesner in Wiesner Rn. 43.
90 BT-Drs. 11/5948, 95 f.

39 Bewerben sich mehrere freie Träger um die Durchführung einer notwendigen Maßnahme, steht ihnen ein Anspruch auf fehlerfreie Ermessensausübung und chancengleiche Teilnahme am Bewerbungsverfahren zu. Inhalt dieses im Beamtenrecht entwickelten **Bewerbungsverfahrensanspruchs**[91] ist das Recht auf eine faire chancengleiche Behandlung mit fehlerfreier Ermessensausübung sowie Einhaltung des vorgeschriebenen Verfahrensgangs inklusive Berücksichtigung vorgesehener Beteiligungsrechte und Anhörungsrechte. Auch aus Art. 12 GG kann sich dieses Recht ergeben.[92] Auch gemeinnützige Vereine fallen in den Schutzbereich des Art. 12; ebenso privatgewerbliche Träger.[93] Ein Eingriff in den Schutzbereich des **Art. 12 GG** liegt vor, wenn staatliches Handeln den Wettbewerb zwischen den freien Trägern beeinflusst. Rechtswidrig ist der Eingriff insbes., wenn er ohne gesetzliche Ermächtigung erfolgt. Wird die Förderung von der Teilnahme an **Ausschreibungs**- oder Interessenbekundungsverfahren[94] oder Ideenwettbewerben uä abhängig gemacht, ist dies ein Eingriff in die Berufsausübungsfreiheit, der nicht durch eine gesetzliche Ermächtigung gedeckt ist. Das gleiche gilt, wenn einem Sozialraumträger eine **Mitentscheidungsbefugnis** über eine Hilfe im Einzelfall eingeräumt wird, die interessenbedingt zulasten anderer Träger im Wettbewerb geht[95] (zum Wettbewerbsrecht auch → Rn. 2, Rn. 50 ff.). Ebenso ist es ein Eingriff in Art. 12 GG, wenn der Leistungsberechtigte von seinem Wunsch- und Wahlrecht faktisch keinen Gebrauch machen kann, weil der öffentliche Träger ihm nur seine Vertragspartner zur Auswahl vorschlägt.[96] Die Erwägung, dass die Trägerschaft einer großen Einrichtung nicht einer kleinen Initiativgruppe übertragen werden solle, mag im Rahmen der zu treffenden Auswahlentscheidung sachlich gerechtfertigt sein. Dieser Gesichtspunkt ist aber nicht so gravierend und durchschlagend, dass er für sich allein den vorab ausgesprochenen generellen Ausschluss vom Bewerbungsverfahren rechtfertigen könnte.[97] Die Ablehnung einer Förderung ist jedenfalls dann rechtswidrig, wenn sie von einem unrichtigen Sachverhalt ausgeht, der Entscheidung sachfremde Erwägungen zugrunde legt und dem Antragsteller im Vergleich zu anderen Förderungsempfängern willkürlich die beantragten Förderungsmittel verweigert.[98]

40 Das Konkurrenzverhältnis der freien Träger gehört zu den sicherungsfähigen Rechten iSd § 123 Abs. 1 S. 1 VwGO (→ Rn. 49). Zum Schutz des Bewerbungsverfahrensanspruchs ist es geboten, dem JA durch **einstweilige Anordnung** (Sicherungsanordnung nach § 123 Abs. 1 S. 1 VwGO) die Vergabe der Trägerschaft an einen Mitbewerber zu untersagen.[99] Erforderlich ist jedoch, dass sich der freie Träger um ein konkretes Projekt bewirbt. Ein allgemeines Unterlassungsbegehren dahin gehend, dass dem öffentlichen Träger die Förderung anderer Träger und die Planung bestimmter Einrichtungen zugunsten des beantragenden freien Trägers untersagt wird, ist nicht sicherungsfähig nach § 123 VwGO. Ein solches Begehren stünde auch im Widerspruch zur Planungs- und Gesamtverantwortung des öffentlichen Trägers nach §§ 79, 80.[100]

91 Zu diesem auch von Boetticher/Münder in FK-SGB VIII Rn. 28, 54; Wabnitz in GK-SGB VIII Rn. 65.
92 Zur Berufsausübungsfreiheit HmbOVG 10.11.2004 – 4 Bs 388/04, JAmt 2004, 592 nach VG Hamburg 5.8.2004 – 13 E 2873/04.
93 So NdsOVG 2.9.2010 – 4 LA 176/09.
94 Hierzu OVG Bln 4.4.2005 – 6 S 415.04, RsDE 63, 67 nach VG Berlin 19.10.2004 – 18 A 404.04, JAmt 2005, 196.
95 So NdsOVG 9.7.2010 – 4 ME 306/09, NVwZ-RR 2010, 850 nach VG Osnabrück 4.1.2010.
96 So VG Osnabrück 13.11.2009 – 4 B 13/09.
97 VG Frankfurt/M. RsDE 5, 76.
98 VG Kassel RsDE 27, 86.
99 VG Frankfurt/M. RsDE 5, 76.
100 HmbOVG 19.9.1995 – Bs IV 6/95, ZfJ 1996, 249.

6 Die Bemessung der Eigenleistung (Abs. 3 Satz 3)

Nach Abs. 1 Nr. 4 ist allgemeine Förderungsvoraussetzung der freien Träger, dass diese eine angemessene Eigenleistung erbringen (zum Begriff der Eigenleistung → Rn. 10). Kriterien für die Bemessung der Eigenleistung stellt Abs. 3 S. 3 auf. Danach sind die **unterschiedliche Finanzkraft** der freien Träger und die sonstigen Verhältnisse zu berücksichtigen. Die Bestimmung trägt der Vorgabe des BVerfG[101] Rechnung, wonach die Förderung nicht umso höher sein muss, je größer die Eigenleistung des freien Trägers ist. Vielmehr kommt es für die Förderung selbst und deren Höhe darauf an, dass der freie Träger eine nach **seinen** Verhältnissen und seiner Finanzkraft angemessene Eigenleistung erbringt. Bei der sachgerechten Bewertung der angemessenen Eigenleistung sind daher sowohl die unterschiedliche Finanzkraft als auch die Bedeutung der bereitgestellten Mittel zu berücksichtigen. Aus dem Urteil des BVerfG folgt, dass eine Benachteiligung finanzschwacher Träger zu vermeiden ist. Bestätigt wird diese Forderung durch das Prinzip der Trägervielfalt in der Jugendhilfe (§ 3 Abs. 1). Um eine Vielfalt von Trägern zu gewährleisten, ist es oftmals erforderlich, kleinere Träger stärker zu fördern als größere, die über eine höhere Eigenleistung verfügen.[102] Damit ist über die individuelle Höhe der Eigenleistung noch nichts ausgesagt. Teilweise wird vertreten, dass im Einzelfall eine Eigenleistung von ca. 10 % der entstehenden Gesamtkosten als angemessen zu bewerten sein kann.[103] Dem wird hier nicht (mehr) zugestimmt. Bei den §§ 11 bist 41 handelt es sich um zwingend zu erfüllende Pflichtaufgaben, für deren Erfüllung der Träger der öffentlichen Jugendhilfe gem. § 79 einzustehen hat. Durch die Leistungserbringung durch Träger der freien Jugendhilfe wird der Träger der öffentlichen Jugendhilfe von dieser Leistungspflicht befreit. Würden die freien Träger die Leistungen nicht erbringen, müsste der Träger der öffentlichen Jugendhilfe vollumfänglich leisten und 100% der Kosten selbst tragen. Daher ist es nach hiesiger Auffassung sach- und systemwidrig eine Eigenleistung in nennenswerter Höhe für eine Leistungserbringung zu fordern. 41

Die Förderung hängt auch davon ab, welcher Einsatz eigener finanzieller Mittel dem freien Träger **zuzumuten** ist. Mit anderen Worten: Es ist grundsätzlich eine konkret-individuelle Prüfung erforderlich.

Welche **sonstigen Verhältnisse** nach Abs. 3 S. 3 für die Bemessung der Eigenleistung von Bedeutung sein können, ergibt sich aus dem Gesetz nicht. Insbesondere ist unklar, ob sonstige Verhältnisse innerhalb des freien Trägers oder unabhängig von diesem berücksichtigungsfähig sind. In Betracht kommt beides. Bei den sonstigen Verhältnissen des Trägers spielen ua die Dienstleistungen ehrenamtlicher Mitarbeiter und die kostenlose oder verbilligte Bereitstellung von Sachmitteln eine Rolle (→ Rn. 10). Insbesondere das Ausmaß der ehrenamtlichen Tätigkeit kann sich positiv auf die Höhe der Förderung auswirken. Zu den sonstigen Verhältnissen außerhalb des freien Trägers können die Dringlichkeit und die Bedeutung der zu erfüllenden Aufgabe gehören. Bietet der freie Träger als einziger eine Maßnahme an, zu deren Bereitstellung der öffentliche Träger im Rahmen seiner Gesamtverantwortung verpflichtet ist, muss die Förderung auch bei grundsätzlich sehr geringer Eigenleistung erfolgen.[104] 42

101 BVerfG 18.7.1967 – E 22, 206.
102 AA Bernzen in JHSM Rn. 12.
103 So Kern in SFMK Rn. 9.
104 Vgl. Wiesner in Wiesner Rn. 48; Kern in S/F/M/K Rn. 29.

7 Förderung gleichartiger Maßnahmen (Abs. 5)

43 Eine eindeutige Ermessensbindung bei der Förderung freier Träger folgt für den öffentlichen Träger aus Abs. 5 Satz 1.[105] Danach sind bei der Förderung **gleichartiger** Maßnahmen **mehrerer (freier) Träger** unter Berücksichtigung ihrer Eigenleistung gleiche Grundsätze und Maßstäbe anzulegen.[106] Nach welchen Kriterien Maßnahmen freier Träger als „gleichartig" anzusehen sind, umschreibt das Gesetz nicht näher. Abs. 5 stellt jedoch eine spezialgesetzliche Ausprägung des in Art. 3 GG festgelegten allgemeinen **Gleichbehandlungsgrundsatzes** dar.[107] Deshalb ist eine Gleichartigkeit dann anzunehmen, wenn es sich von der Zielrichtung her um eine im Wesentlichen vergleichbare Tätigkeit auf dem Gebiet der Jugendhilfe handelt. Hinzu kommt eine quantitative und zeitliche Dimension.[108] Gleichartig sind deshalb insbesondere solche Maßnahmen, die dasselbe Arbeitsfeld betreffen, im Hinblick auf Umfang und zeitliche Dauer in den wesentlichen Aspekten gleich zu bewerten sind und in gleicher Weise der in § 1 genannten Zielsetzung des SGB VIII dienen.[109] Eine Indizwirkung kommt hierbei § 2 Abs. 2 und 3 zu. Es spricht eine gewisse Vermutung dafür, dass Maßnahmen, die derselben Nummer des dort aufgeführten Aufgabenkataloges zugeordnet werden können, auch gleichartig sind. Dies gilt jedoch nicht zwingend.[110] Unterscheiden sich die Zielsetzungen trotz übereinstimmenden Angebots, kann sich die Annahme einer Gleichartigkeit verbieten, obwohl die Maßnahmen unter derselben Nummer des Aufgabenkataloges nach § 2 Abs. 2 und 3 einzuordnen sind. Umgekehrt ist es jedoch nicht auszuschließen, dass eine Gleichartigkeit vorliegt, obwohl die einzelnen Maßnahmen unter verschiedene Nummern des Aufgabenkataloges fallen.[111] Für die Annahme der Gleichartigkeit ist es ferner unerheblich, dass es sich bei einer Maßnahme um eine Kann-Leistung handelt, während sich eine andere Maßnahme als Soll-Leistung darstellt.[112]

44 Bieten mehrere freie Träger gleichartige Maßnahmen nach Abs. 5 Satz 1 an und weisen die Eigenleistungen **keine Unterschiede** auf, so sind sie in gleichem Umfang zu fördern. Bei unterschiedlichen Eigenleistungen sind regelmäßig die kleinen finanzschwächeren und oftmals nur lokal tätigen Träger stärker zu fördern als die an große Organisationen angeschlossenen Träger. Dies erfordert schon der aus § 3 Abs. 1 folgende Grundsatz der Pluralität, wonach die Jugendhilfe durch eine Vielfalt von Trägern gekennzeichnet ist. Trägervielfalt lässt sich nur erreichen, wenn auch kleinere örtliche Initiativen unterstützt werden. Dass diese nicht über dieselben Möglichkeiten der Mittelschöpfung verfügen wie die etablierten Träger größerer Organisationen, darf ihrer Förderung nicht entgegenstehen[113] (zur zumutbaren Eigenleistung bereits → Rn. 39). Andererseits darf bei der Differenzierung nach der Eigenleistung nicht übersehen werden, dass größere Organisationen zum Teil weite Bereiche sozialer Angebote abdecken und deshalb mit ihren Mitteln haushalten müssen. Schematische Einteilungen in „ar-

105 S. hierzu auch SächsOVG 20.12.2016 – 4 A 220/15, juris Rn. 7: Klarstellend wird betont, dass auf § 74 Abs. 5 selbstverständlich kein Förderanspruch gestützt werden kann. Anspruchsgrundlage für die Förderung ist § 74 Abs. 1. § 74 Abs. 5 gibt lediglich einen Ermessensmaßstab vor.
106 Mrozynski SGB VIII Rn. 19: „Konkurrenzneutralität".
107 OVG NRW 15.6.2001 – 12 A 3045/99, JAmt 2002, 28; Wiesner in Wiesner Rn. 49.
108 S. hierzu auch Tresoret in jurisPK-SGB VIII Rn. 175 f.
109 Wiesner in Wiesner Rn. 49.
110 So OVG NRW 22.3.2007 – 12 A 217/05.
111 So ausdrücklich OVG NRW 5.12.1995 – 16 A 5462/94, DVBl 1996, 876 m. Besprechung durch Oehlmann-Austermann ZfJ 1996,141 für Maßnahmen nach §§ 16, 17 einerseits und Maßnahmen nach § 28 andererseits; im Ergebnis ebenso Grube in Hauck/Noftz § 28 Rn. 8.
112 OVG NRW 22.3.2007 – 12 A 217/05.
113 Ähnlich von Boetticher/Münder in FK-SGB VIII Rn. 31.

me" und „reiche" Träger verbieten sich deshalb; es bedarf vielmehr stets einer Einzelfallbetrachtung.

Abs. 5 Satz 1 gilt auch dann, wenn Haushaltsmittel **gekürzt** werden müssen. In diesem Fall kann die Jugendhilfebehörde nicht aus Einsparungsgründen einzelne freie Träger herausgreifen und diesen die Förderung kürzen, während sie anderen freien Trägern, die die gleichen Maßnahmen durchführen, die Förderung belässt.[114] Es besteht folglich ein Verbot der herausgreifenden **willkürlichen** Kürzung. Sofern die Eigenleistung der Anbieter gleichartiger Maßnahmen keine Unterschiede aufweist, sind sie in gleichem Umfang zu fördern. Sind aufgrund der Haushaltslage Kürzungen unumgänglich, haben sie bei vergleichbarer Eigenleistung in gleicher Höhe zu erfolgen. Unterscheiden sich die Eigenleistungen, können finanzstarke freie Träger von Kürzungen uU härter betroffen werden als finanzschwache. Muss die Förderung insgesamt prozentual gekürzt werden, so darf der Bezugspunkt für eine notwendige individuelle Kürzung nicht die Höhe der bisherigen Förderung sein, sondern die bisherige Eigenleistung. Diese muss sich bei der Kürzung der Förderung im gleichen prozentualen Anteil erhöhen bis der absolute Betrag der Kürzung erreicht ist. Für die Kürzungen der Förderungen ist der JHA zuständig, der über die Förderung (§ 71 Abs. 2 Nr. 3) und damit auch über deren Kürzung zu beschließen hat. 45

Abs. 5 Satz 2 überträgt den Grundsatz der Gleichbehandlung auf das Verhältnis zwischen freien und **öffentlichen** Trägern.[115] Vergleichbarkeit ist nur bei gleichartigen Maßnahmen möglich. Daher ist S. 2 nur auf **Projektförderung**, nicht auf institutionelle Förderung (→ Rn. 3) anwendbar.[116] Bezugspunkt der Gleichbehandlung bieten die Maßnahmen des öffentlichen Trägers. Führen freie und öffentliche Träger gleichartige Maßnahmen durch, so sind bei der Förderung die Grundsätze und Maßstäbe anzuwenden, die für die Finanzierung der Maßnahmen der öffentlichen Träger gelten. Die Anwendung gleicher Grundsätze und Maßstäbe ist für die Höhe der Förderung mittelbar von Bedeutung. Den freien Trägern soll ermöglicht werden, die gleichartigen Maßnahmen mit den gleichen fachlichen Standards, dem gleichen Ausstattungsniveau und dem gleichen personellen Aufgebot mit der gleichen Entlohnung anzubieten wie die öffentlichen Träger.[117] Daher kann sich ein Anspruch auf Erhöhung der Förderung ergeben, wenn die Personalkosten durch Tariflohnerhöhungen steigen und nicht durch den freien Träger aufgefangen werden können (→ § 77 Rn. 17). Allerdings darf der freie Träger dadurch auch nicht bessergestellt werden. So kann er nicht etwa verlangen, dass der öffentliche Träger die Haushaltsansätze für die eigenen Kräfte kürzt, wenn anders die bisherigen Beihilfen für den freien Träger nicht ungeschmälert weiter gewährt werden können.[118] Führt nur der freie Träger eine Maßnahme durch, ist auf einen **hypothetischen** Vergleich mit dem öffentlichen Träger abzustellen.[119] Grundsätzlich darf der freie Träger auch in diesem Fall nicht bessergestellt werden als der öffentliche Träger, wenn dieser ebenfalls eine gleichartige Maßnahme durchführen würde. Erhalten die Mitarbeiter des freien Trägers eine höhere Arbeitsvergütung, als sie die Beschäftigten des öffentlichen Trägers bei hypothetischem Vergleich erhielten, kommt nach Ansicht des OVG Hamburg[120] eine Förderung dieser erhöhten Aufwendungen nur dann in Betracht, wenn dem freien Träger die geleistete Arbeit überhaupt 46

114 OVG NRW 5.12.1995 – 16 A 5462/94, DVBl 1996, 876 unter Hinweis auf Preis/Steffan FuR 1993, 185 (202).
115 S. hierzu auch SächsOVG 14.3.2014 – 1 A 778/13, juris Rn. 4.
116 Im Ergebnis ebenso SächsOVG 12.4.2006 – 5 B 370/04, EuG 2007, 55; Wabnitz in GK-SGB VIII Rn. 71.
117 BVerwG 17.7.2009 – 5 C 25/08 u. 27/08: „Standardsicherungsfunktion".
118 BVerwG 17.7.2009 – 5 C 25/08 u. 27/08; NdsOVG 25.3.1998 – 4 L 3057/96, NVwZ-RR 1999, 127.
119 S. hierzu auch SächsOVG 1.12.2015 – 4 A 708/13, juris Rn. 30.
120 HmbOVG 1.11.1985 – ZfJ 1987, 37.

nur durch eine erhöhte Bezahlung seiner Mitarbeiter möglich ist. Jedoch ist zweifelhaft, ob das haushaltsrechtliche **Besserstellungsverbot** die freien Träger trotz der verfassungsrechtlich anerkannten Selbstständigkeit dazu zwingen kann, nach TVöD oder schlechter zu bezahlen. Jedenfalls kann das Besserstellungsverbot dann nicht eingreifen, wenn eine abweichende tarifliche Regelung besteht,[121] weil ansonsten die aus Art. 9 Abs. 3 GG resultierende koalitionsmäßige Betätigungsfreiheit durch die öffentliche Hand unterlaufen würde. Dasselbe muss auch für die kirchlichen Arbeitsvertragsrichtlinien gelten. Zwar handelt es sich bei ihnen nicht um Tarifverträge, weil keiner Seite das Mittel des Arbeitskampfes zur Verfügung steht, doch sind sie Tarifverträgen ähnlich, weil auch sie von Vertretern der Arbeitgeber und Arbeitnehmer beschlossen werden. Deshalb sind auch für die Inhaltskontrolle kirchlicher Arbeitsvertragsrichtlinien die für Tarifverträge geltenden Maßstäbe heranzuziehen.[122] Daraus folgt, dass zumindest im Bereich der großen freien Träger das Besserstellungsgebot bei der Bezahlung ihrer Mitarbeiter keine Probleme bereiten dürfte. Bei einer nicht gerechtfertigten Besserstellung ist nicht die Förderung insgesamt unzulässig, sondern nur in Höhe der nicht gerechtfertigten Differenz.[123] Abs. 5 S. 2 ist auch bei notwendigen **Haushaltskürzungen** von Bedeutung. Sparmaßnahmen dürfen nicht dazu führen, dass fortan die Hilfen für die freien Träger verschlechtert werden, gleichzeitig aber die gleichartigen öffentlichen Jugendhilfemaßnahmen unberührt bleiben.

8 Mittel für Fortbildung sowie Jugendfreizeit- und Jugendbildungsstätten (Abs. 6)

47 Abs. 6 bezieht sich auf die Art der Förderung und ist deshalb bei der Ausübung des pflichtgemäßen Ermessens nach Abs. 3 beachtlich. Nach **Hs. 1** soll die Förderung auch Mittel für die **Fortbildung** der haupt-, neben- und ehrenamtlichen Mitarbeiter einschließen. Die Bestimmung steht in engem Zusammenhang mit § 73, wonach die ehrenamtliche Tätigkeit unterstützt werden soll, und § 75 Abs. 1 Nr. 3, der als Anerkennungsvoraussetzung der freien Träger deren fachliche und personelle Qualifikation fordert. Abs. 6 ist für die freien Träger, was § 72 Abs. 3 für die Mitarbeiter des öffentlichen Trägers ist. Dass die öffentlichen Träger die freien Träger hierbei unterstützen sollen, folgt zudem aus den Geboten der Partnerschaft (§ 4 Abs. 1) und der Subsidiarität (§ 4 Abs. 2). Weil die freien Träger ihre Aufgaben nur mit qualifiziertem Personal sachgerecht wahrnehmen können, ist es naheliegend, dass die Förderung auch die Fortbildung der Mitarbeiter einschließt. **Hs. 2** schließt in die Förderung auch Mittel für die Errichtung und Unterhaltung von Jugendfreizeit- und Jugendbildungsstätten ein. Verdeutlicht wird damit der hohe Stellenwert der **Jugendarbeit** nach § 11, der daneben auch in § 79 Abs. 2 S. 2 zum Ausdruck kommt. Mit dem speziellen Förderungsauftrag soll verhindert werden, dass die Förderung im Bereich der Jugendarbeit sich lediglich auf die Unterstützung von Projekten oder Personal- und Sachkosten beschränkt.[124]

9 Zuständigkeit

48 **Sachlich** zuständig ist der örtliche Träger nach § 85 Abs. 1 analog, soweit nicht für die spezielle Förderung nach § 85 Abs. 2 Nr. 3 u. 4 der überörtliche Träger zuständig ist.[125] Der örtliche Träger wird durch Landesrecht bestimmt (§ 69 Abs. 1). Danach sind dies Stadt- und Landkreise, evtl. auch kreisangehörige Gemeinden mit eigenem JA, aber nicht sonstige Gemeinden, die einzelne Aufgaben der Jugendhilfe wahrneh-

121 So ausdrücklich § 8 Abs. 2 Haushaltsgesetz NRW 2008.
122 BAG NZA 1997, 778.
123 So BayVGH RsDE (2000) 44, 87; Mrozynski SGB VIII Rn. 20.
124 Wiesner in Wiesner Rn. 53.
125 Ebenso OVG RhPf 24.4.2013 – 7 A 11237/12, juris Rn. 29.

men. Landesrecht kann ihnen die Aufgabe der Förderung übertragen, zB für Kindertageseinrichtungen (→ Rn. 1), ansonsten ist der Landkreis zuständig.[126] Eine ausdrückliche Regelung der **örtlichen** Zuständigkeit fehlt. Sie ergibt sich aber aus der Natur der Sache, nämlich aus dem (örtlichen) Sitz des die Zuwendung begehrenden freien Trägers im Gebiet des öffentlichen Trägers (→ § 86 Rn. 5).[127] **Funktionell** zuständig ist der (L)JHA (→ Rn. 32).

10 Prozessuales

10.1 Rechtsweg und Klageart

Für Rechtsstreitigkeiten zwischen freien und öffentlichen Trägern ist nach § 40 Abs. 1 S. 1 VwGO der **Rechtsweg zu den Verwaltungsgerichten** eröffnet (→ Anh. 5 Rn. 76). Die beantragte Förderung wird regelmäßig durch einen VA iSd § 31 SGB X gewährt, kann aber auch durch öffentlich-rechtlichen Vertrag nach § 53 SGB X erfolgen. Wird die Förderung durch den öffentlichen Träger mit VA abgelehnt, kann der freie Träger hiergegen mit einer **Verpflichtungsklage** nach § 42 VwGO vorgehen. Voraussetzung dafür ist eine sog. Klagebefugnis, dh der freie Träger muss geltend machen, dass er durch die Nichtgewährung der beantragten Förderung (Ablehnung des begehrten VA) in seinen Rechten verletzt ist.[128] Diese Rechtsverletzung liegt vor, wenn der öffentliche Träger § 74 falsch angewandt hat. Denkbar ist, dass er die Förderungsvoraussetzungen nach § 74 Abs. 1 und 2 verkannt hat oder über Art und Höhe nicht nach pflichtgemäßem Ermessen entschieden hat. Bei einem der Höhe nach teilweise abgelehnten Förderungsantrag sollte eine Verpflichtungsklage in Form der sog. Bescheidungsklage nach § 113 Abs. 5 S. 2 VwGO erhoben werden. Bei Ermessensentscheidungen prüft das Gericht, ob die Behörde ihr Ermessen sachgerecht ausgeübt hat; die Verurteilung erfolgt aber lediglich dahin gehend, den Kläger (freien Träger) unter der Rechtsauffassung des Gerichts neu zu bescheiden. Darüber hinaus ist die Bescheidungsklage aus Kostengründen vorteilhaft. Der freie Träger kann auch auf Abschluss einer Zuwendungsvereinbarung nach § 74 mit der allgemeinen Leistungsklage klagen. Davon zu unterscheiden ist die Klage auf Abschluss einer Leistungsvereinbarung nach § 77 oder § 78b (→ Rn. 5). 49

Ist ein Förderungsantrag ganz oder teilweise mit VA abgelehnt worden, kann der freie Träger grundsätzlich dagegen nicht unmittelbar Klage erheben, sondern muss ein sog. **Vorverfahren** durchführen (§ 68 VwGO; → Anh. 5 Rn. 49). Danach hilft die Behörde entweder dem Widerspruch ab (§ 72 VwGO), also erlässt den beantragten Förderungsbescheid oder es ergeht ein Widerspruchsbescheid nach § 73 VwGO (→ Anh. 5 Rn. 64, 66).[129] 50

10.2 Sachvortrag

Soll eine Klage gegen eine ungerechtfertigte Ablehnung oder Kürzung der beantragten Förderung Erfolg haben, müssen die freien Träger dem Gericht umfassend vortragen, warum sie dieser Ansicht sind. Dies wird oft bei einer Klage gegen die Kürzung einer Förderung nicht hinreichend beachtet. So genügt der pauschale Hinweis nicht, andere freie Träger oder andere Einrichtungen des öffentlichen Trägers seien von Kürzungen nicht oder nicht in derselben Weise betroffen (Verstoß gegen § 74 Abs. 5). Soweit es dem klagenden freien Träger zumutbar und bekannt ist, wird er zumindest die seiner 51

126 Ebenso BayVGH 20.1.2004 – 12 B 03.657, BayVBl 2004, 305; VG Frankfurt 13.12.2002 – 7 E 5568/00.
127 So wohl auch VG Mainz 31.1.2002 – 1 K 511/01.MZ; Jung Rn. 65; aA BVerwG 25.4.2002 – 5 C 18/01, JAmt 2003, 85.
128 Vgl. § 42 Abs. 2 VwGO.
129 Zu Rechtsbehelfen ausführlich Kunkel ZKJ 2013, 228–230.

Meinung nach bevorzugten anderen Einrichtungen bezeichnen müssen. Ein Ansatzpunkt für den Sachvortrag der von Streichung oder Kürzung betroffenen freien Träger liegt darin, dass Ermessensentscheidungen nach § 35 SGB X zu begründen sind. Die Begründung von Ermessensentscheidungen muss auch die Gesichtspunkte erkennen lassen, von denen die Behörde bei der Ausübung ihres Ermessens ausgegangen ist (§ 35 Abs. 1 S. 2 SGB X). Da der Gleichheitssatz des § 74 Abs. 5 bei der Ermessensausübung berücksichtigt werden muss, ist bei Kürzungsbescheiden darzulegen, dass gleichartige Maßnahmen anderer freier Träger oder des öffentlichen Trägers in gleicher Weise von Kürzungen betroffen sind.

10.3 Einstweiliger Rechtsschutz

52 In dringenden Fällen können die freien Träger bereits vor Klageerhebung einstweiligen Rechtsschutz nach § 123 VwGO in Anspruch nehmen (→ Anh. 5 Rn. 90). Dazu erforderlich sind ein sog. Anordnungsanspruch und ein sog. Anordnungsgrund. Der Anordnungsanspruch ist derjenige auf die pflichtgemäße Ermessensentscheidung über die beantragte Förderung nach § 74. Der Anordnungsgrund erfordert, dass das Recht auf die beantragte Förderung ohne die einstweilige Anordnung des Gerichts vereitelt oder wesentlich erschwert werden könnte. Beide Voraussetzungen muss der freie Träger dem Gericht glaubhaft machen. Einstweiliger Rechtsschutz kommt einmal dann in Betracht, wenn mehrere Träger um die Förderung nur eines notwendigen Projekts oder um die Vergabe einer Trägerschaft konkurrieren (→ Rn. 37). Eine einstweilige Anordnung ist auch dann möglich, wenn durch die (teilweise) Ablehnung der beantragten Förderung der Fortbestand einer Einrichtung des freien Trägers in Gefahr ist. Dem steht nicht entgegen, dass das Gericht im Verfahren des einstweiligen Rechtsschutzes grundsätzlich nur vorläufige Regelungen treffen kann, die dem Antragsteller (freier Träger) nicht schon in vollem Umfang das gewähren, was er nur im Hauptsacheprozess erreichen könnte (sog. Verbot der Vorwegnahme der Hauptsache). Vielmehr kann das Gericht Anordnungen treffen, die den Antragsgegner (öffentlichen Träger) nur vorläufig und unter dem Vorbehalt der Rückforderung zu einer Geldleistung verpflichten.

11 Exkurs: Freie Träger und EU-Wettbewerbsrecht[130]

53 Art. 101–109 AEUV (ex-Art. 81–89 EGV) enthalten Wettbewerbsregeln, die den nationalen Gesetzgeber binden. Von Bedeutung sind für freie Träger insbesondere Art. 107 AEUV (ex-Art. 87 EGV: Beihilfeverbot) und Art. 106 AEUV (ex-Art. 86 EGV: Monopolartige Unternehmen), aber auch die Gemeinschaftsrichtlinien über öffentliches Beschaffungswesen (RL 97, 52 EG; RL 92/50; 93/36, 37, 38 EWG). Aus diesen Vorschriften könnten sich ein Verbot der Förderung nach § 74, ein Verbot der Privilegierung freier Träger gegenüber privatgewerblichen Leistungserbringern und eine Ausschreibungspflicht ergeben. Diese Folgerungen sind aber nur dann zu ziehen, wenn das EU-Wettbewerbsrecht auf die Leistungen der Jugend- und Sozialhilfe anwendbar sind.[131]

54 Zunächst ist Voraussetzung für die Anwendung der EU-Regeln, dass die nationale Regelung **grenzüberschreitende Auswirkungen** hat. Dies ist dann der Fall, wenn Maßnahmen tatsächlich oder potenziell den Handel zwischen Mitgliedstaaten in einer

130 AA Kepert in Kepert/Kunkel Handbuch Kinder und Jugendhilferecht Kap. 3.4 und Kepert ZFSH/SGB 2017, 503.

131 Bejahend Gohde/Erdmenger/Cless NDV 2000, 168; Luthe NDV 2000, 361 und 2001, 247; mit Einschränkungen Boetticher/Münder, 2009; von Boetticher/Münder in FK-SGB VIII Rn. 36; dagegen Kunkel NDV 2002, 253; Lenz neue caritas 2000/9, 8; Wabnitz in GK-SGB VIII Rn. 36; Mrozynski SGB VIII § 74 Rn. 24; Tagungsberichte in SRa 2001, 27 (51) und 2002, 51.

Weise beeinflussen konnen, die für die Verwirklichung der Ziele eines einheitlichen zwischenstaatlichen Marktes nachteilig ist.[132] Eine derartige Beeinflussung kann in der Förderung freier Träger gesehen werden, weil sie ein privatgewerbliches Unternehmen eines Mitgliedsstaates daran hindern könnte, hier Dienstleistungen zu erbringen.

Diese Beeinträchtigung darf aber **nicht nur geringfügig** sein.[133] Die Grenze der Geringfügigkeit ist gemäß der De-minimis-Verordnung (Anh. 4 Synopse EU-Recht) überschritten, wenn 100.000 EUR pro Einrichtung über einen Zeitraum von drei Jahren bezahlt werden. 55

Ferner muss die Tätigkeit des freien Trägers als die eines **„Unternehmens"** bezeichnet werden können. Unternehmen im Rahmen des Wettbewerbsrechts ist jede Einheit unabhängig von ihrer Rechtsform und der Art ihrer Finanzierung, die eine wirtschaftliche Tätigkeit ausübt.[134] Eine wirtschaftliche Tätigkeit ist jede Tätigkeit, die darin besteht, Güter oder Dienstleistungen auf einem bestimmten Markt anzubieten.[135] Auf eine Gewinnerzielung kommt es also nicht an; vielmehr genügt es, wenn eine Leistung gegen Entgelt angeboten wird. Das Entgelt muss nicht notwendig vom Empfänger der Leistung erbracht werden, es genügt, dass mit dem Leistungserbringer eine Entgeltvereinbarung (§ 77 oder § 78b) abgeschlossen oder er durch Bezuschussung gefördert (§ 74) wird. Dass freie Träger eine wirtschaftliche Tätigkeit ausüben, reklamieren sie regelmäßig selbst für sich.[136] Die Tätigkeit der freien Träger kann deshalb nur soweit als nicht wirtschaftliche angesehen werden, wie sie Leistungen anbieten, ohne ein Entgelt dafür zu beziehen.[137] 56

Für Unternehmen, die mit Dienstleistungen von **allgemeinem wirtschaftlichen Interesse** betraut sind, gelten die Wettbewerbsregeln nur, soweit deren Anwendung nicht die Erfüllung der ihnen übertragenen besonderen Aufgabe rechtlich oder tatsächlich verhindert (Art. 106 AEUV; ex-Art. 86 Abs. 2 EGV). Hier ist schon fraglich, ob die Tätigkeit der freien Träger als eine Dienstleistung von allgemeinem **wirtschaftlichem** Interesse angesehen werden kann. Auch wenn ein freier Träger sich wirtschaftlich verhält, nämlich sparsam wirtschaftet, kann seine Tätigkeit nicht in eine Reihe mit zB Telekommunikation, Verkehr oder Postdiensten gestellt werden. Die Tätigkeit der freien Träger ist buchstäblich radikal eine andere, sie wurzelt nämlich im **Solidaritätsprinzip** und – als dessen Ergänzung – im **Subsidiaritätsprinzip**. Diese Prinzipien bezwecken, eine staatsfreie Sphäre („Zivilgesellschaft") zu schaffen, in der die Hilfeleistung gesellschaftlichen Kräften überlassen bleibt und nur nachrangig vom Staat erbracht wird. Damit wird zugleich die ehrenamtliche Tätigkeit angeregt („bürgerschaftliches Engagement"). Außerdem bezweckt eine plurale Trägerstruktur, dem Leistungsberechtigten ein Wunsch- und Wahlrecht (§ 5) zu ermöglichen. Dieses Wunsch- und Wahlrecht bezieht sich nicht auf frei-gemeinnützige und privatgewerbliche Träger in gleicher Weise (→ § 36 Rn. 6);[138] vielmehr ergibt sich aus der systematischen Stellung des § 5, dass er sich lediglich auf die Angebote freier Träger bezieht, die in § 3 Abs. 1 als solche unterschiedlicher Wertorientierungen gekennzeichnet werden. Nur diese unterschiedliche Wertorientierung rechtfertigt das Wunsch- und Wahlrecht. Auch die sonstigen Regelungen des SGB VIII bestätigen die besondere Stellung der freien Träger, die sich aus diesem Selbstverständnis ergibt, also nicht ungerechtfertigte Privilegierung ist. So stellt 57

132 EuGH 25.10.2001 – C-475/99.
133 EuGH 28.4.1998 – C-306/96.
134 EuGH 12.9.2000 – C-180/98.
135 EuGH 12.9.2000 – C-180/98.
136 S. hierzu zB bereits das Leitbild des Deutschen Caritasverbandes, Freiburg 1997, S. 6: „... soziales Dienstleistungsunternehmen, das unternehmerisch arbeitet, sich wirtschaftlich verhält und nach dem Grundsatz der Wirtschaftlichkeit handelt."
137 IdS auch die Mitteilung der Kommission vom 20.9.2000, KOM(2000) 580, ABl. 2001 C 17/4 v. 19.1.2001.
138 Kunkel ZfJ 2004, 376.

§ 78e Abs. 3 die sonstigen Leistungserbringer den Trägern der freien Jugendhilfe gegenüber; die Regelungen zur Trägerschaft der Jugendhilfe (§§ 3, 4) erwähnen privatgewerbliche Träger nicht; die Vorrangregelung des § 4 Abs. 2 besteht nur zugunsten anerkannter Träger der freien Jugendhilfe; eine Anerkennung privatgewerblicher Träger scheidet nach § 75 aus. Auch § 17 Abs. 3 SGB I beschränkt sich auf die Regelung der Zusammenarbeit mit frei-gemeinnützigen Einrichtungen. Dementsprechend bemüht sich auch das Europäische Parlament um eine differenzierte Sichtweise zu den Leistungen der Daseinsvorsorge. In seiner Stellungnahme zum Bericht der EU-Kommission für den Europäischen Rat in Laeken[139] fordert es, Dienstleistungen, die von sozialen, karitativen und kulturellen Einrichtungen erbracht werden, aus der Anwendung der Wettbewerbsregeln auszunehmen.[140] Auch der EuGH hat im **Sodemare-Urteil**[141] zum Ausdruck gebracht, dass das System der Sozialhilfe auf dem Grundsatz der Solidarität beruhe[142] und dass es seine Ziele nur erreichen könne, wenn zu diesem System als Erbringer von Dienstleistungen nur solche privaten Wirtschaftsteilnehmer zugelassen werden, die keinen Erwerbszweck verfolgen.[143] Es verstoße nicht gegen EU-Regeln, wenn ein Mitgliedsstaat allein privaten Wirtschaftsteilnehmern, die keinen Erwerbszweck verfolgen, erlaubt, sich an der Durchführung seines Systems der Sozialhilfe dadurch zu beteiligen, dass sie Verträge schließen, die einen Anspruch auf Erstattung der Kosten durch die Behörden vorsehen.[144] Nach dieser Rechtsprechung könnten privatgewerbliche Leistungserbringer sogar von dem System der Leistungsvereinbarung nach § 78 b sogar ausgeschlossen werden, ohne dass EU-Recht verletzt wäre. Auch der BGH[145] hat entschieden, dass die Tätigkeit freier Träger nicht dem marktwirtschaftlichen Wettbewerb unterliege.

58 Selbst wenn man die Tätigkeit freier Träger als solche von allgemeinem wirtschaftlichen Interesse verstehen würde, gälten die Wettbewerbsregeln dennoch nicht, soweit sie die **Aufgabenerfüllung** rechtlich oder tatsächlich **verhinderten** (Art. 106 Abs. 2 AEUV; ex-Art. 86 Abs. 2 EGV). Entfiele eine Förderung der freien Träger, müssten sie sich aus weiten Bereichen sozialer Tätigkeit zurückziehen (zB Kindergarten). Für kirchliche Träger oder ihnen gleichgestellte Wohlfahrtsverbände (Caritas und Diakonie) bedeutete dies, dass ein essentiale ihres Verkündungsauftrages berührt wäre. Dies wäre ein Verstoß auch gegen Art. 14 AEUV (ex-Art. 16 EGV), der garantiert, dass die Grundsätze und Bedingungen für das Funktionieren der Dienste so zu gestalten sind, dass sie ihrer Aufgabe nachkommen können. In diesem Sinn hat sich auch der Europäische Rat in Nizza in einer Erklärung im Dezember 2000 geäußert. Die Umstellung des bisherigen dualen Systems der Finanzierung freier Träger (Förderung und Entgeltvereinbarungen) auf ein einheitliches System von Leistungsvereinbarungen (§§ 77 oder 78b), das in gleicher Weise für frei-gemeinnützige und privatgewerbliche Leistungserbringer anwendbar ist (§ 78b), wäre ein Eingriff in die durch § 4 Abs. 1 garantierte Autonomie der freien Träger. Die Selbstständigkeit in Zielsetzung und Durchführung der Aufgabe des freien Trägers wäre mit einem reinen Vereinbarungssystem gefährdet.

59 Selbst bei Anwendbarkeit der EU-Wettbewerbsregeln fordert Art. 107 Abs. 3d AEUV (Art. 87 Abs. 3d EGV), dass Beihilfen zur Erhaltung des **kulturellen Erbes** zulässig sind. Die Tätigkeit der freien Träger kann als Teil des kulturellen Erbes angesehen werden, da sie als Armenpflege und Erziehungshilfe schon vor staatlicher Tätigkeit

139 „Leistungen der Daseinsvorsorge", KOM(2001) 598 v. 17.10.2001.
140 Bericht v. 17.10.2001, dort Rn. 28.
141 EuGH 17.6.1997 – C-70/95.
142 EuGH 17.6.1997 – C-70/95, Rn. 29.
143 EuGH 17.6.1997 – C-70/95, Rn. 32.
144 EuGH 17.6.1997 – C-70/95, Rn. 35.
145 BGH NJW 1992, 1237.

einsetzte. Repräsentanten waren Persönlichkeiten wie Oberlin, Pestalozzi, August Hermann Francke, Ketteler und Kolping. Zu erinnern ist an die sog. Rettungshäuser, die zB 1823 von Falk in Weimar, 1833 von Johann Hinrich Wichern in Hamburg (Rauhes Haus) eingerichtet wurden, ebenso an den 1840 von Fröbel gegründeten ersten deutschen Kindergarten, der zum Inbegriff pädagogischer Arbeit und zu einem Begriff in vielen Weltsprachen wurde.[146]

Die **Vergaberegelungen** gelten gem. § 97 GWB für den öffentlichen Auftraggeber. Dies ist gem. § 98 Nr. 1 GWB in erster Linie die Gebietskörperschaft als Leistungsträger. Nur ausnahmsweise gelten gem. § 98 Nr. 2 GWB auch freie Träger als öffentliche Auftraggeber, wenn sie überwiegend von den Gebietskörperschaften finanziert sind. Da die EU-Wettbewerbsregeln nicht anwendbar sind, scheidet insoweit auch die Anwendung der EU-Vergaberegeln (Anh. 4 Synopse EU-Recht) auf Dienstleistungen freier Träger aus. Die EU-Regeln sind mit §§ 97–129 GWB, der Vergabeverordnung vom 9.1.2001[147] und der VOL/A vom 17.9.2002[148] in nationales Recht umgesetzt worden. Weitere Regelungen zur Ausschreibung enthalten § 30 HaushaltsgrundsätzeG,[149] § 55 BHO und Landesrecht.[150] Auch wenn eine Ausschreibungspflicht erst ab einem bestimmten Schwellenwert besteht (§ 100 Abs. 1 GWB), ist schon die grundsätzliche Geltung der Vergaberegeln zu bezweifeln.[151] Diese Regeln gelten nämlich nur für die Bedarfsdeckung im Rahmen der sog. **fiskalischen Hilfstätigkeit** der Verwaltung. Die Bedarfsdeckung bezieht sich auf Materialbeschaffung, aber auch auf Dienstleistungen; auf beide aber nur insoweit, als sie der Erfüllung einer staatlichen Aufgabe mittelbar dienen, also benötigt werden, um diese Aufgabe erfüllen zu können. Dagegen ist nicht die Aufgabe selbst Gegenstand der Ausschreibung (zB muss nicht die Aufgabe „Trägerschaft eines Kindergartens" ausgeschrieben werden, sondern lediglich die Beschaffung von Gegenständen für die Einrichtung des Kindergartens). Der Begriff der Leistung nach § 55 BHO ist zu unterscheiden von dem der Leistung nach § 2 Abs. 2 SGB VIII,[152] ebenso der des Leistungsvertrags (für Bedarfsdeckung) von dem der Leistungsvereinbarung (für Leistungen nach § 2 Abs. 2). Gegen eine Ausdehnung der **Ausschreibungspflicht** wenden sich auch der Deutsche Städtetag[153] und der DPWV[154] sowie der 11. Ki/JuBericht, S. 84 f.[155] 60

Eine andere Frage ist, ob **Leistungserbringer aus EU-Staaten**, die im Inland tätig werden wollen, sich **ebenfalls** auf eine Förderung nach **§ 74** berufen können. Dies ist der Fall, wenn sie dessen Voraussetzungen erfüllen. Dies gebieten das Diskriminierungsverbot aus Art. 18 AEUV (ex-Art. 12 EGV) ebenso wie der freie Dienstleistungsverkehr aus Art. 56 AEUV (ex-Art. 49 EGV). 61

146 Weitere Beispiele bei Kunkel, Jugendhilferecht, Rn. 1.
147 BGBl. I, 110, 876.
148 BAnz Nr. 216 a.
149 BGBl. I 2001, 2785.
150 ZB § 55 LHO BW, § 31 Gemeindehaushaltsverordnung.
151 Ablehnend auch Bernzen in JHSM § 74 Rn. 39; Wabnitz in GK-SGB VIII Rn. 124; Ax/Schneider/Ottenströer VR 2010, 328; Engler RsDE (2010) 71, 41; Neumann/Bieritz-Harder RsDE (2001) 48, 1.
152 Ohne diese Unterscheidung aber Mrozynski ZFSH/SGB 2004, 451.
153 Rundschreiben v. 27.11.2001, Az. 73.06.52E und v. 19.9.2000, Az. 51–82.06 und Expertise v. 18.9.2000, Az. 51.82.06.
154 BldW 2001, 30.
155 Ausführlich Neumann/Nielandt/Philipp, Vergaberecht 2004 u. Münder/von Boetticher, Wettbewerbsverzerrungen 2003.

§ 74a Finanzierung von Tageseinrichtungen für Kinder

[1]Die Finanzierung von Tageseinrichtungen regelt das Landesrecht. [2]Dabei können alle Träger von Einrichtungen, die die rechtlichen und fachlichen Voraussetzungen für den Betrieb der Einrichtung erfüllen, gefördert werden. [3]Die Erhebung von Teilnahmebeiträgen nach § 90 bleibt unberührt.

1 § 74a wurde durch das TAG eingeführt. Er umfasste Satz 1 und 3 der aktuellen Fassung und legte fest, dass die bundesrechtlichen Finanzierungsregelungen für den Bereich der Kindertageseinrichtungen nicht gelten. Ausweislich der Regierungsbegründung[1] sollte mit der Neuregelung den unterschiedlichen Finanzierungsmodalitäten Rechnung getragen werden, die sich in der Praxis der Länder herausgebildet haben. Faktisch war die Förderung nach § 74 mit der Einführung des Rechtsanspruchs auf einen Kindertagesstättenplatz für diesen Bereich problematisch geworden. Die Alternative einer Finanzierung nach dem Muster der §§ 78a ff. und damit auf der Basis einer Entgeltvereinbarungen wiederum hätte den gewachsenen Strukturen nicht gerecht werden können.

Satz 2 wurde durch das KiFöG neu eingefügt. Er stellt einen Kompromiss in der Auseinandersetzung um die Einbeziehung privatgewerblicher Träger dar. Eine weitergehende Formulierung wäre in Widerspruch geraten zu der grundsätzlichen Gestaltungsfreiheit der Finanzierung, die Satz 1 dem Land einräumt.

Finanzierungsmodelle, die ähnlich der Förderung nach § 74 eine Eigenleistung der Träger vorsehen und zugleich den Kostenbeitrag der Eltern begrenzen, wären für im echten Sinne privat-gewerbliche Träger uninteressant, deren Subventionierung wiederum politisch legitimationsbedürftig. Weitgehend unproblematisch ist dagegen die Einbindung privat-gewerblicher Träger über eine subjektbezogene Förderung.

2 Der Bund hat nach Art. 74 Abs. 1 Nr. 7 GG die konkurrierende Gesetzgebungskompetenz für die Regelung des Kinder- und Jugendhilferechts. Nach Art. 72 Abs. 1 GG haben die Länder im Bereich der konkurrierenden Gesetzgebung die Befugnis zur Gesetzgebung, solange und soweit der Bund von seiner Gesetzgebungszuständigkeit nicht durch Gesetz Gebrauch gemacht hat. § 74a SGB VIII stellt dies einfachgesetzlich klar. Insbesondere wird klargestellt, dass die Vorschriften über die Förderung der freien Jugendhilfe nicht auf die Finanzierung von Tageseinrichtungen für Kinder angewendet werden sollen, sofern landesrechtliche Regelungen tatsächlich existieren.[2]

3 Satz 2 ermächtigt die Länder, privat-gewerbliche Träger in die Förderung einzubeziehen. Die Spezifizierung in Satz 2 schränkt die Gestaltungsfreiheit, die Satz 1 gewährt, insoweit ein als nunmehr die Erfüllung der rechtlichen und fachlichen Voraussetzungen durch einen potenziell zu fördernden Träger zur Bedingung für dessen Förderung gemacht wird.

4 Satz 3 der Regelung stellt klar, dass für die Regelung der nutzerseitigen Kostenbeiträge[3] unverändert die bundesrechtlichen Vorgaben verbindlich sind.

§ 75 Anerkennung als Träger der freien Jugendhilfe

(1) Als Träger der freien Jugendhilfe können juristische Personen und Personenvereinigungen anerkannt werden, wenn sie

1 BT-Drs. 15/3676.
2 S. hierzu BVerwG 21.1.2010 – 5 CN 1.09; BayVGH 23.10.2013 – 12 BV 13.650; VGH BW 1.2.2011 – 12S 1774/10.
3 Das KiFöG ersetzte die Bezeichnung „Teilnehmerbeiträge" in § 90 durch den Begriff „Kostenbeiträge", die entsprechende Änderung in § 74a wurde versäumt.

1. auf dem Gebiet der Jugendhilfe im Sinne des § 1 tätig sind,
2. gemeinnützige Ziele verfolgen,
3. auf Grund der fachlichen und personellen Voraussetzungen erwarten lassen, dass sie einen nicht unwesentlichen Beitrag zur Erfüllung der Aufgaben der Jugendhilfe zu leisten imstande sind, und
4. die Gewähr für eine den Zielen des Grundgesetzes förderliche Arbeit bieten.

(2) Einen Anspruch auf Anerkennung als Träger der freien Jugendhilfe hat unter den Voraussetzungen des Absatzes 1, wer auf dem Gebiet der Jugendhilfe mindestens drei Jahre tätig gewesen ist.

(3) Die Kirchen und Religionsgemeinschaften des öffentlichen Rechts sowie die auf Bundesebene zusammengeschlossenen Verbände der freien Wohlfahrtspflege sind anerkannte Träger der freien Jugendhilfe.

1 Bedeutung der Anerkennung

1 Die Anerkennung als Träger der freien Jugendhilfe hat bedeutsame Konsequenzen, sie eröffnet einen besonderen Status[1] für dessen Rechtsstellung im Verhältnis zum Träger der öffentlichen Jugendhilfe:

- Anerkannte Träger haben mit ihren Einrichtungen, Diensten und Maßnahmen einen beschränkten Konkurrenzschutz gegenüber dem öffentlichen Träger (§ 4 Abs. 2).
- Die Anerkennung ist in der Regel Voraussetzung für eine auf Dauer angelegte Förderung und aus diesem Grunde für viele freie Träger existenziell wichtig (§ 74 Abs. 1 S. 2).
- Anerkannte Träger haben das Recht, der Vertretungskörperschaft für die Mitgliedschaft im JHA und im LJHA Männer und Frauen vorzuschlagen (§ 71 Abs. 1 Nr. 2 und Abs. 4).
- Anerkannte Träger können an der Wahrnehmung anderer Aufgaben iSd § 76 Abs. 1 mitwirken.

1 Wiesner in Wiesner Rn. 1.

- Anerkannte Träger müssen vom Träger der öffentlichen Jugendhilfe frühzeitig an der Jugendhilfeplanung beteiligt werden (§ 80 Abs. 3). Sie sind grundsätzlich Mitglied der Arbeitsgemeinschaften nach § 78.
- Anerkannte Träger haben das Privileg, dass nur mit ihnen Vereinbarungen über die Erbringung von Hilfen zur Erziehung im Ausland (§ 78b Abs. 2 Nr. 1) abgeschlossen werden dürfen.
- Anerkannte Träger können bei ihren Veranstaltungen den Teilnehmern bestimmte Lockerungen nach JuSchG (Aufenthalt im Gaststätten § 4 Abs. 2; Tanzveranstaltungen § 5 Abs. 2) gewähren.

2 Anerkennung nach pflichtgemäßem Ermessen (Abs. 1)

2 Die Anerkennung nach Abs. 1 steht im **pflichtgemäßen Ermessen** des Trägers der öffentlichen Jugendhilfe („können ... anerkannt werden"). Sie ist zulässig, wenn der Träger eine juristische Person oder eine Personenvereinigung ist und die in den Nrn. 1 bis 4 genannten Voraussetzungen erfüllt sind. Erfüllt ein Träger der freien Jugendhilfe diese Voraussetzungen und beantragt er die Anerkennung, wird der für die Anerkennung zuständige Träger der öffentlichen Jugendhilfe in seiner Ermessensentscheidung kaum entgegenstehende öffentlichen Interessen aufzeigen können, die eine Ablehnung des Antrags begründen könnten (§ 39 Abs. 1 SGB I; § 35 Abs. 1 S. 3 SGB X). Deshalb wird auch vor Ablauf des in Abs. 2 bestimmten Drei-Jahreszeitraums in den meisten Fällen die Anerkennung nicht verweigert werden können.[2]

2.1 Allgemeine Anerkennungsvoraussetzungen

3 Die Anerkennungsvoraussetzungen der Nrn. 2 und 4 stimmen inhaltlich mit den Voraussetzungen der Förderung freier Träger in § 74 Abs. 1 S. 1 Nr. 3 und 5 überein. Insoweit wird auf die Erl. zu § 74 verwiesen.

4 **2.1.1 Juristische Personen und Personenvereinigungen.** Die Anerkennung ist auf juristische Personen und Personenvereinigungen beschränkt, während die Förderung – mit Ausnahme der auf Dauer angelegten Förderung – keine bestimmte Rechtsform voraussetzt. Damit ist gesetzlich ausgeschlossen, dass eine **einzelne Person** als Träger der freien Jugendhilfe anerkannt wird. Jedoch bedeutet dies lediglich, dass eine Einzelperson nicht die Sonderstellung eines anerkannten Trägers erhalten kann.[3] Durchaus zulässig ist, dass sie auf dem Gebiet der Jugendhilfe tätig wird, sie kann aber zur Ausübung der Tätigkeit auch einer Erlaubnis bedürfen (zB nach §§ 43, 44, 45). Der Träger der öffentlichen Jugendhilfe soll diese freiwillige Tätigkeit, soweit es sich um ehrenamtliche Tätigkeit handelt, nach § 73 und im Übrigen nach § 74 anregen und fördern.

5 **Juristische Personen** sind insbesondere der eingetragene Verein (§§ 21 ff. BGB), die Gesellschaft mit beschränkter Haftung (Gesetz betreffend die Gesellschaften mit beschränkter Haftung), die Aktiengesellschaft (Aktiengesetz) und die Stiftung bürgerlichen Rechts (§§ 80 ff. BGB u. landesrechtliche Stiftungsgesetze).

6 **Personenvereinigungen** sind Zusammenschlüsse von Personen, die nicht rechtsfähig sind. Zu ihnen gehören die nicht eingetragenen (nicht wirtschaftlichen) Vereine, die eine Satzung, eine Mitgliederversammlung und einen Vorstand haben, aber wegen Nichteintragung im Vereinsregister nicht rechtsfähig sind (§ 21 BGB). Auch die **nicht vereinsmäßig organisierten Zusammenschlüsse** von Personen sind anerkennungsfähig. So sind zB Selbsthilfe- oder Initiativgruppen rechtlich meist als **Gesellschaft bürgerlichen Rechts** anzusehen, wenn die Gruppenmitglieder sich zur Erreichung eines gemeinsamen Zwecks zusammengeschlossen haben und alle Angelegenheiten gemein-

2 Münder in FK-SGB VIII Rn. 17.
3 BT-Drs. 12/2866, 33.

sam beraten und beschließen wollen (§§ 705, 709 BGB). Für eine Einbeziehung dieser Gruppen spricht, dass der Gesetzgeber an verschiedenen Stellen die Selbsthilfe und die Selbstorganisation ausdrücklich als besonders förderungswürdig herausstellt (§ 4 Abs. 3; § 25; § 74 Abs. 4). Mit dieser deutlichen Wertschätzung wäre es unvereinbar, die Selbsthilfegruppen von der Anerkennung und damit in der Regel von einer auf Dauer angelegten Förderung, der Mitarbeit im JHA und der Beteiligung an der Jugendhilfeplanung auszuschließen. Grundsätzlich anerkennungsfähig sind ferner die **Partnerschaftsgesellschaften**, die nach dem Partnerschaftsgesellschaftsgesetz ua von Psychologen und Erziehern mit Ärzten oder Rechtsanwälten abgeschlossen werden und in verschiedenen Feldern der Jugendhilfe aktiv werden können. Sie werden aber häufig nicht gemeinnützige (→ Rn. 8), sondern eigenwirtschaftliche Ziele verfolgen, so dass aus diesem Grunde eine Anerkennung ausgeschlossen ist.

2.1.2 Auf dem Gebiet der Jugendhilfe im Sinne des § 1 tätig (Nr. 1). Vorausgesetzt 7
wird, dass der freie Träger (privat gewerbliche Träger sind ausgeschlossen, → § 3 Rn. 16, 18) nach seiner Satzung und/oder Konzeption und tatsächlich in seiner Praxis das Ziel verfolgt, junge Menschen in ihrer Entwicklung zu fördern und/oder zu eigenverantwortlichen und gemeinschaftsfähigen Persönlichkeiten zu erziehen (§ 1 Abs. 1). Nicht anerkennungsfähig sind aus diesem Grunde Vereinigungen, die menschenverachtende Strukturen und eine entsprechende Praxis aufweisen.[4] Das Gesetz verlangt nicht, dass der freie Träger ausschließlich oder auch nur überwiegend auf dem Gebiet der Jugendhilfe im Sinne des § 1 tätig ist.[5] Die Tätigkeit kann sich auf einen bestimmten **Teilbereich der Jugendhilfe** beschränken (zB Kinderladen, Drogenprävention), nicht aber nur auf die Vermittlung spezieller Kenntnisse und Fertigkeiten. Die Anerkennung **parteinaher** Jugendorganisationen, die nach ihrer Satzung und in ihrer Praxis auf parteipolitische Betätigung beschränkt sind, ist ausgeschlossen, weil sie Ziele außerhalb der Jugendhilfe verfolgen.[6]

2.1.3 Verfolgung gemeinnütziger Ziele (Nr. 2). Die Anerkennung gewerblicher und 8
sonstiger nicht gemeinnütziger Träger ist ausgeschlossen. Auch die Förderung einzelner Maßnahmen, bei denen Erwerbsabsicht besteht, ist wegen § 74 Abs. 1 Nr. 3 nicht zulässig (→ § 3 Rn. 16, 18 u. → § 74 Rn. 12). Das Merkmal „Verfolgung gemeinnütziger Ziele" setzt zwar nicht Gemeinnützigkeit iSd Steuerrechts voraus.[7] Liegt aber eine steuerrechtliche (ggf. auch nur vorläufige) Anerkennung der Gemeinnützigkeit vor, ist das Tatbestandsmerkmal in jedem Fall erfüllt.[8] Für ein autonomes jugendhilferechtliches Verständnis können auch europarechtliche Überlegungen hins. einer mgl. Bevorzugung privat-gemeinnütziger Träger sprechen.[9]

2.1.4 Fachliche und personelle Voraussetzungen, Beitrag zur Jugendhilfe (Nr. 3). Die 9
Anerkennung setzt voraus, dass der Träger die fachlichen und personellen Voraussetzungen für eine Tätigkeit im Bereich der Jugendhilfe erfüllt, und außerdem, dass zu erwarten ist, dass er einen **nicht unwesentlichen Beitrag** zur Erfüllung der Aufgaben der Jugendhilfe zu leisten imstande ist. Diese Voraussetzungen hat er konkret nachzuweisen zB durch Darstellung seiner Konzeptionen, Aktivitäten und Planungen, Nachweis der Mitglieder- und Teilnehmerzahlen und der Öffentlichkeitsarbeit. Damit sollen die Vorteile der Anerkennung nur freien Trägern zukommen, die einen gewissen fachlichen Standard erfüllen.[10]

4 Zur „Scientology Kirche Hamburg eV" s. BAG NZA 1995, 823.
5 OVG Koblenz NVwZ-RR 1989, 254.
6 OVG Lüneburg RdJB 1988, 469.
7 BT-Drs. 11/6748, 82.
8 von Boetticher/Münder in FK-SGB VIII Rn. 11.
9 von Boetticher/Münder in FK-SGB VIII Rn. 12.
10 von Boetticher/Münder in FK-SGB VIII Rn. 13.

10 **2.1.4.1 Fachliche und personelle Voraussetzungen.** Zu den fachlichen und personellen Voraussetzungen gehören insbesondere die **fachliche Qualifikation** der in Voll- oder Teilzeit Beschäftigten und ehrenamtlichen Mitarbeiter und eine für die Durchführung der beabsichtigten Maßnahmen **ausreichende Zahl von Mitarbeitern**. Die fachliche Qualifikation ist nicht ausschließlich an formalen Qualifikationen aufgrund von Ausbildungsabschlüssen zu messen; denn auch das in einem bestimmten Arbeitsfeld durch Erfahrung erworbene Wissen und Können ist sehr wertvoll. Die in § 72 getroffenen Regelungen über die Qualifikation der Mitarbeiter in der öffentlichen Jugendhilfe sind Anhaltspunkte für die Anforderungen, denen freie Träger genügen müssen, die anerkannt werden wollen.

11 Sind **leitende Funktionen der freien Träger** (Ehrenamtliche Vorstände, Geschäftsführer usw) nicht mit Fachkräften besetzt, muss durch die **Organisationstruktur** sichergestellt sein, dass die fachfremden oberen Leitungsorgane den ihnen unterstellten Mitarbeitern die Arbeit nach den fachlichen Standards ermöglichen und nicht durch fachlich unvertretbare Weisungen in die Arbeit eingreifen.[11] Es sollte die Leitung der fachlichen Arbeit[12] an Fachkräfte übertragen sein. Die Erfüllung dieser Voraussetzung kann der freie Träger durch Vorlage entsprechender Geschäftsordnungen bzw. Dienstanweisungen usw nachweisen.

12 **2.1.4.2 Erwartung eines nicht unwesentlichen Beitrags zur Jugendhilfe.** Einen „nicht unwesentlichen Beitrag" erbringt der Träger der freien Jugendhilfe, wenn sein **Beitrag im jeweiligen Arbeitsfeld bedeutsam** ist. Da für eine qualitative Wesentlichkeitsprüfung, die zB in einem wertenden Vergleich verschiedener Jugendhilfeleistungen bestehen könnte, objektive Maßstäbe fehlen dürften, wird in der Regel die Wesentlichkeit des Beitrags zunächst **quantitativ** nach Art und Umfang der Leistungen, der Zahl der von den Leistungen erfassten Menschen sowie der Zahl der Mitarbeiter des Trägers der freien Jugendhilfe bemessen werden müssen.[13] Von Bedeutung kann auch sein, ob der Träger aufgrund seines Konzeptes und seiner personellen Ausstattung in der Lage ist, im JHA bzw. an der Jugendhilfeplanung oder in Arbeitsgemeinschaften mitzuwirken.

13 Jedoch würde eine rein **quantitative Betrachtung** zur Versagung der Anerkennung und damit zum Ausschluss vieler Initiativ- oder Selbsthilfegruppen aus einer auf Dauer angelegten Förderung und aus der Beteiligung an den Jugendhilfeausschüssen und an der Jugendhilfeplanung führen, obwohl diese Gruppen vom Gesetzgeber erkennbar als wesentlich für die Jugendhilfe angesehen werden (§ 4 Abs. 3, § 4a, § 74 Abs. 4, § 78 S. 3). Deshalb ist davon auszugehen, dass einen nicht unwesentlichen Beitrag zur Erfüllung der Aufgaben der Jugendhilfe jeder freie Träger leistet, der sich mit einem **bestimmten Angebot auf Dauer an eine beschreibbare Zielgruppe** wendet.[14] Gerade kleine Träger leisten zum Teil sehr spezielle Angebote wie zB die Betreuung von Asylbewerberkindern oder Familien in Asylbewerberheimen, die Arbeit mit Folteropfern oder Integrationsarbeit für Migranten in sozialen Brennpunkten, die auch aus dem Gesichtspunkt der Subsidiarität[15] und von ihrem Stellenwert her[16] unverzichtbar erscheinen. Allerdings müssen auch diese kleinen Träger sämtliche Anerkennungsvoraussetzungen erfüllen. Weisen sie zB eine rechtliche Struktur auf, die Leitungs- und

11 BAG NDV 1987, 333; Gutachten des DV, NDV 1997, 22.
12 Vgl. Art. 60 Abs. 1. S. 1 Bay AGSG, zur Führung von Vormundschaften durch Vereine.
13 Arbeitsgemeinschaft der Obersten Landesbehörden in ihren „Grundsätzen für die Anerkennung von Trägern der freien Jugendhilfe", in Kunkel, Jugendhilferecht, Anh. Anl. 7. von Boetticher/Münder in FK-SGB VIII Rn. 13 sehen in einer zu restriktiven Handhabung möglicherweise die traditionellen Träger unzulässig bevorzugt.
14 Im Ergebnis ebenso: von Boetticher/Münder in FK-SGB VIII Rn. 10; Mrozynski SGB VIII Rn. 1; Wiesner in Wiesner Rn. 12.
15 Wiesner in Wiesner Rn. 12.
16 Kern in SFMK Rn. 11.

Entscheidungsbefugnisse von zufälligen Mehrheiten (→ Rn. 11) abhängig macht, ist die Dauerhaftigkeit und die Fachlichkeit nicht gesichert mit der Folge, dass eine Anerkennung ausgeschlossen ist.

Solidität und **Dauerhaftigkeit** der rechtlichen, organisatorischen und finanziellen Verhältnisse können deshalb weitere Anerkennungsvoraussetzungen sein.[17] Solidität darf aber nicht nur mit einem allzu perfektionistischen Maßstab der Verwaltungsbürokratie gemessen werden. Entscheidend muss allein sein, ob erwartet werden kann, dass der freie Träger die Gewähr eines nicht nur kurzfristigen, zielgerichteten wesentlichen Beitrags zur Jugendhilfe bietet. 14

Ob die **Art und Intensität der Zusammenarbeit** mit anderen Trägern der Jugendhilfe eine Anerkennungsvoraussetzung sein kann, erscheint zweifelhaft; denn das Gesetz verpflichtet in § 4 Abs. 1 nur den Träger der öffentlichen Jugendhilfe zu einer partnerschaftlichen Zusammenarbeit.[18] Deshalb dürfte es gegen den Grundsatz der Gesetzmäßigkeit der Verwaltung (Art. 20 Abs. 3 GG) verstoßen, ein wünschenswertes, nur schwer mit der grundgesetzlich garantierten Autonomie der freien Träger zu vereinbarendes (§ 4 Abs. 1 S. 2), aber gesetzlich nicht als Anerkennungsvoraussetzung bestimmtes, Verhalten zur Voraussetzung für die Anerkennung machen zu wollen. Auch dürften die Anerkennungsvoraussetzungen im Gesetz abschließend benannt sein. 15

2.1.5 Gewähr für eine den Zielen des Grundgesetzes förderliche Arbeit (Nr. 4). Hierzu → § 74 Rn. 14. 16

2.2 Besondere Anerkennungsvoraussetzungen für Jugendverband oder Jugendgruppe

Die gesetzlichen Vorschriften unterscheiden zwischen Jugendverbänden, Jugendgruppen und Wohlfahrtsverbänden (§ 12 Abs. 1 und § 71 Abs. 1 Nr. 2). Deshalb muss der Anerkennungsbescheid erkennen lassen, ob der Träger als Jugendverband, als Jugendgruppe oder als Wohlfahrtsverband anerkannt wird. Ob eine Anerkennung eines Jugendverbands bzw. einer Jugendgruppe nur zulässig ist, wenn die Jugendarbeit dort der gesetzlichen Beschreibung in § 12 Abs. 2 entspricht (→ § 12 Rn. 10, 11), dh von den jungen Menschen selbst organisiert, gemeinschaftlich gestaltet und mitverantwortet wird, erscheint zweifelhaft. Damit würde die Anerkennung der Jugendverbände von einem zusätzlichen, in § 75 nicht genannten Kriterium abhängig gemacht.[19] Besteht keine von jungen Menschen mitgestaltete demokratische Struktur, kann der Träger bei Erfüllung der sonstigen Anerkennungsvoraussetzungen als Wohlfahrtsverband anerkannt werden. 17

3 Rechtsanspruch auf Anerkennung (Abs. 2)

Der Träger der freien Jugendhilfe hat nach Abs. 2 **Anspruch auf Anerkennung,** wenn er die Voraussetzungen nach Abs. 1 erfüllt und im Gebiet der Jugendhilfe mindestens drei Jahre tätig gewesen ist. Der Rechtsanspruch setzt nicht voraus, dass der Träger der freien Jugendhilfe während des Drei-Jahres-Zeitraums mit dem Träger der öffentlichen Jugendhilfe zusammengearbeitet hat oder von diesem gefördert worden ist. Die Voraussetzungen des Abs. 1 müssen aber während des gesamten Drei-Jahres-Zeit- 18

17 Arbeitsgemeinschaft der Obersten Landesbehörden „Grundsätze", in Kunkel, Jugendhilferecht, Anh. Anl. 7.

18 AA Arbeitsgemeinschaft der Obersten Landesbehörden „Grundsätze", in Kunkel, Jugendhilferecht, Anh. Anl. 7.

19 So aber Arbeitsgemeinschaft der Obersten Landesjugendbehörden „Grundsätze", in Kunkel, Jugendhilferecht, Anh. Anl. 7.

raums vorgelegen haben.[20] Die Anspruchsvoraussetzungen nach Abs. 1 sind gerichtlich voll überprüfbar.[21]

4 Gesetzliche Anerkennung (Abs. 3)

19 Einer Anerkennung als Träger der freien Jugendhilfe durch VA bedürfen nicht die in Abs. 3 genannten Institutionen und Organisationen. Diese sind bereits kraft Gesetzes anerkannt.

4.1 Kirchen und Religionsgemeinschaften

20 Kirchen und Religionsgemeinschaften sind kraft Gesetzes bundesweit anerkannt, wenn diesen der Status von Körperschaften des öffentlichen Rechts zuerkannt wurde. Wegen dieser besonderen Rechtsstellung, die verfassungsrechtlich das Recht zur Verwaltung der eigenen Angelegenheiten im Rahmen der allgemein geltenden Gesetze einschließt, hielt es der Gesetzgeber für bedenklich, die Förderung der kirchlichen Tätigkeit in der Jugendhilfe von der Anerkennung abhängig zu machen.[22]

21 Der **öffentlich-rechtliche Status** kann Kirchen und Religionsgemeinschaften auf Antrag durch das zuständige Bundesland verliehen werden. Eine Vereinigung ist dann als Religionsgemeinschaft im Sinne des Grundgesetzes anzusehen, wenn ihre Mitglieder oder Anhänger auf der Grundlage gemeinsamer religiöser Überzeugungen eine unter ihnen bestehende Übereinstimmung über Sinn und Bewältigung des menschlichen Lebens bezeugen. Ausgeschlossen ist die Verleihung, wenn die Religionsgemeinschaft die in Art. 79 Abs. 3 GG umschriebenen fundamentalen Verfassungsprinzipien der Menschenwürde und des demokratischen Rechtsstaats gefährdet. Eine Gefährdung ist nicht allein dadurch gegeben, dass sie ihren Mitgliedern die Teilnahme an staatlichen Wahlen verbietet. Eine Gefährdung von Grundrechten läge aber vor, wenn sie Erziehungspraktiken empfiehlt, die das Wohl der Kinder gefährden oder unzulässigen Druck gegen austrittswillige Mitglieder anwendet.[23] Dienen die religiösen Lehren nur als Vorwand für die Verfolgung wirtschaftlicher Ziele, hat die Vereinigung nicht die Eigenschaft einer Religionsgemeinschaft im Sinne des Grundgesetzes.[24]

22 Nicht abschließend geklärt ist die Frage, ob aus der Rechtsprechung des BVerfG abzuleiten ist, dass auch die **Verbände der Diakonie und der Caritas** gesetzlich anerkannt sind, weil das kirchliche Selbstbestimmungsrecht sich auch erstreckt auf „alle der Kirche in bestimmter Weise zugeordneten Einrichtungen ohne Rücksicht auf die Rechtsform, sofern die Einrichtungen nach kirchlichem Selbstverständnis ihrem Zweck und ihrer Aufgabe entsprechend berufen sind, ein Stück des Auftrags der Kirche wahrzunehmen und zu erfüllen".[25] Dass caritative/diakonische Verbände in privater Rechtsform an der Sonderstellung der Kirche teilhaben, wird vom BVerfG[26] und vom Bundesarbeitsgericht[27] in ständiger Rechtsprechung bejaht. Gleichwohl wird die Ansicht vertreten, dass die Untergliederungen der Verbände der Caritas und der Diakonie nicht am Kirchenprivileg teilhätten.[28]

---

20 Kern in SFMK Rn. 14.
21 von Boetticher/Münder in FK-SGB VIII Rn. 17.
22 BT-Drs. 11/5948, 99; s. dazu auch Bernzen, 1993, mwN.
23 BVerfG NJW 2001, 429 und OVG Bln NJW 2005, 474 zu den „Zeugen Jehovas"; BVerwG NJW 2005, 2101 zum Islamrat und zum Zentralrat der Muslime.
24 BVerwGE 90, 116.
25 BVerfG NJW 1969, 31 und 1980, 1895.
26 NJW 1986, 356.
27 ZTR 2003, 45 mwN.
28 So Wiesner in Wiesner Rn. 18.

4.2 Verbände der freien Wohlfahrtspflege

Gesetzlich anerkannt als Träger der freien Jugendhilfe sind nach Abs. 3 die auf Bundesebene zusammengeschlossenen Verbände der freien Wohlfahrtspflege (→ § 3 Rn. 16).[29] Dagegen bedürfen die Verbände der freien Wohlfahrtspflege auf landes- und örtlicher Ebene grundsätzlich der Anerkennung durch VA, auch wenn sie einem der auf Bundesebene zusammengeschlossenen Verbände angehören.[30] Gegen eine pauschale Anerkennung aller freien Wohlfahrtsverbände, die einem auf Bundesebene zusammengeschlossenen Wohlfahrtsverband auf landes- oder örtlicher Ebene angehören, bestehen erhebliche Bedenken, weil dann auch die Mitgliedsverbände die privilegierte Stellung eines anerkannten Trägers der freien Jugendhilfe erlangen würden (→ Rn. 1), die sich nicht mit der Jugendhilfe, sondern zB ausschließlich mit der Kranken- oder Altenhilfe befassen und deshalb die Anerkennungsvoraussetzungen des § 74 nicht erfüllen (→ § 74 Rn. 4). Allerdings haben einige Bundesländer von der Möglichkeit Gebrauch gemacht, weitere Trägergruppen gesetzlich anzuerkennen.[31] Das Landesrecht kann vorsehen, dass die Anerkennung eines Spitzenverbandes auf Antrag die Anerkennung der angeschlossenen Verbände und Einrichtungen einschließt, wenn diese einheitliche Organisationsformen, Satzungsregelungen und Betätigungsbereiche aufweisen.[32] Es kann aber zB auch anordnen, dass die Anerkennungsbehörde sich vorbehält, die Anerkennung zu versagen, wenn eine Prüfung ergibt, dass die Anerkennungsvoraussetzungen bei einer Organisation nicht vorliegen, die einem auf Landesebene anerkanntem Verband der freien Wohlfahrtspflege beitritt.[33] 23

4.3 Jugendverbände und Jugendgruppen

Jugendverbände und Jugendgruppen sind nicht kraft Gesetzes anerkannt. Sie bedürfen nach der bundesgesetzlichen Regelung grundsätzlich der Anerkennung durch VA, weil sie von den gesetzlichen Ausnahmevorschriften nicht erfasst werden. Der Gesetzgeber hat dies mit der stärkeren personellen Fluktuation begründet,[34] jedoch – im Widerspruch dazu – in der Übergangsregelung (→ Rn. 28) bereits erteilte Anerkennungen als weitergeltend anerkannt. In landesrechtlichen Vorschriften können Jugendverbände und Jugendgruppen gesetzlich als Träger der freien Jugendhilfe anerkannt werden. 24

5 Verfahren

Die Anerkennung von Trägern gem. Abs. 1, 2 erfolgt **auf Antrag** durch begünstigenden VA (→ Anh. 5 Rn. 39), der die Rechtswirkungen eintreten lässt, die das Gesetz an die Anerkennung knüpft zB dass der freie Träger eine auf Dauer angelegte Förderung erhalten kann und an der Jugendhilfeplanung zu beteiligen ist (→ Rn. 1). Die Entscheidung über die Anerkennung trifft der **Jugendhilfeausschuss** nach § 70 Abs. 1 bzw. der **Landesjugendhilfeausschuss** nach Abs. 3, weil die Anerkennung wegen ihrer Bedeutung nicht zu den laufenden Geschäften der Verwaltung des JA/LJA gehört (→ § 70 Rn. 7), es sei denn landesgesetzliche Regelungen weisen zB anderen staatlichen überregionalen Organisationseinheiten, wenn das Land selbst überörtlicher Träger ist, diese Aufgabe zu. 25

29 Zu verfassungsrechtlichen Bedenken s. Bernzen, 1993, 86.
30 Wiesner in Wiesner Rn. 18; aA Kern in SFMK § 75 Rn. 17.
31 S. zB § 16 Abs. 2 brand AG KJHG-Org; § 25 Abs. 2 nw AG KJHG; § 19 sächsLJHG; vgl. Anh. 3 Synopse.
32 So § 25 Abs. 3 nw AG KJHG; Art. 3 Abs. 2 Bay AGSGB.
33 § 19 Abs. 3 sächsLJHG.
34 BT-Drs. 11/5948, 99.

6 Geltungsbereich

26 Die **Zuständigkeit ist durch Landesrecht** geregelt, dieses bestimmt die Träger der öffentlichen Jugendhilfe (§ 69 Abs. 1), und kann – je nach dem örtlichen Tätigkeitsbereich des Trägers – beim örtlichen Träger, beim überörtlichen Träger oder bei der obersten Landesjugendbehörde oder anderen regionalen Organisationseinheiten des Landes liegen. Insoweit schließen Rechtsprechung und Literatur teilweise je nach der örtlichen Zuständigkeit des örtlichen oder überörtlichen öffentlichen Trägers auf eine räumliche Beschränkung der Anerkennung.[35] Insofern folgerichtig hatte der Bundesrat im Gesetzgebungsverfahren vorgeschlagen für eine länderübergreifende Anerkennung durch die zuständige oberste Bundebehörde eine ausdrückliche Regelung zu schaffen. Dem ist die Bundesregierung entgegengetreten, da es sich bei der Entscheidung des OVG Berlin-Brandenburg um einen Einzelfallentscheidung gehandelt habe, die sich auch auf einen ausschließlich örtlich tätig werdenden Träger bezogen habe, während der Großteil der Träger der freien Jugendhilfe überörtlich wirke.[36] Damit ist nun klargestellt, dass die Anerkennung gerade nicht nur räumliche Wirkung entfaltet, was sich auch dem Wortlaut des § 75 nicht entnehmen lässt.

27 Die Anerkennung kann **zurückgenommen oder widerrufen** werden, wenn die Anerkennungsvoraussetzungen bei Erlass der Anerkennung nicht vorgelegen haben bzw. später entfallen sind. Insoweit gelten die allgemeinen Vorschriften über die Aufhebung von VA im SGB X (§§ 45, 48; vgl. → Anh. 5 Rn. 45). Die Beweislast für die Tatsachen, die den Widerruf bzw. die Rücknahme begründen, liegt bei dem Träger der öffentlichen Jugendhilfe.[37]

7 Übergangsregelung

28 Obwohl die Anerkennungsvorschriften geändert wurden, hat der Gesetzgeber die vor Inkrafttreten des SGB VIII ausgesprochenen Anerkennungen nicht für unwirksam erklärt. Er hat in einer Übergangsregelung bestimmt, dass die aufgrund § 9 JWG erteilten Anerkennungen der Träger der freien Jugendhilfe als Anerkennung nach § 75 gelten (Art. 16 Nr. 1 KJHG).

§ 76 Beteiligung anerkannter Träger der freien Jugendhilfe an der Wahrnehmung anderer Aufgaben

(1) Die Träger der öffentlichen Jugendhilfe können anerkannte Träger der freien Jugendhilfe an der Durchführung ihrer Aufgaben nach den §§ 42, 42a, 43, 50 bis 52a und 53 Absatz 2 bis 4 [ab 1.1.2023: *53a*] beteiligen oder ihnen diese Aufgaben zur Ausführung übertragen.
(2) Die Träger der öffentlichen Jugendhilfe bleiben für die Erfüllung der Aufgaben verantwortlich.

35 OVG Bln-Bbg 26.2.2008 – 6 L 40.07; von Boetticher/Münder in FK-SGB VIII Rn. 19.
36 BT-Drs. 19/27481, 39, 90.
37 BVerwGE 24, 299.

1 Bedeutung der Vorschrift

1 Die Vorschrift legt in Ergänzung zu § 2 Abs. 3 und § 3 Abs. 3 S. 2 fest, bei welchen bestimmten anderen Aufgaben, die in die alleinige Verantwortung Jugendhilfe gestellt sind (Abs. 2), der Träger der öffentlichen auf anerkannte Träger der freien Jugendhilfe zugehen kann.

Der Gesetzgeber gibt im Jugendhilferecht nicht vor, wie die Begriffe Beteiligung und Übertragung von Aufgaben voneinander abzugrenzen sind. Dies zeigt schon die Überschrift zu § 76, die nur von Beteiligung spricht, während Abs. 1 dann zwischen Beteiligung und Übertragung differenziert. Besser ist daher im Sinne von § 76 allgemein von Mitwirkung zu sprechen. Zur Auslegung des Abs. 1 hilft dann aber die Unterscheidung des § 2 Abs. 2, 3 zwischen Leistungen und anderen Aufgaben.

Die Leistungen der KJHilfe (§ 2 Abs. 2) werden gleichermaßen von den Trägern der öffentlichen wie der freien Jugendhilfe wahrgenommen. Dies ist Ausdruck des „Grundrechts der freien karitativen Betätigung", als Ausfluss der allgemeinen Handlungsfreiheit aus Art. 2 Abs. 1, Art. 4 Abs. 2 GG hergeleitet.[1] Die damit einhergehende Pluralität bringt ua das Wunsch- und Wahlrecht des § 5 zur Geltung. Da mit den Leistungen keine grundsätzlich dem Staat vorbehaltenen Eingriffsbefugnisse in die Rechte der Bürger verbunden sind, nehmen die freien Träger hier eigenständig und autonom soziale Aufgaben wahr (→ § 3 Rn. 15; → § 3 Rn. 12).[2]

Andere Aufgaben dürfen nur mit ausdrücklicher Ermächtigung den freien Trägern der Jugendhilfe, wie in § 76 geschehen, angetragen werden. Dies weil sich die anderen Aufgaben regelmäßig durch einen mehr oder weniger hoheitlichen Anteil auszeichnen. Damit macht auch die **Unterscheidung** der in § 76 genannten anderen Aufgaben nach dem **Grad der Intensität des Eingriffs** gegenüber den Bürgern Sinn.[3] So kann der erforderliche Grad der Einflussnahme des öffentlichen Trägers auf den freien Träger der Jugendhilfe sachgerecht unter Wahrung der Organisationshoheit freier Träger entsprechend abgeleitet werden (→ Rn. 15; § 4 Abs. 1 S. 2).

Die – nur hinsichtlich der Durchführung – **beteiligungsfähigen** anderen Aufgaben schließen hoheitliche Befugnisse und Pflichten der JA ein, und zwar obrigkeitliche Eingriffsbefugnisse (§§ 42, 43), die mit dem Erlass von Verwaltungsakten verbunden sind. Mit dieser Beteiligung des freien Trägers an der Durchführung ist jedoch nicht die Übertragung der Kompetenz zum Erlass von Verwaltungsakten durch den freien

1 BVerfGE 22, 180 (203 ff.).
2 Frings RsDE 19, 43 ff.
3 von Boetticher/Münder in FK-SGB VIII Rn. 5 f.; Kern in SFMK Rn. 7; aA Mrozynski SGB VIII § 4 Rn. 11, er unterscheidet aber in § 77 Rn. 2 bei der „Übertragungsfähigkeit" in gleicher Weise.

Träger möglich, da der Träger der öffentlichen Jugendhilfe (Abs. 2) weiter für die Erfüllung der Aufgabe verantwortlich bleibt.[4]

Mit den anderen öffentlichen Aufgaben dagegen, die zur **Ausführung übertragungsfähig** sind, sind bloße Mitwirkungspflichten in gerichtlichen Verfahren (§§ 50–52) und Mitteilungspflichten gegenüber dem FamFG (§ 53 Abs. 2 bis 4) verbunden, die im Auftrag des Trägers der öffentlichen Jugendhilfe ausgeübt werden können.

Aus der systematischen Stellung des § 76 im Zweiten Abschnitt „Zusammenarbeit mit der freien Jugendhilfe, ehrenamtliche Tätigkeit" (5. Kapitel des SGB VIII) ist zu schließen, dass die Einbeziehung anerkannter freier Träger bei der Erbringung anderer Aufgaben eine besondere Form der partnerschaftlichen Zusammenarbeit im Sinne von § 4 Abs. 1 darstellt.[5]

2 Mitwirkung freier Träger an der Wahrnehmung anderer Aufgaben (Abs. 1)

2 In Abs. 1 wird die Beteiligungsmöglichkeit auf **bestimmte Aufgaben** und auf **anerkannte freie Träger** nach § 75 beschränkt.

2.1 Beteiligungs- oder übertragungsfähige Aufgaben

3 Die Vorschrift nennt **abschließend** die anderen Aufgaben, bei deren Erfüllung eine Beteiligung an der Durchführung bzw. eine Übertragung zur Ausführung an freie Träger möglich ist. Daraus folgt, dass die Beteiligung freier Träger an sonstigen anderen Aufgaben, die nicht in Abs. 1 genannt sind, unzulässig ist.[6] Besondere Beachtung verdient deshalb die notwendige Unterscheidung und Trennung von Leistungen und anderen Aufgaben, da sonst die Autonomie freier Träger in ihrem Schutz gefährdet ist (insbes. zur Problematik bei § 8 a → § 3 Rn. 10 f.). Eine Beteiligung des Trägers der freien Jugendhilfe an der Gewährung von „Leistungen" im Sinne von § 2 Abs. 2 sieht § 76 nicht vor. Sie ist deshalb im Rahmen von § 76 nicht möglich.[7] Diese klare Trennung von Leistungserbringer und Leistungsträger (JA) wird aber beim sogenannten **Sozialraumbudget** verwischt. Dies widerspricht der autonomen Leistungserbringung von Jugendhilfeleistungen freier Träger (→ § 3 Rn. 15, 17), dem Wunsch und Wahlrecht der Leistungsberechtigten (→ § 5 Rn. 5)[8] sowie dem Konkurrentenschutz (→ § 77 Rn. 20).[9]

2.2 Mitwirkungsfähige freie Träger

4 Im Sinne des § 76 mitwirkungsfähige Träger sind ausschließlich **anerkannte** Träger der freien Jugendhilfe, weil diese für die Mitwirkung an der Erbringung öffentlich-rechtlicher Aufgaben aufgrund ihrer Erfahrung und Zuverlässigkeit als besonders geeignet betrachtet werden.[10]

2.3 Entscheidung über die Mitwirkung

5 **2.3.1 Zuständigkeit des Jugendhilfeausschusses.** Die Entscheidung darüber, ob und in welchem Umfang anerkannte freie Träger bei anderen Aufgaben mitwirken, ist dem JHA vorbehalten (→ § 70 Rn. 10), weil deren Mitwirkung zu einer erheblichen Ände-

4 So die hM Wiesner in Wiesner Rn. 12.
5 Wiesner in Wiesner § 4 Rn. 1; Kern in SFMK § 4 Rn. 2.
6 Vgl. zu den Aufgaben des ASD DIJuF-Rechtsgutachten vom 23.7.2010, JAmt 430/2010.
7 Wiesner in Wiesner Rn. 4.
8 VG Osnabrück SRA 2009, 26 (30).
9 Schäfer in FK-SGB VIII Vor §§ 69–71 Rn. 24.
10 Kern in SFMK Rn. 12.

rung hinsichtlich der Wahrnehmung der anderen Aufgabe führt.[11] Eine ohne vorherige Beschlussfassung des JHA vorgenommene Mitwirkung freier Träger ist rechtswidrig.[12]

2.3.2 Jugendhilfeplanung. Der Träger der öffentlichen Jugendhilfe ist verpflichtet, im Rahmen der Jugendhilfeplanung zu ermitteln, ob die Wünsche, Bedürfnisse und Interessen der jungen Menschen und der PSB es erfordern, einen oder mehrere freie Träger bei der Wahrnehmung anderer Aufgaben mitwirken zu lassen und für eine Befriedigung des Bedarfs zu sorgen (§ 80 Abs. 1). Die Orientierung am Bedarf (Kundenorientierung) ist von besonderer Bedeutung gerade bei den Aufgaben, die gem. § 76 Abs. 1 mitwirkungsfähig sind; denn bei diesen steht nicht die Anwendung staatlicher Hoheitsmittel im Vordergrund, sondern die pädagogische und die psychosoziale Arbeit mit höchstem Anforderungsniveau. Das gilt gleichermaßen für die Krisenintervention, die bei Inobhutnahme (→ § 42 Rn. 52)[13] des Kindes nach §§ 42, 43 zu leisten ist. Ebenso ist dies bei den Aufgaben nach §§ 50 bis 52, die sich auf die Mitwirkung in gerichtlichen Verfahren beziehen, in denen wichtige Entscheidungen für das Kind anstehen. Gleichermaßen ist dies bei der Beratung und Unterstützung von Pflegern und Vormündern nach § 53, die sich regelmäßig mit komplexen Problemen der ihnen anvertrauten jungen Menschen zu befassen haben, der Fall. 6

2.3.3 Ermessensentscheidung. Es liegt im Ermessen des Trägers der öffentlichen Jugendhilfe, ob und in welchem Umfang er freie Träger an der Wahrnehmung anderer Aufgaben mitwirken lässt.[14] Zwar besteht kein eingeschränkter Konkurrenzschutz zugunsten anerkannter freier Träger gemäß § 4 Abs. 2. Jedoch muss der Träger der öffentlichen Jugendhilfe die für Ermessensentscheidungen allgemein geltenden Grundsätze beachten, dh seine Entscheidung muss dem Zweck der gesetzlichen Ermächtigung entsprechen und darf nicht gegen allgemeine Grundsätze des Verwaltungsrechts und gegen höherrangiges Recht wie zB den Grundsatz der Gleichbehandlung oder das Grundrecht auf freie Ausübung des Berufs verstoßen.[15] So kann der Grundsatz der Wirtschaftlichkeit und Sparsamkeit dem Träger der öffentlichen Jugendhilfe gebieten, von der kostenträchtigen Errichtung einer eigenen Jugendschutzstelle abzusehen, wenn ein freier Träger bereits eine geeignete betreibt.[16] Überwiegend wird angenommen, dass § 76 nur **öffentlichen Interessen** dient und dass deshalb freien Trägern weder ein Anspruch auf Mitwirkung noch auf ermessensfehlerfreie Entscheidung über die Frage zusteht, ob sie an der Wahrnehmung der anderen Aufgabe mitwirken können.[17] Jedoch kann auch eine Ermessensentscheidung, auf die kein Anspruch besteht, Unterlassungs- und Schadensersatzansprüche der betroffenen freien Träger auslösen, wenn sie die Grundrechte auf Gleichbehandlung, Chancengleichheit, freie Berufsausübung usw verletzt. 7

Eine Ermessensreduzierung auf Null und eine Verpflichtung zur Beteiligung geeigneter und bereiter freier Träger tritt ein, wenn der öffentliche Träger selbst nicht in der Lage oder bereit ist, die zur Durchführung der anderen Aufgaben erforderlichen Maßnahmen und Einrichtungen gemäß § 9 in der gesetzlich vorgeschriebenen Weise adressaten-, kultur- und lebenslagenspezifisch zu differenzieren (→ § 3 Rn. 28).

11 Wiesner in Wiesner Rn. 14.
12 OVG Münster RsDE 38, 88.
13 AA Trenczek in FK-SGB VIII § 42 Rn. 17, gegen die Befugnis zur Herausnahme bei entgegenstehendem Elternwillen, Nothilfe nach § 32 StGB ausgenommen.
14 Wiesner in Wiesner Rn. 14.
15 BVerfGE 51, 386; Mrozynski, 2003, § 39 Rn. 25.
16 BVerfGE 22, 180.
17 Wabnitz, 2005, 255.

2.4 Begründung des Mitwirkungsverhältnisses

8 Die Mitwirkung des freien Trägers an der Wahrnehmung anderer Aufgaben ist durch vertragliche Vereinbarung, durch einen koordinationsrechtlichen (nicht subordinationsrechtlichen) **öffentlich-rechtlichen Vertrag** zu vereinbaren, da die Freiwilligkeit der Kooperation beim freien Träger ein Über- und Unterordnungsverhältnis, wie dies beim VA der Fall ist, als hoheitliche Maßnahme wohl ausschließt.[18]

9 **2.4.1 Zustimmung des freien Trägers.** Die Mitwirkung an der Durchführung anderer Aufgaben und die Übertragung zur Ausführung darf nur **mit Zustimmung des freien Trägers** erfolgen. Sie setzt deshalb partnerschaftliche Verhandlungen und Absprachen über Gegenstand und Umfang der Mitwirkung des Trägers der freien Jugendhilfe und über die Gegenleistung des Trägers der öffentlichen Jugendhilfe voraus.

10 **2.4.2 Eignung des freien Trägers.** In Wahrnehmung seiner Verantwortung für die Erfüllung der Aufgabe hat der Träger der öffentlichen Jugendhilfe vor Begründung des Mitwirkungsverhältnisses die Eignung des freien Trägers zu prüfen. Da die Vorschrift nur **anerkannte Träger** als **mitwirkungsfähig** ansieht, ohne weitere Eignungskriterien zu nennen, ist davon auszugehen, dass die Anerkennung als allgemeiner Eignungsnachweis ausreicht. Zusätzlich ist allerdings zu prüfen, ob der freie Träger auch in der Lage ist, die konkret wahrzunehmende andere Aufgabe organisatorisch und fachlich zu bewältigen. Die §§ 97 ff. SGB X gelten nur für die Sozialleistungsträger nach §§ 12, 27 Abs. 2 SGB I, die **Dritte** mit der Durchführung von Sozialleistungen **beauftragen** (§§ 97 Abs. 2, 89 SGB X, mit dem Erlass von VAs), was der Jugendhilfe fremd ist.[19] Da der Träger der öffentlichen Jugendhilfe zur **Übernahme** der gesamten **Kosten** verpflichtet ist und über Vereinbarungen zur Qualität (→ Rn. 14) steuern kann, liegt es weitgehend in seiner Hand, ob der freie Träger die erforderlichen Voraussetzungen schaffen kann.

11 **2.4.3 Abschluss eines öffentlich-rechtlichen Vertrags.** Die Absprachen werden rechtlich verbindlich dadurch, dass die Beteiligten als gleichberechtigte Partner einen öffentlich-rechtlichen, koordinationsrechtlichen, auftragsähnlichen Vertrag abschließen,[20] auf den die §§ 53–61 SGB X anzuwenden sind. Zum Inhalt des Vertrags → Rn. 14. Durch Landesrecht kann bestimmt werden, dass die Entgeltfinanzierung für vorläufige Maßnahmen zum Schutz von Kindern und Jugendlichen den Vorschriften der §§ 78b–78g unterliegt (§ 78a Abs. 2).

3 Verantwortung für die Erfüllung der Aufgabe (Abs. 2)

12 Die Jugendämter bleiben nach Abs. 2 auch bei Mitwirkung eines anerkannten Trägers der freien Jugendhilfe für die Erfüllung der Aufgaben letztverantwortlich.[21]

3.1 Verpflichtung des öffentlichen Trägers gegenüber den Leistungsberechtigten

13 Die Verantwortlichkeit des Trägers der öffentlichen Jugendhilfe nach Abs. 2 bezieht sich – anders als bei der Erbringung von Leistungen durch den freien Träger (→ § 4 Rn. 27 ff.; → § 79 Rn. 13) – auf die Erfüllung der einzelnen Aufgabe. Daraus folgt, dass die Menschen, für die der freie Träger an der Durchführung der anderen Aufgabe mitwirkt, sich jederzeit an den öffentlichen Träger wenden und grds. verlangen kön-

18 HM Wiesner in Wiesner Rn. 13; von Boetticher/Münder in FK-SGB VIII Rn. 3; Maas/Törnig in JHSM Rn. 8.
19 Anders noch LPK-SGB VIII, 3. Aufl.; auch Maas/Törnig in JHSM Rn. 20.
20 BT-Drs. 11/5948, 99; von Boetticher/Münder in FK-SGB VIII Rn. 3; Wiesner in Wiesner Rn. 6.
21 von Boetticher/Münder in FK-SGB VIII Rn. 11.

nen, dass dieser die andere Aufgabe selbst durchführt.[22] Für ihre Ansprüche sind deshalb die Verwaltungsgerichte zuständig. Das heißt, der **freie Träger** handelt als Mitwirkender bei der Durchführung der Aufgabe nur im **Auftrag**, er tritt nicht an die Stelle des öffentlichen Trägers, er erhält nicht dessen Kompetenzen und handelt nicht in dessen Namen[23] und er wird damit auch nie zum beliehenen Unternehmer.

3.2 Wahrnehmung der Verantwortung gegenüber dem freien Träger

In Wahrnehmung seiner Verantwortung hat der Träger der öffentlichen Jugendhilfe im **Vertrag zur Beteiligung oder Wahrnehmung anderer Aufgaben** mit dem Träger der freien Jugendhilfe sicherzustellen, dass dieser die andere Aufgabe gesetzmäßig erfüllt. Die **inhaltlichen Anforderungen** an die vertragliche Vereinbarung können in Anlehnung an § 78 b bestimmt werden, weil in dieser Vorschrift allgemein gültige Anforderungen an Entgeltvereinbarungen mit freien Trägern normiert worden sind. Erforderlich sind demnach Vereinbarungen über 14

- Inhalt, Umfang und Qualität der vom freien Träger durchzuführenden Maßnahmen zur Erfüllung der anderen Aufgabe und über die Pflichten, die sich in Hinblick auf den öffentlich-rechtlichen Charakter der Aufgabe ergeben,
- Berechnungsweise und Zahlungsmodalitäten hinsichtlich der vom Träger der öffentlichen Jugendhilfe zu erstattenden Kosten,
- Grundsätze und Maßstäbe fachlicher Qualitätskontrolle und -sicherung.[24]

Eine Qualitätssicherung kann der freie Träger zB durch Praxisberatung, Supervision, Evaluation, Fallkonferenzen, Fort- und Weiterbildung erreichen.[25]

3.2.1 Rechtsstellung des freien Trägers bei der Wahrnehmung der anderen Aufgaben. Der freie Träger erfüllt die anderen Aufgaben nicht als eigene Aufgabe. Er **wirkt lediglich** bei der Erfüllung einer öffentlich-rechtlichen Aufgabe des Trägers der öffentlichen Jugendhilfe **mit** und hat deshalb alle öffentlich-rechtlichen Pflichten zu erfüllen, die im Rahmen der Mitwirkung anfallen. Jedoch darf er **keine hoheitlichen Befugnisse** ausüben, wie den Erlass von VAs. Er ist somit weder beliehener Unternehmer noch Verwaltungshelfer und auch nicht Erfüllungsgehilfe in einem verwaltungsrechtlichen Schuldverhältnis zwischen Jugendamt und Kind/Jugendlichen.[26] Sofern in der Literatur[27] immer wieder vom „Erfüllungsgehilfen“ gesprochen wird, verkennt dies nach hier vertretener Auffassung die dogmatische Einordnung des Erfüllungsgehilfen. Für einen solchen haftet der Schuldner gem. § 287 BGB wie bei eigenem Verschulden. Gerade eine solche Haftung des öffentlichen Trägers für ein Verschulden des freien Trägers gibt es aber nicht. Denn liegt ein Auswahlverschulden (also ein eigenes Verschulden) vor, so würde der öffentliche Träger ja ggf. bereits aus diesem Grund haften. Im Übrigen wird auch der freie Träger ebenso wie die Pflegefamilie[28] bei der Wahrnehmung anderer Aufgaben weder hoheitlich tätig noch als Verwaltungshelfer im Verwaltungsverfahren eingesetzt. 15

3.2.2 Auskunfts- und Überprüfungsrechte des öffentlichen Trägers. Der freie Träger wird aufgrund der Mitwirkung an der Erfüllung der anderen Aufgaben nicht in die öffentliche Verwaltung und deren bürokratisch/hierarchische Organisation eingeglie- 16

22 von Boetticher/Münder in FK-SGB VIII Rn. 11.
23 Maas/Törnig in JHSM Rn. 2.
24 Maas Soziale Arbeit, S. 296 ff.; Wiesner in Wiesner Rn. 21; Krahmer NDV 1994, 63 ff., nur für die Übertragung.
25 11. KiJuBericht, 255 ff.
26 So für die Inobhutnahme und Bereitschaftspflege nach § 42: BGH 23.2.2006 – III ZR 164/05, NJW 2006, 1121; siehe auch Gutachten des DV vom 7.3.2006: www.deutscher-verein.de/Gutachten.
27 So zB Trésorek in jurisPK-SGB VIII Rn. 30.
28 BGH 23.2.2006 – III ZR 164/05, NJW 2006, 1121.

dert. Deshalb wären weitergehende Verpflichtungen, die sich auf die fachliche Durchführung der Aufgabe beziehen, als **fachliche Bevormundung** mit dem Gebot einer **partnerschaftlichen Zusammenarbeit** und dem **Gebot der Achtung der Selbstständigkeit der freien Jugendhilfe** nach § 4 Abs. 1 (→ § 4 Rn. 2) nicht vereinbar und sind deshalb unzulässig. Dies ist sachgerecht, weil die **Durchführung der mitwirkungsfähigen Aufgaben** nur zu einem verschwindend geringen Teil die Begleitung bei der Ausübung typisch öffentlich-rechtliche Befugnisse erfordert (zB Begleitung bei der Inobhutnahme, der Herausnahme des Kindes). Weit überwiegend sind pädagogische, beratende und begutachtende Aufgaben zu erfüllen, dh es werden Tätigkeiten durchgeführt, die gerade keinen öffentlich-rechtlichen Charakter haben müssen und nicht haben dürfen.[29] Diese Leistungen können nach der Konzeption des freien Trägers wie sonstige Leistungen selbstständig im Sinne von § 4 Abs. 1 S. 2 erbracht werden.[30] Die Forderung von Wiesner,[31] dass sich die Jugendämter für den Extremfall neben Rechten zur Kontrolle (sachgerecht ist die Überprüfung) auch **Weisungsrechte** vorbehalten sollten, kann nicht geteilt werden. In der Zusammenarbeit zwischen zwei autonomen Trägern der Jugendhilfe gibt es **keine Weisungsrechte und** keine irgendwie geartete Weisungsbefugnis gegenüber fremden Mitarbeitern. Bei unüberbrückbaren Differenzen hat das Jugendamt nur die Möglichkeit der sofortigen Übernahme des Falles. Die privatrechtlichen Arbeitsverhältnisse beim freien Träger lassen keine aus der Leiharbeit bekannten Weisungsrechte zu. Weisungsrechte des öffentlichen Trägers (auch wenn sie in Vereinbarungen enthalten wären) widersprechen dem eigenständigen Betätigungsrecht des freien Trägers.[32]

17 Zwar wurden von einigen Autoren aus dem teilweise hoheitlichen Charakter der anderen Aufgaben und der in § 76 Abs. 2 ausdrücklich bekräftigten Verantwortung des Trägers der öffentlichen Jugendhilfe die Pflicht zur Durchsetzung weitgehender Auskunfts-, Kontroll- und Weisungsrechte gegenüber freien Trägern abgeleitet.[33] Da der Gesetzgeber aber bei der Weitergabe von Sozialdaten an Dritte nach § 78 Abs. 2 SGB X auf die Verpflichtungen der bei nicht-öffentlichen Stellen beschäftigten Personen ausdrücklich verzichtet hat – er hatte es bei einer bloßen Hinweispflicht bewenden lassen (→ § 3 Rn. 11 mwN) –, dürften solche Befugnisse der Jugendämter gegenüber freien Trägern nicht festzuschreiben sein (zu Weisungen → Rn. 16).

Der Bundesgerichtshof hat wegweisend in einer Entscheidung, die sich auf die Verantwortung des Jugendamts für ein in Obhut genommenes und in einer Pflegefamilie untergebrachtes Kind bezieht, klargestellt, dass die Pflegefamilie ihre erzieherische Betreuungstätigkeit „ohne besondere Weisungen" des Jugendamts wahrnimmt und dass die normale Betreuung des Kindes zwar weiterhin der Aufsicht des Jugendamts unterliegt, aber prinzipiell in die Verantwortung der Pflegeeltern gegeben ist. Deshalb werde zwar das Jugendamt bei der Inobhutnahme hoheitlich tätig, nicht aber die Pflegefamilie.[34] Diese Entscheidung ist entsprechend auf das Verhältnis der Träger der öffentlichen Jugendhilfe zu freien Trägern anzuwenden, die im Rahmen des § 76 tätig werden. Es ist demnach zu unterscheiden zwischen dem **Vollzug der hoheitlichen Maßnahmen des Jugendamts zum Schutz des Kindes** in Abgrenzung von Beschlüssen des Familiengerichts zu sorgerechtlichen Fragen bei widersprechenden Sorgeberechtigten[35] und der auf **privatrechtlicher Grundlage** erfolgenden **Betreuungstätigkeit des freien Trägers**, die dieser primär eigenverantwortlich zu leisten hat.

29 Kaufmann ZfJ 1996, 1 (7); Maas Soziale Arbeit, S. 296 ff., 304.
30 So auch Mörsberger in Wiesner Vor § 50 Rn. 57 ff.; Münder in FK-SGB VIII Rn. 12.
31 Wiesner Rn. 21.
32 von Boetticher/Münder in FK-SGB VIII Rn. 12.
33 Kern in SFMK Rn. 9; Wiesner in Wiesner Rn. 15; Kunkel NDV 2001, 412.
34 BGH 23.2.2006 – III ZR 164/05, NJW 2006, 1121.
35 OVG Lüneburg 18.9.2009 – 4 LA 706/07, NJW 2010, 311 (312).

Da **obrigkeitliche Befugnisse** allein dem **Jugendamt vorbehalten** bleiben müssen, darf der freie Träger nur an der **Durchführung** der Aufgaben **beteiligt** werden (→ Rn. 1), bei denen das Jugendamt einen Verwaltungsakt zu Anordnungen der Inobhutnahme nach § 42 Abs. 1[36] oder eine Erlaubnis zur Tagespflege nach § 43 Abs. 1 zu erlassen hat. 18

Bei den **nicht mit obrigkeitlichen Befugnisse** verbundenen Aufgaben bietet sich die **Übertragung der Aufgaben zur Ausführung** an,

- weil bei der **Mitwirkung im familiengerichtlichen Verfahren nach** § 50 eine Abstimmung im Einzelfall durch die Teilnahme an der Hauptverhandlung mit offener Aussprache nur schwer möglich ist. Sachgerecht scheint die Verpflichtung zur vorherigen Abstimmung, mit der Möglichkeit des Jugendamtes bei nicht zu überbrückenden Meinungsverschiedenheiten den Einzelfall an sich ziehen zu können.
- Da bei der **Mitwirkung im Verfahren nach dem Jugendgerichtsgesetz nach** § 52 der Status der Jugendgerichtshilfe als unabhängiges Organ der Rechtspflege mit der Entscheidung des Strafgerichts aufgrund der Hauptverhandlung nur ein unmittelbar eigenverantwortliches Handeln des freien Trägers zulässt. Im Übrigen ist auch eine Bestellung des freien Trägers direkt durch das Gericht möglich.
- Denn die Beratung, Belehrung und Unterstützung nach den §§ 51 und 52 beinhaltet Aufgaben, die der freie Träger auch als Adoptionsvermittlungsstelle nach dem Adoptionsvermittlungsgesetz oder als Vereinsbeistand nach §§ 1712 ff. BGB iVm Art. 144 EGBGB und landesrechtlichen Ausführungsgesetzen, schon eigenständig wahrnehmen kann.
- Da die Beratung und Unterstützung gemäß § 52 Abs. 2 bis 4 dem freien Träger Befugnisse einräumte, wie sie der private Gegenvormund schon nach § 1799 BGB wahrnimmt.

So dürften neben der Pflicht des öffentlichen Trägers, gemäß § 61 Abs. 3 auf die Einhaltung der Datenschutzvorschriften nach den §§ 61 ff. hinweisen zu müssen (→ § 3 Rn. 10, 11), keine besonderen und Weisungs-, Kontroll- oder Überwachungsbefugnisse nach § 4 Abs. 1 S. 2 zu vereinbaren sein, da die Selbstständigkeit der freien Jugendhilfe zu achten ist (→ § 4 Rn. 30).

3.2.3 Kündigungsrecht des öffentlichen Trägers. Der öffentlich-rechtliche Vertrag über die Beteiligung des freien Trägers ist, wenn die Voraussetzungen des § 59 SGB X erfüllt sind, jederzeit kündbar. Bei schweren Verstößen des freien Trägers bzw. dessen Mitarbeiter/innen gegen die übernommenen vertraglichen Pflichten kann der Träger der öffentlichen Jugendhilfe aufgrund seiner Verantwortung für die Erfüllung der anderen Aufgabe zur Kündigung berechtigt oder verpflichtet sein. 19

4 Aufwendungsersatz

Die finanzielle Gegenleistung des Trägers der öffentlichen Jugendhilfe besteht darin, dass dieser dem Träger der freien Jugendhilfe die **angemessenen Aufwendungen** für die gesetzeskonforme Erfüllung der anderen Aufgabe entsprechend §§ 670, 675 BGB in voller Höhe ersetzt (zur Höhe der Aufwendungen → § 77 Rn. 13 ff.).[37] Der Einsatz von **Eigenmitteln** kann hier wie bei Leistungen im rechtsanspruchsgesicherten Bereich (zB bei HzE nach den §§ 27 ff.) – anders als bei einer Förderung der eigenverantwortlichen Tätigkeit des freien Trägers nach § 74 Abs. 1 Nr. 4 – vom freien Träger nicht verlangt werden. Deshalb ist es nicht zulässig, dass der Träger der öffentlichen Jugendhilfe den Abschluss von Kostenvereinbarungen davon abhängig macht, dass der 20

36 OVG Lüneburg 18.9.2009 – 4 LA 706/07, NJW 2010, 311 (312).
37 Kunkel NDV 1995, 456; ZfJ 2000, 413; Neumann RsDE 31 (1996), 48.

freie Träger sich auf eine finanzielle Förderung beschränkt, die eine **Eigenbeteiligung** erfordert (→ § 77 Rn. 7).[38]

§ 77 Vereinbarungen über Kostenübernahme und Qualitätsentwicklung bei ambulanten Leistungen

(1) [1]Werden Einrichtungen und Dienste der Träger der freien Jugendhilfe in Anspruch genommen, so sind Vereinbarungen über die Höhe der Kosten der Inanspruchnahme sowie über Inhalt, Umfang und Qualität der Leistung, über Grundsätze und Maßstäbe für die Bewertung der Qualität der Leistung und über geeignete Maßnahmen zu ihrer Gewährleistung zwischen der öffentlichen und der freien Jugendhilfe anzustreben. [2]Zu den Grundsätzen und Maßstäben für die Bewertung der Qualität der Leistung nach Satz 1 zählen auch Qualitätsmerkmale für die inklusive Ausrichtung der Aufgabenwahrnehmung und die Berücksichtigung der spezifischen Bedürfnisse von jungen Menschen mit Behinderungen. [3]Das Nähere regelt das Landesrecht. [4]Die §§ 78a bis 78g bleiben unberührt.

(2) Wird eine Leistung nach § 37 Absatz 1 oder § 37a erbracht, so ist der Träger der öffentlichen Jugendhilfe zur Übernahme der Kosten der Inanspruchnahme nur verpflichtet, wenn mit den Leistungserbringern Vereinbarungen über Inhalt, Umfang und Qualität der Leistung, über Grundsätze und Maßstäbe für die Bewertung der Qualität der Leistung sowie über geeignete Maßnahmen zu ihrer Gewährleistung geschlossen worden sind; § 78e gilt entsprechend.

1 Bedeutung der Vorschrift

1 **Vereinbarungen** sind grundsätzlich für die **Jugendhilfeleistungen** freier Träger iSv § 2 Abs. 2 von Bedeutung, auf die die **Leistungsberechtigten einen Rechtsanspruch** haben.[1] Denn nur insoweit kommt eine **„Inanspruchnahme"** im Rechtssinne in Betracht.[2] Dies ist mit einem Anspruch auf eine sachgerechte Ermessensentscheidung gegen den Träger der öffentlichen Jugendhilfe verbunden, sofern die Voraussetzungen bezogen auf die Art der zu gewährenden Hilfe vorliegen. Der Anwendungsbereich des

38 Wiesner in Wiesner vor § 11 Rn. 69.
1 Trèsoret in FK-SGB VIII Rn. 16, 18.
2 OVG Schleswig 21.8.1991 – 5 L 300/91, FEVS 42, 385; aA Kern in SFMK Rn. 13.

§ 77 ist wegen der vorrangigen[3] Sonderregelungen über die Entgeltfinanzierung stationärer und teilstationärer Hilfen in §§ 78a ff. (und deren landesrechtlich mögliche Ausdehnung auf ambulante Hilfen und die Inobhutnahme) auf die ambulanten Leistungen beschränkt.

Dies bringt nun mit der Änderung durch das **KJSG** auch die neugefasste Überschrift zu § 77 zum Ausdruck.

Nicht einhellig beantwortet wird die Frage, ob § 36a Abs. 2 als Spezialregelung im Bereich der niedrigschwelligen Leistungen (regelmäßig also ohne Hilfeplanverfahren bzw. Kostenbeitrag) § 77 vorgeht (→ § 36a Rn. 14).[4] Letztlich wird dies aber dahinstehen können, weil man den freien Trägern der Jugendhilfe selbst nur dringend anraten kann, auch hier Leistungs- und Qualitätsvereinbarungen abzuschließen. Nur so können Leistung und Gegenleistung transparent und nachvollziehbar dargestellt und legitimiert werden (→ Rn. 6). Die Bedeutung des § 77 wurde in der Lit. daher als zunehmend gering erachtet.[5] Wenn auch der Abschluss von Vereinbarungen auch über Qualität und deren Gewährleistung gerade auch den freien Trägern empfohlen wurde.[6] Dieser Konflikt wurde durch die Neufassung des § 77 teilweise gelöst, der nun nicht mehr nur Vereinbarungen über die Höhe der Kosten, sondern gerade auch zur Qualität und deren Gewährleistung vorgibt. Abzuwarten bleibt, ob die Bedeutung des § 77 im Rahmen der inklusiven Ausrichtung des SGB VIII nach dem KJSG wieder zunimmt. 2

In der Literatur werden dem § 77 neben den Vereinbarungen im rechtsanspruchgesicherten Bereich noch Vereinbarungen außerhalb des jugendhilferechtlichen **Dreiecksverhältnisses** (→ § 5 Rn. 17 ff.) zugeordnet.[7] Zugrunde liegen sollte diesen Vereinbarungen ein unmittelbarer Austausch von Leistung und Gegenleistung zwischen dem Träger der öffentlichen Jugendhilfe und dem Träger der freien Jugendhilfe. Dann aber werden Aufgaben dem freien Träger zur Erfüllung überantwortet, er wird veranlasst diese wahrzunehmen. Damit liegt aber keine „Inanspruchnahme" durch den Bürger als Anspruchsberechtigtem vor, die Voraussetzung für eine Anwendung des § 77 sein müsste. 3

Damit bleibt **außerhalb des rechtsanspruchgesicherten Bereichs** nur Raum für eine **analoge** Anwendung des § 77. Insbesondere soll dies bei kostenfreien und/oder niedrigschwelligen Angeboten der Fall sein (zB Beratungsstellen, Jugendfreizeitzentren, offene Treffs).[8] Konkrete Auswirkungen hätte dies für die Anwendung der wettbewerbsrechtlichen Bestimmungen zugunsten freier gewerbliche Träger.[9] Gerade aber bei den Erziehungsberatungsstellen nach § 28 wurde das Nebeneinander von jugendamtsunabhängiger, niedrigschwelliger Selbstbeschaffung (auf diese Leistungen besteht grundsätzlich ein Anspruch) und ausdrücklich gewährter Hilfe durch das Jugendamt, fachlich korrekt und praxisgerecht durch § 36a gelöst (zur jahrelangen Auseinandersetzung → § 4 Rn. 14). Bei den offenen Treffs und sonstigen Beratungsstellen (zB Ehe- und Familienberatung, Sexualberatung) wird in der Praxis überwiegend die Förderung der freien Jugendhilfe nach § 74 gewählt. Alle anderen Anwendungsfälle dürften wegen des fehlenden Kontrahierungszwangs und der Bedarfsprüfung des Trägers der öffentlichen Jugendhilfe eher zu vernachlässigen sein.

Allerdings ist das Vorliegen einer entsprechenden Vereinbarung nicht Voraussetzung für die Leistungserbringung im Einzelfall. Der Gesetzgeber gibt auch mit der Neufas- 4

3 Trèsoret in FK-SGB VIII Rn. 25.
4 Zum Stand vor KJSG siehe Schindler/Elmauer in LPK-SGB VIII, 7. Aufl. 2018, Rn. 1.
5 Trèsoret in FK-SGB VIII Rn. 30.
6 Schindler/Elmauer in LPK-SGB VIII, 7. Aufl. 2018, Rn. 1.
7 Münder in FK-SGB VIII Rn. 3.
8 Vgl. Münder in FK-SGB VIII Rn. 3.
9 Münder in FK-SGB VIII Rn. 12 ff.; Wiesner in Wiesner Rn. 13.

sung des § 77 durch das KJSG der öffentlichen Jugendhilfe lediglich generell auf, Vereinbarungen „anzustreben". Eine solche Vereinbarung ist damit in jedem einzelnen Fall **keine** zwingende **Anspruchsvoraussetzung.**[10]

Grundlegend zur **Ausschreibungsproblematik** und § 77 s. Meysen ua SRa 2015, 56.

2 Inanspruchnahme als Voraussetzung des § 77

5 **In Anspruch genommen** werden Einrichtungen und Dienste der freien Jugendhilfe von **Leistungsberechtigten,** die einen gesetzlichen Anspruch gegen einen Träger der öffentlichen Jugendhilfe haben, aber gemäß § 5 die Leistungserbringung durch einen freien Träger wählen und mit diesem eine privatrechtliche vertragliche Vereinbarung abschließen. Diese Vereinbarung begründet für die Leistungsberechtigten einerseits einen Anspruch gegen den freien Träger auf eine Jugendhilfeleistung, verpflichtet sie aber andererseits zur Zahlung eines Entgelts an den freien Träger (→ § 5 Rn. 18). Dementsprechend beschränkt sich die Verpflichtung und Berechtigung der öffentlichen Träger auf die Erteilung der **Kostenzusage.** Diese ist ein **Schuldbeitritt**[11] gegenüber dem freien Träger. Unabhängig von der Frage, ob sich daraus ein Rechtsanspruch des freien Trägers gegenüber dem öffentlichen Träger unmittelbar auf Zahlung ergibt,[12] begründet er aber kein Recht des öffentlichen Trägers auf **Inanspruchnahme** des freien Trägers (→ § 5 Rn. 20); denn freie Träger erbringen Jugendhilfeleistungen (keine Sozialleistungen, → § 3 Rn. 8, 15) als eigene selbstgewählte Aufgabe aufgrund ihres „autonomen Betätigungsrechts" (→ § 5 Rn. 18, → § 4 Rn. 24 f.). Sie erfüllen eigenverantwortlich ihre privatrechtliche Pflicht gegenüber den Leistungsberechtigten und nicht die öffentlich-rechtliche Pflicht des öffentlichen Trägers (→ § 5 Rn. 18). Bezogen auf die „Inanspruchnahme" ist die **Abgrenzung** von Leistungen und anderen Aufgaben unbedingt notwendig, um die Rechtsstellung freier Träger zu wahren (→ § 3 Rn. 10 f.).

3 Vereinbarung zur Höhe der Kosten (Abs. 1 Satz 1)

3.1 Interessenslage

6 Der Abschluss von **Kostenvereinbarungen,** mit denen für den Fall der Inanspruchnahme des freien Trägers durch den Leistungsberechtigten vorab festgelegt wird, in welcher Höhe der öffentliche Träger die Kosten der Jugendhilfeleistung im Rahmen der von ihm erteilten Kostenzusage übernehmen bzw. erstatten wird, liegt im Interesse aller Beteiligten:

Der **Träger der öffentlichen Jugendhilfe** erspart sich wiederholte Prüfungen der Kostenansätze des freien Trägers. Er kann unabhängig vom Einzelfall die fachliche Qualität der angebotenen Leistung überprüfen und Einfluss auf die Ausgestaltung der Hilfe nehmen, wobei er nicht nur seine Grenzen durch die Bindung an die Grundsätze der Sparsamkeit und Wirtschaftlichkeit, sondern auch seine Gesamtverantwortung für eine bedarfsgerechte, effiziente und effektive Hilfe für Kinder und Jugendliche zu beachten hat (§ 3 Abs. 1, § 4 Abs. 1, §§ 5, 9, 79, 80).

Der **Träger der freien Jugendhilfe** kann aufgrund der Vereinbarung sicher sein, dass er für seine Jugendhilfeleistungen vom öffentlichen Träger die vereinbarten Kosten erhält. Dadurch wird den Rechtsbeziehungen zwischen dem öffentlichen Träger und dem freien Träger Dauer, Berechenbarkeit und Verlässlichkeit verliehen.[13]

---

10 VG Hannover 14.1.2020 – 3 B 5668/19.
11 VGH München 19.6.2018 – 12 C 18.313; danach erfolgt der Schuldbeitritt durch privatrechtsgestaltenden Verwaltungsakt, durch den der Leistungserbringer einen unmittelbaren Zahlungsanspruch gegen den öffentlichen Träger erwirbt.
12 Ausführlich zum Sachstand Kepert in Jugendhilfe, 2019, 1 ff.
13 BVerwG 30.9.1993 – 5 C 41/91, NDV 1994, 197.

Die Leistungsberechtigten müssen nicht erst den Abschluss langwieriger Prüfungen und Auseinandersetzungen zwischen dem öffentlichen und dem freien Träger abwarten, sondern haben sofort Klarheit darüber, dass der öffentliche Träger die Höhe der vom freien Träger verlangten Entgelte nicht beanstanden wird. Dies erleichtert die Ausübung des Wunsch- und Wahlrechts gemäß § 5.

3.2 Eigenleistung

Für die verbreitete Praxis, dass Träger der öffentlichen Jugendhilfe nur zum Abschluss einer Vereinbarung über die Höhe der **Kosten von Jugendhilfeleistungen** bereit sind, wenn der freie Träger sich zur Erbringung einer **„angemessenen Eigenleistung"** verpflichtet, besteht keine gesetzliche Grundlage. Sie ist **rechtswidrig**, weil der Leistungsberechtigte einen Anspruch gegen den öffentlichen Träger auf die Jugendhilfeleistung, wenn er einen freien Träger wählt, auf dementsprechende Kostenübernahme hat (→ § 5 Rn. 18). Dies ist vielen JA nicht bekannt oder es wird anscheinend nicht akzeptiert. Die in § 74 Abs. 1 S. 1 Nr. 4 getroffene Regelung über die angemessene Eigenleistung des freien Trägers gilt nur für die **Förderung** (→ § 74 Rn. 35). Sie ist weder unmittelbar noch im Wege der Analogie auf die Kostenübernahme anwendbar, denn die Leistungsverpflichtung richtet sich gemäß § 3 Abs. 2 S. 2 allein an den Träger der öffentlichen Jugendhilfe.[14] In bereits abgeschlossenen Vereinbarungen enthaltene Klauseln über Eigenleistungen sind demnach nichtig (§ 58 Abs. 1 SGB X). 7

3.3 Selbstkosten oder prospektive Kosten

Das Schweigen des Gesetzgebers zu der Frage, welche Kosten berücksichtigungsfähig sind, macht es erforderlich, dass die Vertragspartner sich darüber verständigen. Die gesetzliche Regelung lässt offen, ob die Festsetzung der Kosten in der Kostenvereinbarung auf **Selbstkostenbasis** oder **prospektiv**, dh aufgrund einer Vorausschätzung der künftig zu erwartenden Kosten, erfolgen soll. Je nach Einrichtung können sich unterschiedliche Kosten ergeben, weil deren Höhe durch eine Vielzahl von Faktoren bestimmt wird. Unterschiede können beispielsweise hinsichtlich folgender Merkmale bestehen:[15] 8

- Leistungsangebot,
- Qualitätsstandards, Personalstruktur und -ausstattung,
- Jugendhilfe- und sonstiger Bedarf der Jugendlichen bzw. jungen Volljährigen,
- bauliche Ausstattung der Einrichtung,
- Größe der Einrichtung.

Dabei sind Kosten lange Zeit nach dem **Kostendeckungsprinzip** aufgrund vorauskalkulierter Selbstkosten (Nachweis durch Selbstkostenblatt) vereinbart worden. Dies garantierte dem freien Träger die Deckung aller Kosten, die in unmittelbarem Zusammenhang mit der Leistung stehen, die der Träger der freien Jugendhilfe erbringen will.[16] In der Praxis ist aber nicht selten davon abgewichen worden, indem zu niedrige Auslastungsquoten angesetzt wurden bzw. ein nachträglicher Verlustausgleich erfolgte. Dies war für die begünstigten freien Träger angenehm, aber nicht unumstritten. Es wurde angeführt, dass es dem Selbstverständnis der freien gemeinnützigen Träger widerspreche; denn diese dürften nur die Kosten ansetzen, die für die Erbringung der Leistung erforderlich sind. Ein Zuschlag für Gewinn und Risiko oder ein nachträglicher Verlustausgleich wäre mit dem Selbstverständnis der freien Jugendhilfe nicht ver-

14 OVG NRW 18.3.2005 – 12 B 1931/04, SRa 2005, 107; OVG NRW 30.3.2005 – 12 B 2444/04; Gutachten des Deutschen Vereins SRa 1996, 64; Neumann RsDE 31 (1996), 54 f.; Wiesner in Wiesner vor § 11 Rn. 69.

15 BVerwG 30.9.1993 – 5 C 41/91, BVerwGE 94, 202.

16 Wiesner in Wiesner Rn. 11.

einbar, weil er „faktisch zwangsläufig ... zum Verlust der Eigenständigkeit der freien Träger“ führen würde.[17] Auch die Gemeinnützigkeit, die Voraussetzung für verschiedene steuerliche Vergünstigungen ist, wäre gefährdet.[18] Eine Gewinnerzielung ist mit dem Gemeinnützigkeitsrecht wohl nur in engen Grenzen vereinbar. Dass aber typische unternehmerische Risiken bei verantwortungsvoller Wirtschaftsplanung eingepreist werden müssen, hat sich zumindest in den Bereichen der anderen SGB – vor allem SGB XI – mittlerweile durchgesetzt und wird für den Bereich des SGB XI vom BSG nur hinsichtlich einer Pauschalierung abgelehnt.[19] Kepert/Dexheimer fassen unter „Gewinnmöglichkeit“ auch das allgemeine unternehmerische, das spezielle unternehmerische Risiko und den „echten“ Gewinn (→ § 78b Rn. 3, → § 78c Rn. 10).

3.4 Leistungsentgelt für eine Fachleistungsstunde

9 In zwei **Arbeitshilfen von bundesweiten Fachverbänden** ist die Problematik der Fachleistungsstunden mit einer klaren Beschreibung der Vor- und Nachteile der gängigsten Modelle mit Abrechnungsbeispielen vorbildlich aufgearbeitet. Der Bundesverband katholischer Einrichtungen und Dienste der Erziehungshilfe eV (BVkE) hat in seiner „Empfehlung für eine Finanzierung der ambulanten Hilfen zur Erziehung“ wegen des Fehlens bundesweiter Standards zur Ausführung und Qualität ambulanter erzieherische Hilfen und den fehlenden Rahmenverträgen auf Landesebene **Standards für Angebote** zu Vereinbarungen empfohlen. Dies beinhaltet die Forderung nach einem Leitbild des Verbandes, Konzeptions- und Leistungsbeschreibungen, Aussagen zur Personalqualifikation und -ausstattung, zur Fallverantwortung und Hilfesteuerungen sowie zum Qualitätsmanagement und der Evaluation.

Auch der Bundesverband für Erziehungshilfe eV (AFET) stellt seiner Arbeitshilfe „AFET-Modell der Fachleistungsstunden für die ambulanten Erziehungshilfen“ Empfehlungen für Aufbau und Inhalt der Vereinbarungen voran, die er als **Standards für Verträge** verstanden haben will. Grundlegend zu den „Fach- und Finanzierungsstandards ambulante Erziehungshilfen“ s. die AFET-Veröffentlichung Nr. 73/2013.

10 **3.4.1 Grundlagen der Entgeltberechnung.** In beiden Arbeitshilfen (→ Rn. 9) werden die Grundlagen der Entgeltberechnungen, unterteilt in Personalkosten, Sach- und Investitionskosten (teils mit Zusatzaufwendungen → Rn. 14) und Gemeinkosten sehr ausführlich und differenziert dargestellt. Dabei legt die AFET verschiedene **Mindeststandards** für öffentliche Träger fest, die nicht unterschritten werden sollten.

11 Das auf dem Haushaltsrecht des Bundes und der Länder beruhende **Besserstellungsverbot**, das dem Träger der freien Jugendhilfe verbietet, Vergütungen zu gewähren, die über die im TVöD vorgesehenen hinausgehen, gilt im Rahmen der Kostenerstattung nach § 77 nicht, weil es auf Zuwendungen gemäß § 74 beschränkt ist (→ § 74 Rn. 46). Es kann im strengen Sinne nur als **Verbot der Besserstellung** gelten, wenn der freie Träger **insgesamt** überwiegend (zu mehr als 50 %) aus öffentlichen Mitteln finanziert wird, so der EuGH zu § 98 Nr. 2 GWB.[20] Erbringt der freie Träger Jugendhilfeleistungen, auf die der Klient einen Anspruch gegen das Jugendamt hat, so ist die Kostenerstattung des Jugendamtes gegenüber dem freien Träger als Geldleistung an den Hilfeberechtigten und nicht als öffentliche Leistung an den freien Träger zu werten, da damit eine Gegenleistung im Rahmen eines Leistungsaustausches gewährt wird (→ § 5 Rn. 18).[21] Eine andere Sichtweise dürfte einen unzulässigen Eingriff in die Autonomie

17 BAG der Freien Wohlfahrtspflege (Hrsg.), Aktuelle Pflegesatzfragen im Heimbereich, 1992, S. 27; auszugsweise in TuP 1992, 374 bis 380; Neumann RsDE 31 (1996), 42.

18 Zu den steuerrechtlichen Risiken s. Münder BBJ Consult INFO III/IV 1994, 56 ff.

19 BSG 26.9.2019 – B 3 P1/18 R.

20 EuGH 3.10.2000 – C 380/98, VergabeR 2001, 111 (115); der Dt. Verein empfiehlt, auch dies zu lockern, NDV 2009, 525.

21 EuGH 3.10.2000 – C 380/98, VergabeR 2001, 111 (115).

freier Träger darstellen. Im weitesten Sinne bedeutete dies, dass grundsätzlich **Ansprüche auf Erstattung** von Jugendhilfeleistungen für Anspruchsberechtigte unzulässig ihre **Begrenzung** durch die Beschäftigungsbedingungen beim öffentlichen Träger finden[22] sollen. Allenfalls lässt sich aus den Grundsätzen der Sparsamkeit und Wirtschaftlichkeit ableiten, dass die **Personalkostenerstattung insgesamt** nicht höher sein darf als bei einer Vergütung nach dem TVöD bzw. TV-L und dass die **Vergütung für einzelne Mitarbeiter nicht unvertretbar** hoch ist.[23] Eine im Vergleich zum TVöD bzw. TV-L in einem Vergütungsbestandteil höhere Vergütung, zB eine um eine Vergütungsgruppe höhere Grundvergütung, darf deshalb nicht bei der Kostenkalkulation beanstandet werden. Das BVerfG hat festgestellt, dass freien Trägern, die eine Aufgabe der öffentlichen Hand wahrnehmen, für ihre Leistungen Vergütungen aus der Staatskasse erhalten müssen, die ihnen eine fachlich qualifizierte Erfüllung der gesetzlichen Aufgabe ermöglicht. Bei der Festsetzung eines Stundensatzes sei zu berücksichtigen, dass der frei Träger eine Vergütung in tariflicher Höhe und fixe Kosten für die dauerhafte Vorhaltung qualifizierten Personals zu tragen habe.[24] Daraus folgt, dass der Träger der öffentlichen Jugendhilfe auch durch eine **Gesamtbetrachtung** der Einrichtung der Tarifhoheit des freien Trägers angemessen Rechnung tragen muss. Dies muss insbesondere dann gelten, wenn der freie Träger einem eigenen Tarif unterliegt. Auch wenn das SGB VIII die Anerkennung anderer Tarife bzw. kirchlicher arbeitsvertraglicher Regelungen noch nicht explizit benennt, darf auch hier die tarifkonforme Bezahlung der Mitarbeiter und Mitarbeiterinnen in der Praxis nicht verhindert werden. Insofern fehlt es im SGB VIII bis heute an einer den § 132a Abs. 4 SGB V, § 124 Abs. 1 S. 4, S. 5 SGB IX und § 84 Abs. 2 S. 5, § 89 Abs. 1 S. 4 SGB XI entsprechenden eindeutig klarstellenden Norm.

3.4.2 Finanzierungsmodelle. Bei den **Finanzierungsmodellen** stehen sich grundsätzlich 12
die **Fachleistungsstunde** und die Pauschalfinanzierung gegenüber. Die **Pauschalfinanzierung** wird vielfach bei der Vereinbarung eines Sozialraumbudgets (→ § 3 Rn. 7)[25] verwendet, was aber von der hM als rechtlich unzulässig abgelehnt wird.

Bei der Fachleistungsstunde unterscheiden beide Arbeitshilfen zwischen dem **Brutto-** und dem **Netto-Modell**, oder auch Face-to-Face-Modell genannt. Der AFET führt zusätzlich noch ein **Praxis-Modell**[26] ein.

3.4.3 Modellrechnungen. In beiden Arbeitshilfen (→ Rn. 9) werden **Modellrechnun-** 13
gen aufgeführt, die sich sowohl auf die **Arbeitszeit-** wie auf die **Entgeltberechnung** beziehen. Von besonderem Interesse sind dabei, welche Annahmen jeweils zugrunde gelegt werden. Seitens des BVkE wird auf der DVD mit der Arbeitshilfe (mit Beschreibung der ambulanten Hilfen zur Erziehung, den Standards, den Grundlagen der Entgeltberechnung und den Finanzierungsmodellen) eine Exel-Tabelle mit den **Abrechnungsmodellen** beigegeben.

3.4.4 Zusatzaufwendungen. In die Kosten der Fachleistungsstunde sind nicht einzu- 14
beziehen die Aufwendungen, die bei der Leistungserbringung im Einzelfall oder fallübergreifend erforderlich sind. Diese sind **gesondert abzurechnen**. Einzelfallbezogene Aufwendungen können zB durch Freizeitaktivitäten und die Anschaffung von Spiel- und Beschäftigungsmaterial entstehen. Sie sind im Hilfeplan zu vereinbaren. Fallübergreifende Sachaufwendungen können durch die Ausgestaltung von Gruppen- und Gesprächsräumen entstehen. Insoweit ist eine **vorherige Abstimmung** über die Kosten-

22 Kern in SFMK § 74 Rn. 34.
23 OVG Lüneburg 12.6.1991 – 4 A 25/86, NDV 1991, 359.
24 BVerfG 7.11.2001 – 1 BvR 325/94, NJW 2002, 2091.
25 BVkE, Empfehlungen für eine Finanzierung der ambulanten Hilfen, 2009 (→ Rn. 9), 6.2.
26 AFET, AFET-Modell der Fachleistungsstunden für die ambulanten Erziehungshilfen, 2013 (→ Rn. 9), S. 40.

tragung zwischen dem freien Träger und dem Träger der öffentlichen Jugendhilfe erforderlich.

4 Vereinbarungen zur Qualität und deren Gewährleistung

15 Der Gesetzgeber hat in § 77 Abs. 1 S. 2 die Begriffe/Formulierungen aus § 78b Abs. 1 Ziff. 3 unverändert übernommen. Weder dort noch bei § 77 gibt der Gesetzgeber Anhaltspunkte, was Qualität gerade iSd SGB VIII sein soll. Damit ist letztlich auch eine Chance vergeben worden, Anhaltspunkte aus der Praxis zu übernehmen und – wie im Bereich der teilstationären und stationären HzE zumindest auf dem Papier bereits vorhandene Qualitätsvereinbarungen – dann auch mit Leben zu füllen (zur grundsätzlichen Problematik → § 78b Rn. 5). So sollte mittlerweile Standard sein, dass Leistungserbringer gerade auch Regelungen zur Beteiligung Betroffener haben ebenso wie ein Beschwerdemanagement.

Nur dass beim Thema Qualität die inklusive Ausrichtung und die besonderen Belange von jungen Menschen mit Behinderung berücksichtigt werden müssen, nimmt der Gesetzgeber explizit auf (§ 77 Abs. 1 S. 2). Was eine inklusive Ausrichtung dann ist, bleibt offen. Liegt diese bereits vor, wenn die Einrichtung grundsätzlich bereit ist, auch inklusiv zu arbeiten oder braucht es zB ein Mindestmaß an Barrierefreiheit hins. des körperlichen Zugangs zu Leistungen (Rollstuhlrampen etc) oder des geistigen Zugangs (Informationen in leichter Sprache) und was ist dabei ein Mindestmaß.

16 Besonders berücksichtigt hat der Gesetzgeber bei der Neufassung des § 77 iRd KJSG die besondere Situation der **Pflegefamilien**. Hier greift er mit § 77 Abs. 2 die aus der Praxis angemahnten klareren Vorgaben zu Finanzierungsvoraussetzungen von Pflegekinderdiensten freier Träger bei der Beratung von Herkunfts- und Pflegefamilien auf.[27]

5 Weitere Inhalte der Vereinbarungen

17 Gegenstand der Vereinbarung ist nach der gesetzlichen Regelung die Höhe der Kosten, die von dem Träger der freien Jugendhilfe in Rechnung gestellt und von dem Träger der öffentlichen Jugendhilfe übernommen werden. Weiterhin sind Vereinbarungen über das Verfahren einschließlich einer möglichen **Kündigung**, die Zahlungsmodalitäten und die Kostennachweise zweckmäßig, um eine reibungslose Zusammenarbeit zu sichern.[28] Da die den Kosten entsprechende Leistung nicht in das Belieben des Trägers der freien Jugendhilfe gestellt sein kann, kann eine tragfähige **Kostenvereinbarung** nur auf der **Basis einer Leistungsvereinbarung** erfolgen, in der Umfang und Qualität der Leistung beschrieben sind, zu deren Erbringung sich der Träger der freien Jugendhilfe dem Leistungsberechtigten gegenüber verpflichtet.[29] Zusätzliche Qualitätsanforderungen sind für einen fairen Wettbewerb unverzichtbar, sie können auch als zusätzliche Ermessenserwägungen eigestellt werden.[30] Im Rahmen der HzE müssen die qualitativen und quantitativen Merkmale der Leistung im Hilfeplan gemäß § 36 festgelegt werden (zB durch Benennung der Zahl und Qualifikation der erforderlichen Fachkräfte, Beschreibung der Leistungsinhalte einschließlich der besonderen Konzeption des Trägers der freien Jugendhilfe).

---

27 www.dialogforum-pflegekinderhilfe.de/fachliche-positionen/wesentliche-fachliche-positionen-des-dialogforums-pflegekinderhilfe-2018.html.

28 Ausführliche Hinweise siehe AFET-Veröffentlichung Nr. 75/2016 „Vereinbarungen für ambulante Erziehungshilfen verhandeln – Qualität entsteht im Dialog".

29 So auch Trésoret in jurisPK-SGB VIII Rn. 69; AA Wiesner in Wiesner Rn. 11, der die im Sozialrecht mittlerweile für unabdingbar gehaltene Verpflichtung auf Qualität und dezidierte Beschreibung von Leistungen mangels gesetzlichem Auftrag für nicht erforderlich hält.

30 Vgl. VG Stuttgart 3.12.2003 – 7 K 714/03, ZfJ 2004, 382 (385).

Gerade Regelungen zu einer möglichen **Kündigung** sollten enthalten sein. Dagegen spricht auch § 59 SGB X nicht, der grundsätzlich bei öffentlich-rechtlichen Verträgen zunächst eine Vertragsanpassung vor der Kündigung vorsieht. Bei einer Kündigung durch den Kostenträger hat der freie Träger aber einen Anspruch auf ermessensfehlerfreie Entscheidung über die Kündigung, da diese letztlich die „Kehrseite" der Frage über den Vertragsabschluss ist.[31]

6 Unzulässige Inhalte

18 Unzulässig ist es, in die Kostenvereinbarung auch **Weisungs-, Auskunfts- und Aufsichtsbefugnisse** des Trägers der öffentlichen Jugendhilfe gegenüber dem Träger der freien Jugendhilfe aufzunehmen. Derartige zusätzliche Vertragsklauseln, die zur Höhe der Kosten keinen Bezug haben, sind durch das Gesetz nicht gedeckt und deshalb nichtig (→ § 4 Rn. 21, 30). Unzulässig sind auch zusätzliche Vereinbarungen, die den freien Träger verpflichten sollen, dem öffentlichen Träger regelmäßig oder auf Verlangen Berichte über das Verhalten und die Entwicklung von jungen Menschen und deren Eltern zu liefern (→ § 4 Rn. 31). Eine derartige **Verpflichtung** zur **Übermittlung von Sozialdaten** setzt eine gesetzliche Befugnisnorm voraus, aus der sich Voraussetzungen und Umfang der Übermittlungsbefugnis eindeutig ergeben (→ § 4 Rn. 8). Auch bei den Vereinbarungen nach § 77 gilt datenschutzrechtlich der sog. Ersterhebungsgrundsatz nach den Grundsätzen des § 62 Abs. 2. Zwar kann dem freien Träger in einer Vereinbarung nach § 77 gegenüber den Eltern/Personensorgeberechtigten eine (schriftliche) Berichtspflicht auferlegt werden. Dies ist ein Mindeststandard an Qualität gerade hins. der Beteiligung der Betroffenen. Diese Berichte sind dann aber vom JA bei den Eltern/Personensorgeberechtigten im Rahmen derer Mitwirkungspflichten anzufordern.

7 Rahmenvereinbarungen

19 Zur Vermeidung von langwierigen Klärungsprozessen und Auseinandersetzungen auf örtlicher Ebene sollte angestrebt werden, auf überörtlicher Ebene Rahmenvereinbarungen abzuschließen bzw. in Empfehlungen abzustimmen, welche Kosten berücksichtigungsfähig sind. Dies trägt maßgeblich zur Gewährleistung von Transparenz und Vergleichbarkeit bei.

Dies gilt ebenso für den Bereich der Qualitätsvereinbarungen. Rahmenvereinbarungen sind auch hier das geeignete Mittel, um sich gemeinsam auf Standards zu verständigen und Qualität vergleichbar zu machen.

8 Initiativ- und Abschlusspflicht des öffentlichen Trägers

20 **Adressat der Vorschrift** sind die **Träger der öffentlichen Jugendhilfe**. Sie sind verpflichtet, Vereinbarungen über die Höhe der Kosten mit der freien Jugendhilfe **anzustreben**. Eine weitergehende Verpflichtung konnte der Gesetzgeber den Trägern der öffentlichen Jugendhilfe nicht auferlegen, weil die Träger der freien Jugendhilfe nicht verpflichtet sind, Vereinbarungen abzuschließen. Allerdings kann daraus nicht der Schluss gezogen werden, dass der Träger der öffentlichen Jugendhilfe sich auf ein „Anstreben" beschränken darf; vielmehr ist er verpflichtet, sein Streben zu dem vom Gesetzgeber gewollten Ziel zu bringen.

Die herrschende Meinung geht davon aus, dass dem öffentlichen Träger bei Vereinbarungen nach § 77 hinsichtlich von Leistungen im rechtsanspruchgesicherten Bereich des jugendhilferechtlichen Dreiecksverhältnisses ein Ermessensspielraum zusteht, der auch dem Interesse der freien Träger ua an seiner Anerkennung als geeigneter Leis-

31 Kepert/Kunkel, Handbuch Kinder- und Jugendhilferecht, Kap. 3.4 mwN.

tungserbringer dient. Aus diesem Grunde hat der am Abschluss interessierte freie Träger einen **Anspruch auf ermessensfehlerfreie Entscheidung** über sein Vertragsangebot.[32] Ein Ermessensfehler liegt vor, wenn der öffentliche Träger den Abschluss einer Vereinbarung mit einem abschlussbereiten Träger der freien Jugendhilfe ablehnt, obwohl das Angebot des freien Trägers den gesetzlichen Anforderungen entspricht bzw. – nach Beratung durch den öffentlichen Träger – angepasst werden könnte. Ein Ermessensfehler liegt auch vor, wenn der Vertragsabschluss vom **Nachweis eines Bedarfs** abhängig gemacht wird.[33]

Handelt es sich dagegen um gegenseitige Verträge mit unmittelbarem Leistungsaustausch besteht der Anspruch nicht auf Vertragsabschluss, sondern nur auf Durchführung eines den wettbewerbsrechtlichen Vorgaben entsprechenden Verfahrens[34] (zum Vergaberecht → Rn. 25).

8.1 Vertragspartner

21 Vereinbarungen gemäß § 77 können nach dem Wortlaut der Vorschrift nur zwischen der öffentlichen und der freien Jugendhilfe abgeschlossen werden. Ungeklärt ist, ob und ggf. in welchem Umfang freigemeinnützige Träger einen Vorrang genießen oder ob das **europäische Wettbewerbsrecht** eine Gleichbehandlung mit privatrechtlichen Leistungserbringern gebietet (→ Rn. 25).

8.2 Rechtsnatur und Wirkung der Vereinbarung

22 Übereinstimmend haben das BVerwG und BGH die lange Zeit umstrittene Frage geklärt, ob die Vereinbarungen nach § 77 in alter Fassung (Höhe der Kosten) privatrechtlicher oder öffentlich-rechtlicher Natur sind. Beide Gerichte gehen davon aus, dass die Vereinbarungen **öffentlich-rechtliche Verträge** (→ 78b Rn. 12) sind, weil der öffentliche Träger die Vereinbarung in Erfüllung seiner öffentlich-rechtlichen Pflicht gegenüber dem Leistungsberechtigten und außerdem im Rahmen der gesetzlich gebotenen Zusammenarbeit mit den Trägern der freien Jugendhilfe abschließe.[35] Die Zuordnung zum öffentlichen Recht hat ua zur Folge, dass auf die Vereinbarung die Vorschriften über öffentlich-rechtliche Verträge (§§ 53 ff. SGB X) anzuwenden sind, dass die Haftung des Trägers der öffentlichen Jugendhilfe sich nach den Vorschriften über die Staatshaftung richtet (→ § 4 Rn. 47) und dass für Streitigkeiten über die Vereinbarungen die Verwaltungsgerichte zuständig sind (§ 40 VwGO).

8.3 Arten der Vereinbarungen

23 Vereinbarungen können als **Einzelvereinbarung** von einem Träger der öffentlichen Jugendhilfe mit einem Träger der freien Jugendhilfe oder als **Gesamtvereinbarung** zB von Spitzenverbänden der Wohlfahrtspflege und den Trägern der öffentlichen Jugendhilfe bzw. deren kommunalen Spitzenverband abgeschlossen werden. Eine Gesamtvereinbarung ist verbindlich nur für die Träger der öffentlichen und der freien Jugendhilfe, zu deren Vertretung die vertragsschließenden Spitzenverbände zB durch Satzungsbestimmung oder Einzelvollmacht berechtigt sind. Vereinbarungen nach § 77 haben zunehmend nicht mehr die Kosten einer Einrichtung bzw. eines Dienstes, zB einer Er-

32 BVerwG 30.9.1993 – 5 C 41/91, NDV 1994, 197; OVG NRW 27.9.2004 – 12 B 1397/04, SRa 2005, 75; Neumann RsDE 31, 52; von Boetticher/Münder in FK-SGB VIII Rn. 15; DV-Gutachten vom 21.7.2005; aA Wabnitz 2005, 256.

33 BVerwG 30.9.1993 – 5 C 41/91; Neumann RsDE 31, 52; DV-Gutachten vom 21.7.2005: www.deutscher-verein.de/Gutachten; von Boetticher/Münder in FK-SGB VIII Rn. 15.

34 Von Boetticher/Münder in FK-SGB VIII Rn. 15.

35 BVerwG 30.9.1993 – 5 C 41/91, NDV 1994, 197; BGH 12.11.1991 – KZR 22/90, NJW 1992, 1237.

ziehungsberatungsstelle, der Sozialpädagogischen Familienhilfe, zum Gegenstand, sondern die Kosten einer **Fachleistungsstunde** (→ Rn. 13, 14). Der freie Träger, der eine derartige Vereinbarung abschließt und deshalb grundsätzlich nur eine Finanzierung für tatsächlich erbrachte Leistungen erhält, hat zur Vermeidung eigener finanzieller Risiken nur wenige Alternativen. Setzt er **Honorarkräfte** als freie „Mitarbeiter" ein, denen gegenüber er keinerlei Weisungsrechte hat und die er nicht in seinen Betriebsablauf einbinden darf,[36] da sonst ein unbefristetes Arbeitsverhältnis entsteht, kann er kaum fachliche Qualität zusichern und erbringen. Nur bei großen Einrichtungen lassen sich sozialpädagogische Fachkräfte mit flexibler, tariftreuer Arbeitszeitgestaltung verantwortlich beschäftigen. Ansonsten sind die Träger allzu leicht versucht Mitarbeiter einzusetzen, die sozial völlig ungesichert oder wegen des zeitlichen Umfangs (Teilzeitarbeit) und der so lange als möglichen Befristung (vgl. § 14 TzBfG) ihrer Arbeitsverhältnisse nur unzureichend sozial gesichert sind. Dies gelingt vor allem aus dem Kreis der Berufsanfänger, der Wechselwilligen (weil nur befristet Beschäftigten) und der aus sonstigen Gründen Arbeitslosen. Dies führt zu einer vermehrten Fluktuation von Mitarbeitern, mit all ihren negativen Folgen. Dadurch wird die Qualität der jeweiligen Jugendhilfeleistung dauerhaft beeinträchtigt.[37]

9 Kostenvereinbarungen über Gesamtkosten

Erbringt ein freier Träger Leistungen, die nach § 74 **gefördert** werden, und Leistungen, deren Kosten aufgrund von Kostenvereinbarungen gemäß § 77 **erstattet** werden, und würde eine Zuordnung der Leistung im Einzelfall einen erheblichen Verwaltungsaufwand erfordern und die Niedrigschwelligkeit des Angebots gefährden, sind nach der Empfehlung des DST und der AGJ für die Zusammenarbeit von Trägern der öffentlichen und der freien Jugendhilfe zB bei der Erziehungsberatung (1995) Gesamtvereinbarungen zweckmäßig und zulässig. Das Budget setzt sich aus einer nach dem Jahresdurchschnitt bemessenen Kostenerstattungssumme und einer Fördersumme unter Berücksichtigung eines angemessenen Eigenanteils zusammen[38] (auch → § 28 Rn. 14). Dies muss entsprechend für Kostenvereinbarungen über andere Leistungen gelten, die ein niedrigschwelliges Angebot erfordern (§ 36a Abs. 2). 24

10 Vergaberecht/Sozialraumbudget

10.1 Vergaberecht

Umstritten ist nach wie vor, inwieweit gerade auch bei den Leistungen nach § 77 Vergaberecht Anwendung finden kann. 25

Die Vorschriften des Gesetzes über Wettbewerbsbeschränkungen (GWB) über Vergabeverfahren sind aber nach derzeit noch hM jedenfalls dann nicht anzuwenden, wenn es sich um Leistungen im **rechtsanspruchgesicherten Bereich** des jugendhilferechtlichen Dreiecksverhältnisses handelt.[39] Hier ist die **Kostenvereinbarung kein öffentlicher Auftrag** iSd § 99 GWB, denn der freie Träger erbringt seine Leistung nicht im Auftrag des öffentlichen Trägers, sondern aufgrund seiner Verpflichtung aus dem pri-

36 Seewald in KassKomm SGB V § 7 Rn. 50 ff.

37 S. zur Bedeutung fester Anstellungsverhältnisse als Qualitätsstandards der Sozialpädagogischen Familienhilfe die Stellungnahme der Bundesregierung in BT-Drs. 13/9095; zum Qualitätsabbau durch prekäre Arbeitsverhältnisse: siehe 11. KiJuBericht, 89 ff.

38 ZfJ 1997, 5.

39 Schweigler JAmt 2019, 290 f. mit Darstellung auch aA. S. differenzierend für eine Anwendung vergaberechtlicher Vorschriften Kepert ZFSH/SGB 2017, 263.

vatrechtlichen Schuldverhältnis mit dem Leistungsberechtigten (→ § 3 Rn. 25).[40] Es findet kein unmittelbarer Leistungsaustausch statt.[41]

Handelt es sich nicht um Leistungen im rechtsanspruchgesicherten Bereich und gleichzeitig um unmittelbare Austauschverträge von Leistung und Gegenleistung zwischen Trägern der öffentlichen Jugendhilfe und freien Trägern, soll die Anwendung von Vergaberecht nach Teilen der Literatur in Betracht kommen, andere lehnen sie auch hier ab.[42] Tendenziell wird aber vor allem im Bereich der zweiseitigen Verträge die Anwendbarkeit zunehmend bejaht. Insgesamt fällt auf, dass Entscheidungen, die aus dem Bereich der Vergabekammern kommen, die Anwendbarkeit bejahen, während bei Entscheidungen der Verwaltungsgerichtsbarkeit und in der Literatur zum SGB VIII hier Zurückhaltung besteht.[43]

Unabhängig von der Frage, ob Vergaberecht (und hier auch Europarecht) dem SGB VIII ggf. vorgeht, bestehen bei seiner Anwendung im SGB VIII nach hier vertretener Auffassung erhebliche Bedenken. Nicht verkannt wird, dass Vergaberecht Leistungen kalkulierbarer und auch transparenter machen kann. Gleichzeitig erlaubt das Vergaberecht – wie kein anderes Vertragskonstrukt – dem Ausschreibenden gegenüber dem Leistungserbringer Vorgaben zu machen. Damit besteht eine erhebliche Gefahr, dass die Selbstständigkeit der freien Jugendhilfe in Zielsetzung und Durchführung ihrer Aufgaben und in der Gestaltung ihrer Organisationsstruktur (§ 4 Abs. 1) massiv gefährdet wird. Ebenso steht zu befürchten, dass jetzt schon in Vereinbarungen nach § 77 immer wieder zu findende unzulässige Inhalte (→ Rn. 18) über den Weg der Ausschreibung verfestigt werden.

10.2 Sozialraumbudget

26 Der öffentliche Träger hat beim Abschluss von Vereinbarungen die Trägervielfalt, die unterschiedlichen Wertorientierungen, die Vielfalt von Inhalten, Methoden und Arbeitsformen (§ 3 Abs. 1 SGB VIII), das Wunsch- und Wahlrecht der Hilfeempfänger (§ 5 Abs. 1 SGB VIII) sowie die Leistungsfähigkeit der Träger der freien Jugendhilfe zu berücksichtigen. Damit ist ein Abschluss von Vereinbarungen mit einer begrenzten Zahl von ausgewählten freien Trägern im Rahmen eines **Sozialraumbudgets** (→ § 3 Rn. 7) in dem mit Rechtsanspruch (der Klienten) gesicherten Leistungsbereich nicht vereinbar.[44] Nach der Rechtsprechung des BVerwG stellt jede eine Beeinflussung des Wettbewerbs durch staatliche Maßnahmen zum Nachteil konkurrierender Anbieter einen unzulässigen Eingriff in das Grundrecht der Berufsausübung nach Art. 12 GG und eine Verletzung des Grundsatzes der Gleichbehandlung dar (→ § 5 Rn. 5).[45] Die konkurrierenden freien Träger können rechtliche Bedenken bei Vereinbarungen zu gegenseitigen Austauschverträgen im Vergabeverfahren geltend machen[46] und notfalls auf Unterlassung klagen.

---

40 VG Münster SRa 2005, 72; Banafsche ZKJ 227/2010 zur Vergabe nach §§ 97 ff. GWB; Neumann/Nielandt/Philipp, Gutachten, teilweise abgedruckt in „neue caritas" 8/2004, 35 ff.

41 von Boetticher/Münder in FK-SGB VIII Rn. 9, 11; OVG NRW 18.3.2005 – 12 B 1931/04, SRa 2005, 105.

42 Befürwortend von Boetticher/Münder in FK-SGB VIII Rn. 12; ablehnend Meysen ua SRa 2015, 60 f.

43 Zum Streitstand insg. Schweigler JAmt 2019, 290 f.

44 VG Münster 18.8.2004 – 9 L 970/04, SRa 2005, 72; OVG NRW 27.9.2004 – 12 B 1397/04, SRa 2005, 75; HmbOVG 10.11.2004 – 4 Bs 388/04, SRa 2005, 77; von Boetticher/Münder in FK-SGB VIII vor Kap. 5 Rn. 6; Gerlach/Hinrichs ZKJ 2010, 344 zum Osnabrücker Modell.

45 BVerwG 13.5.2004 – 3 C 45/03, NJW 2004, 3134.

46 von Boetticher/Münder in FK-SGB VIII Rn. 17; Checkliste bei Frings SRa 2004, 195.

§ 78 Arbeitsgemeinschaften

[1]Die Träger der öffentlichen Jugendhilfe sollen die Bildung von Arbeitsgemeinschaften anstreben, in denen neben ihnen die anerkannten Träger der freien Jugendhilfe sowie die Träger geförderter Maßnahmen vertreten sind. [2]In den Arbeitsgemeinschaften soll darauf hingewirkt werden, dass die geplanten Maßnahmen aufeinander abgestimmt werden, sich gegenseitig ergänzen und in den Lebens- und Wohnbereichen von jungen Menschen und Familien ihren Bedürfnissen, Wünschen und Interessen entsprechend zusammenwirken. [3]Dabei sollen selbstorganisierte Zusammenschlüsse nach § 4a beteiligt werden.

1 Bedeutung der Vorschrift

Arbeitsgemeinschaften sind Instrumente der partnerschaftlichen Zusammenarbeit der öffentlichen Träger mit den Trägern der freien Jugendhilfe (§ 4 Abs. 1). Neben dem JHA sollen sie nach der Zielvorstellung des Gesetzgebers eine bedarfsgerechte Koordination und Kooperation der Dienste und Einrichtungen der öffentlichen und der freien Jugendhilfe bewirken. Den Arbeitsgemeinschaften können alle anerkannten Träger und alle Träger geförderter Maßnahmen angehören. Deshalb bieten sie erheblich breitere Möglichkeiten einer konkreten Abstimmung geplanter Maßnahmen als der JHA/LJHA, in dem nur wenige anerkannte Träger der freien Jugendhilfe vertreten sein können.[1] 1

Die gesetzliche Regelung lässt allerdings offen, in welchem Verhältnis die Arbeitsgemeinschaften zum JHA stehen. Angesichts der unterschiedlichen und nicht selten gegensätzlichen Zielsetzungen und Interessen der verschiedenen Träger und Trägergruppen kann sich deshalb ein eher von Auseinandersetzungen geprägtes Neben- und Gegeneinander ergeben, das eine Verwirklichung der Zielvorstellungen sehr erschweren oder gar ausschließen kann.

2 Aufgaben der Arbeitsgemeinschaften

Die Arbeitsgemeinschaften sollen darauf hinwirken, dass die vom örtlichen bzw. vom überörtlichen Träger geplanten Maßnahmen aufeinander abgestimmt werden und sich ergänzen. Dieser Wortlaut der gesetzlichen Vorschrift lässt vermuten, dass der Gesetzgeber dem JHA die Jugendhilfeplanung vorbehalten und den Arbeitsgemeinschaften die **Aufgabe** zuweisen wollte, die vom JHA geplanten Maßnahmen so aufeinander abzustimmen, dass weder ein Überangebot an Diensten und Einrichtungen noch ein Fehlbedarf eintritt. Insbesondere in Großstädten sind im JHA viele anerkannte Träger aufgrund der begrenzten Zahl von Mitgliedern und alle nicht anerkannten, aber geförderten Träger aufgrund des mangelnden Vorschlagsrechts (vgl. § 71 Abs. 1 Nr. 2) nicht vertreten. Die Abstimmung der geplanten Maßnahmen in Arbeitsgemeinschaften wurde daher schon vor Inkrafttreten der gesetzlichen Regelung als notwendig und zweckmäßig festgestellt und vorgenommen.[2] In der Literatur wird überwiegend die **Aufgabenstellung** sehr weit gefasst. So bestehe weitestgehend Freiheit, welche Arbeitsge- 2

1 Frings ZfF 2003, 53.
2 BT-Drs. 11/5948, 100.

meinschaften gebildet werden und zu welchen Themen.[3] Bei einer derartig weiten Fassung der Aufgabenstellung ist es zweckmäßig, in einem Gesamtkonzept der Jugendhilfeplanung festzulegen, welche Aufgaben die Arbeitsgemeinschaften in welchen Verfahren zu erfüllen haben. Dies trägt zur besseren Legitimation der Planung bei.

3 Initiativpflicht des Jugendamts

3 Das Gesetz verpflichtet den Träger der öffentlichen Jugendhilfe, seine Initiativpflicht wahrzunehmen und die Bildung von Arbeitsgemeinschaften anzustreben. Ein einklagbarer subjektiver Anspruch auf Bildung einer Arbeitsgemeinschaft steht den Trägern der freien Jugendhilfe nicht zu.[4] Der Träger der öffentlichen Jugendhilfe hat alles zu unterlassen, was die Bereitschaft der Träger der freien Jugendhilfe beeinträchtigen könnte, sich an den Arbeitsgemeinschaften zu beteiligen. Aus der Sicht des JA ist eine Beteiligung aller freien Träger an der Arbeitsgemeinschaft wünschenswert. Dies bietet am ehesten die Gewähr, dass die im Interesse der Kinder, Jugendlichen und Familien notwendige Abstimmung und Koordinierung aller geplanten Jugendhilfemaßnahmen gelingen kann. Beteiligen sich ein oder mehrere freie Träger nicht an der Arbeitsgemeinschaft, ist ein einheitlicher und umfassender Abstimmungsprozess nicht möglich und dem JA fällt die schwierige Aufgabe zu, außerhalb der Arbeitsgemeinschaft eine Abstimmung und Koordinierung der Angebote der Träger zu erreichen. Auch die gebotene partnerschaftliche Zusammenarbeit zwischen der öffentlichen und der freien Jugendhilfe findet ihren besten Ausdruck in einem von wechselseitigem Respekt getragenen partnerschaftlichen Verständigungsprozess, der alle Träger mit einbezieht.

4 Zusammensetzung der Arbeitsgemeinschaften

4 Die sehr offene gesetzliche Aufgabenstellung lässt es zu, dass Arbeitsgemeinschaften gebildet werden, die je nach den örtlichen Bedürfnissen eine unterschiedliche Fach-, Querschnitts-, planungs- oder sozialraumbezogene Orientierung haben und dementsprechend zusammengesetzt sind. Der Träger der öffentlichen Jugendhilfe sollte deshalb mit den Trägern der freien Jugendhilfe, die Mitglied einer Arbeitsgemeinschaft werden können, abklären, ob eine oder mehrere Arbeitsgemeinschaften zweckmäßig sind. Ob es der gesetzlichen Zielvorstellung entspricht, nur eine Arbeitsgemeinschaft zu bilden, der in größeren Städten dann, wie zT praktiziert, eine hohe Zahl von ehrenamtlichen Vorstandsmitgliedern angehört, ist recht zweifelhaft. Zwar erfordert die Abstimmung von geplanten Maßnahmen uU auch Entscheidungen, die nur in den Entscheidungsgremien des freien Trägers getroffen werden können. Jedoch setzen diese Entscheidungen in der Regel auch fachliche Kenntnisse und Erfahrungen voraus, über die hauptberufliche Mitarbeiter nahe am jeweiligen Arbeitsbereich in einem größeren Maß verfügen als überwiegend repräsentativ tätige Ehrenamtliche in der Leitung. Da sich ein wirksames, vielfältiges und aufeinander abgestimmtes Jugendhilfeangebot ohne Einbeziehung der Fachkräfte verschiedener Träger kaum erreichen lässt. Ziel des Trägers der öffentlichen Jugendhilfe sollte sein, die Bildung von (wenn auch nur Unter-)Arbeitsgemeinschaften anzustreben, die auf einen Stadtteil, auf eine Zielgruppe oder auf ein Problem bezogen sind und denen auch **einschlägig erfahrene Fachkräfte** angehören. Nur so lässt sich das Spannungsverhältnis zwischen Repräsentanz, Legitimität und Fachlichkeit der Träger sinnvoll lösen, damit auch aktuelle Fachfragen und die Verknüpfung der Projekte und Initiativen verschiedener freier Träger erörtert werden können.[5]

---

3 Bernhauser Jugendwohl 1994, 370 (374); Wiesner in Wiesner Rn. 7 bis 8.
4 von Boetticher/Münder in FK-SGB VIII Rn. 4.
5 BT-Drs. 11/5948, 100; Arbeitskreis Jugendhilfeplanung NW, Die Arbeitsgemeinschaft nach § 78 SGB VIII und die Beteiligungsmöglichkeiten nach § 80, Mitteilungen des LJA Westfalen-Lippe 119/94, 9; Bernhauser Jugendwohl 1994, 376.

Unabhängig von der Notwendigkeit Fachkräfte freier Träger in den Arbeitsgemeinschaften einzubeziehen, ist die nun erfolgte Stärkung selbstorganisierter Zusammenschlüsse nach § 4a durch das Beteiligungsgebot in S. 3 sehr zu begrüßen. Partizipation Betroffener an allen sie angehenden Verfahren/Entscheidungen kann nur zu einem besseren Gelingen beitragen.

5 Mitwirkung freier Träger

Freie Träger sind zwar nicht gesetzlich verpflichtet, in einer oder in mehreren Arbeits- 5
gemeinschaften mitzuarbeiten.[6] Jedoch sollte ein freier Träger gerade auch die durch die Mitarbeit in der Arbeitsgemeinschaft gebotene Möglichkeit wahrnehmen, nicht nur seine eigenen träger- und verbandspolitischen Interessen zu vertreten, sondern darüber hinaus Mitverantwortung für eine bedarfsgerechte und wirksame Jugendhilfe zu übernehmen.[7]

6 Geschäftsordnung der Arbeitsgemeinschaft

Das Gesetz enthält keine Regelungen über die Zusammensetzung und die Arbeitswei- 6
se der Arbeitsgemeinschaften. Es sieht auch nicht vor, dass die Verwaltung des JA die Arbeitsgemeinschaft leitet oder bestimmenden Einfluss auf deren Arbeit nimmt. Es ist vielmehr Sache der Arbeitsgemeinschaft, mit Zustimmung aller Mitglieder ihre Zusammensetzung und Arbeitsweise zu bestimmen. Dies geschieht für eine auf Dauer angelegte Arbeitsgemeinschaft zweckmäßigerweise durch eine **schriftliche Regelung**, die als Geschäftsordnung bezeichnet werden sollte. Eine derartige Regelung sollte sich auf die Aufgaben und die Zusammensetzung der Arbeitsgemeinschaft sowie auf die Einberufung von Sitzungen und die Sitzungsleitung beziehen.[8] Eine Beschränkung der nicht anerkannten freien Träger auf ein bloßes Mitberatungsrecht wäre eine Diskriminierung gegenüber den anerkannten Trägern, die eine partnerschaftliche Zusammenarbeit sehr erschweren oder unmöglich machen würde.

7 Mitglieder und Teilnehmer

Den Arbeitsgemeinschaften sollen nach der gesetzlichen Zielvorstellung alle anerkann- 7
ten Träger und alle Träger geförderter Maßnahmen angehören. Grundsätzlich kann deshalb die Zugehörigkeit nicht von weiteren Bedingungen abhängig gemacht werden. Sind allerdings Arbeitsgemeinschaften mit räumlich, fachlich oder in anderer Weise beschränkter Aufgabenstellung gebildet, kann es geboten und zulässig sein, die **Zugehörigkeit** auf die Träger der freien Jugendhilfe zu beschränken, die im Rahmen der konkreten Aufgabenstellung betroffen sind.

Die Teilnahme von Vertretern der Arbeitsverwaltung, Gesundheitsverwaltung, der Polizei und anderer Institutionen ist rechtlich unproblematisch, weil die gesetzliche Regelung insoweit keine Einschränkungen vorsieht.[9] Die zunehmende Aufwertung gewerblicher Träger, nicht zuletzt der Bereitschaft von Betrieben geschuldet, Tageseinrichtungen für Kinder zu schaffen. Dies hat zur Möglichkeit der Förderung aufgrund Landesrechts (§ 74 a) geführt. Auch der Wille zur Durchsetzung gleicher Qualitätsmaßstäbe in den Einrichtungen/Diensten der Jugendhilfe führte zur Gleichstellung mit freien Trägern der Jugendhilfe in den §§ 78a ff. Jugendhilfeausschüsse können deshalb

6 LJA Westfalen-Lippe, Mitteilungen 119/94, 9 f.; Möller/Nix Rn. 1; von Boetticher/Münder in FK-SGB VIII Rn. 3.
7 Bernhauser Jugendwohl 1994, 370 (372).
8 Mustergeschäftsordnung bei Frings, Jugendwohl 1996, 240.
9 Kern in SFMK Rn. 2.

gute Gründe haben, die Zulassungen freier gewerblicher Träger zu den Arbeitsgemeinschaften zu beschließen.[10]

Die wachsende Bedeutung privater Geldgeber in der Jugendhilfe macht es wünschenswert, möglichst alle diejenigen, die Jugendhilfemaßnahmen der öffentlichen oder der freien Jugendhilfe fördern, in die Arbeitsgemeinschaften einzubeziehen (§ 71 Abs. 1 bis 3), um durch Abstimmung der Planungen eine übermäßige bzw. unzureichende Finanzierung einzelner Maßnahmen zu vermeiden.

Mitglieder sollen nun nach S. 3 gerade auch selbstorganisierte Zusammenschlüsse nach § 4a sein. Der Bundesrat hatte hier im Gesetzgebungsverfahren zum KJSG vorgeschlagen, aus der Soll-Bestimmung eine Kann-Bestimmung zu machen, da durch die Beteiligung einer „möglichen Vielzahl unterschiedlichster selbstorganisierter Zusammenschlüsse" vor allem auch eine Verzögerung von Entscheidungsprozessen befürchtet wird.[11] Dass sich Prozesse verlangsamen, kann zunächst nicht ausgeschlossen werden. Anders als in anderen SGB ist die Beteiligung selbstorganisierter Zusammenschlüsse im SGB VIII neu (→ 4a Rn. 1) und es fehlen Erfahrungswerte. Dennoch ist die Soll-Vorschrift zu begrüßen, da sie vor allem auch die Rolle der Betroffenen stärkt. Um problematischen Verzögerungen zu begegnen, wird es nun ganz besonders auf ausgewogene Geschäftsordnungen (→ Rn. 6) ankommen. Da der Arbeitsgemeinschaft außerdem kein Beschlussrecht zukommt (→ Rn. 8), dürften sich Auswirkungen von längerdauernden Abstimmungsprozessen und evtl. Verzögerungen auch dadurch abmildern lassen, in dem die Arbeitsgemeinschaft in ihrem Beratungsergebnis ggf. widerstreitende Meinungen oder noch fehlende Einlassungen kenntlich macht.

8 Beschlüsse der Arbeitsgemeinschaft

8 Im Unterschied zum JHA, dem durch klare gesetzliche Regelung Beratungs-, Kontroll- und Beschlussrechte eingeräumt sind, ist den Arbeitsgemeinschaften **keinerlei Beschlussrecht verliehen**. In diesen kann auf bestmögliche Koordination und Kooperation hingewirkt werden. Das Gesetz sieht aber keine weiter gehenden Möglichkeiten vor. Daraus folgt, dass die wünschenswerte Abstimmung der geplanten Maßnahmen nur im Wege **freiwilliger Vereinbarung** aller beteiligten Träger erreicht werden kann. **Unzulässig und unwirksam**, weil rechtlich nicht durchsetzbar, wären deshalb **Mehrheitsbeschlüsse**, durch die ohne Zustimmung der betroffenen Träger in deren Planung eingegriffen würde oder in denen dem JHA Empfehlungen mit bindendem Charakter für die Mitglieder der AG für die Jugendhilfeplanung oder die Förderung bestimmter Maßnahmen gegeben werden sollten. Hauck[12] vertritt zwar die Ansicht, dass Mehrheitsbeschlüsse die Mitglieder der Arbeitsgemeinschaft binden können, macht aber zur Voraussetzung, dass dies in einer „Satzung", die sich die Arbeitsgemeinschaft gegeben hat, festgelegt ist. Der Begriff Satzung sollte im kommunalen Bereich auch der satzungsgebenden Vertretungskörperschaft vorbehalten bleiben. Diese Bindungswirkung einer AG-Satzung wäre selbst dann wohl nicht auf Dauer gegeben, wenn ein freier Träger sich mit einer Satzungsbestimmung einverstanden erklärt hätte, die ihn verpflichten sollte, den Beschlüssen der Arbeitsgemeinschaft zu folgen. Dazu dürfte zum einen aber ein freier Träger kaum jemals bereit sein, weil er sich damit der Fremdbestimmung durch andere, möglicherweise mit ihm konkurrierender Träger unterwerfen würde. Zum anderen könnte er durch einen „Austritt aus der AG" jede weitere Bindungswirkung für sich, die sich ja nur aus der „Mitgliedschaft" mit Bindung an die „Satzung" ergeben könnte, aufheben. Keinesfalls kann man die AG, die ein bloßes Koordinationsgremium darstellt, als Gesellschaft nach § 705 BGB zur Errei-

10 von Boetticher/Münder in FK-SGB VIII Rn. 6 und Wiesner in Wiesner Rn. 3.
11 BT-Drs. 19/27481, 40.
12 Hauck in Hauck/Noftz Rn. 4.

chung eines gemeinsamen Zweckes mit entsprechender Bindungswirkung für die „Gesellschafter" ansehen. Arbeitsgemeinschaften sind Beratungsgremien.

Dritter Abschnitt Vereinbarungen über Leistungsangebote, Entgelte und Qualitätsentwicklung

§ 78a Anwendungsbereich

(1) Die Regelungen der §§ 78b bis 78g gelten für die Erbringung von

1. Leistungen für Betreuung und Unterkunft in einer sozialpädagogisch begleiteten Wohnform (§ 13 Absatz 3),
2. Leistungen in gemeinsamen Wohnformen für Mütter/Väter und Kinder (§ 19),
3. Leistungen zur Unterstützung bei notwendiger Unterbringung des Kindes oder Jugendlichen zur Erfüllung der Schulpflicht (§ 21 Satz 2),
4. Hilfe zur Erziehung
   a) in einer Tagesgruppe (§ 32),
   b) in einem Heim oder einer sonstigen betreuten Wohnform (§ 34) sowie
   c) in intensiver sozialpädagogischer Einzelbetreuung (§ 35), sofern sie außerhalb der eigenen Familie erfolgt,
   d) in sonstiger teilstationärer oder stationärer Form (§ 27),
5. Eingliederungshilfe für seelisch behinderte Kinder und Jugendliche in
   a) anderen teilstationären Einrichtungen (§ 35a Absatz 2 Nummer 2 Alternative 2),
   b) Einrichtungen über Tag und Nacht sowie sonstigen Wohnformen (§ 35a Absatz 2 Nummer 4),
6. Hilfe für junge Volljährige (§ 41), sofern diese den in den Nummern 4 und 5 genannten Leistungen entspricht, sowie
7. Leistungen zum Unterhalt (§ 39), sofern diese im Zusammenhang mit Leistungen nach den Nummern 4 bis 6 gewährt werden; § 39 Absatz 2 Satz 3 bleibt unberührt.

(2) Landesrecht kann bestimmen, dass die §§ 78b bis 78g auch für andere Leistungen nach diesem Buch sowie für vorläufige Maßnahmen zum Schutz von Kindern und Jugendlichen (§§ 42, 42a) gelten.

1 Anwendungsbereich der Vereinbarungsregelungen (Abs. 1)

1.1 Systematik

Die Regelungen der §§ 78a–g sind Ausdruck einer vertraglichen Gesamtkonzeption. 1
Sie gehen als lex specialis § 77 als bereichsspezifische Sonderregelungen vor.[1]

Eine Bilanzierung der Regelungen der §§ 78a ff. ist nicht frei von Widersprüchen. Einerseits werden die §§ 78a ff. in der Praxis offenbar weitgehend akzeptiert, obwohl der umfassend angelegten öffentlichen Gesamt- und Planungsverantwortung der öf-

1 S. hierzu auch Telscher in jurisPK-SGB VIII Rn. 5.

fentlichen Jugendhilfe zugleich eine Kürzung der Mittel gegenüber stehen soll.[2] Das eigentliche Ziel des Gesetzgebers, durch mehr wettbewerbliche Elemente die Kostensituation in den Griff zu bekommen,[3] wurde nicht erreicht. Ohne einen offenen Zugang zu Marktchancen und Förderungen gibt es keinen Wettbewerb, auch keinen „Qualitätswettbewerb".[4] Die Monopolkommission stellt zum Wettbewerb in der Kinder- und Jugendhilfe die Frage, inwieweit die aktuelle Marktordung den Anforderungen an effiziente, bedarfsgerechte und hochwertige Diensterstellung genügt.[5] Sozialräumliche Finanzierungskonzepte („Sozialraumbudget") als Alternative zur fallbezogenen Entgeltfinanzierung widersprechen diesen Regelungen.[6] Insoweit ist für die Regelungen der §§ 78a ff. durchaus ein eigenständiger Reformbedarf vorhanden.[7]

2 Die Vorschrift des § 77 besitzt weiterhin Bedeutung für solche Leistungen (→ Rn. 12) und Aufgaben (→ Rn. 18), die nicht in den Anwendungsbereich des § 78a fallen. Der § 77 bleibt ferner von Bedeutung für in den Anwendungsbereich des § 78a fallende, aber nicht stationär oder teilstationär erbrachte, ambulante Leistungen, soweit das Landesrecht diese nicht in den Anwendungsbereich einbezogen hat (→ Rn. 18).[8] Durch Art. 1 des **KJSG** wurde in § 78a Abs. 2 die Angabe „42" durch „§§ 42, 42a" ersetzt".[9] Landesrecht kann demnach auch den Anwendungsbereich auf § 42a ausdehnen.

Zu Recht wird kritisiert, dass die Verträge nach § 77 nur wenig normiert und nicht schiedsstellenfähig sind. Diese Rechtslage sollte insbesondere vor dem Hintergrund der mit Art. 1 des KJSG in den Weg geleiteten „großen Lösung" bis zum Jahr 2028 überdacht werden. Nach hiesiger Auffassung sollte daher auch das Leistungserbringerrecht des SGB VIII an die fortschrittlichen Vorgaben des SGB IX (zB gesetzlicher Zahlungsanspruch des Leistungserbringers; Schiedsstellenfähigkeit von Verträgen für ambulante Leistungen) angepasst werden.

3 Für das Verhältnis zu § 74 gilt, dass die **Entgeltfinanzierung** nach § 77 oder §§ 78a–f einerseits und die **Förderungsfinanzierung** (Zuwendungsfinanzierung; Subventionierung) nach § 74 andererseits (→ § 74 Rn. 3) unterschiedliche Elemente im Finanzierungssystem freier Träger sind.[10] Im Unterschied zur Förderungsfinanzierung, die durch Vertrag oder Verwaltungsakt erfolgen kann, erfolgt die Entgeltfinanzierung stets durch Vertrag, bei dem der öffentliche Träger eine Leistung „einkauft" und als Gegenleistung ein Entgelt zu zahlen hat (synallagmatisches Verhältnis). Der öffentliche Träger bedient sich des Einrichtungsträgers, um seine Leistungsverpflichtung gegenüber dem Leistungsberechtigten zu erfüllen. Beide Finanzierungselemente stehen jedoch nicht unverbunden nebeneinander, da bei der Entgeltfinanzierung öffentliche Fördermittel auf das Leistungsentgelt anzurechnen sind (→ § 78c Rn. 12), also auch Zuwendungen nach § 74.[11]

4 Für das Verhältnis zu den **§§ 90–97a** gilt, dass diese das Rechtsverhältnis zwischen dem **Kostenpflichtigen** und dem öffentlichen Träger regeln, dh seine Eigenbeteiligung an einem Teil der Kosten, während die **§§ 78a–g** das Verhältnis zwischen dem öffentli-

2 Vgl. 14. Kinder- und Jugendbericht v. 30.1.2013, 379 f.
3 Vgl. Schindler/Münder in FK-SGB VIII Vor §§ 78a ff. Rn. 1 f.
4 11. Kinder- und Jugendbericht, 2002, 259.
5 Monopolkommission, XX. Hauptgutachten 2012/2013, 133, Nr. 276.
6 Dazu ausführlich Wabnitz in GK-SGB VIII Vor §§ 78a ff. Rn. 19 ff., 23.
7 Dazu Gottlieb ZKJ 7/2017, 266 ff.
8 Zur Abgrenzung von stationärer und teilstationärer Unterbringung BSG 4.3.2004 – B 3 Kr 4/04 R.
9 BGBl. 2021 Teil I Nr. 29, 1444 sowie BT-Drs. 19/26107, 29.
10 Zur Abgrenzung vgl. Neumann RsDE 31/1996, 42; Kunkel ZfJ 2000, 416.
11 Ebenso Mrozynski SGB VIII Rn. 5.

chen Träger und den **Leistungserbringern** hinsichtlich der Übernahme der gesamten Kosten regelt.[12]

Im Verhältnis zum **SGB IX** gilt: Wird Eingliederungshilfe nach § 35 a geleistet, wird das JA „janusköpfig" tätig, nämlich einerseits als Jugendhilfeträger und andererseits als Rehabilitationsträger (§ 6 Abs. 1 Nr. 6 SGB IX). Das Entgeltrecht richtet sich auch dann nach § 77 oder §§ 78a ff. 5

1.2 Bedeutung

Im Anwendungsbereich des § 78a besteht im Hinblick auf die **„Vertrags- oder Vereinbarungstrias"** des § 78b Abs. 1 eine Pflicht (**Kontrahierungszwang**) zum Vertragsschluss, dh auch zum Abschluss einer Entgeltvereinbarung sofern die Voraussetzungen des § 78b Abs. 2 vorliegen (→ § 78b Rn. 7). Bei Vorliegen der Tatbestandsvoraussetzungen hat also der Leistungserbringer einen Rechtsanspruch auf Vertragsschluss. Allerdings hat der Leistungserbringer keinen Anspruch auf Vereinbarung eines beliebigen Entgelts. Die Höhe des zu vereinbarenden Entgelts wird durch die in § 78b Abs. 2 S. 1 normierten Merkmale bestimmt. Die zu erbringende Leistung muss den Grundsätzen der **Wirtschaftlichkeit, Sparsamkeit und Leistungsfähigkeit** entsprechen. 6

Das **Wunsch- und Wahlrecht** kann für Leistungen nach § 78a grundsätzlich (Ausnahme nach § 78b Abs. 3) nur hinsichtlich vertragsgebundener Einrichtungen ausgeübt werden Diese Einschränkung wird dadurch relativiert, dass der Kontrahierungszwang es grds. jeder Einrichtung ermöglicht, Vertragseinrichtung zu werden. 7

Allerdings besteht für den Leistungserbringer damit ein erheblicher Druck zum Vertragsschluss. Nur mit Verträgen ist ein wirtschaftliches Agieren auf dem Markt möglich. Diese Drucksituation kann bei Bestimmung der Vertragsinhalte – jedenfalls im Schiedsstellenverfahren – nicht unberücksichtigt bleiben. Die Prüfung der Vertragsinhalte mittels des externen Vergleichs kann an Grenzen stoßen, wenn sich einerseits Kostenträger standhaft und landesweit weigern, bestimmte Vertragsinhalte zu vereinbaren, und andererseits Leistungserbringer aufgrund der in § 78b Abs. 3 enthaltenen Regelung zum Vertragsschluss gezwungen sehen. Dies kann dazu führen, dass Leistungserbringer Entgeltbestandteile in einer Höhe vereinbaren müssen, die für sich genommen nicht kostendeckend sind. Es ist auch zu betonen, dass sich bisher Kostenträger bestimmten Entgeltbestandteilen (zB „Risikoausgleich" bzw. Gewinn) pauschal verweigert haben. Daher können entsprechende Entgeltbestandteile auch nicht im externen Vergleich abgebildet werden (ausführlich zu diesem Entgeltbestandteil → § 78c Rn. 10).

Die **Übernahme der Kosten/des Entgeltes** gegenüber dem Leistungsberechtigten im Einzelfall setzt grundsätzlich (Ausnahme → § 78b Rn. 14) die Vertragsstruktur des § 78b Abs. 1 voraus, dh dass zuvor die Verträge nach § 78b Abs. 1 abgeschlossen worden sein müssen. Der Abschluss dieser Verträge wirkt daher für den Leistungsberechtigten regelmäßig wie eine zusätzliche Anspruchsvoraussetzung. 8

Die Vereinbarungen nach § 78b können wie eine Pauschalierung wirken. Sie müssen daher Regelungen für individuelle (Zusatz-)Leistungen (zB heilpädagogische, psychologische und therapeutische) enthalten, damit die Hilfe im Einzelfall den individuellen Bedarf decken kann, wie beispielsweise im Hilfeplan nach § 36 festgeschrieben. Ohne eine solche Zusatzleistung wäre die Hilfe nicht rechtskonform, da sie dem **Individualitäts- und Bedarfsdeckungsgrundsatz** (§§ 5, 36; 37c Abs. 3 S. 2, § 33 SGB I) widersprechen würde. 9

12 Dazu BayVGH 25.10.2012 – 12 ZB 11.501.

1.3 Begrifflichkeit im Dreiecksverhältnis

10 Träger der Jugendhilfe sind die öffentlichen und die freien Träger (originäres Betätigungsrecht im Leistungsbereich). Leistungsträger (als **Leistungsverpflichteter**) ist nur der öffentliche Träger (§ 12 SGB I). Anspruch auf die Leistung (bzw. auf die Ausübung fehlerfreien Ermessens) hat derjenige, in dessen Person die Anspruchsvoraussetzungen gegeben sind (**Leistungsberechtigter**, zB bei HzE der/die Personensorgeberechtigte/n). Für alle Leistungen (und andere Aufgaben) ist **Leistungsadressat** der junge Mensch (→ § 8 Rn. 10). Nach dem Grundsatz der Subsidiarität der öffentlichen Jugendhilfe gem. § 4 Abs. 2 werden die Leistungen primär von freien Trägern erbracht. Der Leistungsberechtigte kann mittels des Wunsch- und Wahlrechts den Leistungserbringer aus einem Angebot verschiedenster Träger der freien Jugendhilfe und in den Grenzen des § 4 Abs. 2 auch der öffentlichen Träger auswählen.

Wählt der Leistungsberechtigte eine Einrichtung eines freien Trägers, schließt er einen **privatrechtlichen** Vertrag. Liegen die tatbestandlichen Voraussetzungen der Leistungsnorm vor und wurden die (abstrakten) Vereinbarungen nach § 78b Abs. 1 mit dem Leistungserbringer abgeschlossen, übernimmt der Leistungsträger mittels Verwaltungsakt mit Drittwirkung gegenüber dem Leistungsberechtigten und **mittels Schuldbeitritt** gegenüber dem Leistungserbringer die Kosten der Leistung in Form des Entgeltes im konkret-individuellen Fall.[13] Die Kostenübernahme ist aufgrund der in § 78b Abs. 3 enthaltenen Regelung grundsätzlich **vereinbarungsakzessorisch**, dh ohne wirksame Vereinbarungstrias kann eine Kostenübernahme vom öffentlichen Träger nicht ausgesprochen werden. Die Vereinbarungen nach § 78b wirken somit wie (öffentlichrechtliche) Allgemeine Geschäftsbedingungen. Vereinbarungen nach § 78b Abs. 1 sind öffentlich-rechtliche Verträge (→ § 78b Rn. 12; → § 5 Rn. 21).

11 Der Leistungskatalog des Abs. 1 ist abschließend.[14] Der **Begriff der „Leistung"** ist hier nicht völlig identisch mit dem in § 2 Abs. 2 verwendeten, weil Inhalt der sog. Leistungsvereinbarung auch die Wahrnehmung einer „anderen Aufgabe" iSv § 2 Abs. 3 sein kann, soweit Landesrecht dies ermöglicht.

1.4 Beschränkung auf (teil-)stationäre Leistungen

12 Abs. 1 gilt zunächst nur für Leistungen iSv § 2 Abs. 2; allerdings nur für die dort in den Nr. 1–7 aufgeführten, wobei die Nr. 7 aus dem Rahmen der Systematik fällt, da sie keine selbstständige Leistung formuliert (→ § 39 Rn. 7). Eine Besonderheit für die Nr. 1–6 ergibt sich daraus, dass alle Leistungen erfasst werden, die in **stationärer oder teilstationärer**, also nicht in ambulanter Form erbracht werden (→ Rn. 15). Dies gilt auch für die HzE in der Hilfeart der intensiv-sozialpädagogischen Einzelbetreuung (§ 35), soweit sie außerhalb der eigenen Familie erfolgt (§ 78a Abs. 1 Nr. 4 c). Familienunterstützende und -ergänzende ambulante Hilfe sind damit ausgenommen.[15]

13 Während die HzE in einer Tagesgruppe (§ 32) in den Anwendungsbereich der §§ 78b–g fällt, ist die Förderung von **Kindern in Tageseinrichtungen** nach den §§ 22, 24 ausgeschlossen,[16] soweit nicht Landesrecht den Anwendungsbereich ausdrücklich einschließt.

14 Erfolgt die HzE in einer Tagesgruppe (§ 32) ist sie nach dem Wortlaut des § 78a Abs. 1 Nr. 4 a auch in der Form der **Familienpflege** in den Anwendungsbereich eingeschlossen. Eine systematische Auslegung verbietet jedoch die Einbeziehung, da die Familienpflege nicht in das Entgeltfinanzierungssystem passt, da sie über den **Pflegesatz**

13 Ausführlich hierzu Kepert ZKJ 2019, 136.
14 Wiesner in Wiesner Rn. 4.
15 S. hierzu auch Telscher in jurisPK-SGB VIII Rn. 15.
16 S. hierzu auch Telscher in jurisPK-SGB VIII Rn. 12.

nach § 39 finanziert wird.[17] Ist die Pflegestelle von einer (bestimmten) Pflegeperson sowie bestimmten Kindern und Jugendlichen unabhängig, handelt es sich um eine Einrichtung (§ 45a neu),[18] also um eine Hilfe nach § 34 (→ § 34 Rn. 14), die in den Geltungsbereich der §§ 78a ff. fällt. Gleiches gilt nach § 45a S. 2 und 3 bei einer Einbindung in eine betriebserlaubnispflichtige Einrichtung. Ob der erforderliche institutionelle Kontext[19] gegeben ist, ist vorrangig im Rahmen der ggf. erforderlichen Erteilung einer Betriebserlaubnis zu klären.

Werden stationäre und teilstationäre Formen der in den Nr. 1–6 genannten Hilfen mit **ambulanten** Formen verbunden, gilt die Entgeltfinanzierung nicht für diese ambulanten Formen. Dies führt zu einer praxisfernen Trennung der Entgeltfinanzierung in eine solche nach §§ 78b–g und in eine solche nach § 77, soweit nicht Landesrecht (→ Rn. 18) den Anwendungsbereich für ambulante Formen öffnet. 15

Leistungen zum **Unterhalt** sind, um die erforderliche einheitliche Hilfeleistung nicht aufzuspalten, in die Entgeltfinanzierung nach §§ 78b–g ausdrücklich einbezogen.[20] Hinsichtlich der Nr. 1–3 folgt dies bereits daraus, dass der Unterhalt unmittelbarer Bestandteil der Leistung ist (§§ 13 Abs. 3, 19, 21 S. 2), während der Unterhalt Nr. 4–6 als Annexleistungen zum erzieherischen bzw. eingliederungsbedingten Bedarf anzusehen ist.[21] Auch für die in den Nr. 4–6 genannten Hilfen gilt aber die Einbeziehung des Unterhalts nicht, wenn die Hilfe in Familienpflege geleistet wird (→ Rn. 14). Mit dem Bezug auf § 39 Abs. 2 S. 3 wird klarstellend die Einbeziehung des Taschengeldes in jedem Fall aus dem Anwendungsbereich ausgeschlossen. 16

1.5 Folgewirkungen

Folgen der Einbeziehung in den Anwendungsbereich der §§ 78b–78g, ebenso bei Einbeziehung durch den Landesgesetzgeber nach Abs. 2, sind, dass erstens eine Kostenübernahme im Einzelfall (→ Rn. 6) regelmäßig nur bei Hilfe in vertragsgebundenen Einrichtungen (bzw. bei landesrechtlicher Ausweitung auf ambulante Formen: Dienste) erfolgt, zweitens prospektive Entgeltvereinbarungen erforderlich sind, drittens ein aus der Vertrags- und Vereinbarungstrias (Leistungs-, Entgelt-, Qualitätsentwicklungsvereinbarung) bestehendes, wirksames Vereinbarungspaket vorliegen muss und viertens ggf. als Vertragshilfeorgan die Schiedsstelle nach § 78g einzuschalten ist. Nicht alle dieser Folgen treten dagegen ein, wenn Vereinbarungen nach § 77 (→ Rn. 1) geschlossen werden. 17

2 Erweiterung des Anwendungsbereiches durch Landesrecht (Abs. 2)

Abs. 2 ermöglicht dem **Landesrecht** (nicht jedoch den Rahmenvertragsparteien nach § 78f), den Anwendungsbereich der §§ 78b–g auszuweiten, für andere Leistungen als die in Abs. 1 genannten ebenso wie für die Aufgaben nach §§ 42 ff.[22] sowie für andere (individuelle) Leistungsarten und Leistungsformen.[23] Ohne landesrechtliche Erweiterung können praktisch befriedigende Ergebnisse daher nur erzielt werden, indem die Finanzierung außerhalb des Anwendungsbereiches des § 78a auf § 77 gestützt wird, sofern es sich um individuelle Hilfen, also nicht um generelle Angebote handelt, wie zB in Einrichtungen der Jugendarbeit nach § 11.[24] 18

17 Ebenso Wabnitz in GK-SGB VIII Rn. 9.
18 Ferner BVerwG 24.2.1994 – 5 C 42.91, FEVS 45, 52; LSG Nds-Brem 21.11.2005 – S 22 As 35/05.
19 S. hierzu auch Telscher in jurisPK-SGB VIII Rn. 16.
20 S. hierzu auch Telscher in jurisPK-SGB VIII Rn. 18.
21 Schindler/Münder in FK-SGB VIII Rn. 3; Wabnitz in GK-SGB VIII Rn. 12.
22 Ebenso Schindler/Münder in FK-SGB VIII Rn. 5.
23 ZB ambulante Hilfe: wie hier Wiesner in Wiesner Rn. 6.
24 Ebenso Stähr/Hilke ZfJ 1999, 155.

19 Folge einer landesrechtlichen Erweiterung ist eine volle Anwendung der §§ 78b–78g.

§ 78b Voraussetzungen für die Übernahme des Leistungsentgelts

(1) Wird die Leistung ganz oder teilweise in einer Einrichtung erbracht, so ist der Träger der öffentlichen Jugendhilfe zur Übernahme des Entgelts gegenüber dem Leistungsberechtigten verpflichtet, wenn mit dem Träger der Einrichtungen oder seinem Verband Vereinbarungen über

1. Inhalt, Umfang und Qualität der Leistungsangebote (Leistungsvereinbarung),

2. differenzierte Entgelte für die Leistungsangebote und die betriebsnotwendigen Investitionen (Entgeltvereinbarung) und

3. Grundsätze und Maßstäbe für die Bewertung der Qualität der Leistungsangebote sowie über geeignete Maßnahmen zu ihrer Gewährleistung (Qualitätsentwicklungsvereinbarung)

abgeschlossen worden sind; dazu zählen auch die Qualitätsmerkmale nach § 79a Satz 2.

(2) [1]Die Vereinbarungen sind mit den Trägern abzuschließen, die unter Berücksichtigung der Grundsätze der Leistungsfähigkeit, Wirtschaftlichkeit und Sparsamkeit zur Erbringung der Leistung geeignet sind. [2]Vereinbarungen über die Erbringung von Auslandsmaßnahmen dürfen nur mit solchen Trägern abgeschlossen werden, die die Maßgaben nach § 38 Absatz 2 Nummer 2 Buchstabe a bis d erfüllen.

(3) Ist eine der Vereinbarungen nach Absatz 1 nicht abgeschlossen, so ist der Träger der öffentlichen Jugendhilfe zur Übernahme des Leistungsentgelts nur verpflichtet, wenn dies insbesondere nach Maßgabe der Hilfeplanung (§ 36) im Einzelfall geboten ist.

1 Koppelung der Entgeltübernahme an die Vereinbarungstrias (Abs. 1)

1 Die Bestimmung beschränkt die Verpflichtung des Trägers der öffentlichen Jugendhilfe zur Kostenübernahme (→ § 78a Rn. 8) auf solche Einrichtungen (→ § 78b Rn. 14), mit dessen Träger oder dessen Verband die in § 78b Abs. 1 Nr. 1–3 genannten Vereinbarungen abgeschlossen worden sind.

Vereinbarung bedeutet, dass Regelungen getroffen werden, die nicht einseitig „diktiert" oder bloß mitgeteilt wurden. Der Abschluss der Vereinbarung als solcher und deren Inhalt muss zur ernsthaften Disposition der vertragsschließenden Parteien gestanden haben. Der Verwendung des offenen Begriffs der Vereinbarung statt des engeren Begriffs des Vertrages kommt keine rechtliche Bedeutung zu. Näheres zu den Vereinbarungen nach § 78b Abs. 1 findet sich in den Landesrahmenverträgen nach § 78f. Eine bloße Bezugnahme der Vertragspartner vor Ort auf die Rahmenverträge vermag die Vereinbarungen nach § 78b nicht zu ersetzen.

Auf die Vereinbarungen nach § 78b finden die Regelungen des öffentlich-rechtlichen Vertrages (§ 53 SGB X) Anwendung (→ Rn. 12).

Durch Art. 1 des **KJSG** wurde § 78a neu gefasst. Mittels eines Verweises in § 78b Abs. 1 Nr. 3 auf die mit § 79a Satz 2 erfolgte Neuregelung wird klargestellt, dass Qualitätsmerkmale zur Sicherung der Rechte von Kindern und Jugendlichen in Einrichtungen sowie zur Gewährleistung ihres Schutz vor Gewalt und die inklusive Ausrichtung der Aufgabenwahrnehmung sowie die Berücksichtigung der spezifischen Bedürfnisse von jungen Menschen mit Behinderungen zentrale Gegenstände der Qualitätsentwicklungsvereinbarungen bei stationären Leistungen sind.[1]

Die nach bisheriger Rechtslage in § 78b Abs. 2 S. 2 enthaltenen Kriterien für die Zulässigkeit von Auslandsmaßnahmen sind in § 38 Abs. 2 neu geregelt worden. Nach neuer Rechtslage wird daher hinsichtlich der Voraussetzungen für den Abschluss von Vereinbarungen mit Trägern über die Erbringung von Leistungen im Ausland auf § 38 Abs. 2 Nr. 2 a bis d verwiesen.[2]

Inhalt, Umfang und Qualität der Leistungsangebote sind Gegenstand der **Leistungsvereinbarung (Nr. 1)**, die das eigentliche Kernstück der vertraglichen Konzeption darstellt. In der Praxis findet die Vereinbarung der Leistung zu wenig Beachtung. Nicht selten werden sogar Entgelte verhandelt, ohne eine Leistungsvereinbarung abgeschlossen zu haben. Dies ist systemwidrig und nicht sachgerecht, da die Entgelte leistungsgerecht sein müssen. Insbesondere müssen auf Seiten der Kostenträger ausreichende personelle Ressourcen bereitstehen, um tatsächlich individuelle Leistungsvereinbarungen aushandeln zu können. 2

Gegenstand der Regelung sind die von Seiten der Einrichtung bereitgestellten Leistungsbestandteile,[3] einschließlich der Qualität der Leistung, über die sich die Vertragsparteien bereits im Rahmen der Leistungsvereinbarung verbindlich verständigen müssen. Näheres zum wesentlichen Inhalt der Leistungsvereinbarung regelt § 78c Abs. 1. Wegen der zentralen Bedeutung der Leistung(svereinbarung) sollten die entsprechenden Verhandlungen von Fachkräften geführt bzw. begleitet werden. Wegen des materiellrechtlichen Nachranges ist die Geltendmachung eines Erstattungsanspruchs nach § 104 SGB X ohne Vorliegen einer Leistungsvereinbarung nach §§ 78a ff. möglich.[4]

Grundlage der **Entgeltvereinbarung (Nr. 2)** sind die (vereinbarten) Leistungsangebote und die betriebsnotwendigen Investitionen (→ § 78c Rn. 7). Der Abschluss der Entgeltvereinbarung steht in der Regel im Mittelpunkt der örtlichen Verhandlungen. Die Entgelte sind nicht nach Selbstkosten, sondern leistungsorientiert zu bemessen (§ 78c Abs. 1 S. 1). Das Erfordernis der differenzierten Entgelte bedeutet, dass nicht etwa auf das gesamte in der Leistungsbeschreibung aufgeführte, allgemeine Angebot der Einrichtung abzustellen ist, sondern auf das einzelne konkrete Angebot (→ § 78c Rn. 2). Außerdem empfiehlt es sich, das Gesamtentgelt nach Grundleistung, individuellen Zusatzleistungen und Investitionsfolgekosten aufzugliedern (→ § 78f Rn. 8). Grundlage der Entgeltvereinbarung sind die in der Leistungs- und der Qualitätsentwicklungsvereinbarung festgelegten Leistungs- und Qualitätsmerkmale (§ 78c Abs. 2 S. 2). Die Entgelte sind prospektiv zu kalkulieren und zu vereinbaren (§ 78d Abs. 1). In der Vergangenheit vereinbarte oder durch die Schiedsstelle (§ 78g) festgesetzte Entgelte können insoweit als Anhaltspunkte für die prospektiven Entgelte dienen. Nicht ausgeschlossen sind Erhöhungen, die in den Vorjahren fälschlicherweise oder bewusst zu niedrig angesetzt worden waren.[5] Insoweit ist ggf. die Einrichtung nachweispflichtig. Die in den Vorjahren entstandenen Kosten bilden ferner die Untergrenze des zu vereinbarenden Entgelts soweit sie den Grundsätzen der Wirtschaftlichkeit, Sparsamkeit und Leistungsfähigkeit entsprechen.[6] Der Begriff „Wirtschaftlichkeit“ bezeichnet eine günstige 3

1 BGBl. 2021 Teil I Nr. 29, 1444 und BT-Drs. 19/26107, 110.
2 BT-Drs. 19/26107, 110.
3 Vgl. Wiesner in Wiesner Rn. 8.
4 LSG NRW 18.6.2012 – L 20 SO 12/09.
5 BSG 29.1.2009 – B 3 P 7/08 R.
6 Siehe dazu eingehend auch Schindler/Münder in FK-SGB VIII Rn. 12–17; BVerwG 1.12.1998 – 5 C 17/97, E 108, 47 zu § 93 BSHG aF; siehe auch BSG 29.1.2009 – B 3 P7/08 R.

Zweck-Mittel-Relation im Sinne eines ausgewogenen Verhältnisses zwischen den angebotenen Leistungen und den hierfür geforderten Entgelten.[7]

Einigkeit besteht in der Rspr. und Lit. in der Feststellung, dass das Entgelt so auszugestalten ist, dass für den Leistungserbringer die Möglichkeit besteht, mit dem Betrieb der Einrichtung einen Gewinn zu erwirtschaften. Nur dann wird es als leistungsgerecht angesehen.[8] Dabei ist zwischen einer Gewinnmöglichkeit als Ausgleich für spezifische Unternehmerrisiken, als Gegenstück des allgemeinen Unternehmerrisikos und einer „echten" Gewinnmöglichkeit zu differenzieren.[9]

Mit „Leistungsfähigkeit" ist die Möglichkeit gemeint, die der Einrichtung gestellte Aufgabe angesichts der vorhandenen räumlichen, personellen und sächlichen Mittel und ihrer organisatorischen Entfaltungsbedingungen zu erfüllen.[10] Das Gebot der „Sparsamkeit" soll die Anerkennung unnötiger Kosten verhindern und zwingt dazu, unter den geeigneten Mitteln nach dem Gesichtspunkt der „Kostengünstigkeit" auszuwählen.[11] Ein in einer bestandskräftigen Betriebserlaubnis nach § 45 festgelegter Personalschlüssel entfaltet nur Bindungswirkung hinsichtlich des zwingend einzuhaltenden Mindestmaßes. Hierüber hinausgehende Festsetzungen in der Leistungs- und Entgeltvereinbarung können angezeigt sein.[12]

4 Die Betonung des Leistungsaspekts ist in der Kinder- und Jugendhilfe wegen der individuellen Ausrichtung der Leistung von elementarer Bedeutung.

Vereinbarungen nach §§ 78a ff. vernachlässigen häufig die Bestimmung der Leistung und verhandeln ohne Rücksicht auf die vereinbarte Leistung allein unter Entgeltgesichtspunkten (→ § 78c Rn. 1 ff.), obwohl die Entgeltverhandlung auf die Leistungs- und Qualitätsentwicklungsvereinbarungen aufbaut. Eine systematischere Vorgehensweise der Vertragspartner bei ihren Verhandlungen vor Ort könnte dabei ein wichtiger Beitrag zur Entwicklung einer überzeugenden **Verhandlungskultur** im Bereich der §§ 78a ff. sein.

5 In der **Qualitätsentwicklungsvereinbarung (Nr. 3)** sind die Grundsätze und Maßstäbe für die Bewertung der Qualität der Leistungsangebote sowie für geeignete Maßnahmen zu ihrer Gewährleistung zu regeln.[13] Die Schwierigkeit besteht darin, dass es einen allgemein gültigen Qualitätsbegriff (auch) für die (teil)stationären Leistungen der Jugendhilfe nicht gibt.[14] Der Begriff der Qualitätsentwicklung ist vom Gesetzgeber[15] gewählt worden, um sich vom technisch empfundenen Begriff der Qualitätssicherung[16] zu lösen. Genauere Vorgaben macht der Gesetzgeber hier, anders als bei der Leistungs- und bei der Entgeltvereinbarung, weiter nicht, obwohl mit der Einführung

---

7 BVerwG 1.12.1998 – 5 C 29.97; ausführlich dazu Schindler/Münder in FK-SGB VIII Rn. 12–17.

8 Dazu BSG 16.5.2013 – B 3 2/12 R, juris Rn. 26; BSG 26.9.2019 – B 3 P 1/18 R, juris Rn. 37 unter Bezugnahme auf Kepert ZFSH/SGB 2019, 428; s. hierzu auch Wiesner in Wiesner Rn. 23 und § 78 c Rn. 11 und Schindler/Münder in FK-SGB VIII Rn. 16 sowie Brünner/Höfer in LPK-SGB XI § 84 Rn. 12.

9 Ausführlich hierzu Kepert ZFSH/SGB 2019, 428 sowie Kepert/Stähr, Handbuch der Schiedsstellen SGB VIII, S. 185 f.

10 BVerwG 1.12.1998 – 5 C 29.97; ausführlich dazu Schindler/Münder in FK-SGB VIII Rn. 12–17.

11 BVerwG 1.12.1998 – 5 C 29.97; nach BSG 7.10.2015 – B 8 SO 1/14 R „Sparsamkeit" keine unter der Wirtschaftlichkeit liegende Grenze und im Begriff der Wirtschaftlichkeit enthalten.

12 S. Hierzu BayVGH 24.7.2017 – 12 CE 17.704, juris Rn. 46.

13 Näheres dazu Wiesner in Wiesner Rn. 12 ff.

14 Zu entsprechenden Überlegungen Emanuel, Qualitätsentwicklung in der Kinder- und Jugendhilfe, 2015.

15 Vgl. Wabnitz ZfJ 1999, 127; BT-Drs. 13/8941, 12.

16 Merchel NDV 1988, 382.

des Begriffs gesetzliches Neuland betreten wurde. Da die Qualitätsentwicklungsvereinbarung ebenso wie die Leistungsvereinbarung Grundlage für die Entgeltvereinbarung ist, sollte der Gesetzgeber die Nummerierung von 2. und 3. tauschen.

Mit dem § 79a soll eine lückenlose Anwendung der Vorschriften über das „Qualitätsmanagement" auf alle freien Träger der Jugendhilfe, unabhängig vom Arbeitsfeld und der Art und Weise der Finanzierung, erreicht werden. Ob mit dieser „Fundamentalnorm des SGB VIII"(→ § 79 Rn. 3) die Schwierigkeiten und Probleme im Umgang mit dem Begriff der „Qualität" gelöst bzw. überwunden werden können, erscheint fraglich. Die an das Instrument der Qualitätsentwicklungsvereinbarung gestellten Erwartungen haben sich nicht erfüllt.[17] Bei von der Qualitätssicherung abzugrenzenden Qualitätsentwicklung geht es um die Verbesserung der Qualität von Leistungen und Arbeitsabläufen.[18] Mit dem Begriff der Entwicklung soll der besondere prozesshafte Charakter der Kinder- und Jugendhilfe hervorgehoben werden. Daraus folgt, dass mit der Qualitätsentwicklungsvereinbarung vor allem die Weiterentwicklung von Qualität zu einer dauernden Entwicklungsaufgabe sowohl des Einrichtungsträgers als auch des öffentlichen Trägers der Kinder- und Jugendhilfe gemacht werden; zu Einzelheiten der Qualitätsentwicklung in der Kinder- und Jugendhilfe → § 79a Rn. 1 ff. Wesentliche Instrumente der Gewähr und Entwicklung fachlicher Qualität sind ua Beratung und Anleitung, die regelmäßige Supervision und Fort- bzw. Weiterbildung sowie eine systematische Dokumentation der Entwicklung des Kindes bzw. des Jugendlichen.[19] Weitere Instrumente sind zB Maßnahmen zur Umsetzung des Hilfeplanes (vgl. § 36), Selbst- und Fremdevaluation, Controlling oder die Einrichtung von Qualitätszirkeln sowie die Befragung von jungen Menschen und/oder ihrer Personensorgeberechtigten.[20]

Der Abschluss von Qualitätsentwicklungsvereinbarungen stellt für die Vertragspartner vor Ort eine große Herausforderung dar.[21] Kleinere Jugendämter können den Abschluss personell nicht bewältigen und größere tendieren dahin, schematische Vorgaben zu machen. Qualitätskonzepte stehen meistens nur auf dem Papier. In der Praxis verzichten die Vertragspartner daher häufig inhaltlich gänzlich auf den Abschluss dieses Teils der Vereinbarungstrias oder erschöpfen sich in unverbindlichen „Erklärungen.[22] Vor dem Hintergrund dieser Erkenntnis stellt sich die Frage, ob die Vertragsform überhaupt das richtige Instrument ist, um wirksam eine einrichtungsbezogene Qualitätsentwicklung zu etablieren,[23] nicht sachgerechter in den Landesrahmenverträgen nach § 78f zu verorten wäre[24] oder in einem (neuen) § 78c Mindestinhalte gesetzlich zu regeln.[25] Konsequent wäre es dann, die Qualitätsentwicklung(svereinbarung) aus der Schiedsstellenzuständigkeit herauszunehmen[26] oder aber die Landesrahmenverträge nach § 78f schiedsstellenfähig zu erklären (→ § 78 Rn. 3). Dies würde zugleich praktische Schwierigkeiten dergestalt vermeiden, dass im Mittelpunkt der Qualitätsentwicklungsvereinbarung regelmäßig der (individuelle) Hilfeplan nach § 36 steht, so dass Vereinbarungen nur insoweit getroffen werden können als Dritte ausdrücklich zustimmen (vgl. § 57 SGB X). Konkret geht es dabei zB um die Frage, inwie-

17 Vgl. 14. Kinder- und Jugendhilfebericht v. 30.1.2013, 380.
18 Tornow NDV 2013, 542.
19 BT-Drs. 13/10330.
20 Zum umfassenden Begriff des Qualitätsmanagements siehe Eckpunkte des Deutschen Vereins für kooperatives Qualitätsmanagement von Leistungsträgern und Leistungserbringern, NDV 2010, 216.
21 Vgl. Merchel ZKL 2006, 78 ff.; kritisch auch Gottlieb ZKJ 2017, 268 (269).
22 Siehe dazu 14. Kinder- und Jugendbericht v. 30.1.2013, S. 380.
23 Vgl. Wiesner in AFET (Hrsg.), 2015, 43.
24 Gottlieb Blickpunkt Jugendhilfe 3/2008, 21.
25 Wabnitz in AFET (Hrsg.), 2015, 64.
26 Merchel in AFET (Hrsg.), 2015, 83.

weit belegende Jugendämter (→ § 78e Rn. 6) an die Qualitätsentwicklungsvereinbarung, die an die örtlichen Gegebenheiten anknüpft, gebunden sind (§ 78e Abs. 1 S. 3).

6 Der Gesetzgeber hat offengelassen, ob es sich bei den **Vereinbarungen nach § 8 a Abs. 4** um Sondervereinbarungen handelt oder um eine solche, die in die Leistungs- oder Qualitätsentwicklungsvereinbarung aufzunehmen sind. Für Letzteres sprechen praktische Gründe. In beiden Fällen müssten vom freien Träger geltend gemachte zusätzliche Kosten im Rahmen der Entgeltvereinbarung berücksichtigt werden. Eine Vereinbarung, die lediglich auf § 79a verweist, dürfte unzureichend sein.

2 Kontrahierungszwang (Abs. 2)

7 Der zuständige (→ § 78e Rn. 1) öffentliche Träger der Jugendhilfe ist **verpflichtet,**[27] Vereinbarungen nach Abs. 1 mit jedem Einrichtungsträger abzuschließen, wenn dieser unter Berücksichtigung der Grundsätze der Leistungsfähigkeit, Wirtschaftlichkeit und Sparsamkeit geeignet ist.[28] Es besteht daher ein Rechtsanspruch des Leistungserbringers auf Vertragsabschluss.

Das Merkmal der Geeignetheit bezieht sich auf die generelle Eignung des Trägers als Vertragspartner, nicht auf die Eignung der Einrichtung (§ 45a) selbst oder auf die Eignung der Vereinbarung. Ist durch Landesrecht der Anwendungsbereich der Vereinbarungsregelung auf ambulante Hilfeformen ausgedehnt worden (→ § 78a Rn. 18), tritt an Stelle der Eignung der Einrichtung die Eignung des Dienstes. Das Merkmal der Eignung ist ein unbestimmter Rechtsbegriff auf der Tatbestandsseite der Norm, so dass **weder ein Ermessen noch ein Beurteilungsspielraum** bei der Auslegung dieses Begriffs besteht. Von der Schiedsstelle (§ 78g) bzw. dem Gericht ist die Geeignetheit ggf. in vollem Umfang zu überprüfen. Zur Beurteilung der Eignung kann der öffentliche Träger der Jugendhilfe nicht verlangen, dass der Einrichtungsträger Einblick in sämtliche finanzielle Unterlagen gewährt. **Geeignet** ist ein Einrichtungsträger, wenn dessen Leistungsangebot dazu taugt, den jugendhilferechtlichen Bedarf im Einzelfall zu befriedigen. Dies entspricht der Voraussetzung der Leistungsfähigkeit. Ferner muss er im Stande sein, die Leistung wirtschaftlich zu erbringen. Ein besonderes Wirtschaftlichkeitsprüfungsverfahren ist gesetzlich nicht vorgesehen. Als ein wesentliches Kriterium für die Geeignetheit dürfte bereits der ordnungsrechtliche Rahmen der Erteilung der Betriebserlaubnis (§ 45) anzusehen sein.[29]

8 Ist die Eignung gegeben, hat der Einrichtungsträger **Anspruch** auf Abschluss der in Abs. 1 genannten Vereinbarungen,[30] ggf. kann er den Abschluss der Vereinbarungen über die Schiedsstelle (§ 78g) erzwingen. Letztlich wird ein Einrichtungsträger regelmäßig dauerhaft wirtschaftlich nur bestehen können, wenn er vereinbarungsgebunden ist, so dass sich aus Art. 12 GG ein subjektives öffentliches Recht auf Vereinbarungsabschluss ergibt.[31] Daraus folgt, dass die Verletzung der Abschlusspflicht eine **Amtspflichtverletzung** darstellen kann, die gem. Art. 34 GG iVm § 839 BGB zum Schadensersatz verpflichtet.[32]

---

27 Vgl. Telscher in jurisPK-SGB VIII Rn. 13.

28 Dazu BVerwG 1.12.1998 – 5 C 17.97, E 108, 47 zum Anspruch auf eine vorläufige Leistungsvereinbarung gem. § 123 VwGO im Rahmen der Sozialhilfe VG Hannover 29.12.2004 – 7 B 4953/04.

29 Telscher in jurisPK-SGB VIII Rn. 31; BT-Drs. 13/10330, 18.

30 Ebenso Schindler/Münder in FK-SGB VIII Rn. 24 ff.; Wiesner in Wiesner Rn. 24.

31 Ebenso Wiesner in Wiesner § 78 b Rn. 24; Stähr in Hauck/Noftz/Stähr Rn. 36; Wabnitz in GK-SGB VIII Rn. 23 f.; Neumann/Bieritz-Harder RsDE 48/2001, 22, Fn. 80; Telscher in jurisPK-SGB VIII Rn. 36; Kern in SFMK Rn. 17: eng begrenztes Ermessen; Schindler/Münder in FK-SGB VIII Rn. 22: Anspruch sehr nahe.

32 Ebenso Luthe NDV 2001, 256.

Allerdings hat der Leistungserbringer keinen Anspruch auf Vereinbarung einer beliebigen Leistung oder eines beliebigen Entgelts. Die Höhe des zu vereinbarenden Entgelts wird durch die in § 78b Abs. 2 S. 1 normierten weiteren Merkmale bestimmt. Die zu erbringende Leistung muss den Grundsätzen der **Wirtschaftlichkeit, Sparsamkeit und Leistungsfähigkeit** entsprechen.

Zur Zuständigkeit des öffentlichen Trägers nach Abs. 1 → § 78c Rn. 1. Vertragspartner sind die „Träger" ohne weitere Unterscheidung von zB „freien" und „gemeinnützigen". Träger der freien Jugendhilfe sind alle Erbringer von Leistungen nach dem SGB VIII. Eine Unterscheidung nach der unterschiedlichen Ausprägung der Trägerschaft wird nicht vorgenommen.[33] 9

Inwieweit eine Nachfrage nach dem Leistungsangebot besteht, ist für den Rechtsanspruch auf Vereinbarungsabschluss unerheblich.[34] Eine gesonderte Bedarfsprüfung findet nicht statt. **Bedarfsgerechtigkeit** eines Angebots ist lediglich für die Gewährleistungspflicht (→ § 79 Rn. 4) von Bedeutung.

Dies bedeutet jedoch nicht, dass der vertragsschließende öffentliche Träger nicht bedarfsgerechte Angebote finanzieren muss. Entspricht im Einzelfall ein Angebot nicht dem Bedarf, so muss keine Bewilligung der entsprechenden Leistung im Einzelfall erfolgen (→ Rn. 1; → § 78a Rn. 8). Vertragliche Vereinbarungen nach § 78b und Belegung der Einrichtung durch Einzelfallentscheidung sind zweierlei.

Auch der Grundsatz des **Nachrangs** (§ 4 Abs. 2) lässt den Rechtsanspruch auf Vereinbarungsabschluss unberührt. Im Verhältnis zwischen öffentlichem und freiem Träger kann der freie Träger somit selbst dann einen Vereinbarungsabschluss verlangen, wenn ein ausreichendes Angebot des öffentlichen Trägers vorhanden ist. Ist dieses nicht vorhanden, hat der öffentliche Träger aus seiner Gewährleistungspflicht heraus ein vielfältiges Angebot zu schaffen. Daraus folgt jedoch nicht zugleich die Pflicht zum Abschluss von Vereinbarungen, die nicht die Voraussetzungen des Abs. 2 erfüllen. 10

Der Abschluss einer Vereinbarung begründet **keine Pflicht zur Inanspruchnahme** bzw. Belegung der Einrichtung (insbes. durch den vertragsschließenden öffentlichen Träger der Jugendhilfe). Ebenso wenig entsteht durch den Abschluss der Vereinbarungen ein Sozialleistungsverhältnis zwischen dem Träger der öffentlichen Jugendhilfe und dem Leistungsberechtigten (→ § 78a Rn. 8). Der Abschluss von Vereinbarungen bildet lediglich die Voraussetzung für eine Kostenübernahme hinsichtlich der in § 78 a Abs. 1 genannten Leistungen, aber keine (nachfolgende) Pflicht zur Inanspruchnahme der Einrichtung. Eine solche kann sich allerdings durch Ausübung des Wunsch- und Wahlrechts (§ 5 und § 37c Abs. 3 S. 2) im Einzelfall ergeben (→ § 78a Rn. 7). Das Recht des Leistungsberechtigten kann allerdings nicht vom Leistungserbringer geltend gemacht werden. Auch eine **Übertragung** des Anspruchs scheidet aus, da es sich bei der Jugendhilfeleistung um eine Dienstleistung handelt und § 53 Abs. 1 SGB I eine Übertragung verbietet. Das dem Leistungserbringer zu zahlende Entgelt kann nicht losgelöst von der Dienstleistung betrachtet werden, da in der Jugendhilfe jede wirtschaftliche Hilfe erziehungsakzessorisch ist und auch bei Hilfe nach § 41 oder § 35a an eine pädagogische Leistung anknüpft. 11

Soweit der öffentliche Träger im **Einzelfall** die Hilfe in einer Vertragseinrichtung gewährt, erfüllt er seine Leistungsverpflichtung gegenüber dem Anspruchsberechtigten (→ § 78a Rn. 8). Bei den Vereinbarungen nach § 78b handelt es sich um koordinationsrechtliche öffentlich-rechtliche Verträge iSd § 53 Abs. 1 S. 1 SGB X. Dies folgt daraus, dass öffentlicher und freier Träger in einem Gleichordnungsverhältnis zueinander stehen, da § 4 Abs. 1 S. 1 ihr Verhältnis als das der „partnerschaftlichen Zusammenarbeit" bezeichnet. Demgemäß sind die Vereinbarungen schriftlich abzuschließen 12

33 Schindler/Münder in FK-SGB VIII Rn. 12.
34 Schindler/Münder in FK-SGB VIII Rn. 21.

(vgl. § 56 SGB X). Die Urkunde ist von beiden Parteien zu unterschreiben.[35] Gelebte Praxis und Gesichtspunkte des Vertrauensschutzes reichen nicht aus. Die Aufnahme der verschiedenen Vereinbarungen nach § 78b Abs. 1 Nr. 1 bis 3 in eine einzige Vertragsurkunde ist möglich, im Hinblick auf die möglicherweise unterschiedlichen Vereinbarungszeiträume (→ § 78d Rn. 5) aber nicht zu empfehlen.

3 Ausnahmsweise Übernahme des Entgelts ohne Vereinbarungstrias (Abs. 3)

13 Zahlungen an den **Einrichtungsträger** ohne Vorliegen der Vereinbarungstrias erfolgen ohne Rechtsgrund (→ § 78b Rn. 2). Zur Vermeidung nicht gewollter Leistungseinschränkungen ist ausnahmsweise die Übernahme von Entgelten für eine Leistung in einer **nicht vereinbarungsgebundenen** Einrichtung[36] vom Gesetz vorgesehen, wenn die Inanspruchnahme der Einrichtung insbesondere nach dem **Hilfeplan** (→ § 36 Rn. 31) im Einzelfalle erforderlich ist. Damit diese Regelung nicht zum „Schlupfloch" für Träger von Einrichtungen wird, die sich dem Abschluss von Vereinbarungen entziehen wollen, ist die Regelung eng auszulegen.[37] Eine Ausnahme liegt zB vor, wenn vergleichbare vertragsgebundene Angebote fehlen oder wenn der öffentliche Jugendhilfeträger die Leistung nicht rechtzeitig erbracht bzw. zu Unrecht abgelehnt oder wenn ein Kind schon so lange in einer nicht vertragsgebundenen Einrichtung versorgt wird, dass nach den Umständen des Einzelfalles ein Einrichtungswechsel nicht zumutbar ist. Konkret bedeutet dies zB, dass die Bedarfsdeckung nicht oder nicht vollständig in einer vereinbarungsgebundenen Einrichtung möglich ist. Insoweit besteht daher nur ein eingeschränktes Wunsch- und Wahlrecht.[38]

Entscheidend ist der aktuelle Bedarf.[39] Soweit ausnahmsweise eine Hilfeplanung für die Inanspruchnahme der Einrichtung nicht erforderlich ist, genügen entsprechende Feststellungen in den Akten. Die Verwendung des Begriffs „insbesondere" macht deutlich, dass der Hilfeplan nicht den alleinigen Maßstab darstellt.[40]

14 Völlig ungeregelt ist der Bereich der **Leistungsstörungen im Rahmen der Vereinbarungstrias** (vgl. aber § 115 Abs. 3 SGB XI; § 129 SGB IX).

§ 78c Inhalt der Leistungs- und Entgeltvereinbarungen

(1) [1]Die Leistungsvereinbarung muss die wesentlichen Leistungsmerkmale, insbesondere

1. Art, Ziel und Qualität des Leistungsangebots,
2. den in der Einrichtung zu betreuenden Personenkreis,
3. die erforderliche sächliche und personelle Ausstattung,
4. die Qualifikation des Personals sowie
5. die betriebsnotwendigen Anlagen der Einrichtung

festlegen. [2]In die Vereinbarung ist aufzunehmen, unter welchen Voraussetzungen der Träger der Einrichtungen sich zur Erbringung von Leistungen verpflichtet. [3]Der Träger muss gewährleisten, dass die Leistungsangebote zur Erbringung von Leistungen nach § 78a Absatz 1 geeignet sowie ausreichend, zweckmäßig und wirtschaftlich sind.

35 NdsOVG 13.8.1991 – 9 L 362/89 und NdsOVG 25.7.1997 – 1 L 585/95.
36 Dazu Wiesner in Wiesner Rn. 33.
37 Vgl. Wiesner in Wiesner Rn. 34.
38 VG Göttingen 30.10.2008 – 2 194/08; BayVGH 18.12.2007 – 12 CE 07.2800; siehe aber BayVGH 18.12.2007 – 12 CE 07.2800.
39 BayVGH 30.1.2008 – 12 B 07.280.
40 Kern in SFMK Rn. 22.

(2) [1]Die Entgelte müssen leistungsgerecht sein. [2]Grundlage der Entgeltvereinbarung sind die in der Leistungs- und der Qualitätsentwicklungsvereinbarung festgelegten Leistungs- und Qualitätsmerkmale. [3]Eine Erhöhung der Vergütung für Investitionen kann nur dann verlangt werden, wenn der zuständige Träger der öffentlichen Jugendhilfe der Investitionsmaßnahme vorher zugestimmt hat. [4]Förderungen aus öffentlichen Mitteln sind anzurechnen.

1 Leistungsmerkmale (Abs. 1)

Zunächst ist zwischen einer Leistungsbeschreibung des Leistungserbringers und der Leistungsvereinbarung zu differenzieren. 1

Das Leistungsbestimmungsrecht liegt zunächst in den Händen der Einrichtungsträger. Bei der Beurteilung des angebotenen Betreuungskonzeptes hat der örtliche Träger der Jugendhilfe die Selbstständigkeit der Einrichtung in Zielsetzung und Durchführung zu respektieren, solange diese jugendhilferechtlich vertretbar sind. Der Leistungserbringer legt somit in der Leistungsbeschreibung zunächst einmal sein Leistungsangebot autonom fest. Diese Leistungsbeschreibung wird zu einer Leistungsvereinbarung, wenn sich die Vertragsparteien über die Inhalte verständigen.

Unabhängig davon besitzt die Schiedsstelle einen sämtliche Leistungsmerkmale des § 78c umfassenden Schlichtungsauftrag (→ § 78g Rn. 11). Rechtlich bedenklich ist es, wenn öffentliche Träger versuchen, vorformulierte Einheitsverträge teilweise in Form von „Hinweisen" in ihrem Zuständigkeitsbereich vorzugeben bzw. durchzusetzen. Im Konfliktfall kommt hier regelmäßig ein Schiedsverfahren nach § 78g in Betracht.

In Abs. 1 wird der Inhalt **der Leistungsvereinbarung** nach § 78b in nicht abschließen- 2
der Aufzählung („insbesondere") mit fünf wesentlichen **Leistungsmerkmalen beschrieben,** die eine Vereinbarung enthalten muss. Entgegen dem Wortlaut ist nicht das Leistungsangebot, sondern sind Art, Ziel und Qualität der Leistung maßgeblich. Der Katalog der Leistungsmerkmale ist nicht abschließend. Fraglich ist, ob dazu die Regelungen nach § 8a zu rechnen sind (→ § 78b Rn. 6). Die Leistungsvereinbarung muss alle einzelnen notwendigen und geeigneten erzieherischen, betreuenden, therapeutischen und fördernden Hilfen aufführen. Außerdem ist in die Vereinbarung zwingend aufzunehmen, unter welchen Voraussetzungen sich der Träger der Leistung zur Erbringung von Leistungen verpflichtet (→ Rn. 8). Der Gesetzgeber stellt mit dieser Regelung die notwendige Verbindung zwischen Leistungs- und Entgeltvereinbarung her. Eine vergleichbare Regelung zu den Kriterien der Qualitätsentwicklungsvereinbarung ist nicht vorhanden, obwohl mangels Vorerfahrungen bei den Vertragspartnern erkennbar ein großer Bedarf vorhanden ist (→ § 78b Rn. 5).[1]

Die Art des Angebotes bestimmt sich aus den zu benennenden Rechtsgrundlagen. Als 3
Ziel des Leistungsangebotes dürften die Leitsätze des SGB VIII iVm den jeweiligen Normen des Anwendungsbereichs anzusehen sein. Die Anspruchsgrundlage macht die Leistungsbewilligung und damit auch die Leistungserbringung vom Vorliegen bestimmter Tatbestandsvoraussetzungen abhängig. Beispielsweise muss eine Heimunterbringung nach § 34 geeignet sein, ein im Einzelfall bestehendes Erziehungsdefizit beseitigen zu können. Entsprechend ist das Leistungsangebot des Trägers auszugestalten. Die reine Bezugnahme auf eine Leistungsnorm reicht allerdings vielfach nicht aus. So ist die beispielsweise die Spannbreite der Leistungsausgestaltung nach § 19 sehr weit. Die Angebote reichen von teilbetreuten Gruppen im Betreuungsumfang von drei oder vier Stunden am Tag bis zu sehr intensiven Leistungen mit einem Betreuungsumfang von 24 Stunden an sieben Tagen mit wachem Nachtdienst und therapeutischen Leistungen.

1 Siehe dazu Gottlieb ZKJ 7/2017 266 ff.

4 Auf der Grundlage von der Art des Angebotes sind der in der Einrichtung zu betreuende **Personenkreis** bzw. die angesprochenen Zielgruppen zu vereinbaren, ohne dass dadurch reine „Spezialeinrichtungen" geschaffen werden.[2] Der regelmäßige Bedarf des zu betreuenden, ggf. besonders zu bestimmenden Personenkreises muss durch das Leistungsangebot gedeckt werden können (Geeignetheit → § 78b Rn. 8). Insbesondere sind Regelungen zum Alter und/oder zum Geschlecht erforderlich. Ebenso müssen ggf. Ausschlusskriterien (vgl. Abs. 1 S. 2) vereinbart werden.

Die individuellen Ziele haben sich an den in den konkreten Hilfeplänen (§ 36) festgestellten Bedarfen zu orientieren.

Ferner ist die Qualität der angebotenen Leistung zu vereinbaren. Insoweit sind einrichtungsinterne, beobachtbare Standards festzulegen, die auch zu sichern[3] und zu überprüfen sind (zB Elternarbeit/Besuchsregelungen).

5 Hinsichtlich der erforderlichen sächlichen und personellen **Ausstattung** sind zB Anzahl von Gruppen, Gruppengröße, Personalschlüssel ggf. differenziert nach Gruppen- und Fachdienst, Leitung, Funktionen und Beschäftigungsumfang (Vollzeit/Teilzeit/ Ehrenamtlichkeit) konkret zu vereinbaren. Die Betriebserlaubnis nach § 45 kann als Anhaltspunkt dienen. Soweit die Betriebserlaubnis konkrete Vorgaben macht, sind die Vertragsparteien daran in dem Sinne gebunden, dass die in der Betriebserlaubnis festgesetzten Vorgaben im Sinne eines Mindestmaßes zur Gewährleistung des Kindeswohls die unterste Grenze des zu vereinbarenden Inhalts der Leistungsvereinbarung bilden.[4] Die vertraglich vereinbarte Leistung kann aber selbstverständlich über das für die Kindeswohlgewährleistung gerade noch ausreichende Mindestmaß, welches im Betriebserlaubnisverfahren festzusetzen ist, hinausgehen. Im Sinne eines wünschenswerten und für das Kindeswohl förderlichen Betreuungsumfangs können die Vertragsparteien Festsetzungen vereinbaren, die über die Grenze des unerlässlich erforderlichen Mindestmaßes hinausgehen.

Hinsichtlich der sachlichen Ausstattung dürften sich tiefer gehende Angaben zur Ausstattung der Räumlichkeiten, zur funktionalen Zuordnung und zur konzeptionellen Einordnung empfehlen.

6 Die Vereinbarung muss hinsichtlich der Qualifikation des **Personals** die Unterschiedlichkeit der Arbeitsfelder nach dem Konzept der Einrichtung und den angestrebten Standards und die sich daraus ergebenden Anforderungen an das Personal berücksichtigen. Die Norm macht keine Vorgaben zur Fachlichkeit.[5] Die jeweiligen Qualifikationen sind jedoch mit Blick auf die Entgeltvereinbarung in der Vereinbarung genau zu bezeichnen. Eine Ausweisung von tariflichen Einordnungen ist im Hinblick auf die Entgeltvereinbarung sinnvoll.[6] Soweit Leistungen im Ausland den Einsatz von Fachkräften iSv § 72 erfordern, sind diese in der Leistungsvereinbarung auszuweisen. Die Beschreibung eines „multipädagogischen" oder „multiprofessionellen" Teams ist unzureichend. Die einzusetzenden Professionen sind konkret zu benennen. Zu bezeichnen sind ebenfalls interne Funktions-, Zuständigkeits- bzw. Verantwortungsbereiche.

7 Das Ausmaß der betriebsnotwendigen **Anlagen** der Einrichtung ergibt sich aus dem Konzept der Einrichtung, so dass pauschale Festlegungen nicht möglich sind. Betriebsnotwendig ist eine Anlage, ohne die das konkret vereinbarte Leistungsangebot nicht gewährleistet werden kann.[7] Es muss jedoch in jedem Fall hinreichend deutlich sein, welche Wohn-, Schlaf-, Gruppen-, Neben-, Therapieräume mit welchem Raumange-

2 Vgl. BT-Drs. 13/10330, 18.
3 Zum Begriff der Qualitätssicherung Tornow NDV 2013, 542.
4 BayVGH 16.4.1996 – 12 B 96.1870; VG Leipzig 29.4.2004 – 2 K 641/01.
5 Dazu Mrozynski SGB VIII Rn. 5.
6 Siehe dazu BSG 16.5.2013 – B 3 P 2 12/R.
7 Ähnlich Schindler/Münder in FK-SGB VIII Rn. 7.

bot, sanitären Anlagen, Küchen, Räume für Mitarbeiterinnen und Mitarbeiter, Verwaltungs- und Wirtschaftsräume, Außenspielanlagen, Fahrzeuge einschließlich der bedarfsgerechten Ausstattung vorzuhalten sind. Soll zB ein Schwimmbad kostenmäßig berücksichtigt werden, muss dieses im (vereinbarten) Leistungsangebot enthalten sein. Angemessene Mitgliedsbeiträge der Einrichtungen für die sie vertretenen Spitzenverbände sind als betriebsnotwendige Aufwendungen anzusehen (vgl. Art. 9 GG).

Die Vorschrift enthält **keine** unmittelbare gesetzliche Leistungserbringungs- oder **Aufnahmepflicht**. Die Träger der freien Jugendhilfe handeln autonom und sind an keine Weisungen des Trägers der öffentlichen Jugendhilfe gebunden. In die Leistungsvereinbarung ist aber zwingend eine Regelung aufzunehmen, unter welchen Voraussetzungen sich der Träger der Einrichtung zur Erbringung von Leistungen verpflichtet. Dies ist erforderlich, damit der öffentliche Träger der Jugendhilfe seiner Gewährleistungspflicht nach § 79 nachkommen kann.[8] 8

Die **Gewährleistungspflicht des Einrichtungsträgers** dafür, dass die Angebote zur Leistungserbringung geeignet, ausreichend, zweckmäßig und wirtschaftlich sind, ist nicht nur von diesem, sondern auch vom öffentlichen Träger bereits im Hinblick auf § 78e Abs. 1 S. 2 zu beachten. Eine § 75 Abs. 1 S. 4 SGB XII entsprechende Regelung, dass Leistungen das Maß des Notwendigen nicht überschreiten dürfen, fehlt. Der Gesetzgeber überlässt die Bestimmung dessen, was notwendig ist, den Vertragspartnern bzw. der Schiedsstelle gem. § 78g. Zweckmäßigkeit und Wirtschaftlichkeit beschränken die Vertragsparteien jedoch auf die Vereinbarung des jugendhilferechtlich erforderlichen Ausstattungsstandards.[9] 9

Die Frage nach dem jugendhilferechtlich Erforderlichen stellt sich dabei nicht auf der Ebene der Entgeltvereinbarung, sondern auf der Ebene der Leistungsvereinbarung. Sofern es gelingt, eine entsprechende Leistungsvereinbarung zu vereinbaren, ist präjudiziert, dass das entsprechende Entgelt in der Entgeltvereinbarung zu vereinbaren ist. Sofern eine Erforderlichkeit des Leistungsangebots bejaht werden kann, also eine entsprechende Leistungsvereinbarung abzuschließen ist, ist ein entsprechendes Entgelt zu vereinbaren, wenn das Entgelt in einem angemessenen und ausgewogenen Verhältnis zu den zu erbringenden Leistungen steht, also wirtschaftlich ist. Eine Unwirtschaftlichkeit ist nur dann gegeben, wenn das Entgelt im Hinblick auf die angebotene Leistung entsprechend der Konzeption des Trägers und der Leistungsvereinbarung zu hoch ist.

Die Leistungserbringung entsprechend der Konzeption muss daher mit fachlichen Erwägungen gerechtfertigt werden. Es ist darzulegen, weshalb die Leistungserbringung erforderlich ist, um den Zweck der Einrichtung zu erreichen. Es ist also fachlich zu begründen, weshalb die Leistungserbringung entsprechend der Konzeption nicht über das Maß des Notwendigen bzw. jugendhilferechtlich Erforderlichen hinausgeht. Bei der Hilfegewährung im Einzelfall in einer Einrichtung müssen die Jugendämter stets das sogenannte Untermaßverbot berücksichtigen.[10] Notwendig ist diejenige Hilfe, die zur Bedarfsdeckung erforderlich ist, weil andere Formen der Hilfe nicht ausreichen, um den festgestellten jugendhilferechtlichen Bedarf zu decken.[11] Entsprechend ist der Leistungsumfang in der Leistungsvereinbarung zu vereinbaren.

Mit der gesetzlichen Gewährleistungspflicht korrespondiert **kein** ausdrückliches **Prüfungsrecht** des öffentlichen Trägers (→ § 78b Rn. 7).[12] Die Vertragspartner können

8 Ebenso Schindler/Münder in FK-SGB VIII Rn. 9.
9 Telcher in jurisPK-SGB VIII Rn. 25.
10 S. hierzu BVerfG 28.5.1993 – 2 BvF 2/90 ua, juris Rn. 166 f.
11 S. hierzu BVerwG 9.12.2014 – 5 C 32/13, juris Rn. 22.
12 Anders nunmehr § 128 SGB XI; § 78 SGB XII (neu).

aber selbstverständlich ein Prüfungsrecht vereinbaren; wie dies zum Teil regelmäßig in den Landesrahmenverträgen vorgesehen ist (→ § 78f Rn. 7).[13]

2 Leistungsgerechtes Entgelt (Abs. 2)

10 Als **Gegenleistung zum Angebot** hat der Träger der Einrichtung ein Anrecht auf ein leistungsgerechtes Entgelt. Leistung und Entgelt müssen in einem angemessenen Verhältnis stehen.[14] Wie die Leistungsgerechtigkeit festgestellt wird, lässt die Norm offen. Eine isolierte Entgeltfestsetzung ohne Vereinbarung über oder Festsetzung zu Inhalt, Umfang und Qualität der Leistung ist nicht möglich, da diese die Grundlage für das zu entrichtende Entgelt bilden.[15] Ein irgendwie gearteter eigener Beitrag kann vom freien Träger nicht erwartet werden. Zuvor vereinbarte oder gem. § 78 g festgesetzte Regelungen tragen die (wiederlegbare) Vermutung der Richtigkeit und Angemessenheit in sich.[16] Allgemeine Prüfungsmaßstäbe sind Bedarfsdeckung und Prospektivität. Aus dem Begriff des leistungsgerechten Entgelts folgt weiterhin, dass maßgebend nicht die Gestehungskosten, sondern Inhalt, Qualität und Umfang der Leistung für die Bemessung des Entgelts sind. Die (angemessenen) Selbstkosten stellen insoweit die Untergrenze des zu vereinbarenden Entgelts dar, als diese den Geboten der Leistungsfähigkeit, Wirtschaftlichkeit und Sparsamkeit entsprechen.[17] Kosten der Personalvertretung sind zu berücksichtigen. Zudem ist nach der Rspr. das Entgelt **nur dann leistungsgerecht**, wenn es bei wirtschaftlicher Betriebsführung die Kosten einer Einrichtung hinsichtlich der voraussichtlichen Gestehungskosten unter Zuschlag einer **angemessenen Vergütung ihres Unternehmerrisikos** und eines etwaigen zusätzlichen **persönlichen Arbeitseinsatzes** sowie einer **angemessenen Verzinsung** ihres Eigenkapitals deckt.[18] Hinsichtlich einer ins Entgelt im Einzelfall einzustellenden **Gewinnmöglichkeit** ist zwischen dem allgemeinen Unternehmerrisiko, spezifischen Unternehmerrisiken und einem „echten Gewinn" zu differenzieren.

Der Entgeltbestandteil „Risikovorsorge" wird gelegentlich mit dem Begriff „Gewinn" auch vom Bundessozialgericht gleichgesetzt.[19] Zwischen der Berücksichtigung einer „Risikovorsorge" und eines „echten Gewinns" ist aber aus rechtlichen Gründen zu differenzieren.[20]

Hinter der Berücksichtigung des Entgeltbestandteils „Risikovorsorge" steht der Gedanke, dass der Betrieb einer Einrichtung aufgrund des Grundsatzes der Prospektivität und des Verbots des nachträglichen Ausgleichs gem. § 78d Abs. 1 S. 2 zu Verlusten führen kann. Nur der Leistungserbringer trägt dieses Verlustrisiko. Verdichtet sich dieses Verlustrisiko für den prospektiven Zeitraum, so ist ein Ausgleich für diese Kosten im Entgelt vorzunehmen. Der hinter dem Punkt „Risikoausgleich" stehende Gedanke ist wohl der, dass auf lange Sicht mit dem Betrieb einer Einrichtung weder Verluste noch Gewinne erwirtschaftet werden sollen. Hiervon abzugrenzen sind die Ent-

13 S. hierzu BGH 18.2.2021 – III ZR 175/19.
14 S. hierzu auch Schindler/Münder in FK-SGB VIII § 78 c Rn. 13.
15 Vgl. BVerwG 25.9.2007 – 5 B 53.07; bedenklich daher die häufig anzutreffende Praxis Gottlieb ZKJ 7/2017, 266 (269).
16 Vgl. LSG BW 5.3.2010 – L 4 P 4532/08 KL; aber BSG 23.6.2017 – B 3 KR 26/15 R.
17 VG Arnsberg 28.12.2009 – 11 K 3688/08, ausführlich dazu Schindler/Münder in FK-SGB VIII § 78 b Rn. 12–17.
18 BSG 16.5.2013 – B 3 P 2/12 R, juris Rn. 26.
19 S. hierzu BSG 26.9.2019 – B 3 P 1/18 R, juris Rn. 37 zur Berücksichtigung eines „Gewinn- bzw. Risikozuschlags" in der Kinder- und Jugendhilfe.
20 Ausführlich hierzu Kepert/Stähr, Handbuch der Schiedsstellen in der Kinder- und Jugendhilfe – SGB VIII, S. 185 ff.

geltbestandteile einer „echten Gewinnerzielungsmöglichkeit“ und einer „Finanzierung von Innovationen“.[21]

Wie die inhaltlichen Festsetzungen im jeweiligen Einzelfall zu vereinbaren sind, lässt die Norm offen. Zur Verwirklichung des Grundsatzes der Leistungsgerechtigkeit sind differenzierte Entgelte für die Leistungsangebote und die betriebsnotwendigen Investitionen zu vereinbaren (§ 78b Abs. 1 Nr. 2). Die Differenzierung bezieht sich nicht auf die Unterscheidung zwischen Leistungsangeboten und Investitionen, sondern auf die kostenmäßige Aufschlüsselung der Entgelte und deren Zuordnung zu den einzelnen Leistungsarten. Die Komplexität und Unterschiedlichkeit der Einzelfälle erfordert in besonderer Weise eine individuell zugeschnittene Entscheidungsfindung mit dem Ziel, die jeweils notwendige und geeignete Hilfe einzusetzen. Die Entgelte sind auf der Grundlage der einzelnen Leistungsart entsprechend den jeweils auf die Einrichtungen bezogenen Leistungsbeschreibungen zu bemessen.

Die Differenzierung setzt sich fort, wenn im Einzelfall, insbesondere nach Maßgabe der Hilfeplanung (§ 36), spezielle Leistungsmodule vereinbart werden müssen, die das im Vorhinein vereinbarte allgemeine Leistungsangebot der Einrichtung ergänzen. Das Gesetz verlangt, dass sich die Differenzierungen in der Leistungserbringung grundsätzlich im Entgelt widerspiegeln. Damit sind Pauschalierungen aber nicht generell ausgeschlossen. Auch in der Jugendhilfe ist die Standardisierung von Leistungen in einem gewissen Umfang unverzichtbar.

Grundlage des leistungsgerechten Entgeltes bilden in der Jugendhilfe ferner nicht nur die Leistungsvereinbarung, sondern ebenso die Kosten verursachenden Qualitätsentwicklungsmerkmale der Qualitätsentwicklungsvereinbarung. Das Jugendhilferecht verzichtet bewusst darauf, Maßnahmenpauschalen nach Gruppen für Hilfeempfänger mit vergleichbarem Hilfebedarf vorzusehen. In der Praxis (→ § 78f Rn. 8) bestehen völlig unterschiedliche Entgeltsysteme. Allgemein ist vor dem Hintergrund einer hinreichenden Differenzierung des Leistungsangebotes (§ 78b Abs. 1 Nr. 2) zu unterscheiden zwischen einrichtungsbezogenen **Grundleistungen**, die auch als Regelbetreuung/Leistungsangebot oder Basisentgelt bezeichnet werden, welche die pädagogische Betreuung einschließlich des erforderlichen Personals für Organisation, Leitung, Verwaltung, Hauswirtschaft sowie die dazu gehörende Sachausstattung wie Unterkunft und Verpflegung umfassen, sowie **individuelle Zusatzleistungen**, die dazu dienen, spezifische erzieherische, therapeutische, schulunterstützende, -ersetzende oder berufsvorbereitende Leistungen, die bei Bedarf zeitlich begrenzt im jeweiligen Hilfeplan (§ 36) vereinbart werden. Str. ist das Verhältnis zur Grundleistung. Die individuelle Hilfeleistung legt ein individualisiertes Entgelt nahe.[22] Daneben gibt es noch besondere **konzeptionell bedingte Sonderaufwendungen** (→ Rn. 5). Ferner gehören zu den einrichtungsbezogenen Entgelten, die **Investitionen bzw. Investitionsfolgekosten** (zB Erst- und Wiederbeschaffung von Anlagegütern, Miete/Pacht, Darlehnszinsen). Daneben werden den Einrichtungen individuelle **Sachleistungen** zB für Ferienmaßnahmen, laufende Bekleidungsergänzung, Lernmittel, Klassenfahrten, religiöse Festtage usw entweder pauschal oder im Wege der Einzelabrechnungen erstattet.

Die Entgelte werden orientiert an Rahmenleistungsbeschreibungen einrichtungsspezifisch verhandelt. Dabei ist zunächst die kalkulatorische Auslastungsquote ein wichtiger Ansatzpunkt. Es können Abschlüsse ober- und unterhalb dieser Standards erfolgen – sofern der vereinbarte inhaltliche Leistungsstandard und eine entsprechende Strukturqualität sicher gestellt sind. Einrichtungsspezifisch sind insbesondere die In-

21 Ausführlich hierzu Kepert/Stähr, Handbuch der Schiedsstellen SGB VIII, S. 185 f. und Kepert ZFSH/SGB 2019, 428. S. hierzu für die Gewinnmöglichkeit in der Kinder- und Jugendhilfe auch BSG 26.9.2019 – B 3 P 1/18 R, juris Rn. 37.

22 Zur Problematik Mrozynski SGB VIII Rn. 4.

vestitionskosten kalkuliert. Die Sachkosten sind überwiegend pauschaliert. Allerdings begegnet eine Deckelung von Kosten unabhängig von den tatsächlich entstehenden Kosten hier erheblichen rechtlichen Bedenken.

Nach der Rspr. des BSG ist es von dem Entscheidungsspielraum der Schiedsstelle nicht gedeckt, die geltend gemachten Investitionsfolgekosten auf Höchstbeträge zu deckeln, die nicht (prospektiv) die Entwicklung am Markt wiedergeben.[23] Für die diesbezügliche rechtliche Beurteilung ist es nach hiesiger Auffassung rechtlich unerheblich, ob sich die Deckelung auf Höchstbeträge aufgrund einer Richtlinie oder aus einem Rahmenvertrag ergibt. Das BSG hat entschieden, dass eine Deckelung von Beträgen ohne Berücksichtigung der tatsächlich entstehenden Kosten unzulässig ist. Untergrenze einer Entgeltvereinbarung müssen die Kosten sein, die bei wirtschaftlicher und sparsamer Mittelverwendung tatsächlich entstehen.

Eine Deckelung der tatsächlich entstehenden Kosten würde dazu führen, dass dem Einrichtungsträger, der die Verpflichtung des Sozial- bzw. Jugendhilfeträgers übernimmt, die Refinanzierung der hierdurch entstehenden Kosten verwehrt wird, was mit Art. 12 GG nicht zu vereinbaren wäre.[24]

Generell setzen sich die Entgelte aus einem **Leistungsentgelt** und einem **Investitionsentgelt** zusammen. Das **Leistungsentgelt** bezieht sich auf **sämtliche Personal- und Sachkosten**, dh den Kosten für Erziehung und Betreuung, Unterkunft und Verpflegung, individuelle Sonderleistungen, das für besondere Erziehungsleistungen vereinbart wird, Kosten für Verwaltungsaufwand, Abgaben und Versicherungen. Das **Investitionsentgelt** ermittelt sich für Folgekosten **aufgrund betriebsnotwendiger Investitionen.**

11 Zur Ermittlung des im Einzelfall leistungsgerechten Tagessatzes sind drei Schritte erforderlich: interner Vergleich, externer Vergleich und Angemessenheitsprüfung. Dies ist für das SGB V, das SGB IX, das SGB XI und das SGB XII durch höchstrichterliche Rspr. des BSG bzw. gesetzliche Vorgaben gesichert. Für das SGB VIII fehlt bisher eine abschließende Klärung durch das BVerwG. Allerdings ist festzustellen, dass die Entgeltsysteme der einzelnen Bücher des SGB einander nachgebildet worden sind. Es gibt also keine Unterschiede in der Gesetzeslage, welche einer Übertragbarkeit entgegenstehen.[25] Nach hiesiger Auffassung ist daher auch im SGB VIII eine Prüfung in drei Schritten geschuldet.

Zunächst ist ein **interner Vergleich** vorzunehmen. Die Ermittlung des Tagessatzes hat nicht über die Feststellung von „Marktpreisen" zu erfolgen.[26] Das BSG hat nach dem Jahr 2000 eine deutliche Korrektur seiner Marktpreisrechtsprechung vorgenommen. Ausdrücklich wird betont, dass die kalkulatorischen Gestehungskosten nicht außer Betracht bleiben können.[27] Es ist daher kein reiner (externer) Vergleich mit der Vergütung anderer Leistungserbringer anzustellen. Vielmehr ist zunächst in einem ersten Schritt im Rahmen eines internen Vergleichs die Plausibilität der voraussichtlichen Gestehungskosten des Leistungserbringers zu prüfen (Plausibilitätskontrolle). Die geltend gemachten Kosten sind dabei auf eine wirtschaftliche und sparsame Mittelverwendung zu überprüfen. Die im Einzelfall entstehenden kalkulatorischen Gestehungskosten müssen daher berücksichtigt werden, wenn sie einer wirtschaftlichen und

23 So BSG 13.7.2017 – B 8 SO 11/15 R, juris Rn. 24.
24 S. hierzu Udsching, Anmerkung zu BSG 13.7.2017 – B 8 SO 11/15 R.
25 S. hierzu BGH 18.2.2021 – III ZR 175/19 und BayVGH 19.6.2018 – 12 C 18.314, juris Rn. 8.
26 So noch BSG 14.12.2000 – B 3 P 18/00 R.
27 BSG 29.1.2009 – B 3 P 7/08 R, juris Rn. 18; BSG 17.12.2009 – B 3 P 3/08 R, juris Rn. 50; BSG 16.5.2013 – B 3 P 2/12 R, juris Rn. 14.

sparsamen Mittelverwendung entsprechen. Sie haben dann in den Verhandlungen der Vertragspartner und einem etwaigen Schiedsstellenverfahren eine wichtige Rolle.[28]

Im Rahmen eines **externen Vergleichs** ist in einem zweiten Schritt das beantragte Entgelt mit den Vergütungen anderer vergleichbarer Leistungserbringer ins Verhältnis zu setzen. Hierbei ist zu berücksichtigen, dass auch Entgelte, die sich am oberen Rand des Vergleichs bewegen, angemessen sind, wenn sich die jeweilige Forderung als leistungsgerecht erweist, weil sie zB auf einem höheren Aufwand beruht. Dies ist allerdings begründungsbedürftig.[29] Eine Überschreitung der Vergütung vergleichbarer Einrichtungen rechtfertigende Gründe können sich beispielsweise aus der besonderen Struktur des zu betreuenden Personenkreises bzw. den zu erbringenden Leistungen, strukturellen Nachteilen durch Standort und Größe der Einrichtung, einer wesentlich abweichenden Personalstruktur oder aus der Wahrung der Tarifbindung ergeben.

Die Prüfung der Vertragsinhalte mittels des externen Vergleichs kann Schwierigkeiten bereiten, wenn sich einerseits Kostenträger standhaft und landesweit weigern, bestimmte Vertragsinhalte zu vereinbaren, und andererseits Leistungserbringer aufgrund der in § 78b Abs. 3 enthaltenen Regelung zum Vertragsschluss gezwungen sehen. Dies kann dazu führen, dass Leistungserbringer Entgeltbestandteile in einer Höhe vereinbaren müssen, die für sich genommen nicht kostendeckend sind. Ferner ist es problematisch, wenn sich Kostenträger bestimmten Entgeltbestandteilen (zB „Risikoausgleich" bzw. Gewinn) pauschal verweigern. Dann können entsprechende Entgeltbestandteile auch nicht im externen Vergleich abgebildet werden. Der externe Vergleich stößt dann an Grenzen.

Nicht abschließend geklärt ist die Frage, ob sich der **externe Vergleich** nur auf das Gesamtentgelt oder aber auch auf einzelne Posten des Tagessatzes erstrecken kann. Nach hiesiger Auffassung stellt es regelmäßig einen unverhältnismäßigen Eingriff in Art. 12 Abs. 1 GG dar, wenn einzelne Posten des Tagessatzes einem externen Vergleich zugeführt werden. Lediglich der geforderte Tagessatz muss einer Prüfung anhand eines externen Vergleichs standhalten. Es muss nach hiesiger Auffassung von der Entscheidungsfreiheit des Trägers gedeckt sein, wie die Kosten im Einzelnen verteilt werden.[30]

Im Anschluss an den externen Vergleich ist in einem weiteren Schritt eine **Angemessenheitsprüfung** durchzuführen. Es handelt sich um einen eigenständigen Prüfungsschritt. Das Bundessozialgericht betont dies wie folgt:

„Die Pflegevergütungen anderer Einrichtungen können demzufolge nur eine Vergleichsgröße im Rahmen der Angemessenheitsprüfung darstellen, nicht aber eine unmittelbar verbindliche Bemessungsgröße für die Entgelte sein. Insoweit ist der externe Vergleich ***kein Ersatz*** *für die von den Vertragsparteien und ggf. der Schiedsstelle vorzunehmende Bewertung der Vergütungsforderung auf ihre wirtschaftliche Angemessenheit, sondern Grundlage dieser Bewertung"*.[31]

Aus diesem Grunde ist im Rahmen der Angemessenheitsprüfung zu fragen, ob sich die jeweilige Forderung als leistungsgerecht erweist, weil sie zB auf einem höheren

28 So ausdrücklich BSG 29.1.2009 – B 3 P 7/08 R, juris Rn. 18 ff. und Brünner/Höfer in LPK-SGB XI § 84 Rn. 11.

29 BSG 29.1.2009 – B 3 P 7/08 R, juris Rn. 36; BSG 13.7.2017 – B 8 SO 11/15 R, juris Rn. 19.

30 Das BSG hat diese Frage bisher offen gelassen. S. hierzu BSG 7.10.2015 – B 8 SO 21/14, juris Rn. 23: *„Es kann dahinstehen, ob die für das Pflegeversicherungsrecht entwickelte Rechtsprechung, wonach nur die Kosten ohne weitere Prüfung akzeptiert werden können, die sich im unteren Drittel der Kosten vergleichbarer Einrichtungen bewegen, überhaupt auf Einzelpositionen der gesamten Vergütung angewendet werden darf."*

31 BSG 17.12.2009 – B 3 P 3/08 R, juris Rn. 59.

Aufwand beruht.[32] In diesem Zusammenhang ist nach der Rspr. des BSG damit ausdrücklich auf den Gesichtspunkt der Leistungsgerechtigkeit einzugehen. Den Vergleichspreisen anderer Einrichtungen kommt keine rechtlich verbindliche Wirkung zu. Sie stellen lediglich eine Vergleichsgröße, also eines von mehreren Kriterien, im Rahmen der Angemessenheitskontrolle dar. Wirtschaftliche Angemessenheit ist anzunehmen, wenn die Gründe, die die Einrichtung für ein höheres Entgelt geltend macht, den Grundsätzen wirtschaftlicher Betriebsführung entsprechen.[33]

Eine Angemessenheitsprüfung ist grds. immer geschuldet, weil nur bei dieser Prüfung eine Berücksichtigung der Leistungsgerechtigkeit erfolgen kann. Unstrittig ist die Leistungsvereinbarung zwingende Grundlage der Entgeltvereinbarung. Es müssen leistungsgerechte Entgelte vereinbart werden. Ob aber das Entgelt leistungsgerecht ist, kann nicht im Rahmen des externen Vergleichs festgestellt werden. Hierzu muss zwingend eine Angemessenheitsprüfung unter Berücksichtigung des Leistungsangebotes durchgeführt werden.

12 Das vom öffentlichen Träger zu entrichtende Entgelt darf daher nicht an einrichtungsbezogenen „Durchschnittspreisen" (→ Rn. 10 f.), sondern muss am individuellen Hilfebedarf ausgerichtet sein. Hierzu könnte eine wirkungsorientierte bzw. **„anreizorientierte" Finanzierung** beitragen, deren Umsetzung allerdings nicht unlösbar erscheinende, rechtliche Fragestellungen aufwirft.[34] Dagegen kommt es in der Praxis offenbar immer wieder zu systemwidrigen und rechtlich sehr bedenklichen Kontingentverträgen.

13 Hinsichtlich der Personalkosten spielt die tarifliche Eingruppierung des Personals eine entscheidende Rolle. Unstrittig bewegt sich eine Zahlung tariflicher Gehälter im Rahmen der wirtschaftlichen Mittelverwendung und ist daher in der Regel im Entgelt zu berücksichtigen. Dies dient der Verhinderung einer „Kostenspirale nach unten" mittels eines externen Vergleichs mit nicht tarifgebundenen Einrichtungen. Allerdings ist auch bei einer Bezahlung entsprechend eines Tarifvertrages ein externer Vergleich mit den Vergütungen anderer Einrichtungen durchzuführen. Bei Durchführung des externen Vergleichs ist aber der besonderen Bedeutung der Tarifbindung für die Bemessung des Entgelts Rechnung zu tragen. Eine Kürzung der Personalaufwendungen muss auf Ausnahmefälle beschränkt sein. Das BSG ist der Auffassung, dass dort eine Grenze zu ziehen ist, wo im Einzelfall die Höhe der vereinbarten Lohn- und Gehaltssteigerungen die von anderen Einrichtungsträgern gezahlten Arbeitsentgelte deutlich übersteigt und es hierfür am Markt keine sachlichen Gründe gibt. Ein solcher sachlicher Grund könne zB darin bestehen, dass ein bisher vorhandener Rückstand der Arbeitsentgelte bei gleicher beruflicher Qualifikation der Pflegekräfte und vergleichbarer Leistungsqualität allmählich ausgeglichen wird, um der Gefahr der Abwerbung guter Kräfte durch Konkurrenzunternehmen vorzubeugen. Denkbar ist auch, dass eine besondere Bezahlung in Anbetracht besonders guter Leistungen und/oder eines besonderen beruflichen Einsatzes erfolgt. Ist ein solch rechtfertigender Grund für überdurchschnittliche Entgeltzahlungen aber nicht ersichtlich, so sind die Kostenträger nicht verpflichtet, derartige Zahlungen im externen Vergleich ohne Weiteres in voller Höhe bei der Festsetzung des Entgelts zu berücksichtigen. Dies gilt auch für Vereinbarungen in sog. „Haustarifverträgen" oder ähnlichen Fallgestaltungen, wenn diese vergleichbare tarifliche und/oder ortsübliche Entgelte deutlich übersteigen. Liegt der Fall eines solch extremen Ausreißers vor, ist eine Angemessenheitsprüfung durchzuführen, bei der sachliche Gründe für die Lohn-/Gehaltshöhe darzulegen und im Streitfall von der Schiedsstelle zu bewerten sind. Von solchen Sondersituationen abgesehen, kommt die Kür-

32 BSG 29.1.2009 – B 3 P 7/08 R, juris Rn. 36.
33 Brünner/Höfer in LPK-SGB XI § 84 Rn. 13 und 1.
34 Dazu Büttner/Dostal ua ZKJ 9/10/2016, 345 ff.; Münder in ISA (Hrsg.), Wirkungsorientierte Jugendhilfe, Bd. 5, 16 ff.; Paluta Dialog Erziehungshilfe, 3–4/2009, 49 ff.

zung von plausiblen Personalaufwendungen im externen Vergleich nicht in Betracht.[35] Nach hiesiger Auffassung führen anderslautende Regelungen in Landesrahmenverträgen grds. zur Nichtigkeit hierauf basierender Entgeltvereinbarungen gem. § 58 Abs. 1 SGB X. Eine Nichtberücksichtigung eines Tarifvertrags beim Abschluss von Entgeltvereinbarungen würde nämlich die Rspr. des BSG zur Tarifbindung nach Art. 9 Abs. 3 GG verletzten.

Strittig kann aber die tarifliche Eingruppierung des Personals sein. Diesbezüglich kann Streit darüber entstehen, welches Personal zum Betrieb der Einrichtung einzusetzen ist. Hier geht es um die Frage der Qualifikation und Erfahrung (Fachlichkeit) der einzusetzenden Mitarbeiter.

Zu berücksichtigen ist, dass die Schiedsstelle nicht die richtige tarifliche Eingruppierung jedes einzelnen Mitarbeiters überprüfen muss.[36] Geschuldet ist lediglich eine Plausibilitätsprüfung.

Eine Erhöhung der Vergütung aufgrund von (Neu-)Investitionen ist nur möglich, 14
wenn der zuständige Träger (§ 78e Abs. 1, nicht die Kommission nach § 78e Abs. 3) vorher der konkreten Investitionsmaßnahme zugestimmt hat.[37] Ohne Zustimmung geschaffene Fakten sind nicht geeignet, zu einer höheren Vergütung zu führen.[38] Die Entscheidung steht insoweit im pflichtgemäßen Ermessen des zuständigen Trägers. Eine willkürliche Verweigerung der Zustimmung ist nicht zulässig.[39]

Ausweislich des Gesetzeswortlautes greift das Zustimmungserfordernis nur für Investitionen ein. Strittig ist, ob das Zustimmungserfordernis auch für Mieten greift. Der Begriff der Investition wird im SGB VIII nicht legaldefiniert oder in anderer Weise bestimmt. Nach herrschender Meinung ist allerdings zur Bestimmung des Begriffs der Investition auf § 82 Abs. 2 und 3 SGB XI zurückzugreifen.[40] Aus dem Gesetzeswortlaut des § 82 Abs. 3 S. 1 SGB XI lässt sich ableiten, dass es sich bei der Miete um keine Investitionen im Sinne des Gesetzes handelt. Dort heißt es:

„Soweit betriebsnotwendige Investitionsaufwendungen nach Absatz 2 Nr. 1 oder Aufwendungen für Miete…“

Die Formulierung „oder“ spricht dafür, dass es sich bei Miete gerade um keine Investitionsaufwendungen im Sinne des Gesetzes handelt. Danach löst der Abschluss eines Mietvertrags nach hiesiger Auffassung kein vorheriges Zustimmungserfordernis nach § 78c Abs. 2 S. 3 aus.[41]

Förderungen aus **öffentlichen Mitteln**, die dem Träger der Einrichtung zufließen, sind 15
anzurechnen (→ § 78a Rn. 2) soweit sie nicht einem anderen Zwecken dienen,[42] da bereits subventionierte Kostenbestandteile im Rahmen von Entgeltvereinbarungen nicht ein weiteres Mal berücksichtigt werden können. Nach Auffassung des BSG[43] sind Finanzhilfen aus Konzessionsabgaben von Lotterie- und Wettunternehmen (bei Investitionsaufwendungen) nicht als staatliche Förderung, sondern als Eigenkapital anzusehen. Im Rahmen der Prüfung des Wunsch- und Wahlrechts (§ 5) ist jedoch auf die Gesamtkosten einschließlich etwaiger Förderungen aus öffentlichen Mitteln abzu-

35 BSG 16.5.2013 – B 3 P 2/12 R, juris Rn. 21 und 22.
36 LSG BW 11.11.2011 – L 4 P 1221/10 KL.
37 BSG 23.7.2014 – B 8 SO 3/13 R; BSG 7.10.2015 – B 8 SO 1/14 zu § 76 Abs. 2 S. 4 SGB XII.
38 HessLSG 27.4.2012 – L 7 SO 124/10 KL.
39 Dazu Schindler/Münder in FK-SGB VIII Rn. 16.
40 Schindler/Münder in FK-SGB VIII Rn. 14; Wiesner in Wiesner Rn. 16.
41 Ebenso Schiedsstelle Bayern, Beschl. v. 4.10.2019, 13–6547- J 36; anders zB § 8 Abs. 5 des Rahmenvertrags Sachsen.
42 Vgl. Kern in SFMK Rn. 10, zB für zusätzliche Kosten in Zusammenhang mit integrativer Erziehung gem. §§ 53 ff. SGB XII, Telscher in jurisPK-SGB VIII Rn. 32.
43 BSG 10.3.2011 – B 3 P 1/10 R.

stellen.[44] Private Spenden Dritter sind bei der Ermittlung des leistungsgerechten Entgeltes ebenfalls nicht zu berücksichtigen.[45]

§ 78d Vereinbarungszeitraum

(1) [1]Die Vereinbarungen nach § 78b Absatz 1 sind für einen zukünftigen Zeitraum (Vereinbarungszeitraum) abzuschließen. [2]Nachträgliche Ausgleiche sind nicht zulässig.

(2) [1]Die Vereinbarungen treten zu dem darin bestimmten Zeitpunkt in Kraft. [2]Wird ein Zeitpunkt nicht bestimmt, so werden die Vereinbarungen mit dem Tage ihres Abschlusses wirksam. [3]Eine Vereinbarung, die vor diesen Zeitpunkt zurückwirkt, ist nicht zulässig; dies gilt nicht für Vereinbarungen vor der Schiedsstelle für die Zeit ab Eingang des Antrages bei der Schiedsstelle. [4]Nach Ablauf des Vereinbarungszeitraums gelten die vereinbarten Vergütungen bis zum Inkrafttreten neuer Vereinbarungen weiter.

(3) [1]Bei unvorhersehbaren wesentlichen Veränderungen der Annahmen, die der Entgeltvereinbarung zugrunde lagen, sind die Entgelte auf Verlangen einer Vertragspartei für den laufenden Vereinbarungszeitraum neu zu verhandeln. [2]Die Absätze 1 und 2 gelten entsprechend.

(4) Vereinbarungen über die Erbringung von Leistungen nach § 78a Absatz 1, die vor dem 1. Januar 1999 abgeschlossen worden sind, gelten bis zum Inkrafttreten neuer Vereinbarungen weiter.

1 Vereinbarungszeitraum (Abs. 1)

1 Die Vorschrift des Vereinbarungszeitraumes ist § 77 SGB XII nachgebildet. Demgemäß können die Leistungs-, Entgelt- und Qualitätsentwicklungsvereinbarungen nur für einen zukünftigen (prospektiven) Zeitraum abgeschlossen werden. Dies gilt auch für Leistungs- und Qualitätsentwicklungsvereinbarungen soweit sie unmittelbare Bedeutung für die Entgeltvereinbarung besitzen. Besondere Bedeutung besitzt die Norm für die Entgeltvereinbarung.[1] Die Regelung sichert die vom Gesetzgeber verlangte Prospektivität der Leistungsentgelte. Leistungsvereinbarungen werden regelmäßig unbefristet, jedenfalls praktisch für längere Zeiträume bzw. befristet mit Verlängerungsklausel vereinbart.

2 Nachträgliche Ausgleiche für Über- oder Unterdeckungen sind nicht zulässig. Defizite wie Überschüsse verbleiben beim Einrichtungsträger. Das unternehmerische Risiko trägt während der Laufzeit des Vertrages allein der Einrichtungsträger.[2] Etwaige (frühere) Verluste dürfen auch im Rahmen einer neuen zukünftigen Entgeltvereinbarung nicht übernommen werden, da nur Anspruch auf ein (prospektiv) leistungsgerechtes Entgelt besteht (§ 78c Abs. 2), das jedoch bei entsprechenden Nachweisen auf der Grundlage tatsächlicher Gestehungskosten ermittelt werden kann (→ § 78c Rn. 10). Die ausdrückliche Vereinbarung von Kündigungsmöglichkeiten oder Anpassungsklauseln ist zulässig.

---

44 Ebenso Münder in FK-SGB VIII Rn. 17.
45 Wie hier Kern in SFMK Rn. 10.
1 S. hierzu auch Wabnitz in GK-SGB VIII Rn. 2.
2 Zur Berücksichtigung des Unternehmerrisikos nunmehr § 84 Abs. 2 S. 4 SGB XI.

2 Inkrafttreten (Abs. 2)

3 Das Gesetz unterstellt den Zeitpunkt des Inkrafttretens der vertraglichen Vereinbarungen grundsätzlich der Vertragsfreiheit. Der Zeitpunkt des Inkrafttretens ist Verhandlungssache. Aufgrund des Rückwirkungsverbots nach Abs. 1 darf jedoch nur ein **zukünftiger Zeitpunkt**, frühestens beginnend mit dem Tage des Vertragsabschlusses, bestimmt werden. Eine Vereinbarung, die dagegen verstößt, ist nichtig (§ 134 BGB iVm § 58 Abs. 1 SGB X). Enthält die vertragliche Vereinbarung keine Festlegung des Zeitpunkts des Inkrafttretens, wird die Vereinbarung kraft Gesetzes (Abs. 2 S. 2) mit dem Tag des Abschlusses wirksam. Ausnahmsweise können Regelungen im Rahmen eines Schiedsverfahrens nach § 78 g auf den Tag des Antragseingangs bei der Schiedsstelle zurückwirken (→ § 78g Rn. 8). Eine Verpflichtung der Schiedsstelle besteht jedoch nicht.[3] Insoweit kommt der Schiedsstelle ein Spielraum bei der „vertraglichen“ Gestaltung zu. Die Weitergeltungsregelung (Satz 4) gilt nicht für Erziehungsstellen (Vollzeitpflegestellen) im Sinne des § 44 Abs. 1 Nr. 1 (→ § 78b Rn. 1).[4]

4 Eine Laufzeit ab dem nach Abs. 1 und 2 vorgegebenen Beginn ist vom Gesetzgeber nicht vorgegeben. Es ist daher alleinige Sache der Vertragspartner die Laufzeit wegen der rechtlichen und wirtschaftlichen Folgen so festzulegen, dass auf zu erwartende Ereignisse ggf. rechtzeitig und zeitnah reagiert werden kann. Die Vertragsparteien bestimmen selbst, ab welchem Zeitpunkt sie ggf. unter Beachtung des Rückwirkungsverbotes in neue Vertragsverhandlungen eintreten wollen. Die Laufzeiten können für die drei Verträge nach § 78b Abs. 1 unterschiedlich sein.[5] So kann es sinnvoll sein, eine Qualitätsentwicklungsvereinbarung bei absehbar konstantem Leistungsangebot eher langfristig anzulegen. Bei das bisherige Leistungsangebot ändernden personellen Umstrukturierungen[6] wäre eine längere Laufzeit zu wählen und sich hinsichtlich der Entgeltvereinbarung zB wegen absehbarer tariflicher Entwicklungen oder organisatorischen Umstrukturierungen eher kürzer zu vereinbaren. In der Regel werden Entgeltvereinbarungen für die Dauer eines Jahres bzw. Wirtschaftsjahres geschlossen. Vorteil einer solchen Praxis ist ua, dass zB Entgeltverhandlungen von denen des Leistungsangebotes und der Qualitätsentwicklung abgekoppelt werden können. In einigen Rahmenverträgen nach § 78f ist insoweit teilweise ausdrücklich geregelt, dass allein die Entgeltvereinbarung entsprechend abgeändert werden kann. Darüber hinaus gelten nach Ablauf des Vereinbarungszeitraumes die vereinbarten Vergütungen, gemeint wohl Entgelte, bis zum Inkrafttreten neuer Vereinbarungen weiter. Dies gilt ebenso bei Neuverhandlungen wegen unvorhersehbarer wesentlicher Änderungen sowie in gleicher Weise für von der Schiedsstelle festgesetzte Entgelte (§ 78d Abs. 2). Die Regelung soll in erster Linie den Leistungsberechtigten die Sicherheit geben, dass die Leistungserbringung wegen der fehlenden Entgeltvereinbarung nicht unter- oder abgebrochen wird. Diese sozialstaatlich geboten erscheinende Regelung bietet gleichzeitig den Einrichtungen eine finanziell nicht zu unterschätzende Sicherheit. Allerdings betrifft die Regelung nicht die Leistungs- oder Qualitätsentwicklungsvereinbarung, obwohl diese die Rechtsgrundlage für Vergütungen bzw. Entgelte darstellen. Einer einseitigen Leistungsverringerung gegenüber dem Leistungsberechtigten, müsste der Vertragspartner ggf. mit einer Aufforderung zu Vertragsverhandlungen gemäß § 78g Abs. 2 S. 1 begegnen.

3 S. hierzu auch Telscher in jurisPK-SGB VIII Rn. 17.
4 VG Würzburg 17.12.2009 – 3 K 09.740.
5 Ebenso Wiesner in Wiesner Rn. 8.
6 Dazu Kern in SFMK Rn. 2.

3 Neuverhandlungen

5 Mit § 78d Abs. 3 wird eine Ausnahme von dem Grundsatz des Verbots einer Verlustausgleichung gemacht. Aus Abs. 3 ergibt sich ein gesetzlicher Anspruch auf **Neuverhandlung und Änderung** bei unvorhersehbaren wesentlichen Änderungen, die der Entgeltvereinbarung zu Grunde lagen. Die Regelung beruht auf dem aus § 242 BGB (Gebot von Treu und Glauben) entwickelten Institut der Störung der Geschäftsgrundlage (vgl. § 313 BGB). Sie stellt eine partielle **Ausnahme vom Grundsatz der Prospektivität** der getroffenen Vereinbarungen dar.

Folgende **Tatbestandsvoraussetzungen** müssen für einen Anspruch auf Neuverhandlungen vorliegen:

Es müssen zunächst **unvorhersehbare wesentliche Veränderungen** eingetreten sein. Diese Veränderungen müssen sich zudem auf **Annahmen beziehen, die der Entgeltvereinbarung zugrunde lagen**. Dies ist der Fall, wenn die Vertragsparteien bei Abschluss der Vereinbarung entsprechende Vorstellungen hatten. Entscheidend ist, welche Verhältnisse von den Vertragsparteien beim Vertragsabschluss zur gemeinsamen Grundlage des Vertrages gemacht worden sind.[7] Die tatsächlich eingetretene Entwicklung darf daher nicht vorhersehbar gewesen sein und es muss feststehen, dass die Vereinbarung auf dieser Grundlage so nicht geschlossen worden wäre.[8]

Wesentlich sind Änderungen, bei denen davon auszugehen ist, dass die Vertragspartner in Kenntnis der Umstände die Vergütung nicht oder nicht so vereinbart hätten.[9] Dies ist jedenfalls gegeben, wenn ein Festhalten am Vertrag für einen Vertragspartner zu einem schlechterdings unzumutbaren, gegen Treu und Glauben verstoßenden Ergebnis führen würde.[10] Derart wesentliche Veränderungen können beispielsweise gegeben sein, wenn die Einrichtung von teil- auf vollstationäre Betreuung umstellt,[11] Personen mit einem wesentlich höheren Betreuungsbedarf aufgenommen werden,[12] unaufschiebbare Investitionen nötig werden, die Mietkosten steigen oder die der Kalkulation zugrundeliegende Auslastungsquote nicht erreicht werden kann.

Die Umstände müssen sich **nach Vertragsschluss verändert** haben. Bereits bei Vertragsschluss vorliegende Umstände können keinen Neuverhandlungsanspruch auslösen.

Unvorhersehbar ist eine Änderung, wenn sie bei Abschluss der Vereinbarung für die Vertragsparteien nicht erkennbar war und bei sorgfältiger und gewissenhafter Prüfung auch nicht hätte erkannt werden können, sich also letztlich in der Änderung ein Risiko verwirklicht hat, das die jeweilige Vertragspartei nach der Risikoverteilung der §§ 78a ff. SGB VIII nicht zu tragen hat.[13]

Auf **Rechtsfolgenseite** ist zunächst zu prüfen, ob durch eine **Auslegung der Vereinbarung eine Anpassung an die veränderte Sachlage** möglich ist. Scheidet eine solche Möglichkeit aus, muss **über eine Anpassung der Vereinbarung verhandelt werden**. Es besteht ein **Rechtsanspruch auf Neuverhandlung** zur Vertragsanpassung.[14] Lehnt der Vertragspartner eine solche Vertragsanpassung ab, kann die **Schiedsstelle** angerufen werden.

Durch den Verweis in § 78d Abs. 3 auf die Abs. 1 und 2 wird insbesondere auch auf den **Grundsatz der Prospektivität** verwiesen. Die neuen Vereinbarungen sind daher für

---

7 S. hierzu BVerwG 16.11.1995 – 3 C 32/94, juris Rn. 43.
8 S. hierzu BVerwG 16.11.1995 – 3 C 32/94.
9 S. hierzu BSG 7.10.2015 – B 8 SO 1/14 R, juris 20.
10 S. hierzu Wiesner in Wiesner Rn. 12.
11 S. hierzu BT-Drs. 13/2440, 29.
12 S. hierzu Schindler/Münder in FK-SGB VIII Rn. 5.
13 S. hierzu BSG 7.10.2015 – B 8 SO 1/14 R, juris Rn. 20.
14 S. hierzu auch Winkler in BeckOK SozR SGB VIII § 78d Rn. 13.

einen zukünftigen Zeitraum abzuschließen.[15] Aus diesem Grunde sind die Möglichkeiten für den Leistungserbringer begrenzt mittels der in Abs. 3 normierten Regelung einen erlittenen Verlust abzumildern oder gar auszugleichen. Dies gilt insbesondere für Corona-bedingte Mehrkosten. Umso mehr kommt einem „Risikoausgleich" bzw. einer Gewinnmöglichkeit im Entgelt besondere Bedeutung zu. Nur so kann regelmäßig ein Ausgleich für eintretende Verluste geschaffen werden (ausführlich zu diesem Entgeltbestandteil → § 78c Rn. 10).

In **verfahrensrechtlicher Hinsicht** wird vertreten, dass der Anspruch auf Neuverhandlung den Charakter einer Änderungskündigung habe und daher gemäß § 59 Abs. 2 SGB X schriftlich geltend gemacht werden müsse.[16]

Die ausdrückliche Vereinbarung von **Kündigungsmöglichkeiten**[17] zB sechs Monate zum Jahresende und Anpassungsklauseln bleiben unberührt. Ohne eine solche Vereinbarung ist eine Kündigung nicht zulässig. Jedoch gilt insoweit jedenfalls im Hinblick auf die Vergütung Abs. 2 S 3. Ferner dürfte es im Falle einer Kündigung im beidseitigen Interesse liegen, alsbald zu vertraglichen Vereinbarungen zurückzukehren. Ob neben der Änderungskündigung nach Abs. 3 für eine Kündigung nach § 59 Abs. 1 SGB X aus schwerwiegenden wesentlichen Gründen Raum ist, erscheint fraglich.[18] Soweit die Entgeltvereinbarung nicht von der Änderung der Verhältnisse betroffen ist, gilt § 59 Abs. 1 S. 1 SGB X. Die daneben bestehende Möglichkeit einer Kündigung nach § 59 Abs. 1 S. 2 SGB X zur Verhütung oder Beseitigung schwerer Nachteile für das Gemeinwohl dürfte jedenfalls zzt. noch keine praktische Bedeutung besitzen.[19] Eine Kündigung wegen schwerer Vertragsverletzungen (vgl. § 78 SGB XII) sieht das Kinder- und Jugendhilferecht vor dem Hintergrund des Grundsatzes der partnerschaftlichen Zusammenarbeit zwischen öffentlichem und freiem Träger nicht vor.[20] 6

4 Weitergeltung (Abs. 4)

Vor dem 1.1.1999 abgeschlossene Vereinbarungen gelten bis zum Abschluss neuer Vereinbarungen weiter. Die Vorschrift diente dem Zweck, während einer Übergangszeit keinen vertragslosen Zustand eintreten zu lassen. Die Vorschrift dürfte zwischenzeitlich obsolet geworden sein. 7

§ 78e Örtliche Zuständigkeit für den Abschluss von Vereinbarungen

(1) [1]Soweit Landesrecht nicht etwas anderes bestimmt, ist für den Abschluss von Vereinbarungen nach § 78b Absatz 1 der örtliche Träger der Jugendhilfe zuständig, in dessen Bereich die Einrichtung gelegen ist. [2]Die von diesem Träger abgeschlossenen Vereinbarungen sind für alle örtlichen Träger bindend.

(2) Werden in der Einrichtung Leistungen erbracht, für deren Gewährung überwiegend ein anderer örtlicher Träger zuständig ist, so hat der nach Absatz 1 zuständige Träger diesen Träger zu hören.

(3) [1]Die kommunalen Spitzenverbände auf Landesebene und die Verbände der Träger der freien Jugendhilfe sowie die Vereinigungen sonstiger Leistungserbringer im jeweiligen Land können regionale oder landesweite Kommissionen bilden. [2]Die Kommissionen können im Auftrag der Mitglieder der in Satz 1 genannten Verbände und Vereini-

---

15 S. hierzu auch Wiesner in Wiesner Rn. 15 und Schindler/Münder in FK-SGB VIII Rn. 6.
16 So Wiesner in Wiesner Rn. 14.
17 Grds. zu Kündigungsmöglichkeiten BSG 7.10.2015 – B 8 SO 1/14.
18 So aber Stähr in Hauck/Noftz/Stähr Rn. 10; Schindler/Münder in FK-SGB VIII Rn. 7; Wiesner in Wiesner Rn. 16: Abs. 3 vorrangig.
19 Ebenso Mrozynski SGB VIII Rn. 7.
20 So Wiesner in Wiesner Rn. 17.

gungen Vereinbarungen nach § 78b Absatz 1 schließen. [3]Landesrecht kann die Beteiligung der für die Wahrnehmung der Aufgaben nach § 85 Absatz 2 Nummer 5 und 6 zuständigen Behörde vorsehen.

1 Sachliche und örtliche Zuständigkeit (Abs. 1 S. 1)

1 Die Vorschrift regelt die Zuständigkeit auf Seiten des öffentlichen Trägers der Jugendhilfe. Entgegen der Überschrift regelt Satz 1 sowohl die sachliche als auch die örtliche Zuständigkeit. Sachlich zuständig für den Abschluss der Vereinbarungen nach § 78b Abs. 1 ist grundsätzlich der örtliche Träger, der deshalb auch entsprechende Vertragsgestaltungsmöglichkeiten haben muss. Örtlich zuständig ist der örtliche Träger, in dessen Bereich die Einrichtung gelegen ist (**Belegenheitsprinzip**). Grundsätzlich wird hinsichtlich des Einrichtungsbegriffs iSd Abs. 1 Satz 1 an den Einrichtungsbegriff des § 45a geknüpft. Allerdings entfaltet die rechtliche Bewertung der Betriebserlaubnisbehörde keine Bindungswirkung für die Entscheidung der Zuständigkeit nach § 78e.

Die Bestimmung des verantwortlichen öffentlichen Trägers bereitet insbesondere dann Schwierigkeiten, wenn die Einrichtung über Jugendamts- oder Ländergrenzen hinweg tätig wird. Zu entscheiden ist dann, ob die jeweiligen Standorte als eigenständige Einrichtungen iSd § 78e zu begreifen sind oder aber ob von einer Einrichtung mit mehreren Außenstellen gesprochen werden kann. Zur Entscheidung dieser Rechtsfrage werden in der Literatur verschiedenen Kriterien benannt. So wird die Auffassung vertreten, dass es sich jeweils um eine eigenständige Einrichtung handele, wenn ein „hinreichendes Maß an Eigenständigkeit" bestehe. Entscheidend sei regelmäßig, an welchem Standort die „verantwortliche Leitung" verortet sei und wo die „Gesamtverantwortung für die tägliche Lebensführung der Hilfeempfänger wahrgenommen werde.[1] In Anknüpfung an das Kriterium der Leitung wird in der Literatur auch vertreten, dass es darauf ankomme, ob der jeweilige Standort die Leistungen „fachlich und strukturell weitgehend eigenverantwortlich" erbringe.[2] Nach hiesiger Auffassung bedarf es einer wertenden Betrachtung unter Berücksichtigung aller Einzelfallumstände, die auch für den Einrichtungsbegriff des § 45a maßgeblich sind.

Hilfskriterien zur Bestimmung des Hauptstandortes können daher zB die Anzahl der am jeweiligen Standort betreuten Kinder oder Jugendlichen, die Anzahl des Personals, der Sitz der Verwaltung, das Eigentum an Grundstücken usw sein.

Letztendlich ist aber festzustellen, dass der Kostenträger und auch die Schiedsstelle an Grenzen bei der tatsächlichen Feststellung des maßgeblichen Sachverhalts kommen werden. Auch wird eine Überprüfbarkeit der Angaben nicht immer möglich sein. Insoweit bestimmt der Träger der Einrichtung durch seine Strukturen und Angaben selbst, wer sein örtlicher Vertragspartner sein soll. Auf den (rechtlichen) Sitz des Trägers kommt es jedenfalls nach übereinstimmender Auffassung nicht an.[3]

2 **Abweichend** von diesem Grundsatz können landesrechtliche Regelungen eine andere Zuständigkeitsregelung treffen. Dies betrifft zunächst die örtliche Zuständigkeit.[4] Ob

---

1 Wabnitz in GK-SGB VIII Rn. 4 f.
2 Wiesner in Wiesner Rn. 2 sowie Schindler/Münder in FK-SGB VIII Rn. 3.
3 Statt Vieler: Wabnitz in GK-SGB VIII Rn. 3.
4 S. hierzu. Wiesner in Wiesner Rn. 3; Wabnitz in GK-SGB VIII Rn. 1.

auch die sachliche Zuständigkeit zB auf den überörtlichen Träger übertragen werden kann, erscheint fraglich. Zwar ließe die Stellung der Regelung im Satzgefüge dies zu, dürfte bei verständiger Würdigung jedoch der vertraglichen Konzeption widersprechen.

Festzustellen ist stellenweise eine faktische **Entkommunalisierung von Entgeltverhandlungen** mittels einer Verhandlungsführung über Servicecenter, Bezirksverbände oä. Diese Tendenzen zum Umgehen bzw. Unterlaufen gesetzlicher Vorgaben, könnte als Anzeichen für eine Überforderung einiger der Kommunen durch die Regelungen der §§ 78a ff. angesehen werden und sollte deshalb Anlass zu klarstellenden gesetzgeberischen Überlegungen sein. 3

Ein nicht zuständiger öffentlicher Träger (in dessen Gebiet die Einrichtung nur ihren rechtlichen Sitz hat) kann sich bei Verweigerungen oder Verzögerung von Verhandlungen nicht auf eine **„Eilzuständigkeit"** berufen, sondern ggf. lediglich von der Möglichkeit nach § 78b Abs. 3 Gebrauch machen, die Einrichtung ohne Vereinbarung zu belegen. Im Übrigen hat der betroffene Träger der Einrichtung die Möglichkeit, die Schiedsstelle nach § 78g anzurufen. Darüber hinaus ist zu beachten, dass nach § 78d Abs. 3 vereinbarte Vergütungen nach Ablauf des Vereinbarungszeitraumes weiter gelten (→ § 78d Rn. 4). Der zuständige öffentliche Träger der Jugendhilfe ist zum Abschluss der Vereinbarungen nach § 78b Abs. 1 auch dann verpflichtet, wenn er die Einrichtung selbst nicht belegt (→ § 78b Rn. 7 ff.). 4

Eine (funktionale) Zuständigkeit des Jugendhilfeausschusses für den Abschluss der Vereinbarungen nach § 78b ist nicht generell anzunehmen (→ § 71 Rn. 16).[5] Wegen Bedeutung der Vereinbarungen erscheint es jedoch angezeigt, dass der JHA grundsätzliche Kriterien für den Abschluss der Vereinbarungen festlegt. 5

2 Bindungswirkung (Abs. 1 S. 2)

Da sich die örtliche Zuständigkeit für die Gewährung einer Hilfe nicht mit der Zuständigkeit für den Abschluss einer Vereinbarung nach § 78b Abs. 1 deckt, erstreckt Satz 2 die Bindungswirkung der Vereinbarung auf alle öffentlichen Träger, die die Einrichtung belegen wollen. Landesrechtliche Regelungen zur Bindungswirkung sind nicht zulässig. Ein belegendes Jugendamt ist somit an die Vereinbarungen, die der zuständige Träger geschlossen hat, gebunden. Dies kann „grenzüberschreitend" problematisch sein, wenn zB Entgeltberechnungen fehlerhaft vorgenommen wurden oder Änderungen am Leistungsangebot vorgenommen wurden. Als Regulativ sieht Absatz 2 ein **Anhörungsrecht** vor. 6

3 Anhörungsrecht (Abs. 2)

Die von den vertragschließenden Parteien vereinbarten Leistungen und Entgelte sind für alle örtlichen Träger verbindlich (Satz 2). Ist für die in der Einrichtung[6] erbrachten Leistungen (bei landesrechtlicher Erweiterung des Anwendungsbereiches auch für Maßnahmen gem. §§ 42 ff.) überwiegend ein anderer örtlicher Träger örtlich zuständig, weicht also die Vereinbarungszuständigkeit von der Hilfezuständigkeit ab, ist der für die Hilfe zuständige belegende Träger zu hören, wenn er die Belegung überwiegend vornimmt. Dabei ist auf die einzelne Leistung, nicht auf die gesamte Einrichtung abzustellen. **Hauptbeleger** ist der örtliche Träger, der im vorangegangenen Vereinbarungszeitraum[7] die meisten Platztage, die auf das jeweilige Angebot entfallen,[8] in An- 7

5 AA Wabnitz in GK-SGB VIII Rn. 9a; ebenso Schindler/Münder in FK-SGB VIII Rn. 8, jedenfalls für den erstmaligen Abschluss; Wiesner in Wiesner Rn. 5.
6 Dazu BVerwG 24.2.1994 – 5 C 24/92, E 95, 149; Pattar SRa 2012, 85 ff.
7 Wiesner in Wiesner Rn. 6: Stichtag.
8 Wiesner in Wiesner Rn. 6a.

spruch genommen hat.[9] Es kommt also weder auf die Höhe der Kostenlast noch auf die Anzahl der betreuten Kinder und Jugendlichen an. Ebenso wenig kommt es auf eine relative Mehrheit im Vergleich zum örtlich zuständigen Träger an, sondern auf die absolute Mehrheit der Platztage. Nicht ausgeschlossen ist die Beteiligung anderer belegender Jugendämter, insbesondere wenn deren Belegungsanteil den des örtlich zuständigen Trägers übersteigt oder das zuständige örtliche Jugendamt selbst nicht belegt. Um diese Feststellung zu ermöglichen, muss die Einrichtung dem zuständigen örtlichen Träger den Hauptbeleger zusammen mit der Aufforderung zu Vertragsverhandlungen mitteilen.

8 Mit der Anhörung wird der belegende Träger weder Vertragspartner noch bekommt er unmittelbare Mitwirkungs- oder Entscheidungsrechte eingeräumt. Anhörung bedeutet lediglich, dass dem Hauptbeleger zeitgerecht vor Abschluss der Vereinbarungen Gelegenheit zur Stellungnahme zu den beabsichtigten vertraglichen Regelungen ggf. unter Beifügung von entscheidungserheblichen Unterlagen zu geben ist. Es dürfte sich empfehlen, dessen Stellungnahme in die Verhandlungen mit dem Träger einzuführen. Der örtliche Träger ist weder verpflichtet, den Hauptbeleger an den Verhandlungen zu beteiligen noch Einvernehmen mit ihm herzustellen. Der belegende Träger ist nicht verpflichtet, die ihm eingeräumte Gelegenheit zur Stellungnahme wahrzunehmen.

4 Bildung von Kommissionen (Abs. 3 S. 1)

9 Satz 1 sieht vor, dass unabhängig vom Landesvorbehalt nach Abs. 1 die kommunalen Spitzenverbände auf Landesebene und die Verbände der Träger der freien Jugendhilfe sowie sonstiger Leistungserbringer auf freiwilliger Basis gemeinsam regionale oder landesweite Kommissionen bilden können. Sonstige Leistungserbringer sind in der Kommission aber nur beteiligungsfähig soweit diese auf regionaler oder landesweiter Ebene organisiert sind.

5 Beauftragung durch Mitglieder (Abs. 3 S. 2)

10 Zu den möglichen Aufgaben der Kommissionen führt die Norm aus, dass die Kommissionen im Auftrag der Mitglieder der Verbände und Vereinigungen Vereinbarungen nach § 78b Abs. 1 schließen können (vgl. § 86 SGB XI). Soweit in verschiedenen Rahmenverträgen von Kommissionen gesprochen wird, handelt es sich meistens um Beiräte oder Vertragskommissionen im Hinblick auf die Rahmenverträge selbst mit der Befugnis tarifliche Steigerungen zu empfehlen oder Verträge auszulegen. „Echte“ Kommissionen mit der Befugnis, Verträge zu schließen, widersprechen der vertraglichen Konzeption der §§ 78a ff., nach der die Vereinbarungen nach § 78b Abs. 1 vor Ort[10] zu treffen sind. Problematisch erscheint bereits die gesetzgeberische Wortwahl. Nicht etwa schließt die „Kommission“ die Verträge, sondern allenfalls schließen die Kommissionsmitglieder im Auftrag des öffentlichen Trägers der Jugendhilfe bzw. des Einrichtungsträgers die Verträge.[11] Mit Wirkung für diese können sie aber nur handeln soweit eine ausdrückliche Beauftragung vorliegt, die entweder generell in der Satzung des jeweiligen Verbandes oder Vereinigung vorgesehen sein kann oder ausdrücklich im Einzelfall[12] erfolgt ist. Eine Genehmigung des Geschäfts gem. § 177 BGB analog dürfte zulässig sein. Auch vor der Kommission kommt ein Vertrag danach nur zu Stande, wenn alle Beteiligten zustimmen.[13] Praktische Probleme bereitet bei der Verhandlung über die Kommission die Einhaltung der Sechs-Wochen-Frist gem. § 78g

9 Ähnlich Schindler/Münder in FK-SGB VIII Rn. 5 ff.
10 Schindler/Münder in FK-SGB VIII Rn. 12: „Fremdkörper“.
11 Im Ergebnis ebenso Wiesner in Wiesner Rn. 7.
12 Telscher in jurisPK-SGB VIII Rn. 17: ggf. bis auf Widerruf; Mrozynski SGB VIII Rn. 9.
13 Telscher in jurisPK-SGB VIII Rn. 19.

Abs. 2. Wird eine Vereinbarung nicht oder nicht rechtzeitig geschlossen, müssen die Vertragspartner ggf. der Kommission das Mandat entziehen oder selbstständig die Schiedsstelle anrufen.[14] Soweit öffentliche oder freie Träger über die Kommissionen nicht erfasst werden, ist Abs. 1 anzuwenden.

6 Beteiligung des Landesjugendamtes (Abs. 3 S. 3)

Gemäß **Satz 3** kann Landesrecht die Beteiligung des überörtlichen Trägers (idR bisher das Landesjugendamt) am Abschluss der Vereinbarungen vor der Kommission vorsehen (→ § 78f Rn. 5, obligatorisch bei Rahmenverträgen). Die Art der Beteiligung ist landesrechtlicher Regelung überlassen. Dabei sind graduelle Abstufungen möglich, die von der Anhörung über das Benehmen bis zum Einvernehmen reichen. Die beteiligte Behörde wird jedoch nicht Vertragspartner und kann den Abschluss der Vereinbarungen nicht verhindern, wenn diese ihren Vorstellungen nicht entsprechen. 11

§ 78 f Rahmenverträge

[1]Die kommunalen Spitzenverbände auf Landesebene schließen mit den Verbänden der Träger der freien Jugendhilfe und den Vereinigungen sonstiger Leistungserbringer auf Landesebene Rahmenverträge über den Inhalt der Vereinbarungen nach § 78b Absatz 1. [2]Die für die Wahrnehmung der Aufgaben nach § 85 Absatz 2 Nummer5 und 6 zuständigen Behörden sind zu beteiligen.

1 Funktion der Landesrahmenverträge

Bereits vor der Neuregelung der §§ 78a ff. war der Abschluss von sog. Pflegesatzrahmenvereinbarungen in einigen Ländern üblich. Anders als im SGB IX, XI und XII macht der Gesetzgeber im SGB VIII keine besonderen rechtlichen Vorgaben. Unabhängig davon bestehen, insbesondere in den neuen Bundesländern, gelegentlich örtliche Rahmenvereinbarungen. 1

Der Gesetzgeber begnügt sich mit landesrechtlichen Rahmenverträgen (vgl. § 78 SGB XI und 80 SGB XII), denen eine wichtige Steuerungsfunktion in der vertraglichen Konzeption hinsichtlich der Leistungs-, Entgelt- und Qualitätsentwicklungsvereinbarung zukommt.

Die Landesrahmenverträge stellen das entscheidende **Bindeglied** zwischen den (allgemeinen) bundesgesetzlichen Regelungen und den örtlichen Vereinbarungen dar. Wegen der tendenziellen Gefahr stark unterschiedlicher Einzelvereinbarungen ist es Aufgabe der Rahmenverträge sowohl einen „Rahmen" für diese Verträge vorzugeben und dadurch ein zu starkes „Auseinanderdriften" der Vereinbarungen in den einzelnen Bundesländern zu verhindern als auch landesweite Standards hinsichtlich der Leistung, der finanziellen Ausstattung und der Qualität festzuschreiben. Damit werden zugleich die einrichtungsindividuellen Verhandlungen und Vereinbarungen **entlastet**.[1] Landesrahmenverträge tragen damit wesentlich dazu bei, einheitliche Lebensverhältnisse in den Ländern zu ermöglichen. Die Schaffung gleichwertiger Lebensverhältnisse im Bund (Art. 72 Abs. 2 GG) vermag die Norm mangels entsprechender gesetzlicher Vergaben nur sehr eingeschränkt zu fördern. Im Hinblick auf ihren prozesshaften Cha-

14 Ebenso Schindler/Münder in FK-SGB VIII Rn. 11.
1 S. hierzu Schindler/Münder in FK-SGB VIII Rn. 1.

rakter sind die Rahmenverträge laufend auf ihre Praxistauglichkeit zu überprüfen und entsprechende Ergänzungen, Änderungen und Weiterentwicklungen vorzunehmen. Die Landesrahmenverträge sind öffentlich-rechtliche Verträge und bedürfen daher der Schriftform gem. § 56 SGB X. Eine „gelebte" Praxis ersetzt diese nicht.

2 Rahmenvertragsparteien

2 Rahmenvertragsparteien sind (wie § 78e Abs. 3) auf Landesebene auf Seiten der Kostenträger die kommunalen Spitzenverbände einerseits und andererseits die Verbände der freien Jugendhilfe und die Vereinigungen sonstiger Leistungserbringer. Als Vereinigungen sonstiger Leistungserbringer kommen nach teilweise vertretener Auffassung insbesondere privatgewerbliche Leistungsanbieter in Betracht.[2] Da nach hiesiger Auffassung auch privatgewerbliche Leistungserbringer Träger der freien Jugendhilfe sind, kommt der Regelung zu „sonstigen Leistungserbringern" nach hier vertretener Auffassung insbesondere hinsichtlich kommunaler Leistungserbringer wie kreisangehöriger Gemeinden und Gemeindeverbänden, die nicht örtlicher Träger der Jugendhilfe sind,[3] Bedeutung zu. Im Übrigen enthält das Gesetz keine näheren Regelungen über das Zustandekommen von Rahmenverträgen. Landesrahmenverträge kommen selbst dann zustande, wenn nicht alle denkbaren Vertragspartner den Vertrag abschließen,[4] allerdings reicht es nicht aus, wenn ausschließlich die öffentlichen Träger die Vertragsunterlagen unterzeichnen. Aufgrund ihrer Orientierungs-, Vorbild-, Entlastungs- und Konsensfunktion können Landesrahmenverträge nur wirken, wenn es den Spitzenverbänden gelingt, den eingeräumten Gestaltungsspielraum zu nutzen und Konsens unter Einbeziehung möglichst vieler Organisationen herzustellen.[5]

Ein einklagbarer **Anspruch auf Beteiligung** an rahmenvertraglichen Verhandlungen ist der gesetzlichen Regelung **nicht** zu entnehmen,[6] so dass insoweit keine Rechtsschutzmöglichkeiten bestehen.[7]

3 Bedeutung der Rahmenverträge

3 Entgegen dem Wortsinn (**„schließen"**) ist der Abschluss von Rahmenverträgen **nicht zwingend.**[8] Mit der gesetzlichen Regelung bringt der Gesetzgeber zum Ausdruck, dass er den Abschluss von Rahmenverträgen für geboten hält. Die Vertragspartner sind frei zu entscheiden, ob sie Rahmenverträge im Hinblick auf alle Leistungen, die in den Anwendungsbereich des § 78a fallen, entwickeln und abschließen oder diese auf einzelne Leistungsarten konzentrieren.[9] Insbesondere besitzen Rahmenverträge nach Abs. 1 keinen normativen Charakter.[10] Eine allgemeine Verbindlichkeitsklausel ist nicht vorhanden. Rahmenverträge besitzen grundsätzlich **keine unmittelbare Wirkung** für die vertragsschließenden Parteien vor Ort. Ist eine satzungsrechtliche Berechtigung zum Abschluss von (Rahmen-)Verträgen nicht gegeben, kann eine Verbindlichkeit für die örtlichen Vertragsparteien regelmäßig nur durch einen ausdrücklichen Beitritt von örtlichem Träger und Einrichtungsträger zum Rahmenvertrag hergestellt werden.[11] Ferner ist der Abschluss einer gültigen Rahmenvereinbarung nicht Voraussetzung für

---

2 Vgl. hierzu Schindler/Münder in FK-SGB VIII Rn. 2.
3 Stähr in Hauck/Noftz/Stähr Rn. 6.
4 Ebenso Wabnitz in GK-SGB VIII Rn. 4.
5 S. hierzu auch Telscher in jurisPK-SGB VIII Rn. 9.
6 S. hierzu auch Stähr in Hauck/Noftz/Stähr Rn. 7.
7 S. hierzu Schindler/Münder in FK-SGB VIII Rn. 8.
8 S. hierzu auch Wabnitz in GK-SGB VIII Rn. 1.
9 S. hierzu Wiesner ZfJ 1999, 84.
10 S. hierzu auch Wiesner in Wiesner Rn. 3; Wabnitz in GK-SGB VIII Rn. 4.
11 Baltz NDV 1999, 27.

den Abschluss einer Vereinbarung nach § 78b Abs. 1, obwohl Rahmenverträge systematisch vorrangig sind.

4 Rahmenverträge besitzen vor allem eine praktische Bedeutung, weil sie der Auslegung und Ergänzung von Einzelvereinbarungen dienen. Rahmenverträge prägen die konkreten einrichtungsbezogenen Vereinbarungen. Sie können die Verhandlungen vor Ort nicht nur vereinfachen, sondern dienen ebenso als (länderübergreifende) **Orientierungspunkte** für Schiedsstellenentscheidungen nach § 78g,[12] obwohl diese nicht förmlich an den Inhalt der Rahmenverträge gebunden sind. Rahmenverträge leben vor allem von der Akzeptanz bei den Vertragspartnern vor Ort. Daher ist es sehr bedenklich, wenn zunehmend insbesondere Städte und Landkreise den Rahmenverträgen nicht mehr beitreten. Landesrahmenverträge sind nicht schiedsstellenfähig (§ 78g Abs. 1 S. 1). Die Einordnung in die §§ 78a–g ist daher systematisch zweifelhaft. Über eine Schiedsstellenfähigkeit von Rahmenverträgen, wie in § 75 Abs. 4 SGB XI, sollte aber nachgedacht werden. Die Einbettung in die Regelungen der §§ 78a–g überzeugt systematisch daher nicht. Die Rahmenverträge können als Auslegungshilfe für unbestimmte Rechtsbegriffe dienen.[13] Gegen eine Betrachtung der Rahmenvereinbarungen als „antizipiertes Sachverständigengutachten" spricht, dass Rahmenverträge selbst nur das Ergebnis vertraglicher Kompromisse darstellen. In der Praxis werden Rahmenverträge nach ihrem Auslaufen oder im Falle der Kündigung weiterverwendet, bis neue Verträge geschlossen werden.

4 Vertragsinhalte

5 Hinsichtlich der Inhalte verweist das Gesetz allgemein auf die drei nach § 78b Abs. 1 abzuschließenden Verträge, deren Inhalt betreffend die Leistungs- und Entgeltvereinbarungen in § 78c näher beschrieben werden.[14] Rahmenverträge stellen demnach eine wesentliche **Grundlage für einrichtungsbezogene Vereinbarungen** dar, in denen die jeweiligen einrichtungsspezifischen Bedingungen der Einrichtung zu berücksichtigen sind. Rahmenverträge müssen daher Detailregelungen vermeiden. Ein fachlich bedingter **Gestaltungsspielraum** muss den Einrichtungen vor Ort verbleiben. Die Vorschrift enthält keinerlei weitergehende inhaltliche Vorgaben zur Vertragsgestaltung.[15] Der Gesetzgeber lässt den Vertragspartnern des Rahmenvertrages einen sehr weiten Gestaltungsspielraum mit einer entsprechend großen Verantwortung. Demgemäß sollten sich die Rahmenverträge auf die wesentlichen, vereinbarungsfähigen und gesetzlich nicht geregelten Aspekte des Vertragsgeschehens beschränken. Insoweit sind Regelungen zu Mindestbedingungen (Treueklauseln) zulässig, ebenso bloß deklaratorische Klauseln wie die Zahlung gesetzlicher Mindestlöhne sowie (wenn auch problematisch) Klauseln zugunsten Dritter. Unzulässig sind konstitutive Klauseln, zB sich einem nicht für allgemein verbindlich erklärtem Tarifvertrag zu unterwerfen. Im Hinblick auf einer vor dem Hintergrund der demographischen Veränderung ausreichenden personellen Ausstattung sollten die Rahmenvertragsparteien die hiermit verbundene Fragenstellung konstruktiv angehen.

6 Ein Rahmenvertrag nach § 78f darf Bundesrecht nicht in unzulässiger Weise begrenzen.[16] Mit einem Rahmenvertrag dürfen keine Einzelfestsetzungen erfolgen, welche Einzelverhandlungen über Vertragsinhalte aushebeln.[17] Auch können verpflichtende gesetzliche Regelungen und in der höchstrichterlichen Rspr. gefundene diesbezügliche

12 Ebenso Wabnitz in GK-SGB VIII Rn. 5.
13 Vgl. Schindler/Münder in FK-SGB VIII Rn. 7.
14 Zu Inhalten der einzelnen Landesrahmenverträge Wabnitz in GK-SGB VIII Rn. 8 ff.; VG Weimar 26.6.2004 – 8 K 1444/00.We.
15 S. hierzu Telscher in jurisPK-SGB VIII 10.
16 S. hierzu auch Schindler/Münder in FK-SGB VIII Rn. 8.
17 S. hierzu LSG MV 28.4.2020 – L 9 SO 3/19 KL, juris Rn. 26 f.

Vorgaben durch einen Rahmenvertrag nicht derogiert werden.[18] Dies gilt beispielsweise für den Fall, dass eine Regelung in einem Rahmenvertrag einer Berücksichtigung tariflicher Gehälter in der Entgeltvereinbarung entgegensteht.[19] Eine Nichtberücksichtigung tariflicher Gehälter im Entgelt würde dazu führen, dass die Rspr. des BSG zur tariflichen Bindung in der Entgeltvereinbarung[20] verletzt werden würde. Würde man die in tariflicher Einigung gefundenen Löhne bei der Finanzierung öffentlich-rechtlicher Aufgabenerfüllung nach §§ 27 f., § 35a oder § 41 aber nicht berücksichtigen, würde dies einen qualifizierten Rechtsverstoß aufgrund des nach Art. 9 Abs. 3 GG grundrechtlich geschützten Tarifvertrags darstellen.[21] Eine entsprechende Berücksichtigung von Festsetzungen des Rahmenvertrags würde daher zu einer Nichtigkeit der hierauf basierenden Entgeltvereinbarung nach § 58 Abs. 1 SGB X führen.[22]

7 Die Rahmenvertragsparteien interpretieren den gesetzlichen Auftrag in ganz unterschiedlicher Weise.[23] Auf der **Ebene der Leistungsvereinbarungen** weisen die Rahmenverträge insgesamt ein wenig strukturiertes Leistungsangebot auf. Die Leistungskriterien werden in den Rahmenverträgen selten konkret und hinreichend differenziert benannt, so dass ein Leistungs-(und Entgelte-)Vergleich nicht einmal in Ansätzen möglich ist. Weiterhin fehlt es weitgehend an einer konsequenten Orientierung an der individuellen Hilfeplanung nach § 36, die das zentrale Instrumentarium der Angebotssteuerung und -korrektur[24] darstellt. Hinsichtlich der Ermittlung des leistungsgerechten Entgeltes unterscheiden die Rahmenverträge jeweils in der einen oder anderen Weise zwar zwischen Grundleistungen, individuellen Sonderleistungen und (notwendigen) Investitionen (bzw. Investitionsfolgekosten). Im Einzelnen sind jedoch mit den Rahmenverträgen zT **völlig unterschiedliche Entgeltsysteme und -strukturen** geschaffen worden.[25] Die Landesrahmenverträge können im Hinblick auf Umfang und Details als „entgeltlastig" bezeichnet werden. Wirkungsorientierte Bestandteile enthalten die Landesrahmenverträge bisher nicht.[26] Deutliche Schwächen weisen die Rahmenverträge im Hinblick auf die Vorgaben zur **Qualitätsentwicklung** auf. Hier gelingt es den Rahmenverträgen zB nicht, eine überzeugende Abgrenzung von Qualität als Leistungsbestandteil (§ 78b Abs. 1 Nr. 1) und dem gesonderten Gebot zur vertraglichen Entwicklung von Qualität vorzunehmen. Demgemäß stellt die Vereinbarung von Maßnahmen zur Qualitätsentwicklung die Vertragspartner vor Ort regelmäßig vor eine kaum lösbare Aufgabe und wird teilweise im Sinne einer Prüfungsermächtigung verstanden.

5 Beteiligung des Landesjugendamtes

8 Das Gesetz sieht in Satz 2 ferner zwingend (anders § 78e Abs. 3) die **Beteiligung** der für die Aufgaben der Beratung der örtlichen Träger bei der Gewährung von Hilfen nach §§ 32–35a (§ 85 Abs. 2 Nr. 5) sowie die Wahrnehmung der Aufgaben zum Schutz der Kinder und Jugendlichen in Einrichtungen nach §§ 45–48a (§ 85 Abs. 2 Nr. 6) zuständigen Behörden, dh des überörtlichen Jugendhilfeträgers (idR **Landesjugendämter** gem. § 69 Abs. 3) vor. Diese haben[27] vor allem beratende Aufgaben in den

18 SG Freiburg 21.1.2016 – S 12 SO 1791/14.
19 So zB § 10 Abs. 1 S. 1 des Rahmvertrags Bayern nach § 78f SGB VIII idF vom 1.12.2016.
20 S. hierzu BSG 16.5.2013 – B 3 P 2/12 R, juris Rn. 21.
21 S. hierzu Cornils in BeckOK GG Art. 9 Rn. 61 ff.; Scholz in Maunz/Dürig GG Art. 9 Abs. 3 Rn. 159 ff.
22 S. hierzu auch § 75 Abs. 2 S. 13 SGB XII.
23 Dazu insgesamt Gottlieb/Kaufhold/Thomsen, Rechtsgutachten, 2003.
24 BT-Drs. 13/10330, 16.
25 So bereits Wabnitz in GK-SGB VIII Rn. 8 ff.
26 Siehe dazu Plaßmeyer in ISA (Hrsg.), Wirkungsorientierte Jugendhilfe, Bd. 7, 6 ff.
27 Vgl. Schindler/Münder in FK-SGB VIII Rn. 9.

Bereichen der Leistungs- und Qualitätsentwicklungsvereinbarung, weil davon auszugehen ist, dass das LJA wegen der überregionalen Erfahrungen und des damit gegebenen Überblicks entsprechende Anregungen und Hinweise geben können. Das LJA besitzt die vollen Mitwirkungsrechte. Begründet wird dies mit deren Aufgabe als Mittler und sachverständiger Behörde für den Schutz von Kindern und Jugendlichen in Einrichtungen. Die gesetzliche Regelung vermengt hier allerdings die vertragliche Konzeption mit Kontrollfunktionen, ohne den spezifischen Charakter der Mitwirkung hinreichend deutlich zu machen. Eine unterbliebene oder unzureichende Beteiligung des LJA berührt die Wirksamkeit eines Rahmenvertrages nicht, da das Gesetz kein weitergehendes Zustimmungserfordernis bzw. Einvernehmen geregelt hat.

§ 78g Schiedsstelle

(1) [1]In den Ländern sind Schiedsstellen für Streit- und Konfliktfälle einzurichten. [2]Sie sind mit einem unparteiischen Vorsitzenden und mit einer gleichen Zahl von Vertretern der Träger der öffentlichen Jugendhilfe sowie von Vertretern der Träger der Einrichtungen zu besetzen. [3]Der Zeitaufwand der Mitglieder ist zu entschädigen, bare Auslagen sind zu erstatten. [4]Für die Inanspruchnahme der Schiedsstellen können Gebühren erhoben werden.

(2) [1]Kommt eine Vereinbarung nach § 78b Absatz 1 innerhalb von sechs Wochen nicht zustande, nachdem eine Partei schriftlich zu Verhandlungen aufgefordert hat, so entscheidet die Schiedsstelle auf Antrag einer Partei unverzüglich über die Gegenstände, über die keine Einigung erreicht werden konnte. [2]Gegen die Entscheidung ist der Rechtsweg zu den Verwaltungsgerichten gegeben. [3]Die Klage richtet sich gegen eine der beiden Vertragsparteien, nicht gegen die Schiedsstelle. [4]Einer Nachprüfung der Entscheidung in einem Vorverfahren bedarf es nicht.

(3) [1]Entscheidungen der Schiedsstelle treten zu dem darin bestimmten Zeitpunkt in Kraft. [2]Wird ein Zeitpunkt für das Inkrafttreten nicht bestimmt, so werden die Festsetzungen der Schiedsstelle mit dem Tag wirksam, an dem der Antrag bei der Schiedsstelle eingegangen ist. [3]Die Festsetzung einer Vergütung, die vor diesen Zeitpunkt zurückwirkt, ist nicht zulässig. [4]Im Übrigen gilt § 78d Absatz 2 Satz 4 und Absatz3 entsprechend.

(4) Die Landesregierungen werden ermächtigt, durch Rechtsverordnung das Nähere zu bestimmen über

1. **die Errichtung der Schiedsstellen,**
2. **die Zahl, die Bestellung, die Amtsdauer und die Amtsführung ihrer Mitglieder,**
3. **die Erstattung der baren Auslagen und die Entschädigung für ihren Zeitaufwand,**
4. **die Geschäftsführung, das Verfahren, die Erhebung und die Höhe der Gebühren sowie die Verteilung der Kosten und**
5. **die Rechtsaufsicht.**

1 Anwendungsbereich (Abs. 1 S. 1)

1 Die obligatorische Errichtung von Schiedsstellen[1] in den Ländern für Streit- und Konfliktfälle setzt das Vereinbarungsprinzip als wesentliches Element des Finanzierungssystems der §§ 78a ff. konsequent um. Das Schiedsstellenverfahren ist daher von der Vereinbarung her zu denken. Die Regelungen sind nicht originär für die Kinder- und Jugendhilfe geschaffen worden, sondern vor dem Hintergrund der entsprechenden Regelungen in der Sozialhilfe (vgl. §§ 93b Abs. 1 u. 2, 94 BSHG aF) sowie der Pflegeversicherung §§ 76, 85 Abs. 5 SGB XI und der gesetzlichen Krankenversicherung § 114 SGB V übernommen worden. Die Vorsitzenden der Schiedsstellen nach §§ 76 SGB XI und 80 SGB XII haben überlegenswerte Vorschläge für die rechtliche Ausgestaltung von Schiedsstellenverfahren gemacht, insbesondere eine bundeseinheitliche Regelung im SGB X vorgeschlagen.[2] Unabhängig davon kann jedoch festgestellt werden, dass sich die Schiedsstellen nach § 78g bewährt haben.[3] Allerdings besteht Reformbedarf. Für örtliche Schieds- oder Schlichtungsstellen ist daneben kein Raum. Eine der Regelung des § 76 Abs. 6 SGB XI entsprechende (unabhängige) Schiedsperson sieht das SGB VIII nicht vor.

Die örtliche Zuständigkeit der Schiedsstelle folgt der Zuständigkeit zum Abschluss der Vereinbarungen nach § 78e, unabhängig einer davon möglicherweise abweichenden gerichtlichen Zuständigkeit nach § 52 VwGO.

2 Die Errichtung von gesetzlichen Schiedsstellen ist für die Länder („sind“) verbindlich. Von der Möglichkeit, mehrere Schiedsstellen einzurichten, hat lediglich NRW Gebrauch gemacht.

2 Rechtscharakter der Schiedsstelle

3 Schiedsstellen sind mangels „richterlicher“ Unabhängigkeit weder Gerichte[4] noch sog. unechte Schiedsgerichte.[5] Die Schiedsstelle ist weder im organisationsrechtlichen noch im prozessualen Sinne Behörde. Im Übrigen ist der Rechtscharakter der Schiedsstelle umstritten. Bei der Schiedsstelle handelt es sich nach hiesiger Auffassung um eine **Behörde im funktionalen Sinn,**[6] dh einer Stelle, die öffentliche Verwaltung wahrnimmt.[7] Das BVerwG bezeichnet die Schiedsstelle als „hoheitliches Vertragshilfeorgan“.[8] Trotz umfassender Aufklärungspflicht[9] sind Schiedsstellen keine Ermittlungsbehörden, sondern eine Vermittlungs„behörde“. Sie betreiben nach ihrem Selbstverständnis „mediative“ Streitschlichtung und Vertragshilfe,[10] die vor allem versucht, allseitig akzeptable Vergleichsvorschläge (→ Rn. 16) zu erarbeiten.[11]

3 Besetzung der Schiedsstelle (Abs. 1 S. 1)

4 Die Schiedsstelle ist mit einer/einem unparteiischen Vorsitzenden zu besetzen (§ 78g Abs. 1 S. 2), der/die die Schiedsstelle nach außen vertritt. Hinsichtlich der Qualifikation des vorsitzenden Mitgliedes hat der Gesetzgeber keine näheren Festlegungen ge-

1 Dazu eingehend Gottlieb ZfF 1/2002, 1 ff.
2 Siehe NDV 2006, 302 ff.; NDV 2013, 571; vertiefend Gottlieb SRa 2012, 150 ff.
3 Wabnitz in AFET, 2009, 41 ff.
4 Vgl. Wiesner in Wiesner Rn. 1; Stähr RdJB 2000, 172.
5 AA offenbar Baltz in Kröger, 203.
6 Zum Behördenbegriff Schnapp in Schnapp/Düring, Handbuch des sozialrechtlichen Schiedsverfahrens, 41, Rn. 19; vgl. § 1 Abs. 2 SGB X.
7 Kritisch hierzu Wabnitz in GK-SGB VIII Rn. 22 f.
8 BVerwG 28.2.2002 – 5 C 25.01, juris Rn. 21.
9 BSG 29.1.2009 – B 3 P 7/08 R.
10 Busch/Struck in GK-SGB VIII Rn. 41; Gottlieb SRa 2012, 153.
11 Dazu Gottlieb in AFET, 2009, 77 ff.; Wiesner in Wiesner Rn. 2c: Entscheidungsorgan sui generis.

troffen. Der Begriff der **Unparteilichkeit** ist dahin gehend zu verstehen, dass es sich um Personen handeln muss, die von den Vertretern der öffentlichen Einrichtungen und den Einrichtungsträgern gleichermaßen akzeptiert werden.[12] Die Verordnungen sehen insoweit weitgehend übereinstimmend vor, dass das vorsitzende Mitglied und die Stellvertretung weder haupt- noch nebenamtlich bei einer Einrichtung oder einem Träger der öffentlichen Jugendhilfe tätig sein oder der die Rechtsaufsicht führenden Behörde angehören darf. Teilweise sehen die Verordnungen vor, dass das vorsitzende Mitglied die Befähigung zum Richteramt oder zum höheren allgemeinen Verwaltungsdienst besitzen soll bzw. muss. Ferner ist erhebliche **Sachkunde**, dh sozialpädagogisches, juristisches und ökonomisches Verständnis gefordert. Wegen der weitreichenden Auswirkungen und Verantwortung der Schiedsstelle dürfte eine wissenschaftliche Qualifikation nützlich sein.[13] In Betracht kommen für diese Aufgabe zB (ehemalige) Kommunal-, Verwaltungs- und Ministerialbeamte, (Sozial-)Politiker, Hochschullehrer aus dem Bereich des Sozialwesens, Geschäftsführer von Kammern. Versteht man die Schiedsstellentätigkeit als behördliche Tätigkeit (→ Rn. 3), ist von einer Unvereinbarkeit von Amt und Mandat auszugehen.[14]

Das SGB VIII enthält keine Regelung, wie zu verfahren ist, wenn kein übereinstimmender Besetzungsvorschlag hinsichtlich des vorsitzenden und des stellvertretenden vorsitzenden Mitgliedes zustande kommt. Entsprechend §§ 94 Abs. 4 SGB X, 76 Abs. 2 S. 5 SGB X dürfte durch die Aufsichtsbehörde ein Losverfahren, kein Wahlverfahren, durchzuführen sein, bei dem für jede vorgeschlagene Person jeweils ein Los vorhanden ist. Der Anspruch auf eine gewichtete Interessenvertretung erschöpft sich in der paritätischen Besetzung der „Bänke“ der Schiedsstelle.

5 Mit der weiteren Besetzung der Schiedsstelle folgt der Gesetzgeber früheren Überlegungen zur Partizipation Betroffener in Form einer echten Interessenvertretung. Dabei ist zu beachten, dass das Gesetz lediglich die gleiche Anzahl von Vertretern der öffentlichen Jugendhilfe sowie von Vertretern der Träger der Einrichtungen bei der Besetzung der Schiedsstelle fordert. Bindend ist damit eine[15] **paritätische Zusammensetzung**. Die Schiedsstelle ist weder parteilich noch parteiisch. Schiedsstellenmitglieder sind Interessenvertreter.[16] Andererseits stehen die Landesregierungen damit vor der Aufgabe, mit möglichst wenigen Mitgliedern eine zügige Entscheidungsfindung zu gewährleisten. Teilweise ist vorgesehen, dass es sich um Vertreter von Einrichtungen der Jugendhilfe mit Leistungsangeboten entsprechend § 78a Abs. 1 handeln muss. Die sich im Einzelfall ergebenden Beteiligungsprobleme werden von den einzelnen Landesverordnungen ganz unterschiedlich gelöst. Nicht unbedenklich ist es aus wettbewerblicher Sicht, dass nicht organisierte privatgewerbliche Betreiber nicht bzw. kaum zum Zuge kommen können. Ebenso erscheint es bedenklich, wenn kommunale Vertreter auf beiden Seiten vorgesehen sind.

6 Hinsichtlich des „unparteiischen“ vorsitzenden Mitgliedes dürfte eine ausreichende Neutralität bereits daraus folgen, dass dieses von den verschiedenen Seiten „akzeptiert” werden muss. Angesichts der von Interessen geleiteten, nicht parteilichen paritätischen Besetzung stellt sich die Frage des **Ausschlusses** und der **Befangenheit** (§ 20 VwVfG, §§ 16, 17 SGB X direkt oder entsprechend). Die Vorschriften über den gesetzlichen Ausschluss und über die Befangenheit von Mitgliedern sind zu beachten.[17] Allein die wissenschaftliche Äußerung zu einer (Rechts-)frage stellt keine Befangenheit dar. Aufgrund der vom Gesetzgeber ausdrücklich angeordneten interessengeleiteten

12 Münder in FK-SGB VIII Rn. 3.
13 Vgl. Armborst RsDE 33/1996, 3; Wiesner in Wiesner Rn. 3.
14 BVerwG 29.3.2000 – 2 B 47/99, LKV 2000, 1184; s. auch § 4 Abs. 2 Nr. 4 DRiG.
15 AA offenbar BSG 25.1.2017 – B 3 P 3/15 R.
16 Wiesner § 78g Rn. 3.
17 Vgl. NdsOVG 25.6.1998 – 4 K 6684/95.

Besetzung der Schiedsstelle kann von den weiteren Mitgliedern zwar nicht die Neutralität und die Unbefangenheit eines unparteiischen Mitgliedes verlangt werden. Zur sachgerechten Wahrnehmung der Aufgaben ist jedoch eine größtmögliche Unabhängigkeit notwendig. Aus Gründen der sachgerechten Erörterung vor und innerhalb der Schiedsstelle muss verhindert werden, dass den Parteien nicht die in den Vertragsverhandlungen aktiv in Erscheinung getretenen Vertreter der Gegenseite nunmehr als Mitglieder der Schiedsstelle gegenübersitzen.[18] Alles andere widerspräche dem Gedanken eines fairen Verfahrens. Schiedsverfahren beruhen auf dem Gedanken des Vertrauens, nicht nur gegenüber dem Vertragspartner, sondern insbesondere auch gegenüber der Schiedsstelle. Nur dadurch ist es möglich, die erforderliche Akzeptanz für die Schiedsstelle zu schaffen.

7 Nicht ausgeschlossen ist danach, dass der Vertreter eines öffentlichen Trägers einer Partei des Schiedsverfahrens angehört, sofern es sich lediglich um die Anstellungskörperschaft[19] handelt. **Ausgeschlossen** dürfte aber ein Schiedsstellenmitglied sein, das als **verbandlicher Beistand** unmittelbar an den Vertragsverhandlungen teilgenommen hat oder als der nach § 78e Abs. 2 anzuhörende Hauptbeleger mit der Sache befasst war.[20] Für die Besorgnis der **Befangenheit** kommt es nicht darauf an, ob sich der oder die Betroffene befangen fühlt oder die Person tatsächlich befangen ist, es reicht ein nachvollziehbarer objektiver Grund für die Befangenheitsbesorgnis. Befangenheit ist gegeben, wenn neben dem ordentlichen Mitglied auch das stellvertretende Mitglied an den Beratungen teilnimmt.[21] Die bloße Zugehörigkeit zu einem (Spitzen-)Verband oder auch das Engagement innerhalb des Verbandes rechtfertigen die Annahme der Besorgnis nicht. Gleiches gilt für die Teilnahme oder persönliche Beteiligung an Verhandlung und Abschluss von (nicht schiedsstellenfähigen) Rahmenverträgen (§ 78f).

4 Bestellung und Abberufung (Abs. 1 S. 2)

8 Die Bestellung des vorsitzenden Mitgliedes und seiner Stellvertretung erfolgt nach den Schiedsverordnungen regelmäßig einvernehmlich zwischen den beteiligten Organisationen für die Träger der Einrichtungen und die Träger der öffentlichen Jugendhilfe. Eine fehlerhafte Bestellung des Vorsitzenden führt nicht zur Rechtswidrigkeit eines Schiedsspruchs.[22] Kommt eine einvernehmliche Bestellung nicht zustande, so bestellt entweder die zuständige Aufsichtsbehörde, nach Anhörung der beteiligten Organisationen, diese zu Mitgliedern oder es entscheidet, wenn geeignete Kandidatinnen oder Kandidaten nicht einvernehmlich benannt worden sind, das Los. Die Bestellung der Mitglieder der Träger der Einrichtungen und der öffentlichen Jugendhilfe erfolgt regelmäßig durch die beteiligten Organisationen (→ Rn. 6). Auch für sie gilt das Sozialgeheimnis nach § 35 SGB I (→ § 61 Rn. 20). Nicht öffentlichen Trägern angehörende Mitglieder der Schiedsstelle sind auf die Einhaltung des Datenschutzes zu verpflichten (→ § 61 Rn. 35).

Die Schiedsstellenmitglieder üben ihre Tätigkeit als Ehrenamt aus (vgl. §§ 81–87 VwVfG). Schiedsstellenmitglieder sind insbesondere zur Teilnahme an deren Sitzungen verpflichtet und haben bei Verhinderung ihre Stellvertretung zu benachrichtigen, unterliegen hinsichtlich der persönlichen sowie der Betriebs- und Geschäftsgeheimnisse, die ihnen bekannt werden, der Verschwiegenheitspflicht, einschließlich des Verbotes, ohne Zustimmung der Beteiligten Unterlagen weiterzugeben. Ohne hinreichenden

18 Siehe dazu Gottlieb ZKJ 7/2017, 267; aA BSG 25.1.2017 – B 3/15 R; BSG 7.10.2015 – B 8 SO 1/14 R.
19 Vgl. SG Düsseldorf 29.6.1998 – S 1 P 31/96, § 16 Abs. 1 Nr. 5 SGB X.
20 Ebenso Telscher in jurisPK-SGB VIII Rn. 17; kritisch BSG 7.10.2015 – B 8 SO 1/14 R: § 16 SGB X nicht unbesehen anwendbar.
21 Vgl. SG Reutlingen 4.9.2009 – S 14 SO 2522/09 unter Hinweis auf § 547 Nr. 1 ZPO.
22 SG Berlin 27.2.2003 – S 76 P 307/98.

Grund nicht zu einer Sitzung zu erscheinen, stellt folglich eine Amtspflichtverletzung gem. Art. 34 GG iVm § 839 BGB dar.

9 Zu **Amtsdauer** und **Amtsführung** trifft das Gesetz keine Aussagen. Dies wird jedoch in den Schiedsverordnungen nachgeholt. Die Amtszeit beträgt in der Regel vier Jahre. Die Mitgliedschaft endet grundsätzlich mit der Amtszeit. Eine erneute Bestellung ist möglich. Bewährt hat sich zur Sicherstellung der Arbeitsfähigkeit der Schiedsstelle die Regelung, dass ein Mitglied solange im Amt bleibt, bis das neue offiziell bestellt wurde. Die Schiedsstellenmitglieder üben ihre Tätigkeit als freiwilliges Ehrenamt aus (vgl. Schiedsverordnungen sowie ausdrücklich § 80 Abs. 3 S. 1 SGB XI). Näheres zur Ausübung des Ehrenamtes findet sich im allgemeinen Sozialverwaltungsrecht nicht (anders dagegen §§ 82–87 VwVfG).[23] Eine Verpflichtung zur Übernahme des Amtes besteht nicht. Auf Weisungen (ihrer) Verbände können sich Schiedsstellenmitglieder nicht berufen, bei der Ausübung ihres Amtes sind sie nicht an Weisungen gebunden. Die Mitglieder der Schiedsstelle haben auch nach Beendigung ihrer Tätigkeit über die ihnen bekannt gewordenen Angelegenheiten **Verschwiegenheit** zu bewahren. Sie sind insbesondere nicht befugt, ihnen zugegangene Unterlagen der Parteien an Dritte weiterzugeben.

10 In den Schiedsverordnungen ist regelmäßig die Abberufung bzw. Aufhebung der Bestellung von Schiedsstellenmitgliedern vorgesehen. Es ist nicht nur ein Gebot der Fairness, dass wer abberufen werden soll, zuvor anzuhören ist. Die Abberufung des vorsitzenden Mitgliedes bzw. seiner Stellvertretung erfolgt gemeinsam durch die beteiligten Organisationen. Eine Abberufung ist nach einigen Verordnungen auf Antrag einer der beteiligten Organisationen durch die Aufsichtsbehörde vorgesehen. Dabei sind die anderen beteiligten Organisationen zu hören. Eine Abberufung ohne Antrag einer der beteiligten Organisationen ist jedoch selbst bei Vorliegen eines wichtigen Grundes nicht zulässig, da dieser Eingriff in das Organisationsrecht der Beteiligten durch die Aufsichtsbehörde einer ausdrücklichen Ermächtigung durch den Gesetzgeber bedurft hätte.[24] Ein **wichtiger Grund** liegt vor, wenn nach Abwägung den beteiligten Organisationen eine weitere Zusammenarbeit mit demjenigen, der abberufen werden soll, bis zum Ende der Amtsperiode nicht zugemutet werden kann. Soweit andere Mitglieder der Schiedsstelle von den Organisationen, die sie bestellt haben, abberufen werden können, widerspricht dies der Weisungsfreiheit (→ Rn. 9). Etwas anderes kann dann gelten, wenn ein wichtiger Grund für die Abberufung gegeben ist. Eine Abberufung zur Unzeit, zB während eines bereits terminierten Verfahrens, dürfte von extremen Ausnahmen abgesehen, nicht zulässig sein.

5 Angelegenheiten der Schiedsstelle (Abs. 2 S. 1)

11 Die Schiedsstelle ist für alle Streit- und Konfliktfälle zuständig, die in den Anwendungsbereich des § 78a fallen und Vereinbarungen nach § 78b betreffen,[25] umfasst also nicht nur das Entgelt, sondern auch Leistungs- und Qualitätsfragen einschließlich der Überprüfung des Fortbestandes vorhandener Vereinbarungen[26] einschließlich der Anpassung der Vereinbarung nach § 78d. Pädagogische Sinnhaftigkeit eines Angebotes bzw. eines Konzeptes sind nicht Gegenstand von Schiedsstellenverfahren. Unabhängig vom Leistungsbestimmungsrecht (→ § 78c Rn. 1) des Einrichtungsträgers ist der gesetzliche Schiedsauftrag umfassend und erfasst somit grds. alle Regelungsbereiche der Vereinbarungen nach §§ 78b Abs. 1 Nr. 1, 78c Abs. 1, insbesondere auch die (in der Praxis häufig) vernachlässigte Leistungsvereinbarung, so dass die Schiedsstelle

23 Kritisch deshalb Armborst RsDE 33/1996, 5.
24 Ebenso Armborst RsDE 33/1996, 5.
25 Wie hier Schindler/Münder in FK-SGB VIII Rn. 5; Stähr Hauck/Noftz/Stähr Rn. 14, Wiesner in Wiesner Rn. 14.
26 Vgl. VG Karlsruhe 14.2.2006 – 8 R 1878/04, ZfSH/SGB 2006, 545.

nicht zur bloßen „Preisfestsetzungsbehörde" wird. Fraglich ist, ob zB als Bestandteil der Leistungsvereinbarung auch Vereinbarungen nach § 8a (→ § 78b Rn. 4) sein können. Die **Landesrahmenverträge** (§ 78f) sind ebenfalls **nicht schiedsstellenfähig** (→ § 78f Rn. 45).[27] Zutreffend ist, dass § 78g Abs. 2 nicht unmittelbar auf § 78f (Rahmenverträge) Bezug nimmt. In § 78g Abs. 2 S. 1 wird lediglich auf Vereinbarungen nach § 78b Abs. 1 verwiesen. Allerdings folgen die Regelungen über die Schiedsstelle systematisch nach den Regelungen über die Rahmenverträge. Auch sind Rahmenverträge nach § 78f ebenfalls Verträge über den Inhalt der Vereinbarungen nach § 78b Abs. 1. Insoweit dürfte es im Einzelfall darauf ankommen, inwieweit Rahmenverträge Vereinbarungen nach § 78b Abs. 2 ersetzen (→ § 78f Rn. 6). Die **Erhöhung von Beträgen für Investitionen** erfordert die Zustimmung des öffentlichen Trägers der öffentlichen Jugendhilfe. Das Schiedsstellenverfahren kann die vorherige Zustimmung des zuständigen Trägers zu Investitionsmaßnahmen nicht ersetzen.[28]

12 Ferner ist zu berücksichtigen, dass die Schiedsstelle lediglich über die Gegenstände zu entscheiden hat, über welche die Parteien keine Einigung erzielt haben (Dispositionsgrundsatz). Voraussetzung ist das Bestehen eines „vertraglosen Zustandes".[29] Die Schiedsstelle kann damit[30] regelmäßig nur über Einzelfragen entscheiden. Dies bedeutet einerseits, dass die Schiedsstelle nicht ungefragt die gesamten Vertragsverhandlungen neu aufrollen darf, andererseits hat sie auch nicht die Möglichkeit, in einer Gesamtwürdigung von sich aus verschiedene Vertragsbestandteile miteinander auszugleichen. Keinesfalls ist es Aufgabe der Schiedsstelle, unausgereifte und unfertige Vertragsangebote entwickeln zu helfen. Ausnahmsweise erscheint eine umfassende Vertragsgestaltung möglich, wenn sich eine Partei zB weigert, überhaupt zu verhandeln.[31] Nicht ausgeschlossen ist ferner, dass die Schiedsstelle vor dem Hintergrund des Vereinbarungsprinzips den Vertragsparteien **Vergleichsvorschläge** unterbreitet (vgl. §§ 87 Abs. 1 Nr. 1, 106 VwGO; → Rn. 16). Ohne Vorliegen einer Leistungs- und Qualitätsvereinbarung ist es für die Schiedsstellen nicht möglich, ein Entgelt festzusetzen.[32] Ggf. hat die Schiedsstelle hierüber vorrangig zu entscheiden.

6 Verfahren vor der Schiedsstelle (Abs. 2 S. 1)

13 Regelungen der Landesverordnungen sind nach Auffassung des Bundessozialgerichts nicht revisibel.[33] Der Aufgabe des Gesetzgebers, Näheres zum Verfahren in den Schiedsverordnungen zu regeln, sind die Verordnungsgeber teilw. lückenhaft nachgekommen. In weiten Bereichen muss auf die allgemeinen Grundsätze zurückgegriffen werden.

Inhalt und Umfang des Schiedsstellenverfahrens werden vom Antrag bestimmt. Die Schiedsstelle ist an die Anträge gebunden. Der Antrag besitzt verfahrenseinleitende Funktion (**Dispositionsgrundsatz**).[34] Die Schiedsstelle hat (**Beschleunigungsgrundsatz**) unverzüglich über den Antrag zu entscheiden (§ 78g Abs. 2 S. 1; § 121 BGB: ohne schuldhaftes Zögern). Nach der Gesetzesbegründung war dabei an einen Zeitraum von vier bis sechs Wochen gedacht.[35] Eine Vertagung nach mündlicher Verhandlung

27 Wiesner in Wiesner Rn. 14.
28 HessLSG 27.4.2012 – L 7 SO 124/10 KL; BSG 23.7.2014 – B 8 SO 3/13 R zu §§ 75 Abs. 5, 76 Abs. 2 S. 4 SGB XII.
29 VG Karlsruhe 14.2.2006 – 8 R 1878/04, ZfSH/SGB 2006, 545.
30 Wiesner in Wiesner Rn. 16.
31 Wiesner in Wiesner Rn. 16; Schindler/Münder in FK-SGB VIII Rn. 12; Telscher in jurisPK-SGB VIII Rn. 23.
32 Vgl. VG Hannover 29.12.2004 – 7 B 4953/04; NdsOVG 2.7.2008 – 4 LA 123/06; LSG BW 13.7.2006 – L 7 1902/06 ER-B; so auch Schindler/Münder in FK-SGB VIII Rn. 5.
33 BSG 25.1.2017 – B 3 P 3/15 R.
34 Schindler/Münder in FK-SGB VIII Rn. 6; Telscher in jurisPK-SGB VIII Rn. 22.
35 BT-Drs. 12/5262, 146.

ist möglich, wenn zu erwarten ist, dass die Parteien die Zeit für eine eigenständige Regelung nutzen werden. Eine Entscheidung mit dem Tenor, den Parteien werde anheimgestellt, zu verhandeln[36] ist nicht zulässig. Vorgeschaltete Güteverhandlungen ohne Beteiligung der gesamten Schiedsstelle als Kollegialorgan sind problematisch. Das Verfahren ist einfach und zweckmäßig zu führen (vgl. § 9 S. 2 SGB X). In jedem Fall ist den Parteien rechtliches Gehör zu gewähren.[37]

Den Schiedsstellenmitgliedern sind grds. sämtliche Schriftsätze nebst Anlagen zur Verfügung zu stellen. Das vorsitzende Mitglied leitet die mündliche Verhandlung und ist für die Ordnung verantwortlich. Es hat den Verfahrensgegenstand mit den Vertragsparteien zu erörtern und darauf hinzuwirken, dass unklare Anträge erläutert, sachdienliche Anträge gestellt („Formulierungshilfe"), ungenügende Angaben ergänzt sowie alle für die Feststellung des Sachverhaltes wesentlichen Erklärungen abgegeben werden (vgl. § 86 Abs. 3 VwGO). Aufgrund ihrer **Neutralitätspflicht** ist es nicht Aufgabe insbesondere des vorsitzenden Mitgliedes einer Partei den Weg zu effektivem Rechtsschutz zu weisen.[38]

Sachverständige (zB zur Frage der Angemessenheit von kalkulierten Mietkosten) und Zeugen können nach den Schiedsverordnungen auf Beschluss der Schiedsstelle regelmäßig hinzugezogen werden. Zunehmend werden Rechtsanwälte in Schiedsstellenverfahren tätig.[39] Alle vorliegenden Verordnungen sehen vor, dass eine Niederschrift gefertigt wird, deren Anforderungen jedoch recht unterschiedlich ausgestaltet sind. Eine Teilnahme von Dritten zu Ausbildungszwecken ist mit Zustimmung der Schiedsstelle zulässig.

Das Verfahren ist **parteiöffentlich**. Die Schiedsstelle berät und entscheidet aber justizförmig nicht öffentlich bzw. in Abwesenheit der Parteien. Nicht zulässig ist es, dass Vertretungen neben den Mitgliedern an den Beratungen teilnehmen. Auch Vertreter der Aufsichtsbehörde, die als Zuhörer an der mündlichen Verhandlung teilgenommen haben, dürfen an den Beratungen nicht teilnehmen. Die Entscheidung wird nach den Schiedsverordnungen mit der Mehrheit der abgegebenen Stimmen getroffen. Ergibt sich bei den anwesenden Mitgliedern[40] keine Mehrheit, so gibt die Stimme des vorsitzenden Mitgliedes den Ausschlag. Die Entscheidung ist vom vorsitzenden Mitglied zu unterzeichnen und den Vertragsparteien zuzustellen bzw. zuzusenden.

Für die Durchführung der Schiedsstellenverfahren werden zur Deckung der Kosten der Schiedsstelle (zB Aufwendungen für die Geschäftsstelle oder ggf. Entschädigungen von Schiedsstellenmitgliedern) regelmäßig **Gebühren** erhoben. Die Gebührentragung (Höhe und Kostenlast) ist jedoch außergewöhnlich uneinheitlich und sehr kompliziert ausgestaltet. Ob ein entsprechender Kostenbeschluss angefochten werden kann, ist str. Die (laufenden) Geschäfte der Schiedsstelle werden in einer Geschäftsstelle geführt, deren Angehörige der Verschwiegenheit unterliegen (→ Rn. 10).

Gem. § 78g Abs. 2 S. 1 SGB VIII entscheidet die Schiedsstelle, wenn eine Vereinbarung nach § 78b Abs. 1 innerhalb von sechs Wochen nicht zustande gekommen ist. Die Entscheidung erfasst die Vertragsgegenstände, über welche keine Einigung erzielt werden konnte. Die Sechs-Wochen-Frist beginnt mit dem Zeitpunkt zu laufen, zu dem 14

36 VG Sigmaringen 6.3.2000 – 8 K 1521/99.
37 BSG 29.1.2009 – B 3 P 7/08 R, Grundsatz des „fairen Verfahrens".
38 OVG NRW 23.5.2011 – 12 A 149/10: keine Beratungshilfe.
39 Zu deren Rolle siehe Fricke/Jeske in AFET, 2009, 67 ff.
40 BSG 25.1.2017 – B 3 P 3/15 R.

eine der Parteien die andere schriftlich zu Verhandlungen aufgefordert hat.[41] Eine reine Übersendung von Entgeltblättern wird als nicht ausreichend erachtet.[42] Mit der Aufforderung zur Verhandlung über den Abschluss von Vereinbarungen müssen allerdings unstrittig noch nicht alle notwendigen Unterlagen vorgelegt werden. Das Gesetz stellt keine über die schriftliche Aufforderung hinausgehenden Anforderungen.[43] Die Gründe für die Erfolglosigkeit von Verhandlungen können vielfältiger Natur sein.[44]

Der Sechs-Wochen-Frist kommt damit insbesondere zwei Funktionen zu: Der einen Vertragsabschluss ablehnenden Partei muss vor dem Hintergrund eines drohenden Schiedsstellenverfahrens der Sechs-Wochen-Zeitraum zugestanden werden, um über die ablehnende Haltung nachzudenken.[45] Zum anderen muss mit der Frist verhindert werden, dass es im System prospektiver Entgeltsätze zu Verzögerungen bei der notwendigen Entgeltanpassung kommt.[46]

15 Eine besondere Bedeutung für das Schiedsstellenverfahren besitzt die **Begründung** der Entscheidung. Die Begründung muss nicht besonders ausführlich sein. Entscheidend ist eine Auseinandersetzung mit den Einwänden, die die Beteiligten in der mündlichen Verhandlung vorbringen.[47] Die Schiedsstelle muss die wesentlichen tatsächlichen und rechtlichen Gründe mitteilen, die sie zu ihrer Entscheidung bewogen haben und die Gesichtspunkte deutlich machen, von denen sie sich bei ihrer Entscheidung hat leiten lassen (vgl. § 35 Abs. 1 SGB X). Der bloße Verweis auf die Spruchpraxis reicht nicht aus.[48] Eine aufgrund ihrer Fachlichkeit vorgenommenen Bewertung geforderter Entgelte als unterdurchschnittlich ist jedoch als ausreichend anzusehen,[49] vorausgesetzt, diese ist in die mündliche Verhandlung eingeführt worden.[50] Aus der Begründung muss sich ergeben, dass der Sachverhalt richtig und vollständig ermittelt worden ist.[51] Die Fertigung der Entscheidungsbegründung obliegt dem vorsitzenden Mitglied. Es ist dabei an die Erörterungen im Kollegium gebunden soweit darin eine Mehrheitsauffassung zum Ausdruck kommt. Eine Abstimmung der Einzelheiten der Begründung im Gremium selbst dürfte bereits aus zeitlichen Gründen nicht möglich sein. Die Begründung ist das entscheidende Bindeglied zwischen formellen und materiellen Aspekten. Der Begründungszwang ist Ausdruck der Sorgfalt und der Objektivität der Entscheidung. Eine sonst mögliche Nachholung der Begründung im gerichtlichen Verfahren (vgl. § 41 Abs. 1 Nr. 2 iVm Abs. 2 SGB X) ist nicht möglich.

Vor diesem Hintergrund kommt der Veröffentlichung von Schiedsstellenentscheidungen eine besondere Bedeutung zu. Als Verwaltungsakt (→ Rn. 18) handelt es sich bei Schiedsstellenentscheidungen um Regelungen im Einzelfall (§ 31 SGB X). In der Praxis kommt ihnen dagegen häufig eine erhebliche Vorbildwirkung gegenüber den zahlreichen vor Ort abzuschließenden Vereinbarungen zu. Insoweit erscheint daher eine Ver-

41 Teilweise wird in der Literatur sogar die Auffassung vertreten, dass die Sechs-Wochenfrist nicht abgewartet werden muss und daher die Anrufung der Schiedsstelle auch zu einem früheren Zeitpunkt zulässig sein soll, s. hierzu Wabnitz in GK-SGB VIII Rn. 37; aA: Wiesner in Wiesner Rn. 15: Antrag ist vor Ablauf der Sechs-Wochen-Frist unzulässig.
42 S. hierzu Schindler/Münder in FK-SGB VIII § 78g Rn. 6.
43 S. hierzu Wabnitz in GK-SGB VIII § 78g Rn. 37; Schindler/Münder in FK-SGB VIII § 78g Rn. 6.
44 S. hierzu eine Aufstellung bei Wabnitz in GK-SGB VIII § 78g Rn. 38.
45 Wiesner in Wiesner § 78g Rn. 15.
46 Wabnitz in GK-SGB VIII § 78g Rn. 38. Zusammenfassend zur Anrufung der Schiedsstelle Wabnitz in Handbuch der Schiedsstellen in der Kinder- und Jugendhilfe – SGB VIII, S. 80 f.
47 BSG 29.1.2009 – B 3 P 7/08 R, juris Rn. 43.
48 BSG 29.1.2009 – B 3 P 7/08 R, juris Rn. 43.
49 OVG NRW 23.5.2011 – 12 A 149/10.
50 BAG 28.10.2012 – 8 AZR 546/09.
51 BSG 16.12.2000 – B 3 P 19/00 R, E 87, 199 (201).

öffentlichung im Hinblick auf Transparenz und eine erforderliche (Weiter-)Entwicklung der **Verhandlungskultur** entsprechend den für gerichtliche Entscheidungen geltenden Maßstäben dringend angezeigt.

7 Aufgabe der Schiedsstellen

Aufgabe der Schiedsstellen ist es, einen **Interessenausgleich** zwischen Leistungserbringern und Leistungsverpflichteten herzustellen. Mit der Abkehr vom hoheitlichen Verwaltungsakt zum Vereinbarungsprinzip (§ 78b) und der damit verbundenen Einrichtung von Schiedsstellen hat der Gesetzgeber einen grundlegenden Perspektivwechsel vorgenommen. Demgemäß sind die Vertragspartner, unabhängig von der umfassenden Aufklärungspflicht und Aufklärungsermittlung (Untersuchungsgrundsatz, § 20 SGB X) der Schiedsstelle auf beiden Seiten, verpflichtet,[52] die zur Begründung bzw. zum Bestreiten notwendigen Nachweise beizubringen (Beibringungsgrundsatz/Verhandlungsprinzip).[53] Es stehen sich damit die Amtsermittlungspflicht durch die Schiedsstelle[54] und die Mitwirkungspflichten bzw. der Beibringungsgrundsatz durch die Beteiligten gegenüber. Aufgrund der besonderen Mitwirkungspflichten der Beteiligten ist die Ermittlungspflicht der Schiedsstelle von Amts wegen beschränkt.[55] 16

Entscheidungen der Schiedsstellen müssen nicht die einzig sachlich vertretbaren sein und weisen häufig **Kompromisscharakter** auf.[56] Ihre Aufgabe ist es vor allem, bei der Definition und Ausfüllung der Rechtsgrundsätze von Wirtschaftlichkeit in Bezug auf die Beurteilung der Höhe und des Umfanges strittiger Positionen, eine inhaltliche Gestaltung der Vertragsbeziehungen vorzunehmen.[57] Dem kommt die Schiedsstelle nach, wenn sie eine vertretbare, die Autonomie der Vertragsparteien wahrende und von diesen akzeptierbare Entscheidung trifft. Die Schiedsstelle hat zu versuchen, für die konkret betroffenen Vertragsparteien „passendes" Recht zu schaffen. Vorrangig dürften daher Vorschläge der Schiedsstellen zu Regelungen im Wege des Vergleichs sein. Die Praxis der Schiedsstellen zeigt, dass hier ihre besondere Stärke liegt.

8 Gerichtliche Überprüfung (Abs. 2 S. 2)

Einer Nachprüfung der Entscheidung der Schiedsstelle in einem **Vorverfahren** bedarf es nach § 78g Abs. 2 S. 4 **nicht**. An die Stelle des Vorverfahrens tritt das Schiedsstellenverfahren, ohne es zu ersetzen. Die Klage ist deshalb nicht zulässig, wenn nicht zuvor eine Entscheidung der Schiedsstelle eingeholt wurde.[58] Die Vertragsparteien können auf die Durchführung des Schiedsverfahrens nicht verzichten. Gegen die Entscheidung ist der **Rechtsweg zu den Verwaltungsgerichten** gegeben (§ 78g Abs. 2 S. 2). Für die Klage gegen die Entscheidung einer Schiedsstelle ist das Verwaltungsgericht örtlich zuständig, in dessen Bezirk der Einrichtungsträger seinen Sitz/Wohnsitz hat (→ § 78e Rn. 1). Eine etwaige Klage ist jedoch nicht gegen die Schiedsstelle (vgl. § 78 Abs. 1 VwGO), sondern gegenüber der anderen Vertragspartei zu erheben (§ 78g Abs. 2 S. 3). Mangels Betroffenheit in eigenen materiellen Rechten ist die Schiedsstelle nach Auffassung des BVerwG[59] auch nicht gem. § 65 Abs. 2 VwGO notwendig beizuladen. Ebenso wenig dürfte danach ein rechtliches Interesse für eine einfache Beiladung gem. 17

---

52 Überzeugend BSG 29.1.2009 – B 3 P 7/08 R.
53 Dazu Busch/Struck in GK-SGB VIII Rn. 31.
54 S. hierzu BSG 26.9.2019 – B 3 P 1/18 R, juris Rn. 33 f.
55 S. hierzu auch LSG MV 6.5.2020 – L 6 P 18/19 R, juris Rn. 43. S. hierzu aber auch BSG 25.1.2017 – B 3 P 3/15 R, juris Rn. 44.
56 BSG 29.1.2009 – B 3 P 7/08 R; BSG 14.12.2000 – B 3 P 18/00 R. S. hierzu auch LSG MV 6.5.2020 – L 6 P 18/19 R, juris Rn. 44.
57 So bereits BVerwG 1.12.1998 – 5 C 17.97, E 108, 47.
58 Vgl. HessLSG 20.6.2005 – L 7 SO 2/05 ER, NDV-RD 6/2005, 124.
59 BVerwG 28.2.2002 – 5 C 25/01, NVwZ-RR 2003, 41.

§ 65 Abs. 1 VwGO gegeben sein. Dies führt zu dem wenig überzeugenden Ergebnis, dass die Schiedsstelle ihre Entscheidung weder erläutern noch verteidigen kann und ggf. von dem Ausgang des gerichtlichen Verfahrens nur über Dritte erfährt.

18 Strittig ist weiterhin die **Rechtsnatur** der Schiedsstellenentscheidung.[60] Eine höchstrichterliche Entscheidung des BVerwG zum SGB VIII liegt nicht vor.[61] Nach Auffassung des BVerwG[62] handelt es sich allgemein bei der Schiedsstellenentscheidung um einen **vertragsgestaltenden VA** iSv § 31 Abs. 1 SGB X.[63] Diese Einordnung überzeugt jedoch nicht, da die Klage nicht gegen die Schiedsstelle, sondern nach § 78 g Abs. 2 S. 3 gegen die andere Vertragspartei zu richten ist. Die Auffassung, dass dies gerechtfertigt sei, weil die Schiedsstelle weder personell noch sachlich zur Prozessführung gerüstet sei,[64] überzeugt ebenfalls nicht, da sich die Klage im Pflegesatzverfahren nach dem SGB XI insoweit konsequent gegen die Schiedsstelle (vgl. §§ 76, 84 SGB XI) richtet. Richtige Klageart ist nach Auffassung des BVerwG die **„isolierte" Anfechtungsklage** gem. § 42 Abs. 1 Alt. 1 VwGO.[65] Diese Rspr. kann allerdings zu einer „unendlichen" Schleife vor der Schiedsstelle führen. Deshalb liegt der Gedanke sehr nahe, dass sich die Verwaltungsgerichtsbarkeit nicht auf eine reine Aufhebung der Schiedsstellenentscheidung beschränken, sondern entsprechend § 113 Abs. 5 S. 2 VwGO in Form einer Bescheidungsklage entscheiden sollte, um für eine erneut erforderlich werdende Schiedsstellenentscheidung eine Richtschnur vorzugeben. Sachgerecht erscheint daher die Rspr. des BSG zum SGB XI, nach welcher statthafte Klageart gegen einen Schiedsspruch die Anfechtungs- und Verpflichtungsklage ist.[66]
Obwohl als Streitgegenstand die „angefochtene" Schiedsstellenentscheidung anzusehen ist, soll die Schiedsstelle weder notwendig noch einfach beizuladen sein (→ Rn. 17).[67] Fraglich ist, ob nach Vorliegen einer schlichtenden Entscheidung der Schiedsstelle noch Raum für gesonderten vorläufigen Rechtsschutz besteht.[68] Da es sich bei der Schiedsstellenentscheidung um einen Verwaltungsakt handelt, kommt der Anfechtungsklage eines Vertragspartners aufschiebende Wirkung zu (§ 80 Abs. 1 VwGO). Die Schiedsstelle kann daher nach § 80 Abs. 2 Nr. 4 VwGO die sofortige Vollziehung der Schiedsstellenentscheidung anordnen.[69] Ein Antrag nach § 80 Abs. 5 VwGO kann dann statthaft sein.

19 Die Schiedsstelle hat bei der vertragsgestaltenden Entscheidungsfindung einen nur eingeschränkt gerichtlich überprüfbaren Beurteilungsspielraum. Trotz dieses Beurteilungsspielraums hat die Schiedsstelle aber zwingendes Gesetzesrecht verfahrensrechtlicher und materiellrechtlicher Art einzuhalten. Der Schiedsspruch muss in einem fairen Verfahren auf der Basis eines hinreichend ermittelten Sachverhalts ergehen und sich innerhalb der Grenzen des Beurteilungsspielraums halten. Diese Grenzen des Beurteilungsspielraums ergeben sich aus den jeweiligen spezialgesetzlichen Vorgaben.[70]

---

60 S. hierzu Telscher in jurisPK-SGB VIII Rn. 14 mN.
61 Aber VG Karlsruhe 14.2.2006 – 8 R 1878/04, ZfSH/SGB 2006, 545 zu BSHG aF.
62 BVerwG 28.2.2002 – 5 C 25/01, NVwZ-RR 2003, 41.
63 Siehe auch BVerwG 1.12.1998 – 5 C 17/97, E 108, 47/49 zum BSHG.
64 S. hierzu Telscher in jurisPK-SGB VIII Rn. 15.
65 So jetzt auch für das SGB VIII VG Arnsberg 8.12.2009 – 11 K 3688/08, juris Rn. 18; ebenso BVerwG 28.2.2002 – C 25/01, NVwZ-RR 2003, 41.
66 BSG 25.1.2017 – B 3 P 3/15 R, juris Rn. 16; LSG Nds-Brem. 16.8.2018 – L 15 P 9/14 KL, juris Rn. 33; LSG NRW 5.4.2017 – L 5 P 3/16 KL, juris Rn. 25. S. hierzu BSG 25.9.2019 – B 3 B 1/18 R, juris Rn. 13 und 14: Verpflichtung zu erneuten Entscheidung unter Beachtung der Rechtsauffassung des Senats.
67 BVerwG 28.2.2002 – C 25/01, NVwZ-RR 2003, 41.
68 S. hierzu Flint in Grube/Wahrendorf SGB XII § 77 Rn. 27.
69 S. hierzu LSG MV 6.5.2020 – L 6 P 18/19 R, juris Rn. 39 f.
70 So zuletzt BSG 25.9.2019 – B 3 B 1/18 R, juris Rn. 18. S. hierzu bereits BVerwG 1.12.1998 – 5 C 17.97, juris Rn. 16.

Unabhängig davon ist zu beachten, dass Schiedsstellenentscheidungen einer (schriftlichen) Begründung bedürfen. Ein Schiedsspruch ohne Begründung entfaltet keine Bindungswirkung (→ Rn. 15). Der Begründungsaufwand hängt von den Einwänden ab, die die Beteiligten dagegen erheben. Der bloße Hinweis auf die Spruchpraxis der Schiedsstelle reicht nicht aus.[71] Gerichtlicherseits ist zu prüfen, ob das konkrete jugendhilferechtliche Leistungsangebot[72] vollständig ermittelt wurde, die notwendigen Abwägungen (überhaupt), namentlich die im Gesetz selbst für wesentlich erklärten (zB Wirtschaftlichkeit und Sparsamkeit), berücksichtigt wurden, diese Gesichtspunkte und etwaige rechtliche Prinzipien (zB Bedarfsdeckung) in einem angemessenen Verhältnis zueinander stehen und eine Entscheidung getroffen wurde, die mit den gesetzgeberischen Zielen (zB „Kindeswohl", Angebotsvielfalt) in Einklang steht. 20

Zur Ermittlung des im Einzelfall leistungsgerechten Tagessatzes sind grds. drei Schritte erforderlich: interner Vergleich, externer Vergleich und Angemessenheitsprüfung. Dies ist für das SGB V, das SGB IX, das SGB XI und das SGB XII durch höchstrichterliche Rspr. des BSG bzw. gesetzliche Vorgaben gesichert. Für das SGB VIII fehlt bisher eine abschließende Klärung durch das BVerwG. Allerdings ist festzustellen, dass die Entgeltsysteme der einzelnen Bücher des SGB einander nachgebildet worden sind. Es gibt also keine Unterschiede in der Gesetzeslage, welche einer Übertragbarkeit entgegenstehen.[73] Nach hiesiger Auffassung ist daher auch im SGB VIII eine Prüfung in drei Schritten geschuldet.

Zunächst ist ein **interner Vergleich** vorzunehmen. Die Ermittlung des Tagessatzes hat nicht über die Feststellung von „Marktpreisen" zu erfolgen.[74] Das Bundessozialgericht hat nach dem Jahr 2000 eine deutliche Korrektur seiner Marktpreisrechtsprechung vorgenommen. Ausdrücklich wird betont, dass die kalkulatorischen Gestehungskosten nicht außer Betracht bleiben können.[75] Es ist daher kein reiner (externer) Vergleich mit der Vergütung anderer Leistungserbringer anzustellen. Vielmehr ist zunächst in einem ersten Schritt im Rahmen eines internen Vergleichs die Plausibilität der voraussichtlichen Gestehungskosten des Leistungserbringers zu prüfen (Plausibilitätskontrolle). Die geltend gemachten Kosten sind dabei auf eine wirtschaftliche und sparsame Mittelverwendung zu überprüfen. Die im Einzelfall entstehenden kalkulatorischen Gestehungskosten müssen daher berücksichtigt werden, wenn sie einer wirtschaftlichen und sparsamen Mittelverwendung entsprechen. Sie haben dann in den Verhandlungen der Vertragspartner und einem etwaigen Schiedsstellenverfahren eine wichtige Rolle.[76]

Im Rahmen eines **externen Vergleichs** ist in einem zweiten Schritt das beantragte Entgelt mit den Vergütungen anderer vergleichbarer Leistungserbringer ins Verhältnis zu setzen. Hierbei ist zu berücksichtigen, dass auch Entgelte, die sich am oberen Rand des Vergleichs bewegen, angemessen sind, wenn sich die jeweilige Forderung als leistungsgerecht erweist, weil sie zB auf einem höheren Aufwand beruht. Dies ist allerdings begründungsbedürftig.[77] Eine Überschreitung der Vergütung vergleichbarer Einrichtungen rechtfertigende Gründe können sich beispielsweise aus der besonderen Struktur des zu betreuenden Personenkreises bzw. den zu erbringenden Leistungen,

71 BSG 29.1.2009 – B 3 P 7/08 R, Rn. 43.
72 VG Arnsberg 8.12.2009 – 11 K 3688/08.
73 S. hierzu BayVGH 19.6.2018 – 12 C 18.314, juris Rn. 8.
74 So noch BSG 14.12.2000 – B 3 P 18/00 R.
75 BSG 29.1.2009 – B 3 P 7/08 R, juris Rn. 18; BSG 17.12.2009 – B 3 P 3/08 R, juris Rn. 50; BSG 16.5.2013 – B 3 P 2/12 R, juris Rn. 14.
76 So ausdrücklich BSG 29.1.2009 – B 3 P 7/08 R, juris Rn. 18 ff. und Brünner/Höfer in LPK-SGB XI § 84 Rn. 11.
77 BSG 29.1.2009 – B 3 P 7/08 R, juris Rn. 36; BSG 13.7.2017 – B 8 SO 11/15 R, juris Rn. 19.

strukturellen Nachteilen durch Standort und Größe der Einrichtung, einer wesentlich abweichenden Personalstruktur oder aus der Wahrung der Tarifbindung ergeben.

Nicht abschließend geklärt ist die Frage, ob sich der **externe Vergleich** nur auf das Gesamtentgelt oder aber auch auf einzelne Posten des Tagessatzes erstrecken kann. Nach hiesiger Auffassung stellt es regelmäßig einen unverhältnismäßigen Eingriff in Art. 12 Abs. 1 GG dar, wenn einzelne Posten des Tagessatzes einem externen Vergleich zugeführt werden. Lediglich der geforderte Tagessatz muss einer Prüfung anhand eines externen Vergleichs standhalten. Es muss nach hiesiger Auffassung von der Entscheidungsfreiheit des Trägers gedeckt sein, wie die Kosten im Einzelnen verteilt werden.[78]

Zu Grenzen des externen Vergleichs ausführlich (→ § 78c Rn. 11).

Im Anschluss an den externen Vergleich ist in einem weiteren Schritt eine **Angemessenheitsprüfung** durchzuführen. Es handelt sich um einen eigenständigen Prüfungsschritt. Das Bundessozialgericht betont dies wie folgt:

„Die Pflegevergütungen anderer Einrichtungen können demzufolge nur eine Vergleichsgröße im Rahmen der Angemessenheitsprüfung darstellen, nicht aber eine unmittelbar verbindliche Bemessungsgröße für die Entgelte sein. Insoweit ist der externe Vergleich ***kein Ersatz*** *für die von den Vertragsparteien und ggf. der Schiedsstelle vorzunehmende Bewertung der Vergütungsforderung auf ihre wirtschaftliche Angemessenheit, sondern Grundlage dieser Bewertung“.*[79]

Aus diesem Grunde ist im Rahmen der Angemessenheitsprüfung zu fragen, ob sich die jeweilige Forderung als leistungsgerecht erweist, weil sie zB auf einem höheren Aufwand beruht.[80] In diesem Zusammenhang ist nach der Rspr. des BSG damit ausdrücklich auf den Gesichtspunkt der Leistungsgerechtigkeit einzugehen. Den Vergleichspreisen anderer Einrichtungen kommt keine rechtlich verbindliche Wirkung zu. Sie stellen lediglich eine Vergleichsgröße, also eines von mehreren Kriterien, im Rahmen der Angemessenheitskontrolle dar. Wirtschaftliche Angemessenheit ist anzunehmen, wenn die Gründe, die die Einrichtung für ein höheres Entgelt geltend macht, den Grundsätzen wirtschaftlicher Betriebsführung entsprechen.[81]

Eine Angemessenheitsprüfung ist grds. immer geschuldet, weil nur bei dieser Prüfung eine Berücksichtigung der Leistungsgerechtigkeit erfolgen kann. Unstrittig ist die Leistungsvereinbarung zwingende Grundlage der Entgeltvereinbarung. Es müssen leistungsgerechte Entgelte vereinbart werden. Ob aber das Entgelt leistungsgerecht ist, kann nicht im Rahmen des externen Vergleichs festgestellt werden. Hierzu muss zwingend eine Angemessenheitsprüfung unter Berücksichtigung des Leistungsangebotes durchgeführt werden.[82]

9 Inkrafttreten der Schiedsstellenentscheidung (Abs. 3)

21 Entscheidungen der Schiedsstelle treten grundsätzlich zu dem in der Entscheidung bestimmten (zukünftigen) Zeitpunkt in Kraft (§ 78g Abs. 3 S. 1). Eine Ausschlussfrist für die Antragstellung bei der Schiedsstelle setzt der Gesetzgeber nicht. Wenn der zukünftige Zeitpunkt von der Schiedsstelle nicht bestimmt wurde, werden die Festsetzungen

78 Das BSG hat diese Frage bisher offen gelassen. S. hierzu BSG 7.10.2015 – B 8 SO 21/14, juris Rn. 23: *„Es kann dahinstehen, ob die für das Pflegeversicherungsrecht entwickelte Rechtsprechung, wonach nur die Kosten ohne weitere Prüfung akzeptiert werden können, die sich im unteren Drittel der Kosten vergleichbarer Einrichtungen bewegen, überhaupt auf Einzelpositionen der gesamten Vergütung angewendet werden darf.“*

79 BSG 17.12.2009 – B 3 P 3/08 R, juris Rn. 59.

80 BSG 29.1.2009 – B 3 P 7/08 R, juris Rn. 36.

81 Brünner/Höfer in LPK-SGB XI § 84 Rn. 13 und 1.

82 Ausführlich hierzu Kepert/Stähr in Handbuch der Schiedsstellen SGB VIII, S. 160 f.

ausnahmsweise mit dem Tag wirksam, an dem der Antrag bei der Schiedsstelle eingegangen ist (§ 78g Abs. 3 S. 2). Für eine rückwirkende Bestimmung des Zeitpunktes[83] ist vor dem Hintergrund des eindeutigen Wortsinns im SGB VIII nach hiesiger Auffassung kein Raum. Stellt sich im Laufe des Verfahrens heraus, dass die antragstellende Partei bis zur Einreichung des Antrages nicht ernsthaft verhandelt hat, kommt eine Festsetzung frühestens zu dem Zeitpunkt in Betracht, an dem die Sache „spruchreif" (vgl. § 113 Abs. 1 S. 2 VwGO) ist. Insoweit ist zu beachten, ab wann ein „schiedsstellenentscheidungsfähiger" Antrag[84] vorgelegen hat. Durch den Geschäftsgang bei der Schiedsstelle bedingte Verzögerungen dürfen nicht zulasten einer Partei gehen. Nach dem Wortsinn (§ 78g Abs. 3 S. 3) betrifft das Rückwirkungsverbot nur die Festsetzung von Vergütungen (gesetzliches Verbot mit Nichtigkeitsfolge gem. § 134 BGB). Leistungs- und Qualitätsvereinbarungen können daher früher in Kraft treten,[85] ohne dass es bei einer zB verbesserten Leistung zu einer „leistungsgerechteren" Vergütung kommt. Nur bei Verhandlungen in der Sache vor der Schiedsstelle können, um Einigungen im Vergleichswege nicht zu erschweren, Vereinbarungen bis zum Zeitpunkt des Einganges des Antrages bei der Schiedsstelle zurückwirken (§ 78d Abs. 2 S. 3 Hs. 2). In der Praxis führt diese Regelung immer wieder zu Problemen, weil insbesondere belegende Jugendämter (§ 78e Abs. 2) rückwirkende Vergütungsregelungen der Schiedsstellen nicht anerkennen. Insoweit geht es daher hier nicht um Zweckmäßigkeitserwägungen, sondern Rechtsklarheit. Eine rückwirkende Einigung außerhalb des Schiedsstellenverfahrens ist ebenso wenig möglich wie eine rückwirkende Vereinbarung vor der Schiedsstelle allein über den Zeitpunkt des Inkrafttretens,[86] sonst bestünde die Gefahr, dass das Schiedsstellenverfahren und damit die Schiedsstelle als „Briefkasten" der Vertragsparteien missbraucht werden könnte. Sinn und Zweck der Regelung ist die Stärkung des Schiedsstellenverfahrens zur inhaltlichen Konfliktlösung.[87] Möglich ist jedoch, dass die Parteien eine beabsichtigte inhaltliche Regelungsabsicht gegenüber der Schiedsstelle abgeben und diese den Zeitpunkt des Inkrafttretens rückwirkend auf den Eingang des Antrages bei der Schiedsstelle festsetzt. Eine Einigung in einem Erörterungstermin mit dem vorsitzenden Mitglied stellt keine Einigung vor der Schiedsstelle dar. Ein in der Niederschrift enthaltenes vor dem Eingang des Antrages liegendes Datum macht den (insoweit vom Vorsitzenden zu berichtigenden) schriftlichen Schiedsspruch nicht rechtswidrig.[88] Bis zur Vereinbarung neuer Regelungen gelten die bisherigen Vereinbarungen weiter (§ 78g Abs. 3 S. 4 iVm § 78d Abs. 2 S. 4).

10 Neuverhandlungen (Abs. 3 S. 4)

Nach § 78g Abs. 3 S. 4 gilt § 78d Abs. 3 entsprechend (→ § 78d Rn. 7). 22

11 Landesregierungsverordnungen (Abs. 4)

Für die Schiedsstelle ist eine Rechtsverordnung nicht des Landes, sondern der jeweiligen Landesregierung notwendig, die Näheres regelt (§ 78g Abs. 4). Diese enge Verordnungsermächtigung erscheint vor dem Hintergrund des Art. 80 Abs. 1 S. 2 GG recht knapp.[89] 23

Die einzelnen Verordnungen zeigen zwar im Wesentlichen ein einheitliches, in Einzelfragen aber auch unterschiedliches Bild. Sie verpflichten die Schiedsstellen regelmäßig, sich Geschäftsordnungen zu geben, die Näheres zum Verfahren, dh den detaillierten

83 So BSG 23.7.2014 – B 8 SO 2/13 zu § 77 Abs. 2 S. 1 SGB XII.
84 Vgl. Schindler/Münder in FK-SGB VIII Rn. 6.
85 S. hierzu auch Schindler/Münder in FK-SGB VIII Rn. 24.
86 IdS wohl auch Mrozynski SGB VIII § 78d Rn. 4.
87 BSG 14.12.2000 – B 3 P 19/00 R.
88 VG München 23.2.1999 – M 15 K 97.7536.
89 Vgl. Armborst RsDE 33/1996, 3.

Verfahrens- und Verwaltungsablauf regeln, soweit er nicht Gegenstand der Verordnung ist. Regelmäßig ist der Vorbehalt einer Bestätigung/Zustimmung durch die zuständige (Rechts-)Aufsichtsbehörde vorgesehen, um sicherzustellen, dass gesetzliche und verordnungsrechtliche Vorgaben nicht verletzt werden.
Für die Inanspruchnahme der Schiedsstelle werden Gebühren erhoben. Die Höhe der festgesetzten Gebühren und etwaiger Vorschussleistungen dürfen den Zweck des Schiedsstellenverfahrens nicht vereiteln.[90] Die Kostenlastverteilung (Abs. 4 Nr. 4) erfolgt regelmäßig justizmäßig entsprechend dem gegenseitigen Obsiegen und Unterliegen. Die durch die Gebührenerhebung nicht gedeckten Kosten der Schiedsstelle sind nach der Mehrzahl gesamtschuldnerisch von den beteiligten Organisationen anteilsmäßig zu tragen.

Vierter Abschnitt Gesamtverantwortung, Jugendhilfeplanung

§ 79 Gesamtverantwortung, Grundausstattung

(1) Die Träger der öffentlichen Jugendhilfe haben für die Erfüllung der Aufgaben nach diesem Buch die Gesamtverantwortung einschließlich der Planungsverantwortung.
(2) [1]Die Träger der öffentlichen Jugendhilfe sollen gewährleisten, dass zur Erfüllung der Aufgaben nach diesem Buch
1. die erforderlichen und geeigneten Einrichtungen, Dienste und Veranstaltungen den verschiedenen Grundrichtungen der Erziehung entsprechend rechtzeitig und ausreichend zur Verfügung stehen; hierzu zählen insbesondere auch Pfleger, Vormünder und Pflegepersonen;
2. die nach Nummer 1 vorgehaltenen Einrichtungen, Dienste und Veranstaltungen dem nach § 80 Absatz 1 Nummer 2 ermittelten Bedarf entsprechend zusammenwirken und hierfür verbindliche Strukturen der Zusammenarbeit aufgebaut und weiterentwickelt werden;
3. eine kontinuierliche Qualitätsentwicklung nach Maßgabe von § 79a erfolgt.
[2]Von den für die Jugendhilfe bereitgestellten Mitteln haben sie einen angemessenen Anteil für die Jugendarbeit zu verwenden.
(3) [1]Die Träger der öffentlichen Jugendhilfe haben für eine ausreichende Ausstattung der Jugendämter und der Landesjugendämter einschließlich der Möglichkeit der Nutzung digitaler Geräte zu sorgen; hierzu gehört auch eine dem Bedarf entsprechende Zahl von Fachkräften. [2]Zur Planung und Bereitstellung einer bedarfsgerechten Personalausstattung ist ein Verfahren zur Personalbemessung zu nutzen.

90 Wabnitz in GK-SGB VIII Rn. 69.

1 Gesamtverantwortung des öffentlichen Trägers (Abs. 1)

1.1 Adressaten

Verpflichtet werden die **Träger der öffentlichen Jugendhilfe**. Dies sind gem. § 69 1
Abs. 1 iVm Landesrecht die örtlichen Träger (Stadtkreise, Landkreise und kreisangehörige Gemeinden mit eigenem JA) sowie die überörtlichen Träger (je nach Landesrecht zB Landeswohlfahrtsverbände, Landschaftsverbände, Landesämter). **Nicht** verpflichtet werden dagegen die **kreisangehörigen Gemeinden**, die – je nach Landesrecht – ohne ein eigenes JA Jugendhilfeaufgaben erfüllen. Somit ist der Landkreis im gesamten Kreisgebiet verantwortlich für die Erfüllung aller Aufgaben nach dem SGB VIII.[1] Dies schließt die Versorgung mit Einrichtungen und Angeboten der Jugendarbeit ebenso ein wie die Bereitstellung von Kindergartenplätzen, auch wenn sie nur der Versorgung der jeweiligen Gemeinde dienen. Dem kann sich der Kreis nicht durch Berufung auf die Gemeindeordnung entziehen, da diese keine Verpflichtung der Gemeinde zur Schaffung von Jugendhilfeeinrichtungen enthält, sondern lediglich ein Recht des Gemeindebürgers auf Benutzung vorhandener Einrichtungen nach gleichen Grundsätzen.[2] Auch die **Kindergartengesetze** der Länder[3] beschränken die Gesamtverantwortung des Stadt- oder Landkreises nicht.[4] Zwar kann eine Aufgabe auf die Gemeinde delegiert werden, aber nicht die Verantwortung.[5] § 74a ändert daran nichts; er überlässt es lediglich den Ländern, die Finanzierung zu regeln. Die Finanzverantwortung ist aber lediglich ein Teil der Gesamtverantwortung (→ Rn. 5). Die Grundsätze des § 79 müssen dabei gewahrt bleiben, zB das Pluralitätsgebot.[6] Der Landkreis kann seiner Gesamtverantwortung dadurch nachkommen, dass er mit der kreisangehörigen Gemeinde einen öffentlich-rechtlichen Vertrag über Inhalt und Umfang der Aufgabenwahrnehmung abschließt (koordinationsrechtlicher Vertrag gem. § 53 Abs. 1 SGB X). Dieser ist nur wirksam, wenn die Schriftform nach § 56 SGB X gewahrt ist.[7]

Mit Art. 1 des **KJSG** hat § 79 Änderungen erfahren.[8] In Abs. 2 S. 1 ist eine Nr. 2 eingefügt worden. Danach muss auch gewährleistet werden, dass die Nr. 1 vorgehaltenen Einrichtungen, Dienste und Veranstaltungen dem nach § 80 Abs. 1 Nr. 2 ermittelten Bedarf entsprechend zusammenwirken und hierfür verbindliche Strukturen der Zusammenarbeit aufgebaut und weiterentwickelt werden. In Abs. 3 S. 1 Hs. 1 ist die Ausstattungsverantwortung um die Möglichkeit der Nutzung digitaler Geräte erweitert worden. Von besonderer Bedeutung für die Gewährleistung der Qualität der Kinder- und Jugendhilfe sowie die Umsetzung des weiteren Inklusionsprozesses bis zum Jahr 2028 dürfte die im neuen Abs. 3 S. 2 vorgegebene Pflicht zur Nutzung eines Verfahrens der Personalbemessung sein.

Für **Träger der freien Jugendhilfe** gilt, was ihre gesetzliche Bezeichnung verheißt – sie 2
sind frei von gesetzlichen Pflichten, s. § 3 Abs. 2 S. 2. Eine Bindung für sie kann sich nur daraus ergeben, dass sie sich durch Vertrag mit dem öffentlichen Träger verpflichten, für ihn Leistungen zu erbringen oder Aufgaben zu erfüllen (→ § 36 Rn. 4). Solche (koordinationsrechtlichen) öffentlich-rechtlichen Verträge (→ § 78b Rn. 12) sind notwendig, damit der öffentliche Träger seiner Gesamtverantwortung gerecht werden kann. Sie bedeutet im Verhältnis zum Leistungsberechtigten, dass der öffentliche Trä-

1 So ausdrücklich Art. 30 Abs. 1 S. 2 AGSG Bayern.
2 Vgl. Kunkel NDV 1992, 285.
3 ZB § 3 KiTaG BW; vgl. Anh. 3 Synopse.
4 Ebenso BVerwG 21.1.2010 – 5 CN 1/09, EuG 2010, 309 nach VGH BW 4.6.2008 – 12 S 2559/06, VBlBW 2009, 95; BayVGH 20.1.2004 – 12 B 03.587, FEVS 55, 429. Ebenso BVerfG 21.11.2017 – 2 BvR 2177/16.
5 So VGH BW 11.1.2007 – 12 S 2472/06, ZKJ 2007, 203 u. 18.1.2006 – 12 S 2474/06.
6 So BayVGH 20.1.2004 – 12 B 03.587, FEVS 55, 429.
7 Ebenso – allerdings fehlerhaft: § 57 LVwVfG – VG Freiburg 23.5.2001 – 5 K 1896/98.
8 BGBl. 2021 Teil I Nr. 29, 1444.

ger die „**Letztverantwortung**" hinter dem vorrangigen Betätigungsrecht des freien Trägers hat.[9] Der öffentliche Träger muss mit den freien Trägern die „Verteilung" aller Aufgaben nach dem SGB VIII regeln. Soweit eine Aufgabe vom freien Träger wahrgenommen wird, ergibt sich eine (relative) Funktionssperre für den öffentlichen Träger; soweit der freie Träger eine Aufgabe nicht wahrnehmen will, muss der öffentliche Träger die Lücke schließen. Letztverantwortung bedeutet aber nicht nur, ein lückenloses Netz zu knüpfen, sondern auch, dem Leistungsberechtigten gegenüber dafür einzustehen, dass die Aufgabenerfüllung durch den freien Träger der gesetzlich geforderten Qualität entspricht. Dieser Verantwortung kommt der öffentliche Träger durch Abschluss von Leistungs-, Entgelts- und Qualitätsentwicklungsvereinbarungen gem. § 78b (im Anwendungsbereich des § 78a, sonst nach § 77) nach.

1.2 Inhalt und Bedeutung

3 Gesamtverantwortung ist die Verantwortung des öffentlichen Trägers dafür, dass im Bereich seiner sachlichen (§ 85) und örtlichen §§ 86–88a) Zuständigkeit[10] garantiert ist, dass alle in § 2 genannten Leistungen und anderen Aufgaben tatsächlich erbracht bzw. erfüllt werden („jugendhilferechtliche Garantenstellung" – im Unterschied zur strafrechtlichen; → § 8a Rn. 123 u. → § 27 Rn. 16). Für die Erfüllung anderer Aufgaben regelt § 76 Abs. 2 ausdrücklich, dass die Beteiligung freier Träger an der Verantwortlichkeit des öffentlichen Trägers nichts ändert; für den Leistungsbereich ergibt sich dies aus § 3 Abs. 2 S. 2. Diese umfassende Gesamtverantwortung für das gesamte Aufgabenspektrum des § 2 schließt aus, dass einzelne dieser Aufgaben in ihrer Bedeutung relativiert werden, wie es beispielsweise für die Jugendarbeit gern geschieht (→ § 12 Rn. 3). § 79 ist deshalb **Korrespondenznorm** nicht bloß zu § 3,[11] sondern **zu allen Aufgabennormen** des SGB VIII und damit Scharnier zwischen der Aufgabenerfüllung im Einzelfall und der dafür notwendigen Struktur. Sie schafft das Fundament für die Erfüllung aller Aufgaben des SGB VIII („**Fundamentalnorm**").[12] § 79 ist gleichsam das Vehikel, das Aufgabenpostulate vom Papier in die Praxis befördert. Während die Gesamtverantwortung nach Abs. 1 regelt, **dass** alle Aufgaben zu erfüllen sind, bestimmt Abs. 2, **wie** dies zu geschehen hat. Die **Gewährleistungspflicht** ist insofern **Bestandteil** der Gesamtverantwortung. Sie bewirkt, dass die Gesamtverantwortung **strukturell** (mit Einrichtungen, Diensten, Veranstaltungen) und **individuell** (bei der Aufgabenerfüllung im Einzelfall) dem in Absatz 2 geforderten Qualitätsstandard entspricht. In keinem anderen Gesetz ist **Qualitätssicherung** in diesem Ausmaß normiert; eines aufwändigen Qualitätsmanagements bedarf es deshalb für die Jugendhilfe nicht – es genügt schlichter Gesetzesvollzug. In § 79 hat das SGB VIII ein **Markenzeichen**, das vielfach noch nicht die seiner Bedeutung entsprechende Beachtung gefunden hat.[13]

4 Über das Ziel hinaus schießt freilich das VG Gelsenkirchen,[14] wenn es aus § 79 ein Recht auf **Akteneinsicht** ableitet, weil dies zur rechtmäßigen Aufgabenerfüllung gehöre. § 79 garantiert lediglich die (materielle) Erfüllung der Aufgaben nach § 2, aber nicht auch deren formelle Voraussetzungen.

5 Mit dem BKiSchG eingefügt wurde in Abs. 2 die Nr. 2, wonach sich die Gewährleistungspflicht (nicht „Gesamtverantwortung", so die Begründung zum RegE) auf die ebenfalls neu eingefügte **Qualitätsentwicklung** in § 79a erstreckt. Infolge Rechtsänderung durch Art. 1 des KJSG wurde diese Vorgabe nun in **Nr. 3** verschoben. Über Si-

9 So grundlegend BVerfG 18.7.1967 – BvF 3–8/62, E 22, 180.
10 S. hierzu auch OVG LSA 30.4.2015 – 4 M 41/15, juris Rn. 10.
11 So aber BT-Drs. 11/5948, 100.
12 Ebenso VGH BW 4.6.2008 – 12 S 2559/06, juris Rn. 64. So auch – unter Übernahme des Begriffs – BVerfG 21.11.2017 – 2 BvR 2177/16, juris Rn. 97.
13 Näher Kunkel NDV 2001, 412.
14 VG Gelsenkirchen 12.1.2004 – 19 K 4534/03, NDV-RD 2004, 115.

cherstellungsvereinbarungen (§ 79a Abs. 2) soll erreicht werden, dass auch die freien Träger sie beachten.

Weiterer Bestandteil der Gesamtverantwortung ist die **Planungsverantwortung**. Erst auf der Grundlage einer Planung kann festgestellt werden, ob Einrichtungen, Dienste und Veranstaltungen im Zuständigkeitsbereich des öffentlichen Trägers ausreichend und geeignet sind. Um den Bedarf feststellen zu können, muss der Landkreis die kreisangehörige Gemeinde ohne eigenes JA in die Planung einbeziehen, wenn dort Einrichtungen und Dienste vorhanden sind oder aufgebaut werden sollen (→ § 80 Rn. 24).[15] Der Planungsverantwortung kann der öffentliche Träger mit einer Jugendhilfeplanung gem. § 80, die nicht notwendigerweise auch einen **Jugendhilfeplan** hervorbringen muss,[16] gerecht werden, soweit es die strukturelle Gesamtverantwortung betrifft. Für die **individuelle** Gesamtverantwortung ist die **Hilfeplanung** nach § 36, wenn auch beschränkt auf die dort genannten Hilfen, geeignetes Instrument.[17] Dass die Jugendhilfeplanung gem. § 80 nicht identisch ist mit der Planungsverantwortung gem. § 79 Abs. 1 ergibt sich auch aus dem unterschiedlichen Umfang der Planung. Mit der Jugendhilfeplanung sind nur Einrichtungen und Dienste, also nicht Veranstaltungen erfasst; ebenso wenig ist die mit § 79 Abs. 3 angesprochene Personalplanung berücksichtigt.[18] 6

Weiterer Bestandteil der Gesamtverantwortung ist die **Finanzverantwortung** (→ Rn. 1).[19] Um ihr zu entsprechen, muss die Vertretungskörperschaft des öffentlichen Trägers so viel Finanzmasse zur Verfügung stellen, wie benötigt wird, um alle Aufgaben nach dem SGB zu erfüllen (→ Rn. 17).[20] 7

§ 79 ist **keine Ermächtigungsgrundlage** für einen wettbewerbsbeeinflussenden Eingriff in die Berufsfreiheit aus **Art. 12 GG**, wie ihn das (rechtswidrige) Auswahlverfahren bei sozialräumlich orientierten Projekten darstellt, weil er keine Befugnis zum Eingriff und keine Eingriffsvoraussetzungen enthält.[21] § 79 ist Aufgabennorm, aber nicht Befugnisnorm.[22] 8

2 Gewährleistungspflicht des öffentlichen Trägers (Abs. 2 S. 1)

2.1 Inhalt

§ 79 Abs. 2 enthält Vorgaben zur Frage, wie die Gesamtverantwortung wahrzunehmen ist. Nach § 79 Abs. 2 Satz 1 Nr. 1 sollen die Träger der öffentlichen Jugendhilfe zunächst gewährleisten, dass zur Aufgabenerfüllung die erforderlichen und geeigneten Einrichtungen, Dienste und Veranstaltungen den verschiedenen Grundrichtungen der Erziehung entsprechend rechtzeitig und ausreichend zur Verfügung stehen. Der Gesamtverantwortung leistet der Träger der öffentlichen Jugendhilfe damit grundsätzlich bereits dann Genüge, wenn er dafür sorgt, dass ein ausreichendes Angebot durch ver- 9

15 S. hierzu auch BVerfG 21.11.2017 – 2 BvR 2177/16, juris Rn. 98.
16 Vgl. Antwort der BReg., BT-Drs. 13/8173.
17 Ebenso Hilke in Hauck/Noftz Rn. 8.
18 Ebenso Kern in SFMK Rn. 5; Tammen in FK-SGB VIII Rn. 10.
19 S. hierzu auch BVerfG 21.11.2017 – 2 BvR 2177/16, juris Rn. 100.
20 Ebenso VGH BW 4.6.2008 – 12 S 2559/06, VBlBW 2009, 95; NdsOVG NVwZ-RR 1999, 383; VG Hamburg 8.12.1999 – 13 4549/99 u. 4683/99, ZfJ 2000, 275; Kunkel ZfJ 2000, 414.
21 S. hierzu auch VG Darmstadt 29.2.2016 – 5 L 652/15.DA, juris Rn. 52.
22 Ebenso VG Lüneburg 20.12.2005 – 4 B 50/05, bestätigt durch NdsOVG 13.3.2006 – 4 ME 1/06, JAmt 2006, 250; HambOVG 10.11.2004 – 4 Bs 388/04, JAmt 2004, 592; OVG Bln 4.4.2005 – 6 S 415.04, RsDE (2006) 63, 67 nach VG Berlin 19.10.2004 – 18 A 404.04, JAmt 2005, 196.

schiedene Leistungserbringer zur Verfügung gestellt wird. Eine darüber hinausgehende Handlungspflicht wird zunächst nicht begründet.[23]

Die Gewährleistungspflicht ermöglicht die Wahrnehmung der strukturellen und individuellen Gesamtverantwortung (→ Rn. 3). Die zur Aufgabenerfüllung notwendigen Einrichtungen, Dienste und Veranstaltungen müssen nicht nur zur Verfügung stehen, sondern eine bestimmte **Normqualität** erfüllen. Sechs Faktoren bestimmen diese Qualität: erstens müssen sie geeignet, zweitens in erforderlicher Zahl, drittens in ausreichender Personalausstattung, viertens in ausreichender Finanzausstattung, fünftens in pluraler Breite und sechstens rechtzeitig zur Verfügung stehen. Wird diese Normqualität nicht erbracht, ist die Gewährleistungspflicht nicht erfüllt.

10 Diese Begriffe sind **unbestimmte Rechtsbegriffe**, dh ihr Inhalt ist durch Auslegung zu ermitteln, wobei es nur **ein** richtiges Ergebnis geben kann. Ermessen besteht nicht, ebenso wenig Beurteilungsspielraum bei der Auslegung. Das BVerfG[24] hat die Fallgruppen des Beurteilungsspielraums auf einen nicht erweiterungsfähigen Kreis beschränkt.[25] Die vom zuständigen Träger der Jugendhilfe vorgenommene Auslegung und Subsumtion ist daher der vollen verwaltungsgerichtlichen Kontrolle unterworfen.[26] Davon zu unterscheiden ist der Beurteilungsspielraum für die Geeignetheit der einzelnen Hilfe, der wegen des kooperativen Entscheidungsprozesses im Hilfeplanungsverfahren angenommen wird (→ § 27 Rn. 13).

11 **Geeignet** ist eine Einrichtung, ein Dienst oder eine Veranstaltung dann, wenn sie bzw. er objektiv tauglich ist, die Erreichung des Zwecks der jeweiligen Aufgabennorm zu fördern. **Erforderlich** ist eine Einrichtung usw, wenn sie unter mehreren geeigneten Einrichtungen am besten geeignet ist, den Aufgabenzweck zu verwirklichen. **Ausreichend** sind Einrichtungen usw, wenn sie in genügender Zahl zur Verfügung stehen, um die Aufgabenzwecke erfüllen zu können und wenn auch die Personal- und Finanzausstattung hierfür ausreichen. Ausreichend ist die Infrastruktur also nur, wenn sie den Bedarf im Einzelfall decken kann. Ob eine Einrichtung bedarfsgerecht ist, hängt nicht von einer tatsächlichen Nachfrage ab, sondern davon, welcher Bedarf **normativ** gedeckt werden soll, also nach dem Zweck der einzelnen Aufgabennorm. So ist beispielsweise Zweck des § 24 auch, Familienerziehung und Berufstätigkeit miteinander vereinbaren zu können. Ausreichend ist daher ein Kindergartenangebot nur, wenn es mit seinen Öffnungszeiten die Erfüllung dieses Zwecks ermöglicht. Zweck einer Tagesbetreuung für Kinder unter 3 Jahren ist es, Eltern die Kinderbetreuung zu ermöglichen, wenn sie aus wirtschaftlichen Gründen erwerbstätig sein müssen oder sich noch in Ausbildung befinden.[27] Ein faktisch darüber hinaus auftretender Bedarf ist daher nicht zugleich ein normativer Bedarf, der zu befriedigen wäre. **Rechtzeitig** steht eine Einrichtung dann zur Verfügung, wenn ein Hilfebedarf zu dem Zeitpunkt gedeckt werden kann, in dem er auftritt. Für präventiv zu leistende Hilfen (zB Leistungen nach § 16) kommt es auf den Zeitpunkt an, in dem das Bedürfnis nach präventiver Hilfe erkennbar ist. **Plural** sind Einrichtungen usw, wenn mit ihnen den jeweils verschiedenen Wertvorstellungen der Eltern zur Erziehung ihrer Kinder entsprochen werden kann. Auch hierin (→ Rn. 3) wird deutlich, dass § 79 das Fundament für die in § 3 Abs. 1 und § 9 Nr. 1 getroffene Regelung ist. Das plurale Angebot soll das Wunsch-

23 AA für die Erfüllung des Rechtsanspruchs nach § 24 Abs. 2 BayVGH 22.7.2016 – 12 BV 15.719, juris Rn. 28 sowie VGH BW 8.12.2016 – 12 S 1782/15, juris Rn. 46. S. hierzu aber BVerwG 26.10.2017 – 5 C 19.16.
24 BVerfG 17.4.1991 – 1 BvR 213/83, E 84, 34.
25 Ausführlich Ollmann ZfJ 1995, 45.
26 Ebenso – für die mangelnde Eignung eines Kindergartens bei unzumutbarer Entfernung – OVG Saarl 16.12.1997 – 8 W 6/97, FEVS 48, 399; VG Freiburg 2.9.2002 – 8 K 1512/02; Tammen in FK-SGB VIII Rn. 16.
27 Ebenso BVerwG 27.1.2000 – 5 C 19/99, FEVS 51, 347.

und Wahlrecht nach § 5 ermöglichen, wird also von dessen Grenzen, insbesondere denen der unverhältnismäßigen Mehrkosten, miterfasst (→ Rn. 17 f.).

Die Aufzählung von Pflegern, Vormündern und Pflegepersonen in Halbsatz 2 hat lediglich deklaratorische Bedeutung (auch deshalb, weil Beistände in der Aufzählung fehlen), da ohne sie die in Hs. 1 angesprochenen Dienste personell nicht ausreichend ausgestattet wären. **Pfleger, Vormünder** und **Beistände** dienen der Erfüllung der Aufgabe nach § 53 Abs. 1; Pflegepersonen werden benötigt, um die Aufgabe nach § 23 oder §§ 27, 33 erfüllen zu können. 12

2.2 Auswirkungen auf

2.2.1 ... Aufgabenerfüllung durch öffentlichen Träger. Der öffentliche Träger hat die (jugendhilferechtliche) **„Garantenstellung"** dafür, dass im Bereich seiner sachlichen und örtlichen Zuständigkeit **jede** der in § 2 genannten Aufgaben im **Einzelfall** gesetzmäßig erfüllt wird (§§ 3, 76). Das kann auch dadurch geschehen, dass er als Leistungsträger die Leistungserbringung außerhalb seines örtlichen Zuständigkeitsbereichs bewirkt.[28] Voraussetzung hierfür ist die Bereitstellung der erforderlichen Infrastruktur,[29] so dass strukturelle und individuelle Gesamtverantwortung nicht getrennt werden können.[30] Gesetzmäßige Erfüllung bedeutet auch, dass Qualitätskriterien erfüllt sein müssen. Der Verpflichtungsgrad der Aufgabenerfüllung ist je nach der einzelnen Aufgabennorm unterschiedlich („muss", „soll", „kann"; → § 2 Rn. 7), der Wirkungsgrad aber bestimmt sich einheitlich aus § 79 Abs. 2. Vom **Verpflichtungsgrad** der Norm zu unterscheiden ist die **Anspruchsqualität** der Norm (→ § 2 Rn. 5). Nur wenn die Norm ein subjektives öffentliches Recht enthält, besteht ein Anspruch auf die Erfüllung der in der Norm genannten Aufgabe (Leistung oder andere Aufgabe). Es ist deshalb verfehlt, bei einer Muss-Leistung (zB § 11) automatisch einen Rechtsanspruch auf diese Leistung anzunehmen. Ein solcher Rechtsanspruch besteht nur dann, wenn es Zweck der Norm ist, (zumindest auch) den Einzelnen zu schützen (Schutznormtheorie). Entsprechendes gilt für die Kann-Leistung; ein Rechtsanspruch auf Ausübung fehlerfreien Ermessens (§ 39 SGB I) besteht nur dann, wenn die Ermessensnorm ein subjektives öffentliches Recht enthält. Hinsichtlich Verpflichtungsgrad und Anspruchsqualität ist die **einzelne** Aufgabennorm von der Norm des § 79 zu unterscheiden (→ Rn. 24). 13

Die Pflicht zur Aufgabenerfüllung bedeutet **nicht**, dass der öffentliche Träger **selbst** die Aufgabe erfüllen muss, vielmehr muss er nur garantieren, dass sie erfüllt wird.[31] 14

2.2.2 ... freien Träger. 2.2.2.1 ... für dessen Aufgabenerfüllung. Aus der unter → Rn. 13, 14 beschriebenen Garantenstellung des öffentlichen Trägers folgt, dass er die Verantwortung für eine rechtmäßige Aufgabenerfüllung auch dann trägt, wenn er einen freien Träger beauftragt hat, die Leistung zu erbringen oder sich bei der Erfüllung einer anderen Aufgabe zu beteiligen. Eine Leistung kann der freie Träger auch ohne Ableitung vom öffentlichen Träger (originär) erbringen (im Unterschied zur Wahrnehmung einer anderen Aufgabe); erbringt er sie aber (derivativ) für den öffentlichen Träger (für dessen Rechnung), erfüllt er damit dessen Leistungspflicht gegenüber dem Leistungsberechtigten, ist also dessen „sozialrechtlicher Erfüllungsgehilfe".[32] Dies ergibt sich auch aus dem Wortlaut des § 61 Abs. 3: „in Anspruch genommen" (→ § 61 Rn. 298). Dass der freie Träger damit nicht zum schuldrechtlichen Erfüllungsgehilfen iSv § 278 BGB wird, ergibt sich aus § 4 Abs. 1 S. 2, wonach der öffentli- 15

28 Ebenso Busch/Fieseler Jugendhilfe 2006, 276.
29 S. hierzu auch BVerfG 21.11.2017 – 2 BvR 2177/16, juris Rn. 101.
30 Anders aber wohl Baltz NDV-RD 1999, 6 und Stadelmann/Marquard NDV 2000, 234, die § 79 als bloße Infrastrukturverantwortung verstehen; hierzu auch → Rn. 3.
31 S. hierzu auch BVerwG 12.9.2013 – 5 C 35/12, juris Rn. 40.
32 Gegen diese Sichtweise Rothe ZfJ 1997, 393.

che Träger die Selbstständigkeit des freien Trägers auch bei Durchführung der Aufgabe zu achten hat (→ § 36 Rn. 4). Dies übersieht das BAG,[33] wenn es aus der Gesamtverantwortung nach § 79 folgert, aus ihr ergebe sich eine **Überwachungspflicht** des Hilfeablaufs.[34] Seiner Verantwortlichkeit kommt der öffentliche Träger vielmehr dadurch nach, dass er die Gesetzeskonformität der Hilfeleistung sicherstellt („Letztverantwortung"; → Rn. 2). Dies kann bei einer HzE so geschehen, dass im Hilfeplan festgelegt wird, wie der Hilfebedarf zu befriedigen ist und wann eine Überprüfung der Geeignetheit und Erforderlichkeit der Hilfe stattfinden soll (→ § 36 Rn. 36). Fachliche Weisungen sind durch § 79 nicht nur nicht geboten, sondern durch § 4 verboten (→ § 4 Rn. 29 ff.). Ähnlich wie bei der Autonomie einer Selbstverwaltungskörperschaft ist auch bei der Autonomie des freien Trägers eine Art **Rechtsaufsicht** möglich und geboten, **Fachaufsicht** dagegen unzulässig.[35]

16 **2.2.2.2 ... für dessen Finanzierung.** Aus § 74 Abs. 1 ergibt sich die Pflicht des öffentlichen Trägers, den freien Träger zu fördern; auf die Erfüllung dieser Pflicht besteht ein Anspruch des freien Trägers.[36] Dagegen steht die Höhe der Förderung im Ermessen des öffentlichen Trägers (§ 74 Abs. 3). Bei der Ausübung des Ermessens darf der öffentliche Träger aber gesetzliche Grenzen nicht verletzen (§ 39 SGB I analog). Eine gesetzliche Grenze kann sich aus § 79 Abs. 2 ergeben, weil dort die Pflicht verankert ist, dass zur Erfüllung aller Aufgaben die notwendigen finanziellen Mittel bereitgestellt werden müssen. Der öffentliche Träger muss deshalb den freien Träger insoweit finanzieren, als er Aufgaben nicht selbst erfüllt, aber auch insoweit, als eine plurale Erfüllung der Aufgaben nicht sichergestellt ist. § 74 Abs. 3 S. 1 müsste daher als **„normatives Gerundiv"** formuliert werden und richtig lauten: „im Rahmen der zur Verfügung **zu stellenden** Haushaltsmittel".[37] Werden also Aufgaben im Zuständigkeitsbereich des öffentlichen Trägers nicht oder nicht plural erfüllt, ist der öffentliche Träger verpflichtet, die Übernahme einer solchen Aufgabe durch den freien Träger zu finanzieren. Der Umfang der Förderung ergibt sich aus dem Umfang der gesetzeskonform zu erfüllenden Aufgabe. Das nach § 74 Abs. 3 bestehende Ermessen für die Höhe der Förderung wird dann auf null reduziert, wenn nur eine bestimmte Höhe gewährleistet, dass die Aufgabe gemäß den Qualitätskriterien des § 79 Abs. 2 erfüllt werden kann. Auf die Förderung in dieser Höhe besteht dann ein Rechtsanspruch des freien Trägers, weil § 74 ein subjektives öffentliches Recht enthält (→ § 74 Rn. 25 f.).

17 **2.2.3 ... Wunsch- und Wahlrecht/Selbstbeschaffungsrecht.** Absatz 2 verpflichtet den Träger der öffentlichen Jugendhilfe dazu, eine **plurale Angebotsstruktur** zu schaffen (→ Rn. 7). Dies bedeutet, dass zur Erfüllung aller Aufgaben nach § 2 Einrichtungen, Dienste und Veranstaltungen zur Verfügung stehen müssen, die den unterschiedlichen Wertorientierungen in der Gesellschaft entsprechen (§ 3 Abs. 1),[38] soweit die Leistungsberechtigten dies wünschen (§ 5 Abs. 1). Absatz 2 wiederholt dies mit der Formulierung „den verschiedenen Grundrichtungen der Erziehung entsprechend" ausdrücklich und ist insoweit lediglich von deklaratorischer Bedeutung. Zur pluralen Angebotsstruktur gehören nicht notwendig Angebote von privat-gewerblichen Leistungserbringern. Methodenpluralität kann allerdings auch durch privat-gewerbliche Träger

33 BAG 11.6.1997 – 7 AZR 487/96, NVwZ-RR 1998, 183; 6.5.1998 – 5 AZR 347/97, ZfJ 2000, 72 mAnm Kunkel S. 60; zweifelnd LAG BW 20.2.2002 – 11 Sa/02; richtig dann BAG 25.5.2005 – 5 AZR 347/04, E 115, 1.

34 Gegen BAG auch Fieseler in GK-SGB VIII Rn. 12 a; Kern in SFMK Rn. 4; Werner in JHSM Rn. 6; Tammen in FK-SGB VIII Rn. 9.

35 Kritisch zu dieser Begrifflichkeit Werner in JHSM Rn. 7; für „Gesamtverantwortung nach den spezialgesetzlichen Regelungen des SGB VIII" Tillmanns in MüKoBGB § 3 Rn. 6.

36 Vgl. hierzu Kunkel ZfJ 2000, 413.

37 AA VG Berlin 14.6.1999 – VG 20 A 2399, ZfJ 2000, 194.

38 VG Darmstadt 29.2.2016 – 5 L 652/15.DA, juris Rn. 52.

hergestellt werden (zur Frage, ob zu den Trägern der freien Jugendhilfe auch privatgewerbliche Leistungserbringer zu zählen sind, → § 3 Rn. 18).

Die plurale Angebotsstruktur ist Voraussetzung dafür, dass die Leistungsberechtigten ihr **Wunsch- und Wahlrecht** (§ 5) tatsächlich ausüben können.[39] Die Wahl beschränkt sich nicht auf solche Angebote, die in einem Jugendhilfeplan förmlich festgestellt sind, sondern besteht auch für Angebote, die tatsächlich vorhanden sind und die der Träger der öffentlichen Jugendhilfe – außerhalb des Jugendhilfeplans – als geeignet und erforderlich feststellt.[40] Auch ein **Selbstbeschaffungsrecht** steht unter dem Vorbehalt der – nachträglichen – Feststellung der Eignung und Erforderlichkeit durch den öffentlichen Träger. Diese Feststellung unterliegt der vollen verwaltungsgerichtlichen Kontrolle (→ Rn. 10). Aus der Gesamtverantwortung folgt, dass der Hilfesuchende den öffentlichen Träger von vornherein einschalten muss; nur dann kann er Selbstbeschaffung geltend machen,[41] wie § 36a Abs. 3 S. 1 Nr. 1 ausdrücklich regelt. 18

2.2.4 ... Kommunalhoheit, insbesondere Finanzhoheit. Der als Satzung zu beschließende Haushaltsplan ist rechtswidrig, wenn er die Erfüllung aller Aufgaben nach § 2 nicht ermöglicht, weil er dann gegen das höherrangige Recht aus § 79 verstößt. Die Erfüllung der Aufgaben der Jugendhilfe steht **nicht unter dem Vorbehalt des Haushaltsplans**, sondern umgekehrt steht der Haushaltsplan unter dem Vorbehalt des § 79 Abs. 2.[42] Die gesetzliche Gewährleistungspflicht ist demnach ein Eingriff in die kommunale Selbstverwaltung. Dieser Eingriff ist aber zulässig,[43] da die Selbstverwaltung nur im Rahmen der Gesetze gewährleistet ist (Art. 28 Abs. 2 GG). Das Jugendhilferecht beschränkt die kommunale Selbstverwaltung auch noch in anderer Hinsicht, so nimmt zB § 69 Abs. 3 einen Eingriff in die Organisationshoheit, § 72 einen Eingriff in die Personalhoheit und § 70 Abs. 2 einen Eingriff in beide Hoheiten vor. Dass die Förderungs- und Finanzierungspflicht nicht in den Kernbereich der Selbstverwaltung eingreift, hat das BVerfG[44] bereits entschieden. Dass die notwendigen Haushaltsmittel zur Verfügung zu stellen sind (→ Rn. 5), gilt unabhängig davon, ob die Haushaltsführung nach den Grundsätzen der **Budgetierung** oder der Kameralistik erfolgt. Die Haushaltsführung ist lediglich ein Mittel wirtschaftlichen Gesetzesvollzugs, aber nicht selbst Gesetz. 19

2.2.5 ... Neue Steuerung. Die (einfache) Erfüllung der gesetzlich vorgeschriebenen Gewährleistungspflicht ist besser geeignet, Effektivität in der Jugendhilfe zu erreichen als jedes (aufwändige) betriebswirtschaftliche Instrument der Neuen Steuerung. **Output Orientierung** wird erreicht durch den gesetzlichen Standard der Geeignetheit der Hilfe. Die Überprüfung der Geeignetheit mit individueller Hilfeplanung und struktureller Jugendhilfeplanung (§§ 36, 80) ist wirksamstes **Controlling**. Die **Budgetierung** hat sich der gesetzlichen Vorgabe unterzuordnen, alle Aufgaben der Jugendhilfe ausreichend zu finanzieren.[45] Die **Produktbeschreibung** liefert das Gesetz selbst, da jede Aufgabennorm eine präzise Beschreibung der Aufgabe ist. **Zielvereinbarungen** werden in der Konstruktion der Zweigliedrigkeit des JA verwirklicht, indem die Verwaltung die Vorgaben des JHA umzusetzen hat. Der **Qualitätssicherung** dienen die Leistungs-, Entgelt- und Qualitätsvereinbarungen mit den freien Trägern als Leistungserbringer; 20

---

39 S. hierzu auch BVerfG 21.11.2017 – 2 BvR 2177/16, juris Rn. 102.

40 So – allerdings für die Förderung nach § 74 – BVerwG 30.12.1996 – 5 B 27/96, FEVS 47, 529 und OVG NRW 5.12.1995 – 16 A 4932/94, NDV-RD 1996, 100.

41 So BVerwG 12.9.2013 – 5 C 35/12, juris Rn. 39; VG Gießen 7.4.2015 – 7 K 1434/13.GI, juris Rn. 19; VG München 21.7.2014 – M 18 E 14.2338, juris Rn. 31; VG Gelsenkirchen 12.2.2014 – 10 K 1643/12, juris Rn. 36 und OVG NRW 26.4.2004 – 12 B 2536/03.

42 Ebenso Tammen in FK-SGB VIII Rn. 14.

43 AA VG Berlin 14.6.1999 – VG 20 A 2399, ZfJ 2000, 194.

44 BVerfG 18.7.1967 – BvF 3–8/62, E 22, 180.

45 Zu Sozialraumbudgets näher Tammen in FK-SGB VIII Rn. 14.

sie sind im Anwendungsbereich des § 78a vorgeschrieben. **Kundenorientierung** wird durch die vielfältig geregelte Beteiligung (§§ 8, 36, 80) und das Wunsch- und Wahlrecht (§ 5) erreicht. Die Auflösung des JA und die Verteilung seiner Aufgaben auf **Fachbereiche** ist ein Verstoß gegen § 69 Abs. 3 und damit rechtswidrig.[46] Bescheide eines Fachbereichs sind (formell) rechtswidrig, weil sie die (gesetzlich festgelegte) funktionelle Zuständigkeit des JA verletzen. Insgesamt: ordnet sich die Neue Steuerung den gesetzlichen Vorgaben unter, ist sie wenigstens unschädlich.[47]

21 **2.2.6 ... strafrechtliche Garantenpflicht.** Aus dem Wächteramt des Staates (Art. 6 Abs. 2 S. 2 GG) ergibt sich eine Pflicht des Staates, also auch des Mitarbeiters des öffentlichen Trägers, bei einer konkreten Gefährdung des Kindeswohls infolge eines Fehlverhaltens seiner Eltern die zur Abwendung der Gefahr notwendigen Maßnahmen zu treffen. Diese Maßnahmen ergeben sich aus den Aufgabennormen des SGB VIII, können also sowohl Eingriffe als auch (präventiv) Leistungen sein (→ § 27 Rn. 16; → § 1 Rn. 13).[48] Der öffentliche Träger ist verantwortlich dafür, dass diese Maßnahmen in der Normqualität des § 79 Abs. 2 ergriffen werden (→ Rn. 3). Die **Verletzung der (jugendhilferechtlichen)** Garantenpflicht aus § 79 **indiziert** im Interventionsbereich (→ § 1 Rn. 11, 13) somit die Verletzung der (strafrechtlichen) Garantenpflicht, die den Mitarbeiter des öffentlichen Trägers trifft.[49]

2.3 Verhältnis zu § 17 SGB I und Verpflichtungsgrad

22 Auch § 17 Abs. 1 Nr. 2 SGB I verpflichtet den Träger der öffentlichen Jugendhilfe, darauf hinzuwirken, dass die sozialen Dienste und Einrichtungen, die zur Ausführung von Jugendhilfeleistungen erforderlich sind, rechtzeitig und ausreichend zur Verfügung stehen. Diese Pflicht gilt wegen § 37 S. 1 SGB I unmittelbar und ohne Vorbehalt auch für die Jugendhilfe. § 79 Abs. 2 geht noch über § 17 SGB I hinaus, indem hier ein plurales Angebot gefordert wird und zudem auch die erforderlichen Veranstaltungen garantiert werden. Außerdem bezieht sich § 17 nur auf Leistungen, während § 79 Abs. 2 auch die sogenannten anderen Aufgaben in die Gewährleistungspflicht einbezieht.

23 Der Verpflichtungsgrad des § 17 SGB I („sind verpflichtet") ist nur scheinbar höher als der des § 79 Abs. 2 („sollen gewährleisten"), weil die Pflicht des § 17 SGB I lediglich eine Hinwirkungspflicht ist, während die Pflicht des § 79 Abs. 2 eine Gewährleistungspflicht ist.[50] Diese **Pflicht besteht für den Regelfall**, lässt Ermessen also nur bei atypischen Umständen im Einzelfall zu; nicht atypisch, sondern eher schon typisch ist eine angespannte finanzielle Situation des Trägers. Eine Gewährleistungspflicht unter Einschluss auch atypischer Umstände konnte nicht normiert werden,[51] da der Träger der öffentlichen Jugendhilfe zwar die Bereitschaft von Bürgern beeinflussen kann, zB Beistand, Pfleger, Vormund oder Pflegeperson zu sein, aber den Erfolg der Einflussnahme nicht garantieren kann („ultra vires nemo potest obligatur").

2.4 Durchsetzung

24 Der Gewährleistungspflicht entspricht nicht ein Anspruch des freien Trägers oder des Leistungsberechtigten auf Erfüllung dieser Pflicht, da § 79 **kein subjektives öffentliches Recht** enthält, sondern (nur) eine objektive Gewährleistungsverantwortung

46 Für Beibehaltung des § 69 Abs. 3 und der Zweigliedrigkeit auch die BReg. in ihrer Stellungnahme zum 11. Ki/JuBericht, S. 11.
47 Vgl. Kreft NDV 1999, 108; Kunkel, Jugendhilferecht, Rn. 314.
48 Bringewat ZfJ 2000, 401; Kunkel ZFSH/SGB 2001, 131.
49 Ebenso Tammen in FK-SGB VIII Rn. 2.
50 Ebenso Hilke in Hauck/Noftz Rn. 11; Wiesner in Wiesner Rn. 8; aA anscheinend Tammen in FK-SGB VIII Rn. 7: „Ermessen".
51 Ebenso Werner in JHSM Rn. 9.

(→ Rn. 13).[52] Die Gewährleistungspflicht ist somit nicht einklagbar; ihre Verletzung ist daher auch keine **Amtspflichtverletzung**. Wenn auch die Einhaltung des § 79 nicht einer prinzipalen gerichtlichen Kontrolle unterliegt, besteht doch eine **inzidente Kontrolle** dann, wenn der Leistungsberechtigte die Erfüllung einer Aufgabennorm, die ein subjektives öffentliches Recht enthält, einklagt oder der freie Träger einen Anspruch auf Förderung gem. § 74 gerichtlich geltend macht. Dann nämlich muss das Gericht prüfen, ob die Erfüllung der Aufgabe in der von § 79 Abs. 2 geforderten Qualität erfolgt ist. Die dort verwendeten unbestimmten Rechtsbegriffe unterliegen voller verwaltungsgerichtlicher Kontrolle (→ Rn. 10).

Mit der **Rechtsaufsichtsbeschwerde** zu Regierungspräsidium (Bezirksregierung/ Landesdirektion) oder Innenministerium kann die Verletzung des § 79 gerügt werden; auf deren Einschreiten besteht allerdings kein Rechtsanspruch. Weitere formlose Rechtsbehelfe sind Gegenvorstellung und Petition (→ Anh. 5 Rn. 50). 25

In Abs. 2 S. 1 ist mit Art. 1 des **KJSG** eine Nr. 2 eingefügt worden. Danach muss auch gewährleistet werden, dass die Nr. 1 vorgehaltenen Einrichtungen, Dienste und Veranstaltungen dem nach § 80 Abs. 1 Nr. 2 ermittelten Bedarf entsprechend zusammenwirken und hierfür verbindliche Strukturen der Zusammenarbeit aufgebaut und weiterentwickelt werden. Nach der Gesetzesbegründung bedarf es hinsichtlich der hierfür erforderlichen Abstimmungen mit den unterschiedlichen freien Trägern bzw. Leistungsanbietern verbindlicher Kooperationsstrukturen, die seitens des Trägers der öffentlichen Jugendhilfe aufgebaut bzw. weiterentwickelt werden sollen.[53] 26

3 Anteil für Jugendarbeit (Abs. 2 Satz 2)

Die Pflicht, von den Jugendhilfemitteln insgesamt einen **angemessenen** Anteil für die Jugendarbeit zu verwenden, ist nur scheinbar eine besondere Wohltat für die Jugendarbeit. Satz 2 ist sogar weniger als bloß „Merkposten",[54] sondern lediglich **„Placebo"**. Denn auch wenn Landesrecht eine bestimmte Quote[55] vorschriebe, gäbe die Quote Steine statt Brot, wenn sie nicht ausreichte, Jugendarbeit nach den Qualitätskriterien des § 79 Abs. 2 zu leisten. Ein lediglich im Verhältnis zum gesamten Jugendhilfeetat angemessener – also relativer – Anteil kann – absolut betrachtet – „relativ" wenig sein. Daher ist nur Satz 1 „bittere Medizin" für den Kämmerer. Denn danach müssen Mittel bereitgestellt werden, die **ausreichen**, um die Aufgabe nach § 11 in der geforderten Qualität des § 79 Abs. 2 zu ermöglichen. Der öffentliche Träger muss garantieren, dass auch die in § 11 Abs. 3 Nr. 1–6 genannten Angebotsschwerpunkte in seinem Zuständigkeitsbereich in inklusiver Normqualität (→ Rn. 9) zur Verfügung stehen (→ § 12 Rn. 2). Von „freiwilligen Leistungen" (eine in Kämmerer-Kreisen immer noch beliebte Redewendung) kann deshalb beileibe nicht die Rede sein. Ein Rechtsanspruch ergibt sich aber weder aus S. 1 noch aus S. 2. 27

4 Ausstattungspflicht (Abs. 3)

Auch die Ausstattungspflicht nach Absatz 3 ist in der Gesetzeslandschaft ohne Beispiel. Sie ist ebenfalls ein (zulässiger) Eingriff in die Kommunalhoheit (→ Rn. 19). Klagen über mangelnde personelle oder finanzielle Ausstattung sind deshalb Selbstanklagen des öffentlichen Trägers. Er ist verpflichtet, so viel Personal und Geld bereitzu- 28

---

52 Ebenso BVerwG 17.7.2009 – 5 C 25/08, ZKJ 2010, 38; NdsOVG 7.9.2011 – 4 ME 97/11; VGH BW 4.6.2008 – 12 S 2559/06, VBlBW 2009, 95; OVG Bln 14.10.1998 – 6 S 94.98, FEVS 49, 368; VG Berlin 16.6.1999 – 20 A 23.99, ZfJ 2000, 194; Kern in SFMK Rn. 10; Werner in JHSM Rn. 3; aA Fieseler in GK-SGB VIII Rn. 9a, 10.

53 BT-Drs. 19/26107, 106.

54 So Kern in SFMK Rn. 13; dagegen Fieseler in GK-SGB VIII Rn. 16 a.

55 § 45 Abs. 2 S. 4 AG KJHG Berlin: 10 %; der 11. Ki/JuBericht, S. 203 fordert 15 %.

stellen wie notwendig ist, um alle Aufgaben des § 2 nach den Qualitätsstandards des § 79 Abs. 2 zu erfüllen. Halbsatz 2 verbietet die Flucht in ABM- oder andere Personalreserven. Ausdrücklich verlangt wird eine ausreichende Ausstattung mit **Fachkräften** iSv § 72 (dagegen nicht iSv § 3 AdVermiG, weil dieses Gesetz nicht dem SGB VIII inkorporiert ist; aber es gilt § 17 Abs. 1 Nr. 2 SGB I). Die Zahl der im JA erforderlichen Fachkräfte hängt auch davon ab, wie viele Fachkräfte schon bei den Trägern der freien Jugendhilfe zur Erfüllung der Aufgabe nach § 2 beschäftigt sind.

29 Von besonderer Bedeutung für die Gewährleistung der Qualität der Kinder- und Jugendhilfe sowie die Umsetzung des weiteren Inklusionsprozesses bis zum Jahr 2028 dürfte die im neuen Abs. 3 S. 2 vorgegebene Pflicht zur Nutzung eines Verfahrens der Personalbemessung sein.

Mit der Neuregelung soll die Verpflichtung der Träger der öffentlichen Jugendhilfe, für eine ausreichende personelle Ausstattung der Jugendämter und der Landesjugendämter zu sorgen, konkretisiert werden.[56] Zutreffend wurde über den Bundesrat die Feststellung in das Gesetzgebungsverfahren eingebracht, dass es insbesondere mit Art. 1 des KJSG „zu einer Vielzahl von neuen Aufgaben und Verpflichtungen für die örtlichen Träger der öffentlichen Jugendhilfe" kommen wird. Statt einer „pauschalen Fallzahlenbegrenzung" pro Mitarbeitenden soll eine Verpflichtung der öffentlichen Träger der Jugendhilfe zur Anwendung von Personalbemessungskonzepten eingeführt werden, die als Grundlage für die Ausstattung gelten.[57] Problematisch an dieser Neuregelung ist nach hiesiger Auffassung, dass die bereits nach bisheriger Rechtslage bestehende Verpflichtung nach Abs. 3 S. 1 hinsichtlich einer ausreichenden Ausstattung der Jugendämter nicht flächendeckend in Deutschland umgesetzt wird. Auch lässt die Neuregelung in S. 2 völlig offen, wie das Verfahren zur Personalbemessung auszugestalten ist.

Die mit dem KJSG einhergehende massive Aufgabenausweitung für die Jugendämter wird nicht ohne erhebliche Kraftanstrengung umzusetzen sein. Hierfür wären klarere Vorgaben in § 79 sehr wünschenswert. Letztendlich wird das KJSG nur so gut sein, wie es von den Jugendämtern umgesetzt werden kann.

§ 79a Qualitätsentwicklung in der Kinder- und Jugendhilfe

[1]Um die Aufgaben der Kinder- und Jugendhilfe nach § 2 zu erfüllen, haben die Träger der öffentlichen Jugendhilfe Grundsätze und Maßstäbe für die Bewertung der Qualität sowie geeignete Maßnahmen zu ihrer Gewährleistung für

1. **die Gewährung und Erbringung von Leistungen,**
2. **die Erfüllung anderer Aufgaben,**
3. **den Prozess der Gefährdungseinschätzung nach § 8a,**
4. **die Zusammenarbeit mit anderen Institutionen**

weiterzuentwickeln, anzuwenden und regelmäßig zu überprüfen. [2]Dazu zählen auch Qualitätsmerkmale für die inklusive Ausrichtung der Aufgabenwahrnehmung und die Berücksichtigung der spezifischen Bedürfnisse von jungen Menschen mit Behinderungen sowie die Sicherung der Rechte von Kindern und Jugendlichen in Einrichtungen und in Familienpflege und ihren Schutz vor Gewalt. [3]Die Träger der öffentlichen Jugendhilfe orientieren sich dabei an den fachlichen Empfehlungen der nach § 85 Absatz 2 zuständigen Behörden und an bereits angewandten Grundsätzen und Maßstäben für die Bewertung der Qualität sowie Maßnahmen zu ihrer Gewährleistung.

56 BT-Drs. 19(13)137, 103.
57 BR-Drs. 5/21, 43.

1 Überblick

Die Vorschrift wurde durch das Bundeskinderschutzgesetz neu ins SGB VIII eingefügt. Sie soll nach der Gesetzesbegründung die Vorgaben in § 79 Abs. 2 Nr. 2 ergänzen und konkretisieren.[1] Danach sollen die Träger der öffentlichen Jugendhilfe gewährleisten, dass zur Aufgabenerfüllung eine kontinuierliche Qualitätsentwicklung erfolgt. Damit wird dem öffentlichen Träger der Jugendhilfe für alle Bereiche der Kinder- und Jugendhilfe eine Qualitätsentwicklung vorgeschrieben. Ihre endgültige Fassung erhielt die Norm erst durch die Beschlussempfehlung des Vermittlungsausschusses; der zunächst vorgesehene Abs. 2 der Vorschrift, welcher insbesondere eine Verpflichtung zum Abschluss von Vereinbarungen zwischen den örtlichen Trägern der Jugendhilfe und den freien Trägern vorsah, wurde gestrichen.[2] Die Vorschrift normiert damit ausschließlich die Verpflichtungen der öffentlichen Jugendhilfe.[3] 1

Mit Art. 1 des **KJSG** wurde S. 2 neu gefasst.[4] Im Zuge der inklusiven Neuausrichtung der Kinder- und Jugendhilfe wurde die inklusive Ausrichtung der Aufgabenwahrnehmung und die Berücksichtigung der spezifischen Bedürfnisse von jungen Menschen mit Behinderungen explizit als Qualitätsmerkmal aufgenommen. Die Sicherung der Rechte von Kindern und Jugendlichen wird zudem explizit auch die Familienpflege ausgedehnt.

Vor dem Hintergrund des Inklusionsparadigmas der VN-BRK und der Ausgestaltung einer inklusiven Kinder- und Jugendhilfe werden die inklusive Ausrichtung der Aufgabenwahrnehmung und die Berücksichtigung der spezifischen Bedürfnisse von jungen Menschen mit Behinderungen als Qualitätsmerkmale von besonderer Bedeutung benannt. Damit wird auch dem klaren Votum der Arbeitsgruppe „SGB VIII: Mitreden-Mitgestalten" gefolgt.[5]

2 Qualitätsentwicklung des öffentlichen Trägers (S. 1)

Satz 1 nimmt Bezug auf die Aufgaben der Kinder- und Jugendhilfe nach § 2. Mit § 79a S. 1 Nr. 1 und 2 werden dementsprechend auch die Gewährung von Leistungen und die Erfüllung anderer Aufgaben als Bereiche genannt, in welchen eine Qualitätsentwicklung zu erfolgen hat. Mit Nr. 3 und 4 werden die nicht in § 2 aufgezählte Gefährdungseinschätzung nach § 8a und die Zusammenarbeit mit anderen Institutionen als Bereiche, auf die sich die Qualitätsentwicklung zu beziehen hat, genannt. Dabei umfasst die Qualitätsentwicklung die Weiterentwicklung von Grundsätzen und Maßstäben der Bewertung der Qualität, deren Anwendung sowie eine regelmäßige Überprüfung. Zunächst einmal müssen daher Grundsätze in qualitativer Hinsicht für die Aufgabenerfüllung festgelegt werden. Diesbezüglich ist dann zu fragen, welche Maßstäbe anzulegen sind. 2

Vor ganz besondere Herausforderungen wird § 79a mit der umfassenden Reform des SGB VIII durch Art. 1 des **KJSG** gestellt. Die Aufgaben, welche die Akteure der Kinder- und Jugendhilfe nach neuer Rechtslage wahrzunehmen haben, wurden massiv ausgeweitet. Auch sind viele Neuregelungen nur sachgerecht und gesetzeskonform

1 BT-Drs. 17/6256, 27.
2 BT-Drs. 17/8130, 11.
3 S. hierzu auch Wiesner in Wiesner Rn. 3.
4 BGBl. 2021 Teil I Nr. 29, 1444.
5 BT-Drs. 19/26107, 110.

durch Personal mit hoher fachlicher Expertise umzusetzen. Mit der weiteren inklusiven Umsetzung des SGB VIII auf 2. Stufe zum 1.1.2024 und der 3. Stufe zum 1.1.2028 warten weitere Herausforderungen. Da in vielen Arbeitsbereichen bereits jetzt Personalknappheit besteht, bleibt abzuwarten, wie die weitere Qualitätsentwicklung umgesetzt werden kann.

3 Qualitätsmerkmale für den Schutz in Einrichtungen (S. 2)

3 Mit Satz 2 wird klargestellt, dass sich die Qualitätsmerkmale auch auf die Sicherung der Rechte der Minderjährigen in Einrichtungen beziehen müssen. Insbesondere hier sollen Qualitätsmerkmale einem Schutz vor Gewalt dienen.[6] Diese Gesetzesformulierung geht auf Forderungen der Runden Tische „Sexueller Kindesmissbrauch" sowie „Heimerziehung in den 50er und 60er Jahren" zurück. Hiermit soll die Wichtigkeit einer Qualitätssicherung in diesem Bereich unterstrichen werden. Für gemäß § 45 erlaubnispflichtige Einrichtungen normiert bereits § 45 Abs. 2 Nr. 4 und Abs. 3 Nr. 1 eine entsprechende Verpflichtung. Besondere Bedeutung gewinnt Satz 2 daher für erlaubnisfreie Einrichtungen. Für Dienste und Veranstaltungen gilt die Verpflichtung zur Qualitätsentwicklung nach dem Gesetzeswortlaut allerdings nicht.[7]

Bemerkenswert ist, dass in dem Gesetzesentwurf der Bundesregierung ursprünglich eine Verpflichtung zum Abschluss von Vereinbarungen zwischen örtlichem und freiem Träger zur Qualitätssicherung vorgesehen war.[8] In der Gesetzesbegründung heißt es hierzu, dass die Instrumente der Qualitätsentwicklung und -sicherung nicht auf den Tätigkeitsbereich der öffentlichen Jugendhilfe begrenzt sind, sondern auch für freie Träger prägend sein müssen. Daher sei eine Verpflichtung des öffentlichen Trägers zum Vertragsschluss mit den freien Trägern obligatorisch.[9] Da sich gemäß § 3 Abs. 2 S. 2 Leistungsverpflichtungen des SGB VIII ausschließlich an die Träger der öffentlichen Jugendhilfe wenden, war beabsichtigt, auf diesem Weg – ebenso wie über § 8a Abs. 4 oder § 22a Abs. 5 – die freien Träger in die Verpflichtung mit einzubeziehen. Auf Vorschlag des Vermittlungsausschusses wurde die entsprechende Passage ersatzlos gestrichen.[10] Allerdings kann über die Bestimmungen in den §§ 74 Abs. 1 Nr. 1, 78b Abs. 1 Nr. 1 mittelbar Druck auf die freien Träger ausgeübt werden, sich ebenfalls an der Qualitätsentwicklung zu beteiligen. Die Grundsätze des § 4 zur partnerschaftlichen Zusammenarbeit sind hierbei zu beachten.[11]

Mit Art. 1 des KJSG ist S. 2 um die Verpflichtung des Trägers der öffentlichen Jugendhilfe zur Weiterentwicklung, Anwendung und regelmäßigen Überprüfung von Qualitätsmerkmalen zur Sicherung der Rechte von Kindern und Jugendlichen und zu ihrem Schutz vor Gewalt in Familienpflege nach §§ 27, 33 und 35a Abs. 2 Nr. 3 erweitert worden. Nach der Gesetzesbegründung muss hierbei der Sonderstellung der Familienpflege innerhalb der Hilfen zur Erziehung und der Eingliederungshilfe Rechnung getragen werden. Schutzkonzepte, wie sie zum Beispiel in der Heimerziehung entwickelt wurden, können nach Auffassung des Gesetzgebers nicht einfach übertragen werden. Schutzkonzepte für Pflegeverhältnisse müssen in der Infrastruktur der Pflegekinderhilfe entwickelt und implementiert werden.[12]

6 Kritisch hierzu Wiesner in Wiesner Rn. 10.
7 Kunkel ZKJ 2012, 288 (294); Tammen in FK-SGB VIII Rn. 6.
8 S. § 79a Abs. 2 Gesetzesentwurf Bundesregierung, BT-Drs. 17/6256, 11 f.
9 BT-Drs. 17/6256, 27.
10 BT-Drs. 17/8130, 2.
11 S. hierzu Kunkel ZKJ 2012, 288 (294); Tammen in FK-SGB VIII Rn. 12.
12 BT-Drs. 19/26107, 110.

4 Orientierung für die Qualitätsentwicklung (S. 3)

Die fachlichen Empfehlungen der überörtlichen Träger sowie bereits bestehende und angewandte (weitere) Grundsätze und Maßstäbe sind nach Satz 3 als Orientierung für die Qualitätsentwicklung heranzuziehen. Damit zusammenhängend erweitert sich die sachliche Zuständigkeit der überörtlichen Träger gemäß § 85 Abs. 2 um die Entwicklung von Empfehlungen zur Qualitätsentwicklung nach § 79a. 4

§ 80 Jugendhilfeplanung

(1) Die Träger der öffentlichen Jugendhilfe haben im Rahmen ihrer Planungsverantwortung

1. den Bestand an Einrichtungen und Diensten festzustellen,

2. den Bedarf unter Berücksichtigung der Wünsche, Bedürfnisse und Interessen der jungen Menschen und der Erziehungsberechtigten für einen mittelfristigen Zeitraum zu ermitteln und

3. die zur Befriedigung des Bedarfs notwendigen Vorhaben rechtzeitig und ausreichend zu planen; dabei ist Vorsorge zu treffen, dass auch ein unvorhergesehener Bedarf befriedigt werden kann.

(2) Einrichtungen und Dienste sollen so geplant werden, dass insbesondere

1. Kontakte in der Familie und im sozialen Umfeld erhalten und gepflegt werden können,

2. ein möglichst wirksames, vielfältiges, inklusives und aufeinander abgestimmtes Angebot von Jugendhilfeleistungen gewährleistet ist,

3. ein dem nach Absatz 1 Nummer 2 ermittelten Bedarf entsprechendes Zusammenwirken der Angebote von Jugendhilfeleistungen in den Lebens- und Wohnbereichen von jungen Menschen und Familien sichergestellt ist,

4. junge Menschen mit Behinderungen oder von Behinderung bedrohte junge Menschen mit jungen Menschen ohne Behinderung gemeinsam unter Berücksichtigung spezifischer Bedarfslagen gefördert werden können,

5. junge Menschen und Familien in gefährdeten Lebens- und Wohnbereichen besonders gefördert werden,

6. Mütter und Väter Aufgaben in der Familie und Erwerbstätigkeit besser miteinander vereinbaren können.

(3) Die Planung insbesondere von Diensten zur Gewährung niedrigschwelliger ambulanter Hilfen nach Maßgabe von § 36a Absatz 2 umfasst auch Maßnahmen zur Qualitätsgewährleistung der Leistungserbringung.

(4) [1]Die Träger der öffentlichen Jugendhilfe haben die anerkannten Träger der freien Jugendhilfe in allen Phasen ihrer Planung frühzeitig zu beteiligen. [2]Zu diesem Zwecke sind sie vom Jugendhilfeausschuss, soweit sie überörtlich tätig sind, im Rahmen der Jugendhilfeplanung des überörtlichen Trägers vom Landesjugendhilfeausschuss zu hören. [3]Das Nähere regelt das Landesrecht.

(5) Die Träger der öffentlichen Jugendhilfe sollen darauf hinwirken, dass die Jugendhilfeplanung und andere örtliche und überörtliche Planungen aufeinander abgestimmt werden und die Planungen insgesamt den Bedürfnissen und Interessen der jungen Menschen und ihrer Familien Rechnung tragen.

1 Verpflichtung zur Jugendhilfeplanung, Rechtsnatur (Abs. 1)

1 Damit die Träger der öffentlichen Jugendhilfe ihre Gesamtverantwortung iSd § 79 Abs. 1 wahrnehmen können, ist eine qualifizierte Jugendhilfeplanung, wie § 80 sie den öffentlichen Trägern als unbedingte Pflichtaufgabe und objektiv-rechtliche Verpflichtung vorschreibt, Vorbedingung. Die Verankerung der Jugendhilfeplanung in § 80 SGB VIII 1990/1991 war eine der wichtigen gesetzlichen Neuregelungen im KJHG/SGB VIII. Jugendhilfeplanung ist zugleich eine der wesentlichen administrativen „Stellschrauben" im Bereich der Kinder- und Jugendhilfe.[1] Jugendhilfeplanung wird gleichwohl nach wie vor vielerorts unterkomplex betrieben, und die bestehenden Steuerungsmöglichkeiten werden vielfach nicht ausgeschöpft. In nicht wenigen Regionen besteht zudem noch erheblicher fachlicher Entwicklungs- und Verbesserungsbedarf, eine vielfach schwache Personalausstattung und bestehen teilweise sogar Überforderungstendenzen.[2]

2 Gerade in Zeiten knapper finanzieller Ressourcen soll durch eine fundierte Jugendhilfeplanung gewährleistet werden, dass die erforderlichen Mittel zielgenau, bedarfsgerecht, wirkungsvoll und damit wirtschaftlich verwendet werden. Angesichts härter werdender Verteilungskämpfe mit anderen ebenso gesetzlich legitimierten Aufgabenbereichen kommunaler Verwaltung und Politik, dienen Ergebnisse der Jugendhilfeplanung als nachvollziehbare und überprüfbare **Argumentationsgrundlage**, um der **Jugendhilfepolitik** einen angemessenen Stellenwert zu verschaffen. Nicht zuletzt können gesellschaftliche Veränderungen und ihre Auswirkungen auf junge Menschen und ihre Familien durch Bestandserhebungen, Beteiligungsverfahren, Soll-Ist Vergleiche und offene Aushandlungsprozesse auf der örtlichen Ebene nachvollziehbar und damit politisch relevanter werden.

3 Anders als im BauGB (vgl. die dortigen §§ 8 ff. zum Bebauungsplan) ist im SGB VIII nicht ausdrücklich geregelt worden, welche **Rechtsnatur** der Jugendhilfeplan nach § 80 hat. Ein Vergleich mit anderen Fachplänen, zB mit dem Krankenhausplan nach §§ 6, 8 Krankenhausfinanzierungsgesetz, zeigt jedoch, dass (auch) beim Jugendhilfeplan nach § 80 unter rechtlichen Gesichtspunkten (lediglich) von einem verwaltungsinternen Planwerk mit abstrakt-generellem Inhalt auszugehen ist. Diesem ist, ähnlich wie bei Verwaltungsvorschriften, eine behördeninterne Bindungswirkung zuzusprechen; das JA ist also in der Regel gehalten, dem Jugendhilfeplan entsprechend zu handeln. Eine unmittelbare rechtliche Außenwirkung im Hinblick auf Außenstehende, zB Träger der freien Jugendhilfe (→ Rn. 16), kommt dem Jugendhilfeplan selbst – anders als die darauf basierenden Einzelfallentscheidungen des JA zB über die öffentliche Förderung – nicht zu. Genauso wenig begründet der Jugendhilfeplan subjektiv-öffentliche Rechte, so dass gegenüber dem Jugendhilfeplan selbst in der Regel auch keine Rechtsschutzmöglichkeiten bestehen (→ Rn. 16). Dementsprechend begründet die Jugendhilfeplanung keine Rechtsansprüche auf eine dementspechende Förderung,[3] wie andererseits das Fehlen einer Jugendhilfeplanung nicht (automatisch) zur Rechtswidrigkeit von Förderentscheidungen nach § 74 führt (→ § 74 Rn. 18).[4] Allerdings sind Jugendhilfeplanung und Förderrecht miteinander verknüpft (§ 74 Abs. 2 Satz 1). Liegt mithin

1 Vgl. zum Ganzen: Maykus, S./Schone, R. (Hrsg.), Handbuch Jugendhilfeplanung. Grundlagen, Anforderungen und Perspektiven, 3. Aufl. 2010, Wiesbaden.
2 Deutscher Bundestag 2013, 14. Kinder- und Jugendbericht, BT-Drs. 17/12200, 391; Nüsken in GK-SGB VIII § 80 Rn. 28–33.
3 Tammen in FK-SGB VIII Rn. 21.
4 Wabnitz in GK-SGB VIII § 74 Rn. 36, 45 mwN.

eine Jugendhilfeplanung vor, so wird dies bei der Beurteilung der Rechtmäßigkeit einer Förderung nach pflichtgemäßem Ermessen iSv § 74 Abs. 3 Satz 1 (ggf. maßgeblich) zu berücksichtigen sein.[5]

2 Planungsverständnis

Der Gesetzgeber hat die Jugendhilfeplanung in den umfassenden Zusammenhang der Gesamtverantwortung nach § 79 Abs. 1 sowie der Qualitätsentwicklung nach § 79a gestellt. Dieser Formulierung und dem Verzicht darauf, den öffentlichen Jugendhilfeträgern die Erstellung eines **Jugendhilfeplanes** vorzuschreiben, liegt ein Verständnis von Planung als einem fortwährenden, nicht einmalig zu erledigenden Aushandlungs- und Beteiligungsprozess aller Jugendhilfe-Akteure und ihrer Zielgruppen zu Grunde. Was letztendlich an Bedarf anerkannt und, im Rahmen der zur Verfügung zu stellenden Finanzmittel, durch geeignete Maßnahmen realisiert wird, hängt vom Ergebnis des politischen Willensbildungsprozesses in den Organen der Gebietskörperschaft ab. 4

2.1 Planungsansätze

2.1.1 Bereichsorientierung. Die Planung konzentriert sich, einer durch Verwaltung und JHA getroffenen Prioritätensetzung entsprechend, auf folgende Aufgabenfelder der Jugendhilfe: 5

- Jugendarbeit, Jugendsozialarbeit, erzieherischer Kinder- und Jugendschutz
- Allgemeine Förderung der Erziehung in der Familie
- Förderung von Kindern in Tageseinrichtungen und Tagespflege
- HzE, Eingliederungshilfe für seelisch behinderte junge Menschen, Hilfe für junge Volljährige
- Andere Aufgaben

Dabei ist zu beachten, dass bei der Bearbeitung der jeweiligen Aufgabenfelder der Blick für Querverbindungen zu anderen Aufgabenfeldern nicht verloren geht und der ganzheitliche Gesamtauftrag der Jugendhilfe (§§ 1 und 2) berücksichtigt wird (Gefahr der Parzellierung der Jugendhilfe).

2.1.2 Sozialraumorientierung. Da die Lebenslagen, Sozialisationsbedingungen, Defizite und Ressourcen junger Menschen und ihrer Familien innerhalb des Zuständigkeitsbereiches eines öffentlichen Trägers in aller Regel sehr unterschiedlich sind, erscheint es zweckmäßig, auch die Planung auf regionale, dezentrale und örtliche Sozialräume auszurichten. In Städten werden dies Bezirke, Stadtteile, Wohnviertel etc, in Landkreisen können es Verbandsgemeinden, kreisangehörige Städte, Gemeinden und Ortsteile sein. 6

2.1.3 Zielgruppenorientierung. Um die Bedürfnisse spezifischer Zielgruppen zu erfassen und ggf. geeignete Angebote schaffen zu können, sind solche Personengruppen bereits in der Planung gezielt zu berücksichtigen und einzubeziehen. Dies kann zB gelten für allein erziehende Elternteile, Mädchen, arbeitslose oder obdachlose Jugendliche, Menschen mit Migrationshintergrund uä. Mit Blick auf behinderte junge Menschen ist dies in Abs. 2 Nr. 4, der aufgrund des **KJSG** in § 80 eingefügt worden ist, besonders deutlich unterstrichen worden. Insgesamt st jedoch zu beachten, dass diese Gruppen durch spezielle Angebote oder Einrichtungen keine stigmatisierende Hervorhebung erfahren. 7

2.1.4 Ziel- und Leitlinienorientierung. Neben den durch das Grundgesetz, die Landesverfassungen und das SGB VIII postulierten Zielsetzungen wurden im 8. Jugendbe- 8

5 BVerwG 25.4.2002 – 5 C 18.01, E 116, 226 ff. = NDV-RD 2002, 100 ff.; Tammen in FK-SGB VIII Rn. 23.

richt sowie im 14. Kinder- und Jugendbericht der Bundesregierung (→ § 84 Rn. 4) eine Reihe handlungsleitender Prinzipien für die Kinder- und Jugendhilfe benannt.

2.2 Steuerungsfunktion

9 Die Jugendhilfeplanung liefert der Verwaltung und den kommunalpolitischen Gremien relevante Informationen, um erforderliche und geeignete Einrichtungen, Dienste und Veranstaltungen in allen Bereichen der Kinder- und Jugendhilfe schaffen zu können. Steuerungsrelevant wird dieses Instrument, indem es die Grundlage für örtliche Ziel- und Prioritätensetzungen bildet und damit letztlich auch den erforderlichen **finanziellen Rahmen** begründet. Darüber hinaus ermöglichen eine vollständige Bestandserhebung und Bedarfsanalyse eine gezielte Maßnahmenplanung sowie deren Umsetzungskontrolle. Damit trägt die Jugendhilfeplanung maßgeblich zur sogenannten **„Outputorientierung"** bei, wie es das „Neue Steuerungsmodell" für öffentliche Verwaltungen vorsieht (→ § 79 Rn. 17). Nicht zuletzt soll durch die Jugendhilfeplanung eine kontinuierliche fachliche **Weiterentwicklung** und Vervollständigung des örtlichen Jugendhilfeangebotes gewährleistet werden, wobei eine frühzeitige Abstimmung mit den Angeboten freier Träger zu erfolgen hat.

3 Planungsziele (Abs. 2)

10 Die Jugendhilfeplanung trägt dazu bei, die in § 1 Abs. 3 festgelegten Ziele der Jugendhilfe zu verwirklichen und für den Bereich der Einrichtungen und Dienste zu präzisieren.

Um diesen Auftrag zu konkretisieren und den Stellenwert der Jugendhilfeplanung zu betonen, hat der Gesetzgeber in Abs. 2 sechs Zielkriterien für die Planung von Einrichtungen und Diensten benannt:[6]

- **Kontakte in der Familie und im sozialen Umfeld sollen erhalten und gepflegt werden können (Nr. 1).**
  Dieses Ziel verpflichtet die öffentlichen Träger, Einrichtungen und Dienste möglichst wohnortnah, dh weitgehend dezentral zu planen und die Leistungen so auszugestalten, dass sie sich an den konkreten Lebens- und Umweltbedingungen von Kindern, Jugendlichen und Eltern in einer Gemeinde oder einem Stadtteil orientieren.

11
- **Das Angebot von Jugendhilfe-Leistungen soll möglichst wirksam, vielfältig, inklusiv und aufeinander abgestimmt sein (Nr. 2).**
  Hierdurch soll eine Angebots- und Trägervielfalt erreicht werden, so dass Leistungsberechtigte ihr Wunsch- und Wahlrecht nach § 5 auch tatsächlich ausüben können. Gleichzeitig sollen sich Angebots- und Trägerstrukturen sinnvoll ergänzen und miteinander verknüpft werden, damit Ressourcen wirtschaftlich eingesetzt sind und keine „Monopolstrukturen" entstehen.

12
- **Es soll ein dem nach Abs. 1 Nr. 2 ermittelten Bedarf entsprechendes Zusammenwirken der Angebote von Jugendhilfeleistungen in den Lebens- und Wohnbereichen von jungen Menschen und Familien sichergestellt sein (Nr. 3).**
  In Nr. 3, die aufgrund des **KJSG** in § 80 eingefügt worden ist, wird als weitere Zielsetzung das bedarfsgerechte, aufeinander abgestimmte Zusammenwirken der unterschiedlichen Leistungsangebote im Lebens- und Wohnbereich der jungen Menschen und ihrer Familien angeführt und damit die Intention der Lebenswelt- und Sozialraumorientierung im Rahmen der Jugendhilfeplanung unterstrichen.

6 Einzelheiten: Nüsken in GK-SGB VIII § 80 Rn. 12–18.

- **Junge Menschen mit Behinderungen oder von Behinderung bedrohte junge Menschensollen mit jungen Menschen ohne Behinderung gemeinsam unter Berücksichtigung spezifischer Bedarfslagen gefördert werden können (Nr. 4).** 13
Zur Umsetzung des Leitbilds der Inklusion wird aufgrund des **KJSG** die Gewährleistung von inklusiven Angeboten in zahlreichen Vorschriften des SGB VIII verankert, so auch in Abs. 2 Nr. 2 und 4. In Nr. 4 wird zudem die gemeinsame Förderung von jungen Menschen mit und ohne (drohender) Behinderung als Zielvorgabe der Jugendhilfeplanung vorgegeben.

- **Junge Menschen und Familien in gefährdeten Lebens- und Wohnbereichen sollen besonders gefördert werden (Nr. 5).** 14
Die hier angesprochenen Bereiche können sog. soziale Brennpunkte, extrem verdichtete Neubaugebiete oder ghettoartige Wohnverhältnisse sowie Plätze oder Bezirke sein, in denen durch Drogengeschäfte, Prostitution, Gewalt und Kriminalität besonders negative Lebens- und Sozialisationsbedingungen herrschen. Durch Planung sollen in besonderer Weise geeignete, in der Regel niedrigschwellige, aufsuchende und mobile Angebote mit vorrangig akzeptierendem Ansatz geschaffen werden. Zu denken ist auch zB an eine stadtteilbezogene Vernetzung von Polizei, Ordnungsbehörden, Sozialarbeit, Bürgerinitiativen und -vereinen und der Kommunalpolitik (Runder Tisch), um differenzierte und abgestimmte Maßnahmen treffen zu können.

- **Mütter und Väter sollen Aufgaben in der Familie und Erwerbstätigkeit besser miteinander vereinbaren können (Nr. 6).** 15
Diese Zielvorgabe korreliert hauptsächlich mit der Verpflichtung nach den §§ 16 ff., 22 ff., wonach für Kinder verschiedener Altersstufen ein bedarfsgerechtes Angebot an Plätzen in Tageseinrichtungen und in Kindertagespflege vorzuhalten ist (→ § 24 Rn. 4).
Darüber hinaus kommen dezentrale Familienbildungsangebote und weitere Leistungen nach §§ 16 ff. in sozialen Diensten und Beratungsstellen in Betracht.

Als weiterer genereller Auftrag sind auch bei der Jugendhilfeplanung die **geschlechtsspezifischen Unterschiede** von Mädchen und Jungen im Hinblick auf die Ausgestaltung von Leistungen und anderen Aufgaben zu berücksichtigen (§ 9 Nr. 3). 16
Gemäß Abs. 3, der aufgrund des **KJSG** in § 80 eingefügt worden ist, umfasst die Planung insbesondere von Diensten zur Gewährung niedrigschwelliger ambulanter Hilfen nach Maßgabe von § 36a Abs. 2 auch Maßnahmen zur Qualitätsgewährleistung der Leistungserbringung (vgl. § 79a).

4 Planungsschritte (Abs. 4)

17 Jugendhilfeplanung als spezifische, öffentlich-rechtlich determinierte Fachplanung für die Kinder- und Jugendhilfe nach dem SGB VIII ist grundsätzlich ähnlich strukturiert und in den einzelnen Phasen des Planungsprozesses organisiert wie andere Fachplanungen. Üblicherweise sind Planungsprozesse durch ein quasi „rollierendes" System mehrerer Planungsschritte gekennzeichnet. Idealtypischerweise zeichnen sich öffentlich-rechtliche Planungsprozesse durch die Abfolge meist folgender Schritte aus: Bestandsfeststellung, Zielformulierung, Bedarfsfeststellung, Bedarfsdeckungsplanung mit Prioritätensetzung, Durchführungs- einschließlich Finanzierungsplanung, Erfolgskontrolle und schließlich Planfortschreibung (vgl. auch Abs. 1).

4.1 Das Prinzip Beteiligung

18 Eine Berücksichtigung der Wünsche, Bedürfnisse und Interessen junger Menschen und der Erziehungsberechtigten, wie sie in Abs. 1 Nr. 2 gefordert wird, ist nur möglich,

wenn den betreffenden Menschen Gelegenheit gegeben wird, diese zu äußern. Dh prinzipiell sind Menschen, die von einem Planungsvorhaben **betroffen** sein können, zu beteiligen. Formen der Beteiligung sind entsprechend der jeweils betreffenden Zielgruppe sehr unterschiedlich zu gestalten: Sie können von Befragungen (Fragebögen, Interviews) über offene Formen wie Jugendhearings, Jugendforen, „Runde Tische", Stadtteilkonferenzen, aktionsorientierte Verfahren, wie Stadterkundungsspiele, Gestaltungswettbewerbe, Kinderfreundlichkeitsprüfungen bis hin zu Stellvertretungsverfahren, wie zB Jugendräte und Jugendgemeinderäte reichen.[7] Inwieweit Wünsche, Bedürfnisse und Interessen, die durch solche Formen der Beteiligung ermittelt werden, auch tatsächlich befriedigt werden, wird nicht durch die Jugendhilfeplanung bestimmt, sondern ist Gegenstand des kommunalpolitischen Diskussions- und Entscheidungsprozesses, der letztlich zur Anerkennung eines bestimmten Bedarfes führt. In diesem Ergebnis finden fachliche, kommunalpolitische und finanzielle Ziele einer Kommune ihren Niederschlag.

19 An der Jugendhilfeplanung zu beteiligen sind neben den genannten Betroffenen insbesondere auch die **Träger der freien Jugendhilfe.**[8] Ohne das Engagement und die Angebote freier Träger wäre es den öffentlichen Trägern kaum möglich, ein weitgehend vollständiges und plurales Leistungsangebot zu schaffen bzw. aufrechtzuerhalten. Andererseits sind die freien Träger in aller Regel auf finanzielle Förderung durch die örtlichen und überörtlichen öffentlichen Träger angewiesen (→ § 74 Rn. 18). Aus diesem Grund erscheint die Verpflichtung in Abs. 4 Satz 1 folgerichtig, wonach die anerkannten (und nur diese!) freien Träger von den Trägern der öffentlichen Jugendhilfe in allen Phasen der Planung **frühzeitig** zu beteiligen sind. Dies verlangt eine Beteiligung bereits bei konzeptionellen Überlegungen, noch bevor Standort, Umfang, Trägerschaft, Kostenfragen usw festgelegt sind. Daneben besteht die Anhörungspflicht nach Abs. 4 Satz 2. Mit beiden objektiv-rechtlichen Verpflichtungen nach den Sätzen 1 und 2 korrespondieren auch subjektive Rechtsansprüche. Meine noch in der 2. Auflage vertretene gegenteilige Auffassung habe ich aufgegeben.[9]

20 Gemäß § 80 Abs. 4 S. 3 regelt das Nähere **Landesrecht**. Die meisten Bundesländer haben dementsprechend in ihren allgemeinen Ausführungsgesetzen zum SGB VIII bzw. zum KJHG die bundesgesetzlichen Bestimmungen des § 80 konkretisierende bzw. eigenständige Rechtsvorschriften geschaffen, und zwar: Baden-Württemberg (§ 9), Berlin (§§ 42 und 43), Brandenburg (§ 17), Bremen (§ 8), Hessen (§ 12), Mecklenburg-Vorpommern (§ 17), Rheinland-Pfalz (§ 14), Saarland (§ 36), Sachsen (§§ 21, 22), Sachsen-Anhalt (§ 15), Schleswig-Holstein (§§ 55 und 56) und Thüringen (§ 12).

4.2 Planungsorganisation

21 Seitens der Gremien befasst sich der **JHA** insbesondere mit der Jugendhilfeplanung (→ § 71 Rn. 16). Eine ohne Beteiligung des JHA erfolgte Jugendhilfeplanung ist rechtswidrig (→ § 70 Rn. 7). Ob die Bildung eines „Unterausschusses Planung" oder einer ständigen „Arbeitsgemeinschaft Jugendhilfeplanung" sinnvoll ist, hängt von der Größe des JHA, von der Sitzungshäufigkeit und von der Einschätzung ab, ob eine Spezialisierung der Planung innerhalb des Ausschusses den Stellenwert der Jugendhilfeplanung eher ab- oder aufwertet.

22 Innerhalb der (vorbereitend tätigen) Verwaltung sollte die Jugendhilfeplanung als Bestandteil der Leitungsverantwortung auf der **Ebene der Amtsleitung** angesiedelt sein. Obwohl planerisches Denken und Handeln integraler Funktionsbestandteil einer

7 Vgl. 11. Ki/JuBericht, S. 192.
8 Näheres: Nüsken in GK-SGB VIII § 80 Rn. 19–21.
9 Vgl. im Einzelnen Wabnitz, Rechtsansprüche gegenüber Trägern der öffentlichen Kinder- und Jugendhilfe nach dem Achten Buch Sozialgesetzbuch (SGB VIII), 2005, S. 264.

jeden Fachkraft im JA sein soll, genügt es nicht, die Jugendhilfeplanung quasi „so nebenher mit zu erledigen". Um die angedeuteten vielfältigen Aushandlungsprozesse zu initiieren, zu moderieren, vorwärts zu treiben, zu dokumentieren und sie auszuwerten, bedarf es einer vielseitig kompetenten Fachkraft, die sich vom Stellenzuschnitt her auf die Belange der Planung konzentrieren kann.

Damit innerhalb der Verwaltung des JA möglichst viele Fachkräfte an den verschiedenen Planungsprojekten mitwirken, empfiehlt sich die Bildung von **Planungsgruppen/Facharbeitskreisen.** 23

5 Koordination mit anderen Planungen (Abs. 5)

In einem Land- oder Stadtkreis ist die Jugendhilfeplanung zunächst eingebettet in die Sozialplanung (Altenhilfeplanung; gemeindenahe psychiatrische Versorgung; Planungen zur Integration von Behinderten oder zur gesundheitlichen Versorgung etc). Darüber hinaus gibt es wichtige Berührungspunkte zu **anderen kommunalen Planungen,** durch welche die Lebensbedingungen junger Menschen und ihrer Familien wesentlich bestimmt werden (zB die Bauleitplanung gem. §§ 1 ff., 5 ff., 8 ff. BauGB; Verkehrsflächenplanung; Stadtentwicklungs- bzw. Dorfsanierungsplanung; Planung des öffentlichen Personennahverkehrs; Schulversorgungsplanung usw). 24

Damit die Jugendhilfe ihren „Querschnittsauftrag" nach § 1 Abs. 3 Nr. 5 wahrnehmen kann, muss sich die Jugendhilfeplanung mit den Planungszielen und -interessen all dieser im Zweifel konkurrierenden Planungen auseinander setzen und abstimmen.[10] Hierzu müssen jeweils örtlich geeignete Strukturen in den Geschäftsablaufprozessen verankert werden. Eine ämterübergreifende „Arbeitsgruppe für soziale Infrastrukturplanung" kann eine geeignete Plattform für diese Vernetzung sein. 25

Neben der Abstimmung der Planungen innerhalb der Behörde des öffentlichen Trägers sind auch die Planungen zwischen überörtlichem Träger, anderen örtlichen Trägern und den kreisangehörigen Gemeinden aufeinander abzustimmen. 26

§ 81 Strukturelle Zusammenarbeit mit anderen Stellen und öffentlichen Einrichtungen

Die Träger der öffentlichen Jugendhilfe haben mit anderen Stellen und öffentlichen Einrichtungen, deren Tätigkeit sich auf die Lebenssituation junger Menschen und ihrer Familien auswirkt, insbesondere mit

1. **den Trägern von Sozialleistungen nach dem Zweiten, Dritten, Vierten, Fünften, Sechsten und dem Zwölften Buch sowie Trägern von Leistungen nach dem Bundesversorgungsgesetz,** [ab 1.1.2024: ***den Trägern von Sozialleistungen nach dem Zweiten, Dritten, Vierten, Fünften, Sechsten, Zwölften und Vierzehnten Buch,***]
2. **Rehabilitationsträger nach § 6 Absatz 1 Nummer 7 des Neunten Buches,**
3. **den Familien- und Jugendgerichten, den Staatsanwaltschaften sowie den Justizvollzugsbehörden,**
4. **Schulen und Stellen der Schulverwaltung,**
5. **Einrichtungen und Stellen des öffentlichen Gesundheitsdienstes und sonstigen Einrichtungen und Diensten des Gesundheitswesens,**
6. **den Beratungsstellen nach den §§ 3 und 8 des Schwangerschaftskonfliktgesetzes und Suchtberatungsstellen,**
7. **Einrichtungen und Diensten zum Schutz gegen Gewalt in engen sozialen Beziehungen,**
8. **den Stellen der Bundesagentur für Arbeit,**

10 Näheres: Nüsken in GK-SGB VIII § 80 Rn. 26 u. 27.

9. Einrichtungen und Stellen der beruflichen Aus- und Weiterbildung,
10. den Polizei- und Ordnungsbehörden,
11. der Gewerbeaufsicht,
12. Einrichtungen der Ausbildung für Fachkräfte, der Weiterbildung und der Forschung und
13. Einrichtungen, die auf örtlicher Ebene Familien und den sozialen Zusammenhalt zwischen den Generationen stärken (Mehrgenerationenhäuser),

im Rahmen ihrer Aufgaben und Befugnisse zusammenzuarbeiten.

1 Bedeutung und Rechtscharakter der Norm

1 Die Vorschrift wurde ua aufgrund des BKiSchG, des Gesetzes zur Änderung des Neunten und des Zwölften Buches sowie zuletzt des KJSG strukturell und teilweise inhaltlich neu ausgestaltet und erweitert. Sie ist in engem Zusammenhang mit der Gesamtverantwortung (§ 79), der Qualitätsentwicklung (§ 79a), der Jugendhilfeplanung (§ 80) und dem Querschnittsauftrag der Jugendhilfe nach § 1 Abs. 3 Nr. 5 (→ § 1 Rn. 18) zu verstehen. Die rechtlichen und fachlichen Möglichkeiten der Jugendhilfeträger alleine reichen bei weitem nicht aus, um eine ganzheitliche, an den Wünschen und Bedürfnissen der jungen Menschen und ihrer Eltern orientierte Lebenswelt zu schaffen. Es ist daher konsequent, die Träger der öffentlichen Jugendhilfe auf eine Zusammenarbeit mit all den Stellen und Einrichtungen zu verpflichten, deren Tätigkeit sich ebenfalls auf die Lebenssituation junger Menschen und ihrer Familien auswirkt. Es entspricht dem **Querschnittsauftrag** der Jugendhilfe – teilweise auch als „Einmischungsauftrag" beschrieben[1] –, dass die Träger der öffentlichen Jugendhilfe diese Zu-

1 Vgl. Wabnitz in GK-SGB VIII Rn. 5.

sammenarbeit offensiv suchen, um in allen für junge Menschen relevanten Lebensfeldern mitgestalten zu können. § 81 gilt für die örtlichen wie die überörtlichen Träger der öffentlichen Jugendhilfe. Träger der freien Jugendhilfe unterliegen keinen Verpflichtungen nach § 81, sollen jedoch ggf. von den öffentlichen Trägern nach den allgemeinen Vorschriften (insbesondere nach §§ 3 und 4) einbezogen werden.[2]

Jugendhilfe muss sich nicht nur in andere Felder „einmischen" und „hereindrängen", 2
sondern mehr und mehr gilt es, dass Jugendhilfe mit anderen Handlungsträgern und Politikfeldern – möglichst unter Ausnutzung von Synergieeffekten – Aktionsbündnisse zugunsten von Kindern und Jugendlichen schließt. Nicht nur ein „Hineinwirken" in andere Politikbereiche ist mithin gefordert, sondern darüber hinaus ein koordiniertes, möglichst synchronisiertes Miteinander, kurzum **„Strategische Koordination"** durch die Kinder- und Jugendhilfe.[3] Die Initiative zur Zusammenarbeit muss sich nicht auf die angeführten Stellen und Einrichtungen beschränken, da die Formulierung „... insbesondere" keine abschließende Aufzählung nach sich zieht. Solche Stellen können zB im Bereich des Wohnungsbaus, der Verkehrsentwicklung, der Ökologie, der Stadtentwicklung oder Dorfsanierung uä liegen.

Für die **Träger der öffentlichen Jugendhilfe** begründet die Norm ein gesetzliches **Gebot** 3
im Sinne einer objektiv-rechtlichen Verpflichtung[4] – ohne damit korrespondierendem subjektiven Rechtsanspruch[5] – **zur Zusammenarbeit**. Demgegenüber beinhaltet sie keine entsprechende Verpflichtung für die aufgeführten Stellen und Einrichtungen. Jedoch ergeben sich für diese, teilweise aus anderen gesetzlichen Vorschriften, Erlassen oder Verwaltungsrichtlinien ihres Aufgabenbereiches, ebenfalls Hinweise oder Verpflichtungen für eine Zusammenarbeit, unter anderem mit der Jugendhilfe. Insbesondere gilt dies für alle im SGB genannten Leistungsträger (Zusammenarbeitsgebot nach § 86 SGB X). Für die Schulen bestehen entsprechende Regelungen nach den jeweiligen Schulgesetzen und Erlassen der Länder.

Die Aufzählung in § 81 Nrn. 1–13 ist nicht abschließend („insbesondere"). Auch mit weiteren Trägern, Behörden und Institutionen hat die Kinder- und Jugendhilfe gegebenenfalls zu kooperieren.[6]

2 Kooperationspartner – Kooperationsfelder

2.1 Träger von Sozialleistungen nach dem Zweiten, Dritten, Vierten, Fünften, Sechsten und dem Zwölften Buch sowie Träger von Leistungen nach dem Bundesversorgungsgesetz (Nr. 1)

Konkret angesprochen sind die für die Grundsicherung zuständigen Behörden und 4
Stellen nach dem SGB II, im Wesentlichen die Bundesagentur für Arbeit und ihre Behörden nach dem SGB III, die Träger, Behörden und Stellen nach den Gemeinsamen Vorschriften für die Sozialversicherung nach dem SGB IV, die Träger und Behörden, insbesondere die Krankenkassen, nach dem SGB V (Gesetzliche Krankenversicherung), die Träger und Behörden der Gesetzlichen Rentenversicherung nach dem SGB VI, die (örtlichen und überörtlichen) Träger der Sozialhilfe nach dem SGB XII und die Träger von Leistungen nach dem Bundesversorgungsgesetz, insbesondere im

2 Schäfer in FK-SGB VIII Rn. 5.
3 Vgl. dazu und zu weiteren inhaltlichen und organisatorischen Details Wabnitz Forum Jugendhilfe/AGJ-Mitteilungen, Heft 2/1997, 31 sowie Jugendwohl 1997, 294. Im 14. Kinder- und Jugendbericht 2013 (BT-Drs. 17/12200, 390 f.) wird die Notwendigkeit unterstrichen, die Jugendämter zu lokalen strategischen Zentren für Fragen des Aufwachsens und die Landesjugendämter zu überörtlichen fachlichen Kompetenzzentren für die Kinder- und Jugendhilfe fortzuentwickeln.
4 Schäfer in FK-SGB VIII Rn. 2.
5 Wabnitz 2005, S. 264.
6 Näheres dazu bei Wabnitz in GK-SGB VIII Rn. 45 f.

Zusammenhang mit der Versorgung von Kriegsopfern. Der Katalg weist teilweise Überschneidungen mit den Nrn. 5 (Gesundheitswesen) und 8 (Bundesagentur für Arbeit) auf. Die Rehabilitationsträger nach § 6 Abs. 1 Nr. 7 SGB IX werden in Nr. 2. genannt.

2.2 Rehabilitationsträger nach § 6 Absatz 1 Nummer 7 des Neunten Buches (Nr. 2)

5 Nr. 2 ist aufgrund von Art. 7 Nr. 2 des Gesetzes zur Änderung des Neunten und des Zwölften Buches Sozialgesetzbuch vom 30.11.2019[7] in § 81 eingefügt worden; die früheren Nrn. 2 bis 11 wurden die neuen Nummern 3 bis 12. In Nr. 2 (neu) müsste es grammatikalisch anstelle von „Rehabilitationsträger" eigentlich heißen: Rehabilitationsträger"n"; insoweit handelt es sich offenbar um ein Redaktionsversehen.

Rehabilitationsträger nach § 6 Nr. 7 SGB IX sind „die Träger der Eingliederungshilfe für Leistungen nach § 5 Nr. 1, 2, 4 und 5".[8] Nach der zuletzt genannten Vorschrift werden zur Teilhabe am Leben in der Gesellschaft erbracht: Leistungen zur medizinischen Rehabilitation (Nr. 1), zur Teilhabe am Arbeitsleben (Nr. 2), zur Teilhabe an Bildung (Nr. 4) und zur sozialen Teilhabe (Nr. 5). Im Übrigen können zahlreiche Leistungsträger Träger der Leistungen zur Teilhabe (Rehabilitationsträger) sein; vgl. § 6 Abs. 1 Nrn. 1 bis 6 SGB IX, darunter auch die Träger der öffentlichen Jugendhilfe nach § 6 Abs. 1 Nr. 6 SGB IX (ebenfalls für Leistungen nach § 5 Nr. 1, 2, 4 und 5 SGB IX). Für die Kinder- und Jugendhilfe ist dies von besonderer Bedeutung mit Blick auf die Leistungen der Eingliederungshilfe für seelisch behinderte Kinder und Jugendliche nach § 35a SGB VIII, aber auch mit Blick auf Leistungen der anderen Rehabilitationsträger.

Wer die zuständigen **„Träger der Eingliederungshilfe"** nach § 6 Nr. 7 SGB IX im Einzelnen sind, bestimmen gemäß § 94 Abs. 1 SGB IX die Länder. Bei der Bestimmung durch Landesrecht ist gemäß § 94 Abs. 2 Satz 1 SGB IX „sicherzustellen, dass die Träger der Eingliederungshilfe nach ihrer Leistungsfähigkeit zur Erfüllung dieser Aufgaben geeignet sind". In der Mehrzahl der Flächenländer sind zu Trägern der Eingliederungshilfe durch Landesrecht die Landkreise und kreisfreien Städte bestimmt worden, in Nordrhein-Westfalen die Landschaftsverbände. In Bayern sind dies die Bezirke; in den Stadtstaaten Berlin, Bremen und Hamburg, teilweise auch in Rheinland-Pfalz, im Saarland und in Sachsen-Anhalt das jeweilige Bundesland selbst.

2.3 Familien- und Jugendgerichte, Staatsanwaltschaften sowie Justizvollzugsbehörden (Nr. 3)

6 Seit der Kindschaftsrechtsreform von 1998 und der Ablösung des früheren FGG durch das FamFG von 2009 ist die Zusammenarbeit von **Familiengerichten** und dem Jugendamt bzw. Trägern der freien Jugendhilfe weiter intensiviert worden, wobei auch verstärkt auf einvernehmliche Regelungen der Eltern in Fragen des Sorgerechts und des Umganges gesetzt wird. Das setzt voraus, dass Gerichte und Jugendämter bei voller Klarheit ihrer jeweiligen Rolle sich in der Verfolgung des gemeinsamen Zieles, dem Kindeswohl zu dienen, sich gegenseitig anerkennen und die Vorschriften über die Arbeit von Gerichten und Jugendhilfe in der Praxis in aufeinander bezogener Weise anwenden (§§ 17 Abs. 3 iVm § 17 Abs. 2 SGB VIII, § 128 Abs. 2 FamFG; §§ 17 Abs. 2, 50 Abs. 1, 2 SGB VIII, §§ 158 ff. FamFG).

7 Die Zusammenarbeit der Jugendhilfe mit den **Jugendgerichten** und **Staatsanwaltschaften** als Organen der Strafrechtspflege ist in § 52 iVm den einschlägigen Vorschriften des JGG geregelt. Auch die Mitwirkung in Gerichtsverfahren dient dem Interesse der

---

7 BGBl. I S. 1948.
8 Näheres dazu bei Wabnitz in GK-SGB VIII Rn. 10a ff.

jungen Menschen, weil ihnen die Vertreter der Jugendgerichtshilfe in schwieriger Situation auf vielfältige Weise zur Seite stehen (→ § 52 Rn. 1 ff.) und ggf. Entscheidungsvorschläge unterbreiten. Mit den **Justizvollzugsanstalten** der Länder, in denen Freiheitsstrafen an jungen Menschen vollzogen werden, arbeiten die Träger der Jugendhilfe zusammen, um das in den (Jugend-)Strafvollzugsgesetzen der Länder formulierte Ziel der Wiedereingliederung dieser jungen Menschen zu fördern. § 38 Abs. 2 S. 9 JGG bestimmt für die Vertreter der Jugendgerichtshilfe: „Während des Vollzugs bleiben sie mit dem Jugendlichen in Verbindung und nehmen sich seiner Wiedereingliederung in die Gemeinschaft an".

2.4 Schulen und Stellen der Schulverwaltung (Nr. 4)

Die Schule ist ein wesentlicher **Sozialisationsraum** für Kinder und Jugendliche mit einem eigenständigen Bildungs- und Erziehungsauftrag neben dem außerschulischen Erziehungs- und Bildungsauftrag der Kinder- und Jugendhilfe. Mehr denn je ist dabei eine gute Zusammenarbeit von Schule und Jugendhilfe gefordert, aktuell in ganz besonderer Weise bei der Entwicklung der Ganztagsschulen. Aber auch Verhaltensauffälligkeiten von Schülerinnen und Schülern, Konzentrationsschwächen, niedrige Frustrationstoleranz, Aggressivität und zum Teil eine hohe Bereitschaft, Gewalt anzuwenden, überfordern vielfach die Pädagoginnen und Pädagogen und machen es dringend erforderlich, dass Schule und Jugendhilfe aufeinander zugehen und gut miteinander kooperieren.[9] Die Schule kann die präventive Funktion eines wirkungsvollen „Frühwarnsystems" erfüllen, so dass rechtzeitig niedrigschwellige, ambulante Hilfen angeboten werden können. Außerdem ist eine gute Zusammenarbeit mit den **„Stellen der Schulverwaltung"**, insbesondere den Schulaufsichtsbehörden, erforderlich. 8

Vielfältige **Formen der Zusammenarbeit** insbesondere mit den Grund-, Haupt-, Berufs- und Sonderschulen haben sich in den letzten Jahren – zu oft leider in zeitlich und örtlich begrenzter Projektform – entwickelt und sollten verfestigt werden, zB: 9

- bei der Gestaltung der Ganztagsschule,
- bei der Tagesbetreuung von Schülerinnen und Schülern (sog. Hort an der Schule, Schülerhorte, Nachmittagsbetreuung, Kernzeitenbetreuung; → § 10 Rn. 12),
- in der Jugendsozialarbeit (insbes. Schulsozialarbeit; → § 13 Rn. 16),
- in der Kinder- und Jugendarbeit (Öffnung von Schulräumen und Schulhöfen für Angebote der Jugendarbeit; → § 11 Rn. 15),
- beim erzieherischen Jugendschutz (Suchtprophylaxe, sexueller Missbrauch, Medienmissbrauch, Rechtsextremismus, Ausländerfeindlichkeit; → § 14 Rn. 12),
- zwischen ASD sowie Psychologischen Beratungsstellen und Schulen (zB Schulsprechstunde, Fallberatung und Supervision für Lehrkräfte).

In fast allen **Schulgesetzen der Länder** bestehen nunmehr entsprechende Regelungen für den Schulbereich, die weitgehend mit § 81 korrespondieren.[10] 10

2.5 Einrichtungen und Stellen des öffentlichen Gesundheitsdienstes und sonstige Einrichtungen und Dienste des Gesundheitswesens (Nr. 5)

Die Zusammenarbeit zwischen der Kinder- und Jugendhilfe, niedergelassenen Ärzten und Gesundheitsämtern sowie anderen Diensten und Einrichtungen des Gesundheitswesens über Einzelfälle hinaus, in denen es etwa um die Abwendung von Seuchenge- 11

9 Vgl. 14. Ki/JuBericht, S. 327 ff., 403 ff. und 12. Ki/JuBericht insgesamt.

10 Vgl. §§ 1, 41, 90 SchulG BW, Art. 2, 7, 31 Bayer. Gesetz über das Erziehungs- und Unterrichtswesen, §§ 4, 5, 7, 19 SchulG Berlin, §§ 3, 9, 18 BbgSchulG, §§ 4, 12 BremSchulG, §§ 3, 51 HambSchulG, §§ 3, 15, 16 HessSchulG, §§ 4, 34, 40, 59 SchulG M-V, §§ 6, 25 NdsSchulG, § 5 b SchulG NW, §§ 19, 26, 43 SchulG RPL, §§ 5 a, 20 SchulordnungsG Saar, §§ 3, 83 SchulG S-H, §§ 2, 11 ThürSchulG.

fahren oder die Einweisung von Klienten in Dienste oder Einrichtungen der (Kinder- und Jugend-)Psychiatrie geht, hat sich vor allem auf präventive Bereiche erweitert. Zu erwähnen sind beispielsweise der Bereich der Frühen Hilfen, der Familienhebammen, des Kinderschutzes, Fragen der Kindergesundheit, der Aidsberatung sowie die Förderung und Unterstützung von Selbsthilfegruppen im Gesundheitsbereich. Zahlreiche weitere Notwendigkeiten zur Zusammenarbeit bestehen im Bereich der Gesundheitsförderung.[11] Vielfältige neue Kooperationserfordernisse bestehen aufgrund der §§ 2 und 3 KKG sowie aufgrund der Landeskinderschutzgesetze, dort nicht zuletzt mit Blick auf die in den meisten Ländern etablierten Pflichten zur Weitergabe von Informationen an die Jugendämter über eine eventuelle Nicht-Teilnahme an Früherkennungsuntersuchungen für Kinder nach dem SGB V.[12]

Ein weiteres wichtiges Kooperationsfeld liegt in der Zuständigkeit der Kinder- und Jugendhilfe für seelisch behinderte Kinder und Jugendliche nach § 35a begründet.

2.6 Beratungsstellen nach den §§ 3 und 8 des Schwangerschaftskonfliktgesetzes und Suchtberatungsstellen (Nr. 6)

12 Allgemeine Aufgaben nach dem **Schwangerschaftskonfliktgesetz** (SchKG) sind Aufklärung, Verhütung, Familienplanung und Beratung. Die Schwangerschaftskonfliktberatung nach § 5 SchKG ist eine der Voraussetzungen für die Straflosigkeit des Schwangerschaftsabbruchs nach § 218a StGB. Dies ist in § 219 StGB sowie in den §§ 5 ff. SchKG näher geregelt. In den §§ 19 ff. SchKG sind Hilfen für Frauen bei Schwangerschaftsabbrüchen in besonderen Fällen vorgesehen. Dabei gibt es zahlreiche Bezugspunkte zur Kinder- und Jugendhilfe mit Blick auf junge Frauen, werdende Mütter sowie mit Blick auf den Kinderschutz.

13 Die Aufgaben der zahlreichen **Suchtberatungsstellen** in öffentlicher und freier Trägerschaft zielen ab ua auf Information und Prävention mit Blick auf Suchtgefahren, die durch übermäßigen Konsum von Tabak, Alkohol, die Einnahme von Medikamenten, illegalen Drogen, von substanzungebundenen Suchtformen oder durch Glücksspiel ua entstehen können. Mit Blick darauf sowie mit Blick auf den Erzieherischen Kinder- und Jugendschutz (§ 14) hat die Kinder- und Jugendhilfe auch mit den Suchtberatungsstellen, soweit sie nicht ohnehin Träger derselben ist, zusammen zu arbeiten.

2.7 Einrichtungen und Dienste zum Schutz gegen Gewalt in engen sozialen Beziehungen (Nr. 7)

14 Nr. 7 zielt ab auf die gebotene Zusammenarbeit mit Einrichtungen und Diensten zum Schutz gegen Gewalt in engen sozialen Beziehungen, zum Beispiel **Frauenhäusern**, Frauen- und Kinderhäusern, speziellen Einrichtungen des Betreuten Wohnens ua Hinzuweisen ist in diesem Zusammenhang auch auf das Gesetz zum zivilrechtlichen Schutz vor Gewalttaten und Nachstellungen (**Gewaltschutzgesetz**) sowie auf die §§ 174 ff. sowie §§ 238 ff. StGB.

2.8 Stellen der Bundesagentur für Arbeit (Nr. 8)

15 Eine Abstimmung der Zusammenarbeit zwischen Kinder- und Jugendhilfe und den Agenturen für Arbeit ist in vielfacher Hinsicht erforderlich:

- zur Erfassung und positiven Beeinflussung der Situation auf dem Ausbildungs- und Arbeitsmarkt und der Einleitung insoweit erforderlicher und sich gegenseitig ergänzende Maßnahmen,

11 Vgl. umfassend 13. Ki/JuBericht.
12 Dazu eingehend Wabnitz in GK-SGB VIII § 14, Rn. 54 ff.

- im Zusammenhang mit Jugendhilfemaßnahmen gemäß § 13 zur sozialpädagogischen Förderung der beruflichen Eingliederung, sozialpädagogischen Ausbildungs- und Beschäftigungsmaßnahmen sowie Maßnahmen zur Unterkunft in sozialpädagogisch begleiteten Wohnformen,
- bei der Gestaltung von Hilfeplänen in Einzelfällen, wenn Ausbildungs- und Beschäftigungsmaßnahmen in Verbindung mit HzE einzuleiten sind (§ 27 Abs. 3; vgl. § 36 Rn. 34) sowie bei Hilfen für junge Volljährige (§ 41),
- bei Leistungen nach § 35 a für seelisch behinderte (zB suchtkranke und psychisch kranke) Jugendliche in Werkstattprojekten oä.

Zur Abstimmung empfiehlt sich neben einzelfallbezogenen Kontakten die Bildung von 16
Arbeitsgemeinschaften nach § 78, an denen auch die Arbeitgeberverbände sowie Industrie- und Handelskammer und Handwerkskammer beteiligt sein sollten.

In der Praxis ist für die Jugendhilfe von Bedeutung, dass **andere Träger** und Organisa- 17
tionen (insbes. die Agenturen für Arbeit) teilweise **vorrangig** für Maßnahmen der beruflichen Eingliederung zuständig sind; vgl. insbesondere § 10 Abs. 3 (→ § 10 Rn. 14 ff.).

2.9 Einrichtungen und Stellen der beruflichen Aus- und Weiterbildung (Nr. 9)

Hier kommt die Zusammenarbeit bzw. Abstimmung mit Handwerkskammern, In- 18
dustrie- und Handelskammern, Berufsbildungs- und Berufsförderungswerken, Berufsschulen sowie weiteren Trägern von Maßnahmen zur beruflichen Eingliederung oder Ausbildungsbegleitung von Jugendlichen und jungen Volljährigen in Betracht.

2.10 Polizei- und Ordnungsbehörden (Nr. 10)

Die Polizei- und Ordnungsbehörden sind wichtige Kooperationspartner der Kinder- 19
und Jugendhilfe – und dies nicht nur außerhalb der üblichen Büroarbeitszeiten und am Wochenende. Besonders intensive Formen der Zusammenarbeit sind zu entwickeln mit Blick auf die Aufgaben nach §§ 8a und 42, nach dem Jugendschutzgesetz sowie ergänzenden Rechtsvorschriften des Landesrechts.

Aufgrund unterschiedlicher Aufgabenstellungen und Zielsetzungen gestaltet sich die 20
Zusammenarbeit zwischen Jugendhilfe und Polizei allerdings zum Teil problematisch. So steht zB bei Straftaten gegen Kinder und Jugendliche für die Kinder- und Jugendhilfe der Schutz des Kindes und die Förderung seiner Entwicklung an erster Stelle, während der polizeiliche Auftrag primär die Kriminalprävention sowie die Ermittlung, Strafverfolgung und Herbeiführung der strafrechtlichen Ahndung im Einzelfall beinhaltet (zum Datenschutz → § 61 Rn. 105 u. 115).

Auch bezüglich des Verständnisses präventiver Maßnahmen, zB im Sucht- und Dro- 21
genbereich oder bei Kontrollen nach § 8 JuSchG, hat für die Kinder- und Jugendhilfe die auf Vertrauen basierende Beziehung zum Klienten einen besonders hohen Stellenwert, während die Polizei im Zweifel auch Kenntnisse, die sie in diesem Bereich erlangt, zum Zwecke der Strafverfolgung einsetzen muss.

Daher ist, soweit erforderlich, eine klare Aufgabentrennung nach außen hin sichtbar 22
zu machen. Dennoch sind bei manchen Problemlagen (zB offene Drogenszene, Gewalteskalation, politischer Extremismus, Bandenkriminalität etc) alle Kräfte zu bündeln und die jeweiligen Maßnahmen bzw. Angebote im Sinne eines übergreifenden Zusammenwirkens aufeinander abzustimmen. Berührungsängste und Vorurteile müssen hier unbedingt überwunden werden.

Weitere Berührungspunkte, zB bei der Jugendgerichtshilfe (→ § 52 Rn. 49, 54; früh- 23
zeitige Information der Jugendhilfe über aufgenommene Ermittlungsverfahren) oder

bei Inobhutnahmen (Überstellung aufgegriffener Jugendlicher durch Polizeikräfte; → § 42 Rn. 56) gestalten sich in der Regel unproblematisch.

2.11 Gewerbeaufsicht (Nr. 11)

24 Hier ergeben sich Berührungspunkte zwischen Jugendhilfe und Gewerbeaufsichtsämtern vor allem im Bereich des Jugendarbeitsschutzes (→ § 14 Rn. 8), insbesondere durch die Anhörung des zuständigen JA bei der Erteilung behördlicher Ausnahmen nach § 6 JArbSchG. Außerdem gehören den nach §§ 55, 56 JArbSchG bei der Aufsichtsbehörde zu bildenden (Landes-)Ausschüssen für Jugendarbeitsschutz ua auch Vertreter von Jugendbehörden an.

2.12 Einrichtungen der Ausbildung für Fachkräfte, der Weiterbildung und der Forschung (Nr. 12)

25 Bei der sozialen Arbeit ist es im Interesse der Klienten unabdingbar, dass Wissenschaft und Praxis in engem Austausch miteinander stehen und sich anhand von Projekten gemeinsam entwickeln (→ § 72 Rn. 25). Diese Kenntnisse und Erfahrungen müssen von Trägern der Aus- und Weiterbildung praxisorientiert vermittelt werden. Insbesondere für die Fortbildung von Fachkräften sind nach § 85 Abs. 2 Nr. 8 die überörtlichen Träger, nach § 85 Abs. 3 für den örtlichen Bereich auch die örtlichen Träger zuständig. In diesem Zusammenhang ist auch auf die sachliche Notwendigkeit und die Verpflichtung der Jugendhilfe hinzuweisen, ihre Aufgaben im Zusammenhang mit den berufspraktischen Ausbildungsabschnitten für Studierende zu erfüllen.

2.13 Einrichtungen, die auf örtlicher Ebene Familien und den sozialen Zusammenhaltzwischen den Generationen stärken (Mehrgenerationenhäuser) (Nr. 13)

26 Aufgrund des KJSG wurde die Nr. 13 in § 80 eingefügt. Im Hinblick auf eine ganzheitliche und lebensweltorientierte Gestaltung der Kinder- und Jugendhilfe als Querschnittsaufgabe wird damit die Verpflichtung der Träger der öffentlichen Jugendhilfe zur strukturellen Zusammenarbeit auch auf Mehrgenerationenhäuser (Nr. 13) bezogen.

Anhang zu § 81 – § 3 KKG (= Art. 1 § 3 BKiSchG)

§ 3 KKG Rahmenbedingungen für verbindliche Netzwerkstrukturen im Kinderschutz

(1) In den Ländern werden insbesondere im Bereich Früher Hilfen flächendeckend verbindliche Strukturen der Zusammenarbeit der zuständigen Leistungsträger und Institutionen im Kinderschutz mit dem Ziel aufgebaut und weiterentwickelt, sich gegenseitig über das jeweilige Angebots- und Aufgabenspektrum zu informieren, strukturelle Fragen der Angebotsgestaltung und -entwicklung zu klären sowie Verfahren im Kinderschutz aufeinander abzustimmen.

(2) In das Netzwerk sollen insbesondere Leistungserbringer, mit denen Verträge nach § 125 des Neunten Buches Sozialgesetzbuch bestehen, Gesundheitsämter, Sozialämter, Schulen, Polizei- und Ordnungsbehörden, Agenturen für Arbeit, Krankenhäuser, Sozialpädiatrische Zentren, Frühförderstellen, Beratungsstellen für soziale Problemlagen, Beratungsstellen nach den §§ 3 und 8 des Schwangerschaftskonfliktgesetzes, Einrichtungen und Dienste zur Müttergenesung sowie zum Schutz gegen Gewalt in engen sozialen Beziehungen, Mehrgenerationenhäuser, Familienbildungsstätten, Familiengerichte und Angehörige der Heilberufe einbezogen werden.

(3) [1]Sofern Landesrecht keine andere Regelung trifft, soll die verbindliche Zusammenarbeit im Kinderschutz als Netzwerk durch den örtlichen Träger der Jugendhilfe organisiert werden. [2]Die Beteiligten sollen die Grundsätze für eine verbindliche Zusammenarbeit in Vereinbarungen festlegen. [3]Auf vorhandene Strukturen soll zurückgegriffen werden.

(4) [1]Dieses Netzwerk soll zur Beförderung Früher Hilfen durch den Einsatz von Familienhebammen gestärkt werden. [2]Das Bundesministerium für Familie, Senioren, Frauen und Jugend unterstützt den Aus- und Aufbau der Netzwerke Frühe Hilfen und des Einsatzes von Familienhebammen auch unter Einbeziehung ehrenamtlicher Strukturen durch eine zeitlich auf vier Jahre befristete Bundesinitiative, die im Jahr 2012 mit 30 Millionen Euro, im Jahr 2013 mit 45 Millionen Euro und in den Jahren 2014 und 2015 mit 51 Millionen Euro ausgestattet wird. [3]Nach Ablauf dieser Befristung wird der Bund einen Fonds zur Sicherstellung der Netzwerke Frühe Hilfen und der psychosozialen Unterstützung von Familien einrichten, für den er jährlich 51 Millionen Euro zur Verfügung stellen wird. [4]Die Ausgestaltung der Bundesinitiative und des Fonds wird in Verwaltungsvereinbarungen geregelt, die das Bundesministerium für Familie, Senioren, Frauen und Jugend im Einvernehmen mit dem Bundesministerium der Finanzen mit den Ländern schließt.

1 Bedeutung und Inhalt der Vorschrift

1 Die Vorschrift zielt mit den Absätzen 1 bis 3 zunächst auf den flächendeckenden Auf- und Ausbau von Strukturen der Zusammenarbeit der Leistungsträger und Institutionen „insbesondere" im Bereich der Frühen Hilfen in einem Netzwerk. Die Aufforderung an den örtlichen Träger der Jugendhilfe, mit weiteren Akteuren zusammenzuarbeiten, ist bereits in § 81 enthalten. In § 3 Abs. 1–3 KKG hat der Gesetzgeber jedoch, abzielend vor allem auf den Bereich der Frühen Hilfen, konkretere Rahmenbedingungen für die Zusammenarbeit formuliert: Gefordert werden verbindliche Strukturen (Abs. 1 S. 1), bei Fehlen abweichender landesrechtlicher Regelungen organisiert durch den örtlichen Träger der öffentlichen Jugendhilfe (Abs. 3 S. 1). Auf der Basis von vereinbarten Grundsätzen sollen in dieser Struktur die beteiligten Akteure und Leistungsträger sich gegenseitig über Angebots- und Aufgabenspektrum informieren, strukturelle Fragen der Angebotsgestaltung und -entwicklung klären sowie Verfahren im Kinderschutz aufeinander abstimmen (Abs. 1).

In Abs. 4 wird die zentrale Bedeutung von Familienhebammen in diesen Netzwerken hervorgehoben (S. 1) und es wird die Finanzierung der Frühen Hilfen geregelt.

2 Aufbau verbindlicher Strukturen (Abs. 1)

2 § 3 Abs. 1 legt das Ziel des Aufbaus und der Weiterentwicklung von verbindlichen Strukturen der Zusammenarbeit der Leistungsträger und Institutionen im Kinderschutz, insbesondere im Bereich der Frühen Hilfen, fest.[1] Die Norm greift verschiedene Vorstöße zur Bildung von Kooperationsstrukturen im Bereich des Kinderschutzes

1 S. hierzu auch Schimke in JHSM Rn. 1 u. 2; Meysen in FK-SGB VIII Anh. zu § 8b Rn. 28 f.

auf.[2] Dabei geht es in § 3 um eine „strukturelle" (also unabhängig von Einzelfällen praktizierte) Zusammenarbeit. Als Ziel wird die gegenseitige Information über das Angebots- und Aufgabenspektrum, die Klärung struktureller Fragen der Angebotsgestaltung und -entwicklung sowie der Abstimmung von Verfahren im Kinderschutz genannt. Es liegt der Gedanke zugrunde, dass Eltern frühzeitig mit allgemeinen Informationen über Erziehung und Entwicklung des Kindes versorgt werden sollen (hierzu § 2 KKG). Eltern sollen in Risikosituationen Hilfeangebote erhalten, um Fälle von Kindeswohlgefährdungen zu vermeiden, in welchen das JA in Form von Eingriffen handeln muss.[3] Auch hier wird deutlich, dass durch eine durch die Zusammenarbeit im Netzwerk verbesserte präventive Unterstützung der Eltern Eingriffe vermieden werden sollen. Die Befugnis zum Austausch von Daten zu Einzelfällen ist hiermit nicht verbunden.[4]

3 Nach der Einschätzung des Gesetzgebers enthält § 3 Abs. 1 offenbar eine verpflichtende Vorgabe zur Schaffung der Netzwerkstrukturen (s. hierzu die Gesetzesbegründung: „Die Verpflichtung zur Schaffung von Netzwerkstrukturen ..."),[5] was im Hinblick auf die Selbstverwaltungsgarantie des Art. 28 Abs. 2 S. 1 GG nicht unproblematisch ist. „Wie" Aufgaben in diesem Bereich erfüllt werden, steht in der Entscheidungsfreiheit der kommunalen Ebene; insoweit begegnen die konkreten Vorgaben in § 3 Bedenken.[6] Ungeachtet der Frage, ob § 3 Abs. 1 eine verbindliche Vorgabe enthält, wurde das Ziel des flächendeckenden Aufbaus verbindlicher Strukturen weitgehend erreicht. In über 90 % der Jugendamtsbezirke sind entsprechende Netzwerkstrukturen vorhanden.[7]

3 Zu beteiligende Institutionen (Abs. 2)

4 Abs. 2 benennt die Akteure, welche in das Netzwerk einbezogen werden sollen. Die Aufzählung ist nicht abschließend („insbesondere"), so dass in § 3 Abs. 2 nicht genannte Institutionen nicht von der Zusammenarbeit ausgeschlossen sind.[8] In der Gesetzesbegründung wird klargestellt, dass sich für die einzelnen Institutionen aus § 3 Abs. 2 keine Verpflichtung zur Beteiligung am Netzwerk ergibt.[9] Eine Verpflichtung zur Mitarbeit kann sich allerdings aus anderen Gesetzen ergeben, zB § 4 Abs. 2 SchKG für die Beratungsstelle nach dem Schwangerschaftskonfliktgesetz, § 26 LKJHG für die Zusammenarbeit von Polizei und JA oder § 1 Abs. 4 KiSchutzG BW für die Gesundheitsämter. Die Vorschrift richtet sich vielmehr an den Organisator des Netzwerks nach § 3 Abs. 3; dieser soll insbesondere die genannten Institutionen einbeziehen.[10] Die stärkere Kooperation mit dem Gesundheitsbereich ist trotz erheblicher Fortschritte in den Frühen Hilfen weiterhin ein zentrales Thema.[11]

---

2 Näher Meysen/Eschelbach, S. 88 ff.
3 S. hierzu BT-Drs. 17/6256, 18.
4 BT-Drs. 17/6256, 18; Wiesner in Wiesner, § 3 KKG Rn. 2; näher zu den Möglichkeiten und Grenzen der Datenweitergabe § 4 KKG sowie konkret für den Bereich Früher Hilfen NZFH, Datenschutz bei Frühen Hilfen.
5 BT-Drs. 17/6256, 18; s. hierzu auch Schimke in JHSM Rn. 1 u. 2; Meysen in FK-SGB VIII Anh. zu § 8b Rn. 28.
6 Vgl. hierzu auch BVerfG 18.7.1967 – 2 BvF 3/62, juris Rn. 77 ff. sowie die Gesetzesbegründung BT-Drs. 17/6256, 27, die selbst von einer „Zurückhaltung des Gesetzgebers hinsichtlich der Art und Weise des Vollzugs gesetzlicher Vorschriften" spricht.
7 Vgl. NZFH, Zwischenbericht, S. 37.
8 S. hierzu auch Meysen in FK-SGB VIII Anh. zu § 8b Rn. 31.
9 BT-Drs. 17/6256, 18.
10 Näher zu den einzelnen Akteuren Meysen in FK-SGB VIII Anh. zu § 8b Rn. 31 ff.; zur tatsächlichen Beteiligung an existierenden Netzwerken NZFH, Zwischenbericht, S. 37.
11 NZFH, Bericht 2016, S. 24 ff.

4 Organisation der Zusammenarbeit (Abs. 3)

Nach der Gesetzesbegründung verpflichtet § 3 Abs. 3, Netzwerke auf der Ebene der örtlichen Träger der Jugendhilfe einzurichten, sofern Landesrecht nichts anderes vorsieht.[12] Ob mit der Vorschrift allerdings tatsächlich in verfassungskonformer Weise den örtlichen Trägern eine Verpflichtung auferlegt werden kann, ist fraglich (→ Rn. 2). Gemäß § 3 Abs. 3 S. 2 sollen die Grundsätze der Zusammenarbeit in Vereinbarungen festgelegt werden. S. 3 legt ausdrücklich fest, dass keine Parallelstrukturen geschaffen, sondern bestehende Strukturen eingebunden werden sollen. 5

5 Stärkung und Finanzierung der Netzwerke (Abs. 4)

§ 3 Abs. 4 S. 1 nennt ausdrücklich die Familienhebammen als zu fördernden Bereich. 6
Dies beruht auf der Erwägung, dass Familien im Zusammenhang mit der Geburt regelmäßig Kontakt zum Gesundheitssektor haben und insbesondere mit den Hebammen ein sehr früher, unmittelbarer und regelmäßig vertrauensvoller Umgang besteht. **Familienhebammen** sind Hebammen mit einer Zusatzausbildung. Der Schwerpunkt ihrer Arbeit liegt in der Unterstützung von (werdenden) Müttern und Vätern und deren Säuglingen. Es handelt sich um ein aufsuchendes Angebot, das sich vor allem an Familien in besonderen Belastungssituationen richtet.[13] Über die Familienhebammen wird häufig auch der Zugang zu Flüchtlingsfamilien eröffnet.[14] Neben der Familienhebamme gewinnt das Berufsbild der Familiengesundheits- und Kinderkrankenpflegerinnen und -pfleger (**FGKIKP**) in den Frühen Hilfen an Bedeutung. Beiden ist gemein, dass es sich um „**Brückenangebote**" zwischen Gesundheits-, Kinder- und Jugendhilfesektor handelt, was zu Unsicherheiten bezüglich Verortung und Finanzierung dieser Leistung geführt hat.[15] Aufgrund der Verweigerung einer stärkeren Beteiligung im Bereich der Frühen Hilfen seitens des Gesundheitssektors ist die Bundesinitiative als „Ausfallbürge"[16] für diese Leistungen eingesprungen. An der Forderung einer Beteiligung des Gesundheitssektors an der Finanzierung ist weiterhin festzuhalten.[17] Die Familienhebamme ist durch diese „Sonderfinanzierung" über das KKG weiterhin sozialrechtlich „heimatlos",[18] was zahlreiche Fragen insbesondere im Bereich des Sozialversicherungs- und Haftungsrechts aufwirft.[19] Die in § 3 Abs. 4 S. 2 und 3 beschriebene Finanzierung ist Ergebnis der Verhandlungen zwischen Bund und Ländern nach Anrufung des Vermittlungsausschusses.[20] S. 2 legt die finanzielle Unterstützung der Länder für den Aus- und Aufbau der Netzwerke Frühe Hilfen und den Einsatz von Familienhebammen[21] sowie die in Netzwerke eingebundenen ehrenamtlichen Strukturen (hierzu zählen insbesondere die „Familienpaten und -patinnen") in den Jahren 2012 bis 2015 im Rahmen einer Bundesinitiative fest.

Nach der Evaluation des BKiSchG zum 31.12.2015 sieht die Bundesregierung Handlungsbedarf hinsichtlich einer Verbesserung der Voraussetzungen für eine engere Kooperation zwischen Kinder- und Jugendhilfe und Gesundheitswesen sowie den Schulen und Polizeibehörden; eine stärkere finanzielle Beteiligung des Gesundheitswesens

12 BT-Drs. 17/6256, 18; s. zu den landesrechtlichen Regelungen Meysen in FK-SGB VIII Anh. zu § 8b Rn. 59.
13 S. Kompetenzprofil Familienhebamme des NZFH.
14 Vgl. DIJuF-Rechtsgutachten JAmt 2016, 129.
15 Näher zur Problematik Meysen/Schönecker FamRZ 2008, 1498.
16 So treffend Meysen/Eschelbach S. 84.
17 So auch Meysen/Eschelbach S. 84.
18 S. DIJuF-Rechtsgutachten DRG-1113 vom 18.4.2013.
19 S. hierzu Horschitz/Meysen/Schaumberg/Schönecker/Seltmann, Rechtsgutachten, NZFH 2015.
20 Näher Meysen/Eschelbach S. 68 ff.
21 Und FGKIKP, s. BT-Drs. 17/6256, 32.

wird aber weiterhin nicht angestrebt,[22] ua vom Nationalen Zentrum für Frühe Hilfen aber weiterhin gefordert.[23]

7 Grundlage für die Finanzierung ist die in § 3 Abs. 4 S. 3 genannte Verwaltungsvereinbarung zwischen Bund und Ländern.[24] Zum 1.10.2017 ist aufgrund der Überführung der Bundesinitiative in die Bundesstiftung Frühe Hilfen eine neue Verwaltungsvereinbarung in Kraft getreten. Diese wird von sog. Leistungsleitlinien flankiert. Die Leistungsleitlinien enthalten detaillierte Regelungen zur Förderfähigkeit und formulieren insbesondere Mindestanforderungen an die Multiprofessionalität des Netzwerks, die personelle Ausstattung der Netzwerkkoordination, die Einbindung der Angebote der Frühen Hilfen in die Netzwerkstruktur und die Mindestanforderungen an in den Netzwerken Tätigen in Kompetenzprofilen. Die starke und zunehmende Detaillierung der Vorgaben dürfte nicht zuletzt darauf zurückzuführen sein, dass ein nicht unerheblicher Teil der Mittel der Bundesinitiative (gegenwärtig 4 Mio. EUR jährlich) auf Bundesebene für Koordinierung, Forschung und Öffentlichkeitsarbeit verwendet wird. Dies führt zwar einerseits zu einem hohen Maß an Qualitätssicherung, birgt jedoch andererseits das Risiko einer zu starken Bürokratisierung sowie einer fehlenden Offenheit für Gegebenheiten vor Ort und neue Entwicklungen. Die Verteilung der weiteren Mittel an die Länder erfolgt – solange die JFMK keinen anderen Schlüssel beschließt – nach einem Schlüssel, welcher je zu 1/3 den Königsteiner Schlüssel, die Zahl der unter Dreijährigen sowie die Zahl der unter Dreijährigen im SGB II Bezug in dem jeweiligen Bundesland berücksichtigt. In den Ländern wird ein Teil der Mittel für die Koordinierung auf Landesebene sowie zentrale Projekte verwendet. Die übrigen Mittel werden sodann nach im jeweiligen Bundesland auf Basis der Verwaltungsvereinbarung zur Bundesstiftung Frühe Hilfen im Einvernehmen mit dem Bund aufgestellten Fördergrundsätzen an die Kommunen weitergeleitet. Nach der Verwaltungsvereinbarung sind vor dem 1.1.2012 vorhandene Strukturen und Angebote nicht förderfähig, da mit der Bundesinitiative bestehende Angebote erweitert und nicht lediglich die Finanzierung verändert werden sollten; eine Ausnahme gilt jedoch für modellhafte Ansätze, die als Regelangebot ausgebaut werden sollen (Präambel und Art. 2 Abs. 1 VV). Vier Fünftel der Bundesmittel fließen in Maßnahmen und Angebote der Kommunen; der größte Teil dieser Mittel fließt wiederum in die Finanzierung des Auf- und Ausbaus von Netzwerken und den Einsatz von Familienhebammen und vergleichbaren Berufsgruppen aus dem Gesundheitsbereich.[25]

8 Näheres zur Bundesstiftung Frühe Hilfen ist in deren Satzung geregelt. Die Bundesstiftung Frühe Hilfen wird vom Bund jährlich mit Vermögen ausgestattet. Für die Jahre 2021/2022 wurde die Bundesstiftung im Rahmen des Bundesprogramms „Aufholen nach Corona" einmalig mit zusätzlichen 50 Mio. Euro ausgestattet. Das Nähere zur Umsetzung wird in einer ergänzenden Verwaltungsvereinbarung geregelt.

Sechstes Kapitel Zentrale Aufgaben

§ 82 Aufgaben der Länder

(1) Die oberste Landesjugendbehörde hat die Tätigkeit der Träger der öffentlichen und der freien Jugendhilfe und die Weiterentwicklung der Jugendhilfe anzuregen und zu fördern.

22 BT-Drs. 18/7100, 7, 48 ff.
23 NZFH, Bericht 2016, S. 33 ff.
24 Abrufbar über www.fruehehilfen.de (10.12.2017).
25 Förderbereiche I und II, näher NZFH, Zwischenbericht, S. 27 ff. abrufbar über www.fruehehilfen.de.

(2) **Die Länder haben auf einen gleichmäßigen Ausbau der Einrichtungen und Angebote hinzuwirken und die Jugendämter und Landesjugendämter bei der Wahrnehmung ihrer Aufgaben zu unterstützen.**

1 Bedeutung der Norm

1 Die Länder haben neben der Gesetzgebungs- auch eine Anregungs- und Förderkompetenz, die die Infrastruktur der Kinder- und Jugendhilfe im jeweiligen Land sichern helfen soll.[1] Abs. 1 der Vorschrift definiert die Aufgaben **der obersten Landesjugendbehörde**, auch in Abgrenzung von den Aufgaben der JA und LJA. In Abs. 2 wird die **Aufgabe des Landes** bezogen auf die Infrastruktur der Kinder- und Jugendhilfe sowie auf die JA und LJA umschrieben.

2 Anregung und Förderung der Weiterentwicklung (Abs. 1)

2 Die Bestimmung der **Obersten Landesjugendbehörde** obliegt den Ländern. Der Terminus „oberste Landesjugendbehörde" ist insofern irreführend, als er suggeriert, es handele sich definitiv um eine einzige Organisationseinheit, wie es aus fachlicher Sicht („Einheit der Jugendhilfe") in der Tat auch sinnvoll wäre. Tatsächlich **variieren die Modelle**. So sind die entsprechenden Zuständigkeiten in einzelnen Bundesländern auch auf zwei Oberste Landesjugendbehörden verteilt.[2] In den Stadtstaaten sind[3] aufgrund ihres besonderen Verwaltungsaufbaus Abweichungen von den Vorschriften der §§ 69–71 und 85 zulässig und deshalb Oberste Landesjugendbehörde, LJA und JA in deren Senatsverwaltungen organisatorisch zusammengefasst. Rechtlich und fachlich kaum vertretbar[4] erscheint allerdings die Wahrnehmung (auch) der Aufgaben des LJA (Verwaltungsaufgaben) durch die oberste Landesjugendbehörde (Regierungsaufgaben) in Flächenländern (aufgrund der allgemeinen Landesausführungsgesetze zum SGB VIII) wie zunächst in Schleswig-Holstein (§ 50 Abs. 1) und sodann in Hessen (§ 7 Abs. 1–3), Thüringen (§ 6), im Saarland (§ 12 Abs. 2), in Sachsen (§ 9 Abs. 1) und seit dem 1.1.2014 auch in Brandenburg (§ 9 Abs. 1–3).

3 Abs. 1 ist als **unbedingte, objektiv-rechtliche Verpflichtung** gefasst, mit der allerdings kein Rechtsanspruch auf Förderung korrespondiert.[5]

4 Das Begriffspaar „anregen" und „fördern"[6] steht im allgemeinen Verständnis für teilweise deckungsgleiche Aktivitäten. „Anregen" bedeutet, Voraussetzungen zu schaffen, die angestrebte Wirkungen, zB auch Aktivitäten anderer, wahrscheinlicher machen. Mittel dazu können materielle und immaterielle Anreize sein. Im vorliegenden Kontext wird der immaterielle Aspekt im Vordergrund stehen. „Fördern" bedeutet Unterstützung bzw. allgemein, eine Aktivität, mit der die Voraussetzungen für die Umsetzung einer bestimmten Programmatik verbessert werden. Im Kontext des SGB VIII wird „fördern" überwiegend als finanzielle Unterstützung verstanden. Die Bedeutung

1 Einzelheiten: Wabnitz in GK-SGB VIII § 82 Rn. 1–5.
2 Derzeit in Baden-Württemberg, Sachsen und Thüringen.
3 Vgl. Artikel 22 KJHG; Abdruck im Anh. 1.
4 Wabnitz in GK-SGB VIII § 82 Rn. 10; so explizit auch der 14. Kinder- und Jugendbericht, BT-Drs. 17/12200, 392.
5 Schäfer in FK-SGB VIII Rn. 4; Wabnitz in GK-SGB VIII Rn. 4.
6 Näheres: Wabnitz in GK-SGB VIII § 82 Rn. 5 a–9.

des Begriffspaares reicht von **Allgemeiner ideeller Unterstützung über die Schaffung begünstigender Voraussetzungen bis hin zum zielgerichteten Einsatz finanzieller Mittel** und ist im Ergebnis relativ unbestimmt. In Abgrenzung von einem unmittelbaren Eintreten in die Verpflichtung des örtlichen bzw. des überörtlichen Trägers ist die **Anregung und Förderung auf die eigenverantwortliche Tätigkeit der öffentlichen und freien Träger** auszurichten. Die Anregung und Förderung ist zudem auf die „Weiterentwicklung der Jugendhilfe" orientiert. Ihr ist damit eine deutlich **innovatorische Komponente** vorgegeben, ohne dass sie darauf beschränkt würde.

5 Unter dem organisationstheoretisch relevanten Aspekt der eindeutigen Klärung von Zuständigkeiten wäre es sinnvoll gewesen, die **Aufgaben** der Obersten Landesjugendbehörde **präziser zu fassen und** entsprechend der veränderten Funktionsbestimmung des LJA deutlicher von dessen Aufgaben **abzugrenzen.** In der Praxis wird darauf zu achten sein, dass in den Flächenländern die Unschärfen in der Aufgabenbestimmung nicht zu konkurrierenden Jugendhilfeaktivitäten zwischen örtlicher Ebene, LJA und Oberster Landesjugendbehörde und damit zur Schwächung der Effektivität auf allen unterschiedlichen Handlungsebenen führen. Denkbar ist dies etwa im Bereich der Anregung und Förderung von Einrichtungen, Diensten und Veranstaltungen nach § 85 Abs. 2 Nr. 3 sowie bezogen auf die Planung, Anregung, Förderung und Durchführung von Modellvorhaben zur Weiterentwicklung der Jugendhilfe nach § 85 Abs. 2 Nr. 4, die beide zu den Aufgaben des LJA gehören.

6 Der obersten Landesjugendbehörde als Teil der Landesregierung obliegen vor allem kinder- und jugendpolitische Aufgaben. Dazu gehört, die fachlichen Problemanzeigen auszuwerten, unter politischer Perspektive zu gewichten und die Instrumente des Landes zur Anregung und Förderung der Jugendhilfe entsprechend weiterzuentwickeln sowie zur Strukturbildung in der Kinder- und Jugendhilfe einzusetzen. In diesem Zusammenhang stellen die Erarbeitung von Landesgesetz- und -verordnungsentwürfen sowie von Verwaltungsvorschriften und Förderprogrammen sowie die Einflussnahme auf die Gesetzgebung des Bundes besonders wichtige Aufgaben der obersten Landesjugendbehörde dar. Mit dem Ziel der Entwicklung abgestimmter Positionen arbeiten die obersten Landesjugendbehörden bzw. Jugendministerien der Länder zudem in der Arbeitsgemeinschaft der obersten Landesjugend- und Familienbehörden (AGJF) sowie in der Jugend- und Familienministerkonferenz eng miteinander zusammen.[7]

3 Hinwirkung auf einen gleichmäßigen Ausbau der Einrichtungen und Angebote (Abs. 2)

7 Dass die Norm im Gegensatz zu Abs. 1 an die Länder insgesamt adressiert ist, spricht dafür, dass hier ergänzend zu dem Auftrag an die Obersten Landesjugendbehörde die **Landesverantwortung allgemein** angesprochen werden soll. Die Vorschrift ist als unbedingte, objektiv-rechtliche **Verpflichtung** (ohne Rechtsanspruch) ausgestaltet.

8 „Hinwirken" bedeutet Beiträge zu leisten zur Erreichung eines Ziels. Nach der RegBegr.[8] ist das erhebliche Leistungs- und Ausstattungsgefälle zwischen unterschiedlichen Jugendamtsbereichen ein wichtiges Motiv für die Neuordnung der rechtlichen Grundlagen der Jugendhilfe im SGB VIII gewesen. Diesem Motiv kann das **Ziel des gleichmäßigen Ausbaus der Einrichtungen und Angebote** zugeordnet werden (**Ausgleichsfunktion**). Zur Wahrung der Einheitlichkeit der Lebensverhältnisse und der Gewährleistung der Chancengleichheit junger Menschen verpflichtet der Gesetzgeber die Länder ungeachtet der örtlichen Gesamtverantwortung, Beiträge dazu zu leisten, dass die **Ausstattungsstandards** der örtlichen Jugendhilfe sich nicht auseinander entwickeln. Entsprechende Instrumente gibt das Gesetz nicht vor. **Von besonderer Bedeutung ist**

7 Dazu eingehend: Wabnitz in GK-SGB VIII § 82 Rn. 10 ff.
8 BT-Drs. 11/5948, 41.

jedoch naturgemäß die Bereitstellung finanzieller Ressourcen zur gleichmäßigen Ausgestaltung der örtlichen Jugendhilfe, etwa durch Beteiligung des Landes an deren Kosten bzw. anteilige Förderung oder durch eine zusätzliche Förderung finanzschwacher oder besonders belasteter örtlicher Träger. Ein besonderer Schwerpunkt liegt in vielen Ländern im Bereich der Anregung und Förderung von Projekten, die neue Entwicklungen aufgreifen und erproben sollen.[9]

4 Unterstützung der JA und LJA bei der Wahrnehmung ihrer Aufgaben (Abs. 2)

Auch hierbei handelt es sich um eine objektiv-rechtliche **Verpflichtung des Landes** (ohne Rechtsanspruch). Der Begriff „unterstützen" hat einen ähnlichen Bedeutungsgehalt wie das Begriffspaar „anregen und fördern". Er umfasst materielle wie immaterielle Aspekte einschließlich der Beratung. 9

Die **Adressaten** der Unterstützung sind mit den Fachbehörden „Jugendamt" und „Landesjugendamt" konkret bestimmt. Beide sollen bei der Wahrnehmung ihrer Aufgaben unterstützt werden. Hier sind demnach flankierende Maßnahmen angesprochen, die die Funktionsfähigkeit beider Institutionen stärken sollen. Dazu gehört auch die **Schaffung von Voraussetzungen**, die die Aufgabenwahrnehmung erleichtern. 10

Im Hinblick auf den Kompetenzbereich des Landes ist dabei an die Schaffung der politischen, rechtlichen, materiellen, administrativen und organisationsstrukturellen Voraussetzungen für die Arbeit der JA bzw. LJA zu denken. Der darin enthaltene **politische Gestaltungsauftrag im Hinblick auf die Schaffung kinder- und familienfreundlicher Lebensbedingungen** wird zusätzlich in § 1 Abs. 3 Nr. 5 angesprochen (**querschnittspolitischer Einmischungsauftrag**). 11

Zwecks Erfüllung der Aufgaben nach § 82 ist in den meisten Ländern die Vorlage von Landesjugendplänen (als Teil der Landeshaushaltspläne) mit den einschlägigen Förderprogrammen üblich und teilweise auch in den allgemeinen Ausführungsgesetzen der Länder erwähnt oder ausdrücklich vorgeschrieben. 12

5 Kinder- und Jugendberichte nach Landesrecht

Eine Reihe von Ländern hat in ihren Landesgesetzen zudem die Vorlage von Kinder- und Jugendberichten, zumeist einmal in jeder Legislaturperiode des Landesparlaments, vorgeschrieben: Baden-Württemberg (§ 10), Berlin (§ 43), Bremen (§ 5), Hamburg (§ 27), Nordrhein-Westfalen (§ 24), Saarland (§ 24), Sachsen (§ 16) und Sachsen-Anhalt (§ 16). In Thüringen hat die Landesregierung darzulegen, welche Folgerungen sie aus dem Jugendbericht der Bundesregierung nach § 84 SGB VIII für erforderlich hält (§ 10 Abs. 2 KJHG-Thüringen). Einzelne Länder haben in ihren Landeskinderschutzgesetzen die Vorlage von Landeskinderschutzberichten vorgeschrieben: bislang Rheinland-Pfalz (§ 11) und Schleswig-Holstein (§ 15). Zu den Kinder- und Jugendberichten des Bundes nach § 84 siehe Erläuterungen dort. 13

§ 83 Aufgaben des Bundes, sachverständige Beratung

(1) [1]Die fachlich zuständige oberste Bundesbehörde soll die Tätigkeit der Jugendhilfe anregen und fördern, soweit sie von überregionaler Bedeutung ist und ihrer Art nach nicht durch ein Land allein wirksam gefördert werden kann. [2]Hierzu gehören auch die überregionalen Tätigkeiten der Jugendorganisationen der politischen Parteien auf dem Gebiet der Jugendarbeit.

9 Schäfer in FK-SGB VIII Rn. 4.

(2) [1]Die Bundesregierung wird in grundsätzlichen Fragen der Jugendhilfe von einem Sachverständigengremium (Bundesjugendkuratorium) beraten. [2]Das Nähere regelt die Bundesregierung durch Verwaltungsvorschriften.

(3) Die fachlich zuständige oberste Bundesbehörde hat der Bundeselternvertretung der Kinder in Kindertageseinrichtungen und Kindertagespflege bei wesentlichen die Kindertagesbetreuung betreffenden Fragen die Möglichkeit der Beratung zu geben.

1 Gehalt der Norm

1 Die Vorschrift legt in Form einer objektiv-rechtlichen Soll-Bestimmung die wichtigsten Aufgaben des Bundes im Bereich der Kinder- und Jugendhilfe fest und schreibt die Beratung der Bundesregierung durch ein Sachverständigengremium (Bundesjugendkuratorium) sowie die Bundeselternvertretung der Kinder in Kindertageseinrichtungen und Kindertagespflege vor, der bei wesentlichen die Kindertagesbetreuung betreffenden Fragen die Möglichkeit der Beratung zu geben ist.

2 Aufgaben des Bundes (Abs. 1)

2 Die fachlich zuständige **Oberste Bundesbehörde** wird durch die Geschäftsverteilung der Bundesregierung festgelegt. Seit 1994 ist oberste Bundesbehörde das Bundesministerium für Familie, Senioren, Frauen und Jugend mit seiner Fachabteilung Kinder und Jugend. Die oberste Bundesbehörde ist nicht „Träger der öffentlichen Jugendhilfe" iSv § 69 Abs. 1.[1]

3 Die Verpflichtung ist als **Soll-Bestimmung** gefasst, da mit der festen Etablierung des Bundesjugendplans bzw. Kinder- und Jugendplans des Bundes, wie er seit 1994 heißt, de facto Verpflichtungen existieren, denen die frühere Kann-Bestimmung nicht mehr entsprechen würde.[2] Mit der Norm korrespondiert in aller Regel kein Rechtsanspruch auf Anregung oder Förderung einer bestimmten Maßnahme; ein solcher könnte sich nur ausnahmsweise bei ermessensfehlerhaften Entscheidungen aus dem allgemeinen Gleichheitssatz nach Art. 3 Abs. 1 GG iVm eindeutigen Förderbestimmungen etwa nach dem Kinder- und Jugendplan des Bundes (KJP; → Rn. 6) herleiten lassen. Der anschließende Relativsatz gebietet es, **„anregen"** und **„fördern"** hier in ihrem Bedeutungsgehalt klar voneinander abzugrenzen, da ansonsten auch der gesamte Bereich der immateriellen Unterstützung unter die nachfolgende Beschränkung fallen würde. „Anregen" steht hier für alle Aktivitäten, ausgenommen die finanzielle Förderung, die dazu angetan sind, die Tätigkeit der Jugendhilfe in ihrer Entwicklung positiv zu beeinflussen. „Fördern" ist ausschließlich im Sinne einer finanziellen Förderung gemeint, dies geht auch aus der Begründung der Bundesregierung zum Gesetzentwurf hervor.[3] Das heißt, der einschränkende Relativsatz bezieht sich ausschließlich auf die finanzielle Förderung.

4 Der unbestimmte Begriff **„Tätigkeit der Jugendhilfe"** wird durch die nachfolgende einschränkende Bedingung teilweise spezifiziert. Gegenstand der finanziellen Förderung des Bundes sind danach Jugendhilfeaktivitäten, die von überregionaler Bedeutung sind und durch ein Land allein nicht wirksam gefördert werden können. Die Einschränkung fußt auf dem Grundsatzurteil des BVerfG aus dem Jahre 1967.[4] **Bundeszentrale Jugendhilfeaktivitäten** (Träger/-verbände, Einrichtungen, Dienste und Ver-

1 Wabnitz in GK-SGB VIII Rn. 7.
2 BT-Drs. 11/5948, 103.
3 BT-Drs. 11/5948, 103.
4 BVerfG 18.7.1967 – 2 BvF 3–8/62, E 22, 217.

anstaltungen) und **internationale Maßnahmen** sind auf der Basis des Urteils als klassische Beispiele für entsprechende Tätigkeiten anzusehen, daneben auch die Förderung von **Modellmaßnahmen der Jugendhilfe, Forschungseinrichtungen bzw. -aufträgen** (einschließlich der Förderung des Deutschen Jugendinstituts/DJI), von **Publikationen** und weiteren **Formen der jugendpolitik- bzw. jugendhilfebezogenen Öffentlichkeitsarbeit**.

An § 83 Abs. 1 ist durch das KJVVG mit Wirkung ab dem 1.1.2014 folgender Satz angefügt worden: „Hierzu gehören auch die **überregionalen Tätigkeiten der Jugendorganisationen der politischen Parteien** auf dem Gebiet der Jugendarbeit." Dadurch ist nach der Gesetzesbegründung zu Art. 1 Nr. 4 des Gesetzentwurfs der Bundesregierung[5] ausdrücklich klargestellt worden, dass sich die – zuvor umstrittene – Förderungskompetenz und -verpflichtung des Bundes bei Vorliegen der Voraussetzungen von § 83 Abs. 1 (Satz 1) auch auf die Tätigkeit der genannten Organisationen auf dem genannten Gebiet beziehen.

Der Begriff „Tätigkeit der (Kinder- und) Jugendhilfe" ist im Rahmen der bestehenden 5
Bundeskompetenz (→ Rn. 4) iSv § 1 Abs. 3 Nrn. 1–5 weit auszulegen. Er umfasst die Aufgaben nach § 2, aber auch Aufgaben, die sich aus den übrigen Bestimmungen des SGB VIII und anderen einschlägigen Bundesgesetzen, etwa dem Jugendschutzgesetz, dem AdVermiG, dem Jugendfreiwilligendienstegesetz ua ergeben. Auch wenn in der Praxis vor allem (bundeszentrale und im Rahmen von Modellprogrammen ggf. auch regionale) Träger der freien Jugendhilfe gefördert werden, schließt dies eine Förderung auch von Trägern der öffentlichen Jugendhilfe schon begrifflich (und auch in der Praxis) nicht aus.[6]

Das wichtigste Förderungs- und Gestaltungsinstrument der obersten Bundesjugendbe- 6
hörde ist der Kinder- und Jugendplan des Bundes.[7] Seit Ende der 1940er Jahre werden auf dieser Grundlage mit im Laufe der Jahre und entsprechend den jeweils aktuellen jugendpolitischen Herausforderungen wechselnden Schwerpunkten die Infrastruktur der (bundeszentralen Träger/-verbände der) freien Kinder- und Jugendhilfe auf Bundesebene gefördert und jugendpolitische Maßnahmen, Einzelaktionen, Sonderprogramme, Forschungs- und Entwicklungsaufgaben gefördert und gestaltet, soweit diese – entsprechend der gekennzeichneten Kompetenz des Bundes – von überregionaler Bedeutung sind und nicht durch einzelne Bundesländer allein wirksam gefördert werden können. Im Einzelnen sind im KJP detaillierte Förderziele und -programme mit Blick auf die meisten überregionalen Aufgaben der Kinder- und Jugendhilfe formuliert worden, traditionell mit besonderen Schwerpunkten im Bereich der außerschulischen Jugendbildung, Jugendsozialarbeit, Jugendverbandsarbeit und der internationalen Jugendpolitik.[8] Gem. Ziffer I des KJP in der ab 2017 geltenden Fassung[9] verfolgt der KJP nunmehr allerdings auch das Ziel, grds. alle Aufgabengebiete und Arbeitsfelder nach dem SGB VIII zu fördern.

Der KJP ist Teil des Bundeshaushaltsplans des BMFSFJ. Insoweit entfaltet er unmittelbare Rechtswirkungen im Verhältnis zwischen den Verfassungsorganen Parlament und Bundesregierung. Das BMFSFJ als oberste Bundesbehörde ist auch an die Vorgaben des Bundesministeriums der Finanzen gebunden; zu beachten sind nicht nur die Höhe

5 Vom 10.4.2013: Entwurf eines Gesetzes zur Verwaltungsvereinfachung in der Kinder- und Jugendhilfe – Kinder- und Jugendhilfeverwaltungsvereinfachungsgesetz – KJVVG, BT-Drs. 17/13023.
6 AA wohl Struck in Wiesner Rn. 8.
7 Bis Ende 1993: Bundesjugendplan.
8 S. im Einzelnen Wabnitz in GK-SGB VIII Rn. 26 ff.; Wabnitz ZfJ 1993, 465.
9 RL v. 29.9.16, Richtlinie über die Gewährung von Zuschüssen und Leistungen zur Förderung der Kinder- und Jugendhilfe durch den Kinder- und Jugendplan (KJP), GMBl. S. 803–824; siehe auch Homepage des BMFSFJ.

der Ausgabenansätze im Plan, sondern weitere verbindliche haushaltsrechtliche Vorgaben. Wesentliche Fördervoraussetzung ist zudem, dass diese im Rahmen der verfassungsrechtlich vorgegebenen Kompetenzen des Bundes erfolgt (§ 83 Abs. 1); in jüngster Vergangenheit hat sich hier allerdings offenbar eine großzügigere Verwaltungspraxis als in der Vergangenheit entwickelt.

7 Aufgrund zahlreicher, zeitlich befristeter Aktionsprogramme mit wechselnden Inhalten und Schwerpunkten setzt die oberste Bundesbehörde weitere fachpolitische Akzente mit Blick auf aktuelle Problemlagen.[10]

8 Eine weitere, auch vor Ort und in Einzelfällen wirksam werdende und damit über die grundsätzlich eingeschränkte Kompetenz des Bundes hinausgehende Förderaufgabe der obersten Bundesbehörde besteht in der auf Art. 116 GG gestützten Finanzierung der Eingliederung junger Aussiedlerinnen/Aussiedler und Ausländerinnen/Ausländer nach den Finanzierungsregelungen des sog. **Garantiefonds.**[11] Hinzuweisen ist schließlich auch auf die Co-Finanzierung der Deutsch-Französischen, Deutsch-Polnischen, Deutsch-Israelischen sowie Deutsch-Griechischen **Jugendwerke**[12] durch deutsche Regierungsbeiträge und damit auf die Einflussnahme der Arbeit der beiden Jugendwerke und auf die Mitgestaltung der Jugendpolitik auf internationaler und – immer bedeutender werdend – auf **EU-Ebene.**[13]

9 Die oberste Bundesbehörde betreut des Weiteren federführend **Bundesgesetze** und ergreift Initiativen zur Fortentwicklung derselben, insbesondere betreffend das SGB VIII (Kinder- und Jugendhilfe), das KKG, das AdVermiG, das JuSchG und das Jugendfreiwilligendienstegesetz.

10 Unbeschadet dessen hat Kinder- und Jugendpolitik die Aufgabe einer **„Anwaltsfunktion"** für die Belange von Kindern, Jugendlichen und deren Familien und Sorgeberechtigten (→ § 1 Rn. 18); im Sinne der Wahrnehmung von Querschnittsfunktionen nimmt die oberste Bundesbehörde diese Aufgaben in engem Kontakt zu anderen Ressorts und zu den Ländern faktisch auch mehr und mehr wahr. Dies geschieht durch „Einmischung" zB in folgende Aufgaben- und Politikfelder: Familienpolitik, Bildungspolitik, Ausbildung und Arbeitsmarkt, Wohnungs- und Städtebau, Drogenpolitik, Rechts- und Innenpolitik, Natur und Umwelt, Kultur und Medien usw.

3 Bundesjugendkuratorium (Abs. 2)

11 Die Vorschrift entspricht dem § 26 JWG und schreibt die Existenz des Bundesjugendkuratoriums und seines Beratungsauftrags gegenüber der Bundesregierung fort. „Bundesregierung" bedeutet unzweifelhaft mehr als „nur" die oberste Bundesbehörde (Bundesjugendministerium) und beinhaltet die Beratung des Verfassungsorgans „Bundesregierung" insgesamt einschließlich auch anderer Bundesministerien (zB für Arbeit und Soziales, Bildung und Forschung, des Inneren etc), soweit es sich um Fragen der Kinder- und Jugendhilfe und -politik handelt.

12 **Grundsätzliche Fragen** der Bundesförderung, die Kinder- und Jugendgesetzgebung sowie die Lage und Probleme junger Menschen können als Beispiele für Beratungsgegenstände des Bundesjugendkuratoriums gelten.[14] Die Regelung **verpflichtet die Bundesregierung,** sich von dem Sachverständigengremium beraten zu lassen, wobei über den Umfang der Beratung nichts ausgesagt wird.

---

10 Dazu im Einzelnen Wabnitz ZfJ 1993, 469 sowie Wabnitz in GK-SGB VIII Rn. 12 ff.
11 Dazu im Einzelnen Wabnitz in GK-SGB VIII Rn. 33 ff.
12 Dazu im Einzelnen Wabnitz in GK-SGB VIII Vor §§ 11 bis 15 Rn. 24–28.
13 Dazu im Einzelnen Wabnitz in GK-SGB VIII Vor §§ 11 bis 15 Rn. 29–44.
14 BT-Drs. 11/5948, 103. Zu den Mitgliedern, Aktivitäten und Stellungnahmen des Bundesjugendkuratoriums siehe auch dessen Homepage.

Das Bundesjugendkuratorium ist ein **auf Dauer angelegtes Beratungsgremium,** über dessen personelle Zusammensetzung allerdings zu Beginn jeder Legislaturperiode des Deutschen Bundestages neu entschieden wird. Es ist, auch wenn die Begründung zum Gesetzentwurf den Begriff der Trägerbeteiligung ins Spiel bringt, in seiner Rechtsstellung nicht mit dem LandesJHA zu vergleichen. Im Hinblick auf die allgemeine Beratungsfunktion gibt es allerdings durchaus Parallelen.[15] 13

Nach der einschlägigen **Verwaltungsvorschrift** vom 6.6.2002[16] werden die bis zu 15 Mitglieder vom zuständigen Fachministerium berufen, wobei eine Wiederberufung möglich ist. 14

4 Bundeselternvertretung (Abs. 3)

Mit Abs. 3, der aufgrund des **KJSG** in § 83 eingefügt wurde, soll die Mitwirkung der Eltern, die primär die Verantwortung für die Bildung und Erziehung ihrer Kinder tragen, als zentrale Partner im System der Kindertagesbetreuung gestärkt werden. Denn Eltern tragen entscheidend zum Bildungserfolg von Kindern bei. Bildung, Erziehung und Betreuung in Kindertageseinrichtungen und Kindertagespflege können daher nur ihre volle Wirksamkeit entfalten, wenn es gelingt, eine enge Kooperation und Erziehungspartnerschaft mit den Eltern herzustellen und zu gestalten. Neben dem individuellen Austausch mit dem pädagogisch tätigen Personal sowie Unterstützungs- und Teilhabeangeboten an Eltern ist auch eine aktive Mitbestimmung der Eltern auf Landes- und Bundesebene ein wichtiger Baustein in der Erziehungspartnerschaft mit den Eltern. In den Landesausführungsgesetzen zum SGB VIII ist bereits überwiegend die Möglichkeit der Bildung von Elternvertretungen in der Kindertageseinrichtung geregelt worden – sowie in einigen Gesetzen auch die Möglichkeit der Bildung eines Elternrats oder -ausschusses auf Landesebene. Eine entsprechende Beteiligung auf Bundesebene ist gemäß Abs. 3 nunmehr auch nach dem SGB VIII vorgesehen. 15

§ 84 Jugendbericht

(1) [1]Die Bundesregierung legt dem Deutschen Bundestag und dem Bundesrat in jeder Legislaturperiode einen Bericht über die Lage junger Menschen und die Bestrebungen und Leistungen der Jugendhilfe vor. [2]Neben der Bestandsaufnahme und Analyse sollen die Berichte Vorschläge zur Weiterentwicklung der Jugendhilfe enthalten; jeder dritte Bericht soll einen Überblick über die Gesamtsituation der Jugendhilfe vermitteln.

(2) [1]Die Bundesregierung beauftragt mit der Ausarbeitung der Berichte jeweils eine Kommission, der mindestens sieben Sachverständige (Jugendberichtskommission) angehören. [2]Die Bundesregierung fügt eine Stellungnahme mit den von ihr für notwendig gehaltenen Folgerungen bei.

15 Zur Funktion des Gremiums sowie zum Verfahren vgl. Wabnitz in GK-SGB VIII § 83 Rn. 40 ff.; Struck in Wiesner Rn. 25–29.

16 Bundesanzeiger v. 18.6.2002.

1 Bedeutung der Vorschrift

1 Die Vorschrift verpflichtet die Bundesregierung in jeder Legislaturperiode (des Deutschen Bundestages) zu einer spezifisch auf junge Menschen abgestellten Sozialberichterstattung und einer komplementären Berichterstattung über Leistungen der Kinder- und Jugendhilfe; außerdem werden entsprechende grundlegende Regelungen zum Verfahren getroffen.[1] Zu den Kinder- und Jugendberichten auf Landesebene → § 82 Rn. 13.

2 Gegenstand der Jugendberichte (Abs. 1)

2 Vorgegeben ist dem jeweiligen Bericht, den die Bundesregierung sowohl dem Deutschen Bundestag als auch dem Bundesrat vorlegen muss, eine **doppelte inhaltliche Akzentuierung**. Zum einen soll er Aussagen über die **Situation junger Menschen** treffen, zum andern soll er die Ziele und Herausforderungen sowie die **konkreten Entwicklungen der Kinder- und Jugendhilfe** in den Blick nehmen. Die Stichworte „Bestandsaufnahme" und „Analyse" markieren darüber hinaus die Formen der Auseinandersetzung. Es geht nicht nur um eine Darstellung von Phänomenen, sondern um eine **Erhellung von Zusammenhängen** und Ursachen. Der Aspekt **„Vorschläge zur Weiterentwicklung der Jugendhilfe"** steht für eine im weiteren Sinne praxisbezogene Ausrichtung der Berichte. Schließlich wird aus der Vorgabe, dass jeder dritte Bericht ein Gesamtbericht über die Kinder- und Jugendhilfe zu sein hat, deutlich, dass die dazwischen liegenden Berichte sich mit Teilaspekten der Realität junger Menschen bzw. der Kinder- und Jugendhilfe beschäftigen können. Mit der gewachsenen Aufmerksamkeit für die besondere Situation der Kinder geht einher, dass die Berichte seit dem 10. Bericht als „Kinder- und Jugendbericht" erscheinen.

3 Jugendberichte als Sachverständigenberichte (Abs. 2)

3 Abs. 2 S. 1 legt implizit fest, dass es sich um Sachverständigenberichte handelt.[2] Die Bundesregierung hat danach eine mindestens siebenköpfige Sachverständigenkommission mit der Ausarbeitung der Berichte zu beauftragen.[3] Sie wird verpflichtet, dem Bericht eigene Schlussfolgerungen als Stellungnahme beizufügen. Die Bundesregierung gibt, sofern es sich nicht um „Gesamtberichte" handelt, jeweils ein aktuelles Berichtsthema vor und bemüht sich, bei der personellen Zusammensetzung der unabhängigen Sachverständigenkommissionen ein möglichst breites, plurales Spektrum von fachlich einschlägig ausgewiesenen Wissenschaftlern und Praktikern, von Frauen und Männern aus den alten und den neuen Bundesländern zu berücksichtigen.[4] Die Stellungnahmen der Bundesregierung sind im Verhältnis zu den meist sehr umfangreichen Kommissionsberichten häufig knapp gehalten, jedoch durchweg als „gleichwohl richtungsweisend"[5] bezeichnet worden. Häufig haben sich aufgrund unterschiedlicher Einschätzungen von Berichten und Stellungnahmen zu Einzelpunkten kontroverse Fachdiskussionen entwickelt, die ihrerseits für die Fortentwicklung der Kinder- und Jugendhilfe wichtig geworden sind.

1 Näheres Wabnitz in GK-SGB VIII § 84 Rn. 1 bis 8.
2 Die ersten beiden Jugendberichte 1965 und 1967 waren noch als Berichte des Ministeriums vorgelegt worden.
3 Vor 2005: „bis zu" sieben Sachverständige.
4 Zum Verfahren im Einzelnen: Wabnitz in GK-SGB VIII § 84 Rn. 28 ff.
5 Schuster in JHSM § 84 Rn. 10.

4 Bisherige Berichte und ihre Wirkungen

1965	(1.)	Bericht über die Lage der Jugend und die Bestrebungen auf dem Gebiet der Jugendhilfe[6] 4
1968	(2.)	Zur Situation der Mitarbeiter in der Jugendhilfe – Anhang: Situation der Jugend in der Bundeswehr –[7]
1972	(3.)	Aufgaben und Wirksamkeit der Jugendämter in der Bundesrepublik[8]
1978	(4.)	Sozialisationsprobleme der arbeitenden Jugend in der Bundesrepublik – Konsequenzen für Jugendhilfe und Jugendpolitik[9]
1980	(5.)	Bestrebungen und Leistungen der Jugendhilfe[10]
1984	(6.)	Verbesserung der Chancengleichheit von Mädchen in der Bundesrepublik Deutschland[11]
1986	(7.)	Jugendhilfe und Familie – Die Entwicklung familienunterstützender Leistungen der Jugendhilfe und ihre Perspektiven[12]
1990	(8.)	Bericht über die Bestrebungen und Leistungen der Jugendhilfe[13]
1994	(9.)	Bericht über die Situation der Kinder und Jugendlichen und die Entwicklung der Jugendhilfe in den neuen Bundesländern[14]
1998	(10.)	Bericht über die Lebenssituation von Kindern und die Leistungen der Kinderhilfen in Deutschland[15]
2001	(11.)	Bericht über die Lebenssituation junger Menschen und die Leistungen der Kinder- und Jugendhilfe in Deutschland[16]
2005	(12.)	Bericht über die Lebenssituation junger Menschen und die Leistungen der Kinder- und Jugendhilfe in Deutschland. Bildung, Betreuung und Erziehung vor und neben der Schule[17]
2009	(13.)	Bericht über die Lebenssituation junger Menschen und die Leistungen der Kinder- und Jugendhilfe in Deutschland – Mehr Chancen für gesundes Aufwachsen – Gesundheitsbezogene Prävention und Gesundheitsförderung in der Kinder- und Jugendhilfe[18]
2013	(14.)	14. Kinder- und Jugendbericht. Bericht über die Lebenssituation junger Menschen und die Leistungen der Kinder- und Jugendhilfe in Deutschland – Kinder- und Jugendhilfe in neuer Verantwortung[19]
2017	(15.)	15. Kinder- und Jugendbericht. Bericht über die Lebenssituation junger Menschen und die Leistungen der Kinder- und Jugendhilfe in Deutschland. Zwischen Freiräumen, Familie, Ganztagsschule und virtuellen Welten – Persönlichkeitsentwicklung und Bildungsanspruch im Jugendalter[20]

6 BT-Drs. 4/3515.
7 BT-Drs. 5/2453.
8 BT-Drs. 6/3170.
9 BT-Drs. 7/70.
10 BT-Drs. 8/3684.
11 BT-Drs. 9/1007.
12 BT-Drs. 10/6730.
13 BT-Drs. 11/6576.
14 BT-Drs. 13/70.
15 BT-Drs. 13/11368.
16 BT-Drs. 14/8184.
17 BT-Drs. 15/6014.
18 BT-Drs. 16/12860.
19 BT-Drs. 17/12200.
20 BT-Drs. 18/11050.

2020 (16.) 16. Kinder- und Jugendbericht. Bericht über die Lebenssituation junger Menschen und die Bestrebungen und Leistungen der Kinder- und Jugendhilfe in Deutschland. Förderung demokratischer Bildung im Kindes- und Jugendalter[21]

5 Man kann[22] **fünf Funktionen** von Jugendberichten unterscheiden: die Analysefunktion; die fachliche Impulsfunktion; die Publizitätsfunktion (Ist es gelungen, Fachanliegen an die Öffentlichkeit zu transportieren?); die Politisierungsfunktion (Bewirkte der Bericht eine Politisierung und kam es im Gefolge davon zur Durchsetzung neuer Ideen, zur Änderung von Gesetzen oder zur Bereitstellung von mehr finanziellen Mitteln?); sowie schließlich die Legitimationsfunktion (insbes. mit Blick auf geplante oder bereits erfolgte bzw. unterlassene Maßnahmen der Bundesregierung). Entsprechend dieser unterschiedlichen Funktionen sind auch die Wirkungen von Jugendberichten im Einzelfall unterschiedlich einzuschätzen.[23]

6 Nicht alle Jugendberichte hatten dementsprechend die gleiche Resonanz, aber ihr Konzept als Sachverständigenberichte hat sich bewährt.[24]

7 Ob die einzelnen Jugendberichte neben ihren – in der Regel beachtlichen – fachlichen auch **politische Wirkungen** zeitigen können/konnten, hängt von der Qualität und Überzeugungskraft des jeweiligen Berichtes, aber auch von weiteren Faktoren ab: war die Zeit „reif" für eine Fortentwicklung der jeweiligen Thematik?; „stimmten" die jeweiligen finanziellen Rahmenbedingungen?; waren die politisch Verantwortlichen „offen" für die jeweilige Problematik – und waren die unterbreiteten Vorschläge zumindest kompatibel mit den jeweils relevanten Grundlinien der Regierungspolitik?

Siebtes Kapitel Zuständigkeit, Kostenerstattung

Erster Abschnitt Sachliche Zuständigkeit

§ 85 Sachliche Zuständigkeit

(1) Für die Gewährung von Leistungen und die Erfüllung anderer Aufgaben nach diesem Buch ist der örtliche Träger sachlich zuständig, soweit nicht der überörtliche Träger sachlich zuständig ist.

(2) Der überörtliche Träger ist sachlich zuständig für

1. **die Beratung der örtlichen Träger und die Entwicklung von Empfehlungen zur Erfüllung der Aufgaben nach diesem Buch,**
2. **die Förderung der Zusammenarbeit zwischen den örtlichen Trägern und den anerkannten Trägern der freien Jugendhilfe, insbesondere bei der Planung und Sicherstellung eines bedarfsgerechten Angebots an Hilfen zur Erziehung, Eingliederungshilfen für seelisch behinderte Kinder und Jugendliche und Hilfen für junge Volljährige,**
3. **die Anregung und Förderung von Einrichtungen, Diensten und Veranstaltungen sowie deren Schaffung und Betrieb, soweit sie den örtlichen Bedarf übersteigen; dazu gehören insbesondere Einrichtungen, die eine Schul- oder Berufsausbildung anbieten, sowie Jugendbildungsstätten,**
4. **die Planung, Anregung, Förderung und Durchführung von Modellvorhaben zur Weiterentwicklung der Jugendhilfe,**

---

21 BT-Drs. 19/24200.
22 Wabnitz in GK-SGB VIII Rn. 7 sowie ZfJ 2002, 333.
23 Dazu Wabnitz in GK-SGB VIII Rn. 9 ff.
24 Wabnitz in GK-SGB VIII Rn. 4 ff.; vgl. auch Wiesner/Struck § 84 Rn. 21.

5. die Beratung der örtlichen Träger bei der Gewährung von Hilfe nach den §§ 32 bis 35a, insbesondere bei der Auswahl einer Einrichtung oder der Vermittlung einer Pflegeperson in schwierigen Einzelfällen,
6. die Wahrnehmung der Aufgaben zum Schutz von Kindern und Jugendlichen in Einrichtungen (§§ 45 bis 48a),
7. die Beratung der Träger von Einrichtungen während der Planung und Betriebsführung,
8. die Fortbildung von Mitarbeitern in der Jugendhilfe,
9. die Gewährung von Leistungen an Deutsche im Ausland (§ 6 Absatz 3), soweit es sich nicht um die Fortsetzung einer bereits im Inland gewährten Leistung handelt,
10. die Erteilung der Erlaubnis zur Übernahme von Pflegschaften oder Vormundschaften durch einen rechtsfähigen Verein (§ 54) [ab 1.1.2023: *die Anerkennung als Vormundschaftsverein (§ 54)*].

(3) Für den örtlichen Bereich können die Aufgaben nach Absatz 2 Nummer 3, 4, 7 und 8 auch vom örtlichen Träger wahrgenommen werden.

(4) Unberührt bleiben die am Tage des Inkrafttretens dieses Gesetzes geltenden landesrechtlichen Regelungen, die die in den §§ 45 bis 48a bestimmten Aufgaben einschließlich der damit verbundenen Aufgaben nach Absatz 2 Nummer 2 bis 5 und 7 mittleren Landesbehörden oder, soweit sie sich auf Kindergärten und andere Tageseinrichtungen für Kinder beziehen, unteren Landesbehörden zuweisen.

(5) Ist das Land überörtlicher Träger, so können durch Landesrecht bis zum 30. Juni 1993 einzelne seiner Aufgaben auf andere Körperschaften des öffentlichen Rechts, die nicht Träger der öffentlichen Jugendhilfe sind, übertragen werden.

1 Bedeutung der Norm

Die Vorschrift basiert auf § 69 SGB VIII in der Fassung vor dem KiFöG und vor der Einschränkung der bundesrechtlichen Regelungskompetenz im Zuge der Föderalismusreform. Während sie insoweit vormals eine bundesweit verbindliche Regelung der sachlichen Zuständigkeit und mithin das Kernstück der kommunalisierten Kinder- und Jugendhilfe darstellte, hat sie bei derzeitiger Rechtslage je nach landesrechtlicher Definition der öffentlichen Träger ggf. nur geringen konstitutiven Charakter. Ihre Bindungswirkung wird zudem eingeschränkt durch die Option einer abweichenden Aufgabenverteilung, die dem Landesgesetzgeber nach der Änderung des Art. 84 Abs. 1 GG nun grundsätzlich offen steht. 1

Ihrer ursprünglichen Intention nach legt die Vorschrift fest, welcher Träger nach Aufgabenart und Strukturebene für die Aufgaben der Jugendhilfe verantwortlich ist und definiert darüber hinaus weitere Aufgaben der überörtlichen Ebene. Sie stellt insofern das grundlegende Ordnungsprinzip der kommunalisierten Kinder- und Jugendhilfe dar. Die Kinder- und Jugendhilfe nach dem SGB VIII beruht ganz wesentlich auf der in § 85 geschaffenen Aufgabenteilung. Soweit Länder die Kinder- und Jugendhilfe nun abweichend von der bisherigen bundeseinheitlichen Vorgabe organisieren, muss ihnen bewusst sein, dass sie dadurch grundlegend in die Statik der Kinder-und Jugendhilfe eingreifen und damit ggf. auch deren Funktionsfähigkeit gefährden.

Mit Wirkung vom 1.1.2023 wird in Absatz 2 durch Art. 12 des Gesetzes zur Reform des Vormundschafts- und Betreuungsrechts eine neue Nr. 10 eingefügt und damit eine Zuständigkeit für die Anerkennung als Vormundschaftsverein begründet werden.[1]

2 Mit dem 1. ÄndGKJHG wurde die bis dahin in der Formulierung des § 85 enthaltene Vermischung von Verantwortungsebene (örtlich/überörtlich) und zuständiger Organisationseinheit aufgehoben. § 85 definiert nunmehr ausschließlich den nach Aufgabenart und Verantwortungsebene zuständigen Träger, während § 69 Abs. 3 die mit der Aufgabenwahrnehmung jeweils zu betrauenden Organisationseinheiten vorgibt.

3 In **Abs. 1** wird die **sachliche Zuständigkeit** für den überwiegenden Teil der Jugendhilfeaufgaben nach § 2 Abs. 2 und 3 dem **örtlichen Träger** zugewiesen. **Abs. 2** definiert den **zentralen Verantwortungsbereich des überörtlichen Trägers**. Dieser ist danach sachlich zuständig für einzelne Aufgaben aus dem Bereich des § 2 sowie darüber hinaus überwiegend für unterstützende Aufgaben gegenüber dem örtlichen Träger in der ganzen Bandbreite seiner örtlichen Aufgaben. In Verbindung mit § 69 Abs. 3 ergibt sich aus dieser Festlegung zugleich ein Kernbereich der Aufgaben des LJA.

4 Nicht einbezogen ist in § 85 Abs. 1 und 2 die Zuständigkeit für Aufgaben, die die Erfüllung der erwähnten Verpflichtungen **flankierend** absichern.[2] Hier ist beispielsweise der Einmischungsauftrag zugunsten einer kinder- und familienfreundlichen Umwelt zu nennen, der sich aus der Programmatik des § 1 und dort insbesondere aus Abs. 3 Nr. 5 ableiten lässt. Außerdem gehören dazu die Aufgaben, die sich aus der Zuständigkeit des Jugendhilfe- bzw. Landesjugendhilfeausschusses ergeben, die Vereinbarungen nach § 72a, Qualitätsentwicklung nach § 79 Abs. 2 Nr. 2 sowie § 79a, die Jugendhilfeplanung nach § 80, die Verpflichtung zur Zusammenarbeit mit anderen Stellen und öffentlichen Trägern nach § 81 oder die Auskunftspflicht nach § 102. Diese und vergleichbare beratende und mitgestaltende Aufgaben der öffentlichen Jugendhilfe, die mit der Neuordnung des Jugendhilferechts eine größere Bedeutung erhalten haben, müssen einbezogen werden, wenn auf der Basis des § 85 in Verbindung mit § 69 Abs. 3 das Aufgabenprofil der Organisationseinheiten „Jugendamt" und „Landesjugendamt" umfassend bestimmt werden soll.

5 **Abs. 3 bis 5** ermöglichen eine Abweichung von der Zuständigkeitsregelung nach Abs. 2, wobei Abs. 4 und im Effekt letztlich auch Abs. 5 lediglich einen **Bestandsschutz für** historisch gewachsene **Sonderregelungen** beinhalten. Vor dem Hintergrund der Änderung des Art. 84 Abs. 1 GG haben die entsprechenden Ermächtigungen an Bedeutung verloren, da dem Landesgesetzgeber nunmehr ohnehin der Zugriff auf die Organisationsregelungen eröffnet ist.

2 Allzuständigkeitsvermutung zugunsten des örtlichen Trägers (Abs. 1)

6 Die Vorgabe, dass es örtliche und überörtliche Träger gibt, sowie die bundesweit verbindliche Festlegung der örtlichen Träger wurden durch das KiFöG aus § 69 Abs. 1 gestrichen. Dort heißt es heute nur noch: Die Träger der öffentlichen Jugendhilfe wer-

1 BGBl 2021 Teil I Nr. 3 21, 882.
2 Zu solchen „Annexaufgaben" vgl. auch → § 61 Rn. 38.

den durch Landesrecht bestimmt. Dass dabei nach wie vor sowohl örtliche als auch überörtliche Träger zu bestimmen sind, ergibt sich implizit aus dem nicht geänderten § 69 Abs. 3 und eben aus § 85 Abs. 1 und 2.

Mit der Formulierung „für die Gewährung von Leistungen und die Erfüllung anderer Aufgaben nach diesem Buch" wird abgehoben auf die **Aufgaben der Jugendhilfe** im engeren Sinne, so wie sie in § 2 definiert sind. Wenn es um die genannten Aufgaben geht, ist in Abgrenzung von der überörtlichen Verantwortungsebene der örtliche Träger zuständig und zwar mit Ausnahme der anderen Aufgaben nach § 2 Abs. 3 Nr. 4, 5 u. 10, die regelhaft in die Zuständigkeit des überörtlichen Trägers fallen (zu Ausnahmen → Rn. 35), sowie der Leistungen gemäß § 6 Abs. 3 für im Ausland lebende Deutsche, wenn diese nicht lediglich eine bereits im Inland gewährte Leistung fortsetzen. Ausgenommen sind darüber hinaus jene Leistungen, die den örtlichen Bedarf überschreiten. 7

„Sachlich zuständig" bedeutet verantwortlich nach der Art der Aufgabe sowie im Hinblick auf die Handlungsebene (→ Rn. 1). 8

Die Regelung kommt einer **Allzuständigkeit** des örtlichen Trägers für die Jugendhilfe sehr nahe. Ihre gesetzliche Verankerung, die als „Kommunalisierung" der Jugendhilfe bezeichnet wird, ist inhaltlich in Zusammenhang zu sehen mit den fachlichen Anforderungen an eine moderne Jugendhilfe, so wie sie bereits durch den 8. Jugendbericht[3] mit den Stichworten „Lebensweltorientierte Jugendhilfe", „Regionalisierung" und „Dezentralisierung" begrifflich gefasst wurden. 9

Die **Kommunalisierung** der Jugendhilfe ist primär jugendhilfefachlich begründet. **In keiner Weise** war damit eine **Deregulierung** der Aufgabenwahrnehmung im Sinne einer beliebigen Interpretation von Standards intendiert. Abs. 1 entsprechend misszuverstehen hieße, grundlegende Orientierungen des SGB VIII, wie sie aus Art. 74 Abs. 1 Nr. 7 GG zur öffentlichen Fürsorge sowie Art. 72 Abs. 2 GG zur Wahrung gleichwertiger Lebensverhältnisse folgen, zu missachten. Als ein wesentliches Motiv der Neuordnung der Jugendhilfe durch das SGB VIII muss vielmehr die Gewährleistung der Chancengleichheit von Kindern und Jugendlichen auf der Basis der Wahrung gleichwertiger Lebensverhältnisse gesehen werden. Die Bundesregierung begründete die aus ihrer Sicht vergleichsweise größere Regelungsdichte des SGB VIII gegenüber dem JWG ua mit dem enormen Leistungs- und Ausstattungsgefälle, das sich auf der Basis des JWG entwickelt hatte, und dem es abzuhelfen galt. Für die Erfüllung der damit verbundenen höheren Anforderungen baut das SGB VIII auf die gewachsene Leistungskraft der örtlichen JÄ.[4] Es lag demnach keineswegs in der Absicht des Gesetzes, disparaten Entwicklungen der Ausstattungsstandards den Weg zu ebnen. 10

Auch nachdem **§ 69 Abs. 5 durch das KIFöG gestrichen wurde**, kann Landesrecht festlegen, dass Gemeinden bzw. Gemeindeverbände, soweit sie nicht örtliche Träger sind, zur Durchführung von Aufgaben, zB der Förderung von Kindern in Tageseinrichtungen und in Kindertagespflege, herangezogen werden. Die Streichung ist eine Folgeänderung der Änderung des § 69 Abs. 1, mit der dem Landesgesetzgeber die Festlegung auch des örtlichen Trägers zugewiesen wird. Er ist insoweit frei, Verpflichtungen im Sinne des alten § 69 Abs. 5 einzuführen. Mit einer solchen verpflichtenden Beteiligung an der Aufgabendurchführung wäre allerdings noch keine abweichende sachliche Zuständigkeitsreglung im Sinne des § 85 Abs. 1 verbunden. Die Gesamtverantwortung des örtlichen Trägers würde dadurch nicht eingeschränkt. Unberührt bleibt sie auch, wenn Gemeinden und Gemeindeverbände, die nicht örtliche Träger sind, Aufgaben der Jugendhilfe wahrnehmen. Diese Gemeinden oder Gemeindeverbände müssten, so- 11

3 BT-Drs. 11/6576, 17.
4 BT-Drs. 11/5948, 90.

weit Landesrecht nicht anderes regelt, ihre Aktivitäten mit dem von Rechts wegen zuständigen örtlichen Träger abstimmen.

3 Zuständigkeiten des überörtlichen Trägers (Abs. 2)

12 Auch wer **überörtlicher Träger** ist, bestimmt sich gemäß § 69 Abs. 1 nach Landesrecht. In Abs. 2 wird festgelegt, für welche Aufgabenbereiche der überörtliche Träger der Sache nach zuständig ist.

13 Der Handlungsbereich des überörtlichen öffentlichen Trägers ist durch Abs. 2 allerdings noch nicht abschließend definiert. Vielmehr müssen unter diesem Gesichtspunkt Aufgaben wie die Jugendhilfeplanung und andere (→ Rn. 4) einbezogen werden. § 85 beleuchtet nur den wesentlichen Kern des überörtlichen Verantwortungsbereichs, dies muss insbesondere berücksichtigt werden, wenn daraus in Verbindung mit § 69 Abs. 3 das Aufgabenprofil des LJA abgeleitet werden soll. LJÄ haben zudem weitere, durch andere Bundesgesetze oder durch landesrechtliche Bestimmungen zugeschriebene Aufgaben (zB sind sie zentrale Adoptionsstelle nach § 2 AdVermiG).

4 Beratung und Empfehlungen als zentrale Aufgaben (Nr. 1)

14 **„Beratung"** ist hier in einem umfassenden Sinne zu verstehen. Nur zu einem unwesentlichen Teil handelt es sich dabei um reine Sachinformation. Zentral ist vielmehr die Beratung der örtlichen Fachkräfte im Sinne von Praxis- bzw. Fachberatung. Sie bezieht Bewertungsgrundlagen, Problemverständnis, Konzeptionen und Handlungsformen der örtlichen Jugendhilfe ebenso als Beratungsgegenstand ein wie deren organisatorische Voraussetzungen. Beratung ist schwerpunktmäßig auf einen spezifischen örtlichen Zusammenhang ausgerichtet.

15 Die Entwicklung von **Empfehlungen** erfüllt demgegenüber einen allgemeineren qualitätssichernden Auftrag. Sie beinhaltet die Entwicklung von **im Wesentlichen qualitativen Standards** für die Erfüllung der Aufgaben nach dem SGB VIII mit dem Ziel, zu überregional vergleichbaren Qualitäten der Jugendhilfe beizutragen (entsprechend gibt der durch das Bundeskinderschutzgesetz neu geschaffene § 79a den örtlichen Trägern die Orientierung an diesen Empfehlungen vor). Diese Aufgabe kann nicht autonom von überörtlicher Ebene geleistet werden. Sie ist an eine enge Kooperation mit der örtlichen Jugendhilfe gebunden. Empfehlungen enthalten ihrem Charakter entsprechend eine Fülle planerisch bedeutsamer Elemente. Der Auftrag zur Entwicklung von Empfehlungen schließt insofern bereichsspezifische Planungshilfen für die örtliche Ebene ein.

16 Die Entwicklung von Empfehlungen ist wie die Beratung **auf den gesamten Tätigkeitsbereich der Jugendhilfe bezogen** und umfasst auch die als „intern" zu bezeichnenden Bereiche wie Personal, Ausstattung, Fortbildung und Organisation, denn diese stellen Voraussetzungen für die Erfüllung der Aufgaben nach dem SGB VIII dar. Für diese Interpretation spricht auch die offene Formulierung „die Beratung der öffentlichen Träger".

5 Förderung der Zusammenarbeit (Nr. 2)

17 Der Inhalt des Begriffes **„Förderung"** erschließt sich im vorliegenden Zusammenhang erst mit Blick auf den angegebenen Gegenstand der Förderung.

Die **Zusammenarbeit** zwischen den öffentlichen und den Trägern der freien Jugendhilfe stellt eine wesentliche Grundlage der Jugendhilfe dar (→ § 4 Rn. 3). Sie ist zugleich ein wichtiger Ansatzpunkt für deren Modernisierung. Eine bedarfsorientierte Planung und Ausgestaltung der Jugendhilfe verlangt die Auflösung neokorporatistisch geprägter Formen der Zusammenarbeit.[5] Die gewachsene Verpflichtung zum Miteinander von öffentlichen und freien Trägern nach § 4 ist in Einklang zu bringen mit den Anforderungen einer bedarfsorientierten Planung nach § 80. Dies kann nur durch neue Formen der Zusammenarbeit eingelöst werden. Strukturelle Ansatzpunkte dazu bieten die §§ 78 u. 80 (Arbeitsgemeinschaften, Jugendhilfeplanung). Die notwendige Transparenz in Kooperation, Koordination und Planung ist nur möglich im Zeichen einer offenen Kommunikationskultur.[6] Förderung der Zusammenarbeit beinhaltet insofern die **Anregung, Schaffung und Erhaltung von Strukturen,** die die **Zusammenarbeit** erleichtern, sowie die **methodische und inhaltliche Begleitung solcher Strukturen.** Die Aufgabe beinhaltet damit auch die Unterstützung für die örtliche Zusammenarbeit gem. § 81, welche durch das BKiSchG eine weitere Aufwertung erfahren hat.

18 Die besondere Hervorhebung der Planung und Sicherstellung des Angebots nach §§ 27 ff., 35a u. 41 als Gegenstand der Zusammenarbeit hängt ua damit zusammen, dass die entsprechende Infrastruktur für bedarfsgerecht differenzierte Hilfen trotz der Regionalisierung der Jugendhilfe zT nur in **überörtlicher Kooperation** zu verwirklichen ist. Das gilt insbesondere für den ländlichen Raum.

6 Verantwortung für überörtliche Angebote (Nr. 3)

19 Die Begriffe „Anregung“ und „Förderung“ sind nicht trennscharf. Sie bezeichnen eine Initiativ- und Unterstützungsfunktion, die von allgemeiner ideeller Unterstützung über die Schaffung der immateriellen Voraussetzungen bis hin zur finanziellen Absicherung reicht. Bei der Schaffung und dem Betrieb von Einrichtungen und sonstigen Angeboten haben die Träger der freien Jugendhilfe nach § 4 Abs. 2 einen bedingten Vorrang. Das ändert nichts an der **Gewährleistungsverantwortung** des überörtlichen Trägers.

20 Den örtlichen Bedarf überschreiten einrichtungsbezogene und mobile Jugendhilfeangebote sowie Einzelaktivitäten, wenn sie für einen **überörtlichen Einzugsbereich** konzipiert sind oder wenn sie aufgrund ihrer Spezifität als örtliche Angebote nicht ausgelastet wären. Insofern ist es konsequent, hier Jugendhilfeeinrichtungen hervorzuheben, die Schul- und/oder Berufsausbildungsangebote integrieren, bzw. Jugendbildungsstätten, die häufig als überregionale Einrichtungen angelegt sind. Den örtlichen Bedarf überschreiten würde beispielsweise eine Kampagne zum erzieherischen Kinder- und Jugendschutz oder eine überregional ausgeschriebene Freizeit für Alleinerziehende mit ihren Kindern.

7 Modellvorhaben zur Weiterentwicklung der Jugendhilfe (Nr. 4)

21 **Modellvorhaben** sind charakterisiert durch die Erprobung neuer Angebotsstrukturen und Handlungsformen sowie durch die Entwicklung von exemplarischen Lösungen zur Befriedigung besonderer Bedarfslagen.

22 Der in der Aufgabe der Beratung und Entwicklung von Empfehlungen nach Abs. 1 angelegte Auftrag, der Jugendhilfe Impulse für die Weiterentwicklung zu geben, wird durch die Zuständigkeit für Modellvorhaben unterstrichen. Dem LJA, das die Aufgaben wahrzunehmen hat, wird damit ein Instrument zur **Anregung konkreter Praxisveränderungen** in die Hand gegeben. Die Ansiedlung auf dieser Ebene sichert außer der fachlichen Begleitung und Auswertung die unmittelbare Weitergabe der Erfahrungen an die Praxis. Dem steht die Einbeziehung einer externen wissenschaftlichen Begleitung nicht entgegen.

23 Die Bandbreite der Aktivitäten von der Planung bis zur Durchführung verweist implizit darauf, dass auch diese Aufgabe auf die **partnerschaftliche Zusammenarbeit**

5 Vgl. 8. Jugendbericht, BT-Drs. 11/6576, 83.
6 Das sah bereits der 8. Jugendbericht so; BT-Drs. 11/6576, 201.

mit der örtlichen Jugendhilfe bzw. den überregionalen Trägern der freien Jugendhilfe angelegt ist.

8 Beratung der örtlichen Träger (Nr. 5)

24 Der **Beratungsauftrag**, der dem LJA hier **bezogen auf Einzelfälle** der HzE bzw. der Eingliederungshilfe für seelisch behinderte Kinder und Jugendliche verblieben ist, kann nicht dahin gehend interpretiert werden, dass dem LJA in schwierigen Hilfeplanverfahren eine Art neutraler Letztentscheidung zukäme. In Übereinstimmung mit den Regelungen zu § 36 ist er als Auftrag zur einzelfallbezogenen **Praxisberatung** der verantwortlichen Fachkräfte beim örtlichen Träger und damit als eine fachliche Anreicherung der Teamentscheidung zu sehen, die nach § 36 Abs. 2 im Hinblick auf die geeignete Hilfe und die vorzuschlagende Ausgestaltung der Hilfe zu treffen ist. Besonders hervorgehoben ist angesichts des Erfahrungshintergrundes des LJA dessen Fachberatung bei der Auswahl einer Einrichtung oder einer Pflegeperson. Sie sollte bei Bedarf unbürokratisch auf Einzelfallprobleme im Rahmen der **Hilfe für junge Volljährige** ausgedehnt werden, auch wenn diese im Gesetz nicht ausdrücklich erwähnt sind.

9 Schutz von Kindern und Jugendlichen in Einrichtungen (Nr. 6)

25 Die Aufgaben nach §§ 45 ff. liegen für alle nach § 45 bzw. § 48a erlaubnispflichtigen Einrichtungen beim **LJA** bzw. nach Abs. 4 bei **Landesbehörden**. Das ergibt sich aus der vorliegenden Regelung iVm § 69 Abs. 3. Zu dieser Zuständigkeitsregelung für die Aufgaben nach §§ 45 ff. heißt es in der RegBegr.: „Wegen möglicher Interessenkollisionen wäre es **dem Kindeswohl abträglich**, die Zuständigkeit für **die Heimaufsicht mit der Zuständigkeit für die Hilfe zur Erziehung oder** für **die Förderung** von Kindern in Tageseinrichtungen **zu vereinen.**“[7] Wenn die entsprechende „Aufsichtsfunktion“ und die Finanzverantwortung für die zu beaufsichtigenden Angebote in einer Hand lägen, könnte es vor allem dann zu Interessenkollisionen kommen, wenn mit der Abwehr von Gefährdungen finanzielle Weiterungen verbunden sind (→ § 45 Rn. 52). Diese Befürchtung des Gesetzgebers hat sich in der Praxis trotz einer Aufgabentrennung bestätigt. Betriebserlaubnisverfahren werden nach fiskalischen Aspekten ausgerichtet. So kommt es vielfach in Betriebserlaubnisverfahren zu einer rechtswidrigen Vermengung mit den Inhalten von Leistungs- und Entgeltvereinbarungen.

Wabnitz[8] teilt diese fachlichen Einwände gegen eine Delegation der Aufgabe auf die örtliche Ebene. Er macht außerdem geltend, dass die nach Art. 84 Abs. 1 GG zulässige Abweichung vom Bundesrecht sich lediglich auf die Behördenorganisation, nicht aber auf die vom Bundesgesetz vorgegebene Ebene der sachlichen Zuständigkeit und die Zuweisung der Aufgaben zu dieser jeweiligen Ebene bezieht. Insofern sieht er neben fachlichen Bedenken auch rechtliche Hindernisse für eine abweichende Aufgabenzuweisung. Die jetzige Zuständigkeitsregelung besagt indes nicht, dass die Aufgabe nicht in dezentraler Form wahrgenommen werden könnte. Die Argumente für eine Konzentration der Aufgabe beim Landesjugendamt gewinnen zusätzlich an Bedeutung angesichts der Debatten darüber, welche Organisationsstrukturen für einen wirkungsvollen achtsamen Kinderschutz erforderlich sind.

26 Abweichungen von der durch Nr. 6 vorgegebenen Zuständigkeitsregelung, die in einzelnen Bundesländern existieren, gehen – soweit sie nicht nach der Änderung des Art. 84 Abs. 1 GG vorgenommen wurden – darauf zurück, dass der Bundesgesetzgeber historisch gewachsenen landesspezifischen Sonderregelungen durch Abs. 4 „**Bestandsschutz**“ gewährt hat.

7 BT-Drs. 11/5948, 107. So auch Wiesner in Wiesner § 85 Rn. 21.
8 Wabnitz ZKJ 11 2016, 400 ff.

10 Beratung der Einrichtungsträger (Nr. 7)

27 Im Kontext der Begründung zu § 45[9] wird ausdrücklich die Verbindung zu den hier angesprochenen Beratungsangeboten hergestellt. Die umfassende **Beratung der Einrichtungsträger** während der Planung und Betriebsführung **soll** die **präventive Zwecksetzung des Erlaubnisvorbehalts** nach § 45 nachhaltig **unterstützen.** Insbesondere soll sie eingriffsorientierte Maßnahmen wie die Schließung einer Einrichtung und damit verbundene Einrichtungswechsel zum Schutz der jungen Menschen entbehrlich machen. Die Beratung ist zu verstehen als **Fachberatung,** die sich von pädagogisch-konzeptionellen über Personal- und Ausstattungsfragen bis hin zur Entwicklung der Organisation erstreckt und beispielsweise auch praktische Probleme der Betriebsführung einschließt. Sie bezieht sich bereits auf die Planungsphase und über den Zeitpunkt der Inbetriebnahme hinaus auf die gesamte Dauer der Betriebsführung.

Durch das BKiSchG wird den Trägern von Einrichtungen (und den Leistungsträgern) nach § 8b Abs. 2 ein Beratungsanspruch gegenüber dem überörtlichen Träger in Bezug auf die Entwicklung von Handlungsleitlinien zur Sicherung des Kindeswohls und zum Schutz vor Gewalt sowie zu Verfahren der Beteiligung von Kindern und Jugendlichen an strukturellen Entscheidungen in der Einrichtung und zu Beschwerdeverfahren in persönlichen Angelegenheiten eingeräumt.

11 Fortbildungsverantwortung (Nr. 8)

28 Es geht hier um die Verantwortung für die **Planung und Durchführung der Fortbildung.** Sie schließt eine entsprechende **finanzielle Verantwortung** für die Fortbildungsangebote ein.

29 Als **Fortbildung** gelten alle Bildungs- und Beratungsangebote (einschließlich der Praxisberatung oder Supervision), die nicht in den Zusammenhang einer grundständigen Ausbildung oder einer anerkannten Zusatzausbildung einzuordnen sind (→ § 72 Rn. 26 ff.). Zielgruppe des von der überörtlichen Ebene verantworteten Fortbildungsangebots ist das **Personal der Jugendhilfe,** die Mitarbeiterinnen und Mitarbeiter der freien Träger sind dabei eingeschlossen. Die Verpflichtung nach § 74 Abs. 6 (→ § 74 Rn. 47) zur Bereitstellung von Mitteln für die trägereigene Fortbildung wird von der Regelung nicht berührt.

30 Die Überstellung der Fortbildung in die Verantwortung des überörtlichen Trägers ermöglicht die Nutzung vorhandener Ressourcen zugunsten eines größeren Adressatenkreises. Sie ist damit **ökonomisch vorteilhaft.** Die Konzentration erlaubt einen höheren Grad an **Professionalisierung** im Bereich der Planung und Durchführung von Fortbildung sowie ein **differenziertes Angebotsspektrum,** ohne dass sie eine gezielte Regionalisierung oder speziell auf einen Träger zugeschnittene Angebote verhindern würde. Soweit hinsichtlich des Teilnehmerkreises die örtliche Ebene überschritten wird, erlaubt die Fortbildung in überörtlicher Trägerschaft die Auseinandersetzung mit einem breiten Spektrum unterschiedlicher Sichtweisen und Erfahrungen. Auf diesem Weg trägt sie dazu bei, die **gleichmäßige Entwicklung und Ausgestaltung der Jugendhilfe** im Land abzusichern.

12 Leistungen an Deutsche im Ausland (Nr. 9)

31 Die Zuständigkeit des überörtlichen Trägers für die Gewährung von Leistungen an Deutsche im Ausland, soweit es sich nicht um die Fortsetzung einer bereits im Inland

9 BT-Drs. 11/5948, 83.

gewährten Leistung handelt, wird mit der geringen Zahl der Fälle begründet.[10] Zur Gewährung von Leistungen an Deutsche im Ausland → § 6 Rn. 15 ff.

13 Erlaubniserteilung an Vereine nach § 54 (Nr. 10)

32 Zum Inhalt der Aufgabe → § 54 Rn. 2 ff.

14 Aufgabenwahrnehmungen durch den örtlichen Träger (Abs. 3)

33 Für die Anregung, Förderung, Realisierung und Unterhaltung überörtlicher Angebote nach Nr. 3 und von Modellvorhaben nach Nr. 4, die Beratung von Einrichtungsträgern nach Nr. 7 und die Fortbildungsaufgabe nach Nr. 8 hat der überörtliche Träger auch nach geltendem Bundesrecht kein Monopol. Wenn die **örtlichen Träger** für ihren Bereich Einzelne oder alle Aufgaben aus dem genannten Spektrum wahrnehmen wollen, **können** sie das tun.

34 Die **Verpflichtung**, die sich aus der Zuständigkeit **des überörtlichen Trägers** ergibt, wird dadurch **nicht geschmälert**. Insofern kann man nicht im vollen Sinne von einer „konkurrierenden Zuständigkeit"[11] sprechen. Dies führt ggf. zu Unklarheiten hinsichtlich der Primärverantwortung des überörtlichen Trägers und trägt uU dazu bei, dass einzelne Aufgaben ganz aus dem Blickfeld geraten. Es wäre sinnvoll gewesen, dem örtlichen Träger bei einer Aufgabenwahrnehmung auf der Grundlage von Abs. 3 eine Abstimmungsverpflichtung mit dem überörtlichen Träger aufzuerlegen. Eine originäre örtliche Zuständigkeit besteht demgegenüber für die Qualifizierung von Tagespflegepersonen nach § 23 Abs. 1.

15 Begrenzte Legitimierung von abweichenden Zuständigkeitsregelungen (Abs. 4)

35 Soweit am Tag des Inkrafttretens des KJHG abweichende landesrechtliche Regelungen für die Aufgabenwahrnehmung nach §§ 45 bis 48a galten, sei es, dass mittlere Landesbehörden oder im Falle der Kindertagesstätten auch untere Landesbehörden die Aufgaben wahrnahmen, können diese Sonderregelungen weiterhin gelten (auch ohne eine auf Art. 84 Abs. 1 GG in seiner aktuellen Fassung Bezug nehmende landesrechtliche Legitimation). Dies schließt die mit §§ 45 ff. verbundenen Aufgaben nach Abs. 2, Nr. 2 bis 5 u. 7 ein. Mit der Vorschrift sollte gewachsenen Sonderregelungen im Sinne eines **Bestandsschutzes** Rechnung getragen werden.

16 Begrenzte Möglichkeit zur Aufgabenübertragung (Abs. 5)

36 Die Regelung des Abs. 5 ist ausweislich der RegBegr.,[12] die sich allerdings noch auf eine frühere sprachliche Fassung bezog, speziell auf eine gewachsene Aufgabenteilung in Bayern ausgerichtet. In Bayern nimmt der **Landesjugendring** als Körperschaft des öffentlichen Rechts die auf die Jugendarbeit bezogenen Aufgaben des Landes als überörtlichem Träger wahr.

37 **Einzelne Jugendhilfeaufgaben** des Landes als überörtlichem Träger konnten demnach auch nach geltendem Bundesrecht auf andere Körperschaften des öffentlichen Rechts, die nicht Träger der öffentlichen Jugendhilfe sind, übertragen werden, wenn dies bis zu dem angegebenen Stichtag erfolgte. Als Sonderregelung muss auch die **Stadtstaatenklausel** nach Art. 22 KJHG angesehen werden, die es Berlin, Hamburg und Bremen

10 BT-Drs. 11/5948, 104.

11 Wiesner in Wiesner § 85 Rn. 30; von paralleler Zuständigkeit spricht Bregger in juris-PK-SGB VIII Rn. 46.

12 BT-Drs. 11/5948, 107.

bereits nach altem Recht gestattete, zur Anpassung an ihren spezifischen Verwaltungsaufbau als Stadtstaaten von den Regelungen der §§ 69 bis 71 u. 85 abzuweichen.

17 Bedeutung der Regelung des Abs. 2 für das LJA

Das Profil, welches iVm § 69 Abs. 3 aus den Regelungen des § 85 Abs. 2 für das LJA erwächst, stellt eine notwendige Ergänzung zu den Aufgaben der örtlichen JA dar. Im Hinblick auf die gleichmäßige Entwicklung der Angebote in der Jugendhilfe, aber auch hinsichtlich der fachlichen Abstützung und Qualifizierung ist das **LJA in seiner Aufgabenstellung komplementär zur örtlichen Allzuständigkeit** angelegt. Seine Bedeutung im Zusammenspiel mit den Jugendämtern wird durch den 14. Kinder- und Jugendbericht nachhaltig unterstrichen. Umso wichtiger ist, dass seine Koordinierungs-, Beratungs- und Unterstützungsfunktion gegenüber den JA voll zur Geltung gebracht werden kann. Abgesehen von dem zentralen Aspekt der Qualitätsentwicklung und -sicherung (→ § 79a Rn. 3, 4) ist das auch insofern bedeutsam, als durch entsprechende Dienstleistungen des zentralen LJA örtliche Aufwendungen einzusparen sind. 38

Es ist deshalb wichtig, dass der Überörtliche Träger die Unterstützung des örtlichen Trägers nach § 85 Abs. 2 nicht nur auf dessen unmittelbare Aufgabenwahrnehmung nach § 2 bezieht, sondern auch auf jene Funktionsbereiche, die mittelbar mit den Aufgaben zusammenhängen und deren fachgerechte Wahrnehmung absichern helfen, wie etwa die Jugendhilfeplanung. Unter diesem Gesichtspunkt kann Wiesner[13] nicht zugestimmt werden, der die Position vertritt, Aufgaben, die das Verhältnis zwischen örtlichen und überörtlichen Trägern betreffen, sollten zweckmäßigerweise nicht bundesgesetzlich geregelt werden. Es geht hier um Regelungen, die erforderlich sind, um das grundlegende **Gestaltungsprinzip „Kommunalisierung“** ergänzend abzusichern. Sie durch Bundesgesetz zu treffen, ist folgerichtig, weil sonst die Intentionen, die mit dem Prinzip der örtlichen Zuständigkeit verbunden sind, gefährdet wären. Dies sollte insbesondere dann bedacht werden, wenn Landesgesetzgeber über alternative Organisationsbestimmungen nachdenken. 39

Zweiter Abschnitt Örtliche Zuständigkeit

Erster Unterabschnitt Örtliche Zuständigkeit für Leistungen

§ 86 Örtliche Zuständigkeit für Leistungen an Kinder, Jugendliche und ihre Eltern

(1) [1]Für die Gewährung von Leistungen nach diesem Buch ist der örtliche Träger zuständig, in dessen Bereich die Eltern ihren gewöhnlichen Aufenthalt haben. [2]An die Stelle der Eltern tritt die Mutter, wenn und solange die Vaterschaft nicht anerkannt oder gerichtlich festgestellt ist. [3]Lebt nur ein Elternteil, so ist dessen gewöhnlicher Aufenthalt maßgebend.

(2) [1]Haben die Elternteile verschiedene gewöhnliche Aufenthalte, so ist der örtliche Träger zuständig, in dessen Bereich der personensorgeberechtigte Elternteil seinen gewöhnlichen Aufenthalt hat; dies gilt auch dann, wenn ihm einzelne Angelegenheiten der Personensorge entzogen sind. [2]Steht die Personensorge im Fall des Satzes 1 den Eltern gemeinsam zu, so richtet sich die Zuständigkeit nach dem gewöhnlichen Aufenthalt des Elternteils, bei dem das Kind oder der Jugendliche vor Beginn der Leistung zuletzt seinen gewöhnlichen Aufenthalt hatte. [3]Hatte das Kind oder der Jugendliche im Fall des Satzes 2 zuletzt bei beiden Elternteilen seinen gewöhnlichen Aufenthalt, so richtet sich die Zuständigkeit nach dem gewöhnlichen Aufenthalt des Elternteils, bei

13 In Wiesner § 85 Rn. 7.

dem das Kind oder der Jugendliche vor Beginn der Leistung zuletzt seinen tatsächlichen Aufenthalt hatte. [4]Hatte das Kind oder der Jugendliche im Fall des Satzes 2 während der letzten sechs Monate vor Beginn der Leistung bei keinem Elternteil einen gewöhnlichen Aufenthalt, so ist der örtliche Träger zuständig, in dessen Bereich das Kind oder der Jugendliche vor Beginn der Leistung zuletzt seinen gewöhnlichen Aufenthalt hatte; hatte das Kind oder der Jugendliche während der letzten sechs Monate keinen gewöhnlichen Aufenthalt, so richtet sich die Zuständigkeit nach dem tatsächlichen Aufenthalt des Kindes oder des Jugendlichen vor Beginn der Leistung.

(3) Haben die Elternteile verschiedene gewöhnliche Aufenthalte und steht die Personensorge keinem Elternteil zu, so gilt Absatz 2 Satz 2 und 4 entsprechend.

(4) [1]Haben die Eltern oder der nach den Absätzen 1 bis 3 maßgebliche Elternteil im Inland keinen gewöhnlichen Aufenthalt, oder ist ein gewöhnlicher Aufenthalt nicht feststellbar, oder sind sie verstorben, so richtet sich die Zuständigkeit nach dem gewöhnlichen Aufenthalt des Kindes oder des Jugendlichen vor Beginn der Leistung. [2]Hatte das Kind oder der Jugendliche während der letzten sechs Monate vor Beginn der Leistung keinen gewöhnlichen Aufenthalt, so ist der örtliche Träger zuständig, in dessen Bereich sich das Kind oder der Jugendliche vor Beginn der Leistung tatsächlich aufhält.

(5) [1]Begründen die Elternteile nach Beginn der Leistung verschiedene gewöhnliche Aufenthalte, so wird der örtliche Träger zuständig, in dessen Bereich der personensorgeberechtigte Elternteil seinen gewöhnlichen Aufenthalt hat; dies gilt auch dann, wenn ihm einzelne Angelegenheiten der Personensorge entzogen sind. [2]Solange in diesen Fällen die Personensorge beiden Elternteilen gemeinsam oder keinem Elternteil zusteht, bleibt die bisherige Zuständigkeit bestehen. [3]Absatz 4 gilt entsprechend.

(6) [1]Lebt ein Kind oder ein Jugendlicher zwei Jahre bei einer Pflegeperson und ist sein Verbleib bei dieser Pflegeperson auf Dauer zu erwarten, so ist oder wird abweichend von den Absätzen 1 bis 5 der örtliche Träger zuständig, in dessen Bereich die Pflegeperson ihren gewöhnlichen Aufenthalt hat. [2]Er hat die Eltern und, falls den Eltern die Personensorge nicht oder nur teilweise zusteht, den Personensorgeberechtigten über den Wechsel der Zuständigkeit zu unterrichten. [3]Endet der Aufenthalt bei der Pflegeperson, so endet die Zuständigkeit nach Satz 1.

(7) [1]Für Leistungen an Kinder oder Jugendliche, die um Asyl nachsuchen oder einen Asylantrag gestellt haben, ist der örtliche Träger zuständig, in dessen Bereich sich die Person vor Beginn der Leistung tatsächlich aufhält; geht der Leistungsgewährung eine Inobhutnahme voraus, so bleibt die nach § 87 begründete Zuständigkeit bestehen. [2]Unterliegt die Person einem Verteilungsverfahren, so richtet sich die örtliche Zuständigkeit nach der Zuweisungsentscheidung der zuständigen Landesbehörde; bis zur Zuweisungsentscheidung gilt Satz 1 entsprechend. [3]Die nach Satz 1 oder 2 begründete örtliche Zuständigkeit bleibt auch nach Abschluss des Asylverfahrens so lange bestehen, bis die für die Bestimmung der örtlichen Zuständigkeit maßgebliche Person einen gewöhnlichen Aufenthalt im Bereich eines anderen Trägers der öffentlichen Jugendhilfe begründet. [4]Eine Unterbrechung der Leistung von bis zu drei Monaten bleibt außer Betracht.

Gliederung – von 3–6 zugleich Prüfschema

1 Grundnorm für die örtliche Zuständigkeit

1 Aufgrund von Änderungen im Gesetzgebungsverfahren zum Bundeskinderschutzgesetz ist die im Gesetzesentwurf der Bundesregierung noch enthaltene Änderung der örtlichen Zuständigkeit in § 86 Abs. 6[1] gestrichen worden. § 86 ist damit durch das BKiSchG nicht verändert worden. Allerdings hat § 86 Abs. 5 durch das KJVVG v. 29.8.2013 eine Änderung erfahren[2] (auch → Rn. 38 f.). Im Allgemeinen ist Voraussetzung für die Prüfung der örtlichen Zuständigkeit, dass die sachliche Zuständigkeit geprüft ist; diese würde sich nach § 85 bestimmen. Dies ist hier aber entbehrlich, da § 86 die **sachliche** Zuständigkeit des örtlichen Trägers voraussetzt. § 86 ist die Grundnorm zur Prüfung der örtlichen Zuständigkeit für **Leistungen**. §§ 86a und 86b enthalten für die dort genannten Leistungen Sonderregelungen, die als leges speciales der allgemeinen Grundnorm vorgehen. §§ 86c und 86d SGB VIII sowie § 2 SGB X enthalten begleitende Regelungen der örtlichen Zuständigkeit. §§ 87–87e regeln die örtliche Zuständigkeit für die sog. anderen Aufgaben gem. § 2 Abs. 3. § 88 enthält eine Regelung der örtlichen Zuständigkeit bei Aufenthalt im Ausland. § 88a wurde durch das Gesetz zur Verbesserung der Unterbringung, Versorgung und Betreuung ausländischer Kinder und Jugendlicher zum 1.11.2015 neu eingefügt. § 88 a normiert Sonderregelungen zur örtlichen Zuständigkeit für unbegleitete ausländische Kinder und Jugendliche. Dabei regelt die Norm sowohl die örtliche Zuständigkeit für die Erbringung von Leistungen wie auch für die Erfüllung anderer Aufgaben (vorläufige Inobhutnahme, Inobhutnahme, Vormundschaft und Pflegschaft). Für unbegleitete ausländische Kinder und Jugendliche richtet sich die Zuständigkeit damit nicht mehr nach § 86.

2 Während § 11 JWG noch mit einer Zuständigkeitsregelung in zwei Sätzen auskam, ist die geltende Zuständigkeitsregelung so unübersichtlich geworden wie die Familienstrukturen, an die sie anknüpft (**„Patchwork-Zuständigkeit“**). Teilweise knüpft sie an den g.A. der Eltern, teilweise an den des Kindes an; in Einzelfällen ist auch deren tatsächlicher Aufenthalt maßgeblich. Die inhaltlich widersinnige Unterscheidung zwischen Leistungen und anderen Aufgaben in § 2 zerklüftet die Zuständigkeitsregelung noch zusätzlich, indem sie an diese Unterscheidung anknüpft. § 86 ist das Musterbeispiel einer kasuistischen Regelung, die – notwendigerweise – dazu führt, dass Fallgestaltungen ungeregelt bleiben, also **Lücken** des Gesetzes auftreten.[3]

Wegen ihrer Schutzfunktion für den Bürger sind die gesetzlichen Regelungen über die Zuständigkeit **unabdingbar**, dh Vereinbarungen der Jugendhilfeträger sind in diesem Bereich unzulässig.[4]

3 Der Zuständigkeitsbestimmung kommt besondere Bedeutung zu, da sie unmittelbar zur finanziellen Belastung der kommunalen Gebietskörperschaft führt, die die Jugendhilfe als Selbstverwaltungsaufgabe ausführt. Eine ungerechtfertigte Kostenbelastung wird nachträglich durch Kostenerstattung reguliert (→ Rn. 79 ff.).

1 S. hierzu BT-Drs. 17/6256, 12.
2 S. zu den Änderungen BT-Drs. 17/13531, 3.
3 Ebenso Bohnert in Hauck/Noftz Rn. 4.
4 Ebenso NdsOVG 13.2.2006 – 12 LC 12/05, FEVS 58,79; DIJuF JAmt 2007, 146; Kern in SFMK Rn. 6.

2 Begriffserläuterungen

2.1 „Leistungen nach diesem Buch"

4 „Leistungen nach diesem Buch" sind die in § 2 **Abs.** 2 legal definierten Leistungen; dies gilt auch dann, wenn der Katalog der sog. anderen Aufgaben inhaltlich ebenfalls Leistungen enthält wie zB die Beistandschaft (Exkurs → vor § 52a Rn. 1). Für Leistungen an junge Volljährige und für Leistungen in gemeinsamen Wohnformen bestehen Sonderregelungen in den §§ 86a u. 86b. Nicht erfasst sind Leistungen, die im SGB I geregelt sind (zB §§ 13–15).

5 Für die Erfüllung von Aufgaben, die weder im Leistungskatalog des § 2 Abs. 2 noch im Katalog der anderen Aufgaben in § 2 Abs. 3 aufgeführt sind (→ § 2 Rn. 1), ergibt sich die Zuständigkeit aus der **Natur der Sache,** so ist zB für die Beratung nach § 8 **Abs.** 3 das JA am Ort des tatsächlichen Aufenthalts des Jugendlichen zuständig.[5] Die Wahrnehmung des **Schutzauftrags nach** § **8a** ist die verfahrensrechtliche Bündelung der Aufgaben der Leistungsgewährung (§§ 16–40), der Familiengerichtshilfe (§ 50) und der Inobhutnahme (§ 42), so dass deren Zuständigkeitsregelungen (§§ 86, 87b, 87) gelten.[6] Werden einem nicht schon nach diesen Zuständigkeitsregelungen zuständigen JA[7] gewichtige Anhaltspunkte für eine Kindeswohlgefährdung bekannt, ist es lediglich für die Information des anderen JA (Leistungsjugendamt) zuständig, das dann die Einschätzung des Gefährdungsrisikos vornehmen muss (→ Rn. 84 und → § 8a Rn. 118).[8] Die örtl. Zust. für den Abschluss von **Vereinbarungen** nach § 78b ist – systemwidrig – in § 78e Abs. 1 geregelt. Für Vereinbarungen nach § 8a Abs. 2 kann § 78e analog angewendet werden.

6 Für die Förderung nach § **74** und die Anerkennung nach § **75** ist das JA örtlich zuständig, in dessen Bereich der freie Träger tätig ist; für die Finanzierung nach § **74a** das JA, das die Leistungspflicht für die Tageseinrichtung nach § 24 hat.[9] Die Zuständigkeit für den interkommunalen Kostenausgleich regelt das Landesrecht, zB § 8 a KiTaG BW. Für den Kostenbeitrag nach § **90** oder § **91** ist das JA zuständig, das die Leistung erbracht hat. Für Beratung nach § **18** ist § 87e entsprechend anwendbar.

7 Als Leistungs**berechtigte** nennt das Gesetz Kinder und ihre Eltern, wobei der familienrechtliche Begriff des Kindes jugendhilferechtlich korrekt, nämlich § 7 entsprechend je nach Alter des Kindes differenziert gebraucht wird (ab 14 Jahre: Jugendlicher). Dies führt dazu, dass für ein und dieselbe Leistung verschiedene Zuständigkeitsvorschriften gelten, je nachdem ob sie Jugendlichen oder jungen Volljährigen gewährt wird (zB eine Leistung nach §§ 11, 13, 14, 16). Leistungs**adressat** ist bei allen Leistungen der Jugendhilfe, ebenso wie bei der Erfüllung der sog. anderen Aufgaben, das Kind im familienrechtlichen Sinne, auch wenn leistungsberechtigt in der Regel die Eltern sind (→ § 8 Rn. 10).

8 Ein **Wechsel** der Leistungsart oder Leistungsform[10] bewirkt nicht eine neue Prüfung der Zuständigkeit außer im Fall des § 86b (→ § 86b Rn. 2). Dies folgt aus der systematischen Auslegung des Begriffs der „Leistung" im Zusammenhang mit § 2 Abs. 2. Danach kommt es auf Art oder Form der Hilfeleistung nicht an, sondern zunächst nur auf die in § 2 Abs. 2 jeweils bezeichnete **Anspruchsgrundlage** (→ Rn. 11). Wechselt also zB ein Kind von der Pflegefamilie in ein Heim, bleibt die Rechtsgrundlage und damit die Leistung der Hilfe dieselbe (nämlich § 27 oder § 35a), auch wenn die Art der

---

5 S. hierzu auch Bohnert in Hauck/Noftz Rn. 8 u. 119.
6 Ebenso Reisch in JHSM § 8a Rn. 20.
7 „Zufallsjugendamt" nach Wiesner in Wiesner § 8a Rn. 85.
8 Ähnlich Meysen in FK-SGB VIII § 8a Rn. 9; ausführlich Kunkel ZKJ 2013, 394.
9 So für die alte Rechtslage nach § 74 BVerwG 25.4.2002 – 5 C 18/01, ZfJ 2003, 30.
10 Zu dieser BVerwG 14.11.2002 – 5 C 56/01, ZfJ 2003, 442.

Hilfe wechselt.[11] Ein Wechsel der Hilfeart ist also keine Unterbrechung der Leistung (→ Rn. 11).[12]

2.2 „Beginn der Leistung"

9 Der Begriff „Beginn der Leistung" ist nicht einheitlich auszulegen, sondern abhängig vom Regelungszusammenhang, in dem er vorkommt. „**Nach** Beginn der Leistung" (Abs. 5) meint den Zeitpunkt nach Gewährung der Leistung. „**Vor** Beginn der Leistung" (Abs. 2, 4, 7) ist dagegen ein Zeitraum, innerhalb dessen der maßgebliche Zeitpunkt bestimmt werden muss.[13] Dem folgt die höchstrichterliche Rechtsprechung aber nicht, sondern stellt auf das Datum der tatsächlichen Hilfegewährung ab.[14] Als Praxiskommentar folgt der LPK dieser Rechtsprechung unter Aufgabe der in den ersten Auflagen vertretenen Auffassung und unter Verzicht auf die Wiedergabe des Streitstands.[15] Für den Leistungsbeginn ist es unerheblich, ob die Leistung rechtmäßig erfolgt ist.[16] Unter dem Beginn der Leistung iSd § 86d ist der Beginn der vorläufigen Leistung zu verstehen (→ § 86d Rn. 8).[17]

Noch nicht abschließend geklärt ist die Rechtsfrage, ob für den einer zeitlichen Verzögerung der Leistungsbewilligung bzw. einer im Anschluss an eine Bewilligung verzögerten tatsächlichen Gewährung durch den Jugendhilfeträger, eine abweichende rechtliche Beurteilung angezeigt sein kann.[18]

10 Bei einer **selbstbeschafften** Leistung (zu deren Zulässigkeit → § 36a Rn. 10 ff.) ist eine Zuständigkeitsprüfung nicht vorausgegangen. Sie setzt aber nachträglich ein – zusammen mit der Prüfung der materiellen Voraussetzungen – mit der Folge, dass es auf den Zeitpunkt ankommt, in dem die Hilfe gewährt worden wäre.[19] Es kommt also darauf an, welcher Jugendhilfeträger im Zeitpunkt der Selbstbeschaffung örtlich zuständig gewesen wäre. Haben die Eltern danach ihren g.A. gewechselt, ist ein Zuständigkeitswechsel eingetreten. Haben sie verschiedene g.A. begründet, richtet sich die Zuständigkeit nach Abs. 5.

2.3 „Unterbrechung und Beendigung der Leistung"

11 Den Begriff der Unterbrechung der Leistungsgewährung verwenden §§ 86 Abs. 7 S. 4, 86a Abs. 4 S. 2, 86b Abs. 3 S. 2 und 95 Abs. 3. Eine Unterbrechung liegt dann vor, wenn eine Leistung, die zuvor nicht gewährt worden war, gewährt wird, dann für

11 Ebenso – dem Sinn, wenn auch nicht dem Begriff nach – Loos in Wiesner Rn. 2 und 2 a und Nellissen in GK-SGB VIII Rn. 8.

12 Ebenso VGH BW 15.9.1997 – 9 S 174/96, FEVS 48, 131; zu weitgehend VG Ansbach 21.2.2013 – AN 14 K 12.00835: „keine neue Leistung bei Wechsel von § 27 zu § 19"; ausführlich hierzu Lange in jurisPK-SGB VIII Rn. 53 f.

13 S. hierzu auch VG Freiburg 12.3.2015 – 4 K 1734/14, juris Rn. 29.

14 So BVerwG 19.10.2011 – 5 C 25/10, JAmt 2011, 661; BVerwG 7.7.2005 – 5 C 9.04, JAmt 2006, 35; NdsOVG 15.4.2010 – 4 LC 266/08, DVBl 2010, 796; VG Hamburg 18.8.2010 – 13 K 3418/08; ausführlich hierzu Lange in jurisPK-SGB VIII Rn. 47 f.

15 Wie Vorauflagen zB noch OVG NRW 30.4.2004 – 12 A 4295/01; OVG NRW 27.1.2010 – 12 B 1717/09: „Antrag"; BayVGH 20.5.2009 – 12 B 08.2007: „Herantragen".

16 Ebenso VG Darmstadt 8.6.2010 – 5 K 2083/07.DA.

17 VGH BW 28.4.2015 – 12 S 1274/14, juris Rn. 44 f.

18 S. hierzu VGH BW 25.5.2020 – 12 S 3395/19, juris Rn. 24. Für eine anderweitige Bestimmung bei einer objektiven Verzögerung der Leistungsbewilligung VG Aachen 20.12.2018 – 1 K 909/16, juris Rn. 52 f.

19 Ex post-Betrachtung; ebenso Nellissen in GK-SGB VIII Rn. 27; Reisch in JHSM Rn. 11; VG Freiburg 12.3.2015 – 4 K 1734/14, juris Rn. 30; S. hierzu auch VGH BW 25.5.2020 – 12 S 3395/19, juris Rn. 19 f.; aA Lange in jurisPK-SGB VIII Rn. 52.

einen gewissen Zeitraum **ausgesetzt** und danach wieder aufgenommen wird.[20] Ist eine Leistung zuvor schon gewährt, aber beendet worden,[21] ohne dass eine konkretisierte Wiederaufnahmeperspektive[22] vorlag, handelt es sich um einen neuen Leistungsbeginn, für den die örtliche Zuständigkeit neu bestimmt werden muss.[23] Das BVerwG differenziert in diesem Zusammenhang zwischen einer **Beendigung** und einer **Unterbrechung** der Leistung. Nach dieser Rspr. liegt eine Beendigung einer Leistung iSd §§ 86 ff. vor, „wenn der Jugendhilfeträger die von ihm bisher gewährte Hilfeleistung aufgrund eines Verwaltungsakts tatsächlich einstellt und dies in belastbarer Weise auf der Annahme beruht, dass ein objektiv erkennbarer und qualitativ unveränderter, kontinuierliche Hilfe gebietender jugendhilferechtlicher Bedarf nicht mehr fortbesteht."[24] Sofern nach einer Beendigung eine Jugendhilfeleistung neu bewilligt werde, sei die Frage der örtlichen Zuständigkeit neu zu bewerten.

Anders sei dies bei einer Unterbrechung zu beurteilen. Eine Unterbrechung liege vor, „wenn die Erbringung der bisherigen Jugendhilfeleistung trotz qualitativ unverändert fortbestehenden jugendhilferechtlichen Bedarfs aufgrund einer Entscheidung des Jugendhilfeträgers eingestellt und tatsächlich nicht mehr erbracht wird, weil der Fortsetzung der an sich notwendigen Leistungsgewährung ein rechtlicher Grund entgegensteht."[25] Eine Leistungsunterbrechung in diesem Sinne sei nur dann zuständigkeitsrechtlich erheblich, „wenn eine anhand einer Würdigung der bedeutsamen Umstände des Einzelfalles zu ermittelnde zeitliche Schwelle überschritten ist, welche die Aussetzung der Hilfeleistung einer Beendigung der Leistung gleichkommen lässt".[26] Bezüglich des Zeitmoments könne nicht auf die in einigen Bestimmungen (zB § 86 Abs. 7 S. 4, § 86a Abs. 4 S. 2 und 3) genannte Drei-Monats-Frist in analoger Rechtsanwendung zurückgegriffen werden. Dies schließe es aber nicht aus, „im Rahmen der Gesamtabwägung insbesondere das Zeitmoment als gewichtigen Umstand zu begreifen, wobei die Drei-Monats-Frist einen Anhalt bietet." Daher lassen nach dieser Rspr. kurzfristige Leistungsunterbrechungen die „zuständigkeitsrechtliche Einheitlichkeit der Leistungserbringung" in der Regel nicht entfallen.[27] Bei der Berücksichtigung des Umstandsmoments gelte Folgendes: „Je länger der vorangegangene ununterbrochene Leistungszeitraum gewesen ist, desto länger wird im Einzelfall die Phase der Unterbrechung zu bemessen sein, bis sie die Schwelle der Erheblichkeit erreicht."[28] Schließlich sei „bei der Gesamtabwägung zu berücksichtigen, ob und wann – insbesondere auf der Grundlage einer belastbaren Prognose – mit einem Wegfall des rechtlichen Hindernisses und einer dementsprechenden Wiederaufnahme der Leistung zu rechnen

---

20 Ähnlich VGH BW 15.9.1997 – 9 S 174/96, FEVS 48, 131.

21 In Lit. und Rspr. wird überwiegend von der „Einstellung der Leistung" gesprochen, s. hierzu Nellissen in GK-SGB VIII Rn. 12 und Lange in jurisPK-SGB VIII Rn. 58 f. mwN; BVerwG 19.10.2011 – 5 C 25/10, juris Rn. 37; OVG RhPf 17.6.2015 – 7 A 11002/14, juris Rn. 33; OVG RhPf 13.2.2014 – 7 A 11043/13, juris Rn. 27; OVG NRW 26.9.2014 – 12 A 2524/13, juris Rn. 115 und 119. Nach hier vertretener Auffassung kann eine Leistung, die in Form eines Dauerverwaltungsaktes bewilligt wird, nicht „(förmlich) eingestellt" werden. Erforderlich ist eine Aufhebung der Bewilligungsentscheidung. Eine Befristung des Leistungsbescheides ist (mit Ausnahme des Bescheides nach § 13 Abs. 3) rechtlich unzulässig, ausführlich hierzu → § 27 Rn. 17 u. 18.

22 S. hierzu die ausführliche Darstellung von Lange in jurisPK-SGB VIII Rn. 58 f.

23 Siehe hierzu auch OVG RhPf 17.6.2015 – 7 A 11002/14, juris Rn. 33; OVG RhPf 13.2.2014 – 7 A 11043/13, juris Rn. 25; VG München 10.4.2019 – M 18 K 17.3559, juris Rn. 53; VG Augsburg 13.4.2012 – Au 3 E 12.434, juris Rn. 45; aA OVG NRW 21.3.2014 – 12 A 1211/12, juris Rn. 56 f.

24 BVerwG 15.12.2016 – 5 C 35/15, juris Rn. 31.

25 BVerwG 15.12.2016 – 5 C 35/15, juris Rn. 43.

26 BVerwG 15.12.2016 – 5 C 35/15, juris Rn. 48.

27 BVerwG 15.12.2016 – 5 C 35/15, juris Rn. 49 und 50.

28 BVerwG 15.12.2016 – 5 C 35/15, juris Rn. 51.

war." Das Jugendamt müsse im Fall einer Leistungsunterbrechung „darauf bedacht sein, rechtliche Hindernisse für eine notwendige Hilfegewährung (wie insbesondere eine mangelnde Mitwirkung der Eltern oder gegebenenfalls des Hilfeempfängers selbst) auszuräumen." Sofern es diese Verpflichtung verletze, könne dies „im Hinblick auf die Frage des Abbruchs des Leistungszusammenhangs zu seinem Nachteil zu gewichten sein."[29]

Ein bloßer Wechsel der **Hilfeart** (→ § 27 Rn. 27) ohne Wechsel der Anspruchsgrundlage ist weder Unterbrechung noch neue Leistung (→ Rn. 8). Auch eine neue Anspruchsgrundlage für die Leistung führt nicht zu deren Unterbrechung, wenn die Hilfe einen qualitativ unveränderten Bedarf deckt. Erst wenn ein andersartiger, neu entstehender Bedarf gedeckt wird, setzt eine neue Leistung ein.[30] Dies kann aber nur für „kataloginterne" Leistungen iSd § 2 Abs. 2 gelten.

Da § 86 auch auf die Betreuung in **Kindertagesstätten** anwendbar ist (§ 2 Abs. 2 Nr. 3), ist diese Leistung bei einem Wechsel der örtlichen Zuständigkeit grds. fortsetzungsfähig, ungeachtet dessen, dass das Leistungsangebot von Träger zu Träger unterschiedlich ausgestaltet sein kann.[31] Allerdings tritt nach neuerer Auffassung des BVerwG regelmäßig bereits dann eine zuständigkeitsrechtliche Beendigung der Leistung der Tageseinrichtung ein, wenn die Sorgeberechtigten das Betreuungsverhältnis zu der Tageseinrichtung auflösen. Damit werde zum Ausdruck gebracht, dass sich der bislang in bestimmter Weise konkretisierte Betreuungsbedarf verändert habe bzw. nicht mehr bestehe oder dessen Deckung gegenüber dem bislang leistenden öffentlichen Träger der Jugendhilfe nicht mehr beansprucht werde.[32]

2.4 „Eltern"

12 Eltern sind Vater und Mutter eines Kindes. Mutter ist die Frau, die das Kind geboren hat (§ 1591 BGB); Vater ist, wer zur Zeit der Geburt des Kindes mit der Mutter verheiratet ist oder die Vaterschaft anerkannt hat oder wessen Vaterschaft gerichtlich festgestellt ist (§ 1592 BGB). Sind die Eltern nicht miteinander verheiratet, ist bis zur Anerkennung bzw. Feststellung der Vaterschaft für die Bestimmung der örtlichen Zuständigkeit der g.A. der Mutter maßgeblich (→ Rn. 20). Ohne Bedeutung ist, ob Vater und Mutter das Personensorgerecht für das Kind haben. Auch Adoptiveltern sind mit Rechtskraft der Entscheidung des FamG Eltern. Keine Eltern in diesem Sinne sind Pflegeeltern, Stiefeltern[33] und Vormünder.[34]

2.5 „Gewöhnlicher Aufenthalt"

13 Der Begriff des gewöhnlichen Aufenthalts wird in § 30 Abs. 3 S. 2 SGB I definiert. Diese Legaldefinition gilt einheitlich für den gesamten Sozialleistungsbereich, also auch für die Jugendhilfe. Bereichsspezifische Abweichungen sind aber gem. § 37 S. 1

29 BVerwG 15.12.2016 – 5 C 35/15, juris Rn. 52. Ausführlich zum Ganzen auch Lange in jurisPK-SGB VIII Rn. 58.6 f.

30 So BVerwG 29.1.2004 – 5 C 9.03, JAmt 2004, 323 im Anschluss an OVG RhPf 26.2.2003 – 12 A 11452/02, ZfJ 2004, 147; BVerwG 19.10.2011 – 5 C 25/10, JAmt 2011, 661; NdsOVG 14.3.2012 – 4 LC 143/09, juris Rn. 31.

31 So BVerwG 23.10.2018 – 5 C 15/17, juris Rn. 17; BVerwG FamRZ 2003, 757; VG Würzburg 23.10.2014 – W 3 K 13.1117, juris Rn. 27; differenzierend für den Fall der Trennung der Eltern und eines anschließenden Umzugs OVG Bln-Bbg 20.8.2014 – OVG 6 B 12.13, juris Rn. 15 f.; VG Münster 22.7.2014 – 6 K 854/13, juris Rn. 60 f.; BayVGH 23.4.2014 – 12 ZB 14.26, Rn. 11; VG Magdeburg 19.6.2014 – 4 A 82/14, juris Rn. 22; s. ausführlich hierzu auch Lange in jurisPK-SGB VIII Rn. 59 f.

32 BVerwG 23.10.2018 – 5 C 15/17, juris Rn. 29 f. Kritisch hierzu Lange in jurisPK-SGB VIII Rn. 67.2.

33 Ebenso Kern in SFMK Rn. 26; Reisch in JHSM Rn. 8.

34 Ebenso Lange in jurisPK-SGB VIII Rn. 29.

SGB I möglich, da § 37 S. 2 SGB I (Abdruck bei → § 61 Rn. 5) die vorbehaltslose Anwendung des SGB nicht auf § 30 SGB I erstreckt.[35] Seinen g.A. hat jemand dort, wo er sich unter Umständen aufhält, die erkennen lassen, dass er hier **nicht nur vorübergehend** verweilt (→ Rn. 15). Für die Jugendhilfe bedeutet dies, dass er im Zuständigkeitsbereich des jeweils örtlichen oder überörtlichen Trägers seinen **Lebensmittelpunkt** haben muss. Das Abstellen auf den Lebensmittelpunkt schließt begrifflich aus, dass eine Person zwei g.A. hat.[36] Die Legaldefinition des § 30 würde dies zwar zulassen, da sie nicht auf den Lebensmittelpunkt abstellt. Die Auslegung des g.A.-Begriffs ist aber durch eine langjährige Entscheidungspraxis der Spruchstellen für Fürsorgestreitigkeiten geprägt, in der auf den Lebensmittelpunkt abgestellt wird. Diese Abweichung gegenüber der Legaldefinition ist wegen § 37 S. 1 SGB I auch zulässig. Damit unvereinbar erscheint daher die Regelung des § 86 Abs. 2 S. 3 (→ Rn. 26), wonach ein Kind bei beiden Elternteile seinen g.A. haben kann.[37] Die Legaldefinition des § 30 SGB I ließe dies zwar zu, die bereichsspezifische „Lebensmittelpunkt-Auslegung" aber nicht.[38] Bei **Pendlern** mit einer Wohnung am Arbeitsort und einer weiteren bei der Familie ist die familiäre Bindung für den Lebensmittelpunkt ausschlaggebend.[39] Die Begründung eines g.A. hängt grundsätzlich (subjektiv) vom Willen einer Person ab,[40] hier den Lebensmittelpunkt zu wählen und (objektiv) davon, ob der Ausführung dieses Willens keine Hinderungsgründe entgegenstehen. Im Regelfall werden beide Faktoren mit der Begründung eines **Wohnsitzes** vorliegen. Identisch ist aber der Begriff des Wohnsitzes nicht mit dem des g.A., da der Wohnsitz in § 7 BGB anders definiert ist, an mehreren Orten bestehen kann und seine Begründung einen rechtsgeschäftlichen Willen voraussetzt (§ 8 BGB). Im Unterschied zur Wohnsitzbegründung kommt es ferner nicht darauf an, ob an dem gewählten Lebensmittelpunkt eine Unterkunft vorhanden ist. Auch muss der Wille nicht ausdrücklich erklärt werden, vielmehr genügen konkludente Handlungen.[41]

Ein g.A. kann auch in einer **Einrichtung** (zum Begriff → § 86a Rn. 5) begründet werden, wenn die og Voraussetzungen vorliegen. Der Schutz der Einrichtungsorte wird dann über Kostenerstattungsregelungen (→ § 89e Rn. 1) gewährleistet.[42] So kann in einer **Haftanstalt** ein g.A. begründet werden, wenn die Brücken nach draußen abgebrochen werden, zB mit Aufgabe der Wohnung,[43] dagegen idR nicht in Untersuchungshaft.[44] Wird bei Antritt der U-Haft ein g.A. aufgegeben, besteht in der Strafvollzugsanstalt nur ein tats.A.[45] Auch im **Frauenhaus**[46] oder in einer Gemeinschafts- 14

35 AA anscheinend NdsOVG 15.4.2010 – 4 LC 266/08.
36 Ebenso VG München 17.1.2007 – M 18 K06.2729; VG Saarbrücken ZfJ 2003, 346; Lange in jurisPK-SGB VIII Rn. 34.
37 S. hierzu auch Nellissen in GK-SGB VIII Rn. 16.
38 Vgl. zu dieser Schwierigkeit auch Kern in SFMK Rn. 26 u. 35; Mrozynski SGB VIII Rn. 12; Lange in jurisPK-SGB VIII Rn. 42.
39 So VG München 17.1.2007 – M 18 K 06.2729; Saarl.VG 12.11.2002 – 4 K 262/00, ZfJ 2003, 346; Nellissen in GK-SGB VIII Rn. 16.
40 S. hierzu auch VG Freiburg 12.3.2015 – 4 K 1734/14, juris Rn. 39 und OVG NRW 11.6.2008 – 12 A 1277/08, juris Rn. 5; s. aber auch → Rn. 14: Begründung eines g.A. auch gegen den Willen des Betroffenen zB in einer JVA möglich; kritisch zum Erfordernis eines subjektiven Elements auch Lange in jurisPK-SGB VIII Rn. 33 u. 36 unter Verweis auf die Rspr. des BVerwG.
41 Spruchstelle Kassel EuG 51, 226. S. zu der Ermittlung des g.A. iSe Würdigung verschiedener Einzelfallumstände VG Karlsruhe 26.4.2019 – 8 K 1439/18, juris Rn. 28 f.
42 Ebenso OVG RhPf 2.6.2005 – 12 A 10328/05; Herigslack ZfF 1993, 49.
43 So BayVGH 12.2.2008 – 12 ZB 07.921; VG Ansbach 2.12.2010 – AN 14 K 10.00790. S. hierzu auch VG Würzburg 29.4.2020 – W 3 K 18.1380, juris Rn. 41 f.
44 So OVG Saarl 3.9.2007 – 3 Q 133/06, JAmt 2008, 543.
45 So BVerwG 29.9.2010 – 5 C 21.09.
46 So VG Ansbach 8.3.2007 – AN 14 K 04.03247.

unterkunft für Asylbewerber kann ein g.A. begründet werden, wenn dort der Mittelpunkt der Lebensbeziehungen sein soll (→ § 6 Rn. 10 f.).[47]

15 Die Begründung des g.A. ist unabhängig von einer bestimmten **Zeitdauer**;[48] sie muss aber einen nicht nur vorübergehenden Zeitraum umfassen. Bloß vorübergehend ist ein Aufenthalt, der von Anfang an nur für kurze Zeit geplant war, zB ein Besuchs-, Erkundungs- oder Zwischenaufenthalt;[49] sog. **tatsächlicher** Aufenthalt. Nicht nur vorübergehend ist ein Aufenthalt, der bis auf Weiteres besteht, also nicht auf Beendigung angelegt, sondern **zukunftsoffen** ist.[50] Ob ein neuntägiger Aufenthalt einer Tochter bei ihrem Vater einen g.A. begründet, hängt daher nicht von der Zeitdauer ab, sondern von der Zeitplanung.[51] Es kommt nicht auf eine rückblickende Betrachtung (ex post), sondern auf die gegenwärtige Sicht des Aufenthalts (ex ante) an.[52] Ein g.A. kann daher schon nach einem Tag begründet werden, wenn ein Verhalten darauf schließen lässt, dass hier der Lebensmittelpunkt sein soll (zB Schwiegermutter reist mit Hutschachteln und mehreren Koffern an). Ein g.A. kann nur dort begründet werden, wo sich eine Person auch **tatsächlich** aufhält (notwendige, aber nicht hinreichende Bedingung).[53] Eine Zuweisungsentscheidung allein kann daher nicht zur Annahme eines g.A. führen, wenn ihr noch kein tatsächlicher Aufenthalt am zugewiesenen Ort gefolgt ist.[54]

16 Auch **Minderjährige** können einen eigenen g.A. begründen, da es zu dessen Begründung nicht auf den rechtsgeschäftlichen, sondern bloß auf den tatsächlichen Willen und die tatsächliche Aufenthaltsnahme[55] ankommt. Bei einem Widerstreit zwischen dem Willen des Minderjährigen und dem seiner Eltern ist der Wille der Eltern ausschlaggebend, da sie als Inhaber des Personensorgerechts auch den Aufenthalt bestimmen (§ 1631 Abs. 1 BGB). Im Regelfall haben deshalb Minderjährige ihren g.A. an dem ihrer Eltern.[56] Allerdings kann der physische Aufenthalt am Ort des (zu begründenden) gewöhnlichen Aufenthalts (→ Rn. 15) nicht durch den bloßen Willen der Eltern bzw. des personensorgeberechtigten Elternteils, an diesem Ort einen gewöhnlichen Aufenthalt für das Kind zu begründen, oder entsprechende objektive Vorbereitungshandlungen (etwa Anmietung und Einrichtung einer Wohnung; melderechtliche Anmeldung) ersetzt werden.[57]

Den g.A. behalten Kinder und Jugendliche grundsätzlich auch bei, wenn sie sich tatsächlich an einem anderen Ort (Heim, Pflegestelle) aufhalten, weil die Rückkehr in die Familie grundsätzlich Ziel der Hilfe ist (§ 37). Nur wenn keine Rückkehrperspektive besteht, begründet der Minderjährige im Heim oder in der Pflegestelle einen g.A.[58] Ferner begründet der Minderjährige dann einen eigenen g.A., wenn er seinen von dem der Eltern abweichenden Willen gegen diese faktisch durchsetzt.[59]

---

47 S. hierzu BayVGH 8.2.2001 – 12 B 99.2202.
48 ZSpr. EuG 46, 281.
49 Vgl. hierzu Reisch DAVorm 1991/881 u. OVG NRW 18.3.2002 – 12 A 1681/99, JAmt 2002, 256.
50 Ebenso BVerwG zuletzt 2.4.2009 – 5 C 2/08, JAmt 2009, 322.
51 Ohne diese Unterscheidung gegen die Annahme eines g.A. in diesem Fall DIV DAVorm 1999/279.
52 Ebenso BayVGH 18.7.2005 – 12 B 02.1197.
53 So BVerwG 7.7.2005 – 5 C 9/04, JAmt 2006, 35; BVerwG 14.11.2013 – 5 C 25/12, juris 39.
54 So BVerwG 7.7.2005 – 5 C 9/04, JAmt 2006, 35; s. nach neuer Rechtslage aber § 88 a.
55 So BVerwG 26.9.2002 – 5 C 46/01, JAmt 2003, 151.
56 S. hierzu auch BVerwG 25.3.2010 – 5 C 12/09, juris Rn. 25.
57 BVerwG 14.11.2013 – 5 C 25/12; juris Rn. 39.
58 ZSpr. EuG 51, 22; Reisch DAVorm 1991/881; DIJuF JAmt 2001, 288; 2002, 22; 2004, 530; allgemein zum g.A. von Minderjährigen BVerwG 15.5.1986 – 5 C 68/84, ZfJ 1986, 465; OVG NRW NDV 1989, 357; OVG RhPf FEVS 39, 330.
59 Ebenso Mrozynski SGB VIII Rn. 5; Lange in jurisPK-SGB VIII Rn. 40.

2.6 „Örtlicher Träger"

Wer örtlicher Träger ist, ergibt sich aus § 69 Abs. 1 iVm dem Landesrecht. Danach sind örtliche Träger die Kreise und die kreisfreien Städte, bei landesrechtlicher Zulassung auch kreisangehörige Gemeinden mit eigenem JA. Für **kreisangehörige** Gemeinden, die Aufgaben der Jugendhilfe wahrnehmen, ohne ein eigenes JA zu haben, könnte eine Zuständigkeitsregelung nur durch Landesrecht vorgenommen werden. Eine solche ist aber entbehrlich, da mit der Wahrnehmung einer einzelnen Jugendhilfeaufgabe durch die kreisangehörige Gemeinde sich an der Verantwortlichkeit des Landkreises als örtlichem Träger nichts ändert. Das gilt auch für die Heranziehung der Gemeinden zur Förderung von Kindern in Tageseinrichtungen und in Kindertagespflege. Für die Einlösung des Rechtsanspruchs auf einen Kindergartenplatz ist daher der Landkreis sachlich zuständig, auch wenn er sich zur Leistungserbringung des Kindergartens einer kreisangehörigen Gemeinde bedient (→ § 79 Rn. 1). Lediglich im „Innenverhältnis" kann er die (interne) Zuständigkeit der Gemeinde durch Vereinbarung regeln. 17

3 Anknüpfungsmerkmale vor Leistungsbeginn

3.1 Regelfall: gleicher g.A. der Eltern (Abs. 1)

3.1.1 G.A. der Eltern (Satz 1). Im Regelfall werden Eltern mit ihren Kindern in einem gemeinsamen Haushalt leben. Zuständig ist dann der Jugendhilfeträger, in dessen Bereich sich dieser **Haushalt** befindet. Dessen Zuständigkeit ist aber auch dann gegeben, wenn die Eltern keinen gemeinsamen, sondern einen getrennten Haushalt führen, wobei dieser nicht einmal in demselben Ort, sondern auch an verschiedenen Orten bestehen kann, wenn diese Orte (politische Gemeinde) nur im Zuständigkeitsbereich des gleichen örtlichen Trägers liegen.[60] Unmaßgeblich ist, wo das Kind seinen g.A. hat. Ebenso wenig kommt es darauf an, ob die Eltern das Personensorgerecht haben oder nicht.[61] Ein Wechsel des g.A. des Kindes oder eine Änderung des Personensorgerechts bleiben daher ohne Einfluss auf die einmal begründete Zuständigkeit nach Abs. 1.[62] 18

Satz 1 ist auch anwendbar, wenn ein gemeinsamer g.A. erst nach Beginn der Leistung begründet worden ist.[63] Mit dem Wechsel des g.A. wechselt auch die Zuständigkeit (**„wandernde Zuständigkeit"**, → Rn. 37 ff.).[64] 19

§ 86c „stützt den Zuständigkeitswechsel ab".

3.1.2 Kind ohne rechtlichen Vater (Satz 2). Bis zur **Anerkennung** der Vaterschaft (§ 1594 BGB) oder bis zu deren gerichtlicher Feststellung (§ 1600d BGB oder § 182 Abs. 1 FamFG) hat das Kind keinen rechtlichen Vater, wenn Vater und Mutter des Kindes im Zeitpunkt seiner Geburt nicht miteinander verheiratet sind (früher: „nichteheliches Kind"). Daher richtet sich die örtliche Zuständigkeit in diesem Fall nach dem g.A. der Mutter. Ab dem Zeitpunkt der (wirksamen) Anerkennung oder Feststellung ist die Zuständigkeit (mit Wirkung **ex nunc**)[65] neu zu bestimmen, wobei bei gleichem g.A. Abs. 1, bei verschiedenem g.A. Abs. 2 oder Abs. 5 in Betracht kommt, je nachdem, ob die verschiedenen g.A. erst nach Beginn der Leistung begründet wurden (dann Abs. 5) oder schon vorher bestanden (dann Abs. 2). Ist Abs. 2 einschlägig, sind bei gemeinsamer Sorgeerklärung (§ 1626a Abs. 1 Nr. 2 BGB; Abdruck bei § 7) die verschiedenen Varianten von Satz 2 bis Satz 4 maßgeblich. Werden dagegen erst nach Be- 20

60 Ebenso BVerwG 20.2.2008 – 5 B 109/06; BayVGH 12.2.2008 – 12 ZB 07.921; Kern in SFMK Rn. 24; ZSpr. EuG 52, 186; Busch/Ziegler in GK-SGB VIII Rn. 3.
61 Ebenso ZSpr. EuG 50, 429.
62 Ebenso Reisch in JHSM Rn. 18.
63 So BayVGH 28.9.2006 – 12 B 04.1266; VG Karlsruhe 8.11.2005 – 5 K 4784/03.
64 So zB OVG Saarl 3.9.2007 – 3 Q 133/06, JAmt 2008, 543.
65 Ebenso Reisch in JHSM Rn. 20; Nellissen in GK-SGB VIII Rn. 18.

ginn der Leistung verschiedene g.A. begründet (Abs. 5),[66] kommt es darauf an, wem die Personensorge in diesem Zeitpunkt zusteht.

Wird die Vaterschaft **angefochten**, wirkt dies auf den Zeitpunkt der Geburt zurück. Die örtl. Zust. ändert sich damit mit Wirkung ex tunc.[67]

21 **3.1.3 Elternteil lebt nicht mehr (Satz 3).** Lebt nur ein Elternteil, ist – natürlich – dessen g.A. maßgebend. Stirbt er nach Prüfung der örtlichen Zuständigkeit, aber vor einer Entscheidung über die Gewährung der Hilfe, ist ebenfalls Satz 3 einschlägig. Stirbt er nach Beginn der Leistung, und hatten beide im gleichen Jugendamtsbereich einen g.A., wechselt die Anknüpfung der Zuständigkeit von Satz 1 zu Satz 3, ohne dass sich die Zuständigkeit im Ergebnis ändert.[68] Stirbt ein Elternteil bei verschiedenen g.A., ist ebenfalls Satz 3 maßgebend. Wurden die verschiedenen g.A. aber erst nach Beginn der Hilfe begründet, und stirbt danach ein Elternteil, gilt bis zum Tod des Elternteils Absatz 5. Nach dem Tod richtet sich die Zuständigkeit nach Abs. 1 Satz 3. Da Abs. 4 nur den Fall regelt, dass beide Elternteile verstorben sind, musste Abs. 1 S. 3 die beim Tod nur eines Elternteils sonst entstehende Regelungslücke schließen. Er gilt deshalb nicht nur bei einer dem Tod vorangegangenen Zuständigkeit nach Satz 1, sondern auch einer solchen nach Abs. 2 oder 5.[69]

22 **Stirbt eine Mutter**, die mit dem Vater des Kindes **nicht verheiratet** war, und ist dessen Vaterschaft weder anerkannt noch gerichtlich festgestellt, ist Satz 3 nicht einschlägig. Eine ausdrückliche andere **gesetzliche Regelung fehlt**. Da diese Lücke wohl nicht beabsichtigt, also planwidrig ist, muss sie durch analoge Anwendung einer bestehenden gesetzlichen Regelung geschlossen werden. Hierfür kommt Absatz 4 in Betracht, der ausdrücklich nur gilt, wenn beide Eltern verstorben sind. Da aber in diesem Fall auf den g.A. eines anderen Elternteils nicht zugegriffen werden kann, ist die Interessenlage in beiden Fällen die gleiche, so dass eine analoge Anwendung von Absatz 4 gerechtfertigt ist.[70] Dies gilt auch dann, wenn die verstorbene Mutter und der (noch nicht festgestellte oder anerkennende) Vater einen g.A. im gleichen Jugendamtsbezirk hatten. Dann ist Abs. 5 gleichsam „doppelt analog“ anzuwenden.

3.2 Verschiedene g.A. der Eltern mit Personensorge (Abs. 2)

23 **3.2.1 Personensorge bei einem Elternteil (Satz 1).** Voraussetzung für die Anwendung des Absatzes 2 ist, dass vor Leistungsbeginn verschiedene g.A. bestehen, also jeder Elternteil seinen g.A. im Bereich eines anderen JA hat. Weitere Voraussetzung ist, dass beide oder einer von beiden das Personensorgerecht haben bzw. hat (zum Personensorgerecht → § 7 Rn. 2 mit Abdruck der §§ 1626, 1626a BGB). Hat nur ein Elternteil das Personensorgerecht, ist Satz 1 maßgebend mit der Folge, dass die örtliche Zuständigkeit an dessen g.A. anknüpft. Für die Anknüpfung genügt nach Satz 1 Hs. 2, dass diesem Elternteil wenigstens ein **Rest der Personensorge** (**„Stammrecht“**) verblieben ist, beispielsweise nach einer Entziehung im Rahmen des § 1666 BGB oder nach Übertragung auf die Pflegefamilie gem. § 1630 Abs. 3 BGB, selbst wenn ihm das Aufent-

---

66 S. hierzu auch OVG NRW 7.9.2012 – 12 A 1434/12, juris Rn. 2 f.; OVG NRW 27.2.2012 – 12 A 2478/11, juris Rn. 38 f.

67 So BVerwG 25.3.2010 – 5 C 12/09, DVBl. 2010, 922; Nellissen in GK-SGB VIII 18; aA Kern in SFMK Rn. 30.

68 Ebenso im Ergebnis Reisch ZfJ 1991, 297 und ZSpr. EuG 50, 321.

69 So HessVGH 26.4.2005 – 10 UE 514/04, FEVS 56, 529; SchlHOVG 28.3.2001 – 2 L 68/01.

70 Ebenso Kern in SFMK Rn. 31.

haltsbestimmungsrecht entzogen worden ist.[71] Allerdings ist auch in diesem Fall erforderlich, dass nur ein Elternteil personensorgeberechtigt ist.[72]

Verliert auch dieser Elternteil nach Leistungsbeginn die **gesamte** Personensorge (auf 24 die Vermögenssorge kommt es nicht an), wechselt die Anknüpfung für die örtliche Zuständigkeit von Abs. 2 nach Abs. 3.[73] Begründen die Eltern (wieder) einen g.A. im gleichen Jugendamtsbereich, wechselt die Anknüpfung von Abs. 2 zu Abs. 1 Satz 1. Wird die Personensorge dem anderen Elternteil übertragen, ist dessen g.A. maßgebend (Abs. 2 S. 1).

3.2.2 Gemeinsame Personensorge. 3.2.2.1 … und g.A. des Kindes bei einem Elternteil 25 **(Satz 2).** Haben die Elternteile verschiedene g.A., aber gemeinsame Sorge (nach Trennung oder Scheidung gem. § 1687 BGB oder aufgrund gemeinsamer Sorgeerklärungen gem. § 1626 a Abs. 1 Nr. 2 BGB), und hat das Kind seinen g.A. bei einem Elternteil, ist Satz 2 maßgebend mit der Folge, dass die örtliche Zuständigkeit an den g.A. dieses Elternteils anknüpft. Für die Feststellung, ob das Kind seinen g.A. bei diesem Elternteil hat, kommt es auf den Zeitpunkt der Entscheidung des JA über die Gewährung der Leistung, also den Leistungsbescheid an. Zum Begriff „Beginn der Leistung" → Rn. 9. Anders als bei Abs. 1 genügt es nicht, wenn Kind und Elternteil einen gleichen g.A. (also im gleichen JA-Bereich) haben, vielmehr müssen sie einen gemeinsamen g.A. haben, also zusammenleben.

3.2.2.2 … und g.A. des Kindes bei beiden Elternteilen (Satz 3). Haben die Elternteile 26 verschiedene g.A., aber gemeinsame Personensorge, und hat das Kind seinen g.A. bei beiden Elternteilen, knüpft die örtliche Zuständigkeit an den g.A. des Elternteils an, bei dem das Kind im Zeitpunkt des Leistungsbescheids seinen **tatsächlichen** Aufenthalt hatte. Dass ein Kind bei beiden Elternteilen seinen g.A. haben kann, ist begrifflich nicht ausgeschlossen (→ Rn. 13).[74] Im Unterschied zum g.A. genügt für den tatsächlichen Aufenthalt die – auch nur vorübergehende – Anwesenheit bei dem Elternteil (zB besuchsweise). Dagegen erscheint es aus tatsächlichen Gründen ausgeschlossen, dass ein Kind bei beiden Elternteilen auch seinen tatsächlichen Aufenthalt im selben Zeitpunkt haben kann.[75] Hatte der Elternteil, bei dem das Kind zuletzt seinen tatsächlichen Aufenthalt hatte, keinen g.A., ist Abs. 4 maßgebend.

3.2.2.3 … und g.A. des Kindes bei keinem Elternteil (Satz 4). Voraussetzung für die 27 Anwendung von Satz 4 ist, dass die Eltern verschiedene g.A., aber gemeinsame Personensorge haben, und dass das Kind bei keinem von beiden in den sechs Monaten vor dem Leistungsbescheid einen g.A. hatte. Hatte das Kind aber im Zeitpunkt des Leistungsbescheids einen eigenen g.A., gilt Abs. 2 S. 4 **Hs. 1** mit der Folge, dass die örtliche Zuständigkeit an den **g.A.** des **Kindes** anknüpft. Satz 4 ist also nur dann anwendbar, wenn das Kind in den 6 Monaten vor Erlass des Leistungsbescheides bei keinem Elternteil einen g.A. hatte. Zur Begründung eines eigenen g.A. des Kindes → Rn. 16.

Hatte das Kind im 6-Monats-Zeitraum vor Erlass des Leistungsbescheides aber keinen 28 eigenen g.A., ist Abs. 2 S. 4 **Hs. 2** maßgebend mit der Folge, dass die örtliche Zuständigkeit an den **tatsächlichen** Aufenthalt des Kindes vor Erlass des Leistungsbescheides anknüpft.

---

71 Ebenso OVG NRW 12.4.2012 – 12 A 427/12, juris Rn. 3; OVG NRW 12.1.2009 – 12 A 2357/07; VGH BW 23.3.2004 – 9 S 575/03, JAmt 2004, 546; VG Gelsenkirchen FamRZ 2003, 1602; Mrozynski SGB VIII § 86 Rn. 5; DIV DAVorm 1995/337.
72 BVerwG 30.5.2018 – 5 C 2/17, juris Rn. 11.
73 Ebenso Nellissen in GK-SGB VIII Rn. 23.
74 AA Reisch in JHSM Rn. 33.
75 AA Reisch in JHSM Rn. 36.

29 Für die Feststellung des g.A. oder des t.A. des Kindes genügt also eine **„Momentaufnahme"** im Zeitpunkt des Erlasses des Leistungsbescheides; auf den überwiegenden Aufenthalt in dem 6-Monats-Zeitraum kommt es dagegen nicht an.

3.3 Verschiedene g.A. der Eltern ohne Personensorge (Abs. 3)

30 **3.3.1 ... und g.A. des Kindes bei einem Elternteil.** Voraussetzung für die Anwendung des Abs. 3 ist, dass verschiedene g.A. der Eltern vor bzw. bei Leistungsbeginn bestehen und – im Unterschied zu Abs. 2 – zu diesem Zeitpunkt **kein Elternteil die Personensorge** hat,[76] sondern etwa Vormund (§ 1773 BGB) oder Pfleger (§ 1909 BGB) oder die elterliche Sorge ruht (§§ 1673, 1674 BGB mit Wirkung des § 1675 BGB). Verschiedene g.A. der Eltern bestehen auch dann, wenn ein g.A. im Ausland und der andere im Inland besteht.[77] Hatte das Kind vor Erlass des Leistungsbescheides seinen g.A. bei einem Elternteil, ist Abs. 2 S. 2 entsprechend anwendbar mit der Folge, dass die örtliche Zuständigkeit an den g.A. dieses Elternteils anknüpft. In welchem Zeitraum vor Erlass des Leistungsbescheides das Kind seinen g.A. bei einem Elternteil hatte, ist unerheblich; es kommt nur darauf an, wo der g.A. des Kindes vor Erlass des Leistungsbescheides **zuletzt** bestand.[78]

31 **3.3.2 ... und g.A. des Kindes bei keinem Elternteil.** Haben die Elternteile verschiedene g.A. und hat kein Elternteil die Personensorge, und hat das Kind bei keinem der Elternteile seinen g.A., ist Abs. 2 S. 4 entsprechend anwendbar mit der Folge, dass die örtliche Zuständigkeit an den g.A. des Kindes anknüpft; hatte das Kind in den letzten 6 Monaten vor Leistungsgewährung keinen g.A., knüpft die Zuständigkeit an seinen tatsächlichen Aufenthalt an. Diese Zuständigkeitsfestlegung wirkt statisch.[79]

32 Ist ein Kind in einer Entbindungsanstalt geboren worden, ist ebenfalls Abs. 3 einschlägig. Vor der Geburt kann ein Kind keinen g.A. begründen, weil ein nasciturus zwar bereits einzelne Rechte hat, aber noch keine Person ist. Auch mit der Geburt hat das Kind keinen g.A. bei der Mutter erworben. Eine „Rückwirkung" ist durch § 86 Abs. 2 S. 4 ausgeschlossen. Für die Feststellung des g.A. bei Säuglingen kommt es auf den Willen des Aufenthaltsbestimmungsberechtigten an, soweit der Ausführung dieses Willens nicht die objektiven Verhältnisse entgegenstehen.[80]

33 **3.3.3 ... und g.A. des Kindes bei beiden Elternteilen.** Es ist denkbar, dass Elternteile verschiedene g.A. haben, die Personensorge keinem von beiden zusteht, und das Kind bei beiden Elternteilen einen g.A. hat.[81] Für diesen Fall **fehlt eine gesetzliche Regelung,** da Abs. 3 ausdrücklich nur die entsprechende Anwendung von Abs. 2 S. 2 und 4, aber nicht von S. 3 regelt. Da Anhaltspunkte aus der Gesetzesbegründung für eine geplante Lücke fehlen, muss eine planwidrige Lücke angenommen werden, die durch analoge Anwendung geschlossen werden kann. Dies bedeutet, dass Abs. 2 S. 2 analog entsprechend[82] anzuwenden ist.[83]

76 S. hierzu BVerwG 9.2.2010 – 5 C 17/09, juris Rn. 22; OVG NRW 16.9.2011 – 12 A 1010/10, juris Rn. 30.
77 So NdsOVG 15.4.2010 – 4 LC 266/08, DVBl 2010, 796.
78 S. hierzu auch VG Augsburg 12.6.2012 – Au 3 K 11.1665, juris Rn. 34.
79 S. hierzu Lange in jurisPK-SGB VIII Rn. 110.
80 Spr.St. Kassel EuG 50, 229.
81 So der praktische Fall in DIJuF DAVorm 2000/666.
82 Nicht „doppelt analog" wie DIJuF DAVorm 2000/666.
83 Für analoge Anwendung Reisch in JHSM Rn. 47 und ZSpr. 2.10.1996 – B 186/95 u. 29.6.1995 – B 62/94, nv; Bohnert in Hauck/Noftz Rn. 48: „zuletzt" ist zu lesen als „während der letzten sechs Monate".

Die Zuständigkeitsregelung des Abs. 3 ist – mit Ausnahme des Verweises auf Abs. 2 S. 4 (→ Rn. 31) – als eine dynamische Regelung ausgestaltet.[84]

3.4 Kein (feststellbarer) g.A. der Eltern/des Elternteils im Inland oder Tod der Eltern (Abs. 4)

3.4.1 ... aber g.A. des Kindes (Satz 1). Absatz 4 ist (**erstens**) dann einschlägig, wenn die Eltern **keinen g.A.** im Inland haben. Dies ist der Fall, wenn sie entweder in Deutschland keinen g.A. haben, sondern im Ausland oder dann, wenn sie weder im Inland noch im Ausland einen g.A. haben. (**Zweitens**) gilt Abs. 4 dann, wenn ein g.A. der Eltern im Inland **nicht feststellbar** ist. Diese Voraussetzung liegt erst dann vor, wenn das in Betracht kommende JA seine Pflicht zur Amtsermittlung (§ 20 SGB X) gründlich erfüllt hat. Dazu müssen alle nach § 21 SGB X in Betracht kommenden Beweismittel erfolglos benutzt worden sein. Insbesondere müssen alle Auskunftswege erschöpft sein (zB bei anderen Sozialleistungsträgern, Meldebehörden oder dem Ausländerzentralregister). Die datenschutzrechtliche Zulässigkeit für derartige Anfragen ergibt sich aus § 62 Abs. 3 Nr. 2a (→ § 62 Rn. 10 ff.). Solange noch nicht feststeht, dass ein g.A. nicht feststellbar ist, gilt § 86d.[85] (**Drittens**) gilt Abs. 4 dann, wenn die **Eltern verstorben** sind. 34

Die **ersten beiden Varianten** gelten auch für einen **Elternteil**, der im Inland keinen g.A. hat oder bei dem ein solcher nicht feststellbar ist. Dies gilt aber nur, wenn es sich um einen nach Abs. 1–3 maßgeblichen Elternteil handelt. Im Fall des Abs. 1 gilt dies für die nach S. 2 maßgebliche Mutter. Dagegen erscheint der Verweis auf die Abs. 2 und 3 widersprüchlich, da zwar in beiden Absätzen vorausgesetzt wird, dass jeder Elternteil einen g.A. hat. Dieser muss auch im Inland liegen, da er sich nur dann im Zuständigkeitsbereich eines örtlichen Trägers befindet. Dem Sinn des Abs. 4 entsprechend muss es sich also bei dem maßgeblichen Elternteil nach Abs. 2 und 3 um einen solchen handeln, an dessen g.A. die örtliche Zuständigkeit anknüpfen würde, wenn er einen g.A. hätte. Da er aber keinen hat oder dieser nicht feststellbar ist, knüpft die Zuständigkeit an den **g.A. des Kindes** vor Leistungsgewährung an (**Satz 1**; zum Begriff → Rn. 9). Dies gilt für die Fälle des Abs. 2 S. 1, 2 und 3 sowie für Abs. 3 iVm Abs. 2 S. 2 entsprechend, S. 3 analog entsprechend. 35

Die **dritte Variante** (die Eltern sind verstorben) kann sich sprachlich auch auf das Versterben des nach Abs. 1 bis 3 maßgeblichen Elternteils beziehen. Aus dem Regelungszusammenhang ergibt sich aber, dass der Tod beider Elternteile gemeint ist, weil beim Tod nur eines Elternteils die örtliche Zuständigkeit schon in Abs. 1 S. 3 geregelt ist.[86] Das Versterben kann vor oder nach Beginn der Leistung erfolgt sein.

3.4.2 ... ohne g.A. des Kindes (Satz 2). Haben die Eltern oder die maßgeblichen Elternteile keinen g.A. oder ist dieser nicht feststellbar oder sind beide Eltern tot und hatte das Kind keinen g.A., ist Satz 2 maßgebend mit der Folge, dass die örtliche Zuständigkeit an den **tatsächlichen** Aufenthalt des Kindes anknüpft. Dabei ist zu prüfen, ob das Kind irgendwann während der letzten sechs Monate vor Leistungsgewährung (zum Begriff → Rn. 9) einen g.A. hatte; wenn ja, ist Satz 1 einschlägig, wenn nein, gilt Satz 2. Dann ist zu prüfen, wo sich das Kind vor Leistungsgewährung zuletzt tatsächlich aufgehalten hat. Auch wenn die Formulierung „zuletzt tatsächlich aufgehalten hat" in Satz 2 fehlt (im Unterschied zu Abs. 2 S. 3), folgt aus dem Sinn des Abs. 4, dass der örtliche Träger zuständig sein soll, in dessen Bereich sich der Jugendliche zuletzt 36

84 S. hierzu OVG NRW 4.2.2020 – 12 A 2644/16, juris Rn. 45 und Lange in jurisPK-SGB VIII Rn. 108 f.

85 AA BayVGH 23.12.2015 – 12 B 12.1762, juris Rn. 47 f.

86 Str., s. zum Streitstand OVG NRW 26.2.2013 – 12 A 2808/12, juris Rn. 2 f.

tatsächlich aufgehalten hat. Nur dann ist eine eindeutige Zuständigkeitsbestimmung möglich.

4 Tatsächliche Veränderung eines Anknüpfungsmerkmals nach Leistungsbeginn (Abs. 5)

4.1 Prinzip der „dynamischen“ Zuständigkeit

37 § 86 liegt der Gedanke der „dynamischen“ Zuständigkeit zugrunde, dh die örtliche Zuständigkeit wandert im Falle eines Umzugs der Eltern mit diesen an den neuen Wohnort. Diese Regelungstechnik findet ihre Grenzen, wenn die Eltern in verschiedene Gemeinden mit unterschiedlich zuständigen Jugendämtern ziehen. Da dann eine Zuständigkeit nicht bei beiden Elternteilen begründet werden kann, greift in diesen Fällen die Regelung des Abs. 5 ein. Nach § 86 Abs. 5 S. 1 wird das Jugendamt zuständig, „in dessen Bereich der personensorgeberechtigte Elternteil seinen gewöhnlichen Aufenthalt hat“. Steht die Personensorge beiden Elternteilen gemeinsam oder keinem Elternteil zu, greift § 86 Abs. 5 S. 2. Danach wird die „bisherige Zuständigkeit“ festgeschrieben („statische Zuständigkeit“). Dies kann zur Folge haben, dass ein Jugendamt zuständig ist, in dessen Zuständigkeitsbereich weder ein Elternteil noch das Kind lebt.[87] Die Problematik, die dieser Umstand mit sich bringen kann, liegt auf der Hand: räumliche Nähe zwischen Elternteil, Kind und hilfeerbringendem Jugendamt ist regelmäßig unerlässlich. Absicht des Gesetzgebers war es daher die Regelung des Abs. 5 S. 2 auf Ausnahmefälle zu beschränken.[88] Entgegen dieser Intention des Gesetzgebers hat das Bundesverwaltungsgericht in seiner neueren Rechtsprechung[89] den Anwendungsbereich des Abs. 5 stark ausgeweitet. Abs. 5 erfasst danach **alle** Fälle, in denen Eltern **nach Beginn der Leistung verschiedene g.A.** besitzen, auch wenn sie schon vor Beginn der Leistung verschiedene g.A. hatten.[90] Es kommt also nicht auf die erstmalige Begründung verschiedener g.A. an.[91] „Die zeitliche Abfolge der zuständigkeitsrelevanten Kriterien (Begründung verschiedener gewöhnlicher Aufenthalte oder gemeinsame oder fehlende Personensorge beider Elternteile)“ ist nach dieser Rechtsprechung ohne Bedeutung für die Anwendbarkeit des § 86 Abs. 5.[92] Unerheblich ist also, ob die in Abs. 5 S. 2 genannte Ausgestaltung des Personensorgerechts (Personensorgerecht steht beiden Elternteilen oder keinem zu) vor oder nach erstmaliger Begründung verschiedener gewöhnlicher Aufenthalte erfolgt.[93] In diesen Fallkonstellationen bleibt es dann bei der „bisherigen Zuständigkeit“. Dabei kann eine „bisherige Zuständigkeit“ iSd Abs. 5 S. 2 „auch eine solche nach § 86 Abs. 5 S. 1 sein“.[94] Abs. 2 S. 1 ist danach nur anwendbar, wenn sich weder g.A. noch Personensorge geändert haben;[95] Abs. 3 nur, wenn (nur) vor Leistungsbeginn verschiedene g.A. bestanden und schon in diesem Zeitpunkt kein Elternteil die Personensorge hatte.[96] Die Rspr. des BVerwG zu § 86 Abs. 5 führt damit zu nicht unerheblichen Einschränkungen der Anwendungsbereiche der Abs. 2 und 3. In Folge dessen greift die „statische“ Zuständigkeit des § 86 Abs. 5 S. 2 nicht nur, wenn die Eltern nach Hilfebeginn auseinanderziehen, sondern auch in den Fällen, in welchen die Eltern von Anfang an in verschiedenen Gemeinden mit un-

87 S. hierzu auch Hinweise des DIJuF v. 5.10.2012, S. 2.
88 BT-Drs. 17/13531, 9.
89 Beginnend mit Urt. v. 30.9.2009 – 5 C 18/08.
90 S. hierzu OVG NRW 19.2.2013 – 12 A 1434/12, juris Rn. 37; BayVGH 22.1.2013 – 12 BV 12.2585, juris Rn. 21 f.; BVerwG 19.10.2011 – 5 C 25/10, juris Rn. 35; BVerwG 9.12.2010 – 5 C 17/09, juris Rn. 22; s. hierzu auch Loos in Wiesner Rn. 29 a.
91 So BVerwG 9.12.2010 – 5 C 17/09.
92 BVerwG 9.12.2010 – 5 C 17/09, juris Rn. 21.
93 BVerwG 30.9.2009 – 5 C 18/08, juris Rn. 25.
94 BVerwG 30.9.2009 – 5 C 18/08, juris Rn. 26.
95 S. BVerwG 9.12.2010 – 5 C 17/09, juris Rn. 22.
96 BVerwG 9.12.2010 – 5 C 17/09, juris Rn. 22.

terschiedlichen Jugendamtszuständigkeiten wohnen und beiden Elternteilen gemeinsam die Personensorge oder keinem zusteht.[97] Das BVerwG selbst hat diese Rechtsprechung hinsichtlich § 86 Abs. 5 S. 1 allerdings zwischenzeitlich wieder eingeschränkt.[98] Hinsichtlich der Regelung des § 86 Abs. 5 S. 2, jedenfalls hinsichtlich der Regelung des § 86 Abs. 5 S. 2 Alt. 2,[99] gilt die Rspr. des Bundesverwaltungsgerichts allerdings uneingeschränkt fort, so dass auch die Instanzgerichte der Rspr. „aus Gründen der Wahrung der Rechtseinheit" – jedenfalls zur Rechtslage vor dem 1.1.2014 (zur Änderung der Gesetzeslage → Rn. 38) – weiterhin folgen.[100]

Mit dem **KJVVG** v. 27.6.2013 wurde auf diese Rspr. des BVerwG reagiert, indem § 86 Abs. 5 S. 2 eine klarstellende Ergänzung erfahren hat. Nach dem Wort „solange" sind die Wörter „in diesen Fällen" eingefügt worden.[101] Nach der Gesetzesbegründung soll mit dieser Ergänzung „der Bezug und damit die zeitliche Abfolge klargestellt werden: Die Anwendung ist beschränkt auf die Fälle, in denen nach Beginn der Leistung zum Zeitpunkt der Begründung verschiedener gewöhnlicher Aufenthalte die Personensorge beiden gemeinsam oder keinem Elternteil zugestanden hat".[102] Der dargestellten Auslegung des § 86 Abs. 5 durch das BVerwG dürfte damit die Grundlage entzogen sein. Künftig dürfte der Anwendungsbereich des § 86 Abs. 5 S. 2 damit auf die Fälle beschränkt sein, in welchen sich nach Leistungsbeginn verschiedene g.A. der Eltern ergeben und beiden Elternteilen oder keinem die Personensorge zusteht.[103] Die Gesetzesänderung ist damit sehr zu begrüßen, da sie den Anwendungsbereich der „statischen" Zuständigkeit des Abs. 5 S. 2 eindämmt.[104] Noch besser wäre es allerdings gewesen, § 86 Abs. 5 S. 2 umfassend neu zu fassen. In der Praxis werden weiterhin durch § 86 Abs. 5 S. 2 Zuständigkeiten begründet, die zu Schwierigkeiten bei der Hilfeerbringung führen (→ Rn. 46). 38

Da eine **Übergangsregelung** im KJVVG fehlt, stellt sich für **„Altfälle"** die Frage, ob eine Neubestimmung der Zuständigkeit ab 1.1.2014[105] möglich ist. Eine solche kann nicht in **direkter** Anwendung des § 48 SGB X erfolgen. Zunächst ist festzustellen, dass es nicht für alle unter den Leistungsbegriff des § 86 fallenden Leistungen unstrittig ist, dass diese durch einen Verwaltungsakt mit Dauerwirkung gewährt werden. Nach hier vertretener Auffassung erfolgt die Bewilligung einer Leistung aber regelmäßig durch einen Dauerverwaltungsakt (ausführlich hierzu → § 27 Rn. 17). Die Tatbestandsvoraussetzungen im Übrigen für eine Aufhebung gem. § 48 SGB X liegen allerdings nicht vor. Erforderlich wäre eine **wesentliche** Änderung in den tatsächlichen oder rechtlichen Verhältnissen. Infolge der Gesetzesänderung durch das KJVVG ist eine Änderung in den rechtlichen Verhältnissen eingetreten. Diese ist allerdings nicht wesentlich im 39

97 S. hierzu auch Hinweise des DIJuF v. 5.10.2012, S. 3.
98 BVerwG 14.11.2013 – 5 C 34/12, juris Rn. 18 f.; s. hierzu auch Lange in jurisPK-SGB VIII Rn. 100 und Nellissen in GK-SGB VIII Rn. 38.
99 Zur Differenzierung zwischen S. 2 Alt. 1 und Alt. 2 s. auch Lange in jurisPK-SGB VIII Rn. 101.
100 S. zB VG Aachen 20.11.2014 – 1 K 2893/12, juris Rn. 41; VG Minden 6.6.2014 – 6 K 3740/12, juris Rn. 21. S. hierzu auch NdsOVG 23.11.2015 – 4 LA 223/14, juris Rn. 3 und OVG NRW 6.5.2016 – 12 A 3009/15, juris Rn. 7 f. Anders VG Hannover 1.12.2015 – 3 A 5492/11, juris Rn. 38 ff. S. hierzu aktuell VG Potsdam 30.4.2019 – 7 K 6497/17, juris Rn. 25; VG Karlsruhe 12.4.2019 – 8 K 7391/16, juris Rn. 34; kritisch hierzu Lange in jurisPK-SGB VIII Rn. 120 f.
101 S. BT-Drs. 17/13531, 3.
102 BT-Drs. 17/13531, 9.
103 Ähnlich Loos in Wiesner Rn. 29 a; aA unter deutlicher Kritik an der Rspr. des BVerwG Lange in jurisPK-SGB VIII Rn. 107.
104 S. hierzu auch OVG NRW 4.2.2020 – 12 A 2644/16, juris Rn. 65 f.
105 S. zur Frage, ob die gesetzliche Neufassung des § 86 Abs. 5 S. 2 auch in Altfällen zu einer Neubestimmung der örtlichen Zuständigkeit führen kann, DIJuF JAmt 2015, 200 sowie Lange in jurisPK-SGB VIII Rn. 107.2 f.

Sinne des § 48 Abs. 1 S. 1 SGB X. Eine solche wesentliche Änderung liegt nämlich nur bei einer Änderung der materiellen Rechtslage vor.[106] Eine Änderung der materiellen Rechtslage liegt mit der Neufassung des § 86 Abs. 5 S. 2 durch das KJVVG jedoch eindeutig nicht vor. Auch die Voraussetzungen für eine Aufhebung des die Leistung bewilligenden Verwaltungsaktes gemäß §§ 44, 45, 46 oder 47 SGB X sind nicht gegeben. Eine Rechtsgrundlage für die Aufhebung der vor dem 1.1.2014 erlassenen Leistungsbewilligungen, für welche sich die örtliche Zuständigkeit nach § 86 Abs. 5 S. 2 geändert hat, besteht somit nicht. Sofern man der Auffassung ist, dass es sich bei dem leistungsgewährenden Verwaltungsakt nicht um einen Dauerverwaltungsakt handelt, kann die bewilligte Leistung eingestellt werden, ohne dass es hierfür des Rückgriffs auf eine besondere Rechtsgrundlage zur Aufhebung des Bewilligungsbescheids bedarf.[107] Erfolgt die Leistungsbewilligung allerdings durch einen Dauerverwaltungsakt, ist eine Einstellung der Leistung ohne Aufhebung des Bewilligungsbescheides nicht möglich (→ § 27 Rn. 17). Die Behörde, welche vor dem 1.1.2014 die Leistung gemäß § 86 Abs. 5 S. 2 aF bewilligt hat, wäre damit trotz nunmehr entfallener örtlicher Zuständigkeit weiterhin zur Leistung verpflichtet. Eine Aufhebung des Bewilligungsbescheides und Einstellung der Leistung wäre erst möglich, wenn die materiellen Anspruchsvoraussetzungen entfallen würden. Dass dies nicht sachgerecht ist, bedarf keiner weiteren Erörterung. In diesen Fallkonstellationen erscheint daher eine **analoge** Anwendung des **§ 48 SGB X** angezeigt. Nach der Gesetzesbegründung zu § 86 Abs. 5 S. 2 kann nicht davon ausgegangen werden, dass der Gesetzgeber bewusst auf eine Übergangsregelung verzichtet hat, damit die bisher zuständige Behörde auch in der Zukunft weiterhin zur Leistung verpflichtet bleibt. Zu beachten ist § 86c SGB VIII, so dass die Leistung bis zum Eintreten des neu zuständigen Trägers fortzusetzen ist.[108]

40 Die Zuständigkeit wandert auch, wenn sich (nur) das Anknüpfungsmerkmal des **Personensorgerechts** (→ Rn. 23 ff.) ändert.[109] Im Fall des Absatzes 1 ist das Personensorgerecht kein Anknüpfungsmerkmal, da es dort nur auf den gleichen g.A. der Eltern ankommt. Anders im Fall des **Absatzes 2**, der bei verschiedenen g.A. bei Beginn der Leistung an das Personensorgerecht anknüpft. Wird nach Leistungsbeginn beispielsweise das Personensorgerecht von einem auf den anderen übertragen, erfordert es der Sinn der Anknüpfung an das Personensorgerecht, dass nunmehr der Träger zuständig wird, in dessen Bereich der PSB seinen g.A. hat.[110] Bei anderen Sorgerechtsänderungen im Fall des Abs. 2 muss deshalb die Zuständigkeit neu geprüft werden, ohne dass dies notwendigerweise zu einem Wechsel der Zuständigkeit führen muss. Der Begriff der „wandernden" Zuständigkeit ist deshalb ungenau und sollte besser durch den der „dynamischen" Zuständigkeit ersetzt werden, da damit besser zum Ausdruck ge-

---

106 BSG 6.11.1985 – 10 RKg 3/84, Rn. 11; LSG BW 10.7.2013 – L 3 AS 2083/11, Rn. 21; Schütze in v. Wulffen/Schütze SGB X § 48 Rn. 12; Fichte in Kreikebohm SGB X § 48 Rn. 44.

107 VGH BW 6.12.1993 – 7 S 799/93, juris Rn. 22 f.; Trenczek in FK-SGB VIII Anhang: Verfahren und Rechtsschutz Rn. 53.

108 S. hierzu aber auch Lange in jurisPK-SGB VIII § 86c Rn. 19. Nach Auffassung von Lange liefe eine Aufhebung des Bewilligungsbescheides wegen Entfallens der örtlichen Zuständigkeit dem Zweck des § 86c zuwider. Nach hier vertretener Auffassung soll die Aufhebung des Bewilligungsbescheides allerdings nicht das Tätigwerden nach § 86c verhindern, sondern eine eventuelle Inanspruchnahme im Anschluss an die Leistungserbringung nach § 86c verhindern. Zudem dient die Aufhebung der Rechtsklarheit, da andernfalls nach Leistungsbewilligung durch den neu zuständig gewordenen örtlichen Träger zwei Leistungsbescheide von unterschiedlichen örtlichen Trägern der Jugendhilfe vorliegen.

109 Ebenso BVerwG 9.12.2010 – 5 C 17/09; Lange in jurisPK-SGB VIII Rn. 78; aA DIV DAVorm 1999/233.

110 Ebenso OVG RhPf 13.8.2009 – 7 A 10443/09; SächsOVG 4.10.2004 – 5 B 770/03, JAmt 2005, 200.

bracht wird, dass bei Veränderung des Anknüpfungsmerkmals die Zuständigkeit neu geprüft, aber nicht notwendig verändert werden muss. Haben (im Fall des Abs. 2) nach Leistungsbeginn beide Elternteile kein Personensorgerecht mehr oder ruht die elterliche Sorge, ist die Zuständigkeit nun nach Abs. 3 zu prüfen.[111]

Der Wechsel des tatsächlichen oder gewöhnlichen Aufenthalts des **Kindes** oder **Jugendlichen** bewirkt dagegen keine Veränderung der Zuständigkeit, da es auf diesen Aufenthalt immer nur vor Beginn der Leistung ankommt, also keine neue Anknüpfung erfolgen kann.[112] 41

4.2 „Dynamische" oder „statische" Zuständigkeit (Satz 1)

4.2.1 Begründung verschiedener g.A. der Eltern (Satz 1). 4.2.1.1 Personensorge bei einem Elternteil. Haben die Eltern vor Beginn der Leistung (zu diesem Begriff → Rn. 9) verschiedene g.A., ist Abs. 2 maßgebend. Begründen sie erst nach Beginn der Leistung verschiedene g.A., wechselt die Zuständigkeitsbestimmung nicht etwa von Abs. 1 S. 1 nach Abs. 2 S. 1; vielmehr wird die Zuständigkeit durch die Sonderregelung des Abs. 5 bestimmt. Die Anwendung dieser Sonderregelung führt allerdings zu keinem anderen Ergebnis als dem, das sich auch bei Anwendung des allgemeinen Prinzips der dynamischen Zuständigkeit aus Abs. 2 S. 1 ergeben hätte. Die örtliche Zuständigkeit knüpft dann nämlich an den g.A. des personensorgeberechtigten Elternteils an (Abs. 5 S. 1). Dies kann zu einem Wechsel der örtlichen Zuständigkeit führen, wenn der personensorgeberechtigte Elternteil seinen g.A. gewechselt hat. Hat er ihn aber beibehalten, ändert sich an der Zuständigkeit nichts. 42

Zu beachten ist, dass allein die Trennung der Eltern nach Beginn der Leistung nicht zur Anwendbarkeit des Abs. 5 führt, wenn beide Elternteile verschiedene Wohnungen im Bereich desselben Trägers beziehen, da der Begriff des g.A. sich nach dem Zuständigkeitsbereich des örtlichen Trägers bestimmt (→ Rn. 17).[113]

4.2.1.2 Personensorge bei beiden Elternteilen (Satz 2 1. Alt.). Solange die Personensorge nach Begründung verschiedener g.A. (noch) nicht einem Elternteil übertragen worden ist, es also bei der gemeinsamen Personensorge beider Elternteile bleibt, bleibt auch die bisherige Zuständigkeit bestehen („statische" Zuständigkeit). Bestand vor Beginn der Leistung Alleinsorge eines Elternteils, und begründen die Eltern nach Beginn der Leistung verschiedene g.A., aber gemeinsame Sorge, bleibt ebenfalls die bisherige Zuständigkeit erhalten. Wird allerdings die Personensorge auf einen Elternteil übertragen, entfällt die „statische" Zuständigkeit des § 86 Abs. 5 S. 2. Die örtliche Zuständigkeit ist dann an den gewöhnlichen Aufenthalt des personensorgeberechtigten Elternteils gebunden.[114] 43

4.2.1.3 Personensorge bei keinem Elternteil (Satz 2 2. Alt.). Werden nach Beginn der Leistung verschiedene g.A. begründet und steht die Personensorge keinem Elternteil zu, bleibt es bei der bisherigen nach Abs. 1 S. 1 begründeten örtlichen Zuständigkeit. Bestand vor Beginn der Leistung alleinige oder gemeinsame elterliche Sorge, und werden nach Beginn der Leistung verschiedene g.A. begründet und steht die elterliche Sorge keinem Elternteil mehr zu, bleibt ebenfalls die bisherige Zuständigkeit erhalten. Dies gilt auch bei **Ruhen** der elterlichen Sorge.[115] 44

Die nach Abs. 5 begründete Zuständigkeit muss **neu bestimmt** werden, wenn sich die **Anknüpfungsmerkmale** ändern. Wechselt beispielsweise der personensorgeberechtigte 45

111 Ebenso OVG RhPf 13.8.2009 – 7 A 10443/09; aA SächsOVG 4.10.2004 – 5 B 770/03, JAmt 2005, 200.
112 Ebenso Loos in Wiesner Rn. 28.
113 Ebenso ZSpr. EuG 53, 98.
114 BVerwG 12.5.2011 – 5 C 4/10, juris Rn. 25.
115 So OVG NRW 13.9.2006 – 12 A 3259/04, ZFSH/SGB 2007, 100.

Elternteil seinen g.A., knüpft die örtliche Zuständigkeit am neuen g.A. des personensorgeberechtigten Elternteils an. Dies folgt aus dem Zweck dieser Anknüpfung, die Zuständigkeit am g.A. des Personensorgeberechtigten zu begründen.[116] Wird das Personensorgerecht dem anderen Elternteil übertragen, wechselt die Zuständigkeit an dessen g.A. Wird aus dem alleinigen Sorgerecht später ein gemeinsames Sorgerecht, bleibt die bisherige Zuständigkeit erhalten. Wird das alleinige Sorgerecht entzogen und nicht dem anderen Elternteil übertragen, bleibt ebenfalls die bisherige Zuständigkeit erhalten. Bei Verlust des alleinigen Sorgerechts geht auch das Anknüpfungsmerkmal für die örtliche Zuständigkeit verloren. Die bisherige Zuständigkeit iSv Abs. 5 S. 2 ist in einem solchen Fall nicht die frühere Zuständigkeit nach § 86 Abs. 1 S. 1, sondern die bis dahin zuletzt bestandene Zuständigkeit nach § 86 Abs. 5 S. 1.[117] Dies hat für die gemeinsame Sorge seinen Sinn, für einen **Elternteil ohne Personensorge** aber nicht. Sinnvoller wäre es, die örtliche Zuständigkeit in diesem Fall am g.A. des Kindes anzuknüpfen. De lege lata muss man aber die bisherige Zuständigkeit akzeptieren.

46 **4.2.2 Begründung zweier neuer g.A.** Die Regelung des Abs. 5 ist dann sinnvoll, wenn verschiedene g.A. in der Weise begründet werden, dass ein Elternteil seinen bisherigen g.A. beibehält. Begründen aber beide Elternteile zwei neue g.A., führt die Regelung des Abs. 5 S. 2 dazu, dass die bisherige Zuständigkeit bei einem Träger erhalten bleibt, in dessen Bereich sich kein personensorgeberechtigter Elternteil mehr aufhält. Die Anwendung des Satzes 2 auch in diesem Fall **missachtet den Zweck** der Anknüpfungsregelung. De lege ferenda sollte die örtliche Zuständigkeit bei gemeinsamer elterlicher Sorge am g.A. eines Elternteils, bei Verlust der Personensorge beider Elternteile am g.A. des Kindes anknüpfen.

47 **4.2.3 Verlust des (feststellbaren) g.A. der Eltern/des Elternteils im Inland oder Tod der Eltern (Satz 3). 4.2.3.1 … aber g.A. des Kindes im Inland (iVm Abs. 4 S. 1).** Nach Auffassung des BVerwG ist auch bei der in Abs. 5 S. 3 angeordneten entsprechenden Geltung des Abs. 4 auf die Aufenthaltsverhältnisse des Kindes oder Jugendlichen vor Beginn der Leistung abzustellen.[118] Dem Aufenthalt des Kindes oder Jugendlichen nach Beginn der Leistung kommt keine Bedeutung für die Bestimmung der örtlichen Zuständigkeit zu.[119]

48 **4.2.3.2 … ohne g.A. des Kindes im Inland (iVm Abs. 4 S. 2).** Haben die Eltern nach Leistungsbeginn ihren g.A. im Inland aufgegeben oder ist er nicht feststellbar oder sind sie verstorben, und hatte das Kind in dem Zeitraum der 6 Monate vor dem Zeitpunkt dieser Veränderung nie einen g.A., wird nunmehr der Träger zuständig, in dessen Bereich das Kind sich vor Beginn der Leistung[120] **tatsächlich** aufhält.

49 **4.2.4 Begründung eines gemeinsamen g.A. der Eltern.** Hatten die Eltern vor Beginn der Leistung verschiedene g.A., begründen sie aber nach Leistungsbeginn einen gemeinsamen g.A., gilt Abs. 1 S. 1 (→ Rn. 19). Ändern die Eltern im Verlauf des Hilfeprozesses abermals ihre Entscheidung und begründen wieder verschiedene g.A., gilt § 86 Abs. 5 und zwar analog, da er seinem Wortlaut nach eine Regelung nur für den Fall trifft, dass unmittelbar nach Leistungsbeginn verschiedene g.A. begründet werden.[121]

116 AA ZSpr. v. 13.2.1997, B 49/96, nv: die zuletzt gegebene Zuständigkeit bleibt bestehen.
117 Ebenso BVerwG 30.9.2009 – 5 C 18/08, JAmt 2010,189 nach OVG NRW 21.6.2007 – 12 A 3371/05, EuG 2008, 309; ZSpr. v. 13.2.1997, B 49/96.
118 BVerwG 14.11.2013 – 5 C 25/12, juris Rn. 34 f.
119 BVerwG 14.11.2013 – 5 C 25/12, juris Rn. 36.
120 S. hierzu BVerwG 14.11.2013 – 5 C 25/12, juris Rn. 34 f.; Loos in Wiesner Rn. 32.
121 OVG RhPf 26.2.2003 – 12 A 11452/02, ZfJ 2004, 147: direkte Anwendung; ebenso Lange in jurisPK-SGB VIII Rn. 96.

5 Gesetzliche Veränderung der Anknüpfungsmerkmale bei Dauerpflege (Abs. 6)

5.1 Voraussetzungen (Satz 1)

5.1.1 Zweijähriger Aufenthalt bei Pflegeperson (Satz 1). Im Falle des Abs. 6 tritt eine Veränderung nach Leistungsbeginn ein, die aber nicht – wie bei Abs. 5 – die tatsächliche Veränderung von Anknüpfungsmerkmalen berücksichtigt, sondern eine **rechtliche Veränderung des Anknüpfungsmerkmals selbst** ist. Es gelten nicht mehr die Anknüpfungsmerkmale nach den Abs. 1–5, sondern es wird als neues Anknüpfungsmerkmal der dauerhafte Aufenthalt bei einer Pflegeperson normiert. Die Zuständigkeit **wechselt** kraft Gesetzes, also ohne, dass es einer Übernahmeentscheidung bedürfte[122] von dem nach den Abs. 1 bis 5 bisher zuständigen Träger zu dem Träger, in dessen Bereich die Pflegeperson ihren g.A. hat. Voraussetzung ist, dass sich das Kind mindestens zwei Jahre bei der Pflegeperson aufgehalten hat **und** sein dauerhafter Verbleib dort zu erwarten ist. Lebte das Kind schon vor Beginn der Jugendhilfeleistung zwei Jahre – leistungsfrei – bei der Pflegeperson, tritt die örtliche Zuständigkeit des Jugendhilfeträgers unmittelbar mit Beginn der Jugendhilfeleistung ein, **ohne** dass es zu einem **Wechsel** der Zuständigkeit für diese Jugendhilfeleistung kommen kann, weil bisher keine Leistung gewährt worden ist.[123] Die Anwendbarkeit des Abs. 6 setzt also nicht notwendig einen Wechsel der Zuständigkeit von einem auf einen anderen Träger der Jugendhilfe voraus.[124] Aus der Unterrichtungspflicht nach S. 2 bei Zuständigkeitswechsel folgt nicht, dass nach S. 1 immer ein Zuständigkeitswechsel eingetreten sein muss. Das ergibt sich auch aus dem Wortlaut des S. 1: „ist zuständig". Der dauerhafte Aufenthalt in einer Pflegefamilie führt ferner dann nicht zu einem Zuständigkeitswechsel, wenn die Familienpflege im Bereich desselben Trägers geleistet wird, der bisher nach Abs. 1–5 zuständig war. Es wechselt dann aber die Rechtsgrundlage für die Zuständigkeit (jetzt: Abs. 6), was für die Kostenerstattung nach § 89a von Bedeutung werden kann, wenn sich der g.A. später ändert. 50

Der Begriff der **„Pflegeperson"** ist nicht als Gattungsbegriff (irgendeine Pflegeperson) zu verstehen, sondern meint die individuelle Pflegeperson, wie sich aus der Formulierung „bei dieser Pflegeperson" ergibt.[125] Es muss sich um individualisierte Pflege bei einer festen Bezugsperson handeln, also **nicht** in einer (institutionalisierten) **Erziehungsstelle** (zu dieser → § 34 Rn. 12),[126] wobei aber Mischformen möglich sind.[127] Für die Bestimmung der Pflegeperson iSd § 86 Abs. 6 ist die in § 44 Abs. 1 S. 1 enthaltene Legaldefinition maßgeblich. Erforderlich, aber auch ausreichend ist für den notwendigen familiären oder familienähnlichen Charakter danach, dass das Kind oder der Jugendliche gemäß § 44 Abs. 1 S. 1 über Tag und Nacht in den Haushalt der Pflegeperson aufgenommen wird, da eine derartige Aufnahme ihrer Art nach typischerweise auf die Begründung familiärer oder familienähnlicher Beziehungen angelegt ist. Dabei ist eine Haushaltsaufnahme über Tag und Nacht dann gegeben, wenn das Kind oder der Jugendliche dort sein Zuhause hat und sich grundsätzlich durchgängig und nicht nur zeitweise im Haushalt der Pflegeperson aufhält.[128] 51

122 Ebenso DIJuF JAmt 2002,18.
123 Ebenso Reisch in JHSM Rn. 74.
124 Ebenso VG Ansbach 28.2.2008 – AN 14 K 05.04529; aA BayVGH 14.3.2006 – 12 B 04.1991 unter Hinweis auf S. 2.
125 Ebenso Reisch in JHSM Rn. 74; Bohnert in Hauck/Noftz Rn. 83 f.
126 Zum Begriff der Pflegeperson vgl. DIJuF JAmt 2003, 186.
127 So OVG NRW 7.6.2005 – 12 A 2677/02, JAmt 2006, 95; DIJuF JAmt 2008, 202; Mrozynski Rn. 22; **aA** OVG RhPf 24.10.2008 – 7 A 10444/08, JAmt 2009, 92 mit zust. Anm. Krauthausen JAmt 2009, 68; wohl auch Reisch in JHSM Rn. 68, 71.
128 BVerwG 1.9.2011 – 5 C 20/10, juris Rn. 11 f.

Gleichgültig ist, ob eine Pflegeerlaubnis notwendig war oder erteilt wurde.[129] Auch kommt es nicht darauf an, auf welcher Rechtsgrundlage der Aufenthalt des Kindes bei der Pflegeperson beruht.[130] HzE nach § 27 kommt daher ebenso in Betracht wie Eingliederungshilfe nach § 35a, Adoptionspflege nach § 1744 BGB,[131] die Betreuung durch einen Vormund oder einen Verwandten; Eingliederungshilfe für ein körperlich oder geistig behindertes Kind nach § 53 SGB XII.[132]

52 Wird die HzE bei Eintritt der **Volljährigkeit** als Hilfe nach § 41 weitergeführt, gilt für die Zuständigkeitsbestimmung der Hilfe nach § 41 nicht § 86, sondern § 86 a als spezielle Regelung.[133] Für die Zuständigkeitsbestimmung nach § 86 Abs. 6 im Rahmen der HzE ist aber das Kriterium der **Dauer** unabhängig von der baldigen Vollendung des 18. Lj. zu prüfen, da die HzE als Hilfe nach § 41 bei derselben Pflegeperson weitergeführt werden kann.[134]

53 Bei einem **Wechsel der Pflegestelle** läuft die 2-Jahres-Frist ab Aufnahme in die neue Pflegestelle von vorne. Gleiches gilt für eine **Unterbrechung** der Betreuung in der Pflegestelle durch Wechsel der Hilfeart, etwa bei vorübergehender Leistung der HzE in einer Einrichtung. Krankenhausaufenthalte führen dagegen nicht zu einer Unterbrechung, da während dieser Zeit die HzE in der Pflegestelle fortbesteht.[135] Zur Unterbrechung der Leistung → Rn. 11.

54 **5.1.2 Prognose zum weiteren Verbleib (Satz 1).** Zur Rückschau auf die vergangenen zwei Jahre muss eine Vorausschau hinzutreten.[136] Dabei ist eine Prognose darüber anzustellen, ob der Aufenthalt bei dieser Pflegeperson **auf Dauer**[137] zu erwarten ist. Dabei handelt es sich um einen unbestimmten Rechtsbegriff, der auszulegen ist, wobei es keinen Beurteilungsspielraum gibt, also volle gerichtliche Kontrolle besteht.[138] Ermessen besteht ohnehin nicht, da der Begriff sich nicht auf der Rechtsfolgeseite einer Norm befindet. Dabei sind an die Prognose zum weiteren Verbleib allerdings keine zu hohen Anforderungen zu stellen. Bereits aus einem zweijährigen Aufenthalt bei der Pflegeperson und der positiven Prognose zum weiteren Verbleib bei dieser Person kann die günstige Prognose hergeleitet werden. Dem liegt die Erfahrung zugrunde, dass sich persönliche und emotionale Bindungen mit der Dauer des Zusammenlebens verfestigen. Für die Bestimmung der Zuständigkeit nicht erforderlich ist die Feststellung, dass eine derartige Verfestigung im konkreten Pflegeverhältnis tatsächlich eingetreten ist und sich eine der Eltern-Kind-Beziehung vergleichbare Bindung entwickelt hat.[139] Der Verbleib auf Dauer ist dann zu erwarten, wenn eine Rückkehr bis auf weiteres ausgeschlossen ist und die Pflegeperson bereit (subjektiv) sowie geeignet und in der Lage (objektiv) ist, das Kind zukunftsoffen zu betreuen.[140] Die Bereitschaft einer dauerhaften Betreuung kann an den objektiven Faktoren (Alter oder Gesundheitszu-

---

129 Ebenso Loos in Wiesner Rn. 35; Reisch in JHSM Rn. 70; Kern in SFMK Rn. 53.
130 Ebenso VG Freiburg JAmt 2001, 601; OVG RhPf 24.10.2008 – 7 A 10444/08, JAmt 2009, 92 und VG Stade 28.7.2010 – 4 A 575/10: „der Sache nach Vollzeitpflege iSv § 33".
131 Ebenso DIJuF JAmt 2008, 202.
132 Ebenso Nellissen in GK-SGB VIII Rn. 46.
133 Ebenso BVerwG 14.11.2002 – 5 C 56/01, JAmt 2003, 319; Eschelbach in FK-SGB VIII Rn. 18; Kern in SFMK Rn. 53.
134 Ebenso VG Ansbach 18.5.2006 – AN 14 K 03.00706.
135 Ebenso Kern in SFMK Rn. 54 und Nellissen in GK-SGB VIII Rn. 52.
136 S. hierzu auch VG Augsburg 29.11.2011 – Au 3 K 10.1016, juris Rn. 36.
137 Vgl. hierzu VG Darmstadt ZfJ 2002, 360 mAnm Doukkani-Bördner, S. 363.
138 Ebenso BayVGH 3.11.2011 – 12 ZB 09.2775, juris Rn. 9; OVG NRW 5.12.2001 – 12 A 4215/00, JAmt 2002, 413.
139 BVerwG 1.9.2011 – 5 C 20/10, juris Rn. 16.
140 Ähnlich VG Ansbach 10.9.2009 – AN 14 K 08.01988; Lange in jurisPK-SGB VIII Rn. 122.

stand der Pflegeperson) scheitern. Die Perspektive des Aufenthalts wird im Hilfeplan und dessen Fortschreibung verbindlich – auch für den neu zuständig werdenden Träger[141] – festgelegt (→ § 36 Rn. 39). Muss die Prognose bei einer Fortschreibung des Hilfeplans korrigiert werden, entfällt die Voraussetzung für die Anwendung des Abs. 6; die Zuständigkeit richtet sich dann nach den Abs. 1–5.[142] Wird die **Geeignetheit der Pflegeeltern** vom neuen JA in Zweifel gezogen, kann dies den Zuständigkeitswechsel nur verhindern, wenn objektive Umstände den Zweifel begründet erscheinen lassen.[143]

5.2 Folge: Anknüpfung an den g.A. der Pflegeperson (Satz 1)

Bei Vorliegen der genannten Voraussetzungen bestimmt sich die örtliche Zuständigkeit des örtlichen Trägers nach dem g.A. der Pflegeperson (zum Begriff des g.A. → Rn. 13). Hat ein Ehepaar, das ein Kind betreut, verschiedene g.A., kommt es auf den Pflegeelternteil an, der die überwiegende Versorgung des Kindes übernommen hat. Wo er sich überwiegend und auf Dauer aufhält, ist sein g.A. anzunehmen. Wechselt die Pflegeperson ihren g.A., „wandert" die Zuständigkeit des JA mit ihr mit an den neuen g.A.[144] Wohnt die Pflegeperson im **Ausland**, ist eine Jugendhilfeleistung nur unter den zusätzlichen Voraussetzungen des § 6 Abs. 3 möglich. Für die Gewährung dieser Leistung ist dann aber der überörtliche Träger gem. § 85 Abs. 2 Nr. 9 sachlich und gem. § 88 Abs. 1 örtlich zuständig.[145] Nur unter den Voraussetzungen des § 88 Abs. 2 besteht eine örtliche Zuständigkeit des örtlichen Trägers.[146] **Verzieht** die Pflegeperson ins Ausland, richtet sich die Zuständigkeit nach dem g.A. der Eltern gem. § 86 Abs. 1 S. 1.[147] 55

Die Zuständigkeit nach Abs. 6 gilt für **alle Leistungen** nach dem SGB VIII,[148] für die der örtliche Träger nach Abs. 1 zuständig wäre, also auch für die nach § 35a[149] oder nach §§ 22–25; ebenso für die den Leistungen folgenden **Kostenbeiträge** nach §§ 90–94 (→ Rn. 5).[150] 56

5.3 Unterrichtungspflicht (Satz 2)

Bei einem Zuständigkeitswechsel hat der neu zuständige Träger[151] eine Unterrichtungspflicht. Adressat dieser Pflicht sind immer die Eltern; zusätzlich auch der PSB, wenn den Eltern nicht die volle Personensorge zusteht. **Inhalt** der Pflicht ist die Mitteilung über den Wechsel der Zuständigkeit. Die Adresse des neu zuständigen JA ergibt sich bei schriftlicher Unterrichtung bereits aus dem Briefkopf, bei mündlicher Unterrichtung muss sie genannt werden. Auf die Unterrichtung haben die Adressaten einen **Rechtsanspruch**; bei Verletzung der Pflicht liegt eine Amtspflichtverletzung (§ 839 57

141 Ebenso OLG Stuttgart 23.7.2003 – 4 U 42/03, JAmt 2003, 592.
142 Ebenso – mit praxisnaher Begründung – Reisch in JHSM Rn. 76; aA Bohnert in Hauck/Noftz Rn. 90.
143 Vgl. DIJuF JAmt 2002, 18 u. 2003, 408.
144 Ebenso Bohnert in Hauck/Noftz Rn. 83 f.
145 S. hierzu auch Nellissen in GK-SGB VIII Rn. 48.
146 Reisch in JHSM Rn. 68: nach Einzelfall.
147 So VG Hamburg 12.8.2009 – 13 K 1979/08, JAmt 2009, 620; Lange in jurisPK-SGB VIII Rn. 115.
148 Ebenso Eschelbach in FK-SGB VIII Rn. 18; Reisch in JHSM Rn. 71.
149 So Bohnert in Hauck/Noftz Rn. 84.
150 Ebenso DIJuF JAmt 2003, 75.
151 Ebenso OVG NRW 5.12.2001 – 12 A 4215/00, JAmt 2002, 413; Kern in SFMK Rn. 55; Reisch in JHSM Rn. 78; Bohnert in Hauck/Noftz Rn. 89: beide.

BGB) vor. Dagegen bleiben der Zuständigkeitswechsel[152] und der Kostenerstattungsanspruch[153] unberührt von der Erfüllung der Unterrichtungspflicht.

58 **Keine** Unterrichtungspflicht besteht, wenn kein Wechsel der Zuständigkeit eingetreten ist, weil die Zuständigkeit unmittelbar mit Leistungsbeginn eintritt.[154] Ebenso wenig tritt ein Zuständigkeitswechsel ein, wenn der Jugendhilfeträger A beispielsweise 2 Jahre lang Eingliederungshilfe gem. § 35a in einer Pflegefamilie im Bereich des Trägers B geleistet hat. Wird nunmehr stattdessen HzE gem. § 27 geleistet, ist für diese der Jugendhilfeträger B erstmalig zuständig, weil diese Leistung bisher nicht erbracht worden ist; eine Unterrichtungspflicht besteht nicht. Wird aber nach 2 Jahren zusätzlich zur Eingliederungshilfe HzE gewährt, tritt ein Zuständigkeitswechsel nur für die Eingliederungshilfe ein, nicht aber für die HzE; eine Unterrichtungspflicht besteht nur hinsichtlich der Eingliederungshilfe.

59 Neben die **„Elternunterrichtung"** tritt die **„Amtsunterrichtung"** gem. § 86c Abs. 2 S. 2 (→ § 86c Rn. 11), die jeden der beteiligten Träger trifft. Bei einem Zuständigkeitswechsel dauert die Leistungspflicht des bisher zuständigen Trägers fort (→ § 86c Rn. 1). Dies entlastet den neu zuständig gewordenen Träger aber nicht. Lehnt er die Hilfe rechtswidrig ab, ist dies eine **Amtspflichtverletzung.**[155]

60 Nach Wechsel der Zuständigkeit ist – auch bei Fortführung des Hilfeplans – ein **„Antrittsbesuch"** des neu zuständigen JA notwendig[156] und zwar unabhängig vom Schutzauftrag nach § 8a. Unterbleibt er, kann eine Amtspflichtverletzung nach § 839 BGB angenommen werden.[157]

5.4 Ende der Zuständigkeit (Satz 3)

61 Endet der Aufenthalt des Kindes bei der Pflegeperson, ist das Anknüpfungsmerkmal für die örtliche Zuständigkeit nach Abs. 6 entfallen. Die örtliche Zuständigkeit ergibt sich dann wieder aus den Abs. 1–5, 7.[158] Damit gilt auch die Zuständigkeitsregelung nach Abs. 5 S. 2 mit der Folge, dass die Zuständigkeit am Pflegeort erhalten bleibt, obwohl sich dort weder Eltern noch Kind aufhalten. Eine derartige **„Zuständigkeitsruine"** entspricht nicht dem Zweck der Regelung des Abs. 5 S. 2. Zu einem weiteren Fall der „Zuständigkeitsruine" → Rn. 46. Eine teleologische Auslegung führt deshalb zur Zuständigkeitsbestimmung aus Abs. 2 S. 2–4.[159]

62 Keine Beendigung des Aufenthalts bei der Pflegeperson ist anzunehmen, wenn das Kind von der Pflegeperson in einem **Internat** untergebracht wird, ohne dass diese Unterbringung unter § 34 fällt.[160]

63 **Trennen** sich die Pflegeeltern, bleibt es bei der Zuständigkeit nach Abs. 6, wenn das Kind sich weiterhin bei einem Pflegeelternteil aufhält (→ Rn. 55).[161]

---

152 Ebenso OVG NRW 5.12.2001 – 12 A 4215/00, JAmt 2002, 413.
153 Ebenso OVG NRW 5.12.2001 – 12 A 4215/00, JAmt 2002, 413; aA DIJuF JAmt 2006, 184.
154 Ebenso Loos in Wiesner Rn. 38.
155 Ebenso OLG Stuttgart 23.7.2003 – 4 U 42/03, JAmt 2003, 592 mAnm Meysen NJW 2003, 3369.
156 So BGH 21.10.2004 – III ZR 254/03, JAmt 2005, 35 im Anschluss an OLG Stuttgart 23.7.2003 – 4 U 42/03, JAmt 2003, 592.
157 Ebenso DIJuF 2007, 589.
158 Ebenso OVG NRW 20.9.2012 – 12 A 1857/12, juris Rn. 21; BVerwG 29.1.2004 – 5 C 9.03, JAmt 2004, 323; OVG Saarl 17.2.2006 – 3 Q 44/05, JAmt 2007, 165; Eschelbach in FK-SGB VIII Rn. 21; Reisch in JHSM Rn. 77.
159 Ebenso Loos in Wiesner Rn. 39; dagegen Bedenken bei Reisch in JHSM Rn. 77.
160 So DIJuF JAmt 2007, 353; differenzierend Lange in jurisPK-SGB VIII Rn. 117; aA Kern in SFMK Rn. 54.
161 Hierzu DIJuF JAmt 2009, 177.

6 Sonderregelung für Leistungen an Asylsuchende (Abs. 7)

6.1 Anknüpfung der Erstzuständigkeit für Leistungen

6.1.1 außerhalb eines Verteilungsverfahrens (Satz 1). 6.1.1.1 … an den tatsächlichen Aufenthalt (Hs. 1). Nur wenn es um **Leistungen** iSv § 2 Abs. 2 geht, ist § 86 einschlägig; für die sog. anderen Aufgaben iSv § 2 Abs. 3 ist die örtliche Zuständigkeit nach den §§ 87–87e zu bestimmen, für die Inobhutnahme nach § 87. Erhält ein junger volljähriger Asylbewerber Leistungen nach § 41, ergibt sich die Zuständigkeit aus § 86a, da Abs. 7 ausdrücklich nur für Kinder und Jugendliche gilt.[162] Für unbegleitete ausländische Kinder und Jugendliche normiert § 88a als lex specialis Sonderregelungen zur örtlichen Zuständigkeit. Dabei regelt die Norm sowohl die örtliche Zuständigkeit für die Erbringung von Leistungen wie auch für die Erfüllung anderer Aufgaben (vorläufige Inobhutnahme, Inobhutnahme, Vormundschaft und Pflegschaft). § 86 Abs. 7 ist daher nicht für unbegleitete minderjährige Ausländer (unabhängig von der Stellung eines Asylantrags) anwendbar. 64

Leistungen **an** Kinder oder Jugendliche (zum Begriff vgl. § 7 Abs. 1 Nr. 1 und 2) werden erbracht, wenn das Kind Leistungs**adressat** ist; gleichgültig ist, ob es auch Leistungs**berechtigter** ist (zu diesen Begriffen → § 8 Rn. 10).[163] Beispielsweise ist bei einer HzE nach § 27 Leistungsadressat das Kind, Leistungsberechtigter der PSB (Eltern oder Vormund). Die Prüfung der örtlichen Zuständigkeit setzt voraus, dass eine Leistungsberechtigung überhaupt besteht; dies richtet sich nach § 6 Abs. 2 und 4. Abs. 7 gilt auch für „Altfälle", also Fälle, in denen Jugendhilfe schon vor Inkrafttreten des Abs. 7 am 1.7.1998 geleistet worden ist.[164] 65

Weitere Voraussetzung ist **Asylsuche**. Diese liegt vor, wenn (S. 1 2. Alt.) ein (förmlicher, rechtswirksamer) Asylantrag gem. § 13 AsylG gestellt worden ist, aber auch schon dann, wenn (S. 1 1. Alt.) lediglich um Asyl nachgesucht wurde (s. § 19 AsylG). Das „Nachsuchen um Asyl" bezieht sich auf den Zeitraum bis zur Stellung eines förmlichen Asylantrags.[165] Der Asylantrag der Eltern gilt auch für das minderjährige ledige Kind als gestellt (§ 14a AsylG). Sofern der Minderjährige unbegleitet ist, richtet sich die örtliche Zuständigkeit nach § 88a. 66

Nicht erfasst von der Zuständigkeitsregelung des Absatzes 7 sind Kinder und Jugendliche, die sich in Deutschland ohne Asylsuche aufhalten. Aufgrund der Restriktionen, die mit einem Asylverfahren verbunden sind, und der je nach Herkunftsland geringen Erfolgsaussichten eines Asylverfahrens stellen viele Ausländer keinen Asylantrag. Für Leistungen an sie wird die örtliche Zuständigkeit nach den Abs. 1–6 bestimmt. 67

Die Asylsuche **endet** mit der Anerkennung als Asylberechtigter oder mit der bestandskräftigen Ablehnung der Anerkennung; außerdem mit Rücknahme des Antrags oder anderweitiger Erledigung. Bis zum Abschluss des Asylverfahrens erhalten die Asylbewerber eine Aufenthaltsgestattung gem. § 55 Abs. 1 AsylG. Mit dem Abschluss des Asylverfahrens ist die Zuständigkeit nach Satz 3 zu bestimmen. 68

Liegen diese Voraussetzungen vor, knüpft die örtliche Zuständigkeit an den **tatsächlichen** Aufenthalt des Kindes oder Jugendlichen an (zum Begriff des tatsächlichen Aufenthalts → Rn. 13). Es kommt auf den Zeitpunkt des tatsächlichen Aufenthalts vor Beginn der Leistung an (zu diesem Begriff → Rn. 9). Zur Vermeidung der (umständlichen) Formulierung „Kinder oder Jugendliche" wurde der Begriff **„die Person"** gewählt. Damit ist aber nicht gemeint, dass es auf den tatsächlichen Aufenthalt (auch) 69

162 Ebenso Bohnert in Hauck/Noftz Rn. 91.

163 Ebenso Bohnert in Hauck/Noftz Rn. 95; Lange in jurisPK-SGB VIII Rn. 133; aA Reisch in JHSM Rn. 81: „grundsätzlich (ist) von der Person des Leistungsberechtigten auszugehen"; wie hier aber BVerwG 7.7.2005 – 5 C 9/04, JAmt 2006, 106.

164 BVerwG 7.7.2005 – 5 C 9/04, JAmt 2006, 106.

165 Ebenso BVerwG 2.4.2009 – 5 C 2.08, JAmt 2009, 322.

des PSB ankommen könne.[166] Dies folgt aus der systematischen Stellung des Begriffs im Gefüge des Satzes 1 und der Anschlussformulierung in Satz 2, aber auch aus dem Zweck der Regelung, die örtliche Zuständigkeit für eine Leistung an den Aufenthalt des Kindes anknüpfen zu können.[167] Die Anknüpfung der örtlichen Zuständigkeit für Leistungen an den (bloß) tatsächlichen Aufenthalt des Minderjährigen darf nicht zu dem Fehlschluss führen, damit bestünde auch eine **Leistungsberechtigung**. Diese ergibt sich vielmehr nur unter den Voraussetzungen des § 6 Abs. 2 und 4.

70 **6.1.1.2 ... an die vorausgegangene Zuständigkeit bei Inobhutnahme (Hs. 2).** § 86 Abs. 7 S. 1 Hs. 2 normiert, dass die nach § 87 begründete Zuständigkeit bestehen bleibt, sofern der Leistungsgewährung einer Inobhutnahme vorausgeht. Unbegleitete minderjährige Ausländer sind nach § 42 Abs. 1 S. 1 Nr. 3 in Obhut zu nehmen. Allerdings ist diese Regelung durch das Gesetz zur Verbesserung der Unterbringung, Versorgung und Betreuung ausländischer Kinder und Jugendlicher durch eine Reihe weiterer Regelungen ergänzt worden. So geht nun der Inobhutnahme die vorläufige Inobhutnahme voraus. Die örtliche Zuständigkeit richtet sich nach neuer Rechtslage nach § 88a. Dies gilt auch für den Fall, dass der Leistungsgewährung eine Inobhutnahme oder vorläufige Inobhutnahme vorgeht. Die Regelung des Hs. 2 dürfte daher nahezu gegenstandslos geworden sein; jedenfalls findet sie für unbegleitete ausländische Kinder und Jugendliche keine Anwendung mehr.

71 **6.1.2 innerhalb eines Verteilungsverfahrens (Satz 2). 6.1.2.1 ... ab Zuweisungsentscheidung (Hs. 1).** Satz 2 regelt die örtliche Zuständigkeit für Leistungen an minderjährige Asylsuchende, die einem **Verteilungsverfahren** gem. § 50 AsylG unterliegen. Diesem Verfahren unterliegt jeder Minderjährige unabhängig von seinem Alter und unabhängig davon, ob er selbst einen Asylantrag gestellt hat, wenn er mit seinen Eltern eingereist ist und diese einen Asylantrag gestellt haben. Das Verteilungsverfahren ist an die Pflicht, in einer Aufnahmeeinrichtung zu wohnen, gekoppelt (§ 47 Abs. 1 und 2 AsylG). Örtlich zuständig für Leistungen ist dann der Jugendhilfeträger, in dessen Bereich der Minderjährige zugewiesen wurde.

72 Im Widerspruch zu der Unterbringung in Aufnahmeeinrichtung und Gemeinschaftsunterkunft steht die Pflicht des Jugendhilfeträgers, den unbegleiteten Minderjährigen – unabhängig von seinem Alter – im Rahmen der **vorläufigen Inobhutnahme nach § 42 a und der Inobhutnahme** nach § 42 in einer für ihn **geeigneten** Einrichtung unterzubringen. Dies fordern auch Art. 22 UN-KindK und Art. 56 Brüssel IIa-VO (Anh. 4 Synopse). Dagegen lässt die Aufnahmerichtlinie 20003/9/EG v. 27.1.2003 in Art. 19 Abs. 2 die Unterbringung auch in Aufnahmeeinrichtung und Gemeinschaftsunterkunft zu. Aufgrund der Änderung in § 14 Abs. 2 S. 1 Nr. 3 AsylG (Anhebung des Alters von 16 auf 18 Jahre) dürfte es in Verbindung mit der Regelung des § 47 AsylG allerdings idR zu keinem Widerspruch zwischen asylverfahrens- und jugendhilferechtlicher Unterbringung mehr kommen.

73 Voraussetzung für die Anwendung von S. 2 ist, dass mit der Leistung der Jugendhilfe **vor Abschluss des Asylverfahrens** begonnen worden ist. Das folgt aus der Bezugnahme auf S. 1 u. aus dem Zusammenhang mit S. 3.[168] Wird Jugendhilfe erst nach Abschluss des Asylverfahrens erbracht, richtet sich die Zuständigkeit nicht nach Abs. 7, sondern nach Abs. 1–6.

74 **6.1.2.2 ... bis zur Zuweisungsentscheidung (Hs. 2).** Die nach § 50 Abs. 4, 5 AsylG zu erlassende Zuweisungsentscheidung wird mit ihrer **Bekanntgabe** wirksam (zB § 43

166 So aber Loos in Wiesner Rn. 45.
167 Ebenso Lange in jurisPK-SGB VIII Rn. 134 und Nellissen in GK-SGB VIII Rn. 62.
168 So BVerwG 2.4.2009 – 5 C 2.08, JAmt 2009, 322 unter Aufhebung von BayVGH 30.11.2007 – 12 B 07.232, EuG 2009, 50.

Abs. 1 LVwVfG BW); mit diesem Zeitpunkt erlangt sie auch Rechtswirkung.[169] Die Rechtswirkung kann nicht durch Widerspruch aufgeschoben werden, da ein Widerspruch nicht zulässig ist (§ 11 AsylG). Eine Klage hat keine aufschiebende Wirkung (§ 75 AsylG). Die Entscheidung wird nach Ablauf der Klagefrist von zwei Wochen nach Zustellung der Entscheidung (§ 74 Abs. 1 AsylG) **bestandskräftig**. Sollen einem Minderjährigen, der dem Verteilungsverfahren unterliegt, bereits vor der Zuweisungsentscheidung Leistungen gewährt werden, ist dafür der örtliche Träger örtlich zuständig, in dessen Bereich sich der Minderjährige vor Beginn der Leistung tatsächlich aufhält. Wird der Minderjährige in den Bereich eines anderen Trägers zugewiesen als dem, der bis zur Zuweisungsentscheidung die Leistung erbracht hat, erfolgt ein Zuständigkeitswechsel.

6.2 Kein Zuständigkeitswechsel trotz Abschluss des Asylverfahrens (Satz 3)

Die innerhalb (Satz 2) oder außerhalb (Satz 1) eines Verteilungsverfahrens begründete örtliche Zuständigkeit bleibt auch bestehen, wenn das Asylverfahren abgeschlossen ist („**Fortsetzungszuständigkeit**"). Zu diesem Zeitpunkt → Rn. 68. Das Asylverfahren ist auch abgeschlossen, wenn die Anerkennung als Asylberechtigter abgelehnt wurde, die Ausreisepflicht aber nicht durch Abschiebung vollstreckt werden kann, da der Ausreise Hindernisse entgegenstehen (§ 60 a AufenthG), die zu einer Duldung verpflichten. Dies kann dazu führen, dass die am Ort der Einreise begründete örtliche Zuständigkeit (außerhalb eines Verteilungsverfahrens) bestehen bleibt, obwohl der Minderjährige sich schon lange an einem anderen Ort aufhält. Selbst dann, wenn der Minderjährige an diesem Ort einen g.A. begründet, bleibt die Erstzuständigkeit erhalten. Dies gilt nicht nur für die Fortsetzung einer Leistung, sondern auch für die Gewährung einer neuen Leistung innerhalb eines 3-Monats-Zeitraums, wie aus Satz 4 folgt. Erst dann kann sich der von Anfang an zuständige Träger von der Zuständigkeitslast befreien, wenn nach Abschluss des Asylverfahrens ein g.A. im Bereich eines anderen Trägers als dem, der die Erstzuständigkeit hatte, begründet wird. Wird vor Abschluss des Asylverfahrens ein g.A. bei einem anderen Träger begründet, ändert dies nichts an der fortbestehenden Erstzuständigkeit. Konsequenterweise besteht der **Kostenerstattungsanspruch** des Trägers gegen das Land nach § 89d Abs. 1 Nr. 2 für denselben Zeitraum, also bis zur Begründung eines g.A. im Bereich eines anderen Trägers nach Abschluss des Asylverfahrens. Zur Begründung **des g.A.** ist auf **die Person** (Kind, Eltern, Pflegeperson) abzustellen, die die Anknüpfungsmerkmale nach den Abs. 1–6 aufweist.[170] 75

6.3 Kein Wechsel der Zuständigkeit bei Unterbrechung der Leistung (Satz 4)

Wird eine Leistung kürzer als drei Monate unterbrochen (zu diesem Begriff → Rn. 11), ändert sich die nach Satz 1–3 bestehende Zuständigkeit nicht. Vielmehr ist der danach zuständige Träger weiterhin zuständig, auch wenn eine neue Leistung gewährt wird. Erst wenn der Leistungsbezug **länger als drei Monate** unterbrochen war, bricht auch die Zuständigkeit ab. Sie ist dann neu, nämlich nach den Absätzen 1–6 zu bestimmen. Die Unterbrechensregel führt aber nicht dazu, dass die nach Satz 3 mit Begründung eines g.A. beendete Fortsetzungszuständigkeit wieder auflebt, wenn innerhalb von drei Monaten nach g.A.-Begründung eine Leistung gewährt werden soll.[171] 76

169 S. hierzu auch Lange in jurisPK-SGB VIII Rn. 143: Lange stellt zusätzlich zur Bekanntgabe noch auf die Vollziehbarkeit der Zuweisungsentscheidung ab.
170 Ebenso Bohnert in Hauck/Noftz Rn. 103 f.
171 Ebenso Bohnert in Hauck/Noftz Rn. 105; Loos in Wiesner Rn. 49.

6.4 Zuständigkeitskonkurrenzen

77 Liegen sowohl die Voraussetzungen für eine Zuständigkeitsbestimmung nach den Abs. 1–6 als auch nach Abs. 7 vor, ist **Abs. 7 lex specialis**. Für die Leistungserbringung an Kinder und Jugendliche, die einen Asylantrag stellen bzw. gestellt haben und die nicht in den Anwendungsbereich des § 88a fallen, ist daher die örtliche Zuständigkeit ausschließlich anhand des Abs. 7 als lex specialis zu beurteilen.[172]

78 Mit **Zustellung der Zuweisungsentscheidung** (→ Rn. 74) ist der Träger, in dessen Bereich der Zuweisungsort liegt, ab dem Zuweisungszeitpunkt örtlich zuständig (S. 2 Hs. 1). Bis dahin gilt S. 2 Hs. 2 iVm Satz 1. Ist mit der Zuweisungsentscheidung ein Zuständigkeitswechsel verbunden, ist gem. § 86c die Leistung vom bisher zuständigen Träger weiter zu gewähren, bis der neu zuständige Träger die Leistung fortsetzt.[173]

7 Konsequenzen aus der Zuständigkeitsregelung des § 86

7.1 Kostenerstattung als Zuständigkeitsregulativ

79 Im Fall des **Abs. 7** besteht ein Kostenerstattungsanspruch des örtlichen Trägers gegen das **Land** gem. § 89d.

80 Bei Anknüpfung der örtlichen Zuständigkeit an den tatsächlichen Aufenthalt des Kindes (§ 86 Abs. 2 S. 4 Hs. 2, Abs. 3 iVm Abs. 2 S. 4 Hs. 2, Abs. 4 S. 2), besteht Kostenerstattungspflicht des **überörtlichen Trägers** gem. § 89.

81 Begründen die nach **Absätzen 1–5** für die Anknüpfung der örtlichen Zuständigkeit maßgeblichen Personen (Kind oder Eltern) ihren g.A. in einer Einrichtung (→ Rn. 14), besteht Kostenerstattungspflicht des örtlichen Trägers gem. § 89e Abs. 1 oder des überörtlichen Trägers gem. § 89e Abs. 2.

82 Im Fall des **Abs. 6** ergibt sich eine Erstattungspflicht nach § 89a.

7.2 Fortdauernde Leistungsverpflichtung

83 Bei einem Wechsel der örtlichen Zuständigkeit nach Beginn der Leistung (§ 86 Abs. 5 und 6 oder nach dem Prinzip der „dynamischen" Zuständigkeit; → Rn. 38) bleibt trotz des Wechsels der bisher zuständige örtliche Träger weiterhin zur Leistung verpflichtet, bis der neue Träger die Leistungsgewährung übernommen hat (**„Leistungsstafette"** gem. § 86c Abs. 1 S. 1). Außerdem besteht eine **Unterrichtungspflicht** über die Wechselumstände (§ 86c Abs. 2 S. 1).

7.3 Mitteilungspflichten aus strafrechtlicher Garantenstellung

84 Besteht eine strafrechtliche Garantenstellung des Mitarbeiters (→ § 8a Rn. 108 ff.; → § 27 Rn. 16), endet die sich daraus ergebende Schutzpflicht nicht mit dem Wegzug des Kindes aus dem Zuständigkeitsbereich des Trägers. Vielmehr muss das „alte" JA die Voraussetzungen für eine lückenlose und sachgerechte Fortführung der Betreuung durch das „neue" JA schaffen. Dazu ist es notwendig, das „neue" JA **umfassend zu informieren** (→ § 86c Rn. 11), sei es durch Aktenübersendung oder durch einen ausführlichen Bericht.[174] Datenschutzrechtlich ist dies zulässig (→ § 61 Rn. 112 ff.; → § 65 Rn. 10).

---

172 S. hierzu VGH BW 8.1.2021 – 12 S 1407/19, Rn. 36 sowie VG Mainz 23.5.2019 – 1 K 1044/18.MZ, juris Rn. 21.
173 Im Ergebnis ebenso Busch/Ziegler in GK-SGB VIII Rn. 57.
174 So LG Stuttgart 17.9.1999 – nv.

7.4 Rechtswidrigkeit der Hilfegewährung

Wird die Zuständigkeitsbestimmung verletzt, ist die Hilfegewährung (formell) rechtswidrig. Eine Heilung des Fehlers gem. § 41 SGB X ist ausgeschlossen; er ist aber möglicherweise unbeachtlich gem. § 42 S. 1 SGB X (→ Anh. 5 Rn. 8). 85

7.5 Kein Ausschluss der Kostenerstattung bei Verletzung von § 86

Für rechtswidrig gewährte Hilfe kann zwar Kostenerstattung grundsätzlich nicht verlangt werden, dies gilt aber nicht bei – kostenerstattungsrechtlich – unbeachtlicher Rechtswidrigkeit, wie sie bei Verletzung der örtlichen Zuständigkeit vorliegt. 86

7.6 Vorrang vor SGB I und X

Die Regelungen des § 2 SGB X und des § 43 SGB I stehen unter dem Vorbehalt des § 37 S. 1 SGB I (Abdruck bei → § 61 Rn. 5). Daher sind §§ 86, 86c, 86d vorrangig.[175] 87

7.7 Verhältnis zu SGB IX

Für die Eingliederungshilfe gem. § 35a gilt zusätzlich das SGB IX (§ 7 Abs. 1 S. 1 SGB IX), da der Träger der öffentlichen Jugendhilfe für Teilhabeleistungen auch Rehabilitationsträger ist, das JA also gleichsam janusköpfig handelt.[176] Das SGB IX ändert aber nichts an der Zuständigkeitsregelung des SGB VIII (§ 7 Abs. 1 S. 2 SGB IX), sondern trifft mit § 14 nur eine Regelung für das **Verfahren der Zuständigkeitsprüfung**. Nach § 14 **Abs. 1** S. 1 SGB IX muss der Jugendhilfeträger als Reha-Träger innerhalb von zwei Wochen nach Antragseingang die Prüfung seiner sachlichen und örtlichen Zuständigkeit abgeschlossen haben. Kommt er innerhalb dieser Frist zum Ergebnis, dass er nicht zuständig ist, muss er unverzüglich (also ohne schuldhaftes Zögern) nach Feststellung – also nicht notwendig erst nach Ablauf von zwei Wochen – den Antrag an den seiner Meinung nach zuständigen Reha-Träger weiterleiten (§ 14 Abs. 1 S. 2 SGB IX). Allein die Weiterleitung begründet aber nicht eine Zuständigkeit des zweiten Reha-Trägers.[177] Kommt beispielsweise der Jugendhilfeträger zum Ergebnis, dass keine seelische, sondern eine körperliche oder geistige Behinderung vorliegt, muss er den Antrag an den Sozialhilfeträger weiterleiten, auch wenn beide derselben Gebietskörperschaft angehören, da § 14 SGB IX die Weiterleitung von einem Reha-Träger an den anderen regelt, dies aber unterschiedliche Stellen einer Gebietskörperschaft sein können. Leitet der Jugendhilfeträger innerhalb der 2-Wochen-Frist den Antrag nicht weiter, obwohl er unzuständig ist, trifft ihn – als unzuständigen Träger – eine Leistungspflicht nach § 14 **Abs. 2** S. 1 SGB IX. § 14 Abs. 2 S. 1 SGB IX erweitert insoweit die Leistungspflicht nach § 86d SGB VIII (→ § 86d Rn. 15); allerdings nur insoweit als der sachlich zuständige örtliche Träger der Jugendhilfe **örtlich** unzuständig ist.[178] Ist der Jugendhilfeträger **sachlich** nicht zuständig und hat er den Antrag nicht an den sachlich zuständigen Träger weitergeleitet, trifft ihn die Leistungspflicht nach § 14 Abs. 2 S. 1 SGB IX außerhalb des Systems der §§ 86 ff. SGB VIII. In beiden Fällen schließt § 16 Abs. 4 Nr. 1 SGB IX eine Erstattung nach § 105 X aus – gleichsam als Sanktion für die Nichtweiterleitung des Antrags. § **43 SGB I** ist neben § 14 SGB IX anwendbar.[179] 88

175 Vgl. BayVGH 28.7.1995 – 12 B 93.3721, FEVS 46, 277 und BVerwG 19.11.1992 – 5 C 31/90, NDV 1993, 314 sowie → § 86c Rn. 14.
176 Vgl. Kunkel ZFSH/SGB 2001, 707.
177 Ebenso BayLSG Jugendhilfe 2004, 164.
178 Vgl. DIJuF JAmt 2002, 298; 2004, 75.
179 So VG Braunschweig Jugendhilfe 2004, 159 m. zustimmender Anm. Fischer/Mann, S. 163.

§ 86a Örtliche Zuständigkeit für Leistungen an junge Volljährige

(1) Für Leistungen an junge Volljährige ist der örtliche Träger zuständig, in dessen Bereich der junge Volljährige vor Beginn der Leistung seinen gewöhnlichen Aufenthalt hat.

(2) Hält sich der junge Volljährige in einer Einrichtung oder sonstigen Wohnform auf, die der Erziehung, Pflege, Betreuung, Behandlung oder dem Strafvollzug dient, so richtet sich die örtliche Zuständigkeit nach dem gewöhnlichen Aufenthalt vor der Aufnahme in eine Einrichtung oder sonstige Wohnform.

(3) Hat der junge Volljährige keinen gewöhnlichen Aufenthalt, so richtet sich die Zuständigkeit nach seinem tatsächlichen Aufenthalt zu dem in Absatz 1 genannten Zeitpunkt; Absatz 2 bleibt unberührt.

(4) [1]Wird eine Leistung nach § 13 Absatz 3 oder nach § 21 über die Vollendung des 18. Lebensjahres hinaus weitergeführt oder geht der Hilfe für junge Volljährige nach § 41 eine dieser Leistungen, eine Leistung nach § 19 oder eine Hilfe nach den §§ 27 bis 35a voraus, so bleibt der örtliche Träger zuständig, der bis zu diesem Zeitpunkt zuständig war. [2]Eine Unterbrechung der Hilfeleistung von bis zu drei Monaten bleibt dabei außer Betracht. [3]Die Sätze 1 und 2 gelten entsprechend, wenn eine Hilfe für junge Volljährige nach § 41 beendet war und innerhalb von drei Monaten erneut Hilfe für junge Volljährige nach § 41 erforderlich wird.

1 Anknüpfung an g.A. des jungen Volljährigen (Abs. 1)

1 Anknüpfung für die örtliche Zuständigkeit des (sachlich zuständigen) örtlichen Trägers (zum Begriff → § 86 Rn. 17) ist der gewöhnliche Aufenthalt (zum Begriff → § 86 Rn. 13) des jungen Volljährigen (zum Begriff s. § 7 Abs. 1 Nr. 3) vor Beginn der Leistung (zum Begriff → § 86 Rn. 9). Es kommt also darauf an, wo der junge Volljährige unmittelbar vor Leistungsbeginn seinen letzten g.A. hatte. Im Unterschied zur Regelung des § 86 (→ § 86 Rn. 37) „wandert" hier die Zuständigkeit nicht mit dem g.A. mit, sondern wird fixiert.[1] Es gilt das **Prinzip der fortgesetzten Zuständigkeit bei fortgesetzter Leistung.** Erst wenn ein andersartiger, neu entstehender Bedarf gedeckt wird, setzt eine neue Leistung ein (→ § 86 Rn. 11). Dann richtet sich die Zuständigkeit für diese neue Leistung danach, wo der junge Volljährige unmittelbar vor Beginn dieser neuen Leistung seinen g.A. hat. Wird eine bisher schon gewährte, „alte" Leistung mehr als 3 Monate unterbrochen, gilt sie als „neue" Leistung (Abs. 4 S. 2; → Rn. 14).

2 Zu beachten ist, dass § 86a keine Zuständigkeitsregelung für die Hilfe nach § 41 ist, sondern eine für **alle** Hilfen, die „**an** junge Volljährige" geleistet werden können (einschließlich der Hilfe **für** junge Volljährige nach § 41). Darunter fallen Leistungen nach §§ 11, 13, 14, 16 ff., 19, 21. Für Leistungen nach § 13 Abs. 3 oder nach § 21 über die

1 Ebenso Kern in SFMK Rn. 5.

Vollendung des 18. Lebensjahres hinaus enthält Abs. 4 eine Sonderregelung. Für Leistungen nach § 19 enthält § 86b eine eigenständige Regelung (→ Rn. 12). Die Spezialregelungen der Abs. 2 bis 4 dürften in der Praxis eine größere Rolle spielen als die Grundregelung des Abs. 1.

Zu den „Leistungen" in diesem Sinne gehören lediglich Leistungen der **Jugendhilfe.** 3
Darunter fallen nicht Leistungen, die von anderen Sozialleistungsträgern (§§ 18 bis 29 SGB I) erbracht werden.[2]

2 Schutz der Einrichtungsorte, wenn dort g.A. (Abs. 2)

Der Schutz der Einrichtungsorte kann entweder auf der **Handlungsebene** (also durch 4
Regelung der örtlichen Zuständigkeit) oder auf der Finanzierungsebene (also durch Kostenerstattungsregelung) erreicht werden. § 86a wählt den ersten Weg, indem Aufenthalte in den unter → Rn. 5 beschriebenen Einrichtungen oder sonstigen Wohnformen von der Zuständigkeitsbegründung ausgenommen sind. Damit wird der Verwaltungsaufwand, der mit einer Geltendmachung der Kostenerstattung verbunden ist, vermieden.[3] Maßgebend ist in solchen Fällen der g.A. **unmittelbar vor**[4] der Aufnahme in die Einrichtung oder sonstige Wohnform. Hat der junge Volljährige nahtlos in verschiedenen Einrichtungen gelebt („Einrichtungskette"), ist der Zeitpunkt vor Aufnahme in die **erste** Einrichtung oder Wohnform maßgeblich, wobei es nicht darauf ankommt, ob dort bereits Leistungen der Jugendhilfe gewährt wurden.[5]

Geschützt sind insbesondere folgende Einrichtungen oder Wohnformen: 5

- der **Erziehung**: Heime, Wohnheime, Wohngruppen, betreutes Einzel- oder Paarwohnen, Erziehungsstellen, Internate uä Diese Einrichtungen sind auch geschützt, wenn nicht HzE gewährt wird;
- der **Pflege**: Pflegeheime, Behindertenheime uä;
- der **Betreuung**: Frauenhäuser, sonstige betreute Wohnformen außerhalb der Jugendhilfe, zB für Gefährdete, Suchtkranke, psychisch Kranke;
- der **Behandlung**: Krankenhäuser, psychiatrische Kliniken, Rehabilitationseinrichtungen uä;
- des **Strafvollzugs**: Haftanstalten (ohne Untersuchungshaftanstalten → § 89e Rn. 7), Mutter und Kind-Gruppen in Justizvollzugsanstalten (→ § 19 Rn. 27), offener Strafvollzug uä.

Vorausgesetzt ist dabei, dass die Hilfe in einer Einrichtung/Wohnform nach einem vom Träger der Hilfe verantworteten **Hilfekonzept** erfolgt, entweder über Tag und Nacht (stationär) oder für einen Teil des Tages oder der Nacht (teilstationär),[6] also keine selbstständige Lebensführung des HE vorliegt. Nur wenn zB im **Frauenhaus** nicht bloß Zuflucht und Beratung angeboten wird, sondern eine Gesamtbetreuung erfolgt, liegt eine Einrichtung vor.[7]

Nicht geschützt sind also **Familienpflegestellen.**[8] Zwar ist in der Kostenerstattungsvor- 6
schrift des § 89e Abs. 1 auch diese Unterbringung in den Schutz der Einrichtungsorte einbezogen; dies ist aber für Leistungen nach § 86a ohne Bedeutung, da § 86a mit der

2 Vgl. ZSpr. 2.10.1996, B 16/96, nv.
3 Lange in jurisPK-SGB VIII Rn. 16.
4 So BayVGH 19.8.2010 – 12 CE 10.1539.
5 Ebenso BVerwG 28.4.2016 – 5 C 13/15, juris Rn. 16; DIJuF 23.4.2001 – J 3.311, JAmt 2001, 341; Reisch in JHSM Rn. 10; Kern in SFMK Rn. 6.
6 Ebenso VG Schleswig 9.2.2005 – 15 A 312/04.
7 So HmbOVG 18.7.2001 – 4 Bf 301/99, FEVS 53, 213; BayVGH 19.7.2006 – 12 BV 04.1238 u. 31.3.1994 – 12 B 92.3005, FEVS 45, 214 u. ausdrücklich BT-Drs. 12/2866, 22; Kern in SFMK Rn. 6.
8 Ebenso HambOVG 3.4.2000 – 4 Bf 300/99, FEVS 52, 162; Reisch in JHSM Rn. 8; Kern in SFMK Rn. 7.

Anknüpfung der Zuständigkeit für Leistungen auch an junge Volljährige nicht in die Kostenerstattungsregelung des § 89e einbezogen ist.

7 Die Bestimmung der örtlichen Zuständigkeit nach Abs. 2 **endet**, wenn der junge Volljährige die Einrichtung oder sonstige Wohnform verlässt, ohne in eine neue überzuwechseln. Die Zuständigkeit nach Verlassen der Einrichtung oder sonstigen Wohnform bestimmt sich dann nach Abs. 1, wenn der junge Volljährige im Anschluss einen g.A. begründet.[9] Ist dies nicht der Fall, weil er im Anschluss lediglich einen tatsächlichen Aufenthalt hat, gilt Abs. 3 für die Zuständigkeitsbestimmung.

3 Anknüpfung an tatsächlichen Aufenthalt (Abs. 3 Hs. 1)

8 Hat der junge Volljährige **keinen g.A.**, knüpft die örtliche Zuständigkeit an seinen tatsächlichen Aufenthalt an (zum Begriff → § 86 Rn. 15). Steht nicht fest, ob bzw. wo der junge Volljährige einen g.A. begründet hat, ist eine analoge Anwendung des Abs. 3 nicht möglich, weil dann § 86d gilt.

4 Auch Schutz der Einrichtungsorte bei nur tats. Aufenthalt (Abs. 3 Hs. 2)

9 Auch bei der Anknüpfung an den tats. Aufenthalt gilt der Schutz der „Anstaltsorte" nach Abs. 2, wie aus Halbsatz 2 folgt. Wenn dort auf Absatz 2 hingewiesen wird, bedeutet dies, dass bei jeglichem Aufenthalt in einer Einrichtung oder sonstigen Wohnform, also **gleichgültig**, ob es sich um einen **gewöhnlichen** oder **tatsächlichen** Aufenthalt dort handelt, der Einrichtungsaufenthalt unberücksichtigt bleibt und stattdessen auf den **davor liegenden** (**gewöhnlichen** – so schon Abs. 2 – oder **tatsächlichen**) Aufenthalt abzustellen ist.[10]

5 Fortgesetzte Zuständigkeit bei Anschlussleistung (Abs. 4)

5.1 Fortsetzung derselben Leistung (Satz 1 Alt. 1)

10 Das Überschreiten der Volljährigkeitsschwelle soll nicht „Stolperschwelle" der Zuständigkeit werden, die die Kontinuität des Hilfeprozesses unterbrechen würde. Daher setzt sich die Zuständigkeit fort, die bisher nach § 86 für eine Leistung nach **§ 13 Abs. 3** oder nach **§ 21** bestand, wenn dieselbe Leistung weiterhin gewährt wird. Dies gilt nur, wenn die Leistung bereits vor Vollendung des 18. Lebensjahrs begonnen worden ist und danach fortgeführt wird.[11] Das ist nicht der Fall, wenn die bisherige Leistung mehr als 3 Monate unterbrochen (Satz 2; → Rn. 14) oder abgebrochen worden ist. Eine Zuständigkeitsbindung tritt ferner dann nicht ein, wenn die bisher bestehende Zuständigkeit rechtswidrig begründet worden ist.[12] Umgekehrt tritt die Zuständigkeitsbindung auch dann ein, wenn eine Leistung innerhalb der 3-Monatsfrist beim zuständigen Träger schon beantragt, aber noch nicht vor Erreichen der Volljährigkeitsgrenze gewährt worden ist.[13] Ist Hilfe im Weg des **§ 86d** (rechtmäßig) gewährt worden, bewirkt dies ebenfalls eine Zuständigkeitsbindung.[14]

5.2 Fortführung als (neue) Hilfe nach § 41 (Satz 1 Alt. 2)

11 Wurde vor Vollendung des 18. Lebensjahres eine Leistung nach §§ 13 Abs. 3, 19, 21, 27 bis 35a gewährt, der Inhalt dieser Leistung nach Volljährigkeit aber als „An-

9 Ebenso Kern in SFMK Rn. 8.
10 Ebenso Kern in SFMK Rn. 10; Reisch in JHSM Rn. 10; Bohnert in Hauck/Noftz Rn. 16; Loos in Wiesner Rn. 9.
11 Ebenso Kern in SFMK Rn. 11; ZSpr. EuG 53, 114.
12 Ebenso Reisch in JHSM Rn. 11.
13 Ebenso BayVGH 11.5.2007 – 12 C 07.593.
14 So VGH BW 23.3.2004 – 9 S 575/03, JAmt 2004, 546.

schlusshilfe" in die Form der Hilfe nach § **41** „gegossen", bleibt die bisher bestehende Zuständigkeit nach § 86 (bzw. nach § 86b für die Hilfe nach § 19) bestehen; die Zuständigkeit wird „stichtagsbezogen" auf den Tag der Volljährigkeit „festgeschrieben",[15] dh der Weg zurück in § 86 wird versperrt, auch wenn sich Umstände ändern, die zu einer anderen Zuständigkeit nach § 86 führen würden. Auch für die Annahme der „Anschlusshilfe" reicht es aus, dass die Hilfe nach § 41 beantragt worden ist.[16]

Dies gilt **auch** für die Hilfe nach § **19**. In § 86b ist nämlich nicht die Zuständigkeit für den Fall geregelt, dass diese Hilfe als Hilfe nach § **41** weitergeführt wird, sondern nur der Fall, dass sie Volljährigen (als Hilfe nach § 19) gewährt wird. § 86b ist daher nicht lex specialis zu § 86a.[17] § 86a gilt, wenn die Hilfe nach § **41** als „**Anschlusshilfe**" an die Hilfe nach § 19 gewährt wird; § 86b gilt, wenn die Hilfe nach § 19 vor und nach (oder auch nur nach) Volljährigkeit als Hilfe nach § **19** geleistet wird. 12

Wurde vor Vollendung des 18. Lebensjahrs HzE in einer Pflegefamilie gewährt und dabei die Zuständigkeit nach **§ 86 Abs. 6** begründet, setzt sich diese Zuständigkeit auch dann fort, wenn nach Volljährigkeit der Aufenthalt bei der Pflegeperson endet und zB im Heim fortgeführt wird; wegen der Kontinuität des Hilfeprozesses ist die Zuständigkeit dann weder nach § 86a Abs. 1 bis 3 noch nach § 86 Abs. 6 S. 3 neu zu bestimmen.[18] 13

5.3 Unschädliche Unterbrechung der Hilfen vor Volljährigkeit (Satz 2)

Zum Begriff der **Unterbrechung** → § 86 Rn. 11. Nach Satz 2 ist eine Unterbrechung der Hilfe bis zu 3 Monaten unschädlich, dauert die Unterbrechung länger, gilt sie (fiktiv) als **Abbruch** bzw. Beendigung mit der Folge, dass die Zuständigkeit für die vor Volljährigkeit geleistete Hilfe – wie bei einem wirklichen Abbruch – neu bestimmt werden müsste, wenn es nicht Satz 3 gäbe.[19] Satz 2 gilt nur für eine Unterbrechung der Hilfe **vor** Erreichen der Volljährigkeit[20] und zwar für **alle** in Satz 1 genannten Hilfen. Der 3-Monats-Zeitraum ist zu messen zwischen dem Zeitpunkt der Beendigung der Hilfe infolge einer Aufhebung der Bewilligungsentscheidung oder eines Zeitablaufs bei einer Befristung (→ § 27 Rn. 17 f.) und dem Zeitpunkt der Gewährung einer neuen Hilfe.[21] Unter „Hilfeleistung" ist nur eine der in Satz 1 genannten Leistungen zu verstehen, nicht dagegen andere Betreuungsleistungen.[22] Wird die Hilfe auf einer anderen Anspruchsgrundlage gewährt (zB zuerst § 19, dann §§ 27, 33), führt dies nicht zwangsläufig zum Ende der alten und zum Beginn einer neuen Hilfe, für die die Zuständigkeit neu zu bestimmen ist (→ § 86 Rn. 11).[23] Für die datumsmäßige Bestimmung des Zeitraums gilt § 26 SGB X. 14

15 So BVerwG 29.1.2004 – 5 C 9.03, JAmt 2004, 323 u. 11.12.2003 – 5 C 57/02 u. 14.11.2002 – 5 C 56/01, JAmt 2003, 319 im Anschluss an OVG NRW 14.9.2001 – 12 A 5134/99, JAmt 2002, 257.
16 So VG Freiburg 21.2.2006 – 4 K 413/05.
17 So aber Bohnert in Hauck/Noftz § 86b Rn. 1; Kern in SFMK Rn. 5.
18 S. hierzu BVerwG 29.1.2004 – 5 C 9.03, JAmt 2004, 323 u. 11.12.2003 – 5 C 57/02 u. 14.11.2002 – 5 C 56/01, JAmt 2003, 319.
19 S. hierzu auch VG Würzburg 25.2.2010 – W 3 K 09.788, juris Rn. 23.
20 AA Lange in jurisPK-SGB VIII Rn. 35.
21 Die noch in der 5. Auflage vertretene Auffassung, dass es auf die Prüfung der Hilfe ankomme, wird nicht aufrecht erhalten. S. zum Zeitpunkt der Hilfegewährung auch → Rn. 15 und Lange in jurisPK-SGB VIII Rn. 39: Zeitpunkt der tatsächlichen Hilfegewährung.
22 Ebenso Kern in SFMK Rn. 13.
23 Lange in jurisPK-SGB VIII Rn. 37; DIJuF Rechtsgutachten, JAmt 2013, 453.

5.4 Unschädlicher Abbruch der Hilfe nach § 41 (Satz 3)

15 Der Wortlaut des Satzes 3 bezieht sich nur auf die zweite Alternative des Satzes 1, also auf die Hilfe nach § 41 als „Anschlusshilfe" nach Erreichen der Volljährigkeit. Für diese soll gelten, dass die einmal begründete Zuständigkeit beibehalten wird, auch wenn die Hilfe beendet worden ist, aber innerhalb von 3 Monaten neu „erforderlich wird". Nach der Rspr. des BVerwG wird die Hilfe in diesem Sinne bereits dann „erforderlich", „wenn der jugendhilferechtliche Bedarf an den Jugendhilfeträger herangetragen wird und dieser sich zum Tätigwerden veranlasst sehen muss".[24] Das Ende bzw. der **Abbruch** der Hilfe wird wie eine **Unterbrechung** behandelt.[25] Die Voraussetzung „beendet war", setzt nach Auffassung des BVerwG voraus, dass eine zunächst geleistete „durch Bescheid eingestellt"[26] und nicht mehr erbracht worden ist.[27] Eine neue Gewährung der Hilfe nach § 41 scheidet aus, wenn der junge Volljährige das 21. Lj. vollendet hat.[28]

5.5 Lückenschließung

16 Auch hier – wie bei § 86 – führt das Bemühen um Perfektionierung der Zuständigkeitsregelung dazu, dass mehr Lücken aufgerissen als geschlossen werden. Diese planwidrigen **Lücken** müssen mit **analoger** Anwendung der Sätze 2 u. 3 geschlossen werden, um dem Zweck der Regelung, Kontinuität zu erreichen, gerecht zu werden. Das bedeutet (erstens): S. 3 gilt auch, wenn die Hilfe nach § 41 nicht beendet bzw. abgebrochen, sondern **unterbrochen** wird; (zweitens): S. 3 gilt auch für Ende bzw. Abbruch der Hilfen der **1. Alt.** des S. 1 (§§ 13 Abs. 3, 21) nach Erreichen der Volljährigkeit;[29] (drittens): S. 2 gilt auch für eine Unterbrechung der Hilfen aus S. 1 **nach** Volljährigkeit.

17 **„Eine"** Unterbrechung ist nicht als Zahlwort zu verstehen, sondern als unbestimmter Artikel. Dies bedeutet, dass eine Unterbrechung der Hilfe nach § 41 auch mehrmals auftreten kann, ohne dass die einmal begründete örtliche Zuständigkeit sich ändert, wenn nur der Unterbrechungszeitraum jedes Mal nicht mehr als 3 Monate beträgt.

5.6 Abschließende Regelung

18 Die **fortgesetzte** Zuständigkeit bezieht sich nur auf die in Satz 1 genannten Leistungen. Zu diesen gehören aber auch die sog. **Annex-Leistungen** der §§ 39, 40.[30]

19 Im Verhältnis zu den Abs. 1 bis 3 ist Abs. 4 lex specialis. Dies bedeutet, dass auch wenn eine der Hilfen des Satzes 1 in einer **Einrichtung** geleistet wurde, der dafür örtlich zuständige Träger zuständig bleibt – ohne Rücksicht auf den Schutz der Anstaltsorte nach Abs. 2 oder Abs. 3 Hs. 2.[31]

---

24 BVerwG 28.4.2016 – 5 C 13/15, juris Rn. 21.
25 Ebenso BVerwG 18.5.2009 – 5 B 22/09, EuG 2010, 397.
26 Nach hier vertretener Auffassung kann eine Hilfe nicht „durch Bescheid eingestellt" werden. Rechtlich zulässig ist aber eine Aufhebung nach §§ 44 f. SGB X. Hierzu → § 27 Rn. 17.
27 BVerwG 28.4.2016 – 5 C 13/15, juris Rn. 22.
28 Ebenso VG Würzburg 25.2.2010 – W 3 K 09.788.
29 Ebenso Bohnert in Hauck/Noftz Rn. 24.
30 Ebenso Kern in SFMK Rn. 15.
31 Im Ergebnis ebenso ZSpr. EuG 50, 291.

§ 86b Örtliche Zuständigkeit für Leistungen in gemeinsamen Wohnformen für Mütter/Väter und Kinder

(1) [1]Für Leistungen in gemeinsamen Wohnformen für Mütter oder Väter und Kinder ist der örtliche Träger zuständig, in dessen Bereich der nach § 19 Leistungsberechtigte vor Beginn der Leistung seinen gewöhnlichen Aufenthalt hat. [2]§ 86a Absatz 2 gilt entsprechend.

(2) Hat der Leistungsberechtigte keinen gewöhnlichen Aufenthalt, so richtet sich die Zuständigkeit nach seinem tatsächlichen Aufenthalt zu dem in Absatz 1 genannten Zeitpunkt.

(3) [1]Geht der Leistung Hilfe nach den §§ 27 bis 35a oder eine Leistung nach § 13 Absatz 3, § 21 oder § 41 voraus, so bleibt der örtliche Träger zuständig, der bisher zuständig war. [2]Eine Unterbrechung der Hilfeleistung von bis zu drei Monaten bleibt dabei außer Betracht.

1 Primär: Anknüpfung an g.A. von Mutter/Vater vor Leistungsbeginn (Abs. 1)

Auch bei **minderjährigen** Leistungsberechtigten richtet sich die Zuständigkeit gem. § 86 b grundsätzlich nach ihrem **eigenen** Aufenthaltsort (g.A. oder tats. Aufenthalt) vor Leistungsbeginn. Damit weicht der Gesetzgeber von der Grundregel ab, die er sonst bei Minderjährigen durchhält, nämlich die Zuständigkeit am Aufenthaltsort der Eltern bzw. des Elternteils bzw. des PSB aufzuhängen. 1

Maßgebend ist gem. **Satz 1** der g.A. (zum Begriff → § 86 Rn. 13) von Mutter oder Vater unmittelbar vor Beginn der Leistung (zum Begriff näher → § 86 Rn. 9) nach § 19.[1] Obgleich maßgeblicher Zeitpunkt für die Beurteilung der Tatbestandsvoraussetzungen des § 19 der Zeitpunkt der Antragstellung ist und nicht der Zeitpunkt der behördlichen Entscheidung,[2] ist der Zeitpunkt „vor Beginn der Leistung" iSd § 86b Abs. 1 S. 1 ebenso wie bei § 86 zu bestimmen.[3] Es ist auf den Zeitpunkt der tatsächlichen Hilfegewährung und nicht auf den Zeitpunkt der Antragstellung[4] abzustellen.[5] 2

Bezüglich der Beantwortung der Frage, ob eine auf diese Weise begründete Zuständigkeit später wieder entfällt, ist allerdings fraglich, ob die Rechtsprechung des BVerwG zur Unterbrechung eines Hilfeprozesses im Rahmen des § 86 auf § 86b uneingeschränkt übertragen werden kann. Im Rahmen des § 86 gilt, dass eine Unterbrechung oder Beendigung der Leistung mit der Folge eines möglichen Zuständigkeitswechsels bei einem einheitlichen, ununterbrochenen Hilfeprozess nicht allein deswegen eintritt, weil die Leistung sich ändert und einer anderen Nummer des § 2 Abs. 2 zuzuordnen ist. Vielmehr liegt eine zuständigkeitsrechtlich einheitliche Leistung dann vor, wenn sich die Hilfegewährung ungeachtet aller Modifikationen, Änderungen und Ergänzungen noch als Fortsetzung der ursprünglichen Hilfemaßnahme darstellt und nicht der

1 Auf andere Leistungen ist nicht abzustellen, s. hierzu auch Lange in jurisPK-SGB VIII Rn. 8.
2 Hierzu → § 19 Rn. 2 und BayVGH 29.4.2013 – 12 CE 12.2738, juris Rn. 18 u. 19.
3 S. hierzu OVG NRW 16.7.2014 – 12 A 717/14, juris Rn. 9.
4 Die noch in der 5. Auflage vertretene Auffassung wird aufgrund der Rspr. des BVerwG zum Leistungsbegriff aufgegeben.
5 S. hierzu auch Lange in jurisPK-SGB VIII Rn. 9.

Deckung eines andersartigen, neu entstandenen Bedarfs dient (→ § 86 Rn. 11).[6] Eine solche statische Fortgeltung der früheren Zuständigkeit im Rahmen des § 86b bei Beendigung der Hilfegewährung nach § 19 gibt der Wortlaut des § 86b allerdings nicht her. Schon aufgrund des eindeutigen Wortlautes erfasst § 86b nicht die nach einer Unterbringung in einer Einrichtung iSv § 19 geleistete andere Art von Hilfe, sondern regelt nur die Zuständigkeit für Leistungen in gemeinsamen Wohnformen. Aufgrund des eindeutigen Wortlautes des § 86b verbietet sich jede andere Auslegung. Mögliche Anschlussleistungen sind zuständigkeitsrechtlich daher neu zu beurteilen.[7] Das Kind hat keine eigene Leistungsberechtigung (→ § 19 Rn. 1).[8] Die Zuständigkeitsregelung umfasst alle Leistungen, die im Rahmen des § 19 an Leistungsberechtigte erbracht werden, also auch die an Schwangere (→ § 19 Rn. 11).

Mit Neuregelung durch Art. 1 des KJSG mit Wirkung vom 10.6.2021 ist nach § 19 Abs. 2 auch der Einbezug des anderen Elternteils oder einer Lebenspartnerin bzw. Partners möglich.[9] Eine entsprechende klarstellende Rechtsänderung in § 86b hat der Gesetzgeber wohl versehentlich nicht in Angriff genommen. „Der nach § 19 Leistungsberechtigte" iSd § 86b ist auch bei Einbeziehung des anderen Elternteils oder eines neuen Lebenspartners nach hiesiger Auffassung der vorrangig „betreute Elternteil" iSd § 19 Abs. 2 S. 1.

3 Aus dem Verweis in **Satz 2** auf die entsprechende Anwendung von § 86a Abs. 2 ergibt sich, dass auch bei Leistungen nach § 19 der **Schutz der Einrichtungsorte** gewährleistet wird (→ § 86a Rn. 5).

2 Subsidiär: Anknüpfung an tatsächlichen Aufenthalt, wenn kein g.A. vorhanden (Abs. 2)

4 Die Zuständigkeit richtet sich nur dann nach dem tatsächlichen Aufenthalt (zum Begriff → § 86 Rn. 15), wenn die Leistungsberechtigte unmittelbar vor Leistungsbeginn **keinen** g.A. hatte. In Fällen, in denen **nicht feststeht**, ob bzw. wo die Leistungsberechtigte einen g.A. begründet hat, gilt **§ 86d.**

5 Der Verweis auf Abs. 1 schließt dessen **Satz 2** mit ein. Die entsprechende Geltung des § 86a Abs. 2 bedeutet somit, dass auch bei nur tatsächlichem vorausgehendem Aufenthalt in einer Einrichtung der tatsächliche Aufenthalt vor Aufnahme in die Einrichtung maßgeblich ist, wenn ein g.A. vor Aufnahme in diese nicht vorhanden war.[10]

3 Ausnahme: Fortgesetzte Zuständigkeit bei Anschlussleistung (Abs. 3)

6 Wird vor Beginn der Leistung nach § 19 Hilfe nach den §§ 27 bis 35a oder nach § 13 Abs. 3, § 21 oder § 41 geleistet, bleibt die für diese Hilfen maßgebende örtliche Zuständigkeit des (sachlich zuständigen) örtlichen Trägers bestehen (**Satz 1**), weil diese Hilfen in einem natürlichen Zusammenhang mit der Hilfe nach § 19 stehen.[11] Die Hil-

6 BVerwG 29.1.2004 – 5 C 9/03, juris Rn. 19 f.; BVerwG 19.10.2011 – 5 C 25/10, juris Rn. 30.
7 S. hierzu OVG NRW 19.10.2011 – 12 A 1493/11, juris Rn. 8 sowie VG Bayreuth 31.10.2016 – B 3 K 15.698, Rn. 29 f.; aA VG Ansbach 21.2.2013 – AN 14 K 12.00835, juris Rn. 25 f.; VG Ansbach 28.11.2012 – AN 14 E 12.01998, juris Rn. 21 f.; Lange in jurisPK-SGB VIII Rn. 11. S. hierzu auch BayVGH 2.12.2019 – 12 BV 19.1737, juris Rn. 31; BayVGH 7.11.2019 – 12 ZB 17.951 juris Rn. 15; VG Freiburg 8.5.2019 – 4 K 11343/17, juris Rn. 18 f. S. hierzu auch DIJuF Rechtsgutachten JAmt 2020, 260.
8 Ebenso Kern in SFMK Rn. 4; aA Elzholz DAVorm 1994/330.
9 S. hierzu BT-Drs. 19(13)137, 94.
10 Ebenso Reisch in JHSM Rn. 8; Bohnert in Hauck/Noftz Rn. 15 f.; Mrozynski SGB VIII Rn. 2; aA Krug in Krug/Riehle Erl. IV.
11 So VG Arnsberg 15.1.2008 – 11 K 480/07, EuG 2009, 287.

fe nach § 19 ist kein aliud zu den vorausgegangenen Hilfen, so dass es gerechtfertigt ist, diese Hilfe dem nach § 86 für die vorausgegangenen Hilfen zuständigen Träger „anzukleben". Diese Regelung dient (ebenso wie die des § 86a Abs. 4) der Sicherung eines kontinuierlichen Hilfeprozesses.[12] Aus diesem Zweck folgt, dass nicht nur bei einem Leistungswechsel, sondern auch bei **Leistungskumulierung** (→ § 19 Rn. 19 ff.) die für die zuerst gewährte Leistung bestehende Zuständigkeit aus § 86 erhalten bleibt. Ist der Vater noch nicht festgestellt, richtet sich somit die örtliche Zuständigkeit gem. § 86 Abs. 1 S. 2 nach dem g.A. der Mutter. Da in § 86 ein Schutz der Anstaltsorte nicht vorgesehen ist, ist dies der Ort, an dem die Mutter mit dem Kind für die Hilfe nach § 19 in einer Einrichtung untergebracht war. Der für diesen Ort zuständige örtliche Träger kann dann einen Kostenerstattungsanspruch gem. § 89e gegen den Träger geltend machen, in dessen Bereich die Mutter/der Vater vor Gewährung der Hilfe nach § 19 in der Einrichtung ihren/seinen g.A. hatte.[13]

Setzt die Hilfe nach § 19 erst **nach Entbindung** im Krankenhaus ein, ist der örtliche Träger örtlich zuständig, in dessen Bereich der g.A. der Schwangeren vor Aufnahme ins Krankenhaus bestand (§ 86b Abs. 1 S. 1), da sie in der Klinik nur einen tatsächlichen Aufenthalt hatte. Ist der g.A. vor Aufnahme in die Klinik nicht feststellbar, ist der örtliche Träger, in dessen Bereich die Klinik liegt, gem. § 86d örtlich zuständig;[14] ebenso – dann aber gem. § 86b Abs. 2 –, wenn festgestellt wurde, dass kein g.A. vor der Aufnahme bestand. 7

Satz 2 wird der Erfahrung in der Jugendhilfepraxis gerecht, dass immer wieder eine Leistung unterbrochen wird. Die Regelung stellt klar, dass eine **Unterbrechung** von bis zu 3 Monaten **unschädlich** ist (zu Fristbeginn und Fristende → § 86a Rn. 14 f.). Dies bedeutet, dass die Zuständigkeit für die Hilfe nach § 19 von der Unterbrechung einer zuvor gewährten Leistung nicht berührt wird. Lediglich bei Unterbrechungen von über 3 Monaten beginnt eine neue Zuständigkeitsprüfung unter Einschluss aller Varianten des § 86b. Die Gründe für die Unterbrechung sind unmaßgeblich. Ein Krankenhausaufenthalt stellt keine Unterbrechung der Leistung dar, es sei denn, die zuvor gewährte Leistung wird anschließend nicht fortgesetzt.[15] Zum Begriff der Unterbrechung → § 86 Rn. 11. 8

Von der Unterbrechung zu unterscheiden sind **Abbruch** bzw. **Beendigung** der Hilfe (zur Beendigung bzw. Einstellung der Hilfe → § 86 Rn. 11) ohne Wiederaufnahmeperspektive (→ § 86 Rn. 11). Wird sie später dennoch erneut gewährt, ist die Zuständigkeit neu zu bestimmen, da § 86b keine dem § 86a Abs. 4 S. 3 entsprechende Regelung enthält. Dies ist keine planwidrige Lücke, die mit analoger Anwendung zu schließen wäre, sondern vom Gesetzgeber bewusst so geregelt worden.[16] 9

Erfolgt die Leistungsgewährung in **umgekehrter** Reihenfolge, nämlich zunächst als Hilfe nach § 19 und daran anschließend als Hilfe nach §§ 27, 33, liegt ebenfalls keine Regelungslücke vor; vielmehr ist dann die Zuständigkeit für die HzE nach § 86 neu zu bestimmen, ohne dass § 86b anwendbar wäre.[17] 10

---

12 Ebenso Lange in jurisPK-SGB VIII Rn. 17.
13 Ebenso DV NDV 1999, 289.
14 Ebenso VG Düsseldorf NDV-RD 1999, 86; Lange in jurisPK-SGB VIII Rn. 16.
15 So VG Aachen 25.10.2005 – 2 K 1949/02.
16 So OVG NRW 12.3.2009 – 12 A 689/08; bestätigend VG Arnsberg 15.1.2008 – 11 K 480/07, EuG 2009, 287; ebenso Lange in jurisPK-SGB VIII Rn. 19 mit Argumenten, die für eine bewusste Regelung durch den Gesetzgeber sprechen.
17 Ebenso VG Hamburg 15.6.2009 – 13 K 2641/07; VG München, JAmt 2002, 523.

§ 86c Fortdauernde Leistungsverpflichtung und Fallübergabe bei Zuständigkeitswechsel

(1) [1]Wechselt die örtliche Zuständigkeit für eine Leistung, so bleibt der bisher zuständige örtliche Träger so lange zur Gewährung der Leistung verpflichtet, bis der nunmehr zuständige örtliche Träger die Leistung fortsetzt. [2]Dieser hat dafür Sorge zu tragen, dass der Hilfeprozess und die im Rahmen der Hilfeplanung vereinbarten Hilfeziele durch den Zuständigkeitswechsel nicht gefährdet werden.

(2) [1]Der örtliche Träger, der von den Umständen Kenntnis erhält, die den Wechsel der Zuständigkeit begründen, hat den anderen davon unverzüglich zu unterrichten. [2]Der bisher zuständige örtliche Träger hat dem nunmehr zuständigen örtlichen Träger unverzüglich die für die Hilfegewährung sowie den Zuständigkeitswechsel maßgeblichen Sozialdaten zu übermitteln. [3]Bei der Fortsetzung von Leistungen, die der Hilfeplanung nach § 36 Absatz 2 unterliegen, ist die Fallverantwortung im Rahmen eines Gespräches zu übergeben. [4]Die Personensorgeberechtigten und das Kind oder der Jugendliche sowie der junge Volljährige oder der Leistungsberechtigte nach § 19 sind an der Übergabe angemessen zu beteiligen.

§ 2 SGB X Örtliche Zuständigkeit

…

(3) [1]Hat die örtliche Zuständigkeit gewechselt, muss die bisher zuständige Behörde die Leistungen noch solange erbringen, bis sie von der nunmehr zuständigen Behörde fortgesetzt werden. [2]Diese hat der bisher zuständigen Behörde die nach dem Zuständigkeitswechsel noch erbrachten Leistungen auf Anforderung zu erstatten. [3]§ 102 Abs. 2 gilt entsprechend.

…

1 „Leistungsstafette“ trotz Zuständigkeitswechsels (Abs. 1 Satz 1)

1 §§ 86c und 86d enthalten **keine Zuständigkeitsregelungen**, sondern setzen diese voraus und ergänzen sie um **zuständigkeitsbegleitende Pflichten**, damit der Berechtigte nicht zwischen die „Zuständigkeitsstühle fällt“.[1] § 86c ist – gleichsam als Brücke zwischen zwei Zuständigkeitspfeilern – eine (formelle) Verlängerung der materiellen Anspruchsgrundlage.[2] Grundvoraussetzung für die Anwendbarkeit des § 86c ist also, dass tatsächlich ein Wechsel der örtlichen Zuständigkeit nach §§ 86 ff. eintritt. Satz 1 gilt für jeden Wechsel der **örtlichen** Zuständigkeit nach §§ 86,[3] 86a, 86b – also für **Leistungen**, nicht für andere Aufgaben wie zB die Beistandschaft.[4] Die danach begrün-

1 Ähnlich VGH BW 23.3.2004 – 9 S 575/03; Eschelbach in FK-SGB VIII Rn. 1; s. hierzu auch OVG NRW 16.7.2014 – 12 A 717/14, juris Rn. 9.
2 Ebenso VG Braunschweig 2.12.2004 – 3 A 78/04; ähnlich Reisch in JHSM Rn. 1.
3 Einschl. Abs. 6; so OLG Stuttgart 23.7.2003 – 4 U 42/03, ZfJ 2004, 193.
4 Allerdings erklärt § 87 c Abs. 5 S. 2 Hs. 2 die Regelung des § 86 c für entsprechend anwendbar, hierzu → § 87 c Rn. 36.

dete Zuständigkeit muss (erstens) **zu Recht** vorgelegen haben, weil nur dann eine bisherige Zuständigkeit vorlag.[5] Wurde die Zuständigkeit zu Unrecht angenommen, war die Hilfegewährung rechtswidrig und ist durch Rücknahmebescheid unter den Voraussetzungen des § 45 SGB X zu beenden (→ Anh. 5 Rn. 45). An einer rechtswidrig begründeten Zuständigkeit muss sich der Träger nicht festhalten lassen. Liegt eine zu Recht begründete örtliche Zuständigkeit vor, ist (zweitens) nach denselben Vorschriften zu prüfen, ob sie **gewechselt** hat. Dies ist nicht der Fall, wenn zB ein Wechsel in der Personensorge noch nicht stattgefunden hat, weil vorläufig nur das Aufenthaltsbestimmungsrecht übertragen worden ist.[6]

§ 86c gilt nur im Verhältnis zwischen **örtlichen** Trägern, also nicht für die örtliche Zuständigkeit des überörtlichen Trägers nach § 88;[7] dies unterscheidet ihn von § 2 Abs. 3 SGB X. 2

Als Folge eines Zuständigkeitswechsels verpflichtet § 86c Abs. 1 S. 1 den alten Träger dazu, die Leistung fortzusetzen, um einen **nahtlosen** Hilfeprozess zu ermöglichen („Leistungsstafette"). Diese Verpflichtung gilt unabhängig davon, warum der neue Träger die alte Leistung nicht gewährt. Er kann beispielsweise seine Zuständigkeit nicht für gegeben halten oder es sind ihm die den Zuständigkeitswechsel begründenden Umstände unbekannt geblieben (zB der Umzug der Eltern). Es kommt auch nicht darauf an, ob der neue Träger daran gehindert ist, die Leistung zu erbringen, weil beispielsweise der Leistungsberechtigte (in – unzulässiger – Ausübung seines Wunsch- und Wahlrechts) es vorzieht, die Leistung vom alten Träger zu erhalten. Kommt der „Zuständigkeitskandidat" aber nach Prüfung zum Ergebnis, dass entweder die materiellen oder die formellen Voraussetzungen einer Hilfe (insbes. seine Zuständigkeit) nicht vorliegen, und **lehnt** er deshalb die Hilfegewährung **ab, endet** damit die Leistungspflicht des alten Trägers.[8] Der Leistungsberechtigte muss dann die Hilfe bei dem Träger einklagen, den er für verpflichtet hält. Der die Zuständigkeit bestreitende Träger kann beim Verwaltungsgericht Feststellungsklage gem. § 43 VwGO erheben.[9] Nicht ausreichend für einen Wegfall der Verpflichtung zur Leistung des bisherigen örtlichen Trägers ist allerdings eine bloße Vereinbarung zwischen den beiden Trägern oder eine dem bisherigen Träger gegenüber abgegebene Absichtserklärung. Im Interesse des Leistungsberechtigten an der Kontinuität der Leistungserbringung ist darauf abzustellen, ob der nunmehr zuständige Jugendhilfeträger den Hilfefall tatsächlich in die eigene Regelungszuständigkeit übernommen hat, was in Gestalt einer weiteren Hilfegewährung, aber auch einer auf materielle Gründe gestützten Leistungsablehnung geschehen kann.[10] 3

Eine Leistungspflicht des alten Trägers besteht nur dann, wenn er mit der Gewährung der Leistung schon begonnen hatte (zum Begriff des Leistungsbeginns näher → § 86 Rn. 9). Dies ist erst der Fall, wenn er nicht nur einen Leistungsbescheid erlassen hat, sondern die Hilfegewährung auch schon **tatsächlich** begonnen hatte.[11] Der Wechsel 4

5 Ebenso Reisch in JHSM Rn. 1; NdsOVG 5.12.1994 – 4 M 4924/94, FEVS 46, 62.
6 So OVG NRW 12.1.2009 – 12 A 2357/07.
7 Hierzu VG Hamburg 2.8.2009 – 13 K 1979/08.
8 Ebenso OVG Saarl 29.1.2013 – 3 A 206/12, juris Rn. 62; BVerwG 14.11.2002 – 5 C 51/01, FEVS 54, 307; VG Lüneburg 27.2.2001 – 4 A 167/98; Loos in Wiesner Rn. 5; Kern in SFMK Rn. 8; Uhl/Orth in Krug/Riehle Rn. 9; Eschelbach in FK-SGB VIII Rn. 3; Roesler in Jung Rn. 3.
9 Ebenso Reisch in JHSM Rn. 6.
10 OVG Saarl 29.1.2013 – 3 A 206/12, juris Rn. 69; BVerwG 24.9.2007 – 5 B 154/07, juris Rn. 5.
11 Ebenso Mrozynski SGB VIII Rn. 1; aA Lange in jurisPK-SGB VIII Rn. 19: Eine Leistungspflicht besteht auch dann, wenn die Leistung bereits bewilligt, aber „noch nichts ins Werk gesetzt" worden ist.

der Zuständigkeit muss während der Leistungsgewährung an den Leistungsberechtigten stattgefunden haben.[12]

5 Setzt der neue Träger zwar die Leistung fort, aber inhaltlich nicht „deckungsgleich" mit der Hilfe des alten Trägers, endet die Leistungspflicht des alten Trägers dennoch. Ist zB das Leistungsangebot zur Betreuung in einer **Kindertagesstätte** unterschiedlich ausgestaltet, liegt dennoch eine Fortsetzung der Leistung vor, wenn das Angebot konkret und individuell bestimmt ist.[13] Der neu zuständige Träger muss in eigener Verantwortung prüfen, in welchem Umfang und in welcher Art er die Hilfe leistet.

§ 86c setzt für eine Verpflichtung zur Leistung des bisherigen Trägers nach dem Gesetzeswortlaut zwingend voraus, dass die Leistung bereits in der Vergangenheit erbracht worden ist („fortsetzt"). Für den Begriff „der Leistung" iSd Abs. 1 S. 1 ist dabei auf die Rspr. des Bundesverwaltungsgerichts zum Leistungsbegriff (→ § 86 Rn. 11) abzustellen. Ergibt sich nach einem Wechsel der örtlichen Zuständigkeit die Notwendigkeit, die Leistung auf Basis einer anderen Anspruchsgrundlage zu erbringen, führt dies nicht zwangsläufig dazu, dass die Leistungsverpflichtung aus § 86c entfällt.[14] Zu prüfen ist vielmehr, ob ein qualitativ unveränderter Bedarf[15] mit der Leistung gedeckt wird (→ § 86 Rn. 11). Ist dies der Fall, bleibt der bisher zuständige Träger zur Gewährung „der Leistung" verpflichtet.

6 Hat die Zuständigkeit gewechselt, ohne dass der alte Träger sich dessen bewusst war, und leistet er deshalb **weiterhin Hilfe**, geschieht dies nicht im Rahmen seiner Zuständigkeit (→ Rn. 1), sondern im Rahmen der fortdauernden Leistungsverpflichtung.[16] Dies hat Bedeutung für den Kostenerstattungsanspruch nach § 89c.

7 Die Verpflichtung zur Fortsetzung der Leistung besteht unabhängig davon, ob einer der Träger **Kenntnis** vom Zuständigkeitswechsel hat[17] und unabhängig von der Unterrichtung nach Abs. 2 S. 1.[18] Sie setzt auch keine rechtsgeschäftliche **Vereinbarung** oder ein „Übergabeprotokoll"[19] oder ein Kostenanerkenntnis[20] voraus.

8 Ein **Anspruch** des bisher zuständigen Trägers gegen den nun zuständigen Träger auf Fortführung der Leistung besteht nicht, sondern nur auf Kostenerstattung nach § 89c.[21] Die nach § 97 mögliche Feststellung bewirkt keinen eigenen Anspruch.[22] Daher scheidet – zwischen den Trägern – auch ein Schadensersatz wg. Amtspflichtverletzung (§ 839 BGB) aus.[23]

9 Ein nach § 10 bestehender **Nachrang** bewirkt nicht die Freistellung des nachrangig verpflichteten Trägers und keine alleinige Zuständigkeit des vorrangig verpflichteten. Vielmehr ist der nachrangige Träger in eigener – nach § 86c fortwirkender – Zustän-

12 So VG Düsseldorf 5.11.2009 – 24 K 1012/09.
13 So BVerwG 14.11.2002 – 5 C 57/01, FEVS 54, 297 bestätigend NdsOVG 22.2.2001 – 12 L 3001/00, ZfJ 2001, 228.
14 Ebenso Lange in jurisPK-SGB VIII Rn. 28; aA wohl Kern in SFMK Rn. 5 unter Hinweis auf DIJuF JAmt 2003, 586. Die in der 5. Auflage noch vertretene Auffassung, dass die Hilfe auf derselben Anspruchsgrundlage gewährt werden müsse, wird aufgrund der Rspr. des Bundesverwaltungsgerichts zum Leistungsbegriff nicht aufrecht erhalten.
15 S. hierzu OVG NRW 7.4.2011 – 12 B 392/11, juris Rn. 20.
16 Ebenso Kern in SFMK Rn. 9; ZSpr. EuG 53, 77; aA Spr.St. München EuG 52, 349.
17 Ebenso BVerwG 14.11.2002 – 5 C 51/01, FEVS 54, 307 bestätigend SchlHOVG 13.6.2001 – 2 L 4/01; Kern in SFMK Rn. 9.
18 So VG Leipzig18.12.2002 – 2 K 481/99; Mrozynski Rn. 3.
19 So BVerwG 24.9.2007 – 5 B 154/07 bestätigend SchlHOVG 23.5.2007 – 2 LB 26/06.
20 So VG Düsseldorf 28.1.2003 – 19 K 8128/99.
21 Ebenso VG Düsseldorf 28.1.2003 – 19 K 8128/99; VG Düsseldorf 29.11.2011 – 19 K 3677/11, juris Rn. 28.
22 AA aber wohl DIJuF JAmt 2009, 178 u. 2004, 419.
23 AA Kern in SFMK Rn. 7, der sich zu Unrecht auf OLG Stuttgart 23.7.2003 – 4 U 42/03, ZfJ 2004, 193 beruft.

digkeit zur Leistung verpflichtet.[24] Die Leistung des nachrangig verpflichteten Trägers erfolgt rechtmäßig, weil der Nachrang nichts an seiner Zuständigkeit ändert.[25]

2 Fortsetzung des Hilfeprozesses unter Berücksichtigung der vereinbarten Hilfeziele (Abs. 1 Satz 2)

Mit Abs. 1 Satz 2 wird der neu zuständig gewordene örtliche Träger dazu angehalten, 10 die Kontinuität bezüglich des Hilfeprozesses auch nach einem Zuständigkeitswechsel zu wahren. Belastungen des Hilfeprozesses durch den Zuständigkeitswechsel sollen vermieden werden. Die bisherige Zielrichtung des Hilfeprozesses soll nur dann geändert werden, wenn dies zum Wohl des Kindes oder Jugendlichen erforderlich ist.[26]

Der Regelungsgehalt dieser Vorschrift ist gering. Ein subjektives Recht des Betroffenen auf Beibehaltung der bisherigen Hilfe kann aus der Vorschrift nicht gefolgert werden. Vielmehr handelt es sich lediglich um eine objektiv rechtliche Verpflichtung für die neu zuständige Behörde, den bisherigen Hilfeprozess nicht zu gefährden.[27]

3 Unterrichtungspflicht (Abs. 2 Satz 1)

Jeder der beteiligten beiden Träger hat die Pflicht, den anderen zu unterrichten, wenn 11 er die Umstände kennt, die den Zuständigkeitswechsel begründet haben, zB den Umzug der Eltern oder Änderungen des Sorgerechts oder den zweijährigen Aufenthalt des Kindes bei einer Pflegeperson. Diese Unterrichtung muss **unverzüglich** erfolgen, also ohne schuldhaftes Zögern (§ 121 Abs. 1 S. 1 BGB). Dies bedeutet, dass die Information innerhalb einiger Tage erfolgen muss.[28]

Die Verletzung dieser Pflicht hat keine Auswirkungen auf einen späteren Kostenerstat- 12 tungsanspruch gem. § 89c.[29] Eine inhaltlich über diese Pflicht hinausreichende Informationspflicht bei einem Zuständigkeitswechsel trifft aber den einzelnen Mitarbeiter aufgrund seiner strafrechtlichen **Garantenstellung** bei Gefährdung eines Kindes (→ § 86 Rn. 84). Unberührt bleibt die Unterrichtungspflicht der **Eltern** nach § 86 Abs. 5 S. 2 (→ § 86 Rn. 57).

4 Übermittlung von Sozialdaten (Abs. 2 Satz 2)

§ 86c Abs. 2 S. 2 verpflichtet den bisher zuständigen örtlichen Träger dem neu zustän- 13 dig gewordenen örtlichen Träger unverzüglich die für die Hilfegewährung und für den Zuständigkeitswechsel maßgeblichen Sozialdaten zu übermitteln. Die Vorschrift begründet damit eine Verpflichtung zur Datenübermittlung. Da mit der Übermittlung der Sozialdaten in das Sozialgeheimnis (§ 35 SGB I iVm § 61 Abs. 1 SGB VIII) eingegriffen wird, ist hierfür eine Rechtsgrundlage erforderlich. Eine solche kann § 86c Abs. 2 S. 2 nicht darstellen.[30] Nach dem Gebot der Bestimmtheit und Normenklarheit muss aus der Norm ersichtlich sein, unter welchen Voraussetzungen eine Datenübermittlung zulässig ist, damit sich der Bürger auf mögliche belastende Maßnahmen einstellen kann.[31] Eine solche hinreichend bestimmte Norm besteht aber mit § 69 SGB X.

24 So BVerwG 22.5.2008 – 5 B 203/07, JAmt 2008, 438 bestätigend NdsOVG 25.7.2007 – 4 LB 91/07.
25 So VG Ansbach 29.7.2010 – AN 14 K 08.00789.
26 BT-Drs. 17/6256, 28.
27 S. hierzu auch Lange in jurisPK-SGB VIII Rn. 25.
28 So BVerwG 24.6.1999 – 5 C 24/98, FEVS 51, 152 – allerdings zu § 42.
29 So BVerwG 14.11.2002 – 5 C 51/01, FEVS 54, 307; zweifelnd („soll") Bohnert in Hauck/Noftz Rn. 17.
30 Ebenso Loos in Wiesner Rn. 10; wohl auch Eschelbach in FK-SGB VIII Rn. 7; Lange in jurisPK-SGB VIII Rn. 34.
31 BVerfG 3.3.2004 – 1 BvF 3/92, juris Rn. 102 f.

Die Datenübermittlung ist gem. § 69 Abs. 1 Nr. 1 SGB X (→ § 61 Rn. 63, 112) zulässig.

Die Übermittlung ist allerdings nur so weit zulässig, als sie erforderlich ist, die Unterrichtungspflicht zu erfüllen. Die gesamte Akte zu übersenden, ist zur Erfüllung dieser Pflicht nicht notwendig; es genügt, die für die Hilfegewährung und für den Zuständigkeitswechsel maßgeblichen Sozialdaten mitzuteilen. Die **Übersendung des Hilfeplans** ist erforderlich, um eine nahtlose Fortsetzung der Hilfe zu gewährleisten.[32] Soweit sich im Hilfeplan anvertraute Daten iSv § 65 befinden, ist auch deren Weitergabe bei Kindeswohlgefährdung (§ 65 Abs. 1 S. 1 Nr. 3), sonst nur bei Annahme einer (zumindest stillschweigenden) Einwilligung möglich (→ § 65 Rn. 7, 15, 18).

5 Übergabe der Fallverantwortung unter angemessener Beteiligung der Betroffenen (Abs. 2 Satz 3 und 4)

14 § 86c Abs. 2 Satz 3 verpflichtet den bisherigen und den neu zuständig gewordenen örtlichen Träger der Leistung bei der Fortsetzung von Leistungen, welche der Hilfeplanung nach § 36 Abs. 2 unterliegen, zur Übergabe der Fallverantwortung im Rahmen eines Gesprächs. Damit sollen die mit einer schriftlichen Informationsweitergabe häufig verbundenen Missverständnisse sowie Unklarheiten vermieden werden. Das Gespräch kann im persönlichen Kontakt oder telefonisch erfolgen.[33] Nimmt man das Fachkräftegebot des § 72 ernst, sollte ein solches klärende Gespräch – auch ohne gesetzliche Normierung – Standard sein. Längerfristige (insbes. teure und zugleich für die Betroffenen einschneidende) Hilfen sollten nicht auf unklarer Sach- oder Rechtslage fußen. Ist eine unverzügliche Fortsetzung der Hilfe zum Wohle des Kindes erforderlich und zugleich ein Gesprächspartner des alten oder neuen Trägers nicht erreichbar, sollte die Hilfegewährung nicht von einem vorherigen persönlichen Gespräch abhängig gemacht werden. Das Gespräch kann dann nach Fortsetzung der Hilfeleistung nachgeholt werden.

§ 86c Abs. 2 S. 4 schreibt eine angemessene Beteiligung der von der Leistung Betroffenen an der Übergabe vor. Nach der Gesetzesbegründung soll dabei die konkrete Ausgestaltung der Beteiligung nach den Erfordernissen des Einzelfalls erfolgen.[34] Bei der Auslegung des unbestimmten Rechtsbegriffs der Angemessenheit ist im jeweiligen Einzelfall zu prüfen, welches Maß an Beteiligung sachgerecht ist. Eine persönliche Teilnahme der Betroffenen am Fallübergabegespräch ist nicht zwingend erforderlich. Gegebenenfalls kann auch eine schriftliche Beteiligung ausreichend sein.[35]

6 Konkurrenzen

6.1 Zu § 86d

15 Voraussetzung des § 86c ist ein Zuständigkeitswechsel. Es muss also zunächst eine Zuständigkeit bestanden haben und eine Leistung erfolgt sein. Demgegenüber ist im Fall des § 86d noch keine Leistung erfolgt, weil die örtliche Zuständigkeit unklar ist oder der zuständige Träger nicht tätig geworden ist. Bestreitet also ein Träger seine Zuständigkeit, gilt § 86c, wenn ein anderer Träger im Rahmen seiner Zuständigkeit schon Leistungen erbracht hat. Dagegen gilt § 86d, wenn noch keine Leistungen erfolgt sind. Dies gilt auch, wenn die Zuständigkeit eines Trägers zwar schon eingetreten ist, er aber tatsächlich noch keine Leistungen erbracht hat (→ Rn. 4).[36] Bei einem Wechsel der Hilfeart ist eine Abgrenzung der Leistungsverpflichtung nach § 86c oder

32 Im Ergebnis ebenso Lange in jurisPK-SGB VIII Rn. 35.
33 BT-Drs. 17/6256, 29.
34 BT-Drs. 17/6256, 29.
35 S. hierzu auch Loos in Wiesner Rn. 12; Schindler in FK-SGB VIII Rn. 9.
36 Ebenso NdsOVG 5.12.1994 – 4 M 4924/94, FEVS 46, 62.

§ 86d anhand der Rspr. des Bundesverwaltungsgerichts zum Leistungsbegriff vorzunehmen (ausführlich → § 86d Rn. 5).

6.2 Zu § 2 SGB X

§ 2 Abs. 3 SGB X enthält eine inhaltlich gleich lautende Regelung wie § 86c Abs. 1 S. 1 (aber → Rn. 2). Diese gilt auch im Jugendhilferecht, da im SGB VIII keine **abweichenden** (allenfalls mit S. 2) Regelungen getroffen werden (§ 37 S. 1 SGB I).[37] § 86c S. 1 gehört deshalb in die (lange) Reihe unnötiger Regelungen – vorausgesetzt, dass die JA auch SGB I und SGB X in ihrem Anwendungsrepertoire haben. 16

§ 86d Verpflichtung zum vorläufigen Tätigwerden

Steht die örtliche Zuständigkeit nicht fest oder wird der zuständige örtliche Träger nicht tätig, so ist der örtliche Träger vorläufig zum Tätigwerden verpflichtet, in dessen Bereich sich das Kind oder der Jugendliche, der junge Volljährige oder bei Leistungen nach § 19 der Leistungsberechtigte vor Beginn der Leistung tatsächlich aufhält.

§ 43 SGB I Vorläufige Leistungen

(1) [1]Besteht ein Anspruch auf Sozialleistungen und ist zwischen mehreren Leistungsträgern streitig, wer zur Leistung verpflichtet ist, kann der unter ihnen zuerst angegangene Leistungsträger vorläufig Leistungen erbringen, deren Umfang er nach pflichtgemäßem Ermessen bestimmt. [2]Er hat Leistungen nach Satz 1 zu erbringen, wenn der Berechtigte es beantragt; die vorläufigen Leistungen beginnen spätestens nach Ablauf eines Kalendermonats nach Eingang des Antrags.

(2) [1]Für die Leistungen nach Absatz 1 gilt § 42 Abs. 2 und 3 entsprechend. [2]Ein Erstattungsanspruch gegen den Empfänger steht nur dem zur Leistung verpflichteten Leistungsträger zu.

1 Funktion und Anwendungsbereich

Ebenso wenig wie § 86c (→ § 86c Rn. 1) ist § 86d (in seiner 2. Var.) eine Zuständigkeitsregelung.[1] Vielmehr setzt er (in seiner 2. Var.) eine **örtliche** Zuständigkeit nach §§ 86, 86a, 86b voraus. Er begründet deshalb – wie § 86c – nur eine Leistungspflicht (**„Leistungsbürgschaft“**) gegenüber dem Betroffenen. Sinn und Zweck der Norm ist die Sicherung einer rechtzeitigen Hilfeleistung für den Betroffenen. Die Norm vermit- 1

37 Ebenso Kern in SFMK Rn. 2; Reisch in JHSM Rn. 3; aA BT-Ausschuss in BT-Drs. 12/3711, 45; offen gelassen von BayVGH 28.7.1995 – 12 B 93.3721, FEVS 46, 277 u. von Bohnert in Hauck/Noftz Rn. 1; aA Lange in jurisPK-SGB VIII Rn. 4: § 86c geht als lex specialis § 2 Abs. 3 SGB X vor, soweit das Verhältnis örtlicher Jugendhilfeträger zueinander betroffen ist.

1 S. hierzu auch OVG NRW 16.7.2014 – 12 A 717/14, juris Rn. 9; daher ungenau Busch/Ziegler in GK-SGB VIII Rn. 2 „Not- und Ersatzzuständigkeit“; Kern in SFMK Rn. 4; dagegen VGH BW 23.3.2004 – 9 S 575/03, JAmt 2004, 546; VG München 7.4.2020 – M 18 E 20.1277, juris Rn. 49; Eschelbach in FK-SGB VIII Rn. 1.

telt daher keinen Anspruch eines örtlichen Trägers gegen einen anderen Träger auf ein vorläufiges Tätigwerden.[2]

2 § 86d ist nur auf **örtliche** Träger (zum Begriff → § 86 Rn. 17) anwendbar, also nicht im Verhältnis zum überörtlichen Träger oder (zB nach § 88) zwischen diesen. Für die 1. Var. des § 86d ergibt sich das zwar nicht aus dem Wortlaut, aber aus dem Zusammenhang mit der Rechtsfolge. Außerdem ist § 86d nicht auf die **sachliche** Zuständigkeit anwendbar, auch nicht als allg. Rechtsgedanke.[3] Ferner gilt er nur für **Leistungen**, nicht für andere Aufgaben wie zB die Beistandschaft. Korrekt müsste § 86d deshalb formuliert werden: „Steht die örtliche Zuständigkeit des sachlich zuständigen örtlichen Trägers für eine Leistung nicht fest oder leistet der sachlich und örtlich zuständige örtliche Träger nicht rechtzeitig ...".

2 Voraussetzungen

2.1 Örtliche Zuständigkeit steht nicht fest (1. Var.)

3 Die erste Variante ist einschlägig, wenn die Zuständigkeit klärungsbedürftig ist (**„non liquet"**), sei es, dass die Klärung der zuständigkeitsbegründenden Umstände (zB die Ermittlung des g.A.) längere Zeit in Anspruch nimmt, sei es, dass Streit über die Zuständigkeitsnorm besteht („negativer Kompetenzkonflikt").[4] Hat die Prüfung ergeben, dass beispielsweise der g.A. der Eltern nicht feststellbar ist, liegen die Voraussetzungen des § 86 Abs. 4 S. 1 vor, womit eine örtliche Zuständigkeit feststeht, § 86d also ausscheidet. Hält sich hingegen der örtliche Träger, in dessen Bereich sich das Kind vor Beginn der Leistung tatsächlich aufhält, irrtümlich für örtlich zuständig, so wird dies nicht von § 86d SGB VIII erfasst.[5]

2.2 Zuständiger Träger ist untätig (2. Var.)

4 Im Unterschied zu Variante 1 steht die Zuständigkeit fest, der danach zuständige Träger wird aber nicht tätig (**„non agens"**). Wird er nicht tätig, weil er sich nicht für zuständig hält, liegt Var. 1 vor. Untätigkeit liegt nicht vor, wenn der örtlich zuständige örtliche Träger noch keine Gelegenheit hatte, von seiner Zuständigkeit Gebrauch zu machen, weil er beispielsweise diese noch nicht kannte. Ebenso wenig liegt Untätigkeit vor, wenn er seine Zuständigkeit bereits bejaht und Hilfemaßnahmen in Angriff genommen hat.[6] Ist dagegen nicht zu erkennen, wann ein Hilfebedarf gedeckt werden soll oder wird der Hilfebeginn so weit hinausgeschoben, dass von rechtzeitiger Bedarfsdeckung nicht mehr die Rede sein kann, besteht die „Vorleistungspflicht" nach § 86d. Auch eine ablehnende Entscheidung ist ein Tätigwerden.

5 Für die Beantwortung der Frage, wann eine Unterbrechung der Leistung vorliegt, ist auf die Rspr. des Bundesverwaltungsgerichts zum Leistungsbegriff (→ § 86 Rn. 11 und → § 86c Rn. 5) abzustellen. Die noch in der 5. Auflage vertretene Auffassung, dass ein Wechsel der Anspruchsgrundlage oder eine Uneinigkeit über die Anspruchsgrundlage stets zum Ausschluss der Leistungsverpflichtung nach § 86c und § 86d führe, wird aufgrund der Rspr. des Bundesverwaltungsgerichts zum Leistungsbegriff nicht mehr aufrecht erhalten. Entscheidungserheblich ist die Bestimmung des Leistungsbegriffs für die Abgrenzung der Leistungsverpflichtung nach § 86c von der Verpflichtung zur Leistung nach § 86d. Handelt es sich unter Berücksichtigung der Rspr. des Bundesverwaltungsgerichts um eine einheitliche Leistung und hat ein zuvor örtlich zuständiger

2 S. hierzu BayVGH 27.5.2011 – 12 CE 11.893, juris Rn. 36.
3 So BVerwG 11.8.2005 – 5 C 18/04, ZKJ 2006, 301 anders als vorgehend NdsOVG 19.3.2003 – 4 LB 111/02.
4 Wie bei VG Stade 22.6.2000 – 1 A 224/99, ZfF 2003, 86.
5 VG Würzburg 19.9.2013 – W 3 K 12.223, juris Rn. 26.
6 Ebenso Kern in SFMK Rn. 7.

örtlicher Träger der Jugendhilfe bereits in der Vergangenheit die Hilfe geleistet, ist § 86c einschlägig. In den anderen Fällen kommt eine Anwendung des § 86d in Betracht.[7]

Ob der zuständige Träger pflichtwidrig untätig bleibt oder aus vertretbaren Gründen nicht tätig wird, ist für die Anwendung des § 86d gleichgültig. Die **Pflichtwidrigkeit** seines Handelns bewirkt nur einen „Zuschlag" bei der Kostenerstattung (§ 89c Abs. 2). 6

3 Rechtsfolge: Pflicht zu vorläufigem Handeln

3.1 Pflicht des örtlichen Trägers

Bei Vorliegen der Voraussetzungen muss der örtliche Träger handeln, in dessen Bereich sich die im Gesetz genannten Personen **tatsächlich** aufhalten (zum Begriff des t.A. → § 86 Rn. 15). Auf den Aufenthalt der Eltern (teile) kommt es dagegen nicht an. 7

Es ist auf den tatsächlichen Aufenthalt **vor Beginn der Leistung** abzustellen. Im Rahmen des § 86d ist dabei der Begriff „vor Beginn der Leistung" ebenso auszulegen wie bei § 86 Abs. 2 S. 2 (zu diesem Begriff → § 86 Rn. 9).[8] Maßgeblich ist dabei das vorläufige Tätigwerden iSd § 86d.[9] Da auf den Zeitpunkt vor Beginn der Leistung abzustellen ist, beendet ein späterer Aufenthaltswechsel die Leistungspflicht nach § 86d nicht.[10] 8

3.2 Vorläufige Hilfe

Die Pflicht zum vorläufigen „Tätigwerden" umfasst nicht notwendigerweise die Leistungserbringung, schließt sie aber auch nicht aus. Es muss die im Augenblick erforderliche Hilfe geleistet werden („Erstversorgung").[11] Das „Tätigwerden" kann auf **mehreren Stufen** geschehen. Zunächst ist die Klärung der Zuständigkeit zu betreiben, dann ist der zuständige Träger zur Hilfe zu drängen.[12] Bleibt er untätig, ist auf einer weiteren Stufe zunächst die Hilfe zu leisten, die keinen Aufschub duldet. Auf der letzten Stufe sind dann alle sich aus dem Hilfebedarf ergebenden Maßnahmen zu treffen.[13] Dabei kann auch die Einleitung des Hilfeplanungsprozesses nach § 36 notwendig sein. 9

Begrifflich ist ein „vorläufiges Tätigwerden" aber **zeitlich begrenzt**.[14] Weigert sich der zuständige Träger endgültig, Hilfe zu leisten, endet die Leistungspflicht nach § 86d.[15] Der Leistungsberechtigte muss dann den nach den §§ 86–86 b örtlich zuständigen (örtlichen) Träger auf Hilfeleistung verklagen – im Eilfall mit der einstweiligen Anordnung nach § 123 VwGO (→ Anh. 5 Rn. 90).[16] Beruht die Weigerung, Hilfe zu leisten, 10

---

7 S. ausführlich hierzu Lange in jurisPK-SGB VIII Rn. 5 u. 8.
8 Hierzu auch BayVGH 3.3.2009 – 12 B 08.1384, juris Rn. 23; für eine Auslegung wie bei § 86 Abs. 4 VG Augsburg 13.4.2015 – Au 3 E 15.251, juris Rn. 116; differenzierend Lange in jurisPK-SGB VIII Rn. 25 f.
9 VGH BW 28.4.2015 – 12 S 1274/14, juris Rn. 49. S. hierzu auch Lange in jurisPK-SGB VIII Rn. 29 f. sowie OVG RhPf 31.7.2015 – 7 B 10532/15, juris Rn. 17.
10 Ebenso Kern in SFMK Rn. 9; Reisch ZfJ 1993, 159; aA DV NDV 1994, 335.
11 Ähnlich Kern in SFMK Rn. 9.
12 AA Mrozynski SGB VIII Rn. 3.
13 S. hierzu auch Lange in jurisPK-SGB VIII Rn. 33: Der von Lange getroffenen Feststellung, dass § 86 d nicht „von vornherein den Umfang oder das Maß der Leistungserbringung" reduzieren könne, ist uneingeschränkt zuzustimmen; s. aber zur zeitlichen Dauer der Leistungserbringung → Rn. 10.
14 AA Lange in jurisPK-SGB VIII Rn. 36.
15 Ebenso Mrozynski SGB VIII Rn. 4; Kern in SFMK Rn. 7; aA Loos in Wiesner Rn. 7; Reisch in JHSM Rn. 5.
16 S. hierzu auch VG München 7.4.2020 – M 18 E 20.1277, juris Rn. 48.

aber darauf, dass die Zuständigkeit bestritten wird, verlangt der Zweck des § 86d, weiterhin zu leisten.[17]

11 Als „Hilfebeschleuniger" kann der vorläufig eintretende Träger auch die **Feststellung** der Leistung nach § 97 betreiben.[18] Dagegen hat er keinen eigenen Anspruch gegen den untätigen Träger, den er einklagen könnte (→ § 86c Rn. 8). Daher hat er auch keinen **Anordnungsanspruch** aus § 86d, den er im Weg der einstweiligen Anordnung nach § 123 VwGO (→ Anh. 5 Rn. 90) geltend machen könnte.[19]

4 Konkurrenzen

12 Im Verhältnis zu § **86c** besteht kein Rangverhältnis,[20] weil beide Normen unterschiedliche Voraussetzungen haben (→ Rn. 5), die sich gegenseitig ausschließen.[21]

13 **§ 43 SGB I** gilt auch für die Jugendhilfeträger.[22] Er steht jedoch unter dem Vorbehalt abweichender Regelungen im SGB VIII (§ 37 S. 1 SGB I; Abdruck bei → § 61 Rn. 5). Solche enthält § 86d sowohl in den Voraussetzungen (örtliche Zuständigkeit steht nicht fest) als auch in der Rechtsfolge (weder Entschließungs- noch Auswahlermessen; Leistungspflicht des zuerst angegangenen Trägers), ist also – **insoweit** – eine **vorrangige** Regelung, die § 43 SGB I verdrängt.[23] **Nicht** verdrängt wird § 43 SGB I dagegen insoweit als § 86d keine Regelung enthält, also bei Streit um die **sachliche** Zuständigkeit (dh mit dem überörtlichen Träger; → § 19 Rn. 17), wenn vernünftige Zweifel an der sachlichen Zuständigkeit geäußert werden.[24] Besteht Uneinigkeit über die **Art** der zu gewährenden Leistung, ist nicht § 86d (→ Rn. 5), sondern § 43 SGB I anwendbar.[25]

14 Nicht zu verwechseln ist das vorläufige Tätigwerden gem. § 86d mit den vorläufigen Maßnahmen der §§ **42, 42a**. Für sie ist die örtliche Zuständigkeit in § 87 und § 88a geregelt.

15 Im Verhältnis zu § **14 SGB IX** gilt: Weder § 86d noch § 14 SGB IX regeln die Zuständigkeit,[26] sondern lediglich damit in Zusammenhang stehende Verfahrensfragen, wobei sich § 86 d auch nur auf die örtliche Zuständigkeit bezieht, während § 14 SGB IX auch die sachliche Zuständigkeit einbezieht. Mit § 14 Abs. 2 SGB IX besteht ein **Überschneidungsbereich**, wenn die örtliche Zuständigkeit innerhalb von zwei Wochen noch nicht festgestellt ist.[27] Dann würde nach § 14 Abs. 2 S. 1 SGB IX der zunächst angegangene Reha-Träger den Hilfebedarf feststellen müssen, nach § 86d aber der Träger des tatsächlichen Aufenthaltes des Kindes. Gemäß § 7 Abs. 1 S. 1 SGB IX ist dann § 86d vorrangig.[28] Würde § 86d als Zuständigkeitsregelung betrachtet, käme

17 So VG Schleswig 9.2.2005 – 15 A 312/04; Busch/Ziegler in GK-SGB VIII Rn. 6 a.
18 So OVG NRW 16.12.1994 – 16 A 3286/93, ZfS 1994, 275, dem sich Kern in SFMK Rn. 11 anschließen.
19 So BayVGH 25.2.2010 – 12 CE 09.2994; hierzu DIJuF JAmt 2009, 558.
20 Ebenso BayVGH 13.8.1999 – 12 B 97.2814, FEVS 51, 370; aA Kern in SFMK Rn. 10.
21 Für die Anwendung des § 86 d bei einem Streit um § 86c aber Reisch in JHSM Rn. 2 und ZSpr. v. 2.10.1996 – B 144/95, nv.
22 Ebenso – zum JWG – BVerwG 19.11.1992 – 5 C 31/90, NDV 1993, 314; offen gelassen VG Karlsruhe 17.1.2006 – 5 K 2749/04, EuG 2007, 157.
23 S. hierzu auch VG München 7.4.2020 – M 18 E 20.1277, juris Rn. 47; Ebenso Eschelbach in FK-SGB VIII Rn. 1; Reisch in JHSM Rn. 3; SFMK Rn. 10; Busch/Ziegler in GK Rn. 1 a; Mrozynski SGB VIII Rn. 1; ohne Einschränkung Krug in Krug/Riehle/Uhl Erl. II.1.; OVG NRW 7.4.2011 – 12 B 392/11, juris Rn. 24; VG Gelsenkirchen 25.6.1999 – 19 K 3837/96, NWVBl 2000, 196: nur für Neubeginn der Hilfe.
24 So BayVGH 13.8.1999 – 12 B 97.2814, FEVS 51, 370 u. 24.4.2001 – 12 CE 001337, FEVS 52, 471; NdsOVG 31.1.1997 – 4 M 6139/96.
25 So OVG NRW 26.4.2004 – 12 A 2598/02, JAmt 2005, 148.
26 AA BSG 26.10.2004 – B 7 AL 16/04 R, FEVS 56, 385: „neue Zuständigkeit".
27 Hierzu VG Aachen 10.1.2002 – 2 L 1455/02.
28 Ebenso Lange in jurisPK-SGB VIII Rn. 6.

man nach hiesiger Auffassung über § 7 Abs. 1 S. 2 SGB IX zum selben Ergebnis. Auch nach Auffassung des BVerwG kann § 14 SGB IX jedenfalls zu keiner unbegrenzten statischen Zuweisung führen.[29]

16 Gegenüber § 2 SGB X ist § 86d lex specialis. Ist aber unter mehreren JA strittig, wer zum vorläufigen Tätigwerden verpflichtet ist, gilt § 2 Abs. 1 S. 2 SGB X analog.[30]

5 Kostenerstattung als Regulativ

17 Der vorläufig handelnde Träger hat einen Kostenerstattungsanspruch gegenüber dem örtlich zuständigen örtlichen Träger (§ 89c Abs. 1 S. 2). Bei fehlendem g.A. richtet sich der Kostenerstattungsanspruch gegen den überörtlichen Träger (§ 89c Abs. 3). Die Bagatellgrenze nach § 89f Abs. 2 gilt für den Kostenerstattungsanspruch nach § 89c nicht. Bei pflichtwidriger Handlung des örtlich zuständigen örtlichen Trägers erhöht sich der Umfang der Kostenerstattung (§ 89c Abs. 2).

Zweiter Unterabschnitt Örtliche Zuständigkeit für andere Aufgaben

§ 87 Örtliche Zuständigkeit für vorläufige Maßnahmen zum Schutz von Kindern und Jugendlichen

[1]Für die Inobhutnahme eines Kindes oder eines Jugendlichen (§ 42) ist der örtliche Träger zuständig, in dessen Bereich sich das Kind oder der Jugendliche vor Beginn der Maßnahme tatsächlich aufhält. [2]Die örtliche Zuständigkeit für die Inobhutnahme eines unbegleiteten ausländischen Kindes oder Jugendlichen richtet sich nach § 88a Absatz 2.

1 Anknüpfung an den tatsächlichen Aufenthaltsort

1 Wegen der Eilbedürftigkeit der vorläufigen Maßnahmen nach § 42 knüpft die örtliche Zuständigkeit des örtlichen Trägers (zum Begriff → § 86 Rn. 17) an den tatsächlichen Aufenthalt an (zum Begriff des tatsächlichen Aufenthalts → § 86 Rn. 15). Dabei kommt es auf den tatsächlichen Aufenthalt des Kindes oder Jugendlichen **vor** Beginn der Maßnahme, also der Inobhutnahme, an (zu diesem Begriff entsprechend → § 86 Rn. 9); mit dieser Fixierung ist eine „wandernde" Zuständigkeit (→ § 86 Rn. 37) ausgeschlossen.[1]

2 Für Maßnahmen nach § 42 Abs. 1 S. 1 **Nr. 1** ist grds. der Ort entscheidend, an dem das Kind oder der Jugendliche um Obhut bittet.[2] Allerdings ist zu berücksichtigen, dass für eine Inobhutnahme nach § 42 Abs. 1 S. 1 Nr. 1 eine Vorprüfung durch das Jugendamt erforderlich ist (→ § 42 Rn. 21). Bei Maßnahmen nach **Nr. 2** ist der Ort entscheidend, an dem die dringende Gefahr besteht. Zur Wahrnehmung des **Schutzauftrages** → § 86 Rn. 5.

3 Die **Rückführung** eines gem. § 42 in Obhut genommenen Jugendlichen ist weder eine Aufgabe nach § 42 noch eine Leistung nach § 2 Abs. 2. Daher ist weder § 87 noch § 86 einschlägig.[3] Nur bei zwingenden Gründen ist die Rückführung als Form der

---

29 BVerwG 22.6.2017 – 5 C 3/16, juris Rn. 15. S. zu dem Abgrenzungsproblem auch Lange in jurisPK-SGB VIII § 86c Rn. 8.1 f. sowie Schönecker/Eschelbach/Sitner/Schindler/Seltmann JAmt 2020, 282 sowie JAmt 2020, 56: Anmerkung zu VGH Bayern 30.7.2019 – 12 BV 16.2545.

30 Für unmittelbare Anwendung VG München 6.12.2001 – 15 K 97.7295 und Lange in jurisPK-SGB VIII Rn. 7.

1 Vgl. hierzu auch VGH BW 8.1.2021 – 12 S 1407/19, juris Rn. 28.

2 Differenzierend Bohnert in Hauck/Noftz Rn. 6.

3 Ebenso Roesler in Jung Rn. 5.

Übergabe zu werten und damit Aufgabe nach § 42. Ansonsten ist sie eine freiwillige Leistung des JA.

4 Die Zuständigkeit endet, wenn die Maßnahmen nach § 42 beendet sind. Für eine auf diese Maßnahmen folgende Leistung (zB nach § 27) ist die Zuständigkeit neu zu bestimmen nach § 86.

5 Mit dem Gesetz zur Verbesserung der Unterbringung, Versorgung und Betreuung ausländischer Kinder und Jugendlicher vom 28.10.2015[4] ist Satz 2 neu in § 87 eingefügt worden. Satz 2 stellt klar, dass sich die örtliche Zuständigkeit für die Inobhutnahme eines unbegleiteten ausländischen Kindes oder Jugendlichen nach § 88 a Abs. 2 richtet (lex specialis). Somit wird lediglich für die Inobhutnahme nach § 42 Abs. 1 S. 1 Nr. 1 u. 2 die örtliche Zuständigkeit nach § 87 begründet.

2 Kostenerstattung als Regulativ

6 § 89b gibt dem nach § 42 tätig gewordenen Träger einen Kostenerstattungsanspruch gegen den Träger am Ort des g.A. Für die vorläufige Hilfe an unbegleitete Minderjährige richtet sich der Erstattungsanspruch gegen das Land nach § 89d Abs. 1 und nicht gegen den überörtlichen Träger nach § 89 b Abs. 2 (→ § 89b Rn. 2).

§ 87a Örtliche Zuständigkeit für Erlaubnis, Meldepflichten und Untersagung

(1) [1]Für die Erteilung der Pflegeerlaubnis nach § 43 sowie für deren Rücknahme und Widerruf ist der örtliche Träger zuständig, in dessen Bereich die Kindertagespflegeperson ihre Tätigkeit ausübt. [2]Ist die Kindertagespflegeperson im Zuständigkeitsbereich mehrerer örtlicher Träger tätig, ist der örtliche Träger zuständig, in dessen Bereich die Kindertagespflegeperson ihren gewöhnlichen Aufenthalt hat. [3]Für die Erteilung der Pflegeerlaubnis nach § 44 sowie für deren Rücknahme und Widerruf ist der örtliche Träger zuständig, in dessen Bereich die Pflegeperson ihren gewöhnlichen Aufenthalt hat.

(2) Für die Erteilung der Erlaubnis zum Betrieb einer Einrichtung oder einer selbständigen sonstigen Wohnform sowie für die Rücknahme oder den Widerruf dieser Erlaubnis (§ 45 Absatz 1 und 2, § 48a), die örtliche Prüfung (§§ 46, 48a), die Entgegennahme von Meldungen (§ 47 Absatz 1 und 2, § 48a) und die Ausnahme von der Meldepflicht (§ 47 Absatz 3, § 48a) sowie die Untersagung der weiteren Beschäftigung des Leiters oder eines Mitarbeiters (§§ 48, 48a) ist der überörtliche Träger oder die nach Landesrecht bestimmte Behörde zuständig, in dessen oder deren Bereich die Einrichtung oder die sonstige Wohnform gelegen ist.

(3) Für die Mitwirkung an der örtlichen Prüfung (§§ 46, 48a) ist der örtliche Träger zuständig, in dessen Bereich die Einrichtung oder die selbständige sonstige Wohnform gelegen ist.

4 BGBl. I, 1802.

1 Erteilung oder Aufhebung der Pflegeerlaubnis (Abs. 1)

§ 87a Abs. 1 sollte durch das KJSG neu gefasst werden. Neu ins Gesetz sollte eine Regelung eingefügt werden, mit welcher zwischen der örtlichen Zuständigkeit für die Erteilung einer Erlaubnis nach § 43 und nach § 44 differenziert werden kann. Bei Erteilung oder Aufhebung der Pflegeerlaubnis nach § 43 sollte der örtliche Träger zuständig sein, in dessen Bereich die Tagespflegeperson ihre Tätigkeit ausübt. Nach der Gesetzesbegründung sollte mit der beabsichtigten Neuregelung dem Umstand Rechnung getragen werden, dass Kindertagespflege nicht immer im eigenen Haushalt der Tagespflegeperson ausgeübt wird. Wird die Tagespflege in anderen geeigneten Räumlichkeiten ausgeübt, liegen diese Räume häufig im Zuständigkeitsbereich eines anderen Trägers als des örtlichen Trägers, in dessen Bereich die Pflegeperson ihren gewöhnlichen Aufenthalt hat.[1] Da das vom Bundestag beschlossene KJSG sowohl am 7.7.2017 als auch am 22.9.2017 in letzter Sekunde von der Tagungsordnung des Bundesrates genommen wurde, ist die Gesetzesänderung zunächst nicht in Kraft getreten. 1

Im Jahr 2021 ist nun aber mit dem **KJSG** eine entsprechende Neuregelung erfolgt.[2] Nach § 87a Abs. 1 S. 1 ist für die Erteilung der Pflegeerlaubnis nach § 43 sowie für deren Rücknahme und Widerruf der örtliche Träger zuständig, in dessen Bereich die Kindertagespflegeperson ihre Tätigkeit ausübt. Mit Satz 2 wird im Sinne einer Sonderzuständigkeit an den gewöhnlichen Aufenthalt der Kindertagespflegeperson geknüpft, wenn die Kindertagespflegeperson im Zuständigkeitsbereich mehrerer örtlicher Träger tätig ist. Mit § 87a Abs. 1 S. 3 wird bestimmt, dass für die Erteilung der Pflegeerlaubnis nach § 44 sowie für deren Rücknahme und Widerruf der örtliche Träger zuständig ist, in dessen Bereich die Pflegeperson ihren gewöhnlichen Aufenthalt hat.

Nach der Gesetzesbegründung zu Abs. 1 Satz 1 wird mit der Rechtsänderung dem Umstand Rechnung getragen, dass bei Kindertagespflege in anderen geeigneten Räumlichkeiten diese Räume häufig im Zuständigkeitsbereich eines anderen als des örtlichen Trägers liegen, in dessen Bereich die Pflegeperson ihren gewöhnlichen Aufenthalt hat. Als Beispiel für die Sonderregelung in Satz 2 wird mit der Gesetzesbegründung das Beispiel der Vertretungskraft benannt, die in mehreren Kindertagespflegestellen tätig ist.[3]Auch nach neuer Rechtslage gilt § 87a Abs. 1 nur dann, wenn es der **Erteilung** einer Pflegeerlaubnis nach § 43 Abs. 1 oder § 44 Abs. 1 S. 1 bedarf. Wird eine HzE oder eine Eingliederungshilfe in Vollzeitpflege geleistet, bedarf es keiner Erlaubnis. In diesen Fällen richtet sich die Zuständigkeit nach § 86.[4] Dadurch kommt es zu unterschiedlichen örtlichen Zuständigkeiten für die Pflegestellenaufsicht.

Die **Aufhebung** der Pflegeerlaubnis für die Kindertagespflege ist in § 43 nicht geregelt; sie richtet sich daher nach den allgemeinen Vorschriften[5] des § 45 SGB X oder §§ 47, 48 SGB X. Die Aufhebung der Pflegeerlaubnis für die Vollzeitpflege ist dagegen in § 44 Abs. 3 S. 2 geregelt. 2

Im Unterschied zu Abs. 2 regelt Abs. 1 die Zuständigkeit für die Pflegestellenaufsicht nur in **Bruchstücken**. Es fehlen die örtliche Prüfung (→ Rn. 9), die Versagung, die Unterrichtungspflicht, die Beratung. Hierfür muss Abs. 1 analog angewandt werden.[6] 3

Die örtliche Zuständigkeit des nach § 85 Abs. 1 sachlich zuständigen **örtlichen** Trägers knüpft bezüglich der Vollzeitpflege nach § 44 an den **g.A. der Pflegeperson** an (zu diesem näher → § 86 Rn. 50). Wechselt dieser, „wandert" die Zuständigkeit mit, so dass 4

---

1 BT-Drs. 18/12330, 66.
2 BGBl. 2021 Teil I Nr. 29, 1444.
3 BT-Drs. 19/26107, 112.
4 Ebenso Loos in Wiesner Rn. 4; Kern in SFMK Rn. 5; Roesler in Jung Rn. 4.
5 Ebenso Bohnert in Hauck/Noftz Rn. 6; aA Roesler in Jung Rn. 4: § 44 Abs. 3 analog.
6 Im Ergebnis ebenso Reisch in JHSM Rn. 4; aA Lange in jurisPK-SGB VIII Rn. 30 f.: direkte Anwendung.

für Erteilung und Aufhebung der Erlaubnis unterschiedliche JA zuständig sind. Dies entspricht der Regelung in § 44 Abs. 3 SGB X, die für alle Arten der Aufhebung gilt.

2 Betriebserlaubnis und deren Aufhebung (Abs. 2)

5 Abs. 2 regelt die örtliche Zuständigkeit des nach § 85 Abs. 2 Nr. 6 sachlich zuständigen **überörtlichen** Trägers. Es ist der überörtliche Träger örtlich zuständig, in dessen Bereich die Einrichtung oder sonstige Wohnform (zu diesen Begriffen → § 86a Rn. 5) liegt. Es kommt also nicht auf den Sitz des Trägers an, sondern auf den **Ort der Einrichtung**, bei Teilen einer Gesamteinrichtung auf den Ort der Teileinrichtung.[7] Etwas anderes gilt nur, wenn eine **Außenwohngruppe** organisatorisch mit einer Einrichtung verbunden ist. Sie gilt dann als Teil der Einrichtung (§ 48a Abs. 2).[8]

6 Abs. 2 umfasst die Zuständigkeit für

- Erteilung, Rücknahme oder Widerruf der Erlaubnis einschließlich der Beifügung von Nebenbestimmungen,
- die örtliche Prüfung,
- die Entgegennahme von Meldungen und die Befreiung von der Meldepflicht,
- die Beschäftigungsuntersagung.

Da der sachlichen Zuständigkeit des überörtlichen Trägers nach § 85 Abs. 2 Nr. 7 für die **Beratung** der Träger von Einrichtungen ebenfalls eine örtliche Zuständigkeit entsprechen muss, gilt auch hierfür die örtliche Zuständigkeit des überörtlichen Trägers nach Abs. 2.[9]

7 **Landesrecht** kann nach § 85 Abs. 4 lediglich die sachliche Zuständigkeit regeln. Die örtliche Zuständigkeit bemisst sich nach § 87a Abs. 2.[10]

3 Mitwirkung an der örtlichen Prüfung (Abs. 3)

8 Gemäß § 46 Abs. 1 S. 3 soll der überörtliche Träger bei der örtlichen Prüfung der **Einrichtungen** das JA beteiligen. Örtlich ist dafür der Träger des JA zuständig, in dessen Bereich die Einrichtung liegt, gleichgültig wo der Träger der Einrichtung seinen Sitz hat.

9 Die Zuständigkeit für die örtliche Prüfung der **Pflegeperson** gem. § 44 Abs. 3 S. 1 ist weder in § 87a Abs. 3 noch in Abs. 1 geregelt. Diese (planwidrige) Lücke ist durch analoge Anwendung des Abs. 1 zu schließen.[11] Eine örtliche Prüfung auch der Tagespflegeperson nach § 43 ist dort nicht vorgesehen. Auch wenn die Erlaubnis auf 5 Jahre befristet ist, ist es notwendig, schon vorher an Ort und Stelle zu überprüfen, ob die persönlichen und räumlichen Voraussetzungen der Erlaubnis noch vorliegen, um dann über eine Aufhebung der Erlaubnis (→ Rn. 2) entscheiden zu können.

Für die örtliche Prüfung ist dann § 44 Abs. 3 S. 1 analog, für die Zuständigkeit hierfür § 87a Abs. 1 analog anzuwenden.[12]

7 So Kern in SFMK Rn. 6; Eschelbach in FK-SGB VIII Rn. 3; aA Lange in jurisPK-SGB VIII Rn. 38.
8 Unklar Reisch in JHSM Rn. 9.
9 Ebenso Reisch in JHSM Rn. 7; Eschelbach in FK-SGB VIII Rn. 2; Loos in Wiesner Rn. 6; Jung Rn. 5.
10 S. hierzu Lange in jurisPK-SGB VIII Rn. 43.
11 Mrozynski SGB VIII Rn. 1; Roesler in Jung Rn. 8.
12 Ebenso Roesler in Jung Rn. 8.

§ 87b Örtliche Zuständigkeit für die Mitwirkung in gerichtlichen Verfahren

(1) [1]Für die Zuständigkeit des Jugendamts zur Mitwirkung in gerichtlichen Verfahren (§§ 50 bis 52) gilt § 86 Absatz 1 bis 4 entsprechend. [2]Für die Mitwirkung im Verfahren nach dem Jugendgerichtsgesetz gegen einen jungen Menschen, der zu Beginn des Verfahrens das 18. Lebensjahr vollendet hat, gilt § 86a Absatz 1 und 3 entsprechend.

(2) [1]Die nach Absatz 1 begründete Zuständigkeit bleibt bis zum Abschluss des Verfahrens bestehen. [2]Hat ein Jugendlicher oder ein junger Volljähriger in einem Verfahren nach dem Jugendgerichtsgesetz die letzten sechs Monate vor Abschluss des Verfahrens in einer Justizvollzugsanstalt verbracht, so dauert die Zuständigkeit auch nach der Entlassung aus der Anstalt so lange fort, bis der Jugendliche oder junge Volljährige einen neuen gewöhnlichen Aufenthalt begründet hat, längstens aber bis zum Ablauf von sechs Monaten nach dem Entlassungszeitpunkt.

(3) Steht die örtliche Zuständigkeit nicht fest oder wird der zuständige örtliche Träger nicht tätig, so gilt § 86d entsprechend.

1 Zuständigkeit wie bei Leistungen (Abs. 1)

1.1 Grundregelung (Satz 1)

1 Die Zuständigkeitsregelung des § 87b gilt für (erstens) die Mitwirkung des JA in den in § 50 Abs. 1 (abschließend) aufgezählten Verfahren vor dem Familiengericht; hierzu zählt – als Verfahren in Kindschaftssachen – auch die Anrufung des FamG im Rahmen des Schutzauftrags nach § 8a Abs. 2; (zweitens) die Beratung und Belehrung nach § 51; (drittens) die Jugendgerichtshilfe nach § 52.

Hinsichtlich der Wahrnehmung des Schutzauftrags nach § 8a besteht allerdings die Problematik, dass auch mit 87b keine umfassende Regelung zur örtlichen Zuständigkeit besteht. Lediglich für die Ergreifung einzelner Schritte bei einer festgestellten Kindeswohlgefährdung finden sich Regelungen zur örtlichen Zuständigkeit. So ist die Mitwirkung des Jugendamtes im familiengerichtlichen Verfahren nach Anrufung des Familiengerichts nach § 8a Abs. 2 S. 1 Hs. 1 oder Hs. 2 mit § 87b Abs. 1 S. 1 iVm § 86 Abs. 1 bis 4 geregelt. Örtlich zuständig ist danach das Jugendamt, welches für eine vorausgehende Leistung zuständig ist oder, falls eine solche bisher nicht erfolgt ist, für eine Leistung zuständig wäre.

Auch findet sich mit § 87 eine Regelung zur örtlichen Zuständigkeit für die Inobhutnahme gem. § 8a Abs. 2 S. 2 iVm § 42. Danach ist der örtliche Träger zuständig, in dessen Bereich sich das Kind vor Beginn der Maßnahme tatsächlich aufhält.

Ferner wird mit § 8a Abs. 5 eine Mitteilungspflicht an das für die Gewährung von Leistungen zuständige Jugendamt (bzw. den örtlichen Träger der öffentlichen Jugendhilfe) bei Bekanntwerden von gewichtigen Anhaltspunkten für eine Kindeswohlgefährdung normiert.

Es findet sich hingegen keinerlei Regelung für die örtliche Zuständigkeit für den Prozess der Gefährdungseinschätzung nach § 8a Abs. 1 S. 1 und 2. Ebenso fehlen explizite

Regelung zur örtlichen Zuständigkeit hinsichtlich § 8a Abs. 3 und 4.[1] Für diese Aufgaben, insbesondere den Prozess der Gefährdungseinschätzung gem. § 8a Abs. 1 S. 1 und 2, wird nach einer in der Rspr. vertretenen Auffassung eine (analoge) Anwendung des § 87 bejaht. Zuständig für den Prozess der Gefährdungseinschätzung sei danach das Jugendamt, in dessen Zuständigkeitsbezirk sich das Kind tatsächlich aufhält.[2] In der Lit. wird hingegen überwiegend von einer „Allzuständigkeit" jedes Jugendamtes ausgegangen, dem gewichtige Anhaltspunkte für eine Kindeswohlgefährdung bekannt werden.[3] Problematisch an dieser Regelungslücke ist nach hiesiger Auffassung die Tatsache, dass mit der in der Lit. vertretenen Auffassung gleichzeitig eine Zuständigkeit verschiedener Jugendämter begründet werden kann. Dann kann sich die Frage nach der Letztverantwortlichkeit eines Jugendamtes stellen. Auch ist es problematisch, wenn die verschiedenen Jugendämter, welche nach § 8a Abs. 1 S. 1 und 2 tätig werden müssen zu divergierenden Auffassungen hinsichtlich des Vorliegens einer Kindeswohlgefährdung oder der zu ergreifenden Maßnahmen kommen.[4]

2 Durch die in Abs. 1 Satz 1 enthaltene Verweisung auf **§ 86 Abs. 1 bis 4** werden die sog. anderen Aufgaben nach §§ 50 bis 52 (fiktiv) so behandelt als ob sie **Leistungen** iSd § 2 Abs. 2 wären. Örtlich zuständig ist danach der (sachlich zuständige) örtliche Träger, der für eine vorausgehende Leistung zuständig ist oder – wenn eine solche nicht erfolgt ist – für eine Leistung zuständig wäre.

3 Entsprechend anwendbar sind nur die Absätze **1 bis 4** des § 86; es gelten also nicht die Absätze 5 und 6 bei Veränderungen der Anknüpfungsmerkmale nach Leistungsbeginn[5] und nicht Absatz 7 für erwachsene oder minderjährige „begleitete" Asylsuchende. Zur jeweiligen Anknüpfung der örtlichen Zuständigkeit vgl. das Prüfschema bei § 86.

4 Die lediglich **entsprechende** Anwendung des § 86 hat zur Folge, dass es für die Zuständigkeit des örtlichen Trägers nach § 87b auf den Zeitpunkt vor Beginn der Maßnahme ankommt, in dem das JA Anlass hat, seine Mitwirkung zu prüfen; der Zeitpunkt, in dem das gerichtliche Verfahren eingeleitet wird, ist demgegenüber nicht maßgebend.[6]

5 Da die Zuständigkeit des Trägers der Jugendhilfe nicht notwendig an demselben Ort begründet wird wie die Zuständigkeit des Gerichts (§ 42 JGG für das jugendgerichtliche Verfahren; §§ 152, 170, 187, 201, 211 FamFG für das familiengerichtliche Verfahren), kann die Inanspruchnahme der **Amtshilfe** des JA am Sitz des Gerichtes erforderlich werden (§ 3 SGB X).[7] Mit dieser speziellen Zuständigkeitsregelung bleibt kein Raum mehr für eine analoge Anwendung von § 143 GVG.[8]

1.2 Ergänzende Regelung für das jugendgerichtliche Verfahren (Satz 2)

6 Da ein jugendgerichtliches Verfahren sich auch gegen **junge Volljährige** richten kann (§ 105 JGG), muss auch **§ 86a** für entsprechend anwendbar erklärt werden. Satz 2

1 S. hierzu auch Lange in jurisPK-SGB VIII Rn. 9.
2 VG Braunschweig 28.10.2010 – 3 A 127/09, juris Rn. 18.
3 S. hierzu Meysen in FK-SGB VIII § 8a Rn. 10; Kößler in jurisPK-SGB VIII § 8a Rn. 33.
4 S. zur Beteiligung verschiedener Jugendämter im Verfahren nach § 1666 BGB OLG Karlsruhe 21.12.2018 – 18 UF 254/18, juris Rn. 10. S. zu den Folgen einer unterbliebenen Beteiligung OLG Düsseldorf 30.10.2019 – 1 UF 168/19, juris Rn. 6 sowie Dürbeck ZKJ 2020, 145.
5 Kritisch hierzu Mrozynski SGB VIII Rn. 1.
6 Ebenso Eschelbach in FK-SGB VIII Rn. 3; Loos in Wiesner Rn. 3; Kern in SFMK Rn. 3; DIJuF JAmt 2002, 399 u. 2003, 410; aA Mrozynski SGB VIII Rn. 3; Lange in jurisPK-SGB VIII Rn. 16: Zeitpunkt der Einschaltung des JA.
7 Ebenso Reisch in JHSM Rn. 1.
8 Ebenso Wapler in Wiesner § 52 Rn. 61.

verweist allerdings nur auf dessen Absätze 1 und 3, also auf dessen „Rohform". Es kommt infolgedessen nur darauf an, wo der junge Volljährige vor Beginn der Mitwirkung des JA seinen gewöhnlichen oder – falls dieser fehlt – seinen tatsächlichen Aufenthalt hat. Nicht anwendbar ist die Regelung über den Schutz der Anstaltsorte (Abs. 2) und über die fortgesetzte Zuständigkeit (Abs. 4).

Satz 2 ist dann anwendbar, wenn Volljährigkeit im Zeitpunkt des **Verfahrensbeginns** vorliegt; auf den Zeitpunkt der Tat kommt es dagegen nicht an. 7

2 Fortgesetzte Zuständigkeit (Abs. 2)

2.1 Grundregelung (Satz 1)

Die nach Abs. 1 begründete örtliche Zuständigkeit bleibt **bis zum Abschluss des Verfahrens** bestehen, auch wenn sich die Zuständigkeit nach § 86 ändern würde, weil beispielsweise Eltern ihren g.A. wechseln. Die Zuständigkeit „wandert" nicht, sondern wird fixiert. Dies ist nicht nur für die Kontinuität der Beziehungen zwischen JA und den Eltern von Bedeutung, sondern auch für die zwischen JA und Gericht; es wird zudem das Verfahren erleichtert, indem das JA als Zustelladressat nicht wechselt.[9] 8

„Abschluss des Verfahrens" ist die Beendigung des Verfahrens im jugendgerichtlichen Verfahren durch rechtskräftiges Urteil, Einstellung des Verfahrens, Absehen von Verfolgung; im familiengerichtlichen Verfahren durch rechtskräftigen Beschluss (§§ 38, 40 FamFG). 9

2.2 Ergänzende Regelung für das jugendgerichtliche Verfahren (Satz 2)

Satz 2 **verlängert die Fortsetzung** der Zuständigkeit über den Zeitpunkt des Verfahrensabschlusses hinaus, wenn der Jugendliche oder junge Volljährige die letzten 6 Monate zuvor in einer JVA verbracht hat. Die nach Abs. 1 begründete Zuständigkeit dauert dann bis zur Begründung eines g.A. Spätestens aber endet sie 6 Monate nach der Entlassung. Die Dauer der Zuständigkeit entspricht damit der Aufgabe der Jugendgerichtshilfe, die ebenfalls über das Ende des gerichtlichen Verfahrens hinaus andauert (§ 38 Abs. 2 S. 9 JGG; abgedruckt bei § 52). 10

Hat der Jugendliche die Zeit vor Abschluss des gerichtlichen Verfahrens nicht in einer JVA verbracht, endet die Zuständigkeit gem. Satz 1 mit dem Abschluss des gerichtlichen Verfahrens. Hat der Jugendliche nach **Entlassung aus der JVA einen g.A. begründet**, und endet somit die Zuständigkeit nach Satz 2, wechselt die Zuständigkeit nicht etwa über Abs. 2 S. 1 auf den nach Abs. 1 zuständigen Träger,[10] weil die nach Abs. 1 begründete Zuständigkeit mit dem Abschluss des Verfahrens geendet hat. Vielmehr ist dann für die nach § 38 Abs. 2 S. 5, 7 und 8 JGG noch erforderlichen Maßnahmen im Rahmen der Jugendgerichtshilfe die örtliche Zuständigkeit **neu zu bestimmen** nach Abs. 1 S. 1, nach Volljährigkeit aber nach Abs. 1 S. 2. 11

3 Verpflichtung zum vorläufigen Tätigwerden (Abs. 3)

Die nur für Leistungen geltende Verpflichtung nach § 86d zum vorläufigen Tätigwerden gilt auch für die Aufgaben des JA nach §§ 50 bis 52. Zu den Voraussetzungen des Abs. 3 vgl. die Erläuterungen bei → § 86d Rn. 1 f. Als Rechtsfolge ergibt sich die Pflicht zum vorläufigen Tätigwerden (nicht aber seine Zuständigkeit; → § 86d Rn. 1) des örtlichen Trägers, in dessen Bereich der junge Mensch vor Beginn des familien- oder jugendgerichtlichen Verfahrens seinen **tatsächlichen** Aufenthalt hatte. Die Pflicht zum vorläufigen Tätigwerden endet (spätestens) mit dem Tätigwerden des örtlich zuständigen örtlichen Trägers oder (frühestens) mit Klärung der örtlichen Zuständigkeit. 12

---

9 Ebenso Kern in SFMK Rn. 6; Reisch in JHSM Rn. 12.
10 So aber Reisch in JHSM Rn. 15; Kern in SFMK Rn. 7.

13 Mit dem Verweis auf § 86d verbunden ist der **Kostenerstattungsanspruch** des vorläufig tätig gewordenen Trägers aus § 89c Abs. 1 S. 2 einschließlich des Zuschlags bei pflichtwidrigem Handeln nach § 89c Abs. 2.[11]

4 Zuständigkeit des Jugendamts oder des örtlichen Trägers?

14 Während die Zuständigkeitsregelungen der §§ 86 bis 87a jeweils den örtlichen Träger der öffentlichen Jugendhilfe für örtlich zuständig erklären, bestimmen §§ 87b u. 87c in Anlehnung an das BGB[12] das **Jugendamt** als zuständig. Dies wäre konsequent, wenn die Zuständigkeitsbestimmung begrifflich immer der Aufgabenzuweisung folgen würde. Das aber ist nicht durchgängig der Fall, da zwar in den §§ 50 bis 52 auch die Aufgabe dem JA übertragen wird, in § 87 aber der Gleichklang mit § 42 nicht hergestellt wird.[13] Konsequent wäre es, wenn die Zuständigkeit immer dann dem JA zugeordnet wäre, wenn dies auch in der Aufgabennorm so geregelt ist. Dies wäre zuständigkeitsrechtlich zulässig, da auch ein einzelnes Amt eine nach außen wirkende (organisationsrechtliche) Zuständigkeit hat, wenn diesem Amt eine Aufgabe gesetzlich zugewiesen ist.[14] Daraus folgt, dass das Jugendamt selbst als „Legalvormund" im verwaltungsgerichtlichen Verfahren nach § 61 Nr. 2 VwGO beteiligungsfähig ist.[15]

§ 87c Örtliche Zuständigkeit für die Beistandschaft, die Amtspflegschaft, die Amtsvormundschaft und die schriftliche Auskunft nach § 58a

(1) [1]Für die Vormundschaft nach § 1791c des Bürgerlichen Gesetzbuchs ist das Jugendamt zuständig, in dessen Bereich die Mutter ihren gewöhnlichen Aufenthalt hat. [2]Wurde die Vaterschaft nach § 1592 Nummer 1 oder 2 des Bürgerlichen Gesetzbuchs durch Anfechtung beseitigt, so ist der gewöhnliche Aufenthalt der Mutter zu dem Zeitpunkt maßgeblich, zu dem die Entscheidung rechtskräftig wird. [3]Ist ein gewöhnlicher Aufenthalt der Mutter nicht festzustellen, so richtet sich die örtliche Zuständigkeit nach ihrem tatsächlichen Aufenthalt.

(2) [1]Sobald die Mutter ihren gewöhnlichen Aufenthalt im Bereich eines anderen Jugendamts nimmt, hat das die Amtsvormundschaft führende Jugendamt bei dem Jugendamt des anderen Bereichs die Weiterführung der Amtsvormundschaft zu beantragen; der Antrag kann auch von dem anderen Jugendamt, von jedem Elternteil und von jedem, der ein berechtigtes Interesse des Kindes oder des Jugendlichen geltend macht, bei dem die Amtsvormundschaft führenden Jugendamt gestellt werden. [2]Die Vormundschaft geht mit der Erklärung des anderen Jugendamts auf dieses über. [3]Das abgebende Jugendamt hat den Übergang dem Familiengericht und jedem Elternteil unverzüglich mitzuteilen. [4]Gegen die Ablehnung des Antrags kann das Familiengericht angerufen werden.

(3) [1]Für die Pflegschaft oder Vormundschaft, die durch Bestellung des Familiengerichts eintritt, ist das Jugendamt zuständig, in dessen Bereich das Kind oder der Jugendliche seinen gewöhnlichen Aufenthalt hat. [2]Hat das Kind oder der Jugendliche keinen gewöhnlichen Aufenthalt, so richtet sich die Zuständigkeit nach seinem tatsächlichen Aufenthalt zum Zeitpunkt der Bestellung. [3]Sobald das Kind oder der Ju-

11 Ebenso Nellissen in GK-SGB VIII Rn. 10; Krug in Krug/Riehle Erl. VI; Mrozynski SGB VIII Rn. 4; Roesler in Jung Rn. 10; befürwortend auch Lange in jurisPK-SGB VIII Rn. 41; aA Reisch in JHSM Rn. 18; Kern in SFMK Rn. 11.
12 So BT-Drs. 12/2866, 23; dagegen zu Recht Lange in jurisPK-SGB VIII § 87 c Rn. 8.
13 Daher ist die Erklärung bei Kern in SFMK Rn. 1 nicht befriedigend.
14 AA Lange in jurisPK-SGB VIII Rn. 11 und 12.
15 So VG Augsburg 13.4.2015 – Au 3 E 15.251, juris Rn. 78 f.

gendliche seinen gewöhnlichen Aufenthalt wechselt oder im Fall des Satzes 2 das Wohl des Kindes oder Jugendlichen es erfordert, hat das Jugendamt beim Familiengericht einen Antrag auf Entlassung zu stellen. [4]Die Sätze 1 bis 3 gelten für die Gegenvormundschaft des Jugendamts entsprechend.

(4) Für die Vormundschaft, die im Rahmen des Verfahrens zur Annahme als Kind eintritt, ist das Jugendamt zuständig, in dessen Bereich die annehmende Person ihren gewöhnlichen Aufenthalt hat.

(5) [1]Für die Beratung und Unterstützung nach § 52a sowie für die Beistandschaft gilt Absatz 1 Satz 1 und 3 entsprechend. [2]Sobald der allein sorgeberechtigte Elternteil seinen gewöhnlichen Aufenthalt im Bereich eines anderen Jugendamts nimmt, hat das die Beistandschaft führende Jugendamt bei dem Jugendamt des anderen Bereichs die Weiterführung der Beistandschaft zu beantragen; Absatz 2 Satz 2 und § 86c gelten entsprechend.

(6) [1]Für die Erteilung der schriftliche Auskunft nach § 58a Absatz 2 gilt Absatz 1 entsprechend. [2]Die Mitteilungen nach § 1626d Absatz 2 des Bürgerlichen Gesetzbuchs, die Mitteilungen nach § 155a Absatz 3 Satz 3 und Absatz 5 Satz 2 des Gesetzes über das Verfahren in Familiensachen und in den Angelegenheiten der freiwilligen Gerichtsbarkeit sowie die Mitteilungen nach § 50 Absatz 3 sind an das für den Geburtsort des Kindes oder des Jugendlichen zuständige Jugendamt zu richten; § 88 Absatz 1 Satz 2 gilt entsprechend. [3]Das nach Satz 2 zuständige Jugendamt teilt dem nach Satz 1 zuständigen Jugendamt auf dessen Ersuchen mit, ob ihm Mitteilungen nach § 1626d Absatz 2 des Bürgerlichen Gesetzbuchs, Mitteilungen nach § 155a Absatz 3 Satz 3 oder Absatz 5 Satz 2 des Gesetzes über das Verfahren in Familiensachen und in den Angelegenheiten der freiwilligen Gerichtsbarkeit oder Mitteilungen nach § 50 Absatz 3 vorliegen. [4]Betrifft die gerichtliche Entscheidung nur Teile der elterlichen Sorge, so enthalten die Mitteilungen auch die Angabe, in welchen Bereichen die elterliche Sorge der Mutter entzogen wurde, den Eltern gemeinsam übertragen wurde oder dem Vater allein übertragen wurde.

Gliederung – zugleich Prüfschema

1 Gesetzliche AV (Abs. 1 und 2)

1.1 Begründung der AV (Abs. 1)

1 **1.1.1 Nichtehelichkeit der Mutter zur Zeit der Geburt (Satz 1).** Während der Begriff des „nichtehelichen Kindes" gesetzlich getilgt ist, gibt es die „nichteheliche Mutter" nach wie vor. Mit der Geburt des Kindes ist für die dadurch eintretende gesetzliche AV das JA zuständig (zur organisationsrechtlichen Zulässigkeit → § 87b Rn. 14), in dessen Bereich die **Mutter** (§ 1591 BGB) ihren **g.A.** (→ § 86 Rn. 13) hat.

2 **1.1.2 Nichtehelichkeit der Mutter infolge Anfechtung (Satz 2).** Bei einer gem. §§ 1600–1600 b BGB möglichen Anfechtung der nach § 1592 Nr. 1 oder 2 BGB bestehenden Vaterschaft (→ § 52a Rn. 17) stellt sich erst später heraus, dass die Mutterschaft nichtehelich ist. Dann kommt es für die örtliche Zuständigkeit auf den g.A. der Mutter zum Zeitpunkt der rechtskräftigen Entscheidung des Gerichts an.

3 **1.1.3 G.A. der Mutter nicht feststellbar (Satz 3).** Ist der g.A. der Mutter in den Fällen der Sätze 1 und 2 nicht feststellbar oder nicht vorhanden (→ § 86 Rn. 34), richtet sich die örtliche Zuständigkeit nach dem **tatsächlichen** Aufenthalt der Mutter.

4 Nicht geregelt ist der Fall, dass die Mutter ihren (gewöhnlichen bzw. tatsächlichen) Aufenthalt im Ausland, das Kind aber im Inland hat. Diese planwidrige Lücke ist durch analoge Anwendung des § 86 Abs. 4 zu schließen, wonach es auf den g.A. des Kindes ankommt (→ Rn. 13).[1]

1.2 Übergang der AV (Abs. 2)

5 **1.2.1 Antrag auf Weiterführung (Satz 1).** Die örtliche Zuständigkeit wechselt nicht etwa (wie bei § 86) mit dem Wechsel des g.A. als Anknüpfungsmerkmal für die örtliche Zuständigkeit nach Abs. 1. Vielmehr tritt ein Zuständigkeitswechsel erst dann ein, wenn die Erstzuständigkeit durch Abgabe an ein anderes JA rechtsgültig ihr Ende gefunden hat.[2]

6 Wechselt der g.A. der Mutter, **hat** das JA die Weiterführung bei dem anderen JA zu beantragen – unabhängig vom Kindeswohl.[3] Gründe des Kindeswohls können dagegen zur Ablehnung der Übernahme führen. Liegt kein g.A.-Wechsel der Mutter vor, steht es nicht im Ermessen des abgabewilligen JA, die Übernahme zu beantragen, weil dann die Tatbestandsvoraussetzung der Rechtsfolgeentscheidung nicht vorliegt.[4] Das Auseinanderfallen der Aufenthaltsorte von Mutter und Kind in verschiedene Jugendamtsbereiche ist für sich allein kein Grund vom Übergang abzusehen.

7 Gründe des Kindeswohls sind es auch, die es rechtfertigen, dass der Weiterführungsantrag auch von dem anderen JA gestellt werden **kann**, ebenso von jedem Elternteil oder vom Kind nach Vollendung des 14. Lebensjahres (entsprechend § 9 Abs. 1 Nr. 3 FamFG) sowie jeder anderen Person, die ein berechtigtes Interesse des Kindes (zB eine

---

1 So Lange in jurisPK-SGB VIII § 87c Rn. 17.
2 Vgl. ausführlich Kunkel in Oberloskamp, Vormundschaft, § 16 Rn. 33–51.
3 Ebenso LG Hamburg JAmt 2001, 494; Lange in jurisPK-SGB VIII Rn. 42; aA Kern in SFMK § 87c Rn. 5.
4 So Lange in jurisPK-SGB VIII § 87c Rn. 43; aA Fieseler/Ziegler in GK-SGB VIII § 87c Rn. 12: „Beurteilungsspielraum". Zu den Gründen des Kindeswohls im Einzelnen vgl. Kunkel in Oberloskamp, Vormundschaft, § 15 Rn. 40.

Pflegeperson) geltend machen kann. Das Interesse kann auch rein tatsächlicher (zB wirtschaftlicher) Art sein; immer aber muss es ein Interesse des Kindes und nicht etwa des Antragstellers sein.[5]

Den Weiterführungsantrag muss das bisher zuständige JA beim JA des neuen g.A. der Mutter stellen; die anderen Antragsberechtigten müssen den Antrag beim bisher zuständigen JA stellen. **Unterbleibt** ein Weiterführungsantrag trotz Aufenthaltswechsels, weil beide beteiligte JA den Wechsel der Zuständigkeit als dem Kindeswohl nicht dienlich erachten und werden auch Dritte nicht initiativ, bleibt das bisherige JA weiterhin zuständig. 8

Strittig ist, ob der Antrag von dem einzelnen Beamten oder Angestellten, dem die AV übertragen worden ist (**„Realvormund"**), gestellt werden muss oder vom JA als **„Legalvormund"**.[6] Da der Antrag die Beendigung des Amtes als solches betrifft, kann der Antrag nicht durch den Realvormund als Beauftragten gestellt werden, weil der Beauftragte nicht über die Rechtsgrundlage seiner Beauftragung verfügen kann. Außerdem ist der Beauftragte gesetzlicher Vertreter des Kindes, nicht dagegen gesetzlicher Vertreter des JA, welches von seinem Amt entbunden werden will. Den Antrag muss deshalb das JA als solches stellen.[7] 9

1.2.2 Übernahmeerklärung (Satz 2). Erst bei einverständlicher Übernahme (nicht schon mit g.A.-Wechsel)[8] ist der Übergang mit der Erklärung des anderen JA perfekt. Einer Aktenübergabe oder einer Mitwirkung des Familiengerichts bedarf es dann nicht.[9] Das Gericht wird lediglich vom Übergang der AV verständigt (Satz 3; → Rn. 18). 10

Eine **„feindliche Übernahme"** ist ausgeschlossen, da ohne Mitwirkung des erstzuständigen JA keine Übernahme erfolgen kann. Entweder muss es den Weiterführungsantrag stellen oder einem Weiterführungsantrag des anderen JA (oder eines Dritten) zustimmen. Dies folgt aus dem Begriff des Antrags, der als Rechtsfolge eine zustimmende oder ablehnende Erklärung des Antragsgegners voraussetzt. 11

Ebenso wenig ist eine „feindliche **Übergabe**" möglich, da das andere JA eine Einverständniserklärung abgeben muss. Dabei hat das andere JA **weder einen Ermessens- noch einen Beurteilungsspielraum**, sondern trifft eine gebundene Entscheidung unter Auslegung des unbestimmten Rechtsbegriffs des Kindeswohls. Dabei müssen **besondere** Gründe des Kindeswohls seine Entscheidung rechtfertigen.[10] Einfache Gründe des Kindeswohls sind nicht ausreichend, weil (anders als bei Abs. 3) bei g.A.-Wechsel grundsätzlich ein Zuständigkeitswechsel erfolgen soll.[11] Außerdem stellt Abs. 3 S. 3 auf den g.A. des Kindes und nicht den der Mutter ab. Die Rechtsprechung zu den Gründen des Kindeswohls in Abs. 3 ist nicht ohne Weiteres auf Abs. 2 übertragbar.[12] 12

---

5 Ebenso Reisch in JHSM § 87c Rn. 13; Uhl/Orth in Krug/Riehle § 87c Rn. 21.
6 Zum Streitstand vgl. ausführlich Kunkel in Oberloskamp, Vormundschaft, § 15 Rn. 132, 133.
7 Ebenso Kern in SFMK § 87c Rn. 9; Fieseler/Ziegler in GK-SGB VIII § 87c Rn. 22; Lange in jurisPK-SGB VIII § 87c Rn. 44; aA Uhl/Orth in Krug/Riehle § 87c Rn. 18: der Beamte für das abgebende JA.
8 Ebenso Mrozynski SGB VIII § 87c Rn. 4.
9 Ebenso Uhl/Orth in Krug/Riehle § 87c Rn. 23.
10 Ebenso – aber bei Annahme von Ermessen – LG Augsburg DAVorm 1995/1013; Uhl/Orth in Krug/Riehle § 87c Rn. 21; Reisch in JHSM § 87c Rn. 15; Kern in SFMK § 87cRn. 11; Fieseler/Ziegler in GK-SGB VIII § 87c Rn. 12; Binschus ZfF 1990, 254; Elzholz DAVorm 1994/333; **aA** Mrozynski SGB VIII § 87c Rn. 4: Kindeswohl als Grund nur in Abs. 3 S. 3; widersprüchlich Loos in Wiesner § 87c Rn. 7: kein Spielraum, aber Rn. 10 „begrenzter Ermessensspielraum".
11 Ebenso Reisch in JHSM § 87c Rn. 16.
12 Dies geschieht aber bei Kern in SFMK § 87c Rn. 11 und Fieseler/Ziegler in GK-SGB VIII § 87c Rn. 12.

Fehlerhaft wäre deshalb die Ablehnung des Antrags wegen mangelnder „Abgabereife". Kein Grund ist deshalb auch Arbeitsbelastung. Auch die Rüge, der Unterhaltsanspruch sei nicht nach neuestem Stand tituliert, rechtfertigt die Ablehnung nicht. **Fehlerfrei** wäre dagegen die Ablehnung eines Antrags, wenn ein Ende der AV unmittelbar bevorsteht, weil die Mutter volljährig wird, so dass ein persönlicher Kontakt zwischen dem neuen JA und der Mutter nicht mehr zu erwarten ist[13] oder nur kurzzeitige Begründung eines neuen g.A. (beispielsweise durch Fremdunterbringung).[14] Die Gewährung von HzE am Ort des die AV führenden JA ist dagegen kein Ablehnungsgrund, weil die HzE dem Amtsvormund und nicht der Mutter gewährt wird.[15]

13 Begründet die Mutter einen g.A. im **Ausland**, gibt es keinen Grund mehr, nicht auf den g.A. des Kindes abzustellen. Wegen des auch für den Amtsvormund notwendigen persönlichen Kontaktes zum Kind ist daher auf den g.A. des Kindes abzustellen, also erforderlichenfalls ein Zuständigkeitswechsel zu bewirken (→ Rn. 4).[16] Dasselbe muss für den Fall des **unbekannten Aufenthalts** der Mutter gelten.[17]

14 **Empfangsadressat** der Übernahmeerklärung ist das erstzuständige JA. Die Übernahmeerklärung ist **mit Zugang** bei diesem wirksam, wenn sie mit dessen Übernahmeantrag korrespondiert. Auch wenn sie mit dem Übernahmeantrag eines Dritten korrespondiert, ist Zugang beim erstzuständigen JA zu fordern, da es den Zuständigkeitswechsel praktisch vollziehen muss und weil § 130 BGB analog auch für den Zugang dieser behördlichen Willenserklärung angewandt werden kann.[18] Im Falle des Übernahmeantrages eines Dritten ist die Übernahme dem Dritten gegenüber nicht zu erklären,[19] da der Dritte den Übernahmeantrag beim erstzuständigen JA zu stellen hatte, also auch nur von diesem eine Mitteilung davon erwarten kann, was aus seinem Antrag geworden ist.

15 Eine bestimmte **Form** ist für die Übernahmeerklärung nicht vorgeschrieben. Schriftform (§ 126 BGB) ist aus Beweisgründen zu empfehlen,[20] aber auch elektronische Form (§ 36 a SGB I) ist möglich.

16 **Unterbleibt** die Übernahmeerklärung, zB weil der g.A.-Wechsel bestritten wird, kann das FamG angerufen werden (S. 4, → Rn. 17).

17 Der Wechsel der örtlichen Zuständigkeit des **JA** bewirkt nicht den Wechsel der örtlichen Zuständigkeit des **FamG**.[21]

18 **1.2.3 Mitteilung des Übergangs (Satz 3).** Das bisher zuständige JA ist verpflichtet, den Übergang der Zuständigkeit – also mit Zugang (→ Rn. 14) der Übernahmeerklärung vom anderen JA (Satz 2) – dem FamG, aber auch jedem Elternteil (also auch dem nichtehelichen Vater) mitzuteilen. Diese Mitteilung muss unverzüglich (→ § 86c Rn. 5) erfolgen, also binnen weniger Tage nach Zugang der Übernahmeerklärung; geschieht dies nicht, liegt eine Amtspflichtverletzung mit der Folge eines Schadensersatzan-

13 So BayObLG 13.9.1993 – 1 Z BR 96/93, DAVorm 1993/1117.
14 Ebenso Kern in SFMK § 87c Rn. 11.
15 Ebenso im Ergebnis Elzholz DAVorm 1994/333; aA Kern in SFMK § 87c Rn. 11.
16 Ebenso Reisch in JHSM § 87c Rn. 8; aA DIV, DAVorm 1994/793, dem sich Fieseler/Ziegler in GK-SGB VIII § 87c Rn. 13 und Kern in SFMK § 87c Rn. 14 anschließen.
17 Im Ergebnis ebenso Kern in SFMK § 87c Rn. 14; aA OLG Düsseldorf, DAVorm 1993/1226; in beiden Fällen mit bedenkenswerten Gründen ebenfalls aA Lange in jurisPK-SGB VIII § 87c Rn. 36–41: Zuständigkeit verbleibt beim bisher tätigen JA.
18 Im Ergebnis ebenso Loos in Wiesner § 87c Rn. 9; Kern in SFMK § 87c Rn. 13; aA Fieseler/Ziegler in GK-SGB VIII § 87c Rn. 11.
19 AA Bohnert in Hauck/Noftz SGB VIII § 87c Rn. 8 unter Berufung auf allgemeine Grundsätze des Verwaltungsrechts.
20 So Lange in jurisPK-SGB VIII § 87c Rn. 20.
21 Ebenso OLG Hamm FamRZ 1996, 57.

spruchs vor.[22] Das FamG hat daraufhin die dem abgebenden JA erteilte schriftliche Auskunft einzuziehen und dem übernehmenden JA eine neue schriftliche Auskunft auszustellen.

1.2.4 Anrufung des Familiengerichts (Satz 4). Das FamG wird nicht von Amts wegen tätig. Es kann angerufen werden.[23] Anrufungsberechtigt ist 19

- das mit seinem Übernahme- oder Übergabeantrag erfolglos gebliebene JA,
- der mit seinem Übergabeantrag erfolglose Elternteil,
- das mit dem Übergabeantrag erfolglose Kind (ab 14 Jahre; § 9 Abs. 1 Nr. 3 FamFG entsprechend – nicht direkt, weil Antrag nicht zum FamG, sondern zum JA), wenn es ein berechtigtes Interesse geltend macht, das erzieherischer, aber auch wirtschaftlicher Art sein kann,[24]
- jeder Dritte, der ein solches Interesse des Kindes geltend macht, auch wenn er zuvor keinen Übergabeantrag gestellt hat.[25]

Das FamG muss dann vor einer Entscheidung jeden Elternteil und das Kind (ab 14 Jahren) **anhören** (§§ 159, 160 FamFG).

Die Sachentscheidung des FamG ergeht dahin, dass 20

- sie die Ablehnung der Übergabe oder der Übernahme bestätigt oder
- die AV von dem nicht abgabewilligen JA abzugeben oder
- dass die AV von dem nicht übernahmebereiten JA zu übernehmen sei.

Der Beschluss ist **beiden beteiligten JA**, ggf. auch dem **Dritten**, der das FamG angerufen hat, bekannt zu geben. Die Bekanntgabe bewirkt, wenn der Beschluss auf Übergabe der AV lautet, den Übergang in gleicher Weise wie das Einverständnis der beteiligten JA, welches der Beschluss ersetzt. Zu den Rechtsmitteln gegen die Entscheidung des FamG vgl. ausführlich Kunkel in Oberloskamp § 15 Rn. 45–51.

2 Bestellte AP/AV (Abs. 3 Satz 1 bis 3)

2.1 Zuständigkeit nach g.A. des Kindes (Satz 1)

Im Unterschied zur gesetzlichen AV ist bei der bestellten AP/AV Anknüpfungskriterium für die örtliche Zuständigkeit des JA nicht der g.A. der Mutter, sondern der des Kindes. Dies deshalb, weil der Bestellung häufig eine Entscheidung des FamG gegen die Eltern zugrunde liegt (zB bei einem Eingriff nach § 1666 BGB). Daher entspricht es dem Kindeswohl, wenn das JA für das Kind zuständig ist, in dessen Bereich sich das **Kind gewöhnlich aufhält**. Zum Begriff des g.A. → § 86 Rn. 10; der g.A. kann auch in einer Einrichtung begründet werden. Der Schutz der Anstaltsorte wird nicht über die Zuständigkeitsregelung (wie bei § 86 a Abs. 2), sondern über den Kostenerstattungsanspruch nach § 89e bewirkt. Die Aufenthaltsperspektive des Kindes wird aus dem Hilfeplan ersichtlich; ergibt sich aus diesem eine Rückkehr ins Elternhaus in absehbarer Zeit, wird in der Einrichtung kein g.A. begründet. 21

Die Anknüpfung an den g.A. des Kindes kann im Einzelfall zu einer **„gespaltenen Zuständigkeit"** des JA führen, wenn es zugleich eine Leistung erbringt, bei der sich die örtliche Zuständigkeit gem. § 86 nach dem g.A. der Eltern richtet. Diese Aufspaltung der Zuständigkeit auf zwei verschiedene JA ist aber eher heilsam, da sie Interessenkollisionen innerhalb desselben Amtes ausschließt.[26] Zu diesen Interessenkollisionen vgl. ausführlich Kunkel in Oberloskamp § 15 Rn. 135. 22

22 Ebenso Bohnert in Hauck/Noftz SGB VIII § 87c Rn. 9 a und wohl auch Lange in jurisPK-SGB VIII § 87c Rn. 47.
23 Ebenso Lange in jurisPK-SGB VIII § 87c Rn. 48.
24 Ebenso Fieseler/Ziegler in GK-SGB VIII § 87c Rn. 15.
25 Ebenso Lange in jurisPK-SGB VIII § 87c Rn. 46.
26 Ebenso Loos in Wiesner § 87c Rn. 14.

2.2 Zuständigkeit nach tats. Aufenthalt des Kindes bei fehlendem g.A. (Satz 2)

23 Hat das Kind oder der Jugendliche (zum Begriff → § 7 Abs. 1) keinen g.A., so ist der tatsächliche Aufenthalt (→ § 86 Rn. 15) maßgebend, der im Zeitpunkt der Bestellung besteht. Ist nicht feststellbar, ob oder wo ein g.A. des Kindes besteht, gilt ebenfalls Satz 2, auch wenn dort eine dem Abs. 1 S. 3 vergleichbare Regelung fehlt. Da es sich um eine (planwidrige) **Lücke** handelt, ist die analoge Anwendung des Satzes 2 möglich.

Die örtliche Zuständigkeit für die Amtsvormundschaft bei **unbegleiteten minderjährigen Ausländern** ist in § 88 a geregelt. Diese Regelung gilt seit 1.11.2015. Eine davor nach § 87c Abs. 3 begründete Zuständigkeit bleibt bestehen. Eine „wandernde Zuständigkeit" (→ § 86 Rn. 19) kann nicht angenommen werden, da diese eine wandernde Person voraussetzt.

2.3 Zuständigkeitswechsel nach Entlassungsantrag (Satz 3)

24 Im Unterschied zur gesetzlichen AV erfolgt bei der bestellten AP/AV der Zuständigkeitswechsel nicht behördengesteuert kraft Entscheidung der beteiligten JA, sondern durch **Justizakt**. Dies ist Konsequenz des Bestellungsaktes. Da das FamG vor der Bestellung des JA zum Pfleger/Vormund prüft, ob unter den örtlichen Gegebenheiten ein geeigneter Einzelpfleger/Einzelvormund vorhanden ist, muss beim Wechsel des g.A. des Kindes in den Bezirk eines anderen JA erneut eine Geeignetheitsprüfung stattfinden.[27] Auch hier – wie im Fall des Absatzes 2 Satz 4 – handelt das FamG nicht von Amts wegen, sondern nach **Antrag** des JA auf **Entlassung**. Diesen Antrag **muss** (kein Ermessen) das JA dann stellen, **wenn** ein g.A.-Wechsel des Kindes vorliegt oder bei Fehlen eines g.A. (nur dann!) das Wohl des Kindes einen Zuständigkeitswechsel erforderlich macht. Auch im Fall der zweiten Alternative hat das JA weder Ermessen noch Beurteilungsspielraum. Der g.A.-Wechsel des Kindes führt aber nicht zwingend zu einem Wechsel der Zuständigkeit, da dieser erst durch die Entscheidung des FamG bewirkt wird. Unabhängig vom Vorliegen einer der beiden Alternativen **kann** das JA einen Entlassungsantrag stellen. Dieses Ermessen wird aber nur dann fehlerfrei ausgeübt, wenn auch bei fehlendem g.A.-Wechsel Gründe des Kindeswohls ausschlaggebend für den Antrag sind. Hat das Kind lediglich seinen tatsächlichen Aufenthalt im Bereich des bestellten JA, ist nicht etwa auch der Wechsel des tatsächlichen Aufenthalts Voraussetzung für die Kindeswohlprüfung; vielmehr **muss** das JA auch ohne einen solchen Wechsel den Entlassungsantrag stellen, wenn das Kindeswohl dies erfordert. Dies folgt aus der Formulierung des Satzes 3, die nicht auf einen Aufenthaltswechsel abstellt.

25 Nach Entlassungsantrag des JA hat das FamG über diesen Antrag zu entscheiden. Dabei hat es einen **Entscheidungsspielraum**, für dessen Ausfüllung es sich am Kindeswohl ausrichten muss (§§ 1889 Abs. 2 S. 1, 1887 Abs. 1 BGB).[28] Auch bei einem g.A.-Wechsel des Kindes besteht dieser Entscheidungsspielraum. Dieser Entscheidungsspiel-

---

27 Zu Bestellung des JA als Ergänzungspfleger s. OLG München 8.2.2012 – 4 UF 2304/11, FamRZ 2012, 1071.

28 Gegen Ausrichtung an BGB – „zivilistische Sichtweise" – Lange in jurisPK-SGB VIII § 87c Rn. 63, dem aber insoweit nicht gefolgt werden kann, als er das Kindeswohl als „eigenständiges Beurteilungskriterium" ablehnt. Dies ist eine „formalistische Sichtweise", denn allein das Kindeswohl ist Beurteilungskriterium sämtlicher Regelungen des SGB VIII; vgl. Kunkel, Jugendhilferecht, Rn. 44; ebenso Mix JAmt 2014, 242, dagegen Lange in jurisPK-SGB VIII § 87c Rn. 63.1; OLG Schleswig 18.2.2016 – 14 UF 12/16, und OLG Karlsruhe 16.6.2016 – 5 WF 48/16, nv, haben eine Bindung verneint. Zumindest im Anwendungsbereich des § 88a SGB VIII geht aber OLG Karlsruhe 22.12.2016 – 5 WF 191/16, JAmt 2017, 136, von einer Bindung aus.

raum besteht auch insoweit, als das FamG bei der Bestellung eines neuen JA nach Entlassungsantrag nicht an die Zuständigkeitsregelung der Sätze 1 und 2 gebunden ist, sondern ein anderes JA auswählen kann, wenn dies dem Kindeswohl dient. Dies folgt aus seinem Entscheidungsspielraum schon bei der Erstbestellung.[29] Die größere Personennähe kann größere Ortsnähe aus Gründen des Kindeswohls zurücktreten lassen.[30] Dies gilt auch, wenn eine vorausgegangene Amtspflegschaft oder Beistandschaft **beendet** war, aber weiterhin Bedarf für eine Pflegschaft im Unterhaltsfestsetzungsverfahren besteht.[31]

Zur (organisationsrechtlichen) **Zuständigkeit des JA** für die Antragstellung → § 87b Rn. 14. 26

3 Gegenvormundschaft[32] (Abs. 3 Satz 4)

Das JA kann gem. § 1792 Abs. 1 S. 2 BGB Gegenvormund sein, wenn ein Einzel- oder Vereinsvormund, nicht aber wenn ein JA zum Vormund bestellt wurde. Für die örtliche Zuständigkeit des „bestellten Amtsgegenvormunds" gelten dann dieselben Regelungen wie für die bestellte AV. 27

4 Adoptionsvormundschaft (Abs. 4)

Unter den Voraussetzungen des § 1751 Abs. 1 S. 2 Hs. 1 BGB tritt AV ein. Für diese AV ist das JA örtlich zuständig, in dessen Bereich die **annehmende Person** ihren **g.A.** hat. Bei der Prüfung der Adoptionseignung wird das JA nur solche Personen für geeignet halten, die auch einen g.A. haben, so dass für einen fehlenden g.A. keine Regelung getroffen werden musste.[33] Wechselt die annehmende Person ihren g.A., fehlt eine Regelung. Die (planwidrige) Lücke kann durch entsprechende Anwendung des Absatzes 2 geschlossen werden.[34] Auch das Übergangsverfahren ist dann entsprechend Absatz 2 durchzuführen (§ 1751 Abs. 1 S. 1 BGB). 28

Hat das JA HzE gewährt, kann dies zu einer **„gespaltenen Zuständigkeit"** führen, da es bei verschiedenem g.A. der Eltern auf das Personensorgerecht ankommt, das nunmehr beim Amtsvormund liegt (§ 1751 Abs. 1 S. 1 BGB), so dass ihm die HzE gewährt wird (→ § 27 Rn. 19). Die örtliche Zuständigkeit für die HzE richtet sich auch in diesem Fall nach § 86 Abs. 3. Die gespaltene Zuständigkeit muss aber nicht zum Nachteil des Kindes sein (→ Rn. 22). 29

5 Persönliche Hilfe nach § 52a und Beistandschaft (Abs. 5)

5.1 Zuständigkeit wie bei gesetzlicher AV (Satz 1)

Die persönliche Hilfe nach § 52a (sie fehlt in der Überschrift des Paragrafen) und die Beistandschaft sind „lupenreine" Leistungen. Dennoch gilt für sie nicht die Regelung des § 86 (→ § 86 Rn. 4). Für die persönliche Hilfe nach § 52a ist das JA örtlich zu- 30

29 So OLG Brandenburg 17.2.2014 – 10 UF 230/13, juris Rn. 5; OLG Saarbrücken 20.10.2003 – 2 UF 13/03; OLG Dresden 14.6.2001 – 22 WF 316/01, JAmt 2001, 492; OLG Hamm 19.1.1998 – 15 W 481/97, ZfJ 1999, 32; BayObLG 16.12.1997 – 1 Z BR 196/97; Kern in SFMK § 87c Rn. 16; Reisch in JHSM § 87c Rn. 24; Fieseler/Ziegler in GK-SGB VIII § 87c Rn. 17; **aA** MüKoBGB/Wagenitz § 1791 b Rn. 6, 12; Loos in Wiesner § 87c Rn. 15; Lange in jurisPK-SGB VIII § 87c Rn. 62.

30 Im Ergebnis ebenso OLG Hamm 19.1.1998 – 15 W 481/97, ZfJ 1999, 32. Der Bundesrat hatte – leider erfolglos – eine entsprechende Änderung des Satzes 3 empfohlen (BT-Drs. 19/26107 vom 18.11.2000, 476).

31 So OLG Saarbrücken 20.10.2003 – 2 UF 13/03.

32 Ab 1.1.2023 wird § 58 SGB VIII aufgehoben; → § 87c Rn. 45.

33 So zu Recht Fieseler/Ziegler in GK-SGB VIII § 87c Rn. 20.

34 Ebenso Reisch in JHSM § 87c Rn. 27; Fieseler/Ziegler in GK-SGB VIII § 87c Rn. 20; Roesler in Jung § 87c Rn. 28; Bedenken bei Lange in jurisPK-SGB VIII § 87c Rn. 73.

ständig, in dessen Bereich die Mutter ihren g.A. hat.[35] Da diese Hilfe unverzüglich nach Geburt einzusetzen hat, kommt es darauf an, wo die Mutter zur Zeit der Geburt ihren g.A. hat. Die Hilfe kann aber schon vor Geburt geleistet werden (§ 52a Abs. 2). Dann kommt es für die örtliche Zuständigkeit darauf an, wo die Mutter zum Zeitpunkt der Antragstellung ihren g.A. hat.

31 Für die **Beistandschaft** nach §§ 1712–1717 BGB ist das JA örtlich zuständig, in dessen Bereich der antragsberechtigte **Elternteil** (Abs. 1 S. 1 ist **entsprechend** anwendbar) seinen g.A. hat. Die Beistandschaft setzt mit Zugang des Antrags beim JA ein (Exkurs zur Beistandschaft → vor § 52a Rn. 41). Zur Anwendbarkeit des § 16 SGB I → vor § 52a Rn. 42. Es kommt also darauf an, wo der antragsberechtigte Elternteil im Zeitpunkt der Antragstellung seinen g.A. hat. Wird der Antrag schon vor Geburt des Kindes gestellt, ist ebenfalls der g.A. zum Zeitpunkt der Antragstellung entscheidend. Auf den g.A. des antragsberechtigten Elternteils kommt es aber dann nicht an, wenn das **Kind** seinen g.A. nicht im Inland hat; dann ist nämlich der Eintritt der Beistandschaft ausgeschlossen (§ 1717 BGB).

32 Für die Hilfe nach § 52a und die Beistandschaft können verschiedene JA zuständig sein, wenn die Mutter zwischen der Hilfe nach § 52a und der Antragstellung auf Beistandschaft den g.A. wechselt.[36] Ist ein g.A. der Mutter (bei der Hilfe nach § 52 a) oder des antragsberechtigten Elternteils (bei der Beistandschaft) nicht feststellbar, kommt es auf den **tatsächlichen** Aufenthalt an (Abs. 1 S. 3 entsprechend). Dies gilt auch (nochmals entsprechend), wenn feststeht, dass ein g.A. fehlt.

5.2 Zuständigkeitswechsel bei Beistandschaft nach Antrag (Satz 2 Hs. 1)

33 Bei der Hilfe nach § **52 a** wechselt die örtliche Zuständigkeit des JA mit dem g.A. – subsidiär mit dem tatsächlichen Aufenthalt – der Mutter.[37] Bei der **Beistandschaft** gilt dagegen dieselbe Regelung wie für die gesetzliche AV. Danach hat das JA bei einem Aufenthaltswechsel des antragsberechtigten Elternteils die Weiterführung der Beistandschaft bei dem anderen JA zu beantragen. Den Antrag muss das JA als **„Legalbeistand"** stellen, nicht der die Beistandschaft führende einzelne Beamte oder Angestellte (**„Realbeistand"**; → Rn. 9).

5.3 Übergang der Beistandschaft (Satz 2 Hs. 2 iVm Abs. 2 Satz 2)

34 **Antragsbefugt** ist im Unterschied zur Regelung des Abs. 2 nur das erstzuständige JA, also auch nicht der antragsberechtigte Elternteil. Dieser kann aber einen Zuständigkeitswechsel dadurch bewirken, dass er beim zunächst zuständigen JA die Beistandschaft gem. § 1715 Abs. 1 BGB beendet und beim anderen JA gem. § 1712 BGB beantragt. Erklärt das andere JA sich zur Übernahme bereit, ist damit der Übergang der Beistandschaft erfolgt.[38]

35 Ist der Antrag vom erstzuständigen JA gestellt, muss das andere JA erklären, ob es die Beistandschaft weiterführt. Ohne diese **Erklärung** bleibt das antragstellende JA zuständig. Ein Fall des § 86d liegt daher nicht vor.[39]

36 Ebenfalls im Unterschied zur AV (→ Rn. 5 f.) kann der Antrag nicht aus **anderen Gründen** als denen des Aufenthaltswechsels gestellt werden, also insbesondere auch

35 Zum g.A. von Asylbewerberinnen vgl. DIJuF JAmt 2002, 122.
36 Vgl. DIJuF JAmt 2004, 232 u. 361.
37 AA Mrozynski SGB VIII § 87c Rn. 9: kein Zuständigkeitswechsel, sondern Amtshilfe.
38 Ebenso DIJuF JAmt 2001, 37.
39 AA die Begründung des Rechtsausschusses, BT-Drs. 13/8509, 18, wo im Übrigen ungenau vom „zuständige (n) örtliche (n) Träger" die Rede ist, statt richtig vom „örtlich zuständigen Träger".

nicht aus Gründen des Kindeswohls.[40] Dies ist bei der Beistandschaft deshalb nicht möglich, weil das FamG als streitentscheidende Stelle hier nicht vorgesehen ist, da § 87c Abs. 2 S. 4 nicht anwendbar ist.

Ebenfalls nicht anwendbar ist Abs. 2 S. 3. Da die Beistandschaft ohne Aufsicht durch das FamG stattfindet (§ 1716 BGB), muss dem **FamG** der Übergang der Beistandschaft auch nicht mitgeteilt werden. Durch den fehlenden Verweis auf Abs. 2 S. 3 ist allerdings auch – zu Unrecht – die Mitteilung des Übergangs gegenüber dem alleinsorgeberechtigten **Elternteil** ausgeschlossen worden. Als „nobile officium" sollte das JA die Anzeige dennoch vornehmen, damit der Elternteil weiß, welches JA für ihn zuständig ist.[41] 37

5.4 Fortsetzung der Beistandschaft trotz Wechsels der Zuständigkeit (Satz 2 Hs. 2 iVm § 86c)

Um keine Lücke in der Beistandschaft eintreten zu lassen, ist auch die entsprechende Anwendung des § 86c geregelt. Das erstzuständige JA muss also die Beistandschaft weiterführen, bis das andere JA aktiv geworden ist. Allein die Erklärung der Übernahme (Abs. 2 S. 2 entsprechend) genügt nicht, wenn ihr keine Taten folgen. In einem Zuständigkeitskonflikt entscheidet gem. § 2 Abs. 1 S. 2 SGB X die gemeinsame Aufsichtsbehörde,[42] also das Regierungspräsidium/die Bezirksregierung/Landesdirektion oder das Innenministerium. Die Übernahmeerklärung kann mit der allg. Leistungsklage oder (subsidiär) Feststellungsklage erstritten werden, da die Ablehnung der Übernahme im Verhältnis zum antragstellenden JA[43] zwar eine öffentlich-rechtliche, aber keine hoheitliche Maßnahme, also kein VA, ist.[44] 38

6 Auskunft über die Nichtabgabe von Sorgeerklärungen und Mitteilung über deren Abgabe (Abs. 6)

6.1 Auskunft an die Mutter über die Nichtabgabe von Sorgeerklärungen (Satz 1 iVm Abs. 1)

Satz 1 regelt die örtliche Zuständigkeit des JA für die Erteilung des sog Negativattestes gem. § 58a, während § 1626d Abs. 2 BGB das sog Positivattest regelt. Zuständig für die schriftliche Auskunft an die Mutter, dass **keine** Sorgeerklärungen gem. § 1626a Abs. 1 Nr. 1 BGB oder keine gerichtliche Übertragung gem. § 1626a Abs. 1 Nr. 3 abgegeben worden sind, ist das JA, in dessen Bereich die Mutter ihren g.A. hat (Abs. 1 S. 1 entsprechend; → Rn. 1). 39

Wurde die Vaterschaft durch **Anfechtung** beseitigt, ist der g.A. der Mutter zu dem Zeitpunkt maßgebend, in dem die familiengerichtliche Entscheidung rechtskräftig wird (Abs. 1 S. 2 entsprechend; → Rn. 2) 40

Ist ein g.A. der Mutter nicht feststellbar oder nicht vorhanden, richtet sich die örtliche Zuständigkeit nach ihrem **tatsächlichen** Aufenthalt (Abs. 1 S. 3 entsprechend; → Rn. 3). 41

---

40 Hierzu de lege ferenda Lange in jurisPK-SGB VIII § 87c Rn. 79 f.

41 Ebenso Reisch in JHSM § 87c Rn. 31; Uhl/Orth in Krug/Riehle § 87c Rn. 39; Roesler in Jung § 87c Rn. 31.

42 Ebenso Mrozynski SGB VIII § 87c Rn. 8; Reisch in JHSM § 87c Rn. 33; zweifelnd Lange in jurisPK-SGB VIII § 87c Rn. 87, da § 2 SGB X nicht anwendbar sei, weil er eine bereits entstandene Zuständigkeit voraussetze. § 2 lässt aber bereits Zweifel an der Zuständigkeit genügen.

43 Im Verhältnis zum Bürger s. näher Kunkel in Oberloskamp, Vormundschaft, § 19 Rn. 79.

44 So zu Recht Lange in jurisPK-SGB VIII § 87c Rn. 86; aA Kern in SFMK § 87c Rn. 22 sowie DIJuF JAmt 2002, 506: Verpflichtungsklage.

6.2 Mitteilung an das Geburts-JA über die Erteilung von Sorgeerklärungen (Satz 2)

42 Satz 2 regelt lediglich die **Empfangszuständigkeit** des JA für die Mitteilung der beurkundenden Stellen (Urkundsperson des JA oder Notar) darüber, dass Sorgeerklärungen abgegeben worden sind (§ 1626d Abs. 2 BGB, Abdruck bei § 7). Dem gegenüber ist für die **Abgabe** der Mitteilung das beurkundende JA gem. § 87e örtlich zuständig; dies kann jedes JA in Deutschland sein. Für die Entgegennahme der Mitteilung ist gem. § 87c Abs. 6 S. 2 das JA örtlich zuständig, in dessen Bereich der Geburtsort des Kindes liegt (Geburts-JA). Liegt der Geburtsort im Ausland oder ist er nicht zu ermitteln, ist das Land Berlin zuständig (§ 88 Abs. 1 S. 2 entsprechend), dort das LJA.[45]

6.3 Mitteilung an das Auskunfts-JA über die Erteilung von Sorgeerklärungen (Satz 3 und 4)

43 Das nach Satz 2 empfangszuständige (registerführende) JA am Geburtsort des Kindes muss dem nach Satz 1 für das Negativattest zuständigen Wohnort-JA auf dessen Verlangen mitteilen, ob bei ihm eine Mitteilung über die Abgabe von Sorgeerklärungen vorliegt (**„Mitteilung über die Mitteilung“**). Dies ist erforderlich, damit das für die Auskunft nach § 58a zuständige Wohnort-JA in der Lage ist, der Mutter darüber Auskunft zu geben, ob keine Erklärungen der gemeinsamen Sorge oder deren gerichtliche Übertragung vorliegen. Im Zeitpunkt der Auskunftserteilung kann diese Auskunft aber schon unrichtig sein, wenn eine Mitteilung über die Abgabe von Sorgeerklärungen vom Register-JA unterwegs ist oder weil die Sorgeerklärungen erst nach der Auskunftserteilung abgegeben werden.[46]

44 Um die Zuständigkeit nach Abs. 6 richtig beurteilen zu können, ist es also erforderlich, die örtliche Zuständigkeit **dreier verschiedener JA** zu unterscheiden: das Wohnort-JA gem. Satz 1 für die Erteilung des Negativattestes; das nach Satz 2 zuständige Geburts-JA für die Registerführung; das nach § 87e zuständige Urkunds-JA (→ § 87e Rn. 4).

45 Die mit dem **KJSG** erfolgte Änderung des Satzes 3 in die neuen Sätze 3 und 4 hat den Inhalt der Mitteilungen über rechtskräftige gerichtliche Entscheidungen zur elterlichen Sorge an die Erweiterung des Auskunfts- und Registergegenstandes um Sorgerechtsentscheidungen im Kontext von Kindeswohlgefährdung und Getrenntleben in § 58a (ab 1.1.2023: § 58) angepasst. Die Mitteilungen sollen auch die Angabe enthalten, in welchen Bereichen die elterliche Sorge der Mutter entzogen, den Eltern gemeinsam oder dem Vater allein übertragen wurde. Damit wird der Beweiswert der schriftlichen Auskunft nach § 58a (ab 1.1.2023: § 58) erhöht.

7 Änderung des § 87c durch Reform des Vormundschafts- und Betreuungsrechts, Rechtslage ab 1.1.2023

46 § 87c *Örtliche Zuständigkeit für die Beistandschaft, die Pflegschaft, die Vormundschaft und die schriftliche Auskunft nach § 58 [Fassung ab 1.1.2023]*

(1) [1]Für die Vormundschaft nach § 1786 des Bürgerlichen Gesetzbuchs ist das Jugendamt zuständig, in dessen Bereich die Mutter ihren gewöhnlichen Aufenthalt hat. [2]Wurde die Vaterschaft nach § 1592 Nummer 1 oder 2 des Bürgerlichen Gesetzbuchs durch Anfechtung beseitigt, so ist der gewöhnliche Aufenthalt der Mutter zu dem Zeitpunkt maßgeblich, zu dem die Entscheidung rechtskräftig wird. [3]Ist ein gewöhnlicher Aufenthalt der Mutter nicht festzustellen, so richtet sich die örtliche Zuständigkeit nach ihrem tatsächlichen Aufenthalt.

---

45 Zweifelnd Lange in jurisPK-SGB VIII § 87c Rn. 91.
46 Ebenso Schwab, Familienrecht, Rn. 534.

(2) [1]Sobald die Mutter ihren gewöhnlichen Aufenthalt im Bereich eines anderen Jugendamts nimmt, hat das die Amtsvormundschaft führende Jugendamt bei dem Jugendamt des anderen Bereichs die Weiterführung der Amtsvormundschaft zu beantragen; der Antrag kann auch von dem anderen Jugendamt, von jedem Elternteil und von jedem, der ein berechtigtes Interesse des Kindes oder des Jugendlichen geltend macht, bei dem die Amtsvormundschaft führenden Jugendamt gestellt werden. [2]Die Vormundschaft geht mit der Erklärung des anderen Jugendamts auf dieses über. [3]Das abgebende Jugendamt hat den Übergang dem Familiengericht und jedem Elternteil unverzüglich mitzuteilen. [4]Gegen die Ablehnung des Antrags kann das Familiengericht angerufen werden.

(2a) Für die Vormundschaft nach § 1787 des Bürgerlichen Gesetzbuchs ist das Jugendamt zuständig, in dessen Bereich der Geburtsort des Kindes liegt.

(3) [1]Für die Pflegschaft oder Vormundschaft, die durch Bestellung des Familiengerichts eintritt, ist das Jugendamt zuständig, in dessen Bereich das Kind oder der Jugendliche zum Zeitpunkt der Bestellung seinen gewöhnlichen Aufenthalt hat. [2]Hat das Kind oder der Jugendliche keinen gewöhnlichen Aufenthalt, so richtet sich die Zuständigkeit nach seinem tatsächlichen Aufenthalt zum Zeitpunkt der Bestellung. [3]Sobald das Kind oder der Jugendliche seinen gewöhnlichen Aufenthalt nimmt oder wechselt, hat das Jugendamt beim Familiengericht einen Antrag auf Entlassung zu stellen.

(4) Für die Vormundschaft, die im Rahmen des Verfahrens zur Annahme als Kind eintritt, ist das Jugendamt zuständig, in dessen Bereich die annehmende Person ihren gewöhnlichen Aufenthalt hat.

(5) [1]Für die Beratung und Unterstützung nach § 52a sowie für die Beistandschaft gilt Absatz 1 Satz 1 und 3 entsprechend. [2]Sobald der allein sorgeberechtigte Elternteil seinen gewöhnlichen Aufenthalt im Bereich eines anderen Jugendamts nimmt, hat das die Beistandschaft führende Jugendamt bei dem Jugendamt des anderen Bereichs die Weiterführung der Beistandschaft zu beantragen; Absatz 2 Satz 2 und § 86c gelten entsprechend.

(6) [1]Für die Erteilung der schriftliche Auskunft nach § 58 Absatz 2 gilt Absatz 1 entsprechend. [2]Die Mitteilungen nach § 1626d Absatz 2 des Bürgerlichen Gesetzbuchs, die Mitteilungen nach § 155a Absatz 3 Satz 3 und Absatz 5 Satz 2 des Gesetzes über das Verfahren in Familiensachen und in den Angelegenheiten der freiwilligen Gerichtsbarkeit sowie die Mitteilungen nach § 50 Absatz 3 sind an das für den Geburtsort des Kindes oder des Jugendlichen zuständige Jugendamt zu richten; § 88 Absatz 1 Satz 2 gilt entsprechend. [3]Das nach Satz 2 zuständige Jugendamt teilt dem nach Satz 1 zuständigen Jugendamt auf dessen Ersuchen mit, ob ihm Mitteilungen nach § 1626d Absatz 2 des Bürgerlichen Gesetzbuchs, Mitteilungen nach § 155a Absatz 3 Satz 3 oder Absatz 5 Satz 2 des Gesetzes über das Verfahren in Familiensachen und in den Angelegenheiten der freiwilligen Gerichtsbarkeit oder Mitteilungen nach § 50 Absatz 3 vorliegen. [4]Betrifft die gerichtliche Entscheidung nur Teile der elterlichen Sorge, so enthalten die Mitteilungen auch die Angabe, in welchen Bereichen die elterliche Sorge der Mutter entzogen wurde, den Eltern gemeinsam übertragen wurde oder dem Vater allein übertragen wurde.

Das Gesetz zur Reform des Vormundschafts- und Betreuungsrechts vom 4.5.2021[47] 47
hat das SGB VIII mit Wirkung zum 1.1.2023 geändert.

Die Überschrift wird an die Terminologie des neuen § 55 SGB VIII angepasst. Dort werden von den Oberbegriffen „Pflegschaft" und „Vormundschaft" nicht nur die Amtspflegschaft und Amtsvormundschaft, sondern auch die (mit § 55 Abs. 1 neu eingeführten Rechtsinstitute) der **vorläufigen** Amtspflegschaft und der vorläufigen Amtsvormundschaft erfasst.

Abs. 1 Satz 1 ist eine Folgeänderung, da die bisher in § 1791c BGB geregelte gesetzliche Amtsvormundschaft jetzt in § 1786 BGB geregelt ist.

---

47 BGBl. I, 882.

Der neu eingefügte **Abs. 2** a regelt die Zuständigkeit des gesetzlichen Amtsvormunds im Fall einer **vertraulichen Geburt** nach (dem neuen) § 1787 BGB.

Mit **Abs. 3** wird dem Familiengericht ein **Entscheidungsspielraum** eröffnet, bei einem Wechsel des g.A. aus Gründen des **Kindeswohls** die Amtsvormundschaft beim bisherigen Jugendamt zu belassen.

Dies folgert die Begründung[48] zu Abs. 3 aus der Angabe „zum Zeitpunkt der Bestellung" in **Satz 1**.[49] Klarer wäre es gewesen, der Empfehlung des Bundesrats (→ Rn. 24, 30)[50] zu folgen.

Die Streichung des **Satz 3** ist eine Folgeänderung, denn in § 1804 Abs. 3 S. 3 Nr. 1 BGB ist der Wechsel des Vormunds zum Wohl des Kindes ausreichend geregelt.

Satz 4 entfällt als Folgeänderung, da die **Gegenvormundschaft** als Rechtsinstitut in § 58a entfallen ist.

§ 87d Örtliche Zuständigkeit für weitere Aufgaben im Vormundschaftswesen

(1) Für die Wahrnehmung der Aufgaben nach § 53 [ab 1.1.2023: *den §§ 53 und 53a*] ist der örtliche Träger zuständig, in dessen Bereich der Pfleger oder Vormund seinen gewöhnlichen Aufenthalt hat.

(2) Für die Erteilung der Erlaubnis zur Übernahme von Pflegschaften oder Vormundschaften durch einen rechtsfähigen Verein (§ 54) ist der überörtliche Träger zuständig, in dessen Bereich der Verein seinen Sitz hat. [ab 1.1.2023: *Für die Anerkennung als Vormundschaftsverein (§ 54) ist der überörtliche Träger zuständig, in dessen Bereich der Verein seinen Sitz hat.*]

1 Aufgabe nach § 53 (Abs. 1)

1 Für die Aufgabenwahrnehmung nach §§ 53 f. regelt § 87d die örtliche Zuständigkeit.

Mit Wirkung vom 1.1.2023 wird in Abs. 1 durch Art. 12 des Gesetzes zur Reform des Vormundschafts- und Betreuungsrechts die Aufgabe nach § 53a neu aufgenommen werden. Mit Abs. 2 wird auf die Aufgabe der Anerkennung als Vormundschaftsvereins abgestellt werden.[1]

2 Unvermittelt wechselt § 87d wieder vom **JA** als zuständiger Stelle zur **Gebietskörperschaft** als örtlichem Träger, obwohl die Aufgabennorm des § 53 das **JA** für sachlich zuständig erklärt.[2] Es mag hier seinen Grund darin haben, dass in Abs. 1 und in Abs. 2 jeweils unterschiedliche Träger sachlich zuständig sind.

Für die Aufgabe nach § 53 knüpft Abs. 1 die örtliche Zuständigkeit des örtlichen Trägers (zum Begriff → § 86 Rn. 17) an den **g.A.** (zum Begriff → § 86 Rn. 13) des Pflegers oder Vormunds an, wechselt also mit einem Aufenthaltswechsel des Pflegers oder Vormunds. Für das Vorschlagsrecht nach § 53 Abs. 1 bedeutet dies, dass nur einheimische Kandidaten zum Zug kommen können.[3]

---

48 BT-Drs. 19/24445, 405.
49 Zum Reformentwurf Hoffmann JAmt 2020, 546.
50 Zu dieser Frage ausführlich Kunkel in Oberloskamp, Vormundschaft, Pflegschaft und Beistandschaft für Minderjährige, 4. Aufl. 2017, § 16 Rn. 33–40.
1 BGBl. 2021 Teil I Nr. 3 21, 882.
2 Vgl. zu dieser unterschiedlichen Anknüpfung → § 87b Rn. 14 u. Lange in jurisPK-SGB VIII Rn. 10.
3 Ebenso Mrozynski SGB VIII Rn. 1; Lange in jurisPK-SGB VIII Rn. 14; anders Reisch in JHSM Rn. 4: Anknüpfung an örtliche Zuständigkeit des FamG.

2 Aufgabe nach § 54 (Abs. 2)

3 Für die Aufgabe nach § 54 ist der überörtliche Träger sachlich zuständig (§ 85 Abs. 2 Nr. 10). Er kann die Aufgabe nicht auf den örtlichen Träger delegieren, weil § 85 Abs. 3 dies ausschließt.

4 Für die Übernahme einer **Beistandschaft** durch einen rechtsfähigen Verein fehlt sowohl die Regelung der sachlichen Zuständigkeit in § 85 Abs. 2 Nr. 10 als auch die der örtlichen Zuständigkeit in § 87d Abs. 2 (vgl. Exkurs zur Beistandschaft → vor § 52a Rn. 93).

Soweit das Landesrecht in Ausführung des Art. 144 EGBGB (zu diesem → vor § 52a Rn. 90–93) keine Regelung getroffen hat, ist § 87d Abs. 2 analog anzuwenden.[4]

5 Örtlich zuständig ist der überörtliche Träger, in dessen Bereich der **Verein seinen Sitz** hat. Bei Vereinigungen, die über den Zuständigkeitsbereich des überörtlichen Trägers hinaus tätig sind, kommt es darauf an, ob die Untergliederung im Bereich des (anderen) überörtlichen Trägers als eigener rechtsfähiger Verein organisiert ist. Ist sie es, ist der andere für die (weitere) Erlaubnis zuständig. Ist sie es nicht, kann sie dort auch nicht tätig werden.[5] Der Sitz des Vereins wird in der Satzung bestimmt (§ 57 Abs. 1 BGB); falls das nicht geschehen ist, ist der Sitz am Ort der Verwaltung (§ 24 BGB).[6]

§ 87e Örtliche Zuständigkeit für Beurkundung und Beglaubigung

Für Beurkundungen und Beglaubigungen nach § 59 ist die Urkundsperson bei jedem Jugendamt zuständig.

1 Beurkundungen im Sinne von § 59 werden von der Urkundsperson jedes JA vorgenommen. Beglaubigungen gibt es – entgegen dem Wortlaut des § 87e – seit dem KindRG im JA nicht mehr. Die Betroffenen sollen sich an jedes JA wenden können, ohne auf Zuständigkeitsregelungen Rücksicht nehmen oder Indiskretionen im heimischen Dunstkreis befürchten zu müssen. Urkundspersonen sind nur diejenigen, die nach § 59 Abs. 3 dazu ermächtigt sind.

In § 87e wird die Zuständigkeit weder dem örtlichen Träger noch dem JA zugeordnet, sondern der **Urkundsperson** im JA.[1] Um das JA als beurkundende Stelle „attraktiv" zu machen, ist **jede** Urkundsperson in Deutschland örtlich zuständig, ohne dass an bestimmte Merkmale, beispielsweise den g.A., angeknüpft wird. Wegen der „ubiquitären Zuständigkeit" der Urkundsperson in jedem JA ist es zwar nicht Rechtspflicht, aber „nobile officium", dass das JA auf die deutschlandweite Zuständigkeit hinweist.[2]

2 Für die Erteilung der Ausfertigung der **Niederschrift**, welche die Urkunde im Rechtsverkehr vertritt (§ 47 BeurkG) ist dagegen sachlich und örtlich die Stelle zuständig, die die Urschrift verwahrt (§ 48 S. 1 BeurkG).[3]

3 Für die **Vollstreckung** aus den vom JA errichteten Urkunden nach § 60 regelt § 87e keine Zuständigkeit. In der Aufgabennorm – insoweit unsystematisch – des § 60 S. 3 Nr. 1 ist die sachliche und funktionelle Zuständigkeit auf die Urkundsperson des JA übertragen. Die örtliche Zuständigkeit für die Aufgabe nach § 60 ist in § 87 e nicht geregelt. Um die (planwidrige) **Lücke** zwischen sachlicher und örtlicher Zuständigkeit

---

4 So Lange in jurisPK-SGB VIII Rn. 27.
5 Ebenso Kern in SFMK Rn. 5; Fieseler/Ziegler in GK-SGB VIII Rn. 4; Reisch in JHSM Rn. 7.
6 Ebenso Lange in jurisPK-SGB VIII Rn. 13.
1 AA Lange in jurisPK-SGB VIII Rn. 8: Zuständigkeit der „örtlichen Jugendhilfeträger".
2 Ebenso DIV DAVorm 1997/307.
3 Ebenso Kern in SFMK Rn. 4; Fieseler/Ziegler in GK-SGB VIII Rn. 4.

zu schließen, ist die analoge Anwendung des § 87e auch hierfür geboten.[4] Für das weitere Vollstreckungsverfahren regelt § 60 S. 3 Nr. 2 die örtliche Zuständigkeit des Amtsgerichts bei Einwendungen gegen die Vollstreckungsklausel. Für die weiteren Vollstreckungshandlungen ist das Amtsgericht als Vollstreckungsgericht sachlich zuständig (§ 764 Abs. 1 ZPO iVm § 60 S. 3); die örtliche Zuständigkeit des Vollstreckungsgerichts richtet sich nach § 764 Abs. 2 ZPO.

4 Hat das JA die Abgabe einer **Sorgeerklärung** beurkundet, muss es davon Mitteilung gem. § 1626d Abs. 2 BGB (Abdruck bei § 7) an das Register-JA am Geburtsort des Kindes machen. Weder § 1626d BGB noch § 87e regeln die örtliche Zuständigkeit hierfür. Lediglich aus dem Sinnzusammenhang ist zu entnehmen, dass hierfür das Beurkundungs-JA gem. § 87e ebenfalls örtlich zuständig ist.[5]

Dritter Unterabschnitt Örtliche Zuständigkeit bei Aufenthalt im Ausland

§ 88 Örtliche Zuständigkeit bei Aufenthalt im Ausland

(1) [1]Für die Gewährung von Leistungen der Jugendhilfe im Ausland ist der überörtliche Träger zuständig, in dessen Bereich der junge Mensch geboren ist. [2]Liegt der Geburtsort im Ausland oder ist er nicht zu ermitteln, so ist das Land Berlin zuständig.

(2) Wurden bereits vor der Ausreise Leistungen der Jugendhilfe gewährt, so bleibt der örtliche Träger zuständig, der bisher tätig geworden ist; eine Unterbrechung der Hilfeleistung von bis zu drei Monaten bleibt dabei außer Betracht.

1 Anknüpfung an Geburtsort (Abs. 1)

1.1 Geburtsort in Deutschland (S. 1)

1 Für Hilfen im Ausland muss zunächst der **Geltungsbereich** des SGB VIII erschlossen sein. Dies geschieht durch **§ 6 Abs. 3.**[1] Danach können nur **Leistungen** gem. § 2 Abs. 2 erbracht werden, wenn ein Deutscher einen (tatsächlichen) Aufenthalt im Ausland hat und dort keine Hilfe erhält. Erforderlich ist zudem, dass sich sowohl der materiell Anspruchsberechtigte als auch der Leistungsempfänger im Ausland aufhalten (→ Rn. 3 und → § 6 Rn. 15).[2] Für die erstmalige Gewährung solcher Leistungen ist der **überörtliche Träger** sachlich zuständig gem. § 85 Abs. 2 Nr. 9. Seine **örtliche** Zuständigkeit regelt § 88. Danach ist der überörtliche Träger örtlich zuständig, in dessen Bereich der Geburtsort des jungen Menschen (zum Begriff § 7 Abs. 1 Nr. 4) liegt.

2 § 88 gilt nur für den **„Leistungsexport"**, also grds. nicht, wenn eine Leistung im Inland erfolgt (aber auch → Rn. 3). Bei Leistungen im Inland richtet sich die örtliche Zuständigkeit nach §§ 86 bis 86b. Für diese Leistungen ist keine sachliche Zuständigkeit des überörtlichen Trägers gegeben, so dass ein Konkurrenzverhältnis zwischen § 88 und den §§ 86 bis 86b insoweit nicht besteht.[3]

---

4 AA Lange in jurisPK-SGB VIII Rn. 13: örtliche Zuständigkeit aus § 60 oder § 48 BeurkG.
5 AA Lange in jurisPK-SGB VIII Rn. 12: örtliche Zuständigkeit aus § 1626d Abs. 2 BGB.
1 S. hierzu BVerwG 12.5.2011 – 5 C 4/10, juris Rn. 18 f.
2 Hierzu BVerwG 31.5.2018 – 5 C 1/17, juris Rn. 18.
3 AA aber wohl Loos in Wiesner Rn. 3: „nachrangig"; DIJuF JAmt 2008, 420; VG Hannover 22.7.2011 – 3 A 3879/08, juris Rn. 33.

Ob die Leistung **„im Ausland"** erbracht wird, hängt nach Auffassung des BVerwG davon ab, ob sowohl Leistungsberechtigter als auch Leistungsempfänger ihren Aufenthalt im Ausland haben. Der in § 6 Abs. 3 verwendete Begriff der Leistungsgewährung ist in einem umfassenden Sinne zu verstehen und erfasst sowohl die rechtliche Bewilligung als auch die tatsächliche Erbringung einer Leistung. Daher hat die Leistungsgewährung im Sinne des § 6 Abs. 3 zwei Bezugssubjekte. Die Bewilligung ist auf den Leistungsberechtigten ausgerichtet. Dies ist der Inhaber des Rechtsanspruchs auf Gewährung einer Jugendhilfeleistung bzw. auf ermessensfehlerfreie Entscheidung über die beantragte Leistung. Bei der tatsächlichen Leistungserbringung ist auf den Leistungsempfänger, also auf denjenigen, abzustellen, der die Leistung erhält. Dies ist nach dem Grundgedanken des § 1 Abs. 1 der junge Mensch. Bei einem Auseinanderfallen von Leistungsberechtigtem und Leistungsempfänger müssen daher beide ihren Aufenthalt im Ausland haben, damit von einer Leistung im Ausland iSv § 6 Abs. 3 ausgegangen werden kann. Allein in diesem Fall richtet sich die örtliche Zuständigkeit nach § 88 (ausführlich hierzu → § 6 Rn. 1).[4] 3

Nach Auffassung des BVerwG wird aber eine Auslandshilfe nach § 6 Abs. 3 in Form der Hilfe zur Erziehung nicht dadurch beendet und in eine Inlandshilfe umgewandelt, dass sich der Leistungsempfänger zum Zwecke der tatsächlichen Inanspruchnahme der Leistung in das Inland begibt und dort aufhält, wenn der Auslandsbezug fortbesteht, weil der leistungsberechtigte Elternteil seinen gewöhnlichen Aufenthalt im Ausland beibehält.[5]

1.2 Geburtsort im Ausland (S. 2)

Ist die Anknüpfung an einen Geburtsort des jungen Menschen im Inland nicht möglich, weil dieser nicht zu ermitteln ist oder weil der Geburtsort im Ausland liegt, ist das **Land Berlin** zuständig. Da sich in diesem Fall eine örtliche Zuständigkeit des überörtlichen Trägers nicht bestimmen lässt, wird damit das Land Berlin – im Gegensatz zur Überschrift des § 88 – auch sachlich zuständig.[6] § 88 verändert damit die Regelung der sachlichen Zuständigkeit in § 85. 4

2 Fortsetzungsleistung (Abs. 2)

Absatz 2 regelt die örtliche Zuständigkeit für den Fall, dass eine im Inland schon begonnene Leistung im Ausland lediglich fortgesetzt wird. Dies ist nur der Fall, wenn Leistungen auch schon tatsächlich gewährt wurden; allein der Leistungsbescheid reicht nicht aus.[7] Dies folgt aus der Formulierung „... der bisher **tätig** geworden ist". Erst recht gilt dies, wenn eine Leistung nur deshalb bisher nicht erbracht wurde, weil sie ihrem Zweck nach im Ausland stattfinden soll (zB erlebnispädagogische Maßnahmen; → § 36 Rn. 56); auch dann bleibt es bei der Regel des Abs. 1, sofern sich sowohl Leistungsberechtigter als auch Leistungsempfänger im Ausland aufhalten.[8] Ist der Bedarf für eine Hilfe zwar im Inland schon bekannt geworden, aber eine Leistung noch nicht erfolgt, liegt eine Fortsetzung nicht vor.[9] 5

Hat ein örtlicher Träger vor dem Aufenthaltswechsel in das Ausland bereits Leistungen gewährt, die im **Ausland weitergeführt** werden, bleibt dieser örtliche Träger sachlich und örtlich zuständig. Dies gilt auch dann, wenn sich während der Fortsetzung dieser Leistungen im Ausland Anknüpfungsmerkmale für die örtliche Zuständigkeit 6

4 BVerwG 12.5.2011 – 5 C 4/10, juris Rn. 21.
5 BVerwG 31.5.2018 – 5 C 1/17, juris Rn. 32 und 43.
6 AA Lange in jurisPK-SGB VIII Rn. 1.
7 Kritisch hierzu Lange in jurisPK-SGB VIII Rn. 24.
8 Ebenso Wiesner in Wiesner Rn. 4; Reisch in JHSM Rn. 9.
9 AA Loos in Wiesner Rn. 4.

ändern. Es wird also kein Wechsel der örtlichen Zuständigkeit nach § 86 dadurch herbeigeführt.[10] Insoweit (→ Rn. 2) ist § 88 vorrangig vor § 86.[11] Erst nach Rückkehr aus dem Ausland ist bei Fortsetzung der Hilfe im Inland die örtliche Zuständigkeit neu zu prüfen.[12]

7 Ob eine Fortsetzung einer Leistung vorliegt, ist nach den vom BVerwG entwickelten Kriterien zu beurteilen.[13] Eine Fortsetzung der Leistung ist auch bei einer Änderung der Anspruchsgrundlage anzunehmen, wenn die Hilfe einen qualitativ unveränderten Bedarf deckt (→ § 86 Rn. 11). Da aus logischen Gründen vor Prüfung der örtlichen Zuständigkeit eine Prüfung der sachlichen Zuständigkeit erfolgen muss, ist bei Fortsetzung einer inhaltsgleichen Leistung die sachliche Zuständigkeit des örtlichen Trägers gegeben mit der Folge, dass § 88 Abs. 1 nicht anwendbar ist. § 88 Abs. 2 regelt dann – entsprechend der Überschrift des § 88 – nur die örtliche Zuständigkeit des sachlich zuständigen örtlichen Trägers. Soll dagegen im Ausland eine andere Leistung als bisher erfolgen, ist die sachliche Zuständigkeit des überörtlichen Trägers nach § 85 Abs. 2 Nr. 9 gegeben mit der Folge, dass sich seine örtliche Zuständigkeit nach § 88 Abs. 1 richtet, ohne dass diese durch Abs. 2 eingeschränkt werden kann. Nach diesem Verständnis regelt Abs. 1 die örtliche Zuständigkeit des sachlich zuständigen überörtlichen Trägers, während Abs. 2 die örtliche Zuständigkeit des sachlich zuständigen örtlichen Trägers regelt.[14]

8 Unschädlich für die Annahme einer Fortsetzung ist die **Unterbrechung** (zum Begriff näher → § 86 Rn. 11) der Leistung, wenn sie nicht länger als 3 Monate[15] gedauert hat.[16] Die Unterbrechung kann wegen der Ausreise, aber auch aus anderen Gründen erfolgt sein. Eine Unterbrechung kann nur dann angenommen werden, wenn die Hilfe tatsächlich geleistet und nicht lediglich ihr Bedarf festgestellt worden ist.[17] Ist die Leistung länger als 3 Monate unterbrochen oder abgebrochen worden, ist Abs. 2 nicht anwendbar; es gilt dann Abs. 1 mit der Folge der Zuständigkeit des ü.ö. Trägers.[18]

9 Mit der Unterbrechungsregelung modifiziert § 88 Abs. 2 Hs. 2 die Regelung der sachlichen Zuständigkeit in § 85 Abs. 2 Nr. 9. Wenn die Leistung nämlich mehr als 3 Monate unterbrochen oder abgebrochen worden ist, ist der ü.ö. Träger ebenfalls sachlich zuständig.[19]

Vierter Unterabschnitt Örtliche Zuständigkeit für vorläufige Maßnahmen, Leistungen und die Amtsvormundschaft für unbegleitete ausländische Kinder und Jugendliche

§ 88a Örtliche Zuständigkeit für vorläufige Maßnahmen, Leistungen und die Amtsvormundschaft für unbegleitete ausländische Kinder und Jugendliche

(1) Für die vorläufige Inobhutnahme eines unbegleiteten ausländischen Kindes oder Jugendlichen (§ 42a) ist der örtliche Träger zuständig, in dessen Bereich sich das Kind

10 Ebenso Roesler in Jung Rn. 7.
11 S. hierzu auch Lange in jurisPK-SGB VIII Rn. 14: § 88 lex specialis.
12 Ebenso Reisch in JHSM Rn. 8.
13 S. hierzu auch Lange in jurisPK-SGB VIII Rn. 23.
14 AA Kern in SFMK Rn. 6: Vorrangverhältnis.
15 Fristberechnung gem. § 26 SGB X.
16 Ebenso §§ 86 Abs. 7 S. 4, 86a Abs. 4 S. 2 und 86b Abs. 3 S. 2.
17 Ebenso Kern in SFMK Rn. 8.
18 Ebenso VG Saarlouis 22.8.2009 – 11 K 90/07, EuG 2009, 296; Kern in SFMK Rn. 8.
19 Ebenso VG Saarlouis 22.8.2009 – 11 K 90/07, EuG 2009, 296; Kern in SFMK Rn. 7.

oder der Jugendliche vor Beginn der Maßnahme tatsächlich aufhält, soweit Landesrecht nichts anderes regelt.

(2) [1]Die örtliche Zuständigkeit für die Inobhutnahme eines unbegleiteten ausländischen Kindes oder Jugendlichen (§ 42) richtet sich nach der Zuweisungsentscheidung gemäß § 42b Absatz 3 Satz 1 der nach Landesrecht für die Verteilung von unbegleiteten ausländischen Kindern oder Jugendlichen zuständigen Stelle. [2]Ist die Verteilung nach § 42b Absatz 4 ausgeschlossen, so bleibt die nach Absatz 1 begründete Zuständigkeit bestehen. [3]Ein anderer Träger kann aus Gründen des Kindeswohls oder aus sonstigen humanitären Gründen von vergleichbarem Gewicht die örtliche Zuständigkeit von dem zuständigen Träger übernehmen.

(3) [1]Für Leistungen an unbegleitete ausländische Kinder oder Jugendliche ist der örtliche Träger zuständig, in dessen Bereich sich die Person vor Beginn der Leistung tatsächlich aufhält. [2]Geht der Leistungsgewährung eine Inobhutnahme voraus, so bleibt die nach Absatz 2 begründete Zuständigkeit bestehen, soweit Landesrecht nichts anderes regelt.

(4) Die örtliche Zuständigkeit für die Vormundschaft oder Pflegschaft, die für unbegleitete ausländische Kinder oder Jugendliche durch Bestellung des Familiengerichts eintritt, richtet sich während

1. der vorläufigen Inobhutnahme (§ 42a) nach Absatz 1,
2. der Inobhutnahme (§ 42) nach Absatz 2 und
3. der Leistungsgewährung nach Absatz 3.

1 Überblick

§ 88a regelt die örtliche Zuständigkeit umfassend für Maßnahmen gegenüber unbegleiteten ausländischen Kindern und Jugendlichen. Die Vorschrift gilt sowohl für Leistungen als auch für die Erbringung der anderen Aufgaben (Vorläufige Inobhutnahme, Inobhutnahme, Vormundschaft und Pflegschaft). Damit ist § 88a die einzige Vorschrift zur örtlichen Zuständigkeit, die eine Regelung sowohl für die Erbringung von Leistungen als auch von anderen Aufgaben enthält. 1

2 Örtliche Zuständigkeit für die vorläufige Inobhutnahme

Nach Abs. 1 ist für die vorläufige Inobhutnahme der örtliche Träger zuständig, in dessen Bereich sich das Kind oder der Jugendliche vor Beginn der Maßnahme tatsächlich aufhält, soweit Landesrecht nichts anderes regelt. Damit enthält die Vorschrift, mit Ausnahme des Landesrechtsvorbehalts, eine wortgleiche Regelung wie § 87. Maßgeblich für die Bestimmung der örtlichen Zuständigkeit ist der tatsächliche Aufenthalt vor Beginn der Maßnahme. Die örtliche Zuständigkeit richtet sich damit nach dem tatsächlichen Aufenthalt des Minderjährigen zu dem Zeitpunkt, zu welchem sich die Notwendigkeit zur Durchführung der vorläufigen Inobhutnahme ergibt. Nach der Gesetzesbegründung soll dies der Ort sein, an dem die Einreise des unbegleiteten ausländischen Minderjährigen erstmals festgestellt wird, dh der Ort des „Aufgriffs" des 2

Minderjährigen oder seiner Selbstmeldung.[1] Es soll darauf ankommen, wo die Einreise bemerkt wird.[2] Unklar bleibt nach dem Gesetzeswortlaut und der Gesetzesbegründung, auf wessen Kenntnisnahme es dabei ankommen soll. Mangels entsprechender Regelung wird man davon ausgehen müssen, dass jedenfalls jede staatliche Kenntnisnahme tauglicher Anknüpfungspunkt ist.[3] Problematisch ist das Abstellen auf die erstmalige Kenntnisnahme von der Einreise allerdings in den Fällen, in welchen der Minderjährige nach dieser Feststellung weiterreist. Insbesondere bei kurzzeitigen Zwischenaufenthalten wäre es problematisch, auf diesen Aufenthaltsort abzustellen, da dann ein vom aktuellen Aufenthaltsort des Minderjährigen räumlich entferntes JA örtlich zuständig wäre. Zur alten, aber inhaltsgleichen Rechtslage (§ 87) hat das VG München in einer Entscheidung aus dem Jahr 2015 zur Inobhutnahme nach § 42 Abs. 1 S. 1 Nr. 3 daher vertreten, dass im Falle einer gerichtlichen Klärung der Verpflichtung zur Inobhutnahme der tatsächliche Aufenthalt zum Zeitpunkt der gerichtlichen Entscheidung maßgeblich sein soll. Zur Begründung hat das VG insbesondere auf die Eilbedürftigkeit der Maßnahme abgestellt.[4] Nach Auffassung des BayVGH ist für die Begründung der örtlichen Zuständigkeit nach § 88a Abs. 1 derjenige Ort entscheidungserheblich, „an dem sich das Kind oder der Jugendliche zu dem Zeitpunkt befindet, in dem ein Jugendamt eine vorläufige Schutzmaßnahme im Sinne einer jugendhilfefachlichen Kriseninterventіon gegenüber dem Kind oder Jugendlichen als Adressaten der Maßnahme tatsächlich ergreift".[5]

Nach hier vertretener Auffassung ist ein solches Ergebnis allerdings mit dem Gesetzeswortlaut („vor Beginn der Maßnahme") in Verbindung mit der Gesetzesbegründung nur schwer zu vereinbaren. Trotz zwischenzeitlich geäußerter Kritik an hiesiger Rechtsauffassung[6] wird nach nochmaliger Überprüfung aus folgenden Gründen an der Rechtsauffassung festgehalten:

§ 88a Abs. 1 stellt für die Bestimmung der örtlichen Zuständigkeit auf den Aufenthalt „vor Beginn der Maßnahme" ab. Bei der diesbezüglichen Maßnahme handelt es sich um die vorläufige Inobhutnahme nach § 42a. Diese Bestimmung knüpft die Verpflichtung zur vorläufigen Inobhutnahme an den Zeitpunkt „sobald die unbegleitete Einreise festgestellt wird". Diesen Zeitpunkt versteht der Gesetzgeber wie folgt:

„Zuständig ist der örtliche Träger der öffentlichen Jugendhilfe, in dessen Bereich sich das Kind oder der Jugendliche vor Beginn der Schutzmaßnahme tatsächlich aufhält. Das ist der Ort, an dem die Einreise des unbegleiteten ausländischen Minderjährigen erstmals festgestellt wird, dh der Ort des „Aufgriffs" des Minderjährigen oder seiner Selbstmeldung."[7]

Die Rspr. des BayGH führt aber dazu, dass einem Jugendamt die örtliche Zuständigkeit für die Maßnahme, also die vorläufige Inobhutnahme, auch Tage, Wochen und Monate nach der Einreise auferlegt werden kann. Zu diesem Zeitpunkt liegt aber die „Einreise" nach Deutschland regelmäßig schon einige Zeit zurück. Der Betroffene befindet sich zum diesem Zeitpunkt in der Regel auf der „Weiterreise". Nach hiesiger Auffassung wird die vom BayVGH vorgenommene Gesetzesauslegung dem System der §§ 42a ff. und des § 88a nicht gerecht. Auch bei einer Weiterreise des Kindes oder Jugendlichen muss es bei der Zuständigkeit des JA bleiben, wo die Einreise bemerkt

1 BT-Drs. 18/5921, 29.
2 BT-Drs. 18/5921, 23.
3 S. hierzu auch BR-Drs. 349/1/15, 17 u. 18: Danach soll es auf die Feststellung der Einreise durch das JA oder eine andere Behörde ankommen.
4 VG München 9.2.2015 – M 18 E 14.5261, juris Rn. 27.
5 BayVGH 14.3.2017 – 12 CE 17.507, juris Rn. 3 unter Bezugnahme auf Lange in juris-PK-SGB VIII Rn. 15.
6 BayVGH 14.3.2017 – 12 CE 17.507, juris Rn. 10.
7 BT-Drs. 18/5921, 29 sowie 23.

worden ist. Bemerkt ein Jugendamt die unbegleitete Einreise muss es in Form einer vorläufigen Inobhutnahme handeln. Verfügt das Jugendamt einen solchen Verwaltungsakt entfaltet dieser als Dauerverwaltungsakt auch bei einer Weitereise des jungen Menschen Rechtswirkungen. Handelt das Jugendamt, welches die Einreise bemerkt hat, hingegen nicht, so kann dieses Nichthandeln nicht zu einem Entlassen aus der Zuständigkeit führen. Nach der Rspr. des BayVGH würde zwar dem Kindeswohl zweifelslos Genüge getan. Allerdings könnte sich das Jugendamt seiner gesetzlichen Verpflichtungen entledigen. Es könnte auf die Verfügung einer vorläufigen Inobhutnahme verzichten und wäre dann im Falle einer Weiterreise des Minderjährigen nicht mehr zuständig. Zudem wäre es auch im Falle der Verfügung einer vorläufigen Inobhutnahme nicht mehr zuständig, wenn der betroffene Ausländer untertaucht und weiterreist. Die Rspr. des BayVGH berücksichtigt nach hier vertretener Auffassung zudem Sinn und Zweck der Regelungen nach §§ 42a ff. sowie die Systematik der Bestimmungen nach § 42a und § 42b, § 88a sowie § 89d nicht ausreichend. In einer Gesamtschau der Vorschriften ergibt sich, dass die Regelungen – neben der Wahrung des Kindeswohls – auch aufgrund der hohen Fallzahlen einer bundesweiten „Verteilungsgerechtigkeit"[8] dienen. Diesbezüglich sind die Maßnahmen auch darauf angelegt in kurzer Zeit und Abfolge durchgeführt zu werden. Dies lässt insbesondere die in § 89d Abs. 1 enthaltende Regelung erkennen.

Die Lastenverteilung zwischen den Bundesländern wird insbesondere durch eine bundesweite Verteilung nach § 42b erreicht. Allerdings tritt die Belastung auch durch eine Verpflichtung zur vorläufigen Inobhutnahme nach § 42a ein. Könnten sich die jungen Menschen durch Untertauchen und Weiterreise den Ort ihrer vorläufigen Inobhutnahme aussuchen, würde dies zu einer sehr ungleichen Lastenverteilung führen. Die vorläufigen Inobhutnahmen müssten insbesondere in Städten erfolgen, welche bei den jungen Menschen beliebt sind. Zudem wird die vom BayVGH vorgenommene Gesetzesauslegung der Bestimmung in § 89d Abs. 1 SGB VIII nicht gerecht. Nach dieser Vorschrift findet eine Kostenerstattung nur statt, wenn Jugendhilfe innerhalb eines Monats nach der Einreise gewährt wird. Die Rspr. des BayVGH kann aber zu einer zeitlichen Verzögerung in der Kette vorläufige Inobhutnahme, Inobhutnahme und Leistungsgewährung führen, die einer Kostenerstattung nach § 89d Abs. 1 entgegensteht. Nach der Rspr. des BayVGH muss im Einzelfall ein Jugendamt auch noch Wochen nach der Einreise eine vorläufige Inobhutnahme verfügen und hat damit kaum noch die Möglichkeit Leistungen innerhalb eines Monats nach der Einreise zu erbringen. In der Folge ist eine Kostenerstattung nach § 89d Abs. 1 – jedenfalls in direkter Anwendung – nicht mehr möglich. Dies erscheint nach hiesiger Auffassung nicht sachgerecht.

Sofern das Jugendamt eine verfügte vorläufige Inobhutnahme beenden will (insbesondere weil die Altersfeststellung nach § 42f eine Volljährigkeit ergeben hat), ist zu beachten, dass die durch Dauerverwaltungsakt verfügte Inobhutnahme nicht einfach beendet werden kann (→ § 27 Rn. 17). Sofern der Verwaltungsakt, mit welchem die vorläufige Inobhutnahme verfügt worden ist, nach § 45 SGB X oder § 48 SGB X aufgehoben wird, kann der Regelung zum Entfallen der aufschiebenden Wirkung eines Anfechtungswiderspruchs und einer Anfechtungsklage nach § 42f Abs. 3 S. 1 Bedeutung zukommen. Ordnet das Verwaltungsgericht in einem Verfahren nach § 80 Abs. 5 VwGO die aufschiebende Wirkung an, ist die verfügte vorläufige Inobhutnahme weiterhin zu vollziehen.[9]

8 OLG Karlsruhe 22.12.2016 – 5 WF 191/16, juris Rn. 18.
9 S. hierzu Lange in juris PK-SGB VIII Rn. 17.1.

3 Ende der vorläufigen Inobhutnahme

3 Eine durch Dauerverwaltungsakt bewilligte vorläufige Inobhutnahme kann nicht einfach „eingestellt" werden, zB wenn die Person „entweicht".[10] Daher kann die Inobhutnahme, wenn keiner der gesetzlich in § 42 Abs. 4 und § 42a Abs. 6 definierten Tatbestände gegeben ist, nur nach einer Aufhebung gem. § 48 SGB X beendet werden (→ § 42 Rn. 105 und → § 42a Rn. 26).

4 Örtliche Zuständigkeit für die Inobhutnahme

4 Nach Abs. 2 S. 1 richtet sich die Zuständigkeit für die Inobhutnahme eines unbegleiteten ausländischen Kindes oder Jugendlichen (§ 42) nach der Zuweisungsentscheidung gemäß § 42b Abs. 3 S. 1. Abs. 2 S. 2 bestimmt, dass bei Ausschluss der Verteilung nach § 42b Abs. 4 der für die vorläufige Inobhutnahme des Kindes oder Jugendlichen zuständige Träger auch für dessen Inobhutnahme zuständig bleibt. Entscheidet daher der jeweilige örtliche Träger gem. § 42a Abs. 2 S. 2, dass die Verteilung ausgeschlossen ist, bleibt er zuständig. Nach S. 3 kann ein anderer Träger aus Gründen des Kindeswohls oder aus sonstigen humanitären Gründen von vergleichbarem Gewicht die örtliche Zuständigkeit von dem zuständigen Träger übernehmen.

5 Örtliche Zuständigkeit für die Erbringung von Leistungen

5 Nach Abs. 3 S. 1 ist für Leistungen an unbegleitete ausländische Kinder oder Jugendliche der örtliche Träger zuständig, in dessen Bereich sich die Person vor Beginn der Leistung tatsächlich aufhält. Der praktische Anwendungsbereich dieser Vorschrift dürfte sehr gering sein. Regelmäßig geht der Leistungsgewährung nämlich eine Inobhutnahme des Kindes oder Jugendlichen voraus. Für diesen Fall normiert Abs. 3 S. 2, dass die nach Abs. 2 begründete Zuständigkeit bestehen bleibt, soweit Landesrecht nichts anderes regelt. § 86 Abs. 7 gilt demnach nur noch für Leistungen an ausländische Kinder und Jugendliche, die sich mit Personensorge- oder Erziehungsberechtigten im Inland aufhalten. Im Gesetzgebungsverfahren ist kritisiert worden, dass mit der Regelung in § 88a Abs. 3 S. 2 eine einmal begründete Zuständigkeit „dauerhaft beim gleichen Jugendamt" festgeschrieben werde, es gelte also der Grundsatz „einmal zuständig, immer zuständig".[11] Dies habe zur Konsequenz, dass zB „bei einer Familienzusammenführung in einem anderen Bundesland ein weit entferntes Jugendamt dauerhaft-statisch" zuständig bleibe.[12] Dem ist zu widersprechen. Nach der Überschrift und dem Gesetzeswortlaut im Übrigen greift die Zuständigkeitsvorschrift des § 88a nur, wenn die Leistung für ein „unbegleitetes ausländisches Kind oder einen unbegleiteten Jugendlichen" erbracht werden soll. Im Fall einer Familienzusammenführung entfällt idR das Merkmal „unbegleitet", so dass die Zuständigkeit für die weitere Leistungserbringung grundsätzlich nicht nach § 88a begründet werden kann.[13] Mit der Regelung in Abs. 3 S. 2 wird allerdings tatsächlich lediglich an eine der Leistungsgewährung vorausgehende Inobhutnahme angeknüpft. Nicht entscheidungserheblich ist es nach dem Wortlaut des Abs. 3 S. 2, ob der Betroffene zum Zeitpunkt der Leistungsgewährung noch unbegleitet ist. Allerdings ist auch der Gesetzeswortlaut des Abs. 3 S. 1, auf den S. 2 aufbaut, zu berücksichtigen. Dieser spricht eindeutig von einer Leistungsgewährung „an unbegleitete ausländische Kinder oder Jugendliche." Zudem ist nach dem Sinn und Zweck der Vorschrift, nämlich die örtliche Zuständigkeit ausschließlich für unbegleitete ausländische Kinder und Jugendliche zu regeln, zu fragen. Nach hier

---

10 S. hierzu aber BAGLJÄ, Handlungsempfehlungen zum Umgang mit unbegleiteten minderjährigen Flüchtlingen 2014, S. 23.
11 Statt Vieler: Hinweise DIJuF vom 22.6.2015, S. 3.
12 Hinweise DIJuF vom 22.6.2015, S. 4.
13 Ähnlich Lange in jurisPK-SGB VIII Rn. 37.

vertretener Auffassung muss sich die Zuständigkeit im Falle einer Begleitung des Kindes oder Jugendlichen daher nach §§ 86 f. richten.[14] Im Übrigen endet die Zuständigkeit nach § 88a mit Vollendung des 18. Lebensjahres.[15]

6 Örtliche Zuständigkeit für die Amtsvormundschaft und Amtspflegschaft

6 Nach Abs. 4 Nr. 1 bis 3 bemisst sich die örtliche Zuständigkeit für die Vormundschaft oder Pflegschaft, die für unbegleitete ausländische Minderjährige durch Bestellung des Familiengerichts eintritt, nach der örtlichen Zuständigkeit für die vorläufige Inobhutnahme, der Inobhutnahme und der Erbringung von Leistungen. Das jeweils für die vorläufige Inobhutnahme nach § 42a, die Inobhutnahme nach § 42 sowie für die Gewährung von Leistungen zuständige JA ist auch für die Übernahme der Amtsvormundschaft oder Amtspflegschaft zuständig. Grundsätzlich ist damit sichergestellt, dass die örtliche Zuständigkeit für vorläufige Schutzmaßnahmen bzw. für Leistungen gegenüber unbegleiteten ausländischen Kindern oder Jugendlichen auf der einen Seite und für die Amtsvormundschaft und die Amtspflegschaft auf der anderen Seite nicht auseinanderfallen können.

7 Nach § 42 Abs. 3 S. 4 ist das JA verpflichtet, unverzüglich nach Inobhutnahme des unbegleiteten Minderjährigen, dh grundsätzlich unverzüglich nach seiner Verteilung, die Bestellung eines Vormunds oder Pflegers durch das FamG zu veranlassen. Aufgrund der Ausschlussfrist nach § 42b Abs. 4 Nr. 4 hat dies spätestens einen Monat nach der vorläufigen Inobhutnahme des unbegleiteten Kindes oder Jugendlichen zu erfolgen. Im Idealfall läuft daher die Zuständigkeitsbestimmung des Abs. 4 Nr. 1 leer. Auch die Vorschrift des Abs. 4 Nr. 3 dürfte aufgrund der Regelung in Abs. 3 S. 2 regelmäßig leer laufen, so dass sich die örtliche Zuständigkeit für die Vormundschaft und Pflegschaft im Regelfall nach Abs. 4 Nr. 2 bestimmen lassen müsste.

8 In Rspr. und Lit. umstritten ist die Frage, ob die Familiengerichte bei der Bestellung des Amtsvormunds an die Vorgaben des § 88a Abs. 4 streng gebunden sind oder aber einen eigenständigen Entscheidungsspielraum bei der Bestellung des Vormundes haben, welcher ein Abweichen von den gesetzlichen Vorgaben des § 88a Abs. 4 ermöglicht.[16] So wird in der Rspr. die Auffassung vertreten, dass das Familiengericht „aus sachlichen Gründen (zB Ortsnähe, Kontinuität, Kapazitätsgründen usw)" von den Vorgaben des § 88 a Abs. 4 abweichen und ein anderes Jugendamt zum Vormund bestellen könne. Der Richter habe diesbezüglich eine „richterliche Ermessensentscheidung".[17] Demgegenüber hat das OLG Karlsruhe mit Entscheidung vom 22.12.2016 die Auffassung vertreten, dass grundsätzlich die Vorgaben des SGB VIII zur örtlichen Zuständigkeit auch für die Familiengerichte bindend sind.[18] Allenfalls im Ausnahmefall kann danach ein Abweichen von § 88a Abs. 4 aus Gründen des Kindeswohls in Betracht kommen. Diese könne in Betracht zu ziehen sein, wenn im Einzelfall mittels der Regelungen in § 42a Abs. 2 sowie § 88a Abs. 2 S. 3 keine „kindgerechte Lösung" erzielt worden sei.[19] Nach hiesiger Auffassung überzeugen die von Lange[20] und dem OLG Karlsruhe vorgetragenen Argumente. Auch die Familiengerichte sind an Recht und Gesetz nach Art. 20 Abs. 3 GG gebunden. Der Gesetzgeber hat mit §§ 42a ff. und § 88a Regelungen getroffen, welche eine Berücksichtigung des Kindeswohls in ausrei-

14 Anscheinend ebenso die Bundesregierung, BT-Drs. 18/6289, 20: „Im Übrigen ist zu berücksichtigen, dass nach einer Familienzusammenführung die Inobhutnahme häufig beendet wird. Die Zuständigkeit richtet sich dann nach den allgemeinen Regeln."
15 Ebenso Lange in jurisPK-SGB VIII Rn. 2.
16 Ausführlich hierzu Lange in jurisPK-SGB VIII Rn. 47 f.
17 OLG Schleswig 18.2.2016 – 14 UF 12/16, juris Rn. 12.
18 OLG Karlsruhe 22.12.2016 – 5 WF 191/16, juris Rn. 16.
19 OLG Karlsruhe 22.12.2016 – 5 WF 191/16, juris Rn. 18.
20 In jurisPK-SGB VIII § 87c Rn. 61 f. und § 88a Rn. 47 f.

chendem Umfang ermöglichen. Sofern die Exekutive, hier die Träger der öffentlichen Jugendhilfe oder die Verteilstellen, von diesen Vorgaben abweichen, ist es Aufgabe der Verwaltungsgerichtsbarkeit diese Entscheidungen im Einzelfall zu korrigieren und Vorgaben für künftige Fälle zu machen. Es ist hingegen nicht Aufgabe der Familiengerichte behördliche Ermessensentscheidung nach §§ 42a ff. zu überprüfen oder eigene diesbezügliche Ermessensentscheidungen zu treffen.[21]

7 Ende der örtlichen Zuständigkeit

9 Mit § 88a wird in der Regel eine statische Zuständigkeit bei dem für die Inobhutnahme nach § 42 Abs. 1 S. 1 Nr. 3 zuständigen JA festgeschrieben. In Einzelfällen kann diese statische Zuständigkeit zu Problemen bei der Leistungsversorgung führen. Dies gilt insbesondere in den Fällen, in welchen der aktuelle Wohnort infolge eines Umzuges räumlich weit entfernt von dem nach § 88a zuständigen JA liegt. Dies folgt aus der Regelung des § 88a Abs. 3 S. 2. Allerdings endet die einmal begründete Zuständigkeit mit Erreichen der Volljährigkeit oder Entfallen des Merkmals unbegleitet (→ Rn. 5). Dann bestimmt sich die Zuständigkeit nach §§ 86 f.

8 Altfälle

10 Da eine Übergangsvorschrift ins Gesetz nicht eingefügt worden ist, gilt § 88a ab dem 1.11.2015 für alle Fälle, in welchen die örtliche Zuständigkeit neu zu entscheiden ist. §§ 87, 87c bestimmen die örtliche Zuständigkeit für einen vor dem 1.11.2015 eingetretenen Fall. Diese Zuständigkeit besteht grundsätzlich fort. Eine Änderung der Zuständigkeit kann sich nur ergeben, wenn die Zuständigkeit aufgrund einer Veränderung in den Verhältnissen neu zu bestimmen ist. Dann gilt für diese Fälle – wie für alle neuen Fälle – § 88a.

Dritter Abschnitt Kostenerstattung

§ 89 Kostenerstattung bei fehlendem gewöhnlichen Aufenthalt

Ist für die örtliche Zuständigkeit nach den §§ 86, 86a oder 86b der tatsächliche Aufenthalt maßgeblich, so sind die Kosten, die ein örtlicher Träger aufgewendet hat, von dem überörtlichen Träger zu erstatten, zu dessen Bereich der örtliche Träger gehört.

1 **Zweck der Kostenerstattung** nach den §§ 89 ff. ist es, eine ungleichmäßige, unter Umständen zufällig entstandene oder auch unbillige Kostenbelastung desjenigen Trägers zu verhindern, der eine Hilfe im Rahmen seiner Zuständigkeit (oder auch nur seiner übergangsweisen oder vorläufigen Leistungspflicht nach §§ 86c, 86d) erbracht hat. Die Kostenerstattung zwischen örtlichem und überörtlichem Jugendhilfeträger wird dabei als **vertikale Kostenerstattung** (§§ 89, 89b Abs. 2, § 89c Abs. 3, § 89e Abs. 2) bezeichnet, die Kostenerstattung örtlicher Jugendhilfeträger untereinander als **horizontale Kostenerstattung** (§§ 89a, 89b Abs. 1, § 89c Abs. 1 und 2, § 89e Abs. 1). Daneben besteht in einem Fall eine sozusagen verlängerte vertikale KE-Pflicht des Bundeslandes gegenüber dem örtlichen Jugendhilfeträger (§ 89d). Die Fälle, in denen ein KE-Anspruch besteht, sind in §§ 89–89e geregelt. Diese Vorschriften ergänzen die für alle Sozialleistungsträger geltenden allgemeinen KE-Anspruchsgrundlagen der §§ 102–105 u. § 2 Abs. 3 SGB X,[1] diese gelten also grundsätzlich nebeneinander. Der **Anspruchsumfang** der Kostenerstattungsansprüche ist zentral in § 89f geregelt; daneben

21 S. hierzu auch OLG Frankfurt 22.4.2020 – 2 WF 97/20, juris Rn. 10 f. und OLG Düsseldorf 30.1.2019 – 3 WF 124/18, juris Rn. 11 und 12.

1 Ebenso Nellissen in GK-SGB VIII vor §§ 89–89h Rn. 8.

gelten die §§ 107–113 SGB X auch für auf den §§ 89–89e beruhende KE-Ansprüche (s. hierzu bei § 89f). § 89g enthält einen Landesrechtsvorbehalt und § 89h eine Übergangsvorschrift.

Nicht von den Vorschriften der §§ 89 ff. berührt sind Absprachen über die Kostenübernahme, die JH-Träger aufgrund von Staatsverträgen zwischen Bundesländern getroffen haben.[2]

Der **Anwendungsbereich** von **§ 89** selbst bezieht sich auf solche Fälle, in denen der sachlich zuständige **örtliche** Träger **Leistungen** iSd § 2 Abs. 2 erbracht hat, für die er nach §§ 86, 86 a, 86b örtlich zuständig war, wobei nicht der gA, sondern der **tatsA** (→ § 86 Rn. 13 ff.) maßgeblich war. Dies sind: **§ 86** Abs. 2 S. 4 Hs. 2, Abs. 3 iVm Abs. 2 S. 4 Hs. 2, Abs. 4 S. 2, Abs. 7 S. 1, **§ 86a** Abs. 3, **§ 86b** Abs. 2. Nur in diesen Fällen kann der örtliche Träger in direkter Anwendung von § 89 KE vom **überörtlichen** Träger verlangen. Kein KE-Anspruch besteht insbesondere im Fall des § 86 Abs. 2 S. 3: Hier richtet sich die Zuständigkeit maßgeblich nach dem **gA eines Elternteils**, wenn auch der tatsA des Kindes oder des oder der Jugendlichen durch die Auswahl des Elternteils mittelbar Einfluss auf die Zuständigkeit hat. Gleiches gilt für die Fälle des § 86 Abs. 6, da dort auf den gA der Pflegeperson abgestellt wird;[3] hierfür gilt allenfalls § 89a. 2

Richtet sich die Zuständigkeit für Leistungen an asylsuchende Kinder und Jugendliche nicht nach dem tatsA, sondern nach dem **Ort der Zuweisung** (§ 86 Abs. 7 S. 2 und 3), ist § 89 analog anzuwenden, so dass ebenfalls ein KE-Anspruch gegen den üö Träger besteht.[4] Dies folgt aus der Gleichbehandlung beider Fälle in § 89d (→ Rn. 5). Allerdings gilt **§ 86 Abs.** 7 nur dann, wenn die Jugendhilfeleistung vor **Abschluss des Asylverfahrens** eingesetzt hat. Bei späterem Einsetzen richtet sich die örtliche Zuständigkeit nämlich nach § 86 Abs. 1–6;[5] der Erstattungsanspruch folgt somit allgemeinen Regeln (→ Rn. 2). 3

Zur Übertragung der Aufgaben des überörtlichen Jugendhilfeträgers auf andere Körperschaften nach Landesrecht vgl. § 89g. Zum Anspruchsinhalt („aufgewendete Kosten") und zum Verfahren näher § 89f. 4

Konkurrenzen können nur zwischen § 89 und § 89d bestehen: Nur diese beiden Vorschriften stellen auf die Zuständigkeit nach dem tatsA der maßgeblichen Person ab, während die anderen KE-Ansprüche andere Voraussetzungen aufstellen. Dabei ist **§ 89d** – wie § 89d Abs. 5 ausdrücklich klarstellt – **lex specialis** im Verhältnis **zu** § 89 (auch wenn er sich gegen das Land und nicht gegen den üö Träger richtet) und verdrängt § 89, allerdings nur in seinem Anwendungsbereich. Weil § 89d insbesondere für Kosten, die im Rahmen einer erst **mehr als einen Monat nach der Einreise begonnenen Hilfe** aufgewendet werden, keine KE vorsieht, können diese Kosten nach § 89 geltend gemacht werden. Richtet sich allerdings die Zuständigkeit des örtlichen Trä- 5

2 So für den Staatsvertrag zwischen Berlin und Brandenburg über die gegenseitige Nutzung von Plätzen in Einrichtungen der Kindertagesbetreuung OVG Bln-Bbg 18.9.2018 – OVG 6 S 49.18.

3 BVerwG 14.11.2013 – 5 C 25/12, NVwZ-RR 2014, 310; BVerwG 14.11.2013 – 5 C 31/12, NVwZ-RR 2014, 390.

4 Ebenso BayVGH 30.11.2007 – 12 B 07.232, EuG 2009, 50; Reisch in JHSM Rn. 4; Eschelbach/Schindler in FK-SGB VIII Rn. 2; aA hingegen OVG RhPf 7.11.2019 – 7 A 10886/19, juris Rn. 23 f.; VGH BW 8.1.2021 – 12 S 1407/19, juris Rn. 37–54 (wie hier hingegen die Vorinstanz VG Stuttgart 17.4.2019 – 7 K 9080/16, juris Rn. 35 f.); VG Mainz 23.5.2019 – 1 K 1044/18.MZ, juris Rn. 23 mit Verweis gerade darauf, dass der Gesetzgeber in § 89 anders als in § 89d eine Gleichstellung vorgenommen habe (keine Planwidrigkeit der Regelungslücke); dem folgend Streichsbier in jurisPK-SGB VIII Rn. 6.1.

5 So BVerwG 2.4.2009 – 5 C 2/08, BVerwGE 133, 320 = JAmt 2009, 322 unter Aufhebung von BayVGH 30.11.2007 – 12 B 07.232, EuG 2009, 50; auch → § 86 Rn. 68, 71.

gers für eine Leistung nach § 88a, ist nach hier vertretener Auffassung bis zu einer – möglichst bald zu erlassenden – gesetzlichen Regelung § **89d analog** anzuwenden (ausführliche Begründung hierfür → § 89d Rn. 12); diese analoge Anwendung von § 89d geht § 89 vor.

§ 89a Kostenerstattung bei fortdauernder Vollzeitpflege

(1) [1]Kosten, die ein örtlicher Träger auf Grund einer Zuständigkeit nach § 86 Absatz 6 aufgewendet hat, sind von dem örtlichen Träger zu erstatten, der zuvor zuständig war oder gewesen wäre. [2]Die Kostenerstattungspflicht bleibt bestehen, wenn die Pflegeperson ihren gewöhnlichen Aufenthalt ändert oder wenn die Leistung über die Volljährigkeit hinaus nach § 41 fortgesetzt wird.

(2) Hat oder hätte der nach Absatz 1 kostenerstattungspflichtig werdende örtliche Träger während der Gewährung einer Leistung selbst einen Kostenerstattungsanspruch gegen einen anderen örtlichen oder den überörtlichen Träger, so bleibt oder wird abweichend von Absatz 1 dieser Träger dem nunmehr nach § 86 Absatz 6 zuständig gewordenen örtlichen Träger kostenerstattungspflichtig.

(3) Ändert sich während der Gewährung der Leistung nach Absatz 1 der für die örtliche Zuständigkeit nach § 86 Absatz 1 bis 5 maßgebliche gewöhnliche Aufenthalt, so wird der örtliche Träger kostenerstattungspflichtig, der ohne Anwendung des § 86 Absatz 6 örtlich zuständig geworden wäre.

1 Kostenerstattung bei Dauerpflege zum Schutz der „Pflegeorte" (Abs. 1 S. 1)

1 Da die Zuständigkeitsregelung des § 86 Abs. 6 eine Verlagerung der Kosten auf denjenigen Jugendhilfeträger mit sich bringt, in dessen Bereich die **Pflegeperson** ihren gewöhnlichen Aufenthalt hat, verschafft § 89a ihm zum Ausgleich einen KE-Anspruch. Damit soll erreicht werden, dass insbesondere im Umkreis von Ballungsgebieten und Großstädten auch **Pflegestellen gefunden werden**, ohne dass die dortigen Jugendämter befürchten müssen, nach zwei Jahren die entstehenden Kosten (endgültig) tragen zu müssen. Der Träger des „Heimat-JA" („Heimat-Träger") erstattet dem Träger des „Pflegestellen-JA" („Pflegestellen-Träger") die Kosten. § 89a ist somit Kostenkorrektiv der „Zuständigkeitszumutung" des § 86 Abs. 6. Damit schützt § 89a die Pflegestellenorte ebenso wie § 89e die Einrichtungsorte.

2 Erstattungspflichtiger Jugendhilfeträger (Abs. 1 S. 1)

2 **Erstattungspflichtig** ist der Jugendhilfeträger, der vor dem mit § 86 Abs. 6 bewirkten Zuständigkeitswechsel „zuständig war". Diese Zuständigkeit kann sich aus § 86 Abs. 1 bis 5, 7, bei Hilfe nach § 41 auch als durch § 86a Abs. 4 „festgeschriebene" (→ Rn. 10), ergeben haben. Wurde das Pflegeverhältnis auf privater Basis geregelt oder wurden die Kosten von einem anderen Sozialleistungsträger getragen (zB auf der Grundlage von §§ 99 ff. SGB IX), ist derjenige Jugendhilfeträger zur Kostenerstattung

verpflichtet, der (nach § 86 Abs. 1–5, 7, ggf. iVm § 86a Abs. 4) „zuständig **gewesen wäre**", wenn damals schon Leistungen der Jugendhilfe zu erbringen gewesen wären. Auf die tatsächlich wahrgenommene Zuständigkeit des kostenerstattungspflichtigen Jugendhilfeträgers kommt es dabei nicht an;[1] HzE muss er also nicht bereits geleistet haben.[2] Abzustellen ist auf die Sach- und Rechtslage, wie sie vor dem Zuständigkeitswechsel nach § 86 Abs. 6 tatsächlich bestanden hat; fiktive Geschehensabläufe werden nicht berücksichtigt. Unerheblich ist daher, ob der erstattungsberechtigte Jugendhilfeträger – etwa durch Herbeiführung einer wirksamen Vaterschaftsanerkennung – die Tatsachenlage so hätte ändern können, dass ein anderer als der nunmehr erstattungspflichtige Jugendhilfeträger erstattungspflichtig geworden wäre.[3]

Voraussetzung für einen KE-Anspruch nach § 89a Abs. 1 ist, dass es sich um **verschiedene** Jugendhilfeträger handelt, weil ein Erstattungsanspruch gegen sich selbst sinnlos wäre. Es läge dann Identität zwischen leistungsverpflichtetem Pflegestellen-Träger (nach § 86 Abs. 6) und erstattungsverpflichtetem Heimat-Träger (nach § 89a Abs. 1 S. 1 iVm § 86 Abs. 1 bis 5, 7) vor.[4] Dennoch kann bei späterer Änderung des „Heimat-Trägers" ein KE-Anspruch nach § 89a Abs. 3 entstehen (→ Rn. 17 u. 19). 3

Die Verletzung der **Unterrichtungspflicht** beim Wechsel der Zuständigkeit durch den neu zuständig gewordenen Träger (→ § 86 Rn. 59 ff.) lässt die Kostenerstattungspflicht des vorher zuständig gewesenen Trägers unberührt.[5] Auch kommt es nicht darauf an, **wann** der neu zuständige Träger tatsächlich eine Leistung erbracht hat; es muss – anders als bei S. 2 Alt. 2 (→ Rn. 8) – keine fortgesetzte Hilfe sein.[6] 4

Hat der Pflegestellen-Träger einen KE-Anspruch aus § 89a gegen den Heimat-Träger, dieser aber einen gegenläufigen KE-Anspruch aus § 89c wegen Erfüllung seiner Leistungspflicht aus §§ 86c oder 86d, bleiben diese Ansprüche grundsätzlich unberührt voneinander bestehen. Allerdings ist es analog § 242 BGB nach dem Grundsatz „dolo agit, qui petit, quod statim redditurus est" („Unrecht handelt, wer verlangt, was umgehend wieder herauszugeben ist") **unzulässige Rechtsausübung**, einen der beiden Ansprüche geltend zu machen, soweit sie sich decken; das „Strafdrittel" nach § 89c Abs. 2 ist jedoch von dieser Einrede nicht betroffen.[7] Nach anderer – zu kurz greifender – Auffassung sollen sich die gegenläufigen Ansprüche aufrechenbar gegenüber stehen.[8] Diese – zum gleichen Endergebnis kommende – Ansicht übersieht aber, dass wegen der Erstattungsfähigkeit von Aufwendungen für die Kostenerstattung – der Ver- 5

1 Vgl. ZSpr. EuG 49, 445; 50, 150, 366. – Anders, wenn der gA des Kindes aufgrund der Leistungserbringung eines andern Sozialleistungsträgers schon im Gebiet des vermeintlich erstattungsberechtigten Trägers begründet worden ist, OVG NRW 26.5.2020 – 12 A 63/17.

2 Ebenso Kern in SFMK Rn. 5.

3 OVG NRW 19.2.2013 – 12 A 1434/12, JAmt 2013, 327.

4 Ebenso BVerwG 13.12.2012 – 5 C 25/11, BVerwGE 145, 257 = JAmt 2013, 281; BVerwG 8.6.2010 – 5 B 52/09, EuG 2011, 100; BVerwG 23.10.2002 – 5 B 12/02; OVG NRW 27.2.2012 – 12 A 2478/11; OVG NRW 25.5.2009 – 12 A 3099/07; BayVGH 18.7.2007 – 12 B 06.955, EuG 2009, 235; OVG NRW 13.9.2006 – 12 A 3259/04, NDV-RD 2007, 17; BayVGH 19.2.2001 – 12 B 00.1566; Bohnert/Stähr in Hauck/Noftz/Stähr Rn. 4; Streichsbier in jurisPK-SGB VIII Rn. 11; **aA** Kern in SFMK Rn. 6.

5 So OVG NRW 5.12.2001 – 12 A 4215/00, JAmt 2002, 413; Kern in SFMK Rn. 5; Bohnert/Stähr in Hauck/Noftz/Stähr Rn. 6 b.

6 Ebenso Kern in SFMK Rn. 9; Riehle in Krug/Riehle Rn. 17.

7 BVerwG 30.9.2009 – 5 C 18/08, JAmt 2010, 189; SaarlOVG 27.3.2018 – 2 A 717/17, juris Rn. 20; BayVGH 26.11.2008 – 12 BV 08.675 u. 12 BV 08.757, NDV-RD 2009, 54 (unter ausdr. Aufgabe von BayVGH 1.9.2005 – 12 B 02.2455, ZFSH/SGB 2006, 349); NdsOVG 6.11.2007 – 4 LC 43/06, JAmt 2008, 161; OVG NRW 21.6.2007 – 12 A 3371/05, EuG 2008, 309; auch → § 89c Rn. 6.

8 VG Lüneburg 31.1.2006 – 4 A 250/04, EuG 2007, 82 entgegen NdsOVG 10.10.1997 – 12 L 549/97, FEVS 48, 281; Nellissen in GK Rn. 9.

lust eines Anspruchs ist einer Aufwendung gleichzustellen – eine unendliche Anspruchsspirale entstehen würde, für die jeweils eigene Aufrechnungserklärungen abgegeben werden müssten; „Sieger" wäre also das JA, das zuerst aufgibt, eine solche Erklärung abzugeben.

6 Ist (so § 89a Abs. 1 S. 1) oder wäre (so § 89a Abs. 3) bei Anwendung von § 86 Abs. 1 bis 5 ein Träger zuständig, weil der hierfür maßgebliche gA in einer **Einrichtung** in seinem Bereich begründet worden ist, soll nach hM der Schutz der Einrichtungsorte nach § 89e einem KE-Anspruch des Pflegestellen-Trägers nach § 89a gegen den Einrichtungsorts-Träger nicht entgegenstehen; § 89e sei in diesem Verhältnis nicht anwendbar (Nachw. für hM und die Gegenmeinung bei → § 89e Rn. 3). § 89e stelle nämlich nicht – wie § 86 Abs. 6 – auf die Zuständigkeit nach dem gA der Pflegeperson ab, sondern nur auf den gA der in § 86 Abs. 1 bis 5 genannten Personen. Wenn der Erstattungsanspruch nach § 89e nicht bestehe, könne er dem Erstattungsanspruch aus § 89a auch nicht entgegengehalten werden. Diese hM verkennt allerdings den Bedeutungsgehalt von § 89e in dieser Situation und ist daher abzulehnen (zu den Gründen → § 89e Rn. 3). Daher gilt Gleiches wie für das Zusammentreffen gegenläufiger Ansprüche nach § 89a und § 89c auch für das Zusammentreffen **gegenläufiger Ansprüche nach § 89e und § 89a**. – Zum „Durchgriff" → Rn. 12.

7 Zum Begriff der „aufgewendeten **Kosten**" → § 89f Rn. 1 ff., insbes. Rn. 10. Im Fall des § 86 Abs. 6 gehören zu den Kosten nicht nur das Pflegegeld, sondern alle im Rahmen der Zuständigkeit des Pflegestellen-Trägers nach § 86 Abs. 6 erbrachten Leistungen,[9] also auch Kosten der Beratung und Unterstützung nach § 37 Abs. 1 u. 2, wie sich aus § 2 Abs. 2 Nr. 4 ergibt. Dies gilt auch, wenn ein Dritter die Beratung nach § 37 im Auftrag des öffentlichen Trägers für ihn erbracht hat.[10] Ebenso erstattungspflichtig sind andere durch die Aufnahme in der Pflegefamilie bedingte Kosten für Jugendhilfeleistungen, zB Kindergartenbeiträge,[11] aber nicht Kosten der Inobhutnahme, wenn mit dieser das Pflegeverhältnis beendet worden ist.[12] Auch Kosten, die dem erstattungsberechtigten Pflegestellen-Träger durch Kostenerstattung gegenüber einem anderen Träger entstanden sind („**Kostenerstattungskosten**"), sind zu erstatten.[13] Hierbei handelt es sich nicht um einen Fall der „Erstattungskette" nach Abs. 2 (→ Rn. 11): Dies ist nur dann der Fall, wenn dem nach § 89a erstattungs**pflichtigen** ein weiterer KE-Anspruch zusteht oder -stünde, nicht dann, wenn der erstattungsberechtigte Träger seinerseits einem weiteren KE-Anspruch ausgesetzt ist. Zu den aufgewendeten Kosten gehören nur solche Aufwendungen, die der Pflegestellen-Träger aufgrund seiner Zuständigkeit nach den §§ 86 ff. erbringt. Deshalb gehören Rückerstat-

9 OVG NRW 26.5.2020 – 12 A 63/17, juris Rn. 12. – Nach NdsOVG 11.10.2019 – 10 LA 57/18 sollen jedoch die Aufwendungen für andere Aufgaben nicht dazugehören.

10 BVerwG 22.10.2009 – 5 C 16/08, JAmt 2010, 40; VG Hamburg 13.3.2008 – 13 K 1163/07, JAmt 2008, 223; Nellissen in GK-SGB VIII Rn. 4 a; Streichsbier in jurisPK Rn. 12. – Nach Auffassung von SchlHOVG 15.2.2018 – 3 LB 19/15, juris Rn. 27, sollen mangels Abgrenzbarkeit diese Kosten nicht dazu gehören, wenn der Jugendhilfeträger die Leistungen selbst erbracht hat. Zutreffend auf die Abgrenzbarkeit stellt ab VG Ansbach 14.6.2018 – AN 6 K 16.02513, juris Rn. 41.

11 So DIJuF JAmt 2007, 200; Reisch in JHSM Rn. 4; OVG NRW 29.6.2011 – 12 A 534/11; VG Magdeburg 17.1.2012 – 4 A 453/09; **aA** VG Köln 6.9.2007 – 26 K 7161/05; offen gelassen von BVerwG 8.6.2010 – 5 B 52/09, EuG 2011, 100.

12 Ebenso DIJuF JAmt 2005, 403; Kern in SFMK Rn. 10.

13 Ebenso BVerwG 30.9.2009 – 5 C 18/08, BVerwGE 135, 58 = JAmt 2010, 189; BVerwG 5.4.2007 – 5 C 25/05, BVerwGE 128, 301 = JAmt 2007, 413; BayVGH 26.11.2008 – 12 BV 08.675 u. 12 BV 08.757, NDV-RD 2009, 54 unter ausdr. Aufgabe von BayVGH 1.9.2005 – 12 B 02.2455, FEVS 57, 369; NdsOVG 20.8.2008 – 4 LB 28/06, EuG 2009, 102; NdsOVG 6.11.2007 – 4 LC 43/06, JAmt 2008, 161; Krug/Riehle/Uhl Erl. II; Nellissen in GK-SGB VIII Rn. 4 a; Reisch in JHSM Rn. 22; Streichsbier in jurisPK-SGB VIII Rn. 11.

tungsansprüche nach § 112 SGB X nicht zu den Aufwendungen.[14] Sieht Landesrecht vor, dass der Pflegestellen-Träger unabhängig von den Zuständigkeitsvorschriften bestimmte Aufwendungen erbringt, greift § 89a nicht.[15]

3 Zuständigkeitsänderung beim erstattungsberechtigten Träger (Abs. 1 S. 2 Alt. 1)

Ändert die Pflegeperson ihren gA, wechselt („wandert") die Zuständigkeit des (erstattungsberechtigten) Pflegestellen-Trägers nach § 86 Abs. 6 mit an den neuen gA der Pflegeperson. Für die Zeit bis zum Umzug der Pflegeperson erlischt damit jedoch der KE-Anspruch gegen den nach § 86 Abs. 1–5, 7 zuständig gewesenen Heimat-Träger nicht, sondern bleibt dem bisherigen Pflegestellen-Träger erhalten. Der nach dem Umzug zuständig gewordene neue Pflegestellen-Träger hat für die **nach** dem Umzug entstandenen Kosten ebenfalls einen Erstattungsanspruch gegen denjenigen Heimat-Träger, der vor dem ersten von § 86 Abs. 6 veranlassten Zuständigkeitswechsel nach § 86 Abs. 1–5, 7 zuständig war: Der **Erstattungsanspruch „wandert"** mit der Zuständigkeit mit.[16] Dabei handelt es sich nicht um einen „Übergang" eines etwa bereits entstandenen KE-Anspruchs.[17] Vielmehr teilt sich der KE-Anspruch auf die verschiedenen Zeiten der Zuständigkeit nach § 86 Abs. 6 auf, weil jeder Pflegestellen-Träger nur in dieser Zeit Kosten aufgewendet hat. Für diese Zeit besteht der Erstattungsanspruch also auch, obwohl die Vollzeitpflege bei diesem Träger infolge des Zuständigkeitswechsels nicht mehr „fortdauert"; insoweit ist die Überschrift des § 89a irreführend. Zwischen dem nach § 86 Abs. 6 zuständig gewesenen alten Pflegestellen-Träger und dem danach zuständig gewordenen neuen Pflegestellen-Träger besteht kein Erstattungsanspruch nach § 89a Abs. 1 und deshalb auch keine „Erstattungskette". 8

Vom Wortlaut des § 89a nur scheinbar nicht erfasst sind Fälle, in denen das Kind und die Pflegeperson ihren gewöhnlichen Aufenthalt ins Ausland verlegen. Übernimmt in diesen Fällen der Staat des gewöhnlichen Aufenthalts die Leistungen nicht, kann der deutsche Jugendhilfeträger gemäß § 6 Abs. 3 Leistungen nach dem SGB VIII (weiter-)gewähren (Kompetenz-, nicht Ermessens-Kann; → § 6 Rn. 17), wenn

- entweder die materiell Anspruchsberechtigten (hier: Personensorgeberechtigte) oder die leistungsberechtigte Person (hier: das Kind oder Jugendliche) Deutsche sind (die Einschränkungen des § 6 Abs. 2 für Ausländer gelten nur, wenn alle Ausländer sind, → § 6 Rn. 7),
- die alle ihren gewöhnlichen Aufenthalt im Ausland haben.[18]

Örtlich zuständig für eine fortgesetzte Leistungserbringung im Ausland ist nach der Sonderregelung des § 88 Abs. 2 derjenige Träger, der bereits vor der Ausreise Leistungen der Jugendhilfe tatsächlich erbracht hat. HambOVG wendet in diesen Fällen zu Recht § 89a direkt an: Nach dem Sinn und Zweck der Vorschrift besteht erstattungsrechtlich eine „Zuständigkeit nach § 86 Absatz 6" über § 88 Abs. 2 fort.[19]

---

14 NdsOVG 17.3.2020 – 10 LC 181/18, juris Rn. 35.

15 VG Halle (Saale) 19.4.2007 – 4 A 832/04 zu § 17 Abs. 2 KiBeG ST und § 11 Abs. 2 KiFöG ST.

16 So VG Bayreuth 22.2.2010 – B 3 K 09.284; Eschelbach/Schindler in FK-SGB VIII Rn. 3; Nellissen in GK-SGB VIII Rn. 6; Streichsbier in jurisPK-SGB VIII Rn. 9.

17 So aber Reisch in JHSM Rn. 12.

18 BVerwG 31.5.2018 – 5 C 1/17, Rn. 18.

19 HmbOVG 26.9.2017 – 4 Bf 146/16, juris Rn. 38–49; ebenso Streichsbier in jurisPK-SGB VIII Rn. 8.

4 Fortsetzung als Hilfe nach § 41 (Abs. 1 S. 2 Alt. 2)

9 Schließt sich an eine Leistung der HzE (§ 27) oder der Eingliederungshilfe (§ 35a) in Vollzeitpflege (§ 33) eine Hilfe für junge Volljährige (§ 41) an, so erstreckt sich die Kostenerstattungspflicht auch auf die dafür aufgewendeten Kosten[20] (zur Frist des § 111 SGB X in diesem Fall → § 89f Rn. 31). Dies gilt auch, wenn sich die **Hilfeform geändert** hat.[21] Genauer formuliert handelt es sich in diesen Fällen um eine Änderung der **Hilfeart** (→ § 27 Rn. 26 ff.),[22] zB von § 33 nach § 34 oder § 35.

10 Mit Fortsetzung der HzE als Hilfe für junge Volljährige ergibt sich die Zuständigkeit des **erstattungsberechtigten** Trägers nicht mehr aus § 86 Abs. 6, der nur bei Hilfen für Kinder u. Jugendliche gilt, sondern aus **§ 86a**. Dessen **Abs. 4** schreibt aber die für Hilfe bis zum Eintritt der Volljährigkeit bestehende Zuständigkeit nach § 86 Abs. 6 fest. Welcher Träger **erstattungspflichtig** ist, richtet sich danach, wer am Tag des Volljährigkeitseintritts für die Hilfe nach § 41 zuständig (gewesen) wäre. Dies ergäbe sich zwar aus § 86a und nicht aus § 86 Abs. 1–5, 7. Auch hierfür schreibt aber § 86a Abs. 4 die sich für die HzE aus § 86 Abs. 1–5, 7 ergebende (fiktive) Zuständigkeit bei Fortsetzung als Hilfe nach § 41 fest. Die Festschreibung der Zuständigkeit bewirkt die **Festschreibung der Kostenerstattung**. Dies gilt auch, wenn die Hilfe nach § 41 beendet, aber innerhalb von drei Monaten wieder gewährt wurde.[23]

11 Wegen der Kontinuität der Hilfe schreibt § 86a Abs. 4 die Zuständigkeit auch fest, wenn der Hilfe nach § 41 eine **Hilfe nach § 19** vorausging. Aus diesem Grund ist es gerechtfertigt, § 89a Abs. 1 S. 2 Alt. 2 entsprechend anzuwenden, wenn der Hilfe nach § 41 eine Hilfe nach § 19 vorausging oder nachfolgt.[24]

5 „Durchgriffserstattung in Erstattungskette" (Abs. 2)

12 Abs. 2 stellt klar, dass ein KE-Anspruch, den der KE-pflichtige (Heimat-)Träger seinerseits gegen einen anderen örtlichen (nach § 89c oder § 89e Abs. 1) oder – im Unterschied zu Abs. 1 – einen überörtlichen Träger (nach §§ 89, 89c Abs. 3, 89e Abs. 2, nicht aber § 89d) hat, bestehen bleibt, auch wenn ein KE-Tatbestand nach Abs. 1 erfüllt ist. Dies gilt auch dann, wenn ohne den KE-Anspruch gegenüber dem üö Jugendhilfeträger ein KE-Anspruch gegenüber einem örtlichen Jugendhilfeträger bestünde. Maßgebend für die Frage, ob sich der Anspruch gegen einen örtlichen oder überörtlichen Träger oder gegen ein Land richtet, ist die Bezeichnung in den KE-Vorschriften des SGB VIII selbst, nicht die durch Landesrecht ggf. modifizierte Aufgabenwahrnehmung (→ § 89g Rn. 3). Besteht ein solcher KE-Anspruch des KE-pflichtigen (Heimat-)Trägers gegen einen dritten Träger (nach §§ 89, 89c oder § 89e), richtet sich der KE-Anspruch des Pflegestellen-Trägers nicht mehr gegen den nach Abs. 1 erstattungspflichtigen Heimat-Träger, sondern unmittelbar gegen den diesem erstattungspflichtigen weiteren Träger (sog **Durchgriff**).[25] Abs. 2 **verkürzt** also die **„Erstattungskette"**. Der nach Abs. 1 KE-berechtigte Pflegestellen-Träger **„überspringt"** den KE-pflichtigen Heimat-Träger und lässt sich die Kosten – nach Geltendmachung des Anspruchs gem.

---

20 S. auch ZSpr. EuG 50, 347.

21 So BVerwG 18.5.2009 – 5 B 22/09, EuG 2010, 397; BVerwG 14.11.2002 – 5 C 56.01, BVerwGE 117, 194–200 = JAmt 2003, 319; BayVGH 28.1.2009 – 12 B 08.2039, EuG 2009, 318; OVG NRW 14.9.2001 – 12 A 5134/99, JAmt 2002, 257; Kern in SFMK Rn. 8 wohl irrtümlich: „Hilfenorm"; Reisch in JHSM Rn. 3, 14 f.; Streichsbier in juris-PK-SGB VIII Rn. 10.

22 Ebenso Riehle in Krug/Riehle Rn. 15.

23 Ebenso BVerwG 14.11.2002 – 5 C 56.01, JAmt 2003, 319; Nellissen in GK-SGB VIII Rn. 6 a.

24 So BayVGH 11.5.2006 – 12 BV 04.3563, FEVS 58, 132; DIJuF JAmt 2007, 354; Eschelbach/Schindler in FK-SGB VIII Rn. 3; Mrozynski SGB VIII Rn. 3.

25 Hierzu DIJuF JAmt 2002, 64, 183 u. JAmt 2004, 314.

§ 111 SGB X – gleich vom dritten Träger erstatten. Der KE-berechtigte Pflegestellen-Träger hat dabei **kein Wahlrecht**: § 89 a Abs. 2 **„sperrt"** Abs. 1, so dass der Pflegestellen-Träger den Heimat-Träger nicht mehr nach Abs. 1 in Anspruch nehmen kann.[26] Voraussetzung für den Durchgriff in einer Erstattungskette ist aber stets, dass zwischen allen ihren Gliedern Erstattungsansprüche bestehen.[27] Der BayVGH lässt es demgegenüber für die Sperrwirkung genügen, dass der nach § 89a Abs. 1 oder 3 KE-pflichtige Träger seinerseits einen KE-Anspruch gegen einen dritten Träger gehabt hätte, wenn er selbst geleistet hätte; selbst dann, wenn dieser KE-Anspruch gegen den dritten Träger in der konkreten Situation nicht bestehe, könne der nach § 89a Abs. 1 oder 3 KE-pflichtige Träger nicht in Anspruch genommen werden.[28]

13 Die „Durchgriffserstattung" beschränkt sich auf den in § 89a Abs. 2 geregelten Tatbestand; sie kann **nicht analog** auf Erstattungsketten in anderen Erstattungstatbeständen (zB §§ 89 e, 89 c) angewendet werden und auch nicht, wenn ein Träger eine Leistung erbracht hat, ohne dazu verpflichtet gewesen zu sein.[29] Der Durchgriff gilt jedoch über den Wortlaut hinaus im Wege der Analogie auch im Fall des Abs. 3.[30]

14 Aus der unterschiedlichen Formulierung in Abs. 2 (**„Gewährung einer Leistung"**) und Abs. 3 („Gewährung einer Leistung nach Abs. 1") folgt, dass der KE-Anspruch des nach § 89a KE-pflichtigen (Heimat-)Trägers sowohl während seiner Leistung im Zeitraum seiner ursprünglichen Zuständigkeit nach § 86 Abs. 1–5 („hat") als auch während einer Leistung des später nach § 86 Abs. 6 zuständig gewordenen („hätte") KE-berechtigten Pflegestellen-Trägers entstanden sein kann.

15 Geht man mit der hM davon aus, dass § 89e in den Fällen des § 89a nicht anwendbar ist (→ Rn. 6; → § 89e Rn. 3), kann ein Anspruch nach § 89e auch nicht Teil einer „Erstattungskette" nach § 89a Abs. 2 sein. Hält man mit der hier vertretenen Ansicht § 89 e hingegen für anwendbar (→ Rn. 6; → § 89e Rn. 3), besteht auch ein Durchgriff des KE-berechtigten Pflegestellen-Trägers auf denjenigen (Heimat-)Träger, der dem Träger des Einrichtungsorts nach § 89e erstattungspflichtig ist.

16 In der Zeit vom 1.1.2012 bis zum 31.12.2013 galt Abs. 2 in einer verstümmelten Fassung; anstelle der Worte „so bleibt oder wird" hieß es nur „so bleibt". Weil es sich dabei offensichtlich um ein Redaktionsversehen[31] handelte, sind auch die Fälle, in denen es zwischen dem 1.1.2012 und dem 31.12.2013 zu einem Zuständigkeitswechsel nach § 86 Abs. 6 kam, so zu behandeln, als hätten die Worte „oder wird" während des gesamten Zeitraums im Gesetz gestanden.[32]

6 Zuständigkeitsänderung beim erstattungspflichtigen Träger (Abs. 3)

17 Die „Gewährung der Leistung" umfasst alle ohne Unterbrechung geleisteten Hilfen unabhängig von einem Wechsel der Zuordnung zu einer der Nummern in § 2

26 Ebenso Kern in SFMK Rn. 8; Eschelbach/Schindler in FK-SGB VIII Rn. 4.
27 OVG NRW 25.5.2009 – 12 A 3099/07; VG Bayreuth 28.3.2011 – B 3 K 10.456.
28 BayVGH 18.7.2007 – 12 B 06.955, EuG 2009, 235.
29 So BVerwG 25.3.2010 – 5 C 12/09, BVerwGE 136, 185 = JAmt 2010, 446, dazu Störmer jurisPR-BVerwG 21/2010 Anm. 1; OVG NRW 6.6.2008 – 12 A 576/07, NDV-RD 2009, 51.
30 BVerwG 14.11.2013 – 5 C 25/12, NVwZ-RR 2014, 310; BVerwG 14.11.2013 – 5 C 31/12, EuG 2014, 133; BVerwG 11.12.2003 – 5 C 57/02, JAmt 2004, 322; BayVGH 30.1.2017 – 12 ZB 14.1839, juris Rn. 13; OVG NRW 23.2.2016 – 12 A 961/1, juris Rn. 5; DIJuF JAmt 2002, 64; Bohnert/Stähr in Hauck/Noftz/Stähr Rn. 7 a; Mrozynski SGB VIII Rn. 6; Nellissen in GK-SGB VIII Rn. 7 c; Streichsbier in jurisPK-SGB VIII Rn. 1014.
31 So auch Nellissen in GK-SGB VIII Rn. 1a.
32 So auchBohnert/Stähr in Hauck/Noftz/Stähr Rn. 7c.

Abs. 2,[33] jedenfalls dann, wenn die Hilfe nach einer Gesamtbetrachtung auf die Deckung eines qualitativ unveränderten jugendhilferechtlichen Bedarfs zielt.[34] Das soll nicht der Fall sein, wenn eine Leistung nach § 19 endet und im Anschluss daran für das Kind Hilfe zur Erziehung in einer Pflegefamilie erbracht wird.[35] Eine „Leistung nach Absatz 1" liegt dann vor, wenn ein örtlicher Träger die Leistung als nach § 86 Abs. 6 örtlich zuständiger Pflegestellen-Träger erbringt. Der KE-pflichtige örtliche Heimat-Träger soll nicht schlechter gestellt werden, als er ohne die Anwendung der Sonderregelung des § 86 Abs. 6 stünde. Um dies zu erreichen, regelt Abs. 3, dass bei einem – auch mehrfachen[36] – Wechsel des nach § 86 Abs. 1 bis 5 (anders als bei Abs. 1: nicht auch nach § 86 Abs. 7) maßgeblichen **gA** – nach Begründung der Zuständigkeit gem. Abs. 6 – derjenige örtliche Jugendhilfeträger (als Heimat-Träger) KE-pflichtig wird, der ohne die Anwendung des § 86 Abs. 6 örtlich (fiktiv) zuständig nach Abs. 1 bis 5 geworden wäre. Mit der **„Wanderung"** der Zuständigkeit wandert auch die Last der Kostenerstattung im „Rucksack" des KE-pflichtigen (zur Wanderung des KE-Berechtigten → Rn. 8) Trägers mit. Die KE-Pflicht des vorher zuständigen Trägers erlischt nicht,[37] vielmehr endet der Zeitraum, für den KE geschuldet ist. Für die in der Zeit ab dem (fiktiven) Zuständigkeitswechsel erbrachten Leistungen ist der neu fiktiv zuständige Heimat-Träger erstattungspflichtig, für Leistungen in der Zeit zuvor bleibt der früher (fiktiv) zuständige Heimat-Träger erstattungspflichtig.

18 Wäre nach § 86 Abs. 1–5 fiktiv der gA der Eltern oder eines Elternteils maßgeblich, so wird der örtliche Träger KE-pflichtig, in dessen Bereich die Eltern bzw. der Elternteil ihren gA nehmen. Führt diese Änderung zu einer **Identität** zwischen leistungsverpflichtetem und erstattungsverpflichtetem Träger, wäre also der Pflegestellen-Träger auch ohne § 86 Abs. 6 für die Leistung zuständig, ist für diesen Zeitraum KE ausgeschlossen (→ Rn. 3). In den Fällen, in denen die Zuständigkeit an den g.A. des Kindes oder Jugendlichen anknüpft (§ 86 Abs. 2 S. 4, ggf. iVm Abs. 3,[38] § 86 Abs. 4 S. 1), ist dies stets der gA **vor Beginn der Leistung**; dies gilt auch in den Fällen der von § 86 Abs. 5 S. 3 angeordneten entsprechenden Anwendung von Abs. 4.[39] Ein Wechsel des gA des Kindes oder Jugendlichen allein führt daher nicht zu einer Änderung der fiktiven Zuständigkeit.[40] Dabei ist der Beginn der Leistung auch für die §§ 89 ff. in Übereinstimmung mit dem Zuständigkeitsrecht zu bestimmen.[41]

19 Für den Erstattungsanspruch nach § 89a Abs. 3 **unerheblich** ist es aber, **ob vor dem** späteren **Wechsel** des maßgeblichen gA ein **Erstattungsanspruch** nach § 89a Abs. 1 **bestanden hat.** § 89a Abs. 3 greift also auch dann ein, wenn ursprünglich Heimat-Träger und Pflegestellen-Träger identisch waren (zB gA beider Eltern und der Pflegeeltern an einem Ort), später aber auseinanderfallen (zB beide Eltern verlegen gA nach dreijähri-

33 BVerwG 9.12.2010 – 5 C 17/09, JAmt 2011, 276; BVerwG 23.3.2010 – 5 C 12/09; BVerwG 29.1.2004 – 5 C 9/03, BVerwGE 120, 116 = JAmt 2004, 323.
34 BayVGH 23.4.2014 – 12 ZB 14.26; VG Würzburg 23.10.2014 – W 3 K 13.1117.
35 VG Bayreuth 31.10.2016 – B 3 K 15.698.
36 Ebenso Kern in SFMK Rn. 10.
37 So aber Kern in SFMK Rn. 9 und die 4. Aufl. Rn. 13.
38 Hierzu OVG NRW 4.2.2020 – 12 A 643/16 m. zust. Anm. Eschelbach JAmt 2020, 478.
39 BVerwG 14.11.2013 – 5 C 25/12, NVwZ-RR 2014, 310.
40 Ebenso Reisch in JHSM Rn. 27; Loos in Wiesner Rn. 10.
41 BVerwG 29.1.2004 – 5 C 9.03; OVG RhPf 12.12.2017 – 7 A 11296/17, juris Rn. 26.

ger Vollzeitpflege an anderen Ort). Auch in diesem Fall hat der (nun nur noch) Pflegestellen-Träger einen KE-Anspruch gegen das (neu fiktiv zuständige) Heimat-JA.[42]

Auf den ersten Blick scheint die Wanderung des Erstattungsanspruchs nach § 89a Abs. 3 auf die Fälle beschränkt zu sein, in denen sich der nach § 86 Abs. 1–5 maßgebliche gA verändert. Allerdings erfasst die Vorschrift auch die Fälle, in denen sich während der Leistungsgewährung der Leistung nach Abs. 1, also nach Begründung der Zuständigkeit gem. § 86 Abs. 6, die **Personensorge** als **Anknüpfungsmerkmal** für die Zuständigkeit des erstattungspflichtigen Trägers nach § 86 Abs. 1–5 (→ § 86 Rn. 39) ändert. Auch in diesen Fällen besteht der Erstattungsanspruch gegen den erstattungspflichtigen Träger für den Zeitraum bis zur Änderung seiner (fiktiven) Zuständigkeit, danach gegen den (fiktiv) neu zuständigen.[43] § 89a Abs. 3 greift auch dann, wenn ein Elternteil verstirbt und dadurch der (unveränderte) gA des anderen Elternteils für die (fiktive) Zuständigkeit maßgeblich wird,[44] wenn statt des gA der Eltern durch den Tod beider Elternteile der tatsächliche Aufenthalt des Kindes vor Leistungsbeginn maßgeblich wird[45] oder wenn es durch eine nachträgliche Vaterschaftsanerkennung auf den gA einer weiteren, zuvor nicht maßgeblich gewesenen Person ankommt.[46] Ändert sich während des Ruhens der elterlichen Sorge nach § 1674 BGB der gA, ist dies wegen § 86 Abs. 5 S. 2 iSd § 89a Abs. 3 erst zu berücksichtigen, sobald die elterliche Sorge wieder auflebt.[47] 20

§ 89b Kostenerstattung bei vorläufigen Maßnahmen zum Schutz von Kindern und Jugendlichen

(1) Kosten, die ein örtlicher Träger im Rahmen der Inobhutnahme von Kindern und Jugendlichen (§ 42) aufgewendet hat, sind von dem örtlichen Träger zu erstatten, dessen Zuständigkeit durch den gewöhnlichen Aufenthalt nach § 86 begründet wird.

(2) Ist ein kostenerstattungspflichtiger örtlicher Träger nicht vorhanden, so sind die Kosten von dem überörtlichen Träger zu erstatten, zu dessen Bereich der örtliche Träger gehört.

(3) Eine nach Absatz 1 oder 2 begründete Pflicht zur Kostenerstattung bleibt bestehen, wenn und solange nach der Inobhutnahme Leistungen auf Grund einer Zuständigkeit nach § 86 Absatz 7 Satz 1 Halbsatz 2 gewährt werden.

42 Ebenso BVerwG 13.12.2012 – 5 C 25/11, BVerwGE 145, 257 = JAmt 2013, 281; OVG NRW 20.9.2012 – 12 A 1857/12; VGH BW 10.2.2011 – 12 S 1608/08, EuG 2011, 309; OVG RhPf 17.12.2004 – 12 A 11228/04, FEVS 56, 420; VG Freiburg 1.8.2006 – 4 K 1335/04; Reisch in JHSM Rn. 25 a; Bohnert/Stahr in Hauck/Noftz/Stähr Rn. 8a; aA SaarlOVG 12.7.2019 – 2 A 208/18 (zu Recht abl. Anm. hierzu Eschelbach JAmt 2020, 475; abl. auch DIJuF JAmt 2020, 578).

43 BVerwG 9.12.2010 – 5 C 17/09, JAmt 2011, 276; OVG RhPf 13.8.2009 – 7 A 10443/09; OVG NRW 25.5.2009 – 12 A 3099/07; aA VG Würzburg 24.3.2005 – W 6 K 05.173.

44 VGH BW 31.5.2013 – 12 S 2346/11, JAmt 2013, 475.

45 OVG NRW 27.3.2014 – 12 A 2808/12, EuG 2015, 54.

46 HmbOVG 26.11.2015 – 4 Bf 29/14; VG Hannover 1.12.2015 – 3 A 5492/11.

47 BVerwG 7.2.2007 – 5 B 180/06; OVG NRW 13.9.2006 – 12 A 3259/04, NDV-RD 2007, 17.

1 Kostenerstattung bei Hilfen nach § 42 (Abs. 1)

1 § 89b verfolgt die gleiche Zielrichtung wie § 89a, nämlich eine ungleichmäßige Belastung der Jugendhilfeträger insbesondere des großstädtischen Bereichs zu verhindern. Kostenerstattungspflichtig ist der Jugendhilfeträger am Ort des gA iSv § 86 (→ § 86 Rn. 13). Entgegen dem Wortlaut von § 89b Abs. 1 („begründet wird") wird für die Hilfe nach § 42 als sog andere Aufgabe aber keine Zuständigkeit nach dem nur für Leistungen geltenden § 86, sondern nach § 87 begründet. Daher müsste es heißen: „begründet würde", wenn die Hilfe eine Leistung wäre.[1] Die **örtliche Zuständigkeit nach § 86** ist also **als** eine **fiktive** zu prüfen.

2 Bei dieser fiktiven Zuständigkeitsprüfung sind dieselben Maßstäbe anzuwenden wie sie für Leistungen gelten würden.[2] Hierbei betrachtet das BVerwG in inzwischen ständiger Rspr. mehrere Leistungen dann als einheitliche Gesamt-Leistung, wenn sie „im Rahmen einer Gesamtbetrachtung zur Deckung eines qualitativ unveränderten, kontinuierliche Hilfe gebietenden jugendhilferechtlichen Bedarfs" erforderlich sind, „sofern sie ohne beachtliche Unterbrechung gewährt worden sind".[3] Das BVerwG überträgt diese einheitliche Gesamtbetrachtungsweise nun auch auf die für § 89b maßgebliche fiktive Zuständigkeit: Mehrere Inobhutnahmen sind danach so lange als einheitliche Hilfe zu betrachten, wie weiterhin „ein objektiv erkennbarer und qualitativ unveränderter, kontinuierliche Hilfe gebietender jugendhilferechtlicher Bedarf [...] fortbesteht."[4] Erst dann, wenn die Hilfe beendet oder zuständigkeitsrechtlich relevant unterbrochen wird, ist eine neue fiktive Zuständigkeitsbetrachtung vorzunehmen.[5] Die zuvor weit verbreitete gegenteilige Meinung, wonach jede neue Hilfe zu einer neuen fiktiven Zuständigkeitsprüfung führe,[6] lehnt das BVerwG ausdrücklich ab.[7]

3 Eine Hilfe ist dann **beendet**, wenn das JA die bisher gewährte Hilfe aufgrund eines VA tatsächlich einstellt und dies belastbar auf der Annahme beruht, dass der jugendhilferechtliche Bedarf nicht mehr fortbesteht.[8] Wird eine Hilfe eingestellt, weil bei fortbestehendem Bedarf andere Tatbestandsvoraussetzungen wegfallen, liegt nur eine Hilfeunterbrechung vor.[9] Eine solche **Unterbrechung** ist nur dann **zuständigkeitsrechtlich relevant**, „wenn eine anhand einer Würdigung der bedeutsamen Umstände des Einzelfalles zu ermittelnde zeitliche Schwelle überschritten ist, welche die Aussetzung der Hilfeleistung einer Beendigung der Leistung gleichkommen lässt."[10] Dabei stelle die Dreimonatsfrist der §§ 86 Abs. 7 S. 4, 86a Abs. 4 S. 2 und § 86b Abs. 3 S. 2 zwar einen Anhaltspunkt, aber keine starre Grenze für die zeitliche Schwelle dar.[11] Zu berücksichtigen seien vielmehr auch die Dauer des vorangegangenen ununterbrochenen Leistungszeitraums und die belastbare Prognose, ob und wann mit einer Wiederge-

1 BVerwG 15.12.2016 – 5 C 35/15 Rn. 19, 22; OVG RhPf 17.6.2015 – 7 A 11002/14; OVG NRW 29.11.2013 – 12 A 1019/13 Rn. 17; BayVGH 8.2.2001 – 12 B 99.2202; Kern in SFMK Rn. 5.
2 BVerwG 15.12.2016 – 5 C 35/15, Rn. 20.
3 BVerwG 27.4.2017 – 5 C 8/16, Rn. 10; BVerwG 29.1.2004 – 5 C 9.03.
4 BVerwG 15.12.2016 – 5 C 35/15 Rn. 31.
5 BVerwG 15.12.2016 – 5 C 35/15 Rn. 17. Hierzu Störmer jurisPR-BVerwG 12/2017 Anm. 1; Seltmann JAmt 2017, 222–224; Braun JAmt 2017, 261–262. Die Entscheidung vorweg nehmend Nellissen jurisPR-SozR 22/2015 Anm. 4.
6 OVG NRW 29.11.2013 – 12 A 1019/13; OVG NRW 21.3.2014 – 12 A 1211/12 sowie die Vorinstanz zu BVerwG 15.12.2016 – 5 C 35/15: OVG RhPf 17.6.2015 – 7 A 11002/14, juris Rn. 33; hierzu ablehnend Nellissen jurisPR-SozR 22/2015 Anm. 4. Kritisch zur Übertragung der für Leistungen geltenden Maßstäbe auf die Inobhutnahme Seltmann JAmt 2017, 222 (223 f.).
7 BVerwG 15.12.2016 – 5C 35/15, Rn. 20.
8 BVerwG 15.12.2016 – 5 C 35/15, Rn. 31.
9 BVerwG 15.12.2016 – 5 C 35/15, Rn. 55; VG Karlsruhe 20.7.2018 – 8 K 4063/15.
10 BVerwG 15.12.2016 – 5 C 35/15, Rn. 48.
11 BVerwG 15.12.2016 – 5 C 35/15, Rn. 49 f.

währung der Leistungen zu rechnen sei. Bei der Wiedergewährungsprognose müssten auch die Bemühungen des JA berücksichtigt werden, Hindernisse der Gewährung zu beseitigen.[12] Der Wechsel der Zuständigkeit des in Obhut nehmenden JA stellt keine Zäsur dar, die eine neue fiktive Zuständigkeitsprüfung erforderlich macht.[13]

Zur Feststellung des KE-pflichtigen Trägers muss also bei einer Inobhutnahme untersucht werden, ob bereits zuvor eine Inobhutnahme erfolgt oder eine andere Hilfe erbracht worden war, die durch einen fortbestehenden Bedarf mit der späteren Inobhutnahme verklammert ist, weil die frühere Inobhutnahme nicht beendet oder zuständigkeitsrechtlich relevant unterbrochen wurde.[14] Sind die beiden (oder mehreren) Inobhutnahmen so verklammert, ist derjenige Träger KE-pflichtig, der bei Beginn der ersten Inobhutnahme aufgrund eines gA für Leistungen zuständig gewesen wäre, ansonsten derjenige, der bei Beginn der späteren Inobhutnahme zuständig gewesen wäre. 4

§ 89b regelt nicht ausdrücklich, ob die KE-Pflicht mit „wandert", wenn sich der für die (fiktive) Zuständigkeit maßgebliche gA während der Inobhutnahme oder während des fortbestehenden jugendhilferechtlichen Bedarfs ändert oder überhaupt erst während der Inobhutnahme die echte Zuständigkeit nach § 87 und die fiktive Zuständigkeit auseinanderfallen. Weil aber eine statische Zuständigkeitsbestimmung den Ausgleichsmechanismus auf eine zufällige Konstellation reduzieren würde und die §§ 89 ff. dem übergeordneten Ziel der Kostengerechtigkeit dienen, ist – parallel zu § 89a Abs. 3 (→ § 89a Rn. 17–20) – eine solche Zuständigkeitsänderung des KE-pflichtigen Trägers zu bejahen.[15] 5

Wird eine Hilfe nach § 42 Abs. 1 S. 1 **Nr.** 3 erbracht, ist Kostenerstattung nach § 89d zu leisten (→ § 89d Rn. 5), wenn die Hilfe innerhalb eines Monats nach der Einreise gewährt worden ist. § 89d Abs. 5 stellt klar, dass § 89 d innerhalb seines Anwendungsbereichs vorrangig ist; ein Wahlrecht besteht nicht.[16] Wird Hilfe erst später als einen Monat nach Einreise gewährt, ist § 89d nicht anwendbar; dann gilt für die KE bei Inobhutnahme § 89b. Bei Inobhutnahme **asylsuchender Kinder und Jugendlicher** scheint § 89b Abs. 1 (zu Abs. 2 → Rn. 11) auf den ersten Blick niemals zu einem KE-Anspruch zu führen, weil § 86 Abs. 7 nicht auf den gA abstellt. Dies lässt sich jedoch nicht mit § 89b Abs. 3 vereinbaren, der eine Kostenerstattung auch nach Abs. 1 für möglich erklärt. Der Verweis auf § 86 insgesamt ist deshalb unpassend; stattdessen sind **allein § 86 Abs. 1–5** anzuwenden.[17] Damit ist auch für Hilfen an asylsuchende Kinder und Jugendliche der Träger des nach § 86 Abs. 1–5 maßgeblichen gA erstattungspflichtig. 6

Für die vorläufige Inobhutnahme der §§ 42a ff. gilt § 89b wegen seines klaren Wortlauts, der sich nur auf die echte Inobhutnahme bezieht, nicht unmittelbar. Das ist unbefriedigend, weil sich das Erfordernis der vorläufigen Inobhutnahme, die Feststellung der unbegleiteten Einreise (§ 42a Abs. 1 S. 1), in der Praxis nicht selten erst mehr als einen Monat nach der Einreise stellt. Bis zu einer – möglichst bald zu erlassenden – 7

12 BVerwG 15.12.2016 – 5 C 35/15, Rn. 51–53; VG Saarlouis 30.10.2020 – 3 K 2175/18 (zust. Anm. hierzu Schmidt NZS 2021, 276). – Braun JAmt 2017, 261 f. sieht Schwierigkeiten bei der genauen Konturierung.
13 BVerwG 15.12.2016 – 5 C 35/15, Rn. 61 f.
14 Zum Prüfungsschema Seltmann JAmt 2017, 222–224; ebenso DIJuF JAmt 2019, 29 (30 f.).
15 DIJuF JAmt 2016, 136–139. Ohne Problematisierung ebenso VG Freiburg 1.3.2017 – 4 K 3020/15 Rn. 22.
16 Ebenso VG Augsburg 2.2.2010 – Au 3 K 09.344.
17 Reisch in JHSM Rn. 10; OVG Brem 18.6.2003 – 2 A 82/02, FEVS 55, 327; BayVGH 8.2.2001 – 12 B 99.2202; VG Lüneburg 31.1.2006 – 4 A 254/04.

gesetzlichen Regelung[18] besteht in diesen Fällen ein KE-Anspruch in **analoger Anwendung von** § **89d** (ausführliche Begründung hierfür → § 89d Rn. 12).[19]

8 Nur **rechtmäßig** aufgewendete Kosten sind zu erstatten (näher zu den rm Kosten bei Hilfe nach § 42 bei → § 89f Rn. 10, 21).[20] Das können auch die von einem **freien** Träger dem öffentlichen Träger in Rechnung gestellten Kosten sein, die bei Durchführung der Inobhutnahme entstanden sind, auch wenn der öffentliche Träger keine Entscheidung über die Inobhutnahme durch VA getroffen hat;[21] zur Rückführung → § 42 Rn. 92; zu Kosten eines Dolmetschers → § 89f Rn. 4. Eine Inobhutnahme nach § 42 Abs. 1 S. 1 Nr. 2 zur Erfüllung des **Schutzauftrages** nach § 8a ist nur rm, wenn die Entscheidung des FamG nicht rechtzeitig eingeholt werden konnte (zu § 42 auch → § 89f Rn. 21).[22]

9 Die **Bagatellgrenze** nach § 89f Abs. 2 gilt für die KE nach § 89b nicht. Trotzdem ist[23] abzuwägen, ob der erforderliche Verwaltungsaufwand zur Feststellung des zuständigen örtlichen Jugendhilfeträgers mit den zu erwartenden Erstattungseinnahmen noch gedeckt werden kann.

10 Ein „**Durchgriff**" (näher hierzu → § 89a Rn. 15) scheidet aus.[24]

2 Kostenerstattung durch den überörtlichen Jugendhilfeträger (Abs. 2)

11 Nur hilfsweise – wenn KE durch einen örtl. Träger ausscheidet – kommt die KE durch den üö Träger nach Abs. 2 in Betracht. Erstattungspflichtig ist derjenige üö Träger, in dessen Bereich der örtl. Träger liegt, der die Inobhutnahme vorgenommen hat. Voraussetzung für den KE-Anspruch nach § 89b Abs. 2 ist, dass ein **erstattungspflichtiger örtlicher Träger nicht vorhanden** ist. Dies ist der Fall, wenn sich die (fiktive) Zuständigkeit nach § 86 Abs. 1–5 nicht an einen gA anknüpfen lässt. Abs. 2 ist auch anwendbar, wenn ein **gA** zwar vorhanden, aber **nicht zu ermitteln** ist.[25]

12 **§ 89b Abs. 2 und § 89 konkurrieren nicht** miteinander. Zwar führt § 89 ebenfalls zu einer KE-Pflicht des üö Trägers, allerdings unter Anknüpfung an den tatsA, nicht – wie bei § 89b Abs. 2 – an den gA. Außerdem gilt § 89 nur für die Kosten einer Leistung, § 89b aber für Kosten bei Erfüllung einer anderen Aufgabe. Die verschiedenen Tatbestandsvoraussetzungen schließen einander also aus.

13 Bei **Inobhutnahme** eines eingereisten Kindes oder Jugendlichen innerhalb eines Monats nach der Einreise hat ein KE-Anspruch nach § 89d Vorrang (§ 89d Abs. 5). Auf § 89b kann nur zurückgegriffen werden, wenn Hilfe erst später als einen Monat nach Einreise gewährt wird (→ § 89d Rn. 5).

---

18 Eine entsprechende Bundesratsinitiative Baden-Württembergs (BR-Drs. 185/16, Änderungsempfehlungen der Ausschüsse BR-Drs. 185/1/16; GESTA I013) ist nach ihrer Absetzung von der Tagesordnung am 13.5.2016 (BR-PlenProt 945, S. 186A, TOP 6) im Bundesrat nicht weiter beraten worden.

19 Im Ergebnis ebenso (allerdings nicht als analoge Anwendung) DIJuF JAmt 2018, 147 (148).

20 Ebenso OVG NRW 29.11.2013 – 12 A 1019/13.

21 Näher Kunkel ZKJ 2006, 361; aA DIJuF JAmt 2006, 32; Kern in SFMK Rn. 5.

22 So BVerwG 8.2.2007 – 5 B 100/06 u. BVerwG 29.11.2006 – 5 B 107/06, EuG 2007, 353 nach VGH BW 1.8.2006 – 9 S 2479/04; VG Arnsberg 7.6.2011 – 11 K 319/10, EuG 2012, 295; Reisch in JHSM § 89 f Rn. 23.

23 Mit Herigslack ZfF 1993, 49.

24 AA Kern in SFMK Rn. 6.

25 So BayVGH 9.6.2005 – 12 BV 03.1971, JAmt 2006, 148 bestätigend VG Regensburg 26.6.2003 – RO 8 K 01.01169; Eschelbach/Schindler in FK-SGB VIII Rn. 1; Riehle in Krug/Riehle Rn. 20.

Für die KE wegen einer Inobhutnahme greift nicht § 89e, sondern § 89b.[26] Eine Ausweitung des § 89e auf Fälle der Inobhutnahme, in denen es auf den tatsA, nicht aber auf den gA ankommt, ist nicht geboten. 14

Zu abweichenden landesrechtlichen Bestimmungen vgl. § 89g. 15

3 Kostenerstattung auch für „Anschlussleistungen" an Asylsuchende (Abs. 3)

§ 86 Abs. 7 S. 1 Hs. 2 verlängert die für eine **Inobhutnahme** geltende Zuständigkeit nach § 87 für eine sich **anschließende Leistung**. Entsprechend dieser verlängerten Zuständigkeit erweitert Abs. 3 auch die Kostenerstattung. Diese ist allerdings für den Regelfall ohne Bedeutung, da § 89 d eine gemäß § 89d Abs. 5 vorrangige Kostenerstattung durch das Land vorsieht.[27] Nur wenn die „Anschlussleistung" erst später als einen Monat nach Einreise begonnen hat, ist Abs. 3 von Bedeutung. Die KE für die „Anschlussleistung" besteht solange, wie keine neue örtliche Zuständigkeit nach § 86 im Bereich eines anderen Trägers begründet wird. Da die KE nach Abs. 3 an die Zuständigkeit nach § 86 Abs. 7 anknüpft, gilt auch § 86 Abs. 7 S. 4, wonach eine Unterbrechung bis zu 3 Monaten für die Annahme einer „Anschlussleistung" unschädlich ist.[28] Ob § 86 Abs. 7 S. 4 auf andere als die ausdrücklich genannten Fälle der Leistungserbringung an asylsuchende Kinder und Jugendliche nach Inobhutnahme auszuweiten ist, ist umstritten.[29] 16

§ 89c Kostenerstattung bei fortdauernder oder vorläufiger Leistungsverpflichtung

(1) [1]Kosten, die ein örtlicher Träger im Rahmen seiner Verpflichtung nach § 86c aufgewendet hat, sind von dem örtlichen Träger zu erstatten, der nach dem Wechsel der örtlichen Zuständigkeit zuständig geworden ist. [2]Kosten, die ein örtlicher Träger im Rahmen seiner Verpflichtung nach § 86d aufgewendet hat, sind von dem örtlichen Träger zu erstatten, dessen Zuständigkeit durch den gewöhnlichen Aufenthalt nach §§ 86, 86a und 86b begründet wird.

(2) Hat der örtliche Träger die Kosten deshalb aufgewendet, weil der zuständige örtliche Träger pflichtwidrig gehandelt hat, so hat dieser zusätzlich einen Betrag in Höhe eines Drittels der Kosten, mindestens jedoch 50 Euro, zu erstatten.

(3) Ist ein kostenerstattungspflichtiger örtlicher Träger nicht vorhanden, so sind die Kosten vom überörtlichen Träger zu erstatten, zu dessen Bereich der örtliche Träger gehört, der nach Absatz 1 tätig geworden ist.

26 OVG LSA 4.12.2014 – 4 L 135/14.

27 Ebenso Loos in Wiesner Rn. 5; Reisch in JHSM Rn. 21; Riehle in Krug/Riehle Rn. 21 f.; Nellissen in GK-SGB VIII Rn. 9.

28 AA Reisch in JHSM Rn. 20.

29 Dagegen OVG RhPf 17.6.2015 – 7 A 11002/14; OVG RhPf 13.2.2014 – 7 A 11043/13.OVG, JAmt 2014, 649; dafür OVG NRW 21.3.2014 – 12 A 1211/12; NdsOVG 14.3.2012 – 4 LC 143/09; alle unter Berufung auf BVerwG 25.3.2010 – 5 C 12.09.

1 **Zweck** des § 89c ist es, die zunächst durch die **vorläufige Leistungspflicht eines unzuständigen Trägers** mit §§ 86c, 86d eingetretene Kostenentlastung des zuständigen Trägers durch seine Belastung mit der Kostenerstattungspflicht nachträglich **auszugleichen.** Darüber hinaus lässt er dem zunächst belasteten Träger bei unkorrektem Verhalten des zuständigen Trägers einen **Verwaltungskostenzuschlag** zukommen.

1 Kostenerstattung nach fortdauernder Leistungsverpflichtung gem. § 86c (Abs. 1 Satz 1)

2 Hat ein Jugendhilfeträger bei einem **Zuständigkeitswechsel** seine Leistungen auf der Basis von § 86c weiter gewährt, hat er einen Kostenerstattungsanspruch gegenüber dem Jugendhilfeträger, der neu zuständig geworden ist. Der Anspruch setzt nach der – abzulehnenden (zu den Gründen → § 86 Rn. 9) – Rechtsprechung des BVerwG die **tatsächliche Leistungserbringung vor dem Zuständigkeitswechsel** voraus[1] und erstreckt sich auf den **Zeitraum** des Eintritts der zuständigkeitsändernden Tatsachen bis zur Beendigung der Leistungspflicht nach § 86c (→ § 86c Rn. 3), also bis zur Übernahme oder Ablehnung[2] der Leistungsgewährung durch den neu zuständig gewordenen Jugendhilfeträger. Die KE-Pflicht nach § 89c Abs. 1 S. 1 ist identisch mit der nach **§ 2 Abs. 3 S. 2 SGB X.**[3] Es handelt sich also um eine überflüssige Regelung (→ § 86c Rn. 14). Zur **Form** der Geltendmachung → § 89f Rn. 20; zur Verzinsung → § 89f Rn. 14.

3 **Wechselt** die **Zuständigkeit** während der nach § 86c erbrachten Leistung **erneut,** wird auch der neu zuständige Träger dem ursprünglich zuständigen Träger nach § 89c Abs. 1 S. 1 KE-pflichtig. Die verschiedenen KE-pflichtigen Träger sind dem nach § 86c leistenden Träger jedoch nur **für den Zeitraum ihrer jeweiligen Zuständigkeit** KE-pflichtig; ein Fixieren der KE-Pflicht beim ersten neu zuständig gewordenen Träger (etwa in Analogie zu § 86c) findet nicht statt.[4] Bei einer **Funktionsnachfolge** (zB Aufteilung oder Neubestimmung von Jugendhilfeträgern) geht die KE-Pflicht nur dann auf den Funktionsnachfolger über, wenn die Hilfe noch nicht abgeschlossen ist.[5]

2 Einwendungen gegen den Erstattungsanspruch

4 Ist der nach § 86c leistende Jugendhilfeträger seiner **Mitteilungsverpflichtung** nach § 86c S. 2 nicht unverzüglich (→ § 86c Rn. 10) nachgekommen, steht dies einem Erstattungsanspruch nicht entgegen (→ § 86c Rn. 11 f.).[6] Die KE-Ansprüche des § 89c sind eigenständige Ansprüche, für deren Geltendmachung lediglich die **Ausschlussfrist**

1 BVerwG 14.11.2013 – 5 C 34/12, BVerwGE 148, 242; BVerwG 19.10.2011 – 5 C 25/10, BVerwGE 141, 77.
2 NdsOVG 13.2.2006 – 12 LC 12/05, NDV-RD 2006, 51; BVerwG 14.11.2002 – 5 C 57/01, BVerwGE 117, 179; Bohnert/Stähr in Hauck/Noftz/Stähr Rn. 6 c; Nellissen in GK-SGB VIII Rn. 4; Reisch in JHSM Rn. 8.
3 Ebenso Reisch in JHSM Rn. 9.
4 BayVGH 21.5.2010 – 12 BV 09.1973; Reisch in JHSM Rn. 5, 8.
5 VG Aachen 25.2.2010 – 1 K 2415/08; Nellissen in GK-SGB VIII Rn. 4 a.
6 BVerwG 14.11.2002 – 5 C 57/01, BVerwGE 117, 179sa.

des § 111 SGB X (→ § 89f Rn. 28 ff.) und die **Verjährung** (→ § 89f Rn. 31) zu beachten ist. Unterbleibt die Mitteilung, weil sich der Träger für **zuständig** hält, ist KE nach § 105 SGB X möglich (→ § 89f Rn. 35),[7] **anders** hingegen **bei bewusst unzuständiger Leistung.**[8] Weder beim zuständigen noch beim vorleistenden Träger ist für § 89c Kenntnis vom Zuständigkeitswechsel Voraussetzung; es genügt, dass dieser objektiv eingetreten ist.[9]

Der **Nachrang** der Jugendhilfe gegenüber der Sozial- oder Eingliederungshilfe nach § 10 Abs. 4 S. 2 oder der Grundsicherung nach § 10 Abs. 3 S. 2 kann dem Erstattungsanspruch nach § 89 c – anders als anderen KE-Ansprüchen (→ § 89f Rn. 19, 21) – nicht entgegengehalten werden. Auch eine (nur) nachrangig erbrachte Leistung ist rechtmäßig iSv § 89f erbracht, weil der Nachrang keine Auswirkungen auf das Leistungsverhältnis zum Leistungsberechtigten hat, sondern nur auf der Erstattungsebene gegenüber dem vorrangig verpflichteten Träger wirkt (**„Zwei-Ebenen-Lehre“**). Der Nachrang führt deshalb nicht zu einer Freistellung des nachrangig verpflichteten Trägers und begründet umgekehrt keine alleinige Zuständigkeit des vorrangig verpflichteten.[10] Der nach § 89c Abs. 1 S. 1 erstattungspflichtige Träger hat in eigener Verantwortung zu prüfen, ob er sachlich (nachrangig) zuständig ist und deshalb einen Erstattungsanspruch nach § 104 SGB X gegen den Sozialhilfeträger hat, weil der nach § 86c leistungsverpflichtete Träger sonst ein doppeltes Prozessrisiko trüge.[11] Auch der KE-Anspruch aus **§ 104 SGB X** ist deshalb **nicht vorrangig** gegenüber dem aus § 89c.[12] 5

Der KE-Anspruch aus **§ 89c** wird **nicht verdrängt durch** den aus **§ 89a** oder aus **§ 89e.** Es besteht auch kein diesbezügliches Wahlrecht.[13] Eine **unzulässige Rechtsausübung** (§ 242 BGB analog) liegt aber vor, wenn die Erfüllung des KE-Anspruchs aus § 89c Abs. 1 S. 1 zur Folge hätte, dass ein **gegenläufiger** KE-Anspruch aus § 89a Abs. 1 S. 1 entsteht, weil die Erstattungskosten als Kosten im Rahmen der Zuständigkeit nach § 86 Abs. 6 entstanden sind, so dass der vereinnahmte Erstattungsbetrag sogleich wieder zurückzuzahlen wäre.[14] Dasselbe gilt bei einem gegenläufigen KE-Anspruch aus 6

7 BayVGH 16.11.2004 – 12 B 00.3364, FEVS 56, 539; VG Dresden 30.10.2019 – 1 K 269/18; VG Würzburg 19.9.2013 – W 3 K 12.223, EuG 2014, 474; ebenso Reisch in JHSM Rn. 3; Gmati in jurisPK-SGB X § 105 Rn. 36.

8 Eschelbach/Schindler in FK-SGB VIII Rn. 2; DIJuF JAmt 2006, 184; Gmati in jurisPK-SGB X § 105 Rn. 52.

9 Ebenso Loos in Wiesner Rn. 3; Bohnert/Stähr in Hauck/Noftz/Stähr Rn. 6; Nellissen in GK-SGB VIII Rn. 6; Reisch in JHSM Rn. 7; Riehle in Krug/Riehle Rn. 13.

10 So BVerwG 23.9.1999 – 5 C 26/98, ZfJ 2000, 191; NdsOVG 25.7.2007 – 4 LB 90/07, EuG 2008, 119; VG Ansbach 29.7.2010 – AN 14 K 08.00789; VG Trier 20.5.2010 – 2 K 26/10.TR; VG Aachen 25.2.2010 – 1 K 2415/08; ebenso Nellissen in GK-SGB VIII Rn. 6 a.

11 So BVerwG 22.5.2008 – 5 B 203/07, JAmt 2008, 438; VG Ansbach 29.7.2010 – AN 14 K 08.00789.

12 BVerwG 22.6.2017 – 5 C 3.16, Rn. 24–26; ebenso Jung Rn. 3.

13 Ebenso OVG Saarl 27.3.2018 – 2 A 717/17, juris Rn. 20; VG Bayreuth 22.2.2010 – B 3 K 09.284; VG Lüneburg 31.1.2006 – 4 A 250/04, EuG 2007, 103; Nellissen in GK-SGB VIII § 89a Rn. 9 und § 89e Rn. 21.

14 So BVerwG 30.9.2009 – 5 C 18/08, JAmt 2010, 189 bestätigend OVG NRW 21.6.2007 – 12 A 3371/05; BayVGH 26.11.2008 – 12 BV 08.675 u. 08.757, NDV-RD 2009, 54 unter ausdr. Aufgabe von BayVGH 1.9.2005 – 12 B 02.2455, ZFSH/SGB 2006, 349; NdsOVG 6.11.2007 – 4 LC 43/06, JAmt2008, 161 entgegen NdsOVG 10.10.1997 – 12 L 549/97, FEVS 48, 281; VG Aachen 6.8.2015 – 1 K 368/13; Reisch in JHSM Rn. 6; Nellissen in GK-SGB VIII Rn. 5a und § 89a Rn. 9; Bohnert/Stähr in Hauck/Noftz/Stähr Rn. 13; offen lassend, worauf dieses Verhältnis von §§ 89c und 89a beruht OVG Saarl 27.3.2018 – 2 A 717/17, juris Rn. 21.

§ 89e, wenn die Leistung in einer Einrichtung erbracht wird.[15] Unberührt davon ist – obwohl Anspruchsannex (→ Rn. 11) – das **„Strafdrittel"** nach § 89c Abs. 2: Durch die Einrede der unzulässigen Rechtsausübung wird nur die Durchsetzung des Anspruchs nach Abs. 1 gehemmt, er bleibt aber dem Grunde nach bestehen. Zudem bliebe anderenfalls die Pflichtwidrigkeit ohne Sanktion.[16] Ebenfalls nicht verdrängt wird § 89c durch landesrechtliche Regelungen, welche die Finanzierung von Kindertageseinrichtungen regeln.[17]

Zum Verhältnis des KE-Anspruchs aus § 89c zum KE-Anspruch aus **§§ 102, 105 SGB X** → § 89f Rn. 35. – Zum **„Durchgriff"** → § 89f Rn. 8.

7 Der KE-Anspruch besteht im Übrigen nur, soweit die Hilfe **rechtmäßig** und unter Beachtung des **Interessenwahrungsgrundsatzes** geleistet worden ist, der allerdings bei § 89c Abs. 1 S. 1 insbesondere hinsichtlich der Geltendmachung vorrangiger Ansprüche nur eingeschränkt gilt;[18] hierzu → § 89f Rn. 10, 17 ff., insbes. Rn. 21.

3 Kostenerstattung nach vorläufiger Leistungsverpflichtung gem. § 86d (Abs. 1 Satz 2)

8 Hat ein örtlicher Jugendhilfeträger[19] **vorläufig** Leistungen erbracht, weil die örtliche Zuständigkeit nicht feststand oder der zuständige örtliche Jugendhilfeträger nicht tätig wurde (§ 86d sowie in den Fällen, in denen § 87d Abs. 3 auf § 86d verweist; → § 87b Rn. 13), hat er nach § 89c Abs. 1 S. 2 gegenüber demjenigen örtlichen Jugendhilfeträger einen Kostenerstattungsanspruch, dessen Zuständigkeit durch den gA begründet ist. Infrage kommen die Zuständigkeitsnormen des **§ 86** Abs. 1, Abs. 2, Abs. 3, Abs. 4, Abs. 5, Abs. 6, **§ 86a** Abs. 1, Abs. 2 und **§ 86b** Abs. 1. Als speziellere Norm geht § 89c Abs. 1 S. 2 in seinem Anwendungsbereich dem § 102 SGB X vor.[20] § 102 SGB X kommt daher vor allem bei vorläufigen Leistungen nach § 43 SGB I zur Anwendung (zum Verhältnis von § 43 SGB I zu § 86d → § 86d Rn. 5, 13). Steht hingegen die Zuständigkeit des KE begehrenden Trägers fest, kommt eine KE nach § 89c Abs. 1 S. 2 nicht in Betracht.[21]

9 Das **Verhältnis** von § 89c Abs. 1 S. 2 **zu** dem KE-Anspruch aus **§ 16 SGB IX** (bzw. bei Nichtweiterleitung aus § 104 SGB X) hängt davon ab, wie das Verhältnis der Leistungsverpflichtungsregelungen in § 86d und § 14 Abs. 1–3 SGB IX zu verstehen ist. Geht man (so bei → § 86 Rn. 90 f. und bei → § 86d Rn. 15) davon aus, dass die Verpflichtungsregelung des § 86d gegenüber den Vorschriften über den leistenden Rehabilitationsträger in § 14 Abs. 1–3 SGB IX vorrangig ist, muss auch der KE-Anspruch aus § 16 SGB IX gegenüber dem aus § 89c Abs. 1 S. 2 zurücktreten.[22] Sieht man hingegen mit dem weit überwiegenden Teil der Rechtsprechung § 14 Abs. 1–3 SGB IX als umfassende und abschließende Sonderregelung der Außenzuständigkeit für den Bereich

15 VG Saarlouis 12.1.2018 – 3 K 1128/16, juris Rn. 72; VG Augsburg 15.12.2020 – Au 3 K 18.1562; VG Aachen 6.8.2015 – 1 K 368/13; VG Münster 20.6.2007 – 9 K 750/05; Streichsbier in jurisPK-SGB VIII Rn. 4.1; Reisch in JHSM Rn. 6.
16 Ebenso NdsOVG 6.11.2007 – 4 LC 43/06, JAmt 2008, 161.
17 OVG LSA 17.9.2019 – 4 L 90/18, juris Rn. 37–46 zu § 12c KiFöG Sachs.-A. (unter Aufhebung von VG Magdeburg 4.4.2018 – 6 A 157/17).
18 BVerwG 22.6.2017 – 5 C 3.16, Rn. 24–26.
19 Nach BVerwG 31.5.2018 – 5 C 1.17, Rn. 50 gilt § 89c Abs. 1 S. 2 ausdrücklich nur für KE-Ansprüche von örtlichen Trägern, nicht für solche von überörtlichen Trägern.
20 Ebenso VG Göttingen 22.6.2017 – 2 A 270/15 juris Rn. 21.
21 BVerwG 31.5.2018 – 5 C 1.17 Rn. 50.
22 So auch hier bis zur 4. Auflage Rn. 8.

der Reha-Leistungen an, die für Reha-Leistungen § 86d verdrängt,[23] verdrängt auch der speziellere KE-Anspruch aus § 16 SGB IX denjenigen aus § 89c Abs. 1 S. 2. Für diese letztere Lösung spricht vor allem die **Einheitlichkeit der Handhabung** im Zusammenhang mit Reha-Leistungen. Zudem werden komplizierte Folgefragen vermieden, die sich vor allem dann stellen, wenn der nach § 14 Abs. 1–3 SGB IX leistungsverpflichtete (= nach außen hin zuständige) Jugendhilfeträger endgültig sowohl sachlich als auch örtlich unzuständig ist. Daher **verdrängt § 16 SGB IX den § 89c Abs. 1 S. 2,** sobald Reha-Leistungen in Rede stehen. Allerdings wird der Anspruch nach § 89c Abs. 1 S. 2 gegenüber dem dann eigentlich zuständigen Träger insoweit nicht verdrängt, wie während der Erbringung der Leistungen durch den nach § 14 SGB IX bestimmten leistenden Rehabilitationsträger die (eigentliche) Zuständigkeit für die Leistungen wechselt, der eigentlich zuständige Träger aber den Hilfefall nicht übernimmt und der örtliche JH-Träger, der ursprünglich nach § 14 SGB IX zum leistenden Rehabilitationsträger bestimmt worden war, gemäß § 86c weiter leistet.[24] Die Ausführungen sind übertragbar auf landesrechtliche Regelungen zur Zuständigkeitsklärung und diesen angegliederte KE-Ansprüche, etwa Art. 53 des bayerischen AGSG.[25]

4 Zuschlag bei pflichtwidrigem Handeln (Abs. 2)

§ 89c Abs. 2 sieht neben der Erstattung der Aufwendungen des erstattungsberechtigten Trägers nach Abs. 1 als **„Anspruchsannex"** einen **pauschalen Zuschlag** vor. Zusätzlich zu den Voraussetzungen des Abs. 1 ist hierfür **pflichtwidriges Handeln** des erstattungspflichtigen Trägers erforderlich, welches für den Kostenaufwand des erstattungsberechtigten Trägers **kausal** war. Der pauschale Zuschlag soll die infolge der Pflichtwidrigkeit beim leistenden Träger entstandenen Verwaltungskosten abdecken (daher die nüchterne Bezeichnung **„Verwaltungskostenzuschlag"**[26] in der Literatur), die wegen der Beschränkung des KE-Anspruchs auf die Nettoausgaben sonst nicht mit erstattet würden (→ § 89f Rn. 1). Durch die sanktionierende Wirkung will Abs. 2 die öffentlichen Träger aber auch spezial- und generalpräventiv zu pflichtgemäßem Verhalten anhalten (daher die sprechende Bezeichnung **„Strafzuschlag"** oder **„Strafdrittel"** in der Literatur).[27] 10

§ 89c Abs. 2 sanktioniert nur **pflichtwidriges Handeln des zuständigen** gegenüber dem leistenden Jugendhilfeträger. Zwar wird der zuständige Jugendhilfeträger dadurch regelmäßig auch **gegenüber der leistungsberechtigten Person pflichtwidrig** handeln, eine Pflichtwidrigkeit nur in diesem Verhältnis **reicht** jedoch für den Anspruch nach Abs. 2 11

---

23 Ausdrücklich zum Verhältnis § 86d/§ 14 SGB IX VG Aachen 10.1.2002 – 2 L 1455/02; zur breiten Anwendung des § 14 SGB IX allgemein BSG 3.11.2011 – B 3 KR 8/11 R, BSGE 109, 199; BSG 29.9.2009 – B 8 SO 19/08 R; BSG 26.10.1004 – B 7 AL 16/04 R, BSGE 93, 283; SächsOVG 4.2.2013 – 1 A 804/11; OVG NRW 17.2.2011 – 12 A 2170/10 u. OVG NRW 31.7.2008 – 12 B 852/08; BayVGH 6.12.2006 – 12 CE 06.2732, JAmt 2007, 494; VG Würzburg 14.6.2012 – W 3 K 10.1317; SG Hildesheim 12.3.2012 – S 34 SO 88/08, JAmt 2012, 537; VG Düsseldorf 7.9.2011 – 19 L 1057/11; VG Aachen 11.5.2010 – 2 K 2444/08; VG Aachen 23.7.2009 – 2 L 299/09; in diese Richtung auch VG Augsburg 9.10.2012 – Au 3 K 12.740; einschränkend – Leistungen für angemessene Schulbildung keine Reha-Leistungen – BVerwG 11.8.2005 – 5 C 18/04, BVerwGE 124, 83 und – Prüfpflicht nur für konkret beantragte Leistung – BayVGH 19.8.2010 – 12 CE 10.1539.

24 So zum Verhältnis von § 14 Abs. 4 SGB IX aF zu § 89c Abs. 1 S. 2 BVerwG 22.6.2017 – 5 C 3.16, Rn. 10–15; ähnlich bereits die Vorinstanz VG Hannover 1.12.2015 – 3 A 7061/12.

25 Anders, nämlich für Vorrang des bayerischen Landesrechts vor dem bundesrechtlichen § 14 SGB IX allerdings VG Würzburg 17.7.2012 – W 3 E 12.570.

26 ZB Reisch in JHSM Rn. 26; Nellissen in GK-SGB VIII Rn. 13; Loos in Wiesner Rn. 11.

27 ZB Bohnert/Stähr in Hauck/Noftz/Stähr Rn. 10; berichtend Loos in Wiesner Rn. 11; Riehle in Krug/Riehle Rn. 17.

nicht aus.[28] **Pflichtwidriges Handeln** des **leistenden** gegenüber dem **zuständigen Jugendhilfeträger** wird hingegen (nur) **im Rahmen von** § **89f** über die Begrenzung der erstattungsfähigen Kosten auf diejenigen gesetzeskonformer Hilfe (→ § 89f Rn. 10) und den Interessenwahrungsgrundsatz (→ § 89f Rn. 17) berücksichtigt. Abs. 2 erstreckt sich zudem ausdrücklich nur auf Fälle horizontaler KE zwischen **örtlichen** Jugendhilfeträgern, nicht jedoch auf vertikale KE durch den überörtlichen Jugendhilfeträger.[29]

12 Da der Begriff der pflichtwidrigen Handlung aus dem BSHG-Recht stammt, kann die umfangreiche Spruchpraxis zum früheren § 107 BSHG bei Beachtung der unterschiedlichen Ausgestaltung der Ansprüche grundsätzlich zur Auslegung herangezogen werden.[30] Ergänzend kann auf die Vorgängervorschrift, § 97 Abs. 3 in der bis 31.3.1993 geltenden Fassung (aF), zurückgegriffen werden. Eine **Pflichtwidrigkeit** wird nach einer verbreiteten, iW auf § 97 Abs. 3 aF zurückgehenden **Definition** angenommen, wenn der KE-pflichtige Träger seine **Zuständigkeit erkannt** hat oder bei Anwendung der ihm obliegenden Sorgfalt **hätte erkennen müssen** und **dennoch** die **Hilfeleistung ablehnt**, verzögert oder unzureichend gewährt.[31] Diese Definition erfasst nur unzureichend, dass die **Pflichtwidrigkeit** des zuständigen Trägers sich von Sinn und Zweck der Vorschrift her auf die **Zuständigkeitsfrage** beziehen muss. Bei Meinungsverschiedenheiten zwischen den Trägern über den Hilfebedarf der leistungsberechtigten Person hingegen mag der zuständige Träger gegenüber der leistungsberechtigten Person – etwa durch rechtswidrig zu niedrige Bemessung der Leistung – pflichtwidrig handeln, nicht jedoch gegenüber dem vorleistenden Träger.[32] Erbringt der vorleistende Träger in diesem Fall weiter Leistungen, besteht kein KE-Anspruch, weil seine Leistungspflicht nach §§ 86c, 86d dann schon beendet ist (→ § 86c Rn. 3; → § 86d Rn. 10), auch nicht nach § 105 SGB X (→ § 89f Rn. 33).[33] **Pflichtwidrig** iSv § 89c Abs. 2 handelt also der objektiv sachlich und örtlich **zuständige Träger,** der **durch inkorrektes Verwaltungshandeln** die **Wahrnehmung seiner Zuständigkeit ablehnt oder verzögert** und **hierdurch** die **Leistungsverpflichtung nach §§ 86c oder 86d auslöst oder aufrechterhält.**[34]

13 Dabei genügt die **objektive Pflichtwidrigkeit**; auf ein subjektives Verschulden kommt es nicht an.[35] Pflichtwidrig ist nicht nur ein Verhalten des **JA,** sondern auch solches irgendeiner anderen Stelle des Trägers, also der gesamten Gebietskörperschaft oder beauftragter Stellen.[36]

14 Eine pflichtwidrige Handlung kann zB dann vorliegen, wenn der für die Zuständigkeit in Frage kommende Jugendhilfeträger nichts zur Feststellung der Zuständigkeitsvoraussetzungen unternimmt, zB das Vorhandensein des gA der maßgebenden Person nicht überprüft. Ist dagegen die Prüfung der Zuständigkeit tatsächlich oder rechtlich

---

28 Ebenso Reisch in JHSM Rn. 22.
29 Ebenso Kern in SFMK Rn. 18; Nellissen in GK-SGB VIII Rn. 16; Reisch in JHSM Rn. 26; Streichsbier in jurisPK-SGB VIII Rn. 13.
30 Zurückhaltender Reisch in JHSM Rn. 22.
31 Loos in Wiesner Rn. 8; Streichsbier in jurisPK-SGB VIII Rn. 9; OVG MV 30.11.2011 – 1 L 71/09; BayVGH 14.11.2012 – 12 ZB 09.2095; BayVGH 9.12.2003 – 12 ZB 03.2166; ähnl. Nellissen in GK-SGB VIII Rn. 10; Reisch in JHSM Rn. 22; ohne Bezugnahme auf unzureichende Gewährung hingegen Riehle in Krug/Riehle Rn. 18 und Bohnert/Stähr in Hauck/Noftz/Stähr Rn. 10.
32 Ähnl. auch Nellissen in GK-SGB VIII Rn. 11; Bohnert/Stähr in Hauck/Noftz/Stähr Rn. 10; in eine andere Richtung hingegen scheinbar Loos in Wiesner Rn. 10.
33 Ähnlich VG Schleswig 25.6.2003 – 15 A 330/02.
34 Ganz ähnl Bohnert/Stähr in Hauck/Noftz/Stähr Rn. 10; NdsOVG 13.2.2006 – 12 LC 12/05, ZFSH/SGB 2006, 234; BayVGH 4.11.2012 – 12 ZB 09.2095; BayVGH 18.7.2005 – 12 B 02.1197, FEVS 57, 140 und BayVGH 9.12.2003 – 12 ZB 03.2166.
35 Ebenso Nellissen in GK-SGB VIII Rn. 9; eher für das Verschuldenserfordernis Riehle in Krug/Riehle, Rn. 18–21 und Bohnert/Stähr in Hauck/Noftz/Stähr Rn. 10: mind. schuldhaftes Organisationsversagen.
36 So Kern in SFMK Rn. 14 f.; Reisch in JHSM Rn. 23.

besonders schwierig, kann eine Pflichtwidrigkeit grds. nicht angenommen werden,[37] sondern nur dann, wenn die Ablehnung der Zuständigkeit willkürlich oder offensichtlich unbegründet ist.[38] Nicht pflichtwidrig ist es, die Entscheidung über die Zuständigkeit von einer Akteneinsicht[39] oder dem Anfordern von Unterlagen[40] abhängig zu machen oder den Rechtsweg zur Überprüfung gerichtlicher Entscheidungen ausschöpft, die seine Zuständigkeit festgestellt haben.[41] Eine pflichtwidrige Handlung kann auch vorliegen, wenn sich die Bearbeitung wegen Personal- oder Finanzknappheit verzögert.[42] Immer muss **Kausalität** zwischen pflichtwidrigem Verhalten und Kostenbelastung vorliegen, wie sich aus dem Wortlaut des Abs. 2 („deshalb aufgewendet, weil") ergibt.[43]

Wegen der pflichtwidrigen Handlung hat der zur Kostenerstattung verpflichtete Jugendhilfeträger zusätzlich zum vom vorleistenden Jugendhilfeträger aufgewendeten Betrag (Anspruchsgrundlage: Abs. 1) einen **Verwaltungskostenzuschlag** („Mehraufwandsentschädigung", „Strafdrittel", „Erziehungszuschlag") zu bezahlen, der sich nach den Bruttoaufwendungen bemisst,[44] mindestens jedoch 50 Euro. Der Anspruch aus Abs. 2 entsteht als **Anspruchsannex** zum Anspruch aus Abs. 1 also nur, wenn auch ein Anspruch aus Abs. 1 entstanden ist (→ Rn. 6).[45] Er muss aber als eigener, zusätzlicher Anspruch selbstständig innerhalb der Verwirkungsfrist des § 111 SGB X geltend gemacht werden.[46] Zu **Zinsen** näher → § 89f Rn. 27. 15

5 Kostenerstattungspflicht durch den überörtlichen Jugendhilfeträger (Abs. 3)

Die Kostenerstattungspflicht bei Fehlen eines kostenerstattungspflichtigen örtlichen Trägers nach Abs. 3 kann den überörtlichen Jugendhilfeträger lediglich in Fällen des § 89 c Abs. 1 S. 2 treffen,[47] sofern **kein gA** nach §§ 86, 86a und 86b vorhanden ist. Fehlt ein gA, richtet sich die Zuständigkeit nach §§ 86, 86a und 86b ebenso wie bei § 86d nach dem tatsA. Abs. 3 regelt also inhaltlich dasselbe wie § 89; er ist daher überflüssig.[48] – Zu landesrechtlich abweichenden Zuständigkeitsregelungen → § 89g Rn. 1 ff. 16

Nach überwiegender Meinung soll der anspruchstellende Träger die Darlegungs- und Beweislast für das Fehlen tragen.[49] Richtigerweise hat er nur darzulegen und zu be- 17

37 Ebenso Bohnert/Stähr in Hauck/Noftz/Stähr Rn. 10a.
38 BVerwG 28.4.2016 – 5 C 13/15, Rn. 39; ähnl. OVG MV 19.4.2017 – 1 L 211/13; VGH BW 28.4.2015 – 12 S 1274/14; SächsOVG 14.11.2006 – 5 B 810/04; BayVGH 18.7.2005 – 12 B 02.1197, FEVS 57, 140; VG Sigmaringen 23.1.2020 – 2 K 7618/18; VG Freiburg 12.3.2015 – 4 K 1734/14; VG Würzburg 29.4.2010 – W 3 K 09.126; VG Oldenburg 25.1.2008 – 13 A 583/06, EuG 2008, 409; VG Hannover 17.12.2007 – 3 A 655/05, JAmt 2008, 163; NdsOVG 12.9.2006 – 4 LA 505/04, NDV-RD 2007, 515; NdsOVG 13.2.2006 – 12 LC 12/05, NDV-RD 2006, 51; DIJuF JAmt 2006, 403; Streichsbier in jurisPK-SGB VIII Rn. 9.
39 So OVG Saarl 14.12.2007 – 3 Q 161/06, JAmt 2008, 35.
40 OVG MV 19.4.2017 – 1 L 211/13.
41 VG Hannover 15.1.2020 – 3 A 2843/18; Streichsbier in jurisPK-SGB VIII Rn. 8.1.
42 So VG Braunschweig 10.2.2002 – 3 A 3393/97, ZfJ 2002, 43.
43 VG Karlsruhe 26.4.2019 – 8 K 1439/18; Ebenso Kern in SFMK Rn. 11, 16; Eschelbach/Schindler in FK-SGB VIII Rn. 4; Bohnert/Stähr in Hauck/Noftz/Stähr Rn. 11.
44 So NdsOVG 13.2.2006 – 12 LC 12/05, NDV-RD 2006, 51; Kern in SFMK Rn. 17; Eschelbach/Schindler in FK-SGB VIII Rn. 5; Reisch in Hauck/Noftz/Stähr Rn. 26.
45 NdsOVG 13.2.2006 – 12 LC 12/05, NDV-RD 2006, 51: „Annexanspruch".
46 OVG MV 30.11.2011 – 1 L 71/09; aA Reisch in JHSM Rn. 26: Berücksichtigung vAw.
47 Ebenso Kern in SFMK Rn. 8; Eschelbach/Schindler in FK-SGB VIII Rn. 3.
48 Ähnlich Reisch in JHSM Rn. 31 f.: „Überlappende Zuständigkeit".
49 Nellissen in GK-SGB VIII Rn. 15; Riehle in Krug/Riehle Rn. 22; Bohnert/Stähr in Hauck/Noftz/Stähr Rn. 12.

weisen, dass er alle Ermittlungsmöglichkeiten nach §§ 20, 21 SGB X ausgeschöpft hat und dennoch einen die Zuständigkeit begründenden gA nicht feststellen konnte. Gelingt ihm dies auch gegen Einwände des überörtlichen Trägers, geht die Nichterweislichkeit zulasten des überörtlichen Trägers, als ob also ein erstattungspflichtiger örtlicher Träger nicht vorhanden ist.[50]

§ 89d Kostenerstattung bei Gewährung von Jugendhilfe nach der Einreise

(1) [1]Kosten, die ein örtlicher Träger aufwendet, sind vom Land zu erstatten, wenn

1. innerhalb eines Monats nach der Einreise eines jungen Menschen oder eines Leistungsberechtigten nach § 19 Jugendhilfe gewährt wird und

2. sich die örtliche Zuständigkeit nach dem tatsächlichen Aufenthalt dieser Person oder nach der Zuweisungsentscheidung der zuständigen Landesbehörde richtet.

[2]Als Tag der Einreise gilt der Tag des Grenzübertritts, sofern dieser amtlich festgestellt wurde, oder der Tag, an dem der Aufenthalt im Inland erstmals festgestellt wurde, andernfalls der Tag der ersten Vorsprache bei einem Jugendamt. [3]Die Erstattungspflicht nach Satz 1 bleibt unberührt, wenn die Person um Asyl nachsucht oder einen Asylantrag stellt.

(2) Ist die Person im Inland geboren, so ist das Land erstattungspflichtig, in dessen Bereich die Person geboren ist.

(3) *[aufgehoben]*

(4) Die Verpflichtung zur Erstattung der aufgewendeten Kosten entfällt, wenn inzwischen für einen zusammenhängenden Zeitraum von drei Monaten Jugendhilfe nicht zu gewähren war.

(5) Kostenerstattungsansprüche nach den Absätzen 1 bis 3 gehen Ansprüchen nach den §§ 89 bis 89c und § 89e vor.

1 Kostenerstattungspflicht des Landes (Abs. 1)

1 Abs. 1 begründet eine Kostenerstattungspflicht des **Landes** (zu abweichenden Regelungen der Bundesländer → § 89g Rn. 3) bei der Gewährung von Jugendhilfe für den in Abs. 1 S. 1 Nr. 1 genannten Personenkreis. Abs. 2 bestimmt, welches Land KE-pflichtig wird. Mit der Formulierung „... wird Jugendhilfe gewährt" kommt zum Ausdruck, dass die Erstattungspflicht sich **nicht nur** auf die **Kosten von Leistungen iSv § 2 Abs. 2**, sondern **auch** auf die **Kosten von anderen Aufgaben iSv § 2 Abs. 3** (insbes. vorläufigen Maßnahmen nach § 42 und §§ 42a ff.)[1] bezieht. § 89d Abs. 1 S. 1 Nr. 1 knüpft nicht an die Staatsangehörigkeit, sondern nur an die Einreise des jungen Menschen aus dem Ausland an; die KE-Pflicht besteht daher auch für Hilfen an oder für Deutsche. § 89d hatte insbesondere in der Zeit der großen Zunahme der Leistungen durch Zuzug aus

50 Im Erg. ebenso Mrozynski SGB VIII Rn. 5; Reisch in JHSM Rn. 30.
1 Ebenso Kirchhoff in jurisPK-SGB VIII § 42 d Rn. 15.

dem Ausland einen großen dämpfenden Effekt für die Belastung der Kommunalfinanzen.[2]

Die KE-Pflicht tritt nicht in allen Fällen ein, in denen einer oder für eine in Nr. 1 genannte Person Jugendhilfe gewährt wird. Zweck der Regelung ist es nämlich wie bei § 89, eine überörtliche Kostenerstattung **nur in den Fällen** zuzulassen, in denen **kein** Anknüpfungspunkt im Inland über einen **gewöhnlichen Aufenthalt** (der einreisenden Person oder ihrer Eltern) besteht. Eine KE erfolgt nur in den Fällen, in denen für die Gewährung von Jugendhilfe an einen **tatsächlichen Aufenthalt** im Inland angeknüpft werden muss, weil an keinen gA angeknüpft werden kann. Dies sind die folgenden Fälle: **§ 86** Abs. 2 S. 4 Hs. 2, Abs. 4 S. 2, Abs. 7 S. 1, **§ 86a** Abs. 3, Abs. 4; **§ 86b** Abs. 2, **§ 87**. Die Begründung eines gA im Inland, an den die örtliche Zuständigkeit anknüpfen kann, beendet die KE-Pflicht.[3] 2

Dies schließt nicht aus, dass zB **unbegleitete Flüchtlingskinder**, die wegen bestehender rechtlicher oder tatsächlicher Abschiebungshindernisse auf nicht absehbare Zeit im Bundesgebiet verweilen, bereits mit ihrer Einreise einen gewöhnlichen Aufenthalt im Sinn von Art. 1 **MSA** (→ § 6 Rn. 10 f.) im **Inland** begründen können. Daraus folgt zwar eine Leistungsberechtigung für diesen Personenkreis nach § 6 Abs. 2 iVm Abs. 4, nicht jedoch die Anknüpfung der örtlichen Zuständigkeit an einen gewöhnlichen Aufenthalt im Bereich eines **bestimmten JA**. Damit besteht auch in diesen Fällen eine KE-Pflicht nach dieser Vorschrift.[4] 3

Darüber hinaus besteht die KE-Pflicht auch in solchen Fällen, in denen sich die örtliche Zuständigkeit nach der **Zuweisungsentscheidung** der zuständigen Landesbehörde richtet (→ § 86 Rn. 73). Betroffen davon sind nur junge Menschen, die das 18. Lebensjahr vollendet haben, solche unter 18 Jahren nur dann, wenn ihre Eltern um Asyl nachgesucht haben.[5] 4

Die Hilfe muss **innerhalb eines Monats nach Einreise** durch VA gewährt, wenn auch noch nicht tatsächlich geleistet worden sein (zu den Folgen bei Beginn der Hilfen mehr als einen Monat nach der Einreise → Rn. 12 f.).[6] Die Unterbringung eines Kindes oder Jugendlichen in einem Heim ist dabei auch dann eine Maßnahme der Jugendhilfe, wenn die Erstaufnahmeeinrichtung des Landes den Minderjährigen dem Heim zugeführt hat.[7] Maßgeblich ist die wirksame Bekanntgabe des Bewilligungsbescheides (§§ 37, 39 SGB X).[8] Dabei richtet sich die sozialrechtliche Handlungsfähigkeit für die Bekanntgabe über § 11 Abs. 3 SGB X iVm § 55 ZPO auch bei ausländischen Staatsangehörigen nach deutschem Recht. Die KE-Pflicht besteht dann über diesen Einreisemonat hinaus, solange Jugendhilfe gewährt wird und die Leistungsvoraussetzungen nicht für mindestens drei Monate entfallen sind (→ Rn. 10). Eine Besonderheit besteht jedoch bei Leistungen nach § 19: Letztlich deshalb, weil allein die Mutter Anspruchsinhaberin ist (→ § 19 Rn. 6),[9] umfasst der Kostenerstattungsanspruch die Aufwendungen für den Lebensunterhalt des mit der eingereisten Mutter untergebrachten Kindes auch dann, wenn dieses erst nach Einreise der Mutter in Deutschland geboren wird.[10] 5

---

2 Orth ZKF 2018, 193 (196).
3 Ebenso Kern in SFMK Rn. 10; anders Bohnert/Stähr in Hauck/Noftz/Stähr Rn. 15: nur bei Zuständigkeitswechsel.
4 So BT-Drs. 13/10330, 20.
5 BT-Drs. 13/10330, 20 noch zur alten Rechtslage.
6 Ebenso Kern in SFMK Rn. 8; Reisch in JHSM Rn. 5.
7 So OVG NRW 17.4.2002 – 12 A 4007/00, ZFSH/SGB 2003, 97.
8 Zur Bekanntgabe insbesondere an Minderjährige Pattar in jurisPK-SGB X § 37 Rn. 75 ff.
9 BVerwG 22.10.2009 – 5 C 19/08.
10 VG Bayreuth 12.11.2012 – B 3 K 11.766.

6 **Satz 2** fingiert den Tag der **Einreise** mit einer Anknüpfungsleiter: Ist der **Tag des Grenzübertritts** amtlich festgestellt[11], gilt dieser (1. Leitersprosse), sonst der Tag, an dem der **Aufenthalt im Inland erstmals** – regelmäßig durch die Ausländerbehörde – **amtlich festgestellt** worden ist (2. Leitersprosse), sonst der **Tag der ersten Vorsprache vor dem Jugendamt** (3. Leitersprosse). Stellt sich später heraus, dass die Einreise nach diesen Regeln bereits früher als einen Monat vor der Gewährung der Hilfe erfolgt ist (anders als zB nach Vorsprache beim JA fingiert), ist KE nach § 89d ausgeschlossen (möglich aber nach anderen Vorschriften → Rn. 12), wenn die Monatsfrist jetzt überschritten ist.[12] Die Frist wird nach § 26 SGB X iVm §§ 187 Abs. 1, 188 Abs. 2, 193 BGB berechnet. Allerdings haben Bund und Länder contra legem vereinbart, die Monatsfrist bei Inobhutnahmen vom 1.6.2015 bis zum 31.10.2015 mit dem Tag der tatsächlichen Aufenthaltsfeststellung durch ein JA beginnen zu lassen.[13]

7 Im Hinblick auf das Verhältnis zu anderen Regelungen über die (Re-)Finanzierung solcher Leistungen stellt **Satz 3** klar, dass die Erstattungspflicht weder durch das Nachsuchen um Asyl noch durch die förmliche Stellung eines Asylantrags berührt wird und damit unverändert fortbesteht. Eine Konkurrenz mit Leistungen nach dem **Asylbewerberleistungsgesetz** entfällt bereits aufgrund des unterschiedlichen Leistungsinhalts. Im Übrigen bleiben nach § 9 Abs. 2 AsylbLG Leistungen anderer Sozialleistungsträger und damit auch der Träger der öffentlichen Jugendhilfe unberührt.[14] – Zu besonderen landesrechtlichen Erstattungsregelungen in diesen Fällen → § 89g Rn. 3.

2 Örtliche Zuständigkeit des Landes bei Geburtsort im Inland (Abs. 2)

8 § 89d Abs. 2 erklärt bei im Inland Geborenen dasjenige Land für KE-pflichtig, in dem die einreisende Person geboren ist. Damit ist es – anders als bei § 89 – auch möglich, dass ein örtlicher Träger von einem anderen Bundesland oder von der im KE-pflichtigen Land landesrechtlich bestimmten Körperschaft (→ § 89g Rn. 3) KE erhält.

3 Örtliche Zuständigkeit des Landes bei Geburtsort im Ausland (Abs. 3 aF)

9 Ist der junge Mensch oder die nach § 19 leistungsberechtigte Person nicht im Inland geboren, fehlt ein inländischer Anknüpfungspunkt zur Bestimmung des kostenerstattungspflichtigen Bundeslandes. Nach dem bis 30.6.2017 geltenden § 89d Abs. 3 war in diesen Fällen das Bundesverwaltungsamt (BVA) für die Bestimmung des KE-pflichtigen Landes durch VA zuständig.[15] Die Vorschrift ist zum 1.7.2017 ersatzlos weggefallen, so dass nun eine Regelungslücke besteht: § 89d Abs. 1 regelt zwar, unter welchen Voraussetzungen der örtliche Träger einen KE-Anspruch gegen ein Land hat, nicht jedoch, gegen welches Land. Diese Bestimmung des Anspruchsgegners erfolgte bis 30.6.2017 vielmehr für in Deutschland geborene Kinder und Jugendliche in Abs. 2 und für im Ausland geborene Kinder in Abs. 3. Seit Wegfall von Abs. 3 fehlt es für die im Ausland geborenen Kinder und Jugendlichen an einer expliziten Regelung des Erstattungspflichtigen. Der Gesetzgeber hielt in der Gesetzesbegründung automatisch das Land für erstattungspflichtig, dem der erstattungsberechtigte Träger angehört.[16] Auch wenn dies nicht ganz selbstverständlich ist – bei allen KE-Ansprüchen gegen üö

11 Als Feststellung gilt nicht die Eintragung des Ersteinreisedatums im Ausländerzentralregister, VG Mainz 24.3.2020 – 1 K 1121/19.MZ, juris Rn. 30.
12 Ebenso Bohnert/Stähr in Hauck/Noftz/Stähr Rn. 10; Nellissen in GK-SGB VIII Rn. 9; Reisch in JHSM Rn. 16.
13 Lamontain JAmt 2016, 110 (113).
14 Ebenso BT-Drs. 13/10330, 20; Bohnert/Stähr in Hauck/Noftz/Stähr Rn. 18; näher Kunkel NVwZ 1994, 352; vgl. auch Pattar in Klinger/Kunkel/Pattar/Peters, Existenzsicherungsrecht Rn. 10/21.
15 Zu diesem Verfahren s. 6. Aufl. § 89d Rn. 9–12.
16 BT-Drs. 18/5921, 28.

Träger ist auch ausdrücklich geregelt, welcher üö Träger gemeint ist (§§ 89, 89b Abs. 2, 89c Abs. 3, 89e Abs. 2) –, lässt sich die gesetzgeberische Intention gerade noch mit dem Wortlaut vereinbaren: Spricht das Gesetz ohne weitere Attribute von „dem Land", ist das Land gemeint, dem der örtliche Träger angehört. Regelungsbedürftig ist damit nur der Sonderfall des Inlandsgeburtsorts; **Abs. 2** wird damit im Verhältnis zu Abs. 1 zu einer **Sonderregel**. Im Ergebnis ist für nach dem 31.10.2015 entstandene Kosten zugunsten im Ausland geborener Kinder und Jugendlicher stets das „eigene" Land erstattungspflichtig,[17] ausnahmsweise bei zugunsten im Inland geborener Kinder und Jugendlicher aufgewendeten Kosten nach der Sonderregelung des Abs. 2 das Geburtsland.[18] Eine Bundesratsinitiative Baden-Württembergs, welche dies klargestellt hätte,[19] ist im Sande verlaufen.

4 Unterbrechung der Leistungsgewährung (Abs. 4)

Wird Jugendhilfe für einen zusammenhängenden Zeitraum von weniger als drei Monaten nicht gewährt, weil die materiellrechtlichen Voraussetzungen nicht vorlagen, hindert dies die KE-Pflicht nach Abs. 1 auch für die nach der Unterbrechung erbrachten Aufwendungen nicht – gleichgültig, ob es sich um eine Unterbrechung, einen Wechsel der Hilfeart oder eine neue Leistung (→ § 86 Rn. 11) handelte.[20] Da der Oberbegriff „Jugendhilfe" verwendet wird, ist der Wechsel einer **Hilfeart** (→ § 86 Rn. 11, → § 27 Rn. 15, 26) unerheblich,[21] auch ein Wechsel zwischen Leistungen und anderen Aufgaben schadet nicht.[22] Die Regelung korrespondiert mit § 108 Abs. 4 SGB XII. 10

Der KE-Anspruch endet jedoch, wenn der zusammenhängende Zeitraum der Nichtgewährung mindestens drei Monate betragen hat. Wegen der Formulierung „nicht zu gewähren war" gilt als Zeitraum der Nichtgewährung einer Hilfe auch der Zeitraum, in dem die Hilfe zu Unrecht gewährt wurde.[23] So soll kein KE-Anspruch bestehen, wenn ein Volljähriger in Obhut genommen worden ist und das JA eine rechtzeitige Aufklärung des Sachverhalts unterlassen hat.[24] 11

5 Konkurrenzen (Abs. 5)

§ 89d Abs. 5 begründet einen Vorrang des Erstattungsanspruchs nach § 89d Abs. 1 vor konkurrierenden KE-Ansprüchen; ein Wahlrecht zwischen den verschiedenen KE-Ansprüchen besteht nicht.[25] Ein Konkurrenzproblem tritt allerdings nicht auf, wenn die Hilfen erst einen Monat nach Einreise (→ Rn. 5 f.) erbracht worden sind; dann gelten nur § 89 für Leistungen und § 89b für die Inobhutnahme von Kindern und Jugendlichen nach § 42. 12

Eine ausdrückliche Vorschrift für die Erstattung von Kosten einer vorläufigen Inobhutnahme nach § 42a, die erst einen Monat nach Einreise begonnen hat, und der nach

17 AA (für Altfälle bleibt für den ganzen Zeitraum § 89 d Abs. 3 aF anwendbar): VG München 4.11.2020 – M 18 K 20.968; VG Mainz 22.11.2018 – 1 K 1434/17.MZ; VG Bayreuth 1.2.2018 – B 3 K 17.499.
18 Ebenso iErg ohne Problematisierung Wiesner § 42d Rn. N10 und § 89d Rn. N2 und Kirchhoff in jurisPK-SGB VIII § 42d Rn. 21.
19 BR-Drs. 185/16; Änderungsvorschläge der Ausschüsse BR-Drs. 185/1/16; GESTA I013. Nach Absetzung von der Tagesordnung (BR-PlenProt 945, S. 186A, TOP 6) im Bundesrat nicht weiter beraten.
20 Ebenso Reisch in JHSM Rn. 24.
21 Ebenso BVerwG 14.11.2002 – 5 C 56/01, FEVS 54, 289.
22 Ebenso Eschelbach/Schindler in FK-SGB VIII Rn. 7.
23 Ebenso OVG NRW 17.4.2002 – 12 A 4007/00, ZFSH/SGB 2003, 97; Eschelbach/Schindler in FK-SGB VIII Rn. 7.
24 VG Mainz 7.5.2015 – 1 K 694/14.MZ.
25 So VG Augsburg 2.2.2010 – Au 3 K 09.344.

einer solchen vorläufigen Inobhutnahme erbrachten Hilfen nach dem SGB VIII existiert (bislang) nicht. Eine Bundesratsinitiative Baden-Württembergs, welche dies klargestellt hätte,[26] ist im Sande verlaufen.

Das ist unbefriedigend, weil sich das Erfordernis der vorläufigen Inobhutnahme, die Feststellung der unbegleiteten Einreise (§ 42a Abs. 1 S. 1), in der Praxis nicht selten erst mehr als einen Monat nach der Einreise stellt: Sei es, dass sich Anhaltspunkte für die Minderjährigkeit erst mehr als einen Monat nach der Einreise herausstellen, sei es, dass sich erst mehr als einen Monat nach der Einreise eines vermeintlich begleiteten Kindes oder Jugendlichen herausstellt, dass die vermeintlichen Begleitpersonen iSv § 42a (zB Onkel, Tanten, Geschwister, Cousinen und Cousins, andere Personen, die in einer Gruppe gleichzeitig die Grenze überschreiten, oder Fluchthelfer [sog. Schlepper]; → § 42a Rn. 6)[27] nicht personensorge- oder erziehungsberechtigt sind, sei es, dass der ursprünglich begleitet eingereiste Minderjährige mehr als einen Monat nach der Einreise alleine im Inland zurückgelassen wird. Bei wortlautgetreuem Verständnis der §§ 89–89 h würden in diesen Fällen die für die vorläufige Inobhutnahme zuständigen örtlichen Träger des tatsächlichen Aufenthaltsorts (§ 88a Abs. 1) auf den Kosten der vorläufigen Inobhutnahme „sitzen bleiben“. Diese Konsequenz hat der Gesetzgeber so nicht beabsichtigt; er ging vielmehr offenbar davon aus, dass durch die Einführung der vorläufigen Inobhutnahme nach § 42a stets innerhalb eines Monats nach Einreise Hilfen gewährt würden.

Zur Lösung dieses Problems ist es kein gangbarer Weg, die Legaldefinition des Einreisebegriffs in § 89d (→ Rn. 6) nur für diese Fälle zu modifizieren, wie es Bund und Länder in ihrer gesetzeswidrigen Absprache aber getan haben (→ Rn. 6).[28] Deshalb liegt eine unbeabsichtigte Regelungslücke vor. Denkbar sind zur Ausfüllung dieser Lücke entweder eine analoge Anwendung von § 89b oder von § 89d.

Für eine Analogie zu § 89b spricht, dass § 89b die Kostenerstattung bei der bisher einzigen vorläufigen Maßnahme zum Schutz von Kindern und Jugendlichen regelt, der die vorläufige Inobhutnahme gemäß § 42a in gewisser Weise nachgebildet ist. Dies würde dazu führen, dass derjenige örtliche Träger KE-pflichtig wäre, in dessen Bezirk das Kind oder der Jugendliche seinen gA vor der vorläufigen Inobhutnahme hatte (§ 86 Abs. 4 S. 1).[29] Damit würde in vielen Fällen, in denen die unbegleitete Einreise erst mehr als einen Monat nach der Einreise festgestellt wird, ein KE-Anspruch wegfallen. Nur dann, wenn der Minderjährige noch keinen gA begründet hat, wäre der überörtliche Träger zuständig.

Für eine analoge Anwendung von § 89d auf die Kosten der vorläufigen Inobhutnahme spricht demgegenüber, dass § 89d spezieller als § 89b (§ 89d Abs. 5) gerade die Situation aus dem Ausland eingereister Kinder und Jugendlicher im Blick hat. Zwar begrenzt § 89d Abs. 1 den KE-Anspruch auf solche Hilfen, die innerhalb eines Monats nach Einreise gewährt worden sind (→ Rn. 5). Der Grund hierfür ist die Annahme, dass bei einem Hilfenbeginn nach mehr als einem Monat der Zusammenhang mit der Einreise aufgehoben ist. Diese Aufhebung des Einreisezusammenhangs ist jedoch bei der vorläufigen Inobhutnahme nach § 42a gerade nicht der Fall: Nach seinem Wortlaut stellt § 42a für die vorläufige Inobhutnahme tatbestandlich auf die unbegleitete Einreise ab und stellt damit einen Rückbezug zur Einreise her. Selbst dann, wenn man (→ § 42a

26 BR-Drs. 185/16; Änderungsvorschläge der Ausschüsse BR-Drs. 185/1/16; GESTA I013. Nach Absetzung von der Tagesordnung (BR-PlenProt 945, S. 186A, TOP 6) im Bundesrat nicht weiter beraten.

27 Ebenso Kirchhoff in jurisPK-SGB VIII § 42a Rn. 40 und 40.1 sowie Wiesner § 42 a Rn. N6.

28 Hierzu Lamontain JAmt 2016, 110 (113).

29 Die Begründung eines gA ist auch Minderjährigen ohne oder gegen den Willen der Personensorgeberechtigten möglich: Seewald in KassKomm SGB I § 30 Rn. 25.

Rn. 6) vertritt, dass auch nach der Einreise unbegleitet zurückgelassene Minderjährige vorläufig nach § 42a in Obhut zu nehmen sind, passt § 89d besser. Zwar liegt dann, wenn der Minderjährige mehr als einen Monat nach der Einreise unbegleitet zurückgelassen wird, kein Bezug mehr zur Einreise vor. Die vergleichbare Interessenlage ergibt sich jedoch aus dem in § 42b und § 88a vorgesehenen Verteilungsverfahren: Dieses nach der vorläufigen Inobhutnahme durchzuführende Verteilungsverfahren führt bereits auf der Primärebene der Zuständigkeit zu einem Ausgleich der Lasten zwischen den Ländern. Die (davon in den meisten Ländern unterschiedlichen) überörtlichen und die örtlichen Träger sind in diesen Ausgleich hingegen nicht einbezogen. Es spricht daher viel dafür, **§ 89d Abs. 1** auf die **Kosten der vorläufigen Inobhutnahme** auch dann analog anzuwenden, wenn die vorläufige Inobhutnahme mehr als einen Monat nach der Einreise erfolgt ist.[30]

Weil §§ 42b und 88a auch die nach der vorläufigen Inobhutnahme erbrachten Leistungen schon auf der Primärebene der Zuständigkeit einem Ausgleich zuführen, gilt dies auch für alle anschließenden weiteren Hilfen nach dem SGB VIII, deren Zuständigkeit auf § 88a beruht. Die für eine Analogie erforderliche Regelungslücke besteht hier darin, dass trotz des bereits über §§ 42b und 88a erfolgten Ausgleichs auf Länderebene kein Erstattungsanspruch gegen ein Land besteht. Aus demselben Grund, der Ausgleichsfunktion des Verteilungsverfahrens, sollte § 89b Abs. 2 hingegen nicht analog angewendet werden, um dieses Verteilungsverfahren nicht zu konterkarieren.

Als Regel formuliert: **Kosten, die ein nach § 88a zuständiger örtlicher Träger aufwendet, sind vom Land zu erstatten.**[31] An den Gesetzgeber ist zu appellieren, so rasch wie möglich eine solche Regelung ins Gesetz aufzunehmen. Sinnvollerweise wäre der oben fett gedruckte Satz als neuer Abs. 3 einzufügen. Die Bundesratsinitiative Baden-Württembergs,[32] welche einfach die Monatsfrist in § 89d Abs. 1 S. 1 Nr. 1 für unanwendbar erklärt hätte, hätte dasselbe Ergebnis gehabt; sie ist im Sande verlaufen.[33]

Zum Verhältnis von § 89d zu § 89 siehe → § 89 Rn. 5. – Zu besonderen landesrechtlichen Erstattungsregelungen siehe § 89g.

Zum **Umfang** der KE näher → § 89f Rn. 5 sowie → § 89b Rn. 3; zu **Fristen** und **Form** näher → § 89f Rn. 28 ff. 13

§ 89e Schutz der Einrichtungsorte

(1) [1]Richtet sich die Zuständigkeit nach dem gewöhnlichen Aufenthalt der Eltern, eines Elternteils, des Kindes oder des Jugendlichen und ist dieser in einer Einrichtung, einer anderen Familie oder sonstigen Wohnform begründet worden, die der Erziehung, Pflege, Betreuung, Behandlung oder dem Strafvollzug dient, so ist der örtliche Träger zur Erstattung der Kosten verpflichtet, in dessen Bereich die Person vor der Aufnahme in eine Einrichtung, eine andere Familie oder sonstige Wohnform den gewöhnlichen Aufenthalt hatte. [2]Eine nach Satz 1 begründete Erstattungspflicht bleibt bestehen, wenn und solange sich die örtliche Zuständigkeit nach § 86a Absatz 4 und § 86b Absatz 3 richtet.

30 In dieser Allgemeinheit skeptisch VG Augsburg 16.6.2020 – Au 3 K 18.1530.

31 Ebenfalls einen Kostenerstattungsanspruch gegen das Land annehmend, und zwar gegen das Land, zu dessen Bereich der in Obhut nehmende örtliche Träger gehört: DIJuF JAmt 2018, 147 (148).

32 BR-Drs. 185/16; Änderungsvorschläge des Ausschusses BR-Drs. 185/1/16.

33 BR-Drs. 185/16; Änderungsvorschläge der Ausschüsse BR-Drs. 185/1/16; GESTA I013. Nach Absetzung von der Tagesordnung (BR-PlenProt 945, S. 186A, TOP 6) im Bundesrat nicht weiter beraten.

(2) Ist ein kostenerstattungspflichtiger örtlicher Träger nicht vorhanden, so sind die Kosten von dem überörtlichen Träger zu erstatten, zu dessen Bereich der erstattungsberechtigte örtliche Träger gehört.

1 Kostenerstattung durch den örtlichen Träger (Abs. 1)

1 Der **Schutz der Einrichtungsorte,** also der örtlichen Träger, in deren Gebiet Einrichtungen oder sonstige Wohnformen belegen sind, wird auf der **ersten Ebene** über die Regelung der örtlichen Zuständigkeit für Leistungen an junge Volljährige und in gemeinsamen Wohnformen berücksichtigt (§ 86a Abs. 2, § 86b Abs. 1). Soweit jedoch die örtl. Zuständigkeit wie im Regelfall an den gA der Eltern, eines Elternteils, des Ki oder Ju anknüpft (§ 86 Abs. 1–5 ohne Abs. 2 S. 4 Hs. 2 – ggf. iVm Abs. 3 – und Abs. 4 S. 2, alle für die Volljährigenhilfe ggf. iVm § 86a Abs. 4 oder § 86b Abs. 3) und die in Betracht kommende(n) Person(en) einen **gA** in einer **Einrichtung** usw begründet hat bzw. haben, wird der Schutz der Einrichtungsorte **auf der zweiten Ebene** über die KE nachträglich bewirkt. Der Schutz ist dabei ein doppelter: Einerseits offensiv mit dem Erstattungsanspruch, andererseits defensiv mit Abwehr eines Erstattungsanspruchs gegen einen Einrichtungsort. Der Einrichtungsort ist umfassend dagegen geschützt, dass er durch die bloße Begründung eines gA in einer Einrichtung usw auf seinem Gebiet und die damit verbundene örtliche Zuständigkeit für Kosten der Jugendhilfe „haftet“, die in der Einrichtung usw (zum Zweck der Erziehung), aber auch außerhalb (ohne Bezug zum Aufenthaltszweck) entstehen. Die **Aufnahme in die Einrichtung** usw ist **Anlass,** aber **nicht Grund** für die Kostentragung.

2 Mit der Aufnahme in eine Einrichtung usw muss **kein Zuständigkeitswechsel** verbunden sein,[1] die Zuständigkeit des Einrichtungsortsträgers kann auch erstmalig begründet werden.[2] Daher ist es auch nicht Voraussetzung, dass der Eintritt in die Einrichtung vom Jugendhilfeträger veranlasst worden ist.[3]

3 Da bei den maßgeblichen Personen die **Pflegeperson** nicht genannt ist, ist bei Anknüpfung der Zuständigkeit an deren gA nach § 86 **Abs. 6** nach der hM eine KE nach § 89e nicht möglich;[4] dies soll auch für die fiktive Zuständigkeitsbestimmung im Rahmen anderer KE-Vorschriften gelten.[5]

Die hM **verkennt** damit **Sinn und Zweck des** § 89 e, die Einrichtungsorte vor einer ungerechtfertigten Kostenbelastung zu schützen, die letztlich durch das Vorhalten von

1 So aber wohl Bohnert/Stähr in Hauck/Noftz/Stähr Rn. 4.
2 Ebenso Eschelbach/Schindler in FK-SGB VIII Rn. 2; SächsOVG 25.4.2008 – 1 A 93/08, FamRZ 2008, 1982.
3 BVerwG 25.10.2004 – 5 C 39/03, ZfJ 2005, 363; aA die Vorinstanz OVG NRW 17.7.2003 – 12 A 183/00, JAmt 2004, 88 u. 90 m. abl. Anm. Fischer/Mann jugendhilfe 2004, 271.
4 OVG LSA 4.12.2014 – 4 L 135/14; BayVGH 18.7.2007 – 12 B 06.955, EuG 2009, 235; BayVGH 11.5.2006 – 12 BV 04.3563, FEVS 58, 132; OVG Bremen 1.6.2005 – 2 A 225/04, JAmt 2005, 420; VG Aachen 31.3.2015 – 1 K 1643/13; VG Ansbach 28.3.2007 – AN 14 K 04.01026; Riehle in Krug/Riehle Rn. 13; Jung Rn. 10; Nellissen in GK-SGB VIII Rn. 4, 10 und § 89a Rn. 10; Bohnert/Stähr in Hauck/Noftz/Stähr Rn. 4; ebenso hier bis zur 4. Aufl. Rn. 2; offen gelassen von VGH BW 10.2.2011 – 12 S 1608/08, EuG 2011, 309, bestätigend VG Freiburg 1.8.2006 – 4 K 1335/04; **aA** (wohl) BVerwG 11.12.2003 – 5 C 57/02, JAmt 2004, 322; SchlHOVG 28.3.2001 – 2 L 68/01, FEVS 53, 25; unter Annahme eines – in Wirklichkeit nicht vorliegenden – Sonderfalls ebenso BayVGH 27.4.2006 – 12 B 04.3126, EuG 2007, 63.
5 VG Ansbach 28.3.2007 – AN 14 K 04.01026; ebenso hier bis zur 4. Aufl. Rn. 2.

Einrichtungen entstehen würde und so die Bereitschaft, Einrichtungen vorzuhalten, nicht erlahmen zu lassen. Die hier vertretene, gegenteilige Auffassung[6] lässt sich auch mit dem Wortlaut des § 89e vereinbaren; dies wird durch folgende Überlegungen deutlich: Wäre auch die Pflegeperson in § 89e Abs. 1 erwähnt, hätte § 89e insoweit nur einen sehr kleinen unmittelbaren Anwendungsbereich, nämlich nur für die – zahlenmäßig zu vernachlässigenden – Fälle, in denen **die Pflegeperson selbst** einen gA in einer Einrichtung begründet. Insoweit wäre der Träger des Einrichtungsorts, der dann gleichzeitig Träger des Pflegestellenorts ist, aber bereits durch § 89a geschützt, so dass keine Regelungslücke besteht. Für die viel praxisrelevantere Frage, ob der zunächst (zB) nach § 89a Abs. 1 S. 1 KE-pflichtige Träger, in dessen Bereich die Eltern ihren gA **in einer Einrichtung** begründet haben, seinerseits einen KE-Anspruch nach § 89e gegen den Träger des gA vor Einrichtungsaufnahme hat, ist zum Schutz der Einrichtungsorte vor nicht gerechtfertigten KE-Ansprüchen **nicht** auf den gA der Pflegeeltern abzustellen, welcher die **Zuständigkeit für die Leistung** begründet, sondern auf die **Zuständigkeit für den KE-Anspruch** nach § 89a Abs. 1. Da diese Zuständigkeit regelmäßig über § 86 an den gA der Eltern anknüpft, die in § 89e erwähnt sind, ist § 89e in diesem Verhältnis durchaus anwendbar.[7] Damit besteht im Ergebnis – entgegen der hM – gemäß § 89e Abs. 1 ein KE-Anspruch des Trägers, in dessen Bereich die Eltern einen gA in einer Einrichtung begründet haben (Einrichtungsort-JA), gegen den Träger, in dessen Bereich sie unmittelbar vor Aufnahme in eine Einrichtung einen gA hatten (Eltern-gA-JA), wegen des KE-Anspruchs des Trägers, der nach § 86 Abs. 6 für die Leistung in der Pflegestelle zuständig ist (Pflegestellen-JA). Zur dann entstehenden Durchgriffsmöglichkeit → § 89a Rn. 12 ff.

Der Schutz der **Pflegestellenorte** selbst wird im Fall des § 86 Abs. 6 nicht über § 89e, 4
sondern über den KE-Anspruch aus § 89a und durch die Abwehr fremder Erstattungsansprüche gegen sie bewirkt (→ § 89c Rn. 6).[8]

Für Leistungen der Volljährigenhilfe (§§ 19, 41), die im Anschluss an eine Jugendhilfe- 5
maßnahme erbracht werden, stellt § 89e Abs. 1 **S. 2** seit 1.10.2005 ausdrücklich klar, dass auch dann der Schutz der Einrichtungsorte fort gilt;[9] auch diese Vorschrift setzt aber einen zuvor bestehenden KE-Anspruch voraus.[10]

Wohnform iSd § 89e ist der Oberbegriff für Einrichtung, Familie und andere Formen 6
des Wohnens. Sie setzt einen mit Strukturierung des Tagesablaufs verbundenen **institutionalisierten Rahmen** für ein **schlüssiges Konzept** zur Verwirklichung der **Aufenthaltszwecke** nach § 89e Abs. 1 S. 1 voraus, dessen **Umsetzung** gewährleistet ist.[11] Zu den Begriffen Einrichtung und sonstige Wohnform → § 86a Rn. 5; zum Vorliegen eines gA in einer Einrichtung → § 86 Rn. 14.

Keine Wohnformen in diesem Sinne sind bloße **Anlaufstellen** für drogenabhängige 7
Obdachlose,[12] angemietete **Privatwohnungen**, in denen ambulante Hilfeleistungen er-

---

6 Wie hier: Reisch in JHSM Rn. 10; BayVGH 30.1.2017 – 12 ZB 14.1839; BayVGH 18.7.2007 – 12 B 06.955, FuG 2009, 235; OVG Brem 1.6.2005 – 2 A 225/04, JAmt 2005, 420; VG Minden 21.6.2013 – 6 K 1846/12.

7 Ähnl. OVG Brem 1.6.2005 – 2 A 225/04, JAmt 2005, 420: Hypothetische Bestimmung des ohne Anwendung von § 86 Abs. 6 zuständigen Trägers.

8 Ebenso Bohnert/Stähr in Hauck/Noftz/Stähr Rn. 4; Reisch in JHSM § 89c Rn. 35.

9 So schon vor Inkrafttreten von § 89e Abs. 1 S. 2 BVerwG 22.11.2001 – 5 C 42/01, BVerwGE 115, 251 = JAmt 2002, 30, aufhebend BayVGH 21.12.2000 – 12 B 98.56.

10 BayVGH 11.5.2006 – 12 BV 04.3563, FEVS 58, 132.

11 Ähnl. VG Minden 10.6.2016 – 6 K 2394/15; VG Köln 16.12.2010 – 26 K 8611/09; VG München 14.4.2010 – M 18 K 08.6236; ebenso Bohnert/Stähr in Hauck/Noftz/Stähr Rn. 4; Reisch in JHSM Rn. 13.

12 VG Hamburg 3.6.2009 – 13 K 74/06.

bracht werden,[13] oder der Aufenthalt in einer JVA zum Zweck der **Untersuchungshaft.**[14] **Als Wohnformen** in diesem Sinne **anerkannt** sind hingegen **Frauenhäuser,**[15] jedenfalls wenn sie sich auf ein schlüssiges Konzept zum Zweck der Betreuung stützen,[16] und **Selbsthilfe-Wohnprojekte** ehemals Drogenabhängiger.[17]

8 Als Wohnform gelten auch – entsprechend § 107 SGB XII – andere **Familien** als die Herkunftsfamilie, zB die Pflegefamilie, wenn die Unterbringung dort der in einer Einrichtung vergleichbar, also **institutionalisiert** und nicht von vornherein auf eine bestimmte Person bezogen, sondern **auswahloffen** ist, unabhängig davon, ob die Unterbringung dort im Rahmen einer Jugendhilfemaßnahme erfolgte.[18] Da es auf eine jugendhilferechtliche Pflegefamilie nicht ankommt, fällt auch die Adoptivfamilie hierunter.[19] Auch Verwandtenpflege kann auswahloffen sein,[20] auch wenn dies nicht sehr wahrscheinlich sein wird.[21] Auch Erziehungsstellen (näher zu diesen → § 33 Rn. 9) sind eine sonstige Wohnform. Auf die Freiwilligkeit der Begründung des gA in der Wohnform kommt es nicht an (JVA!).[22] – Zum Schutz der Pflegestellenorte → Rn. 4.

9 Zur **KE verpflichtet** ist derjenige örtliche Jugendhilfeträger, in dessen Bereich die maßgebliche(n) Person(en) unmittelbar **vor der Aufnahme** in eine Einrichtung usw ihren gA hatte(n). Es genügt also nicht, dass irgendwann vor der Aufnahme ein gA bestand, der später aufgegeben worden ist; dann kommt aber KE nach Abs. 2 in Betracht (→ Rn. 14).[23] Geschützt sind mit dem Wortlaut (in „eine", nicht in „diese" Einrichtung) auch vorangehende Einrichtungsorte, die miteinander durch unmittelbaren

13 OVG NRW 10.1.2008 – 12 A 2340/07, EuG 2008, 364; VG Köln 16.12.2010 – 26 K 8611/09; VG Arnsberg Urt. v. 15.1.2008 – 11 K 480/07, EuG 2009, 287; VG Aachen 27.9.2005 – 2 K 1422/02.

14 Mangels Verwirklichung eines nach Abs. 1 S. 1 geschützten Zwecks, so BVerwG 29.9.2010 – 5 C 21.09, BVerwGE 138, 48 = JAmt 2011, 279, bestätigend BayVGH 26.11.2008 – 12 BV 08.675, NDV-RD 2009, 54. – Zudem die Begründung eines gA in der (auch lang andauernden) mangels Zukunftsoffenheit der U-Haft verneinend OVG NRW 29.1.2020 – 12 A 512/17, juris Rn. 23 (außer wenn außerhalb der U-Haft keinerlei Bindungen mehr bestehen: juris Rn. 14 – insoweit anders VG Augsburg 15.12.2020 – Au 3 K 18.1562); VG München 16.1.2019 – M 18 K 17.1905.

15 HmbOVG 18.7.2001 – 4 Bf 301/99, JAmt 2001, 487; VG Minden 13.5.2016 – 6 K 2239/15; VG Arnsberg 14.12.2010 – 11 K 3365/09, EuG 2011, 278.

16 BayVGH 14.9.2006 – 12 BV 05.1241, KirchE 48 [2006], 321.

17 OVG Brem 1.6.2005 – 2 A 225/04, JAmt 2005, 420.

18 So BVerwG 2.6.2005 – 5 C 1/04, NJW 2005, 2794; BVerwG 25.10.2004 – 5 C 39/03, ZfJ 2005, 363; OVG NRW 31.10.2019 – 12 A 1546/16, juris Rn. 49; OVG NRW 29.5.2008 – 12 A 4141/06; OVG NRW 29.5.2008 – 12 A 4142/06, EuG 2009, 93; OVG NRW 29.5.2008 – 12 A 4143/06; OVG NRW 29.5.2008 – 12 A 4144/06; BayVGH 24.8.2006 – 12 ZB 04.112; VG Ansbach 28.2 2008 – AN 14 K 05.04529; DIJuF, JAmt 2004, 582; Eschelbach/Schindler in FK-SGB VIII Rn. 4; Nellissen in GK-SGB VIII Rn. 10; Bohnert/Stähr in Hauck/Noftz/Stähr Rn. 7; Reisch in JHSM Rn. 22; Riehle in Krug/Riehle Rn. 20; anders – Mitwirkung des JA erforderlich – OVG NRW 17.7.2003 – 12 A 183/00, JAmt 2004, 88 u. 90 m. abl. Anm. Fischer/Mann jugendhilfe 2004, 271 als Vorinstanz zu BVerwG 25.10.2004 – 5 C 39/03, JAmt 2005, 244.

19 So BVerwG 25.10.2004 – 5 C 39/03, JAmt 2005, 244; BayVGH 20.2.2006 – 12 ZB 04.3126.

20 Ebenso Riehle in Krug/Riehle Rn. 20; BVerwG 25.10.2004 – 5 C 39/03, JAmt 2005, 244.

21 Kritisch zur Rspr. Kern in SFMK Rn. 6; Jung Rn. 9.

22 OVG NRW 29.1.2020 – 12 A 512/17, juris Rn. 10; OVG NRW 15.12.2015 – 12 A 2645/14.

23 Ebenso BVerwG 29.9.2010 – 5 C 21.09, BVerwGE 138, 48 = JAmt 2011, 279.

Übertritt „fugenlos verschweißt" sind, eine **„Einrichtungskette"** bilden.[24] Maßgebend für die KE-Pflicht ist also der gA unmittelbar vor Eintritt in die erste Einrichtung usw.[25] Der gA unmittelbar vor Eintritt in die Ersteinrichtung soll auch dann maßgeblich sein, wenn nicht in der ersten, sondern erst in der zweiten Einrichtung der Einrichtungskette ein gA begründet worden ist.[26]

Knüpft die örtliche Zuständigkeit an den gA **der Eltern** an (nach § 86 Abs. 1 S. 1; also nicht, wenn es bei der Bestimmung der Zuständigkeit zB nach § 86 Abs. 2 S. 1 nur auf den gA **eines** Elternteils ankommt), müssen sich **beide** Elternteile in einer Einrichtung usw, also nicht bloß am Einrichtungsort, aufgehalten haben;[27] der Wortlaut des Gesetzes „die Person" ist nur mit fehlender sprachlichen Präzision zu erklären. Haben die Eltern am selben Einrichtungsort oder in verschiedenen Orten desselben JH-Trägers ihren gA in **zwei verschiedenen Einrichtungen** usw, gebieten der umfassende Schutz des Einrichtungsorts, aber auch der Wortlaut des Gesetzes („in einer Einrichtung", nicht: „in der Einrichtung"), KE zu gewähren. Als Rechtsfolge ergibt sich ein KE-Anspruch gegen denjenigen Träger, in dessen Bereich „die Person" ihren gA vor Aufnahme hatte. Daher besteht für den Fall, dass die Eltern vor Aufnahme in eine Einrichtung **verschiedene gA** hatten, eine Regelungslücke. Zur Lückenfüllung werden drei Lösungen vertreten. Nach einer Ansicht ist § 89e Abs. 2 anzuwenden: Bei verschiedenen gA der Eltern sei nicht „ein" (iS eines Zahlworts), sondern zwei erstattungspflichtige Träger vorhanden.[28] Nach einer zweiten Ansicht soll die Kostenlast auf die beiden Träger aufgeteilt werden.[29] Der Gesetzessystematik, bei der Zuständigkeit und KE ineinander greifen, entspricht aber die dritte Ansicht am ehesten, die § 86 Abs. 2–4 analog auf die KE anwendet, also dieselben Regeln, wie sie auch für die Zuständigkeitsbegründung bei verschiedenen gA der Eltern gelten würden.[30] 10

Mit Verlassen der Einrichtung usw **endet** die Erstattungspflicht, und zwar auch dann, wenn anschließend ein gA im Bereich des Einrichtungsortes begründet wird (kein Schutz vor „Klebeeffekt"); es besteht in diesem Fall auch keine fortgesetzte KE-Pflicht nach S. 2.[31] Eine ambulante Nachbetreuung außerhalb der Einrichtung usw verlängert die KE-Pflicht daher nicht.[32] Eine nur unwesentliche, zeitlich unbedeutende Unterbrechung zwischen zwei Einrichtungsaufenthalten ohne wesentliche Zwischenaufenthalte unterbricht die Einrichtungskette nicht, so bei einer Rückführung alsbald nach Ent- 11

24 In diesem Sinn auch BVerwG 29.9.2010 – 5 C 21.09 BVerwGE 138, 48 = JAmt 2011, 279; OVG Bln-Bbg 6.9.2012 – OVG 6 N 80.11; BayVGH 23.1.2012 – 12 BV 11.1080, JAmt 2012, 272; BayVGH 18.3.2004 – 12 B 99.1085; Kern in SFMK Rn. 10; Reisch in JHSM Rn. 4.

25 Ebenso Bohnert/Stähr in Hauck/Noftz/Stähr Rn. 6.

26 VG Ansbach 10.2.2011 – AN 14 K 10.00755.

27 So BVerwG 29.9.2006 – 5 B 8/06, EuG 2008, 45 bestätigend OVG NRW 7.11.2005 – 12 A 1995/05, NDV-RD 2006, 20; BayVGH 9.6.2005 – 12 BV 03.1971, VGHE BY 58, 165 = JAmt 2006, 148; VG Hamburg Urt. v. 3.6.2009 – 13 K 74/06; VG Karlsruhe 8.11.2005 – 5 K 4784/03, ZfF 2006, 275; Reisch in JHSM Rn. 6; Bohnert/Stähr in Hauck/Noftz/Stähr Rn. 4c; Jung Rn. 15.

28 So OVG RhPf 2.6.2005 – 12 A 10328/05, FEVS 57, 117; Kern in SFMK Rn. 10; Reisch in JHSM Rn. 30.

29 So DIJuF JAmt 2021, 28 (31); DIJuF JAmt 2008, 205: § 426 BGB analog und Begründung zu § 89d Ref-E.

30 So NdsOVG 20.8.2008 – 4 LB 28/06, ZfJ 2009, 165; VG Hannover 22.4.2008 – 3 A 358/04, SRA 2008, 235; Bohnert/Stähr in Hauck/Noftz/Stähr Rn. 8; Nellissen in GK-SGB VIII Rn. 17.

31 Ebenso BVerwG 13.12.2012 – 5 C 25/11, BVerwGE 145, 257 = JAmt 2013, 281; BayVGH 6.10.2009 – 12 ZB 08.1452; VG Freiburg 1.8.2006 – 4 K 1335/04; Streichsbier in jurisPK-SGB VIII Rn. 12; Reisch in JHSM Rn. 5; aA Kern in SFMK Rn. 11.

32 AA VG Ansbach 25.7.2013 – AN 14 K 12.02273; missverständlich Jung: Kosten der Nachbetreuung bleiben unberücksichtigt.

weichen.[33] Die KE-Pflicht endet ferner, wenn trotz Aufenthalts in der Einrichtung usw der Aufenthaltszweck nach § 89e nicht (mehr) erfüllt wird.[34]

12 Der JH-Träger des Einrichtungsortes hat nur dann einen KE-Anspruch, wenn seine Zuständigkeit durch einen gA in der Einrichtung begründet wird, aber nicht, wenn er trotz fehlenden gA leistet.[35] Deshalb besteht kein KE-Anspruch des örtlichen JH-Trägers, in dessen Bereich ein junger Mensch, dessen Personensorgeberechtigte im Ausland lebt/leben, gerade zum Zweck der Erbringung einer HzE in einer Einrichtung usw seinen gA begründet: In diesen Fällen liegt eine Auslandshilfe nach § 6 Abs. 3 vor, so dass sich die Zuständigkeit nach § 88 und damit nicht nach dem gA des Kindes richtet.[36] Nach Auffassung von ZSpr.[37] und DIJuF[38] soll auch bei einer **Inobhutnahme** eines Kindes – Zuständigkeitsbestimmung nach tatsA, nicht nach gA (§ 87) –, der Schutz der Einrichtungsorte nach § 89e zu beachten sein. Diese Auffassung widerspricht eindeutigem Wortlaut und gesetzgeberischem Willen und kann daher nicht geteilt werden.[39]

13 Es sind auch solche Kosten erstattungsfähig, die dem erstattungspflichtigen Träger dadurch entstanden sind, dass er einem vorleistenden (weiteren) Träger **Kosten** nach § 89c **erstatten** musste (→ § 89f Rn. 3).[40] Ein **Durchgriff** ist hier – anders als bei § 89a Abs. 2 – nicht vorgesehen und zum Schutz der Einrichtungsorte auch nicht notwendig.[41] Das **„Strafdrittel"** nach § 89c Abs. 2 kann bei der KE nach § 89e allerdings nicht verlangt werden,[42] sonst könnte sich der pflichtwidrig handelnde Träger von den Folgen seiner Pflichtwidrigkeit befreien.

2 Kostenerstattung durch den überörtlichen Jugendhilfeträger (Abs. 2)

14 Die KE-Pflicht des üö Jugendhilfeträgers kommt nur dann zum Tragen, wenn die maßgebende Person vor der Aufnahme in eine Einrichtung **keinen gA** in Deutschland begründet hatte. § 89e Abs. 2 korrespondiert also mit § 89. Das Fehlen einer „horizontalen" KE-Möglichkeit nach Abs. 1 ist Voraussetzung für den Eintritt der „vertikalen" KE nach Abs. 2.[43] Eine „horizontale" KE scheidet sowohl dann aus, wenn ein gA vor Aufnahme in die Einrichtung nicht vorhanden ist, als – wie bei § 89c Abs. 3 (→ § 89c Rn. 17) auch dann, wenn er nicht ermittelt werden kann.[44] Sind **zwei** erstattungspflichtige örtliche Träger vorhanden vgl. → Rn. 10.

15 **Örtlich** zuständig für die KE ist derjenige üö Träger, in dessen Bereich der Einrichtungsort liegt.

---

33 BayVGH 30.1.2017 – 12 ZB 14.1839.
34 Ebenso BayVGH 18.3.2004 – 12 B 99.1085; VG Ansbach 10.4.2008 – AN 14 K 07.03462.
35 Ebenso BVerwG 25.3.2010 – 5 C 12/09, BVerwGE 136, 185 = JAmt 2010, 446, insoweit bestätigend OVG NRW 6.6.2008 – 12 A 576/07, NDV-RD 2009, 51; BayVGH 23.12.2015 – 12 B 12.1762.
36 So wohl Eschelbach JAmt 2018, 589 in ihrer Anmerkung zu BVerwG 31.5.2018 – 5 C 1.17.
37 EuG 50, 171.
38 JAmt 2001, 290; JAmt 2013, 319.
39 Ebenso VG Magdeburg 19.6.2014 – 4 A 65/14, EuG 2015, 256; Kern in SFMK Rn. 1.
40 Ebenso BVerwG 29.9.2010 – 5 C 21.09, BVerwGE 138, 48 = JAmt 2011, 21.
41 So BVerwG 25.3.2010 – 5 C 12.09, BVerwGE 136, 185 = JAmt 2010, 446, insoweit bestätigend OVG NRW 6.6.2008 – 12 A 576/07, NDV-RD 2009, 51; BayVGH 21.5.2010 – 12 BV 09.1973.
42 Ebenso NdsOVG 20.8.2008 – 4 LB 28/06, EuG 2009, 102.
43 Ähnlich BVerwG 29.9.2010 – 5 C 21.09, BVerwGE 138, 48 = JAmt 2011, 279.
44 Ebenso NdsOVG 20.8.2008 – 4 LB 28/06, EuG 2009, 102; Riehle in Krug/Riehle Rn. 23; Bohnert/Stähr in Hauck/Noftz/Stähr Rn. 8; Eschelbach/Schindler in FK-SGB VIII Rn. 7; Reisch in JHSM Rn. 29; wohl auch Nellissen in GK-SGB VIII Rn. 19.

3 Konkurrenzen

16 Konkurrenzprobleme sind nur dann zu lösen, wenn zugleich die Voraussetzungen auch einer anderen KE-Regelung vorliegen. Dies kann im Verhältnis von § 89e Abs. 1 zu § 89c Abs. 1 und von § 89e Abs. 2 zu § 89c Abs. 3 der Fall sein. Dann ist § 89c vorrangig wegen der engeren Voraussetzungen und des weiteren Kostenumfangs (§ 89c Abs. 2 u. § 89f Abs. 2).[45] Die Voraussetzungen der §§ **89b** und **89d** einerseits und die nach § 89e andererseits schließen sich gegenseitig aus, weil § 89e die Begründung eines gA (beim KE-berechtigten Träger) voraussetzt, während §§ 89b und 89d auf den tatsA (beim KE-berechtigten Träger) abstellen. Eine Konkurrenz ist daher ausgeschlossen.[46] Dass § 89d Abs. 5 dennoch den Vorrang von § 89d vor § 89e bestimmt, ist deshalb unverständlich.[47] Im Verhältnis zu § **89** ist Konkurrenz ausgeschlossen, da § 89 beim erstattungsberechtigten Träger auf tatsA abstellt, § 89e aber auf den gA.[48] Im Verhältnis zu § **89a** besteht auch bei der hier vertretenen Auffassung (→ Rn. 3) keine Konkurrenz, weil § 89e für die Erstattung der vom Träger des Einrichtungsorts für die Leistung selbst getätigten Aufwendungen die Anknüpfung an den gA der Pflegeperson nach § 86 Abs. 6 ausschließt (→ Rn. 3). Soweit hier dem Träger des Einrichtungsorts entgegen der hM wegen des KE-Anspruchs des Pflegestellenorts ein KE-Anspruch nach § 89e zugestanden wird (→ Rn. 3), verdrängt der Durchgriffsanspruch des § 89a Abs. 2 den Anspruch nach § 89e (→ § 89a Rn. 12 ff.); eine Konkurrenz ist jedoch mangels Identität der Beteiligten ausgeschlossen (für gegenläufige Ansprüche aber → § 89a Rn. 5).

Zu Umfang, Form und Fristen der KE s. § 89f. 17

§ 89f Umfang der Kostenerstattung

(1) [1]Die aufgewendeten Kosten sind zu erstatten, soweit die Erfüllung der Aufgaben den Vorschriften dieses Buches entspricht. [2]Dabei gelten die Grundsätze, die im Bereich des tätig gewordenen örtlichen Trägers zur Zeit des Tätigwerdens angewandt werden.

(2) [1]Kosten unter 1 000 Euro werden nur bei vorläufigen Maßnahmen zum Schutz von Kindern und Jugendlichen (§ 89b), bei fortdauernder oder vorläufiger Leistungsverpflichtung (§ 89c) und bei Gewährung von Jugendhilfe nach der Einreise (§ 89d) erstattet. [2]Verzugszinsen können nicht verlangt werden.

§ 107 SGB X Erfüllung

(1) Soweit ein Erstattungsanspruch besteht, gilt der Anspruch des Berechtigten gegen den zur Leistung verpflichteten Leistungsträger als erfüllt.

(2) […]

§ 108 SGB X Erstattung in Geld, Verzinsung

(1) Sach- und Dienstleistungen sind in Geld zu erstatten.

(2) […]

---

45 Ebenso Kern in SFMK Rn. 13; Reisch in JHSM Rn. 33; OVG Bln-Bbg 6.9.2012 – OVG 6 N 80.11.

46 AA wohl Eschelbach/Schindler in FK-SGB VIII Rn. 8; teilweise auch Kern in SFMK Rn. 13; Bohnert/Stähr in Hauck/Noftz/Stähr Rn. 9; Reisch in JHSM Rn. 33; Nellissen in GK-SGB VIII Rn. 21.

47 Wohl auch für Reisch in JHSM Rn. 33.

48 Ebenso Reisch in JHSM Rn. 33.

§ 109 SGB X Verwaltungskosten und Auslagen

Verwaltungskosten sind nicht zu erstatten. Auslagen sind auf Anforderung zu erstatten, wenn sie im Einzelfall 200 Euro übersteigen. Die Bundesregierung kann durch Rechtsverordnung mit Zustimmung des Bundesrates den in Satz 2 genannten Betrag entsprechend der jährlichen Steigerung der monatlichen Bezugsgröße nach § 18 des Vierten Buches anheben und dabei auf zehn Euro nach unten oder oben runden.

§ 111 SGB X Ausschlussfrist

Der Anspruch auf Erstattung ist ausgeschlossen, wenn der Erstattungsberechtigte ihn nicht spätestens zwölf Monate nach Ablauf des letzten Tages, für den die Leistung erbracht wurde, geltend macht. Der Lauf der Frist beginnt frühestens mit dem Zeitpunkt, zu dem der erstattungsberechtigte Leistungsträger von der Entscheidung des erstattungspflichtigen Leistungsträgers über seine Leistungspflicht Kenntnis erlangt hat.

§ 112 SGB X Rückerstattung

Soweit eine Erstattung zu Unrecht erfolgt ist, sind die gezahlten Beträge zurückzuerstatten.

§ 113 SGB X Verjährung

(1) Erstattungsansprüche verjähren in vier Jahren nach Ablauf des Kalenderjahres, in dem der erstattungsberechtigte Leistungsträger von der Entscheidung des erstattungspflichtigen Leistungsträgers über dessen Leistungspflicht Kenntnis erlangt hat. Rückerstattungsansprüche verjähren in vier Jahren nach Ablauf des Kalenderjahres, in dem die Erstattung zu Unrecht erfolgt ist.

(2) Für die Hemmung, die Ablaufhemmung, den Neubeginn und die Wirkung der Verjährung gelten die Vorschriften des Bürgerlichen Gesetzbuchs sinngemäß.

1 Erstattungsfähige Kosten (Abs. 1 S. 1, §§ 108, 109 SGB X)

1 § 89f regelt – allerdings nicht vollständig – den **Umfang der Kostenerstattungsansprüche**, deren Anspruchsgrundlagen in §§ 89–89e geregelt sind. Ergänzend gelten auch für die KE-Ansprüche nach §§ 89–89e SGB VIII die §§ 107–113 SGB X, jedenfalls soweit sie nicht durch jugendhilferechtliche Besonderheiten verdrängt werden (§ 37 S. 1 SGB I, Abdruck bei → § 61 Rn. 5).

2 Zu erstatten sind nach Abs. 1 S. 1 die vom kostenerstattungsberechtigten Träger aufgewendeten Kosten. Diese umfassen gemäß § 109 S. 1 SGB X **nicht** die **Verwaltungskosten,** sondern **nur** die **Sachkosten** der Hilfegewährung. Sachkosten sind alle Kosten, die einer **individuellen** Hilfemaßnahme nach dem SGB VIII konkret zugeordnet werden können (→ Rn. 5–9). Von diesen Sachkosten sind allerdings nur die **Nettoausgaben** erstattungsfähig. Dies sind die Bruttoausgaben nach Abzug der jeweiligen Einnahmen, also beispielsweise nach Abzug von Kostenbeiträgen nach §§ 90, 91, von über-

geleiteten Ansprüchen nach § 95 oder von Erstattungsansprüchen gegen andere Träger nach §§ 102–105 SGB X.[1]

Verwaltungskosten sind dagegen die **allgemeinen** Kosten der Bedarfsverwaltung für das Vorhalten eines Verwaltungsapparates, die im alltäglichen Verwaltungsbetrieb kontinuierlich und unabhängig von einem individuellen Fall entstehen, zB für Personal und Sachmittel.[2] Dabei ist zu unterscheiden:[3] Die **beim öffentlichen Träger selbst** entstehenden Verwaltungskosten – hierzu gehören die Kosten des eigenen Personals einschl. des allgemeinen sozialen Dienstes[4] und die Betriebskosten einschl. der Sachmittel[5] – sind **nicht erstattungsfähig**. Einzige Ausnahme im SGB VIII ist § 37 Abs. 2 S. 3: Bei dieser Spezialregelung zu §§ 7 und 109 S. 1 SGB X ist für die in Amtshilfe erbrachte Beratung und Unterstützung der Pflegeperson ausdrücklich auch die Erstattung der Verwaltungskosten vorgesehen.[6] Stellen hingegen **freie Träger** oder andere **Leistungserbringer** aufgrund von Leistungsvereinbarungen auch **Verwaltungskostenanteile** in Rechnung, so sind diese für den öffentlichen Träger als Bestandteil der Hilfekosten **Sachkosten** und daher **erstattungsfähig.**[7] So sind als Sachkosten zB die von einem freien Träger für beschützten Umgang geltend gemachten Kosten[8] (→ § 18 Rn. 17) oder die Aufwendungen für eine extern durchgeführte Altersfeststellung im Rahmen von §§ 42 ff.[9] erstattungsfähig. 3

In gewisser Weise zwischen Verwaltungskosten und Sachkosten stehen die **Auslagen.** Gem. § 109 S. 2 SGB X sind Auslagen auf Anforderung zu erstatten, wenn sie im Einzelfall 200 EUR übersteigen (aber zur weiteren jugendhilferechtlichen Bagatellgrenze des Abs. 2 S. 1 → Rn. 25). Auslagen sind die dem **Einzelfall zuzuordnenden** notwendigen Aufwendungen, die nicht Teil der erbrachten Sozialleistung selbst sind[10] – dann wären es Sachkosten – und die – wegen der erforderlichen Zuordenbarkeit zum Einzelfall – keine (allgemeinen) Verwaltungskosten sind. Kriterien für die Abgrenzung zwischen Auslagen und Verwaltungskosten können der Aufzählung in den für die jeweilige erstattungsberechtigte Behörde geltenden landesrechtlichen Kostenordnungen entnommen werden.[11] Zu den Auslagen gehören zB **Reise-** u. Dolmetscherkosten,[12] Porto-, Kopier-, Telefon- und Gutachtenkosten. 4

1 Ebenso Nellissen in GK-SGB VIII Rn. 3; Eschelbach/Schindler in FK-SGB VIII Rn. 3; Reisch in JHSM Rn. 7; Bohnert/Stähr in Hauck/Noftz/Stähr Rn. 10; Streichsbier in jurisPK-SGB VIII Rn. 6.
2 Ähnlich BVerwG 22.10.2009 – 5 C 16/08, BVerwGE 135, 150 = JAmt 2010, 40; VG Ansbach 8.9.2011 – AN 14 K 08.01677.
3 AA Kern in SFMK Rn. 6; Riehl in Krug/Riehle Rn. 16 f.
4 Ebenso Nellissen in GK-SGB VIII Rn. 5; Jung Rn. 6; Loos in Wiesner Rn. 5.
5 Ebenso Reisch in JHSM Rn. 6; Bohnert/Stähr in Hauck/Noftz/Stähr Rn. 11; Nellissen in GK-SGB VIII Rn. 4; Streichsbier in jurisPK-SGB VIII Rn. 8; BayVGH 14.10.2013 – 12 ZB 11.1417.
6 AA (§ 37 Abs. 2 S. 3 im Rahmen der §§ 89 ff. weder direkt noch analog anwendbar) SchlHOVG 15.2.2018 – 3 B 19/15; dem folgend Streichsbier in jurisPK-SGB VIII Rn. 7.1.
7 Ebenso BVerwG 22.10.2009 – 5 C 16/08, BVerwGE 135, 150 = JAmt 2010, 40; VG Ansbach 8.9.2011 – AN 14 K 08.01677; DIJuF, JAmt 2009, 305 u. 2007, 31 u. 200, Bohnert/Stähr in Hauck/Noftz/Stähr Rn. 11; Eschelbach/Schindler in FK-SGB VIII Rn. 3; Kern in SFMK Rn. 6; Streichsbier in jurisPK-SGB VIII Rn. 11; zur Abgrenzung DIJuF JAmt 2015, 308–310.
8 VG Ansbach 8.9.2011 – AN 14 K 08.01677; aA Kern in SFMK Rn. 6; DIJuF JAmt 2001, 185 m. abl. Anm. Germann, S. 290; ferner JAmt 2001, 86; 2002, 502; 2003, 139.
9 VG Mainz 6.9.2018 – 1 K 1376/17.MZ, juris Rn. 43.
10 Roller in v. Wulffen/Schütze SGB X § 109 Rn. 6.
11 ZB § 8 LVwVGKO BW, Art. 10 BayKG, § 13 NVwKostG usw; ebenso Nellissen in GK-SGB VIII Rn. 6.
12 Ebenso DIJuF JAmt 2010, 368 u. 369.

5 **Erstattungsfähige Sachkosten** sind also die Nettoaufwendungen (→ Rn. 2) des erstattungsberechtigten Trägers, die eindeutig abgrenzbar einer **bestimmten Hilfemaßnahme** zur Erfüllung einer **Aufgabe** nach dem **SGB VIII individuell-konkret zugeordnet** werden können. Aufgaben nach dem SGB VIII sind alle in § 2 genannten Leistungen und anderen Aufgaben.[13] Nehmen hauptamtliche Mitarbeitende Aufgaben nebenamtlich als externe Gutachter gegen gesonderte Bezahlung wahr, sind die hierfür erbrachten Aufwendungen mangels Abgrenzbarkeit nicht erstattungsfähig.[14]

6 Individuell-konkret einer Maßnahme zur Erfüllung einer Aufgabe nach § 2 zuordenbar sind zB Kosten einer **Haftpflichtversicherung für ein Kind** im Rahmen der HzE,[15] der **Erziehungskostenanteil** im Pflegegeld oder ein **„Feriengeld"** in der Stadtranderholung. Dasselbe gilt auch für übernommene **Elternbeiträge** (Teilnahmebeiträge) zur Förderung in Kindertagesstätten oder in Kindertagespflege.[16] Diesen Aufwendungen kann bei einer **HzE** in Vollzeitpflege auch **nicht Bedarfsüberdeckung** entgegengehalten werden, weil der Kindergartenbeitrag nicht vom Pflegegeld umfasst ist.[17] Gleiches wie für übernommene Teilnahmebeiträge (§ 90 Abs. 3) muss für **erlassene Kostenbeiträge** (ebenfalls § 90 Abs. 3) gelten: **Soweit** ein **Kostenbeitrag erlassen** wird, der einer bestimmten individuell-konkreten Leistung zuzuordnen ist, ist sein **Verlust als** individuell-konkret der Leistung zuzuordnende **Aufwendung** des erstattungsberechtigten Trägers anzusehen. Bei **Leistungen nach § 19** sind auch die Aufwendungen für den Lebensunterhalt des mit der eingereisten Mutter untergebrachten Kindes zu erstatten, auch dann, wenn es erst nach Einreise der Mutter in Deutschland geboren wird (→ § 89d Rn. 5).[18] Die individuell-konkrete Zuordenbarkeit ist schließlich auch bei Vereinbarung einer **Pauschale** noch gegeben, zB einer Betreuungspauschale für Beratung nach § 37 Abs. 2.[19] Mangels konkret-individueller Zuordenbarkeit gehören bloße Vorhaltekosten bzw. Restbetriebskosten für öffentliche Kindergärten nicht zu den erstattungsfähigen Kosten.[20] Zur besseren Abgrenzung DIJuF JAmt 2015, 24–26.

In der Rechtsprechung unterschiedlich betrachtet werden Aufwendungen für die **Vergütung eines Vormundschaftsvereins.** Wenn und weil es sich bei der Vormundschaft um eine Aufgabe nach dem SGB VIII handelt, die das (zuständige!) Jugendamt auch an Dritte delegieren darf, gehören die Aufwendungen zu den erstattungsfähigen Aufwendungen.[21]

7 **Dienst- und Sachleistungen**, die der erstattungsberechtigte Träger zur Erfüllung einer Aufgabe nach § 2 erbracht hat, sind ebenfalls erstattungsfähig. Sie werden nach § 108 Abs. 1 SGB X in Geld erstattet. Nach der hM soll für Sachleistungen der vom erstattungsberechtigten Träger aufgewendete Betrag, bei Dienstleistungen hingegen die übli-

13 Ebenso – für die Erstattung nach § 50 SGB X – BVerwG 11.7.2013 – 5 C 24/12, BVerwGE 147, 170; aA Mrozynski SGB VIII Rn. 8.
14 VG Mainz 6.9.2018 – 1 K 1376/17.MZ, juris Rn. 53–56.
15 Nicht dagegen eine Sammelhaftpflichtversicherung: VG Saarlouis 22.10.2020 – 3 K 820/20; DIJuF JAmt 2004, 365; Streichsbier in jurisPK-SGB VIII Rn. 8.2.
16 OVG NRW 29.6.2011 – 12 A 534/11.
17 VG Magdeburg 17.1.2012 – 4 A 453/09; **aA** VG Köln 6.9.2007 – 26 K 7161/05; offen gelassen von BVerwG 8.6.2010 – 5 B 52/09, EuG 2011, 100.
18 VG Bayreuth 12.11.2012 – B 3 K 11.766.
19 So BVerwG 22.10.2009 – 5 C 16/08, BVerwGE 135, 150 = JAmt 2010, 40; VG Schleswig 1.11.2005 – 15 A 35/04, JAmt 2005, 583; Bohnert/Stähr in Hauck/Noftz/Stähr Rn. 11; aA Kern in SFMK Rn. 6.
20 BayVGH 14.10.2013 – 12 ZB 11.1417, EuG 2014, 316; VG Münster 22.7.2014 – 6 K 854/13; Streichsbier in jurisPK-SGB VIII Rn. 8.
21 Ebenso OVG RhPf 12.1.2018 – 7 A 11652/17 und die Vorinstanz VG Mainz 10.8.2017 – 1 K 1419/16 sowie Hoffmann JAmt 2018, 159 f.; **aA** VG Hannover 7.12.2017 – 3 A 7356/16.

che Vergütung anzusetzen sein.[22] Diese Unterscheidung überzeugt jedoch nicht,[23] insbesondere nicht für das KE-Recht des SGB VIII, da hier ohnehin der Interessenwahrungsgrundsatz als Korrektiv eingreift (→ Rn. 17). Es ist also stets vom aufgewendeten Betrag auszugehen.

Auch die für **Kostenerstattung** aufgewendeten Kosten sind erstattungsfähig, weil auch sie (anders als der Zuschlag nach § 89c Abs. 2) Sachkosten sind.[24] Die mit dem KE-Anspruch geltend gemachten Kosten sind Kosten, die bei der Erfüllung einer Aufgabe nach dem SGB VIII – nämlich der Kostenerstattung – durch den Leistungserbringer entstanden sind. Auch aus der Zulässigkeit der „Durchgriffserstattung" nach § 89a Abs. 2 folgt, dass die Kosten der Erstattung erstattungsfähig sind, weil die „Durchgriffserstattung" eine „Kettenerstattung" voraussetzt, bei der die Kette um ein Erstattungsglied gekürzt wird. Diese „**Durchgriffserstattung**" ist allerdings nur für die Fälle des § 89a vorgesehen (→ § 89a Rn. 12 ff.); für eine analoge Anwendung auf andere Fälle der KE gibt es keinen Grund.[25] 8

Kosten, die ein Jugendhilfeträger für **echte Freiwilligkeitsleistungen** aufwendet, sind **nicht** zur Erfüllung einer **Aufgabe nach dem SGB VIII** erbracht; sie sind also nicht erstattungsfähig. Durchaus erstattungsfähig sind hingegen Aufwendungen im Rahmen von Ermessensleistungen, welche das SGB VIII vorsieht.[26] Hierbei hat der erstattungspflichtige Träger das Vor-Ort-Prinzip zu beachten (→ Rn. 22). 9

2 Nur Kosten gesetzeskonformer Hilfe (Abs. 1 S. 1)

Nach dem Wortlaut von § 89f Abs. 1 S. 1 muss die Hilfe, für welche die Aufwendungen entstanden sind, (nur) den **materiellen und formellen** Regelungen des SGB VIII entsprochen haben, also nicht denen von SGB I u. X.[27] Eine solche streng positivistische Auslegung widerspricht aber Sinn und Zweck der Rechtmäßigkeitskontrolle im Kostenerstattungsrecht, welches **ungerechtfertigte Kostenverschiebungen** ausgleichen will. Sie ist vielmehr teils zu eng (nämlich insoweit alle Verstöße gegen SGB I und SGB X vollkommen unbeachtlich sein sollen) und teils zu weit (nämlich insoweit umgekehrt allerkleinste Verstöße gegen das SGB VIII beachtlich wären). Vielmehr verlangt das **Gebot der Gesetzeskonformität** „nicht, dass die Leistungsgewährung in jeder Hinsicht rechtmäßig gewesen ist", sondern „formt […] das allgemeine, aus dem Rechtsstaatsprinzip folgende Gebot der Gesetzmäßigkeit der Verwaltung für das Erstattungsrechtsverhältnis zwischen Jugendhilfeträgern aus. Es soll sicherstellen, dass der erstattungsberechtigte Jugendhilfeträger nicht in Erwartung einer Erstattungsleistung bei der Leistungsgewährung die durch das Gesetz gezogenen Grenzen überschreitet, und – dem korrespondierend – den erstattungspflichtigen Jugendhilfeträger davor 10

22 Roller in v. Wulffen/Schütze SGB X § 108 Rn. 4; zahlr. Nachweise für die hM bei Burkiczak in jurisPK-SGB X § 108 Rn. 21 f.
23 Ebenso Burkiczak in jurisPK-SGB X § 108 Rn. 23.
24 Ebenso BVerwG 5.4.2007 – 5 C 25/05, BVerwGE 128, 301 = JAmt 2007, 437; BayVGH 26.11.2008 – 12 BV 08.675 u. 12 BV 08.757, NDV-RD 2009, 54 (unter ausdr. Aufgabe von BayVGH 1.9.2005 – 12 B 02.2455, FEVS 57, 369); NdsOVG 20.8.2008 – 4 LB 28/06, EuG 2009, 102; VG Aachen 30.6.2016 – 1 K 1347/14 Rn. 38; Reisch in JHSM Rn. 11; Bohnert/Stähr in Hauck/Noftz/Stähr Rn. 13; Riehle in Krug/Riehle Rn. 17; Mrozynski SGB VIII Rn. 8; aA Kern in SFMK Rn. 5.
25 Ebenso OVG NRW 6.6.2008 – 12 A 576/07, NDV-RD 2009, 51; VG Hannover 22.4.2008 – 3 A 358/04; Bohnert/Stähr in Hauck/Noftz/Stähr § 89c Rn. 6 b; Reisch in JHSM § 89a Rn. 24; im gleichen Sinne auch nicht angewandt bei DIJuF JAmt 2016, 372 (373).
26 Ebenso VGH BW 23.3.2004 – 9 S 575/03, JAmt 2004, 546; VG Ansbach 8.9.2011 – AN 14 K 08.01677; Reisch in JHSM Rn. 8; Nellissen in GK-SGB VIII Rn. 12.
27 So auch BVerwG 29.6.2006 – 5 C 24/05, BVerwGE 126, 201 = JAmt 2006, 511; VG Freiburg 24.4.2012 – 3 K 2715/10, JAmt 2012, 667.

bewahren, die Aufwendungen für solche Leistungen zu erstatten, die bei ordnungsgemäßer Leistungsgewährung nach Art oder Umfang so nicht hätten erbracht werden müssen".[28] Daher darf der erstattungspflichtige Träger im Rahmen der Rechtmäßigkeitskontrolle nur **prüfen, ob Kosten angefallen** sind, **die ihm bei** (nach Grund und Höhe) **rechtmäßiger Gewährung** der Hilfe **nicht entstanden** wären. Insoweit unterliegt die Rechtmäßigkeit der Hilfegewährung im Erstattungsverfahren der uneingeschränkten gerichtlichen Kontrolle.[29]

11 Daraus folgt, dass – kostenerstattungsrechtlich – **formelle Fehler** (also Fehler bei der **Zuständigkeit** (→ Rn. 13), beim **Verfahren** oder der **Form** der Gewährung) **unbeachtlich** sind, **soweit** auch **bei Einhaltung** der Formvorschriften inhaltlich **dieselbe Hilfe** zu gewähren gewesen wäre, ähnlich der Unbeachtlichkeit von Fehlern nach § 42 SGB X.[30] Führt der Formfehler allerdings zu Nichtigkeit des die Leistung gewährenden Verwaltungsakts (§ 40 SGB X), hindert dies einen Kostenerstattungsanspruch.

12 **Unbeachtlich** sind zB **Unregelmäßigkeiten im Hilfeplanungsverfahren**, solange überhaupt planvoll gehandelt wird.[31] Unbeachtlich ist auch die **fehlende Unterrichtung des PSB** nach § 86 Abs. 6 S. 2.[32] **Beachtlich** ist es hingegen, wenn eine **Hilfe** nur tatsächlich, aber **ohne Bescheid** geleistet worden ist,[33] ebenso, wenn aufgrund eines nichtigen Bescheides geleistet worden ist. Obwohl § 40 Abs. 3 Nr. 2 SGB X die Nichtigkeit gerade nicht als Regelfolge vorsieht, liegt ein beachtlicher Fehler weiter vor, wenn ein- und dieselbe Person als AV eine HzE beantragt und zugleich gewährt (→ § 36 Rn. 16).[34]

13 Sind bei einer Hilfegewährung Vorschriften über die sachliche oder örtliche **Zuständigkeit** verletzt worden, soll dies unbeachtlich sein, wenn die Hilfe auch vom örtlich zuständigen Träger hätte gewährt werden müssen (→ § 86 Rn. 88).[35] Zu bedenken ist dabei aber, dass bei einer Verletzung der Zuständigkeits- oder Leistungsverpflichtungsvorschriften regelmäßig schon dem Grunde nach kein Erstattungsanspruch nach den §§ 89–89e bestehen kann, weil diese Tatbestände alle eine Zuständigkeit oder Leistungsverpflichtung voraussetzen. In Betracht kommt dann nur ein Erstattungsanspruch nach § 105 SGB X, der allerdings bei bewusst zuständigkeitswidriger Hilfegewährung ausscheidet.[36] Liegen die Voraussetzungen der Vorschrift aber vor, hindert

28 BVerwG 29.6.2006 – 5 C 24/05, BVerwGE 126, 201 = JAmt 2006, 511; die Ausführungen sind auf die Erfüllung anderer Aufgaben übertragbar.
29 Ebenso OVG NRW 12.9.2002 – 12 A 4352/01, JAmt 2003, 36; VG Hannover 3.2.2016 – 3 A 10114/14; recht weitgehend VG Köln 28.11.2018 – 26 K 11802/16; VG Münster 19.5.2015 – 6 K 1095/14.
30 Ebenso Streichsbier in jurisPK-SGB VIII Rn. 12–14; Nellissen in GK-SGB VIII Rn. 9, 11; Eschelbach/Schindler in FK-SGB VIII Rn. 1; Loos in Wiesner Rn. 3; für engere Überprüfungsdichte Bohnert/Stähr in Hauck/Noftz/Stähr Rn. 3a; für vollständige Rechtmäßigkeitsprüfung Reisch in JHSM Rn. 13, allerdings in der Folge relativiert.
31 Im Ergebnis ebenso BVerwG 24.6.1999 – 5 C 25/98, BVerwGE 109, 155 = ZfJ 2000, 31; BVerwG 24.6.1999 – 5 C 24/98, BVerwGE 109, 155 = ZfJ 2000, 31 insoweit bestätigend OVG NRW 27.8.1998 – 16 A 3477/97; VGH BW 23.3.2004 – 9 S 575/03, JAmt 2004, 546; SchlHOVG 28.3.2001 – 2 L 68/01, ZfJ 2001, 427: auch ohne formellen Hilfeplan, wenn Geeignetheit der HzE feststeht; Eschelbach/Schindler in FK-SGB VIII Rn. 1; Nellissen in GK-SGB VIII Rn. 11; Reisch in JHSM Rn. 20; Bohnert/Stähr in Hauck/Noftz/Stähr Rn. 5; Mrozynski SGB VIII Rn. 3; Jung Rn. 4; einschränkend Loos in Wiesner Rn. 4; **aA** Spruchst. Hamburg EuG 50, 435.
32 So OVG NRW 5.12.2001 – 12 A 4215/00, JAmt 2002, 413; Bohnert/Stähr in Hauck/Noftz/Stähr Rn. 6.
33 Ebenso VG Darmstadt 8.6.2010 – 5 K 2083/07.DA [3].
34 Ebenso Hauser JAmt 2002, 6.
35 AA Bohnert/Stähr in Hauck/Noftz/Stähr Rn. 3 und wohl auch – zwischen den Zeilen – BVerwG 26.10.2006 – 5 C 7/05, NVwZ-RR 2007, 199.
36 Ebenso Reisch in JHSM Rn. 16 f.

der Fehler in der Zuständigkeit auf der „haftungsausfüllenden" Ebene nicht den Kostenerstattungsanspruch.

Verstöße gegen das **materielle Recht** sind dagegen regelmäßig **beachtlich**. So liegt ein **beachtlicher Fehler** vor, wenn **HzE ohne Einverständnis des PSB** gewährt worden ist;[37] auf einen Antrag kommt es dagegen nicht an (näher zum Antrag → § 36 Rn. 14). Genauso liegt bei einer HzE ein beachtlicher Fehler vor, wenn sich nur ein Amtspfleger mit der HzE einverstanden erklärt hat, diesem aber nicht auch die Rechte aus § 36 übertragen worden waren (→ § 27 Rn. 19).[38] Schließlich ist die Kostenerstattung auch dann ausgeschlossen, wenn eine **Leistung in ihrer Art nicht rm** war, zB Leistungen nach §§ 22, 23 als HzE gewährt werden (→ § 27 Rn. 26; → Rn. 17).[39] Ebenfalls beachtlich ist es, wenn ein JA eine **Inobhutnahme** nach § 42 als **„schleichende HzE"** fortführt, ohne unverzüglich, dh innerhalb von wenigen Tagen[40] den PSB unterrichtet und nach dessen Widerspruch das FamG angerufen zu haben. Kosten, die in dem „Verzögerungszeitraum" angefallen sind, sind nicht zu erstatten (zu § 42 auch → Rn. 22).[41] Das gilt auch dann, wenn das JA selbst AV und damit PSB ist, aber keine Entscheidung über die weitere Hilfe getroffen hat[42] und auch in Zeiten außergewöhnlich hohen Arbeitsanfalls für die Zeit bis zur Nachholung der Anrufung des FamG.[43] Hat der PSB nach Unterrichtung einer weiteren Unterbringung des Jugendlichen zugestimmt, kann die Unterbringung nur so lange als vorläufige Maßnahme der Inobhutnahme fortgesetzt werden, bis der PSB nach zügiger Durchführung des Hilfeplanungsverfahrens eine Entscheidung über die Inanspruchnahme einer HzE treffen kann.[44] Ist ein Zuständigkeitswechsel für eine im Anschluss an eine Inobhutnahme zu gewährende HzE absehbar, kann die Fortsetzung der Inobhutnahme (im konkreten Fall: zwei Monate lang) bis zur Fallübernahme rechtmäßig sein.[45] Eine Inobhutnahme durch einen freien Träger der Jugendhilfe ist rechtswidrig und führt auch dann nicht zu einem KE-Anspruch, wenn die Inobhutnahme vom Träger der öffentlichen Jugendhilfe per Allgemeinverfügung angeordnet wurde und vom freien Träger nur konkret umgesetzt wurde, wenn nicht sichergestellt ist, dass tatsächlich eine Altersfeststellung stattfindet.[46] Eine beachtliche Rechtswidrigkeit liegt vor, wenn allein zur wirtschaftlichen Sicherstellung des Lebensunterhalts **Hilfe nach § 41** gewährt[47] oder stationäre Leistungen durch eine Einrichtung ohne die erforderliche Erlaubnis erbracht werden.[48] Auch ein Verstoß gegen die im Leistungserbringerrecht festgelegte Pflicht, leistungsgerechte Entgelte zu vereinbaren (§ 78c Abs. 2 S. 1), soll beachtlich sein.[49] 14

37 OVG RhPf 29.10.2012 – 7 A 10868/12, JAmt 2012, 606.
38 So VGH BW 19.4.2005 – 9 S 109/03, JAmt 2005, 364.
39 Ebenso VG Aachen 24.1.2006 – 2 K 1313/02: HzE rw, weil als Eingliederungshilfe nach dem BSHG zu leisten.
40 So BVerwG 24.6.1999 – 5 C 24/98, BVerwGE 109, 155 = ZfJ 2000, 31; ein Jahr jedenfalls viel zu lang und damit rechtswidrig: OVG NRW 29.11.2013 – 12 A 1019/13.
41 So BVerwG 8.2.2007 – 5 B 100/06 u. BVerwG 29.11.2006 – 5 B 107/06, EuG 2007, 353 nach VGH BW 1.8.2006 – 9 S 2479/04; VG Arnsberg 7.6.2011 – 11 K 319/10, EuG 2012, 295; Reisch in JHSM Rn. 23; differenzierend: VG Saarlouis 30.5.2014 – 3 K 382/13.
42 So VG Karlsruhe 15.3.2001 – 5 K 195/98.
43 OVG RhPf 6.12.2018 – 7 A 10777/18, juris Rn. 28; VG Würzburg 20.9.2018 – W 3 K 17.634.
44 So VGH BW 19.8.2003 – 9 S 2398/02, NDV-RD 2004, 68.
45 VG Freiburg 1.3.2017 – 4 K 3020/15.
46 OVG RhPf 21.7.2016 – 7 A 10607/15 (hierzu Kirchhoff jurisPR-SozR 15/2016 Anm. 6), bestätigend VG Mainz 7.5.2015 – 1 K 694/14.MZ (hierzu Nellissen jurisPR-SozR 20/2015 Anm. 5).
47 Ebenso ZSpr. EuG 49, 57.
48 VG Ansbach 1.10.2015 – AN 6 K 14.01989.
49 DV-Gutachten G 3/15, NDV 2016, 572–573.

15 Da das Gebot der Gesetzeskonformität den KE-pflichtigen Träger nur davor bewahren will, Aufwendungen für Hilfen zu erstatten, die nicht so hätten erbracht werden müssen, ist für die Rechtmäßigkeitsprüfung auf die Erkenntnislage des leistenden Trägers zum Zeitpunkt der Leistungsgewährung abzustellen (**ex-ante-Perspektive**). So sind Hilfen, die an das Alter anknüpfen, dann rm im Sinne des Erstattungsrechts, wenn der Träger davon ausgehen konnte, dass die dafür erforderlichen Voraussetzungen (noch) vorlagen und auch der erstattungspflichtige Träger bei der gegebenen Erkenntnislage die Hilfe zu gewähren gehabt hätte.[50] Stützt sich der KE-berechtigte Träger aber allein auf Angaben des Leistungsempfängers, genügt dies nicht den Erfordernissen an die Sachverhaltsaufklärung.[51] Aus diesem Grund kann der leistende Träger auch dann KE verlangen, wenn er zu einer Leistung verurteilt worden ist oder aufgrund höchstrichterlicher Rechtsprechung geleistet hat, auch wenn sich später die RW der Leistung erweisen sollte.[52] Bei der gerichtlichen Nachprüfung der RM der Leistungsgewährung soll das Gericht nicht darauf beschränkt sein, die vorhandenen Akten auszuwerten, solange es weiter die ex-ante-Perspektive beachtet.[53]

16 Die **Darlegungs- und Beweisführungslast** für das Vorliegen einer (beachtlichen) Rechtswidrigkeit der Hilfe liegt beim kostenerstattungspflichtigen Träger. Er ermittelt den Sachverhalt von Amts wegen (§ 20 SGB X) mit den Beweismitteln des § 21 SGB X. Er kann daher, auch ohne dass zunächst ein Anhaltspunkt für rechtswidrig geleistete Hilfe vorliegt, die Akten des kostenerstattungsberechtigten Trägers einsehen.[54] Zur datenschutzrechtlichen Zulässigkeit näher → § 61 Rn. 70, DIJuF JAmt 2001, 351 und Eschelbach JAmt 2020, 66 (70).

3 Interessenwahrungsgrundsatz

17 Zusätzlich zur Prüfung der RM der gewährten Hilfe muss eine **„Interessenverträglichkeitsprüfung“** erfolgen. Sie kann nicht mit dem Grundsatz der Gesetzmäßigkeit der Verwaltung (Art. 20 Abs. 3 GG) begründet werden, sondern folgt aus dem Rechtsgedanken des § 677 BGB (→ Rn. 20) und des § 242 BGB.

18 Zu dem mit § 89f inhaltsgleichen früheren § 111 BSHG hatte die ZSpr. den **Interessenwahrungsgrundsatz** entwickelt. Er besagt, dass der die Hilfe gewährende Träger die Interessen des kostenerstattungspflichtigen Trägers nach besten Kräften wahrzunehmen hat, um den erstattungsfähigen **Aufwand möglichst gering** zu halten. Er hat letztlich so zu handeln, als verbliebe die Kostenlast dauerhaft bei ihm selbst.[55]

19 Dazu gehört zB, **über entscheidungsreife Anträge** zeitnah zu **entscheiden** und so das Entstehen von KE-Ansprüchen zu vermeiden[56] und die regelmäßige **Prüfung, ob** die geleistete **Hilfe** in eine **weniger kostenintensive Hilfeart** oder -form übergeführt werden kann.[57] Weiter hat der KE-berechtigte Träger nach Möglichkeit den Nachrang der Jugendhilfe wieder herzustellen. So gehört zur Wahrung der Interessen des KE-pflich-

50 So BVerwG 29.6.2006 – 5 C 24/05 nach HessVGH 6.9.2005 – 10 UE 3877/04, JAmt 2006, 511 mAnm Berlit jurisPR-BVerwG 22/2006 Anm. 1; VG Augsburg 9.4.2013 – Au 3 K 12.1468; VG Freiburg 24.4.2012 – 3 K 2715/10.
51 OVG RhPf 3.3.2016 – 7 A 10607/15, juris Rn. 31; hierzu Kirchhoff jurisPR-SozR 15/2016 Anm. 6.
52 Ebenso OVG NRW 12.9.2002 – 12 A 4352/01, JAmt 2003, 36.
53 VG Hannover 3.2.2016 – 3 A 10114/14, juris Rn. 51–53.
54 AA Mrozynski SGB VIII Rn. 9.
55 OVG NRW 19.2.2013 – 12 A 1434/12, JAmt 2013, 327 mwN; Streichsbier in jurisPK-SGB VIII Rn. 15. – Sorge, dass deshalb Standards unterschritten werden, äußert Rixen Landkreis 2016, 268 (273).
56 So VG Braunschweig 2.12.2004 – 3 A 78/04.
57 So BVerwG 12.8.2004 – 5 C 51/03, NVwZ-RR 2005, 119 u. BVerwG 8.7.2004 – 5 C 63/03; HessVGH 26.4.2005 – 10 UE 514/04, NDV-RD 2005, 99; Bohnert/Stähr in Hauck/Noftz/Stähr Rn. 9; Eschelbach/Schindler FK-SGB VIII Rn. 2.

tigen Trägers die (korrekte)[58] Heranziehung Kostenersatzpflichtiger[59] und die Geltendmachung (anderer) Kostenerstattungsansprüche[60] einschließlich der Beschreitung des Rechtswegs, soweit hinreichende Erfolgsaussichten bestehen.[61] Die Interessenwahrungspflicht gebietet auch die Feststellung einer Leistung nach § 97[62] und die Ausschöpfung von Rechtsmitteln (→ Rn. 23).[63] Die unbegründete Nichtbeachtung des Nachrangs aus § 10 geht zulasten KE-berechtigten Trägers.[64] Für den KE-Anspruch aus § 89c gilt dies allerdings nicht: Der nur vorläufig leistende Träger soll kein doppeltes Prozessrisiko tragen (→ § 89c Rn. 5).[65]

Der Interessenwahrungsgrundsatz im Kostenerstattungsrecht ist vergleichbar dem Interessenwahrungsgrundsatz für die Geschäftsführung ohne Auftrag gem. § 677 BGB. Er konkretisiert damit den Grundsatz von Treu und Glauben.[66] Daher kann er nur dann als verletzt betrachtet werden, wenn das Interesse des KE-pflichtigen Trägers infolge mangelnder **Sorgfalt** des KE-berechtigten Trägers nicht beachtet wurde, nicht dagegen, wenn aufgrund rechtlicher Pflichten gehandelt worden ist. Da die Jugendhilfeträger alle grundsätzlich denselben Pflichten unterliegen, genügt es, wenn der KE-berechtigte Träger die Sorgfalt angewendet hat, die ihm in eigenen Angelegenheiten obliegt (zum Vor-Ort-Prinzip → Rn. 22).[67] Hat ein dritter Träger Pflichten verletzt, kann dies dem KE-berechtigten Träger nicht entgegengehalten werden.[68] Ebensowenig kann ein KE-verpflichteter Träger sich auf den Interessenwahrungsgrundsatz berufen, wenn der KE-berechtigte Träger auf der Grundlage einer ausdrücklichen (wenn auch wohl rechtswidrigen) Vereinbarung gehandelt hat.[69] 20

Besteht wegen der Jugendhilfeleistung ein Erstattungsanspruch nach § 104 SGB X gegen einen nach § 10 SGB VIII vorrangig leistungsverpflichteten Träger – beispielsweise gegen den Träger der Eingliederungshilfe in den Fällen des § 10 Abs. 4 S. 2 –, verlangt der Interessenswahrungsgrundsatz, dass der erstattungsberechtigte leistende Träger der Jugendhilfe selbst den vorrangig verpflichteten Leistungsträger in Anspruch nimmt; er kann daher keine KE gegenüber einem anderen Träger der Jugendhilfe oder einem Land nach den §§ 89–89h geltend machen.[70] Allerdings setzt der Erstattungsanspruch nach § 104 SGB X voraus, dass tatsächlich ein vorrangiger Anspruch besteht. Ist die leistungsberechtigte Person nach § 100 Abs. 3 SGB IX wegen Leistungsberechtigung nach dem AsylbLG von den Leistungen der Eingliederungshilfe ausge- 21

58 Vgl. VG Würzburg 26.4.2012 – W 3 K 12.347.
59 Zur Zuständigkeit des KE-Berechtigten hierfür OVG Bln-Bbg 16.5.2012 – OVG 6 M 82.12.
60 Ebenso Kern in SFMK Rn. 9; Reisch in JHSM Rn. 24; Nellissen in GK-SGB VIII Rn. 15.
61 VG Göttingen 1.9.2004 – 2 A 197/03; Nellissen in GK-SGB VIII Rn. 15.
62 So HessVGH 26.4.2005 – 10 UE 514/04, NDV-RD 2005, 99.
63 Ebenso Nellissen in GK-SGB VIII Rn. 15; ZSpr. EuG 48, 41.
64 So OVG NRW 3.9.2012 – 12 A 1514/10, JAmt 2013, 108; ZSpr. EuG 25, 409; 48, 110; ähnl. VG Bayreuth 12.11.2012 – B 3 K 11.545.
65 Ebenso BVerwG 22.5.2008 – 5 B 203/07, JAmt 2008, 438; VG Hannover 1.12.2015 – 3 A 7061/12; VG Ansbach 29.7.2010 – AN 14 K 08.00789; Eschelbach/Schindler in FK-SGB VIII Rn. 2.
66 BVerwG 22.6.2017 – 5 C 3.16, Rn. 25.
67 So Bohnert/Stähr in Hauck/Noftz/Stähr Rn. 10; VG Augsburg 9.4.2013 – Au 3 K 12.1468; VG Arnsberg 8.6.2010 – 11 K 1265/09.
68 OVG NRW 19.2.2013 – 12 A 1434/12, JAmt 2013, 327.
69 OVG NRW 8.10.2020 – 12 A 701/17, juris Rn. 12.
70 BVerwG 13.6.2013 – 5 C 30/12, JAmt 2013, 532; VG München 17.12.2014 – M 18 K 12.6247; VG Oldenburg 28.2.2014 – 13 A 4895/12, EuG 2015, 32; ähnl. VG Ansbach 25.7.2013 – AN 14 K 12.01563; Nellissen in GK-SGB VIII vor §§ 89–89h Rn. 8a; Streichsbier in jurisPK-SGB VIII § 89c Rn. 7; Streichsbier in jurisPK-SGB VIII Rn. 16; zu einer Ausnahme BayVGH 12.8.2014 – 12 B 14.805.

schlossen, kann sich der nach §§ 89 ff. in Anspruch genommene Träger nicht darauf berufen, dass nach § 104 SGB X ein vorrangiger Anspruch gegen den Eingliederungshilfeträger bzw. – mangels Vorrangs des AsylbLG in § 10 Abs. 4 S. 2 – des Trägers der Asylbewerberleistungen nach § 9 Abs. 4 S. 1 Nr. 3 AsylbLG iVm § 104 SGB X bestehe.[71]

Der KE-berechtigte Träger muss im Rahmen des Interessenwahrungsgrundsatzes auch vorrangig prüfen, inwieweit eine Hilfenbewilligung aufgehoben werden muss und Erstattungsansprüche gegen den Hilfeempfänger nach § 50 SGB X bestehen.[72]

Bei Erstattungsansprüchen nach § 89c Abs. 1 S. 1 ist es – anders als bei den übrigen Erstattungsvorschriften – nicht nach dem Interessenwahrungsgrundsatz geboten, dass der leistende JH-Träger einen nach § 104 SGB X vorrangigen Anspruch geltend macht,[73] weil der nach § 89c Abs. 1 S. 1 KE-pflichtige, neu zuständige Träger sich stets dadurch hätte schützen können, indem er die Leistungserbringung – entsprechend der gesetzlichen Regelung – übernommen hätte. Ebensowenig kann sich der über seine Zuständigkeit unterrichtete KE-pflichtige Träger in den Fällen des § 89c Abs. 1 S. 1 nicht darauf berufen, dass der KE-berechtigte Träger bestimmte Handlungen unterlassen hat, die der KE-pflichtige Träger für erforderlich gehalten hätte.[74]

4 „Vor-Ort-Prinzip" (Abs. 1 S. 2)

22 Der zur Kostenerstattung verpflichtete Jugendhilfeträger hat die **Grundsätze** anzuerkennen, die für den tätig gewordenen örtlichen Jugendhilfeträger (**„vor Ort"**) zum Zeitpunkt des Tätigwerdens maßgebend waren. Zu den Grundsätzen gehören verwaltungsinterne Festlegungen, Richtlinien und eine in allen gleich gelagerten Fällen zugrunde gelegte Praxis (Stichwort: Selbstbindung der Verwaltung). Bei Ermessensvorschriften kann der erstattungspflichtige Jugendhilfeträger lediglich die Rechtmäßigkeit der Ermessensausübung (§ 39 SGB I) überprüfen, nicht jedoch die Zweckmäßigkeit. Die Entscheidung über die individuell erforderlichen Hilfemaßnahmen ist vom erstattungsberechtigten Träger in eigener Verantwortung zu treffen; dessen **Einschätzung**[75] und **Beurteilungsspielraum**[76] ist für den erstattungspflichtigen Träger verbindlich.[77] Freiwillige Leistungen des Jugendhilfeträgers sind allerdings von einer Kostenerstattung ausgenommen (→ Rn. 9).

Auf gesetzeswidrige Richtlinien oder Verwaltungsvorschriften können sich erstattungspflichtige Träger in keinem Fall berufen.[78] Auch ein außergewöhnlich hoher Arbeitsanfall entbindet eine Behörde nicht von der Einhaltung gesetzlicher Fristen, insbesondere der Frist zur Benachrichtigung des Familiengerichts nach einer Inobhutnahme.[79]

23 Die „vor Ort" geltenden Grundsätze sind nicht nur bei der Hilfegewährung zu beachten, sondern auch bei der Heranziehung zu den Kosten, der Kostenerstattung und der

71 So noch zur Eingliederungshilfe für behinderte Menschen nach dem SGB XII VG Würzburg 12.12.2019 – W 3 K 17.624.
72 Grünenwald ZKJ 2019, 296 (302 f.).
73 BVerwG 22.6.2017 – 5 C 3.16; 16.10.2019 – 12 A 2279/17, juris Rn. 16; OVG NRW 16.10.2019 – 12 A 2279/17.
74 VG Arnsberg 26.3.2019 – 11 K 619/18, juris Rn. 30.
75 So für Hilfe nach § 42 BVerwG 12.8.2004 – 5 C 53/54/55/56/58/59/60/64/03 u. BVerwG 8.7.2004 – 5 C 63/03, JAmt 2004, 438 aufhebend VGH BW 19.8.2003 – 9 S 2397/02 ua: nach drei Monaten rw.
76 So VG Ansbach 8.9.2011 – AN 14 K 08.02216 und 7.4.2005 – AN 14 K 03.01673.
77 Ebenso Streichsbier in jurisPK-SGB VIII Rn. 17.
78 OVG Bln-Bbg 13.4.2018 – OVG 6 N 7.18, juris Rn. 11; dem folgend Streichsbier in jurisPK-SGB VIII Rn. 14.1.
79 OVG RhPf 6.12.2018 – 7 A 10777/18, juris Rn. 28.

Überleitung von Ansprüchen (→ Rn. 8).[80] Es besteht **keine Pflicht** des die Kostenerstattung begehrenden Trägers, Maßnahmen zur **Durchsetzung** eines Kostenbeitrags zu ergreifen, wenn diese – im Verhältnis zum durchzusetzenden Beitrag – unangemessen hohe Aufwendungen für den Hilfe gewährenden Träger erfordern.[81]

Dass die **Höhe eines Leistungsentgelts** gegen Grundsätze der Wirtschaftlichkeit und Sparsamkeit der öffentlichen Verwaltung verstieße, kann der erstattungspflichtige Träger nicht rügen. Die „vor Ort" geltenden Leistungsentgelte gehören zu den zu akzeptierenden Grundsätzen.[82] Insbesondere kann eine durch zu geringe Auslastung bedingte Entgeltsteigerung nicht beanstandet werden. Allerdings soll dies nicht gelten, wenn rechtswidrig nicht leistungsgerechte Entgelte vereinbart worden sind.[83] 24

5 Bagatellgrenze (Abs. 2 S. 1)

Grundsätzlich werden nur Kosten erstattet, die mindestens **1000 EUR** betragen. Im Unterschied zu § 110 Abs. 2 SGB XII ist kein Zeitraum vorgegeben, innerhalb dessen die Bagatellgrenze überschritten sein muss. Unbeachtlich ist, ob mehrere Leistungen der Jugendhilfe nebeneinander oder hintereinander gewährt werden.[84] Die Bagatellgrenze muss bei einer Hilfeleistung für mehrere Personen im Hinblick auf **jede einzelne Person** (Ausnahme: § 19)[85] überschritten sein, da ein Hilfefall immer konkret-individuell zu regeln ist.[86] Dabei sind alle für den einzelnen HE entstandenen, noch nicht verjährten Nettoaufwendungen aus laufenden und einmaligen Leistungen zusammenzurechnen.[87] 25

Die Bagatellgrenze bezieht sich auf die Kostenerstattung nach §§ 89, 89a und 89e. Für die Kostenerstattung nach §§ 89b, 89c und 89d gelten dagegen aus Billigkeitsgründen **Ausnahmen**; in diesen Kostenerstattungsfällen sind deshalb auch Kosten unter 1000 EUR zu erstatten. 26

6 Zinsen (Abs. 2 S. 2)

Zwar können auf die KE-Ansprüche **keine Verzugszinsen** (entsprechend §§ 286–288 BGB) verlangt werden (§ 89f Abs. 2 S. 2), zwischen Trägern der Jugendhilfe zudem **keine Lastenausgleichszinsen** (nach § 108 Abs. 2 SGB X), geschuldet sind aber ab Rechtshängigkeit **Prozesszinsen** in Höhe von 5 Prozentpunkten über dem Basiszinssatz (entsprechend §§ 291, 288 Abs. 1 S. 2 BGB).[88] Da es sich bei der Kostenerstattung nicht um eine Entgeltforderung handelt, greift der höhere Zinssatz des § 288 Abs. 2 BGB nicht. § 108 Abs. 2 SGB X schließt diesen Anspruch nicht aus,[89] da er nur **Lastenausgleichszinsen** betrifft, die nicht zwischen Jugendhilfeträgern gelten.[90] Auch eine Verzinsung nach **§ 44 SGB I** scheidet aus, weil KE-Ansprüche keine Sozialleistungsansprüche sind. 27

80 Ebenso Nellissen in GK-SGB VIII Rn. 20; DIJuF JAmt 2020, 92 (94).
81 ZSpr. EuG 45, 434.
82 ZSpr. EuG 48, 417.
83 DV-Gutachten G 3/15, NDV 2016, 572–573.
84 Ebenso DIJuF DAVorm 2000, 666; anders wohl Streichsbier in jurisPK-SGB VIII Rn. 18.
85 So zu Recht Reisch in JHSM Rn. 25.
86 Im Ergebnis ebenso Loos in Wiesner Rn. 10; Nellissen in GK-SGB VIII Rn. 23.
87 Ebenso Kern in SFMK Rn. 10.
88 So BVerwG 19.8.2010 – 5 C 14/09, JAmt 2011, 153, BVerwG 22.2.2001 – 5 C 33/34/35/00, ZfJ 2002, 68; NdsOVG 13.2.2006 – 12 LC 12/05, FEVS 58, 79; VG Würzburg 29.4.2010 – W 3 K 09.126; Reisch in JHSM Rn. 27; Bohnert/Stähr in Hauck/Noftz/Stähr Rn. 16; Kern in SFMK Rn. 12; Nellissen in GK-SGB VIII Rn. 28; Jung Rn. 2, 12; Loos ZKJ 2006, 501.
89 Ebenso NdsOVG 2.12.2003 – 4 LB 159/03, FEVS 55, 226.
90 So BVerwG 22.2.2001 – 5 C 34/00, JAmt 2001, 303.

7 Geltendmachung von Kostenerstattungsansprüchen: Form, Frist, Verjährung (§§ 111, 113 SGB X)

28 Wie sich aus dem in § 2 Abs. 3 S. 2 SGB X beispielhaft zum Ausdruck gekommenen Rechtsgedanken ergibt, muss KE eigens angefordert werden.[91] Sie kann mangels Über-/Unterordnungsverhältnis der Jugendhilfeträger **nicht** mit **VA** (§ 31 SGB X) geltend gemacht werden. Vielmehr wird sie durch Willenserklärung als schlichtes Verwaltungshandeln gefordert und mit der – gemäß § 188 Hs. 2 VwGO gerichtskostenpflichtigen[92] – **allgemeinen Leistungsklage** gerichtlich durchgesetzt (zu dieser näher → Anh. 5 Rn. 76). Jeder eigene KE-Anspruch muss eigens angefordert werden; dies gilt insbesondere für den Verwaltungskostenzuschlag („Strafdrittel") aus § 89 c Abs. 2 (→ § 89c Rn. 10 ff.).[93]

29 Über § 37 S. 1 SGB I (Abdruck bei → § 61 Rn. 5) gilt auch bei der (jugendhilfeinternen) KE die **Ausschlussfrist** des **§ 111 S. 1 SGB X.**[94] Eine Ausnahme besteht für einander gegenüberstehende gegenläufige KE-Ansprüche örtlicher Träger.[95] Deren Geltendmachung stellt allerdings regelmäßig eine unzulässige Rechtsausübung dar (→ § 89c Rn. 6, → § 89a Rn. 5). § 111 SGB X gilt auch für die KE wegen anderer Aufgaben iSv § 2 Abs. 3; der dortige Begriff „Leistung" umfasst alle Hilfen des SGB VIII.[96]

30 Weil es in den Fällen der (jugendhilfeinternen) KE nie eine „Entscheidung des erstattungspflichtigen Leistungsträgers über seine Leistungspflicht" gegenüber der leistungsberechtigten Person gibt, von der Kenntnis erlangt werden könnte, läuft der zum Schutz des KE-berechtigten Trägers wirkende **§ 111 S. 2 SGB X** stets ins Leere; er ist daher **nicht anwendbar**. Dasselbe Problem stellt sich auch bei der Verjährungsfrist nach § 113 SGB X (→ Rn. 31), für deren Beginn nach dem Willen des Gesetzgebers an dieselben Tatsachen angeknüpft werden soll.[97] Dort ist weithin anerkannt, dass die planwidrige Gesetzeslücke durch eine analoge Anwendung von § 111 SGB XII geschlossen werden muss.[98] Wegen der identischen Interessenlage bei den beiden Vorschriften liegt auch im Rahmen der Ausschlussfrist eine (planwidrige) Lücke vor, die mit **analoger Anwendung von § 111 SGB XII** geschlossen werden muss.[99] Andere wollen stattdessen mit demselben Ergebnis § 111 S. 2 SGB X in der bis 31.12.2000 geltenden Fassung weiter anwenden.[100] Damit muss der erstattungsberechtigte Träger den Erstattungsanspruch grundsätzlich (spätestens) innerhalb von zwölf Monaten nach Ablauf des letzten Tages des Zeitraums geltend machen, für den die Hilfe gewährt worden ist (S. 1). Zu seinem Schutz beginnt diese Ausschlussfrist von zwölf Monaten

91 AA Kern in SFMK § 89 c Rn. 18.
92 VG Chemnitz 31.8.2017 – 4 K 3943/16.
93 OVG MV 30.11.2011 – 1 L 71/09; VG Karlsruhe 26.4.2019 – 8 K 1439/18, juris Rn. 37; aA Reisch in JHSM § 89 c Rn. 26: Berücksichtigung vAw.
94 So BVerwG 19.8.2010 – 5 C 14/09, JAmt 2011, 153; SächsOVG 6.3.2009 – 1 A 65/08, JAmt 2009, 445; Bohnert/Stähr in Hauck/Noftz/Stähr vor §§ 89–89h Rn. 7; Mutschler in jurisPK-SGB X § 111 Rn. 10; aA DIV DAVorm 1995, 340.
95 So BVerwG 19.8.2010 – 5 C 14/09, JAmt 2011, 153 u. BVerwG 30.9.3009 – 5 C 18/08, JAmt 2010, 189; Bohnert/Stähr in Hauck/Noftz/Stähr vor §§ 89–89 h Rn. 9.
96 Vgl. BVerwG 17.12.2015 – 5 C 9.15 Rn. 17.
97 So BayVGH 3.12.2009 – 12 BV 08.2147 u. BayVGH 23.11.2009 – 12 BV 08.2146, best. VG Ansbach 19.6.2008 – AN 14 K 06.4146.
98 So BVerwG 30.9.2009 – 5 C 18/08, JAmt 2010, 189 best. OVG NRW 21.6.2007 – 12 A 3371/05; BayVGH 3.12.2009 – 12 BV 08.2147u. BayVGH 23.11.2009 – 12 BV 08.2146, best. VG Ansbach 19.6.2008 – AN 14 K 06.4146; VG Bayreuth 15.6.2016 – B 3 K 15.1001; VG Ansbach 25.7.2013 – AN 14 K 12.02273; aA Schwabe ZfF 2001, 81; DV, NDV 2002, 7.
99 AA VG Aachen 11.12.2001 – 2 K 2277/97; Nellissen in GK-SGB VIII Rn. 32.
100 BVerwG 19.8.2010 – 5 C 14/09; NdsOVG 17.3.2020 – 10 LC 181/18; VG Mainz 3.7.2018 – 1 K 849/17.MZ; VG Kassel 3.11.2014 – 5 K 1540/12.KS; ähnl. VG Halle 19.4.2007 – 4 A 832/04.

aber (frühestens) erst mit Ablauf des Kalenderjahres zu laufen, in dem der Kostenerstattungsanspruch entstanden ist (§ 111 SGB XII analog); sie endet dann ggf. später als nach § 111 S. 1 SGB X. Freilich muss der erstattungsberechtigte Träger in jedem Fall auch Kenntnis vom erstattungspflichtigen Träger haben; erfolgte eine Bestimmung nach § 89d Abs. 3 aF verspätet, kann die Frist nicht vor Kenntnis dieser Bestimmung beginnen.[101]

Bei länger andauernden laufenden Leistungen und bei aus mehreren Teilleistungen bestehenden Leistungen stellt sich die Frage, auf welchen Zeitpunkt als „letzter Tag, für den Leistungen erbracht wurden" abzustellen ist. 31

Insbesondere die untergerichtliche Rechtsprechung[102] hatte ebenso wie breite Teile der Kommentarliteratur zu § 111 SGB X[103] und die Gerichte der Sozialgerichtsbarkeit[104] vertreten, dass es bei Leistungen, die nach Zeitabschnitten erbracht werden, stets jeweils auf den letzten Tag eines jeden Zeitabschnitts ankomme, so dass die Ausschlussfrist für frühere Teilzeiträume bereits ablaufen könne, während die Leistung laufend weitergewährt wird. In der Konsequenz dieser Rechtsprechung lag es, bei mehreren erbrachten, wenn auch einheitlich abgerechneten Leistungen, jeweils die einzelne Teilleistung zu betrachten und die Ausschlussfrist jeweils mit dem letzten Leistungstag der Teilleistung beginnen zu lassen.[105] Diese Position wird teils kritisiert, weil sie an den Bedürfnissen der Praxis vorbeigehe.[106]

Demgegenüber legt das BVerwG den Begriff der Leistung in § 111 SGB X entsprechend dem Leistungsbegriff im Zuständigkeitsrecht des SGB VIII aus.[107] Es versteht in ständiger Rechtsprechung laufend gewährte und auch komplexe Jugendhilfeleistungen dann als einheitliche Gesamt-Leistung, wenn sie „im Rahmen einer Gesamtbetrachtung zur Deckung eines qualitativ unveränderten, kontinuierliche Hilfe gebietenden jugendhilferechtlichen Bedarfs" erforderlich waren, „sofern sie ohne beachtliche Unterbrechung gewährt worden sind".[108] Dabei können sogar verschiedene Hilfearten, die aufgrund desselben, qualitativ unveränderten jugendhilferechtlichen Bedarfs erforderlich sind, eine einheitliche Leistung in diesem Sinne darstellen, etwa eine Hilfe zur Erziehung nach § 27 und eine daran anschließende gleichartige Hilfe für junge Volljährige nach § 41.[109] Zur Eingrenzung der „beachtlichen Unterbrechung" bezieht sich das BVerwG auf § 86a Abs. 4 S. 2 und 3, mithin auf einen Zeitraum von drei Mona-

101 VG Mainz 3.7.2018 – 1 K 849/17.MZ; VG Hannover 6.3.2018 – 3 A 398/15, juris Rn. 30.
102 BayVGH 7.1.2014 – 12 ZB 13.2512 m zust. Anm. Ziegler JAmt 2014, 221; VG Würzburg 29.4.2020 – W 3 K 18.1380, juris Rn. 67; VG Freiburg 2.2.2018 – 4 K 3025/15, juris Rn. 37–39; VG Augsburg 27.1.2015 – Au 3 K 14.1617; VG München 21.10.2015 – M 18 K 15.1693.
103 Roller in v. Wulffen/Schütze SGB X § 111 Rn. 6; Kater in KassKomm SGB X § 111 Rn. 37; ebenso hier bis zur 6. Aufl.: Kunkel/Pattar in LPK-SGB VIII, 6. Aufl., § 89f Rn. 31. – Kritisch hingegen Mutschler in jurisPK-SGB X § 111 Rn. 30.
104 BSG 22.8.2000 – B 2 U 24/99 R; BSG 6.4.1989 – 2 RU 34/88; LSG BW 16.3.2016 – L 2 SO 67/14, juris Rn. 43.
105 So auch die hM in der Kommentarliteratur: Roller in v. Wulffen/Schütze SGB X § 111 Rn. 6; Kater in KassKomm SGB X § 111 Rn. 37; in der sozialgerichtlichen Rechtsprechung: BSG 9.2.1989 – 3/8 RK 25/87; in der untergerichtlichen Rechtsprechung der Verwaltungsgerichtsbarkeit: BayVGH 30.8.2004 – 12 B 00.1434.
106 Mutschler in jurisPK-SGB X § 111 Rn. 30.
107 BVerwG 27.4.2017 – 5 C 8/16 Rn. 10; ebenso VGH BW 5.3.2021 – 12 S 621/18, juris Rn. 33; SG Aachen 28.3.2017 – S 20 SO 64/16.
108 BVerwG 27.4.2017 – 5 C 8/16 Rn. 10. St. Rspr.: BVerwG 29.1.2004 – 5 C 9.03; BVerwG 15.12.2016 – 5 C 35.15. – Ebenso VG Düsseldorf 31.5.2017 – 19 K 7628/16.
109 BVerwG 27.4.2017 – 5 C 8/16 Rn. 10.

ten,[110] auch wenn das Zeitmoment alleine noch nicht zu einer zuständigkeitsrechtlich relevanten Unterbrechung führt.[111] Das BVerwG argumentiert hauptsächlich rechtssystematisch: Der Begriff der Leistung in § 111 SGB X beziehe sich auf eine konkrete Leistung. Was zu dieser konkreten Leistung gehöre, müsse kontextabhängig und bereichsspezifisch ausgelegt werden, hier also jugendhilferechtlich. Dem stehe auch nicht das teleologische Argument entgegen, dass der Gesetzgeber die erstattungspflichtigen Träger habe schützen wollen: Es bestehe weiterhin eine kurze Frist von einem Jahr; bei längerfristiger Leistungsgewährung liege es zudem im Interesse des KE-berechtigten Trägers, die Kostenerstattung früh geltend zu machen.[112]

Entsprechend **beginnt** nach der BVerwG-Rechtsprechung die **Ausschlussfrist** des § 111 S. 1 SGB X erst **mit Ablauf des letzten Tages, für den die** so verstandene **Gesamt-Leistung** erbracht wurde, unabhängig davon, ob die Leistungen zeitabschnittsweise oder aufgrund verschiedener Rechtsgrundlagen erbracht worden waren.[113]

Die BVerwG-Rechtsprechung, der sich inzwischen für Erstattungsverhältnisse zwischen Jugend- und Sozial- (bzw. Eingliederungs-)hilfeträger auch das BSG angeschlossen hat,[114] überzeugt inhaltlich und vom Ergebnis her; sie kommt den Bedürfnissen der Praxis entgegen. An der noch in der 6. Auflage vertretenen gegenteiligen Auffassung[115] **wird daher nicht mehr festgehalten.** Zu beachten ist aber, dass trotz rechtzeitiger Geltendmachung Verjährung nach § 113 SGB X eingetreten sein kann (→ Rn. 33).[116]

Keine einheitliche Leistung soll aber vorliegen, wenn eine gemeinsame Unterbringung von Mutter und Kind nach § 19 endet und für das Kind anschließend Hilfe zur Erziehung in einer Pflegefamilie erbracht wird.[117] Für den Beginn der Ausschlussfrist kommt es schließlich allein auf das Ende der Leistungserbringung durch den KE-berechtigten Träger an. Der Wechsel des KE-pflichtigen Trägers während der laufenden Leistungserbringung ist dagegen unerheblich.[118]

32 Die Frist nach § 111 SGB X (→ Rn. 29) ist nur gewahrt, wenn der KE-Anspruch **geltend gemacht** wird. **Geltendmachen** ist das – auch konkludente – definitive Fordern der KE; bloßes Anmelden einer Forderung genügt nicht.[119] Dies setzt nicht voraus, dass der KE-Anspruch schon feststeht oder beziffert wird. Es muss aber erkennbar sein, für welche Leistung in welchem Zeitraum aufgrund welcher anspruchsbegründenden Tatsachen KE verlangt wird. Ist das so, ist die Falschbezeichnung der Erstattungsnorm[120] oder der internen Behörde des wegen der KE angegangenen Trägers[121] unerheblich. Dabei ist für den Begriff der Leistung der **Gesamtbedarf** des Hilfebedürftigen maßgeblich, unabhängig von der (wechselnden) Zuordnung zu einer Nr. des § 2

110 BVerwG 17.12.2015 – 5 C 9.15 Rn. 18; ebenso BVerwG 27.4.2017 – 5 C 8/16 Rn. 12.
111 BVerwG 15.12.2016 – 5 C 35/15 Rn. 47.
112 BVerwG 17.12.2015 – 5 C 9.15 Rn. 16, 18.
113 BVerwG 27.4.2017 – 5 C 8/16 Rn. 12 f.; BVerwG 17.12.2015 – 5 C 9.15 Rn. 15–18; BVerwG 19.8.2010 – 5 C 14.09 Rn. 22; HessVGH 25.11.2015 – 10 A 233/15.Z; VG Neustadt (Weinstraße) 2.10.2015 – 4 K 708/15.NW. Ebenso DIJuF JAmt 2014, 199 (200).
114 BSG 4.4.2019 – B 8 SO 11/17 R; hierzu Spiolek jurisPR-SozR 24/2019 Anm. 5; Streichsbier in jurisPK-SGB VIII Rn. 25.1.
115 Kunkel/Pattar in LPK-SGB VIII, 6. Aufl., § 89 f Rn. 31 im Anschluss an VG Augsburg 27.1.2015 – Au 3 K 14.1617.
116 Ebenso DIJuF JAmt 2014, 199 (200).
117 VG Bayreuth 31.10.2016 – B 3 K 15.698.
118 VG Düsseldorf 31.5.2017 – 19 K 7628/16, juris Rn. 43–49.
119 BVerwG 19.8.2010 – 5 C 14/09, JAmt 2011, 153; ebenso Reisch in JHSM Rn. 30; VG Bayreuth 15.6.2016 – B 3 K 15.1001, juris Rn. 57.
120 OVG NRW 16.10.2019 – 12 A 2279/17; VG Dresden 7.9.2016 – 1 K 2638/14.
121 (Jugendamt statt Sozialamt) OVG MV 28.8.2018 – 1 L 133/14.

oder einer Rechtsgrundlage.[122] Weil „Leistung" iSv § 111 SGB X nach Sinn und Zweck der KE-Vorschriften (vgl. §§ 89b, 89d) **jede Hilfe** (also Leistung oder andere Aufgabe iSv § 2; → Rn. 5) umfasst, genügt es zur Fristwahrung, dass der erstattungsberechtigte Träger innerhalb von zwölf Monaten nach Beendigung der Hilfe zur Deckung eines zusammenhängenden Gesamtbedarfs durch den erstattungspflichtigen Träger von diesem KE fordert.[123] Die **Mitteilung** nach § 86 c S. 2 genügt nicht diesen Anforderungen, kann aber mit dem Geltendmachen des KE-Anspruchs verbunden werden. Eine Geltendmachung bleibt wirksam, solange die Jugendhilfe für weniger als drei Monate unterbrochen worden ist.[124] Im Sonderfall der KE-Ansprüche nach § 89 d Abs. 3 in der bis 30.6.2017 geltenden Fassung waren noch geringere Anforderungen zu stellen, um die dort geltenden, noch extrem viel kürzeren Fristen (§ 42 d Abs. 4) einigermaßen handhabbar zu machen.[125]

Die **Darlegungs- und Beweisführungslast** für das Einhalten der Ausschlussfrist des § 111 SGB X (und des § 42 d) liegt beim kostenerstattungsberechtigten Träger. Der fehlende Nachweis des Zugangs eines Geltendmachungsschreibens geht daher zu seinen Lasten.[126]

Wurde die Erstattung innerhalb der Ausschlussfrist nach § 111 SGB X iVm § 111 SGB XII analog (→ Rn. 30) wirksam geltend gemacht, kann dem Anspruch die – vom KE-pflichtigen Träger zu erhebende[127] – Einrede der **Verjährung** nach **§ 113 SGB X** entgegenstehen. Wie die Schutzvorschrift des § 111 S. 2 SGB X knüpft § 113 Abs. 1 S. 1 SGB X den Beginn der Verjährungsfrist an ein Ereignis, welches bei jugendhilferechtlichen KE-Ansprüchen nie vorliegt. Zur Füllung dieser planwidrigen Regelungslücke ist § 111 SGB XII analog heranzuziehen.[128] Andere wollen stattdessen mit demselben Ergebnis § 113 Abs. 1 SGB X in der bis 31.12.2000 geltenden Fassung weiter anwenden.[129] Damit verjährt der KE-Anspruch vier Jahre nach Ablauf des Kalenderjahres, in dem er entstanden ist.[130] Eine analoge Anwendung von **§ 195 BGB** (drei Jahre) scheidet hingegen aus, da diese Vorschrift nur die Verjährungsfrist, nicht ihren Beginn regelt und § 111 SGB XII der Interessenlage im Rahmen des SGB VIII besser entspricht.[131] Liegt eine Verzichtserklärung auf die Einrede der Verjährung vor, kann der erstattungspflichtige Träger sich nicht mehr wirksam auf die Verjährung berufen.[132] 33

122 So BVerwG 19.8.2010 – 5 C 14/09, JAmt 2011, 153 unter Aufhebung v. VGH BW Urt. v. 1.7.2008 – 12 S 2508/06 unter Aufgabe v. BVerwG 10.4.2003 – 5 C 18/02 und 5 C 19/02.
123 BVerwG 19.8.2010 – 5 C 14/09, JAmt 2011, 153; Eschelbach/Schindler in FK-SGB VIII Rn. 5.
124 So Reisch in JHSM Rn. 30; angedeutet bei BVerwG 19.8.2010 – 5 C 14/09, JAmt 2011, 153.
125 S. hierzu die 6 Auflage → § 89d Rn. 11 aE und → § 89f Rn. 33; zu § 42 d VG Würzburg 4.4.2019 – W 3 K 17.1282; VG Potsdam 24.1.2019 – 7 K 6403/17.
126 VG Potsdam 23.1.2019 – 7 K 6363/17, juris Rn. 20 f.
127 Roller in v. Wulffen/Schütze SGB X § 113 Rn. 12; BSG 6.12.1989 – 2 RU 30/89, HV-info 1990, 523; VG Aachen 29.12.2009 – 2 K 2554/05.
128 So BVerwG 30.9.2009 – 5 C 18/08, JAmt 2010, 189 best. OVG NRW 21.6.2007 – 12 A 3371/05; OVG BW 5.3.2021 – 12 S 621/18, juris Rn. 37; OVG Saarland 23.5.2012 – 3 A 410/11, NDV-RD 2012, 133; BayVGH 3.12.2009 – 12 BV 08.2147 u. BayVGH 23.11.2009 – 12 BV 08.2146 best. VG Ansbach 19.6.2008 – AN 14 K 06.4146; VG Bayreuth 15.6.2016 – B 3 K 15.1001, juris Rn. 59; VG Würzburg 24.1.2013 – W 3 K 11.1060; VG Ansbach 25.7.2013 – AN 14 K 12.02273; aA Schwabe ZfF 2001, 81; DV NDV 2002, 7.
129 VG Kassel 3.11.2014 – 5 K 1540/12.KS.
130 Ebenso VGH BW 5.3.2021 – 12 S 621/18, juris Rn. 40.
131 Ebenso Streichsbier in jurisPK-SGB VIII Rn. 28.1; ähnl. BayVGH 3.12.2009 – 12 BV 08.2147; aA Kern in SFMK Rn. 18; DV NDV 2002, 7.
132 VG Hannover 7.4.2017 – 3 A 7377/16.

34 Soweit dies im Jugendhilferecht nicht ohnehin durch den Bedarfsdeckungsgrundsatz vermieden wird, verhindert § 107 Abs. 1 SGB X in den Fällen, in denen parallele Leistungsverpflichtungen mehrerer Träger bestehen (vgl. § 89c), dass der erstattungspflichtige zuständige Träger die Leistung der leistungsberechtigten Person erneut bewilligen muss: Soweit der Erstattungsanspruch reicht, gilt der Anspruch als erfüllt. Umgekehrt gilt die Erfüllungsfiktion aber nicht: Vermeintliche Leistungsberechtigte, die nach Aufhebung einer rechtswidrigen Leistungsbewilligung Leistungen gemäß § 50 SGB X erstatten müssen, können gegen die Höhe der Erstattung nicht gemäß § 107 SGB X die Kostenerstattung nach § 89d ins Feld führen;[133] hier müssen die Träger untereinander rückabwickeln (§ 112 SGB X → Rn. 36).

8 Weitere Anspruchsgrundlagen für Erstattungsansprüche unter Jugendhilfeträgern (§§ 102, 105, 112 SGB X)

35 Zwischen den Jugendhilfeträgern gelten auch die Erstattungsregelungen in **§§ 102, 105 SGB X**. Sie werden durch §§ 89 ff. SGB VIII nicht verdrängt, sondern ergänzt, um Lücken der allgemeinen Erstattungsregelungen auszufüllen.[134] Im Unterschied zu § 105 SGB X setzt **§ 102 SGB X** voraus, dass der Träger **in Kenntnis** der Zuständigkeit eines anderen Trägers leistet oder noch erkennbar **im Ungewissen** ist, welcher andere Träger zuständig ist und die Leistung von Anfang an aufgrund von § 43 SGB I oder § 86d SGB VIII nur **als vorläufige** erbringt. Im Verhältnis zu § 102 SGB X ist **§ 89c Abs. 1 S. 2** die **speziellere** Regelung und daher vorrangig.[135] **§ 105 SGB X** unterscheidet sich von § 89c Abs. 1 S. 1 dadurch, dass der Träger im Fall des § 105 SGB X **als unzuständiger, aber in der Annahme seiner nicht auf § 86c beruhenden Zuständigkeit** geleistet hat, während er im Fall des § 89c Abs. 1 S. 1 in der Zeit vor Greifen des Erstattungsanspruchs als tatsächlich zuständiger geleistet hatte und die Leistung danach gemäß § 86c fortgesetzt hat.[136] KE nach § 105 SGB X scheidet aus, wenn der zuständige Träger bereits geleistet hat oder – analog – die Leistung aus anderen als Zuständigkeitsgründen zu Recht abgelehnt hat (→ § 89c Rn. 12).[137]

36 Schließlich gibt **§ 112 SGB X** einen Rückerstattungsanspruch für zu Unrecht erstattete Beträge. Das sind solche, die von Anfang an dem Grunde oder der Höhe nach rw unter Verstoß gegen die KE-Regelungen angefordert worden sind, aber auch solche, die nachträglich dem Grunde oder der Höhe nach unberechtigt waren, weil sich zB der Nettoaufwand durch nachträgliche Zahlungen verringert hat.[138] § 112 SGB X greift auch dann ein, wenn eine Leistung zu Unrecht auf der Grundlage von § 112 zurückerstattet wurde.[139] Zur Geltung von §§ 111, 113 SGB X → Rn. 37.

37 Die **Erstattungsansprüche** aus §§ 102 und 105 SGB X und der **Rückerstattungsanspruch** aus § 112 SGB X sind – im Verhältnis von Jugendhilfeträgern untereinander und zwischen Jugendhilfe- und anderen Sozialleistungsträgern – **in gleicher Weise** geltend zu machen wie die KE-Ansprüche der §§ 89–89e (→ Rn. 28 ff.). Allerdings gilt die Bagatellgrenze des § 89f Abs. 2 SGB VIII nur im Verhältnis zwischen Jugendhilfe-

133 SächsOVG 7.2.2017 – 1 A 552/13.
134 Ebenso OVG LSA 17.9.2019 – 4 L 90/18; BayVGH 20.5.2009 – 12 B 08.2007; BayVGH 18.7.2005 – 12 B 02.1197; BayVGH 16.11.2004 – 12 B 00.3364; BayVGH 1.4.2004 – 12 B 99.2510; BayVGH 11.12.2003 – 12 B 99.2390; Reisch in JHSM Rn. 17; Bohnert/Stähr in Hauck/Noftz/Stähr Vor §§ 89–89h Rn. 2; Nellissen in GK-SGB VIII Rn. 29; ebenso nun wohl Riehle in Krug/Riehle § 89c Rn. 15.
135 Ebenso VG Göttingen 22.6.2017 – 2 A 270/15, juris Rn. 21.
136 Zur Abgrenzung zB OVG NRW 15.12.2015 – 12 A 2645/14; VG Köln 13.7.2016 – 26 K 1102/15; vgl. BayVGH 2.12.2019 – 12 BV 19.1737; VG Dresden 30.10.2019 – 1 K 269/18.
137 Ähnlich SchlH VG 25.6.2003 – 15 A 330/02.
138 Ebenso Nellissen in GK-SGB VIII Rn. 30; Leopold in jurisPK-SGB X § 112 Rn. 25.
139 VG München 8.6.2015 – M 18 K 14.5451.

trägern. Für Rückerstattungsansprüche aus § 112 SGB X gilt allerdings nicht die Ausschlussfrist des § 111 SGB X;[140] sie verjähren nach § 113 Abs. 1 S. 2 SGB X in vier Jahren nach Ablauf des Kalenderjahres, in dem die unrechtmäßige Erstattung erfolgte, also nach Entstehung des Rückerstattungsanspruchs.[141]

140 Roller in v. Wulffen/Schütze SGB X § 111 Rn. 4; Leopold in jurisPK-SGB X § 112 Rn. 12.
141 So VG Aachen 29.12.2009 – 2 K 2554/05; Leopold in jurisPK-SGB X § 113 Rn. 32.

38 9 Synopse zur Kostenerstattung nach SGB VIII und SGB X

Kostenerstattung (KE) in der Jugendhilfe
nach SGB VIII

	§ 89	§ 89a	§ 89b	§ 89c	§ 89d	§ 89e
Voraussetzungen	■ örtl. Tr. hat Leistungen (§ 2 Abs. 2) erbracht im Rahmen seiner Zuständigkeit nach §§ 86, 86 a, 86 b ■ angeknüpft an den **tats.A.** oder ■ (in analoger Anwendung) angeknüpft an den Zuweisungsort	■ örtl. Tr. hat Leistungen erbracht aufgrund seiner Zuständigkeit nach § 86 Abs. 6 (**Vollzeitpflege auf Dauer**)	■ örtl. Tr. sind Kosten entstanden entweder für die **Inobhutnahme** (§ 42) ■ angeknüpft an seine Zuständigkeit am tats. A. (§ 87) oder ■ bei mj. Asylsuchenden (auch) für Leistungen nach Inobhutnahme ■ angeknüpft an die Zuständigkeit nach § 86 Abs. 7 S. 1 iVm § 87	■ örtl. Tr.hat Leistungen erbracht entweder ■ nach **Zuständigkeitswechsel weiter** (§ 86 c) oder ■ **vorläufig** (§ 86 d)	■ örtl. Tr. hat innerhalb eines Monats nach **Einreise** eines Asylbewerbers Hilfen für Erfüllung einer Aufgabe (§ 2 Abs. 2 oder 3) begonnen und dafür Kosten aufgewendet ■ angeknüpft an tatsächlichen Aufenthalt oder ■ angeknüpft an Zuweisungsentscheidung ■ ODER (in analoger Anwendung) (→ § 89d Rn. 12): Örtl. Tr. hat Kosten für Hilfen aufgrund Zuständigkeit nach § 88a erbracht.	■ örtl. Tr. hat Kosten aufgewendet für Erfüllung einer Aufgabe (§ 2 Abs. 2 oder 3), weil seine örtl. Zuständigkeit angeknüpft war an ■ gA ■ von Eltern oder Minderj. (also nicht nach § 86 Abs. 6) ■ und dieser begründet wurde in **institutionalisierter Wohnform**, die – Erziehung, Pflege, Betreuung, Behandlung, Strafvollzug bezweckt

	§ 89	§ 89a	§ 89b	§ 89c	§ 89d	§ 89e
Rechtsfolge	KE durch „seinen" üö Tr.	KE durch ■ örtl. Tr., der vor Zuständigkeitswechsel nach § 86 Abs. 1–5 zuständig war ■ Erstattungspflicht wechselt zu anderem örtl. Tr., wenn sich beim erstattungspflichtigen Träger der für § 86 Abs. 1–5 maßgebliche g.A. ändert	KE durch (1) den örtl. Tr., dessen Zuständigkeit sich (fiktiv) nach dem gA gemäß § 86 richtet (2) üö Tr. (im Ber. d. KE-berechtigten ö Tr.), wenn Anknüpfung an g.A. eines erstattungspflichtigen örtl. Tr. nicht möglich, weil g.A. nicht vorhanden oder nicht feststellbar	KE durch (1) örtl. Tr., der entweder ■ bei Zuständigkeitswechsel örtlich zuständig nach §§ 86, 86a, 86b geworden ist oder ■ bei vorläufiger Leistung nach §§ 86, 86a, 86b zuständig ist (2) üö Tr. im Bereich des erstattungsberechtigten örtlichen Trägers, wenn erstattungspflichtiger örtl. Tr. mangels Anknüpfungspunkt an seine örtliche Zuständigkeit nicht vorhanden ist oder nicht festgestellt werden kann	KE ■ bei Geburt im Inland durch das Land des Geburtsorts oder ■ bei Geburt im Ausland für Kosten – bis 31.10.15 nach Bestimmung durch BVA – seit 1.11.15 durch eigenes Land des Jugendamts. ■ (in analoger Anwendung; → § 89d Rn. 12): bei Hilfen gem. § 88 a durch eigenes Land des Jugendamts. KE entfällt, wenn drei Monate lang kein Anspruch auf Jugendhilfe bestand.	KE durch (1) örtl. Tr. (Abs. 1) ■ am Ort des gA unmittelbar vor Aufnahme ■ fortgesetzte Erstattungspflicht bei fortgesetzter Zuständigkeit nach § 86a Abs. 4 oder § 86b Abs. 3 (2) üö Tr. (Abs. 2), wenn vor Aufnahme kein g.A. vorhanden oder (analog) nicht zu ermitteln

	§ 89	§ 89a	§ 89b	§ 89c	§ 89d	§ 89e
Durchgriff	nein	anstelle des nach Abs. 1 KE-pflichtigen Trägers ist dem KE-berechtigten Träger (am Ort der Pflegeperson) gegenüber der (dritte) Träger KE-pflichtig, gegen den der nach Abs. 1 ursprünglich erstattungspflichtige Träger einen Erstattungsanspruch hat („Verkürzung der Erstattungskette" nach Abs. 2)	nein	nein	nein	nein
Umfang	§ 89f: ■ materiell rechtmäßig aufgewendete Kosten ■ nach seinen Grundsätzen (Vor-Ort-Prinzip) ■ aber unter Wahrung der Interessen des erstattungspflichtigen Trägers (Interessenwahrungsprinzip)	wie bei § 89	wie bei § 89, aber: auch Kosten unter Bagatellgrenze (1000 EUR)	wie bei § 89, aber: Verwaltungskostenzuschlag („Strafdrittel"), wenn erstattungspflichtiger örtl. Tr. durch pflichtwidrige Handlung Kosten des erstattungsberechtigten örtl. Tr. verursacht hat	wie bei § 89, aber: auch Kosten unter Bagatellgrenze (1000 Euro)	wie bei § 89

	§ 89	§ 89a	§ 89b	§ 89c	§ 89d	§ 89e
	■ nur über Bagatellgrenze (1000 Euro) ■ keine Verzugs-, aber Prozesszinsen (5 Prozentpunkte über Basiszinssatz) ■ keine Verwaltungskosten (§ 109 S. 1 SGB X) ■ Auslagen über 200 EUR (§ 109 S. 2 SGB X)					
Fristen	■ Ausschlussfrist (§ 111 SGB X): 12 Monate nach Ablauf des letzten Leistungstages ■ Verjährungsfrist (§ 113 SGB X): 4 Jahre nach Ablauf des letzten Kostenjahres	wie bei § 89	wie bei § 89	wie bei § 89	■ KE-Ansprüche wg. im Ausl. geb. KuJ für Zeiträume bis 31.10.15: – Ausschlussfrist 31.7.16 (§ 42d Abs. 4 S. 1) – Verjährungsfrist: 1 Jahr nach Ablauf des letzten Kostenjahres	wie bei § 89

	§ 89	§ 89a	§ 89b	§ 89c	§ 89d	§ 89e
					(§ 42d Abs. 4 S. 2) ■ Im Übrigen: wie bei § 89	
Form	■ Erstattungsforderung mit WE (kein VA) ■ gerichtlich durch allg. Leistungsklage*	wie bei § 89	wie bei § 89	wie bei § 89, zusätzlich Feststellung nach § 97	wie bei § 89	wie bei § 89
Konkurrenzen	■ § 89d vorrangig (Abs. 5), wenn Kosten für innerhalb eines Monats nach Einreise begonnene Hilfe aufgewendet wurden ■ für Leistungen aufgrund § 88a analoge Anwendung von § 89d (→ § 89d Rn. 12) vorrangig ■ im Übrigen keine Konkurrenzen, da andere Erstattungsvoraussetzungen	■ zu § 89 keine Konkurrenz, da sich gegenseitig ausschließende Voraussetzungen ■ zu § 89b keine Konkurrenz, da sich gegenseitig ausschließende Voraussetzungen ■ § 89c Abs. 1 + Abs. 3 sind vorrangig ■ § 89d wäre vorrangig (Abs. 5), Konkurrenz besteht aber wegen sich gegenseitig ausschließender Voraussetzungen nicht	■ zu §§ 89, 89a, 89e ausgeschlossen, da dort nicht auf Zuständigkeit nach § 87 abgestellt wird ■ § 89c ist lex specialis ■ § 89d ist vorrangig (Abs. 5), wenn Kosten für innerhalb eines Monats nach Einreise begonnene Hilfe aufgewendet wurden	■ zu §§ 89, 89a ist § 89c lex specialis ■ zu § 89b ausgeschlossen, da dort Anknüpfung an Zuständigkeit nach § 87 ■ § 89d ist vorrangig (Abs. 5), wenn Kosten für innerhalb eines Monats nach Einreise begonnene Hilfe aufgewendet wurden ■ § 89e Abs. 1 (nicht nur bei pflichtwidrigem Handeln) nachrangig	zu §§ 89, 89a, 89b, 89c, 89e Vorrang (Abs. 5), auch bei analoger Anwendung (→ § 89d Rn. 12); allerdings besteht kein Konkurrenzverhältnis zu §§ 89a, 89e, weil dort Anknüpfung der Zuständigkeit an g.A. vorausgesetzt	■ keine Konkurrenz von Abs. 2 zu § 89, da unterschiedliche Voraussetzungen ■ keine Konkurrenz von Abs. 1 zu § 89a Abs. 1, da § 86 Abs. 6 bei § 89e nur für KE-Anspruch (nach hM; gar nicht) anwendbar ■ keine Konkurrenz zu § 89b, weil sich gegenseitig ausschließende Voraussetzungen ■ § 89c Abs. 1 + Abs. 3 ist vor-

	§ 89	§ 89a	§ 89b	§ 89c	§ 89d	§ 89e
		■ mit § 89e ist Konkurrenz ausgeschlossen, da § 86 Abs. 6 bei § 89 e nur für KE-Anspruch (nach hM gar nicht) anwendbar ist		■ § 89e Abs. 2 ist nachrangig gegenüber § 89c Abs. 3 ■ § 2 Abs. 3 SGB X ist nachrangig (§ 37 S. 1 SGB I)		rangig gegenüber § 89e Abs. 1 + Abs. 2 ■ zu § 89d ist Konkurrenz ausgeschlossen, da sich gegenseitig ausschließende Voraussetzungen
abw. Landesregelung (§ 89g)	■ Bayern ■ Hessen	■ Bayern ■ Hessen	■ Bayern ■ Hessen	■ Bayern ■ Hessen	■ Bayern ■ Meck.-V. ■ NRW	■ Bayern ■ Hessen

* Ausnahmsweise Feststellungsklage: VG Hannover 23.5.2017 – 3 A 10723/14.

Kostenerstattung (KE) in der Jugendhilfe
nach SGB X

	§ 2 Abs. 3	§ 102	§ 103	§ 104	§ 105	§ 112
Voraussetzungen	Wechsel der örtl. Z. des örtl. Tr. oder üö Tr. nach §§ 86–88 SGB VIII	vorläufige Leistung des örtl. Tr. oder üö Tr. nach § 43 Abs. 1 SGB I oder des örtl. Tr. nach § 86d SGB VIII	■ örtl. Tr. oder üö Tr. hat Jugendhilfe rechtmäßig erbracht ■ Leistungspflicht ist nachträglich entfallen, weil Träger einer anderen Sozialleistung zuständig wurde	örtl. Tr. oder üö Tr. hat Leistung gemäß § 10 SGB VIII nachrangig gegenüber einem Träger einer anderen Sozialleistung erbracht	örtl. Tr. oder üö Tr. hat Leistung nach SGB VIII als unzuständig erbracht	zu Unrecht erfolgte Erstattung
Rechtsfolge	KE durch den nach Wechsel zuständigen Träger	KE durch sachlich und örtlich zuständigen Träger	KE durch den jetzt zuständigen Leistungsträger	KE durch vorrangig verpflichteten Leistungsträger	KE durch zuständigen Leistungsträger	Rückerstattung, soweit Erstattung zu Unrecht erfolgt
Durchgriff	nein	nein	nein	nein	nein	nein
Umfang	§ 89f: ■ materiell rechtmäßig aufgewendete Kosten ■ nach seinen Grundsätzen (Vor-Ort-Prinzip) ■ aber unter Wahrung der Interessen des erstattungspflichtigen Trägers (Interes-	wie bei § 2 Abs. 3	wie bei § 2 Abs. 3	wie bei § 2 Abs. 3	wie bei § 2 Abs. 3	Umfang, soweit Erstattung zu Unrecht erfolgt ist

	senwahrungsprinzip) ■ zwischen Jugendhilfeträgern nur über Bagatellgrenze (1000 EUR) ■ keine Verzugs-, aber Prozesszinsen (5 Prozentpunkte über Basiszinssatz) ■ keine Verwaltungskosten (§ 109 S. 1 SGB X) ■ Auslagen über 200 EUR (§ 109 S. 2 SGB X)					
Fristen	■ Ausschlussfrist (§ 111 SGB X): 12 Monate nach Ablauf des letzten Leistungstages ■ Verjährungsfrist (§ 113 SGB X): 4 Jahre nach Ablauf des letzten Kostenjahres	wie bei § 2 Abs. 3	wie bei § 2 Abs. 3, aber: bei KE durch Jugendhilfeträger gegenüber einem Träger einer anderen Sozialleistung KE erst ab Bekanntwerden der Leistungspflicht des JHTr.	wie bei § 2 Abs. 3	wie bei § 2 Abs. 3, aber: bei KE durch Jugendhilfeträger gegenüber dem Träger einer anderen Sozialleistung KE erst ab Bekanntwerden der Leistungspflicht des JHTr.	Keine Geltung von § 111 SGB X Verjährungsfrist (§ 113 SGB X): 4 Jahre nach Ablauf des Jahres der unrechtmäßigen Erstattung

Form	■ Erstattungsforderung mit WE (kein VA) ■ gerichtlich durch allg. Leistungsklage ■ Feststellung nach § 97 SGB VIII	wie bei § 2 Abs. 3	wie bei § 2 Abs. 3	wie bei § 2 Abs. 3	wie bei § 2 Abs. 3	wie bei § 2 Abs. 3
Konkurrenzen	§ 89 Abs. 1 S. 1 SGB VIII hat Vorrang (§ 37 SGB I)	§ 89c Abs. 1 S. 2 SGB VIII hat Vorrang (§ 37 SGB I)	–	–	§ 89c Abs. 1 S. 1 hat Vorrang (§ 37 SGB I)	–

§ 89g Landesrechtsvorbehalt

Durch Landesrecht können die Aufgaben des Landes und des überörtlichen Trägers nach diesem Abschnitt auf andere Körperschaften des öffentlichen Rechts übertragen werden.

Die – seit der **Föderalismusreform** (→ § 71 Rn. 47) an sich überflüssige (Art. 84 Abs. 1 S. 2 GG) – Ermächtigung betrifft nur die Übertragung von Aufgaben nach dem Dritten Abschnitt, also solche der **Kostenerstattung**. Sie finden sich für das **Land** in § 89d und für den **überörtlichen Träger** in §§ 89, 89a Abs. 2, 89b Abs. 2, 89c Abs. 3, 89e Abs. 2. Deren Aufgaben können durch Landesrecht, also Gesetz oder Verordnung, auf andere Körperschaften des öffentlichen Rechts (zB höhere Kommunalverbände) übertragen werden. Die landesrechtliche Zuweisung der Zuständigkeit an andere Träger ändert nichts an der Gerichtskostenpflicht für Erstattungsstreitigkeiten nach § 188 Hs. 2 VwGO.[1] 1

Daneben haben einige Länder **eigene landesrechtliche Erstattungsansprüche** für die Aufwendungen erlassen, welche den Jugendhilfeträgern für **Asylbewerberleistungsberechtigte** oder unbegleitete minderjährige Flüchtlinge oder andere Personengruppen entstehen. Hierfür sind die Länder spätestens seit der Föderalismusreform 2006 (→ § 71 Rn. 1) zuständig; das SGB VIII sperrt insoweit nicht den Erlass eigener Vorschriften. 2

Vom Landesrechtsvorbehalt des § 89 d Gebrauch gemacht und/oder sonstige Zuständigkeits- oder Erstattungsregelungen getroffen haben die folgenden Länder: 3

- In **Baden-Württemberg** ist das Regierungspräsidium Stuttgart zuständig für die Kostenerstattung des Landes nach § 89d (§ 1 VO v. 5.7.1999).[2] Nach § 19a Abs. 5 LKJHG[3] erstattet das Land dem KVJS als Landesjugendamt den Personal- und Sachaufwand für die Aufgaben als zuständige Stelle nach § 42b Abs. 3. Darüber hinaus kennen §§ 29b, 29c und 29d des Finanzausgleichsgesetzes (FAG)[4] pauschale Zuweisungen für Jugendhilfeaufgaben.
- In **Bayern** sind die Bezirke als höhere Kommunalverbände anstelle des überörtlichen Trägers (Zentrum Bayern für Familie und Soziales) und des Landes für die Kostenerstattung nach §§ 89, 89a Abs. 2, § 89b Abs. 2, § 89c Abs. 3, §§ 89d und 89e Abs. 2 im eigenen Wirkungskreis unter Aufsicht der Regierungen zuständig (Art. 52 **AGSG**).[5] Art. 53 AGSG enthält einen Erstattungsanspruch für vorläufige Leistungen der Eingliederungshilfe bei Streit zwischen Sozial- und Jugendhilfeträger über die sachliche Zuständigkeit (zum Verhältnis zu § 14 Abs. 4 SGB IX → § 89c Rn. 9). Daneben besteht in Art. 7, 8 **AufnG**[6] ein eigenständiger landesrechtlicher Kostenerstattungsanspruch der (örtlichen und überörtlichen) Jugendhilfeträger gegen den Freistaat Bayern für Jugendhilfeleistungen, die an Asylbe-

1 VG Chemnitz 31.8.2017 – 4 K 3943/16.

2 Verordnung des Sozialministeriums über die Zuständigkeit für die Kostenerstattung bei Gewährung von Jugendhilfe nach der Einreise vom 5.7.1999 (GBl. S. 349), zuletzt geändert: G v. 1.7.2004 (GBl. S. 469).

3 Kinder- und Jugendhilfegesetz für Baden-Württemberg (LKJHG) idF vom 14.4.2005 (GBl. S. 376), zuletzt geändert: G v. 19.3.2020 (GBl. S. 149).

4 Gesetz über den kommunalen Finanzausgleich (Finanzausgleichsgesetz – FAG) idFd Bekanntmachung v. 1.1.2000 (GBl. S. 14), zuletzt geändert: G v. 4.2.2021 (GBl. S. 181, 182).

5 Gesetz zur Ausführung der Sozialgesetze (AGSG) v. 8.12.2006 (GVBl. S. 942), zuletzt geändert: G v. 23.4.2021 (GVBl. S. 196).

6 Gesetz über die Aufnahme und Unterbringung der Leistungsberechtigten nach dem Asylbewerberleistungsgesetz (Aufnahmegesetz – AufnG) v. 24.5.2002 (GVBl. S. 192), zuletzt geändert: VO v. 26.3.2019 (GVBl. S. 98).

werberleistungsberechtigte erbracht werden. Zuständig sind die Regierungen. Diese Zuständigkeit verdrängt auch die sonst durch Art. 52 AGSG für den Erstattungsanspruch nach § 89d gegebene Zuständigkeit der Bezirke.[7] Ob Art. 7, 8 AufnG den KE-Anspruch nach § 89d zum Erlöschen bringen[8] oder nur für die Zeit gleichzeitiger Ansprüche verdrängen, soweit sie reichen,[9] ist in der Rechtsprechung umstritten. Dabei wird insbesondere Art. 7 AufnG von der Rechtsprechung als weiter angesehen als § 89d.[10] Daneben besteht in Art. 51 AGSG eine Kostenbeteiligung von Staat und Bezirken an vollstationären Leistungen der Jugendhilfe in Einrichtungen sowie nach Art. 52a AGSG ein Anspruch des Bezirks gegen den Staat auf Erstattung der Kosten nach § 89d.[11]

- In **Brandenburg** erweitert § 24 e Abs. 2 **AGKJHG**[12] die Erstattungspflicht des Landes nach § 89d auf die Kosten für die nach § 24e Abs. 1 AGKJHG und nach § 42f vorgeschriebene Untersuchung. § 24h AGKJHG fingiert alle durch das betreffende Jugendamt zu stellenden Erstattungsanträge nach § 89d als mit der Zuweisungsentscheidung des unbegleiteten ausländischen Kindes oder Jugendlichen rechtzeitig gestellt. § 24j AGKJHG enthält eine Verordnungsermächtigung zum finanziellen Ausgleich der durch die Einführung der §§ 24a–24j AGKJHG übertragenen Aufgaben. § 16a **KitaG**[13] enthält Erstattungsansprüche wegen einer Erhöhung der Personalschlüssel 2010 (Abs. 1) und eine Verordnungsermächtigung zur Regelung des Ausgleichs des erweiterten Rechtsanspruchs auf Kinderbetreuung (Abs. 2).
- In **Hamburg** ist die Behörde für Arbeit, Gesundheit, Soziales, Familie und Integration für die Kostenerstattung an auswärtige (also: nicht-hamburgische) öffentliche Träger nach §§ 89a, 89b, 89d und 89e, die Heranziehung auswärtiger öffentlicher Träger zur Kostenerstattung nach §§ 89b, 89d für die Dauer der Unterbringung im Kinder- und Jugendnotdienst, für die Durchführung der Verfahren nach § 89d Abs. 1 und 2 bis zur Anerkennung der KE-Verpflichtung durch den auswärtigen überörtlichen Träger und die Bearbeitung streitiger Kostenerstattungsansprüche gegenüber auswärtigen öffentlichen Trägern zuständig (II. Abs. 3 Nr. 14–18 der **AnOZustKJH**).[14]
- In **Hessen** erklärt § 14 der **KJHV**[15] befristet bis zum 31.12.2025 das Regierungspräsidium Kassel für zentral zuständig für Kostenerstattungen nach §§ 89–89c

7 BayVGH 12.4.2011 – 12 ZB 10.804.
8 VG Augsburg 9.4.2013 – Au 3 K 12.1468.
9 VG 25.6.2020 – AN 6 K 18.00385, juris Rn. 20; VG 25.6.2020 – AN 6 K 18.00396, juris Rn. 22; VG Regensburg 3.5.2016 – RO 4 K 15.1005.
10 VG 25.6.2020 – AN 6 K 18.00385, juris Rn. 22; VG 25.6.2020 – AN 6 K 18.00396, juris Rn. 26.
11 Zu diesem VG Augsburg 16.6.2020 – Au 3 K 18.1530.
12 Erstes Gesetz zur Ausführung des Achten Buches Sozialgesetzbuch – Kinder und Jugendhilfe (**AGKJHG**) idF v. 26.6.1997 (GVBl. I/97 S. 87), zuletzt geändert: G v. 25.6.2020 (GVBl. I/20 S. 3).
13 Zweites Gesetz zur Ausführung des Achten Buches des Sozialgesetzbuches – Kinder- und Jugendhilfe (Kindertagesstättengesetz – **KitaG**) idF v. 27.6.2004 (GVBl. I/04 S. 384), zuletzt geändert: G v. 25.6.2020 (GVBl. I/20 Nr. 18).
14 Anordnung über Zuständigkeiten im Kinder- und Jugendhilferecht v. 12.2.2002 (Amtl. Anz. 2002, S. 817), zuletzt geändert: AnO v. 6.10.2020 (Amtl. Anz. S. 2089, 2115).
15 Verordnung zur Ausführung des Hessischen Kinder- und Jugendhilfegesetzbuches und über Zuständigkeiten nach dem Jugendschutzgesetz und dem Achten Buch Sozialgesetzbuch (Kinder- und Jugendhilfeverordnung – KJHV) vom 22.10.2007 (GVBl. I S. 694), zuletzt geändert: 23.2.2021 (GVBl. I S. 129; GVBl. II 34–64. – Bis 17.12.2018 war dies – bis auf die Zuständigkeit für § 89d – identisch geregelt in § 1 Nr. 2 SGB VIII-ZuVO (Verordnung über Zuständigkeiten nach dem Achten Buch Sozialgesetzbuch v. 30.8.2013 [GVBl. 2013, S. 546]; FFN 34–71; aufgehoben zum 17.12.2018 durch VO v. 25.11.2018 [GVBl. 2018 S. 703]).

und § 89e Abs. 2 sowie nach § 89d. Zudem modifiziert § 7 Abs. 2 **LAufnG HE**[16] bei unbegleiteten minderjährigen Flüchtlingen den grundsätzlich pauschalen Erstattungsanspruch der Aufnahme-Landkreise und Gemeinden hin zu einer Einzelaufwendungsabrechnung. Hiervon sind jedoch die Aufwendungen der Jugendhilfe nicht betroffen.

- In **Mecklenburg-Vorpommern** tritt der Kommunale Sozialverband Mecklenburg-Vorpommern als überörtlicher Träger an die Stelle des Landes nach § 89d (§ 8 Abs. 2 S. 2 **KJHG-Org M-V**).[17] Dieser erhält dafür eine grundsätzlich pauschale Landeszuweisung (§ 28 **AufgZuordG M-V**).[18]
- In **Nordrhein-Westfalen** sind die Aufgaben des Landes nach § 89d den Landschaftsverbänden als überörtlichen Trägern der Jugendhilfe übertragen, denen allerdings das Land die dafür erforderlichen Mittel zur Verfügung stellt (§ 15a **AG-KJHG**).[19]
- In **Rheinland-Pfalz** besteht neben den bundesrechtlichen Kostenerstattungsvorschriften eine eigenständige landesrechtliche Kostenerstattungsvorschrift, nach welcher das Land den örtlichen Trägern einen Anteil ihrer Aufwendungen für HzE und der entsprechenden Hilfe nach § 41 mit Ausnahme von Erziehungsberatung erstattet. Der Erstattungsbetrag ist in der Gesamtsumme festgelegt (49.247.500 EUR) und wird in Abhängigkeit von den im vorangegangenen Kalenderjahr entstandenen Kosten auf die örtlichen Träger der Jugendhilfe verteilt (§ 26 Abs. 1 **AGKJHG**);[20] das Nähere soll eine Verordnung regeln.
- In **Sachsen** ist der Freistaat zugleich überörtlicher Träger der Jugendhilfe (§ 9 Abs. 1 **LJHG**).[21] Das beim Staatsministerium für Soziales errichtete Landesjugendamt ist zuständig für die Kostenerstattung nach den §§ 89, 89a Abs. 2, § 89b Abs. 2, § 89c Abs. 3 sowie §§ 89d und 89e Abs. 2 (§ 33 Abs. 2 LJHG). Diese Zuweisung ändert nichts an der Gerichtskostenpflicht für das Erstattungsverfahren.[22]
- In **Sachsen-Anhalt** erstattet das Land aufgrund von Verwaltungsvorschriften durch das Landesverwaltungsamt die Aufwendungen der Jugendhilfeträger für unbegleitete minderjährige Flüchtlinge, die nicht schon durch eine Kostenerstattungsnorm des SGB VIII erfasst sind.[23] Dort besteht auch eine Erstattungsregelung gegen „die Justiz" für die Aufwendungen, die dem Träger der Jugendhilfe aufgrund von Anordnungen nach §§ 71 Abs. 2, 72 Abs. 4 JGG entstehen.[24]

---

16 Gesetz über die Aufnahme und Unterbringung von Flüchtlingen und anderen ausländischen Personen (Landesaufnahmegesetz) v. 5.7.2007 (GVBl. I 2007, S. 399), zuletzt geändert: G v. 12.11.2020 (GVBl. S. 767); GVBl. II 37–48.

17 Gesetz zur Ausführung des Achten Buches des Sozialgesetzbuches – Kinder- und Jugendhilfe – (Landesjugendhilfeorganisationsgesetz – KJHG-Org M-V) v. 23.2.1993 (GVOBl. M-V S. 158), zuletzt geändert G v. 22.6.2012 (GVOBl. M-V S. 208, 211).

18 Gesetz über die Zuordnung von Aufgaben (Aufgabenzuordnungsgesetz – AufgZuordG M-V) v. 12.7.2010, GVOBl. M-V 2010, S. 383, zuletzt geändert durch G v. 24.6.2013, GVOBl. M-V S. 401.

19 Erstes Gesetz zur Ausführung des Kinder- und Jugendhilfegesetzes – AG-KJHG – v. 12.12.1990 (GV.NW. S. 664), zuletzt geändert 21.7.2018 (GV.NRW. S. 414).

20 Landesgesetz zur Ausführung des Kinder- und Jugendhilfegesetzes (**AGKJHG**) v. 21.12.1993 (GVBl. S. 632), zuletzt geändert 3.9.2019 (GVBl. S. 213).

21 Landesjugendhilfegesetz idF der Bekanntmachung v. 4.9.2008 (SächsGVBl. S. 578), zuletzt geändert: G v. 11.5.2019 (SächsGVBl. S. 358).

22 VG Chemnitz 31.8.2017 – 4 K 3943/16.

23 Abschn. 5 Nr. 3 des Gem. RdErl. d. MI und MS v. 14.8.2009 – 42.3.48004/45-51491, MBl. LSA 579.

24 Nr. 5 des Gem. RdErl. d. MS, MJ und MI v. 5.8.1998 – 54.51243, JMBl. LSA 358 = MBl. LSA 1655.

- In **Thüringen** besteht seit 23.12.2016 eine Verordnungsermächtigung zur Regelung des Kostenerstattungsverfahrens nach § 89d (§ 23a Abs. 2 **ThürKJHAG**),[25] von der noch nicht Gebrauch gemacht worden ist.

In den **anderen Bundesländern** sind keine Sonderregelungen ersichtlich, so dass es bei der jeweils in den §§ 89a–89e bestimmten Erstattungszuständigkeit bleibt.

§ 89h Übergangsvorschrift

(1) Für die Erstattung von Kosten für Maßnahmen der Jugendhilfe nach der Einreise gemäß § 89d, die vor dem 1. Juli 1998 begonnen haben, gilt die nachfolgende Übergangsvorschrift.

(2) [1]Kosten, für deren Erstattung das Bundesverwaltungsamt vor dem 1. Juli 1998 einen erstattungspflichtigen überörtlichen Träger bestimmt hat, sind nach den bis zu diesem Zeitpunkt geltenden Vorschriften zu erstatten. [2]Erfolgt die Bestimmung nach dem 30. Juni 1998, so sind § 86 Absatz 7, § 89b Absatz 3, die §§ 89d und 89g in der ab dem 1. Juli 1998 geltenden Fassung anzuwenden.

1 § 89h betrifft Fälle der Kostenerstattung nach § 89d, in denen das BVA bis 30.6.1998 aufgrund von § 89d Abs. 2 einen überörtlichen Träger, seit 1.7.1998 aufgrund von § 89d Abs. 3 ein Land als kostenerstattungspflichtig zu bestimmen hatte. Erfolgte diese Bestimmung vor dem 1.7.1998, waren gemäß § 89h Abs. 2 S. 1 die bis 30.6.1998 gültigen Erstattungsregeln anzuwenden. Erfolgte die Bestimmung – maßgeblich ist die Bekanntgabe[1] – danach, war das neue, seit 1.7.1998 geltende Kostenerstattungsrecht anzuwenden, auch wenn die Jugendhilfemaßnahmen, deren Kosten (rück)erstattet werden sollen, vor dem 1.7.1998 begonnen haben. Infolge Zeitablaufs ist § 89h Abs. 2 S. 1 inzwischen ohne praktische Bedeutung. Da inzwischen nach § 89d keine Bestimmung durch das BVA mehr erforderlich ist, gilt seit 1.7.1998 das neue Recht auch für früher begonnene Hilfefälle.[2]

2 Von 1993 bis 1996 enthielt § 89h zunächst eine Regelung zur Einführung einer obligatorischen Schiedsgerichtsbarkeit für Streitfälle der Kostenerstattung unter Jugendhilfeträgern und zwischen Jugend- und Sozialhilfeträgern. Hierdurch sollte das **Spruchstellenverfahren** nach der Fürsorgerechtsvereinbarung von 1965 abgelöst werden. Allerdings kam die dazu notwendige Rechtsverordnung aus verfassungsrechtlichen Gründen nie zustande. 1996 kündigten die Sozial- und Jugendhilfeträger die FRV. Nur in Baden-Württemberg wurde am 1.8.1997 eine Nachfolgevereinbarung getroffen, die Jugendhilfeträgern aller Bundesländer zum Beitritt offen steht.[3]

---

25 Gesetz zur Ausführung des Achten Buches Sozialgesetzbuch – Kinder- und Jugendhilfe – (Kinder- u. Jugendhilfe-Ausführungsgesetz – ThürKJHAG) idF v. 5.2.2009 (GVBl. S. 1), zuletzt geändert 30.6.2020 (GVBl. S. 345).

1 Bohnert/Stähr in Hauck/Noftz/Stähr Rn. 3.

2 Nellissen in GK-SGB VIII Rn. 4.

3 Ausführlich zur FRV Saurbier ZfF 2003, 121 ff.

Achtes Kapitel Kostenbeteiligung

Erster Abschnitt Pauschalierte Kostenbeteiligung

§ 90 Pauschalierte Kostenbeteiligung

(1) Für die Inanspruchnahme von Angeboten

1. der Jugendarbeit nach § 11,
2. der allgemeinen Förderung der Erziehung in der Familie nach § 16 Absatz 1, Absatz 2 Nummer 1 und 3 und
3. der Förderung von Kindern in Tageseinrichtungen und Kindertagespflege nach den §§ 22 bis 24

können Kostenbeiträge festgesetzt werden.

(2) [1]In den Fällen des Absatzes 1 Nummer 1 und 2 kann der Kostenbeitrag auf Antrag ganz oder teilweise erlassen oder ein Teilnahmebeitrag auf Antrag ganz oder teilweise vom Träger der öffentlichen Jugendhilfe übernommen werden, wenn

1. die Belastung
   a) dem Kind oder dem Jugendlichen und seinen Eltern oder
   b) dem jungen Volljährigen

   nicht zuzumuten ist und
2. die Förderung für die Entwicklung des jungen Menschen erforderlich ist.

[2]Lebt das Kind oder der Jugendliche nur mit einem Elternteil zusammen, so tritt dieser an die Stelle der Eltern. [3]Für die Feststellung der zumutbaren Belastung gelten die §§ 82 bis 85, 87, 88 und 92 Absatz 1 Satz 1 und Absatz 2 des Zwölften Buches entsprechend, soweit nicht Landesrecht eine andere Regelung trifft. [4]Bei der Einkommensberechnung bleiben das Baukindergeld des Bundes sowie die Eigenheimzulage nach dem Eigenheimzulagengesetz außer Betracht.

(3) [1]Im Fall des Absatzes 1 Nummer 3 sind Kostenbeiträge zu staffeln. [2]Als Kriterien für die Staffelung können insbesondere das Einkommen der Eltern, die Anzahl der kindergeldberechtigten Kinder in der Familie und die tägliche Betreuungszeit des Kindes berücksichtigt werden. [3]Werden die Kostenbeiträge nach dem Einkommen berechnet, bleibt das Baukindergeld des Bundes außer Betracht. [4]Darüber hinaus können weitere Kriterien berücksichtigt werden.

(4) [1]Im Fall des Absatzes 1 Nummer 3 wird der Kostenbeitrag auf Antrag erlassen oder auf Antrag ein Teilnahmebeitrag vom Träger der öffentlichen Jugendhilfe übernommen, wenn die Belastung durch Kostenbeiträge den Eltern und dem Kind nicht zuzumuten ist. [2]Nicht zuzumuten sind Kostenbeiträge immer dann, wenn Eltern oder Kinder Leistungen zur Sicherung des Lebensunterhalts nach dem Zweiten Buch, Leistungen nach dem dritten und vierten Kapitel des Zwölften Buches oder Leistungen nach den §§ 2 und 3 des Asylbewerberleistungsgesetzes beziehen oder wenn die Eltern des Kindes Kinderzuschlag gemäß § 6a des Bundeskindergeldgesetzes oder Wohngeld nach dem Wohngeldgesetz erhalten. [3]Der Träger der öffentlichen Jugendhilfe hat die Eltern über die Möglichkeit einer Antragstellung nach Satz 1 bei unzumutbarer Belastung durch Kostenbeiträge zu beraten. [4]Absatz 2 Satz 2 bis 4 gilt entsprechend.

1 Systematischer Zusammenhang und Struktur der Norm

1 Bereits mit dem KICK wurde das Achte Kapitel inhaltlich wesentlich umgestaltet. Die bisherige Überschrift wurde ersetzt durch die Überschrift „Kostenbeteiligung", was die nachfolgenden Regelungen treffender wiedergibt. Beim Ersten Abschnitt und damit § 90 wurde die bisherige Überschrift „Erhebung von Teilnahmebeiträgen" ersetzt durch „Pauschalierte Kostenbeteiligung". Damit kommt schon in der Überschrift die Intention des Gesetzgebers zum Ausdruck, in diesem Bereich der Kostenbeteiligung weitgehend mit – gestaffelten – Pauschalsätzen arbeiten zu wollen. Eine individuelle Ermittlung der Kostenbeteiligung im Einzelfall ist in den in Abs. 1 genannten Fallgestaltungen regelmäßig sehr aufwendig.[1] Daher sieht Abs. 1 abschließend in den in Nr. 1–3 genannten Fällen eine pauschalisierte Kostenbeteiligung vor. Die Kostenbeteiligung nach § 90 ist daher von der individuellen Kostenbeteiligung gem. §§ 91 ff. zu unterscheiden. § 90 stellt dabei selbst die Rechtsgrundlage für die Kostenerhebung dar; eines zusätzlichen Rückgriffs auf andere Regelungen bedarf es nicht.[2] Eine individuelle Einzelfallbetrachtung wird auf Antrag des Betroffenen durch die Abs. 2 und 4 ermöglicht. Danach besteht die Möglichkeit eines Erlasses oder einer Übernahme des Kostenbeitrags.[3] Die Festsetzung eines Kostenbeitrags ist lediglich in den in § 90 Abs. 1 genannten Fallgruppen möglich. Eine analoge Anwendung der Vorschrift auf nicht in Abs. 1 genannte Leistungen ist nicht möglich.[4] Beratungsangebote in allgemeinen Fragen der Erziehung (§ 16 Abs. 2 Nr. 2) bleiben kostenfrei. Mit dem KICK war bei Nr. 3 die Kindertagespflege neu eingefügt worden, der Begriff „Gebühren" durch „Kostenbeiträge" ersetzt worden (→ § 91 Rn. 1). Mit dem KiföG wurde zum einen der bis dahin enthaltene Begriff „Teilnahmebeiträge" gestrichen, zum anderen wurde das beim KICK unterlaufene Redaktionsversehen hinsichtlich der Erhebung von Kostenbeiträgen für die Kindertagespflege korrigiert.

Nach Neuregelung mit Wirkung zum 1.8.2019[5] sind Kostenbeiträge für die Förderung von Kindern in Tageseinrichtungen und Kindertagespflege zu staffeln. Die nach alter Rechtslage existierende Option für die Länder, aufgrund von Landesrecht von Staffelungen abzusehen, wurde gestrichen. Die Staffelungskriterien (das zur Verfügung stehende Einkommen, die Anzahl der kindergeldberechtigten Kinder in der Familie und die tägliche Betreuungszeit) sind unverändert in nicht abschließender Aufzählt in § 90 normiert. Über die gesetzlich benannten Kriterien können weitere Kriterien für Staffelungen festgelegt werden, soweit durch diese nicht die stets zu berücksichtigenden Kriterien unterlaufen werden. Besonderes Augenmerk ist nach der Gesetzesbegründung darauf zu legen, dass Familien mit kleinen und mittleren Einkommen nur proportional zu ihrer wirtschaftlichen Leistungsfähigkeit belastet werden.[6]

2 **Abs. 2** enthält Regelungen über den Erlass oder über die Übernahme des Kostenbeitrags in Fällen der **Jugendarbeit** nach § 11 oder der allgemeinen Förderung der **Erzie-**

1 S. auch Loos in Wiesner Rn. 1.
2 BVerwG 25.4.1997 – 5 C 6/96, juris Rn. 10; Loos in Wiesner Rn. 4 a.
3 S. hierzu auch BVerwG 25.4.1997 – 5 C 6/96, juris Rn. 11.
4 S. hierzu auch Schindler in FK-SGB VIII Vorbemerkung zum 8. Kapitel Rn. 7 u. Schindler in FK-SGB VIII Rn. 3; Stähr in Hauck/Noftz Rn. 7 a.
5 G v. 19.12.2018 (BGBl. I, 2696).
6 BT-Drs. 19/4947, 30.

hung in der Familie nach § 16 Abs. 1, Abs. 2 Nr. 1 und 3. Sofern das Kind oder der Jugendliche nur mit einem Elternteil zusammenlebt (→ § 92 Rn. 6), tritt dieser an die Stelle der Eltern. Dies hat zur Folge, dass bei der Beurteilung der Frage der Erhebung des Kostenbeitrags oder dessen Erlass das Einkommen des Elternteils, mit dem das Kind bzw. der Jugendliche nicht zusammenlebt, außer Betracht bleibt.

Mit Abs. 2 Satz 3 wird bestimmt, dass für die Feststellung der zumutbaren Belastung die §§ 82 bis 85, 87, 88 und 92 Abs. 1 S. 1 und Abs. 2 SGB XII entsprechend gelten, soweit nicht Landesrecht eine andere Regelung trifft. Mit Art. 1 des KJSG wurde Abs. 2 Satz 3 neu gefasst. Es handelt sich allerdings lediglich um eine redaktionelle Anpassung an die Fassung des SGB XII ab 1.1.2020.[7] Nach Abs. 2 Satz bleiben bei der Einkommensberechnung das Baukindergeld des Bundes sowie die Eigenheimzulage nach dem Eigenheimzulagengesetzaußer Betracht.

Abs. 3 bestimmt, dass Kostenbeiträge für Förderung von Kindern in Tageseinrichtungen und Kindertagespflege zu staffeln sind. Als Kriterien für die Staffelung werden insbesondere das Einkommen der Eltern, die Anzahl der kindergeldberechtigten Kinder in der Familie und die tägliche Betreuungszeit des Kindes vorgegeben. Weitere Kriterien können berücksichtigt werden. Mit Abs. 3 Satz 3 wird geregelt, dass bei einer Berechnung des Kostenbeitrages nach dem Einkommen das Baukindergeld des Bundes außer Betracht bleibt. 3

Mit Abs. 4 S. 1 wird vorgegeben, dass der Kostenbeitrag für die Inanspruchnahme einer Tageseinrichtung oder Kindertagespflege auf Antrag erlassen oder auf Antrag ein Teilnahmebeitrag vom Träger der öffentlichen Jugendhilfe übernommen wird, wenn die Belastung durch Kostenbeiträge den Eltern und dem Kind nicht zuzumuten ist. Nicht zuzumuten sind Kostenbeiträge nach Satz 2 immer dann, wenn Eltern oder Kinder Leistungen zur Sicherung des Lebensunterhalts nach SGB II, Leistungen nach dem dritten und vierten Kapitel des SGB XII oder Leistungen nach den §§ 2 und 3 AsylbLG beziehen oder wenn die Eltern des Kindes Kinderzuschlag gemäß § 6a BKGG oder Wohngeld nach dem Wohngeldgesetz erhalten. Nach Satz 3 hat der Träger der öffentlichen Jugendhilfe die Eltern über die Möglichkeit einer Antragstellung nach Satz 1 bei unzumutbarer Belastung durch Kostenbeiträge zu beraten. Mit Wirkung vom 6.12.2019[8] wurde geregelt, dass Abs. 2 Satz 2 bis 4 entsprechend gilt. 4

2 Tatbestandsvoraussetzungen für die Erhebung des Kostenbeitrags (Abs. 1)

Tatbestandsvoraussetzung für die Erhebung eines Kostenbeitrags ist zunächst lediglich die tatsächliche Inanspruchnahme einer in § 90 Abs. 1 Satz 1 Nrn. 1 bis 3 SGB VIII genannten Leistung. Nach Abs. 1 können für die Inanspruchnahme von Angeboten der Jugendarbeit nach § 11 (Nr. 1), deren Schwerpunkte in § 11 Abs. 3 aufgezählt sind, Kostenbeiträge festgesetzt werden. Das Gleiche gilt für Angebote der allgemeinen Förderung der Erziehung in der Familie nach § 16 Abs. 1, § 16 Abs. 2 Nr. 1 und 3. Der am weitesten reichende Angebotsbereich, für den Kostenbeiträge erhoben werden können, ist die Förderung von Kindern in Tageseinrichtungen und Kindertagespflege nach §§ 22 bis 24. Mit dem KICK wurde die unterschiedliche Berechnung der Kostenbeteiligung für die Tageseinrichtungen nach § 90 Abs. 1 Nr. 3 und die Tagespflege aufgegeben. 5

Strittig ist, ob es zudem Tatbestandsvoraussetzung für die rechtmäßige Erhebung eines Kostenbeitrags ist, dass die Leistungsgewährung rechtmäßig erfolgt ist oder ob auch infolge einer rechtswidrigen Leistungsbewilligung in rechtmäßiger Weise ein Kostenbeitrag erhoben werden kann (zum Streitstand → § 91 Rn. 14). Fraglich ist insbeson-

7 BT-Drs. 19/26107, 108.
8 G v. 30.11.2019 (BGBl. I, 1948).

dere, ob der Kostenschuldner die Rechtswidrigkeit der Leistungserbringung im Verfahren gegen den Kostenbescheid noch erfolgreich geltend machen kann, wenn der Leistungsbescheid zwischenzeitlich bestandskräftig geworden ist. Nach hier vertretener Auffassung kann es für die Kostenbeteiligung auf die Rechtmäßigkeit der Hilfegewährung nicht ankommen, wenn der Leistungsberechtigte sich gegen einen rechtswidrigen Hilfebescheid mit Widerspruch und Klage wehren kann oder hätte wehren können.[9] Diesbezüglich ist zu berücksichtigen, dass auch rechtswidrige Verwaltungsakte wirksam sind, § 39 Abs. 2 SGB X. Daher kann auch ein rechtswidriger Hilfebescheid Grundlage für einen rechtmäßigen Kostenbeitragsbescheid sein. Für dieses Ergebnis spricht auch die Rechtsprechung des BVerwG zu Kostenbescheiden im Verwaltungsvollstreckungsverfahren. Auch hier wird die Rechtmäßigkeit der Grundverfügung im Anfechtungsverfahren gegen den Kostenbescheid regelmäßig nicht geprüft.[10] Dagegen ist es gerechtfertigt, die Rechtmäßigkeit des Hilfebescheids im Verfahren gegen den Kostenbeitragsbescheid zu prüfen, wenn Kostenpflichtiger und Leistungsberechtigter nicht personengleich sind. Zudem ist in den Fällen, in denen die Fehlerhaftigkeit des Hilfebescheids zu seiner Nichtigkeit nach § 40 SGB X und damit zur Unwirksamkeit (§ 39 Abs. 3 SGB X) geführt hat, eine Kostenbeteiligung ausgeschlossen.

3 Rechtsfolge

6 Auf Rechtsfolgenseite eröffnet § 90 SGB VIII Ermessen. Da es sich bei der Kostenbeteiligung nicht um eine Entscheidung über eine Sozialleistung iSd § 39 SGB I handelt, ist die Vorschrift des § 39 Abs. 1 SGB I in analoger Rechtsanwendung heranzuziehen. Bei der Ermessensentscheidung ist zunächst der Zweck der Ermächtigung zu beachten. § 90 SGB VIII dient dem Zweck der Kostenbeteiligung von Personen, die von der Leistungserbringung regelmäßig profitieren. Zudem sind die gesetzlichen Grenzen des Ermessens einzuhalten. Als wichtigste gesetzliche Grenze ist insbesondere der Verhältnismäßigkeitsgrundsatz zu beachten. Die Erhebung des Kostenbeitrags muss geeignet, erforderlich und angemessen sein. Im Rahmen der Angemessenheitsprüfung ist zu beachten, dass der für den Kostenschuldner eintretende Nachteil nicht erkennbar außer Verhältnis zu den Vorteilen der Kostenerhebung stehen darf. Im Einzelfall müssen daher im Rahmen der Amtsermittlungspflicht nach § 20 SGB X alle für den Betroffenen eintretenden Nachteile ermittelt werden, um sie in die Abwägung einstellen zu können.

Gemäß Abs. 3 S. 1 sind die Kostenbeiträge für die Förderung von Kindern in Tageseinrichtungen und Kindertagespflege zu staffeln.[11] **Staffelungskriterien** können gem. Abs. 3 S. 2 insbesondere **das Einkommen der Eltern**, die **Anzahl der kindergeldberechtigten Kinder in der Familie** sowie die **tägliche Betreuungszeit** sein. Weitere Kriterien können nach Abs. 3 S. 4 berücksichtigt werden, soweit durch diese nicht die stets zu berücksichtigenden Kriterien unterlaufen werden.[12] Bei der Staffelung der Entgelte für Tageseinrichtungen sowie Kindertagespflege wie auch bei der Bestimmung des hierfür maßgeblichen Einkommensbegriffs hat der Gesetzgeber einen weiten Gestaltungsspielraum.[13] Der Gesetzgeber hat die Ausgestaltung des Begriffs Einkommensgruppen bewusst offen gelassen. Es erfolgt keine Festlegung, ob vom Brutto- oder Nettoeinkommen, von nur wenigen (zwei oder drei) oder sehr vielen (mehr als zehn) Einkommensgruppen auszugehen ist. Besonderes Augenmerk ist nach der Gesetzesbegründung

9 S. hierzu auch VG Dresden 1.4.2020 – 1 K 5201/17, juris Rn. 22.
10 BVerwG 25.9.2008 – 7 C 5/08, juris Rn. 14.
11 S. zur grundsätzlichen Zulässigkeit der Staffelung von Kindergartengebühren nach dem Familieneinkommen BVerfG 10.3.1998 – 1 BvR 178/97.
12 S. hierzu BT-Drs. 19/4947, 30.
13 S. hierzu BVerwG 10.3.1998 – 1 BvR 178/97, juris Rn. 65; BVerwG 15.9.1998 – 8 C 25/97, juris Rn. 13 f.

aber darauf zu legen, dass Familien mit kleinen und mittleren Einkommen nur proportional zu ihrer wirtschaftlichen Leistungsfähigkeit belastet werden.[14]

Kombiniert werden können die Einkommenskriterien mit den Kriterien „Anzahl der kindergeldberechtigten Kinder in der Familie" und „der täglichen Betreuungszeit". Das frühere Kriterium „Kinderzahl" wurde mit dem KiföG auf Vorschlag des Bundesrates[15] ersetzt durch die Formulierung „die Anzahl der kindergeldberechtigten Kinder in der Familie". Damit sollen künftig Auslegungsschwierigkeiten in der Praxis, die sich hinsichtlich des Begriffs „Kinderzahl" ergeben hatten, vermieden werden. Einen kleinen Interpretationsspielraum eröffnet jedoch auch das Anknüpfen an der Formulierung „kindergeldberechtigte Kinder". Unsicherheiten könnten bestehen in einer Phase zwischen der Geltendmachung eines Anspruchs und der Zuerkennung der Leistung (Bewilligung). Eine klare Regelung bestünde darin, ausschließlich den jeweiligen Bewilligungsbescheid der zuständigen Kindergeldkasse zugrunde zu legen.

Aufgegeben wurde das Kriterium „Zahl der Familienangehörigen". Mit dem KiföG wurde stattdessen das Kriterium der „täglichen Betreuungszeit" eingefügt. Damit wird man hinsichtlich der Intensität der Inanspruchnahme der Leistung Kinderbetreuung sowohl dem Sektor Kinderbetreuungseinrichtung als auch dem Bereich der Kindertagespflege gerecht. Ob die Staffelung genau nach den individuell erbrachten Stunden erfolgt oder ob mit Betreuungszeitkorridoren gearbeitet wird, ist durch den jeweiligen Einrichtungs-/örtlichen Jugendhilfeträger festzulegen. In der Ausgestaltung der Staffelungskriterien sind beide relativ frei, jedoch sind im Hinblick auf die im Kommunalbereich für die Inanspruchnahme von **Kinderbetreuungseinrichtungen** zu erlassenden Gebührensatzungen zumindest die gebührenrechtlichen Mindestanforderungen und der abgabenrechtlich erforderliche Bestimmtheitsgrundsatz zu beachten. Weitere Grundsätze des allgemeinen Gebührenrechts wie Kostendeckungsprinzip, Gebührenkalkulation, Ermessensentscheidung durch das kommunale Rechtsetzungsorgan und Beachtung des Äquivalenzprinzips als Ausfluss des Grundsatzes der Verhältnismäßigkeit sind wesentliche Eckpunkte, die bei der Erhebung von Gebühren durch kommunale Träger zu berücksichtigen sind.

Im Gegensatz zu den Kinderbetreuungseinrichtungen haben die meisten Bundesländer für den Bereich der **Kindertagespflege** keine für alle Träger der Jugendhilfe verbindlichen gesetzlichen Regelungen geschaffen. Dadurch wird die Regelungszuständigkeit an die örtlichen Träger der Jugendhilfe, nun in ihrer Funktion als kommunaler Gesetzgeber, weitergegeben. Im Bereich der Länder bzw. der örtlichen Träger der Jugendhilfe vorhandene Verwaltungsvorschriften genügen nach der Lehre vom Gesetzesvorbehalt nicht der Qualität als materielle Rechtsgrundlage für die Erhebung von Benutzungsgebühren im kommunalabgabenrechtlichen Sinne. Es ist vielmehr, wie oben für den Bereich der Kinderbetreuungseinrichtungen dargestellt, eine **Satzung** erforderlich, die nach den jeweiligen kommunalverfassungsrechtlichen Grundsätzen der einzelnen Bundesländer zu erlassen und zu veröffentlichen ist.[16] Nicht zwingend erforderlich für die Kostenerhebung ist es, dass zusätzlich zur Regelung in der Satzung im jeweiligen Einzelfall auch ein Betreuungsvertrag vorliegt. Regelmäßig entsteht die Kostenbeitragspflicht bereits durch die tatsächliche Inanspruchnahme der Leistung.[17]

14 BT-Drs. 19/4947, 30.
15 BR-Drs. 295/08.
16 VG Osnabrück 27.1.2010 – 4 A 185/08, juris Rn. 32 f.; VG Göttingen 5.8.2010 – 2 A 118/09, juris Rn. 36 f.; VG Neustadt 3.11.2010 – 4 K 535/10.NW, juris Rn. 24 f.
17 OVG Bln-Bbg 27.8.2013 – OVG 6 N 38.12, S. 2.

3.1 Der Einkommensbegriff

7 § 90 ist auch weiterhin als **eigenständiger Abschnitt** gegenüber dem mit dem KICK inhaltlich neu gestalteten Abschnitt „Kostenbeiträge für stationäre und teilstationäre Leistungen sowie vorläufige Maßnahmen" ausgestaltet. Das Gesetz definiert hier – im Gegensatz zu § 93 – den Einkommensbegriff, der für die Erhebung des Kostenbeitrags maßgeblich ist, nicht näher. Allerdings ist durch die jüngsten Gesetzesänderungen eine nähere Bestimmung des maßgeblichen Einkommens durch Inbezugnahmen auf andere gesetzliche Vorschriften in den Abs. 2 bis 4 besser möglich. Die §§ 82 bis 85, 87, 88 und 92 Abs. 1 S. 1 sowie Abs. 2 SGB X gelten entsprechend. Bei der Einkommensberechnung bleiben ferner das Baukindergeld des Bundes sowie die Eigenheimzulage nach dem Eigenheimzulagengesetz außer Betracht. Die Erhebung eines Kostenbeitrags für die Förderung eines Kindes in einer Tageseinrichtung oder in Kindertagespflege ist nicht zumutbar, wenn Eltern oder Kinder Leistungen zur Sicherung des Lebensunterhalts nach dem SGB II, Leistungen nach dem dritten und vierten Kapitel des SGB XII oder Leistungen nach den §§ 2 und 3 AsylbLG beziehen oder wenn die Eltern des Kindes Kinderzuschlag gemäß § 6a BKGG oder Wohngeld nach dem Wohngeldgesetz erhalten.

8 Die jeweilige gesetzliche Regelung (formelles Landesgesetz oder Satzung) zur weiteren Ausgestaltung des Kostenbeitrags muss in Einklang mit höherrangigem Recht, insbesondere mit § 90 und mit der Verfassung, stehen.[18] Grenzen der Gestaltungsfreiheit ergeben sich danach insbesondere aus Art. 3 Abs. 1 GG (allg. Gleichheitssatz), aus Art. 6 GG (Schutz der Familie) und aus dem Verhältnismäßigkeitsgrundsatz.[19] Dabei ist zu berücksichtigen, dass regelmäßig unterschiedliche Belange in Einklang zu bringen sind. So steht der Wunsch nach Ermäßigung des Kostenbeitrags aus sozialen Gründen in einem Spannungsverhältnis zur Abgabengerechtigkeit. Daher steht eine (Satzungs)Regelung noch mit höherrangigem Recht (Art. 3 Abs. 1 GG, Art. 6 GG) in Einklang, wenn sie bei der Bestimmung des maßgeblichen Einkommens die auf das Einkommen entrichteten Steuern sowie die Pflichtbeiträge zur Sozialversicherung einschließlich der Arbeitslosenversicherung berücksichtigt, jedoch andere, die wirtschaftliche Leistungsfähigkeit tatsächlich mindernde Faktoren vernachlässigt.[20] Dies schließt folglich nicht aus, dass solche anderen Faktoren im einzelnen Gestaltungsfall nicht doch tatsächlich Berücksichtigung finden können.

9 Leitgedanke muss sein, **Einkommensaspekte nur vergröbernd** zu berücksichtigen und dabei **nicht größtmögliche steuerrechtliche Genauigkeit** zu erzielen. So genügt es auch nach Einschätzung des BVerwG, die **Einkommensverhältnisse typisierend** und zugleich vergröbernd abzubilden.[21] Der Gedanke einer pauschalisierenden Bestimmung des Kostenbeitrags liegt auch der Regelung des § 90 zugrunde, so dass es auch unter Beachtung des Grundrechts auf informationelle Selbstbestimmung (Art. 2 Abs. 1 iVm Art. 1 Abs. 1 GG) nicht ohne Weiteres möglich ist, eine individuelle Einzelfallfestsetzung unter umfassender Datenerhebung vorzusehen.[22]

10 Im Zusammenhang mit einer weitestgehenden Verwaltungsvereinfachung hat sich bei der Ermittlung der maßgebenden Bemessungsgrundlagen (idR das Einkommen) das **Prinzip der Selbsteinschätzung** durchgesetzt. Unter der Prämisse einer entsprechend klaren und verständlichen Einkommens- und Staffelungsregelung wird es in die Verantwortung der Zahlungspflichtigen gestellt, sich selbst in eine bestimmte Einkom-

18 S. hierzu OVG NRW 8.1.2021 – OVG 6 B 9.20, juris Rn. 25 f.; OVG LSA 21.1.2020 – 4 K 207/18, juris Rn. 23 ff.; HessVGH 4.11.2019 – 5 A 297/19.Z, juris Rn. 7 f.; VG Köln 3.12.2020 – 19 K 5524/18, juris Rn. 20 f.
19 S. hierzu auch Stähr in Hauck/Noftz Rn. 14 f.
20 BVerwG 13.4.1994 – 8 NB 4/93, juris Rn. 8 f.
21 BVerwG 13.4.1994 – 8 NB 4/93, juris Rn. 8.
22 S. hierzu OVG Brem 6.6.1997 – 1 N 5/96, juris Rn. 42 f.

menskategorie einzuordnen und daraus folgend für sich den zu zahlenden Kostenbeitrag festzulegen. Die Rechtsverbindlichkeit der Einschätzung wird mittels zu leistender Unterschrift erreicht. Die Verwaltung behält sich die Überprüfung aufgrund von Stichproben vor. In Zweifelsfällen wird die Vorlage detaillierter Einkommensnachweise verlangt (aber → § 97a Rn. 30 zur Nachfrage beim Arbeitgeber).

3.2 Staffelung

Regelungen zur Staffelung der Kostenbeiträge finden sich in den Kindertagesstättengesetzen aller Bundesländer. § 90 Abs. 3 S. 1 verpflichtet zur **Staffelung** der Kostenbeiträge für die Inanspruchnahme einer Tageseinrichtung oder eines Kindertagespflegeplatzes. Die Staffelung der Beitragssätze erfolgt dabei nicht durch das SGB VIII selbst. Allerdings enthält das SGB VIII bundesrechtliche Vorgaben, nach welchen die Höhe von Kostenbeiträgen zu bemessen ist.[23] 11

Im Hinblick auf die soziale und sozialpolitische Komponentenwirkung gestaffelter Kostenbeiträge ergibt sich für die Betreiber von Tageseinrichtungen ein hohes Maß an rechtlichen und inhaltlichen Gestaltungsmöglichkeiten. Unter wirtschaftlichen Aspekten lässt sich mit einer unterschiedlichen Preisgestaltung für die Nutzung der Tageseinrichtungen deren Defizit steuern. So sinkt das Defizit umso mehr, je stärker die Preise differenziert werden. Das größte Defizit würde entstehen, wenn Kindergartenplätze als öffentliches Gut, also zum Preis von Null angeboten werden.[24] Die Einführung eines **allgemeinen Nulltarifs** unter dem Aspekt der Gestaltung kommunaler Sozialpolitik kann kommunalrechtlichen Rechtsgrundsätzen widersprechen. Nach baden-württembergischem Recht (§ 78 Abs. 2 S. 1 Nr. 1 GemO BW) würde in einem solchen Falle die vorrangige Verpflichtung zur Bestreitung der Ausgaben durch spezielle Entgelte zulasten der Finanzierung aus allgemeinen Steuermitteln erfolgen. Diese Umkehrung der Rangfolge der Einnahmequellen würde einen Verstoß gegen verbindliches kommunales Haushaltsrecht bedeuten. Dadurch verbietet sich in Fällen ähnlicher kommunaler Rechtsgestaltung die Einführung von Nulltarifen.[25] Die Staffelung muss mindestens **zwei Gebührenstufen** aufweisen. Trotz der Möglichkeiten verteilungspolitischer Steuerungswirkung sollten nur so viele Stufen gewählt werden, dass **Übersichtlichkeit** und **Verwaltungspraktikabilität** noch gewährleistet bleiben. Eine große Zahl der Staffelungsfälle bewegt sich im Bereich von fünf bis zehn Stufen. 12

Die Kostenbeiträge müssen eine „sachgerechte Verknüpfung" zwischen den bei dem Einrichtungsträger anfallenden Kosten und dem Kostenbeitrag aufweisen. Hierbei ist das aus dem Verhältnismäßigkeitsgrundsatz abgeleitete Äquivalenzprinzip – auch wenn das Äquivalenzprinzip bei Elternbeiträgen nach § 90 Grenzen unterworfen ist[26] – zu beachten: Beitragsleistung und Gegenleistung in Form der Finanzierung des Betreuungsplatzes müssen angemessen sein.[27]

3.3 Adressat

§ 90 ermächtigt unmittelbar zur Festsetzung von Kostenbeiträgen.[28] Die Norm ist hinreichend bestimmt,[29] auch wenn sie nicht explizit bestimmt, wer Kostenschuldner ist. Wer Adressat des Kostenbeitragsbescheids ist, ist durch Auslegung der in Abs. 2, 3 und 4 getroffenen Regelungen zu ermitteln. Die Regelung, dass ein Teilnahmebeitrag 13

23 S. hierzu BVerwG 25.4.1997 – 5 C 6/96, juris Rn. 10 f.
24 Vgl. Röck, Kommunale Steuerzeitschrift 1996, 141.
25 Vgl. Gern/Wössner VBlBW 1997, 246.
26 OVG NRW 5.9.2012 – 12 A 1426/12, juris Rn. 7.
27 VG Arnsberg 6.12.2016 – 9 K 3181/15, juris Rn. 24.
28 BVerwG 17.12.2015 – 5 C 8/15, juris Rn. 9.
29 BVerwG 25.4.1997 – 5 C 6/96, juris Rn. 11; Krome in jurisPK-SGB VIII Rn. 30.

erlassen oder übernommen werden kann, wenn dieser Beitrag dem Kind, Jugendlichen, jungen Volljährigen oder den Eltern nicht zumutbar ist, setzt voraus, dass diese Personen Kostenschuldner sind. In erster Linie kommen die Eltern als Kostenschuldner und damit Adressaten des Verwaltungsaktes in Betracht.[30] Ergänzend können auch landesrechtliche Regelungen (zB § 6 KiTaG BW) zur Auslegung herangezogen werden.[31] Zulässig sind landesrechtliche Regelungen, welche die Person des Kostenschuldners explizit bestimmen.[32]

14 Elternbeiträge können auch solche Tageseinrichtungen für Kinder erheben, die nicht in öffentlicher Trägerschaft geführt werden, sondern von Trägern der **freien Jugendhilfe** betrieben werden.[33] Ist der Träger der Einrichtung ein Träger der freien Jugendhilfe, so kann allerdings nur er, nicht jedoch der Träger der öffentlichen Jugendhilfe, Teilnahmebeiträge erheben.[34] § 90 kann in diesen Fällen allerdings nicht taugliche Rechtsgrundlage für die Kostenforderung sein; vielmehr ist der privatrechtliche Vertrag zwischen dem Einrichtungsträger und dem Kind bzw. dessen Eltern dann Grundlage für die Kostenforderung.[35] Diese Benutzungsverhältnisse wie auch die privatrechtlich ausgestalteten Benutzungsverhältnisse öffentlicher Träger werden nämlich durch **privatrechtlichen Vertrag** geregelt. Aufgrund der dort herrschenden Vertragsfreiheit haben die Einrichtungsträger relativ große Spielräume. So können sie zB grundsätzlich auch die Leistungsgewährung von der Verpflichtung zur Leistung eines Teilnahmebeitrags abhängig machen. Bei einer privatrechtlichen Ausgestaltung des Nutzungsverhältnisses durch einen öffentlichen Träger ist allerdings zu beachten, dass dieser sich dadurch der Grundrechtsbindung nicht entziehen kann („keine Flucht ins Privatrecht").[36]

Auch für Tageseinrichtungen in kommunaler Trägerschaft kann dem Träger der öffentlichen Jugendhilfe die Befugnis fehlen, Teilnahmebeiträge zu erheben. Da der Teilnahmebeitrag gem. § 90 Abs. 1 S. 1 Nr. 3 eine Gegenleistung für die Betreuung des jeweiligen Kindes in der Tageseinrichtung darstellt,[37] ist er auch vom jeweiligen Träger der Tageseinrichtung zu erheben.[38] Daher kann die Gemeinde als Träger der öffentlichen Jugendhilfe den Kostenbeitrag nur erheben, wenn sie zugleich Träger der Tageseinrichtung ist.

4 Aufschiebende Wirkung und vorläufiger Kostenbeitragsbescheid

15 Die Heranziehung zu einem Kostenbeitrag erfolgt durch Leistungsbescheid, also durch einen VA (→ § 92 Rn. 9). Ob ein Anfechtungswiderspruch oder eine Anfechtungsklage gegen einen Kostenbeitragsbescheid aufschiebende Wirkung gem. § 80 Abs. 1 S. 1

30 S. hierzu auch Krome in jurisPK-SGB VIII Rn. 35 und OVG Bln-Bbg13.9.2016 – OVG 6 B 87.15, juris Rn. 18.

31 S. hierzu auch Schindler in FK-SGB VIII Rn. 8; Loos in Wiesner Rn. 10; aA Stähr in Hauck/Noftz Rn. 8: danach soll die Regelung des Kostenschuldners landesrechtlichen Beitragsregelungen überlassen bleiben. Unklar bleibt, wie dies mit der Feststellung zu vereinbaren ist, dass es einer landesgesetzlichen Regelung zur Festsetzung des Kostenbeitrags nicht bedarf, Hauck/Noftz Rn. 7 a.

32 S. hierzu auch OVG NRW 23.6.2020 – 21 A 2862/18, juris Rn. 26 f.

33 S. hierzu OVG NRW 13.6.1994 – 16 A 2645/93, juris Rn. 7.

34 BVerwG 25.4.1997 – 5 C 6/96, juris Rn. 17; OVG RhPf 16.5.2000 – 12 A 11586/99, juris Rn. 15 f.

35 S. auch Schindler in FK-SGB VIII Rn. 7; OLG Brandenburg 1.4.2020 – 11 U 187/18, juris Rn. 6 f.; s. hierzu auch BayVGH 13.1.2021 – 12 BV 16.1676, juris Rn. 111; VG Würzburg 21.5.2015 – W 3 K 14.705, Rn. 28 f.

36 S. hierzu auch Stähr in Hauck/Noftz Rn. 17; aA Loos in Wiesner Rn. 8: danach sei bei einem hoheitlichen Träger das Benutzungsverhältnis immer öffentlich-rechtlich.

37 S. hierzu BVerwG 26.4.1997 – 5 C 6/96, juris Rn. 11; OVG NRW 13.6.1994 – 16 A 2645/93, juris Rn. 7.

38 BVerwG 26.4.1997 – 5 C 6/96, juris Rn. 13; OVG RhPf 25.10.2012 – 7 C 10574/12, juris Rn. 16; s. hierzu auch BayVGH 28.3.2011 – 12 ZB 10.3111, juris Rn. 9.

VwGO hat, ist umstritten (→ Anh. 5 Rn. 61).[39] Nicht hinreichend geklärt in der Rspr. ist auch die Frage, ob ein Kostenbeitragsbescheid nach § 90 durch einen Folgebescheid ersetzt bzw. geändert werden kann. Teilweise wird in der Rspr. vertreten, dass „Elternbeitragsbescheide regelmäßig – unabhängig von einem in den Bescheid aufgenommenen Vorbehalt – von vornherein unter dem Vorbehalt nachträglicher Überprüfung und Änderung zur Gewährleistung der Beitragsgerechtigkeit und der Beitragserhebung nach der wirtschaftlichen Leistungsfähigkeit stehen".[40] Dem ist zu widersprechen. Eine spezialgesetzliche Ermächtigung zum Erlass eines vorläufigen Verwaltungsaktes enthält § 90 nicht. Sofern auch landesrechtliche Regelungen keine entsprechenden Rechtsgrundlagen enthalten, ist ein vorläufiger Verwaltungsakt nach hier vertretener Auffassung nur ausnahmsweise unter den in Rspr. und Lit. entwickelten Voraussetzungen zulässig.[41]

5 Erlass-Regelungen

5.1 bei Angeboten der Jugendarbeit und allgemeinen Förderung in der Familie (Abs. 2)

In Fällen der Jugendarbeit nach § 11 sowie der allgemeinen Förderung der Erziehung in der Familie kann der Kostenbeitrag auf Antrag ganz oder teilweise erlassen werden oder vom Träger der öffentlichen Jugendhilfe übernommen werden, wenn 16

- die Belastung dem Kind oder Jugendlichen und seinen Eltern oder dem jungen Volljährigen nicht zuzumuten ist **und**
- die Förderung für die Entwicklung des jungen Menschen erforderlich ist.

Tatbestandsvoraussetzungen für Erlass bzw. Übernahme sind die Unzumutbarkeit der Belastung für Kind oder Jugendlichen und seine Eltern oder für den jungen Volljährigen und die Erforderlichkeit der Förderung für die Entwicklung des jungen Menschen (→ Rn. 19). Für die Feststellung der **zumutbaren Belastung** sind die Bestimmungen des Abs. 2 S. 3 und 4 maßgeblich (→ Rn. 21). Auf Rechtsfolgenseite steht die Entscheidung über Erlass bzw. Übernahme im Ermessen des Trägers der Jugendhilfe (**„Kann-Regelung"**). Dieses hat der Träger ermessensfehlerfrei auszuüben (§ 39 SGB I analog). Die Ermessenserwägungen sind in der schriftlichen Entscheidung darzulegen (→ Anh. 5 Rn. 27). 17

Kriterium für die **Erforderlichkeit** der Förderung ist die (nicht zwingend defizitäre) Entwicklung des jungen Menschen und dabei die Zielausrichtung des in Anspruch zu nehmenden Angebots. Das Vorliegen einer konkreten **Gefährdungssituation** ist nicht notwendig (→ § 27 Rn. 7). Der unbestimmte Rechtsbegriff der Erforderlichkeit ist gerichtlich voll überprüfbar. 18

5.2 bei Tageseinrichtungen und in Fällen der Kindertagespflege (Abs. 4)

Nach § 90 Abs. 4 wird im Fall des Abs. 1 Nr. 3 (Förderung von Kindern nach §§ 22 ff.) der Kostenbeitrag ganz oder teilweise erlassen oder übernommen werden, wenn die Belastung durch den Kostenbeitrag den Eltern und dem Kind nicht zuzumuten ist. Tatbestandsvoraussetzung für Erlass oder Übernahme ist es damit zunächst, dass ein Angebot der Kindertagespflege oder Kindertageseinrichtung in Anspruch genommen wird.[42] 19

---

39 S. hierzu zuletzt VGH BW 8.4.2019 – 12 S 18/99/18, juris Rn. 25.
40 VG Köln 12.9.2014 – 19 K 3547/13, juris Rn. 17.
41 S. hierzu Stelkens in Stelkens/Bonk/Sachs VwVfG § 35 Rn. 243 f.
42 S. zur Abgrenzung einer Tageseinrichtung von der Betreuung zu schulischen Zwecken BayVGH 15.2.2017 – 12 BV 16.1855 sowie BayVGH 21.12.2015 – 12 C 15.2352.

Zudem muss die Belastung Eltern und Kind nicht zuzumuten sein. Diese Belastungsgrenze ist anhand des Einkommens der Eltern und des Kindes, das in Kindertagespflege oder in einer Kindertageseinrichtung gefördert wird, zu ermitteln.[43]

§ 90 Abs. 4 richtet sich an den Träger der öffentlichen Jugendhilfe. Diesen trifft die **Rechtspflicht**, den Kostenbeitrag ganz oder teilweise zu erlassen oder zu übernehmen, wenn die Belastung durch den Kostenbeitrag den Eltern und dem Kind nicht zuzumuten ist. § 90 Abs. 4 S. 1 Alt. 1 (Erlass des Kostenbeitrags) ist einschlägig, wenn eine Identität zwischen dem Träger der Tageseinrichtung und dem Träger der öffentlichen Jugendhilfe besteht. § 90 Abs. 4 S. 1 Alt. 2 (Übernahme des Kostenbeitrags) bezieht sich hingegen auf Fallkonstellationen, in welchen diese Identität nicht besteht, weil die Tageseinrichtung von einem Träger der freien Jugendhilfe oder von einem kommunalen Träger, der nicht zugleich Träger der öffentlichen Jugendhilfe ist, unterhalten wird.[44] Im Falle einer Kostenübernahme steht es im Ermessen des Trägers der öffentlichen Jugendhilfe, ob er den Beitrag dem Träger der Einrichtung oder dem Teilnehmer auszahlt.[45] Aus § 90 Abs. 4 folgt im Falle der Unzumutbarkeit ein subjektiv-öffentliches Recht des oder der Kostenbeitragspflichtigen auf Erlass oder Übernahme des Kostenbeitrags. Sind beide Elternteile beitragspflichtig, steht dieser Anspruch auch beiden Elternteilen zu.[46]

Die finanzielle Zumutbarkeit eines zur Verfügung gestellten Betreuungsplatzes nach § 24 ist in einem eigenständigen Verfahren nach § 90 Abs. 4 zu prüfen. Insbesondere, wenn ein teurer Betreuungsplatz in einer privaten Einrichtung der Erfüllung des Rechtsanspruchs aus § 24 Abs. 2 oder 3 dient, soll der Teilnahmebeitrag ganz oder teilweise von dem Träger der öffentlichen Jugendhilfe übernommen werden, wenn die Belastung dem Kind und den Eltern nicht zuzumuten ist.[47] Nach Auffassung des BVerwG ist bei der Auslegung und Anwendung dieser Bestimmung dem Zweck des Anspruchs auf Betreuung nach § 24 Abs. 2 S. 1 mit besonderem Gewicht Geltung zu verschaffen.

Die Entscheidung über einen Erlass bzw. Teilerlass des Kostenbeitrags erfolgt **auf Antrag** des Kostenbeitragspflichtigen. Dieser Antrag ist jedoch nicht materiellrechtliche Voraussetzung, er stellt nach überwiegender Auffassung[48] lediglich ein formelles Erfordernis dar.[49] Mit Abs. 4 Satz 3 wird eine Beratungspflicht gegenüber den Eltern durch den Träger der öffentlichen Jugendhilfe über die Möglichkeit einer Antragstellung nach Satz 1 bei unzumutbarer Belastung durch Kostenbeiträge vorgegeben.

Die Regelung des § 90 Abs. 4 S. 1 kann durch Landesrecht nicht verdrängt werden.[50] In der Rspr. wird vertreten, dass für den Fall einer zivilrechtlich vereinbarten und gezahlten Vergütung für die Kindesbetreuung an die Tagespflegeperson § 90 Abs. 4 S. 1 jedenfalls nicht in direkter Anwendung eingreift. Eine analoge Rechtsanwendung wird allerdings teilweise für möglich gehalten.[51]

43 NdsOVG 27.1.2017 – 4 LC 115/15, juris Rn. 30.
44 S. hierzu BayVGH 28.3.2011 – 12 ZB 10.3111, juris Rn. 9.
45 BayVGH 28.3.2011 – 12 C 11.77, juris Rn. 3.
46 VG Gera 20.4.2011 – 6 K 733/09 Ge, juris Rn. 29.
47 So BVerwG 26.10.2017 – 5 C 19.16, juris. S. hierzu auch OVG NRW 25.1.2021 – 7 A 10771/20, juris Rn. 41.
48 S. zum Streitstand Krome in jurisPK-SGB VIII Rn. 47 f.
49 NdsOVG 6.3.2014 – 4 LC 45/12, juris Rn. 21 f.; OVG LSA 20.2.2013 – 3 L 339/11, juris Rn. 23 f.; OVG Brem 23.1.2013 – 2 A 288/10, juris Rn. 32 f.; VG Ansbach 15.7.2010 – AN 14 K 10.00133; Schindler in FK-SGB VIII Rn. 16; Krome in jurisPK-SGB VIII Rn. 48.
50 OVG Brem 23.1.2013 – 2 A 288/10, juris Rn. 26 f.
51 S. hierzu NdsOVG 5.3.2013 – 4 PA 35/13, juris Rn. 5; s. hierzu auch Krome in jurisPK-SGB VIII Rn. 55. Für eine analoge Anwendung VG Mainz 18.6.2020 – 1 K 381/19.MZ, juris Rn. 59 f.

6 Zumutbare Belastung (Abs. 2 und 4)

Zur Ermittlung der zumutbaren Belastung für Eltern(teile) und Kind/Jugendlichen oder jungen Volljährigen bestehen Regelungen in Abs. 2 und 4. Abs. 2 greift, wenn es um einen Kostenbeitrag nach § 90 Abs. 1 Nr. 1 und 2 geht. 20

Abs. 2 Satz 3 bestimmt, dass für die Feststellung der zumutbaren Belastung die §§ 82 bis 85, 87, 88 und 92 Abs. 1 S. 1 und Abs. 2 des SGB XII entsprechend gelten, soweit nicht Landesrecht eine andere Regelung trifft. Nach Satz 4 bleiben bei der Einkommensberechnung das Baukindergeld des Bundes sowie die Eigenheimzulage nach dem Eigenheimzulagengesetz außer Betracht.

Abs. 4 regelt die Zumutbarkeit bei Prüfung eines Kostenbeitrags nach § 90 Abs. 1 Nr. 3 für die Förderung in einer Tageseinrichtung oder in Kindertagespflege. Nach Abs. 4 Satz 2 sind Kostenbeiträge immer dann nicht zuzumuten, wenn Eltern oder Kinder Leistungen zur Sicherung des Lebensunterhalts nach dem SGB II, Leistungen nach dem dritten und vierten Kapitel des SGB XII oder Leistungen nach den §§ 2 und 3 AsylbLG beziehen oder wenn die Eltern des Kindes Kinderzuschlag gemäß § 6a BKGG oder Wohngeld nach dem Wohngeldgesetz erhalten. Mit Abs. 4 Satz 4 wird auf Abs. 2 Satz 2 bis 4 verwiesen. Damit gelten auch hier die Regelungen der §§ 82 bis 85, 87, 88 und 92 Abs. 1 S. 1 und Abs. 2 des SGB XII. Ferner hat auch hier bei der Einkommensberechnung das Baukindergeld des Bundes sowie die Eigenheimzulage nach dem Eigenheimzulagengesetz außer Betracht zu bleiben.

Mit dem KiföG wurde der Verweis auf § 92a SGB XII eingefügt. Mit Art. 1 des KJSG wurde dieser Verweis nun durch einen Verweis auf § 92 Abs. 1 S. 1 und Abs. 2 SGB XII aufgrund der Aufhebung des § 92a SGB XII ersetzt. Es handelt sich damit nur um eine Anpassung der Verweisung an die Fassung des SGB XII ab 1.1.2020. Eine inhaltliche Änderung ist damit nicht verbunden.[52]

Zweiter Abschnitt Kostenbeiträge für stationäre und teilstationäre Leistungen sowie vorläufige Maßnahmen

§ 91 Anwendungsbereich

(1) Zu folgenden vollstationären Leistungen und vorläufigen Maßnahmen werden Kostenbeiträge erhoben:

1. der Unterkunft junger Menschen in einer sozialpädagogisch begleiteten Wohnform (§ 13 Absatz 3),
2. der Betreuung von Müttern oder Vätern und Kindern in gemeinsamen Wohnformen (§ 19),
3. der Betreuung und Versorgung von Kindern in Notsituationen (§ 20),
4. der Unterstützung bei notwendiger Unterbringung junger Menschen zur Erfüllung der Schulpflicht und zum Abschluss der Schulausbildung (§ 21),
5. der Hilfe zur Erziehung
   a) in Vollzeitpflege (§ 33),
   b) in einem Heim oder einer sonstigen betreuten Wohnform (§ 34),
   c) in intensiver sozialpädagogischer Einzelbetreuung (§ 35), sofern sie außerhalb des Elternhauses erfolgt,
   d) auf der Grundlage von § 27 in stationärer Form,
6. der Eingliederungshilfe für seelisch behinderte Kinder und Jugendliche durch geeignete Pflegepersonen sowie in Einrichtungen über Tag und Nacht und in sonstigen Wohnformen (§ 35a Absatz 2 Nummer 3 und 4),

52 BT-Drs. 19/26107, 108.

7. der Inobhutnahme von Kindern und Jugendlichen (§ 42),
8. der Hilfe für junge Volljährige, soweit sie den in den Nummern 5 und 6 genannten Leistungen entspricht (§ 41).

(2) Zu folgenden teilstationären Leistungen werden Kostenbeiträge erhoben:
1. der Betreuung und Versorgung von Kindern in Notsituationen nach § 20,
2. Hilfe zur Erziehung in einer Tagesgruppe nach § 32 und anderen teilstationären Leistungen nach § 27,
3. Eingliederungshilfe für seelisch behinderte Kinder und Jugendliche in Tageseinrichtungen und anderen teilstationären Einrichtungen nach § 35a Absatz 2 Nummer 2 und
4. Hilfe für junge Volljährige, soweit sie den in den Nummern 2 und 3 genannten Leistungen entspricht (§ 41).

(3) Die Kosten umfassen auch die Aufwendungen für den notwendigen Unterhalt und die Krankenhilfe.

(4) Verwaltungskosten bleiben außer Betracht.

(5) Die Träger der öffentlichen Jugendhilfe tragen die Kosten der in den Absätzen 1 und 2 genannten Leistungen unabhängig von der Erhebung eines Kostenbeitrags.

1 Systematischer Zusammenhang

1 Grundsätzlich tragen die Träger der öffentlichen Jugendhilfe die Kosten der Leistungen; § 36a Abs. 1 S. 1 modifiziert diesen Grundsatz, S. 2 verweist auf §§ 90 ff. Nur in den Fällen des § 90 oder des § 91 erfolgt eine Kostenbeteiligung. In den Fällen des § 90 kann (**Ermessen**) ein Kostenbeitrag festgesetzt oder (bei privat-rechtlicher Ausgestaltung des Nutzungsverhältnisses) ein Teilnahmebeitrag übernommen werden. In den Fällen des § 91 wird die Hilfe als erweiterte Hilfe geleistet (§ 91 Abs. 5); aber dafür ein Kostenbeitrag (**gebundene Entscheidung**) erhoben. Während in den Fällen des § 90 eine Kostenbeteiligung sowohl für ambulante als auch für teilstationäre Hilfen möglich ist, beschränkt sich in den Fällen des § 91 die Kostenbeteiligung auf teil- und vollstationäre Hilfen. Nur für die dort geregelten Leistungen und die Inobhutnahme kann eine Kostenbeteiligung erfolgen. Alle dort nicht genannten Hilfen, zB die Sozialpädagogische Familienhilfe nach § 31, aber auch alle dort genannten Hilfen, die ambulant geleistet werden, sind kostenfrei. Wird beispielsweise die Hilfe nach § 20 im Elternhaus geleistet, kann für diese ambulante Hilfe kein Kostenbeitrag gefordert werden. Dies erscheint nicht gerechtfertigt, da die vorrangig zu leistende Tagesbetreuung weniger kostspielig ist. Die kostenbeteiligungspflichtigen Personen (Kostenschuldner) sind in § 92 Abs. 1 abschließend aufgeführt. Kostenschuldner sind nicht nur die Leistungsberechtigten, sondern auch (bloß) Leistungsbeteiligte (zu den Begriffen → § 8 Rn. 10). Ihre Heranziehung erfolgt **ausschließlich** durch einen **Kostenbeitrag** (näher → § 92 Rn. 1), also – bei Unterhaltspflichtigen – nicht mehr durch Übergang eines Unterhaltsanspruchs,[1] worauf auch § 10 Abs. 2 hinweist. Der Kostenbeitrag ist zwar grundsätzlich unabhängig vom **Unterhaltsanspruch**, darf aber nicht zu einem Wertungswiderspruch mit dem Unterhaltsrecht führen.[2] Daher darf der Kostenbeitrag nur

1 § 96 ist mit dem KICK entfallen.
2 So BT-Drs. 15/3676, 28.

so hoch sein, dass er den Selbstbehalt nicht berührt („Selbstbehaltsgarantie").[3] Der Umfang der Heranziehung wird durch § **94** iVm KostenbeitragsV bestimmt. Danach erfolgt die Heranziehung nur noch aus dem **Einkommen**; nur volljährige Leistungsberechtigte nach § 19 sind (nur bei vollstationären Leistungen) auch aus ihrem Vermögen heranzuziehen (§ 92 Abs. 1a). Damit ist der Kostenbeitrag nur teilweise Verwirklichung des Nachranggrundsatzes. Für die Berechnung des für die Heranziehung maßgeblichen Einkommens (sog. Bereinigtes Einkommen) gilt § **93**.

Im Verhältnis zum **Leistungserbringer** ist § 91 ohne Bedeutung. Hier wird durch Vereinbarung nach § 77 oder § 78b eine Kostenregelung getroffen. Er kann auch keine öffentlich-rechtlichen Kostenbeiträge erheben (→ § 92 Rn. 9). 2

Auch für den Aufwendungsersatz nach **Selbstbeschaffung** gem. § 36a erfolgt eine (versteckte) Kostenbeteiligung, nämlich nicht durch Leistungsbescheid, sondern durch Verminderung des Aufwendungsersatzes in Höhe des Kostenbeitrags.[4] 3

Ob ein Anfechtungswiderspruch oder eine Anfechtungsklage gegen einen Kostenbeitragsbescheid aufschiebende Wirkung gem. § 80 Abs. 1 S. 1 VwGO hat, ist umstritten (→ Anh. 5 Rn. 61).

2 Vollstationäre Leistungen und Inobhutnahme (Abs. 1)

Nur für die hier geregelten vollstationären Hilfen ist eine Kostenbeteiligung möglich; es handelt sich um einen abgeschlossenen Katalog. Er umfasst Leistungen iSd § 2 Abs. 2 und die Inobhutnahme als einzige andere Aufgabe iSd § 2 Abs. 3; insoweit ist der Plural („vorläufigen Maßnahmen") ungenau. **Vollstationär** sind solche Hilfen, die außerhalb des Elternhauses in einer Einrichtung oder sonstigen betreuten Wohnform oder bei Pflegepersonen über Tag und Nacht geleistet werden, also Unterkunft bieten. Allerdings ist zu beachten, dass nur die Zurverfügungstellung einer Unterkunft zweifellos nicht ausreichend ist, um die Leistung als vollstationär bezeichnen zu können. Folgerichtig wird daher in der Rspr. die Auffassung vertreten, dass es für die Einstufung einer Leistung als vollstationär insbesondere bei „neuen Hilfeformen wie dem betreuten Wohnen" auf „die Intensität der Betreuungsleistung" ankomme.[5] Einrichtung iSd Jugendhilfe ist eine auf gewisse Dauer angelegte Verbindung sachlicher und persönlicher Mittel unter Verantwortung eines Trägers zum Zweck der Erziehung und Betreuung unabhängig vom Wechsel der betreuten Personen. Wird die Hilfe (zB nach § 35) in einer separaten Wohnung geleistet, ist sie ebenfalls vollstationär, wenn sie in ihrer Intensität der Hilfe in einer Einrichtung vergleichbar ist, also lückenlos und durchgängig über Tag und Nacht erfolgt.[6] Diese Gleichstellung mit einer Einrichtung ergibt sich aus § 34. Wird die Hilfe nach § 35 teilstationär geleistet, ist sie kostenfrei, da sie in Abs. 2 nicht enthalten ist. In Abs. 1 Nr. 5c sollte es deshalb präziser heißen: „außerhalb des Elternhauses vollstationär erfolgt". Ebenfalls unpräzise ist Nr. 5d, der lauten müsste: „in vollstationärer Form".[7] Außerdem ist unklar, was „auf der Grundlage von § 27" bedeutet, da alle Hilfearten nach §§ 28 bis 35 auf der Grundlage des § 27 erfolgen. Gemeint ist wohl die unbenannte Hilfeart nach § 27 Abs. 2. 4

Kommt der junge Mensch am **Wochenende** in sein Elternhaus, ändert dies nichts am vollstationären Charakter der Hilfe in der Einrichtung, sondern nur an der Höhe des Kostenbeitrags.[8] 5

3 In diesem Sinn BVerwG 19.8.2010 – 5 C 10/09, juris Rn. 9.
4 Im Ergebnis ebenso VGH BW 16.10.1995 – 7 S 1345/93.
5 OVG NRW 1.12.2014 – 12 A 458/14, juris Rn. 41; BayVGH 28.5.2014 – 12 ZB 14.154, juris Rn. 7.
6 So VG Köln 6.5.2010 – 26 K 6023/09; Schindler in FK-SGB VIII Rn. 4.
7 So zu Recht Krug in Krug/Riehle Erl. II.1.
8 So BVerwG 29.12.1998 – ZFSH/SGB 1999, 426; Schindler in FK-SGB VIII Rn. 4.

6 Werden in einer Einrichtung **ambulante** Hilfen geleistet (zB für behinderte junge Menschen), sind diese kostenfrei.

7 Wird für den Leistungsberechtigten in der Einrichtung **Eingliederungshilfe** nach § 99 SGB IX geleistet, scheidet eine Kostenbeteiligung nach § 91 aus.[9]

3 Teilstationäre Leistungen (Abs. 2)

8 Nur für die hier aufgeführten teilstationären Leistungen wird ein Kostenbeitrag erhoben; alle anderen sind kostenfrei. Teilstationär ist eine Leistung, die **außerhalb des Elternhauses** nur für einen Teil des Tages (oder der Nacht) erbracht wird. Erfolgt eine der in Nr. 1 bis 4 genannten Leistungen ambulant (zB Hilfe nach § 20 oder Nachbetreuung für junge Volljährige nach § 41 Abs. 3), ist diese Hilfe kostenfrei.[10] **Ambulant** ist eine Hilfe, die nicht außerhalb des Elternhauses geleistet wird (zB die Sozialpädagogische Familienhilfe nach § 31) oder zwar außerhalb des Elternhauses, aber ohne **Betreuung**, also ohne Versorgung und Aufsicht erfolgt (zB Erziehungsberatung nach § 28 oder soziale Gruppenarbeit nach § 29).[11] Irritierend, aber ohne praktische Bedeutung ist es, dass die Formulierung der einzelnen Hilfen voneinander abweicht (einmal mit, dann ohne bestimmten Artikel). Schwerer wiegt der fehlerhafte Verweis in Nr. 4 auf Nr. 2, da die dort genannte Hilfe nach § 32 jungen Volljährigen gem. § 41 Abs. 2 gar nicht geleistet werden kann, ebenso wenig wie eine unbenannte Hilfe nach § 27 Abs. 2. Wenig gelungen ist auch hier die Formulierung in Abs. 2 Nr. 2: „Leistungen nach § 27". Es ist anzunehmen, dass damit dasselbe gemeint ist wie oben bei → Rn. 4 erläutert. Warum dann aber eine andere Formulierung gewählt wurde, erschließt sich dem Leser nicht. Hier könnten über § 27 Abs. 3 S. 2 auch noch teilstationäre Maßnahmen der Jugendsozialarbeit nach § 13 Abs. 2 eingeschlossen sein.

4 Einbeziehung wirtschaftlicher Jugendhilfe (Abs. 3)

9 Bei den in §§ 39, 40 aufgeführten Leistungen, aber auch in den in §§ 13 Abs. 3, 19 Abs. 3, 21 S. 2, 42 Abs. 2 S. 3 genannten Fällen werden nicht nur pädagogische und (teilweise) therapeutische Hilfen geleistet, sondern auch Unterhalt und (teilweise) Krankenhilfe als Leistungsannexe (zum Begriff → § 39 Rn. 3). Darin inbegriffen sind auch Barbetrag (§ 39 Abs. 2 S. 2) und Unterhalt für das Kind (§ 39 Abs. 7). Abs. 3 stellt klar, dass auch diese Aufwendungen im Rahmen einer voll- oder teilstationären Unterbringung kostenbeteiligungspflichtig sind.

5 Ohne Verwaltungskosten (Abs. 4)

10 Verwaltungskosten (Personal- und Sachkosten) des öffentlichen Trägers sind keine Maßnahmekosten und dürfen deshalb nicht in die Kostenermittlung einfließen. Zum Begriff der Verwaltungskosten → § 89f Rn. 3. Auch **Auslagen** (zB Kosten für Kopien, Telefon, Gutachten, Amtshilfe) sind sächliche Verwaltungskosten und daher nicht berücksichtigungsfähig. § 109 S. 2 SGB X gilt nur für die Erstattung, hier also nicht.[12] Maßnahmekosten sind die Kosten der in Einrichtungen und Diensten erbrachten Hil-

---

9 Ebenso BayVGH 9.10.2007 – 12 C 07.1836; Schindler in FK-SGB VIII Rn. 9; Krome in jurisPK-SGB VIII Rn. 14.

10 Ebenso – für die Hilfe nach § 20 – NdsOVG 28.5.1997 – FEVS 48, 79; Krug in Krug/RiehleErl. II.1.

11 Ebenso Stähr in Hauck/Noftz Rn. 12; Schindler in FK-SGB VIII Rn. 12; Krome in jurisPK-SGB VIII Rn. 16; s. hierzu auch BayVGH 15.4.2014 – 12 BV 12.1786, juris Rn. 24 f. und BayVGH 15.4.2014 – 12 B 12.1957, juris Rn. 23 f.

12 Ebenso Mann in SFMK Rn. 8.

fe; bei solchen der freien Träger sind das die Leistungsentgelte, einschließlich der darin enthaltenen Verwaltungskostenpauschale.[13]

6 Erweiterte Hilfe (Abs. 5)

Der Träger der öffentlichen Jugendhilfe hat die Kosten der Hilfe zunächst in voller Höhe zu tragen; er ist vorleistungspflichtig. Erst nachträglich und zwar in einem gesonderten Verfahrensschritt[14] – aber nicht notwendig mit gesondertem Bescheid – erfolgt die Kostenbeteiligung der kostenbeteiligungspflichtigen Personen durch Erhebung eines Kostenbeitrags. Diese Vorleistung bezeichnet man als erweiterte Hilfe oder Bruttoprinzip. Unabhängig davon, in welchem Umfang Einkommen einzusetzen ist, hat der öffentliche Träger die erforderlichen Leistungen zu erbringen. Auch eine etwaige Weigerung der Eltern, sich an den Kosten zu beteiligen, darf keine Auswirkung auf die Leistungspflicht haben bzw. zur Verzögerung der Leistung führen und damit dem Kind zum Nachteil gereichen.[15] Auch die Weigerung, bei Antragstellung Angaben zum Einkommen zu machen, ist deshalb keine Verletzung der Mitwirkungspflicht nach § 60 SGB I, da es für die Leistung nicht auf das Einkommen ankommt.[16] Daher besteht auch keine Befugnis zur Datenerhebung nach § 62 Abs. 1. Erst bei Erhebung des Kostenbeitrags müssen diese Angaben nach § 97a Abs. 1 gemacht werden und sind dann zulässige Datenerhebung. Die erweiterte Hilfe gilt – nach Änderung des § 21 durch das KiföG – für **alle** Leistungen, die in **§ 91** genannt sind. Für davon abweichende **Länderregelungen** enthält das SGB VIII keine Ermächtigung. 11

Eine **Aufrechnung** mit dem Kostenbeitrag gegen Ansprüche auf wirtschaftliche Jugendhilfe ist gem. § 51 Abs. 1 SGB I grundsätzlich möglich, scheidet aber dann aus, wenn der Kostenbeitragspflichtige nicht identisch ist mit dem Anspruchsberechtigten für die Jugendhilfeleistung. § 51 SGB I steht unter „Jugendhilfevorbehalt" (§ 37 S. 1 SGB I; Abdruck bei → § 61 Rn. 5). Aus § 91 Abs. 5 ergibt sich, dass Jugendhilfe „brutto" zu leisten ist, nämlich ohne „Verrechnung" mit dem Kostenbeitrag, so dass Aufrechnung auch bei Identität von Kostenbeitragspflichtigem und Anspruchsberechtigtem unzulässig ist.[17] 12

Die Beschränkung auf „Leistungen" in Abs. 5 ist ungenau, da in Abs. 1 Nr. 7 die Inobhutnahme als sog. andere Aufgabe geregelt ist; auch hierauf erstreckt sich die erweiterte Hilfe. 13

13 Ebenso BVerwG 22.10.1992 – FEVS 43, 133; VG Frankfurt/M. 14.12.2006 – 3 E 591/04; Stähr in Hauck/Noftz Rn. 17; Schindler in FK-SGB VIII Rn. 19.
14 So VG Braunschweig 21.11.2002 – 3 A 193/01.
15 So BayVGH 11.11.1999 – FEVS 51, 428; Krome in jurisPK-SGB VIII Rn. 26.
16 So Mrozynski SGB VIII Rn. 11.
17 Ebenso Busch in GK Rn. 7b mwN.

7 Rechtmäßigkeit der Hilfekosten und weitere Voraussetzungen

14 Fraglich ist, ob die Leistung bzw. die Inobhutnahme **rechtmäßig** erfolgt sein muss, um die Kostenbeteiligung auszulösen.[18] Die Kostenerstattung nach § 89f setzt voraus, dass die Leistung entsprechend den gesetzlichen Vorschriften erbracht wurde, so dass es nahe liegt, auch die Kostenbeteiligung an eine gesetzeskonforme Hilfe zu knüpfen.[19] Die Rechtmäßigkeit der Hilfegewährung ist aber in ihren je verschiedenen Sachzusammenhängen verschieden zu beurteilen. Für die Kostenerstattung, also zwischen Trägern der Jugendhilfe, muss nicht notwendig das Gleiche gelten wie für die Kostenbeteiligung, also im Verhältnis zwischen dem Träger und dem Leistungsberechtigten. Wieder anders ist die Frage bei der Überleitung eines Anspruchs zu beurteilen (→ § 95 Rn. 7). Für die Kostenbeteiligung kann es auf die Rechtmäßigkeit der Hilfegewährung **nicht** ankommen, wenn der Leistungsberechtigte sich gegen einen rechtswidrigen Hilfebescheid mit Widerspruch und Klage wehren kann oder hätte wehren können.[20] Hat er die Frist versäumt, kann er Wiedereinsetzung in den vorigen Stand nach § 60 VwGO beantragen. Es gibt keinen Grund, ihm nach Bestandskraft des VA trotz seiner Passivität eine zweite Rechtsschutzchance zu geben. Es ist zu berücksichtigen, dass auch rechtswidrige Verwaltungsakte wirksam sind (s. § 39 Abs. 2 SGB X). Daher kann auch ein rechtwidriger Hilfebescheid Grundlage für einen rechtmäßigen Kostenbeitragsbescheid sein. Für dieses Ergebnis spricht auch die Rechtsprechung des Bundesverwaltungsgerichts zu Kostenbescheiden im Verwaltungsvollstreckungsverfahren. Auch hier wird die Rechtmäßigkeit der Grundverfügung im Anfechtungsverfahren gegen den Kostenbescheid regelmäßig nicht geprüft.[21] Dagegen ist es gerechtfertigt, die Rechtmäßigkeit des Hilfebescheids zu prüfen, wenn Kostenpflichtiger und Leistungs-

---

18 So VG Frankfurt 28.1.2015 – 7 K 2728/14.F, juris Rn. 20; VG Minden 21.8.2014 – 6 K 353/14, juris Rn. 8; VG Frankfurt 15.7.2014 – 7 K 1450/13.F, juris Rn. 26; VG Cottbus 4.3.2014 – 3 K 183/12, juris Rn. 27; VG Saarland 31.1.2014 – 3 K 686/12, juris Rn. 32; VG Ansbach 14.11.2013 – AN 6 K 13.00713, juris Rn. 27; OVG NRW 11.10.2013 – 12 A 1590/13, juris Rn. 4; VG Cottbus 30.8.2013 – 5 K 263/11, juris Rn. 17; OVG NRW 18.7.2013 – 12 A 892/13 u. 2.10.2009 – 12 A 1313/09 u. 6.6.2008 – 12 A 144/06, FamRZ 2008, 2314; VG München 28.4.2010 – M 18 K 09.4474; VG Neustadt 25.3.2010 – 4 K 658/09; VG Ansbach 10.5.2007 – AN 14 K 06.02943; VG Düsseldorf 25.8.2003 – 19 K 7174/01; VG Arnsberg 23.10.1995 – FamRZ 1997, 1373; Stähr in Hauck/Noftz § 92 Rn. 12; Busch in GK-SGB VIII § 91 Rn. 5; differenzierend Krome in jurisPK-SGB VIII § 92 Rn. 32 u. 33: Die Rechtsmäßigkeit der Maßnahme sei Voraussetzung für die Rechtmäßigkeit des Kostenbeitragsbescheids. Allerdings könne der Betroffene die Rechtswidrigkeit der Maßnahme im Verfahren gegen den Kostenbescheid nicht mehr erfolgreich geltend machen, wenn die Maßnahme bestandskräftig geworden sei; **aA** NdsOVG 24.11.1999 – 12 L 4460/99 u. 12.6.1995 – 12 L 6009/93; VG Göttingen 1.7.2003 – 2 B 214/03, ZJJ 2003, 417; VG München 12.11.2003 – M 18 K 02.3435; **offen** gelassen VG Augsburg 8.7.2014 – Au 3 K 14.482, juris Rn. 19; VG Augsburg 4.2.2014 – Au 3 K 13.934, juris Rn. 18; VG Stuttgart 19.12.2013 – 7 K 122/12, juris Rn. 29; BayVGH 8.2.2010 – 12 ZB 08.2365; NdsOVG 18.9.2009 – 4 LA 706/07, NJW 2010, 311; VG Augsburg 18.11.2008 – Au 3 K 07.1467; differenzierend Krug in Krug/Riehle Erl. III.6.; Mrozynski SGB VIII Rn. 2; unklar OVG NRW 28.8.2014 – 12 A 1034/14, juris Rn. 8: „Die Rechtmäßigkeit der Hilfemaßname und damit auch ihre Erforderlichkeit (ist) nicht Tatbestandsvoraussetzung der die Heranziehung zu Kostenbeiträgen regelnden Normen, sondern nur ungeschriebene Voraussetzung für den Anspruch des Jugendhilfeträgers auf die Kostenbeiträge."

19 So Loos in Wiesner Rn. 13.

20 S. hierzu auch NdsOVG 27.8.2018 – 10 LA 7/18, juris Rn. 10; VG Dresden 1.4.2020 – 1 K 5201/17, juris Rn. 22. S. hierzu auch VG Würzburg 17.1.2019 – W 3 K 18.646, juris Rn. 20 und 21. Im Ergebnis für den Fall der Bestandskraft der Maßnahme ebenso Krome in jurisPK-SGB VIII § 92 Rn. 33.

21 BVerwG 25.9.2008 – 7 C 5/08, juris Rn. 14.

berechtigter nicht personengleich sind.[22] In den Fällen, in denen die Fehlerhaftigkeit des Hilfebescheides zu seiner Nichtigkeit geführt hat (§ 40 SGB X), ist eine Kostenbeteiligung ausgeschlossen. Die Unbeachtlichkeit eines Fehlers nach § 42 S. 1 SGB X im Hilfebescheid führt auch zu seiner Unbeachtlichkeit bei der Kostenbeteiligung.

Zudem wird in der Rechtsprechung teilweise die Auffassung vertreten, dass die Erhebung eines Kostenbeitrags nach § 91 voraussetze, dass dem Jugendhilfeträger durch die Leistungsgewährung Kosten bzw. Aufwendungen entstanden sind und auch verbleiben. Dies sei nicht der Fall, wenn er diese vorrangig von einem anderen Erstattungsverpflichteten ersetzt verlangen könne. Eine Heranziehung zu den Kosten einer Jugendhilfemaßnahme komme daher dann nicht in Betracht, wenn der Jugendhilfeträger gehalten sei, im Interesse des Kostenbeitragspflichtigen seine Aufwendungen vorrangig von einem Dritten erstattet zu verlangen, sofern dies im Einzelfall nicht aussichtslos erscheine.[23] Dem ist zu widersprechen. Dies gilt insbesondere für die Annahme des OVG, dass eine Erhebung der Kosten beim Kostenschuldner bereits dann nicht möglich sei, wenn eine Erstattung bei einem Dritten „nicht aussichtlos" sei. Der Kostenschuldner ist nach § 91 zur Zahlung eines Kostenbeitrags verpflichtet. Diese Verpflichtung kann sich nach Sinn und Zweck des § 91 nur gegenüber demjenigen Leistungsträger ergeben, der die Leistung tatsächlich erbracht hat. Auch das vom OVG ins Feld geführte Argument, dass „die Kostenbeiträge die tatsächlichen Aufwendungen nicht überschreiten dürfen", überzeugt nicht. Ein eventuell bestehender und durchsetzbarer Kostenerstattungsanspruch gegenüber einem Dritten ist im Falle der Leistung eines Kostenbeitrags durch den Kostenschuldner selbstverständlich um diesen Betrag zu kürzen. Anders ist dies nach hiesiger Auffassung nur dann zu beurteilen, wenn zum Zeitpunkt der Erhebung des Kostenbeitrags nach § 91 die aufgewendeten Kosten dem Jugendhilfeträger bereits zugeflossen sind.[24] 15

Zum **Rechtsschutz**, insbes. zur aufschiebenden Wirkung eines Widerspruchs, → Anh. 5 Rn. 61.[25]

§ 92 Ausgestaltung der Heranziehung

(1) Aus ihrem Einkommen nach Maßgabe der §§ 93 und 94 heranzuziehen sind:

1. **Kinder und Jugendliche zu den Kosten der in § 91 Absatz 1 Nummer 1 bis 7 genannten Leistungen und vorläufigen Maßnahmen,**
2. **junge Volljährige zu den Kosten der in § 91 Absatz 1 Nummer 1, 4 und 8 genannten Leistungen,**
3. **Leistungsberechtigte nach § 19 zu den Kosten der in § 91 Absatz 1 Nummer 2 genannten Leistungen,**
4. **Ehegatten und Lebenspartner junger Menschen und Leistungsberechtigter nach § 19 zu den Kosten der in § 91 Absatz 1 und 2 genannten Leistungen und vorläufigen Maßnahmen,**
5. **Elternteile zu den Kosten der in § 91 Absatz 1 genannten Leistungen und vorläufigen Maßnahmen; leben sie mit dem jungen Menschen zusammen, so werden sie auch zu den Kosten der in § 91 Absatz 2 genannten Leistungen herangezogen.**

---

22 So auch VGH BW 17.3.2011 – 12 S 2823/08, juris Rn. 35 f.; VG München 9.7.2020 – M 18 K 17.5442.00, juris Rn. 45; VG Freiburg 19.4.2012 – 4 K 2209/11, juris Rn. 40 f.; s. hierzu auch VG Münster 29.4.2014 – 6 K 1702/13, juris Rn. 42 und VG Stuttgart 19.12.2013 – 7 K 122/12, juris Rn. 30; Krome in jurisPK-SGB VIII § 92 Rn. 34.

23 NdsOVG 21.1.2014 – 4 LC 57/11, juris Rn. 44.

24 Hierzu BayVGH 13.5.2019 – 12 BV 18.2142, juris Rn. 20.

25 S. hierzu zuletzt VGH BW 8.4.2019 – 12 S 18/99/18, juris Rn. 25.

(1a) Zu den Kosten vollstationärer Leistungen sind volljährige Leistungsberechtigte nach § 19 zusätzlich aus ihrem Vermögen nach Maßgabe der §§ 90 und 91 des Zwölften Buches heranzuziehen.

(2) Die Heranziehung erfolgt durch Erhebung eines Kostenbeitrags, der durch Leistungsbescheid festgesetzt wird; Elternteile werden getrennt herangezogen.

(3) [1]Ein Kostenbeitrag kann bei Eltern, Ehegatten und Lebenspartnern ab dem Zeitpunkt erhoben werden, ab welchem dem Pflichtigen die Gewährung der Leistung mitgeteilt und er über die Folgen für seine Unterhaltspflicht gegenüber dem jungen Menschen aufgeklärt wurde. [2]Ohne vorherige Mitteilung kann ein Kostenbeitrag für den Zeitraum erhoben werden, in welchem der Träger der öffentlichen Jugendhilfe aus rechtlichen oder tatsächlichen Gründen, die in den Verantwortungsbereich des Pflichtigen fallen, an der Geltendmachung gehindert war. [3]Entfallen diese Gründe, ist der Pflichtige unverzüglich zu unterrichten.

(4) [1]Ein Kostenbeitrag kann nur erhoben werden, soweit Unterhaltsansprüche vorrangig oder gleichrangig Berechtigter nicht geschmälert werden. [2]Von der Heranziehung der Eltern ist abzusehen, wenn das Kind, die Jugendliche, die junge Volljährige oder die Leistungsberechtigte nach § 19 schwanger ist oder der junge Mensch oder die nach § 19 leistungsberechtigte Person ein leibliches Kind bis zur Vollendung des sechsten Lebensjahres betreut.

(5) [1]Von der Heranziehung soll im Einzelfall ganz oder teilweise abgesehen werden, wenn sonst Ziel und Zweck der Leistung gefährdet würden oder sich aus der Heranziehung eine besondere Härte ergäbe. [2]Von der Heranziehung kann abgesehen werden, wenn anzunehmen ist, dass der damit verbundene Verwaltungsaufwand in keinem angemessenen Verhältnis zu dem Kostenbeitrag stehen wird.

1 Systematischer Zusammenhang der Norm

1 Der Träger der öffentlichen Jugendhilfe hat die Kosten der Hilfe zu tragen (§ 91 Abs. 5; sog. erweiterte Hilfe) und hat dann die kostenpflichtigen Personen an den Kosten zu beteiligen (beides mal kein Ermessen). Die Beteiligung erfolgt durch einen Kostenbeitrag, der durch Leistungsbescheid (VA) festgesetzt wird. Die Heranziehung der Unterhaltspflichtigen erfolgt nur noch durch den Kostenbeitrag, Unterhaltsansprüche gehen nicht mehr auf den öffentlichen Träger über.[1] Damit wird – nachträglich – der Nachrang der Jugendhilfe gegenüber den Unterhaltspflichtigen realisiert. § 10 Abs. 2 S. 1 und § 91 Abs. 5 iVm § 92 sind somit zwei Seiten einer Medaille – allerdings mit zwei Schönheitsfehlern: die (gem. § 1606 Abs. 2 BGB nachrangige) Unterhaltspflicht der Großeltern wird durch den Kostenbeitrag nicht realisiert (→ § 27 Rn. 37 und → § 95 Rn. 1). Und der mit dem Kind nicht zusammenlebende Vater entgeht dem Kostenbeitrag für teilstationäre Leistungen. In beiden Fällen muss weiterhin die Überleitung des Unterhaltsanspruchs (§ 95) bemüht werden.[2] Kostenbeitragspflichtig sind die jungen Menschen und die Unterhaltspflichtigen, wobei die Reihenfolge in Abs. 1 Nr. 1–5 der Rangfolge entspricht, wie sie § 94 Abs. 1 S. 3 und 4 auf-

1 Näher Grube ZKJ 2009, 308.
2 So für den letzteren Fall Mrozynski SGB VIII Rn. 6.

stellt. Kostenbeitragspflichtig sind aber nicht nur sie, sondern auch Ehegatten bzw. Lebenspartner. Abs. 3 bestimmt den Zeitpunkt der Heranziehung nach Information; Abs. 4 und 5 regeln Ausnahmen von der Heranziehung. Die Heranziehung erfolgt aus dem nach § 93 bereinigten Einkommen;nur bei volljährigen Leistungsberechtigten nach § 19 auch aus dem Vermögen (§ 92 Abs. 1a).

Mit Art. 1 des **KJSG** wurde die Möglichkeit der Heranziehung von **jungen Volljährigen** aus dem Vermögen nach Abs. 1a gestrichen.[3] Nach neuer Auffassung des Gesetzgebers steht die Kostenheranziehung junger Volljähriger aus ihrem Vermögen dem Auftrag der Kinder- und Jugendhilfe entgegen, junge Menschen zu einer selbstbestimmten, selbstständigen und eigenverantwortlichen Lebensführung zu befähigen. Jungen Volljährigen werde dadurch eine finanzielle Grundlage entzogen, die ihnen den Weg in die Selbständigkeit erleichtern könnte. Ihre Heranziehung aus dem Vermögen stehe damit im Widerspruch zu der mit der Hilfe nach § 41 verfolgten Zielsetzung. Aus diesem Grunde sollen junge Volljährige nach neuer Rechtslage nicht mehr aus ihrem Vermögen herangezogen werden.[4]

Auf die RM der Hilfegewährung kommt es nach hier vertretener Auffassung nicht an (→ § 91 Rn. 14).

2 Kostenschuldner (Abs. 1)

Nur die in Nr. 1–5 genannten Personen sind Kostenbeitragsschuldner; für eine Erwei- 2
terung dieses exklusiven Kreises durch Landesrecht gibt es keine Ermächtigung im SGB VIII. Sie **müssen** (kein Ermessen) vom öffentlichen Träger zu den Kosten herangezogen werden, wenn keine der Ausnahmen nach Abs. 4 oder 5 vorliegt. Die Begriffe: Kinder, Jugendliche, junge Volljährige, junge Menschen werden in § 7 Abs. 1 definiert. Der Begriff des **Lebenspartners** in Nr. 4 ist in § 33b SGB I definiert, ist also nur ein (gleichgeschlechtlicher) eingetragener Lebenspartner nach dem LPartG. Nicht kostenbeitragspflichtig sind eheähnlich zusammen lebende Personen (→ § 94 Rn. 4).[5] **Eltern** nach Nr. 5 sind die Mutter nach § 1591 BGB und der Vater nach §§ 1592, 1593 BGB, also nicht Stiefeltern.[6] Die Kostenbeitragspflicht besteht unabhängig von einer zivilrechtlichen Unterhaltspflicht.[7] Ab rechtswirksamer Anerkennung bzw. rechtskräftiger Feststellung der Vaterschaft kann der Kostenbeitrag rückwirkend erhoben werden (→ Rn. 18).[8] Umgekehrt entfällt der Kostenbeitrag rückwirkend (nur vier Jahre) nach rechtskräftiger Anfechtung der Vaterschaft, wenn das JA den Leistungsbescheid nach § 44 SGB X zurückgenommen hat, wozu es verpflichtet ist[9] (zur Aufhebung nach § 48 SGB X → Rn. 15). Ob die Eltern auch PSB sind, ist unerheblich; ebenso, ob sie der HzE zugestimmt haben.[10]

Nicht jeder Kostenschuldner kann zu jeder beitragspflichtigen Leistung oder Inobhut- 3
nahme nach § 91 herangezogen werden; vielmehr beschränkt sich die Heranziehung auf **die jeweils in Nr. 1–5 in Bezug genommene Leistung oder auf die Inobhutnahme**. Der Plural „vorläufige(n) Maßnahmen" ist ungenau, da § 91 nur eine vorläufige Maßnahme beteiligungspflichtig macht, nämlich die Inobhutnahme nach § 42.

3 BGBl. 2021 Teil I Nr. 29, 1444.
4 BT-Drs. 19/26107, 112.
5 Hierzu auch Krome in jurisPK-SGB VIII Rn. 15.
6 S. hierzu auch Krome in jurisPK-SGB VIII Rn. 17.
7 Krome in jurisPK-SGB VIII Rn. 20; VG Münster 19.5.2015 – 6 K 2474/13, juris Rn. 27; VG Minden 21.8.2014 – 6 K 353/14, juris Rn. 21; VG Düsseldorf 16.12.2013 – 10 K 5746/13, juris Rn. 21.
8 DIJuF JAmt 2008, 373.
9 Ebenso DIJuF JAmt 2004, 30; Krome in juris PK-SGB VIII Rn. 19.
10 Ebenso OVG Bln 22.11.2001 – 6 B 1.97.

4 Die Heranziehung des Ehegatten/Lebenspartners eines **Leistungsberechtigten nach § 19** ist nur für den (seltenen)[11] Fall von Bedeutung, dass die leistungsberechtigte allein erziehende Person verheiratet oder „lebensverpartnert" ist, aber getrennt lebt.

5 Erhält ein **junger Volljähriger Eingliederungshilfe**, weil er seelisch behindert ist, ist dies keine Leistung nach § 35a, sondern nach § 41, wie sich aus § 41 Abs. 2 und aus § 91 Abs. 1 Nr. 8 ergibt. Der junge Volljährige kann daher auch zu den Kosten dieser „verkappten Eingliederungshilfe" herangezogen werden.

6 **Eltern** werden – unabhängig vom Sorgerecht[12] – zu den Kosten aller in § 91 Abs. 1 und 2 genannten Leistungen und der Inobhutnahme herangezogen (Nr. 5 Hs. 1 u. 2); ein nicht mit dem jungen Menschen zusammen lebender (**familienferner**) Elternteil muss dagegen nur für die Kosten einer vollstationären Leistung oder der Inobhutnahme aufkommen (Nr. 5 Hs. 1). Diese **„gespaltene" Heranziehung** soll das Auseinanderklaffen von unterhaltsrechtlicher Verpflichtung und sozialrechtlicher Heranziehung verhindern. Für den Zeitpunkt des Zusammenlebens kommt es auf den Beginn der Hilfe an.[13] Leben die Elternteile bei Beginn der Hilfe getrennt und erst nach Beginn der Hilfe zusammen, ist für die Zeit des Getrenntlebens der familienferne Elternteil nur für die vollstationäre Hilfe heranzuziehen. Dasselbe gilt, wenn sie zwar bei Beginn der Hilfe mit dem Kind zusammengelebt haben, aber im Verlauf der Hilfe nicht mehr. Ein **Zusammenleben** von Elternteil und Kind ist dann anzunehmen, wenn beide in einem gemeinsamen Haushalt leben. Eine nur vorübergehende Unterbrechung des Zusammenlebens (zB infolge Ausbildung oder Krankheit) berührt das Zusammenleben nicht, wenn es nach dem Unterbrechungszeitraum fortgesetzt werden soll. Bei Hilfe nach § 27 **Abs. 4** sind die Eltern der Mutter als Leistungsberechtigte für die HzE, nicht als Großeltern des Enkelkindes heranzuziehen. Zu beachten ist dann aber § 92 Abs. 4 S. 2 (→ Rn. 23).

7 Nur zu **vollstationären** Leistungen werden junge Menschen und Leistungsberechtigte nach § 19, auch zu **teilstationären** Leistungen werden Ehegatten bzw. Lebenspartner und mit ihren Kindern zusammenlebende Eltern herangezogen.

3 Heranziehung aus Vermögen nur bei Volljährigen (Abs. 1a)

§ 90 SGB XII Einzusetzendes Vermögen

(1) Einzusetzen ist das gesamte verwertbare Vermögen.

(2) Die Sozialhilfe darf nicht abhängig gemacht werden vom Einsatz oder von der Verwertung

1. eines Vermögens, das aus öffentlichen Mitteln zum Aufbau oder zur Sicherung einer Lebensgrundlage oder zur Gründung eines Hausstandes erbracht wird,
2. eines nach § 10a oder Abschnitt XI des Einkommensteuergesetzes geförderten Altersvorsorgevermögens im Sinne des § 92 des Einkommensteuergesetzes; dies gilt auch für das in der Auszahlungsphase insgesamt zur Verfügung stehende Kapital, soweit die Auszahlung als monatliche oder als sonstige regelmäßige Leistung im Sinne von § 82 Absatz 5 Satz 3 erfolgt; für diese Auszahlungen ist § 82 Absatz 4 und 5 anzuwenden,
3. eines sonstigen Vermögens, solange es nachweislich zur baldigen Beschaffung oder Erhaltung eines Hausgrundstücks im Sinne der Nummer 8 bestimmt ist, soweit dieses Wohnzwecken von Menschen mit einer wesentlichen Behinderung oder einer drohenden wesentlichen Behinderung (§ 99 Absatz 1 und 2 des Neunten Buches) oder von blinden Menschen (§ 72) oder pflegebedürftigen Menschen (§ 61) dient oder dienen

11 AA wohl Mrozynski SGB VIII Rn. 4.
12 Ebenso SächsOVG 17.9.2010 – 1 D 140/10.
13 Zweifelnd Mrozynski SGB VIII Rn. 5.

soll und dieser Zweck durch den Einsatz oder die Verwertung des Vermögens gefährdet würde,
4. eines angemessenen Hausrats; dabei sind die bisherigen Lebensverhältnisse der nachfragenden Person zu berücksichtigen,
5. von Gegenständen, die zur Aufnahme oder Fortsetzung der Berufsausbildung oder der Erwerbstätigkeit unentbehrlich sind,
6. von Familien- und Erbstücken, deren Veräußerung für die nachfragende Person oder ihre Familie eine besondere Härte bedeuten würde,
7. von Gegenständen, die zur Befriedigung geistiger, insbesondere wissenschaftlicher oder künstlerischer Bedürfnisse dienen und deren Besitz nicht Luxus ist,
8. eines angemessenen Hausgrundstücks, das von der nachfragenden Person oder einer anderen in den § 19 Abs. 1 bis 3 genannten Person allein oder zusammen mit Angehörigen ganz oder teilweise bewohnt wird und nach ihrem Tod von ihren Angehörigen bewohnt werden soll. Die Angemessenheit bestimmt sich nach der Zahl der Bewohner, dem Wohnbedarf (zum Beispiel behinderter, blinder oder pflegebedürftiger Menschen), der Grundstücksgröße, der Hausgröße, dem Zuschnitt und der Ausstattung des Wohngebäudes sowie dem Wert des Grundstücks einschließlich des Wohngebäudes,
9. kleinerer Barbeträge oder sonstiger Geldwerte; dabei ist eine besondere Notlage der nachfragenden Person zu berücksichtigen.

(3) [1]Die Sozialhilfe darf ferner nicht vom Einsatz oder von der Verwertung eines Vermögens abhängig gemacht werden, soweit dies für den, der das Vermögen einzusetzen hat, und für seine unterhaltsberechtigten Angehörigen eine Härte bedeuten würde. [2]Dies ist bei der Leistung nach dem Fünften bis Neunten Kapitel insbesondere der Fall, soweit eine angemessene Lebensführung oder die Aufrechterhaltung einer angemessenen Alterssicherung wesentlich erschwert würde.

§ 91 SGB XII Darlehen

[1]Soweit nach § 90 für den Bedarf der nachfragenden Person Vermögen einzusetzen ist, jedoch der sofortige Verbrauch oder die sofortige Verwertung des Vermögens nicht möglich ist oder für die, die es einzusetzen hat, eine Härte bedeuten würde, soll die Sozialhilfe als Darlehen geleistet werden. [2]Die Leistungserbringung kann davon abhängig gemacht werden, dass der Anspruch auf Rückzahlung dinglich oder in anderer Weise gesichert wird.

Nur **volljährige** Leistungsberechtigte nach § 19 werden aus Einkommen **und Vermögen** herangezogen. Begriff und Verwertbarkeit des Vermögens sind nach §§ 90, 91 SGB XII zu bestimmen.[14] Allerdings sind bei der Anwendung der §§ 90, 91 SGB XII die Besonderheiten des Kinder- und Jugendhilferechts und deren Zielsetzung zu berücksichtigen.[15] Einkommen und Vermögen sind voneinander abzugrenzen (→ § 93 Rn. 4). Schonvermögen nach § 90 Abs. 2 SGB XII wäre zwar (wirtschaftlich) verwertbar, darf aber (rechtlich) nicht verwertet werden. Hier ist besonders Nr. 9 von Bedeutung, wonach kleinere Barbeträge geschont sind. Dieser unbestimmte Rechtsbegriff wird durch die hierzu erlassene VO näher bestimmt. Nach § 1 S. 1 Nr. 1 VO sind dies 5.000 EUR, wobei dieser Betrag nach § 2 VO bei besonderer Notlage erhöht werden muss. Vermögen ist ferner nur dann einsetzbar, wenn es einen **„dreifachen Härtefilter"** durchlaufen hat: zunächst ist die einfache (generelle) Härte nach § 90 Abs. 3 SGB XII zu prüfen, dann die (auf den Zeitpunkt bezogene) spezifische Härte nach § 91 SGB XII, schließlich die besondere Härte nach § 92 Abs. 5 SGB VIII. Fraglich ist, ob § 91 SGB XII hier überhaupt anwendbar ist, da er die Gewährung der Sozialhilfe als 8

14 S. hierzu Klinger/Kunkel/Pattar, Existenzsicherungsrecht, 5. Kap. Rn. 400–449.
15 S. hierzu für die Anwendung des § 90 Abs. 1 SGB XII BayVGH 24.6.2014 – 7 A 11246/13, juris Rn. 28.

Darlehen regelt, also auf den Eingriff durch Kostenbeitrag nicht passt. Bei Vorliegen einer Härte der Verwertung gerade zu diesem Zeitpunkt (zB prämienschädlich) wird dennoch die Heranziehung aus diesem Vermögen ausgeschlossen sein. Eine Härte nach § 90 Abs. 3 SGB XII ist zB anzunehmen, wenn das Vermögen aus einem Einkommen stammt, das nach § 93 nicht einzusetzen war (zB Schmerzensgeld oder Grundrente).[16]

4 Festsetzung durch Leistungsbescheid (Abs. 2)

9 Gemäß dem aus dem Grundsatz der Gesetzmäßigkeit der Verwaltung folgenden Vorbehalt des Gesetzes (Art. 20, 28 GG) muss das Gesetz nicht nur zu diesem belastenden Eingriff ermächtigen, sondern auch dazu, dass die **Heranziehung durch VA** erfolgen darf (VA-Befugnis). **Hs. 1** enthält diese VA-Befugnis, indem er zum Erlass eines Leistungsbescheides ermächtigt. Der Leistungsbescheid erfüllt die Voraussetzungen eines VA gem. § 31 SGB X. Da mit ihm ein Kostenbeitrag „festgesetzt" wird, muss er **schriftlich** ergehen[17] und diesen auch regeln, also nicht lediglich ankündigen.[18] Als behördliche Maßnahme kann er nur von einem Träger der öffentlichen Jugendhilfe erlassen werden, also nicht von einem Träger der freien Jugendhilfe. Auch wenn freie Träger die der Kostenheranziehung zugrunde liegende Aufgabe im Auftrag des öffentlichen Trägers wahrnehmen, sind sie keine beliehenen Unternehmer (→ § 76 Rn. 15) und können daher nicht den Leistungsbescheid als VA erlassen;[19] sie können lediglich einen (privatrechtlichen) Teilnahmebeitrag im Rahmen des § 90 für die dort genannten Leistungen fordern (→ § 90 Rn. 6). Ebenso wenig können die nach § 1688 Abs. 1 und 2 BGB (Abdruck bei § 7) an der Ausübung der Personensorge beteiligten Personen einen Kostenbeitrag festsetzen. Sie können aber den für einen Minderjährigen festgesetzten Kostenbeitrag im Rahmen der Verwaltung und Verwendung des Einkommens des Minderjährigen einziehen und dem Träger der öffentlichen Jugendhilfe überweisen. Als VA muss der Leistungsbescheid die formellen Voraussetzungen, insbesondere nach § 24 SGB X (Anhörung – auch des Kindes, → § 8 Rn. 7)[20] und nach § 35 SGB X (Begründung) erfüllen (→ Anh. 5 Rn. 27) und außerdem dem (materiellrechtlichen) Grundsatz der Bestimmtheit (§ 33 Abs. 1 SGB X) genügen (→ Anh. 5 Rn. 40). Der Grundsatz der Bestimmtheit verlangt, dass im **Tenor** des Bescheids klar geregelt ist

(1) wer Kostenbeitragspflichtiger ist,
(2) hiermit die Leistung geboten wird,
(3) die Höhe der Leistungsverpflichtung genannt und
(4) der Zeitpunkt der Zahlungsverpflichtung angegeben ist.

Die Geltung des Bescheids kann „bis auf Weiteres" (zukunftsoffen) ausgesprochen werden,[21] besser aber: „solange die Hilfe gewährt wird". In der **Begründung** des Bescheids müssen als Ermächtigungsgrundlage §§ 91 und 92 jeweils mit der zutreffenden Nr. genannt sein.[22] Nach § 36 SGB X muss eine **RBB** beigefügt sein. Als besonders hervorgehobener **Hinweis** sollte die Information nach § 92 **Abs. 3** erfolgen (→ Rn. 17).[23]

16 Zu dieser VG Stuttgart 28.6.2006 – 7 K 2459/05.
17 Ebenso BSG 10.12.2002 – B 9 VG 6/01R; Mann in SFMK Rn. 9; Riehle in Krug/Riehle Rn. 48.
18 Ebenso OVG NRW 26.8.2009 – 12 A 65/09.
19 Ebenso Stähr in Hauck/Noftz Rn. 17; Busch DAVorm 1993/248.
20 AA Mann in SFMK Rn. 14.
21 So VG München 16.9.2009 – M 18 K 08.4056.
22 Anders Schindler in FK-SGB VIII Rn. 14: § 92 Abs. 2.
23 Mit Urt. VG Düsseldorf, das geradezu fürsorgliche Hinweise zur Textgestaltung gibt.

10 Die Heranziehung zu den Kosten muss in einem **gesonderten Verfahrensschritt** (→ § 91 Rn. 11), erfolgen. Die Information nach Abs. 3 kann zusammen mit dem Hilfebescheid erfolgen (→ Rn. 17), also dem Leistungsbescheid vorangehen – sie hat dann die Funktion einer „erweiterten Rechtswahrungsanzeige" – oder erst im Leistungsbescheid. Sie kann ihm auch nachgehen; dann wirkt der Leistungsbescheid aber erst im Zeitpunkt des Zugangs der Information – sie hat dann die Wirkung einer „aufschiebenden Bedingung".

11 Der Leistungsbescheid ist nur wirksam, wenn er **ordnungsgemäß bekannt gegeben** worden ist (§ 39 Abs. 1 SGB X; → Anh. 5 Rn. 32).[24] Die Bekanntgabe muss gegenüber dem Beteiligten erfolgen (§ 37 Abs. 1 SGB X), das ist jede kostenbeitragspflichtige Person nach Abs. 1 Nr. 1–5. Da die Entgegennahme des Bescheids eine Verfahrenshandlung ist, setzt die Bekanntgabe Handlungsfähigkeit voraus. An Minderjährige kann daher die Bekanntgabe nicht direkt erfolgen; § 36 SGB I ist hier nicht einschlägig, da die erweiterte Handlungsfähigkeit sich nicht auf die Entgegennahme belastender Bescheide erstreckt. Demnach muss der Leistungsbescheid den Eltern eines Minderjährigen als Kostenbeitragspflichtigen und zugleich als gesetzlicher Vertreter eines minderjährigen Kostenbeitragspflichtigen bekannt gegeben werden. Die förmliche Bekanntgabe durch **Zustellung** gem. § 37 Abs. 5 SGB X ist gesetzlich nicht vorgeschrieben. Sie ist aber zulässig (zB § 1 Abs. 1 LVwZG BW, das gem. § 65 Abs. 2 SGB X anwendbar ist). Die förmliche Bekanntgabe setzt Übergabe des Bescheids voraus (§ 2 Abs. 1 LVwZG). Übergabe ist die Verschaffung des Alleinbesitzes. Daher ist jedem Kostenbeitragspflichtigen der Leistungsbescheid in Urschrift, Ausfertigung oder beglaubigter Abschrift auszuhändigen. Zur Übergabe an **Ehegatten** → Anh. 5 Rn. 35. Die Verletzung der Übergabevorschrift kann aber, zB nach § 9 LVwZG BW, geheilt werden, wenn jeder Kostenbeitragspflichtige nachweislich die Verfügungsgewalt über den Leistungsbescheid erhalten hat. Eine formgerechte Zustellung des Leistungsbescheids an **Eltern und Kind** als Kostenbeitragspflichtige erfolgt daher in der Weise, dass die Elternteile jeweils eine gesonderte Ausfertigung des Bescheids erhalten. Im Anschriftenfeld des Bescheids steht die Adresse des Elternteils. Im Rubrum des Bescheids steht: Frau und Herrn A zugleich als gesetzliche Vertreter des Kindes B.

12 Der Leistungsbescheid wird nach dem jeweiligen Landesverwaltungsvollstreckungsgesetz (LVwVG) **vollstreckt** (§ 66 Abs. 3 SGB X; → Anh. 5 Rn. 69 ff.). Dies setzt voraus, dass der Leistungsbescheid durch ordnungsgemäße Bekanntgabe wirksam geworden ist (§ 39 Abs. 1 SGB X), der Tenor die ausdrückliche Zahlungsverpflichtung (und nicht nur die Festsetzung eines Kostenbeitrags) enthält und unanfechtbar ist oder für sofort vollziehbar erklärt worden ist gem. § 80 Abs. 2 S. 1 Nr. 4 VwGO (→ Anh. 5 Rn. 61). Zu diesen allgemeinen Vollstreckungsvoraussetzungen müssen die weiteren Voraussetzungen hinzutreten, die für die Vollstreckung einer Geldforderung durch Beitreibung gelten. Danach muss der Kostenbeitragspflichtige eine schriftliche Mahnung erhalten haben, mit der eine Zahlungsfrist von mindestens 1 Woche bestimmt worden ist (§ 14 LVwVG).[25] Eine Vollstreckung im EU-Ausland ist nur nach der VO (EG) Nr. 805/2004 möglich, scheidet also für den öffentlich-rechtlichen Kostenbeitrag aus.[26]

13 Gegen den Leistungsbescheid ist Rechtsschutz, über den gem. § 36 SGB X belehrt worden sein muss, möglich durch Widerspruch (§ 68 VwGO; → Anh. 5 Rn. 49 ff.) und daran anschließend durch Anfechtungsklage (§ 42 Abs. 1 Alt. 1 VwGO). Str. ist, ob Anfechtungswiderspruch und Anfechtungsklage aufschiebende Wirkung nach § 80

24 Zur Bekanntgabe ausführlich Pattar in jurisPK-SGB X § 37.
25 Vgl. zur Pfändung DIJuF JAmt 2002, 121.
26 So DIJuF JAmt 2007, 29.

Abs. 1 S. 1 VwGO haben oder die Regelung des § 80 Abs. 2 Nr. 1 VwGO einschlägig ist[27] (→ Anh. 5 Rn. 61).

14 Die **Verjährung** ist im SGB VIII nicht geregelt; daher muss § 195 BGB entsprechend angewendet werden.[28] Die Verjährungsfrist beträgt **drei** Jahre. Die dreißigjährige Verjährungsfrist nach § 197 BGB kann nicht entsprechend angewendet werden, da sie sich zwar auf familienrechtliche Ansprüche erstreckt, soweit diese aber Unterhaltsleistungen betreffen, nach § 197 Abs. 2 BGB auch der dreijährigen Verjährungsfrist unterliegen. § 113 SGB X ist nicht anwendbar, da er nur für Erstattungsansprüche der Leistungsträger untereinander gilt; § 45 SGB I ist ebenfalls nicht anwendbar, da er nur für Ansprüche auf Sozialleistungen gilt. Die dreijährige Verjährungsfrist beginnt zu laufen, sobald die kostenpflichtige Hilfe gewährt wird; dann muss innerhalb von 3 Jahren der Leistungsbescheid ergehen. Mit der Festsetzung des Kostenbeitrags durch den Leistungsbescheid beginnt ab Bestandskraft des Bescheids die 30-jährige Verjährungsfrist nach § 52 Abs. 2 SGB X zu laufen. Die Festsetzung des Kostenbeitrags ist die Feststellung des Anspruchs durch feststellenden VA iSd § 52 Abs. 1 SGB X. Außerdem ist **Verwirkung** möglich, wenn sich der Pflichtige nach Treu und Glauben darauf einstellen konnte, dass ein Kostenbeitrag nicht (mehr) geltend gemacht wird (zum Vertrauensschutz auch → Rn. 18).[29]

15 Zur **Aufrechnung** mit dem Kostenbeitrag gegen Ansprüche auf wirtschaftliche Jugendhilfe → § 91 Rn. 12; zur **Rechtmäßigkeit** der Leistungsgewährung als Voraussetzung des Kostenbeitrags näher → § 91 Rn. 14. Die **Aufhebung** des Leistungsbescheides erfolgt nach §§ 44 ff. SGB X. Auch eine Aufhebung nach § 48 SGB X ist möglich, da der Leistungsbescheid idR Dauerwirkung hat (zur Dauerwirkung des Bescheids, mit welchem HzE bewilligt wird, → § 27 Rn. 17 und → Anh. 5 Rn. 45). Nach dem Tod des Pflichtigen geht die Kostenschuld auf den **Erben** über.[30]

16 Nach **Hs. 2** werden Elternteile **getrennt** herangezogen.[31] Der Kostenbeitrag muss für jeden Elternteil gesondert berechnet (näher § 94 Abs. 2 iVm § 1 Abs. 2 KostenbeitragsV) und in einem gesonderten Kostenbeitrag erhoben werden, wobei aber beide Kostenbeiträge in einem zusammengefassten Leistungsbescheid bekannt gegeben werden können (→ Anh. 5 Rn. 32). Da das **Kind vorrangig** vor den Eltern zu den Kosten herangezogen wird (§ 94 Abs. 1 S. 3; → § 94 Rn. 3), muss zunächst der Kostenbeitrag für das Kind ermittelt werden. Deckt er nicht die gesamten Aufwendungen – was die Regel ist –, ist für die Rest-Aufwendungen ein **weiterer** Kostenbeitrag der Elternteile zu ermitteln. Leben Eltern und Kind zusammen, können alle drei Kostenbeiträge in einem zusammengefassten Leistungsbescheid erhoben werden, aus dem sich aber die gesonderten Kostenbeiträge ergeben müssen. Sind die Eltern schon für die Kosten einer Hilfe durch Kostenbeitrag herangezogen worden, können sie für die Kosten einer gleichzeitig gewährten **weiteren Jugendhilfe** (für das selbe oder ein weiteres Kind) nur noch aus dem um den schon geleisteten Kostenbeitrag **verminderten** Einkommen herangezogen werden. Für den pauschalierten Kostenbeitrag nach § 94 Abs. 5 gilt § 2 Abs. 2 S. 2 und 3 KostenbeitragsV.

27 S. hierzu auch VGH BW 8.4.2019 – 12 S 18/99/18, juris Rn. 25; s. hierzu auch die Begr. zu § 92 BT-Drs. 15/3676, 41.

28 Ebenso VG Würzburg 17.1.2019 – W 3 K 18.646, juris Rn. 28; VG Frankfurt/M. 14.12.2006 – 3 E 591/04; BVerwG 27.11.1986 – 5 C 74/85, NDV 1987, 293 für die Sozialhilfe; Stähr in Hauck/Noftz Rn. 15; Mann in SFMK Rn. 24; Krome in jurisPK-SGB VIII Rn. 60.

29 So – für das BSHG – BVerwG 20.1.1977 – VC 18/76, NDV 1978, 190; Mann in SFMK Rn. 25.

30 So – für die nach BSHG – BVerwG 20.1.1977 – VC 18.76, NDV 1978, 190; Mann in SFMK Rn. 27.

31 Zur Verfassungsmäßigkeit der getrennten Heranziehung BayVGH 24.6.2010 – 12 BV 09.2527.

Wegen der getrennten Heranziehung kann der von einem Elternteil gezahlte Beitrag nicht kostenmindernd vom anderen Elternteil für sich reklamiert werden.[32] Das Einkommen der Eltern ebenso wie das des Kindes muss jeweils für sich ermittelt werden; eine Einsatzgemeinschaft wie nach SGB XII oder SGB II gibt es im SGB VIII nicht.

5 Zeitpunkt der Erhebung und Information (Abs. 3)

S. 1 regelt, dass der Kostenbeitrag bei dem Unterhaltspflichtigen erst ab dem Zeitpunkt erhoben werden kann, ab dem er (erstens) über die Leistungsgewährung unterrichtet und (zweitens) über die Folgen des Kostenbeitrags für seine Unterhaltspflicht aufgeklärt worden ist („informierter Kostenbeitrag"). Diese Information ist materiellrechtliche(Tatbestands-)Voraussetzung für den Kostenbeitrag, da das Recht, einen Kostenbeitrag zu erheben erst entsteht, wenn die Mitteilung erfolgt ist.[33] Heilung oder Unbeachtlichkeit nach §§ 41, 42 SGB X analog scheiden daher aus.[34] Die Information ist lediglich schlichtes Verwaltungshandeln, **nicht** aber **VA** nach § 31 SGB X, weil sie keine eigenständige Regelung ist, sondern die Regelung durch den Leistungsbescheid lediglich vorbereitet; sie ist daher nicht gesondert anfechtbar.[35] Ist der Kostenpflichtige zugleich der Leistungsberechtigte, erfolgt die **Mitteilung** der Leistung spätestens mit dem Hilfebescheid (→ Rn. 10). Trotz des Wortlauts „Leistung" gilt die Informationspflicht ebenso bei der Inobhutnahme, da auch der Begriff „Leistungsbescheid" nicht iSd § 2 Abs. 2 gebraucht wird.[36] 17

Mit der **Aufklärung** über den Unterhalt soll verhindert werden, dass ein Unterhaltspflichtiger seiner Barunterhaltspflicht unverändert nachkommt, er aber für den gleichen Zeitraum mit dem Kostenbeitrag (zusätzlich) belastet wird.[37] Das bedeutet allerdings nicht, dass die Aufklärungspflicht gegenüber Elternteilen, die „nur" Naturalunterhalt gewähren, nicht greift. Die Aufklärungspflicht besteht vielmehr grundsätzlich sowohl gegenüber bar- als auch gegenüber naturalunterhaltspflichtigen Elternteilen.[38] Die wirtschaftliche Jugendhilfe sollte zusätzlich den Beistand informieren, dass er den Unterhalt wegen der Heranziehung zu den Kosten nicht geltend machen kann. Während der Unterbringung wird der Unterhaltsbedarf durch den Jugendhilfeträger gedeckt, so dass der Unterhaltspflichtige nur noch zum Kostenbeitrag verpflichtet ist. Käme es zu einem Vollstreckungsverfahren aus einem titulierten Unterhaltsanspruch, könnte der Unterhaltspflichtige Klage auf Abänderung des Titels oder Vollstreckungsgegenklage erheben. Bereits gezahlte Unterhaltsleistungen sind beim untergebrachten jungen Menschen zweckidentische Leistungen (→ § 93 Rn. 8). Der Umfang der Informationspflicht bemisst sich entsprechend dem Schutzzweck der Norm an den jeweiligen wirtschaftlichen Dispositionsmöglichkeiten der Kostenbeitragspflichtigen. Dabei

---

32 So BayVGH 24.6.2010 – 12 BV 09.2527; VG Aachen 20.5.2008 – 2 K 1125/07; Stähr in Hauck/Noftz Rn. 13.

33 So VG Würzburg 24.10.2019 – W 3 K 17.1353, juris Rn. 33; VG München 28.1.2015 – M 18 K 12.5739, juris Rn. 46; NdsOVG 8.12.2014 – 4 LA 46/14, juris Rn. 10; VG Minden 2.12.2014 – 6 K 1149/14, juris Rn. 9; BayVGH 18.11.2014 – 12 C 14.2416, juris Rn. 2; BayVGH 28.5.2014 – 12 ZB 14.154, juris Rn. 12; BayVGH 22.5.2014 – 12 ZB 12.2509, juris Rn. 19; BayVGH 13.4.2014 – 12 CS 15.190, Rn. 18; VG Aachen 27.12.2013 – 1 K 1576/09, juris Rn. 25; VG Freiburg 19.4.2012 – 4 K 2209/11, juris Rn. 54; VG Freiburg 18.3.2010 – 4 K 2849/08; OVG NRW 26.6.2008 – 12 E 683/07, JAmt 2008, 547; Stähr in Hauck/Noftz Rn. 20; Krome in jurisPK-SGB VIII Rn. 38.

34 Ebenso VG Aachen VG Würzburg 28.2.2019 – W 3 K 17.1340, juris Rn. 24; 27.12.2013 – 1 K 1576/09, juris Rn. 25.

35 Ebenso OVG NRW 26.8.2009 – 12 A 64/09.

36 Ebenso VG Göttingen 11.10.2018 – 2 B 389/18, juris Rn. 16 f.; NdsOVG 8.12.2014 – 4 LA 46/14, juris Rn. 3; in diese Richtung auch OVG OVG RhPf 24.10.2014 – 7 D 10511/14, juris Rn. 13.

37 S. hierzu auch VGH BW 21.2.2017 – 12 S 594/16, juris Rn. 28.

38 BVerwG 11.10.2012 – 5 C 22/11, juris Rn. 10 f.

gebietet die Vorschrift nicht, dass die Bar- und Naturalunterhaltspflichtigen in gleich intensiver Weise über alle anzusprechenden Fragen rechtlich aufgeklärt werden. Insbesondere sind den Betroffenen die für sie maßgeblichen Informationen zu vermitteln, um vermögensrechtliche Fehldispositionen im Zusammenhang mit der Entstehung der Kostenbeitragspflicht zu vermeiden. Da der naturalunterhaltspflichtige Elternteil in Bezug auf den Unterhaltsanspruch keine besonderen vermögensrechtlichen Dispositionen treffen muss, kann sich bei ihm die unterhaltsrechtliche Aufklärung entsprechend dem Wortlaut des § 92 Abs. 3 S. 1 SGB VIII darauf beschränken, dass die Jugendhilfeleistung unterhaltsrechtlich entlastende Auswirkungen hat.[39] Der Barunterhaltspflichtige sollte über Beginn, Dauer und Höhe der Leistung informiert werden. Es ist darauf hinzuweisen, dass mit der Gewährung der Jugendhilfe die Beteiligung an den Kosten gem. §§ 91, 92 verbunden ist. Ferner darauf, dass die durch die Jugendhilfe eingetretene Bedarfsdeckung bei der Berechnung des Unterhalts mindernd zu berücksichtigen ist. Soweit die teil- oder vollstationäre Hilfe auch die Sicherstellung des notwendigen Unterhalts umfasst (§ 13 Abs. 3; § 19 Abs. 3; § 21; § 27 iVm §§ 32–35; § 35 a Abs. 2 Nr. 2–4; § 41; § 42 Abs. 2), erlischt der Unterhaltsanspruch.[40] Der Kostenbeitrag tritt an die Stelle des Unterhaltsanspruchs.[41] Dies ergibt sich auch aus § 10 Abs. 2 S. 2. Die bloße Wiedergabe des Wortlauts des § 10 Abs. 2 genügt nicht.[42] Die Höhe des Kostenbeitrags braucht noch nicht beziffert sein.[43] Die Information könnte nach dem Wortlaut des Gesetzes zwar formlos, sollte aus Beweisgründen und wegen ihrer (materiellen) Bedeutung aber schriftlich erfolgen; lediglich gesprächsweise Unterrichtung genügt nicht.[44] Die Bekanntgabe kann durch einfachen Brief geschehen. Die Information muss an beide Elternteile erfolgen, da sie getrennt herangezogen werden. Die Information ist zweckmäßigerweise mit dem **Auskunftsersuchen** nach § 97a zu verbinden.

In der Rspr. wird die Auffassung vertreten, dass bei einem Wechsel der für den Minderjährigen gewährten Jugendhilfeleistung eine erneute Belehrung nach § 92 Abs. 3 zu erfolgen habe. Dabei sei die neue Leistungsart zu benennen. Eine Kostenbeitragserhebung könne erst mit erneuter Belehrung erfolgen.[45] Hierzu ist anzumerken, dass nach hier vertretener Auffassung nicht jeder Leistungswechsel eine neue Belehrung erfordern kann.[46] Unabhängig von der Rspr. des Bundesverwaltungsgerichts zum Leistungsbegriff (→ § 86 Rn. 11) und der hieran anknüpfenden Wortlautauslegung („Gewährung der Leistung"),[47] ist eine erneute Belehrung jedenfalls nach Sinn und Zweck der Vorschrift dann nicht erforderlich, wenn hinsichtlich der voraussichtlichen Dauer der Hilfe und der Höhe des Kostenbeitrags keine nennenswerten Änderungen zu erwarten sind.[48]

---

39 BVerwG 11.10.2012 – 5 C 22/11, juris Rn. 13 f.; s. hierzu auch BGH 3.7.2014 – III ZR 502/13, juris Rn. 21 und Krome in jurisPK-SGB VIII Rn. 41 f.

40 So BGH 6.12.2006 – XII ZR 197/04, NJW-RR 2007, 505.

41 So BVerwG 19.8.2010 – 5 C 10/09, DVBl 2010, 1518.

42 So VG Düsseldorf 19.11.2007 – 19 K 3428/07.

43 Ebenso BayVGH 17.7.2018 – 12 C 15.2631, juris Rn. 7; VG Neustadt 25.3.2010 – 4 K 685/09.NW.

44 So VG Aachen 3.6.2008 – 2 K 599/07, EuG 2009, 207.

45 NdsOVG 30.11.2018 – 10 LA 366/18, juris Rn. 5; NdsOVG 8.12.2014 – 4 LA 46/14, juris Rn. 8; s. hierzu auch BayVGH 28.5.2014 – 12 ZB 14.154, juris Rn. 12; VG Düsseldorf 12.5.2014 – 10 K 5206/13, juris Rn. 39 f.

46 S. hierzu auch VGH BW 8.4.2019 – 12 S 18/99/18, juris Rn. 18 und 20.

47 Nach aA sei auf die Rspr. zum Leistungsbegriff iSd § 86 ausschließlich für die Bestimmung der örtlichen Zuständigkeit zurückzugreifen. Die Rspr. könne kein Maßstab für die Beurteilung der Rechtmäßigkeit der Belehrung iSd § 92 Abs. 3 sein, VG Düsseldorf 12.5.2014 – 10 K 5206/13, juris Rn. 52.

48 S. hierzu auch BayVGH 22.5.2014 – 12 ZB 12.2509, juris Rn. 21 u. 22 sowie VG Lüneburg 29.9.2016 – 4 A 206/15, juris Rn. 20. S. hierzu auch VG Freiburg 30.11.2018 – 4 K 1584/17, juris Rn. 35.

Die dem Leistungsbescheid vorangehende Information (→ Rn. 10) hat auch die Wirkung, dass der Kostenbeitrag noch längere Zeit danach, nämlich bis zum Ablauf der Verjährungsfrist (→ Rn. 14)[49] **rückwirkend** erhoben werden kann, weil sie Vertrauensschutz nicht entstehen lässt.[50] Ist dagegen die Jugendhilfeleistung beendet worden, ohne dass die Information erfolgt ist, kann ein Kostenbeitrag nicht ex tunc erhoben werden, sondern erst wieder für eine neue Leistung.[51] 18

S. 2 bestimmt, dass ausnahmsweise die Information nach S. 1 nicht notwendig ist, wenn es dem Träger der Jugendhilfe rechtlich (zB bei nicht festgestellter Vaterschaft; → Rn. 2) oder tatsächlich (zB bei unbekanntem Aufenthalt) **unmöglich** war, die Gewährung der Leistung mitzuteilen und diese Unmöglichkeit vom Kostenpflichtigen zu verantworten ist, beispielsweise durch Nichtmitteilung der Adresse. Sobald der Hinderungsgrund entfallen ist, muss die Information nach S. 1 unverzüglich, dh ohne schuldhaftes Zögern erfolgen (**S. 3**). 19

6 Ausschluss des Kostenbeitrags (Abs. 4)

Durch den Kostenbeitrag dürfen vorrangige oder – seit dem KiföG – gleichrangige Unterhaltsansprüche gegen den Kostenbeitragspflichtigen nicht geschmälert werden (**S. 1**).[52] Dem wird durch § 4 KostenbeitragsV Rechnung getragen: bei vorrangig Berechtigten wird der Kostenbeitrag reduziert (§ 4 Abs. 2 S. 1), bei gleichrangig Berechtigten liegt eine besondere Härte iSd § 92 Abs. 5 S. 1 vor (§ 4 Abs. 2 S. 2). In jedem Fall muss in diesen – aber auch in den sonstigen Kostenbeitragsfällen – der **Selbstbehalt** verbleiben.[53] Zur Reihenfolge der Unterhaltspflichtigen: Die Abkömmlinge sind gem. § 1606 Abs. 1 BGB (Abdruck bei § 18) vor den Verwandten der aufsteigenden Linie unterhaltspflichtig. Unter den Abkömmlingen und unter den Verwandten der aufsteigenden Linie haften gem. § 1606 Abs. 2 BGB die näheren vor den entfernteren. Mehrere gleich nahe Verwandte haften nach § 1606 Abs. 3 BGB anteilig nach ihren Erwerbs- und Vermögensverhältnissen. Der Elternteil, der ein minderjähriges unverheiratetes Kind betreut, erfüllt seine Verpflichtung, zum Unterhalt des Kindes beizutragen, idR durch die Pflege und Erziehung des Kindes. Der **Ehegatte** des Bedürftigen haftet nach § 1608 BGB **vor dessen Verwandten**. Soweit jedoch der Ehegatte bei Berücksichtigung seiner sonstigen Verpflichtungen außerstande ist, ohne Gefährdung seines angemessenen Unterhalts den Unterhalt zu gewähren, haften die **Verwandten vor dem Ehegatten**. § 1607 Abs. 2 und 4 BGB gilt entsprechend. Der **Lebenspartner** des Bedürftigen haftet in gleicher Weise wie ein Ehegatte. Sind mehrere Bedürftige vorhanden und ist der Unterhaltspflichtige außerstande, allen Unterhalt zu gewähren, so gehen nach § 1609 Abs. 1 BGB die Kinder iSd § 1603 Abs. 2 BGB den anderen Kindern, die Kinder den übrigen Abkömmlingen, die Abkömmlinge den Verwandten der aufsteigenden Linie und unter den Verwandten der aufsteigenden Linie die näheren den entfernteren vor. Mit der Neuregelung des Unterhaltsrechts mit Geltung seit 1.1.2008[54] sind die Ansprüche des Kindes vorrangig vor denen des Ehegatten (§ 1609 BGB). Bei der Ermittlung des Unterhalts des früheren Lebenspartners geht dieser gemäß § 16 Abs. 3 LPartG im Falles des § 1581 BGB einem neuen Lebenspartner und den übrigen Verwandten im Sinne des § 1609 Abs. 2 BGB vor; alle anderen gesetzlich Unterhaltsberechtigten gehen dem früheren Lebenspartner vor. 20

49 AA NdsOVG 2.12.2003 – 4 LC 153/03: 1½ Jahre.
50 S. hierzu auch SächsOVG 12.1.2021 – 3 D 15/20, juris Rn. 15.
51 Ebenso VG Münster 3.9.2008 – 6 K795/07, EuG 2009, 254; Stähr in Hauck/Noftz Rn. 18; zum Vertrauensschutz VG Osnabrück 25.4.2005 – 6 A 162/03.
52 S. hierzu auch VG Ansbach 20.3.2014 – AN 6 K 12.01662, juris Rn. 32.
53 So BVerwG 19.8.2010 – 5 C 10/09, juris Rn. 9; OVG Saarl 21.12.2010 – 3 D 91/10; dazu auch → Rn. 28.
54 Näher Schindler JAmt 2007, 575.

21 Nach § 1569 BGB hat ein **geschiedener Ehegatte** unter bestimmten Voraussetzungen (§§ 1570 ff. BGB) einen Unterhaltsanspruch an den anderen Ehegatten. § 1584 BGB regelt, dass der unterhaltspflichtige geschiedene Ehegatte vor den Verwandten des Ehegatten haftet. Soweit jedoch der geschiedene Ehegatte nicht leistungsfähig ist, haften die Verwandten vor diesem. § 1607 Abs. 2 und 4 BGB gilt entsprechend. Das bedeutet, dass **die Verwandten** des Berechtigten **dann nicht zum Unterhalt herangezogen werden dürfen**, wenn der Berechtigte einen leistungsfähigen geschiedenen Ehegatten hat, denn dieser würde vor den Verwandten haften.

22 Nach § 16 S. 2 LPartG kann **ein Lebenspartner, der nach Aufhebung der Lebenspartnerschaft** nicht selbst für seinen Unterhalt sorgen kann, vom anderen Lebenspartner den nach den Lebensverhältnissen während der Lebenspartnerschaft angemessenen Unterhalt verlangen, soweit und solange von ihm eine Erwerbstätigkeit, insbesondere wegen seines Alters oder wegen Krankheit oder anderer Gebrechen, nicht erwartet werden kann. Nach § 16 S. 2 LPartG erlischt der Unterhaltsanspruch, wenn der Berechtigte eine Ehe eingeht oder eine neue Lebenspartnerschaft begründet. Im Übrigen gelten die § 1578 Abs. 1 S. 1, S. 2 Hs. 1 und S. 4, Abs. 2 und 3, §§ 1578a–1581 und 1583–1586 und § 1586b BGB entsprechend. Somit haftet auch der unterhaltspflichtige frühere Lebenspartner vor den Verwandten des Lebenspartners.

23 **Satz 2** verbietet die Heranziehung – auch durch den Mindestkostenbeitrag nach § 94 Abs. 3[55] – der Eltern einer **Schwangeren** oder einer/eines **Alleinerziehenden.** Satz 2 ist eine Ausnahme von der Heranziehung der **Eltern** nach Abs. 1 Nr. 5. Erhält ihre (noch nicht 27 Jahre alte oder im Fall des § 19 auch ältere) Tochter eine der in § 92 Abs. 1 Nr. 5 in Bezug genommenen Hilfen, **muss** (also kein Ermessen) von der Heranziehung der Eltern abgesehen werden, wenn die Tochter schwanger ist. Damit soll vermieden werden, dass die Eltern aus finanziellen Gründen Druck auf ihre Tochter ausüben, ihr Kind abtreiben zu lassen.[56] Dieser Zweck kann aber nur erreicht werden, wenn die Freistellung von der Heranziehung nicht nur für die Zeit der Schwangerschaft erfolgt, sondern auch noch für eine gewisse Zeit danach. Satz 2 erstreckt daher den Freistellungszeitraum bis zum 6. Geburtstag des Kindes, allerdings nur, wenn ihre Tochter das (Enkel-)Kind selbst betreut. Das ist der Fall, wenn sie es überwiegend pflegt, erzieht, beaufsichtigt.[57] Infolge der durch das KJVVG erfolgten Gesetzesänderung („der junge Mensch oder die nach § 19 leistungsberechtigte Person") werden nun auch Eltern von jungen Vätern privilegiert.

Da die Freistellung schon mit dem ersten Tag der Schwangerschaft beginnt, sind Kostenbeiträge rechtswidrig, soweit sie für einen Zeitraum, in dem die Tochter schon schwanger war, erhoben worden sind, auch wenn die Schwangerschaft sich erst später herausgestellt hat. In diesem Umfang ist der Leistungsbescheid daher nach § 44 Abs. 1 SGB X zurückzunehmen. Der auch in der Jugendhilfe geltende Bedarfsdeckungsgrundsatz steht (über § 37 S. 1 SGB I) einer rückwirkenden Rücknahme nicht entgegen, da die Rücknahme nicht zu einer nachträglichen Gewährung von Jugendhilfe führt, sondern lediglich zur Befreiung von der dafür auferlegten Kostenlast. Die Rücknahme muss von Amts wegen auch nach Unanfechtbarkeit des Leistungsbescheids erfolgen. Der zu viel gezahlte Kostenbeitrag ist (aus Folgenbeseitigungsanspruch) zu erstatten;[58] er kann aber auch gem. § 51 Abs. 1 SGB I aufgerechnet werden, also zu einer Verminderung des künftigen Kostenbeitrags führen.

24 Aus dem eingangs beschriebenen Zweck der Freistellung folgt, dass sie nicht etwa auch auf die Mutter oder den Vater selbst anzuwenden ist.[59]

---

55 Ebenso DIJuF JAmt 2007, 427; Mrozynski SGB VIII Rn. 12; zu diesem → Rn. 25.
56 So BVerfG NJW 1993, 1751.
57 Ebenso Mann in SFMK Rn. 19; Stähr in Hauck/Noftz Rn. 25.
58 Ebenso Krome in jurisPK-SGB VIII Rn. 48.
59 Wie hier Mann in SFMK Rn. 19.

7 Absehen von der Heranziehung (Abs. 5)

Abs. 5 regelt das Absehen von der Heranziehung bei jedem Kostenpflichtigen nach Abs. 1 Nr. 1 bis 5 (also nicht nur der Eltern). Das gilt auch für die Erhebung des Mindestkostenbeitrags nach § 94 Abs. 3.[60] Dass das Kindergeld im Regelfall der Mindestbeitrag sein soll, schließt nicht aus, es im atypischen Fall unterschreiten zu können. Die Anwendbarkeit der Härteregelung auch in diesem Fall ergibt sich aus der systematischen Stellung des § 92 Abs. 5 als einer vor die Klammer der §§ 93, 94 gezogenen Regelung (zur Systematik → Rn. 1). Auch der Mindestkostenbeitrag ist ein Kostenbeitrag nach § 92, so dass auch für ihn Abs. 5 gilt (anders als der Vorwegeinsatz nach § 93 Abs. 1 S. 3; → § 93 Rn. 8). 25

S. 1 nennt für das Absehen von der Heranziehung zwei Varianten. 26

Erste Variante (Zweckgefährdung): Nicht nur bei Leistungen, sondern auch bei der Inobhutnahme liegt diese Variante vor, wenn wegen des Kostenbeitrags eine erforderliche Hilfe abgelehnt werden würde.[61] Der Kostenbeitrag darf aber nicht zur Verhandlungsmasse werden, indem Eltern über die Aushandlung des Kostenbeitrags auch die HzE aushandeln (zum Aushandeln → § 36 Rn. 9). Wird die erste Variante als erpresserisches Steuerungsinstrument von Eltern gebraucht, fehlt die erforderliche Mitwirkungsbereitschaft, so dass die Hilfe nicht zu gewähren und statt dessen ein Vorgehen nach § 8a Abs. 2 angezeigt wäre.

„Ziel und Zweck" der Hilfe müssen „gefährdet" sein. Eine Gefährdung liegt vor, wenn berechtigter Anlass zu der Befürchtung besteht, dass Ziel und Zweck der Leistung bei der Erhebung eines Kostenbeitrags nicht erreicht werden.[62] Das **Ziel** der Hilfe ergibt sich aus § 1, der **Zweck** aus der jeweiligen Aufgabennorm. So kann bei einer Hilfe nach § 42 dann keine Heranziehung der Eltern erfolgen, wenn dies im Einzelfall die Spannungen zwischen Kind und Eltern erhöhen würde.[63] Dies widerspräche dem Ziel der Jugendhilfe aus § 1 Abs. 3 Nr. 2 und 3 und dem Zweck der Hilfe nach § 42, eine Rückführung des Kindes zu ermöglichen. 27

Zweite Variante (besondere Härte): Einfache oder unbillige Härte genügen nicht; vielmehr muss es sich um eine besondere Härte handeln. Diese ist nur dann anzunehmen (→ § 94 Rn. 9), wenn im Einzelfall ganz schwerwiegende Umstände vorliegen, die einen Kostenbeitrag in dieser Höhe unzumutbar erscheinen lassen, weil er den Leitvorstellungen der Kostenbeteiligung nach §§ 91–94 widerspräche.[64] Dabei kann auch berücksichtigt werden, dass das Nachrangprinzip mit § 92 weniger streng verwirklicht wird als in der Sozialhilfe;[65] das könnte ein Argument sowohl zulasten wie zugunsten des Kostenschuldners sein. Leitvorstellung der Kostenbeteiligung der Eltern ist, dass sie über den Kostenbeitrag nicht stärker belastet werden als durch Unterhaltszahlung.[66] Daher ist dem Kostenschuldner der unterhaltsrechtliche Selbstbehalt auf jeden Fall zu garantieren.[67] Es ist deshalb eine „Selbstbehaltskontrollberechnung" in sechs 28

60 Ebenso Stähr in Hauck/Noftz Rn. 28; Schindler in FK-SGB VIII Rn. 30; DIJuF JAmt 2008, 255; aA VG Freiburg 26.6.2008 – 4 K 1466/06, JAmt 2008, 548: Wortlaut des § 94 Abs. 3, offen gelassen vom BayVGH 24.6.2010 – 12 BV 09.2527.
61 Ebenso NdsOVG 10.1.2011 – 4 LA 190/10.
62 NdsOVG 22.5.2012 – 4 LC 266/09, juris Rn. 36.
63 Ebenso Schindler in FK-SGB VIII Rn. 31.
64 Ebenso VG Münster 19.5.2015 – 6 K 2474/13, juris Rn. 40; ThürOVG 23.3.2015 – 3 ZKO 163/12, juris Rn. 7; OVG OVG RhPf 24.10.2014 – 7 D 10511/14, juris Rn. 15; OVG NRW 28.8.2014 – 12 A 1034/14, juris Rn. 18; BayVGH 22.5.2014 – 12 ZB 12.2509, juris Rn. 46; BayVGH 9.7.2013 – 12 C 12.2767, juris Rn. 22; OVG Bln-Bbg 6.6.2012 – OVG 6 M 102.11, juris Rn. 20; OVG NRW 20.7.2011 – 12 A 805/11, juris Rn. 8 f.; BayVGH 24.6.2010 – 12 BV 09.2527; VG Minden 2.11.2007 – 6 K 2221/07.
65 So VG Ansbach 23.2.2006 – AN 14 K 04.02050.
66 So NdsOVG 18.9.2009 – 4 LA 706/07, FamRZ 2010, 769.
67 So BVerwG 19.8.2010 – 5 C 10/09, juris Rn. 9.

Schritten durchzuführen: (1) ist das bereinigte Nettoeinkommen nach § 93 Abs. 1 bis 3 zu ermitteln; (2) davon sind (weitere) unterhaltsrechtlich abzugsfähige (tatsächliche) Belastungen abzuziehen; (3) von diesem (zweifach bereinigten) Einkommen ist der Kostenbeitrag abzuziehen; (4) ist der unterhaltsrechtliche Selbstbehalt festzustellen; (5) diesem ist das um den Kostenbeitrag verminderte Einkommen gegenüberzustellen; (6) liegt dieses „Resteinkommen" unter dem Selbstbehalt, ist der Kostenbeitrag bis zur Grenze des Selbstbehalts „abzuschmelzen". Da die Kostenschuldner nur „in angemessenem Umfang" (§ 94 Abs. 1) herangezogen werden können, muss schon dort die „Selbstbehaltskontrolle" stattfinden. Damit verengt sich der Anwendungsbereich des § 92 Abs. 5 S. 1 Alt. 2 erheblich, weil kaum mehr ein Fall vorstellbar ist (→ Rn. 29), bei dem trotz Garantie des Selbstbehalts die Heranziehung gegen Leitvorstellungen der Kostenbeteiligung – auch noch grob – verstieße. Bei finanzieller Belastung durch eine chronische Krankheit oder Pflege naher Angehöriger wäre dies denkbar.[68]

Ein solch grober Verstoß liegt nicht vor, wenn ein ausländischer Vater geltend macht, die gewährte Hilfe widerspreche seinen kulturell anders geprägten Erziehungsvorstellungen; bei Fehlschlagen der Hilfe kann nicht der Kostenbeitrag gleichsam als Mängelrüge verweigert werden, da Jugendhilfe keine „Garantieleistung" ist.[69] Dagegen liegt besondere Härte vor, wenn ein junger Mensch psychisch krank und ohne berufliche Perspektive ist.[70]

29 Die besondere Härte muss sich nicht notwendig für den Kostenpflichtigen selbst, sondern kann sich auch für Dritte ergeben,[71] so zB, wenn die Unterhaltsansprüche gleichrangig Berechtigter geschmälert würden.[72] So kommt die Annahme eines Härtefalls in Betracht, wenn dem Betroffenen durch die Heranziehung zur Kostenbeteiligung die letzten Mittel entzogen würden, so dass er seiner Frau gegenüber keinen Unterhalt mehr leisten könnte und diese hierdurch Sozialhilfe in Anspruch nehmen müsste.[73] Entscheidend für die Annahme einer besonderen Härte ist, dass aus Sicht des Jugendhilferechts[74] **„soziale Belange"** schwerwiegend berührt sind. Dies kann beispielsweise der Fall sein, wenn die Höhe des Heranziehungsbetrages in keinem Verhältnis zu einer damit ausgelösten **Störung des Familienfriedens** steht; wenn der Unterhaltspflichtige den Hilfesuchenden vor dem Eintreten der Jugendhilfe weit über das Maß seiner Unterhaltspflicht hinaus betreut und gepflegt hat oder die ständige Heranziehung wegen eines durch Schwere und Dauer gekennzeichneten Bedarfs zu einer unzumutbaren Beeinträchtigung der übrigen Familienangehörigen führt.[75] Eine besondere Härte kann auch vorliegen, wenn es Eltern ablehnen, ihr Kind nach Beendigung der Jugendhilfe wieder bei sich auf zu nehmen, wenn Unterhalt geleistet werden müsste. Die Härteregelung stellt somit auf die Verhältnisse des Kostenbeitragspflichtigen und des Hilfeempfängers und damit auf das soziale Beziehungsgeflecht zwischen diesen beiden ab. Die besondere Härte liegt darin, dass in dieser Situation von dem Pflichti-

68 So VG München 3.11.2010 – M 18 K 09.3398 u. 3393.
69 So HmbOVG 3.9.1993 – Bf IV 28/92, ZfJ 1994, 493; OVG NRW 28.8.2014 – 12 A 1034/14, juris Rn. 22.
70 So OVG Bbg 19.6.2003 – 4 A 4/02, FEVS 55, 156.
71 Ebenso VG Minden 27.6.2014 – 6 K 3022/13, juris Rn. 57; aA VG Ansbach, das in ständiger Rspr. stereotyp „auf die Situation des Kostenschuldners" abstellt, zB 23.2.2006 – AN 14 K 04.02505.
72 So ausdrücklich § 4 Abs. 2 S. 2 KostenbeitragsV – allerdings ohne ausreichende Ermächtigungsgrundlage in § 94 Abs. 5, so Mrozynski Rn. 10, wobei es einer solchen aber nach dem KiföG auch nicht mehr bedarf, weil seitdem § 92 Abs. 4 S. 1 die Erhebung eines Kostenbeitrags von vornherein ausschließt, so Stähr in Hauck/Noftz Rn. 29.
73 OVG Bln-Bbg 6.6.2012 – OVG 6 M 102.11, juris Rn. 24.
74 Die Rspr. zum Sozialhilferecht ist daher nicht uneingeschränkt zu übernehmen.
75 Anders für Sozialhilfe BVerwG 12.7.1979 – 5 C 35/78, FEVS 27, 441.

gen üblicherweise nicht (mehr) erwartet werden kann, nun (auch noch) im Hinblick auf den Kostenbeitrag in die Pflicht genommen zu werden.[76] Andererseits liegt eine besondere Härte dann nicht (mehr) vor, wenn das Verhältnis zwischen Pflichtigem und Hilfeempfänger ohnehin schon so distanziert ist, dass eine Inanspruchnahme des Pflichtigen daran nichts Wesentliches mehr zu verschlechtern vermag[77] oder bei unbotmäßigem Verhalten des Unterhaltsberechtigten. Jedenfalls genügt es nicht, allein auf die finanzielle Belastung abzustellen.[78]

Wenn und soweit es im Stadium der Inanspruchnahme noch auf die **wirtschaftlichen Verhältnisse** des Pflichtigen ankommen kann, kann jedenfalls bei einem Pflichtigen, der sich in sehr guten wirtschaftlichen Verhältnissen befindet, die Heranziehung nur ausnahmsweise eine besondere Härte bedeuten, besonders dann, wenn es sich um einen vergleichsweise „bescheidenen" Beitrag handelt. Ein Pflichtiger darf durch die Heranziehung jedenfalls **nicht selbst bedürftig** nach **SGB II** oder **SGB XII** werden.[79] 30

Die beiden Varianten sind als negative Tatbestandsmerkmale materielle Tatbestandsvoraussetzungen. Liegt eine der beiden Varianten vor, ergibt sich auf der **Rechtsfolgeseite** („soll"), dass **idR kein** Kostenbeitrag erhoben werden darf. Nur bei atypischen Umständen im Einzelfall könnte trotz Vorliegens einer der beiden Varianten noch Ermessen zur Heranziehung bestehen. Auch für den Umfang der Heranziehung („ganz oder teilweise") besteht idR kein Ermessen. Bei beiden Varianten kommt es auf die Würdigung des Einzelfalles an. In der Begründung des Bescheids ist auf das negative Tatbestandsmerkmal der besonderen Härte einzugehen, wenn der Sachverhalt – insbes. nach Anhörung – dazu Anlass gibt (§ 35 Abs. 1 S. 1 SGB X; → Anh. 5 Rn. 27).[80] Ebenso ist die Ausübung des Ermessens zu begründen, wenn atypische Umstände im Einzelfall es erfordern, von der typisierten gesetzlichen „Regelfall-Regelung" abzuweichen. Floskelformulierungen („keine besondere Härte") reichen dafür nicht aus.[81] 31

Nach S. 2 kann von der Heranziehung abgesehen werden bei **unangemessenem Verwaltungsaufwand.** Ergibt eine Kosten-Nutzen-Rechnung, dass die zur Ermittlung des Kostenbeitrags und zu dessen Vollstreckung notwendige Arbeitskraft (sog. Humankapital) so teuer ist, dass sich die Herstellung des Produkts Kostenbeitrag nicht lohnt, soll auf Heranziehung verzichtet werden. Zur Feststellung dieser Grenzbelastung ist eine grobe Prognose ausreichend, da eine spitze Berechnung den Verwaltungsaufwand noch weiter erhöhen würde. Die Angemessenheit des Verwaltungsaufwands ist aber nicht rein betriebswirtschaftlich zu beurteilen, sondern auch danach, ob aus pädagogischen Gründen eine auch nur geringe Selbstbeteiligung sinnvoll ist.[82] Im Einzelfall kann daher auch ein Bagatellbetrag von 10 EUR noch Anreiz zur Mitwirkungsbereitschaft sein.[83] Bei Inobhutnahme werden bis zu 14 Tage als kostenbeitragsfrei anzusehen sein.[84] 32

Auf der **Rechtsfolgeseite** besteht bei S. 2 **Ermessen** („kann"). Dieses Ermessen ist auszuüben, also in der Entscheidung mitzuteilen und zu begründen (→ Anh. 5 Rn. 27). Außerdem dürfen keine weiteren Ermessensfehler nach § 39 SGB I analog gemacht werden. 33

76 HmbOVG 18.8.1986 – Bs I 148/85, FEVS 37, 281 zu § 90 BSHG.
77 VGH BW 10.6.1991 – 6 S 1185/91.
78 So aber VG Frankfurt 28.10.2009 – 7 K 2132/08.F, das sich zu Unrecht auf „die gesamte Literatur" beruft.
79 VG Osnabrück 29.6.2007 – 6 A 119/06, JAmt 2007, 439.
80 Wie hier VG Stuttgart 28.6.2006 – 7 K 2459/05; weitergehend VG Ansbach 23.2.2006 – AN 14 K 04.02505: „grundsätzlich in jedem Einzelfall".
81 So VG Ansbach 15.11.2007 – AN 14 K 06.03822.
82 Ebenso Riehle in Krug/Riehle Rn. 104; aA Busch in GK-SGB VIII Rn. 32.
83 Stähr in Hauck/Noftz Rn. 30: Grenze bei 5 EUR.
84 So Schindler in FK-SGB VIII Rn. 35 unter Hinweis auf Statistik; Gemeinsame Empfehlungen: 7 Tage.

34 Auf der Tatbestandsseite sind die in S. 1 und S. 2 verwendeten Begriffe unbestimmte Rechtsbegriffe auszulegen, so dass hier kein Ermessen, aber auch kein Beurteilungsspielraum besteht. Die Entscheidung der Behörde ist daher in vollem Umfang gerichtlich nachprüfbar.[85] Die Entscheidung über das Nichtabsehen von der Heranziehung ist Teil des Leistungsbescheides und damit Teil des VA (§ 31 SGB X).

§ 93 Berechnung des Einkommens

(1) [1]Zum Einkommen gehören alle Einkünfte in Geld oder Geldeswert mit Ausnahme der Grundrente nach oder entsprechend dem Bundesversorgungsgesetz sowie der Renten und Beihilfen, die nach dem Bundesentschädigungsgesetz für einen Schaden an Leben sowie an Körper und Gesundheit gewährt werden bis zur Höhe der vergleichbaren Grundrente nach dem Bundesversorgungsgesetz. [ab 1.1.2024: [1]*Zum Einkommen gehören alle Einkünfte in Geld oder Geldeswert mit Ausnahme der Leistungen nach diesem Buch, der Leistungen nach dem Vierzehnten Buch und der Leistungen nach Gesetzen, die eine entsprechende Anwendung des Vierzehnten Buches vorsehen, und der Renten oder Beihilfen nach dem Bundesentschädigungsgesetz für Schaden an Leben sowie an Körper oder Gesundheit bis zur Höhe der vergleichbaren Leistungen nach dem Vierzehnten Buch.*] [ab 1.1.2025: [1]*Zum Einkommen gehören alle Einkünfte in Geld oder Geldeswert mit Ausnahme der Leistungen nach diesem Buch, der Leistungen nach dem Vierzehnten Buch und der Leistungen nach Gesetzen, die eine entsprechende Anwendung des Vierzehnten Buches vorsehen, der Leistungen nach dem Soldatenentschädigungsgesetz, der Renten oder Beihilfen nach dem Bundesentschädigungsgesetz für Schaden an Leben sowie an Körper oder Gesundheit bis zur Höhe der vergleichbaren Leistungen nach dem Vierzehnten Buch.*] [2]Eine Entschädigung, die nach § 253 Absatz 2 des Bürgerlichen Gesetzbuchs wegen eines Schadens, der nicht Vermögensschaden ist, geleistet wird, ist nicht als Einkommen zu berücksichtigen. [3]Geldleistungen, die dem gleichen Zwecke wie die jeweilige Leistung der Jugendhilfe dienen, zählen nicht zum Einkommen und sind unabhängig von einem Kostenbeitrag einzusetzen. [4]Kindergeld und Leistungen, die auf Grund öffentlich-rechtlicher Vorschriften zu einem ausdrücklich genannten Zweck erbracht werden, sind nicht als Einkommen zu berücksichtigen.

(2) Von dem Einkommen sind abzusetzen

1. auf das Einkommen gezahlte Steuern und
2. Pflichtbeiträge zur Sozialversicherung einschließlich der Beiträge zur Arbeitsförderung sowie
3. nach Grund und Höhe angemessene Beiträge zu öffentlichen oder privaten Versicherungen oder ähnlichen Einrichtungen zur Absicherung der Risiken Alter, Krankheit, Pflegebedürftigkeit und Arbeitslosigkeit.

(3) [1]Von dem nach den Absätzen 1 und 2 errechneten Betrag sind Belastungen der kostenbeitragspflichtigen Person abzuziehen. [2]Der Abzug erfolgt durch eine Kürzung des nach den Absätzen 1 und 2 errechneten Betrages um pauschal 25 vom Hundert. [3]Sind die Belastungen höher als der pauschale Abzug, so können sie abgezogen werden, soweit sie nach Grund und Höhe angemessen sind und die Grundsätze einer wirtschaftlichen Lebensführung nicht verletzen. [4]In Betracht kommen insbesondere

85 Ebenso HmbOVG ZfJ 1994, 493.

1. Beiträge zu öffentlichen oder privaten Versicherungen oder ähnlichen Einrichtungen,
2. die mit der Erzielung des Einkommens verbundenen notwendigen Ausgaben,
3. Schuldverpflichtungen.

[5]Die kostenbeitragspflichtige Person muss die Belastungen nachweisen.

(4) [1]Maßgeblich ist das durchschnittliche Monatseinkommen, das die kostenbeitragspflichtige Person in dem Kalenderjahr erzielt hat, welches dem jeweiligen Kalenderjahr der Leistung oder Maßnahme vorangeht. [2]Auf Antrag der kostenbeitragspflichtigen Person wird dieses Einkommen nachträglich durch das durchschnittliche Monatseinkommen ersetzt, welches die Person in dem jeweiligen Kalenderjahr der Leistung oder Maßnahme erzielt hat. [3]Der Antrag kann innerhalb eines Jahres nach Ablauf dieses Kalenderjahres gestellt werden. [4]Macht die kostenbeitragspflichtige Person glaubhaft, dass die Heranziehung zu den Kosten aus dem Einkommen nach Satz 1 in einem bestimmten Zeitraum eine besondere Härte für sie ergäbe, wird vorläufig von den glaubhaft gemachten, dem Zeitraum entsprechenden Monatseinkommen ausgegangen; endgültig ist in diesem Fall das nach Ablauf des Kalenderjahres zu ermittelnde durchschnittliche Monatseinkommen dieses Jahres maßgeblich.

1 Systematischer Zusammenhang der Norm

§ 93 hat durch das KJVVG v. 29.8.2013 umfangreiche Änderungen[1] erfahren. Mit der Ergänzung in Abs. 1 S. 4 („Kindergeld und") wird klargestellt, dass Kindergeld nicht als Einkommen zu berücksichtigen ist und daher nicht als Kostenbeitrag aus Einkommen erhoben werden kann. Vielmehr ist es nach Abs. 1 S. 3 vorweg einzusetzen. Die ebenfalls durch das KJVVG vorgenommenen Änderung des § 94 Abs. 3 S. 1 stellt dies klar, ist aber insoweit ungenau, als dieser Vorwegeinsatz ebenfalls als „Kostenbeitrag" bezeichnet wird. Es wird also künftig zwischen einem Kostenbeitrag aus Einkommen und einem Kostenbeitrag aus Kindergeld unterschieden. In Abs. 3 wird lediglich die Reihenfolge der Sätze umgestellt, um ein besseres Verständnis der Regelung zu gewährleisten. Durch die Einfügung eines neuen Absatzes 4 soll klargestellt werden, welcher Zeitraum für die Berechnung des Einkommens zu betrachten ist.[2] Für „Altfälle" folgt aus § 48 SGB X die Pflicht zur Neubescheidung ab 3.12.2013 (zur Aufhebung nach § 48 SGB X auch → § 86 Rn. 39). Eine Rückwirkung des § 93 Abs. 4 für die Zeit vor Inkrafttretens der Vorschrift zum 3.12.2013 kommt allerdings nicht in Betracht.[3] 1

Mit Wirkung vom 1.1.2024 wird Abs. 1 Satz 1 durch Art. 36 des Gesetzes zur Regelung des Sozialen Entschädigungsrechts neu gefasst werden.[4] Erneut neu gefasst wird Abs. 1 Satz 1 mit Wirkung vom 1.1.2025 durch Gesetz über die Entschädigung der Sodatinnen und Soldaten und zur Neuordnung des Soldatenversorgungsrechts vom 20.8.2021.[5]

1 S. zu den Änderungen BT-Drs. 17/13023, 5 u. 6.
2 S. hierzu BT-Drs. 17/13023, 17.
3 VGH BW 21.2.2017 – 12 S 594/16, juris Rn. 29 ff.
4 BGBl. 2019 Teil I Nr. 50, 2652.
5 BGBl. 2019 Teil I Nr. 60, 3932.

2 § 93 Abs. 1 S. 1 knüpft an die Regelung des § 92 Abs. 1 an, wonach die Kostenpflichtigen aus ihrem Einkommen heranzuziehen sind. Die Regelung genügt im Zusammenspiel mit den §§ 91, 92 und 94 dem aus dem Rechtsstaatsprinzip folgenden Bestimmtheitsgebot.[6] Mit § 93 wird festgelegt, dass die Höhe des Kostenbeitrags vom bereinigten Nettoeinkommen des Pflichtigen und damit von seiner wirtschaftlichen Leistungsfähigkeit abhängig ist. Es werden sowohl die in Ansatz zu bringenden Einkünfte gem. § 93 Abs. 1 als auch die zu berücksichtigenden Belastungen gem. § 93 Abs. 2 und 3 näher präzisiert. Zudem wird in § 94 bestimmt, dass der Kostenbeitrag in angemessener Höhe durch einkommensabhängig gestaffelte Pauschalbeträge nach Maßgabe der Kostenbeitragsverordnung zu erheben ist.[7] Der Begriff und die Berechnung des Einkommens sind in § 93 selbstständig und abschließend geregelt, also nicht mehr durch entsprechende Anwendung des Sozialhilferechts und zudem unabhängig vom Einkommensbegriff des § 90 (→ § 90 Rn. 8, 21). Damit gibt es in einem Kapitel drei verschiedene Einkommensbegriffe. Auch hier ist die viel beschworene Verwaltungsvereinfachung[8] eine Chimäre. Aus sozialpolitischen Gründen (Genugtuungsfunktion) werden die in Satz 1 genannten Versorgungsleistungen nach dem BVG (für die Kriegsopfer), dem BEG (für die Nazi-Opfer) und nach dem OEG (für die Opfer von Gewalttaten) begrifflich als Einkommen „wegdefiniert“ und das Schmerzensgeld wird freigelassen (S. 2). Unabhängig von einem Kostenbeitrag (und daher auch ohne Berücksichtigung der Härteregelung in § 92 Abs. 5; → § 92 Rn. 28) sind mit der Jugendhilfe zweckidentische Geldleistungen auf jeden Fall (vorweg) einzusetzen. Satz 3 fingiert daher, dass solche Leistungen kein Einkommen sind. Nicht als Einkommen und damit auch nicht im Kostenbeitragsverfahren zu berücksichtigen sind Kindergeld und Leistungen, die nach einer ausdrücklichen Zweckbestimmung in einer öffentlich-rechtlichen Norm erbracht werden (Satz 4). Mit Ausnahme des Kindergeldes (§ 94 Abs. 3 S. 1) sollen sie dem Begünstigten ungeschmälert zur Verfügung stehen. Dass es sich dabei um von der Jugendhilfe zweckverschiedene Leistungen handeln muss, ist – anders als in § 83 SGB XII für die Sozialhilfe – hier nicht ausdrücklich geregelt, folgt aber aus dem vorhergehenden Satz 3 sowie dem Sinn der Regelung, Doppelleistungen zu verhindern. Dabei kann es sich nur um solche Leistungen handeln, die nicht schon im „Nachrangfilter“ des § 10 hängen geblieben sind. Leistet das JA als nachrangig verpflichteter Träger, kann es nach **§ 104 SGB X Erstattung** verlangen, erforderlichenfalls nach **Feststellung gem. § 97** (→ § 97 Rn. 1).

3 Abs. 2 und 3 **reduzieren** das Einkommen. Nach Abs. 2 sind Steuern und Beiträge abzusetzen (Nettoeinkommen); dieses wird nach Abs. 3 weiter reduziert durch Abzug von Belastungen (**bereinigtes Einkommen**). Nur aus diesem letztlich verbleibenden bereinigten Einkommen **nach** § 93 erfolgt die Heranziehung **der Kostenpflichtigen** nach **§ 92** für die in § **91 genannten** Hilfen im **Umfang des § 94**. Das zu berücksichtigende Einkommen muss also auf sechs Stufen geprüft werden:

(1) Geldleistung ist **begrifflich** grundsätzlich Einkommen (S. 1). Abs. 4 legt den maßgeblichen Berechnungszeitraum fest.

(2) in den gesetzlich genannten **Ausnahmefällen** gilt (Fiktion) sie aber nicht als Einkommen (S. 1 oder 2)

(3) eine mit der (**wirtschaftlichen**) Jugendhilfe zweckgleiche Geldleistung zählt nicht als Einkommen, ist aber vorweg (unabhängig von einem **Kostenbeitrag**) einzusetzen (S. 3). Für das Kindergeld wird dies durch S. 4 klargestellt.

6 So NdsOVG 3.9.2014 – 4 LC 109/13, juris Rn. 25; BVerwG 19.3.2013 – 5 C 16.12, ZKJ 2013, 309; OVG NRW 2.7.2013 – 12 A 950/13.

7 BVerwG 19.3.2013 – 5 C 16.12, ZKJ 2013, 309 und BVerwG 11.10.2012 – 5 C 22/11, NJW 2013, 629; aA VG Hannover 8.3.2013 – 3 A 2347/11, juris Rn. 29 f.

8 Vgl. Begr. d. BReg, BT-Drs. 15/3676.

(4) eine von der (wirtschaftlichen) Jugendhilfe **zweckverschiedene** Geldleistung, deren Zweck öffentlich-rechtlich ausdrücklich benannt ist, zählt nicht als Einkommen und ist nicht einzusetzen (S. 4)
(5) **Absetzungen** von Steuer und Sozialversicherungsbeiträgen vom Einkommen (Abs. 2)
(6) Abzug von **Belastungen**, zB Versicherungen, Werbungskosten, Schulden (Abs. 3)
   (a) mit 25 %-Pauschale (S. 2)
   (b) darüber hinaus bei wirtschaftlicher Angemessenheit und Nachweis (S. 3 und S. 5).

2 Begriff des Einkommens (Abs. 1 S. 1, 2 iVm Abs. 4)

4 Bei dem Begriff des Einkommens handelt es sich um einen unbestimmten Rechtsbegriff, der nach den anerkannten Auslegungsmethoden auszulegen ist.[9] Einkommen sind alle Einkünfte in Geld oder Geldeswert ohne Rücksicht auf ihre Herkunft und Rechtsnatur und ohne Rücksicht darauf, ob sie Einkünfte iSd EStG sind. Ein Verlustausgleich wie im Steuerrecht ist deshalb hier nicht möglich.[10] Für die Ermittlung der Einkünfte ist die VO zu § 82 SGB XII heranzuziehen.[11] Es kann sich um laufende oder einmalige, regelmäßige oder unregelmäßige Einkünfte handeln. Gemäß Abs. 4 S. 1 ist grds. das durchschnittliche Monatseinkommen des Vorjahres (also des Jahres vor der Leistungserbringung) maßgeblich. Die Einkünfte müssen tatsächlich wirtschaftlich zur Verfügung stehen (bereite Mittel); **fiktive** Einkünfte können nicht berücksichtigt werden (anders als im Unterhaltsrecht; → § 94 Rn. 16). Auf die rechtliche Verfügbarkeit (zB bei Pfändung oder bei Minderjährigen) kommt es hingegen nicht an.

In der Rspr. wird vertreten, dass eine Berücksichtigung höherer Lebenshaltungskosten aufgrund eines Auslandsaufenthalts wie folgt möglich sei: In einem ersten Schritt sei das bereinigte Einkommen in der Fremdwährung zu ermitteln. In einem zweiten Schritt könne dann die erforderliche Kaufkraftbereinigung anhand des vom Statistischen Amt der Europäischen Union (Eurostat) ermittelten „vergleichenden Preisniveaus des Endverbrauchs der privaten Haushalte einschließlich indirekter Steuern“ erfolgen.[12]

Zum Einkommen **Selbstständiger** → § 97a Rn. 22.

5 Da Kinder und Eltern nur aus ihrem Einkommen heranzuziehen sind, sind Einkommen und **Vermögen** voneinander abzugrenzen. Einkommen sind alle Einkünfte, die im maßgeblichen Zeitraum zufließen.[13] Vermögen dagegen ist das Geld, das im maßgeblichen Zeitraum bereits vorhanden ist. Nach Ablauf des maßgeblichen Zeitraumes noch vorhandene Mittel aus Einkommen „gerinnen“ danach zu Vermögen. Auch Einkünfte, die nicht an der Bedarfsdeckung orientiert sind (zB Einkünfte aus Lotteriegewinn oder Steuererstattung), sind Einkommen, wenn sie im maßgeblichen Zeitraum zufließen. Einkünfte aus Vermögen (zB Zinsen aus Geldanlage) sind Einkommen. Fällige Forderungen sind Vermögen.[14] Da nach Abs. 4 S. 1 das durchschnittliche Monatseinkommen maßgeblich ist, sind einmalige Zahlungen (zB Weihnachts- oder Urlaubs-

9 S. hierzu BVerwG 19.3.2013 – 5 C 16.12, ZKJ 2013, 309; BVerwG 11.10.2012 – 5 C 22/11, NJW 2013, 629.
10 Ebenso BayVGH 11.3.2009 – 12 CS 08.3091; VG Ansbach 20.5.2010 – AN 14 S 10.00247.
11 Ebenso BVerwG 19.3.2013 – juris Rn. 20 f.; VG München 21.10.2009 – M 18 K 08.1819.
12 VG Düsseldorf 29.4.2015 – 10 K 5339/13, juris Rn. 26.
13 „Zuflusstheorie“, der sich das BVerwG 18.2.1999 – 5 C 35/97, juris Rn. 9 f. unter Aufgabe der „Identitätstheorie“ angeschlossen hat.
14 Ebenso Schindler in FK-SGB VIII § 92 Rn. 6.

geld) oder schwankende Einkommen (Provisionen, Gratifikationen) auf 12 Monate aufzuteilen.

6 **Unterhaltsleistungen** sind Einkommen, wenn sie dem Unterhaltsberechtigten im maßgeblichen Zeitraum tatsächlich zufließen, nicht aber, wenn sie tatsächlich nicht gezahlt werden. Auch Einkünfte aufgrund von **Sozialleistungsgesetzen** (zB Sozialhilfe, Arbeitslosengeld, Wohngeld, nicht nach Satz 1 privilegierte Rente, Kindergeld) sind zwar nach Satz 1 Einkommen, werden aber aufgrund der Fiktion in Satz 3 nicht als Einkommen gezählt oder nach Satz 4 nicht als Einkommen berücksichtigt, wenn dessen Voraussetzungen vorliegen. Die nach dem **BVG** gewährte **Grundrente** (Beschädigten-, Hinterbliebenen-, Waisengrundrente) wird nach Satz 1 nicht als Einkommen definiert. Dies gilt auch für die daraus abgeleiteten Renten in Nebengesetzen, die entsprechend dem BVG gewährt werden (zB IfSG, SVG, ZDG, OEG). Die neben der Grundrente zu gewährenden Versorgungsleistungen nach dem BVG werden von der Ausnahme des Satzes 1 nicht erfasst, sind aber nach Satz 4 als Einkommen nicht zu berücksichtigen. Während nur die Grundrente nach dem BVG (oder entsprechend nach dem OEG) nicht den Einkommensbegriff erfüllt, sind die weiteren Renten und Beihilfen nach dem **BEG** (§§ 15–27, 28–42) ebenfalls einkommensfrei. Dies gilt aber nur bis zur Höhe der vergleichbaren Grundrente nach § 31 BVG. Diese unterschiedliche Behandlung der Versorgungsleistungen ist nicht verständlich. Ebenso wenig ist die unterschiedliche Behandlung der (auslaufenden) **Eigenheimzulage** gerechtfertigt, die Einkommen iSv § 93 ist, aber nicht iSv § 90 Abs. 1 S. 3 und Abs. 4 S. 2.

7 Mit dem KiföG (2008) wurde S. 2 eingefügt, wonach auch **Schmerzensgeld** (wie schon nach § 83 Abs. 2 SGB XII und § 11 Abs. 3 Nr. 2 SGB II) wegen seiner Genugtuungsfunktion als Einkommen – und als Vermögen (→ § 92 Rn. 8) – frei bleibt.

3 Vorwegeinsatz zweckidentischer Leistungen (Abs. 1 S. 3)

8 Sinn der Regelung ist es, dem Träger der Jugendhilfe zu ermöglichen, auf solche Geldleistungen Zugriff nehmen zu können, die der Kostenpflichtige „doppelt" erhält, nämlich zweimal für den gleichen Zweck. Verglichen werden müssen der Zweck der jeweiligen Jugendhilfe(geld)leistung und der Zweck der anderen Geldleistung. Zweckgleichheit verlangt **nicht volle** Identität mit der Jugendhilfeleistung, da eine solche wegen des erzieherischen Zwecks der Jugendhilfe nie vorliegen würde. Vielmehr genügt für die Annahme der Zweckidentität, dass eine **partielle** Identität zwischen der Jugendhilfe(teil)leistung und der anderen Leistung vorliegt.[15] Dies ist nur dann der Fall, wenn die Jugendhilfe (sog. wirtschaftliche Jugendhilfe; → § 39 Rn. 3) Leistungen auch für den Unterhalt (nach §§ 13 Abs. 3, 19 Abs. 3, 21 S. 2, 39, 42 Abs. 2 S. 3) oder Krankenhilfe (§ 40) umfasst. Insoweit zweckidentische Leistungen sind dann die anderen Geldleistungen, soweit sie für den Unterhalt (oder die Krankenhilfe) bestimmt sind. Das sind **Unterhaltsleistungen** für das Kind,[16] Renten aus einem privaten Versicherungsvertrag, Ausbildungsbeihilfen nach BAföG und SGB III, **Halb- u. Vollwaisenrenten** nach § 48 SGB VI,[17] und andere **Sozialleistungen** (zu diesen → Rn. 12), soweit sie als für den Unterhalt zweckbestimmte Leistungen im Zeitraum des jugendhilferechtlichen Bedarfs dem Kostenpflichtigen zufließen.[18] Auch eine schweizerische Kinderrente wird als zweckidentische Leistung eingestuft, auch wenn sie auf Versicherungsbeitragsleistungen beruht.[19]

15 S. hierzu auch VG Hannover 15.1.2020 – 3 A 4203/18, juris Rn. 26.
16 Ebenso VG Hannover 15.1.2020 – 3 A 4203/18, juris Rn. 43; OVG Bln Jugendhilfe 2003, 97 mAnm Fischer/Mann.
17 So für Halbwaisenrente BVerwG 22.12.1998 – 5 C 25.97, ZfJ 2000, 25; VG Düsseldorf 6.11.2002 – 19 K 61/00; DIJuF JAmt 2008, 255; zu dieser auch → Rn. 12.
18 S. hierzu auch VG Hannover 15.1.2020 – 3 A 4203/18, juris Rn. 26.
19 VG Freiburg 30.11.2018 – 4 K 1584/17, juris Rn. 27.

Im Unterschied zu S. 4 muss bei S. 3 der Zweck der Geldleistung nicht ausdrücklich bestimmt sein; es genügt, dass er sich der Leistung entnehmen und mit dem Zweck der jeweiligen Jugendhilfeleistung vergleichen lässt.[20] 9

Kindergeld ist nach der Neuregelung durch das Jahressteuergesetz 1996 keine Sozialleistung mehr, sondern eine Steuervergütung, die entweder als Steuerfreibetrag gem. § 32 EStG (Abdruck bei § 39) oder als Familienleistung nach § 62 EStG gewährt wird. Kindergeld nach dem BKGG wird nur noch für beschränkt Steuerpflichtige bezahlt (§ 1 BKGG). Kindergeld ebenso wie Kinderzulagen und Kinderzuschläge werden **nicht** zu einem ausdrücklich gesetzlich genannten Zweck (Satz 4),[21] aber auch nicht zu einem mit der Jugendhilfe gleichen Zweck (Satz 3) gewährt. Vielmehr dient das Kindergeld dem Ausgleich (früher: „Familienlastenausgleich", jetzt „Familienleistungsausgleich") wirtschaftlicher Belastungen durch Kinder im Verhältnis zu Einkommensbeziehern ohne Kinder.[22] Aufgrund der Neuregelung in Abs. 1 S. 4 ist das Kindergeld dennoch nicht als Einkommen einzusetzen.[23] Allerdings wird gem. § 94 Abs. 3 S. 1 ein zusätzlicher Kostenbeitrag in Höhe des Kindergeldes von einem Elternteil erhoben (→ Rn. 1).[24] Dies gilt auch für kinderbezogene **Zuschläge**.[25] Infolge Änderung durch Art. 1 des **KJSG** in § 94 Abs. 3 ist nunmehr klargestellt, dass auch junge Menschen, wenn sie das Kindergeld selbst beziehen, zu einem Kostenbeitrag in Höhe des Kindergeldes herangezogen werden, sofern sie Leistungen über Tag und Nacht erhalten, und ein direkter Rückgriff des öffentlichen Trägers der freien Jugendhilfe auf das Kindergeld möglich ist.[26] 10

Durch die Neuregelung in Abs. 1 S. 4 ist nunmehr auch klargestellt, dass das für **Geschwister** des untergebrachten Kindes gezahlte Kindergeld nicht bei den Eltern als Kostenpflichtigen einzusetzen ist. 11

Wird das Kindergeld nach § 74 Abs. 1 S. 1 EStG an das Kind **abgezweigt**, steht es den Eltern tatsächlich nicht mehr zur Verfügung und kann daher nicht als deren Einkommen eingesetzt werden,[27] sondern als Einkommen des (kostenpflichtigen) Kindes. Anders, wenn es vom JA für sich selbst nach § 74 Abs. 1 S. 3 abgezweigt wird; die Abzweigung ist dann eine vorweggenommene Heranziehung nach § 94 Abs. 3 S. 1 (zur Problematik → § 94 Rn. 10).[28] Die Abzweigung an das JA kann nur für das Kind erfolgen, für das Kostenpflicht besteht, also nur für das Kind, das Jugendhilfe erhält, nicht aber für das Geschwisterkind.[29] 12

Während es früher strittig war, ob Leistungen nach dem **UhVorschG** zweckbestimmte Leistungen seien, hat sich dieser Streit mit Änderung des UhVorschG zum 1.1.2008 – teilweise – erledigt, weil nach § 1 Abs. 4 S. 2 UhVorschG eine Leistung ausgeschlossen ist, wenn die Jugendhilfeleistung den Unterhalt umfasst (diese Fälle bei → Rn. 8). Bei Leistungen der Jugendhilfe ohne Unterhaltsannex dagegen bleibt die UhVorschG- 13

20 So BVerwG 12.7.1996 – 5 C 18/95, FEVS 47, 149.
21 AA HmbOVG FEVS 51, 263.
22 So BVerfG 11.3.2010 – 1 BvR 3163/09, FamRZ 2010, 800; BVerwG 22.12.1998 – 5 C 25.97, ZfJ 2000, 25 mAnm Pütz; NdsOVG 27.2.2004 – 4 LC 47/03, NVwZ-RR 2005, 191; Sauer ZfJ 1997, 463; Richter ZfJ 1998, 155.
23 S. hierzu auch VG Freiburg 27.2.2019 – 4 K 1861/18, juris Rn. 16.
24 S. hierzu auch Krome in jurisPK-SGB VIII Rn. 29.1. Vgl. hierzu auch VG München 16.1.2019 – M 18 K 17.3303, juris Rn. 34 f.
25 Ebenso Mann in SFMK Rn. 14.
26 BT-Drs. 19/26107, 108. S. hierzu nach alter Rechtslage noch VG Freiburg 27.2.2019 – 4 K 1861/18, juris Rn. 16 f. und VG München 16.1.2019 – M 18 K 17.3303, juris Rn. 34 f.
27 Ebenso VG Aachen 24.3.2009 – 2 K 1073/06.
28 Im Ergebnis ebenso BayVGH 15.12.2010 – 12 BV 10.528.
29 Ebenso VG Würzburg 6.4.2004 – W 6 K 02.1561; zu § 74 EStG vgl. Wiesner FPR 2003, 69.

Leistung als für einen anderen Zweck (nämlich der wirtschaftlichen Besserstellung der Alleinerziehenden) bestimmt nach S. 4 frei.[30] Da das Kind anspruchsberechtigt ist, bleibt die UhVorschG-Leistung bei ihm als Kostenpflichtigem unberücksichtigt. Zweckidentisch mit der sog. wirtschaftlichen Jugendhilfe sind die Leistungen nach dem **BAföG,**[31] so zB der Kinderbetreuungszuschlag nach § 14 b Abs. 1 BaföG,[32] der aber nach § 14 b Abs. 2 BaföG (seit 2008) nicht als Einkommen anzusetzen ist[33] und die Leistungen zur Förderung der Berufsausbildung[34] und der beruflichen Weiterbildung. Ebenso solche nach dem **SGB III** (§ 22 Abs. 3 SGB III) sowie die Entgeltersatzleistungen nach § 116 SGB III. Sie sind daher nach S. 3 vorweg einzusetzen. Im Verhältnis zu den Leistungen nach dem **SGB II** (Alg II nach § 19 SGB II und Sozialgeld nach § 28 SGB II.) gehen die Leistungen der wirtschaftlichen Jugendhilfe diesen vor (§ 10 Abs. 3 S. 1). Werden sie dennoch erbracht, sind sie vorweg einzusetzen (aA Gemeinsame Empfehlungen). Dasselbe gilt für Leistungen nach dem **SGB XII** (HzL nach dem Dritten und Grundsicherung nach dem Vierten Kap.; nicht aber Leistungen nach §§ 47–74 SGB XII; → Rn. 18). **Wohngeld** ist neben der wirtschaftlichen Jugendhilfe bei Unterbringung über Tag und Nacht (dagegen nicht bei Tagesbetreuung; → Rn. 19) nunmehr ausdrücklich ausgeschlossen (§ 7 Abs. 1 S. 1 Nr. 9 WoGG). Unfallrente (mit Unterhaltsersatzfunktion) eines Sozialversicherungsträgers, Waisen- oder Halbwaisenrente sowie Erziehungsbeihilfen nach dem **BVG** oder (entsprechend) dem **OEG** sind insoweit (mit ihren Unterhaltsleistungen) ebenfalls zweckidentische Leistungen (mit der wirtschaftlichen Jugendhilfe) und daher einzusetzen.[35] Renten und Beihilfen nach dem **BEG** sind dagegen **nicht** einzusetzen, da sie in Satz 1 schon aus dem Einkommensbegriff herausgenommen werden.[36]

14 Wird im Rahmen der Jugendhilfe **Krankenhilfe** gewährt (nach §§ 13 Abs. 3 S. 2, 19 Abs. 3, 21 S. 2, 40, 42 Abs. 2), sind die Leistungen gesetzlicher oder privater Krankenversicherungen und die Beihilfen nach Beihilfevorschriften mit der Jugendhilfe (partiell) zweckidentische Leistungen, die vorweg eingesetzt werden müssen. Die Eltern sind Kostenschuldner unabhängig davon, ob ihnen das Recht der Personensorge zusteht.[37]

15 Die zweckidentische Leistung ist **vorweg** einzusetzen. Nur wenn dann noch ein ungedeckter Aufwand des Jugendhilfeträgers verbleibt, ist die Heranziehung des Kostenpflichtigen aus seinem Einkommen durch Kostenbeitrag nach § 94 zu prüfen. Die nach § 93 Abs. 1 S. 3 vorweg einzusetzende Leistung wirkt **nicht beitragsmindernd** auf den Kostenbeitrag, da sie ausdrücklich unabhängig von diesem einzusetzen ist.[38] Dies gilt auch, wenn das Kind die zweckidentische Leistung einzusetzen hat, die Eltern aber den Kostenbeitrag erbringen müssen, da § 93 Abs. 1 S. 3 eine vorrangige Regelung gegenüber § 94 Abs. 1 S. 3 ist.[39] Zu beachten ist weiter, dass die zweckidentische Leistung nur vom **Anspruchsberechtigten** dieser Leistung einzusetzen ist, nicht aber von

30 Im Ergebnis ebenso BVerwG 21.11.1991 – 5 C 13/87, ZfJ 1992, 209; NdsOVG 22.1.2003 – 4 LC 324/02, JAmt 2003, 212 u. 28.5.1997 – 4 L 5905/96, FEVS 48, 79.

31 § 1 BAföG: „Unterhalt"; ebenso BayVGH 15.2.2011 – 12 C 10.3046.

32 AA Mrozynski SGB VIII Rn. 1.

33 Zum alten Recht vgl. DIJuF JAmt 2009, 180.

34 So bei Ausbildungsgeld für behinderte, Berufsausbildungsbeihilfe für nicht behinderte Menschen NdsOVG 28.7.2009 – 4 PA 250/08, FEVS 61, 180; VG Ansbach 27.7.2006 – AN 14 K 05.02859.

35 AA für die Waisengrundrente nach § 1 Abs. 8 OEG iVm §§ 45, 46 BVG VG Minden 6.6.2014 – 6 K 2280/13, juris Rn. 14.

36 Vgl. zum OEG VG Freiburg 28.6.2006 – 7 K 2459/05 u. 24.7.2001 – 8 K 1273/00, JAmt 2001, 601; DIJuF JAmt2007, 245 u. DAVorm 2000/670; Hoffmann JAmt 2005, 329 u. 2006, 382 (425).

37 Ebenso VG Giesen ZfJ 2002, 155; OVG Bln Jugendhilfe 2003, 97 mAnm Fischer/Mann.

38 Ebenso Krome in jurisPK-SGB VIII Rn. 25.

39 Ebenso – für die alte Rechtslage – BVerfG NJW 1999, 2383.

deren tatsächlichem Empfänger; zB die Halbwaisenrente (zu dieser auch → Rn. 7) vom Kind, nicht von dessen gesetzlichem Vertreter.[40]

16 Unklar ist, in welcher **Form** der Einsatz der zweckidentischen Leistung erfolgen soll. Nach § 92 Abs. 2 erfolgt die Heranziehung der Kostenpflichtigen durch Erhebung eines Kostenbeitrags. Der Kostenbeitrag kann aber nur aus dem Einkommen ermittelt werden (§ 94 Abs. 1). Da die zweckidentischen Geldleistungen aber nicht zum Einkommen zählen (§ 93 Abs. 1 S. 3), scheidet ein Einsatz durch Erhebung eines Kostenbeitrags aus.[41] § 92 Abs. 2 kann daher keine abschließende Regelung sein; vielmehr ist eine Heranziehung nicht nur durch Erhebung eines Kostenbeitrags möglich, sondern auch durch Einsatz der zweckidentischen Leistung. Auch dieser Einsatz wird durch **Leistungsbescheid** (VA gem. § 31 SGB X) festgesetzt.[42] Erfolgt sowohl eine Heranziehung durch Einsatz der zweckidentischen Leistung als auch durch Erhebung eines Kostenbeitrags, kann dies in einem einheitlichen Leistungsbescheid geschehen, in dessen Tenor dann aber beide Beträge getrennt aufzuführen sind.

4 Freibleiben zweckverschiedener Leistungen (Abs. 1 S. 4)

17 Bei den in Satz 4 genannten Leistungen kann es sich – mit Ausnahme des Kindergeldes – nur um solche handeln, die neben der Jugendhilfe und für denselben Bedarfszeitraum wie die jeweilige Jugendhilfeleistung erbracht worden sind. Es scheiden also Leistungen aus, die wegen des Vorrangs der Jugendhilfe aus § 10 Abs. 3 S. 1 (Leistungen nach dem SGB II) und Abs. 4 S. 1 (Leistungen nach dem SGB XII) gar nicht erst erbracht werden, sondern im „Nachrangfilter" hängenbleiben. Auch wenn die Leistungen – im Unterschied zu S. 3 – nicht ausdrücklich als „Geldleistungen" bezeichnet werden, sind es solche, wie sich aus dem Begriff des Einkommens ergibt (zu diesem → Rn. 3). Es muss sich um Geldleistungen handeln, die einem **anderen Zweck** als die (wirtschaftliche) Jugendhilfe dienen (→ Rn. 1). Die Leistungen müssen in Normen des **öffentlichen** Rechts geregelt sein, in denen der **Zweck** der Leistung ausdrücklich (zB § 1 Abs. 1 WoGG), aber nicht notwendig wörtlich **genannt** wird; es genügt die eindeutige Zweckbestimmung, die sich aus den Anspruchsvoraussetzungen,[43] aber auch aus dem Gesetzestitel (UhVorschG) ergeben kann.

18 4 **Schritte** führen zur Anwendbarkeit des Satzes 4:

(1) Geldleistung ist in Norm des öffentlichen Rechts geregelt;
(2) ihr Zweck wird dort ausdrücklich genannt;
(3) dieser Zweck ist zu bestimmen;
(4) er ist mit dem der Jugendhilfeleistung zu vergleichen.

Folge: Bei Zweckverschiedenheit bleibt die Leistung nach S. 4 als Einkommen unberücksichtigt, bei Zweckidentität ist sie nach S. 3 vorweg einzusetzen. Auch wenn S. 4 nicht ausdrücklich die Zweckverschiedenheit (anders als § 83 Abs. 1 SGB XII und § 11 Abs. 3 Nr. 1 SGB II) nennt, folgt dieses Erfordernis aus dem Zweck von S. 4, dem Berechtigten die Leistung zur Erfüllung des gesetzlich bestimmten Zwecks zukommen zu lassen, weil sie zwecklos wäre, wenn sie als Jugendhilfeleistung „umgewidmet"[44] würde.

19 Das **Elterngeld** bzw. (Landes-)Erziehungsgeld dient nicht einem ausdrücklich genannten Zweck (S. 4), sondern ist Lohnersatz. Es ist auch nicht zweckidentisch mit der

40 Ebenso BVerfG NJW 1999, 2383.
41 AA Stähr in Hauck/Noftz Rn. 23.
42 Ebenso Mann in SFMK Rn. 12; Degener in JHSM Rn. 12.
43 So BVerwG 28.5.2003 – 5 C 41.02, FEVS 55, 102; DIJuF JAmt 2008, 424; Schindler in FK-SGB VIII Rn. 10; Klinger/Kunkel/Pattar, Existenzsicherungsrecht, Rn. 185–186; Krome in jurisPK-SGB VIII Rn. 29.
44 Begriff Schindler in FK-SGB VIII Rn. 10.

(nicht wirtschaftlichen) Jugendhilfeleistung (S. 3) und ist deshalb als Einkommen nach S. 1 einzusetzen. Es kann auch nicht nach § 10 Abs. 1 BEEG bis 300 EUR frei bleiben, weil die Jugendhilfe keine Leistung ist, deren Zahlung von einem anderen Einkommen abhängig ist, wie sich aus § 91 Abs. 5 ergibt und daraus, dass sie keine Geld-, sondern eine Dienstleistung ist.[45] Auch § 92 Abs. 5 steht einer Heranziehung nicht entgegen, da es sich nicht um einen atypischen Fall handelt. Das **Pflegegeld** bleibt unberücksichtigt (§ 13 Abs. 5 SGB XI). **Wohngeld** wird neben der Jugendhilfe erbracht, wenn die Jugendhilfe nicht über Tag und Nacht (→ Rn. 13) geleistet wird, sondern beispielsweise durch Tagesbetreuung. Es ist dann zweckgleich mit der nach § 91 Abs. 2 Nr. 2–4 iVm § 39 (u. § 41 Abs. 2) geleisteten (wirtschaftlichen) Jugendhilfe und daher nach S. 3 vorweg einzusetzen.[46] Dasselbe gilt für die anderen in → Rn. 13 genannten **Sozialleistungen** mit Unterhaltsbestandteilen oder mit Krankenhilfe. Sie haben den gleichen Zweck wie die nach den §§ 13 Abs. 3, 19 Abs. 3, 21 S. 2, 39, 40, 42 Abs. 2 S. 3 geleistete (wirtschaftliche) Jugendhilfe und sind daher nach S. 3 vorweg einzusetzen. Im Verhältnis zu Jugendhilfeleistungen ohne wirtschaftlichen Leistungsannex sind sie idR zweckverschieden (zB Hilfen nach §§ 47–74 SGB XII) und daher nach S. 4 nicht einzusetzen. Die Haushaltshilfe nach § 38 SGB V ist aber zweckgleich mit der Leistung nach § 20 und daher vorweg einzusetzen. Haben sie keinen ausdrücklich im Gesetz benannten Zweck (zB Kindergeld), sind sie als Einkommen nach S. 1 einzusetzen.

5 Nettoeinkommen (Abs. 2)

20 Nach **Nr. 1** sind alle auf das Einkommen gezahlte – nicht bloß fällige und auch nicht fiktive[47] – **Steuern** vom Einkommen abzusetzen. Dies sind Einkommensteuer einschl. Solidaritätszuschlag,[48] Kirchensteuer und Kapitalertragsteuer. Nicht abzusetzen ist die Mehrwertsteuer, da sie nicht auf das Einkommen entrichtet wird.[49] Aufgrund des in Nr. 1 enthaltenen Tatsächlichkeitsprinzips sind die entrichteten einkommensbezogenen Steuern grundsätzlich in der tatsächlich geleisteten Höhe anzurechnen.[50] Im Einzelfall kann das Berufen auf eine erhöhte Steuerlast allerdings gegen den Grundsatz von Treu und Glauben gem. § 242 BGB verstoßen und damit ausgeschlossen sein. Beispielsweise kann es dem Betroffenen verwehrt sein, sich auf einen Steuerklassenwechsel zu berufen, wenn er in missbilligenswerter Weise der Herbeiführung der tatbestandlichen Voraussetzungen für eine jugendhilferechtliche Kostenbeitragsreduzierung dient.[51]

21 Nach **Nr. 2** sind ferner **Sozialversicherungsbeiträge** abzusetzen, die der Kostenbeitragspflichtige tatsächlich leistet. Dies sind Beiträge zur Renten-, Kranken-, Pflegeversicherung und zur Arbeitsförderung sowie die Pflichtbeiträge der freiwillig Krankenversicherten für die Pflegeversicherung. Außerdem fallen hierunter die von versicherungspflichtigen Selbstständigen im Rahmen der Sozialversicherung gezahlten Pflichtbeiträ-

45 Im Ergebnis ebenso BayVGH 15.12.2010 – 12 BV 10.528; VG Würzburg 26.4.2010 – W 3 K 09.524; VG Ansbach 11.2.2010 – AN 14 K 09.01782; aA Schindler in FK-SGB VIII Rn. 9; Mrozynski SGB VIII Rn. 1; Gemeinsame Empfehlungen 12.1.

46 AA Schindler in FK-SGB VIII Rn. 11, da Mietkosten nicht absetzbar seien; dem ist entgegenzuhalten, dass Wohngeld als Einkommen und nicht als bedarfsmindernd zu berücksichtigen ist, so BVerwG 16.12.2004 – 5 C 50/03, NDV-RD 2005, 70; BayVGH 24.6.2010 – 12 BV 09.2527: im Fall des § 34 zweckgleich und daher nicht als Einkommen, sondern nach S. 3 vorweg einzusetzen. S. hierzu auch BayVGH 22.10.2013 – 12 ZB 12.1161, juris Rn. 17 f.

47 So OVG RhPf 25.11.2008 – 7 A 10710/08, FEVS 60, 469.

48 VGH BW FEVS 47, 23.

49 AA Schindler in FK-SGB VIII Rn. 19.

50 BVerwG 19.3.2013 – 5 C 16.12, ZKJ 2013, 309; BVerwG 11.10.2012 – 5 C 22/11, NJW 2013, 629.

51 BVerwG 11.10.2012 – 5 C 22/11, NJW 2013, 629.

ge, zB zur Unfallversicherung oder zur Handwerkerversicherung. Beiträge, die aufgrund freiwilliger Versicherung in der Sozialversicherung geleistet werden, können nicht hier, sondern nach Nr. 3 berücksichtigt werden.

Nach **Nr. 3** sind außerdem abzusetzen **sonstige Versicherungsbeiträge**, aber nur zur Abdeckung der genannten Risiken, also nicht Unfall-, Risikolebens-, Kapitallebensversicherungen.[52] Ferner nicht absetzbar (aber evtl. nach Abs. 3 Nr. 1) sind daher Beiträge zur Feuer-, Kfz-, Hausrat-, Rechtsschutzversicherung (→ Rn. 23). Auch bei den gesetzlich genannten Risikoversicherungen können Beiträge aber nur abgesetzt werden, wenn sie nach Grund und Höhe **angemessen** sind. Dem **Grund** nach angemessen können Beiträge nur zu solchen Versicherungen sein, die in dem Risikokatalog der Nr. 3 abschließend aufgeführt sind, also beispielsweise Versicherungsbeiträge zur Alterssicherung (zB Riesterrente), für eine Sterbegeldversicherung, für eine Lebensversicherung sowie freiwillige Beiträge zur gesetzlichen Kranken-, Pflege- und Rentenversicherung oder für eine private Kranken- und Pflegeversicherung (zB Zusatzversicherung für Zahnersatz). Andere Versicherungsbeiträge sind aber möglicherweise nach Abs. 3 Nr. 1 absetzbar. Der **Höhe** nach angemessen sind Beiträge, die die Grenze des Üblichen nicht überschreiten (zB bei der Alterssicherung ein Beitrag in Höhe des Mindesteinlagebetrages der Riesterrente;[53] → Rn. 23) oder für deren Höhe es besondere Gründe im Einzelfall gibt.[54] Eine Lebensversicherung als Alterssicherung ist nur zu berücksichtigen, wenn sie nicht schon vor Erreichen der Altersgrenze in Anspruch genommen werden kann[55] (zur Alterssicherung auch → § 39 Rn. 20). 22

6 Bereinigtes Einkommen (Abs. 3 S. 1–5)

Von dem Nettoeinkommen sind **Belastungen** abzuziehen (**S. 1**). Ermessen besteht dabei nicht. Erst das dadurch bereinigte Nettoeinkommen ist Grundlage für eine Heranziehung zum Kostenbeitrag nach § 94. Nach **Satz 2** erfolgt der Abzug durch eine Kürzung des nach den Abs. 1 und 2 errechneten Betrages um pauschal 25 v.H. Nach **Satz 3** können Belastungen, die höher als der pauschale Abzug nach Satz 2 sind, abgezogen werden, soweit sie nach Grund und Höhe angemessen sind und die Grundsätze einer wirtschaftlichen Lebensführung nicht verletzen. Abzugsfähige Belastungen müssen damit sowohl angemessen sein als auch mit den Grundsätzen einer wirtschaftlichen Lebensführung zu vereinbaren sein (→ Rn. 25). 23

Als Belastungen nur beispielhaft (also nicht abschließend) aufgeführt sind nach **S. 4 Nr. 1 Versicherungsbeiträge**, soweit sie nicht schon nach Abs. 2 Nr. 2 oder 3 abzusetzen waren. Berücksichtigungsfähig sind zB: Haftpflicht-, Hausrat-, Unfallversicherung und Risikolebensversicherung.[56] Eine Kapitallebensversicherung ist nicht zu berücksichtigen, wenn sie vorzeitig ausgezahlt werden kann. Nicht berücksichtigungsfähig sind zB: Sterbegeld- u. Ausbildungsversicherung. Eine Rechtsschutzversicherung ist nicht zu berücksichtigen, da die Prozess-und Verfahrenskostenhilfe ausreichend Schutz bietet,[57] und eine Rechtsschutzversicherung nicht allgemein üblich ist.[58] Nach **Nr. 2** können Gewerbesteuern berücksichtigt werden. Sie gehören zu den mit der Er-

52 Ebenso NdsOVG 2.8.2012 – 4 LA 113/11, NJW 2012, 3594.
53 S. hierzu OVG Saarl. 25.11.2020 – 2 A 344/19, juris Rn. 12; VG Bremen 3.6.2010 – 5K 3746/07.
54 S. hierzu auch OVG NRW 25.5.2020 – 12 A 2691/17, juris Rn. 7.
55 Ebenso VG München 12.11.2008 – M 18 K 07.4595.
56 Ebenso VG Würzburg 10.7.2014 – W 3 K 13.607, juris Rn. 32.
57 Ebenso Mann in SFMK Rn. 20; Stähr in Hauck/Noftz Rn. 30.
58 So VG Magdeburg 17.2.2010 – 4 A 27/09; VG Frankfurt (Oder) 18.11.2013 – 6 K 332/11, juris Rn. 44; aA VG Würzburg 10.7.2014 – W 3 K 13.607, juris Rn. 31; OVG NRW 17.3.2009 – 12 A 3019/08; VG München 9.12.2009 – M 18 K 08.6205; Krug in Krug/Riehle Erl. II.5.

zielung des Einkommens verbundenen notwendigen Ausgaben im Sinne von § 93 Abs. 3 S. 4 Nr. 2, sofern sie im Berechnungsjahr entstanden sind.[59] Nach Nr. 2 sind außerdem **Werbungskosten** abzuziehen.[60] Dies können Ausgaben zur Erzielung von Einkünften aus nicht selbstständiger oder aus selbstständiger Arbeit, aus Kapitalvermögen ebenso wie aus Vermietung oder Verpachtung sein; zB Fahrtkosten zur Arbeit; Beiträge zu Berufsverbänden, Gewerkschaften; Arbeitskleidung; Kosten für Kinderbetreuung während der Arbeitszeit,[61] wenn sie nicht schon nach § 16 a Nr. 1 SGB II übernommen werden; beispielhaft kann auf die in § 3 VO zu § 82 SGB XII genannten Ausgaben verwiesen werden.[62] Die **Fahrtkosten** können nach Abs. 6 dieser VO berechnet werden[63] oder nach steuerrechtlichen Grundsätzen, also nach § 9 Abs. 1 Nr. 4 EStG[64] oder nach unterhaltsrechtlichen Leitlinien.[65] Für letztere Methode spricht, dass der Kostenpflichtige (buchstäblich) nicht schlechter fahren soll, als er als Unterhaltspflichtiger fahren würde (→ § 91 Rn. 1). Kosten für Steuer und Versicherung des Kfz sind nicht zusätzlich abzusetzen, da sie schon in den Fahrtkosten enthalten sind.[66] Nach **Nr. 3** sind auch **Schulden** vom Nettoeinkommen abzuziehen. Die Schuldverpflichtung kann schon vor Eintritt des Jugendhilfebedarfs oder während des Bedarfszeitraums eingegangen worden sein, beispielsweise Abzahlungsverpflichtungen aus Ratenkäufen für Einrichtungsgegenstände oder einen PKW, der für Fahrten zur Arbeit benötigt wird[67] oder BAföG-Rückzahlungen. Nicht zu berücksichtigen sind Schulden, wenn sie leichtfertig oder ohne vernünftigen Grund gemacht wurden, zB zur Finanzierung von Luxus oder Sucht.[68] Schulden zur Finanzierung von Wohneigentum können nur sehr begrenzt berücksichtigt werden. Nicht berücksichtigt werden können die Schuldverpflichtungen für selbst genutztes Wohnungseigentum, wenn diese entsprechende Mietkosten nicht übersteigen, da die Miete auch nicht vom Einkommen abgesetzt werden kann. Bei selbst genutztem Wohnungseigentum sind sie aber dann absetzbar, wenn sie über den Wohnwert hinausgehen.[69]

Schulden für fremd genutztes Wohnungseigentum können grundsätzlich nicht berücksichtigt werden, da es grundsätzlich nicht den Grundsätzen einer wirtschaftlichen Lebensführung entspricht, das für Ausgaben des täglichen Lebens zur Verfügung stehende Einkommen durch die Finanzierung einer fremd genutzten Eigentumswohnung zu verringern. Zudem ist zu berücksichtigen, dass die Anschaffung eines fremden Wohnungseigentums grundsätzlich eine vermögensbildende Maßnahme ist, die nicht

59 BVerwG 19.3.2013 – 5 C 16.12, ZKJ 2013, 309.
60 S. hierzu auch OVG NRW 17.6.2020 – 12 E 1164/18, juris Rn. 20.
61 So VGH BW 1.9.1992 – 6 S 2640/90, FEVS 43, 261; Mann in SFMK Rn. 24.
62 Ebenso OVG NRW 17.3.2009 – 12 A 3019/08.
63 So Mann in SFMK Rn. 24.
64 So OVG NRW 18.12.2008 – 12 E 1458/08; VG Neustadt 25.3.2010 – 4 K 685/09.NW; VG Magdeburg 17.2.2010 – 4 A 27/09.
65 So SchlHOVG 27.4.2009 – 2 LB 7/09; offen gelassen v. BVerwG 11.10.2012 – 5 C 22/11, juris.
66 OVG Bbg 27.11.2003 – 4 A 220/03, ZFSH/SGB 2004, 238 mAnm Berlit jurisPR-SozR 16/2005; OVG NRW 20.6.2000 – 22 A 207/99, JAmt 2001, 52; VGH BW 12.6.1991 – 6 S 1182/90, FEVS 43, 200; Mann in SFMK Rn. 24; aA NdsOVG 29.11.1989 – 4 A 205/88, FEVS 42, 104.
67 VG Würzburg 10.7.2014 – W 3 K 13.607, juris Rn. 41; SächsOVG 11.5.2010 – 1 D 59/10: 14.000 EUR Kredit ist nicht angemessen.
68 So OVG NRW 17.3.2009 – 12 A 3019/08; BayVGH 3.8.2006 – 12 C 06.761: für türkische Hochzeit zu berücksichtigen.
69 So NdsOVG 26.1.2010 – 4 ME 2/10, DÖV 2010, 531; Degener in JHSM Rn. 27: zumindest, wenn Eigenheim vor Leistungsbeginn angeschafft und nachgewiesen werden – so NdsOVG 1.9.2010 – 4 ME 185/10.

zulasten der Allgemeinheit gehen darf und auch nicht indirekt aus Mitteln des Jugendhilferechts zu finanzieren ist.[70]

Andere als die in S. 4 Nr. 1–3 aufgeführten (**unbenannte**) Belastungen sind ebenfalls vom Einkommen abzuziehen, wenn dies im Einzelfall recht und billig erscheint. Von jedem zu tragende Kosten der allgemeinen Lebensführung sind nicht abzugsfähig, zB kommunale Gebühren, Telefon- u. Rundfunkgebühren.[71] Die **Miete** ist bereits in der Tabelle zur KostenbeitragsV bei den Unterkunftskosten berücksichtigt.[72] Unterhaltszahlungen an ein **Stiefkind** können solche Belastungen sein, auch wenn sie freiwillig erfolgen.[73] Allerdings ist in diesem Zusammenhang zu berücksichtigen, dass in der Rspr. die Auffassung vertreten wird, dass Kosten für den Umgang mit Kindern grundsätzlich nicht einkommensmindernd berücksichtigt werden können, weil es sich bei diesen Belastungen nicht um Beiträge zu öffentlichen oder privaten Versicherungen oder ähnlichen Einrichtungen, mit der Erzielung des Einkommens verbundene notwendige Ausgaben oder Schuldverpflichtungen handelt. Die Grundsätze der zum Unterhaltsrecht entwickelten zivilgerichtlichen Rspr. seien für die Berechnung des öffentlich-rechtlichen Kostenbeitrags als solchen nicht maßgeblich.[74] 24

Grund und Höhe der Schuldverpflichtungen ebenso wie der anderen Belastungen nach S. 4 sind insoweit ohne Belang, als sie die Grenze des pauschalen Abzugs (25 % des Nettoeinkommens) nicht überschreiten (**S. 2**); dann erfolgt die pauschale Kürzung, auch wenn die Belastungen nur in geringerer Höhe bestehen. Die Grenze gilt für die Belastungen nach S. 4 insgesamt. Erst wenn diese Grenze überschritten wird, sind nach **S. 3** Grund und Höhe der Belastung zu berücksichtigen.[75] Auch wenn die über der 25 %-Grenze liegenden Belastungen angemessen sind, können sie nicht abgezogen werden, wenn sie den Grundsätzen einer wirtschaftlichen Lebensführung widersprechen. Die Angemessenheit von Grund und Höhe ist nach den Umständen des Einzelfalls zu beurteilen, während die Grundsätze der wirtschaftlichen Lebensführung einen objektiven Maßstab bilden.[76] Es handelt sich bei diesen Begriffen um **unbestimmte Rechtsbegriffe**, deren Inhalt ohne Beurteilungsspielraum zu ermitteln ist und bei deren Anwendung es kein Ermessen gibt. Die Auslegung unterliegt der vollen gerichtlichen Überprüfung. Nur wenn Angemessenheit und wirtschaftliche Lebensführung bejaht werden, besteht **Ermessen**, die Belastungen abzuziehen. Ein Abzug kann nur erfolgen, wenn der Kostenpflichtige Art, Umfang und Angemessenheit der Belastung nachgewiesen hat (**S. 2**).[77] Dies ist eine Abweichung von dem sonst im Verwaltungsverfahren geltenden Amtsermittlungsgrundsatz (§ 20 SGB X). 25

---

70 S. hierzu auch VG Freiburg 22.4.2015 – 4 K 2273/13, juris Rn. 24 u. 25; VG Braunschweig 10.3.2015 – 3 A 174/14, juris Rn. 24; Saarl. VG 31.1.2014 – 3 K 686/12, juris Rn. 52 u. 53; VG Würzburg 12.12.2013 – W 3 K 12.1090, juris Rn. 27; VG Ansbach 20.5.2010 – AN 14 S 10.00247; BayVGH 10.2.2010 – 12 ZB 08.3290, juris Rn. 8; NdsOVG 26.1.2010 – 4 ME 2/10, juris Rn. 6; VG Saarlouis 9.7.2009 – 11 K 815/08, JAmt 2009, 399; VG Augsburg 25.2.2008 – AU 3 S 08.00167; aA Krug in Krug/Riehle Erl. II.5.

71 Ebenso – nach BSHG – BayVGH 31.5.1968 – 162 III 66, FEVS 16, 60.

72 Ebenso BayVGH 15.12.2010 – 12 BV 10.528; OVG Saarl 22.3.2010 – 3 D 9/10; OVG RhPf 12.3.2010 – 7 B 10085/10.OVG; NdsOVG 2.8.2012 – 4 LA 113/11, NJW 2012, 3594; OVG NRW 18.12.2008 – 12 E 1458/08.

73 AA Mrozynski SGB VIII Rn. 9, aber über § 92 Abs. 5 zu berücksichtigen, so auch DIJuF JAmt 2008, 252.

74 VG Ansbach 17.7.2014 – AN 6 K 13.01988, juris Rn. 37 u. 38.

75 Anders aber wohl Schindler in FK-SGB VIII Rn. 27–30, wo die Kriterien des S. 3 für Belastungen allgemein benutzt werden.

76 S. zur wirtschaftlichen Lebensführung auch OVG NRW 27.2.2014 – 12 A 2688/12, juris Rn. 13 f.

77 S. hierzu auch VG Minden 13.12.2013 – 6 K 1278/11, juris Rn. 54.

7 Maßgeblicher Berechnungszeitraum (Abs. 4)

26 Nach Abs. 4 S. 1 ist aus dem Jahreseinkommen ein durchschnittliches Monatseinkommen zu ermitteln. Maßgeblich ist dabei das Jahreseinkommen, „welches dem jeweiligen Kalenderjahr der Leistung oder Maßnahme vorangeht." Es wird also auf das Vorjahr der Leistungsgewährung abgestellt. Damit besteht mit Abs. 4 S. 1 nunmehr eine gesetzliche Grundlage, mit welcher aufgrund eines Einkommens aus der Vergangenheit Kostenbeiträge festgesetzt werden.

Diese Bestimmung war nach Auffassung des BVerwG auch anzuwenden, wenn junge Menschen für vollstationäre Leistungen der Jugendhilfe zu Kostenbeiträgen ihres Einkommens nach § 94 Abs. 6 Satz 1 herangezogen werden.[78] Allerdings ist mit Art. 1 des KJSG in § 94 Abs. 6 S. 2 eine Neuregelung eingefügt worden. Nach neuer Rechtslage ist nun das Einkommen des Monats, in dem die Leistung oder die Maßnahme erbracht wird, maßgeblich. Mit der Neuregelung wird klargestellt, dass für die Ermittlung des Einkommens als Grundlage der Berechnung des Kostenbeitrags von jungen Menschen nicht gemäß § 93 Abs. 4 das durchschnittliche Monatseinkommen des Jahres, das dem Jahr der Leistung vorangeht, sondern das aktuelle Monatseinkommen maßgeblich ist. Nach Auffassung des Gesetzgeber passen Sinn und Zweck des § 93 Abs. 4 aufgrund des häufig schwankenden und unregelmäßigen Einkommens bei jungen Menschen nicht bei der Kostenheranziehung nach § 94 Abs. 6.[79]

Nach der Rspr. des BVerwG ist es ferner unerlässlich, dass sich in der so vorgenommenen „Durchschnittswertbildung die im Festsetzungszeitraum zu erwartende wirtschaftliche Leistungsfähigkeit des Pflichtigen widerspiegelt".[80] In Fällen, in welchen das gemäß Abs. 4 S. 1 ermittelte Einkommen die wirtschaftliche Leistungsfähigkeit zum Zeitpunkt der Erhebung des Kostenbeitrags nicht widerspiegelt, bleibt dem Betroffenen (nur) die Möglichkeit nach Abs. 4 S. 2 einen Antrag zu stellen, dass das nach S. 1 ermittelte Einkommen durch das durchschnittliche aktuelle Monatseinkommen „ersetzt" wird. Gemäß S. 3 kann ein solcher Antrag allerdings erst innerhalb eines Jahres nach Ablauf des Jahres, in welchem die Leistung erbracht wird, gestellt werden.[81] Etwas anderes gilt nur in der in S. 4 genannten Fallkonstellation: „macht die kostenbeitragspflichtige Person glaubhaft, dass die Heranziehung zu den Kosten aus dem Einkommen nach S. 1 (...) eine besondere Härte für sie ergäbe, wird vorläufig von den glaubhaft gemachten, dem Zeitraum entsprechenden Monatseinkommen ausgegangen...". Erforderlich für eine sofortige Änderung des Kostenbeitrags ist damit die Glaubhaftmachung einer besonderen Härte. Dies wird nur im Ausnahmefall möglich sein;[82] im Regelfall muss der Betroffene zunächst den festgesetzten Betrag zahlen und kann lediglich mit einer nicht unerheblichen zeitlichen Verzögerung mit einer Neufestsetzung und Rückzahlung zu viel gezahlter Beiträge rechnen.

§ 94 Umfang der Heranziehung

(1) [1]Die Kostenbeitragspflichtigen sind aus ihrem Einkommen in angemessenem Umfang zu den Kosten heranzuziehen. [2]Die Kostenbeiträge dürfen die tatsächlichen Aufwendungen nicht überschreiten. [3]Eltern sollen nachrangig zu den jungen Menschen herangezogen werden. [4]Ehegatten und Lebenspartner sollen nachrangig zu den jungen Menschen, aber vorrangig vor deren Eltern herangezogen werden.

78 BVerwG 11.12.2020 – 5 C 9.19. S. hierzu auch SächsOVG 9.5.2019 – 3 A 751/18, juris Rn. 19 f.
79 BT-Drs. 19/26107, 109.
80 BVerwG 11.10.2012 – 5 C 22/11, juris Rn. 21.
81 S. hierzu Krome in jurisPK-SGB VIII Rn. 60.
82 S. hierzu auch Krome in jurisPK-SGB VIII Rn. 61.

(2) Für die Bestimmung des Umfangs sind bei jedem Elternteil, Ehegatten oder Lebenspartner die Höhe des nach § 93 ermittelten Einkommens und die Anzahl der Personen, die mindestens im gleichen Range wie der untergebrachte junge Mensch oder Leistungsberechtigte nach § 19 unterhaltsberechtigt sind, angemessen zu berücksichtigen.

(3) [1]Werden Leistungen über Tag und Nacht außerhalb des Elternhauses erbracht und bezieht einer der Elternteile Kindergeld für den jungen Menschen, so hat dieser unabhängig von einer Heranziehung nach Absatz 1 Satz 1 und 2 und nach Maßgabe des Absatzes 1 Satz 3 und 4 einen Kostenbeitrag in Höhe des Kindergeldes zu zahlen. [2]Zahlt der Elternteil den Kostenbeitrag nach Satz 1 nicht, so sind die Träger der öffentlichen Jugendhilfe insoweit berechtigt, das auf dieses Kind entfallende Kindergeld durch Geltendmachung eines Erstattungsanspruchs nach § 74 Absatz 2 des Einkommensteuergesetzes in Anspruch zu nehmen. [3]Bezieht der Elternteil Kindergeld nach § 1 Absatz 1 des Bundeskindergeldgesetzes, gilt Satz 2 entsprechend. [4]Bezieht der junge Mensch das Kindergeld selbst, gelten die Sätze 1 und 2 entsprechend.

(4) Werden Leistungen über Tag und Nacht erbracht und hält sich der junge Mensch nicht nur im Rahmen von Umgangskontakten bei einem Kostenbeitragspflichtigen auf, so ist die tatsächliche Betreuungsleistung über Tag und Nacht auf den Kostenbeitrag anzurechnen.

(5) Für die Festsetzung der Kostenbeiträge von Eltern, Ehegatten und Lebenspartnern junger Menschen und Leistungsberechtigter nach § 19 werden nach Einkommensgruppen gestaffelte Pauschalbeträge durch Rechtsverordnung des zuständigen Bundesministeriums mit Zustimmung des Bundesrates bestimmt.

(6) [1]Bei vollstationären Leistungen haben junge Menschen und Leistungsberechtigte nach § 19 nach Abzug der in § 93 Absatz 2 genannten Beträge höchstens 25 Prozent ihres Einkommens als Kostenbeitrag einzusetzen. [2]Maßgeblich ist das Einkommen des Monats, in dem die Leistung oder die Maßnahme erbracht wird. [3]Folgendes Einkommen aus einer Erwerbstätigkeit innerhalb eines Monats bleibt für den Kostenbeitrag unberücksichtigt:

1. Einkommen aus Schülerjobs oder Praktika mit einer Vergütung bis zur Höhe von 150 Euro monatlich,
2. Einkommen aus Ferienjobs,
3. Einkommen aus einer ehrenamtlichen Tätigkeit oder
4. 150 Euro monatlich als Teil einer Ausbildungsvergütung.

Verordnung zur Festsetzung der Kostenbeiträge für Leistungen und vorläufige Maßnahmen in der Kinder- und Jugendhilfe – Kostenbeitragsverordnung (KostenbeitragsV)

vom 1. Oktober 2005 (BGBl. I S. 2907) (FNA 860-8-1-1)
Zuletzt geändert durch Art. 1 Erste ÄndVO vom 5. Dezember 2013 (BGBl. I S. 4040)

§ 1 Festsetzung des Kostenbeitrags

(1) Die Höhe des Kostenbeitrags, den Elternteile, Ehegatten oder Lebenspartner junger Menschen zu entrichten haben, richtet sich nach

a) der Einkommensgruppe in Spalte 1 der Anlage, der das nach § 93 des Achten Buches Sozialgesetzbuch zu ermittelnde Einkommen zuzuordnen ist, und
b) der Beitragsstufe in den Spalten 2 bis 5 der Anlage, die nach Maßgabe dieser Verordnung zu ermitteln ist.

(2) Für jede kostenbeitragspflichtige Person wird der jeweilige Kostenbeitrag getrennt ermittelt und erhoben.

§ 2 Wahl der Beitragsstufe bei vollstationären Leistungen

(1) Die Höhe des Beitrags zu den Kosten einer vollstationären Leistung nach § 91 Abs. 1 des Achten Buches Sozialgesetzbuch ergibt sich aus den Beitragsstufen zur jeweiligen Einkommensgruppe in den Spalten 2 bis 4 der Anlage.

(2) Wird die kostenbeitragspflichtige Person zu den Kosten vollstationärer Leistungen für eine Person nach dem Achten Buch Sozialgesetzbuch herangezogen, so ergibt sich die Höhe des Kostenbeitrags aus Spalte 2. Wird sie für mehrere Personen zu den Kosten herangezogen, so ergibt sich die Höhe des Kostenbeitrags für die zweite Person aus Spalte 3, für die dritte Person aus Spalte 4. Ab der vierten vollstationär untergebrachten Person wird nur noch ein Kostenbeitrag nach Maßgabe von § 7 erhoben.

§ 3 Wahl der Beitragsstufe bei teilstationären Leistungen

Die Höhe des Kostenbeitrags für teilstationäre Leistungen nach § 91 Absatz 2 des Achten Buches Sozialgesetzbuch ergibt sich aus der Beitragsstufe zur jeweiligen Einkommensgruppe in der Spalte fünf der Anlage.

§ 4 Berücksichtigung weiterer Unterhaltspflichten

(1) Ist die kostenbeitragspflichtige Person gegenüber anderen Personen nach § 1609 des Bürgerlichen Gesetzbuchs im mindestens gleichen Rang wie dem untergebrachten jungen Menschen oder Leistungsberechtigten nach § 19 des Achten Buches Sozialgesetzbuch zum Unterhalt verpflichtet und lebt sie mit ihnen in einem gemeinsamen Haushalt oder weist sie nach, dass sie ihren Unterhaltspflichten regelmäßig nachkommt, so ist sie

1. bei einer Zuordnung des maßgeblichen Einkommens zu einer der Einkommensgruppen 2 bis 6 je Unterhaltspflicht einer um zwei Stufen niedrigeren Einkommensgruppe zuzuordnen,
2. bei einer Zuordnung des maßgeblichen Einkommens zu einer der Einkommensgruppen 7 bis 18 je Unterhaltspflicht einer um eine Stufe niedrigeren Einkommensgruppe zuzuordnen

und zu einem entsprechend niedrigeren Kostenbeitrag heranzuziehen.

(2) Würden die Unterhaltsansprüche vorrangig oder gleichrangig Berechtigter trotz einer niedrigeren Einstufung nach Absatz 1 auf Grund der Höhe des Kostenbeitrags geschmälert, so ist der Kostenbeitrag entsprechend zu reduzieren. Lebt die kostenbeitragspflichtige Person nicht in einem Haushalt mit der Person, gegenüber der sie mindestens im gleichen Rang zum Unterhalt verpflichtet ist, findet eine Reduzierung nur statt, wenn die kostenbeitragspflichtige Person nachweist, dass sie ihren Unterhaltspflichten regelmäßig nachkommt.

§ 5 Behandlung hoher Einkommen

(1) Liegt das nach § 93 des Achten Buches Sozialgesetzbuch maßgebliche Einkommen eines Elternteils, Ehegatten oder Lebenspartners oberhalb der Einkommensgruppe 27 der Anlage, so ist der Kostenbeitrag nach den folgenden Grundsätzen zu errechnen.

(2) Die Höhe des Kostenbeitrags für vollstationäre Leistungen beträgt

1. 25 Prozent des maßgeblichen Einkommens, wenn der Kostenpflichtige zu den Kosten für eine Person herangezogen wird,
2. zusätzlich 15 Prozent des maßgeblichen Einkommens, wenn der Kostenpflichtige zu den Kosten für eine zweite Person herangezogen wird,
3. zusätzlich 10 Prozent des maßgeblichen Einkommens, wenn der Kostenpflichtige für eine dritte Person herangezogen wird.

Ab der vierten vollstationär untergebrachten Person wird nur noch ein Kostenbeitrag nach Maßgabe von § 7 erhoben. Liegt das nach § 93 des Achten Buches Sozialgesetzbuch maßgebende Einkommen eines Elternteils, Ehegatten oder Lebenspartners oberhalb der Einkommensgruppe 27 der Anlage, so kann eine Heranziehung bis zur vollen Höhe der Kosten für stationäre Leistungen erfolgen.

(3) Die Höhe des Kostenbeitrags für teilstationäre Leistungen beträgt 5 Prozent des maßgeblichen Einkommens.

(4) Die Kostenbeiträge dürfen die Höhe der tatsächlichen Aufwendungen nicht überschreiten.

§ 6 Heranziehung der Eltern bei Leistungen für junge Volljährige

Bei Leistungen für junge Volljährige ist ein kostenbeitragspflichtiger Elternteil höchstens zu einem Kostenbeitrag auf Grund der Einkommensgruppe 13 heranzuziehen. Der kostenbeitragspflichtige Elternteil ist bei einer Zuordnung des maßgeblichen Einkommens zu der Einkommensgruppe 2 oder 3 der Einkommensgruppe 1 zuzuordnen. Bei einer Zuordnung des maßgeblichen Einkommens zu der Einkommensgruppe 4 ist der kostenpflichtige Elternteil der Einkommensgruppe 2 zuzuordnen. Die Zuordnung nach den Sätzen 1 und 2 erfolgt nach Berücksichtigung der Zuordnung nach § 4 Absatz 1.

§ 7 Einsatz des Kindergelds

Ein Elternteil hat unabhängig von einer einkommensabhängigen Heranziehung nach den §§ 1 bis 6 einen Kostenbeitrag in Höhe des Kindergelds zu zahlen, wenn

1. vollstationäre Leistungen erbracht werden,
2. er Kindergeld für den jungen Menschen bezieht und
3. seine Heranziehung nicht nachrangig nach § 94 Absatz 1 Satz 3 und 4 SGB VIII ist.

Anlage (zu § 1)

Maßgebliches Einkommen nach § 93 des Achten Buches Sozialgesetzbuch		Beitragsstufe 1 vollstationär erste Person	Beitragsstufe 2 vollstationär zweite Person	Beitragsstufe 3 vollstationär dritte Person	Beitragsstufe 4 teilstationär
Einkommensgruppe	Euro	Euro	Euro	Euro	Euro
Spalte 1		Spalte 2	Spalte 3	Spalte 4	Spalte 5
1	bis 1 100,00	0	0	0	0
2	1 101,00 bis 1 200,99	50	0	0	40
3	1 201,00 bis 1 300,99	130	0	0	50
4	1 301,00 bis 1 450,99	210	30	0	60
5	1 451,00 bis 1 600,99	259	60	30	70
6	1 601,00 bis 1 800,99	289	85	40	85
7	1 801,00 bis 2 000,99	342	105	50	95
8	2 001,00 bis 2 200,99	378	140	60	105
9	2 201,00 bis 2 400,99	437	175	80	115
10	2 401,00 bis 2 700,99	510	220	120	130
11	2 701,00 bis 3 000,99	570	275	165	145
12	3 001,00 bis 3 300,99	630	335	210	160
13	3 301,00 bis 3 600,99	725	410	260	175
14	3 601,00 bis 3 900,99	825	485	320	190
15	3 901,00 bis 4 200,99	932	560	380	205
16	4 201,00 bis 4 600,99	1 056	635	440	220
17	4 601,00 bis 5 000,99	1 152	715	500	240
18	5 001,00 bis 5 500,99	1 313	790	555	265
19	5 501,00 bis 6 000,99	1 438	865	605	290
20	6 001,00 bis 6 500,99	1 563	940	658	315
21	6 501,00 bis 7 000,99	1 688	1 015	710	340
22	7 001,00 bis 7 500,99	1 813	1 090	763	365

Maßgebliches Einkommen nach § 93 des Achten Buches Sozialgesetzbuch		Beitragsstufe 1 vollstationär erste Person	Beitragsstufe 2 vollstationär zweite Person	Beitragsstufe 3 vollstationär dritte Person	Beitragsstufe 4 teilstationär
Einkommens-gruppe	Euro	Euro	Euro	Euro	Euro
Spalte 1		Spalte 2	Spalte 3	Spalte 4	Spalte 5
23	7 501,00 bis 8 000,99	1 938	1 165	815	390
24	8 001,00 bis 8 500,99	2 063	1 240	868	415
25	8 501,00 bis 9 000,99	2 188	1 315	920	440
26	9 001,00 bis 9 500,99	2 313	1 390	973	465
27	9 501,00 bis 10 000,99	2 438	1 465	1 025	490

1 Systematischer Zusammenhang

1 Bereits mit der Einführung des KICK zum 1.10.2005 hat der Gesetzgeber die Kostenbeteiligung für Leistungen der Jugendhilfe außerhalb des § 90 innerhalb der Vorschriften der §§ 91 bis 94 eigenständig geregelt. Seither erfolgt die Kostenheranziehung ausschließlich öffentlich-rechtlich. Ziel des Gesetzgebers war es, den Forderungen insbesondere der örtlichen Träger nachzukommen, die Heranziehung zu den Kosten rechtssicher,[1] im Hinblick auf die finanziellen Auswirkungen planungssicher[2] sowie für die JA einfacher zu gestalten. Die Höhe des Kostenbeitrages wird auf der Grundlage der nach § 94 Abs. 5 erlassenen VO, insbesondere nach der dort als Anlage ausgewiesenen Tabelle ermittelt. Sie ist Kern der Kostenbeitrags-VO.[3] Eine Abkehr vom Unterhaltsrecht ist damit aber nicht eingetreten. Das BVerwG[4] setzt den Verbleib des unterhaltsrechtlichen Selbstbehalts beim Kostenbeitragspflichtigen voraus, damit die Kostenbeteiligung angemessen ist. Weiter ist die Zahlung des Kostenbeitrages bei den Unterhaltspflichten zu berücksichtigen, § 10 Abs. 2.

2 Die Rangfolge der Kostenbeitragspflichtigen (Abs. 1 S. 1, 3 und 4)

2 Welche Personen zu den Kosten herangezogen werden können, ergibt sich nicht aus § 94 selbst, sondern aus § 92 Abs. 1. Der Kostenbeitrag selbst wird aus dem **Einkommen** ermittelt. Die Heranziehung aus Vermögen regelt § 92 Abs. 1a.

1 Nach BVerwG FEVS 55, 316 zu den ersparten Aufwendungen.
2 Nach BVerwG FEVS 49, 385 zum Kindergeld.
3 So die Begründung, BR-Drs. 648/05.
4 BVerwG 19.8.2010 – 5 C 10.09.

Die Vorschrift regelt darüber hinaus die **Rangfolge** der Kostenbeitragspflichtigen (Abs. 1 S. 3 und 4). Die Rangfolge orientiert sich an der Rangordnung bürgerlichrechtlicher Unterhaltspflichten. Unglücklich erscheint dabei, dass das erziehungsbedürftige Kind bei HzE seinen erziehungsunfähigen bzw. -unwilligen und oft auch finanziell nicht leistungsfähigen Eltern vorgeht. Dies bedeutet, dass **„Kinder für ihre Eltern haften"** (zur Heranziehung → § 92 Rn. 9). 3

An zweiter Stelle stehen **Ehegatten** und **Lebenspartner** (zum Begriff → § 92 Rn. 2). **Eheähnliche Gemeinschaften** (iSd § 20 SGB XII) sind keine Lebenspartnerschaften; bei vollstationären Hilfen dürfte es bereits am Merkmal der häuslichen Gemeinschaft fehlen. Eine Leistung kann daher nicht unter Hinweis auf das Einkommen eines eheähnlichen Partners versagt werden. Dies ergibt sich aus dem Gebot der erweiterten Hilfe (§ 91 Abs. 5) und aus der Nachrangregelung des § 10 Abs. 2, wonach nur Unterhaltspflichtige für eine Heranziehung in Betracht kommen. 4

An dritter Stelle stehen die **Eltern** des Betroffenen. Eltern sind die Mutter gem. § 1591 BGB und der Vater gem. § 1592 BGB. Neue Ehe- oder Lebenspartner eines Elternteils können dagegen nicht herangezogen werden. Dem leiblichen Elternteil können jedoch Teile des Einkommens nach den unterhaltsrechtlichen Vorschriften zugerechnet werden.[5] Da sich aus § 97a aber eine Auskunftspflicht des neuen Partners nicht ableiten lässt (→ § 97a Rn. 14), dürfte es in der Praxis schwer sein, diese Teile des Einkommens heranzuziehen. 5

3 Tatsächliche Aufwendungen (Abs. 1 S. 2)

Aus Abs. 1 S. 2 sowie § 5 Abs. 4 VO zu Abs. 5 ergibt sich eine erste **Schranke** für den zu ermittelnden Kostenbeitrag: Er beschränkt sich der Höhe nach auf die **tatsächlichen** Aufwendungen. Wessen Aufwendungen damit gemeint sind, bleibt unklar. Aus Sicht des JA bildet er die dort anfallenden unmittelbaren Kosten für die Leistung ab.[6] Dies ergibt sich bereits aus einem Umkehrschluss zu § 91 Abs. 4. Da die Vorschrift des § 94 jedoch den Umfang der Heranziehung regelt, kommt ebenso der Begriff der „ersparten Aufwendungen" iSd § 94 Abs. 2 aF in Betracht. Das JA wird dann die Grundsätze der Rspr. des BVerwG (→ Rn. 1) zum früheren § 94 Abs. 2 beachten müssen. Um Rechtssicherheit über die Höhe des Kostenbeitrags zu erlangen, liegt es nahe, dass das JA im Rahmen seines Auskunftsrechts nach § 97 a Abs. 1 bereits Angaben von den Kostenbeitragspflichtigen einholt, inwieweit diese Aufwendungen für ihr Kind, den Ehegatten oder den Lebenspartner hatten. 6

4 Weitere Unterhaltspflichten (Abs. 2)

Weiter beschränkt wird der Umfang der Heranziehung durch Abs. 2. Danach sind bei der Heranziehung die mit den untergebrachten jungen Menschen gleichrangig Unterhaltsberechtigten angemessen zu berücksichtigen. Der Begriff der Angemessenheit ist – ebenso wie in Abs. 1 – ein unbestimmter Rechtsbegriff und daher verwaltungsgerichtlich in seiner Auslegung voll nachprüfbar. Ermessen oder Beurteilungsspielraum besteht nicht. Eine Auslegungshilfe ergibt sich aber aus §§ 2, 4 VO zu Abs. 5. Danach sind weitere gleichrangige Unterhaltspflichten in der Weise zu berücksichtigen, dass in den Einkommenszuordnungen zu den Gruppen 2 bis 6[7] der Tabelle um zwei Einkommensstufen zurückzugehen ist, wobei dies bei der Einkommensstufe 2 bereits nicht möglich ist. Hierbei handelt es sich offensichtlich um ein redaktionelles Versehen. Die 7

5 So BGH FamRZ 2001, 1065.
6 Vgl. Mrozynski SGB VIII § 94 Rn. 5; Schindler in FK-SGB VIII § 94 Rn. 14; Loos in Wiesner § 94 Rn. 6.
7 Vor KJVVG: 2 bis 7.

Unterscheidung müsste vielmehr so lauten, dass bei den Einkommensgruppen 3 bis 6[8] um zwei Stufen niedriger zuzuordnen ist, bei allen anderen Einkommensgruppen bis zur Stufe 17 um eine Stufe. Bei darüber liegenden Einkommen erfolgt keine weitere Berücksichtigung. Weiterhin gilt es zu beachten, dass eine Schmälerung von Unterhaltsansprüchen vorrangig Unterhaltsberechtigter zwingend zu vermeiden ist. Hier wird deutlich, welche Bedeutung bürgerlich-rechtliche Vorschriften trotz Wegfalls des Übergangs von Unterhaltsansprüchen nach wie vor haben. Abschließend muss der unterhaltsrechtliche Selbstbehalt des Pflichtigen gewahrt bleiben.[9]

8 Vorrangig Berechtigte dürften nur bei Gewährung von Leistungen an junge Volljährige (nach § 41 oder nach § 13 Abs. 3) eine Rolle spielen. Keine Bedeutung hat die Vorschrift im Hinblick auf Leistungsberechtigte nach § 19 oder nach §§ 27 f. für eine Schwangere oder minderjährige Mutter, da hier bereits § 92 Abs. 4 S. 2 einer Inanspruchnahme entgegensteht.

9 Nicht nachvollziehbar ist die weiter gehende Regelung des § 4 Abs. 2 VO. Danach muss eine **besondere Härte** (→ § 92 Rn. 28 f.) bereits bei der Berechnung des Kostenbeitrags berücksichtigt werden. Von der abweichenden Regelung für eine besondere Härte macht der Gesetzgeber regelmäßig dann Gebrauch, wenn nicht vorhersehbare atypische Lebensumstände bei der Anwendung allgemein gültiger Regeln zu einem ungerechten Ergebnis im Einzelfall führen würden. Dies kann aber nur dann festgestellt werden, wenn das Ergebnis der allgemein gültigen Regelungen feststeht und nicht schon bei dessen Ermittlung. Mit Änderung des § 92 Abs. 4 hätte die Regelung entfallen können. Die Prüfung, ob und inwieweit mit der Festsetzung eines Kostenbeitrags bereits eine besondere Härte gegeben ist, hat **von Amts wegen** zu erfolgen. Die Nichtberücksichtigung der besonderen Härtefallprüfung führt zur Rechtswidrigkeit des Bescheids (→ § 92 Rn. 31).

5 Kindergeld und Abzweigung (Abs. 3)

10 Nachdem das BVerwG (→ Rn. 1) die Praxis der JA, das Kindergeld als zweckidentische Leistung heranzuziehen, für rechtswidrig erklärt hatte, ermöglicht Abs. 3 nunmehr den JA, dennoch auf das Kindergeld zugreifen zu können. Da bei stationärer Unterbringung auch der Lebensunterhalt des Kindes sichergestellt wird (§ 39), ist es gerechtfertigt, Eltern mit einem **Kostenbeitrag in Höhe des Kindergeldes** zu belasten, sofern sie Kindergeld beziehen.[10] Erhalten Pflegeeltern iSd § 33 das Kindergeld, scheidet eine Inanspruchnahme aus. Mit dem KJVVG ist die Zuordnung des Kindergeldes zum Einkommen entfallen, der Kostenbeitrag hieraus wird gesondert erhoben. Des Weiteren stellt Abs. 3 klar, dass Kindergeld auch im Weg der **Erstattung nach § 74 Abs. 2 EStG** (Abdruck bei § 39) durch das JA geltend gemacht werden kann. Dies setzt voraus, dass der Kostenbeitrag iHd Kindergeldes in einem Kostenbeitragsbescheid konkretisiert und festgesetzt ist.[11] Bestandskraft des Bescheides wird hingegen nicht verlangt. Zur Anwendung des § 92 Abs. 5 SGB VIII beim Mindestkostenbeitrag siehe (→ § 92 Rn. 25). Der Begriff der Leistung im Kostenbeitragsrecht ist ein von § 2 abweichender[12] und umfasst auch die Inobhutnahme als andere Aufgabe iSd § 2 Abs. 3, so dass auch hierfür das Kindergeld als Mindestkostenbeitrag gefordert werden kann.[13] Durch die mit dem **KJSG** erfolgte Einführung des Satzes 3 stellt der Gesetzgeber klar, dass hiervon auch ein Kindergeldanspruch auf Grundlage des BKGG umfasst ist. Ein solcher kann im Falle der Voraussetzungen des Satzes 2 auf Grundlage

8 Vor KJVVG: 3 bis 7.
9 BVerwG 19.8.2010 – 5 C 10.09; OVG LSA 30.1.2014 – 4 L 30/13.
10 Ebenso: Krome in jurisPK-SGB VIII § 94 Rn. 16.1.
11 BFH 28.4.2010 – III R 44/08.
12 AA Stähr in Hauck/Noftz SGB VIII K § 94 Rn. 12.
13 BVerwG 21.10.2015 – 5 C 21.14.

des § 48 SGB I abgezweigt werden. Die Regelung des Satzes 4 wurde erforderlich, nachdem mit dem KJVVG das Kindergeld nicht mehr dem Einkommen zugerechnet werden konnte und es dem untergebrachten jungen Menschen verblieben ist, sofern er dies selbst bezogen hat. Dem Wortlaut der Regelung kann nicht entnommen werden, dass Abs. 4 auch das Kindergeld eines (zB nach § 19) mituntergebrachten Kindes umfasst. Mangels Ermächtigungsgrundlage verbleibt dieses Kindergeld beim gemeinsam untergebrachten Elternteil. Bezieht hingegen der nicht mituntergebrachte Elternteil das Kindergeld, ist der Anwendungsbereich des Satzes 1 eröffnet. Bedauerlicherweise hat der Gesetzgeber diese Konstellationen wiederholt nicht richtig geregelt.

6 Berücksichtigung von Umgangskontakten und Betreuungsleistungen (Abs. 4)

Mit Abs. 4 trägt der Gesetzgeber der Entwicklung Rechnung, dass auch bei teilstatio- 11
nären und stationären Angeboten der Jugendhilfe eine zunehmende Flexibilisierung erfolgt, mit der eine stärkere Anbindung der Eltern erreicht wird (Wochengruppen oder familienzentrierte Gruppen). In diesen Gruppen verbringen die Kinder/Jugendlichen einen nicht unerheblichen Teil ihrer Zeit mit den Eltern bzw. im Elternhaus selbst. Reguläre Umgangskontakte an Wochenenden werden hiervon nicht erfasst.[14] Dem musste das Gesetz Rechnung tragen, indem sowohl der aus der Tabelle zu ermittelnde Kostenbeitrag als auch der Mindestkostenbeitrag aus Kindergeld[15] reduziert wird; dies hat von Amts wegen zu geschehen. Es empfiehlt sich, dabei die entsprechenden Leistungsvereinbarungen nach § 78b zugrunde zu legen. Dort sollten die Öffnungstage der einzelnen stationären Angebote ausgewiesen sein. Die bei den Eltern oder einem Elternteil verbrachten Tage können dividiert durch 365 einen nachvollziehbaren und transparenten Quotienten bilden, der den Tabellenbetrag aus der VO angemessen mindert.

7 Der pauschalierte Kostenbeitrag nach der VO (Abs. 5 iVm VO)

7.1 Ermittlung des Kostenbeitrages

Eltern, Ehegatten oder Lebenspartner werden nach der in der Anlage zur VO ausge- 12
wiesenen Tabelle herangezogen. Dieser sind die Düsseldorfer Tabelle zum Unterhaltsrecht, aber auch die Pfändungstabellen zu § 850c ZPO Pate gestanden. Die Kostenbeitragspflicht nach der Tabelle setzt mit einem Betrag ein, der unter Berücksichtigung des pauschalen Abzuges nach § 93 Abs. 3 Satz 3 sicherstellt, dass der unterhaltsrechtliche Selbstbehalt gewahrt bleibt.[16] In dieser Tabelle sind unterschiedliche Einkommensgruppen unterschiedlichen Beitragsstufen zugeordnet. Die ersten drei Beitragsstufen gelten für vollstationär untergebrachte junge Menschen, die Beitragsstufe 4 für die Inanspruchnahme teilstationärer Angebote. Zumindest in den Beitragsstufen 1 bis 3 ist in den dort ausgewiesenen Beträgen bis zum Inkrafttreten der Neuregelung zum 4.12.2013 das Kindergeld mit eingeflossen. Das Einkommen ist nach § 93 Abs. 1 bis 4 zu ermitteln. Jede kostenbeitragspflichtige Person ist gesondert heranzuziehen, § 92 Abs. 2.

7.2 Die Beitragsstufen der vollstationären Leistungen

Für die erste vollstationär untergebrachte Person wird der Kostenbeitrag aus der Bei- 13
tragsstufe 1, für die zweite aus der Beitragsstufe 2, die dritte aus der Beitragsstufe 3 entnommen; die vierte wird nur noch in Höhe des auf das Kind entfallenden Kinder-

14 VG Augsburg 26.2.2008 – Au 3 K 07.730; aA VG München 25.7.2012 – M 18 K 10.6260.
15 Vgl. BVerwG 26.6.2018 – 5 C 3/17.
16 Ebenso: Loos in Wiesner § 94 Rn. 10.

geldes herangezogen. Die Beträge der einzelnen Beitragsstufen unterscheiden sich dabei der Höhe nach. Dies erscheint dann problematisch, wenn sich beispielsweise für zwei Kinder einer Familie unterschiedliche Zuständigkeiten ergeben. Dies ist bereits dann gegeben, wenn ein Kind in einer Pflegefamilie außerhalb des JA-Bereichs und ein weiteres Kind in einer Einrichtung nach § 34 untergebracht ist. Unabhängig von der Frage des Kindergeldbezugs der Pflegeeltern wechselt nach § 86 Abs. 6 dabei nach zwei Jahren die Zuständigkeit für das in der Pflegefamilie untergebrachte Kind in den Zuständigkeitsbereich des JA am Ort der Pflegefamilie. Hier werden die JA zwingend miteinander zu kommunizieren haben. Eine Entlastung erfährt die Verwaltung hierdurch nicht. Hier wäre es angezeigt gewesen, den jeweiligen Kostenbeitrag als Summe auszuweisen und durch die Anzahl der (untergebrachten) Kinder zu teilen.

7.3 Die Beitragsstufen bei teilstationären Leistungen

14 Die Beitragsstufe bei teilstationären Leistungen ist unabhängig von der Anzahl der in diesen Angeboten untergebrachten oder weiteren haushaltsangehörigen Kindern. Eine Abstufung nach § 4 der KostenbeitragsVO erfolgt nicht, weil teilstationär betreute junge Menschen nicht untergebracht iSd Vorschrift sind. Der Kostenbeitrag bestimmt sich der Höhe nach durch das nach § 93 ermittelte Einkommen. Die Differenzierung nach Stundenumfängen hat der Gesetzgeber mit dem KJVVG aufgegeben, da zahlreiche Jugendämter Angebote, deren zeitlicher Umfang unter 5 Stunden täglich liegt, nicht mehr als teilstationäre Leistung sehen, vgl. Anlage 2.1 zum Rahmenvertrag nach §§ 78 f. BW.

7.4 Berücksichtigung weiterer Unterhaltspflichten

15 Unterhaltsansprüchen gleichrangig Berechtigter soll in der Tabelle dadurch Rechnung getragen werden, dass in den Einkommensstufen 3 bis 6 zwei Schritte je bestehender Unterhaltspflicht und in den anderen Einkommensgruppen jeweils um eine Stufe zurückgegangen wird. Gleichrangig berechtigt sind weitere Minderjährige, § 1609 BGB und sog. privilegierte volljährige Kinder, § 1603 Abs. 2 BGB, soweit ein Kostenbeitrag für die Unterbringung eines Minderjährigen verlangt wird. Das sind minderjährige Geschwister, auch Halbgeschwister, die ein Kostenbeitragspflichtiger unterhält sowie volljährige haushaltsangehörige Geschwister bis zum 21. Lebensjahr, soweit ihr Einkommen ihren Bedarf nach Stufe 4 der Düsseldorfer Tabelle nicht übersteigt. Gegenüber jungen Volljährigen sind vorrangig berechtigt minderjährige Geschwister und Halbgeschwister, der Ehepartner des Kostenbeitragspflichtigen, soweit sein Einkommen den Mindestbedarf nach der Düsseldorfer Tabelle nicht übersteigt, sowie die privilegierten jungen Volljährigen. Gleichrangig berechtigt und damit zu berücksichtigen sind volljährige Geschwister, die haushaltsangehörig sind und eine Schul- oder Berufsausbildung absolvieren sowie Geschwister außerhalb des Haushaltes in Ausbildung, soweit deren Einkommen den Mindestbedarf nach der Düsseldorfer Tabelle nicht übersteigt. Maßgebend für den Umfang der Abstufung ist das Ergebnis der Einkommensermittlung aus § 93, weil sie auf eine Minderung des Kostenbeitrages abzielt und das Einkommen nicht beeinträchtigt, § 1 Abs. 1 a) VO zu § 94 Abs. 5.[17] In der Rechtsprechung[18] wird verkannt, dass die Regelung darauf abzielt, den Kostenbeitrag zu mindern. Stattdessen wird in der Rechtsprechung eine Einkommensreduzierung fingiert, die der Gesetzgeber so nicht vorgesehen hat. Das Einkommen ist nach Anwendung des § 93 unabänderlich. Untergebrachte junge Menschen sind die, die außerhalb des Elternhauses Leistungen erhalten; bei teilstationären Leistungen erfolgt keine Minderung (→ Rn. 14). Hat ein kostenbeitragspflichtiger Elternteil eines untergebrachten

17 Ebenso Stähr in Hauck/Noftz § 94 Rn. 25.
18 Zuletzt OVG NRW 1.12.2014 – 12 A 2376/12.

Kindes ein weiteres gleich- oder gar vorrangiges unterhaltsrechtlich bedürftiges Kind und ergibt sich aus der Berechnung nach § 93 ein Einkommen der Einkommensgruppe 6, so wird aufgrund des Bestehens dieser Unterhaltspflicht nur ein Kostenbeitrag der Einkommensstufe 4 verlangt. In diesem Beispiel führt dies zur Minderung des Kostenbeitrages um 79,– Euro. Ob dies ausreichend ist, die tatsächlichen Pflichten angemessen zu berücksichtigen, ist im Einzelfall zu prüfen, da § 4 Abs. 2 VO einen **absoluten Schutz** vorrangig Berechtigter eingeräumt. Dies kann nur bei Hilfe für junge Volljährige nach § 41 oder bei einer Unterbringung eines Volljährigen im Rahmen des § 13 Abs. 3 eine Rolle spielen (→ Rn. 8), sofern weitere minderjährige Kinder vorhanden sind. Geltend gemachte Barunterhaltspflichten sind zu belegen, § 4 Abs. 2 Satz 3 VO.

§ 4 Abs. 2 VO regelt den Fall, dass weitere gleichrangig Berechtigte vorhanden sind 16
und durch die Festsetzung des Kostenbeitrags deren Unterhaltsansprüche geschmälert werden könnten. Einer möglichen Schmälerung steht die mit dem KiföG geänderte Vorschrift des § 92 Abs. 4 entgegen. Somit braucht in diesen Fällen nicht mehr auf die besondere Härte nach § 92 Abs. 5 S. 1 zurückgegriffen werden, die zwingend die Minderung des Kostenbeitrages zur Folge gehabt hätte (→ § 92 Rn. 25 f.). Die Regelung des § 4 Abs. 2 Satz 2 wurde dem nicht angepasst. Ob und in welchem Umfang Unterhaltsansprüche gemindert werden, bedarf weiter der unterhaltsrechtlichen Betrachtung. Da die Vorschrift dem Schutz des Kostenbeitragspflichtigen dient, kann eine Heranziehung **fiktiver** Einkünfte bei dieser Berechnung nicht erfolgen.

Bei dieser Betrachtung kann der Unterhaltschuldner für sich zumindest den jeweils 17
geltenden **Selbstbehalt**[19] beanspruchen. Von seinem anzurechnenden Einkommen werden die entsprechenden Tabellenbeträge eines oder mehrerer gleichrangiger Kinder nach der Düsseldorfer Tabelle ermittelt und abgezogen. Unterschreitet dieses Ergebnis den Selbstbehalt des Schuldners, ist ein **Mangelfall** gegeben. Verbleibt zumindest der Selbstbehalt, liegt eine Minderung der Unterhaltsansprüche schutzwürdiger Angehöriger nur vor, wenn der Tabellenbetrag der Heranziehungstabelle den der Düsseldorfer Tabelle übersteigt und dadurch der Selbstbehalt des Schuldners nicht mehr gewahrt ist. Um diese Differenz wäre der Kostenbeitrag zu mindern.[20] Ist ein Mangelfall gegeben, müssen die auf die einzelnen Unterhaltsberechtigten entfallenden Beträge ermittelt werden. Seit 1.1.2008 werden lediglich die auf die Kinder entfallenden Beträge nach § 1612 a Abs. 1 BGB addiert. Diesen Summen wird das den Selbstbehalt des Schuldners übersteigende Einkommen gegenübergestellt und die Erfüllungsquote ermittelt. Mit dieser Quote werden die angesetzten Unterhaltsbeträge multipliziert, so dass sich der tatsächlich für die Kinder in Betracht kommende Unterhalt ergibt.

In der Praxis bedeutet dies, dass aus dem unterhaltsrechtlich ermittelten Einkommen 18
der Selbstbehalt des Unterhaltschuldners sowie die ermittelnden Ansprüche der im Haushalt verbliebenen, gleichrangigen Angehörigen abzuziehen sind. Ist der nunmehr verbleibende Betrag höher als der sich aus der Kostenbeitragstabelle ergebende, sind die Unterhaltsansprüche nicht negativ tangiert. Ist dieser Betrag jedoch geringer, ist der Kostenbeitrag entsprechend abzusenken.

Zu beachten ist ferner, dass das **Kindergeld** bei der Ermittlung des unterhaltsrechtlich 19
zu errechnenden Einkommens außer Betracht bleibt. Damit ist sichergestellt, dass durch die Heranziehung zumindest in Höhe des Kindergeldes Unterhaltsansprüche nicht geschmälert werden.

Nach Wegfall der gesamtschuldnerischen Haftung hat diese Berechnung für **jede** Per- 20
son mit Einkommen zu erfolgen.

19 Ebenso BVerwG 19.8.2010 – 5 C 10.09.
20 Ebenso BVerwG 19.8.2010 – 5 C 10.09.

An dieser Stelle wirkt sich die Unterhaltsrechtsreform zum 1.1.2008 dahin gehend aus, als dass nunmehr der gesamte aus der Tabelle der VO zu § 94 Abs. 5 ermittelte Betrag gefordert werden kann. Sowohl der unterhaltsrechtliche Selbstbehalt als auch der Pfändungsfreibetrag bleiben im Regelfall gewahrt. Der Gesetzgeber hat mit dem KiföG die Regelung des § 94 Abs. 5 Satz 2 entfallen lassen, weil bereits aus der bestehenden Tabelle eine Erhöhung des Einkommens zu einem höheren Kostenbeitrag führen kann. Ein Erfordernis zur Fortschreibung besteht aber spätestens bei Änderungen des unterhaltsrechtlichen Selbstbehaltes bzw. der Pfändungsfreigrenzen nach der ZPO, die Tabelle zu § 94 Abs. 5 wurde zum 4.12.2013 angepasst.[21] Anstelle der unterhaltsrechtlichen Problematik tritt bei den unteren Einkommensgruppen nun wohl eine sozialrechtliche. Da ohne Berücksichtigung der Bedarfe einer in Haushaltsgemeinschaft lebenden Ehefrau ein höherer Kostenbeitrag verlangt werden kann, steht bei zusammenlebenden Eltern weniger Einkommen zur Verfügung. Bei niedrigen Einkommensgruppen besteht damit die Gefahr der Bedürftigkeit iSd SGB II bzw. XII. Würde diese durch die Heranziehung tatsächlich gegeben sein, wäre der Kostenbeitrag im Rahmen der Härtefallprüfung entsprechend zu senken.[22] Anstelle des unterhaltsrechtlichen Vergleichs[23] ist der sozialrechtliche getreten.[24]

21 Hat ein familienferner Elternteil (→ § 92 Rn. 6) vor Aufnahme in eine kostenbeitragspflichtige Leistung bereits **Barunterhalt** geleistet, ist dieser Einkommen des jungen Menschen. Für die darauf folgende Zeit ist der Kostenbeitrag auf die Unterhaltsforderung anzurechnen (§ 10 Abs. 2 S. 2). Der Unterhaltsanspruch gilt in Höhe des Kostenbeitrags als erfüllt. Wie mit darüber hinaus gehenden Unterhaltsbeträgen zu verfahren ist, ist strittig. Teilweise wird die Ansicht vertreten, dies seien zweckbestimmte Einkünfte.[25] Dieser Ansicht steht die Entscheidung des OVG Lüneburg[26] entgegen, die Einkünften, die zum Erhalt einer nur vorübergehend nicht genutzten elterlichen Unterkunft dienen, Zweckidentität abspricht. Dies gilt auch für die Anteile von Halbwaisenbezügen. Insoweit empfiehlt es sich, dieses Einkommen als allgemeines Einkommen des Kindes zu betrachten und über den gewährten Pauschalabzug den Wohnungsanteil abzudecken, sofern die absehbare Rückkehr in den Haushalt eines Elternteils Ziel der Hilfegewährung ist.

7.5 Einkommen über der Tabelle

22 Liegt das nach § 93 Abs. 1–4 ermittelte (bereinigte) Einkommen über den in der Tabelle ausgewiesenen Beträgen, hat der Kostenbeitragspflichtige hiervon 25 %, sofern er für die Kosten einer vollstationären Unterbringung einer Person herangezogen wird, für eine weitere 15 % und für die dritte 10 % seines maßgeblichen Einkommens zu leisten. Ab der vierten Person erfolgt auch bei außerhalb der Tabelle liegenden Einkünften nur eine Heranziehung in Höhe des jeweils auf das Kind entfallenden Kindergeldes, was sich mit Inkrafttreten des KJVVG bereits aus § 94 Abs. 3 S. 1 ergibt. Bei teilstationären Angeboten werden 5 % des Einkommens je teilstationär untergebrachten Kind oder Jugendlichen gefordert. Weiter fraglich ist hierbei die Begrenzung der Höhe nach auf die tatsächlichen Aufwendungen. Zur Fragestellung, ob es sich hierbei um die tatsächlichen Aufwendungen der Kostenbeitragspflichtigen für das Kind oder die für die Leistungsgewährung des JA handelt, → Rn. 6.

21 Abdruck s. oben; vgl. JAmt 09/13, 434 f.
22 Vgl. JAmt 2010, 291 f.
23 Vgl. Rn. 20 der 6. Auflage.
24 Vgl. OVG NRW 20.7.2011 – 12 A 805/11.
25 So Schindler in FK-SGB VIII § 93 Rn. 13.
26 JAmt 2003, 212.

7.6 Heranziehung der Eltern junger Volljähriger

Bereits die Formulierung der VO erscheint unglücklich. Sie lässt den Eindruck entstehen, dass eine Heranziehung nur bei Leistungen auf der Grundlage des § 41 erfolgt und Leistungen nach § 13 Abs. 3 ausgenommen seien. Dies würde § 91 Abs. 1 Nr. 1 widersprechen. Danach sind bei Leistungen für junge Volljährige nach § 41 sowie bei Leistungen an Volljährige nach § 13 Abs. 3 die Eltern zu den Kosten heranzuziehen, sofern der junge Volljährige oder sein Ehegatte oder Lebenspartner diese nicht in vollem Umfang tragen kann. Die Heranziehung ist jedoch maximal auf einen Kostenbeitrag begrenzt, der sich aus der Einkommensstufe 13, ergibt. Ergibt die Zuordnung des Kostenbeitrages nach Berücksichtigung weiterer Unterhaltspflichten (→ Rn. 15) einer der Einkommensgruppen 2 bis 4, erfolgt eine weitere Kürzung des Kostenbeitrages um eine Stufe. 23

7.7 Einsatz des Kindergeldes

Die VO konkretisiert die Regelung des § 94 Abs. 3. Demnach hat ein Elternteil einen Kostenbeitrag in Höhe des Kindergeldes zu leisten, sofern eine vollstationäre Leistung erbracht wird und er das Kindergeld für den jungen Menschen bezieht. Unter dem Begriff des **Beziehens** ist dabei die tatsächliche Überweisung der Kindergeldkasse auf das Konto eines Elternteils zu verstehen. Wird ein gemeinsames Konto geführt, ist Bezieher der im Bescheid der Kindergeldkasse genannte Berechtigte. Dies bedarf einer genauen Befragung im Rahmen der Auskunftserteilung nach § 97a. § 7 Nr. 3 VO zu § 94 Abs. 5 verweist auf den bereits in § 94 Abs. 1 S. 3 und 4 verankerten Nachrang. Dieser kann nur als tatsächlicher Nachrang gesehen werden, dh nach Heranziehung des jungen Menschen bzw. eines möglichen Ehegatten und Lebenspartners verbleibt ein Aufwand beim Jugendhilfeträger. Ist dieser verbleibende Aufwand sodann durch Teile des Kindergeldes gedeckt, kann die Heranziehung nur zu diesem Teil erfolgen (→ Rn. 6). 24

8 Kostenbeitrag des jungen Menschen (Abs. 6)

Die Vorschrift wurde mit dem **KJSG** grundlegend verändert. Zum einen, weil der Rückgriff auf das Einkommen des Vorjahres, der mit dem KJVVG eröffnet wurde, zwar systemwidrig, aber zwingend anzuwenden[27] ist. Der Kostenbeitrag des jungen, im Rahmen einer Leistung nach § 91 Abs. 1 untergebrachten, Menschen rechtfertigt sich zuvörderst daraus, dass im Rahmen dieser Leistungen sein gegenwärtiger Unterhalt umfassend gedeckt wird, § 39 Abs. 1. Zum anderen, weil insbesondere die Pflegeelternlobby höhere Freibeträge medienwirksam lanciert hat und der Gesetzgeber diesen Forderungen nachgekommen ist, um den Anreiz für junge Menschen zu erhöhen, eigenes Einkommen zu erzielen. 25

Damit verbleiben dem jungen Menschen ab dem auf die Verkündung des Gesetzes folgenden Tag nunmehr 75 % seines Einkommens. Weil mit Neufassung der Vorschrift aber der Verweis auf § 93 Abs. 2 entfallen ist, bleibt erst einmal nicht geregelt und damit wiederum der Rechtsprechung überlassen, ob für die Berechnung des Freibetrages das Brutto- oder Nettoeinkommen maßgeblich ist. 26

Der neu eingeführte Satz 2 stellt das Einkommen lediglich in Bezug zur Leistungserbringung. Da keine weitere Definition des Begriffes erfolgt ist, empfiehlt es sich auf die zur Ermittlung des Kostenbeitrages zulässige[28] Zuflusstheorie abzustellen, das heißt das Einkommen in dem Monat zu berücksichtigen, indem es für den jungen Menschen verfügbar ist, unabhängig davon, wann es erarbeitet wurde. 27

27 BVerwG 11.12.2020 – 5 C 9/19.
28 BVerwG 11.10.2012 – 5 C 22/11.

28 Mit Satz 3 sichert der Gesetzgeber den Anreiz dahin gehend ab, als dass er Einkommen von der Heranziehung vollständig freistellt (Nr. 2 und 3) bzw. einen Sockelfreibetrag vorsieht (Nr. 1 und 4). Er bedient sich dabei einer wenig eindeutigen Sprache, weshalb es der näheren Erläuterung bedarf. **Schülerjobs** sind dabei Tätigkeiten, die ein junger Mensch neben der Erfüllung seiner allgemeinen Schulpflicht und in Abgrenzung zu Nr. 2 außerhalb der Ferien nachgeht. Klassisches Beispiel hierfür ist das Austragen von Zeitschriften und Prospekten. **Praktika** hingegen dienen der Berufsorientierung. Sie sind überwiegend unentgeltlich, weshalb sich die Frage eines Freibetrages nicht stellt. Sind sie abweichend hiervon entgeltlich und außerhalb der Regelungen zum Mindestlohn oder zum § 17 BBiG liegend, verbleiben dem jungen Menschen hiervon 75 %, mindestens jedoch die genannten 150 EUR.

29 **Ferienjobs** hingegen sind Tätigkeiten, die außerhalb der Schulzeit erbracht werden. Junge Menschen in Ausbildung oder Beruf haben Anspruch auf Urlaub nach dem JArbschG (Minderjährige) bzw. BUrlG und damit keine Ferien, auch wenn dieser Urlaub nur in den Ferien der Berufsschule genommen werden kann. Damit kommt die Regelung der Nr. 2 nur bei den jungen Menschen zur Anwendung, die eine Schule besuchen.

30 **Ehrenamtliche Tätigkeiten** verfolgen idR gemeinnützige Zwecke iSd § 52 AO. Weiteres Merkmal ist, dass hierfür Aufwandsentschädigungen gewährt werden und die Tätigkeit zeitlich deutlich unter dem einer/s Vollzeitbeschäftigten bleibt. Diese Tätigkeiten wurden im Rahmen des KJVVG bereits privilegiert, im Umfang aber nicht näher bestimmt. Dem ist der Gesetzgeber im KJSG mit grundsätzlichem Wegfall der Kostenbeitragspflicht nachgekommen.

31 **Auszubildenden** verbleibt nach Nr. 4 mit Inkrafttreten des KJSG ein Sockelbetrag von 150 EUR. Diese Regelung ist in Anbetracht des § 15 BBiG nahezu schon überflüssig und damit weiteres Indiz für Aktionismus zur Schaffung von Anreizen. Durch die zum 1.1.2020 in Kraft getretene Änderung des BBiG hat das Arbeitsministerium eine Mindestvergütung für Auszubildende (die ab 2020 in ein Ausbildungsverhältnis eintreten) geschaffen, die dem Auszubildenden ein „Netto" von rd. 400 EUR sicherstellen soll. Hiervon verbleiben nunmehr 75 % und damit rd. 300 EUR beim jungen Menschen, der infolge des Brutto-Prinzips nach § 91 Abs. 5 daneben noch Ansprüche auf Unterkunft und Verpflegung, einen mtl. Barbetrag und Bekleidungsergänzung sowie weitere einmalige Leistungen haben. Mithin verfügt ein junger Mensch, der in einer Einrichtung untergebracht ist über frei verfügbare Mittel, mit denen zB ein Leistungsbezieher nach dem SGB II seinen gesamten Lebensunterhalt ohne Unterkunftskosten bestreiten muss. Auch in Pflegefamilien ist der gesamte Unterhalt des jungen Menschen bereits gedeckt, § 39. Mit dem Leitziel der sozialen Gerechtigkeit des § 1 SGB I ist dieser Anreiz schwer vereinbar. Inwieweit es der pädagogischen Arbeit gelingt, eine sinnvolle und zukunftsgerichtete Verwendung der nun verfügbaren Mittel zu gewährleisten, bleibt abzuwarten.

32 Rein formal erfährt die Verwaltung des Jugendamtes eine Mehrbelastung bereits dadurch, als dass durch die Formulierung „mindestens", begründen muss, weshalb sie einen bestimmten Betrag fordert. Dies bedeutet eine verkappte Härtefallprüfung, die eigentlich dem § 92 Abs. 5 vorbehalten ist. Finanzielle Härten dürften ein weiteres Abschmelzen des Kostenbeitrags hier nicht rechtfertigen, weil dem untergebrachten jungen Menschen im Vergleich zu auswärtig lebenden, ggf. aus BAB oder BaföG angewiesenen Auszubildenden und Studenten bereits über mehr frei verfügbare Mittel verfügen.

33 Mit dem KJSG werden den örtlichen Trägern zukünftig Einnahmen entfallen, für die das Gesetz selbst keinen Ausgleich vorsieht.

Dritter Abschnitt Überleitung von Ansprüchen

§ 95 Überleitung von Ansprüchen

(1) Hat eine der in § 92 Absatz 1 genannten Personen für die Zeit, für die Jugendhilfe gewährt wird, einen Anspruch gegen einen anderen, der weder Leistungsträger im Sinne des § 12 des Ersten Buches noch Kostenbeitragspflichtiger ist, so kann der Träger der öffentlichen Jugendhilfe durch schriftliche Anzeige an den anderen bewirken, dass dieser Anspruch bis zur Höhe seiner Aufwendungen auf ihn übergeht.

(2) [1]Der Übergang darf nur insoweit bewirkt werden, als bei rechtzeitiger Leistung des anderen entweder Jugendhilfe nicht gewährt worden oder ein Kostenbeitrag zu leisten wäre. [2]Der Übergang ist nicht dadurch ausgeschlossen, dass der Anspruch nicht übertragen, verpfändet oder gepfändet werden kann.

(3) Die schriftliche Anzeige bewirkt den Übergang des Anspruchs für die Zeit, für die die Hilfe ohne Unterbrechung gewährt wird; als Unterbrechung gilt ein Zeitraum von mehr als zwei Monaten.

(4) Widerspruch und Anfechtungsklage gegen den Verwaltungsakt, der den Übergang des Anspruchs bewirkt, haben keine aufschiebende Wirkung.

Gliederung – zugleich Prüfschema

1 Systematischer Zusammenhang

1 Die Beteiligung an den Kosten der Jugendhilfe geschieht in drei verschiedenen Varianten: (Erstens) im Anwendungsbereich des § 90 durch einen pauschalierten Kostenbeitrag, (zweitens) im Anwendungsbereich des § 91 durch individualisierten oder pauschalierten Kostenbeitrag oder (drittens) durch Überleitung eines Anspruchs nach § 95.[1] Die bis 30.9.2005 (KICK) mögliche Überleitung von Ansprüchen gegen Unterhaltspflichtige nach § 96 ist entfallen; seit 1.10.2005 werden die Unterhaltspflichtigen nur noch über den Kostenbeitrag nach §§ 91–94 herangezogen werden. Die Kostenbeteiligung ist somit Spiegelbild des Nachrangs der Jugendhilfe aus § 10 Abs. 2 – allerdings mit einem Systemfehler: Die **Großeltern** sind als Unterhaltspflichtige vorrangig leistungspflichtig nach § 10 Abs. 2, können aber nicht zu einem Kostenbeitrag herangezogen werden, da sie in § 92 nicht aufgeführt sind.[2] Ihre Heranziehung wäre zwar

1 Ebenso Schneider in jurisPK-SGB VIII Rn. 6.
2 Ebenso DIJuF JAmt 2001, 81; aA Mrozynski SGB VIII Rn. 5.

nach dem Wortlaut des § 95 möglich, widerspräche aber dem Sinn der Neuregelung, Unterhaltspflichtige nur noch über den Kostenbeitrag heranzuziehen. Daher können Großeltern als solche nicht mehr zu den Kosten der Jugendhilfe herangezogen werden (zur einzigen Ausnahme → § 92 Rn. 6). Auch der Unterhaltsanspruch gegen den geschiedenen Ehegatten oder früheren Lebenspartner fällt „zwischen die Stühle" von § 92 und § 95.[3]

2 Tatbestandsvoraussetzungen (Abs. 1)

2.1 Anspruch eines Kostenbeitragspflichtigen

2 Nur wenn eine der in **§ 92 Abs. 1** aufgeführten kostenbeitragspflichtigen Personen – Kinder, Jugendliche, junge Volljährige, Leistungsberechtigte nach § 19, Ehegatten und Lebenspartner der bisher genannten oder die Elternteile der jungen Menschen oder Leistungsberechtigten – einen Anspruch gegen einen Dritten hat, kann eine Überleitung in Betracht kommen. Es ist dabei gleichgültig, welche der in § 92 Abs. 1 genannten Personen den Anspruch hat.[4]

2.2 Zeitgleichheit

3 Es dürfen nur Ansprüche übergeleitet werden, die bei rechtzeitiger Leistung zeitgleich einzusetzen gewesen wären. Maßgebend hierfür ist der **Bewilligungszeitraum**, also der Zeitraum, für den die Leistung bestimmt ist, und nicht etwa der tatsächliche Zufluss der Hilfe. Hierauf ist zu achten, weil in der Praxis der Zeitpunkt des Erlasses des Bewilligungsbescheides (= seiner Bekanntgabe, § 39 SGB X), der Zeitraum, für den die Hilfe bewilligt wird, und der Zufluss der Hilfe regelmäßig auseinander fallen. Es können auch Ansprüche übergeleitet werden, die schon vor Leistung der Jugendhilfe fällig geworden waren, aber im Zeitpunkt der Überleitung noch nicht erfüllt sind.[5]

2.3 Hilfegewährung

4 Sind **zukünftige** Ansprüche zum Zeitpunkt des Erlasses einer Überleitungsanzeige bereits bestimmt oder bestimmbar, können sie übergeleitet werden, allerdings nur unter der **aufschiebenden Bedingung** (§ 32 Abs. 2 Nr. 2 SGB X), dass tatsächlich Jugendhilfe geleistet worden sein wird.[6] Dem Drittschuldner ist es nicht verwehrt, mit befreiender Wirkung an den ursprünglichen Gläubiger für eine Zeit zu zahlen, für die Jugendhilfe noch nicht geleistet worden ist.

5 Ein Anspruch kann auch **nach dem Tod** der Kostenbeitragspflichtigen aus § 92 Abs. 1 auf den Jugendhilfeträger übergeleitet werden. § 95 begrenzt die dem Jugendhilfeträger erteilte Ermächtigung nicht auf die Lebzeiten der Kostenbeitragspflichtigen.[7]

6 Eine Überleitung ist nur möglich, wenn Hilfe im **Anwendungsbereich des § 91** geleistet worden ist (also nicht in dem des § 90), weil kostenbeitragspflichtig nach § 92 nur sein kann, wenn eine Hilfe nach § 91 erbracht worden ist. Erst wenn die Hilfe **gewährt** worden ist, ist es möglich, Ansprüche überzuleiten.[8] Für die Hilfegewährung ist aber nicht Voraussetzung, dass bereits ein schriftlicher Bewilligungsbescheid ergangen ist. Auch die Auszahlung der Hilfe kann ein (konkludenter) VA sein.[9] Auch die rein tatsächliche Auszahlung (ohne Regelungscharakter) genügt damit zur Annahme einer Hilfegewährung.

---

3 Zu diesem Mrozynski SGB VIII Rn. 4.
4 Ebenso Mrozynski SGB VIII Rn. 10.
5 So BVerwG 28.10.1999 – 5 C 28/98, FEVS 51, 164 zum früheren § 90 BSHG.
6 Ebenso Kirchhoff in Hauck/Noftz/Stähr Rn. 46.
7 So BVerwG 10.5.1990 – 5 C 63/88, FEVS 39, 442 zum früheren § 90 BSHG.
8 AA H. Schellhorn in SFMK Rn. 15.
9 Zu diesen Pattar in jurisPK-SGB X § 33 Rn. 77.

Für den Erlass einer Überleitungsanzeige (vgl. demgegenüber zum Kostenbeitrag → § 91 Rn. 14 u. zur Auskunftspflicht → § 97a Rn. 5) ist es **nicht** von Bedeutung, ob die Hilfe **zu Recht** erbracht worden ist. Hierauf bezogenen Einwendungen eines Drittschuldners ist keine Bedeutung beizumessen. Ausnahmsweise kann etwas anderes gelten, wenn durch eine Überleitung die Rechte des Drittschuldners in unzulässiger Weise verkürzt werden. Sinn und Zweck der Überleitung ist die Durchsetzung des Nachrangs der Jugendhilfe. Das Bedürfnis danach besteht im Allgemeinen schon, wenn die Hilfe als Jugendhilfe gewährt worden ist, unabhängig davon, ob zu Recht oder zu Unrecht.[10] Denn das in § 10 Abs. 1 festgelegte Nachrangprinzip ist eines der Grundprinzipien des Jugendhilferechts; seine Geltung gegenüber Drittverpflichteten bleibt auch dann unberührt, wenn der Jugendhilfeträger in anderer Hinsicht fehlerhaft Hilfe gewährt.[11] Diese Auffassung ist nicht unumstritten.[12] Nach der Gegenmeinung ist bei rechtswidriger Hilfegewährung eine Korrektur nur gegenüber dem Hilfeempfänger entsprechend § 45 SGB X möglich (näher → Anh. 5 Rn. 45). Diese Auffassung überzeugt nicht. Zu Recht geht das BVerwG davon aus, dass es bei der Prüfung der Rechtmäßigkeit der Überleitung grundsätzlich nicht darauf ankommt, ob die Hilfe rechtmäßig oder rechtswidrig gewährt worden ist. Allein maßgebend ist, dass der Nachrang hergestellt wird, der Jugendhilfeträger also so gestellt wird, wie er gestanden hätte, wenn die in § 92 genannten Personen die vorrangigen Leistungen rechtzeitig bezogen und eingesetzt hätten. Folgt man der Gegenmeinung, dann würde derjenige, der rechtmäßig Hilfe erhält, schlechter gestellt als derjenige, dem die Hilfe rechtswidrig gewährt wird.[13] Im Übrigen sprechen praktische Überlegungen gegen diese Auffassung: Um den Nachrang zügig durchzusetzen, ergeht die Überleitungsanzeige praktisch gleichzeitig mit dem ersten Bewilligungsbescheid (→ Rn. 3). Zu diesem Zeitpunkt geht zumindest der Jugendhilfeträger regelmäßig davon aus, die Hilfe rechtmäßig zu gewähren, sonst würde er den Bewilligungsbescheid nicht erlassen und die Hilfe nicht erbringen. Es ist die Regel, dass sich erst nach Monaten oder Jahren herausstellt, dass Leistungen zu Unrecht erbracht worden sind. Meist ist dies der Fall, wenn sich erweist, dass die in § 92 genannten Personen Einkommen oder Vermögen verschwiegen oder sonstige entscheidungserhebliche Tatsachen nicht oder falsch angegeben haben. Wenn nach Monaten oder Jahren feststeht, dass Jugendhilfe zu Unrecht erbracht worden ist, ist die Überleitungsanzeige längst bestandskräftig und möglicherweise geführte zivilrechtliche Verfahren sind abgeschlossen. Zwar ist es richtig, dass der Jugendhilfeträger gegen den Empfänger der Leistung Ansprüche nach den §§ 50, 45 SGB X haben könnte, es ist aber wenig sinnvoll, eine Überleitungsanzeige aufzuheben, die übergeleiteten Mittel an den Dritten herauszugeben und damit den zu erstattenden Betrag zu erhöhen: Der Drittschuldner kann auf diesem Weg nicht mehr geschützt werden, gegen ihn wurden die zivilrechtlichen Verfahren regelmäßig bereits geführt. Außerdem hätte eine Aufhebung der Überleitungsanzeige zur Folge, dass die in § 92 genannten Personen wieder Anspruchsinhaber würden, sie könnten ihren Anspruch, falls dieser noch nicht verjährt wäre, dann selbst durchsetzen, um ihren Schuldverpflichtungen gegenüber dem Jugendhilfeträger nachzukommen.[14] Im Übrigen könnte der Jugendhilfeträger diese Forderung des Leistungsempfängers und Kostenbeitragspflichtigen 7

10 So BVerwG 17.5.1973 – V C 108.72, FEVS 21, 321.
11 So BVerwG 4.6.1992 – 5 C 57/88, FEVS 43, 102.
12 Wie hier Kirchhoff in Hauck/Noftz/Stähr Rn. 32; Schneider in jurisPK-SGB VIII Rn. 18; H. Schellhorn in SFMK Rn. 16; Riehle in Krug/Riehle Erl. III.; Rechentin in Jung Rn. 7; ebenso zur Parallelvorschrift des § 93 SGB XII Armbruster in jurisPK-SGB XII § 93 Rn. 36–41; **aA** Busch in GK-SGB VIII Rn. 4a; Mrozynski SGB VIII Rn. 6; Schindler in FK-SGB VIII Rn. 6; vermittelnd zu § 93 SGB XII Wahrendorf in Grube/Wahrendorf § 93 SGB XII.
13 Ebenso zu § 93 SGB XII SG Freiburg 20.11.2008 – S 6 SO 2404/08.
14 Vgl. BVerwG 4.6.1992 – 5 C 57/88, FEVS 43, 102.

gegenüber dem anderen pfänden, wenn er über einen vollstreckbaren Titel verfügt. Danach spricht alles dafür, den Jugendhilfeträger immer so zu stellen, wie er gestanden hätte, wenn die in § 92 genannten Personen rechtzeitig über die Leistungen des Dritten verfügt hätten. Somit ist es für die Rechtmäßigkeit der Überleitungsanzeige unerheblich, ob die Hilfe rechtmäßig oder rechtswidrig gewährt worden ist (→ Rn. 13).

2.4 Anspruch gegen Dritten

8 **2.4.1 Art des Anspruchs.** Grundsätzlich kann **jeder** Anspruch dem Grunde nach übergeleitet werden. Er kann sich aus privatem oder öffentlichem Recht herleiten, aus einem Vertrag, einem Gesetz oder aus Gewohnheitsrecht ergeben.

Ausgenommen von der Überleitung sind allerdings bürgerlich-rechtliche gesetzliche **Unterhaltsansprüche**. Das lässt sich aus dem historischen Zusammenhang ableiten: Bis zum Inkrafttreten des KICK am 1.10.2005 regelte § 96 SGB VIII Einschränkungen der Überleitung von Unterhaltsansprüchen. Das KICK hob diese Vorschrift ausdrücklich mit dem Ziel auf, die Heranziehung Unterhaltspflichtiger ausschließlich nach öffentlichem Recht zu gestalten: Das bisherige Nebeneinander von privatem und öffentlichem Recht sollte aufgehoben werden.[15] Diese Intention des historischen Gesetzgebers wird zwar im Wortlaut des § 95 nicht deutlich, verlangt aber nach einer einschränkenden Auslegung der Vorschrift.

Auch **Ansprüche auf Kindergeld** können nicht nach § 95 übergeleitet werden, weil § 48 Abs. 1 S. 4 SGB I für das sozialrechtliche und § 74 Abs. 1 S. 4 iVm S. 1 EStG für das steuerrechtliche Kindergeld mit der dort geregelten Abzweigung Sonderregelungen mit weiter gehenden Voraussetzungen aufstellen.[16]

Überleitungsfähig sind daher zB: Ansprüche gegen private Krankenversicherungsunternehmen, Beihilfe- u. Versorgungsansprüche, Pflichtteilsansprüche, Ansprüche auf Herausgabe einer Schenkung wegen Bedürftigkeit des Schenkers nach § 528 BGB, Ansprüche gegen **Arbeitgeber** und gegen **Schadenersatzpflichtige.**[17] Zu den beiden Letzteren treffen zwar auch §§ 115 und 116 SGB X Regelungen. **§ 116 SGB X** ist aber nicht anwendbar; er betrifft nur den Anspruchsübergang auf einen Versicherungsträger oder den Sozialhilfeträger, also nicht auf den Jugendhilfeträger. Deshalb kann auch ein Anspruch auf Schadensersatz (§ 844 Abs. 2 BGB) übergeleitet werden, wenn etwa wegen der Tötung der Mutter Heimerziehung für ein Kind geleistet wurde.[18] Schindler[19] nennt § 95 daher eine gesetzliche Grundlage zur Drittschadensliquidation. Ein **Anspruch gegen den Arbeitgeber** könnte dagegen von seinem Anwendungsbereich her nach **§ 115 SGB X** auch auf den Jugendhilfeträger übergehen, allerdings ist § 115 SGB X wegen § 37 S. 1 SGB I gegenüber § 95 SGB VIII nachrangig. Anders als § 93 Abs. 4 SGB XII bzw. § 33 Abs. 5 SGB II ordnet § 95 gerade nicht ausdrücklich den Vorrang von § 115 SGB X an, so dass es bei dem nach allgemeinen Regeln bestehenden Vorrang von § 95 bleibt. Ansprüche gegen Arbeitgeber können daher in der Jugendhilfe nur nach § 95 übergeleitet werden.[20]

9 **Gleichartigkeit** des Anspruchs gegen den Jugendhilfeträger und gegen den Dritten wird in § 95 nicht verlangt. Da § 95 aber einen Gläubigerwechsel bewirkt, muss der Jugendhilfeträger, vertreten durch das JA an Stelle des Hilfeempfängers Gläubiger sei-

15 BR-Drs. 586/04, 48 f. und BT-Drs. 15/3676, 28, 42.
16 So zum Verhältnis zur Parallelvorschrift § 93 SGB XII zu den genannten Vorschriften Armbruster in jurisPK-SGB XII § 93 Rn. 51 und 85.
17 AA Busch in GK-SGB VIII Rn. 2.
18 So BGH 3.2.2004 – VI ZR 119/03, FamRZ 2004, 526 best. OLG Celle 20.3.2003 – 14 U 188/02.
19 Schindler in FK-SGB VIII Rn. 8.
20 IErg ebenso Degener in JHSM Rn. 9.

nes Anspruchs gegen den Dritten sein können. Bei höchstpersönlichen Ansprüchen ist dies nicht der Fall.[21] Da Ansprüche auf Jugendhilfe immer Ansprüche auf erzieherische Hilfe, die Ansprüche gegen Dritte aber finanzieller Art sind, wäre eine Überleitung unter der Voraussetzung der Gleichartigkeit nie möglich. Es genügt vielmehr, dass der finanzielle Teil eines erzieherischen Anspruchs (sog. wirtschaftliche Jugendhilfe, zB Unterhalt oder Krankenhilfe nach §§ 39, 40) und der Anspruch gegen Dritte kongruent sind oder dass der Anspruch sich in einen Geldersatzanspruch umwandeln lässt,[22] zB als Kosten einer Jugendhilfemaßnahme.[23] Daher können auch Ansprüche gegen die **Schule** (bzw. den Schulträger) übergeleitet werden, wenn solche (im sog. Kernbereich der pädagogischen Arbeit – hier besteht allerdings von vornherein keine Leistungspflicht des Jugendhilfeträgers[24] – oder dem weiteren pädagogischen Bereich)[25] bestehen, zB auf einen Integrationshelfer.[26] Freilich hängt die Überleitungsfähigkeit davon ab, dass ein solcher Anspruch überhaupt besteht[27] bzw. richtiger: evident nicht besteht. Eine solche Negativevidenz dürfte angesichts der weiterhin nicht endgültig geklärten Reichweite des bundesrechtlichen Art. 24 UN-BRK nicht bestehen.[28] Bei einer Teilleistungsstörung wie Legasthenie oder Dyskalkulie kann sich ein überleitungsfähiger Anspruch auf Förderung aus dem Schulrecht ergeben (→ § 27 Rn. 3).[29] Soweit die Förderung lediglich in Verwaltungsrichtlinien (Innenrecht) geregelt ist, ergibt sich aus dem Grundsatz der Selbstbindung der Verwaltung iVm Art. 3 GG ein Anspruch auf Beachtung dieser Richtlinien.[30] Auch aus dem systematischen Zusammenhang zwischen § 10 und § 95 ergibt sich die Überleitungsfähigkeit eines solchen Anspruchs. Mit § 95 soll der Nachrang der Jugendhilfe wenigstens nachträglich wieder hergestellt werden. Wäre dies nicht möglich, wäre der Nachrang „zahnlos“. Dies gilt insbesondere gegenüber der Schule, nachdem die Schule durch das

21 So VG Göttingen 12.5.2005 – 2 A 84/04, JAmt 2005, 584.
22 So VG Göttingen 12.5.2005 – 2 A 84/04, JAmt 2005, 584.
23 So VGH BW 14.1.2003 – 9 S 2268/02, NDV-RD 2003, 435.
24 BVerwG 18.10.2012 – 5 C 21/11 Rn. 37 im Anschluss an BSG 22.3.2012 – B 8 SO 30/10 R, Rn. 37; zahlreiche Nachw. aus Literatur und Rspr., auch zur gegenteiligen Mindermeinung, bei Reimann, Kernbereich – Randbereich – nichtpädagogischer Bereich. Zur Zuständigkeitsabgrenzung zwischen Eingliederungshilfe und Schule bei der Gestellung persönlicher Assistenz für behinderte Schüler, in FS Igl S. 376, 378–380.
25 Zum (Streit über die) Abgrenzung (nach Landes- oder Bundesrecht) jüngst beispielsweise Reimann in FS Igl S. 376–391 und früher schon Kepert/Pattar Kehler Diskussionspapier Nr. 2014–03 (https://www.hs-kehl.de/fileadmin/hsk/Forschung/Dokumente/PDF/2014_3.pdf); s. auch → § 10 Rn. 1, 35.
26 OVG Schleswig 9.6.2016 – 3 MB 22/16, zitiert nach Reimann in FS Igl S. 376, 389 (Fn. 43); für die Parallelvorschriften in § 93 SGB XII ebenso BSG 22.3.2012 – B 8 SO 30/10 R. – Skeptischer (Anspruch auf angemessene Beschulung kann als höchstpersönlicher nicht übergeleitet werden) Luthe in jurisPK-SGB VIII § 10 Rn. 56.
27 Einen materiellen Anspruch – nach rhpf. Landesrecht und vor Inkrafttreten der UN-BRK – verneinend OVG RhPf 16.7.2004 – 12 A 10701/04, JAmt 2004, 432; wegen Nicht-Revisibilität des landesrechtlichen Schulrechts die gleichartige Entscheidung des vorgängigen BayVGH zugrunde legend BVerwG 18.10.2012 – 5 C 21/11 Rn. 39. Am Bestehen oder der Begründungsmöglichkeit eines Anspruchs zweifelnd auch Reimann in FS Igl S. 376, 389 f. und DIJuF JAmt 2018, 458 (460).
28 Zu Vorschlägen zur Einführung konventionsgerechter Ansprüche Reimann in FS Igl S. 376, 390 f.
29 Die Erfolgsaussichten für Erstattungsverfahren diesbezüglich hält DIJuF JAmt 2018, 458 (461 f.) offen.
30 Im Ergebnis ebenso VG Düsseldorf 22.1.2001 – 19 K 11140/98, ZfJ 2001, 196, aber aufgehoben durch OVG NRW 14.3.2003 – 12 A 1193/01, JAmt 2003, 482; DIJuF JAmt 2002, 247; DIJuF JAmt 2003, 355; DIJuF JAmt 2004, 305; DV NDV 2004, 323; Schindler in FK-SGB VIII Rn. 4; Meysen JAmt 2003, 53; Kunkel ZfJ 1997, 315 und Jugendhilfe 2003, 273; **aA** Sidortschuk JAmt 2005, 552; Mrozynski SGB VIII Rn. 2; Mrozynski RdJB 2003, 121.

KICK ausdrücklich in § 10 Abs. 1 als vorrangig leistungsverpflichtet in Verantwortung genommen wurde.

10 Die Überleitung ist nicht dadurch ausgeschlossen, dass ein Anspruch nicht übertragen, verpfändet oder **gepfändet** werden kann (§ 95 Abs. 2 S. 2). Damit werden §§ 399, 400 BGB „ausgehebelt". Nicht ausgehebelt wird § 53 SGB I,[31] da er Ansprüche auf Sozialleistungen betrifft, deren Überleitung in § 95 Abs. 1 gerade ausgeschlossen ist.

11 **Verzichtet** der Anspruchsinhaber auf seine Ansprüche an den Drittschuldner, ist ein solcher Verzicht nach Eintritt der Bestandskraft der Überleitungsanzeige mangels Verfügungsbefugnis unwirksam. Erfolgt der Verzicht in der Absicht, Bedürftigkeit zulasten des Jugendhilfeträgers zu bewirken, ist er sittenwidrig und damit gem. § 138 BGB nichtig.[32]

12 Ein Beschenkter kann, wissend, dass die Überleitungsvoraussetzungen vorliegen, mit einem Schadensersatzanspruch gegen den Schenker **aufrechnen**, wenn der Schadensersatzanspruch vor Bekanntgabe der Überleitungsanzeige entstanden ist.[33]

13 Die Überleitung ist auch dann rechtmäßig, wenn der überzuleitende **Anspruch nicht besteht.**[34] Nur wenn der überzuleitende Anspruch **offensichtlich** nicht besteht (**Negativevidenz**), ist eine dennoch erlassene, erkennbar sinnlose Überleitungsanzeige rechtswidrig.[35] Dies gilt auch im Verhältnis zum (vermeintlichen) Drittschuldner, der sich gegen eine Überleitungsanzeige zur Wehr setzt.[36] Ob der Anspruch materiell besteht, wird erst im auf die Überleitung folgenden Prozess geprüft.[37]

14 **2.4.2 Ausgeschlossene Anspruchsgegner. 2.4.2.1 Sozialleistungsträger.** Sozialleistungsträger iSv § 12 SGB I sind die in den §§ 18–29 SGB I genannten Körperschaften, Anstalten und Behörden. Hat eine nach § 92 Abs. 1 kostenbeitragspflichtige Person Ansprüche gegen einen dieser Leistungsträger, kann der Jugendhilfeträger von diesen Erstattung verlangen (§§ 102–105 SGB X, insbes. § 104 SGB X) und zur schnellen Realisierung die Feststellung dieser Ansprüche nach § 97 betreiben. Damit besteht für eine Überleitung kein Bedürfnis; § 95 ist in diesen Fällen ausgeschlossen.

15 **2.4.2.2 Kostenbeitragspflichtige.** Kostenbeitragspflichtige nach § 92 Abs. 1 sind deshalb keine Anspruchsgegner, weil sie schon mit dem Kostenbeitrag nach § 92 Abs. 2 herangezogen werden. Auch in diesen Fällen ist § 95 ausgeschlossen.

3 Rechtsfolge (Abs. 1)

3.1 Ermessen

16 Der Jugendhilfeträger muss bei seiner Entscheidung, ob und inwieweit er Ansprüche der Kostenbeitragspflichtigen auf sich überleitet, von seinem Ermessen Gebrauch machen (§ 39 SGB I analog). Er muss sein Ermessen gebrauchen, und zwar sowohl gegenüber dem Anspruchsinhaber, also dem Kostenbeitragspflichtigen, als auch gegenüber dem Anspruchsgegner, also dem Drittschuldner. Ob er dieses Ermessen gebraucht hat, ohne Ermessensgrenzen zu überschreiten oder einen Ermessensfehlgebrauch zu begehen, muss sich aus der Begründung der Entscheidung ergeben (→ Rn. 24). Sowohl der Kostenbeitragspflichtige als auch der **Drittschuldner** haben Anspruch auf

31 AA, auch zum früheren § 55 SGB I, Degener in JHSM Rn. 15.
32 Ebenso Busch in GK-SGB VIII Rn. 3; in diese Richtung auch OVG NRW 30.12.1996 – 8 A 3204/94, ZFSH/SGB 1997, 468.
33 So BGH 7.11.2006 – X ZR 184/04, JAmt 2007, 160.
34 BVerwG 26.11.1969 – V C 54.69, FEVS 17, 203; Mrozynski SGB VIII Rn. 12; Rechentin in Jung Rn. 7.
35 BVerwG 4.6.1992 – 5 C 57/88, FEVS 43, 102; VG Braunschweig 21.11.2002 – 3 A 193/01; Loos in Wiesner Rn. 12.
36 BVerwG 27.5.1993 – 5 C 7/91, FEVS 44, 232.
37 Ebenso Schindler in FK-SGB VIII Rn. 9.

fehlerfreie Ermessensausübung.[38] Es ist nicht auszuschließen, dass in Einzelfällen die Überleitung gerade aus Gründen, die aus der besonderen Lebenssituation des Drittschuldners oder seinem Verhältnis zum Kostenbeitragspflichtigen herrühren, als unbillig oder unzumutbar erscheint (zB Schwächung des Familienzusammenhalts). Eine Abwägung der widerstreitenden öffentlichen und privaten Belange mag in der Praxis wegen des starken Gewichts des Nachranggrundsatzes regelmäßig dazu führen, dass eine Überleitungsanzeige an den Drittschuldner ermessensfehlerfrei ergeht. § 95 entbindet den Jugendhilfeträger jedoch nicht von der Aufgabe, in jedem Einzelfall zu prüfen, ob zugunsten des (vermeintlichen) Drittschuldners von einer beabsichtigten Anspruchsüberleitung abzusehen oder diese der Höhe nach zu beschränken ist.[39]

3.2 Überleitungsanzeige

Aus der Formulierung „an den anderen" könnte entnommen werden, es reiche aus, 17
die Überleitungsanzeige nur an den **Drittschuldner** zu richten. § 95 sieht keine schriftliche Anzeige an die in § 92 genannten Personen vor. Ein solches Vorgehen widerspräche aber rechtsstaatlichem Verwaltungshandeln, denn die Überleitung des Anspruchs bewirkt einen **Gläubigerwechsel**. Die in § 92 genannten Personen verlieren durch die Überleitung ihren Anspruch an einen Dritten in Höhe der Aufwendungen des Jugendhilfeträgers oder des zu leistenden Kostenbeitrages, sie werden somit durch die Überleitung belastet. Gegen diesen Eingriff in ihre Rechte müssen sie sich wehren können. Somit muss auch ihnen gegenüber ein VA (Überleitungsanzeige) ergehen.[40] Die Überleitungsanzeige greift als privatrechtsgestaltender VA in das zwischen dem Drittschuldner und dem Kostenbeitragspflichtigen bestehende Rechtsverhältnis ein.[41] Damit die Überleitungsanzeige sowohl Rechtswirkung gegenüber dem **Kostenbeitragspflichtigen als auch dem Drittschuldner** entfaltet,[42] muss sie als Verwaltungsakt gemäß § 37 Abs. 1 SGB X allen Beteiligten bekannt gegeben werden, die von ihm betroffen sind, damit sie jeweils ihnen gegenüber wirksam wird (§ 39 Abs. 1 SGB X). Der Anspruchsübergang wird daher wegen eines Bekanntgabemangels nicht bewirkt, wenn der Adressat der Überleitungsanzeige eine andere Person als der Drittschuldner ist. Das gilt selbst dann, wenn der Drittschuldner auf andere Weise Kenntnis von der Überleitungsanzeige erhält.[43]

3.3 Obergrenze des überleitbaren Anspruchs

Die **Höhe der Aufwendungen** des Jugendhilfeträgers bildet die Obergrenze des über- 18
leitbaren Anspruchs. Die über den überleitbaren Anspruch hinausgehenden Ansprüche verbleiben den in § 92 Abs. 1 genannten Personen. Das kann uU dazu führen, dass der Drittschuldner mit zwei (meist) zivilrechtlichen Verfahren konfrontiert wird, wenn er nicht freiwillig zur Leistung bereit ist. Zur zusätzlichen Begrenzung nach Abs. 2 S. 1 2. Alt. → Rn. 19.

4 Begrenzung der Überleitung (Abs. 2)

Eine Überleitung ist nach **S. 1** nur insoweit zulässig, als bei rechtzeitiger Leistung des 19
Dritten die **Jugendhilfe nicht gewährt** worden oder ein **Kostenbeitrag** zu leisten wäre. Eine Überleitung ist also ausgeschlossen, wenn selbst bei rechtzeitiger Leistung eines

38 Ebenso BVerwG 27.5.1993 – 5 C 7/91, FEVS 44, 232; Schindler in FK-SGB VIII Rn. 10.
39 Vgl. BVerwG 27.5.1993 – 5 C 7/91, FEVS 44, 232.
40 Ebenso H. Schellhorn in SFMK Rn. 33.
41 BVerwG 25.6.1992 – 5 C 37/88, BVerwGE 90, 246.
42 Diese Wirkung soll sie schließlich haben, vgl. BVerwG 27.5.1993 – 5 C 7/91, FEVS 44, 232.
43 Ebenso Pattar in jurisPK-SGB X § 37 Rn. 25; s. auch dort Rn. 71–74, 149.

Dritten Jugendhilfe hätte gewährt werden müssen oder wenn die (hypothetische) Leistung des Dritten keine Auswirkung auf die Höhe des Kostenbeitrages hätte. Es muss also ein kausaler Zusammenhang zwischen den finanziellen Aufwendungen des Jugendhilfeträgers und der Nichtleistung des Dritten bestehen. Die Überleitung wirkt demnach wie ein **jugendhilferechtlicher Herstellungsanspruch** zugunsten des Jugendhilfeträgers, mit dem der Zustand wiederhergestellt wird, der bestünde, wenn der Dritte (zB die Schule, → Rn. 9) geleistet hätte. Die Bezugnahme auf den Kostenbeitrag bedeutet, dass der überleitbare Anspruch auch in der **Höhe** (zusätzlich zur Begrenzung auf die Höhe der Aufwendungen, → Rn. 18) dadurch **begrenzt** ist, dass nur der Betrag übergeleitet werden kann, den die kostenbeitragspflichtige Person zu zahlen gehabt hätte, wenn die Geldleistung des Dritten dem Einkommen des Kostenpflichtigen zugeflossen wäre; es ist also zunächst ein hypothetischer Kostenbeitrag zu berechnen.[44] Zu S. 2 → Rn. 10.

5 Bestimmtheit der Überleitungsanzeige

20 Nach § 33 Abs. 1 SGB X muss ein VA hinreichend bestimmt sein (→ Anh. 5 Rn. 40).[45] Grundsätzlich reicht **eine Überleitung dem Grunde nach** hierfür aus. Der Umfang der Jugendhilfeleistung muss nicht beziffert sein. Der überzuleitende Anspruch muss zahlenmäßig nicht bestimmt sein. Das Interesse des Schuldners des überzuleitenden Anspruchs spricht zwar dafür, den Anspruch zu beziffern, indessen hat das Gesetz das Interesse des Drittschuldners an der Klarstellung seiner Verbindlichkeiten für die Bestimmung der der Überleitung einzuhaltenden Förmlichkeit nicht maßgebend sein lassen.[46]

Folgt man der Gegenmeinung, muss der Jugendhilfeträger im Überleitungsbescheid sicherstellen, dass für den Kostenbeitragspflichtigen und den Drittschuldner nicht der Eindruck entsteht, der Jugendhilfeträger setze den bezifferten (meist) zivilrechtlichen Anspruch fest und mache ihn mittels eines öffentlich-rechtlichen Bescheides geltend (zB durch die Formulierung „in Höhe von höchstens …"). Eine Überleitung ist insoweit **rechtswidrig**, als sie sich nicht auf die bloße Bezeichnung des übergeleiteten Anspruchs beschränkt, sondern mit ihr darüber hinaus in der Form eines Leistungsbescheids bereits Schritte zu dessen Realisierung eingeleitet werden (**Zahlungsaufforderung**) und es sich deshalb bei der Überleitungsanzeige nach ihrem objektiven Erklärungswert um einen **Leistungsbescheid** handelt.[47]

6 Formelle Voraussetzungen der Überleitungsanzeige

6.1 Zuständigkeit

21 Eine Überleitungsanzeige darf nur von dem für die Hilfe sachlich (§ 85) und örtlich (§§ 86–87, 88) zuständigen Jugendhilfeträger erlassen werden. Hat er selbst einen Kostenerstattungsanspruch gegen einen anderen Jugendhilfeträger (§§ 89–89e), muss er die Überleitung bewirken und realisieren, um damit seine Aufwendungen zu verringern. Dies folgt aus dem Interessenswahrungsgrundsatz des § 89f (→ § 89f Rn. 17 ff.). Überträgt man den dem BVerwG-Beschluss vom 22.5.2008[48] (→ § 89c Rn. 5; → § 89f

44 So Kirchhoff in Hauck/Noftz/Stähr Rn. 62; Busch in GK-SGB VIII Rn. 4; Schindler in FK-SGB VIII Rn. 8; Degener in JHSM Rn. 14; Rechentin in Jung Rn. 8.

45 Näher Pattar in jurisPK-SGB X § 33.

46 BVerwG 17.5.1973 – V C 108.72, FEVS 21, 321; **aA** Münder in LPK-SGB XII § 93 Rn. 41: Bei einer bereits erfolgten Leistung sei eine genaue Bezifferung möglich und wegen § 33 Abs. 1 SGB X auch erforderlich.

47 So obiter BVerwG 6.11.1975 – V C 60.74, BVerwGE 42, 198–206; BayVGH 17.7.2000 – 12 C 00.1997; aA H. Schellhorn in SFMK Rn. 22.

48 BVerwG 22.5.2008 – 5 B 203/07, JAmt 2008, 438. Ebenso VG Ansbach 29.7.2010 – AN 14 K 08.00789; Eschelbach/Schindler in FK-SGB VIII § 89 f. Rn. 2.

Rn. 19 aE) zugrunde liegenden Gedanken, könnte der leistende Jugendhilfeträger allerdings bei KE-Ansprüchen nach § 89c von der Überleitung absehen. Zum Wechsel der Zuständigkeit → Rn. 30.

Freie Träger haben keine VA-Befugnis. Sie dürfen daher keine Überleitungsanzeigen erlassen, und zwar auch dann nicht, wenn sie mit der Durchführung der Jugendhilfe beauftragt worden sind (→ § 76 Rn. 15; → Anh. 5 Rn. 2).

6.2 Verfahren

Nach **§ 24 Abs. 1 SGB X** ist, bevor ein VA erlassen wird, der in Rechte eines Beteiligten eingreift, diesem Beteiligten Gelegenheit zu geben, sich zu den für die Entscheidung erheblichen Tatsachen zu äußern (→ Anh. 5 Rn. 18). Mit der Überleitung wird sowohl in Rechte des **Kostenbeitragspflichtigen** wie in solche des **Drittschuldners** eingegriffen. Die in § 92 Abs. 1 genannten Personen verlieren durch die Überleitung ihre Ansprüche in Höhe der Aufwendungen des Jugendhilfeträgers bzw. in Höhe des zu leistenden Kostenbeitrags (→ Rn. 17). Der Dritte könnte durch die Überleitung belastet werden, wenn Gründe vorlägen, die den Jugendhilfeträger im Rahmen seiner Ermessensausübung veranlassen müssten, von einer Überleitung ganz oder teilweise abzusehen (→ Rn. 18). Beide sind daher Beteiligte nach § 12 Abs. 1 Nr. 2 SGB X.[49] Die Anhörung hat grundsätzlich **vor Erlass** der Überleitungsanzeige zu erfolgen. 22

Fehlt die Anhörung, weil sie unterlassen und nicht rechtzeitig nachgeholt worden ist, ist die Überleitungsanzeige rechtswidrig (→ Anh. 5 Rn. 19). 23

6.3 Form

Aus einer Überleitungsanzeige müssen sich der Hilfeempfänger, der Drittschuldner, der Beginn des Hilfezeitraums und die Art des übergeleiteten Anspruchs ergeben. Die Überleitungsanzeige ist **schriftlich** zu erlassen (Abs. 3). Nach § 35 Abs. 1 S. 1 SGB X ist ein schriftlicher VA schriftlich zu begründen (→ Anh. 5 Rn. 27). Die **Begründung von Ermessensentscheidungen** muss auch die Gesichtspunkte erkennen lassen, von denen die Behörde bei der Ausübung ihres Ermessens (sowohl gegenüber dem Kostenbeitragspflichtigen wie dem Drittschuldner; → Rn. 16) ausgegangen ist (§ 35 Abs. 1 S. 3 SGB X). Diese Ausführungen dürfen sich nicht auf formelhafte Floskeln oder auf Wiederholungen des gesamten Tatbestandes beschränken.[50] Maßgebend sind die konkreten Umstände des Einzelfalles. Die die Entscheidung tragenden Gesichtspunkte, von welchen die Behörde bei der Ausübung ihres Ermessens ausgegangen ist, sind mitzuteilen.[51] Wird ein VA nicht oder nicht ausreichend begründet, ist er rechtswidrig, aber nicht nichtig (→ Anh. 5 Rn. 28).[52] Hat die Behörde ihr Ermessen nicht ausgeübt, liegt der (materielle) Fehler des Ermessensnichtgebrauchs vor (§ 39 SGB I analog; → Rn. 16). 24

§ 35 Abs. 2 SGB X zählt die **Ausnahmen** auf, die eine Begründung des VA entbehrlich machen. Für eine Überleitungsanzeige ist es in Ausnahmefällen vorstellbar, dass die Voraussetzungen des § 35 Abs. 2 Nr. 2 SGB X vorliegen könnten. Hiervon sollte die Behörde allerdings schon aus Beweisgründen keinen Gebrauch machen. Eine Überleitungsanzeige ist immer schriftlich zu begründen, auch hinsichtlich des auszuübenden Ermessens. Denn so bekommen die Adressaten (nochmals) die Gelegenheit, sich mit den Gründen der Verwaltung auseinander zu setzen, auch wenn ihnen die Sach- und 25

---

49 Ebenso Kirchhoff in Hauck/Noftz Rn. 60 f.; Mrozynski SGB VIII Rn. 11.

50 Vgl. BVerwG 23.1.1961 – II C 129.59, BVerwGE 12, 20; BVerwG 14.10.1965 – II C 3.63, BVerwGE 22, 215.

51 Engelmann in v. Wulffen/Schütze SGB X § 35 Rn. 7.

52 BVerwG 17.9.1987 – 5 C 26/84, BVerwGE 78, 101 (114); Engelmann in v. Wulffen/Schütze SGB X § 35 Rn. 21 a.

Rechtslage schon bekannt sein sollte (Klarheit und Transparenz von Verwaltungsentscheidungen).

26 Da die Überleitungsanzeige schriftlich erfolgen muss, ist eine **Rechtsbehelfsbelehrung** beizufügen (§ 36 SGB X; → Anh. 5 Rn. 29). Mit dieser sollte ein Hinweis darauf erfolgen, dass der Widerspruch keine aufschiebende Wirkung hat (→ Anh. 5 Rn. 61), aber diese durch einen Antrag nach § 80 Abs. 5 VwGO[53] angeordnet werden kann (→ Anh. 5 Rn. 63).

6.4 Bekanntgabe

27 Ein VA wird nach § 39 Abs. 1 S. 1 SGB X gegenüber demjenigen, für den er bestimmt ist oder der von ihm betroffen wird, in dem Zeitpunkt **wirksam**, in dem er ihm bekannt gegeben wird (→ Anh. 5 Rn. 32, 36). Bekannt zu geben ist die Überleitungsanzeige dem Kostenbeitragspflichtigen **und** dem Drittschuldner gem. § 37 Abs. 1 SGB X, denn beiden gegenüber ergeht ein VA (→ Rn. 17).[54] Sie sind deshalb **Beteiligte** nach § 12 Abs. 1 Nr. 2 SGB X. Ist die Bekanntgabe an einen der beiden Beteiligten unterblieben, soll dies die Wirksamkeit des VA dem anderen gegenüber unberührt lassen.[55]

7 Folgen der Überleitung (Abs. 3)

7.1 Forderungsübergang

28 Die Überleitungsanzeige bewirkt einen **Gläubigerwechsel**. Der Jugendhilfeträger tritt in die Rechtsstellung des früheren Gläubigers ein. Er kann den übergeleiteten Anspruch im eigenen Namen geltend machen, muss allerdings auch alle Einwände, die der Drittschuldner gegenüber dem früheren Gläubiger vorbringen könnte, gegen sich gelten lassen (§ 404 BGB analog). Daher geht bei öffentlich-rechtlichen Ansprüchen auch ein (materiell- oder formell-rechtliches) Antragsrecht mit über (zum Verhältnis von § 95 zu § 97 → § 97 Rn. 7). Durch die Überleitung ändert sich der Rechtsweg nicht, mit dem der übergeleitete Anspruch geltend zu machen ist, dh zivilrechtliche Ansprüche des früheren Gläubigers werden nach erfolgter Überleitung nicht zu öffentlich-rechtlichen Ansprüchen des Jugendhilfeträgers. Der Anspruch ändert sich in seinem Wesen nicht. Das Stammrecht geht nicht mit auf den Jugendhilfeträger über.[56] Die Überleitung bewirkt zunächst den Anspruchsübergang für die Zeit, für die Jugendhilfe bereits erbracht worden ist. Nach der Überleitung sind die in § 92 Abs. 1 genannten Personen nicht mehr befugt, Ansprüche für die Vergangenheit geltend zu machen, es sei denn, die Überleitung umfasst nur einen Teil des Anspruchs, weil der Jugendhilfeaufwand bzw. der zu leistende Kostenbeitrag geringer als der durchzusetzende Anspruch ist. Dagegen ist der Drittschuldner nicht gehindert, in der Zukunft die Leistungen unmittelbar an den Kostenbeitragspflichtigen zu erbringen, soweit der Jugendhilfeträger noch nicht geleistet hat, denn insoweit ergeht die Überleitung unter der **aufschiebenden Bedingung** (→ Rn. 4), dass Jugendhilfe gewährt wird. Dann könnten die Leistungen bei der Hilfegewährung oder bei der Festsetzung eines Kostenbeitrags direkt berücksichtigt werden.[57]

53 Irrig, weil ein VA nach § 95 zwar mehrere Personen betrifft, aber kein VA mit Doppelwirkung iSv § 80a VwGO – dies würde die Begünstigung des einen bei gleichzeitiger Belastung des anderen Bürgers voraussetzen – vorliegt, Rechentin in Jung Rn. 11: auch § 80a VwGO.

54 Ebenso DIJuF DAVorm 2000, 781; Kirchhoff in Hauck/Noftz/Stähr Rn. 60; H. Schellhorn in SFMK Rn. 33; Busch in GK-SGB VIII Rn. 6a; Rechentin in Jung Rn. 4.

55 So Kirchhoff in Hauck/Noftz/Stähr Rn. 61.

56 Vgl. BVerwG 18.12.1975 – V C 2.75, FEVS 24, 139.

57 Vgl. BVerwG 17.5.1973 – V C 108.72, FEVS 21, 321.

7.2 Wirkungsdauer

Die Überleitungsanzeige wirkt auf den Zeitpunkt des Hilfebeginns zurück. Eine **Rechtswahrungsanzeige** ist nicht erforderlich. Damit kann die Überleitung jederzeit erfolgen. Durch die Überleitungsanzeige wird der Übergang des Anspruchs auch für die Zukunft bewirkt, wenn die Hilfe fortdauernd gewährt wird und nicht für einen Zeitraum von mehr als zwei Monaten **unterbrochen** ist (Abs. 3). Für die Berechnung der Frist gilt § 26 SGB X iVm §§ 187 Abs. 1, 188 Abs. 2 BGB.[58] Wird die Hilfe um mehr als zwei Monate unterbrochen, ist eine neue Überleitungsanzeige erforderlich. Ob eine Unterbrechung – und nicht etwa ein Abbruch – vorliegt, ist nach den Gesamtumständen des Falles ex ante zu beurteilen. Wird die Hilfe (rechtlich oder auch nur faktisch) eingestellt, ohne dass eine Wiederaufnahmeperspektive besteht, liegt keine Unterbrechung, sondern eine Beendigung der Hilfe vor (vgl. zur Frage der Beendigung/Unterbrechung einer Hilfe → § 89b Rn. 3). Sieht das JA infolge fehlerhafter Einschätzung eine Wiederaufnahmeperspektive, kann trotzdem eine Unterbrechung vorliegen.[59] Wird Hilfe in einer Einrichtung gewährt und muss der Hilfeempfänger wegen Krankheit oder Unfalls länger als drei Monate ins Krankenhaus, um von dort wieder in die Einrichtung zurückzukehren, liegt keine Unterbrechung, sondern Fortdauer der Hilfe vor. Allein die Zweimonatsfrist ist also für die Annahme einer Unterbrechung nicht entscheidend. 29

Wechselt die **Zuständigkeit** des Trägers (→ Rn. 21), hat der neue Träger für den Zeitraum seiner Zuständigkeit die Ansprüche der in § 92 Abs. 1 genannten Personen gegen einen anderen auf sich überzuleiten. Die Überleitungsanzeige des alten Trägers wirkt nicht für ihn.[60] 30

Ob ein **Wechsel** der **Hilfeart** eine neue Überleitungsanzeige erforderlich macht, ist umstritten. Im Hinblick auf § 33 Abs. 1 SGB X, aber auch § 35 Abs. 1 SGB X erscheint eine neue Überleitungsanzeige bei einem Wechsel der Hilfeart unumgänglich.[61] Denn die Gewährung einer anderen Hilfeart kann es erforderlich machen, das bei der Überleitung auszuübende Ermessen ganz neu zu beurteilen, abhängig davon, welche Hilfeart jetzt in Frage kommt. Ein Wechsel der **Leistungsart** (zB von HzE zu Eingliederungshilfe) erfordert eine neue Überleitungsanzeige, da eine Hilfe beendet und eine neue begonnen wird, also eine Unterbrechung nicht zu prüfen ist.[62] 31

Eine **Verwirkung** der Geltendmachung des übergeleiteten Anspruchs kann allenfalls dann in Betracht kommen, wenn er länger als ein Jahr nicht verfolgt worden ist.[63] 32

8 Rechtsschutz (Abs. 4)

Wie bereits in → Rn. 17 dargestellt, ist die Überleitungsanzeige sowohl gegenüber den in § 92 Abs. 1 genannten Personen als auch gegenüber dem Drittschuldner ein belastender **VA**. Im Rechtsmittelverfahren wird nur geprüft, ob die Überleitung nach öffentlichem Recht wirksam erfolgt ist. Nicht geprüft wird, ob und ggf. in welcher Höhe der (meist) zivilrechtliche Anspruch auch tatsächlich besteht, es sei denn, dass der übergeleitete Anspruch offenkundig ausgeschlossen ist („Negativevidenz"). 33

---

58 AA – §§ 187 Abs. 2, 188 Abs. 2 und 3 BGB – Degener in JHSM Rn. 16; Busch in GK-SGB VIII Rn. 7.

59 So VG Aachen 25.10.2005 – 2 K 1949/02.

60 Ebenso Busch in GK-SGB VIII Rn. 7.

61 So auch Busch in GK-SGB VIII Rn. 7 und jetzt auch Kirchhoff in Hauck/Noftz/Stähr Rn. 93; aA H. Schellhorn in SFMK Rn. 27; Degener in JHSM Rn. 16; Mrozynski SGB VIII Rn. 12; Loos in Wiesner Rn. 11; Riehle in Krug/Riehle Erl. IV.1.

62 So jetzt auch Kirchhoff in Hauck/Noftz/Stähr Rn. 6; aA wohl Degener in JHSM Rn. 17.

63 So – für Unterhaltsanspruch – KG Berlin 3.7.2009 – 13 UF 150/08, NJW-RR 2010, 879.

34 Widerspruch und Anfechtungsklage **haben keine aufschiebende Wirkung** (§ 95 Abs. 4 iVm § 62 SGB X iVm § 80 Abs. 2 S. 1 Nr. 3 VwGO; → Rn. 26). Die Praxis zeigt jedoch, dass manche Zivilgerichte das dort anhängige Verfahren nach **§ 148 ZPO** so lange nicht betreiben, bis der Jugendhilfeträger beweist, dass die Ansprüche an den Dritten bestandskräftig übergeleitet worden sind. Insoweit kann die Regelung, dass Widerspruch und Anfechtungsklage keine aufschiebende Wirkung haben, **ins Leere gehen.** Deshalb ist der Jugendhilfeträger gut beraten, wenn er die Überleitungsanzeige **förmlich zustellt** (→ Rn. 27), denn nur so kann er letztlich im Zivilverfahren beweisen, dass die Überleitung bestandskräftig ist und die Ansprüche der in § 92 genannten Personen auf ihn übergegangen sind. Erhebt der Schuldner während des Zivilprozesses zum VG Anfechtungsklage gegen die Überleitung, ist die Aussetzung des Zivilrechtsstreits gemäß § 148 ZPO nicht deshalb zwingend, weil das Zivilgericht die Vorgreiflichkeit der Entscheidung des VG für den bei ihm anhängigen Prozess bejaht. Auch im Falle der Vorgreiflichkeit bleibt die Entscheidung über die Aussetzung gemäß § 148 ZPO in das pflichtgemäße Ermessen des Zivilgerichts gestellt. Das Ermessen kann sich auf null reduzieren, wenn der Verwaltungsprozess erkennbar keine Aussicht auf Erfolg hat und eine Aussetzung nur zur Prozessverzögerung führen würde.[64] Die Überleitung ist für die Zivilgerichte bindend, solange der darin liegende VA nicht durch die zuständige Behörde oder verwaltungsgerichtliche Entscheidung aufgehoben ist.[65] Unter der Voraussetzung, dass die Überleitungsanzeige erkennbar nicht nichtig ist und auch vom Beklagten keine offensichtlichen spezifisch verwaltungsverfahrensrechtlichen oder materiell-sozialrechtlichen Einwände dagegen vorgebracht werden, gebührt im Rahmen der Ermessensausübung gem. § 148 ZPO dem gesetzlich normierten öffentlichen Interesse an der sofortigen Vollziehbarkeit der Überleitung Vorrang, zumal den Einzelinteressen des Betroffenen für den Fall, dass die Überleitung später tatsächlich korrigiert werden sollte, kein dauerhafter, nicht mehr zu behebender Nachteil droht.[66]

§ 96 (weggefallen)

Vierter Abschnitt Ergänzende Vorschriften

§ 97 Feststellung der Sozialleistungen

[1]Der erstattungsberechtigte Träger der öffentlichen Jugendhilfe kann die Feststellung einer Sozialleistung betreiben sowie Rechtsmittel einlegen. [2]Der Ablauf der Fristen, die ohne sein Verschulden verstrichen sind, wirkt nicht gegen ihn. [3]Dies gilt nicht für die Verfahrensfristen, soweit der Träger der öffentlichen Jugendhilfe das Verfahren selbst betreibt.

64 KG Berlin 9.1.1998 – 18 WF 9310/97, KGR Berlin 1999, 95.
65 So OLG Oldenburg 22.9.1997 – 5 W 152/97, FamRZ 1998, 434.
66 Vgl. dazu insgesamt BGH 29.3.1985 – V ZR 107/84, FamRZ 1985, 778; OLG Hamm 23.2.1988 – 2 WF 82/88, FamRZ 1988, 633; OLG Zweibrücken 4.12.1985 – 2 UF 10/85, FamRZ 1986, 190; OLG Düsseldorf 24.9.1980 – 5 UF 51/80, FamRZ 1981, 896.

1 Systematischer Zusammenhang

§ 97 räumt dem Jugendhilfeträger das Recht ein, in eigenem Namen und Interesse gegenüber einem anderen Leistungsträger ein fremdes Recht geltend zu machen und Rechtsmittel einzulegen, wenn er einen Erstattungsanspruch gegen diesen hat. Dies ist ein Fall **gesetzlicher Prozessstandschaft**[1] und hat seinen **Grund** darin, dass die Leistungen des Jugendhilfeträgers gegenüber entsprechenden Leistungen anderer Träger typischerweise **nachrangig** sind (§ 10), idR aber zeitlich vor den Leistungen der anderen Träger erbracht werden. In derartigen Fällen ist das Interesse der Leistungsberechtigten, nach Erhalt der Sozialleistung durch den nachrangigen Träger die Leistung des vorrangigen Trägers zu beantragen, gering. Umso mehr gilt das, wenn die Leistungsberechtigung nach dem SGB VIII und nach den vorrangigen Leistungssystemen auseinanderfallen (→ Rn. 6). Unterlassen es Leistungsberechtigte vorrangiger Leistungen, eine Sozialleistung beim vorrangig verpflichteten Träger zu beantragen und ist dieser Träger nicht von Amts wegen verpflichtet, die Leistung festzustellen, wäre der nachrangig verpflichtete Jugendhilfeträger ohne § 97 zur dauerhaften Leistungsgewährung verpflichtet, obwohl ein vorrangiger Anspruch gegen einen anderen Träger besteht. Diese unzumutbare Belastung des nachrangigen Jugendhilfeträgers wird nicht allein durch den **Erstattungsanspruch** nach § 104 SGB X beseitigt, weil dieser – insbesondere bei antragsabhängigen Leistungen – nicht die **Dispositionsbefugnis** der Leistungsberechtigten überwindet, selbst zu entscheiden, ob sie vorrangige Ansprüche geltend machen[2] oder gegen ablehnende Entscheidungen Rechtsschutz in Anspruch zu nehmen.[3] Neben dieser Überwindungsfunktion erfüllt § 97 auch noch Sicherungsfunktionen: Der Jugendhilfeträger kann sicherstellen, dass der vorrangig verpflichtete Träger seiner Leistungsverpflichtung auch **für die Zukunft** nachkommt.[4] 1

§ 97 verfolgt also nach seinem Sinn und Zweck das Ziel, eine „Leistungsblockade" zu durchbrechen, die dadurch entsteht, dass die Leistungsberechtigten vorrangiger Leistungen das Verfahren zur Feststellung dieser Leistungen nicht betreiben. Deshalb ist es bei **antragsabhängigen Leistungen** gleichgültig, ob der Antrag lediglich verfahrensrechtlich dazu dient, das Verfahren in Gang zu setzen (§ 18 S. 2 Nr. 1 SGB X, zB im SGB II oder im SGB VI) oder ob er materiellrechtliche Anspruchsvoraussetzung ist[5] (zB im 4. Kap. SGB XII). Weil es bei § 97 nicht darum geht, Leistungen an sich selbst zu erreichen (→ Rn. 12),[6] wird auch das parallel fortbestehende Betreibensrecht der Leistungsberechtigten nicht verdrängt.[7] § 97 überwindet aber die Dispositionsbefugnis auch insoweit, als die Betroffenen nach Antragstellung durch das JA den Antrag nicht mehr selbständig zurücknehmen können oder auf die Leistung verzichten können.[8] 2

---

1 Ebenso SG Kassel 24.9.2012 – S 6 VE2/09, FamRZ 2013, 410; VG Düsseldorf 29.11.2011 – 19 K 3677/11; H. Schellhorn in SFMK Rn. 12; Schindler in FK-SGB VIII Rn. 5; Loos in Wiesner Rn. 3; ähnlich BSG 11.12.2008 – B 9/9 a VG 1/07 R, JAmt 2009, 151.

2 Roos in v. Wulffen/Schütze SGB X § 104 Rn. 10; ebenso SG Aachen 24.6.2016 – S 19 SO 7/15, juris Rn. 24.

3 Zu einem solchen Fall LSG RhPf 9.6.2016 – L 1 AL 53/15, insoweit nicht in Frage gestellt durch BSG 12.10.2017 – B 11 AL 20/16 R.

4 Dieses Eigeninteresse des Jugendhilfeträgers betonen Kirchhoff/Winkler SGb 2020, 524.

5 Ebenso Riehle in Krug/Riehle Erl. II.; H. Schellhorn in SFMK Rn. 15; Schneider in juris-PK-SGB VIII Rn. 20.

6 So Schneider in jurisPK-SGB VIII Rn. 4.

7 Mrozynski SGB VIII § 97 Rn. 4; Schneider in jurisPK-SGB VIII § 97 Rn. 23.

8 Kirchhoff/Winkler SGb 2020, 524 (528).

3 Andere nachrangige Sozialleistungssysteme kennen meist ursprünglich nahezu wortgleiche parallele Regelungen (zB § 5 Abs. 3 SGB II, § 95 SGB XII, § 27i BVG). Teilweise wird die nachrangige Leistung noch stärker an die Erfüllung von Mitwirkungspflichten der Leistungsberechtigten im Verfahren um die vorrangige Leistung geknüpft (§ 5 Abs. 3 S. 3–6 SGB II). Nach § 97 bleiben die Mitwirkungspflichten der Berechtigten der anderen Sozialleistung solche im Verhältnis zu dem anderen Sozialleistungsträger; sie werden nicht über § 97 zu Mitwirkungspflichten gegenüber dem JA.[9] Einem anderen Modell folgen hingegen Regelungen, welche die Leistungspflicht des nachrangigen Sozialleistungsträgers ausschließt oder zum Ruhen bringt, wenn ein Anspruch gegen einen vorrangigen Träger schon dem Grunde nach besteht (§ 7 Abs. 5, 6 SGB II, §§ 21,[10] 22 SGB XII, § 3 Abs. 2 OEG und wohl auch § 8 Abs. 3 SGB XIV).

2 Tatbestandsvoraussetzung: Erstattungsberechtigter Jugendhilfeträger (S. 1)

4 Voraussetzung für ein Vorgehen nach § 97 ist stets, dass ein **Erstattungsanspruch** des Jugendhilfeträgers gegen einen anderen Sozialleistungsträger besteht. In diesem Zusammenhang sind nur die Erstattungsansprüche aus den §§ 102–105 SGB X denkbar. Zwar können Jugendhilfeträger Erstattungsansprüche gegen andere Sozialleistungsträger auch aus anderen Vorschriften ableiten, sowohl gegenüber Sozialleistungsträgern außerhalb der Jugendhilfe (zB § 14 Abs. 4 SGB IX, § 2 Abs. 3 SGB X) als auch gegenüber anderen Jugendhilfeträgern und sonstigen jugendhilferechtlich Erstattungspflichtigen (§§ 89–89e). Diese Erstattungsansprüche kommen aber nach dem Sinn und Zweck des § 97, die Dispositionsbefugnis der auf vorrangige Leistungen Berechtigten zu überwinden (→ Rn. 1 f.), nicht zum Tragen: In allen diesen Fällen liegt bereits ein wirksamer Antrag auf Sozialleistungen vor; die Dispositionsbefugnis der Leistungsberechtigten muss also nicht mehr überwunden werden. Das gilt zunächst eindeutig für die Fälle der §§ 89–89e, weil SGB-VIII-Hilfen weder materiell- noch formellrechtlich antragsabhängig sind; dennoch gestellte Anträge wirken über § 16 SGB I auch im Verhältnis zu den in Wahrheit zuständigen Jugendhilfeträgern, so dass auch ein Erstattungsanspruch nach § 89c als Grundlage ausscheidet.[11] Dasselbe gilt aber auch für Erstattungsansprüche nach § 14 Abs. 4 SGB IX und § 2 Abs. 3 SGB X. Zwar mag es in der Dispositionsbefugnis der Leistungsberechtigten liegen, Leistungen nur vom Träger eines bestimmten Sozialleistungsbereichs beziehen zu wollen, über die sachliche und örtliche Zuständigkeit können sie jedoch nicht disponieren. Stellt sich also heraus, dass der Jugendhilfeträger für eine Leistung sachlich oder örtlich unzuständig war oder ist und sind die Leistungsberechtigten mit einer Leistung durch den zuständigen Sozialleistungsträger nicht einverstanden, endet ihre Leistungsberechtigung; der Jugendhilfeträger muss die Leistungen einstellen. Ein Bedürfnis nach Überwindung der Dispositionsbefugnis besteht dann nicht.

5 Weil ein Erstattungsanspruch erst durch tatsächliche Erbringung einer Leistung entsteht (vgl. den Wortlaut der §§ 102–105 SGB X), dürfte ein Jugendhilfeträger bei strengem Verständnis ein Verfahren nach § 97 erst dann betreiben, wenn er Jugendhil-

9 Kirchhoff/Winkler SGb 2020, 524 (528 f.), die auch interessante Handlungsalternativen aufzeigen.

10 Das gilt trotz der Rechtsprechung zum Leistungsausschluss für Ausländer und Ausländerinnen (st. Rspr. seit BSG 3.12.2015 – B 4 AS 44/15 R, Rn. 40) weiter für § 21 SGB XII.

11 Anders im Hinblick auf § 89 c Kirchhoff/Winkler SGb 2020, 524 (525); Schneider in jurisPK-SGB VIII Rn 12; OVG NRW 16.12.1994 – 16 A 3286/93; (andeutungsweise) VG Düsseldorf 29.11.2011 – 19 K 3677/11, juris Rn. 32; Schindler in FK-SGB VIII Rn. 2; Kern in SFMK § 86d Rn. 11 sowie → § 86d Rn. 11. – Anders im Hinblick auf Erstattungsansprüche nach §§ 89–89e auch noch die 6. Auflage: Kunkel in LPK-SGB VIII, 6. Aufl., § 97 Rn. 3.

feleistungen bereits tatsächlich erbracht hat. Vor dem Hintergrund von Sinn und Zweck der Vorschrift reicht es aber aus, wenn er über die Gewährung der Jugendhilfeleistung dem Grunde nach **positiv entschieden** hat.[12]

Hauptanwendungsfall für einen Erstattungsanspruch des Jugendhilfeträgers ist § 104 SGB X. Nach dieser Vorschrift hat ein nachrangig verpflichteter Leistungsträger einen Erstattungsanspruch gegen den oder die vorrangig verpflichteten Träger. Ob die Jugendhilfe nachrangig ist, ist nach § 10 zu prüfen. Ein Rangverhältnis begründet § 10 nur für konkurrierende Leistungen. Konkurrieren können nur kongruente Leistungen (**inhaltliche** [Teil-]**Identität**), also zB Leistungen nach § 39 mit Leistungen der Berufsausbildungsbeihilfe nach dem SGB III[13] oder mit der Erziehungsbeihilfe nach § 27 BVG,[14] aber bis auf die Eingliederungshilfe nach § 27d Abs. 1 Nr. 3 BVG im Verhältnis zur Eingliederungshilfe nach § 35a nicht mit den Hilfen in besonderen Lebenslagen nach § 27d BVG (zum OEG → § 93 Rn. 12);[15] daher kann der Träger der Jugendhilfe letztere nicht nach § 97 geltend machen.[16] Es muss sich um Leistungen handeln, die der andere Sozialleistungsträger für denselben Zeitraum (**zeitliche Identität**) hätte erbringen müssen, in dem der Jugendhilfeträger die Leistung erbracht hat oder erbringen wird. Dagegen ist eine **Personenidentität nicht notwendig**, dh, für die Jugendhilfeleistung können andere Personen leistungsberechtigt sein als für die andere Sozialleistung (zB für Jugendhilfeleistung die Eltern, für andere Sozialleistung das Kind).[17] Allerdings kann das JugA unter Umständen aus anderen Vorschriften berechtigt sein (zB als Amtspfleger oder -vormund oder bei Inobhutnahme), auch andere Leistungen zu beantragen.[18] 6

3 Rechtsfolgen (S. 1)

3.1 Die Feststellung einer Sozialleistung (S. 1)

3.1.1 Grundsatz. Es muss sich um eine Sozialleistung **iSd § 11 SGB I**[19] handeln. Sozialleistungen[20] sind die von den Sozialleistungsträgern nach den §§ 18–29 SGB I zu er- 7

---

12 OVG NRW 16.2.1994 – 16 A 3286/93, FEVS 45, 286; Loos in Wiesner Rn. 4; H. Schellhorn in SFMK Rn. 6; Schindler in FK-SGB VIII Rn. 2; Kirchhoff in Hauck/Noftz Rn. 37; Schneider in jurisPK-SGB VIII Rn. 19; DIJuF JAmt 2015, 248 (249); Kirchhoff/Winkler SGb 2020, 524 (525).

13 BSG 12.10.2017 – B 11 AL 20/16 R (im konkreten Fall allerdings wegen zu hoher vom Jugendamt selbst getragener Ausbildungsvergütung der Betroffenen verneint; unzufrieden mit der Entscheidung deshalb Bienert NZS 2018, 117).

14 Ebenso SG Kassel 24.9.2012 – S 6 VE 2/09, FamRZ 2013, 410.

15 Zum ab 1.1.2024 geltenden Vorrang von tatsächlich erbrachten Jugendhilfeleistungen nach § 93 SGB VIII vor Leistungen der Sozialen Entschädigung § 93 Abs. 2 SGB XIV.

16 BayVGH 29.3.2010 – 12 BV 08.943: Keine Vergleichbarkeit von Leistungen nach §§ 27, 27d BVG mit Inobhutnahme nach § 42 SGB VIII. – Zur Doppelrolle des JA als **Amtspfleger** und Leistungsträger in Fällen der Opferentschädigung vgl. BSG 16.3.2016 – B V 6/15 R; BSG 11.12.2008 – B 9/9 a VG 1/07 R, JAmt 2009, 151 und – die Rolle des Jugendamtes überbetonend – die Vorinstanz BayLSG 13.2.2007– L 15 VG 1/06 sowie Loos in Wiesner Rn. 3. Ungenau (und zu weit) auch Blum-Maurice/Hiller/Ladenburger JAmt 2020, 357 (363 f.): Soweit sie andeuten, dass das JAmt auch zusätzliche OEG-Leistungen beantragen kann, die das SGB VIII nicht vorsieht, ist das unzutreffend; insoweit besteht auch keine Belehrungspflicht des JA BSG 16.3.2016 – B 9 V 6/15 R, Rn. 31.

17 Ebenso Kirchhoff/Winkler SGb 2020, 524 (526); Riehle in Krug/Riehle Erl. II; Schneider in jurisPK-SGB VIII Rn. 18.

18 Zu diesen Fällen Kirchhoff/Winkler SGb 2020, 524 (525) hin.

19 So BSG 19.12.1991 – 12 RK 24/90 Rn. 26, FEVS 42, 342; H. Schellhorn in SFMK Rn. 8; Degener in JHSM Rn. 4.

20 H. Schellhorn in SFMK Rn. 8; Schneider in jurisPK-SGB VIII Rn. 9; zu den einzelnen Sozialleistungen vgl. Busch in GK-SGB VIII Rn. 9–48.

bringenden Leistungen des SGB einschließlich der nach § 68 SGB I einbezogenen Gesetze.[21] Für andere Leistungen, bspw. der Schule oder Asylbewerberleistungen, besteht daher keine Feststellungsberechtigung. Auf sie kann der Jugendhilfeträger nur unter den Voraussetzungen des § 95 zugreifen (→ § 95 Rn. 14 und 28).

Eine Sonderrolle nimmt das **Kindergeld** ein: Zwar kann sich der Jugendhilfeträger sowohl das sozialrechtliche (§ 48 Abs. 1 S. 4 SGB I) als auch das steuerrechtliche Kindergeld (§ 74 Abs. 1 S. 4 iVm S. 1 EStG) abzweigen lassen, so dass § 95 für diese Leistungen gesperrt ist (→ § 95 Rn. 8). Das Abzweigungsrecht beinhaltet *per se* nicht die Befugnis, das Kindergeld im eigenen Namen zu beantragen,[22] diese Antragsbefugnis folgt allerdings für diejenigen, die ein „berechtigtes Interesse" an der Leistung des Kindergeldes haben, aus § 9 Abs. 1 S. 3 BKGG und § 67 S. 2 EStG.[23] Für Kindergeld ist § 97 daher nicht anzuwenden.

8 Der Jugendhilfeträger kann nach § 97 nicht den **Beitritt** eines Hilfeempfängers **zur freiwilligen Krankenversicherung** (→ § 40 Rn. 19)[24] erklären. Da eine Sozialleistung iSd SGB I eine Dienst-, Sach- oder Geldleistung beinhaltet, kann – jedenfalls bei Auslegung im Wortsinne – die Erklärung des Beitritts zu einer freiwilligen Krankenversicherung nicht als Betreiben der Feststellung einer Sozialleistung gewertet werden, weil die Beitrittserklärung die Ausübung eines Gestaltungsrechts darstellt und die dadurch bewirkte Begründung der Mitgliedschaft erst die Voraussetzung für spätere Sozialleistungen schafft. Der Jugendhilfeträger kann auch nicht im Wege der analogen Anwendung des § 97 die Feststellung erreichen, dass ein Jugendhilfeempfänger freiwilliges Mitglied einer Krankenkasse wird. Durch § 97 erhält der Jugendhilfeträger nicht die Stellung eines Pflegers oder Betreuers. Eine derart weite Auslegung würde vor allem in unzulässiger Weise in das durch Art. 2 Abs. 1 GG geschützte Recht des Hilfeempfängers eingreifen, selbst über eine freiwillige Mitgliedschaft bei einer Krankenkasse zu entscheiden.[25] Der Jugendhilfeträger kann aus § 97 (oder § 86c) auch keinen einklagbaren Anspruch auf Übernahme eines Falles ableiten.[26]

9 **3.1.2 Rechtsweg (S. 1).** Über den Antrag des Jugendhilfeträgers, die vorrangigen Leistungen zu erbringen, entscheidet der zuständige Sozialleistungsträger durch **VA,** obwohl der die Leistung feststellende Träger und der Jugendhilfeträger beide juristische Personen des öffentlichen Rechts sind und sich nicht in einem Über- und Unterordnungsverhältnis (vgl. § 31 SGB X: „hoheitlich") gegenüberstehen. Der Jugendhilfeträger wird in diesen Fällen ausnahmsweise anstelle eines Sozialleistungsberechtigten tätig. Somit kann von dem – sonst gleichgeordneten – Sozialleistungsträger ein VA auch gegenüber dem Jugendhilfeträger erlassen werden, weil dieser für den Sozialleistungsberechtigten materiellrechtliche Ansprüche geltend macht und der Sozialleistungsträger gegenüber dem Berechtigten durch VA entscheiden müsste.[27] Auch Außenwirkung iSd § 31 SGB X liegt vor, da der Jugendhilfeträger einen Anspruch des Berechtigten der anderen Sozialleistung verfolgt.[28] Danach kann ein Sozialleistungsträger die vom Jugendhilfeträger beantragte Feststellung der Sozialleistung auch mit der Begründung durch VA ablehnen, dass die Voraussetzungen des § 97 nicht erfüllt seien. In einem solchen Fall ist nicht nur der Berechtigte der anderen Sozialleistung, sondern auch der die Feststellung der Leistung betreibende Jugendhilfeträger selbst beschwert, da ihm

21 Schindler in FK-SGB VIII Rn. 3: auch andere Sozialleistungen.
22 Voelzke/Didong in jurisPK-SGB I § 48 Rn. 10; Selder in Blümich EStG § 74 Rn. 38.
23 Treiber in Blümich EStG § 67 Rn. 23 f.
24 Ebenso Schneider in jurisPK-SGB VIII Rn. 10.
25 Vgl. zu § 91 a BSHG BSG 19.12.1991 – 12 RK 24/90, Rn. 26, FEVS 42, 342.
26 VG Düsseldorf 29.11.2011 – 19 K 3677/11, juris Rn. 32.
27 Ebenso Stähr in Hauck/Noftz Rn. 13; Riehle in Krug/Riehle Erl. IV.; Degener in JHSM Rn. 7; Schneider in jurisPK-SGB VIII Rn. 23.
28 Vgl. BSG 22.6.1966 – 3 RKg 64/62, FEVS 13, 353.

die Befugnis abgesprochen wird, im Verwaltungsverfahren die Feststellung von Sozialleistungen zu betreiben.[29] Da der dritte Sozialleistungsträger über den materiellen Anspruch des Berechtigten der anderen Sozialleistung entscheidet, muss der Verwaltungsakt auch diesem gegenüber bekannt gegeben werden.[30]

§ 97 enthält keine eindeutige Rechtswegzuweisung. Somit richtet sich der **Rechtsweg nach der Natur des Rechtsverhältnisses**, aus dem der Anspruch hergeleitet wird.[31] Das bedeutet, dass der Jugendhilfeträger zB Ansprüche gegen eine Krankenkasse vor dem Sozialgericht erstreiten muss (§ 51 Abs. 1 Nr. 2 SGG), obwohl für jugendhilferechtliche Streitigkeiten der Verwaltungsrechtsweg eröffnet ist (§ 40 VwGO; → Anh. 5 Rn. 76). 10

Die **Zulässigkeit einer Feststellungsklage** erfordert ein berechtigtes Interesse des Klägers an der begehrten gerichtlichen Feststellung (§ 55 Abs. 1 SGG; § 43 Abs. 1 VwGO). An einem solchen berechtigten Interesse fehlt es, wenn sich das Feststellungsverfahren gegen den gleichen Rechtsträger richtet (**In-sich-Prozess**) und es somit eine gemeinsame Entscheidungsspitze gibt, die die behördeninternen Meinungsverschiedenheiten durch eine eigene Entscheidung ausräumen kann,[32] zB der Sozialdezernent für Jugend- und Sozialhilfeträger. Etwas anderes soll auch dann nicht gelten, wenn der gleiche Rechtsträger Aufgaben der Bundesauftragsverwaltung betreibt[33] (zB Leistungen nach dem 4. Kap. SGB XII, Wohngeld, Aufgaben einer Optionskommune außerhalb von § 6 Abs. 1 S. 1 Nr. 2 SGB II). Für Leistungen nach dem SGB II ist zu unterscheiden: Weil es bei gemeinsamen Einrichtungen bei der jeweiligen Trägerschaft von Bundesagentur und kommunalem Träger gemäß § 6 SGB II (§ 44b Abs. 1 S. 2 Hs. 2 SGB II) bleibt und die jeweiligen Träger ein Weisungsrecht haben (§ 44b Abs. 3 SGB II), hängt das berechtigte Interesse von der jeweiligen Leistung ab; für einheitliche Leistungen mit gespaltener Trägerschaft (Alg II oder Sozialgeld) muss von einem berechtigten Interesse ausgegangen werden. Weil zugelassene kommunale Träger nach § 6a SGB II (sog Optionskommunen) hingegen (weitgehend) selbst Träger sind (§ 6b SGB II), besteht dort das berechtigte Interesse nicht. 11

Auch bei der Feststellungsklage ist ein **Widerspruchsverfahren** durchzuführen.[34]

3.1.3 Die Rechtsstellung des Jugendhilfeträgers (S. 1). Die Feststellung eines Anspruchs kann nicht nur gerichtlich, sondern schon im Verwaltungsverfahren betrieben werden.[35] Der Jugendhilfeträger hat daher die Befugnis, im eigenen Namen für die Leistungsberechtigten der vorrangigen Leistungen Anträge zu stellen, also ein Verwaltungsverfahren einzuleiten. Er kann gegen die Entscheidung des Sozialleistungsträgers Widerspruch einlegen, Klage erheben und alle Verfahrens- und Prozesshandlungen vornehmen, zu denen die Leistungsberechtigten selbst berechtigt wären. Der Jugendhilfeträger wird deshalb aber nicht – im Unterschied zur Überleitung – Anspruchsinhaber; den Leistungsberechtigten verbleiben ihre Ansprüche. Der Jugendhilfeträger hat lediglich eine Feststellungsbefugnis; er macht **ein fremdes Recht im eigenen Namen geltend** (→ Rn. 1). Will er die Auszahlung der Geldleistung an sich, kann er dies nur mit einem Erstattungsanspruch nach §§ 102 ff. SGB X erreichen.[36] 12

29 BSG 19.12.1991 – 12 RK 24/90, FEVS 42, 342.
30 Kirchhoff/Winkler SGb 2020, 524 (526).
31 So zu § 91a BSHG BSG 19.12.1991 – 12 RK 24/90, FEVS 42, 342; Schindler in FK-SGB VIII Rn. 8.
32 Ebenso Loos in Wiesner Rn. 6; H. Schellhorn in SFMK Rn. 12.
33 BVerwG 6.11.1991 – 8 C 10/90, FEVS 42, 221.
34 BSG 15.2.2000 – B 11 AL 73/99 R; Schneider in jurisPK-SGB VIII Rn. 26; Loos in Wiesner Rn. 9.
35 Ebenso Schindler in FK-SGB VIII Rn. 6.
36 So Degener in JHSM Rn. 7.

13 Soweit ein Jugendhilfeträger neben der Feststellung die Erstattung seiner Aufwendungen nach § 104 SGB X verfolgt,[37] macht er **einen eigenen Anspruch** geltend. Dieser Anspruch wäre mit einer allgemeinen Leistungsklage zu verfolgen, die der Jugendhilfeträger erheben müsste, wenn der vorrangig verpflichtete Sozialleistungsträger freiwillig zur Erstattung nicht bereit wäre. In einem solchen Fall stünden sich Jugendhilfeträger und anderer Sozialleistungsträger gleichgeordnet gegenüber.

3.2 Ermessen (S. 1)

14 Es liegt im pflichtgemäßen Ermessen (§ 39 SGB I analog) des Jugendhilfeträgers, ob er die Feststellung von Sozialleistungen betreibt. Hierbei hat er auch die besonderen persönlichen Verhältnisse des Jugendhilfeempfängers zu berücksichtigen, besonders die Möglichkeiten und Fähigkeiten des Leistungsberechtigten, seine Ansprüche selbst zu verfolgen und durchzusetzen; er darf ihn weder bevormunden noch verdrängen.[38] **Ermessensfehlgebräuchlich** wäre es, wenn das JA sich von anderen Interessen leiten ließe als denen, aus Kostengründen den Erstattungsanspruch möglichst schnell zu realisieren.[39] Weiterhin hat der Jugendhilfeträger zu prüfen, ob es ausreicht, seinen **Erstattungsanspruch** (→ Rn. 1 f.) geltend zu machen, weil er nur die tatsächlich erbrachten Leistungen erstattet haben will, oder ob auch künftige Ansprüche gegen andere Träger durchgesetzt werden sollen.

4 Fristablauf (S. 2, 3)

15 Sind ohne Verschulden des Jugendhilfeträgers **Fristen** verstrichen (zB Antrags-, Erklärungs- oder Rechtsbehelfsfristen), wirkt der Ablauf der Fristen nicht gegen ihn; umfasst sind Antrags-, Erklärungs- oder Rechtsbehelfsfristen. Keine Frist in diesem Sinne liegt jedoch vor, wenn Leistungen erst ab Antragstellung gewährt werden.[40] Trifft ihn dagegen ein Verschulden, muss er den Ablauf der Fristen gegen sich geltend lassen (**S. 2**). Dies ist zB der Fall, wenn der Jugendhilfeempfänger dem Jugendhilfeträger einen an ihn zugestellten Ablehnungsbescheid eines vorrangig verpflichteten Sozialleistungsträgers aushändigt und der Jugendhilfeträger diesen Bescheid lediglich zu seinen Akten nimmt, ohne fristgerecht Widerspruch einzulegen. Wird dieser Bescheid bestandskräftig, kann der Jugendhilfeträger sich anschließend nicht darauf berufen, dass der Ablauf der Frist nicht gegen ihn wirke. Etwas anders gilt, wenn der Jugendhilfeempfänger den ihm zugestellten Ablehnungsbescheid erst nach Eintritt der Bestandskraft vorlegt. In diesem Fall trifft den Jugendhilfeträger kein Verschulden.[41]

16 Betreibt der Jugendhilfeträger das Verfahren selbst und versäumt er dabei Fristen, muss er sich den Ablauf dieser Fristen entgegenhalten lassen (**S. 3**), auch wenn er das Versäumnis nicht verschuldet hat;[42] er kann dann aber Wiedereinsetzung in den vorigen Stand (§ 67 SGG/§ 60 VwGO bei gerichtlichen Fristen, bei anderen Fristen analog; bei Fristen im Verwaltungsverfahren § 27 SGB X) beantragen.

---

37 Zu dieser Konkurrenz BayLSG 31.2.2007 – L 15 VG 1/06.
38 IdS auch Kirchhoff/Winkler SGb 2020, 524 (526); H. Schellhorn in SFMK Rn. 16; Riehle in Krug/Riehle Erl. II.
39 Ähnlich HessVGH 26.4.2005 – 10 UE 514/04: Verpflichtung nach § 97 vorzugehen, um Aufwand möglichst gering zu halten.
40 Kirchhoff/Winkler SGb 2020, 524 (527 f.).
41 Ebenso Degener in JHSM Rn. 9.
42 Ebenso H. Schellhorn in SFMK Rn. 14; Loos in Wiesner Rn. 7; Schneider in jurisPK-SGB VIII Rn. 31; aA aber wohl Degener in JHSM Rn. 10.

§ 97a Pflicht zur Auskunft

(1) [1]Soweit dies für die Berechnung oder den Erlass eines Kostenbeitrags oder die Übernahme eines Teilnahmebeitrags nach § 90 oder die Ermittlung eines Kostenbeitrags nach den §§ 92 bis 94 erforderlich ist, sind Eltern, Ehegatten und Lebenspartner junger Menschen sowie Leistungsberechtigter nach § 19 verpflichtet, dem örtlichen Träger über ihre Einkommensverhältnisse Auskunft zu geben. [2]Junge Volljährige und volljährige Leistungsberechtigte nach § 19 sind verpflichtet, dem örtlichen Träger über ihre Einkommens- und Vermögensverhältnisse Auskunft zu geben. [3]Eltern, denen die Sorge für das Vermögen des Kindes oder des Jugendlichen zusteht, sind auch zur Auskunft über dessen Einkommen verpflichtet. [4]Ist die Sorge über das Vermögen des Kindes oder des Jugendlichen anderen Personen übertragen, so treten diese an die Stelle der Eltern.

(2) [1]Soweit dies für die Berechnung der laufenden Leistung nach § 39 Absatz 6 erforderlich ist, sind Pflegepersonen verpflichtet, dem örtlichen Träger darüber Auskunft zu geben, ob der junge Mensch im Rahmen des Familienleistungsausgleichs nach § 31 des Einkommensteuergesetzes berücksichtigt wird oder berücksichtigt werden könnte und ob er ältestes Kind in der Pflegefamilie ist. [2]Pflegepersonen, die mit dem jungen Menschen in gerader Linie verwandt sind, sind verpflichtet, dem örtlichen Träger über ihre Einkommens- und Vermögensverhältnisse Auskunft zu geben.

(3) [1]Die Pflicht zur Auskunft nach den Absätzen 1 und 2 umfasst auch die Verpflichtung, Name und Anschrift des Arbeitgebers zu nennen, über die Art des Beschäftigungsverhältnisses Auskunft zu geben sowie auf Verlangen Beweisurkunden vorzulegen oder ihrer Vorlage zuzustimmen. [2]Sofern landesrechtliche Regelungen nach § 90 Absatz 1 Satz 2 bestehen, in denen nach Einkommensgruppen gestaffelte Pauschalbeträge vorgeschrieben oder festgesetzt sind, ist hinsichtlich der Höhe des Einkommens die Auskunftspflicht und die Pflicht zur Vorlage von Beweisurkunden für die Berechnung des Kostenbeitrags nach § 90 Absatz 1 Nummer 3 auf die Angabe der Zugehörigkeit zu einer bestimmten Einkommensgruppe beschränkt.

(4) [1]Kommt eine der nach den Absätzen 1 und 2 zur Auskunft verpflichteten Personen ihrer Pflicht nicht nach oder bestehen tatsächliche Anhaltspunkte für die Unrichtigkeit ihrer Auskunft, so ist der Arbeitgeber dieser Person verpflichtet, dem örtlichen Träger über die Art des Beschäftigungsverhältnisses und den Arbeitsverdienst dieser Person Auskunft zu geben; Absatz 3 Satz 2 gilt entsprechend. [2]Der zur Auskunft verpflichteten Person ist vor einer Nachfrage beim Arbeitgeber eine angemessene Frist zur Erteilung der Auskunft zu setzen. [3]Sie ist darauf hinzuweisen, dass nach Fristablauf die erforderlichen Auskünfte beim Arbeitgeber eingeholt werden.

(5) [1]Die nach den Absätzen 1 und 2 zur Erteilung einer Auskunft Verpflichteten können die Auskunft verweigern, soweit sie sich selbst oder einen der in § 383 Absatz 1 Nummer 1 bis 3 der Zivilprozessordnung bezeichneten Angehörigen der Gefahr aussetzen würden, wegen einer Straftat oder einer Ordnungswidrigkeit verfolgt zu werden. [2]Die Auskunftspflichtigen sind auf ihr Auskunftsverweigerungsrecht hinzuweisen.

Gliederung – zugleich Prüfschema

1 Systematischer Zusammenhang

1 Im Unterschied zur Sozialhilfe, deren Leistungen grundsätzlich erst nach Prüfung der wirtschaftlichen Hilfebedürftigkeit gewährt werden, wird Jugendhilfe bereits erbracht, wenn die maßgeblichen wirtschaftlichen Verhältnisse der Leistungsberechtigten und der anderen maßgeblichen Personen noch gar nicht bekannt sind (sog erweiterte Hilfe; → § 91 Rn. 1). Der Nachrang (§ 10 Abs. 2) wird erst im Nachhinein dadurch hergestellt, dass die jeweils gesetzlich bestimmten Personen durch Erhebung von Kostenbeiträgen (§§ 90, 91) zu den Kosten herangezogen werden. Nur einzelne Leistungen – die Übernahme von Teilnahmebeiträgen für die Inanspruchnahme bestimmter Leistungen der freien Jugendhilfe nach § 90 Abs. 3 und die Leistungen zum Unterhalt (teil-)stationär untergebrachter junger Menschen nach § 39 (sog Pflegegeld) – hängen schon bei der Bewilligung von den persönlichen und wirtschaftlichen Verhältnissen bestimmter Personen ab. Bei den Personen, deren wirtschaftliche Verhältnisse zu berücksichtigen sind, handelt es sich regelmäßig nicht um die Leistungsberechtigten selbst. Sowohl die Entscheidung über die Heranziehung zu Kostenbeiträgen als auch über die schon bei der Bewilligung von den wirtschaftlichen Verhältnissen abhängenden Leistungen ist nach Grund und Höhe erst dann konkret möglich, wenn die persönlichen und wirtschaftlichen Verhältnisse der maßgeblichen Personen bekannt sind.

2 § 97a versetzt das JA in den Stand, im Rahmen seiner Amtsermittlungspflicht (§ 20 SGB X) die Tatsachengrundlagen zur Entscheidung über die Erhebung und Berechnung eines Kostenbeitrags nach § 90 oder § 91, die Übernahme eines Teilnahmebeitrags nach § 90 Abs. 2[1] oder die Höhe des Pflegegeldes zu ermitteln. Zu diesem Zweck begründet die Vorschrift eine eigenständige öffentlich-rechtliche **Pflicht zur Auskunftserteilung**, der – spiegelbildlich – ein **Auskunftsanspruch** des Jugendhilfeträgers entspricht. Die öffentlich-rechtliche Pflicht wird im Über-/Unterordnungsverhältnis als **VA** (§ 31 SGB X) konkretisiert; § 97a ist die Ermächtigungsgrundlage dafür (→ Rn. 36).

3 Für **andere Zwecke** als die der Berechnung von Kostenbeiträgen, der zu übernehmenden Teilnahmebeiträge und der Höhe des Pflegegeldes verschafft § 97a keine Auskunftspflicht. So können Beistände nicht über § 97a beim Arbeitgeber des Unterhaltspflichtigen dessen Einkommen erfragen (→ § 68 Rn. 1).[2] Zwar bleibt die Befugnis des JA unberührt, im Rahmen von Verwaltungsverfahren gemäß **§ 21 Abs. 1 Nr. 1 SGB X**

1 AA Schindler in FK-SGB VIII Rn. 2: nur für Berechnung der Höhe.
2 Hierzu DIJuF JAmt 2002, 14.

Auskünfte einzuholen, diese Befugnis ist allerdings nicht mit einer durch VA durchsetzbaren Auskunftspflicht verknüpft.[3]

4 Sozialrechtliche **Parallelvorschriften** zu § 97a sind §§ 57, 58, 60, 61 SGB II und § 117 SGB XII. Diesen echten, mit Verwaltungszwang durchsetzbaren Auskunftspflichten bestimmter Personen stehen die **Mitwirkungsobliegenheiten** der Leistungsbeziehenden und -antragstellenden nach den §§ 60 ff. SGB I gegenüber. Insbesondere nach § 60 SGB I hat, wer Sozialleistungen beantragt oder erhält, alle leistungserheblichen Tatsachen anzugeben, Beweismittel zu benennen und vorzulegen und der Einholung von Auskünften bei Dritten zuzustimmen. Diese Mitwirkungsobliegenheiten richten sich allerdings erstens an einen anderen, engeren Personenkreis. Zweitens sind sie nicht mit Verwaltungszwang durchsetzbar; ihre Verletzung kann bis zu ihrer Nachholung nur zur Versagung oder Entziehung der Leistung führen (§ 66 SGB I). Weil der Einsatz von Einkommen und Vermögen im Jugendhilferecht regelmäßig keine Leistungsvoraussetzung ist, greifen die §§ 60 ff. SGB I im Jugendhilferecht in der Regel nicht.[4] Lediglich bei der Übernahme von Teilnahmebeiträgen nach § 90 Abs. 2 und 3 können die §§ 60 ff. SGB I Wirkung entfalten. Soweit in einem Verfahren über die Übernahme von Teilnahmebeiträgen eine antragstellende Person sowohl nach § 60 SGB I als auch nach § 97 a auskunftspflichtig wäre, verdrängen §§ 60 ff. SGB I die Auskunftspflicht aus § 97a: Die Auskunft ist in diesem Fall nicht erforderlich für die Berechnung der Übernahme des Teilnahmebeitrags; die Versagung der Leistung ist gegenüber der Anwendung von Verwaltungszwang in diesem Fall das mildere Mittel.

5 **Weitere** echte **öffentlich-rechtliche Auskunftspflichten Privater** bestehen nach den §§ 98 ff. SGB X; von diesen ist allerdings nur § 100 SGB X für die Jugendhilfe anwendbar. Hiernach sind Ärzte und Angehörige anderer Heilberufe auch dem Jugendhilfeträger gegenüber im Einzelfall auf Ersuchen zur Auskunft verpflichtet, sofern dies gesetzlich (insbesondere datenschutzrechtlich) zulässig ist oder die betroffene Person im Einzelfall eingewilligt hat.

6 Die Auskunftspflicht nach § 97a besteht nur dann, wenn das JA die geforderten Daten nach § 62 Abs. 3 erheben darf (→ § 62 Rn. 11 f.)[5] und die Auskunftspflichtigen die geforderten Daten an das JA übermitteln dürfen. Aus dem **Grundrecht auf informationelle Selbstbestimmung** (→ § 61 Rn. 1) folgt, dass die einzelne Person selbst bestimmt, welche Informationen sie preisgibt. § 35 SGB I konkretisiert dies mit dem Sozialgeheimnis. Die Auskunftspflicht muss deshalb datenschutzrechtlich „unterfüttert" sein. Dies geschieht mit § 62 Abs. 1 und 2 für die eigenen Einkommens- bzw. Vermögensverhältnisse, mit § 62 Abs. 3 Nr. 1 für die Auskunft Dritter über das Einkommen des betroffenen Kostenbeitragspflichtigen. In erster Linie sind die Daten bei den Betroffenen selbst nach § 97a Abs. 1 u. 3 zu erheben, nur subsidiär bei Arbeitgebern und Arbeitgeberinnen nach Abs. 4 und erst danach beim **Finanzamt** nach § 21 Abs. 4 SGB X (→ Rn. 33 u. 36).[6] Die Datenerhebung und damit die Auskunftspflicht ist begrenzt auf die Daten, die geeignet und notwendig sind, um den Kostenbeitrag erheben und berechnen zu können (→ § 62 Rn. 3). Bei der Betroffenenerhebung besteht die **Aufklärungspflicht** nach § 62 Abs. 2 S. 2; als Rechtsgrundlage muss daher § 97a Abs. 1 und 3 und als Zweck die Erhebung eines Kostenbeitrags genannt werden. Diese datenschutzrechtlichen Regelungen verdrängen gem. § 37 S. 3 SGB I den Untersuchungsgrundsatz

3 Hierzu – für § 116 BSHG – BVerwG 21.1.1993 – 5 C 22/90, FuR 1993, 282 mAnm Schellhorn u. Hohm jurisPR-SozR 41/2004 Anm. 6 nach VGH BW 14.3.1990 – 6 S 1575/89.
4 Schneider in jurisPK-SGB VIII § 97a Rn. 7; Wiesner in Wiesner § 97a Rn. 2; Mrozynski SGB VIII § 97a Rn. 2.
5 S. irrig Schneider in jurisPK-SGB VIII Rn. 15: § 97 a SGB VIII sei lex specialis zu § 67a SGB X.
6 Ebenso VG Aachen 14.4.2010 – 2 K 2177/08.

nach § 20 SGB X mit der Möglichkeit, Auskünfte nach § 21 Abs. 1 Nr. 1 SGB X einzuholen, insoweit, als es um die nach § 97 a auskunftspflichtigen Personen geht (zu anderen Personen → Rn. 19). **Arbeitgeber und Arbeitgeberinnen** als nicht-öffentliche Stellen sind nach Art. 6 Abs. 1 UAbs. 1 lit. c DS-GVO berechtigt, die Daten dem öffentlichen Träger der Jugendhilfe zu übermitteln, weil sie nach § 97a Abs. 4 (→ Rn. 30) dazu verpflichtet sind.[7]

7 Vor diesem Hintergrund sieht § 97a Abs. 1 Auskunftspflichten zur Berechnung von Kostenbeiträgen und der Übernahme von Teilnahmebeiträgen vor (hierzu ab → Rn. 8). § 97a Abs. 2 sieht Auskunftspflichten von Pflegeeltern zur Berechnung des Pflegegeldes nach § 39 vor (hierzu ab → Rn. 27). Nur subsidiär für den Fall der Nichterfüllung dieser Auskunftspflichten sieht schließlich § 97a Abs. 4 Auskunftspflichten der Arbeitgeber und Arbeitgeberinnen der nach Abs. 1 und 2 Auskunftspflichtigen vor (hierzu ab → Rn. 30).

2 Auskunftspflicht zur Berechnung von Kostenbeiträgen und der Übernahme von Teilnahmebeiträgen (Abs. 1)

2.1 Tatbestandsvoraussetzungen (Abs. 1)

8 **2.1.1 Übersicht über die Tatbestandsvoraussetzungen.** Die Auskunftspflicht nach § 97a Abs. 1 dient dem Zweck der Berechnung oder des Erlasses eines Kostenbeitrags nach § 90, der Übernahme eines Teilnahmebeitrags nach § 90 oder der Ermittlung eines Kostenbeitrags nach §§ 91, 92–94.

Die Rechtmäßigkeit eines hierauf gestützten Auskunftsverlangens setzt grundsätzlich nicht voraus, dass **tatsächlich** ein Kostenbeitrag erhoben werden kann,[8] denn darüber kann idR erst entschieden werden, wenn dem Jugendhilfeträger die erforderlichen Auskünfte vorliegen.[9] Für die Rechtmäßigkeit des Auskunftsverlangens kommt es **nur darauf an,** dass (erstens) die vom Auskunftsersuchen betroffene Person zum auskunftspflichtigen Personenkreis gehört (hierzu ab → Rn. 13), (zweitens) es sich um eine grundsätzlich (nach § 90 Abs. 1 S. 1 Nr. 1–3 oder § 91) kostenbeitragspflichtige Hilfe handelt und es (drittens) um Einkommen bzw. Vermögen einer grundsätzlich kostenbeitragspflichtigen Person (für Hilfen nach § 90 gemäß § 90, für Hilfen nach § 91 gemäß § 92 Abs. 1 Nr. 1–5) geht.[10] Die angeforderte Auskunft muss weiter erforderlich für die Erreichung des mit der Auskunftspflicht verfolgten Zwecks sein (hierzu ab → Rn. 16) und die grundsätzlich auskunftspflichtige Person darf sich nicht auf ein Auskunftsverweigerungsrecht (→ Rn. 17) berufen können.

9 Ob die **Jugendhilfemaßnahme** zu **Recht** erfolgt ist, ist ohne Einfluss auf die Rechtmäßigkeit des Auskunftsverlangens (→ § 91 Rn. 14).[11] Es genügt, dass die Maßnahme nicht offensichtlich rechtswidrig war (**„Negativevidenz“**).[12] Das Auskunftsverlangen ist unabhängig davon zulässig, ob die **Information nach § 92 Abs. 3** (→ § 92 Rn. 17) schon erfolgt ist oder nicht;[13] es wird aber zweckmäßigerweise mit dieser verbunden.

7 So – für die Rechtslage bis 30.6.1991 und zur damaligen Parallelvorschrift § 116 BSHG – auch OVG NRW 10.11.1993 – 25 A 1237/92, FEVS 45, 68.
8 Ähnlich BVerwG 21.1.1993 – 5 C 22/90.
9 Ebenso Mrozynski SGB VIII Rn. 2; H. Schellhorn in SFMK Rn. 19.
10 Ähnlich VG München 27.7.2011 – M 18 K 10.4546; VG München 16.4.2008 – M 18 K 07.3338; VG Göttingen 10.7.2007 – 2 A 25/06.
11 Ebenso OVG NRW 19.5.2016 – 12 A 1798/15; VG München 27.7.2011 – M 18 K 10.4546; VG München 16.4.2008 – M 18 K 07.3338; Stähr in Hauck/Noftz Rn. 4 a; Loos in Wiesner Rn. 2a.
12 So BayVGH 13.4.2015 – 12 ZB 13.388; Zustimmung andeutend BVerwG 10.8.2015 – 5 B 48/15.
13 Ebenso BayVGH 13.4.2015 – 12 ZB 13.388; aA v. Renesse in Jung Rn. 3.

Auch die Jugendhilfemaßnahme selbst muss noch nicht durchgeführt worden sein,[14] da die Durchführung von der Erhebung eines Kostenbeitrags abhängig sein kann (vgl. § 92 Abs. 5). 10

Eine „Wartefrist" für ein erneutes Auskunftsverlangen, wie sie etwa § 1605 Abs. 2 BGB kennt, gibt es nicht,[15] vielmehr ist erneut Auskunft zu erteilen, wenn dies erforderlich ist, weil die Einkommensverhältnisse sich geändert haben. Darauf sollte der Träger ausdrücklich hinweisen.[16] 11

Entspricht das Auskunftsverlangen nicht den materiellen oder formellen Voraussetzungen des § 97a, liegt eine **Amtspflichtverletzung** (§ 839 BGB, Art. 34 GG) vor, die eine Schadensersatzpflicht auslöst.[17] 12

2.1.2 Nach Abs. 1 auskunftspflichtige Personen im Einzelnen. § 97a Abs. 1 kennt zwei Gruppen von Auskunftspflichtigen: (Erstens) **Eltern** und **Ehegatten** bzw. (eingetragene) Lebenspartner und Lebenspartnerinnen junger Menschen oder Leistungsberechtigter nach § 19[18] (§ 97a Abs. 1 S. 1) und (zweitens) junge Volljährige und volljährige Leistungsberechtigte nach § 19 (§ 97a Abs. 1 S. 2). Da die Auskunftspflicht **akzessorisch** zur Kostenbeitragspflicht ist, ist der Begriff „Eltern" in § 97a Abs. 1 S. 1 inhaltlich gleich zu verstehen wie der in § 92 verwendete Begriff „Elternteile". Zudem kann sie sich bei einer Hilfe nach § 19 nicht auf das Einkommen der Eltern beziehen, wenn sie bei **Schwangerschaft** des Kindes oder Alleinerziehung nach § 92 Abs. 4 S. 2 nicht aus ihrem Einkommen herangezogen werden können.[19] 13

Kinder und Jugendliche sind zwar kostenbeitragspflichtig (§ 92 Abs. 1 Nr. 1 oder § 90 Abs. 2 S. 1 Nr. 1a), aber nicht nach § 97a auskunftspflichtig; das hindert das JA allerdings nicht, bei ihnen eine freiwillige Auskunft nach § 21 Abs. 1 Nr. 1 SGB X einzuholen (→ Rn. 3, 19). Ihr Einkommen wird über die Auskunftspflicht ihrer Eltern erfasst: **Eltern**, denen die **Vermögenssorge**[20] zusteht, sind auch zur Auskunft (nur) über das Einkommen des **Kindes** verpflichtet (Abs. 1 **S.** 3). Ist die Vermögenssorge **anderen Personen** übertragen (zB Pfleger, Vormund), treten diese an die Stelle der Eltern (§ 97a Abs. 1 S. 4). 14

2.1.3 Auskunftsberechtigter Träger. Die auskunftspflichtigen Personen sind nur gegenüber dem sachlich und örtlich (§§ 86–88) zuständigen oder zum vorläufigen Tätigwerden verpflichteten (§ 86d, § 43 SGB I) **örtlichen Träger** der Jugendhilfe (§ 85 Abs. 1) zur Auskunft verpflichtet. Ein sachlich zuständiger **überörtlicher Träger** (§ 85 Abs. 2 Nr. 9) hat demnach kein entsprechendes Auskunftsrecht. 15

2.1.4 Erforderlichkeit. Jede Auskunftspflicht steht unter dem Vorbehalt der Erforderlichkeit. Das Auskunftsersuchen hat sich am Grundsatz der **Verhältnismäßigkeit** als Ausfluss des Rechtsstaatsprinzips (Art. 20, 28 GG) zu orientieren, muss also geeignet, erforderlich und angemessen zur Erreichung des mit der Auskunftspflicht verfolgten Zwecks sein. Der Jugendhilfeträger hat sicherzustellen, dass der Inhalt der einzelnen Fragen, zB in einem von ihm verwendeten Fragebogen, nicht weiter geht, als es die Zweckbindung der Auskunft und der Verhältnismäßigkeitsgrundsatz zulassen (§ 62 16

14 Ebenso Mrozynski SGB VIII Rn. 5; aA Schindler in FK-SGB VIII Rn. 1.
15 Ebenso VG Schleswig 30.8.2006 – 15 A 135/06, JAmt 2007, 47.
16 Ähnlich DIJuF JAmt 2005, 564.
17 Ebenso LG Landau 22.10.2002 – 2 O 375/02, FamRZ 2003, 1604; v. Renesse in Jung Rn. 9.
18 Die Genitivverwendung ist hier korrekt, da die so formulierte Auskunftspflicht der Kostenbeitragspflicht der Eltern, Ehegatten/Lebenspartner nach § 92 Abs. 1 Nr. 4 u. 5 für die Hilfe nach § 19 entspricht. Zu Unrecht rügt Degener in JHSM Fn. 1 zum Gesetzestext, es müsse „ein Leistungsberechtigter" heißen.
19 So Degener in JHSM Rn. 6.
20 Vgl. aber LG Landau 22.10.2002 – 2 O 375/02, FamRZ 2003, 1604, wo auf die Personensorge abgestellt wird.

Abs. 1). Die Auskunft darf nur zu dem gesetzlich vorgesehenen Zweck verwendet werden, für den sie erhoben wurde (§ 64 Abs. 1), bei § 97a Abs. 1 also, die Tatsachengrundlagen zur Entscheidung über die Erhebung und Berechnung eines Kostenbeitrags nach § 90 oder § 91 oder die Übernahme eines Teilnahmebeitrags nach § 90 Abs. 2 oder 3 zu ermitteln. Wenn bereits bekannte Tatsachen für diesen Zweck ausreichen (dem JugA ist zB bekannt, dass die Auskunftspflichtigen über kein oder nur ein sehr geringes Einkommen bzw. Vermögen verfügen), ist ein darüber hinausgehendes Auskunftsverlangen nicht erforderlich und damit rechtswidrig.

17 **2.1.5 Auskunftsverweigerungsrecht (Abs. 5).** Die Auskunftspflichtigen[21] können die Auskunft verweigern, soweit sie sich selbst oder einen der in § 383 Abs. 1 Nr. 1–3 ZPO bezeichneten angehörigen Personen der Gefahr aussetzen würden, wegen einer Straftat oder einer Ordnungswidrigkeit verfolgt zu werden (§ 97a Abs. 5 S. 1). Das JA hat die Auskunftspflichtigen auf ihr Auskunftsverweigerungsrecht hinzuweisen (§ 97a Abs. 5 S. 2).

2.2 Rechtsfolge: Umfang der Auskunftspflicht (Abs. 1, 3)

18 **2.2.1 Allgemeines.** Die Auskunftspflicht besteht in **unterschiedlicher „Tiefenschärfe"** bei den verschiedenen (→ Rn. 8 ff.) Auskunftspflichtigen. Die in **Abs. 1 S. 1** Genannten (Eltern, Ehegatten und Lebenspartner und Lebenspartnerinnen junger Menschen sowie von Leistungsberechtigten nach § 19) müssen nur über ihr **Einkommen**, die in **Abs. 1 S. 2** Genannten (junge Volljährige und volljährige Leistungsberechtigte nach § 19) über ihr **Einkommen und Vermögen** Auskunft geben. Vermögenssorgeberechtigte Eltern (**Abs. 1 S. 3**) oder die anderen Vermögenssorgeberechtigten (**Abs. 1 S. 4**) müssen (auch) über das Einkommen des **Kindes** Auskunft geben. Damit bildet die Auskunftspflicht die Kostenbeitragspflicht aus § 92 Abs. 1, 1 a exakt ab. Für den Kostenbeitrag nach § 90 Abs. 1 S. 1 Nr. 3 genügt die Auskunft über die Zugehörigkeit zu einer bestimmten Einkommensgruppe (Abs. 3 S. 2); dies muss auch bei der Übernahme des Teilnahmebeitrags gelten.

19 Die Auskunftspflicht erstreckt sich **nicht** auf Auskünfte über Einkommens- und Vermögensverhältnisse von **Haushaltsangehörigen** des Verpflichteten, die selbst nicht Auskunftspflichtig sind, auch wenn sich deren Verhältnisse auf die Verhältnisse der Auskunftspflichtigen auswirken könnten. Die Auskunftspflichtigen sind nur zur Auskunft über **ihre eigenen** Einkommens- bzw. Vermögensverhältnisse, nur Eltern und andere Vermögenssorgeberechtigte auch zum Einkommen ihrer Kinder verpflichtet. Damit hat der Gesetzgeber den Gegenstand der Auskunftspflicht individualisiert und personenbezogen definiert. Diese persönliche Zuordnung der Einkommens- bzw. Vermögensverhältnisse begrenzt den Auskunftsgegenstand. Das Gesetz sieht davon ab, neben dem Kostenbeitragspflichtigen auch die zu seinem Haushalt rechnenden Familienmitglieder oder sonstige Personen (zB **Stiefeltern** oder **eheähnliche Lebensgefährten und Lebensgefährtinnen**)[22] zur Auskunft über ihre Einkommens- bzw. Vermögensverhältnisse zu verpflichten. Dem Jugendhilfeträger bleibt es jedoch unbenommen, unmittelbar bei diesen Personen freiwillige (→ Rn. 3) Auskünfte einzuholen. Zur Auskunftspflicht von Kindern und Jugendlichen → Rn. 14.

20 Einheitlich für alle Auskunftspflichtigen besteht die Pflicht, Name und Anschrift des **Arbeitgebers** zu nennen und über die Art des Beschäftigungsverhältnisses Auskunft zu geben sowie **Beweisurkunden** vorzulegen (**Abs. 3 S. 1**). Eine darüber hinausgehende Auskunftspflicht besteht nicht; diese Aufzählung ist abschließend. Es besteht zB keine

21 Zu Unrecht bezieht Degener in JHSM Rn. 19 das Auskunftsverweigerungsrecht nur auf die nach Abs. 2 S. 2 Pflichtigen.

22 Die Nichtberücksichtigung eheähnlicher Lebensgefährten hält v. Renesse in Jung Rn. 4 für verfassungswidrig.

Verpflichtung, Auskunft über Name und Anschrift der **Krankenkasse** zu geben, weil es idR ausreicht, die Höhe des Krankenkassenbeitrages anzugeben. Nur in Sonderfällen mag es notwendig sein, Auskunft über die Krankenkasse zu erteilen. Die Notwendigkeit einer solchen Auskunft hat der Jugendhilfeträger jedoch im Interesse des Auskunftspflichtigen besonders darzulegen und zu begründen.[23] Eine Notwendigkeit für eine solche Auskunft könnte zB dann gegeben sein, wenn der Jugendhilfeträger die Höhe des zu leistenden Krankenkassenbeitrages (zB bei Selbstständigen oder sonstigen freiwillig Versicherten) berechtigt anzweifelt, weil der Krankenkassenbeitrag außergewöhnlich hoch erscheint. Keine Auskunftspflicht besteht, wenn der Jugendhilfeträger bei der Krankenkasse den Arbeitgeber erfragen will (→ Rn. 32).

2.2.2 Einkommen. Der Begriff der „Einkommens- und Vermögens**verhältnisse**" 21
macht deutlich, dass die Auskunftspflicht nicht nur Angaben über das reine Einkommen und Vermögen, sondern zB auch Angaben über **Verpflichtungen und Belastungen** umfasst, welches Einkommen und Vermögen der Auskunftspflichtigen negativ beeinflussen, dh mindern, zB Schuldverpflichtungen, Unterhaltspflichten, Kosten der Unterkunft, Sozialversicherungsbeiträge usw.[24]

Relevantes Einkommen ist das Einkommen iSd **§ 93** (→ § 93 Rn. 3), wenn es um 22
einen Kostenbeitrag nach §§ 91–94 geht; geht es aber um einen Kostenbeitrag nach § 90, gilt der dort verwendete Einkommensbegriff (→ § 93 Rn. 1). Welcher Art die Einkünfte sind und aus welchem Anlass sie gezahlt werden, ist unbeachtlich. Sie können laufend, regelmäßig wiederkehrend oder auch einmalig sein. Es spielt keine Rolle, ob sie der Steuerpflicht unterliegen oder nicht. Zu den Einkünften zählen nicht nur Erwerbseinkünfte, sondern auch Vermögenserträge (zB Zinsen aus Kapitalvermögen, Einkünfte aus Vermietung und Verpachtung) und sonstige wirtschaftliche Nutzungen, die Auskunftspflichtige aus ihrem Vermögen ziehen. Arbeitseinkommen aus nichtselbstständiger Tätigkeit gehört voll und ohne Rücksicht auf die Art der Vergütung zum anrechenbaren Einkommen. Alle im Hinblick auf das Arbeitsverhältnis gezahlten Leistungen sind deshalb als Arbeitseinkommen anzusehen. Dazu gehören neben der regelmäßigen Vergütung auch Überstundenvergütungen, Zuschläge für Sonntags-, Feiertags- und Nachtarbeit, Trinkgelder, Provisionen und Zulagen, 13. und 14. Monatsgehälter, Weihnachts- und Urlaubsgelder, Jubiläumsgaben, Abfindungen, Ortszuschläge und Gewinnbeteiligungen. Bei Einkünften aus **selbstständiger Arbeit** oder Gewerbebetrieb ist das Erwerbseinkommen im Allgemeinen aus dem Durchschnitt der Einkünfte aus der selbstständigen Tätigkeit der vergangenen drei abgeschlossenen Geschäftsjahre zu ermitteln. Denn nur bei einer Rückschau über drei Jahre erhält man einigermaßen zuverlässige Angaben über ein durchschnittliches Jahreseinkommen Selbstständiger.[25] Eine Gewinn- oder Einkommens**schätzung** ist nur als *ultima Ratio* zulässig (→ Rn. 41), wenn auch die Auskunft des FA nach § 21 Abs. 4 SGB X nicht ausreichend[26] und ein Auskunftsersuchen beim Arbeitgeber nicht durchzusetzen war, zB weil er im Ausland tätig ist.[27] Der VA sollte dann zweckmäßigerweise mit einem Widerrufsvorbehalt (§ 32 Abs. 2 Nr. 3 SGB X) ergehen.[28]

---

23 Vgl. BVerwG 21.1.1993 – 5 C 22/90, FuR 1993, 282.

24 Vgl. BVerwG 21.1.1993 – 5 C 22/90, FuR 1993, 282.

25 Ebenso BVerwG 19.3.2013 – 5 C 16.12, ZKJ 2013, 309; VG München 25.7.2007 – M 18 K 07.301.

26 Ähnlich OVG NRW 10.11.1993 – 25 A 1237/92, FEVS 45, 68; VG Aachen 14.4.2010 – 2 K 2177/08; Mrozynski SGB VIII Rn. 7; Schindler in FK-SGB VIII Rn. 11; Busch in GK-SGB VIII Rn. 4; H. Schellhorn in SFMK Rn. 21; Loos in Wiesner Rn. 12; aA (Berechnung nach einfacher Schätzung ist rw.) VG München 25.7.2007 – M 18 K 07.301; aA (schon bei unvollständigen Angaben kann höchstmögliches Einkommen unterstellt werden) VG Köln 22.7.2015 – 19 K 3627/14 und VG Köln 22.7.2015 – 19 K 3628/14.

27 Hierzu DIJuF JAmt 2010, 70.

28 Ebenso VG Aachen 14.4.2010 – 2 K 2177/08.

23 **2.2.3 Vermögen.** Das Vermögen darf nur erfragt werden, wenn es auch eingesetzt werden muss, also bei Kostenbeitragspflichtigen nur im Fall des § 92 Abs. 1 a (junge Volljährige und volljährige Leistungsberechtigte nach § 19). Zum Vermögen, über das nur Auskunft geben muss, gehören insbesondere Haus- und Grundvermögen, Sparguthaben, Wertpapiere (zB Wechsel, Aktien), Fahrzeuge, Lebensversicherungen, Schmuckstücke, Kunstgegenstände uä (→ § 92 Rn. 8).

24 **2.2.4 Beweisurkunden.** Beweisurkunden können sein: Verdienstbescheinigungen, Einkommensteuerbescheide, Steuererklärungen, Gewinn- und Verlustrechnungen, Bilanzen, Darlehensverträge, Einnahme-Überschussrechnungen, Sparbücher, Bescheide über Sozialleistungen, Grundbuchauszüge uä. Auch für die Vorlage derartiger Beweisurkunden gelten die Grundsätze der Erforderlichkeit und der Angemessenheit. Ihre Vorlage von Beweisurkunden kommt immer nur dann in Betracht, wenn begründete Zweifel an den Auskünften der Auskunftspflichtigen bestehen.[29] Daher reichen idR beglaubigte Kopien aus.[30] Die Vorlage dieser Nachweise kann durch VA verfügt und vollstreckt werden.[31]

25 **2.2.5 Arbeitgeber.** Name und Anschrift des Arbeitgebers werden benötigt, um die subsidiäre Auskunftspflicht des Arbeitgebers nach Abs. 4 durchsetzen zu können. Die Art des Beschäftigungsverhältnisses lässt Schlüsse auf das Einkommen zu (Provisionen, Honorare, regelmäßig gleichbleibendes Einkommen uä).

3 Auskunftspflicht zur Berechnung laufender Unterhaltsleistungen (Abs. 2)

3.1 Tatbestandsvoraussetzungen (Abs. 1)

26 **3.1.1 Allgemeine Tatbestandsvoraussetzungen.** Nach § 39 Abs. 6 ist ein bestimmter Betrag auf das Pflegegeld anzurechnen, wenn der in einer Pflegefamilie untergebrachte junge Mensch im Rahmen des Familienleistungsausgleichs nach § 31 EStG bei der Pflegeperson berücksichtigt wird; der Anrechnungsbetrag ermäßigt sich, wenn der untergebrachte junge Mensch nicht das älteste Kind in der Pflegefamilie ist (§ 39 Abs. 6 S. 2; → § 39 Rn. 34 f.). Auch hier muss die angeforderte Auskunft erforderlich für die Erreichung des mit der Auskunftspflicht verfolgten Zwecks sein und die grundsätzlich Auskunftspflichtigen dürfen sich nicht auf ein Auskunftsverweigerungsrecht (→ Rn. 17) berufen können. Wie bei der Auskunftspflicht nach § 97a Abs. 1 (→ Rn. 9) ist es unerheblich, ob die **Jugendhilfemaßnahme zu Recht** erfolgt ist, solange sie nicht offensichtlich rechtswidrig ist. Auch muss die Jugendhilfemaßnahme noch nicht durchgeführt worden sein. S. zu den weiteren Voraussetzungen im Übrigen → Rn. 9 bis → Rn. 11, zum auskunftsberechtigten Träger → Rn. 15.

27 **3.1.2 Nach Abs. 2 auskunftspflichtige Personen.** Nach § 97a Abs. 2 sind nur **Pflegeeltern** auskunftspflichtig. Nicht auskunftspflichtig sind insbesondere die nicht mit dem Kind in gerader Linie verwandten Ehe-/Lebenspartner und -partnerinnen der Pflegeperson. Dies hindert allerdings nicht die Berücksichtigung ihres Einkommens bei der Kürzung des Pflegegeldes nach § 34 Abs. 4; in diesen Fällen bestehe eine Auskunftspflicht nur der Pflegeperson selbst, die sich aber über § 1353 Abs. 1 S. 2 BGB Auskunft gegenüber ihrem Ehegatten verschaffen könne.[32]

3.2 Rechtsfolge: Umfang der Auskunftspflicht (Abs. 2, 3)

28 Die Pflegeeltern sind nach Abs. 2 S. 1 zur Auskunft über ihre Kindergeldberechtigung und die Position des Pflegekindes in der Altersreihe verpflichtet, um die Anrechnung

29 AA Schneider in jurisPK-SGB VIII Rn. 31 unter Berufung auf den Wortlaut des Gesetzes.
30 So v. Renesse in Jung Rn. 7.
31 Ebenso VG München 25.7.2007 – M 18 K 07.301.
32 BVerwG 195.2016 – 5 C 36/15.

des Kindergeldes nach § 39 Abs. 6 zu ermöglichen. Ist das Kind bei seinen (Ur-)**Großeltern** in Familienpflege (→ § 27 Rn. 35), müssen sie über ihre **Einkommens- und Vermögensverhältnisse** Auskunft geben, obwohl sie zu den Kosten der HzE weder durch Kostenbeitrag (§ 92) noch im Weg der Überleitung (§ 95) herangezogen werden können. Ihre Auskunftspflicht ist nur damit zu begründen,[33] dass ihr Einkommen und Vermögen für die Entscheidung über die Kürzung des Pflegegeldes (→ § 39 Rn. 23) von Bedeutung ist.

Darüber hinaus treffen die in § 97a Abs. 3 S. 1 genannten Auskunftspflichten – Name und Anschrift des **Arbeitgebers**, Art des Beschäftigungsverhältnisses, Vorlage von **Beweisurkunden** – auch Pflegeeltern. Da die Auskunftspflicht immer unter dem Vorbehalt der Erforderlichkeit steht (§ 97a Abs. 3 füllt nur die „Pflicht zur Auskunft nach den Absätzen 1 und 2" aus, die beide eine Auskunftspflicht nur kennen, „soweit dies für" den jeweiligen Zweck erforderlich ist), können von allen Pflegeeltern nur Beweisurkunden verlangt werden und allenfalls von Großeltern, die nach § 97a Abs. 2 S. 2 auch über ihre Einkommens- und Vermögensverhältnisse Auskunft geben müssen, auch Angaben über den Arbeitgeber verlangt werden. 29

4 Subsidiäre Auskunftspflicht des Arbeitgebers (Abs. 4)

4.1 Tatbestandsvoraussetzungen (Abs. 1)

Grundsätzlich sind alle erforderlichen Daten **bei den Betroffenen** einzuholen. Dieser Grundsatz ergibt sich aus dem Recht auf informationelle Selbstbestimmung (→ Rn. 6; → § 62 Rn. 5). Abs. 4 dient zum einen dazu, so schnell wie möglich an die erforderlichen Auskünfte zu gelangen, zum anderen verhindert er, dass der Jugendhilfeträger sich sofort an den Arbeitgeber wendet, um die erforderlichen Daten einzuholen (womöglich „hinter dem Rücken" des Betroffenen). Diese Sperre ist erforderlich, weil durch eine „automatische" Anfrage des Jugendhilfeträgers beim Arbeitgeber diesem auch Daten übermittelt werden, nämlich, dass der Auskunftspflichtige (der Arbeitnehmer) Kosten einer Jugendhilfemaßnahme zu tragen hat und dass er nicht bereit ist, seinen Auskunftspflichten freiwillig nachzukommen. § 97a ermöglicht die Dritterhebung im Einklang mit § 62 Abs. 3 Nr. 1 und die Datenübermittlung im Einklang mit § 69 Abs. 1 S. 1 Nr. 1 SGB X. § 65 ist nicht einschlägig, weil es sich nicht um anvertraute Daten handelt. 30

Voraussetzung für die Anfrage beim Arbeitgeber ist, dass (§ 97a Abs. 4 **S. 1**) die Auskunftspflichtigen **nicht antworten** oder **sich weigern**, die erforderlichen Auskünfte zu erteilen oder auf tatsächlichen Anhaltspunkten beruhende berechtigte **Zweifel** an der Richtigkeit der Angaben der Auskunftspflichtigen bestehen und diese nicht bereit sind, diese Zweifel auszuräumen. Vor einer Nachfrage beim Arbeitgeber ist den Auskunftspflichtigen eine angemessene **Frist** zur Auskunftserteilung zu setzen (§ 97a Abs. 4 **S. 2**). Angemessen ist die Frist, wenn sie so bemessen ist, dass die Auskunftspflichtigen auch tatsächlich in der Lage sind, die notwendigen Auskünfte innerhalb der Frist zu erteilen.[34] Die Fristsetzung kann mit dem Auskunftsersuchen verbunden werden.[35] Die Auskunftspflichtigen sind darauf **hinzuweisen**, dass nach Fristablauf die erforderlichen Auskünfte beim Arbeitgeber eingeholt werden (§ 97a Abs. 4 **S. 3**). Dieser Hinweis ist unbedingt erforderlich, denn ohne ihn erfährt der Auskunftspflichtige nicht, dass die erforderlichen Daten bei seinem Arbeitgeber eingeholt werden, wenn er selbst nicht zur Auskunft bereit ist. So kann er selbst abwägen, ob er das „Risiko" eingehen will, dass die erforderlichen Daten beim Arbeitgeber eingeholt werden. Diese Vorschrift entspricht datenschutzrechtlichen Anforderungen (→ § 61 Rn. 71) und geht 31

33 So BT-Drs. 16/9299, 44.
34 Riehle in Krug/RiehleErl. IV.: 2–3 Wochen; Busch in GK-SGB VIII Rn. 2: 4 Wochen.
35 Ebenso Degener in JHSM Rn. 18.

sogar über die Regelung des § 62 hinaus. Erst wenn die genannten Voraussetzungen vorliegen, darf der Jugendhilfeträger den Arbeitgeber befragen und nur dann muss dieser auch antworten. Liegen sie nicht vor, ist das Auskunftsverlangen insgesamt rw.[36] Der Arbeitgeber soll – anders als bei Parallelvorschriften im SGB II[37] – in entsprechender Anwendung von § 21 Abs. 3 S. 4 SGB X eine **Entschädigung** für seinen Aufwand verlangen können.[38]

32 Weigern sich die Auskunftspflichtigen, Auskünfte zum Arbeitgeber zu erteilen oder reagieren sie auf das Auskunftsersuchen nicht, hat der Jugendhilfeträger idR keine Erkenntnisse über den Arbeitgeber des Auskunftspflichtigen; der Jugendhilfeträger muss dann zunächst den **Arbeitgeber ermitteln**, bevor er an ihn herantreten kann. Manche Jugendhilfeträger wenden sich sofort an sämtliche **Krankenkassen** (→ Rn. 20) im Umkreis, um den Arbeitgeber des Auskunftspflichtigen zu erfragen. Dieses Verfahren ist unzulässig (→ § 62 Rn. 11). Es gibt keine gesetzliche Vorschrift, die es zulässt, bei einer Krankenkasse den Arbeitgeber des Auskunftspflichtiger zu erfragen. Wenn der Auskunftspflichtige nicht antwortet oder die Auskünfte verweigert, ist es möglich, ihn mit den Mitteln der Verwaltungsvollstreckung (zB Zwangsgeld; → Rn. 38) zur Auskunft zu zwingen. Diese Maßnahmen stellen im Hinblick auf die zu schützenden Daten des Auskunftspflichtigen den milderen Eingriff dar, denn durch die (unzulässige) Anfrage bei der Krankenkasse würden wiederum geschützte Daten übermittelt.

33 Der Schutz des Sozialgeheimnisses (→ Rn. 6) verpflichtet dazu, eine Anfrage beim Arbeitgeber des Auskunftspflichtigen erst dann vorzunehmen, wenn ein **vollstreckbarer Verwaltungsakt** (→ Anh. 5 Rn. 69 ff.) über die Verpflichtung des zunächst Auskunftspflichtigen (→ Rn. 8 ff.) zur Auskunft vorliegt, weil erst dann die Anfrage beim Arbeitgeber **erforderlich** ist.

34 Anders als für die in Abs. 1 und Abs. 2 genannten Auskunftspflichtigen und anders als § 117 Abs. 5 SGB XII sieht § 97a Abs. 5 für den **Arbeitgeber** zu Unrecht **kein** Auskunftsverweigerungsrecht (mehr) vor, obwohl ihm dieses Recht nach § 96 Abs. 2 idF v. 26.6.1990 noch zustand und nach der Begründung zum Gesetzentwurf[39] auch zustehen sollte.

4.2 Rechtsfolge: Umfang der Auskunftspflicht (Abs. 4, 3)

35 Nach § 97a Abs. 4 S. 1 hat der Arbeitgeber nur die Pflicht, Auskunft über die Art des Beschäftigungsverhältnisses und den Arbeitsverdienst der Auskunftspflichtigen zu erteilen, die ihrer Auskunftspflicht nach Abs. 1 oder Abs. 2 nicht nachgekommen ist. Dabei beschränkt sich die Angabe des Arbeitsverdienstes im Fall der Festlegung eines Kostenbeitrages nach § 90 auch hier (→ Rn. 18) auf die Zugehörigkeit zu einer Einkommensgruppe (§ 97a Abs. 4 S. 1 Hs. 2 iVm Abs. 3 S. 2). Die vom Arbeitgeber zu erteilenden Auskünfte können sich bei Auskunftspflichtigen nach Abs. 2 sinnvoll nur auf Großeltern beziehen, die ihr Enkelkind in Familienpflege genommen haben: Nur bei ihnen sind die Einkommens- und Vermögensverhältnisse erheblich (→ Rn. 28). In den Fällen von § 97a Abs. 2 S. 1 ist hingegen ein Rückgriff auf den Arbeitgeber nicht möglich, weil hier andere Daten gefragt sind.[40]

---

36 Ebenso Riehle in Krug/Riehle Erl. IV.
37 BSG 4.6.2014 – B 14 AS 38/13 R.
38 So Jung Rn. 10.
39 BT-Drs. 11/5948; BT-Drs. 11/6002; BT-Drs. 11/6748 zu § 85 SGB VIII-E.
40 Degener in JHSM Rn. 12 hält daher die Bezugnahme auf den ganzen Absatz für ein Versehen.

5 Durchsetzung der Auskunftspflichten

5.1 Festsetzung durch VA; Durchsetzung durch Verwaltungszwang

§ 97a[41] ermächtigt das Jugendamt, die Auskunftspflichtigen mit **VA** (→ Rn. 1) zur Auskunft zu verpflichten. Vorgaben für Verfahren und Form finden sich in § 24 SGB X (Anhörung), § 35 SGB X (Begründung), § 36 SGB X (RBB). Dieser VA kann von den zur Auskunft verpflichteten Personen mit Widerspruch und Anfechtungsklage angefochten werden. Wird der Auskunftspflicht nicht genügt, ist der Auskunftsanspruch mit den Mitteln des **Verwaltungszwanges** (→ Anh. 5 Rn. 69 ff.) durchzusetzen. Dazu kann der zur Auskunft verpflichtende VA nach § 80 Abs. 2 Nr. 4 VwGO für sofort vollziehbar erklärt werden, allerdings nur bei besonderem Vollzugsinteresse (§ 80 Abs. 3 VwGO). Erst nach erfolgloser Vollstreckung bei einem Auskunftspflichtigen ist das Finanzamt „letzte Instanz" des Auskunftsverlangens.[42] Dagegen kann der Arbeitgeber schon bei Weigerung des primär Auskunftspflichtigen um Auskunft ersucht werden (§ 97a Abs. 4 S. 1). 36

Die Androhung und Verhängung einer **Zwangshaft** zur Durchsetzung des Auskunftsanspruches wird grundsätzlich als unverhältnismäßig nicht in Betracht kommen, zumal Zwangshaft die Uneinbringlichkeit eines Zwangsgeldes voraussetzt und bei Uneinbringlichkeit des Zwangsgeldes in der Regel feststehen dürfte, dass keine Leistungsfähigkeit besteht. 37

Bei der Androhung und Festsetzung von **Zwangsgeld** hat der Jugendhilfeträger im Rahmen seines Ermessens über die Höhe des anzudrohenden und festzusetzenden Zwangsgeldes zu entscheiden. Das Zwangsgeld ist gegenüber jedem einzelnen Auskunftspflichtigen anzudrohen und festzusetzen; dies gilt auch bei Ehegatten und Lebenspartnern. Die Bescheide über die Verpflichtung zur Auskunftserteilung (Grundverfügung), Androhung und später die Festsetzung des Zwangsgeldes sind in derartigen Fällen jedem der Ehegatten oder Lebenspartner getrennt bekannt zu geben (→ Anh. 5 Rn. 35). Ein einmal angedrohtes und festgesetztes Zwangsgeld kann so lange erneut festgesetzt werden, bis der Auskunftsanspruch durchgesetzt ist (→ Anh. 5 Rn. 72). Die Androhung kann mit der Grundverfügung in einem Bescheid nur verbunden werden, wenn diese für sofort vollziehbar erklärt oder die Androhung mit der aufschiebenden Bedingung der Unanfechtbarkeit der Grundverfügung versehen worden ist.[43] 38

5.2 Ordnungswidrigkeiten

Die Pflichten der Arbeitgeber werden zudem ordnungswidrigkeitenrechtlich flankiert. Ein **Arbeitgeber** handelt **ordnungswidrig** (→ § 104 Rn. 7), wenn er entgegen Abs. 4 vorsätzlich oder fahrlässig eine Auskunft nicht, nicht richtig oder nicht vollständig erteilt. Allerdings ist der Verwaltungszwang (→ Rn. 36) idR erfolgversprechender als ein umständliches Verfahren nach dem OWiG. Zwangsgeld- und Bußgeldverfahren stehen nicht in einem Rangverhältnis zueinander, weil sie je verschiedene Zwecke verfolgen: Durchsetzung der Grundverfügung das eine, Ahndung von unrechtmäßigem Verhalten gegenüber der Verwaltung das andere. Die Geldbuße kann nach § 104 Abs. 2 bis zu 500 Euro betragen. Bei vorsätzlicher Verletzung der Auskunftspflicht kann auch **Schadenersatz** nach § 826 BGB verlangt werden.[44] 39

---

41 Ebenso Stähr in Hauck/Noftz Rn. 13.

42 Ähnlich VG Aachen 14.4.2010 – 2 K 2177/08 und VG Ansbach 29.11.2007 – AN 14 K 07.00014: Schätzung möglich.

43 AA Degener in JHSM Rn. 20: ohne diese Einschränkungen.

44 So – zu § 98 SGB X – LSG NRW 30.11.2000 – L 16 KR 3/98, NZS 2001, 423; Busch in GK-SGB VIII Rn. 3.

40 Keine Ordnungswidrigkeit begehen dagegen die **sonstigen** Auskunftspflichtigen – auch hier anders als nach § 117 Abs. 6 SGB XII.

5.3 Ansatz des höchstmöglichen Elternbeitrages bei Nichterfüllung der Auskunftspflicht?

41 Machen die Eltern keine nachvollziehbaren, plausiblen Angaben zu ihrem Einkommen, soll das Jugendamt nach mehreren Entscheidungen des VG Köln[45] berechtigt sein, die höchstmögliche Kostenbeteiligung nach § 90 festzulegen, weil nur so der Verwaltungsaufwand für die vergleichsweise geringen Elternbeiträge gering gehalten werden könne. Diese Entscheidungen sind abzulehnen: Sie missachten den Amtsermittlungsgrundsatz des § 20 SGB X, die allgemeinen Regeln zur Darlegungs- und Beweislast einschließlich des zu ihrer Sicherung bestehenden ausgefeilten Systems der Auskunftspflichten in § 97a. Die Durchsetzung der Auskunftspflicht kann mangels anderer Rechtsgrundlage nur über den Verwaltungszwang erfolgen.

§ 97b (weggefallen)

§ 97c Erhebung von Gebühren und Auslagen

Landesrecht kann abweichend von § 64 des Zehnten Buches die Erhebung von Gebühren und Auslagen regeln.

§ 64 SGB X Kostenfreiheit

(1) Für das Verfahren bei den Behörden nach diesem Gesetzbuch werden keine Gebühren und Auslagen erhoben. Abweichend von Satz 1 erhalten die Träger der gesetzlichen Rentenversicherung für jede auf der Grundlage des § 74 a Abs. 2 Satz 1 [ab 1.11.2022: *§ 74a Absatz 2 und* 3] erteilte Auskunft eine Gebühr von 10,20 Euro.

(2) Geschäfte und Verhandlungen, die aus Anlass der Beantragung, Erbringung oder der Erstattung einer Sozialleistung nötig werden, sind kostenfrei. Dies gilt auch für die im Gerichts- und Notarkostengesetz bestimmten Gerichtskosten. Von Beurkundungs- und Beglaubigungskosten sind befreit Urkunden, die

1. in der Sozialversicherung bei den Versicherungsträgern und Versicherungsbehörden erforderlich werden, um die Rechtsverhältnisse zwischen den Versicherungsträgern einerseits und den Arbeitgebern, Versicherten oder ihren Hinterbliebenen andererseits abzuwickeln,
2. im Sozialhilferecht, im Recht der Eingliederungshilfe, im Recht der Grundsicherung für Arbeitsuchende, im Kinder- und Jugendhilferecht sowie im Recht der Kriegsopferfürsorge aus Anlass der Beantragung, Erbringung oder Erstattung einer nach dem Zwölften Buch, dem Neunten Buch, dem Zweiten und dem Achten Buch oder dem Bundesversorgungsgesetz vorgesehenen Leistung benötigt werden,
3. im Schwerbehindertenrecht von der zuständigen Stelle im Zusammenhang mit der Verwendung der Ausgleichsabgabe für erforderlich gehalten werden,
4. im Recht der sozialen Entschädigung bei Gesundheitsschäden für erforderlich gehalten werden,
5. im Kindergeldrecht für erforderlich gehalten werden.

(3) Absatz 2 Satz 1 gilt auch für gerichtliche Verfahren, auf die das Gesetz über das Verfahren in Familiensachen und in den Angelegenheiten der freiwilligen Gerichtsbarkeit anzuwenden ist. Im Verfahren nach der Zivilprozessordnung, dem Gesetz über das Verfahren in Familiensachen und in den Angelegenheiten der freiwilligen Gerichtsbarkeit sowie

45 VG Köln 22.7.2015 – 19 K 3627/14; VG Köln 22.7.2015 – 19 K 3628/14.

im Verfahren vor Gerichten der Sozial- und Finanzgerichtsbarkeit sind die Träger der Eingliederungshilfe, der Sozialhilfe, der Grundsicherung für Arbeitsuchende, der Leistungen nach dem Asylbewerberleistungsgesetz, der Jugendhilfe und der Kriegsopferfürsorge von den Gerichtskosten befreit; § 197a des Sozialgerichtsgesetzes bleibt unberührt.

Die Einfügung dieser Vorschrift geht zurück auf eine Bundesratsinitiative des Freistaats Bayern zur Änderung des SGB VIII, die mit dem KICK umgesetzt wurde. Damit wird ein Landesrechtsvorbehalt eingeführt, nach dem den Trägern der öffentlichen Jugendhilfe die Erhebung von Gebühren und Auslagen (zu diesen Begriffen → § 89f Rn. 1–5) im Zusammenhang mit der Erbringung bestimmter Dienstleistungen, die bisher gem. § 64 SGB X kostenfrei erbracht wurden, ermöglicht werden soll. Im Quervergleich wurde an Amtshandlungen gedacht,[1] die vergleichbar sind mit solchen im Bereich des Personenstandsrechts, des Gewerbe- oder Baurechts. Dies trifft in erster Linie auf Beurkundungen im Sinne von §§ 59, 60 zu, aber auch auf alle anderen Dienstleistungen, da der Begriff der **Leistung** in § 64 Abs. 2 S. 3 Nr. 2 SGB X nicht mit dem nach § 2 Abs. 2 SGB VIII identisch ist. Nur für solche Leistungen kann das Land von der Kostenfreiheit abweichen, nicht aber von der Kostenfreiheit des **Verwaltungsverfahrens**,[2] wozu auch das Widerspruchsverfahren gehört. 1

Notwendig für die Begründung einer Kostenlast durch **Landesrecht** ist wegen des Grundsatzes des Vorbehalts des Gesetzes (Art. 20, 28 GG) eine gesetzliche Grundlage (Gesetz im formellen Sinn).[3] 2

Inwieweit die Länder von dem Gesetzesvorbehalt **Gebrauch** machen werden, bleibt ebenso abzuwarten wie das Erfüllen der Erwartung eines höheren Gebührenaufkommens. Bisher hat – soweit ersichtlich – nur das Land Brandenburg[4] von dem Vorbehalt Gebrauch gemacht und es den örtlichen Trägern überlassen, durch Satzung Gebühren einzuführen, was im Landkreis Uckermark bereits 2008 geschehen ist.[5] 3

Neuntes Kapitel Kinder- und Jugendhilfestatistik

§ 98 Zweck und Umfang der Erhebung

(1) Zur Beurteilung der Auswirkungen der Bestimmungen dieses Buches und zu seiner Fortentwicklung sind laufende Erhebungen über

1. **Kinder und tätige Personen in Tageseinrichtungen,**

[ab 1.7.2022:

1a. Kinder in den Klassenstufen eins bis vier,]

2. **Kinder und tätige Personen in öffentlich geförderter Kindertagespflege,**
3. **Personen, die mit öffentlichen Mitteln geförderte Kindertagespflege gemeinsam oder auf Grund einer Erlaubnis nach § 43 Absatz 3 Satz 3 in Pflegestellen durchführen, und die von diesen betreuten Kinder,**
4. **die Empfänger**
   a) **der Hilfe zur Erziehung,**
   b) **der Hilfe für junge Volljährige und**
   c) **der Eingliederungshilfe für seelisch behinderte Kinder und Jugendliche,**
5. **Kinder und Jugendliche, zu deren Schutz vorläufige Maßnahmen getroffen worden sind,**

1 S. BR-Drs. 586/04, 83.
2 So zu Recht Schneider in jurisPK-SGB VIII Rn. 6 unter Hinweis auf die Gesetzesbegründung; aA Loos in Wiesner Rn. 5.
3 So Schneider in jurisPK-SGB VIII Rn. 7.
4 § 25 Abs. 1 AGKJHG; s. Synopse Anh. 3.
5 Zu den Anforderungen an die Satzung s. DIJuF JAmt 2009, 373.

6. Kinder und Jugendliche, die als Kind angenommen worden sind,
7. Kinder und Jugendliche, die unter Amtspflegschaft, Amtsvormundschaft oder Beistandschaft des Jugendamts stehen,
8. Kinder und Jugendliche, für die eine Pflegeerlaubnis erteilt worden ist,
9. Maßnahmen des Familiengerichts,
10. Angebote der Jugendarbeit nach § 11 sowie Fortbildungsmaßnahmen für ehrenamtliche Mitarbeiter anerkannter Träger der Jugendhilfe nach § 74 Absatz 6,
11. die Träger der Jugendhilfe, die dort tätigen Personen und deren Einrichtungen mit Ausnahme der Tageseinrichtungen,
12. die Ausgaben und Einnahmen der öffentlichen Jugendhilfe sowie
13. Gefährdungseinschätzungen nach § 8a

als Bundesstatistik durchzuführen.

(2) Zur Verfolgung der gesellschaftlichen Entwicklung im Bereich der elterlichen Sorge sind im Rahmen der Kinder- und Jugendhilfestatistik auch laufende Erhebungen über Sorgeerklärungen durchzuführen.

§ 99 Erhebungsmerkmale

(1) Erhebungsmerkmale bei den Erhebungen über Hilfe zur Erziehung nach den §§ 27 bis 35, Eingliederungshilfe für seelisch behinderte Kinder und Jugendliche nach § 35a und Hilfe für junge Volljährige nach § 41 sind

1. im Hinblick auf die Hilfe
   a) Art des Trägers des Hilfe durchführenden Dienstes oder der Hilfe durchführenden Einrichtung sowie bei Trägern der freien Jugendhilfe deren Verbandszugehörigkeit,
   b) Art der Hilfe,
   c) Ort der Durchführung der Hilfe,
   d) Monat und Jahr des Beginns und Endes sowie Fortdauer der Hilfe,
   e) familienrichterliche Entscheidungen zu Beginn der Hilfe,
   f) Intensität der Hilfe,
   g) Hilfe anregende Institutionen oder Personen,
   h) Gründe für die Hilfegewährung,
   i) Grund für die Beendigung der Hilfe,
   j) vorangegangene Gefährdungseinschätzung nach § 8a Absatz 1,
   k) Einleitung der Hilfe im Anschluss an eine vorläufige Maßnahme zum Schutz von Kindern und Jugendlichen im Fall des § 42 Absatz 1 Satz 1,
   l) gleichzeitige Inanspruchnahme einer weiteren Hilfe zur Erziehung, Hilfe für junge Volljährige oder Eingliederungshilfe bei einer seelischen Behinderung oder einer drohenden seelischen Behinderung sowie
2. im Hinblick auf junge Menschen
   a) Geschlecht,
   b) Geburtsmonat und Geburtsjahr,
   c) Lebenssituation bei Beginn der Hilfe,
   d) ausländische Herkunft mindestens eines Elternteils,
   e) Deutsch als in der Familie vorrangig gesprochene Sprache,
   f) anschließender Aufenthalt,
   g) nachfolgende Hilfe;
3. bei sozialpädagogischer Familienhilfe nach § 31 und anderen familienorientierten Hilfen nach § 27 zusätzlich zu den unter den Nummern 1 und 2 genannten Merkmalen

a) Geschlecht, Geburtsmonat und Geburtsjahr der in der Familie lebenden jungen Menschen sowie
b) Zahl der außerhalb der Familie lebenden Kinder und Jugendlichen;

4. für Hilfen außerhalb des Elternhauses nach § 27 Absatz 1, 3 und 4, den §§ 29 und 30, 32 bis 35a und 41 zusätzlich zu den unter den Nummern 1 und 2 genannten Merkmalen der Schulbesuch sowie das Ausbildungsverhältnis.

(2) Erhebungsmerkmale bei den Erhebungen über vorläufige Maßnahmen zum Schutz von Kindern und Jugendlichen sind Kinder und Jugendliche, zu deren Schutz Maßnahmen nach § 42 oder § 42a getroffen worden sind, gegliedert nach

1. Art der Maßnahme, Art des Trägers der Maßnahme, Form der Unterbringung während der Maßnahme, hinweisgebender Institution oder Person, Zeitpunkt des Beginns und Dauer der Maßnahme, Durchführung aufgrund einer vorangegangenen Gefährdungseinschätzung nach § 8a Absatz 1, Maßnahmeanlass, im Kalenderjahr bereits wiederholt stattfindende Inobhutnahme, Widerspruch der Personensorge- oder Erziehungsberechtigten gegen die Maßnahme, im Fall des Widerspruchs gegen die Maßnahme Herbeiführung einer Entscheidung des Familiengerichts nach § 42 Absatz 3 Satz 2 Nummer 2, Grund für die Beendigung der Maßnahme, anschließendem Aufenthalt, Art der anschließenden Hilfe,
2. bei Kindern und Jugendlichen zusätzlich zu den unter Nummer 1 genannten Merkmalen nach Geschlecht, Altersgruppe zu Beginn der Maßnahme, ausländischer Herkunft mindestens eines Elternteils, Deutsch als in der Familie vorrangig gesprochene Sprache, Art des Aufenthalts vor Beginn der Maßnahme.

(3) Erhebungsmerkmale bei den Erhebungen über die Annahme als Kind sind

1. angenommene Kinder und Jugendliche, gegliedert
   a) nach nationaler Adoption und internationaler Adoption nach § 2a des Adoptionsvermittlungsgesetzes,
   b) nach Geschlecht, Geburtsdatum, Staatsangehörigkeit und Art des Trägers des Adoptionsvermittlungsdienstes, Datum des Adoptionsbeschlusses,
   c) nach Herkunft des angenommenen Kindes, Art der Unterbringung vor der Adoptionspflege, Geschlecht und Familienstand der Eltern oder des sorgeberechtigten Elternteils oder Tod der Eltern zu Beginn der Adoptionspflege sowie Ersetzung der Einwilligung zur Annahme als Kind,
   d) zusätzlich bei nationalen Adoptionen nach Datum des Beginns und Endes der Adoptionspflege und bei Unterbringung vor der Adoptionspflege in Pflegefamilien nach Datum des Beginns und Endes dieser Unterbringung sowie bei Annahme durch die vorherige Pflegefamilie nach Datum des Beginns und Endes dieser Unterbringung,
   e) zusätzlich bei der internationalen Adoption (§ 2a des Adoptionsvermittlungsgesetzes) nach Staatsangehörigkeit vor Ausspruch der Adoption, nach Herkunftsland und gewöhnlichem Aufenthalt vor der Adoption sowie nach Ausspruch der Adoption im Ausland oder Inland,
   f) nach Staatsangehörigkeit, Geschlecht und Familienstand der oder des Annehmenden sowie nach dem Verwandtschaftsverhältnis zu dem Kind,
2. die Zahl der
   a) ausgesprochenen und aufgehobenen Annahmen sowie der abgebrochenen Adoptionspflegen, gegliedert nach Art des Trägers des Adoptionsvermittlungsdienstes,
   b) vorgemerkten Adoptionsbewerber, die zur Annahme als Kind vorgemerkten und in Adoptionspflege untergebrachten Kinder und Jugendlichen zusätzlich nach ihrem Geschlecht, gegliedert nach Art des Trägers des Adoptionsvermittlungsdienstes,

3. bei Anerkennungs- und Wirkungsfeststellung einer ausländischen Adoptionsentscheidung nach § 2 des Adoptionswirkungsgesetzes sowie eines Umwandlungsausspruchs nach § 3 des Adoptionswirkungsgesetzes die Zahl der
   a) eingeleiteten Verfahren nach den §§ 2 und 3 des Adoptionswirkungsgesetzes,
   b) beendeten Verfahren nach den §§ 2 und 3 des Adoptionswirkungsgesetzes, die ausländische Adoptionen nach § 2a des Adoptionsvermittlungsgesetzes zum Gegenstand haben, gegliedert nach
      aa) dem Ergebnis des Verfahrens im Hinblick auf eine erfolgte und nicht erfolgte Vermittlung nach § 2a Absatz 2 des Adoptionsvermittlungsgesetzes,
      bb) dem Vorliegen einer Bescheinigung nach Artikel 23 des Haager Übereinkommens vom 29. Mai 1993 über den Schutz von Kindern und die Zusammenarbeit auf dem Gebiet der internationalen Adoption und
      cc) der Verfahrensdauer.

(4) Erhebungsmerkmal bei den Erhebungen über die Amtspflegschaft und die Amtsvormundschaft sowie die Beistandschaft ist die Zahl der Kinder und Jugendlichen unter

1. gesetzlicher Amtsvormundschaft,
2. bestellter Amtsvormundschaft,
3. bestellter Amtspflegschaft sowie
4. Beistandschaft,

gegliedert nach Geschlecht, Art des Tätigwerdens des Jugendamts sowie nach deutscher und ausländischer Staatsangehörigkeit (Deutsche/Ausländer).

(5) Erhebungsmerkmal bei den Erhebungen über

1. die Pflegeerlaubnis nach § 43 ist die Zahl der Tagespflegepersonen,
2. die Pflegeerlaubnis nach § 44 ist die Zahl der Kinder und Jugendlichen, gegliedert nach Geschlecht und Art der Pflege.

(6) Erhebungsmerkmale bei der Erhebung zum Schutzauftrag bei Kindeswohlgefährdung nach § 8a sind Kinder und Jugendliche, bei denen eine Gefährdungseinschätzung nach Absatz 1 vorgenommen worden ist, gegliedert

1. nach der hinweisgebenden Institution oder Person, der Art der Kindeswohlgefährdung, der Person, von der die Gefährdung ausgeht, dem Ergebnis der Gefährdungseinschätzung sowie wiederholter Meldung zu demselben Kind oder Jugendlichen im jeweiligen Kalenderjahr,
2. bei Kindern und Jugendlichen zusätzlich zu den in Nummer 1 genannten Merkmalen nach Geschlecht, Geburtsmonat, Geburtsjahr, ausländischer Herkunft mindestens eines Elternteils, Deutsch als in der Familie vorrangig gesprochene Sprache, Eingliederungshilfe und Aufenthaltsort des Kindes oder Jugendlichen zum Zeitpunkt der Meldung sowie den Altersgruppen der Eltern und der Inanspruchnahme einer Leistung gemäß den §§ 16 bis 19 sowie 27 bis 35a und der Durchführung einer Maßnahme nach § 42.

(6a) Erhebungsmerkmal bei den Erhebungen über Sorgeerklärungen und die gerichtliche Übertragung der gemeinsamen elterlichen Sorge nach § 1626a Absatz 1 Nummer 3 des Bürgerlichen Gesetzbuchs ist die gemeinsame elterliche Sorge nicht miteinander verheirateter Eltern, gegliedert danach, ob Sorgeerklärungen beider Eltern vorliegen, oder den Eltern die elterliche Sorge aufgrund einer gerichtlichen Entscheidung ganz oder zum Teil gemeinsam übertragen worden ist.

(6b) [1]Erhebungsmerkmal bei den Erhebungen über Maßnahmen des Familiengerichts ist die Zahl der Kinder und Jugendlichen, bei denen wegen einer Gefährdung ihres Wohls das familiengerichtliche Verfahren auf Grund einer Anrufung durch das Jugendamt nach § 8a Absatz 2 Satz 1 oder § 42 Absatz 3 Satz 2 Nummer 2 oder auf andere Weise eingeleitet worden ist und

1. den Personensorgeberechtigten auferlegt worden ist, Leistungen nach diesem Buch in Anspruch zu nehmen,
2. andere Gebote oder Verbote gegenüber den Personensorgeberechtigten oder Dritten ausgesprochen worden sind,
3. Erklärungen der Personensorgeberechtigten ersetzt worden sind,
4. die elterliche Sorge ganz oder teilweise entzogen und auf das Jugendamt oder einen Dritten als Vormund oder Pfleger übertragen worden ist,

gegliedert nach Geschlecht, Altersgruppen und zusätzlich bei Nummer 4 nach dem Umfang der übertragenen Angelegenheit. [2]Zusätzlich sind die Fälle nach Geschlecht und Altersgruppen zu melden, in denen das Jugendamt insbesondere nach § 8a Absatz 2 Satz 1 oder § 42 Absatz 3 Satz 2 Nummer 2 das Familiengericht anruft, weil es dessen Tätigwerden für erforderlich hält.

(7) Erhebungsmerkmale bei den Erhebungen über Kinder und tätige Personen in Tageseinrichtungen sind

1. die Einrichtungen, gegliedert nach
   a) der Art und Rechtsform des Trägers sowie bei Trägern der freien Jugendhilfe deren Verbandszugehörigkeit sowie besonderen Merkmalen,
   b) der Zahl der genehmigten Plätze,
   c) der Art und Anzahl der Gruppen,
   d) die Anzahl der Kinder insgesamt,
   e) Anzahl der Schließtage an regulären Öffnungstagen im vorangegangenen Jahr sowie
   f) Öffnungszeiten,
2. für jede dort tätige Person
   a) Geschlecht und Beschäftigungsumfang,
   b) für das pädagogisch und in der Verwaltung tätige Personal zusätzlich Geburtsmonat und Geburtsjahr, die Art des Berufsausbildungsabschlusses, Stellung im Beruf, Art der Beschäftigung und Arbeitsbereiche einschließlich Gruppenzugehörigkeit, Monat und Jahr des Beginns der Tätigkeit in der derzeitigen Einrichtung,
3. für die dort geförderten Kinder
   a) Geschlecht, Geburtsmonat und Geburtsjahr sowie Schulbesuch [ab 1.7.2022: *und Klassenstufe*],
   b) ausländische Herkunft mindestens eines Elternteils,
   c) Deutsch als in der Familie vorrangig gesprochene Sprache,
   d) Betreuungszeit und Mittagsverpflegung,
   e) Eingliederungshilfe,
   f) Gruppenzugehörigkeit,
   g) Monat und Jahr der Aufnahme in der Tageseinrichtung.

(7a) Erhebungsmerkmale bei den Erhebungen über Kinder in mit öffentlichen Mitteln geförderter Kindertagespflege sowie die die Kindertagespflege durchführenden Personen sind:

1. für jede tätige Person
   a) Geschlecht, Geburtsmonat und Geburtsjahr,
   b) Art und Umfang der Qualifikation, höchster allgemeinbildender Schulabschluss, höchster beruflicher Ausbildungs- und Hochschulabschluss, Anzahl der betreuten Kinder (Betreuungsverhältnisse am Stichtag) insgesamt und nach dem Ort der Betreuung,

2. für die dort geförderten Kinder
   a) Geschlecht, Geburtsmonat und Geburtsjahr sowie Schulbesuch,
   b) ausländische Herkunft mindestens eines Elternteils,
   c) Deutsch als in der Familie vorrangig gesprochene Sprache,
   d) Betreuungszeit und Mittagsverpflegung,
   e) Art und Umfang der öffentlichen Finanzierung und Förderung,
   f) Eingliederungshilfe,
   g) Verwandtschaftsverhältnis zur Pflegeperson,
   h) gleichzeitig bestehende andere Betreuungsarrangements,
   i) Monat und Jahr der Aufnahme in Kindertagespflege.

(7b) Erhebungsmerkmale bei den Erhebungen über Personen, die mit öffentlichen Mitteln geförderte Kindertagespflege gemeinsam oder auf Grund einer Erlaubnis nach § 43 Absatz 3 Satz 3 durchführen und die von diesen betreuten Kinder sind die Zahl der Kindertagespflegepersonen und die Zahl der von diesen betreuten Kinder jeweils gegliedert nach Pflegestellen.

[ab 1.7.2022: *(7c) Erhebungsmerkmale bei den Erhebungen über Kinder in den Klassenstufen eins bis vier sind*

1. *Klassenstufe,*
2. *Anzahl der Wochenstunden, die das Kind in Angeboten nach § 24 Absatz 4 verbringt,*
3. *Art der Angebote nach § 24 Absatz 4.*]

(8) Erhebungsmerkmale bei den Erhebungen über die Angebote der Jugendarbeit nach § 11 sowie bei den Erhebungen über Fortbildungsmaßnahmen für ehrenamtliche Mitarbeiter anerkannter Träger der Jugendhilfe nach § 74 Absatz 6 sind offene und Gruppenangebote sowie Veranstaltungen und Projekte der Jugendarbeit, soweit diese mit öffentlichen Mitteln pauschal oder maßnahmenbezogen gefördert werden oder der Träger eine öffentliche Förderung erhält, gegliedert nach

1. Art, Name und Rechtsform des Trägers, [ab 1.1.2023: *Art und Rechtsform des Trägers sowie bei Trägern der freien Jugendhilfe deren Verbandszugehörigkeit,*]
2. Dauer, Häufigkeit, Durchführungsort und Art des Angebots; zusätzlich bei schulbezogenen Angeboten die Art der kooperierenden Schule,
3. Alter, Geschlecht sowie Art der Beschäftigung und Tätigkeit der bei der Durchführung des Angebots tätigen Personen, [ab 1.1.2023: *Art der Beschäftigung und Tätigkeit der bei der Durchführung des Angebots tätigen Personen sowie, mit Ausnahme der sonstigen pädagogisch tätigen Personen, deren Altersgruppe und Geschlecht,*]
4. Zahl, Geschlecht und Alter der Teilnehmenden sowie der Besucher, [ab 1.1.2023: *Zahl der Teilnehmenden und der Besucher sowie, mit Ausnahme von Festen, Feiern, Konzerten, Sportveranstaltungen und sonstigen Veranstaltungen, deren Geschlecht und Altersgruppe,*]
5. Partnerländer und Veranstaltungen im In- oder Ausland bei Veranstaltungen und Projekten der internationalen Jugendarbeit.

(9) Erhebungsmerkmale bei den Erhebungen über die Träger der Jugendhilfe, die dort tätigen Personen und deren Einrichtungen, soweit diese nicht in Absatz 7 erfasst werden, sind

1. die Träger gegliedert nach
   a) Art und Rechtsform des Trägers sowie bei Trägern der freien Jugendhilfe deren Verbandszugehörigkeit,
   b) den Betätigungsfeldern nach Aufgabenbereichen,
   c) deren Personalausstattung sowie
   d) Anzahl der Einrichtungen,

2. die Einrichtungen des Trägers mit Betriebserlaubnis nach § 45 und Betreuungsformen nach diesem Gesetz, soweit diese nicht in Absatz 7 erfasst werden, gegliedert nach
   a) Postleitzahl des Standorts,
   b) für jede vorhandene Gruppe und jede sonstige Betreuungsform nach diesem Gesetz, die von der Betriebserlaubnis umfasst ist, Angaben über die Art der Unterbringung oder Betreuung, deren Rechtsgrundlagen, Anzahl der genehmigten und belegten Plätze, Anzahl der Sollstellen des Personals und Hauptstelle der Einrichtung,
3. für jede im Bereich der Jugendhilfe pädagogisch und in der Verwaltung tätige Person des Trägers
   a) Geschlecht, Geburtsmonat und Geburtsjahr,
   b) Art des höchsten Berufsausbildungsabschlusses, Stellung im Beruf, Art der Beschäftigung, Beschäftigungsumfang und Arbeitsbereiche,
   c) Bundesland des überwiegenden Einsatzortes.]

(10) Erhebungsmerkmale bei der Erhebung der Ausgaben und Einnahmen der öffentlichen Jugendhilfe sind
1. die Art des Trägers,
2. die Ausgaben für Einzel- und Gruppenhilfen, gegliedert nach Ausgabe- und Hilfeart sowie die Einnahmen nach Einnahmeart,
3. die Ausgaben und Einnahmen für Einrichtungen nach Arten gegliedert nach der Einrichtungsart,
4. die Ausgaben für das Personal, das bei den örtlichen und den überörtlichen Trägern sowie den kreisangehörigen Gemeinden und Gemeindeverbänden, die nicht örtliche Träger sind, Aufgaben der Jugendhilfe wahrnimmt.

§ 100 Hilfsmerkmale

Hilfsmerkmale sind
1. Name und Anschrift des Auskunftspflichtigen,
2. für die Erhebungen nach § 99 die Kenn-Nummer der hilfeleistenden Stelle oder der auskunftsgebenden Einrichtung; soweit eine Hilfe nach § 28 gebietsübergreifend erbracht wird, die Kenn-Nummer des Wohnsitzes des Hilfeempfängers,
3. für die Erhebungen nach § 99 Absatz 1, 2, 3 und 6 die Kenn-Nummer der betreffenden Person,
4. Name und Kontaktdaten der für eventuelle Rückfragen zur Verfügung stehenden Person.

§ 101 Periodizität und Berichtszeitraum

(1) [1]Die Erhebungen nach § 99 Absatz 1 bis 5, 6a bis 7b [ab 1.7.2022: *7c*] und 10 sind jährlich durchzuführen, die Erhebungen nach § 99 Absatz 3 Nummer 3 erstmalig für das Jahr 2022; die Erhebungen nach § 99 Absatz 1, soweit sie die Eingliederungshilfe für Kinder und Jugendliche mit seelischer Behinderung betreffen, sind 2007 beginnend jährlich durchzuführen. [2]Die Erhebung nach § 99 Absatz 6 erfolgt laufend. [3]Die übrigen Erhebungen nach § 99 sind alle zwei Jahre durchzuführen, die Erhebungen nach § 99 Absatz 8 erstmalig für das Jahr 2015 und die Erhebungen nach § 99 Absatz 9 erstmalig für das Jahr 2014.

(2) Die Angaben für die Erhebung nach

1. § 99 Absatz 1 sind zu dem Zeitpunkt, zu dem die Hilfe endet, bei fortdauernder Hilfe zum 31. Dezember,
2.–5. (weggefallen)
6. § 99 Absatz 2 sind zum Zeitpunkt des Endes einer vorläufigen Maßnahme,
7. § 99 Absatz 3 Nummer 1 sind zum Zeitpunkt der rechtskräftigen gerichtlichen Entscheidung über die Annahme als Kind,
8. § 99 Absatz 3 Nummer 2 Buchstabe a, Nummer 3 und Absatz 6a, 6b und 10 sind für das abgelaufene Kalenderjahr,
9. § 99 Absatz 3 Nummer 2 Buchstabe b und Absatz 4 und 5 sind zum 31. Dezember,
10. § 99 Absatz 7, 7a und 7b [ab 1.7.2022: *bis 7c*] sind zum 1. März,
11. § 99 Absatz 6 sind zum Zeitpunkt des Abschlusses der Gefährdungseinschätzung,
12. § 99 Absatz 8 sind für das abgelaufene Kalenderjahr,
13. § 99 Absatz 9 sind zum 15. Dezember.

zu erteilen.

§ 102 Auskunftspflicht

(1) [1]Für die Erhebungen besteht Auskunftspflicht. [2]Die Angaben zu § 100 Nummer 4 sind freiwillig.

(2) Auskunftspflichtig sind

1. die örtlichen Träger der Jugendhilfe für die Erhebungen nach § 99 Absatz 1 bis 10, nach Absatz 8 nur, soweit eigene Angebote gemacht wurden,
2. die überörtlichen Träger der Jugendhilfe für die Erhebungen nach § 99 Absatz 3 und 7 und 8 bis 10, nach Absatz 8 nur, soweit eigene Angebote gemacht wurden,
3. die obersten Landesjugendbehörden für die Erhebungen nach § 99 Absatz 7 und 8 bis 10,
4. die fachlich zuständige oberste Bundesbehörde für die Erhebung nach § 99 Absatz 10,
5. die kreisangehörigen Gemeinden und Gemeindeverbände, soweit sie Aufgaben der Jugendhilfe wahrnehmen, für die Erhebungen nach § 99 Absatz 7 bis 10,
6. die Träger der freien Jugendhilfe für Erhebungen nach § 99 Absatz 1, soweit sie eine Beratung nach § 28 oder § 41 betreffen, nach § 99 Absatz 8, soweit sie anerkannte Träger der freien Jugendhilfe nach § 75 Absatz 1 oder Absatz 3 sind, und nach § 99 Abs. 3, 7 und 9,
7. Adoptionsvermittlungsstellen nach § 2 Absatz 3 des Adoptionsvermittlungsgesetzes aufgrund ihrer Tätigkeit nach § 1 des Adoptionsvermittlungsgesetzes sowie anerkannte Auslandsvermittlungsstellen nach § 4 Absatz 2 Satz 3 des Adoptionsvermittlungsgesetzes aufgrund ihrer Tätigkeit nach § 2a Absatz 4 Nummer 2 des Adoptionsvermittlungsgesetzes gemäß § 99 Absatz 3 Nummer 1 sowie gemäß § 99 Absatz 3 Nummer 2a für die Zahl der ausgesprochenen Annahmen und gemäß § 99 Absatz 3 Nummer 2b für die Zahl der vorgemerkten Adoptionsbewerber,
8. die Leiter der Einrichtungen, Behörden und Geschäftsstellen in der Jugendhilfe für die Erhebungen nach § 99 Absatz 7.

[ab 1.7.2022: [2]*Die Auskunftspflichtigen für Erhebungen nach § 99 Absatz 7c werden durch Landesrecht bestimmt.*]

(3) Zur Durchführung der Erhebungen nach § 99 Absatz 1, 3, 7, 8 und 9 übermitteln die Träger der öffentlichen Jugendhilfe den statistischen Ämtern der Länder auf Anforderung die erforderlichen Anschriften der übrigen Auskunftspflichtigen.

§ 103 Übermittlung

(1) [1]An die fachlich zuständigen obersten Bundes- oder Landesbehörden dürfen für die Verwendung gegenüber den gesetzgebenden Körperschaften und für Zwecke der Planung, jedoch nicht für die Regelung von Einzelfällen, vom Statistischen Bundesamt und den statistischen Ämtern der Länder Tabellen mit statistischen Ergebnissen übermittelt werden, auch soweit Tabellenfelder nur einen einzigen Fall ausweisen. [2]Tabellen, deren Tabellenfelder nur einen einzigen Fall ausweisen, dürfen nur dann übermittelt werden, wenn sie nicht differenzierter als auf Regierungsbezirksebene, im Fall der Stadtstaaten auf Bezirksebene, aufbereitet sind.

(2) Für ausschließlich statistische Zwecke dürfen den zur Durchführung statistischer Aufgaben zuständigen Stellen der Gemeinden und Gemeindeverbände für ihren Zuständigkeitsbereich Einzelangaben aus der Erhebung nach § 99 mit Ausnahme der Hilfsmerkmale übermittelt werden, soweit die Voraussetzungen nach § 16 Absatz 5 des Bundesstatistikgesetzes gegeben sind.

(3) Die Ergebnisse der Kinder- und Jugendhilfestatistiken gemäß den §§ 98 und 99 dürfen auf der Ebene der einzelnen Gemeinde oder des einzelnen Jugendamtsbezirkes veröffentlicht werden.

(4) Die statistischen Landesämter übermitteln die erhobenen Einzeldaten auf Anforderung an das Statistische Bundesamt.

Kommentierung der §§ 98–103

1 Die §§ 98–103 befassen sich mit der Kinder- und Jugendhilfestatistik, deren Zweck es ist, den jeweiligen Ist-Zustand der Jugendhilfe zu ermitteln, um daraus den Bedarf an Einrichtungen, Diensten und Veranstaltungen abzuleiten. Die Erkenntnisse sollen für die Jugendhilfeplanung, die Forschung und die Politik nutzbar gemacht werden können.[1]

2 Muster für die Regelungen ist das **BundesstatistikG.**[2] Dementsprechend wird in § 98 zunächst der **Erhebungsgegenstand** genannt; in § 99 folgen die **Erhebungsinhalte** („Erhebungsmerkmale"). § 100 ermöglicht zur Absicherung der Angaben bestimmte Rückfragen („Hilfsmerkmale"), während § 101 **Zeitraum** und **Zeitpunkt** der Erhebung nennt. § 102 bestimmt in Abs. 2 die **Auskunftspflichtigen**, deren Adressen die öffentlichen Träger den Statistischen Ämtern der Länder nach Abs. 3 mitzuteilen haben. Schließlich regelt § 103, wem die Ämter für Statistik welche Daten zu welchem Zweck **übermitteln** dürfen.[3] Nebenbei bemerkt: Die erhobenen und übermittelten Daten nach §§ 98–103 sind keine **Sozialdaten** gemäß § 67 Abs. 2 SGB X, sondern Statistikdaten.[4]

3 Der Wert der Statistik ist in der Realität begrenzt, der Weg zu ihr steinig. Im Bemühen um Perfektion sind die §§ 98–103 geradezu eine Dauerbaustelle, kein Kapitel oder

1 Siehe Schäfer in FK-SGB VIII Vor 9. Kapitel Rn. 1; zur Politikberatung Schilling/Pothmann ZKJ Sonderheft 2010, 36.
2 V. 22.1.1987, BGBl. I, 462.
3 Diese Regelung ist im SGB VIII für Behörden außerhalb der Jugendhilfe systemwidrig (so auch Wiesner in Wiesner § 103 Rn. 1), ebenso wie § 52 a Abs. 4 für das Standesamt oder § 21 Abs. 4 SGB X für das Finanzamt.
4 Näher hierzu Wiesner in Wiesner § 103 Rn. 3.

Abschnitt des SGB VIII hat so viele Änderungen erfahren (dazu auch → Rn. 7). Schon die Eingangstöne in § 98 („Zur Beurteilung der Auswirkungen der Bestimmungen dieses Buches und zu seiner Fortentwicklung …") sind Erkennungsmelodie des Bürokratiespektakels; verstärkt wird der Eindruck durch § 101 Abs. 1 S. 1 („Für die Erhebungen besteht Auskunftspflicht."). Zudem sind die Bürokratiekosten immens: So war nach der Schätzung der Bundesregierung allein die Erweiterung der Statistik durch das **KJVVG** für die Kommunen als Datenmelder mit einem jährlichen (!) Mehraufwand von rund 151.000 EUR verbunden, hinzu kommen Weiterungen für die Länder in Höhe von jährlich rund 599.400 EUR.[5]

4 Die Regelungen sind im Detail nicht kommentierungsbedürftig. Bemerkenswert ist aber, dass der Statistik ein so hoher Wert beigemessen wird, dass sie sogar den Grundsatz der **Autonomie freier Träger** (§ 4 Abs. 1) **verdrängt:** § 102 Abs. 1 Nr. 6 ist die einzige Vorschrift des SGB VIII, die den freien Trägern eine Pflicht auferlegt, unabhängig davon, ob sie originär oder derivativ tätig werden.[6] Ferner bemerkenswert ist, dass die **Annahme als Kind** Teil des Erhebungsprogramms ist (§ 99 Abs. 3), obwohl sie – von Beratungs- und Belehrungspflichten (§ 51) abgesehen – vom SGB VIII entkoppelt ist.[7]

5 Ein erhebliches Manko der Statistik ist, dass sie nur die Ausgaben der öffentlichen Träger erfasst (§ 99 Abs. 10). Die Ausgaben der freien Träger fließen nur in dem Umfang ein, wie sie durch Zuschüsse der öffentlichen Hand gefördert werden (Abflussstatistik). Eigene **Beiträge der freien Träger** bleiben unberücksichtigt. Insofern sind weder das Gesamtniveau der Jugendhilfekosten noch seine quantitative und qualitative Veränderung abbildbar.

6 Des Weiteren bestehen Unsicherheiten über die **Verlässlichkeit** der erhobenen Daten. So ist bekannt, dass die Zahlen der **Rechnungs- und Finanzstatistik** regelmäßig nicht mit den Werten der über die Jugendhilfestatistik ermittelten Aufwendungen übereinstimmen. Um hier auf Dauer aussagekräftigere Ergebnisse erwarten zu können, ist es erforderlich, Jugendhilfe- und Finanzstatistik unter Beachtung der Haushaltssystematik der einzelnen Bundesländer aufeinander abzustimmen. Diese Aufgabe obliegt idR den Statistischen Ämtern der Länder. Wegen der Komplexität des erforderlichen Abstimmungsprozesses zwischen staatlichen statistischen Ämtern, den Innen- und Finanzressorts sowie den kommunalen Jugendhilfeträgern mag eine derartige Forderung utopisch erscheinen.

7 Veränderungen durch die letzten Novellen waren im Wesentlichen die Folgenden: Durch das **KJVVG** wurden Nachbesserungen in den Erhebungsmerkmalen zur Adoption vorgenommen (§ 99 Abs. 3 Nr. 1), die statistischen Erhebungen zur Kinder- und Jugendarbeit neu konzipiert (§ 99 Abs. 8) und die Intervalle der Erhebungen in den Einrichtungen verkürzt (§ 101 Abs. 1).[8] Das **„Gesetz zur Verbesserung der Unterbringung, Versorgung und Betreuung ausländischer Kinder"** vom 1.11.2015 brachte insbesondere Änderungen bei der Erhebung vorläufiger Maßnahmen für unbegleitete minderjährige Ausländer (§ 99 Abs. 1, Abs. 2, § 102).[9] Das **KJSG** löste die bisherige Einrichtungs- und Personalstatistik durch eine Statistik über die Träger der Jugendhilfe, die dort tätigen Personen und deren Einrichtungen ab (§ 98 Abs. 1 Nr. 11). Die Verfeinerung der Vorschriften über die Annahme als Kind (§ 99 Abs. 3) war ebenfalls

5 BT-Drs. 17/13023, 3.

6 Zu dieser Unterscheidung → § 36 Rn. 4; ohne diese Unterscheidung Wiesner in Wiesner § 102 Rn. 6.

7 Wiesner in Wiesner § 99 Rn. 9: „verhindert … Zersplitterung".

8 Siehe BT-Drs. 17/13023, 16 f.; dabei unterblieb in § 102 Abs. 2 Nr. 6 die Klarstellung, dass nicht jede Beratung nach § 41 auskunftspflichtig ist, sondern nur eine nach § 41 Abs. 2 iVm § 28, also auch nicht die nach § 41 Abs. 3.

9 Siehe Gesetzesentwurf der Bundesregierung zum „Gesetz zur Verbesserung der Unterbringung, Versorgung und Betreuung ausländischer Kinder", 33 f.

wieder ein Thema.[10] Schließlich bringt das GaFöG vereinzelte Anpassungen der §§ 98, 99, 101 und 102, die mit der Einführung des Anspruchs auf Ganztagsförderung für Grundschulkinder ab dem 1.8.2026 zusammenhängen.[11]

Zehntes Kapitel Straf- und Bußgeldvorschriften

§ 104 Bußgeldvorschriften

(1) Ordnungswidrig handelt, wer

1. **ohne Erlaubnis nach § 43 Absatz 1 oder § 44 Absatz 1 Satz 1 ein Kind oder einen Jugendlichen betreut oder ihm Unterkunft gewährt,**
2. **entgegen § 45 Absatz 1 Satz 1, auch in Verbindung mit § 48a Absatz 1, ohne Erlaubnis eine Einrichtung oder eine sonstige Wohnform betreibt oder**
3. **entgegen § 47 eine Anzeige nicht, nicht richtig, nicht vollständig oder nicht rechtzeitig erstattet oder eine Meldung nicht, nicht richtig, nicht vollständig oder nicht rechtzeitig macht oder vorsätzlich oder fahrlässig seiner Verpflichtung zur Dokumentation oder Aufbewahrung derselben oder zum Nachweis der ordnungsgemäßen Buchführung auf entsprechendes Verlangen nicht nachkommt oder**
4. **entgegen § 97a Absatz 4 vorsätzlich oder fahrlässig als Arbeitgeber eine Auskunft nicht, nicht richtig oder nicht vollständig erteilt.**

(2) Die Ordnungswidrigkeiten nach Absatz 1 Nummer 1, 3 und 4 können mit einer Geldbuße bis zu fünfhundert Euro, die Ordnungswidrigkeit nach Absatz 1 Nummer 2 kann mit einer Geldbuße bis zu fünfzehntausend Euro geahndet werden.

1 Systematischer Zusammenhang

1.1 § 104 als Teil des Ordnungswidrigkeitenrechts

Nach § 1 Abs. 1 OWiG ist eine **Ordnungswidrigkeit** eine rechtswidrige und vorwerfbare Handlung, die den Tatbestand eines Gesetzes verwirklicht, das die Ahndung mit einer **Geldbuße** zulässt. § 104 ist ein solches Gesetz.[1] 1

Als eine Art „kleines Strafrecht" verfolgt das Ordnungswidrigkeitenrecht mit seinen Geldbußen andere Zwecke als der Verwaltungszwang (Zwangsgeld), mit dem ein VA vollstreckt wird: Zwangsgeld will die Erfüllung einer konkretisierten Pflicht, zB der Auskunftspflicht des Arbeitgebers (zur zwangsweisen Durchsetzung dieser Pflicht → § 97a Rn. 36–38), erzwingen; Geldbuße will dagegen (milde) Formen des **Unrechts** 2

10 Siehe dazu BR-Drs. 5/21, 115 ff.
11 Näher BT-Drs 19/29764, 6.
1 Kritisch wegen fehlender „besonderer schädlicher Auswirkungen" der Varianten des § 104 Abs. 1 Schneider in jurisPK-SGB VIII § 104 Rn. 7 ff.

ahnden und „erzieherisch" auf den Betroffenen und die Rechtsgemeinschaft einwirken. Wegen dieser Zweckverschiedenheit kann nicht das eine Mittel als milder gegenüber dem anderen bezeichnet werden (zum Verhältnis von Verwaltungszwang und Ordnungswidrigkeit auch → § 97a Rn. 39). Beide Vorgehensweisen sind grundsätzlich unabhängig voneinander und können nebeneinander verfolgt werden. Gleichwohl kann der Verwaltungszwang bereits derart belastend und beeindruckend für den Pflichtigen sein, dass es einer darüber hinaus gehenden Ahndung des Verhaltens mit einer Geldbuße nicht mehr bedarf. Das muss die Verfolgungsbehörde stets im Blick behalten (zum sog. Opportunitätsprinzip → Rn. 5).

3 Die Prüfung von Ordnungswidrigkeiten unterliegt dem **sog. dreistufigen Deliktsaufbau:**[2] Damit eine Geldbuße verhängt werden darf, muss erstens feststehen, dass der Betroffene den Tatbestand der Ordnungswidrigkeit erfüllt hat, dh dessen objektiven Merkmale verwirklicht und mit (wenigstens bedingtem) Vorsatz und ggf. weiteren subjektiven Merkmalen gehandelt hat. Zweitens muss die Tat rechtswidrig sein, dh es darf dem Betroffenen nicht ausnahmsweise ein anerkannter Rechtfertigungsgrund (etwa: Notstand, § 16 OWiG) zur Seite stehen. Drittens muss die Vorwerfbarkeit vorliegen, der Betroffene also persönlich etwas für sein Verhalten können. Hier sind die fehlende Einsicht, etwas Unerlaubtes zu tun (§ 11 Abs. 2 OWiG), oder eine Geisteskrankheit (§ 12 Abs. 2 OWiG) wichtige Faktoren. Die Vorwerfbarkeit unterscheidet die Ordnungswidrigkeit signifikant vom Verwaltungszwang, für den es unerheblich ist, ob den Pflichtigen für die Verletzung seiner Obliegenheiten ein Verschulden trifft.

4 **Fahrlässiges Handeln** kann geahndet werden, wenn das Gesetz dies ausdrücklich mit Geldbuße bedroht (§ 10 OWiG). Voraussetzung dafür ist die Verletzung einer objektiven Sorgfaltspflicht, deren Einhaltung dem Betroffenen nach seinen persönlichen Kenntnissen und Fähigkeiten möglich war. Auch der **Versuch** einer Ordnungswidrigkeit ist nur dann Gegenstand eines Bußgeldverfahrens, wenn das Gesetz dies ausdrücklich bestimmt (§ 13 OWiG). An ein **Unterlassen** darf der Vorwurf der Ordnungswidrigkeit geknüpft werden, wenn der Betroffene aus einer sog. Garantenstellung heraus eine Pflicht zum Handeln hatte (§ 8 OWiG). Sind an der Ordnungswidrigkeit mehrere Personen beteiligt, gilt das sog. **Einheitstätersystem** (§ 14 OWiG), das im Gegensatz zum Strafrecht nicht zwischen Tätern, Anstiftern und Gehilfen unterscheidet, sondern alle Mitwirkenden als Täter qualifiziert; das Ausmaß des Beitrags wird bei der konkreten Bemessung der Geldbuße gewürdigt.[3]

5 Ermittelt und geahndet wird die Ordnungswidrigkeit im **Bußgeldverfahren**[4] von Seiten der Verwaltungsbehörde (§ 35 OWiG). Sachlich zuständig ist die gesetzlich bestimmte Verwaltungsbehörde (idR die untere Verwaltungsbehörde; so zB § 2 OWiZuVO BW), aber auch der örtliche oder überörtliche Träger der Jugendhilfe nach den Länderausführungsgesetzen zum SGB VIII oder, soweit eine solche Bestimmung nicht vorliegt, die fachlich zuständige oberste Landesbehörde (§ 36 OWiG).[5] Örtlich zuständig ist gemäß § 37 Abs. 1 OWiG die Behörde, in deren Bezirk die Ordnungswidrigkeit begangen oder entdeckt wurde (Nr. 1) oder der Betroffene seinen Wohnsitz hat (Nr. 2); Sonderfälle regeln die Abs. 2 bis 4. Die Verfolgung der Ordnungswidrigkeit liegt im Ermessen der Verwaltungsbehörde (§ 47 Abs. 1 OWiG); es gilt also das **Opportunitätsprinzip** (im Gegensatz zum Legalitätsprinzip, § 152 Abs. 2 StPO, bei der Verfolgung einer Straftat nach § 105). Das Bußgeldverfahren richtet sich nicht nach den Verfahrensvorschriften des SGB X, sondern nach denen über das Strafverfahren (§ 46 Abs. 1 OWiG), wobei manche Maßnahmen aus Gründen der Verhältnismäßigkeit nicht angewendet werden dürfen (siehe dazu § 46 Abs. 3 S. 1 OWiG).

2 Eingehend dazu Noak ZJS 2012, 175 (176 ff.).
3 Zu den vorstehenden Aspekten siehe Noak ZJS 2012, 175 (180 ff.).
4 Zu diesem ausführlich Noak ZJS 2012, 458 ff.
5 Näher Seith in HK-OWiG § 36 Rn. 2–10.

Die **Geldbuße** wird mit einem **Bußgeldbescheid** festgesetzt (§ 65 OWiG); dagegen ist Einspruch zum Amtsgericht möglich (§§ 67, 68 OWiG). Ihre Höhe richtet sich nach der Bedeutung der Ordnungswidrigkeit und dem Vorwurf, der den Täter trifft; bei nicht nur geringfügigen Ordnungswidrigkeiten können auch die wirtschaftlichen Verhältnisse des Täters betrachtet werden (§ 17 Abs. 3 OWiG). Die Geldbuße beträgt mindestens fünf Euro und, wenn im Gesetz nichts anderes bestimmt ist (vgl. aber § 104 Abs. 2), höchstens 1.000 Euro (§ 17 Abs. 1 OWiG). Droht das Gesetz für vorsätzliches und fahrlässiges Handeln Geldbuße an, ohne im Höchstmaß zu unterscheiden, so kann fahrlässiges Handeln im Höchstmaß nur mit der Hälfte des angedrohten Höchstbetrages der Geldbuße geahndet werden (§ 17 Abs. 2 OWiG). Zieht der Täter wirtschaftliche Vorteile aus der Tat, soll die Geldbuße diesen Vorteil übersteigen; zu diesem Zweck darf das gesetzliche Höchstmaß überschritten werden (§ 17 Abs. 4 OWiG).[6] 6

Eine Geldbuße kann auch gegenüber einer **juristischen Person** oder gegenüber einer **Personenvereinigung** festgesetzt werden.[7] Voraussetzung dafür ist, dass jemand in verantwortlicher Stellung in der juristischen Person (siehe im Einzelnen: § 30 Abs. 1 OWiG) eine Straftat oder Ordnungswidrigkeit (zB nach § 104) begangen hat, durch die Pflichten der juristischen Person (zB Anzeige-, Genehmigungs- oder Auskunftspflichten) verletzt worden sind oder durch welche die juristische Person bereichert worden ist oder werden sollte (§ 30 Abs. 1 OWiG). Die Geldbuße für die juristische Person tritt neben die straf- oder ordnungswidrigkeitenrechtliche Sanktion, die den Täter selber trifft; sie kann grundsätzlich auch selbstständig festgesetzt werden (§ 30 Abs. 4 OWiG). Die Geldbuße beträgt im Fall einer Straftat bis zu zehn Millionen Euro (fünf Millionen Euro bei bloßer Fahrlässigkeit), im Fall von Ordnungswidrigkeiten richtet sich die Höhe grundsätzlich nach der Ordnungswidrigkeit selber (§ 30 Abs. 2 OWiG). 7

Weitere Ordnungswidrigkeitentatbestände können landesrechtlich geregelt sein. Im hiesigen Zusammenhang ist etwa Art. 66 AGSG Bayern zu beachten. 8

1.2 Überblick über die Ordnungswidrigkeitentatbestände

§ 104 bedroht zwei Varianten von Delikten mit Geldbuße: zum einen die Verletzung von Pflichten zum Schutz von Kindern und Jugendlichen in Familienpflege und in Einrichtungen nach dem Zweiten Abschnitt des Dritten Kapitels (§ 104 Abs. 1 Nr. 1–3, hierzu ab → Rn. 10), zum anderen die Verletzung der Auskunftspflicht des Arbeitgebers nach § 97a Abs. 4 (§ 104 Abs. 1 Nr. 4, hierzu ab → Rn. 18). Das Höchstmaß der möglichen Geldbußen ist für alle Ordnungswidrigkeiten des § 104 Abs. 1 in Abs. 2 geregelt. Treten weitere Merkmale hinzu, behandelt § 105 die Ordnungswidrigkeiten des § 104 Abs. 1 Nr. 1 und 2 als Straftaten. 9

2 Verletzung von Pflichten zum Schutz von Kindern und Jugendlichen in Familienpflege und in Einrichtungen (Abs. 1 Nr. 1–3)

2.1 Gemeinsamkeiten der Ordnungswidrigkeitentatbestände nach Abs. 1 Nr. 1–3

§ 104 Abs. 1 Nr. 1–3 knüpfen an Pflichten an, die sich aus dem Zweiten Abschnitt des Dritten Kapitels ergeben. Im Rahmen der § 43 und § 44 müssen diese Pflichten tatsächlich bestehen, wer sich auf eine Ausnahmevorschrift berufen kann (etwa die zur Pflegeperson bestellte Tante gemäß § 44 Abs. 1 S. 2 Nr. 3 oder der Betreiber eines Schullandheims gemäß § 45 Abs. 1 Nr. 1), kann den Tatbestand nicht erfüllen. Nur 10

6 Zur Zumessung der Geldbuße siehe Noak ZJS 2012, 329 ff.
7 Näheres bei Noak ZJS 2012, 329 (330 f.).

vorsätzliche vollendete Taten können sanktioniert werden; fahrlässiges Handeln und der Versuch der Begehung haben keine Geldbuße zur Folge (§§ 10, 13 OWiG → Rn. 3 f.).

2.2 Kindertagespflege oder Vollzeitpflege ohne Erlaubnis (Abs. 1 Nr. 1)

11 Sowohl die **Kindertagespflege** (§ 43) als auch die **Vollzeitpflege** (§ 44) sind grundsätzlich erlaubnispflichtig; Ausnahmen folgen aus § 43 Abs. 1 (Umkehrschluss), § 44 Abs. 1 S. 2 oder Landesrecht (vgl. § 43 Abs. 5, § 49). Wer **vorsätzlich** (zum dreistufigen Deliktsaufbau → Rn. 3) **ohne wirksame behördliche Erlaubnis** ein Kind in Kindertagespflege nimmt („betreut") oder ein Kind oder einen Jugendlichen über Tag und Nacht in seinem Haushalt aufnimmt („Unterkunft gewährt"), obwohl keine der Ausnahmen des § 43 beziehungsweise § 44 vorliegt, handelt ordnungswidrig. Gleiches gilt, wenn von einer bestehenden Erlaubnis abgewichen wird, zB eine Betreuung von mehr Kindern als erlaubt erfolgt.

12 Wird eine **Erlaubnis** nach § 43 oder § 44 **entzogen** (zurückgenommen [§ 45 SGB X], widerrufen [§ 47 SGB X] oder sonst aufgehoben [§ 48 SGB X]), die Kindertages- oder Vollzeitpflege jedoch von Seiten des Betroffenen fortgeführt, kommt es auf den Status Quo des Verwaltungsverfahrens an: Ist der Entziehungs-VA unanfechtbar, so liegt eine Ordnungswidrigkeit vor. Werden hingegen Widerspruch und Anfechtungsklage (zulässig!) eingelegt, tritt eine aufschiebende Wirkung ein (§ 80 Abs. 1 S. 1 VwGO) und der Betroffene handelt weiterhin „mit Erlaubnis".[8] Hat der Betroffene noch keinen Rechtsbehelf eingelegt, befindet sich aber innerhalb der Widerspruchs- oder Klagefrist, so handelt er zwar „ohne Erlaubnis", gleichwohl aber nicht tatbestandsmäßig. Denn es fehlt die (auch im Ordnungswidrigkeitenrecht erforderliche) objektive Zurechnung: Wer durch Einlegen eines zulässigen Rechtsbehelfs, also ein gestattetes prozessuales Verhalten, unmittelbar eine aufschiebende Wirkung erreichen kann, schafft durch ein Handeln wider den VA keine rechtlich missbilligte Gefahr.[9] „Die verfassungsrechtliche Garantie, dass Fristen voll ausgeschöpft werden können, beinhaltet insofern auch die Gewähr, dass an die Ausnützung der Fristen keine Folgen geknüpft sind, die den Rechtsschutz nachhaltig beeinträchtigen."[10] Dies gilt (mit der Folge der Tatbestandsmäßigkeit) wiederum nicht, wenn die Behörde die sofortige Vollziehung des Entziehungs-VA gemäß § 80 Abs. 2 Nr. 4 VwGO anordnet. Dann kann der Betroffene die aufschiebende Wirkung nicht unmittelbar erreichen, sondern muss ein Verfahren gemäß § 80 Abs. 5 S. 1 Hs. 2 VwGO anstrengen. Kommt das Verwaltungsgericht dem Antrag des Betroffenen nach und stellt die aufschiebende Wirkung wieder her, sollte von der Ahndung des vor der Entscheidung des Gerichts liegenden Verhaltens gemäß § 47 Abs. 1 OWiG abgesehen werden. Dafür spricht auch der Rechtsgedanke des § 331 Abs. 3 StGB, der bestimmte Verhaltensweisen von Amtsträgern bei späterer Genehmigung des Dienstherrn nachträglich für straflos erklärt.

13 Auf die Ordnungswidrigkeit nach § 104 Abs. 1 Nr. 1 kann eine Geldbuße von fünf Euro bis zu 500 Euro (§ 104 Abs. 2 Hs. 1) folgen (zur Bemessung → Rn. 6).

2.3 Betrieb einer Einrichtung oder sonstigen Wohnform ohne Erlaubnis (Abs. 1 Nr. 2)

14 Ebenfalls erlaubnispflichtig ist der Betrieb einer **Einrichtung** (§ 45; zum Begriff: § 45a) und einer sonstigen betreuten Wohnform (§ 48a); Ausnahmen regelt § 45 Abs. 1 S. 2. Wer vorsätzlich (zum dreistufigen Deliktsaufbau → Rn. 3) **ohne notwendige wirksame behördliche Erlaubnis** eine Einrichtung oder sonstige Wohnform betreibt, in der Kin-

8 Siehe auch Puttler in NK-VwGO § 80 Rn. 39.
9 Im Ergebnis auch Odenthal NStZ 1991, 418 (419).
10 Wüterich NStZ 1987, 106 (107).

der oder Jugendliche ganztägig oder für einen Teil des Tages betreut werden, handelt ordnungswidrig. Weil Widerspruch und Anfechtungsklage gegen die Rücknahme oder den Widerruf gemäß § 45 Abs. 7 S. 2 kraft Gesetzes keine aufschiebende Wirkung haben, handelt tatbestandsmäßig, wer vorsätzlich eine Einrichtung oder eine sonstige Wohnform weiterbetreibt, obwohl eine früher bestehende Erlaubnis entzogen worden ist. Wird die aufschiebende Wirkung in einem Verfahren nach § 80 Abs. 5 S. 1 Hs. 1 VwGO wiederhergestellt, sollte von der Ahndung einer vor der Entscheidung geschehenen Zuwiderhandlung abgesehen werden (s. bereits → Rn. 12).

Das **Bußgeld**, das wegen eines Verstoßes gegen die Nr. 2 angedroht wird, ist im Vergleich zu den anderen in § 104 Abs. 2 genannten geradezu exorbitant: Es beträgt zwischen fünf und 15.000 Euro (§ 104 Abs. 2 Hs. 2). Der Gesetzgeber beruft sich auf den „Unrechtsgehalt".[11] In der Tat wird man die Dimensionen der Nr. 2 wegen des im Vergleich zur Nr. 1 größeren erreichbaren Personenkreises und des wirtschaftlichen Kontextes für erheblich halten können; ob es aber einer gleich um den Faktor 30 erhöhten Bußgeldandrohung bedarf, mag bezweifelt werden. Bei der Bemessung der Geldbuße ist der wirtschaftliche Vorteil zu berücksichtigen, den der Täter aus der Ordnungswidrigkeit gezogen hat (§ 17 Abs. 4); denkbar ist auch die Verhängung einer Geldbuße gegenüber einer juristischen Person (zu beidem → Rn. 6 f.). 15

2.4 Verletzung von Anzeige- und Meldepflichten (Abs. 1 Nr. 3)

Zur Flankierung der Erlaubnispflichten und zur Erleichterung der Überwachungsfunktion der Erlaubnisbehörden sieht § 47 Abs. 1 **Meldepflichten** für Träger erlaubnispflichtiger Einrichtungen vor. Insbesondere sind die Betriebsaufnahme und die bevorstehende Schließung sowie Ereignisse und Entwicklungen mit Gefährdungspotenzial anzuzeigen und alle Änderungen in diesen Verhältnissen unverzüglich zu melden. Einmal jährlich ist zudem die Zahl der belegten Plätze zu melden. Ausnahmen von den Anzeige- und Meldepflichten sind nicht vorgesehen. Wer gegen diese Pflichten verstößt, indem er vorsätzlich (zum dreistufigen Deliktsaufbau → Rn. 3) die Anzeige oder Meldung nicht, nicht richtig, nicht vollständig oder nicht rechtzeitig macht, handelt ordnungswidrig. 16

Für die Ordnungswidrigkeit nach § 104 Abs. 1 Nr. 3 kann eine Geldbuße von fünf Euro bis zu 500 Euro (§ 104 Abs. 2 Hs. 1) festgesetzt werden (zur Bemessung → Rn. 6). 17

3 Verletzung der Arbeitgeber-Auskunftspflicht (Abs. 1 Nr. 4)

Gemäß § 97a Abs. 4 haben Arbeitgeber in bestimmten Fällen (zu den Voraussetzungen → § 97a Rn. 31–34) die Pflicht, dem örtlichen Träger über die Art des Beschäftigungsverhältnisses und den Arbeitsverdienst bestimmter Personen (zum Umfang der Auskunftspflicht → § 97a Rn. 35) **Auskunft** zu erteilen. Wer als Arbeitgeber dieser Pflicht nicht, nicht richtig oder nicht vollständig nachkommt, handelt ordnungswidrig. Weil § 104 Abs. 1 Nr. 4 auch fahrlässiges Handeln erwähnt, gilt dies auch dann, wenn der Verstoß auf reiner Unachtsamkeit beruht (zur Fahrlässigkeit → Rn. 4). Die Pflicht nach § 97a Abs. 4 besteht nur auf Verlangen des örtlichen Trägers,[12] setzt also einen wirksamen VA (zum VA Charakter des Auskunftsverlangens nach § 97a → § 97a Rn. 2, 36) voraus. Da Widerspruch und Anfechtungsklage aufschiebende Wirkung haben (§ 80 Abs. 1 S. 1 VwGO), handelt der „sperrige" Arbeitgeber während der Widerspruchs- und Klageverfahren ebenso wenig ordnungswidrig wie während der entsprechenden Überlegungsfristen (dazu bereits → Rn. 12). 18

11 Siehe BT-Drs. 11/4958, 115.
12 So auch Schneider in jurisPK-SGB VIII § 104 Rn. 13.

19 Für die Ordnungswidrigkeit nach § 104 Abs. 1 Nr. 4 kann eine Geldbuße von fünf Euro bis zu 500 Euro festgesetzt werden (§ 104 Abs. 2 Hs. 1); bei fahrlässigem Handeln von fünf Euro bis zu 250 Euro (§ 17 Abs. 2 OWiG; zur Bemessung → Rn. 6).

§ 105 Strafvorschriften

Mit Freiheitsstrafe bis zu einem Jahr oder mit Geldstrafe wird bestraft, wer

1. eine in § 104 Absatz 1 Nummer 1 oder 2 bezeichnete Handlung begeht und dadurch leichtfertig ein Kind oder einen Jugendlichen in seiner körperlichen, geistigen oder sittlichen Entwicklung schwer gefährdet oder

2. eine in § 104 Absatz 1 Nummer 1 oder 2 bezeichnete vorsätzliche Handlung beharrlich wiederholt.

1 Systematischer Zusammenhang

1.1 § 105 als Gegenstand des Strafrechts

1 § 105 ist eine Strafvorschrift. Für das Strafrecht gelten grundsätzlich die allgemeinen Ausführungen zum Ordnungswidrigkeitenrecht (→ § 104 Rn. 1 ff.) entsprechend. Maßstab ist allerdings das StGB, für das Verfahren gilt die StPO. Zudem nennt man beim dreistufigen Deliktsaufbau die dritte Stufe nicht Vorwerfbarkeit (→ § 104 Rn. 3), sondern – inhaltlich identisch – Schuld. Sind an der Tat mehrere Personen beteiligt, gilt nicht das Einheitstätersystem (→ § 104 Rn. 4), sondern es wird gemäß §§ 25 ff. StGB zwischen Tätern und Teilnehmern differenziert. Die Verfolgung von Straftaten ist grundsätzlich (zu Antragserfordernissen → Rn. 2) verpflichtend (sog. Legalitätsprinzip; zum gegenteiligen Opportunitätsprinzip → § 104 Rn. 5) und obliegt der Staatsanwaltschaft (§ 152 StPO). Die Bestrafung erfolgt durch die Strafgerichte. Eine Bestrafung von juristischen Personen sieht das StGB nicht vor (zum Ordnungswidrigkeitenrecht → § 104 Rn. 7).

1.2 Einführung zu § 105

2 § 105 erhebt die in § 104 Abs. 1 Nr. 1 und 2 genannten Ordnungswidrigkeiten bei grobem Unrecht (Nr. 1) oder Beharrlichkeit des Täters (Nr. 2) zu **Straftaten.**[1] Es handelt sich um eine sog. Qualifikation,[2] für deren Verfolgung es keines Strafantrags bedarf (Offizialdelikt).[3] Der geringe Strafrahmen von bis zu einem Jahr oder Geldstrafe führt Taten nach § 105 regelmäßig zum Strafrichter beim Amtsgericht (§§ 24, 25 GVG). Der Versuch der Tat ist nach § 23 Abs. 1 StGB nicht strafbar, da es sich bei der Tat um ein Vergehen iSv § 12 Abs. 2 StGB handelt.

1 BT-Drs. 11/5948, 114.
2 Schneider in jurisPK-SGB VIII § 105 Rn. 10.
3 Der Bundesrat hatte allerdings eine Antragspflicht erreichen wollen, BT-Drs. 11/5948, 146.

2 Die Tatbestandsvoraussetzungen im Einzelnen

2.1 Grundtatbestand: Ordnungswidrigkeit nach § 104 Abs. 1 Nr. 1 oder 2 (Nr. 1)

Einstiegsvoraussetzung für eine Bestrafung nach § 105 ist, dass eine Ordnungswidrigkeit gemäß § 104 Abs. 1 Nr. 1 oder 2 vorliegt. Der Täter muss ohne Erlaubnis ein Kind oder einen Jugendlichen in Kindertagespflege betreut, einem solchen ohne Erlaubnis zur Vollzeitpflege in seinem Haushalt Unterkunft gewährt (§ 104 Abs. 1 Nr. 1) oder ohne Erlaubnis eine Einrichtung oder eine sonstige Wohnform betrieben haben (§ 104 Abs. 1 Nr. 2). Alle Varianten setzen Vorsatz voraus (s. § 15 StGB und → § 104 Rn. 10). 3

2.2 Schwere Gefährdung eines Kindes oder Jugendlichen durch die Ordnungswidrigkeit (Nr. 1)

Die Qualifikation der Nr. 1 setzt als tatbestandlichen Erfolg voraus, dass ein Kind oder Jugendlicher objektiv in seiner **körperlichen, geistigen oder sittlichen Entwicklung schwer gefährdet** wird. Diesbezüglich muss der Täter **leichtfertig** handeln. 4

Die körperliche und geistige **Entwicklung**, beide Bestandteil des § 22 Abs. 3 SGB VIII, lassen sich deuten als Entfaltung der physischen und intellektuellen Anlagen des Kindes oder Jugendlichen, die „sittliche Entwicklung" als Ausreifung seines Charakters hin zu einem Menschen, der sich von Moral und Ethik leiten lässt.[4] Zur Frage, wann die verlangte **„schwere Gefährdung"** dieser Entwicklungen eintritt, liest man im Schrifttum nur wenig Konkretes: Es könne nur individuell beurteilt werden, ob die Grenze bereits überschritten sei; bloße Störungen der Entwicklungen erreichten qualitativ nicht den Grad der Gefährdung.[5] Aus hiesiger Sicht ist die Abgrenzung der Störung von der Gefährdung, noch dazu der schweren Gefährdung, nicht mit hinreichender Sicherheit zu leisten, weshalb der Passus, es müsse die „[…] Entwicklung schwer gefährdet" werden, mit dem verfassungsrechtlichen Gebot der Bestimmtheit gemäß Art. 103 Abs. 2 GG nicht vereinbar ist. Der Bürger muss, so sagt es das BVerfG,[6] anhand des Wortlauts einer gesetzlichen Vorschrift voraussehen können, ob ein Verhalten strafbar ist oder nicht, und das leistet § 105 Nr. 1 bezogen auf die genannte Formulierung nicht.[7] 5

Weiterhin muss der tatbestandliche Erfolg, die erörterte schwere Gefährdung der Entwicklung des Kindes oder Jugendlichen (→ Rn. 5), **durch** die erlaubnislose Betreuung oder Unterkunftsgewährung zurechenbar verursacht worden sein. Bei – im Strafrecht an sich gebotener – enger Auslegung ist schon fraglich, wie allein ein Verstoß gegen die Erlaubnispflicht eine schwere Gefährdung der Entwicklung bewirken soll.[8] Versteht man die Vorschrift hingegen weiter und lässt genügen, dass die Gefährdung vom Täter in einem ohne Erlaubnis von ihm zu verantwortenden Setting herbeigeführt worden ist, tun sich wieder erhebliche verfassungsrechtliche Bedenken auf: Es ist kein sachlicher Grund erkennbar, der es rechtfertigt, Kinder und Jugendliche in erlaubt betriebenen Konstellationen weniger stark vor schweren Gefährdungen ihrer Entwicklung zu schützen als in den von § 105 Nr. 1 erfassten.[9] Anders gesagt: Zwischen den Personen, die sich strafbar machen können (solche, die ohne Erlaubnis einer erlaub- 6

---

4 Siehe dazu Noak HRRS 2016, 505 (507).
5 Siehe Schneider in jurisPK-SGB VIII § 105 Rn. 10; Wache/Lutz in Erbs/Kohlhaas SGB VIII § 105 Rn. 3.
6 Siehe etwa BVerfG 23.6.2010 – 2 BvR 2559/08, 2 BvR 105/09, 2 BvR 491/09.
7 Siehe auch Noak HRRS 2016, 505 (507 f.).
8 Ebenso schon der Bundesrat, siehe BT-Drs. 11/5948, 146.
9 Auch darauf hat der Bundesrat bereits im Gesetzgebungsverfahren hingewiesen: BT-Drs. 11/5948, 146.

nispflichtigen Tätigkeit nachgehen), und denen, die keine Bestrafung fürchten müssen (solche, die eine Erlaubnis besitzen oder einen Ausnahmetatbestand erfüllen) bestehen keine Unterschiede von solchem Gewicht, dass eine strafrechtliche Ungleichbehandlung geboten wäre. Vielmehr erscheint die Ungleichbehandlung **willkürlich** und verstößt gegen Art. 3 Abs. 1 GG.[10]

7 Des Weiteren muss der Täter die Gefährdung **leichtfertig** herbeiführen. Leichtfertig bedeutet „grob fahrlässig“:[11] Der Täter muss die sich aufdrängende Möglichkeit eines gefährdenden Verlaufs aus besonderem Leichtsinn oder besonderer Gleichgültigkeit außer Acht lassen.[12] § 105 Nr. 1 ist also eine Vorsatz-Leichtfertigkeits-Kombination. Anders als andere derartige Tatbestände (zB §§ 178, 251, 306c StGB) und auch anders als die Vorbildvorschrift des § 12 Abs. 4 JÖSchG in der bis zum 31.3.2003 geltenden Fassung, spricht § 105 Nr. 1 allerdings nicht von „wenigstens“ leichtfertig, weshalb die vorsätzliche Begehungsweise aus der Strafbarkeit herausfällt.[13] Darüber kann auch § 18 StGB nicht hinweg helfen, weil dieser als Grunddelikt eine Straftat, nicht eine Ordnungswidrigkeit wie § 104 voraussetzt und als „besondere Folge“ nur Rechtsgutsverletzungen, nicht -gefährdungen erfasst.[14] Ansätze, die sich ohne die Kodifizierung des „wenigstens“ mit dem „Rechtsgedanken des § 18 StGB“[15] begnügen, missachten das sog. Analogieverbot gemäß Art. 103 Abs. 2 GG. Die Feststellung, dass § 105 Nr. 1 die Leichtfertigkeit bezogen auf die schwere Gefährdung bestraft, den Vorsatz hingegen nicht, zieht einen weiteren groben Wertungswiderspruch nach sich: Die schwächere Form des Unrechts wird bestraft, die stärkere nicht.

2.3 Beharrliche Wiederholung der Ordnungswidrigkeit (Nr. 2)

8 Nach § 105 Nr. 2 wird ordnungswidriges Handeln nach § 104 Abs. 1 Nr. 1 oder 2 zur Straftat, wenn der Täter die vorsätzliche[16] Handlung **beharrlich wiederholt**. Dies ist der Fall, wenn der Täter aus Uneinsichtigkeit trotz Belehrung oder Ahndung erneut gegen das Gesetz verstößt, auch bei erstmaliger Wiederholung.[17] Wieder besteht Anlass zur Kritik, denn auch der Begriff „beharrlich“ sieht sich dem Vorwurf der Unbestimmtheit ausgesetzt.[18] Mag er die Grenze zur Verfassungswidrigkeit noch nicht überschreiten, wäre es dennoch besser, ihn zu ersetzen durch eine zahlenmäßig bestimmte Wiederholung des Verstoßes innerhalb eines bestimmten Zeitraums, etwa nach Vorbild des § 176a StGB. Denn dies sind die objektiven Umstände, die die „Beharrlichkeit“ indizieren.[19]

3 Reform der Vorschrift

9 Bereits im Gesetzgebungsverfahren im Jahre 1989 sah sich § 105 der Kritik des Bundesrates ausgesetzt.[20] Dass diese berechtigt war, ist deutlich geworden: Wie aufgezeigt, verstößt § 105 Nr. 1 gegen die verfassungsrechtlichen Vorgaben der hinreichenden Bestimmtheit (Art. 103 Abs. 2 GG → Rn. 5) und Gleichbehandlung (Art. 3 Abs. 1 GG

10 Ausführlich Noak HRRS 2016, 505 (506).
11 BGH 13.4.1960 – 2 StR 593/59; BGH 10.12.1965 – 1 StR 327/65; BGH 4.2.2010 – 4 StR 394/09.
12 BGH 9.11.1984 – 2 StR 257/84; BGH 4.2.2010 – 4 StR 394/09.
13 Siehe Noak HRRS 2016, 505 (507).
14 Siehe Hardtung in MüKoStGB § 18 Rn. 5 und Rn. 12.
15 Schneider in jurisPK-SGB VIII § 105 Rn. 10 mwN.
16 Die Erwähnung des Merkmals ist überflüssig; darauf weist zu Recht hin Schneider in jurisPK-SGB VIII § 105 Rn. 11.
17 Strenger Schneider in jurisPK-SGB VIII § 105 Rn. 11, der zwingend eine vorausgehende Ahndung fordert.
18 Siehe Mitsch NJW 2007, 1237 (1240).
19 Siehe dazu Noak HRRS 2016, 505 (508).
20 Siehe BT-Drs. 11/5948, 146.

→ Rn. 6). Zudem missachtet er strafrechtliche Grundprinzipien, indem er Leichtfertigkeit inkriminiert und den Vorsatz unbestraft lässt (→ Rn. 7). Auch § 105 Nr. 2 hat mit dem Begriff „beharrlich" nicht die rechtssicherste Formulierung gewählt (→ Rn. 8). Deshalb bedarf die Vorschrift einer grundlegenden Umgestaltung; angesichts ihrer praktischen Bedeutungslosigkeit[21] liegt auch eine gänzliche Streichung nicht fern.[22] Die Gelegenheit, verbessernd einzugreifen, hätte im Rahmen des KJSG bestanden, man hat sie ungenutzt gelassen.

Elftes Kapitel Schlussvorschriften

§ 106 Einschränkung eines Grundrechts

Durch § 42 Absatz 5 und § 42a Absatz 1 Satz 2 wird das Grundrecht auf Freiheit der Person (Artikel 2 Absatz 2 Satz 3 des Grundgesetzes) eingeschränkt.

Mit dem Gesetz zur Verbesserung der Unterbringung, Versorgung und Betreuung ausländischer Kinder und Jugendlicher ist § 106 zum 1.11.2015 neu ins SGB VIII eingefügt worden. Mit dieser Vorschrift soll dem Zitiergebot nach Art. 19 Abs. 1 S. 2 GG Genüge getan werden.[1] Nach § 42 Abs. 5 sind freiheitsentziehende Maßnahmen im Rahmen der Inobhutnahme zulässig, wenn und soweit sie erforderlich sind, um eine Gefahr für Leib oder Leben des Kindes oder des Jugendlichen oder eine Gefahr für Leib oder Leben Dritter abzuwenden. Gem. § 42a Abs. 1 Satz 3 finden diese Befugnisse auch für die vorläufige Inobhutnahme Anwendung. Damit kann mit diesen Regelungen in die Freiheit der Person nach Art. 2 Abs. 2 S. 2 GG eingegriffen werden. Durch Nennung der Grundrechtsbestimmung in § 106 soll dem Gesetzgeber die Grundrechtseinschränkung bewusst gemacht werden. Für die Verwaltung begründet Art. 19 Abs. 1 S. 2 GG bzw. § 106 keine Verhaltenspflicht.[2] 1

§ 107 Übergangsregelung

(1) [1]Das Bundesministerium für Familie, Senioren, Frauen und Jugend begleitet und untersucht

1. bis zum Inkrafttreten von § 10b am 1. Januar 2024 sowie

2. bis zum Inkrafttreten von § 10 Absatz 4 Satz 1 und 2 am 1. Januar 2028

die Umsetzung der für die Ausführung dieser Regelungen jeweils notwendigen Maßnahmen in den Ländern. [2]Bei der Untersuchung nach Satz 1 Nummer 1 werden insbesondere auch die Erfahrungen der örtlichen Träger der öffentlichen Jugendhilfe einbezogen, die bereits vor dem 1. Januar 2024 Verfahrenslotsen entsprechend § 10b einsetzen. [3]Bei der Untersuchung nach Satz 1 Nummer 2 findet das Bundesgesetz nach § 10 Absatz 4 Satz 3 ab dem Zeitpunkt seiner Verkündung, die als Bedingung für das Inkrafttreten von § 10 Absatz 4 Satz 1 und 2 spätestens bis zum 1. Januar 2027 erfolgen muss, besondere Berücksichtigung.

(2) [1]Das Bundesministerium für Familie, Senioren, Frauen und Jugend untersucht in den Jahren 2022 bis 2024 die rechtlichen Wirkungen von § 10 Absatz 4 und legt dem Bundestag und dem Bundesrat bis zum 31. Dezember 2024 einen Bericht über das Ergebnis der Untersuchung vor. [2]Dabei sollen insbesondere die gesetzlichen Festlegungen des Achten und Neunten Buches

---

21 Siehe auch Noak HRRS 2016, 505 (508).
22 So bereits Noak HRRS 2016, 505 (509).
1 S. hierzu BT-Drs. 18/6392, 21.
2 S. hierzu Remmert in Maunz/Dürig Art. 19 Abs. 1 GG Rn. 40 f.

1. zur Bestimmung des leistungsberechtigten Personenkreises,
2. zur Bestimmung von Art und Umfang der Leistungen,
3. zur Ausgestaltung der Kostenbeteiligung bei diesen Leistungen und
4. zur Ausgestaltung des Verfahrens

untersucht werden mit dem Ziel, den leistungsberechtigten Personenkreis, Art und Umfang der Leistungen sowie den Umfang der Kostenbeteiligung für die hierzu Verpflichteten nach dem am 1. Januar 2023 für die Eingliederungshilfe geltenden Recht beizubehalten, insbesondere einerseits keine Verschlechterungen für leistungsberechtigte oder kostenbeitragspflichtige Personen und andererseits keine Ausweitung des Kreises der Leistungsberechtigten sowie des Leistungsumfangs im Vergleich zur Rechtslage am 1. Januar 2023 herbeizuführen, sowie Hinweise auf die zu bestimmenden Inhalte des Bundesgesetzes nach § 10 Absatz 4 Satz 3 zu geben. [3]In die Untersuchung werden auch mögliche finanzielle Auswirkungen gesetzlicher Gestaltungsoptionen einbezogen.

(3) Soweit das Bundesministerium für Familie, Senioren, Frauen und Jugend Dritte in die Durchführung der Untersuchungen nach den Absätzen 1 und 2 einbezieht, beteiligt es hierzu vorab die Länder.

(4) Das Bundesministerium für Familie, Senioren, Frauen und Jugend untersucht unter Beteiligung der Länder die Wirkungen dieses Gesetzes im Übrigen einschließlich seiner finanziellen Auswirkungen auf Länder und Kommunen und berichtet dem Deutschen Bundestag und dem Bundesrat über die Ergebnisse dieser Untersuchung.

1 Mit Art. 1 des **KJSG** ist mit § 107 eine „Übergangsregelung“ mit Wirkung zum **10.6.2021** normiert worden.[1] Diese Regelung ist im Zusammenhang mit den inklusiven Neuregelungen im SGB VIII zu sehen. Auf erster Stufe mit Inkrafttreten der allermeisten Regelungen des KJSG sind mit Wirkung zum 10.6.2021 bereits **inklusive Neuregelungen** in Vollzug gesetzt worden. Dies betrifft die Zielbestimmung der Jugendhilfe mit Änderungen in § 1 Abs. 1 und Abs. 3 Nr. 2, die Normierung eines neuen Behinderungsbegriffs in § 7 Abs. 2, die inklusive Neuausrichtung des Hilfeplanverfahrens mit Rechtsänderungen insbes. in § 36 Abs. 3 S. 2 und § 36b sowie inklusive Neuregelungen des materiellen Leistungsrechts in § 11 und § 22a Abs. 4. Auf zweiter Stufe der Reform wird zum **1.1.2024** in **§ 10b** eine Regelung zum **Verfahrenslotesten** in Kraft treten. Zum **1.1.2028** soll dann die **Eingliederungshilfe für alle Kinder und Jugendliche** unter dem Dach des SGB VIII zusammengeführt werden. Allerdings ist hierfür in einem „Zwischenschritt“ die Verkündung eines weiteren Bundesgesetzes bis zum 1.1.2027 erforderlich.[2] In diesem Zusammenhang werden weitreichende Leistungsvoraussetzungen zu klären sein. So wird es um die Neugestaltung des Begriffs der Behinderung und der drohenden Behinderung gehen. Auch wird zu entscheiden sein, ob die bisher getrennten Leistungssysteme Hilfe zur Erziehung und Eingliederungshilfe in einer Anspruchsgrundlage zusammengeführt werden können. Nach hiesiger Auffassung wären hiermit nicht unerhebliche rechtliche Schwierigkeiten verbunden.[3] Ferner wird es um die Festlegung eines Verfahrens zur Bedarfsfeststellung gehen. Schließlich wird man auch das Leistungserbringerrecht in den Blick nehmen müssen, welches de lege lata im SGB IX und SGB VIII in wesentlichen Punkten differiert.

2 Nach der Gesetzesbegründung zu § 107 Abs. 1 ist „die Begleitung, Beobachtung und Auswertung des Umsetzungsprozesses“ der inklusiven Neuausrichtung des SGB VIII von zentraler Bedeutung bei der konkreten Ausgestaltung des Bundesgesetzes nach § 10 Abs. 3 S. 4 zum 1.1.2027 bzw. 2028. Mit diesem Gesetz soll das Nähere über den

1 BGBl. 2021 Teil I Nr. 29, 1444.
2 S. hierzu BT-Drs. 19/26107, 118 f.
3 Ausführlich hierzu Kepert, Archiv für Wissenschaft und Praxis der sozialen Arbeit 2018, 16.

leistungsberechtigten Personenkreis, Art und Umfang der Leistung, die Kostenbeteiligung und das Verfahren geregelt werden. Nach der Gesetzesbegründung soll dieses Gesetz auf der Grundlage „einer prospektiven Gesetzesevaluation“ erlassen werden.[4] Besondere Bedeutung sollen dabei auch Erfahrungen beim Einsatz des Verfahrenslotsen zukommen, welcher verpflichtend mit § 10b zum 1.1.2024 einzuführen ist und bereits im Vorgriff auf diese Einführung auf freiwilliger Basis von Jugendämtern installiert werden kann. Es wird damit also auch klarstellend geregelt, dass örtliche Träger der öffentlichen Jugendhilfe bereits vor dem 1.1.2024 Verfahrenslotsen einsetzen können.[5]

Nach § 107 Abs. 2 untersucht das BMFSFJ in den Jahren 2022 bis 2024 die rechtlichen Wirkungen von § 10 Abs. 4 und legt dem Bundestag und dem Bundesrat bis zum 31.12.2024 einen Bericht über das Ergebnis der Untersuchung vor. Dabei sollen insbesondere die gesetzlichen Festlegungen des SGB VIII und SGB IX zur Bestimmung des leistungsberechtigten Personenkreises, zur Bestimmung von Art und Umfang der Leistungen, zur Ausgestaltung der Kostenbeteiligung bei diesen Leistungen und zur Ausgestaltung des Verfahrens untersucht werden. Nach dem Gesetzeswortlaut soll die Untersuchung mit dem Ziel erfolgen, den leistungsberechtigten Personenkreis, Art und Umfang der Leistungen sowie den Umfang der Kostenbeteiligung für die hierzu Verpflichteten nach dem am 1.1.2023 für die Eingliederungshilfe geltenden Recht beizubehalten, insbesondere einerseits keine Verschlechterungen für leistungsberechtigte oder kostenbeitragspflichtige Personen und andererseits keine Ausweitung des Kreises der Leistungsberechtigten sowie des Leistungsumfangs im Vergleich zur Rechtslage am 1.1.2023 herbeizuführen, sowie Hinweise auf die zu bestimmenden Inhalte des Bundesgesetzes nach § 10 Abs. 4 S. 3 zu geben. In diese Untersuchung sollen auch mögliche finanzielle Auswirkungen gesetzlicher Gestaltungsoptionen einbezogen werden. 3

Nach der Gesetzesbegründung soll hiermit „die Absicherung von Standards und der Ausschluss einer Beschränkung des Leistungsumfangs“ erreicht werden. Gegenstand der Untersuchung sollen auch Fragen der jugendhilfespezifischen Ausgestaltung des Verfahrens zur Bestimmung des zuständigen Leistungsträgers, des Verfahrens bei der Leistungsverantwortung mehrerer Rehabilitationsträger sowie des Teilhabe- und Gesamtplanverfahrens sein.[6]

Nach hiesiger Auffassung wird mit dieser Vorfestlegung eine ergebnisoffene Diskussion insbes. zu den Begriffen der Behinderung und der drohenden Behinderung erschwert. Aktuell stehen mit § 2 SGB XI bzw. § 7 Abs. 2, mit § 99 SGB IX sowie mit § 35a drei unterschiedliche Behinderungsbegriffe im Raum. Auch wird aktuell in Lit. und Rspr. strittig diskutiert, welche Anforderungen an den Begriff der drohenden Behinderung nach § 35a Abs. 1 S. 2 zu stellen sind. Mit der Regelung in § 107 Abs. 2 wird nach hiesiger Auffassung eine nicht sachgerechte Vorfestlegung auf den Behinderungsbegriff getroffen. Hierüber sollte im Rahmen des Beteiligungsprozesses ergebnisoffen diskutiert werden.

Mit § 107 Abs. 3 wird bestimmt, dass das BMFSFJ die Länder vorab beteiligt, sofern es Dritte mit der wissenschaftlichen Begleitung des Umsetzungsprozesses nach Abs. 1 sowie der prospektiven Untersuchung nach Abs. 2 beauftragt.[7] 4

Nach § 107 Abs. 4 untersucht das BMFSFJ unter Beteiligung der Länder die Wirkungen dieses Gesetzes im Übrigen einschließlich seiner finanziellen Auswirkungen auf Länder und Kommunen und berichtet dem Deutschen Bundestag und dem Bundesrat über die Ergebnisse dieser Untersuchung. Damit hat das BMFSFJ die Auswirkungen 5

4 S. hierzu BT-Drs. 19/26107, 118 f.
5 S. hierzu BT-Drs. 19/28870, 112.
6 BT-Drs. 19/26107, 120.
7 BT-Drs. 19/26107, 120.

des KJSG auch hinsichtlich der Regelungsbereiche, die nicht von § 107 Abs. 1 und 2 umfasst sind und über bloße Konkretisierungen und Klarstellungen hinausgehen, zu untersuchen. Dies betrifft insbesondere auch die finanziellen Auswirkungen dieser Regelungen auf Länder und Kommunen.[8]

Nach hiesiger Auffassung haben die Jugendämter die Hauptlasten der Umsetzung des KJSG zu tragen. Es sind zahlreiche Neuregelungen implementiert worden, welche zusätzliches Personal erfordern. Auch handelt es sich um komplexe Vorgaben, wie beispielsweise § 10a oder § 36 Abs. 3 S. 2, welche hohe fachliche Expertise erfordern. Bestmöglich müssten diese Aufgaben mit multiprofessionellen Teams vollzogen werden. Besondere Bedeutung hat in diesem Zusammenhang das in § 79 Abs. 3 neu geregelte Erfordernis der Nutzung eines Verfahrens zur Personalbedarfsbemessung. Nachteilig könnte sich hierbei auswirken, dass mit § 79 Abs. 3 keine Kriterien und Maßstäbe für die Personalbedarfsbemessung vorgegeben werden.

§ 107 *Übergangsregelung aus Anlass des Gesetzes zur Regelung des Sozialen Entschädigungsrechts* [in Kraft vom 1.1.2024 bis 31.12.2024]

Für Personen, die Leistungen nach dem Soldatenversorgungsgesetz in der Fassung der Bekanntmachung vom 16. September 2009 (BGBl. I S. 3054), das zuletzt durch Artikel 19 des Gesetzes vom 4. August 2019 (BGBl. I S. 1147) geändert worden ist, in Verbindung mit dem Bundesversorgungsgesetz in der Fassung der Bekanntmachung vom 22. Januar 1982 (BGBl. I S. 21), das zuletzt durch Artikel 1 der Verordnung vom 13. Juni 2019 (BGBl. I S. 793) geändert worden ist, erhalten, gelten die Vorschriften des § 81 Nummer 1 und des § 93 Absatz 1 Satz 1 in der am 31. Dezember 2023 geltenden Fassung weiter.

Bereits durch Gesetz vom 12.12.2019[1] wurde schon ein § 107 angefügt, der zum 1.1.2024 in Kraft tritt. Durch Gesetz vom 20.8.2021[2] wird er mit Wirkung zum 1.1.2025 aufgehoben.

8 S. hierzu BT-Drs. 19/28870, 112.
1 BGBl. I, 2652.
2 BGBl. I, 3932.

Anhang

1. KJHG
2. Synopse der Änderungen des SGB VIII
3. Synopse der Landesgesetze im Rahmen des SGB VIII
4. Synopse über- und zwischenstaatlichen Rechts
5. Verwaltungsverfahren des Jugendamts und Rechtsschutz im verwaltungsgerichtlichen Verfahren
6. Verfahren in Familiensachen (einschl. „Anwalt des Kindes")

Anhang 1

Gesetz zur Neuordnung des Kinder- und Jugendhilferechts (Kinder- und Jugendhilfegesetz – KJHG)

Vom 26. Juni 1990 (BGBl. I S. 1163)

– Auszug –

Dritter Teil
Zweiter Abschnitt. Schlußvorschriften

Artikel 20 Einschränkung von Grundrechten

Die Grundrechte der Freiheit der Person (Artikel 2 Abs. 2 Satz 2 des Grundgesetzes), der Freizügigkeit (Artikel 11 des Grundgesetzes) und der Unverletzlichkeit der Wohnung (Artikel 13 des Grundgesetzes) werden nach Maßgabe dieses Gesetzes eingeschränkt.

Artikel 21 Zuständigkeit für die Kostenerstattung aufgrund der deutsch-schweizerischen Fürsorgevereinbarung

Deutsche Fürsorgestelle im Sinne der Erklärung der Bevollmächtigten der Regierung der Bundesrepublik Deutschland zum Schlussprotokoll zur Vereinbarung zwischen der Bundesrepublik Deutschland und der Schweizerischen Eidgenossenschaft über die Fürsorge für Hilfsbedürftige vom 14. Juli 1952 (BGBl. 1953 II S. 32) ist für Leistungen der Jugendhilfe das Landesjugendamt, in dessen Bereich das Kind oder der Jugendliche geboren ist. Liegt der Geburtsort nicht im Geltungsbereich dieses Gesetzes oder ist er nicht zu ermitteln, so ist das Landesjugendamt Berlin zuständig.

Artikel 22 Stadtstaatenklausel

Die Länder Berlin, Bremen und Hamburg können zur Anpassung an ihren besonderen Verwaltungsaufbau abweichen von den Vorschriften dieses Gesetzes über

1. die Träger der öffentlichen Jugendhilfe und ihre Zuständigkeiten,
2. die Errichtung von Jugendämtern und
3. die Bildung, Zusammensetzung und die Befugnisse von Jugendhilfe- und Landesjugendhilfeausschüssen; dabei haben sie für eine angemessene Beteiligung der anerkannten Träger der freien Jugendhilfe zu sorgen.

Artikel 23 Inkrafttreten

Dieses Gesetz tritt am 1. Januar 1991 in Kraft. Gleichzeitig treten außer Kraft

1. das Gesetz für Jugendwohlfahrt in der Fassung der Bekanntmachung vom 25. April 1977 (BGBl. I S. 633, 795), zuletzt geändert durch Artikel 6 § 8 des Gesetzes vom 25. Juli 1986 (BGBl. I S. 1142),
2. das Gesetz zur Änderung von Vorschriften des Reichsjugendwohlfahrtsgesetzes vom 28. August 1953 (BGBl. I S. 1035).

Anhang 2 Synopse der Änderungen des SGB VIII

	Bezeichnung des ändernden Gesetzes	*Datum*	*Fundstelle im BGBl. I (S.)*	*Geänderte Paragrafen des SGB VIII*	*Wesentlicher Inhalt*	*Inkrafttreten am*
1.	Schwangeren- und Familienhilfegesetz	27.7.1992	1398	24	Rechtsanspruch auf einen Kindergartenplatz	1.1.1996
2.	Erstes Gesetz zur Änderung des Achten Buches SGB	16.2.1993	239	2 II Nr. 4, Nr. 5, Nr. 6; 4 II; 5 S. 2; 6 I, II, III; 10 II S. 2, S. 3; 11 III Nr. 4, IV; 13 III S. 2; 18 I S. 2; 19; 21 S. 2 und S. 3; 23 III S. 2; 24 II; 27 IV; 34; 35 a; 36 I S. 1 bis 3, S. 4, II S. 2, III; 37 I S. 1, S. 2, II S. 1; 38 I Hs. 1; 39 I, II, III, IV; 40 I, II, III, IV; 42 I S. 2; 43 II; 44 I S. 2 Nr. 5, Nr. 6, S. 3; 45 III S. 1, IV; 48 a; 52; 54 IV S. 2; 56 II S. 1, S. 2, III S. 1; 59 I S. 1, Nr. 1, 2, 3, 5, II, III; 61 III, IV; 62 III Nr. 2 c, d; 64 III S. 1; 69 III; 75 I Nr. 1, 2, 3, 4; 81 Nr. 7, 8, 9; 85; 86; 86 a; 86 b; 86 c; 86 d; 87 a; 87 b; 87 c; 87 d; 87 e; 88; 89; 89 a; 89 b; 89 c; 89 d; 89 e; 89 f.; 89 g; 90; 91; 92; 93; 94; 95; 96; 97; 97 a; 98 Nr. 1 c, Nr. 2, 3 bis 10; 99 I Nr. 1, Nr. 2, Nr. 3, II, III bis X; 100 Nr. 2; 101 I, II Nr. 5, Nr. 6, Nr. 7 bis 9; 102 II, III; 104 I Nr. 2, Nr. 3, Nr. 4, II.	Zuordnung der Leistung für seelisch behinderte Kinder und Jugendliche zur Jugendhilfe; Sicherstellung des Unterhalts von Kindern und Jugendlichen als Annexleistungen zur Jugendhilfe; Herausnahme der Jugendgerichtshilfe aus dem Datenschutz nach § 61 SGB VIII; Zuständigkeit; Kostenerstattung; Teilnahmebeiträge; Heranziehung der Kosten; Überleitung von Ansprüchen	1.4.1993 Kostenerstattungsregelung für Altfälle rückwirkend zum 1.1.1991
3.	Neufassung des SGB VIII	3.5.1993	637	---	---	1.4.1993
4.	Gesetz zur Umsetzung des Föderalen Konsolidierungsprogramms	23.6.1993	944	89 h	Schiedsgerichtsbarkeit zur Entscheidung von Streitigkeiten bei der Kostenerstattung wird verbindlich eingeführt	27.6.1993
5.	Zweites Gesetz zur Änderung des Sozialgesetzbuchs	13.6.1994	1229	61 bis 68	Anpassung an die Terminologie des Bundesdatenschutzgesetzes	18.6.1994

	Bezeichnung des ändernden Gesetzes	*Datum*	*Fundstelle im BGBl. I (S.)*	*Geänderte Paragrafen des SGB VIII*	*Wesentlicher Inhalt*	*Inkrafttreten am*
6.	Zweites Gesetz zur Änderung des Achten Buches SGB	15.12.1995	1775	21 S. 2; 24; 24 a; 39 VI; 44 I S. 2 Nr. 1; 59 I Nr.; 85 II Nr. 2; 86 a IV S. 3; 87 b II S. 2; 89 a I, II, III; 89 b II; 91 I Nr. 1, IV S. 2; 96 II S. 2; 101 I S. 1; 103 I, II	Stichtagsregelung für den Anspruch auf einen Kindergartenplatz	1.1.1996
7.	Neufassung des SGB VIII	15.3.1996	477	---	---	1.1.1996
8.	Gesetz zur Reform des Sozialhilferechts	23.7.1996	1088	35 a I S. 3, II, III; 45 III, IV; 77 I, II, III; 89 h	Deckelung der Pflegesätze in Einrichtungen; Streichung der verbindlichen Einführung der Schiedsgerichtsbarkeit	1.8.1996
9.	Beistandschaftsgesetz	4.12.1997	2846	2, 18, 52 a, 53, 54, 55, 56, 57, 58, 68, 76, 85, 87 c, 87 d, 99	Einführung der Beistandschaft des JA	1.7.1998
10.	Kindschaftsreformgesetz	16.12.1997	2942	2, 7, 17, 18, 38, 42, 51, 52 a, 58 a, 59, 86, 87 c	Rechtsanspruch auf Beratung, Auskunft und Sorgeerklärungen	1.7.1998
11.	Kindesunterhaltsgesetz	6.4.1998	666	18, 59, 60, 94	■ Übergang des Auskunftsanspruchs ■ Möglichkeit der Rückübertragung	1.7.1998
12.	Eheschließungsrechtsgesetz	4.5.1998	833	59	Anpassung	1.7.1998
13.	Zweites SGB XI-Änderungsgesetz	29.5.1998	1188	5, 36, 77, 78 a – g, 86, 87, 89 b, 89 d, 89 g, 89 h	■ Dämpfung der Pflegesatzkosten ■ Zuständigkeit für unbegleitete Minderjährige ■ Kostenerstattung des überörtlichen Trägers	1.1.1998 bzw 1.7.1999
14.	Neufassung des SGB VIII	8.12.1998	3546	---	---	---
15.	Bundeserziehungsgeldgesetz	12.10.2000	1426	68, 99, 101	Anpassung	1.1.2001
16.	Gesetz zur Ächtung der Gewalt in der Erziehung und zur Änderung des Unterhaltsrechts	2.11.2000	1479	16	Hinweis auf Konfliktlösungen	8.11.2000
17.	Lebenspartnerschaftsgesetz	16.2.2001	266	91, 96, 97 a	Einfügung des Begriffs „Lebenspartner“	1.8.2001
18.	SGB IX-Rehabilitation und Teilhabe behinderter Menschen	19.6.2001	1046	35 a, 37, 39, 40, 78 a, 91, 93	■ Begriff der seelischen Behinderung ■ Folgeänderungen zu BSHG	1.7.2001
19.	Zustellungsreformgesetz	25.6.2001	1206	60	statt: § 212 ZPO § 173 ZPO	1.7.2002
20.	Gesetz zur Regelung von Rechtsfragen auf dem Ge-	5.11.2001	2950	59	Beurkundung der Bereiterklärung von Adoptionsbewerbern	1.1.2002

	Bezeichnung des ändernden Gesetzes	*Datum*	*Fundstelle im BGBl. I (S.)*	*Geänderte Paragrafen des SGB VIII*	*Wesentlicher Inhalt*	*Inkrafttreten am*
	biet der internationalen Adoption und zur Weiterentwicklung des Adoptionsvermittlungsrechts					
21.	Gesetz zur Euro-Umstellung	15.12.2001	3763	89 c, f., 104	Umstellung auf Euro	1.1.2002
22.	Gesetz zur weiteren Verbesserung von Kinderrechten	9.4.2002	1239	59	Beurkundung des Widerrufs der Anerkennung der Vaterschaft und der Zustimmung nach § 162 c Abs. 2 BGB	12.4.2002
23.	Zuwanderungsgesetz	20.6.2002	1946	6	Ersetzung der „Duldung" durch „Aussetzung der Abschiebung"	Kein Inkrafttreten am 1.1.2003, da nichtig (Urteil d. BVerfG v. 18.12.2002)
24.	Gesetz zur Umsetzung familienrechtlicher Entscheidungen des Bundesverfassungsgerichts	13.12.2003	2547	Inhaltsübersicht, 58 a, 87 c, 98, 99, 101	Elterliche Sorge	31.12 2003
25.	Drittes Gesetz für moderne Dienstleistungen am Arbeitsmarkt	23.12.2003	2848, 2890	13, 36, 81	Anpassung an SGB III	1.1.2004
26.	Viertes Gesetz für moderne Dienstleistungen am Arbeitsmarkt	24.12.2003	2954, 2979	24, 89 f.	Anpassung an SGB II	1.1.2005
27.	Gesetz zur Einordnung des Sozialhilferechts in das Sozialgesetzbuch	27.12.2003	3022, 3056	10, 35 a, 40, 45, 90, 93	Anpassung an SGB XII	1.1.2005; § 35 a: 1.7.2004
28.	Kommunales Optionsgesetz	30.7.2004	2014	10	Vorrang des SGB II gegenüber § 13	6.8.2004
29.	Tagesbetreuungsausbaugesetz	27.12.2004	3852	22 bis 26	Bedarfskriterien für Vorhaltepflicht; Ausbau der Kindertagespflege	1.1.2005
30	Verwaltungsvereinfachungsgesetz	21.3.2005	818	35 a	Anpassung	30.3.2005
31.	EG-Vollstreckungstitel-Durchführungsgesetz	18.8.2005	2477	60	Erleichterung der Vollstreckung	21.10.2005
32.	Kinder- und Jugendhilfeweiterentwicklungsgesetz (KICK)	8.9.2005	2729	passim 8 a, 36 a, 72 a; 90-97 a	Schutzauftrag, Steuerungsverantwortung; Heranziehung zu den Kosten	1.10.2005
33.	Kostenbeitragsverordnung – KostenbeitragsV	1.10.2005	2907	–	Ausführung des § 94 Abs. 5 S. 1	2.10.2005

	Bezeichnung des ändernden Gesetzes	*Datum*	*Fundstelle im BGBl. I (S.)*	*Geänderte Paragrafen des SGB VIII*	*Wesentlicher Inhalt*	*Inkrafttreten am*
34.	Bekanntmachung der Neufassung des Achten Buches Sozialgesetzbuch	14.12.2006	3134			
35.	Personenstandsrechtsreformgesetz	19.2.2007	122	52 a IV u. 59 I S. 1 Nr. 2	■ Anzeigepflicht des Standesamtes ■ Anpassung an Personenstandsgesetz	1.1.2009
36.	Art. 3 Abs. 3 Gesetz zur Umsetzung des Rahmenbeschlusses des Rates der Europäischen Union zur Bekämpfung der sexuellen Ausbeutung von Kindern und der Kinderpornographie	31.10.2008	2149	72 a	Erweiterung der Straftatbestände	5.11.2008
37.	Gesetz zur Förderung von Kindern unter drei Jahren in Tageseinrichtungen und in Kindertagespflege (Kinderförderungsgesetz – KiföG)	10.12.2008	2403	16, 20, 21, 23, 24, 24 a, 36, 36 a, 39, 43, 69, 72 a, 74 a, 76, 90, 92, 93, 94, 95, 97 a, 97 b, 98, 99, 100, 101, 102	■ Ausbau der Tagesbetreuung ■ landesrechtliche Regelung für Träger ■ redaktionelle Anpassungen	16.12.2008 § 24 a ist in 2 Stufen geändert; die 2. Stufe tritt erst am 1.8.2013 in Kraft.
38.	Gesetz zur Reform des Verfahrens in Familiensachen und in Angelegenheiten der freiwilligen Gerichtsbarkeit (FGG-Reformgesetz)	17.12.2008	2586	2, 8, 50, 51, 53, 56, 57, 87 c, 99	Ersetzung der Vormundschaftsgerichte	1.9.2009
39.	Gesetz zur Änderung des Zugewinnausgleichs- und Vormundschaftsrechts	6.7.2009	1696	50	Anhörung des Jugendamtes in Ehewohnungssachen	1.9.2009
40.	Gesetz zur Ermittlung von Regelbedarfen und zur Änderung des SGB II und SGB XII	24.3.2011	453	10	Nachrang gegenüber SGB II (§ 10 Abs. 3 S. SGB VIII) und SGB XII (§ 10 Abs. 4 S. 2 SGB VIII)	1.1.2011
41.	Gesetz zur Änderung des Vormundschafts- und Betreuungsrechts	29.6.2011	1306	§ 55	Fallzahl: 1 : 50 Persönlicher Kontakt	5.7.2012
42.	Gesetz zur Stärkung eines aktiven Schutzes von Kindern und Jugendlichen (Bundeskinderschutzgesetz – BKiSchG)	22.12.2011	2975	Passim; §§ 8, 8a, 16, 42, 43, 44, 45, 47, 72a, 74, 79, 79a, 86c, 98–101	Kinderschutz durch Erweiterung bestehender Regelungen	1.1.2012

	Bezeichnung des ändernden Gesetzes	*Datum*	*Fundstelle im BGBl. I (S.)*	*Geänderte Paragrafen des SGB VIII*	*Wesentlicher Inhalt*	*Inkrafttreten am*
43.	Bekanntmachung der Neufassung des Achten Buches Sozialgesetzbuch	11.9.2012	2022			
46.	Betreuungsgeldgesetz	15.2.2013	254	§ 16		1.8.2013
47.	Gesetz zur Reform der elterlichen Sorge nicht miteinander verheirateter Eltern	16.4.2013	795	Inhaltsübers., §§ 18, 50, 51, 58a, 59, 65, 87c, 99, 101		19.5.2013
48.	Unterhaltsvorschussentbürokratisierungsgesetz	3.5.2013	1108	§ 59		1.7.2013
49.	Kinder- und Jugendhilfeverwaltungsvereinfachungsgesetz (KJVVG)	29.8.2013	3464	Inhaltsübers., §§ 18, 39, 83, 86, 87c, 89a, §§ 92, 93, 94, 98, 99, 100, 101, 102	Anpassung an Rechtsprechung zu § 83 u. zu § 86. Änderungen zur Berechnung des Einkommens und des Kostenbeitrags. Kindergeld als weiterer Kostenbeitrag. Erweiterungen der Statistik.	3.12.2013 bzw 1.1.2014
50.	Kostenbeitragsverordnung	6.2.2013 m. Zustimmung d. BR am 5.7.2013			Anpassung an Rechtsprechung zum Selbstbehalt	4.12.2013
51.	Gesetz zur Änderung des Strafgesetzbuches	21.1.2015	10	§ 72a	Anpassung an Änderung des Sexualstrafrechts	27.1.2015
52.	Präventionsgesetz	17.7.2015	1368	§§ 16, 45	Gesundheitsförderung	25.7.2015
53.	Gesetz zur Verbesserung der Unterbringung, Versorgung und Betreuung ausländischer Kinder und Jugendlicher	28.10.2015	1802	Inhaltsübersicht, §§ 2, 7, 76, 87, 89d, 99, 102 Neu: §§ 42a, 42b, 42c, 42d, 42e, 42f, 88a, 106	■ Verteilungsverfahren ■ Altersfeststellung ■ Zuständigkeit	1.11.2015
54.	Gesetz zur Verbesserung der Bekämpfung des Menschenhandels und zur Änd. des BundeszentralregisterG sowie des Achten Buches Sozialgesetzbuch	11.10.2016	2226	§ 72a	Einfügung von § 201a Abs. 3 StGB (Nacktaufnahmen von Kindern)	15.10.2016
55.	50. Gesetz zur Änd des StGB	4.11.2016	2460	§ 72a	Einfügung von § 184i StGB (Sexuelle Selbstbestimmung)	10.11.2016
56.	Bundesteilhabegesetz	23.12.2016	3234, geänd. durch G v. 17.7.2017,	§§ 10, 35a, 45	Anpassung von § 10 Abs. 4 und § 35a Abs. 3 an das neue SGB IX. Korrektur des Inkrafttretens dieser Anpassung mit G. zur Änderung des VersorgungsG v. 17.7.2017: SGB IX mit Allgemeinen Regelungen (Teil 1)	1.1.2020

	Bezeichnung des ändernden Gesetzes	*Datum*	*Fundstelle im BGBl. I (S.)*	*Geänderte Paragrafen des SGB VIII*	*Wesentlicher Inhalt*	*Inkrafttreten am*
			BGBl. I S. 2541		zum 1.1.2018; mit Eingliederungshilfe (Teil 2) zum 1.1.2020. In § 45 Anpassung an Änderung des SGB XII durch das BTHG in § 75 (Inhalt von Vereinbarungen).	
57.	Gesetz zur Bekämpfung von Kinderehen	17.7.2017	2429	§ 42a	Ergänzung, dass auch verheiratete Minderj. als unbegleitet gelten	22.7.2017
58.	Gesetz zur besseren Durchsetzung der Ausreisepflicht	20.7.2017	2780	§ 42	Pflicht des JA zu unverzüglicher Stellung eines Asylantrags	29.7.2017
59.	Gesetz zur Neuregelung des Schutzes von Geheimnissen bei der Mitwirkung Dritter an der Berufsausübung schweigepflichtiger Personen	30.10.2017	3618	§ 65	Anpassung an Änderung des § 203 StGB	9.11.2017
60.	Gesetz zur Weiterentwicklung der Qualität und zur Teilhabe in der Kindertagesbetreuung („Gutes-Kita-Gesetz“)	19.12.2018	2696	§ 22 Abs. 4 § 90	Gewährleistung der Qualität Staffelung des Kostenbeitrags und Zumutbarkeit	1.1.2019 1.8.2019
61.	Zweites Datenaustauschverbesserungsgesetz	4.8.2019	1131	§ 42 a	Erkennungsdienstliche Maßnahmen des Jugendamts	9.8.2019
62.	Gesetz zur Reform der Psychotherapeutenausbildung	15.11.2019	1604	§ 35 a	Berufsbezeichnung	1.9.2020
63.	Zweites Datenschutz-Anpassungs- und Umsetzungsgesetz EU	20.11.2019	1626	§§ 61, 62, 64, 65, 68	Datenschutz, Information und Auskunft im Vormundschaftswesen	26.11.2019
64.	Gesetz zur Änderung des Neunten und des Zwölften Buches Sozialgesetzbuch und anderer Rechtsvorschriften	30.11.2019	1948	§ 90 § 45 Abs. 6	Erteilung einer Auflage	6.12.2019 1.1.2020
65.	Gesetz zur Regelung des Sozialen Entschädigungsrechts	12.12.2019	2652	§§ 10 Abs. 5, 81, 93 Abs. 1 § 107	Vorrang des § 39 Einkommensbegriff Übergangsregelung	1.1.2024
66.	Medizinprodukte EU-AnpassungsG	28.4.2020 19.5.2020	960 1018	§ 35a	Begriffsänderung	26.5.2020

	Bezeichnung des ändernden Gesetzes	*Datum*	*Fundstelle im BGBl. I (S.)*	*Geänderte Paragrafen des SGB VIII*	*Wesentlicher Inhalt*	*Inkrafttreten am*
67.	Gesetz zur Änderung des Strafgesetzbuches	9.10.2020	2075	§ 72 a	neuer Tatbestand des § 184 k im Führungszeugnis	1.1.2021
68.	Adoptionshilfegesetz	12.2.2021	226	§ 102	Bezeichnung in Statistik	1.4.2021
69.	Vormundschafts- und Betreuungsrechts-Reformgesetz	4.5.2021	882	geändert §§ 2, 50 §§ 58 a,72 a,76, 85, 87 c, 87 d neu gefasst §§ 53, 54, 55, 56, 57 eingefügt § 53a aufgehoben § 58	Führung der Vormundschaft durch das Jugendamt Sorgerechtsregister Zuständigkeit	1.1.2023
70.	Gesetz zur Stärkung von Kindern und Jugendlichen (Kinder- und Jugendstärkungsgesetz – KJSG	23.4.2021	1444	§§ 4a neu, 8, 8a, 8b, 9, 9a neu, 10, 10a neu, 10b neu, 13a neu, 20, 22, 22a, 23, 27, 35a, 36, 36a, 36b neu, 37–38 neu, 41, 41a neu, 43, 45, 45a neu, 46, 47, 50, 58a, 62, 64, 65, 71, 72a, 77, 78, 78b, 79, 79a, 80, 81, 83, 87a, 87c, 90, 92, 94, 98, 99, 100, 101, 102, 103, 104, 107 neu	Selbstvertretung, Ombudsstellen, Beratung, Verfahrenslotse, Schulsozialarbeit, Familienpflege, Auslandsmaßnahmen, Erlaubniserteilung, Statistik	10.6.2021, mit Ausnahmen 1.1.2022, 2023, 2024, 2028
71.	Gesetz zur Bekämpfung sexualisierter Gewalt gegen Kinder	16.6.2021	1810	§ 72a	Kindesmissbrauch als Verbrechen	1.7.2021
72.	Art. 8 G zur Durchführung der VO (EU) 2019/1111 sowie zur Änd. sonstiger Vorschriften	10.8.2021	3424	38		1.8.2022
73.	Art. 42 G über die Entschädigung der Soldatinnen und Soldaten und zur Neuordnung des Soldatenversorgungsrechts	20.8.2021	3932	93 107		1.1.2025 aufgeh. mit Ablauf des 31.12.2024
74.	Ganztagsförderungsgesetz	2.10.2021	4602	7, 24, 98, 99, 101, 102 eingefügt § 24a	Rechtsanspruch auf Ganztagsbetreuung auch in der Schule	1.8.2026 1.7.2022 1.1.2023

Anhang 3 Synopse des Landesrechts im Rahmen des SGB VIII und zum Kinderschutz

Land	Allgemeines Ausführungsgesetz	zu §§ 11–14 gem. § 15 zu § 16 gem. § 16 Abs. 4	zu §§ 22–25 gem. § 26 und zu § 90	zu §§ 44–48 a gem. § 49 und zu § 42b	zu §§ 85–89 e gem. § 85 V, 89 g und zu § 69	zum Kinderschutz
Baden-Württemberg[1]	Kinder- und Jugendhilfegesetz (**LKJHG**) idF vom 14.4.2005 (GBl. S. 376), zuletzt geändert 19.3.2020 (GBl. S. 149)	Jugendbildungsgesetz idF vom 8.7.1996 (GBl. S. 502), zuletzt geändert 14.4.2015 (GBl. S. 181) und im LKJHG	Kindertagesbetreuungsgesetz (KiTaG) idF v. 19.3.2009 (GBl. S. 162), zuletzt geändert 11.2.2020 (GBl. S. 37, 41) VwV Kindertagespflege 4.12.2017 (GABl. S. 647; K.u.U. 2018, 12)	im LKJHG	im LKJHG	Kinderschutzgesetz v. 3.3.2009 (GBl. S. 82), zuletzt geändert 14.4.2015 (GBl. 181) § 20 im Gesundheitsdienstgesetz (ÖGDG) v. 17.12.2015 (GBl. 1210)
Bayern[2]	Gesetz zur Ausführung der Sozialgesetze (**AGSG**) v. 8.12.2006 (GVBl S. 942), zuletzt geändert: G v. 23.4.2021 (GVBl. S. 196) VO zur Ausführung der Sozialgesetze (AVSG) v. 2.12.2008 (GVBl. S. 912), zuletzt geändert 1.12.2020 (GVBl. S. 643)	–	Kinderbildungs- und -betreuungsgesetz (BayKiBiG) v. 8.7.2005 (GVBl. S. 236), zuletzt geändert 23.4.2021 (GVBl. S. 196) KinderbildungsVO (AVBayKiBiG) v. 5.12.2005 (GVBl. S. 633), zuletzt geändert 8.4.2021 (GVBl. S. 260) Richtlinien für Heilpädagogische Tagesstätten v. 1.7.2017 (AllMBl. S. 297)	im AGSG	im AGSG	Art. 14 im Gesundheitsdienst- u. Verbraucherschutzgesetz (GDVG) v. 24.7.2003 (GVBl. S. 452), zuletzt geändert 24.7.2020 (GVBl. S. 370)
Berlin[3]	Gesetz zur Ausführung des Kinder- und Jugendhilfegesetzes (**AG KJHG**) idF v. 27.4.2001 (GVBl. S. 134), zuletzt geändert 27.4.2020 (GVBl. S. 807)	im AG KJHG	Kindertagesförderungsgesetz (KitaFöG) v. 23.6.2005 (GVBl. S. 322), zuletzt geändert G v. 12.10.2020 (GVBl. S. 807) Tagesbetreuungskostenbeteiligungsgesetz (TKBG) idF v. 23.4.2010 (GVBl. S. 250), zuletzt geändert 18.12.2010 (GVBl. S. 710) Kindertagesförderungsverordnung (VOKitaFöG) v. 4.11.2005 (GVBl. S. 700) Staatsvertrag zw. dem Land Berlin u. dem Land Brandenb. über d. gegenseit. Nutzung v. Plätzen in Einrichtungen d. Kinder-	im AGKJHG	im AGKJHG	Kinderschutzgesetz (KiSchuG) v. 17.12.2009 (GVBl. S. 875)

Land	Allgemeines Ausführungsgesetz	zu §§ 11–14 gem. § 15 zu § 16 gem.§ 16 Abs. 4	zu §§ 22–25 gem. § 26 und zu § 90	zu §§ 44–48 a gem. § 49 und zu § 42b	zu §§ 85–89 e gem. § 85 V, 89 g und zu § 69	zum Kinderschutz
			tagesbetreuung v. 15.3.2002 (GVBl. S. 306)			
Brandenburg[4]	Erstes G zur Ausführung des Achten Buches Sozialgesetzbuch – Kinder und Jugendhilfe (**AGKJHG**) idF v. 26.6.1997 (GVBl. I/97 S. 87), zuletzt geändert 25.6.2020 (GVBl. I/20 S. 3)	–	Kindertagesstättengesetz (**KitaG**) idF v. 27.6.2004 (GVBl. I/04 S. 384), zuletzt geändert 25.6.2020 (GVBl. I/20 Nr. 18) Staatsvertrag zw. dem Land Berlin u. dem Land Brandenb. über d. gegenseit. Nutzung v. Plätzen in Einrichtungen d. Kindertagesbetreuung 10.7.2002 (GVBl. I/02 S. 54)	im AGKJHG	im AGKJHG	§§ 6, 7 im Gesundheitsdienstgesetz (BbgGDG) v. 23.4.2008 (GVBl. I/08 S. 95), zuletzt geändert 25.1.2016 (GVBl. I/16 Nr. 5) Kinder- und Jugendgesundheitsdienst-Verordnung (KJGDV) v. 18.8.2009 (GVBl. II/09 S. 541), zuletzt geändert 25.1.2016 (GVBl. I/16 Nr. 5)
Bremen[5]	Erstes G zur Ausführung des Achten Buches Sozialgesetzbuch (**BremAGKJHG**) v. 17.9.1991 (GBl. S. 318), zuletzt geändert 20.10.2020 (GBl. S. 1172)	Kinder-, Jugend- und Familienförderungsgesetz (BremKJFFöG) v. 22.12.1998 (Brem.GBl. S. 531), zuletzt geändert 20.10.2020 (GBl. S. 1172)	Tageseinrichtungs- und Kindertagespflegegesetz (KTG) v. 19.12.2000 (GBl. S. 491), zuletzt geändert 5.3.2019 (GBl. S. 76)	im BremAGKJHG	–	§§ 14, 14a im Gesundheitsdienstgesetz (ÖGDG) v. 27.3.1995 (GBl. S. 175, 366), zuletzt geändert 20.10.2020 (GBl. S. 1172)
Hamburg[6]	G zur Ausführung des Achten Buches Sozialgesetzbuch – Kinder- und Jugendhilfe – (**AG SGB VIII**) v. 25.6.1997 (GVBl. S. 273), zuletzt geändert 3.2.2021 (GVBl. S. 64)	im AG SGB VIII	Hamburger Kinderbetreuungsgesetz (KibeG) v. 27.4.2004 (GVBl. S. 211), zuletzt geändert 18.12.2020 (GVBl. S. 702)	Anordnung über Zuständigkeiten im Kinder- und Jugendhilferecht (K/JHilfeZustAnO HA) v. 12.2.2002 (Amtl.Anz. S. 817), zuletzt geändert 6.10.2020 (Amtl.Anz. S. 2089, 2115)	–	–
Hessen[7]	Hessisches Kinder- und Jugendhilfegesetzbuch (**HKJGB**)[8] v. 18.12.2006 (GVBl. I S. 698), zuletzt geändert 25.6.2020 (GVBl. S. 436)	im HKJGB	im HKJGB	im HKJGB	im HKJGB	Kindergesundheitsschutz-G (KiGesSchG HE) v. 14.12.2007 (GVBl. I S. 856), zuletzt geändert 18.12.2017 (GVBl. S. 469); gültig bis 31.12.2025
Mecklenburg-Vorpommern[9]	G zur Ausführung des Achten Buches des Sozialgesetzbuches – Kinder- und Jugendhilfe – (Landesjugendhilfeorganisationsgesetz – **KJHG-Org M-V**) v. 23.2.1993 (GVOBl. M-V S. 158), zu-	Kinder- u. Jugendförderungsgesetz – KJFG M-V) v. 7.7.1997 (GVOBl. M-V S. 287), zuletzt geändert 16.12.2019 (GVOBl. S. 791, 794)	Kindertagesförderungsgesetz (KiföG M-V) v. 4.9.2019 (GVOBl. M-V S. 558) Frühkindliche Bildungs-VO (FrühKiBiVO M-V) v. 2.1.2020 (GVOBl. S. 2)	im KJHG-Org M-V	–	–

Land	Allgemeines Ausführungsgesetz	zu §§ 11–14 gem. § 15 zu § 16 gem. § 16 Abs. 4	zu §§ 22–25 gem. § 26 und zu § 90	zu §§ 44–48 a gem. § 49 und zu § 42b	zu §§ 85–89 e gem. § 85 V, 89 g und zu § 69	zum Kinderschutz
	letzt geändert 22.6.2012 (GVOBl. M-V S. 208, 211)					
Niedersachsen[10]	G zur Ausführung des Achten Buchs des Sozialgesetzbuchs (**Nds. AG SGB VIII**) v. 5.2.1993 (GVBl. S. 45) zuletzt geändert 20.6.2018 (GVBl. S. 113)	Jugendförderungsgesetz idF v. 15.7.1981 (GVBl. S. 199), zuletzt geändert 16.12.2014 (GVBl. S. 431)	Gesetz über Tageseinrichtungen für Kinder (KiTaG) idF v. 7.2.2002 (GVBl. S. 57), zuletzt geändert 10.12.2020 (GVBl. S. 477)	im AG KJHG	–	NFrüherkUG v. 28.10.2009 (GVBl. S. 400), zuletzt geändert 24.10.2018 (GVBl. S. 214)
Nordrhein-Westfalen[11]	Erstes G zur Ausführung des Kinder- und Jugendhilfegesetzes (**AG-KJHG**) v. 12.12.1990 (GV. S. 664), zuletzt geändert 21.7.2018 (GV. S. 414)	Kinder- und Jugendförderungsgesetz (**3. AG-KJHG – KJFöG**) v. 12.10.2004 (GV. S. 572), zuletzt geändert 26.2.2019 (GV. S. 151)	Kinderbildungsgesetz (**KiBiz**) – Sechstes G zur Ausführung des Kinder- und Jugendhilfegesetzes – SGB VIII – v. 3.12.2019 (GV. S. 894)	Fünftes G zur Ausführung d. KJHG (5. AG KJHG) v. 8.12.2015 (GV S. 832)	im AG-KJHG	§ 4 VO zur Datenmeldung der Teilnahme an Kinderfrüherkennungsuntersuchungen/U-Untersuchungen (U-Untersuchung-TeilnahmedatenVO – UTeilnahmeDatVO) v. 10.9.2008 (GV. S. 609, 624), zuletzt geändert 31.8.2020 (GV. S. 974)
Rheinland-Pfalz[12]	Landesgesetz zur Ausführung des Kinder- und Jugendhilfegesetzes (**AGKJHG**) v. 21.12.1993 (GVBl. S. 632), zuletzt geändert 3.9.2019 (GVBl. S. 213)	Jugendförderungsgesetz v. 21.12.1993 (GVBl. S. 629) und im AGKJHG	Kindertagesstättengesetz v. 15.3.1991 (GVBl. S. 79), zuletzt geändert G v. 18.6.2013 (GVBl. S. 256), zuletzt geändert 3.9.2019 (GVBl. S. 213)	im AGKJHG	–	LandesG zum Schutz von Kindeswohl und Kindergesundheit (**LKindSchuG**) v. 7.3.2008 (GVBl. S. 52), zuletzt geändert 18.11.2020 (GVBl. S. 609)
Saarland[13]	Erstes G zur Ausführung des Kinder- und Jugendhilfegesetzes (**AG KJHG**) v. 9.7.1993 (ABl. S. 807), zuletzt geändert 2.12.2015 (ABl. S. 967)	Kinder- und Jugendförderungsgesetz (2. AGKJHG) v. 1.6.1994 (ABl. S. 1258), zuletzt geändert G v. 28.10.2008 (ABl. S. 2053)	Ausführungsgesetz nach § 26 des Achten Buches Sozialgesetzbuch – Saarländisches Kinderbetreuungs- und -bildungsgesetz (SKBBG) v. 18.6.2008 (ABl. S. 1254), zuletzt geändert 19.6.2019 (ABl. I S. 564) VO zur Ausführung des Kinderbetreuungs- und -bildungsgesetzes v. 2.9.2008 (ABl. S. 1398), zuletzt geändert 30.11.2019 (ABl. I S. 862)	im AG KJHG	im AG KJHG	§ 8a G über den öffentlichen Gesundheitsdienst (Gesundheitsdienstgesetz – ÖGDG) v. 19.5.1999 (ABl. 844), zuletzt geändert G v. 22.8.2018 (ABl. I S. 674)

Land	Allgemeines Ausführungsgesetz	zu §§ 11–14 gem. § 15 zu § 16 gem.§ 16 Abs. 4	zu §§ 22–25 gem. § 26 und zu § 90	zu §§ 44–48 a gem. § 49 und zu § 42b	zu §§ 85–89 e gem. § 85 V, 89 g und zu § 69	zum Kinderschutz
			VO zur Ausgestaltung der Kindertagespflege v. 28.8.2009 (Amtsbl. S. 1467), zuletzt geändert 29.11.2016 (ABl. I S. 1130)			
Sachsen[14]	Landesjugendhilfegesetz (**LJHG**) idF v. 4.9.2008 (GVBl. S. 578), zuletzt geändert G v. 11.5.2019 (GVBl. S. 358)	–	Gesetz über Kindertageseinrichtungen (**SächsKitaG**) idF v. 15.5.2009 (GVBl. S. 225), zuletzt geändert 17.12.2020 (GVBl. S. 731) VO zur Integration von Kindern mit Behinderung in Kindertageseinrichtungen v. 6.6.2017 (GVBl. S. 290). Qualifikations- und Fortbildungsverordnung pädagogischer Fachkräfte v. 20.9.2010 (GVBl. S. 277), zuletzt geändert 8.12.2020 (GVBl. S. 736)	im LJHG	–	Kindergesundheits- und KinderschutzG (SächsKiSchG) v. 11.6.2010 (GVBl. S. 182), zuletzt geändert 9.7.2014 (GVB S. 376)
Sachsen-Anhalt[15]	Kinder- und Jugendhilfegesetz des Landes Sachsen-Anhalt (**KJHG-LSA**) v. 5.5.2000 (GVBl. S. 236), zuletzt geändert 7.7.2020 (GVBl. S. 372, 375)	Familien- und Beratungsstellenförderungsgesetz (**FamFöG LSA**) v. 19.12.2005 (GVBl. S. 740), zuletzt geändert 18.1.2019 (GVBl. S. 17)	Gesetz zur Förderung und Betreuung von Kindern in Tageseinrichtungen und in Tagespflege (**KiFöG**) v. 5.3.2003 (GVBl. S. 48), zuletzt geändert G v. 16.1.2020 (GVBl. S. 2)	im KJHG-LSA	–	Gesetz zum Schutz des Kindeswohls und zur Förderung der Kindergesundheit (Kinderschutzgesetz) v. 9.12.2009 (GVBl. S. 644) § 9 im Gesundheitsdienstgesetz (GDG) v. 21.11.1997 (GVBl. S. 1023), zuletzt geändert 8.3.2021 (GVBl. LSA S. 94, 95)
Schleswig-Holstein[16]	Erstes G zur Ausführung des Kinder- und Jugendhilfegesetzes (Jugendförderungsgesetz – **JuFöG**) v. 5.2.1992 (GVOBl. S. 158), zuletzt geändert 6.12.2020 (GVOBl. S. 804)	im JuFöG Erlass zur Durchführung des JuSchG v. 15.1.2004 (AmtsBl. S. 112) zuletzt geändert 6.8.2013 (AmtsBl. S. 716)	Kindertagesförderungsgesetz (KiTaG) v. 12.12.2019 (GVOBl. S. 759), geändert 25.2.2021 (GVOBl. S. 201)	Kinder- und JugendeinrichtungsVO (KJVO) v. 13.7.2016 (GVOBl. S. 567).	–	Kinderschutzgesetz v. 29.5.2008 (GVOBl. S. 270), zuletzt geändert G v. 14.12.2015 (GVOBl. S. 415)

Land	Allgemeines Ausführungsgesetz	zu §§ 11–14 gem. § 15 zu § 16 gem.§ 16 Abs. 4	zu §§ 22–25 gem. § 26 und zu § 90	zu §§ 44–48 a gem. § 49 und zu § 42b	zu §§ 85–89 e gem. § 85 V, 89 g und zu § 69	zum Kinderschutz
Thüringen[17]	Ausführungsgesetz (**ThürKJHAG**) idF v. 5.2.2009 (GVBl. S. 1), zuletzt geändert 30.6.2020 (GVBl. S. 345)	im KJHAG und im Thüringer Familienförderungssicherungsgesetz (**ThürFamFöSiG**) v. 18.12.2018 (GVBl. S. 813)	Thüringer Kindergartengesetz (**ThürKigaG**) v. 18.12.2017 (GVBl. S. 276), zuletzt geändert 23.3.2021 (GVBl. S. 125, 126) KindertagespflegeVO 29.3.2012 (GVBl. S. 116) Kindertageseinrichtungs-VO v. 26.1.2011 (GVBl. S. 10), zuletzt geändert 3.12.2018 (GVBl. S. 717, 719)	im KJHAG und im ThürKitaG	–	G zur Förderung der Teilnahme an Früherkennungsuntersuchungen für Kinder (ThürFKG) v. 16.12.2008 (GVBl. S. 553), zuletzt geändert 18.12.2018 (GVBl. S. 730)

1 Stets aktuell auf landesrecht-bw.de.
2 Stets aktuell auf gesetze-bayern.de.
3 Stets aktuell auf gesetze.berlin.de.
4 Stets aktuell auf bravors.brandenburg.de.
5 Stets aktuell auf transparenz.bremen.de.
6 Stets aktuell auf landesrecht-hamburg.de.
7 Stets aktuell auf rv.hessenrecht.hessen.de.
8 Kommentiert von Wabnitz, Frankfurt/M. 3. Aufl. 2018.
9 Stets aktuell auf landesrecht-mv.de.
10 Stets aktuell auf nds-voris.de.
11 Stets aktuell auf recht.nrw.de – SGV – 216.
12 Stets aktuell auf landesrecht.rlp.de.
13 Stets aktuell auf recht.saarland.de.
14 Stets aktuell auf revosax.sachsen.de.
15 Stets aktuell auf landesrecht.sachsen-anhalt.de.
16 Stets aktuell auf gesetze-rechtsprechung.sh.juris.de.
17 Stets aktuell auf landesrecht.thueringen.de.

Anhang 4 Synopse über- und zwischenstaatlichen Rechts

Norm	Fundstelle	gilt räumlich für[1]	maßgebliche Regelung
A. Unionsrecht			
I. Primärrecht			
1. **Vertrag über die Europäische Union (EUV)** vom 7.2.1992	BGBl. 1992 II 1251, 1253	EU-Mitgliedstaaten (wenn nicht anders angegeben seit 1.1.1958 bis heute)	
Änderungen durch:		AT (1.1.1995–), BE, BG (1.1.2007–), CY (1.5.2004–), CZ (1.5.2004–), DE, DK (1.1.1973–), EE (1.5.2004–), ES (1.1.1986–), FI (1.1.1995–), FR, *(GB [1.1.1973–31.1.2020],)* GR (1.1.1981–), IE (1.1.1973–), IT, HR (1.7.2013–), HU (1.5.2004–), LT (1.5.2004–), LU, LV (1.5.2004–), MT (1.5.2004–), NL, PL (1.5.2004–), PT (1.1.1986–), RO (1.1.2007–), SE (1.1.1995–), SI (1.5.2004–), SK (1.5.2004–)	
Vertrag von Amsterdam v. 2.10.1997	BGBl. 1998 II 386		
Vertrag von Nizza v. 26.2.2001	BGBl. 2001 II 1666		
Vertrag von Lissabon v. 13.12.2007	BGBl. 2008 II 1038, 1039 Berichtigung der deutschen Fassung: BGBl. 2014 II 864		
jeweilige Beitrittsakte	s. FNB zum Vertrag vom 7.2.1992		
2. **Vertrag über die Arbeitsweise der Europäischen Union (AEUV)** vom 25.3.1957 in der Fassung des Vertrages über die Europäische Union v. 7.2.1992 und der Änderungen hierzu (s. unter A.I.1)	BGBl. 1957 II 766 BGBl. 1992 II 1253, 1256	EU-Mitgliedstaaten (s. A.I.1)	■ Sozialer Schutz (Art. 9) ■ Diskriminierungsverbot (Art. 18) ■ Freizügigkeit (Art. 21, 45 ff.) ■ Beihilfeverbot für wirtschaftliche Unternehmen (Art. 106, 107) ■ Datenschutz (Art. 16)
3. Charta der Grundrechte der Europäischen Union (EUGrCh) vom 7.12.2000,	ABl. C 364	EU-Mitgliedstaaten (s. A.I.1) außer PL	■ Schutz personenbezogener Daten (Art. 8) ■ Asylrecht (Art. 18) ■ Schutz bei Abschiebung, Ausweisung und Auslieferung (Art. 19) ■ Freizügigkeit (Art. 45) ■ Diskriminierungsverbote, u.a. wegen Alters (Art. 21) ■ Recht auf Bildung (Art. 14) ■ Rechte des Kindes (Art. 24) ■ Integration von Menschen mit Behinderung (Art. 26) ■ Verbot von Kinderarbeit, Jugendarbeitsschutz (Art. 32)
ersetzt durch überarbeitete Fassung vom 12.12.2007 zum 1.12.2009	BGBl. 2008 II 1165		

Norm	Fundstelle	gilt räumlich für[1]	maßgebliche Regelung
			■ Recht, eine Ehe einzugehen und eine Familie zu gründen (Art. 9) ■ Achtung des Privat- und Familienlebens (Art. 8) ■ Schutz von Familien- und Berufsleben (Art. 33)
II. Sekundärrecht			
4. **Aufenthaltsrecht und verbundene soziale Rechte**			
a) Richtlinie 2004/38/EG vom 29.4.2004 über das Recht der Unionsbürger und ihrer Familienangehörigen, sich im Hoheitsgebiet der Mitgliedstaaten frei zu bewegen und aufzuhalten, zul. geä. d. VO (EU) Nr. 492/2011 v. 5.4.2011 (ABl. L141)	ABl. L 158 (ber. ABl. L229 [2004], S. 35)	EU-Mitgliedstaaten (s. A.I.1) + IS, LI, NO; teilw. GB (Übergangsrecht)	■ Rechte auf Einreise (Art. 5) und Aufenthalt (Art. 6–21); Schutz vor Beschränkung des Rechts und Ausweisung (Art. 27–33) ■ Verbundene soziale Rechte: Diskriminierungsverbot mit Ausnahme von Sozialhilfeleistungen in bestimmten Situationen (Art. 24)
b) Verordnung (EG) Nr. 883/2004 v. 29.4.2004, zul. geä. d. VO (EU) Nr. 1372/2013 v. 19.12.2013 (ABl. L346/27)	ABl. L 166	EU-Mitgliedstaaten (s. A.I.1) + CH + IS, LI, NO; teilw. GB (Übergangsrecht)	■ Koordinierung der Systeme der Sozialen Sicherheit, darunter Familienleistungen (nicht für Sozialhilfeleistungen)
c) Verordnung (EU) Nr. 492/2011 des Europäischen Parlaments und des Rates vom 5.4.2011 über die Freizügigkeit der Arbeitnehmer innerhalb der Union, zul. geä. d. VO (EU) 2016/589 v. 13.4.2016 (ABl. L107)	ABl. L 141	EU-Mitgliedstaaten (s. A.I.1) + IS, LI, NO; teilw. GB (Übergangsrecht)	■ Gleiche soziale und steuerliche Vergünstigungen wie inländische Arbeitnehmer*innen (Art. 7 Abs. 2) ■ Recht auf (Beendigung des) Schulbesuch(s) für Kinder von Arbeitnehmer*innen wie für Inländer*innen (Art. 10)
5. **Zuständigkeit, Anerkennung und Vollstreckung in Familien- und Kindschaftssachen**			
a) Verordnung (EG) Nr. 2201/2003 des Rates der Europäischen Union (Brüssel IIa-VO) v. 27.11.2003 über die Zuständigkeit und die Anerkennung und Vollstreckung von Entscheidungen in Ehesachen und in Verfahren betreffend die elterliche Verantwortung und zur Aufhebung der Verordnung (EG) Nr. 1347/2000	ABl. L 338	EU-Mitgliedstaaten (s. A.I.1) außer DK (Erwägungsgrund 31)	■ Kindesentführung (Art. 10); Rückgabe des Kindes (Art. 11); Anerkennung von Entscheidungen (Art. 21); Vollstreckbarkeit umgangsrechtlicher Entscheidungen (Art. 41), Unterbringung des Kindes (Art. 56) ■ s. hierzu IntFamRVG (unter C Nr. 30)
b) Verordnung (EG) Nr. 805/2004 des Europäischen Parlaments und des Rates v. 21.4.2004 zur Einführung eines europäischen Vollstreckungstitels für unbestrittene Forderungen	ABl. L 143	EU-Mitgliedstaaten (s. A.I.1) außer DK (Erwägungsgrund 25)	■ Durchsetzung unbestrittener Forderungen in der EU, wobei als Vollstreckungstitel auch die Urkunden der Jugendämter in Betracht kommen.

Norm	Fundstelle	gilt räumlich für[1]	maßgebliche Regelung
6. **Wettbewerbs- und Beihilfenrecht:**			
Richtlinie 2014/24/EU des Europäischen Parlaments und des Rates vom 26.2.2014 über die öffentliche Auftragsvergabe und zur Aufhebung der Richtlinie 2004/18/EG; zul. geä. d. VO (EU) 2019/1828 v. 30.10.2019 (ABl. L 279/25)	ABl. L 94/65	EU-Mitgliedstaaten (s. A.I.1) + IS, LI, NO; teilw. GB (Übergangsrecht)	■ Verfahren bei der Vergabe öffentlicher Aufträge ■ Schwellenwerte (Art. 4) – für soziale und andere besondere Dienstleistungen: 750 000 EUR – für sonstige dezentral vergebene Dienstleistungsaufträge: 214 000 EUR
7. **Datenschutz:**		EU-Mitgliedstaaten (s. A.I.1) + IS, LI, NO; teilw. GB (Übergangsrecht)	■ Schutz personenbezogener Daten bei automatisierter Datenverarbeitung; bei nichtautomatisierter Datenverarbeitung Schutz nur von Daten in Dateien ■ Geltung auch für freie Träger
a) **Richtlinie** 95/46/EG ersetzt durch Datenschutz-Grund-Verordnung	ABl. L 281/31		
b) Verordnung (EG) Nr. 45/2001 v. 18.12.2000	ABl. L 008		
c) Richtlinie 2002/58/EG v. 12.7.2002	ABl. L 201		
d) Richtlinie 2009/136/EG v. 25.11.2009	ABl. L. 337		
e) Verordnung (EU) 2016/679 v. 27.4.2016 (**Datenschutz-Grund-VO – DSGVO**) ersetzt die RL 95/46/EG	ABl. L 119/1, ber. ABl. L 314 (2016)/72		
8. **Asylverfahren:**			
a) Richtlinie 2011/95/EU des Europäischen Parlaments und des Rates v. 13.12.2011 über Normen für die Anerkennung von Drittstaatsangehörigen oder Staatenlosen als Personen mit Anspruch auf internationalem Schutz, für einen einheitlichen Status für Flüchtlinge oder für Personen mit Anrecht auf subsidiären Schutz und für den Inhalt des zu gewährenden Schutzes	ABl. L 337/9	EU-Mitgliedstaaten (s. A.I.1)	■ Betreuung durch Vormund und geeignete Unterbringung für minderjährige Flüchtlinge (Art. 31 Abs. 1 und 3)
b) Dublin-III-VO Nr. 604/2013 v. 26.6.2013, in Kraft seit 19.7.2013, unmittelbar anwendbar seit 1.1.2014, hebt die Dublin-II-VO auf	ABl. L 180/31	EU-Mitgliedstaaten (s. A.I.1)	■ Bestimmung des zuständigen Staates zur Durchführung eines Asylverfahrens
c) Richtlinie 2013/32/EU v. 26.6.2013 (Asylverfahrens-RL)	ABl. L 180	EU-Mitgliedstaaten (s. A.I.1)	
d) Richtlinie 2013/33/EU des Europäischen Parlaments und des Rates vom 26.6.2013	ABl. L 180/96	EU-Mitgliedstaaten (s. A.I.1)	■ Besonderer Schutz für unbegleitete minderjährige Flüchtlinge

Norm	Fundstelle	gilt räumlich für[1]	maßgebliche Regelung
9. **Politik der EU:** EU-Agenda für die Rechte des Kindes (Mitteilung der Kommission)	BR-Drs. 92/11 v. 16.2.2011		■ Berücksichtigung der „Kinderrechtsperspektive" bei allen Maßnahmen der EU ■ Kindgerechte Justiz ■ Schutz von unbegleiteten Minderjährigen
III. Völkerrechtliche Verträge der EU (und gegebenenfalls ihrer Mitgliedstaaten) mit Drittstaaten			
10. Verhältnis zur Türkei			
a) Abkommen zur Gründung einer Assoziation zwischen der Europäischen Wirtschaftsgemeinschaft und der Türkei vom 12.9.1963	BGBl. 1964 II 509	EU-Mitgliedstaaten (s. A.I.1) + TR	■ Art. 12 Vertragspartner verpflichten sich, „sich von den Art. 48, 49 und 50 des EWG-Vertrages leiten zu lassen, um untereinander die Freizügigkeit der Arbeitnehmer schrittweise herzustellen"
b) mit Zusatzprotokoll vom 19.5.1972 und	BGBl. 1972 II 385		
c) Beschluss Nr. 1/80 des Assoziationsrats EWG/Türkei über die Entwicklung der Assoziation vom 19.9.1980 (ARB 1/80)	ABl. 1969 C 110		■ Aufgrund Auslegung des ARB 1/80 durch EuGH genießen ARB-Berechtigte ein Aufenthaltsrecht (Art. 6 und 7 ARB 1/80) und erhöhten Ausweisungsschutz
11. **Abkommen über den Europäischen Wirtschaftsraum (EWR-Abkommen)** vom 2.5.1992, zul. geä d. Beschl. d. Gem. EWR-Ausschusses Nr. 221/2018 v. 26.10.2018 (ABl. L105/20[2021])	ABl. L 1/3 (1994) BGBl. 1993 II 267	EU-Mitgliedstaaten (s. A.I.1) + IS, LI, NO; teilw. GB (Übergangsrecht)	■ Freizügigkeit (Art. 28 ff.) ■ Beihilfeverbot für wirtschaftliche Unternehmen (Art. 61–64) ■ Anordnung der Geltung bestimmten Unionsrechts, insbesondere hinsichtlich der Freizügigkeit der Arbeitnehmer*innen (Anh. V: VO [EU] 492/2011, RL 2004/38/EG), der Sozialen Sicherheit (Anh. VI: VO [EU] 883/2004) u.a.
12. Abkommen zwischen der Europäischen Gemeinschaft und ihren Mitgliedstaaten einerseits und der Schweizerischen Eidgenossenschaft andererseits über die Freizügigkeit (**Freizügigkeitsabkommen EU-CH**) vom 21.6.1999	ABl. L 114/6 (2002)	EU-Mitgliedstaaten (s. A.I.1) + CH; teilw. GB (Übergangsrecht)	■ Freizügigkeit (Art. 1–6) ■ Diskriminierungsverbote (Art. 7) ■ Koordinierung der Systeme der Sozialen Sicherheit (Art. 8) ■ Anordnung der Geltung bestimmten Unionsrechts, insbesondere hinsichtlich der Sozialen Sicherheit (Anh. II: VO [EU] 883/2004) u.a.
13. Verhältnis zum Vereinigten Königreich Großbritannien und Nordirland			
a) Abkommen über den Austritt des Vereinigten Königreichs Großbritannien und Nordirland aus der	ABl. C 384 I	EU-Mitgliedstaaten (s. A.I.1) + GB; teilw. CH, IS, LI, NO (Übergangsrecht; Art. 33)	■ Übergangsregelungen bei der Sozialen Sicherheit für diejenigen Unionsbürger*innen (einschl. StAng von CH, IS, LI, NO) und britischen Staatsangehörigen, die bis zum 31.12.2020 von

Norm	Fundstelle	gilt räumlich für[1]	maßgebliche Regelung
Europäischen Union und der Europäischen Atomgemeinschaft vom 12.11.2019 (**AustrittsAbk-GB**)			ihrem Freizügigkeitsrecht Gebrauch gemacht hatten: Im Wesentlichen Fortgeltung bisherigen Rechts (Art. 9–26)
b) Abkommen über Handel und Zusammenarbeit zwischen der Europäischen Union und der Europäischen Atomgemeinschaft einerseits und dem Vereinigten Königreich Großbritannien und Nordirland andererseits vom 30.12.2020 (**HKoopAbkEU-GB**)	ABl. L 149 (2021)	EU-Mitgliedstaaten (s. A.I.1) + GB; teilw. CH, IS, LI, NO	■ Übergangsregelung zum Datenschutz (Art. 782); ■ Protokoll über die Koordinierung der Sozialen Sicherheit (Protokoll KSS) in enger Anlehnung an VO (EU) 883/2004
B. Zwischenstaatliche Abkommen			
I. Multilaterale Abkommen			
1. Auf Ebene der VN und ihrer Unter- und Sonderorganisationen			
14. Übereinkommen Nr. 97 der Internationalen Arbeitsorganisationen über Wanderarbeiter (Neufassung 1949) vom 1.7.1949; zul. geä. d. Übk. Nr. 116 v. 26.6.1961 (BGBl. 1963 II 1135); für DE in Kraft seit 22.6.1960	BGBl. 1959 II 87 BGBl. 1960 II 2204	Vertragsstaaten: AL, AM, BA, BE, CY, DE, ES, FR, GB, IT, MD, ME, NL, NO, PT, SI, (YU); für außereuropäische Vertragsstaaten s. FNB	■ Schützt Wanderarbeiter vor Ausweisung aufgrund Inanspruchnahme von Hilfe zum Lebensunterhalt
15. Abkommen über die Rechtsstellung der Flüchtlinge – **Genfer Konvention (GFK)** – vom 28.7.1951; für DE in Kraft seit 22.4.1954	BGBl. 1953 II 553 BGBl. 1954 II 619	Vertragsstaaten: AL, AM, AT, AZ, BA, BE, BG, BY, CH, CY, CZ, DE, DK, EE, ES, FI, FR, GB, GE, GR, HR, HU, IE, IS, IT, LI, LT, LU, LV, MC, MD, ME, MK, MT, NL, NO, PL, PT, RO, RS, RU, SE, SI, SK, TR, UA, VA, (YU); für außereuropäische Vertragsstaaten s. FNB	■ Gleichbehandlung der Flüchtlinge mit eigenen Staatsangehörigen auf dem Gebiet der Fürsorge (Art. 23)
16. Internationaler Pakt über wirtschaftliche, soziale und kulturelle Rechte (IPwskR) vom 19.12.1966; für DE in Kraft seit 3.1.1976	BGBl. 1973 II 1569, 1570 BGBl. 1976 II 428	Vertragsstaaten: DE; für weitere Vertragsstaaten s. FNB	■ Familie als Kernzelle der Gesellschaft, Schutz von Schwangeren und Schutz von Kindern und Jugendlichen (Art. 10) ■ Recht auf Bildung (Art. 13)
17. Übereinkommen zur Beseitigung jeder Form von Diskriminierung der Frau (CEDAW) vom 18.12.1979; für DE in Kraft seit 9.8.1985 mit Änderung durch Entschließung vom 22.5.1995 und mit Fakultativprotokoll vom 6.10.1999 (für DE in Kraft seit 15.4.2002)	BGBl. 1985 II 647, 648 BGBl. 1985 II 1234 BGBl. 2001 II 1235 BGBl. 2001 II 1237, 1238 BGBl. 2002 II 1197	Vertragsstaaten: DE; für weitere Vertragsstaaten s. FNB	■ Verpflichtung der Vertragsstaaten zur Überwindung diskriminierender Verhaltensmuster (Art. 5) ■ Zugang von Frauen zu Beratung bei Familienplanung (Art. 12) ■ Verbot von Kinderehen (Art. 16) ■ Individualbeschwerde möglich (FakProt)
18.a) **Übereinkommen über die Rechte des Kindes (UN-Kinderrechtskonvention)** vom 20.11.1989; für DE in Kraft seit 5.4.1992	BGBl. 1992 II 121, 122 BGBl. 1992 II 990	DE; für weitere Vertragsstaaten s. FNB.	■ Verpflichtung der Vertragsstaaten zur Einhaltung der statuierten Grundsätze ohne Rechtsan-

Norm	Fundstelle	gilt räumlich für[1]	maßgebliche Regelung
			spruch des Kindes. Die statuierten Rechte gehen nicht über die Regelung des KJHG hinaus.
			■ Deutscher Vorbehalt bei Ratifizierung, wonach die Konvention innerstaatlich keine unmittelbare Anwendung findet
b) Fakultativprotokoll v. 19.12. 2011 zum Übereinkommen über die Rechte des Kindes betreffend ein Mitteilungsverfahren; für DE in Kraft seit 14.4.2014	BGBl. 2012 II 1546 BGBl. 2014 II 300	DE; für weitere Vertragsstaaten s. FNB.	■ Zuständigkeit des Ausschusses für die Rechte des Kindes und Mitteilungsverfahren
19. UN-Behindertenrechtskonvention vom 13.12.2006; für DE in Kraft seit 26.3.2009	BGBl. 2008 II 1419 BGBl. 2009 II 812	DE; für weitere Vertragsstaaten s. FNB.	■ Inklusion
			■ Recht auf gleichberechtigten Genuss von Menschenrechten und Grundfreiheiten für Kinder mit Behinderungen (Art. 7)
			■ Recht auf diskriminierungsfreie, inklusive Bildung (Art. 24)
			■ Recht auf wirksamen Zugang zu Stellenvermittlung und Berufsausbildung (Art. 27)
2. Auf Ebene der Haager Konferenz für Internationales Privatrecht (www.hcch.net)			
20.a) HCCH#10: Haager Übereinkommen über die Zuständigkeit der Behörden und das anzuwendende Recht auf dem Gebiet des Schutzes von Minderjährigen (**Minderjährigenschutzabkommen – MSA**) vom 5.10.1961; für DE in Kraft seit 17.9.1971 weiter entwickelt mit und ersetzt durch Haager Kinderschutzübereinkommen vom 19.10.1996 (s. dort)	BGBl. 1971 II 217, 219 BGBl. 1971 II 1150	Vertragsstaaten: AT, CH, DE, ES, FR, IT, LT, LU, LV, NL, PL, PT, TR; für außereuropäische Vertragsstaaten s. FNB	■ Alle Hilfen nach dem SGB VIII (Art. 1), auch Beistandschaft (strittig);
			■ Anerkennung aller gesetzlich bestehenden „Gewaltverhältnisse" (Art. 3)
			■ Fortsetzung der Hilfe bei Wohnsitzverlegung ins Ausland auch im Ausland, bis Hilfe dort aufgenommen wird (Art. 5)
			■ in DE anwendbar auch auf Minderjährige, die nicht einem der Vertragsstaaten angehören
b) HCCH#34: Haager Übereinkommen über die Zuständigkeit, das anzuwendende Recht, die Anerkennung, Vollstreckung und Zusammenarbeit auf dem Gebiet der elterlichen Verantwortung und der Maßnahmen zum Schutz von Kindern (**Kinderschutzübereinkommen – KSÜ**) v. 19.10.1996; für DE in Kraft seit 1.1.2011	BGBl. 2009 II 602, 603 BGBl. 2010 II 1527	AL, AM, AT, BE, BG, CH, CY, CZ, DE, DK, EE, ES, FI, FR, GB, GE, GR, HR, HU, IE, IT, LT, LU, LV, MT, NL, PL, PT, RO, RS, RU, SE, SI, SK, TR, UA; für außereuropäische Vertragsstaaten s. FNB	■ Zuständigkeit von Behörden und Gerichten, anwendbares Recht für Behörden, anwendbares Recht für elterliche Verantwortung (einschließlich Vormundschaft, Beistandschaft, Pflegschaft), Anerkennung und Vollstreckung von Schutzmaßnahmen, Zusammenarbeit bei Maßnahmen zum Schutz von Kindern (Art. 1)
			■ Keine Anwendung auf Feststellung und Anfechtung des Eltern-Kind-Verhältnisses und auf Adoptionsentscheidungen (Art. 4)

Norm	Fundstelle	gilt räumlich für[1]	maßgebliche Regelung
			■ in DE anwendbar auch auf Minderjährige, die nicht einem der Vertragsstaaten angehören ■ s. hierzu IntFamRVG (unter C Nr. 30)
21. HCCH#33: Haager Übereinkommen über den Schutz von Kindern und die Zusammenarbeit auf dem Gebiet der internationalen Adoption vom 29.5.1993; für DE in Kraft seit 1.3.2002	BGBl. 2001 II 1034, 1035 BGBl. 2002 II 2872	Vertragsstaaten: AL, AD, AM, AT, AZ, BE, BG, BY, CH, CY, CZ, DE, DK, EE, ES, FI, FR, GB, GE, GL, GR, HR, HU, IE, IT, LI, LT, LU, LV, MD, ME, MK, MT, NL, NO, PL PT, RO, RS, SE, SI, SK, SM, TR; für außereuropäische Vertragsstaaten s. FNB	■ Mindeststandards für Adoptionsvermittlung; Zusammenarbeit der Behörden
22. HCCH#28: Haager Übereinkommen über die zivilrechtlichen Aspekte internationaler Kindesentführung vom 25.10.1980; für DE in Kraft seit 1.12.1990	BGBl. 1990 II 206, 207 BGBl. 1991 II 329	Vertragsstaaten: AD, AL, AM, AT, BA, BE, BG, BY, CH, CY, CZ, DE, DK, EE, ES, FI, FR, GB, GE, GR, HR, IE, IS, IT, LT, LU, LV, MC, MD, ME, MK, MT, NO, PL, PT, RO, RS, RU, SE, SI, SK, SM, TR, UA; für außereuropäische Vertragsstaaten s. FNB	■ Sofortige Rückführung eines entführten Kindes ■ s. hierzu IntFamRVG (unter C Nr. 30)
3. Auf Ebene des Europarates (www.coe.int)			
23. Aufenthalts- und Abwehrrechte			
a) SEV005 (u.a.): Europäische Konvention zum Schutz der Menschenrechte und Grundfreiheiten vom 4.11.1950 mit Zusatzprotokoll, Protokoll Nr. 2, 3, 4, 5, 6, 8, (9 [ersetzt durch 11],) 10, 11, 13, 14, 15; für DE in Kraft seit 3.9.1953	BGBl. 1952 II 685 Wegen der Zusatzprotokolle s. FNB Bekanntmachung der seit 1.6.2010 geltenden Fassung: BGBl. 2010 II 1198, 1199 Änderungen durch Protokoll Nr. 15: BGBl. 2014 II 1034, 1035	Vertragsstaaten: AD, AL, AM, AT, AZ, BA, BE, BG, CH, CY, CZ, DE, DK, EE, ES, FI, FR, GB, GE, GR, HR, HU, IE, IS, IT, LI, LT, LU, LV, MC, MD, ME, MT, MK, NL, NO, PL, PT, RO, RS, RU, SE, SI, SK, SM, TR, UA(wegen der Verbindlichkeit der Protokolle für die Vertragsstaaten s. FNB)	■ Kein Eingriff in die Familie und das Recht auf Privatleben ohne Gesetz und nur bei Erforderlichkeit (Art. 8) ■ Gebot eines fairen Verfahrens (Art. 6)
b) SEV019: Europäisches Niederlassungsabkommen (ENA) vom 13.12.1955; für DE in Kraft seit 23.2.1965	BGBl. 1959 II 997 BGBl. 1965 II 1099	Vertragsstaaten: BE, DE, DK, GB, GR, IE, IT, LU, NL, NO, SE, TR	■ Ausweisungsschutz für Staatsangehörige der Vertragsstaaten, außer bei Verstoß gegen Sicherheit oder Ordnung (Art. 3) ■ Gleichbehandlung hinsichtlich bürgerlichen Rechten (Art. 4)
24. Soziale Rechte			
a) SEV014, SEV014A: Europäisches Fürsorgeabkommen (EFA) vom 11.12.1953 mit Zusatzprotokoll sowie Anhang und späteren Änderungen; für DE in Kraft seit 1.9.1956	BGBl. 1956 II 563 BGBl. 1991 II 688 2001 II 1086, 1087 Spätere deutsche Vorbehalte: für SGB II: BGBl. 2012 II 144, ber.: 2012 II 470	Vertragsstaaten: BE, DE, DK, EE, ES, FR, GB, GR, IE, IS, IT, LU, MT, NL, NO, PT, SE, TR	■ Gleichstellung von rechtmäßig im Inland aufhältigen Staatsangehörigen der Vertragsstaaten mit Deutschen hinsichtlich Fürsorgeleistungen (Art. 1) ■ Geltung auch für Hilfen nach §§ 27, 32–35, 39, 41 SGB VIII ■ In Deutschland keine Geltung für SGB-II-Leistungen

Norm	Fundstelle	gilt räumlich für[1]	maßgebliche Regelung
			■ Geltung auch für Flüchtlinge, wenn im Vertragsstaat anerkannt ■ Verbot der Rückschaffung (Art. 6 mit Abweichung in Art. 7) ■ Wieder betont durch Art. 13 Abs. 4 SEV163: revEuSozCh.
b) SEV035:Europäische Sozialcharta vom 18.10.1961; für DE in Kraft seit 26.2.1965; im Verhältnis zu den dortigen Vertragsstaaten ersetzt durch SEV163: revEuSozCh v. 3.5.1996 (s. dort)	BGBl. 1964 II 1261 BGBl. 1965 II 1122 BGBl. 2020 II 900, 901	Vertragsstaaten: *(AT,)* *(BE,)* *(CY,)* CZ, DE, DK, ES, *(FI,)* *(FR,)* GB, *(GR,)* HR, *(HU,)* *(IE,)* IS, *(IT,)* LU, *(LV,)* *(MK,)* *(MT,)* *(NL,)* *(NO,)* PL, *(PT,)* *(SE,)* SK, *(TR)*	■ Kein Rechtsanspruch auf Fürsorge
c) SEV163: Europäische Sozialcharta (revidiert) (revEuSozCh) vom 3.5.1996; für DE in Kraft seit 1.5.2021	BGBl. 2020 II 900, 901 noch nicht innerstaatlich bekanntgemacht (s. aber https://www.coe.int/de/web/conventions/full-list/-/conventions/treaty/163/signatures)	Vertragsstaaten: AD, AL, AM, AT, AZ, BA, BE, BG, CY, DE, EE, ES, FI, FR, GE, GR, HU, IE, IT, LT, LV, MD, ME, MK, MT, NL, NO, PT, RO, RS, RU, SE, SI, SK, TR, UA	■ Recht der Kinder und Jugendlichen auf (insbes. Arbeits-)Schutz (Art. 7) ■ Recht der Kinder und Jugendlichen auf sozialen, gesetzlichen und wirtschaftlichen Schutz (Art. 17) ■ Recht auf berufliche Bildung (Art. 10) ■ Recht auf Mutterschutz (Art. 8) ■ Recht der Familie auf sozialen, gesetzlichen und wirtschaftlichen Schutz (Art. 16) ■ Recht auf Inanspruchnahme sozialer Dienste (Art. 14) ■ Recht behinderter Menschen auf Teilhabe (Art. 15) ■ Allg. Recht auf Soziale Sicherheit (Art. 12) ■ Allg. Recht auf Fürsorge (Art. 13)
25. Kinder und Jugendliche in familien- und vormundschaftsgerichtlichen Verfahren			
a) SEV105: Europäisches Übereinkommen über die Anerkennung und Vollstreckung von Entscheidungen über das Sorgerecht für Kinder und die Wiederherstellung des Sorgeverhältnisses (**EuSorgeRÜbk**) vom 20.5.1980; für DE in Kraft seit 1.2.1991; mit Ausführungsgesetz vom 5.4.1990	BGBl. 1990 II 206, 220 BGBl. 1991 II 392 BGBl. 1990 I 701	AD, AT, BE, BG, CH, CY, CZ, DE, DK, EE, ES, FI, FR, GB, GR, GL, HU, IE, IS, IT, LI, LT, LU, LV, MD, ME, MK, MT, NL, NO, PL, PT, RO, RS, SE, SK,TR, UA	Verfahrensvorschriften zur Anerkennung und Vollstreckung von Sorgerechtsbeschlüssen und zur Auffindung von Kindern im Ausland s. hierzu IntFamRVG (unter C Nr. 30)

Norm	Fundstelle	gilt räumlich für[1]	maßgebliche Regelung
b) SEV160: Europäisches Übereinkommen über die Ausübung von Kinderrechten vom 25.1.1996; für DE in Kraft seit 1.8.2002	BGBl. 2001 II 1074, 1075 BGBl. 2002 II 2472	AL, AT, CY, CZ, DE, ES, FI, FR, GR, IT, HR, HU, LV, ME, MK, MT, PL, PT, SI, TR, UA	■ Rechte des Kindes in Verfahren der (Vormundschafts- und) Familiengerichte
c) SEV058: Europäisches Übereinkommen über die Adoption von Kindern (EuAdoptÜbk) vom 24.4.1967; für DEin Kraft seit 11.2.1981; im Verhältnis zu den dortigen Vertragsstaaten ersetzt durch SEV202: revEuAdoptÜbk)	BGBl. 1980 II 1093, 1094 BGBl. 1981 II 72	Vertragsstaaten: AT, CH, CZ, DE, DK, GB, GR, IE, IT, LI, LV, MK, MT, PL, PT, RO	■ Mindeststandards für Adoptionsvermittlung (gilt nur noch im Verhältnis zu den hier genannten Staaten)
d) SEV202: Europäisches Übereinkommen über die Adoption von Kindern (revidiert) (revEuAdoptÜbk) vom 27.11.2008; für DE in Kraft seit 1.7.2015	BGBl. 2015 II 2, 3 BGBl. 2015 II 463	Vertragsstaaten: BE, DE, DK, ES, FI, MT, NL (einschl. karibischer Teil, St. Martin, Aruba und Curaçao) NO, RO, UA	■ Mindeststandards für Adoptionsvermittlung (gilt im Verhältnis zu den hier genannten Staaten) ■ Zahlreiche Unterschiede zu SEV058 im Einzelnen ■ s. hierzu IntFamRVG (unter C Nr. 30)
26. SEV201: Übereinkommen des Europarats zum Schutz von Kindern vor sexueller Ausbeutung und sexuellem Missbrauch vom 25.10.2007; für DE in Kraft seit 1.3.2016	BGBl. 2015 II, 26, 27 BGBl. 2016 II, 315	AD, AL, AM, AT, AZ, CH, BA, BE, BG, CY, CZ, DE, DK, EE, ES, FI, FR, GB, GE, GR, HR, HU, IS, IT, LI, LT, LU, LV, MC, MD, ME, MK, MT, NL, NO, PL, PT, RO, RS, RU, SM, SE, SI, SK, TN, TR, UA	■ Strafbarkeit von sexuellem Missbrauch ■ Vorgaben für Personen, die mit Kindern und Jugendlichen arbeiten ■ Erziehungsmaßnahmen zum Schutz vor sexueller Gewalt
27. Weitere Abkommen des Europarats mit Bezug zum Kinder- und Jugendhilferecht, die von DE nicht angenommen wurden			
a) SEV085: Europäisches Übereinkommen über die Rechtsstellung der unehelichen Kinder vom 15.10.1975; für DE nicht in Kraft	(von DE nicht unterzeichnet)	Für Vertragsstaaten s. https://www.coe.int/de/web/conventions/full-list/-/conventions/treaty/085/signatures	■ Vorgaben für die mütterliche und väterliche Abstammung von Kindern, deren Eltern nicht miteinander verheiratet sind (Art. 2–5) ■ Gleiche Unterhaltspflicht ohne Unterschied der Ehelichkeit (Art. 6) ■ Verbot der alleinigen Zuordnung der Personensorge an den nichtehelichen Vater kraft Gesetzes (Art. 7)
b) SEV192: Übereinkommen über den Umgang von und mit Kindern vom 15.5.2003; für DE nicht in Kraft	(bislang von DE nicht unterzeichnet)	Für Vertragsstaaten s. https://www.coe.int/de/web/conventions/full-list/-/conventions/treaty/192/signatures	■ Regelung von Rechten bei Umgangsentscheidungen mit Auslandsbezug

Norm	Fundstelle	gilt räumlich für[1]	maßgebliche Regelung
II. Bilaterale Abkommen			
28. Abkommen zwischen der BR Deutschland und der Republik Österreich über Fürsorge und Jugendwohlfahrtspflege vom 17.1.1966 mit Zustimmungsgesetz vom 21.12.1968	BGBl. 1969 II 2, 1550	AT, DE	■ Rückbeförderungsverbot (Art. 8 Abs. 1) ■ gleiche Leistungen der Jugend- und Sozialhilfe (Art. 2 Abs. 1)
29. *Vereinbarung zwischen der BR Deutschland und der Schweizerischen Eidgenossenschaft über die Fürsorge für Hilfsbedürftige v. 14.7.1952 mit Zustimmungsgesetz vom 17.3.1953* ***Außer Kraft getreten zum 31.3.2006***	*BGBl. 1953 II 31, 129* *(Bekanntmachung Außerkrafttreten: BGBl. 2005 II 1278)*	*CH, DE*	■ *gleiche Jugend- und Sozialhilfeleistungen (Art. 1 Abs. 2)* ■ *Heimschaffungsregelung (Art. 5)*
C. Spezifisches innerstaatliches Recht zur Umsetzung über- oder zwischenstaatlicher Regelungen			
30. Gesetz zur Aus- und Durchführung bestimmter Rechtsinstrumente auf dem Gebiet des internationalen Familienrechts (Internationales Familienrechtsverfahrensgesetz – **IntFamRVG**) vom 26.1.2005; zuletzt geändert 15.1.2021	BGBl. 2005 I 162 BGBl. 2021 I 530		■ Mitwirkung des JA bei grenzüberschreitenden familienrechtlichen Auseinandersetzungen (§ 9) im Zusammenhang mit der Durchführung von ■ VO (EG) 2201/2003 (unter A.II Nr. 5.a) ■ Haager Kinderschutzübereinkommen (HCCH#34; unter B.I.2 Nr. 20.b) ■ Haager Kindesentführungsübereinkommen (HCCH#33; unter B.I.2 Nr. 22) ■ EuSorgeRÜbk (SEV105; unter B.I.3 Nr. 25.a) ■ revEuAdoptÜbk (SEV202; unter B.I.3 Nr. 25d)

1 Aufgeführt sind nur Länder innerhalb der geographischen Grenzen Europas; wegen der übrigen Länder s. Fundstellennachweis B zum BGBl. (FNB). Aufgeführt sind die Länder mit den Abkürzungen nach ISO 3166-1 ALPHA-2: AD: Andorra – AL: Albanien – AM: Armenien – AT: Österreich – AZ: Aserbaidschan – BA: Bosnien und Herzegowina – BE: Belgien – BG: Bulgarien – BY: Belarus – CH: Schweiz – CY: Zypern – CZ: Tschechien – DE: Deutschland – DK: Dänemark – EE: Estland – ES: Spanien – FI: Finnland – FR: Frankreich – GB: Vereinigtes Königreich Großbritannien und Nordirland – GE: Georgien – GL: Grönland – GR: Griechenland – IE: Irland – IS: Island – IT: Italien – HR: Kroatien – HU: Ungarn – LI: Liechtenstein – LT: Litauen – LU: Luxemburg – LV: Lettland – MC: Monaco – MD: Moldau – ME: Montenegro – MK: Nordmazedonien – MT: Malta – NL: Niederlande – NO: Norwegen – PL: Polen – PT: Portugal – RO: Rumänen – RS: Serbien – RU: Russland – SE: Schweden – SI: Slowenien – SK: Slowakei – SM: San Marino – TN: Tunesien – TR: Türkei – UA: Ukraine – VA: Heiliger Stuhl – YU: Ehemaliges Jugoslawien/Bundesrepublik Jugoslawien.

Anhang 5 Verwaltungsverfahren des Jugendamts und Rechtsschutz im verwaltungsgerichtlichen Verfahren

1 Verwaltungsverfahren

1.1 Begriff

Nur die Tätigkeiten des JA bringen ein Verwaltungsverfahren in Gang, die sich auf den Erlass eines VA oder den Abschluss eines öffentlich-rechtlichen Vertrages richten (§ 8 SGB X). Kein Verwaltungsverfahren wird daher ausgelöst durch Beratungstätigkeit, die Jugendhilfeplanung nach § 80, die Mitwirkung im gerichtlichen Verfahren gem. §§ 50, 52. Auch für diese Tätigkeiten gelten die Vorschriften über die Amtshilfe gem. §§ 3–7 SGB X (Abdruck §§ 3, 4 bei § 61). Auf den Erlass eines VA gerichtete Tätigkeiten (und damit ein Verwaltungsverfahren auslösend) sind solche auf dem Gebiet des öffentlichen Rechts, die eine Regelung eines Einzelfalles sind und Außenwirkung haben (§ 31 SGB X). VA sind die in → Rn. 39 genannten Entscheidungen. Das Hilfeplanungsverfahren (§ 36) enthält Teile des Verwaltungsverfahrens, ist aber nicht identisch mit diesem (→ § 36 Rn. 10). Strittig ist der Rechtscharakter des Adoptionseignungsberichts.[1] Kein VA, sondern ein interner Organisationsakt ist die Schließung einer Kindertagesstätte.[2] Zur Information nach § 92 → § 92 Rn. 17. 1

Keine VA sind die Maßnahmen der Träger der freien Jugendhilfe, da sie keine Behörden iSv § 1 Abs. 2 SGB X sind. 2

1 Vgl. hierzu Kunkel in Paulitz, Adoption, S. 181 f.
2 OVG Bbg 30.12.1996 – 4 B 175/96, NVwZ-RR 1997, 555.

1.2 Geltung von SGB I und SGB X

3 Nicht anwendbar auf das Verwaltungsverfahren sind die Bestimmungen des jeweiligen Landesverwaltungsverfahrensgesetzes, weil dessen Geltung für die Jugendhilfe ausdrücklich ausgeschlossen ist (zB § 2 Abs. 2 Nr. 3 LVwVfG BW). Stattdessen gelten gem. § 1 Abs. 1 SGB X für den Erlass von VA durch die JA die Regelungen über das Verwaltungsverfahren nach den §§ 9–38 SGB X. Weitere Verfahrensregelungen finden sich im SGB I (zB die Regelung über den Datenschutz in § 35 SGB I oder die Regelung über die Handlungsfähigkeit Minderjähriger in § 36 SGB I oder über die Ausübung des Ermessens in § 39 SGB I oder die Mitwirkungspflicht in § 60 SGB I), aber auch im SGB VIII (zB über die Mitwirkung im Hilfeplanungsverfahren gem. § 36 vor Erlass eines Bescheids, mit dem HzE gewährt wird). Weitere Regelungen (zT materieller Art), die für VA gelten, enthalten die §§ 39–52 SGB X. Zu beachten ist die **Kollisionsregelung des § 37 SGB I**. Gemäß § 37 **S. 1** SGB I haben die Regelungen (ausdrückliche oder SGB VIII-immanente Strukturprinzipien) des SGB VIII Vorrang vor denen des SGB I und des SGB X. Dagegen haben die in § 37 **S. 2** SGB I genannten Vorschriften des SGB I (zB die Regelung über die Handlungsfähigkeit gem. § 36 SGB I und den Datenschutz gem. § 35 SGB I u. damit auch §§ 67–85a SGB X) Vorrang vor dem SGB VIII. Eine (interne) Kollision innerhalb des SGB X regelt § 37 **S. 3** SGB I; danach genügt für eine Datenerhebung nicht die Aufgabennorm aus § 20 SGB X, sondern es müssen die Voraussetzungen der Befugnisnorm nach § 67a SGB X bzw. (→ § 61 Rn. 78) § 62 vorliegen, zB darf das JA einen Zeugen nur vernehmen, wenn § 62 Abs. 3 dies erlaubt.

1.3 Zuständigkeit

4 Erlässt das JA einen VA, muss es insbesondere die Vorschriften über Zuständigkeit, Verfahren und Form beachten.

5 **1.3.1 Sachliche Zuständigkeit.** Die sachliche Zuständigkeit des JA richtet sich nach § 85 Abs. 1. Danach ist grundsätzlich der **örtliche** Träger iSv § 69 Abs. 1 iVm Landesrecht zuständig; nur ausnahmsweise der überörtliche Träger, wenn die Voraussetzungen des § 85 Abs. 2 vorliegen. Die in § 85 Abs. 3 genannten Aufgaben können für den örtlichen Bereich aber auch vom örtlichen Träger wahrgenommen werden (konkurrierende sachliche Zuständigkeit).

6 **1.3.2 Organzuständigkeit.** Die Regelung über die sachliche Zuständigkeit weist der Gebietskörperschaft eine Aufgabe zu. Für diese handelt auf dem Gebiet der Jugendhilfe das JA (§ 69 Abs. 3). Dieses setzt sich – zweigliedrig – zusammen aus der Verwaltung und dem JHA (§ 70 Abs. 1). Die Aufgabenverteilung zwischen diesen beiden Handlungsträgern (Organzuständigkeit) regeln § 70 Abs. 2 und § 71 Abs. 3. Danach werden die Geschäfte der laufenden Verwaltung vom Leiter der Verwaltung, also dem Landrat/Bürgermeister als Behördenleiter, in der Regel aber in seinem Auftrag vom Leiter der Verwaltung des JA, also dem Jugendamtsleiter geführt, während für Grundsatzentscheidungen der JHA zuständig ist. Nach außen handelt aber auch bei Organzuständigkeit des Jugendhilfeausschusses der Behördenleiter oder in seinem Auftrag der Jugendamtsleiter. Ein Verstoß gegen diese Organzuständigkeitsregelung hat die (schlichte) Rechtswidrigkeit (also nicht Nichtigkeit) der Entscheidung zur Folge. Der Fehler kann aber gem. § 41 Abs. 1 Nr. 4 SGB X analog geheilt werden. Wird er nicht geheilt, ist er beachtlich iSd § 42 SGB X, da die Organzuständigkeit ein Unterfall der sachlichen Zuständigkeit ist.

7 **1.3.3 Örtliche Zuständigkeit.** Die örtliche Zuständigkeit ist in den §§ 86–88a geregelt.[3] Für **Leistungen** ist gem. § 86 Abs. 1 grds. **der** sachliche Träger örtlich zuständig, in dessen Bereich die **Eltern** ihren **gewöhnlichen** Aufenthalt haben, auch wenn das

3 Vgl. hierzu die Übersicht in Kunkel, Jugendhilferecht, Rn. 348.

Kind selbst anspruchsberechtigt ist (zB nach § 35a). Varianten und Alternativen regeln die §§ 86 Abs. 2–86d. §§ 87–87e regeln die Zuständigkeit für die Wahrnehmung der **anderen Aufgaben.** § 88 ist eine Regelung der örtlichen Zuständigkeit für die Gewährung von Jugendhilfe im Ausland, für die grundsätzlich der überörtliche Träger sachlich zuständig ist (§ 85 Abs. 2 Nr. 9). § 88a regelt die örtliche Zuständigkeit für unbegleitete ausländische Kinder oder Jugendliche.

Die Verletzung der Vorschriften über die örtliche Zuständigkeit führt zur (schlichten) 8 **Rechtswidrigkeit** des VA; der Fehler kann nicht gem. § 41 SGB X geheilt werden, ist aber unbeachtlich unter den Voraussetzungen des § 42 SGB X, also insbesondere bei gebundenen Entscheidungen; dies bedeutet, dass der VA rechtswidrig ist, der Bürger aber dennoch nicht dessen Aufhebung verlangen kann.

1.4 Verfahren

1.4.1 Beteiligte und Beteiligungsfähigkeit. Die Beteiligung an einem Verwaltungsverfahren setzt zunächst **Beteiligungsfähigkeit** voraus. Diese richtet sich nach § 10 SGB X. Danach sind beteiligungsfähig natürliche Personen (also Kinder und Eltern) und juristische Personen (also insbesondere eingetragene Vereine). Beteiligungsfähig sind aber auch Vereinigungen, die nicht juristische Personen sind, soweit ihnen ein Recht zustehen kann (§ 10 Nr. 2 SGB X). Dies können Zusammenschlüsse von Jugendlichen sein, die die Anerkennung als Träger der freien Jugendhilfe gem. § 75 beantragen. 9

Am Verwaltungsverfahren kann ferner nur beteiligt sein, wer **Beteiligter** iSv § 12 SGB X ist. Dies sind insbesondere Eltern als Antragsteller (§ 12 Abs. 1 Nr. 1 SGB X), Kinder als Antragsteller, wenn sie Handlungsfähigkeit gem. § 11 SGB X besitzen; andernfalls muss der Antrag des Kindes idR über die Eltern als gesetzliche Vertreter gestellt werden. Unabhängig von einer Antragstellung ist ferner Beteiligter der (Regelungs-)Adressat des VA (§ 12 Abs. 1 Nr. 2 SGB X). Die das Verwaltungsverfahren betreibende Behörde selbst ist nicht Beteiligter; insbesondere ist sie nicht Antragsgegner iSd § 12 Abs. 1 Nr. 1 SGB X. 10

§ 8 macht **Kinder und Jugendliche** nicht zu Beteiligten iSv § 12 SGB X (etwa als gesetzlich hinzugezogene Beteiligte nach § 12 Abs. 2 SGB X), da § 8 lediglich eine Entscheidungsbeteiligung regelt, während § 12 SGB X die Verfahrensbeteiligung normiert (→ § 8 Rn. 9). Das JA könnte zwar gemäß § 12 Abs. 2 SGB X Kinder und Jugendliche als Beteiligte hinzuziehen. Dies setzt aber nicht nur deren Handlungsfähigkeit voraus, sondern auch, dass sie in eigenen rechtlichen Interessen berührt sind. Dies ist in der Regel (Ausnahme: Kindeswohlgefährdung) aber nicht der Fall, da die Interessen der Kinder von den Eltern treuhänderisch wahrgenommen werden (→ § 8 Rn. 1). Im Rahmen der HzE werden ihre Interessen zudem durch die Mitwirkung nach § 36 Abs. 1 S. 3 und Abs. 2 S. 2 gewahrt. 11

1.4.2 Handlungsfähigkeit. Handlungsfähig ist eine Person unter den Voraussetzungen des § 11 SGB X. Dies ist der Fall bei Volljährigen (§ 11 Abs. 1 Nr. 1 SGB X); Minderjährige sind ab 15 Jahren für die Beantragung von Sozialleistungen (nicht zB im Rahmen der Inobhutnahme; → § 42 Rn. 125) handlungsfähig (§ 11 Abs. 1 Nr. 2 SGB X iVm § 36 Abs. 1 SGB I), soweit ihre Handlungsfähigkeit nicht durch ihre Eltern beschränkt worden ist (§ 36 Abs. 2 SGB I). Die Möglichkeit, Kinder und Jugendliche nach § 8 Abs. 3 zu beraten, bleibt hiervon unberührt, weil die Beratungstätigkeit kein Verwaltungsverfahren ist. Außerdem handlungsfähig sind juristische Personen und Personenvereinigungen iSv § 10 Nr. 2 SGB X gem. § 11 Abs. 1 Nr. 3 SGB X. 12

Handlungsfähigkeit ist Voraussetzung für die wirksame Vornahme von **Verfahrenshandlungen**, also für Antragstellung, Anhörung, Akteneinsicht und „Bekanntnahme“ 13

(Entgegennahme) des VA (zur Bekanntgabe des Verwaltungsakts, mit dem die Inobhutnahme verfügt wird, → § 42 Rn. 125).

14 Jeder Verfahrensbeteiligte kann sich durch einen **Bevollmächtigten** vertreten lassen (§ 13 Abs. 1 SGB X). Das JA **muss** sich dann an den Bevollmächtigten wenden (§ 13 Abs. 3 S. 1 SGB X), **kann** sich aber an den Beteiligten selbst wenden (§ 13 Abs. 3 S. 2 SGB X), wenn es auf Angaben ankommt, die dieser nur persönlich machen kann. Zu Besprechungen mit dem JA kann der Beteiligte auch Freunde und Bekannte als **Beistand** mitbringen (§ 13 Abs. 4 SGB X). Er ist nur Unterstützer, nicht Vertreter des Beteiligten.

15 **1.4.3 Amtsermittlung und Mitwirkungspflichten.** Grundsätzlich entscheidet das JA nach seinem Ermessen, ob es ein Verwaltungsverfahren durchführt, also einen VA erlässt (§ 18 S. 1 SGB X). Anders, wenn im Gesetz bestimmt ist, dass ein **Antrag** notwendig ist. Dann muss die Behörde tätig werden, wenn der Antrag gestellt wird (§ 18 S. 2 Nr. 1 SGB X); sie darf nicht tätig werden, wenn ein Antrag nicht vorliegt (§ 18 S. 2 Nr. 2 SGB X). Für die HzE ist nach hier vertretener Auffassung ein Antrag nicht vorgeschrieben (→ § 36 Rn. 14). Das JA muss von Amts wegen tätig werden (§ 18 S. 2 Nr. 1 1. Alt. SGB X), wenn es zum Erlass des VA verpflichtet ist. Dies ist der Fall für die HzE, wenn deren Voraussetzungen vorliegen, wozu auch das Einverständnis des PSB gehört. Steht der Erlass des VA im Ermessen des JA, braucht es nicht tätig zu werden, wenn kein Antrag vorliegt, muss aber tätig werden, wenn ein Antrag gestellt wird (zB auf Anerkennung als Träger der freien Jugendhilfe gem. § 75). Auf die Erteilung von Pflegeerlaubnis oder Betriebserlaubnis besteht ein Rechtsanspruch (§§ 43, 44, 45), dennoch muss das JA nur auf Antrag ein Verwaltungsverfahren einleiten, wie aus dem Sinn dieser Vorschriften folgt. Der Antrag ist im Jugendhilferecht also nicht tatbestandliche Voraussetzung, sondern lediglich Initiierung der Aufgabenwahrnehmung. Diese Initiierung kann auch von Kindern und Jugendlichen ausgehen (§ 8 Abs. 2) und zwar unabhängig von ihrer Handlungsfähigkeit (→ Rn. 12). Mit der Notwendigkeit eines Antrags begründet das BVerwG[4] die Ablehnung eines **Selbstbeschaffungsrechts** in der Jugendhilfe (aber → Rn. 48).

16 Wird der Antrag bei einem unzuständigen JA oder bei einem für die Jugendhilfe nicht zuständigen Sozialleistungsträger gestellt, so ist er unverzüglich an den sachlich und örtlich zuständigen Jugendhilfeträger **weiterzuleiten** (§ 16 Abs. 2 SGB I und – für die Hilfe nach § 35a – § 14 Abs. 1 S. 2 SGB IX). Geschieht dies nicht, ist die Folge eine Amtspflichtverletzung, die zum Schadenersatz verpflichtet (§ 839 BGB). Außerdem besteht eine **Vorleistungspflicht** gemäß § 43 SGB I auch im Jugendhilferecht (→ § 86d Rn. 9).

17 Zur Durchführung des Verwaltungsverfahrens ermittelt das JA den Sachverhalt von Amts wegen (§ 20 Abs. 1 SGB X). Es muss also selbst aktiv werden und darf nicht auf das Vorbringen von Kindern oder Eltern warten und sich auch nicht damit begnügen. Die Instrumente der Ermittlung nennt § 21 Abs. 1 SGB X. Dazu gehört auch der **Hausbesuch** (§ 21 Abs. 1 Nr. 4 SGB X; → § 8a Rn. 52). Diese Instrumente dürfen aber nur nach Maßgabe des § 62 eingesetzt werden (→ Rn. 3). Auch die Beteiligten dürfen nicht passiv bleiben; sie sind für anspruchsbegründende Tatsachen zur **Mitwirkung verpflichtet** gem. § 21 Abs. 2 SGB X, der ergänzt wird durch die Mitwirkungsobliegenheit nach § 60 SGB I und die spezielle Auskunftspflicht nach § 97a (→ § 97a Rn. 8). Die Pflicht zur Mitwirkung besteht nur, soweit die Mitwirkungshandlungen **erforderlich** sind; sie besteht also nicht, wenn eine Tatsache oder ein Beweismittel für die Aufgabenwahrnehmung unerheblich ist. Erheblich sind nur solche Tatsachen, die zur Ausfüllung des Tatbestandsmerkmals einer Norm benötigt werden. Ferner darf die Erfüllung der Mitwirkungspflicht nicht unzumutbar oder unangemessen sein (§ 65

4 BVerwG 28.9.2000 – 5 C 29/99, ZfJ 2001, 310.

SGB I). Für die Anforderungen an die Mitwirkungspflicht ist schließlich auch noch § 33 SGB I zu beachten, der zu einer Relativierung der Mitwirkungspflicht im Einzelfall führen kann. Kommt der Beteiligte seiner Mitwirkungspflicht nicht nach, kann diese nicht vollstreckt werden, sondern das Fehlen der Mitwirkung hat zur Folge, dass die Leistung versagt werden kann (§ 66 SGB I); daher handelt es sich nicht um eine Pflicht im Rechtssinn, sondern um eine sog. Obliegenheit. In der Ermöglichung der Sachentscheidung findet die Mitwirkungspflicht nicht nur ihre Grundlage, sondern auch ihre Grenze. Sie entfällt, wenn die Sachentscheidung auch ohne die Mitwirkungspflicht bereits möglich ist. Die Versagung der Leistung nach § 66 SGB I beseitigt nicht den Leistungsanspruch als solchen, sondern stellt nur einen verfahrensrechtlichen Zwischenschritt dar. Wird die Mitwirkung nachgeholt, kann das JA die begehrte Leistung bewilligen, wenn damit die Leistungsvoraussetzungen vorliegen.[5] Eine rückwirkende Bewilligung der Leistung ist allerdings nicht möglich, da die Leistung ab dem Zeitpunkt gewährt wird, ab dem die Tatsachen dem JA bekannt geworden sind.

1.4.4 Anhörung. Bevor ein Verwaltungsakt erlassen wird, der in Rechte eines Beteilig- 18
ten eingreift, ist dieser anzuhören. Dies ist unstrittig bei belastenden Verwaltungsakten (zB durch einen Kostenbeitragsbescheid oder durch die Aufhebung eines begünstigenden VA oder durch Überleitungsanzeige) der Fall. Wird einem Antrag nicht oder nur teilweise entsprochen (zB bei der HzE oder der Erteilung einer Pflegeerlaubnis) ist nach überwiegender Auffassung eine Anhörung nicht erforderlich. Im Unterschied zur Beteiligung nach § 8 Abs. 1 bezieht sich dieses Mitwirkungsrecht nicht auf die Entscheidung selbst, sondern lediglich auf die ihr zugrunde zulegenden **Tatsachen** (→ § 8 Rn. 9). Die Aufstellung des **Hilfeplans** gem. § 36 Abs. 2 zusammen mit Eltern und Kind umfasst sowohl deren Anhörung als auch deren Beteiligung. Das Anhörungsrecht steht nur Beteiligten iSv § 12 SGB X zu. Als Verfahrenshandlung setzt die Anhörung Handlungsfähigkeit gem. § 11 SGB X voraus. Das JA kann der Anhörungspflicht dadurch genügen, dass es einen Entwurf des Bescheids den Beteiligten zur Stellungnahme mit Fristsetzung zusendet. **Ausnahmsweise** entfällt die Pflicht zur Anhörung, wenn das JA von den tatsächlichen Angaben, die ein Beteiligter in einem Antrag gemacht hat, bei seiner Entscheidung ausgeht, also nicht für den Betroffenen ungünstigere Tatsachen der Entscheidung zugrunde gelegt (§ 24 Abs. 2 Nr. 3 SGB X) oder bei Gefahr im Verzuge (§ 24 Abs. 2 Nr. 1 SGB X).

Eine Verletzung des Anhörungsrechts macht den VA (schlicht) rechtswidrig; der Fehler 19
kann bis zur letzten Tatsacheninstanz (also bis zum Ende der Berufungsverhandlung beim OVG/VGH) eines gerichtlichen Verfahrens (§ 41 Abs. 2 SGB X) **geheilt** werden, auf Antrag kann das Gericht das Verfahren zu diesem Zweck aussetzen (§ 94 S. 2 VwGO). Eine Nachholung der Anhörung ist auch durch Durchführung des Widerspruchsverfahrens möglich, wenn sich die Widerspruchsbehörde mit den vorgebrachten Argumenten auseinandersetzt. Wird die Anhörung bis zum Abschluss der letzten Tatsacheninstanz nicht nachgeholt, ist der Fehler – anders als im allgemeinen Verwaltungsverfahren – **beachtlich** (§ 42 S. 2 SGB X), dh der VA ist rechtswidrig und der Bürger kann seine Aufhebung verlangen – im Klage(vor)verfahren nach § 113 VwGO (analog), außerhalb eines solchen nach § 44 SGB X.

Die Anhörung nach § 24 SGB X ist zu unterscheiden von der Anhörung zur Sachver- 20
haltsermittlung nach § 21 Abs. 1 S. 2 Nr. 2 SGB X. Die Anhörung nach § 24 SGB X findet zu dem ermittelten Sachverhalt statt und dient nicht dem zu ermittelnden Sachverhalt.[6]

1.4.5 Akteneinsichtsrecht. § 25 SGB X (Abdruck bei § 61) regelt das Akteneinsichts- 21
recht. Es gilt nur während eines laufenden **Verwaltungsverfahrens** iSd § 8 SGB X

5 So für die Sozialhilfe VGH BW 12.3.1997 – 7 S 1084/95, NDV-RD 1998, 124.
6 Zu Sachverhaltsermittlung und Mitwirkungspflichten vgl. Maas, Soziale Arbeit, S. 76 ff.

(→ Rn. 1). Im familiengerichtlichen Verfahren besteht daher kein Anspruch auf Einsicht in die Jugendhilfeakte;[7] das Akteneinsichtsrecht dort richtet sich nach § 13 FamFG. Außerhalb eines Verwaltungsverfahrens steht es im Ermessen der Behörde, Akteneinsicht zu gewähren, zB einem Einzelvormund oder ehemaligen Pflegeeltern außerhalb des Pflegeerlaubnisverfahrens;[8] zum Adoptionsverfahren → § 61 Rn. 117. Mit Erlass des VA im Ausgangsverfahren endet das Verwaltungsverfahren. Das Widerspruchsverfahren ist ein neues Verwaltungsverfahren, für das ebenfalls § 25 SGB X gilt (§ 62 SGB X). Das Akteneinsichtsrecht bezieht sich dann auch auf die Akten des Ausgangsverfahrens, wenn dieses Gegenstand der Überprüfung im Widerspruchsverfahren ist. Nur den Beteiligten iSv § 12 SGB X muss Akteneinsicht gewährt werden. Der Beteiligte kann sich durch einen Bevollmächtigten vertreten lassen (§ 13 SGB X; → Rn. 14). Als Verfahrenshandlung setzt die Akteneinsicht Handlungsfähigkeit gem. § 12 SGB X voraus (→ Rn. 12). Voraussetzung des Akteneinsichtsrechts ist, dass ein **rechtliches** Interesse sie gebietet. Ein lediglich berechtigtes Interesse genügt hierfür nicht. Rechtliches Interesse ist jedenfalls dann anzunehmen, wenn die Akteneinsicht dazu dient, einen Anspruch zu verfolgen (zB aus Amtspflichtverletzung).[9] Soweit die Akte „harte" Daten enthält, deren Kenntnis die Persönlichkeitsentwicklung beeinträchtigen können, sind diese Daten durch einen „Weichmacher" (Sozialarbeiter/Sozialpädagoge, Psychologe) zu vermitteln (§ 25 Abs. 2 S. 3 SGB X). Da ein Jugendlicher idR (Ausnahme ist die Eingliederungshilfe gem. § 35a) nicht die Stellung eines Verfahrensbeteiligten iSd § 12 SGB X hat, ist diese Bestimmung vor allem für die im Ermessen stehende Akteneinsicht von Bedeutung, also zB wenn der Jugendliche nach Abschluss einer HzE Akteneinsicht begehrt. **Gegenstand** der Akteneinsicht sind alle Akten, die das Verfahren betreffen, auch Nebenakten, Handakten und Notizen, aber nicht Entwürfe und Vorarbeiten. Auch der Hilfeplan und die psychosoziale Diagnose[10] sind grds. (Ausnahme: Datenschutz; → Rn. 22) der Akteneinsicht zugänglich. Immer ist der Grundsatz der Erforderlichkeit zu beachten, dh dass sich die Akteneinsicht auf die Teile beschränkt, die für die Verteidigung rechtlicher Interessen von Bedeutung sind. Vom Akteneinsichtsrecht zu unterscheiden ist das **Auskunftsrecht** über gespeicherte Daten nach § 83 SGB X (→ § 61 Rn. 249) unabhängig von einem Verwaltungsverfahren und das Recht auf **Dateninformation** im Vormundschaftswesen (→ § 68 Rn. 12) sowie das Recht auf **Information** nach dem Informationsfreiheitsgesetz (→ § 61 Rn. 118).

22 Der **Datenschutz** gem. § 35 SGB I iVm § 61 begrenzt das Akteneinsichtsrecht (§ 25 Abs. 3 SGB X; ausführlich hierzu → § 61 Rn. 116, 251).[11] Wegen der Pflicht zur Gewährleistung des Datenschutzes ist die Behörde nicht nur nicht verpflichtet, Akteneinsicht zu gewähren, sondern sie ist dazu nicht berechtigt. Bei der Akteneinsicht müssen daher die Aktenteile, die Daten Dritter enthalten, ausgesondert oder abgedeckt werden, wenn der Dritte nicht seine Einwilligung in die Akteneinsicht gegeben hat, und wenn ein berechtigtes Schutzbedürfnis des Dritten vorliegt.

23 Ein freier Träger ist zur Gewährung von Akteneinsicht nicht verpflichtet, da auf ihn § 25 SGB X nicht anwendbar ist (→ Rn. 2). Ist er als Leistungserbringer vom JA in Anspruch genommen und der Datenschutz deshalb bei ihm nach § 61 Abs. 3 (→ § 61 Rn. 299) sichergestellt worden, muss er die Daten wie das JA geheim halten, also ebenfalls die berechtigten Interessen Dritter schützen. Ob er Akteneinsicht gewährt, entscheidet er nach § 4 Abs. 1 S. 2 autonom im Rahmen seiner Selbstständigkeit bei

7 Ebenso HmbOVG 30.12.1982 – Bs III 1141/82, FEVS 35, 138.
8 So OVG NRW 12.5.1989 – 8 A 1909/87, DAVorm 1990/247 mAnm Lauterbach; näher hierzu 19. TB LDS NRW – Datenschutz im Jugendamt, S. 7.
9 So VG Darmstadt 4.12.2015 – 5 K 1164/14.DA.
10 AA insoweit Fricke ZfJ 1992, 511.
11 Ferner 19. TB LDS NRW – Datenschutz im Jugendamt, S. 2–9.

der Aufgabenerfüllung; das JA kann ihn nicht dazu verpflichten. Unabhängig davon besteht aber ein zivilrechtliches Akteneinsichtsrecht (→ § 61 Rn. 119).[12] Befinden sich in der Akte des JA Daten des freien Trägers, sind diese nach § 35 Abs. 4 SGB I als Geschäftsgeheimnisse geheim zu halten (→ § 61 Rn. 44).

Die Akteneinsicht geschieht beim JA selbst (§ 25 Abs. 4 SGB X); nur ausnahmsweise kann das JA eine andere Verfahrensweise gestatten. Auswärtigen Anwälten kann die Akte in Kopie zugeschickt werden oder die Originalakte kann bei einer ortsnahen öffentlichen Stelle eingesehen werden, wobei der Versand im doppelten Umschlag erfolgen muss, damit das Sozialgeheimnis gegenüber der Stelle gewahrt bleibt (zum Wahren → § 61 Rn. 45). Die Beteiligten können Abschriften fertigen oder gegen Kostenersatz Kopien verlangen (§ 25 Abs. 5 SGB X). 24

Eine Verletzung des Akteneinsichtsrechts macht den daraufhin folgenden VA (schlicht) rechtswidrig, ohne die Möglichkeit einer Heilung gem. § 41 SGB X. Der Verfahrensfehler kann aber nicht gesondert angegriffen werden, sondern nur zusammen mit dem Bescheid in der Sache (§ 44a VwGO). Die ausdrückliche Ablehnung der Akteneinsicht (oder der Auskunft; zu dieser → § 61 Rn. 249) ist ein VA, der mit Verpflichtungswiderspruch angegriffen werden kann. 25

1.4.6 Datenschutz. Das Verfahren ist ferner nur dann rechtmäßig, wenn die Datenschutzregelung gem. § 35 SGB I iVm § 61 beachtet wird (→ § 61 Rn. 272). Werden vom JA Daten unbefugt erhoben, in den Akten gespeichert oder übermittelt, ist der daraufhin ergehende Bescheid rechtswidrig.[13] 26

1.5 Form

1.5.1 Formfreiheit, Unterschrift, Begründung. Die Entscheidung des JA ist formfrei, kann also schriftlich, mündlich oder konkludent (zB durch Inobhutnahme des Kindes oder durch Auszahlung) ergehen (§ 33 Abs. 2 SGB X). Wenn der Betroffene es aber unverzüglich verlangt und ein berechtigtes Interesse besteht, muss die mündliche Entscheidung schriftlich bestätigt werden. Der schriftliche VA muss die erlassende Behörde (Landratsamt/Bürgermeisteramt) erkennen lassen und die **Unterschrift** der Sachbearbeiterin enthalten (§ 33 Abs. 3 SGB X), wobei auch eine maschinenschriftliche Namenswiedergabe ohne Zusätze genügt.[14] Vor allem aber ist der Bescheid zu begründen (§ 35 Abs. 1 SGB X). Die Begründung muss zunächst die **tatsächlichen** Gründe (Sachbericht) enthalten, ferner die **rechtlichen** Gründe (Rechtsgrundlagen und Subsumtion des Sachverhalts unter die Tatbestandsmerkmale). Bei Ermessensentscheidungen muss das JA die **ermessensleitenden** Gesichtspunkte mitteilen. Diese müssen auf den Einzelfall abgestellt sein, dürfen also nicht formularmäßig erfolgen (→ § 95 Rn. 24). Der Hilfeplan nach § 36 Abs. 2 wird den Anforderungen an die Begründung gem. § 35 SGB X gerecht. Die Begründung kann gem. § 35 Abs. 2 Nr. 1 und 2 SGB X entfallen, wenn das JA einem Antrag voll entspricht oder wenn dem Beteiligten durch ein ausführliches Anhörungsgespräch die Sach- und die Rechtslage bereits bekannt ist. Auch dann kann aber der Beteiligte eine Begründung verlangen (§ 35 Abs. 3 SGB X). 27

Ein Verstoß gegen § 35 SGB X macht den VA (schlicht) rechtswidrig; der Fehler wird geheilt, wenn die Begründung nachträglich bis zur letzten Tatsacheninstanz eines verwaltungsgerichtlichen Verfahrens (Berufungsverhandlung beim OVG/VGH) gegeben wird (→ Rn. 19). Ermessenserwägungen können noch im verwaltungsgerichtlichen Verfahren ergänzt werden (§ 114 S. 2 VwGO). Wird die Begründung nicht nachge- 28

12 Im Ergebnis ebenso VG Gelsenkirchen 12.1.2004 – 19 K 3927/02 und 19 K 4534/03, ZFSH/SGB 2004, 567 und 569.

13 Vgl. zu den Folgen einer Verletzung der Datenschutzregelungen Kunkel VBlBW 1992, 47.

14 VGH BW 20.3.1997 – 4 S 2774/96, DÖV 1997, 602.

holt, ist der Fehler bei gebundenen Entscheidungen idR unbeachtlich (§ 42 SGB X), dh der VA ist zwar rechtswidrig, seine Aufhebung kann der Bürger aber nicht verlangen.

29 **1.5.2 Rechtsbehelfsbelehrung.** Einen schriftlichen VA muss das JA mit einer RBB versehen, wenn es sich um eine belastende Entscheidung handelt oder eine begünstigende Entscheidung dem Antrag des Bürgers nicht voll entspricht (§ 36 SGB X). **Formulierungsvorschlag:** „Gegen diese Entscheidung können Sie innerhalb eines Monats nach Bekanntgabe beim Landratsamt/Bürgermeisteramt (Adresse; Postfach genügt nicht) Widerspruch einlegen." Anders in Bayern und NRW (→ Rn. 49, 66).

30 **Fehlt** die RBB, liegt ein (formeller) Fehler des Bescheids vor, der ihn aber nicht rechtswidrig macht, sondern die besondere Fehlerfolge nach §§ 58, 70 VwGO auslöst, also die Jahresfrist (statt der Monatsfrist) für die Einlegung eines Widerspruchs eröffnet.

31 Die RBB ist **fehlerhaft,** wenn sie nicht den mit § 36 SGB X vorgeschriebenen Inhalt hat, wobei zu beachten ist, dass dieser über den nach § 58 VwGO verlangten Inhalt hinausgeht. Über den vorgeschriebenen Inhalt hinausgehende Zusätze machen die RBB dann fehlerhaft, wenn sie geeignet sind, die Einlegung des Rechtsbehelfs zu erschweren. Bei fehlerhafter RBB ist die besondere Fehlerfolge ebenfalls der Lauf der Jahresfrist (§§ 58, 70 VwGO).

1.6 Bekanntgabe

32 Der Bescheid des JA ist gemäß § 37 Abs. 1 S. 1 1. Alt. SGB X dem Beteiligten iSd § 12 SGB X bekannt zu geben, für den er bestimmt ist. Bei einer HzE ist dies der PSB (also die Eltern, nicht das Kind; → § 36 Rn. 15), bei Eingliederungshilfe gemäß § 35a ist Regelungs-Adressat zwar das Kind, aber Bekanntgabe-Adressat ist es nur, soweit es auch handlungsfähig iSd § 11 SGB X iVm § 36 SGB I ist. Ist es nicht handlungsfähig, muss die Bekanntgabe gegenüber dem gesetzlichen Vertreter erfolgen. Das Vertretungsverhältnis muss aus dem VA hervorgehen (wenn auch nicht notwendig im Adressfeld stehen): „An Frau und Herrn X als gesetzlicher Vertreter von A". § 37 Abs. 1 S. 1 2. Alt. SGB X hat für das Eltern-Kind-Verhältnis im Jugendhilferecht – mit Ausnahme der Inobhutnahme gem. § 42 (→ § 42 Rn. 125) – keine Bedeutung, da diese Alternative nur den VA mit Drittwirkung regelt. Die den Eltern als Regelungs-Adressaten gegenüber ergehenden VA haben zwar immer Wirkung für das Kind, aber keine Drittwirkung im Rechtssinne. Diese liegt nur vor, wenn eine Person in eigenen Rechten betroffen ist; im Eltern-Kind-Verhältnis ist dies aber nicht der Fall, da die Eltern die Rechte des Kindes treuhänderisch wahrnehmen (→ § 8 Rn. 5) und zwar auch dann, wenn das Kind handlungsfähig ist (→ § 36 Rn. 11).

33 Die Bekanntgabe kann gemäß § 37 Abs. 1 S. 2 SGB X (Sonderregelung gegenüber § 13 Abs. 3 SBG X) auch gegenüber einem Bevollmächtigten iSv § 13 Abs. 1 SGB X erfolgen. Nur bei Bekanntgabe in Form der Zustellung (§ 37 Abs. 5 SGB X iVm LVwZG) muss an den Bevollmächtigten zugestellt werden (zB § 8 LVwZG BW).

34 Die Bekanntgabe kann in **verschiedenen Formen** erfolgen (formlos oder durch einfachen Brief oder durch förmliche Zustellung). Bei einer **formlosen** Bekanntgabe an **mehrere** Beteiligte, die in häuslicher Gemeinschaft leben, also Eltern als Personensorgeberechtigte oder Eltern und Kind (zB bei einem Kostenbeitragsbescheid), reicht es aus, den Beteiligten nur eine Ausfertigung des Bescheids zugehen zu lassen. Denn zur Bekanntgabe des VA genügt es, dem Adressaten auf nicht förmliche Weise die Möglichkeit zu verschaffen, vom Inhalt des Bescheids Kenntnis zu nehmen (anders bei förmlicher Bekanntgabe durch Zustellung). Die Beteiligung am **Hilfeplan** oder dessen Übergabe gemäß § 36 Abs. 2 ersetzt nicht die Bekanntgabe (→ § 36 Rn. 10).

35 Förmliche Bekanntgabe durch **Zustellung** gemäß § 37 Abs. 5 SGB X iVm dem Landesverwaltungszustellungsgesetz ist nur möglich, wenn sie gesetzlich vorgeschrieben oder durch behördliche Anordnung verlangt ist. Die behördliche Anordnung kann allge-

mein oder für den Einzelfall ergehen. Als Zustellungsarten kommt die Zustellung durch die Post mit Zustellungsurkunde oder mittels eingeschriebenen Briefes in Betracht. Bei beiden Zustellungsarten muss bei mehreren Beteiligten die Zustellung an jeden Beteiligten getrennt erfolgen. Dies folgt für die Zustellung aus dem Erfordernis der Übergabe eines Schriftstücks (→ § 92 Rn. 11). Bei Ehegatten kann von einer gesonderten Ausfertigung aber abgesehen werden, wenn sich die Eheleute zur Entgegennahme des Bescheids gegenseitig bevollmächtigt haben, wobei eine Anscheins- oder Duldungsvollmacht genügt.[15] Bei Geschäftsunfähigen oder beschränkt Geschäftsfähigen ist an ihre gesetzlichen Vertreter zuzustellen. Wird zB ein minderjähriges Kind von seiner Mutter allein gesetzlich vertreten (§ 1626a Abs. 2 BGB), ist eine Zustellung für das Kind an seine Mutter vorzunehmen. An einen beschränkt Geschäftsfähigen ist dagegen selbst zuzustellen, soweit er ausnahmsweise handlungsfähig gem. § 11 SGB X iVm § 36 SGB I ist. Wird ein minderjähriges Kind von seinem Vater und seiner Mutter gesetzlich vertreten (§§ 1626, 1626a Abs. 1 BGB), genügt es, eine Zustellung für das Kind entweder an seinen Vater oder an seine Mutter vorzunehmen, da eine gegenseitige Bevollmächtigung anzunehmen ist (→ § 92 Rn. 11).

Ist die Bekanntgabe nicht nach diesen Regeln **ordnungsgemäß** erfolgt, ist die Bekanntgabe und damit (§ 39 Abs. 1 SGB X) auch der VA **unwirksam**. Eine Heilung kommt aber dann in Betracht (zB nach § 9 LVwZG BW), wenn der Empfangsberechtigte den Bescheid nachweislich erhalten hat. 36

Der **Zeitpunkt** der Bekanntgabe ist abhängig von der Form der Bekanntgabe. Bei formloser Bekanntgabe ist sie erfolgt, wenn der Bescheid in den Machtbereich des Empfängers gelangt ist und er unter normalen Umständen Gelegenheit hat, davon Kenntnis zu nehmen (§ 130 BGB analog). Bei Bekanntgabe durch einfachen Brief gilt der Bescheid mit dem dritten Tag nach Aufgabe des Briefes zur Post als bekannt gegeben (§ 37 Abs. 2 SGB X). Dasselbe gilt für förmliche Bekanntgabe durch Zustellung mittels eingeschriebenen Briefes (zB nach § 4 LVwZG BW), es sei denn, dass der Brief nicht oder zu einem späteren Zeitpunkt zugegangen ist. Zugegangen ist er aber nur, wenn er in der postrechtlich gebotenen Weise (allg. Geschäftsbedingungen für den Briefdienst) ausgeliefert worden ist. Bei der förmlichen Bekanntgabe durch Zustellung mittels Postzustellungsurkunde (zB nach § 3 LVwZG BW) ist die Bekanntgabe erfolgt, wenn die Übergabe des Briefes an den Berechtigten oder eine Ersatzzustellung erfolgt ist oder mit Niederlegung des Briefes. 37

1.7 Kosten

Während das JA für die Gewährung von Leistungen einen Kostenbeitrag (§§ 90–94) erheben darf, darf es gem. § 64 Abs. 1 SGB X für die Durchführung des Verwaltungsverfahrens keine Gebühren und Auslagen (Ausnahme für Kopien gem. § 25 Abs. 5 S. 2 SGB X) verlangen. Nach Einfügung des § 97c durch das KICK kann Landesrecht dies aber anders regeln. Gebühren sind eine Gegenleistung für die Tätigkeit der Behörde; Auslagen sind tatsächliche Aufwendungen wie Schreiben, Porti, Übersetzungen. Auch Beurkundungs- und Beglaubigungskosten dürfen nicht erhoben werden für Urkunden, die zur Leistungserbringung benötigt werden (§ 64 Abs. 2 S. 3 Nr. 2 SGB X). Schaltet der Bürger schon während des Verwaltungsverfahrens einen Rechtsanwalt ein, werden die Kosten der Beratungshilfe (Beratung und Vertretung) nach dem **Beratungshilfegesetz** vom Staat getragen, wenn die dort geregelten Einkommensgrenzen (wie bei der Prozesskostenhilfe; hierzu → Rn. 91) nicht überschritten werden; der Bürger zahlt lediglich eine Gebühr von 10 Euro an den Anwalt. Auch diese Gebühr entfällt bei Beratung durch den Rechtspfleger am Amtsgericht. 38

15 VGH BW 29.9.1988 – 3 S 2976/87, VBlBW 1989, 257; BVerwG 22.10.1992 – 5 C 65/88, ZfSH/SGB 1993, 198: grds. getrennte Ausfertigungen.

1.8 Inhalt des Bescheids

39 Inhalt des Bescheids sind die Gewährung oder Ablehnung einer Leistung, die Bewilligung einer Pflegeerlaubnis (§§ 43, 44) oder Einrichtungserlaubnis (§ 45) bzw. deren Ablehnung, Gewährung oder Nichtgewährung eines Zuschusses gem. § 74, die Anerkennung als Träger der freien Jugendhilfe bzw. deren Ablehnung gem. § 75, die Erhebung eines Kostenbeitrags nach §§ 90–94 und die Überleitungsanzeige gem. § 95. Auch die Pflicht zur Auskunft gem. § 97a kann durch VA geregelt werden (→ § 97a Rn. 1); ebenso die Meldepflicht nach § 47. Auch die Tätigkeitsuntersagung gem. § 48 erfolgt durch VA. Auch die Inobhutnahme (§ 42) ist eine Entscheidung, die die Merkmale des VA nach § 31 SGB X erfüllt (→ § 42 Rn. 122). Schließlich ist die Aufhebung eines VA durch Rücknahme (§§ 44, 45 SGB X) oder Widerruf (§§ 46, 47 SGB X) ebenfalls ein VA.

40 § 33 Abs. 1 SGB X verlangt, dass der VA inhaltlich **bestimmt** sein muss, das heißt, dass der Bürger klar erkennen muss, was die Behörde regelt. In einem Bescheid geschieht dies üblicherweise im **Tenor** (Verfügungssatz) und zwar jede Regelung einzeln und gegliedert. In den Tenor gehören nicht Begründungen, also auch keine Rechtsgrundlagen, und keine Hinweise auf die Rechtslage. Zur Formulierung des Tenors bei HzE → § 27 Rn. 19, bei Überleitungsanzeige → § 95 Rn. 20.

41 Das Erfordernis der Bestimmtheit ist keine formelle, sondern eine **materielle** Voraussetzung für die Rechtmäßigkeit des VA. Wird es nicht beachtet, ist der VA (schlicht) rechtswidrig (ohne Heilungsmöglichkeit), möglicherweise aber auch nichtig gem. § 40 Abs. 1 SGB X, wenn das Bestimmtheitsgebot in außerordentlich gröblicher Weise verletzt worden ist und dieser Fehler für jeden Durchschnittsbetrachter sofort erkennbar ist.

1.9 Nebenbestimmungen

42 Als Nebenbestimmungen kommen insbesondere die in § 32 Abs. 2 Nr. 1–5 SGB X genannten Nebenregelungen in Betracht; der **Hilfeplan** gem. § 36 Abs. 2 kann nicht als Nebenbestimmung qualifiziert werden (→ § 36 Rn. 48). Solche Nebenbestimmungen sind Befristung, Bedingung, Widerrufsvorbehalt, Auflage und Auflagenvorbehalt. Während die Auflage eine zur Hauptregelung hinzutretende selbstständige Nebenregelung und daher selbst ein VA ist, sind Befristung und Bedingung integrierte Bestandteile der Hauptregelung, also nicht selbst VA. Grundsätzlich sind alle Nebenbestimmungen isoliert anfechtbar, sofern eine prozessuale Teilbarkeit bejaht werden kann. Die Art der Nebenbestimmung ist diesbezüglich grundsätzlich unerheblich.

Nebenbestimmungen zu Leistungsbescheiden können mangels spezialgesetzlicher Rechtsgrundlage nur nach § 32 SGB X erlassen werden. Bei gebundenen Entscheidungen liegen die Voraussetzungen des § 32 Abs. 1 SGB X idR nicht vor. Eine Beifügung von Nebenbestimmungen zu Leistungsbescheiden ist daher grds. unzulässig (→ § 27 Rn. 18).

43 Keine Nebenbestimmung ist die sog. **Inhaltsbestimmung**, mit der der Inhalt der Entscheidung näher bestimmt wird, aber nicht – wie bei der Auflage – ein Tun, Dulden oder Unterlassen aufgegeben wird. So wird beispielsweise die HzE in einer Inhaltsbestimmung näher geregelt nach Art (zB Erziehungsberatung), Form und Umfang. Keine Auflage iSd § 32 Abs. 2 Nr. 4 SGB X ist die sog. **modifizierende Auflage**, da sie keine zusätzliche, sondern eine vom Antrag abweichende Regelung trifft.

44 Bei Ermessensentscheidungen kann das JA jederzeit nach pflichtgemäßem Ermessen Nebenbestimmungen treffen (§ 32 Abs. 2 SGB X). Daher kann ein Leistungsbescheid nach § 13 Abs. 3 auch befristet werden.

1.10 Aufhebung von Bescheiden

Außerhalb des Widerspruchsverfahrens erfolgt die Aufhebung eines VA durch Rücknahme oder Widerruf, wobei die **Rücknahme** sich auf die Aufhebung eines **rechtswidrigen**, der **Widerruf** auf die Aufhebung eines **rechtmäßigen** Bescheides bezieht. Ist der aufzuhebende Bescheid **belastend**, erfolgt die Rücknahme nach § 44 SGB X, ist der aufzuhebende Bescheid dagegen **begünstigend**, erfolgt die Rücknahme gem. § 45 SGB X. Ein rechtmäßiger belastender VA kann gem. § 46 SGB X widerrufen werden, ein rechtmäßiger begünstigender VA gem. § 47 SGB X. **§ 48 SGB X** regelt die Aufhebung eines Dauerverwaltungsaktes im Falle einer wesentlichen Änderung in den tatsächlichen oder rechtlichen Verhältnissen nach Erlass des VA. Nach hier vertretener Auffassung erfolgt die Leistungsbewilligung regelmäßig in Form eines Dauerverwaltungsaktes. Die Leistung kann daher nicht einfach eingestellt werden. Vielmehr ist eine Aufhebung der Bewilligungsentscheidung nach §§ 44 ff. SGB X erforderlich (→ § 27 Rn. 17). Gem. § 37 S. 1 SGB I vorrangige Regelung für Widerruf und Rücknahme ist bei einer Pflegeerlaubnis § 44 Abs. 3 S. 2, bei einer Betriebserlaubnis § 45 Abs. 2 S. 4. 45

Soweit das JA eine **Leistung zu Unrecht gewährt** hat, ist diese Leistung zu erstatten (§ 50 Abs. 1 SGB X), nachdem das JA den rechtswidrigen Leistungsbescheid gem. § 45 SGB X zurückgenommen hat (das Ermessen bezieht sich sowohl auf die Rücknahme als auch auf das Verlangen nach Erstattung). Die Rücknahme ist nicht möglich, wenn der Begünstigte sich auf Vertrauensschutz **berufen** kann (also keiner der Fälle des § 45 Abs. 2 S. 3 Nr. 13 SGB X vorliegt) und sein Vertrauen außerdem **schutzwürdig** ist. Gem. § 45 Abs. 2 S. 2 SGB X ist dies der Fall, wenn er die Leistung schon verbraucht hat. Die Rücknahme darf ferner nur innerhalb eines Jahres erfolgen (§ 45 Abs. 4 SGB X); die Frist beginnt an dem Tag, an dem das JA von den Tatsachen, welche die Rücknahmevoraussetzungen begründen, erfährt. Die Rücknahme des Bescheids ist nur möglich, wenn die Person, die die Leistung erhalten hat, auch das vorwerfbare Verhalten nach § 45 Abs. 2 S. 3 Nr. 1–3 gezeigt hat. Eine dem § 103 SGB XII vergleichbare Regelung fehlt im Jugendhilferecht. Wenn ausnahmsweise (§ 35a) das Kind selbst leistungsberechtigt ist, muss es sich das Verhalten seines gesetzlichen Vertreters zurechnen lassen (§ 164 Abs. 1 BGB), soweit es sich auf die Vertretung des Kindes bezieht (zB falsche Angaben zum Vermögen des Kindes). 46

Ist ein **Kostenbeitragsbescheid** rechtswidrig, ist (kein Ermessen) der Bescheid gem. § 44 Abs. 1 SGB X mit Wirkung für die Vergangenheit zurückzunehmen, es sei denn, dass der Schuldner wissentlich falsche oder unvollständige Angaben gemacht hat; dann steht es im Ermessen der Behörde, den Bescheid mit Wirkung für die Vergangenheit zurückzunehmen, während der Bescheid mit Wirkung für die Zukunft zurückzunehmen ist (§ 44 Abs. 2 SGB X). 47

Hat das JA zu Unrecht eine **Leistung nicht gewährt**, ist dagegen § 44 SGB X wegen § 37 S. 1 SGB I nicht anwendbar, da das Bedarfsdeckungsprinzip eine rückwirkende Deckung des Bedarfs verbietet.[16] Etwas anderes gilt nur, wenn der Bürger rechtzeitig Rechtsmittel eingelegt hat (dann erfolgt die Aufhebung des Bescheids nicht gem. § 44 SGB X, sondern im Rechtsmittelverfahren gem. § 113 VwGO) oder wenn die rechtzeitige Bedarfsdeckung am säumigen Verhalten der Behörde gescheitert ist.[17] Dann ist auch **Selbstbeschaffung** möglich (§ 36a Abs. 3a). Ansprüche sind nach § 44 Abs. 1 SGB I zu **verzinsen**. 48

16 So BVerwG – für Sozialhilfe – 15.5.1983 – 5 C 65/82, BVerwGE 68, 285; HessVGH 28.1.1992 – 9 UE 3198/89, FEVS 42, 370; aA Trenczek in FK-SGB VIII Anh. Verfahren Rn. 52.

17 OVG NRW FEVS 32, 416.

2 Widerspruchsverfahren

49 Auch das Widerspruchsverfahren ist ein Verwaltungsverfahren iSd § 8 SGB X; gem. § 62 SGB X gelten für dieses spezielle Verwaltungsverfahren aber die speziellen Regelungen der Verwaltungsgerichtsordnung, zu denen die Vorschriften des SGB X ergänzend hinzutreten.

In **NRW** gilt eine Sonderregelung: nach § 110 JustG NRW ist das Widerspruchsverfahren grundsätzlich entbehrlich. In **Bayern** regelt Art. 15 Abs. 1 S. 1 Nr. 4 AG VwGO ein Wahlrecht des Bürgers: er kann Widerspruch einlegen oder unmittelbar klagen. In **Niedersachsen** wurde das Widerspruchsverfahren abgeschafft (§ 8a AG VwGO), nicht aber in Hessen in Jugendhilfesachen.

2.1 Zulässigkeit des Widerspruchs

50 **2.1.1 Statthaftigkeit.** Ein Widerspruch ist nur zulässig, wenn er sich auf eine Entscheidung des JA bezieht, die einen **VA** iSd § 31 SGB X darstellt (→ Rn. 1, 39), wie sich aus § 68 Abs. 1 VwGO für den Anfechtungswiderspruch und aus § 68 Abs. 2 VwGO für den Verpflichtungswiderspruch ergibt. Gegen andere Entscheidungen des JA kann der Bürger sich mit **formlosen Rechtsbehelfen** wehren. Dies sind die Gegenvorstellung beim Sachbearbeiter selbst; die Fachaufsichtsbeschwerde zum Vorgesetzten bei Kritik am Inhalt der Entscheidung, die Dienstaufsichtsbeschwerde zum Vorgesetzten bei Kritik am Verhalten des Sachbearbeiters; die Rechtsaufsichtsbeschwerde beim Regierungspräsidium/Bezirksregierung/Landesdirektion, mit der aber nur die Rechtswidrigkeit der Entscheidung gerügt werden kann, weil die Jugendhilfe nur der **Rechtsaufsicht**, nicht aber der **Fachaufsicht** durch eine andere Behörde unterliegt; die Petition zum Landtag oder Bundestag.

51 Auch gegen die **Inobhutnahme** als VA (→ Rn. 39) ist der Widerspruch statthaft. Dies gilt auch, wenn die Inobhutnahme zum Zeitpunkt der Erhebung des Widerspruchs noch andauert. Aus § 42 ergibt sich nichts anderes, da der dort verwendete Begriff des Widerspruchs eine materielle Voraussetzung der Inobhutnahme ist, aber nicht ein formeller Rechtsbehelf iSd§ 80 VwGO. Im familiengerichtlichen Verfahren kann nicht die Rechtmäßigkeit eines VA geprüft werden; dies geschieht im verwaltungsgerichtlichen Verfahren.

52 Keine VA sind die Entscheidungen des Trägers der **freien** Jugendhilfe, da sie nicht Behörde iSd § 1 Abs. 2 SGB X sind. Benutzt der Träger der öffentlichen Jugendhilfe aber die Einrichtungen des Trägers der freien Jugendhilfe, um damit einen gegen ihn gerichteten Rechtsanspruch auf Hilfe zu erfüllen (bspw. die Erziehungsberatungsstelle eines freien Trägers zur Gewährung einer HzE), entscheidet der öffentliche Träger über die Leistung durch VA, während der freie Träger die Nutzung seiner Einrichtung durch privatrechtlichen Vertrag regelt. Die Benutzung einer Einrichtung eines **öffentlichen** Trägers (bspw. eine Tageseinrichtung in kommunaler Trägerschaft) kann je nach Nutzungsordnung privatrechtlich durch Vertrag oder öffentlich-rechtlich durch Satzung erfolgen (→ § 90 Rn. 15 f.). Die Nutzungsordnung regelt lediglich das „Wie" der Benutzung; das „Ob" der Benutzung ist dagegen immer eine Entscheidung durch VA.[18]

53 **2.1.2 Widerspruchsbefugnis.** Widerspruchsbefugt ist gem. § 42 Abs. 2 VwGO analog nur, wer geltend machen kann, durch die Entscheidung des JA in einem eigenen Recht verletzt zu sein. Bei belastenden Entscheidungen des JA (zB Kostenbeitragsbescheiden) ist dies immer der Fall (Adressatentheorie). Bei der Ablehnung einer Leistung dagegen kommt es darauf an, ob der Widerspruchsführer die Verletzung einer Norm rügen kann, die ihm ein **subjektives öffentliches Recht** einräumt. Dies ist dann der Fall,

18 Vgl. zu den Handlungsformen des JA Kunkel, Jugendhilferecht, Rn. 345.

wenn die Norm den Schutzzweck hat, nicht nur die Allgemeinheit, sondern den Einzelnen zu schützen (Schutzzwecktheorie). Solche Normen sind §§ 8a, 17 ff., 24, 27, 35a, 42 ff., 53 Abs. 2.[19] Widerspruchsbefugt ist der nach diesen Normen Anspruchsberechtigte (zB für HzE der PSB, für die Hilfe nach §§ 35a, 24 das Kind).

Für die Hilfe nach § 35a hat **§ 63 SGB IX** eine Widerspruchs- und Klagebefugnis auch für **Behindertenverbände** eingeführt. Somit können diese ein fremdes Recht in eigenem Namen geltend machen, wenn der Anspruchsinhaber seine Einwilligung dazu gibt. 54

2.1.3 Rechtsschutzinteresse. Kein Rechtsschutzbedürfnis besteht, wenn der PSB mit einer Regelung der HzE nicht einverstanden ist; denn er kann die HzE durch jederzeit möglichen Widerruf seines Einverständnisses beenden (→ § 36 Rn. 12). Will er dagegen HzE, ist aber mit Hilfeart oder Hilfeform nicht einverstanden, kann er Verpflichtungswiderspruch auf Gewährung der HzE in der gewünschten Art oder Form erheben. Will er lediglich die Kostenbeteiligung angreifen, kann er Anfechtungswiderspruch beschränkt auf diese Regelung einlegen. 55

2.1.4 Frist und Form. Die **Widerspruchsfrist** beträgt gem. § 70 VwGO einen Monat. Die Frist beginnt gem. § 57 Abs. 2 VwGO iVm § 222 ZPO iVm § 187 Abs. 1 BGB am Tag nach der Bekanntgabe des Bescheids und endet gem. § 188 Abs. 2 BGB an dem Tag des folgenden Monats, der mit seiner Benennung dem Tag der Bekanntgabe des Bescheids entspricht (zB Bekanntgabe am 4.1., Fristbeginn am 5.1., Fristende mit Ablauf des 4.2.; bei Bekanntgabe am 31.1. endet die Frist am 28.2. [§ 188 Abs. 3 BGB]). Ist Fristende ein Samstag oder Sonntag oder Feiertag, so endet die Frist erst am darauf folgenden Werktag (§ 222 Abs. 2 ZPO). Der Widerspruch muss bis 24 Uhr des letzten Tages der Frist bei der Behörde eingegangen sein. Fehlt dem Bescheid die Rechtsbehelfsbelehrung oder ist diese fehlerhaft (→ Rn. 29–31), beträgt die Widerspruchsfrist ein Jahr (§§ 70 Abs. 2, 58 VwGO). 56

Wird die Widerspruchsfrist schuldlos versäumt, besteht die Möglichkeit der **Wiedereinsetzung in den vorigen Stand** (§§ 70 Abs. 2, 60 VwGO). Einen Fall des nichtverschuldeten Versäumens der Frist regelt § 41 Abs. 3 SGB X, wenn der Bescheid ohne Begründung oder ohne Anhörung ergangen ist. Wiedereinsetzung wird nur auf Antrag gewährt, der innerhalb von zwei Wochen nach Wegfall des Hindernisses beim JA zu stellen ist. Mit dem Antrag sind die Tatsachen, die zur Versäumung der Frist geführt haben, glaubhaft zu machen und der versäumte Widerspruch ist gleichzeitig nachzuholen. 57

Die Widerspruchsfrist beginnt nicht zu laufen, wenn der Bescheid nicht wirksam bekannt gegeben worden ist (§ 70 VwGO iVm § 39 SGB X; → Rn. 31). 58

Der Widerspruch ist **schriftlich** oder mündlich zur Niederschrift beim Landratsamt bzw. Bürgermeisteramt des Stadtkreises zu erheben (§ 70 Abs. 1 S. 1 VwGO). Nicht ausreichend ist ein mündlicher Widerspruch, der nicht protokolliert, sondern nur durch einen Aktenvermerk registriert worden ist.[20] Eine Begründung des Widerspruchs ist nicht erforderlich. Auch wenn ein VA nicht schriftlich, sondern mündlich oder durch schlüssiges Handeln (konkludent) erlassen worden ist, ist der Widerspruch schriftlich oder zur Niederschrift zu erheben. § 126 Abs. 1 BGB verlangt für die Schriftform eigenhändige Namensunterschrift oder notariell beglaubigtes Handzeichen. Mit einem **Fax** ohne Unterschrift kann Widerspruch nur dann wirksam eingelegt werden, wenn das Fax zweifelsfrei dem Widerspruchsführer zugeordnet werden kann (zB durch Absenderkennung und den Hinweis: „Dieser Brief wurde maschinell 59

19 Vgl. hierzu Kunkel ZfJ 1991, 145 einerseits und Münder ZfJ 1991, 285 andererseits, sowie Preis/Steffan FuR 1993, 185.
20 HessVGH 6.7.1990 – 9 TG 3533/89, NVwZ-RR 1991, 199.

erstellt;").[21] Eine **E-Mail** genügt nicht.[22] § 126 Abs. 3 iVm § 126a BGB lässt zwar auch die elektronische Form zu, aber nur unter den Voraussetzungen des **Signaturgesetzes,**[23] das ein elektronisches Schlüsselpaar erfordert. Der elektronische Brief der Post (E-Brief) ist aber ausreichend. Auf Prozesshandlungen, das sind nur Handlungen im Prozess (also nicht der Widerspruch), ist § 126 BGB wegen der Eigenständigkeit des Prozessrechts weder unmittelbar noch entsprechend anzuwenden.[24]

2.2 Wirkung des Anfechtungswiderspruchs

60 Der Anfechtungswiderspruch hat gem. § 80 Abs. 1 VwGO **aufschiebende Wirkung,** dh das JA darf von dem VA noch keinen Gebrauch machen, insbesondere ihn nicht vollstrecken; er ist zwar wirksam, aber die mit ihm getroffene Regelung wirkt noch nicht. Der Anfechtungswiderspruch ist statthafter Rechtsbehelf gegen alle belastenden und gestaltenden VA (aber → Rn. 49). Ein VA ist belastend in diesem Sinne, wenn er die rechtliche Position des Bürgers verschlechtert (zB die Pflegeerlaubnis aufhebt). Statthafter Rechtsbehelf gegen andere VA ist der Verpflichtungswiderspruch. VA in diesem Sinne sind solche, die eine begehrte Begünstigung verweigern (zB Ablehnung einer JH-Leistung). Einem Verpflichtungswiderspruch kommt keine aufschiebende Wirkung zu. Zum einstweiligen Rechtsschutz in diesen Fällen → Rn. 80.

61 Der Anfechtungswiderspruch hat ua dann **keine aufschiebende Wirkung,** wenn dies **spezialgesetzlich** bestimmt ist (§ 80 Abs. 2 S. 1 Nr. 3 VwGO); für die Überleitungsanzeige ist dies mit § 95 Abs. 4 geschehen, für die Aufhebung einer Erlaubnis mit § 45 Abs. 7 S. 4. Für **Kostenbeitragsbescheide** nach §§ 90–94 ist strittig, ob die aufschiebende Wirkung aufgrund von § 80 Abs. 2 S. 1 **Nr. 1** VwGO entfällt.[25] **„Öffentliche Kosten"** iSd § 80 Abs. 2 Nr. 1 VwGO sind Gebühren und Auslagen, die für eine öffentlich-rechtliche Tätigkeit der Behörden entstehen und von den Beteiligten zu tragen sind.[26] **„Öffentliche Abgaben"** iSd § 80 Abs. 2 Nr. 1 VwGO sind Steuern, Gebühren und Beiträge sowie alle sonstigen dem Einzelnen von der öffentlichen Hand auferlegten öffentlich-rechtlichen Geldleistungspflichten, die zur Erzielung von Einnahmen bestimmt sind.[27] Die Kostenbeiträge wären danach begrifflich sowohl „öffentliche Abgaben" wie „öffentliche Kosten" (→ Rn. 92). Das HmbOVG[28] hat entschieden, dass Teilnahmebeiträge für den Kindergartenbesuch öffentliche Abgaben iSd § 80 Abs. 2 Nr. 1 VwGO sind.[29] Auch eine Auslegung nach dem Zweck der Norm würde sie (zunächst) einschließen, da der Sofortvollzug sicherstellen soll, dass der öffentliche Finanzbedarf fortlaufend gedeckt und eine geordnete Haushaltsführung ermöglicht wird. Aus diesem Zweck folgt aber, dass nur solche Geldleistungspflichten gemeint sein können, die sich nach leicht erkennbaren Merkmalen ermitteln lassen, also nicht eine individuelle Berechnung im Einzelfall erforderlich machen. Danach sind keine Abgaben die individuell festgesetzten Kostenbeiträge nach § 90 Abs. 2 und 3 sowie

21 So BSG 6.11.2000 – B 13 RJ 3/99 R, FEVS 52, 412; VG Neustadt 3.7.2006 – 4 L 989/06.NW, NJW 2007, 619.
22 So HessVGH 3.11.2005 – 1 TG 1668/05, NVwZ-RR 2006, 377.
23 BGBl. 2001 I, 876.
24 So die Entscheidung des Gemeinsamen Senats der obersten Gerichtshöfe des Bundes v. 30.4.1979 – GmS-OGB 1/78, BGHZ 75, 340.
25 S. hierzu zuletzt VGH BW 8.4.2019 – 12 S 18/99/18, juris Rn. 25.
26 Eyermann VwGO § 80 Rn. 23; Kopp/Schenke VwGO § 80 Rn. 62 f.; Redeker/v. Oertzen VwGO § 80 Rn. 19.
27 Eyermann VwGO § 80 Rn. 19; Redeker/v. Oertzen VwGO § 80 Rn. 15 ff.; HessVGH NVwZ 1989, 393.
28 HmbOVG FamRZ 1996, 573.
29 Ebenso OVG Münster NVwZ 1994, 198; VG Berlin NVwZ 1984, 396; anders aber noch HmbOVG FamRZ 1991, 358 und – für die Kosten einer FE nach JWG – VG Braunschweig DVBl. 1962, 229.

der Kostenbeitrag nach § 94 Abs. 1 im Gegensatz zu dem pauschalierten Kostenbeitrag nach § 90 Abs. 1 bzw. § 94 Abs. 5. Diese unterschiedliche Behandlung der Kostenbeiträge ist aber für den Bürger kaum durchschaubar und vom Gesetzgeber auch nicht gewollt.[30] Wegen der abgabenrechtlichen Unklarheit sollte dann aber im Gesetz – de lege ferenda – ausdrücklich geregelt werden, dass ein Widerspruch keine aufschiebende Wirkung hat. De lege lata für aufschiebende Wirkung (und zwar einheitlich für alle Kostenbeitragsbescheide) spricht auch, dass bei ihnen nicht die Finanzierungsfunktion im Vordergrund steht, sondern die Verwirklichung des Nachrangs der Jugendhilfe, wie sich auch aus der Einordnung im Achten Kapitel mit der Bezeichnung „Kostenbeteiligung" ergibt.[31]

Für sonstige VA kann die aufschiebende Wirkung gem. § 80 Abs. 2 S. 1 Nr. 4 VwGO 62
dann entfallen, wenn das JA **sofortige Vollziehung** anordnet. Diese muss gem. § 80 Abs. 3 VwGO schriftlich begründet werden, insbesondere muss dargetan werden, dass das Interesse des Bürgers an der aufschiebenden Wirkung seines Widerspruchs geringer wiegt als das öffentliche Interesse daran, dass das JA von dem VA sofort Gebrauch machen kann. Bei einer dringenden Gefahr für das Wohl des Kindes besteht dieses besondere Vollzugsinteresse (bspw. in den Fällen des § 42).

Entfällt die aufschiebende Wirkung, kann der Widerspruchsführer die aufschiebende 63
Wirkung durch Antrag beim Verwaltungsgericht **wiederherstellen lassen** (§ 80 Abs. 5 VwGO). Auf diese Möglichkeit sollte das JA in der RBB (→ Rn. 29) aus Gründen der Bürgerfreundlichkeit hinweisen, wenn es einen Bescheid erlassen hat, gegen den ein Widerspruch keine aufschiebende Wirkung entfaltet. Auch ohne diesen Hinweis ist die Rechtsbehelfsbelehrung aber richtig erteilt, weil der notwendige Inhalt der Rechtsbehelfsbelehrung durch § 36 SGB X festgelegt ist.

2.3 Entscheidung über den Widerspruch

2.3.1 Abhilfebescheid. Gem. § 72 VwGO erlässt das JA einen Abhilfebescheid, wenn 64
es den Widerspruch für **zulässig und begründet** hält. Begründet ist ein Anfechtungswiderspruch gem. § 113 Abs. 1 VwGO analog dann, wenn der VA formelle oder materielle Fehler hat und den Widerspruchsführer dadurch in seinen Rechten verletzt. Bei Ermessensentscheidungen ist der Anfechtungswiderspruch auch begründet, wenn die Ausgangsentscheidung nicht zweckmäßig war (§ 68 Abs. 1 S. 1 VwGO). Ein Verpflichtungswiderspruch ist gem. § 113 Abs. 5 VwGO analog dann begründet, wenn die Ablehnung oder Unterlassung einer Leistung formell oder materiell rechtswidrig war und der Widerspruchsführer ein subjektives öffentliches Recht auf die Leistung hat (→ Rn. 51). Bei Ermessenentscheidungen muss die Ablehnung oder Unterlassung der Leistung ermessensfehlerhaft gem. § 39 Abs. 1 SGB I oder unzweckmäßig gewesen

30 Vgl. Begr. RegE, S. 85 und BT-Drs. 15/3576, 41.

31 Wie hier auch OVG NRW 17.12.2007 – 12 B 1214/07, JAmt 2008, 40: HessVGH 5.9.2006 – 10 TG 1915/06, JAmt 2006, 455; OVG MV 3.3.1999 – 1 M 4/99, NVwZ-RR 2000, 63; HmbOVG 25.7.1990 – Bs IV 180/90, FEVS 41, 331; VG Saarland 22.5.2009 – 11 L 124/09 u. 28.11.2008 – 11 L 882/08; VG Hannover 13.11.2007 – JAmt 2007, 600; VG Aachen 12.7.2007 – EuG 2008, 349; VG Oldenburg 7.2.2007 – 13 B 198/07; Stähr in Hauck/Noftz § 92 Rn. 16; Krug/Riehle/Uhl § 92 Erl. II. 3; Jung § 92 Rn. 7; **aA** (gegen aufschiebende Wirkung): OVG RhPf 16.11.2011 – 7 B 11078/11, juris Rn. 2 f.; SchlHOVG 24.8.2009 – 2 MB 12/09, NVwZ-RR 2010, 25; NdsOVG 11.8.2008 – 4 ME 235/08, JAmt 2008, 496 und 20.1.2009 – 4 ME 3/09, EuG 2009, 405; BayVGH 19.12.2007 – 12 CS 07.2895, JAmt 2008, 39; VG Stuttgart 12.2.2010 – 7 K 3997/09; VG Neustadt/W. 5.1.2010 – 4 L 1340/09.NW; VG Ansbach 20.5.2010 – AN 14 S 10.00247 u. 15.12.2009 – AN 14 S 09.01976; VG Augsburg 25.5.2008 – EuG 2009, 405; DIJuF JAmt 2006, 28; Mrozynski SGB VIII § 92 Rn. 7; SFMK § 92 Rn. 26; Schindler in FK-SGB VIII § 92 Rn. 17; Krome in jurisPK-SGB VIII § 92 Rn. 69; Diewald BayVBl 2009, 525.

sein (§ 68 Abs. 1 S. 1 VwGO) und der Widerspruchsführer muss ein subjektives öffentliches Recht auf Ausübung fehlerfreien Ermessens haben.

65 Die Abhilfeentscheidung ist ein Geschäft der laufenden Verwaltung gem. § 70 Abs. 2.

66 **2.3.2 Widerspruchsbescheid.** Hält das JA einen Widerspruch für unzulässig oder unbegründet, ergeht ein Widerspruchsbescheid gem. § 73 Abs. 1 S. 1 VwGO. Diesen erlässt das JA (als Teil des Landratsamts bzw. Bürgermeisteramts) selbst gem. § 73 Abs. 1 S. 2 Nr. 3 VwGO, weil Jugendhilfe eine **Selbstverwaltungsangelegenheit** ist (→ § 69 Rn. 12). In einzelnen Ländern wird dies durch das Ausführungsgesetz ausdrücklich bestimmt, in anderen Ländern gilt dies stillschweigend entsprechend BVerfGE 22, 211. Etwas anderes gilt für die vom überörtlichen Träger der Jugendhilfe wahrgenommenen Aufgaben der Jugendhilfe, die in den Ausführungsgesetzen der Länder überwiegend als staatliche Angelegenheit (Pflichtaufgabe nach Weisung) ausgestaltet worden sind.

Eine Sonderregelung gilt in Bayern (→ Rn. 49): das RP ist Widerspruchsbehörde für die Prüfung der Rechtmäßigkeit des VA, Stadt- oder Landkreis für dessen Zweckmäßigkeit (§ 119 GemO, § 105 LKrO).

67 Der Widerspruchsbescheid ist schriftlich zu begründen, mit einer Rechtsmittelbelehrung zu versehen und dem Widerspruchsführer (oder seinem Bevollmächtigten) zuzustellen (§ 73 Abs. 3 VwGO iVm dem VwZG, wie sich aus § 56 Abs. 2 VwGO ergibt). Mit der Zustellung endet das Widerspruchsverfahren.

2.4 Kosten

68 Der Widerspruchsbescheid muss auch regeln, wer die Kosten trägt (§ 73 Abs. 3 S. 2 VwGO). Für das Verwaltungsverfahren (einschließlich des Widerspruchsverfahrens) werden gem. § 64 Abs. 1 SGB X keine Gebühren und Auslagen erhoben (→ Rn. 38). War der Widerspruch erfolgreich, muss das JA im Abhilfebescheid gem. § 72 VwGO über die Kosten entscheiden. Dem Widerspruchsführer sind die notwendigen Aufwendungen gem. § 63 Abs. 1 SGB X zu erstatten und auf Antrag festzusetzen (§ 63 Abs. 3 SGB X). Hierbei kann es sich um Fahrt-, Telefon-, Porto, Papierkosten handeln oder um die vom JA gem. § 25 Abs. 5 SGB X im Rahmen der Akteneinsicht verlangten Aufwendungen für Kopien der Akten. Die notwendigen Aufwendungen sind auch dann zu erstatten, wenn der Widerspruch nur deshalb erfolglos war, weil der Ausgangsbescheid infolge eines Verfahrens- oder Formfehlers zwar rechtswidrig war, aber seine Aufhebung gem. § 41 SGB X nicht verlangt werden konnte, weil dieser Fehler unbeachtlich war (§ 63 Abs. 1 S. 2 SGB X). Die Kostenentscheidung muss auch bestimmen, ob die Zuziehung eines **Anwalts** oder Bevollmächtigten notwendig war (§ 63 Abs. 3 S. 2 SGB X); in diesem Fall sind die Gebühren und Auslagen zu erstatten (§ 63 Abs. 2 SGB X). Ob sich der Widerspruchsführer eines Anwalts bedienen konnte, hängt von der Schwierigkeit der Rechtsfrage ebenso ab wie von seinem Bildungs- und Erfahrungsstand. Außerdem wird es darauf ankommen, ob der Widerspruchsführer zunächst durch Rückfrage beim JA Tat- oder Rechtsfragen hätte leicht klären lassen können. Zur Vermeidung des Kostenrisikos hat der Widerspruchsführer die Möglichkeit, im Rahmen der Beratungshilfe nach dem Beratungshilfegesetz (→ Rn. 38) einen Anwalt kostenlos in Anspruch zu nehmen.

3 Vollstreckungsverfahren

69 Das Vollstreckungsverfahren richtet sich nach den Vollstreckungsgesetzen der Länder. Übereinstimmend (zB § 1 LVwVG BW) ist Voraussetzung einer Vollstreckung, dass Grundlage der Vollstreckung nur ein VA sein kann, der zu einer Handlung oder Unterlassung verpflichtet. Nicht vollstreckbar sind daher rechtsgestaltende VA, wie zB Rücknahme oder Widerruf einer Betriebs- oder Pflegeerlaubnis oder die Überleitungs-

anzeige. Als geeignete **Vollstreckungsgrundlage** kommen dagegen in Betracht zB der Teilnahme- und Kostenbeitragsbescheid (§§ 90–94), das Auskunftsverlangen (§ 97a), die Tätigkeitsuntersagung (§ 48), die Inobhutnahme (§ 42), nicht dagegen die Herausgabe des Kindes nach § 1632 BGB, deren Vollstreckung sich nach §§ 88 ff. FamFG richtet.

Weitere Voraussetzung (zB § 2 LVwVG BW) ist, dass der zu vollstreckende VA entweder bestandskräftig geworden ist (also nicht mehr mit Widerspruch oder Klage aufgehoben werden kann) oder ein Rechtsbehelf gegen den VA keine aufschiebende Wirkung entfaltet. Dies ist der Fall, wenn § 80 Abs. 2 VwGO dies bestimmt (→ Rn. 61), insbes. wenn sofortige Vollziehung angeordnet ist (→ Rn. 62). 70

Vollstreckungsmittel sind (zB § 19 LVwVG BW): Zwangsgeld, Ersatzvornahme, unmittelbarer Zwang. Zwangshaft tritt an die Stelle des Zwangsgeldes, wenn ein Zwangsgeld uneinbringlich ist. Zur Anwendung unmittelbaren Zwangs wird der Jugendhilfeträger die Polizei um Amtshilfe bitten. Diese ist verpflichtet, Amtshilfe zu leisten (zB § 42 Abs. 6, § 4 LVwVfG BW oder nach Ausführungsgesetzen der Länder zum SGB VIII, zB § 26 Abs. 2 LKJHG BW). Die Polizei wendet unmittelbaren Zwang nach den Vorschriften des Polizeigesetzes an (zB § 49 Abs. 2 PolG BW). Die Zwangsmittel dürfen nur nach dem Grundsatz der Verhältnismäßigkeit angewandt werden (zB § 19 Abs. 2 LVwVG BW). 71

Die Anwendung der Zwangsmittel geschieht in einem **dreistufigen Verfahren.** Das Zwangsmittel muss zunächst angedroht werden, dann wird es festgesetzt[32] und schließlich angewandt. Die Androhung muss schriftlich erfolgen und eine Frist setzen. Sie kann mit dem zu vollstreckenden VA verbunden werden. Ein Zwangsgeld ist in bestimmter Höhe anzudrohen (zB § 20 LVwVG BW). Mit jeder Festsetzung des Zwangsgeldes kann ein weiteres erhöhtes Zwangsgeld angedroht werden. Auf dieses dreistufige Verfahren kann nur dann verzichtet werden, wenn Gefahr im Verzug vorliegt (zB § 21 LVwVG BW). 72

Abweichend von dem genannten Verfahren werden VA vollstreckt, die zu einer **Geldleistung** verpflichten. Ihre Vollstreckung geschieht durch Beitreibung, die sich nach der Abgabenordnung richtet. Vor der Beitreibung ist der Pflichtige zu mahnen (zB § 14 LVwVG BW). Das JA kann entsprechend § 309 Abs. 1 AO eine Pfändungsverfügung erlassen und diese mit einer Einziehungsverfügung gem. § 314 AO verbinden. Dieser VA entspricht dem gerichtlichen Pfändungs- und Überweisungsbeschluss gem. §§ 829, 835 ZPO. Es kann also auch Arbeitseinkommen gepfändet werden. Dabei sind die Schutzvorschriften nach §§ 850a, b und c ZPO zu beachten. Die Privilegierung des § 850d ZPO kann das JA bei der Vollstreckung eines Kostenbeitrags nach § 94 Abs. 2 SGB VIII aber nicht für sich in Anspruch nehmen, da es nicht wegen gesetzlicher Unterhaltsansprüche vollstreckt. Dagegen ist beim gesetzlichen Forderungsübergang nach § 94 Abs. 3 S. 2 SGB VIII das Privileg des § 850d ZPO anwendbar.[33] 73

Gegen die Vollstreckungsmaßnahmen kann **Widerspruch** eingelegt und Klage erhoben werden. Diese haben aber keine aufschiebende Wirkung (zB § 12 LVwVG BW). Nach Eintritt der Bestandskraft des zu vollstreckenden VA kann dieser nicht mehr angegriffen werden, auch wenn er rechtswidrig ist. Es können dann nur noch Fehler der Vollstreckungsmaßnahme selbst gerügt werden. Etwas anderes gilt, wenn der zu vollstreckende VA an einem so schwerwiegenden Fehler leidet, dass er nach § 40 SGB X nichtig ist. Die Nichtigkeit führt nämlich zu seiner Unwirksamkeit (§ 39 Abs. 3 SGB X); dasselbe gilt, wenn er nicht oder fehlerhaft bekannt gegeben worden ist (→ Rn. 36). 74

32 Die Festsetzung ist allerdings nur für Zwangsgeld obligatorisch, siehe zB § 23 LVwVG BW. Die Vollstreckung anderer Zwangsmittel kann daher auch in einem zweistufigen Verfahren erfolgen.

33 Ebenso DIJuF JAmt 2002, 121.

75 Vom Verwaltungsvollstreckungsverfahren zu unterscheiden ist das **Bußgeldverfahren**, das sich nach dem Ordnungswidrigkeitengesetz richtet. Bei den in § 104 Abs. 1 Nr. 3 und 4 genannten Ordnungswidrigkeiten kommen nebeneinander Bußgeld- und Vollstreckungsverfahren in Betracht(→ § 97a Rn. 29). Die Verhängung eines Bußgeldes ist nicht etwa milderes Mittel im Verhältnis zur Androhung eines Zwangsgeldes, da beide Verfahren unterschiedliche Zwecke (Durchsetzung eines Gebots einerseits, Ahndung eines Unrechts andererseits) verfolgen.

4 Gerichtsverfahren

4.1 Klageverfahren

76 **4.1.1 Klagearten.** In allen öffentlich-rechtlichen Streitigkeiten auf dem Gebiet des SGB VIII ist der Rechtsweg zu den **Verwaltungsgerichten** eröffnet (§ 40 Abs. 1 VwGO). Etwas anderes gilt auch nicht nach Änderung des SGG durch das BTHG (Art. 26 Abs. 4). Das BTHG unterscheidet nicht zwischen der jugendhilferechtlichen und der (alten) sozialhilferechtlichen Eingliederungshilfe. Der Gebrauch des Begriffs „Eingliederungshilfe" im BTHG meint immer die an Stelle der alten Eingliederungshilfe nach dem SGB XII getretene neue Eingliederungshilfe nach dem SGB IX Teil 2. Daher bezieht sich die Ergänzung der Rechtswegezuständigkeit des Sozialgerichts in § 51 Abs. 1 Nr. 6 a SGG um die „Angelegenheiten nach Teil 2 SGB IX" (Eingliederungshilfe) auch nur auf die Eingliederungshilfe im Sinn der alten Eingliederungshilfe nach dem SGB XII. Für Streitigkeiten über die jugendhilferechtliche Eingliederungshilfe nach § 35a SGB VIII bleibt es also bei der Zuständigkeit des Verwaltungsgerichts nach § 40 VwGO.

Vor Erhebung der **Anfechtungs-** oder **Verpflichtungsklage** ist ein Vorverfahren (Widerspruchsverfahren) durchzuführen (§ 68 Abs. 1 und 2 iVm § 42 Abs. 1 VwGO; zu den Ausnahmen → Rn. 49). Die Anfechtungsklage richtet sich gegen belastende VA, zB die Überleitungsanzeige, die Untersagungs- oder Schließungsverfügung. Über die RM der Inobhutnahme entscheidet ebenfalls das VG, nicht das FamG (→ § 42 Rn. 35).[34] Wird eine durch VA bewilligte und bisher gewährte Jugendhilfeleistung nach § 45 SGB X oder § 48 SGB X aufgehoben, ist dies ein belastender VA, so dass gegen ihn die Anfechtungsklage zu erheben ist. Für die **allgemeine Leistungsklage** (aus § 40 VwGO abgeleitet) und die **Feststellungsklage** (§ 43 VwGO) ist dagegen ein Vorverfahren nicht notwendig. Während Anfechtungs- und Verpflichtungsklage gegen oder auf Erlass eines VA (→ Rn. 1, 38) gerichtet sind, ist die allgemeine Leistungsklage auf ein Handeln oder Unterlassen (zB bei drohender Verletzung des Datenschutzes) des JA gerichtet, das nicht VA ist (so ist zB Beratung schlichtes Verwaltungshandeln, also kein VA, während die förmliche Ablehnung der Beratung durch das JA eine Regelung und damit VA ist). Auch Ansprüche auf Kostenerstattung zwischen Jugendhilfeträgern sind im Wege der allgemeinen Leistungsklage geltend zu machen(→ § 89 Rn. 4). Mit der Feststellungsklage kann der Kläger die Feststellung des Bestehens oder Nichtbestehens eines Rechtsverhältnisses zwischen sich und dem Träger der öffentlichen Jugendhilfe verlangen; außerdem die Feststellung der Nichtigkeit eines VA gem. § 40 SGB X (neben der Feststellung der Nichtigkeit durch die Behörde auf Antrag gem. § 40 Abs. 5 SGB X und neben der Anfechtungsklage, wie aus § 43 Abs. 2 VwGO folgt). Mit der Feststellungsklage kann dagegen nicht eine bloße Rechtsfrage geklärt werden, zB ob der Träger der öffentlichen Jugendhilfe seine Gewährleistungspflicht nach § 79 Abs. 2 erfüllt hat. Ein Rechtsverhältnis in diesem Sinne liegt vielmehr nur bei einer konkreten rechtlichen Beziehung zwischen einer Person und dem Träger der öffentlichen Jugendhilfe vor, die sich aus einer Norm aufgrund eines Sachverhalts ergibt. Neben dem allgemeinen Rechtsschutzbedürfnis ist zusätzlich ein spezielles Feststellungsinteresse not-

34 Ebenso NdsOVG 18.9.2009 – 4 LA 706/07, JAmt 2009, 510 mAnm Meysen.

wendig. Die Feststellungsklage ist subsidiär gegenüber der Anfechtungs- und Verpflichtungsklage (§ 43 Abs. 2 VwGO).

4.1.2 Klageform und -befugnis. Die Klage ist schriftlich oder zur Niederschrift des zuständigen VG zu erheben (in der Rechtsmittelbelehrung des Widerspruchsbescheids genannt). Sie muss den Kläger, den Beklagten und den Streitgegenstand bezeichnen (§ 82 Abs. 1 S. 1 VwGO). Außerdem soll sie einen bestimmten Antrag, die zur Begründung dienenden Tatsachen und Beweismittel und schließlich eine Abschrift für die übrigen Beteiligten sowie den angefochtenen Bescheid und den Widerspruchsbescheid enthalten (§§ 82 Abs. 1 S. 1, 2, 81 Abs. 2 VwGO); für eine wirksame Klageerhebung ist dies jedoch ebenso wenig erforderlich wie eine juristische Begründung. 77

Richtiger Beklagter (**Passivlegitimation**) ist der Träger der öffentlichen Jugendhilfe, der den angefochtenen Bescheid erlassen hat bzw. es unterlassen hat, einen Bescheid zu erlassen (§ 78 Abs. 1 Nr. 1 VwGO). Vertreten wird der Beklagte durch den Leiter der Behörde, die für den Beklagten handelt (zB den Landrat oder den Oberbürgermeister). 78

Klagebefugt ist, wer geltend macht, in einem subjektiven öffentlichen Recht verletzt zu sein (§ 42 Abs. 2 VwGO; → Rn. 51). 79

4.1.3 Klagefrist. Anfechtungs- oder Verpflichtungsklage sind grundsätzlich nur innerhalb eines Monats nach Zustellung des Widerspruchsbescheids zulässig (§ 74 VwGO). Bei Versäumung der Frist kann beim Verwaltungsgericht Wiedereinsetzung in den vorigen Stand beantragt werden (→ Rn. 54). Ist über einen Antrag auf eine Leistung oder über einen Widerspruch gegen einen ablehnenden Bescheid ohne zureichenden Grund innerhalb von drei Monaten nicht entschieden worden oder hält das JA ein Widerspruchsverfahren nicht für notwendig, ist eine Untätigkeitsklage auch ohne vorausgegangene Entscheidung des JA zulässig. Nennt das JA einen zureichenden Grund für seine Untätigkeit, hat das VG das Verfahren bis zum Ablauf einer von ihm zu setzenden Frist auszusetzen (§ 45 S. 2 VwGO). Bewilligt das JA innerhalb dieser Frist die begehrte Leistung, ist die Hauptsache für erledigt zu erklären (§ 75 Satz 4 VwGO). Ergeht aber während der Frist eine ablehnende Entscheidung des JA, ist zunächst das Widerspruchsverfahren durchzuführen, ohne dass es einer ausdrücklichen Einlegung des Widerspruchs bedürfte.[35] 80

4.1.4 Verfahrensablauf. Über die Klage entscheidet das VG idR aufgrund mündlicher Verhandlung (§ 101 Abs. 1 VwGO). Jugendhilfeverfahren sollen besonderen Spruchkörpern zugewiesen werden (§ 188 S. 1 VwGO). Zur Vorbereitung der Verhandlung sollen die Beteiligten Schriftsätze einreichen, wozu sie der Vorsitzende unter Fristsetzung auffordern kann (§ 86 Abs. 4 VwGO). Zur Angabe von Tatsachen kann der Kläger ebenfalls unter Fristsetzung gem. § 87b Abs. 1 VwGO angehalten werden. Ist der Kläger länger als 3 Monate untätig, gilt die Klage als zurückgenommen (§ 92 Abs. 2 VwGO). Zur mündlichen Verhandlung sind die Beteiligten mit einer Frist von mindestens zwei Wochen, die jedoch in dringenden Fällen abgekürzt werden kann, zu laden (§ 102 Abs. 1 VwGO). Das JA ist zur Vorlage der Akten sowie zu sonstigen Auskünften verpflichtet (§ 99 Abs. 1 S. 1 VwGO), soweit nicht der Datenschutz entgegensteht (§ 35 Abs. 3 SGB I; → § 61 Rn. 206). Der Kläger (oder sein Bevollmächtigter) hat das Recht, die Gerichtsakten und die dem Gericht vorgelegten Akten einzusehen und sich davon Kopien (auf seine Kosten) machen zu lassen (§ 100 VwGO). Die Akteneinsicht erstreckt sich auf alle Teile der Akte, die das Gericht seiner Entscheidung zugrunde gelegt. Der Anspruch auf rechtliches Gehör verdrängt in diesem Stadium den Datenschutz. Das Gericht darf allerdings nur solche Aktenteile seiner Entscheidung zugrunde legen, die ihm vom JA befugt übermittelt worden sind (§ 78 Abs. 1 S. 1 SGB X). Als Empfänger von Sozialdaten ist auch das Gericht an den Datenschutz nach § 35 SGB I gebunden (§ 78 Abs. 1 S. 2 SGB X; → § 61 Rn. 217). 81

35 BVerwGE 42, 108.

82 In der mündlichen Verhandlung trägt zunächst der Vorsitzende oder einer der beisitzenden Richter als Berichterstatter den wesentlichen Akteninhalt vor (§ 103 Abs. 2 VwGO). Dann erhalten die Beteiligten das Wort, um ihre Anträge zu stellen und zu begründen (§ 103 Abs. 3 VwGO). Sodann wird die Streitsache mit den Parteien in tatsächlicher und rechtlicher Hinsicht erörtert (§ 104 VwGO). Der Vorsitzende hat darauf hinzuwirken, dass Formfehler beseitigt, sachdienliche Anträge gestellt und tatsächliche Angaben erforderlichenfalls ergänzt werden (§ 86 Abs. 3 VwGO). Wird der Kläger nicht durch einen Rechtsanwalt vertreten, muss der Richter auch Formulierungshilfe leisten. Eine Klageänderung oder eine Parteiänderung ist zulässig, wenn die Beteiligten zustimmen oder das Gericht dies für sachdienlich hält (§ 91 Abs. 1 VwGO).

83 **4.1.5 Verfahrensabschluss.** Das Klageverfahren kann durch Klagerücknahme, Erledigung, Vergleich, Gerichtsbescheid oder Urteil abgeschlossen werden.

Der Kläger kann die Klage bis zur Rechtskraft des Urteils **zurücknehmen**, nach Stellung der Anträge in der mündlichen Verhandlung aber nur mit Einwilligung des Beklagten (§ 92 Abs. 1 VwGO). Das Gericht stellt dann das Verfahren ein und erlegt dem Kläger die Kosten auf (§ 92 Abs. 3 VwGO).

84 Bewilligt der Beklagte im Klageverfahren die begehrte Leistung, ist die Hauptsache für **erledigt** zu erklären (§ 75 S. 4 VwGO).

Die Klage hat sich auch erledigt, wenn die Parteien sich durch gegenseitiges Nachgeben **vergleichen** (§ 106 VwGO). Für das JA ist ein Vergleich nur im Rahmen des § 54 SGB X möglich, dessen Abs. 2 ermöglicht einen Vergleich auch in Angelegenheiten, in denen das JA kein Ermessen hat.

85 Ist die Klage nach Auffassung des Gerichts unzulässig oder offenbar unbegründet oder weist die Sache keine besonderen Schwierigkeiten auf, kann es sie bis zur Anberaumung der mündlichen Verhandlung durch einen **Gerichtsbescheid** abweisen (§ 84 Abs. 1 VwGO), wenn der Sachverhalt geklärt ist. Der Gerichtsbescheid wirkt als Urteil, wenn nicht innerhalb eines Monats nach seiner Zustellung mündliche Verhandlung beantragt wird (§ 84 Abs. 2, 3 VwGO).

86 Nach einer mündlichen Verhandlung wird über die Klage durch **Urteil** entschieden (§ 107 VwGO). Hält das Gericht die Klage für unbegründet, wird sie abgewiesen. Begründet ist die Anfechtungsklage, wenn der angegriffene VA rechtswidrig und der Kläger dadurch in seinen Rechten verletzt worden ist (§ 113 Abs. 1 S. 1 VwGO). In diesem Fall hebt das Gericht den VA und den Widerspruchsbescheid auf. Ist die Ablehnung oder Unterlassung einer Leistung rechtswidrig, ist die Verpflichtungsklage begründet. Ist die Sache spruchreif, verpflichtet das Gericht das JA, die Leistung zu erbringen (§ 113 Abs. 5 S. 1 VwGO). Bei Ermessensleistungen ist dies, soweit nicht das Ermessen auf null geschrumpft ist, nicht der Fall; das Gericht verpflichtet dann das JA, den Kläger unter Beachtung der Rechtsauffassung des Gerichts erneut zu bescheiden (§ 113 Abs. 5 S. 2 VwGO). Mit dem Urteil verbunden sind **Nebenentscheidungen**. So entscheidet das Gericht über die Kosten von Amts wegen (§ 161 VwGO). Der unterliegende Teil trägt die Kosten des Verfahrens (§ 154 Abs. 1 VwGO). Auf Antrag setzt der Urkundsbeamte des Gerichts den Betrag der zu erstattenden Kosten fest (§ 164 VwGO). Zu den Kosten gehören die Gerichtskosten (Gebühren und Auslagen; → Rn. 81) sowie die notwendigen Aufwendungen der Beteiligten einschließlich der Kosten des Vorverfahrens (§ 162 Abs. 1 VwGO). Zu den notwendigen Aufwendungen gehören auch die Gebührenauslagen eines Anwalts. Hat sich der Kläger schon im Widerspruchsverfahren durch einen Anwalt vertreten lassen, sind die Anwaltskosten nur erstattungsfähig, wenn das Gericht die Zuziehung des Anwalts im Widerspruchsverfahren für notwendig erklärt (§ 162 Abs. 2 S. 2 VwGO). Ansprüche sind zu verzinsen (§ 44 Abs. 1 SGB I).

4.1.6 Rechtsmittel. Gegen das Urteil des Verwaltungsgerichts ist innerhalb eines Monats nach Zustellung des Urteils **Berufung** zum Oberverwaltungsgericht (in Bayern, Hessen, Baden-Württemberg: VGH) möglich, wenn sie vom OVG (VGH) zugelassen wird (§ 124 Abs. 1 VwGO). Die Berufung darf nur aus den in § 124 Abs. 2 VwGO genannten Gründen zugelassen werden. Der Antrag auf Zulassung der Berufung ist innerhalb eines Monats nach Zustellung des Urteils beim VG zu stellen (§ 124a Abs. 1 VwGO). Über den Antrag entscheidet das OVG (der VGH) durch Beschluss (§ 124a Abs. 2 VwGO). Wird die Berufung als unzulässig verworfen, kann der Kläger dagegen Rechtsmittel einlegen (§ 125 Abs. 2 S. 4 VwGO). 87

Gegen das Urteil des Berufungsgerichts wiederum steht den Beteiligten die **Revision** zum BVerwG zu, wenn sie aus den in § 132 Abs. 2 VwGO genannten Gründen zugelassen wird. Gegen die Nichtzulassung der Revision kann Beschwerde eingelegt werden (§ 133 VwGO). 88

Während der Kläger sich vor dem VG selbst vertreten kann oder sich durch jede Person, die zum sachgemäßen Vortrag fähig ist (§ 67 Abs. 2 S. 3 VwGO), vertreten lassen kann, ist vor dem OVG (VGH) und dem BVerwG eine Vertretung nur möglich (**Postulationsfähigkeit**) durch einen Rechtsanwalt oder einen Rechtslehrer, der an einer Hochschule lehrt. Durch Änderung der VwGO mit Gesetz vom 20.12.2001[36] wurde klargestellt, dass dazu auch Fachhochschulen (jetzt: „Hochschulen") gehören. 89

4.2 Einstweilige Anordnung

Aufgrund der langen Dauer der Klageverfahren besteht häufig die Notwendigkeit, den Hilfeanspruch in einem Eilverfahren durchzusetzen.[37] In einem solchen einstweiligen Verfahren wird idR in zwei bis vier Wochen entschieden, während ein Klageverfahren vor dem VG ein bis drei Jahre dauern kann. Auf Antrag kann das VG daher eine einstweilige Anordnung zur Regelung eines vorläufigen Zustands treffen, wenn diese Regelung geboten ist, um wesentliche Nachteile abzuwenden (§ 123 Abs. 1 VwGO; → § 74 Rn. 44). Der Antrag auf einstweilige Anordnung hat nur dann Erfolg, wenn ein Anordnungsanspruch und ein Anordnungsgrund vorliegen.[38] Ein **Anordnungsanspruch** liegt vor, wenn der Rechtsanspruch aus dem materiellen Recht mit größter Wahrscheinlichkeit begründet ist und daher aller Voraussicht nach im Klageverfahren bestätigt werden wird. In Fällen, in denen das JA Ermessen hat, wird ein Anordnungsanspruch nur anzunehmen sein, wenn das Ermessen auf null reduziert und daher die beantragte Leistung die einzig rechtlich mögliche Entscheidung des JA ist.[39] Auch ohne Durchführung des Hilfeplanverfahrens kann über den Anordnungsanspruch entschieden werden, weil sonst der Rechtsschutz beschnitten wäre.[40] Ein **Anordnungsgrund** liegt nur vor, wenn eine solch dringliche Notlage besteht, dass eine sofortige Entscheidung notwendig ist (zum Verhältnis zur Selbstbeschaffung → § 36a Rn. 11).[41] 90

4.3 Kosten

Gerichtskosten werden in Jugendhilfesachen nicht erhoben (§ 188 S. 2 VwGO); dh die Beteiligten können nur mit außergerichtlichen Verfahrenskosten belastet werden (zB Gebühren für einen Rechtsanwalt). Daher kommt in solchen Verfahren dic Bewilligung von **Prozesskostenhilfe** nur in Betracht, wenn gleichzeitig die Beiordnung eines 91

36 BGBl. I, 3987.
37 Vgl. Lakies FuR 1995, 148.
38 Näher – und einprägsam – hierzu BayVGH 25.2.2010 – 12 CE 09.2994.
39 BVerwG 16.8.1978 – 1 WB 117/77, E 63, 110.
40 Ebenso OVG Bbg 1.11.2001 – 4 B 582/01, JAmt 2001, 597.
41 Zur einstweiligen Anordnung vgl. ausführlich LPK-SGB XII Anh. Verfahren Rn. 115–124; zum Anordnungsgrund speziell in einem jugendhilferechtlichen Verfahren vgl. OVG NRW 21.8.2001 – 12 B 582/01, ZfJ 2002, 113.

Rechtsanwalts erforderlich ist. Prozesskostenhilfe (§ 173 VwGO iVm § 114 ZPO) wird nur bewilligt, wenn die Sache hinreichende Aussicht auf Erfolg hat und die Beiordnung eines Anwalts für erforderlich gehalten wird (§ 121 ZPO). Die dem Gegner entstandenen Kosten werden durch die Prozesskostenhilfe nicht übernommen (§ 123 ZPO). Außerdem wird Prozesskostenhilfe nur im Rahmen von Einkommensgrenzen, die auch für Beratungshilfe (→ Rn. 38) gelten, gewährt. Die Einkommensgrenzen werden jährlich vom BMJ im BGBl. bekannt gemacht (Prozesskostenhilfebekanntmachung). Auch Vermögen ist entsprechend § 90 SGB XII einzusetzen (§ 115 ZPO). Schulden können in angemessener Höhe berücksichtigt werden. Antragsteller, deren monatliches Einkommen über diesen Grenzen liegt, haben von dem übersteigenden Einkommen Monatsraten einzusetzen.

92 Streitigkeiten bezüglich der **Elternbeiträge** sind nach hier vertretener Auffassung nicht dem Abgabenrecht, sondern dem Sachgebiet der Jugendhilfe zuzurechnen, also kostenfrei.[42]

42 S. hierzu OVG Bln-Bbg 4.6.2015 – OVG 3 K 32.14, juris Rn. 6; OVG LSA 23.6.2004 – 3 M 269/03, juris Rn. 30; aA OVG NRW 15.11.2002 – 16 B 2228/02, NVwZ-RR 2003, 607.

Anhang 6 Verfahren in Familiensachen (einschl. „Anwalt des Kindes")

1 Das Verfahren in Kindschaftssachen

1.1 Zuständigkeit des Familiengericht

1.1.1 Rechtswegzuständigkeit. Familiengerichte sind Teil der Zivilgerichtsbarkeit und daher ausschließlich für Regelungen auf dem Gebiet des Zivilrechts, auch Privatrecht genannt, zuständig. Zudem besteht eine Zuständigkeit auch nur bezogen auf konkrete Personen und nicht auf abstrakte Rechtsfragen. Das Familiengericht ist kein „Superkinderschutzgericht", das den Kinderschutz aller Kinder vorrangig überprüft. Die Vorschriften des Privatrechts zum Kinderschutz, in erster Linie §§ 1666, 1666a BGB, be- 1 ziehen sich nur auf konkrete Fallkonstellationen von individuellen Kindern und greifen auch nur im Verhältnis zu Privatpersonen und nicht gegenüber dem Staat.[1]

Für Überprüfung von Maßnahmen des öffentlichen Rechts, zB der öffentlichen Verwaltung oder aber der Rechtmäßigkeit von Gesetzen, Verordnungen usw. bis hin zu Verwaltungsakten ist nicht die Familiengerichtsbarkeit zuständig, sondern entweder der Verwaltungsrechtsweg eröffnet oder bei Fragen der Verfassungsmäßigkeit von Gesetzen die Überprüfung durch die Verfassungsgerichte der Länder oder des Bundes vorgesehen.

Von dieser Rechtswegzuständigkeit gibt es keine Ausnahme. So sind Familiengerichte nicht einmal aufgrund einer besonderen Verantwortungsgemeinschaft mit dem JA in den klaren Fällen von Kindeswohlgefährdungen nach § 1666 Abs. 1 BGB iV mit § 1666a BGB befugt, dem auf dem im Rahmen der öffentlich-rechtlichen Vorschriften tätigen JA Anweisungen zu erteilen und verbindliche Maßnahmen der Jugendhilfe anzuordnen.[2] Fällt eine Regelung nicht in die Rechtswegzuständigkeit des Familiengerichts muss dieses darauf hinweisen und darf nicht in der Sache entscheiden. Soweit ein echtes Antragsverfahren gegeben ist, besteht nach § 17a GVG die Verpflichtung zur Verweisung oder Abgabe an das vom Rechtsweg her zuständige Gericht. Bei Verfahren, die von Amts wegen eingeleitet werden können, greift § 17a GVG allerdings nicht ein, sodass weder eine Sachentscheidung noch eine Verweisung oder Abgabe an ein anderes Gericht in Betracht kommt.[3]

Soweit im Zuge der Auseinandersetzungen über die von Bund und Ländern angeordneten Coronamaßnahmen Familiengerichte wie beispielsweise das Familiengericht Weimar[4] Entscheidungen erlassen haben, die die staatlichen Anordnungen von Maskenpflicht, Abstandhalten und Schnelltests in den Schulen für unzulässig erklären und wie im Fall des Amtsgerichts Weimar die Schulen verpflichten, den Präsenzunterricht für alle Kinder aufrechtzuerhalten, bestand und besteht keine Rechtswegzuständigkeit und kann auch nicht aus dem Gesichtspunkt des Kinderschutzes hergeleitet werden.[5]

Bejaht das Familiengericht, wie zB das Familiengericht in Weimar, in Kenntnis und unter Leugnung dieser Rechtsgrundlagen gleichwohl seine Zuständigkeit, um die

1 Diese Folge ergibt sich sowohl aus dem Wortlaut der Vorschriften wie auch daraus, dass es sich um eine Regelung des Bürgerlichen Gesetzbuches und damit einem Gesetz des Privatrechts handelt.

2 Herrschende Meinung, siehe zB BVerfG Beschl. v. 24.3.2014 – 1 BvR 160/14, ZKJ 2014, 242 mit Anmerkung Gottschalk sowie BVerfG 22.5.2014 – 1 BvR2882/13, FamRZ 2014, 1266.

3 BT-Drs. 16/6308 betreffend § 17a GVG, sowie OLG Zweibrücken FamRZ 2000, 764.

4 Das Amtsgericht Weimar hat in seinem Beschluss vom 8.4.2021 – 9 F 148/21, die Zuständigkeit des Familiengerichts für die Prüfung von Kindeswohlgefährdungen aus dem Gleichheitsgrundsatz hergeleitet, der es verbieten würde, zu verlangen, dass Eltern vor den Verwaltungsgerichten echte Anträge stellen müssten, während bei den Familiengerichten Anregungen ausreichten. Im Ergebnis bejaht das Amtsgericht die Allzuständigkeit der Familiengerichte für Kindeswohlfragen. Eine inhaltlich ähnliche Entscheidung hat auch das Amtsgericht Weilheim am 13.4.2021 – 2 F 192/21, erlassen. Diese Entscheidungen sind unter keinem rechtlichen Gesichtspunkt haltbar.

5 Zwischenzeitlich sind bei zahlreichen Familiengerichten in allen Bundesländern im Internet zugängliche Musterschreiben eingegangen mit der Aufforderung, die Familiengerichte sollten die Maskenpflicht für Kinder als Maßnahmen des Kinderschutzes aufheben und den Präsenzunterricht für alle Kinder anordnen, da ansonsten das Kindeswohl beeinträchtigt sei. Verfahrensrechtlich handelt es sich bei diesen Schreiben um eine Anregung an das Familiengericht, ein Verfahren zur Kindeswohlprüfung zu eröffnen. Der überwiegende Teil der Gerichte ist dem nicht gefolgt und hat keine Verfahren eingeleitet. Zum Teil wurden Verfahren eingeleitet, aber eine Kindeswohlbeeinträchtigung verneint, so zB AG München 18.03.2021 – 542 F 25559/21 und AG Wittenberg 8.4.2021 – 5 R 140/21 EASO.

aus seiner Sicht inhaltlich gewünschte Entscheidung treffen zu können, ist dieses Vorgehen als offensichtlich rechtswidrig anzusehen. So hat das Verwaltungsgericht Weimar den Beschluss des Familiengerichts Weimar als „ausbrechenden Rechtsakt und damit offensichtlich rechtswidrig bezeichnet.[6] Zudem dürfte sich das Verhalten des Familienrichters auch als Rechtsbeugung darstellen. Strafrechtliche Ermittlungen sind eingeleitet.

Das Oberlandesgericht Jena hat mit Beschluss vom 14.5.2021 unter Aktenzeichen 1 UF 136/21 die Entscheidung des Amtsgerichts Weimar aufgehoben und sieht wie auch weitere mit gleichgelagerten Entscheidungen befasste Oberlandesgerichte[7] den Rechtsweg zu den Familiengerichten als nicht gegeben an. Die entsprechenden familiengerichtlichen Verfahren wurden durch Einstellung formell beendet.[8]

Allerdings hat das Verwaltungsgericht Münster, an das die Familiengerichte Tecklenburg und Gronau Verfahren über die Maskenpflicht an Schulen verwiesen hatte, die Zuständigkeit der Verwaltungsgerichtsbarkeit verneint und das Verfahren zur Bestimmung der Zuständigkeit dem Bundesverwaltungsgericht in Leipzig vorgelegt.[9] Das Verwaltungsgericht geht davon aus, dass keine öffentlich-rechtliche Streitigkeit vorliegt, da die Antragsteller ausdrücklich eine familiengerichtliche Entscheidung begehrt hätten. Das Bundesverwaltungsgericht hat inzwischen klargestellt, dass eine Verweisung des Verfahrens vom Familiengericht an das Verwaltungsgericht nicht bindend ist, weil ausdrücklich eine Entscheidung des Familiengerichts begehrt wurde. In diesen Fällen kann das Familiengericht nicht gegen den Willes desjenigen, der vom Familiengericht eine Entscheidung wünscht, das Verfahren an das sachlich zuständige Gericht verweisen.[10] Vielmehr muss das Familiengericht entscheiden, wobei die Entscheidung lediglich darin bestehen kann, mangels Zuständigkeit in der Sachfrage eine Sachentscheidung abzulehnen.

1.1.2 Sachliche Zuständigkeit. Das Familiengericht ist nach § 23a, 23b GVG unter anderem zuständig für Verfahren in Kindschaftssachen. Darunter fallen nach § 151 FamFG die Regelungen zur elterlichen Sorge und zum Umgangsrecht, die Kindesherausgabe, die Unterbringung Minderjähriger, die Vormundschaft und Pflegschaft sowie die Adoption und die Aufgaben nach dem Jugendgerichtsgesetz. Eine Aufzählung der Kindschaftssachen findet sich in § 50 SGB VIII, so dass wegen der Einzelheiten auf die dortige Kommentierung (→ § 50 Rn. 32 ff.) verwiesen wird. 2

1.1.3 Örtliche Zuständigkeit. In Kindschaftssachen bestimmt sich die örtliche Zuständigkeit des Familiengerichts in der Regel nach dem gewöhnlichen Aufenthalt des Kindes (§ 152 Abs. 2 FamFG) und sofern ein solcher nicht besteht, nach dem Ort, an dem das Bedürfnis der Fürsorge bekannt wird (§ 152 Abs. 3 FamFG). Letzteres gilt auch bei Eilmaßnahmen wegen Verhinderung der Eltern (§ 152 Abs. 4 FamFG). Die vorstehend genannten Zuständigkeitsreglungen gelten jedoch nur, wenn zwischen den Eltern des Kindes keine Ehesache, in der Regel die Ehescheidung, anhängig ist. Ist dagegen vor einem deutschen Gericht die Ehescheidung der Eltern anhängig, so greift eine Zuständigkeitskonzentration und dieses Gericht ist auch für die Kindschaftssachen ausschließlich zuständig (§ 152 Abs. 1 FamFG). 3

6 VG Weimar Beschl. v. 20.4.2021 – 8 E 416/21 WE, in Anlehnung an die Entscheidung des VGH München 16.4.2021 – 10 CS 21.1113.

7 OLG Nürnberg 27.4.2021 – 9 WF 342/21 und 28.4.2021 – 9 WF 343/21; OLG Karlsruhe 28.4.2021 – 20 WF 70/21; siehe zur Gesamtproblematik auch Aufsatz von Lies-Benachib NZFam 2021, 448.

8 OLG Jena 14.5.2021 – 1 UF 136/21; OLG Nürnberg 27.4.2021 – 9 WF 342/21 und 28.4.2021 – 9 WF 343/21.

9 VG Münster Beschl. v. 26.5.2021 – 5 L 339/21 und 5 L 344/ 21.

10 BVerwG Beschl. v. 16.6.2021 – 6 AV 1.21 und 6 AV 2.21.

4 **1.1.4 Funktionelle Zuständigkeit.** Die Aufgaben des Familiengerichts werden entweder vom Richter oder vom Rechtspfleger wahrgenommen. Während die schwerwiegenden Eingriffe in Grundrechte der Beteiligten immer dem Richter vorbehalten sind, so zB die Regelung des Umgangs, die Regelung der elterlichen Sorge zwischen den Eltern wie auch die Entziehung der gesamten elterlichen Sorge, gehört zu den Aufgaben des Rechtspflegers, Entscheidungen im Rahmen der Einbenennung des Kindes zu treffen, aber auch der Entzug der Vermögenssorge. Sofern der Richter die elterliche Sorge ganz oder teilweise entzieht, wird er in der Regel auch einen Vormund oder Pfleger auswählen. Ist die Vormundschaft oder Pflegschaft nicht durch eine richterliche Entscheidung erforderlich geworden oder hat der Richter keine Auswahl vorgenommen, obliegt diese dem Rechtspfleger. Die förmliche Bestellung und Bestallung des Vormundes oder Pflegers wie auch die Rechtsaufsicht über diesen übt allein der Rechtspfleger aus. Die Zuständigkeitsregelungen finden sich in § 14 und § 19 des Rechtspflegergesetzes. Diese regeln, welche Verfahren dem Richter vorbehalten sind und in welchen der Richtervorbehalt nicht gegeben ist.

5 **1.1.5 Geplante Änderungen.** Mit dem Gesetz zur Bekämpfung sexualisierter Gewalt gegen Kinder[11] wird eine Forderung nach Qualifizierung der Familienrichterinnen und Familienrichter umgesetzt. Das Gerichtsverfassungsgesetzes[12] enthält zukünftig die Vorgabe, dass Richter, die in Familiensachen tätig sind, über belegbare Kenntnisse auf den Gebieten des Familienrechts, insbes. des Kindschaftsrechts, und des Familienverfahrensrechts sowie über belegbare Grundkenntnisse der für das Verfahren in Familiensachen notwendigen Teile des Kinder- und Jugendhilferechts, der Psychologie und der Kommunikation mit Kindern verfügen sollen. Einem Richter, dessen Kenntnisse auf diesen Gebieten nicht belegt sind, dürfen die Aufgaben eines Familienrichters nur zugewiesen werden, wenn der Erwerb der Kenntnisse innerhalb von sechs Monaten zu erwarten ist. Eine Ausnahme gilt nur für den richterlichen Bereitschaftsdienst. Mit dieser gesetzlichen Neuregelung sind zukünftig verbindliche Fortbildungen für Familienrichterinnen und Familienrichter zur Erlangung von Spezialkenntnissen im Bereich des Familienrechts, des Jugendhilferechts aber vor allem auch der Psychologie und der Kommunikationstechnik vorgegeben.

1.2 Verfahrensrechtliche Besonderheiten der Kindschaftssachen

6 **1.2.1 Allgemeines.** Bei den Kindschaftssachen handelt es sich um sogenannte Nichtstreitsachen. Diese unterfallen den Verfahrensregeln des allgemeinen Teils des FamFG.

7 **1.2.2 Antrags- und Amtsverfahren.** Eine Besonderheit der Kindschaftssachen besteht darin, dass einige Verfahren nur auf Antrag eines Beteiligten eingeleitet werden, wie zB die Regelung der elterlichen Sorge zwischen den Eltern nach § 1671 BGB, während andere Verfahren **von Amts** wegen zu betreiben sind. Das bedeutet, dass das Familiengericht gemäß § 24 FamFG eigenverantwortlich zu prüfen hat, ob es ein gerichtliches Verfahren einleitet oder nicht, wenn bei ihm eine Anregung hierzu eingeht oder es ansonsten Kenntnis von der Notwendigkeit einer gerichtlichen Regelung erhält. Zu den Verfahren, die keines Antrages bedürfen, gehören auch die Verfahren nach §§ 1666, 1666a BGB, also auch die Verfahren, die auf **Mitteilung des JA nach § 8a SGB VIII** eingeleitet werden. Eines förmlichen Antrages, etwa den Eltern die elterliche Sorge zu entziehen, bedarf es daher seitens des JA nicht. Hinsichtlich der Voraussetzungen für die Anrufung des Familiengerichts nach § 8a SGB VIII wird auf die dortigen Ausführungen verwiesen (→ § 8a Rn. 74 ff.). Zu den von Amts wegen zu betreibenden Verfahren gehören auch die Verfahren auf **Regelung des Umgangs.** Auch hier bedarf es keines Antrages dazu, wie oft der Umgang stattfinden soll. Bei den üblicherweise von

11 Gesetz vom 16.6.2021, BGBl. 2021 I, 1810.
12 § 23b GVG in der ab 1.1.2022 geltenden Fassung.

den Eltern hierzu gestellten Anträgen handelt es sich um Anregungen an das Gericht, die Regelung so zu treffen, wie der Anregende es wünscht.

1.2.3 Amtsermittlung durch das Familiengericht. Kennzeichnend für das Verfahren in Nichtstreitsachen ist zudem, dass das Familiengericht verpflichtet ist, die entscheidungserheblichen Tatsachen selbst zu ermitteln. Dies ergibt sich aus dem Amtsermittlungsgrundsatz, geregelt in § 26 FamFG. Das Familiengericht ist im Zuge der Amtsermittlung befugt, Beweisaufnahmen, wie die Einholung eines Sachverständigengutachtens, von sich aus anzuordnen. Zudem darf das Familiengericht auch das Jugendamt um Hilfe bitte. Ob dieses der Bitte nachkommt, hat das JA unter Berücksichtigung des § 50 SGB VIII in eigener Verantwortung zu entscheiden. Es besteht keine Anweisungskompetenz des Familiengerichts gegenüber dem JA.[13] 8

1.2.4 Stellung des JA im Verfahren. Die Stellung des JA und die Verpflichtungen des Familiengerichts zur Beteiligung und Einbindung des JA in das familiengerichtliche Verfahren ergeben sich aus § 162 FamFG. Nach § 162 Abs. 2 FamFG ist das JA in allen Verfahren nach §§ 1666, 1666a BGB förmlicher Verfahrensbeteiligter nach § 7 FamFG mit sämtlichen Rechten und Pflichten und entsprechend zu beteiligen. In anderen Kindschaftssachen ist das JA auf seinen Antrag hin zu beteiligten, wobei die Beteiligung in jeder Lage des Verfahrens erklärt werden kann, dh auch noch in der Beschwerdeinstanz (§ 162 Abs. 2 S. 2 FamFG). Aber auch ohne die förmliche Beteiligtenstellung nach § 7 FamFG ist das JA in allen Verfahren, die die Person des Kindes betreffen, anzuhören. Ist die Anhörung wegen Gefahr im Verzug nicht möglich, so ist sie nachzuholen (§ 162 Abs. 1 FamFG). Außerdem ist das JA von allen Terminen zu benachrichtigen, um dem JA die Teilnahme an den Sitzungen zu ermöglichen. Schließlich sind ihm die Endentscheidungen zuzustellen, denn das JA hat ein eigenständiges Beschwerderecht gegen die Entscheidungen des Gerichts (§ 162 Abs. 3 S. 2 FamFG). Die Verpflichtung des JA zur Mitwirkung im gerichtlichen Verfahren ergibt sich demgegenüber nicht aus dem FamFG, sondern aus dem SGB VIII. Nach § 50 SGB VIII ist das JA zur **Unterstützung und Mitwirkung** verpflichtet, was im Wesentlichen durch entsprechende Stellungnahme erfolgt. Adressat dieser Stellungnahme ist das Gericht, nicht die Eltern oder das Kind. Die Mitwirkung des JA verleiht den Parteien eines familiengerichtlichen Verfahrens deshalb kein subjektiv öffentliches Recht, vom Träger der hoheitlichen Verwaltung ein Tun, Dulden oder Unterlassen verlangen zu können. Die Mitteilungen des JA sind vielmehr unselbstständiger Teil des familiengerichtlichen Erkenntnisprozesses. Deshalb kann das JA auch nicht verpflichtet werden, Stellungnahmen oder sonstige Äußerungen gegenüber dem Familiengericht zu widerrufen oder zurück zu ziehen.[14] Der Rechtsschutz der Eltern ist – auch insoweit – im Ergebnis durch die Beschwerde gegen die gerichtliche Entscheidung sichergestellt. Zu den weiteren Einzelheiten zur Mitwirkung in familiengerichtlichen Verfahren → § 50 Rn. 31 ff. 9

1.2.5 Verfahrensschritte im Überblick. Das Familiengericht hat regelmäßig die nach § 7 FamFG förmlich Beteiligten sowie das JA gemäß § 162 FamFG im Verfahren anzuhören und in Kindschaftssachen auch einen Termin zur mündlichen Erörterung durchzuführen (§§ 32,33 FamFG). Es ist verpflichtet, auf eine einvernehmliche Lösung hinzuwirken (§ 156 FamFG) und in geeigneten Fällen bei Umgangsstreitigkeiten ein Vermittlungsverfahren durchzuführen (§ 165 FamFG). Schließlich hat das Familiengericht das Kind (§ 159 FamFG), die Eltern (§ 160 FamFG) und die Pflegeperson (§ 161 Abs. 2 FamFG) persönlich anzuhören. In den in § 158 FamFG genannten Fäl- 10

13 BVerfG 29.7.2015 – 1 BvR1468/15, ZKJ 2015, 463.

14 OVG NRW 16.7.2009 – 12 A 788/09, juris Rn. 16. VG München 2.6.2021 – M 18 E 21.1454, juris Rn. 54 ff., insbes. Rn. 76. Zugleich verneint das VG München auch einen Anspruch auf uneingeschränkte Akteneinsicht und bejaht diese nur im Zusammenhang mit § 100 Abs. 1 VwGO, Rn. 78 ff.

len ist zudem für das Kind ein Verfahrensbeistand zu bestellen. Die Voraussetzungen und die Einzelheiten zur Verfahrensbeistandsbestellung sind in → Rn. 31 ff. dargestellt.

11 Das Familiengericht entscheidet nach Ausschöpfung aller Ermittlungsmöglichkeiten nach seiner freien Überzeugung und muss zuvor rechtliches Gehör gewährt haben (§ 37 FamFG). Die Entscheidung selbst ergeht in der Form des Beschlusses (§ 38 FamFG). Der Beschluss ist den Beteiligten bekanntzugeben, wobei er demjenigen zuzustellen ist, dessen erklärtem Willen er nicht entspricht (§ 41 FamFG). In der Praxis werden die Beschlüsse in der Regel zugestellt, wobei dies gegenüber dem JA mit Empfangsbekenntnis (EB) geschieht. Die Entscheidungen des Familiengerichts sind regelmäßig mit Bekanntgabe wirksam, dh vollstreckungsfähig (§ 40 FamFG). Das Rechtsmittel gegen familiengerichtliche Entscheidungen hat keine aufschiebende Wirkung.

12 **1.2.6 Gesetzliche Neuregelung zur persönlichen Anhörung des Kindes.** Durch das Gesetz zur Bekämpfung sexualisierter Gewalt gegen Kinder[15] wird die Pflicht zur persönlichen Anhörung von Kindern erweitert auf Kinder jeden Alters. Die in der früheren Fassung des § 159 FamFG enthaltene Grenze von 14 Jahren entfällt. Von einer Kindesanhörung kann nur unter engen Voraussetzungen, wie zB bei Vorliegen eines schwerwiegenden Grundes oder dann abgesehen werden, wenn das Kind offensichtlich nicht in der Lage ist, seine Neigungen und seinen Willen kundzutun. Von einer persönlichen Anhörung abzusehen, ist auch dann möglich, wenn nur die Vermögenssorge betroffen ist oder die Neigungen, Bindungen und der Wille des Kindes für die Entscheidung nicht von Bedeutung sind und eine persönliche Anhörung des Kindes nicht aus anderen Gründen angezeigt ist. Allerdings gilt die zuletzt genannte Ausnahme von der Kindesanhörung nicht in Verfahren nach §§ 1666, 1666a BGB, also in den Verfahren, in denen es um erhebliche Eingriffe in das Sorgerecht der Eltern bis hin zur Trennung von Eltern und Kindern geht.[16]

Im Beschwerdeverfahren muss die persönliche Anhörung des Kindes nicht durch alle drei Richter des Senates erfolgen. Vielmehr kann das Beschwerdegericht die Anhörung des Kindes durch einen beauftragten Richter vornehmen, wenn dies aus Gründen des Kindeswohls sachgerecht erscheint.[17]

13 **1.2.7 Das Vorrang- und Beschleunigungsgebot des § 155 FamFG.** Diese Vorschrift gibt dem Familiengericht vor, dass in Verfahren, die das Kind unmittelbar betreffen, dh bei streitigem Aufenthalt oder Umgang, ein Termin zur mündlichen Erörterung mit den Beteiligten **binnen eines Monats** nach Eingang bei Gericht stattzufinden hat. Dieser Temin darf nur aus einem wichtigen Grund verlegt werden. Hintergrund der Regelung ist das kindliche Zeitempfinden. Durch eine zu lange Verfahrensdauer sollen keine Tatsachen geschaffen werden, die schwer oder gar nicht rückgängig gemacht werden können.

1.3 Eilverfahren in Kindschaftssachen

14 **1.3.1 Regelungsgrund.** Um dem Eilbedürfnis, das in Kindschaftssachen besteht, Rechnung zu tragen, besteht zudem die Möglichkeit, eine Entscheidung des Familiengerichts in einem Eilverfahren zu beantragen. Diese Verfahren, die noch beschleunigter und vorrangiger zu betreiben sind als die ohnehin schon dem Vorrang- und Beschleunigungsgebot des § 155 Abs. 2 FamFG unterliegenden Hauptsacheverfahren, bezeichnet man als **einstweilige Anordnungen (EA)**. Geregelt sind die einstweiligen Anordnungen in den §§ 49 ff. FamFG.

15 Gesetz vom 16.6.2021, BGBl. 2021 Teil I, 1810.
16 Vgl. die Neufassung des § 159 Abs. 1 FamFG.
17 § 68 Abs. 4 S. 2 FamFG nF.

1.3.2 Voraussetzung für den Erlass einer einstweiligen Anordnung. Die wichtigste Zulässigkeitsvoraussetzung für ein Tätigwerden des Familiengerichts im Wege der einstweiligen Anordnung ist in § 49 Abs. 1 FamFG geregelt, das Vorliegen eines **dringenden Bedürfnisses für ein sofortiges Tätigwerden.** Diese Voraussetzung ist regelmäßig in Verfahren nach §§ 1666, 1666a BGB gegeben, wenn die Trennung des Kindes von den Eltern oder einem Elternteil in Betracht kommt und zwar auch dann, wenn eine Inobhutnahme, der widersprochen wurde, vorangegangen ist. Ein Anlass für das Familiengericht, beschleunigt im Wege einer einstweiligen Anordnung zu entscheiden, besteht in der Regel daher immer dann, wenn das JA eine Mitteilung nach § 8a SGB VIII an das Familiengericht macht und den Erlass einer einstweiligen Anordnung anregt. 15

1.3.3 Verhältnis zur Hauptsacheregelung. Das einstweilige Anordnungsverfahren kann parallel zu einem Hauptsacheverfahren mit gleichem Gegenstand betrieben werden. Es ist aber unabhängig von diesem Hauptsacheverfahren möglich und stellt ein neues Verfahren dar, für das ggf. auch der Verfahrensbeistand neu zu bestellen ist. 16

1.4 Besonderheiten der Eilverfahren

1.4.1 Eingeschränkte Sachprüfung. Im Rahmen des einstweiligen Anordnungsverfahrens findet nur eine eingeschränkte Sachaufklärung, eine sogenannte summarische Prüfung, statt, da das Familiengericht schnell entscheiden soll. Daher ist eine mündliche Erörterung auch nicht zwingend vorgeschrieben. Das Familiengericht kann vielmehr ohne Termin und in besonderen Fällen sogar ohne Anhörung der weiteren Beteiligten entscheiden (§ 51 FamFG). Ist die Entscheidung ohne mündliche Erörterung ergangen, muss das Familiengericht jedoch auf Antrag, den auch das JA stellen kann, mündlich verhandeln (§ 54 Abs. 2 FamFG). Zudem kann die einstweilige Anordnung jederzeit geändert werden, dh sie wird nicht rechtskräftig (§ 54 FamFG). 17

1.4.2 Beschränkung der Rechtsmittelmöglichkeiten. Entscheidungen, die im Wege der einstweiligen Anordnung ergehen, sind vom Grundsatz her unanfechtbar (§ 57 S. 1 FamFG). Nur ausnahmsweise ist die Beschwerde gegeben und zwar zum einen dann, wenn die einstweilige Anordnung einen Verfahrensgegenstand betrifft, der in § 57 FamFG genannt ist. Zum anderen muss sie auch nach mündlicher Erörterung ergangen sein (§ 57 S. 2 FamFG). So sind einstweilige Anordnung zur elterlichen Sorge oder zur Herausgabe des Kindes anfechtbar, Umgangsregelungen in Form der einstweiligen Anordnung dagegen nicht. Allerdings kann auch in diesen Fällen jederzeit eine neue Regelung beantragt werden (§ 54 FamFG) und damit die frühere EA verändert werden. 18

1.4.3 Außer Kraft treten der einstweiligen Anordnung. Die einstweilige Anordnung tritt außer Kraft, wenn eine anderweitige Regelung wirksam geworden ist. Dies ist in Kindschaftssachen regelmäßig dann der Fall, wenn eine anderweitige Entscheidung ordnungsgemäß zugestellt wurde. Die anderweitige Regelung kann entweder eine ändernde einstweilige Anordnung oder auch die Hauptsacheentscheidung sein. 19

1.5 Beschwerde und sofortige Beschwerde

Gegen Endentscheidungen im familiengerichtlichen Verfahren ist die **Beschwerde** statthaft (§ 58 FamFG). Die Einzelheiten zur Beschwerde regeln die §§ 59 ff. FamFG, deren Inhalt nachstehend kurz zusammengefasst wird. 20

1.5.1 Beschwerdeberechtigung allgemein. Beschwerdeberechtigt ist, wer durch den Beschluss in eigenen Rechten verletzt ist (§ 59 FamFG). Minderjährige können nach Vollendung des 14. Lebensjahres das Beschwerderecht in allen ihre Person betreffenden Angelegenheiten ohne Mitwirkung ihrer gesetzlichen Vertretung ausüben (§ 9 Abs. 1 Nr. 3 FamFG). So ist das über 14 Jahre alte Kind in Unterbringungssachen und 21 in Verfahren, die freiheitsentziehende Maßnahmen betreffen, verfahrensfähig und damit zur eigenständigen Beschwerdeeinlegung befugt (§ 167 Abs. 3 FamFG). Für das **unter 14 Jahre alte Kind** sind die gesetzlichen Vertreter zur Beschwerde berechtigt (§ 9 Abs. 2 FamFG) und auch der Verfahrensbeistand, der aus eigenem Recht Beschwerde einlegen kann. Bei über 18-jährigen Ausländern, die nach ihrem Heimatrecht (Art. 7 EGBGB) noch nicht volljährig sind, richtet sich die Verfahrensfähigkeit nach deutschem Recht (§ 9 Abs. 5 FamFG iVm § 55 ZPO).

22 **1.5.2 Beschwerdeberechtigung des JA.** Das FamFG räumt dem JA in Bezug auf die Rechtsmittel eine starke Stellung im Sinne einer umfassenden Beschwerdeberechtigung ein. Die Beschwerdeberechtigung des JA ist zB vorgesehen

- in Verfahren, die die Person des Kindes betreffen (§ 162 Abs. 3 S. 2 FamFG),
- in Abstammungssachen (§ 176 Abs. 2 S. 2 FamFG),
- in Adoptionssachen (§ 194 Abs. 2 S. 2 FamFG),
- in Ehewohnungssachen (§ 205 Abs. 2 S. 2 FamFG) sowie
- in Gewaltschutzsachen (§ 213 Abs. 2 S. 2 FamFG).

23 **1.5.3 Beschwerdefrist und Form der Beschwerdeeinlegung.** Die mit der schriftlichen Bekanntgabe des Beschlusses beginnende Beschwerdefrist beträgt grundsätzlich einen Monat, ausnahmsweise jedoch nur zwei Wochen, wenn sie gegen Endentscheidungen in Verfahren der einstweiligen Anordnung oder über Anträge auf Genehmigung eines Rechtsgeschäfts gerichtet ist.

24 Die einzuhaltenden Formvorschriften für die beim Ausgangsgericht einzulegende Beschwerde ergeben sich aus §§ 64 und 65 FamFG.

Als hilfreich bei der Beschwerdeeinlegung kann sich die nach § 39 FamFG jedem Beschluss beizufügende **Rechtsbehelfsbelehrung** erweisen. Aus dieser muss nämlich ersichtlich sein

- das statthafte Rechtsmittel
- das Gericht, bei dem Rechtsmittel oder Erinnerung einzulegen sind und
- die einzuhaltende Form und Frist.

Beschwerdegericht ist das Oberlandesgericht.

25 **1.5.4 Antrag auf Aussetzung der Vollziehung.** Rechtsmittel in Familiensachen kommt regelmäßig keine aufschiebende Wirkung zu. Deshalb ist die angefochtene Entscheidung bis zu einer abweichenden Entscheidung wirksam und vollstreckungsfähig, dh sie ist zu befolgen.

Um während des laufenden Beschwerdeverfahren die Entscheidung des Amtsgerichtes nicht befolgen zu müssen, bedarf es eines **Antrages auf Aussetzung der Vollziehung. Dieser muss zusätzlich zur Beschwerdeeinlegung gestellt werden.** Über ihn entscheidet das Beschwerdegericht im Wege einer einstweiligen Anordnung (§ 64 Abs. 3 FamFG).

26 **1.5.5 Ablauf des Beschwerdeverfahrens.** Grundsätzlich entspricht der Ablauf des Beschwerdeverfahrens dem des erstinstanzlichen Verfahrens. Allerdings besteht nach § 68 Abs. 3 S. 2 FamFG die Möglichkeit, im Beschwerdeverfahren von einer erneuten mündlichen Verhandlung oder bestimmten Verfahrenshandlungen, etwa der erneuten persönlichen Anhörung des Kindes oder der Eltern, abzusehen, wenn diese bereits vor dem Amtsgericht vorgenommen wurden und keine weiteren Erkenntnisse mehr zu erwarten sind. Zudem muss das Beschwerdegericht nicht zwingend in der vollen Besetzung mit drei Richtern entscheiden, sondern kann die Entscheidung einem seiner Mitglieder als Einzelrichter übertragen.

Mit Neufassung des § 68 FamFG durch das Gesetz zur Bekämpfung sexualisierter Gewalt gegen Kinder[18] wird eine Forderung vor allem aus der pädagogischen Profession

18 Gesetz vom 16.6.2021, BGBl. 2021 Teil I, 1810.

umgesetzt. Danach muss das Oberlandesgericht in Verfahren, in denen ein Eingriff in die elterliche Sorge nach §§ 1666, 1666a BGB oder ein Umgangsausschluss in Betracht kommt, sowohl erneute Anhörungen durchführen als auch in der Senatsbesetzung mit drei Richtern entscheiden. Dies gilt auch dann, wenn eine Verbleibensanordnung nach § 1632 Abs. 4 BGB Gegenstand der Prüfung ist. Durch die Neuregelung soll eine erneute umfassende Prüfung durch das Beschwerdegericht, also das Oberlandesgericht, sichergestellt werden.[19]

1.5.6 Rechtsmittel gegen die Entscheidungen des Beschwerdegerichts. Gegen die Entscheidungen des Oberlandesgerichts ist die Rechtsbeschwerde zum Bundesgerichtshof möglich, die allerdings in der Regel nur statthaft ist, sofern das Beschwerdegericht sie zugelassen hat (§ 70 FamFG). In Unterbringungssachen, die Kinder betreffen, ist die Rechtsbeschwerde ohne Zulassung statthaft, sofern der angefochtene Beschluss die Unterbringung anordnet (§ 70 Abs. 3 FamFG). Die weiteren Voraussetzungen der Rechtsbeschwerde ergeben sich aus den §§ 70 ff. FamFG. Unter den in § 75 FamFG genannten Voraussetzungen besteht in Kindschafts-Unterbringungssachen die Möglichkeit der Sprungrechtsbeschwerde zum BGH. 27

1.5.7 Die sofortige Beschwerde. Das FamFG sieht als Rechtsmittel bei einigen Entscheidungen ausdrücklich die sofortige Beschwerde der ZPO vor (§§ 567 ff. ZPO). Dies ist zB der Fall bei 28

- der Ablehnung einer Hinzuziehung weiterer Beteiligter (§ 7 Abs. 5 S. 2 FamFG),
- bei Anordnungen von Zwangsmaßnahmen (§ 35 Abs. 5 FamFG),
- bei Beschlüssen im Verfahrenskostenhilfeverfahren (§ 76 Abs. 2 FamFG) und im Vollstreckungsverfahren (§ 87 Abs. 4 FamFG) sowie
- bei Verhängung eines Ordnungsmittels gegen einen Beteiligten (§ 33 Abs. 3 S. 5 FamFG).

Die sofortige Beschwerde ist regelmäßig binnen einer Frist von zwei Wochen einzulegen und zwar entweder beim Amtsgericht oder beim Oberlandesgericht (§ 569 ZPO) Nur im Verfahrenskostenhilfeverfahren beträgt die Frist ausnahmsweise einen Monat (§ 76 Abs. 2 i.V. mit § 127 ZPO).

1.5.8 Rechtsbehelfe in Hauptsacheverfahren. Auch wenn kein Rechtsmittel gegeben ist, kann eine Entscheidung uU mit einem Rechtsbehelf angefochten werden. Allerdings entscheidet dann nicht das Beschwerdegericht, sondern das Amtsgericht. 29

Typische Rechtsbehelfe sind

- die Rüge wegen Verletzung des rechtlichen Gehörs, die sogenannte Gehörsrüge (§ 44 FamFG),
- die Abänderung einer rechtskräftigen Endentscheidung mit Dauerwirkung, zB Pfleger- oder Vormundbestellung (§ 48 FamFG) sowie
- die Wiederaufnahme des Verfahrens (§ 48 FamFG).

1.5.9 Besonderheit: Die Beschleunigungsrüge. In Kindschaftssachen, die dem Vorrang- und Beschleunigungsgebot unterfallen,[20] kann jeder Verfahrensbeteiligter und damit auch das JA geltend machen, dass die bisherige Verfahrensdauer nicht dem Beschleunigungsgebot entspricht, wobei dies zu begründen ist.[21] Das Gericht, bei dem die Beschleunigungsrüge eingelegt wird, hat binnen eines Monats darüber zu entscheiden. Wenn es die Rüge für berechtigt erachtet, hat es unverzüglich Maßnahmen zur beschleunigten Durchführung des Verfahrens einzuleiten und dabei insbesondere auch den Erlass einer einstweiligen Anordnung zu prüfen. Hält das Gericht die Beschleunigungsrüge für nicht begründet, weist es sie durch Beschluss zurück. Gegen diese Ent- 30

19 Vgl. § 68 Abs. 5 FamFG nF.
20 Siehe wegen der Einzelheiten zum Vorrang- und Beschleunigungsgebot → Rn. 13.
21 Beschleunigungsrüge nach § 155b FamFG.

scheidung steht dem Rügeführer die sogenannte Beschleunigungsbeschwerde zu, die binnen einer Frist von 2 Wochen nach Zugang der Entscheidung über die Beschleunigungsrüge bei dem Gericht, das die Entscheidung erlassen hat, einzulegen ist.[22] Richtet sich die Beschwerde gegen eine Entscheidung des Amtsgerichts, so hat dieses die Akten unverzüglich dem Oberlandesgericht vorzulegen. Richtet sich die Beschleunigungsbeschwerde gegen eine Entscheidung des Oberlandesgerichts, entscheidet ein anderer Senat des Oberlandesgerichts hierüber. Die Entscheidung des Beschwerdegerichts muss spätestens innerhalb eines Monats ergehen.[23]

2 „Anwalt des Kindes"

2.1 Begriff und Bedeutung, Neuregelung durch das Gesetz zur Bekämpfung sexualisierter Gewalt gegen Kinder

31 Im Wege der **Kindschaftsrechtsreform 1998**[24] wurde der sog. „Anwalt des Kindes" als Interessensvertretung[25] für Minderjährige in gerichtlichen Kindschaftsverfahren[26] eingeführt (§ 50 FGG aF).[27] Dieser wird vom Gericht bestellt. Der Verfahrensbeistand soll der Subjektstellung des Kindes besser Rechnung tragen[28] und in Fällen eines Interessenkonfliktes zwischen dem Kind und seinen Eltern die einseitige Interessensvertretung des Kindes ermöglichen. So soll er das Kind, das sich etwa infolge eines Scheidungskonfliktes seiner Eltern oder wegen einer Gefährdung seines körperlichen, seelischen oder geistigen Wohls in einer starken psychischen Konfliktsituation befindet, vor dem Familiengericht entlasten.[29] Der Verfahrensbeistand ist die einzige Person im familiengerichtlichen Verfahren, die ausschließlich die Interessen des Kindes wahrzunehmen verpflichtet ist.[30]

Durch das **FGG-Reformgesetz** v. 17.12.2008[31] hat der Gesetzgeber die Bestimmung über die bis dahin verwendete Bezeichnung der Verfahrenspflegschaft für minderjährige Kinder durch die Einführung des Verfahrensbeistandes in **§ 158 FamFG** grundlegend reformiert. Entsprechend hat er die Regelung auch unter Berücksichtigung der Leitgedanken der FGG-Reform (**Stärkung des Kindeswohls, Stärkung der Eigenverantwortung der Eltern zur Bewältigung ihrer familienrechtlichen Probleme**)[32] neu ausgestaltet.[33] Die Vorschrift des § 158 FamFG hat den verfahrensrechtlichen Status noch

22 Beschleunigungsbeschwerde nach § 155c FamFG.

23 Wegen weiterer Einzelheiten des Beschwerdeverfahrens vgl. § 155c Abs. 3 und 4 FamFG.

24 BGBl. 1997, 2942.

25 Zur sog. „Wille-Wohl-Debatte" vgl. Salgo in HB-VB Rn. 53 ff.; Zitelmann (2001), S. 393.

26 Zur Forderung einer Interessensvertretung im „Jugendhilfeverfahren" Lack/Fieseler in HB-VB, Rn. 1863 ff.; Salgo in epd-Dokumentation Nr. 20/99, FPR 1999, 313 (320).

27 Grundlegend zur Entstehungsgeschichte und Akzeptanz Salgo ZKJ 2009, 49 ff.; Salgo, Der Anwalt des Kindes, S. 393 ff.; Salgo in HB-VB Rn. 4 ff.

28 BT-Drs. 16/6308, 238; Rösler, Verfahrensbeistandschaft, 2014, Kap. E, 152 ff.; Gummersbach, Subjektstellung des Kindes (2005), S. 406 ff., 418 ff., 441 ff.

29 BGH 28.4.2010 – XII ZB 81/09, BGHZ 185, 272.

30 Mayer jM 7/2016, 272; zur Stellung des Verfahrensbeistands gegenüber dem JA vgl. auch Bauer in HB-VB, Rn. 348 ff.

31 BGBl. I, 2586.

32 Hierzu BT-Drs. 16/6308, 164; Schulte-Bunert, Das neue FamFG (2010), Einl. Rn. 14; Häußermann in Lipp/Schumann/Veit, FamFG-Reform, S. 5, 23.

33 Zur Entwicklung seit Inkrafttreten des FamFG: Salgo/Stötzel ZKJ 2013, 349 ff.; Prenzlow ZKJ 2012, 93 ff.; Lack/Salgo FPR 2012, 353 ff.; Vogel FPR 2010, 43 ff.; Trenczek ZKJ 2009, 196 ff.; Menne ZKJ 2009, 68 ff.; Salgo FPR 2006, 12 ff.

präziser zum Ausdruck gebracht[34] und zur Klärung wesentlicher Streitfragen und Unklarheiten im öffentlichen Fachdiskurs und der Rechtsprechung beigetragen.[35]

In anderen Rechtsbereichen, wie etwa Betreuungs-, Unterbringungs- und Freiheitsentziehungssachen (§§ 276, 317, 419), findet nach wie vor der Begriff der Verfahrenspflegschaft Anwendung. Der Verfahrensbeistand ist nicht mit der Beistandschaft des Jugendamtes nach § 1712 BGB zu verwechseln.[36]

Als Interessensvertreter des Kindes in Verfahren in Kindschaftssachen ist der Verfahrensbeistand nicht mehr wegzudenken („Meilenstein")[37] und mit Blick auf die Notwendigkeit der Kindesbeteiligung nach Art. 12 UN-KRK, das Europäische Übereinkommen über die Ausübung von Kinderrechten[38] und den in Art. 103 Abs. 1 GG normierten Anspruch auf rechtliches Gehör verfahrensrechtlich unverzichtbar. Die Anzahl der Bestellungen hat in den letzten Jahren kontinuierlich zugenommen:[39] In Kindschafts-, Abstammungs- sowie Adoptionssachen erfolgten im Jahr 2018 in 38,5% aller dieser Verfahren 97.450, im Jahr 2019 in 42% aller Verfahren ca. 108.570 Bestellungen.[40] 32

Durch das **Gesetz zur Bekämpfung von sexualisierter Gewalt gegen Kinder v. 16.6.2021**[41] ist zur Verbesserung der Qualifikation der beteiligten Akteure auch eine Änderung der Regelungen zum Verfahrensbeistand erfolgt.[42] Neben der Verschärfung des Strafrechts[43] und der angestrebten Effektivierung der Strafverfolgung,[44] zielen die Neuregelungen auf die gesetzliche Verankerung von Qualifikationsanforderungen für Familien- und Jugendrichter, Jugendstaatsanwälte, aber auch Verfahrensbeistände, die konkreter und verbindlicher gefasst werden sollen.[45]

Die bisherige Vorschrift des § 158 FamFG ist durch die insgesamt vier Vorschriften § 158 bis § 158c neu strukturiert und ergänzt worden, wobei sich der Gesetzesaufbau an der zeitlichen Abfolge des kindschaftsrechtlichen Verfahrens zu orientieren scheint.[46] Auf die Bestimmung zur Bestellung des Verfahrensbeistands (§ 158 FamFG) folgen eine Regelung zur fachlichen Eignung (§ 158a FamFG) und die Beschreibung von Aufgaben und Rechtsstellung des Verfahrensbeistands (§ 158b FamFG), bevor abschließend Vergütung und Kosten der Verfahrensbeistandschaft geregelt werden 33

34 Schlünder in BeckOK FamFG 2014 Rn. 1.
35 Hierzu: Rösler, Verfahrensbeistandschaft, 2014, Kap D, 100 ff.
36 Schlünder in BeckOK FamFG Rn. 1.
37 So Koritz FPR 2012, 385 (387).
38 Vgl. Art. 3, 4, 6b, 9 EÜAK.
39 Salgo/Stötzel ZKJ 2013, 349 (350).
40 Statistisches Bundesamt, Rechtspflege, Familiengerichte, Fachserie 10, Reihe 2.2 2020; Zur Entwicklung der Bestellungen zwischen 1999 und 2018 vgl. Stötzel in HB-VB Rn. 186 ff.; siehe auch Stötzel, in FS für Ludwig Salgo (2016), S. 279, 283, 284 f.; Prenzlow ZKJ 2012, 93 ff.; Lack/Salgo FPR 2012, 353.
41 BGBl. 2021 Teil 1 Nr. 33 v. 22.6.2021, S. 1810 ff.
42 Zu Hintergrund und Auswirkung der Reform auf den Verfahrensbeistand ausführlich: Menne NZFam 2020, 1033 ff.
43 Strafverschärfend geregelt werden die Straftatbestände des sexuellen Missbrauchs von Kindern; sexualisierte Gewalt und Kinderpornografie werden als Verbrechen eingestuft; Tilgungsfristen in erweiterten Führungszeugnissen werden deutlich verlängert, die Strafverfolgung wird erleichtert; vgl. Beckmann, JAmt 2021, 237 (Editorial).
44 U.a. durch die Möglichkeit der Anordnung von U-Haft unter erleichterten Voraussetzungen bei schwerer sexualisierter Gewalt gegen Kinder; Telekommunikationsüberwachung auch bei Ermittlungen wegen des Sichverschaffens oder des Besitzes von Kinderpornografie; Onlinedurchsuchungen.
45 RegE v. 22.10.2020, BR-Drs. 634/20; vgl. auch den identischen Gesetzentwurf der Fraktionen der CDU/CSU und SPD v. 27.10.2020, BT-Drs. 19/23707.
46 So auch Menne NZFam 2020, 1033 (1034).

(§ 158c FamFG).[47] Zwischen Fallgestaltungen, in denen eine Bestellung stets erforderlich ist (§ 158 Abs. 2 FamFG) und solchen, in denen die Bestellung wie bisher lediglich „in der Regel" notwendig ist (§ 158 Abs. 3 FamFG) wird unterschieden.[48]

Hauptanliegen der Neuregelung ist die Präzisierung der „Geeignetheit" des Verfahrensbeistands in §§ 158 und 158a FamFG, der in fachlicher und persönlicher Hinsicht eine besondere Eignung aufzuweisen hat.[49]

Ersatzlos gestrichen wird die nach bisherigem Recht geltende Regelung, wonach es der Bestellung eines Verfahrensbeistandes nicht bedarf bzw. eine solche aufzuheben ist, wenn die Interessen des Kindes von einem Rechtsanwalt oder einem anderen geeigneten Verfahrensbevollmächtigten vertreten werden.[50] Der Wegfall dieser Regelung ist durch die Einführung von Qualifikationsanforderungen an die Verfahrensbeistände gemäß § 158a FamFG bedingt, da dadurch klargestellt ist, dass allein eine juristische Ausbildung nicht als ausreichend für die Interessenvertretung des Kindes angesehen wird. Dies hat zur Folge, dass die anwaltliche Vertretung des Kindes einen Verfahrensbeistand nicht mehr ersetzen kann.[51]

2.2 Die Voraussetzungen für die Bestellung des Verfahrensbeistandes, § 158 Abs. 1 FamFG

34 Gemäß § 158 Abs. 1 FamFG hat das Gericht dem minderjährigen Kind in **kindschaftsrechtlichen Verfahren**, die seine **Person** betreffen, einen fachlich und persönlich **geeigneten Verfahrensbeistand** zu bestellen, soweit dies zur Wahrnehmung seiner Interessen **erforderlich** ist.

35 Als **Kindschaftssachen**, die die **Person** des Kindes betreffen, gelten alle gerichtlichen Verfahren – einschließlich einstweiliger Anordnungen und Rückführungen nach dem HKÜ – iSd § 151 Nr. 1 bis 8 FamFG. Die Bestellung kommt in allen Verfahren in Betracht, die die elterliche Sorge, das Umgangsrecht, die Kindesherausgabe, die Vormundschaft oder die Unterbringung des Kindes[52] betreffen. In der Sache muss es sich um eine Entscheidung in Kindschaftssachen handeln, die eine eigenständige und am Kindeswohl zu orientierende Prüfung bedingt und deshalb die Unterstützung des Kindes durch einen Verfahrensbeistand erfordert.[53] Außer in Kindschaftssachen findet die Regelung Anwendung in Abstammungssachen (§ 174 FamFG iVm § 158 FamFG) und Adoptionssachen (§ 191 FamFG iVm § 158 FamFG). In Folge der Dringlichkeit der Entscheidung in einem einstweiligen Anordnungsverfahren kann zunächst auf die Bestellung eines Verfahrensbeistandes verzichtet werden (zu den Einzelheiten der Eilverfahren → Rn. 14 ff.). Liegt ein solcher Fall vor, wird aber regelmäßig ein Antrag nach § 54 Abs. 2 FamFG auf mündliche Verhandlung gestellt, in der das Familiengericht die Gelegenheit bekommt, einen Verfahrensbeistand zu bestellen.

---

47 RegE v. 22.10.2020, BR-Drs. 634/20 sowie den identischen Gesetzentwurf der Fraktionen der CDU/CSU und SPD v. 27.10.2020, BT-Drs. 19/23707.

48 Ausführlich und kritisch zu den Neuregelungen Keuter, ZKJ 2021, 131 ff.; Menne NZFam 2020, 1033 ff.

49 Vgl. Wortlaut des § 158 Abs. 1 FamFG: „Das Gericht hat dem minderjährigen Kind in Kindschaftssachen, die seine Person betreffen, einen fachlich und persönlich geeigneten Verfahrensbeistand zu bestellen, soweit dies zur Wahrnehmung der Interessen des Kindes erforderlich ist." (…).; vgl. hierzu bereits den Koalitionsvertrag zwischen CDU, CSU und SPD v. 7.2.2018, Rn. 843 f., wonach sichergestellt werden soll, dass auch der Verfahrensbeistand über die erforderliche Qualifikation und Eignung verfügt.

50 § 158 Abs. 5 FamFG in der bisher gültigen Fassung.

51 Begründung zu § 158 FamFG-E im RegE v. 22.10.2020, BR-Drs. 634/20.

52 S. hierzu Hammer in Prütting/Helms FamFG § 167 Rn. 22 f.

53 Engelhardt in Keidel FamFG § 158 Rn. 3.

Nicht erfasst von § 158 FamFG sind Verfahren, die sich ausschließlich auf die **Vermögenssorge**, wie etwa Genehmigungsverfahren nach §§ 1828, 1829 BGB, beziehen.[54] Unsicherheiten ruft dies bei den Rechtspflegern hervor, nachdem gem. § 3 Nr. 2a RPflG für Kindschafts- und Adoptionssachen funktionell der Rechtspfleger zuständig ist, wenngleich die meisten Verfahren dem Richter vorbehalten sind (§ 14 RPflG).[55] Mangels planwidriger Regelungslücke kommt eine analoge Anwendung der Vorschrift jedoch nicht in Betracht.[56] In derartigen Fällen erfolgt die Bestellung eines Ergänzungspflegers nach § 1909 BGB.[57] 36

Darüber hinaus verlangt die Neuregelung die Bestellung eines in fachlicher und persönlicher Hinsicht **„geeigneten“** Verfahrensbeistands, mit entsprechender Präzisierung der Eignungskriterien in § 158a FamFG. Jedenfalls benötigt der Verfahrensbeistand die Fähigkeit zur Begleitung von Kindern und Jugendlichen in hoch belastenden Lebenssituationen, die zusätzlich zu einer **Grundausbildung** in einer **juristischen, pädagogischen oder psychosozialen** Profession sowie **praktischer Erfahrung** eine spezifische Weiterbildung des Verfahrensbeistandes erfordert.[58] 37

Er soll seine Aufgabe sinnvoll wahrnehmen und im gerichtlichen Verfahren Stellung nehmen können,[59] so dass der Verfahrensbeistand notwendig über fundierte Kenntnisse nicht nur auf dem Gebiet des Familienrechts, des Familienverfahrensrechts und des SGB VIII verfügen muss, sondern auch Kenntnisse im Bereich der **Entwicklungspsychologie** und der Angebote öffentlicher und freier Träger der Kinder- und Jugendhilfe vor Ort aufzuweisen hat.[60] Neben der fachlichen Eignung, die als Grundqualifikation ein abgeschlossenes Studium im sozialpädagogischen/pädagogischen, juristischen oder psychologischen Bereich erfordert, soll der Verfahrensbeistand neben soliden Rechtskenntnissen auf dem Gebiet des Familien-, insbes. des Kindschaftsrechts, und des SGB VIII über Erfahrungen in der praktischen Arbeit und Kenntnisse der Gesprächsführung mit einem Kind verfügen.[61] Außerdem ist seine **persönliche Eignung** für die Arbeit mit Kindern und Jugendlichen unverzichtbar, die die Fähigkeit und Bereitschaft erfordert, empathisch und sensibel zu sein, die Perspektive des Kindes einzunehmen und dessen Lebenszusammenhänge zu begreifen. Geht es um die Interessenvertretung eines Pflegekindes im familiengerichtlichen Verfahren, steht das Gericht sogar in der Pflicht, einen Verfahrensbeistand mit nachgewiesenen besonderen Kenntnissen zu 38

54 BGH 18.1.2012 – XII ZB 489/11, FamRZ 2012, 436 f.; Engelhardt in Keidel FamFG § 158 Rn. 6; Büte in Johannsen/Henrich FamFG § 158 Rn. 3.
55 Hierzu die Übersicht bei Leeb RpflStud 2015, 1.
56 Etwa OLG Hamm 18.2.2013 – 8 WF 39/12, FamRZ 2014, 600; zum Streitstand Leeb RpflStud 2015, 1, 2; Engelhardt in Keidel FamFG § 158 Rn. 3, 6 mwN.
57 Zur Abgrenzung Verfahrensbeistand – Ergänzungspfleger: Salgo FPR 2009, 27 ff.
58 Ausführlich zu den Standards: Weber/Zitelmann in HB-VB Rn. 765 ff.; Büte in Johannsen/Henrich Rn. 6; vgl. die Empfehlungen des AK 23 des 21. Deutschen Familiengerichtstages, Brühl 2015 sowie Heilmann ZKJ 2016, 1 (Editorial); kritisch: Engelhardt in Keidel FamFG § 158 Rn. 32; hierzu wiederum Dahm, Ergebnisse des Forschungsprojekts „Geeignetheit von Verfahrensbeiständen gem. § 158 FamFG“, HAWK und BVEB eV 5/2017, S. 29, www.hawk-hhg.de; Dahm ZKJ 2017, 341; Stötzel in HB-VB Rn. 147 ff.
59 BGH 28.4.2010 – XII ZB 81/09, BGHZ 185, 272.
60 Mayer jM 7/2016, 272 (274); zum Anforderungsprofil an „geeignete“ Verfahrensbeistände: Salgo in HB-VB Rn. 39.
61 Dahm, Ergebnisse des Forschungsprojekts „Geeignetheit von Verfahrensbeiständen gem. § 158 FamFG“, HAWK und BVEB eV 5/2017, S. 29, www.hawk-hhg.de; Dahm ZKJ 2016, 212: Staatlich anerkannte Sozialarbeiter/innen und Volljuristen sind die beiden größten Berufsgruppen, die Verfahrensbeistandschaften übernehmen.

Pflegekindern und ihren Problemen zu bestellen,[62] damit den besonderen Problemen und Bedürfnissen von Pflegekindern hinreichend Rechnung getragen werden kann.

39 Insoweit ein bereits bestellter Verfahrensbeistand die vorgenannten Qualifikationen nicht aufweist, gilt dieser im Regelfall als *nicht geeignet* zur Interessensvertretung des Kindes. Ob die Standards eingehalten werden können, soll im Einzelfall durch die Vorlage des Nachweises der entsprechenden Qualifikation bzw. Weiterbildungszertifizierung überprüft werden.[63] Der Familienrichter hat sein Auswahlermessen frei von Ermessensfehlern auszuüben, hat sich von daher über die Geeignetheit des Verfahrensbeistands Gewissheit zu verschaffen.

40 Weicht die Qualifikation der Person erheblich von den Anforderungen ab, ist zu erwägen, ob sich die Übernahme der Aufgabe fachlich verantworten lässt. Es ist dringend geboten, die Umsetzung der Verfahrensbeistandschaft in der Praxis empirisch weiter zu erforschen und die Ergebnisse sorgfältig auszuwerten. Dies betrifft die Bestellung und Qualifikation des Verfahrensbeistandes ebenso wie die Ausgestaltung der Aufgaben, die Frage der Kostendeckung durch die Fallpauschale sowie die Wirkung und den Nutzen des Einsatzes eines Verfahrensbeistandes für das Kind.[64]

41 Die **Auswahl** des jeweiligen Verfahrensbeistandes obliegt allein dem Familiengericht. Ein Recht auf Auswahl einer bestimmten Person steht dem Kind nicht zu, ebenso wie dem Kind und den übrigen Verfahrensbeteiligten ein förmliches **Ablehnungsrecht** gegenüber dem Verfahrensbeistand verwehrt ist.[65] Lehnt das Kind allerdings den Verfahrensbeistand vehement ab, kommt – mit Zustimmung des Verfahrensbeistands –ein Wechsel in der Person des Verfahrensbeistands in Betracht.[66] Darüber hinaus können die Verfahrensbeteiligten eine Anregung abgeben. Dies empfiehlt sich besonders dann, wenn der empfohlene Verfahrensbeistand über besondere Kenntnisse verfügt, wie zB Sprachkenntnisse, also mit dem Kind in seiner Muttersprache kommunizieren kann.

42 **Mitarbeiter des JA** werden aufgrund von möglicherweise auftretenden Interessenkollisionen im Regelfall nicht bestellt,[67] insbesondere, wenn das JA nach § 162 FamFG iVm § 50 bereits als Fachbehörde mitzuwirken hat; dasselbe gilt, wenn das JA als Amtsvormund oder Gegenvormund beteiligt ist.[68]

43 Die Bestellung des Verfahrensbeistandes gilt als für die Wahrnehmung der kindlichen Interessen **erforderlich**, wenn die Eltern die Interessen des Kindes entweder nicht wahrnehmen wollen oder hierzu nicht in der Lage sind. Abs. 1 enthält insoweit eine Verpflichtung des Gerichts zur Bestellung eines Verfahrensbeistandes, soweit dies zur

---

62 Salgo/Lack in Prenzlow, Handbuch Elterliche Sorge und Umgang (Textauszug Das Recht der Pflegekindschaft), 2016, S. 385 f.

63 So auch Dahm, Ergebnisse des Forschungsprojekts „Geeignetheit von Verfahrensbeiständen gem. § 157 FamFG", HAWK und BVEB eV 5/2017, S. 29, www.hawk-hhg.de. Richter haben ihre Erwartungen an die Verfahrensbeistände zu kommunizieren. Ein „erweitertes Führungszeugnis" sei im Vorfeld der Bestellung vorzulegen. Vorgeschlagen wird, als Auswahl-, Unterstützungs- und Kontrollinstanz eine unabhängige „Kammer für Verfahrensbeistände" zu etablieren.

64 Vgl. die Ergebnisse des AK 23 des 21. Deutschen Familiengerichtstages, Brühl 2015; auch erfolgt die durchaus brauchbare und Transparenz bewirkende Empfehlung, ein bundeseinheitliches Merkblatt über Aufgabe und Vorgehensweise des Verfahrensbeistandes zu erstellen, das der Familienrichter unmittelbar nach der Bestellung des Verfahrensbeistandes an die Familien auszuhändigen hat. Zu Untersuchungsergebnissen der bundesweiten Studie zu Verfahren wegen Kindeswohlgefährdung vgl. Münder, Kindeswohl zwischen Jugendhilfe und Justiz 2017, 281 ff.

65 Bauer in HB-VB Rn. 344; abgelehnt werden kann der Verfahrensbeistand auch nicht wegen der Besorgnis der Befangenheit, vgl. OLG Hamburg 14.4.2016 – 12 UF 140/15, FamRZ 2016, 1694.

66 Bauer in HB-VB Rn. 344 mwN.

67 OLG Naumburg 10.3.1999 – 8 WF 69/99, FamRZ 2000, 300 (301).

68 Engelhardt in Keidel FamFG § 158 Rn. 33.

Wahrnehmung der Interessen des minderjährigen Kindes **erforderlich** ist. Dies ist grds. der Fall, wenn die Angelegenheit von erheblicher Bedeutung für das Kind ist (zB Schulwahl, Umzug, Änderung des Aufenthaltsortes, elterliche Sorge etc), die Gefahr besteht, dass die Eltern zur Wahrnehmung des Kindesinteresses nicht (mehr) in der Lage sind und keine angemessene Interessensvertretung von einem Rechtsanwalt oder einem anderen geeigneten Verfahrensbevollmächtigten gewährleistet wird.[69]

Auf die Bestellung des Verfahrensbeistandes kann verzichtet werden, wenn die Angelegenheit nur von geringer Bedeutung ist und keine erhebliche Auswirkung auf die Rechtsposition und die künftige Lebensgestaltung des Kindes hat.[70]

Gemäß **§ 158 Abs. 1 S. 2 FamFG** ist der Verfahrensbeistand **„so früh wie möglich"** zu bestellen. Der in Art. 103 Abs. 1 GG verfassungsrechtlich garantierte Anspruch auf rechtliches Gehör gebietet es, den Verfahrensbeistand so rechtzeitig zu bestellen, dass er noch Einfluss auf das Verfahren nehmen kann.[71] In der Praxis findet gleichwohl die frühzeitige Bestellung des Verfahrensbeistandes häufig nicht statt, zum Teil weil sich das Gericht erst selbst einen Eindruck von Situation und Interessenkonflikt verschaffen möchte.[72] Die Praxis verkennt, dass gerade die frühzeitige Bestellung des Verfahrensbeistandes das Kind deutlich entlasten und dazu beitragen kann, die Interessen und Rechte des Kindes in umfassender Weise von Anfang an im Verfahren zu vertreten.[73] Eine in der ersten Instanz unterbliebene Bestellung kann und muss in der zweiten Instanz **nachgeholt** werden.

Über die Bestellung des Verfahrensbeistandes entscheidet das Gericht **von Amts wegen** 44
und in der Regel in Form eines **Beschlusses.**[74] Ein besonderer Bestallungsakt ist nicht erforderlich und die Bestellung kann auch konkludent erfolgen.[75]

Die Entscheidung über die Bestellung des Verfahrensbeistandes muss nicht gesondert 45
begründet werden, da die Bestellung **nicht selbstständig anfechtbar** ist,[76] wodurch insbesondere eine Verfahrensverzögerung verhindert werden soll. Eine Ausnahme hiervor besteht nur, wenn das Gericht bei einem Absehen von der Bestellung in den Fällen des § 158 Abs. 3 FamFG in der das Verfahren abschließenden Entscheidung nachprüfbar begründet, weshalb es einen Verfahrensbeistand nicht bestellt hat (§ 158 Abs. 3 FamFG). Lediglich in den Endentscheidungen kann ein Rechtsmittel auch damit begründet werden, dass das Gericht einen Verfahrensbeistand zu Unrecht bestellt, abberufen oder die Bestellung zu Unrecht unterlassen oder abgelehnt habe.[77] Der Ausschluss der isolierten Anfechtbarkeit der Bestellung gilt allerdings dann nicht, wenn die Bestellung durch einen **Rechtspfleger** erfolgt ist. Wird in einer Kindschaftssache durch den Rechtspfleger ein Verfahrensbeistand bestellt, findet gegen diese Entscheidung die **befristete Erinnerung nach § 11 Abs. 2 RPflG** statt, die immer dann er-

69 Mayer jM 7/2016, 272 (273); Engelhardt in Keidel FamFG § 158 Rn. 7 ff.
70 Bauer in HB-VB Rn. 260.
71 BVerfG 26.8.1999 – 1 BvR 1403/99, juris; BGH 16.3.2011 – XII ZB 407/10; OLG Saarbrücken 6.4.2011 – 6 UF 40/11, NJW 2011, 2372; Lack/Salgo FPR 2012, 353 (355); zur Frage der Notwendigkeit der Hinzuziehung des Verfahrensbeistandes zum frühzeitig im Verfahren stattfindenden Erörterungstermin nach § 157 FamFG vgl. Berneiser (2015), 208 f., 339 f.; Berneiser in HB-VB Rn. 607 ff.
72 Hierzu Kuleisa-Binge FPR 2012, 363 ff.
73 Wie hier: Mayer jM 7/2016, 272, 274; Berneiser in HB-VB Rn. 620 ff.
74 Lorenz in Zöller (2016) FamFG § 158 Rn. 3.
75 OLG Nürnberg 25.11.2014 – 7 UF 1819/13.
76 Weder die Bestellung noch das Unterlassen der Bestellung stellen einen schwerwiegenden Eingriff in die Rechte der Beteiligten dar.
77 BT-Drs. 16/6308, 239; OLG Saarbrücken FamRZ 2010, 2085.

öffnet ist, wenn die Entscheidung, hätte sie ein Richter erlassen, im konkreten Fall unanfechtbar wäre.[78]

46 Ergänzt wird die Generalklausel in Abs. 1 erstmals durch einen Katalog von Fallkonstellationen in Abs. 2, in denen ausnahmslos – und nicht nur in der Regel – ein Verfahrensbeistand zu bestellen ist. In den genannten besonders grundrechtsrelevanten Verfahren[79] soll die Regelung sicherstellen, dass die Bestellung des Verfahrensbeistandes für das Kind in diesen Fällen nicht unterbleibt.[80]

Obligatorisch („stets") ist der Verfahrensbeistand gem. § 158 Abs. 2 FamFG zu bestellen, wenn die teilweise oder vollständige Entziehung der Personensorge nach den §§ 1666 und 1666a BGB, der Ausschluss des Umfangsrechts nach § 1684 BGB oder eine Verbleibensanordnung nach § 1632 Abs. 4 oder § 1682 BGB in Betracht kommt. Die nach bisheriger Rechtslage mögliche Nichtbestellung des Verfahrensbeistandes „im absoluten Aufnahmefall"[81] ist nicht mehr möglich.

47 Unter die obligatorische Bestellung fallen Verfahren nach §§ 1666, 1666a BGB. Verfahren wegen Kindeswohlgefährdung können zu schwerwiegenden Eingriffen in das Elternrecht führen, berühren die Zuordnung des Kindes zu seiner Familie und sind daher regelmäßig von erheblicher Bedeutung. Die hohe Wahrscheinlichkeit des Interessengegensatzes besteht in dem Vorwurf gegen die Eltern, sich missbräuchlich gegenüber dem Kind verhalten zu haben.

48 Die Bestellung ist überdies stets erforderlich, wenn die gerichtliche Entscheidung den Ausschluss des Umgangsrechts betrifft.

49 Außerdem sind Konstellationen der Verbleibensanordnung nach § 1632 Abs. 4 BGB geregelt. Im Wunsch des Kindes nach Absicherung seiner Zugehörigkeit zu den Verfahrensbeteiligten liegt der Interessenskonflikt, der die Bestellung des Verfahrensbeistandes erfordert. Entsprechendes gilt in Verfahren gemäß § 1682 BGB.

50 Die weitere Verpflichtung zur Bestellung eines Verfahrensbeistandes findet sich in **§ 167 Abs. 1 S. 3 FamFG**, der im Zuge der Einführung der familiengerichtlichen Genehmigung von freiheitsentziehenden Maßnahmen bei Minderjährigen (§ 1631b Abs. 2 BGB) geändert wurde. In allen Fällen, in denen ein Minderjähriger untergebracht werden soll oder sonstige freiheitsentziehende Maßnahmen wie Fixierungen oder medikamentöse Ruhigstellung erfolgen sollen, bedarf es in den entsprechenden gerichtlichen Verfahren **zwingend** der Bestellung eines Verfahrensbeistandes.

§ 158 Abs. 3 FamFG listet die Fallkonstellationen auf, in denen „in der Regel" dem Kind ein Verfahrensbeistand zu bestellen ist. S. 2 schreibt die besondere Begründung für eine fehlende Bestellung vor, wenn in einem Regelfall die Bestellung ausnahmsweise unterbleibt. Der Katalog der Regelbeispiele in Abs. 3 sieht die regelhafte Bestellung des Verfahrensbeistandes vor, wenn das Interesse des Kindes zu dem seiner gesetzlichen Vertreter in erheblichem Gegensatz steht, eine Trennung des Kindes von der Person erfolgen soll, in deren Obhut es sich befindet (gemeint sind insbesondere Fallkonstellationen, in denen ein Elternteil den Wechsel des Kindes aus dem Haushalt eines Elternteils in den des anderen anstrebt oder aber Fälle, in denen ein Elternteil ein bislang praktiziertes paritätisches Wechselmodell beenden will, weil damit auch dessen

78 So erstmals BGH 22.3.2017 – XII ZB 391/16, FamRZ 2017, 979 ff., der in der Bestellung des Verfahrensbeistands eine Verletzung der Rechte der Eltern erkennt, mit krit. Anm. Zorn FamRZ 2017, 979 (981 f.); anders noch OLG Stuttgart 16.3.2016 – 11 WF 44/16; vgl. auch Menne Rpfleger 2016, 630 ff.; zum Erfordernis der richterlichen Überprüfung einer Entscheidung des Rechtspflegers BVerfGE 101, 397, FamRZ 2000, 731.

79 BT-Drs. 16/6308, 238; anschaulich: Balloff/Koritz (2016), S. 20 ff.

80 BR-Drs. 634/20, 58; Keuter ZKJ 2021, 131 (132).

81 OLG Koblenz FamRB 2020, 436; Menne NZFam 2020, 1033 (1037).

Obhut für das Kind endet[82]) sowie Verfahren, die die Herausgabe des Kindes zum Gegenstand haben oder eine wesentliche Beschränkung des Umgangsrechts, zB durch die Anordnung begleiteten Umgangs.[83]

Gemäß **§ 158 Abs. 4 FamFG** endet die Bestellung des Verfahrensbeistandes mit der Aufhebung der Bestellung, mit der Rechtskraft der die Kindschaftssache abschließenden Entscheidung oder mit dem sonstigen Abschluss des Verfahrens (zB in Antragsverfahren mit der Antragsrücknahme). Daraus ergibt sich, dass der in erster Instanz bestellte Verfahrensbeistand auch in der zweiten Instanz tätig sein kann und nicht gesondert bestellt werden muss. 51

Neugeregelt wird in Abs. 4 S. 2, unter welchen Voraussetzungen eine Bestellung des Verfahrensbeistandes wieder aufgehoben werden kann. Dies ist zum einen der Fall, wenn der Verfahrensbeistand seine Entlassung beantragt und einer Entlassung keine erheblichen Gründe entgegenstehen oder wenn die Fortführung des Amtes die Interessen des Kindes gefährden würden. Dies ist zB der Fall, wenn das Amt „zur Unzeit" aufgegeben werden soll oder wenn sich der Verfahrensbeistand als unzuverlässig oder das Kind missachtend erweist.[84]

2.3 Die fachliche Eignung des Verfahrensbeistandes, § 158a FamFG

Neugeregelt ist die fachliche und persönliche Qualifikation des Verfahrensbeistandes in § 158a FamFG,[85] wonach erstmals notwendige Kriterien der Eignung in fachlicher und persönlicher Hinsicht aufgeführt werden. Darüber hinaus werden die Notwendigkeit des Nachweises der fachlichen Eignung sowie die regelmäßige Fortbildungsverpflichtung gesetzlich normiert. 52

Die **fachliche** Eignung wird in der neu geschaffenen Bestimmung des § 158a FamFG definiert. Es wird klargestellt, wann eine Person **fachlich** geeignet ist (§ 158a Abs. 1 S. 1 FamFG), dass der Verfahrensbeistand auf Verlangen des Gerichts diese Eignung nachzuweisen hat (§ 158a Abs. 1 S. 2 FamFG) und dass die Eignung insbesondere über eine sozialpädagogische, pädagogische, juristische oder psychologische Berufsqualifikation sowie eine für die Tätigkeit als Verfahrensbeistand spezifische Zusatzqualifikation erbracht werden kann (§ 158a Abs. 1 S. 3). Der Verfahrensbeistand hat sich regelmäßig, mindestens alle zwei Jahre, durch Fortbildung fortzubilden und dies dem Gericht auf Verlangen nachzuweisen (§ 158a Abs. 1 S. 4 FamFG).

Gem. § 158a Abs. 1 FamFG gilt der Verfahrensbeistand als fachlich geeignet im Sinne des § 158 Abs. 1, wenn er Grundkenntnisse auf den Gebieten des Familienrechts, insbesondere des Kindschaftsrechts, des Verfahrensrechts in Kindschaftssachen und des Kinder- und Jugendhilferechts hat, sowie Kenntnisse der Entwicklungspsychologie des Kindes aufweist und über kindgerechte Gesprächstechniken verfügt.[86] Durch die gesetzliche Neuregelung wird der Forderung nach Regelung der fachlichen Eignung des Verfahrensbeistandes Rechnung getragen. Die nunmehr im Gesetz benannten Kriterien decken sich mit den Anforderungen, die in der Literatur an die fachlichen Fähigkeiten eines Verfahrensbeistandes gestellt werden und die die familiengerichtliche Praxis voraussetzt.[87]

---

82 OLG Saarbrücken ZKJ 2019, 68; OLG Brandenburg FamRZ 2019, 906; Keuter ZKJ 2021, 131 (133).
83 OLG Brandenburg NJW-RR 2020, 458.
84 BR-Drs. 634/20, 58; Menne ZKJ 2008, 111.
85 Inkrafttreten des § 158a FamFG zum 1.1.2022, BGBl. 2021, Teil I Nr. 33, Gesetz zur Bekämpfung sexualisierter Gewalt gegen Kinder vom 16.6.2021, ZKJ 2021, 301 ff.
86 Vgl. Wortlaut des § 158a Abs. 1 FamFG.
87 Menne NZFam 2020, 1033 (1040); vgl. auch Salgo in HB-VB Rn. 38 ff., der das entsprechende Qualifikationsprofil schon seit langem für dringend erforderlich erachtet.

Die fachliche Eignung hat der Verfahrensbeistand auf Verlangen des Gerichts nachzuweisen, was wiederum voraussetzt, dass die Familiengerichte entgegen bisher beobachteter Praxis[88] die Vorlage des Nachweises auch entsprechend einfordern. Der Nachweis kann gem. § 158a Abs. 1 S. 3 FamFG insbesondere über eine sozialpädagogische, pädagogische, juristische oder psychologische Berufsqualifikation, sowie eine für die Tätigkeit als Verfahrensbeistand spezifische Zusatzqualifikation erbracht werden, wobei für die praktische Umsetzung aber offenbleibt, welche Anforderungen an die Zusatzqualifikation gestellt werden und inwieweit eine Prüfung solcher Anforderungen erfolgen kann, wenn es sich um ein Verfahren handelt, das mit Blick auf das Beschleunigungsgebot des § 155 FamFG ohne Verzögerung zu führen ist.[89]

53 Darüber hinaus ist der Verfahrensbeistand zukünftig auch verpflichtet, sich regelmäßig fortzubilden, wobei dies mindestens alle zwei Jahre erfolgen muss. Auch die Erfüllung dieser Fortbildungsverpflichtung hat der Verfahrensbeistand dem Gericht auf Verlangen nachzuweisen.[90]

54 Die **persönliche** Eignung ist ausweislich § 158a Abs. 2 FamFG anzunehmen, wenn die Person Gewähr dafür bietet, die Interessen des Kindes gewissenhaft, unvoreingenommen und unabhängig wahrzunehmen. Persönlich ungeeignet ist die Person dann, wenn sie rechtskräftig wegen einer Straftat (insbes. gegen die sexuelle Selbstbestimmung) verurteilt worden ist. Nach der Begründung im Regierungsentwurf betrifft die persönliche Eignung die zuverlässige und zeitnahe Erfüllung der dem Verfahrensbeistand übertragenen Aufgaben und seine Integrität. Das Vorliegen der persönlichen Eignung kann sich laut Begründung aber insbesondere auch aus der Kenntnis des Gerichts über die Tätigkeit des Verfahrensbeistands aus anderen Verfahren ergeben. Das Gericht soll den Verfahrensbeistand zur Vorlage eines aktuellen Führungszeugnisses auffordern.[91] Die gesetzliche Konturierung der persönlichen Eignung begegnet den in der Fachöffentlichkeit wiederholt geäußerten Bedenken gegen geschlossene, immer wieder bestellte Gruppen von Verfahrensbeiständen, die sich etabliert habe.[92] Zur persönlichen Eignung gehört jedenfalls das persönliche Interesse an der Arbeit mit Kindern sowie Empathie und ein feinfühliges Verständnis für kindliche Belange. Wichtig ist neben der persönlichen Integrität außerdem die Fähigkeit zu kritischer Reflektion.[93]

55 Eine Regelung, auf welche Weise die persönliche Eignung überprüft werden soll, ist nicht vorgesehen. Bezug genommen wird nur auf die Möglichkeit des Gerichts, die Vorlage eines Führungszeugnisses verlangen zu können, das nicht älter als drei Jahre als sein darf.[94]

2.4 Aufgaben und Rechtsstellung des Verfahrensbeistandes, § 158b FamFG

56 § 158b FamFG regelt die Aufgaben und die Rechtsstellung des Verfahrensbeistandes.

57 Im Hinblick auf die Aufgabenstellung und Funktion des Verfahrensbeistands regelt **§ 158b FamFG**, dass der Verfahrensbeistand **das Interesse des Kindes** festzustellen und im gerichtlichen Verfahren zur Geltung zu bringen hat. Damit ist er nicht bloßes

---

88 Dahm, Die Geeignetheit von Verfahrensbeiständen gemäß § 158 FamFG (2017), 10 ff.; Dahm ZKJ 2017, 345: Nach den Ergebnissen einer Untersuchung führen Familiengerichte weder Listen von Verfahrensbeiständen, noch werden Fort- oder Weiterbildungen registriert. Auch die Vorlage von Führungszeugnissen erfolgt selten bis gar nicht.
89 So auch Menne NZFam 2020, 1033 (1042).
90 Vgl. § 158a Abs. 3 FamFG.
91 Vgl. Begründung zu § 158 FamFG im RegE v. 22.10.2020, BR-Drs. 634/20, 62.
92 Näher hierzu Dahm, Die Geeignetheit von Verfahrensbeiständen gemäß § 158 FamFG (2017), 25; Dahm ZKJ 2017, 341 (345); Menne NZFam 2020, 1033 (1040) mwN.
93 Menne NZFam 2020, 1033 (1041).
94 Vgl. Begründung zu § 158 FamFG-E im RegE v. 22.10.2020, BR-Drs. 634/20, 62.

Sprachrohr des Kindes, sondern neben der Ermittlung des Kindeswillens hat er auch das Kindeswohl als dessen objektives Interesse einzubeziehen.[95] Der Verfahrensbeistand ist sowohl dem Willen des Kindes als auch dem Kindeswohl verpflichtet, dh entscheidend ist nicht allein der Kindeswille, sondern das am persönlichen Wohl und Schutz des Kindes orientierte Interesse.[96] Den Willen des Kindes kann der Verfahrensbeistand durch Gespräche mit dem Kind und durch Einsicht in die Gerichtsakten ermitteln. Hierbei muss er sich allerdings in dessen Lebenszusammenhänge hineinversetzen und Zeit aufwenden. Es reicht nicht aus, das Kind in ein bis zwei Gesprächen danach zu fragen, was es will, sondern es ist ein längerer Prozess notwendig, um die Wünsche und Sorgen des Kindes in einem Gesamtkontext verstehen zu können.[97] Es kann hierbei erforderlich sein, die Eltern einzubeziehen, sollte das Kind noch sehr jung sein oder sich nicht ausreichend artikulieren können. Stets hat der Verfahrensbeistand sorgfältig darauf zu achten, dass er klar zwischen dem geäußerten Kindeswillen und einer darauf basierenden Interpretation trennen kann.

Der Gesetzgeber leitet dieses Aufgabenverständnis von **dem Zentralbegriff des Kindeswohls** in der Ausformung des § 1697a BGB ab. Der Verfahrensbeistand hat nicht zwischen den Verfahrensbeteiligten zu vermitteln, sondern allein die Interessen des Kindes zu vertreten.[98] Er ist weder Gutachter noch Mediator. Eine Verlagerung von Aufgaben auf den Verfahrensbeistand darf nicht erfolgen, denn es ist nicht Aufgabe des Verfahrensbeistandes, das Gericht zu entlasten, sondern das Kind zu unterstützen.[99] Ebenso wenig hat er das Recht, eigenständige Ermittlungen anzustellen; diese darf er lediglich anregen.[100] 58

Gem. § 158b **Abs. 1** S. 3 FamFG hat der Verfahrensbeistand das Kind entsprechend seines individuellen Entwicklungsstandes über Gegenstand, Ablauf und möglichen Ausgang des Verfahrens zu informieren. Er hat das Kind während des gesamten Verfahrens zu begleiten und altersgerecht über wesentliche Verfahrensinhalte, Aufgaben der Beteiligten und Anhörungstermine zu unterrichten. Die Information und Begleitung des Kindes durch das Verfahren ist neben der Feststellung des kindlichen Interesses ein Kernstück der Aufgaben des Verfahrensbeistandes. Da es im Regelfall für das Kind schwer vorstellbar sein wird, welchen Verlauf das Verfahren nehmen wird, steht der Verfahrensbeistand vor der besonderen Herausforderung, dem Kind anschaulich zu erläutern, wie der Anhörungstermin verläuft und aus welchem Grund er durchgeführt werden soll.[101] Auch soll der Verfahrensbeistand den gerichtlichen Beschluss mit dem Kind erörtern, § 158b Abs. 1 S. 4 FamFG. 59

Klargestellt wird, dass der Verfahrensbeistand nicht zum gesetzlichen Vertreter des Kindes wird, **Abs. 2 S. 4**. Entgegen der Annahme des Bundesrates wird deutlich, dass mit der Bestellung des Verfahrensbeistandes gerade kein Eingriff in elterliche Sorgerechte erfolgt, weil der Verfahrensbeistand gerade nicht die Stellung des gesetzlichen Vertreters des Kindes übernimmt.[102] 60

95 Zitelmann in HB-VB Rn. 707 ff.; zu möglichen Schwierigkeiten bei einem Auseinanderfallen von Wille und Wohl: Leeb RpflStud 2015, 1, 3; auch Sommer FPR 2012, 374 (376).
96 Zitelmann in HB-VB Rn. 735 ff.; Röchling, HB Anwalt des Kindes, § 5 Rn. 47 ff.; Röchling FPR 2008, 481 ff.
97 Salgo in HB-VB Rn. 63 ff.
98 Schlünder in BeckOK FamFG Rn. 18.
99 Balloff/Koritz (2016), S. 31.
100 Lack/Salgo FPR 2012, 353 (356).
101 Balloff/Koritz (2016), S. 31 ff.; Heilmann in HB-VB Rn. 1577 ff.ff.
102 Vgl. Stellungnahme des BR, BT-Drs. 16/6308, 377; kritisch hierzu Salgo/Stötzel ZKJ 2013, 349 (351).

61 § 158b FamFG enthält eine neue Vorgabe für den Verfahrensbeistand. Dieser soll seine Stellungnahme in der Regel schriftlich erstatten.[103] Damit soll sichergestellt werden, dass die Stellungnahme des Verfahrensbeistandes schriftlich für alle Beteiligten vorliegt und damit authentisch ist. Die schriftliche Stellungnahme des Verfahrensbeistandes dokumentiert die Feststellung und Vertretung des Kindesinteressen. Eine in einem richterlichen Vermerk oder im gerichtlichen Protokoll der mündlichen Erörterung erfolgte Wiedergabe der Darstellung des Verfahrensbeistandes kann dies nicht gleichwertig ersetzen. Damit soll die nur mündlich erfolgte Stellungnahme zukünftig die Ausnahme bleiben.[104]

62 Zusätzlich soll der Verfahrensbeistand **vermittelnd** agieren, um an einer einvernehmlichen Regelung iSd § 158b Abs. 2 FamFG mitwirken zu können.[105] Nach den Ergebnissen des Forschungsprojektes „Qualifizierungsbedarfe von Verfahrensbeiständen"[106] werden Kompetenzen im Familienrecht und Empathie für erforderlich gehalten. Als wichtigste Kompetenz eines Verfahrensbeistandes wird die Fähigkeit zur altersangemessenen Gesprächsführung mit dem Kind sowie zur Kommunikation und Beratung ebenso wie zu Konfliktmanagement und Mediation bezeichnet. Die Kenntnis über Erscheinungsformen von Kindeswohlgefährdung gilt als unverzichtbar.[107]

63 Das Gericht hat Art und Umfang der Beauftragung konkret festzulegen und gesondert zu begründen, wenn es den **obligatorischen Aufgabenkreis** des Verfahrensbeistandes **erweitert**, indem es dem Verfahrensbeistand die zusätzliche Aufgabe überträgt, Gespräche mit den Eltern und weiteren Bezugspersonen (Großeltern, Geschwister, Erzieher, Lehrer, Tagesmutter etc) des Kindes zu führen und an dem Zustandekommen einer einvernehmlichen Regelung über den Verfahrensgegenstand mitzuwirken (sog. *Große* Bestellung mit erweitertem, zusätzlichem Aufgabenkreis gem. § 158b Abs. 2 FamFG). Dass die **Gesprächsführung mit den Eltern** bzw. mit weiteren Bezugspersonen sowie die **Mitwirkung an der einvernehmlichen Regelung der Problematik** – entgegen der ursprünglichen Fassung im Referentenentwurf – nur aufgrund ausdrücklicher Beauftragung durch das Gericht vergütungsfähig und gesondert anzuordnen ist, erscheint nicht unproblematisch. Ein umfassendes Verständnis für die kindliche Interessenlage erfordert die notwendige Einbeziehung des unmittelbaren Lebensumfelds und sollte nicht einer gesonderten Erwägung im Einzelfall unterliegen.[108] Auch dürfen an den Inhalt der Begründung in diesen Fällen keine überzogenen Anforderungen gestellt werden. Das Gericht darf jedenfalls nicht vorab den Personenkreis bestimmen, mit dem Gespräche zu führen sind, da dies der Unabhängigkeit der Aufgabenerfüllung des Verfahrensbeistandes widersprechen würde.[109]

103 Begründung zu § 158 FamFG-E im RegE v. 22.10.2020, BR-Drs. 634/20.
104 Begründung zu § 158 FamFG-E im RegE v. 22.10.2020, BR-Drs. 634/20.
105 Mayer jM 7/2016, 272 (274) unter Verweis auf die Standards Verfahrensbeistandschaft nach § 158 FamFG und die Notwendigkeit von Zusatzqualifikationen der Verfahrensbeistände.
106 Gefördert vom Bildungswerk ver.di Hannover/Hildesheim und durchgeführt im Jahr 2016; zu den Ergebnissen der gleichwohl nicht für alle Verfahrensbeistände repräsentativen Studie, weil fast ausschließlich Verfahrensbeistände befragt wurden, die Mitglied in einem Fachverband sind: Dahm ZKJ 2016, 212 ff. Vgl. auch Salgo ZKJ 2017, 254 (259).
107 Dahm ZKJ 2016, 212 (213); zur Ausbildungssituation und den Möglichkeiten einer flächendeckenden curricularen Verankerung des Kinderschutzes: Berneiser/Bartels ZKJ 2016, 440 ff. (Teil 1) und ZKJ 2017, 4 ff. (Teil 2); Watzlawik/Kopp in Böwer/Kotthaus, Praxisbuch Kinderschutz, S. 410 ff.
108 Zur Problematik: Zorn in Bork/Jacoby/Schwab Rn. 19; Salgo FPR 2010, 456 ff.; Veit FF 2008, 476 (479).
109 Vgl. OLG Celle 28.2.2013 – 10 UF 12/13; Menne FamRB 2013, 390.

Eine vorherige Anhörung von Verfahrensbeistand und Eltern ist nicht erforderlich und gesetzlich nicht geboten, selbst wenn durch die Bestellung des Verfahrensbeistandes Verfahrenskosten entstehen. 64

In dem gerichtlichen Beschluss über die Bestellung des Verfahrensbeistandes ist zu bestimmen, für welches Kind der Verfahrensbeistand bestellt werden soll und ob die Verfahrensbeistandschaft **berufsmäßig** geführt wird. Bei mehreren Kindern kommt in der Regel die Bestellung eines einzigen Verfahrensbeistandes für sämtliche Kinder in Betracht, damit **Geschwisterkinder** in der jeweiligen Familienkonstellation entsprechend beurteilt und zusätzliche Belastungen für die Kinder durch eine Erweiterung des Personenkreises vermieden werden können.[110] Es kann sich je nach Konstellation empfehlen, für jedes Kind einen eigenen Verfahrensbeistand zu bestellen, wenn zB unterschiedliche Interessen der Kinder vorhanden und in das Verfahren einzubringen sind. 65

Der Verfahrensbeistand wird wirksam bestellt mit der **Bekanntgabe** der Entscheidung. Er ist ohne seine Zustimmung gleichwohl zur Übernahme der Tätigkeit nicht verpflichtet.[111] 66

Mit seiner Bestellung wird der Verfahrensbeistand zum **„Muss-Beteiligten"** iSd § 7 Abs. 2 Nr. 2 FamFG und damit zum Beteiligten aus eigenem Recht.[112] Als Beteiligter hat der Verfahrensbeistand alle Rechte und Pflichten, die im Allgemeinen Teil des FamFG für Beteiligte gelten. Abweichend von § 81 FamFG können ihm jedoch keine Verfahrenskosten auferlegt werden, § 158c Abs. 4 FamFG. 67

Konkret bedeutet das, dass er als „Beteiligter" die Rechte des betroffenen Kindes wahrnimmt, ohne an dessen Weisung gebunden zu sein. Folglich kann er auch nicht wegen der **Besorgnis der Befangenheit** abgelehnt werden.[113] Er wird **mitwirkungsberechtigt und mitwirkungsverpflichtet**. Damit erhält er insbesondere das Recht auf **Akteneinsicht** gem. § 13 FamFG, auf **Bekanntgabe** sämtlicher Maßnahmen und Schriftstücke und auf die Bekanntgabe der Endentscheidung gem. § 41 Abs. 1 FamFG. Er ist zu Terminen zu laden und muss einem gerichtlich gebilligten Vergleich gem. § 156 Abs. 2 FamFG zustimmen. Da er selbst Beteiligter und nicht **gesetzlicher Vertreter** des Kindes ist (§ 158b Abs. 2 FamFG), ist er in der gerichtlichen Entscheidung gesondert zu benennen und nicht als Vertreter des Kindes zu bezeichnen. Er vertritt nicht an Stelle der Eltern, sondern in eigenständiger Rolle als parteilicher „Anwalt des Kindes" die Interessen des Kindes.[114] Er handelt im eigenen Namen und hat nicht die Funktion, rechtliche Willenserklärungen für das Kind abzugeben oder entgegen zu nehmen.[115] 68

Von wesentlicher Bedeutung ist das **Anwesenheitsrecht bei allen gerichtlichen Anhörungen**. Insbesondere bei richterlichen Anhörungen des Kindes soll der Verfahrensbeistand anwesend sein. Er ist befugt, Anträge zu stellen oder Anregungen zu geben. Ausgenommen ist die Pflicht zur Kostentragung (§ 158c Abs. 4 FamFG). Ist der bestellte Verfahrensbeistand auch als Rechtsanwalt tätig, erlangt aber im Rahmen seiner Tätigkeit als Verfahrensbeistand Kenntnis von besonderen Tatsachen, unterliegt er nicht der anwaltlichen Verschwiegenheitsverpflichtung. Ihm steht jedoch ein Zeugnisverweigerungsrecht aus § 383 Abs. 1 Nr. 6 ZPO zu, da er als parteilicher Interessen- 69

110 Borth in Musielak/Borth FamFG § 158 Rn. 18.
111 Bauer in HB-VB Rn. 375 ff.
112 Schael FamRZ 2009, 265 (268).
113 Hierzu OLG Hamburg 14.4.2016 – 12 UF 140/15, FamRZ 2016, 1694.
114 Engelhardt in Keidel FamFG § 158 Rn. 39.
115 Engelhardt in Keidel FamFG § 158 Rn. 39.

vertreter des Kindes fungiert und dessen Vertretung ein zu schützendes Vertrauen auslöst.[116]

70 Der Verfahrensbeistand wird mit seiner Bestellung Verfahrensbeteiligter, aber nicht gesetzlicher Vertreter des Kindes. Er tritt nur als Interessensvertreter des Kindes neben die Eltern, hat eine eigene Stellung und fungiert nicht als Gehilfe des Gerichts.[117] Im Interesse des Kindes kann der Verfahrensbeistand eigenständig **Rechtsmittel einlegen,** § 158b Abs. 2 S. 4 FamFG. Erstmals hat das Bundesverfassungsgericht entschieden, dass der Verfahrensbeistand ebenfalls befugt ist, **Verfassungsbeschwerde** einzulegen und Rechte des Kindes **im eigenen Namen** geltend zu machen.[118]

2.5 Vergütung und Kosten des Verfahrensbeistandes, § 158c FamFG

71 Die **Vergütung des Verfahrensbeistands** ist in **§ 158cFamFG** geregelt. Danach wird für den Ersatz von Aufwendungen des nicht berufsmäßigen Verfahrensbeistandes auf § 277 Abs. 1 FamFG Bezug genommen. Soweit die Verfahrensbeistandschaft berufsmäßig geführt wird, erhält der Verfahrensbeistand für die Wahrnehmung seiner Aufgaben in jedem Rechtszug jeweils eine einmalige Vergütung in Höhe von **350,00 EUR,** die sich im Falle der Übertragung von erweiterten Aufgaben nach § 158b Abs. 2 FamFG auf **550,00 EUR** erhöht. Die Vergütung des Verfahrensbeistands ist abschließend geregelt, wonach die Tätigkeit einschließlich sämtlicher Aufwendungen durch die jeweilige Fallpauschale vollständig abgegolten wird.[119] Eine Abrechnung des Verfahrensbeistands nach Stundenaufwand ist nicht möglich. Der Gesetzgeber hat sich bewusst gegen ein aufwandsbezogenes Vergütungssystem entschieden und die Abrechnung nach **Fallpauschalen** als vorzugswürdig betrachtet, nachdem er dies als weniger aufwändig und unbürokratisch angesehen hat.[120] Es wäre mit der gesetzgeberischen Zielvorstellung nicht vereinbar, die Pauschalvergütung im Einzelfall unter den Vorbehalt einer Billigkeitskontrolle zu stellen. Die Pauschale fällt – unter der Voraussetzung, dass der Verfahrensbeistand auch tätig geworden ist – für jeden Rechtszug und bei Vertretung mehrerer Kinder für jedes Kind individuell an.[121] Für die Tätigkeit im Eilverfahren und im Hauptsacheverfahren kann der Verfahrensbeistand ebenfalls für jedes Verfahren gesondert die Pauschale beanspruchen, selbst wenn die Angelegenheit in einem Verfahren verhandelt wird.[122]

Mit der Vergütung sind Ansprüche auf Ersatz entstandener Aufwendungen abgegolten.[123] Aufwendungsersatz und Vergütung sind stets aus der Staatskasse zu zahlen.

116 OLG Braunschweig 20.2.2012 – 1 WF 19/12, BeckRS 2012, 05478, mit Anm. Mach-Hour FamFR 2012, 187.
117 Coester in Staudinger § 1666 BGB (2020) Rn. 272.
118 BVerfG 5.12.2016 – 1 BvR 2569/16, NZFam 2017, 39 = NJW 2017, 465 (betrifft die Entscheidung im **EA-Verfahren** über die Verfassungsbeschwerde einer Verfahrensbeiständin, die eine Verletzung der Grundrechte des Kindes geltend macht, insoweit dieses an die leiblichen Eltern zurückgeführt wird, verbunden mit der Rückübertragung der elterlichen Sorgerechte); zur Hauptsacheentscheidung vgl. BVerfG 3.2.2017 – 1 BvR 2569/16 mit Anm. Salgo FamRZ 2017, 524 ff.
119 BGH NJW 2014, 157, FamRZ 2014, 191 Rn. 8 mit Anm. Kemper NZFam 2014, 16; kritisch hierzu Keuter ZKJ 2021, 131 (136).
120 BT-Drs. 16/9733, 294; OLG Frankfurt 19.2.2010 – 6 UF 29/10, ZKJ 2010, 456.
121 OLG München 14.12.2011 – 11 WF 1050/11; zum Absehen der Kostentragung siehe OLG Frankfurt 29.6.2016 – 2 UF 154/16, BeckRS 2016, 15730.
122 BGH 9.10.2013 – XII ZB 667/12, FamRZ 2013, 1967 ff., mwN.
123 Zur Umsatzsteuer vgl. BFH Urt. v. 17.7.2019 – V R 27/17, wonach die Tätigkeit als Verfahrensbeistand umsatzsteuerfrei erfolgt, weil an der Tätigkeit eines Verfahrensbeistandes in Kindschaftssachen ein besondere Gemeinwohlinteresse besteht.

Für den Verfahrensbeistandsvergütungsanspruch gilt eine **Ausschlussfrist** von 15 Monaten.[124]

Im Übrigen erfolgt die Festsetzung der Vergütung im Verwaltungswege unter Hinweis auf § 168 Abs. 1 FamFG, vgl. § 158c Abs. 3 FamFG.

124 BGH 5.10.2016 – XII ZB 464/15, ZKJ 2017, 67; vgl. hingegen KG 31.8.2016 – 25 WF 51/16, MDR 2016, 1355.

Stichwortverzeichnis

Fette Zahlen bezeichnen die Paragraphen, magere die Randnummern.